하버드-C.H.베크
세계사

하버드 C.H.베크 세계사

A HISTORY OF THE WORLD

600 이전

문명의 아침

책임 편집 한스요아힘 게르케 | 이현주, 서종민 옮김

Making Civilizations

Edited by Hans-Joachim Gehrke

민음사

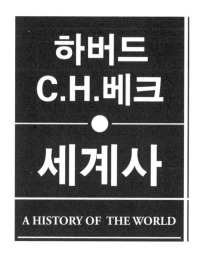

GESCHICHTE DER WELT, 6 Volumes
Series General Editors: Akira Iriye, Jürgen Osterhammel
Co-published by Verlag C.H.Beck and Harvard University Press

GESCHICHTE DER WELT DIE WELT VOR 600:
Frühe Zivilisationen
(Volume 1 of GESCHICHTE DER WELT)
edited by Hans-Joachim Gehrke

한국어판을 출간하며

21세기 세계는 더욱 긴밀해지고 변화는 매우 빠르다. 인간의 삶은 더욱 불명료하고 문명의 방향은 가늠하기 어려워졌다. 동요하는 세계와 당혹스러운 삶에 직면해 고전에서 금빛 지혜를 찾아 되새기는 일이 잦다. 기술 발전에 의거해 문명의 향방을 과단하는 미래학도 성하다. 하지만 표피적 현재 진단과 추상적 개념 논의로 인식하는 세계는 '유리알 유희'에 지나지 않는다.

그동안 '세계사'는 전 세계의 역사를 논한다고 주장했지만, 실제로는 유럽이 중심이었다. 흥망성쇠의 철칙에만 매달려 세계의 일부분만을 담아냈다. 즉 우리는 아직 단일한 세계에 걸맞은 세계사를 갖지 못했다. 국제 역사학계는 시대의 요구에 부응해 역사 서술 방식을 일신했다. 각 지역의 역사 모음이 아닌, 전체를 조망하는 연결의 역사. 그 진지한 반성과 오랜 숙고의 묵중한 성취가 바로 『하버드-C.H.베크 세계사』 시리즈다. 이 시리즈는 지난 20여 년간 진행된 새로운 역사 연구의 결산으로, 발간 당시부터 화제를 모았다. 하버드 대학 출판부와 C.H.베크 출판사라는, 미국과 독일을 대표하는 두 명문 출판사의 만남. 시리즈 전체의 구성을 맡은 두 세계적 석학, 이리에 아키라와 위르겐오스터함멜. 여기에 더해 연구 관점과 주제 영역을 달리하는 저명한 역사가들의 협업 등이 만들어 낸 역사 서술의 찬연한 성취다. 역사 애호가라면 가슴이 설레고 탄성이 터질 수밖에 없는 세계사 프로젝트다.

선사시대에서 시작해 농경민과 유목민의 교류와 대립, 세계 제국의 등장을 거쳐 현재까지 이어지는 여섯 권의 책은 각각 1000쪽이 넘는 방대함으로 압도한다. 또한 국제 역사학계의 최신 연구 성과가 반영된 다양한 주제와 접근법으로 세계 인식의 새로운 차원을 제시한다. 『하버드-C.H.베크 세계사』 시리즈의 핵심 주제는 '연결'과 '상호작용'이다. 이 시리즈는 세계사를 중심과 주변으로, 또는 선진 지역과 후진 지역으로 위계화하지 않으면서도 국가 간 또는 지역 간의 불균등한 권력관계와 문명 전이의 여러 파괴적 양상과 역설적 결과들을 세밀히 살핀다. 특히 인종과 민족, 종교와 문화, 국민국가와 지역의 경계를 가로질러 연결을 중심으로 다원적이고 상호 의존적인 세계를 다룬다. 따라서 전쟁이나 정치 같은 국가 행위를 중심으로 하는 세계사와는 차원이 다르다. 경제와 문화의 여러 행위 주체와 현상들이 지닌 역동성도 놓치지 않았고, 이주와 젠더, 생태와 세대, 일상과 의식 등의 주제에도 적절한 자리를 마련함으로써 역사 서술이 새로운 단계로 진입했음을 과시한다.

21세기 세계의 혼재 상황과 가변성을 조금이라도 감지한 사람이라면 새로운 역사 인식이 필요함을 잘 알 것이다. 『하버드-C.H.베크 세계사』 시리즈는 단선적인 역사 인식에 기초한 모든 인문학 논의에 맞선 '역사의 응수'다. 이 시리즈는 세계 현실의 복합적 맥락과 근원에 주목하면서 역사적 시간과 문명적 공간의 다차원성과 차이들을 감당하도록 자극한다. 지적 지평을 넓히고 현실의 역사적 근거를 살피려는 독자들에게 진정한 '당대의 세계사'를 내놓는다. 돌이켜 보건대 '새로운 세계'란 항상 세계를 새롭게 인지한 사람들의 것이었나.

시리즈의 옮긴이들을 대신하여

이동기(강원대학교 평화학과 교수)

『하버드-C.H.베크 세계사: 1945 이후』 옮긴이

차례

일러두기

1 이 책의 서문과 1부, 2부, 3부는 이현주가 옮겼고, 4부와 5부는 서종민이 옮겼다.

2 본문의 각주는 모두 옮긴이 주다.

3 인명과 지명 등 고유명사의 외래어 표기는 가급적이면 국립국어원 외래어 표기법을 따랐다. 다만 중국 지명은 필요에 따라 한자음을 혼용해 표기했다.

4 본문의 지도 저작권 표기는 다음과 같다. ⓒ Peter Palm

서문

한스요아힘 게르케

A History of the World
Making Civilizations

600 이전

약 270만 년 전, 사람속Homo 최초의 대표자들은 인간이 만든 것으로 알려진 가장 오래된 유물들로 그들의 세계이자 우리의 세계를 형성하기 시작했다. 따라서 이 새로운 세계사의 첫 번째 권은 그들의 이야기로 시작해 아주 대충 그은 종점인 기원후 600년에 끝난다. 사실 이런 어림수는 이 연도가 얼마나 인위적인지 증명해 준다. 그러나 이 책에 소개된 문명들 너머에서 새로운 시대의 시작을 확인할 수 있는 한, 이 시점은 전적으로 임의로 선택한 것만은 아니다. 예컨대 7세기에 떠오른 이슬람을 생각해 보기만 해도 알 수 있다. 라틴어처럼 고대가 끝났어도 끈질기게 이어져 내려온 것을 생각하면, 아주 엄밀한 시간상의 경계선이 지닌 의심스러운 성격과 가변성을 늘 알고 있어야 하지만, 근동-유럽 문화권에 관한 한 고대는 대략 이 무렵에 끝났다고 말할 수 있다.[1]

그러므로 우리는 유발 노아 하라리Yuval Noah Harari의 주목할 만한 저서인 『사피엔스*Sapiens: A Brief History of Humankind*』보다 훨씬 이전 시점에서 우리의 개요를 시작한다. 하라리는 호모 사피엔스의 '인지 혁명cognitive revolution'을 책의 출발점으로 선택했다. 다만 지금 이 책 역시 하라리와 마찬가지로 신석기시대의 시작과 관련된 격변이, 다시 말해 약 1만 2000년 전에 일어난 이른바 신석기

혁명(또는 농업혁명)이 주요한 역할을 했다고 생각한다. 따라서 점점 더 복잡해지는 사회조직의 출현을 특징으로 하며 그 결과 전체로서의 인류 역사에 상당한 정도의 차별성이 뚜렷해진 이후의 시기는 더욱 포괄적으로 제시될 수밖에 없다. 사실 그로 인해 우리는 그 시기만이 갖는, 절대로 대수롭지 않은 어려움에 직면했다.[2] 그리고 우리가 먼저 주의를 돌려야 할 것이 바로 이러한 어려움이다.

역사의 한 시대를 이해하려고 하든 묘사하려고 하든, 지구사적 방식으로 요약하려는 시도에서 발생하는 근본적 문제들은 아득하게 아주 먼 시대에서 시작하려고 할 때 특히, 기하급수적으로 늘지는 않더라도 상당히 가중된다. 이것은 무엇보다도 사료 문제와 관계가 있다. 정확히 이 책에서 망라하는 시기에 관한 한, 우리가 정보를 모을 가능성은 대단히 제한적이다. 게다가 실제로 존재하는 그 몇 안 되는 사료조차도 사실상 너무 가지각색이다. 우리는 지난 5000년 정도에 지나지 않는 시간대의 기록물에 의지한다. 때때로 이 기록물이 자연 유적을 비롯해 물질문화의 유물들로 보완되기는 한다. 역사의 모든 초기 시대의 경우, 우리는 이러한 종류의 비非문헌 사료에 전적으로 의존한다. 단지 문자 체계의 유무를 기준으로 선사와 역사를 구분하는 기존 방식은 인류 역사의 이 단계에서는 타당하지 않은 경우가 많다. 오히려 그 둘은 서로 밀접하게 결속되어 있어 이러한 관점에서 평가해야 하는 경우가 자주 있다.

그 과정에서 우리가 그 시대를 이해할 가능성은 우연한 발견(무엇보다도 고고학적 발견의 사례)과 의도적 결과(특히 글로 된 기록의 사례)에 좌우될 때가 아주 많다. 따라서 우리의 사료와 고고학적 발견 및 연구 결과의 이면에는 감추어진 이해관계가 전혀 없거나, 역사 연구자의 이해관계와는 상당히 다른 이해관계가 있다. 고고학 연구가 아무리 어떤 목표하에 이루어진다고 해도, 도로 건설이나 파이프라인 공사처럼 고고학과는 아무런 관계가 없는 이유로 '파내기'가 이루어진 곳에서 중요한 문화 유물이 빛을 보게 되었다는 사실은 변함이 없다. 그리고 우리가 고대인들이 남긴 문자 자료를 아무리 합리적으로 사료 검증을 한다고 해도 지배자들의 기념비 비문이나 그들의 웅변에 담긴 이념적 대의에 의해 규정된 글이 목표한 방향에서 완벽히 자유로울 수는 없다.

더 심각한 것은 더 큰 지리적 영역과 더 긴 기간에 관한 정보가 매우 부족할 때가 종종 있다는 점이다. 지구사의 경우, 늘 사료에 의존하는 역사가들이 추론을 적용할 때 이용하는 기준틀이 상상할 수 없을 만큼 넓은 데 반해, 그러한 결론에 도달할 실증적 가능성은 특히 고대 역사학자들에게는 상상할 수 없을 만큼 작은 경우가 빈번하다. 실제로 그 둘은 서로 반비례한다고까지 말할 수 있다. 다시 말해 거대한(그리고 이 경우에는 다차원적이기까지 한) 모자이크를 재구성하기 위해 우리가 마음대로 할 수 있는 것은 몇 안 되는 모자이크용 조각뿐이다. 그리고 우리가 이 작업을 하면서 아무리 방법론적 주의를 기울이더라도, 실제 사실들이 보장해 주는 경우보다 이렇게 흩어져 있는 모자이크 조각들이 전체 그림을 밝혀내는 데 훨씬 더 강력한 영향력을 미치는 결과를 피할 수는 없다. 따라서 이후의 내용에서 나타나는 몇 가지 차이는 여러 종류로 이루어진 사료 자체의 특성에 의해 충분히 설명될 수 있다. 예를 들어 인도와 동남아시아의 경우에는 종교에 특히 중점을 두지만, 고대 근동의 선사 및 초기 역사에서는 기술들에 역점을 둔다. 그러나 앞에서 언급한 어려움에 비추어 어느 정도의 건전한 회의론과 체계적 의심의 자세가 끊임없이 요구되는데도, 이 책의 편집자와 저자들에게는 역사를 재구성하려는 그 어떤 시도도 그냥 포기하는 것이 허용할 수 있는 대안으로 보이지는 않았다. 이 책의 저자들은 각자의 담당 원고를 작성할 때 이러한 문제들을 끊임없이 명심하기 위해 모든 노력을 기울였다. 그들은 또한 자신들의 설명이 잠정적이라는 사실도 예리하게 인식하며, 그들의 해설을 비판적이고 열린 마음으로 읽어 줄 독자를 만나기를 희망한다.

어쨌든 실증적으로 수집한 정보를 연관 짓고자 하는 '역사적 총체historical whole'의 문제가 중요하다. 역사적인 것 모두가 그렇듯이, 이것은 보는 사람에게 직접 드러나지 않으며, 사료로부터 직접적 결론을 도출해 낼 수도 없다. 이것은 앞서 언급한 정보와 데이터 조각들이 먼저 그 안에서 각자의 자리를 찾아야 하는, 이상적이고 실제로 구성된 연속체다. 그러나 그것은 또한 추상적인 무언가로서 상상되어야만 하는 동시에, 서술적 설명의 대상을 형성할 필요도 있다.[3] 대체로 이러한 상상은 모범적 특성을 가지므로 이 총체와 관련된 이론과 체계들, 이를테면 인류학이나 사회경제학, 종교 및 문화 연구 등의 학문 개념들이 활용된다. 이에 더해 전통적 민족사와 반대되는 개념의 지구사에 관한 한, 우리는 상대적으로 명확하게 경계선이 그어진 주제를 다루는 것이 아니라 다층적이고 다면적인, 절대적으로 무한한 맥락의 진정한 총체적 역사histoire totale를 다룬다고 할 수 있다.

따라서 이 총체를 이해하는 작업은 더 이상의 어려움 없이 그냥 이루어지지 않는다. 그리고 이것은 앞서 언급한 농업혁명의 여파로, 다시 말해 정착생활을 하게 된 여파로 인류가 아주 다양한 모습을 보여 주었기 때문에 더욱더 그렇다. 이러한 맥락에서 볼 때, 이 작업은 역사상 다른 그 어떤 시기보다도 독일의 철학자 요한 마르틴 클라데니우스Johann Martin Chladenius(1710~1759)가 일찍이 18세기에 언급한 '관-점Sehe-Punkte'들의 문제가 된다. 개별 모자이크 조각을 관찰하고 분류하는 것에서 전체 모자이크 그림을 만들어 내는 것, 역사적 시나리오의 어떤 부분을 더 맹렬히 조명할지 정하는 것, 역사적 서술의 어떤 요소를 강조할 것인지 정하는 것까지, 이 전체 과정을 어떻게 진행할지 결정하는 것이 바로 이 관점들이다. 역사가의 관점이 사실의 선택과 배치를 결정하며, 그것은 항상 주관적 관점의 문제다. 가장 좋은 시나리오일 경우, 이러한 관점은 학문적 실천 규칙의 체계적 검토 대상이 되지만, 그와 동시에 인지적 주관 자체를 지워 없애지 않고는 완벽히 제거될 수 없다. 따라서 '순수한 객관성'이라는 의미에서의 궁극적 확실성을 기대해서는 안 된다.[4]

이것은 아무리 방법론적으로 최대한 신중하더라도 어떤 특정 주제에 관해 서로 다르게 해석할 수 있다는 사실에서도 나타난다. 이러한 서로 다른 해석들은 부분적으로 각기 다른 학문 분야의 서로 다른 전통과 관련이 있다. 당연히 이러한 것들은 이 책에서 고려되어야만 했다. 그 어떤 개인도 지구사를 쓰는 데 필요한 다양한 전문 지식을 모두 갖고 있지는 않기 때문이다. 이 책의 저자들은 이러한 점을 염두에 두고 자신의 능력을 최대한 발휘했다. 그런데 이 대목에서 가장 중요한 점은 통일성을 자칫 잘못 추구해 각 저자의 특성을 '편집'하는 일을 하지 않는 것, 다시 말하면 각자의 특성이 뚜렷하게 드러나게 하는 것이다. 하지만 이것은 다양한 관점과 해석을 유지하는 것을 의미한다. 그리고 '세계사'라는 주제의 범위와 복잡성을 고려해 볼 때, 이러한 다양한 관점과 해석은 불가피할 뿐만 아니라 지식에 대한 독자들의 갈증에 끊임없이 호소한다는 점에서 생산적이기도 하다. 따라서 저자들이 다루는 분야가 일부 중복되는 것을 의도적으로 인정했다. 예컨대 그리스 미케네 문명의 영역에서처럼 말이다. 마찬가지로 고대 근동 지역의 미탄니 제국이 지닌 인도-유럽적 특징과 관련해서도 어떤 불확실한 단일 관점을 지지하기 위해 같은 현상에 대한 서로 다른 설명이나 분류를 무시하는 일을 하지 않았다. 여기서 우리는 여러 대안적 해석을 다루기 때문이다. 그 해석 하나하나는 완벽하게 방어할 수 있으며, 아직은 그 해석 중 하나를 확신 있게 고를 수 없다. 우리가 역사적 해석의 한계에 부딪히는 것은 바로 이러한 점에서다.

궁극적으로 지구사적 접근 방식은 역사를 다룰 때 수반되는 핵심 문제를 아주 특별한 방식으로 명확히 드러낸다. 실제로 그 문제를 상당히 안 좋은 방식으로 증폭하기 때문이다. 어쨌든 역사에 대한 관점이 항상 현재의 경험을 기준으로 걸러진다는 점은, 게다가 이것이 피할 수 없는 과정이라는 점은 모든 유형의 역사 기술이 지닌 장점이자 위험 요소다.[5] 조사하고 성찰하는 역사가의 자살을 동시에 수반하지만, "현재를 없애야" 한다는 이야기다.[6] 그러나 역사학자가 인지적 존재라는 사실은 없애 버릴 수 없다. 오히려 역사가는 자기를 감시하고 합리적으로 행동하는 존재로 항상 고려되어야만 한다.

항상 현재를 출발점으로 삼는 이 관점은 바로 그런 점 때문에 뚜렷하게 의심스러운 두 가지 결과를 초래한다. 우선 사람들은 모든 것이 현재와 항상 똑같았다고("사람들은 절대로 변하지 않아."라고, "전부 예전에 봤던 거야."라고) 주장하려는 유혹에 빠진다. 두 번째로 사람들은 모든 것이 궁극적으로 자기 시대를 향한다고 생각한다. 이 관점에서 보면 역사는 현재의 이전 단계에 지나지 않아 보인다. 그리고 이 두 관점을 결합하면 '완벽'한 발달 모델에 빠르게 도달한다. 인류가 과거에 성취한 모든 것은 비록 기초적 시작에 불과했더라도 장기적 안목에서 보면 결국 시간이 지남에 따라 점점 더 발전해 마침내 우리 시대에 들어와 성공적 총체에 도달했다는 이야기다. 과학과 기술에 대한 역사 서술만 보아도 이러한 해석이 어떤 것인지 정확한 그림을 얻을 수 있다. 특정 형태의 국가, 통치, 문명에 대한 정치적·이념적 미화는 그에 상응하는 미래에 대한 예측과 그에 수반되는 모든 악용의 위험과 함께, 그 문제에 관한 아주 명확한 인식을 우리에게 제공한다.

이 모든 것이 지구사에 대한 현재의 시각에 영향을 미친다. 현대인의 삶을 두드러지게 특징짓는 세계화의 심화와 그 과정에 발맞추어 전 세계의 다양한 인구 집단이 점점 더 가까워지는 경향은 세계사에 대한 우리의 시각에 영향을 미치며, 이 또한 양면적이다. 한 가지 이점은 우리 시대의 경험이 다른 시대의 유사한 과정에 대한 통찰력을 날카롭게 만드는 데 도움이 될 수 있어서 현재의 개념을 적용해 그 과정들을 더 잘 이해할 수 있다는 사실에서 찾을 수 있다. 따라서 이런 맥락에서 로마 제국의 성격과 작동 방식을 더욱더 충분히 설명해 보려는 시도가 이미 이루어진 바 있다.[7] 특히 '하버드-C.H.베크 세계사' 시리즈 후반부에서 인상적으로 보여 주었듯이, 이러한 시도는 당연히 세계화를 향한 추세가 이미 명백히 나타난 현대에 더 명확하게 증명될 수 있다.[8]

한편으로는, 정확히는 세계사의 초기 시대와 관련해 어느 정도의 주의가 요구된다. 사람들은 비록 실험적 방법으로라도 현대의 역사적 관찰 관점에서 상황을 보고자 할 것이 당연하다. 그러나 "모든 것이 항상 똑같았다."라는 자명한 상식 논리에 따라 총체적 현상의 본말을 인류 역사의 더 오래된 단계에 적용하지 않도록 주의해야 한다. 이런 종류의 '합선'은 특히 유럽-서양의 역사적 전통이 곧잘 참고하는 이른바 고전고대에 관한 분류와 해석에서, 즉 정체성 형성의 메커니즘에 관한 중요한 연구 분야에서 오래전부터 두드러지게 나타난다. 특히 정체성을 확인하고 자신들의 위치를 정하려는 이러한 시도를 고려해 학자들은 자기 시대의 상황과 유사한 상황이 이전 시대에도 존재했다고 원칙적으로 가정하기를 마다하지 않아 왔다.

예를 들어 경제사 영역에서 에두아르트 마이어Eduard Meyer와 로베르트 폰 푈만Robert von Pöhlmann 같은 저명한 학자들은 경제와 사회의 주요한 자본주의적 조직 요소들을 고대 세계에 적용하는 바람에 그 분야의 다른 학자들, 특히 카를 뷔허Karl Bücher와 크게 충돌했다. 이는 고대 경제사 연구에 지대한 영향을 미쳤고, 그 영향은 오늘날에도 여전히 감지된다.[9] 오늘날 사람들은 대도시와 전 지구적 소통의 관점에서 말하는 데 익숙하지만, 그 과정에서 고대에 가장 큰 도시라도 인구 100만이 넘는 현대의 거대도시와는 차원이 다르고 세계를 몇 시간이 아니라 잘해야 몇 년에 걸쳐 일주할 수 있었다는 사실을 무시한다. 그 차이는 양적일 뿐만 아니라 질적이기도 하다. 그리고 일반적으로 과거와 비교해 현재 상황의 중요성을 고려할 때는 그 차이를 강조해야 하며, 심지어 실험적 방법으로라도 그 차이를 지나칠 정도로 강조할 필요가 있다. 이는 앞에서 언급한 합리적인 감시와 통제의 여러 요소 가운데 하나일 뿐이다.

그러나 역사의 '현대적 내용' 문제는 해석의 지배 및 우위 문제와 관련된 경우에서, 즉 누가 역사를 만들고 기록하는지, 후세에 무엇이 남을지 같은 주요한 문제에서 훨씬 더 뚜렷하게 드러난다. "역사는 승자의 기록이다."라는 말은 친숙한 격언이다. 그러나 넓은 의미에서 그것은 정확히 지구사에 가장 중대한 문제를 제기한다. 어떻게 보면 그것이 세계사의 구성 요소이므로 이 문제를 고려하지 않을 수 없는 것이다. 이는 세계사 혹은 지구사 전체의 실질적 구성 요소가 무엇인지 물어보면 금방 분명해진다. 세계사란 지금까지 알려진 사실을, 그리고 단지 완벽함을 위해 현재 수집하는 모든 사실을 백과사전식으로 집결해 놓은 것은 분명 아니기 때문이다. 그런 것은 다루기 어렵고 일관성 없는 정보를 뷔페처럼 늘어놓은 것일 뿐이다. 마음에 드는 알고리즘이 어떤 것이든 그것을 사용할 수는 있겠지만, 세계사는 말할 것도 없고 우리가 역사라고 아는 것이 그렇게 빅 데이터를 모아 놓은 것에서 생겨날 수 있는지 진지하게 의심하는 것은 타당해 보인다.

역사는 일관성 없이 뒤섞이고 끊임없이 증가하는 사료 더미에서 수집한 실마리와 징후, 출처로부터 사실을 전달하는 필수적 일을 해낸다. 그렇다고는 해도 역사는 이미 앞에서 지적한 것처럼 늘 구체적인 주제 선택과 사료 선별에 의해, 그리고 역사가의 관점에 의해 좌우된다. 여기서 필수적인 부분은 중요한 것과 중요하지 않은 것을 구분함으로써 입증된 분류와 해석을 하는 것이다. 이와 관련된 명백한 문제는 세계사에 접근할 때 아주 명확해진다. 정확히 지구사적 관점에서 무엇이 중요했고 현재는 무엇이 중요한지 밝혀내는 것이 세계사에 접근할 때의 주요 문제이기 때문이다. 그리고 여전히 유효한 조건으로서 현재를 역사 전반이 보이는 경향보다 훨씬 더 큰 범위에서 역사의 척도로 간주해, 성공적으로 달성된 것들에 스스로 비교해 본다.

작가인 프리드리히 폰 실러Friedrich von Schiller는 널리 알려진 예나 대학 역사학 교수직 취임 강연에서 세계사란 "세계의 현재 모습과 현세대가 살아가는 환경에 이견 없이 누구나 알아볼 수 있는 상당한 영향력을 행사한" 사건들과 관계가 있는 것이라는 생각을 표명했다.[10] 이 말에서 우리는 다윈주의의 '적자생존' 개념이 전면에 나선 것을 볼 수 있다. 그리고 이러한 맥락에서 알프레트 호이스Alfred Heuß는 '기회주의'를 언급했고, 더 나아가 이 문제에서 역사가는 "무자비한 현실에 굴복해야 하고 대단한 일이 일어날 것이라는 점을, 그리고 정확히 그로 인해 위대함이 증명될 것이라는 점을 믿"으라고 강조했다.[11] 그런 태도가 거의 무의식적으로 유럽 중심적 관점을 조장한다는 점에서 이 상황은 나아지지 않는다. 어쨌든 이로 인해 레오폴트 폰 랑케Leopold von Ranke가 공식화한 역사주의 철칙인 "모든 시대는 신과 직접 연결되어 있다."라는 원칙은 상당히 위태로워진 듯하다.[12]

그런 점에서 이러한 사실들과 세계사의 근본적 문제를 특히 '식민지 시대 이후 연구'의 관점에서 활발하게 논의해야 한다는 주장은 지극히 타당하다. 마찬가지로 시대별 차이를 제대로 다루고 적어도 구속적 사고방식과 거리를 두려고 시도하기 위한 맥락에서는, 우리의 관점을 의식적으로 전환하고 역사의 희생자들에게 더 큰 목소리를 부여하며 눈에 덜 띄는 역사의 측면을 좀 더 심도 있게 조명함으로써 우리 자신과 독자들이 주류 사상의 함정을 민감하게 알아차릴 수 있게 하는 것이 도움이 될 수 있다. 이와 관련해 디페시 차크라바르티Dipesh Chakrabarty는 '유럽의 지방화'에 관해 말한 적이 있다.[13] 일반적으로 말하면 다중심성과 다극성을 강조하고 전 세계 다양한 문명의 다면적인 상호 관계와 연결에 집중하는 것이 타당하다.[14] 앞으로 보겠지만, 특히 이 책에서 이러한 종류의 다중심적 접근이 등장한다.

그런데도 사실성과 성공의 가혹한 체제는 여전히 온전하다. 역사적 측면에서 보면 모든 시대와 문화는 나름의 우수성을 갖고 있다. 그리고 원칙적으로 모든 것이 장기적이고 지속적인 현상임을 스스로 증명할 기회가 있다. 많은 것이 들어가 세계사의 구성 요소를 이루었으니, 세계사를 재구성하려면 적어도 간접적으로라도 많은 것을 고려해야 한다. 그러나 전 세계를 역사적 시선으로 바라볼 때, 모든 것이 같은 무게를 지닌 것은 아님을 인정할 수밖에 없다. 그것이 전 세계 역사에 이바지했는지 따져 보는 시험을 통과해야 한다. 다시 말해 어떤 면에서 지속적 의미를 지녀 왔는지 보여 주어야 한다. 여기서 의미는 보편적 관점에서 정의되므로 어떤 사건의 영향, 동시대성, 성공이 특별히 중요하게 여겨진다. 말하자면 세계유산이 되기 위해 경쟁한다는 이야기인데, 모든 경쟁자에게 기회가 있는 것은 아니다. 그리고 응당 인류의 유산에 포함되어야 할 만큼 의미가 있다는 점을 증명할 수 있어야 한다.

지금껏 살펴본 것처럼 이 문제의 핵심은 문제의 사건에 관해 무엇이라도 알아야 한다는 기본적 전제 조건이다. 그래야만 사건의 영향을 고려하기 시작할 수 있다. 그러나 정보를 얻는 데 필요한 능력은 우리가 처리할 수 있는 부분이라고 해도, 그것만으로는 충분하지 않다. 그래서 기원전 11세기에 슈바르츠발트[1]에 존재했던 마을 공동체 생활은 고고학적 연구 결과 덕분에 이제는 제대로 알 수 있게 되었다고 해도, 유대 언덕에 있던 여부스족의 청동기시대 주거지에서 일어난 사건들에 비하면 동등한 중요도를 갖지 못한다.

이러한 종류의 가중치는 어떤 사건의 영향과 그로 인해 생긴 결과에 따라 정확하게 결정된다. 그러나 그 두 가지 모두 특정한 역사적 복합체와 주제, 현상, 사건들에 특별히 유효한 특성을 부여하는 어떤 성질과도 관련이 있다. 우리는 이와 관련해 '세계적 인정worldwide recognition'이라는 표현을 사용할 수 있고, 실제로 만국사의 전통적 개념을 다루는 많은 이론가가 이러한 접근법을 채택했다. 예를 들어 오스카어 쾰러Oskar Köhler가 '세계적 주제Welthaltigkeit'를 언급하는 반면에, 호이스는 다소 다른 관점에서 '세속성Welthaftigkeit'을 말한다.[15] 이러한 틀 안에서 고려해야 하는 것이 무엇이든, 그것은 늘 가장 다양한 도덕적·철학적 범주를 수반하는 열정적 토론의 주제가 될 것이다. 하지만 여

1 '검은 숲'이라는 뜻으로, 독일 남서부 바덴뷔르템베르크주에 있는 숲과 산맥을 가리킨다.

기서 중요한 문제는 누군가(예를 들면 우리)가 그러한 조건을 만족스럽다고, 혹은 옳거나 도덕적이라고 생각하는지가 아니다.[16] 그보다는 역사적 사실에 관한 결정이 중요하다. 그리고 이것은 우리가 원하는 것보다는 우리가 가진 증거가 실증적으로 전달하는 데이터를 보며 헤쳐 나가야 하는, 사실을 기반으로 하는 토론을 되풀이해 일으킨다. 역사를 다시 써서 바꿀 수는 없는데도 말이다.

결과적으로 세계사의 문제는 우리의 지식이 심각할 정도로 불완전하다는 점뿐 아니라 사료 선택과 관점을 결정하는 불가피한 요인들에서도 찾을 수 있다. 그리고 이 책과 관련해서는, 현대의 역사시대와는 달리 우리의 주제를 형성하는 긴 기간을 논할 때 우리는 심지어 그 세계의 관점으로 이야기할 수 없다는 더 복잡한 요소가 있다. 이는 현대적 의미에서 보면 당시에 살았던 사람들이 그렇게 생각하거나 인식할 수 없었기 때문이다. 한편 세계의 총체적 성격에 대한 고려와는 관계없이, 세계사를 통해 독자들은 적어도 가장 광범위하게라도 이 기간에 세계에서 발생한 사건들에 관한 정보를 얻기를 당연히 기대할 수 있다. 그리고 확실히 이 책에서는, 특히 1부에서는 그러한 정보가 제공될 것이다.

한편 우리는 그 자체로 의심할 여지 없이 지구사적 의미를 지닌 어떤 요인의 수혜자이기도 하다. 이 요인은 앞에서 개략적으로 설명한 문제들을 다소 완화해 주고 어느 정도는 불만족스러운 상황도 참을 수 있게 해 주는데, 그것은 바로 세계사가 우리에게로 되돌아왔다는 사실이다! 이러한 결과는 이 책에서 다룰 시대를 통해, 이후의 세계 형성에 아주 각별하고 원칙적으로 논쟁의 여지가 없는 영향을 미쳤고 지금도 미치는 일종의 문화적 복합체를 우리가 처음으로 확인해 설명할 수 있게 되었으므로 가능했다. 그와 동시에 이 문화적 복합체들은 각지의 상황 안에서 전적으로 자기 민족 중심적 특성을 띠기까지 한, 하나의 '세계'라는 개념을, 다시 말하면 포괄적 세계라는 개념을 탄생시켰다. 이 복합체들은 처음에는 고립되어 있었다. 그러나 정도와 시간의 차이가 있기는 하지만, 이후에는 서로 연결되어 적어도 (처음에는 '다른 세계들'이라고 말하는 것이 더 정확할 수도 있는) 훨씬 더 큰 세계가 생기고 있다는 인상을 주기에 이르렀다.

우리의 관점에서, 그리고 아주 포괄적으로 먼저 표현해 이 책에서는 중국, 인도아대륙, 근동, 북아프리카, 지중해 지역에서 일어난 매우 구체적이고 매우 영향력 있는 문화적 발전을 다룰 것이다.[17] 여타 지역과는 다른 시간적 리듬에 맞추어 전개되었지만, 아메리카 대륙에서도 비슷한 발전이 이루어졌다.[18] 고대에도 이 문명들 사이에 다소 밀접한 접촉이 부분적으로 있었고, 그 덕분에 그들은 세계('고대 세계')라는 개념을 공식화할 수 있었다. 특별히 이러한 맥락에서 '선진 문명'이 언급되기도 한다. 이 용어에는 가치판단이 내포되었으므로, 이 역시 논란을 불러일으킬 수 있는 개념이다. 그러나 그것이 세계적 인정에 관한 사안이라면, 그러한 분류는 불가피하다.

물론 단순히 그 용어의 사용을 자제할 수는 있지만, 궁극적으로 중요한 것은 단어 자체가 아니라 분석적이고 과학적인 방법으로 해석해야 하는 일련의 사실이다. 우리는 아주 복잡한 특정 사회적·정치적 조직 형태와 문화적 조건화를 나타내기 위해 '선진 문명'이라는 용어를 쓴다. 그러한 구조와 지식 체계에 속한 사람들은 특정한 도전에 대응할 수 있었고, 더 나아가서는 장기간에 걸쳐 그렇게 할 수 있었다. 덧붙여 말하면 이른바 근대국가가 존재했던 시간을 훌쩍 뛰어넘을 정도의 기간이다. 지금 우리는 수천 년의 기간에 관해 이야기하고 있다! 정확히 그런 사실에 근거해 이 문명과 조직 형태들은 그들만의 행동 메커니즘을 전달할 수 있었을 뿐 아니라 그것들에 대한 기억을 장기적으로 보존해 결국 그들 자신의 존재를 초월한 일련의 전통을 세울 수 있었다. 바로 이것이 그 문명들이 세계적으로 인정받을 수 있게 해 주는 기초를 형성하고 넓은 의미에서 그들을 '세계유산'으로 만들어 준 것이다.

이 책의 주된 초점과 구조는 이러한 고려 사항들에 의해 결정되었으며, 그 결과로 선사와 초기 역사를 다루는 1부 이후의 내용은 이러한 문화 지역(요약하면 근동, 지중해 지역, 중국, 인도)에 따라 배치되었다. 그리고 그 외에 두 가지 측면에도 특별히 관심을 기울였다. 이미 언급한 것처럼 각각의 문명은 자기들만의 색다르고 개별적인 방식을 취하면서도 부분적으로는 교류와 호혜의 과정을 거치고 있었고, 그 과정을 통해 이 문명들 안에서는 세계라는 개념이, 즉 모든 것을 아우르는 전체성의 개념이 생겨났다. 이 개념은 그 문명들의 독특한 성격을 형성하는 데 절대 작지 않은 역할을 했고, 그 문명들에 상당한 영향을 미쳤다. 이러한 양상들은 이후 내용에서 특히 집중적인 검토 대상이 된다.

또한 인류의 초기 세계를 다룬 이 책의 저자들은 현대의 지구사로서의 세계사 연구에서 특별한 관심의 초점이 되는 현상들의 유형을 제대로 이해하고 있다. 더욱이 이 현상들은 이미 고대 세계의 상황을 서술하고 분류하는 과정에서 다른 많은 방법으로 이용된 바 있다. 이러한 맥락에서 각각의 세계 안에서뿐만 아니라 좀 더 큰 실체로 생각되는 세계들의 문화적 관계가 주된 고려 대상이 된다. 그 외에도 종종 멀리 떨어져 있으면서도 절점節點의 구실을 하는 접촉 지대에도 관심이 집중된다. 상호 영향과 상호 연계, 혼성화와 교배 과정, 이주와 문화적 이전이 모두 심층적으로 검토되며, 지역이나 문화에 집중된 해설의 경우보다 더 집중적으로 검토되는 경우도 흔하다. 이렇게 함으로써 개별 문명을 초월하는 여러 종류의 영향까지, 즉 눈에 보이는 영향뿐 아니라 뿌리 깊은 영향까지 모두 정확히 밝혀냄으로써 가능하다면 그것들의 역사적 위치를 결정짓는 것이 목적이다.

그런데도 이 책이 고찰하는 시대에 우리는 본질적으로 복수의 세계를 다룬다고 말해야 맞는다. 이 세계들은 동쪽과 서쪽에서, 즉 한편에는 극동과 동남아시아라는, 다른 한편에는 중동과 지중해 지역이라는 두 주요 무게중심에서 더욱 뚜렷이 함께 성장했고, 그 와중에 주요 강대국 블록 간의 접촉 또한 증가하고 있었다. 심지어 미국을 고려 대상에서 잠시 제외하더라도 현대 세계의 상황과는 달리, 단일한 전 지구적 세계로 진화하고 있었다는 사실은 여전히 의문의 여지가 없다. 그러나 복수의 세계가 이 책의 중심에 있다는 사실이, 그리고 서로 다른 세계들이 나란히 존재했다는 사실이 나타내는 다극성은 세계화된 세계 혹은 세계화 중인 세계가 단순히 유럽과 서양이 조직한 근대화 과정과 그에 상응하는 '진보'라는 서사에 따른 결과가 아니라는, 세계사적 맥락에서의 인식을 높이는 데 도움이 될 수 있다. 그 대신에 이것은 상당히 서로 다른 전통과 개념, 비전과 사고방식이 장기간의 발전 노선은 물론 더욱 복잡한 경로를 통해서도 주목받은, (실제로 이 경우에는 세계적 인정까지 받은) 진정한 의미의 지구사적 과정을 보여 주는 사례다.[19]

이 책의 여러 글에서는 특히 사료와 관점의 차이가 반영되었다. 저자들은 각자 자신의 특정 부분을 강조함으로써 세계(들)의 다극성을 파헤쳐 냈다. 헤르만 파르칭거Hermann Parzinger는 현대 세계 차원에서 전 지구적 개관을 제공한다. 이 고고학자의 전문적 시선은 파노라마식 관점에서 세세한 부분까지 전 세계의 중요한 문명과 지역들에 초점을 맞춘다. 파르칭거가 맡은 1부는 특정 현상을 아주 상세하게 묘사하는 동시에 많은 사료를 관통하는 명확한 경로를 파악하고, 항상 각각의 사례가 전체로서의 발전에 얼마나 유의미한지 연관 짓는다. 기본적으로 그의 재구성은 해석이 관련된 경우, 마땅히 기울여야 하는 모든 주의를 기울이면서도 물질문화에 의지한다. 따라서 세계의 다른 지역들과 관련해, 더욱 복잡한 조직 형태로의 명확한 발전이 애초에 어떤 배경에서 이루어졌는지 밝혀진다. 또한 이러한 방식으로 그 조직 형성의 중요한 예비 단계가 명확해진다.

중국을 다룬 4부에서 마크 에드워드 루이스Mark Edward Lewis의 서술이 다른 모든 저자의 서술보다 더 늦은 시점부터 시작된다는 것은 부인할 수 없는 사실이다. 그러나 그는 중국의 발전을 설명하면서, 복잡하나 궁극적으로는 보편적 조직 형태와 개념적 지평이 어떤 조건에서 일어나고 유지되며 되살아날 수 있는지 이념형적 방법으로 명확히 밝혀 준다. 루이스는 모든 지역을 포함하는 제국과 지역적·지방적 전통 및 형태가 중국 문화의 구조 내에서, 그리고 오랜 시간에 걸친 이 문화 구조의 변형 과정에서 나란히 존재했음을 설명해 준다. 다시 말해 개별 국가의 형성에서 시작해 사적으로 부풀린 중앙 권력을 갖춘 제국까지, (특히 문자 체계의 발달에서 입증되는) 증대된 조직 역량까지, 지역 엘리트층의 협력에도 의존하되 어쨌든 대내외적으로 안전을 창출할 수 있었던 엄청난 잠재력까지 설명해 준다. 이러한 지배적 통일체는 특정 조건에서 무너지고 다시 세워질 수도 있다. 그러나 그것은 적어도 하나의 개념으로서는 지속적으로 효과적이다.

인도아대륙 문명들은 역사 관찰자에게 특별히 다면적인 그림을 제시한다. 문화적 호혜 효과와 혼성화 과정에 대한 식민 시대 이후의 연구, 조사, 숙고 및 논의에서 말하는 근본적이고 정치적으로 유의미한 토론은 정확히 이러한 맥락에서 중요한 역할을 한다. 악셀 미하엘스Axel Michaels는 역사가에게 필요한 방법론적 감수성을 발휘해 무엇보다 초문화주의 개념을 역사 서술의 중심에 둔다. 이는 이 책과 관련된 복잡성을 "담아"내는 데 적합한 방법이다. 미하엘스는 주로 종교적 현상과 종교 형태가 사회적·정치적 조직 형태를 초월하거나 그것과는 무관하게 어떻게 역사적 유효성과 세계적 인정에 기여할 수 있는지 밝히는 일에서 출발한다. 이러한 방식으로 그는 현재 상태를 더 잘 이해할 수 있는 시각을 열어 준다.

카렌 라트너Karen Radner는 중요한 문화 지역인 고대 이집트와 고대 메소포타미아를 (그 주변 지역까지 포함해) 소개한다. 사실 두 지역은 대체로 따로 다루어지는 경향이 있다. 두 지역 모두 상당히 오랫동안 안정적 상황을 유지했는데, 그 점이 바로 이 문명들의 특성을 설명해 준다. 따라서 라트너가 그 두 지역에서 복잡한 '선진 문화' 구조가 출현하게 된 환경뿐 아니라 대대적인 단절과 불연속성의 시기를 거치면서도 계속 살아남았다는 사실에 관심을 돌리는 것은 당연하다. 이러한 관심은 정치조직과 기술 발전, 환경적 요인들 간의 관련성을 반복적으로 입증해 내는 전체론적 접근 방식에 의해 높아진다. 라트너가 각기 독립적 기원을 가진 두 개의 다른 문화를 언급하므로, 상호 교류와 영향의 개별적 형태에도 동시에 관심을 기울일 수 있다.

한스요아힘 게르케Hans-Joachim Gehrke는 이 문화들의 전파가 특별히 중요하다고 본다. 그가 서로 다른 문명과 조직들의 공통점과 상호작용뿐만 아니라 그것들로부터 갈라져 나간 것들까지, 그리고 그것들과는 별개의 독립적 요소들까지도 지적한다는 점에서 그렇다. 우선 그는 이스라엘과 레반트 지방, 그리스, 이탈리아에서 두드러지게 발견되고 결국에는 지중해 전역으로 퍼져 나간 다소 작은 규모의, 정치적·사회적으로 덜 복잡한 형태에 초점을 맞춘다. 그리고 고대의 그리스인과 로마인들의 '고전' 문명을 그들의 환경과 결부 짓는 한편, 그들이 어떻게 각각 폴리스와 공화정 형태로 조직 형태를 발전시켰는지 보여 준다. 이후 그들의 조직 형태는 보편 제국 형태로 확장되면서 결국 유럽을 중동-지중해 지구사의 범위에 합류시켰다. 게르케는 또한 이 문명들의 추후 발전이나 수용 과정도 검토했다.

이미 강조했듯이 저자들의 다양한 입장과 관점을 인위적으로 획일화하지는 않았다. 그들의 관점은 각자의 학문적 전문 지식 분야와 그들의 위상을 나타내 줄 뿐만 아니라 더 중요하게는 이 책에서 검토하는 문명들의 (각기 다른) 구체적 요소들을 설명해 주기도 한다. 그러므로 서술의 차이는 개별 저자의 각기 다른 입장 때문일 뿐만 아니라 기본 상황 때문이기도 하다.

특히 역사가들이 처리해야 하는, 어쩔 수 없는 주요한 차이 중 하나는 각자의 사료가 아주 가변적인 상태라는 점이다. 내가 앞서 언급한 일반적 문제는 비문자 사료와 문자 사료의 차이를, 그리고 결과적으로는 세계사에 대한 고고학적 접근과 협의의 역사학적 접근의 차이를 고려할 때 특히 명백해진다. 정확히 이 책에서 다루는 시대와 관련해 고고학은 필수 불가결한 요소이며, 고고학과 결부해 초기 역사나 선사시대를 제대로 설명할 수도 있다. 그러나 사료의 다양한 특성이 우리의 접근법에, 그리고 결과적으로는 조사 결과에 어느 정도 영향을 미친다는 사실 또한 고려해야만 한다. 이것은 언제나 일반적 사항으로 명심해야 할 부분이지만, 관련된 사람들을, 즉 역사적 사건의 실제 행위자를 연구할 때 특히 명심해야 한다. 이는 특히 현대로부터 역사를 거슬러 올라가는 다리를 놓고자 할 때, 그리고 그 과정에서 집단적 정체성이 작동할 때 곧바로 정치적 쟁점이 될 수도 있다.[20]

선사시대로 정의된 문명들은 현대의 학문적 분류의 결과물이다. 이러한 분류는 특징적인 것으로 여겨지는 유물의 어떤 특성에 대한 정의에 기초한다. 그리고 이 특성들은 다시 특정 장소와 동일시되며, 일반적으로 특정한 역사적 행위자들과도 연관 지어 생각된다. 그 결과 유물이나 장소의 양식상 특징들이 선사시대로 정의된 문명에 이름을 부여하는 경향이 있다. 예를 들어 학자들은 (도자기 장식에서 이름을 따온) 선대문 토기 문화線帯文土器文化, Linear Pottery culture나 (그리스 지명에서 이름을 따온) 미케네 문명을 언급한다. 그리고 이 문명들을 특정한 행위자들과 동일시해 '선대문 토기 제작자'나 '미케네인'으로 간편하게 식별하는 경우가 적지 않다. 그 명칭이 아무리 잘 만들어졌다고 해도, 여기서 우리가 어쨌든 현대식 명칭을 다룬다는 사실을, 그리고 이러한 명칭이 해당 행위자들의 자기 이해와 조금이라도 관련 있다는 의미는 아니라는 사실을 제대로 안다면, 그러한 지칭은 적절할 수 있다. 또한 이러한 지적은 '인도유럽어족'이나 '셈족' 같은 역사적·언어학적 관찰을 통해 인위적으로 만들어 낸 단어들에도 해당한다.

집단적 정체성도 이른바 표식을 통하거나 시각적 묘사의 기록을 통해 물질문화에서 의도적으로 표현을 빌려 온 것일 수 있다. 그러나 우리는 다른 집단에, 즉 문자 기록을 통해 입증된 집단에 그 정체성을 먼저 적용할 수 있는 경우에만 이것을 정규 담론의 일부로 인정할 수 있다. 그것들이 문자 사료에 그리 언급되어 온 경우에만 이 행위자들을 직접적으로 그렇게 부를 수 있고, 그에 따라 그들에게 이름을 부여할 수 있는 것이다. 그러나 이 작업 역시 금세 어려움에 부딪힌다. 예컨대 문자가 어디서나 같은 방식으로 널리 사용된 것이 아니므로, 이들 집단 중 다수가 자기 자신에게 붙인 명칭을 알 길이 없다. 그 대신에 우리는 자기들만의 분류 기준에 따라 활동하던, 문자 문화의 대표자들이 붙인 명칭만을 안다. 따라서 우리에게는 대외적 명칭만이 남아 있는 경우가 상당히 많다. 예를 들면 이집트 사료에 이른바 바다 민족으로 기록된 이름이나, 로마-라틴식으로 표기된 켈트족 이름들이 여기에 해당한다. 결국 그러한 이름에 구체적 의미가 얼마나 담겼는지, 그것들이 어느 정도로 해당 집단의 자기 인식을 반영하는지는 영원히 미해결 문제로 남을 수밖에 없다.

특히 이러한 문제는 역사가가 개요를 서술하려고 하고 고고학적·언어학적 분류에 따라 결정된 문화적 요인들을 전통적 실체와 동일시할 때마다 발생하는데, 라텐 문화의 대표자들을 켈트족과 연관 짓는 경우를 예로 들 수 있다. 각각의 경우에 이러한 연관성은 항상 구체적으로 입증되거나 타당한 것으로 증명되어야만 한다. 이와 관련된 문제들은 전통적 명칭들이, 그리고 현대적 관점에서 사용된 명칭들이 본질적으로 민족 개념에 따라 사용된다는 사실로 말미암아 더욱더 가중된다. 그 과정에서 이러한 이름표가 붙여진 집단들은 공통 혈통 집단으로, 즉 부족이나 민족, 유사 집단으로 여겨져 이후에 기준점으로 사용될 수 있다.

현재의 사회와 국가, 집단은 그러한 식별을 통해 '의도적 역사intentional history'[2]라는 의미에서 정연하게 활동한다. 그리고 그것은 민족학적으로 결정된 민족주의의 형태로 축약된 국민성이라는 개념과 자주 밀접한 관련을 맺는다.[21] 예를 들면 영토에 대한 정치적 주장도 이러한 과정의 핵심 부분이다. 독일과 폴란드의 '게르만' 도자기와 '슬라브' 도자기에 관한 토론이나 '성지'의 고고학적 유물과 인공유물에 관한 계속되는 논쟁을 생각해 보기만 해도 알 수 있다. 이러한 종류의 정치적·이념적 앙금 때문에 그런 기준점이나 명칭을 배제하는 대신에 일종의 추상적 용어를 사용하려는 마음이 생길 수도 있다. 그러나 그러한 시도 역시 문제가 없지는 않다. 그런 명칭을 완벽히 무시하는 것 또한 이런 분쟁 지점과 관련된 역사적 사실에 대한 '해석'을 생략해 버리고 단순화를 추구하는 사람이나 공론가에게 그 분야를 맡겨 버리는 것을 의미하기 때문이다. 반대로 그런 식별 문제를 깊이 고민하는 것이야말로 학문적 원칙에 따라 활동하는 역사가의 과제다.

따라서 정확히 그런 전통적 개념을 다룰 때 우리는 그 개념들이 아직 해결되지 않은 상태라는 점을, 다시 말하면 그 개념들이 불확실하다는 점을 명심해야 하고, 그런 집단들 자체가 외부적으로나 내부적으로 속성을 부여한 결과물이라는 사실을 특히 고려해야만 한다. 그 집단들은 항상 '상상된 공동체'이며, 심지어 이 개념이 '구체화'한 상태였을 때조차도 그 자체로 본질화했다.[22] 일반적으로 말해 그것들은 인식과 조사, 협상의 과정을 숨긴다. 초문화주의 정신에서 문화 간의 접촉과 상호작용에 특별한 관심을 끌어내려고 하는 이 책의 접근법은 사물을 바라보는 이러한 방식을 뒷받침하기 위해 고안되었다.

마지막으로 문자 사료와 비문자 사료의 차이와 관련된 또 다른 문제도 강조되어야 한다. 대체로 문자언어의 도입을 인간의 사고력의 주목할 만한 질적 도약과 연관 짓는 이론은 다양하게 존재한다. 이제 문자의 사용이 의미하는

2 특정한 사회나 집단이 정체성 형성 등 내부의 요구로 말미암아 스스로 신화나 전승, 과거를 만들어 가는 것을 뜻한다.

내적 변화의 중요성을 절대로 과소평가해서는 안 된다. 그것은 이 책에서 다루는 대로 지구사적 유의미성을 지닌 문화를 정확히 정의하는 데 중요한 역할을 한다. 그러나 반대로 인도 문명의 영역에서 구술성의 의미가 가르쳐 준 것처럼, 문자 사용을 과대평가해서도 안 된다. 어쨌든 복합적 형태로 발전했다고 해서 반드시 그에 부합하는 문화적 성취를 이루었다는 것을 전제하지는 않기 때문이다. 그 신전을 건설한 사람들에 대한 더 많은 정보가 알려지기 전에는, 신석기시대의 여명기에 정착 생활을 막 시작한 어떤 사회가 튀르키예의 괴베클리 테페에 엄청난 신전을 건설할 역량을 지녔을 것으로는 절대 생각하지 못했을 것이다. 여기서도 차별화하는 관점을 유지할 필요가 있는데, 그래야 개별 문화 요소와 그 요소들의 상호작용을 다룰 충분한 여지가 생기기 때문이다.

구조적 비교를 통해 보는 기본 생활 방식

세계사를 인류의 역사, 호모 사피엔스의 역사, 혹은 그 사람들과 그들 문명의 역사로 생각하면 어김없이 인류학적 상황에 직면한다. 그것은 역사적 세부 사항의 문제일 뿐 아니라 '인간'에 대한, 그리고 시간의 흐름에 따라 펼쳐지는 인간의 잠재력에 대한 일반적 진술의 문제이기도 하다. 따라서 이러한 의미에서 역사인류학적 관점은 다소 체계적이고 구조적인 각도에서, 무엇보다도 변화의 관점에서 본 다양한 특징과 구체적 요인들에 치중한다.[23] 우리는 여기서 주로 생태적·경제적 기본 조건과 사회의 조직 형태에, 그리고 지적·심미적 해석 패턴에 관심을 둔다. 지구사의 맥락에서 우리는 현상학적 의미에서의 여러 가지 생활환경을 반복적으로 만난다. 이것들은 여러 방법으로 서로 연결될 수 있고 뒤얽힐 수 있다. 이러한 환경을 자세히 조사하고 이념형적 방법으로 분석하며 이를 바탕으로 비교하는 것 역시 세계사 연구의 필수적 부분을 구성한다. 세계사의 생명력은 이러한 비교와 분석을 통해 형성되기 때문이다.

이런 의미에서 이 책이 검토하는 광범위한 시간대에 이루어진 경제활동, 공존, 의미 창출의 몇몇 기본적 징후를 모델로 나란히 제시하고 그것들의 차이점과 공통점을 기초로 비교한 결과를 도출하는 것이 이후 내용에서 우리의 과제가 될 것이다. 이 과정은 동시에 정도가 다른 복잡성을 드러내고 역사적 변화를 뒷받침하거나 방해하는 요인들을 밝혀낼 것이며, 특히 본질적인 기본 조건들을 설명함으로써 보편적 중요성을 지닌 주요한 체계인 선진 문명들을 극명하게 보여 주는 역할을 해 줄 것이다.

이 책에서 다루는 시기에 경제 영역에서 두드러지게 나타난 결정적 발전은 통상적으로 신석기 혁명이나 농업혁명으로 불리는데, 일반적으로 말해 이 농업혁명은 마지막으로 살아남은 호미니드Hominids[3]인 호모 사피엔스의 생활 방식을 근본적으로 특징지었다. 이 발전의 개별 양상은 상당히 복잡하지만, 요컨대 수렵·채집 생활 방식에서 생산적 생활 방식으로 전환하는 것을 보여 주는 과정이었다. 따라서 식량 공급은 더는 동물 사냥이나 과일 및 견과류 채집에 의존하는 것이 아니라,(물론 이 식량 공급 방법은 계속 이용되었고, 적어도 식단을 보충하는 방법으로서 계속 중요하기는 했다.) 농작물 재배와 가축 사육에 의존하게 되었다.

이러한 농경 생활 방식 및 경제는 그와 관련된 자급 농경이 가능한 지역에서, 즉 지형이 농사에 적합하고 충분한 관개가 가능한 지역에서 시작되었다. 의미 있게도 구세계에서 특히 주요한 역할을 한 것은 하천의 범람원이었다. 인더스강, 갠지스강, 양쯔강, 황허강과 더불어 나일강, 유프라테스강, 티그리스강이 특히 두드러진다. 전통적 형태의 천수농경이 (적어도 지금 다루는 기간의 일반적 기후 조건에서는) 가능했던 자연환경을 가진 중동의 한 지역은 비옥한 초승달 지대로 불리기까지 했다. 자급 농경은 상당한 정도로 이 책에서 다루는 모든 시기의 초기 단계에 나타난 경제생활과 사회조직의 특징이 되었다. 경제활동이 좀 더 발달한 지역에서도 인구의 70퍼센트에서 80퍼센트는 여전히 이런 생활을 하고 있었다. 따라서 시간이 지남에 따라 모든 변화가 일어나는 동안에도 줄곧 이것은 경제생활의 근간을 형성했다.

주식 역할을 한 작물은 기본적으로 다양한 종류의 곡물들인데, 기후 조

3 이 글에서 호미니드, 즉 사람과Hominidae는 현생인류 그리고 (오스트랄로피테쿠스와 네안데르탈인 등으로 대표되는) 인류의 조상만을 가리킨다. 최근에는 침팬지와 고릴라, 오랑우탄 등의 유인원도 사람과에 포함하는 추세다.

건에 따라 달랐다. 외알밀, 에머밀, 스펠트밀, 보리, 호밀, 서곡, 쌀, 옥수수를 비롯해 아주 다양한 채소도 있었다. 인간이 기른 가장 중요한 동물들은 양, 염소, 소, 돼지, 개, 말과 다양한 종의 낙타였다. 이 동물들은 (말하자면 사냥과 밭갈이 같은) 인간의 활동을 도와주고 사람들에게 단백질과 유제품을 제공하는 등 상당히 여러 가지 역할을 맡았고, 지역적·문화적 기본 조건에 따라 여러 방식으로 이용되었다. 따라서 이 중대한 변화 이후로 인간이 자연에서 발생하는 일에 영향을 미칠 수 있다는 사실이 인간의 정신 구조에서 핵심을 이루었다. 그러나 자연에서 발생하는 사건들은 여전히 인간의 개념적 상상력 속에서 초자연적·신적인 힘과 불가분의 관계에 있었으며, 이런 힘들을 통해 설명되었다. 그 결과 막 형성되기 시작한 초기 공동체에서는 평범한 사람들보다 이러한 영역과 더 가깝게 연결되어 있다고 믿어지는, 남녀 불문의 특정인이나 집단들이 사제나 예언자, 무당 같은 종교 전문가로서 중요한 역할을 하기 시작했다.

시간이 흐르면서 여러 유형의 고정된 주거지에 거주하는 생활 방식이 확립되었다. 주거지 중심에 농지가 있었고, 종종 해당 주거지 외곽에 그 공동체가 보유한 가축을 위한 목초지가 있었다. 그러나 이렇게 정착하는 성향과 함께 다양한 형태의 이동 생활도 존재했는데, 이는 동물 사육에 따라 좌우되었다. 몇몇 집단은 다른 형태의 가축 사육에 부분적으로 집중했으며, 때로는 대규모로 사육하기도 했다. 관련된 동물의 종류와 무리 크기에 따라 그들은 결국 이곳저곳으로 옮겨 다녀야 했고, 그 결과 다양한 형태의 유목 생활을 하게 되었다. 정착 형태의 경제활동과 유목 형태의 경제활동이 겹치는 경우가 많았지만, 지역 여건에 따라 전문화된 집단도 수많이 발생했다. 관심 분야가 다양했으므로 이러한 전문화는 특히 덩치가 큰 가축(예를 들면 말, 낙타)을 키우는 유목민이 관련될 때 정착한 농경민들과 가축을 돌보는 사람들 사이의 충돌로 이어질 수도 있었다. 그러나 협력한 사례도 상당히 많았는데, 특히 정착한 농경민들이 덩치가 작은 가축을 키우는(양이나 염소를 치는) 사람들과 자주 협력했다.

또한 호모 사피엔스는 항상 호모 파베르, 즉 도구를 만드는 사람이기도 했다. 따라서 인간은 도구를 사용하고 기술 발전을 능숙하게 적용함으로써 농사일을 더 단순하고 효과적으로 만들 기회를 점점 더 많이 활용했다. 특히 금속 사용이 늘어났다는 것이 이런 맥락에서 큰 영향을 미쳤다. 경제적 전문화는 계속 진전을 보였다. 다양한 형태의 수공업이 발전했고, 각각의 수공업은 나름의 방식으로 마을 공동체로 통합되었다. 그 결과 마을 공동체는 더욱 다양해졌다. 그러나 수공예가들이 어느 정도 쉽게 돌아다닐 수도 있었기 때문에, 일반적으로 말하면 이 시기에 거래 과정 또한 증가했다. 때때로 상당히 먼 곳과 연결되는 교역망이나 거래망을 탄생시킨 것은 바로 다른 물품에 대한 수요 증가와 함께 금속에 대한 수요였다. 예컨대 계층 분화 과정이 나타나기 시작한 공동체 내에서 위상을 보여 주기 위해 금속이나 다른 물품이 필요했다는 이야기다.

그와 동시에 이 새로운 생활 방식의 결과로 인구가 빠르게 증가했다. 그것은 특히 그 생활 방식에 적합한 지역에서는 주거지 면적과 경제활동의 뚜렷한 확장으로 이어졌다. 현대의 활력적 면모와 특히 비교해 보면, 이러한 확장세는 비교적 장기적인 과정이었다. 그런데도 그 과정은 수백 년 그리고 수천 년에 걸쳐 크게 영향을 미쳤다. 점점 더 많은 땅이 경작되면서 결국 경작할 수 있는 땅이 부족해졌다. 이 과정은 급격한 강수량 감소 같은 장기적 기후변화에 영향을 받은 지역에서 악화하고 빨라졌다. 영토를 넓힐 기회나 식민화를 통해 새로운 지역에 정착할 기회가 없을 때 충돌이 순식간에 뒤따를 수 있었는데, 가끔은 폭력적으로 끝난 충돌도 있었다. 이 과정에서도 사람들은 새로 얻은 기술적 능력을 이용했다.

공동체 전체가 종종 충돌과 전쟁에 휘말리기도 했는데, 주로 성인 남자들에게 해당하는 이야기였다. 따라서 이들은 농부인 동시에 전사가 되었다. 그러나 전문화된 전사 계층이 등장하는 일은 드물지 않았고, 그들 계층은 식량 생산을 담당하는 사람들이 부양해야 했다. 농업이 우위를 차지하기는 했지만, 세부적으로 보면 당시 사회의 경제활동과 사회구조는 근본적으로 다른 방식으로 분화했다. 어느 정도는 토지와 가축의 소유 정도 차이에 따라 명확한 위계질서가 뒤따를 수 있었지만, 그러한 소유권 역시 개인이나 집단의 종교적·군사적 기능에 수반되는 특정한 지위 및 영향력과도 관련이 있었다. 특히 공동체가 대내외적 갈등 때문에, 또는 토지와 자원의 부족 때문에 "스트레스를 받"을 때, 그러한 계층화의 과정은 심화할 뿐이었다. 그러한 상황에서는 특히 지략이 요구되었다.

더욱 복잡한 경제적·사회 정치적·종교적 단위로의 발전은, 이른바 선진 문명의 형성은, 그리고 사회적 우월성을 '국가'라는 형태를 통해 정치적 통제로 공고화하고 제도화하는 것은 그런 어려운 상황에 대처하는 능력과 가장 쉽게 연결될 수 있다. 이 책에서 다루는, 서로 시기가 다르고 근본적으로 서로 멀리 떨어진 세계 여러 지역에서 이 능력은 인간이 자연계를 다루는 방식과 그들의 사회 정치적 조직 형태에 질적 변화를 가져왔다. 그리고 이러한 질적 변화는 초자연적 힘이 작용한다는 인식에서도 일어났다.

의심할 여지 없이 인공적 관개 방식은 이미 오래도록 소규모로 지역 차원에서 존재했다. 하지만 이제 기원전 제4천년기[4]에 이집트와 메소포타미아가 최초로 보여 주었듯이, 몇몇 조직은 대규모로 넓은 지역에 걸쳐 수역을 관리할 능력을 갖추게 되었다. 그리고 대규모 운하 건설을 통해 농경과 수송을 위한 새로운 기회를 창출할 수도 있었다. 어느 모로 보나 그들은 이 지역의 건조한 기후를 극복함으로써 많은 사람의 생계를 보호하는 데 성공했다. 결과적으로 '수력 문명hydraulic civilization'(카를 아우구스트 비트포겔Karl A. Wittfogel)이라는 용어는 인더스 계곡의 하라파 문명, 그리고 중국에서 발달한 대하大河 문화와 함께, 이곳에서 성장한 문명들에 적용되었다.

그런 단일한 인과관계를 통한 설명에 문제가 없지는 않은 것이 확실하다. 그렇기는 해도 인간의 생존과 특별히 관련 있는 특정 자연현상에 대한 통제는 이른바 선진 문명의 필수적 전제 조건이며 중요한 요소이기도 하다. 그것은 마찬가지로 쉽게 비견될 만한 다른 현상들과도 결합한다. 다시 말하면 그로 인해 복잡한 형태의 주거지가 형성된다는 이야기다. 이 주거지는 주로 방

4 기원전 4000년에서 기원전 3001년까지의 기간. 그에 따라 기원전 제1천년기는 기원전 1000년에서 기원전 1년까지에 해당한다.

어 시설을 갖춘 행정 중심지로 기능하면서 기념비적 성격을 지닌 도시 형태를 보여 준다. 중심 역할, 뚜렷한 계층 질서, 협력적 관료제가 특정한 형태의 통치 방식을 만들어 낸다. 이러한 통치는 제례 의식과 종교를 근거로 정당화되며, 그에 부합하게 통치자를 신이나 신들의 대리인, 대표자, 주요한 숭배자로서 신성화하는 과정과 밀접한 관련이 있다. 경제생활은 중앙 권력에 의해 강력하게 형성되고, 물품을 공급하고 배분하며 사람들에게 필수품을 공급하려는 활동으로 유지된다. 이러한 질적 도약과 관련해 신석기시대의 시작과 함께 발생한 큰 변화를 살펴보면, 세계 여러 지역에서 다양한 시기에 발생했고 세계사에 특별한 의미가 있는 문화적 환경의 발전을 촉진하는 데 핵심 역할을 한, 두 번째 '조직적' 혁명이 일어났다고 말해도 문제가 되지 않을 것이다.

이 산업화 이전 사회를 지탱한 경제생활은 농사 활동의 느긋한 리듬을 따랐으며, 이 활동 모두가 한결같은 지속성의 인식에 이바지한 것은 사실이다. 하지만 주요 제국들의 대내외적 경제활동에 특유의 성격을 부여한 것은 다름 아닌 이러한 통제 및 재분배의 요소들이었다. 이 제국들은 자기들의 활동이 생태계에 미칠 부담을 거의 걱정하지 않으면서 인력과 자원을 자유롭게 배치하고 거래 과정을 광범위하게 통제함으로써 경제적·정치적·군사적 안정을 확보하려고 애썼다.[24] 일반인들을 상대로 한 시장 상품의 소비도 소비이지만, 무엇보다도 중앙 및 지방 엘리트층의 요구에 부응한 사치품 소비는 고도의 이동을 초래했고, 심지어 멀리 떨어진 여러 제국과 문명 간의 거래와 상호 관계를 촉진했다.

인간의 기본 사회 단위는 가족이다. 적어도 협의의 생물학적 의미에서 이는 생식의 성적 구성 요소 덕분에 유효한 이야기다. 그러나 그 외에도 다음 세대들이 각자 성장하는 방식과도 정확히 관련이 있다. 사람이라는 '결핍된 존재'는 결정적으로 '사회적 동물'이기도 하기 때문이다.[25] 따라서 가족은 인간의 사회화를 위한 기본 형식을 구성하기도 한다. 가족생활이 어떻게 조직되는지, 가족이 얼마나 모든 것을 망라하는지, 가까운 친척들로 이루어진 원이 얼마나 넓게 그려지는지에 아주 철저한 차이가 있을 수 있다. 이는 성별에 할당된 역할과 상대적 비중에도 해당한다. 그 결과 다양한 형태의 부계 조직과 모계 조직이 발견된다.

그러나 역사고고학적 관점에서 보았을 때, 현재까지 가장 잘 알려진 공동체에서는 핵가족 내에서 아버지의 역할이 더 두드러진다. 이는 공동체 전체의 생활에서 나타나는 부계 지배와 밀접한 관련이 있다. 특히 군사적 요소가 두드러진 사회에서, 그리고 궁극적으로 국가와 제국의 복잡한 통치 형태에서 계층 분화가 심해지면서 이러한 경향이 더욱더 강해질 수 있다. 그러나 무엇보다도 종교 영역에서는 상대적 비중이 다르게 배분된다. 여신과 여성들이 차지한 제사장의 지위는 의미 있는 중요성을 지니며, 통치자의 높은 지위에 비추어 볼 때, 어머니나 여자 형제, 배우자, 첩, 딸 등 그들 집안의 여성 구성원도 마찬가지로 특별한 지위를 부여받는다. 예컨대 엘리트층 여성들이 맡았던 역할이 반복적으로 보여 주듯이, 일반적으로 사회적 지배력은 성별 간의 차이를 감출 수 있다.

지배적 사회집단은 대체로 확대된 가족이거나 그런 집단에서 비롯되었을 것으로 추정된다. 그 결과 혈통, 씨족, 부족이 다양하게 생겼다. 이들은 말하자면 핵심 가족을 중심으로 동심원처럼 계속 무리를 이룬 것으로, 궁극적으로는 민족적 분류의 의미에서 자기들을 혈통 공동체로 여긴다. 이런 방식을 통해서 대면 사회의 형식을 뛰어넘는 수준으로 성장하는 비교적 큰 규모의 집단이 형성될 수 있는데, 이들은 결국 민족으로 불리는 단위들을 형성하고 개개의 언어 안에 같은 민족이라는 생각을 표현하는 개념들을 가지는 사람들이다.

여기서는 혈통이라는 개념을 통해 가족이 기본 모델을 형성하므로, 그런 공동체들은 계층적 질서보다는 평행적 존재를 강조하는 경향이 있다. 이에 관해 학자들은 분절적 혈통 사회segmentary lineage society[5]라고도 말하며, 그러한 사회에서는 '형제간among brothers'이라는 평등주의적 개념이 널리 퍼져 있다. 관련 집단의 전통에 따라 지도적 인물, 부족장, 족장, 연장자 같은 특정인

5 서로 거의 분화되지 않은 체계 내의 광범위한 동족 체계를 말한다. 대표적 예로 이스라엘의 열두 지파를 들 수 있다.

들은 개인으로서 혹은 여럿이 함께 특수한 중요성을 부여받는 경우가 흔하게 나타난다. 하지만 그것이 강압적 권위나 직접 통치의 문제가 아니라 그들의 물리적 위치에 따라 개인에게 부여되는 특수한 권한의 문제라는 것이 중요하다. 또한 이러한 권위는 단순한 명령 권한보다도 더 효과적일 수 있다.

따라서 이런 우두머리나 아버지 혹은 연장자는 자기 백성을 통치하는 것이 아니라 그의 지위를 인정해 주는 존경심으로 그들을 이끈다. 그는 심판이나 중재자, 조정자의 역할을 한다. 이런 유형의 사회 단위는 매우 끈끈한 관계일 수 있는데, 정확히는 혈연이 같다는 확고한 의식과 감정이 의심할 여지 없이 우세하기 때문이다. 더욱이 이는 신화적 이야기와 더불어, 공동체 의식과 종교적·마법적 행위를 초래하는 다양한 의식을 통해 계속 강화된다. 특히 농경 마을 공동체의 경우 근접성이 가지는 구체적 의미를 추가 요인으로 꼽을 수 있다. 이러한 마을 공동체들에서는 이웃 간의 연대감을 심어 주기 위해 마련된, 각 마을 특유의 처벌 조치를 갖춘 엄격한 사회규범이 발견된다.[26] 이들은 명백한 상호주의를 지향한다. 달리 말하면 긍정적 의미와 부정적 의미 모두에서 주어지는 응보를 의미한다. 앞에서 언급한 종류의 권위와 내부적 결속을 기초로, 이러한 종류의 소규모 공동체들은 원로 회의, 가장 협의회, 자유민 회의 같은 독립 조직을 겨냥한 특정 기관들을 설립하기도 했다.

동시에 가족 혹은 변형된 가부장제는 사회를 통합하면서도 사회적 불평등을 조장하는 모델을 제공하기도 한다. 여기에는 후견주의 메커니즘이 수반되는데, 이는 매우 구체적이면서 효과적인 형태의 '수직적 연대vertical solidarity'(얀 아스만Jan Assmann)라고 할 수 있다. 후견주의는 고위층과 하위층, 강자와 약자라는 의미에서의 사회적 계층 분화를 강하게 전제하지만, 양쪽의 상호 의무를 강조함으로써 이러한 격차를 감춘다. 사실 그러한 시스템은 힘없는 약자뿐 아니라 권력을 휘두르는 사람이 이러한 의무를 다한다면 매우 안정적일 수 있다. 사실상 추정된 것에 불과한 친밀감이라는 개념이 이제 이러한 유형의 관계에 관여한다. 이러한 사회제도의 대표 유형인 로마의 후견주의에서 지배하는 측은 말 그대로 '보호자', 즉 파트로누스patronus로 불리며, 그래서 학자들은 후원 체계를 언급하기도 한다.

이러한 형태의 후견주의는 앞에서 언급한 부족 공동체나 마을 공동체와 무난히 양립할 수 있으며, 그들 공동체의 분화를 초래할 수도 있다. 그런데 특별한 적성이나 카리스마 넘치는 자질을 지닌 개인들이 앞에서 언급한 권위 구조 밖에서 큰 영향력을 행사하는 상황과도 같은 경우에는 그런 공동체들이 약간 앞서 나갈 수도 있다. 이른바 빅맨Big Man이라는 인물뿐 아니라,[27] 군사적 성격의 집단에서 권위와 동지적 연대를 결합하는 '군사 지도자warlord' 같은 인물만 생각해 보아도 알 수 있다. 또한 지금까지 특징지어진 형태와는 범주가 다른, 지배력에 기초하는 체계의 출현을 전제 조건으로 가지는 경우가 바로 이러한 상황이다.

이러한 상황으로 이어지는 교과서적 경로는 다음과 같이 상상할 수 있다. 후원자의 명령을 받는 군사적 지배를 통해, 그리고 그들이 거둔 승리를 기반으로 삼아 전사들로 이루어진 무리의 우두머리 지휘관이 자기 지위에 대해 내부적으로 인정받고 이 지위를 장기적으로 지켜 마침내 그 자리를 자기 자손에게 물려주는 데 성공하는 것이다. 이 과정에서 그는 결국 막스 베버Max Weber가 말하는 통치권에 해당하는 것을 얻어 낸다. 그것은 "역할을 할당받은 집단 안에서 자신의 몇몇 특정한 (또는 모든) 명령에 따르게 하는 기회"[28]를 말한다. 이 지위가 이미 분화된 사회적·정치적·경제적 체제의 기관들과 결합해 더 큰 힘을 부여받으면 권력이 한 사람에게 집중된다. 이러한 상황에서는 국가에 관해, 혹은 적어도 일종의 국가 형태에 관해 말하는 것이 합당하다. 이제 통치자의 지위는 여러 방식으로 정당화될 수 있고, 무엇보다도 종교 면에서 위상이 높아질 수 있다. 그는 국가의 중심이 되고 이후에도 계속 중심으로 남는다. 그는 '강압적 기구'(베버)를 이용해 모든 필수적 부분에서 지시하고 통제한다.

이러한 변화가 일어나는 실제 장소는 다양한 경제적·사회적·종교적 기능이 이미 집중된 주거 단지인 경우가 흔한데, 한마디로 그 주변 환경과 관련해 중심적 위치를 차지하는 곳이다. 물론 우리는 여기서 도시에 관해 이야기하는 것인데, 복합적 통치 방식의 형성에서 그런 인구 중심지가 가지는 중요성을 거의 모든 곳에서 목격할 수 있다. 다만 이집트의 상황은 다소 달랐는데, 나일강 오아시스의 자연지리적 상황 때문이었다. 어쨌든 그런 곳에서는 능력 있는 사람이, 그리고 본인을 내세우는 사람이 상당히 많이 모여 있었으므로 이러한 유형의 조직들은 그 어떠한 큰 시련에도 대처할 수 있었다. 그리고 그렇게 하는 과정에서 그들의 정당성과 그들에 대한 인정은 높아질 뿐이었다. 일반적으로 이러한 존재들은 신성, 신, 절대자 자체를 (어떤 방식으로 그들을 생각하든 간에) 자기편으로 두었음이 분명하며, 실제로 그들은 신의 대리인이거나 신의 의지를 대행하는 자가 되어야만 했다.

이러한 사회 정치적 조직 유형에 해당하는 부족 집단과 귀족 집단 모두 이념형적 의미에서는 비슷하게 이 책에서 다루는 문명들의 특징이라고 말하는 것이 타당하다. 하지만 이는 또한 그 조직들이 다양한 방식으로 결합하고 뒤섞일 뿐 아니라 여러 가지 다른 모습으로 나타난다는 의미이기도 하다. 열두 지파 시기에서 다윗David 왕과 솔로몬Solomon 왕의 통치기까지 고대 이스라엘의 역사가 이에 관한 훌륭한 예를 보여 준다. 부족장이 왕이 되었다는 점에서 이러한 요소들의 결합은 발전이라고 할 수 있고, 왕이 자기 자신을 가부장으로 칭한 뒤 이른바 가부장적 형태의 통치를 실행한다는 점에서는 체계적이라고 할 수 있다.

또한 지방자치와 자율적 전통의 요소들이 존재하는 상황에서는 군주정이나 매우 일반적인 귀족 지배 형태가 전면에 나설 수도 있다. 이스라엘은 이러한 예도 제공해 주며, 이러한 점에서는 페니키아인들도 예로 들 수 있다. 그러나 우리가 관습적으로 특히 귀족 통치가 발달한 곳으로 생각하는 바빌론과 아시리아에서도 지방자치 조직 체계가 존재하기도 했다. 일반적으로 권력을 구현한 실체인 군주제가 진정으로 혹은 궁극적으로 절대 탄생하지 않은 상황이 특히 주목할 만한데, 이는 이를테면 그리스의 폴리스나 로마의 공화정에 해당하며, 그리스 국가 이론의 특성이 유래했다는 카르타고에도 해당하는 이야기다.

이 경우들에서도 마찬가지로 공동체에 속한 모든 사람에게 국가가 가하는 강압 비슷한 것이 존재하기는 한다. 다만 앞의 사례들에서는 공동체 자체가 (민주적) 전체로서, 혹은 특별히 사회적으로 두드러진 (과두적 또는 귀족적)

계층 형태로서 자기 자신을 다스린다. 이런 상황에서 군주제 통치 형태를 수립하려는 시도는 그 자체로 문제를 드러냈다. 이런 공동체에서 시민과 전사라는 기본적 신분들이 발견된다는 것은 의미가 있다. 군사적 권위를 나타내는 동시에 국가 주권의 핵심 요소를 형성하기도 하는 임페리움imperium이라는 라틴어는 앞서 말한 문제를 효과적으로 보여 주는 예다.

바로 사회조직과 귀족 지배 형태가 점점 더 분화하는 과정에서 다른 형태의 개인적 의존관계 또한 생겨났다. 어떤 우월한 조직이 삶의 모든 필수 분야에서 사람들의 안전과 생계를 보장한다면, 그 사람들은 쉽게 특수한 형태의 의존관계에 들어가게 된다. 그 사람들은 이렇게 겹겹이 쌓인 계층적 권위 없이는 존재할 수 없다는 것을 알게 되고 자기가 은혜를 입었다고 생각한다. 그 결과 그들은 시중을 들게 되고 자기의 개인적 이동성을 포기하며 말 그대로 '땅에 묶인 신세'가 되고 만다. 그들은 하인, 농노, 노예의 지위로 내려간다. 그러한 비굴한 상태를 칭하는 명칭과 형태는 매우 다양할 수 있지만, 본질적으로는 모두 아주 비슷하다.

전쟁을 비롯해 전사 계급에 의한 약탈 원정 같은 폭력 행위들도 어떤 형태로든 사람들을 예속 상태로 만들 수도 있다. 따라서 가장 가혹한 형태의 의존관계가 다른 인간을 철저히 마음대로 처분할 수 있는 노예제의 형태로 등장한다. 이는 사회에서 가장 약한 사람들에게, 즉 여자와 아이들에게 엄청난 충격을 입힌다. 여자와 아이들은 강자의 자연스러운 전리품으로 취급받으며, 온갖 종류의 폭력에 굴복할 수밖에 없다. 마지막으로 노예는 심지어 한 사람의 출산으로도 생길 수 있으며, 전적으로 당연하고 자명한 것으로 보일 수 있다. 따라서 노예들조차도 특정한 조건에서는 자기 삶의 운명에 저항했다.

그러나 바로 그 노예 소유로 특징지어진 문화에서 자유의 관념 또한 강했다. 거기에다 노예로 예속될 수 있다는 공포로 인해 조금이라도 자유민에게 지배력을 행사하려고 하면 저항 세력이 집결하기도 했다. 그 예가 바로 고대 그리스인들의 참주에 대한 투쟁이다. 따라서 가장 넓은 의미에서 고도의 종속적 노동이 고대 세계 속 선진 체계의 일부분을 형성했다고 할 수 있다. 그리고 이에 상응하게 많은 사람이 현대적 기준으로 보았을 때 인간의 존엄 비슷한 것을 갖는다고 여겨지는 삶과 동떨어진 채, 아무런 권리도 없이 살았다. 그 상태는 그저 존재의 일부로 받아들여졌고, 착취당하는 사람들의 후생을 위해 많은 조치가 선포되고 실제로도 실행되었다는 사실에 의해 부분적으로 상쇄되었다. 물론 그런 조치도 후견인을 생각해서 이루어진 것이지만 말이다. 하지만 그러한 현실은 우리의 역사적 판단력에 대한 주요한 도전을 의미한다. 그러한 역사적 집단을 제대로 평가하려면, 현대의 인권 원칙들과는 철저히 분리해 생각해야 한다.

지중해 지역에 존재한(게다가 헬레니즘 시대와 로마 제정 시대 사이에 등장한 특수한 변형 군주제와 결합된) 특별한 형태의 도시국가 조직을 제외하면, 넓은 지역과 문명에 걸쳐 나타난 국가 형태의 본질적 특징들은 다음과 같이 요약할 수 있다. 우선 피지배자들의 인정을 얻는 데 결정적이었던 근본적 정당성은 종교적 권위의 상승에 근거하며, 이 상승은 다시 국가 관할 구역 내의 지배적인 종교적 관념에 의존한다. 국가 혹은 그 통치자들은 군사력과 관료제의 형태를 통해, 권위를 강제하거나 행사하는 데 필요한 대리인들을 마음대로 이용할 수 있다. 그들은 생산에 직접 참여하지 않는 사람들(주로 다양한 범주의 관리)에게 확보해 둔 생산물을 분배하는 등의 재분배를 통해 경제활동을 체계화하려고 노력한다.

자원 관리와 함께 국가와 관련된 물자 조달 및 판매 관리가 이와 연계되어 있다. 체제 유지 가능성을 위해 어느 정도 노력을 기울이는데도, 이와 관련해 자연의 '가족household'에는 관심을 거의 보이지 않는다. 권력자들이 명령을 내릴 때마다 인구의 대대적 이동도 발생한다. 한편 통치자는 내부적으로는 법을 집행하고 외부적으로는 생활 방식과 가치 체계가 다른 탐욕스러운 이웃들(예를 들면 '야만인'으로 분류되는 유목민 집단들)뿐 아니라 경쟁 관계에 있는 강대국에 맞서 국경을 안전하게 지킴으로써 피지배자들의 안전을 보장해 준다. 일반적으로 대외 관계는 동등한 위상을 가진 것으로 인정받는 비슷한 강대국들과 맺는다. 따라서 이 시기 국가들의 군주제적 특징을 고려해 보면, 주로 혼인을 통한 왕조 간의 결합 형태로 다양한 외교 교류가 전개된다.

그러나 국가 간 접촉은 분쟁에 의해 자주 결정되었다. 무엇보다도 진秦 왕조가 고대 중국을 (기원전 221년에) 통일하기 전인 춘추전국시대 무렵에 발생한 충돌에서, 그리고 수메르 도시국가들 사이의 갈등에서 특이한 경향을 관찰할 수 있다. 평화로운 접촉과 호전적 접촉을 막론하고 국가 간 접촉이 증가하면서 아주 넓은 지역이 지리적 상황에 기반을 두고 '세계'를 구성하는 것으로 점차 인식된다. 이제 몇몇 행위자가 될 수 있는 한 많은 국가를, 실제로는 이 세계에 존재하는 모든 국가를 통합해 그들을 자기 휘하에 통일하려고 시도한다. 결국 그러한 시도로 인해 휘몰아치는 폭력이 정점을 이룬다. 그 과정은 다음과 같이 표현할 수 있다. 무자비한 경쟁적 다툼 후에 독점 세력이 수립된다. 그런 일이 생겨 세계적 인정을 받으면, 알려진 세계의 모든 지역을 아우르는 그 제국(이상적으로 전 지구적 제국)은 국가보다 우선하고 국가를 대신한다. 적어도 원칙적으로는 그런 경우가 염원과 실제 지위의 일치를 나타내므로, 이는 특별히 세계사적으로 유의미하다.

결과적으로 이것은 아주 구체적인 형태로 이어진다. 이제 통치자는 단순한 '왕'이 아니라 '대단한 왕'이 된다. '대왕'이나 '왕중왕'과 같은 걸맞은 칭호를 갖는다. 우리 문화권에서는 로마 제국의 용어를 따라 '엠퍼러'나 '차르', '카이저'라고 말하며, 그런 용어를 세계의 다른 지역에도 적용하기도 한다. 이러한 '고등' 형태 군주제의 맥락에서 주권이나 종주권, '최고 통치자'와 종속왕, 직접 통치와 간접 통치와 같은 아주 다양한 조직 형태가 종종 구체적으로 존재했다.

어쨌든 이 단계는 구체적 형태가 어떻든 간에 고대의 모든 통치 형식의 특징이다. 그것은 고대 세계의 지구사적 의미를 모범적 방법으로 구현하는 데다가 전 세계라는 개념이 종종 극도로 폭력적 양상을 띤, 권력 독점을 향한 실질적 진화 과정과 동시에 발생한 바로 그 시점에 나타난다. 보편 법칙의 다양한 개념에서 이 단계는 각기 다르게 강조된다. 일반적으로 세계는 신이 임명한 문명과 질서의 세계로 해석된다. 최고 통치자는 이 신성한 보편주의를 구현하거나 상징한다. 예를 들어 중국의 칭호인 황제는 통치자의 신성함과 천상의 화려함을 나타낸다. 마찬가지로 주요 신의 대표자로서 페르시아의 대왕 다리우스 1세Darius I는 질서와 진실의 보증자였고, 인도의 아소카Ashoka 황제는 '신들의 사랑을 받는 자'로 도덕률의 화신이었다. 그리고 로마의 카이사르 아우구스투스Caesar Augustus 황제는 평화의 군주이자 세계의 구원자였다.

그러나 앞에서 언급한 모든 통치자와 그 밖의 많은 통치자는 대단히 활기차고 다재다능한 동시에, 상황에 따라서는 완벽히 부도덕한 권력 추구자이기도 했다. 특히 역사의 보편적 차원에서 눈에 띄는 것은 물리력의 전개와 크게 관련이 있다. 다시 한번 이것은 특히 지구사적 관점에서 최후의 결과와 성공이 얼마나 탁월한 역할을 하는지 보여 준다. 지리학의 기초를 닦은 기원전 6세기 이후의 수학자와 철학자들이 수행한, 세계에 대한 지적 정복은 이러한 점에서 유익한 예외로 남아 있다.

그런데 강력한 통치자가 될 수 있는지는 피지배자들의 기대를 충족하는 일에 달려 있기도 했다. 통치자들은 끊임없이 그들의 기대치를 높였다. 통치자는 문제를 극복해야 했다. 통치자의 지위는, 그리고 국가나 제국의 역할은 문제를 해결해 낼 수 있는지에 달려 있었기 때문이다. 그들은 충분한 식량 공급을 보장할 책임이 있었고, 평화와 정의, 안전을 보장해야 했다. 그렇지 않으면 통치자가 여전히 신들의 지지를 받는지에 의심이 제기되면서 통치자의 지위가 가진 정당성이 훼손될 수 있었다. 무엇보다도 안정적이고 지속적인 통치가 권력과 무력의 행사로부터 비롯되려면, 그런 의심이 생기는 것을 막고 통치자와 신성한 의지의 합일을 기리는 것이 필수적이었다.

일반적으로 대제국에서는 보편성의 면모와 영속성의 면모가 결합했다. 제국은 자기들의 영속성을 습관적으로 주장하는 경향이 있었다. 통일된 중국의 초대 황제는 자기를 진 시황제始皇帝로, 즉 '진나라 최초의 숭고하고 신성한 황제'로 불렀다. 자기를 '최초'로 칭함으로써 새로운 시대가 열렸다. 그리고 그의 칭호는 그의 뒤에 이세황제와 삼세황제가 뒤따르고 영원히 이어질 것임을 분명히 알렸다. 결국에는 다른 왕조들이 계속 이어졌지만, 이 현상은 세계의 다른 지역에서도 목격할 수 있을 것이다. 이러한 영원성 지향은 너무나도 뚜렷해 심지어 대대적 단절이 뒤따른 후에도 통치자들은 여전히 고대의 전통을 들먹이면서 무한한 연속성의 인상을 심으려고 했다. 이러한 경향은 고대 이집트에서 수천 년 동안 가장 뚜렷하게 나타났다.

전체적으로 연속성의 구축은, 즉 전통을 육성하고 보존하는 것은 세계적 위상에 관한 주장과 함께 제국 통치자 지위의 필수적 요소를 정확히 형성했다. 앞에서 이미 지적했던 그들 자신에 대한 관념과 관련해, 우리는 이 부분에서 이 체제들의 명확한 특징을 확인할 수 있다. 그 체제들은 영원함에 초점을 맞추었으므로 기념비와 의식을 통해 그 사실을 끊임없이 보여 주었다. 아주 다양한 유형의 전문가들이 그들의 '문화적 기념' 작업에 동원되었다. 그 문화적 기념사업은 세계, 신, 인류의 기원까지 거슬러 올라가는 아주 먼 과거를 현재 및 미래와 매끄럽게 연결해 주었다.[29] 천문학 발생과 시간 측정법 터득처럼 지구사적으로 중요하고 엄청난 지적 업적은 이런 사업과 관련이 있다.

따라서 이러한 '의도적 역사'는 특정한 사회적·정치적 체제는 물론, 거기에서 우세했던 종교적 사상과도 밀접하게 연관되어 있었다. 누가 역사를 통제하고 지휘했는지는 분명했다. 바로 통치자였다. 그리고 만약 그가 세계의 통치자라면, 그가 다스린 제국의 역사는 세계의 역사이기도 했다. 역사의 보편적 요소는 너무 강력해 통치자들이 더는 역사를 쓰고 있지 않을 때도 여전히 계속 영향을 미쳤다. 일단 세계를 전체로서 파악할 수 있게 되면 그 제국, 그 제국의 형태, 그 제국의 역사는 세계 지배와 멀어지게 된 때에도 계속 논의의 대상이 되었다. 히브리어 성경과 고대 그리스 역사 기록에 적힌 이스라엘 민족의 족보만 생각해 보아도 알 수 있다.

예술과 문학도 이러한 맥락에서 당연히 언급되어야 한다. 예술과 문학 역시 기술과 행정의 영역에서 이루어진 여느 업적만큼이나 거대한 제국을 특징짓는 데 도움을 주었기 때문이다. 이 두 영역은 서로 융합되어 얽혀 있었다. 그리고 야코프 부르크하르트Jacob Burckhardt의 세 가지 '힘', 즉 국가, 문화, 종교에 대해서도 똑같이 이야기할 수 있다. 이러한 점을 바탕으로 마지막에는 초기 세계사에 나타난 종교적 요소들을 훑어보아야 할 것이다. 여기서 우리는 인간의 자기 확인과 의미 탐색에 대한 근본적 표현을 다룰 것이다. 그러한 표현들은 자기 세계를 대하는 사람들의 태도나 관점을 상당히 특별한 방식으로 전달한다.

신비로움 및 신성함과의 연결은, 다시 말해 인간의 조건conditio humana이라는 현실 뒤에 존재하는 동시에 그 조건을 초월하고 향상하는 무언가와의 연결은 인간이라는 종을 규정하는 특징이다.[30] 이미 여러 번 강조했듯이 이런 의미에서 종교는 삶의 모든 영역에서, 모든 유형의 공동체에서 매우 중요한 의미를 지닌다. 근대 이전 문명과 관련된 경우 특히 그렇다. 이것이 얼마나 옳은 가정인지의 문제는 제쳐 두고, 확실히 현대인이 당연하게 생각하는 세속적인 것의 지배는 이 책에서 우리가 철저히 검토 중인 그 문명들과는 완벽히 상반된다. 종교의 중요성은 정확히 설명할 수 없는 것을 이러한 종류의 초현실적 현상을 참고해 해명하고 숙달할 수 있다는 사실에 있다. 여기서 사람들이 생각하는 가장 중요한 주제는 죽음에 대한 경험이고, 더욱 일반적으로는 벅찬 자연환경을 다루는 방법에 관한 것이다.

호모 사피엔스의 가장 오래된 유물과 다른 고고학적 증거들은, 심지어 우리의 멸종된 조상인 네안데르탈인의 유물조차도 죽음이나 망자와의 특별한 관계를 드러내지만, 동시에 아주 중요한 사냥이나 살생 같은 실질적인 삶의 요소들과의 특별한 관계를 보여 주기도 한다. 죽은 사람들에 대한 배려는 그들과의 지속적 소통이라는 형태로 상상할 수 없을 정도로 다양하게 변형된 방식으로 모든 문화에 나타난다. 죽음 숭배에서 망자에 대한 배려가 드러나고, 온갖 종류의 조상숭배에는 죽은 자들에 대한 존경이 담겨 있다. 그 밖의 개념들과 숭배 형식도 그것들 사이에 수많은 가변성과 변이의 지점이 존재하기는 하나, 상상할 수 있는 모든 종류의 초자연적이고 강력한 실체의 개념에 초점을 맞춘다. 이러한 실체들은 무한할 정도로 다양한 방법으로 자기를 드러낼 수 있는 영혼, 악마, 신들이었다. 예컨대 신적 존재(형체가 있는 것과 형체가 없는 것 둘 다)로서, 혹은 동굴, 바위, 샘, 물줄기 같은 물체나 자연현상으로서, 혹은 동물이나 인간, 아니면 인간과 동물이 섞인 생명체로서 자기를 드러냈다.

좁은 의미(그리고 증대되는 분화와 전문화라는 점에서 마찬가지 의미)의 종교 영역에서 핵심 목표는 신들의 의지와 행동에 영향을 미치려고 노력하는 것이고, 무엇보다도 긍정적 결과를 가져오고 부정적 결과를 물리치는 것이다. 고대의 (스토아주의) '삼분설(테올로기아 트리페르티타theologia tripertita)' 이후, 우리는 세 가지 개별 분야에서 결정적으로 중요한 의식儀式과 개념을 찾아볼 수 있다. 구체적으로 밝히면 각각의 공동체와 관련된 숭배(테올로기아 폴리티케politikē 또는 테올로기아 키빌리스civilis), 신들과 관련된 이야기(테올로기아 미티케mythikē 또는 테올로기아 파불라리스fabularis), 신의 질서가 존재함을 분명히 보여 주는 세계관(테올로기아 피시케phsikē 또는 테올로기아 나투랄리스naturalis)이다.[31]

나는 이와 관련해 종교에 관한 배려가 모든 인간 활동과 조직 형태에 어떻게 퍼졌는지, 그리고 세부적으로는 매우 다른데도 이러한 예들이 모두 서로 떼어 놓을 수 없을 정도로 얼마나 밀접한 관계를 이루는지 이미 여러 번 강조했다. 그 외에 종교적 성격을 지닌 특정 사상과 집단들이 어떻게 자기들만의 문화적·사회적 의미를 획득하는지도 관찰할 수 있는데, 이는 특히 인도 아대륙의 문명들과 그 문명의 전파에서 분명하게 밝혀진다. 신자 집단과 특히 수도원 공동체들은 엄청난 내부적 응집력을 보여 줄 뿐 아니라, 그들의 종교를 넓은 지역에 퍼뜨리고 거기에 사회적·정치적으로 자기들의 흔적을 남길 수 있다. 일반적으로 말해 자라투스트라Zoroaster와 붓다Buddha, 예수Jesus, 무함마드Mohammed 같은 카리스마 넘치는 종교 창시자들은 상당히 중요한 인물들로 스승이자 예언자, 전령관, 선지자, 기적을 행하는 사람으로서 역할을 하며 큰 영향력을 행사했다.

신과 상호작용하는 광경 역시 다양한 문명에서 매우 다채롭게 나타났다. 일반적으로 신을 다루는 문제에서는 도 우트 데스do ut des[6]의 원칙에 따라 인간관계에서 이용하는 메커니즘이 대체로 효과적이라고 생각했음을 알 수 있다. 사람들은 신에게 (제물이나 봉헌물의 형태로) 선물과 서약을 제공해 신의 은혜를 얻으려고 하거나 심지어는 마법을 써서 신의 힘을 직접 불러내려고 했다. 이런 맥락에서 신들의 의견을 타진하는 것이 특히 중요했는데, 처음부터 신을 불쾌하게 할 수 있는 것은 무엇이든 피하고자, 혹은 이미 불행한 일이 일어난 상황이라면 다시 신의 은혜를 얻고자 함이었다. 우리는 관찰(예를 들면 장복臟卜, haruspicy, 화점火占, pyromancy, 점성술 등)이나 신탁을 통해 점을 치는 아주 다

6 "네가 주면 나도 준다."라는 뜻으로 상호주의를 나타내는 라틴어 문구다.

양한 방식을 상당히 많이 안다. 그런 문제에 대한 지식은 꾸준히 쌓여 세대를 거쳐 전해져 내려왔다.[32]

신과 신의 관계, 신과 인간의 관계에 관한 이야기가 종교의식을 보완했다. 이 이야기들은 세계를 해석하는 것이 목표인 위대한 시나리오로 절정에 이르렀다. 해당 이야기에는 이를테면 자연현상이나 자연에서 일어난 일, 자연환경에 관한 설명이 수반되기도 했다. 특히 이 이야기들은 여러 신이 모여 사는, 감당하기 어려울 정도로 광대한 우주에 무언가 질서를 부여하고 신들의 위계질서와 책임 영역을 파악하기 위해 고안된 것들이었다. 그것들은 자연과 생명의 기본 현상들과 연관되어 있었고, 별, 하늘, 바람, 땅, 바다와도, 사랑, 탄생, 죽음과도, 사람들의 삶에 일반적으로 나타나는 모든 변천 단계와도, 문명, 결혼, 법, 정의와도 연관되어 있었다. 모성 원리나 우주의 구성 요소(특히 태양)를 구현한 신들이 특별히 중요하게 다루어지기는 했다. 사람들의 삶과 연관된 이 기본 관계와 관련해, 원칙적으로 남신과 여신 중 어느 한쪽이 특별히 우위를 보이지는 않았다. 물론 남신은 모성적인 것과 관련될 수가 거의 없었지만, 반대로 여신은 전쟁의 신도 될 수 있었다.

무수히 많은 다신교 내에서도 다양한 분류와 집단화, 종속 관계, 우월성이 존재했다. 이렇게 뚜렷하게 나타난 다양성은 아무런 문제 없는 개종과 타종교 수용을 촉진했는데, 심지어 전통과 문화가 아주 다른 경우에도 가능했다. 종종 신은 정치적 실체를, 즉 도시나 국가를 상징하기도 했다. 다른 정치체에 대한 승리는 해당 정치체의 특정 신에 대한 승리로도 해석될 수 있었다. 승리한 신의 신봉자들이 권력을 얻은 여파로, 그 승리는 더욱더 의미를 얻고 '보편적인' 것이 되었다. 이러한 과정을 보여 주는 예가 바로 도시 바빌론의 수호신 마르두크Marduk다. 당시에 복속된 사람들이 믿던 신들은 이후 기존 신들의 권력 서열에 통합될 수 있었다.

그러나 종교적 요소들은 정치적 요소들에 대항하고 넘어섬으로써 그들 자신의 중요성을 끊임없이 키울 수 있었다. 바로 이런 점 때문에 여러 집단과 개인들은 각기 자기만의 종교적인 개념과 관습, 정서를 주장했다. 매우 기본적인 현상과 관련된 신들은 뚜렷하게 우월적인 지위를 얻었다. 어쨌든 그들이 승리를 가져오고 병을 고치며 생명을 구했으니 말이다. 그 결과로 그 신들은 점점 더 많은 추종자를 끌어들였다. 권력자들 또한 이러한 과정에서 비켜서 있을 수 없었다. 많은 신의 채택은, 그리고 문화적 경계선을 초월한 신들과의 연결은 이를 배경으로 이루어졌다. 로마 문화 못지않게 인도 문화에서도 특정 종교 개념이 특정 문화의 특징적 간판이 되었다. 그러나 그와 동시에 이 개념들은 초문화주의의 특징을 가장 전형적으로 보여 주고 문화 전이에 가장 많이 기여한 동일 요소들이기도 하다. 재해석과 오해 속에서조차 관념과 실행이 얼마나 정기적인 주고받기의 과정을 거쳤는지, 그것들이 어떻게 커다란 변화와 새로운 통합으로 이어질 수 있었는지는 주목할 만하다.

앞에서 막 다룬 이러한 측면들과 관련해 다신교에 어떤 특이한 현상이 나타났는데, 그것은 바로 태초부터 자주적이었던 신들과 동일시하는 경향과 함께, 궁극적으로는 자신 안에서 다른 수많은 신의 모든 특징과 힘을 결합함으로써 아주 특별한 역할을 맡게 된 지배적 신성의 출현이다. '단일신교henotheism'[7]라는 용어가 그러한 경우를 설명하는 데 종종 사용된다. 이를 자신 옆에 다른 그 어떤 것도 용납하지 않는 신 하나만 인정하는 유일신교monotheism와 혼동해서는 안 된다. 이것은 다신론적 개념에 관한 범주의 차이를 나타낸다. 서로 다른 신앙을 믿는 사람들 간의 관계는 호혜적 신앙 채택으로 쉽게 조절할 수 없으며, 오히려 문제가 많아질 뿐이다. 심지어 융통성 있는 수용으로 여러 종교의 영향을 확인할 수 있을 때도 그렇다. 이는 일신교의 성인聖人들이 교조주의와 종교사회학의 관점에서 보면 대중적 신앙 행위로 흔히 지칭되는 봉납에서 어떤 역할을 하는지 생각해 보기만 해도 알 수 있다. 아니면 기독교의 삼위일체와 동정녀 마리아Virgin Mary 숭배에 관해 생각해 보기만 해도 된다.

이러한 차이로 인해 우리는 일신교가 대개 더 큰 힘을 가질 수 있다고 여겨 왔다. '성전' 개념은 그러한 추측을 하는 데 가장 중요한 요소다. 정확히 이것은 널리 퍼진 원리주의 테러리즘의 특수한 형태에 직면한 우리 시대의 활발

7 여러 신의 존재를 인정하면서도 그중 특정한 신 하나를 최고신으로 숭배하는 종교 형태다.

한 논의 주제다. 종종 이 논의에서 대변되는 입장들이 어느 정도까지 과학적인 관찰과 분석에 진실로 기초하는지, 혹은 어느 정도까지 과학적인 관찰이나 분석과 조금이라도 관련이 있을 수 있는지 의문이 제기된다. 어쨌든 이 논의는 종교적 문제가 자주 열정을 불러일으키는 동시에 열정을 악용할 수 있는 능력이 상당함을 보여 준다.

그러나 지구사와 관련해 일신교들이 아주 이상적 방식으로 보편성의 개념과 쉽게 연관될 수 있다는 점을 유념해야 한다. 따라서 다음과 같은 추론을 할 수 있다. 만약 신이 오직 하나뿐이고 세상이 그의 창조물이라면, 이로부터 세상의 통일이라는 개념이 자연스럽게 생긴다. 이것이 결국 세계 지배 사상으로 이어져야 한다는 것은 전혀 필연적이지 않다. 무슬림들의 움마 ummah는 신자들의 공동체일 뿐이며, 세례에 대한 기독교의 요구는 세계를 예속시키려는 선동이 아니다. 그러나 정치와 종교 간의 복잡하고 문제 있는 상호작용을 통해 일신교 개념은 세계 패권의 유지와 성취에 중요한 역할을 해왔으며, 전쟁과 십자군에 관한 생각과 연대해 '왕좌와 제단' 사이의 특별한 연결 고리를 형성하는 역할을 해 왔다. 만약 오직 하나의 신이 세상을 다스린다면, 이미 전 세계를 아우른다고 생각되는 통치권의 확대와 정복은 당연히 신이 보기에 만족스러워야 한다. 이런 식의 추론은 폭력적 에너지를 폭발시킬 수 있다. 따라서 보편성은 강화된 종교성의 요소가 되고, 이러한 결합에서 무한한 폭력 행위의 잠재력을 발생시킬 수 있다.

그렇다면 마지막으로 세계사에 대해 알 수도 없고 설명할 수도 없는 부분으로 다시 한번 돌아가 보자. 적어도 추측과 환상의 의미에서만 역할을 할 수 있거나 아예 그 어떤 역할도 할 수 없는데 실제로 사람들의 역사로서 인류사의 필수적 부분을 구성하는 요인들로 다시 한번 돌아가 보자는 이야기다. 저 깊은 지층에 묻혀 아직 발견되지 않은, 우랄산맥의 한 마을을, 또는 사막에서 목이 말라 목숨을 잃고 이 세상에 살았다는 아무런 흔적도 남기지 않은 채 사라진 티베트 유목민 양치기 집단의 모습을 떠올려 보자. 우리는 오래전에 목소리가 사라진 그 사람들을 역사적 관점에서 어떻게 파악할 수 있을까?

솔직히 말하면 흔적을 찾아가는 하나의 학문으로서 '역사'는 이 대목에서 궁극적 한계에 부딪힌다는 것을 인정할 수밖에 없다. 이것이 바로 내가 처음에 우리가 가진 지식의 단편적 성격에 관해 언급했던 문제의 본질이다. 그것은 정확히 세계사의 넓은 지평과 대조될 때 명백해진다. 그리고 고대를 다룬 역사 부분에서 특히 가장 그렇다. 그러나 언제나 우리는 사회에 대한 분석과 설명을 통해 적어도 서로 다른 생활 조건을 부각하고 그것들을 예시로 제시해 볼 수 있다. 그리고 그런 방법을 통해 그렇게 하지 않으면 너무 쉽게 잊힐 법한 사람들을, 즉 하층계급인 '보통' 사람들을 포함할 수도 있다. 이 책의 저자들은 늘 이러한 점을 마음속에 두어 왔다. 따라서 우리는 전 지구적 관점과 함께 세부 사항에 관한 관심을 포기하지 않았다. 이 두 측면은 함께 있다. 그리고 그것이야말로 세계사를 구성하는 것이다.

선사시대와 초기 역사

헤르만 파르칭거

600 이전

1

머리말

세계사가 인류 역사에서 가장 오래된 시대로 시작되어야 한다는 것은 논리적일 뿐이다. 이것들은 선사시대를, 또는 문자 기록이 시작되기 이전의 초기 역사를 포함한다. 이 시대에 이루어진 인류의 발전 이야기는 도구와 무기, 장신구와 예술품 같은 그 시대 물질문화의 유물이 제공한 증거의 도움을 받아 엮어진다. 인간의 주거지와 매장지, 숭배 장소는 이처럼 이동할 수 있는 유물을 당시의 상황과 연관 지어 주며, 그것들이 보여 주는 구체적인 건축적·예술적 구성 덕분에 중요한 정보의 원천이 되기도 한다. 그것들을 해석하면 초기 사회의 구조와 복잡성에 관해 제대로 된 진술을 할 수 있다. 그것들이 선사시대 사람들이 몸담은 공존 형식과 그들의 정신적·종교적 관념 세계에 관한 통찰력을 제공해 주기 때문이다. 문자 체계를 만든 초기 선진 문명의 진화는 이 글에서 다루는 시대의 종말을 형성한다.

인류의 초기 역사는 크게 네 개의 장으로 나눌 수 있으며, 앞으로 다룰 내용에서 중요한 역할을 할 것이다. 1장은 인간이 최초의 도구를 만든 270만 년 전에서 기원전 1만 년 무렵 빙하기 말기까지의 구석기 문화 발전을 다룬다. 이 부분에서는 지구 전체 차원의 발전이 강조될 텐데, 아프리카에서 인류가 기원한 사실과 그곳에서 전 세계로 인류가 퍼져 나간 사실이 그 발전과 근본적으로 관계가 있기 때문이다. 이 시기는 고고학에서 흔히 등장하는 용어인 '구석기시대Paleolithic'를 사용해 기술될 수도 있다.

2장은 이후 구세계의 거의 모든 지역에서, 즉 근동, 유럽, 유라시아, 남아시아와 동아시아, 북아프리카에서 홀로세가 시작되면서 일어난 발전으로 규정된다. 북아메리카와 남아메리카는 물론 사하라 이남 아프리카, 오세아니아, 오스트레일리아는 고려 대상에서 제외된다. 최종적으로는 구세계와의 구조적 비교 과정에서 이 주요 지역들을 고려하지만 말이다. 여기서는 지역별로 서로 다른 방식으로 서로 다른 시기에 정착 생활로, 농경 및 동물 사육을 수반하는 생산적 경제활동으로, 새로운 집단 정체성으로 이어지는 과정들에 초점을 맞출 것이다. 이러한 방식으로 빙하기가 끝난 이후의 세계에 대한 포괄적 그림이 그려지며, 이는 이후의 인류 역사를 위한 결정적 토대가 마련된 시점이라고 할 수 있다. 당시에 나타나던 정착 생활양식과 농경이 없었더라면 위대한 문명들의 형성을 포함해 그 이상의 모든 발전이 불가능했을 것이기 때문이다. 신석기시대화Neolithization의 등장이, 다시 말하면 신석기시대적 생활 조건 및 경제 조건의 등장이 논의의 중심에 있기는 하지만, 여기서 '신석기시대'라는 포괄적 용어의 사용은 피할 생각이다. 이 '새로운 길'을 걷지 않고 수렵·채집 생활방식을 고수한 문명에도 관심이 있기 때문이다. 1부의 두 번째 부분에서 검토되는 이 모든 발전은 기원전 제8천년기와 기원전 제7천년기 사이, 기원전 제6천년기와 기원전 제5천년기 사이라는, 절대적 연대순에서 서로 다른 시점에 발생했다. 이러한 맥락에서 우리는 근동에서만 기원전 제10천년기와 기원전 제9천년기에 발전이 일어났다고 생각하는 것이 합당하다.

3장에는 기원전 제5천년기에, 그리고 기원전 제3천년기와 기원전 제2천년기 사이에 나타난 이들 문명의 추가적 발전 상황이 포함된다. 이 시기에는 기술적·경제적·사회적으로 중요한 혁신이 처음으로 시작되었다. 이 시기의 인구 급증은 점점 더 많은 인구가 주거지로 집중되는 결과를 가져왔다. 그와 동시에 같은 장소에 거주하는 사람들로 이루어진 거대한 집합체 내에서 일종의 규제에 대한 필요성이 증가했다. 그 외에도 구세계의 많은 지역에서 시작된 금속 세공업은 더욱더 근본적인 변화를 자극했다. 새로운 원료에 대한 통제와 번창하는 원거리 교역이 요새화된 중심지의 등장과 지배 엘리트층의 형성을 불가피하게 만든 가운데, 노동 분업과 전문화가 증가했다. 이 시기는 거의 보편적으로, 가끔은 극도로 다양한 방식으로 복합 사회complex society가 등장한 때였다. 이 복합 사회는 바로 선진 문명으로 이어지는 중요한 진화 단계를 의미했다. 그러나 수렵·채집이 계속해 사람들의 생활 방식에서 근간을 형성하고 있던 주변 지역에서도 상황은 점점 더 복잡해졌다.

이와 같은 문화적 환경은 금석병용기金石竝用期, Aeneolithic-동기시대銅器時代, Chalcolithic로 불리거나 초기 청동기시대에 속하는 것으로 볼 수 있는데, 이는 석기 기술과 (비록 금속이 모든 곳에서 결정적 역할을 한 것은 아니지만) 금속 기술 사이의 과도기적 단계에 해당하는 시기다. 이 문화적 환경에 관한 서술에 이어 나는 될 수 있는 한 전 지구적 관점을 얻기 위해 사하라 이남 아프리카, 북아메리카, 중앙아메리카, 남아메리카와 비교하고 분석하는 것을 한 차례 더 시도하고 이 부분을 마칠 것이다. 나의 설명은 기원전 제4천년기 말에서 기원전 제2천년기 초 사이에 구세계의 많은 지역에서 선진 문명이 형성된 시점에서 끝난다.

반면에 1부의 4장과 마지막 장에서 관심 있게 살펴볼 유럽과 유라시아의 그 선택된 문화 지역들은 여기에 해당하지 않는다. 이 부분에서 나는 무엇보다도 구세계의 북쪽 절반에서, 즉 지중해 북쪽과 흑해 북쪽 지역에서 이루어진 발전에 관심을 두었다. 이 지역들에서는 선진 문명과 비슷한 환경이 고대 말기에서 중세 초기가 되어서야 형성되기 시작했다. 기원전 제2천년기와 기원전 제1천년기의 청동기시대와 철기시대 동안 이 지역에서 전개된 과정들은 이전 수천 년 동안에 이루어진 발전을 진척시켰다. 그리고 이 과정은 고전 고대를 다룬 작가들 덕분에 우리에게 이미 이름이 친숙한 민족들, 즉 켈트인, 트라키아인, 다키아인, 스키타이인들과 처음으로 관계되었다. 이렇게 해서 북부 유럽과 유라시아도 이름 없는 선사시대에서 점차 벗어나 초기 역사의 영역으로 들어간다.

1 현생인류의 출현

생각하는 존재로의 전환과 인류 최초의 혁신

인간이 존재한 이래로, 다시 말하면 인류의 조상인 최초의 호미니드가 존재한 이래로 문화적 맥락에서든 생물학적 맥락에서든 늘 모든 유형의 인류 진화를 일으킨 핵심 원동력은 바로 식량 확보였다. 오스트랄로피테쿠스가 대체로 풀과 잎을 먹고 산 채식가였던 반면에, 호모 하빌리스는 더 많은 단백질을 섭취하기 시작했다. 그렇더라도 호모 하빌리스는 썩어 가는 고기를 먹는 단계를 넘어서지는 못했다. 하지만 270만 년 전 무렵에 호모 하빌리스가 도달한 이 단계에서도 극복해야 할 심각한 문제들이 생겨났다. 예를 들어 동물 사체에서 아주 맛있는 것은 아니겠지만 어쨌든 먹을 수는 있는 고기를 어떻게 하나하나 한입 크기로 잘라 낼 수 있는지가 문제였다. 이러한 작업을 정확하게 해낼 수 있는 작은 도끼 같은 석기가 최초로 만들어진 시기가 호모 하빌리스가 채식가에서 죽은 동물을 먹는 존재로 변화한 이 과정과 정확히 일치한다는 것은 우연이 절대 아니다.

이러한 간단한 절단 도구는 우리 조상들의 역사에서 처음으로 문제 해결과 목적적 사고 및 행동이 나타났음을 증명해 준다. 특정 결과를 얻기 위해 자연에서 발견한 물체를 도구로 사용하는 동물들의 예를 쉽게 떠올릴 수 있기는 하다. 하지만 이런 동물들은, 단순히 이미 주위에 있는 물건을 손에 잡히는 대로 사용한 것이 아닌 호미니드들과는 근본적 차이가 있다. 오히려 호미니드는 특별히 효과적으로 주위 물건을 사용하기 위해 그것들의 모양과 특정 속성을 바꾸고 신중하게 개선했다. 약 270만 년 이전에 살았던 호미니드는 그런 절단 도구를 만들어 냄으로써 처음으로 이성적 존재로서 모습을 드러냈다. 이로써 그들은 인간으로 진화해 가는 결정적 단계를 효과적으로 성취한 것이다. 그 시점에서 막 시작된 인류 역사의 과정에서는 어떻게 인공물을 꾸준히 최적화하는지가 차후의 주된 문제가 되었다. 이후 뼈나 뿔, 나무 같은 더욱더 정교하고 쓰임새가 다양한 원료 덕에 응용 범위가 더 넓은, 개선된 도구가 만들어지는 가운데 새로운 석공 기술이 더해지며 더 날카로운 모서리를 이용할 수 있게 되었다.

그러나 기구와 도구의 제작에서 나타난 중대한 발전은 그냥 이루어진 것이 아니었다. 그러한 발전이 일어나려면 도구 제조자들의 향상된 계획 능력이 전제되어야 했다. 인간의 뇌 안에 그에 상응하는 기질이 없었다면 가능하지 않았을 일이다. 이 상응하는 변화는 200만 년 전에서 30만 년 전 사이의 시기에 호모 에렉투스나 호모 에르가스테르의 경우에서만 확인할 수 있다. 이 두 종 모두 죽은 동물을 먹다가 사냥꾼으로 바뀌는 단계를 거친 것이 확실하며, 그 결과로 신선한 고기 비율이 높아진 덕분에 눈에 띌 정도로 더욱 세련된 식사를 할 수 있게 되었다. 이로 인해 지방, 단백질, 인의 섭취가 늘면서 특히 인간의 두뇌 발달에서 분명한 진전이 생겼다. 향상된 뇌 용량이 더 나은 사냥 전략의 수립과 함께, 훨씬 더 효과적인 무기 개발로 이어지면서 사냥에서 훨씬 더 큰 성공을 거둘 수 있었다. 고기 섭취율이 높아지면서 결국 호모 에렉투스나 호모 에르가스테르는 이전 호미니드보다 더욱더 강력한 근육조직을 키울 수 있었다. 이러한 변화로 이 호미니드들은 아프리카를 떠나 발길 닿는 대로 멀리 아시아와 유럽으로 이주할 수 있었다.

호모 에렉투스 시기에 일어난, 무엇보다도 가장 중요한 혁신은 불의 사용이었다. 호모 하빌리스 시기에 처음으로 석기를 사용한 이후, 불의 사용은 초기 인간이 그다음으로 이룬 진정으로 혁명적인 혁신이었다. 불을 마음대로 다룬다는 것은 여러 면에서 중요했다. 우선 그것은 더 추운 지역에서의 정착을 촉진했다. 또한 그것은 고기를 훈연함으로써 대량으로 보존할 수 있음을 의미했다. 그리고 마지막으로 고기와 채집한 채소를 굽고 끓일 수 있게 함으로써 인간의 입맛에 훨씬 더 맞게 만들었다. 추가로 불로 곤충 떼를 쫓을 수도 있었고, 사냥할 때 잡으려는 동물을 모는 데도 불을 전술적으로 이용할 수 있었다.

사바나처럼 트인 지형이 전개된 곳에서 인류는 처음으로 먹을 것을 찾아 먼 거리를 다녀야 했다. 새롭고 놀라운 고고학적 발견 덕분에 우리는 이제 그들이 아프리카에서 유럽으로 어떻게 이동했는지 정확하게 기록할 수 있다. 따라서 호모 에렉투스나 호모 에르가스테르는 이전에 생각했던 것처럼 지브롤터 해협을 건넌 것이 아니라 중동을 거쳐 유럽으로 가는 길을 찾아낸 것으로 밝혀졌다. 마찬가지로 조지아의 드마니시에서 발견된 호모 에르가스테르 게오르기쿠스 아종 화석은 학자들이 호미니드가 동쪽으로부터 와서 유럽에 정착했다는 것에 대해 확고한 결론을 내릴 수 있게 한 중요한 요인이 되었다. 이곳에서 발굴된 인류 화석과 석기는 아프리카 밖에서 발견된 것 중 가장 오래된 것이다.

다음의 발전 단계는 북부 에스파냐의 아타푸에르카 유적지에서 밝혀졌다. 그곳에서 발견된 호모 안테세소르 화석 유골은 120만 년 전에서 80만 년 전 사이의 것이다. 이 호미니드는 호모 에르가스테르 게오르기쿠스에서 진화한 것으로 보이며, 이 발견은 동쪽에서 이동해 왔다는 주장을 입증해 준다. 이 발견 이후로 호모 안테세소르는 유럽의 가장 오래된 호미니드로 여겨진다. 그는 키가 170센티미터 정도였고, 매우 근육질이었으며, 치아 악력이 대단하고 눈썹 쪽 뼈가 많이 돌출되어 있었다. 동식물을 날것으로 먹은 것이 분명한데, 아직은 불을 다루지 못했던 것으로 보이기 때문이다. 아타푸에르카 유물과 같은 동굴 유물은 인류의 초기 역사를 재구성하는 데 특히 도움이 된다. 산소가 부족하고 늘 낮은 온도가 유지되는 동굴 환경이 퇴적층 속 박테리아에 의해 뼈가 부식되는 것을 막아 주기 때문이다.

그 무렵에 유럽에서는 지역별로 엄청나게 다양한 기후 조건이 나타났다.

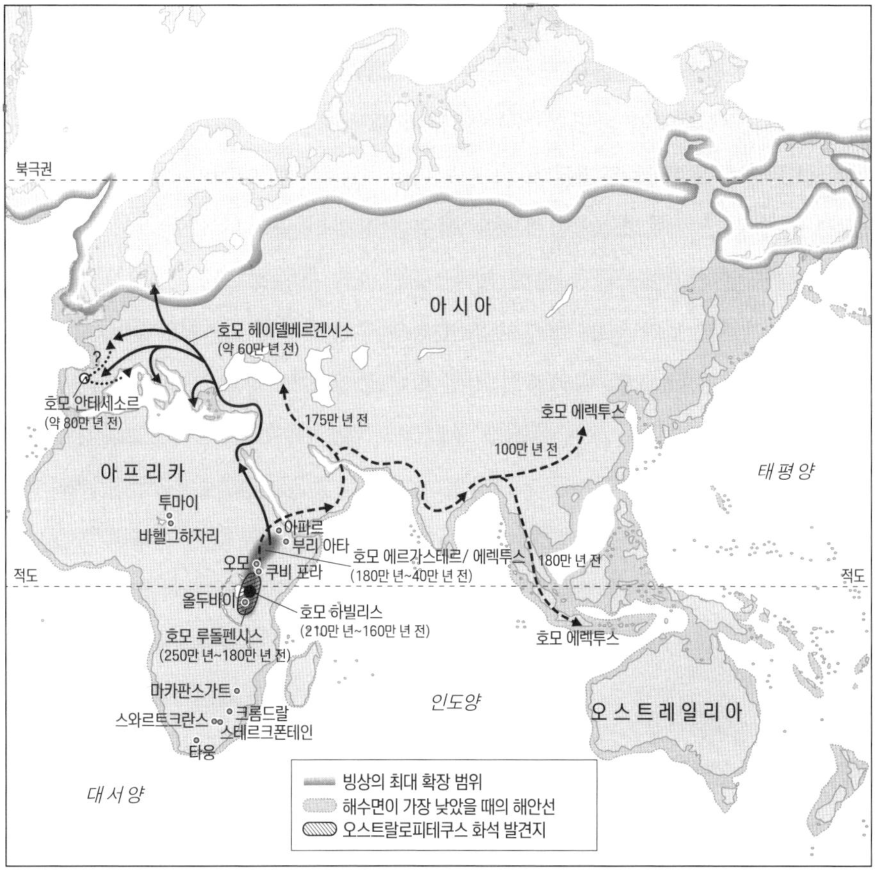

—— 아프리카의 초기 호미니드, 그리고 아시아와 유럽으로 확산한 호모 에렉투스 또는 호모 에르가스테르. 동아프리카와 남아프리카의 특정 지역에서 발견된 가장 오래된 호미니드 화석 유물은 이 지역이 인류의 요람으로 간주되는 이유를 명확히 보여 준다. 하지만 아시아와 유럽으로 이동한 정확한 경로는 지금까지도 여전히 추측에 근거할 뿐이다.

그 결과 지중해 해변 지역보다 중부 유럽의 북쪽 지역이 현저하게 더 추웠다. 호미니드들은 사람이 살기 어려운 이 지역을 피했고, 훨씬 나중에서야 그곳에 정착했다. 불을 다루지 못하면 그곳에서 살아남을 수 없었기 때문이었다. 위도가 높은 이 지역으로 과감하게 나아간 최초의 호미니드는 약 60만 년 전의 호모 헤이델베르겐시스[1]였다. 이 종의 이름은 독일 도시 하이델베르크 인

—— 1 하이델베르크인이라는 명칭으로 잘 알려져 있다.

근 마우어 유적지의 발견물에서 유래한다. 호모 헤이델베르겐시스는 아타푸에르카에서 발견된 호모 안테세소르의 직계 후손으로 생각된다. 호모 헤이델베르겐시스는 상당히 발달한 지능 덕분에 몇 가지 놀라운 혁신을 이루어 낼 수 있었다. 수렵 동물 무리를 한꺼번에 몰아 사냥할 수 있었다는 사실이 인상적으로 입증해 주듯이, 이제 사냥은 매우 전문화된 작업이 되었다. 호모 헤이델베르겐시스가 35만 년 전쯤에 만든, 쇠닝겐의 사냥용 창은 그것이 비행하는 특성 면에서 보았을 때 현대의 스포츠용 투창과 차이가 거의 없다. 숙련된 솜씨를 보여 준 이 최종 결과물의 기초가 된 경험적 지식과 인지 능력은 양적으로 어마어마하다.

가끔 그러한 몰이사냥이 성공하면 사냥꾼들은 말 그대로 산더미 같은 양의 고기를 얻을 수 있었다. 그러나 그렇게 남아돌 정도로 많은 식량은 건조하든 훈연하든 그 고기를 보관할 수 있어야만 의미가 있었을 것이다. 사람들은 사냥한 동물의 살을 먹었을 뿐 아니라, 뼈를 부수어 영양가 높은 골수를 얻기도 했다. 동물의 힘줄, 가죽, 모피는 손질해 옷으로 만들거나 소박한 가옥의 지붕 재료로 사용했다.

또한 이 시기에 속하는 가장 오래된 야영지도 발견되었는데, 이곳은 단순히 사냥해 죽인 동물을 처리하는 곳으로만 사용되지 않았다. 이미 이 단계에서는 다소 오랜 시간을 머무르는 장소가 되기도 했다. 원 모양으로 늘어놓은 돌은 이곳에 간단한 형태의 주거지가 있었음을 알려 준다. 나무 막대나 매머드 뼈로 구조물을 세우고 그 위에 비바람을 피할 수 있도록 동물의 가죽과 모피를 덮어씌웠다. 또한 주로 특정 계절에만 이용되던 이러한 야영지에서도 채집한 야생식물을 가공한 흔적이 발견되었다.

이런 야영지에서 발견된 불구덩이는 사회생활의 중심지로 보는 것이 타당하다. 바로 여기서 가장 초기 형태의 언어가 진화했을 것이기 때문이다. 이 무렵 인간의 성대가 다양한 발음을 낼 수 있는 모든 해부학적 전제 조건을 갖춘 것은 분명 아니었을 것이다. 따라서 의사소통은 일련의 끙끙거리는 소리와 그에 상응하는 몸동작으로 국한되었을 것이다. 그러나 그 어떤 형태든 원시적 언어 소통이 없었다면 몰이사냥을 조직할 수도 없었을 것이고, 쇠닝겐에서 발견된 것처럼 완벽한 창을 만들지도 못했을 것이며, 집단 내에서 초기 형태의 분업을 논의할 수도 없었을 것이다. 누구나 아주 전문화된 사냥 무기를 제조하거나 몰이사냥을 계획하고 지휘할 수 있었던 것은 아니라고 확신할 수 있다는 이유만으로도 이 무렵에 초기 단계의 협력 구조가 등장했다고 당연히 추정할 수 있다. 또한 이 시기의 야영지는 작업에 따라 따로 공간을 분리해 사용했다는 증거도 제공해 주는데, 잡아 온 사냥감을 자르는 곳, 음식을 준비하는 곳, 돌이나 나무로 도구를 만드는 곳으로 분리되어 있었다. 빌칭슬레벤 유적지에서는 이 무렵에 제작된 동물 뼛조각이 발견되었는데, 뼈 표면에 규칙적으로 선 모양을 새겨 놓았다. 이 뼈는 호미니드가 만든 장신구 가운데 현재까지 알려진 가장 오래된 것이다.

지금으로부터 200만 년 전에서 30만 년 전 사이에 이후의 인류 역사에 지속적으로 영향을 미칠 결정적 변화들이 일어났다. 이 글을 쓰는 지금 이 분야의 연구 상태가 매우 불균형하기는 하지만, 그래도 우리는 이 모든 근본적 혁신이 대부분 이 엄청나게 긴 기간이 끝날 무렵에 발생했다고 명확히 말할 수 있다. 시간의 심연 속에 묻힌 이 혁신들이 등장하는 과정을 언젠가 설명해 내는 것이야말로 앞으로 수행할 연구에서 가장 흥미로운 작업 중 하나가 될 것이다.

호모 헤이델베르겐시스의 뒤를 이은 호미니드도, 즉 지금으로부터 30만 년 전에서 4만 년 전 사이에 살았던 네안데르탈인도 상황은 크게 다르지 않다. 이 경우에도 호모 헤이델베르겐시스에서 네안데르탈인으로 전환되는 과정을 포함해 이 초기 시대에 관해 이용할 수 있는 증거가 부족하다. 네안데르탈인 시대에 일어난 혁신적 변화에 관해 우리가 아는 전부는, 인류 진화의 이야기에서 유럽이 공헌한 부분으로, 그들이 존재한 시기 중 마지막 수천 년에서 유래할 뿐이다. 네안데르탈인들도 호모 헤이델베르겐시스나 호모 에렉투스의 다른 후손들과 마찬가지로 불을 사용할 줄 알았다. 그들은 전문적인 사냥꾼이자 채집가로서 이동 생활을 했고, 야영지에 단순한 집을 지어 살았다. 그리고 동물 모피로 옷을 만들어 입어 겨울이 추운 지역에서도 별 탈 없이 살 수 있었다. 네안데르탈인 시대의 혁신은 대부분이 중요해 보이지만, 동시에 그것들은 호모 에렉투스나 호모 헤이델베르겐시스의 혁신보다는 덜 혁명적이다. 네안데르탈인들은 석기 제작을 위해 확실히 더 좋은 원료를 선택했다. 그들이 사용한 플린트flint[2] 도구는 이전보다 더 표준화되고 더 미적으로 만들어졌다. 또한 그들이 사용한 장비 중에는 최초로 여러 요소로 구성된 도구도 나타났는데, 인류의 가장 오래된 접착제인 역청을 이용해 나무 손잡이에 돌로 된 삽입물을 단단히 고정했다. 네안데르탈인은 비교적 '의사소통'을 잘했던 것으로 보인다. 어쨌든 그들의 언어 능력은 이전 호미니드들보다 뛰어났다. 그들의 설골 형태에서 이를 추론할 수 있는데, 이미 호모 사피엔스의 설골과 상당히 유사한 모습을 보였기 때문이다. 또한 최근에는 네안데르탈인에게서 언어 구사에 필수적인 게놈 FOXP2가 분리되기도 했다.

궁극적으로 네안데르탈인들의 기술적 발전은 이미 달성된 것들을 질적으로 높여 놓은 것이라고 할 수 있다. 하지만 정신사적 측면에서 네안데르탈인들이 인류 발전에 공헌한 근본적이고 진정으로 혁명적인 부분은 바로 사후세계의 발견과 죽음이라는 경계성 경험에 대한 반응이다. 현재까지 알려진 가장 오래된 인간의 매장지는 네안데르탈인 시대의 매장지다. 그들은 아무런 부장품 없이 시신을 매장했지만, 생전에 이미 동물 이빨과 담치류 껍데기로 만든 장신구를 착용하고 있었다. 이 장신구 중 일부는 인간이 과시한 가장 오래된 장신구에 속한다. 또한 정교하게 만들어진 많은 석기는 네안데르탈인의 뛰어난 미적 감각을 증명해 준다. 네안데르탈인이 화석처럼 진기한 것을 모으는 성향이 있었다는 사실은 그가 자신의 주변 환경을 아주 면밀하게 관찰했음을 아주 특별한 방식으로 보여 준다.

호모 사피엔스, 문화적 현대성, 세계 정복

네안데르탈인의 뒤를 이은 호모 사피엔스는 아프리카의 본거지를 떠나 중동으로 이주했다. 그리고 거기에서 다시 유럽으로 이주했다. 당시 네안데르탈인은 아직 멸종하지 않은 상태였다. 이는 최근의 고古유전자 연구로 증명되

2 석영의 일종으로 석질이 치밀해 일찍부터 석기의 재료로 사용되었다.

었으며, 이 연구에 따르면 이 두 종의 호미니드는 일시적으로 공존했던 것이 분명해 보인다. 둘 중에 호모 사피엔스가 자신의 자연환경에 더 잘 적응할 수 있는 것으로 드러났는데, 이 능력은 특히 추운 지역에서 생존하는 데 필수적이었다. 하지만 무엇보다도 호모 사피엔스는 성적으로 조숙했기에 네안데르탈인보다 우월했고, 그 결과 생식률에서 네안데르탈인을 눈에 띄게 앞질렀다. 따라서 기원전 4만 년에서 기원전 1만 3000년 사이에 마침내 현생인류가 전 세계로 퍼져 정착하게 되었다. 당시에는 아프리카에서 출발해 중동을 거쳐 유럽으로 가는 이동 경로가 있었고, 아라비아반도와 남아시아를 가로질러 중국으로 가고 동남아시아(순다)를 거쳐 거대한 남방 대륙 순다까지 이동하는 경로도 있었다. 순다 대륙은 오스트레일리아, 파푸아뉴기니를 비롯해 인근 섬들까지 포함하고 있었다. 기원전 1만 3000년 무렵에 현생인류는 시베리아에서 베링 육교를 건너 이동함으로써 아메리카 대륙에 마침내 정착했다. 이 시점에 이들은 아메리카 대륙의 최북단에서 최남단으로 비교적 빠른 속도로 퍼져 나간 것으로 생각된다.

호모 사피엔스는 생활 방식에서 그전의 호모 에렉투스나 호모 헤이델베르겐시스, 네안데르탈인과 근본적으로 크게 다르지 않았다. 그는 전략적으로 생각하고 활동하면서 무리를 지어 다니는 노련한 사냥꾼이었고, 식용식물이나 유용한 식물에 박식한 채집가이기도 했다. 가끔 그는 야영지에 한동안 머물다가도 주기적으로 다른 장소로 옮겨 가곤 했다. 호모 사피엔스는 전문 수렵·채집인의 모습을 보여 준다. 그는 인류의 다른 모든 조상보다도 자신의 환경을 잘 알고 돌아다녔고 어느 정도는 그 환경을 지배하기도 했다. 이는 자연에 개입한 사실로 여실히 증명되는데, 예컨대 그는 일부러 불을 놓아서 울창한 삼림지대를 없애기도 했다. 그는 이런 방법으로 채집 과정에서 마음에 들었던 야생식물이 더 힘차게 자라게 했을 뿐 아니라 동물도 더 수월하게 사냥할 수 있었다.

그러나 호모 사피엔스는 새로운 도구도 고안해 내면서 자신의 엄청난 독창성을 증명하기도 했다. 호모 에렉투스나 호모 헤이델베르겐시스 혹은 네안데르탈인이 물고기를 먹었는지는 밝혀지지 않았다. 하지만 호모 사피엔스

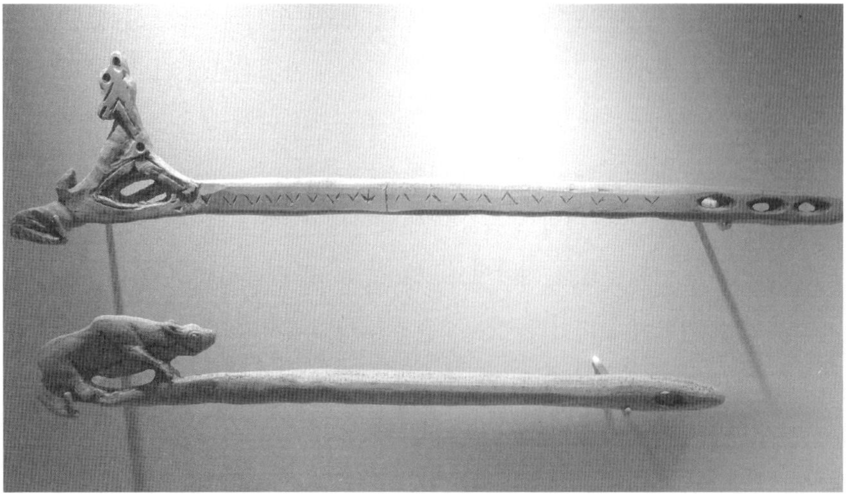

—— 프랑스의 마스 다질 유적지에서 나온 후기 구석기시대의 투창기. 투창기 또는 아틀라틀은 인류의 가장 오래된 '기계' 중의 하나다. 투창기를 효과적으로 사용하면 팔을 지렛대로 삼는 동작이 확대된다. 투창기를 사용하면서 던지는 속도가 빨라지고 충격이 커지며 정확성이 높아짐으로써 대형 포유류 사냥에 혁명적 결과를 낳았다. (Wikimedia Commons)

가 물고기로 식단을 보충했다는 사실은 의심할 여지가 없다. 뼈로 만든 그들의 작살은 물고기를 잡는 데만 사용될 수 있었기 때문이다. 그가 고안해 낸 또 다른 도구는 창을 던질 때의 속도와 관통력, 정확성을 크게 높인 아틀라틀atlatl 또는 투창기였다. 플라이스토세가 끝날 무렵(지금으로부터 약 1만 2000년 전)에 이 무기 외에 활과 화살이 추가되었다. 실제로 이 무기는 근대까지도 사용되다가 화약이 발명되고 나서야 그 중요성이 점차 줄어들었다. 호모 사피엔스의 이러한 발명품들은 예외 없이 사냥 전략을 최적화하는 목적과 관련이 있었고, 대단히 혁명적이라고 할 수 있었다. 개를 길들이고 기른 업적 또한 혁명적이라고 할 수 있는데, 이는 인류 역사상 가장 오래된 가축화에 해당한다. 개는 플라이스토세 말기부터 현생인류의 지속적 동반자가 되었다.

또한 바늘 발명도 과소평가해서는 안 된다. 뼈로 만든 이 도구는 대단히 중요했는데, 그로 인해 현생인류가 최초로 옷을 만들 수 있게 되었을 뿐 아니라 유기물에서 얻었든 동물 힘줄에서 얻었든 바늘에 필요한 실을 만들어 낼 수 있었다는 증거가 되기 때문이다. 이러한 발전은 동물의 모피와 가죽을 더 쉽게 이어 붙일 수 있었음을 의미했다. 그 결과 의복과 추운 지역에서 사용한 막집 덮개 모두 질적으로 좋아졌다. 독창성, 상상력, 계획 능력, 전략적 사고에 관한 한 초기 호모 사피엔스는 이전 호미니드들을 분명히 능가했고, 실제로 이미 오늘날의 인간에 훨씬 더 가까운 것처럼 보였다. 이러한 이유로 우리는 초기 호모 사피엔스를 해부학적으로뿐만 아니라 문화적으로도 현생인류로 부른다.

비록 네안데르탈인도 이미 사후 세계에 관심을 보였지만, 호모 사피엔스에게 장례 의식은 훨씬 더 큰 의미를 지녔다. 그들은 시신을 조심스럽게 안치했고, 처음으로 부장품을 함께 묻었다. 플라이스토세 말엽에 해골 숭배가 발달했던 것 같은 흔적이 있기는 하다. 하지만 사람 뼈에 난 잘린 자국을 보면 (아마도 의식화된 형태로) 식인 풍습도 있었던 것이 아닌지 의문이 생긴다. 두 관습 모두 이후의 중석기시대까지 이어졌다. 그리고 숭배 제례 의식이 중요해졌는데, 이는 네안데르탈인을 포함해 호모 사피엔스보다 앞선 모든 호미니드의 경우에는 생각도 할 수 없었던 일이다.

호모 사피엔스가 선구자라고 할 수 있는 예술 활동도 마찬가지다. 펜던트, 사슬, 그리고 옷에 꿰맨 구슬은 이미 자신을 꾸미고 싶어 하는 높아진 욕구를 증명해 주는 한편, 전 세계에서 발견되는 동굴벽화는 물론 상아, 뼈, 구운 점토로 만든 소형 조각상 역시 인류가 최초로 진정한 의미의 위대한 예술을 창조했음을 의미한다. 암각화와 입체적인 소형 조각상들은 시기와 제작 장소에 따라 서로 다른 다양한 강조점을 보여 준다. 따라서 때로는 예술 작품의 뚜렷한 중심지가 드러나기도 한다. 이른바 비너스Venus 조각상의 표현력이 대단히 뛰어났기는 했어도, 역동적이고 활기 넘치는 남서부 프랑스와 북부 에스파냐의 동굴벽화는 빙하시대가 끝나고 인간이 정착 생활 방식을 채택한 이후 수천 년이 지나도록 타의 추종을 불허했다. 빙하기의 예술은 사물의 형태와 움직임을 관찰하는 고도로 발달한 기술뿐 아니라 추상 능력까지 여실히 보여 준다. 이 시기에 이미 인간은 공간적 깊이와 원근감을 전달할 수 있었다. 호모 사피엔스는 이 벽화들을 통해 처음으로 세계적 예술을 창조했으며, 이 예술은 오늘날에도 그 카리스마를 조금도 잃지 않았다. 그런데 암각화는 한

—— 오스트리아의 빌렌도르프 유적지에서 나온 빌렌도르프의 비너스. 상아와 뼈, 내화 점토로 만들어진 조그만 조각상은 후기 구석기시대의 유라시아에서 만들어진 인공유물의 전형적 모습을 보여 준다. 이 조각상에서 여성의 특징, 특히 가슴이 강조된 것은 다산 개념과 관련이 있었을 것임을 시사한다. (Wikimedia Commons, © MatthiasKabel, Jbarta)

시대의 개인 간의, 혹은 세대를 초월한 개인 간의 시각적 의사소통 수단이기도 했다. 우리가 이 의사소통을 더는 해독할 수 없기는 해도, 그것은 이렇게 이른 시기에도 어떤 특수한 의미론에 기초하고 있었다.

주목할 점은 이러한 원시적 시각예술의 출현에 최초의 악기(속이 빈 뼈로 만든 단순한 피리)가 반복적으로 동반되었다는 점이다. 따라서 벽화, 조각, 음악이 거의 동시에 서로 밀접한 연관성을 갖고 생겨났다고 볼 수 있다. 그래서 이것이 숭배 활동과도, 더 나아가서는 제의적 의식과도 관련이 있었던 것은 아닌지 자연스럽게 생각하게 된다. 정확히는 웅장한 동굴벽화 주변에서 행해지

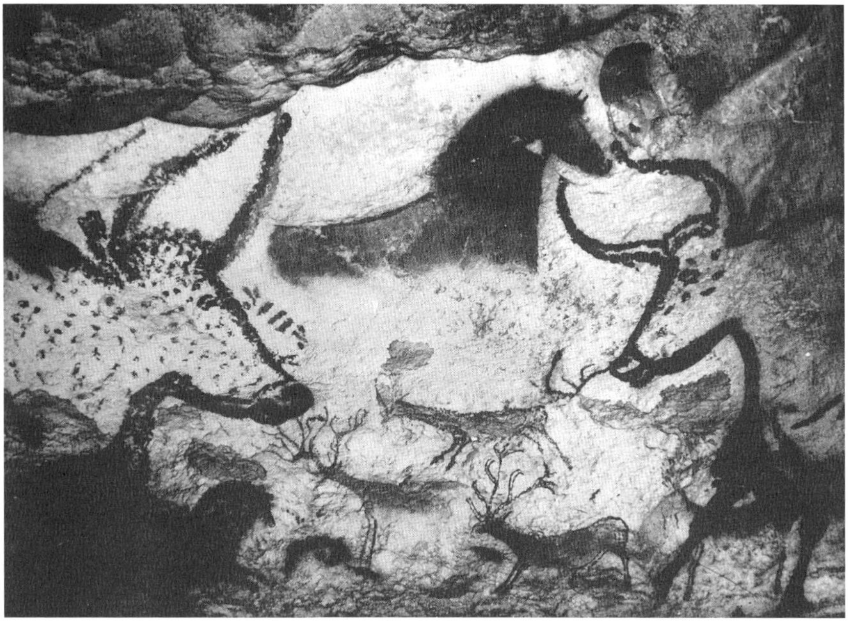

—— 프랑스의 라스코에서 발견된 후기 구석기시대의 동굴벽화. 서로 겹쳐 있기도 한 동물들을 묘사한 이 벽화는 빙하기 사냥꾼들의 자연 그대로의 생활환경을 보여 준다. 공간적 깊이와 원근법에 가까운 표현법 덕택에 이 동물들을 거의 살아 있는 것처럼 보이게 할 정도로 생동감 넘치게 표현한 이 뛰어난 벽화는 최초의 세계적 예술품으로 제대로 인정받을 수 있었다. (Wikimedia Commons)

는 의식 말이다. 또한 바위 표면에 어른과 아이들의 색칠된 손자국이 있는 것을 보면 수렵·채집 공동체까지, 어쩌면 가족까지도 어느 정도 하나의 제의 공동체로서 생각된 것은 아닌지 의문이 든다. 그런데 제의는 언어 없이는 이루어질 수 없다. 초기 호모 사피엔스는 언어를 위한 문화적 전제 조건뿐 아니라 해부학적 전제 조건도 갖추고 있었으므로, 거의 모든 면에서 현대의 인간과 비슷했다고 볼 수 있다.

따라서 인간은 빙하기가 끝날 무렵까지 놀라운 발전을 보여 주었다. 초기 호모 사피엔스가 아직은 가지 못한, 기후적으로 극한에 해당하는 지역을 무시하고 이야기한다면, 전문 사냥꾼이자 어부, 채집자의 생활 방식과 경제활동은 거의 전 세계로 퍼져 나갔다. 문화적 현대성을 이루어 낸 업적은 호모 사피엔스의 공으로 인정해야 하지만, 그의 생활 방식이나 경제활동과 관련된 결

유럽의 구석기시대

기간	고고학적 문화	호미니드 진화	혁신
전기 구석기시대 (180만 년 전~30만 년 전)	아슐 문화 (180만 년 전~30만 년 전)	호모 에르가스테르 게오르기쿠스 (180만 년 전 무렵) 호모 안테세소르 (120만 년 전~80만 년 전) 호모 헤이델베르겐시스 (60만 년 전~20만 년 전)	손도끼 불 다루기 몰이사냥 쇠닝겐 창 빌칭슬레벤의 예술
중기 구석기시대 (20만 년 전~4만 년 전)	무스티에 문화 (20만 년 전~4만 년 전) 미코크 문화 (13만 년 전~7만 년 전)	네안데르탈인 (20만 년 전~3만 5000년 전)	최초의 매장 장신구 표준화 일단의 도구들 합성 도구
후기 구석기시대 (4만 년 전~1만 2000년 전)	오리냐크 문화 (4만 년 전~2만 8000년 전) 그라베트 문화 (2만 8000년 전~2만 1000년 전) 솔류트레 문화 (2만 2000년 전~1만 8000년 전) 마들렌 문화 (1만 8000년전~1만 2000년 전)	호모 사피엔스 (4만 년 전 이후)	부장품과 함께 매장 해골 숭배 투창기 바늘 동굴벽화 소형 조각품

정적 혁신들 가운데 적어도 몇 가지는 호모 에렉투스 시대에서 유래했다. 한편으로는 혁명적 혁신과 다른 한편으로는 수만 년에 걸쳐 이어져 온 전통이 모든 대륙의 구석기시대 인간의 역사를 똑같이 규정지었고, 이후 이어지는 발전의 기초를 형성했다.

2 정착 생활, 생산적 경제, 집단 정체성

마지막 빙하기가 끝난 후 강수량이 늘면서 티그리스강과 유프라테스강의 강둑을 따라 근동 저지대의 주변 지역에 무성한 초목이 자랐다. 이후 과거에 건조했던 지형에서 식량용 농작물이 다량으로 생산되었다. 이 지역의 계곡에는 울창한 범람원 숲이 형성되면서 오록스와 사슴, 멧돼지가 그곳에 서식했다. 한편 아라비아 사막으로 이어지는 지역을 비롯해 타우루스산맥과 자그로스산맥의 가장자리 구릉지대에서는 사바나 같은 넓은 대지가 펼쳐지면서 가젤과 야생 당나귀의 서식지가 되었다. 당시에도 여전히 수렵·채집 생활 방식을 추구하던 그곳 사람들은 사냥할 동물이 많다는 것을 알게 되었다. 또한 그 지역에는 다양한 식용식물이 엄청나게 늘어났다. 야생 아몬드, 피스타치오, 호두, 완두, 렌틸콩, 병아리콩까지 채집하기 적당한 곳에 나 있는 것들은 모두 채집되었다. 물론 이런 야생 품종은 이후에 개량된 재배종만큼 산출량이 많지는 않았다. 이렇듯 풍부한 상부 메소포타미아의 천연자원 덕분에 수백 년, 수천 년에 걸쳐 토지 전용 전략을 최적화해 온 아구석기시대亞舊石器時代, Epipaleolithic 나투프 문화(12000~9500 BC)의 수렵·채집인들은 장기간 한곳에 머물러 살 수 있었다. 그 결과 이 지역의 수렵·채집인들은 성공적 사냥을 위해 훨씬 덜 이동해도 되었고, 그들의 활동 범위도 크게 줄어들었다. 이는 비옥한 초승달 지대 사람들이 정착 생활을 채택하게 되는 결정적 단계를 의미했다. 이 지역은 아라비아반도의 사막 지역 북쪽에 있는 반원 모양의 땅으로 농경 생활 방식이 시작된 발원지로 간주된다.

나투프 문화에 속한 사람들이 죽음을 다룬 모습을 보면 그들이 나름의 아주 특별한 경험을 가졌음을 알 수 있는데, 이는 이 시기의 수많은 매장지에서 증명된다. 시신은 주거지 옆이나 이미 버려진 가옥에 매장되었다. 대체로 나투프 문화의 무덤은 돌이 많은 땅을 파서 만들었다. 그리고 장식물, 도구, 동물 잔해를 함께 매장한 후, 마지막에 석판으로 덮었다. 사람과 개를 함께 매장한 것이 주목할 만하다. 이 매장 풍습은 이 시기에 인간의 동반자로서 개가 엄청나게 중요했음을 다시 한번 강조해 준다. 아동의 무덤 비율은 지금까지 확인된 모든 매장지의 3분의 1을 차지할 정도로 상당히 높다. 이는 한편으로 높은 아동 사망률을 의미하지만, 다른 한편으로는 이 초기 단계에서 성인과 견줄 만한 장례 의식을 아이들에게 치러 주었다는 사실도 분명하게 보여 준다. 지금까지는 매장 의식과 부장품 종류에서 명확한 사회적 계층 분화가 확인되지 않는다. 그런데도 몇몇 무덤에서 발견된 증거물들은 특정 개인과 집단 내 다른 사람들을 구분 짓는다는 점에서 눈에 띈다.

나투프 문명의 물질문화는 플린트, 뼈, 뿔로 만들어진 수많은 도구로 이루어졌다. 암석으로 만든 인공물도 중요해졌다. 뼈, 뿔, 플린트로 만든 낫과 석회암이나 사암으로 만든 절구, 절굿공이, 대접, 식기가 특히 눈에 띈다. 이런 도구와 그릇들은 식물성 재료를 식량으로 가공하고 준비하는 방식에 혁명을 일으켰음이 분명하다. 장신구 제작도 현저히 증가했다. 동물의 이빨이나 뼈, 연체동물의 껍질이나 이와 유사한 동물의 생성물로 만든 펜던트와 구슬 목걸이가 만들어졌고, 공작석으로 만든 구슬도 처음으로 등장했다.

기후가 습해지고 따뜻해지면서 유리해진 자연환경은 기원전 9500년 무렵부터 안정세를 보였고, 그 과정에서 농경 생활 방식과 식량 생산에 기초한 작업 방식이 등장할 수 있는 조건이 형성되었다. 그러나 이 중대한 변화들은 갑자기 생긴 것이 아니다. 그리고 그러한 변화로 인해 이른바 신석기시대의 패키지에 들어 있는 정착 생활, 농작물 경작, 가축 사육, 토기 제작이 동시에 발생한 것도 아니었다. 오히려 신석기 문화의 완벽한 조건을 구성하는 이 다양한 특징들은 오직 점진적으로, 순차적으로 합쳐졌다.

구석기시대의 생활 습관에서 이미 상당 부분 탈피해 있던 중동의 나투프 문화는 토기 없는 신석기시대pre-Pottery Neolithic: PPN로 대체되었다. 이 시기는 기원전 9500년에서 기원전 6200년 사이로 추정되는데, 유기물질 속 방사성탄소 동위원소의 일정한 붕괴 속도를 측정해 연대를 판단하는 방사성탄소연대측정법이 이용되었다. 그리고 텔 에스 술탄에서, 즉 성경에 등장하는 도시인 예리코에서 처음으로 대규모 조사가 이루어졌다. 이 기간은 시간상 앞선 시기(PPN A)와 이후의 시기(PPN B)로 나뉜다.

전반기인 PPN A는 기원전 9500년부터 기원전 8600년 사이의 시기다. 이전의 나투프 문화처럼 이 문화의 무대도 주로 수역 근처에서 전개되었는데, 정확히는 레반트 연안과 그 넓은 내륙지역이다. 그리고 더 나아가 현재 튀르키예 남동부에 있는 티그리스강과 유프라테스강 상류의 상부 메소포타미아 지역에까지 확장되었다. PPN A의 주거지들은 이전 나투프 문화 시기보다 눈에 띌 정도로 더 컸다. 이들 주거지는 작은 원형 집들로 이루어져 있었는데, 돌로 기초를 놓고 공기로 말린 진흙 벽돌을 올린 구조였다. 실내에는 종종 화로가 있었고 식량을 저장할 수 있는 붙박이형 공간도 있었다. 가옥 밖에는 수확한 농작물을 저장하는 창고가 있었다. 이런 창고들은 의심할 여지 없이 공용 건물이었다. 건물 안의 내용물도 분명 공동재산으로 여겨졌을 것이다. 시간이 더 흐른 뒤에야 이 저장 창고가 집안으로 옮겨지면서 저장실이 생기게 되었다. 이는 더 나아가 개별 가족의 사유재산이 생겼음을 알리는 현상임이 분명하며, 문화적 발전에서 중요한 단계를 의미한다.

PPN A에는 야생 곡물을 재배할 수 있게 된 것도 확인된다. PPN A 주거지의 일부 움집에서 그을린 외알밀, 보리, 에머밀의 씨앗이 발견되었고, 콩과 식물 역시 발견되었다. 따라서 PPN A는 최초의 농경과 수렵·채집 생활이 함께 나타나는 혼합 경제활동 시기다. PPN A 사람들의 단백질 공급은 과거와 다름없이 사냥한 결과물에 주로 의존했다. 적어도 지금으로서는 이 시기에 가축을 길렀다는 결정적 증거가 아직 없다. 나투프 문화기의 무덤들은 거주지 옆이나 이미 버려진 집에 조성되었지만, PPN A 이후부터 죽은 사람과 산 사람의 관계는 더욱더 가까워진다. 예리코에서만 해도 진흙을 묻혀 따로 매장한 두개골과 함께 수백 개의 해골이 발견되었다. 이것들은 여전히 사람들이 거주하던 움집의 벽과 바닥 밑에 매장되어 있었다. 이러한 풍습은 초기 신석기시대에 중동에서 남동부 유럽까지 퍼져 있었다.

토기 없는 신석기시대의 후반기인 PPN B는 기원전 8600년 무렵에서 기원전 6200년 무렵까지 지속되었다. PPN A와 달라진 것이 무수히 많고 그 차이는 중요하다. 우선 주거지의 크기가 커졌는데, 10헥타르에 이르는 곳도 있었다고 알려져 있다. 개별 가옥의 크기도 커졌지만, 주요한 변화는 이제 대부분의 가옥 형태가 사각형이라는 점, 그리고 더욱 복잡한 방 배치를 보여 주는 집도 있었다는 점이다. PPN B의 작물 재배는 앞선 PPN A보다 분명한 진전을 보여 주었다. 보리, 외알밀, 에머밀, 듀럼밀, 아마의 재배종뿐 아니라 누에콩, 풋강낭콩, 렌틸콩, 병아리콩 같은 콩과 식물 재배종도 존재했다는 확실한 증거가 있다. 그러나 PPN A와 대비되는 결정적 차이는 이 무렵에 인간이 염소, 양, 소도 사육하기 시작했다는 사실이다. 따라서 사냥은 점점 부차적인 것이 되기 시작했다. 이로써 PPN B 문화에서 인간이 식량을 확보하는 방식은 가장 근본적인 변화를 겪었다. 마침내 자연에서 획득하는 경제에서 생산적 경제로 이행한 것이다.

토기 없는 신석기시대에 해당하는 것으로 추정되는 다양한 유적지에서는 이 초기 농경 정착 집단들의 공존 관계에 광범위한 변화가 있었음을 가리키는 특이한 유물이 다수 발견되었다. 당시에는 숭배 활동과 제례가 특별히 중요하게 여겨졌다. 예리코의 성벽과 탑의 건설에는 뛰어난 공동체의 업적이 분명하게 드러난다. 처음에 학자들은 이 둘을 방어 시설로 해석했지만, 탑의 밑바닥에서 나온 유골 열두 개로 볼 때 숭배 및 종교적 맥락과 연관이 있는 것으로 보인다. 의심할 바 없이 진흙을 세심하게 바른 인간 두개골로 그 눈구멍에는 개오지 껍데기를 채워 넣었으며 뺨과 이마에는 진흙이 채워져 있었다. 이는 모두 해골 숭배를 나타내는 명백한 증거다. 그렇다고 해도 이러한 숭배 뒤에 어떠한 정신적·종교적 관념 세계가 존재했는지는 알 수 없다.

중동의 토기 없는 신석기시대에 행해진 숭배 관습은 이 지역 주변의 다른 여러 유적지에서도 발견되었다. 요르단의 아인 가잘에서는 석고로 만든 높이 1미터의 사람 입상들이 발견되었다. 이것을 조상숭배를 나타내는 유물로 보는 것은 확실히 하나의 가능한 해석일 뿐이다. 최근 몇 년 동안 학자들은 특히 튀르키예 남동부의 유프라테스강과 티그리스강의 상류에서 중동의 토기 없는 신석기시대에 숭배가 결정적 역할을 했음을 알려 주는 중요한 유물을 발견했다. 일례로 차외뉘에서 고고학자들은 이른바 해골 건물을 우연히 발견했다. 이 건물에는 석판으로 덮인 지하실 같은 공간이 있었는데, 그 안에 뼈와 함께 적어도 450명분의 해골이 있었다.

네발르 초리 유적지도 유프라테스강 상류에 있다. 그곳에서 모서리가 둥글게 다듬어져 있고 T 자 모양의 거대한 돌기둥이 서 있는 사각형 공간이 발굴되었다. 기둥 옆면에는 가느다란 팔과 손이 새겨져 있고 얼굴과 뒤통수처럼 생긴 모습도 보여 준다. 말하자면 이 기둥들은 인간과 동물이 혼합된 존재 그리고 인간을 크게 확대해 양식화한 모습이다. 기둥 옆에는 향로로 사용되었던 돌그릇이 있는데, 거북이 모양의 생물 옆에 춤추는 사람 두 명이 부조로 조각되어 있다. 그리고 음경이 발기한 남자 조각상과 앉아 있는 여자 조각상 등 다양한 소형 점토 조각상이 있고, 석회석으로 만든 작은 가면도 있다. 춤, 가면을 이용한 변장, 남성의 정력과 생식 능력을 알리는 이 모든 시각적 신호는 그것들을 만든 사람들이 복잡한 정신적·종교적 관념 세계를 가졌음을 암시한다.

네발르 초리나 차외뉘에서와는 달리, 괴베클리 테페에서는 숭배 목적으로 사용된 다양한 특수 건물이 있는 촌락 주거지가 아니라 하나의 거대한 숭배 의식 장소가 발견되었다. 여러 지층이 쌓여 있는 구조는 이 특별한 곳이 지닌 수천 년의 역사를 암시한다. 괴베클리 테페는 수많은 환상열석으로 이루어져 있으며, 지름이 10미터에서 30미터에 이른다. 환상열석마다 하나의 암석으로 된 T 자 모양의 기둥이 여러 개 있다. 기둥에는 동물 문양이나 추상적인 그림문자가 장식되어 있다. 일부 기둥 옆면에서 팔과 손의 모양이 식별된다는 점으로 볼 때 이 T 자 기둥의 기본 형태가 인간의 모습을 본떴음을 알 수 있다. 이 기둥들은 거석기념물 수준의 규모를 제대로 보여 준다. 어쨌든 그러한 성지를 건설하는 데는 해당 공동체의 엄청난 인력 동원이 필요했고, 그것을 완성하기까지 상당히 각별한 준비와 응용이 필요했다. 따라서 괴베클리 테페는 토기 없는 신석기시대에 숭배적·종교적 요인이 압도적 중요성을 지녔음을 여실히 보여 준다. 이 환상열석에서는 동물의 뼈 무더기도 나왔는데, 이 구조물의 안이나 주위에서 호화로운 잔치가 벌어졌던 것이 틀림없음을 암시한다.

그러나 괴베클리 테페에서 발견된 모습의 제례 의식과 레퍼토리는 더 넓은 지역에 걸쳐 퍼져 있었다. 이 지역의 수렵·채집인들은 그곳에서 입증된 상징체계인 일종의 제의용 언어를 이해할 수 있었다. 우리는 이 사실을 통해 상부 메소포타미아 산악 지대가 하나의 연결된 숭배 공동체였음을, 더 나아가 농업의 발상지로 꼽을 수 있는 지역에 존재했음을 알 수 있다. 앞에서 설명했듯이 괴베클리 테페 같은 숭배 의식 장소를 건설하는 데 필요한 엄청난 노력을 미루어 짐작해 보아도 그 작업에 공동체 전체가 관계되었을 것이 틀림없다는 사실을 명확히 알 수 있다. 그런 장소들은 신성한 곳이었고 본질적으로는 여전히 수렵·채집 생활 방식의 특징을 가지고 있던 공동체의 사회적·경제적·의식적 욕구가 결집하는 곳으로서 기능했다. 다양한 집단이 그곳에 모여 이례적으로 호화롭고 사치스럽기까지 한 잔치를 벌이며 함께 제례 음식을 먹는 자리를 축하하곤 했다. 그러나 이러한 종류의 대규모 의식을 거행하려면 그 의식을 준비하는 데 필요한 음식이 충분히 공급되어야 한다는 전제가 필요했다. 따라서 생산적 경제는 그러한 제례 의식을 개최하기 위한 중요한 전제 조건을 의미한다고 할 수 있다. 그 행사를 준비하는 사람들이 예측 불허의 행운에 좌우되는 사냥에 의존할 수는 없었기 때문이다.

기원전 제10천년기와 기원전 제9천년기의 토기 없는 신석기시대에 상부 메소포타미아 지역에서, 그리고 비옥한 초승달 지대의 일부 지역에서 식물 재배와 동물 사육이 이루어지면서, 그 점을 제외하고는 사냥과 채집으로 특징지어진 그 문화적 환경에서 본격적인 신석기시대의 생활 방식 및 경제 방식을 위한 환경이 형성되어 갔다. 이는 전 세계 그 어느 곳보다도 빨랐다. 여기서 여전히 빠진 부분은 토기 제작뿐이었다. 소아시아에서 토기 신석기시대가

—— 튀르키예의 괴베클리 테페에서 발굴된 장식이 있는 돌기둥. 일반적으로 부조 양식으로 된 이 거대한 돌기둥에는 출산 장면이나 사자, 거북이, 전갈 등의 다양한 동물, 순수한 기하학적 무늬들이 조각되어 있다. 당대인들은 이해할 수 있었지만, 우리 현대인들은 이러한 형상에 담긴 그 진정한 내용을 파악할 수 없다. (Wikimedia Commons, © MatthiasKabel, Jbarta)

시작되기도 전에, 중동의 기후는 기원전 6200년 무렵에 뚜렷한 기온 하강을 겪었다. 이 현상은 300년에서 400년 정도 계속되었다. 메소포타미아 주변의 타우루스산맥과 자그로스산맥의 구릉지대와 경계 지역에는 더는 사람이 살지 않게 되었다. 이후 유프라테스강과 티그리스강의 넓은 저지대 계곡에 사람들이 더욱더 모여들 뿐이었다.

중앙아나톨리아의 토기 없는 신석기시대에서 토기 신석기시대로의 전환

기원전 제10천년기에서 기원전 제7천년기까지의 기간에 메소포타미아의 북부와 북서부의 변방에서 일어난, 토기 없는 신석기시대에서 토기 신석기시대로의 전환은 주변 지역에도 영향을 미칠 수밖에 없었다. 중앙아나톨리아에 자리한 차탈회위크 유적지의 주거지 역사는 토기 없는 신석기시대에서 토기를 생산한 초기 신석기시대로 이행했음을 보여 준다. 이 유적지의 주거지 지층은 기원전 7400년에서 기원전 6200년 무렵까지 이어지며 형성되었다. 이 유적지의 한 가지 주목할 만한 특징은 그곳에서 사용된 것이 분명한 이른바 응집형 건축 방식으로, 이 방식으로 인해 주거지 전체가 특별한 특징을 띠게 되었다. 이곳 주거지는 진흙 벽돌이나 단단하게 다진 진흙으로 만든 사각형의 집들이 다닥다닥 연달아 붙어 있었다. 이 집들은 납작한 모양의 지붕을 통해 위에서 들어가는 구조였으므로 가옥의 옆벽에 출입구가 없었다. 발굴된 지층을 보면 주거지의 가옥 수는 400채에서 1800채 사이로 추정되며, 이를 통해 고고학자들은 차탈회위크가 상당히 많은 사람의 본거지였던 것이 틀림없다고 생각한다.

전체 주거지 내에는 여러 채의 집이 하나의 단지를 형성해 응집력 있는 생활 단위를 이루고 있었다. 이러한 단지는 여러 개가 존재했으며, 이 복합체는 집마다 식량을 저장하는 시설이 있었던 것으로 보아 대체로 자급자족하는 생활을 했던 것이 분명하다. 마찬가지로 고고학자들이 발굴한 유물을 보면 각 가정은 각자 진흙 벽돌 제작, 동물 사육, 곡물 가공, 돌이나 뼈로 된 도구 제조를 책임졌다. 수렵과 채집은 동물 사육, 곡식 경작과 함께 그곳 거주자들의 삶에 토대가 되었다. 차탈회위크에서 재배된 것으로 보이는 곡물은 외알밀, 에머밀, 쌀보리, 빵밀이며, 완두와 살갈퀴도 추가되었다. 이곳의 주요 가축은 양과 염소였다. 차탈회위크의 초기 신석기시대 지층에서 발견된 소뼈는 대부분이 야생 소의 뼈이며, 사육된 소의 뼈는 맨 위 지층에서만, 즉 기원전 제6천년기로 추정되는 비교적 최근의 지층에서만 발견되었다.

이 유적지의 가옥에서 발견된 발굴물 목록에는 돌로 만든 항아리(그리고 이후 지층에서는 흙으로 빚어 구운 용기와 항아리)가 포함되어 있었다. 토기 용기가

____ 튀르키예 차탈회위크의 신석기시대 주거지를 복원한 모형. 이 유적지에서 발굴된 물품들을 보면 응집형 건축법을 이용해 진흙 벽돌과 단단하게 다진 진흙으로 만든 집들을 서로 인접하게 지었음을 알 수 있다. 각 집은 지붕을 통해 소통했다. 집의 벽에 문이 없고 집 사이에 통로도 없었기 때문이다. 아주 드물게도 여러 채의 집 가운데에 마당이 있기는 했다. (Wikimedia Commons, © Wolfgang Sauber)

발명된 것은 아마도 차탈회위크에서 요리법이 바뀌었기 때문일 수 있다. 사람들은 민무늬 용기에 음식을 준비하는 한편, 동물 먹이를 저장하는 데도 용기를 사용했다. 채소류를 보관하기 위해서는 엮은 바구니를 선호하는 경향이 있었다. 고고학자들은 그곳에서 가슴이 큰 여성을 형상화한 소형 점토 조각상을 다수 발견했다. 그러나 그 조각상들을 '여신'으로 해석하기에는 명확한 근거가 있지 않다. 게다가 압도적으로 많은 조각상에서 성별 특유의 특징이 전혀 나타나지 않지만, 일부는 남성임이 분명해 보이는 것들이 있다.

차탈회위크에서 발견된 것 중에 예술적 창의성을 가장 극적으로 증명해주는 것으로 개별 가옥의 내벽에 그려진 그림과 부조가 있다. 가장 정교한 동시에 가장 잘 보존된 사례는 VII기 지층에서, 그리고 특히 불에 탄 VI기 지층에서 발견되었다. 유일하게 꾸며진 방이 안방(즉 실제 생활공간)이었으므로 당

—— 튀르키예 차탈회위크의 주거지 내부를 복원한 모습. 이 유적지 가옥의 내부 구조는 대체로 표준화된 패턴을 따랐는데, 생활공간, 요리 공간, 식량 저장 공간이 따로 분리되어 있었다. 안으로는 사다리로 내려가야 들어갈 수 있었으며, '가내 제단'과 유사한 숭배 의식용 설치물이 자주 보였다. 그러나 집안일은 대부분 옥외에서, 즉 집의 지붕에서 이루어졌을 것이다. (Wikimedia Commons, © Elelicht)

시 유적지를 발굴하던 고고학자들은 그 방을 '사당'으로 불렀다. 진흙이나 회반죽을 입힌 황소 머리나 염소 머리가 벽에 걸려 있었고, 흔하지는 않지만 기둥에, 또는 진흙 벽으로 만든 벤치에 걸려 있기도 했다. 가옥의 벽에 걸린 부조 중에서 표범 두 마리가 서로 마주 보는 부조가 특히 인상적이다. 벽화는 흰색 바탕이나 크림색 바탕에 빨간색이나 검은색, 갈색의 색소로 그려져 있었다. 페인트가 수없이 덧칠해진 것을 보면, 벽화를 자주 새로 그렸음을 알 수 있다. 한편 기하학적으로 구성된 이미지는 벽에 거는 장식품처럼 보인다. 하지만 동물 이미지와 사냥하는 장면이 이 벽화들의 주된 모티브다. 벽화에 반복적으로 덧칠된 것을 보면, 그 벽화들이 한시적으로만, 어쩌면 아주 특별한 행사를 위해 그려졌을 수도 있다. 벽화의 주제와 모티브는 그 공동체 구성원들이 손쉽게 이해했고 여러 세대에 걸쳐 전승된 확고한 상징과 신호의 체계가 있었음을 암시한다. 차탈회위크에서 발견된 유적은 평범치 않은데, 그중에서도 한 가지 눈에 띄는 특징은 순전히 숭배 의식을 위해서만 사용된 건물이 전혀 없다는 것이다. PPN B로 추정되는 동남부 아나톨리아의 다른 주거지에 널리 퍼져 있는 숭배 의식용 건물이 없는 것이다. 괴베클리 테페에서 제례가 한 지역 전체에 해당하는 건축 구조물을 형성한 데 반해, 차탈회위크에서 숭배 활동은 사실상 '개인적'인 일이었던 것처럼 보인다. 숭배 활동은 그냥 개별 가옥이나 기껏해야 여러 가옥이 관련된 활동에 그쳤다.

악사라이 인근 북쪽까지 뻗은 아시으클르 회위크 고고학 유적지는 전적으로 토기 없는 신석기시대의 특성을 보이며, 기원전 8200년에서 기원전 7400년 사이에 사람들이 그곳에 정착해 살았다. 차탈회위크에 정착이 막 시작될 무렵에 아시으클르 회위크에는 더는 아무도 살지 않았다. 따라서 아시으클르 회위크는 차탈회위크의 선조라고 할 수 있다. 우리는 아시으클르 회위크가 중앙아나톨리아 고지대에서 가장 오래된 정착 집단이었음을 명심해야 한다. 아시으클르 회위크의 건물 구조와 가옥 형태는 차탈회위크와 매우 유사하다. 다닥다닥 붙은 방 하나짜리 점토 가옥은 주로 지붕을 통해 들어갈 수 있었고, 건물의 주재료는 점토 벽돌이었다. 이 단순한 가옥들 역시 차탈회위크에서와 마찬가지로 여러 채가 모여 더 큰 생활 단위를 이루었다. 이러한 사실을 통해 차탈회위크에 두드러지게 나타난 가옥 건축양식과 주거지 조성 형태가 동남부 아나톨리아에서 들여온 것이 아니라 중앙아나톨리아에서 독자적으로 생겼음을 알 수 있다. 그리고 이 전통의 뿌리는 기원전 제9천년기로 거슬러 올라갈 수 있다.

아시으클르 회위크의 거주자들은 이미 드문드문 에머밀, 외알밀, 호밀, 콩과 식물을 재배하기 시작했다. 그와 동시에 그들은 채집 생활 방식을 집중적으로 추구했다. 반면에 고기에 대한 수요는 사냥으로 충족되어서인지 이곳에서 동물이 사육되었다는 증거는 전혀 없다. 그곳에서 발견된 동물 뼈를 조사한 결과, 특정한 나이에 도달한 야생동물만을 사냥감으로 여겼다는 사실이 밝혀졌다. 달리 말하면 그 공동체는 의식적으로 동물을 선택해 사냥했다. 이렇게 다양한 사냥용 동물의 종들이 체계적으로 보호받음으로써 급격하게 수가 감소하거나 심하게는 멸종되는 결과를 피할 수 있었다. 따라서 아시으클르 회위크 사냥꾼들의 운영 방식은 일종의 지속 가능한 사냥감 관리를 대표했다고 볼 수 있다. 이는 인간과 동물의 관계를 근본적으로 바꾸어 놓은 중요한 지적 일보였다. 이 방식은 차탈회위크에서 양과 염소의 가축화로 발전했는데, 야생 소는 더 훗날에 가축으로 사육되었다.

따라서 아시으클르 회위크와 차탈회위크, 이 두 지역에서 나온 유물과 유적은 중앙아나톨리아 사람들의 역사를 훌륭하게 설명해 준다. 그들은 정주 생활 방식을 전개하면서 생산적 경제를 점차 발전시켰다. 현재까지 이루어진 고고학적 연구에 따르면 두 유적지 모두 이러한 변화 과정의 기준점이 되는 주거지라고 할 수 있다. 아시으클르 회위크가 세워지기 전에는 동굴같이 생긴 돌출된 절벽 밑에 기껏해야 야영지 정도만 남긴 아구석기시대의 수렵·채집 집단이 기원전 제9천년기까지 코니아 평원Konya Plain 전역에 퍼져 있었다. 프나르바시으Pınarbaşı의 주거지처럼 이러한 바위 동굴 같은 주거지 중 몇몇은 심지어 기원전 제7천년기에도 사냥꾼과 목동들이 특정 계절에 이용했다. 따라서 정착 생활과 농경, 가축 사육이 시작된 이후에도 한동안 수렵·채집 생활 방식이 계속 고수되었다. 크고 광범위한 주거지가 이미 존재해 제대로 된 형태의 조직을 갖추고 수백 년 동안 사람들이 살았지만, 그렇다고 해서 어떤 특정 지역의 인구 전체가 그런 주거지에 살았다는 의미는 전혀 아니었다.

레반트와 근동의 다른 지역에서는 아시으클르 회위크와 차탈회위크에 존재했던 것으로 증명된 상주 주거지의 원형이나 그와 유사한 것을 찾을 수가 없다. 또한 지붕을 통해서만 들어갈 수 있는 가옥들이 나란히 붙은 배치도 마찬가지다. 따라서 이 특징들은 자생적 과정을 통해 발생했음을 나타낸다. 그러나 그렇다고 해서 훨씬 전부터 정착 생활 방식과 생산적 경제활동으로 점진적으로 옮겨 가던 상부 메소포타미아에서 어떤 영향이나 자극을 받았을 가능성을 배제하는 것은 절대 아니다. 그러한 문화적 접촉은 그 지역 사람들이 동부 아나톨리아와 중앙아나톨리아에서 흑요석을 구했다는 사실 때문에 더욱더 가능성 있게 보인다. 다시 말하면 광범위한 연락망과 물자 교환을 위한 접촉이 있었던 것이 틀림없다. 각 가정에서 플린트 도구나 맷돌, 막자를 만들었을 것으로 쉽게 상상할 수는 있지만, 복잡한 시굴試掘과 채굴의 과정이나 먼 지역에서의 수송이 수반되는 원료 확보 문제를 생각해 보면 어떤 상위 조직이 이 단계에 이미 형성되어 있었다고 볼 수밖에 없다.

앞에서 다룬 차탈회위크 후기 발전 단계의 특징인 가옥 내벽 장식은 이를 만든 전문가나 예술가와 같은 아주 한정된 집단이 자신들의 전유물이라고 할 수 있을 정도로 이러한 기술이나 모티브에 정통했음을 보여 준다. 내벽 장식은 사육하는 양이나 염소가 아니라 사냥용 동물에 대한 묘사가 지배적이었는데, 이를 통해 우리는 다시 한번 당시 사람들이 자연과 상당히 가까운 관계였음을 알 수 있다. 실제로 집에서 기르는 양이나 염소는 벽화에 전혀 등장하지 않는다. 차탈회위크의 벽화 역시 이들이 동물을 사육하면서 인간과 동물의 관계나 인간과 환경의 관계에 나타난 극적 변화를 정신적으로 어떻게 처리했는지 보여 준다.

메소포타미아에서 등장한 최초의 본격적 신석기 문명

토기 없는 신석기시대인 기원전 제10천년기와 기원전 제7천년기 사이에 비옥한 초승달 지대에 살았던 사람들의 자연적·경제적·문화적 환경은 정착 생활과 식물 재배 및 동물 사육의 결과로 근본적으로 달라졌다. 이어지는 다음 시대의 중요한 특징 중 하나는 토기 발명이었다. 점토로 만든 그릇들은 사람들이 장식하기 좋아하는 대상이 되었고, 이후 정착화된 토기 장식 방법은 개별 주거 공동체의 특징적 표식 역할도 했던 듯하다. 또한 주거지의 주된 중심이 산악 지역의 구릉지에서 티그리스강과 유프라테스강의 주변에 있는 비옥한 평야 쪽으로 옮겨 간 것이 분명했다. 가장 오래된 토기 제작 문화인 자르모 문화와 움 다바기야Umm Dabagiyah 문화의 최초 주거지가 바로 그 지역에서 발견되었기 때문이다. 자르모 문화 사람들의 식단은 에머밀, 외알밀, 렌틸콩으로 구성되었고 염소와 양, 돼지를 사육했다. 그곳에서 발견된 유물에서 예술적 노력에 대한 증거는 찾기 어려운데, 유물이라고 해 보았자 동물 형태와 인간 형태의 점토상 몇 점에 국한되었다. 그 가운데 가장 주목할 만한 것은 임신한 여성을 묘사한 다양한 소형 조각상이다. 반면에 움 다바기야는 오나거onager(야생 당나귀) 사냥꾼들이 특정 계절에만 찾은 특별 주거지가 틀림없어 보인다.

움 다바기야와 같은 주거지가 세워졌다는 것은 머지않아 기원전 제7천년기 중반기 이후에 하수나 문화를 탄생시킬 발전이 시작되었다는 의미였다. 하수나 문화는 주로 북부 메소포타미아 지방에 존재했던 문화로, 이 문화에서 제작된 토기는 고품질에 채색된 문양으로 장식된 최초의 토기였다. 하수나 문화 주거지의 주된 건물 형태는 소가족이 거주한 원형 움집이다. 이들 움집 옆에는 지면 구획이 좀 더 복잡한 직사각형 건물들도 있었는데, 아마도 곡식 저장소로 사용된 듯하다. 하수나 시대 후기에는 내부 공간이 여러 개인 직사각형 가옥이 증가하는 것을 볼 수 있다. 대체로 이 가옥들은 지붕으로만 접근할 수 있을 정도로 서로 다닥다닥 붙어 있었다. 이러한 가옥 주인들은 주로 가축과 야생동물을 먹고 살았고, 식물성 식량은 곡물과 콩과 식물을 섭취했다. 이 주거지에서 한 가지 특이한 점은 아이들의 유골이 발견되었다는 점이다. 이들 유골은 토기 항아리에 담겨 가옥 바닥 밑에 묻혀 있었다. 또한 가장 눈에 띄는 개별적인 유물로는 야림 테페 I 주거지에서 출토된 채색 점토 피리를 들 수 있다. 이 피리는 근동 지역에서 발견된 가장 오래된 악기 중 하나다. 그리고 긁어낸 자국이 있는, 소의 견갑골도 발견되었는데, 이는 산술 계산의 흔적을 보여 주는 가장 오래된 것 중 하나로 확인되었다. 그 밖에 점토로 만든 봉인 도장과 뼈나 다른 재료도 발견되었는데, 이것들은 유기물로 만든 바구니나 자루뿐 아니라 토기나 돌로 만든 용기에 젖은 점토로 만든 봉인을 찍는 데 사용되었다. 하수나 문화 사람들은 이런 방식으로 최초로 개인 소유물을 표시했다. 그리고 이렇게 재산을 표시했다는 점에서, 적어도 가장 기본적인 법 개념 또한 존재했던 것이 분명해 보인다. 따라서 근동 지역에서 사람들이 정착 생활 방식을 채택하고 식량을 재배하기 시작한 지 얼마 지나지 않아 소유 개념 및 그와 관련된 법규범이 생겨났을 것이다.

기원전 제7천년기가 끝나 가기 전, 하수나 문화권의 남쪽에서도 사마라 문화가 생겨났다. 이 문화는 기하학적 문양과 사람 및 동물의 그림으로 장식된 밝은색 토기로 특징지어진다. 이 문화의 주거지 구조는 하수나 시대와 비교해 보았을 때 근본적으로 달라진 것이 없었다. 그러나 기원전 6000년이 지나고 얼마 지나지 않아 메소포타미아에서는 처음으로 두 가지 농사 전략이 발전했다. 비옥한 초승달 지대의 북쪽에서는 연간 강수량이 충분해 천수농경이 가능했던 반면에, 더욱 건조한 남쪽 지역에서는 인공 관개시설의 도움이 있어야만 작물을 재배할 수 있었다. 사마라 주거지 주변 지역에서는 가장 오래된 관개시설 및 급수로에 대한 증거가 나왔다. 주거지 공동체의 시각에서 보면 인공 관개시설을 이용한 농경은 천수농경 방식보다 상당히 많은 노동력을 투입해야 한다는 것을 의미했지만, 이는 더 많은 수확량으로 보상받았다. 그러나 관개 체계가 구축되었다는 사실은 그 공동체 집단이 그런 대대적 공동 작업을 해낼 수 있을 정도로 상당히 정교하게 조직되었음을 의미하기도 한다.

나일 계곡의 후기 수렵·채집 사회와 초기 농경인

플라이스토세 말엽에 나일 계곡의 수렵·채집인들은 점점 더 건조해지는 기후를 경험하고 있었다. 이러한 기후로 인해 초원 지대는 건조한 사막 지형으로 바뀐 상태였다. 그러나 나일강을 따라 정기적으로 되풀이된 범람으로 인해 나일강 양안에 비옥한 지형이 형성될 수 있었고, 이는 후기 구석기시대 사람들에게도 매력적인 거주지로 다가왔다. 사람들은 나일강 강변의 습지와 목초지에서 식물을 채집하고 비옥한 지대에 인접한 모래언덕에서 동물을 사냥하는 한편으로, 나일강의 풍부한 물고기도 이용했다. 그러나 꾸준히 많은 양의 육류 공급을 보장해 주었을 법한 대형 포유류들은 그들의 식단에서 아주 보조적인 역할만 했다. 자연환경이 변한 것이 이유였을 텐데, 그곳은 더는 하마나 야생 당나귀, 오록스 같은 종들이 서식하기에 적합한 곳이 아니었다.

플라이스토세에서 홀로세로 접어들자 기후는 더 습해지고 더 따뜻해졌다. 나일강의 수위는 현저히 높아졌고, 더 잦아진 범람으로 인해 강 하류로 다량의 비옥한 진흙이 쓸려 가면서 파이윰, 나브타 습지 같은 나일강 서쪽 저지대에도 이제 사람이 정착할 수 있게 되었다. 흥미로운 점은 나일 계곡의 수렵·채집인들이 일찍이 아구석기시대부터 비옥한 땅에 일부러 들불을 피운 흔적이 뚜렷하게 남은 것이다. 식물의 성장을 촉진하고 더 수월하게 사냥감을 사냥하는 것이 그들의 목적이었다. 나일 계곡의 식생은 더욱 풍부해졌고, 먹을 수 있는 야생식물도 더욱더 다양해졌다. 이러한 변화는 나일 계곡에만 국한된 것이 아니라 더 넓은 북아프리카의 사하라와 사헬 지역에도 영향을 미쳤다. 홀로세가 시작될 때 나일강은 오늘날과 같은 물길을 형성하게 된 것으로 보인다.

나일 계곡에는 아구석기시대의 고고학적 유산이 거의 남아 있지 않다. 유물과 관련한 상황은 파이윰 저지 쪽이 훨씬 더 양호하다. 그곳에서 발견된 이 시기의 유물은 파이윰-B 문화라는 포괄적 용어로 함께 분류되는데, 기원전 제7천년기에서 기원전 제6천년기까지에 속하는 것으로 보인다. 파이윰 오아시스의 호숫가에 형성된 주거지는 특정 계절에만 사용되었다. 돌 세공 작업은 아구석기시대의 특징으로, 칼이나 긁개 같은 잔석기뿐 아니라 화살촉도 대표적 유물이다. 인공물이 발견된 장소에는 잔해가 거의 없다. 마찬가지로 이 문화의 가옥 건축에 대해서도 아는 것이 거의 없다. 추정컨대 그들의 가옥이 아주 단순한 막집이었을 테지만 말이다. 플라이스토세 말기의 사람들처럼 파이윰-B 문화에 속했던 사람들도 주로 고기잡이에 의존했고, 그 외에 대형 포유동물을 사냥하고 야생 풀을 채집해 그 풀의 씨앗을 갈아 이용했다. 따라서 플라이스토세가 끝나고 홀로세가 오면서 기후 조건이 달라졌어도 처음에는 사람들의 생활 방식이나 생계유지 방식이 근본적으로 달라지지는 않았다. 나일 계곡과 주변 습지에 살던 사람들은 변화하는 환경의 특별한 요구에 적응하고 이로 인해 생긴 새로운 가능성을 이용하면서도 전처럼 사냥하고 물고기를 잡으며 채집 생활을 계속했다.

돌 세공 작업에서 생긴 일부 변화는 사냥 기술과 고기잡이 기술의 개선으로 해석될 수 있다. 특히 이러한 기술 개선 덕분에 사람들은 더 깊은 물에서도 물고기를 잡을 수 있었다. 야영지 규모는 여전히 매우 작았다. 입수할 수 있는 식량 자원을 광범위하게 이용했다는 것은 그곳에 살던 공동체가 그렇게 행동하기로 의식적으로 결정한 결과였음이 틀림없다. 이는 우리가 당시에 초보적 형태의 사회조직이 있었을 것으로 추정할 수 있음을 의미한다. 하지만 그에 관한 더 이상의 자세한 증거는 있지 않는다. 우리가 확실하게 말할 수 있는 것은 신석기시대가 시작되기 전의 수천 년 동안 나일 계곡 영향권에 살던 사람들이 자신들의 환경을 훨씬 더 잘 지배할 수 있게 되었고 사냥, 고기잡이, 채집에서 점점 더 전문성을 발휘해 간 것이 분명하다는 것이다.

상누비아Upper Nubia의 먼 남쪽으로 앗바라강이 나일강으로 흘러들어 가는 지점과 하르툼 지역의 백나일강과 청나일강이 합류하는 지점 사이의 중부 수단에서 하르툼 중석기시대로 분류되는 수렵·채집 문명이 기원전 8000년 직후에 등장했다. 이 문화 사람들은 식량 대부분을 사냥과 고기잡이에 의존하면서 잠깐씩만 야영지에 거주하며 생활했다. 이 야영지에는 고고학적 흔적이 아주 미미하게만 남아 있다. 그런데 이 수렵·채집 무리는 여전히 전적으로 최소한의 식량만을 확보하며 살아가는 방식을 추구하면서 식물을 재배하거나 가축을 기르지도 않았지만, 토기는 제작했다. 단순하고 둥근 모양의 토기 표면에 물결 모양을 새겨 장식했다. 이러한 초기 형태의 토기 제작에 자극을 준 지역이 근동이 아니었던 것은 확실하다. 그 대신에 그 기원은 사하라 사막의 넓은 지역을 아우르는 다른 문화적 맥락에 뿌리를 두었다.

나일 계곡에서 나온 유물들은 아구석기시대 수렵·채집인이 최초의 신석기시대 정착 농경민으로 바뀌어 가는 과정에 대해 더 자세한 정보를 제공해 주지 않는다. 사냥하고 고기 잡고 채집하던 사람들이 변화하는 환경에 점점 더 성공적으로 적응해 갔다는 사실을 근거로 어떤 유형의 생활 방식에서 다른 유형의 생활 방식으로 급진적으로 갑작스럽게 바뀌었다고 생각해서는 안 된다. 식물 재배와 동물 사육 또한 단계적으로 진화했을 수 있다. 이는 최초의 농경 정착지가 이전의 수렵·채집인들의 야영지와 근본적으로 다르지 않았다는 사실로 확인되는 듯 보인다. 이 주거지들은 모닥불 자리와 저장용 구덩이 몇 개밖에 없는 일시적 거주지에 지나지 않았다. 고기잡이가 여전히 주요한 식량 공급원이었고 습지 지역에서의 야생식물 채집도 계속되었다. 그러나 이 시기에 사람들이 가축도 키웠다는 사실에 결정적 차이가 있다. 그리고 이 가축들은 점점 더 중요한 역할을 하게 되었다.

나일 계곡 하부와 특히 나일강 삼각주는 파이윰 저지보다 더 빠르게 신석기시대로 전환되었는데, 이는 나일강 삼각주가 근동 지역과 더 가깝다는 점과 관계가 있었을지도 모른다. 나일강 삼각주의 주거지는 더 장기적으로 존속했고 사냥은 눈에 띄게 감소했다. 이후에 더 발전하면서 이곳의 주거지는 눈에 띄게 커지고 복잡해졌다. 파이윰 저지와 상이집트 나일 계곡에서 아구석기시대가 더 오래 지속되었던 이유는 그곳의 기후와 환경의 조건이 수렵·채집 생활 방식에 이상적일 정도로 적합해 생산적 경제의 도입이 지연되어서일 것이다.

이집트 나일 계곡이 초기 농경 생활이 시작된 발상지에 들지 못한 한 가지 이유는 그곳에 최초 재배 작물의 야생종이 없었기 때문이다. 따라서 이들 작물이 근동 지역에서 들어온 뒤에야 이집트에서도 농경이 발전할 수 있었다. 그런데도 주기적 범람 덕분에 나일 계곡은 농경에 아주 적합한 곳이 되었는데, 상습적으로 물에 잠긴 토양이 특히 비옥했기 때문이다. 신석기시대의 생활 방식과 작업 방식은 기원전 5500년 이후에야 마침내 나일 계곡에 자리를 잡았다. 이 무렵에 동부 사하라에서 더 멀리 남서쪽(나브타 플라야, 비르 키세이바)에 사는 사람들은 토기를 만들고 야생 수수와 기장을 채집하며 소를 길렀다. 그들은 이미 3000년째 그곳에 살고 있었다. (장맛비 발생 경계선이 거침없이 남쪽으로 이동함에 따라) 여름에 장맛비가 꾸준히 감소하는 현상과 관련해 사하라가 사막화하면서 기원전 4000년 무렵부터 이 지역은 살기에 적합하지 않은 곳으로 점점 인식되어 사람들에게 버려졌다. 그곳을 떠난 사람들은 생계 확보에 더 유리한 조건을 제공하는 비옥한 나일 계곡으로 이동했다.

하이집트의 완벽한 신석기 문명으로서 가장 오래된 것 중 하나는 파이윰-A 문화로, 그 시기는 기원전 제6천년기 말에서 기원전 제4천년기 초로 추정된다. 이 문화는 여전히 아구석기시대의 특징을 지녔던 파이윰-B 문화의 뒤를 이었다. 이 시기에는 이미 다수의 불 피우는 자리를, 그리고 곡물 저장고로 이용된 여러 개의 대형 구덩이를 갖춘 대규모 주거지가 있었다. 또한 특정 계절에만, 혹은 일시적으로 이용된 몇몇 주거지도 있는데, 그곳에서 발견된 유물을 근거로 그곳을 사냥용 거처나 사냥에서 잡은 동물을 토막 내는 곳으로 해석하기도 했다. 이 유적지들에서 발견된 토기는 파이윰 지역에서 가

—— 눌러 찍은 무늬로 장식된 토기 파편들. 이집트 동부 사하라의 나브타 플라야에서 출토. 동부 사하라에서 가장 먼저 소를 기른 사람들의 한 가지 특징은 야영지다. 사람들은 이 야영지에 단기적으로만 거주했는데, 야영지 잔해를 보면 원형 가옥과 타원형 가옥들이 줄지어 배치되었던 것 같다. 여기서 발견된 토기 파편들은 아프리카 대륙에서 발견된 가장 오래된 토기에 속한다. (Wikimedia Commons, © Anthony Huan)

장 오래된 것으로, 모두 손으로 만들어 조잡하고 단순하다. 어떤 것은 비대칭적 모양을 하고 있기도 하다. 이 지역 사람들이 사용한 가장 중요한 도구 중에는 톱니 모양의 도구와 긁개, 표면을 다듬은 플린트 박편 등이 있다. 일부 인공물은 어디에 사용되었는지 분명해 보이는 것들도 있는데, 낫이나 화살의 날로 사용되었을 것으로 보인다. 타제 기술을 보여 주는 또 다른 주목할 만한 예로는 문지르고 갈아서 만든 다수의 돌도끼를 들 수 있다.

파이윰-A 주거지 사람들은 전과 다름없이 사냥과 고기잡이에 크게 의존하며 살아갔다. 그곳에서 기른 가장 오래된 가축은 소였다. 소는 근동 지역과는 관계없이 북동부 아프리카에서도 가축으로 길러졌다. 한편 양과 염소도 근동 지역에서 들어왔다. 그러나 사냥해 잡은 동물과 물고기에 비해 가축이 전체 식단에서 차지하는 비중은 미미한 수준이었다. 이는 파이윰 호숫가 사람들의 생활 방식과 생계유지 방식이 아주 점진적으로만 변해 갔음을 입증해 주었다. 또한 파이윰-A 문화는 재배한 작물(에머밀과 다른 원시 곡물 변종)의 잔해에 관한 증거를 처음으로 제시했다. 그러나 재배 식물이 파이윰-A 문명에서 수집된 야생식물보다 실제로 얼마나 중요했는지는 답하기가 매우 어렵다. 가축화된 동물과 마찬가지로 재배 식물도 처음에는 식단의 다양성을 높이는 방법으로만 사용된 것으로 보인다.

파이윰 문화와 거의 같은 시기에 남부 나일강 삼각주에서 하이집트의 가장 중요한 신석기 문화 현상이 나타났다. 이 문화는 그곳 유적지인 메림데-베니살라메의 이름을 따서 불린다. 이 문화는 기원전 제6천년기 말에서 기원전 제4천년기 초까지 존속했다. 메림데-베니살라메 유적지는 여러 지층이 차곡차곡 겹친 모습을 보여 준다. 특정 계절에만 사용된 것으로 보이는 나일강 인근의 조그만 부지가 단계별로 진화해 사람이 점점 더 많이 거주하는 넓은 정착지가 되었고, 결국에는 대규모 정착 집단이 거주하는 곳이 되었다. 그곳에 보존된 동식물 잔해뿐 아니라 그곳에서 발견된 유물을 살펴보면 파이윰(파이윰-A 문화)에서 발달한 과정과 많은 유사점을 확인할 수 있다.

초기에는 주로 사냥과 고기잡이에 치중된 식량 공급을 보완할 뿐이었지만, 이곳에서 가축은 처음부터 존재했다. 그 지역에 사람들이 거주하기 시작한 이래로 가축 중에는 소가 가장 많았다. 그리고 정착 초기에 소의 중요성은 점점 더 커졌다. 또한 모든 발굴 지층에서 돼지 뼈가 발견된 데 반해, 시간이 지나면서 양의 수는 눈에 띄게 감소했던 것이 분명하다. 이에 관해 유일하게 가능한 해석은 근동 지역에서 들어온 양이 나일 계곡 지역의 육류 공급 측면에서 결코 소만큼 중요하지 않았다고 보는 것이다. 당시 그 지역의 소들은 북아프리카의 야생종을 자생적으로 길들여 키운 것이다. 고기잡이는 모든 발굴 지층에서 주요 활동으로 나타났고, 시기적으로 가장 늦은 주거지에서는 그 중요성이 더 커진 것으로 보인다. 민물조개도 대표적 발견물로 등장하는 것을 보면, 메림데-베니살라메의 식량 공급이 인근 나일강에 얼마나 많이 의지했는지를 명확히 알 수 있다. 이에 반해 주변 사막 지역의 대표적 야생 포유동물은 그 주거지의 식단에서 거의 아무런 역할을 하지 못했다.

남부 나일강 삼각주의 상황 역시 생산적 경제 방식이 돌연히 수렵·채집 생활 방식을 대체한 것이 아니었다. 이 지역의 생산적 경제는 일단 수렵·채집 생활 방식을 보조해 주는 역할만 하다가 장기간에 걸쳐 조금씩 발전해 간 끝에 그것을 대체하게 되었다. 메림데의 각 지층 사이에서 어떤 연속성을 확인할 수는 있지만, 그런데도 그 차이와 변화를 간과할 수는 없다. 가장 아래층에서 나온 생선 가시 무늬 토기가 레반트 지역과의 연관성을 보여 주는 증거가 되지만, 이 특징은 후기 지층에서는 더는 보이지 않는다. 기원전 제6천년기 중반기에서 기원전 제5천년기 중반기까지 남부 레반트 지역의 기후가 아주 건조했으므로, 그곳의 주거지 잔해는 거의 안 남아 있다. 기원전 6000년 무렵부터 레반트 지역에서 농경이 후퇴한 것은 나일 계곡에서 농경이 융성해진 것과 직접적으로 관계가 있는 듯하다. 십중팔구 당시 레반트 지역 인구의 일부가 나일 계곡으로 옮겨 갔을 것이다. 메림데의 중간 지층과 후기 지층에서 나온 주거지는 각기 독자적 모습을 보여 주며, 하이집트 특유의 신석기 문화를 대표한다. 이 주거지들은 파이윰-A 문화와 밀접하게 연관되어 있었는데, 이는 물질문화와 경제 및 생활 방식의 특성에서 나타난 상호 영향으로부터 확인된다. 메림데에서 재배된 식물에 관해서는 알려진 것이 거의 없지만, 아마와 렌틸콩, 에머밀과 보리가 재배되었던 것은 분명해 보인다. 이 지역의 작물 잔해에 대한 정보가 아주 빈약하지만, 중간 지층과 특히 후기 지층의 주거지에서 저장 용기와 저장된 비축물이 눈에 띄게 늘었다는 사실을 고려하면 메림데의 식량 조달에서 농작물이 점점 더 중요해졌음을 알 수 있다. 이미 이 지역에서는 농경이 같은 시기의 파이윰 저지에서보다 더 큰 역할을 했을 가능성이 있다.

사하라의 수렵·채집인과 목축민, 그리고 기후변화

사하라 사막은 아프리카 대륙의 북반부에서 단연코 가장 넓은 부분을 차지한다. 그것은 중국에서 대서양에 이르는 구세계 건조대에 속해 있다. 사하라 사막은 서쪽, 북쪽, 동쪽이 각기 대서양, 지중해, 홍해의 해안과 맞닿아 있다. 사하라는 넓고 평평한 모래사막으로 이루어져 있는데, 동쪽에서 서쪽으로 갈수록 면적이 커진다. 사하라 남쪽으로는 사헬의 반半사막과 건조한 사바나가 펼쳐지다가 훨씬 더 남쪽부터 열대우림 지역이 시작된다. 북서쪽에는 사하라 사막에서 지중해와 대서양의 연안으로 이어지는 가장자리에 아틀라스산맥이 있다. 남부 사하라에는 아하가르산맥이나 티베스티산맥 같은 넓은 고원과 높은 산맥이 수없이 많다. 대륙의 북서쪽에는 아틀라스산맥에서 시작된 하천이 1년 내내 계곡으로 흘러내린다. 이와는 대조적으로 북아프리카 동부에서 끊임없이 물을 공급해 주는 것은 나일강 하나뿐이다. 이집트 파이윰 저지의 모에리스호(비르켓 카룬) 같은 몇몇 작은 호수를 제외하면 대륙의 북반부 내륙에서 호수는 차드호가 유일하다. 사실 차드호도 점점 침전물이 쌓여 가고 있다.

동부 사하라에 속한 리비아 사막은 지구상에서 가장 건조한 지역에 속할 뿐 아니라 매우 복잡하고 끊임없이 변화하는 자연환경을 보여 준다. 생활 여건 또한 이 지역 문화 발전의 특징을 보여 주었다. 문화사의 관점에서 보면 의심할 여지 없이 사하라의 동부 지역이 더 중요하다. 이집트 나일 계곡 문화의 탄생과 발전은 리비아 사막에서 받은 영향 없이는 이해할 수 없다. 이집트의 선진 문명이 때때로 리비아 사막의 '선물'로 불린 것도 그럴 만한 이유가 있었던 셈이다.

유럽 빙하기의 영향으로 사하라에도 습기와 건기가 계속 번갈아 나타났다. 약 1만 8000년 전의 뷔름 빙기에는 북아프리카에 극심한 건조기후가 나타났다. 당시 사막의 내륙은 사람이 더는 살 수 없는 상태가 되어 그곳에 살던 수렵·채집인들은 더 습한 지역으로 이동했다. 늦어도 기원전 8000년 무렵, 홀로세로 이행하는 시기에 아프리카 북반부의 기후는 꾸준히 습도가 높아졌고 차드호 수위는 심지어 현재보다도 훨씬 높았다. 기원전 5000년 무렵에서 기원전 4500년 무렵 사이에 이전보다 특별히 따뜻해진 기후 최적기가 처음으로 찾아왔고, 이후 기원전 제4천년기 전반기에 두 번째 기후 최적기가 찾아왔다. 그리고 바로 뚜렷한 건조기후가 또다시 뒤따랐다. 사하라 사막은 사람들이 살기에 훨씬 더 어려운 곳이 되었고, 사람들은 특히 나일 계곡으로 이동해 갔다. 그리고 그곳에서 고대 이집트 문명이 기원전 제4천년기 중반기 이후에 발흥했다. 드디어 기원전 제3천년기 초에 사하라 사막에서 마지막 건기가 시작되어 현재까지 계속되는데, 현재와 같은 아주 건조한 상태는 기원전 1300년 무렵에 형성되었다. 이러한 기후변동이 그곳의 인구 조성과 더 나아가 문명사에도 엄청난 영향을 미쳤다고 보는 것이 타당한 듯하다.

북아프리카에서 유럽의 후기 구석기시대와 중석기시대에 상응하는 시기는 하나로 통틀어 아구석기시대로 부른다. 이 시기를 기반으로 삼아 기원전 8000년부터 신석기 문화가 탄생할 수 있는 여건이 단계적으로 형성되면서 수렵·채집 생활이 생산에 기반을 둔 경제로 서서히 대체되기 시작했다. 기원전 제9천년기 중반기 이후에 기후가 습해진 결과로 사하라 사막이 비옥한 사바나 지형으로 바뀌면서 남쪽의 수렵·채집인들이 그곳으로 몰려들었다. 이 시기는 신석기시대 생활 방식의 요소들이 근동에서 나일 계곡으로 퍼져 나간 때이기도 했다. 북아프리카 내에서도 동부 사하라는 인간의 정착과 관련된 기후적·환경적·역사적 사건들에 관해 가장 집중적으로 조사되어 있다. 기원전 8500년과 기원전 7000년 사이의 홀로세 초기에 리비아 사막에서 사람들이 거주하기 시작했다. 이 시기에 리비아 사막에서는 아구석기시대의 주거지와 신석기시대의 가장 초기에 속하는 주거지가 등장했다. 아구석기시대에 속하는 석기만을 남긴 그곳 거주자들은 계속해 수렵·채집 생활 방식을 고수하고 있었다. 멀리 남쪽에 있는 수단의 북부 지역과 서부 지역에서는 이미 단순한 형태의 토기가 처음으로 제작되었다. 나브타 플라야와 비르 키세이바 같은 이 시기의 유적지에서는 소를 키웠던 최초의 흔적이 발견되었다고 한다. 이러한 견해에 따르면 소 사육은 이미 기원전 제9천년기 후반기에 시작되었다. 이 주장이 사실이라면 이 지역에서 소는 근동 지역과는 별개로 독자적으로 사육되었다는 이야기다.

리비아 사막은 기원전 7000년과 기원전 5300년 사이에 해당하는 홀로세 중기에 거주 인구가 가장 많았다. 당시에는 토기 생산도 늘었는데, 이후로도 토기에는 아무런 장식이 없었다. 이 시기에 동물 사육은 이미 경제활동의 한 형태로 널리 자리 잡았다. 가축은 토종 소가 주를 이루었지만, 시간이 지나면서 양과 염소가 추가되었다. 양과 염소는 근동 지역에서 북아프리카로 들어

온 것이었다. 따라서 북동부 아프리카에서 동물 사육이 등장한 경로는 비옥한 초승달 지대의 신석기시대화 모델과는 근본적으로 달랐으며, 이른바 북아프리카 방식으로까지 부를 수 있다. 이 방식이 특이한 것은 여러 곳을 돌아다니는 수렵·채집인들이 정착해 농사짓고 가축을 기르게 된 것이 아니라 상대적으로 한곳에 머물며 수렵·채집 활동을 하던 사람들이 유목민으로 발전한 것이기 때문이다.

이후의 발전 단계에, 즉 기원전 5300년 무렵에서 3500년 무렵에 해당하는 홀로세 후기에 동부 사하라의 주거지는 뚜렷한 지역화의 특징을 보였다. 기후가 또다시 건조해짐에 따라 사람들은 지하수 근처로, 또는 가끔 몬순 강우의 영향을 받기도 하는, 기후적으로 유리한 서식지로 다시 옮겨 갔다. 이로 인해 광범위한 이주가 발생했다. 기원전 5300년 직후, 리비아 사막의 중심지에서는 더는 사람들이 살지 않게 되었던 반면에, 같은 시기에 파이윰과 나일 계곡에서는 인구가 눈에 띄게 증가했다.

홀로세의 종말이 임박했음을 암시하는 고온의 건조한 기후가 다시 한번 고개를 들면서 새로운 기후와 문화 격변기가 예고되었다. 당시만 해도 여전히 유리한 생활 조건을 제공하던 남쪽 위도까지 사막 같은 지역이 확장되었다. 동부 사하라에서의 정착이 미미한 수준으로 줄어든 것은 기원전 제4천년기 중반기부터 나타난 홀로세 말기의 특징이었다. 이제 그곳에서의 정착은 극히 적은 몇몇 지역으로 국한되었다. 이에 비해 이집트 나일 계곡에서는 선왕조 문명이 발달했다. 사막의 남쪽 가장자리에서만이 소를 사육하는 특화된 형태의 문화가 여전히 살아남을 수 있었다. 이 문화의 유산은 이후 북아프리카의 넓은 건조 지대에 거주하게 될 사람들의 기본 전제 조건을 형성해 주었다. 북아프리카 전 지역에서 사막화와 건조화는 기원전 제2천년기까지 계속 정도를 더해 갔다. 그로 인해 극심한 가뭄이 발생했고 사람들의 정착은 감소했다. 반면에 같은 시기에 이집트와 수단의 나일 계곡 인구는 눈에 띄게 증가했다. 하지만 최근의 발굴 결과에 비추어 보면 당시 나일 계곡과 이집트의 오아시스를 제외한 사막 지역에 아무도 살지 않았을 리는 없다. 무엇보다도 가끔 여기저기 돌아다니는 목동들이 일시적으로 그곳에 살았던 것이 분명하다.

게다가 사하라 사막을 가로지르는 중요한 원거리 무역로를 따라 카라반이 머무는 숙소가 세워져 유지되었다. 이 길은 인기 있는 아프리카 사치품이 이집트의 나일 계곡으로 운송되는 경로였다.

동부 사하라에 있던 여러 주거지를 비교해 보면 적어도 더욱 철저히 조사된 지역에 한해서는 대체로 유사한 발전 과정이 존재함을 확인할 수 있다. 이러한 연구에 따르면 개별 집단들이 어쩌면 아구석기시대에도 토기를 만들었음을, 초기 신석기시대에는 확실히 토기를 만들었음을 알 수 있다. 물결무늬가 특징인 이 토기는 아프리카에서 가장 오래된 토기이며 중부 수단에서 발견되었지만, 사하라-수단 문화권이라는 더 넓은 맥락에서도 생각해 볼 수 있다. 반면에 동부 사하라에서 더 훗날에 만들어진 중기 신석기시대 토기는 민무늬토기가 압도적인데, 이 토기의 기원을 근동 지역의 영향에서 찾으려는 시도도 있었다.

수천 년에 걸친 기후변화로 인해 동부 사하라의 사람들은 거듭해 이전 정착지를 버리고 새로운 정착지를 개척할 수밖에 없었다. 그러나 사냥과 채집을 통한 획득 경제에서 목축을 통한 생산적 경제로 이행한 것이 오로지 생태적 환경 때문이라고 할 수도 없고, 심지어는 그것을 주된 이유라고도 할 수 없다. 동물 사육이 정착된 이후, 기원전 제2천년기에 건조해지는 기후가 고착화하면서 사람들은 소만 키운 것이 아니라 손이 덜 가는 양과 염소를 소와 함께 키우는 방향으로 전환했다. 하지만 소 외에 덩치가 작은 가축을 사육하게 되었다고 해서 이 가축 사육자 집단의 생활이 크게 달라지지는 않았다.

사하라 사막의 유목민 문화에 대한 중요한 정보는 엔네디, 티베스티, 페잔, 아이르산맥, 사하라 아틀라스산맥뿐 아니라 특히 타실리와 아하가르산맥에서 발견된 많은 암각화에서 얻을 수 있다. 그러나 이 암각화들을 시대순으로 배치하기는 어렵다. 하지만 연대가 언제든 이 암각화들을 통해 우리는 그때의 수렵·채집 공동체가 가축 사육을 시작해 점차 유목 생활로 전환한 당시의 세상이 어떠했는지 엿볼 수는 있다. 이는 서서히 진행되었을 뿐인 오랜 과정이었던 것이 분명하다. 그림 양식에 관한 조사와 층서학적 연구를 통해 사하라 사막의 암각화를 여러 시기로 구분할 수 있다. 가장 오래된 그림은 기원

—— 리비아 테슈나트의 암각화. 사하라의 여러 산맥에서 발굴된 선사시대 암각화는 사냥 장면과 함께, 그 지역에서 한때 발견되었던 동물들을 묘사한 경우가 많다. 이러한 그림과 함께, 소와 소 떼도 자주 등장해 종종 '소의 시대(Bovidian age)'로도 불린다. 이 그림들은 아주 이른 시기에도 사하라 지역에서 소몰이가 중요했음을 강조해 준다. (Wikimedia Commons, © Luca Galuzzi)

전 제6천년기 무렵과 기원전 제4천년기 무렵 사이의 것으로 추정되는데, 이 그림들에는 사하라에서 오래전에 멸종했지만 기후가 습했던 시기에 그 지역에서 서식했던 동물들이 등장한다. 소와 양 외에도 하마, 코뿔소, 코끼리, 사자, 영양이 등장하는 것이다. 이러한 초기의 그림들과 함께 사람이나 사람처럼 보이는 혼합적 존재가 등장하는 그림도 있는데, 사실적으로 그려진 것도 있고 도식적으로 그려진 것도 있다. 몇몇 그림은 주인공이 의식을 치르는 것처럼 보이기도 하고 가끔은 가면을 쓰고 있기도 하다.

이 시기에 사하라에는 사람들이 절대 꾸준히 살지 않았다. 알제리와 리비아 사이 국경선에 있는 타실리산맥의 동쪽 줄기인, 타드라르트 아카쿠스라는 이름으로 알려진 산맥 주변 지역은 중요한 정착 중심지다. 남부 알제리의 타실리나제르산맥과 아하가르산맥, 차드 북부의 티베스티 고지대도 마찬가지다. 이들 지역 곳곳에 야영지를 비롯한 여러 발굴 단지가 분포되어 있다. 이들을 통해 석기 도구만 이용했던 초기 아구석기시대에서 후기 아구석기시대로 점진적으로 이행하는 과정을 확인할 수 있다. 후기 아구석기시대 사람들은 이미 최초의 토기는 물론, 잔석기형 플린트 도구도 사용하고 있었다. 당시 사람들은 주로 사냥한 동물, 물고기, 야생 곡물을 먹고 살았다. 그다음에 등장하는 문화적 단계의 유적지에서는 초기 신석기시대의 토기가, 그리고 소 사육이 서서히 시작되었음을 보여 주는 증거가 나왔다. 하지만 양과 염소는 이후에 사육되었다. 따라서 당시 사람들이 섭취한 음식이 다양해진 시점과 최초의 토기 제작 시점이 분명 일치했던 것으로 보인다. 한편 이들 유적지에서 발견된 자료들만으로는 이 시기에 농경이 이루어졌다고 추정할 수는 없다.

지중해와 사하라 사이 마그레브의 신석기시대화

빙하기가 끝나 갈 무렵 마그레브 지역의 지배적 기후 조건은 유럽의 여러 지역과 완벽히 비슷해졌다. 마지막 빙하기가 끝난 후에야 산악 지대와 고지대 고원에서도 대규모 정착이 가능해졌다. 기후적으로 전환점이 된 것은 물론, 그로 인해 인간의 정착 역사에서도 결정적 전환점이 된 시기는 기원전 2만 년 무렵과 기원전 8000년 무렵 사이를 특징짓는 아구석기시대의 대형 문화 두 개가 교체된 시기다. 선대의 이베로마우루시아 문화와 후대의 카프사 문화 모두 아구석기시대 특유의 석기 세공이 거의 똑같이 나타났으며, 가장 두드러진 것이 (길이가 최대 3센티미터로 작은 석기인) 잔석기였다. 이러한 이유로 북서아프리카의 선사시대를 시기적으로 구분할 때 이 두 문화는 보통 단일한 시대로 묶인다. 이와 동시에 유럽 모델에서도 후기 구석기시대와 중석기시대를 구분 짓지 않는다. 북서아프리카의 발전 과정에서 특이한 점은 이미 그곳에서는 마지막 빙하기 동안에 잔석기 가공이 퍼져 있었다는 사실이다. 이는 유럽보다도 상당히 이른 시기라고 할 수 있으며, 유럽의 초기 구석기 문화에는 기술적으로 북서아프리카에 견줄 만한 석기를 가공했다는 증거가 전혀 존재하지 않는다.

기원전 9500년 무렵까지 지속된 이베로마우루시아 문화는 유럽의 마들렌 문화와 시대가 거의 같다. 이 문화의 유적지들은 아프리카 북서해안을 따라 흩어져 있으며, 유적지의 남쪽 경계선은 아틀라스산맥이다. 이베로마우루시아 문화 사람들은 수렵·채집 생활을 했다. 발견된 유물의 분포지를 따라 그들의 야영지를 확인할 수 있는데, 도구 제작 공간, 생활공간, 매장지가 따로 있었다. 한 가지 주목할 만한 특징은 채집한 야생 풀과 곡물의 씨앗을 가공하는 데 사용한 맷돌이다.

기원전 제10천년기 중반기 무렵 마그레브의 아구석기시대 발전 과정에서 뚜렷한 휴지기가 발생했는데, 이는 플라이스토세에서 홀로세로 전환되었음을 의미한다. 이 과정은 카프사 문화의, 즉 이 시대 후반기를 대표하는 아구석기시대 두 번째 거대 문화의 시작과 관련이 있다. 북서해안의 대부분 지역에서는 카프사 문화 유적지가 전혀 발견되지 않는다. 이베로마우루시아 문화와 비교해 보면 이 문화 정착지의 중심은 마그레브 내륙으로 옮겨 간 듯 보인다. 이는 의심할 바 없이 홀로세의 시작 이후 기후 조건이 달라진 사실과 관련이 있다. 인간에게 매력적인 동식물계 대부분이 내륙의 번창한 지역으로 옮겨 가면서 이들 자원이 생존에 필수적이었던 수렵·채집인들이 이를 따라 이동했다.

카프사의 물질문화는 이베로마우루시아 문화를 순조롭게 이어받아 발전했다. 이 사실은 종교나 제의적 관습과 관련한 전통에서도 확인할 수 있다. 이베로마우루시아 문화에서처럼 카프사 문화에서도 일련의 무덤이 등장하는데, 시신이 앉은 자세로 매장되어 있었고 부장품으로 장신구 같은 물건들이 들어 있었다. 장신구 제작물과 뼈 도구에 새긴 자국들은 이베로마우루시아 문화에서 발견된 것들과 비슷하다. 발견된 물건 중에서 유일하게 새로운 것은 무늬를 새긴 타조알 껍데기였다. 해안 지대와 인접한 지역에 타조가 서식하지 않았다는 점을 고려하면 그곳에서 다수의 타조알 껍데기가 발견되었다는 사실은 무엇보다 후기 구석기시대 주거지가 남쪽으로 확장된 것과 관련이 있다.

카프사 문화의 증거는 대체로 앞선 이베로마우루시아 문화가 차지했던 지역의 동쪽에서 발견된 데 반해, 그동안 학자들은 마그레브의 서부와 중부에 지중해 아구석기 문화가 존재했다고 생각했다. 이 문화도 기원전 제10천년기 중반기에서 기원전 5000년 무렵까지, 다시 말하면 카프사 문화와 거의 같은 시기에 존재했다. 이 지중해 아구석기 문화는 이베로마우루시아 문화와 서부 마그레브의 초기 신석기시대 사이의 긴 공백을 메워 준다. 이 문화의 핵심적 특징 역시 아구석기시대의 일반적 특징인 잔석기이지만, 그들의 잔석기는 이전의 이베로마우루시아 문화는 물론 저 멀리 동쪽에 있던 동시대 카프사 문화의 잔석기와도 확연히 달랐다. 또한 지중해 아구석기 문화의 유물 중 그 어떤 것도 생산적 경제 방식이 존재했다는 단서가 되지 못한다. 다시 말하면 이 문명권 사람들의 생존 전략도 전적으로 수렵·채집에 기초했다. 그러나 이 시기에 이미 최초의 점토 그릇이 만들어졌던 것으로 보이는데, 이 지역의 가장 오래된 토기가 이 지중해 아구석기 문화의 여러 지층에서 유래한 것으로 보이기 때문이다.

마그레브의 서부 지역과 중부 지역에서 기원전 9500년 무렵에 지중해 아구석기 문화가 시작된 것은 뚜렷한 기온 상승 및 연간 강수량 증가 상황과 시기적으로 일치한다. 이러한 변화로 멀리 동쪽의 카프사 문화와 마찬가지로 식생이 달라지고 정착하기에 적합한 공간이 늘어났다. 홀로세 초기에 기후가 더 따뜻해지고 더 습해지면서 지중해 연안 전역으로 삼림지대가 퍼져 나갔다. 더욱 유리해진 기후 조건 덕분에 지중해 아구석기 문화와 카프사 문화의 정착자들은 새로운 생활공간을 개척할 수 있었다. 예를 들어 그들은 멀리 남쪽 지역의 호수로도 진출했는데, 훗날 이 지역은 반半건조 지역 혹은 건조 지역이 되고 말았다. 우리는 이 사실에서 사람들이 계속 수렵·채집 생활을 했을 것으로 추론할 수 있다. 따라서 이베로마우루시아 문화가 끝난 뒤 발달한 카프사 문화와 지중해 아구석기 문화는 기후 조건이 현저히 좋아진 결과물이었다고 할 수 있다.

이러한 기후 조건은 북서아프리카에 신석기시대가 들어서는 동안에도 계속되었다. 기원전 제4천년기가 되어서야 기온이 서서히 내려가고 건조해지면서 결국 사하라의 많은 지역이 사막화했다. 이러한 급격한 변화로 인해 사람들은 여러 방향으로 대거 이주했다. 아구석기시대와 신석기시대의 경계는 그 어떤 경우에도 정확하게 구분되지 않지만, 이 두 시기의 교체기에 토기 생산과 생산적 경제가 지역에 따라 각기 다른 시기에 아주 점진적으로만 나타나기 시작한 것은 분명하다. 신석기시대 물질문화의 특징적 유물은 간석기, 가공된 화살촉, 뼈로 만든 도구(작살), 토기 등이다. 그러나 이 모든 혁신이 동물 사육 및 식물 재배와 함께 발생할 수는 없었을 것이다. 그보다는 그런 것들이 점진적으로 발전했거나 다른 지역에서 조금씩 들어온 것으로 추정해야 한다.

현재까지 연구를 통해 밝혀진 바에 따르면 기원전 제6천년기 초로 추정되는, 북서아프리카의 가장 오래된 신석기시대 유적지는 앞선 지중해 아구석기 문화의 분포 지역 내에, 특히 모로코의 대서양 연안 및 지중해 연안 지역에 존재한다고 보는 것이 타당할 것이다. 더 동쪽에 있는 카프사 문화권에서는 기원전 제5천년기 이전에는 신석기시대적 요소가 나타나지 않았다. 북서아프리카 해안 지역의 신석기시대화는 서부 지중해 전역에 압인 무늬 토기(새조개 토기)가 퍼졌던 사실과 관련이 있다. 장식을 위해 굽기 전에 점토에 새조개 껍데기를 눌러 찍은 것이 이 토기의 특징이다. 이런 방식으로 간단한 장신구가 다양하게 만들어졌다.

탕헤르반도와 모로코의 대서양 연안을 따라 분포된 가장 오래된 신석기시대 유적지에서는 토기 외에도 최초의 가축 잔해가 발견되었다. 양과 염소의 잔해가, 그리고 얼마 지난 후에는 돼지와 소의 잔해 역시 발견되었다. 작물을 재배했다는 증거는 희박하며, 연대 추정 문제에서도 의견이 다르다. 그렇다고는 해도 가장 원시적인 곡물 품종이 이 시기에 이미 널리 퍼졌다고 추정하는 것이 타당하다. 그러나 현재로서는 북서아프리카 신석기시대의 초기 단계에서 작물 재배가 어떤 역할을 했는지 평가하기는 거의 불가능하다.

해안에 기반을 둔 이 북서아프리카 신석기 문화의 동쪽, 오랑 지방 주변 지역에 기원전 제6천년기 후반기에도 동물도 기르지 않고 식물도 경작하지 않으면서 여전히 아구석기시대적 수렵·채집 생활을 하던 사람들이 있었다. 그런데 이 집단은 이전 수천 년 동안의 고전적인 아구석기시대 집단들과는 차이가 있었다. 바로 그들이 이미 토기를 만들어 사용했다는 점이다. 그들의 유물 다수가 동굴이나 암굴(하시 우엔즈가Hassi Ouenzga)에서 발견되었다. 여기서 발견된 토기의 형태와 장식적 특징은 아구석기시대(따라서 신석기시대가 되기 전)의 문화에 해당하는데도 놀라울 정도로 다양하다. 그릇의 형태가 상당히 다양했을 뿐 아니라 끈으로 된 손잡이나 자루가 달린 것도 있고, V 자 모양의 무늬, 붙여 만든 혹 모양, 새긴 무늬, 새조개 껍데기 자국 무늬 같은 복잡한 장식 문양이 있는 것도 있었다. 그런데 이러한 토기 유물과 아구석기시대적 전통을 따른 석기 외에, 동물 뼈 형태로 발견된 것은 야생동물의 뼈밖에 없었다. 따라서 기원전 제5천년기 이후 토기를 만드는 신석기시대가 끝나 갈 무렵에야 양과 염소가 그 문화의 식량 공급 전략에 포함된 것으로 보인다.

마그레브의 동부 지역에서는, 더 정확하게 지중해 연안 내륙에서는 기원전 제5천년기 초부터 예전에 카프사 문화가 분포했던 지역에서 카프사 전통을 이은 신석기 문화가 등장했다. 이 문화가 등장하는 데는 지중해 지역과 남쪽의 사하라-수단 신석기시대 지역이 영향을 미친 것으로 보인다. 카프사 지역에서는 신석기 혁신이 사하라나 서부 마그레브보다 훨씬 늦게 나타났다. 카프사 문화 사람들은 아틀라스산맥을 넘어 더 남쪽으로 진출해 지금은 말라버린 소금 호수 주변에 정착하면서 서부 사하라에 거주하던 초기 신석기시대 집단과 지리적으로 가까워졌다. 덕분에 카프사인들은 그들에게서 중요한 자극을 받았을 것이고, 그 결과로 신석기시대의 생활 방식 및 작업 방식으로 옮겨 갔을 것이다. 토기 제작과 동물 사육은 외부에서 도입되었을 것으로 보이는데, 지중해 북쪽과 사하라 남쪽이 영향을 주었을 것이다.

카프사 문화의 후기 주거지에서는 정착 생활을 하려는 경향이 뚜렷하게 나타난다. 이는 이 문화의 주인공들이 고기잡이 기술을 완벽히 익혔고, 훨씬 더 다양한 토기를 만들었다는 점에서 알 수 있다. 이러한 카프사 전통의 신석기시대 토기에서는 긁어 새긴 장식이나 V 자 모양의 장식뿐 아니라 물결무늬도 나타난다. 특히 이 물결무늬는 중부 수단 지역의 하르툼 신석기시대를 강하게 연상시키며, 중부 수단 지역에서 서부 사하라 지역에 이르는 사하라-수단 신석기 문화권 내 모든 지역 집단의 특징적 요소이기도 하다. 의미심장하게도 남부 지역 특유의 이러한 요소들은 카프사 전통의 신석기 문화에서만 발견되며, 마그레브의 대서양 연안이나 지중해 연안을 따라서는 나타나지 않는다. 따라서 기원전 제5천년기부터 카프사 전통의 신석기 문화는 하나의 문화 단위를 형성했는데, 지중해와 대서양의 해안선 주위에 형성되고 서부 지중해의 영향을 받은 북쪽의 새조개 무늬 토기 신석기 문화와 남쪽의 사하라-수단 신석기 문화를 갈라놓았다. 이렇게 이 문화권은 완전히 다른 발달 과정 사이에 끼인 상태에서 양쪽 모두로부터 영향을 받았던 것이 틀림없다.

서부 아나톨리아에서 남동부 유럽까지의 초기 농경 생활 방식

중앙아나톨리아에서 정착 생활과 동물 사육 및 식물 재배를 포함한 농경 생활 방식이 등장하면서 소아시아와 에게해 지역의 발달에도 영향을 미쳤다. 특히 튀르키예 남서부 안탈리아 내륙지역에서 현재의 부르두르와 이스파르타 주변의 호수 지역에 이르는 곳에서 근본적 변화가 일어났다. 그곳 사람들은 아구석기시대까지도 여전히 동굴에서 살았지만, 정착 생활이 시작되면서 선사시대 인류의 주거 공간은 마침내 탁 트인 평원으로도 확장되었다.

안탈리아 북쪽의 바데마아즈Bademağacı 같은 유적지가 이 지역에서 신석기시대가 시작되었음을 알려 주는데, 이 지역의 주거지 지층은 기원전 제8천년기 말과 기원전 제7천년기 초에 속한다. 이곳의 집들은 엮은 욋가지에 진흙을 발라 지었다. 후기 지층에서는 주로 돌로 된 기초에 사각형의 진흙 벽돌을 쌓아 올린 벽이 발굴되었다. 중앙아나톨리아의 차탈회위크 유적지와는 달리 이곳 가옥들은 지상에 출입구가 있었다. 바데마아즈 언덕 기슭을 따라 후기 신석기시대의 석벽이 이어지는데, 이곳은 아나톨리아에서 가장 오래된 방어 시설 중 하나다. 이곳의 물질문화를 살펴보면 명백한 발전이 있었음을 알 수 있다. 초기 신석기시대에 단색의 단순한 토기가 주를 이루다가 후기 신석기시대에 최초로 채색된 문양으로 장식된 토기가 등장했기 때문이다. 그리고 이 시기에 이미 양과 염소를 가축으로 길렀던 것이 분명하다. 그렇더라도 사냥은 여전히 중요한 역할을 했다. 이와는 대조적으로 농경 생활을 했음을 알려 주는 징후는 지금까지 나오지 않았다.

남서부 아나톨리아 호수 지역에 있는 하즐라르 고고학 유적지는 후기 신석기-초기 동기 문화에 그 이름을 부여했다. 연대를 따져 보면 하즐라르에서 가장 오래된 지층은 바데마아즈의 가장 오래된 지층과 시기가 일치한다. 이에 반해 더욱 최근에 발견된 지층은 이후 기원전 6200년과 기원전 5700년 사이의 초기 동기시대를 나타낸다. 바데마아즈의 상층 지층과 비슷한 하즐라르의 후기 신석기시대 지층은 토기의 채색이 꾸준히 늘었음을 입증해 준다. 반면에 그곳의 초기 동기시대 지층(하즐라르 VI기~하즐라르 II기)에서는 연한 베이지색 바탕에 빨간색 무늬가 들어간 밝은색 토기가 주를 이룬다. 토기의 다양한 무늬는 대개 기하학적 형태를 띠었다. 이들 토기는 모두 수준이 상당히 높은데, 두께가 아주 얇고, 울리는 소리가 날 정도로 불에 잘 구워져 있다. 초기 신석기시대에는 남서부 아나톨리아의 이 지역에서 만들어진 토기가 넓은 지역에 걸쳐 아주 균일하게 나타났지만, 채색토기가 증가하면서 지역별 특색이 더욱 뚜렷하게 나타나기 시작했다.

초기 신석기시대에 점토로 만든 최초의 소형 인간 조각상이 등장했는데, 후기 신석기시대와 특히 초기 동기시대에 그 수가 현저히 증가했다. 이 소형 조각상들은 초기 농경 사회의 사회적 상징체계에 근본적 변화가 있었음을 보여 준다. 사실 초기 구석기시대부터 이런 조각상이 있었지만, 당시에는 주로 뼈와 상아로 만든 것들이었다. 초기 신석기시대 이후부터 만들어진 조각상들은 모두 전과 달라진 자세를 보여 준다. 상체를 꼿꼿이 세운 채 몸을 약간 뒤로 기울인 것이다. 이 기본 형태는 이후 수천 년 동안 주된 특징으로 남았다. 이렇게 자세가 제한되었던 것은 신석기시대 사람들이 이러한 조각상을 시각적 원형으로 삼았기 때문일 수 있다. 어쨌든 그 조각상들은 상시적 거주지, 식물 재배, 가축 사육, 토기 제작, 간석기 생산과 함께 이른바 신석기시대 번들을 구성한다. 적어도 근동 지역에서 중부 유럽에 이르는 지역에서 나타난 신석기 문화에서는 그렇다고 할 수 있다.

초기 동기시대에는 주거지 구조에서도 근본적 변화가 생겼다. 내부 공간이 둘로 나뉜 사다리꼴 혹은 사각형의 가옥들이 마당 여러 개를 중심으로 모여 있었기 때문이다. 또한 하즐라르 II기 지층은 육중한 방어벽으로 둘러싸여 주거지의 기본 형태가 거의 직사각형이었다. 기원전 5000년 무렵의 I기 지층에서는 주거지 규모가 또다시 몇 배로 커졌다. 하즐라르 사람들의 생활은 가축 사육과 농경에 기초했다. 사람들은 에머밀, 외알밀, 밀, 보리를 비롯해 완두콩이나 살갈퀴 등의 콩류도 섭취했다. 초기에는 양과 염소에 집중되었던 가축 사육은 이후에 소와 돼지로도 확대되었다.

신석기시대가 에게해 제도와 그리스 본토까지 확장해 간 과정을 살펴볼 때, 신석기시대의 해안 지대 지형이 오늘날과는 근본적으로 다르다는 점을 명심해야 한다. 기원전 제7천년기에 해수면은 현재보다 현저히 낮았다. 그래서 이전의 많은 주거지는, 특히 해안가의 중요한 교류 지역 내 주거지들은 현재는 물에 잠겨 있을 것이다. 그중에서 특히 중요한 유적지는 이즈미르 근처의 울루자크 회위크Ulucak Höyük다. 이곳의 주거지를 '텔tell'이라고 부르는데, 수백 년에 걸쳐 사람들이 똑같은 장소에 정착해 산 곳이다. 이는 서로 다른 시기의 주거지 지층이 하나씩 바로 위에 쌓여 '구릉'을 형성했음을 의미한다. 울루자크 회위크에 축적된 더미는 높이가 11미터에 이른다. 기원전 제7천년기 후반기에 해당하는 오래된 지층인 5기 지층을 조사했더니 윗가지를 엮어 벽을 만든 가옥 잔해와 단순한 단색 토기가 나왔다. 기원전 6000년부터 기원전 5600년까지로 추정되는 후기 신석기시대 지층에서는 돌로 만든 토대 위에 점토 벽돌로 만든 집과 함께 최초의 채색토기 흔적이 나타나기 시작했다. 한 채씩 따로 선 집들은 큰 마당을 중심으로 밀집해 있거나 골목길을 따라 늘어서 있었다. 이는 하즐라르 후기 지층과 아주 유사하다. 한편 울루자크 회위크 사람들은 곡물을 재배하고 양과 소를 길렀다.

점토로 만든 소형 조각상 외에 서부 아나톨리아의 당시 예술 창작 활동에 관해서는 오래도록 알려진 것이 거의 없었다. 하지만 라트모스산에서 암각화가 발견되면서 상황이 바뀌었다. 산 정상 부근의 동굴과 암굴에서 다수의 암각화가 발견되었는데, 아마도 기원전 제6천년기와 기원전 제5천년기 사이의 것으로 추정된다. 모든 그림의 대표적 모티브는 인간의 모습으로, 아주 다양한 방식으로 묘사되어 있다. 막대기를 든 남성에서 엉덩이가 아주 풍만한 측면 모습의 여성에 이르기까지 표현 방식이 매우 다양했다. 사람의 머리가 아닌 것처럼 보일 정도로 머리 모양을 단순화하는 바람에 어디까지가 머리이고 어디서부터 머리에 쓰는 덮개가 시작되는지 구분할 수가 없을 정도다. T 자 모양 머리 장식은 뿔을 나타내는 듯한데, 과거에는 이를 샤머니즘 초기 형태의 관점에서 생각하려는 시도도 있었다. 또한 흔히 등장하는 소재는 남녀 한 쌍이다. 따라서 그 그림들은 주로 가족 및 의식과 관련된 활동을 중심으로 그려진 듯 보인다. 이 신석기시대 암각화가 아무리 예외적이라고는 해도, 그 그림들에 등장한 주요 주제가 수렵·채집인들에 방점을 둔 초기 구석기시대의 빙하기 관념 세계와는 더는 관계가 없는 것은 분명하다. 이 그림들에서 가족 관계가 가장 중요한 주제로 강조된다는 것은 농경 정착민들의 생활 방식과 가치관을 제대로 반영한다고 할 수 있다.

신석기시대식 생활 방식과 경제활동은 서부 아나톨리아 해안에서 에게해 섬들을 거쳐 그리스 본토로 퍼져 나갔다. 그러나 아직은 이 경로의 개별 단계를 보여 주는 고고학적 증거를 확보하지 못한 상태다. 펠로폰네소스반도의 프랑흐티 동굴은 중석기시대에서 신석기시대로 옮겨 가는 과정의 주요 증거로 남아 있다. 이 동굴은 중석기시대에서 후기 신석기시대에 이르기까지 지속해 사람이 거주했음을 보여 준다. 이 동굴에서 특히 흥미로운 점은 이 유적지에서 온전히 중석기시대에 속하는 퇴적층에 이어 돌과 흑요석으로 만든 잔석기 도구가 특징인 지층이 나타났는데, 토기의 흔적은 없는데도 가축화된 양과 염소의 뼈가 함께 나왔다는 주장이 있다는 것이다. 하지만 이러한 발견물에 대해 상당히 합리적인 의심이 반복적으로 제기되어 왔다. 특히 프랑흐티 동굴에 살았던 사람들이 여전히 야생 곡물을 채집했는지 아니면 이미 곡물을 재배하기 시작했는지의 문제는 결론이 나지 않은 상태다. 테살리아의 아르기사-마굴라 주거지 구릉에서도 비슷한 결과가 나왔다. 고고학자들은 이 주거지 구릉의 맨 아랫부분에서 토기 없는 신석기시대의 것으로 보이는 주거지 흔적을 발견했다. 타원형의 움집은 기둥으로 골조를 세우고 나뭇가지를 엮어 짠 뒤 점토를 발라 만들어졌는데, 이곳에서 플린트와 흑요석으로 만든 잔석기와 함께 곡물 그리고 양, 염소, 소, 돼지의 뼈 잔해가 함께 나왔다는 주장이 있었다. 그러나 이 발굴에 대해서도 학자들 사이에서 타당한 회의론이 제기되었다. 따라서 아르기사-마굴라와 프랑흐티 동굴에서 발굴된 자료의 미심쩍은 부분 때문에 남부 아나톨리아의 PPN B에 비견될 만한 시기가 그리스 본토에 존재했는지는 여전히 불분명해 보인다.

이와 유사하게 크레타섬에서도 토기 없는 신석기시대의 주거지 지층이

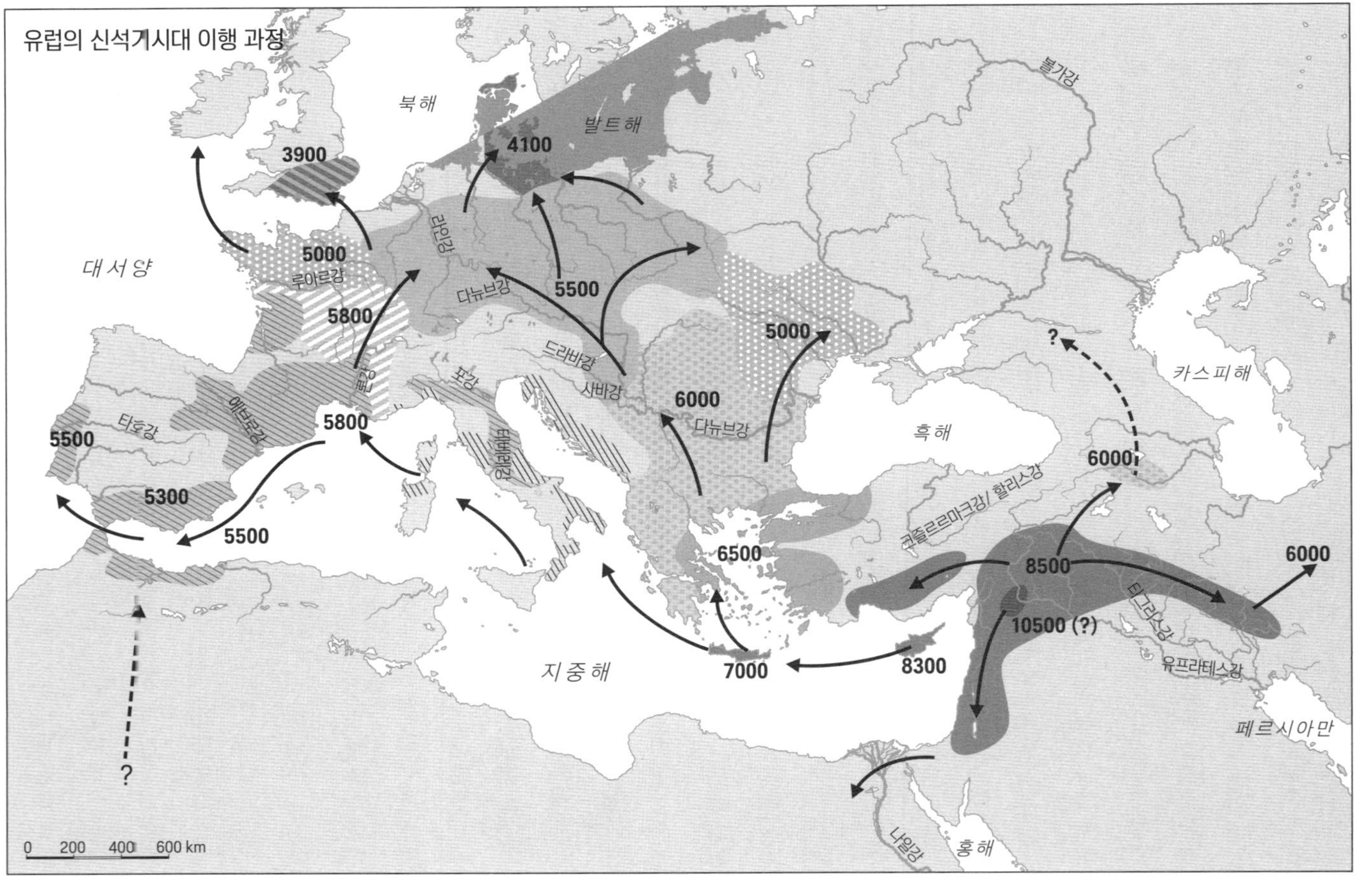

—— 근동 지역에서 유럽과 남캅카스로 퍼져 나간 신석기 문화. 레반트의 비옥한 초승달 지역, 상부 메소포타미아(북부 시리아와 남동부 튀르키예), 자그로스산맥 서쪽 지역은 일반적으로 정착 생활과 생산적 경제 방식의 발상지로 여겨진다. 정착 생활과 농경은 다양한 경로를 통해 사방으로 퍼져 나갔다.

보고되는데, 이를테면 미노스 문명의 크노소스 궁전 아래에 있는 두꺼운 지층을 발굴했더니 기원전 제7천년기 말로 추정되는 유물이 나온 경우다. 그곳에서 발견된 기둥 골조의 움집 잔해는 아르기사-마굴라의 가장 이른 시기 가옥 잔해를 생각나게 한다. 다음 지층은 초기 신석기시대 지층으로, 이미 토기 조각이 포함되어 있었다. 그곳에서 드러난 주거지는 의심할 바 없이 마을 전체를 아우르는 그 어떤 조직도 계획도 없이 형성된 작은 마을 같았다. 중기 신석기시대 이후에야 크노소스의 가옥들은 규모가 더 큰 가옥 단지를 형성했고, 일부 가옥 중에는 이층집도 있었다.

에게해와 그리스 본토의 토기 없는 신석기시대 유물이 매우 드물고 해당 시기에 대해 실제로 말해 주는 것이 명확하지 않은 데 비해, 기원전 제7천년기 후반기에서 기원전 제6천년기로 넘어가는 전환기인 초기 신석기시대에 대해서는 더욱 광범위하게 서술할 수 있다. 그리스 본토에서 이 시기는 초기 토기Early Ceramic 시기, 원시 세스클로proto-Sesklo 시기, 세스클로 이전pre-Sesklo 시기라는 세 단계로 나눌 수 있다. 그리고 이 시기에 이어 중기 신석기시대 세스클로 문화가 기원전 제6천년기 전반기에 자리를 잡았다. 이 문화의 이름은 그리스 테살리아의 중요한 신석기시대 주거지의 이름을 따서 지어졌다.

초기 토기 시기는 단순한 형태의 단색 토기와 신석기시대형 석기 도구가 특징이다. 당시 사람들은 이미 식물 재배와 가축 사육에 대해 잘 알았던 것이 분명하다. 해당 지층에서 대부분 아주 적은 면적만을 조사했기 때문에 주거지 구조를 파악하는 데 한계가 있기는 하지만, 이 부분에 대해서는 상당히 확실하게 말할 수 있다. 이 시기의 직사각형 건축물은 서로 독립적으로 세워졌는데, 흙을 다져 벽을 세우거나 엮어 짠 나뭇가지에 점토 반죽을 입혀 벽을 만들었다. 당시 주거지들은 중부 그리스와 남부 그리스를 비롯해 테살리아의 비옥한 평원에 형성되어 있었다. 다음 단계인 원시 세스클로 시기에는 처음으로 수준 높은 품질에 모양도 다양한 채색토기가 제작되었다. 이어진 세스클로 이전 시기에는 무늬를 눌러 찍거나 새겨 넣은 토기가 주를 이루었고, 이후 기원전 제6천년기와 기원전 제5천년기 초의 중기 신석기시대 세스클로 문화에서 채색토기가 꽃을 피웠다.

기원전 제6천년기에는 그리스 전체에서 농경 주거지가 눈에 띄게 늘어났다. 아나톨리아에서처럼 사람들은 여러 세대에 걸쳐 같은 장소에서만 살았다. 이러한 관습으로 인해 주거지 구릉이 형성되었다. 원시 세스클로 시기와 세스클로 이전 시기의 텔에서는 개별 가옥이 직각으로 교차하는 골목길을 따라 일렬로 혹은 집단을 이루는 패턴이 주를 이루었다. 테살리아와 마케도니아의 일부 가옥은 진흙 벽돌을 사용해 집을 지었지만, 이 기술에 더해 땅에 기둥을 박고 나뭇가지를 엮어 짠 구조물에 반죽을 발라 지은 집들도 있었다. 지금까지 그리스에서 발견된 가장 큰 신석기시대 유적지로는 이미 여러 번 언급한 세스클로 유적지가 있는데, 이곳에는 이미 500채가 넘는 가옥이 있었던 것으로 생각된다. 그곳 사람들은 곡물과 콩류를 재배하고 동물을 사육하며 살아갔다. 처음에는 양과 염소만 길렀지만, 나중에는 소와 돼지가 추가되었다. 야생 과일 채집과 사냥, 어획은 기껏해야 식단을 보충하는 역할만 했다.

테살리아와 마케도니아에서 주거 구릉지는 더 북쪽으로 퍼져 나가 넓고 비옥한 악시오스강, 스트루마강, 툰자강의 계곡 너머까지 펼쳐졌다. 이들 주거지에는 1년 내내 사람들이 거주했다. 알바니아, 마케도니아(벨루슈카 툼바-포로딘, 안자베고보-브르슈니크), 트라키아(카라노보 I기)의 초기 신석기시대 주거지의 특징 또한 기둥을 땅에 박아 세워 지은 집들이 일렬로 늘어선 구조였다. 에게해-아나톨리아 지방에서 형성된 초기 신석기시대의 다른 성과물 역시 이러한 확장 경로를 따랐다. 그중에는 흰색, 붉은색, 검은색의 색소로 화려하게 채색된 용기와 원통 모양의 머리를 한 뚱뚱한 여자 조각상이 있다. 주거 구릉지의 형성 과정과는 달리 채색토기와 살찐 여자 조각상은 카르파티아 분지까지, 즉 남부 판노니아 평원과 동부 판노니아 평원(스타르체보 문화와 쾨뢰시 문화) 그리고 트란실바니아(크리슈 문화)까지 확산했다. 그러나 이러한 확산 과정에서 이질적 관습을 순조롭게 받아들인 경우는 하나도 없었다. 그들은 이러한 영향으로부터 자기들만의 관습을 매우 빠른 속도로 발전시켰다. 그리고 북쪽으로 갈수록 남쪽 모델과 더욱 뚜렷한 차이를 보여 주기 시작했다.

안정된 식량 공급을 보장하는 일은 마을 전체 사람들이 해야 할 일이었다. 그리고 이러한 상황은 세르비아와 트라키아나 테살리아와 마케도니아나 마찬가지였을 것이다. 따라서 초기 신석기시대와 중기 신석기시대에는 사회적 계층 분화가 시작되었다는 기미가 전혀 보이지 않는다. 그러나 후기 신석기시대에 테살리아에서 디미니 문화가 시작되면서 사정이 달라졌다. 기원전 제5천년기 전반기부터 그곳에서는 건축적 특징 때문에 장원 영지manorial estate로도 불리는 주거지가 점점 더 많이 생겨났다. 이들 주거지에서 가장 높은 곳에 자연적으로 형성된 언덕 위에 메가론megaron[3]으로 불리는 주목할 만한 중심 건물이 세워졌다. 처음으로 이들 주거지에는 동심원 형태로 여러 겹의 방어벽이 설치되었는데, 이는 방어벽을 이용해 일종의 성채 혹은 아크로폴리스를 '아래 도시'와 분리할 목적이었던 듯하다. 이러한 주거지 형태는 의심할 바 없이 사회적 분화 과정이 시작되었음을 반영한다. 위아래 도시의 구분과 메가론의 등장이라는 두 획기적 변화는 기원전 제4천년기 후반기 이후에 나타난 에게해-아나톨리아 초기 청동기시대 중심지의 특징이었다. 이는 그리스 본토의 초기 헬라스 유적지와 크레타섬의 초기 미노스 문명 유적지, 서부 아나톨리아의 트로이아 I기 및 트로이아 II기의 유적지로도 입증된다. 이러한 변화의 토대는 늦어도 기원전 제5천년기 중반기 무렵에, 디미니 문화 후반기에 놓인 것으로 보인다. 그렇기는 해도 이것이 초기 청동기시대의 유적과 어떻게 연결되는지는 여전히 불분명하다. 서부 아나톨리아에서 하즐라르 문화 말기와 후기 동기시대 및 초기 청동기시대에 틈이 존재하는 것처럼, 그리스 본토에서도 디미니 문화와 초기 헬라스 문명 사이에 1000년이 훨씬 넘는 시간적 간극이 있기 때문이다. 고고학자들은 아주 조금씩 이 간극을 메워 가기 시작했을 뿐이다.

근동 지역에서 유럽으로 정착 생활과 생산적 경제 방식이 확대될 때, 북서부 소아시아에서 마르마라해를 거쳐 발칸반도로 전달되는 경로도 존재했다. 최근에 점점 더 많은 유적지를 조사한 덕분에 보스포루스 해협과 다르다넬스 해협 주변에서 일어난 변화 과정을 더욱 신빙성 있게 설명할 수 있게 되었다. 그 과정에서 특히 다음과 같은 사실이 매우 명확해졌다. 마르마라해 주

3 고대 그리스의 건축양식 중 하나로 궁전이나 주택의 가운데에 있는 큰 방을 가리킨다.

변의 연안 지역을 포함해 북서부 소아시아에 남아 있던 토기와 주거지 건축물 등의 물질문화 유물이 남서부 아나톨리아와 그리스 본토의 유물과 상당한 차이를 보였다는 점이다.

북서부 아나톨리아에서 신석기시대가 시작될 때 중심 역할을 한 것은 피키르테페 문화였다. 이 문화는 에스키셰히르 주변 평원으로부터 마르마라해 연안 지역을 거쳐 남동부 유럽 지역으로 퍼져 나갔다. 피키르테페 문화는 북서부 아나톨리아에서 발원한 것으로, 압인 무늬와 흰색 상감 장식이 있는 짙은 색 토기가 대표적 특징이었다. 다수의 피키르테페 문화 유적지는 해안 주거지로, 그곳에서는 나뭇가지로 엮은 구조물에 점토 반죽으로 마감한 타원형 움집이 발견되었다. 농사를 지은 흔적은 없으며, 여전히 사냥과 고기잡이에 주로 의존해 식량을 확보했다. 같은 시대의 남서부 아나톨리아 문화들(하즐라르 문화)과는 반대로, 피키르테페 문화에서는 소형 조각상이 거의 없었다는 점이 눈에 띈다. 또한 그곳에서 발견된 나머지 유물과 건축 방식에서도 남서부 아나톨리아와의 차이가 더욱더 극명히 드러난다.

피키르테페 문화의 뒤를 이은 시기는 을르프나르 유적지로 가장 잘 입증된다. 기원전 제6천년기 전반기에 해당하는 가장 오래된 지층인 X기 지층에서 VIII기 지층까지는 방 하나짜리 직사각형 집들로 이루어져 있었다. 집은 지면에 기둥을 박고 초벽[4]을 세운 구조였고, 골목길이나 공터 주변에 불규칙하게 분포되어 있었다. 후반기 주거지 시기(을르프나르 VI기~을르프나르 VA기)에는 자연 상태에서 건조한 진흙 벽돌로만 집을 지었다. 이곳 집들은 층마다 방이 한 개나 두 개가 있는 이층집이었던 것이 분명해 보이는데, 서로 벽을 맞대고 반원 모양으로 늘어서 있었다. 그러다가 기원전 제6천년기 중반기 무렵에 큰불이 나서 모두 소실되고 말았다. 을르프나르 유물을 살펴보면 피키르테페 문화기에 북서부 아나톨리아에서 정착 생활이 시작된 이후 빠르게 역동적으로 발전했음을 알 수 있다. 복잡한 주거지 구조가 등장하고 인구 증가 현상이 뒤따른 점에서 그렇다. 그곳 사람들은 농경과 동물 사육, 야생 과일 채집에 기

4 나뭇가지를 엮어 만든 구조물에 진흙을 발라 세운 벽을 가리킨다.

반을 두고 생활했다. 이 시기에 이르면 피키르테페 토기보다 토기가 눈에 띄게 발전한 상태였는데, 선을 새겨 넣기도 하고 세로 홈으로 장식하기도 했다. 그러나 같은 시기에 남서부 아나톨리아에서 일반적이었던 토기 채색은 전혀 발견되지 않았다.

아나톨리아에서 유럽으로 신석기 문화가 꾸준히 전파되는 과정에서 또 다른 중요한 거점 역할을 한 곳은 마리차강에 형성된 호자 체슈메 주거 구릉지다. 마리차강은 트라키아에서 시작해 남쪽으로 흘러가 에게해로 빠져나간다. 따라서 이 강은 북부 에게해에서 내륙 지방으로 이어지는 자연스러운 교류의 흐름을 형성해 주었다. 이 유적지의 맨 아래에 있는 지층인 IV기 지층과 III기 지층은 기원전 제7천년기 후반기로 추정되는데, 연대를 따지면 피키르테페 문화와 같지만, 상당히 다른 특징을 보여 준다. 이 주거지에서 주를 이루는 토기는 벽이 얇은 붉은색이나 검은색의 토기로 수준이 상당히 높은데, 남서부 아나톨리아의 호수 지역에서 발견된 후기 신석기시대의 유물과 상당히 비슷하다. 특기할 점은 가장 오래된 주거지에서도 이미 주거지를 벽으로 둘러쌌다는 점인데, 다듬지 않은 커다란 돌을 하나씩 쌓아 올린 형태의 벽이었다. 이 지층 위의 호자 체슈메 II기 지층에서는 커다란 차이를 보여 주는 변화가 나타나는데, 처음으로 평면이 직사각형인 건물이 등장했기 때문이다. 이 밖에 붉은색 바탕에 흰색으로 칠한 토기가 등장했는데, 이러한 양식은 불가리아의 카라노보 I기뿐 아니라 테살리아의 원시 세스클로 지역과도 어떤 연관성을 보여 주는 특징이다.

호자 체슈메 유적지는 남동부 유럽에서 가장 오래된 신석기시대 주거지에 속한다. 그리고 지층 배열에서 확인된 바에 따르면 이 주거지의 형성 시기는 불가리아의 초기 신석기시대(카라노보 I기)가 시작될 때보다도 앞선다. 호자 체슈메의 가장 아래인 IV기 지층부터 II기 지층까지 농경과 가축 사육을 알리는 증거가 발견되기는 했지만, 바다와 가까운 그곳 위치에 걸맞게 당시에 가장 두드러진 역할을 한 것은 바로 해양자원이었다. 이러한 발견 사실을 보면 모든 초기 신석기시대 주거지에 똑같이 적용할 수 있는 '만능'의 기본 경제 모델은 없음을 아주 명확히 알 수 있다. 그보다는 각각의 지형적 상황과 특정 환경조건에 적응하는 능력이 항상 결정적 요인이었다. 농경과 가축 사육에 관한 지식이 호자 체슈메 같은 지역에서 마리차강을 따라 북쪽으로 멀리 트라키아까지 퍼져 갔을 것 같지만, 호자 체슈메 유적지에서 카라노보 I기 지역으로부터 수입한 물건이 발견되었다는 사실은 이 두 지역 사이에 직접적 접촉이 있었음을 확인해 준다.

호자 체슈메 주거지가 서서히 종말을 향해 가고 있을 때, 현재의 도시 키르클라렐리 근처의 먼 동쪽에서 신석기 주거 구릉지인 아샤으 프나르가 형성되고 있었다. 이후 이 지역에 계속해 사람들이 거주하면서 기원전 6200년과 기원전 4300년 사이의 거의 모든 신석기시대 기간이 망라되었다. 아샤으 프나르 5기 지층에서 1기 지층까지는 중기 신석기시대에서 후기 신석기시대까지에 해당하고 불가리아의 카라노보 III기 및 카라노보 IV기와 밀접한 연관성을 보이는 데 반해, 이보다 더 오래된 지층인 아샤으 프나르 6기 지층은 초기 신석기시대에 속하고 카라노보 II기와 시기가 일치한다. 따라서 그보다 아래에서 발견된 아샤으 프나르 7기 지층은 카라노보 I기, 호자 체슈메 II기와 시기가 일치한다. 결론적으로 아샤으 프나르에 존재했던 것으로 보이는 물질문화는 트라키아-발칸의 특징을 두드러지게 보여 주는 데 반해, 주거지 형태 자체는 다른 방향을 가리킨다. 아샤으 프나르의 7기 지층과 6기 지층에서는 방 한 개 혹은 두 개짜리 가옥들이 서로 벽을 맞대고 서서 반원 모양을 형성하기 때문이다. 실제로 이런 반원형 배열은 이곳을 빼고는 을르프나르에서만 나타난다. 이러한 일치는 특히 주목할 만한데, 우리가 다루는 두 곳이 한 곳(아샤으 프나르)은 남동부 유럽에, 다른 한 곳(을르프나르)은 북서부 아나톨리아에 있기 때문이다. 두 곳 모두 근본적으로 다른 물질문화를 보여 주면서도 큰 공터를 중심으로 건물들이 원형으로 배치되었다는 점은 사실상 일치한다. 따라서 그 점만 제외하면 트라키아-발칸의 특징이 두드러지게 나타나는 아샤으 프나르의 초기 신석기시대 주거지에서도 아나톨리아의 유산은 남았다고 볼 수 있다. 아샤으 프나르의 이 주거지 아래에는 훨씬 더 오래된 것으로 보이는 잔해(아샤으 프나르 8기)가 남아 있는데, 이 잔해의 시기는 기원전 제7천년기 후반기까지 거슬러 올라간다. 시기상 이는 호자 체슈메의 IV기 지층 및 III기

지층과 일치하는 것으로 생각되며, 이 지역에서 정착 생활이 시작되었음을 보여 준다.

따라서 고정된 주거지, 작물 재배, 가축 사육, 토기 및 소형 조각상 제작 등의 신석기시대의 생활 방식과 경제 형태가 남동부 유럽으로 확산한 경로는 적어도 세 가지가 있었다. 일단 남서부 아나톨리아 호수 지역에서 소아시아 서해안과 에게해 섬들을 거쳐 그리스 본토로 이어진 길이 있었고, 두 번째는 중앙아나톨리아에서 시작해 북서부 아나톨리아와 마르마라해를 거쳐 발칸반도에 이른 길이 있었으며, 마지막 세 번째는 마찬가지로 남서부 아나톨리아에서 시작한 뒤 튀르키예 서해안을 따라 북쪽으로 올라간 뒤 남부 트라키아에 다다른 길이 있었다. 이를 통해 우리는 신석기 문화가 복잡하고도 광범위하게 형성된 교류망을 통해 소아시아에서 남동부 유럽으로 퍼져 나갔음을 명확히 알 수 있다. 따라서 토기 제작이나 집짓기, 가축 사육, 농작물 재배와 같은 전문화된 형태의 지식이 사람의 이동 없이 확산했을 수 있다고 생각하기는 어렵다.

발칸반도와 판노니아 평원에서의 신석기시대의 시작

아나톨리아에서 온 초기 신석기시대 정착민들이 북쪽의 마르마라해와 남쪽의 에게해라는 장애물을 극복하고 남동부 유럽에 도달하고 나자, 농경 생활 방식 역시 거침없이 퍼져 나갔다. 이 새로운 생활 방식은 한편으로는 서부 불가리아를 거쳐 세르비아 서쪽 경계 지역까지, 다른 한편으로는 다뉴브강 하류를 따라 트라키아 저지대에서 동부 판노니아 평원까지 영향을 미쳤다. 같은 시기에 테살리아의 주거 구릉지는, 그리고 마케도니아의 그리스 지역 주거 구릉지는 바르다르강과 스트루마강의 넓은 하곡을 가로질러 멀리 북쪽으로 남부 세르비아까지 확산했다. 그 결과 기원전 제7천년기 말 혹은 기원전 제6천년기 초부터는 서쪽으로는 슬라보니아와 동부 헝가리에서 동쪽으로는 불가리아 흑해 연안까지, 다시 남쪽으로는 에게해에서 북쪽으로는 트란실바니아에 이르는 넓은 지역에 초기 신석기 문화가 생겨났다. 발칸반도의 이 초기 신석기 문화에는 테살리아의 원시 세스클로 문화와 세스클로 문화, 북부 그리스의 네아 니코메데이아 문화, 동부 마케도니아의 안자베고보-브르슈니크 문화, 서부 마케도니아의 벨루슈카 툼바-포로딘 문화, 불가리아의 카라노보 I기 문화, 북부 세르비아와 슬라보니아 인접 지역의 스타르체보 문화, 트란실바니아와 문테니아의 크리슈 문화, 티서강 동쪽 헝가리의 쾨뢰시 문화가 있다.

이 지역에는 앞선 후기 중석기시대의 흔적이 미약하게만 남아 있다. 초기 신석기시대로 이행하는 과정을 상세하게 설명해 줄 만한 유적지가 아예 없다. 베오그라드에서 동쪽으로 몇 킬로미터 떨어진 남부 카르파티아의 다뉴브강 철문 협곡에만 아주 특별한 유적이 남아 있는데, 이 유적은 유럽을 통틀어 유일한 것으로, 레펜스키 비르 문화에 속한다. 이 유적지는 가파른 협곡과 좁은 단구가 형성된 카르스트 지형에 집중적으로 분포되어 있다. 이 문명에 이름을 부여한 지역인 레펜스키 비르가 가장 광범위하게 조사되었다. 이 지역은 기원전 제8천년기 말부터 사람들의 거주가 시작된 이후 여러 단계를 거치며 기원전 제7천년기 말까지 이어졌다. 레펜스키 비르에서는 사다리꼴 모양의 매우 작은 가옥이 주를 이루는데, 땅덩이가 작은 지역이라 텐트같이 생긴 구조물을 세운 것으로 보인다. 일부 움집에서는 사망한 가족을 집에 매장하기도 했지만, 해당 가옥을 비운 이후에만 매장했다. 그러나 무엇보다도 레펜스키 비르는 사암으로 만든 인간 조각상으로 유명하다. 곡선이나 각, 점, 엮어 만든 띠 등 다양한 추상적 장식과 함께 둥근 눈에 물고기 같은 입을 가진 얼굴도 다수 등장한다. 학자들은 조각상에 자주 등장하는 물결무늬와 물고기 같은 얼굴을 다뉴브강이나 강가에서의 생활과 연관 지어 생각해 보려고 꾸준히 시도하지만, 이러한 조각상이 어떤 의미를 지녔는지는 여전히 불분명하다. 그런데 레펜스키 비르 주거지에 남아 있는 유물 중에는 동물 뼈가 압도적으로 많다. 레펜스키 비르에 살았던 사람들은 다뉴브강 철문 협곡의 울창한 숲에서 광범위하게 사냥했지만, 육류보다는 우리가 현재 알고 있는 유적지 바로 아래에서 잡을 수 있었던 물고기가 그들의 식단에서 훨씬 더 중요한 역할을 했다.

여러 면에서 레펜스키 비르 문명은 어디에서 시작되었는지 추적할 수 없

—— 세르비아 레펜스키 비르의 사암 조각상. 세르비아와 인근 루마니아 지역의 철문 협곡에서 형성된 레펜스키 비르 문명은 유럽의 중석기시대를 보여 주는 뛰어난 사례에 속한다. 사암으로 만든 인간 조각상이 특히 관심을 끄는데, 이와 비슷한 조각상이 지금까지 다른 곳에서는 전혀 발견되지 않았다. (Wikimedia Commons, © Petar Miloševic)

는 유일한 문화적 현상으로 남아 있다. 이 문명은 초기 신석기시대의 스타르체보 문화가 시작되기 전에, 즉 기원전 6200년과 기원전 5500년 사이의 어느 시점에 끝났다. 정착 생활과 농경 활동은 비교적 독자적으로 시작되었고, 불과 몇 세대 만에 매우 넓은 지역이 포함될 정도로 확대되었다. 이 지역 곳곳에 분포된 고고학적 증거에 따르면 이 지역의 초기 신석기 문화는 단계별로 점진적으로 형성되었다는 증거도 없이, 해당 시대의 모든 특징적 특성을 완전히 갖춘 형태로 나타났다. 이러한 사실로 보아 이 지역에 농사를 짓고 동물을 사육할 줄 아는 사람들이 유입된 것으로 생각할 수 있다. 이러한 이주와 더불어 일반적으로 초기 농경 생활에 대한 지식이 꾸준히 확산한 점 또한 일정 부분 역할을 했던 것이 틀림없다. 스타르체보 문화의 주거지에 관해 믿을 만한 정보는 거의 없지만, 모든 것은 작은 마을이 형성되어 있었음을 알려 준다. 그곳 사람들은 여전히 사냥에 의존했지만, 이미 양과 염소를 기르기 시작했고 나중에는 소도 길렀다. 그들의 주거지도 매장지 역할을 했다. 이곳에서도 고고학자들은 가옥 밑에서 개별 무덤을 발견했지만, 묘지로만 따로 이용된 곳은 존재하지 않았다. 매장은 어떤 정해진 의식을 따른 것으로 보이지는 않는다. 발견된 부장품도 매우 빈약한데, 이 경우도 정해진 의식을 따르지 않은 듯하다. 양적으로 가장 많이 발견된 유물은 토기 파편으로, 손가락 자국이나 다른 조각 같은 장식적 요소와 함께 다채로운 채색 장식도 보여 준다. 또한 인간과 동물의 형상을 한 소형 조각상도 다수 발견되었는데, 막대기처럼 가는 긴 머리와 목, 작은 상체, 넓은 엉덩이, 극도로 짧은 다리를 가진 여성을 표현한 조각상도 있다. 이러한 조각상들을 일부러 부수어 집 주위에 놔둔 것이 분명해 보인다. 일종의 의식으로 토우土偶를 부수는 이러한 관습은 남동부 유럽의 다른 신석기 문화에서도 널리 퍼져 있었다.

밝은색의 채색토기로 특징지어지는, 알바니아와 흑해 사이의 초기 신석기 문화 집단과는 달리, 동부 판노니아 평원의 쾨뢰시 문화는 스타르체보 문화와 거의 같은 시기에 형성되었지만, 가장 단순한 형태의 극히 거칠고 장식 없는 토기만을 남겼다. 그러나 인간과 동물을 형상화한 쾨뢰시 문화의 조형물들은 스타르체보 문화와 근본적으로 다르지 않았다. 지금까지 주거 구릉지는 발견되지 않았는데, 처음에 그곳에 살았던 사람들이 계속 한곳에 거주한 것은 아니었기 때문인 듯하다. 그들은 평지에 주거지를 마련한 뒤에 주기적으로 옮겨 다니는 경향이 있었다. 그들의 가옥 건축 방식에 대해서는 아는 바가 거의 없지만, 동물 뼈가 발견된 것으로 보아 그들이 사냥과 동물 사육을 모두 했던 것으로 생각된다.

(창글리Tsangli 단계의) 초기 디미니 문화가 후기 세스클로 문화에서 형성되던 시기인 기원전 제6천년기 중반기 무렵, 멀리 북쪽에서는 스타르체보, 쾨뢰시 등의 관련 문화 집단을 기반으로 새로운 중기 신석기시대와 후기 신석기시대의 문명이 다수 발달했다. 이 문화들은 이후 금석병용기(동기시대)로 이어진다. 우선 스타르체보 문화의 중심지인 세르비아, 남부 헝가리, 동부 보스니아, 트란실바니아 남서부 지역에서 빈차 문화가 발생했고, 카르파티아산맥과 다뉴브강 하류 사이 지역에서 빈차 문화와 관련이 있는 두데슈티 문화가 퍼져나갔으며, 트라키아 저지대에서 카라노보 III기 문화가 형성되었다. 이 지역의 특징을 이루었던 채색토기는 이제 완전히 사라졌다. 그 대신에 관련 지역에서 발견된 유물 중에는 짙은 색의 매끄럽게 다듬은 토기가 주를 이루었는데, 가운데 부분이 두툼하면서 가장자리가 날카롭게 각이 져 있는 형태에 표면은 잔잔한 문양이나 새긴 무늬, 세로 홈 장식으로 꾸며져 있었다. 토기 제작 과정의 미적 원리가 눈에 띌 정도로 바뀌면서 인간과 동물의 조각상도 영향을 받았다. 따라서 빈차 문화의 소형 조각상들은 앞으로 튀어나온 큰 눈에 가면 같은 삼각형 얼굴을 하고 있는데, 이러한 특징은 동물 조각상에서도 나타난다. 또한 이 문화권 사람들은 인간과 짐승의 모양을 한 용기 뚜껑뿐 아니라 앉아 있는 조각상도 만들었다. 다수의 용기 바닥에 긁힌 자국이 보이는데, 이는 용기를 만든 사람이나 용기 주인을 표시하는 자국으로 해석되었다. 이러한 해석이 사실이라면 당시에 이미 용기의 생산자와 소유자라는 어떤 개별성 같은 것이 존재했다고 추측할 수 있다. 그리고 이것은 다시 인류 전체의 중요하고도 지속적인 문화 발전을 암시하는 것일 수도 있다.

빈차 문화 시대의 주거지도 여러 지층으로 형성된, 흔히 보는 주거 구릉지 형태로 남아 있다. 때때로 이러한 구릉은 해자로 둘러싸여 있었다. 이러한 주거 구릉지와 더불어 평지에 주거지가 있었다고도 생각해 볼 수 있지만, 아직 충분히 조사되지는 않은 상태다. 이들 주거지에서는 사각형 집이 주로 발견되며, 때로는 방이 여러 개가 있는 집도 있었다. 기둥을 세우고 초벽을 세운 이 집들은 길을 따라 줄지어 배치되어 있거나 제대로 된 주거 지역 내에 모여 있었다. 건물 내부에는 불을 피우는 자리와 반원형의 점토로 만든 난로가 있었다. 그들이 기른 가축은 소, 양, 염소, 돼지였다. 그들의 농사 활동은 초기 곡물 및 콩과 식물 품종을 재배하는 데 집중되었다. 앞선 빈차-투르다슈 문화가 이후의 빈차-플로츠니크 문화로 전환될 무렵, 구리의 채굴과 가공이 더 중요해졌다. 그렇다고 해도 그로 인해 주거지 공동체 구조가 영구적으로 바뀌는 결과가 곧바로 나타난 것은 아니었다.

동부 헝가리에서는 기원전 제6천년기 중반기 무렵에 쾨뢰시 문화의 뒤를 이어 동부 선대문 토기 문화 혹은 얼푈드 선대문 토기ALP 문화가 등장했다. 이 문화는 거의 같은 시기에 서부 헝가리에서 발달한 트란스-다누비아 선대문 토기 문명과는 명확히 구분된다. 얼푈드 선대문 토기 문화권 사람들에게는 특정 장소에 묶이는 것이 어울리지 않았다. 따라서 그들은 주거 구릉지를 형성하지 않았다. 기원전 제6천년기 후반기에 이 문화에서는 몇 세대에 한 번꼴로 정착지를 옮겨 다니는 주거 방식이 지배적이었다. 그들이 정착지로 선호한 곳은 하천 계곡의 비옥한 황토지대였다. 얼푈드 선대문 토기 문화와 관련 있던 서칼하트Szakálhát 집단이 거주했던 지역에서만, 즉 티서강 지역의 남쪽에서만 기원전 제6천년기에서 기원전 제5천년기로 넘어가던 무렵에 텔 주거지가 형성되었다. 인간 형상을 띤 소형 조각상을 통해 이들이 빈차 지역으로부터 영향을 받았음을 알 수 있다. 이와 더불어 그 지역에서 발견된 소형 조각상 중에는 인간과 동물이 혼합된 형태의 조각상도 많고, 사람 얼굴 모양으로 만들어진 용기도 있었다. 이들 주거지 사람들은 주로 가축과 사냥한 동물을 식량으로 삼았지만, 농경 생활도 했을 것으로 추정할 수 있다.

해안을 기반으로 한 지중해 지역의 신석기시대화

정착 생활 방식과 생산적 경제가 근동 지역에서 유럽으로 확산하는 과정에는 에게해와 보스포루스 해협을 건너는 경로뿐 아니라 지중해 해안을 따라가는 경로 또한 존재했다. 아구석기시대의 석기를 쓰던 사냥꾼들은 기원전 제10천년기에 레반트 지역에서 키프로스로 이동했다. 이후 1000년간 그 섬에 사람들이 살지 않다가 기원전 8500년 이후의 어느 시점에 레반트 지역에서 온 이주민들이 그 섬에 다시 상륙했다. 기원전 제9천년기 중반기에 이들은 레반트에서 키프로스로 옮겨 오면서 식물 재배와 동물 사육의 기술도 함께 가져왔다. 그들의 가옥은 주로 원형이었고, 나무로 만든 벽을 윗가지로 엮은 구조물이나 다져 만든 점토로 마감했다. 물을 공급하기 위해 5미터에서 13미터 사이 정도의 깊이로 땅을 파서 우물도 만들었다. 이는 세계에서 가장 오래된 우물이다. 그 외에 이곳 가옥들이 2층이었고 방어벽에 둘러싸여 있었음을 암시하는 증거도 존재한다. 아나톨리아산 흑요석이 발견된 것으로 보아, 물물교환을 하기 위한 광범위한 교류망이 존재했음을 알 수 있다. 이를 기초로 기원전 제7천년기부터 그 지역에서 코이로코이티아 문화가 발달했다. 이 문명의 특징은 높은 지대에 방어벽을 쌓은 주거지로, 그곳 주거지 사람들은 원형의 움집 형태를 고수했다. 코이로코이티아 문화는 키프로스섬에서 뒤늦게 토기 이전 신석기 문화가 꽃피웠음을 나타낸다. 이 시기에는 재배 식물의 종류가 다양해지면서 콩과 식물도 재배되었다.

이 시기의 상당수 주거지에는 기원전 제7천년기 말부터 토기 신석기시대 내내 계속해 사람들이 거주했다. 이 새로운 시대의 초기는 소티라 문화로 불리는데, 이 문화는 기원전 제5천년기까지 지속되었다. 소티라 문화의 등장 역시 본토에서 섬으로 건너온 이주자들과 연관이 있는 듯 보인다. 주거지 규모가 커졌고, 가옥의 평면도나 실내 설계도 더욱 복잡해졌다. 처음에 소티라 토기는 단색이었지만, 시간이 지나면서 채색토기로 옮겨 감에 따라 흰색 바탕에 붉게 채색한 토기가 등장했다. 기원전 제4천년기 중반기 무렵에 동기시대가 시작되면서 키프로스섬에 구리 가공 기술이 등장했다.

기원전 제7천년기 말에서 기원전 제6천년기 초에 아펜니노반도와 시칠리아, 사르데냐, 코르시카를 거쳐 멀리 프랑스 남부, 에스파냐, 포르투갈에까지 신석기 문화의 물결이 밀려들었다. 이들 지역에 분포된 각각의 발굴 유적지는 해안과의 연관성을 보여 준다. 지중해 지역에서 형성된 이 초기 신석기 문화들의 특징은 압인 무늬 토기 혹은 새조개 무늬 토기다. 이는 조개껍데기를 이용해 토기 표면에 다양한 장식 문양을 눌러 찍었다는 의미다. 아드리아해 동해안과 아펜니노반도, 시칠리아에서 초기 신석기시대(임프레소Impresso 문화와 스텐티넬로 문화)는 이미 기원전 제7천년기 중반기에 시작된 데 반해, 이베리아반도 해안에서는 기원전 제6천년기 초가 되어서야 초기 신석기시대가 시작되었다. 한편 카스티야 내륙과 남부 프랑스 너머의 더 넓은 내륙지역은 기원전 제6천년기 말 무렵에 그 뒤를 따랐다. 이 시기에 압인 무늬 토기 혹은 새조개 무늬 토기는 마침내 (북아프리카) 마그레브 해안에도 도달해 있었다. 이러한 독특한 장식의 토기 확산과 관련이 있는, 지중해 지역의 신석기시대화는 이주와 함께 이루어졌고, 사람들은 해안선을 따라 서서히 나아간 것으로 생각하는 것이 타당해 보인다.

최초의 촌락은 규모가 작고 가옥도 몇 채 안 되었는데, 가끔 도랑을 주위에 파거나 안마당 같은 것을 두기도 했다. 남동부 유럽 하곡의 넓은 평원과는 달리, 아드리아해 지역의 카르스트 해안 지대에서는 농사에 이용할 수 있는 땅을 마음대로 확장할 수 없었다. 그러한 이유로 그곳에서는 인구가 증가하기에는 자연적으로 한계가 있었다. 프랑스, 에스파냐, 포르투갈의 정착인들은 주거지를 자주 바꾸는 경향이 있었다. 포르투갈의 대서양 연안을 따라 조개무지가 종종 발견되는데, 이 가운데 일부는 이미 아구석기시대에 형성되기 시작한 것으로 보인다. 이는 상당 부분 바다에 의존해 생활한 집단이 존재했음을 보여 주는 명백한 증거가 된다. 이 주거지들에서 발견된 동물 뼈를 보면 양, 염소, 소 같은 가축도 사육했음을 알 수 있다. 정착 생활과 생산적 경제 방식은 이후 대서양 해안을 따라 비교적 빠른 속도로 북쪽으로 퍼져 나갔다. 기원전 제6천년기 후반기부터는 이베리아반도의 더 북쪽에 있는 지역에도 상륙했고, 영국제도에는 1000년이 더 지난 후에 상륙했다.

서부 지중해 지역에서 신석기시대와 압인 무늬 토기 혹은 새조개 무늬 토기의 확산은 기원전 5800년 이후에 등장한 라 오게트La Hoguette 문화와 밀접한 관련이 있다. 이 문화는 서부 헝가리의 선대문 토기 문화와 거의 같은 시기에 발생해 기원전 제6천년기 중반기 무렵까지 존재했다. 라 오게트 문화의 중심지는 뫼즈강, 모젤강, 라인강의 유역에 있었는데, 그 중심지에서 남쪽으로는 멀리 부르고뉴까지, 동쪽으로는 북부 바이에른까지 확장해 나갔다. 라 오게트의 토기는 단순한 모양에 점을 새겨 띠처럼 보이게 장식하거나 이따금 입체적 형태의 띠를 두르기도 했다. 라 오게트 문화의 주거지나 무덤은 발견되지 않았고, 농경 생활을 했다는 증거 또한 없다. 한편 동물 사육이 매우 널리 확산해 있었으므로 그 문화권 사람들이 양 떼와 염소 떼를 데리고 이동 목축을 했던 것으로 보는 것이 타당하다. 라 오게트 문화와 그들의 동쪽에 인접한 선대문 토기 문화는 서로 빈번하게 교류했다. 이는 서부 선대문 토기 문화권의 여러 거주지에서 라 오게트 토기가 발견되었다는 사실로 알 수 있다.

중부 유럽의 초기 농경과 북부 해안 지역의 경제활동

기원전 1만 2000년 이후, 중부 유럽의 넓은 지역에서 기후 조건과 환경조건이 근본적으로 달라졌다. 거의 1000년 동안 날씨가 다시 점점 따뜻해지고 습해졌다. 그러면서 중부 유럽의 삼림 지역은 상당히 넓어졌다. 이제 이 숲에는 붉은사슴이 살게 된 반면에, 숲이 없는 탁 트인 지형을 선호하는 야생마와 순록은 더 북쪽으로 옮겨 갔다. 함부르크 문화권 사람들은 이러한 변화에 적응해 말코손바닥사슴과 붉은사슴을 사냥하는 데 전문가가 되었다. 기후와 자연환경의 변화는, 그리고 그에 따른 동물계의 변화는 인간에게도 크나큰 영향을 미쳤다. 사슴이나 말코손바닥사슴처럼 혼자 다니는 짐승은 사냥하기가 훨씬 더 어려웠으므로 사냥에 성공하기 위해서는 새로운 사냥 무기가 필요했다. 그로 인해 활과 화살이 중부 유럽의 거의 모든 지역에서 자리 잡으면서 결국 초기 아구석기시대를 대표하던 투창기(아틀라틀)를 대체했다. 기원전 1만 1000년이 지난 직후, 지구에 마지막으로 엄청난 냉각기가 찾아왔다. 숲이 줄어들면서 다시 탁 트인 사바나 지형이 넓어졌고, 스칸디나비아의 순록 떼가 남쪽으로 다시 모여들었다. 이 동물들은 특히 아렌스부르크 문화권 사람들의 사냥감이 되었다. 기원전 9600년 무렵에 이 마지막 추위가 물러가면서 지금까지도 이어지는 따뜻한 시기(홀로세)가 시작되었다.

홀로세의 시작으로 기온이 상승함에 따라 마침내 중부 유럽 전역에 삼림이 지속적으로 퍼져 나갔다. 그 결과로 중석기시대 동안 그 지역의 동식물상이 근본적으로 바뀌었다. 무엇보다도 영양가 높은 개암hazelnut이 많이 채집되었다. 사람들은 개암을 많이 저장해 놓고 신선하게 보관하려고 했다. 개암의 빠른 확산은 인간이 새로운 지역을 개척하며 정착한 사실과도 밀접한 관계가 있었다. 사람들이 이동할 때 개암을 비축 식량으로 갖고 다닌 결과로 그 종이 유럽 전역에 확실히 퍼질 수 있었기 때문이다.

중석기시대의 야영지는 종종 호숫가나 강가, 강둑뿐 아니라 해안선을 따라서도 분포했다. 따라서 고기잡이의 중요성이 상당히 커졌다. 이 시기의 대표적 석기는 잔석기로, 나무 손잡이에 끼우거나 자작나무 역청으로 고정해 사용했다. 이 시기에도 여전히 사람들은 계절에 따라 거주지를 바꾸는 것이 주된 습성이었던 듯하다. 중석기시대의 야영지 잔해를 통해 당시 공동체의 사회조직을 개략적으로만 파악할 수 있지만, 한 가지 눈에 띄는 특징은 중석기시대의 주거지가 이전 시기보다 훨씬 더 수로를 따라 집중되었다는 사실이다. 따라서 해당 하천 체계가 소통망으로서 더욱 집중적으로 사용된 것이 분명했다. 이러한 결론을 뒷받침해 주는 것은 바로 통나무배 그리고 나무로 된 노의 발견이다. 이는 인간이 수로를 통해 이동했음을 증명해 주는 최초의 증거다. 기후가 꾸준히 따뜻해지자 사냥과 고기잡이, 채집으로 생활하던 사람들은 해안을 따라 북부 유럽을 향해 나아갔고, 처음으로 고산 지역에 도달하기도 했다.

이 시기에 숭배 활동을 했다는 흔적도 이따금 발견된다. 이른바 수사슴뿔이 달린 해골 가면이 바로 그것이다. 가면에 구멍이 있는 것으로 보아 가죽끈을 이용해 머리에 고정했을 것이다. 당연히 그러한 물건을 의식 중에 사용했을 것으로 짐작할 수는 있지만, 이를 증명해 주는 확실한 증거는 없다. 어쨌든 사슴뿔 가면은 북서부 유럽의 많은 지역에 널리 퍼져 있었다. 중석기시대의 매장지도 자주 발견되고 있다. 초기 구석기시대에도 이미 그랬듯이 이러한 매장지의 한 가지 주목할 만한 특징은 해골 숭배다. 예컨대 바이에른 지방의 오프네트 동굴 중 가장 큰 동굴에서는 해골이 많은 구덩이가 두 군데 발견되었다. 해골에 난 칼자국으로 보아 목의 척추뼈 부분을 칼로 잘라 몸통과 분리한 것이 분명해 보인다. 그러나 이 사람들이 의식의 일환으로 희생당한 것인지 단순히 싸우다가 죽었는지는 여전히 밝혀지지 않은 채로 남아 있다. 중석기시대의 비슷한 해골 매장지가 다른 곳에서도 발견되었다.

중석기시대에 북해와 발트해의 주변 해안선 형태에 급격한 변화가 생겼다. 간빙기 초기에 북쪽의 빙하가 급격히 녹았는데, 이로 인해 북해와 발트해의 해수면이 상승했을 뿐 아니라 다른 한편으로는 대륙빙하의 압력이 감소함에 따라 스칸디나비아 대륙이 북쪽으로 융기하는 현상도 발생했다. 빙하가 녹은 물은 발트 빙하 호수를 형성했는데, 이후 기원전 9500년 무렵에 중석기시대가 시작될 때, 스웨덴 중부에 형성되어 있던 구멍으로 인해 이 호숫물이 대서양으로 흘러들어 갔다. 기원전 7000년 직후, 리토리나 해진Littorina Transgression[5] 현상으로 말미암아 해수면이 또다시 25미터 이상 상승했다. 이후 기원전 제6천년기를 거치면서 북해 유역과 발트해 유역은 서서히 현재 형태를 갖추었다. 따라서 이 시대의 잠재적 유적지를 포함해 중석기시대의 많은 주거지가 발트해 바닷속에 잠겨 있다.

중부 유럽에서는 정착 생활이 생산적 경제 방식 및 최초의 토기 제작과 더불어 시작되었다. 이전 중석기시대에 수렵·채집인은 훨씬 더 넓은 땅을 돌아다녀야 했지만, 이제 한 마을 인구가 생존하는 데 필요한 경작지나 목초지는 훨씬 적어도 되었다. 하지만 다른 한편으로는 농경과 가축 사육을 효과적으로 해내려면 상당히 더 많은 노동력이 필요했다. 이를 위해서는 사람들이 정착해서 살아야 한다는 전제 조건이 필요했다. 그리고 이는 결국 분화된 공존 형태를 초래했다.

야생식물 재배와 야생동물 사육은 동식물의 유전적 변화를 일으켰다. 이러한 변화로 수확량이 늘기는 했지만, 이는 재배되는 식물과 가축화된 동물이 더는 야생에서는 살아남을 수 없다는 의미이기도 했다. 그리고 사람들에 관한 한, 몇 세대에 걸쳐 온전히 정착 생활을 하다가 다시 수렵·채집 생활로 돌아간다는 것은 분명 생각할 수 없는 일이었을 것이다. 인구가 현저히 증가하면서 사람들이 특정한 한곳을 떠나지 않는 현상이 동반되었다. 사실 그러한 인구 증가의 전제 조건이자 원인은 농경이었다. 외알밀, 에머밀, 보리 같

5 리토리나해는 발트해 자리에 있던 바다이며, 해진海進이란 지반 침강이나 해수면 상승으로 바다가 육지를 덮어 바다가 넓어지는 현상을 가리킨다.

은 곡물 품종이 당시 신석기시대 사람들의 기본 식량이었다. 맛도 좋고 비타민도 풍부한 야생식물이 식단을 보충해 주었다. 사람들이 기른 가축은 주로 소, 양, 염소, 돼지였다. 주목할 점은 여러 유적지에서 알 수 있듯이, 초기 신석기 문화가 유럽에 들어온 시점인 선대문 토기 문화 시기에 이미 이 동물 모두가 가축화된 형태로 존재했다는 사실이다. 따라서 이 동물들은 기원전 제6천년기에 외부에서 선대문 토기 문명권 공동체로 유입된 것이 분명하다. 게다가 이 동물들은 단순히 육류를 얻는 용도만이 아니라 수레를 끌기도 하고 우유나 털, 가죽, 양털을 얻는 데도 이용되었다. 따라서 초기 농경 정착 공동체의 식단에서 사냥한 동물이 차지하는 비중은 가축화된 동물에서 얻는 고기에 비해 급격히 감소했다.

농경 생활 방식은 동쪽에서 중부 유럽으로 퍼져 나갔다. 기원전 제7천년기 후반기에 아나톨리아로부터 발칸반도와 동부 판노니아 평원으로 신석기 시대식 경제활동이 전해졌다. 불과 500년 뒤인 기원전 5700년 무렵 이후, 중부 유럽에서 완벽한 신석기 문화로서 가장 오래된 선대문 토기 문화가 등장했다. 동시에 이 문화는 가장 넓은 평원에 자리 잡은 신석기 문명이기도 했다. 서부 헝가리에서 북쪽으로는 중앙 산간 지역까지, 서쪽으로는 라인강 지역까지 뻗어 있었기 때문이다. 기원전 제6천년기 중반기에 이 문명의 확장세는 라인강 기슭에 이르러 200년간에서 300년간 정도 잠시 멈추는 듯하다가 다시 확장을 시작해 멀리 서쪽의 파리 분지에 이르면서 북동부 프랑스 지역을 같은 문화권으로 통합했다. 이와는 대조적으로 유럽의 북서부, 북부, 북동부에서는, 다시 말하면 영국제도, 스칸디나비아, 발트해 지역, 북부 러시아에서는 농경과 가축 사육에 기반을 둔 정착 생활 방식이 눈에 띌 정도로 더욱 서서히 확산했다. 이로 인해 남부 유럽과 북부 유럽 사이에는 뚜렷한 문화적 격차가 존재했다.

선대문 토기 문화에서 발굴된 유골의 DNA를 처음으로 조사한 결과에 따르면 중부 유럽에서 가장 먼저 농경 생활을 하고 가축을 기른 사람들은 실제로 남동부 유럽에서 중부 유럽으로 옮겨 간 사람들인 것이 확실해 보인다. 이는 선대문 토기 문화에 속한 공동체의 물질문화가 남동부 유럽의 초기 신

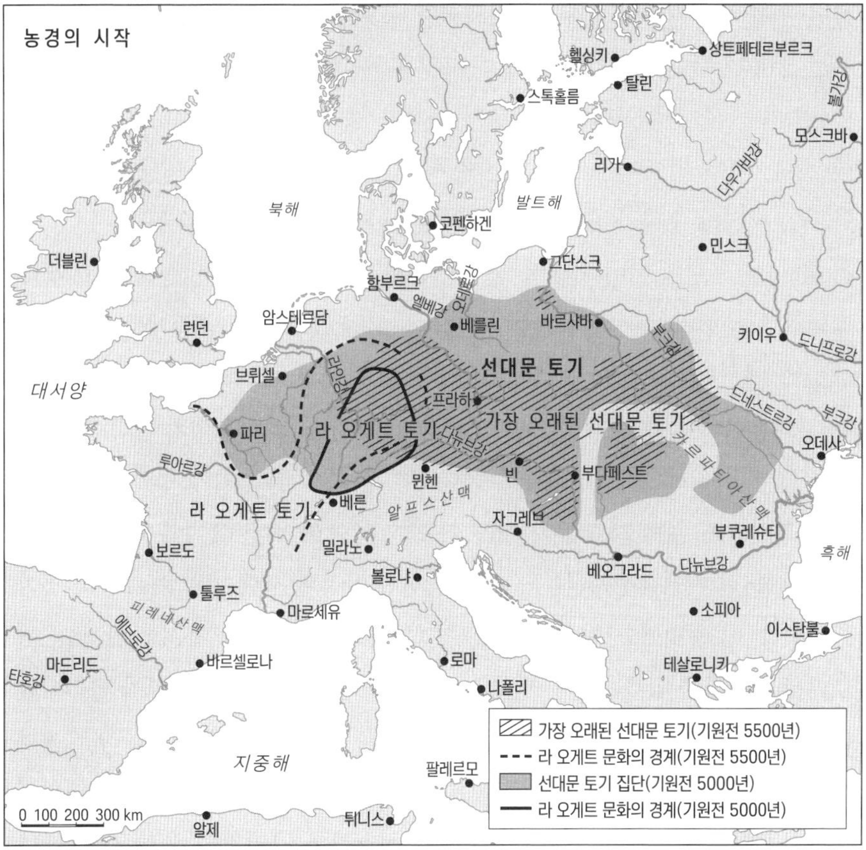

——— 기원전 제6천년기 무렵, 유럽에서 선대문 토기 문화를 가진 최초의 농경민 그리고 라 오게트 문화의 유목민. 선대문 토기 문화는 처음에는 판노니아 평원에서 라인강 중류로 퍼져 나갔고, 이후에는 서쪽의 파리 분지와 동쪽의 몰도바까지 확장되었다. 같은 시기에 중서부 유럽에는 여전히 라 오게트 문화인들이 거주하고 있었는데, 이들은 정주하지 않고 유목민으로서 선대문 토기 문명의 대표자들과 활발하게 교류했다.

석기 문화와 근본적으로 다르다는 점에서 더욱더 주목할 만하다. 따라서 단순히 스타르체보 문화나 쾨뢰시 문화가 확장한 결과로 중부 유럽에서 처음으로 농경 생활이 시작된 것은 아니었다. 모든 면에서 선대문 토기 문화는 남동부 유럽에 알려진 모델을 대체하는 초기 농경 생활 방식 개념을 의식적으로 모색한 결과물로 보인다. 선대문 토기 문화 사람들이 기원전 5700년 무렵에서 기원전 5600년에 중부 유럽으로 옮겨 왔을 때, 그들은 이미 그곳에 살고 있던 후기 중석기시대인들과 맞닥뜨렸다. 그들은 더 서쪽으로 진출하면서 기원전 5500년 무렵에는 라 오게트 문화의 유목민 집단과도 만났다.

초기 신석기시대의 선대문 토기 문화가 중부 유럽을 규정하는 문화였던 데 반해, 서부 발트해에서는 기원전 제6천년기 중반기부터 해양 중심 문화인 에르테뵐레 문화가 존재했다. 정착 생활을 하던 에르테뵐레 문화는 기원전 4000년 무렵에 이미 완벽한 신석기 문화를 갖춘 푼넬비커 문화로 결국 대체되었다. 푼넬비커 문화 사람들은 농경을 기반으로 마을 공동체를 형성하고 한곳에 영구적으로 정착해 살았다. 발트해 연안의 에르테뵐레 문화 사람들은 고기잡이와 물개 사냥을 전문으로 했다. 하지만 그들은 덩치 큰 동물도 사냥했을 뿐 아니라 연안 내륙지역에서 채집 생활도 했다. 이 문명의 해안 주거지에 장기간에 걸쳐 사람들이 계속 거주한 것으로 보아, 육지와 바다에 기반을 둔 이러한 에르테뵐레인들의 생활 방식이 안정된 생활 기반을 제공한 것이 분명했다. 이 문명권 사람들이 여전히 정착 농경 생활을 하지는 않았지만, 에르테뵐레 문화권에 속하는 지역에서 토기 제작을 알리는 첫 증거가 발견되었다. 바닥이 뾰족하고 아무런 장식 없이 조잡하게 만들어진 토기는 발트해와 북부 러시아의 삼림 지역에서 온 것으로 추정된다. 서부 발트해의 에르테뵐레 문화와 같은 시기에 북부 독일을 비롯해 엠스강과 라인강의 하류 사이 네덜란드 해안 지역에 기원전 제6천년기 후반기부터 기원전 제5천년기 말까지 에르테뵐레 문화와 구조가 비슷한 스비프테르반트 문화가 존재했다. 하지만 에르테뵐레 문화와는 달리 그곳에서는 기원전 제5천년기 중반기에 이미 동물 사육이 시작되었다.

기원전 제6천년기부터 중부 유럽 전체가 울창한 혼합림으로 뒤덮였다. 선대문 토기 문화에서도 가장 오래된 주거 지구는 비옥한 황토로 이루어진 분지에서 형성되었다. 이 지역에서는 정착 생활이 시작될 때부터 사람들이 거주했다. 기원전 제6천년기 후반기에 중부 유럽은 진정한 혁신의 중심지가 되었다. 정착 행동이나 가옥 형태, 생산 및 경작 방식에서 이 지역 사람들은 이미 훨씬 더 이른 시기에 신석기시대적 특징을 갖고 있던 남동부 유럽과는 확연한 차이를 보여 주었다. 물론 그들에게서 영향을 계속 받았지만 말이다. 중부 유럽에서는 좀 더 규모가 큰 주거지가 중심지 기능을 했다. 이미 이 시기에도 이 중심지에는 도랑과 나무 울타리로 방어 시설을 갖춘 보루가 장착되어 있었다.

선대문 토기 문화에 속한 사람들은 최초로 숲의 나무를 제거해 주거지를 형성하고 농경지를 조성했다. 그들의 주거지 주위에는 채소밭과 경작지가 있었다. 숲에서 집을 지을 목재와 채집할 수 있는 한 식량을 풍부하게 얻을 수 있다는 점에서 숲이 가까이 있는 것은 유리했다. 게다가 숲은 방목지 역할도 했다. 사람들은 외알밀, 에머밀, 아마뿐 아니라 렌틸콩과 완두콩도 재배했고, 소, 돼지, 양, 염소 같은 가축도 길렀다. 반면에 사냥의 중요성은 꾸준히 줄어들었다. 따라서 최초로 정착 생활을 추구한 이 사람들은 문자 그대로 숲을 깎아 자기들의 생활공간을 마련할 수밖에 없었다. 인구가 점점 늘면서 이러한 자연 침해는 점점 더 심해졌다. 그로 인해 삼림 지역이 점차 줄어들었다. 명백히 농경의 시작은 이산화탄소 수치의 적지 않은 상승과 동시에 일어났는데, 이는 광범위한 벌목과 가축 사육의 확산 때문일 수 있다. 물론 아주 제한적이고 지역에 국한된 규모였지만, 이 두 원인이 결합해 인류 역사 최초로 온실효과가 발생했다.

물질문화에서 일어난 결정적 혁신은 토기 및 간석기와 관련되었다. 토기 제작, 플린트 채굴, 직물 제조, 가옥 건축용 목재 가공이 이미 협업 체계의 시작과 함께 이루어졌다. 당시 사회 내에 수직적 조직화가 이루어진 기미가 거의 없었다는 점은 확실하다. 오히려 사회는 평등한 관계를 따라 구성되었다. 남녀 간의 차별화된 역할 분담은 물리적 조건에 기초해 당연시된 듯하다. 이는 발견된 부장품이 다르다는 점에서 확인되는데, 사냥을 위한 도구나 나무 가공 및 플린트 채굴에 필요한 도구는 남자 무덤에서만 발견되기 때문이다. 반대로 여자들은 음식을 준비하는 것에서 더 중요한 역할을 했다. 마찬가지로 적어도 소가 끄는 쟁기가 사용되기 전일 때는 농사에서도 여성이 중요한 역할을 했다.

이 시기의 농부들은 기둥을 줄지어 세우고 초벽을 세워 만든 이른바 롱하우스longhouse에서 주로 살았다. 이 집들은 길이가 최대 40미터에 이르고 폭

—— 선대문 토기 시대의 전형적인 롱하우스 모형. 동쪽의 헝가리와 폴란드에서 서쪽의 북동부 프랑스까지 이어진 선대문 토기 문화 전 지역의 특징은 여러 채의 롱하우스로 이루어진 촌락이었다. 대가족이나 친족 집단은 이 롱하우스에서 가축, 식량 저장고와 함께 한 지붕 아래에 살았다. 이런 형태의 촌락은 여러 세대에 걸쳐서 존재하다가 다른 곳으로 옮겨 갔다. (Wikimedia Commons, © Einsamer Schütze)

은 10미터에 달했다. 이보다 더 큰 집도 있었지만, 더 작은 집도 있었다. 이 집들은 마당 한가운데에 한 채씩 따로 서 있었다. 그리고 더는 사용할 수 없게 되면 손도 보지 않고 무너지게 내버려 둔 채 근처에 새로 집을 지었다. 하나의 가족 집단이 여러 세대에 걸쳐 같은 마당을 사용하며 거주했던 것으로 보이는데, 이 관습은 놀라울 정도로 안정된 사회구조 형성에 도움이 되었을 것이다. 가옥과 마당이 일정한 수 이상으로 늘어난 마을은 하나도 없었다. 따라서 공동체에 엄격한 제한이 가해졌던 것으로 보인다. 많은 인구가 같은 장소에 함께 살기에는 식량 면에서나 물자 면에서나 이용할 수 있는 자원이 충분치 않았기 때문인 듯하다. 유럽에서 신석기시대의 가장 오래된 공동묘지는 선대문 토기 문화에서 나왔다. 반면에 남동부 유럽에서는 유일하게 발견된 공동묘지마저도 이후 시기에 속하는 것이 분명하다. 그러나 시신은 일반 무덤에 묻힌 것이 아니라 주거지 내부나 다른 장소에 묻혔다. 각 장소에서 발견된 시신은 언제나 상당히 적었는데, 특정한 사람만 매장된 것이 분명해 보인다. 발견된 부장품을 보면 나이 든 남자들이 주거지 집단 내에서 일종의 지도자 같은 역할을 한 듯하다. 이는 가족이나 씨족을 중심으로 한 부족사회에서 전형적으로 나타나는 특징이다. 그러나 매장 관습이 엄격하게 규정되지는 않았다. 예컨대 남서부 독일에 있는 헤르크스하임의 보루에서는 약 450명의 해골이 발견되었는데, 고고학자들은 이 해골에서 베이거나 긁힌 자국을 찾아냈다. 이는 식인 풍습을 알리는 흔적으로 보인다. 이곳의 많은 시신 수도 놀라운 부분인데, 여러 지역을 아우르는 중심지에서 중요한 숭배 의식을 치른 것으로 보인다.

중부 유럽과 남동부 유럽의 다른 대부분의 신석기 문명과 마찬가지로, 선대문 토기 문화도 인간 형상, 동물 형상, 동물과 인간이 혼합된 형상 등으로 구성된 토우와 여러 조형적 형태의 용기가 대표적 특징이었다. 이러한 활동에 대한 자극은 남동부 유럽에서 북서부 유럽으로 전해졌을 것이다. 이 문화의 조각상들은 수준이 아주 높아, 여자 조각상과 남자 조각상을 구분할 수 있다. 어떤 의복을 입었는지가 조각상을 장식한 방식에 의해 명확히 나타난다. 당시에는 치마나 긴 드레스가 없었으므로 여자와 남자는 똑같이 바지를 입었다. 따라서 이 선대문 토기 시대의 조각상들은 중부 유럽의 초기 신석기시대 사람들의 모습을 아주 생생하게 보여 주며, 이러한 점에서 남동부 유럽의 스트라체보 문화에서 나타난 이전의 조각상과는 아주 다르다. 또한 이 조각상들은 주거지에서만 발견되었는데, 일부러 부순 것이 분명해 보인다. 집안의 희생제를 올리는 과정에서 일어난 일인지, 마법적 힘을 특정 조상의 조각상에서 다른 것에 전달하기 위해서였는지는 추측만 할 수 있을 뿐이다.

선대문 토기 시대 이후부터는 채굴을 통해 광물 원료도 얻었다. 따라서 기원전 제6천년기 말부터 지하 채굴장에서 플린트를 캐냈다. 대부분 갱도가 좁았으므로 아이나 청소년만 들어가 일할 수 있었다. 이후 중후기 신석기시대와 후기 신석기시대에 다양한 원자재 광상 발굴이 꾸준히 큰 폭으로 증가했다. 채굴과 함께 깊이 우물을 팠다는 사실로 보아, 선대문 토기 시대 사람들은 이미 폭넓은 기술적 지식을 가졌던 것이 분명하다. 예를 들어 에르켈렌츠-퀴코펜Erkelenz-Kückhoven에서 발견된 우물 갱도는 깊이가 14미터에 이르고 서로 맞물린 나무 거푸집널을 늘어세워 만들었는데, 이는 기원전 제6천년기 말에 이미 목공 기술이 상당히 섬세한 수준에 도달한 상태였음을 보여 준다. 이 구조물은 세계에서 가장 오래된 대형 목재 건축물에 속한다. 자작나무껍질 조각으로 만든 양동이를 이용해 물을 떴는데, 발견 당시에 양동이 잔해는 우물 바닥에 온전한 상태로 보존되어 있었다.

약 500년간에서 약 700년간 계속되던 선대문 토기 문화는 기원전 제6천년기에서 기원전 제5천년기로 넘어가는 시기에 종말을 알렸다. 품질 좋은 플린트를 공급받는 과정에서 문제가 자주 발생했는데, 이는 이 시기에 광범위한 원료 교류망에 차질이 생겼음을 의미한다. 독일 바덴뷔르템베르크주의 탈하임에서 발견된 이 시기의 집단 무덤에는 어른 열여덟 명과 아이 열여섯 명이 묻혀 있었다. 마을 전체가 대량 학살의 희생양이 되었던 것이 분명해 보인다. 이러한 만행에 사용된 도구들을 볼 때 가해자들 또한 선대문 토기 문화권 사람들이었다. 그렇다면 그곳 초기 신석기시대의 주거지와 문명 체계는 사회적 동요 때문에 무너졌던 것일까? 아니면 주거지의 확장으로 막대한 자원 부족 현상이 생겼던 것일까? 어떤 경우였든 간에 확실한 것은 이 시기에 유럽에서 처음으로 폭력적 충돌이 있었다는 것이다. 지극히 단편적인 고고학적 증거에 근거해 선사시대의 전쟁과 무력 사용이 어떠했는지 명확한 그림을 얻기가 상당히 어렵지만 말이다. 울타리나 해자를 두른 초기의 주거지 방어 시설도 명백히 순수하게 군사적 기능만을 가졌다고 볼 수 없다.

선대문 토기 문화가 쇠퇴하고 중기 신석기시대가 시작되면서 유럽에서는 지역화 현상이 더욱 뚜렷하게 나타났다. 서부 헝가리와 오스트리아, 모라비아, 슬로바키아의 인접 지역에서는 선대문 토기 문화가 렌젤 문화로 대체되었는데, 토기에 최초로 채색한 서부 헝가리 유적지에서 따온 이름이 붙여졌다.

이에 반해 폴란드에서, 그리고 오스트리아와 체코의 일부 지역에서 선대문 토기 문화에 뒤이어 나타난 토기 형태는 표면에만 구멍 자국을 내서 장식한(빗점무늬 토기 문화) 토기였다. 구멍을 낸 자리에 가끔 흰색 반죽을 채워 넣어 만든 문양은 바이에른(오베르라우테르바흐)과 중부 및 남서부 독일(뢰센, 그로스가르타흐, 힝켈슈타인), 파리 분지(빌뇌브생제르맹)의 다양한 토기 형태에서 나타나는 특징이기도 하다. 이 문화 집단들의 토기는 그 형태나 장식 스타일에서 선대문 토기의 전통과 맥을 같이하는 것이 분명하지만, 이 시기에 최초로 각 지역과 관련된 미적 원리가 뚜렷하게 나타난 것도 사실이다. 이런 방식으로 공통된 특징에서 의식적 차별화가 뒤따랐다.

선대문 토기 시대와 달리 중기 신석기시대(5000~4400 BC 무렵)의 사람들은 더 안전한 장소에 주거지를 띄엄띄엄 흩어 세우는 것을 선호했다. 이러한 주거지와 더불어 지역별 특징을 지닌 독립적 촌락도 생겨났다. 나무 울타리와 도랑으로 다수의 가옥과 주거지를 둘러쌌지만, 대개는 중심 건물과 공동 시설을 중심으로 집들을 세웠다. 선대문 토기 문화의 규격화된 듯한 사각형 가옥들은 더욱 역동적인 느낌을 주는 지면 모양으로 대체되었다. 그러다 보니 중기 신석기시대 촌락에서 지붕으로 덮인 면적은 선대문 토기 시대보다 거의 두 배로 늘어났다. 따라서 사회적 단위도 상당히 커졌고, 그 결과 훨씬 더 두드러진 노동 분업이 이루어졌다. 농경 역시 초기 신석기시대에서 중기 신석기시대로 전환되는 시기에 급격한 변화를 겪었다. 가축 사육은 점점 더 중요해졌고 우유 생산도 이 시기에 시작되었다. 이러한 발전은 엄청난 의미를 지녔는데, 처음으로 사람들이 동물 사육을 통해 필요한 단백질과 지방 섭취량을 충족할 수 있었기 때문이다.

선대문 토기 시대의 보루는 중기 신석기시대로 들어서면서 울타리와 도랑을 동심원 모양으로 여러 겹 둘러치는 형태로 발전했다. 일반적으로 문이나 출입구가 두 개 정도에서 네 개 정도 있었는데, 대개 나침반의 네 방위를 따라 나 있었고 해가 뜨고 지는 방향에 맞추어져 있었던 것이 분명하다. 이러한 복합 시설이 천문학과 관련이 있었을 것이라는 추정이 정확하다다면, 이 시설들은 1년 중의 축제 날짜를 정하는 역할을 했을 수도 있다. 중기 신석기시대의 원형 도랑 구조물은 해당 주거 공동체의 종교적·사회적 집회 장소로 해석해도 될 듯하다.

유라시아 '삼림 신석기시대'의 채집자와 최초의 유목민

서부 유라시아의 문화적 여건은 자연환경에 크게 영향을 받았다. 오늘날 카르파티아산맥에서 멀리 우랄산맥 동쪽까지 이르는 지역은 동서로 펼쳐지는 몇 개의 구역으로 나뉜다. 우선 남쪽으로는 띠 모양의 스텝 지대가 펼쳐지는데, 서쪽으로 다뉴브강 하류 지역, 동부 판노니아 평원과 접한다. 그리고 이 스텝 벨트 지대에서 북쪽으로는 이 지대와 거의 평행하게 삼림 스텝[6] 지대가 이어지다가 훨씬 더 북쪽으로 가면 삼림지대(타이가)가 나타난다. 이 삼림지대는 북부 유라시아의 많은 지역을 차지하는데, 러시아의 유럽 지역과 아시아 지역은 물론, 북부 우크라이나와 벨라루스까지 펼쳐져 있으며, 북쪽으로는 삼림 툰드라[7] 지대 및 툰드라 지대와 경계를 이룬다. 우랄 서쪽의 삼림지대는 혼합림이나 낙엽수림의 비중이 압도적이지만, 우랄 동쪽의 타이가는 침엽수가 주를 이룬다.

흑해 북쪽에서 정착 생활 방식과 생산적 경제의 가장 오래된 흔적은 기원전 제7천년기 후반기에 나타난다. 당시에 특별한 역할을 한 문화는 프루트강과 남부크강 사이의 지역에서 발달한 부크-드네스트르 문화였다. 이 문화의 주거지는 넓은 하곡에 집중적으로 존재했지만, 삼림 스텝 지대를 벗어나지는 않았으며 남쪽의 인접한 스텝 벨트 지대에서는 드물게만 흔적이 발견되기도 한다. 이 문화권 사람들은 땅을 약간 파고 지은 움집이나 땅에 기둥을 세워 만든 집에서 살았다. 이 주거지의 구조에 대해 밝혀진 사실은 별로 없다. 사람들은 계속 사냥과 고기잡이, 채집 생활을 하며 살았다. 소나 돼지의 뼈가 가끔 발견되는 것으로 보아 기원전 제7천년기 말이나 기원전 제6천년기 초에 가축 사육이 시작된 것으로 보인다. 한편 곡물 알갱이를 눌러 찍어 만든 것으

6 활엽수림과 스텝 지대가 함께 나타나는 지형이다.

7 타이가와 툰드라 사이에 있는 일종의 중간 전이 지대를 가리킨다.

로 보이는 토기 문양을 농경의 증거로 해석할 수 있는지는 확실하지 않다.

가축을 사육하고 어쩌면 곡물까지 재배하게 된 것은 인접한 남동부 유럽 지역으로부터, 즉 다뉴브강 하류와 트란실바니아로부터 자극을 받았기 때문일 수 있다. 이러한 추측은 부크-드네스트르 문화의 토기 때문에 가능한데, 이 문화의 토기들은 북부 흑해 지역에서 가장 오래된 토기에 속한다고 여겨진다. 하지만 남동부 유럽 지역의 영향 외에도, 가장 오래된 토기를 만들어 낸, 훨씬 더 동쪽에 있는 문화 집단들의 영향도 고려해 볼 수 있다. 이들 집단의 대표자들은 카스피해 북서부의 건조한 지역에서도, 더 남쪽에 있고 북서쪽으로 뻗은 삼림지대에서도 살았으며, 마찬가지로 기원전 제7천년기에 이미 토기를 만들고 있었다. 이 토기는 이른바 수렵·채집인 문화의 토기로서, 여전히 중석기시대적 생활 방식을 추구하면서 예외 없이 사냥, 고기잡이, 채집 활동에 집중한 인구 집단이 생산했다. 따라서 북부 폰토스 스텝 지대는 상당히 다양한 문화의 영향을 받았다고 할 수 있다.

멀리 동쪽에서는 부크-드네스트르 문화보다는 다소 늦었지만 어쨌든 기원전 제6천년기 중반기가 되기 전에 드니프로-도네츠 문화가 발생했다. 이 문화의 유적지는 스텝 지대와 삼림 스텝 지대의 비교적 넓은 지대에 걸쳐 산재해 있는데, 드니프로 계곡에서 멀리 동쪽까지 뻗쳐 있다. 드니프로-도네츠 문화의 주거지들은 저지대 하곡이나 호숫가 부근에 위치하는 경향이 있다. 그들은 땅속으로 살짝 들어간 집을 지었는데, 집 가운데에 조리용 모닥불 자리를 두고 기둥을 세워 벽으로 삼았다. 이 문화권 사람들은 주로 사냥, 고기잡이, 채집 활동을 통해 식량을 확보했다. 이후에 가축 사육이 추가되었는데, 기원전 제6천년기에서 기원전 제5천년기로 전환되는 시기에, 즉 드니프로-도네츠 문화가 끝날 무렵에 가축 사육은 상당히 중요해졌다. 따라서 드니프로-도네츠 문화가 존재했던 시기에 북부 폰토스 스텝 지대의 한쪽 절반인 동쪽 지역에서도 획득 경제에서 생산적 경제로 점진적으로 이행했다. 드니프로-도네츠 문화의 무덤도 알려져 있는데, 시신을 하늘을 보도록 똑바로 눕히고 시신 위에 황토를 뿌리고 아주 간소한 부장품을 함께 넣어 둔 방식으로 보아 중석기시대의 전통이 유지되었음을 알 수 있다.

부크-드네스트르 문화와 같은 시기에, 즉 기원전 제7천년기 후반기에 드니프로-크니스 지역에서 수르스크 문화가 동쪽으로 확장한 동시에, 라쿠셰치니 야르Rakušečniy Yar의 문화가 볼가강의 어귀에서 아조프해로 퍼져 나갔다. 이 시기에 처음으로 소와 돼지를 키운 흔적도 나타나지만, 수렵·채집 활동이 여전히 지배적인 생활 형태였다. 볼가강이 굽어지는 부분과 카스피해 사이에 있는 스텝 지대와 반사막지대는 기원전 제7천년기 초에 시작된 것으로 추정되는 세로글라조보 문화의 본산지였다. 이 문화의 토기와 석기를 보면 세로글라조보 문화가 주로 중앙아시아의 켈테미나르 문화, 그리고 부분적으로는 남캅카스의 가장 초기의 신석기 문화와 연관성이 있음을 알 수 있다. 이 문화 역시 수렵·채집 사회로, 가축 사육이 시작되었음을 알려 주는 믿을 만한 증거는 없다. 따라서 기원전 제7천년기 전반기인데도 볼가강과 우랄강이 카스피해로 흘러들어 가는 지점과 서쪽의 드니프로강 만곡부 사이에 다수의 초기 문화 집단이 존재했음을 알 수 있다. 이들 문화를 전달한 사람들은 여전히 수렵·채집 생활을 하면서도 이미 토기를 생산하고 있었다.

이 지역의 동쪽에 중앙아시아에서 가장 오래된 신석기 문명인 켈테미나르 문화가 있었다. 이 문화는 카스피해와 아랄해에서 제라프샨강(오늘날의 타지키스탄과 우즈베키스탄의 세라프찬)까지 영향을 미쳤다. 현재까지의 연구 상태로는 중석기시대 생활 방식에서 농경 및 목축 생활로 이행하는 과정을 상세하게 파악할 수 없다. 하지만 아나톨리아에서 다뉴브강 하류 지역을 거쳐 흑해 지역의 서쪽까지 물결처럼 퍼져 나가 결국 기원전 제7천년기 후반기에 부크-드네스트르 문화의 형성을 초래한 영향력 외에도 더 멀리 동쪽에 더 오래된 또 다른 중심지가 있었던 것이 분명해 보인다. 이 중심지의 영향력은 북부 중앙아시아에서 시작되어 우랄강과 드니프로강 사이의 지역에도 도달했다.

북부 폰토스 스텝 지대와 삼림 스텝 지대의 북쪽으로는 삼림지대인 타이가가 서부 러시아의 넓은 지역을 거쳐 북쪽까지 뻗어 있는데, 이 광활한 지역에 이른바 삼림 신석기시대에 속하는 다양한 집단이 분포되어 있었다. 이곳의 생활 방식과 식량 확보 방식은 여전히 중석기시대의 특징을 띠었다. 다시 말하면 사람들은 수렵·채집 생활을 하면서 특정 계절에만 정착해 살았다. 그런데도 이들은 이 지역에서 처음으로 토기를 제작했다. 기원전 제6천년기 초 이후, 이 수렵·채집인들의 토기는 멀리 북부 러시아와 서부 러시아로 퍼져 나갔고, 기원전 제6천년기 중반기 이후에는 러시아의 가장 먼 북쪽 지역과 발트해까지 도달했다. 따라서 기원전 제5천년기가 시작될 무렵에는 우랄산맥에서 발트해까지 이르는 지역 거의 전체에 수렵·채집인들의 토기가 전파되었고, 심지어 러시아 북단의 콜라반도와 핀란드 북부 지역까지도 진출했다. 하지만 이 시기에 이들 지역에 살던 사람들은 획득 경제 방식에서 벗어나지 않았다. 경작과 가축 사육이 이루어졌다는 증거가 없다. 하지만 멀리 남쪽으로 카르파티아산맥과 드니프로강 사이의 삼림 스텝 지대에서는 쿠쿠테니-트리필랴 문화 사람들이 원시적 수준의 조방적 농경에 종사하며 대규모 주거지를 이미 형성해 놓은 상태였다. 삼림 신석기시대의 이러한 여러 토기 제조 집단은 특히 북쪽의 빗살무늬토기 문화의 형태로 기원전 제3천년기와 그 이후까지도 남아 있었다. 이후 기원전 제3천년기에는 매듭 무늬 토기에 영향을 받은 문화 집단이 퍼져 나갔다. 그러나 러시아 삼림지대의 북쪽과 스칸디나비아에서는 농경과 가축 사육을 하는 생산적 경제 방식이 비교적 늦게 시작되었다.

시베리아의 경우 마지막 빙하기가 끝난 이후 기후가 조금씩 따뜻해지고 습해지기는 했지만, 그 광활한 지역의 남부 주변 지역에서만 생산적 경제 방식이 도입되었다. 그러나 북부 아시아의 모든 지역에서는 여전히 오래도록 사냥과 고기잡이, 채집 생활을 하는 사람들이 계속 거주했다. 다만 중석기시대에 이 수렵·채집인들의 생활 방식은 눈에 띄게 복잡해졌다. 사람들은 더 확실한 식량 공급원을 이용하기 시작했고, 부분적으로는 정착 생활을 하며 살아갔다. 또한 더욱 전문적인 사냥 및 고기잡이 도구를 사용할 수 있었을 뿐 아니라 더욱더 전문적인 채집 전략을 채택했다. 북부 시베리아의 침엽수림과 툰드라 지역에서 나타난 이러한 발달 과정은 인간에게 덜 유리한 자연환경조건 속에서도 복합적 수렵·채집 형태가 발생할 수 있음을 보여 준다. 적어도 부분적으로 이러한 생활 방식은 중세 초기까지도 뚜렷하게 남아 있었다. 아득한 옛날부터 높은 이동성은 늘 수렵·채집 집단의 전형적 특징이었다. 이에 반해 고기잡이에 더 치중하는 집단들은 이른 시기에도 이미 정착 생활을 선호하는 경향을 보였다. 시베리아에서 발견된 중석기시대 및 신석기시대의 주거지 유적지 중 다수가 호숫가와 강가에 있는데, 특정 계절에만 이용했던 것으로 보인다.

시베리아의 신석기 문화는 신석기 문화이면서도 오래도록 순수한 의미의 수렵·채집 사회에 해당했다. 한 장소에 정착하는 생활과 함께 식물 재배와 가축 사육이 수반되는 생산적 경제는 아예 존재하지 않았거나 북부 아시아의 신석기 문화에서 초기 형태로만 존재했다. 따라서 이 문화들은 순전히 간석기의 출현과 이른 토기 제작만을 근거로 신석기 문화로 분류된다. 지금까지 살펴본 대로 이러한 변종 형태가 바로 삼림 신석기시대다. 따라서 여전히 토기가 제작되지 않았던 앞선 중석기시대와는 연대순으로 항상 명확하게 구분되는 것은 아니다. 물론 중석기시대는 기원전 제7천년기 후반기에 신석기시대로 전환된 것으로 보이지만 말이다.

서부 시베리아에서 삼림 신석기 문화가 뚜렷하게 구분되었던 것처럼, 카자흐스탄의 많은 지역도 뚜렷하게 구분되는 특징을 보인다. 이심강 유역에 아트바사르 문화가 넓게 퍼져 있었고, 바로 인접해 있던 켈테미나르 문화가 멀리 남쪽으로 화레즘 지역과 키질쿰 사막까지 뻗어 있었다. 서부 시베리아의 초기 신석기시대 토기와 후기 신석기시대 토기를 특징짓는 무늬 및 형태상의 특성들은 북부 중앙아시아에서도 다시 나타난다. 그 덕분에 유물과 문화 집단을 대조해 일치하는지 따지기가 쉽다. 이에 더해 서부 시베리아와 카자흐스탄 모두 신석기시대 전 기간에 나타난 석기를 보면 중석기시대의 전통을 띠고 있음을 확실히 알 수 있는데, 특히 초기 신석기시대 유적에서 이러한 경향이 두드러진다.

예니세이강 주변과 남부 시베리아의 바이칼 호수 인근에서도 삼림 신석기시대가 초기와 후기로 구분되는 비슷한 현상이 뚜렷하게 나타난다. 야쿠티야 지역과 동부 시베리아 및 북동부 시베리아 여러 지역에서 수렵·채집 생활을 했던 집단 중에는 다른 토기 전통을 지닌 집단이 있었다. 서부 시베리아와 남부 시베리아의 특징이 표면에 작은 구멍을 내서 만든 무늬나 압인 무늬였던 데 반해, 북동부 시베리아에서는 그물 모양 압인 무늬가 주를 이루었다. 여기서 눈에 띄는 한 가지 특징은 신석기시대의 초기 단계에도 토기의 분포 지역이 북쪽까지 멀리, 다시 말하면 레나강의 어귀까지는 물론, 퉁구스카강 하류의 예벤키까지 형성되어 있었다는 점이다. 또한 이 지역의 수렵·채집인들이 만든 토기의 파편이 축치반도와 타이미르반도에서도 발견되었다. 하지만 지금까지는 초기 신석기시대에 그 지역을 지배한 문화적 환경이 어떠했는지 알려진 것이 없다. 후기 신석기시대에 중부 시베리아와 동부 시베리아의 주거지들은 북쪽과 북동쪽으로 더 멀리 퍼져 나갔고, 인구밀도 역시 다시 한번 눈에 띄게 높아졌다.

시베리아 전 지역에서 신석기시대 주거지는 한결같이 특정 계절에만 이용되었다. 일반적으로 학자들은 텐트 같은 구조물을 사용했을 것으로 판단할 수밖에 없는데, 그래야 그런 유적지에 남아 있는 유물이 극히 희박한 이유를 설명할 수 있다. 서부 시베리아와 북부 중앙아시아의 주거지는 강가나 호숫가 지형에 형성되는 경향이 있었다. 일부 가옥은 땅을 살짝 파고 지어져 있었고, 지면 모양은 사각형이나 타원형이었다. 서부 시베리아에서는 중심이 되는 건물 앞쪽에 현관이 있는 가옥의 흔적도 남아 있는데, 이 현관문을 통해 복도 같은 곳을 지나면 건물 뒤쪽에 있는 내부까지 들어갈 수 있었다. 이 주거지 중 다수가 영구 거주용이 아니라 단기간이나 특정 계절에만 이용되었다고 가정한다면, 더 후대에 나타난 유목 민족들의 유르트와 비슷하게 주거 공동체가 이동할 때 이 텐트 같은 구조물을 철거했다가 다른 장소에 다시 세웠을 것이 분명하다. 예니세이강 지역이나 투바 공화국, 야쿠티야(사하) 공화국, 바이칼 호수 주변 지역에서 사람들이 상당 기간 거주한 것이 분명해 보이는 여러 층의 퇴적층이 발견되었다. 하지만 이러한 유적지에서 주거지와 관련된 인공유물이 사실상 거의 나오지 않았으므로 이들 주거지의 구조와 구성 형태는 여전히 의문으로 남아 있다.

북부 유라시아의 여러 지역에서는 신석기시대에 속하는 개별 무덤과 작은 공동묘지가 계속 발견되고 있다. 이 공동묘지들의 크기는 다양하지만, 대체로 무덤 수는 서른 기에서 마흔 기 사이이다. 따라서 주거 집단의 평균 크기는 이 무덤 수와 일치한다고 추정하는 것이 맞을 듯하다. 시신과 함께 묻힌

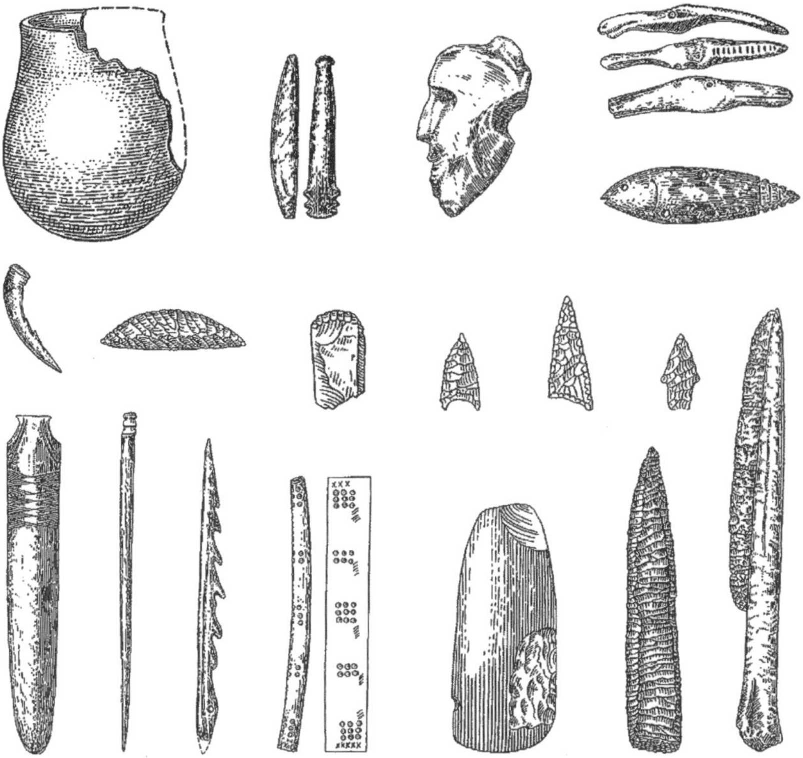

—— 신석기시대 키토이 문화 집단의 무덤에서 나온 토기, 뼈, 돌로 만든 인공유물. 이 키토이 집단은 남부 시베리아 바이칼호 기슭에 살았다. 바이칼호 주변을 포함해 시베리아의 여러 지역에서 수렵·채집 집단이 비교적 늦은 시기까지 존속했다. 이들은 정착 생활을 하지는 않았지만, 이 문명의 부장품들을 보면 이들이 매우 전문화된 어부이자 사냥꾼, 채집인으로서 복합 사회를 이루며 살았음을 알 수 있다. (H. Parzinger, *Die frühen Völker Eurasiens: Vom Neolithikum bis zum Mittelalter* (Munich: C.H.Beck, 2012))

부장품은 일상생활에서 사용하는 물건들인데, 이는 지역이나 연대에 따른 차이나 사회적 차이가 거의 나타나지 않음을 의미한다. 이러한 점에서 수렵·채집 사회가 평등했다고 말해도 될 듯하다. 이에 반해 남녀 간의 부장품 차이는 간과할 수 없다. 여성의 부장품으로는 대체로 장신구와 함께 플린트와 뼈로 만든 도구가 들어갔지만, 남자 무덤에는 부장품이 더 많이 들어갔고 주로 사냥 장비와 낚시 도구였다.

특히 바이칼호 주변의 신석기 문화는 광범위한 매장지를 통해 확인되었는데, 키토이, 이사코보, 세로보라는 세 집단으로 나눌 수 있다. 이들은 시기적으로 차이가 나며, 부분적으로는 생활 방식과 경제활동 방식에서도 차이가 있었다. 키토이 집단에서는 고기잡이가 중심 역할을 했던 것이 분명해 보인다. 그렇지 않으면 부장품에서 자주 나오는 낚싯바늘과 그물추를 설명하기가 어렵다. 세로보 집단의 상황은 정반대였다. 그곳에서는 활과 화살을 이용한 사냥이 남자들의 중요한 활동이었던 반면에, 낚싯바늘과 작살은 아예 나오지 않거나 매우 드물게만 나왔다.

따라서 이 지역은 사냥꾼과 어부들의 세상이었다. 그렇기에 이러한 생존 방식이 이 사람들의 정신적 지평에 영향을 미쳤다는 사실을, 그들의 예술이 그에 상응하는 주제를 다루었다는 사실을 발견한다고 해서 놀랄 필요는 전혀 없다. 이는 키토이 문화 집단과 세로보 문화 집단의 무덤에서 나온 뼈로 새긴 조각품에도, 안가라강과 레나강 상류 평원에서 나온 암각화에도 해당하는 이야기다. 두 예술 장르에서 가장 흔하게 묘사된 동물들(말코손바닥사슴과 사슴)은 이 지역 사람들의 육류 공급에 중요한 역할을 하는 것들이었다. 이 동물들은 수렵·채집 공동체의 생존에 결정적으로 중요한 존재였고, 모든 사냥 활동의 중심에 있었다. 암각화는 사냥의 중요성을 나타냈는데, 가끔 궁수와 개가 참여한 몰이사냥이 묘사되기도 했다. 이러한 상황에서 인간은 늘 두드러지게 도식화된 형태로 묘사되었지만, 사냥용 동물들은 매우 사실적으로 재현되었다.

남캅카스의 농경과 동물 사육의 시작

볼쇼이캅카스산맥의 남쪽 지역은 기원전 제7천년기 후반기부터 정착 생활과 한 장소에서의 고정된 주거, 농경과 가축 사육을 주요 특징으로 하는 신석기시대 생활환경으로 점진적으로 전환되었다. 기원전 제5천년기 말에 구리 가공을 시작하기 직전까지도 가장 오래된 신석기 문화가 살아남아 있었다. 남캅카스 지역은 신석기시대가 시작될 때부터 독자적인 발달 과정을 보여 주기는 했지만, 남쪽으로 트인 지형으로 인해 아나톨리아 및 북서부 이란과의 문화적 교류에 영향을 받기도 했다.

중석기시대에서 생산적 경제 및 정착 생활로 옮겨 가는 과정은 기원전 제

7천년기에 일어났다. 흑해 연안 근처의 서부 조지아와 남부 콜키스의 초기 신석기시대 유적지에서는 갈아 만든 돌도끼와 민무늬토기 파편이 나왔다. 이는 그곳에 장기적으로 정착해 생활한 집단이 있었다는 사실과 그들이 수렵·채집 생활을 했음을 보여 준다. 아르메니아에서 근동 지역의 토기 이전 초기 신석기 문화에 비견될 만한 문화가 존재했던 것이 아닌가 하는 의견이 제기되었지만, 지금까지 확실하게 증명되지 않았다. 아제르바이잔에서는 주로 암굴과 동굴에서 가장 이른 시기에 속하는 신석기시대 유물이 발견되었다. 하지만 현재로서는 중석기시대와 초기 신석기시대의 고고학적 기록에 존재하는 간극을 만족스러운 수준으로 좁히기는 어렵다.

늦어도 기원전 제7천년기가 끝나 갈 무렵, 슐라베리-쇼무테페 문화의 전달자들이 남캅카스 지역에서 촌락을 이루고 사는 생활을 시작하면서 그 지역에 식물 재배와 동물 사육도 들여왔다. 이 문명은 기원전 제5천년기가 시작될 때까지 남아 있었다. 그들은 여러 촌락으로 이루어진 주거지에 살았고, 촌락 바로 옆에 경작지를 두었다. 이미 이 이른 시기에도 그러한 주거지는 상당한 면적을 차지할 수 있었고 쉰 채에서 예순 채 정도의 집들로 이루어져 있었다. 이러한 수치를 보면 촌락 하나에 400명에서 500명 정도가 살았을 것이고 남캅카스 지역의 인구는 기원전 제6천년기에 상당히 증가했을 것으로 추정할 수 있다. 이들 주거지의 집들은 원형이나 타원형이었다. 이따금 이 원형의 집들이 바로 옆이나 주변에 있는 집들과 곡선 형태의 담으로 연결되어 안마당이 있는 더 큰 단지를 형성하기도 했다. 이러한 단지는 농장 같은 역할을 했던 것으로 보인다.

가축 사육은 중요한 역할을 했다. 염소, 양, 돼지가 가축으로 길러졌다. 이 시기에 재배된 작물은 에머밀, 외알밀, 보리, 기장을 비롯해 렌틸콩이나 완두콩, 콩 같은 콩과 식물이었다. 또한 채소밭 작물을 키우는 문화가 발생했다는 증거도 있는데, 슈거 멜론이나 수영sorrel,[8] 포도씨의 흔적이 발견되었다. 아주 다양한 형태를 보여 주면서도 장식이 아주 단순한 토기를 제작한 것 외에, 사

8 흔히 산 시금치로 불리는 식용식물이다.

람 모양으로 된 부조 장식을 표면에 붙인 토기도 등장하기 시작했다. 또한 사람 모양의 소형 조각상도 발견되었는데, 다리를 뻗은 조각상은 물론, 다리를 구부리거나 무릎을 세운 채 앉은 (거의 전적으로 여성으로 보이는) 조각상도 발견되었다. 흑요석 가공 또한 슐라베리-쇼무테페 문화에서 제대로 꽃을 피웠다.

그러나 늦어도 기원전 제5천년기 중반기 무렵에 슐라베리-쇼무테페 문화의 주거지에는 사람들이 더는 살지 않게 되었다. 이 근방에서 집중적으로 경작된 토양이 영양분이 고갈되었다는 점 외에도 이 시기에 근동 지역 전체에 영향을 미친 기후변화가 원인이 되었을 것이다. 당시 남캅카스 지역의 모든 하곡이 말라붙었다. 심각한 토양침식을 유발하는 극심한 사막화가 당시의 근동 지역 곳곳에서, 특히 북부 메소포타미아에서 시작된 것이 분명했다.

기원전 제5천년기 중반기 이후 시오니 문화가 등장하면서 근본적으로 다른 문화 환경이 조성되었다. 이전의 슐라베리-쇼무테페 문화와는 달리 시오니 문화에서는 고정된 촌락이 더는 형성되지 않았다. 당시 사람들은 대부분 한곳에 일시적으로만 머물렀던 것으로 보이며, 가옥의 잔해는 거의 발견되지 않는다. 따라서 또다시 시오니 문화의 전달자들은 선조들보다 한 장소에 덜 묶이고 훨씬 더 많이 이동하는 생활 방식을 추구했다. 이는 기후가 훨씬 더 건조해지면서 생활 조건이 불리해진 것에 대응하는 방식이었을지도 모른다.

이란, 중앙아시아, 인도의 초기 농경과 수렵·채집 문화의 마지막 잔재

오늘날 이란 영토인 자그로스산맥 서쪽 인근 저지대는 메소포타미아 문명의 진화 과정에서 늘 필수적 부분이었다. 특히 (고대에 엘람으로 알려졌던) 후제스탄은 근동 지역에서 고고학적 유물이 가장 풍부한 지역에 속한다. 비옥한 초승달 지대의 다른 지역과 마찬가지로 이곳에서의 정착 생활과 농경, 가축 사육의 시작은 아주 먼 옛날로 거슬러 올라간다. 최근 자그로스산맥 기슭의 초가 골란Chogha Golan에서 중요한 유적지가 발견됨으로써 이 지역에서 수렵·채집 생활 방식이 생산적 경제로 옮겨 간 과정을 밝히는 데 도움이 되었다. 일찍이 기원전 1만 년에 그곳 사람들은 야생 곡물을 재배해 보려고 시도하기 시작했다. 보리, 밀, 렌틸콩, 완두콩의 야생종이 이 과정에서 중요한 역할을 했다. 이 외에도 사람들은 이미 야생 염소를 조금씩 키운 것이 분명했는데, 이는 가축 사육을 입증해 주는 최초의 사례에 해당한다. 그리고 기원전 제9천년기와 기원전 제8천년기를 거치며 자그로스산맥 서쪽 지역은 완벽한 형태의 신석기 문화 환경으로 이행했다. 초가 보누트Chogha Bonut 같은, 약간 더 동쪽에 있는 수시아나 지역의 토기 사용 이전 유적지에서도 비슷한 모습이 나타난다. 이 시기의 토기는 발견되지 않았지만, 돌로 만든 용기와 농경 및 가축 사육을 알리는 최초의 단서가 그곳에서도 발견되었다. 이와는 반대로 자그로스산맥의 동쪽인 이란고원과 이란 북동부에서는 토기 이전 초기 신석기시대의 흔적이 지금까지 발견되지 않았다.

후제스탄의 토기 없는 신석기시대는 기원전 제7천년기 중반기 무렵에 잘게 썬 짚으로 이긴 민무늬토기가 등장하면서 끝났다. 굽고 말리는 과정에서 부서졌을 점토에 그런 첨가물을 넣음으로써 토기의 탄성과 내구성이 크게 향상되었다. 이 유적지들에서 잔석기 도구도 많이 출토됨에 따라, 고고학자들은 이 유물들이 메소포타미아의 후기 자르모 문화나 초기 사마라 문화와 연관성이 있다고 생각한다. 기원전 제6천년기 초에 해당하는 신석기시대 유적지가 아주 많이 확인되는데, 이들 유적지에서는 수준 높은 토기뿐만 아니라 채색토기도 일부가 이미 생산되고 있었다. 이 문화의 범위는 후제스탄 지방의 세피드에서 이란고원 서부의 시알크 I기를 거쳐 남부 투르크메니스탄의 제이툰에까지 미친다. 그리고 불과 몇 세기 후에 남동부 이란의 이블리스와 야히야의 대형 구릉지에도 사람들이 살기 시작했다.

이란고원 북부에서 가장 오래된 신석기시대 유적지 중 하나는 상-이 차크마크Sang-i Chakmaq다. 그곳의 더 오래된 구릉에서는 민무늬토기와 함께 후제스탄에서도 발견된 것과 비슷한 T 자 모양의 작은 조각상이 발견되었다. 이 조각상은 기원전 제7천년기 후반기의 후기 자르모 문화가 속했던 초기 신석기시대와 관련이 있다. 상-이 차크마크 유적지에서 더 후대에 속하는 구릉지에는 기원전 제7천년기가 끝날 무렵부터 사람들의 정착 생활이 시작되었고 기원전 제6천년기 대부분 동안에도 사람들이 그곳에 거주했다. 이들 주거 단지의 특징 중 하나는 남부 투르크메니스탄의 제이툰 문화에서 생산된 토기와 유사한 점이 많은 채색토기다. 그러나 서부 중앙이란에 있는 시알크 I기의 3층에서 5층까지나 시알크 II기뿐 아니라 멀리 남쪽에 있는 쿰루드Qomrud의 텔에서도 비슷한 유물이 나왔다. 따라서 상-이 차크마크 유적지에서 나온 유물을 통해 넓은 지역에 걸쳐 서로 교류가 있었음을 짐작할 수 있다. 그렇더라도 북부 이란과 중부 이란의 신석기시대에 관한 연구는 지금까지 매우 단편적인 수준에 머물고 있다. 정착 생활과 생산적 경제활동이 비옥한 초승달 지대로부터 동쪽과 북동쪽으로 확산하는 과정에서 이 지역이 엄청나게 중요했을 것이므로 이 정도의 연구 상태는 특히 유감스럽다. 그런데도 현재까지의 연구만을 보더라도 어떤 강력한 문화적 교류가 있었음을 확인할 수 있다. 이러한 관계들의 중심이 된 것은 메소포타미아 문화권과 후제스탄 문화권이었다. 기원전 제7천년기 중반기부터 이 두 문화권의 영향력은 이란고원을 거쳐 멀리 북동쪽까지 전해졌다. 그 결과 그곳 남부 투르크메니스탄에서도 기원전 제7천년기 말 이후에 제이툰 문화가 등장하면서 초기 신석기 문화의 환경이 형성되기 시작했다.

제이툰 문화의 유적지들은 코페트다그산맥의 구릉에 집중되어 있는데, 이 산맥에서 비롯된 수많은 작은 물줄기 덕분에 이 지역은 한때 중앙아시아 전체에서 가장 비옥한 문화적 지형 중 하나가 될 수 있었다. 일찍부터 이 지역의 인구는 뚜렷한 증가세를 보였다. 사람들이 한곳에 정착해 오래도록 살자, 대규모의 텔 주거지가 형성되었다. 고고학자들은 두껍게 퇴적물이 쌓인 여러 층의 유적지에서 이 문화의 숨겨진 연대표를 알아낼 수 있는 확고한 기반을 얻은 셈이었다. 실제로 이 문화는 기원전 제7천년기 말부터 기원전 5000년 무렵까지 존재했던 것으로 보인다.

제이툰 문명의 사람들은 대체로 모래언덕 위에 주거지를 세웠다. 하지만 주거지의 발전 과정을 상세히 파악하기는 거의 불가능하다. 제이툰 유적지의 맨 위 지층을 보면 당시 주거지의 건물들은 통일성 없이 불규칙적으로 배치되어 있었다. 다른 곳에서는 집들이 단독으로 서 있는 것이 아니라 서로 연결되어 더 큰 단지를 형성하기도 했다. 또한 제이툰 문화의 가옥들을 보면 형태가 매우 표준화된 듯한 인상을 받는다. 가옥들이 거의 정사각형이고 대개 하나의 공간으로 되어 있으며 벽 앞에 화로가 있고 다시 화로 앞에 진흙으로 만든 긴 의자가 있었다. 벽은 처음에는 점토 덩어리로 만들었지만, 나중에는 점토 벽돌로 세웠다. 집들 주위에는 창고나 부속 건물과 같은 실용적 경제 시설이 모여 있었다. 이따금 담으로 둘러싸인 마당이 발견되기도 했다. 이들 공동체는 농경, 가축 사육, 지속적 사냥 활동을 통해 생활해 나갔다. 매우 건조한 기후와 적은 강수량으로 인해 농작물은 인공 관개시설이 있어야 재배할 수 있었을 것이다. 당시 사람들은 봄과 가을에 산에서 계곡으로 급류처럼 쏟아지는 강과 개울을 둑으로 막아 그 물을 경작지로 돌려놓았다. 제이툰 문화 주거지 주변에서 이런 종류의 둑이 발견되었다고 한다. 보리와 밀이 재배된 흔적이 남아 있지만, 실제로 재배된 농작물에 대해서는 알려진 것이 거의 없다. 사육된 가축의 잔해로는 양과 염소의 뼈가 아래쪽 지층에서 발견되었고, 소는 이후에 사육된 것으로 보인다.

기원전 제7천년기 후반기로 거슬러 올라가는, 농경과 가축 사육에 대한 이러한 아주 이른 증거를 보면, 최초의 완벽한 신석기시대 공동체에 해당하는 비옥한 초승달 지대와 비교할 때 제이툰 문화는 그 어떤 면에서도 주변부 문화라고 볼 수가 없다. 코페트다그산맥 북쪽의 생산적 경제활동이 레반트 지역이나 다른 근동 지역보다 훨씬 더 늦게 시작되기는 했지만, 오히려 제이툰 문화는 이 문화권에서 없어서는 안 될 구성 요소였다. 제이툰 문화의 초기 곡물 품종과 가축 사육은 후제스탄과 서부 산악 지대에서 남부 투르크메니스탄으로 들어온 것으로 보인다.

이와는 대조적으로 북부 중앙아시아 지역은 완전히 다른 유형의 발전을 보여 준다. 정확한 시기를 확실하게 확인할 수는 없지만, 기원전 제7천년기와 기원전 제4천년기 또는 제3천년기 사이에 남부 타지키스탄 지역에 히사르 문화가 널리 퍼져 있었다. 이 문화에서는 토기가 생산되지는 않았고 석기 도구만 유물로 발견되었는데, 대부분이 중석기시대 전통을 벗어나지 못했다. 히사르 문화권 사람들은 일종의 이목移牧, transhumance 생활을 했던 것으로 보인다. 계곡에서 겨울을 보낸 뒤 봄이나 초여름에 동물들을 데리고 고지대 목초지로 이동했다. 이는 그들이 이미 가축을 사육하고 있었다는 것을 전제로 하지만, 지금까지 확인되지는 않았다.

켈테미나르 문화는 아랄해에서 키질쿰 사막과 카라쿰 사막을 거쳐 멀리 제라프샨 계곡과 투르크메니스탄 북부 변경까지 퍼져 있었다. 우리의 추정을 입증해 줄 신뢰할 만한 탄소-14 정보가 부족하기는 하지만, 이 문화는 기원전 제7천년기에서 기원전 제4천년기까지, 심지어는 기원전 제3천년기까지 존재했던 것으로 추정된다. 켈테미나르 문화에서 나타나는 전형적인 토기는 바닥이 뾰족하거나 둥글고 압인 무늬로 장식되어 있다. 이와 더불어 대체로 중석기시대의 특징을 보이는 석기도 있다. 이 문화의 가장 오래된 유물은 제라프샨강 하류(다라사이Darsajaj 지층)에서 발견되었는데, 초기 및 중기 제이툰 문화와 관련이 있는 듯하다. 따라서 이들 유물은 기원전 제7천년기 말이나 기원전 제6천년기 초로 연대를 추정할 수 있다. 켈테미나르 유적지 중에서 더 북쪽에 있는 유적지는 멀리 삼림 스텝 지대의 남쪽 경계선까지 분포되어 있는데, 더욱 후대에 속해 기원전 제6천년기 말이나 기원전 제5천년기로 추정된다. 당시에 선호된 주거지들은 다 말라 버린 옛 강줄기를 따라 형성되어 있었고, 키질쿰 사막 주변에서는 당시에 존재했던 호숫가에 형성되어 있었다. 켈테미나르 문화권 사람들이 실제로 특정 장소에 어느 정도 고정적으로 정착해 살았는지 현재로서는 판단하기 어렵다. 가옥이나 다른 상설 건물의 잔해가 나온 유적지가 거의 없기 때문이다. 그보다 켈테미나르 문화권 사람들은 사냥, 어획, 채집 활동을 통해 식량을 확보하면서 여전히 특정 계절에만 주거지를 찾았던 것으로 보인다. 그들이 나중에 가축을 길렀는지는 알려지지 않았다. 어쨌든 농경에 대한 증거는 확실히 없다.

기원전 1만 년 무렵, 플라이스토세가 끝나 가던 시점에 인도아대륙의 일부 지역에서 최초로 생산적 경제활동이 시작되었다. 정착 생활과 생산적 경제를 향해 첫걸음을 내디딘 곳은 특히 인도아대륙의 대하천, 즉 서북부의 인더스강, 북부와 북동부의 갠지스강과 브라마푸트라강의 유역이었다. 이에 비해 나머지 지역은, 즉 북쪽의 산악 지대와 남쪽의 데칸고원을 포함한 훨씬 더 남쪽에 해당하는 지역 등은 더 늦은 시기에야 비슷한 발전을 보여 주었다.

동물 사육과 식물 재배가 막 시작되었음을 보여 주는 최초의 증거는 아대륙의 북서쪽에서 나왔다. 라자스탄 지역의 바고르에서는 기원전 제6천년기와 기원전 제5천년기 사이로 추정되는 고고학 지층이 여럿 발견되었는데, 그곳에서 양, 염소, 소의 뼈가 나왔다. 이 동물들은 이미 이 시기에 가축화된 상태였다. 여기서는 손으로 만든 최초의 토기도 발견되었다. 데칸고원 북서부 아담가르의 가장 오래된 주거 지층은 기원전 제7천년기에서 기원전 제6천년기까지의 것으로 추정된다. 이 지층에서는 사냥 동물과 가축화된 동물(개, 양, 염소, 소)의 잔해가 모두 나왔다. 이를 보면 늦어도 기원전 제6천년기 무렵에는 북서부 인도에서, 다시 말하면 구자라트, 라자스탄, 데칸고원 북서부의 주변부에서 가축이 사육되었다고 해도 될 듯하다. 하지만 이 유적지 대부분에서 정착 생활의 증거가 극히 드물게 존재하므로 이들 주거지의 구조와 지속 여부에 대해서는 추측만 할 수 있을 뿐이다. 가축을 길렀다는 증거가 있기는 하지만, 이들 주거지에 1년 내내 사람들이 거주해 그 결과로 본격적인 정착 생활이 이미 확립되었는지, 아니면 계절에 따라서만 사람들이 찾았는지는 여전히 논의되어야 한다.

인도 갠지스 평야의 동쪽에도 초기 유적지가 집중되어 있다. 이들 유적지 중 하나인 초파니 만도Chopani Mando에서는 기원전 제7천년기로 추정되는 지층에서 야생동물 뼈와 함께, 당시 이미 재배되고 있었던 것으로 보이는 쌀 잔해가 발견되었다. 같은 시기에 사람들이 거주한 중부 인도 갠지스 평야의 다른 유적지(마하다다Mahadada, 담다마Damdama)에서도 비슷한 유물이 발견되었다. 따라서 북서부 인도의 초기 신석기시대 유적지와 하천 평야의 유적지 사이에는 중요한 차이점이 존재한다고 할 수 있다. 북서부에서는 아주 이른 시기부터 가축을 사육했지만, 갠지스강 유역에서는 이러한 문화 현상이 다소 늦게 나타났기 때문이다. 하지만 저 멀리 북쪽에서 가축을 기르던 바로 그 시기에 갠지스강 유역의 사람들은 쌀 재배를 시도하기 시작했다. 그러므로 인도아대륙에서는 생산적 경제가 단일한 곳에서 시작되었을 리가 없으며, 그러한 생산적 경제의 출현이 훨씬 더 복잡하고 다면적이었을 것임이 확실하다.

이 지역의 신석기시대화에 대한 논의에서는 발루치스탄 지역의 메르가르 유적지가 특별한 역할을 한다. 이 유적지는 메소포타미아와 서부 이란의 가장 오래된 농경 및 가축 사육 중심지와 가장 가까운 곳이기도 하다. 이 지역은 강수량이 아주 적고 여름 기온이 매우 높아 관개시설 없이 식물을 경작하는 것은 거의 상상할 수 없다. 메르가르에서 가장 오래된 IA기 지층의 면적은 당시로서는 놀라운 수준인 3헥타르에서 4헥타르에 달한다. 하지만 이 유적지에서 토기는 발견되지 않았다. 주거지의 집들은 사각형이었고 여러 공간으로 이루어졌는데, 대개는 방이 네 개였다. 집을 짓는 데 사용된, 자연 건조한 점토 벽돌은 이미 표준화된 크기로 제작되었고 표면에 손가락 자국으로 표시했다. 이 유적지에서 특히 두드러지는 점은 잔석기 도구 가공이었다. IB기 지층에서도 똑같은 유물이 발견되었다는 사실은 이 문화가 계속되었음을 증명해 준다. 그러나 이 지층에서 처음으로 민무늬토기가 나타난다는 점에서 발전의 분명한 징후 또한 확인할 수 있다. 메르가르 IA기 지층과 메르가르 IB기 지층은 기원전 제8천년기에서 기원전 제6천년기 중반기까지의 시기에 해당한다. 이 시기에는 처음으로 작물(외알밀과 에머밀)을 재배하기도 했다. 이 두 지층에서 발견된 동물 뼈는 주로 야생동물 뼈였다. 하지만 이 시기에 이미 염소를 사육하기 시작했을 것으로 생각된다. 어쨌든 그다음에 이어지는, 즉 기원전 제6천년기 말에서 기원전 제5천년기 초까지에 해당하는 메르가르 II기 지층에서 양, 염소, 소가 가축화해 사육되었던 것은 의심의 여지가 없다. 이 시기에는 주거지 배치 역시 복잡해졌다. 이 시기의 가옥에서는 곡물을 담아 두는 저장 용기가 더 많이 발견되었다. 이는 잉여 곡물 생산물이 발생했고 곡물이 효과적으로 재배되었음을 암시하는데, 인공 관개시설을 사용하지 않고서는 그런 건조한 지역에서는 상상할 수 없는 일이다.

기장과 쌀을 재배한 중국 농부들

황허강은 북중국의 주요한 수송 동맥을 형성한다. 그곳에서는 이른 시기부터 농경 공동체가 발달했고, 이 공동체의 구성원들은 농경과 가축 사육으로 식량을 조달했다. 홀로세가 시작된 이후에도 사람들은 계속해서 수렵·채집 생활을 이어 나갔다. 맷돌은 기원전 1만 년 직후에도 이미 이 지역 사람들이 채집한 식물을 나중에 먹을 용도로 가공하고 있었음을 나타낸다. 그러나 홀로세 초기에 북중국에서는 단순한 토기가 처음으로 생산되기도 했는데, 시기는 기원전 9000년에서 기원전 8000년 사이로 추정된다. 이는 북중국에서 사람들이 아직 식물 재배를 시작도 하지 않은 시기에 이미 토기를 제작하고 있었음을 확인해 준다.

기원전 7000년에서 기원전 5000년 사이의 시기는 초기 신석기시대로 불리며, 홀로세 중에 나타난 기후 최적기와 시기적으로 일치한다. 이 시기에는 강수량이 상당히 증가했고, 해수면도 상승했으며, 황허강 하류 주위에서 상록수림이 확대되었다. 황허강 주변 지역에서는 이 시기에 본격적인 신석기 문화가 다수 발생했다. 그러면서 이 무렵에는 근본적인 경제적·사회적 변화가 발생했다. 이 모든 문화를 규정하는 특징들로는 농경과 석기 및 토기 제작, 정주형 촌락 조성을 들 수 있다. 기장 농사가 특히 중요했는데, 기원전 제7천년기 후반기에 이미 시작되었다. 개와 함께 중국에서 가장 오래된 가축 중 하나는 돼지였다. 페이리강裴李崗 문화와 츠산磁山 문화에서 돼지를 사육했음을 알려 주는 증거가 나왔다. 하지만 야생식물 채집과 사냥은 사람들의 식량 공급에서 여전히 중요했다. 이는 많은 유적지에서 발견된 야생동물의 뼈와 야생풀의 씨앗, 견과류로 증명된다.

황허강 유역 내에 자리한 초기 신석기시대 주거지들은 규모가 서로 달랐지만, 생산적 경제가 아니라면 거주민들을 부양할 수 없을 정도로 주거지 규모가 점점 커지는 경향을 뚜렷하게 보여 주었다. 한때 츠산 문화가 차지했던 지역에서는 넓이가 8헥타르까지 달하는 주거지도 발견되었고, 페이리강 문화도 마찬가지였다. 이들 주거지의 전형적 특징은 땅을 조금 파고 지은 움집과 식량 저장용 구덩이다. 페이리강 문화의 지아후賈湖 주거지는 면적이 거의 6헥타르에 달했고, 기원전 7000년에서 기원전 5800년 무렵까지 사람들이 살았다. 이 시기에는 건물을 기능에 따라 주거 목적만을 위한 가옥으로, 그리고 기능적인 건물이나 작업장 등으로 구분했던 것으로 보인다. 주거지 중심에 있는 건물들은 가족이나 친족 집단을 위한 특별한 기능을 가졌던 것으로 보인다. 페이리강 문화가 끝나 갈 무렵에는 주거지의 중심 마당을 도랑으로 둘러싸는 모습이 나타났다. 페이리강 문화권 내에서는 최초의 공동묘지도 발견되었다. 공동묘지가 존재했다는 사실은 가족이라는 집단의 중요성이 더 커졌음을 알려 줄 뿐 아니라 그곳 사람들이 자신들의 주거지나 주변 환경에 애착을 느꼈음을 강조해 준다. 시신을 다룬 방식과 무덤에 비치된 부장품을 보면 이 시기에 아직은 그 어떤 사회적 계층 분화가 감지되지는 않는다. 따라서 고고학자들은 이 사회가 평등했다고 결론 내린다.

중국 동북부 지역의 문명은 황허강 지역과는 관계없이 독자적으로 발달했다고 보아야 한다. 그곳의 정착 생활은 기원전 6200년과 기원전 5400년 사이로 추정되는 싱룽와興隆窪 문화와 함께 시작되었다. 따라서 이 지역 사람들은 황허강 부근 지역보다 훨씬 더 늦게 정착 생활을 시작했다. 싱룽와 문화는 황허강의 츠산 문화나 페이리강 문화와 유사점이 거의 없으므로, 싱룽와 지역에서 신석기시대 생활 방식이 시작된 것이 황허강 지역에서 비롯했다고 볼 수는 없다. 오히려 동북 지역은 처음부터 독자 노선을 따라 발전한 듯하다. 싱룽와 문화의 주거지 공동체 크기는 멀리 남쪽의 페이리강 문화와 완벽하게 비슷했다. 그러나 동물 뼈와 석기 등의 물질문화는 이곳 사람들이 계속 사냥과 채집을 위주로 한 획득 생활 방식을 추구했음을 보여 주는 듯하다. 비록 작물을 재배했다는 흔적은 발견되지 않았지만, 돼지를 가축으로 길렀을 확률이 높다. 또한 싱룽와 문화는 중국 둥베이東北 지방에서 가장 오래된 토기를 만들어 냈는데, 압인 무늬의 단순한 형태였다.

싱룽와 문화의 일부 주거지가 상당히 체계적인 배치를 보여 준다는 점은 놀랍다. 이 주거지들은 점진적으로 성장한 것이 아니라 처음부터 어떤 계획에 따라 배치된 것이 분명했다. 심지어 싱룽와 유적지 자체가 방어용 해자로 둘러싸여 있는데, 이는 중국 전체에서 가장 오래된 것으로 꼽힌다. 이들 주거지의 중심부에서는 가끔 대형 구조물 잔해가 발견되었다. 이것의 정확한 기능에 대한 추가 정보는 없지만, 공공 목적으로 사용되었을 것으로 추정된다. 무덤은 독립된 공동묘지에 있었고, 가끔은 가옥 바닥에 있기도 했다. 이곳에서 발견된 부장품들은 사회적 계층 분화가 시작되었음을 보여 준다. 비취 공예품이나 토기, 뼈, 조개껍데기 장신구 등의 부장품이 함께 매장된 몇몇 무덤이 다른 무덤들과 확연히 차이가 나기 때문이다. 싱룽와 문화에서 주목할 만한 점은 이 문화가 둥베이 저지대에서 가장 오래된 초기 신석기시대의 문화 현상이고 남부 지방의 영향을 받지 않은 것으로 보이는데도 처음 등장했을 때 이미 완벽하게 발전된 모습을 갖추고 있었다는 사실이다. 심지어 이 문화는 최초로 비취로 만든 물건에 용을 그려 넣기도 했다. 이로 인해 싱룽와 문명에 앞서 우리가 아직 파악하지 못한 오래된 발전이 존재했고 그들이 싱룽와 문화에 정보를 제공한 것은 아닌지 상당히 타당한 의문이 생긴다.

기원전 제6천년기 중반기 이후, 둥베이 저지대의 북부와 서부에 있었던 싱룽와 문화는 자오바오거우趙寶溝 문화(5400~4500 BC 무렵)로 대체되었다. 그리고 멀리 (한국 국경선과 가까운) 동쪽에는 신러新樂 문화(5500~4800 BC 무렵)가 퍼져 있었다. 자오바오거우 문화권과 신러 문화권의 사람들은 모두 돼지를 키우고 기장 농사를 지으며 살았다. 따라서 늦어도 기원전 제6천년기 중반기 무렵에는 중국 둥베이 지방에서도 점점 증가하는 인구의 식량 조달에서 농경이 필수 생산방식이 되어 있었다. 이 사람들이 정착한 주거지 규모는 같은 시기에 황허강 유역에서 성장한 주거지 수준과 비슷했다. 이따금 이러한 주거지 중심지에서 규모가 큰 건물이 발견되기도 했는데, 이 건물들은 공공의 기능을 수행했던 것으로 보인다. 토기도 상당히 발전해 있었으며, 여러 가지 특이한 형태의 용기들로 구분할 수 있다. 무엇보다도 이 두 문화는 중국에서 처음으로 점토와 돌로 소형 인간 조각상을 만들어 냈다.

북쪽의 황허강과 나란히 흐르는 먼 남쪽의 양쯔강은 중국에서 두 번째로 주된 수송 동맥이었다. 특히 양쯔강의 중류 지역과 하류 지역은 동아시아에서 처음으로 벼를 재배한 곳에 속한다. 기원전 1만 년이 지나고 얼마 안 되었을 때, 처음에는 수렵·채집 생활을 보완하는 수준에 지나지 않았지만, 생산적 경제로 점진적으로 전환하기 시작했다. 그러나 기원전 1만 년과 기원전 8000년 사이에 발생한 이 과정의 세부 내용은 현재 대부분이 명확하게 밝혀지지 않았다. 이 시기에 기후가 점점 더 따뜻해지고 습해지면서 초원 스텝 지대가 확장되었다. 이러한 상황 변화는 양쯔강 지역 사람들의 식량 조달에 영향을 미칠 수밖에 없었다. 당시에 야생 풀 씨앗의 소비가 엄청나게 늘었기 때문이다. 후기 구석기시대와 심지어 그보다 더 이전인 기원전 1만 3000년과 기원전 1만 년 사이의 시기에 사람들이 살았던 몇몇 동굴(셴런둥仙人洞 지역)에서 야생 쌀을 먹었다는 증거가 다수 발견되었다. 한편 위찬옌玉蟾巖 동굴에서 나온 발견물은 재배종 쌀의 최초의 흔적으로 추정된다. 이러한 발굴 자료가 여전히 확실한 것은 아니지만, 이미 기원전 8000년에 양쯔강에서 쌀이 재배되었다고 할 수 있다. 어쨌든 양쯔강 유역은 쌀 재배의 발상지 중 하나로 간주할 수 있다.

한편 후기 구석기시대의 수렵·채집인들이 이미 토기를 만들고 있었다는 것은 확실하다. 일본열도나 러시아 극동 남쪽에서 발견된 극초기의 토기와 함께, 이 토기들도 세계에서 가장 오래된 토기에 속한다. 위찬옌 동굴에서는 낮은 온도에서 구운 아주 단순한 형태의 토기가 발견되었는데, 시기는 기원전 제13천년기로 추정되며, 그곳의 후기 구석기시대 지층과 관련되어 있었다. 원시 토기가 발견된 다른 유적지들(예를 들면 먀요옌廟巖)도 이렇게 일찍 토기 제작이 시작되었음을 확인해 준다. 따라서 양쯔강 지역의 수렵·채집인들은 농경이 시작된 시기보다 훨씬 전부터 토기를 생산하고 있었다.

플라이스토세 말엽에, 그리고 (무엇보다도 제대로 입증된 것이 거의 없는) 초기 신석기시대인 기원전 1만 년과 기원전 8000년 사이에 목전에 다가왔던 변화는 이후 중기 신석기시대인 기원전 8000년과 기원전 5000년 사이에 마침내 제대로 결실을 보게 되었다. 양쯔강의 중류와 하류를 따라 상시적인 대규모 주거지가 여럿 형성되면서 본격적인 신석기 문화가 발달했다. 이들 주거지에서 생산적 경제활동이 이루어졌다는 명확한 증거도 발견되었다. 예컨대 바스당八十墻의 주거지는 3헥타르가 넘는 규모로 커졌는데, 그곳에서 습기와 해충으로부터 내용물을 보호하기 위해 바닥을 높인 곡물 저장고가 발견되었다는 점이 특이하다. 샹산象山에서는 기원전 8000년 무렵에 지면에 기둥을 박은 집들이 줄지어 지어져 있었다. 이 집들 가운데 특별히 큰 건물 하나는 이미 공적 기능을 했을 것으로 보인다. 하지만 샹산에 살던 사람들은 사냥과 채집 활동으로만 식량을 조달하지는 않았다. 이는 이 유적지에서 벼농사를 지었음을 알리는 가장 오래된 증거일 수도 있는 흔적이 발견된 사실로 알 수 있다. 여기서 제조된 토기는 쌀겨를 넣어 구운 점토로 만들었는데, 이 쌀겨가 야생

종이 아니라 재배종이었던 것으로 생각되므로 그러한 추론을 할 수 있었다. 이와 비슷하게 콰후차오跨湖橋에서도 재배종의 쌀겨와 쌀알이 다수 발견되었고, 개와 돼지 같은 가축의 뼈도 발견되었다. 따라서 양쯔강 유역의 중기 신석기시대는 생산적 경제활동 시기로 특징지을 수 있다. 그런데도 이 지역의 중기 신석기시대 사람들의 식량 조달에서는 농경과 가축 사육보다는 사냥과 채집이 여전히 훨씬 더 중요한 역할을 했던 것으로 보인다. 물론 농경과 가축 사육 활동의 중요성은 꾸준히 높아졌다. 체계적으로 배치되고 창고나 다른 공용 시설도 갖춘, 다수의 가옥으로 이루어진 대규모 주거지들은 정착 생활로 이행하는 과정에 대해 인상적 증거를 제공해 준다. 이제 대다수 사람이 상시적 주거지에 살게 되었고, 수렵과 채집을 담당한 사람들만 공동체의 식량을 마련하는 데 도움을 주기 위해 1년 중 특정 시기에 주거지를 떠나곤 했다. 하지만 이제 주거 공동체 전체가 그렇게 이동해야 할 필요성은 없어졌다.

한국과 일본의 전문적 수렵·채집인들

기원전 제9천년기와 기원전 제8천년기에 한국에서도 신석기 문화 환경이 발달하기 시작했다. 이 시기에 해당하는 유적지들은 잔석기 가공과 압인 무늬 혹은 새긴 무늬가 장식된 단순한 토기로 특징지어진다. 한반도의 신석기시대 토기는 빗살무늬토기(또는 즐문櫛文토기)로 알려져 있다. 한편 러시아 극동 남쪽과 일본열도, 중국의 일부 지역에서도 탄소-14 연대측정법을 통해 상당히 이른 시기에 속한다고 밝혀진 토기가 발굴되었는데, 그 시기가 플라이스토세 말엽까지 거슬러 올라간다. 한국의 토기도 그와 비슷하게 이른 시기에 제작되었다는 의견이 제기되기도 했다. 한국에서 토기가 출토된 가장 오래된 유적지 중 하나는 고산리로, 대략 기원전 8000년으로 추정되었다. 이 이른 시기에 식물을 재배하고 가축을 사육했다는 확실한 증거는 여전히 없다. 따라서 당시 사람들은 주로 사냥, 어획, 채집을 통해 식량을 조달했을 것으로 생각된다. 이곳에서 발견된 주거지에서는 상시적 거주의 흔적이 전혀 나오지 않았고, 주거지는 특정 계절에만 사용되었다.

이어진 초기 신석기시대는 기원전 6000년에서 기원전 제4천년기 중반기까지로, 근본적 변화가 잇따라 발생했다. 그 가운데 가장 중요한 것은 상시적 주거지의 출현이었다. 식량 공급은 여전히 사냥과 채집 활동을 위주로 충족되었다. 하지만 이 시기에 이르면 해안에서는 바다낚시와 바다 포유동물 사냥이 점점 더 중요한 역할을 하기 시작했다. 낚싯바늘과 작살 역시 식량 확보 기술의 이러한 전문화를 증명해 준다. 돌로 만든 도구와 맷돌은 채집한 식물을 가공하기도 했음을 보여 주며, 식량 저장용 구덩이는 남는 식량이 생겨 그것을 신선하게 보관했음을 암시한다. 이러한 주거지에서 발견된 최초의 무덤에는 토기와 구슬, 낚시 도구 등이 부장품으로 들어 있었다. 하지만 이 부장품들에서 사회적 계층 분화의 징후는 아직 나타나지 않았으며, 오히려 평등한 사회였음을 시사한다.

일본열도에서는 후기 플라이스토세 이후 기원전 시기 내내 조몬繩文 문화가 지배했다. 기원전 1만 년 무렵에서 기원전 300년 무렵까지의 시기다. 이미 후기 플라이스토세 시기에 다음 시기의 형성에 영향을 미칠 혁신들이 일부 등장했다. 그 가운데 하나가 무늬 없는 단순한 형태의 토기가 처음으로 제작되었다는 것이다. 아주 이른 시기에 조몬 토기가 만들어졌다는 증거는 규슈섬에서 나왔는데, 실제로 이 토기는 약 1만 5000년 전에 만들어진 것으로 보인다. 따라서 일본의 조몬 토기는 이미 플라이스토세 말엽에 만들어지고 있던 것으로 보이며, 이 토기는 세계에서 가장 오래된 토기에 속한다고 할 수 있다. 조몬 문화에서는 토기 발명과 함께 잔석기 제작도 시작되었다.

조몬 문화가 긴 세월에 걸쳐 발달할 수 있었다는 사실을 생각해 보면, 이 기간에 물질문화뿐 아니라 생활 방식과 생계유지 방식 또한 다양한 변화를 겪으면서도 인상적일 정도로 지속성을 지니고 있었다는 사실은 놀랍다. 이 문화에서 외부 영향은 부차적 역할만을 했을 뿐이다. 조몬 문화인들은 1만 년이 넘도록 수렵·채집 생활을 하고 살아갔지만, 대체로 상시 주거지에 살았다. 따라서 그들은 정착한 수렵·채집인이라고 할 수 있다. 그들의 주거지 규모는 다양했지만, 조몬 문명의 극초기 단계에서도 일부 주거지는 꽤 넓었다. 연중 특정 시기에 따라 사냥, 고기잡이, 채집의 식량 수집 방식에 다른 우선순위가 정해졌다. 예컨대 봄에는 먹을 수 있는 식물, 특히 야생 풀의 씨앗을 채집하면서 조개류와 연체동물을 잡는 데 집중했다. 그리고 여름에는 고기잡이가 더 큰 역할을 했는데, 바다사자나 기각류 같은 바다 포유류도 사냥했다. 가을에는 연어잡이와 견과류, 야생 포도, 너도밤나무 열매, 단풍당maple syrup, 도토리의 채집이 주요 활동이었다. 겨울에는 사슴이나 멧돼지 같은 포유류를 사냥했고, 고래 사냥도 중요했다. 따라서 계절마다 자연이 제공하는 각기 다른 식량에 따라 사냥 활동과 채집 활동의 주안점이 달라졌다. 조몬 문화 기간 내내 농경과 목축은 전혀 이루어지지 않았지만, 사실상 거의 모든 조몬 주거지에서 저장 구덩이가 발견되었다는 사실은 당시에도 사람들이 식량을 비축해 놓을 수 있는 형편이었음을 증명해 준다.

세계 다른 지역과의 구조적 비교

플라이스토세가 끝난 뒤 구세계의 대부분 지역은 정착 생활, 생산적 경제 방식(가축 사육과 작물 재배), 토기 제작이 함께 나타나는 발전 과정에 몰입되어 있었다. 그리고 그 상황은 신석기 문화 환경에서 절정을 이루었다. 전 세계의 발전과 비교해 보아도 근동의 비옥한 초승달 지대가 시간상 앞서는 것이 분명해진다. 인류 역사상 정착 생활, 작물 재배, 가축 사육이 이루어진 최초의 그곳은 바로 서쪽으로는 레반트 지역, 동쪽으로는 자그로스산맥 사이의 지역이었다. 토기 제작 역시 비옥한 초승달 지대에서 아주 이른 시기에 시작되었지만, 불에 구운 토기 생산이 정착 생활 방식 및 신석기시대적 생활환경 도입과 반드시 관련 있는 것은 아님을 우리는 안다. 실제로 우리는 야생의 수렵·채집인들도 토기를 제작할 수 있었고 동아시아의 경우에서처럼 1만 5000년 전 마지막 빙하기가 끝나기도 전에 이미 토기가 제작되었음을 알게 되었다. 동아시아의 사례 외에 북부 유라시아의 넓은 지역에서도 아주 이른 시기에 토기를 제작한 수렵·채집 공동체가 점점 더 발견된다. 이 토기는 동쪽에서 발견된 최초의 토기 사례보다도 더 오래된 것들이다.

이러한 사실은 구세계에서 신석기시대적 문화 환경이 시작되는 과정에 대해 더 집중적으로 연구할수록 점점 더 명백해지는 결론을, 즉 이른바 신석기시대 번들의 이 모든 특징이 항상 동시에 혹은 서로 연계되어 나타나는 것은 아님을 이미 암시하고 있다. 근동 지역에서는 전문화된 수렵·채집인들이 야생 곡물 재배부터 시작했다. 그리고 뒤이어 곧바로 최초의 콩과 식물이 재배되었다. 야생동물을 길들이고 염소와 양을 처음으로 사육하며 다시 소를 추가한 것은 조금 더 뒤에 일어났다. 완성되기까지 수천 년이 걸린, 생산적 경제 방식으로 전환해 가는 이 과정 중에 인간은 정착 생활 방식까지 채택했다. 근동 지역에서 이러한 '신석기시대 번들'이 마침내 완성된 이후에, 그리고 사람들이 토기를 만들기 시작하자, 그 번들은 말하자면 '수출 히트 상품'이 되어 이 지역에서 남캅카스, 남부 지중해, 이란고원, 인더스 계곡, 이집트, 지중해 연안과 흑해 연안, 남동부 유럽과 중부 유럽까지 사방으로 펴져 나갔다. 이 '신석기시대화' 과정은 근동에서 아나톨리아와 발칸반도를 거쳐 중부 유럽으로 확산해 갔다. 그리고 신석기시대 생활 방식과 경제활동의 이 모든 특징이 마침내 완전히 발달한 형태로, 그리고 모든 특징이 같은 시기에 나타난 것은 바로 중부 유럽에서였다.

신석기시대의 생활 방식이 근동 지역과는 무관하게 독자적으로 발전한 구세계의 다른 중심지들은 중국의 황허강 유역과 양쯔강 유역을 비롯해 북인도의 갠지스강 평원에 있었다. 근동의 경우와 마찬가지로 주요 하천과 가까이 있어 주변 지역이 유난히 비옥해졌다는 점이 그 과정에서 중요한 역할을 했다. 아주 이른 시기부터 갠지스강을 따라 쌀이 재배된 것이 분명하며, 그보다 약간 뒤늦게 정착 생활을 하게 되면서 동물 사육과 토기 제작도 진행되었다. 쌀은 북인도보다 양쯔강에서 훨씬 이전에 재배되었던 것으로 생각된다. 양쯔강 유역에서는 사람들이 상주 촌락에서 살기 시작하면서 쌀을 재배한 것에 뒤이어 곧바로 가축(특히 돼지)을 사육했다. 이는 황허강 유역의 상황과 아주 비슷하지만, 황허강 유역에서는 쌀보다 기장을 재배하는 경향이 나타났다. 토기는 신석기시대가 시작되기 수천 년 전에 양쯔강 유역과 황허강 유역 모두에서 존재했다.

구세계에서는 우연의 일치라고는 할 수 없게 모두 하천 유역에 자리 잡은 문화들에서 특징적으로 나타난 이 완벽한 신석기 문화 환경 외에, 수렵·채집 생활 방식에서 발전해 온 수많은 다른 생존 전략 또한 존속했다. 예컨대 동부 사하라 지역의 경우 일종의 유목 형태가 발달했는데, 그들의 생존 방식은 정착 농부들과 마찬가지로 수렵·채집 생활 방식에서 벗어나지 않았다. 늦어도 기원전 제8천년기 무렵에는 그 지역에서도 소를 사육하고 토기를 생산했다. 더욱이 이러한 현상은 근동 지역과는 아무런 관계없이 발생했다. 중부 유럽 선대문 토기 문명의 서쪽 가장자리에서 형성된 라 오게트 문화와 림뷔르흐 문화도 상황이 비슷했다. 이 문화 집단들의 대표자들 역시 단순한 형태의 토기를 만들었지만, 유목 생활을 영위하며 살았다. 따라서 이들은 선대문 토기 문화의 농경 지향적인 촌락과는 확연히 다르면서도 그 문화권 사람들과 서로 산물을 교환했다. 환경조건 때문에 정착하기가 특히 불리한 지역의, 예컨대 북부 유럽과 북부 아시아의 북극대Arctic zone, 북부 러시아 지역과 특히 빽빽한 숲으로 덮인 시베리아 지역의 사람들은 계속 수렵·채집인으로 살아갔다. 물론 이 무렵에는 그들 가운데 구운 토기를 제작하는 방법을 아는 사람들도 있기는 했다. 이들은 훨씬 더 이후에야 정착 생활과 생산적 경제 방식을 채택했다.

마지막으로 사하라 이남 아프리카와 오세아니아, 오스트레일리아, 아메리카 대륙까지, 지금까지 이 책에서 다루지 않은 지역의 발전 과정을 생각해 보면 절대적인 연대 순서뿐 아니라 각각의 구체적 환경이 근본적으로 다른데도 어떤 구조적 유사성을 금세 확인할 수 있다.

전 세계의 외딴 오지에 사는 사람들은 새로운 시대가 시작되기 전까지 수천 년 동안 사냥꾼이자 어부, 채집자로서 살았다. 그들에게는 그들의 삶이나 경제활동을 영구적으로 바꾸어 놓았을 법한 중대한 혁신 같은 것은 없었다. 유럽과 아시아의 극북 지역, 북아메리카의 북극 지역 및 아북극 지역, 남아메리카 최남단의 티에라델푸에고 제도도 상황은 같았다. 이러한 상황은 단순하게도 앞에서처럼 살기 어려운 곳에서는 근대 이전의 사람들이 가축 사육이나 농경을 시작조차 할 수 없었기 때문이었다. 그래서 그들은 수렵·채집인으로 계속 남거나 다른 곳으로 옮겨 가는 수밖에 없었다. 아프리카 남부에서도 비슷한 환경이 나타나는데, 이 지역에서는 소 사육이 서서히 발전했고 기원후가 되어서야 최초의 토기가 제작되었다. 이와는 대조적으로 동부 사하라 열대우림 지역의 북쪽에서 소 사육과 토기 제작은 기원전 제8천년기 이래로 흔한 일이었다.

남부 아프리카가 이렇게 엄청나게 뒤처진 이유는 기껏해야 그 지역이 나머지 지역으로부터 뚜렷하게 고립된 상태였다는 사실 정도로 설명할 수 있다.

오스트레일리아의 원주민인 애버리지니도 마찬가지로 고립된 상태였다. 그들은 지금으로부터 약 5만 년 전에 호모 사피엔스가 마지막 빙기에 존재했던 사훌 대륙에 최초로 살기 시작한 시점에서 18세기에 영국인들이 오스트레일리아를 발견한 시점까지 사냥꾼이자 어부, 채집인으로 살았다. 오스트레일리아의 여러 지역에서 발견된, 놀라울 정도로 다양한 주제를 선보인 동굴벽화와 함께 이따금 성별에 따라 차별화된 부장품을 남긴 사실을 보면 그곳 사람들이 경험을 통해 지식을 축적했고 그들만의 정신적·종교적 관념 세계를 형성했음을 알 수 있다. 따라서 이 문화가 수천 년 동안 거의 변하지 않았다고는 절대 볼 수 없다. 그러나 오세아니아 대륙 여러 지역의 기후가 상당히 따뜻했는데도 이들 애버리지니는 생산적 경제활동 방식을 결코 발전시키지 못했다. 이렇게 생산적 경제 방식이 발전하지 못한 현상은 재배할 수 있는 것이 없었다는 단순한 사실에서 그 이유를 찾을 수 있다. 달리 말하면 오스트레일리아에는 사육이나 재배에 적합한 야생 동식물이 거의 없었다는 이야기다. 그러한 동식물종은 훗날 유럽 정착민들이 전했을 뿐이다. 따라서 오스트레일리아의 사례를 보면 재배할 수 있는 것이 있는지의 문제가 어떤 특정 지역에서 인간의 발전 가능성에 결정적으로 중요함을 알 수 있다.

헤치고 들어갈 수 없을 정도로 빽빽히 우거진 삼림지대에 사는 사람들에게도 비슷한 상황이 발생한다. 일반적으로 그런 지역에도 마찬가지로 수렵·채집인에게 훌륭한 생존 기회를 제공해 주는 동식물이 있지만, 이 동식물은 반대로 재배나 사육에는 전혀 적합하지 않다. 여기서 주목할 점은 아주 이른 시기에 토기를 만들기 시작한 사람들이 바로 울창한 삼림지대의 전문화된 사냥꾼이자 어부이고 채집자였지만, 그들이 지극히 단순한 자루 모양의 몇 가지 토기만을 만들었다는 점이다. 이러한 상황은 아마존 우림 지역이나 중앙아프리카의 콩고-자이르 분지를 비롯해 북부 시베리아의 이른바 타이가로 불리는 끝없이 펼쳐진 삼림지대에서 볼 수 있다. 그런 곳에서는 자연을 대대적으로 개조해야지만 농업 생산방식을 도입할 수 있었을 것이다. 호모 사피엔스가 일찍이 삼림지대를 개척할 때 불을 놓으면 효과가 있다는 것을 알고는 있었지만, 그러한 대대적 자연개조는 근대 이전 사람들의 능력으로는 할 수 없는 일이었다. 게다가 이런 광대한 삼림지대에서는 아주 드물게 사람들이 살았으므로 전통적 관습을 재고하게 할 만한 인구 압력도 생기지 않았다.

북아메리카 대평원의 들소를 사냥하는 부족들에게서도 비슷한 현상을 볼 수 있다. '버펄로 점프'라는 기술은 들소를 사냥하기 위해 고안된 것으로, 들소 떼를 전부 절벽 끝으로 몰아붙여 들소가 뛰어내려 죽게 하는 것이었다. 이 사냥 기술은 사냥꾼들에게 엄청난 양의 고기와 골수, 힘줄, 뼈, 가죽을 단번에 안겨 주었다. 그리고 이 모든 사냥물은 그 사냥 공동체가 아무런 어려움 없이 처리했다. 자연이 그렇게 풍부한 식량을 제공했기에 땅을 경작하고 가축을 기르는 생산적 경제 방식으로 전환할 필요가 전혀 없었다. 사람들은 수천 년에 걸쳐 들소를 사냥했고, 이 '버펄로 점프' 사냥 방식은 그동안 점점 완벽해졌다. 이런 경우에는 이른바 생태적 억제 요인의 관점에서 이야기하는 것이 일반적이다. 태평양 연안 북서부에서도 비슷한 현상이 나타났다. 기각류 사냥과 연어잡이에 특화된 이 지역 사냥꾼들은 풍족하게 식량을 찾을 수 있었고, 그 결과 그 지역 인구는 증가했다. 구세계에도 이와 비슷한 예가 있는데, 나일 계곡 가장자리에서 형성된 이집트 파이윰 주거지가 바로 그런 곳이다. 이곳에서는 수렵·채집 생활 방식이 오래도록 존속하는 바람에 신석기 문화와 생산적 경제 방식이 눈에 띄게 늦게 도래했다.

해안 가까이에 살면서 주로 바다에서 식량을 조달한 사람들에게도 생활 방식 및 경제활동의 변화는 아주 점진적으로, 그리고 뒤늦게 찾아왔다. 우선 바다가 먹을 것을 풍부하게 제공했으므로 이러한 지연이 발생했다. 그리고 그렇게 바다에 인접한 지역은 바다와 먼 내륙지역보다 농경이나 가축 사육에 덜 적합했기 때문이기도 하다. 해안에 계속 주거지가 형성되어 있었고 적어도 부분적으로는 수렵·채집 집단들이 꾸준히 해안에 뿌리를 내리기 시작했음을 보여 주는 증거로는 전 세계적으로 해안선을 따라 조개무지가 수없이 발견된다는 사실을 들 수 있다. 이 조개무지는 근동에서 발견된 주거 구릉지와 흡사하며, 갑각류 껍데기와 연체동물 껍질이 쌓인 (높이가 수 미터에 달하는 것들도 있는) 퇴적층으로 되어 있다. 항상 뚜렷하게 여러 층으로 쌓여 있는 이 조개무지는 이들 지역에서 주거지가 계속 형성되었음을 가리킨다. 구세계에서는 동아시아에서, 특히 일본열도, 그리고 남동부 시베리아와 한국의 연안에서 발견되고 서아프리카의 대서양 연안을 비롯해 서부 발트해(에르테뵐레 문화)에서도 조개무지가 발견된다. 이러한 조개무지는 신세계에도 비슷하게 널리 분포되어 있는데, 베네수엘라에서 가이아나, 브라질을 거쳐 우루과이 남쪽 라플라타강의 어귀까지 남아메리카의 대서양 연안 거의 전역을 따라 퍼져 있다. 실제로 여러 하천이 바다로 흘러나가는 곳에 조개무지가 특히 널리 퍼져 있다. 일반적으로 그런 곳은 갑각류를 비롯해 여러 식량원이 풍부한 맹그로브 늪으로 덮여 있기 때문이다. 중앙아메리카와 남아메리카의 태평양 연안을 따라서도 조개무지가 발견되며, 멕시코와 칠레에서도 발견되었다.

그러나 사하라 이남 아프리카와 오세아니아, 신세계의 특정 지역에서도 유목 수렵·채집 생활에서 정착 생활 및 농경으로 이행하는 변화가 일어났다. 기원전 제2천년기 초에 사하라 사막의 남쪽 주변부에 자리한 사헬 지대에서 이러한 변화가 시작되었다. 이 시기에 차드호 남서쪽에서 여러 층으로 이루어진 가지간나 문화의 주거 구릉지가 형성되었다. 대다수 주거 구릉지는 기원전 1800년과 기원전 1500년 사이(가지간나 I기로 알려진 지층)의 시기에 속한다. 이 문화의 특징은 눌러 찍어 만든 다양한 장식의 수준 높은 토기이며, 실제로 이 지역에 그러한 토기가 널리 분포되어 있었다. 이 문화권 사람들은 이전과 마찬가지로 사냥과 야생 식용식물 채집, 차드호에서의 고기잡이를 통해 식량을 공급했지만, 처음으로 소와 양, 염소를 기르기도 했다. 수렵·채집 활동과 가축 사육을 혼합한 유목민들의 이러한 경제 방식은 멀리 북쪽의 동부 사하라 지역에서 수천 년 동안 존속되고 있었다. 따라서 이러한 혼합 경제 방식은 동부 사하라 지역에서 사헬 지대로 전해진 듯하며, 남부 사하라에서 사막화가 진행되면서 발생한 이주 움직임과 관련이 있었을 것이다. 가지간나 문명이 차지했던 지역에서 주목할 점은 이 지역 거주자들이 목축민으로서 유목 생활을 계속한 것이 아니라 정착 생활을 채택한 것이 분명하다는 사실이다. 그리고 얼마 지나지 않은 기원전 제2천년기 중반기(가지간나 II기 지층)에 이미 주거 구릉지 규모가 더 커지면서 주거지 지층에서 처음으로 작물(기장)을 재배한 흔적이 나왔다. 이후 몇백 년 동안 농경이 엄청나게 중요해지면서 늦어도 기원전 제2천년기에서 기원전 제1천년기로 옮겨 가는 시기에 이르면, 가지간나 문화권 전역에서 전면적인 신석기 문화 환경이 형성되었다고 말할 수 있다. 멀리 서쪽으로 부르키나파소에서도 비슷한 상황이 전개되었다. 그곳에서 거의 같은 시기에 촌락을 이루며 생활하던 사람들이 가축 사육과 진주조 재배를 시도하며 도약했기 때문이다. 남동부 모리타니와 말리 인접 지역(다르 티치트Dhar Tichitt 유적지)은 그보다 약간 이른 기원전 제2천년기에 이미 이 단계에 도달했던 것으로 보인다. 이곳도 소 사육과 진주조 재배 흔적으로 증명되었다.

서아프리카의 사바나와 삼림지대에서는 이미 토기를 만들고 있던 석기시대 말기 푼푼Punpun 문화의 수렵·채집인들이 기원전 제2천년기 전반기에 킨탐포 문화 사람들로 대체되었다. 이들은 원래 살던 가나 중심부에서 카메룬 국경 지역을 거쳐 북부 콩고로 전진해 왔다. 그 결과 이 시기에 서아프리카에서는 처음으로 서로 긴밀히 결부된 광범위한 문화 복합체가 출현했다. 이 문화권의 특징은 시종일관하게 무늬를 넣은 토기였다. 그와 동시에 킨탐포 문화는 정착 생활, 가축 사육, 작물 재배도 함께 전파했다. 처음에 사육한 동물은 양과 염소였고 이후에 소가 추가되었다. 재배된 작물을 보면 사헬 지대의 북쪽에서 상당히 중요했던 진주조가 여기서는 아무런 역할도 하지 못한 대신에, 삼림지대의 경작과 관련해 기름야자와 마yam의 조림지를 중심으로 한 경작 체계가 발달했다. 건축 기술 또한 상당히 발전해 있었는데, 킨탐포 문화의 마을에서는 상당히 복잡한 직사각형 건물 형태가 나타나며, 주거용 가옥 외에도 창고 그리고 저수 기능을 가진 건물이 있었다는 증거도 발견되었다.

북쪽의 에티오피아에서 남쪽의 케냐 및 탄자니아에 이르는 동아프리카는 또 다른 전통으로 규정되었다. 그 지역에서는 훨씬 더 시간이 흐른 뒤인 철기시대가 되어서야 정착 생활과 농경, 가축 사육이 동반된 본격적 농경이 시작되었다. 그러나 소 떼를 기르고 토기를 만드는 유목민들은 서아프리카보다 동아프리카에서 훨씬 일찍부터, 정확히는 최소한 기원전 제3천년기부터 등장했다. 이러한 생존 방식은 사실 기원전 제8천년기부터 이미 동부 사하라 지역의 북쪽까지 널리 확산해 있었다. 이 유목민들이 만든 토기(예를 들면 칸스요어Kansyore 토기)는 사하라의 북쪽 지역에서 오랫동안 흔하게 제작된 압인 무늬의 특징을 지녔다. 이는 동아프리카에 동물 사육이 도입된 것이 북쪽에서 유입된 이주민과 관련이 있었음을 암시하는데, 이러한 이주민 유입 역시 사하라의 지속적인 사막화로 촉발된 것일 수 있다. 동아프리카에 이후에 어떤 변화가 이어졌는지 판단할 확실한 방법은 없다. 이 시기부터 철기시대가 시작될 때까지의 시기에 해당하는 발굴 유물이 부족하기 때문이다.

따라서 사하라 이남 아프리카의 대부분 지역에서는 동물 사육과 함께 생산적 경제 방식이 처음 시작되고 농작물은 다소 뒤늦게 재배되었는데, 오세아니아에서는 반대의 상황이었다. 파푸아뉴기니에서는 일찍이 기원전 제8천년기에 일종의 이동경작(쿠크) 방식이 시작되었다. 맨 처음에 토란taro이 재배되고 뒤이어 사탕수수, 바나나, 생강이 재배된 흔적이 보인다. 가축(돼지, 닭)은 기원전 제5천년기와 기원전 제4천년기에 걸쳐 사육되었다. 그리고 세월이 상당히 지난 뒤인 기원전 제2천년기 중반기에 이 생산방식이 멜라네시아와 서부 폴리네시아로 확산했다. 그 과정에서 재배 식물이 다양해지면서 마, 빵나무, 고구마가 추가되었다. 이 과정은 라피타 문화의 확산과 연관이 있는데, 다시 이 라티파 문화의 확산은 오스트로네시아어족 집단의 증가와 관련이 있었다. 라피타 문화는 특히 상시 주거지가 등장했다는 점과 이 문화권 사람들이 독특한 무늬가 있는 수준 높은 토기를 만들 수 있었다는 점에서 두드러졌다. 오세아니아에서도 동쪽으로 훨씬 더 멀리 떨어진 지역들은 라피타 문화의 영향을 결코 받지 못했으며, 그 지역에는 기원후가 되어서야 사람들이 거주하게 되었다.

신세계에서는 남쪽과 북쪽이 모두 완전히 다른 방향으로 발전해 나갔다. 그곳에서 생산적 경제의 시작은 작물 재배에 국한되었다. 가축 사육과 목축은 아무런 역할도 하지 못했다. 신세계의 네 가지 낙타 종(라마, 알파카, 과나코, 비쿠냐)은 기원전 제4천년기 혹은 기원전 제3천년기 이후에 안데스 고산지대에서 가축으로 사육되었지만, 이 일하는 동물들은 주로 털을 얻기 위해서 기르거나 부분적으로는 짐을 옮기는 운송용으로 기른 것이지 식량을 조달하기 위해 키운 것은 아니었다. 식용으로 기른 기니피그는 그다지 중요하지 않았으므로 사람들에게 필요한 고기는 주로 사냥을 통해 얻었다.

북아메리카에서는 파버티 포인트 문화 사람들이 미시시피강 양쪽 강변에 호박을 재배하면서 독자적 식물 재배의 위업을 달성했다. 그들은 이후에 아티초크와 해바라기도 재배했다. 처음에는 이러한 작업이 일종의 이동식 경작이나 소규모 텃밭 정도로 이루어졌을 것으로 보이지만, 나중에는 대대적으로 대지를 조성하는 작업을 하고 넓은 주거지가 조성되면서 훨씬 더 넓은 면적이 경작 용도로 형성되었다. 그렇기는 해도 사냥, 고기잡이, 채집이 여전히 가장 중요한 생계 수단이었다. 처음부터 미시시피강에서의 농경은 토기 제작과 맞물려 시작되었다. 멕시코와 인접한 현재의 미국 남서부에서는 아주 다른 상황이 전개되었다. 이 지역의 토기는 기원후의 것이 알려졌지만, 옥수수는 이미 기원전 제3천년기부터 완벽한 상태로 재배되고 있었다. 이 지역의 옥수수 재배는 멕시코의 영향을 받고 심지어 인공 관개 기술을 통해 이루어진 것으로 보인다.

신세계에서 식물 재배의 가장 오래된 중심지는 중앙아메리카에 있었다. 기원전 제7천년기에서 기원전 제6천년기까지의 고졸기古拙期, Archaic period에도 호박, 고추, 아보카도가 그곳에서 재배되고 있었고, 기원전 제5천년기 혹은 기원전 제4천년기 초에는 콩을 비롯해 특히 중앙아메리카에서 가장 중요한 재배 작물인 옥수수가 들어왔다. 기원전 제2천년기 이후에는 촌락을 이룬 주거지, 인공 관개시설, 더 넓어진 경작지로 인해 잉여농산물이 발생했다. 또한 바로 이 시기에 토기 제조도 시작되었다. 이후 이러한 작물 재배는 멕시코에서 북쪽의 미국 남서부까지 퍼져 나갔을 뿐 아니라 중앙아메리카 육교를 건너 남쪽으로도 확산했다. 그곳에서는 남아메리카 열대지방에 퍼져 있던 대표 식물인 카사바가 추가되며 재배 작물이 더 다양해졌다.

북부 안데스와 중부 안데스, 그리고 이로부터 태평양까지 이어지는 구릉과 평야에서 수렵 채집인들은 기원전 제6천년기에 해당하는 아메리카 추기 고졸기부터 옥수수와 호리병박을 전문적으로 키우고 있었다. 감자 재배의 중심지는 안데스 고지대였다. 정확히 언제 처음으로 재배되었는지는 알 수 없지만, 그곳에서는 코카나무와 목화 역시 처음으로 재배되었다. 이러한 작물들은 남아메리카 최북단의 가이아나 고지대는 물론, 남부 안데스와 남아메리카

남반부에도 상당한 시간이 흐른 뒤에야 들어왔다. 아마존 지역은 특별한 발달 형태를 보여 주었는데, 아마존강 상류 유역과 하류 유역 모두에서 수렵·채집인들이 일찍이 기원전 제6천년기에 이미 최초의 토기를 제작했고 초기 형태의 텃밭도 재배했던 것이 분명해 보인다. 그곳에 대한 고고학적 기록이 이후 수천 년 동안 부재한 상황이지만, 바로 그 시기에 중부 안데스와 북부 안데스에서는 복합 사회가 형성되고 있었다. 그리고 그중 몇몇은 이후 꾸준히 선진 문명으로 발전해 갈 터였다. 여기에는 시기가 상당히 이른 점만 빼고는 근동, 이집트, 북인도, 중국에서도 관찰할 수 있었던 같은 유형의 과정이 수반되었다.

기원전 9600년에서 기원전 2200년 사이의 구세계

근동/ 나일 계곡	중부 유럽	세계의 다른 지역
PPN A (9600~8600 BC), 예리코	중석기시대 (9600~5600 BC)	조몬 문화의 시작 (일본)
PPN B (8600~6500 BC), 괴베클리	리펜스키 비르 (7200~6200 BC)	동부 사하라 최초의 소 목축
차탈회위크 (6500~5500 BC)	스타르체보-크리슈	부크-드네스트르 문화 (우크라이나)
하수나-사마라 (6500~5600 BC)	(6200~5600 BC)	슐라베리-쇼무테페 문화 (남캅카스)
할라프 (5500~5000 BC)	초기 신석기시대 (5600~5000 BC)	켈테미나르 문화 (중앙아시아)
파이윰-A	선대문 토기 문화	페이리강-츠산 문화 (중국)
메림데 문화	라 오게트	나마즈가 I기~III기 (중앙아시아)
	에르테뵐레	메르가르 II기~III기 (발루치스탄)
우바이드 (5000~4000 BC)	중기 신석기시대 (5000~4400 BC)	
	빗점무늬 토기	양사오 문화 (중국)
	뢰센	
	티서-렌젤	
	푼넬비커 문화 A-C	
부토-마아디 (4000~3500 BC)	중후기 신석기시대	
	(4400~3500 BC)	
우루크 (4000~3100 BC)	발베르게	세레드니-스티흐 문화 (우크라이나)
나카다 (4000~3100 BC)	미헬스베르크	카라노보 VI기-구멜니차-바르나 (동부 발칸)
	알타임-코르테이요	쿠쿠테니-트리필랴
	후기 신석기시대(3500~2800 BC)	얌나야-마이코프 (우크라이나, 남부 러시아)
젬데트 나스르 (3000~2800 BC)	잘츠뮌데	쿠라-아락세스 문화 (캅카스, 동부 아나톨리아)
티니스 시대 (3100~2700 BC)	호르겐	트로이아 I기 및 II기-초기 헬라스 I기
	함-골트베르크 III기	(아나톨리아, 에게)
	레메델로 (외치)	바덴-코초페니 (헝가리, 동부 발칸)
	구형(球形) 암포라 문화	아파나세보 문화 (남부 시베리아)
		나마즈가 IV기 (중앙아시아)
		룽산 문화 (중국)
메소포타미아 초기 왕조 시대	말기 신석기시대(2800~2200 BC)	오쿠네프 문화 (남부 시베리아)
(2800~2340 BC)	매듭 무늬 토기	
아카드 시대 (2350~2200 BC)	벨 비커 문화	나마즈가 V기 (중앙아시아)
이집트 고왕국 (2700~2200 BC)	단장 무덤 문화	하라파 문화 (인더스 계곡)

3 혁신, 격변, 복합 사회

티그리스강과 유프라테스강 사이의 비교적 넓은 지역을 차지했던 할라프 문화는 기원전 6000년 무렵에 북부 메소포타미아에서 등장했다. 이 문화의 특징은 기하학적 문양으로 장식된 다채로운 채색토기였다. 할라프 문화는 구리가 채굴되어 처음으로 가공되면서 시기상 금속가공이 시작된 때와도 일치한다. 야금술은 노동 분업 없이는 생각할 수 없지만, 근동 지역에서 할라프 문화가 출현했을 무렵의 초기 사회에서는 오래전부터 이미 분업화가 이루어진 상태였던 것으로 보인다. 메소포타미아 지역에서 주거지 규모가 할라프 시대만큼 컸던 때는 없었다. 따라서 이 시기에는 중소 규모의 촌락과 함께, 면적이 10헥타르가 넘는 대단히 넓은 중심지도 처음으로 생겨났다.

이러한 발달은 할라프 문화에 뒤이은 기원전 5500년과 기원전 3800년 사이의 우바이드기에 더욱 힘을 얻었다. 토기는 전과 마찬가지로 밝은색으로 칠해졌고, 문양의 종류는 눈에 띄게 줄었지만 화려한 장식은 그대로였다. 이제 토기는 회전하는 작업대 위에서 제작되었다.(빠르게 돌아가는 돌림판은 아직 발명되지 않았다.) 이 작업대는 토기 모양이 훨씬 더 일관되게 나올 수 있게 해 주었을 뿐 아니라 토기 제작 속도를 높이는 데도 도움이 되었다. 이 시기의 중요한 대규모 주거지인 에리두, 우르, 텔 알우바이드에서는 중앙에 공간이 있는 새로운 가옥 형태가 등장했다. 중앙에 배치된 그 공간은 가옥의 중심 역할을 했다. 이 공간을 중심으로 모여 있는 나머지 방들은 통로로 이어져 있었다. 또한 점점 더 다양해지기 시작한 건물 형태에서 사회적 계층 분화가 엿보이기도 한다. 할라프 시대에도 분명했던 서열에 따른 주거지의 위치 구성은 우바이드 문화에서 더욱더 뚜렷하게 나타났다. 따라서 (사원으로 추정되는) 대형 건물이 있던 테페 가우라, 에리두, 우르는 이미 여러 지역의 중심지 역할을 하고 있었을 것으로 보인다. 유프라테스강 하류에 자리한 에리두는 물의 신 엔키Enki를 숭배하는 곳이었고, 바빌로니아의 창조 신화인 길가메시Gilgamesh 서사시에서 에리두는 지구 최초의 도시로 불렸다. 그 두꺼운 주거지 지층에서 기원전 제6천년기의 웅장한 건물들이 발견되면서 그러한 주장에 대한 고고학적 증거가 되어 주었다.

따라서 주거지나 주거지 단지에서만 서열화가 꾸준히 적용된 것이 아니라 전체 지역을 조직화하는 것에도 적용되기 시작했다. 엘리트가 이끄는 정치체와 함께 문화적으로 확장하던 지역적 정치체는 이러한 발달 과정에서 유래한 것으로 볼 수 있다. 우바이드기에 어느 정도 규격화된 문화가 북부 메소포타미아 지역에서 페르시아만에 이르기까지 퍼져 있었던 것은 우연이 절대 아니었다. 이러한 상황은 여러 지역에 걸쳐 확실하게 자리 잡은 무역 거래망에 의해 심화했는데, 이 무역 거래망에 메소포타미아 우바이드 문화의 중심지가 모두 연결되어 있었다. 남쪽으로는 우바이드 토기가 바닷길을 따라 바레인과 카타르까지 진출했고, 동쪽으로는 이란고원까지 이르렀다. 북쪽으로는 동부 아나톨리아에 위치한 티그리스강과 유프라테스강의 수원지에서도 우바이드 토기가 발견되었다. 그러나 우바이드 문화가 인구의 이동은 전혀 없이 무역 교류를 통해서만 메소포타미아 지역 너머까지 퍼져 나갔다고 생각하기는 어렵다.

기원전 제6천년기 전반기에 할라프 문화로 시작되어 기원전 제4천년기 초까지 우바이드 문명기에 한 차원 더 높아진 이러한 발달은 이미 선진 문명의 특징을 부분적으로 지녔던 우루크 시대에 들어와 정점에 달했다. 메소포타미아 지역 사람들의 삶을 근본적으로 바꾸어 놓은 중대한 혁신은 바로 우루크 시대에 발생했다. 빠르게 회전하는 도자기 돌림판이 발명되면서 거의 산업적인 규모로 표준화된 토기를 생산할 수 있게 되었다. 이제 토기는 대량생산품이 되었다. 장식이 거의 없는 단색의 우루크 토기는 사회의 많은 사람을 위해 만들어지는 토기의 새로운 위상을 여실히 보여 준다. 기원전 제4천년기부터 기후가 더욱더 건조해지고 우후죽순처럼 급성장한 도시 중심지의 인구가 증가하면서 집약적 농경과 수확량 증대에 대한 동기가 더 커졌다. 이는 용수로와 관개시설을 대대적으로 늘려야만 달성할 수 있었다. 할라프 시대와 우바이드 시대에 시작된 주거지 서열화는 계속 심해졌다. 이러한 변화의 결과로 마침내 내부적으로 계획된, 요새화된 도시가 행정, 상업, 권력의 중심지로 형성되었다. 더불어 전문적 직업군이 등장하고 관료 및 정치 엘리트층이 공고화되는 현상도 동반되었다. 이 새로운 환경은 메소포타미아 중심 도시들의 건축적 배치에 반영되었다. 이제 이 중심 도시에는 집회용 대형 건물과 웅대한 사원, 뛰어난 장식의 궁전들이 지어졌다. 그리고 이 시기에 진흙 벽돌로 만든 기반 위에 세워진 건물에서 메소포타미아의 대표적 건축물 형태인 지구라트의 모습이 이미 드러나고 있었다.

우루크는 인류 역사에서 가장 오래된 도시로 자주 묘사된다. 진정한 의미의 도시적 생활 방식이 발달한 것은 역사상 우루크 문화가 처음이었다. 그리고 이 현상에는 유례가 없을 정도의 인구 증가가 수반되었다. 또한 제도화된 성직자 집단과 새로운 형태의 지배 엘리트층이, 다시 말하면 종교적으로 결정된 군주제가 처음으로 형성된 것도 바로 이 시대였다. 이 새로운 지배층은 식량 생산 과정에 참여해 몸소 일하는 행위를 더는 하지 않았다. 그리고 바로 이러한 점이 이전 시기들과 결정적으로 다르다. 이와 맞물린 사회적 계층 분화는 도시의 건축물 배치에서도 잘 드러났다. 예컨대 거주 구역 및 수공업 장인 구역과 더불어 명망 있는 건물이 세워졌다. 우루크 시대의 도시들은 주변까지 아우르는 넓은 지역에서 중심지 역할을 했다. 그 도시들이 원거리 교역을 조직하면서 페르시아만에서 지중해 지역에 이르는 광범위한 지역을 연결하는 카라반 무역로도 형성되었다. 이 모든 것은 새로운 관료 기구가 도입되지 않았다면 달성되지 못했을 것이다. 이 관료 기구는 인상적인 점토 인공물과 원통형 인장을 거치며 발전하다가 기원전 제4천년기 말에 문자 체계의 발명으로 정점을 찍었다. 숭배 의식과 종교는 서로 독립적인 영역이 되었고, 예술은 우바이드 시대와는 비길 데 없을 정도의 회화와 조각상으로 한 차원 높아진 수준에 도달했다. 이러한 발전이 시작된 곳이 바로 우루크였다. 하지만 같은 시기에 우루크에 비견될 만한 중심지가 여럿 있었다는 사실도 기억해야만 한다. 예컨대 티그리스강의 테페 가우라, 시리아 하부르 평원의 텔 브락, 유프라테스강 중류의 하부바 카비라, 동남부 아나톨리아의 하즈네비Hacınebi 등이다. 후기 우루크 시대가 시작될 무렵에 메소포타미아와 인근 지역은 이미 선진 문화를 향한 문턱을 넘은 상태였다.

본격적인 신석기시대에서 이집트 통일까지

남부 나일강 삼각주에서는 기원전 4000년 무렵에 이르러 메림데 문화가 기원전 3500년 무렵까지 존속한 부토-마아디 문화로 대체되었다. 이 문명권 사람들은 농경 지향적인 촌락을 이루며 살았고, 집은 나무와 점토, 짚으로 지었다. 이 문화의 토기는 레반트 지역과 교류가 있었음을 암시하며, 최초의 구리 인공유물은 근동에서 유래한 것으로 보인다. 이것들은 레반트 지역이나 근동의 다른 지역과 더 밀접한 거래 관계를 맺고 있었음을 명확히 보여 준다. 당시에 나일 계곡에서 시나이반도를 거쳐 근동의 문화적·상업적 중심지들에 이르는, 교역과 물자 거래를 위한 원거리 경로가 이미 확고히 형성되어 있었음이 틀림없다. 부토-마아디 문화의 출현은 완벽한 신석기시대 생활 방식 및 경제 방식으로 확실히 전환했음을 의미하기도 했다. 이제 사람들은 소, 양, 염소, 돼지를 키웠다. 또한 이집트에서 최초로 당나귀가 사육되었다는 증거가 이 시기에 나왔다. 부토-마아디 문화의 또 다른 혁신은 주거지에서 떨어진 곳에 자리 잡은 공동묘지였다.

상이집트에서 가장 오래된 본격적인 신석기 문화는 바다리 문화로 여겨진다. 이 문화 역시 기원전 제5천년기 말에, 다시 말하면 부토-마아디 문화와 거의 같은 시기에 등장했다. 기원전 제4천년기 전반기에 바다리 문화는 나카다 문화에 완벽하게 동화되었다. 바다리 문화의 전달자들은 생산적 경제활동에 집중했다. 그들의 주거지는 아주 크지는 않았는데, 규모 외에 주거지의 구조나 개별 가옥 형태에 대해 알려진 것이 거의 없다. 재배 식물은 에머밀과 보리가 주를 이루었고, 사람들은 양과 염소를 가축으로 키웠다. 하이집트의 부토-마아디 문화에서와 마찬가지로 바다리 문화의 주거지 주변에서도 이 지역 최초로 공동묘지가 조성되었다. 바다리 문화 토기의 전형적 특징은 가장자리의 검은색 띠무늬였다. 이러한 장식은 특수한 굽는 기술이 있어야 가능한 것으로, 초기 나카다 문화에서도 여전히 발견된다. 또한 바다리 문화기에는 최초의 구리 가공품 제조도 시작되었다.

멀리 남쪽의 상누비아와 중부 수단 지역에서도 몇 가지 근본적인 변화가 일어났다. 그 지역에서는 기원전 제5천년기부터 하르툼 중석기시대에 이어 하르툼 신석기시대가 열리면서 생산적 경제로 점진적으로 이행하고 있음을 보여 주는 최초의 징후가 나타났다. 이 과정은 동부 사하라 지역으로부터 유입된 집단의 자극을 받아 발생한 것으로 보인다. 어쨌든 하르툼 신석기시대에는 양과 염소 외에 소도 사육되었고, 작물은 재배되지 않았다. 사냥과 고기잡이는 여전히 중요한 역할을 했다. 주거지에 대해서는 비교적 알려진 것이 없지만, 수많은 무덤이 존재했다는 사실은 밝혀진 바 있다. 이 유적지에서 발견된 부장품들은 그 어떤 곳보다도 풍부하며, 때때로 매장된 사람들의 사회적 지위에 차이가 있었음을 보여 주는 증거도 나온다. 흥미롭게도 이집트 나일 계곡과 더 가까운 누비아의 공동묘지는 사회가 이미 계층에 따라 조직되었음을 암시하기도 하는데, 심지어 이 지역은 초기 형태의 통치가 등장했다고 볼 수도 있다. 그러한 '군장국가'는 기원전 제3천년기에 이집트 초기 왕조의 남부 주변 지역에서 등장한 최초의 지역 왕권의 기초를 형성했을 수 있다.

상이집트에서 바다리 문화에 이어 등장한 나카다 문화는 기원전 제4천년기 전반기에 나일강을 따라 하류로 퍼져 나가 북쪽까지 세력을 뻗쳤다. 나카다 문화가 끝나 갈 무렵에 그 문화는 이집트 나일 계곡의 거의 전 지역을 차지하면서 훗날 등장할 파라오 제국의 기반을 형성했다. 나카다 문화에서 가장 오래된 나카다 I기에는 정착 생활이 우세해지면서 식물을 재배하고 가축을 사육했다. 이 문화의 토기는 기하학적 무늬를 새겨 넣은 장식 외에 복합적인 장면(예를 들면 배, 사냥, 전투, 숭배 활동 등)도 보여 주었다. 기원전 3500년과 기원전 3200년 사이에 해당하는 나카다 II기에는 그 영향력이 더욱더 북쪽으로 확장되어 멀리 나일강 삼각주까지 이르렀다. 또한 선왕조 시대의 종말을 알리며 훗날의 발전을 예고한 근본적 변화가 일어나기도 했다. 이 시기의 부장품으로 판단해 보면 무덤에서 뚜렷한 사회적 계층 분화가 나타나기 시작했는데, 이는 엘리트층의 등장과 동일시할 수 있다. 사람들은 더는 자신들이 쓸 용도로만 돌이나 점토로 용기를 만들지 않았고, 남아돌 정도로 그릇을 만들어 냈다. 토기 돌림판이 등장하면서 결국 대량생산을 할 수 있게 되었다. 그와 동시에 금속가공도 더욱 중요해졌다. 소규모 촌락과 함께, 최초로 연합 도시 성격의 중심지가 형성되었다. 이는 이후 초기 왕조 시대의 구심점 역할을 하게 되었다. 따라서 히에라콘폴리스의 내부 구조는 이미 최초의 도시로서 지닌 특징을 일부 보여 주었다고 할 수 있는데, 작업장 구역과 함께 권력 중심지, 숭배 활동 중심지도 존재했기 때문이다.

마지막 단계인 나카다 III기는 기원전 3200년 무렵에 이어졌는데, 이는 이른바 고대 이집트 제0왕조에 해당한다. 아비도스 근처 움 엘-캅 유적지 U 고분의 초기 '왕릉'에서 나온 최근의 고고학적 유물은 그 시기가 기원전 3320년 무렵으로 추정되는데, 이집트 문자 체계가 수메르 문자와는 독자적으로 발달했고 심지어 더 앞선 시기에 발달했을 수도 있음을 암시한다. '제0왕조'는 왕가의 스카라브scarab[9] 인장에 소왕minor king들의 이름이 날인되어 있었던 시기를 가리킨다. 제0왕조 시대에 상이집트와 하이집트를 모두 아우르는 안정된 국가 같은 것이 존재했을 가능성을 확실하게 배제할 수는 있지만, 그 시기에 이집트의 종교 문화와 물질문화 모두 표준화되는 경향이 계속 커지고 있었다고 해도 무방할 듯하다. 최초의 관개시설 또한 제0왕조 시대에 갖추어진 것으로 추정되는데, 이는 이 시기의 식량 생산이 잉여물을 생산하는 데 초점을 맞추었음을 시사한다. 그런 시설을 건설하고 유지하는 일은 중앙의 계획과 지휘 없이는 생각할 수 없다. 따라서 강력한 통치자가 나타나 왕국을 통일하는

9 풍뎅이 모양을 한 상징물로 고대 이집트에서 수호 부적이나 인장 등으로 사용되었다.

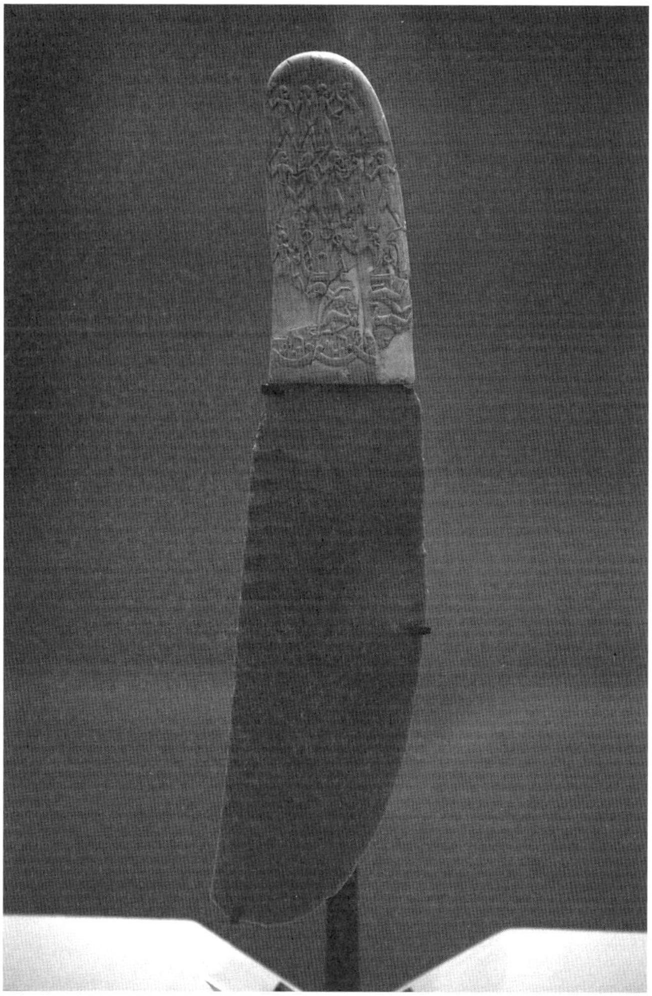

——— 이집트의 나카다에서 나온, 플린트로 만든 물결무늬 의식용 칼. 장식용 손잡이 부분은 상아로 만들어졌다. 나카다 문화의 여러 단계는 선사시대 후기의 문화적 환경부터 나일 계곡에 이집트 선진 문화가 출현하기까지의 발전 과정을 보여 준다. 이집트 왕국의 첫 통일을 둘러싼 격렬한 충돌을 묘사하는 이 칼 손잡이 같은 생생한 증거들은 특히 가장 후대에 속하는 나카다 III기에서 발견되었다. (Wikimedia Commons, © Rama)

것은 시간문제일 뿐이었다.

마침내 기원전 3150년 무렵에 상이집트의 주도로 나일 계곡 전체가 정치적으로 통일되었다. 제0왕조 시기는 우위를 차지하기 위한 끊임없는 투쟁의 하나로 생각해야 한다. 이러한 격변을 명확히 입증해 주는 인공유물로는 나르메르Narmer의 의식용 팔레트를 들 수 있는데, 이 팔레트에는 이집트의 북부 지역을 정복하고 하이집트 통치자에게 승리를 거둔 나르메르 왕이 묘사되어 있다. 고대 이집트인들의 연대기에서 제0왕조 시기에 이루어진 왕국 통일은 역사적으로 중요했으므로 이후에 새로운 파라오가 즉위할 때마다 의식을 통해 재연되어야 했다.

아나톨리아와 에게해 지역에서의 초기 도시 문화 형성

아나톨리아와 에게해 전역의 신석기시대는 극초기부터 비교적 연구가 잘 되어 있다. 최근 수십 년 동안 학자들은 특히 소아시아 지역에 관한 연구에서 상당한 진전을 보았다. 하지만 그리스의 고고학적 유물과 관련된 연구는 다소 부진한 상태다. 에게해 섬들뿐 아니라 그리스 본토의 여러 지역의 경우, 디미니 문화와 세스클로 문화에서 '권력의 중심지seat of power'의 토대가 형성된 이후인 기원전 제5천년기 후반기와 기원전 제4천년기 전반기에 해당하는 고고학적 기록은 대체로 바닥이 난 상태다. 우리는 사실상 페프카키아 마굴라Pevkakia Magula 같은 곳의 주거지 구조나 내부 배치에 대해 더 상세히 아는 것이 거의 없다. 페프카키아 마굴라의 경우 잘 보존된 단층 덕분에 초기 청동기시대가 시작되기 전, 테살리아의 순동기시대純銅期時代, Copper Age인 라마니Rahmani 시기를 분류해 내는 데 중심 역할을 할 수 있다. 같은 시기에 해당하는 에게해 지역과 아나톨리아의 다른 유적지 대부분도 상황이 똑같다. 베이제술탄Beycesultan이나 아프로디시아스 같은 곳에서 이 시기와 관련된 맨 위 지층도 충분히 조사된 것은 아니지만, 고고학적 기록과 연구 상태는 후기 동기시대가 시작되면서부터 나아진다.

초기 청동기시대의 경우 기원전 제4천년기 말과 기원전 제3천년기에 이르면 사료가 다시 풍부해지기 시작한다. 한편으로 이 사료들은 에게해-아나톨리아에서 지역별로 나타나는 건물과 주거지의 형태를 보여 주고, 다른 한편으로는 몇 가지 공통점도 뚜렷하게 보여 준다. 서부 중앙아나톨리아의 에스키셰히르 인근 데미르지회위크Demircihöyük에서 고고학자들은 사다리꼴 모양의 집들이 서로 긴 면을 맞대고 인접한 원형 주거지 마을을 발굴했다. 동부 아나톨리아에서도 비슷한 집들이 발견되었는데, 케반 지역의 풀루르-사키올 Pulur-Sakyol 유적지가 대표적이다. 일반적으로 이 시기에 해당하는 다른 유적지에서 대대적 발굴을 하지는 않았지만, 동부 에게해 연안의 섬들(예를 들면 사모스섬의 헤라 신전Heraion 유적지와 레스보스섬의 테르미 유적지 등)을 비롯해 서부 소아시아의 아프로디시아스와 베이제술탄에서도 건물들이 방사형으로 배열되었던 것으로 보인다. 이러한 배열 방식은 발칸반도까지 전해진 것으로 보이며, 이는 불가리아의 유나치테Junacite와 에제로에서 나온 비슷한 초기 청동기 시대 유물로 입증된다.

그런데 이러한 방사형 배열은 기원전 제4천년기와 기원전 제3천년기에 아나톨리아에 널리 퍼졌던 촌락 주거지 패턴을 대표하는 것처럼 보인다. 반대로 같은 시기에 에게해 지역에서 지배적이었던 형태는 도시 같은 단지 형태였다. 각각의 패턴은 아주 다른 특징을 보이지만, 동시에 몇 가지 특이한 공통점도 가진다. 부분적으로 서로 붙은 사각형 방들이 모여 있다 보니 더 크고 복잡한 건물 평면도가 필요했다. 그리고 이 건물들은 종종 서로 직각으로 교차하는 골목길을 따라 늘어서 주거 구역을 형성했다. 이따금 도로 방향이 이 패턴에서 벗어나 그 지역의 지형에 의해 결정될 때도 주거지 배치에서 직각을 이루는 직선의 골목길 구조는 계속 유지되었다. 아나톨리아의 원형 마을에서 확실히 발전된 형태를 보여 준 이 주거지 패턴은 에게해 섬들(렘노스섬의 폴리오크네, 레스보스섬의 테르미, 에비아섬의 마니카 등)과 그리스 본토(아시네, 티린스, 에우트레시스 등)에서도 발견할 수 있다. 이들은 대부분이 초기 헬라스 시대의 주거지다. 테르미에서는 이전의 발달 형태(I기 지층에서 III기 지층까지 발견된 방사형 배치)가 이후의 패턴(IV기 지층과 V기 지층에서 발견된, 교차하는 골목길을 따라 위치한 복잡한 사각형 건물)으로 대체된 흔적도 나타난다.

도시와 유사한 이 원시 도시 단지들에서 사회적 계층 분화를 확인하기란 어렵다. 건축적으로 두드러진, 지역의 지배 엘리트층을 위한 건물들을 실제로 식별할 수 없기 때문이다. 하지만 트로이아의 상황은 매우 달랐는데, 극초기의 Ia-c기 지층에서도 유적지의 가장 높은 지점에 방어 시설을 갖춘 구역이 뚜렷하게 형성되어 있었기 때문이다. 이곳은 주거지의 나머지 부분들과 분리

—— 청동기시대의 트로이아 성벽. 기원전 제3천년기에 여러 개의 구역으로 나누어진 원시 도시형 대규모 주거지가 에게해 지역과 아나톨리아의 여러 지역에 처음으로 등장했다. 하인리히 슐리만의 유명한 발굴로 알려진 트로이아 요새는 여러 개의 대형 메가론 건물로 이루어져 있고 튼튼한 성벽으로 둘러싸여 있는데, 전체적으로 상당히 큰 주거지의 성채 역할을 했다. (Wikimedia Commons, © Bgabel)

되어 있었고 메가론 구조를 갖추고 있었다. 메가론의 수는 트로이아 IIc기 지층까지 계속 늘어났다. 또한 방어용 성벽도 더 튼튼해졌고 여러 개의 과시적인 문루가 간간이 배치되어 있었다. 그러다가 트로이아 IIg기 지층에 이르러서는 아주 큰 메가론 하나만이 중심부에 홀로 위치하고, 요새화된 구역의 나머지 부분에는 드문드문 건물이 배치되었을 뿐이다. 건물 배치에서 나타난 변화에 관해 더 자세히 다룰 수는 없지만, 한 가지 주목해야 할 점은 전체 주거지를 압도하는 성채의 존재가 어렴풋이 보이기 시작했다는 점이다. 그 존재감은 '궁전'으로 불러도 무방할 정도다. 트로이아에 지배 엘리트층이 존재했다는 증거가 그 시기의 무덤에서 나오지는 않았지만, 그곳이 그런 집단을 위한 공간이었던 것은 분명하다. 튀르키예령 트라키아에서도 아주 비슷한 주거지 형태를 목격할 수 있는데, 키르클라렐리 근처의 칸르게치트Kanlıgeçit 유적지에서도 이런 유형의 '궁전'이 발굴되었다. 이곳은 여러 개의 메가론 구조물이 서로 평행하게 세워져 있었고, 트로이아 유적지와 마찬가지로 튼튼한 방어용 성벽으로 둘러싸여 있었다. 그리고 이 성채를 중심으로 주거지가 불규칙하게 퍼져 있었다. 한 가지 주목할 만한 특징은 이 지역이 초기 청동기시대의 트로이아와 상당히 비슷하다는 것인데, 단순히 건축물의 배치뿐 아니라 발굴된 고고학적 유물 대부분도 아나톨리아 지역의 특징을 보여 준다.

웅장한 건물은 초기 청동기시대에 속하는 다른 지역의 더 큰 주거지에서도 중심점을 형성한다. 예를 들어 카라타슈-세마위크Karataş-Semayük의 2층짜리 궁전 복합체는 중앙의 대형 건물로만 이루어져 있으며, 앞으로 튀어나온 궁전 벽기둥은 건물 전체에 안정감을 더해 주기 위해 설계된 것이 틀림없어 보인다. 이 건물을 발굴한 고고학자들이 특별히 지켜야 할 대량의 식량이 이런 중심지에 저장되었을 것으로 추측한 것도 무리는 아니었다. 일부 남아 있는 성벽 잔해가 이 궁전 복합체를 둘러싸고 있었고, 이 성벽 너머에만 규모가 작고 더 단순한 형태의 건물들이 빽빽이 들어서 있었다. 이와는 대조적으로 이 시기의 매장지에서는 사회적 계층 분화를 보여 주는 흔적이 전혀 나오지 않았다. 학자들이 대규모 공동묘지를 조사할 수 있었던 카라타슈-세마위크에서도 상황은 같았다. 초기 청동기시대의 소아시아에서 주거지 밖에 자리한 대다수 공동묘지(즉 주거지 성벽 밖에 자리 잡은 공동묘지들)는 단순한 흙무덤이나 유골 단지 형식이었고, 그곳에서 나온 부장품들은 유의미한 차이가 전혀 없이 거의 똑같았다. 이 일반적인 법칙의 유일한 예외는 북부 중앙아나톨리아에 있는 알라자회위크의 의식용 무덤이다. 이 무덤들은 기원전 제3천년기 말과 기원전 제2천년기 초의 것으로 추정되며, 마흐마틀라르Mahmatlar와 카야프나르Kayapınar에서 발견된 무덤과 비슷하다고 볼 수 있다. 이러한 무덤들은 지금까지 아나톨리아 장례 관습에서 이토록 명확하게 드러난 적이 없었던 지배 엘리트층의 존재를 증명해 준다. 문제의 무덤은 후기 히타이트 시대의 주요 도시인 알라자회위크에 있는 수갱竪坑식 분묘로, 나무 들보로 덮은 돌담으로 이루어져 있다. 이 무덤들에는 구리, 청동, 은으로 만든 다양한 의식용 무기를 비롯해,(일부 무기의 손잡이에는 금이 박혀 있었다.) 금, 은, 구리로 만든 그릇, 황금 장신구 등 상당히 호화로운 부장품이 들어 있었다. 이 잡다한 유물 중에 가장 주목할 만한 것은 황소와 사슴의 형상을 한 소형 조각상 그리고 표준화된 듯 보이는 머리 장식인데, 금속가공물에 구멍을 뚫어 만든 태양 모양 원반sun disk들이 올려져 있었다.

그 시기에 그리스 본토의 주요 주거지 중에도 특별한 방어 시설을 갖춘 두드러진 중심 건물이 있는 곳들이 있었다. 이는 펠로폰네소스반도의 초기 헬라스 시대 주거지인 레르나의 발굴에서 입증되었다. 고고학자들은 초기 헬라스 II기 지층에서 대형 구조물을 발굴하는 데 성공했고, 이를 '복도 주택Corridor House'으로 불렀다. 좁은 복도 같은 통로가 세 개의 대형 중심 공간에 바로 붙어 있고 그 복도로부터 계단을 통해 2층으로 올라갔을 가능성이 커 보이기 때문이다. 이후에 복도 주택의 잔해 위에 벽돌 주택House of Bricks으로 불리는 집이 지어졌다. 이 역시 평면도가 복잡한 중심 건물로 생각할 수 있다. 또한 이 건물은 앞으로 돌출한 둥근 보루를 갖춘 방어용 성벽에 둘러싸여 있었다. 레르나의 복도 주택이나 벽돌 주택과 비슷한 초기 헬라스 시대의 중심 건물은 아이기나와 아코비티카에도 존재했던 것으로 밝혀졌다. 따라서 레르나는 유일한 사례가 아니었다. 물론 그리스 본토의 초기 헬라스 시대 주거지 구조에 대한 지식이 여전히 매우 빈약하지만 말이다. 사실 아는 것이 너무 없어 그 시기의 사회에 대해 어떤 포괄적인 결론을 내기가 어려울 정도다. 우리가 확실히 아는 것은, 당시 무덤을 통해서는 확인하기 어렵지만, 지역의 지배 엘리트층이 형성되고 있었고 사회적 계층 분화가 일어나고 있었던 것이 분명하다는 것이다.

지형적으로나 방어 시설 및 건축 방식 면으로나 두드러진 위치에 성채가 자리한 대규모 주거지에서 '권력의 중심지'가 드러나는 과정을 보면 동부 에게해와 서부 에게해가 메소포타미아의 상황과 뚜렷하게 다름을 알 수 있다. 메소포타미아에서는 기원전 제4천년기에 처음으로 대도시가 등장하면서 사원과 궁전 구역이 형성되고 문자 체계와 수준 높은 예술 작품이 생산되었다. 그 시기에 에게해-아나톨리아 지역의 사람들은 여전히 그런 형태의 문화와는 거리가 먼 상태였다. 물론 에게해-아나톨리아의 환경은 촌락적 특징에서 전혀 벗어나지 못한 발칸반도의 여러 초기 청동기 문화보다는 뚜렷한 발전을 이미 보여 주고 있기는 했다. 중기 미노스 시대가 시작되던 기원전 제2천년기 초에 크레타섬에서 최초의 궁전들이 (크노소스, 파이스토스, 말리아에) 세워졌다. 이러한 발달은 이후 그리스 본토에 영향을 미칠 수밖에 없었다. 같은 시기에 아나톨리아에서는 고古아시리아 시대의 교역 식민지인 카룸이 형성되면서 문맹 시대가 종말을 고했다. 중앙아나톨리아에 처음으로 문자 문화가 존재했다는 증거가 카룸에서 다수 나왔기 때문이다. 이와 함께 궁전의 것과 유사한 안뜰과 홀하우스hall house도 등장했다. 이후 이러한 변화로 인해 아나톨리아에서는 히타이트 문화가, 그리스 본토에서는 미케네 문화가 생겨났다.

남동부 유럽의 정착 생활, 혁신, 사회적 계층 분화

기원전 제5천년기 전반기에 남동부 유럽의 여러 지역에서는 당시까지 그 지역에 우세했던 후기 신석기시대의 문화적 환경에 근본적인 변화가 생겼다. 이후 이러한 변화로 인한 본격적인 영향은 기원전 제5천년기 중반기까지 전개되었다. 따라서 고고학자들은 이 시기를 (순동기시대나 동기시대로도 알려진) 금석병용기라는 새로운 시대의 관점에서 이야기한다. 흑해와 동부 카르파티아 분지 사이의 지역에서 기원전 제5천년기 전반기에 발생한 초기 동기 문화는 카라노보 V기, 마리차, 보이안Boian, 사바Sava, 하만지아Hamangia가 있고, 더 멀리 서쪽의 빈차, 티서Theiss, 최스헐롬Csöszhalom, 헤르파이Herpály가 있다. 그 뒤에 이어진 시기는 후기 동기시대로 분류되며, 기원전 제5천년기 후반기의 티서폴가르Tiszapolgár 문화를 비롯해 코자데르멘Kodžadermen, 구멜니차, 카라노보 IV기, 바르나 문화가 이 시기와 관련이 있다.

기원전 제5천년기에, 특히 그 기간의 절반이 지난 시점부터 남동부 유럽에서는 한곳에 더 오랫동안 계속 정주하려는 경향이 뚜렷해졌다. 이는 당시에 형성된 주거 구릉지 수가 엄청나게 증가한 사실에서 알 수 있다. 이러한 주거지 형태는 한편으로는 트라키아 평원에서 발칸 고지대를 지나 멀리 동북부 불가리아(오프차로보Ovčarovo, 골랴모 델체보Goljamo Delčevo)와 다뉴브강 하류 지역(피에트렐레, 구멜니차)까지, 다른 한편으로는 북부 세르비아와 트란실바니아를 거쳐 남부 카르파티아 분지(고르저Gorzsa)와 동부 카르파티아 분지(헤르파이)까지 퍼져 나갔다. 그와 동시에 주거 구릉지 주변에 매장지 또한 늘어났다. 이제 산 자와 죽은 자의 영역은 신석기시대의 초기 단계에 그랬던 것과 같은 정도로는 서로에게 스며들지 않게 되었다.

이들 주거 구릉지는 기둥을 박아 세운, 방이 여럿인 직사각형 가옥으로 이루어져 있었다. 활용할 수 있는 공간을 최대한 효과적으로 이용하기 위해 가옥을 줄을 맞추어 배치하거나 직각으로 교차하는 골목길을 따라 가옥 블록을 형성해 놓기도 했다. 이 촌락들은 장기간 사람들이 살았는데도 시간이 지나도 크기가 거의 달라지지 않았다. 당시 사람들은 가옥이 조금 늘면 방어용 울타리를 세웠다. 주로 말뚝을 이중으로 박거나 흙으로 방벽을 쌓았는데, 가끔은 해자까지 파기도 했다. 이는 주거지를 확장하는 일이 금방 한계에 부딪혔음을 의미했다. 따라서 인구가 꾸준히 증가함에 따라 일부 거주자는 주거지를 떠날 수밖에 없었을 것으로 추정할 수 있다. 다뉴브강 북쪽과 인접한 피에트렐레에서 처음으로 주거 구릉지와 바로 인접한 곳에 대규모 외곽 주거지가 형성되어 있었다는 증거가 나왔다. 그곳의 규칙적인 가옥 배열을 보면, 구릉지 자체의 개발만큼이나 외곽 주거지 개발도 철저하게 계획되었던 것으로 보인다.

기원전 제5천년기의 남동부 유럽 주거 구릉지에서 눈에 띄는 점은 여러 단계의 고고학적 지층을 거치면서도 가옥 부지가 대체로 일정한 규모를 유지했다는 점이다. 이는 토지 소유와 가족 유대가 연속성을 지녔었음을 암시한다. 하지만 이 초기 단계의 주거지에서 발굴된 고고학적 유물을 보면, 가옥 크기나 소유권 상태에서 차이가 있었다거나 지배 엘리트층이 윗사람으로서 사람들의 공동생활을 관리하려는 시도가 있었다는 징후는 여전히 보이지 않는다. 한마디로 당시 주거지의 주된 특징은 사회적 계층 분화가 아니라 대체로 균일한 가옥 크기다. 농경과 가축 사육은 수백 년째 그래 왔듯이 기본 식량을 확보해 주었다. 그러나 신석기시대와 비교했을 때 보이는 새로운 특징은 진전된 노동 분화가 더욱더 확실하게 나타났다는 점이다. 직조 과정에서 사용하는 추가 발견된 것으로 보아 직조기가 있었던 것 같은데, 직물은 소수의 전문화된 가족이나 집단이 맡아 생산했던 것이 분명해 보인다.

노동 분업과 전문화된 기술적 지식의 전승이 없었다면, 남동부 유럽의 동기시대에 중요했던 금속인 구리와 금을 탐사하고 채굴해 제련하고 가공하는 일은 상상도 하지 못했을 것이다. 이미 기원전 제9천년기에 근동 지역 사람들은 금속에 관심이 있었으므로 구리광 공작석을 채굴하기 시작했다. 공작석의 매력적인 초록색 때문에 사람들은 그것으로 구슬을 만들었다. 처음에 광석은 그저 색이 있는 암석으로 여겨졌고, 그것의 진짜 속성을 제대로 알아본 사람은 없었다. 또한 기원전 제6천년기로 추정되는, 남동부 유럽에서 가장 오래된 구리 물건은 제대로 야금 과정을 거쳐 가공되었다기보다는 차가운 상태에서 망치로 두드려 모양을 만든 것들이었다. 따라서 인간과 구리 간에 이루어진 이 최초의 상호작용은 진정한 야금술과는 아무런 관계가 없었다. 그런데 기원전 제5천년기를 거치며 이 상황은 급격히 변화했다.

구리의 채굴과 가공에 관한 지식이 근동에서 전해진 것인지, 아니면 남동부 유럽에서 독자적으로 발달한 것인지의 문제는 오랫동안 학문적 논쟁의 대상이었다. 그러는 사이에 발칸반도의 금속가공 기술이 독자적으로 발달했다는 것이 분명해졌다. 이 지역의 금속가공 기술이 기원전 제5천년기부터 본격적으로 발전했음을 보여 주는 확실한 증거가 존재한다. 트라키아의 스타라자고라 인근 아이 부나르Ai Bunar에 발견된 마리차 문화의 채굴장과 다뉴브강 철문 협곡 근처에 있던 빈차 문화의 루드나 글라바 광산은 이미 기원전 제5천년기 중반기에 깊은 갱에서 구리를 채굴하고 있었음을 증명해 준다. 기원전 제5천년기 후반기에 해당하는 망치 도끼, 손도끼, 끌 등 구리로 만든 채굴 장비가 다수 발견되었다. 그 시기에도 이 도구들은 두 짝으로 된 거푸집에 넣어 주조되었다. 분명 모든 가구가 이런 종류의 도구를 직접 만들어 쓴 것은 아니었을 것이므로 끊임없이 자신들의 전문적 지식을 키우고 여러 세대에 걸쳐 그것을 물려준 전문가가 있었을 것으로 추정된다. 구리 가공은 사회에 광범위한 영향을 미쳤다. 구리광의 채굴과 가공에는 특수한 기술을 가진 노동력이 필요하다. 이것은 분업과 진정한 의미의 직업군 형성을 향한 첫 단계였다. 그러한 이유로 기원전 제5천년기 후반기처럼 이른 시기에도 금속가공사의 무덤이 발견된다.

남동부 유럽 동기시대의 인간 형상 조각들은 도식화되는 경향을 뚜렷하게 보여 준다. 이러한 경향은 더는 인간의 모습이라고 할 수 없는, 일련의 개별적인 기하학적 요소들로 이루어진 우상이 등장하면서 절정을 이루었다. 오프차로프의 한 가옥에서는 수많은 소형 여자 조각상이 소형 탁자와 의자, 제단 같은 구조물, 제단 식기와 함께 발견되었다. 이는 성스러운 장소의 모형 역할을 하는 곳인 것이 분명했다. 커스치오아렐레Căscioarele의 채색된 기둥이 있는 눈에 띄는 건물도 종교적 장소, 즉 숭배 의식용 건물이었을 것이다. 루마니아의 파르차Parța에서 발굴된 건물도 비치된 물품들로 보아 숭배 의식용 건물로 확인되었다. 필요한 의식을 잘 아는 공동체 구성원들이 이러한 곳에서 의식을 준비했을 것으로 추정할 수 있는데, 이는 어쩌면 일종의 사제 계급이 존재했을 수도 있음을 시사한다. 더 나아가 이러한 곳에 종교 공동체로서 정착해 살아간 집단이 있었다고 생각해야 할 수도 있다. 그러나 직조하는 사람이든 구리 세공사든 사제든, 공동체의 모든 구성원은 자신만의 지식과 적성을 기초로 주거 공동체 내에서 특정한 기능을 수행했을 뿐이다. 그런데 이는 그들이 주거 구릉지의 나머지 거주자들 덕분에, 즉 대부분이 농경에 종사하는 사람들 덕분에 그런 활동을 면제받고 그들에게서 식량을 공급받아야 했음을 의미했다.

남동부 유럽의 동기시대 주거 구릉지가 겉으로 보기에는 평등한 구조로 보이므로 어떠한 사회적 계층 분화가 있었다고 추론하기 어렵지만, 이 시기의 무덤들을 보면 매우 다른 결론을 내릴 수도 있다. 무덤에서 발견된 아주 귀중한 부장품들을 보면, 다른 사람들보다 사회적 지위가 더 높은 사람들이 있었음이 분명해 보인다. 금으로 만든 공예품을 포함한 풍부한 부장품이 발견된 바르나의 무덤이 대표적 사례다. 전투에 나가는 남자들이 특히 높은 존경을 받아, 손잡이에 금박을 입힌 의식용 도끼나 왕홀, 전곤戰棍, mace 등이 다른 귀중한 물건들과 함께 부장품으로 들어 있었다. 일반적으로 장례 의식은 점점 더 엄격하게 규제되는 경향을 보였는데, 특히 성별에 따른 시신 처리가 점점 더 중요한 역할을 하게 되었다. 그리고 지역마다 여러 특색이 생겨나기도 했다.

____ 불가리아 바르나의 동기시대 공동묘지에서 발굴된, 의례 절차를 따른 무덤. 금속가공이 점점 더 중요해지면서 사회적 계층 분화가 발생했다. 지역의 지배 엘리트층은 원료와 가공 과정, 분배 과정을 점점 더 통제했고, 그들의 지위는 풍부한 부장품에서 확실하게 드러났다. (Wikimedia Commons, © Yelkrokoyade)

기원전 제5천년기 전반기에 텔 주거지는 남동부 유럽 전역에 가장 넓게 분포되어 있었다. 그 시기에 동부 카르파티아 분지에서도, 정확히 말하면 티서강 유역과 그 지류 전역에서도 주거 구릉지 형성이 계속 늘었기 때문이다. 일괄해 티서 문화로 알려지게 될 이 지역에는 여러 세대에 걸쳐 사람들이 계속 거주했다. 지역별로 장식 스타일이 다양한 이 시기의 채색토기를 통해 학자들은 다수의 문화 집단(예를 들면 최스헐롬, 헤르파이, 고르저)을 구분해 낼 수 있었는데, 이들 집단 모두 주거 구릉지를 남겼다. 공식적으로 발표된 고고학 발굴 자료가 많지 않으므로 이 문화들의 건물 단지의 내부 구조에 대해 많이 알지 못한다. 이따금 대형 건물이 있었다는 흔적(고르저)이 나타나지만, 그 건물들의 용도에 대해 더는 추측할 수 없다. 기원전 제5천년기 전반기에 바나트, 시르미아, 슬라보니아, 북부 보스니아에도 여러 세대가 거주한 텔 주거지가 형성되었다. 이들 지역에서 초기 신석기시대에 사람들이 정착 생활 방식을 채택하기 전에는 평지에만 주거지가 존재했다.

티서강 전역에 형성되었던 이 복합적 주거 체계는 트라키아나 다뉴브강 하류 유역의 경우보다 상당히 이른 시기인 기원전 제5천년기 중반기에 붕괴했다. 따라서 동부 헝가리 전역에서 한곳에 고정된 생활과 구릉지 생활의 원칙은 불과 몇 세대 만에 사라져 버렸다고 할 수 있다. 이후 기원전 제5천년기 후반기에 티서 문화의 뒤를 이은 티서폴가르 문화 사람들은 일시적으로만 혹은 특정 계절에만 거주하는 이동식 주거 방식으로 되돌아갔다.

서폰토스 지역에서와 마찬가지로, 기원전 제5천년기 중반기 이후 동부 카르파티아 분지에 나타난 티서폴가르 문화에서도 장례 의식의 근본적 변화가 나타났다. 동부 헝가리에서 발견된 이 시기의 수많은 공동묘지는 처음으로 시신 안치와 부장품 선택에서 성별에 따라 철저히 다른 방식을 보여 준다. 또한 일부 시신들은 구리로 만든 대형 도구와 금으로 만든 물건들이 부장품으로 제공되었다는 점에서 다른 시신들과 확실하게 구분되었다. 따라서 이 지역에서도 사회적 계층 분화의 요소가 장례 의식에 적용되었음이 틀림없다. 그런데도 이 과정은 동부 카르파티아 분지의 텔 주거지가 이미 버려진 뒤에야 나타났다. 이 시기의 주거지와 내부 구성에 대해서는 사실상 아는 것이 전혀 없다.

티서강 동쪽의 이러한 상황은 기원전 제4천년기 전반기에 티서폴가르 문화에 이어 나타난 보드로그케레스투르 문화기에도 계속되었다. 보드로그케레스투르 문화권에서 구리 가공이 활성화된 한 가지 중요한 요인은 기원전 5000년 무렵에 트라키아와 다뉴브강 하류 지역에서 후기 신석기시대에 해당하는 카라노보 VI기, 구멜니차, 바르나 문화가 붕괴했다는 점이다. 이로 인해 구리 야금술이 서쪽으로 이동해 카르파티아 분지 지역과 중부 유럽으로 전해졌다. 분광분석[10] 결과에 따르면 그 지역 사람들은 처음에 남동부 유럽에서 구리 도구와 구리 장신구를 수입하다가 기원전 제4천년기 초부터는 특히 트란실바니아, 슬로바키아, 동부 알프스에서 지역의 구리광상을 개발했다.

성별에 따라 다른 매장 방식과 부장품 관습을 보인 광범위한 매장지는 보드로그케레스투르 문화의 특징이기도 하다. 이 문화의 특정 무덤들은 대형 구리 도구와 장신구가 있다는 점에서 다른 무덤들과 확연히 구분되었다. 같은 시기에 훨씬 동쪽의 트라키아와 다뉴브강 하류 지역에서는 번창한 구리 세공 산업과 금 세공 산업을 자랑하던 동기시대의 문화들, 즉 코자데르멘 문화, 구멜니차 문화, 카라노보 VI기 문화, 바르나 문화가 이미 기원전 4000년 무렵에 쇠퇴한 상태였는데, 이들 문화에 조금이라도 버금갈 만한 문화가 뒤이어 나타나지 않았다. 학자들은 이 시기를 이른바 과도기의 관점에서 바라보지만, 확실한 정보는 거의 없는 상태다. 이러한 붕괴 원인을 놓고 상당히 많은 추측이 제시되었다. 북동쪽에서 온 스텝 유목 집단의 침략이나 경제생활의 기초를 무너뜨릴 수도 있는 기후변화가 가능한 원인으로 고려되었다. 심지어 남동부 유럽의 동기시대 사회에 발생한 사회적 격변이 원인이었을 수도 있다는 의견이 제기되기도 했다. 그러나 이 모든 것이 추측일 뿐이다. 그곳에서 실제로 무슨 일이 일어났는지는 여전히 미스터리에 싸여 있다.

기원전 제4천년기 후반기에 알프스 동쪽 가장자리에서 흑해 연안에 이르는 지역의 서쪽에서는 볼레라스 문화가, 동쪽에서는 체르나보더 III기 문화가 등장했다. 이 두 문화는 새로운 시대의 시작을 예고했는데, 이 시대는 바퀴

10 분광기를 이용해 물질의 성분과 그 분량을 알아내는 과정을 가리킨다.

와 수레, 갈고리 모양 쟁기의 사용과 같은 대단히 중요한 기술혁신과 함께, 털을 얻기 위한 양 사육의 시작을 특징으로 한다. 소 두 마리를 함께 매장한 것과 노역용 황소 무리를 그린 그림들은 밭갈이나 운반을 위해 사육되는 가축이 더욱더 중요해졌음을 의미한다. 쟁기를 단 소 덕분에 훨씬 더 효과적으로 농사를 지을 수 있었을 뿐 아니라 (멍에를 메워 수레에 연결된) 소는 이동과 짐 운반에서도 완벽히 새로운 차원을 열어 주었다. 말을 가축으로 기르게 된 것도 또 다른 중요한 요인이었다. 궁극적으로 이러한 혁신으로 말미암아 기원전 3000년 직전에 카르파티아 분지의 바덴 문화나 루마니아의 코초페니 문화, 트라키아의 에제로 문화가 탄생했다. 이 세 문화는 모두 그리스의 초기 헬라스 문화나 트로이아의 초기 청동기시대 주거지 I기에서 V기까지와 관련이 있음을 보여 준다. 이러한 변화로 트라키아에서 사람들은 다시 한곳에 정착하는 생활로 돌아갔고, 이전에 신석기시대에서 순동기시대에 이르기까지 사람들이 거주한 적 있는 텔 주거지(예를 들면 카라보노)에 사람들이 다시 찾아드는 경우가 많아졌다. 어쨌든 초기 청동기시대의 언덕 대부분은 앞선 시기의 주거지(에제로, 유나치테)였다. 기원전 3000년 무렵에 나타난 이 중대한 변화에서 또 다른 측면은 점토로 만든 조각상이 거의 자취를 감추었다는 것이다. 토우는 인류의 극초기 단계부터 카르파티아 분지와 에게해, 흑해 사이의 지역에서 정착 생활을 했던 사람들과 늘 함께였던 특징이었다.

남동부 유럽을 비롯해 에게해 지역, 아나톨리아, 흑해 주변 지역에서 기원전 제4천년기 말부터 처음으로 청동 공예품이 드문드문 등장하기 시작했다. 구리는 계속 지배적인 금속 원료였던 반면에 청동은 조금 시간이 지난 뒤에야 중요한 역할을 하게 되었다. 그런데도 기원전 제4천년기 말과 기원전 제3천년기에 이 지역에서 등장한 문화들은 이미 초기 청동기시대에 속하는 것으로 본다. 청동 제조는 구리를 생산하는 단계에서 상당히 발전했음을 의미하는데, 청동을 주조하기가 더 쉬워 더 복잡한 도구를 만들 수 있게 되었기 때문이다. 게다가 청동은 훨씬 더 단단했으므로 우위를 점할 수밖에 없었다. 그러나 청동은 자연적으로 생기는 것이 아니라 구리에 주석이나 비소를 합금한 것이다. 따라서 청동이 생산되었다는 것은 이미 청동을 만드는 사람이 종합적인 야금 지식을 갖고 있다는 사실을 전제로 한다.

기원전 제5천년기 후반기에 카르파티아 분지의 동쪽, 즉 루마니아 북동부, 몰도바, 서부 우크라이나 지역은 수많은 순동기시대 공동체의 본거지가 되었다. 이들은 일괄적으로 쿠쿠테니 문화와 트리필랴 문화로 불린다. 그 지역에서는 텔 구릉지 대신에 수백 채의 가옥으로 이루어진 대규모의 거대한 주거지가 형성되었다. 이 주거지는 텔 주거지처럼 겹친 지층을 형성하지 않고 반대로 광대한 지역에 퍼져 있었다. 따라서 주민 수는 수천 명에 달했을 수도 있을 정도로 많았을 것이다. 그러한 인구 집중 상태가 문자를 사용하는 관료제 없이 어떻게 정리될 수 있었는지는 선사시대의 가장 큰 미스터리 중 하나다. 마찬가지로 이 거대한 주거지가 어떻게 생겨나 성장하고 쇠퇴했는지 사실상 아는 것이 없다. 그곳에 사는 사람들이 농경과 가축 사육으로 생활했고 일종의 가내공업으로 구리 가공을 했다는 것이 유일하게 확실한 부분이다. 또한 쿠쿠테니 문화와 트리필랴 문화의 사람들은 형태 면과 장식 면에서 모두 인상적인 화려한 토기를 남겼다. 이 토기는 그 집단을 확인할 수 있게 해 주는 분명한 특징이었던 것이 틀림없다.

아무런 예고도 없었던 것 같은데 기술적·사회적 혁신으로 인해 엄청난 사회적·문화적 격변이 되풀이되는 것이야말로 선사시대의 특징이라고 할 수 있다. 그리고 거의 언제나 그 기술적·사회적 혁신이 이러한 변화의 기폭제였다. 그러한 번영의 시기 직후에 붕괴가 이어지는 경우가 흔했는데, 근동 지역 같은 경우와는 달리, 이 최초의 복합 사회들이 계속 발전해 나갈 수 없을 때마다 늘 그런 일이 일어났다. 남동부 유럽의 순동기 문화들이 바로 이러한 운명의 주인공들이었다. 당시 이 문화들은 선진 문명이 되는 문턱까지 갔다가 그 문턱을 넘는 데 실패했다. 그들의 주거지는 버려졌고, 매장지에도 시신이 더는 매장되지 않았다. 발칸반도의 넓은 지역은 오랫동안 사람들이 살지 않았던 것으로 보인다. 왜 이런 일이 생겼는지는 여전히 밝혀지지 않았다.

중부 유럽 및 북부 유럽의 최초의 금속, 새로운 거주 장소, 격변

중부 유럽의 중후기 신석기시대와 후기 신석기시대에 해당하는 기원전 제5천년기 중반기부터 기원전 제3천년기의 시작까지, 초기 신석기시대와 중기 신석기시대의 농업 지향적인 초기 문화들과 비견될 정도의 근본적이고 지속적인 변화가 발생했다. 이 변화는 이후 시기에도 계속 영향을 미칠 정도였다. 이 시기에는 도랑과 목책을 포함한 방어 시설 건설이 눈에 띄게 발전해 전성기에 도달했다. 예를 들어 미헬스베르크 문화와 알타임Altheim 문화가 차지했던 지역에서는 때때로 이러한 방어용 보루가 지름이 1킬로미터가 넘을 정도로 엄청난 규모에 이르렀다. 이들 방어 시설은 요새화된 중심 주거지로서 해석되기도 했고, 피난처나 안전한 시장, 의식 준수를 위한 숭배 장소 등으로도 해석되었다. 종종 방어 시설을 둘러싼 도랑이 인간 해골로 가득 찬 상태로 발견되므로, 그곳이 사실은 전용 매장지였을지도 모른다고 추측하는 학자들도 있다.

중후기 신석기시대에 사람들은 영토를 새롭게 개척했다. 이 시기에는 알프스산맥 인근 전역에서 호숫가를 중심으로 주거지가 집중적으로 형성되었다. 예전에는 호상 가옥으로도 불렸던 습지 주거지가 남부 독일, 북부 스위스, 프랑스 동부 지역, 북부 이탈리아, 슬로베니아, 오버외스터라이히에 등장했다. 중부 유럽의 서쪽에서는 기원전 제5천년기 초부터 이미 대규모의 문명 복합체가 형성되어 있었는데, 프랑스의 샤세Chassey 문화, 북이탈리아의 라고차Lagozza 문화, 스위스의 코르테이요 문화로 이루어져 있었다. 이 문화들은 기원전 제4천년기 후반기까지 존속했고, 이 습지 주거지 범위와 부분적으로 겹쳤다. 이 문명은 농경과 가축 사육에 종사했던 것으로 보이며, 생산적 경제 방식이 자리 잡고 있었다. 이전 신석기 문화와 비교해 볼 때, 이 문화들이 금속가공의 등장으로 근본적으로 바뀌지는 않았지만, 구리 야금술은 중요한 역할을 했다.

습지 주거지 건물의 잔해 일부가 지금도 물속에 잠겨 있어 건물의 기초가 된 나무 말뚝들은 보존 상태가 아주 좋은 편이다. 나이테 연대측정법을 통해 목재 잔해의 연대를 정확하게 알아낼 수 있으며, 그 덕분에 이 주거지의 변화 과정을 자세히 파악할 수 있다. 내용물의 보존 상태가 상당히 좋은 가옥도 있어 이 호숫가 주거지의 생활과 내부 구조에 대해서도 새로운 시각을 얻을 수 있다. 일찍이 기원전 제5천년기 말부터 북부 이탈리아('바시 아 보카 콰드라타Vasi a bocca quadrata'[11] 문화의 호숫가 마을)와 중부 스위스 및 서부 스위스(에골츠빌 문화 또는 초기 코르테이요 문화)에 널리 퍼져 있던 이러한 주거지 형태는 기원전 제4천년기의 시작부터 남부 알프스 지역에서 북쪽으로 더욱 왕성하게 확산하기 시작했다. 신석기시대의 초기와는 대조적으로 당시 사람들은 극한 지역에 정착할 준비나 살기에 불리한 생활환경도 견뎌 낼 준비가 되어 있었다. 이러한 사실로 미루어 보아 당시 사람들은 이런 새로운 지역을 영구적 경작지로 바꾸어 놓는 데 필요한 기술적 지식과 전제 조건들을 갖추었던 것 같다.

이 중후기 신석기시대 호숫가 주거지 가옥은 초기 신석기시대와 중기 신석기시대의 가옥보다 상당히 작아졌다. 그 가옥들은 방 한두 개에 화로를 갖춘 순수한 의미의 거주용 집으로, 소가족이 살았다. 그리고 사각형으로 늘어선 건물들 중간중간에 골목길이 평행하게 나 있었다. 길 양편으로 집들이 죽 늘어섰는데, 모든 집의 지붕 박공이 일직선을 이루었다. 이러한 방 한두 칸짜리 집들의 등장은 그에 상응하는 사회조직의 변화를 고려하지 않고는 이해할 수 없다. 따라서 대가족이나 씨족으로 이루어졌던 초기 신석기시대와 중기 신석기시대의 경제 공동체는 중후기 신석기시대에 들어서면서 자율적인 소규모 집단으로 이루어진 협력 연합체로 대체된 것으로 보인다. 습한 토양 환경에서 잘 보존되어 온 덕에 학자들은 이들 주거지의 특성을 제대로 파악할 수 있었다. 한 가지 눈에 띄는 특징은 집터의 연속성으로, 이 요인은 가족 전통을 형성하는 데 아주 중요한 역할을 했다. 언뜻 보기에는 가옥의 형태와 비치된 물품이 똑같다는 점 때문에 상당히 평등한 촌락 공동체였다는 느낌이 든다. 하지만 상당히 잘 정리된 가옥 배열은 어떤 전체적 계획이 있지 않았다면 생각하기도 어려운 것이었다. 한편 바덴뷔르템베르크의 페데르제 습지Federseemoor에서 주목할 만한 유물이 발견되었는데, 기원전 3000년 무렵의 것으로 추정되는 나무로 된 바퀴다. 이는 세계에서 지금까지 발견된 것 중에 가장 오래된 나무 바퀴 중 하나로 보인다.

——— 11 입 부분이 원형이 아니라 사각형인 병이나 항아리라는 뜻이다.

—— 남부 독일의 콘스탄스 호숫가에 있는 운테룰딩겐 유적지에서 발견된, 말뚝 위에 세운 주거지 마을을 복원한 것. 보존 상태가 좋아 중후기 신석기시대 호숫가 주거지의 규모와 배치가 성공적으로 복원될 수 있었다. 이곳의 가옥들은 표준화되어 있었고, 금속가공뿐 아니라 다른 수공업이 이루어졌다는 흔적도 보여 준다. 초기 신석기시대와 중기 신석기시대의 롱하우스와는 달리, 이 가옥들에는 소가족이 살았다. (Wikimedia Commons, © JoachimKohler-HB)

호숫가 주거지의 보존 상태가 좋은데도 소형 예술품이 전혀 발견되지 않았다는 점은 주목할 만하다. 이따금 가옥 외벽에 바른 석회 반죽 파편이 발견되기도 했는데, 그중에는 진흙으로 만든 다음 하얀 석회색으로 칠한 가슴 모양 장식도 있었다. 가옥 내부에서는 조개와 달팽이의 껍데기로 만든 구슬이 발견되었다. 그중 일부는 지중해나 대서양에서 들어온 것이 분명했다. 한편 망치로 두드린 자국이 세 개 있는 납작한 인형 구리판은 판노니아 평원 지역과 연관이 있음을 암시한다. 이 발견 유물들은 알프스 북부 가장자리에 자리한 호숫가 주거지들이 저 멀리 판노니아 평원에서 알프스산맥을 거쳐 북부 이탈리아에 이르는 초지역적이고 광범위한 교류망과 거래망에 속해 있었음을 분명히 보여 준다.

1991년에 이탈리아와 오스트리아가 맞닿은 외츠탈알프스산맥Ötztal Alps의 빙하에서 발견된 외치Ötzi라는 그 유명한 미라 시신은 이러한 맥락에서 생각해 볼 수 있다. 그는 북부 이탈리아에서 남부 독일로 가던 길에 사망한 듯 보인다. 시신은 빙하 얼음 속에 절묘하게 보존되어 있었다. 그의 문신과 입고 있던 옷가지, 몸에 지닌 (유기물질로 만든) 장비와 다른 물건들 덕분에 이 선사 시기는 생생하게 살아날 수 있었다. 외치는 양털 상의와 염소 가죽으로 만든 바지를 입고 있었고, 무릎까지 내려오는 허리 싸개를 두르고 있었으며, 곰의 털을 안에 댄 소가죽 신발에 늑대 가죽으로 만든 모자를 쓰고 있었다. 그가 갖고 있던 도구 중에는 구리로 만든 도끼가 있었는데, 이 구리는 잘츠부르크 주변 지역에서 채굴된 것으로 보이며, 도끼의 실제 모양이나 그가 갖고 있던 규질암 날이 붙은 단검, 화살통에 든 플린트 화살촉은 모두 북이탈리아와의 관련성을 가리킨다. 따라서 외치는 이 두 세계를 오가던 방랑자였다고 할 수 있으며, 그에게는 북이탈리아 지역이나 알프스 북부 가장자리 지역 모두 익숙한 곳이었다.

외치의 몸에 있던 문신이 특히 관심을 불러일으켰다. 그의 허벅지와 발목, 무릎에는 평행선과 십자가 모양의 상징들이 새겨져 있었다. 몇몇 학자는 문신을 새길 때 생기는 찌른 자국이 치료에 도움이 되었을 것으로 생각했다. 하지만 한편으로 그렇게 문신을 새긴 신체 부위들은 손발을 움직이는 것에, 따라서 생존에 상당히 중요한 부위이기도 했다. 따라서 그 문신은 이러한 신체 부위에 악마가 들어오는 것을 막는, 액막이 역할에 지나지 않았을 수도 있다. 외치의 치아가 심하게 마모되었던 것은 맷돌로 간 곡물을 많이 섭취했기 때문인데, 그가 곡물과 함께 섭취한 작은 돌 조각들이 오랜 기간에 걸쳐 그의 치아를 갈아 놓은 탓이다. 담석, 높은 콜레스테롤 수치, 동맥경화증의 징후를 통해 학자들은 그의 식단에서 고기가 주를 이루었다는 결론을 내릴 수 있었다. 전체적으로 관절 마모가 많지 않았던 것은 그의 사회적 지위가 높았음을 알려 줄 수도 있지만, 그에 상응해 비교할 수 있는 증거가 부족한 실정이다. 또한 학자들은 외치 머리카락의 금속 농도가 높다는 사실에 놀랐는데, 이는 그가 구리 가공과 관련이 있는 사람이었음을 의미할 수 있다. 그의 위에 남아 있던 꽃가루 입자는 그가 죽기 전 며칠 동안 다양한 식물대를 거쳐 왔음을 증명해 준다. 그는 남부 독일로 가기 위해 알프스산맥을 가로지를 심산으로 북부 이탈리아 저지대에서 산을 올랐던 것으로 보인다.

알프스산맥의 북부 지역에서는 이미 기원전 제5천년기 말부터 구리 채굴과 초기 형태의 금속가공이 시작되었다. 이는 비샤임Bischheim 문화의 구리로 만든 끌과 고리로 증명된다. 그리고 이러한 활동은 이 지역의 모든 중후기 신석기 문화와 후기 신석기 문화의 특징으로 남아 있다. 채굴과 가공에 관한 증거는 반복적으로 발견되지만, 남부 독일에서는 판노니아 평원이나 트라키아에서처럼 대량생산 단계까지는 절대 이르지 못했다. 기원전 제4천년기에 걸쳐 구리 야금술은 멀리 북부 독일과 남부 스칸디나비아까지도 전해졌다. 기원전 제4천년기 초 푼넬비커 문화의 전반기에 구리로 만든 물건들이, 특히 다뉴브강 하류 주변에서 만든 물건들이 오데르강과 엘베강을 거쳐 북독일 평원과 발트해 지역 서쪽에 거주하던 문명에까지 전파되었다. 그 지역에서는 작은 도구 및 장신구와 함께 단검이나 납작한 손도끼, 망치 도끼도 발견되었다.

푼넬비커 문화가 등장하면서 북부 유럽도 생산적 경제로 전환했다. 구리 가공은 작물 재배 및 가축 사육과 거의 같은 시기에 그 지역으로 전해졌다. 기원전 제4천년기 중반기부터 이러한 혁신에 수레와 바퀴가 추가되었고, 황소들이 끄는 쟁기plow, ard가 농경에 대변혁을 일으켰다. 기원전 제4천년기와 기원전 제3천년기에 이루어진 대대적 농업 활동으로 환경에 점진적 변화가 생겼다. 이제 삼림 면적 비율이 줄고 초원 지대가 확장되었다. 그렇기는 해도 어로와 기각류 사냥, 육지에서의 사냥은 여전히 중요한 역할을 했다. 게다가 스칸디나비아반도의 넓은 지역은 자연조건으로 말미암아 농경에 적합하지 않았다. 그 결과로 노르웨이, 북부 스웨덴, 핀란드의 사람들은 오랫동안 주로 고기잡이와 사냥에 의존해 살아갔다.

푼넬비커 문화에는 계절용 주거지 외에도 장기적으로 사용되는 주거지도 상당히 많았다. 이러한 주거지에는 대형 건물뿐 아니라 범지역적 중요성을 띠는 제의 장소도 있었다. 푼넬비커 문화가 존재하는 동안 인구가 늘었다고 추정해도 무방할 듯한데, 이는 단순히 주거지 규모만 보아도 알 수 있기 때문이다. 당시 주거지는 눈에 띄게 커져 3만 제곱미터에서 30만 제곱미터에 이르렀다. 푼넬비커 문화에서는 여러 개의 둑길로 에워싸는 사루프Sarup 지역 형태의 방어 시설도 중요한 역할을 했다. 이러한 방어 시설은 기원전 제4천년기 중반기부터 눈에 띄게 나타나는데, 높이 솟은 곳이나 바다로 돌출한 땅에 도랑과 목책을 여러 겹으로 쳐서 저지선을 형성해 놓았다. 덴마크 퓐섬의 사루프 I기의 경우 방어 목적으로 도랑을 파서 만든 것이 아니라 제의나 숭배 활동과 관계가 있었다. 이는 그곳의 매장물로, 그리고 사람과 동물이 희생 제물로 바쳐진 듯한 흔적으로 증명된다. 이 정도로 주거지를 넓히고 유지하려면 공동체 전체가 대대적으로 움직여야 했는데, 이는 일종의 중앙집권화된 지휘 없이는 생각할 수도 없는 일이었다. 거의 같은 시기에 가족 집단에 기반을 둔 지배 엘리트층이 존재했음을 암시하는 거석 무덤이 등장한 것도 이러한 전체적 그림을 입증해 준다.

마찬가지로 사회분화가 막 시작되었음을 보여 주는 첫 징후가 중부 독일에서도 보인다. 이는 이 시기의 고분군 규모와 부장품 모두에서 명백히 나타난다. 기원전 3800년 이후의 발베르게Baalberge 문화에서 멀리 지상에서도 뚜렷하게 보이는 무덤 기념비가 봉분과 함께 처음으로 등장했다. 이 구조물은 망자의 사회적 지위를 나타내며 그것이 이후 세대에게 선조를 기억하는 장소의 역할을 했으므로 해당 문화의 존속에 중요했다. 이는 거석 무덤이 등장하는 토대를 형성했는데, 거석 무덤은 기원전 제4천년기 중반기 이후 중부 유럽 북부 문화 지역과 남부 스칸디나비아 문화 지역에 세워졌다. 기원전 3600년과 기원전 3300년 사이에만 이 지역에 수천 개의 거석 무덤이 생겼다. 이런 무덤을 장기적으로 유지하려면 막대한 노동과 자원 투입이 필요했을 텐데, 실제로 상당히 신경을 쓰며 노력을 기울였다. 반면에 당시 주거지 건물에는 거의 신경을 쓰지 않았다. 거석 무덤 시기의 주거지 중에 알려진 곳은 몇 군데에 지나지 않지만, 개별 농장과 작은 촌락을 위주로 농경과 식량 생산이 계속된 것은 분명해 보인다.

거석 무덤은 기원전 3600년과 기원전 2500년 사이에 세워진 거대한 돌덩어리로, 이른바 사원 건물들을 세운 몰타에서 이베리아반도, 서부 프랑스와

—— 덴마크의 복원된 거석 무덤인 스벤 왕의 고분(Kong Svends Høj). 몇 마일 떨어진 지상에서도 보이는 거대한 무덤은 그 안에 매장된 사람들의 사회적 지위를 나타내며, 후손들에게는 추모의 장소가 되었으므로 그 무덤을 세운 사회의 존속에 중요했다. 지중해 지역에서 중부 유럽 북부와 남부 스칸디나비아, 심지어 저 멀리 서쪽의 영국제도까지, 아주 다양한 유형의 거석 무덤이 분포되어 있었다. (Wikimedia Commons, © Toxophilus)

북부 프랑스, 북부 독일 평야, 멀리 북쪽의 오크니를 포함한 영국제도를 거쳐 덴마크, 스웨덴, 폴란드에 이르는 아주 넓은 지역에 걸쳐 나타난다. 그러나 이 넓은 지역 내에 있는 거석 무덤들은 고분군의 형태나 설립 방식에서 때때로 상당한 차이를 보여 준다. 이는 특정 지형과 관련된 다수의 무덤 조성 방식이 존재했음은 물론, 건축가 집단이나 전문가들이 개개의 지역에서 활동했음을 암시한다. 또한 물질문화에서도 뚜렷한 차이가 드러난다. 확실한 증거는 없지만, 때때로 거석 무덤 현상이 유럽 전역에 퍼져 있었던 것은 종교운동의 결과로 해석되기도 했다. 그리고 또 다른 이론은 북부 유럽과 서부 유럽에서 농경과 가축 사육이 도입되지 못한 지역에 주로 거석 무덤이 집중되었다는 의견을 중심으로 한다. 그 지역들에서는 이후의 몇 세기 동안에도 농경 생활과 수렵·채집 생활이 변함없이 병행되었던 것이 분명하다. 이제 학자들은 한곳에 정착해 생산적 생활 방식을 추구한 농부들보다 훨씬 더 넓은 지역에서 활동할 수밖에 없었던 수렵·채집인들이 상당히 멀리서도 뚜렷하게 보이는 이 거석 구조물을 자신들의 영토에 대한 권리를 확실하게 주장하는 방법으로 활용했을지 모른다는 생각에 초점을 맞추고 있다. 그러나 거석 구조물이 나타난 모든 지역에 이 이론을 적용하고자 하면, 이 해석은 그다지 설득력 있게 들리지는 않는다.

중기 신석기 문화들(몽볼로Montbolo 문화, 몰리네Molinet 문화, 포사Fosa(무덤) 문화)은 기원전 제5천년기 후반기와 기원전 제4천년기에 이미 이베리아반도에 널리 퍼져 있었다. 그들이 보여 준 전문화나 노동 분업, 원거리 교류 촉진 등은 그곳에서 처음으로 뚜렷한 사회 변화가 일어났음을 알려 주었다. 이후 몇 세기 동안 이들 문명은 상당한 추진력을 얻었고, 기원전 제5천년기 말과 기원전 제4천년기의 거석 무덤 문화 시기에 이르면 주목할 만한 정점에 도달했다. 이 문화 부흥기의 특징들로는 강도 높은 구리 가공, 소규모 요새가 있는 매우 복합적인 주거지 구조(빌라 노바 드 상 페드루Vila Nova de São Pedro), 여러 겹의 방어용 성벽으로 둘러싸인 넓은 중심지(로스 미야레스Los Millares, 잠부잘Zambujal)와 함께 아주 다양한 건축 기법과 건축 형태 등을 들 수 있다. 이 중심지들은 구리 가공과 금속 유통을 관리하는 일뿐 아니라 인접 지역 너머까지 확대된 교역망을 지휘하는 데도 중요한 역할을 했다. 이 문명의 지배층이 매장된 거석 무덤은 사회계층이 분화했다는 중요한 의미를 전달한다. 남서부 유럽, 서부 유럽, 북부 유럽의 여러 지역에서 나타난 전문화, 협업, 공동체 전체를 아우르는 조직 구조, 구리의 채굴과 가공, 그와 관련된 원거리 무역은 기원전 제3천년기에 동기시대 엘리트층의 등장을 가져왔다.

그러나 서부 유럽과 북부 유럽의 많은 지역에서 나타난 거석 건축 방식은 무덤에만 국한되지 않았다. 남근 숭배의 특징도 다소 보이는 길쭉한 형태의 거대한 입석들, 이른바 선돌도 이러한 맥락에서 살펴볼 수 있다. 이러한 선돌은 이베리아반도와 프랑스의 서쪽뿐 아니라 영국제도와 스위스에서도 발견된다. 지금도 프랑스 북부(브르타뉴 지방의 카르나크)에서는 이 선돌이 길게 줄지어 선 것을 볼 수 있다. 독일의 경우 선돌은 주로 중부의 저지대 산맥 북쪽 가장자리에서, 다시 말하면 헤센과 작센안할트 지역의 바르트베르크 문화권과 발테르닌부르크-베른부르크Walternienburg-Bernburg 문화권에서 발견된다. 이와는 대조적으로 더 북쪽에 있는 푼넬비커 문화권 전역에는 선돌이 존재하지 않는다. 독일에서는 기본적으로 서로 다른 두 가지 형태의 무덤이 나타나는데, 묘실이 지상에 있는 경우와 땅에 묻혀 있는 경우다. 베스트팔렌, 헤센, 작센안할트 지역의 저지대 산맥 가장자리에 분포된 후자의 유형에는 석곽묘, 석실묘, 연도[12] 부분과 묘실의 구별 없이 통로 모양으로 되어 있는 무덤 형태gallery grave가 있다. 반면에 북독일 평원에서는 주로 지상의 고인돌, 연도분沿道墳, passage grave[13]으로 대표되는 무덤 유형이 나타났다. 그러나 독일의 세 가지 거석 문화, 즉 푼넬비커문화, 바르트베르크문화, 발테르닌부르크-베른부르크 문화의 명확한 구분은 각 문화의 무덤에 부장품으로 들어 있던 토기 연구를 통해 드러났다. 이 문화들과 거의 같은 시기에 멀리 남쪽에는 호르겐, 골트베르크 II기, 캄Cham 같은 비非거석 문화 집단들도 존재했다.

거석 무덤 중에는 공동 무덤도 발견되는데, 오랜 시간에 걸쳐 많은 시신을 같은 묘실에 안치한 경우다. 매장된 시신은 남자, 여자, 아이 가릴 것 없이 100구에서 200구에 달했다. 원래의 매장 위치에서 변하지 않은 채로 완벽하게 놓여 있는 해골은 정말 드물어, 이들 묘실이 납골당이었을지도 모른다는 의문이 남는다. 만약 그렇다면 살이 다 썩고 난 다음에 비로소 뼈만 그곳에 묻혔을 수도 있다. 그곳에서 발견된 부장품으로는 흙으로 만든 항아리, 돌도끼나 날이 긴 손도끼, 끌, 플린트로 만든 화살촉, 구리와 호박, 동물 이빨로 만든 장신구 등이 있었다. (니더작센의 히멜포르텐에서는) 금팔찌가 나오기도 했다.

거석 무덤의 돌덩이와 덮개돌 중에는 무게가 30톤이 넘는 것도 있었다. 이 무덤을 만든 사람들은 엄청난 기술적 어려움에 직면했을 것이다. 우선 엄청나게 무거운 돌덩어리를 옮겨 세워야 했고, 못지않게 무거운 덮개돌을 들어 올려 그 위에 얹어야 했기 때문이다. 실험 결과 나무줄기를 다듬어 굴림대를 만들고 네모지게 깎은 목재로 가이드 레일을 만들어 식물섬유를 꼬아 만든

12 무덤 입구에서 주검이 안치된 방에 이르는 통로를 가리킨다.
13 흙이나 돌로 덮은 한 개 이상의 묘실이 출입구로 연결되는 무덤 형태다.

밧줄을 사용하면 무거운 돌덩이를 수 킬로미터도 옮길 수 있음이 증명되었다. 이런 식으로 지어진 거석 무덤들은 조상을 의식적으로 기리는 기념비적 상징으로서, 추모 문화의 구성 요소였을 것으로 보인다.

하지만 기원전 제3천년기가 시작되면서 거석 무덤 시대의 집단 매장 풍습은 다시 한번 종적을 감추었다. 한 사람이 무덤 하나에 묻히는 방식이 다시 전면에 등장했다. 그런데도 유럽 주변 지역에서는, 이를테면 영국제도에서는 거석 전통이 계속되었다. 모든 거석 구조물 중에 가장 유명한 것으로 보이는 월트셔의 스톤헨지 환상열석은 유럽의 다른 지역에서 더는 거석 무덤이 설치되지 않던 바로 그 시기에 세워졌다. 기원전 3000년 무렵에 사람들은 스톤헨지에 원형으로 도랑을 파고 흙벽을 세웠다. 그곳으로 들어가는 유일한 입구는 하짓날 일출 방향에 맞추어 나 있었다. 기원전 제3천년기 중반기에서야 그곳의 내부 공사가 시작되었는데, 중앙의 공간을 거대한 돌덩이로 여러 개의 원을 만들며 둘러쌌다. 이 중심부는 이미 그 당시에도 태양의 움직임을 관찰하는 곳으로 사용된 것으로 보인다. 한 가지 주목할 만한 점은 이 스톤헨지와 연관된 것이 분명한 벨 비커 문화의 무덤이다. 그곳의 궁수 무덤에는 호화로운 부장품이 시신과 함께 들어 있었다. 이 무덤은 제의의 중심지와 사회 권력자 간의 연관성을 최초로 보여 주는 사례 중 하나라고 할 수 있다.

청동기시대가 시작되기 전, 중부 유럽과 북부 유럽에서 발생한 가장 마지막의 문화 진화 단계는 말기 신석기시대(2800~2200 BC)로 불린다. 이 시기에는 삶의 모든 측면에 영향을 미치는, 이전 시대와의 분명한 단절이 또다시 일어났다. 이 시기의 주거지에 관해서는 아는 것이 여전히 거의 없다. 이 때문에 말기 신석기시대의 매장지는 더욱더 큰 중요성을 지닌다. 당시의 매장지는 바닥이 평평한 묘이거나 멀리서도 보이는 봉분을 쌓은 형태였다. 이러한 맥락으로 볼 때 유럽의 많은 지역에서 기원전 제3천년기의 거의 전 시기를 특징지은, 근본적으로 다른 두 문화에 관해 언급할 수밖에 없다. 우선 서쪽의 벨 비커 문화는 이베리아반도에서 프랑스와 영국제도, 독일을 거쳐 멀리 동부 헝가리까지 퍼져 있었다. 그리고 동쪽의 매듭 무늬 토기 문화는 중부 러시아에서 중부 유럽을 아우르는 넓은 원을 이루며 퍼져 있었다. 매듭 무늬 토기 문화는 스칸디나비아에서는 보트 도끼Boat Axe 문화나 전부戰斧, Battle Axe 문화, 단장 무덤Single Grave 문화, 석호 해안Haffküsten 문화(주체보Rzucewo 문화)로 알려져 있고, 러시아에서는 가끔 파티야노보Fatjanovo 문화로도 불린다. 같은 시기에 단장 무덤 문화가 발트해 지역 서쪽에도 널리 퍼져 있었는데, 봉분(장형분長形墳, longbarrow)의 중심에 석실이나 나무로 짠 묘실이 있고 봉분 주위에 고리 모양으로 도랑을 파 놓았다. 이러한 특징들은 당시 개인에게 더 큰 중요성을 부여했음을 보여 준다. 벨 비커 문화와 매듭 무늬 토기 문화의 주거지들은 라인강과 오데르강 사이에서 합쳐진다. 두 문화의 특징은 아주 특이한 형태의 토기다. 벨 비커 문화의 토기는 부드럽게 구부러진 컵 모양으로, 바깥 장식은 여러 개의 띠가 가로로 그려져 있다. 한편 매듭 무늬 토기 문화에서는 다양한 형태의 토기가 등장하는데, 그중 일부는 벨 비커 문화의 토기처럼 컵 모양이며, 토기의 목과 가장자리에 주로 눌러 찍은 매듭 무늬가 있다.

벨 비커 문화와 매듭 무늬 토기 문화에 공통으로 나타나는 한 가지 두드러진 점은 장례 관습에서 드러났듯이 개인을 분명하게 존중했다는 점이다. 매듭 무늬 토기 문화권에서 주를 이룬 방식은 봉분 안에 쪼그려 앉은 자세의 시신을 개별적으로 매장하는 것이었다. 성별로 다른 부장품을 넣는 관습은 새로울 것이 없었다. 여성에게는 장신구를, 남성에게는 시신 옆에 전투용 도끼를 함께 묻어 주었다. 하지만 중부 유럽의 말기 신석기시대에 일어난 혁신은 바로 성별에 따라 시신을 달리 안치했다는 점이다. 여자들은 왼쪽으로 몸을 쪼그린 자세로 동쪽을 향하게 안치했고, 남자들은 오른쪽으로 쪼그린 자세로 서쪽을 향하게 했다. 벨 비커 문화에서도 비슷한 관습을 볼 수 있다. 사회에서 중요한 남자의 무덤에서는 구리 단검과 손목 보호대, 화살을 매끈하게 다듬는 도구, 플린트로 만든 화살촉, 금 조각, 호박 장신구 조각 등이 발견되었다. 반면에 여성의 부장품으로는 뼈와 동물 이빨로 만든 장신구와 의복이 선호되었다. 그리고 매듭 무늬 토기 문화와 마찬가지로 벨 비커 문화의 무덤도 성별에 따라 다른 시신 자세를 보여 준다. 여자는 오른쪽으로 쪼그린 자세로 머리를 무덤 아래쪽에 두었던 반면, 남자들은 왼쪽으로 쪼그리고 머리를 북쪽을 향해 두었다. 두 문화의 장례 관습을 통해 사회적 계층 분화가 계속되고 있었음을 명확히 알 수 있는데, 높은 지위를 상징하는 귀금속 물건과 품위 있는 무기로 화려하게 꾸민 남자들의 무덤이 바로 그 예다. 그렇더라도 실질적인 권력 기구가 출현했다고 말하기에는 무리가 있다. 자원과 기술적 지식, 권력을 자기 것으로 만드는 방법을 아는 소규모 집단은 조금 더 시간이 지난 후에야, 다시 말하면 초기 청동기시대가 되어서야, 독일 튀링겐주 로이빙겐Leubingen의 '족장 무덤princely grave' 시기가 되어서야 나타나기 시작했다. 이 시기는 기원전 제2천년기 초기에 등장한 우네치체 문화기에 해당한다.

말기 신석기시대의 주거지에 관해 많이 알지는 못하지만, 꽃가루를 분석한 결과를 보면 그 시기의 중부 유럽에 사람들이 밀집해 거주했음을 알 수 있다. 이 시기에 살았던 사람들은 앞선 중후기 신석기시대의 수준을 확실히 능가하는 규모로, 집중적으로 목축업에 종사했다. 소, 양, 염소, 돼지를 모두 키웠고, 벨 비커 문화권에서는 말을 가축으로 키웠음을 보여 주는 증거도 나왔다. 따라서 가축 사육이 농경보다 우세했던 것으로 보인다. 그렇다고 해서 비커 문화권 사람들이 이동식 생활을 했을 것으로 가정할 수 있다는 의미는 아니다.

사회적으로 계층화된 목축 집단, 흑해의 북부와 동부

기원전 제5천년기 중반기에 북부 폰토스의 넓은 스텝 지대와 삼림 스텝 지대에는 세레드니 스티흐Sredny Stog 문화가 생겨났다. 이 문화는 여러 면에서 앞선 신석기시대의 전통에서 탈피했다. 세레드니 스티흐 문화 사람들은 목축에 종사했고 이미 금속(구리)가공 기술도 갖고 있었다. 그들 사회에서 계층이 분화되기 시작했음을 보여 주는 징후도 나타난다. 그들은 소, 양, 염소를 길렀지만, 농경의 증거는 보이지 않는다. 처음에 세레드니 스티흐 문화기의 데리이우카 주거지와 관련해 그 이른 시기에 말을 가축으로 길렀는지에 관한 의문이 제기되었다. 그런데 이후 학자들은 데리이우카에서 나온 많은 말 뼈가 온전히 그곳 사람들이 먹은 야생동물 뼈이며 그 이른 시기에 말을 가축으로 길렀다는 것은 명확히 증명될 수 없음을 확인해 주었다.

세레드니 스티흐 문화의 매장지는 당시 사회구조에 대한 놀라운 통찰력을 제공해 준다. 시신 매장과 관련해서는 등을 바닥에 대고 다리를 옆으로 구부린 자세가 새로이 주를 이루었다. 그리고 이 자세는 스텝 지대의 이후 청동기 문화들의 전형적 자세로 남게 되었다. 이후에 평평한 묘가 등장했고, 그 위에 흙을 쌓아 올려 만든 분구묘墳丘墓, tumulus들인 '쿠르간kurgan'이 처음으로 등장하기도 했다. 부장품도 더욱 정교해졌다. 토기를 비롯해 돌과 뼈로 만든 도구와 장신구 외에도 곤봉, 돌로 만든 동물 머리 모양의 왕홀, 구리로 만든 장신구와 도끼 등이 추가되었다. 이는 사회적 지위가 높은 사람의 무덤임을 표시해 주었다. 따라서 북부 폰토스 지역의 스텝 벨트 전역에서 견고한 사회계층이 점진적으로 형성되었던 것으로 보인다. 지도층 인물들은 부장품과 무덤 배치 모두에서 다른 사람들과 구별되었고, 의복의 특수한 요소들이나 곤봉, 도끼, 왕홀 같은 권력의 상징을 통해 자신들의 사회적 지위를 표현했다. 추정컨대 그들만 구리에 접근할 수 있었던 듯한데, 당시 구리는 그 이른 시기에도 다른 물품들과 맞바꾸어 카르파티아 지방에서 볼가강 지역으로 들어왔다. 흥미롭게도 아이들의 무덤을 보아도 장례 의식에서 이러한 차이가 나타나므로, 이 지도층은 이미 출생을 통해 그러한 사회집단의 일원이 되었던 것으로 보인다.

카르파티아산맥과 드니프로강 사이에 있는 서부 삼림 스텝 지대는 처음에는 이러한 변화에 영향을 받지 않은 채로 있었다. 기원전 제5천년기 초부터 이 지역은 트리필랴 문화의 발상지가 되었는데, 이 문화는 몰도바에서 드니프로강 방향을 향해 동쪽으로 꾸준히 퍼져 나갔다. 그곳에서는 신석기시대가 끝날 무렵에 가축을 사육하는 생산적 경제가 이미 생겨났고, 농경도 처음으로 이루어진 것으로 보인다. 트리필랴 문화기에 이러한 경제활동 방식은 최고조에 달했다. 이러한 발달은 대규모 주거지(그중에서도 특히 마이다네츠케 Majdaneckoe, 도브로보디Dobrovody)를 토대로 절정에 이르렀다. 각각의 주거지에는 수백 채의 가옥이 있었다. 기원전 제4천년기 말과 기원전 제3천년기에 동부 유럽의 많은 지역에서 기후가 더욱더 건조해졌다. 그로 인해 폰토스 저지대 남부에서 강수량이 가장 적은 곳에서는 반사막 지형이 형성되었다. 강가의 목초지와 협곡의 숲이 다시 줄어들면서 숲이 완전히 사라진 곳도 생겼다. 이 시기에는 문화적 환경 또한 근본적으로 바뀌었다. 카르파티아산맥과 드니프로강 사이의 트리필랴 문화가 여러 지역 집단(예를 들면 우사토베)으로 분해되고 말았다. 넓은 농지가 있던 대규모 주거지가 버려진 대신에, 이동식 생활 방식 및 경제활동이 주를 이루게 되면서 목축의 중요성이 더 커졌다. 이 시기의 고고학 유적지 대부분은 지면 높이의 무덤과 쿠르간 봉분이 동시에 나타나는 공동묘지였다. 발견된 부장품은, 즉 단검과 납작한 손도끼, 끌, 송곳, 다양한 장신구 등은 이미 비소가 함유된 청동기로 만들어졌다. 이 금속 물체들이 대부분 쿠르간 분구묘들에서 나왔다는 사실에서 이 시기에 일종의 사회적 계층 분화가 이루어져 있었음을 알 수 있다.

북부 폰토스의 스텝 벨트 지대에서는 똑같이 초기 청동기시대에 해당하는 얌나야 문화(또는 구덩이 무덤Pit Grave 문화)가 기원전 제4천년기 말에서 기원전 제3천년기 중반기까지 퍼져 있었다. 이 문화는 한편으로는 멀리 캅카스 북부 스텝 지대까지 뻗어 나가 그곳에서 마이코프 문화와 공존했다. 그리고 다른 한편으로는 트라키아와 헝가리 대평원(얼푈드)에서도 얌나야 쿠르간이 발견되는 것으로 보아 그곳까지 진출한 것으로 보인다. 얌나야 문화의 주거지에 관해서는 알려진 것이 거의 없어, 이 문화에 대한 지식은 무엇보다도 장례 관습에 기초한다. 얌나야 문화의 장례 관습은 명확한 사회적 계층 분화를 보여 주는데, 무엇보다도 주목할 점은 많은 무기가 부장품으로 들어간 호화로운 남자 무덤이다. 하지만 얌나야 무덤은 거의 같은 시기에 형성된 마이코프 문화의 엘리트 무덤만큼 웅장하게 장식된 것은 아니었다. 마이코프 무덤에는 금으로 된 물건들과 귀중한 금속 용기가 들어 있었고, 많은 무덤에서 나무 바퀴가 네 개 달린 수레가 부장품으로 발견되었다. 그리고 장인의 무덤으로 불리는 무덤도 처음으로 발견되었는데, 이 무덤의 부장품에는 거푸집을 비롯해 금속가공과 관련된 도구들이 들어 있었다.

얌나야 문화기에는 말이 처음으로 가축으로 사육되기도 했다. 따라서 북부 폰토스 스텝 지대는 말을 가축화한 가장 오래된 중심지 중 하나로 꼽힌다. 말을 타기도 하고 말에게 수레를 끌게 하는 등 말을 이용하면서 운송에 진정한 혁명이 일어났다. 더욱이 이동하면서 가축을 키우는 방식은 말이 없으면 생각조차 할 수 없다. 짐을 운반하든 안 하든 말이 걷는 속도는 황소보다 두 배 정도고, 일일 견인력은 황소보다 세 배 정도다. 말 덕분에 인간은 처음으로 자기 자신의 속도를 훨씬 능가하는 운송 수단을 갖게 되었다. 말이 지닌 속도와 견인력 덕분에 인간은 당시까지 상상조차 하지 못한 기동력을 갖게 되었다. 말을 탄 목동들이 스텝 지대를 정복하면서 유목민 사회구조 혹은 반半유목민 사회구조가 뒤이어 형성되었다.

기원전 제3천년기 후반기에 얌나야 문화 집단들은 카타콤 무덤Catacomb Grave 문화로 대체되었다. 이 문화는 같은 지역에서 기원전 제2천년기 초까지 퍼져 있었다. 이 문화의 고고학 유적지들은 스텝 지대와 삼림 스텝 벨트 지대 양쪽에서 발견되었다. 같은 시기에 매듭 무늬 토기 문화 사람들이 북쪽의 삼림 벨트 지대에서 남쪽으로 이동했다. 그 결과로 키이우 인근 지역에서 중기 드니프로Middle Dnieper 문화가 생겨났다. 그들의 생활 방식과 경제활동을 보면, 얌나야 문화는 카타콤 무덤 문화로 그다지 급격하게 전환되지는 않았던 듯하다. 넓은 지역에서 이루어진 가축 사육은 이전과 마찬가지로 모든 경제활동의 근간을 형성했다. 그리고 주거지의 경우에는 중심 주거지와 특정 계절에만 거주하는 주거지를 명확히 구분했다. 땅속으로 경사지게 판 갱도에서 옆으로 갈라져 나온 듯한 카타콤식 묘실에는 앞선 얌나야 문화와 마찬가지로 지배 계층 특유의 부장품이 들어 있었다. 다양한 무기, 돌 곤봉, 왕홀, 사륜 수레와 함께 최초로 이륜 수레도 있었다. 지배 계층이 전투를 담당한 남자 위주로 형성되는 이러한 경향은 기원전 제3천년기에서 기원전 제2천년기로 전환되는 시기에 이 지역을 차지한 우랄산맥 남부 양측의 아바셰보 문화와 신타시타 문화에서도 계속되었다.

반대로 기원전 제5천년기 후반기에서 기원전 제4천년기 중반기까지 남캅카스 지역에 형성된 여러 농경 문화의 생활 방식과 경제활동에 관해서는 비교적 아는 것이 없다. 고정된 주거지의 흔적이 거의 없다는 것은 이전의 신석기시대보다 이동을 더 많이 하며 생활했음을 암시한다. 가축을 길렀다는 것은 알지만, 어떤 가축을 길렀는지에 관한 더 이상의 정보는 없다. 남캅카스 지역의 문화 발달 양상은 엄청난 다양성을 보여 주는데, 이는 이 지역의 지형적 구조 때문이기도 하고, 그런 지형적 구조로 인해 남쪽으로부터의 문화적 영향에 개방적이었기 때문이기도 하다. 주거 지역이 남쪽에 위치할수록, 메소포타미아와 북서부 이란으로부터 영향을 더 강하게 받았다. 이는 고고학 유적지에서 발견되는 인공유물로 확인할 수 있다. 개별적 사례의 경우, 이 현상은 남쪽에서 온 이주자들과도 관련이 있었을 것이다.

이러한 문화적 다양성은 남캅카스, 동부 아나톨리아, 북부 메소포타미아, 북서부 이란의 거의 모든 지역에서 마이코프 문화 및 얌나야 문화와 거의 같은 시기에 생겨난 쿠라-아락세스 문화가 확산하면서 기원전 제4천년기 말과 기원전 제3천년기에 이르러 사라지고 만다. 이러한 변화로 인해 남캅카스 지역과 인근의 근동 지역이 처음으로 통일된 문화권으로 묶이게 되었다. 저지대와 고지대 및 산악 지대 모두 비교적 인구밀도가 높았다. 대규모 주거지들(그중에서도 특히 아미라니스-고라Amiranis-Gora, 크와츠헬라Kwazchela, 치사나안트-고라Chisanaant-Gora 같은 정착지들)은 점토 벽돌로 지은 직사각형 가옥들이 정돈된 구조를 보여 주었는데, 마당을 중심으로 여러 채의 가옥이 배열되거나 규칙적으로 줄지어 있었다. 쿠라-아락세스 문화 사람들이 농경과 목축 생활을 하는 사회를 이루고 있었음은 확실하다. 그들은 구리와 청동 같은 금속을 가공하는 높은 수준의 기술도 보유하고 있었다. 그곳의 기술자들은 청동 합금을 만들 수 있었고 자루에 구멍이 있는 도끼, 화살촉, 단검, 나선형 팔찌, 머리 부분이 소용돌이 모양인 바늘, 금속 구슬, 펜던트 및 장신구 같은 복잡한 도구들도 다양하게 제작할 수 있었다. 납이나 은, 금으로 만든 물건들도 있었지만, 이 금속 제작물들은 거의 모두가 비소 구리로 만든 것들이었다. 쿠라-아락세스 문화는 기원전 제3천년기 중반기 무렵에 끝났는데, 그 시기에 인구가 눈에 띌 정도로 감소했다. 주거지에는 사람들이 더는 살지 않았고, 수백 년이 지난 기원전 제3천년기 후반기가 되어서야 남캅카스 지역에서 새로운 청동기 문화가 꽃피우게 되었다. 그리고 이 새로운 문화는 기원전 제2천년기에 트리알레티 문화로 이어졌다.

시베리아 스텝 지대와 삼림 스텝 지대의 혁신과 정체

우랄산맥의 동쪽에서는 후기 신석기 문화 환경이 기원전 제4천년기 중반기까지 존속하다가 동기시대로 분류할 수 있는 최초의 문화 집단들이 등장하게 된다. 그러나 이러한 상황은 기술적·경제적·사회적·종교적 영역에서 그 어떠한 지속적 변화도 초래하지 못했다. 오히려 수렵·채집과 초기 형태의 목축 생활로 이루어진 전통적인 생활 방식과 경제활동이 이전과 다름없이 지속되었다. 이 시기 이후로 이 문화들의 고고학 유적지에서 구리로 만든 작은 도구가 이따금 발견되었다는 점이 유일한 변화라고 할 수 있다. 주거지는 계속해 호숫가나 강기슭 주변에 집중적으로 형성되었고, 특정 계절에만 주로 이용되었다. 이런 맥락에서 보면 이들 주거지에 있던, 땅속으로 반쯤 들어간 작은 움집들은 여름 야영지로 생각할 수 있고, 참호처럼 땅을 더 깊이 파고 지은 집들은 겨울을 나는 장소로 볼 수 있다. 대부분이 단순한 형태를 띤 이 움집들은 주로 직사각형이지만, 원형이나 타원형도 있다. 가끔 무리를 이룬 가옥들도 있는데, 이는 농장이 형성된 것으로 해석할 수도 있다. 대부분의 매장지와 주거지는 신석기시대와의 직접적 연속성을 보여 주며, 그곳에서 발견된 토기와 석기 도구들도 마찬가지다. 따라서 시베리아 유적지에서는 후기 신석기시대와 동기시대를 명확히 구분 짓기가 불가능하다.

기원전 제4천년기 말에서 기원전 제3천년기 초에 북부 카자흐스탄 지역에는 보타이 문화가 퍼져 있었다. 북부 폰토스의 얌나야 문화와 같은 시기에 활동한 이 문명은 유라시아에서 가장 이른 말 사육 사례를 제공했다. 이 문화의 이름이 유래한 보타이 유적지는 총 200채에서 300채에 이르는 가옥으로 이루어져 있어 인구도 상당히 많았다. 가끔 다각형 움집도 보이지만, 원형이나 타원형의 움집은 1미터 이상을 파고 지어졌고, 외부로 돌출된 출입구가 있었다. 크기가 다양하기는 하지만, 전체적 인상은 통일된 느낌이다. 지붕은 돔 모양의 목재 구조물에 잔디 떼를 덮었던 것으로 보인다. 땅을 파서 반지하 움집을 지었다는 점에서 보타이는 전적으로는 아니더라도 주로 겨울 주거지로 이용되었을 것 같다. 이 대규모 주거지가 내부적으로 어떻게 발전했는지는 전혀 알려진 것이 없다. 한편 이 문명의 다른 소규모 주거지는 스무 채에서 마흔 채에 이르는 가옥으로 이루어져 있었다. 이는 보타이 주거지가 중심지로 간주되었을 것임을 의미한다. 다른 모든 주거지가 현저히 작다 보니 이러한 발견으로 인해 동기시대의 북부 카자흐스탄에서도 주거지가 서열화되었는지 의문이 생긴다. 그러나 보타이의 지배적 위치가 그곳이 가장 먼저 말을 가축화한 곳 중 하나라는 사실과 관련이 있었는지는 순수한 추측으로 남아야 한다. 보타이 거주자들은 사냥, 어로, 채집으로 생계를 유지했고 가축 사육은 이러한 활동을 보완해 주었을 뿐이다. 이 지역과 인접한 서부 시베리아(수르탄디Surtandy 문화)와 남부 시베리아(아파나시에보 문화)에서처럼 보타이에서도 기원전 제4천년기부터 가축 사육이 꾸준히 중요해졌다. 반면에 멀리 동쪽의 중부 시베리아와 동부 시베리아(그중에서도 특히 글라스코보 문화)에서는 가축을 키웠다는 징후가 거의 없다.

알타이산맥과 예니세이강 강변에 형성된 아파나시에보 문화기에는 이전의 북부 흑해 지역에서 나타난 것처럼 매장 방식에 근본적 변화가 생겼다. 그때까지 일반적이었던, 바닥에 몸을 펴서 눕히는 방식 대신에 앉은 자세처럼 다리를 접은 자세가 나타났다. 대체로 시신은 개별 묘혈에 매장되었다. 무덤 위에 돌판을 얹고 돌로 원 모양으로 만들어 무덤 주위를 둘러쌌다. 부장품은 균일하고 표준화된 듯 보인다. 이는 당시 사회가 평등한 구조였음을 암시하지만, 성별에 따라 부장품을 달리한 경우도 나타난다. 제물을 태우는 장소는 장례 의식과 밀접한 관계가 있었고, 이 역시 돌로 만든 원에 둘러싸여 있다.

더 동쪽에 있는 바이칼 호수 근처에 형성된 글라스코보 문화는 이전 신석기시대의 전통을 그대로 이어받은 매장 관습을 보여 준다. 남성 무덤은 돌도끼, 플린트로 만든 창과 화살촉, 뼈로 만든 낚싯바늘과 작살, 단검을 특징으로 하는데, 연옥軟玉, nephrite으로 만든 팔찌가 발견되기도 했다. 여성 무덤에서는 구멍을 뚫은 동물 이빨로 만든 목걸이와 머리 장식에 꿰매 다는 연옥판, 뼈로 만든 바늘, 플린트로 만든 다양한 도구들이 나왔다. 이러한 부장품들을 보면 당시 사람들은 전과 마찬가지로 사냥과 어로를 통해 식량을 확보했으며 주로 남자들이 이런 활동을 했음을 알 수 있다. 그러나 사회적 계층 분화가 생겼다는 증거는 전혀 없다. 구리 광석과 연옥을 채굴해 가공하기는 했지만,

이 활동들이 사회구조에 그 어떠한 영향도 미치지 않았다. 이 원료들을 소유하고 관리하며 분배하는 일이 바이칼 호수 지역이나 시베리아의 다른 지역에 반드시 사회적 계층 분화를 초래한 것은 아니었다는 이야기다. 오히려 사냥·어로·채집 사회는 앞선 수천 년 동안 그랬던 것처럼 자신들의 생활 방식을 계속 유지하며 살았다.

동기시대의 혁신은 처음에는 아주 서서히 시작되었는데, 기원전 제3천년기 말과 특히 기원전 제2천년기부터 뒤이은 청동기시대의 문화적 환경에 지속적으로 영향을 미쳤다. 금속의 사용은 결정적 특징이 되었다. 금속으로 만든 물건은 수적으로 많아졌을 뿐 아니라 더 다양해졌다. 금속의 채굴과 가공, 유통은 대체로 자율적인 활동 영역에 해당했으며, 금속가공 기술은 계속해 전문화되어 갔다. 사람들이 직접 사용하기 위해서였든 이미 잉여생산물 생성에 초점을 맞춘 제조 활동에 공급하기 위해서였든, 금속 광석에 대한 수요가 꾸준히 늘면서 기존 매장층을 더욱 집중적으로 개발했을 뿐 아니라 새로운 광맥을 찾기 위한 탐사도 계속되었다.

기원전 제3천년기에서 기원전 제2천년기로 전환되는 무렵에 형성된 이 지역의 청동기시대 유적지들은 이 지역에서 범지역적으로 중요한, 요새화된 중심 주거지가 등장했음을 보여 주는 최초의 사례다. 우랄산맥 남부 양쪽의 아바셰보 문화와 신타시타 문화가 차지했던 지역이 특히 그러했다. 이러한 변화는 그곳의 구리 광상이 대대적으로 개발된 사실과 관련이 있었다. 이 자원을 채굴할 권리를 갖게 되자 막대한 부와 권력이 뒤따랐기 때문이었다. 채굴 작업과 관련된 주거지들은 원형이나 직사각형으로 이루어져 있었고, 성벽과 도랑으로 둘러싸여 있었다. 주거지 내부는 체계적인 건물 배열을 특징으로 한다. 이곳에서도 사회구조가 달라졌는데, 이는 전투를 담당한 남자 지배 엘리트층의 점진적 출현으로 증명된다. 이들이 존재했다는 사실은 웅장한 무덤과 호화로운 부장품으로 입증된다. 멀리 오비강에 이르는 우랄산맥의 동쪽 지역과 남쪽 바로 아래 카자흐스탄에 이르는 지역에서 금속 생산의 뚜렷한 증가, 주거지의 서열화, 장례 의식에서 증명되는 지배 엘리트층의 형성이라는 특징을 공통으로 가진 지역 문화가 다수 생겨났다.

우랄산맥 동남부 기슭에서 나타난 신타시타 문화와 아르카임 문화가 바로 그런 중심지다. 이 두 문화의 주거지는 모두 긴 사다리꼴 모양의 집들이 원 모양으로 배치되어 있다. 가옥들은 긴 면을 서로 맞대고 인접해 있으며, 한 줄이나 두 줄로 원 모양을 이루며 줄지어 있다. 거기에 도랑과 성벽으로 방어 시설을 갖추고 문을 달아 놓았다. 계획적으로 건설되었음을 보여 주는 이 특별한 예는 이전 수백 년, 수천 년 동안 형성된 다소 질서 없는 주거지 구조와는 완전히 달라졌음을 보여 준다. 또한 신타시타 문화와 아르카임 문화 모두 각 가정에서 구리를 가공하고 청동을 제련했다. 모두 자급자족용이었던 것이 분명하다. 우랄 남부 카르갈리로부터 멀지 않은 곳에서 고고학자들은 이미 이 시기에 개발되고 있던 중요한 구리 광상을 발견했다. 금속가공 외에 이 주거지의 주요 활동은 양, 염소, 소를 포함한 가축 사육이었다. 이곳에서 농경이 이루어졌다는 믿을 만한 증거는 나오지 않았다.

또한 신타시타와 아르카임에서는 전투를 담당한 남성 지배 계층의 무덤도 발굴되었다. 쿠르간 봉분 아래에서 깊게 자리한 묘실이 발견되었는데, 그 묘실에서 청동 단검, 청동 창촉, 플린트 화살촉, 돌 곤봉 등 아주 다양한 무기류가 나왔을 뿐 아니라 나무 바큇살이 달린 전차도 처음으로 나왔다. 납작한 원 모양의 뺨 쪽 끈cheekpiece이 달린 재갈로 말에 마구를 채웠는데, 이런 형태의 말 재갈은 오랜 시간에 걸쳐 사용되었고, 중앙아시아에서 동부 유럽을 거쳐 미케네 문명의 수갱식 분묘에서도 발견되었다. 부유한 전사가 묻힌 비슷한 쿠르간은 우랄 서쪽의 아바셰보 문화권에서도 발견되었고, 더 멀리 동쪽의 북부 카자흐 페트롭카 문화권에서도 발견되었다. 그렇게 엄격하게 계층화된 사회는 이후 수천 년 동안 유라시아 스텝 문화의 특징으로 남게 된다.

이와는 대조적으로 남부 시베리아에서는 완전히 다른 문화 환경이 나타난다. 이 지역에서는 엘리트층 무덤의 존재로 알 수 있는, 앞선 예에 비견될 만한 사회 지배층이 확인되지 않는다. 그러나 기원전 제4천년기 말에서 기원전 제3천년기 초의 오쿠네프 문화 사람들은 그들의 예술적 능력을 보여 주는 놀랄 만한 증거를 후손에게 남겼다. 그것은 바로 여러 문양으로 장식된 석비로, 개중에는 수 미터에 이르는 것도 있다. 이 석비는 원래 매장지에 세워져

—— 러시아의 신타시타에서 발굴된 청동기시대 전사 무덤에서 나온 부장품인 전차를 재현한 것. 기원전 제3천년기에서 기원전 제2천년기로 전환되는 시기에 우랄산맥의 남부 및 동남부 기슭에 그 지역의 구리 광상을 집중적으로 개발한 다양한 문화들이 자리 잡고 있었다. 그들의 주거지 배치는 상당히 계획적으로 주거지가 형성되었음을 증명해 준다. 실제로 지배 엘리트층의 존재는 그들의 무덤으로 입증되는데, 그들이 전차를 사용한 전사였음을 보여 준다. (Wikimedia Commons, © Toxophilus)

있었다. 석비는 주로 인간의 얼굴이나 아주 다양한 형태의 가면으로 장식되어 있는데, 태양을 상징하는 것이나 동물(예를 들면 입을 벌린 곰이나 뱀)의 모습이 함께 묘사된 경우가 많다. 개별 요소가 모두 무엇을 의미하는지 알 방법은 없지만, 이러한 형상이 오쿠네프 문화 집단의 정신적 상상력이 표출된 결과물이었던 것은 분명하다

따라서 기원전 제3천년기 중반기 직후의 시기는 여러 면에서 시베리아 문화 발전의 새로운 시대를 열었다. 그 변화의 과정이 처음에는 아주 서서히 전개되었을 뿐이지만 말이다. 청동기시대와 관련된 혁신은 이 시기가 어느 정도 진전된 단계가 되어서야, 즉 기원전 제3천년기에서 기원전 제2천년기로 전

환되는 시기에야 결정적 돌파구를 확보했다. 그런데 초기 청동기 문화 환경과 관련해서는 서부 시베리아와 남부 시베리아의 스텝 지대와 삼림 스텝 지대에 국한해 말하는 것이 맞을 듯하다. 우랄산맥에서 베링 해협에 이르는 시베리아의 넓은 지역을 덮는 끝없는 침엽수림과 툰드라 지대는 그 모든 변화에 전혀 영향을 받지 않았다. 그곳 사람들은 수천 년 동안 지속한 전통을 따르며 생활했고, 그 전통의 뿌리는 중석기시대까지 거슬러 올라간다. 그곳에서는 금속이 여전히 사용되지 않았다.

따라서 시베리아의 청동기시대는 시베리아의 특정 지역, 즉 동부 유럽, 근동 및 중동 지역의 청동기 문화와 가까운 지역, 이전에 사람들이 구리를 가공해 본 적이 있는 지역에서만 거론할 수 있다. 이들 지역에 형성된 주거지의 특징은 처음으로 이곳에도 방어 시설을 갖춘 대규모 중심지가 나타났다는 점이다. 성벽과 도랑으로 이루어진 이 방어 시설은 주거지 전체를 보호하거나 주거지 내 개별 지역을 보호했다. 이곳들은 상당히 발달한 도로망과 통신망 내의 기착지로서 여러 지역을 아우르는 중요성을 띠었던 것이 분명하며, 특정 계절에만 이용되었던 시베리아 삼림 신석기시대 촌락들보다 훨씬 더 잘 조직된 상태였다. 시베리아 삼림 신석기시대 촌락들은 그 당시에도 이들 주거지 주변에 존재하고 있었다.

그러나 사회구조의 변화는 주거지 구조뿐 아니라 매장 의식에서도 뚜렷하게 드러난다. 서부 시베리아의 초기 청동기시대 무덤에서 사회적 계층 분화를 알리는 분명한 징후가 나타나는데, 구체적으로는 무덤의 구성(쿠르간 봉분의 깊은 묘실)과 부장품 종류(호화로운 무기류, 이륜 전차)에서 확인된다. 이러한 특징들을 통해 남성 엘리트 전사가 존재했음을 알 수 있으며, 이들은 권력과 지위의 상징물로 자신들의 신분과 명성을 드러냈다. 이 지도층이 방어 시설을 갖춘 중심지가 나타난 지역에서만 감지된다는 점도 의미심장하다.

무엇이 이러한 변화를 촉발했느냐는 질문에는 여전히 확실한 답을 할 수 없다. 기원전 제3천년기 말 이후의 경제 상황을 이해하려면, 특히 서부 시베리아와 남부 시베리아에서 이전 시기보다 가축 사육이 엄청나게 중요해졌음을 아는 것이 중요하다. 금속가공도 마찬가지다. 이 지역의 전문가들은 놀라운 수준의 기술적 발전을 이루었고, 최초로 주석 청동tin bronze까지 만들 수 있었다. 한편으로는 가축 떼의 증가와 야금술의 발전, 다른 한편으로는 주거지 서열화의 시작과 사회 내 엘리트층의 형성 간의 관련성을 확인하는 것이 타당해 보인다. 유럽의 초기 청동기시대에도 근본적으로 유사한 패키지가 등장했기 때문이다.

중앙아시아와 인도아대륙의 초기 도시 생활

기원전 제6천년기에서 기원전 제5천년기로 전환되는 시기에 남부 투르크메니스탄에서 동기시대가 시작되었다. 이 시기는 남부 투르크메니스탄과 이란고원 북부의 수많은 유적지 중에서도 눈에 띄는 아나우 IA기와 나마즈가Namazga I기~III기로 알려진 문화기에 해당한다. 이 시기 주거지의 특징은 과거에 테젠Tedžen 삼각주였던 지역의 괵쉬이리Geoksjur 오아시스를 연구하면서 아주 철저히 밝혀졌다. 선사시대에는 이 오아시스에서 흘러나온 테젠강의 줄기가 멀리 북쪽과 동쪽까지 뻗어 갔다. 시간이 지나면서 기후가 꾸준히 건조해지자, 강이 말라 버렸고 삼각주는 서서히 남쪽으로 후퇴했다. 나마즈가 I기~III기의 주거지들은 예전 삼각주의 지류 근처 저지대나 습지에 형성된 섬에, 고지대의 자연스럽게 형성된 구역에 터를 잡고 있었다. 예외 없이 이 주거지들은 여러 지층으로 이루어진 주거 구릉지 형태를 띠고 있다. 이는 여기서도 여러 세대가 살았고 그곳 거주자들이 특정 장소에 대한 뚜렷한 귀속감을 키웠음을 의미한다. 강의 수위가 낮아지고 예상대로 사막화가 시작되면서 괵쉬이리 오아시스 내 주거지들은 북쪽에서 남쪽으로 서서히 이동했다.

나마즈가 I기~III기의 주거지 구조에 관해서는 비교적 아는 것이 없다. 가옥들은 자연 건조를 한 벽돌로 지어졌다. 집터 형태는 직사각형이나 정사각형이었고 방은 대개 한두 개였다. 건물들은 대개 단독으로 서 있으면서도 마당을 중심으로 통합된 구조에 담장을 두르고 있었다. 나마즈가 II기에 이르면 주거지 도면은 이미 더욱 복잡해진 상태였고, 나마즈가 III기에는 대규모 건물 단지가 등장했다. 이 시기에는 특히 똑같이 생긴 공간을 연속해 배치하거나 안마당을 설치하는 건축 배치가 선호되었다. 건물 단지들은 좁은 골목길과 공터를 이용해 분리해 놓았다. 농경과 가축 사육이 중심 역할을 했고, 이렇게 이른 시기에 이 건조한 기후에서도 농사를 지은 것은 인공 관개시설이 있었기 때문으로 보인다.

동기시대에 이어 기원전 제3천년기 초에 이미 초기 청동기시대에 해당하는 나마즈가 IV기 문화가 등장했다. 이 시기에 남부 투르크멘 문화들의 주거 지역은 멀리 동쪽으로 퍼져 나가 무르가프강의 배수排水 삼각주가 형성된 마르기아나까지 도달했다. 남부 투르크메니스탄에서 가장 중요한 선사시대 주거 지역 중 하나인 알틴데페에는 나마즈가 IV기에 평면도가 복잡한 가옥 단지가 여럿 건설되었다. 이 단지들은 각자의 구역을 형성했는데, 구역 옆에 길을 내어 서로 분리하고 성문이 있는 방어용 성벽으로 둘러쌌다. 또한 그곳 사회가 노동 분업 원칙에 따라 조직되면서 여러 수공업 분야가 생겨났다는 흔적도 찾아볼 수 있다. 나마즈가 IV기의 토기 대다수는 이미 고속으로 회전하는 돌림판으로 제작되고 있었다. 구리 제련 가마를, 그리고 주석과 비소가 들어간 최초의 청동 합금을 만든 사람들은 틀림없이 전문가였을 것이다.

중기 청동기시대 단계에 해당하는 나마즈가 V기에 알틴데페 같은 곳에서는 마침내 최초의 도시 중심지가 생겨났다. 그곳에서는 웅장한 건축물과 공공건물, 신전 등이 목격될 뿐 아니라 토기와 금속가공을 전문적으로 맡은 수공업 구역도 존재했다. 무덤도 많이 발견되었는데, 지역 엘리트의 무덤이거나 사제의 무덤으로 보인다. 특히 부장품을 통해 사회적 계층 분화를 확인할 수 있는데, 지배층 무덤에서 발견된 혀 모양의 청동 단검, 긴 자루가 달린 프라이팬, 거울, 인장 등은 나마즈가 V기가 인더스 계곡의 하라파 문명과 관련이 있음을 보여 준다. 기원전 제3천년기에서 기원전 제2천년기로 전환되는 시기에 등장한 나마즈가 V기의 성과를 보면, 이 문화가 선진 문명으로 발전하기 직전 단계였음을 알 수 있다. 그러나 아직 문자 체계나 정부 관료제가 형성된 것은 아니었다. 그리고 바로 이 부분에서 남부 투르크메니스탄의 문화적 환경은 메소포타미아의 아카드 시기나 우르 III기의 문화와 명확히 구분된다.

발루치스탄 지역의 메르가르 유적지는 인더스 계곡 북서부 주변 지역의 문화 발달을 증언해 주는 대표적 장소다. 기원전 제5천년기의 메르가르 III기

—— 남부 투르크메니스탄에 있는 알틴데페의 오늘날 모습. 기원전 제3천년기에 멀리 동쪽의 마르기아나 지역을 비롯해 코페트다그산맥 북쪽 기슭에 처음으로 대규모 주거지가 형성되었다. 이 주거지들은 초기 도시의 몇 가지 특징을 보여 주는데, (성문을 포함한) 방어 시설을 갖추었고, 서로 다른 기능을 지닌 구역으로 주거지 내부를 나누었으며, 중앙에 공공건물을 두었다. (Wikimedia Commons)

에 이 문명의 이름이 되기도 한 바로 그 지역에서 엄청난 변화가 생겼다. 이곳에서는 농경과 가축 사육을 위주로 하는 생산적 경제활동이 오래전부터 확립되어 있었으므로 상당량의 잉여생산물까지 생산되었다. 그와 동시에 수공업 기술이 훨씬 더 다양화되면서 전문화되었다. 특히 메르가르 IB기부터 존재했다고 입증된 구리 가공은 더욱 중요해졌다. 아직 표준화된 대량생산 단계는 아니었지만, 토기는 이미 이 시기에 돌림판을 이용해 제작되고 있었다. 그 대신에 토기의 채색 장식은 토기 양식이 뚜렷하게 지역화되어 있었음을 시사한다.

이 글을 쓰는 시점에서는 메르가르가 여전히 인더스 평야 주변 지역에서 가장 먼저 생산적 경제활동을 시작한 유일한 대표 지역으로 손꼽히지만, 이후 기원전 5000년과 기원전 3000년 사이에 해당하는 고고학 유적지는 인도

아대륙 북서부 전역에 무수히 많다. 이들 주거 유적지는 농경 및 가축 사육이 확산하고 주거 공동체 내에서 그에 상응한 변화가 일어나면서 꾸준히 복잡해지는 사회가 형성되는 결과로 이어졌음을 증명해 준다. 이러한 발달은 반누 Bannu 평원과 퀘타 계곡을 비롯해 서쪽으로 이란고원과 맞닿은 지역과 인더스 평야 중부 지역을 거쳐 멀리 라자스탄, 구자라트, 아라발리산맥 기슭에까지 나타났다. 이 모든 지역에서 기원전 제5천년기부터 주거지의 서열화가 서서히 나타났다. 그 가운데 규모가 가장 큰 주거지들은 지역 중심지로서 역할을 하면서 원거리 무역의 중요한 연결점을 형성해 주었다. 기원전 제5천년기와 기원전 제4천년기에 발생한 변화로 이들 주거지는 이후에 등장할 하라파 문화 또는 인더스 문명의 기초를 형성하게 되었다. 이 문명의 가장 초기 단계는 기원전 제4천년기 중반기가 지나자마자 모양을 갖추기 시작했다. 그리고 기원전 2600년과 기원전 2000년 사이의 시기에는 이미 이 문명이 성숙 단계에 진입했다고 볼 수 있다.

아대륙의 나머지 지역에서는 다른 상황이 전개되었다. 멀리 남쪽의 아라발리산맥 지역에서는 잔석기로, 따라서 본질적으로 중석기시대로 특징지어지는 다양한 수렵·채집 사회가 기원전 제4천년기에 구리 가공과 가축(양, 염소, 소) 사육을 수반한 문화적 환경을 조성하기 시작했다. 중석기시대의 특징을 지닌 생활 방식에 이어 곧바로 가축 사육과 야금술이 발달했는지, 아니면 그 사이에 아직은 알려지지 않은 다른 발달 단계가 존재했는지 현재로서는 판단할 수 없다.

벼농사가 시작되었다는 극초기의 흔적은 갠지스 평야 중부에서 나왔다. 이후 기장과 보리가 추가되면서 재배 작물의 종류가 많아졌다. 관개수로 건설은 일러야 기원전 제3천년기 말에서 기원전 제2천년기 초에 시작되었던 것으로 보인다. 갠지스 평야의 동부 지역(치란드Chirand)에서 정착 생활과 작물 재배를 특징으로 하는 신석기 문화 환경은 기원전 제3천년기 중반기가 되어야 나타난다. 같은 시기에 이 지역에서 구리를 최초로 가공한 사례가 단발적으로 나타나기도 한다. 북서부에서 인더스 문명이 전성기를 보내는 동안, 기원전 제3천년기에서 기원전 제2천년기 초에 북쪽의 산악 지역(카슈미르, 라다크)

과 동쪽의 갠지스 평야, 데칸고원과 (가트[14]로도 알려진) 남부 해안 지역을 포함한 인도아대륙의 중부 및 남부 전역은 생산적 경제활동과 구리 가공의 등장으로 이어진 광범위한 변화를 겪었다.

기원전 제3천년기 후반기 무렵에 곡물 및 식물(밀, 보리, 렌틸콩, 쌀 등)재배와 가축(소, 양, 염소, 돼지) 사육이 데칸고원 지역에서 이루어졌음을 보여 주는 증거가 있다. 카오테Kaothe 같은 주거지들은 상당한 규모로 성장했고 기원전 제3천년기 말과 기원전 제2천년기에 생산적 경제, 분업, 특히 구리 가공과 관련된 수공업이 전문화되었음을 알리는 명확한 증거를 보여 준다. 이러한 이유로 이 주거지들은 때때로 동기시대 문명의 본보기로서 언급된다. 인도아대륙 남쪽에서도 비슷한 발달이 이루어졌다. 이 지역에서는 기원전 제3천년기에 농업에, 그리고 산발적으로 구리 가공에 종사한 촌락들이 등장했다. 남부 인도의 이러한 신석기 문화 혹은 동기 문화는 결국 기원전 제2천년기 중반기에 거석 무덤군을 형성시킨 문명으로 대체된다.

요약하자면 늦어도 인더스 문명이 전성기를 누리던 그 시기에 인도아대륙의 나머지 지역에서, 즉 북쪽의 산악 지대부터 데칸고원을 거쳐 최남단에 이르는 지역에서 신석기-동기 문화 역시 꽃피우기 시작했다고 볼 수 있다. 인더스 계곡에서 발생하고 있던 그 동적 과정이 아대륙의 다른 지역에도 연쇄 반응을 일으키면서 이내 수렵·채집 공동체가 고정된 주거지에서 정착 생활을 채택하고 농경으로 전환하기 시작했던 것이 분명하다. 따라서 기원전 제3천년기 말 무렵에는 인도아대륙 전체가 마침내 신석기시대의 특징을 띠게 되었고, 그곳 사람들은 대체로 생산적 경제활동을 통해 생계를 유지하게 되었다.

촌락에서 도시로, 황허강 유역과 양쯔강 유역

황허강의 중기 신석기시대는 기원전 제6천년기 말에서 기원전 제3천년기

14 강가의 언덕 또는 계단이라는 의미로, 남아시아에서 흔히 볼 수 있는, 물에 접한 층계 모양의 지형을 가리킨다.

초까지 지속했다. 이 시기는 홀로세 중반기의 기후 최적기와 일치한다. 그 기간에 이 지역에는 따뜻하고 습한 기후 조건이 주로 나타났다. 이 시기는 황허강 유역 내에 형성된 세 개의 문화로 규정될 수 있다. 현재 중국의 산시山西 지방, 산시陝西 지방, 허난 지방(다시 말하면 황허강 중심부 지역)의 양사오仰韶 문화, 황허강의 하류와 어귀에 자리한 산둥의 베이신北辛 문화와 다원커우大汶口 문화가 여기에 해당한다. 이 문명들은 모두 현저하게 인구가 증가했는데, 이는 대단히 규모가 커진 주거지에서는 물론, 상당히 많아진 주거지의 수에서 알 수 있다.

양사오 문화기에는 평등했던 사회가 계층화된 사회로 바뀐다. 주거지의 뚜렷한 서열화만으로도 이러한 변화를 알 수 있다. 규모가 작은 주거지(3헥타르~6헥타르)와 중간 크기 주거지(18헥타르~25헥타르) 외에도 이미 90헥타르 또는 100헥타르에 이를 정도로 계속 커지는 주거지가 상당수 존재했다. 이와 더불어 주거지 내의 건물에서도 상당한 정도의 분화가 일어났음이 뚜렷하게 확인된다. 땅을 약간 파고 지은 원형이나 타원형의 움집은 시간이 지나면서 점점 더 복잡한 구조로 지면 높이에 지어졌다. 그렇게 발전해 간 가옥들은 표준적인 농장 형태를 띠게 되었다. 또한 공공 목적을 위한 특수 건물이나 숭배 활동 전용 건물도 생겨났다. 이러한 중심지 다수가 방어 시설 역시 갖추고 있었는데, 이는 그곳에 사는 사람들이 보호의 필요성을 강력하게 느꼈음을 의미한다.

특정한 물건의 생산은 종종 주거지 내의 특정한 가구나 구역에 집중되었다. 노동 분업과 수공업 전문화가 이루어지면서 주거 집단 내의 특정한 개인이나 가족이 상당한 특권과 부를 얻게 되었다. 마지막으로 특정 주거지가 가진 중요성은 그들이 해당 지역을 넘어 더 넓은 지역에서 특정 상품의 제조와 유통을 관리하는 역할을 맡았다는 사실과도 관계가 있었다. 잉여농산물은 물품을 다른 지역과 교환하는 과정에 이용되었지만, 집단의 사회적·정치적 결속력 강화에 도움이 된 대형 연회를 개최하는 데도 중요한 역할을 했다.

이러한 발전으로 인해 결국 토지, 식량 자원, 노동력, 원거리 무역 교류에 대한 통제권이 특정한 개인이나 가족의 수중에 점점 더 굳건하게 들어가게 되

—— 양사오 문화의 지앙자이(姜寨) 주거지를 재현한 모형. 기원전 제4천년기로 추정되는 이 주거지는 전체 넓이가 18헥타르로 주목받았으며, 규모와 평면도를 통해 확인되는 다양한 가옥 형태가 다수 존재했다는 명확한 증거를 보여 준다. 주거지를 둘러싼 성벽과 진입로 양쪽 외곽에 무덤을 배치한 점은 당시의 계획 수준이 뛰어났음을 보여 준다. (Wikimedia Commons, © Prof. Gary Lee Todd)

었다. 그 결과 이 엘리트들은 주민의 노동력을 동원할 수 있는 수단을 확보해 방어 시설이나 대규모 숭배지 건설 같은 대형 공동체 사업을 계획할 수 있었다. 따라서 후기 양사오 문화 때 나타난, 성벽으로 둘러싼 황허강 유역의 대규모 주거지들은 이미 원시 도시의 형태를 갖추고 있었다고 말할 수 있다. 일부 지역별 중심지 사이에 갈등과 무력 충돌 또한 있었던 것이 분명한데, 방어 시설이 존재한다는 사실이, 그리고 주기적으로 폭력적인 파괴 행위가 발생했음을 암시하는 고고학적 유물들이 이를 증명해 준다. 이와 관련해 양사오 문화 말기에 이미 지역마다 족장이 출현했을 것으로 보인다. 이에 상응하는 사회적 계층 분화는 매장 의식에서도 드러났다. 베이신 문화와 다원커우 문화가 차지했던 황허강 하류 지대에서도 비슷한 발달이 있었다.

기원전 3000년과 기원전 2000년 사이의 후기 신석기시대에 황허강 중류 지역에서 룽산龍山 문화가 등장했다. 이 문화는 후기 양사오 문화 때 이루어진 많은 발전을 이어받았다. 룽산 문화 시기에는 인구가 계속 증가했는데, 산둥에서만 룽산 문화기에 해당하는 고고학 유적지가 1000곳 넘게 알려져 있고, 산시陝西의 경우는 2200곳 정도다. 주거지 크기와 거주민 수에 따른 주거지의 서열화는 룽산 문화 시기에도 결정적 특징이었다. 경제적·정치적 권력을 갖고 있으면서 종교 영역에서도 중요한 역할을 한 지역 엘리트들은 자신들의 입지를 공고히 하고 이를 키워 나갔다. 이와 동시에 공공건물과 방어 시설을 갖춘 대규모 중심 주거지는 점점 더 도시적인 주거지로 성장해 갔다.

기원전 제3천년기에서 기원전 제2천년기로 전환되는 시기에 마침내 후기 신석기시대가 청동기시대로 넘어간다. 한편 후기 룽산 문화는 초기 상商 왕조 시대로 이어졌다. 상 왕조 시기의 도래는 중국의 역사시대가 시작되었음을 알렸다. 상 왕조의 시작에 관해서는 안양安陽이 수도였던 후기와는 달리 고고학적으로 거의 아는 것이 없다. 따라서 현재의 연구 상태로는 후기 신석기시대에서 상 왕조 시대로 옮겨 가는 과정을 자세히 서술할 수 없다. 그러나 왕조, 안정된 정치 구조, 도시적 중심지를 특징으로 하는 이후의 발전이 후기 양사오 문화와 룽산 문화의 업적을 바탕으로 이루어진 것은 의심할 여지가 없다.

양쯔강에서 후기 신석기시대의 초반부는 기원전 5000년 무렵에 시작되어 기원전 제4천년기 중반기까지 계속되었다. 이 시기에 인구는 눈에 띄게 증가했는데, 이는 주거지 수가 늘고 규모 또한 커진 사실로 알 수 있다. 이와 함께 주거지의 서열화도 뒤따랐다. 이 주거지들은 그 크기나 복잡한 정도에서 명확히 차이가 났다. 농업 생산에 치중하는 작은 촌락들과 함께, 수 헥타르에 이르는 넓은 지역에 체계적 설계에 따라 건물을 배치한 중심 주거지도 존재했다. 량저우良渚의 옥 세공 작업장이나 토기 가마가 있는 장인 구역도 이러한 맥락에서 생각할 수 있다. 펑터우산彭頭山의 대형 주거지는 의식용 제단을 자랑하는데, 그러한 시설 역시 해당 주거지가 지역의 숭배 중심지였음을 표시해 준다. 이 시기에 상당히 늘어난 인구에 식량을 제대로 공급했다는 사실은 널리 농업이 퍼져 있지 않았다면 생각할 수도 없다. 실제로 2000헥타르에 달하는 고대의 논이 양쯔강 중류 지역에서 발견되었다.

후기 신석기시대의 마지막 단계, 즉 기원전 제4천년기 중반기에서 기원전 제3천년기 중반기까지 근본적인 사회 변화가 다수 발생했다. 인구가 다시 급격히 증가하면서 거대한 주거지가 등장하게 되었다. 예컨대 스자허石家河 주거지 면적은 8제곱킬로미터가 넘었다. 이 주거지 주변에 더 작은 주거지가 여럿 있었는데, 이들은 스자허 사람들에게 식량을 공급하는 역할을 맡고 있었던 것으로 보인다. 양쯔강 하류의 량저우에서도 비슷한 패턴이 발견되었다. 면적이 40제곱킬로미터에 이르는 지역에 고고학적으로 거의 같은 시기로 추정되는 주거지가 무려 130군데가 발견되었다. 이 주거지들은 대단히 압축된 군집 형태로 분포되어 있었다.

대형 주거지들을 이런 식으로 세우려면 지배 엘리트층의 관리와 감독이 분명 필요했을 것이다. 일부 주거지에는 전문 수공업자들의 구역이, 특히 옥으로 만드는 공예품을 제작하기 위한 구역이 존재했다. 이 구역들은 해당 주거지와 그곳을 다스리는 엘리트층의 부와 영향력을 키워 주는 기반이 되었다. 이 시기의 무덤은 그런 엘리트층의 존재를 확연히 드러낸다. 수백 개의 옥으로 만든 물건과 옻칠한 목재로 만든 물건 등 호화로운 물건들이 거대한 분구묘들에서 발견되었기 때문이다.

기원전 제4천년기 중반기에서 기원전 제3천년기 중반기까지 아주 중요한 혁신 두 가지가 발생했다. 바로 쟁기의 발명과 논농사의 도입이다. 이 두 발전 모두 농업에 혁명을 일으키고 잉여물의 증가를 이끌었는데, 이는 인구가 증가하던 원시 도시 중심지에 식량을 조달할 수 있으려면 필요한 부분이었다. 따라서 기원전 제3천년기 중반기에 양쯔강의 중류 지역과 하류 지역은 상응하는 정치적·종교적·사회적 제도를 갖춘, 규모를 막론한 지역별 통치 중심지가 형성되기 직전 단계까지 발전했다. 그러나 이러한 발전이 이후 아무런 문제 없이 일직선으로 진행되지는 않았다. 기원전 제3천년기 후반기에 다시 한번 잠시 쇠퇴기를 겪었기 때문이다. 스자허나 량저우 같은 대형 주거지에서 사람들이 떠났고 몇 개의 작은 촌락만이 살아남았다. 이런 일이 일어난 이유는 여전히 불분명하다. 황허강 지역에서 룽산 문화가 꾸준히 남쪽으로 확산한 것과 관련이 있어 보이지만 말이다. 그런데도 룽산 문화의 남쪽 진출이 양쯔강 유역의 이전 문화들이 쇠퇴한 원인인지 결과인지는 여전히 논란의 여지가 있다. 확실한 것은 양쯔강 유역의 후기 신석기시대 대형 주거지들이 소멸하면서 이 지역의 옥 생산 및 칠기 생산의 초기 중심지도 중요성을 잃고 결국 사라졌다는 것이다. 이 지역은 기원전 제2천년기 초에 상 왕조의 탄생과 함께 비로소 부활했으며, 이는 양쯔강 유역에서 역사시대가 시작되었음을 알리는 신호이기도 했다.

동아시아 주변 지역의 후기 수렵·채집 사회와 농경의 시작

기원전 제5천년기 중반기부터 기원전 3000년 무렵까지 중국 둥베이 지방의 서부에는 훙산紅山 문화가 퍼져 있었다. 이 문화의 주거지들은 주로 풀로 덮인 스텝 지대가 삼림지대로 바뀌는 구릉지에 자리 잡고 있었다. 이 문화에서 농경의 증거는 발견되지 않았지만 가축을 사육했던 것으로 보이며, 특히 돼지 사육이 중요했다. 양사오 문화 지역에서는 방어 시설과 공공시설을 갖춘 광범위한 주거지가 형성되고 그로부터 도시적 중심지가 서서히 발달했던 사실을 고고학적 유물을 통해 확인할 수 있었던 반면에, 동북부 지역에서는 그와 유사한 발달 과정을 확인할 수 없다. 훙산 문화의 주거지는 드물게 나타난다. 이는 훙산 문화의 사람들이 정착 생활을 통한 농경에 종사하지 않고 적어도 부분적으로는 수렵·채집 생활을 하며 이동 생활을 했던 사실과 관계가 있는 듯하다.

이러한 사실을 고려하면 뉘우허량牛河梁의 제사 시설 같은 유적은 상당히 놀랍게 느껴진다. 그곳에는 일련의 석조 기단과 피라미드 같은 구조물이, 그리고 커다란 돌로 만든 봉분이 상당히 넓은 지역에 분포해 있었다. 이것들은 지배 엘리트층의 무덤 혹은 사당이나 제단, 사원 등으로 해석되어 왔다. 뉘우허량이 넓은 지역을 아우르는 제의 중심지였다는 것은 의심의 여지가 없다. 기단 근처에서 여자 토우가 상당히 많이 발견되었는데, 이 중에서 특히 관심을 끄는 것은 눈에 옥이 박혀 있는, 성인 여성을 형상화한 대형 조각상이다. 뉘우허량 주변 지역에서도 대형 돌무덤 여러 개와 사원 건물 혹은 제단이 발견되었는데, 이는 분명히 남녀를 불문하고 지위가 높은 사람들을 위한 것이었다고 볼 수 있다. 따라서 후기 훙산 문화 시기에는 이미 뚜렷한 사회적 계층 분화가 이루어진 것으로 보인다. 이는 무덤에서 발견된 부장품에서도 명확히 드러난다. 아마도 이곳에 묻힌 엘리트층은 여러 지역을 아우르는 이 중요한 제의 중심지와 관련해 그들에게 부여된 역할로 말미암아 높은 지위를 얻었을 것이다.

기원전 제3천년기 중반 무렵에 이 지역에서 샤자뎬夏家店 하층 문화가 등장했다. 이 문화는 중국 둥베이 지방에서 내몽골을 거쳐 멀리 오르도스 지역에까지 퍼져 있었다. 간혹가다 이 문명은 북방의 특이한 문화로, 혹은 룽산 문화나 초기 상 왕조 문화에서 변형된 지역 문화로 해석되기도 했다. 샤자뎬 하층 문화의 특징은 원형 성벽으로 여러 겹 둘러싼 넓은 방어용 요새와 통로, 원형 보루, 배수로다. 이들 단지의 규모는 곳곳마다 상당히 달라 학자들은 주거지에 서열이 정해져 있었다고 추정한다. 일부 주거 단지의 중심에는 사당이나 지배층을 위한 궁전 같은 가옥 등의 웅장한 공공건물이 자리했다. 옥을 제조하고 청동을 가공해 만든 물건과 잉여농산물을 이런 장소에 보관했다가 주민들에게 다시 나누어 주었을 것으로 보인다. 이는 엘리트층의 지위와 중요성이 이러한 물자를 배분해 주는 역할과 불가분의 관계가 있었음을 의미한다. 주거지에서 나온 유물을 비롯해 샤자뎬 하층 문화에 해당하는 것으로 알려진 무덤 역시 건축 방식이나 부장품에서 당시 사회가 계층화되어 있었음을 명확히 보여 준다. 이어지는 샤자뎬 상층 문화는 샤자뎬 하층 문화와 문화적 빈틈으로 인해 연결되지 않는데, 이 문화기는 이미 기원전 제2천년기 후반기의 상 왕조 시기에 해당한다.

한반도에서는 기원전 제4천년기 중반기에서 기원전 제3천년기 말에 이르는 중기 신석기시대에 재배 작물(기장) 경작이 최초로 입증되었다. 그러나 사냥과 바다낚시, 식용식물 채집 및 가공은 여전히 중요한 역할을 했다. 사람들이 장기적으로 거주한 주거지는 대부분 해안선을 따라 형성된 조개무지 주거지였다. 그러다가 기원전 제3천년기 말에서 기원전 제2천년기 중반기 사이의 후기 신석기시대에 중요한 변화가 생긴다. 예컨대 기장 재배가 중심 역할을 하게 되었고 쌀 재배도 같은 시기에 시작되었다. 또한 훌륭히 가공된 옥 공예품이 부장품으로 남겨진 사실로 보아, 지도층이 형성됨으로써 사회가 계층화되었음을 짐작할 수 있다.

기원전 제2천년기 중반기 무렵, 한반도에서 청동기시대가 시작되어 새로운 천년기가 시작되기 전까지 지속되었다. 기장과 쌀이 대규모로 재배되었고, 곧이어 보리, 밀, 콩 등의 다른 작물들도 추가되었다. 이렇게 농경이 급속도로 발전함에 따라 사냥과 채집 활동의 중요성이 현저히 줄어들었다. 이 시기에 쌀이 집중적으로 재배되었다고 추정하려면, 당시 사람들이 논에 계속 물을 대기 위한 인공 관개(논농사) 기술을 이미 완벽하게 습득했다는 전제가 있어야 한다. 고고학적 측면에서 이 문화와 관련된 주거지와 매장지를 보았을 때 이 시기의 상세한 모습을 파악하는 데 크게 도움이 되지는 않지만, 그러한 기반 시설 설치는 분명 중앙에서 조직적으로 계획되었을 것이며, 이미 복합 사회였음을 암시한다. 어쨌든 청동기시대에 한반도의 인구는 엄청나게 늘어났다. 이로 인해 사회경제적 구조에 상당한 변화가 일어날 수밖에 없었을 것이다. 이를 보여 주는 거석 무덤은 특히 한국 청동기시대의 특징이다. 그 무덤들의 부장품은 발견 당시에 온전한 상태가 아니었지만, 그래도 이 무덤의 주인은 지배 엘리트층으로 보인다. 그렇기는 해도 이 사회의 계층 분화 과정이 개별 사례에서 정확히 어떻게 이루어졌는지는 여전히 알지 못하는 부분이라는 점은 인정할 수밖에 없다.

마찬가지로 일본 사회도 조몬 시대에 점점 복잡해졌다. 물론 이 문화에 속한 사람들은 수천 년 동안 계속 수렵·채집 생활을 고수하면서 결코 생산적 경제 방식으로 전환하지 않았다. 중기 조몬 시대의 니시다西田 같은 초기 중심지에 관해서는 알려진 것이 많은데, 이들 주거지에는 이미 1년 내내 사람들이 거주하고 있었다. 조몬 문화의 거의 모든 단계에서 웅장한 숭배 시설이 등장한다. 초기 조몬 시대에도 이미 돌로 만든 단순한 원형 시설이 있었다는 것이 입증되었다. 중기 조몬 시대에는 이 원형 시설물이 상당히 커졌고, 후기에는 돌로 이루어진 원을 동심원처럼 여러 겹 세워 놓고 옆에 다른 원을 추가하거나 거석을 줄지어 늘어세운 복잡한 시설이 존재했던 것으로 나타난다. 이 시설들이 매장지를 둘러싸고 있기도 했다.

—— 일본 조몬 시대의 산나이마루야마 유적 주거지를 복원한 모습. 수천 년 동안 이어진 조몬 문화의 경제 방식은 전적으로 수렵·채집 활동에 기반을 두었지만, 당시 주거지를 보면 인구가 상당히 집중되어 있었음을, 그리고 상부 계획 기관이 주거지의 배치나 건설에 관여했음을 알 수 있다. (Wikimedia Commons, © 663highland)

조몬 문화에서는 많은 무덤이 주거지 내부나 인접한 곳에 있었다. 중기 조몬 시대가 되어서야 사람들은 아주 정교하게 만든 그릇이나 장신구(조개 팔찌, 옥구슬, 점토 귀걸이, 멧돼지 이빨로 만든 목걸이)를 부장품으로 남기기 시작했다. 그러나 아주 소수의 무덤에는 옻칠한 나무 그릇이나 돌로 만든 단검, 토우 같은 훌륭한 부장품도 들어 있었다. 그러한 지배 엘리트층 무덤은 후기 조몬 시대나 말기 조몬 시대에 이르면 좀 더 많아진다. 이렇게 호화로운 무덤 중에는 어린아이의 무덤도 있었다. 이를 통해 어떤 가족 출신인지가 사회적 지위를 좌우했을 뿐 아니라 그 지위가 세습되었음을 짐작할 수 있다.

따라서 전체적으로 조몬 시대의 장례 의식이나 일반적인 제례 의식, 숭배 시설은 꾸준히 다양해졌다고 결론 내릴 수 있다. 그런데도 생활 방식이 근본적으로 달라졌다는 기미는 전혀 보이지 않는다. 1년 내내 사람들이 거주한 아주 큰 주거지가 다수 있었지만, 조몬 문화 사람들은 사냥꾼으로, 어부로, 채집자로 남았다. 일본열도의 생활·문화·경제 환경은 기원전 300년 무렵에, 다시 말하면 조몬 문화가 수천 년에 걸친 진화 과정 끝에 쇠퇴의 길을 걷다 결국 야요이弥生 문화로 대체되었을 때에야 비로소 달라지기 시작했다. 야요이 문화 사람들은 이미 논농사 기술을 완벽히 터득한 농부들이었고, 청동 및 철 가공 기술 또한 익힌 상태였다. 이미 초기 조몬 시대에도 뚜렷해진 사회적 계층 분화는 기원후 몇 세기 동안 지역별 지배 엘리트층의 출현으로 이어졌다. 따라서 이 시기는 야요이 시기의 지역 족장령이 형성되는 과정의 첫걸음이라고 할 수 있다. 야요이 문화는 그렇게 일본열도에서 역사시대가 열리는 시점에 등장했다.

남중국의 산악 지대와 하천 계곡, 해안 지대에서는 정착 생활과 생산적 경제 방식이 양쯔강 지대나 황허강 유역보다 훨씬 늦게 시작되었다. 그렇다고는 해도 남중국에서 농경의 시작은 양쯔강 유역의 문화 발전에 크게 영향을 받았다. 기원전 8000년에서 기원전 5000년에 이르는 시기에, 다시 말하면 양쯔강 일대가 중기 신석기 문화 단계에 이미 도달한 상태였을 때 중국의 남서부와 남동부 전역에 형성되었던 문화들은 여전히 수렵·채집 생활을 하고 있었다. 사람들은 사냥, 어로, 야생식물 수집에만 의존해 식량을 조달했다. 해안가에 사는 사람들은 주로 해양 식량 자원에 의존했다. 이후 수 세기가 지난 뒤에도 사람들의 생활 방식과 경제활동은 달라지지 않았다. 고고학적 유적지가 늘어난 점에서 인구 증가를 짐작해 볼 수 있지만, 해당 문화의 사람들은 계속 사냥과 어로, 채집 생활에 의존해 살았다. 이 시기의 가장 중요한 혁신은 중국 남동부에서도 돼지를 가축으로 키우기 시작했다는 점이다. 가축화된 돼지는 당시 모든 육류 소비의 10퍼센트에서 20퍼센트를 차지할 정도였다.

기원전 3500년과 기원전 2500년 사이의 후기 신석기시대 말에 이르러 남중국에 생산적 경제 방식이 도입되었다. 이전 시기에 선호되었던 모래언덕 주거지나 해안가 조개무지 주거지가 급격히 줄어들었다. 이제 주거지는 농경에 더 적합한 지역으로 옮겨 갔다. 남중국의 여러 지역과 타이완臺灣섬에서 기원전 3000년 직후에 벼농사를 지은 최초의 흔적이 뚜렷하게 나타났다. 타이완에서는 기장과 콩이 쌀과 같은 시기에 나타났다. 벼농사는 일회성 사건이 아니라 장기간에 걸쳐 전개된 과정이었던 듯하다. 중국 전역에서 이미 토기와 간석기를 가진 여러 문화에 벼농사가 전해졌다. 남중국에서 벼농사가 늦게 시작된 것은 산악 지대와 하천 계곡, 해안 지대에 식량 자원이 풍부했던 것과 관계가 있는 듯하다. 그곳에 자리 잡고 있던 수렵·채집 집단들은 그러한 이유로 생산적 경제활동으로 전환해야 할 동기를 못 느꼈을 것이다. 실제로 처음으로 경제 방식이 근본적으로 바뀌게 된 것은 인구가 급증했기 때문일 수도 있다. 그러는 사이에 쌀 재배가 양쯔강 중하류에서 남중국까지 확산한 것은 의심의 여지가 없는 것으로 입증되었다. 물론 벼농사가 중국의 최남단 지역에까지 전파되는 데 2000년이 넘는 시간이 걸렸다는 점은 인정해야 할 것이다. 그런데 벼농사의 확산은 양쯔강 유역 거주민들의 이동과 관련이 있었을 가능성이 크다. 그 시기에 그곳에서 뚜렷한 인구 증가가 나타났기 때문인데, 순전히 인구가 증가하면서 남쪽을 향한 집단적 이동이 초래되었을 것이다.

양쯔강 일대에서 남중국과 타이완으로 벼농사가 확산되면서 훨씬 더 남쪽에 있는 동남아시아 인접 지역도 영향을 받았다. 열대우림이 덮은 이 지역은 수렵·채집인들에게 유리한 생활환경을 제공해 주었는데, 특히 하천 삼각주의 맹그로브 늪지대가 그러했다. 이런 곳에는 사냥 동물에서 식용 야생식물, 연체동물과 갑각류, 어류에 이르기까지 다양한 먹거리가 있었기 때문이다. 그러나 기원전 제4천년기 중반기부터, 특히 기원전 제3천년기 초부터 동남아시아의 육지와 섬에서도 생산적 경제활동으로 이어지는 근본적 변화가 발생했다. 늘 습한 우림 지대는 사람들이 밀집해 거주하거나 쌀을 재배하는 데 적합하지 않았다. 일찍이 그 지역 사람들은 마나 토란, 바나나 같은 나무 열매나 덩이줄기 식물을 주로 섭취했다. 획득 경제에서 생산적 경제로 전환하게 된 데는 양쯔강 지역의 영향도 원인이 되었을 것이다. 아마도 양쯔강 지역 곳곳에서 다수의 집단이 이동해 오면서 토기와 갈아 만든 돌도끼, 조개껍데기로 만든 장신구, 직물 생산에 필요한 방추紡錘뿐 아니라 가축화된 돼지와 소, 쌀 및 기장 경작 지식까지 전달해 주었을 것이다. 이러한 혁신은 베트남, 캄보디아, 말레이반도를 거쳐 인도네시아 군도에까지 도달했고, 거의 같은 시기에 중국 본토 남동부에서 타이완을 거쳐 필리핀에도 도달했다. 오스트로네시아어족에 속한 민족이 이 이동을 주도했던 것으로 보이는데, 이들은 이후 라피타 문화기에 동남아시아에서 오세아니아 군도 전체로 퍼져 나갔고, 기원후 시기에는 더 멀리 서쪽으로 확산해 마다가스카르에까지 도달한 것으로 짐작된다.

세계 다른 지역과의 구조적 비교

구세계에서 농경에 맞추어진 정착 생활 방식이 수렵·채집 생활을 대체하며 자리를 잡은 곳마다 인구가 급격히 늘어났다. 그러면서 촌락도 눈에 띄게 늘어나고 주거지 밀집도도 높아졌다. 이로 인해 주거 공동체 내에서 규제의 필요성이 높아지면서 지도자와 요새화된 중심지, 최초의 공공 기관, 영토에 대한 고려, 분업과 전문화의 심화, 기술혁신, 조직적인 원거리 무역을 특징으로 하는 복합 사회가 등장했다. 이 과정을 통해 구세계에서는 광석을 찾아 채굴하고 가공하는 작업부터 막대 모양 덩어리나 최종 생산물의 형태로 금속을 분배하는 작업에 이르는 금속가공 기술이 중요한 역할을 했다. 이 원자재에 접근할 권리를 통제하는 사람은 누구든 사회적·정치적 권력과 경제적 부를 얻었다. 그로 인해 야기된 사회적 계층 분화는 엘리트층의 형성으로 정점을 찍었다.

메소포타미아 지역은 최초의 촌락이 등장한 이후 도시가 형성되기까지 멀리 돌아가는 일 없이 지름길을 택하면서 기원전 제4천년기 말의 우루크 문화기에 선진 문명의 특징을 이미 보여 주기 시작했다. 궁전과 사원 등의 웅장한 건축물, 품격 있는 예술과 대형 조각물, 왕과 사제 계층, 토기 돌림판 등을 이용한 대량생산 체제가 나타났고, 관료제에 결정적으로 도움이 된 원통 인장과 문자도 등장했다. 이 시기의 광역 도시는 정치적 삶, 경제활동, 종교, 예술의 중심지 역할을 했다. 수메르 문화와 거의 같은 시기에 나일 계곡에서도 고대 이집트 선진 문명(제0왕조)이 등장했다. 물론 이 문명의 신석기시대적 토대는 비옥한 초승달 지대보다 상당히 늦게 마련되었지만 말이다. 북서부 인도에서도 인더스 계곡 문명(하라파 문화)이 등장하기 전까지의 개별적인 문화 발전 단계를 추적해 볼 수 있다. 하지만 하라파 문화가 이미 어느 정도까지 제대로 된 문자 체계를 보유하고 있었는지는 의문스럽다. 기원전 제3천년기 말과 기원전 제2천년기의 중기 및 후기 청동기시대에 남부 중앙아시아에서 도시형 중심지를 갖춘 문화(남부 투르크메니스탄의 나마즈가 V기 문화와 나마즈가 VI기 문화)가 등장했지만, 이 문화들은 멸망 직전까지도 아무런 문자 체계를 갖지 못했다. 중국의 황허강 유역과 양쯔강 유역에서도 초기 신석기시대에서 시작해 후기 신석기시대의 원시 도시형 중심지를 거쳐 가는 발달 과정이 나타난다. 대규모 중심 구역과 노동 분업, 전문화된 거래(금속가공, 그리고 옥과 칠기를 활용한 물품 제조), 잘 조직된 원거리 교역, 지역 지배 엘리트층을 특징으로 이 중심지들은 기원전 제2천년기 전반기에 등장하기 시작해 초기 상 왕조 시대에 절정을 이루었다. 이들은 이미 자기들만의 문자를 사용하고 있었다.

따라서 정치적·사회적·종교적·행정적·기술적 혁신을 이룬 초기 선진 문명들은 특히 구세계 건조기후 지대의 대형 하천에서만, 즉 유프라테스강과 티그리스강, 나일강, 인더스강, 황허강, 양쯔강의 유역에 있는 몇몇 지역에서만 나타났다고 볼 수 있다. 이들 지역의 문명들에서만 문자 혹은 문자와 비슷한 의사소통 체계가 발달했다. 그러나 문자를 사용하는 도시 문화가 등장하지 못한 구세계의 다른 지역에서도 이후 수많은 기술적·사회적 혁신이 발생했다. 일단 정착 농경 생활 방식이 확립된 곳 중에 예전 모습 그대로 남은 곳은 사실상 없었다. 그들은 발전, 격변, 후퇴의 단계를 번갈아 반복적으로 경험했다. 아나톨리아와 그리스-에게해 지역의 동기시대와 초기 청동기시대에는 변화무쌍한 진화가 이루어졌지만, 이 시대는 여전히 고고학적 기록 면에서 상당한 간극이 있다. 이 시기 이후에, 두 지역에서 늦어도 기원전 제2천년기 중반기 직전에 히타이트 제국과 미케네 문명이라는 형태로 선진 문명이 등장했다. 두 문화 모두 문자를 갖고 있었다. 그러나 기원전 1200년 무렵에 두 문명 모두 다시 쇠퇴하고 만다. 미케네 세계의 경우 대대적 단절이 나타나면서 수백 년 동안 알고 있던 문자마저 사라지고 말았다. 남동부 유럽, 중부 유럽, 서부 유럽, 북부 유럽의 여러 지역에서도 신석기 이후의 시기는 대대적 단절로 특징지어진다. 중요한 성과가 나타나면서 문화가 꽃피우고 상당한 발전을 이루었지만, 결국 단명하고 만 경우가 여러 차례 있었다. 이러한 현상은 기원전 제5천년기의 남동부 유럽 순동기시대 문명들에서도 일어났으며, 기원전 제4천년기 말과 기원전 제3천년기에 말, 수레, 쟁기 등을 선보이며 중부 유럽의 여러 지역을 차지했던 문화들이나, 웅장한 무덤이 특징인 서부 유럽과 북부 유럽의 거석문화 등에서도 마찬가지였다. 이 모든 혁신은 이들 문화의 사회, 정치, 종교에 영향을 미치면서 복합 사회의 등장에도 일조했지만, 이러한 발달 가운데 제대로 오래도록 지속한 것은 하나도 없었다. 그중 일부는 여러 세기에 걸쳐 나타났지만, 얼마 안 되어 모두 사라지고 말았다.

이러한 위업의 중심에 서 있지 않았던 세계의 다른 지역에 관심을 돌려 보면, 앞서 소개한 문명들에 완벽하게 필적할 만한 일련의 발달 과정이 확인된다. 정착 생활과 생산적 경제활동으로 이루어지는 신석기시대의 생활이 등장하면서 선진 문명이 서서히 형성될 수 있는 기반이 조성되거나 널리 농경이 확산한 결과로 인구가 늘고 그로 인해 주거지 공동체에 대한 규제가 점점 더 필요해지면서 복합 사회가 등장하게 되었다. 이 사회들은 영구적 실체가 된 것이 아니라 반복적으로 해체하면서 계속 새로운 모습을 보여 주었다.

기원전 제2천년기에 사하라 이남 아프리카에서는, 차드호 남서쪽 사헬 지대에서 가지간나 문화권 사람들이 점점 더 한곳에 영구적으로 정착해 살면서 많은 발전이 이루어졌다. 주거 구릉지(텔)가 형성되었을 뿐 아니라 가축 떼를 기르며 살았고, 시간이 약간 지난 뒤에는 작물도 재배함으로써 주거지 주변에 계속 모여드는 사람들의 식량을 책임질 수 있었다. 기원전 600년에서 기원전 400년에 이르는 무렵에 가지간나 최후기에 해당하는 III기에 드디어 집약적 농경이 두드러지게 나타났다. 그 결과로 사냥과 어로, 채집 활동은 아주 부차적인 역할만을 하게 되었다. 거의 같은 시기에 가축 사육의 중요성도 줄어든 것으로 보인다. 주거지의 서열화도 분명하게 나타나는데, 면적이 9헥타르에서 12헥타르에 달하는 널찍한 주거지들이 처음으로 중소형 규모의 주거지들과 공존하는 양상을 보여 주었다. 이와 더불어 방어 시설을 갖춘 강력한 주거 구릉지가 나타났는데, 이들은 분명 핵심적 중심지로서 중요했을 것이다. 사헬 지대의 다른 곳에서도, 이를테면 부르키나파소 같은 곳에서도 비슷한 발달 과정이 나타났다. 이곳에서는 수수와 콩과 식물이 재배 작물로 추가되었는데, 방어 시설을 갖춘 구릉지 주변에서 광범위하게 농경이 이루어졌다. 또한 이 지역 주거지에서 고고학적 발굴을 통해 나온 개오지 껍데기나 유리구슬, 수박 등은 그 시기에 원거리 교역이 이루어지고 있었음을 증명해 준다.

기원전 제1천년기 중반 무렵, 아프리카 사헬 지대에서 도시화를 향한 움직임이 있었다는 최초의 흔적이 뚜렷하게 나타났다. 이러한 흔적은 점점 더 복잡해지던 사회와 관련이 있었을 것이다. 기원전 제1천년기 후반기에 철기시대가 시작되면서 아프리카에 몇 가지 중요한 기술혁신이 들어왔다. 이러한 혁신은 초기 도시화 및 최초의 문화적 번성과 관련되어 있었다. 정착 생활과 생산적 경제가 도입되었는데도 아프리카 선사시대와 아프리카 초기 역사의 특징은 말기 신석기시대가 곧바로 철기시대로 통합되었다는 점이었다. 유라시아와 유럽에서처럼 철기시대에 앞서 동기시대나 청동기시대가 나타나지 않았다. 마우레타니아나 말리, 니제르에서 구리나 청동기로 만든 도끼, 화살촉, 단검, 장신구 조각이 단발적으로 발견되었다는 사실은 이러한 결론에 대한 반증으로서 역할을 전혀 하지 못한다. 이러한 인공물에 기초한 그 지역 물질문화의 변화가 초기 철기시대와는 아주 대조적으로 아프리카의 문화 구조에 지속적인 영향을 미치지 못한 것이 분명했기 때문이다.

서아프리카에 널리 퍼져 있던 킨탐포 문화는 정착 생활 및 농경과 관련된 그 지역 최초의 문명으로, 기원전 1000년 무렵에 종말을 고했다. 킨탐포 문화가 어떻게 철기시대로 넘어갔는지에 관한 추가 정보는 없지만, 기원전 제1천년기 초기에 철 가공이 그곳에서 시작되었다. 사헬 지대와 마찬가지로 서아프리카에서도 철기시대는 기원전 제1천년기 중반 직후에 시작되었고, 이후에 철 생산 중심지가 처음으로 형성되었다. 나이지리아 중부의 녹 문화가 관리하던 중심지가 바로 그러한 예다. 그 지역에서는 더 이른 시기부터 기름야자와 진주조의 재배가 널리 확산해 있었지만, 철기시대에 이르러 재배 작물이 더 다양해지면서 마, 수수, 쌀, 콩과 식물이 추가되었다. 또한 철기시대의 근본적 혁신으로 두드러진 주거지 서열화를, 방어 시설을 갖춘 대규모 중심지의 출현을 들 수도 있다. 이러한 중심지들은 중요한 원거리 무역망을 형성하기도 했다. 이 모든 변화는 기원후 시기에 통제 체계의 등장으로 이어졌다. 이 체계들은 이후 시대에 개조되기를 거듭하면서 유럽에 의해 아프리카가 식민지로 전락할 때까지 아프리카 대륙의 운명을 결정지었다. 아프리카 동부의 에티오피아와 에리트레아에서는 기원전 제1천년기에 유목의 시기가 끝나고 악숨 문명이 출현했다. 이들의 웅장한 건축물과 문자, 미술은 사우디아라비아의 사바 문화와 밀접한 관련성을 보여 주므로 고고학자들은 예멘에서 부분적으로 이주가 있었을 것으로 추정했다.

신세계는 수렵·채집 집단도 복합 사회로 어느 정도 발전할 수 있음을 보여 주는 몇 가지 주목할 만한 예를 제공해 준다. 수렵·채집 사회는 확실히 안정되어 있었고 평등했던 것으로 보인다. 하지만 상당히 실용적인 지식이나 기술을 가졌거나 그야말로 카리스마가 넘치는 특정한 지도자가 있었던 것은 틀림없어 보인다. 유리한 자연환경 덕분에 잉여 식량을 축적하고 인구가 상당히 늘었을 때도 이러한 균형은 분명 깨지지 않았다. 알래스카와 알류샨 열도에는 기원전 제1천년기에 거대한 겨울용 주거지가 형성되어 있었는데, 그중 아다마간Adamagan 같은 곳의 주거지에는 250채의 가옥에 1000명이 넘는 사람들이 살았다. 이 정도의 인구 집중은 주거지 공동체 내에서 규제가 강화되지 않고서는 거의 상상할 수 없다. 아메리카의 태평양 북서부 연안에서도 기원전 마지막 몇 세기 동안 몇몇 수렵·채집 공동체가 정착 생활을 하게 되었는데, 그곳에서도 철저히 계획한 것이 분명해 보이는 다수의 촌락이 형성되었다. 이들 촌락에는 사각형 형태의 가옥이 줄지어 세워져 있었다. 이 집단들은 상당한 양의 잉여 식량을 획득하고자 했고 그 식량을 특수 건물에 저장해 놓았다. 그리고 농경과 가축 사육을 채택하지는 않았지만, 다시 말하면 평등주의적 사회구조를 지향하는 수렵·채집 사회로 계속 살아갔지만, 무덤 속 부장품을 보면 분명 사회적 계층 분화가 생겼음을 알 수 있다. 또한 이 수렵·채집 사회의 엘리트들은 이른바 포틀래치potlatch[15]라는 선물 교환 의식이 동반된 제의

15 북아메리카 북서해안의 원주민들이 자녀의 탄생, 성년식, 장례, 신분 계승 등의 의식에 사람들을 초대해 베푸는 축하연이다.

적 축제를 계획하는 데 중심 역할을 했다. 포틀래치는 지금까지도 아메리카 북서부의 원주민 사이에서 주거 집단의 유대감과 제의 공동체로서의 자아 인식 형성에 상당히 중요한 행사로 꼽힌다.

일본열도에서도 비슷한 발달 과정이 전개되었다. 사냥, 어로, 채집 활동만 1만 년 넘게 계속해 온 조몬 문화 사람들은 그들이 존속한 그 오랜 기간에 완벽한 사냥 방식으로 식량을 확보하기 위해 아주 이른 시기부터 영리한 전략과 지금 보아도 놀라운 기술을 이용했다. 조몬 문화 중기 이후 체계적으로 계획된 대규모 주거지가 등장했다. 이 주거지에는 1년 내내 사람들이 거주했고, 어느 정도 중심지로서 기능했다. 그와 동시에 웅장한 제의 장소도 건설되었는데, 그들의 주거지와 마찬가지로 중앙의 지휘 기관이 없다면 실현 불가능한 것처럼 보이는 곳이다. 지휘 역할을 맡았을 것이 분명한 사회 지배층의 존재는 부장품에서 명확히 드러난다. 조몬 지배층의 무덤에서는 정교하게 옻칠한 나무 그릇과 옥으로 섬세하게 만든 물건들이 발굴되었다. 아이들의 무덤에서도 비슷한 부장품이 나왔다는 사실은 사회적 지위가 세습되었음을 입증해 주는데, 이는 수렵·채집 사회치고는 의외의 특징이다. 그러나 조몬 문화 역시 끝까지 농경이나 가축 사육을 채택하지 않았다. 이 두 활동은 기원전 300년 이후에, 즉 야요이 문화가 출현한 이후에야 청동 및 철 가공 기술과 더불어 일본에 등장했다.

구세계의 문화 발달 역사와는 달리, 금속가공이 공동체의 지속적 계층화로 완결되는 사회적 계층 분화 과정의 필수적 전제 조건조차 아니었던 사례는 거듭 등장한다. 예를 들어 기원전 2200년과 기원전 700년 사이에 미시시피강 하류에 형성되었던 파버티 포인트 문화의 대표자들은 작물은 재배했지만, 동물 사육이나 금속가공에 관해서는 전혀 알지 못했다. 그래도 이 문명은 대대적인 토공 작업을 통해 대규모 중심지를 탄생시켰다. 공동체의 주요 활동이었을 이 토공 작업을 관리하고 지휘하려면 상부 기관이 분명 필요했을 것이다. 파버티 포인트 문화기에 만들어진 분구묘들에 정말로 지배층의 무덤이 있는지 확인하려면 발굴을 계속할 필요가 있다. 그러나 남아메리카 북부 안데스산맥 지역은 다른 문화적 발달 사례를 제공한다. 이 지역에서는 정착 생활과 생산적 경제가 시작된 이후 복합 계층 사회가 등장했는데, 이 사회에서는 구리와 금뿐 아니라 수정이나 옥, 흑요석처럼 귀중한 원자재에 접근할 수 있는지가 중요한 역할을 했다. 그러면서 결국 기원전 제1천년기 말에 (예를 들면 콜롬비아의 산 아우구스틴San Augustín 같은) 이른바 족장 사회chiefdom가 출현했다. 이 같은 족장 사회는 멀리 남쪽의 아타카마 사막 경계 지역(알토 라미레스Alto Ramírez 문화)과 안데스산맥 남부 구릉지대(알라미토Alamito 문화)에도 이미 널리 퍼져 있었다.

중앙아메리카 그리고 남아메리카 안데스 산지 지역에서는 기원전의 마지막 200년 동안에 이른바 형성기Formative period로 불리는 선진 문명이 등장했다. 옥수수, 호박, 콩, 고추, 아보카도, 감자 등의 작물이 광범위하게 재배된 것은 물론, 점차 심화하는 노동 분업, 손기술 발달, 조직적인 원거리 교역, 웅장한 무덤을 가진 정치 지배층의 성장이 이루어졌고, 독립적인 조각상과 부조 등의 수준 높은 미술도 등장했다. 궁전과 사원 건물, 창고, 공놀이용 공간까지 갖춘 초기 도시들은 종교 권력과 정치권력의 지역 중심지로 발전했는데, 그중 기원전 1200년 이후 등장한 올멕 문화와 마야 문화의 도시들이 손꼽힌다. 페루 안데스 고지대의 차빈, 파라카스, 나스카 같은 문명 중심지들도 비슷한 발전 궤적을 보여 준다. 크리스토퍼 콜럼버스Christopher Columbus 이전에 존재했던 라틴 아메리카 문명 중에서는 마야 문명이 상징과 어표語標를 갖춘 진정한 의미의 문자 체계를 발전시켰다는 점에서 특별했다. 문화 발달 과정에서 중요한 이 단계가 기원전 제1천년기 후반기에야 발생했지만 말이다. 따라서 구조적 관점에서 볼 때 마야 문명은 메소포타미아, 나일 계곡, 인더스 평야, 황허강 및 양쯔강 사이 중국에서 발생한 구세계의 초기 선진 문명과 가장 가깝게 비교될 수 있다.

4 선진 문명 너머의 지역

중부 유럽의 초기 청동기시대는 기원전 2200년에서 기원전 1600/1550년 사이의 시기에 해당했다. 이 시기에는 처음으로 문화적으로나 경제적으로 급성장하는 모습이 나타났다. 방어 시설을 갖춘 인구 밀집 중심지가 어디에나 생겨났다. 그리고 청동 가공이 주요 원료로서의 구리 가공을 서서히 대체하면서 초기 청동기시대가 끝날 무렵에 처음으로 절정에 이르렀다. 이러한 발전은 사회적 계층 분화 과정과 밀접한 관련이 있었다. 그러나 이 새로운 환경은 불안정한 탓에 지속적으로 존재하지는 못했다. 이어진 '중기' 혹은 '봉분Burial Mound' 청동기시대(1600/1550~1300/1200 BC)에 나타난 변화는 앞선 초기 청동기시대가 보여 준 역동성에 전혀 미치지 못했다. 이미 형성되어 있던 광범위한 문화적 상호 관계마저 또다시 축소되었기 때문이다. 이 시기에 에게해 세계에서는 궁전에 기반을 둔 문명이 등장했다. 이 문명에서 가장 유명한 중심지인 미케네는 남부 그리스의 펠로폰네소스에 있었다. 동시에 이른바 유럽 청동기시대의 북방 영역(예를 들면 북부 독일과 남부 스칸디나비아)에서 독자적 문화가 발달했는데, 고고학자들은 이 시기를 북유럽 청동기시대의 II기로 부른다. 이 문화는 중부 유럽의 남쪽에 도달한 문화에 견줄 만했다.

기원전 제3천년기 말 이후 금속가공 기술은 사람들이 점점 비소나 주석으로 구리를 합금하기 시작해 청동을 만들어 내면서 발전해 나갔다. 그러나 이렇게 구리 생산에서 청동 생산으로 옮겨 가는 과정은 수백 년에 걸쳐 아주 서서히 진행되었을 뿐이다. 기원전 제2천년기 중반기에, 중기 청동기시대로 이행하는 시기에 이르러서야 주석 청동은 초기 청동기시대의 전 기간을 지배해 온 구리를 확실히 대체할 수 있었다. 특히 중부 유럽 북부에서 당시 널리 유통되던 수많은 단검이 구리나 청동이 아니라 여전히 규석으로 제조되고 있었다는 사실에서 이 과정이 얼마나 길고 길었는지가 생생히 드러난다. 물론 그 규석 단검을 만들던 사람들이 청동 단검이나 심지어 남부 스칸디나비아의 청동검 모양까지 참고해 만든 것이 분명했지만 말이다. 중기 청동기시대가 시작되고 기원전 제2천년기 중반기 무렵에 주석 합금 기술이 결정적으로 채택되면서 비로소 규석으로 만든 무기들과 순동 모두 마침내 사라질 수 있었다.

청동은 구리보다 분명 우수했다. 청동은 주조할 때 더 빨리 녹으므로 더 복잡한 형태를 만들 수 있었다. 이는 이제 사람들이 탈납 주조 방식lost-wax casting process[16]을 이용해 훨씬 더 복잡한 가공품을 만드는 데 필요한 모든 기술적 조건을 갖추었다는 의미였다. 예컨대 자루가 단단한 단검이나 축 길이가 최대 80센티미터에 달하는 미늘창halberd을 만들 수도 있게 되었다. 고고학자들은 중부 유럽뿐 아니라 이른바 북방 영역으로 불리는 지역, 북부 이탈리아, 남부 프랑스, 이베리아반도에서도 놀라울 정도로 비슷한 형태의 청동 물건을 발견했다. 주조된 물건들은 품질이 우수했고, 구리보다 눈에 띄게 단단하기까지 했다. 청동을 녹는점 바로 아래까지 가열한 후 담금질해 벼리는 과정은 도구와 무기를 더욱더 단단하게 만드는 데 도움을 주고 날을 더 날카롭게 만들어 주었다. 게다가 조금彫金 과정을 통해 금속에 온갖 종류의 장식을 새겨 넣을 수도 있었다. 이 신소재의 뚜렷한 우수성은 청동 가공에 엄청난 붐을 일으켰고, 그 새로운 금속으로 더 많은 물건이 주조되었다.

그러나 이 시기의 새로운 기술적 지식은 금속가공에만 국한된 것이 아니라 광상을 탐사하고 광석을 채굴하는 데까지 확대되었다. 구리층이 지표면까

16 왁스, 즉 납蠟으로 모델을 제작했다가 빼내고 그 자리에 쇳물을 붓는 방식이다.

지 나오면 산화층이 형성된다. 공작석의 특징적인 초록색이나 남동석의 푸른색 때문에 이 산화층은 구리 광석을 탐사하러 다니는 사람들에게 쉽게 발견될 수 있다. 남동부 유럽의 구리광 채굴은 일찍이 기원전 제5천년기 초에 발칸반도에서 이루어진 것으로 입증될 수 있는 데 반해, 중부 유럽에서 발굴된 최초의 지하 구리 광산은 초기 청동기시대의 광산일 뿐이다. 그보다 한참 전에 중부 유럽에서 제한적으로나마 구리 광상을 개발한 것이 분명하지만 말이다. 이들 광상 가운데 가장 중요한 곳은 동부 알프스산맥과 로어 인 계곡Lower Inn Valley에 있었다. 학자들은 특히 미테르베르크Mitterberg 작업장에서 기원전 1700년 이후 그곳에서 일반적으로 사용된 화력 채굴 방식 등의 채굴 기술을 집중적으로 조사해 기록할 수 있었다. 고고학자들은 인근 지역에 제련소가 있다는 사실을 통해 기원전 1700년과 기원전 1000년 사이에 미테르베르크에서 7000톤이 넘는 구리가 채굴되었을 것으로 결론 내렸다. 그 정도 양이면 도끼날을 4만 개 이상, 검을 1만 5000개 이상 만들 수 있었을 것이다. 이러한 추정은 선사시대의 광산 지역이 인상적일 정도로 경제적 용량이 컸음을 생생하게 증명해 준다. 그러나 구리와 섞는 재료로서 청동 생산에 필수적인 주석이 어디서 생겼는지는 여전히 알려진 바가 없다. 이 금속은 중앙아시아의 주석 광상 외에 북부 독일의 에르츠산맥 지역, 영국의 극서에 있는 콘월, 프랑스 서부의 브르타뉴 그리고 이베리아반도에서 발견된다. 기원전 제2천년기에 중부 유럽에서 정확히 어떤 주석 광상이 이용되었는지는 알려지지 않았다.

금속가공이 붐을 일으키자 새로운 직업들이 생겨났다. 광층의 위치를 찾아내는 시굴자, (지상이나 지하에서 일하며) 금속 광상을 채굴하는 광부, 금속을 녹이는 제련업자, 원료로 완성품을 만들거나 최소한 거래가 가능한 주괴 형태로 만들어 내는 청동 주조자가 등장했다. 그 밖에 제련된 광석을 추가로 가공하거나 청동 기공품을 만드는 일과 관련해서는 주거지에 확고하게 자리 잡은 주조 공장 외에 원료를 여러 곳에 갖고 다니면서 개별 주문을 받아 그 자리에서 특정 물건으로 만들어 주는 떠돌이 장인들도 있었을 것으로 추정된다. 이미 수천 년째 플린트 채굴을 해 온 사람들이라 금속 채굴을 계획하는 데 그 소중한 경험을 이용할 수 있었다. 이른바 싱크홀sink hole(표면에서 파낸 깊은 채굴장)이 있었다는 증거 외에도 과거의 화력 채굴 방식으로 인해 물러지고 잘 부서지게 된 바위를 뚫어 터널이나 갱도를 만들었다는 증거도 존재한다. 이러한 기술 덕분에 사람들은 바위에 묻힌 광석에 더 쉽게 도달할 수 있었고, 산의 중심부까지 더 깊이 터널을 뚫을 수 있었다. 갱도는 놀라울 정도로 좁다. 그래서 지하 채굴은 주로 아이들이나 청소년에게 맡겨졌을 것이다. 어른은 그 안에서 움직일 수도 없었을 것이다. 또한 금속가공은 다른 생활 영역에도 더 큰 분업을 가져왔다. 광석 채굴과 제련에 종사하는 사람들에게 공동체의 나머지 사람들이 식량을 제공해 주어야 했기 때문이다. 제련에는 엄청난 양의 숯이 필요했는데, 이 숯은 다른 곳에서 생산해야 했으므로 제탄 작업도 탄생했다. 제탄 역시 금속가공의 붐과 동시에 성행했다.

이와 관련해 중부 유럽에서는 흥미로운 현상이 나타났는데, 초기 청동기시대에 특히 구리와 청동 주괴가 단순한 도끼나 목에 거는 고리, 버클의 형태로 만들어져 대규모로 거래되었다는 점이다. 학자들은 이것들이 모두 무게가 비슷하다는 점 때문에 초기의 이 금속 주괴가 일종의 원시 화폐였을지도 모른다고 추측했다. 그렇다면 기원전 2000년 무렵에 이미 유럽에 최초의 금속 화폐가 존재했던 것일까? 목에 거는 고리 주괴는 남쪽의 알프스 지역과 북쪽의 발트해 사이에 널리 퍼져 있었다. 일반적으로 이 물건들은 주물 이음매를 제거하지도 않은, 조잡한 상태로 남겨져 있었다. 이는 그 고리를 몸에 착용하지 않았다는 것이 확실하다는 의미인데, 만약 그 상태로 몸에 착용했다면 상처가 났을 것이기 때문이다. 광상을 채굴한 곳에 인접한 지역에서, 즉 멀리 다뉴브강까지의 알프스 구릉지대, 북부 보헤미아, 하下오스트리아, 남부 실레시아에서 고고학자들은 목 고리를 숨겨 놓은 창고를 100곳 이상 쉽게 찾아냈다. 이들 지역 밖에서도 목 고리가 일부 발견되기는 했지만, 그런 물건만 들어 있는 창고는 없고 다른 귀중품들과 섞여 있는 상태였다. 이는 목 고리만 넣어 둔 창고 주변 지역이 일종의 공동 경제 구역에 해당했음을 시사한다.

이른바 빵 덩어리 모양의 조각물도 비슷한 방향을 가리킨다. 이것들은 빵처럼 생긴 긴 점토 덩어리에 눌러 찍은 점이나 원, 선으로 장식이 되어 있었다. 시기적으로 초기 청동기시대 후반기에 해당하는 이 인공유물들은 다뉴브강으로부터 판노니아 평원에 이르는 현재의 루마니아-헝가리 국경선의 철문 협곡에서, 그리고 북이탈리아로부터 알프스산맥을 가로질러 중부 유럽의 산악 지대에 이르는 지역에서 발견되었는데, 북부 판노니아 평원과 포 계곡이 중심지였던 것으로 확인되었다. 그것들이 실제로 어떤 기능을 했는지에 관해 추가로 단서를 얻지는 못했지만, 일종의 등록소에 있던 기록물일 수도 있다는 주장이 제기되기도 했다. 이 (절대 확실하지 않은) 해석이 사실이라면 이 빵덩어리처럼 생긴 조각들이 널리 분포되어 있었다는 사실은 그 당시에 광범위한 상업 거래망이 존재했음을 가리킨다.

동부 독일 작센안할트에서 발굴된 네브라 하늘 원반Nebra Sky Disk은 청동기시대에 엄청나게 발전된 지식 수준이 금속가공과 관련된 몇몇 부분에만 국한된 것이 아니라 무게를 표준화하려는 최초의 시스템을 발전시키고 거래 물품을 기록하는 결과로까지 이어졌음을 입증해 주는 놀라운 인공유물이다. 이 물건은 1999년에 네브라 인근 미텔베르크Mittelberg에서 불법적으로 유물을 파내려던 도굴꾼들이 발견했다. 그곳에는 이 하늘 원반 외에도 기원전 제2천년기 중반기 무렵의 것으로 추정되는 청동검 두 점, 테두리를 두른 청동 도끼 두 점, 나선형의 청동 팔찌 두 점도 함께 있었다. 동부 알프스산맥의 구리로 만들어진, 지름 32센티미터의 이 원반은 지금까지 전 세계에서 발견된, 하늘을 묘사한 것 중 가장 오래되었다. 이 원반은 여러 번 수정된 것으로 밝혀졌다. 맨 처음 상태에서는 작은 판 모양의 조각 서른두 개로 장식되었는데, 별을 나타낸 것이 분명하다. 그중 일곱 개의 조각은 나머지 조각들보다 더 가깝게 붙어 있다. 황소자리의 플레이아데스성단을 나타낸 듯하다. 그 옆에 있는 둥글고 큰 원반은 해나 보름달을 나타내는 것으로 보이며, 낫 모양의 장식물은 조각달을 나타낸 것이 분명하다. 원반에 두 번째 작업이 이루어지면서 원반의 왼쪽과 오른쪽에 아치 모양의 수평선 두 개가 추가되었다. 이는 일출과 일몰을 나타낸 것으로 보인다. 세 번째 수정 작업에서는 원반 아래쪽에 아치 모양으로 가는 수평선을 다시 한번 추가했다. 그리고 묻기 직전에 네 번째이자 마지막 수정 작업으로 왼쪽에 있던 아치 모양의 수평선을 제거했다. 그리고 마흔 개의 작은 구멍이 원반 둘레에 뚫려 있었는데, 이는 배경이 되는 소재에

—— 작센안할트에서 발견된 초기 청동기시대의 유물인 네브라 하늘 원반. 이 구리 원반에 금박으로 덧댄 것들은 하늘을 묘사한 가장 오래된 것으로 알려져 있다. 원반 위의 장식은 여러 번 수정되었다. 원반 둘레에 난 구멍을 보면 마지막에는 이 원반을 어떤 배경에 붙였던 것이 분명하다. (Wikimedia Commons, © Johannes Kalliauer)

원반을 고정할 목적이었던 것이 분명하다.

이 원반에 묘사된 개별 요소에 관해서는 해석이 분분했으며, 순전히 추측에 근거한 해석들도 있다. 그렇더라도 이 인공유물이 당시에 천체를 정확히 관찰했음을 증명한다는 사실만큼은 의심의 여지가 없다. 이 원반은 농사지을 연도를 결정하는 데 도움을 주는 비망록 역할을 했거나 춘분 및 추분을 계산하는 데 도움을 주었을지도 모른다. 그러나 우리가 네브라 하늘 원반을 어떻게 해석하든 관계없이 그것이 인류 역사에서 가장 오래된 우주 묘사 중 하나라는 사실만큼은 변함없다. 이는 그것이 만들어진 시기의 지배적인 문화적 환경을 관념화한 놀라운 업적이다. 따라서 이 유물은 중부 유럽의 청동기시대가 지녔던 역동성을 새롭게 이해할 수 있게 해 주며, 그 시대 사람들이 마음대로 할 수 있었던 경험적 지식이 놀라울 정도로 많았음을 보여 준다.

네브라 하늘 원반은 초기 청동기시대부터 흔하게 나타난 고지대 성채 주거지 내 창고에서 발견되었다. 이런 유형의 대규모 주거지는 언덕이나 산꼭대기에 건설되는 경향이 있었으며, 남부 독일(몬스하임), 아드리아해 지역(몬코도냐Monkodonja), 서부 지중해(푸엔테 알라모)에서처럼 자연석 돌담으로 이루어진 방어 시설에 종종 둘러싸여 있었다. 이들 주거지의 주목할 만한 특징은 자체 방어 시설을 갖춘 성문 단지와 함께, 주거지의 나머지 구역과 중심지를 분리해 놓은 내부 구조였다. 이러한 내부 배치는 종종 더 많은 분리용 성벽으로 강조되었다. 이런 식의 배치는 상부 마을과 하부 마을의 분리를 처음으로 상징하는 것으로, 이후 수백 년 동안 대표적인 배치 형태로 남았지만, 이 장소들의 실제 배치는 많이 바뀌고 진화했다. 판노니아 평원의 청동기시대 텔 주거지(토세그, 너지레브, 페우드바르Feudvar)에서도 이 모든 상황은 비슷하게 계속되었다. 이 주거지들은 후기 신석기시대 이후 처음으로 한곳에 영구적으로 정착하려는 성향이 뚜렷하게 생기면서 사람들이 다시 거주하게 된 곳들이다. 고고학적 발굴을 통해 알게 된 바로는, 이 텔 주거지 내부는 규칙적으로 배치된 아주 좁은 직사각형 집들로 이루어져 있었다. 여기서도 금속가공이 이루어진 흔적이 있지만, 주민들 사이에 사회적 계층 분화가 일어났다는 뚜렷한 징후는 전혀 나타나지 않는다. 중부 유럽에 나타난 초기 청동기시대 언덕 위 성채와 헝가리의 텔 주거지는 뚜렷이 구분되는 두 가지 지역 중심지 유형을 대표했다. 그러나 이들 주거지 또한 오랫동안 살아남을 운명은 아니었다. 늦어도 중기 청동기시대가 시작될 무렵에 이들 주거지 일부에서 주거 활동이 다시 중단되었기 때문이다.

이어진 중기 청동기시대에는 각 지역의 권력과 지배의 중심지였던 언덕 위 성채 주거지가 손에 꼽을 정도로만 생겨났다. 대표적인 곳으로 남부 독일 프라이징 인근의 베른슈토르프가 있다. 4만 개 정도의 오크 통나무와 흙으로 만든 2킬로미터 길이의 울타리가 13헥타르에 이르는 내부를 둘러싸고 있다. 그 때문에 베른슈토르프는 그 시기의 가장 크고 중요한 성채에 속한다. 베른슈토르프는 발트해 지역에서 이탈리아로, 그리고 다시 판노니아 평원으로 이어지는 중요한 원거리 무역로 위에 위치해 있었다. 수송 경로에서 베른슈토르프가 지닌 중요성과 중대한 전략적 위치로 인해 그곳 주민들은 번영을 누렸다. 그리고 그곳 지배층은 아마 지중해 남쪽 지역과도 미약하게나마 교류하고 있었던 것으로 보인다. 이 시기는 그리스 미케네 주거지 사람들이 수갱식 분묘를 만들어 금으로 된 호화로운 장신구를 부장품으로 넣을 때였다. 그런 맥락에서 베른슈토르프에서도 금으로 된 물건이 발견된 점은 주목할 만하다. 핀, 왕관 모양 머리띠, 목걸이용 금속판, 팔에 차는 완장 두 점, 좁은 벨트, 왕홀 홀더 등은 모두 아주 얇은 금박으로 만들어져 있었다. 이 물건들이 너무 부서지기 쉬워 보이므로 학자들은 그 지역 지배층이 착용한 것이 아니라 나무로 된 숭배용 우상이나 조각상을 장식할 목적으로, 혹은 매장 의식의 일부로 만들었을 것으로 추측했다. 어쨌든 최근의 야금학 연구에서 그 유물들의 진위에 관해 상당한 의문이 제기되었지만, 이 장소에서 이 시기의 물건이 발견된 것은 충분히 개연성을 가진다. 어떤 경우든 간에 그리스 미케네 문명과 거의 같은 시기인 중기 청동기시대에 알프스산맥 북쪽에서 꽃피우던 주거 공동체들의 성채 건설과 사회적 계층 분화에 관해서는 믿을 만한 정보가 아직 그리 많지 않다는 것만큼은 사실이다.

그러한 주거지 외에 탁 트인 건조지에 더 단순한 형태의 주거지도 형성되었다. 이들 주거지는 아예 방어 시설이 없거나 울타리로 살짝만 막아 놓은 형태였다. 주거지 내의 다양한 가옥과 생활공간, 창고나 축사 등은 함께 모여 개별 농장을 형성했다. 지금까지 종합적으로 연구된 경우가 극소수에 불과하지만, 그런 주거지는 언덕 위 성채 형태보다 훨씬 더 많았던 것으로 보인다. 그러한 주거지 내 가옥들은 표준화된 기준을 전혀 따르지 않았다. 작은 규모의 가옥 외에 작센안할트의 츠벵카우에서 발견된 것처럼 중심부가 두 개인 롱하우스나 바덴뷔르템베르크의 보핑겐Bopfingen에서 발견된 것 같은 (중심부가 세 개인) 롱하우스도 있었다. 몇몇 농장만으로 이루어진 주거지는 초기 청동기시대뿐 아니라 중기 청동기시대에도 있었는데, 중기 청동기시대의 주거지 내 문화에 관해서는 사실상 알려진 것이 거의 없다.

알프스산맥 주변 호숫가 상황은 사뭇 달랐다. 초기 청동기시대에 이 지역에 습지 주거지가 다시 한번 형성되었다. 사람들이 처음 이 지역에 정착한 중후기 신석기시대 때와 마찬가지로 이들 주거지에는 똑같이 생긴 작은 직사각형 집들이 줄지어 늘어서 있었다. 이 작은 가옥들은 소가족 거주용이었다. 그러나 보덴호의 보트만-샤헨Bodman-Schachen이나 바덴뷔르템베르크 페더호Lake Feder의 포르슈너Forschner 같은 주거지들은 앞선 중후기 신석기시대 주거지들보다 현저히 작았고, 각 주거지에 가옥과 창고가 평균적으로 열 채 정도밖에 되지 않았다. 하지만 늦어도 중기 청동기시대가 시작될 무렵에, 다시 말하면 언덕 위 성채 주거지와 같은 시기에 습지 주거지들도 다시 한번 버려지면서 호숫가는 생활공간으로서의 역할을 잃었다. 사람들은 몇백 년이 지난 후 언필드Urnfield[17] 문화기에 다시 이곳으로 돌아왔다. 호숫가에 정착해 사는 것은 주변 환경과 기후 조건뿐 아니라 호수 수위 변동에도 크게 영향을 받았다. 따라서 중기 청동기시대와 기간이 거의 정확히 일치하는 기원전 1500년과 기원전 1100년 사이의 400년 동안에 이 주거지들은 실제로 상태가 상당히 나빠졌다.

농경에 절대적으로 혁명을 가져온 갈고리 모양 쟁기는 청동기시대가 시작된 시기보다 훨씬 전인 기원전 제4천년기 중반 이후에 처음 사용된 것으로 보인다. 그런데도 중부 유럽과 남부 스칸디나비아의 수많은 청동기시대 봉분 아래에서 갈고리 모양 쟁기 자국이 발견되었다. 뚜렷한 무늬 없이 서로 교차해 빽빽한 줄무늬를 이루고 있었다. 이 발견된 쟁기 자국에 대한 학자들의 의견은 최종적으로 두 가지로 종합되었다. 첫 번째 설명은 예전에 농경지로 사용되었던 지면 위에 봉분이 들어서면서 수천 년 동안 지면을 보호한 덕에 맨 아래 쟁기 자국이 정말 우연히 보존되었다는 것이다. 두 번째 해석은 일종의 제의 행위로서 사전에 의도적으로 봉분터를 쟁기로 갈았다는 가정에 기초한다. 이 의견은 쟁기질하는 모습이 스칸디나비아의 암면 미술에도 자주 등장한다

17 뼈 단지urn를 묻는 땅field이라는 뜻으로, 죽은 자를 화장하고 그 유골을 항아리에 담아 묻은 관습에서 유래한 이름이다.

는 사실로 확인된다.

작은 분구묘들로 농경지의 경계를 표시한 청동기시대의 밭은 덴마크, 서부 폴란드, 작센안할트 등에서 나타난다. 새로운 품종이 거의 재배되지 않았으므로 실제로 재배하는 작물은 앞선 중후기 신석기시대와 거의 달라진 것이 없었다. 특정 작물의 중요도가 달라졌다는 것이 전부였다. 예를 들어 스펠트밀은 선사시대부터 알려진 작물이었지만, 후기 청동기시대 이후에야 점점 더 중요해지기 시작했다. 가축과 관련해서는 신석기시대가 끝나 갈 무렵부터 인간에게 활용도가 점점 커지기 시작한 말이 계속 중요해졌다. 짐을 싣는 동물이자 탈 수 있는 동물인 말은 그때까지는 상상하지도 못한 통신의 가능성을 열어 주었다. 북부 독일과 남부 독일에 통과하기도 어려운 황야와 습지를 가로지르는 통나무 길 잔해가 수없이 남아 있는 것을 보면, 당시 여러 지역을 아우르는 원거리 교류망이 존재했음을 알 수 있다. 적어도 이 구간에서는 그 노선을 재건할 수 있을 정도다. 게다가 스칸디나비아 암면 미술과 특히 북방 영역의 청동기시대 인공유물에 그려진 배는 당시 이 지역에서 연안 해운이 중심 역할을 했음을 여실히 보여 준다.

초기 청동기시대의 주거지 구조에서 사회적 계층 분화가 이루어지고 있음을 보여 주는 몇 가지 징후가 있기는 하지만, 이 시기의 무덤들이야말로 이 사실을 훨씬 더 명확히 보여 준다. 당시 무덤들은 이 시기의 엘리트층 형성이 실제로 새로운 차원에 도달했음을 보여 준다. 이 시기에 최초로 이른바 족장 무덤이 건설되었기 때문이다. 그들의 웅장한 무덤 구조물에는 호화로운 부장품이 함께 묻혀 있었다. 가장 유명한 족장 무덤 중 하나는 튀링겐의 로이빙겐에 있는 것으로, 기원전 2000년 무렵에 세워졌다. 무덤에서 나온 팔찌와 반지, 황금 핀들은 그곳에 묻힌 사람들의 지위가 높았음을 의미하며, 이 사실은 함께 발굴된 다양한 청동 무기에 의해 훨씬 더 분명해졌다. 이 무덤은 묘실에 해당하는, 시신을 위한 목재 오두막 위에 돌 200제곱미터, 흙 3000제곱미터로 봉분을 얹어 마무리 지었다. 이런 종류의 건축물에서는 망자가 행사한 권력과 영향력이 대단했음을 쉽게 알아볼 수 있다. 그러나 이러한 권력 구조가 변함없었던 것은 아니라는 점이 청동기시대의 특색이기도 하다. 당시의 권력 구조는 무너졌다가 형성되기를 반복했다. 따라서 권력과 영향력이 개별 일족에 존속된 것은 아닌 것이 분명하다. 그리고 이런 이유로 이 초기 단계에 왕조가 설립되지 못했다.

로이빙겐의 족장 무덤 같은 대단한 무덤들은 풍부한 부장품과 건축의 웅장함 때문에 다른 무덤들과 구별되는데, 이들은 드문드문 나타나는 사례에 해당한다. 그렇더라도 한 가지 놀라운 특징은 청동기시대가 끝나 갈 무렵에는 유럽의 여러 지역에서 개인 권력의 상징으로 검을 무덤에 함께 넣는 경우가 상당히 늘었다는 점이다. 그 당시 검을 가졌다는 것은 그 무기를 소지할 수 있었던 사람이 높이 존경받는 사람이고 지배 엘리트층의 일원이었음을 나타냈다. 그러한 검이 에게해 지역에서 들어왔음을 보여 주는 증거는 많다. 에게해 지역은 이미 그전에 아나톨리아 지역에서 검이 들어왔었다. 그리스에서는 기원전 제2천년기 전반기에, 다시 말하면 이른바 중기 헬라스 시대와 초기 미케네 시대에 레이피어rapier라는 넓게 편 무기가 널리 보급되어 있었다. 상대를 찌르는 길고 얇은 이 검은 흑해 지역 전역에서 발견되었을 뿐 아니라 트라키아와 마케도니아에도 퍼져 있었다. 그리고 이 두 지역에서는 얼마 지나지 않아 발칸식 레이피어를 독자적으로 만들어 냈다. 초기 청동기시대 말엽에는 판노니아 평원에서 레이피어와 비슷한, 둥근 원판에 꼭지가 달린 손잡이를 가진 (보이우Boiu 타입) 검grip-tongue sword이 등장했다. 이와 함께 손잡이가 단단한 최초의 검도 등장했는데, 형태 면이나 장식 면에서 남쪽의 초기 미케네 시대 모델에 영향을 받은 것이 분명하며, 이후 봉분(중기) 청동기시대에 남부 독일과 북방 영역 모두에서 널리 퍼지게 되었다. 이러한 검들은 북부 유럽, 중부 유럽, 남동부 유럽의 여러 지역 엘리트들 사이에 광범위한 소통 경로가 존재했음을 분명히 보여 준다. 이 엘리트들은 사회적 지위를 보여 주는 태도 면에서 서로 영향을 주고받았다. 어쨌든 그 검들은 당시 사회에 상위 계층이 존재했다는 것을 드러내지만, 드물게만 무덤에서 등장한다. 남부 독일의 경우 대부분 검을 부장품에 포함하지 않고 검 주인이 사망했을 때 물에 던졌기 때문이다. 이후 검은 언필드 문화에서, 심지어는 철기시대까지도 지역 엘리트의 일원임을 상징하는 물건으로 남게 되었다.

그러나 에게해 지역이 중부 유럽의 여러 지역에 미친 영향은 검의 사용과 그 검이 지닌 사회적 의미에만 국한된 것이 아니었다. 미케네에서 유래한 다른 물품들도 북쪽으로 진출하는 데 성공했다. 이집트 채색 구슬은 그리스에서 판노니아 평원을 거쳐 비스와강, 엘베강, 다뉴브강까지 전해졌고, 심지어 서부 지중해 지역과 프랑스를 지나 멀리 영국제도까지 진출했다. 일례로 목걸이에 다는 그리스 미케네의 호박 장식은 에게해 지역 외에 다른 두 곳에서도 널리 퍼져 있었는데, 알프스 북부 가장자리와 라인강 중류 사이의 남부 독일이 그중 하나이고, 남부 잉글랜드가 다른 하나다. 이미 그 당시에도 유럽 전역에서 호박이 거래되면서 에게해 지역과 발트해 지역이 연결되는 경우가 수없이 많아졌다. 물론 이 경로가 길었음을 생각해 보면, 중간중간 많은 중계 지점과 물건을 옮겨 싣는 중심지가 있었던 것이 분명하다.

기원전 제2천년기 중반부터 미케네는 청동기시대 유럽의 중심지 같은 곳이 되었다. 그리고 이런 이유로 그곳에서 일어난 발전을 살펴보는 것이 의미가 있다. 크레타섬의 미노스 문명과 그리스 본토의 후기 헬라스 문화 혹은 미케네 문화는 유럽에서 가장 오래된 선진 문명으로 여겨진다. 대대적인 농업 혁신에 힘입어 기원전 제3천년기 말부터 에게해 지역 전체에서 인구가 급증했다. 소규모 촌락과 더불어 이제는 대규모 중심지들도 성장한 결과, 성벽으로 둘러싸인 그 중심지에 금속가공을 비롯한 여러 직업이 집중되었다. 돔 모양의 무덤들은 문화의 부활을 증명해 주며, 그 부활의 결과로 지배 엘리트층이 형성되었다. 크레타섬의 크노소스, 말리아, 파이스토스에는 처음으로 궁전이 지어졌는데, 이 궁전들은 크레타섬의 행정부로, 종교 및 정치 엘리트층의 저택으로 기능했다. 기원전 1700년 무렵에 지진으로 이 궁전들이 무너지자 곧바로 과거보다 더 웅장하고 화려하게 재건되었다. 미노스 선진 문명은 인상적인 벽화 외에 유럽에서 가장 오래된 문자도 만들어 냈다. 상형 상징체계와 더불어 선형 문자 A로 알려진 문자까지 만든 것이다. 학자들은 이미 초기 형태의 그리스어를 사용하던 미케네인들의 선형 문자 B와 비교해 선형 문자 A를 완벽하지는 않더라도 어느 정도 해독하는 데 성공했다. 나중에 지어진 이 미노스 궁전들은 기원전 15세기 중반 무렵에 완전히 파괴되고 말았다. 이러한 결

청동기시대 전성기에서 로마 제국 멸망 사이의 중부 유럽

기간	혁신/특징	세계의 다른 지역
초기 청동기시대	청동기시대의 고조	
A1기 (2200~2000 BC)	금속가공	
	호숫가 주거지	
	(알프스산맥 주변 지역)	
A2기 (2000~1600 BC)	텔 주거지 (헝가리)	미케네의 수갱식 분묘
	언덕 위 성채 (중심지)	신타시타 문화 (남부 우랄)
	족장 무덤 (로이빙겐)	
	네브라 하늘 원반	
중기 청동기시대	봉분 조성 풍습	후기 미노스 문화
B~D기	잘 꾸며진 의복 구역	신궁전 시대 (1600~1450 BC)
(1600~1200 BC)	미케네의 영향	
	루사티아 문화의 등장	미케네 문화
	북유럽 청동기시대의 절정	궁전의 전성기 (1400~1100 BC)
	가장 오래된 전쟁터 (톨렌제 계곡)	지중해 지역에서의 팽창
후기 청동기시대	화장 무덤	'바다 민족'의 침입 (1200 BC)
언필드 문화	엘리트 무덤 (전차 무덤)	메디넷 하부 (람세스 3세)
할슈타트 A기	보호용 갑옷	아(亞)미케네 시대 (1200~1050 BC)
(1200~1000 BC)	언덕 위 성채의 증가	
할슈타트 B기	호숫가 거주지의 소멸	
(1050년~800 BC)	제물용 처리 (무더기 유물)	
	범유럽적 종교 상징물	
	(태양 원반, 뱃머리와 선미가	
	새 머리 모양으로 된 배 모형)	
	루사티아 문화의 절정	
초기 철기시대	동쪽에서 새로운 말 품종 도입	지중해의 페니키아인들
할슈타트 문화	소금 생산의 중요성	그리스의 식민지 확장
할슈타트 C기 (800~620 BC)	(오스트리아 잘츠카메르구트,	북부 이탈리아의 에트루리아인들
할슈타트 D기 (620~450 BC)	중부 독일)	유라시아의 스키타이 문화
	족장령 (호이네부르크 등)	스키타이 왕의 무덤
	족장 무덤 (호흐도르프 등)	(체르톰리크, 이시크, 파지리크, 아르잔 등)
	남쪽에서 온 수입품	
	(그리스, 에트루리아)	

청동기시대 전성기에서 로마 제국 멸망 사이의 중부 유럽 (계속)

기간	혁신/ 특징	세계의 다른 지역
후기 철기시대	라텐 A기 족장 무덤	고대 그리스 고전기
라텐 문화	(글라우베르크 등)	헬레니즘
라텐 A~D기(450~15 BC)	라텐 B~D기의 평지 무덤 공동묘지	
	켈트족이 남쪽과 동쪽으로 이동	
북부의 로마 이전	라텐 C/D기 오피둠 문명	초기의 역사적 민족들
후기 철기시대 (450~50 BC)	대량생산, 사원, 화폐 주조	(다키아인, 트라키아인, 켈트-이베리아인)
	(만힝, 비브락테, 알레시아 등)	
	철 가공의 등장	
	카이사르의 갈리아 전쟁	로마의 부상
로마 속주 시대	라인강과 다뉴브강 지역의 로마 속주	로마 제국의 전성기
(15 BC~AD 375)	리메스(제국의 전선)의 꾸준한 확장	튜턴족의 침입
	도시, 거리, 군 주둔지, 저택	
야만족 영토에 대한 로마 제국 통치	촌락 주거지 (페데르젠-비르데 등)	동쪽에서 온 훈족의 침입 (AD 375)
(15 BC~AD 375)	게르만 엘리트 무덤 (뤼프조브 집단)	

과를 가져온 원인에 관해서는 여전히 많은 추측이 있다. 어쩌면 크레타섬을 미케네의 본토 그리스인들이 정복했을지도 모른다. 그들은 에게해 제도를 거쳐 크레타섬과 소아시아 서해안 지역까지 지배 영역을 넓혀 갔다. 또 다른 해석은 티라(산토리니)섬에서 발생한 대규모 화산 폭발이 미노스 문명의 멸망 원인이라는 것이다. 하지만 티라섬의 폭발로 발생한 해일이 기껏해야 크레타 북부 해안에만 광범위한 피해를 주었을 뿐, 섬 내부에는 영향을 주지 않았을 것이므로 이러한 논지는 신빙성이 없다.

기원전 제2천년기에 그리스 본토의 미케네 문명은 크레타섬의 미노스 문명과 나란히 발전했다. 독일 고고학자 하인리히 슐리만Heinrich Schliemann이 미케네 성채의 성문 바로 밖에서 발굴한 것으로 유명한 수갱식 분묘는 미케네 문명 초기에 조성된 것들이다. 슐리만이 발굴한, 기원전 17세기로 추정되는 한 지배 엘리트의 무덤에는 황금 얼굴 가리개를 비롯한 호화로운 부장품이 들어 있었다. 뒤이은 시기에 그리스의 여러 지역에서 독립적인 미케네 소국이 다수 생겨났다. 그 소국들은 궁전 주위에 방어 시설을 갖춘 중심지를 두고 있었는데, 필로스, 아르고스, 티린스, 테바이, 아테네 등이 대표적인 곳들이다. 미케네 문명이 전성기를 구가한 기원전 13세기에 미케네의 상품들은, 특히 미케네 문화가 생산한 도자기는 지중해 여러 지역에, 즉 레반트 연안, 중앙아나톨리아, 남부 이탈리아, 심지어 이베리아반도에까지 널리 퍼져 있었다. 하지만 중부 유럽까지는 진출하지 못했다.

위기, 격변, 새로운 시작: 기원전 1200년 이후의 후기 청동기시대

청동기시대에 유럽이 발전하는 과정에서 기원전 1200년 무렵에 발생한 대규모 단절은 에게해 지역에서 시작해 남쪽에서도 나타났다. 동부 지중해 청동기 문명의 쇠퇴와 중부 유럽의 여러 지역에서 중기 청동기시대가 언필드 문화로 옮겨 가는 과정 사이에 그 어떠한 인과관계도 확인할 수는 없지만 말이다. 기원전 1200년 무렵에 에게해 지역의 모든 미케네 문화권 도시 중심지들은 예외 없이 쇠퇴하기 시작했다. 이런 일이 일어난 이유는 여전히 수수께끼로 남아 있다. 자원 부족이나 내부 불안과 함께, 자원 배분을 둘러싼 갈등이 가능한 원인으로 제기되었다. 외부 집단이 미케네 문화권에 침입해 그들의 궁전을 파괴했다는 의견도 제시되었다. 선형 문자 B로 작성된 일부 서판에는 필로스가 외부의 적에게 파괴되었다고 적혀 있다. 이 문헌으로 인해 당시 동부 지중해 전역에 격변의 시기를 유발한 것으로 추정되는 '바다 민족의 침입' 가설이 제기되었다. 신왕국 시대의 것으로 추정되는 이집트 사료에서 '바다 민족'은 기원전 12세기 초에 람세스 3세Rameses III가 통치하던 이집트까지 위협하기 시작한 외래 침입자들을 통칭하는 표현이었다. 이 외래 민족들은 람세스 3세의 메디넷 하부 장제전葬祭殿, mortuary temple의 부조에 묘사되어 있다. 남자들은 깃털 달린 왕관을 얹은 투구와 뿔 모양의 장식을 단 투구나 머리띠를 하고 특유의 짧은 튜닉을 입고 있다. 갑옷으로 무장한 그들은 둥근 방패와 창, 랜스lance 혹은 검을 갖추고 있다. 그들이 타고 온 배에는 돛이 달려 있고, 뱃머리와 선미에는 특유의 새 머리 조각물이 장식되어 있다. 이 바다 민족들의 정체에 관해 많은 이론이 제기되어 왔지만, 전적으로 설득력 있는 이론은 아직 없다. 바다 민족이 북부 유럽에서 이주해 온 집단이라고 생각한 초기 해석들은 신화의 영역에 속한다. 메디넷 하부 장제전의 부조에 등장한 외지인들은, 즉 아주 독특한 배는 말할 것도 없고 뿔 모양의 장식을 단 투구와 둥근 방패, 창, 검 등을 소지했던 그 사람들은 후기 청동기시대의 북부 유럽에서 발굴된 비슷한 유물과 그림 속 이미지를 생각나게 하지만, 이러한 유사성이 설득력 있는 증거를 제공하는 것은 아니다. 당시 그런 요소들은 유럽 전역에 널리 퍼져 있었기 때문이다.

중부 유럽의 많은 지역도 기원전 1200년 무렵에 거대한 격변에 흔들렸다. 이는 매장 풍습의 근본적 변화에서 가장 뚜렷하게 드러난다. 기원전 15세기에서 기원전 13세기까지의 중기 청동기시대에는 높이 올린 분구묘들 밑에 화장하지 않은 시신을 묻는 것이 여전히 지배적이었다.(그래서 이 시기를 '봉분 청동기시대'로도 부른다.) 그런데 기원전 1200년 무렵에 중부 유럽과 동부 유럽의 많은 지역에서 이른바 언필드 문화(할슈타트 A기와 할슈타트 B기)가 시작되었고, 이 문화는 기원전 9세기까지 존속했다. 이 문화에서는 죽은 사람을 항상 화장해 그 재를 무덤에 뿌리거나 항아리에 넣어 매장했다. 이 사실은 사후 세계에 대한 태도가 완전히 달라졌음을 증명해 준다. 그리고 이것은 선사시대 유럽의 장례 의식에서 가장 근본적인 변화 중 하나였다. 망자의 소유물과 시신을 화장용 장작 위에 놓고 함께 태움으로써, 이생에서 망자의 육체적 존재는 사후 세계를 위해 말끔히 없어지는 셈이었다. 당시 사람들은 불의 힘이 몸에서 영혼을 자유롭게 해방해 주고, 그 덕분에 영혼이 연기와 함께 하늘로 올라갈 수 있다고 보았던 것 같다. 이런 맥락에서 중부 유럽의 유골 항아리가 들어 있는 대부분 무덤에 다수의 그릇과 아가리가 넓은 큰 잔, 컵, 양동이처럼 생긴 그릇 등이 들어 있었고 대개 그 그릇들이 정교하게 장식되어 있었다는 사실은 주목할 만하다. 시신을 화장하는 관습이 도입된 것은 장례식에서 술을 마시고 먹을 것을 바치는 새로운 풍습과도 관련이 있는 것이 분명하다. 이는 남동부 유럽과 판노니아 평원을 거쳐 중부 유럽과 북부 유럽으로 전해진 것으로 보이는 지중해식 관념을 강하게 연상시킨다.

매장 방식과 부장품 종류에 근거해 볼 때, 개별 무덤 간에는 눈에 띄는 중요한 사회적 차이를 발견할 수 없지만, 남부 독일과 북부 유럽에서는 엘리트층이 존재했음을 암시하는 무덤이 다수 발견되었고, 지금도 발견되고 있다. 대체로 균일하고 넓은 유골 항아리 묘지와 소수의 상당히 호화로운 무덤들은 현저한 차이를 보여 준다. 남부 독일의 호화로운 무덤 중에는 오버바이에른의 하르트 안 데어 알츠Hart an der Alz나 포잉의 무덤처럼 전차가 함께 묻힌 무덤들이 있다. 망자는 화장용 장작 위에서 마차나 전차, 무기 등 다른 부장품과 함께 화장된 뒤, 재가 된 유해는 묘실에 뿌려졌다. 이러한 의식은 제물을 태우는 과정이 수반되는 정교한 절차였으며, 단순한 화장과는 아무런 공통점이 없었다. 당시 엘리트들이 자기를 표현하는 본질적 부분이었던 또 다른 특징은 바로, 무덤에 금속 그릇들을 두고 갑옷을 완벽하게 장착한 본인의 모습을 보여 주는 관습이었다. 그들은 투구와 흉갑, 정강이받이, 원형 방패, 검과 창까지 모두 갖춘 전사로서의 자신을 보여 주었다. 앞선 중기 청동기시대에도 그랬듯이 검은 지위의 상징물로서 특별한 역할을 했다. 알프스산맥 북부 지대와 서부 발트해 지역에서 이러한 경향은 특히 두드러졌다. 검과 갑옷은 십중팔구 군주라는 신분의 상징이었을 것이고, 그들의 소유물은 지배 엘리트층의 특권이었을 것이다. 전사 지배 계층의 이러한 의복 형태는 유럽의 여러 지역에서 뚜렷하게 나타난다. 따라서 이는 어느 정도의 지역별 차이를 보여 주는 동시에, 전사의 완전한 장비 세트가 무엇으로 구성되는지에 관한 일반적 개념이 개별 지역을 초월해 이미 존재했던 것이 분명함을 시사한다. 귀 보호 장치가 있는 투구라든지, 흉갑과 방패, 그리고 절대 빠질 수 없는 검과 창 등 발견된 무기와 갑옷이 그리스, 중부 다뉴브 지역, 알프스 북서부 구릉지대, 북부 유럽 등 지역을 막론하고 놀라울 정도로 유사하기 때문이다. 유일하게 눈에 띄는 차이는 장비의 필수 요소 자체가 아니라 개별 장비들의 디자인에 있었다. 이러한 작은 지역별 차이는 부장품에서도 발견될 뿐 아니라 무기 폐기장에서, 제물을 물에 담그는 행위에서 나타나기도 한다. 지배 엘리트층의 대부분을 차지한 남자 전사들의 무덤과 함께, 비슷한 사회적 지위를 가졌을 남자와 여자가 함께 매장된 특이한 무덤도 발견되었다. 이 무덤 속 남자들에게는 검을 비롯해 품위 있는 물건들이 부장품으로 있었고, 여자들에게는 종아리 보호대와 같은 놀라운 청동 장신구가 부장품으로 있었다. 이 종아리 보호대는 종아리를 감싸는 중앙의 브래킷 위에 청동으로 만든 커다란 나선형 돌기가 둘러져 있었다.

중부 유럽과 동부 유럽의 지배 엘리트층이 지닌 지중해적 특징은 청동기 시대에 걸쳐 더욱더 선명하게 드러났는데, 언필드 시대에도 이따금 상당히 뚜렷하게 나타나기도 했다. 실제로 니더작센과 메클렌부르크에 있는 그 시기의 일부 봉분에서 발견된 접이식 의자들은 눈에 띌 정도로 남쪽 스타일로 디자인되어 있음을 알 수 있다. 그리고 브란덴부르크의 제딘Seddin에서 발굴된 지배층 무덤의 묘실에서도 이러한 특성을 보이는 벽화가 여러 개 발견되기도 했다. 오버바이에른의 운테르글라우하임Unterglauheim에서 발견된 호화로운 무덤에서는 판금으로 만든 화려한 잔 두 개와 양동이 외에 청동을 두들겨 만든 반구형盤口形 가마솥이 두 개 발견되었다. 이 가마솥은 T 자 모양의 걸이 두 개에 고리 모양 손잡이 두 개를 이어 놓은 형태였다. 하르트 안 데어 알츠를 비롯한 여러 지역의 유물에서 드러난 대로, 전차나 전차의 일부분을 무덤에 넣는 풍습마저도 남쪽에서 유래한 듯 보인다. 이와는 대조적으로 메클렌부르크의 페카텔, 바이에른의 아홀스하우젠Acholshausen, 덴마크의 스칼레루프, 남서부 보헤미아의 밀라프체Milavče에서 발견된 이른바 가마솥 수레는 수레와 금속 용기의 상징적 중요성을 합쳐 놓은 것으로, 중부 유럽과 북부 유럽의 여러 지역에서 발생한 현상이라고 할 수 있다. 페카텔의 무덤에서는 가마솥 수레와 함께 검과 황금 팔찌가 발견되었는데, 이는 무덤 주인의 높은 사회적 지위를 알려 주는 인상적인 증거다.

그러나 언필드 문화의 시작은 단순히 종교적 관념의 근본적인 변화 그 이상의 것이었다. 유럽에서도 언필드 문명이 시작되면서 에게해 지역과 동부 지중해 지역을 뒤흔든 폭력적 소요를 생각나게 할 정도의 전쟁 같은 충돌의 징후가 나타났다. 특히 유럽에서 (기원전 13세기로 추정되는) 가장 오래된 전쟁터가 메클렌부르크의 톨렌제 지역에서 발견된 이후로 더 그런 생각이 든다. 수백 미터에 달하는 강둑을 따라 120명이 넘는 젊은이의 유해가 발견되었다. 그들의 뼈에 치유되지 않은 상처의 흔적이 남은 것을 보면, 그들은 분명 싸우다가 최후를 맞이했다. 예를 들어 위팔뼈에 검과 화살에 다친 흔적이 보이기도

하고, 때로는 뼈에 화살 끝이 박힌 흔적도 발견되었다. 그 살해된 시신들은 분명 한동안 강물에 떠 있다가 분해되기 시작했거나 강가 식물에 걸려 가라앉았을 것이다. 마찬가지로 청동기시대의 많은 요새화된 도시에서도 격렬한 충돌의 흔적이 자주 발견된다. 오버프랑켄의 호이니센부르크에서도 그런 충돌이 벌어졌는데, 성문 부근에서 격렬한 전투가 벌어진 것이 분명해 보인다.

따라서 이 새로운 시대는 유럽 여러 지역에서 격렬한 충돌이 자주 발생했다는 점, 그리고 새로운 화장 관습에서 증명되었듯이 숭배 의식 및 종교에서 급진적인 방향 전환이 나타났다는 점뿐 아니라 제물을 물에 담그는 행위와 바치는 행위도 자주 이루어졌다는 점을 특징으로 한다. 이 관습들은 범유럽적 차원에서 보면 중요성을 지니는데, 이런 식으로 제물을 쌓아 두는 행위는 이베리아반도에서 흑해 연안에 이르는 지역의 말기 청동기시대를 특징짓는다고 할 수 있다. 이렇게 비축된 제물은 불확실한 시기에 대비해 은닉처에 보관한 것이 아니라 신에게 선물로 바치려는 것들이었다. 청동으로 만든 물건들을 회수 불가능한 호수나 늪, 강, 동굴에 가라앉혀 그곳에 둠으로써 지하 세계의 유력자들을 달래려고 했다. 그러한 제물은 아주 특이한 바위나 단독으로 서 있는 커다란 바위 가까이에 놓이는 경우가 흔했지만, 우리로서는 이해할 수 없는 어떤 이유로 상징적 의미를 지니는 특정 장소가 제물 비축에 선택되기도 했을 것이다. 그러한 장소가 물과 가까운 경우가 흔했다는 점은 이 요소가 제물을 물에 빠뜨림으로써 신을 만나거나 신과 접촉할 수 있는 더 좋은 기회를 제공해 주는 매개물로서 여겨졌을 가능성을 시사한다.

이렇게 비축된 제물은 종류가 상당히 다양했지만, 여전히 인식 가능한 몇몇 규칙이나 전형적인 패턴을 따랐다. 따라서 순전히 무기만, 혹은 장신구만 모아 놓기도 했고, 이것저것 섞어 모아 놓기도 했다. 또한 순전히 청동 그릇만 모아 놓기도 했다. 특별히 흥미로운 것은 이른바 부스러기 금속만 모아 둔 경우다. 비축하기 전에 모든 물건을 자르거나 부수어 놓음으로써 일부러 못 쓰게 만든 것들이었다. 이렇게 물건들을 부순 것은 분명 격렬한 폭력적 행위로, 유사 종교 행위처럼 거의 무아지경에서 한 행위였을 것이다. 기원전 1200년에서 기원전 900년 사이에 유럽의 여러 지역에서 금으로 만든 많은 물건뿐 아

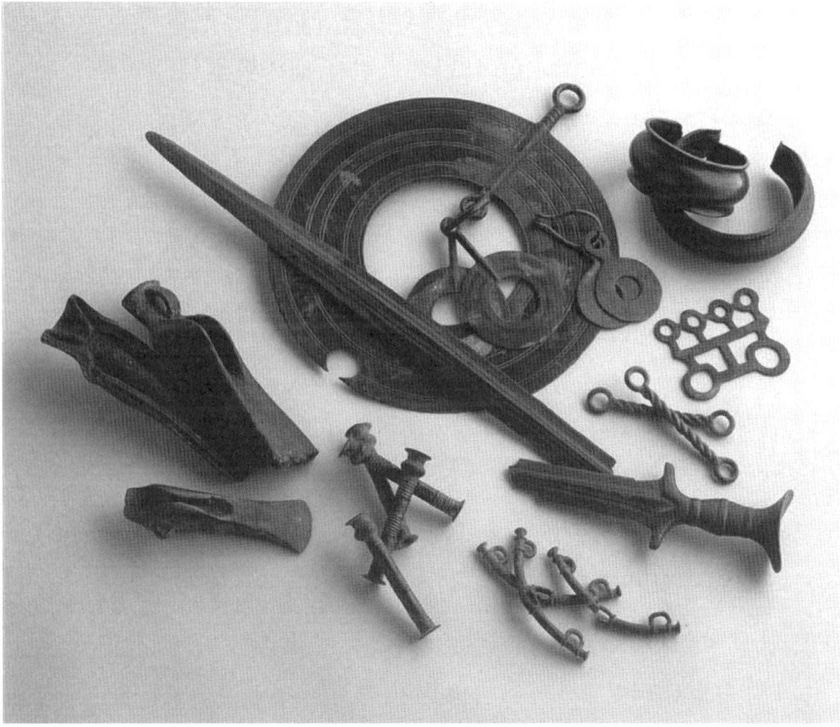

—— 독일 남서부 자를란트의 발레르팡겐에서 발견된 비축 제물. 언필드 문화기의 것으로 추정되며, 부서진 청동 물건들이 포함되어 있다. 이러한 청동 비축 제물은 이베리아반도에서 흑해 북부 연안에 이르는 후기 청동기시대의 특징을 나타낸다. 이는 사회가 불안해졌을 때를 대비해 은밀히 모아둔 것이 아니라 신에게 바치는 선물, 즉 의도적 제물이었다. 개별 무더기의 구성은 각기 다른 패턴을 따랐으며, 대체로 지역별 연관성을 갖고 있다. (Wikimedia Commons, © S. J. Miba)

니라 많은 양의 청동이 물속에 가라앉거나 파묻혔다. 당시 사회로서는 엄청난 양의 귀중품을 제물로 바친 것이다.

후기 청동기시대의 가장 중요한 제물 무더기 중 하나는 베를린 북쪽, 에베르스발데에서 발견된 것이다. 기원전 9세기에 땅에 묻힌 이 무더기에는 여덟 개의 금 접시와 함께 주괴, 장신구, 금줄 등이 있었는데, 모두 점토 용기에 담겨 있었다. 이 놀라운 브란덴부르크 청동기시대 유물은 1945년에 소련 전리품 수령 및 등록 위원회Gosfond에 의해 러시아로 옮겨진 이후 모스크바의 푸시킨 박물관에 보관되어 있다. 당시 그것은 후기 청동기시대의 한 금세공인이 숨겨 놓은 것으로 해석되었다. 그러나 금속으로 된 조리 도구가 다수 포함된 무더기도 있다는 점을 보면, 다르게 해석할 수도 있다. 예를 들면 작센안할트의 그로쇠르너Großörner에서는 귀고리, 목걸이, 팔찌와 함께 화려한 청동 용기가 다수 포함된 비축 장소도 발견되었다. 이런 종류의 조합은 지중해 지역의 연회symposia와 비슷한, 세련된 음주 예식의 느낌을 준다.

이와는 대조적으로 이른바 황금 모자 무더기는 일부 엘리트들이 단일 물건만 묻은 것으로, 원래 그대로의 상태로 발견되었다. 우리는 이것들이 어디에 사용되었는지, 어떤 기능을 했는지 더는 알지 못한다. 이 인공유물들이 대부분 오래전에(모두 19세기나 20세기에) 발견된 데다, 그것의 더 폭넓은 배경에 관해 전혀 아는 바가 없어 쓰임새를 추측하기가 불가능하기 때문이다. 이것들은 중부 유럽 청동기시대의 가장 중요하고 화려한 유물에 속한다. 이렇게 장식이 화려하고 큰 원뿔 모양의 모자가 달력과 관련된 기능을 했는지, 혹은 숭배 의식에 사용된 물건이나 사제들을 위한 의식용 머리 장식이었는지에 관한 의문은 아직 확실하게 풀리지 않았다. 이 모든 해석은 논의할 여지가 남아 있다.

북부 유럽의 의식에서 수레나 전차가 가지는 의미는 트룬드홀름Trundholm 태양 전차의 예를 통해 설명할 수 있다. 말들이 끄는 전차에는 수직으로 원반이 달려 있는데, 원반 한쪽에는 금박을 입혔고 다른 한쪽에는 아무런 장식도 가공도 하지 않았다. 따라서 이 원반은 낮과 밤의 변화를 나타내는 것으로 보인다. 트룬드홀름 태양 전차는 일종의 순환적 신화의 형태로 태양의 영원한 순환을 상징하기 위해 제례 의식과 행진에 사용되었던 것 같다. 유럽의 여러 지역에서 태양 원반은 대개는 물새였던, 정형화된 새와 함께 등장하는 경우가 많아 새-배 문양으로 불렸다. 이 경우에 태양은 전차 위에 올려지는 것이 아니라 배나 선박 안에 놓였고, 배의 뱃머리와 선미는 대체로 새의 머리로 장식되었다. 원형이나 아치형, 별 모양의 무늬나 다른 기하학적 장식 형태보다 태양 문양이 지배적으로 나타났다는 점은 주목할 만하다. 또한 문양과 그 문양을 통해 전달되는 물건 간의 관계에서 어떤 규칙성이 관찰되기도 하는데, 말 형상이 면도날에 상당히 자주 등장한다는 사실은 주목할 만하다. 이러한 유물들이 널리 분포되어 있었다는 사실에서 이 태양 원반과 새-배 문양이 범유럽적 종교 상징이었다고 추론해도 무방할 듯하다. 그러나 그것들이 실제로

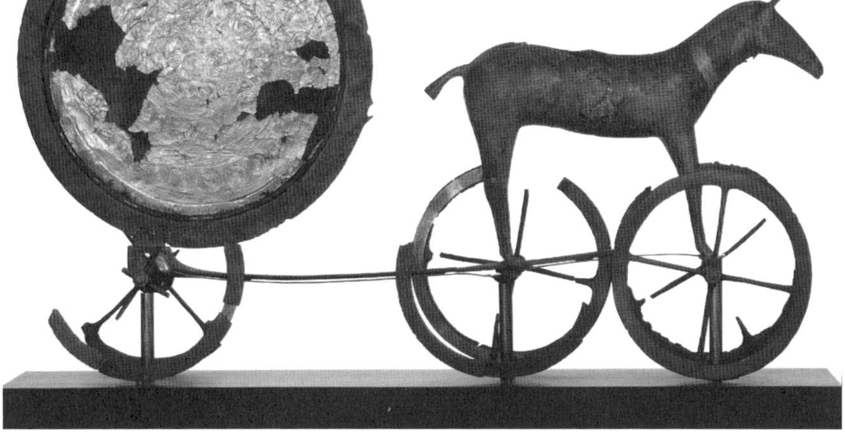

—— 덴마크에서 발견된 트룬드홀름 태양 전차는 초기 북유럽 청동기시대(기원전 14세기)의 것으로 추정된다. 수직으로 된 원반이 말이 끄는 전차에 붙어 있다. 원반 한쪽은 금박이 입혀져 있고 다른 한쪽은 아무런 장식이 없다. 전차는 순환적 신화로서 태양의 영원한 회전을 나타내기 위해 제례 의식에 사용된 것으로 보인다. 태양 숭배는 후기 청동기시대에 유럽 곳곳으로 퍼졌다. (Wikimedia Commons, © Nationalmuseet, John Lee)

어떤 의미를 지녔는지는 여전히 수수께끼로 남아 있다. 한편으로는 그것이 그리스 신화에 등장하는, 백조가 끄는 아폴로Apollo의 전차 이미지와 관련이 있다고 생각해 볼 수 있고, 종종 그런 의견이 제시되기도 했다. 다른 한편으로 태양과 새의 조합은 고대 동양에 널리 퍼져 있던 상징인 날개 달린 태양에서 비롯된 것으로 생각할 수도 있다.

숭배-종교 영역에서 이 모든 중대한 격변이 일어나는 와중에도 언필드 문화기에는 알프스산맥 주변의 호숫가와 강가의 주거지로 사람들이 다시 돌아왔다. 이 주거지들은 불과 몇 세기 전 중기 청동기시대에 버려진 곳들이었다. 이 주거지들이 사용되다가 버려지기를 반복한 것은 늘 기후변화와 관련이 있었다. 그러다가 기원전 9세기 중반 무렵, 북반구 전역의 기후가 다시 장기간 추워지고 습해지자, 이 호숫가의 주거지들은 완전히 버려졌다. 그러나 바트 부하우나 운테룰딩겐 같은 후기 청동기시대 주거지들은 이전 청동기시대 주거지들보다 눈에 띄게 커지고 더 체계적이었다. 한 가구가 살기에 적합한 표준화된 수많은 가옥이 직각으로 교차하는 골목을 따라 다닥다닥 늘어서 있었다. 이 주거지들은 종종 울타리 같은 방어 시설에 둘러싸여 있었다. 인구는 보통 300명 정도에서 400명 정도로 추정되며, 거주 기간은 특별히 길지 않고 대개 30년 정도에서 50년 정도였다. 서쪽의 아우페르니어Auvernier로부터 폴란드의 비스쿠핀에 이르는 지역에서 이런 형태 및 배치를 갖춘 주거지들이 발견되었다.

그러나 언덕 위 성채 도시에서도 비슷한 유형의 주거지가 발견되었다. 그런 곳에서도 건축할 수 있는 공간은 비슷하게 제한되어 있었다. 기원전 제2천년기 말과 기원전 제1천년기 초 무렵에 언덕 위의 성채 주거지가 크게 늘었다. 가끔 거주가 중단되기는 했지만, 이들 주거지에는 철기시대까지도 사람들이 계속 살았다. 오버바이에른의 베른슈토르프, 다뉴브강 위쪽의 보겐베르크, 튀링겐의 글라이히베르게Gleichberge, 프렝키셰 알프의 에렌뷔르크Ehrenbürg, 마인프랑켄의 불렌하이머 베르크, 상부 다뉴브의 호이네부르크 모두 늦어도 후기 청동기시대에는 처음으로 사람들이 거주하기 시작한 곳이다. 그 주거지들은 주로 목재 들보로, 그리고 상자 구조물에 담은 흙으로 성벽을 둘러놓았는데, 그 길이가 수 킬로미터에 달했다. 규모가 큰 집단이라고 해도 엄청난 노동력을 투입해야만 이런 구조물을 세울 수 있었을 것이다. 광범위한 발굴 범위에 상응하는 결과가 아직 나오지는 않았지만, 이미 고고학자들은 성벽 내에서 엄청난 발전을 이룬 언덕 위 성채들을 확인할 수 있었다. 물론 일시적으로 피난처 역할만 한 곳들도 일부 있기는 했다. 고고학적 발굴을 통해 확실한 연도를 추정할 수 있는 주거지들의 경우, 중기 청동기시대가 언필드 문화기로 전환되는 시점인 기원전 12세기에 사실상 사람들의 거주가 중단되었다. 그러다가 기원전 11세기 이후 다시 모든 곳에서 성채를 세우려는 움직임이 나타났다. 성채 수는 기원전 10세기와 기원전 9세기에 급격히 증가하다가 다시 한번 줄어들었다. 불렌하이머 베르크의 발굴 결과를 보면, 이 언덕 위 성채의 지배층은 많은 물자와 고급 물품을 모아 두었다가 숭배 축제기에 제물로 바쳤다. 아마도 자신들의 정치권력을 공고히 하는 방법이었던 듯하다.

또한 중부 유럽 전역의 건조한 땅에도 다수의 촌락 주거지가 존재했다. 이 주거지들은 농장 집단으로 이루어져 있었는데, 각각의 농장은 다양한 목적(거주용 건물, 작업장, 마구간, 창고)으로 사용되는 크고 작은 여러 채의 건물로 구성되어 있었다. 이런 종류의 주거지들은 규모가 상당히 커질 수 있었다. 여기서도 각각의 농장 집단은 울타리로 둘러싸여 있었다. 이것이 엘리트의 저택 같은 곳을 표시하기 위한 것이었는지, 아니면 완전히 다른 의미가 있었는지는 분명하지 않다. 이미 이 시기에 북부 독일과 덴마크에서는 중심 구역이 두 개 혹은 세 개로 이루어져 있고 외양간과 거주용 가옥이 같은 지붕 아래에 있는 가옥 형태가 발달한 상태였다. 이 외양간-가옥은 이후 철기시대에 지배적인 가옥 형태로 자리 잡았다. 외양간 가옥은 거주 공간과 가축을 위한 공간을 명확히 구분했음을 보여 주는데, 가축을 위한 공간에서는 개별 칸막이를 확인할 수 있는 경우도 많았다. 따라서 고고학자들은 가축이 얼마나 있었는지, 따라서 거주민이 얼마나 잘 살았는지도 추측할 수 있다.

말기 청동기시대 또는 언필드 문화기가 끝나 갈 무렵인 기원전 9세기에는 북부 폰토스 스텝 지대와 더욱 빈번하게 접촉했다. 그 지역에서는 당시 기마 유목민 문명이 막 등장하고 있었다. 이러한 접촉으로 동부 스텝 지대의 새로운 말 품종과 새로운 마구, 새로운 공격용 무기가 도입되면서 중부 유럽의 여러 지역에 빠르게 전파되었다. 유럽의 남쪽에서 받은 영향과 더불어 이러한 새로운 물자의 도입은 이후 청동기시대와 언필드 문화의 종말을 재촉했고, 이른바 할슈타트 시기에 해당하는 초기 철기시대를 열었다.

청동기시대 내내 서쪽의 카르파티아산맥과 동쪽의 우랄산맥 사이의 스텝 지대와 삼림 스텝 지대, 삼림지대는 청동기시대의 핵심적인 경제 및 사회 체제의 발전에 다양한 강도로 영향을 받았다. 그리고 그 시기에 문화적 발현과 자연환경은 늘 그랬듯 밀접한 관련성을 보여 주었는데, 이는 드니프로강 상류와 그 지역 북쪽의 발전상이 더 남쪽에 있는 삼림 스텝 지대 및 스텝 지대와는 완전히 다른 리듬을 따르기 시작했다는 점에서 알 수 있다. 후자의 지역은 훨씬 덜 고립되어 있었으므로 여러 지역을 아우르는 교류에 더욱 집중적으로 참여할 수 있었다. 스텝 벨트 지역 역시 그 지역에 영향을 미친 기후변화에 가장 민감하게 반응하기는 했지만, 특히 이 지역은 끊임없이 새로운 자극과 충격을 흡수했다. 몇 가지 조건이 붙지만, 삼림 스텝 문화도 마찬가지 경우였다. 물론 그 혼합림 지대의 거주자들은 문화적 변화나 기후적 변화에 거의 주의를 기울이지 않았고, 기껏해야 가장 서쪽 가장자리에 있는 지역의 거주자들만이 중부 유럽 동부에 관심을 두는 정도였다.

기원전 제3천년기에서 기원전 제1천년기 초까지 스텝 지대와 삼림 스텝 지대에서 일어난 문화적 변화는 주거지 형태와 장례 관습, 경제 형태에 똑같은 정도로 영향을 미친 지속적인 과정이었다. 특히 기원전 제2천년기에 주거지 수가 현저히 증가했고, 주거지 자체의 규모 역시 커지고 거주 기간 또한 길어졌다. 그 과정에서 방어 시설을 갖춘 중심지와 작은 촌락형 주거지 간의 차이가 더욱 뚜렷하게 나타나기 시작했다. 말기 청동기시대에 더 사치스럽게 장식된 듯 보이는 무덤이 몇몇 나타나기는 했지만, 청동기시대 내내 무덤 건축과 부장품에 관한 한 사회적 차이는 거의 뚜렷하게 나타나지 않는다. 현재까지 축적된 학문적 지식을 기초로 믿을 만한 판단을 내릴 수 있는 한, 이는 당시 사회가 평등한 구조였음을 시사한다고 볼 수 있다. 그런데 후기 청동기시대의 엘리트 무덤은 아주 공을 들여 장식한 것이라도 스키타이 시대의 족장과 왕들의 무덤과는 거리가 아주 멀었다. 이러한 사실은 초기 철기시대의 기마 유목 문화의 등장으로 이어지는 확고한 문화적 변화의 영향을 강조하는 역할을 할 뿐이다.

이 시기에 해당하는 청동 유물이 점점 더 많이 발굴된다는 점, 그리고 거의 같은 시기에 금속물을 비축해 묻어 두는 관습이 있었다는 점으로 보아, 늦어도 기원전 제2천년기 후반기에 이들 지역에서 청동이 대규모로 가공되었던 것이 틀림없다고 결론 내릴 수 있다. 그리고 이는 후기 청동기시대의 사회에 영향을 미칠 수밖에 없는 사실이었다. 마찬가지로 기원전 2000년 무렵에 우랄산맥 남동쪽에서 등장한 신타시타-아르카임 문화의 특징인 체계적으로 배치된 주거지에서는 거의 모든 가구가 여전히 각자 사용할 금속을 스스로 가공해 썼다. 그러나 후기 청동기시대의 노우아Noua 문화기, 사바티노우카Sabatinovka 문화기, 그리고 다소 늦게 등장한 스루브나야 문화기만 해도 북부 흑해 지역의 상황은 더는 그렇지 않았던 듯하다. 그 무렵 금속 생산은 여러 배로 증가했는데, 이 정도의 수요는 단순히 개별 생산자들에 의해 충족될 수 없었기 때문이다.

가축 사육은 청동기시대 내내 산발적으로 이루어진 농경과 함께, 주요한 식량 자원을 공급해 주었는데, 시간이 지나면서 더욱더 효과적인 가축 사육 방식이 개발되었다. 반半정착 유목민들이 가축을 데리고 고정된 여름 목축지와 겨울 목축지를 오갔다는 사실이 이러한 발전 과정에서 중요한 역할을 한 것이 틀림없다. 이런 식으로 목축지를 바꾸어 가며 사용하는 것을 전문 용어로 이목이라고 한다. 기후변화와 더불어 가축 사육은 이미 초기 철기시대의 특징이 된 기마 유목 문화 출현의 기초를 형성했다. 그러나 북부 폰토스 지역에 이러한 관습이 생긴 기원은 후기 청동기시대 그리고 기원전 9세기와 기원전 8세기에 해당하는 초기 철기시대 사이의 과도기로 거슬러 올라간다. 다시 말해 스키타이 문화 요소가 처음으로 들어오기 전의 시기를 말한다. 스키타이 문화 요소는 기원전 7세기 이후에 도입된 것으로 추정된다. 이목이 등장하는 과정에서 소아시아로부터 받은 영향이 결정적 역할을 했을 것으로 보이는데, 이는 노보체르카스크 또는 클린 야르Klin Jar의 전사 엘리트층 무덤에서 발견된 장식으로 입증된다. 그들의 무덤은 확실히 아시리아 문명의 특색을 갖고 있었다. 그렇게 청동기시대는 스키타이 시대가 도래하기 전에 중앙아시아의 스텝 지대를 활동 무대로 삼은, 때때로 킴메르족으로 알려진 기마 전사들 간의 충돌 속에서 막을 내렸다. 스키타이적 특징을 가진 기마 유목 문명의 등장은 스텝 지대의 역사에서 새로운 시대를 여는 전주곡이 되었다.

족장, 소금 군주, 농부: 중부 유럽의 할슈타트 문명

기원전 제1천년기 초에 지중해 지역은 광범위한 격변의 시기를 보냈다. 그 격변의 물결은 멀리 중부 유럽에서도 느껴졌는데, 지중해 문명들과 꾸준히 긴밀한 관계를 유지해 온 탓이었다. 남쪽의 주연 배우들은 우선 페니키아인들이었고, 그리스인과 에트루리아인들이 그 뒤를 따랐다. 알프스산맥 북쪽에서는 대농大農과 소금 군주들이 할슈타트 문명기를 다스렸고, 남쪽에서 일어나는 일들을 관심 있게 지켜보았다. 기원전 8세기부터 페니키아인들은 레반트의 고향 도시에서 지중해 거의 전 지역과 교역하면서 북아프리카의 지중해 연안과 에스파냐에 제조소manufactories로 불린 많은 기지를 건설했다.

지중해와 흑해 지역에 대한 그리스의 식민화 과정은 기원전 8세기에 시작해 기원전 6세기에 끝났다. 정착민들은 고향인 그리스 본토나 서부 소아시아를 떠나 흑해 지역과 남부 이탈리아, 아드리아해 연안, 시칠리아섬, (론강 어귀) 카마르그 인근, 에스파냐 지중해 해안 인근 지역 곳곳에 식민지를 세웠다. 동남쪽으로 향한 일부 그리스인들은 키프로스와 나일강 삼각주에도 이르렀는데, 나일강 삼각주에서는 나우크라티스라는 영구 식민지도 세웠다. 그리스인들은 레반트 해안 지역에서만, 즉 동부 지중해에서만 확고한 거점을 마련하는 데 실패했는데, 그곳을 장악하고 있던 소아시아의 주요 세력들에 의해 저지당했다. 그리스인들의 이러한 식민화 활동은 엄청난 역사적 반향을 일으킬 예정이었다. 페니키아인들과는 달리 그리스인들은 식민지를 순수한 무역 기지가 아니라 그리스 문화를 외국에 전파하는 진정한 그리스 도시로 바꾸려고 했다. 특히 남부 이탈리아와 시칠리아섬으로 그리스 정착민들이 대거 이주해 갔다. 중부 이탈리아만 보아도 그리스의 영향력이 어느 정도였는지 가늠할 수 있다. 그곳의 에트루리아인들은 그리스어 알파벳을 채택했을 뿐 아니라 그리스 예술품도 대량으로 수입했다. 그 결과로 그들의 예술품도 많은 영향을 받았다. 이베리아반도의 이베리아인들과 흑해 북부 해안의 스키타이인들도 마찬가지였다. 알프스 북쪽의 할슈타트 문명도 그리스 상품의 소비자가 되었다.

말기 청동기시대 또는 언필드 문화가 기원전 9세기에 끝나면서 유럽 여러 지역의 문화적 환경이 완전히 재편되는 계기가 마련되었다. 중부 유럽에서 발굴된 가장 오래된 철검은 기원전 9세기의 것인데, 바덴뷔르템부르크의 징센에 있는 한 무덤에서 발견되었다. 이 무덤은 철검이 나온 점만 제외하면 완벽히 언필드 문화의 특징을 띠고 있었다. 처음에 청동은 특히 장신구와 금속 용기의 주재료 역할을 했지만, 기원전 8세기에 이르면 특히 무기 및 도구 제조 용도로 그리고 수레와 마차의 바퀴에 두르는 테두리 용도로 철의 중요성이 커졌다. 그리하여 초기 철기시대가 시작되었고, 중부 유럽에서는 이 시기가 할슈타트기 혹은 (할슈타트 C기와 할슈타트 D기가 포함되는) 할슈타트 문명으로도 알려져 있다. 철의 채굴과 가공은 엄청난 양의 목재를 소비하는 결과를 가져왔다. 철광석을 제련하는 데 엄청난 양의 숯이 필요했기 때문이었다. 이로 인해 삼림이 대대적으로 벌채되면서 광범위한 토양침식이 발생했다. 인류사의 이 이른 시기에도 광범위한 철 가공 형태로 나타난 기술적 진보는 막대한 환경 피해를 감수해야만 성취할 수 있었다.

그런데 언필드 시대에서 철기시대로의 전환은 시기적으로 장기적인 기후 변화기와도 일치했다. 기원전 9세기 중반 무렵, 북반구 전체가 눈에 띄게 추워지고 습해졌다. 일부 지역에서 이러한 변화는 정착지의 이전을 의미했다. 예를 들어 알프스산맥의 구릉지 사람들은 후기 언필드 시대까지는 호숫가에 정착해 살기를 선호하는 경향이 있었다. 그곳에서 그들은 기둥을 박아 세운, 체계적으로 배치된 광범위한 가옥 단지에 살고 있었다. 하지만 날씨가 습해지고 추워지면서 호수 수위도 상승했다. 이로 인해 호숫가 지역은 정착에 적합하지 않은 곳이 되면서 버려질 수밖에 없었다.

기원전 8세기에서 기원전 5세기에 해당하는 초기 철기시대의 가장 중요한 유적지로는 오버외스터라이히의 잘츠카메르구트 지역에 있는 할슈타트 무덤을 꼽을 수 있다. 이곳 지명을 따라 그 시기 전체에 이름이 붙여진 것인데, 일찍이 19세기에 중부 유럽에서 가장 규모가 큰 선사시대 공동묘지 중 하나가 할슈타트에서 발굴되었기 때문이다. 당시 발견된 1000기가 넘는 무덤 대부분에 아주 호화로운 부장품이 들어 있었다. 유럽 여러 지역의 장신구 조각이 나왔다는 것은 그 주거지 주민들이 다른 여러 지역과 광범위하게 교류했음을 증명해 준다. 이러한 부와 광범위한 교역을 가능하게 한 것은 청동기시대부터 지하에서 채굴해 온 소금 광산이었다. 이 광산은 유럽에서 소금 매장량이 가장 많은 곳에 속했다. 이 공동묘지에서 발견된 수입품들은 그곳에 묻힌 사람들이 한때 관리한 소중한 상품인 할슈타트 소금이 중부 유럽의 여러 지역에서 수요가 많았음을 확실하게 보여 준다. 선사시대의 다른 소금 채굴 중심지로는 잘츠부르크 남부 뒤른베르크, 오늘날 독일 도시 할레 인근인 엘베강과 잘레강의 중류 유역 부근을 들 수 있다. 이 모든 지역에서 번영한 공동체가 생겨나면서 화려하게 장식된 엘리트 무덤과 요새화된 중심지가 등장했다. 바닷가 해안선을 따라 바닷물을 증발시켜 소금을 추출하기도 했는데, 중부 유럽 북부 지역과 북부 프랑스, 영국제도에서는 이른바 브리크타쥬 briquetage 기법[18]을 이용해 소금을 추출했다. 이 기법은 높은 도자기 기둥 위에 '소금 냄비'를 얹고 거기에 소금물을 부은 뒤 결정화된 소금이 남을 때까지 약한 불에서 소금물을 서서히 끓이는 것을 말한다. 이 생산 공정을 통해 도가니같이 생긴 증발용 용기 모양을 띤 소금 덩어리가 탄생했는데, 다루기에 편한 크기라서 거래하기에 이상적일 정도로 적합했다.

할슈타트 문명의 시작은 평지 무덤을 만들던 언필드 시기의 관습이 끝났음을 의미하기도 했다. 이제 봉분이 다시 나타나기 시작했다. 적어도 초기 할슈타트기(할슈타트 C기)에는 화장에 의한 매장 방식이 여전히 유지되었다. 이 관습은 기원전 7세기 후반에 시작된 후기 할슈타트기(할슈타트 D기)가 되어서야 토장 방식으로 대체되었다. 시신은 종종 분구묘들 속 나무 묘실 안에 안치하고 그 위에 돌을 쌓은 뒤, 마지막에 흙으로 덮었다. 가끔은 봉분 위에 돌기둥을 세우기도 했다. 할슈타트 C기에 해당하는 남자 무덤에서 면도기를 비롯해 핀셋이나 귀이개, 손톱깎이 같은 이발·미용 기구가 발견된 것으로 보아 당시 사람들이 개인위생을 중시했음을 알 수 있다. 마찬가지로 할슈타트 C기의 남녀 무덤 모두에서 브로치와 반지를 비롯해 토기들도 발견되었는데, 묘실 안에 쌓여 있거나 묘실 벽에 기대어져 있었다.

하지만 할슈타트기의 혁신은 철 가공과 집약적인 소금 채굴에 그치지 않았다. 이 시기에 동쪽 스텝 지대에서 덩치가 더 크고 더 빠른 새로운 말 품종이 도입되었기 때문이다. 이 사실은 눈에 띄게 커진 재갈에서 확인할 수 있다. 이러한 재갈의 원조 격인 재갈은 북부 흑해 지역과 북부 캅카스에 널리 퍼져 있었는데, 기원전 9세기 이후로는 할슈타트 지역의 동쪽에서도 서서히 통용되기 시작했다. 이 혁신은 할슈타트 문화의 전사들이 소지한 무기류에서도

18 브리크타쥬는 소금물을 끓여 증발시키기 위한 용기를 만드는 데 사용된 도자기 재료를 말한다.

확연히 드러난다. 초기 철기시대 들어 장검이 가장 중요해졌는데, 걸으며 싸우는 전사에게는 이렇게 긴 철검이 방해 요소가 되었을 것이다. 그래서 고고학자들은 말을 탄 사람들이 이 무기를 휘둘렀을 것이 분명하다고 추측했다. 특히 그런 장검을 소유한 사람들의 무덤에서 마구도 자주 발견되었기 때문이다. 그런데 장검은 동쪽의 스텝 지대 전사들에게는 알려지지 않은 무기였다. 이는 장검이 할슈타트 문화의 독자적 혁신이었던 것이 분명하다는 의미다. 초기 할슈타트기(할슈타트 C기)의 전사가 소지한 무기류는 이 절단용 철검 외에 단검과 창으로 완성되었고, 중부 유럽 동부에서는 도끼도 추가되었다.

칼자루 끝이 금박으로 장식된 경우나 무덤에 사륜 전차와 두 마리 역마의 굴레가 무기와 함께 놓여 있는 경우, 해당 무덤 주인은 분명 사회 통치 계층의 일원이었을 것이다. 청동기시대 말기, 즉 언필드 시기에도 시신 옆에 마구를 놓는 경우는 상당히 드물었다. 이러한 관습을 증명해 주는 증거는 할슈타트기가 시작된 이후에야 빈번하게 등장한다. 아마도 이에 대한 자극도 동쪽의 스텝 지대로부터 왔던 것 같은데, 그 지역 사람들은 서양에 새로운 말 품종과 그에 어울리는 굴레를 전해 준 동시에, 중부 유럽의 할슈타트 문명권 사람들의 가치 체계에 기마술의 새로운 중요성을 일깨워 주기까지 했다. 그러나 멀리 동쪽의 관습과는 달리, 말 자체는 중부 유럽 엘리트들의 무덤에 절대로 들어가지 못했다. 반대로 스키타이 시대의 말들은 사후 세계로 떠나는 기마 전사들의 꾸준한 동반자가 되었다.

사회적 분화 체계가 진전되고 있음을 보여 주는 징후가 기원전 7세기에 처음으로 나타나기 시작했다. 초기 할슈타트기가 끝날 무렵, 상류층이 남쪽으로부터 더 많은 상품을 수입하기 시작했다는 사실이 바로 그 증거다. 프랑크푸르트의 도시 숲속 봉분에서는 칼자루 끝이 금박으로 장식된 엄청나게 웅장한 철검이 발견되었다. 이 철검 옆에 정교한 금속 접시와 에트루리아식 청동 접시가 있었다. 그토록 사치스러운 물품들은 정기적인 교역을 통해 들어왔다기보다는 점점 자신감을 키워 가는 할슈타트 문화권 통치자들에게 남쪽의 유력자들이 보낸 선물이었던 것이 분명하다. 할슈타트 엘리트들은 그런 화려한 공예품을 이용해 주민들에게 자신들의 높은 사회적 지위를 각인하려고 했다. 우수하다고 인식된 당시 지중해 문명과의 교류를 즐길 수 있는 사람은 그들뿐이었기 때문이다.

기원전 600년 무렵에 북부 이탈리아 및 중부 이탈리아의 에트루리아인들과 맺은 관계, 그리고 프랑스 남부의 그리스인들과 맺은 관계가 너무나도 밀접했기 때문에 그들은 할슈타트 문화권 사람들의 생활 방식을 영구적으로 바꾸어 놓았다. 특히 후기 할슈타트 문명(할슈타트 D기)은 그들에게서 상당히 많은 영향을 받은 것으로 보인다. 기원전 8세기와 기원전 7세기에 해당하는 할슈타트 초기에 의복은 핀으로 고정되었는데, 이는 완벽한 청동기시대의 전통이라고 할 수 있다. 그런데 기원전 7세기 말부터는 핀 대신에 망토 브로치로, 특히 이탈리아에서 직접 수입한 이탈리아 스타일 브로치로 점차 대체되었다. 이 새로운 패션이 처음에는 남부 독일에서만 채택되었다가 이후에야 북쪽으로 퍼져 나갔다는 점은 의미심장하다. 값비싼 의복이 남부 독일의 무덤에서만 발견되기도 했는데, 그중에는 원산지가 지중해인 뿔고둥에서 얻은 염료(티리언 퍼플)로 물들이고 가장자리를 아름답게 수놓은 옷도 있었다. 얼마 지나지 않아 이탈리아식 신발도 할슈타트 엘리트층의 취향에 영향을 미쳤다. 이는 끝이 뾰족하고 발가락 부분이 위쪽으로 올라간 신발이 발견된 사실로 입증된다.

그러나 이탈리아의 영향은 단지 패션에만 국한되지 않았다. 기원전 6세기 말에 독일 남서부에서는 처음으로 도기 돌림판을 이용해 도기를 생산했다. 이 제작 방식은 실제로 대량으로 도기를 생산할 때만 가치가 있었는데, 당시에는 그 정도로 수요가 많지는 않았다. 그렇다고 하더라도 에트루리아의 부케로Bucchero 도자기를 모방하려고 했다는 것은, 그리고 값비싼 오리지널의 값싼 모조품을 도기 돌림판을 이용해 생산해 일상 식기로 사용하려고 했던 것은 할슈타트 지배자들의 의도였던 것이 분명하다. 남부 독일 토지 소유주들의 그런 과시는 우월하다고 여겨지는 남쪽 문명을 피상적으로 모방한 것이었지만, 남쪽 지방을 직접 본 적이 없는 사람들에게서만큼은 존경심과 경외심을 불러일으킬 수 있었다. 그러한 차별화는 할슈타트 문화권의 대다수 사람에게 확실하게 적용되었다. 스스로 만들어 낸 이 모조 도자기 식기 외에도 수입된 청동 그릇도 일부 발견되었으며, 고기용 철제 포크, 장작 받침쇠, 에트루리아와 중부 및 상부 이탈리아의 여러 지역에 널리 퍼져 있던 종류와 비슷한 꼬챙이도 발견되었다. 이 모든 유물을 보면 할슈타트 문명의 엘리트들이 이탈리아식 연회 및 술자리 관습도 그에 어울리는 식기와 함께 채택했을 것이라는 결론을 얻을 수 있다.

남쪽 생활 방식의 도입은 암포라amphora에 담긴 그리스 포도주의 도입에서도 나타난다. 이는 기원전 600년 무렵에 세워진 그리스 식민지 마살리아(오늘날의 도시 마르세유)에서 론강 계곡과 부르고뉴를 거쳐 독일 남서부의 할슈타트 문명 중심지까지 전해졌다. 이 물품과 함께 그리스의 고급 도자기도 북쪽으로 이동해 왔다. 흑화식 기법[19]으로 만든, 술 담는 용기가 특히 인기 있었는데, 이 역시 처음에는 마살리아를 거쳐 오다가 나중에는 알프스 산길을 넘어간 에트루리아 중간 상인들을 통해서도 독일까지 전해졌다. 다뉴브강 상류 이링겐의 한 무덤에서 발견된 페르시아 유리 접시도 아주 진귀한 유물에 속한다. 상아를 사용한 상감세공 조각과 앉거나 뒤로 젖히기 위해 의자 다리를 돌려놓은 지중해식 가구도 할슈타트 문화의 지배 엘리트들에게서 나타나는 전형적 특징이었다. 이 가구의 잔해는 화려한 할슈타트 무덤에서 고고학자들에게 발견되었다. 포도주를 마실 때 무화과 같은 이국적 과일을 먹는 것도 이들 지배층만의 전유물이었다.

할슈타트 C기에서 할슈타트 D기로 이행해 가는 시기에 해당하는 기원전 7세기 말에는 다른 근본적 변화들도 연이어 나타났다. 그리고 그 변화의 여파는 기원전 5세기까지도 감지되었다. 사람들이 전통적 봉분을 계속 만드는 가운데 토장의 관습 또한 점점 정착되었다. 사회적 지위와 관계없이 남자와 여자 그리고 아이들까지 화려한 옷과 장신구를 제대로 갖춘 채로 매장되었다. 그 덕분에 수많은 브로치와 목, 팔, 발에 거는 고리, 금속 벨트, 대부분 청동으로 만든 장신구들이 보존될 수 있었다. 할슈타트 D기에는 할슈타트기를 대표하던 절단용 철검이 사라지면서 단검으로 대체되었다. 따라서 접근전

19 묘사하려는 대상이 검은 광택이 나도록 굽는 방법이다.

에 적합한 가벼운 무기류로 초점이 옮겨 갔다고 볼 수 있다. 그렇다고는 해도 대부분 화려하게 장식된 상태였던 단검과 철검 모두 전과 마찬가지로 귀중품이나 지위 상징물에 해당했다. 단검과 찌르기용 창stabbing spear이 자주 함께 등장하는 것을 보면 전투 방식에 중대한 변화가 생겼음을 알 수 있다. 할슈타트 C기를 대표한, 칼을 휘두르는 기마 전사를 대신해, 이제는 창과 단검으로 무장한 보병이 등장했는데,(지중해 지역의 영향 때문인 듯하다.) 이렇게 밀집대형을 이루고 싸우는 방식은 그리스의 팔랑크스phalanx 부대를 생각나게 한다. 놀랍게도 청동기시대와 언필드 시기의 특징이었던 갑옷과 방패 같은 방어용 무기는 할슈타트기 내내 아무런 역할도 하지 못했다. 알프스 북부 지역에서 이 무기들은 라텐 초기에 이르러서야 다시 등장했다.

그러나 할슈타트 문명권의 먼 남동부 알프스 지역, 슈타이어마르크와 슬로베니아에서는 그리스식 청동 이중 갑옷을 비롯해 그 형태가 그리스와 특히 이탈리아의 영향을 받았음을 보여 주는 청동 헬멧 등의 방어용 무기가 예외적으로 발견되었다. 게다가 남동부 알프스 할슈타트 문화의 금속공예를 가리키는 이른바 시툴라 예술('양동이'를 의미하는 라틴어 시툴라에서 유래한 용어로, 부조 장식이 달린 청동 용기를 묘사하는 총칭)은 밀집대형으로 늘어선 전사들을 띠 모양의 프리즈frieze 장식으로 보여 주는데, 누가 보아도 팔랑크스 부대로 생각할 수 있을 정도다. 같은 프리즈 장식에서는 도끼로 무장한 기마 전사들 모습도 가끔 등장한다. 또한 알프스의 북부와 동부 모두에서 세 갈래로 갈라진 화살촉이 청동으로 제작되고, 심지어 철로도 제작되었는데, 이는 스키타이식 방식을 기초로 했다. 이 화살촉의 침투력이 대단한 것으로 입증되면서 더 빠른 새로운 말 품종과 마찬가지로 빠른 속도로 유럽 전역에 보급되었다. 이 새로운 말 품종도 (마구 등과 함께) 동쪽의 스텝 지대에서 들어왔다. 하지만 합성궁까지 동쪽에서 들어왔는지는 의심스럽다. 지금까지는 이런 종류의 인공물이 발견되지 않았기 때문이다. 할슈타트 D기는 사람들이 처음으로 실물 크기로 묘사된 시기이기도 하다. 이를테면 바덴뷔르템베르크의 히르슐란덴에서 발견된 비석은 원래는 봉분 위에 놓여 있었던 것 같은데, 원뿔형 투구를 쓰고 단검으로 무장한 전사를 묘사한다. 이 차림새는 호흐도르프의 족장 무덤에 안치된 사람이 입었던 의복과 흡사하다.

할슈타트 문화의 족장들은 사치를 좋아하는 자신들의 취향을 한 차원 더 높게 보여 주었는데, 이는 후기 할슈타트기(할슈타트 D기) 지배층의 무덤 배치와 부장품을 통해 알 수 있다. 이 족장들의 무덤으로 이루어진 큰 분구묘들은 개별 구조와 부장품 목록에서는 다르면서도 사륜 전차나 청동 마구, 남쪽에서 수입된 물품들, 금으로 만든 팔찌와 토크torc 등의 호화로운 부장품과 엄청나게 큰 면모를 지녔다는 공통점을 갖는다.

이런 종류의 무덤으로 유명한 고분은 바덴뷔르템베르크의 루드빅스부르크 인근 호에나스페르크Hohenasperg에 있는 그라펜뷜Grafenbühl 고분, 슈바르츠발트의 필링겐 인근에 있는 마크달레넨베르크Magdalenenberg 고분, (역시 바덴뷔르템베르크에 속하는) 이링겐과 카펠의 고분군 등이다. 북부 스위스와 동부 프랑스에서도 이에 필적하는 족장들의 무덤이 발견되었지만, 북서부 알프스 할슈타트의 영역 밖에서는 그 어디서도 발견되지 않았다. 게마인을레바른Gemeinlebarn, 슈타첸도르프Statzendorf, 클라잉클라인Kleinklein, 스티치나Stična, 노보 메스토-칸디야Novo Mesto-Kandija에서 발견된 무덤들처럼 동부와 남동부의 알프스 할슈타트 문명의 호화로운 고분들도 웅장한 무덤 건축 기법을 보여 주고 북서부 알프스 무덤들과 마찬가지로 주로 청동 용기(그리고 가끔은 금)가 부장품으로 들어 있다. 하지만 이 두 지역의 무덤은 상당히 다른 전통을 고수했다는 점에서 북서부 무덤과는 분명 다르다. 따라서 무덤 주인이 지배층의 일원임을 나타내는 특징적 표시로서의 갑옷과 투구는 알프스 북부 지역에서보다 훨씬 더 큰 역할을 했다.

북서부 알프스 지역의 족장 무덤 중에서 특히 인상적인 무덤은 슈투트가르트 인근 호흐도르프의 고분군이다. 이 고분군이 어찌 된 영문인지 도굴당하지 않았기 때문인데, 이는 현대의 발굴 과정이 가능한 한도 내에서 가장 꼼꼼하게 기록될 수 있었음을 의미한다. 이 무덤의 주인인 중년 남성은 돌을 쌓아 밀폐한 나무 묘실에 누워 있었다. 그리고 이 나무 묘실 위에 흙으로 거대한 봉분을 만들어 덮었다. 무덤 내부는 천을 두르고 꽃으로 장식해 놓았다. 뿔 모양의 금제 술잔 아홉 개가 망자의 화살통과 함께 벽에 걸려 있었다. 시

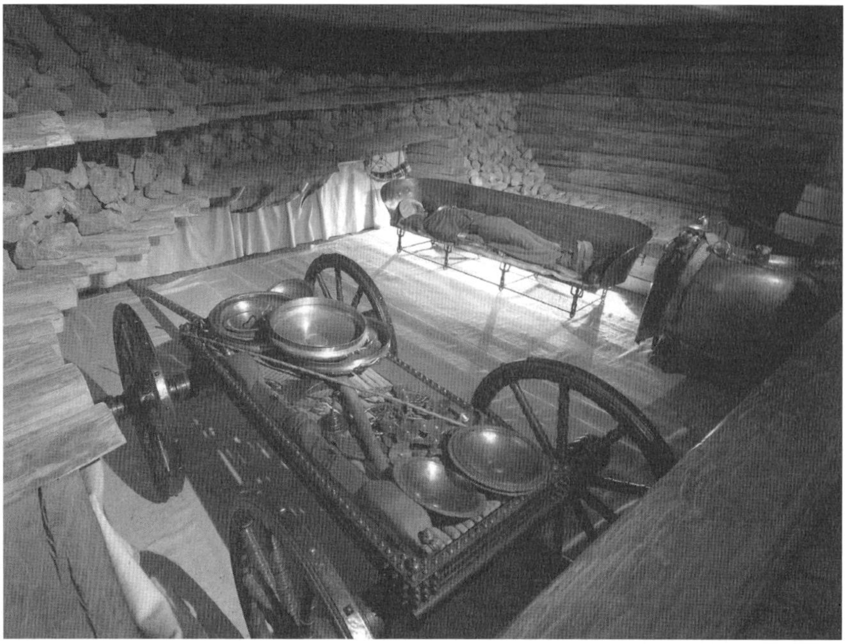

—— 바덴뷔르템베르크 호흐도르프에서 발견된 (기원전 6세기 말의) 후기 할슈타트기 족장 무덤의 묘실 복원도. 사람의 손을 타지 않은 이 무덤은 할슈타트기의 가장 중요한 부장품 중 하나로 이루어져 있다. 남쪽에서 수입한 물건들, 다양한 무기, 황금 장신구, 전차, 수많은 청동 접시 등의 풍부한 부장품은 그 시기의 지배 엘리트들이 자신들의 마지막 안식처에서 어떻게 본인의 사회적 지위를 표현하려고 했는지 보여 준다. (Wikimedia Commons, © marsupium photography)

신은 섬세하게 짠 옷을 걸친 채로 화려한 청동 소파에 안치되어 있었다. 소파는 오소리 털과 풀로 엮은 덮개로 덮여 있었고, 소파 등받이에는 칼춤을 추는 무용수와 마부들을 묘사한 그림이 그려져 있었다. 그리고 소파를 받친, 북이탈리아 스타일의 가는 소파 다리는 조각된 여자 조각상으로 이루어져 있는데, 작은 청동 소용돌이무늬로 마감되어 있었다.

호흐도르프 족장은 '세계인'으로서의 자신을 보여 주었다. 앞부리가 뾰족한 그의 신발(풀렌)은 이탈리아풍에 매우 가까웠던 반면에, 원뿔 모양의 자작나무 껍질 모자는 현지 취향을 보여 주었다. 목에 거는 고리와 단검, 벨트 버클, 그의 모든 장신구, 신발에 붙은 금속 장신구들이 모두 판금으로 만들어진 것으로 보아 그의 사회적 지위가 아주 높았음을 알 수 있다. 그의 발치에 있던 청동 가마솥은 남부 이탈리아에서 수입된 것으로 400리터의 꿀술이 가득 들어 있었다. 망자가 술을 듬뿍 퍼낼 수 있도록 가마솥 옆에는 황금 그릇이 놓여 있었다. 그리고 다시 그 옆에 웅장한 사륜 전차가 말 두 마리를 위한 마구와 함께 놓여 있었다. 전차 위에는 무기류와 함께, 최대 아홉 명까지 장례 음식을 먹을 수 있도록 청동 그릇이 충분히 쌓여 있었다. 이 부장품들은 무덤 주인이 영웅으로 숭배되었음을 시사하며, 사후 세계에 대한 믿음 또한 증명해 준다. 이 수갱식 분묘의 끝에는 연단이 하나 세워져 있는데, 장례식에 사용되었던 것이 분명하다. 이 의식은 상여 위에 방부 처리된 상태로 누워 있는 망자를 한 번 더 추모하는 행사로, 먹고 마시는 시간과 마상 시합이나 기타 의식들이 포함되었을 것이다. 고대 그리스인과 에트루리아인들에 관한 고고학적 기록에서도 아주 유사한 종류의 장례 의식이 등장한다.

할슈타트 문화가 열망했던 지중해 지역과의 밀접한 관계는 다뉴브강 상류 호이네부르크의 점토 벽돌 성벽에서 가장 웅장하게 나타난다. 호이네부르크는 독일 남서부에서 가장 유명한 할슈타트기의 언덕 위 성채 중 하나다. 이 성벽은 매끄럽게 연결된 석회석 덩어리 위에 균일한 크기의 점토 벽돌로 석벽을 얹어 만들었다. 이 건축 방식은 기후가 건조한 남부 유럽의 전형적 방식이었고, 비가 많은 북쪽에는 그리 적합하지 않았다. 석벽 두께나 벽돌 크기까지도 지중해 방식과 일치했으므로 호이네부르크 점토 벽돌 성벽은 남쪽 출신의 건축가가 세웠거나 지중해 지역에서 기술을 배워 온 할슈타트 문화권의 뛰어난 건축가가 세웠을 것이 분명하다. 성벽 북면에 세워진 돌출된 수많은 사각형 탑 또한 남쪽에서 유래했다. 토착 성채 건축에서는 그러한 특징이 뚜렷하게 나타나지 않았기 때문이다. 면적이 3헥타르 정도에 달한 이 성벽 내부에는 상부 성채가 자리하는데, 건물들이 완벽하게 줄지어 늘어선 체계적 배치를 보여 주며, 금속가공을 위한 자체 작업 구역도 갖추고 있었다. 이 상부 성채 구역 주위에 제멋대로 뻗어 있던 외곽 주거지 역시 부분 부분 성벽으로 막아 놓았다. 일찍이 기원전 6세기 중반에 호이네부르크 주거지는 파괴되었고, 점토 벽돌 성벽도 없어져 버렸다. 결론적으로 말하면 비교적 짧은 기간에 이

—— 기원전 6세기 초, 할슈타트기 후반의 호이네부르크 언덕의 성채와 주거지를 복원한 모형. 다뉴브강 상류에 자리한 이 언덕 성채 주거지는 점토 벽돌로 된 성벽과 방어용 탑, 외벽, 불규칙적으로 형성된 외곽 주거지가 특징이다. 성채와 외벽 내의 밀집한 주거 형태와 함께, 인접 주변 지역과 멀리 떨어진 주변 지역의 여러 농장은 전에는 볼 수 없었던 독특한 인구 집중을 보여 준다. 하지만 이러한 상황은 겨우 몇십 년 동안만 지속되었다. (Wikimedia Commons, © LepoRello)

탈리아식 패션과 음주 및 식사 관습, 건축 및 생활 방식이 다뉴브강 지역으로 전달되면서 그 지역 지배 엘리트층의 생활은 물론, 중심지의 건축적 배치까지도 영향을 받았다. 아마도 할슈타트 지배자들의 남부식 생활 방식을 그렇게 극적으로 끝내 버린 것은 일련의 내부 갈등과 격변이었을 것이다.

그런데도 호이네부르크 주거지는 이후 몇십 년 동안 존속했다. 규모가 훨씬 더 작아지고 수수해지고 전통적이고 시골풍의 모습이기는 했지만 말이다. 점토 벽돌 성벽이 건설되기 전 시기의 고고학적 발굴 지층과 성벽이 무너진 이후 시기의 발굴 지층 모두, 여러 채의 농장으로 이루어진 주거 단지를 보여 준다는 점은 인상적이다. 이 농장들은 부분적으로 울타리나 담으로 서로 분리되어 있었다. 달리 말하면 창고, 마구간, 작업장을 갖춘 자율적 농경 단위로 이루어진, 탁 트인 지역의 농장들 사이에 널리 퍼져 있던 주거지 패턴이 이 요새화된 언덕 위 마을에서도 되풀이해 나타났다는 이야기다. 점토 벽돌 성벽이 건설된 그 시기에만 이 패턴이 여러 해 동안 중단되면서 균일한 외관의 가옥들이 규칙적으로 배치되고 분리된 작업 구역을 갖춘 패턴으로 대체되었다. 이 사실은 남쪽의 영향이 얼마나 멀리까지 미쳤는지, 그리하여 당시 호이네부르크 전체의 구조가 얼마나 광범위하게 조정되었는지 뚜렷하게 보여 준다는 점에서 중요하다. 그러나 이 모든 변화는 분명 오래갈 수 없었다. 호이네부르크의 탁월한 지위가 손상된 것은 절대 아니었지만, 얼마 지나지 않아 사람들은 청동기시대부터 발전되어 온 이전의 건축 기법과 경제 방식으로 되돌아갔다. 그곳에서는 할슈타트 시대가 끝날 때까지 사람들이 계속 살았고, 그 이후에야 버려져 폐허가 되었다.

호이네부르크가 오늘날까지도 알프스 북부 지역에서 가장 중요한 '족장령'인 것은 분명하다. 이러한 느낌이 드는 것은 이 유적지에서 수십 년 동안 광범위한 연구가 이루어진 사실과도 관련이 있는 듯하다. 호이네부르크 인근에는 족장들의 무덤으로 생각할 수 있는 다른 고분들도 상당히 많다. 그중 가장 오래된 고분은 호미헬레Hohmichele 고분이다. 이 고분은 할슈타트 C기 후반기에 속한다고 추정되며 호이네부르크 주거지를 세운 세대의 무덤으로 생각된다. 또한 비슷한 특징들을 가진 후기 할슈타트기의 요새화된 언덕 도시도 다수 존재한다. 이들은 모두 교통 면에서 지형적으로 뛰어난 위치에 자리해 있었고, 남쪽(그리스, 에트루리아, 마살리아)으로부터 사치품을 수입했으며, 마지막으로는 주거지와 인접한 곳에 금 공예품과 남쪽에서 수입한 물품, 사륜 전차, 청동 용기, 그 밖의 지위를 상징하는 물품들로 부장품을 채운 족장들의 무덤이 있었다. 부르고뉴의 샤티용쉬르센 인근 몽라수아에서 그런 곳을 발견할 수 있는데, 몽라수아 기슭에는 그 유명한 빅스 고분이 있다. 빅스 고분에서는 그리스식 음료수 용기와 전차는 물론, 그리스에서 만든 웅장한 '크라테르'(포도주를 희석할 때 필요한 물을 담는 용기)가 부장품으로 발굴되었다. 몽라수아는 마살리아를 비롯한, 론강의 어귀 여러 곳에서 시작된 상품 교역을 총괄

했던 것이 분명하며, 그러한 거래는 멀리 북쪽으로 북부 프랑스와 남서부 독일까지 뻗어 나갔다. 프랑스 쥐라산맥 지역의 살린레뱅Salines-les-Bains 인근 샹뒤샤토Champ-du-Château와 서부 스위스 프리부르 인근 샤티용쉬르글란Châtillon-sur-Glâne 같은 곳들은 알프스 북서부 할슈타트 문명의 핵심 지역 중 하나인 스위스 중심 지역으로의 접근을 관리했다. 취리히 인근 위에틀리베르크, 일푸르트Illfurth 인근 브리츠귀베르크Britzgyberg, 브라이자흐 인근 뮌슈테르베르크Münsterberg를 거치는 노선은 멀리 남서부 독일과 다뉴브강 수원지까지 이어졌다. 호이네부르크 같은 중심지들은 앞에서 언급된 곳들로부터 다뉴브강을 따라 이루어진 상품 거래를 관리했을 것이 분명하다. 정확히 호이네부르크 중심지가 형성된 지점부터 다뉴브강에서 배가 다닐 수 있기 때문이다.

그러나 이들 '족장령' 중 그 어느 곳도 호이네부르크만큼 잘 연구된 곳은 없다. 과거에는 일반적으로 탐사용 참호를 파는 과정에서 시험 발굴이 이루어졌다. 이러한 시험 발굴은 주거지가 속한 개별 지층의 연대를 알아내는 문제는 해결해 주었지만, 주거지 내부의 발달 과정에 관해 더 심도 있는 인식은 제공해 주지 못했다. 루드빅스부르크 인근의 호에나스페르크나 바이에른의 도시 뷔르츠부르크의 마리엔베르크처럼 할슈타트기의 지층은 중세와 근대에 같은 곳에 건물을 지었으므로 이미 없어진 경우가 많았다. 마리엔베르크 유적지를 비롯해 서부 바이에른의 뇌르틀링거 리스Nördlinger Ries 분지 가장자리에 자리한 보핑겐 인근의 이프Ipf 유적지 역시 조사가 거의 되지 않은 상태인데, 이 두 곳은 북서부 알프스 후기 할슈타트 문명만의 특징이라고 할 수 있는, 그러한 '족장령'이 분포된 지역의 북쪽 경계선과 동쪽 경계선에 해당한다. 잘츠부르크 지역(헬브루너 베르크Hellbrunner Berg)과 동부 및 남동부 알프스 지역(예를 들면 클라잉클라인, 스티치나, 마그달렌스카 고라Magdalenska gora)에도 요새화된 대규모 언덕 주거지가 존재하고, 주변 지역의 공동묘지에서 유의미한 엘리트 무덤이 발견된 사실을 근거로 그런 주거지들을 그 지역 지배 엘리트들의 중심지라고 말할 수 있는 것은 사실이지만, 이런 상황에서도 그 주거지들의 구조와 내부 조직에 관해서는 사실상 아는 것이 없다.

소수의 '족장령'과 함께 동부 알프스 지역 전체와 알프스 북부 전역에도

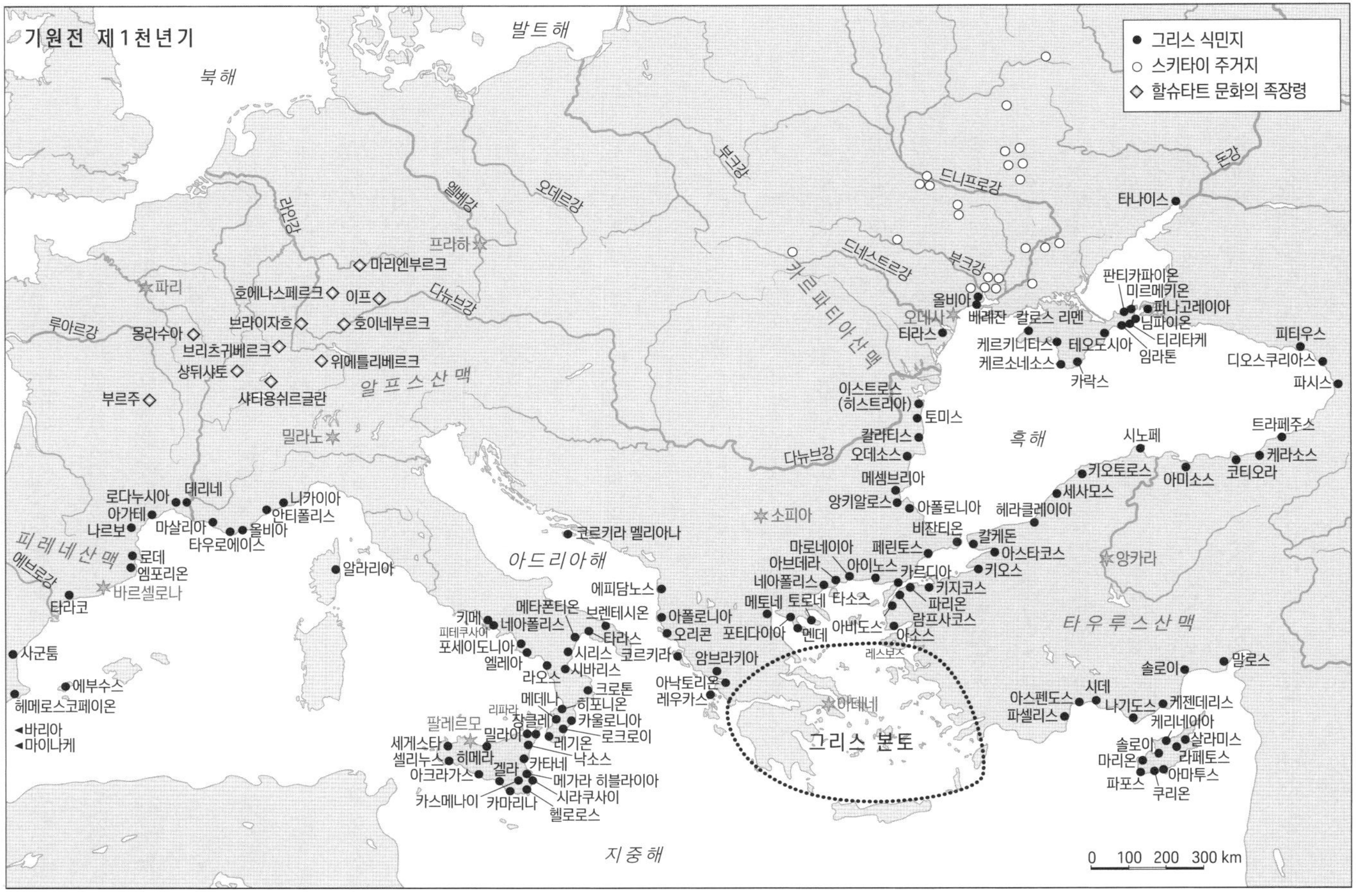

——지중해 지역의 그리스 식민지 그리고 부르고뉴와 북부 바이에른 사이의 후기 할슈타트 족장령. 그리스 식민지가 멀리 서쪽으로 론강의 어귀는 물론, 남부 이탈리아와 시칠리아섬까지 확장되면서 할슈타트기에 그리스 상품은 마살리아(마르세유) 항구에서 직접 전달되는 경로나 중부 이탈리아와 북부 이탈리아의 에트루리아 도시에서 알프스 산길을 거쳐 가는 이후의 경로를 통해 중부 유럽까지 확실하게 전해질 수 있었다. 이로 인해 범지역적 중요성을 지닌, 요새화된 대규모 주거지가 할슈타트 문화권 내의 무역 경로를 따라 등장했다.

할슈타트기에 해당하는 언덕 성채가 수없이 많았다. 이들 성채에 계속해 사람들이 거주한 것은 아니지만, 이들은 언필드 시대와 가끔은 초기 청동기시대의 말엽까지도 거슬러 올라가는 주거지 전통을 이어 갔다. 우리는 그 주거지들의 배치와 내부 구조에 관해서는 거의 알지 못한다. 그 이후에 해당 주거지에 건물이 지어지는 일이 잦았으므로 광범위한 발굴이 불가능한 탓이다. 대개 보존이 더 잘 된 성벽 지역에서만 시험용 참호를 팔 수 있었다. 어쨌든 이러한 작업으로 방어 시설의 연대는 어느 정도 정확하게 알아낼 수 있었다. 뇌르틀링거 리스 분지 가장자리에 세워진 골트베르크 성채는 초기에 발굴한 곳이어서 원하는 만큼 잘 기록된 것은 아니지만, 제대로 조사된 몇 안 되는 언덕 성채 중 하나다. 이 조사 과정에서도 점토 벽돌 성벽 건설 이전 시기와 이후 시기의 호이네부르크 주거지의 특징이라고 할 수 있는 바로 그 촌락 발달 패턴이 명확히 드러났다. 방어용 성벽으로 보호받은 고지대 성채 역시 자급자족적 농장들의 집합체로 이루어져 있었고, 각각의 농장 집단은 다시 담장을 경계로 서로 분리되어 있었다.

현재까지 그들 주거지 가운데 소수만이 연구되었고, 그것도 대개는 우연히 발견된 것이었지만, 이러한 농경 집단은 개방된 시골 전역에 널리 퍼져 있었을 것이다. 그러나 최근에 현대의 항공사진 기술 덕분에 몇 가지 사실이 드러나면서 이들 '개방된' 주거지를 더 폭넓게 이해하는 데 상당한 도움이 되었다. 북부 바이에른과 남부 바이에른의 여러 지역에서 여기저기 흩어진 농장들로 이루어진 소규모 주거지나 규모가 훨씬 더 큰 주거지들이 발견되었다. 예를 들면 에힝, 디트푸르트, 게르메링 같은 곳에서 발견된 주거지들이다. 이들 주거지 중 다수가 언필드 문화기에서 유래한 전통들을 확실히 유지했는데, 심지어 같은 주거지(예를 들면 에힝)에서 여러 전통을 고수하기도 했다. 또한 이들 농장 집단 중에는 타원형이나 원형 혹은 사각형으로 만든 해자 방어 시설과 성벽으로 보호한 곳도 있었다. 이러한 특징으로 인해 다소 성급하게도 이 주거지들 역시 '족장령'으로 해석되었다. 북서부 알프스 지역과는 달리 '개방'된 주거지가 특히 많은 바이에른 지역(예를 들면 뮌헨 인근 쿼베르크, 볼크스하우젠-리테르스하우젠Wolkshausen-Rittershausen, 스트라우빙-크로이트브라이테

Straubing-Kreutbreite 등)에는 그런 '족장령'이 존재하지 않았으므로 학자들은 이 요새화된 농장들이 지역 엘리트들의 거주지였던 것이 분명하다고 속단했다. 그러나 지금까지 이 가정은 추가된 증거에 의해 입증되지 않았다. 뮌헨 인근의 퀴베르크에서 고고학자들은 방어 시설을 갖춘 농장 단지를 발견했는데, 과거에는 앞으로 돌출된 성문을 통해 이곳에 들어갈 수 있었다. 비슷하게 성채 밖 주변 지역으로 튀어나온 성문이 있는 성벽이 골트베르크 고원 위의 최대 규모 농장에서도 발견되었다. 그러나 이 두 사례 모두에서 이곳이 이를테면 가옥 건축 방식이나 가구 등을 통해 자기를 나머지 주민들과 차별화하고자 한 지역 지도자의 농장이었음을 보여 주는 흔적은 전혀 없었다. 그 대신에 여기서도 분명했던 사실은 평지의 개방된 주거지와 언덕 성채 도시의 건축 형태와 패턴이 구체적 지형과는 관계없이 전반적으로 비슷했다는 점이다. 이러한 유사성을 보이는 이유는 분명 그 주거지들 모두 근본적으로는 대부분이 농경 주거지였기 때문일 것이다.

중부 유럽의 문화적 세분화는 초기 철기시대의 예술적 창조물에서 분명히 드러난다. 기원전 7세기 말에 북부 이탈리아에서, 그리고 북부 이탈리아의 영향을 받은 남동부 알프스 지역에서 '시툴라 예술'이 등장해 기원전 4세기까지 존속했다. 그리고 알프스 북부에는 기원전 4세기 무렵에 오래전부터 발달해 온 초기 라텐 양식이 존재했다. 이 시기에는 시툴라 예술 양식과 주된 문양이 바뀌었을 뿐 아니라 라텐 문화권 전역에서, 즉 포 분지에서 알프스 동부 주변 지역에 이르는 전 지역에서 처음부터 지역별 차이가 확연히 나타났다. 따라서 북부 이탈리아와 슬로베니아의 공예품들이 처음에는 에트루리아를 통해 들어온 동쪽의 영향을 보여 주다가 이후에 지역별 차이가 표면화된 것으로 보인다. 그러나 시기, 지역과 상관없이 이러한 예술 형식의 발현을 연결 짓는 공통 요소는 그것들이 모두 청동 양동이(시툴라)였다는 점이다. 이 용기들은 묘사적이면서도 장식적인 디자인으로 꾸며져 있었고, 압인가공 방식으로 양각 무늬가 새겨 넣어져 있었다. 가로줄 형태로 연달아 배치된 이 문양들에는 전차의 행진이나 음악 및 운동 경연, 출산 장면, 연회, 열병식, 제물 의식이나 숭배 활동이 묘사되어 있었다. 그러한 묘사는 시툴라 예술이라는 명칭을 생기게 한 시툴라 양동이에서 주로 발견되었지만, 다른 형태의 청동 용기나 청동 뚜껑, 허리띠에서도 발견된다. 이와는 대조적으로 북서부 알프스 할슈타트 지역에서는 그와 비슷한 예술 작품이 나오지 않았다. 라텐 시대가 시작될 때까지 그 지역 사람들은 기하학적 형태만을 고수하면서 생생한 묘사나 조형적 요소를 수반하지 않는 예술품만 만들었다.

할슈타트기의 종교 관념과 이전 언필드 시대의 종교 관념은 확연한 대조를 이룬다. 이러한 차이는 적어도 언필드 시대를 대표하는, 지하의 여러 신에게 바치는 봉헌물로서 물건을 대량으로 모아 두는 관습이 거의 자취를 감춘 데서 가장 극단적으로 드러난다. 사람들은 특히 할슈타트기 초에는 지하의 여러 신에게 계속 제물을 바쳤지만, 이제는 무기를 비롯한 여러 물건을 깊은 동굴 입구를 통해 땅속으로 던지는 방법을 선호했다. 이 관습은 특히 이탈리아와 슬로베니아의 국경선 일대 카르스트 지역(슈코찬)에 퍼져 있었다. 그 대표적 예가 바로 모라비아 카르스트 지역의 비치 스칼라 동굴이다. 그곳에는 옷에 다는 장신구(브로치, 고리, 허리띠), 다양한 도구, 방어용 및 공격용 무기, 사륜 전차, 토기 접시와 청동 접시, 작은 소 조각상, 펠트 담요, 직물, 식료품 등이 쌓여 있었는데, 개중에는 불에 탄 것도 있었다. 잘린 자국이 뚜렷하게 보이는 해골이 있는 것으로 보아, 이곳에서 사람을 제물로 바치는 의식도 있었음을 알 수 있다. 19세기 말에 발견된 이 유물들은 풀리지 않는 많은 의문점을 남긴다. 그렇더라도 그곳에서 제물로 바쳐진 물건들의 구성이나 수준으로 볼 때, 비치 스칼라 동굴은 여전히 특별한 유적지라고 할 수 있다.

다른 제물 봉헌 장소들은 샘이나 눈에 띄는 자연물 근처에 있었다. 이를테면 슈바벤 알프스산맥의 특이하게 생긴 바위인 하이덴토어Heidentor[20]에서도 다양한 종류의 봉헌물이 발견되었다. 그렇지만 이 시기에 숭배용 건물이 세워졌다는 증거는 지금까지 나오지 않았다. 북부 독일과 서부 발트해 지역에서 기원전 제1천년기 이후 제물을 바치는 장소로 선호된 곳은 황야 지대였

20 '이교도의 문'으로도 불리는 로마 시대 기념비로, 오늘날에는 아치형 문 모양으로 된 바위 형태로 남아 있다.

다. 그리고 이러한 관습은 게르만 부족들의 기독교 이후 시기까지 계속되었다. 이따금 예술 작품들을 통해 우리는 선사시대 사람들의 정신적·종교적 관념 세계에 대한 중요한 인식을 얻을 수 있다. 남동부 알프스 할슈타트 문명과 관련해 슈타이어마르크에서 발견된 스트레트베크Strettweg 제식용 전차가 특히 그러한데, 이 소형 사륜 전차에는 다수의 사람 조상과 동물 조상이 부착되어 있다. 이 중에서 쭉 뻗은 손으로 청동 접시를 받친 커다란 여자 조상이 눈에 띈다. 그 외에 원형 방패를 들고 투구를 쓴 기마 전사 소형 조상들이 있고, 한 명은 사슴뿔을 잡은 채로 사슴을 이끄는 두 여자 조상도 있다. 모든 장면이 거울에 비친 모습으로 배열되어 있는데, 이는 어느 쪽에서든 전차를 마주할 수 있음을 의미한다.

할슈타트기의 예술 표현 방식은 앞선 청동기시대나 언필드 시대에서 자주 보던 예술 표현 방식을 뛰어넘어 주거지, 매장 관습, 예술, 정신적· 종교적 관념 세계, 그 시기에 발생한 사회적 변화의 특성에서 그 역동성이 매우 뚜렷하게 드러나는 이 시기를 새롭게 조명한다. 이러한 표현 방식 중 다수는 알프스의 북부와 동부에 사는 사람들에게 새로운 세계를 열어 준 남쪽과 집중적으로 접촉해 영감을 받았을 것으로 보인다. 하지만 어쨌든 할슈타트 문화권 사람들 스스로 그들 문화의 급진적 변화를 허용할 준비가 되어 있지 않았다면 기원전 8세기에서 기원전 5세기 사이의 시기를 특징짓는 그 광범위한 발전은 절대 가능하지 못했을 것이다. 유럽은 할슈타트기 이후 눈에 띄게 달라졌다.

전사와 기마 유목민: 유라시아 스텝 지대의 스키타이 시기

할슈타트 문명과 그 뒤를 이은 초기 라텐 문화가 중부 유럽 곳곳에 널리 퍼졌던 바로 그 시기에 서쪽으로는 다뉴브강 중류에서 동쪽으로는 예니세이강에 이르는 동부 유럽 및 유라시아의 스텝 지대에서 등장하기 시작한 스키타이 시기의 기마 유목 생활은 사람들의 생활 방식과 경제활동 방식을 근본적으로 바꾸어 놓았다. 그리고 같은 정도로 사회구조와 예술, 물질문화 또한 바뀌었다. 이러한 변화는 처음에는 남부 시베리아 지역에서 기원전 9세기 말과 기원전 8세기에 발생했고, 기원전 7세기를 거치면서 카자흐스탄과 남부 우랄산맥 지역을 지나 마침내 남부 러시아와 우크라이나 스텝 지대, 동부 판노니아 평원에도 이르렀다.

기원전 7세기 초부터 아나톨리아(소아시아) 서해안, 밀레토스의 그리스인들은 흑해 북해안에 식민지를 건설하기 시작했다. 그들은 이런 식으로 북부 폰토스 스텝 지대의 유목 기마민족과 이웃이 되었다. 그리고 이를 계기로 그리스 역사가 헤로도토스Herodotus는 스키타이의 지리와 영토, 스키타이족의 기원, 그들의 관습과 종교, 사회 체계에 관해 기록했다. 현대의 우크라이나 스텝 지대와 남부 러시아 인접 지역을 스키타이족의 본거지로 본 헤로도토스의 서술 때문에 그곳에서 발견된 기원전 7세기에서 기원전 3세기까지의 기마 유목 문명 유적은 극초기부터 '스키타이족'의 유적으로 여겨졌다. 그러나 '스키타이족'이라는 명칭은 사실 이 지역의 여러 부족을 통칭하는 용어에 지나지 않았으며, 그들의 민족성은 실제로 이 포괄적 명칭이 나타내는 것보다 더 다양했다. 따라서 멀리 동쪽의 유라시아 스텝 벨트 지역에 살던, 비슷한 사회구조를 가진 기마 유목민 집단들은 혈통 면에서 북부 흑해 스텝 지대 스키타이인들과 서서히 덜 비슷해져 갔는데도 문화적으로는 상당히 유사했다. 그리하여 이 동쪽 지역에도 '스키타이족'이라는 용어를 적용한다면, 그것은 더는 혈통적 의미는 없는 대신, 연대순상의 의미와 문화적 의미만을 갖게 된다. 다시 말하면 그것은 기마 유목 생활을 특징으로 하는 이동 부족 집단을 설명하는 말에 지나지 않는다. 이 모든 집단을 연결하는 공통 요소들은 특이한 생활 방식 및 생계유지 방식, 특유의 전투 방식, 양식화된 특별한 동물 미술, 지배 엘리트층에 부여된 두드러진 지위였다. 지배 엘리트층의 지위는 풍부한 부장품을 갖춘 기념비적인 쿠르간(분구묘)들에서 확실하게 드러난다.

스텝 지대 스키타이인들의 생활은 계속 이동하는 데 맞추어져 있었다. 그들은 자신들의 번영과 부의 토대인 가축 무리를 위한 목초지를 주기적으로 옮기면서 다른 유목 집단의 습격에 대비해 꾸준히 목초지를 지켜야 했다. 이로 인해 스키타이 사회는 점점 더 계층화되고 군사화되었다. 그리고 그 과정에서 기마 전사들이 엄청나게 중요해졌다. 헤로도토스가 묘사한 주거용 포장마차들은 스키타이인들의 이동 생활 방식을 여실히 보여 준다. 또한 쉽게 설치하고 해체한 뒤 아무 문제 없이 옮길 수 있는 텐트와 천막집 같은 구조물이 있었던 것이 분명하다. 그러나 수천 년이 지나면서 이에 대한 고고학적 흔적은 거의 남아 있지 않다. 그렇지만 북부 폰토스 지역에는 어느 정도의 정착 생활과 수공업, 심지어 농경 활동까지 암시하는 넓은 언덕 성채도 있다. 이 성채 대부분은 그리스인들의 주거지 인근인 해안 지역이나 더 북쪽에 있는 삼림 스텝 지대에 자리했다. 헤로도토스에 의하면 도시의 성벽 자체만 5킬로미터가 넘었다는 겔로노스는 이들 성채 중 가장 중요한 곳에 속한다. 오늘날 겔로노스는 빌스크Bel'sk 언덕 성채로 확인되었는데, 여러 해에 걸친 노력에도 아직 완벽하게 조사되지는 못했다. 끝없이 이어지는 것처럼 보이는 이 성채가 차지하는 지역이 너무나도 광대하기 때문이다. 그렇다고 해도 그런 곳의 구조와 조직, 발전 과정에 관해 더 많이 아는 것이 매우 중요할 것이다.

이와는 대조적으로 스키타이인들의 장례 의식에 관해서는 알려진 것이 상당히 많다. 그들 문화에서는 무덤이 특별히 중요했는데, 특히 지배 엘리트층의 무덤들은 더더욱 중요했다. 스키타이인들이 이들 무덤을 얼마나 중요하게 생각했는지는 헤로도토스가 소개한 한 일화를 통해 분명히 알 수 있다. 그는 다리우스 1세가 스키타이를 상대로 감행한 군사작전을 소개했는데, 이 페르시아 왕이 스키타이인들의 영토를 침략하기 위해 다뉴브강 하류부터 진격할 때의 이야기다. 당시 스키타이 군대는 기회만 생기면 전투를 피하는 방식으로 페르시아 군대에 대응했다. 스키타이 군대가 후퇴를 계속하자 페르시아 군대는 그을린 땅만 보며 소모적인 추격밖에 할 수 없었다. 그런데 페르시아인들이 스키타이인들의 조상 무덤에 접근하기 시작해 그 무덤들을 파괴하겠다고 위협하자, 비로소 스키타이 왕 이단티르소스Idanthyrsos가 싸우겠다는 의사를 전했다. 헤로도토스에 따르면 스키타이 왕릉은 보리스테네스강(드니프로강)이 관통하는 게로스Gerrhos 지역에 있었다. 헤로도토스는 드니프로강 하류 주변 지역을 말했던 것으로 보이는데, 실제로 고고학자들은 웅장한 스키타이 왕릉의 대부분을 이 지역에서 발견했다.

19세기 이래로 고고학자들은 이러한 대형 고분을 다수 조사할 수 있었다. 그 과정에서 발굴된 유물들은 스키타이 왕릉에 멋진 황금 보물이 들어 있다는 생각을 조장하는 데 일조했다. 오랜 세월에 걸쳐 거의 정기적으로 발생한 도굴로 말미암아 이 보물 대부분을 빼앗겼는데도 고고학자들은 부분적으로만 파괴되었거나 도굴꾼들이 전혀 찾아내지 못한 무덤들을 계속 발견하는 중이다. 그리고 그 무덤들 덕분에 스키타이 지배층이 사치스러운 풍요로움을 좋아했다는 점을 알 수 있다. 초르톰을리크Čertomlyk, 솔로하, 리자니우카Ryžanovka, 토우스타 모힐라 등지의 쿠르간 지하 묘지에서 발견된 일부 시신은 금박 원반을 꿰매 단 수의로 덮여 있었다. 여성의 경우에는 베일과 고깔 달린 겉옷에 같은 장식이 달려 있었다. 눌러 편 얇은 금박으로 만든 이 장식용 판들은 주로 스키타이 동물 장식을 보여 주는 조형 그림으로 장식되어 있었다. 하지만 고대 그리스 신화 속 모든 장면을 묘사한 문양처럼 그리스의 영향을 받은 문양도 존재한다. 이 때문에 정교하게 만들어진 이러한 공예품들이 스키타이 귀족들의 의뢰를 받아 그리스 예술가들이 만든 것이라는 의견이 이따금 제기되기도 했다. 화살통, 단검 손잡이와 칼집, 나무 방패 장식판, 왕홀 손잡이와 더불어 금박으로 만든 다른 공예품들에도 같은 의견이 적용된다. 목에 거는 고리나 가슴 받이(장식용 흉갑), 팔찌는 종종 순금으로 만들어졌다. 그러한 것들에는 모두 상징적 의미가 있었다. 무덤에 묻힌 사람의 사회적 지위를 표현해 주고, 망자가 생전에 어떻게 살았는지, 그리고 그의 명성이 죽은 자들의 영역에서도 여전히 지속된다는 점을 사람들에게 보여 주었다. 이러한 부장품 목록이 귀금속으로 만든 용기와 청동으로 주조된 가마솥, 그리스식 음료 용기, 포도주용 항아리인 암포라로 완성되는 경우는 드물지 않다.

헤로도토스가 스키타이인들의 장례 의식을 상세히 설명하기는 했지만, 놀랍게도 그는 다수의 황금 공예품과 무덤 속 호화로운 가구에 관해서는 대체로 언급하지 않았다. 한편 그의 서술에는 스키타이인들의 심장부에서만이 아니라 멀리 동쪽 지역에 있는 특정 고고학적 유물을 설명하는 데 도움이 되는 중요한 조언이 담겨 있다. 헤로도토스는 스키타이 왕이 죽으면 먼저 시신의 내장을 제거하고 향이 좋은 약초를 채워 넣은 뒤 마지막으로 온몸에 액체 밀랍을 문질러 사각형의 움푹 꺼진 구덩이에 묻었다고 주장한다. 최근에 알타이산맥의 영구동토층에 있던 쿠르간에서 냉동된 미라 시체가 발견되면서 헤로도토스의 설명이 인상적으로 입증되었다. 또한 스키타이 왕의 아내, 잔 드리는 자cupbearer, 요리사, 마구간 소년, 경호원, 전령은 물론 몇몇 선발된 말과 가끔은 소까지도 왕의 무덤에 따라 들어가야 했다는 이 그리스 역사가의 서술도 사실이었다. 유라시아 스텝 지대의 여러 지역에서 이루어진 고고학적 발굴 결과는 이 서술의 진실성 또한 설득력 있게 입증해 준다.

흑해 북부 스텝 지대의 스키타이 지배 엘리트들의 이러한 무덤들은 기념비적인 동시에 웅장했는데, 그들 문명을 규정하는 핵심적 특징이라고 할 수 있다. 그 무덤들은 상당한 부를 구가한 전사 엘리트들이 존재했음을 생생하게 입증해 준다. 그 엘리트들이 지배하던 사회는 그들의 '사후의 삶'을 보장하기 위해 의미 있는 업적을 이루어 냈다. 그러나 가장 놀라운 점은 이 지역에서 스키타이인들이 나타나기 직전의 청동기시대에는 사회계층 간에 그토록 큰 차이가 존재했던 흔적이 전혀 없다는 것이다. 따라서 그러한 차이는 비교적 빠르게, 그리고 갑자기 생긴 것이 틀림없어 보인다. 혹시 이러한 사회형태의 기원과 모델이 북부 흑해 지역의 스키타이족 중심부 밖에 존재했던 것은 아닐까? 스키타이인들, 특히 그 지배 엘리트층과 아주 밀접하게 관련된 동물 장식 양식은 그 기원이 드니프로강 하류 지역이 아니라 동부 시베리아와 남부 시베리아였던 것이 분명해 보인다. 마찬가지로 기원전 제1천년기에 스텝 지대에 처음으로 등장해 이후 스키타이인들의 특징이 된 생활 방식과 경제활동 방식인 기마 유목 생활도 동아시아에서 시작된 것으로 드러난다.

다시 한번 헤로도토스의 글을 참고하는 것은 가치가 있다. 그는 스키타이인들이 원래 멀리 북부 흑해 지역의 동쪽에서 왔다고 주장한다. 그의 주장에 따르면 아마도 남부 시베리아 어디쯤에서 아리마스포이족이 이세도네스족을 몰아냈고, 이들이 다시 스키타이인들을 몰아냈으며, 스키타이인들은 다시 킴메르족을 몰아냈다. 그 과정에서 킴메르족이 결국 흑해 북부의 스텝 지대로 옮겨 갔는데, 킴메르족을 뒤쫓던 스키타이인들이 얼마 지나지 않아 그 지역을 차지했다. 그러나 그 이후에도 스키타이인들은 먼 동쪽 지역과 맺은 관계를 완전히 끊어 버린 것은 분명 아니었다. 헤로도토스의 기록에 따르면 그들이 당시 먼 동쪽 지역에 살던 아르기파이오이인들을 방문하기 위해 거듭 떠났기 때문이다. 이는 스텝 지대 내에서 동쪽과 서쪽 간의 접촉이 얼마나 집중적으로 이루어졌는지 증명해 준다.

비슷하게 스키타이인들의 동쪽 이웃들 역시 지배층을 위해 기념비적인 쿠르간을 세웠다. 대표적인 예로 캅카스 북서쪽 구릉지대에 자리한 쿠반 지역의 마이오타이Maiotes 고분을 들 수 있다. 코스트롬스카야 고분 및 켈레르메스 고분(기원전 7세기)의 경우 거대한 쿠르간 속 중앙 갱도 위에 나무 기둥을 댄 구조물이 얹혀 있는데, 이 형태는 오두막의 기둥 건축 방식에서 영감을 얻었다. 무덤 주위에는 마구를 완벽하게 갖춘 말들이 묻혀 있었다. 그리고 마지막으로 울랴프Ulyap 언덕(기원전 4세기)에 상징적 목적만을 위해 조성한 것이 분명해 보이는 무덤이 있는데, 금, 은, 동으로 만든 용기와 수입된 그리스 도자기 등 상당히 많은 부장품이 든 나무 무덤 구조물이 발견되었지만, 정작 인간의 유해는 전혀 없었기 때문이다. 그래서 이곳은 국외 원정 중에 전사한 스키타이-마이오타이 부족의 지도자들을 상징적으로 안치한 기념비였다고 추정된다.

고고학자들은 볼가강 하류와 우랄산맥 남부 지역의 사우로마타이족이 차지했던 지역에서도 이러한 유형의 고분군을 발견했다. 이들 중 다수가 이미 대규모로 도굴된 상태였지만, 당시의 기술이 상당한 수준이었음을 증명해 주는 금 공예품도 다수 발견되었다. 이를 입증해 주는 예가 우랄 지역 일레크강River Ilek의 어귀 근처 필리폽카 족장 무덤(기원전 제4천년기)이다. 그 무덤에는 긴 통로(드로모스)가 텐트처럼 생긴 나무 구조물에 덮인 묘혈까지 이어져 있었고, 나무로 된 구조물에는 도금을 한 무기와 금 및 은으로 만든 용기, 귀금속으로 만든 값비싼 물건 등의 부장품이 풍부하게 들어 있었다.

중앙아시아와 남부 시베리아의 스텝 지대 민족들과 그들의 풍습에 관한 헤로도토스의 기술은 북부 흑해 지역의 스키타이인들에 관한 그의 서술과는 달리 신빙성이 높지 않다. 그는 끝없이 펼쳐진 스텝 지대를 가로지르고 나면 알타이산맥으로 추정되는 높은 산맥 기슭에서 대머리와 들창코가 특징인 아르기파이오이인으로 알려진 민족을 만나게 된다고 주장한다. 그가 끝없이 펼쳐진 스텝 지대라고 했지만, 그곳은 카자흐스탄 중부의 반사막지대인 (러시아어로는 '기아의 스텝Steppe of Hunger'으로도 불리는) 벳파크달라 지역을 의미했을 뿐이다. 아르기파이오이인들에 관한 서술은 이미 몽골족이 대다수였던 인구 집단을 언급한 듯 보인다. 헤로도토스가 소매와 모자가 달린 튜닉에 허리띠를 두르고 긴 바지에 부츠를 신었다고 서술한 그들의 복장은 스키타이인들의 복장과 비슷했지만, 그는 스키타이인들이 통역을 통해서만 아르기파이오이인들과 의사소통할 수 있었다고 주장한다. 이는 그들이 완전히 다른 종족에 속했음을 암시한다. 반면에 헤로도토스는 약간 남쪽의 약사르테스강(현대의 시르다리야강) 유역에 살았던 것으로 생각되는 이세도네스족이 이따금 인육을 먹고 해골을 숭배하는 종족이었다고 비난했다. 그리고 그들과 이웃한 아리마스포이족은 심지어 눈이 하나였다고 생각했다. 헤로도토스가 잘 아는 세계, 즉 동부 지중해 지역의 문명 중심지와 멀리 떨어져 살수록, 그 민족에 관한 기술은 더욱 근거가 없이 엉뚱해졌다.

마지막으로 헤로도토스에 따르면 지금까지 언급한 모든 종족이 차지한 영역 너머의 땅은 금을 지키는 그리핀들의 본거지였다. 이들은 외눈의 아리마스포이족과 종종 전쟁을 벌였고, 그들 너머에는 북극해 인접 지역에서 극북 사람들이 살고 있었다. 실제로 헤로도토스가 금을 지키는 그리핀으로 남부 시베리아에 살던 종족을 말하려고 했다면, 그 '그리핀'의 이미지는 어떤 종족의 상징을 간접적으로 언급한 것일 수도 있다. 어쨌든 현대 예술의 동물 유형화 과정에서 그리핀이 중요한 역할을 했다는 점은 이러한 해석을 가능하게 해준다. 오비강 상류 지역 및 알타이산맥 지역과 일치하는 것으로 보이는 지역에서 헤로도토스가 앞에서 언급한 모든 종족의 동쪽에 살았던, 금을 지키는 그리핀들을 찾을 수 있다는 것은 절대로 우연이 아니다. 이 지역에는 실제로 금이 많이 묻혀 있으며, 어쩌면 그리스인과 스키타이인들이 이 외딴 지역에 관심을 가지게 된 것은 바로 이 광물이 풍부하게 묻혀 있었기 때문일 수 있다.

그러나 이 기록도 기원전 제1천년기에 이 지역에서 실제로 무슨 일이 일어났는지에 관해 알려 주는 것이 없다. 그로 인해 우랄산맥 동쪽의 초기 기마 유목민들의 역사를 재건하려고 할 때 고고학적 유물에 지나치게 많은 중요성이 부여된다. 이 지역에서도 우리는 북부 흑해 지역의 스키타이 문화를 특징짓는 모든 특징이, 즉 기마 유목민의 생활 방식과 경제활동이, 양식화된 동물 장식이, 기념비적인 쿠르간을 통해 우월함을 표현한 최고 전사 지배 계층으로 확인되는 사회적 차별성이 똑같이 나타났음을 알 수 있다. 그러나 북부 폰토스 스텝 지대의 스키타이 왕릉과는 달리 멀리 동쪽의 분구묘들에서는 화려한 황금 보물이 나오지 않았다. 중앙아시아와 시베리아의 산간 지역에서도 원료인 금을 상당히 많이 구할 수 있었고 기원전 제3천년기부터 이미 그 지역 사람들이 광석을 채굴해 금속을 가공해 오고 있었는데도 말이다. 이렇게 황금 보물이 없었던 데는 다른 이유가 있었던 것이 분명하다. 북부 흑해 지역에서와 마찬가지로 고고학자들이 중앙아시아와 남부 시베리아에서 대규모 쿠르간들을 발견했을 때, 그 무덤들은 이미 심하게 도굴당한 상태였다. 이러한 도굴 행위는 이미 아주 옛날부터 시작되었고, 18세기 이후 가속화되어 현재까지도 계속되고 있다. 결과적으로 후손에게 전해졌을 많은 지식이 돌이킬 수 없을 정도로 사라져 버렸고, 고고학자들은 손을 타지 않은 족장 무덤을 발견하기 위해 고군분투해 왔다.

우랄산맥 동쪽의 경우 지금까지 발견된, 유일하게 황금 공예품이 풍부하게 부장된 고분은 카자흐스탄 남동부 알마티에서 멀지 않은 '일곱 개 강이 합류하는 땅(세미레치예)'의 이시크에 있는 쿠르간으로, 그곳에서 기원전 5세기의 것으로 추정되는 측면 무덤 하나가 발견되었다. 실제 유라시아 스텝 벨트 지대에서 남쪽으로 멀리 떨어진 이 지역은 중앙아시아의 사카족이 정착해 살았던 영역 내에 있었다. 사카족은 스키타이인들과 같은 시대를 살았고, 이들 역시 스키타이 문화권에 속했다. 사카족은 이웃한 중국 북서부 지역과 교역 관계를 유지했고, 페르시아 아케메네스 제국과 긴밀한 관계를 유지했다. 그들은 아케메네스 제국의 부분적 지배하에 있었지만, 자신들의 독립을 완전히 포기한 적은 없었다. 사카족이 결코 기마 유목민으로서의 뿌리와 관습을 포기하지는 않았지만, 어쨌든 그들이 지배한 지역 내의 문화적 환경은 다소 다른 방향으로 발전했다.

지난 몇십 년 동안 카자흐스탄 남동부와 키르기스스탄에 속하는 톈산산맥 지역에서 수천 개의 철기시대 쿠르간이 확인되었다. 이 매장지는 확실히 사카족의 무덤으로 보인다. 그러나 세미레치예나 톈산 지역에서 사카 시기가 어떻게 시작되었는지에 관해 알려진 것은 없다. 몇 가지 예외가 있지만, 기원전 9세기 말에서 기원전 7세기에 해당하는 초기 스키타이 유물과 연관 지을 수 있는 고분군은 없는 편이다. 현재 이 시기와 지역에 관한 자료가 거의 없어서인지, 아니면 기마 유목민들이 나중에서야 이 지역을 차지했기 때문인지는 판단하기 어렵다. 이시크와 베사티르Bešsatyr의 쿠르간으로 대표되는 이후의 사카 시기만이 조사가 더 잘 되어 있다.

1969년과 1970년에 걸쳐 발굴된 이시크 족장 무덤은 알마티에서 동쪽으로 50킬로미터 정도 떨어진 거대한 쿠르간 공동묘지의 중심부를 차지한다. 봉분의 지름은 60미터이고 높이는 6미터다. 발굴이 시작되기도 전에 봉분 한가운데에 커다란 구멍이 있었던 것으로 보아, 대대적인 도굴이 있었음을 알 수 있었다. 실제로 발굴이 이루어지는 동안 고고학자들은 중앙 무덤이 도굴된 사실을 알았다. 그런데 이 중앙 무덤의 남쪽에서 온전한 상태의 묘실 하나가 발견되었는데, 그 묘실에 사카족 족장(이른바 이시크의 황금 인간)이 안치되어 있었다. 묘실은 직사각형이었고, 낙엽송 들보로 정교하게 만들어져 있었다. 묘실 맨 북쪽 끝에 아주 젊은 시신이 안치되어 있었는데, 머리를 서쪽을 향한 상태로 등을 대고 몸을 쫙 편 채 누워 있었다. 시신은 끝으로 갈수록 가늘어지는 머리 장식을 쓰고 있었고 긴 소매가 달린 상의에 벨트를 매고 있었으며 바지와 무릎 정도까지 오는 부츠를 신고 있었다. 그의 모자와 상의, 부츠까지 모두 붉은색 천 조각을 꿰매 이었거나 적어도 붉은색 천으로 덮어 만들었으며, 그 위에 다시 4000개 정도의 금박 조각을 붙여 다양한 조형 무늬를 만들어 냈다. 죽은 족장의 것인 철로 만든 단검과 칼에는 부분 부분 금박이 입혀 있었다. 묘실의 서쪽 구역과 남쪽 구역에는 점토와 청동, 은으로 만든 다양한 그릇 외에 나무로 만든 용기와 국자, 접시들도 있었다. 룬 문자를 새겨 넣은 것 같은 은잔은 사카 문명에 글이 있었음을 암시하는, 지금까지 발견된 가장 오래된 증거로, 약간의 센세이션을 일으켰다. 이 유물은 이시크 황금 인간의 연대를 기원전 5세기로 추정하는 데 도움을 주었다.

기원전 7세기와 기원전 3세기 사이에 존재했던 것으로 보이는 타스몰라 문화의 쿠르간은 세미레치예 북쪽, 카자흐스탄 중부의 서부 스텝 지대에 널리 분포되어 있었다. 이 고분들은 연대순으로 두 시기로 나뉘는데, 타스몰라 문명의 초기 단계(기원전 7세기~기원전 6세기)에 해당하는 유물에서 몇 가지 핵심적 특징이 나타난다. 이 특징들은 이 문명 외에 발달한 초기 스키타이 시기에서 확인할 수 있으며, 남부 시베리아 투바 유적지(아르잔 2기)의 쿠르간에서도 그와 비슷한 특징을 발견할 수 있다. 카라간다 인근 탈디의 쿠르간에서도 새로이 발굴이 진행되면서 아르잔 2기 유형의 금 장신구가 다량 발견되었다. 이 발굴 결과를 통해 중부 카자흐스탄의 문화가 남동쪽의 문화와 매우 밀접한 관계를 유지했음을 보여 주는 설득력 있는 증거를 얻을 수 있었다. 그 관계는 스키타이 시기의 고고학적 유물이 특히 많은 동부 카자흐스탄 지역을 거치며 이어졌다. 이와 관련해 특히 놀라운 것은 칠리크티Čilikty의 유물인데, 이 유물들 또한 초기 스키타이기의 후반기에 해당한다는 점, 그리고 그 유물들 덕분에 중부 카자흐스탄의 타스몰라 문화와 투바의 아르잔 문화 간의 직접적 소통 라인을 확인할 수 있다는 점 때문이다. 이와는 대조적으로 기원전 5세기에서 기원전 3세기 사이로 추정되는 부콘Bukon' 고분군 같은 동부 카자흐스탄의 후기 스키타이 쿠르간들은 인접한 알타이산맥의 파지리크 문화와 밀접한 관계였음을 보여 준다.

삼림 스텝 지대가 일부 존재하는 북부 카자흐스탄은 이미 부분적으로 사르가트 문화권에 속했던 것으로 볼 수 있다. 사르가트 문화는 스키타이기에 서부 시베리아 여러 지역에 확산해 있었다. 이 문화권 사람들은 그곳에 정착해 가축을 키우며 살고 있었다. 멀리 남쪽에 펼쳐져 있던 스텝 지대에서와 마찬가지로, 그들도 쿠르간에 시신을 묻었다. 그러나 남쪽의 기마 유목 민족들과는 달리, 그들에 관한 우리의 지식은 가끔은 요새화된 형태를 보여 준 다수의 대규모 주거지에 근거하며, 이들 주거지 중 일부는 이미 광범위하게 조사되었다. 사르가트 문화의 남부 주변부, 다이카라Dajkara의 북부 카자흐에 자리한 고분군이 고고학자들의 연구 대상이 되었는데, 이 묘지는 기원전 6세기 말에서 기원전 4세기 초까지 사용된 것으로 입증되었다. 매장지 중심에 쿠르간이 하나 우뚝 솟아 있었지만, 그곳은 스키타이기에 무덤으로 사용되지 않았다. 그 대신에 그것은 신전 역할을 했으며, 여러 단계에 걸쳐 세워졌다는 사실이 드러났다. 상당히 독특하다고 할 수 있는 이 고분군은 원형 해자로 둘러싸여 있으며, 마지막 건축 단계에 방어용 돌 갑각으로 덮어 놓았는데, 모든 방향에서 쉽게 접근할 수 있는 것은 아니었다. 고분 동쪽은 봉분 경사가 그렇게 가파르지 않은 반면에, 더 높고 깎아지른 듯한 서쪽은 석단 위에 붉은색 점토로 만든 원뿔 모양의 구조물이 올려져 있다.

더 멀리 동쪽으로 시선을 돌려 남부 시베리아의 기마 유목 민족들의 영역을 생각해 본다면, 유라시아 스텝 지대의 서부와 남부에서는 스키타이 및 사카 왕릉의 황금 보물과 어깨를 나란히 할 만한 것이 오랜 세월 나오지 않았다. 그런데도 알타이산맥 지역에 조성된 파지리크 문명의 대형 쿠르간들은 남부 시베리아에도 실제로 족장들의 무덤이 존재했음을 보여 준다. 파지리크 고분군의 경우 고지대에서 내려온 침투수가 거대한 돌무더기 아래의 세심하게 만든 묘실에 모여들었다. 시신이 매장된 직후에 그 물이 얼어붙어 거대한 얼음덩어리가 되었는데, 그것이 방부 처리된 시신뿐 아니라 의류, 신발, 양탄자, 안장깔개, 나무 조각물 등 유기물로 만든 모든 부장품을 보존하는 것에도 도움을 주었다. 잘 보존된 시신의 몸에서 정형화된 동물 문양 문신이 새겨져 있다는 명확한 증거가 처음으로 나왔다. 알타이 지역에서도 변함없이 함께 매장된 말들은 묘실 북면 앞에 놓여 있었는데, 가죽과 나무, 펠트로 만든 호화로운 머리 장식으로 꾸며져 있었다. 이는 순록이나 말코손바닥사슴, 수사슴의 뿔을 흉내 낸 것이었다. 따라서 말을 변장시키거나 감추려고 했다고 볼 수 있는데, 장례 행렬에 앞장선 말을 다른 동물들의 특징으로 꾸며 놓음으로써 동물계 전체의 위력을 말들에게 집중시키고 망자의 장례식에서 그 힘이 발휘될 수 있게 하려고 했던 듯하다. 묘실 옆에 펼쳐 놓거나 가끔은 묘실 내부를 장식하기도 한 (그림이 그려진 프리즈로 장식된 것도 있었던) 대형 양탄자, 숭배 의식에만 사용되었을 의식용 대형 나무 사륜 전차, 중국에서 수입된 비단 등은 이 쿠르간에 묻힌 사람들이 지배 엘리트층의 일원이었음을 확실히 증명해 준다. 유일하게 빠진 것은 순금 공예품이었다. 이 특별한 보존법 덕분에 이른바 하이알타이산맥의 얼음 쿠르간은 완전히 새로운 통찰력을 안겨 주는 동시에 새로운 의문점을 제기하면서 초기 기마 유목민들의 세계를 생생하고 복잡한 그림으로 그려 낸다.

투바강은 현대의 러시아와 몽골 사이 국경선의 북쪽과 하이알타이산맥의 파지리크 문명의 동쪽에 인접해 흐르는데, 북쪽의 사얀산맥과 남쪽의 탄누올라산맥에 접해 있다. 이 지역은 최초의 기마 유목 부족에 관한 연구에서 아주 특별한 역할을 한다. 스키타이 문명에 속하는, 가장 동쪽에 있는 고고학적 유물이자 최초의 유물이 이곳에서 발견되었기 때문이다. 투바 지역은 이 지역 북쪽에 있는, 예니세이강 지류인 우유크강River Ujuk 기슭에 자리한, 아르잔 왕가의 고분군으로 유명해졌다. 1970년대 초에 상당히 특이한 유형의 쿠르간이 그곳에서 발견되었는데, 이 쿠르간은 떼를 입혀 만든 높은 분구묘가 아니라 돌판을 쌓아 만든 일종의 단이었기 때문이다. 이 단(아르잔 1호 쿠르간)은 가로 길이가 거의 100미터이지만, 높이는 3미터에서 4미터 사이에 지나지 않았다. 그 아래에서 목조 구조물이 나타났는데, 다른 곳에서는 그와 비슷한 것이 전혀 발견되지 않았다. 직사각형 혹은 약간 사다리꼴 같은 다수의 목곽이 중앙의 묘실을 중심으로 여러 줄의 원형으로 배치되어 있었으므로 전체 구조가 바퀴 같은 모양을 띠었다. 중앙의 이중으로 된 목곽에는 족장 부부의 도굴당한 무덤이 있었다. 처음에는 상당히 풍부한 부장품이 들어 있었던 것으로 보이는데, 도굴꾼들이 수없이 많은 소형 금 공예품을 남기고 간 것을 보면, 도굴 전에는 그 무덤에 어느 정도의 보물이 들어 있었는지 대충 알 수 있다. 족장 부부는 여덟 개의 나무관으로 둘러싸여 있었는데, 그 관의 주인들은 족장 부부를 수행했던 사람들이었던 것이 분명하다. 또한 부부가 소유했던 총 200마리의 말도 함께 희생되었다. 도굴꾼들이 훔쳐 가지 않은 청동 무기와 마구 조각은 기원전 9세기 말과 기원전 8세기의 것이 확실하다. 따라서 아르잔 고분군은 스키타이 기마 문화에 관해 지금까지 발견된 것 중에 가장 오래된 증거를 제공한다. 이러한 발전은 이후 100년 동안 서부 시베리아와 카자흐스탄, 북부 흑해 지역까지만 도달했다. 아르잔 고분군이 발견된 이후 학자들은 기마 유목 생활과 정형화된 동물 문양이 중요한 역할을 하는 스키타이식 물질문화의 기원이 시베리아의 이 지역에서 발견될 것이라는 데 모두 동의한다.

21세기 초에 조사가 처음으로 시작된 아르잔 2호 쿠르간에서 고고학자들은 기원전 7세기 말의 것으로 추정되는 온전한 족장 무덤을 발견했다. 이 고

—— 투바(현재 러시아에 속한 지역)의 아르잔에 있는 스키타이기 대형 쿠르간의 족장 무덤에서 발견된 금 공예품. 시기는 기원전 7세기 말로 추정된다. 묘실에는 고위 지배층의 장신구가 분명한 황금 장신구, 금박을 입힌 의류, 고급 무기 등과 함께, 완벽하게 복장을 갖춘 시신 두 구가 발견되었다. 고고학자들은 수천 개의 금 공예품 덕분에 당시까지 알려지지 않았던 초기 스키타이기 지역을 확인할 수 있었다. 이 지역은 완전히 새로운 형태의 동물 장식이 특징이다. (Wikimedia Commons, © Zamunu45)

분은 시베리아에서는 도굴당하지 않은 상태로 발견된 최초의 엘리트 무덤으로, 5600개가 넘는 금 공예품이 부장품으로 나왔다. 학자들은 이 고분의 연대를 아르잔 1호보다 다소 늦은 시기로 추정해 초기 스키타이기의 후기에 속하는 것으로 보았다. 발굴된 유물 중에는 지금까지 시베리아에서는 볼 수 없었던 수준의 정형화된 동물 예술을 보여 주는 걸작이 다수 있다. 이 유물들은 이 지역의 스키타이기 기마 유목민들의 지배 엘리트들이 죽음을 어떻게 다루었는지에 관한 우리의 생각을 바꾸어 놓았다. 이와 관련해 귀족 부부의 이중 무덤은 가늠할 수 없을 정도의 부와 타의 추종을 불허하는 호화로움뿐만 아니라, 숭배 활동과 연계해 장례를 치른 방식 면에서도 차이를 보였다. 사회의 상류층만이 그런 의식을 받을 자격이 있었던 것이 분명하다. 아르잔 2호 고분은 분명 단독 사례가 아니라 엄청난 빙산의 일각일 뿐이다. 이 유물은 우랄산맥 동부에서도 엄청나게 풍부한 황금 보물을 부장한 왕의 무덤이 분명 발견될 수 있음을 보여 준다.

중부 유럽에서 라텐 문화가 시작된 지 이미 오래인 기원전 200년 무렵, 후기 철기시대가 유라시아의 대부분 지역에서 시작되었다. 유라시아 스텝 지대에서 이 시기는 훈-사르마티아 물질문화의 출현을 특징으로 한다. 기원전 제1천년기 말엽에 나타나 스키타이기에서 후기 철기시대로 이행하는 변화를 촉발한 그 역사적 과정은 아직 상세하게 설명할 수 없다. 다시 한번 우리는 중앙아시아에서 대규모 인구 이동이 나타나 그 여파로 남부 시베리아에서는 흉노족이, 남동부 카자흐스탄에서는 오손족이, 볼가강과 드니프로강 사이에서는 사르마티아인들이 등장했다는 전제를 깔고 연구해야 한다. 이 인종 집단들이 유라시아 스텝 지대의 상당한 지역을 장악하게 되었고, 그 과정에서 옛 유럽의 관문에 이르는 동쪽 지역의 기존 권력관계가 완전히 재편되었다. 분명 서한西漢 왕조의 중국 통일도 이러한 상황 전개에서 결정적 역할을 했다. 그 결과 기원전 3세기 말에 유라시아 스텝 지대의 남동쪽에서 새로이 등장한 강대국이 서쪽과 북쪽으로 크게 세력을 확장해 나가자 연쇄반응이 일어났다. 그리고 그 여파로 사르마티아인들이 북부 폰토스 스텝 지대의 지배자로서 스텝 지대 극서부의 스키타이인들을 능가하게 되었다. 그러나 중앙아시아의 많은 지역은, 특히 시르다리야강 하류 지역과 타슈켄트 오아시스, 페르가나 분지, 화레즘, 소그디아나는 적어도 한동안은 그러한 격변에 영향을 받지 않았다. 그 대신에 그곳들은 이후 수백 년 동안 헬레니즘과 파르티아, 쿠샨, 사산의 영향을 연달아 받게 된다. 이 영향들이 문화적으로 남쪽 지역을 묶어 놓으면서 북부 스텝 지대와는 공통점이 점점 더 적어지게 되었다.

원거리 무역, 화폐 주조, 최초의 도시들: 유럽 대부분 지역에서의 켈트족

초기 철기시대에서 후기 철기시대로 옮겨 가는 급진적 변화기는 유라시아의 스텝 지대보다 중부 유럽에 훨씬 더 일찍 찾아왔다. 중부 유럽에서는 기원전 5세기부터 라텐 문화가 할슈타트 문화를 대체했다. 기원전 1세기까지 존속한 라텐 문화는 켈트족의 문화로 인정받는다. 기원전 제1천년기 후반기에 유럽 여러 지역의 물질문화는 주로 라텐 문명의 영향을 받고 있었다. 이러한 물질문화 형태는 순수하게 켈트족만 정착한 지역에서 나타난 것이 아니라 게르만족, 켈트-이베리아족, 베네티족, 일리리아족, 다키아족, 트라키아족 등이 뒤섞여 거주한 지역에서도 나타났다. 심지어 북부 폰토스 스텝 지대 사르마티아인들의 물질문화와 크림반도의 후기 스키타이 집단들의 물질문화도 라텐 문화의 특성을 일부 보여 준다.

켈트족은 역사 기록에서 최초로 그 이름이 확인되는 알프스 북부 민족이었다. 이미 기원전 6세기에 그리스인 역사학자들인 밀레토스의 헤카타이오스Hecataeus of Miletus 그리고 헤로도토스는 켈트족이 알프스산맥의 먼 쪽에 정착해 있으며 다뉴브강을 뜻하는 그리스어인 이스트로스강의 발원지가 피레네에서 멀지 않은 그들 영토에 있다고 말했다. 그래서 학자들은 다뉴브강 상류에 자리한 호이네부르크 언덕 성채의 옛 이름이 피레네였던 것으로 추측했는데, 확실하지는 않다. 이러한 징후들이 후기 할슈타트 문화가 남부 독일에서 여전히 지배적이었던 기원전 6세기 말과 관련이 있다는 이유로 이 초기 문화를 켈트족의 문화와 동일시하지만, 이 주장 역시 논란이 없는 것은 아니다.

라텐 문화는 스위스 뇌샤텔 호숫가의 라텐 유적지 이름을 따서 지어졌다.

19세기 중반에 그곳 호숫가의 제물을 바치는 장소에서 철로 된 물건들이 다수 발견되었다. 발굴 당시에도 그것들은 할슈타트 공동묘지에서 발견된 유물보다 시기가 더 늦은 것으로 판단되었는데, 알레시아의 갈리아 오피둠(요새화된 언덕 주거지)에서도 비슷한 무기와 도구들이 나왔기 때문이다. 알레시아는 갈리아 전쟁 중에 로마의 장군이자 훗날 독재관이 된 율리우스 카이사르Julius Caesar에게 정복된 곳이다. 그 결과 라텐 문화를 갈리아인, 즉 켈트족의 문화와 동일시하는 것이 타당한 것처럼 보였다. 따라서 할슈타트와 라텐이라는 이 두 고고학적 유적지의 명칭은 이 유럽 지역의 초기 철기시대와 후기 철기시대를 가리키는 명칭으로 발전했다.

켈트족 라텐 문화의 특징은 예술 양식이다. 이는 순전히 장식적 기능만 가진 것이 아니라 항상 어떤 의미를 전달하기까지 했다. 라텐 예술에서는 할슈타트기의 기하학적 문양이 사라지고 식물 문양과 인물 묘사가 주요 특징을 이루었다. 라텐 문화의 예술가들은 에트루리아와 그리스의 공예품에서 이러한 식물 문양의 조형적 요소들을 취해 독립적인 켈트 예술 형식으로 바꾸어 놓았다. 그러나 그 과정에서 그리스인과 에트루리아인들은 자연스럽게 묘사했던 스핑크스나 인간의 얼굴 같은 문양을 과장해 표현함으로써 신화 속 생명체나 그로테스크한 무늬, 악령demon 같은 것으로 바꾸어 놓았다. 그들은 그렇게 함으로써 공상의 세계에 관한 생생한 감각을 보여 주었는데, 그러한 감각이 초기 켈트족의 상상 세계에 영향을 미친 것이 분명하다. 그러나 이러한 이미지의 실제 의미는 여전히 이해할 수 없는 것으로 남아 있다. 또한 복잡한 투각 디자인[21]과 원형 장식도 초기 켈트족 예술의 특징이었다. 하지만 이렇게 다양한 모습으로 발현된 예술은 초기 라텐 시대(라텐 A기)에 국한되었다. 그러나 라텐 시대 전체에 가장 흔하게 나타난 문양도 다수 있었는데, 이를테면 사람 머리 문양이다. 라텐 A기에 사람 머리 문양은 이른바 마스크 피불라mask fibula[22]의 클립 장식으로 이용되다가 이후 돌 문설주나 다른 건축물에서 해골

21 묘사할 대상의 윤곽만 남겨 놓고 나머지 부분은 파서 구멍을 내거나 반대로 윤곽만 파서 구멍을 내도록 만드는 기법이다.

22 옷을 고정하기 위한 브로치의 일종으로, 사람 얼굴 모양 등이 장식되어 있다.

트로피 형태로 다시 등장했다. 프랑스 남부의 후기 라텐 문화 시기로 추정되는 오피둠에서 그러한 건축물이 발견된 바 있다. 따라서 사람 머리가 불운을 막아 줄 수 있다는 마법적 관념은 라텐 문화기 내내 강력했고, 비록 다양한 예술 양식으로 나타났지만, 그 관념은 켈트족의 종교적 상상력에 깊숙이 뿌리박혀 있었다고 할 수 있다.

몇 가지 변화에도 초기 라텐 문명은 후기 할슈타트 시대에서 순조롭게 이어졌다. 사람들은 계속 봉분에 묻혔고, 심지어 할슈타트기에 만들어진 봉분에 묻힌 경우도 많았다. 그러나 할슈타트기의 족장령에 비해 초기 라텐 문화의 중심지는 라인강을 따라 멀리 내려가 강 중류 지역으로, 그리고 모젤강과 합류하는 지점으로 옮겨 가 있었다. 그곳은 철광석이 풍부한 지역이었다. 따라서 철광석 채굴이 번영과 부를 가져다준 것이 분명했는데, 초기 라텐 문화의 족장 무덤 대다수가 이곳에서 발견되기 때문이다. 후기 할슈타트기와 마찬가지로 남쪽에서 수입된 음료 용기와 호화로운 금 장신구, 에트루리아 시툴라, 부리 모양 주둥이가 달린 주전자, 그리스 적회식 술잔 등이 이 무덤들의 특징을 이루었다. 바덴뷔르템베르크의 클라이나스페르글레Kleinaspergle 봉분 부장품에서 나온 유물들이 바로 그러한 예다. 무덤에는 고위층 남성이 안치되어 있었고, 전사처럼 칼과 창, 투구, 방패로 무장되어 있었다. 그 옆에는 처음으로 가벼운 이륜 전차가 부장품으로 놓여 있었다. 이 전사 족장들이 살아있을 때 이러한 전차는 뛰어난 기동성 덕분에 전투용으로는 안성맞춤이었다. 그러나 이렇게 물질문화가 변하지 않았는데도 전투 방식에서는 변화가 발생했다. 할슈타트기에 주를 이루었던 단검은 다시 한번 장검에 밀려났다. 물론 이제 장검은 이전 시기에서처럼 절단용 무기가 아니라 장인들에 의해 찌르는 무기로 변신했다. 알프스 북부 할슈타트 문화에서는 알려지지 않았던 투구와 방패 같은 방어용 무기는 이전 청동기시대의 형태와는 전혀 연관성이 없어 보였지만, 다시 한번 중요해졌다.

라텐 시기의 가장 유명한 족장 무덤은 이른바 글라우베르크 켈트 군주 무덤으로 불리는 것이다. 시기는 기원전 5세기 후반기로 추정되는데, 1990년대에 발견되었다. 원형 해자에 둘러싸인 이 봉분은 지름이 68미터였고, 무덤

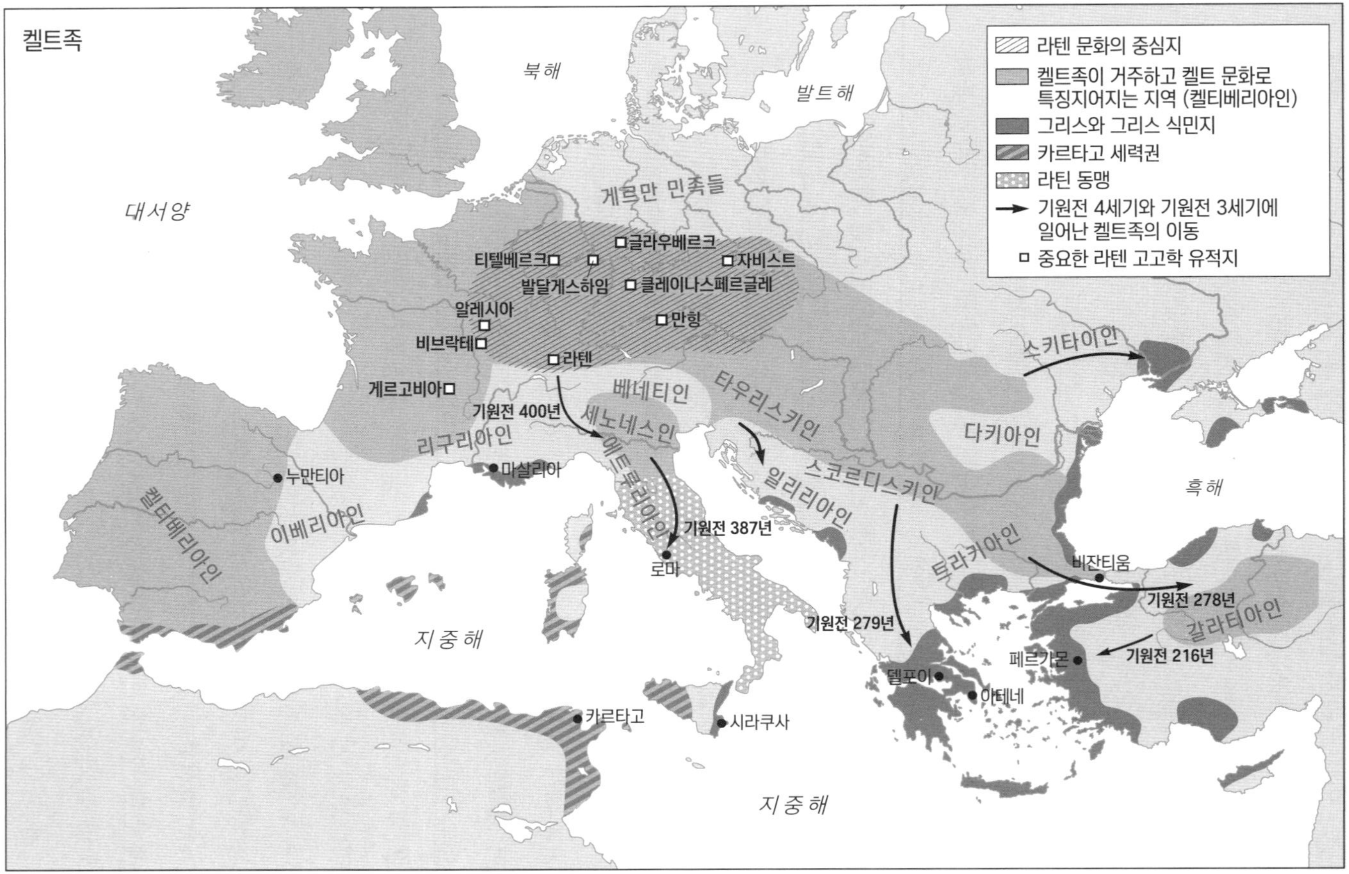

—— 라텐 문화의 중심지와 라텐 문화가 확장해 간 지역 그리고 켈트족의 이동 경로. 켈트족의 라텐 문화는 후기 할슈타트 문명을 바탕으로 기원전 5세기 후반부터 중부 유럽의 서쪽 지역에서 발달했다. 이후 시기에 라텐 문화의 물건들이 북부 이탈리아와 남동부 유럽까지 퍼져 나갔다. 문자 사료에 따르면 이 과정은 켈트족의 이동과 시기적으로 대체로 일치한다.

중심을 차지한 묘실에 장례식을 치른 잔존물이 남아 있었다. 길이가 350미터 정도 되는 긴 행렬용 통로가 이 묘실까지 이어졌는데, 이 통로를 따라 족장이 자신의 마지막 안식처로 옮겨졌을 것이 분명하다. 족장의 시신은 묘실 안 가죽 담요 위에 놓여 있었다. 그에게 입혀진 의상을 보면, 그가 얼마나 부유했는지 알 수 있다. 그는 토크(목에 거는 고리)와 팔찌, 반지와 귀걸이 두 개를 차고 있었는데, 모두 순금이었다. 시신의 웃옷은 청동 허리띠 고리로 정리되어 있었고, 그가 달았던 피불라는 동물과 악마의 머리 모양으로 장식되어 있었다. 무기의 경우 그는 화살이 가득 든 화살통과 창 여섯 개, 랜스 세 개를, 그리고 정교하게 장식된 청동 칼집에 든 검과 방패를 갖고 있었다. 그러나 그 무덤에서 가장 인상적인 것은 에트루리아에서 제작된 새 부리 모양 청동 주전자로, 이 시기에 장례식의 필수 절차였던 의무적인 음주 행사와 관련이 있었다. 그 주전자는 꿀술mead로 가득 차 있었고, 리넨 천으로 덮어 색깔 있는 리본으로 묶은 뒤 무덤에 놓아두었다. 그 지역 장인은 에트루리아산 주전자 테두리를 켈트족 예술 전통에 따라 만든 소형 조상 여러 개로 장식해 놓았다. 다리를 꼬고 앉아 남부식 갑옷을 입은 남자 조상은 신화 속 동물과 악마의 모양으로 만들어졌다.

이 발굴 과정은 사암으로 만든 대형 전사 조상이 발견되면서 다시 한번 흥분을 안겨 주었다. 이 조상은 원래 봉분 위에 세워져 있었던 것으로 보이는데, 이 조상과 무덤의 주인은 (그리고 특히 그의 의상은) 놀라울 정도로 유사하다. 조상의 전사가 입은 갑옷은 새 부리 모양 주전자 테두리에 그려진 전사가 입은 갑옷과 아주 흡사하다. 또한 이 사암 조상은 검과 방패를 들고 있을 뿐 아니라 세 개의 장식이 달린 목걸이, 팔찌, 반지를 차고 있었는데, 이는 무덤에 들어 있는 부장품들과 정확히 일치한다. 이렇게 일치하는 것이 너무나도 많아 학자들은 이 조상이 무덤 주인을 묘사하려고 한 것이 분명하다고 제대로 결론지었다. 그렇다면 그는 자신을 영웅으로 묘사하려고 했을까, 아니면 사제나 신으로 묘사하려고 했을까? 게다가 그 조상은 머리 양쪽으로 솟은 나뭇잎 모양의 왕관도 쓰고 있다. 물고기 부레 모양의 이러한 장식은 초기 라텐 시기의 정체를 알 수 없는 장식 스타일의 특징이라고 할 수 있다.

—— 독일 헤센 글라우베르크에서 발견된 실물 크기의 켈트 족장 조각상. 이 조각상은 원래 분구묘에서 가장 높은 지점에 세워져 있었다. 이 조각상은 초기 라텐 시대의 켈트족 전사 복장에 관해 몇 가지 중요한 세부 사항을 알려 준다. 조각상에 표현된 목걸이는 봉분 밑 묘실에서 부장품으로 발견되었다. 비슷하게 조각상의 인물이 허리 앞쪽에 들고 있는 스핀들(spindle) 모양의 방패는 그 시대의 수많은 부조에서 묘사된 켈트 전사들의 전형적인 방어용 무기에 해당한다. (Wikimedia Commons, © Sven Teschke, Büdingen)

기원전 400년 무렵, 남부 독일 전역에서 근본적인 문화적 파열이 발생했다. 그리고 그 결과로 말미암아 민족 대이동과 다름없는 현상이 발생하면서 기원전 4세기에 중부 유럽과 동부 유럽, 남동부 유럽의 여러 지역에서 장기적이고 대대적인 격변이 일어났다. 이러한 변화는 초기 라텐 시기의 종말을 의미하기도 했다. 그 시점부터 봉분은 더는 건축되지 않았고, 이후 시신들은 전적으로 평지의 묘에만 매장되었다. 이는 특히 전기 라텐 시기(라텐 B기)와 중기 라텐 시기(라텐 C기), 다시 말하면 기원전 4세기에서 기원전 2세기까지의 무덤에서 광범위하게 입증된다. 사람들은 의복과 무기를 완벽하게 갖춘 상태로 단순한 구덩이에 매장되었고, 공동묘지는 마을 공동체 전체를 나타냈다. 사회 상류층에 속한 전사가 안치될 경우 (종종 검집이 남아 있었던) 검이 시신 옆에 놓였고, 검을 전사의 몸에 부착해 주는 사슬과 함께 창, 방패, 가끔은 투구도 묻혔다. 초기 라텐 시기에도 사람들이 거주했던, 몇 안 되는 언덕 위 성채 역시 기원전 4세기에 버려졌다. 많은 성채가 치명적인 화재로 파괴되었다. 가끔 그렇게 화재로 파괴된 성채에서는 다급하게 매장한 무덤들도 발견되는데, 인육을 먹은 흔적이 보인다는 고고학자들의 보고도 있다. 따라서 법과 질서가 상당히 무너졌던 듯하다.

이러한 전면적 변화가 일어나던 바로 그 당시에 라텐 문화는 중부 유럽의 동부 지역과 북부 이탈리아, 발칸반도 지역으로도 퍼져 나갔다. 그들 지역에서 기원전 4세기 말(라텐 B2기와 라텐 C기)부터 켈트식의 묘지와 주거지가 존재했다는 증거가 뚜렷하게 나타난다. 이러한 증거는 켈트족이 대대적으로 이동했음을 역사적으로 증명해 주는 고고학적 유산에 해당한다. 이러한 이동을 초래한 원인에 관해서는 아는 바가 없다. 흉년과 인구과잉뿐 아니라 서로 다른 켈트족 집단 간의 무장 충돌이나 내부 반란도 생각해 볼 수 있는 원인이다. 우리는 무슨 일이 일어났는지에 관해 완전히 확신할 수는 없을 것이다. 그러나 이미 할슈타트기에도 이탈리아와 그리스 등 진보적 지중해 지역이 약속의 땅으로 여겨졌다는 점을 생각해 보면, 켈트족이 이들 지역으로 이동해 갔다는 사실은 전혀 이상할 것이 없다. 기원전 385년에 켈트족은 로마의 카피톨리누스 신전을 포위했는데, 전통적 기술에 따르면 이 공격은 거위가 울어 대 로마 병사들이 알아차리는 바람에 실패했다고 한다. 같은 시기에 북부 이탈리아에도 켈트족이 정착하기 시작했다. 그리고 얼마 지나지 않아 켈트족 용병들이 참주인 시라쿠사의 디오니시오스Dionysius of Syracuse와 나란히 시칠리아에서 싸웠으며, 기원전 335년에는 켈트족의 대표자들이 알렉산드로스 대왕Alexander the Great을 알현할 기회를 얻었고, 훗날에는 그리스에서 가장 신성한 종교적 성소인 델포이를 약탈하기도 했다. 기원전 2세기 초에 소아시아로 건너간 켈트족 무리는 그곳에서 갈라티아인이 되어 로마 시대 후기까지 살았다.

모든 켈트족이 북부 이탈리아와 발칸반도, 심지어 소아시아에까지 진출한 것은 아니었다. 가는 도중 마음에 드는 곳에 정착한 사람들도 있었고, 곧바로 고향으로 돌아온 사람들도 있었다. 델포이 약탈이나 로마 카피톨리누스 공격은 노략질을 위한 단기적 군사 침략의 결과인 것은 분명하지만, 켈트족의 대이동은 완전히 다른 관점에서 생각해야 한다. 그들은 처음부터 이동의 목적이 고향에서 멀리 떨어진 곳에 영구적으로 정착하는 것이었으므로 가축과 가재도구, 식량까지 모두 포장마차에 싣고 다녔다. 이러한 이동은 이미 다른 지방에 사는 인구 집단을 상대로 한 빈번한 폭력적 충돌로 이어진 것이 분명해 보인다. 켈트족은 해당 지역에 대한 통제권을 두고 힘겨루기를 시작했던 셈이다.

이동의 격변기가 끝난 뒤, 켈트족의 생활은 새로운 정착지에서 정리되기 시작했다. 특히 기원전 2세기 말과 기원전 1세기에 걸쳐 전략적으로 중요한 교통의 요지에서 원시 도시적인 대규모 주거지가 대거 등장하기 시작했다. 카이사르는 갈리아 전쟁을 설명하면서 이 주거지를 오피둠으로 불렀다. 이 도시형 성채들은 라텐 D기로도 알려진 라텐 후기의 대표적 특징이다. 그러나 오피둠 외에도 철 생산에 특화된 본격적인 '산업용 주거지'도 존재했는데, 이를테면 남부 바이에른의 베르힝-폴란텐Berching-Pollanten이 그런 곳이다. 라텐 후기에 철은 불과 몇 세대 만에 거의 모든 신분의 주요 원료로서 청동을 대체했다. 따라서 이 새로운 금속에 대한 수요는 높아질 수밖에 없었다. 이는 (라텐 B2기에서 라텐 C기와 라텐 D기까지) 라텐 시기 거의 내내 라텐 호수에 가라앉은 수많은 도구와 무기 같은 이 시기의 고고학적 유물에 의해 생생하게 증명된다. 부르고뉴의 알레시아와 같은 역사적으로 입증된 유명한 전투지에서도 다량의 무기가 발견되었다. 알레시아는 기원전 52년에 카이사르와 갈리아 부족장 베르킨게토릭스Vercingetorix 간에 결정적 교전이 벌어진 곳이다. 갈리아의 패배는 로마의 갈리아 정복에 종지부를 찍었기에, 엄청난 역사적 반향을 지닌 사건이었다. 수많은 칼과 랜스, 창 그리고 철제 방패 장식shield boss[23]들이 그곳에서 발견되었는데, 이는 당시에 격렬한 전투가 벌어졌음을 증명해 주는 동시에 기원전 1세기 중반 무렵에 켈트족이 보유한 대표적인 무기와 장비에 관한 명백한 증거를 제공해 주었다.

철에 대한 엄청난 수요는 습지 철광석 채굴로 충족되었다. 이 철광석은 마지막 빙하기 이후 지구가 따뜻해진 기간으로 인해 생성되었다. 토양의 화학적 작용이 달라지면서 광물이 풍부한 토양과 황무지의 철광상이 지면 바로 아래까지 올라왔다. 이 철광석층은 두께가 최대 1미터까지 형성될 수 있었다. 오랫동안 이러한 종류의 광석을 채굴해 가공해 온 것이 중부 유럽의 많은 지역의 수요를 충족시키는 데 중요한 역할을 했다. 이 습지 철광석이 가진 명백한 이점은 쉽게 접근할 수 있다는 점이었다. 실제로 습지 철광석은 1960년대까지도 슐레스비히홀슈타인에서 채굴되었고, 연간 최대 100만 톤이 채굴되었다. 습지 철광석을 세공 가능한 금속으로 가공하는 과정은 여러 단계로 이루어졌다. 우선 땅에서 괜찮은 철광석을 캐낸 뒤, 수분 함량을 줄이기 위해 덮개가 없는 불 위에서 열을 가해 작은 조각들로 쪼갰다. 이렇게 준비된 철광석을 구운 점토로 만든, 굴뚝처럼 생긴 단순한 용광로에서 제련했는데, 으깬 철광석과 석탄을 한 층씩 번갈아 용광로 윗부분에서 넣었다. 아래에는 점화실이 있어 풀무를 사용해 열을 가할 수 있었다. 제련이 끝나면 곧바로 900도와 1200도 사이의 슬래그가 아래로 흘러넘쳤다.(따라서 이 초기의 방법은 렌Renn 제련 공정의 하나로 분류된다.) 초기의 용광로에는 쇳물 빼는 구멍이 없었으므로 단독으로 서 있던 용광로는 불에 달군 후 깨뜨려야만 했다. 이 작업이 끝나고 나면 용광로 구멍에 괴철塊鐵, bloom이 남았는데, 일반적으로 이 다공성 덩어리는 슬래그와 석탄 잔류물로 인해 불완전한 상태이므로 추가 공정이 필요했다. 따라서 제련공은 될 수 있는 한 많은 슬래그를 제거하고 순수한 철 덩어

23 원형 방패 중앙에 있는 장식으로, 앞으로 돌출된 원추 형태가 많으며, 나무나 금속으로 만들었다.

리로 만들기 위해 그 괴철을 다시 불 위에 놓고 부드럽게 만들어 망치로 두드리곤 했다. 후대로 갈수록 광석에서 추출할 수 있는 철의 양만 상당히 증가했을 뿐, 이 방법은 라텐 시기에서 20세기 초까지 크게 달라지지 않았다. 라텐 후기에 유럽 전역에서 철 무역이 번창하기 시작했다. 철은 '검' 모양 막대나 양쪽 끝이 뾰족한 마름모 모양 막대 형태double point bar로 거래되었는데, 이는 할슈타트기에도 흔했지만, 라텐 문화기에 압도적으로 많이 나타났다. 그 과정에서 검 모양 막대는 알프스 지역에서 남부 독일과 북부 독일, 프랑스를 거쳐 멀리 영국제도까지 보급되었다. 반면에 양쪽 끝이 뾰족한 막대 형태는 알프스 산맥과 중부 유럽 산악 지대 사이 지역과 함께 북부 프랑스와 동부 프랑스에 집중적으로 퍼져 있었으며, 남부 스칸디나비아와 남부 폴란드, 남동부 알프스 지역에서는 단편적 사례로만 등장했다.

채굴에 적합한 습지 철광석은 바이에른의 만힝 주거지를 둘러싼 황야 지대에서도 나왔다. 다뉴브강 측면에 자리한 그 오피둠은 상당히 편리한 항만 시설 또한 마음대로 이용할 수 있었다. 그렇게 입지 조건이 좋았으므로 만힝이 남부 독일에서 가장 중요한 켈트족 오피둠 중 하나로 발전했다는 사실은 전혀 놀랍지 않다. 이러한 오피둠이 유럽의 여러 지역에서 발견되었으므로 로마 점령기는 종종 오피둠 문명기로 불리기도 한다. 이 주거지들은 무엇보다도 개별 부족의 중심 주거지였지만, 그에 덧붙여 상업과 숭배 활동의 중심지이기도 했다. 오피둠에서는 철과 도자기를 만드는 사업이 번창했을 뿐 아니라 아주 전문화된 유리 제조업과 더불어 이미 이른 시기부터 발달한 것이 분명한 목공 기술도 발전했다. 이러한 목공 기술의 발달은 목조 건물의 건축과 우물 주변에 세워진 구조물 또는 실내 목재 가구를 통해 입증되었다. 이는 만힝을 비롯한 다른 여러 오피둠에도, 특히 카이사르가 직접 쓴 『갈리아 전기Gallic Wars』에서 언급한 오피둠인 알레시아와 비브락테에도 해당하는 이야기였다. 기원전 2세기 말과 기원전 1세기에 이러한 주거지들은 남부 잉글랜드에서 프랑스, 남부 독일, 보헤미아, 모라비아, 오스트리아, 그리고 멀리 동쪽의 헝가리까지 퍼져 있었다. 더 동쪽에 있는 트란실바니아와 인접 지역에서도 비슷한 부족들의 중심지(예를 들면 오러슈티에Orăştie)가 다키아인들의 영역 내에서 발전했다. 그러한 곳들은 오피둠 문명의 분포 지역에 속한다고 생각할 수는 없지만, 라텐 후기의 켈트족 오피둠과 아주 흡사하게 중심지로서 기능했다.

일반적으로 오피둠은 나무 말뚝으로 마무리된 흙 성벽으로 보호되었다. 라인강 동쪽의 이러한 방어 시설들은 모두 예외 없이 기둥을 끼워 넣은 성벽으로 이루어져 있었는데, 성벽 바깥 면에는 돌을 대어 놓았다. 이들 방어 시설은 성벽 내부 구조물에 해당하는 목재 틀에 단단히 고정되어 있었으며, 성벽 바깥 면을 따라 일정한 간격으로 땅에 수직으로 박은 기둥들이 지지력에 보탬이 되었다. 라인강 서쪽 갈리아 오피둠은 이와는 다른 유형의 방어 시설을 보여 주었는데, 카이사르는 이를 무루스 갈리쿠스murus Gallicus(갈리아 성벽)로 불렀다. 이 성벽은 차곡차곡 목재를 쌓은 뒤 잡석과 흙으로 채워 만들었고, 벽 앞쪽에는 돌을 대었다. 대개 5킬로미터에서 10킬로미터에 이른 오피둠 방어 시설을 건설하는 데는 엄청나게 많은 목재가 필요했다. 남부 독일에서 가장 중요한 오피둠인 만힝, 켈하임, 하이뎅라벤Heidengraben은 각기 면적이 380헥타르, 600헥타르, 1160헥타르에 달했을 정도로 상당히 규모가 컸다. 실제로 이 오피둠들은 중세 후기 도시의 몇 배에 달하는 큰 면적을 차지했다. 넓은 지역의 인구 전체가 이들 오피둠에 모여 있다는 사실을 유념해야만 그렇게 인구가 집중된 중심지를 이해할 수 있다. 따라서 이러한 오피둠이 존재하는 한, 그 오피둠 인근에는 사실상 다른 주거지가 존재하지 않았다고 보아야 한다. 이러한 조치가 불안한 시대와 심각한 위험에 대응하는 책략이었는지, 아니면 촌락민들이 그런 광역 주거지에 거주하는 이점을 누리기를 원했던 것인지, 그것도 아니면 자신의 권한을 행사하고 그리스식 대도시를 모방하고 싶은 권력자들의 의지가 결정적 요인이었는지는 알 수 없다. 어쨌든 그러한 오피둠의 형성은 멀리까지 영향력이 미치는 중앙집권화의 과정을 의미했고, 이는 도시 탄생의 첫 단계로 이어졌다.

오피둠의 중심에는 사원 같은 공공건물뿐 아니라 가게와 광장을 낀 거리도 있었다. 하지만 건물이 있는 나머지 구역은 여전히 주로 농장으로 이루어져 있었다. 심지어 농지도 주위를 둘러싼 방어 성벽 안에서 반복적으로 발견되었다. 이 정도라면 오피둠을 진짜 도시로 생각해서는 안 된다. 오피둠을 건

—— 만힝 오피둠의 복원 모형. 바이에른의 만힝에 있는 켈트족 오피둠은 남부 독일에서 가장 크고 가장 중요한 후기 켈트 주거지 중 하나다. 방벽 내에 주거지 전체가 완벽하게 둘러싸인 이 오피둠은 성문을 세워 출입구를 잘 지키고 있었고, 내부는 광장과 공공건물, 가게가 늘어선 거리 등으로 나뉘어 있었다. 이런 점에서 만힝은 이미 도시 주거지의 여러 주요한 특징을 보여 준다. 기원전 140년 무렵 또는 기원전 130년 무렵에 주거지 영역이 확장되었을 때 만힝 오피둠은 최대로 커져서 면적이 380헥타르 정도에 이르렀다. (Wikimedia Commons, © Wolfgang Sauber)

설한 사람들이 남쪽 그리스의 도시 모습을 모방하려고 아무리 많이 노력했더라도 이 주거지는 촌락적 특징에서 거의 벗어나지 못했다. 당시 철로 만든 보습과 낫의 발명으로 농경에 대변혁이 일어났는데, 그러한 도구들 덕분에 씨를 뿌리는 작업과 지면 가까이에 나 있는 곡물을 수확하는 작업이 상당히 수월해졌기 때문이다. 이제 낫을 이용해 자를 수 있게 된 짚은 외양간에서 가축으로 키우던 동물들에게 아주 훌륭한 겨울용 사료가 되어 주었다. 한편 맷돌의 발명으로 많은 양의 곡물을 단숨에 가공할 수 있게 되었다. 이 모든 농업 혁신은 오피둠 출현의 필수적 전제조건이었다. 그러한 혁신이 없었다면 이 많은 사람을 먹여 살릴 수 없었을 것이기 때문이다. 이와는 대조적으로 중부 유럽의 후기 라텐 시기에는 성벽으로 에워싼 울타리 내에서 경작지 흔적이 발견된 경우가 아주 드물게 예외적으로 나타났다. 이른바 켈트식 밭Celtic Field으로 불리는 이러한 밭은 게르만족의 북부 독일과 남부 스칸디나비아에서, 그리고 켈트족이 정착해 살았던 영국제도 일부 지역의 농경지에서 나타나는 특징적 유형으로 간주된다.

그러나 북독일 평원과 발트해 서쪽 지역에서는 오피둠에 비견될 정도의 대규모 중심 주거지 같은 것이 전혀 없었다. 그 대신에 그곳에서는 순회 주거지가 주를 이루었다. 이 주거지들은 그 자체로 상당히 규모가 컸을 수도 있는데, 외양간 가옥과 별채, 농경지와 주변 목초지를 갖춘 여러 농장으로 이루어졌기 때문이다. 그러나 어느 정도 시간이 지나면 이 주거지들은 옮겨졌다. 따라서 그 주거지들은 특정한 장소에 매어 있지 않았다. 특정한 한 장소에 확실히 정착하는 형태는 해안가를 따라 북쪽에서만 존재했다. 그곳에서는 부르텐Wurten(주거 구릉지들)이라는 주거지 형태가 저지대 언덕에 세워졌는데, 폭풍해일을 어느 정도 막을 수 있었다. 여러 세대에 걸치거나 심지어는 수백 년에 걸쳐 사람들이 거주했던 주거지가 이런 곳에 형성되면서 남동부 유럽이나 근동의 텔 주거지처럼 다수의 주거지 지층이 차곡차곡 쌓이는 결과가 발생했다.

또한 켈트족은 중부 유럽에서 최초로 자기들만의 주화를 만들었다. 기원전 3세기에 켈트 지역에서 처음으로 그리스 주화가 등장했다. 이는 남쪽에서 용병으로 복무한 켈트족들이 가져온 주화였다. 이들 주화 중에는 앞면에는 마케도니아 왕 필리포스 2세Philippos II의 얼굴이, 뒷면에는 여러 마리의 말이 끄는 전차가 새겨진 금화도 있었다. 켈트족은 이와 같은 주화를 재빨리 모방하면서 그리스의 무게 단위와 화폐 크기 또한 그대로 도입했다. 주화에 새긴 그림 자체는 단순화되었다. 마케도니아의 필리포스 2세와 닮은 얼굴은 금세 솜털이나 소용돌이무늬로 대체되었다. 후기 켈트 시기의 이러한 대표적인 금화는 널리 통용되었다. 이 주화들은 생긴 모양 때문에 '무지개 컵'으로도 알려져 있다. 그러나 켈트족이 금과 은 또는 청동으로 자체 주화를 만들자마자 주화 위조 또한 시작되었다. 위조 주화는 완전히 귀금속으로만 만드는 것이 아니었는데, 청동으로 된 중심부 주위에 은이나 금으로 한 겹 싸서 주조하는 방식이 이용되었다.

다양한 사치품이 발견되었다는 사실을 보면 켈트 문명과 남쪽 지역 간의 집중적 교류가 있었음을 알 수 있다. 그런 사치품 중에는 포도주가 있는데, 암포라가 수없이 발견되는 것으로 보아 북부 지역과 상당히 많은 양을 거래했던 것이 분명하다. 마찬가지로 지중해 특산물인 생선 액젓(가룸) 또한 북쪽에서 수요가 많았다. 그리고 광택이 나는 토기와 채색 유리로 만든 음료수 그릇은 물론, 그리스-로마 지역에서 수입된 청동 식기(예를 들면 체, 시툴라, 주전자, 팬 등)도 자주 발견되었는데, 이는 모두 포도주를 즐기는 문화와 관련이 있다.

제의에 관해서도 후기 켈트 문화는 독자적 노선을 밟기 시작했다. 만힝에서 발견된, 청동과 금으로 만든 잎 모양의 숭배용 소형 나무 신상神像이 가장 눈에 띄는 유물에 속한다. 이는 제사 의식에서 나무숲의 중요함을 반영한 듯하다. 기원전 2세기와 기원전 1세기에 해자로 에워싼 사각형의 성곽이 남부 독일 여러 지역에서 건설되었다. 오늘날의 풍경에서도 뚜렷하게 식별되는 이러한 성곽은 '로마식 성곽'이라는 비슷한 용어로 잘못 불렸다. 해자가 설치된 이러한 울타리 일부에서 깊은 갱도가 발견되었는데, 그 안에 제물로 바쳐진 시신들이 있었다. 이 외에도 나중에 로마 제국 지배하의 갈리아에서 외주 열주식外周列柱式, peripteral 신전[24]으로 발전하게 될 숭배용 건물도 발견되었다. 이는 로마 시대까지 켈트족의 종교가 살아남아 있었음을 증명해 주는 증거다. 하지만 다른 사각형 성곽은 농장들과 함께 지어졌으므로 그 성곽들은 간단한 방어 시설을 갖춘 저택 정도로 해석될 수도 있다. 유일하게 확실한 점은 후기 켈트 시기의 사각형 성곽에 관해 한 가지 이상의 해석을 할 수 있다는 점과 그 성곽이 다양한 기능을 수행했다는 점이다. 이들 성곽 대부분이 라텐 중기에, 그리고 무엇보다도 라텐 후기에 속하지만, 바덴뷔르템베르크의 펠바흐-슈미덴에서 발견된 유물들은 이러한 유형의 숭배지 사례가 단발적으로나마 이미 라텐 초기에도 등장한다는 사실을 입증해 준다. 이 유적지에서 고고학자들은 우물 갱도에 가라앉아 있는 목재 조각상을 발견했는데, 서로 마주 보고 선 동물들을 묘사한 조각상이었다. 원래는 두 동물 사이에 사람이 서서

24 건물의 네 면을 기둥으로 둘러싸 만든 직사각형 모양의 신전을 가리킨다.

동물들을 붙잡고 있었던 것이 분명해 보이지만, 이 사람 조상은 사라지고 없다. 이는 라텐 초기의 전통에 분명히 속하는 친숙한 모티프다.

반대로 라텐 후기의 장례 풍습에 관해서는 알려진 것이 거의 없다. 부장품 없이 화장하는 것이 다시 흔해진 것으로 알려져 있다. 켈하임 같은 곳에서 무기와 청동 식기 등이 부장품으로 든, 라텐 후기의 호화로운 전사 무덤이 드문드문 발견되기는 했다. 그러나 남부 독일에서 그러한 유물이 발견되는 경우는 아주 예외적이다. 켈트족의 한 부류인 트레베리족이 정착한 모젤 지역에서는 다른 그림이 나타난다. 베데라트같이 제멋대로 퍼져 있는 공동묘지는 수백 년에 걸쳐 계속 사용되었고, 수천 기는 아니더라도 수백 기의 무덤이 그곳에 조성되어 있었다. 이 무덤들 대부분은 중후기 라텐 시기에 속한다. 기원전 1세기에 트레베리족의 지배 엘리트들은 그곳의 화려하게 꾸며진 마차 무덤에 매장되었다. 이 지역에서 중요한 오피둠이었던 알트부르크 기슭의 홉슈테텐-바이에르스바흐나 룩셈부르크의 티텔베르크 오피둠에 인접한 클레망시와 페탕주에서도 그런 예가 나타난다. 트레베리족 엘리트들의 무덤 장식 방식은 그들이 얼마나 로마화되어 있었는지를 뚜렷하게 보여 주는데, 로마식 핀이나 여러 가지 무기는 물론, 무엇보다도 모두 로마에서 만들어진 청동, 유리, 토기 용기로 구성된 식기 세트가 이를 증명해 준다. 따라서 이 지역을 점령했던 사람들은 물러간 것이 분명 아니었을 뿐 아니라 토착 거주민들인 트레베리족이 로마 문화에 완전히 굴복했다고 볼 수 있다.

기원전 1세기에 남부 독일의 생활은 점점 더 위험해졌고, 오피둠 세계는 쇠퇴하기 시작했다. 이미 기원전 80년 무렵부터 지중해 지역은 더는 북쪽으로 포도주를 수출하지 않고 있었다. 만힝 오피둠이 사라지기 전 몇십 년 동안 그곳에서는 점점 더 많은 고철을 재사용했다. 한때 번창했던 제철 산업이 재활용으로 대체되고 있었던 셈이다. 게다가 킴브리족과 튜턴족 같은 게르만족 무리의 습격이 증가하기 시작했다. 말하자면 후기 켈트 오피둠 문명은 기원전 1세기 중반부터 사방이 포위된 상태였다. 갈리아 지역은 라인강 기슭까지 로마인들에게 점령당한 상태였고, 북쪽에서는 이미 이 무렵에 프랑켄의 많은 지역을 지배하던 게르만족들이 남쪽으로 세력을 확장하기 시작했다. 그와 동시에 남쪽 지역을 상대로 한 무역 교류가 끊어지고 주화 주조가 그 목적을 잃은 데다 인구가 확연히 줄기 시작하면서, 오피둠은 이미 그들이 의존하던 시장을 잃고 말았다.

켈트계 보이족에 관해 이야기하자면, 그들이 고향을 버리고 노리쿰 왕국을 향해 나아갔다는 사실은 알려져 있다. 그 와중에 알프스의 서쪽 가장자리에서 헬베티족은 선조들의 고향을 버리고 갈리아를 향해 떠났다가 그곳에서 카이사르에게 패하고 만다. 그렇게 오피둠 문명은 중부 유럽 전역의 종족 및 권력 정치 관계에서 발생한 엄청난 혼란과 맞물려 몰락하고 말았다. 로마가 기원전 15년에 남부 독일로 진출해 다뉴브강 유역까지 점령했을 때, 만힝 오피둠은 오래전에 사라지고 없는 상태였다. 그러나 중부 유럽의 선사시대 또한 로마의 점령으로 마침내 막을 내렸다.

충돌과 동화: 로마인들 그리고 알프스 북부의 게르만 민족들

기원전 58년과 기원전 52년 사이에 진행된 율리우스 카이사르의 갈리아 정복은, 그리고 로마의 초대 황제 아우구스투스가 기원전 12년과 기원후 9년 사이에 게르만족을 상대로 벌인 전쟁은 알프스 북부 지역에 새로운 시대가 시작되었음을 의미했다. 이후 그리스와 로마의 작가들은 종종 대大게르마니아(로마 속주였던 게르마니아 인페리오르와 게르마니아 수페리오르의 너머에 있는 지역)에서 벌어진 중요한 정치적 사건은 물론, 일상생활에 관한 기술까지도 제공한다. 이와 관련해 가장 중요한 사료는 율리우스 카이사르와 타키투스Tacitus의 작품이다. 이들의 역사 기술 덕분에 처음으로 고고학적 발굴 결과와 고대 저자들의 서술을 비교할 수 있다.

갈리아 정복과 남부 독일 알프스 고지대 점령으로 기원전 15년 무렵 로마 제국의 국경선은 라인강 유역과 다뉴브강 유역에서 형성되었다. 로마는 이 새로운 지역에 대한 통제를 강화하기 위해 마인츠와 크산텐에 군영을 설치했다. 처음에는 나무로 지은 이 군영에 상시적으로 병사가 배치되었다. 아우구스투스 통치기에 이들 기지는 대게르마니아 영역 내로 떠나는 로마군 원정대의 출발 지점이 되어 주었다. 원정 기간에 로마인들은 리페강, 란강, 마인강을 따라 추가로 군영을 구축했다. 매일 그날의 행군을 마친 로마 군단병들은 방어를 위해 행군용 군영을 세웠다. 이는 단기 숙소의 역할을 했고, 일반적으로 V 자 모양의 해자와 목책을 둘러 보호했다. 한편 상설 군영은 장기 점령을 위한 것으로, V 자 모양 이중 해자와 나무로 된 방어벽을 쳤다가 나중에 다시 석벽으로 대체했다. 프린키피아Principia(행정 본부), 프라이토리움Praetorium(사령관의 거주지)과 더불어, 병사와 지휘관들의 막사는 돌로 짓거나 적어도 석재와 목재를 혼합해 지었다. 모든 군영이 내부 배치와 건물 배열이 똑같았다.

속주의 정복과 보호는 서열화된 다양한 계급과 부대로 구성된 로마군에 토대를 두었다. 로마군이 여전히 민병대였던 초기에는 군단에 속한 병사 모두가 로마 시민권을 갖고 있었다. 그러나 제국 전역에서 정복 원정이 수없이 펼쳐지면서 로마군의 인력 수요가 꾸준히 증가했으므로 제국의 확장에 따라 속주에서 병사를 계속 모집해야 했다. 이런 식으로 징집된 병사들은 25년을 복무해야 했다. 복무 기간이 끝난 병사들은 전역하면서 대개 새로운 정복지 내 토지를 보상으로 받았고, 최종적으로는 로마 시민권까지 부여받았다. 청동에 새긴 이른바 군대 전역증은 이러한 관습을 증명해 주며, 이 문서는 로마 속주였던 알프스 북부에서 고고학자들이 수차례 발견했다.

로마인들이 세운 도시나 군영들은 독일의 서부나 남부에 있는 오늘날 많은 도시의 핵심을 형성했다. 그러나 리메스Limes(제국의 국경) 밖에서도 민간 주거지가 다수 발견되었는데, 헤센 지방의 발트기르메스 외곽에서 최근에 발견된 주거지가 바로 그런 예다. 이 주거지에는 로마 제국의 도시에 전형적으로 등장하는 포룸forum 비슷한 것이 있었다. 라나우-발트기르메스Lahnau-Waldgirmes 유적지를 발굴하던 고고학자들은 그곳에서 많은 게르만식 토기와 더불어, 남쪽에서 수입된 많은 사치품도 발견했다. 따라서 라나우-발트기르메스는 제국 국경 너머에 정착한 로마인들이 토착 게르만 인구와 어떻게 상호작용을 하며 살았는지에 관해 완전히 새로운 시각을 던져 주었다. 이들 토착 게르만인 중 일부는 로마식 생활 방식을 채택한 것이 분명했다.

서력기원이 시작될 무렵 라인강 동쪽의 게르만 지역에서 기반을 다지려고 한 로마의 시도는 처음에는 명백한 성공처럼 보였다. 그러나 기원후 9년에 아르미니우스Arminius가 이끄는 케루스키족이 토이토부르크 숲에서 로마 사령관 푸블리우스 퀸크틸리우스 바루스Publius Quinctilius Varus의 군단을 섬멸하면서 이러한 상황은 급변했다. 100년이 넘게 학자들은 로마가 당한 최악의 군사 패배 중 하나인 이 전투가 정확히 어디서 벌어졌는지 알아내려고 노력 중이다. 이 전투에서 세 개 군단과 함께 기병대, 여섯 개 대대의 보조군이 전멸했다. 이 패배 이후 게르마니아 정복은 교착 상태에 빠졌다.

전투가 벌어진 정확한 장소에 관해서는 수없이 많은 이론이 제시되었다. 그러나 칼크리제 유적지가 발견되면서 적어도 한동안은 이에 관한 논의는 종결되었다. 1990년대에 그곳에서 발굴이 이루어지는 동안 고고학자들은 아우구스투스 시대의 5000점이 넘는 군사용품과 수천 개의 주화를 발견했다. 투창, 투구, 흉판, 새총, 화살촉, 벌목용 도끼를 비롯해 핀, 장신구, 식기 등 여러 잡다한 물건이 발견되었다. 이 물건들은 모두 기원후 9년 무렵에 사용되었던 것으로 입증되었다. 더욱이 그곳에서는 게르만 부족들이 오르막 경사면에 세운 성벽이 발견되었는데, 오르막 언덕과 넓은 황야 지대 사이에 난 좁은 길을 더 좁게 만들기 위한 것이었다. 아르미니우스는 이 좁은 고개의 매복지로 로마군을 유인할 작정이었던 것이 분명했다. 그런 좁은 고개에서 로마군은 운신조차 할 수 없었고, 자신들이 늘 쓰던 빈틈 없는 대형으로 싸울 수도 없었다. 그들은 그곳에서 조직적으로 죽임을 당했다.

정확한 전투 발생 연도는 발견된 주화를 이용해 알아낼 수 있다. 주화의 연대는 압도적으로 기원후 6년에서 기원후 9년까지가 많지만, 일부 주화는 몇 년 뒤인 것들도 있다. 이는 칼크리제에서 벌어진 전투가 바루스의 악명 높은 교전 그리고 대게르마니아를 정복하려는 아우구스투스 황제의 시도라는 역사적 맥락에 속한다는 것을 확실히 보여 주는 듯하다. 또한 많은 증거가 이곳이 역사적으로 입증된 토이토부르크 숲 전투지였다는 주장을 뒷받침하지만, 칼크리제는 훗날 로마 장군 게르마니쿠스Germanicus가 보복을 위해 습격한 지역 중 하나였을 수도 있다. 아우구스투스 황제와 티베리우스Tiberius 황제의 통치기에 이 지역에서 로마군과 게르만 부족이 자주 충돌했다는 사실을 고려해 보면 논쟁의 여지가 없는 증거를 찾는 일은 계속 어려울 것이다.

아우구스투스 황제 조카딸의 아들인 게르마니쿠스가 라인강 우측 기슭 지역에서 수없이 징벌적 군사 원정을 펼치기는 했지만, 로마인들은 게르마니아 전체를 영구적으로 정복하겠다는 자신들의 계획을 한동안 포기했다. 군사적 해결 방식은 비용이 너무 많이 들고 그곳에서 발생하는 경제적 이익이 너무 적은 것으로 드러났기 때문이었다. 따라서 로마는 라인강 서쪽 기슭까지 후퇴하면서 라인강 동쪽의 게르만 부족들과 조약을 맺음으로써 제국의 국경선을 안전하게 지키려고 했다. 이후에 마르쿠스 아우렐리우스Marcus Aurelius 황제 통치기와 3세기에 게르만족들의 영역으로 로마 영토를 넓히려는 시도가 여러 번 있었지만, 그중에서 지속적으로 성공을 거둔 군사작전은 하나도 없었다. 로마는 계속해 로마 국경선을 넘어 습격을 시도하는 게르만족들의 피난지로 진군하고 국경 지역에서 급습을 강행하는 정도의 소득은 얻었지만, 이들 지역을 더 오래도록 점령하지는 못했다. 갈리아인과는 달리 이들 게르만족에 관해서는, 로마인들은 일단 중심지가 무너지고 나면 반드시 정복되는, 중앙에서 엄격하게 통제되는 부족의 본거지를 상대하는 것이 아니었다. 오히려 게르만족의 영토를 정복하려는 시도는 이후 몇 세기 동안에도 마지막 마을 하나까지 장악하기 위해 별 의미 없는 게릴라식 싸움을 끝없이 벌여야 했다는 의미였다.

1세기 말에 라인강 중류 지역의 로마 제국 국경선은 더 서쪽으로 밀려났고, 이후 시기에 더욱 공고해졌다. 200년 무렵에 게르마니아 수페리오르 로마 속주의 경계선은 목책과 성벽, 해자로 이루어져 있었던 반면에 라이티아 속주 전체에는 견고한 방벽이 세워졌다. 그 시대에 그런 방벽을 세우는 일은 정말로 엄청난 프로젝트였을 것이다. 일정한 간격을 두고 감시탑과 성채가 세워져 있어 봉화와 경적 같은 신호를 이용해 재빨리 소식을 전달할 수 있었는데, 방벽을 돌파하려는 그 어떠한 움직임에도 될 수 있는 한 빨리 대처하기 위해 로마 증원군을 불러오려는 목적이었다. 총 길이가 550킬로미터에 달하는 이 게르마니아 수페리오르-라이티아 리메스는 유럽에서 가장 규모가 큰 고고학적 기념물이다.

제국 전체를 교차하는 로마 도로망의 확장은 새로운 정복지를 관리하고 그 지역에 물자를 공급하는 데 근본적으로 중요했다. 로마의 이러한 도로들

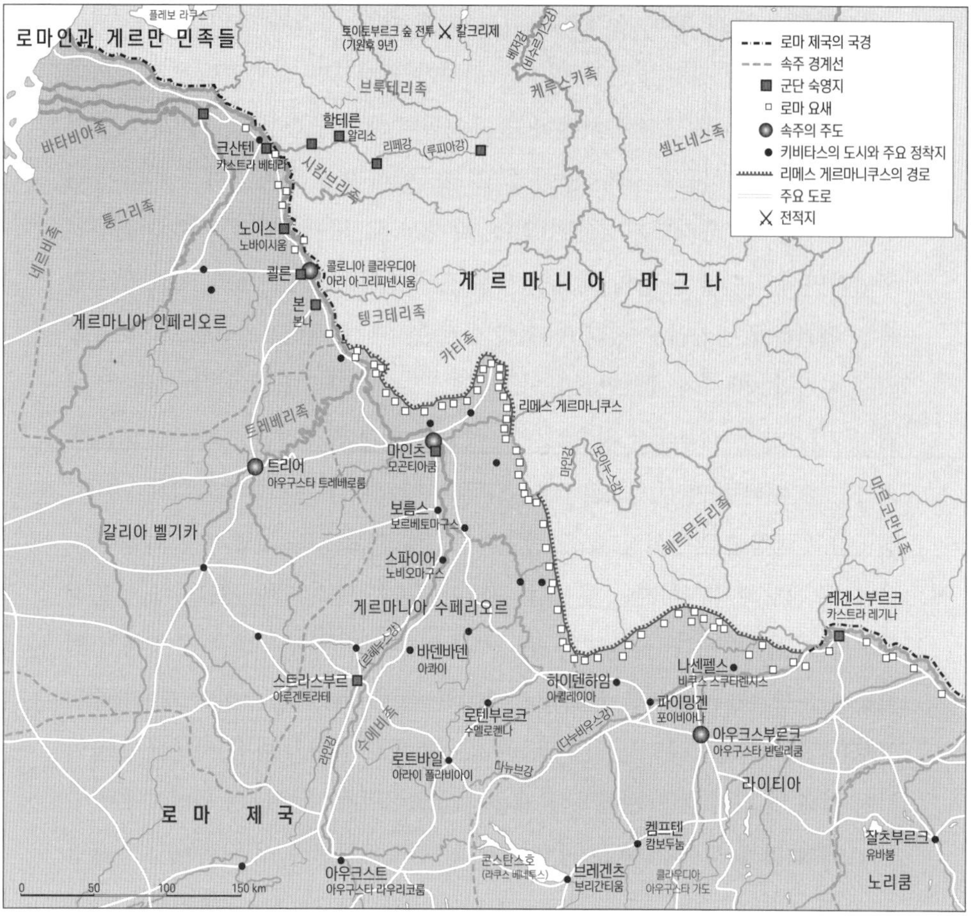

——로마와 게르만족 간에 일어난 수많은 충돌의 현장이 된 상부 게르마니아-라이티아 리메스. 550킬로미터에 달하는 이 역사적 국경선은 유럽에서 가장 긴 고고학적 유물로, 로마군이 특히 중부 라인 지역에서 동쪽으로 밀고 나간 형태를 띠며, 꾸준히 강화되었다. 상부 게르마니아 국경선은 목책과 성곽, 해자로 구성된 반면에 라이티아 속주에는 견고한 방벽이 세워졌다.

은 사람들의 이동을 증가시키고 물자의 수송을 촉진했으며 별동대의 재배치 속도를 높여 주었다. 이 도로를 따라 일정한 간격으로 세워진 이정표에 새겨진 글귀를 보면 그 도로들이 난 길과 지역 간의 거리를 알 수 있다. 따라서 로마 도로는 로마 속주들의 구조적 구성을 이어 맞추는 데 엄청난 도움이 된 것으로 보인다. 로마의 도시들은 행정 중심지이자 교통 중심지였고, 지역 내 거래와 범지역적 거래의 환적 지점이었다. 도시의 위풍당당한 건축물은 속주에 사는 사람들에게 엄청난 매력을 발휘했다. 로마 속주 도시의 거대한 성문을 통과하고 나면 필경사들의 사무실과 가게들이 즐비하게 늘어선 넓은 포장도로를 마주할 수 있었다. 중앙의 시장은 활동 중심지였고, 시장 주위에는 웅장한 공공건물이 모여 있었다. 주거 지역은 부유한 시민들의 도시형 빌라나 아트리움atrium[25] 주택으로 이루어져 있거나 다층 가옥으로 이루어져 있었다. 육로 파이프와 수도가 도시의 우물과 공공 분수에 신선한 물을 공급해 주었다. 반대로 공중목욕탕과 변소는 하수도에 연결되어 있었지만, 개별 가옥들은 그렇지 않았다. 공중목욕탕이 없는 로마 도시는 없었다. 로마 도시들은 온갖 유형의 신체 관리뿐 아니라 수영장, 사우나, 마사지실, 스포츠 홀, 도서관, 미용실까지 제공했다.

로마 도시들에 식량을 공급하는 일은 빌라 루스티카villa rustica로 불린 시골의 수많은 대규모 농장이 맡았다. 이 농사업체들은 규모가 상당히 다양했는데, 작은 농장 규모에서 시작해 궁전 같은 저택이 딸린 광대한 라티푼디움latifundium(광대한 사유지)들도 있었다. 빌라 루스티카의 입지 선택에서 중요한 기준은 농산물을 수송할 수 있는 교통로 및 물과 얼마나 가까운지였다. 토양의 질 또한 상업적 성공에서 결정적 역할을 했다. 3세기에 알레마니족이 로마 제국의 국경을 무너뜨리면서 결국 국경선이 다시 한번 라인강과 다뉴브강까지로 줄어든 이후, 이 지역을 잃은 탓에 이 지역에서 농산물을 공급받는 것은 거의 불가능해졌다.

그러나 로마 제국을 반복적으로 침입한 게르만 부족들을 약탈에 능한 용병 무리에 불과하다고 보는 것은 잘못이다. 이른바 대게르마니아에서 그들은 아주 평화롭게 일상생활을 하면서 주로 농경에 치중했다. 북해 해안에 인접한 습지대는 게르만 주거지의 생활에 관한 놀라운 인식을 제공해 준다. 그들은 북해의 반복되는 폭풍해일로부터 안전을 지키기 위해 인공 언덕Wurten, terp[26]을

25 고대 로마 때 건축된 주택에서 사방이 건물로 둘러싸인 안마당을 말한다.

26 평원의 지대를 높여 해일의 영향을 피하고자 만드는 언덕이다.

만들어 그 위에 농장을 지었다. 주거지가 화재로 소실되거나 가옥이 파손되면 그 폐허를 평평하게 다듬고 바로 그 위에 새로 주거지를 세웠다. 따라서 근동 지역에서 수천 년 동안 흔하게 나타났던 주거지와 흡사한 주거지가 북부 독일 해안을 따라서도 형성되어 있음을 알 수 있다. 두 지역 모두 여러 층의 주거지층으로 이루어진 텔 구릉지가 형성되는 결과가 나타났는데, 시간이 지나면서 높이가 수 미터에 이르렀다.

니더작센 해안 페데르젠-비르데Feddersen-Wierde의 인공 언덕은 철저히 조사된 몇 안 되는 주거지 중 하나다. 이 인공 언덕은 이런 유형의 게르만 주거지가 어떻게 생기고 사라졌는지에 관해 상당히 인상적인 통찰력을 제공해 준다. 처음에 이 주거지는 농장 몇 개가 소규모로 모인 수준에 불과했다. 각각의 농장은 주거 구역과 가축을 위한 마구간으로 나뉘어 있는 롱하우스 한두 채로 이루어져 있었다. 확장될 가능성이 금세 없어지기는 했지만, 시간이 지나면서 페데르젠-비르데의 인구가 늘어남에 따라 인공 언덕의 크기도 다소 커졌다. 이후 몇 세대에 걸쳐 다른 농장보다 훨씬 더 커지고 가축도 더 많이 늘어난 농장이 등장했는데, 특히 남쪽에서 특정 농장(가장 인상적인 가옥과 가장 많은 가축을 보유한 농장)이 다른 농장들과 확연히 구분되는 패턴이 나타났다. 흥미롭게도 로마에서 수입된 식기가 가장 집중적으로 발견된 곳이 바로 그런 농장들이기도 했다. 이런 농장들은 지역 족장이나 마을 원로들이 일족과 함께 살던 곳이었던 것이 분명하다. 이러한 주거지에서 사람들의 거주가 끝나가던 무렵, 인구는 물론 보유 가축 수까지 줄어들고 농장 규모 또한 다시 한번 줄어들었을 때, 남쪽에서 마지막으로 주거지가 버려지기 전까지 이러한 전반적 감소세에 가장 영향을 덜 받은 곳은 대개 족장의 농장이었다.

따라서 페데르젠-비르데의 성장은 북해 해안 농촌 주거지의 출현과 쇠퇴 과정을 재구성할 수 있게 해 줄 뿐 아니라 로마 제국 시대에 제국 밖의 게르만족 주거지에서도 일종의 사회적 계층 분화가 나타나기 시작했음을 보여 주기도 한다. 이러한 변화는 엘리트층의 호화로운 무덤에 명확히 반영되었다. 베저강과 비슬라강 사이의 지역에서 아주 호화롭게 꾸며진 무덤이 다수 발견되었다. 이 무덤들은 대부분 봉분이 있었고, 부장품만 보더라도 다른 일반인들

—— 니더작센 페데르젠-비르데에 있었던 게르만족 언덕 주거지의 농장 복원 모형. 개별 농장은 동물들도 함께 사는, 한두 채의 외양간 가옥으로 이루어져 있었다. 가축이 가장 많은 가장 큰 농장에서 로마에서 수입된 도기가 가장 많이 발견되었다. 주거지 발굴 과정에서도 처음으로 사회적 계층 분화의 징후가 나타나기 시작했다. (Wikimedia Commons, © Marco Prins)

의 무덤과 현저하게 차이가 난다. 청동과 은, 유리, 도자기 등으로 만들어진, 로마에서 수입된 방대한 식기 세트가 특징적인 부장품이었다. 무기와 박차가 이 호화로운 무덤의 주인이 전사임을 알려 주는데, 이들 무덤에는 핀과 고리, 로마 주화 같은 (주로 귀금속으로 만들어진) 부장품도 들어 있었다. 자신의 높은 사회적 지위를 과시하는 방법으로 로마의 사치품과 로마식 음주 방식 및 식생활을 채택한 예에서 알 수 있듯이, 이들은 로마 제국에서 게르만 용병으로 복무했다가 고향으로 돌아와 로마식 생활 방식을 채택한 사람들이었던 것이 분명해 보인다.

그러나 다시 한번 이러한 사례는 율리우스 카이사르가 갈리아 지방을 거쳐 멀리 라인강 좌안까지 진격했을 때부터 로마인들과 게르만 민족들이 단순히 군사적 충돌로만 이루어진 것은 아닌, 어떤 공통의 변화를 경험했음을 보여 주기도 한다. 하지만 게르만 민족들은 결국 로마 제국이 붕괴하는 데 결정

—— 체코의 무쇼프 지역에 있는 게르만 족장 무덤에서 출토된 부장품인 청동 가마솥. 게르만족 전사들은 종종 로마군에서 복무한 뒤 고향으로 돌아왔다. 로마에서 수입된 부장품들과 특히 지중해 지역에서 수입한 사치품들로 꾸민, 전사들의 화려한 무덤들은 이러한 현상의 결과물을 보여주는 고고학적 유물이다. (Wikimedia Commons, © Bullenwächter)

적 공헌을 하게 되며, 이후 직접적으로 그리고 의식적으로 로마 제국의 계승자가 된다.

5 시간 축과 축의 시대

인류의 역사를 포괄적으로 이해하고자 한다면 비교를 통한 전 지구적 관점을 채택하는 것이 필수적이다. 이는 모든 역사시대에 해당하는 이야기인데도 우리는 역사를 바라보는 이러한 관점을 유독 현대에만 적용하는 경향이 있다. 따라서 이를테면 제2차 세계대전이 끝난 1945년과 1949년 사이의 시기를 독일의 군사적·도덕적 패배나 히로시마와 나가사키에 최초로 투하된 원자폭탄과 연결 지을 뿐 아니라 이 사건들이 미친 다소 직접적인 여파로 생긴 유럽과 세계 여러 지역의 분열, 마오쩌둥毛澤東이 이끄는 중국공산당의 등장, 인도 독립과 대영제국 종말의 시작, 팔레스타인에서 유대인 국가인 이스라엘의 건국 등과도 연결 짓는다. 그리고 이 모든 사건은 오늘날에도 여전히 반향을 일으키고 있다. 비슷하게 15세기를 마감하는 몇십 년 동안의 사건들도 같은 정도로 영속적 영향을 미치며 세계를 바꾸어 놓았다는 사실은 다들 아는 듯 보인다. 당시 오스만 튀르크족은 1453년에 콘스탄티노폴리스를 함락시킴으로써 동로마 제국/비잔티움 제국의 멸망과 오스만 제국의 등장을 확정했다. 그리고 1492년에 콜럼버스가 아메리카 대륙을 발견했고, 1498년에는 바스쿠 다가마Vasco da Gama가 희망봉을 돌아 인도로 가는 항로를 발견했다. 그와 동시에 인문주의와 르네상스가 등장했고, 얼마 지나지 않아 종교개혁이 유럽의 지적·예술적 삶을 바꾸어 놓았다. 한편 중앙아메리카와 남아메리카에서는 콜럼버스가 아메리카 대륙을 발견하기 이전에 존재했던 아즈텍 제국과 잉카 제국이 전성기를 구가했고, 중국 명 왕조의 통치자들은 제국의 수도를 북경으로 옮기고 북쪽 국경선을 지키기 위해 만리장성을 연장하는 마지막 대작업을 위임했다. 그러나 중부 유럽에서 정착 농경 방식이 막 정착하기 시작했을 때 아프리카와 동아시아 혹은 신세계에서 어떤 중대한 발전이 발생하고 있었는지 잠시 시간을 갖고 생각해 볼 사람이 과연 있기는 할까? 그리고 중부 독일에서 네브라 하늘 원반이 만들어지고 있을 때 인더스 문명은 이미 전성기를 지난 상태였다는 사실을, 라피타 문화의 확장으로 태평양 섬 세계의 식민화에 결정적 단계가 시작되었다는 사실을 아는 사람은 몇이나 될까? 말하자면 이 모든 사건은 서로 간에 아무런 인과 관계가 없이 우연히 거의 같은 시기에 발생했을 뿐이다. 하지만 그렇다고 해도 역사에 대한 진정한 지구적 접근 방식은 이 관점 또한 정확히 고려해야만 한다.

앞에서 나는 세계 여러 지역에서 나타난 선사시대의 문화 발달을 개략적으로 설명했다. 그렇게 하는 과정에서 가장 중요하게 생각한 문제는 어떤 일반적인 환경적·문화적 규정 요인들이 사람들이 함께 생활하고 생계를 꾸려가는 방식에 결정적 변화를 가져왔는지, 이러한 변화가 어떤 영향을 미쳤는지, 그리고 각각의 변화로 인해 어떤 결과가 발생했는지였다. 세계 여러 지역을 이렇게 비교하는 작업은 전적으로 구조적인 성질의 것이었기에, 특정한 발전의 결과물을 절대적 연대표에 통합하는 작업은 부차적으로 중요할 뿐이었다. 나는 결론 부분에서 이러한 방법 대신에 다른 길을 따르고 싶다. 다시 말하면 인류의 초기 역사를 동위 연대별로(즉 동시에) 보고자 한다. 이 방식은 절대적 연도 추정을 엄격히 준수하면서 인간 문명의 진화 과정을 생각함으로써 대체로 서로 의존적이지 않은, 완전히 다른 사건들의 연관성을 알아볼 기회를 제공한다. 그렇게 하면 우리는 세계의 초기 역사에 관한 포괄적인 지구사적 관점을 얻게 될 것이다. 그러나 이런 중차대한 시기에 이 작업의 목표가 이미 앞에서 설명한 역사를 그저 절대 연도에 따라 배열해 다시 읊는 것일 수는 없다. 그보다는 다양한 현상들을 몇몇 선택된 시간 축에 따라 다시 한번 서로 연관 짓고, 이러한 방식으로 세계 여러 지역에서 나타난 문화 발전상의 차이를 명확하게 하는 것이 훨씬 더 가치 있는 작업으로 보인다. 이 최종 결론부에서 나는 전 세계를 비교하기 위해 특히나 흥미로워 보이는 기원전 1만 5000년, 기원전 8000년, 기원전 5000년, 기원전 3000년, 기원전 2000년, 기원전 1200년, 기원전 300년이라는 시간 축에 초점을 맞출 것이다. 결국 이들 시간 축 중에 어떤 것이 카를 야스퍼스Karl Jaspers가 만들어 낸 그 유명한 용어인 '축의 시대Axial Age'로 불릴 수 있을지는 주관적 해석의 문제가 될 것이다.

후대에 지속적 영향을 미친 호모 사피엔스의 수많은 중요 발명품은 플라이스토세 후기에 해당하는데, 예를 들면 투창기, 바느질용 바늘, 최초의 악기 등이다. 이 때문에 이 시기는 문화적 근대성이 등장했다는 관점에서 종종 언급된다. 이러한 근대성을 보여 주는 다른 것들로는 약 1만 5000년 전에 후기 구석기시대 최후반기에 특히 남서부 프랑스와 북부 에스파냐에서 마들렌 문명 때 독자적으로 절정에 도달한 빙하기 동굴벽화와 조형 예술을 들 수 있다. 이러한 문화적 근대성이 서부 유럽에서만큼 분명히 나타난 곳은 세계 그 어디에도 없다. 현재의 연구 수준에서 보면 빙하기가 끝나기 전 마지막 1000년 동안 아프리카와 아시아의 모습은 놀라울 정도로 희미한 반면에, 거의 같은 시기의 유럽과 서부 유라시아는 믿을 수 없을 정도로 역동적이었다는 느낌을 준다. 유럽에서 후기 구석기시대의 후기가 여전히 한창 진행 중일 때 동아시아 일부 지역의 수렵·채집인들은 정착 농경 생활이 도래하기 전인데도 이미 세계 최초로 토기를 만들어 내고 있었다. 유럽은 이 문화적 기술을 아주 나중에야 숙달하게 된다. 그리고 거의 같은 시기에 멀리 북쪽에서는 베링 육교를 건너간 사람들이 아메리카 대륙에 정착하고 있었다. 후기 빙하기의 수렵·채집인들이 그냥 덩치 큰 포유동물 무리를 따라가다가 우연히 새로운 대륙에 도달한 듯 보이지만, 그렇다고 해도 이 도정은 명백한 도전 정신과 뛰어난 대담성을 의미하는 것이었다. 더욱이 최근에 발굴된 증거에 따르면 현생인류는 베링해를 처음으로 건넌 뒤 얼마 지나지 않아 남아메리카 최남단 지역에 도달했다. 이를 통해 우리는 현생인류가 상당히 빠른 속도로 아메리카 대륙에서 퍼져 간 것이 틀림없다고 결론 내렸다.

기원전 8000년 무렵의 시간 축을 둘러싼 몇백 년은 토기 없는 신석기시대(PPN B 단계)의 전성기였다. 이 시기의 건축적·예술적·문화-제의적 특징은 괴베클리 테페와 예리코 같은 유적지에서 인상적으로 드러난다. 이 시기에 사람들이 정착해 살던 북부 독일 연안 지역 일부가 발트해에 잠기기 전, 유럽 전역에 걸쳐 중석기시대 생활환경이 지배적으로 나타났다. 괴베클리 테페의 기념비적인 석조 조각상들과 함께 우랄산맥 동쪽 수렵·채집 사회(시기르)의 문화적 환경에서 등장한, 실물보다 큰 나무 조상도 알려져 있는데, 이 나무 조상의 제작 연대는 비교적 이른 시기로 추정된다. 중앙아나톨리아의 수렵·채집인들도 작물을 재배하고 대규모 주거지(아시으클르)를 건설하기 시작했다. 같은 시기에 훨씬 더 먼 동쪽의 인더스 계곡 서쪽 가장자리(메르가르)에서도 비슷한 발전이 일어나고 있었다. 그러는 사이 동부 사하라에서는 가축 사육에 종사하고 이 지역(비르 키세이바, 나브타 플라야)에서 최초로 토기를 만든 유목민들의 문명이 발전하고 있었고, 양쯔강(셴런둥)과 북부 갠지스강 평야에서도 야생 벼를 재배하려는 실험이 이루어지고 있었다. 파푸아뉴기니에서는 최초로 이동경작(쿠크) 방식으로 토란을 재배하려는 시도가 이루어졌다. 이로써 고고학자들이 이러한 활동의 연대를 극초기로 잡는 것이 신뢰할 만하다고 추정할 수 있다.

기원전 5000년이라는 시간 축 무렵의 몇백 년을 생각해 보면 그 무렵 세계의 많은 것이 달라졌음을 알 수 있다. 세계의 많은 지역에서 이 수백 년 역시 격변기에 해당했다. 메소포타미아와 그 주변 지역에는 우바이드 문명이 퍼져 있었다. 이 문명의 대규모 주거지, 방어 시설, 기념비적 건축물(사원 건물), 원거리 교역, (토기 돌림판 덕택에 가능해진) 대량생산은 선진 문명의 등장을 위한 여건이 조성되기에 멀지 않았음을 의미했다. 그리고 실제로 얼마 지나지 않아 초기 우루크 문명이 그곳에서 시작되었다. 이 문명은 문자 체계의 발달로 이 천년기가 끝나 갈 무렵에는 도시 환경에 자리한 선진 문명이 되기 위한 결정적 발걸음을 내딛었다. 남동부 유럽 사람들은 기원전 5000년 무렵에 이미 오래전부터 정착 생활 방식으로 전환한 상태였다. 이들은 농경에 종사했고 트라키아와 그리스에서 세르비아까지, 심지어 동부 판노니아 평원(티서 문화)

까지 확산한 구릉 주거지에 살았다. 이러한 구릉 주거지는 특정 장소를 수백 년 동안 떠나지 않고 거주한 결과로 서서히 생겨났다. 사람들은 또한 구리로 실험하기 시작했는데, 이 자원은 그 중요성이 기원전 제5천년기에 점점 더 커지면서 문화적·사회적 환경(바르나)을 본질적으로 바꾸어 놓았다. 또한 기원전 제5천년기에는 레반트 지방에서 포르투갈의 대서양 연안에 이르는 지중해 주변 해안 지역이 마침내 초기 석기시대로 전환되었다. 거의 같은 시기에 모로코 지중해 해안의 내륙지역(하시 우엔즈가)에는 수렵·채집인들이 여전히 살고 있었는데, 그들은 이미 토기를 만들고 있었지만 구석기시대의 생활 방식을 고수하고 있었다. 한편 이집트 나일 계곡의 북부 지역에서는 농경과 정착 생활의 시작으로 입증되는 본격적인 신석기 문화 환경이 파이윰-A 문명의 형태로 널리 퍼지기 시작했다. 이와는 대조적으로 사하라 사막에는 목축민들이 계속 살면서 수많은 동굴벽화를 남겼다. 그러나 사하라 사막이 점점 더 사막화함에 따라 그들의 거주지는 시간이 지나면서 더욱더 줄어들기 시작했다.

기원전 5600년과 기원전 5000년 사이에 중부 유럽에서 가장 오래된 농경 문화가 비슬라강에서 파리 분지로 퍼져 나갔다. 그리고 그 과정에서 이 넓은 지역에 걸쳐 물질문화뿐 아니라 가옥 및 주거지 형태에서도 주목할 만한 획일성이 나타났다. 이 문명의 대표적 특징은 선대문 토기였고, 문명에도 같은 이름이 부여되었다. 이 문명의 서쪽 주변부에 살던 사람들은 라 오게트 문화, 림뷔르흐 문화의 유목민들과 물자를 교환하는 한편, 북쪽에서는 사냥과 어로에 종사한 에르테뵐레 문화권 사람들과도 계속 접촉했다. 에르테뵐레 문화권 사람들은 해안선을 따라 형성된 조개무지에서 살았으며, 동쪽의 토기가 유럽을 거쳐 서부 발트해 지역까지 유입되는 과정에서 역할을 하기도 했다. 선대문 토기 문명의 이러한 획일성은 수백 년에 걸쳐 안정된 상태로 유지되다가 기원전 5000년부터 강력한 지역화 과정 중에 사라지게 되었다. 그 결과로 다수의 문화 집단이 등장했는데, 이들은 지역별로만 영향을 미쳤고 초기 신석기시대의 전통을 제한적으로만 유지했다. 선대문 토기 문화가 존재하던 동안 토기를 생산하고 고정된 주거지를 가진 가축 사육자들이 북부 폰토스 지역에 정착했다. 그곳에서는 기원전 5000년 이후의 시기에 동기 문화 환경이 자리 잡기 시작하면서 이른 금속가공 활동과 처음으로 계층 분화된 사회(세레드니 스티흐, 흐발린스크)라는 특징이 나타났다. 멀리 서쪽으로 눈을 돌리면 같은 시기에 아치 모양을 띤 카르파티아산맥 동쪽의 삼림 스텝 지대에서는 트리필랴 문화의 대규모 주거지가 처음으로 등장했다. 이와는 대조적으로 기원전 5000년 무렵 수세기 동안 남캅카스 지역에서는 슐라베리-쇼무테페 문화가 존재했다. 이 문명은 진흙 벽돌로 만든 작은 원형 가옥들이 있는 마을과 본격적으로 발달한 농경 활동이 특징이었다. 포도주를 제조하기 위해 포도나무를 재배했다고 알려진 가장 오래된 문명이기도 하다. 카스피해 동쪽에서는 신석기시대적 특징을 모두 갖춘 제이툰 문화가 끝나 가고 있었는데, 이들은 이란고원과 밀접한 관련이 있었다. 이 문화는 기원전 제6천년기 말에 아나우 IA기 문명으로 대체되었다. 이 문화는 이미 동기로 전환하는 시기(나마즈가 I기~나마즈가 III기)에 속해 있었는데, 이 시기에 투르크멘 남부 문화들의 주거 지역은 코페트다그산맥에서 동쪽의 박트리아 쪽으로 퍼져 나가기 시작했다. 멀리 북동쪽의 아랄해 주변 지역과 중앙아시아의 여러 지역에는 켈테미나르 문화가 널리 퍼져 있었다. 이 문화권 사람들도 토기를 제조하는 기술을 터득했지만, 그들이 어느 정도까지 가축 사육과 농경을 채택했는지 지금까지 확실하게 입증되지는 않았다. 인더스 계곡 서쪽 주변 지역에서는 메르가르 II기 문화의 지층 II 거주자들이 기원전 5000년 무렵에 이미 가축 사육과 작물 재배, 토기 제작을 하고 있었다.

이 무렵 중국의 황허강 유역에서는 양사오 문화와 다원커우 문화가 등장하면서 초기 신석기에서 중기 신석기시대로 전환되었다. 멀리 남쪽에서도 양쯔강을 따라 중기 신석기시대가 시작되면서 이 두 거대한 지역의 문화적 환경은 초기 형태의 주거지 서열화와 대규모 중심지의 첫 등장, 사회적 계층 분화의 초기 징후로 특징지어졌다. 이 변화들은 이후 수백 년 동안 더욱더 두드러지게 나타났다. 중국 동북부에서는 (정착 생활 및 농경과 함께) 신석기시대의 생활 방식이 황허강이나 양쯔강의 주변 지역보다 다소 늦게 시작되었지만, 그런데도 기원전 5000년 무렵에는 이러한 생활 방식이 자오바오거우 문화와 신러 문화의 형태로 잘 확립되었다. 이 두 문화는 이미 그 지역에서 얼마 동안 진행되어 온 돼지 사육 외에 기장 재배도 추가했다.

기후적으로 지형적으로 다양한 아메리카 대륙의 수렵·채집인들은 기원전 5000년 무렵에 수천 년 동안 그랬던 것처럼 임시 주거지에 살고 있었다. 이들은 수천 년 동안 지속된 홀로세 초기에 해당하는 집단들이었다. 시간이 지나면서 이들 집단은 다양한 거주 장소에서 살아남는 데 전문가가 되었다. 북아메리카의 태평양 북서해안에서는 어로와 기각류 사냥이 자연스럽게 중요한 역할을 했다. 이 지역에서는 나무로 만든 가옥과 함께 조직적인 듯한 구조를 갖춘 최초의 주거지가 발견되었다. 남아메리카의 태평양 연안과 동쪽에 솟은 안데스산맥 경사면 사이의 평야에서는 훨씬 더 광범위한 변화가 일어났다. 현재의 에콰도르 영토에 널리 퍼져 있던 라스 베가스 문명은 기원전 5000년 무렵에 서서히 막을 내리고 있었다. 이 문명의 대표자들은 사냥과 어로, 채집 생활을 주로 했는데, 한편으로는 수렵·채집 생활 방식에 치중하면서도 다른 한편으로는 일종의 초기 텃밭 농사를 이동하며 짓고 있었고, 옥수수와 호리병박의 재배도 시도했던 것으로 보인다. 어쨌든 이는 지금까지 양대 아메리카 대륙을 통틀어 처음으로 생산경제 방식을 시도한 경우로 알려져 있다. 이러한 재배 방식은 또한 이 무렵에 서부 아마존에 살던 일부 수렵·채집 집단(페냐 로하Peña Roja)도 실행했던 것으로 보이는데, 아직은 진정한 의미의 정착 생활 방식이나 농경과는 거리가 멀었다. 이 시기에 아마존강의 상류(페드라 핀타다Pedra Pintada)와 하류(타페리냐Taperinha) 모두 토기가 제작되고 있었다. 이 토기들은 아메리카 대륙 전체에서 가장 오래된 토기 유물에 속한다. 플라이스토세기에 동아시아 삼림지대의 수렵·채집인들이 토기를 제작한 사실은 이미 잘 알고 있다. 전 세계적으로 최초로 토기를 구운 사람들은 정착한 농부들이 아니라 삼림지대에서 이동하며 생활한 수렵·채집인들이었다.

약 2000년 후인 기원전 3000년 직전 무렵, 많은 지역의 상황이 다시 한번 급격하게 달라졌다. 그러나 당시 사람들이 거주하던 더 많은 지역에서 사람들은 이전 수천 년간 해 오던 대로 여전히 수렵·채집 생활 방식을 고수하고 있었다. 이는 메소아메리카의 몇몇 지역과 남아메리카 태평양 연안 내륙의 몇몇 지역을 제외하고 아프리카, 북아시아, 오세아니아의 많은 지역에, 그리고 사실상 아메리카 대륙 전체에 해당하는 사실이었다.

근동에서는 기원전 제4천년기 말에 후기 우루크 문화와 뒤이은 메소포타미아 문명의 초기 왕조 시대가 이미 선진 문명의 몇 가지 특성을 보여 주었다. 예를 들어 수메르인들은 문자 체계를 발전시키는 동시에, 대규모 도시 중심지의 성장에 발맞추어 화려하고 웅장한 건축물(요새, 사원, 궁전)을 세우고 그에 상응하는 정치적·종교적·사회적 구조도 갖추었다. 이집트 나일 계곡에서도 비슷한 상황이 발생했다. 그곳에서는 이른바 제0왕조 시대의 나카다 문화기 말엽에 상이집트와 하이집트가 통일되었는데, 아비도스를 수도로 삼았다. 이는 이후에 등장할 파라오 왕국의 뿌리에 해당하는 것으로, 이렇게 이른 시기에 왕국이 설립되기까지는 사하라 지역이 극심할 정도로 사막화되어 가자 이동을 선택한 사람 다수가 유입된 결과가 도움이 되었을 것이다. 기원전 3000년 무렵에는 동아프리카의 여러 지역에서도 소 사육과 최초의 토기 제작을 특징으로 하는 유목민들이 등장했다는 증거가 나타난다. 동아프리카에서 처음으로 만들어진 이 토기의 눌러 찍은 문양이 사하라-수단 신석기시대의 전형적 토기와 분명한 유사성을 보여 주므로, 소를 기르는 사람들이 갑작스럽게 에티오피아 산악 지대를 비롯한 몇몇 지역에 등장한 것도 사하라 지역으로부터 시작된 대규모 이동과 관련이 있을 수 있다고 생각된다.

기원전 3000년 무렵에, 특히 후기 우루크 문화가 북쪽으로 세를 넓히고 그 문화의 대표자들이 동부 아나톨리아에 교역 기지를 세운 이후로, 아나톨리아 지역은 메소포타미아 지역에서 일어난 변화들에 영향을 받았다. 앞선 수백 년과 비교해 보면 우리가 다룰 수 있는 이 시기에 관한 사료가 상당히 개선되었다. 이는 이 무렵에 인구가 뚜렷하게 급증한 것이 원인이었을 수도 있다. 아나톨리아의 여러 지역에 걸쳐 초기 청동기시대에 해당하는 텔 주거지 수가 급격히 증가했다. 그런 주거지들은 아나톨리아 동쪽 절반 지역과 남캅카스 그리고 북서부 이란의 쿠라-아락세스 문화에서 확인할 수 있다. 북부 메소포타미아 주변에 자리한 이 넓은 지역은 과거에는 서로 다른 방향을 지향했지만, 처음으로 일관된 물질 전통을 보여 주기 시작했다. 비슷하게 서부 아나톨리아와 에게해 지역에서도 초기 청동기시대가 시작되면서 그 지역의 대규모 주거지들은 원시 도시적 특징(폴리오크네)을 보여 주거나 중앙의 요새화된 성채 주변에 모인 양상(트로이아)을 보여 주었다. 북서부 아나톨리아에서 기원한 물질문화 유물이 발굴된 후자 유형의 주거지들은 트라키아에서도 발견되었고, 간혹가다 남동부 유럽(칸르게치트)에서도 발견되었다. 트라키아 사람들이 한곳에 정착해 사는 방식으로 되돌아간 것은 이러한 맥락에서 이해할 수 있다. 그 과정에서 사람들은 새로운 주거용 구릉지를 세우거나 신석기-동기시대에 거주하다 장기간 버려두었던 텔 구릉지에 다시 거주하는 양상(카라노보)을 보였는데, 후자의 경우가 대부분이었다. 이와는 대조적으로 이 시기에 철문 협곡 북서부와 트란실바니아, 판노니아 평원에서는 몇 세대에 걸쳐 살다가 다시 옮겨 간 임시 주거지만 존재했다. 따라서 이 지역에서는 텔 주거지가 나타나지 않는다. 어쨌든 바덴 문화의 토기는 에게해와 특히 아나톨리아 지역의 초기 청동기시대 토기와 놀라울 정도로 유사한 점을 보이는데, 이는 단순히 그 시대의 공통된 취향 때문일 수도 있다.

기원전 제5천년기에 견줄 정도의 대량생산이 나타날 기미는 전혀 보이지 않지만, 구리 가공 또한 기원전 3000년 무렵의 바덴 문화에서 중요한 역할을 했다. 한 가지 중요한 혁신은 사륜 전차의 발명이었는데, 이 전차는 그 시기에 중부 유럽에 널리 퍼져 있었다. 고고학자들은 북부 알프스의 호숫가 주거지에서 원판 바퀴도 발견했다. 기원전 3000년 무렵에 중부 유럽의 중후기 신석기시대에 등장한 다른 혁신들로는 쟁기와 함께 지역 광상(미테르베르크 산지) 채굴에 의존한, 독립적인 구리 세공업을 들 수 있다. 기원전 3000년에 북부 독일도 거석 무덤 대열에 합류했다. 이 기간에 거석 무덤은 몰타와 이베리아반도부터 서부 유럽과 북부 유럽의 전역에 걸쳐 광범위한 지역에서 다양한 형태로 존재했던 것으로 입증되었다. 그러나 이와 관련한 문화적 균일성은 의심할 여지가 없다. 개별 지역에서 이러한 관습 이면에 아주 다른 발전이 나타난 경우는 일부분이기 때문이다. 이 모든 문명을 하나로 묶은 것은 바로 대규모로 무덤을 조성하고 눈에 띄는 표지물을 세우는 동시에 영토의 경계를 표시하기 시작한 기념물로서 그 무덤을 활용하려는 생각이었다. 그렇지만 이 기념비적 무덤의 이면에는 진전된 사회적 계층 분화가 있었다는 사실 또한 분명하다.

이 후자의 요인은 멀리 동쪽의 북캅카스에서 특히 뚜렷해지는데, 그곳에서는 기원전 3000년 무렵에 마이코프 문화 사람들이 묘실 역할을 하는 석실을, 그리고 금 공예품, 귀금속으로 만든 용기 등 상당히 화려한 부장품이 들어 있는 거대한 봉분을 세웠다. 이 석실 중 일부는 중부 독일의 거석 무덤과 뚜렷한 유사성을 보여 준다. 그 시기에 동쪽의 북캅카스에서 서쪽의 판노니아 평원에 이르는 북부 폰토스 스텝 지대의 많은 지역은 얌나야 문화, 즉 구덩이 무덤 문화에 속해 있었다. 이 문화는 멀리 동부 판노니아 평원까지 퍼져 있었고, 트라키아에도 약간의 흔적을 남겼다. 얌나야 문화는 북부 흑해 지역에서 초기 청동기시대가 시작되었음을 알렸다. 사회적 계층 분화가 시작된 것은 분명하지만, 이는 단발적 예에 불과하며, 마이코프 문화 세력권의 주된 상황과는 비교할 수 없다. 이는 근동의 영향을 받아서인 듯한데, 이 지역에서는 이미 정규 엘리트층이 존재했다고 말해도 된다. 얌나야 문화는 물론, 북부 카자흐스탄에 자리한 동시대의 보타이 문화에서도 기원전 3000년 무렵에 말이 가축화되었다. 이후 말은 인간 사회에 없어서는 안 되는 친숙한 부속물이 되었고, 특히 유라시아 스텝 지대에서 꾸준히 중요해졌다.

기원전 3000년 무렵에 인더스 계곡에서는 인더스 문명, 즉 하라파 문화의 준비 단계가 형성되면서 기원전 제3천년기 중반부터 대규모 도시(모헨조다로, 하라파)의 형태를 띠기 시작했다. 기원전 제4천년기 말에서 기원전 제3천년기 초반에 인더스 계곡 주거지에 결정적 시기가 찾아왔다. 인구가 급격히 증가한 뒤에 명확한 계층구조가 형성되었던 것인데, 이는 이른바 코트 디지Kot Diji 시기 혹은 암리Amri 문화기에 내부의 여유로 인해 발생한 것이 분명하다. 이러한 발전에는 최초의 도시 중심지 출현이 동반되었다. 그러한 중심지는 이미 다른 곳에서도 알려져 있었다. 예를 들어 남부 투르크메니스탄에도 그런 중심지가 존재했는데, 이는 초기 청동기시대에 해당하는 알틴데페의 나마즈가 IV기 지층에 의해 증명되었다. 그러나 이러한 도시 중심지에 관한 우리의 지식은 여전히 턱없이 부족하다. 황허강 유역(후기 양사오 문화)에서도 원시 도시의 특징을 지닌 대규모 주거지가 후기 신석기시대에 등장했다. 이들 주거지는 권력 중심지로서 기능한 듯 보인다. 중국 둥베이 지방의 후기 훙산 문화는 여전히 이와는 거리가 멀었지만, 뉘우허량의 제사 시설과 같은 그들의 의식 풍경은 다른 종교 관념을 지닌 복합 사회가 존재했음을 증명해 준다. 기원전 3000년 무렵에 중국에서 발생한 정치적·경제적·사회적 변화는 황허강 유역보다는 양쯔강 유역에서 훨씬 더 광범위하게 목격된다. 원시 도시적인 대규모 주거지 외에 웅장한 설비의 무덤들도 사회에 지배 엘리트층이 존재했음을 알려 준다. 그 지배층 엘리트들은 이 시기에 옥과 옻칠 생산을 장악함으로써 권력과 부를 얻었던 것 같다. 그와 동시에 처음으로 입증된 쌀 재배는 농경에 일대 변혁을 일으켰고, 엄청난 잉여물을 안겨 주었다. 이러한 결과는 인근 지역에 도미노 효과를 일으킬 수밖에 없었다. 기원전 3000년 무렵에 쌀 재배는 남중국에도 전해졌다. 한편 한반도에서 기장 재배가 시작되었는데, 이는 중국 둥베이 지방을 거쳐 유입되었다.

메소아메리카에서는 옥수수, 콩, 호박의 재배와 함께 곡물 농사도 이미 어느 정도 진행되고 있었다. 그리고 이러한 생산적 경제는 이내 촌락의 번창하는 생활을 자극했다. 잉여생산물은 인구와 주거지를 모두 엄청나게 늘어나게 했다. 한편 서쪽의 태평양 연안에서 동쪽의 안데스산맥 경사면 사이는, 즉 오늘날의 에콰도르가 차지하는 지역은 발디비아 문화의 본거지가 되었다. 이 문화는 정착 생활의 시작 및 옥수수, 콩, 호박, 덩이줄기의 재배와 관련되어 있었고, 따라서 남아메리카에서 이 지역의 형성기 초기 단계를 대표한다. 남북아메리카의 다른 지역들은 여전히 수렵·채집인들이 차지하고 있었고, 그들 가운데 일부는 고도로 전문화되어 있었다.

1000년 뒤, 다시 말하면 기원전 2000년 무렵에 세계의 면모는 다시 한번 크게 달라졌다. 이 시기는 우르 제3왕조 시대로, 잠시 외부 세력의 지배를 받은 뒤 수메르 제국과 아카드 제국이 세력을 회복했다. 이 사회의 권력 구조는 고도로 발달한 사원과 국가 경제에 의해 유지되었다. 우르의 슐기Shulgi 왕 시대에는 도시의 왕들이 새로이 탄생한 제국의 지방 통치자가 되면서 제국의 중앙집권화가 강화되었다. 이집트에서도 제1중간기 이후 중왕국의 형태로 다시 한번 영향력 있는 국가가 탄생했다. 이 왕국은 파라오 제도를 유지한 동시에, 원자재를 찾기 위해 더 남쪽(하누비아Lower Nubia)으로 세력을 확장했다. 이 시기는 사하라 사막 남쪽의 사헬 지대에서 동물 사육이 시작된 때이기도 한데, 이는 점점 더 건조해져 살기 어려워지는 사하라 지역에서 이 지역으로 이주가 늘어난 결과 때문일 수도 있다. 또한 부르키나파소와 말리를 비롯해 차드호 기슭의 가지간나 문화권에서 볼 수 있듯이, 처음으로 이 지역에서 촌락이 형성되었다. 이와는 대조적으로 기원전 2000년 무렵에 이 지역에서 경작의 증거는 전혀 찾아볼 수 없다. 사헬 지대 남쪽 지역은 전과 다름없이 후기 석기시대의 수렵·채집인들만이 살고 있었다. 가나의 푼푼 문화와 같은 수렵·채집 집단은 이미 이 시기에 토기를 만들고 있었다. 얼마 지나지 않아 이 지역에서도 가축 사육을 겸한 소규모 농사와 비슷한 삼림 관리 방식과 최초의 촌락(킨탐포 문화)이 등장했다.

근동의 중기 청동기시대는 기원전 2000년 무렵에 끝나 가고 있었다. 그리고 기원전 제2천년기 초에 중앙아나톨리아에서는 고아시리아의 교역용 식민지들(카룸 시기)에 의해 후기 청동기시대가 들어섰다. 그리고 이후 이들 식민지에서 히타이트 제국이 생겨났다. 그리스 본토에서는 초기 헬라스 시대에서 중기 헬라스 시대로 전환되는 중대한 격변이 발생했다. 한편 크레타섬에서는 미노스 중기가 시작되면서 이미 최초의 궁전이 건설되고 있었다. 궁극적으로 기원전 2000년 무렵의 시기에 아나톨리아와 에게해 지역에서는 문자 체계의 발달과 계층화된 도시 생활을 특징으로 하는 최초의 선진 문화(히타이트, 미케네)가 등장할 준비 단계가 형성되었다고 할 수 있다.

기원전 2000년에 중부 유럽에서는 이미 초기 청동기시대가 시작된 상태였다. 이 시대는 집중적인 성채 건설, 최초의 진정한 엘리트 무덤(로이빙겐), 광범위한 구리와 청동 금속가공 산업(미테르베르크 산지)과 관련이 있었다. 똑같은 모양의 수많은 도끼, 갈비뼈 모양과 고리 모양의 주괴 무더기는 당시 표준 무게와 화폐제도 이전의 통화가 존재했음을 암시한다. 이는 더 나아가 이 제도가 작동한 지역이 서로 긴밀히 연관된 경제 구역이었음을 암시하기도 한다. 지금까지 알려진 가장 오래된 천체 묘사 유물에 속하는 네브라 하늘 원반은 중부 유럽의 선사시대가 경험과 관찰로부터 얻은 엄청난 양의 지식이 축적된 시대였음을 알려 준다. 물론 이 시기의 문화가 선진 문명과는 여전히 거리가 멀기는 했지만 말이다. 멀리 동쪽으로는 다양한 가축 사육 문화들이 유라시아 스텝 지대를 지배하고 있었다. 이 문화들도 이 시기에 주목할 만한 변화를 겪었다. 남부 우랄산맥 기슭에서 인근 북부 카자흐스탄에 이르는 지역에서는 체계적으로 배치된 원형 및 직사각형 주거지가 생겨나기 시작했다. 종종 주거지 인근에 봉분이 자리했는데, 무덤의 묘실에는 무기와 이륜 전차 등의 풍부한 부장품이 갖추어져 있었다. 중앙아시아에서 유래한 납작한 원반 같은 막대기가 붙은 말 재갈은 이 고분들에서도 발견되었으며, 이후 멀리 서쪽의 그리스(미케네의 수갱식 분묘)에도 널리 보급되었다. 이러한 유물은 이 신타시타-아르카임 문명이 완전히 고립된 문화였을 리가 없음을 알려 주는 존재다. 멀리 동쪽의 남부 시베리아에서는 이런 유형의 유물은 발견되지 않았다. 하지만 이 지역에서도 금속 생산이 증가했고, 처음으로 주석 청동이 생산되었으며, 오쿠네프 시대의 비석과 암석화에서 표현된 것처럼 흥미로운 종교 관념 세계가 발달했다. 중앙아시아에서는 남부 투르크메니스탄(나마즈가 VI기)의 도시 문명이 인더스 계곡의 하라파 문화처럼 종말을 고하고 있었다. 같은 시기에 카슈미르와 라다크의 북부 산악 지대와 인도아대륙의 중부 및 남부 지역에 살던 집단들도 수렵·채집 전통을 오래도록 지속하면서도 농작물 경작과 가축 사육이 수반된 정착 생활 방식을 향해 서서히 나아가고 있었다.

중국의 여러 지역에서는 기원전 2000년 무렵의 시기에 여러 발전이 이루어지면서 곧이어 기원전 제2천년기 초에 상 왕조가 시작되었다. 하지만 상 왕조로 어떻게 직접적으로 이행했는지에 관한 구체적 증거는 아직 나오지 않았다. 도시 같은 대형 주거지, 아주 정교한 분업 및 모든 직업의 전문화, 잘 발달한 원거리 교역, 지역 지배 엘리트층의 등장이 황허강과 양쯔강의 룽산 문화를 비롯해 중국 둥베이 지방의 샤자뎬 하층 문화의 특징을 이루었다. 이 시기 중국 본토의 역동성은 잔물결처럼 번지며 주변 지역에도 영향을 미쳤으며, 이후 쌀 재배 역시 한반도와 타이완, 베트남, 태국에까지 퍼져 나갔다.

북아메리카에서는 기원전 2000년 무렵 루이지애나의 미시시피강 하류에서 파버티 포인트 문화가 발달했다. 수렵·채집 전통이 계속되는 가운데 파버티 포인트 문명은 이 지역에서는 처음으로 작물 재배를 시작했는데, 특히 호박과 해바라기를 중요시했다. 생산적 경제 방식으로 이행하는 과정이 사회 전체에 영향을 미치지 않을 수 없었다는 사실은 파버티 포인트 문화 사람들이 공동으로 엄청난 노력을 들여 세운 일련의 봉분과 거대한 토지 공사로 증명된다. 하지만 이 사실 외에 그들의 건설에 관해 아는 것이 거의 없다. 미국 남서부에서도 주목할 만한 변화가 나타났다. 그곳에서는 당시에 멕시코로부터 옥수수 재배가 전해졌다. 하지만 옥수수 재배 외에 그곳 사람들은 여전히 수렵·채집 활동을 고수했고 이후 수백 년 동안 토기도 만들지 않았다. 한편 메소아메리카에서는 기원전 제3천년기 말(모나그리요)부터 토기가 존재했지만, 기원전 2000년 무렵의 시기는 일종의 휴지기로 생각할 수 있다. 작물 재배와 촌락 생활에 관한 원시적 시도가 있었으나, 여전히 수렵·채집 생활 방식을 특징으로 한 그곳의 고대기는 그 무렵에 형성기 첫 단계(형성기 초기)로 대체되었다. 그리고 그 형성기에서 메소아메리카의 이후 선진 문명으로 곧장 발전해 나간다. 이는 안데스산맥 서쪽의 남아메리카 지역에도 해당하는 이야기로, 이미 그곳(발디비아 문화)에서는 약간 더 일찍 형성기가 시작된 상태였다.

구세계의 역사적 사건과 관련해 기원전 1200년 무렵의 시기 역시 하나의 시간 축으로 볼 수 있는데, 이 시간 축을 따라 몇 가지 중대한 변화가 일어났다. 메소포타미아에서 카시트 왕조가 무너지고 중中아시리아 제국이 시작되었고, 레반트 내륙지역의 패권을 차지하기 위해 이집트와 히타이트가 충돌해 카데시 전투를 벌였으며, 마지막으로는 '바다 민족들'이 침입하면서 히타이트와 미케네 문명이 종말을 고했다. 이 시기에는 또한 사헬 지대에서 아프리카의 고대 구릉 주거지가 건설되었는데, 그곳에 살던 사람들은 처음으로 가축을 사육하고 작물을 재배했다. 거의 같은 시기에 유럽의 많은 지역에서는 언필드 문화가 형태를 갖추면서 지역별로 다양한 모습으로 나타났다. 이 문화권 사람들은 새로운 매장 관습과 새로운 형태의 무덤을 선보였을 뿐 아니라, 장례 봉헌물(비축된 무더기 유물, 물에 담그는 방식의 제물) 및 숭배 상징(태양과 새 모티프들)과 관련해 새로운 방향을 추구하기도 했다. 어떤 면에서 언필드 문화는 서부 유라시아, 특히 북부 흑해 지역에도 영향을 미친 반면에 스텝 벨트 동쪽에서는, 특히 시베리아 지역에서는 중국의 영향이 꾸준히 커지고 있었는데, 무엇보다도 금속 제작 분야에서 영향을 가장 많이 받았다. 중국에서는 상 왕조가 종말을 고하면서 서주西周가 들어섰다. 태평양 제도에서는 촌락 생활, 작물 재배, 가축 사육, 토기 제작과 관련된 라피타 문화가 기원전 1200년 무렵에 절정에 이르렀다. 이 시기에는 남태평양 지역이 멀게는 멜라네시아와 서부 폴리네시아까지 다시금 대대적으로 식민화가 진행되었다. 라피타 토기는 이들 지역에서만 발견되었고, 하와이, 이스터섬, 뉴질랜드를 포함한 나머지 폴리네시아 지역은 서력기원 원년이 한참 지난 후에야 사람들이 정착했다. 메소아메리카와 더 남쪽에 있는 에콰도르 및 페루의 안데스산맥 지역에서는 기원전 1200년 무렵에 본격적인 형성기 초기 단계가 시작되었다. 이러한 발전의 일환으로서 멕시코만에서 올멕 문화가 출현하면서 두 아메리카 대륙에서 가장 오래된 선진 문명이 형태를 갖추기 시작했다.

그 이후는 지구의 선사시대 영역 밖의 시기이므로 이제는 몇 가지 결론적 의견만을 제시할 생각이다. 기원전 300년 무렵의 시기가 특히 주목할 만한데, 그리스의 총사령관 알렉산드로스 대왕이 이끈 정복 전쟁의 여파로 남부 유럽, 지중해 지역, 이집트, 멀리 중앙아시아와 인접한 근동 지역, 심지어 인도 지역에서도 헬레니즘 시대가 밝아 오기 시작하면서 그리스 문화의 확산이 확실히 다수의 여러 문명에 영구적인 흔적을 남겼다. 이 시기에 유럽의 여러 지역은 켈트족의 영향을 받은 라텐 문화권에 속해 있었다. 마찬가지로 남쪽 그리스의 영향을 받아들인 이 문화는 동쪽으로는 북부 폰토스 스텝 지대로, 북쪽으로는 초기 게르만족 주거지 지역으로 영향력을 확대해 나갔다. 기원전 300년이 지나자마자 스키타이-사카 문화의 종말과 동시에 급진적 격변이 유라시아 스텝 벨트 전역과 인접 지역을 뒤흔들었다. 이 지역에서는 스키타이-사카 문화의 뒤를 이어 훈-사르마티아 계통 문화들이 등장했다. 중국에서는 통일을 이룬 진 왕조가 단명한 뒤 기원전 300년 무렵에 서한이 등장하면서 마침내 통일된 제국이 결정적으로 건국되었다. 그리고 이 새로이 등장한 권력은 곧바로 북쪽의 스텝 지대와 서쪽의 중앙아시아로 세력을 넓혀 갔다. 이는 유라시아의 인종적·문화적 환경을 결정적으로 바꾸어 놓은 변화였다. 일본열도에서는 거의 1만 년 동안 지속된 조몬 문화가 기원전 300년 무렵에 야요이 문화로 대체되었다. 야요이 문화의 대표자들은 이미 청동과 철을 가공하는 기술을 익혔고, 광범위하게 농사 활동(논에 물을 채우고 재배하는 수도작 방식)을 벌였다. 아프리카 많은 지역의 경우 여전히 수렵·채집 생활 방식을 추구하고 있었고, 농경과 토기 제조에 이미 익숙한 문화에서도 마침내 금속가공 시대가 시작되었다. 사하라 사막 이남 지역에서는 기원전 300년 무렵에 철기시대가 석기시대를 대체했고, 철 가공의 급증은 서아프리카와 동아프리카의 여러 지역에서 처음으로 도시 중심지가 형성될 수 있는 자극제가 되었다. 콩고-자이르 분지의 열대우림 지대와 훨씬 더 남쪽에 있는 아프리카 일부 지역만이 수렵·채집 생활 방식을 계속 고수했다. 메소아메리카와 남아메리카의 안데스산맥 지역에서는 기원전 제2천년기 말, 형성기 초기에 해당했던 최초의 선진 문명들이 국가와 유사한 다수의 독립체로 발전해 갔다. 이들은 기원후 초기에 해당하는 형성기의 중기와 후기에 속했는데, 이 지역에 고전기(테오티우아칸 문화, 마야 문화, 모체 문화)가 도래하기 전이었다.

고대 근동의 초기 문명: 이집트와 서아시아

카렌 라트너

600 이전

2

머리말

나는 세계사를 염두에 둔 상태에서 지리적으로 상당히 다른 지역인 이집트와 서아시아 사이에 공통된 맥락을 제공하는 교역 관계와 문화적 접촉에 초점을 맞추려고 한다. 이 두 지역을 2부에서 함께 다루는 이유는 문자를 사용하는 행정기관의 뒷받침을 받는 중앙집권적 국가기구와 도시화 등, 이른바 고등 문화의 특정 요소들이 남부 메소포타미아와 상이집트에서 거의 동시에 나타나서다.

이는 각 지역이 나름의 리듬으로 발전함에 따라 이 두 지역의 선사시대사에 현저한 차이가 존재한다는 점에서 주목할 만하다. 남부 메소포타미아는 약 1만 2000년 전 홀로세 초기부터 비교적 직선적인 진화를 경험했다. 수천 년이 지나면서 정착 생활 방식과 농경이, 그리고 마지막으로 인공 관개가 채택되었다. 반면에 나일강 유역에서는 기원전 제4천년기에야 그와 견줄 만한 관습이 확고하게 자리 잡았고, 소를 키우는 목축업이 계속 이 지역의 문화적 관습을 깊숙이 형성했다.[1] 기원전 4000년 무렵부터 기후가 더 건조해지면서 예전에는 비옥했던, 나일강 기슭 너머의 사하라 지역이 사막으로 변했고 인간이 거주할 수 있는 공간이 극적으로 줄어들었다. 오늘날 학자들은 메소포타미아에서는 이미 오래전에 채택된 생활 방식의 주요 요소들이 이 무렵에야 채택됨으로써 그 지역사회의 근본적 변화에 핵심 역할을 했다는 데 동의한다.[2] 이러한 변화가 생긴 것이 반드시 이질적 문화 전통을 차용한 결과라고는 할 수 없지만, 그 변화로 두 '대하 문화'의 삶이 이전보다 훨씬 더 비슷해진 것은 사실이다.

따라서 현재의 사료가 항상 명확하게 밝혀 주지는 못하더라도, 이집트를 포함한 고대 근동의 초기 문명들이 여러 차이점이 있는데도 하나의 같은 생활환경에 자리했음을 항상 명심해야 한다. 세부 사항들이 항상 입증되지는 못하지만, 이 지역들은 서로 정기적으로 접촉했다. 그리고 당연히 지중해 지역, 중앙아시아, 남아시아의 문화들과도 접촉했다. 나는 가장 중요한 교차 지점들을 검토할 것이다. 그리고 2부에서 다루는 시간적 틀은 중앙집권화된 국가 정부가 처음으로 복잡한 문자 체계를 사용한 기원전 제4천년기 후반부터 두 지역이 아케메네스 제국으로 통합된 기원전 6세기까지다.

상대 연대표와 절대 연대표의 문제점

기원전 15세기부터 문자로 기록되거나 물질문화에 의해 입증된 연대별 배열은 이집트에서 이란에 이르는 고대 근동 지역 전체의 역사를 동시에 볼 수 있게 해 준다. 물론 세부 연대에 대한 불확실성은 계속 존재하지만 말이다. 지역별 절대 연대표를 수립하는 일이 이미 크나큰 어려움을 안겨 줄 수 있다는 점에서, 이 시점 이전의 연대를 맞추는 작업은 아주 조잡할 정도로만 가능할 뿐이다.[3] 특히 시기적으로 훨씬 늦은 사료에서 얻은 경우가 흔한 역사 기록 정보에 기초해 만든 연대표는 과학적 방법, 특히 방사성탄소연대측정법으로 알아 낸 결과들과 상충할 수 있다. 오늘날의 학자들이 직면한 가장 중요한 과제 중 하나는 그러한 차이를 조정하는 일이다. 최근에 학자들은 베이즈 확률론Bayesian probability[1]에 기초한 통계 모델에 의존하고 있다.[4]

지금까지 지역 연대표와 상대 연대표를 하나의 통합된 체계로 바꾸어 놓을 수 있는 보편적 체계는 존재하지 않는다. 특히 머리말과 1장 및 2장에서

1 지식이나 믿음의 정도를 나타내는 양으로 확률을 해석하는 방법이다.

다루는 기원전 1500년 무렵 이전 시기의 연대 표시는 주의해 보아야 한다. 이러한 이유로 정확한 시점은 대체로 표시하지 않을 것이다.

하나의 세계

고대 근동 역사에서 사용되는 여러 지명은 그 지역 언어들에는 해당하는 용어가 없다. 예컨대 메소포타미아는 '그 강들(티그리스강과 유프라테스강) 사이' 지역을 하나의 단위로 묘사하는 그리스어다. 이 용어는 그 지역이 (특히 외부인들이 보기에) 아시리아, 바빌론, 페르시아로 이어지는 제국들의 지배하에 점차 단일한 정치 공간으로 융합되어 간 기원전 제1천년기의 상황을 비교적 정확하게 묘사할 수 있다. 하지만 그러한 시각은 기원전 8세기 이전의 정치적 현실과는 어울리지 않았을 것이다. 따라서 그런데도 이 글에서 '메소포타미아'라는 용어를 사용한다면, 그것은 아주 많은 지역적 특성뿐 아니라 변화하는 정치 지형을 보여 주는 하나의 사회적·문화적 환경을 폭넓게 기술하기 위해서다. ('동쪽'을 뜻하는 그리스어에서 유래한) 아나톨리아도 (라틴어로 '떠오르는 태양의 땅'을 뜻하며 팔레스타인, 이스라엘, 레바논, 서부 시리아에 해당하는) 레반트도 마찬가지다. 현대 학문에서는 수메르인, 아카드인, 아모리인, 후르리인, 히타이트인, 카시트인, 아시리아인, 바빌로니아인, 페니키아인, 아람인 등이 언급되는데, 이러한 명칭들은 고古바빌로니아나 중아시리아, 바빌로니아 등의 전통적 시대구분처럼 언어학적 기준이나 정치적 기준에 근거한다. 민족성을 나타내기 위해 사용하는 용어가 아니기에, 그러한 용어로는 예나 지금이나 근동 지역만이 지닌 특징인 언어적·문화적 다양성을 제대로 다룰 수가 없다. 이러한 주의점은 이집트에도 적용된다. 이집트의 사료는 문화적 통일성을 강조하지만, 나일강 삼각주와 함께 하이집트는 좁은 범람원으로 이루어진 상이집트와는 근본적으로 다른 환경을 보여 준다. 실제로도 왕의 칭호는 두 지역을 따로 분리해 부른다. 그리고 누비아인, 리비아인, '아시아인'들이 비非이집트인(혹은 반反이집트인)으로 흔히 대표되지만, 이들 집단은 늘 전체 인구의 중요한 부분을 차지했다.

메소포타미아의 사료에는 유프라테스강 및 티그리스강 유역의 여러 정치

체제 통치자들이 그 지역을 훨씬 더 큰 세계의 일부분으로 생각했다고 나온다. 기원전 제3천년기 후반기의 문헌들은 이미 자신들의 정치적 공간이 현재의 남부 이라크 훨씬 너머까지라고 생각했다. 그들의 세계는 '세계의 네 모퉁이'(수메르어로는 안-웁-다-림무an-ub-da-limmu, 아카드어로는 키브라트 아르바임kibrāt arba'im이며, 아카드 왕 나람-신Naram-Sin의 칭호에서 처음 입증되었다.)[5]로 여겨지는 경계선에 의해 정해졌다. 그 시기에 이집트의 세계관은 훨씬 더 좁아 세계에서 가장 긴 강인 나일강에 집중되어 있었는데, 나일강은 엄밀한 의미의 이집트뿐 아니라 주변 지역에도 생명을 불어넣었다. 이집트를 가리키는 표현으로 가장 자주 등장하는 말은 케메트, 즉 '검은 땅'으로, 나일강이 범람해 형성된 짙은 색의 비옥한 토양을 가리킨다. 이와 대조되는 기준점은 데슈레트, 즉 '붉은 땅'으로, 주변의 사막 지형을 가리킨다. 세상에 대한 이집트인들의 이해를 결정짓는 특성은 나일강 지역이 세계의 심장부에 해당한다는 생각에서 비롯되었다.

나일강의 수원은 두 곳으로 모두 적도에 있다. 백나일강은 부룬디 산악 지대에서, 청나일강은 에티오피아 산악 지대에서 시작된다. 그 두 강은 북쪽으로 흐르다가 현재 수단의 수도인 하르툼에서 합류한다. 그곳에서 하나의 강력한 물줄기를 형성한 나일강은 사하라 사막을 가로지르고 중앙아프리카와 지중해를 잇는 유일한 강이 된다. 나일강의 수원 지역에 내리는 장맛비는 매년 홍수를 일으키는데, 전통적으로 한여름에 최고조에 달했다. 1902년에 완공된 아스완 로 댐Aswan Low Dam을 시작으로 이후에 이어진 댐 건설을 통해 수천 년 동안 이집트의 농사를 규정했던 현상이 종식되었다.[6] 댐이 건설되기 전까지만 해도 나일강의 범람이 잦아들면 무기물이 풍부한 진흙이 남아 이상적 비료 역할을 했다. 강물이 빠져나갔다는 것은 밀과 리넨 제조용 아마를 심는 재배기인 9월이 시작되었음을 의미했다. 나일 계곡은 손쉬운 통행을 막는 나일강의 여섯 개 급류cataract 중에서 최북단 급류가 위치한 아스완 북쪽으로는 폭이 최대 15킬로미터밖에 안 되므로 계곡의 주거지를 홍수로부터 보호하는 것이 중요했다. 동시에 모두에게 훌륭한 수확을 보장해 주도록 진흙과 물이 들판에 골고루 공급되어야만 했다. 이 두 가지 목적에 댐, 제방, 둑길의 건설은 모두 도움이 되었다. 나일강은 지중해로 빠져나가는 지점 가까이에서 넓은 삼각주를 형성하는 여러 개의 지류로 갈라지는데, 이 지점에 수로를 건설함으로써 농업과 교통의 수요를 충족하는 물을 공급할 수 있다. 나일강 삼각주는 이집트 경작지 면적의 3분의 2를 포함했으므로, 항상 많은 이집트인의 본거지가 되었다. 나일강은 농업에 없어서는 안 되는 존재일 뿐 아니라 이동과 상업 교통의 주요 동맥이었다. 나일강의 폭포와 급류로 인해 운송이 쉽지 않은 아스완 남쪽에서도 아프리카 내륙으로 가는 주요 교역로는 나일강을 따라가는 경향이 있다.

메소포타미아에서도 교통망이 물길을 따라갔다. 오늘날의 남부 이라크에 살던 사람들도 비옥하나 비가 내리지 않아 물이 마른 토양에 물을 대고 이집트인들처럼 운송과 이동의 동맥으로서 강을 이용했다. 유프라테스강 및 티그리스강과 두 강의 지류들은 이러한 점에서 매우 중요했다. 두 강 모두 중앙아나톨리아의 산악 지대에서 시작된다. 티그리스강의 가장 중요한 지류들은, 즉 디얄라강을 비롯해 대大자브강, 소小자브강은 현대의 이란과 이라크의 국경선을 따라 자리한 자그로스산맥에서 발원한다. 이 물길들이 산지와 고원을 메소포타미아 지역 및 비옥한 초승달 지대 전역과 곧바로 이어 준다. 산에서 눈이 녹는 시기가 되면 이 강들이 격류가 되어 특정 계절에만, 그리고 강 하류로의 운송에만 이용할 수 있지만, 메소포타미아에서 건축용 목재의 대다수는 이 방법으로 목적지까지 운반되었다. 유프라테스강과 티그리스강은 아나톨리아와 이란의 상류 지역에서 눈이 녹으면서 급격히 수량이 증가하는 봄에 수위가 가장 높다. 티그리스강은 다소 물살이 거칠어 배가 난파하는 경우가 지금도 드물지 않지만, 유프라테스강은 상대적으로 위험이 없는 편안한 이동을 제공한다. 그래서 그 강의 그리스 이름은 '좋은'이라는 뜻의 그리스어 에우-eu- 뒤에 그 강의 아카드어 이름인 푸라투Purattu가 붙어 유프라테스가 된 것이다. 아카드어로 이디클라트로 불린 그 통제 불능의 강은 이와는 완벽히 다른 연관성에 기초해 티그리스로 알려졌는데, 구체적으로 밝히면 포식 습성이 있는 맹수에 비유된 것이다.

연중 시기는 다르지만, 이집트에서와 마찬가지로 남부 이라크의 광활한 평원에 살던 사람들 역시 범람으로부터 자기들의 주거지를 보호해야 했는데, 그와 동시에 퇴적물이 풍부한 비옥한 진흙이 논밭에 골고루 퍼지는 이득을 맛보기도 했다. 여기서도 강은 댐, 수로, 기타 시설을 통해 이용할 수 있게 되었다. 오늘날 바그다드 남쪽에는 유프라테스강 및 티그리스강과 연결된 수로가 여럿 있다. 이 수로들이 없었다면 부족한 강수량으로 인해 메마른 사막이 되었을 지역이 이 수로들 덕분에 번창하는 농업 지역으로 바뀔 수 있었다.[7] 대추야자, 보리, 밀이 가장 중요한 작물이었다. 그러나 이집트와 달리 직물 생산은 아마보다는 양모에 기반을 두었다. 단연코 수로 운송은 물자를 운송하는 가장 효율적인 방법이었다.[8] 전적으로 인간이 만들어 낸 남부 이라크의 모습은 그 인공성에서는 베네치아나 더 큰 규모의 네덜란드 해안 지대와 비슷했다. 바빌론과 우루크를 잇는 수로에서 사람들은 온갖 종류의 바지선, 뗏목, 보트를 동원해 상앗대와 노를 저으며 돛을 올렸다. 일부 배는 나무로 만들어졌지만, 산악 지역에서 목재를 들여오려면 상당한 비용이 들었으므로 갈대나 짚, 가죽으로 만든 배가 훨씬 더 흔했다. 배의 방수 처리에는 대개 역청을 사용했다.[9] 이 물질은 유프라테스강 유역에 자리한 (시리아 국경선에서 멀지 않은 오늘날의 이라크에 위치한) 히트 인근의 천연 아스팔트에서 얻을 수 있었다.(지금도 여전히 생산된다.) 역청은 고대 근동 지역이 사용한 유일한 형태의 석유였다. 그렇기는 하지만 이러한 형태로도 이미 그 지역의 석유 매장량은 고대에 그곳이 번영하는 데 도움을 주었고, 시기심과 전쟁을 일으킬 만큼 중요했다. 기원전 제2천년기 초에 바빌론의 함무라비Hammurabi 왕은 시리아의 경쟁자인 마리 왕국의 짐리-림Zimri-Lim 왕을 상대로 한 평화 협상에서 히트의 지배권을 필수 불가결한 조건으로 삼았다(이후의 본문 참조). 하지만 그 어느 쪽도 돈벌이가 되는 역청의 독점권을 포기하려고 하지 않았으므로 협상은 실패했다.[10]

(각기 봄과 가을에 시작되는) 반대되는 계절적 리듬이 남부 이라크와 이집트의 생활을 지배했지만, 두 지역의 모습은 매우 비슷했다. 하지만 메소포타미아의 퇴적층이 더 민감한 생태계에 해당했다. 나일강 삼각주의 지류 중 하나가 물길이 달라졌을 때보다 유프라테스강과 티그리스강이 달라졌을 때 훨씬 더 넓은 지역이 영향을 받았기 때문이다. 따라서 현대 학자들은 기원전 제3천년기와 기원전 제2천년기 초에 대단히 중요했던 도시들인 라가시와 라르

사가 기원전 1800년 무렵 이후 메소포타미아의 정치 지형에서 더는 두드러진 역할을 하지 못하게 된 것이 유프라테스의 강바닥이 달라져서라고 생각한다. 상당히 비옥했던 농업 지역에 더는 물이 공급되지 않으면서 그곳에서 더는 경작할 수 없게 되었기 때문이었다. 이러한 변화가 왜 일어났는지는 명확하지 않지만, 인간의 활동이 한 가지 요인이었을 수 있다. 수로, 댐, 수문 같은 시설의 건설로 넓은 땅에 물을 공급하거나 차단할 수 있게 되었기 때문이다. 기원전 제3천년기 중반, 도시국가인 라가시와 움마 간의 갈등이 대표적 예다(이후의 본문 참조). 라가시 통치자들이 세운 공공 기념물(예를 들면 에안나툼Eanatum이 세운 독수리 비석)에 새겨진 비문은 북쪽 인접국인 움마가 라가시 영토의 넓은 지역에 물 공급을 끊을 수 있는 위치에 있었음을 강조한다.[11]

메소포타미아 범람원과는 대조적으로 고대에 나일 계곡은 염분이 함유된 토양 문제를 겪지 않았다. 남부 이라크의 높은 지하수면은 염도의 상승이 수확량을 감소시킬 수 있음을 의미했다. 특정 지역이 경작지로 더는 사용되지 않는 경우가 꾸준히 발생했다.[12] 바그다드 북쪽은, 즉 유프라테스강과 티그리스강의 하안 지역은 이러한 점에서 더 유리한 조건을 누렸다. 그러나 큰 강의 계곡이 주변 지형을 깊이 파고 들어갔으므로 이곳에서는 인공 관개를 할 수 없었다. 강수량이 너무 적으면 농사를 효율적으로 지을 수 없다. 따라서 넓은 회랑처럼 생긴 긴 지형이 풍부한 강수량 덕분에 농경이 가능한 북부 메소포타미아와 인공 관개가 가능한 남쪽 범람원을 갈라놓고 있었다고 할 수 있다. 그리고 널찍한 복도 같은 이 땅은 주로 가축을, 특히 양 떼와 염소 떼를 기르는 데 사용되었다. 이 지역은 북부 메소포타미아(아시리아)와 남부 메소포타미아(바빌로니아) 사이의 자연스러운 완충지대에 해당했는데, 종종 이 두 지역을 정치적으로 통합하는 데 장애가 되었다. 또한 이 지역에는 농경을 규정하는 정착 생활에 얽매이지 않으면서 북쪽과 남쪽의 농업 지역을 이용하려는 인구 집단들이 자주 몰렸다. 그러한 집단들이 평화롭게 가축을 방목하고 교역하는 대신에 침입을 자행할 경우, 그로 인해 주변 국가들이 상당히 불안정해질 가능성이 발생했다.

서아시아와 동북아프리카의 문화는 적어도 신석기시대 이후로 꾸준히 이용된 초지역적 루트로 연결된, 하나의 세계를 구성하는 요소들로 보아야 한다. 그러한 이동에는 상당한 거리로 인한 어려움뿐 아니라 사막이나 산 같은 여러 가지 기후적·지형적 장애물을 극복해야 하는 과제도 수반되었다. 2부에서는 개별적으로 검토하는 경우가 더 흔한 고대 문화와 국가들을 종합적 관점에서 다루려고 한다. 개별 지역 간의 상호 연관성은 기술, 행정, 문서 관습 같은 분야에서 표준이 채택되거나 서로 많이 유사한 경우에 가장 명확하게 드러나며, 이에 대한 가장 훌륭한 증거는 물질문화라고 할 수 있다. 특히 야금술의 발전이 넓은 지역에서 나타났는데, 그러한 발전으로부터 이득을 본 민족들은 실제로 자신들이 더 넓어진 다면적 세계에 속해 있다고 확실하게 느낄 수 있었다.[13] 청동기시대에 지역별 문화 너머로 지평이 확장되면서, 모든 생활 영역에서 사용할 수 있는 도구, 무기, 귀중품 등의 다양한 금속 제품이 처음으로 제작될 수 있었다.

근동의 여러 지역 간에 형성된 광범위한 교역 관계는 이미 토기 없는 신석기시대에 존재했던 것으로 입증할 수 있다. 1960년대 이래로 학자들은 흑요석 도구의 고고학적 발견에 특히 관심을 보여 왔다. 이 검은색의 화산 유리는 날카로운 날이 될 수 있어서 금속을 사용하기 전의 수천 년 동안 도구와 무기의 제조에 중요한 역할을 했다. 물론 석기시대에 원거리 교역으로 거래된 물품이 흑요석만 있었던 것은 아니지만, 이 흑요석은 특히 연구를 쉽게 해 준다. 흑요석이 발견된 각각의 장소가 독특한 특성을 보여 주고, 특정 흑요석 표본에 함유된 미량원소를 화학적으로 분석하면 그것의 원산지를 정확하게 판단할 수 있기 때문이다.[14] 따라서 적어도 기원전 제10천년기부터 동부 아나톨리아 빙괼의 흑요석이 수백 킬로미터를 거쳐 메소포타미아와 레반트 지역으로 정기적으로 판매되었다고 확신할 수 있다.

문자 자료는 수천 년이 지난 뒤인 기원전 제4천년기 말에 처음 등장하기 전까지는 고고학적 사료를 보완해 주지 못한다. 흑요석으로 만든 칼날은 계속 중요한 역할을 했지만, 초기 청동기시대에는 금속이 가장 중요한 교역 대상이 되었다.[15] 금과 은 외에 구리와 주석이 특히 중요했던 것으로 드러났다. 구리와 주석은 청동, 즉 합금을 만드는 데 사용된다. 기원전 제4천년기에서 기원전 제3천년기로 전환하는 시기에 등장한 청동은 모든 종류의 도구와 무기를 만드는 데 선택된 재료였다. 그렇기는 해도 충분한 양의 구리와 주석은 자연에서 절대 함께 발견되지 않는다. 따라서 청동에 의존하는 공동체는 누구든 다른 국가와 거래해야 했다. 기원전 제3천년기와 기원전 제2천년기에 구리와 주석에 대한 수요가 지역의 모든 강대국을 규정했다. 그 어떠한 국가도 전적으로 홀로 존재할 수는 없었다.

메소포타미아와 이란, 이집트에서 문자가 등장하다

고대 근동의 초기 문명을 재구성하는 작업의 성공 가능성과 그에 대한 제약은 무엇보다도 이용할 수 있는 문자 사료에 따라 결정된다. 학자들이 이용할 수 있는 다른 모든 자료와 마찬가지로, 문자 사료도 지난 200년 동안의 고고학적 발굴과 지표 조사를 통해 밝혀졌다. 필사본 전통을 통해 보존된 성경이나 고대 그리스-로마의 많은 저술과는(이를테면 헤로도토스의 『역사*Histories*』나 키케로의 연설)과는 대조적으로, 이집트와 서아시아의 문자 기록은 기원후 첫 몇 세기 동안 전달이 중단되었다.[16] 발견 당시에는 곧바로 파악할 수 없던 문자 체계를 해독하는 데 들어간 상당한 노력과 고고학적 연구가 없었더라면, 구약성경과 헤로도토스, 그 외의 고전기와 아랍의 사료가 제공해 주는 빈약한 정보만이 우리에게 존재할 것이다.

그러한 사료는 여전히 중요하지만, 현대 학자들은 현장에서 발견된 문자 자료를 우선시한다. 초기의 일부 발굴자들과 모든 도굴꾼이 사용한 입증되지 않고 비양심적인 방법들 때문에 항상 그렇지는 않지만, 우리는 종종 이러한 문서의 '고고학적 맥락'을 알 수 있게 된다. 달리 말하면 특정 사료에 특정한 시공간적 좌표를 배정할 수 있다는 이야기인데, 그것의 보관 방식이, 예를 들면 그것이 단독으로 또는 도서관에, 개인 주택이나 궁전, 사원에, 특수한 용기 또는 쓰레기 더미에 보관되어 있었는지가 알려진다. 문서에 사용된 재료나 문자의 작성 방식, 전반적 보존 상태 등 문서의 형식적 속성과 더불어 그러한 정보는 사료에 대한 중요한 결론에 도달할 수 있게 해 준다. 이집트와 서아시아에서 찾아낸 문서는 수십만 점에 달한다. 자료의 양이 방대하고 상당히 복잡한 문자 체계가 포함되어 있어 많은 사료가 지금도 발표되지 않은 채로 남아 있다. 그렇다고 하더라도, 그리고 지역의 정치 여건이 허락하는 범위에서 해마다 새로운 문서가 발견되더라도, 지금 우리는 고대의 국가와 공동체들이 직접 남긴 기록을 바탕으로 고대 근동의 역사를 쓸 수 있다. 그러나 이용할 수 있는 기록은 상당히 불규칙하게 분포되어 있다. 보존과 재발견에 유리한 환경으로 인해 일부 시기와 장소가 특별한 주목을 받게 된 반면에, 상대적으로 혹은 절대적으로 알려지지 않은 상태로 남아 있는 것이 너무나도 많다. 특정 시대에 관한 민간 기록 보관소가 많이 존재하지만, 이것들은 주로 엘리트층과 도시 가구들을 집중적으로 조명한다. 문자 자료 중에서는 중앙집권화된 기관들의 자료가 가장 많으며, 그러한 자료들은 다양한 정부 차원의 행정 업무와 함께 종종 국가 간의 거래 또한 드러낸다.

이집트와 오늘날의 남부 이라크 지역에서는 기원전 제4천년기 말부터 문자가 사용되었다.[17] 그 관습이 어디에서 먼저 채택되었는지의 문제가 현대인들에게는 특히 중요하게 느껴지지만, 두 지역 모두 그 관습의 극초기 단계에 대한 기록이 너무나도 부족한 탓에 어떠한 확답도 할 수 없다. 현재 학자들은 두 문자 체계가 거의 같은 시기에, 하지만 서로 독립적으로 발달했다고, 정치적 중앙집권화와 국가 형성에 대한 표현이자 그것을 알리는 수단으로 간주해야 한다고 생각한다.

기원전 제4천년기 후반기에 특히 우루크 같은 도시 중심지들이 남부 이라크의 상황을 규정지었다. 그 지역은 오늘날 북부 시리아의 유프라테스강 중류 지역뿐 아니라 금속, 돌, 나무 같은 원료를 얻을 수 있는 타우루스산맥과 자그로스산맥의 '식민지'까지도 아우르는 복합적이고 초지역적인 체계의 중심부를 형성했다. 이는 우루크 팽창 시기로 알려져 있다.[18] 이집트의 발굴지에서는 메소포타미아식 원통형 인장과 게벨 엘-아라크 나이프처럼 메소포타미아 방식을 모방한 물건들이 나왔을 뿐 아니라, 그 유명한 나르메르 팔레트의 도상학 요소들은 우루크 문화의 광범위한 확산을 입증한다.[19]

우루크 '식민지'에 남은 우루크 문화를 나타내는 자료들로는 원통형 인장, 건축 및 건물 장식(여러 색의 원뿔형 돌 모자이크나 벽감이 설치된 건물의 파사드 등),

도자기(특히 표준화된 틀에 넣어 조잡하게 대량생산한, 테두리가 비스듬한 그릇), 돌로 만든 도구와 용기가 있다. 초기 형태의 쐐기문자cuneiform로 복잡한 정보를 기록한 점토판은 우루크 도시에서만 발견되었다. 우루크 체제하의 다른 지역에서는 숫자를 표기한 작은 판만 발견되었는데, 이란의 도시 수사만이 예외다. 지역 간 혹은 문화 간의 접촉은 새로운 기술의 자동 채택을 의미하지는 않는다. 그 대표적 예가 기원전 제4천년기의 가장 중요한 혁신에 속하는 토기 돌림판이다. 토기 돌림판의 등장으로 더욱 빠르고 손쉽게 도기 용기를 만들 수 있게 되면서 대량생산이 이루어질 수 있었다.[20] 이 기술은 단계적으로 발전했다. 우선 손으로 돌리는 작업 면에서 시작해 천천히 회전하는 장비에 이어 마침내 토기 돌림판이 완성되었다. 기원전 3200년 무렵, 우루크 문화 영향권 전역에서는 개선된 형태의 토기 돌림판이 널리 확산한 상태였다. 하지만 이집트의 경우 이 기술은 몇 세기 후인 기원전 제3천년기 중반에, 즉 이집트 고왕국 시대에야 사용되었다.[21] 그리고 200년쯤 뒤, 즉 고왕국의 몰락 이후 이른바 제1중간기 초에 전통의 영향력이 줄어들면서 더 빠른 생산 가능성을 십분 활용할 수 있는 방식으로 용기 모양이 바뀌었다.

메소포타미아에서도 이집트에서도 문자는 문화적 공백 속에서 발달한 것이 아니었다. 문자는 정보를 저장했다가 검색하기 위한 다양한 기술 중 하나였다. 여기서 문자는 그림으로 나타낸 표현이나 계산을 위한 표시와 비슷하다고, 도공들이 도자기에 새긴 자국과 비슷하다고 생각해야 한다. 메소포타미아와 이집트의 문자 체계가 발달해 간 방식에 유사성이 존재하지만, 그 둘은 독립적으로 등장했으며 현지에서 입수할 수 있는 재료를 사용했다. 즉 남부 이라크에서는 점토와 갈대를 사용했고, 이집트에서는 나무와 뼈를 쓰다가 나중에는 파피루스를 사용했다. 오늘날에는 이집트의 문자 체계를 가리키기 위해 그리스어로 '신성한 기호'를 의미하는 '신성문자hieroglyphics'라는 용어를 사용하는데,[22] 신관문자로 불리는 필기체도 있고, 기원전 7세기부터는 민중문자로 알려진 간소한 형태의 문자도 존재한다. 남부 이라크의 문자 체계는 반건조 상태의 점토에 눌러 찍어 기호를 형성한 쐐기 모양으로 이루어져 있는데, 오늘날 '쐐기 모양'을 뜻하는 라틴어에서 유래한 단어인 쐐기문자로 알려져 있다.[23]

이러한 문자 형태는 기원전 제4천년기 후반기에 행정상의 목적을 위해 우루크에서 만들어졌다.[24] 당시에 도시 우루크는 대략 1제곱킬로미터의 표면적을 차지할 정도여서 남부 메소포타미아에서, 그리고 세계에서 단연코 가장 규모가 컸다. 도시 심장부에 있는, 여신 인안나Inanna를 모시는 거대한 사원 단지인 에안나Eanna의 감독 관리들이 수백 년 동안 우루크에서 문자를 사용한 유일한 사람들이었다.[25] 1928년에 독일 고고학 연구소DAI가 우루크를 발굴하던 중에 500점 정도의 점토판을 발견했다. 안타깝게도 그 점토판들은 애초에 사용되던 장소에서 발견된 것이 아니라 (기원전 3000년 무렵에 에안나에서 진행된) 이후의 건설 작업에 충전 재료로 사용된 것들이었다. 고문서학 분석을 통해 점토판들은 두 부류로 분류할 수 있는데, 첫 번째 부류는 기원전 3100년 무렵, 우루크 체제가 무너지기 전 시기에 속하며, 두 번째 부류는 이후 시기에 속한다. 첫 번째 부류에 속하는 문서로도 이미 완벽하게 발달한 기록 보관 체계가 존재했음을 알 수 있다. 따라서 오늘날 학자들이 이용할 수 있는 자료로는 문자 발달의 첫 단계를 밝힐 수가 없고, 그 기술이 거대한 행정 기구 내에서 이미 널리 사용되던 시기는 입증할 수 있다. 고고학적·역사적 관점에서 그 문자의 발명 시기를 기원전 3300년으로 정해도 될 듯하지만, 확신할 수는 없다.[26]

이용할 수 있는 메소포타미아 문자 사료는 기원전 제3천년기 중반까지는 행정 기록과 함께 그 체계를 가르치고 기록하는 데 도움이 된 참고 자료나 지침 자료에 국한된다.[27] 이 시점까지는 문자가 가진 더 많은 가능성을 활용하지 않았다. 그리고 대규모 비석이 몇 개 발견되었지만, 여기에는 아무런 비문도 남아 있지 않다. 가장 초기의 쐐기문자로 된 문서는 '읽기'는 불가능하며, 단지 그 내용을 해석하고 대체적 의미를 이해할 수 있을 뿐이다. 의미론의 범주로 분류되는 긴 목록의 기호들은 지시와 참고용으로 이용되었다. 이런 유형의 문지들이 기원전 제3천년기까지도 계속 사용되었고, 우리가 충분히 이해할 수 있는 쐐기문자 기록이 나타날 때까지 반복적으로 복제되었다. 이들 목록은 비용과 수익을, 특히 곡물 거래와 양羊 거래를 기록하기 위해 종합적 계량단위를 사용한 초기의 행정 문서를 해석하는 데 필요한 열쇠를 제공한다. 상황에 따라 열세 개의 숫자 체계가 사용되었는데, 시간(한 달 30일, 12개월), 양

—— 이라크 남부에서 생산된 것으로 추정되는 점토판(9.4센티미터×6.87센티미터). 맥주 할당량에 관한 내용이 쐐기문자로 새겨져 있다. (Wikimedia Commons, © BabelStone)

量(세는 항목에 따라 두 가지의 60진법 체계와 변형된 형태의 60진법), 용량(곡물에는 네 가지 다른 체계, 액체의 경우 유제품과 맥주를 위한 두 가지 측정 체계), 면적, (아마도) 무게를 위한 숫자 체계가 존재했다.[28] 그 밖에 짧게 글씨가 새겨진 작은 형태의 구멍 뚫린 물표物標도 발견되었는데, 이는 아비도스에서 발견된 이집트 최초의 문자와 비슷하다.[29]

숫자가 표기된 짧은 문서를 제외하고, 우루크 시대에 문자가 우루크 밖에서 사용된 경우는 도시 수사밖에 없다. 오늘날까지 수사는 수시아나에서 가장 중요한 주거지로 남아 있는데, 현대의 도시 슈시가 고대 유적을 덮고 있기 때문이다. 수시아나는 이란 서쪽의 쿠제스탄주에 있는 큰 평야로, 그곳의 지리와 기후 조건은 남부 메소포타미아와 상당히 흡사하다. 하지만 그 지역은 티그리스강 동쪽의 습지와 함린산맥에 의해 고립되어 있다. 당시 수사는 최대 면적이 25헥타르 정도로, 거대 도시 우루크보다 상당히 작았다. 그래도 수사는 당시의 가장 큰 도시 중심지 중 하나였다. 수사에서 발굴된 쐐기문자에는 우루크 특유의 숫자 표시 체계가 포함되어 있고, 같은 목적에 사용되었다. 하지만 우루크의 열세 개 숫자 체계 중에 수사에서 사용되었다고 입증된 것은 세 개뿐이다. 즉 개별 물품에 60진법과 변형된 형태의 60진법이 사용되었고, 곡물을 세는 단위로 건량乾量이 사용되었다. 수사가 우루크로부터 문자를 받아들였다고 추측해도 무방하지만, 문자의 쓰임새는 독자적으로 발전했다. 점토판의 모양과 점토판 위의 글자 분포가 그 기원지와는 상당히 다르기 때문이다.[30] 우루크와 수사의 관계가 정확히 어떠했는지, 수사가 정치적·경제적으로 우루크에 의존했는지는 여전히 불분명하다.

우루크 체제가 막을 내린 기원전 3100년 무렵, 남부 메소포타미아식 쐐기문자가 수사에서 더는 쓰이지 않게 되면서, 반건조 상태의 점토에 갈대 바늘로 새기는 기술은 고수하면서도 완전히 새로운 기호 체계를 채택한 문자로 대체되었다.[31] 이를 증명해 주는 예들은 이란고원 전역에 분포된 주거지에서 발견된다. 이 체계는 통일된 물질문화가 존재했음을 나타내는 점 외에, 어쩌면 수사 자체가 중심이 된 복합적인 초지역적 조직 형태가 존재했음을 가리킨다.[32] 이 지역의 쐐기문자로 기록된 언어는 제대로 이해되지 않아 여전히 해독이 안 된다. 이 문자로 기록된 언어가 엘람 왕국과 실제로 관련이 있는지는 전혀 확실하지 않지만, 이 문자는 (상응하는 고고학적 시기에 따라) 원시 엘람 문자로 불린다. 실제로 엘람 왕국은 이후 시기에 같은 지역에 존재했던 것으로 입증되었다. 현재의 연구 상태에 따르면 원시 엘람 문자는 행정 목적으로만 사용되었고, 기원전 2700년 무렵에는 더는 사용되지 않았다. 그 이후의 사례가 발견되지 않았기 때문이다.[33] 그리고 약 500년 후에 메소포타미아의 쐐기문자가 다시 수사에 도입되었다.

남부 이라크에서 우루크 체제가 붕괴했다고 해서 쐐기문자가 끝난 것은 아니었다. 오히려 (중요한 발굴지의 이름을 딴) 젬다트 나스르 시기에, 그리고 우루크뿐 아니라 남부 메소포타미아 여러 곳에서도 쐐기문자가 사용되었다는 증거는 상당히 많다. 당시 '식민지'들이 각자의 길을 걷기 시작했다고 해도, 우루크의 영향력은 문화적으로나 정치적으로나 여전히 중요했다. 쐐기문자는 초기 왕조 시대의 도시국가들에서 번성했고, 기원전 제3천년기 전반기에는 구어를 재현할 정도로 성숙한 문자 체계로 발전했다.[34] 처음에는 수메르에서 사용되다가 아카드에서도 사용된 쐐기문자는 이제 법률 문서, 비문, 행정 목록, 문학 등 모든 종류의 문서에 사용되었다.[35] 특히 중기와 후기의 청동기시대에, 달리 말하면 기원전 제2천년기에 아카드어는 동부 지중해 해안과 이집트까지 포함된 서아시아 전역에서 쓰기용 언어로 사용되었다. 그 결과로 쐐기문자가 널리 사용되면서 다른 언어에도 응용되는 현상이 발생했다. 북부 메소포타미아의 후르리어(기원전 제3천년기와 기원전 제2천년기)와 엘람어(기원전 제3천년기~기원전 제1천년기), 이란의 고대 페르시아어(기원전 제1천년기), 아나톨리아의 히타이트어(기원전 제2천년기)와 우라르투어(기원전 제1천년기) 등이 그 예다.[36]

이집트에서 발견된 초기 문서는 메소포타미아보다 훨씬 적다. 우표 크기의 물표 160점과 원시 신성문자로 된 짧은 글귀가 적힌 그릇 125점이 아비도스의 U-j 고분에서 발견되었다.[37] 이 무덤은 기원전 제4천년기 말인, 이른바 나카다 3기에 세워졌다. 이 무덤의 정확한 연대에 관해서는 의견이 일치하지 않는다. 역사적 관점에서 보면 기원전 3200년인듯하지만, 탄소연대측정법은 그보다 이른 기원전 3320년 무렵에 세워졌음을 시사한다.[38]

선왕조 시대(기원전 제4천년기)에 걸쳐 이집트는 점차 더 통일된 문화 공간으로 부상했다. 이러한 변화는 상이집트의 영향력(나카다 문화)이 누비아뿐 아니라 중이집트와 하이집트까지 확산하면서 일어났다.[39] 상이집트의 지역 중심지 몇몇은 장시간에 걸쳐 같은 시기에 존재했다.[40] 아비도스 외에 가장 눈에 띄는 곳은 히에라콘폴리스로,[41] 남쪽으로 150킬로미터 떨어진 곳에 있으며 많은 무덤으로 유명하다. 기원전 제4천년기 말에는 아비도스와 연결된 지배 왕조가 더 넓은 지역에 대한 지배권을 주장할 수 있었다. 나르메르는 기념비에 자신을 이집트 전체를 통일한 사람으로 내세웠다. 그리고 현대 학자들은 그의 통치로 초기 왕조 시대가 시작되었다고 본다.[42]

선왕조 시대 내내 아비도스에 통치자들이 묻혔지만, 그곳은 지역 권력의 중심지가 아니었다. 인근에 정치 중심지인 티니스(또는 티스)가 있었지만, 그곳의 정확한 위치는 아직 밝혀지지 않았다. 홍해에서 나일강을 거쳐 서부 사막의 오아시스까지 중요한 육로 연결망이 이어지므로, 그 지역은 교역에 최적화된 장소라고 할 수 있었다. 상이집트의 최북단 도시 중심지였던 아비도스 또는 티니스는 지중해로 통하는 관문이기도 했다. U-j 고분은 선왕조 시대 왕묘군인 움엘카브 유적지에 속하는데, 독일 고고학 연구소가 이 유적지에서 1977년부터 발굴 중이다. U-j 고분의 지하 매장 단지는 벽을 둘러친 묘실 열두 개로 나뉘어 있지만, 상부 구조가 어떻게 생겼는지는 알지 못한다. 고고학자들은 도굴된 상태의 지하 무덤을 발견했지만, 일부 장례용 물건들은 손이 타지 않은 상태로 남아 있었다. 그중에는 남부 레반트에서 수입된 점토 용기 수백 점이 있었는데, 처음에는 포도주로 가득 차 있었을 것이다.

일부 부장품에 나무나 돌, 상아로 된 작은 조각들이 선물용 꼬리표 형태로 부착되어 있었는데, 추정컨대 부장품에 대한 추가 정보를 제공하는 용도였던 것 같다. 이들 꼬리표는 사각형에 구멍이 뚫려 있었고, 그 안에 기호를 새겨 넣은 뒤에 채색된 반죽으로 채워 넣었다.[43] 많은 그릇에 잉크로 표시가 되어 있으며, 아래에는 전갈이 그려져 있다. 따라서 학자들은 그 지하 무덤의 주인을 '전갈왕' 1세로 불렀다. 문자 증거와 수입품에 비추어 볼 때, 그의 무덤은 이집트가 중앙집권 국가가 되어 가는 결정적 단계였음을 입증하는 것으로 보인다. 하지만 이 시점에 이 왕국의 지리적 범위가 어느 정도였는지는 여전히 확실치 않다.[44]

지금까지 발견된 가장 오래된 이집트 문서에서 사용된 문자 체계는 이미 상당한 복잡성을 보여 준다.[45] 주로 고유명사나 지명으로 보이는 문서 내용에 대한 해석이 좀 더 세밀한 부분에서 논쟁의 대상이 되기는 하지만, 신성문자가 이 초기 체계로부터 발달한 것만은 확실하다고 말할 수 있다. 그것은 특정한 기호와 철자법을 공유할 뿐 아니라 서체의 방향과 숫자 체계에서 이전의 전형을 따른다. 아비도스 왕묘군의 지하 무덤 단지 중 제1왕조에 속하는 통치자들의 무덤에는 글이 새겨진 물표와 그릇뿐 아니라 글이 새겨진 인장이 있고, 무덤 입구에는 비석도 세워져 있다. 비석의 비문에는 망자의 이름과 직함이 기록되어 있다.[46] 이제 문자는 더는 통치자들을 위해서만 사용되는 것이 아니었다. 왕의 수행원들을 위한 비석에도 문자가 사용되었으니 말이다. 그리

—— 아비도스의 움엘카브 왕묘군에서 나온, 뼈로 만든 물표(8센티미터×5.5센티미터). 초기 형태의 이집트 문자가 새겨져 있다. 물표는 원래 (제1왕조) 파라오 덴(Den)의 무덤에서 발견된 기름 용기에 묶여 있었다. 기름의 종류와 양을 표시할 뿐 아니라 덴이 통치하던 시기의 행사들과 함께, '왕실의 인장 보관자'였던 헤마카(Hemaka)도 표시한다. 헤마카는 왕의 장례를 책임졌던 것으로 보인다. (Wikimedia Commons, © CaptMondo)

고 얼마 지나지 않아 이집트 전역에서 같은 문자 체계가 사용되고 있었음을 보여 주는 사례가 입증되었다.

1 초기 국가

이번 장은 1000년이 넘는 엄청나게 긴 세월을 다룬다. 정확히 말하면 기원전 제4천년기 말에서 기원전 21세기까지로, 초기 청동기시대와 대체로 일치한다. 이집트의 경우 멤피스를 중심으로 한 강력한 국가의 흥망성쇠를 살펴볼 텐데, 이 국가의 영토와 인구 규모는 당시 세계 그 어느 곳도 필적할 수 없는 수준이었다. 한편 남부 메소포타미아의 범람원은 작지만 자신감 넘치는 국가들의 본거지였다. 그들은 지역 내 영향력을 놓고 서로 경쟁하기는 했지만, 이념과 정치조직의 면에서 많은 부분이 비슷했다. 대체로 그 국가들의 공간적 분포는 그 지역 특유의 생태적·경제적 조건을 반영했다. 남부 메소포타미아 지역에 정치적·문화적으로 공통점이 존재했고 그것이 수용되면서, 단명으로 그치기는 했지만 어쨌든 아카드 제국이 탄생할 수 있었다. 아카드는 북부 메소포타미아, 시리아, 레반트, 아나톨리아, 이란, 페르시아만과의 오랜 관계를 이용해 서아시아의 넓은 지역에 대해 지배권을 주장했다.

이번 장에서 제공되는 연도는 다소 신중하게 보아야 한다. 그 시대의 절대 연대표가 아직 완벽하게 정립되지 않았기 때문이다. 현재로서는 알 수 없는 연도인데 확실하다는 착각을 주지 않기 위해 특정 연도에 관한 언급은 생략한다.

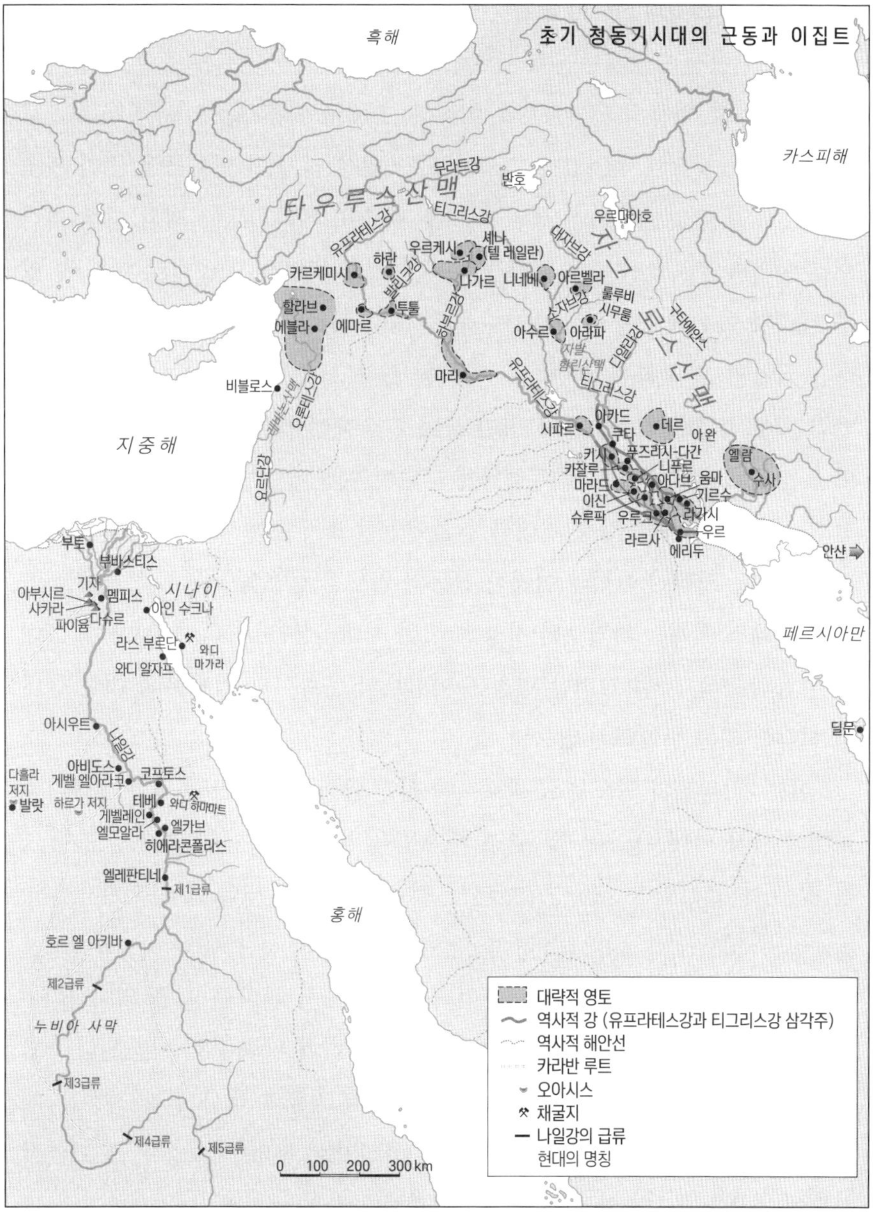

—— 초기 청동기시대의 서아시아와 이집트.

멤피스와 그곳의 신성한 왕들

현대의 연구는 오랫동안 조세르Djoser(제3왕조, 기원전 27세기 무렵)의 통치를 파라오 이집트 역사의 출발점으로 여겼다. 조세르의 통치는 고왕국 시대의 시작을 알리는 것으로 여겨졌다. 그러나 지난 몇십 년 동안 학자들은 초기 왕조 시대로 알려진 앞선 400여 년의 시기를 단순히 피라미드 시대의 준비 기간으로 여기며 무시할 수만은 없다는 데 동의하게 되었다. 마음대로 다룰 수 있는 사료가 이후의 고왕국 시대보다는 덜 풍부하지만, 이제 그 시대는 이집트라는 국가와 그 문화를 형성하는 역할을 했다고 평가된다. 이 시기에 이집트만의 매우 특별한 방식으로 사망한 통치자 숭배에 집중하는 신성 왕권 이념이 등장해 통일된 이집트를 지배하게 되었기 때문이다.[47] 이러한 관점에서 보면 당시에 돌로 세운 가장 거대한 건물이었던 조세르의 계단식 피라미드 건설은 새로운 시작이 아니라 이러한 전통의 압도적 성공을 보여 주는 표현이었다. 그런데도 학계는 과거부터 사용해 오던 시대구분(초기 왕조, 고왕국)을 그대로 사용하는데, 사실 그러한 명칭은 이집트의 문화사와 정치사에 대한 현대의 시각에 더는 부합하지 않는다.

이는 제1왕조의 연도를 조세르보다 훨씬 앞서는 것으로 추정한 헬레니즘 시대의 학자 마네토Manetho의 왕조 분류법을 부활시키는 것일까? 반드시 그런 것은 아니다. 연속성을 강조한다는 것은 '전갈왕' 1세와 그의 후계자들(즉 초기 왕조 시대 말기의 파라오들처럼 아비도스 움엘카브 왕묘군의 거대한 지하 무덤에 묻힌 통치자들)을 구분 짓는 선을 덜 엄격한 관점에서 본다는 것을 의미한다.[48] 이제 '제0왕조'라는 용어가 이 통치자들을 지칭하기 위해 흔히 사용된다.[49] 기원전 13세기(제19왕조) 이후부터 입증된 이집트 자체의 역사 편찬 전통은 메네스Menes라는 인물을 통일된 이집트의 창시자로 본다. 학자들은 고고학적 기록에 나오는 통치자와 메네스를 동일시해야 하는지, 만약 동일시한다면 어떤 통치자와 같은지를 놓고 여전히 논쟁 중이다. 그 시대에 가장 인상적인 기념물은 나르메르(그의 이름은 '무서운 메기'라는 뜻으로, 나일강에서 가장 큰 포식성 물고기를 가리킨다.)가 상이집트와 하이집트의 지배자라고 칭송한다. 이른바 나르메르 팔레트가, 그리고 상이집트 히에라콘폴리스의 호루스Horus 신전에 봉헌된 제물 중 하나인 왕홀 머리 부분이 바로 그 증거다. 이 통치자의 비문은 이집트 전역에서 입증되며, 심지어 이스라엘 남부의 네게브 지방에서도 나왔다.[50] 고고학적 자료와 훨씬 이후의 역사 편찬 기록을 일치시킬 수 있는지는 골치 아픈 문제이며, 학자들은 대략 기원전 32세기에 해당하는 제1왕조가 나르메르로 시작되었는지, 아니면 그를 제0왕조의 마지막 통치자로 보아야 하는지를 놓고 논쟁하고 있다. 대략적인 연대순 배열이 아무리 도움이 된다고 해도, 왕조 구분의 세부적 부분들은 종종 문제가 있는 것으로 드러난다. 따라서 나의 설명은 전통적 시대구분 체계를 사용한다.

아하Aha(기원전 32/31세기 무렵)에게서 시작되는 제1왕조 왕들의 무덤은 이전 통치자들의 무덤과는 근본적으로 다르다. 이제 군주는 자신을 수행하던 자들과 함께 묻혔다.[51] 그 무리에는 남자(난쟁이들이 종종 있었다.)와 여자, 가축(개와 새끼 사자)들이 포함될 수 있었다. 아하는 각기 길이가 20미터에 달하고 삼나무 목재로 만든 바크Barque 열네 척으로 이루어진 소함대 외에,[52] 이름이 확인된 여성 한 명, 젊은 남자 서른네 명, 새끼 사자 일곱 마리와 함께 묻혔다.[53] 그의 뒤를 이은 제르Djer의 무덤에는 훨씬 더 많은 사람이 함께 묻혔다. 고고학자들은 같은 시기에 건설된 318기의 개인 무덤을 발견했는데, 칼에 찔리거나 목이 졸려 살해된 수행원들이 호화로운 부장품과 함께 무덤에 안치되어 있었다.[54] 이들 남녀는 이름 없는 희생자가 아니었다. 비석에 그들의 무덤임이 표시되어 있었고, 이름과 함께 간혹 궁중에서 맡은 높은 지위까지도 알려 주는 짧은 비문이 새겨져 있었다. 심지어 개들에게도 묘석을 세워 주었다.

(약 800년 뒤인 기원전 2000년 무렵부터 시작된) 중왕국 시대에 제르의 기념비적 무덤은 지하 세계의 신 오시리스Osiris의 지하 무덤으로 생각되었다. 적어도 제5왕조(2400 BC 무렵) 때부터 죽은 군주는 오시리스와 동일시되었고, 당시 그 무덤은 이러한 해석을 반영하는 방식으로 개조되었다.[55] 새로이 세워진 현무암 세노타프cenotaph(즉 빈 무덤)의 장식은 죽은 신이 자신의 동반자인 이시스Isis와 함께 당당하게 누워 있는 모습을 보여 준다. 그는 매의 모습으로, 그리고 제0왕조 이래로 이집트 통치자들과 동일시되어 온 호루스신의 아버지 역할을 하는 것으로 표현된다. 왕의 묘실은 훨씬 이전에 도굴당한 상태였지

만, 영국인 고고학자 플린더스 피트리Flinders Petrie의 감독하에 1901년에 시행된 발굴에서 리넨 붕대에 싸여 벽 틈새에 박혀 있던 제르의 팔뚝 부분을 발견할 수 있었다. 도굴꾼들이 보물을 찾으면서 시신을 잔인하게 토막 냈던 탓이었다. 제르의 유해는 이집트 통치자의 유해로 오늘날까지 알려진 것 중에 가장 오래된 것이다. 발견된 왕의 시신 대부분은 신왕조 시대에 해당한다. 그의 팔에는 (중앙아시아산) 청금석, (시나이산) 터키석, (동부 사막의 와디 아부 하드Wadi Abu Had에서 온 듯한) 자수정, (누비아산) 금으로 만든 네 개의 팔찌가 끼워져 있었다. 이 물건들은 제1왕조 시대에 아주 멀리서 진귀한 물품을 조달할 수 있었음을 입증해 준다. 게다가 그 네 개의 팔찌 중 하나는 그 유해가 제르의 것임을 확인해 주었다. 해당 팔찌는 양식화된 궁전 파사드(세레크serekh)에 있는 매의 신 호루스를 묘사한, 금과 터키석으로 된 작은 판들을 번갈아 가며 끼워 넣어 만들어졌다. 제0왕조부터 세레크에는 왕의 칭호 가운데 가장 오래된 구성 요소인, 통치자의 호루스 이름이 기록되었는데, 시간이 지나면서 최종적으로는 다섯 개 요소가 포함되었다.[56] 동물 형상으로 표현된 호루스는 이집트인들이 자신들의 신을 어떻게 생각했는지 제대로 보여 준다. 신을 인간의 모습이나 추상적 상징으로 표현한 서아시아와는 대조적으로 이집트의 신들은 종종 동물의 몸을 부여받거나 동물의 머리와 인간의 몸이 합쳐진 모습으로 표현되었다.

제르의 후계자들 역시 인원만 줄었을 뿐 죽을 때 수행원들이 함께 묻혔다. 알려진 무덤들의 도굴된 상태에 속는 것이 아니라면, (기원전 29세기부터 시작된) 제2왕조의 통치자들이 죽었을 때는 사람들이 더는 희생되지 않았다. 이러한 큰 변화는 왕실의 공동묘지가 수도 멤피스와 가까운 사카라로 옮겨진 때와 시기적으로 일치한다.

제1왕조 때부터 궁전은 현대의 카이로와 가까운 멤피스에 있었다. 멤피스는 나일강이 여러 지류로 나뉘어 나일강 삼각주를 형성하는 지점에서 유리한 전략적 입지를 차지하고 있었다. 따라서 멤피스의 위치는 통일된 이집트에 이상적인 중심지였다. 이후의 전설에 따르면, 왕국을 세운 것으로 생각되는 메네스가 멤피스를 자신의 수도로 선택했다. 지금까지 역사 속 통치자 나르메르가 이곳에 살았다는 증거가 발견되지는 않았지만, 아하를 시작으로 그의 후계자들이 멤피스에 살았다는 사실은 제대로 입증되었다. 그들의 국가 관리들은 인근의 사카라 공동묘지에 묻히도록 조처되었다. 이 공동묘지는 지상의 인상적 구조물과 함께 웅장한 지하 무덤을 갖추고 있었다. 높이가 50미터에 이르는 이 지상 구조물들은 궁전 건물의 외관을 모방했다. 그 아래의 수없이 많은 지하 묘실에 풍부한 부장품이 들어 있었는데, 종종 부장품에 왕의 이름이 새겨져 있어 정확한 연대를 산정할 수 있다. 고인과 함께 묻힌 선물이 풍부했지만, 사람이 제물로 포함되지는 않았다. 이 사실은 아무리 지위가 높은 관리라도 통치자와는 사회적 신분에 큰 차이가 있었음을 강조해 준다. 기원전 29세기 초에 헤텝세켐위Hotepsekhemwy가 아비도스 대신에 사카라를 매장지로 삼기 시작했을 때, 그의 무덤 기념비는 관리들의 무덤에 사용되던 디자인을 따랐다.[57] 하지만 표면적이 4000제곱미터에 달할 정도로 무덤 크기가 그들의 무덤을 압도했다. 인장 자국 증거로 파악된 바에 따르면 헤텝세켐위는 자신의 전임자 카아Qa'a를 전통 방식으로 아비도스에 묻었다. 그런 그가 200년 동안 지켜져 내려온 관습을 왜 그렇게 급격히 바꾸었는지는 불분명하다.

헤텝세켐위가 왕위에 오르면서 왕실의 이념과 정치에 역동적 변화가 시작되었고, 결국 이집트가 상이집트와 하이집트로 분리되며 그 변화가 절정에 이르렀다. 이용 가능한 사료에 이 과정의 흔적이 남기는 했지만, 그러한 사료는 수가 상당히 적고 해석하기도 어렵다. 때때로 전통적인 호루스 칭호를 사용하는 통치자가 남쪽에서 권력을 잡고 있으면, 북쪽의 통치자는 자신의 통치를 정당화하기 위해 세트Seth를 상기시키는 칭호를 사용하고 있었다. 그러한 북쪽 통치자들의 왕명은 매의 신이 아니라 긴 귀에 코가 뾰족한 동물(땅돼지?)로 표현된 세트가 맨 위에 새겨진 세레크에 기록되었다.[58] 달리 말하면 북쪽의 왕들은 호루스가 아니라 세트의 화신으로 여겨졌다고 할 수 있다. 이집트의 이러한 정치적·이념적 분열이 얼마나 지속되었는지는 여전히 논쟁의 여지가 있으며, 그로 인해 그 시대의 절대 연도를 정하기가 복잡해진다.

남쪽 제2왕조의 마지막 왕 카세켐위Khasekhemwy의 통치는 기원전 27세기에 시작되었다.[59] 통치가 끝나 갈 무렵, 그는 북쪽을 정복하면서 이집트 전체를 지배했다. 히에라콘폴리스 호루스 신전의 좌상 두 개가 그의 승리를 입증해 주었는데, 그곳의 비문에 따르면 그 파라오는 '북쪽의 적 4만 7209명'을 무찔렀다. 카세켐위는 궁전 파사드에 있는, 호루스의 매와 세트의 동물이 함께 등장하는 특별한 세레크에 자신의 이름을 새겨 적음으로써 이집트의 통일을 기념했다. 그 동물들은 키스하는 것처럼 보인다. 카세켐위는 아비도스에 묻혔다. 그의 거대한 지하 무덤이 그곳에서 발굴되었을 때, 고고학자들은 왕의 묘실 주변에서 300명 정도의 유골을 발견했다. 이는 왕을 묻을 때 왕의 수행원을 순장하는 관습이 부활했음을 입증한다.[60]

카세켐위의 뒤를 이어 그의 아들 조세르가 즉위했는데, 그는 제3왕조의 첫 번째 통치자로 여겨진다. 사카라에 있는 그의 계단식 석조 피라미드는 고대 이집트에서 가장 유명한 건축물로 손꼽힌다. 당시 세계에서 가장 거대한 석조 건물이었던 그의 피라미드는 이른바 피라미드 시대의 시작을 상징한다. 그 거대한 구조물은 이집트의 신왕神王이 살아서나 죽어서나 모든 인간보다 우위에 있음을 알리는, 이념적·경제적 능력을 보여 주는 강력한 상징물이었다. 이 시기 건물의 건축 시기를 판단하는 데 가장 중요한 자료는 인장 자국이다. 이른바 피라미드 문서는 훨씬 이후인 기원전 2400년 무렵에 작성된 것으로 입증되었는데, 우나스Junas(제5왕조)의 무덤에서 발견된 것이 가장 오래되었다.[61] 피라미드 내부에 적힌 글을 보면 왕실의 이념과 종교적·제의적 토대가 복잡하고 역동적이었음을 여실히 알 수 있다. 가장 오래된 제의 문서에서 파라오는 더는 옛 전통대로 매의 신 호루스로만 동일시되지 않는다. 이제 그는 태양신 라Ra, 밤하늘의 신성한 별, 죽은 자의 신 오시리스와도 동일시된다. 왕을 태양으로 생각하는 관습이 훨씬 전부터 있었다는 증거도 입증되었다. 쿠푸Cheops의 아들이자 후계자인 카프레Khafre(기원전 26세기)를 시작으로 파라오는 '라의 아들'이라는 칭호를 갖게 되었고 왕명을 통해 이 신을 찬양했다. 실제로 피라미드의 프리즘 모양은 라와 통치자 간의 특별한 관계를 상징적으로 표현한 것으로 볼 수 있다. 또한 제4왕조 통치자들의 무덤 구도는 태양신 라의 성도인 헬리오폴리스의 라 신전 구조를 생각나게 했다. 제5왕조의 통치자들은 한 걸음 더 나아가 멤피스 인근 아부시르 공동묘지의 피라미드 근처에 자신들만의 태양 신전을 지었다.

기원전 제3천년기의 이집트는 경이로운 수준의 건축물과 예술품을 만들어 냈다. 이를 건설하는 데는 엄청나게 많은 일꾼과 더불어, 상당히 많은 양의 재료, 도구, 식량뿐 아니라 대단히 창의력 있는 왕실 건축가와 공학자들까지 필요했다. 그들이 당대 문서에는 거의 등장하지 않지만, 그들의 역할이 인정받았다는 사실은 조세르의 거대한 계단식 피라미드를 설계하고 건설한 임호테프Imhotep의 예에서 가장 잘 드러난다. 기원전 제2천년기 중반부터 임호테프는 신으로 여겨졌고, 이후 이집트인들은 그들 문화에서 가장 중요한 업적에 해당하는 신성문자, 인공 관개, 의학 지식을 도입한 사람으로 임호테프를 인정했다.[62]

신격화된 파라오가 비교할 수 없을 정도의 지위를 차지했지만, 국가 관리들도 자신의 묘석에 지위를 표시할 수 있었다. 헤시-레Hesy-re가 적절한 예에 해당하는데, 사카라에 있는 그의 호화로운 무덤은 인장 자국을 근거로 조세르 통치기의 것으로 추정할 수 있다. 그 무덤에는 무엇보다도 부조가 있는 레바논 삼나무 대형 판板 열한 개가 들어 있었는데, 다양한 장면과 직함이 적힌 글귀로 그의 높은 신분을 설명해 주었다. 예를 들면 '왕의 측근', '부토(나일강 삼각주 서부의 도시이자 지방)의 위대한 사람', '상이집트 10대 인물 중 하나', '왕실 필사 대가' 등이 새겨져 있었는데, 특히 흥미로운 직함은 '치과 의사와 의사 중 위대한 사람'이다.[63] 헤시-레는 제례 의식과 관련된 직함도 가졌었지만, 무엇보다도 자신을 왕의 수행원으로 표현했다. 사실 그는 왕의 수행원이었기에 높은 지위를 얻었다고 할 수 있다. 이는 고왕국의 다른 비非왕족 출신 묘석 주인들에게서 전형적으로 나타나는 특징으로, 그들의 무덤 장식은 통치자와 무덤 주인의 관계를 눈에 띄게 선전한다. 장례 문화에서 모든 것이 왕 위주로 돌아갔지만, 이집트 엘리트들도 자신들의 부를 자손에게 물려줄 수 있었다. 따라서 스네프루Sneferu(제4왕조)의 통치기에 나일강 삼각주 서부 총독직을 맡았던 메트젠Metjen의 경우, 아부시르에 있는 그의 무덤에는 메트젠이 재판관이었던 아버지에게서 부를 물려받은 사실이 적혀 있다.[64] 또한 무덤 주인이 자기 이름으로 정착지를 세웠다는 사실을 비문에 명시했다는 것은 이집트 사회의 상류층 구성원들이 왕에 대한 봉사를 넘어 사회적 평판까지 얻을 수 있었음을 증명해 준다. 그러나 이집트 엘리트 구성원들이 반드시 출생으로 확고한 사회적 신분을 얻은 것은 아니었던 점도 명백하다. 이는 많은 관리의 무덤 비문이 개인의 활동 경력을 확실하게 보여 준다는 점에서 알 수 있는데, 통치자에게 인정받은 성공과 업적을 명확히 나타내는 건물들이 이집트 전역에 존재한다. 이러한 사실을 통해 이집트가 성과 중심의 체계였다고 말할 수도 있다.

관리들은 궁정과 지방에서 행정적 역할을 통해 명성을 얻었을 뿐 아니라 이집트 영토 너머에서도 이름을 날릴 수 있었다. 나르메르가 그의 기념비에서 자신이 '아시아인'이나 고대 리비아인들과 전쟁을 벌였다고 묘사했지만, 고왕국의 비문을 통해 드러난 바에 따르면 실제 전투는 다른 사람들에게 위임되었다. 그렇게 왕 대신 싸운 사람들은 이후 무덤과 바위 표면에 자신들이 거둔 승리를 새겨 후세에 전할 자격을 얻었다. 이들이 처음에는 수도 멤피스 인근의 공동묘지에만 자신들의 묘석을 세웠던 것은 의미심장하다. 그곳에서는 고도로 전문화된 장인들의 서비스와 어떤 곳의 건축 재료든 쉽게 얻을 수 있었다. 그러나 이 국가 관리들이 죽어서도 통치자 가까이에 있으려고 했다는 점 또한 분명하다. 제5왕조 중반기(2500 BC 무렵)부터 지방의 우두머리들, 즉 총독들은 자신이 살고 일했던 곳에서 가까운 곳에 자신의 무덤을 조성하기 시작했다. 제6왕조가 시작되면서 아들이 아버지에게서 그러한 직위를 물려받을 수 있게 되었는데, 이러한 변화는 상이집트에서 특히 중앙정부의 가용 권한을 제한하게 되었다. 오늘날의 학자들은 이러한 변화가 기원전 2200년 무렵에 고왕국이 해체된 이유 중 하나라고 생각한다. 그 시기에 고왕국은 페피 2세Pepi II(제6왕조)의 엄청나게 긴 통치기를 거치며 마지막 영광을 구가했다. 훗날의 이집트 전설에 따르면 페피 2세는 94년 동안 왕위를 차지하고 있었다고 한다.

기원전 제3천년기의 이집트에 대한 현대의 시각이 형성되는 데 군사적 업적이 미치는 영향은 같은 시기의 서아시아에 대한 우리의 이미지에서 군사적 업적이 차지하는 영향만 못하다. 실제로 이집트라는 국가는 메소포타미아나 시리아 지역의 국가들보다 훨씬 적은 자원과 훨씬 적은 힘을 전쟁에 쏟았다. 그렇다고 해서 이집트가 평화로운 국가였다는 의미는 아니다. 지역의 초강대국으로서 이집트는 동북부 아프리카에서는 경쟁 상대가 없었다. 그 지역에서 이집트의 영토 장악력과 인구 규모는 주변의 모든 정치 진영을 능가했다. 그들의 안보에 심각한 위협을 제기하는 외부 세력이 전혀 없었고, 이집트에 필요한 것은 무엇이든 이웃 국가들로부터 무력으로 빼앗아 올 수 있었다. 예를 들어 리비아 사막은 상당히 중요한 지역에 해당했는데, 그 사막에 연이어 있는 오아시스들(특히 다클라 오아시스와 하르가 오아시스)이 나일강 서부에서 중요한 남북 연결점을 제공했기 때문이다. 이 지역은 차츰 이집트의 식민지가 되었고, 그 결과로 그 지역 목축민들의 생활 방식과 경제체제가 서서히 파괴되었다. 이집트 사료에서 그들은 대체로 침략자로서 부정적 관점으로 묘사된다. 인근의 또 다른 목표물은 이집트 남쪽, 나일강 상류 지역에 있던 누비아였는데, 오늘날 수단이 있는 지역이다. 누비아는 구리와 금의 풍부한 매장량과 그곳이 제공할 수 있는 노동력 때문에 이집트에 상당히 중요한 지역이었다. 오늘날 학자들은 초기 왕조 시대에 이루어진 침략으로 인해 누비아의 이른바 A-그룹 문화가 사라졌다고 생각한다.[65]

암석과 무덤에 새겨진 글은 누비아와 서부 사막을 향한 군사 원정을 이끈 이집트인들의 관점에서 그곳에서 일어난 사건들에 관해 알려 준다. 예를 들어 나일강 제2급류의 호르 엘-아키바Khor el-Aquiba에 있는 비문 두 개는 제4왕조(아마도 스네프루의 통치기인 기원전 27세기 무렵)의 것으로 추정되는데, 2만 명의 병사가 상류로 향해 누비아인 1만 7000명을 포로로 잡아 이집트로 데려왔다고 한다. 두 문서 모두에서 원정대를 이끈 지휘관의 이름이 확인되었다.[66] 마찬가지로 관료였던 웨니Weni와 하르쿠프Harkhuf의 무덤에 있는 긴 내용의 비문에도 제6왕조 말엽인 기원전 23세기에 치러진 몇 차례 원정에 대한 상세한 내용이 담겨 있다.[67] 웨니는 사카라에 메렌레Merenre의 피라미드를 건설할 때 쓸 건축 재료를 확보하기 위해 남쪽으로 세 차례 원정을 떠났다. 아비도스에 있는 그의 무덤 비문에 따르면 그는 이미 레반트 지역에서 '모래 거주자들'을 상대로 자신의 역량을 입증했다. 이후에 메렌레는 하르쿠프를 남쪽으로 보냈는데, 아스완에 있는 그의 무덤 비문에 따르면 그는 '왕실 인장 보관자'이자 '낭송 사제Lector-Priest', '외국인 감독자', '상이집트 관리자' 등이었다. 그는 얌Yam

까지 이어지는 경로를 확보하라는 명령에 따라 파견되었다. 이 시점부터 당나귀 카라반의 경로는 다클라 오아시스에서 이집트의 중간 지점을 연달아 경유하며 사하라 사막을 곧장 가로질러,[68] 가발 엘-우웨이나트Gabal el-Uweinat로 이어졌다. 가발 엘-우웨이나트는 물이 풍부한 산맥으로 오늘날의 이집트, 리비아, 수단의 국경선에 해당한다. 2007년에 수단 영토에서 발견된 멘투호테프 2세Mentuhotep II(제11왕조, 2000 BC 무렵)의 암석 비문에 따르면 이곳에서 얌의 대표자들과 교역했다.[69] 이 암석 비문이 발견되기 전까지 얌은 수단 쪽 나일강 유역 어딘가일 것으로 생각되었는데, 지금도 확인이 필요한 부분이다. 가발 엘-우웨이나트를 경유하는 카라반 루트는 나일강 상류를 따라 올라가는 경로의 대안이 된 것으로 보인다. 이동하는 사람에게는 이쪽 경로가 훨씬 더 어려운 코스였지만, 누비아의 정치적 상황으로 인해 이집트인들이 강을 따라 이동하는 것은 불가능했다.[70] 현대 학자들에게 가장 훌륭한 사료는 하르쿠프의 자서전이다. 얌으로 떠난 세 번째 원정기는 다클라를 경유하는 카라반 루트에 대한 고고학적 증거와 잘 들어맞는다. 대규모 이집트군 분견대의 보호를 받으며 떠난 이 원정은 얌 통치자와 리비아인들 간의 전쟁 때문에 상당히 지연되었지만, 하르쿠프는 결국 향료와 흑단, 상아, 기름, 표범 가죽 등 이국적 사치품을 실은 300마리의 동물과 함께 돌아올 수 있었다. 따라서 이 대대적 성공의 결과로 가발 엘-우웨이나트를 경유하는 루트가 영구적으로 유지되었다고 추정하는 것이 타당하다.

이 루트를 따라 형성된 역참 중에는 다클라 오아시스의 발라트가 학자들의 가장 많은 관심을 받았다. 이곳에서 발견된 행정 기록물은 점토판으로 되어 있는데, 이는 고대 이집트에서 입증된 일반적인 문서 작성 관습에서 벗어난 예외에 해당한다.[71] 그러나 같은 기록물에 들어 있던 인장 자국 반대쪽에 파피루스 흔적이 남은 것을 보면, 이 문서 재료가 보존은 되지 않았더라도 사용되었음을 알 수 있다. 점토판에는 메소포타미아 쐐기문자가 아니라 신성문자가 새겨졌으며, 이는 기원전 제3천년기의 이집트와 메소포타미아의 문자 관습이 일반적인 추정처럼 반드시 다른 것만은 아니었음을 알려 준다.

고왕국 시대에는 당나귀에 의한 수송 외에 배를 이용한 수송도 중요한 역할을 했다. 원료와 사치품은 지중해와 홍해를 거쳐 나일강 쪽 육지로 들어왔다. 학자들은 오래전부터 (현대의 레바논에 있는) 비블로스를 상대로 한 밀접한 교역 관계에 관해 알고 있었다.[72] 그곳에서 카세켐위(제2왕조, 기원전 27세기)의 이름이 새겨진 돌그릇이 발견되었다는 사실은 '외국 영토 관리자'라는 직함의 관리가 카세켐위 통치기에 있었다고 처음으로 입증된 사실과 관련이 있을 수도 있다. 비블로스는 배를 만드는 데 없어서는 안 되는 길고 구부리기 쉬운 삼나무 줄기를 이집트에 공급해 줄 수 있는 가장 중요한 지역이었다. 실제로 먼 바다에서 항해하기에 적합한 선박들은 이집트어로 '비블로스 선박'으로 불렸다. 삼나무로 만들어진 배의 초기 사례로는 아하(제1왕조, 기원전 32/31세기 무렵)의 아비도스 무덤에 있던 바크 열네 척이, 그리고 개별 부품으로 분해된 상태로 쿠푸(제4왕조, 2700 BC 무렵)의 피라미드군群에서 발견된 유명한 43미터짜리 바크가 있다.[73]

2008년에 고고학자들은 고왕국이 홍해에서 벌인 해양 활동과 관련해 놀라운 사실을 알아냈다. 스네프루와 쿠푸의 비문에 따르면 제4왕조 초(기원전 27/26세기)에 와디 알-자프에서 항구가 하나 운영되고 있었다.[74] 이는 기록에 남은, 세계에서 가장 오래된 항만 시설에 해당한다. 이 항구를 이용하면 바다 건너 불과 50킬로미터 거리에 있는, 시나이반도 해안의 엘-마르카el-Markha 평원에 자리한 이집트 요새 라스 부드란Ras Budran에 쉽게 도달할 수 있었다. 이 요새는 울타리를 둘러친 가축우리처럼 원형을 이루고 있었는데, 인근 와디 마가라의 구리 채굴장을 관리하는 역할을 했다.[75] 라스 부드란 요새는 와디 알-자프에서 북쪽으로 100킬로미터 정도 떨어진 제2의 항구 아인 수크나에서도 도달할 수 있었는데, 조금 시간이 지난 후에 운영되었던 듯하다. 2009년과 2010년에 제5왕조의 마지막 통치자인 제드카레Djedkare 시대의 비문이 그곳에서 발견되었는데, 시나이의 구리 광산과 터키석 광산으로의 원정을 서술하고 있었다.[76] 그 반도에서, 특히 와디 마가라에서 비슷한 사업을 기록한, 조세르(제3왕조, 기원전 27세기) 통치기 이후의 많은 암석 비문이 발견되었다. 이들 문서 중에는 원정대장인 세드-헤테피Sed-Hetepi의 지휘하에 1400명이 동원되었다는 기록도 있는데, 세드-헤테피의 존재 또한 아인 수크나의 새로운 비석에서 입증되었다.[77] 최근에 이곳에서 이루어진 발견 덕분에 이 대규모 활동이

제드카레(기원전 25세기 무렵) 14년 차에 시행되었음이 밝혀졌다. 원료와 사치품을 얻기 위한 이러한 원정에 관한 서술은 이집트 주변 지역 사람들이 고왕국의 침략에 저항할 기회가 전혀 없었음을 명확히 밝혀 준다. 그러므로 이런 모험적 사업을 군사작전 위주로 계획할 필요는 없었다.

홍해의 항구들이 시나이반도 너머로 항해를 떠날 때 출발점이었는지는 여전히 명확하지 않다. 하지만 와디 함마마트를 거쳐 상이집트의 코프토스Koptos 인근 지역과 연결된, 훨씬 더 남쪽에 있는 메르사 가와시스 항만 단지가 이러한 목적에 이용되었던 것만큼은 확실하다. 그곳에서 발견된 가장 오래된 유물은 고왕국 후기에 해당하는데, 그 시기는 이집트 통치자들이 코프토스와 그곳의 신전을 특히 아껴 그 도시에 많은 세금 면제를 허용했던 때다.[78] 이러한 상황은 그 지역과 와디 함마마트를 통한 교역이 중요했음을 강조해 준다. 적어도 제5왕조의 파라오 두 명은, 즉 사후레Sahure와 제드카레도 이집트에서 향으로 유명했던 푼트 지방에 원정대를 파견했다.[79] 학자들은 푼트가 아프리카의 뿔 지역에서 정확히 어디에 있었는지를 놓고 여전히 논쟁 중이다. 하지만 비문에 의해 푼트산産으로 확인된, 미라화된 개코원숭이 털의 산소 동위원소를 분석한 2010년 결과에 따르면 그곳은 에리트레아와 동에티오피아에 있었다고 생각된다.[80]

많은 원정이 고왕국 통치자들의 야심 찬 건축 사업으로 말미암아, 특히 수도 멤피스 인근의 공동묘지에 거대한 피라미드군을 세우려는 의도에서 이루어졌다. 2013년에 학자들은 쿠푸 통치기 말엽의, 즉 최근에 입증된 연대 추정 결과로는 쿠푸 즉위 27년째 되던 해의 파피루스 기록물이 와디 알-자프 항구에서 발견되자 놀라움을 감추지 못했다. 그 기록물에는 기자 고원의 유명한 쿠푸 피라미드 공사가 직접 언급되어 있다.[81] 기원전 2700년 무렵의 것으로 보이는 이 기록물은 지금까지 발견된 가장 오래된 파피루스 기록물로, 신성문자로 기록된 수백 개의 파피루스 두루마리 조각으로 이루어졌는데, 그 중에는 길이가 80센티미터가 넘는 것도 있다. 이 행정 기록물에는 이집트의 여러 지역에서 조달한 식량이 기록되어 있다. 동부 사막 한가운데 자리한 항구에 배치된 사람들을 위한 식량이었던 것이 분명하다. 이 문서들은 형식, 언어, 배열이 게벨레인과 아부시르(제5왕조 말, 기원전 25세기 무렵)에서 발견된 이후의 파피루스 문서와 거의 일치한다. 따라서 이 기록물들은 정부 행정의 규범과 관례가 이미 쿠푸 시절에 완벽하게 발전된 상태였다는 증거를 제공한다. 와디 알-자프에서 발견된 그 극적인 유물 중에는 멤피스에서 온 메레르Merer라는 이름의 감독관이 쓴 일지도 있다. 그는 자신의 감독하에 하이집트의 여러 곳에서 피라미드 건축에 동원된 200명의 작업 상황을 한 번에 몇 달씩 기록했다. 이 새로운 문서 사료 덕분에 그 거대한 건설 프로젝트가 어떻게 조직되었는지 더 많이 알 수 있게 되었다. 그 작업 일지가 발견되기 전까지 학자들은 기자 고원에 있던, 인부들의 숙박 시설에서 발굴된 발견물에 주로 의존해 왔다.[82] 와디 알-자프의 고고학자들은 그 항만 단지와 행정 기구들이 기자에서 진행된 피라미드 프로젝트에서 일종의 지국이었다는 설득력 있는 주장을 내놓았다. 그것들은 건설 도구를 만드는 데 필요한 엄청난 양의 구리를 확보하는 역할을 맡고 있었다.[83] 메레르의 일지에는 스네프루의 아들이자 쿠푸의 이복형제인 고관 안카프Ankhhaf가 피라미드 건설을 위한 물류 센터인 로-셰 쿠푸Ro-she Khufu의 책임자였다고 기록되어 있다. 따라서 이 사람은 그 거대한 건축 사업의 프로젝트 매니저라고 생각할 수 있다. 오래전에 확인된 그의 무덤(G7510)은 그의 형제이자 왕인 쿠푸의 무덤 동쪽에 자리하고 있는데, 왕이 아닌 사람의 무덤으로는 기자 고원에서 가장 크다.

지금까지 나의 기술은 당대 사료에 의존했다. 이후의 역사 기록에서 얻은 정보는 대체로 생략되었다. 일부만 남은 이른바 팔레르모 석Palermo Stone[84]에서는 제5왕조까지의 사건들에 대한 연대기적 기록을 얻을 수 있다. 비록 고대의 자료에 의존한 것일 수 있지만, 이 사료는 훨씬 시간이 지난 후인 제25왕조 시대 초기(기원전 8/7세기)에 작성된 것이다. 그런데도 고왕국 시대에 연대기를 작성하는 전통이 존재했다는 사실은, 보존 상태는 별로이지만 페피 1세Pepi I의 아내이자 페피 2세의 어머니인 안케네스페피Ankhenespepi 왕비의 석관 덮개에 기록된 비문에서 명확히 알 수 있다. 이 비문에 제6왕조 때 일어난 사건들이 연대순으로 기록되어 있기 때문이다.[85] 반드시 믿을 수 있는 것은 아니지만, 고왕국 궁정을 배경으로 한 후기 이집트 문학작품 속의 수많은 이야기와 일화들로부터 훨씬 더 풍부한 정보를 얻을 수 있다.[86] 그러한 작품을 액면 그대로 받아들일 수

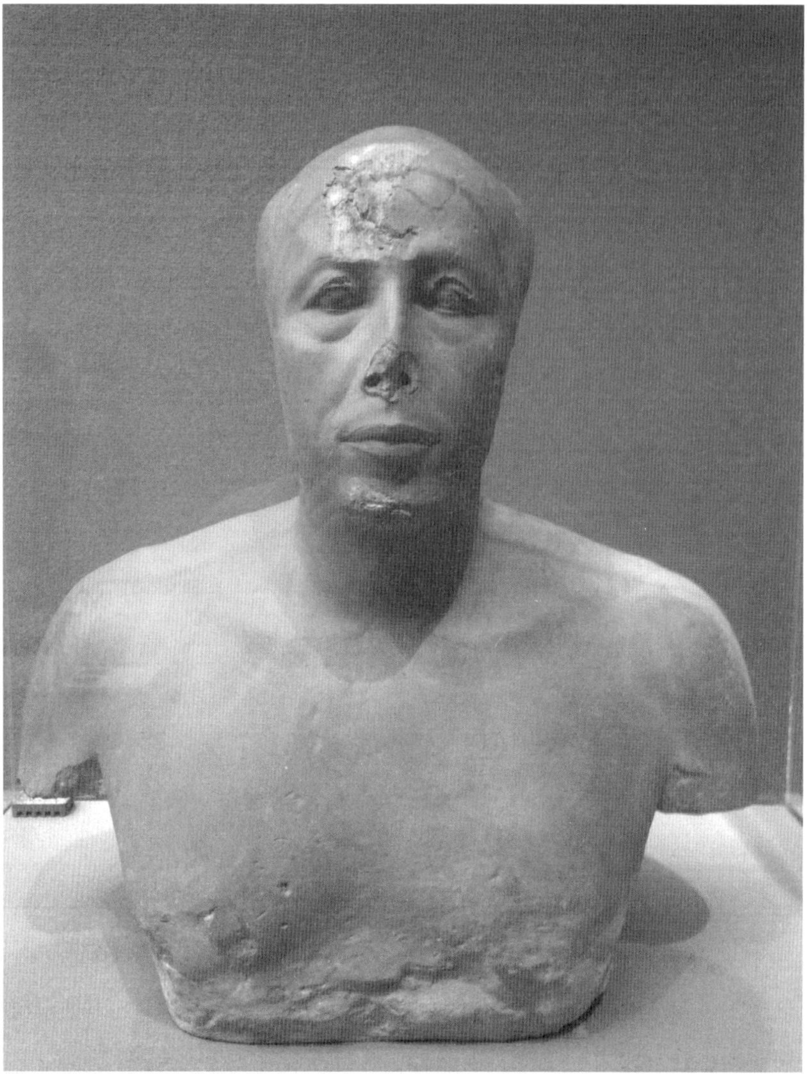

—— (제4왕조) 파라오 스네프루의 아들, 안카프의 흉상. 이복형제인 파라오 카프레 시기에 고관을 지낸 안카프는 고왕국에서 가장 유력한 인사 중 한 명이었다. 석회석에 회반죽을 덮어 만든 이 흉상은 기자에서 왕실 무덤이 아닌 것 중에서는 가장 큰 그의 개인 분묘(G7510)에서 나왔다. (Wikimedia Commons, ⓒ Lthomas2)

는 없지만, 그 작품들을 통해 이 형성기가 기원전 제2천년기와 기원전 제1천년기에 살았던 이집트인들에게 영구적 주문을 걸었다는 사실이 증명되었다.

나일강 유역의 경쟁하는 소국들

통일된 지 1000년이 지난 기원전 2200년 무렵에 고왕국의 옛 영토였던 여러 지방에서 작은 정치체들이 등장하며 이집트가 붕괴했을 때, 이미 이집트는 누비아에 대한 지배권을 상실한 상태였다. 이렇게 된 이유는 확실하지 않다. 학자들은 주로 이집트 내부의 장기적인 정치적·사회적 변화가 원인이었을 것으로 생각하지만, 외부 요인도 배제할 수는 없다.[87] 이후의 약 150년은 오늘날 제1중간기로 알려져 있다. 이후 중왕국 시기에 등장한 일부 문학작품이 이 시기를 정치적 혼란과 기근으로 얼룩진 시기라고 좋지 않게 서술하기는 했지만,[88] 현대의 평가는 일반적으로 훨씬 더 긍정적이다. 학자들은 제1중간기의 문화적 역동성과 창의성을 고왕국 시기의 더 획일적이고 정중한 문화와 비교하며 호의적으로 바라본다.[89]

처음에 정치 지형은 상당히 분열된 모습이었다. 멤피스 외에 헤라클레오폴리스, 아시우트, 테베, 히에라콘폴리스가 독립적 권력의 중심지로 등장했다. 북쪽에서는 헤라클레오폴리스의 통치자들이 점점 더 두드러진 지위를 차지한 데 반해, 남쪽에서는 테베의 통치자들이 주도적 역할을 맡았다. 테베에서 불과 45킬로미터 떨어진 엘 모알라El Mo'alla에 조성된 공동묘지에는 아시우트와 히에라콘폴리스의 통치자들이 여러 세대에 걸쳐 안치되었는데, 그들의 무덤 비문을 보면 당시 상이집트와 하이집트의 정치적·영토적 권력이 점진적으로 통합되었음을, 테베가 헤라클레오폴리스와 (물론 아시우트와 히에라콘폴리스에 있던, 헤라클레오폴리스의 동맹 세력과도) 충돌했음을 파악할 수 있다.

이들 중심지는 모두 여러 지역을 아우르는 교역로상에서 전략적 위치를 차지했다. 멤피스 바로 남쪽에 자리한 헤라클레오폴리스는 홍해로, 그리고 와디 아라바를 거쳐 메르사 가와시스 항구로 직접 연결되는 입지 조건을 갖고 있었다. 그 도시는 또한 파이윰 오아시스에도 접근할 수 있었는데, 이곳에 대한 지배력은 이후의 중왕국 시기에 왕실 권력에 주요한 기초를 제공한다. 헤라클레오폴리스의 통치자들은 일찌감치 그 오아시스의 경제적 잠재력을 활용했던 것 같다. 한편 테베는 코프토스를 거쳐 와디 함마마트에 접근할 수 있었는데, 그곳에서 다시 홍해와 와디 알-자프의 항구 시설에도 접근할 수 있었다. 그 경로는 테베의 생존에 필수적이었다. 남쪽에 인접한 이웃들, 즉 에드푸와 엘레판티네를 장악한 히에라콘폴리스의 군주들을 상대로 적대 관계가 지속되었기 때문이다. 이는 테베가 누비아로 갈 때 나일강을 따라 올라가는 중요한 경로를 이용할 수 없음을 의미했다. 그리고 아시우트가 헤라클레오폴리스의 편을 들면서 테베는 하르가 오아시스와 다클라 오아시스를 거쳐 서부 사막을 통과해 남쪽으로 향하는 주요한 카라반 경로 또한 사용할 수 없게 되었다. 상이집트의 정치체들은 모두 누비아 전사들을 병사로 고용했다.[90] 주거지와 매장지에서 나온 고고학적 증거에 따르면 이집트에 끝까지 남은 누비아 전사들도 있었고 북부 누비아로 돌아간 전사들도 있었다. 그들이 돌아간 북부 누비아에서는 고왕국 시대부터 (토기의 특징적 형태를 따서 이름 붙인) C-그룹 문화가 존재했던 것으로 입증되었다. 그리고 더 남쪽에서는 케르마 문화가 나일강의 제3급류 지역을 중심으로 국가를 형성하기 시작했다.[91]

결국 테베가 나일강 유역에서 오래도록 지배력을 보여 온 헤라클레오폴리스를 포함해 남쪽과 북쪽의 적들을 압도했다. 처음에는 정말로 평범했던 도시국가 테베가 무엇 때문에 정상에 오를 수 있었는지는 아직도 불분명하다. 총독인 인테프Intef가 결정적 역할을 한 것은 의심의 여지가 없다. 중왕국 시대에 그의 계승자 세누스레트 1세Senusret I(기원전 20세기)는 테베 왕실의 창시자로 그를 기리는 카르나크 신전에 그의 조상을 제작해 놓으라고 했다.[92] 이후의 전설에 따르면 헤라클레오폴리스의 군주들이 제9왕조와 제10왕조에 해당하고, 테베의 통치자들이 제11왕조에 해당한다. 테베 쪽 혈통의 마지막 왕인 멘투호테프 2세가 기원전 21세기에 이집트 전체를 그의 지배하에 두는 데 성공했고, 따라서 그가 중왕국의 시조로 여겨진다.

남부 메소포타미아 연맹

이제 다시 동쪽으로 시선을 돌려 보자. 우루크가 세력을 확장하면서 남부 메소포타미아의 물질문화가 기원전 3700년부터 북부 메소포타미아와 동부 아나톨리아, 서부 이란까지 전파되었다. 도시 우루크를 중심으로 한 초지역적인 복합적 체제는 500년 동안 존재했다. 그렇지만 이 체제의 정확한 성격에 관해, 또는 그 체제가 어떻게 그리고 왜 그렇게 방대한 규모를 차지했었는지에 관해 학자들의 의견은 거의 일치하지 않는다. 또한 기원전 3100년 무렵에 그 체제가 붕괴한 원인에 대해서도 의견이 전혀 일치하지 않는다.[93]

우루크와 남부 메소포타미아가 세력이 커지면서 얻은 경제적 이점은 명백하다. 그 지역은 금속을 얻을 수 있는 곳이 전혀 없었고 돌과 나무도 수입해야 했다. 북부 메소포타미아의 상황은 상당히 달랐는데, 인접한 산악 지대에 채석장과 목재도 있었기 때문이다. 일례로 소자브강 상류 지역에는 금속 자원이 풍부했다.[94] 하지만 남쪽에서는 사치품에 특화된 다면적인 정제업이, 특히 섬유산업과 금속가공 및 돌가공이 발달했다. 이러한 이유로 우루크는 우월적인 정치적 지위를 잃은 이후에도 초지역적 차원의 물자 교환 분야에서 이전의 지위를 유지할 수 있었다.

(그 지역을 아나톨리아 및 서부 이란과 연결해 주는) 유프라테스강과 티그리스강이 바다로 흘러들어 가는 페르시아만에 자리한 남부 메소포타미아는 상업 중심지로서는 이상적 위치였다. 그곳의 지리적 위치 덕분에 남부 메소포타미아는 오만과 키프로스의 풍부한 구리 매장지와 내륙 아시아의 주석 광산을 연결하는 경로들의 중심부를 차지하고 있었다.[95] 청동기시대에 주석은 내륙 아시아의 우즈베키스탄, 타지키스탄, 동부 카자흐스탄에서 조달되었다. 현장 조사가 충분히 이루어지지 않아 지금까지 확인되지는 않았지만, 아프가니스탄 또한 당시에 주석을 공급했던 것으로 보인다. 어쨌든 이 지역에서 청금석lapis lazuli이 공급된 것은 확실한데, 고대 근동 지역의 엘리트들이 높이 평가한 이 감청색 준보석의 가장 중요한 공급 지역이 아프가니스탄 북동부의 바다흐샨이기 때문이다.

남부 메소포타미아의 사례를 보면 초기 청동기시대에는 동쪽 지역과의 연결이 특히 중요했다. 많은 원료가 이란 고지대에서 공급되었기 때문이다. 기원전 3100년 무렵부터 서부 이란에 초지역적 주거지 체계가 존재했던 것으로 입증되었는데, 이 체계는 남부 이라크와 밀접한 관계를 유지하고 있었다. 그러나 이후의 메소포타미아 문학작품에서 명확히 드러나듯이, 이 관계는 경쟁 관계에 의해서도 형성되었다고 할 수 있다. 이제까지 알려진 가장 오래된 이야기는 기원전 제2천년기 초기의 것이지만, 오래된 전설이 이러한 아이디어를 제공해 준 것만은 확실하다. 일단의 이야기들이 우루크의 두 전설적 통치자인 엔메르카르Enmerkar와 루갈반다Lugalbanda를,[96] 그리고 그들이 멀리 이란고원의 도시 아라타에서 벌인 모험을 다룬다. 이들 이야기에서 아라타는 청금석과 귀중한 광물이 풍부한, 금속가공과 돌가공의 중심지로 묘사된다. 이야기에 등장하는 다양한 사건들은 인안나 여신의 총애를 얻기 위한 다툼으로 상상된, 우루크와 아라타 간의 군사적·문화적 경쟁과 관련이 있다. 아라타의 장점에도 불구하고 항상 승리하는 쪽은 우루크다. 그 이야기들은 아라타에 갖가지 원료가 풍부한데도 곡물 생산지에 지나지 않는 우루크가 모든 면에서 경쟁자보다 앞서는 초강대국이라고 칭송한다.

이 시기에 남부 이라크는 세계에서 가장 집약적이고 효율적으로 경작된 농업 지역이었다. 유리한 토양 조건 및 인공 관개시설과 함께 한 가지 기술혁신이 특히 초기 왕조 시대(기원전 제3천년기)의 시작부터 수확량을 증가시켰다. 씨 뿌리는 깔때기가 달린 쟁기가 등장하면서 깔때기를 통해 밭고랑에 바로 곡물 씨앗을 뿌리는 동시에 땅을 경작할 수 있게 되었기 때문이다.[97] 그렇게 정확하게 씨앗을 뿌릴 수 있게 되자 필요한 씨앗의 양이 급격하게 줄어들었고, 씨앗을 일직선으로 일정한 깊이로 뿌리자 수확 작업이 훨씬 쉬워졌다. 하지만 그 복잡한 장비에는 많은 관리와 인력이 필요했다. 쟁기꾼과 소를 모는 사람 외에 깔때기에 씨앗을 계속 채우는 사람도 필요했다. 그러나 수확량이 더할 나위 없이 많아졌기에 그 장비는 서아시아 전역에서 대규모 농사가 이루어지는 곳이면 어디서든 빠르게 사용되었다. 그런데 그 씨 뿌리는 깔때기는 나일강 삼각주에서 유리하게 사용되었을 텐데도 이집트에는 전해지지 않았다. 이 장비는 기술혁신이 수용되려면 유리한 사회적·문화적 환경이 필요하다는 추가적 증거를 제공한다.

기원전 제3천년기 메소포타미아의 쐐기문자 문서는 이란을 넘어 아나톨리아와 오만, 심지어 인더스 계곡에까지 이어지는 세계를 엿볼 수 있게 해 준다. 실제로 이것은 아프리카, 유럽, 아시아를 연결하는 교역로로 이루어진 거대한 네트워크의 일부분일 뿐이다. 기원전 제3천년기에 메소포타미아의 정치적 중심지는 오늘날의 이라크 남쪽에, 즉 유프라테스강과 티그리스강이 가장 가깝게 모이는 지점인 바그다드 인근 지역과 페르시아만 사이에 있었다. 정교한 운하 시스템에 의해 형성된 지형인 이곳에서 물에 대한 접근권과 통제권은 모든 공동체의 중요한 관심사에 해당했다. 그런데 2부에서 다루는 시기 전체의 역사는 두 가지 기본 경향에 의해 형성되었음이 드러난다. 한편으로는 각 도시가 자기들을 스스로 세계의 중심이라고 생각하고 주변 세력과 벌인 경쟁에서 자기들만의 이익을 추구했다는 점에서 지역주의와 지방주의를 지향하는 성향이 두드러지게 나타났다. 그런데 다른 한편으로는 초지역적 조직을 지향하는 경향도 있었다. 생태계가 극적 변화를 일으키기가 쉬웠으므로, 그러한 경향은 지역 전체의 수자원을 서로 이득이 되는 방식으로 관리하는 움직임을 촉진했다. 지역 세력 간의 협력은 시점에 따라 상당히 다른 형태를 띠었는데, 때로는 단일 통치자 아래에서 정치적으로 통일된 국가가 형성되기도 하고, 때로는 느슨한 연합을 이루기도 했다. 후자의 경우 연합체를 구성한 국가들은 스스로 정치적·경제적 측면에서 독립적이라고 생각하면서도 공유된 종교 이념과 신화가 떠받치고 강화하는 공동의 문화를 강조했다.

따라서 서아시아의 넓은 지역에 대한 우루크의 지배가 기원전 3100년 무렵에 끝난 이후, 젬다트 나스르 시기에 남부 메소포타미아에는 초지역적 조직 형태가 여전히 존재해 범람원의 도시들을 계속해 결속시켰다. 이 도시 중심지들이 하나의 통합된 체제에 속해 있었음을 확인해 주는 이른바 도시 인장이 그 지역의 여러 유적지에서 발견되었다.[98] 물론 그 체제에 대해 우리는 기껏해야 도식적으로만 이해할 수 있다. 그 체제의 중심에는 망사 치마를 입은 남자가 도시의 여신 인안나와 백성들 사이에서 중재 역할을 한 도시 우루크가 있다.[99] 이 인물은 이미 우루크 후기의 원통형 인장에서 그 존재가 입증되었는데, 한동안 예술 작품에서도 계속 표현되었다. 유명한 우루크 항아리에서 그는 여신에게 봉헌물을 바치는 행렬을 이끌며 공동 숭배 활동의 주요 사제로 등장한다. 비석 조각에도 그가 사자를 사냥하는 모습이 그려져 있고, 조각상도 여러 개 있다. 의심할 여지 없이 그 망사 치마를 입은 남자는 우루크의 통치자에 해당한다. 그렇기는 하지만 숭배 활동에서 그가 맡은 역할이 정치적 직무보다 훨씬 더 명확하다. 우루크에서, 그리고 인안나에게 바쳐진 신전에서 이러한 기능들이 얼마나 중첩되었는지는 분명하지 않다.

이후 우루크는 주도적 위치를 잃었다. 그 사건들이 대체로 기원전 2900년 무렵의 일들로 생각되지만, 정확한 시점만큼이나 정확한 상황도 알려지지 않았다. 이 시기에 시작된 초기 왕조 시대에 남부 메소포타미아의 도시들은 처음에는 도시 인장에 나타난 조직 형태를 유지했다. 하지만 시간이 지나면서 도시 니푸르가 권력의 중심지로 부상했다. 기원전 제3천년기 말과 기원전 제2천년기 초의 문서 사료에 따르면, 니푸르의 대표 신 엔릴Enlil이 전통적으로 신들의 지배자로 간주되었고 그의 신전에 메소포타미아 전역으로부터 봉헌물이 답지했는데, 이 사실이 그러한 변화와 관계가 있는 것이 분명하다.[100]

오늘날 학자들은 남부 메소포타미아의 초기 왕조 시대를 전반기(초기 왕조 I기)와 후반기(초기 왕조 III기, 기원전 2600년 무렵 이후)로 나눈다.[101] 전반기에 대해서는 개략적으로만 파악되었지만, 후반기는 역사 기록을 통해 비교적 잘 입증된 편이다. 또한 시리아에서 발견된, 같은 시기에 속하는 유물에 의해서도 이 시기는 명확히 밝혀졌다. 시리아에서 지난 수십 년 동안 이루어진 여러 고고학 프로젝트에 의해 '2차 도시 혁명'이 제대로 밝혀졌는데,[102] 이 혁명으로 (현대의 이라크 국경선 인근, 유프라테스강 유역에 있던) 마리, (시리아 북서쪽, 알레포의 남쪽에 있던) 에블라, (두 곳 모두 북동부 시리아의 하부르 삼각지대에 위치한) 나가르 및 우르케시 같은 도시들이 지역의 정치적 중심지로 부상했다. 시리아에서 진행된 연구는 2011년에 전쟁이 시작될 때까지는 잘 진행되었지만, 1990년 이래로 이라크 정세가 불안정해지면서 그곳에서 현장 조사는 거의 중단되고 말았다. 최근에 새로이 연구가 시작되기는 했지만, 학자들이 과거의 발굴 결과에 의존해야 하는 경우가 종종 있다. 이집트 유적지와는 대조적으로 이 지역은 현대에 들어 거의 재발굴되지 않았기 때문이다.

모든 것을 아우르는 상부 체제 덕분에 남부 메소포타미아에 일종의 이념적 결합력이, 어쩌면 정치적 결합력이 유지된 것은 사실이지만, 현대 학자들은 지역 국가의 중심지에 해당한 도시들이 두드러진 역할을 했다는 사실을 강조한다. 우루크, 라가시, 움마, 우르, 아다브, 악샤크, 키시가 바로 그 도시들인데, 모두 지역 통치자들이 다스렸다. 그중에서 키시의 통치자는 도시의 신이 보내는 지지와 총애를 받고 있다고 주장함으로써 자신의 권력을 정당화했다. 그리고 왕실 혈통에 따라 남자 후손들에게 권력이 대물림되었다. 이들 지역 통치자에게는 지역의 전통과 권위의 구성을 반영하는 다양한 칭호가 부여된 것으로 입증되었다.[103] 정확한 시기를 알기는 어렵지만, 어느 시점에 이르러 키시의 왕이 다른 통치자들에게서 동등한 사람 중 으뜸인 자로 인정받았다. 비록 전과 다름없이 엔릴 신이 권력과 주권의 정당화 과정에서 두드러진 역할을 했지만, 당시 등장한 체제가 과거 니푸르 중심의 초지역적 조직 형태를 대체한 듯 보인다. 그때 남부 메소포타미아에서는 왕(수메르어로 '위대한 사람'을 의미하는 루갈lugal)의 칭호가 드물었고, 그 칭호를 가진 사람이 다른 유력자들 위에 있었다. 키시의 왕은 지역 간에 충돌이 있을 때 중재하고 판단을 내릴 특권과 의무가 있었다. 이러한 역할에 대한 증거로는 이웃 나라 움마와 분쟁 중이던 라가시 통치자의 비문을 들 수 있는데(이후의 본문 참조), 이 비문에서는 키시의 왕 메실림Mesilim이 과거에 정한 국경선이 언급되었다. 메실림을 비롯해 키시의 여러 왕의 이름이 호화로운 신전 봉헌물 비문에 기록되어 있는데,[104] 종종 다른 칭호가 추가되어 있기도 하다. 이러한 상황을 보면 특정 시점부터 각 지역의 개별 유력자들은 선조에게 물려받은 지역의 경칭과 함께, 키시의 왕이라는 칭호도 가졌던 것으로 보인다. 지역 통치자가 동시대인들에게서 이런 특별한 대우를 받으려면 어떤 조건을 충족해야 했는지는 여전히 밝혀지지 않았다.

초지역적 지도력이 키시의 왕이라는 지위와 어떻게 연결되었는지 이해하기 위해서는 세계 최초의 인간 문명이 홍수로 멸망하면서 신들이 대홍수 이후 생겨난 모든 도시를 키시가 지배하도록 허락했다는 메소포타미아 전설에 주목할 가치가 있다. 이는 기원전 제3천년기 말에 집필된 문학작품인 수메르 왕 목록에서 전해지는 이야기로, 추정컨대 독점적 권력을 주장하기 위해 이념적 토대를 놓으려던 아카드 통치자들[105]의 명령으로 작성된 듯하다(이후의 본문 참조). 기원전 제3천년기에 통일된 '수메르' 국가가 존재했다는 시대착오적 생각이 현대에 뿌리를 내린 것은 전적으로 이 수메르 왕 목록을 역사 편찬으로 오해한 초기의 착각 때문이었고, 사실 통일된 수메르 국가는 존재하지 않았다.

수메르 왕 목록에 따르면 결국 키시가 패권을 상실하지만, 훗날 세 번의 다른 기회를 통해 패권을 되찾았다. 연대적으로 가장 늦은 일화는 우르-자바바Ur-Zababa(문자 그대로 키시의 도시신 '자바바'의 '종'이라는 뜻이다.)의 통치기에 해당하며, 아카드의 사르곤Sargon(기원전 24세기 무렵)은, 즉 아카드 국가의 역사적 창건자는 우르-자바바의 잔 드리는 자였다가 그의 권력을 빼앗은 것으로 나온다.

기원전 제3천년기에 키시의 왕이 최고의 지위를 갖게 된 주요 요인은 그 도시가 전략적으로 유리한 위치에 있었기 때문이었을 것이다. 키시는 충적층의 북쪽에, 즉 유프라테스강과 티그리스강이 가까워지고 디얄라강이 티그리스강으로 흘러들어 가는 지점에 자리 잡고 있었다. 그리고 앞으로 남부 메소포타미아에 등장할 여러 중심지 또한, 가장 중요하게는 현대의 바그다드와(키시에서 서쪽으로 불과 15킬로미터밖에 떨어져 있지 않은) 바빌론 또한 그 지역에 있었다. 유프라테스강의 주요 지류 양쪽 영토를 차지하고 있던 키시는 적어도 이론적으로는 남쪽의 모든 도시로 향하는 물 공급을 통제할 수 있었다. 초기 왕조 시대 전반기에 키시가 이미 범람원 북부 지대를 지배하는 영토 국가였음을 보여 주는 증거가 있으며, 이는 니푸르와 더 나아가서는 그곳의 엔릴 신전까지 장악하고 있었음을 의미했다.[106]

키시는 젬다트 나스르 시기에 세워진 것이 분명하며, 초기 왕조 시대에 전성기를 구가한 것이 확실하다. 1923년과 1933년 사이에 고고학자들은 공동묘지[107]와 궁전 건축물, (남부 메소포타미아의 전형적 신전 건축물 형태인) 두 개의 계단식 신전 탑을 발굴했는데, 모두 초기 왕조 시대의 후반기에 해당하는 것들이었다. 당시의 고고학적 증거 수집이 현대의 기준에서 보면 불충분하지만, 초기 왕조 시대 초기의 수갱식 분묘 세 기는 특별히 중요한 것으로 드러났다. 그 무덤들에 무덤 주인의 수행원들뿐 아니라 전차와 전차를 끄는 동물들까지 풍부하게 매장되어 있었기 때문이다.[108]

이 수갱식 분묘들은 이른바 우르 왕릉과 흡사하다. 우르 왕릉은 거의 같은 시기(1926년과 1931년 사이)에 영국인 고고학자 레너드 울리Leonard Woolley가 발굴했는데, 그의 발굴 방식은 키시에서 발굴을 진행한 그의 동료들에 비해 더 발전되어 있었다. 우르의 무덤 열여섯 기는 키시의 무덤보다 상당히 이후

(정확히 말하면 초기 왕조 IIIa기인 기원전 26/25세기 무렵)에 세워진 것으로, 금, 은, 청금석 등의 진귀한 재료로 만든 호화스러운 부장품뿐 아니라 악기, 무기, 장신구, 역축役畜이 딸린 전차도 발굴되었다.[109] 최근에 이루어진 재질 분석과 법의학 분석은 오래전에 발견된 이 유물들을 이해하는 새로운 실마리를 던져 주기 시작했다. 몇몇 물건은 페르시아만 지역이나 인더스 계곡을 상대로 원거리 교류가 있었음을 증명해 주는데, 하라파 문화 특유의 붉은 진주, 인더스강이 원산지인 조개껍데기로 만든 원통형 인장, 페르시아만 특유의 양식이지만 인더스 문자가 새겨진 인장 등이 그러하다.[110] 키시에서처럼 무덤 주인들은 수행원들과 함께 묻혔다. 무덤 주인의 사망으로 최대 일흔여덟 명이 처형되었다. 일부 희생자들의 유해를 과학적으로 분석한 결과를 보면 그들은 머리를 세게 맞아 사망했고, 안치하기 전에 시신을 열이나 수은에 노출해 보존한 것으로 보인다.[111] 때로는 인장에 새겨진 글 덕분에 우르 무덤의 주인이 확인되기도 했는데,[112] 왕의 칭호(루갈)를 지닌 메스칼람두그Meskalamdug,[113] (그의 아내인 듯한) 푸아비Puabi 여왕, 그리고 메스칼람두그의 아들 메산네파다Mesannepada 등이다. 메산네파다의 비문은 마리 등 다른 곳에서도 발견되었는데,[114] 비문에서 그는 '우르의 왕'과 '키시의 왕'으로 묘사된다.

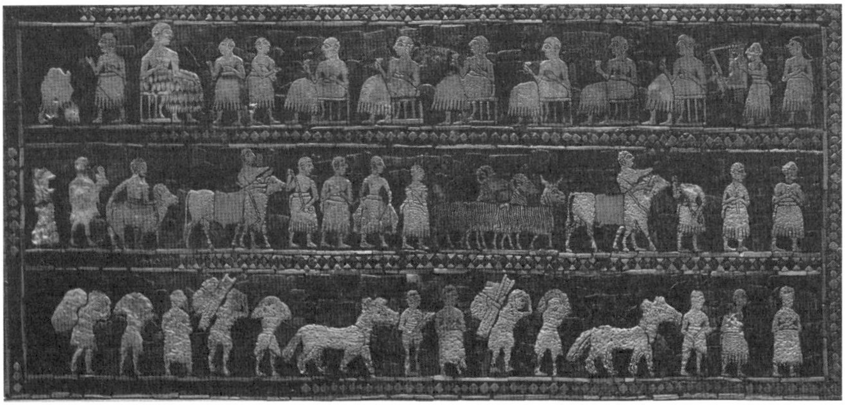

____ '우르의 깃발(Standard of Ur)'은 우르 왕릉군의 갱도 무덤(779)에서 발견된 상감세공 장식의 나무 상자다. 그 이름은 레너드 울리가 붙인 것으로, 이 상자를 발견한 그는 그것이 병력을 집결시키기 위한 휘장이라고 생각했다. (Wikimedia Commons, © LeastCommonAncestor)

—— '우르의 깃발'의 앞면과 뒷면은 한편으로는 전투에 참여하기 위해 행진하는 군대를, 다른 한편으로는 붙잡은 가축과 전쟁 포로, 축하연과 같은 승전의 결실을 보여 준다. (Wikimedia Commons, © LeastCommonAncestor)

키시와 우르의 유물들을 보면 아비도스에 있는 더 오래된 이집트 제1왕조와 제2왕조의 왕릉군이 생각난다. 그들의 수행원들도 똑같이 순장되었기 때문이다. 관련된 문서 정보가 없으므로,[115] 메소포타미아 통치자들도 이집트 통치자들처럼 자신을 살아 있는 신으로 생각했는지는 추측만 할 수 있을 뿐이다. 이집트와 메소포타미아 모두에서 통치자의 수행원들을 죽인 행위는 군주를 위한 희생뿐 아니라 세워진 지 얼마 되지 않아 취약한 국가를 위한 희생으로도 볼 수 있다. 군주가 죽었다고 해서 사람 목숨을 바치는 행위는 그 국가의 중요성과 생명력을 공개적으로 확인하는 절차였다.

기원전 제3천년기의 대부분 동안 이집트는 영토 국가로 묘사될 수 있다. 이와는 대조적으로, 그리고 전 지역을 아우르는 체제가 오래도록 지속했는데도 메소포타미아는 기원전 24세기에 성공적이었지만 단명하고 만 아카드 왕국이 등장하기 전까지 여러 개의 작은 정치조직으로 이루어져 있었다. 이 국가들은 서로 가까우면서도 종종 적대 관계를 유지했다. 기원전 2500년과 기원전 2300년 사이에 그 소국들 가운데 하나인 라가시의 부침 과정이 아주 잘 기록되어 있는데, 특히 1877년과 1933년 사이에 라가시의 주요 도시 중 하나인 기르수에서 발견된 문서 덕분이라고 할 수 있다. 고고학자들은 우르-난셰Ur-Nanshe가 세운 왕조의 통치자 6인의 비문과 함께, 왕조 교체 후 집권한 라가

시의 마지막 왕 3인의 비문을 발견했는데, 이 세 왕의 통치 기간이 쐐기문자 점토판 1800개에 행정 문서로 기록되어 있었다.[116] 독립된 지위를 누렸던 마지막 통치자 우루카기나Urukagina(또는 우루이님기나Uruinimgina)가 사회 개혁안을 담은 칙령을 공포했는데, 이는 세계사에서 전례가 없는 문서였다. 이 행정 기록을 통해 우루카기나의 궁전(수메르어로 '에갈egal', '위대한 집')과 라가시의 신전(수메르어로 '에딩기라edingira', '신의 집')이 그 국가의 가장 중요한 기관이었음이 명확하게 밝혀졌다. 정치력, 경제력, 군사력은 왕실에 집중되어 있었다. 군대, 대외 교역, 전략적으로 중요한 물품의 흐름은 왕실의 통제를 받았다. 궁전은 신전의 자원과 인원을 이용할 수도 있었는데, 신전을 유지하는 것도 통치자의 의무이자 특권이었다. 신전은 많은 사람을 농업, 원예, 가축 사육, 어로에 종사하도록 조직하는 일뿐 아니라, 국가의 인력 수요 및 군사적 수요에 맞게 정기적으로 사람들을 확실하게 동원하는 일도 맡았다.[117]

전쟁은 빈번했다. 우르-난셰의 비문들은 그가 이웃 나라 우르와 움마에 거둔 승리를 묘사한다. 우르-난셰는 전리품을 이용해 대규모 건설 사업에 착수하고 페르시아만 너머의 딜문(바레인)으로 교역을 확대할 수 있었다. 그의 손자 에안나툼은 당당하게 키시의 왕 칭호를 가졌고, 키시, 움마, 시리아의 마리, 남서부 이란의 엘람, 북쪽의 적들을 상대로 승리를 거둘 수 있었다. 그의 전성기를 입증하는 증거는 독수리 비석으로,[118] 180센티미터 정도 높이의 이 돌로 된 기념비에는 비문과 부조로 된 그림이 담겨 있다. 쐐기문자로 된 최초의 역사 편찬 사례인 이 문서는 라가시가 최대의 라이벌 움마를 상대로 거둔 승리를 기록하고 있다. 비석 앞면의 그림은 닌기르수Ningirsu 신이 그물로 왕국의 적들을 잡는 모습을 보여 준다. 메소포타미아 관습에 따라 신은 인간의 모습으로 묘사된다. 비석 뒷면은 번갈아 걷거나 전차를 탄 에안나툼이 그의 팔랑크스 부대 전사들을 이끌고 전투 중인 모습을 보여 주는데, 병사들은 투구와 함께 몸집만 한 방패, 긴 창으로 무장하고 있다. 에안나툼의 아들 엔메테나Enmetena는 방향을 반대로 틀어 우루크 통치자와 형제 동맹을 맺음으로써 우루크와의 갈등에 종지부를 찍었다. 이는 비문에 언급되었다는 점에서 간접적이지만, 세계 역사상 최초로 기록된 평화조약이다. 북서부 시리아에 있는 에블라의 비슷한 조약이 원문으로 보존되어 있다.

만연한 물리적 충돌로 인해 다양한 군사적 혁신이 등장했다. 공격 방식이 더욱 효과적으로 바뀌자 방어 및 요새화 조치도 향상되었다. 초기 왕조 시대에 특히 남부 이라크 지역의 도시국가들은 전투의 모든 면에서 획기적 발전을 이루었다.[119] 기원전 제3천년기 중반에 메소포타미아에서는 철퇴나 창 같은 전통적 무기 외에 온갖 종류의 새로운 병기도 사용되었다. 손잡이 속이 빈 전투용 도끼와 낫칼sickle sword이 육박전을 위해 개발되었으며, 먼 거리의 적을 타격하기 위해 사거리와 충격력이 두 배 이상으로 높아진 합성궁도 등장했다. 그러한 발명들은 개선된 방어 방식과 기술로 이어졌다. 처음에 갑옷은 가죽으로 만들어 금속으로 보강한 망토와 투구로 이루어져 있었다. 시간이 지나면서 이는 보호용 가죽을 댄 청동 갑옷과 투구로 대체되었다. 당나귀와 오나거의 잡종이 끈 사륜 전차는 처음으로 바퀴를 군사적으로 응용한 것인데, 전투원의 신속한 전방 수송과 적의 전선 교란을 가능하게 했다. 이러한 군사 기술들은 아카드 왕들이 메소포타미아, 타우루스산맥, 서부 이란 사이의 지역을 지배하자 서아시아 전역으로 퍼져 나갔고, 그 과정에서 메소포타미아의 문화적 영향까지도 널리 전파되었다. 이집트에서는 이와 같은 혁신이 상당히 시간이 흐른 뒤에, 다시 말하면 중왕국이 기원전 제2천년기 초부터 동쪽의 국가들과 긴밀하게 문화적으로 접촉할 무렵에야 비로소 채택되었다.

아카드 국가: 지중해에서 오만까지 펼쳐진 '제국'

아카드는 메소포타미아에서 단일한 지도자하에 정치적으로 통일된 영토 국가라는 사실이 최초로 명확하게 기록된 사례에 해당한다. 그 지도자는 자신이 개인적으로 임명한 지방 총독들에게 권력을 위임했다.[120] 아카드는 북부 메소포타미아와 시리아의 일부 지역은 물론, 남부 이라크 지역 전체에도 세력이 미친 정치체의 신설된 수도로서 메소포타미아에서 오만에 이르는 주변 지역에 간접적 지배력을 행사하기도 했다. 키시가 초기 왕조 시대의 정치에서 주요한 역할을 했으므로 키시라는 지명은 '전체, 우주, 세계'를 의미하는 아카드어 '키샤투kiššatu'를 만드는 데 이용되었다. 그리고 이 단어는 아카드 통치자들과 그들의 뒤를 이어 그들을 본받으려고 한 많은 통치자의 수메르어와 아카드어로 된 비문에서 '세계의 왕'이라는 핵심적 왕호의 일부로 사용되었다. 메소포타미아 및 아나톨리아 전통의 제국 모델을 전파하는 문학작품들은 '아카드의 왕, 세계의 왕'인 건국자 사르곤을 이상적 통치자의 화신으로 찬양한다. 그의 신봉자로는 기원전 제2천년기 중반의 히타이트 왕들과 기원전 제1천년기 초의 아시리아 왕들을 꼽을 수 있다.[121] 이집트 고왕국은 500년 넘게 존속한 반면에, 아카드 국가의 존속 기간은 200년도 채 안 되었다. 그러나 고왕국과 마찬가지로 아카드 역시 후대 왕들에게는 빛나는 본보기로 여겨졌는데, 기원전 539년에 페르시아의 정복자 키루스 2세Cyrus II에게 왕국을 빼앗기고 만, 바빌론의 나보니두스Nabonidus도 아카드를 높이 평가했다.[122]

학자들은 사르곤을 필두로 그의 뒤를 이은 왕들이 어떻게 기원전 2300년 무렵부터 메소포타미아 전역과 서아시아의 많은 지역을 지배하게 되었는지 정확히 알지 못한다. 이용할 수 있는 정보는 간결한 비문으로 되어 있다. 아카드의 통치자들이 이러한 문서에 상당히 많은 지명과 패한 적의 통치자 이름까지도 종종 언급되도록 확실히 처리했지만, 그 문서들은 당시에 벌어진 사건들을 카리스마 넘치는 장군이기도 한 군주가 신의 총애를 받아 얻은 당연한 결과로 표현하는 경향이 있었다. 오늘날까지 우리는 그 아카드 제국이 어디에 있었는지 모른다. 하지만 아카드가 바그다드 인근에 있었다고 추정할 만한 충분한 근거는 있다. 이후의 전설에 따르면 그 도시는 사르곤이 세웠지만, 그렇게 한 이유는 불분명한 채로 남아 있다. 자신의 공헌에 대한 사르곤의 기술은 루갈자게시Lugalzagesi에게 거둔 승리로 시작된다. 엄청나게 성공한 이 통치자는 움마의 왕으로 시작해 (우리는 모르는 방법으로) 빠르게 영토를 넓혀 남부 메소포타미아의 도시들을 흡수한 뒤, 재위한 지 7년째 되던 해에 우루크 왕위에 올랐다.[123] 초기 왕조 시대 후기에는 많은 지역 유력자가 왕의 칭호를 사용하기 시작했다.[124] 당시까지 아무나 사용할 수 없었던 독점적이고 특별한 황제 칭호에 대한 권리를 19세기 유럽 군주들이 너도나도 주장하며 허세를 부렸던 것처럼, 이 왕호의 '인플레이션' 관행은 다른 모든 통치자를 다스리는 통치자로서 키시의 왕을 인정하는 데 사용되었던 이념적·정치적 체제의 쇠퇴를 알리는 신호일 수 있다. 어쨌든 루갈자게시가 자기를 대군주로 생각했으므로 라가시의 우루카기나와 충돌했고, 이듬해에 루갈자게시가 우루카기나를 물리쳤다. 두 통치자 모두 이 사건들에 관해 아주 다른 관점을 제공하는 비문을 남겼다.[125]

사르곤 입장에서 루갈자게시에게 거둔 승리와 그의 수도 우루크를 손에 넣은 것은 자기 왕국을 세우는 데 결정적인 사건이었다. 그는 차례로 남쪽의 다른 주요 도시들을 정복했다. 패배한 경쟁자는 쇠사슬에 묶여 니푸르의 엔릴 신전으로 끌려왔고, 그 신전에는 사르곤의 승리를 칭송하는 기념비가 여러 개 세워졌다. 비문에는 주로 아카드의 수호신인 전쟁의 여신 이슈타르Ishtar가 등장하지만, 엔릴이 왕의 후원자로 칭송된다는 점은 의미가 있다. 전통 사상에 따르면 니푸르 도시의 신 엔릴은 통치자에게 남부 메소포타미아 전역에 대한 권력을 부여했다. 따라서 사르곤은 새로 구축된 왕국의 남쪽에 사는 새로운 백성들의 정서에, 그리고 그들이 자신을 어떻게 보는지 헤아리는 것에 신경을 쓴 것이 분명하다. 엔릴 신전의 기념비들은 보존되지 않았지만, 기원전 제2천년기 초에 필경사 연습생이 훈련 중에 만든 (이 사건을 다룬 그림 속 사람들의 이름을 단 짧은 표찰을 포함한) 비문의 복사본은 남아 있다.[126] 예전에 루갈자게시가 우루카기나를 살려 주었던 것처럼 사르곤이 루갈자게시를 살려 준 것은 분명하다. 우루크 왕이었던 루갈자게시는 사르곤의 아들이자 후계자인 마니시투슈Manishtushu 통치기에도 왕의 수행원으로 임명되었다.

이들 비문에 따르면 이미 루갈자게시의 영토를 차지한 결과로 사르곤은 남부 메소포타미아 너머의 (오늘날 시리아와 이라크의 국경선과 가까운 유프라테스강 유역의) 마리와 (수사를 중심으로 하는 남서부 이란의) 엘람에서도 대군주로 받아들여졌다. 이후의 사르곤 통치기에 다시 한번 기념비가 여러 개 세워지면서 엘람을 상대로 한 그의 승리를 축하했다. 마찬가지로 이후의 복사본으로만 남아 있는 그 기념비들의 비문은 적의 가장 중요한 장군들의 신원을 밝히고 이란 지역에서 빼앗은 많은 전리품을 기술했다. 이후 메소포타미아의 영향력은 수사의 물질문화에서 다시 한번 뚜렷하게 드러나는데, 당시 수사에서도 쐐기문자와 아카드어가 행정 목적에 이용되었기 때문이다.[127] 세 번째로 세워진 기념비들은 사르곤이 메소포타미아를 지배하고 페르시아만의 항구들을 장악함으로써 오만, 바레인, 인더스 계곡과도 교역할 수 있게 해 준 서른네 차례의 군사 원정을 기념하기 위해 제작되었다. 한편으로 이들 비문은 (현대의 라카와 가까운) 시리아 도시 투툴의 신 다간Dagan이 사르곤에게 시리아와 그 지역 중심지인 마리 및 에블라를 포함해 멀리 레바논의 삼나무 숲과 타우루스 산맥의 은광까지도 지배하도록 허락했다고 선언함으로써 서아시아의 많은 지역에 대한 사르곤의 통치권 주장을 확인하는 목적이기도 했다.

아버지의 뒤를 이은 마니시투슈[128]는 엘람에서 동쪽 이웃 국가들에 대한 공격을 계속했다. 그의 기념비들은 후대에 비문을 복사한 형태뿐 아니라 조각 형태로도 보존되어 있는데, '바다 너머 서른두 개 도시'를 상대로 한 그의 승리를 칭송한다. 추정컨대 그 도시들은 현대 오만 지역의 촌락들을 가리킨 듯하다. 이 지역은 흑색 섬록암의 가장 중요한 공급원으로, 페르시아만('아래쪽 바다Lower Sea')을 거쳐 운송된 섬록암은 마니시투슈의 군사적 위업을 기념하는 데 사용되었다. 이 암석은 또한 마니시투슈 왕이 메소포타미아 범람원 북부의 3430헥타르에 달하는 광대한 부지 여덟 곳을 사들인 과정을 상세히 기록한 독특한 기념비에도 사용되었다.[129] 새로이 사들인 이 땅은 왕실이 이미 키시 인근에 소유하던 어마어마한 자산을 공고히 하는 데 도움이 되었다. 그 기념비에는 왕이 전통적으로 금을 사용한 이집트와는 달리, 서아시아의 공식 통화였던 은을 후하게 지급하고 대가족과 씨족 집단으로 묘사된 매도인들에게 호화로운 선물도 주었다고 기록되어 있다. 이 법률 행위의 증인으로 많은 사람이 거명되었다. 마니시투슈는 소유권 변경이 전제 군주의 강압 행위가 아니라 합법적 구매로 일어난 일임을 확실히 인식되게 하고 싶었던 것이 분명하다.

마니시투슈에 이어 그의 형제 리무시Rimush가 왕위에 올랐다. 확실하지 않은 이유로 왕위 계승이 어려웠던 것으로 드러났는데, 이 새로운 왕이 남부 메소포타미아에서 일어난 반란을 진압하기 위해 수천 명에 이르는 적군에 맞서야 했기 때문이었다. 그에게 반란을 일으킨 자들 가운데 한 명은 우르 왕의 칭호를 갖고 있었고 다른 이들은 도시의 유력자들로 확인되었다. 니푸르의 엔릴 신전에 세워진 기념비 비문 사본이 이 사건들을 여실히 입증해 준다. 이후

리무시가 엘람을 습격한 사실은 그가 자신의 승리를 축하하기 위해 메소포타미아의 여러 신전에 보낸 봉헌물에 적힌 글로 입증된다. 이 봉헌물 중 일부는 원래대로 보전된 상태다.

사르곤의 세 번째 후계자인 손자 나람-신(2200 BC 무렵)이 세운 대형 기념비 두 개는 지금도 남아 있는데, 상당히 온전한 상태로 보존되어 있다. 실물 크기인 구리 조상의 대좌에 새겨진 글귀는 나람-신이 1년간 아홉 번의 전투에서 승리했으며 왕국 전역의 반란을 진압했다는 내용을 담고 있다. 이러한 사건들의 결과로서 그는 온 나라에 신으로 선언되었다. "그의 도시(즉 아카드)는 에안나(우루크)의 이슈타르, 니푸르의 엔릴, 투툴의 다간, 케시의 닌후르사그Ninhursag, 에리두의 에아Ea, 우르의 신Sin, 시파르의 샤마시Shamash, 쿠타의 네르갈Nergal 같은 신들에게 그(즉 나람-신)를 그들 도시의 신으로 정하고 아카드에 그를 위해 신전을 지어 달라고 요청했다."[130] 나람-신의 새로운 지위에 걸맞게 왕의 이름 앞에는 신에게만 붙이는 쐐기문자가 붙었고, '이슈타르 여신의 배우자'로 불렸다. 다른 기념비들에는 반란과 그 반란을 진압하는 과정이 기록되었지만, 비문만이 후대에 사본 형태로 남아 있다. 이 비문 사본에 따르면 반란자들은 북쪽에서는 '키시의 왕', 남쪽에서는 '우루크의 왕'이었지만, 몇 번의 전투 끝에 나람-신이 양쪽을 모두 영원히 물리쳤다.

이는 인류 역사에서 대대적으로 여론을 호의적 방향으로 돌리려고 한 행위가 기록된 최초의 사례 중 하나다. 신의 총애를 받아 반란을 진압할 수 있었다고 성공적으로 표현함으로써 나람-신을 신격화할 수 있었기 때문이다. 같은 시대의 이집트가 왕을 신격화하는 모델을 제공한 것인지, 아니면 메소포타미아의 오래된 전통에 바탕을 둔 것인지는 여전히 논쟁 대상으로 남아 있다. 우르의 초기 왕조 시대 통치자들의 무덤에서 입증된 순장 행위(이전의 본문 참조)는 이 지도자들이 자신들의 공동체에서 신과 같은 지위를 누렸음을 보여 주는 듯하다. 우리는 나람-신을 비롯한 다른 아카드 왕들이 어떻게 묻혔는지 모른다. 그들이 통치한 수도와 마찬가지로 그들의 무덤도 발굴되지 않은 탓이다. 나람-신의 아들이자 후계자인 ('모든 왕 중의 왕'이라는 의미를 지닌 이름의) 샤르-칼리-샤리Shar-kali-sharri는 통치자가 곧 신이라는 개념을 유지했지만, 아카드 왕국은 그의 통치기 때 무너지고 말았다. 신이 곧 왕이라는 개념은 기원전 2000년 무렵, 우르 제3왕조 통치자들에 의해 수십 년 동안 되살아났다. 그들은 아카드의 왕권 이념을 여러 가지 방식으로 존속시켰다. 그러나 이후 그것은 메소포타미아 지배자들의 정치적·이념적 용어집에서 영원히 사라지고 말았다. 나람-신이나 그의 할아버지 사르곤이 주연으로 등장한 이후의 문학작품들은 나람-신에 관해 부정적 판단을 내린다. 당대 사료가 밝히듯이 아카드 왕국의 몰락에 대한 책임은 샤르-칼리-샤리가 아니라 나람-신에게 돌아가며, 그는 전형적 독재자로 묘사된다. 반면에 사르곤은 훌륭한 모범이 되는 통치자로 그려진다.

원본대로 보존된 나람-신의 다른 기념비는 남서부 이란의 수사에서 발견된 비석이다.[131] 그 비석은 원래 메소포타미아의 한 신전에 있었는데, 기원전 12세기에 엘람의 왕인 슈트룩-나훈테Shutruk-Nahunte가 신전을 약탈하면서 그 비석을 엘람으로 가져갔다. 비석은 나람-신과 투구와 합성궁으로 무장한 그의 군대가 자그로스산맥 서부 지역인 룰루비의 털옷 입은 병사들과 싸우는 모습을 보여 준다. 룰루비의 병사들은 상대의 화살 앞에 힘을 쓰지 못한다.

현재는 없어진 다른 기념비들의 비문 사본과 원래의 봉헌물들 또한 마간(오만)은 물론, 시리아를 거쳐 멀리 지중해 지역과 현대 튀르키예의 유프라테스강과 티그리스강의 발원지까지 공격한 사실을 증명해 준다. 나람-신은 이 원정을 몸소 이끈 것으로 보이며, 이를 토대로 그는 '세계 사방의 왕'이라는 칭호를 채택하고 자신을 세계의 군주라고 칭했다. 그는 나가르(텔 브락)에 요새를 세웠는데, 이는 그가 북동부 시리아를 지배했음을 보여 주는 증거다.[132] 그러나 인근의 우르케시(텔 모잔)는 후르리족 출신 지역 통치자의 수중에 있었는데, 나람-신은 자기 딸을 그의 아내로 주었다.[133] 이란의 군주들과도 비슷한 관계가 유지되었던 듯하다. 수사에서 출토된, 엘람어와 메소포타미아 쐐기문자로 쓰인 점토판에는 지역 통치자로 보이는, 신원이 불분명한 인물과 나람-신이 동등한 조건으로 평화조약을 맺었다는 내용이 기록되어 있다.[134]

북부 시리아에서 서부 이란에 이르는 약 스무 곳에서 나온 7000여 점의 행정 기록과 발견물은 그 국가가 아카드 시대의 마지막 3분의 1 중 나람-신

—— 짧은 비문에서 알 수 있듯이 석회암으로 만들어진, 아카드 왕 나람-신의 승전비(높이 2미터, 지름 1.5미터)은 룰루비 사람들에게 거둔 승리를 축하한다. 1000여 년이 지난 뒤인 기원전 12세기에 엘람 왕 슈트룩-나훈테가 메소포타미아에서 전리품으로 가져가 수사에 이 비석을 다시 세우면서 산 능선 부분에 더 잘 보이는 비문 네 줄을 추가했다. (Wikimedia Commons, © Fred Romero)

의 통치 때부터 어떤 구조로 작동했는지 기록했다. 새로운 형태의 쐐기문자와 함께 표준화된 도량형이 도입되었는데, 이는 행정 인력이 중앙집권화된 국가의 훈련을 받았음을 의미한다. 그 문서들은 아카드라는 국가가 대반란 이후 공고해졌음을 증명해 준다. 왕의 비문과 마찬가지로 그 문서들도 수메르어나 아카드어로 작성되었다. 특정 지역에서 지배적으로 사용되는 구어가 문서에 쓰는 언어를 선택하는 데 결정적이었던 것으로 보인다. 예로부터 전해진 필사 전통에 따라 남부 메소포타미아에서는 수메르어가 계속 사용되었고, 그 외의 행정에는 아카드어가 사용되었다. 아카드어는 셈어파에 속했으므로 밀접하게 관련된 언어가 사용되던 시리아와 북부 메소포타미아에서 더 쉽게 이해되었을 것이다. 이 시점에 아카드어는 수사(이란)에서도 쓰이게 되었는데, 행정상의 목적으로, 그리고 지방 관리들이 제작을 의뢰한 비문 모두에서 사용되었다.[135]

군대를 소집하고 훈련하고 장비를 갖추고 유지하는 일은 국가 자원에 엄청난 부담을 주었다. 아카드 왕국의 설립자는 자신의 비문에서 정규군의 규모를 자랑스럽게 밝혔다. “매일 사르곤 왕 앞에서 5400명이 식사한다.”[136] 이 정도면 당시 최대 규모의 상비군이었을 텐데, 왕국의 확장을 계속 추진한 사르곤의 후계자들은 훨씬 더 많은 병사를 징집했을 것이다. 그런데도 당시의 행정 기록에 따르면 병사 중 대다수가 상비병이 아니라 지방정부가 초여름에서 가을까지 특정 계절에만 군인으로 차출한 보통 사람들이었음을 알 수 있다. 그 시기가 바로 군사 원정이 진행되는 때이고 사람들도 평소에 하던 일에, 대개 농사에 일손이 필요치 않은 때였다. 이는 초기 왕조 시대의 관행으로 지속되었다. 일부 문서를 통해 그런 방식으로 지방에서 모집된 병력 규모를 재구성할 수 있는데, 예를 들어 도시 중에서 기르수는 대략 5000명, 움마는 대략 1600명의 병사를 제공했다.[137] 반란군에 거둔 승리를 기념하는 왕의 비석에 기록된 바처럼 이 수치는 아카드 왕국에 대항한 지역 반란군 규모에 필적한다. 따라서 아카드 왕들이 엄청나게 많은 병사를 동원할 수 있었다는 점은 분명하다. 군대는 장군들의, 즉 수메르어로 사가나šagana의, 아카드어로 사카나쿰šakkanakkum의 지휘를 받았다. 장군은 각자 참모를 거느렸는데, 장교와 필경사뿐 아니라 의사와 예언자도 데리고 있었다.[138] 예언자의 점은 고대 시대 내내 군사적인 의사 결정과 전략에서 중요한 역할을 했다.

왕 본인 외에 지방 총독과 이 장군들이 아카드 국가의 최고위직을 차지했다. 사르곤의 비문에 따르면 '아카드의 아들들'[139]에게, 다시 말하면 사르곤의 초기 권력 기반을 이룬 구성원들에게 지방 총독 자리가 부여되었다. 장군들도 마찬가지였다. 게다가 사르곤은 요직에 가족을 임명하는 것을 선호한 것이 분명했다. 일례로 사르곤의 딸 엔헤두안나Enheduanna는 남부 메소포타미아의 중요한 항구도시 우르에서 달의 신을 받드는 대제사장이었다.[140] 메소포타미아 전설에 따르면 왕국에서 가장 중요한 신전에 바치는 40편의 찬시讚詩 선집을 엮어 낸 사람이 바로 그 공주였다. 이 작품은 지리적 원칙에 따라 편성되어 있어, 시의 순서가 페르시아만 유역의 남부 에리두에서 디얄라강 유역의 북부 에쉬눈나까지의 아치 모양을 묘사한다. 엔헤두안나는 자기 가족의 수호신인 이슈타르 여신(수메르의 인안나)을 상대로 한 관계에 자신이 얼마나 심취했는지 다룬 상당히 개인적인 작품으로도 유명하다. 엔헤두안나는 장수를 누렸는데, 그녀의 조카 나람-신의 딸 한 명이 그녀의 뒤를 이어 우르의 대제사장직을 맡았다. 왕가의 딸들은 다른 성지에서, 예를 들면 니푸르의 엔릴 신전에서도 사제직을 맡거나 아카드 국가와 동맹을 맺은 통치자들과 결혼함으로써 외교 관계를 강화하는 데 이용되었다.

나람-신의 아들이자 후계자인 샤르-칼리-샤리의 통치기에 다시 한번 대규모 반란이 일어났다. 이번에는 '세계의 사방' 모두에서 반란이 일어났다고 한다. 샤르-칼리-샤리의 승전비 비문의 후대 사본에 따르면 처음에 왕은 그 반란이 곧바로 진압되리라고 믿었다고 한다. 그러나 이 반란자들이 자신의 명예를 기리려고 세운 기념비가 입증하듯이, 반란 대열에 참여하는 중심부 지방 총독들이 점점 더 늘어남에 따라 국가권력은 개입할 힘이 없는 것으로 드러났다. 그중에서도 샤르-칼리-샤리가 임명한 라가시 총독, 푸제르-마마Puzur-Mama가 자신이 그 도시의 왕이라고 선포했다.[141] 아카드 왕국이 마침내 종말을 고하게 되었을 때, 샤르-칼리-샤리의 후계자들은 막대한 정치적 영향력을 상실한 상태였다. 자그로스산맥을 근거지로 한 동부의 인구 집단인 구티인들이 메소포타미아 평원을 습격한 것이 아카드 왕국 쇠퇴의 원인인지 결과인지는 논의가 필요한 문제다. 어쨌든 후대의 메소포타미아 역사 편찬에서는 그들의 습격이 아카드의 몰락에 중요한 역할을 했다고 본다. 구티인 통치자들이 이후 니푸르의 엔릴 신전에 기념비를 세웠지만, 이 무렵 메소포타미아의 정치 구조가 전체적으로 어떤 모습이었는지는 상당히 불분명하다. 다양한 고고학적 유적지에서 이따금 많은 문서 사료가 발견되기는 하지만, 절대연대기는 물론 상대연대기를 수립하는 작업조차 상당히 골치 아픈 문제로 남아 있다.[142]

아카드의 패권이 끝나자 수사는 다시 한번 남서부 이란 지역에서 영토 국가의 중심지로서 독립된 상태를 누렸다.[143] 지역 정체성에 관한 자부심과 자존심이 되살아났음을 보여 주는 한 가지 예는 '아완의 왕' 푸주르-인슈시나크Puzur-Inshushinak(기원전 21세기)가 세운 기념비에 엘람어로 비문을 기록하는 데 사용한 완전히 새로운 선형 문자다.[144] 이 문자 형태를 사용한 대부분의 발견물은 그의 왕국에 속한 것이 분명한 수사에서 나왔지만, 그 문자는 동쪽으로 훨씬 더 멀리 있는 파르스 지방에서, 심지어는 케르만 지방의 샤다드에서도 사용되었던 것으로 입증되었다. 그 선형 문자는 일부 기념비에 아카드어로 된 같은 비문이 있어 대체로 이해하기가 쉽다. 그렇기는 해도 그 문자는 푸주르-인슈시나크가 통치했던 기간에만 잠시 사용되었던 듯하며, 수사에서는 아카드어와 쐐기문자가 계속 사용되었다.

남부 메소포타미아의 지역 통치자들도 독립의 이점을 누렸다. 지역과 지역을 이어 주는 교역로상의 유리한 입지는 대규모 군대나 영토적 야심이 없더라도 부와 영향력을 안겨 줄 수 있었다. 따라서 라가시의 구데아Gudea는 대규모 건설 사업을 의뢰하고 문학적 가치가 높은 수메르어 비문을 발표하며 값비싼 수입 재료로 만든 조상을 세우고 이란과 페르시아만 전역까지 확대된 통상 관계를 조성할 수 있었다.[145] 시기가 거의 같은 제1중간기 이집트의 지방 왕조들과 비교하는 것이 부당한 것은 아닌데, 이집트의 경우와 마찬가지로 학자들은 메소포타미아에서 중앙집권화된 권력이 무너진 것을 기후변화와 결부해 보아야 하는지에 관해 의견이 일치되지 않았다.[146] 단명한 아카드 왕국의 연대를 확실하게 추정하기가 어려우므로, 기원전 2200년 무렵에서 기원전 1900년까지 발생했다고 알려진 건기와 그 지역의 정치사 간의 관계를 입증하기는 불가능한 것으로 드러났다. 악화한 기후 조건이 아카드 왕국의 몰락 원인이 되었을 수도 있다. 하지만 반대로 그 기후 조건이 아카드 왕국의 출현에 중요한 역할을 했을 가능성도 아주 충분하다.

이웃들: 페르시아만, 인더스 문명, 레반트 지역과의 접촉

지중해와 홍해처럼 페르시아만도 선박을 이용한 이동에 늘 이용되었다. 남부 이라크에서 바레인과 오만을 거쳐 현대의 파키스탄으로 이어지는 항로는 2500킬로미터에 달한다.[147] 메소포타미아인들은 바레인섬을 딜문이라는 이름으로 알고 있었다. 그리고 아라비아반도 남동쪽 끝에 있는 오만은 마간으로 불렀다. 또한 파키스탄과 북서부 인도의 인더스강을 따라 형성된 문명은 그들에게 멜루하로 알려져 있었다. 직물, 금, 청금석으로 만든 장신구, 붉은 진주 등의 여러 가지 사치품이 이 항로로 수송되었지만, 메소포타미아인들이나 인더스강 유역 사람들 모두 오만산 구리에 가장 관심이 많았다.[148] 기원전 제3천년기에 남부 이라크의 항구도시들, 특히 우르와 라가시는 초지역적 교역의 주요 지점이었다. 앞에서 다룬 초기 왕조 시대의 우르 왕릉에서 발견된 이국적 봉헌물들은 세계 곳곳의 화려한 장식품이 그곳에 모여들었음을 확인해 준다. 그리고 아카드 왕국을 설립한 사르곤도 지금은 사라진 두 개의 승전비에서 자신이 "멜루하, 마간, 딜문에서 온 배들이 아카드 항구에 정박할 수 있도록 허가했다."라고 자랑스럽게 밝혔다.[149]

돛과 노를 갖춘 교역선은 남부 메소포타미아의 항구에서 아라비아반도의 해안을 따라 남쪽으로 내려가 좁은 호르무즈 해협까지 나아갔다. 그리고 다시 그곳 호르무즈 해협에서 넓은 바다를 30킬로미터 정도 건너 페르시아 해안선에 도달했고 그곳에서 동쪽으로 인더스강 입구까지 계속 항해해 나갔다. 선원들은 지중해와 홍해에서 그랬던 것처럼 방향을 잡기 위해 해안선을 따라갔다. 별이 가득한 하늘이 도움이 되었을 수도 있지만, 아직 중요한 역할을 하지는 못했다. 페니키아와 그리스의 선원들은 기원전 제1천년기에 이르러서야 해안을 보지 않으면서 지중해 먼바다까지 위험을 무릅쓰고 나갈 수 있었다.

메소포타미아인들에게는 '멜루하'였던 인더스 문명은 그곳에서 중요한 고고학적 발견이 있었는데도 여전히 많은 수수께끼를 던져 주는데, 특히 이 복합 사회에서 사용한 문자가 지금도 확실하게 판독되지 않았기 때문이다. 서

—— 첨부된 문서에 의하면 '멜루하어 번역자'인 슈-일리슈(Shu-ilishu)의 원통형 개인 인장(높이 2.9센티미터, 지름 1.8센티미터)을 찍은 자국. 돌로 된 원통에 새겨진 그림은 번역자 본인이 아니라 아카드 시기의 일반적 관행에 따른 신화 속 장면을 보여 준다. (Wikimedia Commons, © Clercq, M. de)

로 소통하는 데 통역자가 필요했다는 사실 때문에 그곳에서 사용된 언어가 메소포타미아에서 사용된 언어, 특히 수메르어 및 아카드어와 근본적으로 달랐다는 것은 확신할 수 있다.[150] 쐐기문자 문서를 통해 인더스 계곡에서 온 사람들이 남부 메소포타미아에 거주하고 있었다는 사실은 증명되었지만, 그것 외에 그들 주거지의 목적에 관해서는 아는 것이 거의 없다. 이들 주거지는 거주민들이 계속 바뀌는 가운데 교역을 위해 존재했을까? 아니면 정착하러 온 사람들이 세운 식민지였을까? 기원전 제2천년기 초반을 지나면서 남부 이라크에서 인더스 계곡으로 이어지는 항로는 점차 사용되지 않게 되었다. 그러다가 기원전 18세기에는 완전히 사용이 중단되었다. 이 시기에 인더스 문명이 종말을 고했고, 남부 이라크는 교역과 정치에서 북쪽의 경쟁자들에게 지배적 지위를 빼앗겼다. 하지만 인더스 계곡을 오가는 교역로가 쇠퇴한 것은 일련의 사건에서 원인일까, 결과일까? 그 노선의 이용이 중단된 것은 오만의 구리 공급이 줄었기 때문이었을까, 아니면 채굴 비용이 너무 많이 들어서였을까? 다른 구리 매장지가 경제적·정치적 혹은 이념적 이유로 선호되어서였을까? 문서 사료는 그 어떤 명확한 답도 내놓지 못하지만, 이제는 키프로스의 구리가 근동 시장을 지배했음을 암시한다.[151]

이 시점부터 메소포타미아는 지중해 지역과의 관계를 강화했다. 그렇게 하는 과정에서 메소포타미아는 점점 더 이집트의 가시 범위에 들어갔다. 인더스강 지역과 메소포타미아 간의 직접적 접촉은 아케메네스 제국이 서쪽의 유프라테스강 유역과 티그리스강 유역에서 동쪽의 인더스강 유역까지 이르는 모든 영토를 장악한 기원전 6세기가 되어서야 비로소 재개되었다. 기원전 제2천년기 동안 과거의 관계가 너무 무시되고 잊히는 바람에 기원전 7세기 무렵에 아시리아 사료에서는 인더스강 지역을 가리키는 전통적 지명인 '멜루하'를 누비아를 가리키는 데 사용하고 오만을 가리키던 '마간'을 이집트를 가리키는 데 사용했다. 아프리카의 이 지역들이 이제는 직접적 교역 관계의 가장 바깥쪽 지점으로 표시되어 있었기 때문이다.

이집트의 존재는 기원전 제3천년기의 메소포타미아 사료에서는 입증되지 않으며, 유프라테스강 유역 및 티그리스강 유역과 직접 접촉했다는 이집트 측 증거도 전혀 없다. 지금까지 에블라(지금의 텔 마르딕)는 고왕국 통치자들과의 관계를 입증하는 글귀가 새겨진 유물이 발견된, 가장 동쪽에 있는 유적지에 해당한다.[152] 기원전 제3천년기 중반에 이 도시는 북서부 시리아의 대부분을 지배한 왕조의 권력 중심지였다. 화재로 소실된 그곳의 궁전에서는 이집트 통치자인 카프레(제4왕조)와 페피 1세(제6왕조)의 이름이 새겨진 돌그릇 파편이 발견되었다.[153] 그렇다고 해도 그 궁전의 행정 기록 보관소에서 발견된 1만 7000건의 쐐기문자 기록에는 이집트에 관한 언급이 전혀 없다. 이는 제삼자가 그곳에 돌그릇을 가져왔음을 시사한다. 이 시기에 이집트와 서아시아를 중개한 주요 도시는 동부 지중해 해안에서 가장 중요한 무역항이었던 비블로스였다. 이집트인과 메소포타미아인들은 중요한 건축 사업에 사용할 재료로 레바논 산간의 삼나무 목재를 귀하게 여겼지만, 비블로스는 전반적인 초지역적 교역의 중심축에 해당했다. 따라서 그 도시의 많은 교역 상대의 상품은 서로 직접적으로 물자를 교환하지 않는 지역에, 이 경우에는 에블라와 고왕국 이집트에 도착해 있었다. 기원전 20세기의 경우 남부 메소포타미아와 비블로스가 직접 접촉했다는 문서 증거가 존재한다. 비블로스의 통치자가 보낸 사절이 우르의 아마르-신Amar-Suena 왕을 방문했다는 기록이 일부 행정 문서에 남아 있다.[154]

기원전 제3천년기 말엽에 에블라는 서부 시리아와 북부 시리아의 대부분을 지배했다. 한편 유프라테스강 중류 지역을 중심으로 한 마리 왕국은 동부 시리아에서 지배적 위치를 차지했다.[155] 아카드 왕들의 비문을 보면 그들은 서아시아에서 우월한 지위를 누리면서 거듭 에블라를 표적으로 삼았음을 알 수 있다. 그러나 학자들은 이제 에블라 궁전을 무너뜨린 그 화재가 시리아 지역의 패권을 놓고 다툰 최대 경쟁자, 마리와의 오랜 갈등 때문에 발생했고 아카드 왕국이 등장하던 시기에 그 화재가 발생했다고 추정한다.[156] (실제로 누가 점령했든) 그 도시가 함락되었을 때 궁전도 불타 없어졌다. 그곳의 방대한 기록 보관소는 온전한 상태로 보존되었는데, 불이 점토판을 손상하는 것이 아니라 되레 훨씬 더 튼튼하게 만들기 때문이다. 하지만 기록 관리는 돌연 중단되었다. 따라서 이 문서 자료의 발견 상황은 이를테면, (2부의 머리말에서 다룬 대로) 폐기되어 벽을 메우는 재료로 사용된 초기 우루크 문서의 경우와는 근본적으로 다르다.

에블라 궁전 기록 보관소에는 주로 행정 문서가 보관되어 있었지만, 기도문이나 제례용 문서 같은 문학작품과 서신, 단어 목록이나 쓰기용 연습문 같은 수업 자료나 참고서도 보관되어 있었다. 이러한 사실에 비추어 볼 때, 필경사들이 궁전에서 쓰기 훈련을 받았다는 것은 의심할 여지가 없다. 모든 문서에는 메소포타미아 쐐기문자가 사용되었는데, 수메르어로 적혀 있기도 했지만, 아카드어와 밀접한 관계가 있는 셈어인 에블라어로 적혀 있는 경우가 훨씬 더 많았다. 아마도 현대 연구자들에게 가장 흥미로운 문서는 에블라와 그 이웃 나라인 아바르살Abarsal의 평화조약일 것이다.[157] 아바르살은 유프라테스강 유역에 자리했던 국가로 정확한 위치는 확인되지 않았다. 더 이른 시기의 비문들에 유사한 종류의 조약(이를테면 남부 메소포타미아의 도시국가인 움마와 라가시의 조약)이 언급되어 있기는 하지만, 이 점토판은 원본으로 보존된, 가장 오래된 사례다. 그 조약은 두 강대국 중에서도 더 강했던 에블라에 유리하게 체결되어 에블라의 영토적·군사적·상업적 이익을 보장해 주었다. 에블라 왕('지배자'를 뜻하는 엔en)은 그의 땅에 누가 들어올 수 있는지 결정할 권리를 가졌다. "나의 허락 없이 당신(아바르살의 통치자)은 그 누구도 내 땅에 들일 수 없다. 당신이 누군가에게 그렇게 하도록 허락한다면 당신은 맹세를 어긴 것이다."

2부에 등장하는 이집트와 서아시아의 통치자들

이집트					
'전갈왕' 1세					
나르메르					
제1왕조					
아하					
제르					
카아					
제2왕조					
헤텝세켐위 (29세기 무렵)					
카세켐위 (27세기 무렵)					
제3왕조					
조세르 (27세기 무렵)					
제4왕조					
스네프루 (27세기 무렵)					
쿠푸 (2700년 무렵)		**라가시**			
케프렌 (26세기 무렵)		우르-난셰 (26세기 무렵)			**우르**의 메스칼람두그(26세기 무렵)
제5왕조		에안나툼			**우르**와 **키시**의 메산네파다
사후레 (25세기 무렵)		엔테메나			**키시**의 메실림
제드카레 (2400년 무렵)			**아카드**		
우나스 (24세기 무렵)		우루카기나	사르곤 (24세기 무렵)	**우루크**의 루갈자게시	**키시**의 우르-자바바
제6왕조			마니시투슈		
페피1세 (23세기 무렵)			리무시		
메렌레 (23세기 무렵)			나람-신 (23세기 무렵)		
페피 2세 (2200년 무렵)			샤르-칼리-샤리		
제11왕조			**우르 제3왕조**		
멘투호테프 2세 (2000년 무렵)	**마리**의 아필킨 (21세기 무렵)	**라가시**의 구데아 (21세기 무렵)	우르-남무 (21세기 무렵)	**우루크**의 우투-헤갈	**엘람**의 푸주르-인슈시나크
멘투호테프 3세 (20세기 무렵)			슐기	(21세기 무렵)	(21세기 무렵)
멘투호테프 4세 (20세기 무렵)			아마르-신		

제12왕조			슈-신		
아메넴헤트 1세 (20세기 무렵)			입비-신		
세누스레트 1세 (20세기 무렵)					
세누스레트 2세 (19세기 무렵)					
세누스레트 3세 (19세기 무렵)				**라르사**	
아메넴헤트 3세 (19세기 무렵)			**바빌론**	궁구눔 (19세기 무렵)	
	마리의 짐리-림 (18세기 무렵)	**쿠샤라**	함무라비 (18세기 무렵)	림-신 (18세기 무렵)	**에칼라툼**의 샴시-아다드 (18세기 무렵)
		피타나 (18세기 무렵)	삼수-일루나 (18세기 무렵)		
		아니타 (17세기 무렵)	아비-에슈흐 (17세기 무렵)		
제17왕조 (테베)	제15왕조 (아바리스)	**하티**	암미-디타나 (17세기 무렵)		
세케넨레 (16세기 무렵)	키얀 (17세기 무렵)	하투실리 1세 (17세기 무렵)	암미-사두카 (17세기 무렵)		
카모세 (16세기 무렵)	카무디 (16세기 무렵)	무르실리 1세 (16세기 무렵)	삼수-디타나 (16세기 무렵)		
제18왕조					
아흐모세 (1550~1525)					
아멘호테프 1세 (1525~1504)					
투트모세 1세 (1504~1492)					**미탄니**
투트모세 2세 (1492~1479)		투트할리야 1세 (1420~1400)			바라타르나 (15세기 무렵)
투트모세 3세 (1479~1426)	하트셉수트 (1479~1458)				아르타타마 1세(15세기 무렵)
아멘호테프 2세 (1426~1400)					
투트모세 4세 (1400~1390)			**카시트**		
아멘호테프 3세 (1390~1352)			쿠리갈주 1세 (14세기 무렵)	**아시리아**	
아크나톤 (1352~1336)		수필룰리우마 1세 (1344~1322)	부르나부리아시 2세	아수르-우발리트 1세	투슈라타(14세기 무렵)
투탕카멘 (1336~1327)			(14세기 무렵)	(14세기 무렵)	
아이 (1327~1323)					샤티와자(14세기 무렵)
호렘헤브 (1323~1295)	제19왕조	무르실리 2세 (1321~1295)		아다드-니라리 1세	
				(1307~1275)	
	람세스 1세 (1295~1294)	무와탈리 2세 (1295~1271)		샬마네세르 1세 (1274~1245)	
	람세스 2세 (1279~1213)	하투실리 3세 (1264~1239)	카시틸리아시 4세 (1232~1225)	투쿨티-닌우르타 1세	
				(1244~1208)	
	메렌프타 (1213~1203)		아다드-슈마-우수르		**엘람**의 운타시-나피리샤

2부에 등장하는 이집트와 서아시아의 통치자들 (계속)

			(1216~1187)		
	제20왕조	**카르케미시**의 이니-테슈브		닌우르타-아팔-에쿠르 (1191~1179)	
	람세스 3세 (1184~1153)		**이신**의 네부카드네자르 1세	티글라트-필레세르 1세 (1114~1076)	**엘람**의 슈트룩-나훈테
	람세스 11세 (1099~1069)				
제21왕조 (타니스)					
스멘데스 (11세기 무렵)	**테베**의 헤리호르				
				아수르-단 2세 (934~912)	
				아슈르나시르팔 2세 (883~859)	
				샬마네세르 3세 (858~824)	**우라르투**의 사르두리 1세 (9세기 말 무렵)
		카르케미시의 야리리		샴시-아다드 5세 (823~811)	
				아다드-니라리 3세 (810~783)	
				아수르-니라리 5세 (754~745)	
제25왕조 (쿠시)	제24왕조 (사이스)			티글라트-필레세르 3세 (744~727)	
피예 (753~722 무렵)	테프나크트 (8세기 무렵)			샬마네세르 5세 (726~722)	
샤바카 (722~707 무렵)			마르두크-아플라-이디나 2세	사르곤 2세 (721~705)	**프리기아**의 미다스 (8세기 말 무렵)
셰비쿠(707~690 무렵)		**유다**의 히즈키야 (725~698)		센나케립 (704~681)	
타하르카 (690~664)				에사르하돈 (680~669)	
탄타마니 (664~655/653)			샤마시-슈무-우킨	아슈르바니팔 (668~631)	**리디아**의 기게스 (7세기 무렵)
	제26왕조 (사이스)			아수르-에텔-일라니 (630~627)	
	네코 1세 (~664)		칸달라누 (647~627)	신-샤루-이시쿤 (626~612)	
	프삼티크 1세 (664~610)	**메디아**의 키악사레스 (17세기 말 무렵)	나보폴라사르 (625~605)	아수르-우발리트 2세 (612~610)	
	네코 2세 (610~595)		네부카드네자르 2세 (604~562)		
	프삼티크 2세 (595~589)		아멜-마르두크 (561~560)		
	아프리에스 (589~570)		네리글리사르 (559~556)		

아마시스 (570~526)		라바시-마르두크 (555)		키루스 2세 (550~530)
프삼티크 3세 (526~525)	**메디아**의 아스티아게스 (~550)	나보니두스 (555~539)	**리디아**의 크로이소스 (~547)	캄비세스 2세 (530~522)

2　사방에서 등장한 문자: 관료, 문인, 상단

이번 장에서는 기원전 2000년 무렵부터 기원전 1500년에 이르는 이른바 중기 청동기시대에 해당하는 500년간의 역사적 과정을 다룬다. 아마도 이 기간 또한 다소 짧아질 수 있는데, 앞선 시기와 마찬가지로 연대를 주의해 보아야 한다.

이집트에 관한 나의 서술은 이집트가 재통일된 중왕국(기원전 20세기~기원전 17세기)에서 시작한다. 고왕국과는 상당한 문화적 연속성이 있는데도 이 시기에는 왕권이나 종교의식, 사후의 삶에 관한 인식이 근본적으로 달라졌다. 후대가 판단하기에 그 시기는 문학과 예술의 황금시대였고, 오늘날 중中이집트어로 불리는 문자언어가 그 시기부터 높은 문학적 기준을 구성했다. 이 시기에 이집트 사회는 상당히 다양한 요소로 이루어져 있었다. 특히 서셈어를 쓰는 '아시아인'들이 인구의 큰 부분을 형성했다. 이후 제2중간기에 그들은 나일강 삼각주 지역의 정치 엘리트층을 이룬다.

한편 서아시아에서 쐐기문자는 행정, 서신, 문학의 분야에서 점점 더 폭넓게 사용되었다. 쐐기문자는 메소포타미아, 이란, 시리아에 이어 이제 아나톨리아에서도 복합적 국가 체제와 문화 전통을 기록했다. 북부 메소포타미아의 도시 아수르의 중앙아나톨리아 고지대 식민지에서 발견된 광범위한 기록

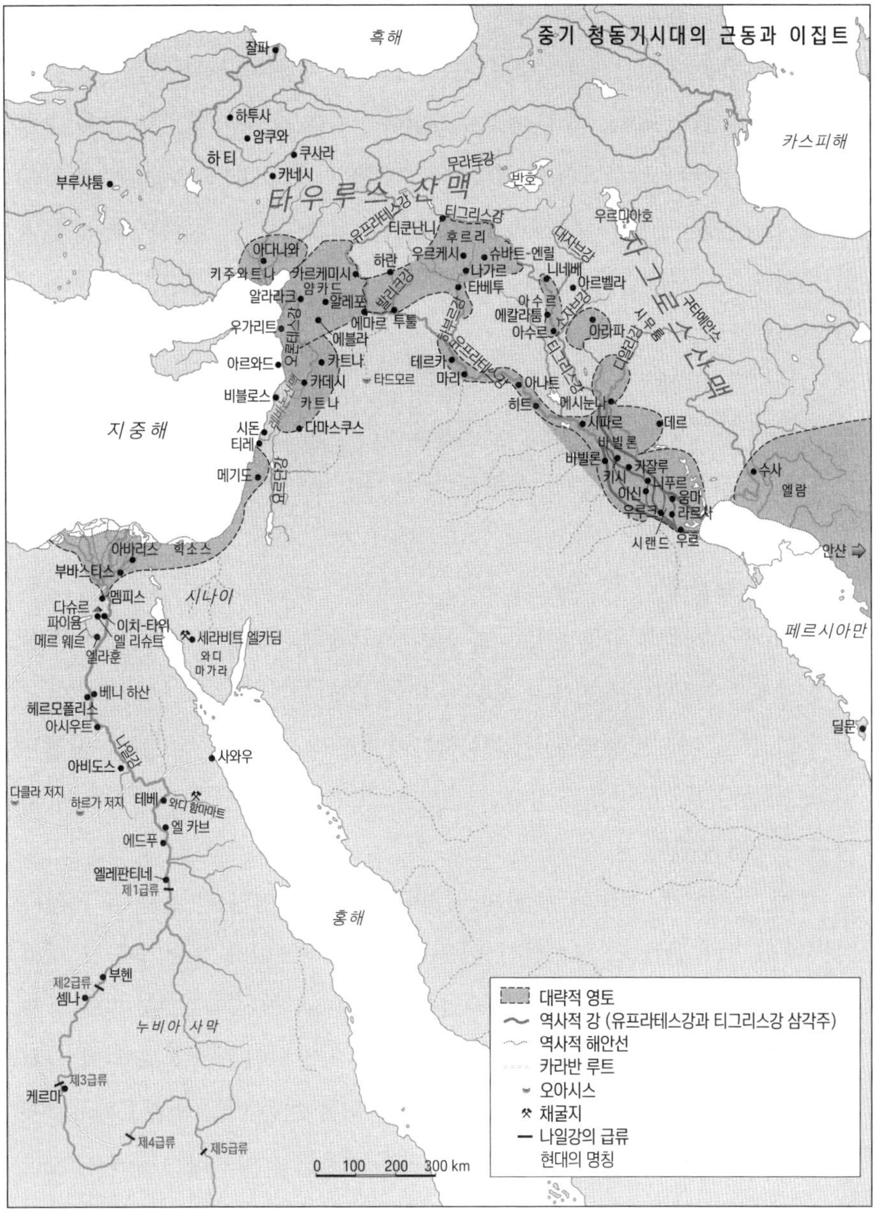
중기 청동기시대의 근동과 이집트
흑해
카스피해
지중해
홍해
페르시아만
시나이
누비아 사막
타우루스 산맥
자그로스 산맥
잘파
하투사
암쿠와
하티
쿠사라
카네시
부루샤툼
무라트강
반호
우르미아호
유프라테스강
티그리스강
티쿤나니
후르리
우르케시
슈바트-엔릴
나가르
타베투
하란
아다나와
키주와트나
카르케미시
얌카드
알라라크
알레포
에마르
투툴
발리크강
하부르강
니네베
아르벨라
아수르
에칼라툼
대자브강
소자브강
아라파
시무룸
디얄라강
구티에안스
우가리트
에블라
아르와드
카트나
카데시
타드모르
테르카
마리
아나트
히트
에시눈나
시파르
데르
바빌론
카잘루
키시
니푸르
이신
움마
우루크
라르사
시랜드
우르
수사
엘람
안샨
딜문
비블로스
카트나
시돈
티레
다마스쿠스
메기도
요르단강
아바리스
힉소스
부바스티스
멤피스
다슈르
파이윰
이치-타위
메르 웨르
엘 리슈트
엘라훈
세라비트 엘카딤
와디 마가라
베니 하산
헤르모폴리스
아시우트
나일강
사와우
아비도스
다클라 저지
하르가 저지
테베
와디 함마마트
엘 카브
에드푸
엘레판티네
제1급류
제2급류
부헨
셈나
제3급류
케르마
제4급류
제5급류
0 100 200 300 km
대략적 영토
역사적 강 (유프라테스강과 티그리스강 삼각주)
역사적 해안선
카라반 루트
오아시스
채굴지
나일강의 급류
현대의 명칭

중기 청동기시대의 서아시아와 이집트.

물은 당시에 초지역적 교역을 위한 방대한 네트워크가 존재했음을 증명해 주며, 민간사업을 장려하거나 방해할 수도 있는 정치 메커니즘과 국가 간 조약들을 명백히 밝혀 준다. 특히 메소포타미아에서는 상당한 영토를 갖춘 수많은 국가가 성장하고 강화하며 쇠퇴하는 과정을 어느 정도 상세하게 살펴볼 수 있다. 그 시기에 왕권 이념이 급격하게 달라졌는데, 우르 왕국이 종말을 고할 무렵에는 신격화된 군주 개념도 막을 내렸다. 이후로 통치자는 주로 국가의 첫 번째 종복으로 생각되었다. 이집트에서처럼 문학은 공동생활과 통치권, 권력 행사의 토대를 탐구했다. 바빌론 왕국은 후손뿐 아니라 동시대인들에게도 엄청난 정치적·문화적 영향을 미쳤다. 이후 아카드어의 일종인 '고바빌로니아어'가 문학작품의 표준을 제공했다.

이집트 중왕국

기원전 21세기에 테베로 수도를 옮긴 멘투호테프 2세는 헤라클레오폴리스의 경쟁자에게서 하이집트를 빼앗는 데 성공했다.[158] 길었던 그의 치세가 끝날 무렵, 그는 이집트 전역을 통일해 휘하에 두었다. 그는 또한 고왕국 말엽부터 독립 상태였던 누비아를 상대로 전쟁을 벌여 그 지역을 다시 이집트의 영향권 아래에 두었다.

현대의 이집트, 리비아, 수단의 국경이 맞닿은 지역의 가발 엘-우웨이나트[159]에서 2007년에 발견된 암석 비문은 멘투호테프 2세 통치기에 그 지역을 통과하는 카라반 루트가 사용되었음을 증명해 준다. 이집트는 나일강에서 서남 방향으로 사막을 통과해 다클라 오아시스에 이르는 경로 덕에 사하라 사막 남쪽 지역과 연결될 수 있었다. 그의 뒤를 이은 아들 멘투호테프 3세 Mentuhotep III 때는 고왕국이 종말을 고한 이후 처음으로 아프리카 동부에 있는 '향의 땅' 푼트 지방으로 여행이 이루어지며 교역이 재개되었다. 원정대를 이끈 헤네누Henenu가 와디 함마마트의 암석 표면에 끌로 새긴 비문에 그러한 내용이 기록되어 있다.[160] 메르사 가와시스에서 발굴된 항구 사와우Sa'waw는 당시 홍해에서 푼트로 가는 여정의 출발점이 되어 주었다. 시나이반도의 터키석 광산과 레바논의 삼나무 숲에서 원료를 조달하기 위해 북동쪽으로 항해를

떠날 때도 이곳이 출발점이 되었다.[161]

멘투호테프 2세는 상이집트와 하이집트를 다시 통일했다는 점에서 중왕국의 창시자로 여겨진다. 그는 이를 자신의 가장 큰 업적으로 여긴 것이 분명했다. 권좌에 오른 지 39년째 되던 해에 그가 자신의 왕명을 '두 지역을 통일한 사람'으로 바꾸었기 때문이다. 그의 통치기에는 다섯 개의 이름으로 이루어진 왕의 칭호를 사용하는 관례 또한 시작되었는데, 무엇보다도 상이집트와 하이집트에 대한 지배를 기념하고 합법화하려는 목적이었다. 생전에 멘투호테프 2세는 그의 왕조가 예전부터 자리 잡고 있던 테베 인근의 데르 엘 바하리에 새로운 공동묘지를 세웠다. 그곳에 그의 왕실 일가들과 왕국에서 일했던 관료들이 안치되었다. 완전히 새로운 형태의 건축 설계를 보여 주는 그의 장제전[162]은 그 묘지를 압도하는 곳에 자리해 있었다. 웅장한 통로, 안마당, 주랑柱廊 복도를 갖춘 이 인상적 구조물은 나일강 기슭과 왕의 묘실이 자리한 바윗덩어리를 연결하는 다리를 형성했다. 그리고 사원 단지 내부에서 지하 무덤으로 이어지는 긴 통로가 나 있었다. 그 건물은 여전히 많은 비밀을 품고 있으며, 오늘날까지도 고고학적 연구가 계속되고 있다. 멘투호테프 2세의 장제전은 이례적인 것에 해당한다. 당시 멘투호테프 2세 외에 다른 이집트 왕들은 고왕국 시대의 왕들처럼 피라미드에 묻혔기 때문이다. 멘투호테프의 뒤를 바로 이은 통치자들은 이미 더 전통적인 매장 방식을 선택했다. 그의 장제전이 보여 준 혁신적 설계는 500년이 지난 이후에야 모방을 불러일으켰다. 그 시기에 새로이 세워진 것으로 가장 유명한 장제전은 섭정이자 공동통치자였던 하트셉수트Hatshepsut(재위 1479~1458 BC)의 장제전인데, 멘투호테프 2세의 장제전 바로 옆에 세워졌다.

멘투호테프 2세가 세상을 떠난 지 불과 19년 만에 그의 두 번째 계승자인 멘투호테프 4세Mentuhotep IV가 왕위를 빼앗기는 사건이 발생했다. 그 왕위 찬탈자는 아메넴헤트 1세Amenemhet I로 이집트 왕위에 올랐다. 이집트의 고위 관리였던 이 사람은 왕의 건설 사업에 쓸 돌을 조달할 목적으로 계획된 와디 함마마트 원정을 이끌었다. 그는 그곳 채석장에 원정 도중 겪은 두 가지 사건을 밝힌 비문을 남겼는데, 그는 그 두 사건을 고관인 자신이 이집트의 왕위에 오를 운명임을 알리는 신의 계시라고 생각했다. 실제로 그는 왕권을 얻었고 제12왕조(기원전 20세기)를 세웠다. 그가 어떻게 그렇게 했는지는 불분명하지만 말이다.[163]

아메넴헤트 1세는 30년 동안 왕좌를 차지했다. 통치 초기에 그는 정치적 수도를 테베에서 북쪽의 헤라클레오폴리스 인근으로 옮겼는데, 그곳은 제1중간기에 하이집트에서 가장 중요한 도시였다. 그는 새로운 수도를 세우고 그곳을 아메넴헤트-이치-타위("아메넴헤트는 두 땅의 정복자다."라는 뜻으로, 대개는 줄여서 이치타위로 표기한다.)로 불렀다.[164] 오늘날까지 이 도시의 위치는 확인되지 않아 그 어떤 고고학적 정보도 이용할 수 없다. 하지만 그 도시의 공동묘지는 발견되었다. 엘-리슈트El-Lisht에는 아메넴헤트 1세와 그의 계승자 세누스레트 1세의 피라미드 그리고 수많은 고관의 무덤도 있다.[165] 그는 테베를 떠나면서 멘투호테프 2세의 장제전과 비슷하게 설계된, 미완성된 왕릉군도 남겼다. 이후 엘-리슈트에서 피라미드군 건설이 시작되었지만, 알려지지 않은 이유로 이 건물은 그가 왕위에 오른 지 16년 되던 해에 해체되었다. 결국 아메넴헤트 1세는 엘-리슈트의 또 다른 피라미드군에 안치되었는데, 이 피라미드는 왕의 조각상을 제의 활동의 중심으로 생각한 새로운 형태의 장제전을 갖추고 있었다.[166] 아메넴헤트 1세의 조각상은 이집트 전역의 신전에 설치되었다. 국가가 주관하는 이러한 숭배 활동은 정치적 결속을 촉진하기 위한 전략임이 분명했다. 왕실의 이념이 달라졌는데도 고왕국과 연결되어 있다고 주장하는 것은 권력을 정당화하는 데 필수적으로 여겨졌다. 피라미드 건설이 부활했다는 점과 함께, 엘-리슈트의 아메넴헤트 왕릉군이 기자 고원에 있는 고왕국 시대 피라미드들의 건축적·장식적 요소를 통합했다는 사실에서도 그 증거를 찾을 수 있다.

아메넴헤트 1세가 통치한 지 20년째가 되던 해부터 왕세자인 세누스레트 1세가 공동통치자가 되어 아버지의 통치를 도왔다.[167] 전례가 없던 이러한 조치는 새로운 왕조 내에서 순탄한 왕위 계승을 확실히 하고 아메넴헤트 1세 본인이 권력을 잡았을 때 일어난 것과 같은 일종의 왕위 찬탈을 막으려는 목적이었던 듯하다. 이러한 유형의 공동통치는 그의 후대 왕들에게서도 나타난 것으로 증명되었다. 그 새로운 통치자들은 지방 총독들의 세력을 제한하려고 했는데, 그들이 계속 자기 가족에게 중요한 지위를 물려줄 수 있었던 탓이다. 내부 식민화는 중앙정부가 영토 전체에 표준화된 계획 주거지를 세움에 따라 총독들의 세력을 조금씩 꺾는 목적에 도움이 되었다. 이러한 주거지들은 각 지방의 전통적 체제에 속하는 것이 아니라 왕실 피라미드군이나 항구 같은 국가기관에 연결되어 있었다. 세누스레트 2세Senusret II의 왕릉군을 뒷받침한 '엘 라훈의 피라미드 도시'[168]와 아메넴헤트 1세가 세운 아바리스가 가장 잘 알려진 예다. 아바리스의 경우 서부 삼각주에서 가장 중요한 항구와 관련이 있었는데, 아메넴헤트 1세는 그곳에 배를 만드는 기술자 등 '아시아' 출신 전문가들을 정착시켰다.[169] 마침내 세누스레트 3세Senusret III 때는 지방 총독직을 폐지하고 그 대신에 왕국을 상이집트, 중이집트, 하이집트라는 세 개의 큰 행정단위로 나누었다.[170] 세누스레트 3세의 뒤를 이은 아메넴헤트 3세 때는 서쪽 오아시스 파이윰과 나일강을 연결하는 '대운하(메르-웨르Mer-Wer, 현대의 바르 유세프)'가 건설되었다. 새로운 수도가 자리를 잡은 파이윰에서 물을 빼냄으로써[171] 경작에 상당히 유리한 조건이 조성되었고 농업 생산 가능성이 크게 높아졌다. 모두 왕권에 도움이 되는 일이었다.

이미 제11왕조 때 아비도스에서는 선왕조 시대의 통치자 제르의 거대한 무덤군이 다시 발견되었다. 이 지하 무덤은 지하 세계의 신 오시리스의 것으로 생각되었는데, 고왕국 시절부터 세상을 떠난 이집트 통치자들은 오시리스 신과 동일시되었다. 이제 그 무덤군이 확장되면서 그곳은 상당히 인기 있는 오시리스 참배 중심지가 되었다. 중왕국 시대의 신앙 체계에서 모든 인간은 제대로 장례 의식을 지킨다면 사후에 이 신으로 변할 기회가 있었다.[172] 그 과정과 관련된 예배 의식과 기도문이 그 이전에는 고왕국 후기 왕들의 피라미드에만 적용된 것으로 입증되었지만, 이제는 미천한 신분인 사람들의 관에도 그 기도문을 적을 수 있었다.[173] 해마다 나일강 수위가 내려가면 아비도스에서는 오시리스, 이시스, 세트에 관한 신화 속 장면들을 희곡으로 만들어 공연하고 행진하면서 오시리스의 부활을 축하하는 축제가 열렸다. 그 축제에는 이집트 전역에서 사회계층을 막론하고 사람들이 몰려왔다. 많은 이가 그 도시에 기념비를 세우려고 했고, 실제로도 현재까지 1000개가 넘는 기념비가 발견되었다. 그리고 그들 중 일부는 그곳에 묻히기까지 했다. 이러한 숭배 활동은 왕실의 후원을 받았고, 세누스레트 1세와 그의 계승자들은 오시리스 신전 단지에 정교한 건축물 공사를 의뢰했다. 백성들 사이에서 오시리스가 인기를 끈 사실이 왕들의 권위를 높이는 데 도움이 된 것은 말할 필요조차 없다. 세누스레트 3세는 아비도스에 자신이 묻힐 거대한 무덤 단지를 조성했는데, 그곳은 장례전뿐 아니라 길이가 200미터에 달하는 지하 무덤으로 이루어져 있었고, 오시리스 숭배를 통치자 숭배로 통합하는 역할을 했다. 그 단지를 지원하기 위해 와흐-수트Wah-sut라는 계획된 주거지가 설립되었다.[174] 하지만 그 왕이 이곳에 묻혔는지, 아니면 기자 인근의 다슈르 피라미드에 묻혔는지는 확실하지 않다.

아메넴헤트 1세와 세누스레트 1세는 나일강 제1급류와 제2급류 사이의 지역을 병합하고 부헨의 방어 시설을 확장함으로써 이집트의 남쪽 국경선을 안전하게 지켜 냈다. 세누스레트 3세 때 이어진 군사 원정으로 이집트는 멀리 제2급류와 제3급류 사이의 셈나Semna 협곡까지 세력을 넓힘으로써 누비아의 더 많은 지역과 그곳에서 나는 자원을 직접 관리할 수 있게 되었다. 나일강이 좁아지는 이곳에 네 개의 거대한 요새를 건설함으로써 강을 따라 이루어지는 교역을 통제하고 멀리 제3급류까지 점령지에 대한 통치권을 행사할 수 있었다.[175] 그러나 채석장 그리고 금, 구리, 자수정의 매장량이 풍부한 누비아의 넓은 지역이 이집트의 수중에 있었지만, 누비아인들은 이집트의 다른 정복지 주민들과는 달리 국가에 노동력을 제공해야 하는 의무를 면제받았다. 이 면제 조치는 선의를 표현한 것이 아니라 누비아인들이 결속해 압제자에게 대항하는 반란을 일으키지 못하게 하려고 한 조치인 듯 보인다.

아프리카 동부의 푼트 지방으로 정기적으로 탐험을 떠나고 홍해에서 항해한 것 외에도 바다를 통한 지중해 지역과의 연결도 똑같이 중요했다. 동부 나일강 삼각주의 아바리스(현대의 텔 엘-다바)에 주요 항구가 있었던 것으로 알려져 있는데,[176] 그곳에서 고고학자들은 에게해 세계, 특히 미노스 문명의 크레타섬과 접촉했다는 증거를 발굴했다. 실제로 미노스 문명의 도자기가 이집트 여러 곳에서 발견되었고,[177] 스카라브나 돌그릇 같은 이집트 특유의 물건들이 크레타섬에서도 발견되었다. 크레타섬의 장인들은 이집트 문양을 모방하고 응용하기도 했다.[178] 중왕국 시대에 이집트는 기원전 제3천년기에 그랬던 것처럼 레반트 지역과 집중적으로 물자를 거래했다. 처음에는 그 위치가 확실하지 않은 울라자Ullaza라는 항구가 동부 지중해 해안에서 가장 중요한 파트너였던 것으로 보인다. 그러나 최종적으로는 현대의 레바논에 자리한 비블로스라는 항구도시와의 관계가 가장 밀접해졌다.[179] 그 도시의 통치자들은 파라오를 모방해 자신들의 권력을 표현했고, 자신들이 이집트의 속국이라고 생각했다. 그 증거로 비블로스의 기반암까지 파고 들어간 여덟 기의 왕실 수갱식 분묘에서 이집트에서 온 보물이 발굴되었다는 점을 들 수 있는데,[180] 그 무덤들은 1922년에 일어난 산사태 이후 발견되었다. 이집트의 문자 사료도 긴밀한 관계를 확인해 준다. 자신이 모신 세누스레트 3세의 피라미드 인근 다슈르에 묻힌 고관 크눔호테프Khnumhotep의 무덤 비문에는 그가 비블로스로 원정을 떠났다는 사실과 함께 울라자와의 교역 관계가 적혀 있다.[181] 중왕국 최고의 문학작품 중 하나인 시누헤 이야기Story of Sinuhe(이후의 본문 참조)도 이 지역을 배경으로 한다.

제12왕조와 제13왕조의 통치 때 이집트는 새로운 정치적·문화적 전성기를 경험했다. 중왕국의 언어와 문학은 이후 시대에 고전으로 여겨졌다.[182] 그렇기는 해도 이 시기에는 동쪽 지역이 이집트에 점점 더 중요해졌다. 각각의 글자가 (음절이나 단어를 뜻하는 것이 아니라) 소리를 내는 스물두 개 글자로 이루어진 원시 셈어 알파벳으로 적은 가장 오래된 비문이 그 증거다. 학자들은 시나이반도에 있는 세라비트 엘-카딤의 터키석 광산에서 발견된 비문은 오래전부터 잘 알고 있었다. 그 비문은 셈어 알파벳과 이집트 신성문자가 함께 적혀 있었다. 1999년 이래로 이런 종류의 비문은 이집트 본토, 테베 근처의 와디 엘-홀에서도 발견되었다.[183] 신성문자에서 발전한 형태를 띤 이런 종류의 문자[184]는 이집트 행정부의 필경사들과 서셈어 사용자들, 이른바 '아시아인'들이 접촉했음을 의미한다. 중왕국 시대에 '아시아인'은 이집트 인구의 상당 부분을 차지했다. 비슷하게 이런 방식으로 만들어졌으나 쐐기문자에 기초한 알파벳 문자는 적어도 기원전 14세기 이후로 레반트 해안 북부 우가리트의 항구도시에서 사용되었다(이후의 본문 참조).

기원전 21세기 이래로 메소포타미아의 사료에는 '서쪽 사람들'이 자주 언급되는데, 이는 '아모리인'을 의미한다.[185] 학자들은 그들이 오랜 가뭄이나 기후변화로 이주하게 되어 그 지역에 등장했다고 추정한다. 어쨌든 북동부 시리아의 이른바 크란츠휘겔 문화Kranzhügelkultur[186](문자 그대로 '화관 모양의 언덕 문화'라는 뜻으로, 독특한 도넛 모양의 주거지 형태를 따라 붙인 명칭이다.)의 도시 중심지들은 이제 종말을 고했다. 지금은 건조하고 강수량이 적지만, 발리크강과 하부르강 사이의 환경이 기원전 제3천년기에 더할 나위 없이 좋지 않았다면, 그 지역의 상대적으로 많은 인구와 인구밀도를 설명하기가 어려울 것이다. 농사를 지을 수 있을 정도로만 비가 내렸다면, 강수량이 약간만 변해도 농사를 망칠 가능성이 있어 많은 주민이 떠날 수밖에 없었을 것이다. 그러한 이주는 주변 지역에 직접적 영향을 미쳤을 것이다.

우르 왕국

아카드 왕국이 해체된 후 메소포타미아의 정치적 분열 상태는 오래 지속되지 않았다. 가까운 가족 관계가 다수의 지역 권력자를 이어 준 것이 분명했다. 아마도 이는 아카드 왕들이 권력을 위임한 방식 때문인 듯한데, 지방 총독과 신전 고위 관리들로 이루어진 사회 상류층은 혈연이나 혼인을 통해 왕실과 밀접한 관계를 맺고 있었다. 이후의 메소포타미아 역사 서술에는 아카드 왕국의 몰락이 구티인들 때문이라고 기술되었다. 디얄라강을 따라 세력을 키우던 이 자그로스산맥 출신 사람들은 평원을 통과하며 군사력을 통해 권력을 수립했다고 전해진다.[187] 따라서 기원전 제1천년기까지 그들의 이름은 지평선 위에 나타난 '야만족 무리'를 가리키는 데 사용되었다. 그러나 그들이 아니었더라도 힘없는 통치자가 아카드 왕위에 올랐다면 왕좌를 차지할 계획을 세웠든 독립만을 희망했든 간에 여러 일가의 위협에 직면해야 했을 것이다.

아카드 시대의 종말은 지역 통치자들이 다시 중심 무대를 차지해 초지역적 맥락에서 자신들의 이익을 대변했다는 사실로 표현되었다. 당시의 다른 그 어떤 통치자보다도 그의 비문이 더 많이 발견되었다는 이유만이라면, 도시 라가시의 지배자 구데아[188]가 적절한 예라고 할 수 있다. 그는 제한된 범위의 영토를 통치하기는 했지만, 유프라테스강 중류 지역과 오만 및 이란으로부터 공급받은 재료로 건물과 기념비를 세우는 데 아무런 문제가 없었다. 구데아의 정치적 영향력이 어디까지 미쳤는지는 불확실하다. 하지만 페르시아만에 자리한 그의 조그만 왕국이 번창하는 교역 관계를 유지할 수 있었던 것은 분명하다.

우르-남무Ur-Namma는 남부 메소포타미아의 넓은 지역을 하나의 정치적 통일체로 만들어 안정되고 잘 조직된 영토 국가로 재건한 최초의 통치자였다.[189] 남부의 오래된 대도시 우루크의 명문가 자손인 우르-남무는 메소포타미아에서 구티인들을 쫓아낸 뒤 자신이 '세계 사방의 왕'이라고 선언한 우루크 통치자 우투-헤갈Utu-hegal의 형제였다.[190] 우르-남무는 우르에서 우투-헤갈의 총독으로 복무한 뒤에 페르시아만의 주요 항구였던 우르[191]를 재통일된 메소포타미아 국가의 중심지로 만들었다. 어떻게 권력이 이양되었는지는 불분명하지만, 우르-남무는 수메르 왕 목록 분류 체계에서 우르 제3왕조의 창건자로 여겨졌다(이전의 본문 참조). 이 문학작품은 메소포타미아 전체를 한 명의 왕이 통치해야 한다는 생각을 전파하면서 아주 오래전부터 그래 왔다고(잘못) 주장한다. 오늘날 이 작품은 왕권 그리고 통합된 군주제를 홍보하려는 이념적 선언서로 평가받으며, 작품이 제시하는 연대 체계는 인정받지 못한다. 그런데도 학자들은 기원전 제3천년기에서 기원전 제2천년기로 전환하는 시기를, 즉 우르가 남부 이라크 전역과 멀리 아수르까지의 티그리스강 유역, 그리고 수시아나 평원에 이르는 국가의 수도였던 100년 남짓의 시간을 가리키기 위해 우르 제3왕조라는 명백히 시대착오적인 명칭을 사용한다.

이 시점에 오늘날의 시리아와 이라크 사이 국경선에 해당하는, 유프라테스강 유역의 마리 주변 지역은 아카드 왕국 때와는 달리 독립된 상태였다. 우르 왕실은 마리의 통치자들[192]과 우호 관계를 유지했는데, 마리 통치자들은 아카드 왕국이 지배할 때 전임 왕들이 받은 옛 명칭인 사카나쿠šakkanakku(총독)를 왕의 칭호로 사용했다. 그들은 그렇게 함으로써 자신들이 메소포타미아 문화권에 속하는 동시에 아카드 왕국의 옛 체제에 밀접하게 연결된다고 생각함을 보여 주었다. 마리는 우르의 서쪽 지역과 대외 관계를 맺기 위한 중개자에 해당했다. 마리가 에블라, 우르케시(북동부 시리아의 텔 모잔)의 왕들과 강력한 유대 관계를 맺고 있어 팔미라를 거쳐 레반트로 가는 사막 경로는 물론 유프라테스강과 하부르강의 하천 경로까지 장악하고 있었기 때문이다. 우르케시는 후르리 왕조의 중심지로서, 아카드 왕국 시절에 남부 메소포타미아와 직접적 관계를 유지했던 곳이다. 우르-남무는 아들이자 후계자인 슐기를 마리의 통치자 아필킨Apilkin의 딸과 혼인시켰는데, 아마도 이 조치는 그러한 왕실 간 혼인에서 흔히 볼 수 있듯이 평화를 보장하고 상호 군사원조를 제공한다는 내용의 조약을 굳히기 위해서였던 듯하다. 두 왕조 간의 긴밀한 관계는 두 세대가 지난 뒤에 아필킨이 조상 자격으로 우르 왕실로부터 봉헌물을 받을 때도 확고했다. 당시 마리 왕의 아들은 우르 왕국의 주요 숭배 장소인 라르사의 태양신 신전을 책임지고 있었다.[193]

우르-남무는 자신의 영토를 통일된 단일국가로 바꾸어 놓기 위해 다양한 전략을 채택했다.[194] 그 가운데 하나는 모든 재판관이 판결에 도달할 때 참고해야 할 모범 사례를 취합한 법전을 집필함으로써 왕국 전체를 위한 공통의 법을 공포하는 기념비를 세우는 것이었다.[195] 이후에 에쉬눈나와 바빌론의 통치자들도 왕국을 강화하기 위해 똑같은 방법을 이용했다.[196] 그리고 이른바 함무라비 법전은 이러한 전략을 보여 준 가장 유명한 예로 남아 있다. 또한 우르-남무는 국가 전역에서 광범위한 건설 공사를 시작했는데, 특히 통치자 숭배를 강화하려는 목적으로 다수의 신전 건설을 의뢰했다. 사망 후 우르-남무는 곧바로 신의 반열에 서게 되었는데, 이러한 사실은 찬시를 통해 알 수 있다. 반면에 그의 후대 왕들은 살아 있을 때도 신으로 예우받았다.[197] 메소포타미아에서 이러한 관습은 아카드 말기 왕들의 통치기에만 유사한 사례를 찾을 수 있다. 당시 가장 중요한 신전은 우르에 있는, 달의 신을 위한 신전으로, 우르-남무 통치기에 크게 확장되어 계단이 있는 탑까지 설치되었다. 오늘날 이 지구라트 유적은 이라크에서 가장 웅장한 유적으로 손꼽힌다.

학자들에게는 수십만 건의 문자 사료가 우르 왕국의 가장 중요한 유산에 해당한다. 왕의 비문과 시 외에 이러한 문서 중 가장 많은 부분을 차지하는 내용은 국가기관의 운영에 관련된 것인데, 이를테면 푸즈리시-다간(현대의 드레헴)에 있던 소 우리에 관한 내용이다. 그러한 문서가 특정한 행정 절차에 관한 상세한 설명을 제공하기는 해도, 그 문서의 양만으로는 70년간 가까스로 지속된 국가의 정치사를 재구성하기가 쉽지 않다.[198]

푸즈리시-다간의 소들은 대부분이 시무룸Simurrum에서 왔다. 메소포타미아의 왕들은 적어도 아카드의 사르곤 시대 이래로 대체로 적대적이기는 해도 이 정치체와 꾸준히 관계를 맺어 왔다. 시무룸 왕국은 현재의 이라크 쿠르디스탄 지역의 산악 지대를 차지하고 있었다. 근래에 그 지역에서 이루어진 현장 연구로 시무룸 왕국의 역사와 문화가 더 많이 밝혀지기 시작했지만, 모르는 것이 여전히 많은 편이다.[199] 메소포타미아의 사료에 따르면 사르곤 통치기 이후로 시무룸은 꾸준히 군사 원정의 목표지가 되었다. 우르-남무의 뒤를 이은 슐기 때 시무룸은 잠시 우르 왕국의 속주가 되었다. 하지만 시무룸은 단명한 우르 왕국보다 더 오래 살아남았다. 이후에 시무룸은 메소포타미아 국가들인 이신, 에쉬눈나와 동맹 혹은 적이었던 것으로 드러났다. 결국 시무룸은 그 지역의 정치 지형에서 사라지는데, 아마도 이란 지역으로부터 온 대규모 이주로 말미암아 종말을 고하게 된 듯하다.

우르 제3왕조 시기의 사료에도 메소포타미아에 이른바 아모리인들('서쪽 사람들')이 등장한 사실이 기록되어 있다.[200] 이들은 동질적이거나 하나로 된 인구 집단을 구성하지는 않았다. 우르의 왕들이 그들의 영토에 일부 아모리인들이 정착하도록 허락하기는 했지만, 왕국의 동부에 있던 다른 아모리 집단은 특히 우르에 위협적 존재가 되었다. 결국 우르의 왕은 '아모리 장벽'이라는 방어 체계를 단계적으로 운영했다. 이는 하나로 된 거대한 장벽이 아니라 일련의 방어 시설과 군사 시설을 가리켰다.[201]

거의 같은 시기에 제12왕조를 세운 이집트의 아메넴헤트 1세는 동부 나일강 삼각주에 '통치자의 벽'을 세웠다. 이는 동쪽에서 오는 침투나 침입으로부터 이집트를 보호하기 위한 방어 체계였다.[202] 그렇기는 해도 당대의 사료를 보면 '아시아인'('3m)으로 불린, 북동쪽 지역 출신 외국인 상당수가 이미 영구적으로 이집트에 살고 있었던 것이 분명하다. 문서 증거로 볼 때 이집트 인구의 3분의 1이 '아시아인'이거나 '아시아'계와 가까운 관계였던 것으로 추정된다.[203] 특히 항구도시인 아바리스(지금의 텔 엘-다바)는 '아시아인'들의 집단 거주지로 묘사할 수 있다.[204]

메소포타미아의 역사 기록으로 인해 다른 해석이 가능한 것은 확실하지만, 우르 제3왕조의 몰락은 종종 아모리인들의 유입과 연관 지어 생각되기도 한다.[205] 마찬가지로, 아시아계 힉소스인들도 이집트 중왕국의 몰락을 초래한 원인으로 생각된다. 그러나 '서쪽 사람들'과 '아시아인'들이 이 두 국가의 쇠락하는 운명에서 핵심 역할을 했는지와 관계없이, 나일강 삼각주와 자그로스 산맥 사이의 지역이 비슷한 문화적 배경을 공유한 새로운 엘리트층의 지배하에 점점 더 들어가는 상황이 발생한 것만큼은 의심의 여지가 없다. 그들과 옛 지배 가문의 직접적 관련성은 부족하지만, 그들은 자신의 권력을 안정화하기 위해 그 지역의 역사에서 영광스러웠던 과거의 순간을 두드러지게 상기시켰다. 그렇다고 해도 단일 인구 집단이 협력적 전략을 추구했다고 생각한다면 착각이다.

시리아의 경쟁국들: 얌카드, 카트나, 마리의 아모리계 왕국들

중동의 여러 지역이 서로 더 가까워지고 더 집중적으로 접촉하게 된 주요 이유 중 하나는 기원전 1800년 무렵에 메소포타미아가 구리를 전통적 공급지였던 오만 대신에 서쪽의 키프로스에서 조달하기 시작했기 때문이다. 당시 시리아 지역 내에서 발생한 정치적·문화적 변화는 지중해 지역과 메소포타미아 지역 간의 상호작용을 높이는 결과로 이어졌다.

시리아 지역은 두 국가 간 경쟁으로 인해 형성되었는데, 둘 다 국제무역에서 중심적 위치를 차지하고 있어 우위를 점하기 위해 경쟁하고 있었다. 두 국가 중 하나는 바로 얌카드로,[206] 기원전 제3천년기와 기원전 제2천년기 초에 에블라가 이전에 지배했던 지역을 차지했다. 에블라는 여전히 주요 도시였지만, 오늘날까지도 북서부 시리아에서 가장 중요한 도시 중심지인 알레포(할라브)에 주도적 위치를 빼앗긴 상태였다. 기원전 제2천년기에 알레포는 얌카드의 수도였다. 유프라테스강 서쪽 지역이 이 국가에 속해 있었으므로 얌카드는 지중해 지역에서 오는, 특히 항구도시인 우가리트에서 오는 교역의 중심지에 해당했다. 상류에는 아나톨리아가, 하류에는 메소포타미아가 있었고, 도시 에마르는 얌카드에서 유프라테스강 교역에 접근할 수 있는 가장 중요한 지점이 되어 주었다.

얌카드의 남서쪽 이웃은 카트나 왕국으로, 수도 역시 카트나였다.[207] 카트나는 남부 레반트와 그 중심지인 메기도와 하솔에서 북쪽으로 향하는 육상 무역의 대동맥이었던 오론테스강 유역을 차지하고 있었다. 이 하천 경로는 지중해 해안의 우가리트 항구와도 직접적으로 연결될 수 있었다. 카트나는 메소포타미아 서쪽에서 시작되는 남부 경로를, 구체적으로는 시리아 사막을 통과해 팔미라 오아시스를 경유한 뒤 유프라테스강 유역의 (현대의 이라크와 시리아의 국경선에 가까운) 마리에 이르는 경로를 장악하고 있었으므로 에마르를 경유하는 경로의 대안을 제공해 주었다. 따라서 마리 왕국은 카트나와 친밀한 동맹이었지만, 얌카드의 동맹국은 아니었다. 팔미라 경유 경로를 장악한 사람들의 눈에는 얌카드가 메소포타미아와의 교역망에서 불필요한 고리였기에 가능하면 언제든지 거래에서 배제하려고 했다.

이러한 상황인데도 얌카드는 시리아 지역에서 우위를 점했다. 마리와 카트나는 얌카드의 세력에 점점 굴복했고, 결국 자신들의 경제적 이점을 포기할 수밖에 없었다. 기원전 18세기부터 알레포의 통치자들은 레반트 지역과 메소포타미아를 잇는 모든 동서 관계를 장악했고, 지중해 해안 지역과 페르시아만 사이의 인력 및 상품 흐름에 아무런 제약 없이 통제력을 행사했다.[208]

이 시기의 가장 중요한 사료는 마리에서 발견된 많은 문서다.[209] 마리에서 프랑스 고고학자들이 제2차 세계대전 이래로 장기간 발굴을 해 오고 있는데, 마리의 마지막 왕인 (바빌론의 함무라비에게 영토를 빼앗긴) 짐리-림의 국가 기록 보관소가 특히 풍부한 정보를 제공한다. 최근 몇 년 동안 알레포와 카트나에서도 놀라운 발견이 이루어졌지만, 이 발견물들은 이후 시기에 속하는 것으로 추정된다. 2002년에 카트나 궁전 지하에서 초기 상태를 여전히 유지하고 있는 왕실 무덤이 발견되었다. 그 무덤의 호화로운 내용물은 기원전 14세기에 히타이트 왕 수필룰리우마 1세Shuppiluliuma I가 카트나를 정복해 무너뜨리기

약 50년 전 시기의 것으로 추정된다. 그러나 그 궁전 자체는 중기 청동기시대에 건설되었다. 우리가 관심을 가진 그 시기에 이미 이 건물은 카트나 왕들의 거주지로 사용되고 있었다.[210] 1996년에는 알레포 성채를 발굴하던 중에 철기시대의 신전 잔해가 발견되었다. 그 신전은 근동 지역에서 널리 숭배되던, 알레포의 날씨의 신에게 바쳐진 것이었다. 신전의 벽은 인상적인 돌 부조로 장식되어 있는데, 신화 속 장면들이 표현되어 있다. 이 발견은 특히 주목할 만한데, 대규모 중세 건축물로 인해 이전 시대의 건축물을 고고학적으로 연구할 수 있다는 희망이 거의 사라진 상태였기 때문이었다.[211] 초기 및 중기 청동기시대로 추정되는 구조물들이 철기시대 건축물 아래에서 확인되지만, 거의 남아 있지는 않다. 이곳은 이 글에서 다루는 정치적 변화의 진원지라고 할 수 있는데, 얌카드 왕들이 자신들을 알레포의 날씨의 신을 대리하는 인간으로 생각했기 때문이다. 따라서 그 신의 신전은 얌카드의 속국이나 동맹국들이 많은 봉헌물을 바치며 얌카드 통치자들과 조약을 체결하는 무대가 되었다.

아모리인으로 확인되는 통치자들이 얌카드, 카트나, 마리의 운명을 이끌어 나갔다. 아모리라는 명칭은 '서쪽'을 가리키는 아카드어(아무루)에서 유래했는데, 기원전 제3천년기부터 유프라테스강의 서쪽 지역에서 사용되었다. 이는 이 사람들이 자기 자신들을 부른 호칭이 아니라 외부의 시선을 반영한 집단적 호칭이다. 현대에 '아모리어'로 불리는 북서셈어를 재건하기 위해 중기 청동기시대에 존재했다고 입증된 사람들의 이름들을 이용해 보려는 노력이 다양하게 있었다. 그 시기의 많은 이름이 (페니키아어, 아람어, 히브리어가 포함된) 북서셈어파에 속하는 것은 확실하다. 얌카드, 카트나, 마리, 바빌론, 에쉬눈나를 다스린 왕들뿐 아니라 동부 나일강 삼각주의 비블로스와 아바리스의 왕 이름도 여기에 해당한다. 그렇기는 해도 단일 언어가 사용되었는지, 아니면 어쨌든 글로 체계적으로 기록된 적은 없지만 서로 밀접하게 연관된 다수의 언어가 사용되었는지 결론을 내리기 전에 주의를 기울이는 것이 바람직하다. 오히려 카트나, 얌카드, 마리의 고관들은 아카드어와 쐐기문자를 사용했다. 이는 이들 국가의 행정이 라르사, 바빌론, 에쉬눈나가 가장 중요한 지역 강대국이었던 메소포타미아의 관습을 얼마나 열심히 따랐는지를 보여 줄 뿐이다. 이들 세 국가는 모두 아모리인 왕조가 다스리고 있었다.

메소포타미아의 아모리계 소국들과 엘람의 긴 그림자

남부 메소포타미아의 아모리인 통치자들은 자신들의 권세를 과시하고 권위를 정당화하기 위해 건축, 웅장한 예술, 비문, 왕실 칭호에 사용되던 오랜 관습을 이용했다. 그들은 또한 세월의 시련을 견디어 낸 행정 기구도 유지했다. 결과적으로 쐐기문자와 그것을 지탱해 주는 문화적 관습이 계속되었다. 알레포에 수도를 둔, 시리아의 얌카드 왕국은 기원전 18세기에 남부 메소포타미아의 아모리계 국가들보다 훨씬 더 큰 세력과 영향력을 행사하면서 주도적인 정치적 지위를 차지하고 있었다. 이 시기에 해당하는 이용 가능한 문서 사료의 대다수는 아모리 국가들에서 발견되었지만 말이다. 마리의 한 관찰자가 보낸 편지는 그 상황을 다음과 같이 표현했다. "열 명 또는 열다섯 명의 군주가 바빌론의 함무라비 곁을 수행하고, 라르사의 림-신Rim-Sin, 에쉬눈나의 이발-피-엘Ibal-pi-El, 카트나의 아무드-피-엘Amud-pi-El도 그 정도가 따라다닌다. 하지만 얌카드의 야림-림Yarim-Lim을 수행하는 군주는 스무 명이다."[212] 얌카드의 두드러진 지위는 얌카드가 아나톨리아, 메소포타미아, 지중해 지역 간의 교통과 교역을 주무른 사실과 연관이 있었다. 기원전 16세기 말에 무르실리 1세Murshili I의 히타이트 군대가 알레포를 장악할 때까지 그 지역에서 얌카드의 우월한 지위는 지속되었다.

앞에서 인용한 편지는 서쪽 지역의 관점에서 작성된 것으로, 얌카드의 정치적 지배를 매우 분명하게 해 준다. 그러나 당시에 메소포타미아 지역의 운명에 어마어마한 영향력을 행사한 다른 강대국, 즉 엘람에 관한 언급은 없다.[213] 현대 이란 파르스주의 페르세폴리스에 인접한 고원 위 도시, 안샨에서 엘람의 왕들은 수시아나에서 중앙아시아에 이르는 광대한 영토를 다스렸다. 현대의 아프가니스탄, 투르크메니스탄, 우즈베키스탄, 타지키스탄 사이의 지역에 매장된 풍부한 광물, 특히 주석은 근동 지역 전역에서 소중히 여겨졌다. 엘람 왕국의 서부 지역에서 가장 중요했던 곳은 수사로, 그곳은 지리적으로나 문화적으로 먼 옛날부터 엘람과 밀접하게 연결되어 있던 남부 메소포타미아로 가는 다리 역할을 했다. 실제로 엘람의 통치자들은 오래된 수메르어 칭호인 수칼마sukkalmah(대재상grand vizier)를 자신들의 경칭으로 사용함으로써 이 오래된 관계를 확실하게 알렸다. 기원전 제3천년기에 다양한 국가들이 수사와 그 주변 지역을 지배했는데, 그들의 중심지는 남부 메소포타미아나 이란고원에 자리했다. 수시아나 평원은 아카드 왕국이 전성기였을 당시에는 메소포타미아의 직접적 통치하에 있었고, 아카드가 망했을 때 그 지역은 이란고원에 중심지를 둔 국가의 수중에 들어갔다. 그리고 우르 왕국이 전성기를 구가하자 다시 그곳은 메소포타미아의 영향권에 들어갔다. 당시 우르 왕국 동부 지역에서 가장 유력한 관리는 대재상이었다. 우르의 마지막 왕 입비-신Ibbi-Sin이 산악 지역으로 끌려가 죽임을 당하면서 우르가 지배하던 국가가 사라진 이후에도 엘람 통치자들이 이 칭호를 계속 썼다는 사실은 그 지역에서 메소포타미아의 영향이 지속되었음을 입증해 준다.

문화적으로 연속성이 있었는데도 정치 현실은 상당히 달라졌다. 이제 메소포타미아는 다시 서로 경쟁하는 여러 소왕국으로 나뉘었다. 물론 그들 모두 자신보다 훨씬 더 강한 동쪽 이웃 국가의 우월함을 인정했지만 말이다.[214] 엘람 왕국에 관한 정보는 부족하다. 수사가 지금까지 가장 중요한 정보 공급처에 해당하지만, 이 시기의 정치적 중심지는 아니었다. 따라서 우리의 이해는 주로 메소포타미아의 사료에 의존하는데, 그 지역 사료는 경쟁자들을 희생하면서 엘람 세력을 억제하려는 소국들의 노력이 그 지역에서의 정치 활동을 어느 정도까지 형성해 냈는지 보여 준다. 그러한 노력은 결코 외교에만 국한되지 않았다. 엘람의 군사들은 여러 차례 서쪽으로 진군했다. 이러한 군사 활동은 특히 현대의 바그다드 북서쪽 디얄라강 유역에 자리 잡은 에쉬눈나 왕국이 종말을 고하는 원인이 되었다. 엘람이 자신들의 세력권 동쪽에서 어떤 활동을 했는지는 알려진 것이 많지 않다. 그 지역에서 이용할 수 있는 문자 사료는 사실상 존재하지 않는다. 실은 문자 기록에 등장한 도시들의 이름을 고고학적 유적지와 일치시키는 작업조차 어려운 것으로 드러났다. 그리고 지난 수십 년 동안 주변 지역의 불리한 정치적 환경으로 인해 현장 조사가 지체되었다는 점도 문제를 더 어렵게 만든다. 그렇지만 기원전 19세기에서 기원전 16세기까지 메소포타미아에서 일어난 정치적 사건들은 종종 지역적으로만 의미가 있었던 반면에, 힌두쿠시산맥에서 지중해 사이의 드넓은 지역에 사는 사람들의 삶에 크게 영향을 미칠 가능성이 있었던 결정은 바로 안샨에서 내려졌다는 것이 분명하다.

메소포타미아에서 우르 제3왕조가 무너진 후, 유프라테스강 유역과 티그리스강 유역의 몇몇 지역 왕조는 강력한 엘람의 그늘 아래에서도 자신들의 세력과 영토를 넓혀 보려고 시도했다. 기원전 19세기의 메소포타미아 역사는 처음에는 이신 왕국과 라르사 왕국 간의 충돌이 지배했다.[215] 두 왕국은 페르시아만에 접근할 권리를, 따라서 바레인, 오만, 파키스탄과의 교역을 통제하고자 했다. 우르와 우르의 항구가 전략적 요충지였으므로, 이 두 왕국의 통치자들은 그 도시에 대한 자신들의 권리를 정당화하기 위해 자신들이 우르 왕국의 상속자라고 비문에 밝혔다.[216] 결국 라르사는 궁구눔Gungunum의 통치기에 우르를 무릎 꿇렸고, 그 지역에서 정치적·경제적 주체로서 이신의 영향력은 빠르게 줄어들었다. 하지만 라르사는 다음 세기를 지나면서 지배적 위치를 상실했다. 티그리스강의 물길이 바뀌면서 라르사의 농업 잠재력이 상당 부분 사라진 것이 한 가지 이유였다. 이러한 변화는 초지역적인 통신 및 교역망에도 커다란 변화를 초래했다. 메소포타미아가 계속해 동서를 잇는 육로 이동을 위한 다리 역할을 했지만, 페르시아만을 이용하는 바닷길은 점점 그 중요성이 떨어졌다. 그 결과 예전에는 남쪽 깊숙이 자리했던 메소포타미아의 정치적 중심지가 북쪽으로, 다시 말하면 유프라테스강과 티그리스강이 가까워지는 현대의 바그다드 근처로 옮겨졌다. 자그로스산맥에서 흘러내리는 디얄라강은 그곳에서 티그리스강과 합쳐지면서 동쪽으로 가는 길을 열어 주었다. 이러한 지리적 이점 때문에 바그다드 상류 지역은 전통적으로 실크로드로 불리는 중요한 육상 경로의 일부를 형성했다.

단명한 북부 메소포타미아 강대국, 그리고 바빌론의 흥망성쇠

바그다드 주변 지역이 메소포타미아의 정치적 중심지가 된 것은 이번이 처음이 아니었다. 아카드 왕국도 이곳을 왕국의 중심지로 삼았기 때문이다.

아카드의 정확한 위치는 여전히 파악되지 않았지만, 기원전 제2천년기의 일부 도시 중심지는 고고학적 유적지로서 잘 연구되어 있으며, 그곳에서 발견된 풍부한 문서 자료 덕분에 학자들은 이들 도시의 일상생활과 그들의 정치사를 파악할 수 있다. 따라서 이른바 고바빌로니아 시기에 관한 연구는 쐐기문자 연구 분야에서 가장 활발하게 연구되는 분야로 손꼽힌다. 이 시기의 주역은 바빌론의 함무라비 왕[217]으로, 그는 기원전 18세기에 에쉬눈나, 라르사, 마리의 경쟁자들을 물리친 뒤 최고 자리에 올랐다.

함무라비는 자신보다 나이가 많은 동시대인 샴시-아다드Samsi-Addu[218]의 뒤를 따랐다. 샴시-아다드는 이웃 국가인 에쉬눈나와 마리가 일시적으로 약해진 틈을 이용해 두 국가의 모든 영토를 자신의 세력권으로 편입한 인물이었다. 샴시-아다드는 처음에는 티그리스강 유역의 에칼라툼에서, 이후에는 하부르강 유역에 세운 그의 새로운 수도 슈바트-엔릴(현대의 텔 레일란)에서 유프라테스강과 티그리스강 사이의 북부 메소포타미아로부터 멀리 바그다드 지역에 이르는 국가를 통치했다.[219] 따라서 그의 영향력은 지중해 지역에서 자그로스산맥에 이르는 정치적 사건들을 빚어냈다고 할 수 있다. 하지만 그의 사망 직후에 그 새로운 국가는 무너지고 말았다. 실제로 그 국가의 존속 기간은 너무 짧아 제대로 이름도 갖지 못했고, 오늘날 학자들은 '북부 메소포타미아 왕국'으로 부른다. 유성처럼 짧게 지나간 '대왕'으로서 샴시-아다드의 마지막 활동기는 그가 자신의 작은아들을 왕으로 앉힌 마리의 기록 보관소에 잘 기록되어 있다. 이 아들이 아버지나 에칼라툼의 섭정으로 임명된 형과 주고받은 편지들은 그 시기의 여러 왕실을 형성해 준 가족 간 역학 관계와 정치적 사건 간의 밀접한 연관성을 제대로 보여 준다. 샴시-아다드가 사망한 이후 짐리-림이 마리를 통치한 13년 동안에 훨씬 더 풍부한 문서 자료가 작성되었다. 당시 샴시-아다드의 국가가 무너지고 나자, 많은 지역 유력자는 샴시-아다드가 정복해 빼앗아 간, 조상 대대로 내려온 영토에 대한 권리를 다시 주장했다. 짐리-림은 단연코 가장 성공한 유력자였고, 이 소국의 왕들 사이에서 주도적 역할을 맡았다. 그의 서한을 보면 그 시기의 정치적 과정을 상세하게 파악할 수 있다.[220]

함무라비는 아마도 샴시-아다드와 관련이 있었던 듯하다. 어쨌든 함무라비가 본받고 싶어 한 인물이 샴시-아다드였던 것만큼은 틀림없다. 남쪽의 카잘루와 북쪽의 에쉬눈나 사이에 끼어 있던 바빌론 왕국은 함무라비 이전 왕들 때는 비교적 작은 영토를 차지하고 있었다. 함무라비가 왕위에 올랐을 때는 수년간의 충돌 끝에 카잘루의 영토가 막 바빌론의 수중에 들어온 상황이었다. 하지만 그런데도 그 지역에서 주도적 세력으로 떠오른 것은 바로 에쉬눈나였다. 그런 상황에서 함무라비가 여전히 제대로 설명되지 않은 이유로 발생한 엘람 군대의 에쉬눈나 침공을 자신의 목표를 위해 이용할 수 있게 되자 상황이 역전되었다.[221] 마리의 짐리-림처럼 함무라비도 엘람의 속국으로서 이 전투에 가담했다. 이후 새로이 임명된 에쉬눈나의 통치자가 권력을 공고히 하는 데 실패하자, 함무라비는 에쉬눈나 국경 지대의 몇몇 전략적 요충지에 관한 권리를 요구하고 나섰다. 엘람 왕은 허락하지 않았고 곧바로 바빌론으로 병력을 보냈다. 하지만 마리와 얌카드에서 온 원군의 도움으로 함무라비는 엘람의 공격을 막을 수 있었다. 거의 같은 시기에 엘람은 10년 전에 세상을 떠난 샴시-아다드가 세운 북부 시리아의 옛 수도 슈바트-엔릴도 공격했지만 실패하고 말았다. 엘람의 군대는 메소포타미아에서 물러나야 했고, 함무라비는 바빌로니아 왕위를 지켰다. 엘람이 새로운 힘의 균형을 받아들이고 승인한 것이 분명했다. 훨씬 더 이후에도 메소포타미아에서 엘람의 영향력은 여전히 뚜렷했지만, 더 이상의 충돌이 있었다는 기록이 없기 때문이다.[222]

엘람의 침공이 있은 지 불과 몇 년 뒤, 그 사이에 라르사 왕국을 병합해 남부 이라크 지역을 다스리게 된 함무라비는 마리를 정복하고 그 과정에서 짐리-림의 궁전을 파괴하면서 서쪽의 동맹들에 등을 돌렸다.[223] 그리하여 서아시아의 정치 지형은 근본적으로 달라졌다. 일단의 소국들이 주요 강대국인 얌카드와 엘람 사이의 완충지대에서 서로 끊임없이 경쟁하는 대신에, 이제는 페르시아만에서 북부 이라크까지 영토를 확장한 단일국가인 바빌론이 등장했다. 조직적인 중앙 통치를 위해 그 유명한 함무라비 법전을 이용해 공통의 법을 선포하는 등 다수의 조치가 시행되었다.[224] 법전이 새겨진 이 기념비는 사실 함무라비가 새로이 형성된 바빌론 왕국 전역에 법적 기준을 마련하기 위해 왕국의 주요 신전에 설치한 많은 비석 중 하나였다. 이는 빠르게 확장한 국가를 공고히 하려는 주요한 조치에 해당했으며, 확실히 전반적인 정치적 안정에 도움이 되었다. 샴시-아다드와는 달리 함무라비는 43년 동안 왕위를 지킨 뒤 아들인 삼수-일루나Samsu-iluna에게 자신의 광대한 왕국을 물려주는 데 성공했다. 삼수-일루나 또한 38년 동안 왕위에 머물렀다.

함무라비 법전 비석에 새겨진 장문의 글귀는 함무라비의 군사적 승리를 축하하는 내용이지만, 주된 목적은 왕국 전체의 모든 백성의 이해관계를 유념하는 공정한 통치자('정의의 왕')로서 자신을 보여 주는 것이었다. 이 목적을 위해 그 글에는 판결할 재판관들에게 기준이 되어 줄 법 규정 275조가 포함되어 있었는데, 바빌론의 왕좌에 오래도록 머물렀던 함무라비가 작성한 문장일 수도 있다. 함무라비 왕은 세금을 내거나 그 외에 국가에 도움이 되는 것으로 판명된 모든 사람의 권리를 보호하는 데 특히 관심을 보였다. 따라서 (군인이나 상인처럼) 바빌론에 공헌하는 사람은 오랫동안 국내에 없다가 돌아왔을 때 정당하게 그의 소유물(재산, 아내, 자식)이라고 할 수 있는 것에 대한 요구를 존중받을 수 있었다. 채무노예는 3년으로 기한이 정해져 있었는데, 당시에는 폭넓게 퍼져 있던 관습이었다. 노예로 태어난 남자와 여자, 외국인들만 노예로 매매될 수 있었지만, 소비자 보호의 정신에서 판매자들은 그들의 출신지를 증명해야만 했다. 우르를 세운 우르-남무는 그 사이의 다른 메소포타미아 통치자들이 했던 것처럼 이미 비슷한 목적을 위해 비슷한 법전을 공포한 바 있었다.[225] 따라서 함무라비 법전은 '인류 역사상 최초의 법전'에 해당하지 않는다. 물론 종종 그렇게 이야기되지만 말이다. 함무라비 법전을 인류 역사상 최초의 법전으로 표현한 대표적 예가 1977년에 이라크가 유엔United Nations에 증정한 비석 복제품에 동반된 명판이다. 이 비석 복제품은 그때부터 뉴욕의 안전보장이사회 회의실 밖에 서 있다.[226]

삼수-일루나가 집권한 지 8년째가 되었을 때 왕국 곳곳에서 반란이 일어났다. 그리고 이러한 상황은 쉽게 왕국의 종말을 초래했을 것이다. 그 상황은 라르사와 우루크의 입장에서 가장 완벽하게 기록되어 있다. 라르사의 현지 반란 지도자는 그 도시의 독립적이었던 마지막 왕 림-신의 이름을 왕명으로 취함으로써 그 통치자에 관한 기억을 되살리려고 했다. 같은 시기에 우루크에

____ 함무라비 법전이 담긴 섬록암 비석(높이 2.25미터, 지름 55센티미터)은 전부 쐐기문자로 되어 있고, 의자에 앉은 태양신 샤마시가 통치자에게 휘장을 주는 장면을 보여 준다. 기원전 12세기에 엘람의 슈트룩-나훈테가 이 비석을 메소포타미아에서 수사로 가져와 짧은 비문을 추가했다. (Wikimedia Commons, © Mbzt)

서는 림-아눔Rim-Anum이라는 자가 독립을 선언했다.[227] 이러한 반란을 진압하는 데 5년이 걸렸고 잠시 통일된 왕국이 유지되었다. 하지만 몇 년 지나지 않아 시랜드Sealand의 왕 일룸마-일룸Ilumma-ilum에게 왕국 남부 지역의 지배권을 영구적으로 빼앗기고 말았다. 이제 일룸마-일룸 왕은 페르시아만 유역의 습지 지역뿐 아니라 우루크, 우르, 니푸르 같은 중요한 중심지를 포함한 남부 바빌로니아의 여러 도시까지 지배하게 되었다. 바빌로니아와 시랜드의 통치자들 간에 일어난 국경 분쟁은 이후 몇 세대 동안 계속되었다.[228]

시랜드와의 전쟁으로 남부 도시들을 포기하는 상황이 가속화되면서 그 지역의 경작지 규모도 줄어들었다. 그 지역의 쇠퇴는 삼수-일루나 통치기에 특히 두드러졌다.[229] 신전의 사제 집단 그리고 도시 엘리트들이 북쪽으로 이주해 바빌론과 그 인근에 새로이 집을 마련하자, 기존의 도시 생활 방식은 종말을 고했다. 그 시기에 티그리스강의 동쪽인 에쉬눈나 지역의 많은 도시에서도 사람들이 떠나 버렸다. 하지만 이러한 하향 추세에도 불구하고 함무라비 왕조는 여전히 폭넓게 인정받았다. 삼수-일루나와 마찬가지로 그의 아들 아비-에슈흐Abi-eshuh(28년간), 손자 암미-디타나Ammi-ditana(37년간), 증손자 암미-사두카Ammi-saduqa(약 19년간), 고손자 삼수-디타나Samsu-ditana(약 26년간)도 왕위에 오래 머물렀다. 매번 왕위는 어려움 없이 계승되었다. 하지만 삼수-일루나의 통치가 끝날 무렵, 이 왕이 지배하던 영토는 그의 아버지 함무라비가 집권할 당시에 바빌론과 마리에 속했던 영토보다 넓지 않았다. 그런데도 아바리스에 자리한 힉소스 왕 키얀Khyan의 궁전에서 발견된 편지 일부는 적어도 이들 왕 중 한 명은 하이집트와 외교 관계를 유지했음을 보여 준다.[230]

함무라비의 군사 원정으로 종종 도시 하나와 주변 지역 정도로 이루어졌을 뿐인 북부 메소포타미아의 모든 소국이 없어진 것은 아니었다. 과거에 그 지역을 지배했던 마리가 몰락한 이후 지역의 유력자들은 자신들의 열등한 지위를 인정해 바빌론 얌카드 혹은 그 두 나라 모두와 조약을 체결했다.[231] 아나톨리아에서 페르시아만까지 유프라테스강을 따라 이루어지는 교역을 공동으로 관리해 양쪽 모두 정치적·경제적 이득을 챙기는 한 이 두 강대국 간의 관계는 좋았다.[232] 이 시점에 북부 메소포타미아에서는 두 개의 새로운 정치적 집단이 영향력을 얻기 시작했는데, 최종적으로 미탄니로 알려졌던 후르리인 연맹이, 그리고 중앙아나톨리아의 히타이트 왕국이 바로 그들이었다.[233] 히타이트인들은 거듭해 타우루스산맥을 넘어 습격하다가 결국 무르실리 1세 때 알레포와 바빌론을 정복해 위험에 빠뜨렸지만, 바빌론이나 얌카드에서 이 두 국가의 커지는 세력에 맞섰다는 사실은 기록되지 않았다.

이란 지역과의 밀접한 관계로 인해 메소포타미아에서 전략적으로 계속 중요한 위치를 차지했던 에쉬눈나의 도시 엘리트들은 이제 더는 티그리스강의 동쪽인 디얄라강 유역의 삶과 사회에 영향을 미치지 않았다.[234] 새로운 인구 집단인 카시트인들이 사회에서 주도적 역할을 맡는 일이 점점 많아졌고, 그들은 히타이트가 바빌론을 정복한 이후 스스로 권력을 잡을 터였다.

아수르, 아나톨리아, 육상 교역

남부 메소포타미아의 정치적 변화는 현대의 북부 이라크에 자리했던 아수르에도 영향을 미쳤다. 이 도시국가는 간헐적으로 독립을 잃으면서 처음에는 에칼라툼의 샴시-아다드, 이후에는 바빌론의 함무라비 같은 외국의 대군주를 받아들여야만 했다. 그러나 아시리아인들이 처음에 샴시-아다드와 그의 단명한 후계자들을 침입자나 왕위 찬탈자로 인식한 것에 반해,[235] 기원전 14세기의 그 자손들은 다른 견해를 갖고 있었다. 아수르가 꾸준히 세를 키우는 왕국의 중심지가 되었을 때, 그 국가의 통치자들은 샴시-아다드가 선구자이자 역할 모델이라고 주장했다.[236]

중기 청동기시대에 도시 아수르는 티그리스강 유역에 자리하고 있다는 사실 덕분에 그 시대의 국제 교역망에서 가장 풍성하게 기록된 지역의 출발점이 되었다. 아시리아 상인들은 이 교역망을 따라 중앙아나톨리아의 할리스강 인근 대소금 호수[2]의 남동쪽 지역까지 갈 수 있었다. 그곳에서는 다수의 크고 작은 군주국들이 수입품 시장을 열어 놓고 있었다.[237] 아나톨리아의 소국들은 그 지역의 풍부한 금속 매장량 덕분에, 특히 타우루스산맥의 은광과

2 튀르키예 내륙에 있는 투즈호를 가리킨다.

흑해 지역, 캅카스 지역, 발칸반도와의 교역 관계 덕분에 번영을 누렸다. 그 상인들의 사업이 번창할 수 있었던 것은 아수르와 다양한 아나톨리아 정치체들이 개별적으로 맺은 유리한 조약들 덕분인 것이 확실했다. 이후 아나톨리아에 중앙집권화된 영토 국가가 등장하면서 상단들의 활동 여건이 상당히 나빠졌고, 교역망을 유지하는 데 드는 비용이 터무니없을 정도로 커진 것으로 드러났다. 따라서 아나톨리아에서 아시리아 교역의 토대가 무너진 것은 천연자원이 고갈되어서가 아니라 정치적 변화 때문이었다.

기원전 19세기의 아시리아 상단에 관해 오늘날 많은 것이 알려져 있다고 한다면, 이는 주로 우연히 이루어진 고고학적 발견 덕분이다. 튀르키예의 도시 카이세리에서 멀지 않은 퀼테페에서 1926년 이래로 약 2만 3500점의 문서가 발견되었다. 그 문서들은 카네시Kanesh/네샤Nesha(지금의 퀼테페)의 궁전이 있던 주거지 구릉 기슭에 상설 교역 식민지를 세운 아시리아 상인들의 사업과 주로 관련이 있다. 시간이 지나면서 아시리아인 구역은 하나의 도시 구역 전체로 발전해 갔다.[238] 아나톨리아의 아시리아 상업 중심지는 이곳이었지만, 다른 20여 개의 군주국에도 영구적인 교역 식민지가 세워졌다. 그러나 퀼테페에서 문서가 발견되지 않았더라면 이러한 활동에 관해 거의 알 수 없었을 것이다. 다른 상인 주거지(예를 들면 훗날 히타이트 왕국의 수도가 된 하투샤와 암쿠와Amkuwa)에서도 발굴이 진행되었지만, 문서 자료는 거의 나오지 않았다. 심지어 아수르에서도 그 시대의 기록물은 발견되지 않았다.

아수르 도시 군주들의 당대 비문들을 보면 그들이 남부 메소포타미아의 상인들에게 세금 특권을 부여함으로써 자신들의 도시를 페르시아만에서 디얄라강을 경유해 이란 지역에 이르는 교역로의 중추로 바꾸려고 열망했음을 명확히 알 수 있다.[239] 그러나 우리는 퀼테페에서 발견된 쐐기문자 문서만으로도 이 전략이 얼마나 성공적이었는지 안다. 아수르는 다른 국가들과 협정을 체결함으로써 아나톨리아 군주들, 가끔은 여성 군주와도 돈벌이가 되는 직물 교역을 독점적으로 진행할 수 있었다. 이것이 단순히 동쪽 지역에서 주석을 수입하는 것이 아닌 아시리아 상인들의 성공 비결이었다. 주석은 북부 시리아의 도시 에블라 같은 다른 지역의 상인들도 수입했다. 국가와 민간의 이해관계가 서로에게 이익이 되도록 조화롭게 작동했다. 이 시점에 도시국가 아수르는 도시의 대표적 가문들이 참여한 시 협의체가 통치했다.[240] 대개 아버지에게서 지위를 물려받아 아수르의 대제사장으로서 그 도시의 종교 생활을 이끈 군주가 이 기관에 소속되어 있었다. 그리고 다른 구성원이 1년 동안 림뭄limmum이라는 직책을 맡아 도시에서 가장 영향력 있는 정치적·경제적 기관인 이른바 도시 의회를 이끌었는데,[241] 군주는 절대로 그 자리를 맡을 수 없었다.[242] 이후 역사에서 아테네와 로마가 아르콘archon이나 집정관consul을 기준으로 특정 연도의 사건들을 기록했던 것처럼, 아수르도 주로 '연호'로 번역되는 림뭄의 이름을 사용했다. 이렇게 연도를 매기는 전통적 방식은 기원전 7세기에 아시리아 제국이 끝날 때까지 유지되었다. 도시 협의체는 세금을 부과해 모든 사업 거래에서 이득을 얻었고, 민간업체들은 정부가 체결한 국가 간 조약의 보호를 받으며 사업해 나갔다. 이러한 조약 덕분에 상인들은 국외에서 일할 수 있었고 무엇보다도 수익을 낼 수 있었다. 이 특권들은 빈틈없이 지켜졌다. 아수르 대표들과 아나톨리아의 교역 상대 모두 다른 지역의 상인과 밀수업자들의 활동을 제한하기 위해 긴밀하게 협력했다. 아나톨리아 측은 자신들의 영역에 들어오는 상품은 그 어떤 것이든 우선 매수할 권리와 함께, 모든 아시리아 카라반에게 부과하는 5퍼센트의 세금에서 이득을 얻었다.

아나톨리아 지역 국가들이 어떻게 서로 업무를 조직했는지는 이용할 수 있는 사료들이 밝혀 주지 못하지만, 아시리아 상인들이 보기에 아나톨리아의 여러 유력자 간에는 지위와 신분의 차이가 있었던 모양이다. 그들의 기록에는 군주 열여섯 명이 언급되어 있는데, 암쿠와, 부루시하툼Burushhattum, 두르후미트Durhumit, 하투샤, 후라마Hurrama, 카네시, 쿠부르나트Kuburnat, 루후사디아Luhusaddia, 맘마Mamma, 네나시샤Nenashsha, 시나후툼Shinahutum, 타위니아Tawinia, 티밀키아Timilkia, 투흐피아Tuhpia, 와슈샤나Wahshushana, 와시하니아Washhania의 통치자들이다.[243] 카네시 외에 대소금 호수[244] 서쪽 볼바딘Bolvadin 인근 지역 어디쯤엔가 있었던 부루시하툼이 어느 정도 우월한 지위를 누렸던 것으로 보이지만, 이 특별한 역할의 정확한 성격은 알지 못한다.

아나톨리아의 정치 상황은 끊임없이 변하고 혼란스러운 편이었다. 현대

학자들은 기원전 17세기에 궁극적으로 히타이트 왕국이 등장하기까지의 과정에 관해 추측만 할 수 있을 뿐이다.[245] 이후 몇백 년 동안 이 영토 국가는 메소포타미아에서 페르시아만에 이르는 땅에 사는 여러 민족의 운명에 지속적으로 영향을 미쳤다. 사료가 부족할 뿐 아니라 남은 사료도 해당 시기의 사료가 아니다. 그 제국의 중심지가 하투실리 1세Hattushili I(하투실리라는 이름은 '하투샤 출신'을 의미하는데, 하투샤는 새로운 수도였으므로 태어났을 때부터 이 이름이었을 리는 없다.)에 의해 카네시/네샤에서 하투샤(오늘날의 보아즈칼레)로 옮겨지기 전의 역사적 사건들은 후대의 전설에서만 재현되는데,[246] 그 전설 속 주인공들은 가끔 카네시 문서 보관소에 기록된 사람들과 일치하기도 한다. 그러한 인물 중에는 (최근에 바빌론의 삼수-일루나와 동시대인으로 확인된)[247] 쿠샤라Kushara 통치자 피타나Pithana가 있고, 그의 아들로 카네시와 하투샤를 정복하면서 아나톨리아 최초의 '대왕'이 된 아니타Anitta가 있다. 오늘날 우리가 히타이트어로 알고 있는 이 인도유럽어는 당시 처음에 그 언어가 사용된 초기 수도와 연관 지어 '카네시/네샤의 언어(네슘닐리nešumnili 또는 '네시트Neshite')'로 불렸다.

바빌로니아의 필경사들과 메소포타미아의 문자 기술(쐐기문자, 점토판)의 도움으로 하투실리는 국가 공문서 관리소를 세웠다. 처음에는 바빌로니아어가 사용되었지만, 이후 문서들은 히타이트어로도 작성되었다.[248] 필경사들은 쐐기문자 외에도 그 지역의 루비아어 문자Luwian script도 사용했다. 이 문자 체계는 쐐기문자나 이집트 신성문자와 마찬가지로 표의문자와 음절 표기법이 결합한 형태에 해당했다. 이 문자는 히타이트어와 밀접하게 관련된 루비아어를 기록하는 데 사용되었는데, 특히 비문에 사용되었다. 하투실리 1세의 통치 때 히타이트 왕국은 이미 상당한 영토를 차지했다. 왕국의 중심 지역은 할리스강 유역과 대소금 호수 부근이었지만, 주변 지역도 지배했다. 이후의 역사 문헌에는 하투실리 1세가 아르자와 왕국을 향해 서부 소아시아로, 그리고 타우루스산맥을 넘어 북부 시리아로 원정을 나갔다고 기록되어 있다. 그의 통치기 때 작성된 원본 문서는 몇 개만 발견되었다. 그중 하나는 티그리스강 상류 티쿠나니Tikunani의 왕 투니프-테슈브Tunip-Teshub에게 바빌로니아어로 보낸 편지로, 하투실리 1세의 세력이 멀리 북부 메소포타미아까지 뻗쳤음을 밝힌다. 이 문서 덕분에 우선 하투실리 1세가 어떻게 바빌로니아의 필경사들과 접촉할 수 있었는지 설명된다. 그의 뒤를 이은 손자 무르실리 1세는 서아시아의 역사에서 훨씬 더 큰 역할을 했다. 무르실리 1세의 군대는 왕의 도시였던 알레포와 바빌론을 점령해 약탈했는데, 이로 인해 유프라테스강 유역에서 가장 중요한 두 국가가 몰락하면서 아모리인 엘리트들의 지배는 종말을 고했다.

카네시에 있던 아시리아 교역 식민지의 사업 기록들은 고대 아나톨리아 역사를 재구성하는 데 제한적 가치만을 지니지만, 대략 70년간에서 80년간 그곳 상인들이 벌인 활동을 아주 상세히 기록했다. 이를 토대로 학자들은 아수르와 아나톨리아 간의 무역 체계는 물론 이 무역의 자금 조달 방식 또한 재구성할 수 있다.[249] 무엇보다도 이 문서들에는 기본적으로 소유주가 여러 명인 기업으로서 작동하는 장기적 사업 제휴 관계를 설정하기 위해 어떤 법적 장치를 이용했는지, 소재를 파악할 수 없는 채무자나 빚을 갚을 능력이나 의사가 없는 채무자를 어떻게 다루었는지 등이 기술되어 있다. 아시리아 상인들은 또한 부채 증서를 사용했는데, 이것은 특정 채권자에게 발행되는 형식이 아니어서 그 증서를 가진 사람은 누구든 사용할 수 있었다. 이는 금융거래에서 특정 이름을 가진 개인들의 작용을 배제함으로써 넓은 지역에 걸친 사업 활동을 크게 촉진했다. 상인들은 아나톨리아 원정을 위한 통상 체계가 합의되어 확보되면 곧바로 아수르에서 합동으로 당나귀 카라반을 조직하곤 했다. 이러한 이동 방식이 북부 메소포타미아와 아나톨리아 간의 경로에 국한되지 않았다는 점은 말할 필요조차 없다. 이는 이집트를 포함한 근동 지역 전체에서 흔하게 나타났다. 세누스레트 2세(제12왕조, 기원전 19세기) 통치기에 건설된 베니 하산 공동묘지에 있는, 지역 관리 크눔호테프의 무덤이 이를 보여 주는 가장 대표적인 예인데, 그 무덤에는 '아시아인'들이 이끄는 짐을 실은 당나귀들이 묘사되어 있다.[250] 당나귀 한 마리는 대략 65킬로그램의 짐을 운반할 수 있다. 아시리아 상인들은 이 동물들에게 주석 덩어리까지 들어 있는 직물 뭉치를 실었다. 짐은 네 개의 표준화된 꾸러미로 나뉘었는데, 두 개는 당나귀 등 위에 싣고 나머지 두 개는 당나귀의 양쪽에 하나씩 실었다. 내용물이 구체적으로 무엇인지는 관계없이 아나톨리아에서 꾸러미 하나마다 고정된 세금이 부과되었다. 당

—— 짐을 실은 당나귀와 '아시아인' 무리가 도착하는 모습. 중이집트 메나트-쿠푸의 행정 장관인 크눔호테프 2세의 암석 무덤 북쪽 벽에 그려진 벽화의 상세도. (Wikimedia Commons)

나귀와 마부들은 아수르에서 중앙아나톨리아까지 작은 무리를 지어 5주에서 6주 만에 1200킬로미터 정도를 이동했다. 목적지에 도착하는 즉시 물품을 팔았는데, 요금이 다양했는데도 순이익률이 주석은 100퍼센트, 직물은 200퍼센트나 되었다. 상인들은 은과 금으로 물품의 값을 받아 다시 아수르로 돌려보냈다. 그들은 현지에서 추가로 사업도 벌였는데, 특히 아나톨리아 내에서 구리 거래를 조직했다. 아수르의 상인들은 시리아 지역의 도시 에블라의 상인들 같은 경쟁자들보다 큰 이점을 누릴 수 있었는데, 아나톨리아 전역에 건설된 교역 식민지와 중계 지점으로 이루어진 능률적 네트워크 덕분이었다.

같은 시기에 이집트 중왕국은 레반트 지역과 시리아로 문화적 영향력을 확대해 나갔다. 스핑크스, 호루스의 매, 앙크ankh[3] 같은 이집트 특유의 상징들이 특히 현지에서 제작된 원통형 인장의 문양으로 널리 퍼졌다.[251] 다수의 문서 사료는 당시에 일부 이집트인들이 적어도 일시적으로나마 동쪽에 살았다는 사실을 입증해 준다. 그중 가장 유명한 문서 사료는 시누헤 이야기다. 이 문학작품이 수많은 필사본으로 보존된 것을 보면 이 이야기가 얼마나 인기 있었는지 알 수 있다.[252] 주인공인 시누헤는 아메넴헤트 1세(기원전 20세기)의 죽음 이후 정치적 음모로 인해 시리아로 도망쳐 온 이집트 조신朝臣이다. 그는 새로운 거주지의 지역 군주 밑에서 장군을 지낸 덕에 권력과 명성을 얻고, 군

—— 3 '영원한 생명'을 뜻하는 이집트 상형문자로, 이집트와 관련된 그림이나 상징물에서 쉽게 볼 수 있다.

주의 사위가 되어 결국에는 그의 후계자까지 되었다. 이야기는 해외에 사는 이집트인의 삶과 향수병을 다루는데, 이야기의 주인공은 나이가 들어 결국은 이집트로 돌아오는 데 성공한다. 그는 이집트에서 생을 다하고 적절한 곳에 묻히기를 원했다. 의미심장하게도 그의 자식들은 시리아에 남는데, 그의 맏아들은 그의 뒤를 이어 지역 통치자가 되었다.

이러한 문학작품 외에 카네시에 있던 아시리아 상인들의 편지와 문서도 여러 해 혹은 수십 년의 세월을 고향을 떠나 멀리서 보낸 사람들의 삶을 직접적으로 들여다볼 수 있게 해 준다.[253] 이 사람들은 시누헤와 마찬가지로 종종 현지 여성과 결혼했는데, 이들 중 다수가 이미 아수르에서 결혼한 사람들이었다. 외국까지 남편을 따라간 아내의 예가 알려져 있기는 하지만, 그런 관습은 드물었다. 모든 아내가 남편의 현지 아내에 관해 알고는 있었지만, 일반적으로 그 여성들은 절대로 같은 곳에 살지 않았다. 실제로 혼인 계약에는 아이들의 신분뿐 아니라 서로의 관계에서 아내의 법적 신분을 규정하는 조항도 포함되어 있었다. 그렇게 하는 것이 무엇보다 상속 문제를 명확히 하는 데 도움이 되었다. 대체로 아나톨리아에서 아내는 부차적 지위였지만, 반대의 경우도 이따금 입증되곤 한다. 그곳에 보존된 많은 편지 중에는 일부 상인들이 가족에 대한 의무에서 벗어나기 위해, 집에서 멀리 떠나 있다는 이점을 어떻게 이용했는지 여실히 보여 주는 편지가 상당히 많다. 다음과 같은 불평이 대표적 예다. "30년 전 당신은 이 도시(즉 아수르)를 떠났습니다. 오늘날까지 당신은 우리에게 아무것도 보내지 않았습니다. 우리는 은화 1셰켈조차 못 받았지만, 당신을 성가시게 한 적이 없습니다. 우리의 편지는 매번 카라반이 갈 때마다 당신에게 전해졌지만, 당신은 단 한 번도 답장을 보내지 않았습니다! 우리는 당신의 아버지에게 간청했지만, 여전히 당신에게서 은화 1셰켈도 못 받았습니다. 그러니 당장 그곳을 떠나 돌아오세요!"[254]

이집트 밖에서의 그 어떠한 삶도 부정적 시각으로 보는 시누헤 이야기가 그 당시 이집트인들의 일반적 시각을 반영하는지, 아니면 해외에서의 삶을 아주 바람직하게 보는 태도에 반박하기 위한 것인지는 여전히 해석의 여지가 있다. 어쨌든 제12왕조 때의 많은 개인 무덤 장식을 보면 '아시아' 세계가 상당한 매력을 발산했음을 알 수 있다.[255] 중기 청동기시대의 교역이 지닌 국제적 성격으로 인해 많은 사람이 고향을 떠나 나라 밖에서 성공의 길을 찾아 나설 기회를 얻을 수 있었다.

이집트 제2중간기의 아바리스와 테베

기원전 1650년 무렵에 이집트 중왕국이 종말을 고한 것은 이집트 전역에서 점진적으로 이루어진 지방분권도 어느 정도 역할을 했지만, 국가 상위 계층의 문제와 관련이 있다고 오늘날에는 생각된다. 하지만 이후의 이집트 역사 기록에서는 동쪽의 침략자들 때문이라고 지적되었다. 오늘날 이들 외국의 통치자들은 기원후 1세기 로마의 유대인 역사가 요세푸스Josephus가 신성문자 hk3 hs(wt)를 해석한 바에 따라 '힉소스인'으로 알려져 있다. 중왕국이 몰락한 뒤 이른바 제2중간기에 힉소스인은 나일강 동부 지류 유역의 수도 아바리스(텔 엘-다바)에서 나일강 삼각주 지역을 다스렸고,[256] 이후 이집트 제15왕조로 기술되었다. 신전과 민간 건축물, 부장품, 무기, 도자기 등의 고고학적 증거를 보면 동쪽 지역과 밀접한 문화적 관계가 조성되었음을 알 수 있다. 실제로 아바리스에서 이루어진 발굴 결과에 따르면 앞선 중왕국 시기에도, 다시 말하면 국가가 계획한 그 주거지가 수로와 육로 모두를 이용한 교역과 정보 교환의 요지를 차지했던 시기에도 이미 그런 관계였음을 알 수 있다. 아바리스는 다양한 인구 집단이 개혁과 변화를 순순히 받아들이면서 여러 문화가 뒤섞이는 용광로 같은 곳으로 등장했다. 특히 무덤[257]이 이러한 사실을 극명하게 보여 주는데, 이집트 내 다른 지역의 관습과는 확연히 다르게 무덤이 주거 지역 내에 자리하고 있었다. 부장품 목록을 보면 이집트와 '아시아'의 관습과 물질 문화가 병존했었음을 알 수 있다. 심지어 왕실 고관들도 이집트 전통에 따라 자신들의 지위를 나타내면서도 대표적인 무기나 장신구를 통해 레반트 지역과의 연관성을 확실히 보여 주었다.

'외국의 통치자들'이 하이집트를 침략해 권력을 잡았을 것이라는 이야기는 이후의 역사 기술이 조장한 허구와 다름없다. 실제로 나일강 삼각주를 지배한 제15왕조와 테베에 수도를 두었던 동시대의 제16왕조 모두 중왕국 말엽에 현지 관리들에게 지역별로 독립을 허용하면서 중앙 권력이 전반적으로 약해진 결과였다. 그리고 통합된 이집트 국가의 통일성을 더욱더 약화한 초지역적 변화가 그 과정에 수반되었는데, 그때까지 왕실의 후원을 받아 유지되던 장기간의 해외 교역 관계가 중단되었다. 아바리스에서 발견된 금속물을 살펴보면 구리와 주석으로 만든 전통적인 청동 합금이 제2중간기에 구리와 비소로 만든 더 부드러운 합금으로 대체되었음을 알 수 있다.[258] 이란, 메소포타미아, 레반트 지역을 통한 중앙아시아로부터의 주석 공급이 중단된 것이 분명한데, 삼각주 지역으로 가는 경로에서 원거리 교역망의 어느 부분이 무너진 것인지는 불분명하다.

그렇기는 해도 주로 남부 레반트를 통과하는 육상 경로나 배로 동부 지중해 해안선을 따라 비블로스까지 가는 서아시아와의 긴밀한 연결로는 여전히 존재했다. 시간이 지나면서 아바리스는 지중해 지역에서 자신들의 이해관계를 넓히기까지 했다. 특히 키프로스가 주요한 교역 상대였다.[259] 힉소스 지배자들은 상이집트에서 지중해 지역까지 나일강을 따라 이루어지는 모든 교역에 세금을 부과했다. 그들의 지배가 남쪽의 어디까지 확장했는지는 분명치 않다. 2010년과 2011년에 고고학자들은 테베의 통치권에 속한 것이 분명했던 에드푸의 한 행정 건물에서 힉소스 통치자 키얀의 인장 자국이 포함된 점토 인장 마흔한 개를 발견했다.[260] 이와 같은 인장 자국은 그 왕이 살았을 가능성이 있는 아바리스의 한 궁전에서도 발견되었다. 이 건물에는 앞에서 언급한 쐐기문자로 작성된 바빌로니아어 편지 일부분뿐 아니라 북부 시리아와 바빌론의 원통형 인장도 있었다.[261] 이러한 발견물들은 힉소스인들이 상이집트의 국가인 테베와도 관계를 유지할 정도로 폭넓은 경제 및 외교 관계를 유지했음을 알려 준다. 인장과 인장에 새겨진 글씨는 이들 통치자에 관한 가장 중요한 문서 증거에 해당한다. 나일강 삼각주 지역의 습도 때문에 파피루스 문서는 보존되지 않았고, 돌에 새겨진 몇 개의 비문만이 알려졌기 때문이다.[262] 이들 사료에서 파악된 힉소스 왕들은 키얀, 시크루-하드두Sikru-Haddu(세케르-헤르Seker-Her), 카무디Khamudi 같은 서셈어 이름을 갖고 있다.

힉소스 왕국과 테베 국가의 국경선이 정확히 어떻게 형성되어 있었는지는 모르지만,[263] 테베가 남쪽 부분을 차지했던 것은 사실로 기록되어 있다. 테베가 처음에 멀리 나일강 제1급류의 엘레판티네섬까지 지배했기 때문이다. 그러나 힉소스인들은 서부 사막을 통과하는 육로를 통해 테베 영토를 우회함으로써 당시 제3급류 남쪽 케르마에 기반을 둔 독립 왕조의 통치를 받던 누비아와 직접적인 접촉을 계속 유지했다.[264] 결과적으로 테베 국가는 적들에게 둘러싸인 처지였다. 아바리스가 북쪽을 차지했고 케르마가 남쪽에 있었으니 말이다. 2014년, 아비도스에서 전에는 알려지지 않았던 세네브카이Senebkay라는 통치자의 무덤을 포함해 같은 시대에 해당하는 고분군이 발견되었다.[265] 이 고분군의 발견으로 당시 상이집트의 정치 지형이 학자들이 지금까지 추정했던 것보다 훨씬 더 복잡했음을 알 수 있다. 아비도스는 한동안 테베로부터 독립을 유지하고 있었을까?

어쨌든 이후 테베는 엘레판티네에서 나일강을 따라 올라가 멀리 제2급류 유역 부헨의 옛 국경 방어 시설까지 영토를 넓히는 데 성공했고, 누비아 광산에서 얻은 금으로 국고를 채웠다. 그렇게 국고가 늘자 테베의 통치자 세케넨레Seqenenre는 힉소스를 상대로 전쟁을 벌였다. 그의 아들 카모세Kamose는 세케넨레가 전투에서 포로로 잡혀 도끼로 처형된 후에도 싸움을 계속했다. 세케넨레가 도끼로 처형된 사실은 미라화된 그의 시신을 조사하면서 밝혀졌다.[266] 전쟁은 30년 동안 계속되다가 카모세의 동생이자 승계자인 아흐모세Ahmose[267]의 통치가 끝나 갈 무렵 그가 적의 수도 아바리스를 장악하는 데 성공하면서 겨우 끝났다. 그 결과로 이집트 전역이 다시 단일 통치자의 수중에 들어갈 수 있었다. 기원전 16세기의 이 사건들은 일방적 관점이기는 하지만 테베 편에서 전쟁에 참여한 사람들의 무덤 비문에 잘 기록되어 있다. 다시 통일된 이집트 왕국의 영토는 누비아의 부헨에서 남부 레반트의 가자에 이르렀다. 오늘날 아흐모세는 제18왕조의 창시자일 뿐 아니라 이집트 신왕국의 창시자로도 인정받는다.

3 전차와 유리: 왕실의 새로운 장난감

초지역적 교역망을 따라 형성된 경로들은 정치적 이유로 인해 전체적으로 혹은 부분적으로 자주 포기되었다. 그래도 무역은 중단되지 않았다. 필요하다면 비소로 대체할 수 있었지만, 어쨌든 주석과 구리를 수입해야 청동을 만들 수 있다는 그 단순한 사실로 인해 이전 경로를 이용할 수 없게 되면 새로운 경로를 확실하게 모색할 수밖에 없었다. 남부 이라크와 파키스탄의 인더스강 유역처럼 수백 년 동안 연결되어 있던 지역 간 관계가 단절되었을 때도 원료를 얻기 위한 새로운 연결 고리가 생겨났다.

기원전 1800년 무렵, 메소포타미아의 국가들이 키프로스와 아나톨리아의 금속으로 구리에 대한 수요를 점점 더 충족시키면서 대외 관계 또한 서쪽으로 옮겨 갔다. 많은 사료가 후기 청동기시대에 이집트 신왕국과 메소포타미아의 여러 왕국 간에 접촉이 있었음을 기록하고 있다. 기원전 1500년 무렵에서 기원전 1100년까지 이집트, 미탄니, 아시리아, 바빌로니아, 엘람, 히타이트(하티) 왕국에서 일어난 사건들의 상호 연관성을 짐작하게 하는 연대별 배열을 기초로 이제 후기 청동기시대의 정치사를 전체로서 논할 수 있다. 기원전 14세기 이후로는 이전 시기에 관한 역사 서술을 괴롭히던 연대의 불확실성이 크게 문제되지 않는다. 여전히 구체적 연도를 제시하기가 어려울 때도 있지만, 10년 정도만이 문제가 된다.

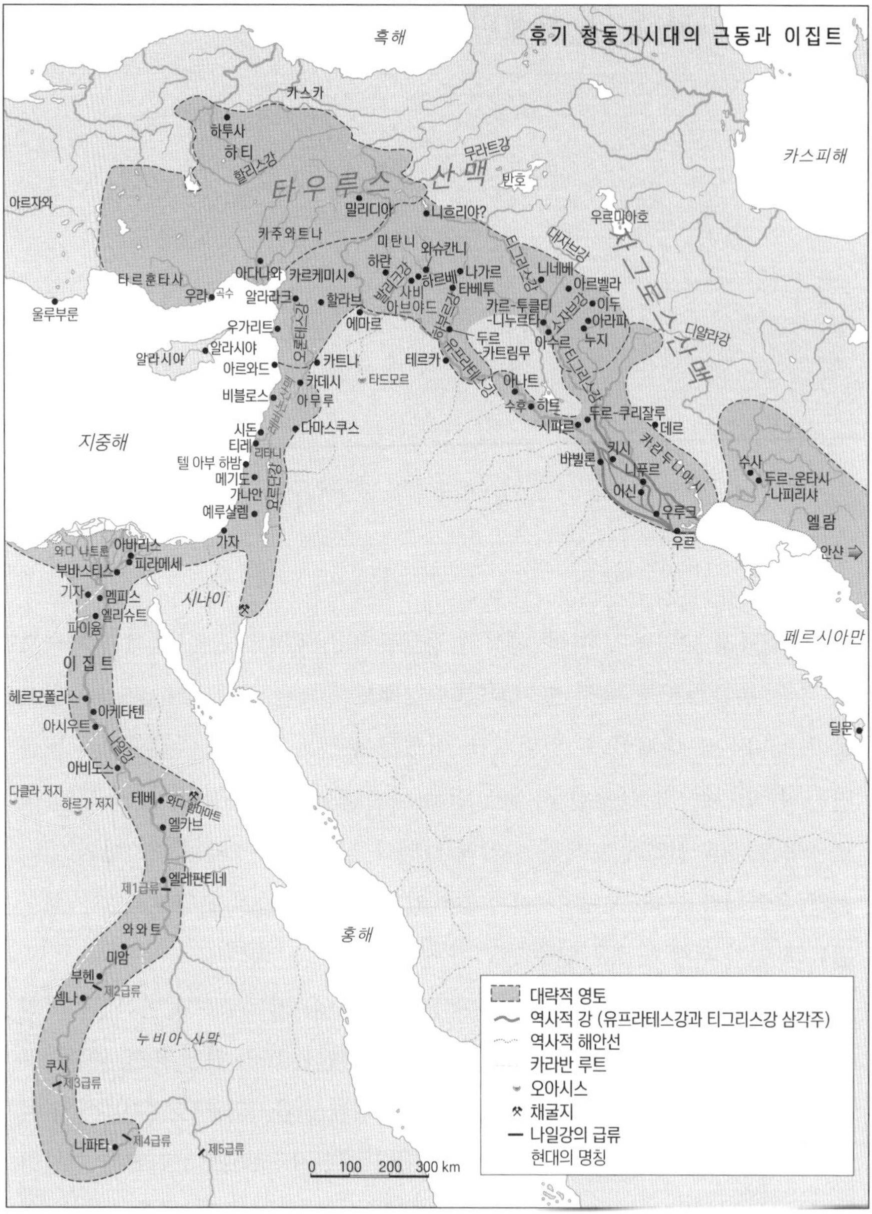

후기 청동기시대의 근동과 이집트
흑해
카스카
하투사
하티
할리스강
타우루스 산맥
무라트강
반호
카스피해
아르자와
밀리디아
니흐리야?
우르미아호
키주와트나
미탄니
와슈칸니
하란
나가르
니네베
아르벨라
대자브강
티그리스강
자그로스 산맥
아다나와
카르케미시
하르베
타베투
타르훈타사
우라
곡수
울루부룬
알랄라크
할라브
사비
아브야드
발리크강
카르-투쿨티
-니누르타
이두
아라파
누지
디알라강
우가리트
에마르
두르
카트림무
아수르
알라시야
아르와드
카트나
테르카
유프라테스강
오론테스강
카데시
타드모르
아나트
비블로스
아무루
레바논산맥
수후
히트
두르-쿠리갈주
데르
지중해
시돈
다마스쿠스
시파르
티레
리타니
텔 아부 하밤
바빌론
키시
니푸르
카르두니아시
수사
두르-운타시
-나피리샤
메기도
가나안
요르단강
예루살렘
이신
우루크
우르
엘람
안샨
가자
와디 나트룬
아바리스
피라메세
부바스티스
기자
멤피스
시나이
엘리슈트
파이윰
이집트
페르시아만
헤르모폴리스
아케타텐
아시우트
나일강
딜문
아비도스
다클라 저지
하르가 저지
테베
와디 함마마트
엘카브
엘레판티네
제1급류
홍해
와와트
미암
부헨
제2급류
셈나
누비아 사막
쿠시
제3급류
나파타
제4급류
제5급류
0 100 200 300 km
대략적 영토
역사적 강 (유프라테스강과 티그리스강 삼각주)
역사적 해안선
카라반 루트
오아시스
채굴지
나일강의 급류
현대의 명칭

—— 후기 청동기시대의 서아시아와 이집트.

시리아와 북부 메소포타미아를 지배한 미탄니

제18왕조(신왕국)가 오래 유지되면서 이집트가 통일된 상태였던 데 반해, 메소포타미아는 이 시기에 정치적으로나 문화적으로 통일된 상태가 아니었다. 기원전 14세기까지 북부 지역은 메소포타미아 지역과 자그로스산맥 사이 지역을 다스린 정치체의, 즉 오늘날 후르리어로 "미타Mitta(마이타Maitta)에 속한 것"을 의미하는 미탄니의 영토였다. 이 명칭은 이용할 수 있는 역사 기록에서 다룬 시기에 앞서 살았던 건국의 아버지를 가리키는 듯하다. 이집트인들은 그 나라를 나하린Naharin(서셈어로 '두 개의 강')으로, 아시리아인들은 (무슨 뜻인지 알려지지 않은) 하니갈바트Hanigalbat로 불렀다.

미탄니의 통치자 중 다수는 인도아리아어에서 유래한 왕명을 갖고 있었고, 베다의 신들인 미트라Mitra, 바루나Varuna, 인드라Indra, 나사트야Nasatya의 이름으로 맹세했다. 이 국가에서 가장 높은 사회계층은 남자 구성원들이 전차를 갖고 싸우는 가문들로 구성되어 있었다. 그들의 칭호인 마르야누maryannu는 전사를 뜻하는 산스크리트어(마르야marya)와 관련이 있고, 전투용 말을 훈련하는 법을 포함한 기마술, 숫자, 색상, 기술은 인도아리아어와 관련이 있다.[268] 오늘날 학자들은 이들이 살 달린 바퀴나 고삐 같은 전차 기술 부문에서 선구적 혁신으로 유명한 중앙아시아의 신타시타 문화와 관련이 있다고 추정한다.[269] 이러한 설명으로 북부 메소포타미아가 외국의 전차 병력에 침략당하는 모습을 쉽게 떠올릴 수도 있지만, 미탄니가 탄생하기까지의 역사적 과정은 여전히 불확실하다. 연대의 불확실성으로 인해 미탄니의 등장이 얌카드와 바빌로니아 함무라비 왕조의 종말과 관계가 있는지, 만약 관계가 있다면 어떻게 관련이 있는지는 판단하기 어렵다.[270]

어쨌든 미탄니의 지도층이 인도아리아어를 사용했더라도 그 언어가 행정 목적에는 유용하지 않았던 것이 분명하다. 일반 대중은 계속 현지어, 특히 후르리어를 썼는데, 이는 기원전 제3천년기 중반 이후로 수도 와슈칸니(현대의 텔 파카리야)가 있던 하부르 삼각지대의 미탄니 핵심 지역에서 입증되었다. 아카드의 나람-신이 우르케시의 후르리족 통치자와 외교 관계를 유지했다는 사실을 기억할 것이다. 따라서 북동쪽에 이웃한 히타이트인들은 미탄니 왕을 '후르리 군대의 왕'으로 불렀다. 미탄니의 일부 지역에서는 여러 셈어도 사용되었는데, 서부 지역에서는 서셈어 방언들이, 도시 아수르 주변 지역에서는 아시리아어가 사용되었다. 오늘날까지 미탄니의 국가 기록 보관소나 왕실 비문은 전혀 발견되지 않았다. 최근 시리아 유적지(에마르, 움 엘-마라, 텔 바지Tell Bazi, 테르카, 텔 브락, 텔 하미디야Tell Hamidiya 등)에서 발견이 이루어졌지만,[271] 문서 사료는 대체로 희박한 편이다. 이용할 수 있는 문서는 주로 왕의 칙령과 조약, 그리고 이집트 아마르나에서 발견된 서신 등이다. 쐐기문자로 된 이 문서들은 거의 예외 없이 그 시기의 국제어인 바빌로니아어로 쓰여 있었는데, 당시의 국가 행정 언어였던 듯하다.

미탄니의 정치적 구조에 관해서는 확실하게 말할 수 있는 것이 거의 없지만,[272] 이집트에서 발굴된 추가 문서와 함께 이 사료들은 미탄니가 비교적 느슨한 지역 연합체로 이루어져 있었음을 시사한다. 미탄니 왕의 결정에 따라 책임자가 된 사람들은 미탄니 왕의 권한을 침해하지 않는 동시에 군사 문제에서 그의 지휘를 따르겠다고 맹세하고 각 지역을 다스렸다. 미탄니 왕의 우위를 인정한 군주들로는 시리아의 알레포 및 카트나의 통치자들, 그리고 북부 메소포타미아의 아수르와 아라파의 통치자들이 있다.

미탄니의 체제는 알라라크Alalakh의 왕, 이드리미Idrimi(기원전 15세기)의 좌상에 새겨진 비문으로 가장 잘 파악할 수 있다.[273] 이 왕은 한때 얌카드를 지배했던 옛 아모리 왕조의 자손이었다. 그가 어렸을 때 그의 가족은 정치적 혼란에 휘말려 추방당하는 신세가 되었다. 하지만 여러 우여곡절을 겪은 끝에 그는 군사력을 모아 오론테스강 유역의 도시 알라라크를 공격해 점령하는 데 성공한 뒤, 스스로 왕위에 올랐다.[274] 그는 알라라크에서 장기적으로 왕권을 공고히 하기 위해 미탄니 파라타르나Parattarna 왕의 권력을 인정한다고 맹세했다.

이집트 신왕국

이집트인들은 미탄니 혹은 미탄니 일부 지역을 나하린으로 불렀는데, 이는 서셈어로 '두 개의 강'을 의미했다. 그 이름은 유프라테스강과 티그리스강을 가리켰을 수 있는데, 이집트인의 관점에서 보면 오론테스강과 유프라테스강을 가리켰을 가능성이 더 크다. 투트모세 1세Thutmose I(재위 1504~1492 BC)

의 통치기에 이집트와 미탄니가 처음으로 시리아에서 군사적으로 충돌했는데, 이집트 병사들이 전차를 끄는 동물들과 마부를 포함해 적군의 전차를 빼앗았다. 이집트 군대는 이런 종류의 전투부대를 많이 이용하지 않았으므로 군사 원정에 참여했던 군인 두 명이 자신들의 무덤 비문에 그 업적과 함께, 군사 원정으로 얻은 풍부한 보상까지 기록했다.[275] 이후 이집트는 군사력의 초점을 전통적인 해군 병력에서 전차 부대로 옮겼다.[276]

아흐모세(재위 1550~1525 BC)가 신왕국을 건국한 이래로 이집트 군대는 누비아에서 바쁜 시간을 보냈다.[277] 나일강 제3급류 지역은 여전히 케르마의 왕들이 통치하고 있었다. 투트모세 2세Thutmose II(재위 1492~1479 BC) 통치기에 마지막으로 충돌한 후, 케르마의 왕들은 권력을 빼앗겼다. 인질로 잡힌 왕세자를 제외하고 누비아 왕가는 도시가 함락되면서 모조리 죽임을 당했다.[278] 그 지역의 연합 저항 세력이 몰락하면서 이집트는 남쪽 국경선을 멀리 제3급류 지역까지 넓혔고, 뒤이어 투트모세 3세Thutmose III(재위 1479~1426 BC) 때는 제4급류 지역까지 도달했다.[279] 제1급류와 제2급류의 중간쯤에 자리한 미암Miam(현대의 아니바Aniba)에 누비아 부왕副王이 살았는데, 그는 파라오가 임명한 이집트 관리로, 이집트 참모들의 지원을 받아 누비아의 와와트(제1급류~제2급류) 지역과 쿠시(제2급류~제3급류) 지역을 다스렸다. 제3급류와 제4급류 사이 지역은 간접적으로 통치되었는데, 이집트의 우위를 인정한 지역 지배자가 그 지역을 다스렸다.[280]

이집트가 누비아를 제압하고 누비아의 금광과 다른 자원들을 위험 없이 이용할 수 있게 되면서 투트모세 3세는 레반트 지역에서의 지배력을 확대하기 위해 미탄니를 집중적으로 압박할 수 있는 재정적·정치적 입지를 갖추게 되었다.[281] 이집트는 처음 자신들의 군대가 미탄니의 전차와 전투 방식에 경탄한 이래 지나간 시간을 현명하게 이용했다. 제18왕조를 특징짓는 혁신에 대한 개방성에 발맞추어 새로운 군사기술과 전술이 채택되었고, 서아시아 일부 지역에 대한 직접 통치권을 획득하는 것이 처음으로 정치적 의제로 떠올랐다. 이 시점까지 이집트의 군사 장비는 동쪽의 군대에 비하면 대책이 없을 정도로 열등했다고 할 수 있었다. 이러한 상태는 전쟁 무기에서 비슷하게 보수적이었던 누비아와 분쟁을 벌일 때는 중요하지 않았다.[282] 그러나 끝이 없어 보일 정도로 금이 공급되어 이집트의 군자금이 채워지기 시작하자, 테베의 통치자들은 처음에는 아바리스, 다음에는 미탄니로부터 얻은 기술적 전문 지식으로 군대를 최신화했다. 얼마 지나지 않아 이집트 군대는 당대에 가장 잘 무장된 최대 규모의 전투부대가 되었다. 이집트에서는 전차, 합성궁, 갑옷에 필요한 원료를 손쉽게 구할 수 있었다. 게다가 힉소스인들이 지배할 때 이미 말도 나일 계곡에 도입되어 있었다. 농업적으로는 이용하기 어려운 누비아의 고원들은 말을 기르는 데 이상적인 조건을 제공했다. 그 시대의 일반적 관습에 따라 말은 (무스탕처럼) 반半야생 무리 상태로 자유롭게 방목했다. 그러다가 망아지가 충분히 자라면 바로 붙잡아 훈련했다.

투트모세 3세는 어린 나이였는데도 아버지 투트모세 2세가 세상을 떠나자 왕위에 올랐다. 그의 통치는 유명한 고모 하트셉수트의 섭정으로 시작되었다.[283] 즉위한 지 7년째부터는 고모와 공동통치를 시작했고, 이는 15년간 계속되었다.[284] 이후의 통치에서 하트셉수트는 상당 기간(1473~1458 BC) 주도적 역할을 맡았다. 하트셉수트는 테베 인근 데르 엘 바하리에 자신의 장제전을 세우도록 조처했는데, 멘투호테프 2세가 세운 장제전 바로 옆에 그 장제전과 같은 방식으로 세우려고 했다. 건축물에 장식된 부조는 여러 모험 중에서도 중왕국 시기에 이집트 사절단이 마지막으로 파견된 적이 있는 '향의 땅' 푼트로 향한 원정을 소개한다.

하트셉수트는 투트모세 3세의 고모였을 뿐 아니라 계모이기도 했다. 이집트 왕실의 근친혼 관습에 따라 하트셉수트는 이복 오빠인 투트모세 2세와 혼인했다. 그들의 아버지 투트모세 1세가 왕조를 세운 아흐모세의 가문과 어떤 관계였는지, 그리고 아흐모세의 아들로 자식이 없던 아멘호테프 1세Amenhotep I가 죽은 뒤 어떤 연유로 왕위에 대한 그의 권리 주장이 정당화되었는지는 사료가 부족해 확실하지 않다. 투트모세 1세는 아흐모세의 형제 중 하나였던 아흐모세-사파이르Ahmose Sapair의 아들일 수도 있다.[285]

하트셉수트는 아문Amun 신의 배우자라는 높은 직위를 가졌는데, 아흐모세 통치기에 도입된 이 자리는 왕실 여성만 차지할 수 있었다. "신들의 왕이자 두 땅(즉 상이집트와 하이집트)의 왕좌의 주인"인 아문은 그에게 바쳐진, 테베의 거대한 신전에서 숭배된 신으로,[286] 파라오가 신의 아들로 생각되었기 때문에 제18왕조기에 왕권 이념에서 매우 중요한 역할을 했다. 왕위 계승의 관점에서 부계를 약화하는 일 없이 왕실 예외주의의 기본 원칙을 명확히 나타내는 데 이따금 필요했던 왕실의 근친혼과 마찬가지로, 신의 배우자라는 자리도 개념상 이러한 이념과 관계가 있었다. 신의 배우자라는 지위 덕분에 하트셉수트의 섭정은 순조롭게 이루어질 수 있었다. 앞선 세대에 이 자리에 오른 최초의 여성인 아흐모세-네페르타리Ahmose-Nefertari가 오빠이자 남편인 아흐모세가 죽은 뒤 아멘호테프 1세의 섭정을 맡았던 경우와 비슷했다.[287] 하트셉수트는 자신이 투트모세 3세의 친모가 아니었으므로 자기 자신을 파라오로 선언했던 듯하다. 따라서 단순히 섭정에 머무는 것은 하트셉수트의 선택지에 없었다.[288] 전체적으로 하트셉수트의 섭정 및 공동통치 기간은 평화로운 시기였던 듯하다. 그래서 투트모세 3세가 왕위에 오른 지 42년째 되던 해에(그리고 하트셉수트가 자연사한 이후 오랜 시간이 흐른 뒤에) 하트셉수트가 제작을 직접 의뢰한 기념비에서 그녀의 이름을 없애라고 명령한 이유는 불분명하다.[289]

투트모세 3세는 이미 공동통치기에 이집트 군대의 총지휘관이었다. 하지만 그는 하트셉수트가 세상을 떠난 이후에야 서아시아로 원정을 시작했다. 첫 번째 군사 원정은 하트셉수트가 죽은 직후에 이루어졌는데, 아흐모세가 통치할 때부터 이집트 영토였던 가자에서 출발했다. 전부 미탄니의 속국이었던 카데시(현대의 텔 네비 멘드)와 그 동맹국들의 군주들을 목표로 한 이 군사 원정이 섭정의 죽음 이후 이집트가 약해졌다고 생각해 도발한 행위에 대한 대응이었는지, 아니면 투트모세 3세가 새로운 대외 정책을 채택한 결과였는지는 학자마다 의견이 다를 수 있는 문제다. 어쨌든 (현대의 이스라엘 북부에 있는) 메기도 포위는 레반트 지역에서 이집트의 우위를 가져온 전환점으로 드러났으며, 이후 오래도록 그 지역의 형세를 결정지었다.[290] 투트모세 3세는 메기도를 함락시켜 900여 대의 전차와 1800마리가 넘는 말을 얻었으며, 상당히 많은 귀중품과 무기도 획득했다. 이집트 군대는 레바논의 리타니강(레온테스강) 어귀 쪽으로 진격해 올라가 비슷한 수준의 많은 전리품을 거두며 승리했다.

이 군사 원정은 완벽한 성공이었다. 이집트의 영향력을 공고히 하기 위해 레반트 지역과 서부 시리아의 유프라테스강까지 최소한 열여섯 번의 군사 원정이 더 이어졌다. 미탄니의 속국 군주들을 이집트에 충실한 통치자들로 대체하겠다는, 그 지역에 대한 투트모세 3세의 계획을 실행할 토대가 이제 마련된 셈이었다.[291] 그렇기는 해도 그 지역의 왕조들이 간단하게 제거된 것은 아니었다. 이집트 군대는 군사적 우위를 입증한 뒤, 다수의 군주를 인질로 데려와 나중에 고향에 돌아가 통치할 수 있도록 궁정에서 그들을 교육했다. 따라서 이집트에 대한 그들의 충성심이 이들 왕실의 지속성을 보장할 것이었다. 또한 투트모세 3세는 적어도 멘헤트Menhet, 멘위Menwi, 메르티Merti라는 서셈어 이름을 가진 공주 세 명과 혼인했는데, 현지 왕조들과 맺은 조약 내용이었던 것이 분명하다. 와디 가바나트 엘-쿠루드Wadi Gabbanat el-Qurud의 테베 왕실 공동묘지에서 그 세 명이 함께 안장된 화려한 무덤이 발굴되었고, 그들의 풍부한 부장품 중에는 유리로 된 수많은 물건이 있었다.[292] 시기적으로 약간 뒤에 작성된 이집트 국가 서신 중 레반트에서 온 편지를 보면 이 통합 정책이 아주 효과적이었음을 알 수 있다.

미탄니의 몰락과 아시리아의 시작

시리아 지역에서 이집트가 거둔 성공은 미탄니의 희생으로 이루어졌다.[293] 아르타타마 1세Artatama I 때 미탄니는 투트모세 3세의 아들로 그 뒤를 이은 아멘호테프 2세Amenhotep II(재위 1426~1400 BC)와 처음으로 강화조약을 맺었다.[294] 이후 세대에서 이 동맹은 정기적으로 갱신되었고, 파라오들인 투트모세 4세Thutmose IV(재위 1400~1390 BC)와 아멘호테프 3세Amenhotep III(재위 1390~1352 BC)에게 왕실의 딸들을 신부로 보냄으로써 동맹을 강화했다. 미탄니의 북서쪽과 남쪽의 이웃 국가들인 히타이트 왕국과 바빌로니아가 이집트와 외교 관계를 시작했다는 사실이 미탄니가 순종하는 태도를 보여 준 결정적 요인이었던 것이 분명했다. 따라서 미탄니 국가가 약해진 것은 단순히 이집트의 영토 획득 때문만이 아니라 이집트의 동맹들에게 포위되었기 때문이기도 하다. 미탄니의 동쪽 속국인 티그리스강 유역의 아수르가 독립해 아시리아 왕국으로 재탄생하며 바빌로니아 및 이집트와 외교 관계를 맺었을 때 미탄니 중앙정부는 왕국에 속한 지역들에 대한 지배력을 이미 상실한 것이 분명해졌다. 설상가상으로 왕위 계승을 둘러싼 피비린내 나는 갈등이 연이어 발생하면서 미탄니지도부가 심각하게 무너졌다. 아마르나에서 발견된 이집트 국가 서신에 이 쇠퇴기가 잘 기록되어 있다. 특히 미탄니 왕 투슈라타Tushratta와 아멘호테프 3세, (아크나톤Akhenaten이라는 이름으로 더 잘 알려진) 아멘호테프 4세Amenhotep IV(재위 1352~1336 BC)가 주고받은 편지들을 보면 이집트의 오랜 숙적이 국제 무대에서 점점 더 세력을 잃어 가고 있었음을 명확히 알 수 있다.

히타이트와 아시리아가 미탄니를 상대로 전쟁을 벌이면서 이제 미탄니의 예전 영토가 점점 더 그들의 지배권에 들어갔다. 이집트는 기존 조약에도 불구하고 개입하지 않았다. 아다드-니라리 1세Adad-nerari I(재위 1307~1275 BC), 샬마네세르 1세Shalmaneser I(재위 1274~1245 BC)의 군사 원정 이후, 명맥을 유지하던 미탄니 왕국은 결국 아시리아에 무너지고 말았다.[295] 미탄니 왕조의 마지막 통치자들은 히타이트 궁정으로 몸을 피했고 히타이트의 군사 지원을 이용해 자신들의 영토를 되찾으려고 했다. 하지만 이러한 시도는 아시리아의 투쿨티-닌우르타 1세Tukulti-Ninurta I(재위 1244~1208 BC)가 현재의 튀르키예와 시리아의 국경 지역인 샨르우르파 인근에서 벌어진 니흐리야 전투에서 히타이트 군대를 물리치면서 끝내 실패하고 말았다. 이 패배는 히타이트 영토에서 일어났으므로 히타이트에 지속적으로 영향을 미친 치욕적 패배로 남았다.[296]

따라서 불과 100년도 안 되는 사이에 아시리아는 미탄니에 신세를 지던 작은 속국 신세에서 북부 메소포타미아의 최강대국으로 성장했다. 특정 관직 직함이나 행정 용어, 제도상의 과정이 유지되었다는 점에서는 미탄니의 일부 전통이 중단 없이 계속된 것처럼 보인다.[297] 하지만 이제 아시리아는 속국 통치자들이 각자 통치하는 느슨한 지역 연합체가 아니라 국가 내 지역들이 속주로서 통치받는 중앙집권화된 영토 국가가 되었다.[298] 거의 예외 없이 지역 유력자들은 아시리아 왕이 임명한 총독으로 대체되었는데, 왕의 혈육이나 인척들이 이들 중 가장 두드러졌다.[299] 정부의 각급 관리와 그들의 가족들이 새로이 생겨난 속주의 도시들에서 여러 관직을 인계받으면서 탄탄하게 잘 짜인 행정 기구와 사회 엘리트층을 형성했다. 이들은 아수르 출신이든 현지 출신이든 상관없이 '아시리아인'으로 간주되었다.[300] 아시리아의 이 새로운 지배 엘리트층은 빠르게 강화되었고 중앙정부 차원에서나 지역적 차원 모두에서 국가를 성공적으로 이끌어 나갔다.

일부 지역의 통치자들은 명목상 권력을 유지했다. 하부르강 유역의 타베투Tabetu(현대의 텔 타반Tell Taban)에 수도를 둔 마리의 왕들이 대표적인 경우다. 이 작은 왕국의 명칭을 마리로 선택하는 과정에서 그 왕조는 유프라테스강 유역에서 오래전에 사라진 똑같은 이름의 마리라는 도시의 영광을 상기시키고자 했다. 예전의 마리 역시 기원전 18세기에 짐리-림이 통치할 때 하부르강 유역을 다스리고 있었다. 그러나 타베투의 초대 왕들은 후르리계 이름을 가졌던 반면에, 그들의 후손들은 아시리아계 이름을 가졌고 아시리아 왕조와 혼인으로 연결되었다.[301] 최근 몇십 년 동안 아시리아 영토 서쪽 지역에서 발굴된, 특히 두르-카틀림무Dur-Katlimmu(텔 셰이크 하마드Tell Sheikh Hamad)와 하르베Harbe(텔 추에라Tell Chuera) 같은 도시와 함께 사비 아브야드Sabi Abyad 구릉의 요새화된 주거지(둔누dunnu)에서 발굴된 행정 기록 보관소의 작업자 목록을 보면,[302] 그 지역 인구 집단에서 후르리계 이름이 여전히 사용되었으나 점차 줄어들고 있었음을 명확히 알 수 있다. 특히 비非아시리아계 이름을 가진 부모가 자녀 이름으로 대개 아시리아계 이름을 선택했다는 사실이 입증된다.[303] 이러한 사실에 비추어 보면 병합된 영토 내 사회의 모든 차원에서 성공적인 '아시리아화'가 이루어졌다고 말할 수 있다.

같은 시기에 국가의 지휘하에 농업과 목축업이 재정비된 데 발맞추어[304] 중앙에서 조율한 인구 이동이 있었다는 점도 입증할 수 있다. 예를 들어 바빌로니아인 전쟁 포로와 엘람인 전쟁 포로들은 노동력을 공급하기 위해 서쪽의 속주들로 이동시켰다. 반대로 서쪽 지방의 후르리인(슈브리아인Shubrian) 포로가 아수르에 있었다는 사실이 입증되었다.[305] 왕국의 핵심 지역에서 진행된 가장 중요한 정부 사업은 투쿨티-닌우르타 1세 때 이루어졌는데, 그는 티그리스강 유역에 자리한 아수르 맞은편 ('투쿨티-닌우르타 항구'라는 뜻의) 카르-투쿨티-닌우르타Kar-Tukulti-Ninurta에 왕의 새로운 주거 공간을 건설하게 했다.

아시리아 왕들은 왕국을 정비하는 과정에서 이전 미탄니 왕들의 사례를 따르지 않았다. 그 대신 중기 청동기시대의 아모리인 군주인 샴시-아다드가 그들의 역할 모델이 되었다.[306] 기원전 18세기에 샴시-아다드는 도시 아수르를 자신의 단명한 국가에 통합했는데, 그 국가의 영토는 이 시점의 아시리아 왕국과 거의 일치했다. 당시 아수르 사람들은 샴시-아다드를 외국에서 온 침입자이자 왕위 찬탈자라고 비난했다. 하지만 이제 그는 이 지배 왕조의 직계 조상으로 선언되었다. 이 허구의 계보는 북부 메소포타미아 전역에 대한 권한이 자신들에게 있다는 주장을 정당화하는 데 도움이 되었는데, 상당히 성공적이었던 것으로 드러났다. 오늘날 앞선 아모리인 통치자 샴시-아다드를 거론하면서 '아시리아의 샴시-아다드 1세'라는 시대착오적 언급을 하는 것을 흔히 볼 수 있을 정도이니 말이다. 당시 그 이름은 아시리아어 형태로 사용되었고, 이후 여러 통치자가 이 이름을 사용하기도 했다.

카란두니아시와 엘람

수도 바빌론의 이름을 본떠 바빌로니아로 흔히 알려진 그 남부 메소포타미아 국가는 후기 청동기시대에 카란두니아시Karanduniash(또는 카르두니아시Karduniash)로 불렸다.[307] 이 카시트어 명칭의 의미는 알려지지 않았고, 실제로 카시트어는 전반적으로 기록이 제대로 남아 있지 않다. 학자들은 이 언어를 특정 어족에 배정하지도 못하며, 현재까지 전해진 단어 대부분은 고유명사다. 그리고 그 고유명사에는 함무라비가 세운 국가가 몰락한 기원전 16세기 말 이후 바빌론의 왕위를 500년 넘게 차지한 왕들의 이름이 포함되어 있다. 바빌로니아 왕 목록을 따른 이후의 역사 편찬 전통은 '카시트 왕조'를 언급하는데, 이 왕조는 36명의 통치자가 왕위에 오른, 바빌론의 최장수 왕가다. 동시대의 아시리아 왕들과는 달리 이 왕들은 비문에 자신들의 계보나 영웅적 위업을 남기지 않았다. 게다가 그들의 비문은 상당히 짧기까지 하다. 따라서 카시트족 역사에 관한 우리의 지식은 종종 피상적 수준에 머문다.

함무라비 왕조가 지배하던 바빌로니아 국가가 무너진 시기보다 훨씬 전부터 카시트인들이 메소포타미아에 존재했었다는 사실은 입증되었다.[308] 특히 군사 부문에서, 구체적으로는 주로 전차전 전문 부대에서 그들이 맡았던 역할이 상세히 기록되어 있다. 이 시기의 카시트 여성들에 관한 정보는 전혀 없는데, 알라라크 궁정에 있던 한 무리의 여성들이 유일한 예외다. 그들은 인질이었던 듯하다. 사료 부족으로 인해 카시트인들이 어떻게 바빌론의 왕위를 얻었는지는 아직도 불분명하다. 하지만 이들 중 최초의 통치자인 아굼Agum이 함무라비의 마지막 계승자로서 바빌로니아 왕좌에 오른 삼수-디타나 왕 때 장군이었던 바로 그 인물일 가능성이 있다.[309] 미탄니의 경우에서처럼 카시트 국가의 초기 발전 단계는 여전히 밝혀지지 않았으며, 연표와 관련해 해결되지 않은 문제도 있다.

어쨌든 초기 카시트 국가는 메소포타미아 최남단까지 지배하지는 못했고, 따라서 페르시아만에 접근할 수도 없었다. 기원전 15세기 말까지 이 지역은 시랜드로 알려진 독립국가에 속해 있었는데, 시랜드는 남부 이란 저지대 평원의 수사와 고지대의 안샨을 수도로 둔 동쪽의 이웃 국가인 중기 엘람 왕국과 동맹 관계였다. 시랜드는 또한 바레인섬과도 교역 관계를 유지하고 있었다. 기원전 15세기에 그 섬이 정복되어 바빌로니아 영토에 통합된 이후 그곳에 카시트 행정 기구가 상시 설치되어 있었다는 사실이 입증되었다. 바빌로니아가 페르시아만에서의 교역을 통해 새롭게 큰 부를 얻었다는 사실은 문서 사료와 함께, 특히 그곳의 카시트 왕들이 세운 많은 섬록암 기념비를 통해 명확히 알 수 있다. 기원전 제3천년기 및 기원전 제2천년기 초와 마찬가지로 당시에도 이 돌은 오만에서 수입되었다.[310]

기원전 1400년 무렵, 카시트왕 쿠리갈주 1세Kurigalzu I가 수사를 함락시키는 데 성공했다. 여기서 그는 새로운 통치자를 임명함으로써 오늘날 (선조인 이기할키Igihalki를 따라) 이기할케스Igihalkid로 알려진 왕조를 세웠다.[311] 군사적 승리에 힘입은 쿠리갈주 1세는 자신의 영토 전역에서 거대한 건축 사업에 착수할 수 있었다.[312] 그 가운데 가장 야심 찬 사업은 쿠리갈주 1세에게 경의를 표하는 의미로 이름 붙인 왕의 본거지인 두르-쿠리갈주('쿠리갈주의 요새', 지금의 바그다드 인근 아카르 쿠프Aqar Quf)를 건설한 것으로, 그곳에는 호화로운 궁전과 신전이 들어섰다. 오늘날 벽돌과 아스팔트, 갈대 줄기로 만든 이 인공산의 잔해는 한때 그 거대한 기념물이 불러일으키고자 했던 경외심을 야기하기보다는 인간의 야망이 덧없음을 일깨울 가능성이 크지만, 엘람 시저의 계단식 탑은 메소포타미아 특유의 건축양식을 가장 잘 보존한 사례에 해당한다.

기원전 14세기와 기원전 13세기에 바빌로니아가 수사의 내정에 간섭한 이후, 엘람은 바빌로니아의 가장 가까운 동맹국이 되었다. 이기할케스 왕조에서 가장 유명한 엘람 통치자는 운타시-나피리샤Untash-Napirisha였다. 그가 수시아나에 두르-운타시-나피리샤Dur-Untash-Napirisha('운타시-나피리샤의 요새', 현대의 초가 잔빌)[313]라는 새로운 중심지를 세운 것은 엘람 왕국의 고지대 문화와 저지대 문화를 완전히 통합하기 위해서였다. 그 도시에는 두 지역의 신들을 모시는 신전들이 세워졌다. 그 외에 이 신전들을 작아 보이게 만드는 계단식 탑은 지금까지도 여전히 인상적인데, 그 탑은 안샨의 주요 신인 나피리샤Napirisha 신에게, 그리고 수메르어 이름이 '수사의 수호신'을 의미하는 인슈시나크Inshushinak 신에게 바쳐졌다. 둘로 나뉜 왕국을 통합하는 추가 조치로는 수사를 비롯한 평원의 다른 도시 중심지에 고지대 신들을 위한 신전을 짓는 계획이 있었다. 문서 사료와 고고학적 발굴이 부족한 탓에 안샨 주변 지역의 상황이 어떠했는지 제대로 알지 못하지만, 안샨에서도 똑같은 일이 반대로 일어났다고 생각하는 것이 타당하다.

세대가 바뀔 때마다 치러진 왕실 간 혼인이 바빌로니아와 엘람 사이의 평화를 확인해 주었다. 결국 기원전 12세기에 카시트 왕가의 부계 혈통이 끊기자 엘람 왕 슈트룩-나훈테는 바빌론의 왕좌를 요구할 근거가 생겼다고 느꼈다. 그는 도시민들에게 보낸 편지에서 자신의 요구가 정당함을 표명했다. 요구가 거부되자 그는 공격을 시작했고, 그로 인해 기원전 1158년에 결국 카시트 왕조의 통치가 종식되었다.[314] 엘람 군대는 바빌로니아 전역을 약탈했는데, 특히 그곳의 신전을 약탈했다. 카시트 시기의 인공물 외에 가장 중요한 전리품은 아카드 왕들의 기념비였는데, 그때까지 기념비들은 1000년이 넘는 세월에 걸쳐 약탈당한 그 신전에 서 있었다. 당시에 빼앗긴 다른 유물로는 함무라비 법전 비석이 있다.[315] 이 전리품들은 수사의 인슈시나크 신전으로 이어지는 안뜰에 전시되었고, 슈트룩-나훈테의 요청에 따라 그의 명예를 기리는 의미로 새로운 비문이 추가되었다.

이후 수십 년 동안 바빌로니아에 계속 침략이 이어졌지만, 엘람은 서쪽 이웃 국가에 대해 영구적으로 지배권을 확보하지는 못했다. 그리고 이 시기에 이른바 시랜드 제2왕조가 등장했다. 이 왕조가 어떻게 시작되었는지는 분명하지 않지만, 이름을 보아서는 이 왕조가 오늘날의 이라크 최남단인 시랜드에서 시작되었음을, 따라서 바빌론이 그 왕실의 수도가 된 시기보다 훨씬 전에 등장했음을 알 수 있다. 왕조의 네 번째 통치자인 네부카드네자르 1세 Nebuchadnezzar I(재위 1125~1104 BC)[316]가 마침내 엘람을 상대로 형세를 역전시키고 우위를 차지했다. 그는 수시아나 평원을 향해 성공적인 군사 원정을 벌인 끝에 두르-운타시-나피리샤를 파괴하고 이기할케스 왕조의 마지막 왕을 왕위에서 몰아냈다. 엘람 군대가 그들의 신전에서 빼앗아 간 마르두크 조상을 바빌론으로 되찾아 온 그들은 대단히 화려하고 엄청나게 많은 사람이 참여한 가운데 마르두크 신전인 에사길라에 조상을 다시 설치했다. 오늘날 학자들은 도시 신이었던 마르두크가 바빌로니아의 최고신이자 세계를 다스리는 신으로 부상한 것은 기원전 제1천년기 바빌로니아의 정치와 역사의 본질적 의미를 규정하는 관점으로 볼 때 이 시기의 개념적 혁신에 해당한다고 널리 인정한다.

초지역적 맥락에서의 기술혁신: 보석 제작

천연자원이 부족했던 메소포타미아 사회는 전통적으로 기술혁신과 완제 사치품 생산에 큰 중요성을 부여했다. 후기 청동기시대에 메소포타미아는 중대한 기술적 위업의 요람이었다. 이 지역 사람들이 유리 제조를 위한 화학적 방법을 알아냈기 때문인데, 혹여 그것이 아니었더라도 최소한 그들이 체계적으로 그 방법을 연구하고 발전시켰다고는 할 수 있다.[317] 인간이 만든 이 새로운 물질은 청금석, 터키석, 홍보석 등 희귀해 값비싼 보석용 원석을 대체할 수 있었다. 기원전 16세기 후반에 속이 빈 유리 용기를 만들어 내는 방법을 알아내면서 더욱 결정적인 단계가 시작되었다. 그 공정에는 모래로 된 중심부 주위를 미리 부드럽게 만든 다양한 색깔의 작은 유리 막대로 둘러쌌다가 나중에 그 모래 중심부를 제거하는 작업이 포함되었다. 이 눈부신 기술적 발견 이후 새로운 응용 분야가 활짝 열렸다. 그러한 유리그릇에 대한 대부분의 고고학적 발굴은 미탄니가 지배하던 지역에서 시작되었다. 하지만 후기 청동기시대의 바빌로니아에서도 유사한 발굴이 이루어졌음을 명심하는 것이 중요하다. 이 지역에서는 적절하지 못한 현장 조사가 이루어졌다.

바빌로니아 학자들은 '가마의 문The Doors of the Kiln'이라는 개요서에 특정한 유리 종류의 생산을 위한 다양한 공식과 함께 생산 방법을 기록했다.[318] 이 책에서 사용한 용어가 흥미로운데, 아시리아 유리, 바빌로니아(아카드) 유리, 후르리어인 에힐파쿠ehilpakku 같은 개별 제품명을 보면 책에 담긴 정보가 북부 메소포타미아와 남부 메소포타미아 양쪽에서 유래한 지식에 의존했음을 알 수 있기 때문이다. 이 개요서 필사본은 하투샤에서도 발견되었는데, 바빌로니아의 필경사와 학자들이 그곳의 히타이트 왕 궁정에서 일했기 때문이다. 그 책의 기술적 세부 사항이 이미 시대에 뒤떨어지게 된 기원전 제1천년기에도 그 문서는 아시리아의 도서관에 포함되어 있었다. 궁정 학자들이 그 주제에 관심을 가졌다는 사실은 이론적인 학문과 현장에서의 실천이 밀접한 관계였음을 증명해 주며, 유리 제조 발전 과정에서 왕실의 후원이 역할을 했다는 사실 또한 강조해 준다. 유리는 대체재였지만 최고의 사치품으로 여겨졌다. 그리고 처음에는 궁전의 작업장에서 생산되어 엘리트 층에게만 제공되었다.

제19왕조의 파라오들이 자리를 잡았던 나일강 삼각주 동부 피-람세스(현대의 칸티르Qantir) 궁전의 터에서 고고학자들은 후기 청동기시대 최초의 유리 공장으로 확인된 곳을 발견했다. 이 증거에 기초해 전문가들은 제조 공정 전체를 재구성할 수 있었다.[319] 그 이후로 신왕국의 다른 곳(아마르나, 엘-리슈트)에서도 유리 작업장이 확인되었다.[320] 울루부룬 침몰선(이후의 본문 참조)에서 찾은 유리 막대 분석과 함께 이러한 맥락에서 얻은 정보 덕분에 유리의 생산과 교역이 초기에 어떻게 이루어졌는지 많은 것을 알 수 있었다.

여전히 학자들은 유리 제조법이 어떻게 이집트까지 전해졌는지 자세히 알지 못한다. 투트모세 3세(재위 1479~1426 BC)는 미탄니 군사 원정에서 얻은 전리품 중에 유리를 다루는 숙련된 장인들이 있다고 자랑했다. 미탄니와 신왕국의 관계는 적대적이었던 반면에, 투트모세 3세는 바빌로니아와 외교 관계를 시작했는데, 이 외교 관계는 주로 두 왕실 간에 교환된 사치품과 전문 지식에서 명확히 드러났다. 테베 인근 카르나크의 아문-레Amun-Re 신전에 있는 이 파라오의 비문에 바빌로니아 유리가 뚜렷하게 언급되어 있고, 그 신전 벽의 부조에는 가공되지 않은 채 바구니에 담겨 전달되는 유리가 등장한다. 바빌로니아 궁정은 전문가를 보내 줌으로써 자신들의 정치적·경제적 파트너와 이 수익성 좋은 지식을 공유하기로 의식적인 결정을 내렸을까? 정확한 상

황이 어떠했든 이집트는 투트모세의 통치기에 유리를 만들기 시작했다.[321]

다른 화학물질을 사용하면 다른 색의 유리가 만들어진다는 사실 때문에 카시트 왕조 통치자들이 그러한 지식 이전을 승인했다는 주장을 제기해 볼 수 있다. 바빌로니아와 이집트의 장인들은 독특한 색조의 유리 제조를 전문으로 했는데, 당시에 그러한 유리는 막대 형태로 국제적으로 거래되었다.[322] 메소포타미아의 장인들은 특정 식물의 재에서 얻은 염기성 물질과 산화구리를 사용해 청록색, 청색, 노란색 등 다양한 색의 유리를 만들어 냈다. 그러나 이집트인들은 서부 사막의 와디 나트룬에서 쉽게 얻을 수 있는 염鹽인 나트론[4]을 기초로 독특한 암청색 유리를 전문적으로 만들었다. 바빌로니아에서 비슷한 유리를 만들려면 이 원료를 이집트에서 수입해야 했을 것이다. 지역별로 서로 다른 색을 전문적으로 만들었으므로, 바빌로니아와 이집트의 유리 제조업자들은 직접적인 경쟁 관계는 아니었다. 후기 청동기시대에 유리는 막대 형태로든 완성품으로든 지중해 지역과 서아시아 전역에서 거래되었다. 고객들은 터키석이나 호박색을 띤 메소포타미아산 유리를 높이 평가한 만큼이나 청금석과 비슷한 이집트산 암청색 유리도 높이 평가했다. 이 다양한 색들을 결합한 유리 제품이 특히 인기가 많았다.

국제 관계의 중심 사상으로서의 형제애

통치자 간 그리고 국가 간의 좋은 관계를 보장하기 위해 쌍무 조약이 체결되었다. 그리고 왕실 간의 혼인 동맹이 이 조약들을 굳건히 다졌다. 하투샤에서 수사에 이르기까지 군주들은 그러한 거래가 상호주의 원칙을 지켜야 한다고 생각했다. 그러나 이집트에 관한 한 그러한 혼인 협정은 상호 호혜적이지 않았다. 바빌로니아와 미탄니의 공주들이 왕실 신부 자격으로 이집트 궁정까지 갔지만, 자신을 신적 존재로, 더 중요하게는 현실 정치의 측면에서 자신을 세계에서 가장 중요한 국가의 통치자로 생각했던 이집트 신왕국 파라오들은 답례하기를 거부했다. 대개 그 공주들은 동맹국의 통치자들과 혼인하지 못했다.[323] 그렇기는 해도 그

4 천연 탄산염으로 나트론 계곡 근처 여러 곳의 알칼리성 호수에서 생산되었으며, 나트륨의 어원이 되었다.

시대의 왕들이 서로 주고받은 '형제'로서의 통상적 인사는 궁정풍의 진부하고 상투적인 표현을 넘어서는 수준이었다. 이집트[324]와 히타이트[325]의 사료에 등장하는 왕복 서한에 따르면 그 왕족 공동체에는 바빌로니아, 미탄니, 키프로스(알라시야), 서부 소아시아 아르자와의 통치자들도 포함되어 있었다. 기원전 14세기부터는 미탄니로부터 독립한 아시리아 왕도 이 정선된 집단에 합류했다. 바빌로니아와 엘람의 관계처럼 다른 종류의 관계도 있었지만, 신왕국과 히타이트 왕국의 통치자들은 직접 관련되지 않았으므로 아마르나와 하투샤의 기록 보관소에는 이러한 협정에 관한 기록이 존재하지 않는다.

왕실 간 외교 관계는 초지역적 무역을 대대적으로 촉진했다.[326] 형제애를 나눈 왕족들로 이루어진 엘리트 교류망 내에서 금, 구리, 주석, 보석용 원석, 유리, 직물, 순혈마들이 육로와 수로를 통해 에게해에서 이란까지 거래되었다. 또한 전문적인 능력과 기술을 가진 다양한 사람들이 이 궁정에서 저 궁정으로 보내졌는데, 일시적으로 파견된 이들이 있는가 하면 영구적으로 보내진 사람들도 있었다. 공주들은 자신의 왕실 혼인으로 왕국 간 조약이 보장되면 자기 휘하 수행원을 이끌고 해외로 가곤 했다. 왕들은 친선과 상호 의무를 강조하기 위해 정기적으로 호화로운 선물 및 서한과 함께 사절단을 파견했다. 이때 무장 호위대가 그들을 따라가곤 했다.[327] 가끔 이 사절단은 왕을 대신해 축제나 종교의식에 참석해야 했으므로, 외국 궁정에서 자신들의 군주가 예상했던 것보다 더 오래 머물기도 했다. 테베 왕실 관리의 무덤 벽화는 무덤 주인이 살았을 때 다닌 세상을 묘사하는데, 그 벽화에도 그러한 사절단의 모습이 담겨 있다. 가장 잘 알려진 예로는 투트모세 3세(재위 1479~1426 BC)와 아멘호테프 2세(재위 1426~1400 BC) 파라오들 때 고관을 지낸 레크미레Rekhmire의 무덤(TT 100)이다. 그곳에 함께 있는 그림을 보면 그는 누비아, 푼트, 시리아(레테누), 에게해(케프티우) 지역의 풍부한 공물을 갖고 온 해외 사절단을 맞이하고 있다.[328]

사절단이 답례품과 많은 정보를 갖고 그들의 군주에게 돌아가는 것이 이상적이었다. 이 사람들이 의견과 생각을 전달하는 과정에서 맡은 역할은 아무리 강조해도 지나치지 않다. 그런 사절단이 자신들의 역할을 어떻게 이해했었는지를 보여 주는 적절한 예가 멤피스 인근 사카라 공동묘지의 고분군(Bub.

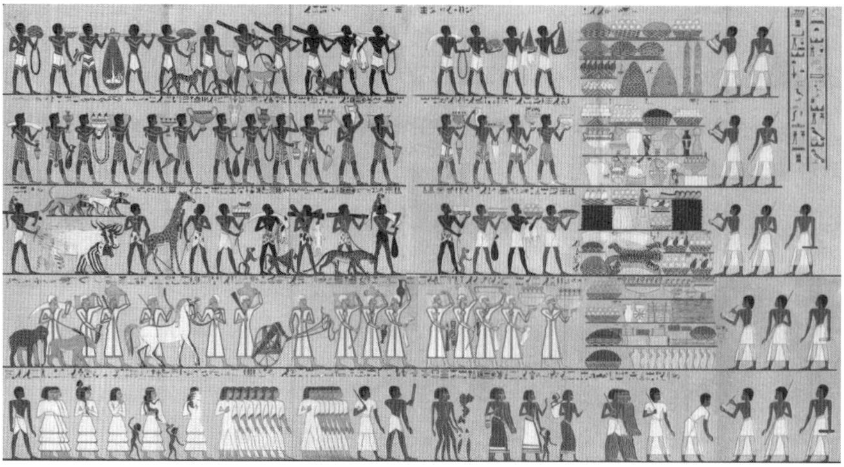

—— 테베의 고관 레크미레의 무덤(TT 100) 벽화. 그가 해외에서 온 물건들을, 즉 푼트 지방(에티오피아)에서 온 향과 향나무, 진귀한 동물들(치타, 아이벡스, 원숭이), 귀중한 목재, 상아를, 에게해 지역에서 온 그릇을, 누비아에서 온 소, 개, 진귀한 동물들(기린, 원숭이, 표범), 귀중한 목재, 상아를, 시리아에서 온 진귀한 동물(난쟁이코끼리, 곰), 말, 전차, 각종 그릇 등을 받는 모습이 그려져 있다. 벽화 맨 아래에는 병사들이 누비아인과 아시아인들을 이끌고 레크미레 앞까지 데려가는 모습이 보인다. (Wikimedia Commons)

I.16)에서 발견되었다. 1996년부터 고고학자들은 람세스 2세Ramesses II(재위 1279~1213 BC, 이후의 본문 참조)를 대신해 히타이트 왕국과 평화조약을 협상한 관계로 이집트 왕실과 히타이트 왕실이 주고받은 많은 서한에 언급된 한 이집트 외교관의 마지막 안식처를 조사하고 있다. 파리흐나와Parihnawa로 알려진 네트제르위메스Netjerwymes가 바로 그 인물로, 그는 죽어서도 자신을 왕의 충복으로 내세웠으며, 실물보다 큰 조상으로 무덤에 표현되어 있다.[329]

다른 국가의 관습과 기술이 여러 왕실에 알려져 있었으므로 특수한 목적을 위해 외국의 전문가들을 호출하는 경우가 흔했는데, 이를테면 궁전에 놓을 조각상을 만들거나 아픈 왕을 치료하거나 후손이 없는 왕가 여성이 임신하도록 돕는 등의 일이었다. 아마르나와 하투샤의 국가 기록 보관소에 보존된 서한에는 이런 종류의 일화가 많이 기록되어 있다.[330] 대체로 전문가들은 일정 기간만 해외로 파견되었지만, 이용할 수 있는 사료를 보면 그러한 임시 파견이 평생이 될 수 있었던 것이 분명했다. 원래 주인으로서는 좋게 생각할 수 없는 반전인 셈이다. 외국 궁정에 파견된 장인, 의료인, 제례 전문가들은 사회적 지위가 높았다. 일례로 히타이트 궁정에 보내진 바빌로니아 의사는 왕의 친척 중 한 명과 결혼했다. 박식한 전문가의 교환이 근동과 지중해 전체의 사치품 생산에서 '국제적 스타일'이 등장하는 데 어느 정도 역할을 한 것이 분명하다.[331]

대외무역 또한 핵심 역할을 했다. 1982년에 튀르키예 남부 해안 보드룸 인근의 울루부룬 절벽에서 발견된 난파선 화물은 후기 청동기시대에 유통되던 상품의 종류를 제대로 파악할 수 있게 해 준다.[332] 조리실 도기, 닻, 저울추 등을 보았을 때 이 28미터 길이의 범선은 남부 레반트 해안의 어느 항구에서 출발한 듯하다. 메기도 근처의 텔 아부 하밤Tell Abu Hawam이 가능한 출발 지점이다. 화물은 최고급품을 제조하기 위해 장인들이 사용하던 원료와 그 밖의 물품들이 대부분이다. 이를테면 구리, 주석, 유리 주괴와 보라색 직물, 상아, 타조알 등이다. 그러나 방향성 물질과 향신료, 아몬드, 기름뿐만 아니라 금·은·귀석貴石으로 만든 장신구, 토기·금속·나무로 만든 진귀한 그릇 같은 완제품도 있었다.

순純 구리 10톤과 순純 주석 1톤이 그 배의 화물 중 가장 중요하면서 무거운 짐에 해당했다. 막대형 구리 덩어리는 무게가 각기 다른 네 가지 형태가 존재했다. 네 개의 모서리 손잡이로 인해 독특한 모양을 갖게 되어 이름이 붙여진 '쇠가죽 주괴oxhide ingot', 손잡이가 두 개뿐인 주괴, 베개 모양의 막대형 덩어리, 한쪽은 편평하고 다른 쪽은 볼록한 원형의 막대 형태가 있었다. 많은 주괴의 표면에, 어쩌면 모든 주괴의 표면일 수도 있는데, 긁거나 인장을 찍은 듯한 표시가 있었다. 분석 결과에 따르면 구리는 키프로스산으로, 북부 트로도스산맥에 매장되어 있던 (대부분이 이미 아득한 옛날에 고갈되어 버린) 구리일 가능성이 가장 크다. 주석은 대부분이 원형의 평면 볼록 막대기나 쇠가죽 주괴 형태다. 쇠가죽 주괴는 거의 모든 주괴가 반으로 혹은 4분의 1로 쪼개져 있었다. 회수 과정에서 많은 막대의 형태가 변형되었으므로 그것들이 언제 절단되었는지, 혹은 그 조각들이 온전한 단위로 재조립될 수 있는지 분간할 수는 없다. 다수의 잘린 막대에는 식별할 수 있는 표시가 있다. 이들 표시 중 세 가지는 청동 막대에서도 발견할 수 있어서, 그 표시가 원산지를 나타내는 것이 아니라 제련 작업을 마친 이후인 선적 과정에서 세금을 낼 때, 일종의 행정적 목적에 사용되었다고 추정하는 것이 안전하다.

선적된 유리 막대 175개는 무게가 약 0.25톤인데, 이 재료가 그 시기에 이루어진 초지역적 교역에서 상당히 중요했음을 강조해 준다. 대부분이 암청색이나 옅은 청록색이지만, 노란색 조각과 보라색 조각도 조금 있다. 이것들의 크기는 표준화되어 있지만, 다 똑같지는 않다. 이는 그것들이 서로 다른 전문적인 작업장에서 제조되었음을 암시한다. 유리와 마찬가지로 가공되지 않은 흑단과 상아(하마의 온전한 이빨 열네 개와 코끼리 엄니 일부분), 타조알 세 개도 왕의 후원을 받은 것이 분명한 장인이 고급 예술 작품을 만들기 위한 용도였을 것이 분명하다. 섬유 가닥 몇 개만 남은 보라색 직물도 특권 계급을 위한 것이 틀림없었는데, 이렇게 호화로운 색을 입을 권리는 최상위 사회계층에만 있었기 때문이다. 배에 있던 완제품들도 엘리트 시장용임을 암시한다.

이 화물은 아프리카와 서아시아가 바쳐야 했던 가장 값비싸고 귀중한 상품에 해당한다. 난파 지점을 고려해 보면 그 배는 틀림없이 에게해의 어느 항구를 향하고 있었을 것이다. 이는 탑승자 중 두 명이 미케네 문화권의 고위층 인사였음을 확인해 주는 소지품을 갖고 있었다는 사실로 뒷받침된다. 세 번째 탑승자는 남부 발칸 지역 출신이었을지 모른다.[333] 화물의 수준과 양을 보면 그 배가 왕족을 위한 교역망에 소속되어 있었음을 확실하게 알 수 있다. 이것은 상업적 주문이었을까, 아니면 왕의 '형제'들이 은근히 답례를 기대하면서 관례상 서로에게 보낸 선물이었을까? 보내는 사람과 받을 사람을 모르는 한 이 보물들이 속한 역사적 상황은 추측만 할 수 있을 뿐이다.

아마도 그 배는 아르자와를 향하고 있었을 것이다. 서부 아나톨리아에 있던 이 왕국의 영토에는 후대에 아이올리아해와 이오니아해의 해안으로 알려지는 지역과 밀라완다Millawanda(밀레토스), 아파사Apasa(에페소스)도 포함되어 있었다. 배가 난파되었을 무렵 파라오 아멘호테프 3세(재위 1390~1352 BC)는 왕조 간 혼인을 통해 아르자와의 통치자 타르훈다라두Tarhundaradu와 동맹을 맺으려 하고 있었다.[334] 아르자와의 이웃 나라이자 경쟁국은 레반트 지역에서 이집트의 이해관계에 점점 더 위협을 가하던 히타이트 왕국이었다. 그러나 울루부룬에서 발견된 배가 목적지에 절대 도달하지 못했으므로 그 배의 임무는 그것이 무엇이었든 실패할 수밖에 없었다. 어쨌든 그로 인한 재정적 손실은 천문학적이었다.

레반트 지역을 얻기 위한 하티, 미탄니, 이집트의 다툼

기원전 15세기에 남부 레반트 지역에 대한 패권을 확립한 이집트가 히타이트(하티) 왕국과 더 격렬하게 접촉하고 갈등을 빚는 것은 시간문제일 뿐이었다. 하티는 기원전 16세기 말에 하투실리 1세와 무르실리 1세가 주도한 군사 원정으로 그 지역이 불안정해진 이래로 북부 레반트에서 무시할 수 없는 세력이 되어 있었다.[335] 그러나 하티가 폭발적 속도로 세력을 키우는 과정에서 불거진 내부 문제들로 인해 지도부가 약해졌으므로 히타이트인들은 타우루스산맥을 자신들의 남쪽 국경선으로 받아들이게 되었다. 미탄니는 하티가 시리아와 북부 메소포타미아를 공격한 뒤에 갑자기 철수해 버리면서 생긴 권력 공백 덕분에 그 지역에서 자신들의 영토를 공고히 할 수 있었다. 이후 레반트 일부 지역에 대한 영향력을 이집트에 빼앗겨 버렸지만 말이다.

그런데 이제 하티가 과거의 승리를 근거로 남부 이웃 국가들의 충성을 요구하기 시작했다. 투트할리야 1세Tuthaliya I(재위 1420~1400 BC 무렵)는 미탄니의 옛 동맹국이었던 키주와트나와 협정을 체결했다. 키주와트나는 (오늘날에도 중요한 항구가 통제권 내에 있는) 튀르키예 도시 아다나 인근 해안에 자리 잡고 있었는데,[336] 언어 면과 종교 면에서 부분적으로 후르리 문화권에 속했고, 고전 고대에는 킬리키아 지역에 해당했다. 이 국가는 서쪽 지역에서 시리아로 이어지는 전략적으로 아주 중요한 통로인 '킬리키아 관문'을 장악하고 있었다.(기원전 333년에 알렉산드로스 대왕이 이 관문을 지나간 것으로 유명하다.) 게다가 키주와트나에서 바다를 조금만 건너가도 시리아 해안에 닿을 수 있다. 키주와트나와 체결한 조약 덕분에 히타이트인들은 동쪽과 서쪽의 미탄니 동맹국들 사이에 끼일 염려 없이 타우루스산맥을 넘어 남쪽으로 진군할 수 있었다. 키주와트나와 맺은 새로운 유대 관계는 정치적·군사적 가능성을 제공했을 뿐 아니라 히타이트 왕국의 수도 하투샤의 문화생활에도 영향을 미쳤다. 그때부터 키주와트나의 신들이 하투샤에서 숭배되었고, 그 나라의 전문가들이 새로운 의식 관행(예를 들면 새의 비행을 관찰해 미래를 예측하는 점술 같은 지식 분야)을 소개했는데, 하투샤에서 이러한 정보는 글로 기록되기도 했다.[337] 후르리의 전통이 히타이트의 수도 하투샤에 강력한 영향을 미쳤고, 이 시점부터 왕실 사람들은 후르리식 이름을 선호했다. 그러나 서쪽과 북쪽의 이웃들과 계속 충돌하고 있었으므로 히타이트인들은 한동안 그들이 새로이 발견한, 남쪽으로 영토를 넓혀 가는 능력을 활용하려고 하지 않았다.

그러나 수필룰리우마 1세(재위 1344~1322 BC)의 통치기에 그 상황이 근본적으로 바뀌었다.[338] 수필룰리우마 1세는 집권 초기에 군사력을 이용해 서부 소아시아 지역에 대한 지배권을 주장하고 그 지역 통치자들과 조약을 맺음으로써 자신의 세력을 강화하는 데 성공했다. 그 조약 중 일부는 사본 형태로 지금까지 보존되어 있다.[339] 또한 수필룰리우마 1세는 카스카족을 저지하는 데도 성공했는데, 북쪽과 북동쪽에서 히타이트 중심부를 계속 위협해 온 이 민족은 전임 왕 때 하투샤를 공격했다. 그렇기는 해도 조약을 체결해 평화를 영구적으로 확보하기는 불가능한 것으로 드러났다. 적어도 히타이트인들이 보기에는 카스카족이 국가조직 없이 이곳저곳 옮겨 다니는 강도 일당이었기 때문인 듯하다.[340]

수필룰리우마 1세는 아나톨리아에서 넓힌 영토를 통합한 뒤, 미탄니의 북부 시리아 속국들에 대한 지배력에 도전하기 위해 패배한 적군 병사를 흡수해 병력을 크게 키운 군대를 이끌고 타우루스산맥을 넘어갔다. 이후 히타이트 측의 기술에 따르면 그들은 이 군사 원정이 1년 내내 끊임없이 계속되었다고 자랑스럽게 밝히고 있다. 타우루스 산악 지형의 지리 조건과 기후 조건을 고려하면 실제로 이는 대단한 공적이었고,[341] 오직 히타이트 군대가 겨울철에 키주와트나를 통해 식량과 증원군을 확실하게 확보할 수 있었기에 가능한 일이었다. 수필룰리우마 1세의 공격을 받은 통치자들 관점에서 진술된 상세한 정보는 우가리트와 카트나의 문서와 더불어 이른바 아마르나 서한을 통해 알려져 있는데, 이 서한에는 (아크나톤이라는 이름으로 더 잘 알려진) 아멘호테프 4세(재위 1352~1336 BC)에게 보낸 원조 요청과 현장 보고서가 포함되어 있다.[342] 수필룰리우마 1세는 자신의 목표를 달성했고, 히타이트인들은 미탄니로부터 북부 시리아 속국들에 대한 지배권을 빼앗았다.

하지만 이것이 그 지역에서 충돌이 끝났다는 의미는 아니었다. 히타이트와 미탄니의 군사적 충돌은 여러 해 동안 계속되었다. 결국 수필룰리우마 1세는 유프라테스강 중류 서안에 자리한, 미탄니의 가장 중요한 거점인 카르케미시를 지배함으로써 그 싸움에 종지부를 찍었다. 그는 북부 시리아에서 히타이트의 이권을 지키고 관리하기 위해 아들 중 한 명을 카르케미시의 왕으로 앉혔다. 또 다른 아들은 그 지역에서 중요한 날씨 신의 신전이 있었던 알레포의 왕위를 받았다. 이 아들은 신을 대리하는 현세의 인간이자 대신관으로서 카르케미시의 형이 무력으로 행사하는 권력에 종교적·사법적 요소를 더해주었다. 그 전략은 상당히 성공적이었던 것으로 드러났다. 두 역할 모두 세습직이 되면서 기원전 12세기에 히타이트 왕국이 종말을 고할 때까지 수필룰리우마 1세 아들들의 자손이 물려받았다.[343]

미탄니의 투슈라타가 세상을 떠나자 두 아들이 왕위 계승 전쟁을 벌였다. 히타이트의 지지를 받은 샤티와자Shattiwaza가 우세했지만, 그는 미탄니를 히타이트의 속국으로 전락시키는, 수필룰리우마 1세와의 조약을 받아들여야만 했다. 이후 세력이 약해진 미탄니는 북부 메소포타미아의 주도적 강대국으로 자리매김한 아시리아의 공격을 받는 신세가 되었다. 기원전 13세기 중반에 마침내 아시리아가 미탄니의 남은 영토를 차지하면서 그 국가는 영원히 사라졌다. 카르케미시 외에 시리아에서 히타이트의 두 번째 세력 기반은 우가리트 왕국이었다.[344] 우가리트는 당시 지중해 지역에서 가장 중요한 항구 중 하나를 장악하고 있었다. 우가리트의 왕 니크마두 2세Niqmaddu II도 수필룰리우마 1세와 조약을 맺었지만, 미탄니보다는 좀 더 유리한 조건이었다. 우가리트는 히타이트가 시리아 지역을 침략할 때 중립을 지킨 바 있었다. 이제 그 왕국은 자신들의 지역 내 입지가 강화되었음을 알게 되었고 '잘못된' 편에서 싸웠던 이웃 국가들을 희생해 영토를 넓혔다. 또한 우가리트를 지배하는 왕조는 그 자손들이 왕위를 계속 지킬 수 있다는 보장까지 받았다. 기원전 12세기에 그 도시가 파괴될 때까지 그곳에서는 아카드어와 쐐기문자가 행정 목적과 법률 목적으로 사용된 반면에, 문학작품과 기도문은 우가리트어로 기록되었다. 이 우가리트어는 서셈어로, 초기 페니키아어와 밀접한 관련이 있었다. 우가리트어는 알파벳으로 표기되었는데, 다른 곳에서는 전혀 사용되지 않은 이 알파벳은 서른 개 혹은 스물두 개의 글자로 구성되었다. 이 문자는 쐐기문자와 관련된 쓰기 기술(첨필과 점토판)에 의존했지만, 그 점을 빼고는 초기의 원시 셈어 알파벳과 상당한 개념적 유사성을 보여 주었다(이전의 본문 참조).

우가리트는 히타이트 왕국 내륙과 시리아 지역을 이어 주는 가장 중요한 다리에 해당했다. 우가리트의 항구에서 잠시 바다를 건너면 괵수강Göksu River의 어귀에 자리 잡은 히타이트의 항구 우라Ura[345]에 쉽게 도달할 수 있었다. 이 경로를 이용하면 사람과 상품과 소식이 타우루스산맥을 넘을 때보다 훨씬 더 쉽고 빠르게 하투샤로 전달될 수 있었다. 따라서 우라가 자리한 타르훈타사 지역은 히타이트 왕국에서 점점 더 중요해졌다. 기원전 13세기에 무와탈리 2세Muwatalli II(재위 1295~1271 BC) 때 (아직도 확인되지 않은) 그 지역의 이름을 딴 수도가 잠시 히타이트 행정부의 소재지가 되기도 했다.[346] 수필룰리우마 1세가 일으킨 정치적 변화의 여파로 히타이트 국가와 이집트는 오론테스강 유역에서 국경선을 공유하게 되었다.

카시트 왕조의 바빌로니아는 미탄니와 하티 간의 전쟁에 개입하지 않았다. 수필룰리우마 1세와 부르나부리아시 2세Burnaburiash II는 동맹을 맺었고, 이 동맹은 히타이트 왕이 바빌로니아 지배자의 딸 중 하나와 혼인하면서 단단히 지켜졌다.[347] 하티에서 그녀는 타와난나Tawananna로 알려져 있다. 이 명칭은 실제로 엄청난 정치적·종교적 특권을 누리는 히타이트 왕비의 공식 칭호였다. 이 호칭은 바빌로니아 공주의 새로운 지위를 뚜렷하게 나타냈는데, 추정컨대 그녀가 왕의 후처였으므로 필요하다고 여겨졌을 것이다. 히타이트 사회의 다른 구성원들과 마찬가지로 왕실도 일부일처제를 따랐으므로, 수필룰리우마 1세는 아들 다섯을 낳은 첫 부인과 이혼하고 그녀를 궁정에서 내보냈다. 우선적으로 이 왕실 혼인을 성사시키기 위한 조치였던 것이 분명하다. 히타이트 관습에 따라 타와난나는 왕이었던 자기 남편이 전염병에 걸려 갑자기 세상을 뜬 이후에도 왕비 자리를 지켰고, 그의 아들들이 통치할 때도 영향력을 유지했다. 다섯 아들 중 장자인 아르누완다Arnuwanda는 아버지와 똑같은 전염병으로 곧이어 세상을 떠났고, 그의 막냇동생인 무르실리 2세Murshili II(재위 1321~1295 BC)가 왕위를 이어받았다. 그는 즉위한 지 9년째 되던 해에 새어머니를 추방했는데, 사랑하는 아내의 갑작스러운 죽음이 그녀 때문이라고 생각해서였다.[348]

경쟁과 친선 사이의 하티와 이집트

이집트는 레반트 지역의 속국들이 호소하는데도 시리아 사태에 개입하지 않았다. 한 가지 가능한 이유는 아멘호테프 4세(재위 1352~1336 BC)가 오늘날 더 잘 알려진 아크나톤이라는 새로운 이름을 택하고, 즉위한 지 5년째인 해에 이집트 왕권의 이념적·종교적 기반을 완전히 바꾸어 놓자 왕국 전체에 엄청난 동요가 일었기 때문일 수 있다.[349] 적어도 국가 차원에서 보면 이 조치에는 나라 전체의 종교의식을 신성한 태양 원반인 아톤Aten만을 섬기는, 일신교에 가까운 신앙으로 대체하는 시도가 포함되었다. 중부 이집트의 새로이 설립한 수도 아크나톤(현대의 아마르나)을 위해 테베를 버린 파라오는 정치적·문화적 생활을 미지의 방향으로 이끌어 가려고 시도했다.[350] 이 새로운 수도는 아주 빠르게 건설되었는데, 부분적으로는 표준화된 건설 재료를 도입한 덕분이었다. 미리 준비한 석회석 덩어리는 각각의 크기가 가로 52.5센티미터와 세로 25센티미터이고 무게는 70킬로그램으로, 협력적 노동을 가능하게 했다.[351]

아크나톤과 그의 왕비 네페르티티Nefertiti를 주인공으로 하는, 이집트 역사에서는 (수도의 현대 명칭을 따라) 아마르나 시대로 알려진 이 시기는 획기적인 듯한 아톤 숭배에서 종종 일신교의 전례를 찾는 현대인들의 마음을 꾸준히 사로잡고 있다.[352] 그러나 이집트 사람들이 자신들의 예전 신들을 완전히 외면했다거나 그들의 왕이 백성들에게 전통을 버리라 요구했다고 생각해서는 안 된다. 새로운 수도 아크나톤조차도 무덤에 대한 고고학적 조사 결과를 보면, 그 개혁이 종교적 관습에 깊은 차원까지 영향을 미친 것은 아니었음을 알 수 있다. 특히 지옥에 대한 대대로 내려오는 개념이 명확히 남아 있었다.[353] 그러나 파라오가 테베의 아문 신전을 비롯해 이집트 전역의 다른 중요한 성역에 대해 전통적인 왕실 후원을 없애 버렸다는 사실은 왕실에 의존하던 이러한 기관과 경제활동에 막대한 재정적 영향을 미쳤다. 무엇보다도 이 종교 개혁은 신전의 재산을 통치자에게 유리하게 재분배하는 수단에 해당했다. 이 조치로 왕이 확보한 자원 규모가 어느 정도였는지는 무엇보다 새로운 수도를 건설하는 과정에서 분명히 드러난다.

이후의 이집트 역사 기술은 이 시기를 부정적으로 평가했다. 이미 아크나톤의 다음다음 통치자가 단명하기는 했지만 곧바로 그의 종교 개혁을 철회했다. 투탕카멘Tutankhamun(재위 1336~1327 BC)은 원래의 왕명인 투탕카톤 Tutankhaten 대신에 이 이름을 택함으로써 아문을 위해 공개적으로 아톤을 거부했다.[354] 이 통치자는 아크나톤이 아톤을, 결국에는 자기 자신을 숭배하게 만들며 많은 신전으로부터 빼앗았던 권리와 특권, 재산을 돌려주었다. 또한 투탕카멘은 아크나톤이 정한 수도 역시 멤피스로 바꾸면서 전임 왕들의 왕실 서한 일부를 그곳에 남겨 두었다. 오늘날 아마르나 서한으로 알려진 이 문서들은 파라오들이 그들의 동맹국 및 속국과 주고받은 서한을 적어 놓은 쐐기문자 점토판 기록으로, 완전하게 보존된 상태는 아니다. 오늘날 이 문서는 기원전 15세기와 기원전 14세기에 관한 아주 중요한 사료에 해당한다. 1922년에 도굴당하지 않은 그의 무덤이 발견되며 센세이션을 불러일으켰으므로,[355] 투탕카멘은 살아 있을 때보다도 죽어서 훨씬 더 유명하다고 할 수 있다. 그의 무덤은 지금도 전 세계 사람들을 매료하고 있을 정도다.

이집트가 아마르나 시기에 국제 관계에서 손을 뗀 덕분에 히타이트 왕국은 북부 시리아를 장악할 수 있었다. 히타이트가 비블로스, 아무루같이 과거에 우호 관계를 맺지 않았던 국가들과 조약을 맺자, 레반트 지역에서 신왕국의 이해관계에 직접적 불이익이 발생했다. 갑자기 히타이트가 이집트의 이웃이 되어 버린 셈이었다. 이른바 수필룰리우마의 위업에 기록된 중요한 한 가지 일화는 이 통치자 때 히타이트가 국제정치에서 우월한 위치를 차지했음을 제대로 보여 준다. 그 '위업Deeds'에는 카르케미시 포위 공격 당시 이집트가 히타이트 왕에게 보낸 서한 한 통이 인용되어 있다. 이 서한을 작성한 사람은 쐐기문자로 옮긴, '왕비'를 뜻하는 이집트 단어(다하문주dahamunzu)로만 확인된다. 서한 작성자는 히타이트의 수필룰리우마 1세에게 자기 남편이 죽었고 자신에게는 아들이 없으며 신하 중 한 명과 혼인하고 싶지 않다고 알렸다. 과부가 된 그 왕비는 더 나아가 수필룰리우마 1세에게 두 나라 간의 동맹을 요청하면서 수필룰리우마 1세의 아들과 자신이 결혼해 동맹을 확정 지으면 그의 아들이 자기 옆에서 이집트를 다스리게 될 것이라고 한다. "보세요, 저에게는 가족이 없습니다. 당신의 아들 중 한 명을 보내면 이 두 위대한 나라가 하나의 나라가 될 것입니다. 당신이 나에게 선물을 보내면 나는 그것을 기쁘게 받고 당신에게 나의 선물을 보낼 것입니다. 그러면 당신도 그것을 기뻐할 것입니다." 실제로 히타이트 왕실이 그 제안을 확인하고 현지 상황을 알아보기 위해 사절을 파견한 후, 수필룰리우마 1세의 아들 중 한 명이 이집트로 보내졌다. 그런데 결혼식이 거행되기도 전에 그가 세상을 떠났다. 연표상의 문제로 학자들은 여전히 이 왕비가 누구였는지에 관해 의견이 일치하지 않는다. 아크나톤의 아내인 네페르티티가, 그리고 아크나톤의 뒤를 이은 스멘크카레Smenkhkare(그가 단순히 아크나톤의 공동 섭정이 아니었을 경우)와 투탕카멘의 아내들이 후보로 꼽힌다.[356]

아마도 투탕카멘의 아내 안케세나멘Ankhesenamun이 수필룰리우마 1세의 예비 며느리로 가장 유력한 후보자인 듯하다.[357] 안케세나멘의 남편이 후계자 없이 아주 젊은 나이에 세상을 떠났기 때문이다. 그의 뒤를 이은 아이Ay(재위 1327~1323 BC)는 전직 장군이었다. 아이와 마찬가지로 그 역시 장군이었던 아이의 후임자 호렘헤브Horemheb(재위 1323~1295 BC)[358]가 국내 상황을 다시 안정시킨 이후, 이집트는 히타이트 왕국에 강공을 가할 기회를 잡았다. 당시 히타이트 왕국의 지도력은 수필룰리우마 1세가 세상을 떠나고 그의 뒤를 이은 아르누완다까지 곧바로 사망하면서 상당히 약해진 상태였다. 두 왕 모두 이집트 전쟁 포로로 인해 하티에 퍼진 전염병으로 세상을 떠났다. 당시 상황이 어떠했는지 여전히 명확하지 않지만,[359] 호렘헤브의 통치는 이집트가 시리아에서 공격적 정책으로 돌아갔음을 알렸다. 물론 그렇게 된 주요 요인은 군인들이 당시의 이집트를 견고하게 장악했기 때문이다.

호렘헤브의 뒤를 이은 람세스 1세Ramesses I(재위 1295~1294 BC) 역시 군인 귀족 출신이었다. 그의 후손들은 현대 학계에서 제19왕조로 분류된다. 시리아에서 일어난 이집트와 히타이트의 충돌은 기원전 1275년의 그 유명한 카데시 전투에서 절정에 달했는데, 당시 람세스 2세(재위 1279~1213 BC)의 군대와 무와탈리 2세(재위 1295~1271 BC)의 군대가 맞붙었다.[360] 양측 모두 전쟁이 끝나자 승리를 선언했다. 람세스 2세는 몇몇 신전을 세울 때 비문과 일련의 그림 형태로 자신의 공적을 기념했다. 하지만 그 지역에서 장기적으로 전개된 정세를 보면 카데시 전투는 당시 상황을 확인해 주는 역할만을 했음을 알 수 있다. 양쪽

—— 기원전 1269년에 당시 히타이트 영토였던 서부 시리아의 도시 다푸르를 이집트의 전차와 지상군이 정복하는 장면. 테베의 람세스 2세 장제전인 라메세움 외관에 묘사된 모습. (Wikimedia Commons, © Nordisk Familjebok)

진영 모두 시리아에서 상대의 존재를 인정할 수밖에 없었다. 사실상 이는 그 지역에 더 오랜 권리를 가졌던 이집트 세력이 약해졌음을 의미했다. 어쨌든 두 강대국 간의 세력권을 표시한 경계선에는 아무런 변화도 일어나지 않았다.

16년 뒤인 기원전 1259년에 람세스 2세는 (무와탈리 2세의 동생) 하투실리 3세Hattushili III(재위 1264~1239 BC)와 오랜 준비 끝에 마침내 평화조약을 체결했다.[361] 조약 문서는 국제 외교에 사용되던 바빌로니아어로 하투샤의 점토판에 보존된 상태다. 카르나크의 아문 신전과 테베에 있는 (라메세움으로 불리는) 람세스 장제전의 비문들은 그 조약을 이집트 번역본으로 기록해 두었다. 주요 조항은 서로의 영토를 공격하지 않고 전쟁에서 서로 원조를 제공하는 의무에 관한 것이다. 람세스 2세와 하투실리 3세는 한쪽의 적은 다른 쪽의 적이기도 하다는 점에 동의했고, 서로 군사적으로 돕기로 맹세했다. 하지만 양측이 영토 주장에 관한 언급은 전혀 없다.

하투샤에서는 히타이트 왕실과 이집트 왕실이 이 시기부터 주고받은 서한의 내용을 담은 점토판이 상당히 많이 발굴되었다. 그중에는 람세스 2세와 하투실리 3세뿐 아니라 이집트 왕비 네페르타리Nefertari와 히타이트 왕비 푸두헤파Puduhepa가 주고받은 생생한 대화도 포함되었는데,[362] 특히 조약이 체결된 뒤에 대화가 활발해졌다. 양국 간 조약은 기원전 1241년에 하투실리 3세의 딸이 람세스 2세와 혼인함으로써 더욱 확고해졌다. 2002년에는 예전 힉소스 왕국의 수도 아바리스에서 가까운 동부 나일강 삼각주에 람세스가 새로이 세운 수도 피-람세스('람세스의 집', 현대의 칸티르)가 발굴되면서 이러한 왕복 서한 내용이 담긴 점토판 일부가 발견되었다. 이 발견으로 학자들은 람세스 국가 기록 보관소의 쐐기문자 점토판이 추가로 발견될 수 있다는 희망을 품게 되었다.[363] 하투샤에는 히타이트 왕들이 아시리아 및 바빌로니아의 왕들과 주고받은 서한도 보존되어 있는데, 이는 이들 국가와의 외교 관계가 때로는 좋아졌다가 때로는 나빠진 시기가 있었음을 입증해 준다.

고대 근동의 정치체 간에 맺은 쌍무 조약으로는 일찍이 기원전 제3천년기 중반에 에블라와 아바르살 간에 체결된 조약이 원문으로 발견된 바 있다. 이러한 사실이 있는데도 튀르키예 정부는 1970년에 람세스 2세와 하투실리 3세 간의 협정 내용이 담긴 점토판 조각을 거대한 청동으로 복제해 유엔에 증정했다. 이 복제품은 이집트와 히타이트 간의 조약이 최초의 국제 평화조약이라는 잘못된 사실을 인정한 현판과 함께 안전보장이사회 회의실 밖 벽에 걸려 있다. 이라크가 선물한 함무라비 법전 비석 복제품도 이곳에서 멀지 않은 곳에 있다.[364]

하티의 쇠퇴, 아시리아의 부상, 이주의 시대

히타이트 왕 하투실리 3세(재위 1264~1239 BC)로서는 이미 너무 오래 지속된 이집트와의 분쟁을 종식할 충분한 이유가 있었다. 우선 그가 조카에게서 무력으로 왕위를 빼앗았으므로 그의 통치는 정당성이 문제시되고 있었다.[365] 의미심장하게도 왕위를 뺏긴 조카는 이집트로 도망가는 데 성공했다. 처음에 람세스 2세는 왕위를 뺏은 하투실리 3세에게 그의 조카를 넘겨주기를 거부하면서 그에게 피난처를 제공했다. 정당한 왕위 계승자를 휘하에 두고 있다는 점에서 람세스 2세는 히타이트의 국내 문제에 비할 데 없는 영향력을 갖게 되었다. 두 왕이 맺은 협정은 람세스 2세가 이제 하투실리 3세와 그 후계자들의 권리를 인정하고 지지한다는 것을 의미했다. 따라서 양측 모두 정치적 망명자는 상대에게 인도해야 했다.

—— 하티의 투트할리야 4세와 그의 사촌인 타르훈타사의 쿠룬타가 맺은 조약서. 청동판에 새겨진 이 조약서는 1986년에 하투샤에서 발굴되었다. 쿠룬타가 히타이트 왕위에 관한 권리를 포기했으므로 이 합의는 히타이트 연맹 내에서 타르훈타사 지역에 대한 그의 점유권과 특권을 보장해 주었다. (Wikimedia Commons, © Edouard d'Erasme)

하투실리 3세의 문제 있는 집권 과정으로 인해 히타이트 왕국의 서쪽 지역에서 크나큰 정치적 변화가 발생했다. 하투실리 3세는 무와탈리 2세의 또 다른 아들인 쿠룬타Kurunta에게 많은 영토를 양보해 직접 다스리게 함으로써 그의 인정을 받아야만 했다. 그리고 무와탈리 2세가 수도로 삼았던 도시 타르훈타사와 (중요한 지중해 항구 우라가 있는) 타르훈타사 지역이 쿠룬타와 그 후계자들 손에 넘어갔다.[366] 이로써 타르훈타사, 키주와트나, (우가리트의 상위 군주에 해당하는) 카르케미시의 왕들이 히타이트 세력권 내 지중해 해안 전역을 다스리게 된 한편, 제국의 중심지인 하투샤는 이제 육지에 둘러싸이게 되었다. 타르훈타사와 카르케미시의 왕들은 여러 조약을 통해 권력 서열에서 히타이트 왕과 그의 후계자만이 그들 위에 존재하는 지위를 보장받았는데, 그 조약들 중 하나는 점토판 형태의 사본뿐 아니라 5킬로그램이나 나가는 청동판 원본으로도 보존되어 신전에 진열되어 있었다.[367] 전쟁이 발발할 경우 타르훈타사는 군사 원정의 성격에 따라 병사 100명이나 200명만 제공하면 되었고, 그 밖에 히타이트 왕에게 노동력을 지원해야 하는 의무와 세금 납부 의무는 면제받았다. 따라서 하투실리 3세는 본질적으로 왕국 서부 지역의 자원을 요구할 수 있는 모든 권리를 포기했는데, 이로 인해 경제적·군사적 사업을 벌일 수 있는 그의 잠재력이 크게 줄어들었다.

하투실리 3세가 이집트를 상대로 평화를 추구해야 했던 두 번째 이유는 아시리아의 세력이 꾸준히 커져서였다.[368] 아시리아가 상부 메소포타미아 지역에서 히타이트에 가장 중요했던 동맹국인 미탄니의 얼마 남지 않은 영토를 병합한 이래로, 아시리아 왕국은 동쪽에서 위협적인 경쟁자로 부상했다. 더군다나 이 경쟁국은 기원전 14세기부터 이집트와 좋은 외교 관계를 형성해 왔다. 이제 아시리아는 서쪽에서 유프라테스강까지 영토를 넓혀 나갔다. 오론테스강 유역까지 다스리던 이집트가 아시리아와 손잡고 하티를 상대로 연합 군사작전을 펼쳤다면, 이는 북부 시리아에서 하투실리 3세가 두 개의 전선에서 전쟁을 치러야 한다는 의미였을 것이다. 내부적으로 자신의 권력에 이의 제기를 당하던 통치자로서는 무릅쓰고 싶지 않은 일이었다. 람세스 2세와 하투실리 3세 간의 평화조약은 명시적으로 아시리아를 언급하지는 않는다. 하지만 당시의 역사적 상황을 고려해 보면 아시리아의 샬마네세르 1세(재위 1274~1245 BC)는 유프라테스강 동쪽에서 미탄니와 미탄니의 보호자 히타이트를 상대로 대대적 성공을 거둔 뒤 그 강의 서쪽으로도 영토를 확장해 나가려는 계획을 세울 수도 있었을 텐데, 두 왕이 맺은 협정으로 그 계획이 저지되었다고 확실하게 말할 수 있다. 이러한 점에서 그 조약은 상당히 효과적이었다. 실제로 투쿨티-닌우르타 1세(재위 1244~1208 BC)가 이끈 아시리아 군대는 미탄니를 완전히 병합한 이후에도 유프라테스강을 건너지 않았다. 그리고 투쿨티-닌우르타 1세는 당시 히타이트 영토였던 현대의 튀르키예 도시 샨르

우르파 인근의 니흐리야 전투에서 히타이트 군대를 상대로 완벽한 승리를 거두었는데도 예전 미탄니 속국들에 대한 통치권을 직접 주장하기를 자제했다. 그 대신에 투쿨티-닌우르타 1세는 자신의 병력을 남쪽으로, 바빌로니아에 맞서 이동시켰다. 아시리아인들이 유프라테스강을 건너지 못한 것은 히타이트 왕의 쇠퇴하는 세력 때문이 아니라 람세스 2세가 레반트 지역에 주둔시켜 놓은 이집트 군대 때문이었던 것이 분명하다.

우가리트 또한 정치적으로 점점 더 이집트 쪽으로 기울기 시작했고, 하투샤에 대한 의무를 노골적으로 무시했을 때도 아무런 악영향을 받지 않았다. 우가리트의 통치자가 당시 니흐리야에서 히타이트 군대를 물리친 아시리아에 관한 소식을 알고 있었음을 확인해 주는 문서가 그 도시에서 발견되었는데, 아마도 그 때문에 그는 람세스 2세의 뒤를 이은 메렌프타Merenptah(재위 1213~1203 BC)의 충실한 종속국 군주로 자신을 알린 듯하다. 메렌프타가 왕위에 올랐을 때 우가리트 왕은 축하 서한을 보냈고 우가리트의 가장 중요한 신전에 설치할 파라오 동상을 보내 달라고 요청했다.[369] 그렇게 하투샤의 히타이트 왕조는 서쪽 영토를 상실했고, 그 외에 타우루스산맥 남쪽 지역에 대한 정치적·경제적 지배권도 서서히 넘겨주었다. 이러한 쇠퇴는 당시 타르훈타사와 카르케미시의 통치자 모두 예전에는 히타이트 대군주만 쓸 수 있던 '대왕'의 칭호를 갖게 된 사실에서 명백히 드러난다.[370] 따라서 기원전 12세기에 히타이트 왕국은 갑자기 붕괴한 것이 아니었다. 이미 하투실리 3세의 통치기 때 붕괴 과정이 한창 진행 중이었다.

이집트를 오랜 파트너인 바빌로니아뿐 아니라 히타이트와도 묶어 준 조약에도 불구하고, 람세스 2세는 동맹국들이 아시리아와 충돌할 때 단 한 번도 개입하지 않았다. 당시 이집트 군대는 리비아 침입자(메시웨시족Meshwesh)에게서 서쪽 영토를 지키느라 바빴다. 국경을 지키기 위해 띠 모양으로 요새를 건설했는데도 점점 더 많은 리비아인이 나일강 삼각주 서부 지역으로 정착하러 왔는데, 어느 정도는 왕실의 승인하에 정착하기도 했다.[371]

한편 바빌로니아 왕 카시틸리아시 4세Kashtiliash IV(재위 1232~1225 BC)를 공격하는 아시리아 왕 투쿨티-닌우르타 1세를 막을 수 있는 것은 아무것도 없었다. 그리고 결국 투쿨티-닌우르타 1세는 전투 도중에 카시틸리아시 4세를 붙잡는 데 성공했다. 기원전 1225년에 바빌론은 정복되어 약탈당했다. 이후의 7년 동안 투쿨티-닌우르타 1세는 바빌로니아를 다스렸고, 이를 반영하는 '아시리아의 왕, 카란두니아시의 왕, 시파르와 바빌론의 왕, 딜문과 멜루하의 왕'이라는 칭호를 얻었다.[372] 이 경칭의 마지막 부분은 페르시아만을 통과하는 교역 경로를 가리켰는데, 바빌로니아 통치에서 핵심 부분에 해당했다. 당시 딜문[373]으로 불린 바레인섬은 그 시기에 바빌로니아 영토였다. 한편 '멜루하'는 당시 인더스강 지역이 메소포타미아 선원들에게는 갈 수 없는 곳이었기에 과거의 영광을 가리킬 뿐이었다.

투쿨티-닌우르타 1세는 전통적인 수도 아수르 바로 맞은편의 티그리스강 유역에 새로운 중심지를 건설하면서 바빌론에서 얻은 많은 전리품을 쏟아부었다. 그리고 그곳을 카르-투쿨티-닌우르타('투쿨티-닌우르타 항구')로 불렀다.[374] (오늘날 아시리아 행정관들이 작성한 작품 목록을 보면 그 아름다움을 상상만 할 수 있는) 정교한 예술 작품들 외에, 새로이 건설한 궁전과 신전 단지에는 석공에서 여성 시인에 이르기까지 수많은 장인과 예술가가 살았는데, 이들은 바빌로니아의 수도가 병합되었을 때 이곳으로 옮겨진 사람들이다. 그들이 아시리아 궁정의 예술과 수공예, 학식 등 모든 분야에 미친 영향은 의심할 바 없이 어마어마했다.

투쿨티-닌우르타 1세의 침략으로 바빌로니아는 약해졌고 그 지역에 지속적인 동요가 일었다.[375] 아시리아 병력이 최종적으로 물러난 뒤에도 바빌로니아에는 평온함이 돌아오지 않았다. 왕위를 노리다 일찍 생을 마감한 많은 사람 중에 아다드-슈마-우수르Adad-shuma-usur(재위 1216~1187 BC)가 마침내 집권에 성공하면서 처음에는 남부 바빌로니아에서 권력을 잡았다.[376] 이 시기에 아시리아와 바빌로니아의 정치사는 쉽게 분리할 수 없다. 왕실 반란에 이어 투쿨티-닌우르타 1세의 아들들과 각자의 파벌이 왕위 계승 분쟁을 벌였고, 그 틈을 탄 아다드-슈마-우수르가 북부 바빌로니아는 물론 바빌론에서도 권력을 잡아 공고히 할 수 있었다. '아다드-슈마-우수르의 서사시'는 이 사건들과 함께 바빌로니아 전역에서 진행된 고대 숭배 의식의 복원을 다루었는데, 안타깝게도 이 작품은 부분적으로만 보존되었다. 아다드-슈마-우수르의 라이벌이자 동시대인인 투쿨티-닌우르타 1세를 기리는 비슷한 아시리아어 찬시는 훨씬 더 좋은 상태로 남아 있다.[377] 어쨌든 그러한 시가 존재한다는 사실을 통해 통치자들의 군사적 업적이 궁정시인들에게 주제 면에서 호메로스Homer의 「일리아스Iliad」에 비견될 만한 서사시를 쓰도록 영감을 주었음이 분명함을 알 수 있다. 같은 장르의 또 다른 예는 람세스 2세가 히타이트인들을 상대로 거둔 성공을 찬양하는 '카데시의 시Qadesh Poem'[378]가 있다.

그 후 몇 년 동안 아다드-슈마-우수르는 촌수가 먼 후보자의 주장을 지지함으로써 투쿨티-닌우르타 1세의 아들들 사이에 벌어진 왕위 계승 전쟁에 결정적 개입을 감행했고, 결국 그 후보자가 바빌로니아의 도움으로 승리를 거두었다. 닌우르타-아필-에쿠르Ninurta-apil-Ekur(재위 1191~1179 BC)는 미탄니를 의미하는 아시리아어인 '하니갈바트 왕들'의 자손이었다.[379] 이 왕실 사람들은 아다드-니라리 1세(재위 1307~1275 BC)가 처음으로 미탄니 영토로 정복 원정을 주도한 이래로 그들의 중심지 두르-카트림무Dur-Katlimmu에서 아시리아의 서부 지역을 다스려 왔다. 그렇기는 해도 그들의 역할은 아수르의 아시리아 왕에게서 총애를 받느냐에 달려 있었고, 하니갈바트 왕이라는 칭호를 가진 자는 언제나 아수르의 대재상이었으므로, 이러한 힘의 균형은 아주 명백할 수밖에 없었다.[380] 아다드-슈마-우수르는 왕실의 두 계보 사이가 더 나빠지도록 불화의 씨를 뿌림으로써 아시리아 지도부 내의 분열을 이용했다. 실제로 몇 해 전에 그는 그 '두 명의 아시리아 왕', 즉 (아주 짧은 기간일 뿐이었지만) 스스로 아시리아 왕권을 주장하는 데 성공한 투쿨티-닌우르타 1세의 둘째 아들에게, 그리고 (훨씬 더 오래 자리를 지킨) 그의 먼 친척 일리-파다Ili-pada 대재상에게 서한을 써 보낸 바 있었다.[381] 이 조치는 후자인 일리-파다가 아수르의 통치자와 본인이 지위가 같다고 여기게 하거나 더 나아가서는 왕위를 노골적으로 빼앗게 하려고 부추길 의도였던 것이 분명하다. 실제로 이 결정적 조치를 취한 사람은 일리-파다의 아들인 닌우르타-아필-에쿠르였는데, 그는 바빌로니아 군대를 지원해 준 아다드-슈마-우수르의 도움을 받아 그 일을 실행에 옮겼다. 이 군대는 아수르를 정복하고 투쿨티-닌우르타 1세의 마지막 후손을 왕좌에서 끌어내렸다. 이로써 아시리아와 바빌로니아 간의 세력균형이 급격히 달라졌고, 이후 북부 메소포타미아의 그 국가는 남쪽 이웃 국가의 정치적 영향 아래에 운영되었다. 이 상황은 기원전 1158년에 엘람 왕 슈트룩-나훈테가 바빌로니아를 침공하면서 끝났다.

기원전 12세기에 벌어진 전쟁들로 인해 아시리아와 바빌로니아가 현재의 시리아와 이라크의 국경에 해당하는 지역에 행사하던 지배력은 약화했다. 이 지역은 농사를 짓기에 적합하지 않으므로 인구가 많았던 적이 없다. 이 시기의 아시리아 사료에는 (맨 처음 언급될 때는 아흘라무Ahlamû로 불린) 아람인들이 처음으로 언급되는데,[382] 초기에 유프라테스강 유역의 영토 국가들은 이들을 불쾌한 문제 정도로만 여겼다. 하지만 그들은 곧 위험한 경쟁자로 변했다.[383] 아시리아 문헌에서 그들은 하나의 독특한 인구 집단으로 묘사되지만, 사실 이렇게 이른 시점에 해당 민족이 뚜렷한 집단 정체성이나 통일된 문화를 가졌을 가능성은 크지 않다. 그러나 그들은 때때로 아람어로 알려진 언어를 사용했는데, 그 언어는 수백 년 동안 그 지역에서 사용된 것으로 입증된 서셈어파 언어군에 속했다. 이후에 아람인들은 서아시아의 정치적·문화적 발전을 형성하는 데 결정적 역할을 하게 된다. 그리고 오늘날까지 아람어를 사용하는 인구 집단은 동부 튀르키예와 시리아, 북부 이라크에서 찾을 수 있다.

람세스 2세(재위 1279~1213 BC) 통치기 이래로 이집트와 공공연한 갈등을 겪었는데도 나일강 삼각주에 서서히 정착할 수 있었던 리비아인들처럼, 아람인들도 사람들이 드문드문 거주하던 유프라테스강 유역에 다음 세기 동안 정착하기 시작했다. 이후 그들은 바빌로니아 전역과 아시리아 왕국의 서쪽과 북쪽에서, 다시 말하면 한때 미탄니의 잔여 영토였다가 기원전 13세기에 병합된 지역 모두에서 거점을 확보했다. 처음에 그 지역에서는 다양한 정치체가 등장하면서 약해진 중앙정부와 공존했는데, 각각의 정치체는 미탄니의 옛 수도 와슈칸니(현대의 텔 파카리야) 주변 지역에 세워진 비트-바히아니Bit-Bahiani처럼 나라를 세운 '가문'으로 알려져 있었다. 기원전 11세기에 이 정치체들은 각 지역의 지배권을 주장하는 작은 영토 국가로 탈바꿈했고,[384] 아수르, 바빌론, 카르케미시의 권력 중심지들은 이들을 억압할 수 없었다. 또한 이와 관련해 나일강 삼각주의 정세에 비견될 만한 사건들이 발생했다. 아시리아 왕들이 기원전 14세기 때 크기에 비하면 줄어들기는 했으나 영토의 동쪽 절반을 지켜내는 데 성공한 덕에 아시리아는 계속 존재했던 데 반해,[385] 남부 이라크와 북부 시리아 각각에 대한 바빌론과 카르케미시의 지배는 종말을 고했다. 옛 왕조의 왕들이 두 도시에서 여전히 통치하고는 있었지만, 그들이 이전에 다스렸던 영토는 이제 여러 소국으로 쪼개져 버렸다. 이들 중에는 아람인들의 '국가'도 있었고 바빌로니아의 도시국가였던 니푸르, 우르, 우루크처럼 아주 오래전부터 그곳에 살아온 지역 인구 집단에 속한 소국들도 있었다.[386]

후기 청동기시대가 막을 내릴 무렵, 아람인과 리비아인들은 새로운 주거 지역에 대한 권리를 주장하는 많은 인구 집단 중 두 집단일 뿐이었다. 현대 학자들은 기원전 12세기 말부터 지중해 지역과 중동 지역 전역에서 일어난 것으로 입증되어 기원전 11세기 내내 계속된 대규모 초지역적 이주의 맥락에서 그들의 이동을 보고 있다. 오늘날 그 원인은 부분적으로 기후 조건과 환경 조건의 다양한 변화가 결합한 결과에 있다고 생각되는데, 그로 인해 강수량이 부족한데 인공 관개 가능성이 없는 취약한 지역에서는 농업이 더 소규모로 이루어지거나 심하게는 완전히 포기될 수밖에 없었다. 예컨대 아나톨리아와 북부 시리아에서는 기근이 발생한 징후가 명확히 나타난다. 후기 청동기시대의 일부 왕국에서 중앙집권화된 정부 조직이 약화한 영향도 중요한 역할을 했다. 위기가 발생했을 때 국가가 변경 지방 사람들을 제대로 지원하지 못하자 사람들은 자립적으로 살아갈 수밖에 없었다.[387] 그 결과 산적과 해적이 들끓으면서 이미 무력해진 국가가 더 쇠약해졌고, 나아가 통신과 교역망까지 무너졌다.

에게해로부터 이동해 온 새로운 인구 집단은 과거에 이집트의 지배를 받은 남부 레반트에, 그리고 예전에 하티가 지배한 지역인 아나톨리아 해안, 북부 레반트, 키프로스에 정착했다.[388] 남부 레반트 해안에 정착하게 된 필리스티아인Philistines[5]들이 오늘날 가장 널리 알려진 집단이다. 이들은 '바다 민족'

5 블레셋인이라는 명칭으로 잘 알려져 있다.

——— 메디넷 하부에 있는 람세스 3세 장제전의 정면에 등장하는 재위 8년 차 때의 해전 모습. 이집트 병사들이 펠레세트, 티예커, 셰켈레시, 덴옌, 웨셰시 등 이른바 바다 민족들과 싸우며 나일강 삼각주를 지키고 있다. (Wikimedia Commons)

과 관련해 생각할 수 있는데, 이들이 하티뿐 아니라 이집트의 군대와도 충돌했다는 사실은 람세스 2세의 뒤를 이은 메렌프타(재위 1213~1203 BC)와 이후의 람세스 3세(재위 1184~1153 BC)가 세운 부조와 비문을 통해 입증된다.[389] 테베 인근 메디넷 하부에 있는 람세스 3세 장제전 부조는 아마도 이집트인의 관점에서 고대의 해전을 표현한 것 중에 가장 유명할 것이다. 이 묘사에 등장하는 적군의 독특한 배와 투구는 후기 헬라스 시대(후기 헬라스 IIIC기)의 일부 포도주 크라테르에 그려진 비슷한 해전 장면들과도 연결 지을 수 있는데, 이는 '바다 민족'의 관점에서 같은 사건을 표현한 듯하다.[390] 이집트는 될 수 있는 한 이 적들을 통합하려고 노력했다. 이 정책은 람세스 3세에 관한 역사 기록('대해리스 파피루스Great Harris Papyrus')에 등장하는 그의 칙령 도입부를 통해 입증되는데, 이 기록물은 특정 '바다 민족' 집단을 나일강 삼각주와 남부 레반트에 정착시킨 조치가 어떻게 이집트의 방어력을 강화했는지 설명한다.[391]

히타이트 왕국에서도 외국인을 통합하려는 비슷한 노력이 있었는지는 불분명하다. 어쨌든 후기 헬라스 도자기의 예는 오론테스강의 어귀 연안 지역과 아다나 주변 지역에서 잘 입증되었다(이후의 본문 참조). 또한 아나톨리아도 발칸반도로부터 이주해 와 땅을 차지한 무시키인Mushk/프리기아인들의 유입에 영향을 받았다.[392] 이 이주자들이 하티의 붕괴에 얼마나 기여했는지는 말하기 어렵지만, 그들이 과거에 히타이트 왕국의 핵심에 해당하는 지역 전역에 살았을 뿐 아니라 특정 시점에는 아시리아 북부에도 살았음을 증명해 주는 고고학적 증거가 있다. 이 시점부터 아시리아 특유의 연대기적 전통이 시작되었음을 보여 주는 티글라트-필레세르 1세Tiglath-Pileser I(재위 1114~1076 BC)의 비문에 따르면, 그는 즉위 첫해에 현대의 튀르키예 도시 엘라지그 주변 지역에서 '50년'을 살아온 무시키 전사들의 대규모 침략을 물리쳤다.[393] 그 전투가 튀르키예와 이라크의 국경선에 자리한 현대의 지즈레 인근에서, 더 정확하게 말하면 티그리스강 서쪽이면서도 아시리아의 중심 지역과 아주 가까운 곳에서 발생했다는 점은 의미심장하다. 티글라트-필레세르 1세는 살아남은 적의 병사들이 이제 '내 나라 사람들'에 속한다고 선언했다. 따라서 그는 이집트 파라오들이 리비아인들과 '바다 민족'을 상대로 펼친 동일한 포섭·통합 전략을 따랐다.[394]

이 시기의 전쟁이 전부 방어용 군사행동이었던 것은 절대 아니다. 티글라트-필레세르 1세는 무시키인들 외에도 바빌로니아의 이웃 국가들과도 싸워야 했다. 그가 이른바 시랜드 제2왕조의 통치자들과 빚어진 오랜 국경선 분쟁을 물려받았기 때문이었다.[395] 그가 도시 바빌론 점령을 포함해 바빌로니아에서 거둔 승리를 충분히 활용하지 않았다고 한다면, 그의 망설임은 아람인들이 아시리아의 서부 지역과 북부 지역을 끊임없이 공격했다는 사실에 비추어 생각해야 한다. 그들의 공격 탓에 항상 병력을 동원할 수 있도록 준비 태세를 유지해야 했기 때문이다. 그렇기는 해도 티글라트-필레세르 1세는 선제공격을 가하는 것을 피하지는 않았다. 야심 찬 군사 원정을 펼친 그의 군대는 멀리 지중해 지역과 반호Lake Van 북쪽의 아나톨리아 내륙지역까지 진출했다. 그의 비문은 그가 아람인들을 쫓아내기 위해 추적하면서 유프라테스강을 스물여덟 번, 다시 말하면 '1년에 두 번' 건너야 했던 것을 영웅적 행위로 묘사함으로써 불가피했던 일을 미덕으로 바꾸어 놓았다.[396] 그러나 그가 레바논 산지에서, 시리아 사막의 타드마르 오아시스(팔미라)에서, 유프라테스강 지역의 섬 아나트Anat에서, 유프라테스강이 메소포타미아 평원으로 진입하는 지점인 도시 라피쿠Rapiqu에서 전투를 승리로 이끌기는 했지만, 그가 이 모든 곳에서 아람인 병사들과 충돌해야 했다는 사실은 아람인들이 시리아와 바빌로니아의 전략적 요충지에서 중요한 위치를 확보하는 데 성공한 것이 분명함을 의미했다.

티글라트-필레세르 1세는 또한 자신의 비문에 하티 왕 이니-테슈브Ini-Teshub를 정복했다는 사실도 언급한다.[397] 이 비문은 히타이트 왕국의 통치자를 더는 언급하지는 않았는데, 하투샤가 이미 오래전에 몰락해 버려졌기 때문이다.[398] 문제의 이니-테슈브는 카르케미시의 왕이었다. 카르케미시와 밀리디아Milidia(튀르키예의 말라티아 인근에 있는 현대의 아르슬란테페로, 밀리드Milid라고도 한다.)는 그 혈통이 히타이트 왕족에게서 유래한 통치자들이 다스렸다.[399] 이 두 도시는 유프라테스강을 건너가는 경로에서 가장 중요한 통과 지점들을 장악하고 있었다. 밀리디아는 타우루스산맥의 북쪽 지역(고대에 중앙아나톨리아로 이르는 길의 출발점)을 장악하고 있었고, 카르케미시는 그 산맥 남쪽의 지중해 지역으로 가는 주요한 내륙 경로를 확보하고 있었다. 이니-테슈브와 밀리디아의 왕 알루마루Allumaru[400]가 티글라트-필레세르 1세를 자신들의 대군주로 인정했을 때, 그들은 현실적 태도를 보인 것일 뿐이었다. 현대 학자들이 이 시기부터 페니키아로 부르는 가나안의 통치자들, 다시 말하면 지중해 연안 항구도시인 아르와드, 시돈, 비블로스의 통치자들도 마찬가지였다.[401] 과거에 히타이트나 이집트 신왕국의 영토였던 레반트의 인접 지역들과는 대조적으로 카르케미시와 페니키아의 항구들 내부의 정치 구조는 레바논산맥이 잘 막아 준 덕분에 대규모 이주의 여파로 발생한 엄청난 사회적 변화에 영향을 받지 않은 상태였다.[402] 정치적으로 불안정해진 새로운 세계에서는 군사 강국인 아시리아와 좋은 관계를 맺는 것이 필수적이었다. 그 대가로 카르케미시와 페니키아의 항구들은 과거보다 훨씬 더 어려워진 원거리 교역의 가능성을 제공해 주었다. 이 도시들은 아시리아 왕에게 악어와 원숭이 같은 진귀한 선물을 바치고 페니키아인들의 대담한 선박 조종술을 보여 줌으로써 자신들의 유용성을 알렸다. 이후 페니키아 항구들은 특히 아시리아의 후원에 힘입어 크게 번성했다.

티글라트-필레세르 1세는 아시리아 국경선을 지켜 내는 데 성공했지만, 그의 뒤를 이은 왕들은 티그리스강 동쪽 영토뿐 아니라 티그리스강 상류 지역과 유프라테스강과 하부르강 사이 지역을 서서히 상실했다. 이러한 맥락에서 소자브강 유역의 이두Idu(현대의 사투 칼라Satu Qala)에서 최근 발견된 결과물에 따르면, 과거에 아시리아에 속했던 이 지역이 아시리아의 지배에서 벗어나는 데 성공해 독립된 왕국임을 선언했고, 적어도 기원전 9세기의 아시리아인들에게는 아람인들의 통치 조직으로 생각되었음을 알 수 있다.[403] 그런데도 장기적으로 보면 아시리아는 중동의 불안정한 정치 상황으로부터 많은 이득을 보았다. 티글라트-필레세르 1세는 사방에 자신을 바빌로니아, 시리아, 아나톨리아를 정복한 왕으로 알릴 수 있었다. 그는 이러한 승리를 영토 확장을 추구하는 데 이용한 것이 아니라 현명하게도 지중해 지역에서 페르시아만까지 지배하는 무적의 강대국으로 그의 국가를 제시했다. 그의 뒤를 이은 통치자들이 영토를 상실했지만, 아시리아의 이 새로운 패권 개념 덕분에 이후의 아수르 왕들은 그 영광스러운 과거를 상기시키는 방식으로 중동 지역 전체에 대한 지배권을 추구할 수 있었다. 그들의 기나긴 군사 원정은 본국의 지원이 없었다면 상상할 수도 없었을 것이다.

4 새로운 시작: 소국과 대제국

기원전 11세기에 이집트는 정치적으로 통일된 국가로서의 면모를 상실했다. 그리하여 예전에 하티에 속했던 지역 그리고 아시리아와 바빌로니아에 빼앗긴 지역에서 이런저런 소국들이 등장했다. 그로 인한 한 가지 결과는 페니키아 알파벳이 광범위하게 확산되었다는 것이다. 처음에 페니키아 알파벳은 아람어를 비롯한 여러 서셈어를 기록하는 데 응용되었다. 그리고 이후에는 그리스어를 비롯한 여러 인도유럽어에도 채택되었다. 기원전 9세기에 아시리아, 수단의 쿠시, 동부 아나톨리아의 우라르투가 강력한 제국으로 등장했는데, 이들 세 제국의 접촉 지대인 유프라테스강 상류 지역과 북서부 이란(아시리아와 우라르투)을 비롯해 남부 레반트(아시리아와 쿠시)에서 그들이 보여 준 대립 관계가 기원전 7세기까지 중동 전역의 정치사를 형성하는 데 결정적이었던 것으로 드러났다.

아시리아는 지역의 극심한 정치적 분열에 직면할 때면 그곳에 단일한 예속 통치자를 앉힘으로써 간접 지배를 달성하는 전략을 취했다. 이집트, 바빌로니아, 이란에서 이 전략은 넓은 영토를 차지한 영토 국가나 적어도 공통된 이해관계를 가진 공동체(메디아)의 등장을 초래했다. 그렇게 등장한 국가들은 기원전 614년부터 아시리아 제국이 멸망하는 원인이 되거나 그로부터 이득을 보았다. 기원전 6세기에 이 세력들 모두가 키루스 2세와 그의 후계자 캄비세스 2세Cambyses II가 이끈 페르시아 제국에 통합되었고, 페르시아 제국은 폭발적 속도로 영토를 넓혔다. 나의 서술은 키루스 2세의 기원전 539년 바빌론 정복과 캄비세스 2세의 기원전 525년 펠루시움 전투 승리에서 끝을 맺는다.

청동에서 철로: 재료의 점진적 변화가 정치에 미친 영향

기원전 제2천년기 후반에 청동은 도구 및 무기 제조용 재료로서 철에 자리를 내주었다. 이 금속은 이미 수백 년 전부터 알려져 있었다. 실제로 이미 기원전 제3천년기에 아주 귀중한 장신구와 의식용 무기에 운석에서 얻은, 아주 희귀해 값비싼 철을 사용했다는 사실을 입증할 수 있다. 중동에는 구리나 주석의 매장지보다 철을 채굴할 수 있는 곳이 더 많다. 일반적으로 철이라는 물질은 지표면과 상당히 가까이 있어 추출하는 데는 어려움이 거의 없지만, 그러한 환경에서 발견된 철은 순수한 형태가 아니다. 필요한 기술을 고려해 보면 그 광석을 철로 제련하고 그 결과물을 가공하는 작업이 청동으로 물건을 제조하는 것보다 훨씬 더 어려웠다. 가장 큰 문제는 극도로 높은 온도에 도달한 다음, 안정적으로 그 온도를 조절해야 하는 것이었다. 따라서 (연료로서) 단단한 목재로 사용되는 활엽수와 (자연의 풀무로서) 바람을 풍부하게 제공해 줄 수 있는 지리 조건을 갖춘 지역이 상당히 유리했다. 히타이트에서 사용할 수 있었던 기술을 지나치게 과장해서는 안 되지만, 기원전 제2천년기에 아나톨리아가 제련 방식과 전문화된 도구를 선구적으로 개척한 중심지였던 것은 의심할 여지가 없다.[404] 한편 기원전 13세기의 아시리아에서 철 제품이 제조된 것은 확실하지만, 현지에서 철광석을 제련하지는 않았다.[405]

더 좋은 제련 기술을 가졌다고 해도 철을 가공하려면 엄청난 양의 원료를 투입해야 했다. 철의 녹는점이 섭씨 1500도이므로 엄청난 양의 연료가 필요하다. 제련 활동의 증가는 당시까지 풍성했던 서아시아의 활엽수림에 피해를 안겼고, 그 영향은 오늘날까지도 지속되고 있다. 타우루스산맥과 자그로스산맥의 경사면에 있는 성숙림이 파괴되면서 침식과 더불어 토양질의 전반적 저하가 나타났다. 이라크와 이란의 국경 지역뿐 아니라 시리아와 이라크의 국경 지역의 메마른 산등성이는 철의 인기가 높아진 결과로 생각해야 한다. 기원전 제1천년기까지만 해도 울창한 숲이 이들 지형을 뒤덮고 있었기 때문이다. 이 급격한 변화는 지금은 나무가 거의 없는 키르쿠크 인근 지역이 한때는 거대한 참나무 숲으로 유명했다는 사실에서 잘 나타난다.[406] 철 사용의 증가와 이 수요를 충족시키는 데 필요한 제련 활동의 증가는 제국의 시대가 도래했음을 보여 주는 예다. 제국의 중심지에 득이 된다면 전 지역의 자원을 착취하고, 필요하다면 파괴도 불사하려는 의지가 그 시대를 정의한 국가 이념의 중심에 있었다.

철 사용이 늘면서 대외무역이 바뀌었는지, 반대로 국제 교역망이 붕괴해 철 사용이 늘었는지는 해석의 문제다. 그러나 철기시대 국가들이 구리와 주석을 반드시 확보해야 할 자원으로 더는 생각하지 않았다는 점만은 분명하다. 그 결과로 앞선 시기와는 달리 다른 지역과 반드시 유대 관계를 조성해야 할 필요성이 더는 없어졌다. 아시리아 제국은 원칙적으로 이웃 국가들과 평화적 관계를 맺지 않고도 자신들의 교역상 이익을 안전하게 지킬 수 있는 최초의 강대국으로 부상했다. 다른 나라들이 제공해야 하는 모든 관심 물자들을 필요시에는 무력으로도 가질 수 있었기 때문이다. 그렇기는 해도 아시리아는 장기적 해결책과 평화협정을 도출해 내는 데 관심이 있었던 것이 분명하다. 물론 그들이 위협을 가하거나 군사력을 이용해 자주 그러한 해결책과 협정을 얻어 냈지만 말이다. 기원전 제1천년기의 아시리아 상인들은 1000년 전 식민지 시기의 전임자들과 똑같은 전문 자격을 지니고 있었지만, 이제는 군대에 소속되어 그들과 그들의 물자를 보호해 주는 군인들과 함께 이동했다.[407] 이 상인들은 왕명에 따르기 위해, 그리고 국익에 맞게 본국에 필요한 물자를 공급하기 위해 아시리아 국경을 넘어갔다. 이용 가능한 사료에 따르면 군에서 쓸 말을 조달하는 일에 주로 초점이 맞추어졌는데, 그래야 군사적 우위를 우선 확보하고 아시리아의 패권을 보장할 수 있었다.

그 당시 아시리아 군대의 중추를 형성한 기병 덕에 병사들은 산악 지형도 통과할 수 있었다. 대체로 말을 탄 병사들이 청동기시대의 전차 병력을 대체했다. 아직은 등자가 사용되지 않았으므로 말을 다루려면 엄청난 전문적 기술과 연습이 필요했다. 따라서 값비싼 준마가 다치는 일 없이 작전을 수행하려면 훈련된 기수가 필요했다.[408] 이러한 상황에서 기병이 기원전 9세기와 기원전 8세기에 점점 더 중요한 역할을 하게 됨에 따라 아시리아 군대는 패한 적군의 숙련된 전투원들을 입대시키고 해외에서 특수 보조군 또한 고용함으로써 점점 더 전문적인 상비군의 모습을 갖추었다.

상아와 모피, 깃털 같은 산물뿐 아니라 금, 향신료, 진귀한 목재와 동물 같은 아프리카의 무한한 재물을 교역해 직접적인 이득을 얻는다는 것은 후기 청동기시대의 메소포타미아 통치자들에게는 비현실적 공상 같은 것으로 느껴졌을 것이다. 그런데 바로 아시리아가 그 무엇에도 방해받지 않고 지중해 지역에서 이란에 이르는 정치 지형을 지배한 서아시아 최초의 국가가 되었다. 심지어 아시리아는 역사적으로는 처음으로 기원전 671년에 이집트를 침략해 그 나라까지 자신들의 지배하에 두는 데 성공했다. 이는 제국의 시대가 도래했음을 알리는 사건이었다. 이제 2부에서 다룬 모든 지역과 그 너머 지역은 기원전 6세기 후반부터 페르시아 제국이라는 단일국가의 수중에 들어가게 된다.

아시리아의 영토 상실과 하티의 상속자들

그러나 아시리아가 동북부 아프리카로 세력을 확장할 수 있었던 때보다 훨씬 전인 기원전 12세기에 아시리아는 자신들의 영토 범위를 재정립해야 하는 과제에 직면했다. 이 시점 이후로 이 과제가 중단될 만큼 국가의 통치력이 약해지는 때를 보면 언제나 새로운 인구 집단이 아시리아 내에 정착했다는 사실이 입증된다. 티글라트-필레세르 1세(재위 1114~1076 BC)가 몇 차례의 전투에서 국경 지대를 넘어오려는 침입자들을 성공적으로 막아냈지만, 그의 후인 왕들이 통치할 때 국경 지역의 아시리아 공동체들은 자신들의 주거지를 포기하게 되었다. 아시리아가 상실한 영토로는 티그리스강 상류 지역을 꼽을 수 있는데, 그 지역에서는 도시 아미디Amidi(동부 튀르키예에 있는 지금의 디야르바크르)를 중심으로 비트-자마니Bit-Zamani('자마누의 집House of Zamanu')라는 국가가 생겨났다. 그 나라 사람들은 아시리아어와 관련이 약간 있지만 알파벳 문자로 기록된 서셈어의 일종인 아람어를 사용했다. 아람족 소국들의 명칭은 그들이 씨족으로 이루어진 국가였음을 확실하게 보여 주는데, 보통은 (입수할 수 있는 역사 기록보다 앞선 시대에 살았던) 건국의 아버지들 이름으로 명명되었기 때문이다.[409] 또 다른 예로는 '바히아누의 집House of Bahianu'(북동부 시리아에 있는 지금의 텔 할라프에 해당하는 구자나Guzana가 수도였던 비트-바히아니Bit-Bahiani)이 있다.

아수르, 니네베(현대의 모술), 아르바일Arbail(현대의 에르빌) 사이에 자리한 과거의 중심지는 아시리아의 지배하에 굳건히 남아 있었지만, 특히 북쪽과 서쪽의 다른 지역들은 기원전 11세기를 거치며 사라지고 말았다. 이후의 기원전 10세기와 기원전 9세기의 아시리아 사료에 따르면 하부르강 유역의 두르-카틀림무(현대의 텔 셰이크 하마드), 티그리스강 상류 지역의 투샨Tushhan(현대의 지야레트 테페Ziyaret Tepe) 같은 몇몇 도시 중심지는 아시리아의 정체성과 문화를 지켰다.[410] 하지만 같은 사료에서 시골 지역 그리고 저지대 평원의 도시 대부분은 아람족의 지배를 받고 있었던 것으로 나온다. 특히 아시리아 중심부의 북쪽과 동쪽의 고지대에는 독립은 했으나 문화적으로나 정치적으로 아람의 특징을 띠지 않은 지역들이 있었다. 일례로 자그로스산맥에는 고대 페르시아어 혹은 그와 밀접하게 연관된 언어를 사용한 인구 집단들이 정착해 살았다.[411] 이미 기원전 9세기에 아시리아인들은 현재의 술라이마니야 지방(북동부 이라크)에서 많은 것을 암시하는 이름의 지역 통치자들과 마주쳤다. 하지만 이 산악 지역에는 뿌리 깊은 후르리어 전통 또한 지속되었는데, 슈브리아와 무사시르 같은 지역이 그러한 예다.

기존의 행정 체계에 순응하기를 거부한 집단 모두가 새로이 등장한 비아시리아계 사람들인 것은 아니었다. 아시리아 왕에게서 지역을 통치할 권한을 위임받은 일부 관리들 또한 독자적으로 행동하기 시작했다. 그들은 대체로 자신의 지위를 아들들에게 물려줄 수 있었다. 따라서 수도 아수르를 상대로 한 연결이 약해지면서 하부르강 유역의 타베투(현대의 텔 타반)와 샤디칸니Shadikanni(현대의 텔 아자자Tell Ajaja)의 지역 유력자들은 어떻게든 자신의 이름으로 권력을 행사해 나갔는데, 상황상 어쩔 수 없이 그렇게 했다는 것이 더 정확한 표현일 것이다. 그들의 비문은 여전히 아시리아 왕국과의 긴밀한 관계를 강조한다.[412] 그러한 자치권은 국가 중심지와의 갈등 때문이 아니라 과거의 지방 중심지들이 핵심 지역과 단절됨에 따라 소통이 점점 잘 안 되면서 생겨난 것이었다. 어느 정도 습도가 높았던 후기 청동기시대에는 기름진 농지였던 유프라테스강과 티그리스강 사이 지역은 기후 조건이 비교적 미미하게 달라졌는데도 결국 건조한 스텝 지대로 바뀌었다. 그로 인해 그 지역에서 도로망을 유지하기가 훨씬 더 어려워지면서 중계 지점들이 점점 더 사용되지 않게 되었다.(아수르와 하부르강 유역 두르-카틀림무 사이의 지대가 바로 그러한 예다.)

하티가 무너진 이후, 당시에 분할되어 있던 중앙아나톨리아와 북서부 시리아의 정치적 지형은 수많은 작은 국가로 나뉘었다. 유프라테스강 상류 지역에서는 카르케미시와 밀리디아의 왕조가 자신들이 히타이트 왕실의 후손임을 강조하면서 권력에 대한 그들의 권리를 정당화했다. 밀리디아와 카르케미시 사이에는 쿰무Kummuh(훗날의 콤마게네) 왕국과 (현재의 카흐라만마라슈에 해당하는 마르카수Marqasu가 수도인) 구르굼Gurgum 왕국이 자리했는데, 이들 왕국의 통치자들도 전통적인 히타이트 왕명을 갖고 있었다. 이는 그들 역시 훌륭한 혈통이라고 주장했음을 알려 주는 증거일 수 있다. 서쪽으로 할리스강과 타우루스산맥 사이의 중앙아나톨리아 산악 지형에서는 타발의 많은 소국이 히타이트의 유산을 긍지를 갖고 유지했고, 예전부터 섬기던 신들도 계속 숭배했다. 왕의 비문은 물론 납으로 된 두루마리에 새겨진 일상적인 문서 모두 전통적인 루비아어와 루비아 문자가 사용되었다.[413]

그러나 옛 히타이트 영토에서는 대규모 이주와 관련된 새로운 정치 지형이 형성되기도 했다. 발칸반도에서 온 프리기아인(무시키)들은 타발의 북쪽과 서쪽에 영구적으로 정착하는 데 성공했다. 최근의 발견으로 히야와Hiyawa(아시리아어로 쿠에Que, 바빌로니아어로 쿠메Khume)로도 알려진 아다나와Adanawa의 초기 역사가 주목을 받게 되었다.[414] 후기 청동기시대에 이 왕국은 이후에 킬리키아로 알려지는, 키주와트나의 지배를 받았던 지역을 차지했다. 1997년에 날씨의 신이 그의 신성한 동물인 황소 두 마리가 끄는 전차를 탄 조상이 발굴되었다. 두 개의 언어로 된 이 조상 비문에 따르면 그 지역 지배 가문의 시조는 (루비아어로) 무스카Muksa 또는 (페네키아어로는) 믑스mpš라는 사람이었다. 고대 그리스 전설에 따르면 선지자 몹소스Mopsus가 이오니아해안의 콜로폰Colophon에서 그의 백성을 이끌고 와 킬리키아에 정착시켰다고 한다.[415] 새로운 증거로 등장한 그 조상 비문이 이 전설을 확인해 주며, 그 지역에서 발견된 후기 헬라스 도자기(LH IIIC기)도 마찬가지다. 이는 새로운 정착자들이 에게해 지역과 관련이 있음을 암시한다.[416] 마지막으로 비문에서 그 왕국 사람들을 가리켜 드님dnnym으로 부른 사실은 드닌dnyn(덴옌Denyen)이라는 '바다 민족'을 생각나게 하는 한편, 히야와라는 지역 이름은 히타이트어로 미케네 그리스를 가리키는, 후기 청동기시대의 아히야와Ahhiyawa라는 나라와 관련이 있을 수 있다.[417]

오늘날 (고대 왕국 아다나와의 이름이 여전히 남아 있는) 도시 아다나 인근 해안의 킬리키아 평원은 지중해의 북동쪽 끝부분을 이루는 삼각형의 한 변을 형성했다. 이 지역은 무역에 매우 중요한 곳이었는데, 중앙아나톨리아로 이어지는 주요 경로에 접근할 기회를 이곳에서 통제할 수 있었기 때문이었다. 삼각형의 밑변은 멀리 바다 쪽에 있는 키프로스다. 그리고 하타이 지역 해안을 따라 펼쳐진 구간이 세 번째 변에 해당하는데, 이 지역 오론테스강의 어귀가 시리아 내륙과 레바논으로 가는 길을 열어 주었다. 한 국가가 킬리키아 평원과 하타이 지역 모두를 다스릴 경우 엄청난 전략적 이점을 얻을 수 있는데, 고대의 하티와 현대의 튀르키예가 그러한 이점을 누렸다. 기원전 9세기부터 아시리아는 대외 정책을 통해 두 지역을 모두 지배하려고 했다.[418] 히타이트 국가가 기원전 12세기에 붕괴하면서 당시의 주요 항구였던 우라와 우가리트가 버려졌다. 킬리키아를 비롯해 (이제 더는 알라시야로 불리지 않고 '덴옌의 섬'을 의미하는 야드나나Yadnana로 알려지게 된) 키프로스섬[419]과 하타이에도 에게해에서 온 인구 집단이 영구적으로 정착해 있었다. 그들의 해상 이권은 페니키아인들의 이권과 합쳐졌고, 페니키아인들의 문화가 지속적으로 영향을 미쳤다는 사실은 킬리키아와 키프로스에서 그들의 언어와 알파벳 문자가 사용되었다는 사실로 가장 잘 입증되는 듯하다.

최근에 오론테스강 유역과 알레포에 자리 잡고 있던 왕국의 수도 쿠눌루아Kunulua(현대의 텔 타이나트Tell Tayinat)에서 나온 새로운 발견물 덕분에 철기시대의 팔리스틴Palistin(훗날의 파틴Patin) 왕국이 어둠 속에서 모습을 드러냈다. 적어도 기원전 11세기부터 이 왕국은 하타이를 지배했고, 잠시 하마트Hamath와 알레포도 지배했다. 도시 알레포에는 팔리스틴 왕 타이타Taita가 새롭게 고친 날씨 신의 오래된 신전이 있었다.[420] 왕국의 이름으로 미루어 보아 철기시대에 남부 레반트의 도시국가 아슈도드, 아슈켈론, 에크론Ekron(텔 미크네), 가트Gath(텔 에스-사피), 가자에 살던 필리스티아인들뿐 아니라 이집트 사료에 기록된 '바다 민족' 플스트plst(펠레세트Peleset)와도 관련이 있음을 짐작할 수 있다. 게다가 에게해 인구 집단과 대체로 관련이 있는 후기 헬라스 도자기(LH IIIC기)도 오론테스강 유역에 존재했던 것으로 입증되었다.[421] 일찍이 기원전 11세기에 팔리스틴 통치자들은 전통적인 루비아어와 루비아 문자로 된 자신들의 비문을 제작해 달라고 주문했고, 기원전 10세기부터는 히타이트식 이름을 가졌다. 이러한 방식으로, 그리고 건축과 도시 설계의 측면에서도 이 왕조는 히타이트 시기와의 유대를 강조했다.[422] 그러나 이 왕조의 실제 뿌리는 여전히 불확실하다.

기원전 10세기 말에 아시리아가 서쪽으로 군사 원정을 시작했을 때, 팔리스틴/파틴은 오론테스강 하구 주변 지역만을 다스렸던 반면에, 예전에 아시리아 영토였던 북쪽의 사말Sam'al(비트-가바리Bit-Gabbari, '가바루Gabbaru의 집'), 동쪽의 아르파드Arpad(비트-아구시Bit-Agusi, '아구수Agusu의 집'), 남쪽의 하마트는 독립한 상태였다.[423] 이들 정치체에서 히타이트-루비아 유산이 높이 평가되었지만, 사말과 아르파드의 지배 왕조를 세운 사람들은 아람어 이름을 갖고 있었다. 하마트에서처럼 왕의 비문은 이제 아람어와 아람 문자뿐 아니라 전통적인 루비아어와 루비아 문자로도 작성되었다. 루비아 왕조에서 아람 통치자로의 권력 이동은 기원전 9세기까지 이어졌다. 유프라테스강과 발리크강 사이에 자리한 마수와리Masuwari 왕국[424]은 새로이 왕조를 세운 시조의 아람어 이름을 따라 비트-아디니Bit-Adini('아디누Adinu의 집')로 이름을 바꾸었다. 한편 하마트의 새로운 통치자 자쿠르Zakkur는 승전비를 세우면서 아람어를 사용했는데, 비석에 자신의 태생이 유프라테스강의 섬 아나Anah임을 자랑스럽게 강조했다. 가장 강력한 아람인 왕국은 다마스쿠스였다.[425] 이 왕국은 이들 국가 모두를 비롯해 남쪽의 이웃 국가들과도, 즉 요르단강 서쪽의 이스라엘과 유다, 동쪽의 암몬, 모압, 에돔과도 관계를 유지했다.[426] 후기 청동기시대에 히타이트가 지배했던 영토에서 지켜진 문자 관습과는 반대로, 과거에 이집트 신왕국에 속했던 남쪽 지역의 통치자들은 그들의 비문에만 (상대적으로 드물게) 알파벳 문자를 사용했다. 그 시기에 가장 잘 알려진 기념비는 모압 메샤Mesha 왕의 승전비와 (1993년에 텔 단에서 일부분만 발견된) 이름을 모르는 다마스쿠스 왕의 승전비다. 아시리아 사료와 함께 이 비문에 적힌 글은 이스라엘과 유다의 역사에 가장 중요한 당대 기록에 해당한다.[427] 하지만 기원전 9세기까지의 시기의 경우에 학자들이 의지할 수 있는 것은 성경뿐이다. 그리고 그 책들의 역사적 정확성은, 특히 예루살렘을 수도로 하고 사울Saul, 다윗, 솔로몬이 다스린 통일 왕국이 존재했는지는 상당한 논쟁 대상이다.[428]

이 격변의 정치 상황 속에서 아시리아는 처음에는 군사적 방법으로, 그 다음에는 외교 관계를 통해 레반트 지역에 대한 지배권을 넓혔다. 국경 분쟁과 편의를 위해 일시적으로 맺은 동맹 때문에 골머리를 앓던 그 지역의 수많은 소국으로서는 중재를 통해 갈등을 해결해 줄 수 있는, 누구나 인정하는 힘 있는 강대국이 대단히 매력적이었다.

'리비아 혼란기'와 쿠시 왕국

기원전 12세기에 리비아인들과 '바다 민족'의 침략을 받은 이집트 신왕국은 그들을 군대에 통합하고 그들이 이집트 영토에 정착하도록 허락함으로써 문제를 해결했다. 그러나 이 외에도 이집트는 국가 권위를 직접적으로 깎아내리는 내부의 정치적 정세 변화에 직면했다. 람세스 3세(재위 1184~1153 BC) 때 국가가 소유한 농지와 가축이 다수의 사원에 대량으로 양도되어 사원들이 국가의 이용 가능한 경작지 중 3분의 1을 관리하게 되면서, 테베에 있는 아문 신전 홀로 전체의 75퍼센트를 소유하게 되었다. 아문은 신왕국 시대의 왕권을 상징하는 신이었다. 궁전 음모 사건과 노동자들의 파업에서 증명되듯이,[429] 파라오의 위상이 무너지자 그의 신관들이 점점 더 많은 영향력을 갖게 되었다. 아문이 예언을 통해 백성들과 직접 소통할 수 있어서였다.[430] 테베 대신관은 '아문의 예언자'이기도 했다. 왕은 대신관이 재량껏 리비아인들의 위협에 대응할 수 있도록 그에게 군사적 권한까지 서서히 넘겨줄 수밖에 없었다. 이는 대신관이 본래 가진 종교적 지휘권과 경제적 특권에 대한 역할을 넘는 수준이었다.

결국 람세스 11세Ramesses XI(재위 1099~1069 BC) 때 이집트는 해체되었다. 그 과정은 즉위 11년째에 이 파라오가 국가를 재건할 목적으로 새로운 '르네상스'(문자 그대로 '탄생의 반복') 시대를 선언한 직후 시작되었다. 여러 해 전 테베에서는 굶주린 리비아인들과 누비아 부왕이 이끄는 군대가 물리적으로 서로 충돌했을 뿐 아니라, 결국에는 아문 대신관이 이끄는 사원 공동체와도 사원의 재원을 놓고 싸우면서 충돌이 증가했다. ('바다 민족'을 묘사한 유명한 부조로 벽을 장식한) 메디넷 하부의 람세스 3세 장제전이 싸움터가 되어 요새로 바뀌었고 왕실 공동묘지가 약탈당했다.[431] 궁극적으로 이러한 소요 사태는 람세스 11세가 테베에 파견한 병력의 지휘관인 피안크Piankh 장군에게 득이 되었다. 그는 르네상스 7년 차에 '아문 대신관'과 '누비아 부왕'이라는 칭호를 가졌던 것으로 확인되는 인물이다.[432] 얼마 지나지 않아 누비아는 이집트의 지배에서 벗어났다.

제20왕조와 신왕국의 종말을 알린 람세스 11세의 죽음 이후, 피안크는 테베와 상이집트를 다스렸고, 그의 뒤를 이은 헤리호르Herihor도 마찬가지였다.[433] 북쪽에서는 스멘데스Smendes가 권력을 잡아 정부 소재지를 피-람세스에서 타니스로 옮겼다. 이 두 사람 모두 리비아계였던 듯한데, 그들은 각기 테베와 타니스를 중심으로 하는 왕조를 세워 새로이 분할된 나일강 유역의 영토를 다스렸다. 북쪽의 통치자들은 타니스의 아문 신전을 국가 이념의 중심지로 사용했고 신전 앞마당에 자신들이 묻힐 무덤을 조성했다.[434] '웨나문 이야기Story of Wenamun'는 이러한 정치적 변화가 레반트 지역에서 불러일으킨 반응을 다룬 문학작품이다. 이 이야기는 신전의 한 사제가 테베에서 비블로스로 갔다가 여러 우회로를 거쳐 돌아오는 힘겨운 여정을 다룬다.[435] 웨나문은 아문의 행렬용 범선에 필요한 삼나무를 조달하는 일을 맡고 있었는데, 이집트가 예전에 지배했던 레반트 내 여러 지역이 돈이 충분한 경우에만 도울 의

향이 있음을 알고 실망했다. 페니키아의 대도시인 비블로스와 키프로스, 그리고 '바다 민족' 티크르tjkr(티예커Tjekker)가 장악한 항구도시 도르Dor가 이 이야기의 배경이다.

오늘날 기원전 1069년에서 기원전 664년까지의 시기는 제3중간기 혹은 '리비아 혼란기'로 불린다.[436] 부바스티스, 헤라클레오폴리스, 헤르모폴리스, 사이스에서는 다른 지역 왕조들이 등장했다.[437] 그들 왕조의 통치자들은 리부족Libu, 메시웨시족 같은 리비아인 집단을 상대로 지배권을 주장한 것 외에 이집트의 왕권도 간절히 원했다. 달리 말하면 다수의 유력자가 자신이 '상이집트와 하이집트의 왕'이 될 자격이 있다고 생각했다는 이야기다. 예전에는 한 번에 한 사람만이 가질 수 있는, 절대적으로 유일하다고 생각되었던 자리인데도 말이다. 따라서 이는 정치 이념의 근본적 변화를 의미했다. 이 시기에는 사회의 다른 부분에서도 리비아의 유산에 관한 자부심을 관찰할 수 있는데, 기념비에 적힌 긴 족보에 오랫동안 기억에 남을 유명한 가계가 기록되어 있었다. 사실 이 시점 이전에는 그러한 기록이 흔하지 않았다.[438] 람세스 11세가 그랬던 것처럼 타니스의 통치자들도 왕실의 딸들 중 한 명을 신의 배우자 자리에 앉힘으로써 테베의 아문과 맺은 중요한 관계를 돈독히 했다.[439] 전에 그 자리를 맡았던 신왕국 왕비들과는 달리, 이 시기에 아문의 배우자는 미혼 상태로 지내다가 결국 자신의 뒤를 이을 여성을 입양함으로써 그 자리를 물려주었다.[440] 시간이 지나면서 신의 배우자는 테베의 대신관보다도 더 큰 영향력을 행사하게 되었다. 기원전 9세기부터는 수단의 누비아족인 쿠시 왕들뿐 아니라 하이집트의 다른 왕실도 이 자리를 이용해 테베에 거점을 마련하려고 했다.

철기시대 쿠시 왕국의 중심지는 정상 부분을 깎아 놓은 듯한, 나일 제4급류 유역 게벨 바르칼의 산에 자리한 도시 나파타였다.[441] 이 산의 인상적 형태를 보고 '왕좌'를 뜻하는 신성문자를 떠올린 투트모세 3세(재위 1479~1426 BC)는 당시 신왕국의 남쪽 국경선에 해당한 곳에 아문에게 바치는 신전을 세웠다. 게벨 바르칼을 아문의 출생지로 생각한 이집트인들에게 이 신전은 누비아에서 가장 중요한 종교 중심지였다.[442] 람세스 11세 때 이 지역에 대한 이집트의 지배가 끝나자, 기원전 제1천년기 초에 나파타 통치자들은 누비아 전체를 자신들의 통치하에 두었고 신전과 숭배를 부활시켰다. 이 왕들은 엘-쿠루el-Kurru 인근 공동묘지에 자신들의 마지막 안식처를 마련하면서 그곳에 중왕국 이후로 이집트에서 건설이 중단된 장례 기념물인 피라미드를 세웠다. 여기에 묻힌 가장 유명한 통치자는 피예Piye(재위 753~722 BC)다.[443] 이 왕은 쿠시 왕국의 영토를 멀리 나일강 삼각주까지 넓혔다. 그의 아버지 카시타Kashita(재위 765~753 BC)는 이미 테베에 대한 지배권을 확립했고, 그곳에 자기 딸인 (그리고 피예의 누이인) 아메니르디스 1세Amenirdis I를 신의 배우자로 앉혔다. 카시타는 쿠시 왕국 최초의 파라오로서, 이집트의 파라오로도 인정받았다. 이러한 이유로 그의 왕가는 이집트 역사 기록에서 제25왕조에 해당한다.

기원전 725년 무렵에 하이집트로 군사 원정을 떠난 피예는 자신의 경쟁자인, 사이스의 테프나크트Tefnakht와 그의 동맹국들을 정복함으로써 쿠시 왕국의 권력을 강화했다. 이 사건들은 1862년에 게벨 바르칼의 아문 신전에서 발굴된 비석을 통해 전해진다. 그 상세한 기록에는 헤르모폴리스의 함락에 관한 내용이 담겨 있는데, 그중에는 당시에 피예가 헤르모폴리스의 말들이 형편없이 사육되어 온 사실을 알게 되었다는 내용이 있다. "폐하께서는 이제 말이 있는 마구간으로, 망아지가 있는 마구간으로 가셨습니다. 말과 망아지들이 배고픔에 허덕이는 모습을 본 폐하께서는 (헤르모폴리스의 님로트Nimlot에게) 말씀하셨습니다. '내가 살아 있기에, 내가 태양신을 사랑하는 것처럼 확실히, 내 코는 삶(의 숨결)에 상쾌해진다. 내 말들이 굶주렸다는 사실이 내 마음을 아프게 한다. 당신이 어리석어 엄청난 악행을 저질렀구나!'"[444] 실제로 쿠시 왕국의 말들은 소중한 자산이었다.[445] 이 크고 힘센 동물들은 멀리 아시리아까지 전차를 끌어 주었으므로 소중하게 여겨졌다. 피예가 가장 좋아했던 말들은 그의 사후에도 동행했다. 그의 피라미드 옆에는 그의 말들이 별개의 수갱식 분묘에 선 채로 묻혔다. 이 관습은 그 뒤를 이은 샤바카Shabaka(재위 722~707 BC), 셰비쿠Shebitku(재위 707~690 BC), 탄타마니Tantamani(재위 664~655/653 BC)도 따랐다.

이 모든 쿠시 왕은 이집트의 파라오이자 통치자로 인정받았다. 나파타의 두 번째 왕실 공동묘지인 누리Nuri에 묻힌 타하르카Taharqa(재위 690~664 BC)도 마찬가지다.[446] 그들의 여성 친척들인 (카시타의 딸) 아메니르디스 1세와 (피예의 딸) 셰페누페트 1세Shepenupet I는 테베에서 아문의 신성한 배우자로서 그 신전의 엄청난 재산을 책임졌다. 한편 나일강 삼각주에는 지역 왕조들이 여전히 세력을 유지하고 있었고, 다른 국가들로부터 독립 통치자로 취급받았다. 그래서 아시리아의 왕들은 기원전 8세기 후반에 자신들의 관심 영역이 남부 레반트로 넓어졌을 때 그들과 외교 관계를 발전시키고 선물을 교환했다.[447] 이와는 반대로 쿠시는 강력한 경쟁자로 인식되어 그 지역에서 쿠시의 영향력을 제한하려고 노력했다.

제국으로 전환되는 아시리아

기원전 10세기가 끝나 갈 무렵, 아시리아는 잃어버린 영토를 정복해 되찾기 시작했다. 그 과정은 아마도 아수르-단 2세Assur-dan II(재위 934~912 BC) 때 시작된 듯하다. 어쨌든 아수르-단 2세는 상세한 군사 원정 기록이 보존되어 있는 최초의 아시리아 통치자다. 처음에는 특히 하부르 지역에 관심이 집중되었다.[448] 아시리아인들은 그 지역이 정치적으로 분열되어 있었는데도 그곳을 단일한 지역으로 생각해 미탄니 국가를 의미하는 아시리아어인 하니갈바트라는 옛 이름으로 불렀다. 이는 당시의 현실이 아니라 역사적 상황이 아시리아 정치를 규정했음을 가리킨다. 하부르 지역을 그들의 국가로 다시 통합하는 일은 쉽지 않은 것으로 드러났으며, 그 전쟁은 여러 세대의 삶을 결정지었다. 그 계획은 아슈르나시르팔 2세Ashurnasirpal II(재위 883~859 BC) 때가 되어서야 완료된 것으로 간주할 수 있다. 오늘날에는 아슈르나시르팔 2세의 통치기를 아시리아가 제국으로 전환된 시기에 해당한다고 생각한다. 하부르 유역에 새로이 세워진 속주들은 기원전 7세기 말에 아시리아 제국이 망할 때까지도 아시리아의 수중에 여전히 확고하게 남아 있었다.[449]

아시리아 사료는 아슈르나시르팔 2세가 옛 영토의 합법적인 주인이자 소유자로 평가되었다고 확실히 밝힌다. 수십 년에 걸친 반발과 국지적 반란에도 불구하고 이 지역을 되찾으려는 계획은 계속되었다. 이 기간에 왕위는 아무런 계승 분쟁 없이 정상적 세대교체를 반영하는 간격으로 아버지에게서 아들에게로 넘어갔다. 이는 엘리트층이 왕의 정책과 거듭되는 전쟁을 전적으로 지지했음을 암시한다. 통치자들의 비문은 궁핍과 기아, 흉년 때문에 고향을 떠날 수밖에 없었던 아시리아인들이 어떻게 이제 본국으로 돌아오게 되었는지를 특히 강조한다.[450] 따라서 이 계획은 아시리아에서 승인받고 지지받았던 것이 분명하다.

잃었던 영토를 찾아 떠난 최초의 군사 원정이 어떠한 역사적 맥락에서 이루어졌는지 이용할 수 있는 사료로는 알 수 없지만, 당시의 정치적 상황을 살펴보면 맥락을 파악할 수 있다. 아시리아는 기원전 11세기의 영토 손실에도 불구하고 당시 중동의 상당히 분열된 정치 지형 속에서 가장 큰 국가였다. 게다가 아시리아는 정치적·문화적 제도가 중단 없이 유지되어 왔으므로 안정된 국가였다. 또한 티글라트-필레세르 1세가 처음으로 전파한, 아시리아가 서아시아의 패권을 주장할 수 있다는 생각은 여전히 인기 있었다. 기원전 10세기 무렵, 예전 아시리아 영토에 새로운 소국들이 들어서면서 정치적 변화가 생긴 초기 이후로, 그 지역 거주자들은 천수답 농사에 의존하는 농부로서 살았기에 아시리아인들과 같은 생활 방식을 공유했다. 따라서 얼마 지나지 않아 그 새로운 통치자들이 오래전부터 티그리스강 유역에 자리 잡고 있던 이웃 국가와도 접촉하게 되었다고 추정해도 무방하다. 하부르 지역이 더는 새로운 정치조직들이 생겨나는 혼란스러운 사육장이 아니라 질서 잡힌 정치 지형으로 바뀌고 전쟁 발발 위험을 명확하게 평가할 수 있게 되자, 아시리아 왕들은 곧바로 영토를 수복하는 작업을 시작했고, 그 계획이 완수될 때까지 몇 세대에 걸쳐 끈질기게 추진했다.

아슈르나시르팔 2세의 아들 샬마네세르 3세Shalmaneser III(재위 858~824 BC) 때에 이르면 티글라트-필레세르 1세 때의 아시리아 영토 범위와 맞먹는 수준으로 영토가 회복되었다. 초기 전환기에 일부 지역 유력자들은 아시리아의 패권을 인정하는 조건으로 그들의 역할을 유지할 수 있었다. 하부르 삼각지대 북쪽에 수도 구자나(현대의 텔 할라프)가 있던 비트-바히아니 왕조가 대표적 예다. 1979년에는 텔 파카리야에서 실물 크기의 하다드이시Hadad-yis'i 동상이 발견되었는데, 이중 언어로, 즉 아시리아 쐐기문자와 알파벳 문자로 표기

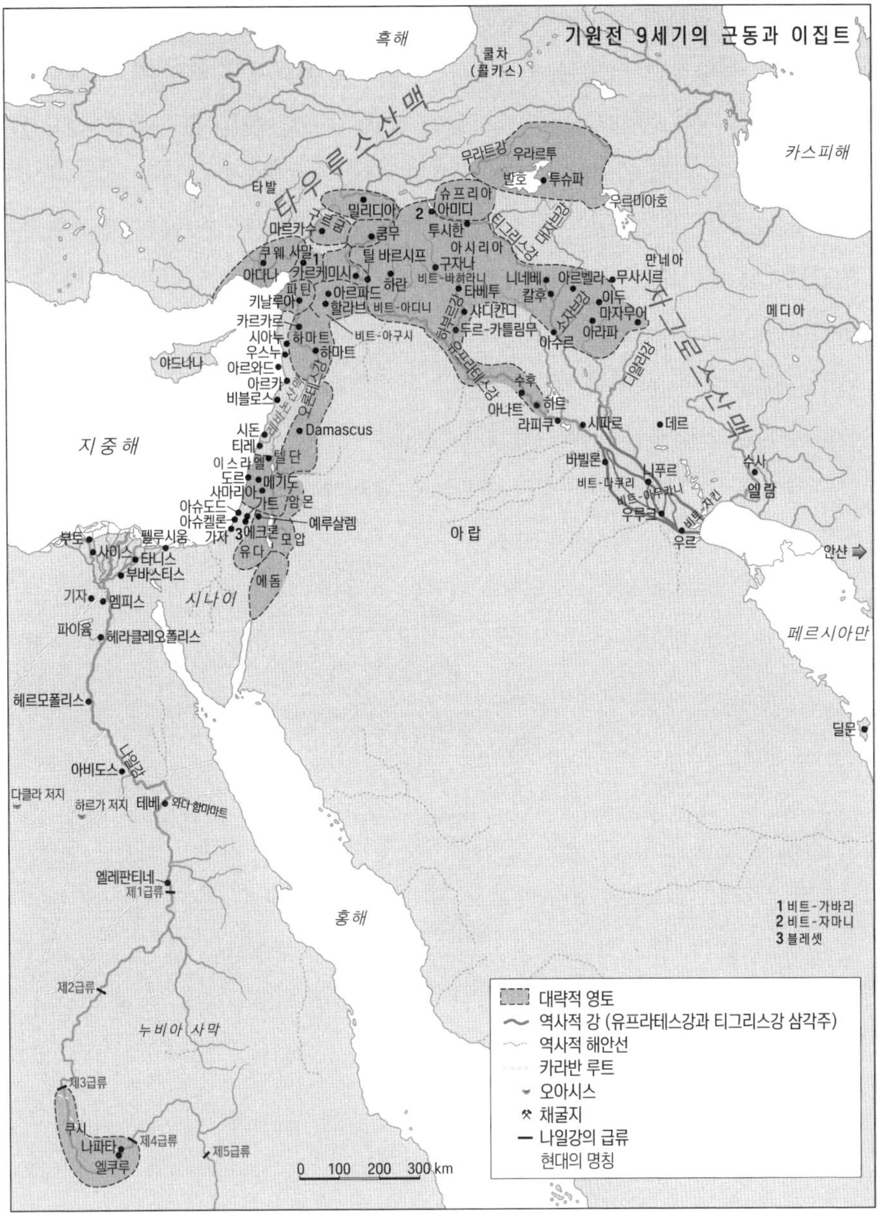

____ 샬마네세르 3세 때(재위 858~824 BC)의 아시리아와 인접 국가들.

된 아람어로 비문이 작성되어 있었다. 아시리아어 문서에서는 하다드이시를 '총독'으로 불렀지만, 아람어 문서에서는 '왕'으로 불렀다.[451] 지역 왕조들은 아시리아 핵심 지역 출신의 국가 관리들로 단계적으로 대체되었는데, 아시리아 군주가 그들을 직접 임명해 복무가 필요한 곳에 파견했다.

아슈르나시르팔 2세는 권력의 전통적 중심지였던 아수르에서 북쪽으로 70킬로미터 떨어진 칼후(현대의 님루드)로 자신의 궁정과 주거지를 옮겼다. 칼후는 이때부터 행정 중심지 역할을 했다. 여기서 아슈르나시르팔 2세는 자신만의 계획에 따라 도시를 건설하고, 그 과정에서 아시리아 정치조직 전체에 새로운 모습을 부여할 기회를 얻었다. 이 급진적 계획이 성공하리라는 보장은 전혀 없었지만, 칼후는 사르곤 2세Sargon II(재위 721~705 BC)가 자신의 새로운 수도 두르-샤루킨Dur-Sharrukin('사르곤의 요새')을 건설할 때까지 아시리아 제국에서 논쟁의 여지가 없는 중심지가 되었다. 아슈르나시르팔 2세는 이주를 준비하고 칼후에 거주할 만한 사람들을 선별하는 일을 맡을 궁전 감독관에 환관인 네르갈-아필-쿠무야Nergal-apil-kumuya를 임명했는데, 훌륭한 결정이었던 것으로 보인다. 그 임명장이 원본으로 보존되어 있다.[452]

새로운 수도는[453] 넓이가 360헥타르 정도로, 아수르의 두 배였다. 도시 성벽 길이는 7.5킬로미터로 정사각형에 가까웠다. 성벽은 거대한 하부 도시뿐 아니라 도시의 남서쪽과 동남쪽 끝에 각기 설치된 방어용 성채까지도 둘러싸고 있었다. 이 두 성채 모두 수천 년 동안 사람들이 거주했던 옛 주거 구릉지 잔해 위에 건설되었다. 칼후의 옛 도시 쪽에 건설된 서쪽 성채에 왕의 궁전이, 그리고 아슈르나시르팔 2세가 새로운 수도에서 숭배하기로 정한 신들인 닌우르타Ninurta, 나부Nabu, (샤라트-니피Sharrat-niphi라는 이름으로 숭배된) 이슈타르, 신Sin 등에게 바치는 신전 아홉 개가 자리 잡았다. 아수르 신을 위해 지어진 신전은 없었다. 이 신이 아수르의 옛 신전에 남아 있었던 것은 그가 산의 신이기에 특정한 한 장소와 연결되어 있다고, 다시 말하면 도시 아수르가 자리한, 티그리스강이 내려다보이는 암석 절벽과 연결되어 있다고 생각되었다는 사실로 설명할 수 있다. 하지만 그와 동시에 아슈르나시르팔 2세의 결정은 확실히 이 군주의 자기 해방의 표현으로 볼 수 있다. 그는 아수르 신의 그림자에서 단호하게 벗어나고 있었다. 아수르에서 그는 주로 신의 대리인으로서 인식되었던 반면에, 칼후에서 그는 제국의 통치자로서 중심 무대를 차지할 수 있었다. 칼후의 서쪽 성채에서 신들의 신전이 아니라 아슈르나시르팔 2세의 궁전이 가장 크고 건축적으로 가장 인상적인 구조물로서 우뚝 솟아 있었던 것은 우연이 아니다.

19세기 중반 이래로 이른바 북서쪽 궁전이 고고학자들에게서 엄청난 관심을 받았다.[454] 그곳은 아시리아에서 가장 완벽하게 발굴된 궁전에 해당하지만, 이 건물 전체가 조사된 것은 아니다. 학자들은 오래전부터 그 궁전에 글과 그림으로 표현된 벽체 부분이 있다는 것을 잘 알고 있었다. 그곳의 석벽은 쐐기문자로 된 글귀와 아슈르나시르팔 2세를 찬양하는 그림들로 장식되어 있다. 그 그림들은 악을 물리치는 강력한 영혼들을 문장紋章 형태로 묘사하는데, 한 가지 주목할 만한 예외가 있다. 접견이 허용되는, 왕좌가 있는 알현실에 왕과 그 조신들을 묘사한 모습뿐 아니라 왕이 이끄는 아시리아 군사들이 이웃 국가들을 상대로 전투에서 승리를 거둔 뒤 왕이 그 국가들로부터 조공을 받는 이야기 같은 장면들이 등장했기 때문이다. 놀라운 발견은 여전히 가능하다. 예를 들어 1989년에 이라크 고대 유물 및 유산 국가 위원회 회원들이 그 궁전의 주거 구역에서 보수 작업을 하던 도중에 몇몇 왕비의 무덤을 원래 그대로의 상태로 발견했다.[455] 그 무덤들 중에는 아슈르나시르팔 2세의 마지막 왕비 무덤도 있었는데, 아슈르나시르팔 2세의 뒤를 이은 아들 샬마네세르 3세는 아버지가 사망한 뒤 그 왕비와 결혼했다. 물리수-무칸니샤트-니누아Mullissu-mukannishat-Ninua라는 이 여성은 궁정에서 가장 중요한 조신 중 한 명인 잔 드리는 자의 딸이었다. 그녀의 무덤에 들어 있던 호화로운 부장품은 궁정 생활을 규정 짓는 사치스러움이 어느 정도였는지 잘 보여 준다. 왕비의 옷과 부장품들은 (그 당시에도 여전히 진귀했던) 인도 면화나 수정 등 전 세계에서 온 진귀한 재료들로 만들어졌다. 더욱이 해골의 치아 조사에서 밝혀졌듯이, 이 궁전에 살던 사람들은 반드시 건강에 좋은 것은 아닐지라도 최고의 식사를 즐겼다.

(아슈르나시르팔 2세가 알현실 근처 궁전 안마당에 세운) 이른바 연회 비석의 비

문에 따르면 도시 칼후를 건설하고 벌인 축제에 6만 9574명의 남녀 손님이 참석했다.[456] 모두 왕에 대한 충성심을 고백했을 것으로 보이는 칼후의 새로운 거주자들 외에 아시리아 전역에서 손님이 찾아왔고, 페니키아의 항구인 티레와 시돈을 포함해 외국에서도 5000명의 사절단이 방문했다. 아슈르나시르팔 2세는 손님들을 위해 열흘 동안 성대한 잔치를 벌였는데, 잔치에 제공된 요리가 그의 비문에 기록되어 있다. 그 행사를 위해 양과 소 1만 7000마리, 그리고 그 두 배에 달하는 오리, 거위, 비둘기를 잡았다.(당시의 메소포타미아에는 아직 닭이 알려지지 않았다.) 손님 한 명당 새 반 마리와 넉넉한 양의 소고기 및 양고기를 받은 것으로 계산할 수 있다. 또한 제공된 음식 중에는 엄청난 양의 채소와 과일, 향신료, 유제품뿐 아니라 사냥한 짐승, 생선, (우리로서는 다소 놀랍지만) 설치류도 포함되어 있었다. 맥주 1만 통과 포도주 1만 부대도 소비되었는데, 포도주는 당시 관습에 따라 물을 탔을 것이다.

아슈르나시르팔 2세는 새로운 수도를 건설함으로써 활기를 되찾은 아시리아 왕국에 극적인 기념물을 안겨 주었을 뿐 아니라 자신에게 유리하도록 철저히 권력 형태를 바꾸고 집중시켰다.[457] 오늘날의 관점에서 보면 아시리아 역사의 제국적 면모는 여기에서 시작한다. 군주의 권한을 강화한다는 것은 다른 통치자들과 그의 관계를 재해석한다는 의미이기도 했다. 따라서 이제 다른 통치자들은 아시리아를 더는 동맹국이 아니라 그들의 대군주로 생각해야 했다. 그들의 영토가 아시리아의 행정 체계로 통합된 속국이 된 것은 아니었지만, 그들은 이제 '아수르의 멍에'를 짊어지게 되었다.[458] 이는 아시리아 제국에 노동력과 군사적 지원을 제공할 뿐 아니라 매년 고정된 요율로 공물을 바쳐야 한다는 의미였다. 그 대가로 아시리아는 보호를 제공했다. 현지 여건과 이웃 국가들과의 관계가 약소국이 제국과의 동맹을 일방적이고 억압적인 관계로 보는지, 아니면 서로에게 이익이 된다고 생각하는지 결정할 것이었다. 아시리아와의 동맹은 이웃 국가들이 적대적일 때는 커다란 이점을 제공했지만,[459] 그러한 위협이 없는 경우에 아시리아 제국에 내야 할 세금은 종종 분노의 대상이 되었다. 그렇게 분노가 드러난 경우에 관해 아시리아의 비문은 그 결과로 생긴 군사적 개입이 세계 전체를 위협하는 혼란스럽고 부당한 상황을

—— 아시리아 왕 아슈르바니팔이 통치자로서 사나운 사자와 싸우는 모습을 보여 주는 부조. 샬마네세르 3세의 통치기부터 최고위 관리들은 권위의 상징으로서 이러한 그림을 도장으로 새긴 금반지를 지녔다. 이 부조는 니네베에서 발견되었다. (Wikimedia Commons, © Carole Raddato)

바로잡는 데 필요한 조치라고 설명한다. 그러한 맥락에서 아시리아 왕은 신의 은총으로 통치하는 우주 질서의 수호자로서 자신의 핵심적인 이념 기능을 과시하고 확인할 수 있었다.[460] 따라서 반란 사례들은 조용히 넘어간 것이 아니라 제국의 공식 담화에서 가장 중요한 부분을 차지하게 되었다.[461]

아슈르나시르팔 2세의 아들이자 승계자인 샬마네세르 3세(재위 858~824 BC) 때 바로 이러한 우주 질서 개념을 상징하는 제국의 인장 디자인이 선택되었다. 뒷다리로 선 사자의 머리와 배를 왕이 단도로 찔러 물리치는 모습이 바로 그것이다.[462] 아시리아 사람들에게 사자는 신들이 창조한 균형과 조화를 항상 위협하는 혼란 상태를 상징했다. 이 시기에 왕은 사자 괴롭히기를 대중 의식으로 거행했는데, 아주 세세한 부분까지 준비해 치렀다. 왕은 조수와 사냥개들을 데리고 이 명백한 목적을 위해 우리에서 풀려난 거대한 고양이들을 죽이는 일종의 우화극을 통해 혼란을 진정시켰다.[463]

국가 관리들은 왕의 명령을 받아 새로운 근무지로 파견되기 전의 임명식에서 사자를 죽이는 통치자의 모습이 담긴 금반지를 받았다. 그에 따라 제국 곳곳에서 수행된 모든 공식적 활동은 아시리아와 우주 전체의 지속성을 보장하는 왕의 중심 역할을 확인했다. 기원전 9세기부터 다수의 환관이 관료 사회의 여러 계층에 진출했다.[464] 자식을 얻을 수 없는 그들의 신체적 상황을 고려하면 그들이 현지에서 왕조를 세울 위험이 전혀 없었으니, 왕이 보기에는 그들이 훨씬 더 믿음직했고 아시리아 제국의 청렴성도 높아졌다. 그러나 환관을 행정부에 고용한 것은 (기원전 10세기에 아시리아의 영토가 재정복되면서 제국의 시대가 시작되었다고 일반적으로 알려진 것과는 달리) 아시리아 시기의 혁신은 아니었다. 수백 년 동안 환관들은 다양한 국가의 궁정에서, 그중에서도 아시리아와 하티의 궁정에서 책임 있는 지위에 중용되었는데, 그들의 임무는 특히 왕실의 여성들과 소통하는 일과 관련이 있었다.[465] 따라서 거세된 남자들에게 열려 있던, 궁정에서 특별한 경력을 쌓을 기회는 오래전부터 아시리아 엘리트층도 확실하게 알던 일이었다.

아들이 고위 행정직에 오를 수 있도록 가족들이 이런 식으로 어릴 때 미리 준비시키기로 의식적으로 결정했을 것이라는 견해를 뒷받침하는 증거는 많다. 다른 문화에도, 예를 들면 비잔티움 제국이나 중국에도 유사한 사례가 있다. 하지만 사회적 태생은 중요한 역할을 하지 않았다. 오히려 "궁전에 들어가겠다는" 결정, 그리고 그렇게 하는 과정에서 왕을 섬기기 위해 자신의 친가족을 버리는 결정이 중요했다. 행정 관리가 전부 환관인 것은 아니었지만, 이 고위직 후보자들은 자식을 얻을 수 없어 본인만이 권력을 누릴 수 있다는 점에서 아시리아의 가문이든 지방의 가문이든 과거에는 왕이 경쟁해야만 했던 유력 가문들이 행사하던 지속적 압력을 억제하는 평형추 역할을 했다. 더욱이 그 관습은 국가기구의 전문화를 초래했다. 이제 적절한 교육이 혈통보다 더 중요해졌다. 따라서 왕 본인뿐 아니라 모든 관리가 쐐기문자로 아시리아어를 읽고 쓸 줄 알았다고 안전하게 추정할 수 있다. 물론 그렇게 하는 것이 전문 인력의 영역이었지만 말이다.[466] 왕실의 서한이나 판매 계약서 같은 일부 문서의 경우에는 쐐기문자 사용이 필수였지만, 정부 행정이나 사적 상황에서는 알파벳 문자로 된 아람어 또한 사용되었다.[467]

왕을 대신해 권력을 행사하도록 지방에 파견된 환관들은 겉모습만으로도 쉽게 확인할 수 있었다. 의식을 위해 청결해야 한다는 이유로 모든 털을 깨끗이 깎았던 신전 관리들을 제외하면 성인 남성들은 대개 덥수룩한 턱수염을 길렀다. 하지만 환관들은 호르몬의 영향 때문에 그렇게 할 수 없었다. 턱수염이 없는 모습은 그 환관이 왕실에 소속되었음을 확실히 알려 주었다. 한편으로는 턱수염이 없는 외모 때문에 왕과의 밀접한 관계가 쉽게 드러날 수 있었고, 다른 한편으로는 그들이 왕으로 오해받을 위험도 전혀 없었다. 샬마네세르 3세 때 궁정에서 일하던 고위 환관 관료들이 제국의 외곽 지역으로 보내졌는데, 그곳에서 그들은 왕국을 보호하는 역할을 충실히 해냈다.[468] 이때부터 궁전의 전령사(나기르 에칼리nagir ekalli), 재무 관리자(마센누masennu), 잔을 드리는 자(라브 사베rab šaqê)의 임무에 군주의 시중을 직접 드는 일이 더는 포함되지 않았다. 그 대신에 이들은 군사령관(투루타누turtanu, 말 그대로 왕 다음의 '이인자')처럼 핵심 국경 지대를 감독함으로써 제국의 중심 지역을 지키는 일을 맡았다. 새로운 직함 대신에 궁정에서 맡은 지위를 가리키던 전통적 명칭을 그들의 직함으로 사용했다는 사실은 이 관리들이 왕과 가까웠고 왕에게 의존했음을 강조했다. 이 네 개의 관직은 국가의 지배 계층 내에서 통치자 바로 아래에 해당했다. 따라서 제국에서 가장 중요한 지위에 속했다. 그 자리를 차지한 사람들은 대단한 영향력을 행사했지만, 네 사람 사이 힘의 균형에 의해 견제되었다.

고령인 샬마네세르 3세의 오랜 통치 기간이 끝나 갈 무렵, 왕이 총사령관인 다이얀-아수르Dayyan-Assur[469]에게 자신의 군 지휘관 역할을 대신하게 하는 일이 늘었다. 그가 왕보다 많이 어렸을 리가 없었는데도 말이다. 아시리아 통치자는 왕좌에서 내려오는 것이 불가능했다. 더는 기다릴 수 없었던 왕세자 아수르-다인-아플루Assur-da''in-aplu는 아버지를 상대로 반란을 일으켰다. 아수르, 니네베, 아미디(현대의 디야르바크르) 같은 중요 도시를 포함해 아시리아의 스물일곱 개 도시가 그를 지지했다. 이 반란이 성공적으로 끝났다면 그 왕세자는 왕위에 올랐을 것이다. 아시리아에서는 왕위를 획득하기 위해서라면 왕실 내 암살도 허용할 수 있는 행동으로 여겨졌다. 하지만 왕위를 노리던 왕세자는 권력 중심지인 칼후와 더불어 '빅Big 4'의 지지를 받지 못했다. 샬마네세르 3세가 이후 몇 년 동안 이어진 분쟁 중에 사망했을 때, 샴시-아다드 5세Shamshi-Adad V(재위 823~811 BC)가 왕세자인 형 대신에 왕위에 올랐다. 그가 완전히 권력을 확립하기까지 3년이 걸리기는 했지만 말이다.[470] 이 위기의 시기에 그 네 명의 유력자는 국가와 국가의 통합을 지키기 위해 행동했다. 새로운 왕이 비교적 젊은 나이에 어린 아들만을 후계자로 남기고 세상을 떠났을 때도 같은 원칙이 적용되었다.

전반적으로 샴시-아다드 5세의 아들 아다드-니라리 3세Adad-nerari III(재위 810~783 BC)의 통치는 성공적이었고, (전설에는 세미라미스Semiramis로 등장하는) 그의 어머니 샴무라마트Shammuramat와 여러 고위 관리가 왕의 통치 초기에 섭정으로서 권력을 행사했어도 아시리아의 패권은 과도하게 영향을 받지 않았다.[471] 남부 레반트에서 서부 이란에 이르는 속국들은 현지 통치자들의 지배하에 남아 있었다. 그들은 아시리아 왕에게 충성을 맹세하고 딸은 왕실 신부로, 아들은 궁정에서 자라는 인질로 바쳤다. 아다드-니라리 3세와 그의 어머니, 그리고/또는 총사령관인 샴시-일루Shamshi-ilu의 이름으로 국경선을 선언한 몇몇 비석을 통해 타우루스 지역에서 몇몇 속국 지배자 간의 영토 분쟁이 해결된 사실이 입증되었다.[472] 샴시-일루와 몇몇 총독은 자신의 기념비를 남김으로써 왕과 함께 자기 자신을 후대에 영원히 알렸다. 실제로 그의 본거지였던 유프라테스강 유역의 도시 틸-바르시프Til-Barsip의 성문에 세워진 샴시-일루 비문은 아시리아 북쪽의 이웃 나라인 우라르투와의 전투에서 거둔 승리를 기념하는데, 왕은 비문에 전혀 거명되지 않았다.[473] 그렇기는 해도 아시리아의 국가 구조와 관료 정신은 긍정적으로 보아야 한다. 제국의 통합과 집권 가문의 통치가 절대 문제되지 않도록 확실히 했기 때문이다. 아시리아 역사에서 제국이었던 시기에 행정 기구의 전문성과 효율성은 국가 최고위층의 문제를 덜어 주었다. 그 결과로 폭력적 왕위 계승 사례마저도 비교적 순조롭게 해결될 수 있었다. 그러나 기원전 7세기에 접어들면서 관리들의 권한이 점점 줄어들고 핵심부의 왕실 가족과 조신들로 이루어진 소수 무리에 권력이 집중됨에 따라 그러한 역학 관계에 변화가 생겼다. 실제로 이러한 과정은 기원전 7세기의 마지막 30여 년 동안 제국이 해체된 주요 원인으로 볼 수 있다.

우라르투: 산악 지대의 강국

우라르투는 아시리아가 그들의 영토 북쪽의 산악 지대에 있는 국가를 가리키는 데 사용한 명칭으로, 그곳 사람들은 비아이닐리Biainili로 불렀다. 동부 아나톨리아를 중심으로 한 이 정치체는 이란의 우르미아호 서쪽 지역과 무라트강 유역에 대한 통치권을 주장했다. 우라르투 역사의 맨 앞부분이 알려지게 된 것은 오직 기원전 9세기 후반의 아시리아 자료 덕분이다.[474] 따라서 그 국가가 탄생해 통합되기까지의 과정은 상대적으로 불분명한 상태로 남아 있다. 그러나 샬마네세르 3세의 비문에 따르면 반호 동쪽 기슭의 가파른 절벽 위에 자리 잡은 투슈파(현대의 반 칼레시)가 우라르투의 수도가 되기 전에 왕조와 권력 소재지가 적어도 한번은 교체되었던 것이 분명하다.

아시리아와의 적대 관계는 우라르투의 역사 대부분을 형성했다. 두 국가가 타우루스산맥과 자그로스산맥을 넘어가는, 전략적으로 경제적으로 중요한 경로를 차지하기 위해 경쟁했기 때문이었다. 우라르투가 북부 시리아의 정치 무대에 등장하기 전에 타우루스 지역의 통치자들은 아시리아의 패권을 인정하는 편이었고, 남쪽 이웃들이 주로 저항했다. 기원전 835년에 이들 지역의 세력균형을 제대로 보여 주는 예가 등장한다. 샬마네세르 3세가 유프라테스강 유역의 비트-아디니를 정복하자, 카르케미시, 쿰무, 아르파드, 밀리디아, 사말, 파틴, 구르굼의 왕들은 곧바로 제국에 충성을 맹세했다. 그런데 얼마 지나지 않아 샬마네세르 3세는 오론테스 평원의 카르카르Qarqar에서 벌어진 전투에서 다마스쿠스, 하마트, 이스라엘, 암몬의 군대뿐 아니라 이집트 군대와 (단봉낙타를 탄) 아랍 군대의 지원을 받은 비블로스, 아르카Arqa(이르카나투Irqanatu), 아르와드, 우스누Usnu(우사나투Usanatu), 시아누Siannu 같은 페니키아 항구도시의 군대를 맞닥뜨렸다.[475] 그러나 기원전 8세기에 우라르투의 영향력이 유프라테스강 유역으로 퍼지기 시작하자 타우루스 산악 지대의 통치자들이 복종적 태도를 버렸다. 이제 아시리아를 대체하는 존재가 등장했기 때문이다. 이후 이어진 충돌이 아시리아 사료에 자주 언급되는데, 이는 그 시기 역사를 재구성할 수 있는 토대를 제공한다.

이후 수십 년 동안 우라르투와 아시리아의 운명과 관련된 핵심적인 사건들은 다음과 같다. 기원전 754년에 우라르투가 아르파드 왕국 영토(북부 시리아)에서 아수르-니라리 5세Assur-nerari V(재위 754~745 BC)가 이끈 아시리아 병력을 상대로 거둔 승리, 기원전 743년에 아시리아가 같은 지역에서 티글라트-필레세르 3세Tiglath-Pileser III(재위 744~727 BC)가 왕위를 찬탈한 직후 병사를 이끌고 나와 우라르투 군대를 상대로 거둔 승리, 아시리아 왕 센나케립Sennacherib(재위 704~681 BC)이 암살된 이후 기원전 681년에 옛 왕세자이자 국왕 살해자인 우르두-물리시Urdu-Mullissi가 (그의 공모자들과 함께) 우라르투로 몸을 피한 사건, 마지막으로 우라르투가 아시리아의 패권을 인정했을 때인 기원전 652년에 평화협정이 체결된 사건이다.[476] 우라르투가 지나간 궤적에서 핵심을 정리하면 다음과 같다. 기원전 8세기 전반기에 아시리아의 이해관계에 심각한 위협을 가했다. 티글라트-필리세르 3세가 동서 방향으로 대대적 세력확장을 추진함에 따라 냉전이 일어났고, 우르미아호 남쪽의 이란계 왕국 만나이 같은 곳에서는 대리전이 치러졌다. 마지막으로 기원전 7세기에 국가가 붕괴했다.

아시리아 사료는 우라르투의 서쪽 국경, 남쪽 국경, 동쪽 국경의 지역 정세에 관해 믿을 만한 정보를 제공하는데, 그 국가의 북쪽 이웃 국가들과의 관계는 대체로 알려진 것이 없다. 가끔 쿨하Qulha(훗날의 콜키스)를 침략한 것 외에 흑해 연안 지역은 우라르투의 관심 대상이 되지 않았다. 기원전 8세기 후반부터 말을 탄 전사들이, 다시 말하면 처음에는 킴메르인이, 그다음에는 스키타이인들이 캅카스 지역을 거쳐 아나톨리아와 이란에 나타났다.[477] 그렇게 하려면 그들은 우라르투 영토를 지나가야 했는데, 기원전 709년에 우라르투는 킴메르인들에 패하고 말았다. 이 패배에 관한 상세한 내용은 아시리아 첩자들이 작성한 보고서로만 알 수 있지만, 피해 규모가 워낙 컸으므로 1년도 지나지 않아 아시리아는 빈틈없이 지켜지던 말라티아 주변 지역과 그곳의 중요 지점인 유프라테스강 도하 지점까지 정복하는 데 성공할 수 있었다.[478] 하지만 이 유목 기마인들의 활동이 다른 측면에서 우라르투에 어떻게 영향을 미쳤는지는 여전히 불투명하다.

산 중턱을 잘라 내 만든 요새들이 우라르투 주거지의 주를 이루었는데, 이들 요새에는 엄청나게 큰 저장 창고가 갖추어져 있었다.[479] 요새는 그 어떠한 침입자도 막아 주는 훌륭한 보호막이 되어 준 한편, 힘겨운 겨울을 (어쨌든 창고에는 포도주가 가득 차 있었으니) 편안히 보낼 수 있게도 해 주었다. 쉽게 눈에 띄는 비문들 덕분에 이러한 방어 시설들이 왕의 건설 계획으로 지어졌음을 확인할 수 있는데, 탑 모양의 신전도, 그리고 산에 들어가는 문처럼 보이게 바위를 잘라 내 만든, 신에게 제물을 바치는 숭배 예식용 벽감도 마찬가지다. 이 모든 독특한 구조물은 열악한 지리 조건과 기후 조건으로 인해 개별 계곡과 고원이 몇 달이고 계속해 각기 고립된 상태로 지낼 수 있었는데도 기원전 7세기까지 오늘날의 동부 튀르키예, 북서부 이란, 남부 아르메니아에 해당하는 고지대 지역을 성공적으로 통합한 의식적 화합 전략의 일부분이다.

우라르투에서는 기원전 9세기 후반, 사르두리 1세Sarduri I의 통치기부터 아시리아식 쐐기문자가 사용되었다.[480] 처음에 그 문자는 아시리아어로 문서를 기록하는 데 사용되었지만, 곧이어 자국어로 된 비문과 문서에도 사용되었다. 우라르투는 다른 문자, 특히 루비아어의 음절문자나 알파벳을 쉽게 이용할 수 있었는데도 적국의 문자 체계와 기술(점토판, 첨필, 인장)을 채택했는데, 아시리아의 첫 우라르투 원정 때 아시리아 필경사들을 포로로 잡아 왔기 때문인 듯하다. 또한 우라르투의 다른 행정 관습들이 아시리아를 모델로 삼았기 때문일 수도 있다. 어쨌든 아시리아 사료는 우라르투의 궁정, 관료제, 지방 분할이 아시리아 제국을 따른 것으로 묘사하며, 그렇게 암시한다. 반대로 아시리아는 우라르투 군대를 보고 샬마네세르 3세 때 기병을 도입했다. 또한 사르곤 2세와 센나케립이 군사 원정 중에 직접 볼 수 있었던 우라르투의 광범위한 관개 시스템 역시 두 왕의 수도인 두르-샤루킨과 니네베에 각기 건설된 거대한 운하 단지의 모델이 되었을 가능성이 있다.[481]

그러나 이 두 군주국은 각자의 수호신과 맺은 관계에서 근본적으로 차이가 있었다. 우라르투의 통치자들은 자신들이 칼디Khaldi 신의 대리자라고 생각했다. 칼디 신의 가장 중요한 신전은 아르디니Ardini에 있었는데, 오늘날 아시리아 지명인 무사시르로 더 잘 알려진 도시다.[482] 우라르투 왕들은 이 신을 기리기 위해 수없이 많은 신전을 세웠지만, 그들은 최고위 관리들과 함께 정기적으로 무사시르를 순례했다. 그곳은 우라르투 왕위에 오를 후계자가 임명될 수 있는 유일한 장소였다. 그렇기는 해도 이 도시는 우라르투의 직접 통치를 받는 지역에 있지 않았다. 그곳은 자그로스산맥의 서쪽 면에 있는 라완디즈Rawandiz 근처의 시데칸Sidekan 고원에 자리 잡은 조그만 왕국의 수도였다.[483] 그곳은 투슈파보다는 아시리아 중심지에서 훨씬 더 쉽게 접근할 수 있었다. 따라서 아시리아는 단순한 전략적 이유만으로도 경쟁국인 우라르투와 아주 밀접한 관계를 맺고 있는 무사시르를 묵인할 수 없었다. 결과적으로 이 작은 나라의 통치자들은 두 적대적 강대국의 갈등을 조정하는 어려운 역할을 할 수밖에 없었고, 양쪽 모두 불만스러워하는 일이 흔했다. 기원전 714년에 치러진 군사 원정에 대해 아시리아 왕을 대신해 준비한, 아수르 신에게 바친 보고서를 보면 사르곤 2세가 칼디 신전을 약탈하고 그 신의 조상을 아수르로 가져온 조치는 무사시르 왕이 아니라 우라르투 통치자를 모욕하기 위한 것이었음을 확실히 알 수 있다. 아시리아는 우라르투 통치자의 간담이 서늘해지는 것을 악의에 찬 기쁨으로 상상했을 것이다.

기원전 7세기 후반기에 우라르투가 종말을 고한 상황은 그 국가의 시작만큼이나 불분명하다. 이는 아시리아 때문은 아니었다. 카르미르-블루르, 아야니스Ayanis, 차부슈테페Çavuştepe 등 우라르투의 요새에서 발견된 엄청난 양의 화살촉 같은 멸망의 잔존물들은 기마 유목 집단의 공격에서 기인한 듯하다.[484] 우라르투가 차지했던 지역은 기원전 5세기부터 아르메니아로 알려지게 된다.

아시리아: 지중해 지역에서 페르시아만에 이르는 세계적 강대국

기원전 8세기에는 두 경쟁자가 아시리아의 야망을 위협했다. 우라르투는 험준한 타우루스산맥과 자그로스산맥 반대쪽인 오늘날의 동부 튀르키예, 아르메니아, 북서부 이란에 해당하는 지역에 자리 잡고 있었다. 현대의 수단에 해당하는 훨씬 남쪽에는 쿠시의 중심지가 있었다. 그 왕국은 이집트를 지배하게 된 뒤 남부 레반트로 관심권과 영향권을 확장하기 시작했다. 이러한 상황에서 지배자 아시리아에 대한 속국 통치자들의 충성심은 더는 보장되지 않았다. 기원전 754년에 새로 왕이 된 아수르-니라리 5세(재위 754~745 BC)는 옛 동맹국 아르파드의 영토에서 우라르투 왕 사르두리 1세와 그의 동맹군을 상대하다 쓰디쓴 패배를 맛보았다. 그로 인해 아시리아의 대외 정책은 수년간 마비되었다. 다음번 군사 원정은 기원전 749년이 되어서야 이루어졌다. 이번에는 남쪽으로 바빌로니아 인접 지역을 향해 떠났는데, 이제 그곳에서도 아시리아의 이권은 위험에 처한 상태였다.

결국 기원전 746년에 제국의 중심지인 칼후에서 반란이 일어났다. 몇몇 고위 총독의 지원을 받은 티글라트-필레세르 3세(재위 744~727 BC)가 이듬해에 왕위에 올랐다. 고립주의자였던 아버지 아수르-니라리 5세와는 달리 이 새로운 왕은 이웃 국가들을 상대로 공격적 정책을 추구하는 데 깊은 관심을 보였다. 국내 통치가 자리를 잡자마자 티글라트-필레세르 3세는 기원전 9세기에 아시리아의 패권을 받아들였다가 그 이후에 우라르투나 쿠시 쪽으로 전향했거나 다마스쿠스나 남부 바빌로니아의 비트-야킨Bit-Yakin처럼 독자적 강대국으로 등장한 모든 지역을 상대로 군사 원정을 떠나기 시작했다. 지역 유력자를 권좌에 남겨 둠으로써 간접적으로 통치하던 아시리아의 전통 방식이 갑자기 중단되었다. 그 대신에 정복한 영토를 아시리아 국가의 속주로 바꿈에 따라,[485] 아시리아 영토가 순식간에 과거보다 두 배로 커졌다. 티글라트-필레세르 3세의 비문[486] 외에, 총독들과 나눈 왕실 서한에는 이러한 정세가 제대로 기록되어 있다. 이들 서한은 1952년에 수도 칼후에서 발굴되었는데, 지배력을 확고히 하려는 아시리아의 전략이 실리적 특징을 가졌음을 여실히 보여준다.[487] 티글라트-필레세르 3세는 국가 관료들이 엄청나게 멀리 떨어져 있는 경우가 흔했는데도 그들의 충성심과 능력을 확신할 수 있었다. 아시리아의 혁신적 우편제도는 역사상 처음으로 역참을 이용해 편지를 더욱 빠르게 전달했는데,[488] 국가 통신에서 중요한 역할을 했다. 제국이 커짐에 따라 새로이 편입된 모든 속주에 이 제도가 확대되었는데, 이후에 그 지역에 등장한 국가들은 아시리아의 기간 시설에 계속 크게 의존했다.

기원전 745년에 아시리아의 남쪽 국경선에서 진행되던 바빌로니아의 진격이 중단되었다. 그리고 기원전 744년에는 현대 이란의 디얄라강 수원 지역에 두 개의 속주가 세워졌다. 기원전 743년에 우라르투는 동맹국들과 함께 유프라테스강 쪽에서 아시리아를 공격했지만, 티글라트-필레세르 3세는 그들을 물리친 뒤 반호의 호숫가에 자리한 수도 투슈파로 적군을 추격하기까지 했다.[489] 예전에 자신들을 보호해 주던 우라르투가 견제를 받자, 기원전 740년과 기원전 732년 사이에 아르파드, 다마스쿠스, 파틴, 이스라엘 북부가 독립된 지위를 상실했다. 타우루스 지역의 카르케미시, 쿰무, 구르굼, 사말이, 남부 레반트의 다른 필리스티아계 도시들을 비롯한 유다, 티레, 아슈도드가, 요르단강 동쪽 기슭의 암몬, 모압, 에돔이 아랍 부족들과 마찬가지로 아시리아 왕에게 충성을 맹세했다.[490] 기원전 731년부터 티글라트-필레세르 3세는 남쪽으로 방향을 틀어 칼데아(아람족) 통치자들을 제압하기 위한 군사 원정을 이끌었다. 칼데아 통치자들은 바빌로니아의 옛 왕실 혈통이 사라진 이래로 여러 도시국가와 부족으로 나뉜 정치 지형 속에서 바빌론의 왕으로 불리며 지배력과 인정을 얻기 위해 경쟁해 왔던 자들이었다.[491] 티글라트-필레세르 3세는 그 지역 도시 엘리트들이 보기에 대안으로 보일 만한 것을 제시했다. 기원전 729년에 칼데아의 경쟁자들을 차례로 물리친 그는 자신의 본명인 풀루Pulu로 바빌론 왕위에 올랐다. 이러한 영예는 당시 그 도시의 재산을 공동으로 관리했던 바빌론 시민들('유복하게 태어난 자' 정도의 뜻인 마르 바네mar banê)이 초대하고 찬성한 경우에만 얻을 수 있었다.[492] 남부 메소포타미아의 다른 도시에도 비슷한 정치조직이 있었는데, 바빌로니아 제국의 왕들은 기원전 6세기가 되어서야 이러한 도시 회의체의 권리와 의무를 대폭 축소할 수 있었다.

티글라트-필레세르 3세가 새로운 지위에 오르면서 아시리아 영토는 "위쪽 바다에서 아래쪽 바다까지", 즉 지중해에서 페르시아만까지 펼쳐졌다. 그는 문학작품의 소재가 된 아카드 사르곤 왕의 전설적 영예에 기원전 제3천년기 이래 최초로 필적한 통치자였다. 이 새로운 정세가 무엇보다 경제적 이득을 안겨 주었다는 것은 말할 필요도 없으며, 이는 칼후에 새로이 세워진 궁전 입구의 다음과 같은 공식 명칭에서 확인되었다. "전 세계의 통치자들에게 공정한 판결을 내려 주고, 산과 바다의 수확물을 제공하며, 그들의 주인인 왕 앞에 인류의 생산물을 내놓도록 허락하는 정의의 문."[493] 세계 각지에서 온 상품을 언제든 얻을 수 있었다는 사실은 그 통치자의 무한한 권력에 관한 인상적 증거가 되었다.

티글라트-필레세르 3세는 바빌로니아의 왕이 해야 할 의무를 가볍게 생각하지 않았다. 그래서 그는 해마다 열리는 새해 축제 의식에 참여했고,[494] 이를 통해 바빌론 신전에 모셔진 마르두크(또는 단순히 '주인'을 의미하는 벨Bel) 신이 선택한 통치자라는 그의 지위를 확인받았다. 아시리아 왕과는 달리 바빌론의 왕권 개념에서는 통치자가 마르두크의 대제사장이 될 수 없었다. 따라서 왕은 세습직인 신의 사제들과 권력을 협의해야 했다. 마르두크 본인이 그 국가의 진정한 통치자라는 이념을 고려하면, 그의 사제들은 이집트 제3중간기 때 테베의 아문 사제들과 맞먹을 만큼의 영향력을 행사했다. 의미심장하게도 세계를 정복한 티글라트-필레세르 3세는 신년 축제에 바빌론의 왕이 치러야 하는 다소 굴욕적인 의식도 기꺼이 따랐다. 우선 왕이 왕실 휘장을 내려놓아야 했는데, 사제가 그렇게 한 왕의 귀를 잡고 마르두크 조상 앞까지 끌고 갔다. 무릎을 꿇은 왕은 특정한 원고에 따라 용서를 구해야 했는데, 이 원고에 따르면 왕은 자신이 훌륭히 권한을 행사했다고 확언하고 앞으로도 계속 그렇게 할 의사가 있음을 선언해야 했다. 그러고 나면 곧바로 사제가 왕의 머리를 때렸는데, 눈물이 날 정도로 상당히 세게 때렸다. 이는 마르두크가 나타내는 호의의 표시로 여겨졌다. 아시리아의 왕실 이념에 따르면,[495] 티글라트-필레세르 3세는 신들이 통치를 위해 만든 고귀한 존재라고 자기 자신을 생각할 자격이 있었다. 하지만 바빌로니아의 개념에서 그는 전적으로 마르두크의 후원으로 권한을 얻은 인간에 지나지 않았다.

티글라트-필레세르 3세는 기원전 727년에 세상을 떠났고, 오래도록 왕세자로 지냈던 아들 샬마네세르 5세Shalmaneser V(재위 726~722 BC)에게 질서 잡힌 국가를 물려주었다.[496] 그 누구도 왕위 계승에 이의를 제기하지 않았고, 샬마네세르 5세 또한 자신의 본명 울룰라유Ululayu로 바빌론의 왕좌에 올랐다. 아버지의 공격적 대외 정책을 이어 간 그는 서쪽의 이스라엘 남부 지역과 킬리키아 평원의 아다나와(쿠에) 왕국을 병합했다. 얼마 지나지 않아 여전히 밝혀지지 않은 이유로 쿠데타가 발생해 그의 동생이 집권하면서 사르곤 2세(재위 721~705 BC)라는 이름으로 왕이 되었다.[497] 그 새로운 왕은 이미 수십 년째 계속된 전쟁에 지친 파벌을 대표했을까? 어떤 경우든 간에 아시리아는 사르곤 2세 때 더 보수적이고 방어적인 태세를 취했다. 그러나 사르곤 2세가 권력을 장악하는 과정은 25년 전 티글라트-필레세르 3세의 쿠데타만큼 순조롭지 않았다. 아시리아 중심부는 물론 시리아와 바빌로니아에서도 저항이 발생했다. 실제로 시리아와 바빌로니아의 영토는 완전히 사라졌고, 비트-야킨의 칼데아인 통치자 마르두크-아플라-이디나 2세Marduk-apla-iddina II가 바빌론의 왕이 되었다. 결국에는 사르곤 2세가 제국의 중심부와 (티글라트-필레세르 3세가 몰락시킨 하마트 왕국이 잠시 다시 등장했던) 서부의 소요를 가까스로 진압했지만, 새로운 문제가 끊임없이 불거졌다. 마르두크-아플라-이디나 2세가 엘람 왕국, 우라르투의 루사스 1세Rusa I, 무시키의 미타Mita(국제 무대에 새로운 주자로 등장한 중앙아나톨리아 프리기아의 미다스Midas) 등의 동맹국들과 함께 약해진 아시리아의 상태를 이용하고자 했다. 그에 따라 사르곤 2세는 타우루스 지역과 서부 이란에 집중하면서 예전 동맹국들인 카르케미시(기원전 717년), 구르굼(기원전 711년), 쿰무(기원전 708년)를 병합했는데, 아시리아의 마음에 들도록 유프라테스강 유역에 대한 접근권을 통제하는 일을 더는 맡길 수 없었기 때문이었다. 기원전 716년에 아시리아 속주 체계는 동쪽으로 확장되어 멀리 이란의 하마단까지 이르렀다. 그곳은 이후 메디아 왕국의 수도 엑바타나가 자리했던 곳이다. 이로써 엘람과 우라르투의 세력권 사이에 아시리아 회랑이 형성되면서 두 국가 간의 친선 관계를 막을 수 있었다.

기원전 717년, 카르케미시를 정복한 결과로 아시리아는 막대한 자금을 확보했다. 같은 해에 사르곤 2세는 니네베 북동쪽에 제국의 새로운 중심지를 건설하기 시작했고, 그곳을 '사르곤의 요새(두르-샤루킨)'로 불렀다.[498] 자신을 세계의 통치자로 연출한 그는 그 도시의 거주자를 선별함으로써 아시리아 정부와 화해하지 않은 사람이라면 그 누구와도 거리를 두려고 했다.[499] 그는 기원전 714년에 무사시르의 오래된 칼디 신전을 약탈함으로써 추가로 재원을 확보할 수 있었다. 이제 이 시점까지 아시리아의 표준 화폐였던 구리를 대체할 정도로 많은 은이 카르케미시에서 아시리아로 유입되었다. 또한 아시리아가 직접 관리하게 된 타우루스산맥의 은광으로부터도 추가로 재물이 들어왔다. 엄밀한 의미의 동전은 아직 사용되지 않았지만, 아시리아 정부는 귀금속의 무게와 순도를 확인했고, 확인을 거친 귀금속을 주괴로 주조해 공식 인장을 찍었다. 은은 아시리아 왕과 카르케미시의 표준으로 사용되었고, 구리는 산악 지방의 표준으로, (민간 거래에서 통화로 사용되었는지는 입증되지 않은) 금은 바빌론과 마노석의 표준으로 사용되었다.[500]

그러나 정치적으로는 카르케미시 병합으로 더 넓은 지역이 불이익을 겪었다. 기원전 제1천년기에 도시 카르케미시는 상업 중심지였다. 구체적으로 말하면 정치적 이유로 서로 직접적으로 거래하지 않는 국가들을 위한 중심지였다. 이 역할은 나이 어린 왕 카마니Kamani를 대신해 섭정을 맡았던 환관 야리리Yariri의 의뢰로 제작된 비문에 특히 강조되어 있었다. 비문에 따르면 그의 이름은 이집트, 바빌로니아, 리디아, 프리기아, 우라르투 등 세계 곳곳에서 들을 수 있었다. 그는 열두 개 언어를 구사했고 네 개의 문자 체계(루비아어 문자, 아시리아와 우라르투의 쐐기문자, 알파벳)를 터득했다. 그래서 그런 지식이 교역을 위한 자산으로 강조되었다.[501] 하지만 카르케미시가 아시리아의 직접적인 지배하에 들어가자마자 그 도시는 지역 간 무역의 중개자로서 주도적 역할을 상실했다.

이후 우라르투는 서쪽 지역과 단절된 상태가 되자 프리기아와 직접 접촉하려고 노력했다. 이에 사르곤 2세는 두 강대국인 우라르투와 프리기아에 운신할 여지를 주지 않기 위해 중앙아나톨리아의 쪼개진 정치 지형에 대한 통제력을 확보하고자 애썼다. 첫 번째 조치는 그 지역의 많은 소국 통치자 중 한 명을 타발의 왕으로 임명한 것이었다.[502] 사르곤 2세는 이 통치자 암바리스Ambaris를 사위로 맞이하기까지 했다. 하지만 기원전 713년에 암바리스는 새롭게 얻은 유력자 지위를 이용해 프리기아, 우라르투와 동맹을 맺고 해안에 있는 아시리아 속주 쿠에(이전의 아다나와 왕국)를 공격했다. 이 지역은 경제적으로나 전략적으로 엄청나게 중요한 곳이었다. 사르곤 2세는 이듬해에 타발을

—— 레너드 울리와 토머스 에드워드 로런스(T. E. Lawrence)가 이른바 카르케미시 왕 성문에서 발굴한 섭정 야리리(오른쪽)와 어린 왕 카마니(왼쪽)를 묘사한 석조. 앙카라에 있는 아나톨리아 문명 박물관에 소장된, 손상된 원본이다. (Wikimedia Commons, © Hajo-Muc)

침략해 그 지역을 병합했지만, 다음 해에 결국 새로 세운 속주를 잃고 말았다. 마침내 기원전 709년에 사르곤이 프리기아의 미다스와 조약을 맺었고, 이로 인해 고립에 처한 우라르투는 그 무렵에 킴메르 기마 전사들에게 패배를 맛보았다.

그러나 사르곤은 곪디곪은 타발 문제를 해결하는 대신에 재위 초기에 발생한 반란으로 잃은 바빌로니아로 관심을 돌려 기원전 710년에 그 나라를 침략했다. 이는 그 지역의 정치적 이해관계가 얼마나 단편적이었는지를 금세 드러냈다. 일부 도시와 부족은 곧바로 아시리아를 지지한다고 맹세했지만, 기원전 721년부터 바빌론 왕좌를 차지하고 있던 비트-야킨의 칼데아족 통치자 마르두크-아플라-이디나 2세에게 계속 충성심을 보인 도시들도 있었다. 결국 마르두크-아플라-이디나 2세는 바빌론을 포기할 수밖에 없었고, 이후 바빌론 시민들은 사르곤 2세를 마르두크의 새로운 대변자로 맞이해 바빌론 왕위를 차지하도록 허락했다.[503] 사르곤 2세는 이후 5년간 바빌론에서 지냈는데, 왕이 남쪽의 정치적 재편을 시도하는 동안 그의 왕세자 센나케립이 아시리아 본국에서 왕의 임무를 수행했다. 이 과정에서 도시와 부족들로 이루어진 모자이크 같은 지역을 속주 두 곳으로 대체할 예정이었다. 이 야심 찬 계획은 아시리아인들의 관점에서 보면 상당히 합리적이었지만, 제대로 실행된 적은 없었다.

사르곤 2세는 기원전 705년에 타발에 다시 개입하기 위해 바빌론을 떠났다. 그는 전쟁터에서 사망했는데, 그의 시신을 적군이 빼앗는 바람에 아수르의 왕실 묘지에 제대로 묻힐 수 없었다. 아시리아 제국이 종말을 고할 때까지 아나톨리아 중심부는 계속 분쟁 다발 지역이었지만, 기원전 708년에 쿰무 영토에 고도로 군사화된 지역이 설립되면서 아시리아 국경선은 성공적으로 지켜졌다. 사르곤 2세의 후계 계승은 순조로웠는데, 센나케립(재위 704~681 BC)이 이미 앞서 여러 해 동안 섭정으로서 능력을 입증했기 때문이었다.[504] 그런데도 사르곤 2세가 전투 중에 사망했다는 사실은 신이 반대한다는 표시로 널리 해석되었다. 곧바로 마르두크-아플라-이디나 2세가 다시 바빌론 왕으로 선포되었고, 센나케립은 아버지의 유산과 거리를 두기 위해 최선을 다했다. 두르-샤루킨, 즉 '사르곤의 요새'는 수도로서 제대로 기능하기도 전에 버려졌다. 이제 제국의 중심은 니네베 인근으로 옮겨졌다. 그곳은 이후에 칼후와 두르-샤루킨을 합친 것보다 더 큰 거대 도시로 확대되었다.

사르곤 2세 통치기에 남부 레반트에서 아시리아의 이해관계가 누비아족 쿠시 왕국의 이해관계와 처음으로 충돌한 이래로 두 강대국의 관계에는 긴장감이 감돌았다. 이런 상황은 페니키아와 아랍의 상인들에게 빈번히 불리하게 작용했지만, 그 지역 소국들은 어느 정도 행동의 여지를 가질 수 있었다. 사르곤 2세의 불명예스러운 죽음이 아시리아를 향한 충성심을 흔들면서, 대체로 쿠시의 영향력이 현저히 커졌다. 기원전 701년, 엘테케Eltekeh 전투에서 아시리아와 쿠시가 처음으로 군사적으로 충돌했다. 그 결과 센나케립은 남부 레반트의 속국들을, 예를 들면 유다 왕국의 히즈키야Hezekiah 왕을 다시 아시리아 쪽으로 합류시킬 수 있었고 쿠시와 하이집트의 왕실에서 인질도 데려올 수 있었다.[505] 이후 30년 동안 쿠시와 아시리아는 직접적으로 대립하는 일을 피했다.

센나케립은 성경에서 맡은 중요한 역할로 인해 후대에는 주로 예루살렘을 포위한 인물로 알려져 있다. 사실 이 사건은 아시리아가 쿠시 및 그 동맹국들과 빚은 갈등이라는 더 넓은 맥락 속에서 벌어진 부수적인 일이었다. 실제로 그는 재위 기간 대부분을 바빌로니아에 대한 아시리아의 통치권을 지키는 데 보냈다. 그런데 그 계획은 엘람 왕국의 증대하는 영향력과 센나케립 왕 본인의 성격은 물론, 복잡한 정치적 여건과 칼데아의 이해관계 때문에 복잡해졌다. 아시리아가 보기에 바빌로니아의 왕권 개념은 이상했고, 센나케립은 확실히 그곳의 왕권에 별로 관심이 없었다. 그는 바빌론 왕위에 직접 오르는 대신, 다른 사람들을 그 지위에 올렸다. 처음에는 아들 중 한 명에게 맡겼다가 아들이 엘람에 납치되자, 아시리아 궁정에서 자라던 바빌로니아인 인질에게 왕위를 맡겼다. 그런 간접적 방식으로 권력을 행사하려는 시도가 수없이 실패하자, 그는 기원전 698년에 다시 바빌론을 정복했다. 그러고는 그 성가신 마르두크 신과 그의 신전 및 사제들까지 모두 없애 버리는 계획에 착수했다. 이 기묘한 접근 방식은 무엇보다도 바빌론의 새해 축제에서 매년 공연되던 '창조 서사시'를 다시 쓰는 결과를 초래했다. 본래 이 시는 마르두크에게 패한, 신격화된 바다 여신 티아마트Tiamat의 몸에서 세계가 창조되었고, 마르두크가 전 세계를 다스리는 신으로 승격했다고 말한다. 이제 수정된 내용에서는 마르두크에 관한 모든 언급이 없어지고 향후 바빌론의 주인이 합쳐져야 할 아수르에 관한 언급으로 대체되었다. 회화 예술에서 그 새로운 개념은 아수르가 (전통적으로 그래 왔듯이) 성스러운 동물 한 마리가 아니라 두 마리 위에 서 있는 모습으로 표현되었다. 다시 말하면 (앞서 소개한 바 있는) 사자와 전통적으로 마르두크를 묘사하던 사룡蛇龍, serpent-dragon 위에 서 있었다. 편집상의 창작력이 집중된 문학작품은 '창조 서사시'에 그치지 않았다. 사르곤 2세와 센나케립, 그리고 그 왕들과 가까웠던 학자들은 문학에 열렬하면서도 생산적인 관심을 보였다. 그 시기 왕의 비문들은 교양 있는 대중을 위해 전설에 등장하는 신과 영웅들의 행위를 통치자의 업적과 비교하는 인용문과 암시로 넘쳐난다.[506]

센나케립은 바빌로니아에서의 정책뿐 아니라 후계자 선택에서도 갑자기 행동 방침을 바꾸었다. 기원전 681년에 그는 한때 자신이 후계자로 골랐던 우르두-물리시와 그의 공모자들에게 암살당했다. 하지만 그들의 쿠데타는 성공하지 못했고, 짧은 왕위 계승 전쟁 이후에 센나케립이 마지막으로 선택했던 왕세자 에사르하돈Esarhaddon(재위 680~669 BC)이 집권했다. 공모자들은 우라르투로 도망쳤는데, 이 국가가 당시의 정세에 점점 무심해졌다는 점은 우라르투의 군사적 지원을 받아 아시리아 왕위를 되찾으려는 그 어떠한 시도도 없었다는 사실에서 명백히 드러난다. 에사르하돈은 아시리아 지도층을 잔인하게 숙청하는 방식으로 권력을 강화했는데, 그 과정에서 많은 사람이 희생되었다. 그는 평생 국가 관리들을 의심의 눈초리로 바라봤다.[507] 이러한 사실은 다양하고 수많은 사료에서 명확히 드러나는데, 왕실 서한과 신탁 질의가 있고, 마지막으로 중요한 것으로 기원전 672년에 모든 총독과 속국 통치자들이 왕의 후계자 아슈르바니팔Ashurbanipal을 아시리아 왕위 계승자로 인정하는 자리에서 서약해야 했던 맹세문이 있다.[508] 이들 지도자 중에는 유다의 므나쎄Manasseh가 있었고, 이 상황은 성경의 신명기申命記가 탄생하는 데 영향을 미쳤다.[509] 아수르 신의 봉인이 담긴 거대한 점토판 사본이 왕국 곳곳의 신전에 배치되어 우상으로서 숭배되었다. 관리들만 편지에 이 맹세문의 글귀를 인용한 것이 아니었다. 일반 대중도 왕실의 맹세를 일상생활에서 신성한 힘으로 빠르게 받아들였다. 잠재적 범법자들에게는 복수의 효력이 있는 왕실의 저주가 쫓아다닐 것이라는 조항이 이 시점부터 민간의 법률 문서에 포함되었다.

에사르하돈 치하에서 바빌로니아와의 관계는 정상화되었다. 아시리아 왕위와 바빌론 왕위가 다시 한 사람에게로 합쳐졌고,[510] 바빌론에서 국가의 후원을 받는 마르두크 숭배가 재개되었다. 또한 에사르하돈은 운하 건설에서 토지 분배 개혁에 이르기까지 사회 기반과 관련된 문제에 신경을 썼다. 이러한 조치들은 바빌로니아의 경제에 활력을 불어넣었는데, 여러 해에 걸친 정치적 파벌주의를 상대로 벌인 전쟁이 끝난 뒤인지라 몹시 필요한 것이기도 했다. 그렇기는 해도 에사르하돈은 그의 바빌로니아 통치를 과도기적인 조치로 생각한 것이 분명했다. 에사르하돈이 왕위 계승을 위해 만든 조항들에 따르면 그의 사후에 아슈르바니팔은 아시리아의 왕이 되고, 다른 아들인 샤마시-슈무-우킨Shamash-shumu-ukin이 바빌론 왕좌를 물려받을 것이었기 때문이다. 기원전 674년에 엘람과 평화조약을 체결하면서 마침내 아시리아 제국 남쪽에 평온이 찾아왔다. 티글라트-필레세르 3세가 바빌론 왕위를 차지하면서 권력을 행사할 수 있는 완전히 새로운 지평이 열린 뒤 처음으로, 아시리아 제국은 다시 자신들이 원하는 대로 할 수 있는 정치적 자유를 누리게 되었다.

에사르하돈의 유일한 걱정거리는 지중해 지역의 속국들이었다. 쿠시의 타하르카가 자신들을 보호해 주리라고 확신한 이 정치조직체들은 아시리아가 그들의 교역 관행에 가해 온 규제를 뻔뻔하게 위반했다. 기원전 677년, 페니키아의 항구도시 시돈이 그 대가를 치르고 독립된 지위를 상실했다. 하지만 이 정도로는 당시 시돈에 이웃한 경쟁 도시 티레를 위협하기에 충분치 않았던 모양이다. 그래서 지중해 지역에서 쿠시의 영향력을 영원히 없애 버림으로써 그 문제를 근본적으로 해결하자는 결정이 내려졌다. 기원전 673년에 에사르하돈은 이집트를 침공했다. 이는 전례가 없는 사건이었다. 바빌론은 기원전 13세기 이래로 야심 넘치는 통치자들에게 매력적인 목표였지만, 나일강 지역을 향해 탐욕스러운 시선을 던지는 것은 완전히 새로운 양상이었다. 그 전례 없는 계획을 구미에 맞도록 바꾸기 위해 아카드의 사르곤이 제시한 모델을 이용했을 정도로 너무나도 새로웠다. 기원전 제3천년기에 오만 그리고 파키스탄 쪽 인더스 계곡을 의미했던 옛 지명인 마간과 멜루하가 이제 이집트와 쿠

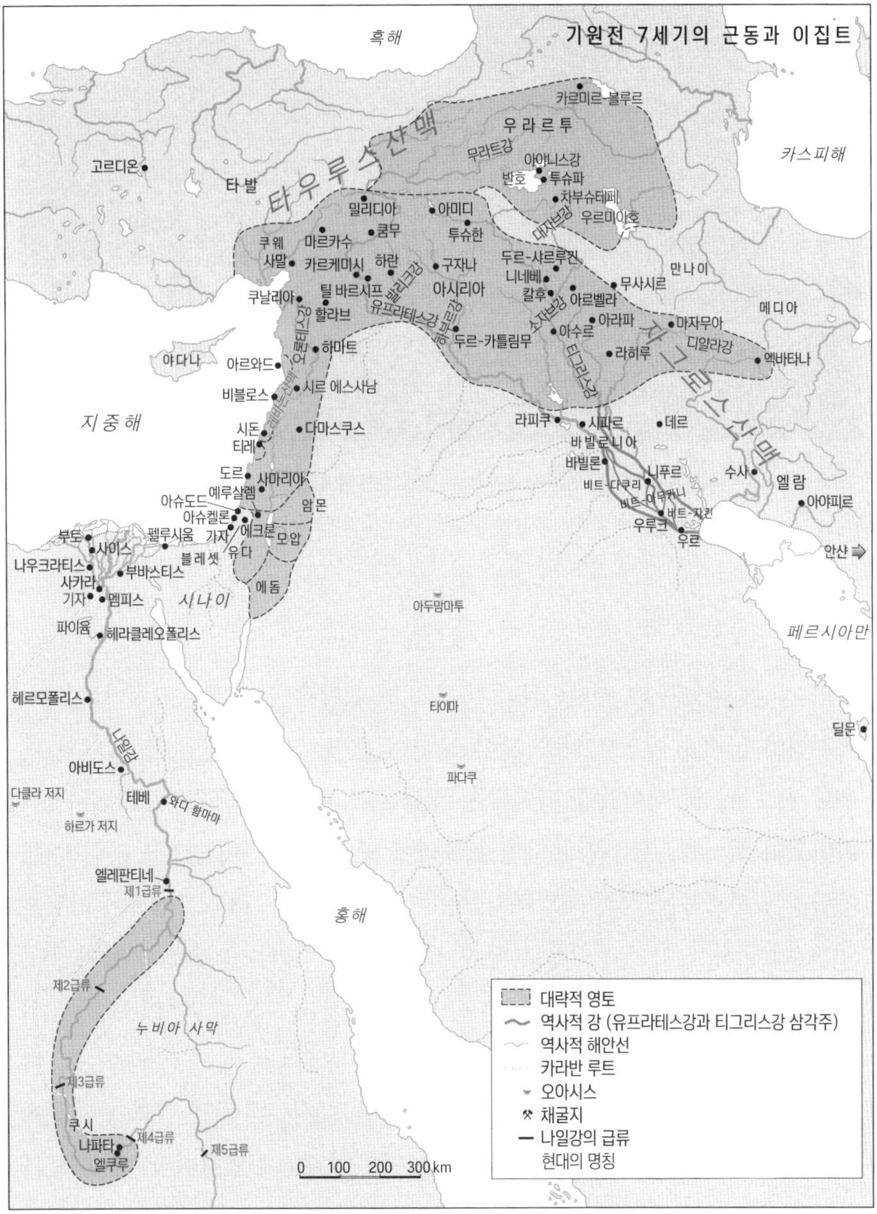
기원전 7세기의 근동과 이집트
흑해
카스피해
지중해
홍해
페르시아만
타우루스 산맥
자그로스 산맥
카르미르-블루르
우라르투
무라트강
아야니스강
반호
투슈파
차부슈테페
우르미아호
대자브강
고르디온
타발
밀리디아
아미디
투슈한
쿠웨
마르카수
쿰무
사말
카르케미시
하란
구자나
두르-샤르루킨
니네베
칼후
아르벨라
무사시르
만나이
메디아
쿠날리아
틸 바르시프
할라브
발리크강
유프라테스강
아시리아
하부르강
두르-카틀림무
소자브강
아수르
아라파
마자무아
디얄라강
라히루
엑바타나
티그리스강
아다나
아르와드
하마트
비블로스
시르 에스사남
시돈
티레
다마스쿠스
도르
사마리아
예루살렘
아슈도드
아슈켈론
에크론
가자
암몬
모압
유다
에돔
블레셋
펠루시움
부토
사이스
나우크라티스
부바스티스
사카라
기자
멤피스
시나이
라피쿠
시파르
데르
바빌로니아
바빌론
니푸르
비트-다쿠리
비트-야키니
비트-아무카니
우루크
우르
수사
엘람
아야피르
안샨
아두맘마투
타이마
파다쿠
딜문
파이윰
헤라클레오폴리스
헤르모폴리스
나일강
아비도스
다클라 저지
하르가 저지
테베
와디 함마마트
엘레판티네
제1급류
제2급류
누비아 사막
제3급류
쿠시
나파타
엘쿠루
제4급류
제5급류
0 100 200 300 km
대략적 영토
역사적 강 (유프라테스강과 티그리스강 삼각주)
역사적 해안선
카라반 루트
오아시스
채굴지
나일강의 급류
현대의 명칭

____ 에사르하돈(재위 680~669 BC) 때의 아시리아와 인접 국가들.

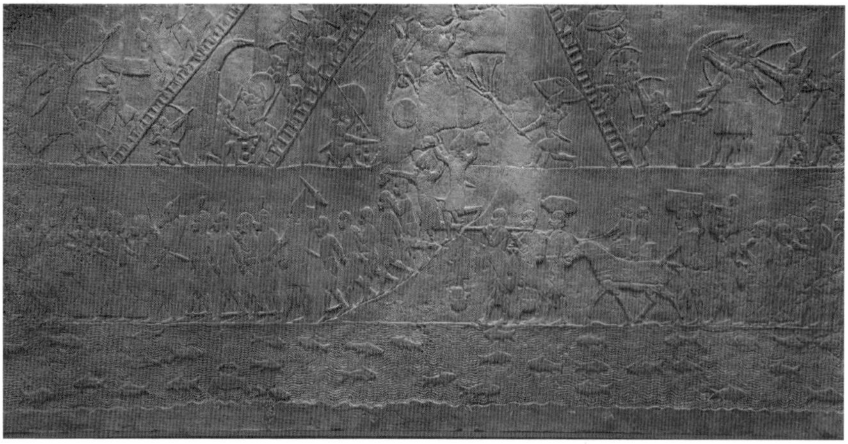

—— 니네베 아슈르바니팔 북쪽 궁전의 벽 패널에 묘사된 이집트 정복 장면. 아시리아 군대가 나일강 삼각주의 도시를 점령하는 모습을 상세히 보여 주는 이 장면에는 도시에 살던 사람들이 끌려가고 쿠시 주둔군들이 포로로 잡혀가는 모습이 등장한다. (Wikimedia Commons, © Osama Shukir Muhammed Amin)

시의 진정한 이름으로 선언되었다.[511] 첫 번째 침략은 실패했다. 그렇기는 해도 아시리아 군대는 이집트 땅을 밟아 보기는 했다. 그리고 기원전 671년의 다음번 시도는 성공적이었다. 이번에는 아랍 보조군의 도움으로 네게브와 시나이반도의 사막길을 잘 찾아 나일강 유역에 도달했다.[512] 이집트로 가던 중에 아버지 에사르하돈 왕이 사망하자, 아슈르바니팔(재위 668~631 BC)이 기원전 667년에 군사를 이끌고 테베로 가 이집트에서 쿠시인들을 완전히 몰아냈다. 테베에서 발견된 아시리아 투구가 이 시기에 속하는 것으로 밝혀졌다.[513]

니네베의 아슈르바니팔 궁전 벽을 장식한 부조에서 알 수 있듯이, 이 비할 데 없는 성공은 본국에 완벽하게 알려졌다. 에사르하돈은 멤피스에서 빼앗은 헤아릴 수 없는 보물 외에도 타하르카의 기념비적 조각상을 세 개나 가져와 새루이 지은 무기고(1954년에 이곳에서 조각상이 발굴되었다.)의 문 앞에 눈에 띄게 설치했다.[514] 한편 이집트 지식인 상당수가 중부 아시리아에 다시 정착해 왕의 조언자 역할을 하고 아수르 신 숭배 의식을 질적으로 높였다.[515]

기원전 7세기에 인구밀도가 높았던 아시리아 중심부는, 특히 니네베는 문화의 용광로에 해당했다. 그곳의 궁전은 왕이나 왕실 구성원에게서 후원을 받고자 하는 학자라면 누구든 선택하는 목적지가 되었다. 하지만 그 지역의 국제적 인구 구성은 단순히 자발적 이동의 결과는 아니었다. 그것은 근동 지역에서 수천 년 동안 증명된 바처럼 공급이 늘 부족한 노동자를 국가에 가장 필요한 곳으로 이동시키는 데 주안점을 둔 강제 이주의 결과물이기도 했다. 아시리아 역사에서 제국이었던 시기에 아시리아 정부는 필요한 곳으로 인구 집단을 이주시키기 위해 복잡한 작업을 벌였다. 그리고 가장 큰 이득을 본 곳이 바로 중심부였다. 이곳이야말로 가장 뛰어난 농사꾼과 가장 숙련된 장인, 가장 명석한 두뇌가 국가의 번영에 이바지해야 하는 곳이었다. 아시리아 군대가 발을 디딘 모든 지역이 이러한 작업에 몰두했는데, 가끔은 속주 체제에 통합된 지 한참 후에 그렇게 하기도 했다. 보수적으로 추정하더라도 기원전 9세기에서 기원전 7세기 사이에 수백만 명이 영향을 받았다.[516] 성경이 가장 익숙한 예를 기록하고 있다. 기원전 721년에 '이스라엘의 잃어버린 지파들'이 중부 아시리아, 하부르 지역, 서부 이란으로 재배치된 반면에 하마트인과 바빌로니아인들은 그들의 옛 고향으로 옮겨졌다.[517]

아시리아는 이집트의 보물과 인적 자원을 마음껏 활용했지만, 이집트를 절대 직접 다스리려고 하지는 않았다. 에사르하돈은 매년 조공이 들어오는 한 나일강 유역 왕들의 왕으로 지내는 데 만족했고, 그에 따라 왕호도 더 길게 고쳤다.[518] 그러나 그 지역 왕들이 곧바로 반란을 일으키자 에사르하돈의 아들 아슈르바니팔은 이집트 전체를 다스리는 단일 통치자를 임명하는 것이 낫겠다고 생각했다. 그 자리는 처음에는 네코 1세Necho I가, 그리고 그가 쿠시인들과 전투를 벌이다 사망한 이후에는 그의 아들 프삼티크 1세Psamtik I(재위 664~610 BC)가 맡았다.[519] 프삼티크 1세는 니네베에서 인질로 살고 있었는데, 사이스 왕실의 일원으로, 쿠시의 피예가 기원전 725년 무렵에 물리친 테프나크트의 후손인 듯하다. 프삼티크 1세는 아문의 배우자 자리를 요구한 쿠시의 주장을 종식시켰다. 기원전 656년에 그는 당시 그 직을 맡고 있던 셰페누페트 1세가 이미 조카인 (타하르카의 딸) 아메니르디스 2세Amenirdis II에게 그 역할을 넘기기로 정해 놓았는데도 자기 딸 니토크리스Nitocris를 후임자로 택하라고 강요했다.[520] 쿠시 왕국의 공주와 수행원들은 테베에 머물 수 있었고, 셰페누페트 1세는 기원전 639년에 세상을 떠날 때까지 그 자리를 지켰다. 프삼티크 1세는 자기 딸을 임명함으로써 혼자 힘으로 테베의 지배권을 성공적으로 확보했다. 이제 아시리아의 지원 없이도 지낼 수 있을 만큼 정치적 상황이 충분히 안정되어 보이자, 그는 외국의 굴레에서 조용히 빠져나왔다. 사실 아시리아도 지배권을 되찾으려고 하지 않았다. 이집트 역사 기록에서 프삼티크 1세는 제26왕조의 창시자로 평가받는다.

한편 아슈르바니팔은 동생인 샤마시-슈무-우킨에게서 바빌론의 왕권을 빼앗느라 바빴다.[521] 아시리아와 바빌로니아를 두 개의 분리된 왕국으로 후손에게 물려주고자 했던 그들의 아버지 에사르하돈의 계획은 처음에는 잘 진행되었지만, 아시리아와 엘람의 관계가 다시 악화하면서 바빌로니아와의 관계도 나빠졌다. 기원전 653년에 아시리아 군대는 엘람을 침략해 틸-투바Til-Tuba 전투에서 승리를 거두었다. 아슈르바니팔은 이제 엘람을 자신의 속국으로 생각하고 그 숙적에게 거둔 승리를 대대적 연회로 축하했다. 예전에 최대 경쟁국이었던 우라르투까지 대표단을 보냈는데, 거들먹거리며 그들을 대했다는 사실로 보아 이유가 무엇이었든 우라르투가 더는 아시리아와 동등하게 평가받지는 않았음이 분명하다. 엘람은 왕실 혈통이 끊긴 이후 정치적으로 분열되면서 빠르게 무너졌다.

기원전 652년에는 아시리아와 엘람 간의 불화가 바빌로니아로 번져가기 시작했다. 바빌로니아의 샤마시-슈무-우킨은 자신을 아시리아의 대군주로 칭하면서 아슈르바니팔에게 맞서고자 엘람, 칼데아, 아랍의 통치자들과 동맹을 맺었다. 기원전 650년에 아시리아의 선공으로 지루한 전쟁이 시작되었다. 결국 아슈르바니팔은 2년 후에 자신에게 유리하게 전쟁을 끝내는 데 성공했다. 그 결과로 왕들의 도시인 바빌론과 수사가 약탈당했다. 이후 바빌로니아와 엘람의 정치적 상황은 아시리아의 이익을 안정시키지 못했다. 사실 그런 상황은 궁극적으로는 아시리아 제국이 멸망하는 원인이 된 정세에 비옥한 토대를 제공했다. 엘람이 여러 세력권으로 해체되면서 지역 왕조들이 등장했다.[522] 수사와 (이제Izeh 고원에 자리한 말라미르Malamir로도 알려진) 아야피르Ayapir를 제외하면 옛 수도인 안샨이 이후에 벌어진 사건들에 관해 가장 훌륭한 정보를 제공한다. 이곳에서 100년 뒤에 페르시아의 대왕 키루스 2세(재위 550~530 BC)가 정복 원정을 시작할 터였다.

샤마시-슈무-우킨은 기원전 648년에 바빌론에서 사망했다. 전설에 따르면 그는 장작더미 위에서 자결했다. 형에게 잡히지 않기 위해 자결한 듯한데, 당시에 아슈르바니팔은 완전히 새로운 방식으로 왕의 권력을 과시하는 데 몰두해 있었기 때문이다. 아슈르바니팔은 전임 왕들과는 달리 군대를 직접 이끌고 전쟁에 참여하지 않았다. 본인의 설명으로 알려졌듯이 그는 전장으로 가는 대신에 본국의 니네베에서 기도와 의식을 치르며 병사들의 성공을 확실하게 보장해 주려고 했다. 이후 외국에서 거둔 승리는 개선 행렬의 형태로 수도 니네베에서 극적으로 연출되었는데, 그 과정에서 적군 지도자를 여기저기 행진시키면서 잔인할 정도로 창의적인 방법으로 굴욕을 안기고 나서 마지막에 처형했다.[523] 특정 적수를 조롱하는 시가 많이 전해져 내려오는데, 추정컨대 그러한 상황에서 공개적으로 공연되었던 것으로 보인다.[524] 그러니 아슈르바니팔의 친동생으로서 최악의 배반을 저지른 샤마시-슈무-우킨은 자비를 기대할 수 없었을 것이다. 따라서 자결은 적어도 아슈르바니팔에게서 그의 처형을 정치적으로 유리하게 이용할 기회를 빼앗았을 것이다. 아슈르바니팔의 분노로 샤마시-슈무-우킨의 동맹국들은 더 가혹한 타격을 입었다. 많은 사람 앞에서 구경거리가 된 그들은 조상들의 뼈를 갈아 먼지로 만들어 버려야 했거나 니네베 성문에서 사슬로 묶여 곰과 개에게 갈기갈기 찢기는 신세가 되었다.

당대인들은 이 '형제의 전쟁'에 크게 매료되었다. 그것은 나중에 이집트에서 인기를 끈 아람 이야기의 소재가 되었는데, 엘레판티네에서는 파피루스에 민중문자로 적힌 원고가 발견되기도 했다.[525] 사적인 왕실 서한을 통해서만 알려진, 형제들의 누이가 평화의 중재자가 되고자 했던 점을 고려하면 그 이야기 소재의 출처는 분명 아시리아 궁정 사람들에게서 찾아야 한다. 두 사람의 갈등은 제국의 국제 관계에 끔찍한 재앙이었던 것으로 드러났다. 아슈르바니팔의 친동생조차 그를 아시리아에 속박하려는 목적의 충성 서약을 그토록 하찮게 생각했다면, 다른 속국 지배자들이 충성심을 보일 이유가 있겠는가? 당시에 프삼티크 1세는 아시리아의 지배에서 벗어나 있었고, 한때는 동맹을 적극적으로 제안했던 리디아 왕국의 기게스Gyges[526]도 조공을 중단했다. 그리고 제국의 동쪽 지역에서, 즉 자그로스산맥 너머 속주들에서 전해지던 소식도 끊겨 버렸다. 그러나 우라르투, 엘람, 타발 등 예전 경쟁국들이 더는 위협을 제기하지 않음에 따라 기원전 638년에 아슈르바니팔의 마지막 연대기 비문이 편찬되었을 때 아시리아 제국은 당시의 세계를 계속 이끌어 나갈 마음을 거의 내비치지 않았다. 제국 중심부와 여러 속주의 수많은 도시에 있던 개인 기록 보관소에는 기원전 7세기 후반기의 도시 엘리트들의 생활환경이 기록되어 있다. 그러나 공식 출처에서 나온 정보가 너무 적어서 아슈르바니팔이 언제 어떻게 죽었는지 확실하게 말할 수 없다. 그는 왕위에 오른 지 38년째 되던 해인 기원전 631년에 세상을 떠났을 가능성이 가장 크다.

아슈르바니팔이 오늘날 놀라울 정도로 훌륭한 명성을 누린다면, 그것은 대체로 그가 전임 왕들이 수백 년 동안 잘 관리해 온 아시리아 왕들의 쐐기문자 도서관을 완성하는 데 일편단심으로 전념했기 때문이다. 그는 왕국 전역에서, 특히 바빌로니아에서 전쟁이 끝난 이후에는 그곳에서 니네베로 문서와 전문 인력을 옮겨 옴으로써 도서관의 원본 문서 및 사본의 보유량을 크게 늘렸다. 아슈르바니팔은 그의 조상들과 마찬가지로 정부의 계획 수립과 의사결정 측면에서 실용적 응용법을 찾을 수 있는 작품에 주로 관심을 보였다. 기원전 8세기에 왕실 천문학자들은 이미 수백 년에 걸쳐 관찰한 기록을 활용할 수 있었고, 천체 현상의 규칙적 패턴을 알아 낸 상태였다. 따라서 특정 천체의 움직임을 미리 계산할 수 있었는데, 당대의 의견에 따르면 그것으로 신들의 의지도 추측할 수 있었다. 이는 어떤 통치자에게든 엄청난 이점이었다. 따라서 아슈르바니팔이 수집한 작품 대부분은 점술(특히 천문학과 장복extispicy)에 관한 전문적인 글이었다. 아시리아는 이 같은 점술 활동에 상당한 재원을 할당했다.[527]

아슈르바니팔의 미성년 아들 아수르-에텔-일라니Assur-etel-ilani가 그 뒤를 이었고, 환관인 신-슈무-레시르Sin-shumu-leshir가 섭정을 맡았다. 왜 이런 일이 생겼는지는 분명하지 않다. 아슈르바니팔이 기원전 668년에 집권하기 전에 그에게는 이미 자식이 있었다. 따라서 더 나이가 많고 자격을 갖춘 후보들이 왕위에 올랐어야 했다. 이 늦둥이 아이와 그의 섭정은 전반적으로 인정받지 못했다. 몇몇 속주 총독이 수도 니네베로 군대를 이끌고 갔지만, 권력을 장악하는 데는 실패했다. 늦어도 기원전 627년에 아슈르바니팔의 꼭두각시 통치자 칸달라누Kandalanu가 세상을 떠나고 바빌론 왕위가 아시리아로 되돌아오자, 신-슈무-레시르가 자신이 왕이라고 선언하면서 다시 반란이 일어났는데, 이번에는 성공했다.[528] 아슈르바니팔의 아들 중 또 다른 미성년자가 기원전 626년에 왕위에 올랐다. 이 왕의 이름인 신-샤루-이시쿤Sin-sharru-ishkun(재위 626~612 BC)은 "달의 신이 왕을 임명했도다."라는 의미인데, 이는 이 이름의 주인이 왕좌를 차지할 운명이 아니었음을 나타낸다. 다양한 신을 언급하는 이러한 유형의 이름은 아주 흔했고 충신이라면 누구에게든 주관적으로 어울렸겠지만, 통치자 본인에게 적합하지 않은 것은 확실했다. 그래도 신-샤루-이시쿤이 왕위에 오른 환관보다는 더 나은 것이 분명했다. 아시리아 왕이 될 조건에 따르면 반드시 불구가 아닌 사람만이 왕위를 차지할 수 있었기 때문이다. 그렇기는 해도 집권 초기에 신-샤루-이시쿤은 아시리아 제국의 서쪽 부분에 권력 기반을 둔 이티-일루Itti-ilu[529]라는 경쟁자와 힘을 겨루어야 했다. 이 장기간의 지루한 분쟁으로 인해 바빌로니아는 완전히 자유로워질 수 있었고, 사이스 이집트는 레반트 지역에서 자리 잡을 수 있었다.

제국 시대의 원거리 교역: 페니키아인과 아랍인들

엘리트층을 겨냥한 사치품 국제 교역은 대제국의 시대에도 계속 번창했다. 유력한 강대국에 군사적으로 맞서기 위해 할 수 있는 것이 거의 없어 속국의 지위에 만족해야 했던 국가들로 이루어진 구조가 새로운 경로와 운송 수단, 시장을 찾아내는 데 가장 큰 역할을 했다. 교역이 발생할 수 있는 토대가 국가 간 조약에 좌우되기는 했지만, 당시의 교역은 새로운 협력 정신에 의해 이루어졌다. 전문 상인들은 아시리아 왕과 관계없이 활동하면서도 그의 정치적 이해관계에 충분히 관심을 두면서 육로와 해상을 통해 에스파냐에서 중앙아시아에 이르는 교역망을 활발히 유지했다.

어려운 환경조건을 극복하는 데 필요한 기술을 완벽하게 익힌 사람들이 가장 큰 성공을 거두었다. 바다를 항해한 페니키아인들 외에 아랍인들을 특별히 주목해야 한다. 그들이 단봉낙타를 길들임으로써 사막을 횡단할 수 있었기 때문이다.[530] 기원전 8세기부터 사막 카라반이 존재했다는 사실이 종종 입증되는데,[531] 그들은 여러 오아시스를 거치며 북쪽의 유프라테스강 유역이나 지중해에 이르는 이른바 향료길을 따라 아라비아반도를 횡단해 향료와 향신료를 수송했다. 그곳에서 그들의 상품은 육로나 해로로 옮겨졌다. 주요 중심지로는 유프라테스강 유역의 아나섬 인근 수후Suhu 지역과 유다 왕국을 들 수 있다.[532] 청동기시대와는 달리 오만산 향료는 전적으로 페르시아만 선박 항로만으로 국제시장에 연결된 것이 아니라 사막으로도 유통되었다. 금이나 향신료 같은 다른 사치품들은 중앙아프리카에서 출발해 에티오피아와 예멘 사이의 좁은 해협을 거쳐 향료길에 도달했다. 이전 시대의 당나귀 행렬은 사람들이 사는 지역을 이동하면서 식량을 얻을 수 있는 주거지에 잠시 머물렀지만, 이제 이 낙타 카라반은 사막을 횡단했기에 정교한 조치가 필요한 물류상의 난제에 직면했다. 이러한 카라반을 꾸리는 일은 카라반이 수백 마리의 동물과 그만큼의 사람들로 구성된 경우에만 경제적으로 의미가 있었다. 이 카라반은 반드시 잘 지켜야 하는 엄청나게 귀중한 교역품과 함께, 막대한 양의 물과 식량을 갖추고 이동하는 도시 정도로 생각하면 된다. 아랍 부족 집단 전체가 이러한 이동을 용이하게 하는 데 관여했고, 그들의 생활 방식은 청동기시대의 상인들과는 너무나도 달랐다. 외부인들이 단독으로 사막에 들어가는 것을 단념시키기 위해 향료의 땅을 지키는 날개 달린 뱀에 관한 이야기가 전파되었는데, 어쨌든 전문가의 도움을 받지 않고 사막에서 살아남기는 거의 불가능했다.

자치를 누린 무역 강국과 제국 간의 유익한 공존 관계를 보여 준 최고의 예는 아마도 아시리아와 페니키아 도시국가 티레일 것이다.[533] 이 중요한 항구는 늦어도 기원전 11세기부터 아시리아와 정기적으로 교역해 왔다. 티레는 아시리아가 세력을 넓혀 오는데도 그 제국이 무너질 때까지 독립된 지위를 유지했다. 그렇기는 해도 티글라트-필레세르 3세가 선박을 건조하는 데 없어서는 안 되는 레바논의 삼나무 숲을 아시리아의 속주 체계에 통합함에 따라, 기원전 8세기 중반부터 티레는 아시리아에 경제적으로 의존했다. 이와는 대조적으로 이웃한 항구 시돈은 기원전 677년에 에사르하돈의 병력에 정복되어 '에사르하돈의 항구'로 이름이 바뀌었고, 아시리아 속주로 편입되었다. 이후 시돈의 가장 중요한 임무는 남쪽으로 불과 20킬로미터 떨어진 티레를 감시하는 것이었다.

바빌론의 네부카드네자르 2세Nebuchadnezzar II(재위 604~562 BC)와 알렉산드로스 대왕이 이후 티레를 무력으로 점령할 수 있음을 보여 주었지만, 이 도시는 지중해 해안에서 멀지 않은 조그만 섬에 있어 배로만 갈 수 있다는 점에서 시돈보다 결정적으로 유리했다. 종종 제국의 교역 조항을 무시하려고 했던 시돈과는 달리 티레는 대체로 아시리아에 충성스러운 동맹국이었고, 그 항구가 독립을 유지하면서도 제국의 이익을 고려하며 행동했기에 양측 모두 이득을 얻었다. 양측의 협력은 조약으로 규제되었는데, 에사르하돈과 티레 왕 바알Ba'al이 맺은 조약문 일부가 니네베 왕실 기록 보관소에 보존되어 있다.[534] 이 사료를 통해 티레가 레바논 목재를 제한 없이 이용하고 아시리아 통치하의 모든 항구에 자유로이 접근할 수 있었음을 알 수 있다. 이 시점에 아시리아 통치하의 모든 항구는 (현대의 튀르키예에 있는) 아다나 그리고 가자 사이의 해안 지역 전체를 의미했다. 티레는 페니키아의 가장 중요한 중심지로 발전했으며, 가장 넓은 해외 교역망을 지휘했다.[535] 그리고 이는 그 도시국가가 자신들만이 누린 특권적 지위를 아주 능숙하게 이용했기 때문에 가능했다. 그 대가로 아시리아는 교역 이익의 일부를 받았다. 실제로 아시리아 왕의 공식 대리인이 티레 궁정에 상주했고, 그곳 통치자의 가장 가까운 조언자 중 한 명으로서 도시의 재산을 관리하는 데 중요한 역할을 했다.

기원전 671년에 이집트가 정복되면서 아시리아와 티레가 갈등을 빚던 중요한 문제점이 해결되었다. 이제 페니키아 상인들이 제국의 제재를 어기지 않으면서도 인기 있는 아프리카산 물건들을 고객에게 공급할 수 있게 되었기 때문이다. 양측 모두 평화로운 협력으로 어마어마한 이득을 얻었다. 티레를 보호해 준 대가로 아시리아는 티레의 교역 상대에 세금을 부과해 얻은 엄청난 수익 중 일부를 아무런 위험 없이 가질 수 있었고, 다시 티레는 아시리아 제국의 부자들을 상대로 자국 수입품을 구매할 엄청나게 큰 구매자 집단을 확보할 수 있었다. 게다가 아시리아는 바다를 항해하는 데 필요한 선박을 직접 건조하는 비용을 절약할 수 있었다. 이러한 노동 분업 때문에 아시리아 제국은 지중해 지역에서 한 번도 군 함대를 유지한 적이 없다. 그러나 센나케립은 티그리스강에 함대를 하나 설치하기는 했다. 기원전 699년에 니네베에서 건조된 이 배들에는 페니키아인 선원과 그리스인 선원들이 고용되었고, 이후 엘람 왕국에 대항하기 위해 페르시아만에 배치되었다.[536] 지중해에서 아시리아인들은 페니키아 선박의 도움이 있어야만 키프로스의 페니키아 주거지와 먼 서쪽까지 갈 수 있었다. 기원전 19세기에 아시리아 상인들이 아나톨리아에 정착한 경우와 비슷하게 최초의 상설 정착지는 해외에서 상업적 이익을 영구적으로 대변하기 위해 설립된 것이 분명했지만, 이를 통해 식민지가 훌륭하게 보호받고 식민화의 지속적 과정이 촉진되었던 것이 틀림없다.[537] 안타깝게도 에스파냐, 북부 아프리카, 지중해의 여러 섬에 있던 페니키아인 정착지에는 편지가 보존되어 있지 않다. 페니키아어는 알파벳 문자로 기록되었는데, 당시 쐐기문자에 꾸준히 사용된 점토뿐 아니라 글을 쓸 때 가장 흔하게 사용되던 가죽은 세월의 시련을 견디지 못했다. 아마도 이베리아반도와 레반트 지방이 서로 활발하게 교역했음을 보여 주는 가장 훌륭한 예는 기원전 7세기에 에스파냐의 도시 카르타헤나 인근 바호 데 라 캄파나Bajo de la Campana에서 난파된 배의 잔해일 것이다. 1958년에 처음 발견되었는데도 이 배에 대한 상세한 고고학적 조사는 거의 50년이 지난 뒤인 2007년에서 2011년까지 시행되었다.[538] (용기로 일부 사용된) 도자기 그릇 외에, 배에 실린 화물은 귀중한 원자재로 구성되어 있었다. 그중에서 특히 에스파냐 알메리아 광상의 1톤이 넘는 납, 빌바오-라 코루냐 지역의 광산에서 추출한 주석 주괴 163개, 이베리아 특유의 구리 주괴 일곱 개, (그중 일부에는 페니키아 문자가 새겨진) 코끼리 상아 쉰여섯 개, 발트해산 목재 다섯 무더기가 눈에 띈다.

아시리아는 현대 시리아의 도시 타르투스 주변 지중해 앞바다의 섬에 자리했던 또 다른 페니키아 도시국가 아르와드(아라도스Arados)와도 협정을 맺었는데, 티레와 맺은 협정과 비슷했다. 티레에서와 마찬가지로 여기에서도 에사르하돈의 이익을 지키기 위해 아시리아 대표가 아르와드 왕 이킬루Ikkilû의 궁정에 배치되었다. 이 대리인이 왕에게 보낸 편지에 따르면 아르와드는 더 남쪽에 있는 항구들의 거래를 빼앗아 오기 위해 자신들의 위치를 이용했다. 그곳이 해안에서 약간 떨어진 섬이라는 점 때문에 아르와드는 직간접적으로 아시리아의 통제를 받던 항구들을 피하려는 상인들에게는 매력적인 목적지가 되었던 것이 분명하다. 이 편지에서 아르와드 왕은 자기 이익을 위해 아시리아 교역 상대국들의 배를 일부러 난파시켰다고 비난받았다. "이킬루는 배들이 나의 주인인 왕의 항구에 닿을 수 있게 하지 않습니다. 그는 모든 교역을 자신에게로 돌렸습니다. 그는 자신에게 오려는 자는 누구에게든 길을 터 줍니다. 하지만 아시리아의 항구에 정박하려는 자는 누구든 죽여 배를 파괴합니다."[539] 그러나 아르와드와의 사업에 투자한 관계로 이킬루의 흉악한 행위로 직접적 이득을 본 아시리아인들도 있었으므로 당시 에사르하돈의 대리인은 자기 목숨을 걱정해야 했다. 이 경우는 대외 정책과 교역 관계가 갈등을 빈번히 빚었음을 보여 주는 적절한 예로서, 사업상 이익이 정치적 충성심과 개인의 양심 모두를 어떻게 압도할 수 있는지 알 수 있게 해 준다.

아시리아 제국이 기원전 7세기 말에 무너진 이후에도 아랍인들의 카라반은 계속 사막을 횡단했고 페니키아의 배들은 계속 먼바다를 항해했다. 거상들은 그 제국의 후계자들을 상대로, 특히 사이스 왕조 때 다시 통일된 이집트 그리고 바빌로니아 제국을 상대로 유리한 합의를 맺을 수 있었다. 그리고 기원전 6세기 후반에 이 국가들이 페르시아 제국에 통합되었을 때, 전문 무역 강국들은 돈 있는 고객들이 세계 곳곳에서 온 크고 작은 사치품을 계속 누릴 수 있도록 보장함으로써 독립된 지위뿐 아니라 원거리 무역에서의 중심 역할까지도 유지했다.

아시리아 제국의 멸망

신新바빌로니아 제국의 건설자 나보폴라사르Nabopolassar는 자신을 '보잘것 없는 자의 아들'로 불렀다. 이 통치자는 우루크 명문가 출신이었지만,[540] 왕이었던 조상은 없었다. 그는 기원전 626년에 반反시리아 반란군의 지도자로서 경력을 쌓기 시작했다. 바빌로니아 왕위에 대한 나보폴라사르의 주장은 그를 제압하려던 아시리아의 군사작전이 극적으로 실패한 후에야 폭넓은 인정을 받았다. 그 무렵 아시리아는 기원전 631년에 아슈르바니팔이 사망한 것을 계기로 왕위 계승 분쟁에 휘말렸고, 신-샤루-이시쿤의 군대는 다른 곳에 발이 묶여 있었다. 따라서 나보폴라사르는 정치적으로 분열된 바빌로니아에 군사 개입이 계속되고 아시리아에 동조하는 세력이 계속 존재했는데도 여러 해 동안 자신의 반란군을 유지할 수 있었다.[541] 마침내 그가 기원전 620년에 점령군을 몰아낸 이후 허약해진 아시리아 제국의 내부 상황은 그에게 유리하게 작용했다.

다른 인구 집단 또한 아시리아 제국에서 벗어날 기회를 잡았는데, 특히 서부 이란의 메디아가 그러했다. 전통적으로 이 민족은 (아시리아어로 벨 알리bel ali라는 도시 영주의 칭호로 알려진) 지역 왕조들이 이끄는 수십 개의 작은 공국으로 조직되어 있었는데,[542] 아시리아의 속주 체계에 편입된 상태로 계속 살고 있었다. 이제 키악사레스Cyaxares 왕의 지휘하에 메디아 병력이 집결했다. 안타깝게도 이 동맹군과 전반적인 메디아 병력의 활동에 관한 모든 내용은 바빌로니아 연대기[543]에서 유래하는데, 이 연대기는 일부분만 전해져 오는 데다 편찬자들이 흥미롭다고 생각한 정보만을 담고 있다. 따라서 키악사레스의 병사들이 어떻게 기원전 615년에 아라파(현대의 키르쿠크)에 도달하는 데 성공했는지는 여전히 알 수 없다. 어쨌든 메디아는 이미 아수르를 정복한 다음 해에야 비로소 그 약탈당한 도시 아라파의 성문 바로 앞에서 바빌로니아 군대와 조약을 맺었다.

이 시기에 나보폴라사르는 이미 디얄라강과 소자브강 사이의 옛 아시리아 영토를 다스렸고, 유프라테스강 중류 지역에서도 활동했다. 그런데 기원전 616년에 프삼티크 1세(재위 664~610 BC)의 이집트 병력이 신-샤루-이시쿤을 도우러 왔다. 통치 초기에 시리아 지방의 속주들로부터 위협을 느끼자 신-샤루-이시쿤이 아버지 아슈르바니팔의 예전 속국과 더 긴밀한 관계를 맺으려고 한 것이 분명했다. 당시의 사이스 이집트에 관한 역사 자료가 아시리아에 관한 자료만큼이나 부족한 이유로 상세한 내용은 알 수가 없다. 하지만 신-샤루-이시쿤이 프삼티크 1세에게 레반트 지역에서 크게 양보하는 대가로 지원을 받은 것은 확신할 수 있다. 프삼티크 1세는 이러한 방법으로 아슈도드를 자신의 영토로 만들 수 있었는데, (헤로도토스(2.157)에 따르면) 그 거래에 다른 영토까지 추가로 포함되었을 수도 있다.

서부 이란에 있던 만나이 왕국의 병사들도 아시리아 편에서 싸웠다. 그들은 자신들의 본국 영토에 영향을 미치는 정치적 변화 때문에 아시리아 편을 들었을 것이다. 우르미아호 남쪽의 그들 영토는 메디아 영토와 인접해 있었는데, 메디아가 나보폴라사르와 맺은 동맹이 결정적으로 사태의 반전을 초래하면서 이제 공격자들이 크게 유리해졌다.[544] 기원전 612년에 니네베가 함락되면서 신-샤루-이시쿤도 무너졌다. 이제 교전 지역은 북부 시리아로 옮겨졌다. (현대 튀르키예의 도시 샨르우르파와 가까운) 그곳 하란에서 아수르-우발리트 2세 Assur-uballit II를 중심으로 임시정부가 조직되었다. 이집트가 원군을 보냈는데도 그 도시는 기원전 610년에 바빌로니아와 메디아의 군대에 넘어갔고, 이듬해 그곳을 탈환하려는 시도는 실패했다. 그리하여 아시리아는 유프라테스강 동쪽의 영토를 모두 잃고 말았다. 이후 아수르-우발리트 2세는 그의 아시리아 왕국과 마찬가지로 영원히 종적을 감추었다. 메디아 병사들은 하란을 약탈한 후 철수했고, 프삼티크 1세는 불길했던 바로 그해에 세상을 떠났다.

이집트와 바빌로니아는 이후 15년 동안 전쟁을 계속했다. 프삼티크 1세의 아들 네코 2세Necho II(재위 610~595 BC)가 유프라테스강 서쪽 영토를 차지하려는 나보폴라사르를 저지하고자 했기 때문이었다. 바빌로니아인들은 현재 튀르키예에 있는 전략적 요충지 쿰무(콤마게네)를 차지하는 데 성공했다. 그리고 기원전 605년에 본거지 카르케미시가 함락되자 이집트 군대는 시리아에서 철수할 수밖에 없었다. 이 승리는 왕세자 네부카드네자르 2세(재위 604~562 BC, 기원전 12세기의 시랜드 제2왕조 통치자와 구별하기 위해 네부카드네자르 2세로 표기된다.)가 이룬 결과로, 그는 이후 바빌론으로 의기양양하게 돌아왔다. 그 사이에 아버지 나보폴라사르가 사망했으므로 그는 아무런 논란 없이 왕위를 차지했다. 이후 네부카드네자르 2세는 레반트 지역에서 네코 2세와 이집트 병력을 차근차근 몰아냈다. 기원전 595년에 그는 이미 필리스티아와 페니키아 항구인 가자, 아슈도드, 시돈, 티레, 아르와드를 속국으로 삼은 상태였다. 그리하여 영토를 획득하려는 프삼티크 1세의 시도는 완벽하게 실패하고 말았다. 남부 레반트에서 세력을 강화하고자 노력하던 바빌로니아는 기원전 598년에 처음으로 예루살렘을 정복했다. 이러한 활동은 현재 레바논에 남아 있는 바빌로니아의 암석 부조와 비문 몇몇에서도 입증된다.[545] 그중에서도 시르 에스-사남Shir es-Sanam의 부조에는 삼나무를 든 네부카드네자르 2세가 등장하는데, 이는 그 지역에서 그가 바빌로니아를 위해 그곳의 자원을 이용할 권리를 확보하려고 했음을 보여 준다.

주로 앞에서 열거한 항구도시에 해당하는 작은 속국들을 제외하고, 소자브강과 디얄라강 사이의 티그리스강 동쪽 지역(아라파, 마자무아Mazamua, 라히루Lahiru, 데르Der)과 시리아는 바빌로니아 총독들이 다스리는 속주로 편성되었다.[546] 궁정뿐 아니라 이러한 속주 차원에서도, 그리고 국가 전체와 관련해서도 아시리아의 행정 관행이 상당히 많이 지속되었음을 관찰할 수 있다.[547] 최근에 공식적으로 발표된 기록 문서에 따르면 북부 바빌로니아의 시파르에 있는 에바바르Ebabbar 신전은 하부르강 유역의 넓은 땅을 특정 계절에 신전의 양을 기르는 목초지로 사용했다.[548] 네부카드네자르 2세는 당시 본국에 자신의 통치에 반대하는 세력이 있었으므로 바빌로니아의 오래된 기관들이 새로운 속주의 땅을 이용할 수 있게 해 줌으로써 그들의 충성심을 얻고자 했다. 바빌로니아 연대기는 한 가지 예로 기원전 595년에 일어난 폭동을 언급하는데, 그 폭동을 네부카드네자르 2세는 가까스로 진압했다. 이미 기원전 602년에 군사 반란처럼 보이는 사건이 발생했고, 이를 계기로 군대가 근본적으로 개편되었다. 바빌로니아 군대는 의무적인 군 복무에 징집된 바빌로니아인들로 주로 구성되었다.[549] 이후의 군사 원정은 훨씬 더 짧아졌고, 농사 일정을 고려해 이루어졌다.[550]

한편 이집트의 사이스에서는 군대의 대다수가 외국인이었다.[551] 그중에서도 누비아인, 페니키아인, 유대인, 카리아인, 리디아인, 이오니아인이 있었던 것으로 입증되었는데, 이들 중 일부는 이집트에 정착하기도 했다. 이는 특히 멤피스의 공동묘지 사카라에 카리아어 비문이 새겨진 무덤 비석이 많다는 사실로 입증된다.[552] 살해된 사람과 말의 매장되지 않은 해골 사이에서 다양한 무기 및 장비와 함께 고르곤의 머리가 그려진 방패와 독특한 청동 조각들이 카르케미시 도시 성문 중 하나에서 발견된 점은 기원전 605년에 바빌로니아의 공격을 막으려다 실패한 네코 2세의 시도에 이오니아 전사들도 참여했음을 알려 준다.[553] 실제로 이 시기에 해당하는 고고학적 발견을 보면 아시리아 제국을 정복한 자들이 채택한 방법들에 관해 많은 것을 알 수 있다. 적의 공격을 막다 전사한 사람들의 유해는 니네베 도시 성문들과 아수르의 주거용 건물 사이에서도 발견되었다. 칼후에서는 식수용 우물에서 최소 125구의 유골이 나왔는데, 그중에는 손이나 발에 족쇄가 채워진 유골도 있었다.[554] 승자들은 이들 도시를 자신들의 목적을 위해 사용할 의도가 없었고, 약탈을 끝낸 뒤 그냥 폐허 상태로 만들고 떠나 버렸다.

이후 시기에서 아시리아 옛 중심부의 정치 상황을 어떻게 그려 내야 할지는 불분명하다. 어쨌든 바빌론으로 강제로 이주하면서 전에 티그리스강 유역에서 번성했던 도시들의 인구는 감소했다. 주거지가 여전히 남은 곳에서는 임시변통으로 고쳐 만든 곳과 폐허에서도 삶이 이어졌다. 신바빌로니아 왕국은 이들 지역을 속주로 바꾸지 않았다. 그렇다고 해서 이것이 메디아가 그 지역을 차지했음을 의미하는지는 확실하지 않다. 사실 기원전 610년과 기원전 550년 사이의 메디아 국가에 관한 사료가 너무 없어 확실히 알려진 것이 거의 없다.[555]

페르시아 통치 직전의 이집트와 바빌로니아

이용할 수 있는 사료가 질적으로나 분포 상태에서 크게 차이가 나기는 하지만, 사이스 이집트와 바빌로니아의 상황은 훨씬 더 잘 파악되어 있다. 대부분의 비문은 상당히 형식적이고 신의 영역과 맺은 관계에 초점을 두는 경향이 있다. 이용할 수 있는 고문서는 이 국가들이 아니라 특정한 신전이나 가문의 활동에 관한 실마리를 던져 준다. 헤로도토스의 생생한 기술이 있지만, 그 이야기의 상세한 내용은 종종 의심을 불러일으킨다.[556]

네부카드네자르가 레반트 지역에서 사이스의 세력 확장을 중단시킨 이후에도 그 지역은 이집트와 바빌로니아 간의 지속적 다툼의 원인이 되었다. 이집트의 야심은 누비아에서는 훨씬 더 큰 성공을 거두었고, 결국 누비아는 프삼티크 2세(재위 595~589 BC) 통치기에 사이스의 패권을 인정할 수밖에 없었다. 이 통치자는 또한 자기 딸 안크네스네페리브르Ankhnesneferibre를 테베 아문의 미래 배우자 자리에 앉혔다.[557] 일찍이 그의 아버지 네코 2세는 지중해에서 나일강 동부 (펠루시움의) 지류를 거쳐 홍해로 이어지는 운하를 개발해 처음으로 이 두 수역에서 이집트의 해상 이익을 통합하고자 했다.[558] 페니키아와 그리스의 국가들과 긴밀한 접촉을 통해 전문가를 조달받을 수 있게 되면서 상업적·군사적 목적 모두를 위한 이집트의 해상 활동에 활력이 더해졌다.[559]

바빌론의 왕들도 마찬가지로 적극적이었다. 그들은 남부 이라크에 해당하는 제국 중심부와 지중해를 연결하는 최단 육로의 지배권을, 다시 말하면 유다, 트란스요르단, 북부 아랍 부족들의 영토를 거쳐 가는 사막길의 지배권을 확보하려고 애썼다. 이는 바빌로니아 군사 전략의 주안점이 되었다. 바빌론은 기원전 587년에 유다를 병합한 다음, 기원전 553년에는 트란스요르단의 에돔(아둠무Adummu) 왕국과 오아시스 도시 타이마Tayma를 정복했다.[560] 파다쿠(사우디아라비아에 있는 현대의 알-하이트Al-Hayit)에서 최근에 발견된 암각 부조로 증명되었듯이, 이로써 바빌로니아는 동서로 이어진 사막길뿐 아니라 타이마에서 남쪽으로 이어지는 향료길까지 통제할 수 있었다.[561] 사이스 이집트와 바빌로니아의 계획은 목표가 같았다. 바로 지중해를 인도양 항로와 연결하는 것이었다. 바빌로니아 제국이 계속 유지하던 옛 아시리아의 왕의 길 교역망과 함께,[562] 이 새로운 기반 시설은 얼마 지나지 않아 페르시아 제국에 빠른 확장의 기초를 제공해 줄 터였다.

두 국가에서 빈번하게 발생한 왕위 계승 분쟁은 역사가 짧은 이들 왕실의 왕권 주장이 얼마나 미약했는지 보여 준다. 프삼티크 1세의 증손자인 아프리스Apries(재위 589~570 BC)가 이집트 왕위에 올랐을 때, 장수한 네부카드네자르는 여전히 바빌론을 통치하고 있었다. 곧바로 그는 자기 생각에 이집트에 너무 가까워진 속국을 병합하기 위해 남부 레반트로 군사작전을 개시했다. 기원전 587년에 두 번째로 예루살렘이 정복된 이후, 유다는 독립된 지위를 영원히 상실했다. 이 사건은 유대인의 역사에서 핵심적 일화인 '바빌론 유수'를 탄생시킨 집단 이주를 예고했다.[563] 그와 동시에 네부카드네자르는 고집 센 속국 티레를 자신들 편으로 만들기 위해 여러 해 동안 티레를 봉쇄했다.

그런데도 아프리스는 함대의 도움을 받아 지중해 지역에서 이집트의 이권을 키우는 데 성공했다. 특히 그는 키프로스에서 크게 성공을 거두었다.[564] 그러나 이러한 업적에도 불구하고 군사 반란이 일어나면서 반란 주도자 아마시스Amasis가 스스로 왕좌를 차지했다. 이 사람은 프삼티크 1세가 세운 왕조와는 관련이 없었다. 헤로도토스는 그를 천한 가문 출신의 영리한 악당으로 묘사했다. 아프리스는 가까스로 몸을 피해 자신의 오랜 숙적 네부카드네자르에게 망명을 요청했다. 네부카드네자르는 그 폐위된 왕이 왕위를 되찾을 수 있도록 기원전 569년과 기원전 566년에 자신의 병력과 그리스 용병을 제공했다. 하지만 이러한 시도들은 실패했고,[565] 아프리스는 마지막 침략 과정 중에 사망했다. 아마시스(재위 570~526 BC)는 자신의 왕위 주장이 확실히 받아들여지도록 아프리스를 사이스 왕실 무덤에 제대로 된 예식을 거쳐 묻힐 수 있게 해 주었고, 작고한 왕의 딸들 중 한 명과 혼인했다. 긴 통치 기간에 그는 전면적인 행정개혁과 경제개혁을 단행했고, 지중해 지역에서 이집트의 이권을 더욱 확대했다. 특히 아마시스는 그리스 세계를 상대로 외교 관계를 강화했고, 나일강 서쪽 (카노푸스Canopus의) 지류에 그리스 수입품이 이집트로 들어올 수 있는 유일한 자유무역 지대로 나우크라티스를 세웠다.[566] 이 무역 지대는 그의 재원을 채우는 데 큰 도움이 되었다.

네부카드네자르의 긴 통치가 끝나 가던 거의 같은 시기에, 바빌론에서도 왕위 계승 분쟁이 그 추한 고개를 쳐들었다. 아마시스의 성공적인 왕위 찬탈이 왕위를 노리던 사람들에게 본보기를 제공했을지도 모른다. 어쨌든 짧은 간격으로 왕조가 두 번이나 바뀌었다. 우선 왕세자가 연로한 아버지의 눈 밖에 나면서 가택 연금 신세가 되었다. 여하튼 아멜-마르두크Amel-Marduk(재위 561~560 BC)가 결국 왕위에 올랐지만, 누이의 남편이 계획한 음모에 의해 바로 살해당했다. 왕을 살해한 그는 바로 자신을 왕으로 선포했다. 이 사람은 바로 반백의 네리글리사르Neriglissar(재위 559~556 BC)로, 네부카드네자르의 오랜 동반자이자 절친한 친구였다. 그는 킬리키아의 쿠메(아시리아어로 쿠에)를 공격하는 군사작전을 성공적으로 수행했다. 이 지역은 아시리아 제국이 몰락한 후 다시 한번 독립된 왕국이 되었는데, 히타이트 시대 이래로 주요한 항구도시였던 우라가 중심지였고, 서쪽으로는 리디아와 인접해 있었다.[567] 바빌론은 키프로스에 대한 지배권을 주장함으로써 북동부 지중해 지역에서 영향력을 키우던 이집트에 맞서고자 이 지역을 장악하려고 했다. 그러나 네리글리사르는 바빌론으로 돌아온 직후 사망했고, 그의 아들 라바시-마르두크Labashi-Marduk는 왕위에 오른 지 몇 달 만에 살해당하고 말았다. 새로 왕위에 오른 나보니두스Nabonidus(재위 555~539 BC)[568]가 나보폴라사르 왕조와 관련이 있는지, 관련이 있다면 어떻게 관련이 있는지는 불분명하다. 어쨌든 그의 비문에서 그는 이 부분에 관해서는 침묵하는 대신에, 자기 어머니 쪽이 아시리아 왕조와 관련이 있다고 강조했다. 이 여성은 그 사라진 제국의 마지막 보루였던 하란 출신이었다. 그녀는 그곳에서 죽은 왕족들에게 제물을 바치는 일을 맡았는데, 이 의무이자 특권은 전통적으로 가족들만 맡았다. 이집트의 아마시스와 마찬가지로 나보니두스도 성공적인 통치자였던 것으로 판명되었다. 그의 주요 업적으로는 앞에서 다룬 사막길을 확보한 것 외에 경제개혁을 시행하고 강력한 신전을 재정비한 것을 꼽을 수 있다.[569] 그러나 헤로도토스가 아마시스는 비교적 칭찬하듯이 묘사한 것과 달리, 후대에 전해진 나보니두스의 이미지는 그가 폐위된 뒤 등장한 새로운 페르시아 체제를 미화하기 위해 집필된 선전용 문학에 의해 형성되었다.[570] 헤로도토스가 왕위 찬탈자 아마시스를 야비한 매력을 지닌 현실적 악당으로 묘사한 반면에,[571] 페르시아 시대의 문학에서 나보니두스는 지적 교양이라고는 전혀 없는, 벼락출세한 건방진 사람으로 묘사된다. 어느 경우든 간에 그들의 길고 성공적인 통치조차도 이 왕위 찬탈자들이 비왕족 출신이라는 오명을 지울 수 없었던 것은 확실하다. 이러한 점 역시 페르시아의 세력 장악을 촉진했다.

페르시아 왕 키루스 2세(재위 550~530 BC)는 메디아의 속국 통치자라는 지위에서 빠르게 벗어나 세계에서 가장 큰 제국의 대군주로 부상했다.[572] 그가 직접 승인한 이후의 작품들을 포함해 바빌로니아 문서에서 그는 항상 '안샨의 왕'으로 불렸다. 안샨은 같은 지역에 있던 옛 엘람 왕국의 도시로, 이후 그곳에 페르시아의 수도 페르세폴리스가 설립되었다. 아마시스, 나보니두스와는 달리 그의 경우에는 여러 세대를 더듬어 올라가면 왕조의 시조 테이스페스Teispes를 찾아낼 수 있었다.[573] 이 통치 가문의 등장은 기원전 648년에 아슈르바니팔이 엘람을 약탈한 이후 찾아온 혼돈의 시기와 관련이 있었던 것이 분명하다. 하란에 새로 지어진 달의 신 신전에 헌정된 비문에서 나보니두스는 키루스 2세를 메디아 왕 아스티아게스Astyages의 예전 속국으로 설명하는데, 그 페르시아 통치자가 기원전 550년에 '소규모 병력'으로 아스티아게스를 물리치고 그를 포로로 잡아갔다. 당시 이는 메디아가 하란의 오래된 신전을 파괴한 데 대한 신의 징벌로서 여겨졌다.(당대 사료는 나보폴라사르가 이끌던 바빌로니아 군대가 하란 약탈에 책임이 있다는 사실을 전혀 의심하지 않았지만 말이다.) 바빌로니아 연대기는 키루스 2세가 메디아의 통치에서 벗어난 것에 관한 추가 정보를 제공하면서 아스티아게스에 반대하는 군사 반란이 일어나 아스티아게스가 잡혀 포로가 되었다는 사실과 함께, 키루스 2세가 메디아의 수도 엑바타나(현대의 하마단)를 함락시켜 그곳의 모든 보물을 가져갔다는 사실도 언급한다.[574]

메디아 영토의 새로운 주인이 된 키루스 2세는 얼마 지나지 않아 서쪽 왕국들에서 위협적 존재로 여겨졌다. 아마시스와 나보니두스는 리디아의 크로이소스Croesus 그리고 스파르타와 방어 동맹을 맺었다. 이 협정 문구를 보면 한때는 극복하기 어려운 커다란 장벽처럼 여겨지던 산맥, 사막, 바다가 더는 장애물로 여겨지지 않았다는 것이 분명하다. 하지만 이 동맹은 지켜진 적이 절대 없었다. 기원전 547년에 옛 아시리아 제국의 심장부를 지나 아나톨리아로 진군할 때 키루스 2세는 아무런 저항도 받지 않았다. 결국 크로이소스는 참담한 패배를 맛보았고, 그의 리디아 왕국은 합병되었다. 데르 전투에서 승리를 거둔 키루스 2세는 단 한 차례의 전투도 치르지 않고 기원전 539년에 나보니두스의 수도 바빌론을 점령하고 바빌로니아 제국을 장악했다. 이번에 아마시스와 이집트는 아무 일 없이 지나갔지만, 바로 다음 세대에 전쟁이 닥쳐을 터였다. 파라오 아마시스가 세상을 떠난 직후, 키루스 2세의 뒤를 이은 캄비세스 2세Cambyses II(재위 530~522 BC)는 침공 준비를 마쳤고, 아마시스의 아들 프삼티크 3세Psamtik III(재위 526~525 BC)가 사이스 왕조의 마지막 통치자가 되었다. 그리고 이로써 2부에서 다룬 모든 지역이 처음으로 하나의 같은 국가, 즉 페르시아 제국의 일부분이 되었다.

고전고대 세계

한스요아힘 게르케

600 이전

3

머리말

지구사적 관점에서는 다양한 시기의 동시대인들이 '세계'라는 말로 무엇을 이해했는지, 그리고 어떤 개념과 그것을 관련지었는지 아는 것이 중요하다. 이러한 관념들은 3부를 관통하는 '붉은 실'을 구성할 것이다. 근동의 여러 문명에서 발달한 세계라는 관념과 세계 패권이라는 관념이야말로 이 붉은 실의 기본적 토대를 형성한다. 이 개념이 확대되면서 전체로서의 세계라는 관념의 범위는 물론, 그것의 검증 가능한 타당성 또한 커진 것이 그 시기의 특징이다. 이후 메소포타미아와 이집트의 선진 문명에 의해 정의된 이전 범위를 뛰어넘은 세계는 지중해 지역 전체를 아우르는 개념이 되면서 지중해 지역이 중심 지역이 되었다. 그러나 그것은 또한 인도와 중앙아시아, 아프리카와 유럽, 무엇보다 서부 유럽에도 퍼져 나갔다. 따라서 이후에 새로운 중심지를 둔 세 제국이, 즉 아랍 칼리파 제국, 비잔티움 제국, 프랑크 제국이 형성되면서 지중해라는 한 단위가 해체된 것을 고대의 종말이라고도 생각할 수 있는데, 이는 꽤 타당하다고 생각된다.[1]

이러한 변화는 바빌론과 이집트의 관점에서 보면 중요하지도 않고 문자 그대로 상당히 주변부에 존재한 민족들이 단일한 세계라는 개념을 받아들였다는 사실과 관련이 있었다. 그리스인들이, 그리고 이후에는 로마인들이 이 생각을 자기 것으로 만들면서 기원전 4세기 이후 이 세계의 넓은 부분을 다스리고 침투하는 능력을 발휘했다는 사실은 3부에서 다루는 그 위대한 시대의 통일성과 특징을 여실히 보여 준다. 그 시대는 그리스-로마 문명에 의해 특징지어졌는데, 그 문명은 또한 이 시기의 다른 문화들과 꾸준히, 그리고 밀접하게 상호작용을 했다. 여러 면에서 이 문명은 이후 시대에 규범으로서 영향을 미치면서 마침내는 고전 문명으로 불리는 결과를 가져왔다. 그리고 그 고전 문명이라는 명칭은 오늘날까지도 그리스-로마 문명에 적용된다. 하지만 그 용어는 전적으로 양면적이라고 할 수 있는데, 그것이 여전히 규범적이고 심미적인 뿌리를 가지기 때문이다. 따라서 해당 문헌 및 예술과 관련해서는 '고전학'이나 '고전 고고학'으로 말하지만, 역사적 관점에서, 그리고 단순히 그것이 일반적 용어의 범주에 속하게 되었으므로 단순한 분류의 의미에서도 그 용어를 사용하는 경향 또한 나타난다.

세계사의 맥락에서 볼 때 이 양면성을 확실하게 염두에 두는 것이 중요한데, 특히 우리가 서양이라고 부르는 문화가 정확히 이 전통에서 자기를 스스로 이해하기 때문이다. 여기에는 특히 역사를 다루는 방식 또한 포함된다. '우리'의 혹은 '서양'의 세계사는 전적으로 이 접근 방식을 구현한다. 이러한 상황을 유감스럽게 여기거나 개탄할 수도 있는데, 그러는 것에는 그럴 만한 충분한 이유가 있다. 그러나 이 관점이 역사상 실재하는 것이 되었다는 사실이, 그리고 그 정도로 우리가 피해 갈 수 없는 기정사실이 되었다는 사실이 여전히 남는다. 또한 상당히 비난받아 마땅한 과정 때문에 이 관점은 심지어 보편화되어 세계유산의 핵심이 되기까지 했다. 이를 가장 잘 보여 주는 예가 바로 현대의 올림픽 경기다. 그 경기는 이상화된 위대함의 시기로서의 고대 그리스 문명으로 거슬러 올라가는 아주 구체적인 행위에서 비롯되었고, 그 결과로 유럽-서양의 고전 개념과 밀접한 관련을 갖게 되었다. 그러나 오늘날 올림픽 경기는 그 자체로 전 세계적인 대규모 행사 중 하나이며, 단지 그리스 대표들이 항상 개회식에 처음으로 경기장에 입장한다거나 중요하고 매우 인기 있는 달리기 경기에 마라톤 전투의 이름을 붙이는 것으로나마 그리스 및 그리스 문화와의 연관성을 반복적으로 형성해 낸다.

이러한 상황은 앞서 언급한 '붉은 실'을 제외하면 이후의 논의에 두 가지 지침을 안겨 준다. 한편으로 고전 문명에 의한 이러한 지배적 조건화 사례들은 우리의 특별한 관심을 정당화해 줄 것이다. 그리고 다른 한편으로 우리는 이러한 취급이 어떤 특정한 관점에서, 즉 세계에 대한 '서양' 위주의 특정한 시각에서 비롯된다는 사실에 솔직해야 한다. 그러한 관점은 특히 식민주의와 제국주의의 결과로 널리 보급되었고, '복수의 근대성multiple modernities'에도 불구하고 세계화의 면모를 계속해 결정짓고 있다. 그러나 어떤 역사적 유물을 살필 때 문화 간 연관성을 고려해야 하는 것처럼, 역사 편찬의 차원에서 다른 관점을 생각해 볼 수 있고 또 그런 관점이 있을 수 있다는 점 또한 받아들여야 한다. 그리고 이러한 관점들이 실제로 이 책에서 제시될 것이다. 어쨌든 이 책에서 우리의 목적은 하나의 단일한 세계가 아니라 동시에 존재한 여러 문화를 묘사하는 것이기 때문이다. 그리고 각각의 문화는 스스로 이해될 수 있을 뿐 아니라 우리의 관점에서는 그 자체가 하나의 세계로 이해된다. 따라서 이 문화들은 자기 힘으로 보편적 관점을 초래할 뿐 아니라 지구사를 형성할 수 있는 잠재력까지도 안겨 준다. 이러한 점은 우리가 자신을 보는 전통 속 세계로 주의를 돌리기 전에 먼저 언급할 필요가 있다.

1 새로운 세계로 가는 길: 지중해 지역과 그 주변

그리스 역사에는 선진 문명을 수립하려고 한 독립된 시도가 두 차례 등장한다. 첫 번째 시도는 중기 청동기시대부터, 특히 후기 청동기시대에 있었다. 이 시도로 인해 생겨난 환경과 구조물들은 근본적으로 규모가 더 작다는 점만 빼고는 이집트를 포함한 근동에 존재했던 그것들과 비슷하다. 또한 근동의 영향을 크게 받았다는 사실도 쉽게 알 수 있다. 이에 관해서는 어떤 모형 혹은 그 모형의 영향이나 모방이 지닌 유효성을 말할 수 있다. 이는 처음으로 강력하고 수준 높은 근동의 문명들이 주변의 지중해와 유럽으로 영향력을 전파하고 그 과정에서 결코 일방적이지 않은 교류와 통신의 형태가 증가할 수 있는 전제 조건을 조성했다는 증거를 제공해 준다.

초기 그리스 선진 문명의 본질적 특성들은 이러한 영향과 접촉을 분명히 나타낸다. 어느 정도의 중앙집권화로 인해 탄탄하게 짜인 관료 체계가 발견된다는 점을 예로 들 수 있다. 해당 기관들은 여러 촌락과 소규모 인구 중심지를 아우르고 통합하는 대규모 행정단위들로서 중요한 복합체들을 병합하는 경향도 있었다. 뚜렷하게 나타난 특징은 문자를 사용했다는 것이었다. 주로 크레타섬의 크노소스와 펠로폰네소스반도 남서부 끝자락의 필로스(아노 에글리아노스Ano Eglianos)에서 해당 문서들이 발견되었다. 이 문서들은 대부분 점토판 형태로 존재하는데, 화재로 말미암은 파괴의 결과로 보존되었다. 각 글자의 독특한 외적 배열과 특정한 차이에 근거해 학자들은 이 유물들을 선형 문자 A 점토판과 선형 문자 B 점토판으로 부른다.

더 오래된 점토판 문자인 선형 문자 A는 고古궁전 시대(2000~1700 BC 무렵)에 널리 사용된 상형문자의 진전된 형태에 기초한다. 선형 문자 A는 전적으로 크레타섬에서만 쓰였고 신新궁전 시대(1700~1450 BC 무렵)의 미노스 문화와 관련되었다. 현재까지 이 문자는 해독 불가능한 것으로 판명되었다. 이와는 대조적으로 1950년대에 건축가인 마이클 벤트리스Michael Ventris와 그리스어 학자 존 채드윅John Chadwick이 선형 문자 B를 해독하는 데 성공했다. 이 문자는 그리스어의 초기 형태인 것으로 판명되었기 때문이다.[2] 그 덕분에 학자들은 해당 문명에 관해 더 깊은 통찰을 얻을 수 있었다. 하지만 이것도 여전히 제한적인 상태라고 할 수 있는데, 장기적으로 사용하기 위한 것이 아니라 주로 행정 절차를 밝혀 주는, 그것도 아주 뒤죽박죽인 상태로 보여 주는 문서가 다 합쳐 수천 개에 불과하기 때문이다.

따라서 이집트와 히타이트 왕국의 몇몇 분리된 문서와 더불어 크레타 미노스 문명에서 가장 중요한 유물은 고고학적 유적이다. 이것들은 뭐니 뭐니 해도 발굴지 자체를 가리키며, 그중에서 가장 중요한 발굴지인 그리스 영토의 미케네 유적지가 선형 문자 B로 대표되는 문명에 그 이름을 부여했다. 미케네 문명이 이 문자 체계를 사용했다는 점에서 특히 알 수 있듯이, 미케네 문화는 미노스 문화와 연관이 있다. 그리고 앞서 언급한 대로 중앙의 내부 시설, 이른바 궁전에 행정기관이 집중된 조직 체계 때문에 '궁전 문명'과 '궁전 시대'라는 용어도 널리 사용된다. 한편 선사시대 분류를 적용해 보면 이들 문명은 후기 청동기시대에 존재했다. 선사시대 학자들 사이에서는 청동기시대의 그리스를 기술하는 표현으로 '헬라스 시대'라는 용어 또한 흔한 것이 되었다. 헬라스 시대의 마지막 단계인 후기 헬라스 시대는 미케네 시대로도 불린다.

미케네와 미노스라는 두 변종을 지닌 이 특이한 문화의 형성은 크레타섬에서 비롯되었는데, 그 섬이 이집트, 키프로스, 레반트, 그리고 에게해 군도를

—— 미케네 궁전으로 들어가는 정문인 사자의 문. (Wikimedia Commons, © Vicenç Valcárcel Pérez)

거쳐 소아시아와 가까웠던 덕분에 아주 쉽게 이해할 수 있다. 또한 직접 접촉했다는 사실을 입증할 수 있었는데, 예를 들면 이 넓은 지역에서 자신들의 활동 반경을 넓혀 간 장인이나 특정 장식 전문가들을 통해 접촉했다. 그 지역은 이집트인과 히타이트인들의 활동 범위에 포함되면서 점점 더 두 왕국의 통제권에 들어가게 되었는데, 이러한 요인으로 인해 이 뛰어난 문명들의 여러 요소를 채택하게 되었을 뿐 아니라 그들과의 상호 교류 또한 촉진되었다.

이러한 과정을 거쳐 크레타섬에, 구체적으로 말하면 크노소스, 파이스토스, 말리아, 자크로스에 처음 소수의 문명 중심지가 생겨났고, 각 중심지가 주변 지역으로 행정적 영향력을 뻗쳤다. 하지만 궁극적으로는 이들 중심지 중 크노소스가 섬 전체를 장악하게 된 것으로 보인다. 이와 함께 해상에서도 세력을 확장했는데, 무엇보다도 멀리 소아시아 연안의 에게해 지역까지 세력이 미쳤다. 산토리니(티라)섬의 유명한 프레스코화가 가장 강력하게 증명해 주듯이, 남부 에게해에 놀라울 정도로 균일한 문화적 범위가 뚜렷하게 존재했음을 확인할 수 있다. 마찬가지로 서부 소아시아의 (이후 밀레토스로 이름이 바권) 밀라완다에서도, 다시 말하면 히타이트 제국의 영향권 내에서도 '미노스' 문화가 영향을 미쳤음을 보여 주는 뚜렷한 흔적이 남아 있다. 그 신화적 인물인 크레타섬의 왕 미노스Minos(현대의 고고학자들이 이 왕의 이름을 따서 문명에 이름을 붙였다.) 이후에, 고대 그리스인들마저도 이 지역에서 '미노스의 제해권 Minoan thalassocracy'(즉 해상에서의 우월한 지위)을 언급하곤 했다. 이는 지금도 흔하게 등장하는, 어느 정도 모계 중심적인 평화로운 문화의 이미지와는 완전히 상반된다. 일부 해설자들의 주장에 따르면 종종 그 문화의 시각적 이미지에서 그러한 느낌이 뚜렷하게 드러난다고 하는데, 방어 시설을 갖춘 주거지가 없다는 사실에 의해 입증되는 듯하다. 하지만 이러한 결론은 실제 상황보다는 현재의 발굴 상태를 더 많이 반영하는 것이 분명하다.[3]

이 문명의 소멸은 다수의 미스터리를 던져 준다.[4] 종종 지진이나 해일 같은 자연재해가 한 문명이 종말을 맞은 원인으로 지적된다. 언제 일어났는지는 논란의 대상이지만, 특히 산토리니섬에서 일어난 어떤 중대한 사건이 원인이었을 것으로 생각된다. 그러나 미노스 문명이 이 엄청난 혼란 속에서도 살아남았다는 사실은 의심의 여지가 없다. 따라서 자연재해(크레타섬과 그 주변 섬들에서 기원전 15세기에 파멸적 재해가 발생했음을 보여 주는 지층이 뚜렷하게 존재한다.)로 인해 약해졌을 수도 있는 크노소스 '제국'이 기원전 15세기 중반 무렵이나 그 직후에 북쪽에서 온 전사 집단의 침입에 희생되었고, 그 전사 집단들이 이후 자신들만의 통치 체계를 수립하기 시작했을 것이라는 추정이 더 그럴듯해 보인다. 이들 집단이 미케네 문명의 일부를 형성한 것이 분명하며, 그 대표자들이 그리스 선형 문자 B를 처음으로 들여오는 일을 맡았다. (펠로폰네소스의 필로스 유적지에서는 1200점에 지나지 않는 점토판이 나온 데 비해) 크노소스에서는 선형 문자 B가 적힌 점토판이 3000여 점 보존되어 있었다.

그 무렵 미케네 문명은 주로 그리스 본토 전역에 널리 퍼졌다.[5] 그곳에서도 초기에는 여러 개의 권력 중심지로 이루어진 패턴이 나타났는데, 이는 특히 궁전 단지를 비롯해 웅장하고 호화로운 매장지(수갱식 분묘와 이후의 반구형 석실분半球形石室墳, domed chamber tomb)가 포함된 요새화된 보루를 통해 쉽게 알아볼 수 있다. 이러한 패턴은 펠로폰네소스반도의 미케네, 티린

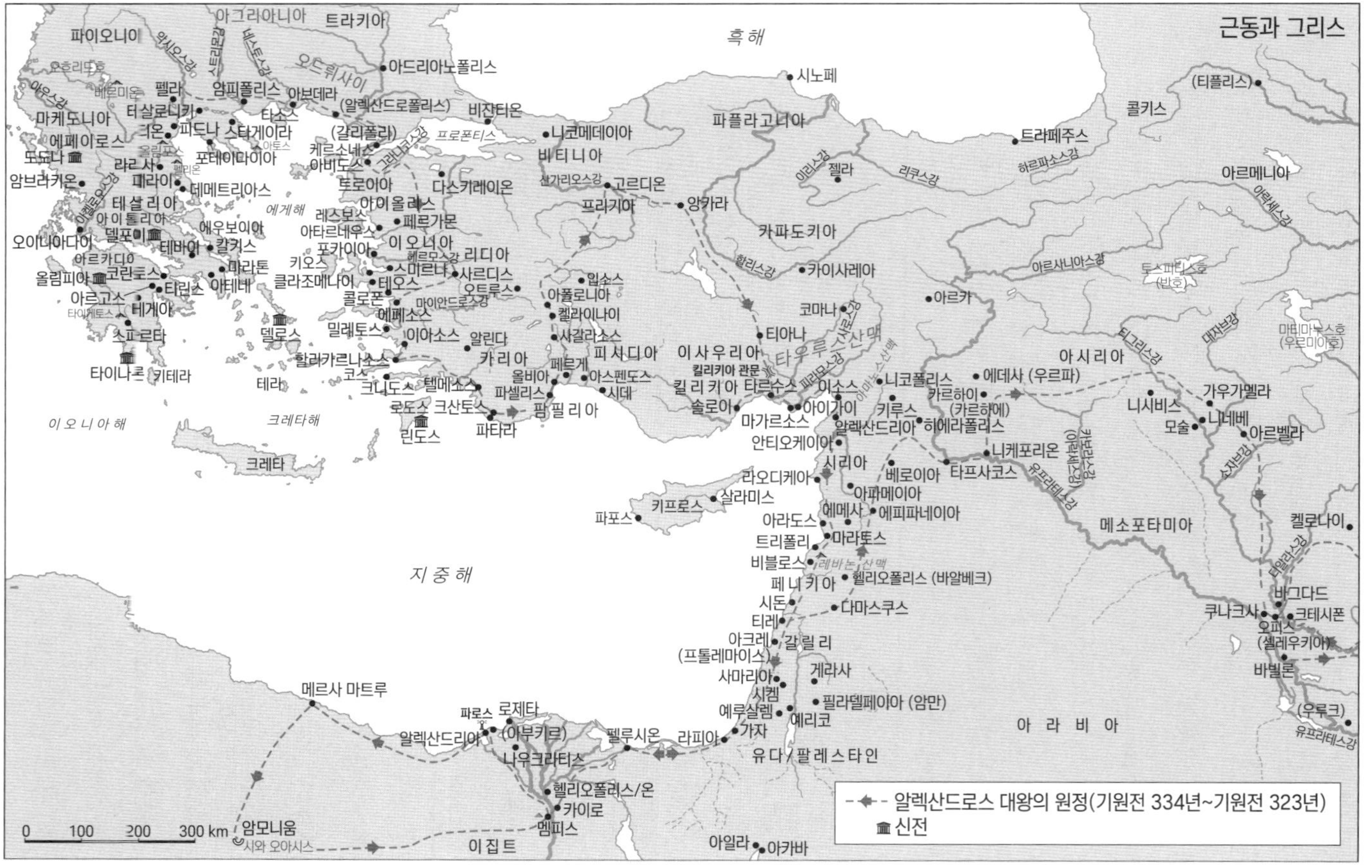
근동과 그리스
흑해
지중해
에게해
이오니아해
크레타해
알렉산드로스 대왕의 원정(기원전 334년~기원전 323년)
신전
0 100 200 300 km
트라키아
마케도니아
에페이로스
테살리아
아이톨리아
펠라
테살로니키
암피폴리스
아브데라
아드리아노폴리스
비잔티온
니코메데이아
비티니아
고르디온
앙카라
프리기아
카파도키아
카이사레아
파플라고니아
시노페
트라페주스
콜키스
(티플리스)
아르메니아
아시리아
메소포타미아
니네베
아르벨라
가우가멜라
니시비스
모술
바그다드
크테시폰
오피스
(셀레우키아)
바빌론
쿠나크사
켈로나이
(우루크)
유프라테스강
티그리스강
아라비아
시리아
안티오케이아
알렉산드리아
이소스
타르수스
킬리키아
티아나
이사우리아
피시디아
팜필리아
리디아
사르디스
이오니아
에페소스
밀레토스
할리카르나소스
카리아
로도스
린도스
크레타
키프로스
살라미스
파포스
페니키아
비블로스
트리폴리
시돈
티레
아크레
(프톨레마이스)
갈릴리
사마리아
시켐
예루살렘
예리코
필라델페이아 (암만)
다마스쿠스
헬리오폴리스 (바알베크)
가자
라피아
유다/팔레스타인
펠루시온
알렉산드리아
파로스
로제타
(아부키르)
나우크라티스
헬리오폴리스/온
카이로
멤피스
이집트
메르사 마트루
암모니움
시와 오아시스
아일라
아카바
아테네
코린토스
스파르타
테바이
델포이
올림피아
델로스
테라
키테라
타이나론

—— 근동과 그리스.

스, 필로스뿐 아니라 중부 그리스의 테바이, 오르코메노스, 이올코스에서 나타났으며, 이오니아해의 케팔로니아섬에서도 나타났을 가능성이 있다. 이 권력 중심지들은 기원전 14세기 이후로 더 큰 정치체로 발전해 크레타섬의 '미노스 문명'처럼 에게해와 소아시아로 멀리 확대된 것으로 보인다. 이집트 사료를 통해 당시에 크레타섬과 함께 펠로폰네소스반도 역시 일관성 있는 행정단위를 형성했다고 결론 내릴 수 있다. 그리고 히타이트 사료에서도 그 위대한 히타이트 제국이 충돌하게 된 '아히야와' 민족에 관한 언급이 나오는데, 그들이 있었던 곳은 확실히 에게해 또는 남부 그리스 및 중부 그리스이거나 모두 해당했던 것으로 확인된다. 이 명칭은 아카이아인과 어원이 같을 수 있는데, 아카이아인은 이후의 서사시(대표적으로 호메로스의 「일리아스」)에서 그리스인들을 가리키는 데 사용된 집합적 용어 중 하나였다.

남아 있는 문서 사료에 근거하면 우리가 가장 잘 아는 행정단위는 필로스의 '제국'이다. 따라서 이 단위는 여기서 이 궁전 문화가 어떻게 기능했는지 설명하는 데 도움을 주는 출발점이 될 것이다. 그러한 정치체의 중심은 상당히 독특했다. 커다란 주거지 내에 궁전과 함께 눈에 띄는 매장지가 있는데, 매장지 중 일부는 웅장하기까지 했다. 다양한 여러 활동까지, 심지어 오늘날 국가 관료제로 연상되는 기능 영역에 속하는 활동까지도 그 궁전 중심지에서 지시를 내리거나 관리했다. 경제활동뿐 아니라 종교 및 제례 활동이 이러한 맥락에 포함된다. 제물과 제례 의식이 관리되었을 뿐 아니라 다양한 관료나 직업군이 내는 세금과 그들에게 지급되는 배급까지도 관리되었다. 동양에서처럼 이곳 경제도 특히 관리와 병사들에게 식량을 공급해 주기 위해 궁전이 물자와 상품을 모은 뒤에 다시 나누어 주는 재분배 경제라는 인상을 준다. 이 과정이 어느 정도까지 이루어졌는지, 얼마나 많은 양이 관련되었는지는 추측의 문제로 남아 있다. 더욱이 기술적 역량이 상당했음을 보여 주는 증거도 있는데, 건축, 도로, 교량 건설, 특히 물 관리 사업에서 잘 드러났다. 일례로 중부 그리스 보이오티아 지역의 넓은 습지대 인근에 자리한 오르코메노스의 중심지는 관개와 배수를 인공적으로 관리함으로써 새로이 농지를 개척하고 보존할 수 있었다.[6]

그 정치체의 맨 위에는 아낙스wanaks(통치자)로 불린 군주가 있었고, 군주와 지위가 거의 비슷한, 군주의 오른팔은 라와게타스lawagetas(군 지휘관)로 알려진 군사령관이었다. 또한 고관과 수행원, 군인은 물론 장인도 상당히 많았다. 상당히 전문화된 기술을 가진 일부 장인 중에는 궁전에 속해 궁전만을 위해 일하는 자들도 있었다. '제국' 자체는 펠로폰네소스반도의 남서쪽 전체에 퍼져 있었고, 지리적 관점에서 보면 두 개의 지방으로 나뉘어 있었다. 각 지방은 총독과 그의 대리인(코레테르koreter, 프로코레테르prokoreter)이 다스렸다. 이들 아래의 공동체 단계(다모이damoi)에도 지방정부가 존재했는데, 이 정부에도 일종의 관리자(콰실레우스gwasileus)와 원로 협의회가 있었고, 공동재산에 대한 관할권 또한 갖고 있었다. 따라서 궁전이 모든 물자와 인력을 통제한 것은 아니었다. 그렇게 모든 물자와 인력을 통제하는 것은 근대 이전의 환경에서는 그 어떤 경우에도 불가능했을 일이다. 그런데도 궁전은 이러한 초기 '국가'의 핵심 같은 것에 해당했다. 이는 기원전 1200년 무렵에 그것들이 해체되던 바로 그 순간에 명확해졌다. 미케네 세계 내부에 갈등이 증대하고 있었다는 사실은 이 시대가 끝날 무렵 훨씬 더 거대한 방어벽이 건설되었다는 사실로 알 수 있다. 또한 필로스에서 발견된 문서들은 구체적인 군사적 위협이 있었음을 암시하며, 대체로 이 시기에 해당하는 물질문화의 남은 흔적은 엄청난 격변의 시기였음을 가리킨다.

기원전 1200년 무렵의 파괴 지층이 그리스 본토와 크레타섬뿐 아니라 아나톨리아, 레반트 같은 다른 지역에서도 동시에 나타난다는 점은 특히 놀랍다. 강력한 히타이트 제국마저도 기원전 1200년 무렵에 수도인 하투샤가 무너진 직후 해체되었다.[7] 주변 지역(우가리트)의 문서들을 보면 당시에 어렴풋이 다가오던 심각한 위협이 어떤 것이었는지 알 수 있다. 비슷하게 트로이아의 요새화된 주거 구릉지의 대화재 흔적 또한 같은 시기(트로이아 VIIa기 말엽) 무렵에 그곳이 파괴되었음을 알려 준다. 학자들이 이 고고학적 증거를 호메로스가 묘사한 트로이아 포위 공격과 연결 지으려고 여러 차례 시도했지만, 항상 소용이 없었다.[8] 이집트 사료를 보면 파라오의 왕국조차도 위험에 시달렸고 기원전 1200년을 전후로 여러 차례 공격을 저지해야 했음을 알 수 있다. 그 공격 중 일부는 대규모로 이루어지기까지 했다. 결국 이러한 압박에 파라오 국가는 레반트에서 이집트의 완충지대를 잃으면서 전반적으로 약해졌다.[9]

부분적으로는 이집트에 대항해 다양한 민족이 동맹을 결성했는데, 같은 사료에서 그 민족들의 이름과 함께 그들을 아우르는 총칭인 '바다 민족'도 알려졌다. 이 고고학적-역사학적 기록은 언어학적-역사학적 분석과도 연결될 수 있고, 이후의 전통과도 연결될 수 있다. 이집트 문서에 언급된 집단 중 하나인 팔라스투Palaśtu는 성경에서 언급된 필리스티아인과 같다고 볼 수 있는데, 궁극적으로는 이 민족에게서 팔레스타인이라는 국명이 유래한다. 거의 동시에 일어난 이 사건들을 제대로 설명하는 일은 여전히 과제로 남아 있다. 하지만 이 청동기시대의 문명들을 무너지게 한 결정적 요인은 대규모 이주의 움직임이었다고 추정하는 것이 가장 그럴듯한 접근법인 듯하다. 바이킹의 서부 유럽 공격에 비견되는 이 상황은 단발적인 몇몇 약탈 목적의 습격에서 정착지를 세우려는 더욱 복합적인 공격으로 확대되었을 가능성이 크다. (남부 에게해와 중부 에게해를 포함해) 그리스의 넓은 지역과 남부 레반트 같은 일부 지역에서는 이러한 사태 변화가 상당한 변화를 가져왔다.

이 사건들은 지역별로 다르게, 그리고 각 사례의 단계별로 다른 방식으로 거의 150년에서 200년 정도 지속되었다. 하지만 어쨌든 이 시기가 끝날 무렵에는 동부 지중해 지역의 이집트와 히타이트 제국 사이에서 전개되었던 문화적 연속체가 철저하게, 그리고 영원히 사라지고 말았다. 그러나 이러한 상황 변화는 바로 그 지역에서 소규모 집단과 힘이 덜 센 권력자에게는 꽃을 피울 새로운 기회를 제공해 주면서 전 지구적으로 의미 있는 역사적 발전으로 이어졌다. 근동 지역에서 이는 무엇보다도 중부 레반트 및 북부 레반트 연안의 페니키아인들, 현대 시리아의 아람어 사용 집단들, 서로 밀접하게 관련된 히브리인 혹은 이스라엘인들과 더불어 암몬, 모압, 에돔의 요르단강 동쪽 기슭의 이웃들, 남부 레반트의 필리스티아인들과 관련이 있었다. 얼마 지나지 않아 그리스인들도 이 새로운 발전 단계에 참여했다. 이러한 맥락에서 우리는 상호 영향과 함께, 별개의 과정이면서도 전개 방식이 유사한 과정들이 어떻게 역사적으로 비슷한 체제를 만들어 냈는지도 아주 명확하게 관찰할 수 있다.

이스라엘과 페니키아인들: 레반트에서 더 넓은 세계로

이 모든 발전 과정은 그들을 지휘하는 그 어떤 중심적 힘도, 광범위한 지배 기관도 없었다는 공통점을 가졌다. 오히려 상황은 완전히 밑바닥에서 위로 전개되었다. 기원전 제4천년기의 메소포타미아와 비슷하면서도 이제는 더 오래된 모델의 영향을 받아 더 큰 역동성을 지닌 도시국가 위주의 조직 형태가 형성되기 시작했다. 군주를 우두머리로 둔 이 조직 형태와 더불어 민족적인 연결성과 소속감이 결정적 요인이었다. 따라서 엄격한 통치 체제와 함께, 실제로는 그러한 체제에 앞서 전통적이면서 본질적으로 매우 안정된 형태의 사회집단화가 이루어졌다. 이는 잠재적으로 세계 지배를 목표로 하는 일종의 지배력을 획득하기보다는 권위를 확립하는 것과 더 관련이 있었다. 무엇보다 그것은 반드시 현실에 존재하는 것은 아니지만 그런데도 그렇게 존재하는 것으로 느껴지는 친족 체제에 기반을 두었기에 같은 혈통을 가진 하나의 공동체를 형성했다. 따라서 그것은 그 정도의 근본적 연관성을 나타냈다. 가부장적 성향이 우세했고, 사회는 이를테면 친족 집단, 씨족, 혹은 가족으로 세분화되었다. 갈등은 중재를 통해 풀려고 노력했다. 더 높은 권한을 가진 사람들은 그런 공동체에서 원로회를 구성할 수 있었고, 개개인과 관련된 집단 범위를 넓힘으로써 더 큰 단위까지로 뭉칠 수도 있었다.

여러 가지 면에서 이러한 동족 조직 형태는 생활 방식의 결과물이었다. 그러한 조직 형태는 작은 동물을 기르는 목축민이나 낙타 유목민들이 얼마나 멀리 돌아다녔는지와는 관계없이 이동 집단, 즉 유목민들에게서 더 많이 발생했고, 현재까지도 계속 발생하고 있다. 실제로 그러한 사람들은 근동의 사막과 스텝 지대의 경계선뿐 아니라 비옥한 초승달 지대의 경작 지대를 빈번히 횡단하던 사람들이기도 했지만, 원거리 교역을 조직하고 관리할 수도 있었다.

또한 도시든 촌락이든 정착 생활을 택한 집단과 유목민 집단 간의 이동과 연결이 훨씬 더 가까워질 수도 있었다. 그렇게 강화된 형태로 접촉하면서 민족 정체성이 종종 핵심 역할을 할 수 있었다. 이후 그들의 땅을 봉토로써 다스리고 그 과정에서 그 지역을 거듭 습격한 인근의 베두인족과는 정반대로 스스로 거대한 제국을 세웠다는 사실이 바로 지금 다루는 시기에 없었던 것과 극명하게 대조되기 때문이다. 이 지역에서 서로 다른 가치 체계를 가진 서로 다른 생활 방식이 충돌해 갈등이 빚어지기는 했지만, 지금 다루는 초기 단계에서는 공생이 우세했다. 이러한 이유로 소규모 공동체나 도시국가들은 자신들이 종족으로 구분되는 더 큰 독립체라고 생각할 수 있었다. 더욱 일반적으로 말하면 그들은 모든 것을 아우르는 질서 체계를 갖출 수 있었다.

일례로 필리스티아인들과 그들의 이른바 펜타폴리스(다섯 도시국가)가 그런 우월한 독립체를 형성했다. 바다 민족의 침략으로 이주가 일어나는 동안 필리스티아인으로 확인된 집단이 남부 레반트에 정착했다. 그곳에서 그들은 주로 이집트에서 소아시아에 이르는 중요한 해상 경로상의 지역들에 대해, 그리고 같은 시기에 남쪽으로 가는 거대한 육로 카라반 경로와 연결되어 있던 에게해에 대해 지배권을 확보했다. 가자, 아슈도드, 아슈켈론 등이 대표적인 곳이었다. 이곳들은 이집트에 많은 영향을 받았고, 성경 속의 신화적 인물 골리앗Goliath으로 가장 생생하게 표현되는, 군국주의적이고 팽창하는 통일된 문명을 오래도록 형성했다.

멀리 동쪽으로 남부 레반트 산간의 유대에는 고대 이스라엘인들이 살았다. 그들은 필리스티아인들과 수없이 많은 대립에 휘말렸다. 오랜 시간에 걸쳐 수집되어 히브리어 성경으로 탄생한, 그들의 권위 있는 기록 전승 덕분에 여기서 다루는 민족 중에 그들이 가장 잘 알려져 있다. 그러나 지금까지 이 '성경'에 설명된 사건들에 관한 기록에는 역사 비평학적 방법이든 고고학적 연구로든 생각할 수 있는 모든 방식에 의해 의문이 제기되어 왔다. 따라서 이 사료에 포함된 특정 사건들의 역사적 정확성에 관한 진술에는 늘 반대쪽 입장이 뒤따른다. 그리고 이 책에서 어떤 유형이든 확실성에 도달하기란 불가능해 보인다. 그래서 나는 중도를 선택하기를 선호하는데, 그 과정에서 될 수 있는 한 다양한 동시대의 사료 및 유물과 성전聖典의 전통을 대조해 볼 생각이다.[10]

'이스라엘 민족'은 유대의 산악 지방과 사막 초원에 인접한 지역에서 처음 생겨나 이후 정복과 통합의 결과로 서쪽과 북쪽으로 세력을 확장했을 가능성이 크다. 특히 유대인 전통에서 이주가 특별히 강조된다는 점을 고려하면 이 형성 과정에서 주도권을 잡은 하나 혹은 여러 집단은 실제로도 그 지역으로 이주해 온 사람들이라고 생각하는 것이 타당하다. 자신이 원래는 다른 지방에서 온 사람이었다고 '날조'해 자기 정당화를 시도하는 전략은 전혀 현실적이지 않기 때문이다.

이스라엘 민족은 비교적 느슨한 형태로 조직된 부족들이었는데, 오랜 시간에 걸쳐 형성 과정이 진행된 탓임이 분명하다. 혈통 사회라는 개념과 그와 관련된 역사를 제외하고, 그들을 한데 묶은 것은 본질적으로 하나의 신에 대해 그들이 공유한 숭배심이었다. 처음에 이 신은 명백히 이스라엘 민족만 전적으로 숭배한 것은 아니었을 것이다. 그러나 기원전 1000년 직전에, 그 기원이 청동기시대로 거슬러 올라가며 본래는 여부스족이 살았던 고대 도시 예루살렘이 정복된 이후, 이 종교 공동체는 자신들이 활동할 중심지를 찾았다. 동시에 그리고 이것과 연계해 다윗(재위 1004~965 BC) 왕의 통치기에 중요한 군주제가 뿌리를 내렸다. 그의 아들 솔로몬(재위 965~926 BC)이 다스릴 때 이 국가는 지역 내 초강대국의 지위까지 획득했고, 이후 고대 동방의 통치권과 조직의 전통에서 점점 더 자리를 잡아 갔다.

이후 왕국은 북쪽 지역(이스라엘)과 남쪽 지역(유다)으로 나뉘었다. 그래도 같은 신에 대한 애착은 여전했다. 두 왕국에서 나타난 형식과 강도는 달랐지만 말이다. 이러한 맥락에서 학자들은 '야훼 유일 운동Yahweh-alone movement'을 제안한다. 무엇보다도 남쪽에서는 야훼만 숭배되었는데, 엄격한 일신론이 전개되기 시작하면서 그에 상응하는 보편주의적 특성까지 덧붙여질 정도였다. 그 민족은 자신들이 이 신과 특별한 관계를 맺은 '선택'된 민족이라고 생각했다. 이 관계는 이스라엘인에 대한 신의 '언약(베리트)'으로 해석되었다. 공동체의 모든 규칙은, 즉 유대의 '법률'은 전적으로 신이 만든 것으로 여겨졌다.

이 독특한 형태의 종교와 관련해 두 가지 현상이 특히 중요했다. 엄밀한 의미의 권위주의적 통치 방식으로서 군주제는, 처음에는 같은 민족으로 구성된 공동체에서는 자연스럽지 않았다. 오히려 당시에는 족장이나 원로 회의에 의한 단순한 자치 형태가 존재했다. 군주제에는 신을 통한 특수한 정당화 과정이 필요했고, 이는 앞서 언급했듯이 비옥한 초승달 지대('젖과 꿀이 흐르는 땅')의 정착지를 점령하는 과정에서 벌어진 충돌을 통해 적절하게 발전했다.

이 땅이 신이 약속한 땅이었다는 생각이 널리 퍼졌는데, 이는 이 싸움에 참여한 지도자들이 신의 의지를 실행하는, 축복을 받고 카리스마가 넘치는 거룩한 전사들로 보이기 시작했다는 의미다. 다윗의 전임자 사울이 종교적 권위의 도움을 받아 왕국을 세우는 단계를 밟은 것은 바로 이러한 배경에서였다.

그러나 카리스마 역시 순전히 종교적 영역에서 중요한 역할을 했다. 엄격한 일신교의 등장은 이것과도 관련이 있다. 신과 특별히 가까운 관계인 듯 보이고 신과 특별한 '핫라인'을 갖고 있어 거의 신의 대변자 역할을 할 수 있는 일단의 사람들이 존재했는데, 바로 선지자라는 사람들이었다. 이들은 성직자 계급에 얽매이지 않았으므로, 말하자면 신의 밀사로서 정치적·종교적 유력자들에게 완전히 독립적으로 맞설 수 있었다. 달리 말하면 전통적인 동방의 통치 체제와는 대조적으로 이스라엘인들의 권력 체제는 숭배 의식과 종교적 문제에 대한 통제권을 확보하는 데는 성공하지 못했다. 그래서 그 국가와 사회에서 일어난 모든 일은 신의 판단에 따라, 달리 말하면 최고의 권위에 호소함으로써 의심받고 비판받으며 웃음거리가 될 수 있었다. 이러한 태도는 종교적 죄에 국한된 것이 아니라 사회적 병폐와 부당한 행동에까지 확대되었다. 그 어떤 통치자도 이 결정적 권위를 피해 갈 수 없었기에 유일신의 중요성은 더욱더 확고해졌다.

이 과정에서 결정적 요인이자 지구사적으로 정말로 중요한 요인은 정치 체제 자체가 완전히 무너졌는데도 신이 선택한 사람들의 민족적 통합이 종교와 더불어 유지될 수 있었다는 점이다. 이러한 현상은 아시리아 통치자들이 (기원전 722년과 기원전 721년에 샬마네세르 5세(재위 726~722 BC)가 사마리아 도시를 정복한 것을 시작으로) 북이스라엘 왕국을 정복한 이후에 처음으로 나타났다. 당시에 거센 압박을 받던 유다 왕국은 종교적 뿌리를 통해 국가 재건을 점차 시도했는데, 이러한 추세는 요시야Josiah(재위 640/639~609/608 BC) 왕 때의 대대적 개혁에서 뚜렷하게 드러났다. 하지만 결국 남부 왕국마저 네부카드네자르 2세(재위 605~562 BC)가 이끈 신흥 강국인 신바빌로니아 제국에 굴복하고 말았다.

예루살렘이 정복되었고, 제1성전은 파괴되었고, 인구의 상당 부분이, 특히 엘리트들이 바빌론으로 강제로 이송되었다. 그러나 아주 특이한 형태의 종교 논리를 이용하면, 유대인이 믿는 신의 힘은 절대로 훼손되지 않는다는 방식으로, 최악일 수 있는 이 재앙을 해석할 수 있었다. 전통적인 종교적 패턴에 따라 적의 신이 더 강하다고 판명된 것이 아니라, 이스라엘 민족의 신이 신과 한 약속을 어겼다는 이유로 신의 백성들을 벌주었다는 것이었다. 하지만 그와 동시에 신은 그 약속을 지키면서 화해할 기회를 새로이 제공했다. 그것은 바로 '바빌론 유수' 과정에서 선지자들이 준 메시지였고, 이러한 초월적 역사 해석은 이스라엘인들이 이 엄청난 재앙을 극복하고 살아남을 수 있게 하는 데 도움이 되었다. 그리고 그들이 그렇게 한 것은 이때가 마지막이 아니었다.

더 넓은 집단을 아우른, 명확히 종교적인 이 독특한 기반만 빼면 이스라엘인들의 북쪽과 동쪽의 이웃들도 비슷한 방식으로 조직되었다.[11] 셈어족에 속한 그들은 일상 문화와 언어에서는 이스라엘 민족과도 가까웠다. 대체로 히브리어 성경에 담긴 그들에 관한 기록 덕분에, 요르단강 동쪽의 암몬족, 모압족, 에돔족이 이 집단 중에서 가장 잘 알려져 있다. 그들도 마찬가지로 부족 체제의 군주들이 통치했는데, 유대인의 왕국들과 긴밀하게 접촉하고 교류하도록 촉진하는 만큼이나 그들과 수없이 충돌했다. 이 왕국들의 북쪽에 인접한 도시 중심지들이 더욱 중요했는데, 이 중심지들은 비슷한 부족 체제에 따라 조직된 아람족 집단들이 설립해 세력을 키운 곳들이었다. 이 중 가장 중요한 곳은 다마스쿠스의 거대한 강변 오아시스에 자리 잡은, 시리아 아람인의 신 하다드Hadad의 중앙 사원이 있는 곳이었다. 이 도시는 기원전 800년 무렵에 한창 발달했다가 기원전 722년에 그 지역의 다른 많은 도시국가처럼 아시리아의 팽창에 희생양이 되었다.

이 비옥한 초승달 지대 서쪽 지방의 문화적 지평은 대체로 비슷했다. 이는 내가 이미 지적한 규칙적 상호 관계와 관련해 특히 그러했는데, 그러한 상호 관계는 유사한 물리적·지리적 생활 조건에 기초해 이루어졌다. 이러한 맥락에서 특히 한 가지 특징적 측면은 비교적 균일한 문자 체계를 사용했다는 점인데, 이는 각각의 언어가 상당히 유사했다는 사실에 의해 촉진되었다. (지리적으로 직접 인접한 지역에서 생겨난) 히브리 문자 및 아랍 문자와 함께, 우리에게 아주 친숙한, 널리 보급된 알파벳 문자도 이 문자 체계에서 유래되었다는 이유만으로도 우리는 이 현상에 특별히 관심을 기울여야 할 필요가 있다. 알파벳 문자는 초기 청동기시대의 가나안어 형태에서 유래했을 가능성이 가장 큰데, 어쨌든 페니키아인들이 지배한 지역 전체에서 널리 사용되었다. 중요한 점은 이러한 종류의 문자에서 사용된 문자들이 관련 언어에서 특별히 강조되던 관습적 자음만을 표시했다는 점이었다. 이는 스무 자 정도로 제한된 수의 문자만으로도 그럭저럭 소통할 수 있었다는 의미였다.

지금까지 이름이 알려진 이 시기의 민족 중에 페니키아인들이 이후의 발전과도 관련해 특별히 중요하게 여겨진다.[12] 그곳에 옛 가나안 문명의 여러 요소가 남아 있었으므로 페니키아인들은 그들의 후손으로 널리 여겨진다. 그러나 이 두 용어 모두 외국에서 만들어진 것이기에, 페니키아인들이 어느 정도까지 자신들을 동질적 집단으로 생각하고 조직했는지는 분명하지 않다. '페니키아인'이라는 용어는 그리스어에서 유래했는데, 바다 달팽이에게서 얻은 티리언 퍼플(포이니케스)로 물들인 직물과 관련 있는 말이다. 그렇기는 해도 그들이 숭배한 신들은 비교적 비슷했다. 하지만 각각의 경우에 주요한 사회 정치적 기준은 도시국가였고, 이 도시국가에는 자신들만의 특정한 신이 있었는데, 그 신들은 (예를 들면 바알과 같은) 단일한 신의 변형으로 생각할 수도 있다. 따라서 티레의 수호신은 멜카르트Melqart(문자 그대로 '도시의 주인mlk qrt')였다. 이들 도시국가는 맨 위에 군주가 있었지만, 그가 아주 뚜렷한 형태의 권위를 구현한 것은 아니었다. 군주에게 주어진 칭호인 수페트sufet(심판자)는 그의 주된 기능을 나타내지만, 그가 맡은 제례 의무 역시 특별히 중요하게 여겨졌다.

그 도시들은 이집트에서 북쪽으로 중부 레반트 및 남부 레반트의 해안은 물론 키프로스까지도 이어지는, 앞에서도 언급한 해상 경로를 따라 목걸이에 꿰인 진주처럼 길게 늘어서 있었다. 그중에서도 가장 중요한 곳으로는 티레, 시돈, 비블로스, 아라도스를 들 수 있다. 그 도시들 사이에 얼마나 많고 중요한 조직적·제도적 연결이 존재했는지는 추측의 문제로 남을 수밖에 없다. 한동안(기원전 10세기~기원전 9세기 무렵) 티레가 다른 도시 중심지들을 지배하는 주도적 세력으로 자처할 수 있었다. 공통적인 종교적 특징 외에도 생활 방식,

표준 단위 체계, 경제적·정치적·군사적 생활에서도 일련의 유사성을 확인할 수 있다. 그리스인들도 그랬듯이 여기서도 구체적인 것과 일반적인 것, 지역적인 것과 광범위한 것이 어느 정도 변증법적으로 결합해 존재한 듯 보인다.

이 도시들은 각자 자신들의 내륙지역을 다스렸는데, 실제로 경작과 가축 사육을 통해 이 땅을 경제적으로 이용했다. 레바논 산악 지대에서 나는 삼나무는 아주 귀중한 건축 재료로서 특별한 역할을 했다. 주로 이러한 이유로 그 지역은 일찍이 이미 청동기시대부터 이집트와 밀접한 관계를 맺고 있었다. 이 문화적 지역의 뚜렷한 특징은 그 지역의 지리적 위치와 관련이 있었으며, 이는 페니키아 도시 대부분이 섬이나 반도에 있었다는 사실에서 생생하게 드러난다. 페니키아인들은 점점 더 원거리 교역에 집중했고, 이를 수행하는 데 가장 중요한 경로는 해상 경로였다. 그래서 페니키아인들은 말하자면 해상무역이라는 특별한 역할에 전념하는 인종 집단이 되면서 '해상 민족'이 되었다.

그들은 이 역할을 통해 자신들의 농산물과 제품을 교역할 수 있게 된데다가 그들의 영토와 인접 지역이 동양의 다른 지역에서 카라반 경로를 따라 그곳에 도착한 많은 상품과 물자가 모이는 화물 집산지가 되면서 이득을 보았다. 따라서 페니키아 도시들은 '사막의 선박들'의 경로와 실제 선박들의 경로가 교차하는 중계 지점 같은 곳이 되었다. 기원전 10세기 이후, 의심할 여지 없이 대부분이 부유한 무역상이었던 페니키아 상인들은 지중해를 가로지르는 해상 경로를 차츰 개척했다. 이 경로들은 대서양, 에스파냐 해안(카디스), 모로코(모가도르)까지 이어졌다. 기원전 9세기부터는 금속 광상이 풍부한 이베리아반도에 그들의 활동이 집중되면서 정확히 지중해 서쪽 지역에서 점점 더 조밀해지는 제조 네트워크가 생겨났다.

페니키아인들은 페니키아 본토의 도시 중심지들과도 연결되어 있던 이 기지들에서 토착민들과 밀접한 교역 관계를 맺을 수 있었다. 그들은 그 토착민들에게 향료나 티리언 퍼플 염료 같은 사치품과 귀중품을 가져다주었을 뿐 아니라 그들이 주거지를 건설할 때나 금속을 가공할 때 사용하던 규격에 관한 전문적 지식 또한 알려 주었다. 이는 식민 지배 형태가 아니라 서로의 이익을 위해 경제적 교환 관계에 주로 초점을 맞춘 것이었다. 그래서 그리스인들

—— 페니키아인들의 전함과 상선을, 그리고 시돈의 룰리 왕이 도주하는 모습을 보여 주는 니네베의 부조(기원전 8세기 말)를 모사한 오스틴 헨리 레이어드(Austen Henry Layard)의 사본. (Wikimedia Commons)

은 페니키아인들을 명확히 상인으로 여겼고, 자신들의 전사 및 해적 기질과 비교하면서 업신여겼다. 그러나 페니키아 도시들은 자신들의 이익을 지키기 위해, 그리고 특히 널리 퍼진 해적 행위를 고려해 강력한 전투 함대를 완벽하게 구축할 수 있었다. 기원전 7세기부터 페니키아인들은 동쪽 주요 제국들의 지배권에 점차 들어갔지만, 그렇다고 해서 그들의 중요성이 근본적으로 줄어들지는 않았다. 늘 그랬던 것처럼 그들이 이 제국들에 원료와 사치품을 비롯해 노예를 공급해 주었기 때문이다. 비상시에 그들은 그 제국들을 위해 전투 함대로서도 활약할 수 있었다. 이와 관련해 이러한 공존 관계에서 압도적으로 고려한 것은 서로의 이익에 도움을 주는 것이었다. 이후에 페니키아인들은 이집트와 페르시아의 통치자들을 대신해 탐험과 발견을 위한 중요한 항해에 착수하기도 했다. 이집트 파라오 네코 2세의 명령에 따라 페니키아 선원들은 홍해에서 나일강의 어귀까지 항해함으로써 아프리카를 동서로 일주했다.[13]

티레인들은 튀니스와 가까운, 동부 지중해와 서부 지중해가 만나는 지점에 기원전 800년 무렵이나 그 직전에 기지를 세웠다. 이 기지는 처음부터 특별히 중요한 곳으로 여겨졌던 듯하다. 그곳에 기지를 세운 분명한 의도는 교역소뿐 아니라 제대로 된 지부를 세우려는 것이었다. 달리 말하면 해상무역에 최우선으로 중점을 두면서도 그곳 내륙지역의 넓은 영토를 적절히 통제할 수 있는, 티레에 필적할 만한 도시를 세우려는 것이었다. 새롭게 세운 이 정착지 카르타고는 머지않아 그 자체로 중요해졌다.[14] 카르타고는 마그레브와 이베리아반도 해안을 따라, 그리고 발레아레스, 사르데냐, 코르시카, 시칠리아 같은 큰 섬 등 서부 지중해에 널리 분산되어 있던 페니키아 교역소들을 서서히 통제하게 되었다. 이제 카르타고의 페니키아인들은 이 민족을 가리키는 라틴어 '포에니인Punic'으로 불리게 되었다. 카르타고인들은 이웃한 강대국들로부터 자신들의 세력 범위를 확실히 확보하기 시작했고, 이익을 지키고자 강력한 함대와 군대까지 배치했다. 이 새로운 힘의 집중은 실제로 이탈리아의 에트루리아인 중심지 일부에서 증대하는 경쟁과 함께, 시칠리아와 남부 이탈리아, 코트다쥐르(마르세유), 멀리 서쪽의 에스파냐에서 활동하던 그리스의 해적과 상인, 정착민들의 압력에 의해 촉발된 것은 아니더라도 촉진되었을 것이다.

그리스인의 세계: 새로운 시작

그리스에서도 비슷한 발전이 일어나고 있었다. 하지만 처음에 이 지역은 다른 곳에서 전개되던 '위대한 정치'에 가려지면서 다소 고립되어 있었다. 하지만 얼마 지나지 않아 소아시아, 레반트, 키프로스의 예전 접촉 지대가 새롭게 활기를 얻고 역동성이 커지면서 결국 지중해의 넓은 지역과 흑해까지 포함하게 되었다. 그렇다고는 해도 이 발전의 초기 단계는 지극히 미미한 규모였다. 그리스 최초의 위대한 선진 문명의 거의 모든 중심지가 거의 같은 시기에 무너져 내렸다. 이후 적어도 부분적으로는 이전의 업적에 여전히 연결 지을 수 있었지만, 그 업적들이 보여 준 복합성은 더는 터득할 수 없었다. 이전 문화의 신경중추가 더는 활동하지 않게 되자 그리스 역사는 말하자면 선진 문명이 되기 위해 다시 도전해야 했다. 티린스 도시에서는 처음에 축소된 형태이지만 예전 체제를 유지하려고 시도했던 것으로 보인다.[15] 하지만 이러한 시도는 장기적으로 성공하지 못했다. 필수적인 행정적·기술적 노하우가 근본적으로 이전될 수 없었기 때문이다. 문자 체계가 사용되지 않게 되었다는 점이 이를 보여 주는 명확한 징후다.

게다가 고고학적 조사에 따르면 이 시기에 그리스 인구가 심하게 감소했고, 앞에서 이미 언급한 대로 기원전 12세기(후기 헬라스 IIIC기)에 잠시 이전 문화가 퇴화한 방식으로나마 버텨 낸 이후에 눈에 띄게 문명 수준이 후퇴했다. 그런 이유로 이후 시기는 일반적으로 암흑기로 불린다.[16] 새로운 연구가 이 시기에 관해 점점 더 많은 것을 밝혀내고 있고 과거의 전통이 적어도 일부 지역에서는 부분적으로 근근이 살아남기는 했지만, 그리스 세계는 이 단계에 근본적으로 바뀌었다. 이 시기의 중요한 무덤들은 발견된 부장품 덕분에 전사들의 무덤으로 해석되어 왔다. 그리고 이 시기는 실제로 정글의 법칙이 폭넓게 지배하던 때였다. 전사 엘리트들이 권력을 쥐고 있었고, 그들 주변에 추종자와 수행원 집단이 다양한 의존도를 보여 주며 작은 규모로 모여 있었다.

중요한 점은 초기 형태의 이러한 공동체 내 권력관계가 결코 명확하게 정해져 있지 않았다는 것이다. (종교 쪽을 포함해) 수행원과 관리를 갖춘 군주제는 확립되어 있지 않았다. 그 결과 권위와 명예, 지위와 명성을 놓고 거듭 충돌이 발생했다. 모든 충돌은 긍정적이든 부정적이든 상호주의의 의미에서, 그리고 특히 "내 편 아니면 적"이라는 분명한 사고방식의 의미에서 상호성과 복수에 초점이 맞추어졌다. 사회규범 체계는 비슷하게 구성되었다. 궁극의 목표는 '고귀한 강도' 같은 것이었다. 신과 여신의 우주조차도 철저히 의인화의 관점에서 구상되어 같은 원칙과 행동 방식으로 특징지어졌다. 대립적 성향을 띠는 그러한 환경에서는 우월함을 분명하게 보여 주는 것이 시대의 풍조였던 반면에, 유연성과 소통하려는 의지는 경멸만을 유발했다.

내가 이미 설명한 이 문화의 현저한 쇠퇴조차도 어떤 '결정적 순간'을 의미하지는 않았다.(실제로 다들 그러한 순간이 역사에 존재하지 않는다는 것을 안다.) 오히려 확실한 연속성의 요소들이 존재했다. 어쨌든 위대한 문화의 유물과 폐허는 모두가 볼 수 있도록 그곳에 존재했다. 더는 원래의 맥락에서 정확히 이해받지는 못하더라도 말이다. 실제로 후대 사람들은 미케네의 거대한 궁전 벽을 거인족(키클롭스)이 세웠다고까지 생각했다. 하지만 몇몇 관습은 여전히 지켜졌다. 옛 권력 중심지의 통치자 거처 중 일부는 신전과 사당으로 바뀌었다. 아테네 같은 과거의 일부 주거지는 인구 이동의 결과로 생겨난 새로운 주거지와 함께 남아 있었다.

이 시기의 사회적·정치적 변화는 소규모 주거 지역에서 시작되었으므로, 다소 독특하게 재해석되기는 했지만, 과거에서 선택된 기준점은 미케네 왕국의 지역 조직이었다. 청중에 더 가까운 역할을 한 민회와 함께 전통적인 원로회가 생겨났다. 무엇보다도 옛 용어인 콰실레우스가 엘리트층을 묘사하기 위해 바실레우스(왕)라는 당시의 관습적 형태로 부활했다. 이 용어는 공동체 내의 몇몇 사람을 가리키는 데 사용할 수 있었다. 그들은 종교의식 수행이나 분쟁 조정, 군대 지휘 같은, 공동체에서 다소 초보적이면서도 여전히 중요한 공적 의무를 맡은 사람들일 가능성이 크다.

근본적으로 해결되지 않은 권력관계와 관련해 그러한 지위는 엘리트층 내에서 충돌 대상이 되기도 했다. 이 엘리트들은 공동체의 동의를 확보하는 데 상당히 신경을 썼는데, 공동체의 승인이 그들에게는 자신의 평판을, 따라서 자신의 신분을 가리는 명백한 시금석이 되었기 때문이다. 서열 내에서 끊임없이 발생하는 논쟁을 고려할 때, 엘리트로 자리 잡아 계속 그 지위를 유지할 수 있는지는 상당히 불확실했다. 많은 사람이 '족장' 혹은 '유력자'라는 지배적 지위를 얻기 위해 노력했다. 특별한 업적이나 재산의 증대로 지위가 올라갈 수 있었지만, 그와 반대로 실패한다면 지위를 잃을 수도 있었다. 당시의 상류층 구성원들이 정확히 자신의 지위를 안정시키고 영속화하기 위해 노력했다는 점은 의미심장하다.

이러한 맥락에서 개인의 생활 방식이 결정적 역할을 했다. 근본적으로는 자신이 우월한 사회계층에 속해 있음을 증명하는 것이 핵심이었다. 그 사회계층에 속한 사람들은 물질적으로 아무런 걱정 없이 지냈기 때문이다. 그들은 그림책에서나 볼 수 있는 그런 '유한계급'을 형성했을 정도였다.[17] 그런데 이 지위는 지속적으로 관심을 끄는 것이 필수적이었다. 이러한 조건은 결과적으로 사람들이 보는 자리에서 부와 여유를 과시하듯 보여 주는 태도로 이어졌다. 배타적 형태의 사교 연회가 이와 관련이 있었다. 말하자면 엘리트들은 그러한 연회를 통해 각자 엘리트 집단의 구성원임을 서로 '증명'해 주었다. 특히 이와 관련해 집단 술잔치인 심포지온을 주목할 만한데, 이 술잔치는 엄격한 규칙에 따라 열렸다. 이 행사는 음주와 육체적 관계가 기본이라는 점은 절대 포기하지 않으면서도 심미적·문학적 소통의 장을 형성하기도 했다.[18]

의례화된 경기를 개최하는 데 특정 스포츠 규칙이 적용되기도 했다. 참가자들은 그 행사를 위해 특별히 설계된 경기장인 김나시온gymnasium에서 나체(김노스gymnos)로 훈련하곤 했다. 이 경연(아곤agôn)은 사회생활과 문화생활을 축약적으로 나타내는 것으로서 종교적 축제의 대표적 볼거리가 되기도 했다. 그리고 점점 스포츠 부문과 예술 부문의 시합과 더 많이 결합되었다. 역사가 야코프 부르크하르트는 『그리스 문화사*Greek Cultural History*』에서 이 문화의 성격을 표현하기 위해 '경쟁적 본성agonal nature'이라는 용어를 아주 적절하게 사용한다.[19] 그리고 마지막으로 '고귀한 아버지들'에 관한 끊임없는 언급은, 즉 자기 가족의 조상이 신이라는 암시는 개인의 사회적 지위를 세대를 초월한 지위로 미화하려는 또 다른 시도에 해당했다. 하지만 최종적으로 이러한 시도는 거의 성공을 거두지 못했는데, 이는 그리스인들 중에 명확히 정의된 세습 귀족은 부분적으로만 형성되어 있었음을 의미한다.

특히 이렇게 끊임없이 신분과 부를 과시했다는 사실을 고려해 보면 그 지위를 형성해 준 물질적 기초를 유지하고 확장하는 것이 매우 중요했다. 힘 있는 자리가 개인의 부를 키우는 데 이용되었다. 기원전 700년 무렵, 부정한 행위를 통해 사익을 꾀할 목적으로 분쟁 조정자로서의 자기 지위를 이용하려는 성향과 관련해 그리스 시인 헤시오도스Hesiod는 '왕(바실레우스)'을 "선물에 걸신들린 사람"으로 불렀다. 그리고 당연하게도 사람들은 반대로 부를 이용해 권력을 키우기도 했다. 이러한 분쟁이 잔혹한 피의 복수로 커지는 것은 드문 일이 아니었다. 재산을 축적하기 위한 노골적인 약탈 행위와 습격 행위는 당시의 유행이었다. 따라서 그리스인들은 그들 지역에서 분쟁 야기자, 노예 상인, 해적이라는 평판을 얻었다.[20] 이 시기에 선호된 직업은 용병이었다. 심지어 「오디세이아*Odyssey*」에서도, 다시 말하면 전적으로 그리스적인 환경에서도 오디세우스Odysseus는 크레타 해적으로 가장한 신분을 택하고 다음과 같은 결론을 분명하게 말한다. "나의 국내 재산은 빠르게 늘었다. 마땅히 나는 크레타인들 사이에서 유력해졌고 존경받게 되었다."(14, 233f)

이러한 기본적인 현실은 대체로 기원전 8세기부터, 특히 기원전 7세기와 6세기에 많은 그리스 공동체와 지역에서 점점 더 심각해지는 위기를 초래했다. 이러한 사건들이 발생한 시기와 전개된 방식, 거쳐 간 단계들은 각각의 경우마다 달랐지만, 그래도 모든 것을 포함하는 원인과 추세를 몇 가지 확인할 수 있다. 그리스의 문화와 사회가 그 고전적 성격을 얻은 것은 바로 고졸기의 이 위기에 대처하는 과정에서였고, 그것은 결국 지구사적 관점에서 상당히 중대한 현상이 되었다. 이로 인해 하나의 정치체제가 확립되는 가장 중요한 결과가 발생했는데, 그것은 그 체제를 제정한 공동체의 자기 결정 원칙에 기초했다. 그리고 현대 사회에서 높은 가치를 지니고 전 세계적으로 특별한 아우라를 누리는 민주주의라는 개념이 그 체제에서 비롯되었다고 일반적으로 여겨진다.

우선 우리는 이 사회에서 발생한, 결정적인 확대 과정을 검토해야 한다. 똑같은 기본 현상들이 어떤 신드롬의 방식으로 이 위기 중에 계속 동시에 일어났다. 한 가지 기본 원인은 앞에서 언급한 엘리트들의 성향이었는데, 그로 인해 많은 공동체 집단의 중산층과 빈곤층이 극심한 경제적 압박을 받았다. 부자들은 이들 계층을 의존적 지위로 만들기 위해 이들의 물질적 곤경을 악용했다. 그렇게 하는 과정에서 그들은 오히려 연대감을 조성하는 데 완벽하게 이용될 수 있었을 책략을 썼는데, 바로 종자처럼 절실히 필요한 물자를 빌려주는 것이었다. 채권자가 된 부자들은 빌려 간 물건에 대해 개인적으로 채무를 진 사람들을 점점 압박해 자기들을 위해 일하게 했고, 그로 인해 채무자들은 자유로운 시민에서 속박된 신분으로 전락했다. 아주 끔찍한 경우에는 그러한 채무자들이 노예로 팔려 가기도 했다. 그 결과 그리스의 많은 지역이 빈곤에 시달리면서 '빚 삭감(아포코페 크레온apokopē chreôn)'이나 '토지 재분배(아나다스모스 게스anadasmós gês)' 같은 혁명적 구호가 등장했다.

그러나 야망과 권력욕은 자신과 같은 사회계층에 속한 사람들을 향해서도 표출될 수 있었다. 몇몇 사람에게는 동료들 사이에서 될 수 있는 한 높은 지위를 얻는 것만으로는 충분하지 않았다. 그들은 그 동료들을 정치적으로 지배하고자 했다.[21] 이는 전제정을 지향하는 성향이 명확히 드러난 것이었다. 그런 시도를 한 사람들이 동방을 모범으로 삼은 것은 의미심장하다. 참주(티라노스)의 목표는 추종자들(헤타이로이)의 도움으로 자신의 공동체에서 정치권력을 독점하는 동시에 더 넓은 세상에서 넓은 세력권을 형성하는 것이었다. 그러한 경향이 뚜렷하게 나타난 곳은 그리스에서 경제적으로 가장 발달한 지역이었다. 기원전 7세기 이후 많은 유명 인사가 특히 밀레토스(트라시불로스Thrasybulos), 사모스섬(폴리크라테스Polycrates), 메가라(테아게네스Theagenes), 코린토스(킵셀로스Cypselus와 그의 아들 페리안드로스Periander), 아테네(페이시스트라토스Peisistratos와 그의 아들들), 시키온(클레이스테네스Cleisthenes)에서 이런 종류의 지위를 차지했다. 이 현상은 특히 부유한 시칠리아섬에 만연했는데, 그곳에서는 다른 어떤 곳보다도 더 오래 그 현상이 지속되었다.

참주들은 앞에서 다룬 사회경제적 문제들을 악용하는 것이 일반적이었는데, 같은 엘리트 중에서도 약한 자들을 지원하는 방법으로 유력한 엘리트에게 대항해 자신의 권력 기반을 만든 경우가 가장 흔했다. 그들은 또한 삶의 영역과 관련 없는 법을 통과시켜 정치 질서를 바꾸어 놓음으로써 정치적 담론의 영역을 숭배 의식이나 종교 문제 같은 다른 영역으로 확산시켰다. 때로는 일관성 있는 대외 정책을 거론해 볼 수도 있는데, 일례로 코린토스의 참주들은 이탈리아로 가는 바닷길을 따라 작은 제국을 만들기도 했고, 사모스섬의 폴리크라테스는 에게해의 넓은 지역을 지배하기도 했다. 앞에서 설명한 것처럼 그들이 교묘하게 자신들의 입지를 다진 방식 덕분에, 그리고 일을 해내는 그들의 능력 때문에 일부 참주들은 처음에 상당히 인기를 끌기도 했다. 예를 들어 '7현인'에 속하는, 코린토스의 페리안드로스는 뛰어난 지적·도덕적 역량을 지닌 사람으로 생각되었다. 하지만 기원전 6세기 말에 대부분의 지역에서 분명히 드러났듯이, 이 체제는 장기적으로 지속될 수 없었다.

이러한 상황의 전환은 엘리트들의 경쟁적 역동성 및 그들에 대한 반대와 함께, 위기의 시기에 뚜렷해진 다수의 광범위한 요인 때문에 생겨났다. 암흑기 이래로 형성된 작은 공동체 집단들에는 역동성 외에도 사회적 단결을 도모하는, 완벽하게 강력한 어떤 힘이 존재했다. 대부분이 촌락 구조로 이루어진 다수의 유사한 공동체에서처럼 '이웃'이라는 캐치프레이즈 아래에 상호 연대에 관한 매우 엄격한 규칙이 존재했다. 이러한 규칙들은 특히 노골적 멸시나 표적화된 재물 손괴, 강탈 같은 사회의 여러 '강제적 조치'를 통해 실행되고 집행되었다.[22] 따라서 엘리트들의 경쟁적 야망과 함께, 연대감이라는 강력한 풍조가 형성되어 있어 개인과 개인의 가족보다는 공동체를 강화했다.

연대 의식의 역할은 기원전 7세기에 그리스에서 유행한 새로운 전투 방식으로 더욱 강화되었다. 종종 폭력적으로 전개되던 개인적 복수는 시간이 지나면서 주로 토지 소유권을 놓고 집단끼리 벌이는 더 큰 충돌로 바뀌었다. 이제 시민들은 특히 방어 부대를 결성하기 위해 함께 뭉쳤다. 그들은 여러 줄로 늘어선 형태(팔랑크스)로 나란히 서서 싸웠는데, 소집할 수 있는 계층을 계속 충원함에 따라 궁극적으로는 수천 명에 이르렀다. 이 팔랑크스 부대들은 거의 의례화된 작전과 군 사기에 관한 전통적 규칙에 따라 서로 맞대결하곤 했다. 전사들은 엄격하게 조정된 스텝에 맞추어, 그리고 자기 줄에서 고정된 위치를 이용해 움직였고, 충돌했을 때 발생하는 엄청난 충격으로 적을 항복하

—— 기원전 650년 무렵의 것으로 보이는 치기(Chigi) 항아리. 로마(빌라 줄리아 박물관)에 있는 이 초기 코린토스식 포도주 용기는 중무장 보병들로 이루어진 두 전투대형이 합쳐지는 모습(위)을 비롯해 말을 탄 사람들과 일단의 말이 등장하는 프리즈(아래)로 장식되어 있다. (Wikimedia Commons, © Sailko)

게 하려고 했다. 그 과정에서 각 병사는 큰 원형 방패를 이용해 자신의 왼쪽 측면에 있는 사람을 보호했다. 따라서 문자 그대로 열의 간격을 좁히는 것이 군사적 성공에 필수적 요소였다. 이 전투 방식이 점점 널리 보급됨에 따라 특히 사회의 중간 계층 집단이 중요해졌는데, 그들이 경제적 지위를 이용해 필요한 장비를 확보할 수 있었기 때문이었다. 그리고 이들 집단은 엘리트들의 눈에 띄는 야망에 굴복할 의사도 거의 없었다. 비슷한 방식으로 이제 그 공동체는 정치적·사회적·종교적 독립체가 되었을 뿐 아니라 전사들의 대형이기도 했다. 이와는 대조적으로 참주들은 외국 용병 부대에 크게 의존했다는 점이 인상적이다.

그리스의 팽창

페니키아인들이 기원전 9세기부터 지중해 전역에 퍼뜨려 놓은 교역망은 오래지 않아 그리스인들에 의해 강화되고 확대되었다. 이 과정은 전통적으로 '그리스의 식민화'로 표현되며, 대략 기원전 750년과 기원전 540년 사이로 추정된다.[23] 그 과정이 끝났을 때 멀리 서쪽의 에스파냐, 북아프리카, 북부 에게해, 아조프해와 흑해에 속한 지역, 심지어 멀리 동쪽 돈강의 어귀에서도 뚜렷하게 그리스의 특색을 지닌 도시와 주거지들이 발견될 수 있었다. 그리스 철학자 플라톤Plato은 그리스인들이 물웅덩이 주변을 차지한 개구리나 개미들처럼 지중해와 흑해의 주변 곳곳에 앉아 있었다는 생생한 비유로 그 상황을 설명한 바 있다.[24] 바다와 관련된 이러한 측면은 정말로 그리스 문화다운 것이지만, 그렇다고 해서 그리스인 대다수가 농사와 가축 사육으로 생계를 이어 나갔다는 사실이 가려지지는 않는다. 그리스인들이 바다와 맺은 관계는 양면성을 띠었다. 한편으로 그것은 두려움의 대상이면서도 다른 한편으로는 깊은 매력으로 특징지어졌다. 이러한 양면성은 그리스 본토와 에게해 모두에서 바다와 육지 간의 긴밀한 연관성에 의해 활성화되었다. 하지만 정확히 이 시기에는 바다 쪽이 그리스 문화에서 특별한 의미를 띠었다.

사람들은 절망적 상황에서 벗어나기 위해서뿐 아니라 모험을 향한 욕망을 충족하기 위해서도 바다로 나갔다. 특히 후자의 충동이 이러한 새로운 전개를 이끌었다. 그리스 문화의 엄청난 확장은 앞에서 설명한 상황이, 즉 권력, 명예, 부에 대한 욕망과 더불어 이러한 목적을 이루기 위해서라면 폭력도 불사하겠다는 태도가 크게 관련 있었다. 처음에는, 다시 말하면 식민지를 건설하기 이전에는 약탈과 강탈을 하기 위해 습격을 벌이면서 점점 더 활동 범위를 넓혀 나갔다. 이러한 약탈 행위들은 교역 사업과 병행될 수 있었다. 이렇게 물자를 획득하는 방식들 사이의 경계선은 모호했다. 그 결과로 얻는 이익이 중요할 뿐이었다. 그러나 교역을 위한 항해는 실험적이고 사업가적인, 따라서 모험적인 성격 또한 분명 갖고 있었다. 이 단계에는 해외에 주거지를 세우려는 열망은 아직 없었지만, 그리스인들이 서서히 해상 활동에 필요한 지식이나 제약 등을 숙지하며 해상 활동에 어느 정도 익숙해진 것이 분명했다. 이 능력은 평화로울 때도 있었고 폭력적일 때도 있었던 페니키아인들과의 접촉을 통해 연마되었다. 그렇게 얻은 지식은 본국의 상황이 악화했을 때 너무나도 귀중한 것으로 판명되었다.

그리스 본토의 지형이 대부분 척박했고 농경지가 조각조각 형성되어 있다는 점에서 볼 때, 특히 소농들의 상황은 항상 불안정했다. 흉년을 겪는 사람도 있었고, 너무 많은 자손이 땅을 나누어 갖다 보니, 특히 그러한 토지 수확량이 형편없다는 점과 관련해 빠른 속도로 인구과잉이 되는 상황이 초래될 수도 있었다. 그 상황은 늘어나는 권력 다툼과 그로 인해 이따금 발생하는 급격한 사회경제적 긴장 상태로 인해 악화했다. 이주라는 개념은 순전히 생존이 위협받는다는 생각과 절박감에서 생겨났다. 먼바다로 모험을 나선 사람들이 들려주는 이야기는 좋은 예시가 되었다. 점점 더 많은 사람이 그러한 항해에 나섰고 해외에 확고한 발판을 마련해 그곳에서 (이를테면 상인이나 장인으로서) 자력으로 생계도 개척하기 시작했는데, 특히 원료를 손쉽게 이용할 수 있거나 거래를 통해 원료를 확보할 수 있어 그리하기가 유리한 곳에 진출했다. 아니면 개중에는 새로이 개간한 농지에서 작은 땅을 얻어 농사를 짓는 것으로 생계를 유지하기 시작한 사람들도 있었다. 이로써 처음에는 개개인에 국한되었지만, 오래지 않아 점점 더 많은 사람의 공유로 경험이 쌓였다. 이제 사람들은 지역을 분간하는 법을 알게 되었고, 토착민의 적대적이고 호전적인 태도 때문에 어떤 지역을 피해야 하는지도 훨씬 더 잘 알 수 있게 되었다.

항해하는 과정과 토지를 점령하는 과정에서 발생하는 저항으로 어려움을 겪다 보니 약간의 계획과 준비가 필요하다는 것이 점점 더 분명해졌다. 이는 그것이 단순히 교역 상대자를 정하거나 페니키아인들의 방식으로 해외에 기지와 무역 거점(엠포리온)을 세우는 문제가 더는 아니라 더 큰 규모로 주거지를 세우는 문제가 되면서 명백해졌다. 그러한 주거지 건설은 본국의 토지가 부족하다는 점, 앞에서 언급한 갈등, 이로 인해 발생하는 압박을 생각해 볼 때 점점 더 시급해졌다. 실제로 어떤 단계에 이르러서는 그것이 이러한 문제를 해결하기 위한 확실한 만병통치약으로 보이게 되었다. 이렇게 무역 기지에서 정착하기 위한 식민지로 발전하는 과정은 경험을 바탕으로 하고 집중적 소통을 통해 촉진된 기획 역량의 급속한 성장과 관련되어 있었다.

따라서 필요한 노하우가 빠른 속도로 널리 퍼졌다. 그러나 이 노하우는 기본적으로 많은 지식을 축적하는 것에 있는 것이 아니라 그러한 지식을 갖고 있다고 믿어져 조언을 구해야 할 개인이나 집단을 알아보는 것에 있었다. 그러한 지식은 어떤 결정을 내리기 전에, 특히 정착지 건설과 같은 중요한 사업을 시작하기 전에 정기적으로 신탁을 구하는 신들의 사당에 존재했다. 그 결과 신전의 중요성이 헤아릴 수 없을 정도로 커졌고, 그 신탁 장소들의 이름은 오늘날까지도 반향을 남겼다. 그러한 장소 중에 대표적인 곳은 델포이의 아폴로 신전으로, 특별히 뛰어난 신탁 장소로 여겨졌다. 제우스Zeus를 기리는 스포츠 경기가 4년마다 열리며 나중에 유명해진 올림피아의 제우스 신전도 있었지만 말이다. 그러한 신전의 사제와 예언자들은 정착지 건설이라는 복잡한 과정에서 주요한 역할을 했고, 그 '식민지 이주자'들은 자신들이 그들에게 큰 빚을 졌다는 사실을 잘 알고 있었다.

이런 식으로 기원전 8세기부터 이러한 성격의 발전은 공식과도 같은 특징을 띠기 시작했다. 모험적인 개척 사업이 다소 변형되어 의례화된 경우, 맨 처음에는 신탁의 조언을 받아 탐험을 이끌 사람, 즉 오이키스트oikist(정착자, 창건자)를 임명했다. 오이키스트는 선박 조종술과 항해 경로에 관한 지식이 더 발달한 지역 출신인 경우가 일반적이었다. 그를 중심으로 식민지 건설 참여에 관심이 있는 사람들이 모두 모였다. 따라서 개인적 계획이 집단적 사업으로 커지곤 했는데, 어쨌든 이후에 탐험을 이끄는 개인뿐 아니라 그의 출신 지역도 그 사업에 책임을 졌다. 이 지역사회는 (종종 '식민지'로 번역되어 오해를 불러일으키기도 하는) '정착지(아포이키아)'의 '모도시(메트로폴리스)'가 되었다.

이주자와 이주를 위한 원정은 계속 늘었고, 기원전 7세기 중반 무렵에는 기획 면에서 질적 도약이 일어났다. 이후 새로운 정착지는 사전에 도시를 건설하기 위한 부지로 여겨졌다. 사람들이 '약속된 땅'에 발을 내딛은 시기보다도 훨씬 전에 미리 머릿속에서 기하학적 패턴에 따라 배치가 이루어졌던 셈이다. 종교와 관련된 부지를 포함한 공적 공간은 사전에 사적 공간과 구분되어 범위가 정해졌다. 첫 집을 짓는 시기보다 훨씬 전에 신을 위해 어느 공간을 확보해야 하는지, 공동 작업 수행과 토론, 법적 논쟁을 위한 커다란 공간을 어디에 두어야 하는지 결정했다. 이 후자의 공간은 '토론 공간', 즉 '아고라'(종종 '시장'으로 표현되기도 하지만, 오늘날 이 단어에 압도적으로 내포된 상업과 관련된 의미는 당시에는 부차적 중요성만을 띠었다.)로 불렸다.

같은 계획에 따라 사전에 이주자들을 위해 따로 떼어 놓은 토지 필지조차도 동등하게 배치하고 측량해 해당자들에게 제비뽑기를 통해 '청구권'의 형식으로 분명하게 할당했다. 클레로스klerôs(토지 제비)라는 그리스어는 당시에 재산권이 하나의 개념으로 자리 잡았음을 의미한다. 이 부문에서는 수학적 정밀함이 중요했는데, 이러한 맥락에서 게오메트리아는 토지측량을 뜻하는 관습적 단어였다. 그러나 어떤 새로운 정착지를 기획하는 과정에는 상당한 수준의 사회적·정치적 기구도 포함되었다. 그러한 정착지는 자급자족과 자치가 목표였기 때문이다. 종교에 대한 고려는 늘 이 기획 과정과 불가분의 관계였다. 이러한 점에서 이주자들은 본국에서 익숙했던 것에 따라 자신들의 방향을 잡으려고 했던 것이 분명했다. 그런데 그들이 자신들의 전통을 새로운 질서의 기초로 삼고자 원한다면 그 전통을 잘 명심해야 했고, 따라서 제대로 검증된 관습을 의도적 목표로 전환해야만 했다. 따라서 그 새로운 질서는 개념적으로 계획되고 결정주의적인 정착지였다. 이 이유만으로도 그 정착지들은 훨씬 더 전통적인 '옛 세계'에 상당한 영향을 미칠 운명이었음이 분명하다.

그 식민지들은 모도시에 의존적이지 않았다. 아포이키아(정착지 도시)들이 각자 모도시의 정치적·종교적 제도와 비슷하게 다수의 제도를 조직했다고는 해도, 대체로 그들을 낳은 모도시에 대해 자치권을 갖고 있었다. 물론 그렇더라도 자신들의 '부모'에게 습관적으로 일종의 존경을 보여 주기는 했다. 식민지 창건자에 대한 숭배에서도 비슷한 존경심이 표출되었는데, 그는 새로이 세운 도시의 아고라에서 반신반인(헤로스 크티스테스hērōs ktistēs)처럼 숭배되었다. 한동안 자국의 식민지들에 제국처럼 통치력을 행사하는 데 성공한 정치체는 코린토스와 그들의 참주인 킵셀로스 가문뿐이었다.

이러한 확장세에 영향을 받은 지역과 관련해, 뚜렷이 구별되는 단계가 나타나기도 한다. 처음의 원정은 한편으로는 북부 에게해에, 다른 한편으로는 이탈리아와 시칠리아에 집중되었다. 서쪽 지역과의 연결은 일찍이 미케네 시대부터 존재했다. 남부 아드리아해, 이오니아해와 함께 그 동쪽의 섬들은, 특히 (코르푸섬의) 코르키라 정착지는 서쪽 지역과 연결해 주는 중요한 '해양 다리'에 해당했다. 일찍이 기원전 8세기 전반기에 가장 먼저, 페니키아 정착지와 아주 흡사하게 원료와 원료 가공을 위해 세워진 것이 분명한 소규모 중심지들이 형성되었다. 가장 잘 알려진 예가 원숭이섬(피테쿠사이, 오늘날의 이스키아)으로 알려진 섬에 세워진 정착지다. 그러나 얼마 지나지 않아, 다시 말하면 기원전 750년 무렵부터 대규모 정착 식민지가 특히 남부 이탈리아와 (때때로 지형이 아주 비옥해지는) 시칠리아섬에 세워지기 시작했는데, 나폴리 인근 키메와 시라쿠사의 정착지가 대표적이다. 이주자들이 떠나온 곳들은, 그래서 나중에 그 식민지의 모도시로 여겨진 곳들은 무엇보다도 칼키스와 에레트리아를 중심지로 둔 에보이아섬에 더해 코린토스와 메가라, 로도스였다. 이후 그 새로운 정착지 자체가 셀리눈테 같은 '파생 식민지'를 탄생시켰는데, 셀리눈테는 동부 시칠리아의 모도시인 (메가라의 이름을 딴 도시) 메가라 히블라이아에 의해 세워졌다.

해외 식민지를 건설하려는 두 번째 움직임은 기원전 7세기 후반부터 시작되었는데, 처음에는 멀리 돈강의 어귀 흑해 지역에 집중되었다. 그곳으로 이주한 사람들은 주로 서부 소아시아 출신이었으며, 서부 소아시아에서 가장 중요한 모도시로 발전한 곳은 밀레토스였다. 이런 식으로 그곳은 그리스의 주된 경제적·문화적 중심지 중 하나가 되었다. 두 번째로 밀레토스와 같은 지역으로 주로 포카이아 출신인 이주자들이 서쪽으로도 진출했다. 그들은 이탈리아를 지나 프랑스 남해안까지 도달했다. 그곳에서 기원전 625년 무렵에 그들은 마살리아(현대의 마르세유) 정착지에 자신들의 중심지를 세웠는데, 이곳은 론 계곡을 이용해 할슈타트 문명과 라텐 문명(적어도 라텐 문명권 사람들은 켈트족으로 확인된다.)의 전파자들과 소통을 진척시킨 곳이었다. 또한 마살리아는 추가로 정착지를 세울 수 있는 발판이 되어 주었는데, 이 정착지들은 코트다쥐르 해안을 따라 멀리 에스파냐까지 펼쳐져 있었고, 그중에서 엠포리온(암푸리아스)이 중요한 아포이키아에 해당했다. 무역에도 지극히 중요했던, 이렇게 집중적인 정착지 건설 때문에 포카이아인과 마살리아인들은 비슷한 이익을 추구하던 에트루리아인, 카르타고인들과 충돌하게 되었다. 에트루리아인과 카르타고인들은 서로 손잡았고, 기원전 540년에 코르시카섬의 알랄리아(알레리아 Aléria) 앞바다에서 마살리아 선단에 패배를 안겼다. 이는 그리스의 대대적 팽창 활동의 종말을 알리는 사건이기도 했다.

이러한 활동은 처음에 그리스인 본인들에게 크나큰 영향을 미쳤다. 자신들과 비슷한 집단들과 언어적·종교적·문화적으로 높은 친밀감을 느낀 결과만큼이나 다른 여러 민족 및 문화들과 접촉한 결과 그리스인들의 복잡한 정체성이 형성되기 시작했기 때문이다. 따라서 출신을 막론하고 그리스인들은 이해할 수 없는 언어를 사용하는 다른 민족들(바르바라포노이barbaráphōnoi, 영어로 옮기면 말 그대로 '블라-블라blah-blah 말하는 사람들')과 자신들을 구분 짓게 되었다. 물론 당시에 '야만인barbarian'이라는 말에는 부정적 의미가 함축되어 있지 않았지만 말이다. 그러나 이 동일 과정으로 인해 그리스인들은 당시에 각기 다른 그리스인 집단들 간의 내재적 차이로 파악된 구별점 또한 알아차렸다. 다양한 접촉을 통해 발생한 이러한 경험은 대체로 종교적 성격을 띠었기에 의례화되었고, 신을 기리는 다양한 신전과 축제에서 이루어진 표적화된 의사소통을 통해 점차 쌓여 갔다.

이러한 행사들 가운데 일부는 초지역적이면서 궁극적으로는 범汎헬라스적인 의미를 지녔다. 델포이와 올림피아의 성소에서 열린 대규모 축제들이 바로 그런 경우다.(이들은 식민 활동에도 중요했다.) 이런 곳 중 (델포이 같은) 몇몇은 암픽티오니아로 불렸고, 인근 지역에 사는 모든 집단이 공동으로 관리했다. 일반적으로 그 집단들은 그러한 장소에서 거듭 만나 함께 신전으로 가서 제물과 행진으로 제의를 올리고, 심신의 우호적 경쟁을 통해 각자의 힘을 테스트하며, 가수와 합창단, 무용수의 공연을 함께 즐겼다. 그들은 예술을 통해 신을 숭배했을 뿐 아니라 그리스인들을 위한 역사를 만들어 내고 그것을 주로 상상의 이야기(미토이mythoi) 형태로 그리스인들에게 전달했다. 그렇게 이 수백 년 동안 그리스 민족은 하나의 문명으로 합쳐졌다. 그러나 그리스는 또한 자신들을 혈통 사회인 동시에 언어적·문화적으로 서로 밀착된 전체로서 생각했다. 이와는 극명하게 대조적으로, 이 시기의 정치 무대는 엄청난 분열로 특징지어졌다.

집중적인 문화적 소통은 특히 앞서 언급한 예술 형태들로 표현되었고, 그 중에서 (후세를 위해 기록된 유일한 예술 형태인) 문학만이 지금까지 잘 알려져 있는데, 당시에도 단편적 형태로만 알려져 있었다. 어쨌든 이미 그 당시에도 호메로스의 서사시 「일리아스」와 「오디세이아」나 헤시오도스의 「신통기神統記, *Theogony*」와 「노동과 나날*Works and Days*」 같은 걸출한 문학작품이 있었다. 이 작품들이 세계문학의 대표적 작품이라는 점은 의심의 여지가 없다. 다른 여러 작품과 함께 이 작품들은 세계와 자기 자신에 대한 그리스의 인식을 영원히 형성하는 데 결정적 역할을 했다. 시간이 지나면서 문자에 시각적 이미지가 더해졌고, 이 시각적 이미지는 그 자체로 인류에 대한 비슷한 이미지를 전달했다. 또한 다른 분야에서도, 예를 들면 암묵적 지식 분야에서도 다면적 교류가 있었는데, 도시 기획과 배치, 신전과 기념비적 건물의 건축, 토지측량과 배분, 항로와 외국 땅과 민족에 대한 부수적 지식의 숙달, 마지막으로 사회적 공존을 위한 규칙과 규범 및 적절한 방식으로 분쟁을 처리하는 방법에 관한 진정한 이해 등을 예로 들 수 있다. 해외 식민지라는 '새로운 세계'에서 얻어낸 성과가 본국에 영향을 미쳤다는 사실은 전혀 놀랍지 않다. 곧 알게 되겠지만, 이는 그리스를 괴롭히던 위기의 해결과 특수한 사회 정치적 조직인 폴리스의 형성에 영향을 미쳤다

이러한 지식은 당연히 기원전 6세기를 거치며 명확하게 드러났다. 그리스 용어로 '철학자'로 부를 수 있는 이론가들이 그러한 문제들을 숙고하고 특정 원칙들로 정리함으로써 세상과 인간에 관해 더 잘 이해했고, 그러한 이해를 바탕으로 더 나은 행동을 하기 위한 근본적 신조를 제시하며 전달하고자 노

력하기 시작했다. 따라서 토지측량은 기하학이라는 수학적 학문을 탄생시킨 한편, 법규 편찬은 이상적인 사회 및 정치 질서에 대한 이론적 고찰을 초래했다. 확실히 이러한 결과물은 앞에서 언급한, 다른 문화들과의 접촉이 없었다면 불가능했을 것이다. 리디아, 페르시아, 이집트 같은 제국들과 특별히 긴밀하게 접촉했던 소아시아와 에게해 지역에서 특히, 처음에는 확실히 개인적 차원으로 보였던 이러한 과정의 토대가 마련되었다. 탈레스Thales가 몇몇 기하학 및 물리학 법칙의 기초가 된 기본 원리를 탐구할 마음을 갖게 된 것은 바로 밀레토스에서였다. 음악과 수학의 규칙성을 알아내 그것으로 사회적 공존을 위한 공정한 기초를 세우고자 했던 피타고라스Pythagoras는 인근 사모스섬 출신이었지만, 제자들과 함께 자신의 '지혜와 지식'을 남부 이탈리아로 가져갔다.[25] 고대 그리스인 중에서 예술가와 지식인들이 상당히 활동적이었고 그들이 그 나라의 특별히 기민하고 역동적인 면을 구체적으로 보여 주었다는 점은 분명하다. 이는 지식(히스토리에historíē)에 대한 특별한 갈망, 그리고 독립적 진실의 토대를 확립하려는 노력과 결합했다. 우리는 여기서 소크라테스Socrates 이전의 철학에 관해, 지리학 및 역사 기술이라는 학문의 시작에 관해 말하고 있다.[26]

페니키아인의 경우처럼 그리스인들에게도 해당하는 식민지 건설 시대의 핵심 부분은 그것이 이른바 애초의 문명들 너머까지 도미노 효과를 일으켰다는 점이다. 이주자들과 이미 그 땅에 살고 있던 거주민들 간의 상호작용은 평화로운 교류에서 폭력적 충돌에 이르기까지 다양한 방식으로 전개되었다. 폭력적 충돌은 극단적으로 진행될 경우 이주민이든 토착민이든 서로 싸우는 당사자 중 한쪽이 전멸하거나 추방되는 결과뿐 아니라 흑해의 헤라클레이아에서처럼 원주민 모두가 노예로 전락하는 상황으로 이어지기도 했다.

그러나 이러한 개별적 사건들과는 별개로, 적어도 내가 언급한 지역에서는 그리스인들과 토착 민족들 간의 관계에서 어떤 뚜렷한 추세가 나타났다.[27] 그리스 문명은 점차 명망 높은 문명의 지위를 얻었다. 대체로 토착 지역 엘리트들은 그리스식 생활 방식(예를 들면 심포지온)과 건축, 물질문화의 요소들을 그들의 지위와 권력을 특별히 상징하는 것으로서 받아들였고, 그렇게 하는 데 확실히 성공했다. 따라서 집중적으로 교류하는 형태가 발달했고, 이러한 문화 간 접촉은 어느 정도 강력한 문화 수용으로 완벽히 이어질 수 있었다. 이러한 과정은 이탈리아에서 특별한 의미를 지녔는데, 처음에는 에트루리아인들에게, 그다음에는 로마인들에게 발생했다. 더욱 폭넓게 보면 이 현상은 고대 세계 전체에 영향을 미쳤다. 이는 '우리'의 알파벳, 이른바 라틴어 알파벳이 급속히 떠오른 사실로 입증된다. 원래 이것은 과거 페니키아의 자음에서 발전된 그리스어 알파벳이 특정 지역에서 변형된 형태를 띠다가 그리스 이주자들에 의해 이탈리아에 전해졌다.

이후 지구사에 큰 영향을 미치게 될 이 현상은 일단 제쳐 두고, 페니키아와 그리스의 식민화 물결의 직접적 여파로 세계는 근본적으로 다른 면모를 띠게 되었다. 신에게 받은 통치권을 기반으로 거대한 제국들이 세워진 세계는 우리에게 이미 익숙하다. 그 제국들의 엘리트들은 이미 세계 제국이라는 보편적 맥락을 구상하고 실현하려고 시도했다. 따라서 세계라는 개념은 그 당시에도 이미 존재했다. 그것은 신화적·종교적 차원으로 확장된 바다에 둘러싸인 커다란 땅덩어리로 생각되었다. 여기서 다루는 시기가 끝나는 바로 그 시점에 아시리아 제국의 붕괴로 새로운 동력이 등장했다. 이는 기원전 6세기 후반기에 새로운 왕국의 탄생으로, 즉 페르시아 제국의 탄생으로 이어졌는데, 이 제국은 근본적으로 전통적 고대 세계와 아주 흡사한, 세계 지배권이라는 독특한 통치 개념에 명백히 전념했다. 물론 그리스인들과 함께 페니키아인들도 이러한 통치 형태의 의미를 제대로 알고 있었다. 어쨌든 그들이 수없이 그것과 충돌했기 때문이다. 그러나 그들은 그것의 진정한 차원은 알지 못했다.

그리스인과 페니키아인들이 알던 세계는, 특히 그들의 직접적 활동으로 말미암아 암흑기 이래로 서서히 전개된 세계는 육지를 기반으로 하는 세계가 아니라 배로 연결되는 세계였다. 분명 그리스인의 압도적 다수가 다른 국가의 사람들처럼 농사를 지으며 생계를 꾸린 것이 사실이지만, 이미 언급한 것처럼 어떤 특별한 자질이 그들과 바다의 관계를 보여 주었다. 이 해양 세계는 일관성도 없고 연속적이지도 않았다. 그것은 작거나 큰 특정한 점들을 연결하는 선으로 이루어진 거미줄 같았는데, 때로는 지브롤터 해협에서 돈강의 어귀에

—— 남부 이라크의 시파르에서 출토된 바빌로니아 세계 지도(기원전 8세기). 이 점토판은 세계를 "염분이 있는 쓴 강"으로 둘러싸인 하나의 원으로 표현하는데, 강 너머로 돌출된 삼각형 모양의 지역들은 상상 속 영역이다. '강'(염분이 있는 강이나 바다) 안에는 운하가 있는 유프라테스강이 있고 중앙 부근에는 도시 바빌론이 있다. (Wikimedia Commons)

이르는 상당히 먼 거리를 연결하기도 했다. 그러나 이 정도로 거리가 멀다고 해서 개별 지역이 분리된 것은 아니었다. 오히려 집중적 소통 덕분에 그 거미줄은 원거리에 도달하는 것에 특별히 적합한 거대한 망 같았다.[28] (그 자체로도 완벽하게 일관성을 가지지 못했고 네트워크 또한 필요했던) 대륙으로 이루어진 옛 세계에 이제 두 번째 세계가 합쳐졌다. 이 세계는 바다의 우위로 특징지어지면서도 바다와 육지 및 내륙 간의 밀접한 관계를 끊임없이 염두에 두었다. 기원전 6세기 말에 그리스의 지식인들 사이에서, 특히 밀레토스의 아낙시만드로스Anaximandros와 헤카타이오스Hecataeus의 연구에서 그에 상응하는 세계관이 형성되는 것을 볼 수 있다는 점은 주목할 만하다. 한쪽에 아시아가 있었고, (처음에는 아시아 옆에 아프리카가 눈에 띄게 붙어 있다가 이후가 되어서야 제3의 대륙으로 분리되었다.) 다른 한쪽에 유럽이 있었다. 이 두 세계는 상상 속에서 하나로 함께 묶여 있었지만, 한쪽이 다른 쪽을 소외시키는 방식은 아니었다. 그러나 이 새로운 세계관이 세계를 대륙들로 나누었다는 사실은 여전했다. 이러한 구분은 시간이 지나면서 커다란 영향을 미치는 것으로 드러날 것이었다.

로마: 평범한 시작

여기서 다루는 시기에는 이 두 대륙이 궁극적으로는 거의 하나로 합쳐지면서 그들의 업적을 더 넓은 세계에 전파하게 될 도시의 설립 또한 포함된다. 이 도시에는 (지금까지도 그렇고 당시에도) 보편성의 의미가 너무나도 단단히 달라붙어 있어 만국어인 라틴어로 전달되는 "우르비 에트 오르비urbi et orbi", 즉 "도시와 온 세상에"라는 익숙한 축복의 표현에서 세계와 함께 묶일 정도다. 로마는 전혀 중요하지 않다고는 할 수 없는 곳에 세워졌는데, 그곳에서 테베레강을 건너면 중요한 교역로가 지나갔다. 그러나 그 도시를 세운 사람들은 점술의 대가였는데도 지도 위의 한낱 점에 지나지 않던 그 도시가 하나의 완전한 세계로 발전하리라고는 예측할 수 없었을 것이다.

로마의 창건자 중 일부는 에르투리아 혈통에 속했는데, 에트루리아인은 페니키아인이나 카르타고인, 무엇보다도 그리스인들과 나눈 문화 교류 과정으로 특징지어졌다. 에트루리아 문명은 수많은 수수께끼를 계속 던져 주고 있다. 그 문명의 언어가 수많은 기록 속에 지금까지 전해지고는 있지만, 여전히 해독되지 않았기 때문이다. 그 문명을 이해하기 위해서는 기본적으로 고고학적 유물과 외국인들(그리스인과 로마인들)이 남긴 기술 모두에 의존할 수밖에 없다.[29] 고고학적 상황과 관련해, 에트루리아 문명의 출현과 형성은 (볼로냐 인근에 있는 유적지의 이름을 딴) 빌라노바 문화에 뿌리를 두고 있다. 이 문화는 기원전 9세기와 기원전 8세기에 북부 이탈리아와 중부 이탈리아에 널리 퍼져 있었는데, 그곳의 철기시대를 대표했다. 그 문화의 상황과 발전은 암흑기와 식민 시대 초기의 그리스와 대체로 유사하다고 생각하면 타당하다. 한 가지 주목할 만한 특징은 전사들의 놀라운 무덤으로, 귀중한 무기와 물자를 통해 지위와 권력을 상징화하려는 경향을 보여 준다. 이러한 현상은 '빅맨'의 상대적인 사회적 지위와 관련한 투쟁과 연관이 있을 수 있다.

그런데 이러한 유물들은 에트루리아 엘리트들이 에스파냐, 키프로스, 레반트, 이집트는 물론 유럽의 알프스 북부 지역과 맺은 폭넓은 관계를 증명해 주기도 한다. 유럽의 알프스 북부 지역이 지중해 인접 지역의 시야에 더욱 확실하게 들어온 사례는 이때가 처음이다. 지역 장인들의 작품은 상당한 수준의 품질을 보여 주었다. 동부 지중해 지역의 집단들이 앞에서 열거한 지역으로 이주했을 가능성이 있다. 하지만 이를 증명해 주는 유일한 증거는 그리스 역사 기술에 등장하는 상상의 기억과 '바다 민족'에 관한 가설 속에 존재할 뿐이다. 그러나 이 주제에 관한 생각이 여전히 이론적 수준에 머물러 있는 데 반해, 기원전 8세기 말의 에트루리아(현재의 토스카나)에 하나의 독특한 문화가 형성되어 있었다는 사실만큼은 의심의 여지가 없다. 그 문화는 뚜렷한 모습을 보여 주었고 그 대표자들은 자신들의 정체성에 대해 상당히 발전한 의식을 갖고 있었다. 그들은 자기들을 스스로 라센나로 불렀던 데 반해, 우리는 로마-라틴어에서 힌트를 얻어 그들을 에트루리아인으로 부른다.

에트루리아인들은 명백한 도시 문화를 발전시켰는데, 더 나아가 이 문화는 귀족 엘리트들이 지배했고, 여성의 사회적 역할이 그리스에서보다 더 큰 비중을 차지했다. 어쨌든 여성이 엘리트들의 공동 연회에 참여한 것이 확실하며, 그리스의 심포지온에서와는 달리 단순히 시중을 드는 역할에 그치지 않았다. 도시의 맨 위에는 확실하게 도시 군주가 있어 전쟁을 벌이고, 분쟁을 조정하고, 무엇보다도 신을 대하는 사람들을 다루는 일을 맡았다. 일반적으로 종교 문제는 특별히 엄격한 규정을 특징으로 했는데, 이러한 특징은 신의 신호를 해석하려는, 미리 정해진 방식에 의해 신의 의지를 점치려는 노력에서 명백히 드러났다. 따라서 신과의 소통은 주로 특정 새들의 행동, 특히 새의 비행 패턴을 관찰하는 것과 의식에 따라 도살한 동물의 내장을 살펴보는 행위에 기초했는데, 주로 간에서 전조를 읽어 내는 관습(장복hepatoscopy)이 중요했다. 로마인들은 이 관습을 디시플리나 에트루스카disciplina Etrusca로 불렀다. 전쟁에 나설지 결정하는 경우나 도시를 건설하는 경우처럼 정치적 문제가 걸려 있을 때 특히 이런저런 종교적 예언 의식들이 중요한 역할을 했다. 또한 이 무렵에는 내세에 관한 아주 정교한 개념이 이미 존재했다. 이는 오늘날까지도 벽화로 유명한 무덤과 함께 특수한 장례 문화를 낳았다.

한편 그리스의 영향은 특히 종교 영역에서도 상당히 두드러졌다. 에트루리아 만신전은 그리스 특유의 의인화와 함께 그리스인들의 종교적 상상력과 이야기를 아주 세세하게 본떠 만들어졌다. 향연을 즐기는 관습 같은 그리스의 사교 양식 또한 에트루리아인들의 생활 방식에 영향을 미쳤다. 그들은 또한 그리스의 알파벳 문자도 채택했고 그것을 비슷한 목적으로, 다시 말하면 (주로 종교적인) 계율을 기록하고 사후의 명성을 보장하기 위해 무덤에 이름을 새기는 목적으로 사용했다.

에트루리아인들의 응집력을 보여 주는 한 가지 대표적 특징은 그들의 도시들이 일종의 연합체인 이른바 열두 개 도시 동맹(도데카폴리스)으로 뭉친 방식이다. 이 동맹은 주로 종교적 성격을 띠었던 것으로 보이지만, 몇몇 의식을 함께 주관함으로써 더 넓은 의미의 공동체 의식을 함양하는 것에도 도움을 주었다. 그 지역의 대표적 도시 중심지인 카이레Caere, 타르퀴니아, 불키Vulci, 베이이Veji, 포풀로니아, 코르토나, 클루시움, 아레티움, 페루자가 이 동맹에 들어 있었다. 이들 도시 중 일부는 그 이후로 지금까지 사람들의 거주가 이어지면서 현대 이탈리아에서도 여전히 중요한 도시 중심지에 해당한다. 에트루리아의 힘과 부는 그 지역의 상당히 비옥한 토지와 풍부한 금속 광상에, 특히 이 시점부터 매우 중요해진 엘바섬과 포풀로니아 주변 지역의 철광상에 뿌리를 두고 있었다. 얼마 지나지 않아 에트루리아의 세력권은 토스카나의 중심 지역 너머로 확장되어 북쪽으로는 포 계곡과 아드리아해 연안까지, 남쪽으로는 라티움(라치오)과 이탈리아 최남단의 캄파니아에까지 이르렀다. 에트루리아 문명의 영향력은 알프스산맥 너머 지역에서도 감지되었다.

에트루리아 모델을 기반으로 도시를 건설하는 과정에서도 세력이 확장되었다. 페니키아인과 그리스인들의 방식과는 달리, 에트루리아의 팽창은 확실히 어떤 지역을 식민지화하는 방식에 기초했다. 이는 지배력을 의도적으로 확장한 것으로 해석할 수밖에 없다. 또한 에트루리아인들은 중요한 항구를 장악함으로써 카르타고인이나 그리스인들과 접촉하는 동시에 경쟁하면서 해상의 이권을 추구한 것이 분명했다. 이미 언급했듯이 그들은 기원전 540년에 알랄리아 해전에서 승리를 거두면서 우월적 지위를 확보했다. 그들은 그들의 중심지에서 그랬던 것처럼 새로 획득한 세력권(예를 들면 중부 이탈리아의 알바롱가 인근 라틴 지역)에서도 종교적 문제에 중점을 두되 모든 부분을 다루는 동맹 조직을 세웠다. 이와 같은 정보는 도시 로마의 초기 역사에 관해 찾을 수 있는 얼마 안 되는 명확한 사료에서 얻을 수 있다. 그 외에 당시 역사는 온통 신화와 전설로 넘쳐난다.

문제의 시기에 공통의 언어와 문화를 공유한 인구 집단들이 테베레강 하류 남쪽의 라티움 지역에 정착했다. 그곳에서 그들은 최고신인 유피테르Jupiter를 모시는 신전 주위에 모여 있던 여러 도시와 함께 에트루리아식 조직 형태를 설립했다. 이 도시들이 동맹 방식으로 조직되어 있다는 점에서 역사가들은 (가끔 너무 자신 있게) 이를 '라티움 동맹'으로 부른다. 그리고 이들 정착지 중 하나가 바로 로마였다. 기원전 7세기 말엽에 로마의 위상은 에르투리아 의식에 의해 라틴계 농부와 목동들을 위한 정착 지역에서 도시로 바뀌었고, 그에 따라 새로이 중앙에 공적 공간(포룸)이 갖추어졌다.[30] 그 도시의 이름은 아마도 그곳을 세운 것으로 추정되는 에트루리아인 루마Ruma에게서 유래한 듯하다.

어쨌든 로마에서 가장 중요한 지위는 에트루리아계 왕들이 차지했다. 그들은 지역 전통에 따라 행동했고, 그들의 지위는 합당한 예식에 따라 (예를 들면 특별한 의복을 통해) 표현되었다. 그들의 가장 중요한 의무 범위는 예전과 마찬가지로 신과 소통하는 일이었는데, 특히 의식을 통해 신들의 의지를 점치는 일이었다. 앞에서 언급한 것처럼 이 문제에서는 새의 비행을 관찰하는 조점술(새점)이 핵심 역할을 했다. 이 일반적 관습을 의미하는 라틴어 아우스피키움auspicium은 동시에 정치권력의 총합을, 즉 '국가' 혹은 국가의 '통치권'을 의미할 때도 사용되었다. 이에 더해 왕은 전쟁 중에 군을 지휘하는 최고 통수권(임페리움)을 가졌다.

왕(렉스) 옆에는 강력한 귀족 계층이 있었다. 이 계층의 일원들은 단순하게 '아버지들(파트레스patres)'로 알려졌는데, 영어의 '귀족patrician'이 여기서 유래했다. 그들은 사법행정에서 큰 역할을 했던 것으로 보인다. 그 귀족 가문의 우두머리들로 장로 평의회(원로원)가 구성되었다. 정치체제 내에서 그들의 힘은 특히 왕이 죽었을 때 표면화되었다. 왕위 계승과 관련해 정해진 절차가 없었으므로 이 문제는 원로원 의원들에게 맡겨졌다. 문제가 해결될 때까지 한 명 혹은 여러 명이 섭정(인테렉스interrex)의 자리를 차지하는 등 복잡한 과정이 뒤따랐다. 귀족 계층의 중요성은 그러한 경우에 사용되던 상투적 문구를 통해, 즉 (궁극적으로 신에게 조언을 구할 때 공동체를 대표할 권리인) "새점을 칠 권한이 아버지들에게 돌아간다auspicia ad patres redeunt."라는 표현을 통해 알 수 있다.[31]

그들과 왕 사이에 형성된 긴장 관계는 운명과도 같아 보였다. 그리고 실제로 에트루리아계 왕정은 100년 정도만 지속되었다. (전설에 따르면 타르퀴니우스 수페르부스Tarquinius Superbus, 즉 '거만한 타르퀴니우스'라는 이름의) 마지막 통치자가 그리스 참주처럼 공공연히 자신의 권력을 확대하려고 시도했을 때, 원로원이 반기를 들었다. 왕정을 폐지한 그들은 다양한 기능을 명확히 구별한 일종의 집단 체제로서 왕의 모든 책무를 맡고 지도부의 주기적 교체 원칙을 도입했다. 그 누구도 직무를 겸직할 수 없었고, 공직 임기에 엄격한 시간제한이 적용되었다. 왕의 칭호는 사제의 역할로만, 즉 렉스 사크로룸rex sacrorum으로만 남았다. 이 모든 조치가 자유의 토대를 놓았다. 레스 푸블리카res publica(공적인 것)라는 용어가 이 공동체주의적 통치의 본질을 서술하는 흔한 용어로 사용되었다.

고전고대

1200 BC 무렵	'바다 민족'/ 히타이트 제국의 멸망
1004~965 BC	이스라엘 왕 다윗의 통치
965~926 BC	솔로몬의 통치
800 BC 무렵	티레의 카르타고 건설
776 BC	(고대의 전설에 따르면) 최초의 올림픽 경기 개최
753 BC	(고대의 전설에 따르면) 로마 건국
750 BC 무렵~540 BC 무렵	그리스인들의 '대대적 식민지 건설'
722 /721 BC	다마스쿠스와 북이스라엘 왕국이 아시리아의 지배하에 들어가다
720 BC 무렵	스파르타의 제1차 메세니아 전쟁
650 BC 무렵	스파르타의 메갈레 레트라(헌법) 공포
640 BC 무렵/630 BC 무렵	제2차 메세니아 전쟁
640/639~609/608 BC	유다 왕국 요시야 왕의 통치
630 BC 무렵/620 BC 무렵	킬론의 쿠데타 시도/ 아테네에서 드라콘이 성문법을 공포하다
612 BC	니네베 정복
610~595 BC	파라오 네코 2세의 통치
600 BC 무렵	도시 로마 건립
594 BC	아테네 솔론의 법률 개혁
587 BC	탈레스의 일식 예언 이후 리디아-메디아 조약 체결
587/586 BC	예루살렘이 네부카드네자르 2세에게 함락당하다
580 BC 무렵	코린토스에서 킵셀로스 가문의 통치가 종식되다
558~530 BC	페르시아(아케메네스 제국) 키루스 대왕의 통치
550/549 BC	키루스가 메디아 왕국의 아스티아게스를 상대로 승리를 거두다
547 BC	리디아의 크로이소스 사망
546 BC	리디아 제국 멸망
546~510 BC	아테네를 페이시스트라토스와 그의 아들들이 참주로서 지배하다
539 BC	키루스의 바빌론 정복
530~522 BC	페르시아 캄비세스 2세의 통치
525 BC	페르시아의 이집트 원정
522~486 BC	페르시아 다리우스 1세의 통치
513~512 BC	다리우스의 스키타이 원정
508 BC	아테네에서 클레이스테네스가 개혁에 나서다
500~494 BC	이오니아 반란
490 BC	페르시아가 에레트리아와 아테네를 포위하다/ 마라톤 전투
486~465 BC	페르시아 크세르크세스의 통치
480/479 BC	크세르크세스의 그리스 원정/ 테르모필라이 전투, 아르테미시온 해전, 살라미스 해전, 플라타이아이 전투
478/477 BC	(페르시아에 대항하는 해군 동맹인) 델로스 동맹 또는 아테네 동맹의 결성
470 BC 무렵	로마 공화국 탄생
461 BC	키몬이 도편추방으로 쫓겨나다/ 에피알테스와 페리클레스의 극단적 민주주의 시행
460~446 BC	제1차 펠로폰네소스 전쟁

450 BC 무렵	로마 12표법 제정
449 BC	아테네와 페르시아 간의 칼리아스 평화조약 체결
446 BC	스파르타와 아테네의 30년 평화조약 체결
431~404 BC	펠로폰네소스 전쟁
395~386 BC	코린토스 전쟁
387 BC	알리아 전투에서 로마가 세노네스족에 패하다('검은 날')
386 BC	대왕의 화약 또는 안탈키다스 평화조약
378 BC	제2차 아테네 동맹
371 BC	레욱트라 전투
366 BC	로마에서 평민도 집정관에 취임할 수 있게 되다
360~336 BC	마케도니아 필리포스 2세의 통치
343~290 BC 무렵	로마의 삼니움 전쟁
338 BC	카이로네이아 전투에 이은 코린토스 동맹
336~323 BC	알렉산드로스 대왕의 통치
323~281 BC	디아도코이(알렉산드로스의 후계자들) 전쟁
300 BC	법정에 호소할 권리에 관한 발레리우스법이 로마에서 통과되다
287 BC	로마에서 민회에 입법권이 부여되다
275 BC	에페이로스의 피로스 왕에게 로마가 결정적 승리를 거두다
264~241 BC	제1차 포에니 전쟁(로마 대 카르타고)
218~201 BC	한니발에게 맞선 제2차 포에니 전쟁
215~205 BC	로마가 필리포스 5세에게 맞서 싸운 제1차 마케도니아 전쟁
200~196 BC	제2차 마케도니아 전쟁
192~188 BC	안티오코스 전쟁(로마 대 셀레우코스 제국)
171~168 BC	제3차 마케도니아 전쟁
168 BC	안티오코스 4세와 '엘레우시스의 날'
149/148 BC	안드리스쿠스 반란과 마케도니아 최종 멸망
146 BC	카르타고의 멸망(제3차 포에니 전쟁)과 코린토스의 멸망
133 BC	티베리우스 그라쿠스의 호민관 선출/ 농지개혁
123/122 BC	가이우스 그라쿠스의 호민관 선출/ 대대적 개혁
111~105 BC	로마가 누미디아 왕 유구르타를 상대로 전쟁을 벌이다
102/101 BC	킴브리족과 튜턴족을 상대로 로마가 승리를 거두다
100 BC	아풀레이우스 사투르니누스의 호민관 선출
91~89 BC	동맹시 전쟁
83~81 BC	내전, 두 번째 로마 진군, 술라의 독재
70 BC	크라수스와 폼페이우스의 집정관 선출, 술라가 통과시킨 법을 부분적으로 개정하다
63 BC	키케로의 집정관 선출
60 BC	제1차 삼두정치(폼페이우스, 크라수스, 카이사르)
58~52 BC	카이사르가 갈리아 전쟁에서 갈리아를 정복하다
49 BC	카이사르가 벌족파(옵티마테스) 및 폼페이우스와 맞붙는 내전이 발생하다
49~44 BC	카이사르의 승리와 이후의 독재
43 BC	제2차 삼두정치(마르쿠스 안토니우스, 옥타비아누스, 레피두스)

고전고대 (계속)

42 BC	필리피 전투/ 카이사르를 암살한 브루투스와 카시우스가 사망하다
31 BC	옥타비아누스가 악티움 해전에서 마르쿠스 안토니우스와 클레오파트라에게 승리하다
30 BC	안토니우스와 클레오파트라의 자결/ 옥타비아누스의 단독 통치
27 BC	원수정 성립/ 아우구스투스 황제
AD 14	아우구스투스 사망
14~68	율리우스-클라우디우스 왕조(티베리우스, 칼리굴라, 클라우디우스, 네로)
68/69	네 황제의 해
69~96	플라비우스 왕조의 황제들(베스파시아누스, 티투스, 도미티아누스)
96~192	양자 황제들(네르바, 트라야누스, 하드리아누스, 안토니누스 피우스, 마르쿠스 아우렐리우스, 콤모두스)
193~197	로마 제국에서 내전이 발생하다
193~235	세베루스 왕조의 황제들(셉티미우스 세베루스, 카라칼라, 엘라가발루스, 세베루스 알렉산데르)
212	안토니누스 칙령/ 로마 제국에 거주하는 모든 자유민에게 시민권을 부여하다
216~276	마니가 마니교를 창시하다
224~239/240	아르다시르의 통치/ 사산 왕조가 새로운 페르시아 제국을 건립하다
235~284	군인황제시대/ 로마 제국의 위기
240~271/272	샤푸르 1세의 통치/ 사산조 페르시아가 로마 제국 발레리아누스 황제에게 승리하다
249~251	데키우스 황제가 기독교도를 박해하다
260~274	갈리아 제국이 떨어져 나가다
262~272	팔미라 제국이 떨어져 나가다
270~275	아우렐리아누스의 통치와 일시적 통합
274	황제가 무적의 태양신을 숭배하다
284~305	디오클레티아누스와 (막시미아누스, 갈레리우스, 콘스탄티우스 클로루스의) 사두정치
306~337	콘스탄티누스 대제의 통치
311	갈레리우스가 공포한 관용의 칙령으로 기독교 박해가 종식되다
312	콘스탄티누스가 로마의 밀비우스 다리 전투에서 막센티우스를 물리치다
324	콘스탄티누스가 단독 황제가 되다
325	니케아 공의회
330	콘스탄티노폴리스 천도
361~363	'이교도' 황제 율리아누스의 통치
378	하드리아노폴리스 전투
379~395	테오도시우스 1세의 통치
381	콘스탄티노폴리스 공의회
410	알라리크가 이끄는 서고트족이 로마를 약탈하다
431	에페소스 공의회
451	칼케돈 공의회/ 플라비우스 아에티우스가 카탈라우눔 전투에서 훈족을 상대로 승리하다
455	반달족이 로마를 약탈하다
476	오도아케르가 이탈리아 왕으로 선포되다

고전고대 (계속)

491~518	비잔티움 황제 아나스타시우스 1세의 통치
492~496	겔라시우스 1세 교황
527~565	비잔티움 황제 유스티아누스 1세의 통치
622	헤지라/ 예언자 무함마드가 메카에서 야스리브(메디나)로 이주하다
642	무슬림이 사산 제국에 승리하다

2 페르시아인과 그리스인: 분할된 세계

칼데아와 메디아의 동맹은 아시리아의 수도 니네베를 (기원전 612년에) 함락시키면서 아시리아 제국을 멸망시켰다. 장기적으로 이 사건은 기원전 6세기 전반기의 근동 지역에 4강 체제를 확립했다. 칼데아인들은 이른바 신바빌로니아 제국을 넓혀 가며 메소포타미아 지역을 다스리는 동시에, 서쪽으로 멀리 지중해 연안까지 의도적으로 세력을 키웠다. 한편 엑바타나를 수도로 둔 메디아는 좀 더 느슨한 기반 위에 제국을 세웠는데, 이는 대규모 부족 조직에서 힌트를 얻은 것이 분명해 보였다. 그렇더라도 그 왕국은 자그로스산맥과 산맥 남쪽 주변 지역에서 동부 아나톨리아에 이르는 상당히 먼 거리에 걸쳐 있었다. 이 두 제국은 모두 아시리아인들의 유산이었다. 이들 외에 똑같이 강력하고 독립된 제국으로서 사이스 왕조의 이집트가 힘을 되찾았고, 서부 소아시아에 리디아 제국이 있었다. 리디아와 메디아는 기원전 587년에 할리스강(키질이르마크강)을 국경선으로 정했는데, 이 행위는 안보와 상호 존중을 중시하는 체제임을 분명하게 드러낸 것으로 볼 수 있다. 세계 패권에 관한 과거의 개념이 완전히 죽어 버린 것은 아니었지만, 그런데도 그것은 실현되지 않은 소망으로서, 다시 말하면 이론적 개념으로, 또는 공식 문서에 남은 이념으로서 명맥을 이어 갈 뿐이었다.

이 상황은 메디아의 한 종속국이 예상치 못하게 부상하면서 거의 단박에 바뀌었다. 과거에 (수사를 중심으로 한) 엘람 제국에 속했던 파르사Pārsa(또는 파르스, 그리스어로는 '페르시스') 지역에서 키루스 2세가 그의 백성인 페르시아인들을 다스리고 있었다.[32] 부족 단위로 조직된 이들은 효율적인 기병으로 메디아의 군사력에 보탬을 주었다. 키루스 2세 때 이 페르시아인들은 과거 그 어떤 세계 제국보다도 넓은 지역을 정복하는 데 성공했다. 이는 그런 취지의 계획을 실행해 발생한 결과라기보다는 특정 상황에서 우발적 사건들이 발생하며 생긴 결과였던 것이 분명하다. 그러나 그 뒤에 일어난 일은 적어도 지나고 나서 보면 신의 허락을 받아, 알려진 세계의 상당 부분을 통치한다는 개념을 실현한 것으로 생각되었다.

의심할 바 없이 이 새로운 국면은 기원전 558년에 왕위에 오른 아케메네스 왕조의 통치자 키루스 2세가 자신의 왕국을 넓혀 엘람의 옛 중심지 수사를 차지하려고 한 시도로 시작되었다. 이는 메디아의 종주권에 대한 반란이자 메디아 왕 아스티아게스를 자극해 반응하게 만들 법한 행위로 볼 수 있었다. 그리고 당연히 아스티아게스는 기원전 550/549년에 이 도전에 반응했다. 하지만 키루스 2세는 승리를 거두었고 이 거대한 제국에서 권력을 잡았다. 그로 인해 그리스인들은 이후 '메디아'와 '페르시아'를 동의어로 사용했다. 리디아의 왕 크로이소스는 자국의 이웃 왕국에서 벌어진 이러한 격변을 기원전 587년의 협정을 일방적으로 파기할 구실로 간주한 듯 보였다. 어쨌든 그는 키루스 2세를 상대로 공격을 개시했다. 이후에 그리스에서 이 사건은 "크로이소스 왕이 할리스강을 건너면 대제국 하나가 멸망할 것이다."라고 델포이 성소의 신탁이 내린, 전형적으로 모호한 선언과 연관 지어 생각되었다. 크로이소스는 그 신탁의 선언이 메디아를 가리킨다고 생각했지만 실제로는 그의 제국이 몰락하고 말았다는 이야기였다. 키루스 2세와 메디아/페르시아는 연달아 대대적으로 승리했다. 리디아는 페르시아 제국에 통합되었고, 이후 그들은 소아시아의 그리스 도시국가들을 장악하면서 지중해 지역까지 진출했다. 페르시아인들의 행동은 힘의 정치라는 점에서 완벽히 일관되었다. 현지의 저항을 받는 경우 페르시아는 잔인하게 위협하는 방식까지도 취할 수 있었다.

그들이 독자적으로 동력을 얻으면서 이 지역에서 이전에 존재했던 힘의 균형이 무너지고 자연스럽게 바빌로니아 제국과 긴장 관계가 조성되었다. 바빌로니아 제국의 통치자 나보니두스는 바로 눈앞에 등장한 새로운 강대국을 인정하지 않으려고 했지만, 결국 키루스 2세에게 무릎을 꿇은 최후의 통치자가 되고 말았다. 기원전 539년 10월 말에 키루스 2세는 오래된 대도시 바빌론에 입성했고, 그곳의 사제단을 비롯한 전통적 체제의 다른 구성원들에게서 그들이 모시는 최고신 마르두크의 정당한 지상 대리인으로 인정받았다. 그와 동시에 키루스 2세는 '세계 사방의 지배자'라는 관례적 칭호를 얻었다. 불과 10년 만에 키루스 2세와 페르시아인들은 세계를 확실하게 뒤집어 놓았고, 아시리아인들이 일시적으로만 다스릴 수 있었던 이집트를 고려하지 않는다면 아시리아 제국보다 더 넓은 지역을 다스리게 되었다. 하지만 당시 이 문화권(또는 적어도 그 문화권의 많은 지역) 내에서 이미 알려져 있던 세계 전체를 지배하는 진정한 패권을 향한 결정적 내딛음은 페르시아의 부족 조직으로 인해 가능할 수 있었다.

메디아인들처럼 페르시아인들도 자신들이 거의 헤아릴 수 없을 정도로 큰 민족 집단에, 즉 그들이 아리야arya(아리아인)로 부른 집단에 속한다고 생각했다. 우리는 페르시아인들이 자신들과 관련해 사용한 이후의 용어인 에란샤Ērānšahr(아리아인들의 땅)를 따라 그들을 이란인 혹은 이란'족'으로 부른다.[33] 이들 집단은 언어적으로 유사하다는 점 외에도 공통적인 문화적·종교적 특성 또한 보여 주었다. 기마 전사들, 따라서 기사 엘리트들은 페르시아인들에게 그랬던 것처럼 이들 부족 집단을 상대로도 사회 분위기를 주도해 나갔다. 그들은 서로 뚜렷한 결속감을 느꼈던 것이 분명하며, 이 과정은 확실히 처음에는 메디아인들이, 그 이후에는 페르시아인들이 촉진했다. 이러한 화합은 매우 주목할 만한데, 특히 이 부족들이 광범위하게 분포되어 있었다는 점을 고려하면 쉽게 설명하기는 어렵다. 그들은 자그로스산맥과 그 주변 지역에만 거주한 것이 아니라 멀리 이란고원과 사막 지대 너머로 힌두쿠시산맥을 가로질러 중앙아시아까지, 심지어는 인더스 계곡 주변 지역에도 살고 있었다.

한 가지 결정적 요소는 이 세계적 강대국의 '팽창'을 반드시 의도적인 계획의 이행으로 간주할 필요가 없었다는 것과 더불어, 페르시아의 지배가 그들 지역에서 확실하게 폭넓은 인정을 받은 것이었다. 이들 지역에서 반란이 있었다는 기록은 없으며, 이후에도 그들의 지배자에게 변함없이 충성을 유지했던 곳이 바로 페르시아 제국의 동쪽 지역이었음을 알 수 있다. 이 광범위한 지역들이 가졌던 내부적 결속감 때문에 그들이 키루스 2세에게 그렇게 쉽게 넘어갔다고 주장할 수도 있다. 하지만 키루스 2세가 그 지역들을 차지했을 때, 그 역시 이웃한 기마 유목민들의 공격으로부터 이들 지역과 그곳에 사는 사람들을 지켜 줄 의무를 안게 되었다. 페르시아인들은 사카sakā라는 포괄적 용어로 그 유목민들을 한데 묶어 불렀다.(나는 그리스 용어를 따라 그들을 스키타이족 또는 마사게타이족이라는 덜 흔한 용어로 부른다.) 키루스 2세는 과거 그 어떤 '세계 사방의 통치자'도 발을 들여놓은 적이 없었던 중앙아시아의 중심부, 약사르테스강(현대의 시르다리야강) 유역에서 그들과 전투를 벌이다 (기원전 530년에) 사망했다.

키루스 2세의 뒤를 이은 그의 아들 캄비세스 2세(재위 530~522 BC) 때 세계 지배라는 생각은 아시리아의 관행과 관련해, 혹은 제국의 '완성'이라는 의미에서 이미 중심 사상 같은 것이 되어 있었다. 기원전 525년에 캄비세스 2세는 기원전 6세기 전반기의 '4강 체제' 중 마지막까지 남아 있던 이집트 제국을 끌어내렸는데, 이는 제국주의자로서 그의 추진력을 보여 주는 확실한 증거다. 하지만 그는 자기 왕국의 중심지로 돌아오던 중에 세상을 떠났다. 그 중심지에서는 한 찬탈자가 그의 통치에 반기를 들어 왕위를 차지했다. 그러나 그 역시 제국의 최고위 귀족들이 일으킨 반란으로 왕위에서 쫓겨났다. 이들 중에서 이전 왕들처럼 아케메네스 왕조 출신이었던 다리우스 1세가 새로운 군주가 되었다. 그는 여러 차례의 반역을 제압한 뒤 빠르게 제국 확장에 나섰다. 이 통치자는 상당히 꼼꼼하고 조직적인 성향을 보여 주었는데, 이 모든 것이 체계적인 정복 계획의 과정이었다는 확실한 느낌을 다시 한번 준다. 따라서 당연히 다리우스 1세를 페르시아 제국의 두 번째 창건자로 부를 수 있다. 그의 통치기에 페르시아는 당시에 상상할 수 있는 범위 면에서 볼 때 세계적 강대국의 전형적 모습을 띠었음이 분명하다. 이 사실은 특히 그의 통치에 대한 외부의 인식과 평가를 통해, 다시 말하면 그리스인들의 생각을 통해 입증된다.

다리우스 1세는 우선 스키타이인들을 상대하기 위해 (기원전 519년에) 움직였고, 적어도 그들 중 일부를 종속 관계로 몰아넣는 데 성공했다. 이후 그는 이러한 움직임을 확대해 (기원전 513년에서 기원전 512년까지) 전면적인 정복 원정을 시도했지만, 명백한 실패로 이어졌다. 그러나 이러한 시도는 다리우스 1세가 기마 유목민들의 공격에 위협받던 페르시아 제국의 북부 국경 문제를 해결하기 위해 체계적 접근법을 취했음을 여실히 보여 준다. 제국의 동부, 남부, 서부의 변방과 관련해서도 똑같이 체계적 방식이 취해졌음이 뚜렷하게 나타난다. 일찍이 기원전 518년에 다리우스 1세는 경험 많은 뱃사람인 서부 아나톨리아 카리안다의 스킬락스Scylax of Caryanda에게 대대적인 탐험 항해에 착수하도록 지시했다. 이 탐험은 2년 반에 걸쳐 계속되었고, 스킬락스는 (오늘날의 파키스탄 북부에 해당하는 카불강과 인더스강 합류 지점에 있는) 간다라에서 인더스강을 따라 인도양으로 내려갔고, 다시 그곳에서 페르시아만까지, 그리고 마침내 아라비아반도를 돌아 홍해를 따라 올라가 멀리 수에즈에 도착했다.

이 페르시아 통치자는 이런 방식으로 자신의 제국과 제국의 범위(무엇보다도 제국이 미지의 땅과 접한 지역)에 관해 더욱 정확하게 파악할 수 있었을 뿐 아니라, 그 항해를 몇 가지 아주 실용적인 사업을 하기 위한 도약대로 이용할 수 있었다. 그렇게 그는 현대의 파키스탄이 있는 곳까지, 금이 풍부한 곳이 포함된 지역과 더 멀리 인더스강 지역의 중부와 남부까지 영토를 넓혀 갔다. 이 탐험 덕에 인도에 관한 지식이 처음으로 서쪽으로, 심지어 그리스인들에게도 퍼졌다. 이 카리아인 선장 스킬락스는 지체하지 않고 자신의 항해 기록을 공개했는데, 이 역시 그리스어로 번역되면서 세계에 관한 당대의 지식에 상당히 기여했다.

그의 탐험 항해가 이후에 가져온 또 다른 결과로는 수에즈 방향으로 나일강 동쪽과 홍해를 연결한 운하의 건설을 꼽을 수 있는데, 이 계획은 이집트 파라오 네코 2세가 이전에 시도한 공사에 영감을 받은 것이 분명했다. 현대의 수에즈 운하 공사 중에 발견된 비석에서 그 위대한 왕 다리우스 1세는 다음

—— 베히스툰산(이란)에 있는 기원전 520년 무렵의 부조. 이 부조에는 페르시아 다리우스 대왕(왼쪽에서 세 번째)에 이어 왕위 찬탈자, 반역자, 거짓말을 했다고 일컬어진 왕들이 족쇄를 찬 채 줄지어 서 있고, 그들 위에 조로아스터교의 최고신 아후라 마즈다를 상징하는 것으로 생각되는 날개 달린 생명체가 보인다. 왕은 신의 보호 아래에 법과 질서의 보증인으로 정당화되었다. (Wikimedia Commons)

과 같이 선언했다. "나는 이집트를 흐르는, 나일강이라고 부르는 강부터 페르시아에서 시작하는 바다까지 이 운하를 파도록 명령했다. 따라서 내가 명령한 대로 이 운하를 완성하고 나자, 내가 의도했던 대로 이 운하를 통해 이집트에서 페르시아로 배들이 다녔다."[34] 이 개인적 증언만큼 다리우스 1세의 꼼꼼한 계획 성향과 준비 능력을 명확하게 보여 주는 것은 없었다. (스키타이족 문제를 해결한 것은 당연하고) 그 제국은 서쪽으로도 확장되었는데, 멀리 트라키아와 마케도니아의 다뉴브강 기슭까지 세력을 넓혔다. 따라서 이들 지역에 이미 페르시아 제국의 신민이 된 그리스인들과 관계가 밀접했던 사람들이 산다는 사실이 다리우스 1세의 관심을 피해 갈 수는 없었을 것이다. 페르시아인들은 이들을 ('이오니아인'을 뜻하는 그리스어에서 유래한) 야우나yaunā로 불렀다.

다리우스 1세는 또한 제국의 내부 조직의 중대한 토대를 마련하는 작업도 맡았다. 그는 사트라프로 알려진, 특별히 임명된 총독이 다스리는 속주 체계를 만들었다. 백성들은 공물과 세금을 내야 했는데, 그 금액은 개인의 수입 능력을 고려해 체계적으로 결정되었고, 군역의 의무도 다양했다. 페르시아인들은 제국의 기반 시설을 특별히 관리하고 그것에 관심을 기울였다. 일부 연결 도로를 개선해 제국의 도로로 삼았고, 역참도 설치했다. 정보 교환을 촉진하고 신속하게 처리하기 위한 역전驛傳 제도도 도입되었다. 제국 전역에 걸쳐 사트라피[1]에 배치된 특사('왕의 눈과 귀')들이 이 통신망을 책임졌다. 운하 체계를 건설하고 유지하는 작업을 통해 경작을 위한 인공 관개시설이 확충되었다. 통치자들과 제국의 고위 관리들이 사냥할 수 있는 대규모 사냥터(파라데이사paradeisa) 또한 조성되었다. 이러한 사냥터와 그곳에서 이루어진 활동은 페르시아-이란식 생활 방식의 특징으로 여겨진다.

어쨌든 이 제국은 농경과 가축 사육, 원자재 채굴 및 가공, 국경을 초월한 광범위한 교역 관계를 통해 확보한 경제력 덕분에 다양하고 새로운 자원을 활용할 수 있었다. 이런 방식을 통해 동쪽의 인도로 이어지는 새로운 길이 개척된 동시에, 실크로드의 탄생을 서서히 불러올 교역로와도 연결되었다. 서쪽의 해상무역과 관련해서는 페니키아인들이 아시리아 제국 때와 마찬가지로 중요한 역할을 했다. 많은 조공과 선물을 받은 덕에 왕의 금고는 풍성했다. 그리스인들이 보기에 풍부한 부와 호화로운 사치품들은 그들이 따라 하고 싶어 한 페르시아인들의 특징이었다.

한편 페르시아는 견고하게 통일된 제국이 절대 아니었고, 표준화된 제국조차 아니었다. 그것은 이후에 '다민족 국가'로 불리게 될 국가의 전형적 모습이었다. 옛 왕국들의 독특한 전통 중 다수가, 특히 엘람, 메디아, 바빌로니아, 이집트의 전통이 페르시아 제국에 '흡수'되었다. 페르시아 왕은 이 전통들을 존중하려고 노력했는데, 이는 넓어진 페르시아 왕국 내에서 각자 엘리트층을 갖추고 있던 지극히 다양한 피지배 집단들로부터 왕의 통치에 대한 확실한 인정을 받아 내는 데도 필요한 조치였다. 이러한 점은 페르시아 제국의 수

1 고대 페르시아 제국의 속주에 해당하는 행정단위로, 총독인 사트라프가 다스리는 영역을 가리킨다.

도가 넷이나 있었다는 사실에서 이미 뚜렷하게 드러났다. 과거에 중심지였던 수사, 엑바타나, 바빌론뿐 아니라 페르시아 민족의 중심지인 새로운 수도 페르세폴리스가 바로 그 수도들이었다. 새로운 수도 페르세폴리스는 다리우스 1세의 통치기가 되어서야 계획과 건설이 시작되었다. 다리우스 1세는 이 여러 수도에 번갈아 가며 머물렀는데, 보통은 이동 궁전과도 같은 웅장한 전용 천막을 이용해 이리저리 이동했다.

다른 지역 전통과 함께, 특히 아무리 작은 집단이라도 그들의 전통적 종교의식도 존중되었고, 특정한 지도자의 역할들이 제국의 행정에 통합되기도 했다. 전반적으로 상당한 융통성이 그 시대의 풍조였다. 히브리어 성경을 통해 전해져 내려온 이야기 덕분에 유대인들의 신앙에 대한 페르시아인들의 태도가 특히 독특하다고 여겨진다. 구체적 내용은 논란의 여지가 있지만, 제1성전이 파괴된 뒤에 추방당한 유대인들이 고향으로 돌아가 결국에는 예루살렘에 제2성전을 세우도록 허락받았다는 것은 부인할 수 없는 사실이다. 그렇게 페르시아 제국은 여러 다른 문화로 이루어져 있었고, 그곳에서는 일종의 공통어인 아람어를 포함해 많은 언어가 사용되었다. 아람어는 특히 제국의 서쪽 지역에서 널리 유행했다. 이와 함께 제국을 전체적으로 생각해 보면 동심원 구조로 민족들이 배열된 하나의 커다란 공동체로 보는 시각이 지배적이었는데, 페르시아인과 메디아인들이 중심에 있었고, 그 주변을 이란인과 다른 주요 집단들이 알려진 세계의 끝까지 동서남북으로 펼쳐진 상태로 둘러싸고 있었다.

이 관점과 일맥상통하게, 앞에서처럼 생각된 이 공동체 내에서 특히 통치자와 신민들 간의 관계는 엄격한 종속 관계라기보다는 상호 충실한 네트워크로 생각되고 규정되었다. 왕의 신민들은 왕에게 선물을 가져다주었고, 왕은 답례로 신민들에게 관대하게 행동했다. 무엇보다도 그는 법과 질서의 통치를 확실하게 보장했고, 정도正道(아르타arta)를 지킬 의무가 있다고 느꼈다. 가까운 정도는 달랐지만, 그의 주변에는 마찬가지로 다양한 관리와 훌륭한 인물들이 있었는데, 그들 중에 가장 뛰어난 사람들은 왕의 '친척들'로 불렸고, 실제로도 혼인을 통해 왕과 친척이 된 경우가 드물지 않았다. 또한 관료와 (1만 명에 달한 엘리트 전투부대인 '불사 부대Immortals'를 포함한) 군인들, 그리고 특히 종교계 성직자 중에서도 다양한 기능직 엘리트들이 있었다. 후자의 종교 영역에는 (대관식과 장례식 같은) 왕실 의식에서 중요한 역할을 맡은 예언가들과 전문가들로 이루어진 특수 집단 '마기Magi'가 있었다.

이들 마기나 공식 사제들과 제국 통치자가 정확히 어떤 방식으로 자라투스트라의 가르침이나 조로아스터교 교리와 연관될 수 있는지는 논란의 여지가 있다. 이후의 사료를 통해서만 이 종교의 교리를 알 수 있기 때문이다. 그러나 아케메네스 왕조의 종교 세계가 적절한 이름을 부여할 수도 없을 정도로 너무 탁월한 신의 지배로 특징지어졌다는 점을 고려하면 분명 비슷한 점이 있었던 것 같다. 이 신은 '전지전능의 신'(아후라마즈다Ahuramazda)이었다. 그는 무엇보다도 진리를 지켜야 하는 의무처럼 독특한 윤리적 계명과 관계가 있었다. 무엇보다도 그는 우주를 지배하기에 왕에게 권력을 부여한 존재였다. 이러한 점에 비추어 보면 '신의 은총에 의한 통치'에 관해 말하는 것이 어느 정도 정당화된다. 그러나 이 체제에서는 하나의 신이 '독점'하지는 않았다. 이 종교는 일신교가 아니었다. 그러나 아후라마즈다가 여전히 다른 모든 신의 위에 있었으므로 일반적으로는 단일신교로 불린다. 따라서 확인할 수 있는, 다른 종교 의례와 신들에 대한 존중은 이 '최고 권위의 신'과 양립할 수 없는 것이 아니었다. 비록 다리우스 1세의 후계자 크세르크세스 1세Xerxes I 때 그러한 존중이 부족했던 경우가 몇 차례 있었지만 말이다.(사실 이 부분도 비슷하게 논쟁 대상이다.)

또한 아후라마즈다에 대한 숭배는 이 신성한 세계 지배자에게서 축복받은 이 위대한 군주의 통치에 보편적 성격을 부여했다. 다리우스 1세는 직접 다음과 같이 표현했다. "이 세계를 창조하고 저 하늘을 창조하고 인간을 창조하고 인간을 위해 행복을 창조하고 다리우스 왕을 많은 왕 중의 한 명으로, 많은 군주 중의 한 명으로 만든 아후라마즈다는 위대한 신이다."[35] 이 대목에서 명확히 알 수 있는 사실은 과거에 세계로 생각되던 것과 그 외의 더 많은 것이 이후 그 세계와 신의 지상 대리인을 다스리는 신의 지배하에 통합되었다는 점이다. 이제 세계는 진정으로 합쳐졌다. 페르시아 제국의 주변 지역에서뿐 아니라 외부에서 이 사건들을 바라본 그리스인들의 시각은 꽤 정확했던 것 같다.

인정과 갈등 사이의 페르시아 제국

그러나 이집트에서 특히, 그리고 반복적으로 페르시아 제국에 대한 저항이 상당했는데, 전통적으로 이집트는 외국의 지배에 부정적 태도를 보였다. 하지만 이렇게 페르시아에 반대하는 행위는 처음에는 지엽적 수준에 머물렀다. 그렇기는 해도 그러한 저항 사례 중 하나는 상당히 광범위한 영향을 미쳤고, 진정한 지구사적 의미는 아니더라도 중요한 의미를 띠었다. 이러한 결과가 발생하게 된 주된 원인은 다리우스 1세와 그의 후계자가 이 저항을 사전에 방지하는 데 성공하지 못했기 때문이다. 크로이소스의 왕국이 무너지면서 페르시아는 엘리트 대부분이 리디아인들과 완벽한 조화를 이루며 살아온 소아시아의 모든 그리스인을 자신들의 종주권 아래로 편입했는데, 이러한 목적을 달성하기 위해 때때로 무력을 동원하기도 했다.

하지만 시간이 지나면서 일종의 공생 관계가 형성되었고, 그 관계로부터 양측 모두 이익을 얻었다. 그리스인들은 페니키아인들처럼 외부 세계와 제국을 연결해 주는 교역 관계에서 이익을 얻을 수 있었다. 이 관계는 그들 스스로 형성에 도움을 주었고, 결과적으로 아케메네스 제국에도 이익이 되었다. 한편 그리스인들은 공물을 바쳤고, 필요한 경우에는 별동대 형식으로 (예를 들면 스키타이인들을 상대로 한 군사 원정 같은) 군역도 이행했다. 페르시아인들은 그리스 도시에서도 그들에게 자명한 체제, 즉 군주제를 장려했다. 이 체제에는 수장 역할을 할 도시 통치자를 임명하는 과정이 필요했는데, 이른바 참주가 총독 역할을 했다. 그러나 이러한 체제는 기원전 6세기가 지나며 시대에 뒤떨어지는 것이 되었고 더는 합법적 정치조직 형태로 생각되지 않았다. 곧 알게 될 테지만, 그러한 합법적 정치조직 형태는 공동체의 자기 결정권에 더 적합했다. 따라서 기원전 513년과 기원전 512년에 그리스인들이 도시를 통치하는 참주들의 지휘를 받으며 참여했던, 스키타이인들을 상대로 한 대규모 군사 원정의 실패는 그리스와 페르시아의 관계에 부정적 영향을 미쳤다.

어쨌든 이들 참주 중 하나인, 소아시아 그리스 도시 가운데 선두 주자였던 밀레토스의 아리스타고라스Aristagoras가 보인 고압적 태도는 대부분 도시에서 그 체제의 전복을 초래했는데, 아리스타고라스 스스로 이 반란을 부추겼다. 참주 통치는 정치적 자치 원칙에 기초한 체제로 적절히 대체되었고, 페르시아에 대한 복종은 (기원전 500년에) 거부되었다. 이오니아 반란으로 불린 이 반란은 모국의 그리스 도시들(이를테면 아테네와 에레트리아)의 지원을 받아 처음에는 성공을 거두었다. 페르시아의 리디아 속주 수도 사르디스의 신전들이 반란군의 공격으로 불탔다. 하지만 페르시아 제국이 병력의 일부를, 특히 페니키아 전투 함대를 동원하는 데 성공하면서 반란을 진압할 수 있었다. 반란의 진원지인 밀레토스가 파괴되었고, 관습적인 처벌 방식에 따라 그곳 사람들은 (기원전 494년에) 강제로 이송되었다. 그런데도 다리우스 1세의 조카이자 사위였던 페르시아 측 지휘관 마르도니오스Mardonios는 그리스인들의 지배적인 정치적 사고방식을 제대로 파악하고 나머지 도시들에서 매우 민주적인 체제를 수립하려고 했다. 이는 앞서 언급한 페르시아 통치 방식의 유연성을 보여 주는 좋은 예다.

그러나 페르시아 통치의 또 다른 특징은 사르디스에서 폭력 행위를 벌인 당사자들에게 복수를 가했다는 점에서 찾을 수 있다. 그들은 해당 지역 전체를 정복함으로써 이 지역에 거주하던 관련 인구 집단들이 국경 너머로 서로 교류하는 문제를 해결하려고 했다. 밀레토스가 파괴된 지 불과 2년 만에 다리우스 1세의 오른팔 마르도니오스는 상당한 규모의 해군 함선과 병력을 이끌고 그리스 침공에 나섰다. 그러나 페르시아 함대가 아토스산 앞바다에서 거센 폭풍을 만나 파괴되면서 이 계획은 좌절되고 말았다. 다리우스 1세는 이제 다른 지휘관들이 이끈, '사악'한 도시인 아테네와 에레트리아를 직접 겨냥한 (기원전 490년의) 소규모 공격에 의지해야만 했다. 이 병력은 아무리 소규모라고 해도 페르시아의 원정군이 거의 통과하듯 지나면서 중부 에게해 지역을 장악하고 계획대로 에레트리아를 격파할 수 있을 만큼 강력했다. 그런데 아테네를 공격하기 위해 동부 아티케의 마라톤 평원에 상륙한 페르시아의 원정군은 밀티아데스Miltiades가 지휘한 아테네 중무장 보병들과 벌인 야전에서 패하고 말았다. 아테네 병사들은 절박함에서 생긴 용기로 적을 향해 몸을 던졌다.

이렇듯 체면을 구기자 페르시아인들은 제대로 반응할 수밖에 없었다. 페르시아는 다리우스 1세가 (기원전 486년에) 사망했을 뿐 아니라 (기원전 485년에) 이집트와 (기원전 481년에) 바빌론에서 발생한 반란으로 말미암아 예상보다 느리게 반응했다. 그래도 결국 다리우스 1세의 뒤를 이은 크세르크세스 1세가 그리스 토벌 원정을 최우선 과제로 삼고 대규모 제국군을 소집했다. 기원전 492년 때와 마찬가지로 함대와 육군이 함께 움직여, 자발적으로 항복하기를 거부한 그리스의 모든 도시를 무력으로 정복하고 특히 아테네인들을 그들이 저지른 범죄를 이유로 처벌하는 것이 목적이었다. 이번에는 훨씬 더 장기적으로 모든 것이 계획되었고, 훨씬 더 큰 규모로 실행에 옮겨졌다. 따라서 크세르크세스 1세는 곶을 돌아가는 위험한 항해를 피할 목적으로 아토스산 북쪽 반도를 가로지르는 운하를 파도록 특별히 지시했다. 그는 필요한 수의 병사를 신속하게 투입할 수 있도록 헬레스폰토스 해협에 다리를 놓기도 했다. 이 모든 작업은 엄청난 규모의 작전 그 자체로 그리스인들에게 깊은 인상을 심어 주는 동시에 겁을 주고 조금이라도 저항해 보겠다는 생각이 헛된 것처럼 보이게 하기 위한 것이었다. 그래서 실제로 많은 그리스인이 페르시아 쪽에 협력했다.

처음에는 모든 것이 순조롭게 진행되었다. (기원전 480년에) 테르모필라이의 좁은 골짜기에서 페르시아군은 최후의 한 사람까지 격렬하게 싸운 스파르타 군대를 전멸시켰다. 그리고 같은 시기에 벌어진 해전에서 페르시아 함대가 승리를 거두지 못했고 에우보이아섬을 돌아가는 과정에서 악천후로 인해 손실도 겪었지만, 페르시아군은 계속 아테네를 향해 진격했고 사르디스가 당한 일에 대한 복수로 아크로폴리스에 있던 몇몇 신전을 파괴하기도 했다. 그러나 그들의 위대한 왕이 지켜보는 가운데 살라미스섬과 아티케 본토 사이의 좁은 해협에서 그리스 함대를 봉쇄하는 방법으로 그들의 함대를 이용해 그리스 함대의 숨통을 끊어 놓으려고 시도했을 때, 그들은 모두의 예상과는 달리 또다시 패했다. 이렇게 강력한 일격을 당한 후 크세르크세스 1세가 후퇴하자, 마르도니오스가 작전 지휘를 맡았다. 하지만 이듬해(기원전 479년)에 그 또한 패배를 겪고 말았는데, 이번에는 중부 그리스의 플라타이아이에 가까운 육지에서였다. 페르시아의 대규모 공격은 완전히 격퇴되었다.

처음에 이 패배는 페르시아인들의 세계 제국에 아무런 부정적 영향도 미치지 않았다. 제국의 거대한 실제 범위를 생각해 보면 사실상 지평선 너머에서 발생한 그 사건들은 크나큰 영향을 미치기에는 너무 미미할 뿐이었다. 크세르크세스 1세의 권력 장악력은 전혀 영향을 받지 않았다. 하지만 그리스의 관점에서 상황은 완전히 다르게 보였다. 그리스인들이 느끼기에는 정말로 기적적인 일이 일어났던 것이고, 이로 인해 극적으로 더욱 강성해질 세력이 자유롭게 풀려났다. 이러한 상황이 전개되면서 앞에서 서술한 사건들이 비로소 지구사적으로 중요한 의미를 띠게 되었다. 기적이라고 부르고 싶은 마음이 들 만했다.

법치주의에서 민주주의로 가는 그리스의 길

여기서 간략하게 서술한 사건들이 벌어질 수 있었던 한 가지 중요한 전제 조건은 그리스인들이 기원전 6세기에 누적된 위기들에 대처해 나간 방식이었다. 앞에서 살펴보았듯이 이들 위기는 주로 권력욕을 가진 엘리트들의 경쟁심과 그에 기인한 두 가지 경향인 빈곤화와 촌락 및 전사 집단의 결속과 관계가 있었다. 더 직설적으로 말하면 개인과 집단, 참주 정치와 자기 결정권 사이에 발생한 긴장과 주로 관계가 있었다. 이러한 긴장 상태가 궁극적으로 해소된 것은 아니지만, 무엇보다도 권력자가 의무를 다하게 하기 위해 공동체가 함께 정해 서명하고 동의한 엄격한 기준을 적용하는 과정을 통해 그 긴장이 다른 곳으로 돌려지거나 억제되었다. 그 기준들은 종교적 업무 수행 및 평화로운 갈등 해결과 주로 관련이 있었다. 다시 말하면 공동체 생활에서 정말로 중요한 측면들과 관련이 있었다. 무엇보다도 그것은 고소인이 있을 때 사건을 판정할 누군가가 항상 있도록, 분쟁을 해결할 책임이 있는 공직자들이 정말로 자신들의 임무를 확실히 다하게 하는 것이었다.[36]

이러한 기준들은 신의 보호를 받았다. 그래서 그것들은 영원한 타당성을 갖추어야 했고, 공공 영역에서 눈에 보여야만 했다. 그 결과 그 기준들은 청동이나 돌처럼 오래 가는 재료에 새겨져 종종 신전에 설치되었다. 따라서 이것들은 '성문成文'으로 불렸다. 해당 기준들은 정당한 규제로서 효력을 가졌고, '법(노모스nómos)'이라는 용어가 서서히 그러한 기준들에 적용되었다. 그러므로 이런 방식으로 형성된 조직은 '법치주의'로 부를 수도 있는데, 심지어 그것을 초기 국가 형태로 생각할 수도 있다. 그리스 도시국가, 즉 폴리스의 특수한 성격을 나타낸 것이 바로 이것이었다. 그 공동체는 때로는 생과 사의 문제가 될 정도로 구성원들을 견고하게 결속하기 위한 규정을 만들어 냈다. 그리고 의심이 들 때 그 공동체는 구성원들의 힘을 모두 합쳐 이 체제를 보호하기도 했다. 따라서 폴리스는 사회적·종교적·군사적 단체였을 뿐 아니라 정치조직이기도 했다. 그것은 적어도 내부 질서 유지에 필수적인 몇몇 영역에서는 공동체에 부여된 권력을 독점하고 있다고 주장했다. 그리스에서 폴리스는 몇 세기 동안 이런 유형의 조직으로서 정치적 동일성의 핵심적 기준점이었다.[37] 따라서 이것은 당시에 존재하던 정치 질서의 엄청난 단편화를, 심지어는 원자화를 상징했다. 하지만 바로 그것이 자기 결정권이 작용할 수 있는 기본적 전제 조건이었다.

규정은 다양한 방식으로, 다시 말하면 때로는 공동체의 직접적인 해결을 거쳐 생겨나기도 하고 (앞에서 언급한 오이키스트와 비슷하게) 조직의 문제를 책임져야 하는 사람이나 일정 기간 특별한 권한을 부여받은 사람들의 부추김을 통해 생겨나기도 했다. 그러한 사람들은 노모테테스nomothetes(입법자)로 불렸지만, 그들 뒤에는 항상 공동체의 의지가 있었다. 대다수가 그러한 합의를 선택했는데, 엘리트들도 그렇게 선택했다. 이러한 결정은 종종 독재라는 더 큰 악에 대한 두려움 때문에 재촉되었다. 하지만 이러한 규칙에 대한 존중은 한계가 있었다. 앞에서 언급한 긴장 관계와 지위를 얻기 위한 경쟁이 아주 오랫동안 수그러들지 않았다. 다시 참주 정치가 사방에서 거점을 확보할 조짐이 보였다. 그리고 실제로 주로 폴리스 내에서 이른바 스타시스stasis라는 격렬한 반목이 종종 발발했다. 잠재적 분열은 특히 고난과 전쟁의 시기에 정치 질서에 심심찮게 치명적 위협을 가하는, 숨어 있는 존재였다. 스타시스는 폴리스에 내재된 구조적 특징이었다. 프리드리히 니체Friedrich Nietzsche에 따르면 그리스인들은 이 '내부 폭약'의 신관을 제거하는 데 엄청난 창의력과 에너지를 쏟았지만, 제대로 성공한 적은 없었다.[38] 오히려 어떤 잠재적인 평형 상태가 근본적으로 달라진 상황에서도 폴리스가 장기적으로 안정되고 기능할 수 있게 보장해 주었다.

스파르타

어쨌든 이런 종류의 헌법은 기원전 6세기 말까지 그리스 세계 전체에 널리 받아들여졌다.(시칠리아는 예외로, 유달리 강력한 참주들의 통치가 뿌리를 내린 상태였는데, 주로 아크라가스와 시라쿠사가 그랬다.) 그러한 발전이 이루어질 수 있었던 근본적 이유는 이들 법치주의 국가 중 하나인 스파르타가 누린 엄청난 성공 때문이었다. 법의 준수가 특히 엄격한 계율에 해당했던 이 정치체는 어느 정도는 조상에게서 유래한 정부 형태였다.[39] 자신들이 도리아 부족 연맹에 속한다고 생각했고 궁전 문명이 무너진 이후 불안정한 기간에 남동부 펠로폰네소스의 에우로타스강 안팎의 비옥한 지역에 정착한 집단들은 그곳에 오래도록 살았던 부족 집단과 갈등을 빚었던 것이 분명했고, 그래서 그들과 일종의 영구적 전쟁 상태로 지내고 있었다. 하지만 결국 그들은 그 지역 전체를 장악하면서 다른 집단보다 우위에 섰다. 변경 지역에 살던 사람들(페리오이코이)은 지배 집단에 충성을 맹세해야 했어도 공동체에는 편입되었다. '헤일로타이'로 알려진 사람들은 개인적 자유가 없었고, 승자인 '스파르타 시민'들의 땅에서 일종의 노예 집단으로서 일해야 했다.

이렇게 세 부분으로 이루어진 국가조직인 '라케다이모니아'[2]에서는 전쟁을 하는 것이 국가의 존재 이유였다. 스파르타의 중심지는 독립된 도시라기보다는 발전된 형태의 군영이었다. 그곳의 맨 위에는 아주 오래전부터 그랬던 것처럼 군사령관 역할을 하는 왕 두 명이 있었는데, 그들은 경험 많은 남자들, 즉 장로회(게루시아)로부터 조언을 받았다. 전사인 스파르타 시민들로 이루어

——— 2 스파르타를 가리키는 또 다른 명칭으로, 라케다이몬이라고도 한다.

진 심의회(아펠라apella)는 특정 연사가 받는 요란한 지지에 따라, 즉 문자 그대로 '환호성'의 크기에 따라 결정을 내렸다. 이 스파르타 시민들이 지배 엘리트층을 구성했는데, 그들은 헤일로타이의 노예노동 덕분에 자유롭게 전쟁에 나가고 남성 전용의 공동 회관(시시티아)에서 함께 생활할 수 있었다. 그들은 특히 새로운 전투대형인, 중무장 보병의 팔랑크스에 숙달되면서 군사적으로 성공할 수 있었다. 스파르타가 무적의 명성을 얻기까지는 오랜 시간이 걸리지 않았다.

상대적으로 동지애와 연대를 강력하게 강조했는데도 스파르타 역시 사회적 긴장이 없지는 않았다. 이러한 긴장감은 헤일로타이가 대신 농사를 지어주던 할당받은 땅(클라로이klaroi)에서 나오는 수입이 급격히 줄면서 온전한 스파르타 시민 신분을 상실할 위험이 생겼을 때 특히 심각해졌다. 처음에 스파르타는 서쪽으로 인접한 메세니아 지역으로 세력을 확대하는 것으로 그러한 사태에 대응했다. 그리고 그 지역은 (기원전 720년 무렵과 기원전 660년 무렵 사이에) 두 차례 전쟁을 거치며 확실하게 합병되었다. 그곳에 살던 사람들에게는 헤일로타이 신분이 부여되었고, 그에 따라 클라로이가 증가했다. ('동료'를 뜻하는 호모이오이로도 알려진) 스파르타 시민들 사이에서는 계획적 평등이 강화되었다. 일부 스파르타인들이 이주를 감행해 타란토라는 중요한 정착촌을 세운 것도 바로 이 무렵이었다. 타란토는 얼마 지나지 않아 남부 이탈리아에서 가장 큰 도시 중심지 중 하나가 되었다. 또한 스파르타인들은 델포이 신탁이 입법자 리쿠르고스에게 준 것으로 추정되는 응답(레트라rhetra)을 이용해 특히 왕과 게루시아, 아펠라의 상호작용과 같은 정치체제의 몇 가지 절차를 (기원전 650년 무렵에) 성문화했다. 또한 100년쯤 뒤에 그들은 주로 왕권에 대한 견제와 균형으로서 역할을 하고 사회 정치적 질서를 유지하기 위해 (매년 선출하고 한 번의 임기만 복무하는, 말 그대로 '감독자'인) 다섯 명의 민선 장관으로 구성된 새로운 최고 위원회를 만들었다.

스파르타는 메세니아를 정복함으로써 그리스인들의 기준으로 보면 펠로폰네소스반도 남부 전체를 아우르는 커다란 영토 국가가 되었다. 계속 영토를 넓혀 나간 스파르타는 결국 이 반도의 많은 지역을 지배하게 되었다. 그곳의 폴리스와 부족 지역들은 스파르타에 예속된 것이 아니라 스파르타의 지휘를 받는 동맹이 됨으로써 특수한 간접 통치 방식으로 편입되었다. 따라서 그것은 '라케다이모니아와 동맹들(심마초이symmachoi)' 정도로 표현할 수 있었다. 그리스인들이 사용한 용어를 따라 오늘날 이러한 유형의 군사동맹은 '패권 동맹hegemonic symmachy'으로 불리는데, 일부 역사가들은 다소 오해를 살 수 있는 '펠로폰네소스 동맹'으로 부르기도 한다. 그러나 이는 실제 존재했던 것보다 더 큰 조직성과 밀착성을 암시하는 표현이다.

스파르타인들은 그 어떠한 형태의 전제정치도 결단코 거부했으므로, 패권국으로서 참주들이 하는 일에 간섭하기도 했다. 그들은 이런 방식으로 경제력이 대단하고 부유했던 강력한 도시 코린토스의 참주 킵셀로스 가문의 통치도 (기원전 580년 무렵에) 끝내 버렸다. 이후 이 도시는 스파르타의 가장 중요한 동맹국이 되었다. 육지와 바다를 기반으로 한 강대국들은 서로의 이해관계가 수렴될 수 있도록 서로 보완해 주었다. 기원전 6세기 중반 무렵에 스파르타는 다른 도시국가들이 보호를 요청하고 싶어 하는 아주 강력한 정치체로서 인정받았고, 바로 그들을 그렇게 보호해 준다는 점에서 스파르타의 명성이 높아졌다. 그 결과로 스파르타는 프로스타테스 테스 헬라도스prostátēs tēs Helládos(그리스의 선도자)로 알려졌다.

아테네

스파르타가 기원전 510년 무렵에, 그리고 그 직후에 다시 아테네에 개입해 참주를 끌어내리고 자신들이 받아들일 수 있는 정치 질서를 수립하려고 했던 것은 바로 그런 지원을 제공한다는 정신에서였다. 아테네 폴리스 역시 남쪽의 풍부한 금속 광상을 비롯해 일부 비옥한 지역이 포함된 비교적 넓은 영토를 지배했다. 앞에서 언급한 그 위기의 사건들은 이 대목에서 특히 제대로 다룰 수 있다.[40] 유명한 아테네인 킬론Cylon이 참주로서 등극하려고 시도한 이후, 기원전 630년 혹은 기원전 620년에 격렬한 충돌이 발생했다. 이 상황과 관련해 드라콘Draco이라는 자가 법률을 만드는 권한을 부여받았는데, 특히 살인 사건이 일어났을 경우에 따를 수 있는 절차를 공포했다. 그러나 이후에도 위기는 심화할 뿐이었는데, 무엇보다도 상당히 많은 빚을 지는 바람에 부유한 엘리트층에 의존하게 된 농민들이 점점 더 큰 압박을 받았기 때문이었다. 그들 중 일부는 노예로 팔리기까지 했다.

당시에는 이러한 사회적 긴장에서 참주의 통치가 비롯될 수 있다는 두려움이 널리 퍼져 있었다. 이러한 상황에서 아테네의 지배 엘리트층을 포함한 시민들은 압도적 권력을 가진 입법자를 임명해야 한다는 데 다시 한번 동의했다. 기원전 594년에 솔론Solon이 이 역할을 맡았다. 그는 관련 법률을 한꺼번에 제시했을 뿐 아니라 충고를 위한 일련의 시를 이용해 아테네 시민의 책임 의식을 북돋우려고도 했다. 현재까지도 전해지는 솔론의 애가哀歌 속 표현을 소개하면 다음과 같다. "우리의 도시는 제우스의 천명이나 축복받은 불사신의 의지에 따라 절대 멸망하지 않을 것이다. 위대한 정신의 수호자인 팔라스 아테나Pallas Athena가 우리에게 손을 얹어 보호해 주고 있기 때문이다. (중략) 오히려 어리석게도 돈에 매수되어 우리의 위대한 도시를 파괴하고자 하는 자들은 다름 아닌 시민들이며, 사람들을 이끄는 지도자들의 정신은 부당하다. 그들의 엄청난 뻔뻔스러움(교만) 때문에 많은 이가 고통받을 것이다."[41]

입법자 솔론의 가장 중요하고 인기 있는 조치 중 하나는 부채 탕감을 위한 완벽한 계획(세이사크테이아)이었다. 그 계획은 이미 농노 신분으로 전락한 농부들을 다시 해방하는 효과를 냈다. 또한 가능한 경우에는 이미 노예가 된 사람들의 자유를 돈으로 사 주었다. 그와 동시에 스스로 농노가 됨으로써 채무를 면제받는 채무노예 관습을 일률적으로 폐지했는데, 이는 민주국가 발전에 필수적인 경제적 전제 조건이었다. 정치체제와 관련해서는, (이른바 민중소송과 같은) 특정한 법률 사건에서 직접 항소할 수 있는 사람들의 투표를 거쳐 선출하기는 했지만, 개인의 재산, 즉 경제적 번영에 따라 가장 중요한 공직을 배정하는 중요한 법률도 있었다. 이 모든 조치의 결과로 이후에 아테네인들은 솔론을 그들의 민주주의 창시자로 여기게 되었다. 민주주의와는 여전히 거리가 먼 때였지만, 민주주의의 기초가 놓인 것이 분명했다.

하지만 솔론의 개혁 이후에도 긴장은 좀처럼 수그러들 기미가 보이지 않았다. 채무 관련 법률에서 최악의 월권행위는 제거되었지만, 소유 구조의 근본적 불평등에 관한 한 변한 것은 없었다. 이는 페이시스트라토스라는 귀족이 참주 통치를 펼치는 데 도움을 준 것으로 보인다. 그는 약간의 저항에도 불구하고, 그리고 몇 차례의 시도가 실패한 이후에 결국 아테네에서 권력을 잡는 데 성공했다. 그는 평민들에게 (부자들에게 세금을 부과해 자원을 조달한 것이 분명한) 물질적 지원을 제공하고, 농촌 지방에서도 사법행정을 개선하는 등의 여러 가지 방법으로 평민들의 환심을 샀다. 추종자 일당의 지원을 받은 페이시스트라토스는 자신에게 정치권력을 집중시키면서 에게해와 북서부 소아시아에서 적극적인 대외 정책을 추진했으며, 새로운 중심적 숭배 의식과 함께 부수적 경연도 신설했다. 특히 아테네의 수호신인 아테나 그리고 도취, 변장, 위반의 신인 디오니소스Dionysus의 숭배 의식을 치렀는데, 디오니소스 숭배 의식은 아테네의 극예술 발전을 위한 토대를 놓는 데 도움이 되었다. 그 신들에 대한 이런 확실한 숭배는 페이시스트라토스의 통치를 정당화하고 아테네인들의 연대감을 증진하는 데도 이바지했다.

그러한 이유로 페이시스트라토스의 참주 정치가 전적으로 인기가 없는 것은 아니었다. 그리하여 그는 자신의 두 아들에게 권력을 물려줄 수 있었다. 그들은 아버지의 정책을 계속 이어 갔는데, 특히 청동기시대에는 아테네 통치자들의 거주지였고 이후에는 아테나 숭배를 위한 가장 중요한 의식 장소였던 아크로폴리스에 새로운 신전을 세웠다. 그러나 엘리트층의 저항이 커지기 시작했고, 참주 형제 중 동생인 히파르코스Hipparchos가 암살 음모에 희생되고 말았다. 그의 형 히피아스Hippias가 급진적 통치 방식을 추진하자 그에 대한 저항이 커졌다. 결국 반대자들이 스파르타로부터 지원을 얻는 데 성공하면서 참주 히피아스를 예상대로 몰아냈다. 쫓겨난 히피아스는 페르시아 제국에 정치적 망명을 허락받았다.

반대파를 대표하는 인물인 클레이스테네스Cleisthenes는 알크메오니다이Alcmeonidae라는 오래된 귀족 가문 출신으로, 폴리스 재편을 구상한 계획으로 아테네 시민 대다수의 지지를 받았다. 자문 위원회인 불레bulē 밑에 민회를 둠으로써 민회를 강화했는데, 불레는 모든 아테네인 중에서 추첨으로 선발한 500명의 시민으로 구성되었고 임기는 1년이었다. 달리 말하면 모든 시민이 적어도 한동안 정책 수립의 중심에 설 가능성이 있었다는 이야기였다. 그와 동시에 독립적 의사결정 기구인 민회, 즉 에클레시아가 정기적으로 만나 회기마다 불레가 준비한 안건을 처리할 수 있도록 보장하는 조치가 마련되었다. 클레이스테네스는 (이제는 꽤 커진) 국가 내 모든 지역의 대표자가 이 위원회에 참가할 수 있도록 촌락과 칸톤이라는 기본 단위가 총 열 개의 필레phylae[42](부족/클랜)로 나뉘는 매우 독창적인 지역 대표 제도를 만들어 냈다. 이들 부족의 각 3분의 1(트리티스trittys)은 도시(아스티asty), 내륙(메소게이아mesogeia), 해안(파랄리아paralia)으로 나눈 아테네 세 개 권역의 시민들을 각기 모아 이루어졌다. 이는 서로 사회적·경제적 배경이 다른 사람들이 폭넓게 섞여 500인회(불레)를 대표했다는 의미였다. 이 부족 체계가 (부분적으로 나중에서야 도입되었지만) 국가조직의 다른 영역에, 무엇보다도 군대와 종교 축제의 일부로서 개최된 경기에 도입되었다는 점은 특징적이다. 군대의 경우 특히 그 체계는 강력한 통합 효과를 불러왔다.

클레이스테네스는 인기가 있었지만, 논란 또한 많았다. 그래서 그에게 맞선 자 중 한 명이 스파르타의 지지를 얻었을 때, 그는 다수의 추종자를 데리고 아테네를 떠날 수밖에 없었다. 그렇게 스파르타는 정력적인 왕 클레오메네스 1세Cleomenes I 때 다시 한번 아테네 정치에 개입했다. 이 시점에서 아테네인들이, 달리 말하면 시민 대부분이 더 부유하고 더 뛰어난 시민들의 지배를 꾀한 스파르타의 독재적 결정을 따르기를 거부했다는 점은 특징적이었다. 이후에 이러한 통치 체제는 과두정으로 불렸다. 오히려 그들은 스파르타 점령군에 대항해 반란을 일으켰고, 스파르타 점령군은 철수할 수밖에 없었다. 클레이스테네스는 망명지에서 돌아와 (기원전 508년에서 기원전 507년까지) 자신의 통치 체제를 확실하게 세울 수 있었다. 자기 조직적인 시민들이 취한 이러한 행동에서 아테네 민주주의의 탄생과 비슷한 무언가를 인정하는 것은 지극히 정당하다.[43]

페르시아 전쟁과 그 여파

아테네 사람들은 자유를 성취했다는 새로운 행복감에 활력을 얻었다. 예를 들면 그들은 2년 뒤에 이웃 나라인 테바이와 칼키스의 공격을 물리쳤다. 역사가 헤로도토스는 다음과 같이 썼다. "폭군들이 통치할 때 그들은 주인을 위해 일하고 있었기에 아무 쓸모가 없었다. 반면에 일단 자유로워지고 나자 모든 사람이 자신을 위해 무언가를 성취하는 데 열중했다."(5.78.2) 소아시아에 살던 그리스인들이 (기원전 500년에서 기원전 449년까지) 일으킨 반란을 적극적으로 지원했을 때도 그들은 이러한 기세에 고무되어 있었던 것이 확실하다. 그곳으로 몸을 피한 그들의 예전 참주가 아테네로 돌아오려는 기대를 품고 있었으므로 아테네인들은 그러한 지원 결정을 더 편안하게 생각했을 것이 틀림없다. 실제로 페르시아가 10년 뒤에 그리스를 침공했을 때 히피아스는 페르시아군에 소속되어 있었고, 페르시아의 지원을 받아 아테네에 대한 참주 통치를 다시 시작할 준비를 하고 있었다. 이 사실이 기원전 490년의 마라톤 전투에서 아테네의 팔랑크스 부대가 잔인성을 보여 주는 데 적지 않은 역할을 했다는 점은 의심할 여지가 없다. 아테네 사람들은 자유가 무엇을 의미하는지 제대로 이해하기 시작했고, 자유를 필사적으로 지킬 준비가 되어 있었다.

자유는 10년 뒤 페르시아 제국 군대가 전장에 모든 힘을 쏟았을 때 다시 한번 시험대에 올랐다. 헤로도토스는 다음과 같이 표현했다. "아시아 전역이 소란스러워졌다."(7.1.2)[44] 아테네가 페르시아의 주요 침공 목표임을 고려할 때, 아테네로서는 저항 외에는 대안이 없었다. 테미스토클레스Themistocles같이 선견지명이 있는 정치가들은 이미 함대 구축 계획에 착수하도록 조치해 두었다. (남쪽 광산에서 나오는 수익을 아테네 국가에 귀속해 구축한) 함대는 최신 선박들로 이루어져 있었는데, 각각의 선박은 적어도 170명의 노잡이를 두었고 다른 선박들과 밀집대형을 유지하며 싸울 계획이었다. 그리고 이 노잡이들은 갤리선 노예들이 아니라 아테네 폴리스의 자유 시민들이었다. 그들은 중무장 보병의 장비를 갖출 만큼 부유하지는 않았지만, 그래도 폴리스 고유의 특징인 전사 집단에 속할 수 있는 사람들이었던 것이 분명하다.

그리스 전체를 정복하려고 한 페르시아의 종합적 전략을 고려해 보면 이 시기의 아테네인들은 혼자가 아니었다.[45] 그리스의 많은 도시와 동맹들이 페르시아 측에 합류한 것은 분명 사실이다. 특히 그들은 페르시아에 적대적인 그리스 도시들과 충돌했는데, 일례로 테바이인들은 아테네인들에게 여전히 불만이 있었던 것이 분명했다. 하지만 기꺼이 저항하겠다는 생각도 널리 퍼져 있었다. 그리고 이러한 생각은 무엇보다도 (아테네와 함께) '그리스의 지도자'를 중심으로 명확해졌다. 그 당시의 지배적 분위기에서 스파르타는 자신들을 원하는 세력이 상당히 많음을 알았고, 무슨 일이 있어도 스파르타인들이 항복하지 않으리라는 것은 분명했다. 따라서 스파르타와 그들의 동맹국들은 아테네 편에 섰다.

그러나 페르시아의 우위로 인해 제기된 총체적 위협 때문에 그리스인들은 그곳에서 멈추지 않았다. 침략이 임박한 것이 확실했던 기원전 481년과 기원전 480년 사이의 겨울에 코린토스에서 모든 그리스인에게 고국을 함께 지키자고 권고하는 요청이 제기되었다. 처음으로 단일한 정치적 의제 아래에 공동의 문명을 기반으로 하나의 민족을 통합하려는 시도가 나타났다. 동맹을 결성하기 위해 공식적으로 선서했고, 그리스인들의 '친선'에 관한 많은 논의가 있었다. 페르시아와 협력하는 사람들에게는 집단 처벌이 예상되었다. 이 초기 단계에서도 페르시아의 지상전 및 해전 침략 계획에 맞서기 위한 조직적 저항의 일환으로서 지휘 체계가 수립되었다. 당연히 주요 강대국인 스파르타가 진두지휘에 나섰다. 스파르타의 동맹국들이 상당히 많은 전투원을 제공했다는 점을 고려하면 놀랄 일도 아니다. 새로운 함대를 갖춘 아테네가 병력의 가장 큰 부분을 차지했던 해상에서는 그렇지 않았지만, 아테네는 여전히 스파르타의 전반적 지휘하에 있었다. 따라서 스파르타의 지휘를 받는 그리스 동맹이 탄생했다. 모든 그리스인이 이 방패 밑에서 힘을 합친 것은 절대 아니었지만, 이 지휘 체계는 지대한 영향을 미칠 정도로 중요한 의지를 알렸다.

이 모든 조치의 결과는 바다와 육지에서, 즉 (기원전 480년의) 살라미스 해전과 (기원전 479년의) 플라타이아이 전투에서 그리스인들이 거둔 완벽한 승리가 그리스 전체의 승리로 해석되었다는 것이었다. 그 싸움이 페르시아 전체를 상대로 한 것이었기 때문에, 이러한 결과는 페르시아 제국을 완전히 다른 또 하나의 세계로 여기는 경향을 그리스인들에게 심어 주었다. 그리고 이 세계, 혹은 세계의 이 부분을 상대로 싸움이 벌어졌다는 사실은 그리스인들이 '다른 사람들', 즉 야만인들과 맞붙었던 것으로 볼 수 있음을 의미했다. 그 싸움이 더 큰 강대국을 상대로 한 방어적 행동이라는 점을 고려하면 이 투쟁이 자유를 위한 것이었다는 사실 또한 분명했다. 이는 세계사에서 흔히 듣는 수사 어구다. 당대인들마저도 이 현상에 수반된 자유가 절대적으로 강조되고 있음을 느꼈다. 직접 참전했던 살라미스 해전이 지난 지 불과 8년 뒤에 아테네 비극 작가 아이스킬로스Aeschylus는 당시에도 전설적 사건이 되어 버린 이 사건을 무대에 올렸다. 당시까지만 해도 신화와 영웅을 다룬 사건들만 무대에 오를 수 있었는데 말이다. 그리스인들은 살라미스 해전에서 다음과 같은 구호를 외치며 노를 저었다고 알려졌다. "오, 그리스의 아들들이여. 앞으로 나아가 당신의 조국을, 당신의 자녀를, 당신의 여인을, 대대로 내려오는 신들의 자리를, 조상들의 무덤을 해방하라. 이제 이 싸움에 모든 것이 걸려 있다!"[46]

여기서도 자유에 대한 이러한 기본적 충동이 다시 한번 뚜렷하게 나타난다. 그러나 이렇게 전혀 예상치도 못했던 사건에 대한, 다소 뒤늦었으나 여전히 같은 시대의 해석은 말할 것도 없고, 아이스킬로스의 연극까지도 양극성 해석 패턴이 등장하면서 훨씬 더 내용이 진전되었다. 이것은 단순히 작은 민족국가의 독립에 관한 것이 아니었다. 오히려 그것은 두 개의 정반대 세계, 생활 방식, 사고방식에 관한 것이었다. 그리스인들은 무엇보다도 자유 시민들로 이루어진 자유로운 민족이었다.[47] 이는 그 무렵에 그리스 정체성이라는 온전한 개념에 각인되어 이후로도 그렇게 유지되었고, 심지어 오늘날까지도 이어진다고 말할 수 있다. 정반대의 사고 패턴에서 페르시아 제국은 그리스와는 반대로 폭정의 세계였고, 단일 폭군의 통치하에 응축된 모든 형태의 야만 행위의 총체에 해당했다. 이 기본적 대립 관계를 중심으로 대조되는 정반대의 다른 것들을 세워 볼 수 있다. 이를테면 법치 대 계획적 월권행위, 빈곤 대 부유, 소규모 대 대규모 등이다.

또한 당시에 막 모습을 드러내고 있던 세계의 지리적 그림과 이 모든 것을 연결 짓고 그러한 용어들로 이 정반대의 것들을 표현해 볼 수도 있다. 유럽 대 아시아, 서양 대 동양으로 말이다. 그러한 개념들의 싹은 아이스킬로스의 희곡 「페르시아인들*The Persians*」에서도 뚜렷하게 드러나는데, 이는 헤로도토스의 작품에서 집약적으로 드러나듯이 해석과 구성 모두에서 그리스 역사 서술이 지닌 특유의 성격에 영향을 미쳤다. 하지만 이에 더해 그것은 해석과 오역으로 가득 찬 다양한 변형과 필사의 형태로 오늘날까지도 지속될 강력한 영향을 미쳤다. 그러나 그것은 전체적으로 단순한 만큼이나 명확한 좌표계의 도움을 받아 단순한, 또는 더 정확하게 단순화한 해석을 성취하는 수단으로 남아 있다.

동시대인들이 이 모든 것을 알아채지는 못했을 것이 분명하다. 하지만 그때까지는 상상조차 할 수 없었던 이러한 승리는 당시에도 그들의 직접적인 정치적 결과에 상당히 가시적인 영향을 미쳤다. 이러한 승리는 또한 지구사적으로도 영향을 미쳤다. 만약 이 사건들이 발생하지 않았더라면 그리스의 지성과 문화가 그들이 진화한 방식대로 그렇게 진화하지 못했을 것이라는 주장은 분명 틀린 이야기일 것이다. 어쨌든 그리스 문화는 바로 페르시아의 영역이었던 소아시아에서 이미 큰 발전을 이룬 상태였으니 말이다. 물론 순수한 추측으로 남아 있어야 하지만, 그런데도 만약 그렇지 않았다면 그리스 문화가 어떤 방향을 택했을지 묻고 싶은 마음이 절로 생긴다. 그러나 앞에서 언급한 해석상의 개요 외에 페르시아 전쟁에서 그리스가 승리를 거둔 결과로 가시화한, 상당히 뚜렷해진 한 가지 사실은 바로 아테네의 힘이 엄청나게 커졌다는 점이었다. 이는 세계의 면모를 영구적으로 바꾸어 놓을 완전히 새로운 정치 환경을 초래했다.

이렇게 되기까지는 두 가지 요인이 결합했다. 페르시아의 위대한 왕을 후퇴하게 했고, 바로 그러한 이유로 결정적이었다고 여겨지는 살라미스에서의 승리는 아테네인들에게 논란의 여지가 없는 승리였다. 공식적으로는 스파르타의 지휘를 받았더라도 그들의 지휘관 테미스토클레스가 이 교전의 전략을 짜 기안자였던 것은 분명했다. 그리고 아이기나 동맹군과 함께 그 전투의 저울추를 기울인 것은 바로 노를 저은 아테네인들이었다. 더욱이 페르시아와 관련된 모든 상황에서 동력을 유지한 것도 바로 아테네인들이었다. 자유가 그리스인들의 존재 이유가 되었으므로 다른 그리스인들도, 특히 페르시아의 지배를 받으며 에게해와 소아시아의 섬들에 살던 사람들도 자유를 열망했다.

페르시아를 쫓아 버리려던 방어적 성격의 군사행동은 자유와 (그리스의 종교적 성소를 파괴한 데 대한) 보복의 기치 아래에 페르시아에 대항하는 공격적 반란으로 순조롭게 전환되었다.

얼마 지나지 않아 스파르타는 이러한 최근의 사태 변화에 불안을 느끼기 시작했다. 그들은 자유를 위한 투쟁에서 아테네가 주도권을 잡도록 놔두었고, 아테네인들은 감사하게 그 역할을 받아들였다. 아테네인들은 즉시 스파르타 모델을 따라 그리스 동맹을 '패권 동맹'으로 바꾸었고, 훨씬 더 광범위한 조직 구조를 갖추기는 했지만 '아테네와 그 동맹국'이라는 실체를 효과적으로 탄생시켰다. 그에 따라 역사가들은 '아티케 해군 동맹' 혹은 '델로스 동맹'으로 불렀다.[48] 각 동맹국이 병력(이를테면 군함)을 일시적으로 파견해 직접 참여하든 금전적 기여(포로스phóros) 형태로 군자금을 내는 방법을 택하든, 합동 군사작전에 얼마만큼 힘을 보탤지에 관한 명확한 규정이 정해졌다. 아테네는 군자금 액수를 계산하기 위해 페르시아인들이 작성한 토지 등기에 의존했다. 헬레노타미아이(그리스의 회계 담당자)로 알려진 동맹 기관이 이 자금을 관리하는 일을 맡았다. 명칭에도 불구하고 이것은 전적으로 아테네의 기관이었고, 이 군자금은 얼마 지나지 않아 아테네인들이 단독으로 사용할 수 있게 되었다. 동맹에서 탈퇴하는 것이 불가능하다는 바로 그 사실에서 입증되듯이, 이내 이 '자유 동맹'은 아테네의 권력 도구임이 명백해졌다. 그러한 경우에 (대부분이 아테네 소속인) '동맹군' 함대가 나타나 동맹에서 탈퇴하려는 회원 도시에 전보다 더 많은 액수의 '기여금'을 계속 내도록 확실히 조치할 것이었다. 따라서 기원전 478년 이후 아테네 '제국'이 등장했다. 그리스인들 스스로 아테네의 통치(아르케)를 언급하기 시작했고, 결국에는 아테네 폴리스가 참주처럼 행동한다고 공공연히 말하곤 했다.[49]

아테네의 민주주의

마라톤과 살라미스에서 거둔 승리가 해군 동맹이 탄생하는 데 핵심적이었지만, 그 승리들은 민주주의가 발전하는 데도 못지않게 중요했다.[50] 일찍이 기원전 480년대에 아테네는 전적으로 솔론과 클레이스테네스가 공포한 사상을 실행하기 위한 참여를 늘림으로써 이 제도를 확대해 놓았다. 이후 국가의 최고 관직은, 다시 말하면 사법 체계 운영을 맡을 아르콘들은 선출 방식 대신 그 역할을 맡을 자격이 있는 사람들 중에서 추첨으로 뽑았다. 그런데 무엇보다도 아테네 시민들은 매년 시행된 후보자 정밀 조사 과정에 따라 인기 없는 정치인에게 (재산이나 지위의 몰수가 수반되지 않는) 온건한 형태의 추방을 적용해 그들을 10년 동안 정치에 참여하지 못하게 할 수 있었다. 이는 사람들이 이용 가능한 가장 값싼 형태의 필기 재료인 도자기 파편들(오스트라카)에 그 후보자의 이름을 적는 투표 방식으로 이루어졌다. 그렇게 '도편추방제(오스트라키스모스)'라는 용어가 생겨났다. 정치 세력을 키우고 싶어 하는 사람은 그 누구든 그 직무에 대한 지지를 받지 못해 도편추방될 위험에 끊임없이 노출될 수 있었다. 이는 개인이 가진 과도한 권력에 대한 불신이 형성되었음을, 그리고 될 수 있는 한 많은 사람이 그에 맞서기 위해 동원되었음을 보여 주는 아주 명확한 신호였다.

그러나 민주주의가 제대로 확립되는 데 훨씬 더 중요했던 것은 더 가난한 아테네 시민들이 페르시아 전쟁 때 삼단 갤리선을 타고 군에서 복무함으로써 더 부유한 중무장 보병과 함께 폴리스의 대의를 지키는 전사가 되었다는 사실이었다. 도시적·종교적·군사적 공동체로서 그리스 폴리스의 관례적 원칙에 따라 이러한 상황 변화는 필연적으로 장기적인 정치 참여를 증가시키는 결과로도 이어질 것이었다. 따라서 아테네의 군사력이 해군 동맹을 통해 증대한 바로 그 시기에 아테네 민주주의 또한 더 많이 발전하게 되었고 결국 기원전 461년 무렵에 가장 극단적인 형태를 띠게 되었다. 이는 내적 요인과 외적 요인 모두가 역할을 한 아주 특수한 상황에서 발생했다. 당시 군의 수장이던 대표적 정치인 키몬Cimon은 오래된 명망가 출신으로 마라톤 전투의 승자 밀티아데스의 아들이었는데, 표면적으로는 반페르시아 활동을 구체화하고 스파르타와의 동맹을 아주 중요시했다. 하지만 내면적으로 그는 훨씬 덜 역동적이고 다소 보수적인 정치 형태를 대변한 인물이었다.

반란을 일으킨 메세니아와 싸우는 스파르타를 지원하기 위해 키몬의 지휘를 받던 아테네 보조 분견대가 파견되면서 상황이 중대한 국면을 맞았다.

그런데 같은 시기에 에피알테스Ephialtes와 (알크메오니다이 가문 출신이며 클레이스테네스의 친척인) 젊은 페리클레스Pericles가 이끌던 키몬의 국내 정적들이 내부적으로 정체된 상황을 지적하며 선동해 더 큰 의미의 민주적 역동성을 촉진하기 시작했다. 특히 에피알테스가 암살당한 후 내전이 아테네를 삼킬 듯한 조짐이 보였다. 결국 키몬이 도편추방되고 나서야 우리가 페리클레스의 이름과 연관 짓곤 하는 그 결정적 변화를 위한 길이 열렸고, 기원전 450년대 내내 여러 단계를 거치며 그 변화가 실현되었다. 이 새로운 체제는 의심할 여지 없이 급진적 형태의 민주정체로 볼 수 있으며, 아리스토텔레스Aristotle가 '궁극적(즉 극단적) 민주정체'로 분류한 그 유형으로 간주할 수 있다.[51]

이러한 상황은 두 가지 요인이, 즉 관리들을 감시하는 업무와 규범을 감시하는 업무가 합쳐지면서 가능했다. 다시 말하면 민중의 결의와 기존 법률이 일치하는지 법적으로 검토하는 작업이 500인회나 민중재판 같은 민주적 위원회에 맡겨졌다는 이야기다. 게다가 훨씬 더 중요한 것은 이때부터 이러한 위원회가 유급직이 되었다는 점이다. 그러한 기관에서 복무하는 동안 시민들은 하루치 노동에 대해 최저임금과 같은 수준으로 정해진 보수(미스토스)를 받았다. 이는 시민의 복무에 대해 보수를 지급하면 적어도 사회의 하층민(달리 말하면 모든 '시민')이 자신의 권리를 실제로 행사하는 것이 가능해지거나 적어도 수월해지리라는 생각이었다. 사회적·경제적 격차가 지속되더라도 정치 영역에서는 모두가 평등해야 했다. 그러나 이 조치의 의도는 그 영역들을 정치 부문에서 배제하는 것이었다.

하지만 가장 확실하게 정치 영역에 속하는 한 가지 요소가 바로 사법제도였는데, 이 부분은 현대 입헌 국가의 권력분립 사상에 익숙한 사람이라면 누구든 이해하기 어려운 부분이기도 하다. 정치적 문제에 해당하는 많은 문제가 시민 법정에서 결론이 날 때까지 다루어질 수 있었는데, 실제로 이런 일이 점점 더 늘어났다. 당시 재판 절차는 아주 특별한 모습을 띠고 있었다. 매년 추첨으로 시민 배심원 6000명을 선출했는데, 이들은 클레이스테네스가 정한 방식에 따라 아티케반도 전역에서 모였으며, 한통속이 되어 서로를 돕는 행위나 부패를 막기 위해 고안된 독창적 절차를 이용해 이들 역시 추첨으로 매일 개별 법정에 배정되었다. 완전무결할 정도로 평등하게 추첨으로 선발한 그 제도는 모든 시민이 아테네 국가 운영에 참여하고 있음을 확실하게 상징하는 것처럼 보인다. 이들 법정은 각기 수백 명(최대 1500명)으로 구성되었는데, 이들은 원고와 피고의 진술을 비롯해 양측 지지자들의 증언까지 들은 뒤, 별도의 토론 없이 비공개 회기로 사건을 결정했다. 이는 생사에 관한 판결과 공적 결정의 적법성에 관한 판결을 다루는 재판에도 적용되었다. 심사숙고를 거친 이 재판관들은 민중 전체를 대표했으며, 아테네 민중은 이 대표들을 통해 스스로 견제와 균형의 체제를 유지했다. 따라서 아리스토텔레스가 썼거나 그가 아니라면 그의 학파에 속한 사람이 쓴 것이 분명한 『아테네인의 국제*Athēnaiōn politeía*』라는 저서가 민중(데모스)이 (판결에 도달할 때 비밀투표에 사용되던) 투표석石에 대한 통제권을 갖고 있으니 진정으로 그들을 '국가의 주인(키리오스)'으로 간주할 수 있다고 주장한 것은 확실히 정확한 지적이라고 할 수 있다.[52]

아르콘 자리에 오를 수 있도록 제비뽑기의 사회적 기반을 넓히고 아테네 시민이 될 자격을 제한한 조치가 추가로 이루어졌다. 그때부터 아버지와 어머니 양쪽 모두 아테네 태생인 사람들만 아테네 시민이 될 수 있었다. 그것은 폴리스 외부의 동일 신분과 혼인하기를 선호한 부유한 시민이나 저명한 시민의 자손이 아버지가 그렇게 했을 경우 이제 시민 신분과 함께 부수적 권리까지 상실했다는 점에서 민주적 조치였다. 그러나 그것은 그 공동체 자체가 시민의 권리 및 그 권리와 관련된 보상에 매우 배타적이었음을 나타내기도 한다. 아테네인이라는 점에는 무언가 특별한 것이 있었다. 그것이 더 나은 사회적 지위를 가진 자신을 상상할 기회를 제공했기 때문이다. 이를테면 이 시기에 아테네의 해상 제국이 된 해군 동맹의 지휘관이 될 수도 있다는 이야기였다.

공개 토론 횟수가 증가했는데, 이러한 토론은 정치적으로 더욱 한정되게 규정된 위원회나 민회에만 국한되지 않았다. 무엇보다도 도편추방이 발생할 가능성이 있었던, 매년 개최된 대규모 공개 토론만 생각해 보아도 알 수 있다. 이러한 토론회는 여러 파벌에 힘을 불어넣고 동기를 부여하는 효과가 있었고, 종종 근본적인 정치적 의사 결정을 창출하는 데 도움을 주기도 했다. 그러나 민주주의의 영향력은 아주 평범한 일에서 국가 및 종교적 사안과 관련된 중대한 문제에 이르기까지 온갖 종류의 문제가 민중재판에서 매일 결정되었다는 사실에서 특히 분명하게 드러났다. 모든 시민이 이러한 상황을 경험할 가능성이 있었다. 다시 말하면 원고나 피고로서 재판관 앞에 설 가능성이 있었는데, 특히 복수와 보복의 논리 때문에 이러한 추세는 점점 당파적 특색을 띠었다. 게다가 모든 사람이 자신의 사건에 관해 직접 답변하고 자신의 결론을 전달해야 했기 때문에 순전히 웅변술의 영향이 실제 증거나 법적 논거를 꼼꼼히 제출하는 것보다 더 큰 비중을 차지하는 경우가 흔했다. 법적 분쟁에서 이기는 것은 종종 말 그대로 생사의 문제가 되었고, 이는 웅변술이 전문화하는 데 엄청난 자극이 되었다.

'웅변가(레토르)'라는 용어가 점차 정치 활동가를 지칭하는 보편적 용어로 자리 잡게 되었다는 점은 의미심장하다. 그들 사이에 치열한 경쟁이 벌어졌고, 이러한 경쟁은 막후의 작은 파벌 내에서만이 아니라 상상할 수 있는 모든 종류의 결정에 관한 공개 토론에서도 벌어졌다. 거의 모든 관직이 추첨으로 배분되었으므로, '민중 선동가(데마고고스)'로 불린 유력 정치인들은 특정 선출직으로 활동한 것이 아니라 자신의 성공을 통해 주도적 지위를 스스로 마련해, 계속 성공해야 한다는 끊임없는 압박 속에서 그 자리를 지켜야 했다. 따라서 그들은 여전히 선거로 임용되던 가장 중요한 관직인 장군(스트라테고스)직을 차지하기 위해 모든 노력을 기울였다. 페리클레스는 이를 완벽하게 해냈고, 그 결과 수십 년간 아테네 정치를 지배할 수 있었다. 또한 대규모 경연에서 기본적 성격의 토론뿐 아니라 특정한 결정과 인물을 다루는 시국에 관한 토론도 연극으로 진행되었는데, 비극에서는 그 작가들이 종종 신화의 영역 내에서 정치적 행동의 핵심 질문들을 '연습'하기도 했고, 희극에서는 당대의 정치 문제들이 기괴하게 풍자화한 격렬한 논쟁술의 주제가 될 수 있었다.[53]

따라서 아테네인들은 뚜렷한 역동성을 특징으로 하는 '가속화된 에너지'를 보여 주었는데, 이는 종종 자기 영속적인 것처럼 보이기도 했다. 한 번에 많은 일에 관여하는 기술을 뜻하는 폴리프라그모시네Polypragmosynē가 아테네인들을 규정하는 일반적 특징이 되었다.

실로 한정된 지리적 공간 내에서 형성된 이 아주 특별한 환경은 세계사의 핵심 요소로서 주목할 만한데, 현대 민주주의가 반복적으로, 그리고 가끔은 단호하게 그 기원을 고대 아티케의 이 제도에서 찾기 때문이다. 클레이스테네스가 시행한 개혁을 기점으로 본 민주주의 2500주년 기념식은 최근에 수많은 행사의 주제로 등장했다.[54] 그러나 전체 인구의 10퍼센트에서 15퍼센트에 달하는 성인 남성 시민만이 정치적 권리를 누렸던 아테네의 제도처럼 배타적인 제도를 민주적이라고 생각할 것인지는 상당히 의심스럽다.[55] 이 제도에서는 시민의 지위를 갖고 있고 숭배 의식에서 중요한 역할을 해내는데도 (그래서 국가의 일반적 안녕에 봉사하는데도) 여성은 정치 참여에서 배제되었다. 그리고 이른바 메토이코스로 불린 외국인 거주자들은 보호받는 대신에 특별세를 내고 군 복무를 수행해야 했는데도 시민의 권리를 완벽하게 누리지는 못했다. 그리고 마지막으로 이 제도에서는 인구의 적지 않은 비율이 노예로 살면서 인권이 전혀 없이 다른 사람들의 재산으로 취급받았다. 더 나아가 엄밀히 말하면 제국주의적 강국의 정치가 민주주의의 원칙과 가치관에 부합한다고 생각할 수 있을까?

반대로 아테네 사람들은 그들이 이해한 의미에서 현대의 대의 민주주의를 민주적인 것으로 간주하지 않았을 것이다. 그들은 의회를 '위원회'와 동일시했을 것이고, 입법과 주요 정치인 선출에서 의회가 하는 핵심 역할을 과두정의 한 요소로 생각했을 것이다. 그들에게는 '1인 1표' 원칙에 따라 민회에서 정치적 권리를 바로 행사하는 것이 결정적 요소였다. 그들의 민주주의는 직접 민주주의였고, 그것은 궁극적으로 폴리스 국가로서 활동했던 수많은 소규모 독립체와 특히 관계가 있었다. 민주주의를 일정 규모 이상으로 확대하면 실질적 문제가 생길 것이었다. 대의제의 중요성은 대체로 기원전 4세기 이후 연방제가 더욱 중요해지고 독특한 정치조직 형태를 채택한 이후에야 높아졌다. 미국의 헌법 제정자들이 헌법을 제정할 때 그 제도를 광범위하게 연구했다는 사실은 의미심장하다.[56]

따라서 아주 조심스럽게 아티케 혹은 그리스의 민주주의가 현대 민주제도의 선구자였다고 말하는 것만이 가능하다. 그런데도 현대 헌법 체계의 기원을 여전히 정당하게 고대에서 찾을 수 있다면, 연방제라는 특별한 경우를 제외하고 그것은 주로 민주주의나 올바른 정치체제에 관한 다양한 토론이 고대 세계에서도 다양한 국가 형태를 만들어 내는 작업을 수반했기 때문이다. 늘 실질적 절차가 언급되었고, 특정 해결책에 대한 찬반 논쟁을 계속 주고받는 과정이 되풀이되는 철학적 담론이 수반되었다는 특징이 있었다. 소크라테스, 플라톤, 아리스토텔레스 같은 위엄 있는 명사들이 실현한 고대 그리스 철학은 전쟁과 내전 중에 발생한 재앙적 사건들에 대한 대응이자 한결같이 권력과 지배만을 추구한 엘리트층에 대한 대응에 해당했으며, 그러한 재앙적 사건들과 엘리트 세력을 무력화할 수 있도록 훌륭하게 확립된 공정과 정의의 체제를 옹호하는 과정이 필요한 발전이었다. 그러한 토론 중에 민주주의 또한 시험대에 올랐는데, 이런 경우에 민주주의의 긴 계보는 특히 복잡해 보였다. 그러나 고대의 문헌과 담론에 의지하는 것은 항상 여러 정치체제에 관해 토론할 수 있게 해 주고 직접 해 보지 못한 경험에 관해 언급할 수 있게 해 준다.[57]

그리스 세계대전: 아테네와 스파르타 그리고 패권 다툼

아테네인들이 느낀 불안과 자신감은 특히 그들의 해군 동맹의 발전과 관련이 있었다. 이미 언급한 것처럼 이것은 보복을 요구하고 그리스의 자유를 확보할 목적으로 페르시아 제국에 대항한 군사동맹이었다. 따라서 그 동맹은 대단한 성공을 거둔 동시에 광범위한 영향 또한 끼쳤다. 주로 아테네의 선박과 노잡이들로 이루어진 이 해군 동맹의 함대는 멀리 소아시아와 키프로스의 연안까지 진출한 한편, 대규모 원정대로 이집트에서 발생한 반란을 지원하기까지 했다. 비록 이 후자의 원정이 (기원전 454년에) 군사적 대재앙으로 끝나고 말았지만, 아테네인들은 이 실패를 극복하고 기원전 450년에 키프로스의 살라미스 앞바다에서 벌어진 해전에서 페르시아를 상대로 잃었던 기세를 되찾았다.(당시 그리스 함대는 망명에서 돌아온 키몬이 지휘했다.) 결국 페르시아는 (기원전 449년에) 이른바 칼리아스Callias 평화조약에 서명함으로써 화해했다.[58] 이 조약에서 페르시아는 소아시아의 에게해 수역 인접 해안 지대와 에게해에 대한 아테네의 완벽한 지배를 인정했다.

그러나 그 사이에 정치적·군사적 세력권이 크게 달라졌다. 우선 이러한 변화는 해군 동맹의 내부 구조와 관련이 있었다. 사실 페르시아에 대항한 군사 원정 과정에서, 그리고 그리스가 성공을 거둔 이후에는 더더욱 해군 동맹의 종식을 선언할 수도 있었다. 그러나 동맹 창설 행사에서 치러진 의식에서 입증되었듯이, 바로 이 시점에 이 동맹은 처음부터 계속 이어질 동맹으로 맺어졌다는 사실이 아주 분명해졌다. 더욱이 아테네는 큰 규모의 폴리스들조차도 동맹에서 나가지 못하게 강제로 막으며 동맹 탈퇴가 불가능하다는 사실을 의심의 여지가 없게 만들었다. 심지어 페르시아와 조약을 맺기도 전에 아테네는 자신들이 독자적으로 자금을 관리하던 동맹 금고를 (기원전 454년에) 델로스에서 아테네로 옮겼다. 이제 아테네는 동맹국들이 동맹에 낸 출자금 일부분을 아테나 여신에게 바치는 공물비로 할당함으로써 아테네가 동맹의 '모도시'라는 생각을 강화했다. 문제의 금액은 아테네 도시의 수호신을 기리는 아크로폴리스 중앙 신전에 세워진 기념비에 기록되었다. 이는 그렇게 비용을 내는 것이 동맹국들의 계속되는 의무임을 그들에게 상기시키기 위한 용도였다.

페리클레스의 통치 때 아테네인들은 동맹국들이 낸 출자금을 점점 더 거리낌 없이 사용하게 되었다. 당시에 이 지급금은 아테네 국내 예산의 필수적 부분으로 자리하고 있었다. 기원전 440년대에 아테네 통치자들은 당대 최고의 건축가와 예술가들의 도움을 받아 아크로폴리스를 기념비적 규모로 확장하는 작업에 착수했다. 이곳이 지금까지도 발산하는 그 대단한 웅장함은 이 시기의 활동으로 거슬러 올라간다. 이런 방식으로 아크로폴리스는 아테네가 상징하던 힘과 지배력의 기념물이 되기도 했다. 그리고 실제로 그 시대 사람들도 아크로폴리스를 그렇게 인식했다. 이후에 이 복합 건물 단지는 고전주의의 여러 형태로서도, 그리고 미학적 이유뿐 아니라 정치적 이유에서도 사람들의 입에 누누이 오르내렸다. 아테네인들이 동맹국들의 출자금을 요구받은 대로 군사적 목적을 위해 추가로 사용했다는 사실 또한 명심해야 한다. 하지만 이러한 지출은 명목상으로만 동맹국 보호에 사용되었다. 실제로 그 돈은 아테네의 군사력을 증강하는 역할만 했다. 이제 이전 동맹국들은 확실히 피지배국이 되었고 그들 중 다수가 자국이 지배받는다고 느꼈는데, 특히 아테네가 한 폴리스의 반란을 진압한 이후 그곳 사람들의 뜻을 거스르고 자기들의 민주주의 정치 모델을 강요하는 경향을 보였기 때문이었다. 사실상 아테네 폴리스는 참주가 되어 있었다.

그러나 동맹 체제 내에 이러한 새로운 국면이 등장함과 거의 동시에 대외 관계에서, 그러면서 그리스 정치권 전체에서도 극적 변화가 생겼다. 스파르타는 페르시아 전쟁 이래로 아테네를 상대로 '군사적 동지' 관계를 유지해 왔고, (앞에서 살펴본 것처럼) 비극적 대지진의 여파로 (기원전 464년에) 메세니아에서 발생한 반란을 진압하는 과정에서 아테네에 도움을 청해 실제로 도움을 받았다. 그러나 아테네의 지배를 받으며 고통받던 다른 그리스 폴리스들은 옛 '그리스의 지도자'가 곤경에 빠진 자신들을 도와줄 것으로 계속 생각했다. 스파르타는 이러한 책임을 완강히 뿌리칠 입장도 아니었고, 그렇게 하고 싶어 하지도 않았다. 역사가 투키디데스Thucydides가 강조했듯이, 아테네의 세력이 급격히 커지면서 스파르타 또한 많은 불안을 느끼고 있었기 때문이다. 그리스의 두 대표적 강대국의 관계는 모호해졌다. 동맹의 이면에 이중성이 생겨났고, 아테네 내부 상황이 중대 국면에 접어들면서 이 영역에서도 긴장감이 고조되기 시작했다. 그렇게 아테네의 민주혁명은 대외 정책에도 영향을 미쳤고, 양측의 행동이, 하지만 가장 확실하게는 아테네가 위기를 가속화한 것으로 보인다.

스파르타에 우호적이었던 키몬이 도편추방되고 메세니아에 파견되었던 아테네 보조 군단이 스파르타의 선동으로 철수한 이후, 아테네에 새로이 수립된 급진적 민주정은 스파르타를 상대로 한 동맹 관계를 끝낸 동시에 스파르타의 불구대천 원수들인 아르고스, 테살리아와 동맹을 맺음으로써 스파르타와의 관계에 확실하게 종지부를 찍었다. 아테네인들이 페르시아 제국과 여전히 전쟁 중이면서도 이러한 대담한 조치에 착수했다는 사실은 그들이 자신들의 새로운 체제에 대해 느꼈던 우쭐함을 특징적으로 보여 준다. 머지않아 이 새로운 상황은 (기원전 460년에) 충돌을 촉발했고, 중부 그리스의 지배가 주된 관심사로 떠올랐다. 당대의 관찰자 투키디데스마저 그 중요성을 알아챘던 펠로폰네소스 전쟁(431~404 BC)과 이 충돌을 구분하기 위해, 앞선 이 충돌을 보통 '제1차' 펠로폰네소스 전쟁이나 '소' 펠로폰네소스 전쟁으로 부른다. 그러나 아테네가 두 개의 전선에서 동시에 교전한 규모 자체를 생각해 보고, 예전에 중립적이었던 다수의 강력한 폴리스가 동맹을 맺어 양쪽 편으로 갈라져 전투에 말려들었다는 사실을 고려해 보면, 같은 지역에서 발생한 이후의 충돌과 마찬가지로 이 전쟁 또한 이미 그리스 세계대전의 성격을 지녔다고 할 수 있다.

이 전쟁은 페르시아 전쟁이 끝나고 3년이 지난 뒤인 기원전 446년에 끝났다. 이 전쟁을 매듭지은 '30년 평화조약'은 그 지역에 새로이 형성된 힘의 균형을 특징적으로 비추어 주었다. 명확한 양극성의 특징을 갖고는 있었지만, 이제 그리스 세계는 세 부분으로 나뉘었다. 스파르타와 그 동맹국들은 아테네 및 그 동맹국들(즉 해군 동맹)과 대결했다. 양측은 각자의 동맹 체제를 서로 인정했다. 이는 그 자체로는 아테네의 승리를 의미했는데, 적어도 이후에 잠재적 반란 세력들이 공식적으로 더는 스파르타의 지지를 기대할 수 없었기 때문이었다. 그리고 그들 사이에, 혹은 그들과 나란히, 중립적 강대국들로 이루어진 '제3의 그리스' 집단이 있었다. 이들은 실제로 그리스 폴리스라는 자아상에 필수적인 대외 정책에서 어느 정도 운신의 폭을 누릴 수 있는 유일한 실체였다.

그리스 세계가 정치적으로 하나가 된 적은 절대 없지만, 그런데도 이 전체적 상황은 폴리스 내부 문제로 인한 스타시스 상태와 아주 상당히 유사했다. 실제로 이후에 철학자 플라톤은 페르시아 전쟁에 대한 그리스식 해석에서 유래한 그 특징적인 포괄적 대립 관계를 설명하던 중에 그리스 세계 전체에 바로 이 표현을 적용했다. "나는 그리스 민족(헬레니콘 게노스Hellēnikón génos)은 그 자체로 비슷하고 서로 관련이 있지만, 야만족은 적이고 서로 맞지 않는다고 주장한다. (중략) 따라서 그리스인들이 야만인들을 상대로, 야만인들이 그리스인들을 상대로 싸울 때 우리는 그들을 본래 적이라고 말할 것이며 이러한 적개심을 전쟁으로 불러야 한다. 그러나 그리스인들이 그리스인들에게 그런 짓을 하더라도 여전히 그들은 본래 친구다. 그리고 그런 상태의 그리스는 병든 것이고 내전(스타시아제인stasiazein) 상태에 있다고 할 수 있다. 따라서 이런 종류의 적개심은 내부 갈등(스타시스)으로 불러야 한다."[59] 스타시스 상태일 때와 마찬가지로, 필요하다면 물리적으로 상대편을 전멸시켜 완전히 무력하게 만드는 것이 목적이었다. 그리고 그것은 절대 드문 일이 아니었다. 대체로 패권 다툼에 관해 이야기할 때, 그것은 완곡한 표현에 가깝다.

이러한 일련의 상황과 그러한 상황이 등장하는 데 자극을 준 요인들이 100년 넘게 그리스 폴리스 역사를 특징지을 예정이었다. 그리고 그 '고전' 시기의 그리스 문화가 그리스의 지구사적 의미를 영원히 굳건하게 한 건축, 조각, 문학, 철학의 황금시대를 경험했다는 사실은 의심할 여지 없이 기적에 가까운 일이고, 이 모든 일이 어떻게 가능했는지 깊이 생각해 볼 만한 가치가 있다. 실질적 이익을 위해 30년의 유효기간을 정했던 30년 평화조약은 펠로폰네소스 전쟁이라는 더욱더 심각한 세계적 충돌이 발발하면서 실제로는 그 절반의 기간만 지속되었다. 이후 기원전 4세기에 곧바로 패권 전쟁으로 알려진 충돌이 연이어 발생하다가 기원전 338년에 마케도니아가 그리스를 군사적으로 제압하면서 끝났다. 페르시아를 성공적으로 물리친 기원전 479년에서 이 시점까지 141년이 넘는 기간에 다 합쳐 약 70년간 그리스에서 광범위하게 전쟁이 벌어졌다.[60] 시민이 곧 전사였으므로 많은 전투원이 전쟁에 동원되면서 그들의 아내와 아이들이, 다시 말하면 이른바 민간인들이 강간당하고 노예가 되는 등 빠르게 분쟁에 휘말렸다.

이러한 전쟁 상황은 또 다른 특징을 갖고 있었다. 이는 폴리스 내에서 참주의 지배 문제에 비견되는 총체적 상황, 즉 지배력 및 패권과 관련이 있었다. 그러나 '그리스 민족(헬레니콘 게노스)'을 하나의 세계로 보고 그것을 '야만인'과 나란히 둔다면 (그리고 그 둘을 전체 세계의 양극으로 간주한다면) 그리스 세계의 패권을 잡는 것은 부분적인 세계 지배와 비슷한 것이 되었다. 관련 주역들이 실제로 머릿속에 그런 생각을 품었다는 사실은, 그리고 이런 생각이 당시 식자층에 널리 퍼져 있던, 세계에 대한 지리적 관점과 관련되어 있었다는 사실은 펠로폰네소스 전쟁(431~404 BC)에서 분명하게 드러난다. 페리클레스의 통치하에서 변함없이 역동성을 보여 주던 아테네와 충돌하게 된 스파르타의 주요 동맹국 코린토스는 아테네 지배로부터 벗어날 자유를 내세우며 점점 더

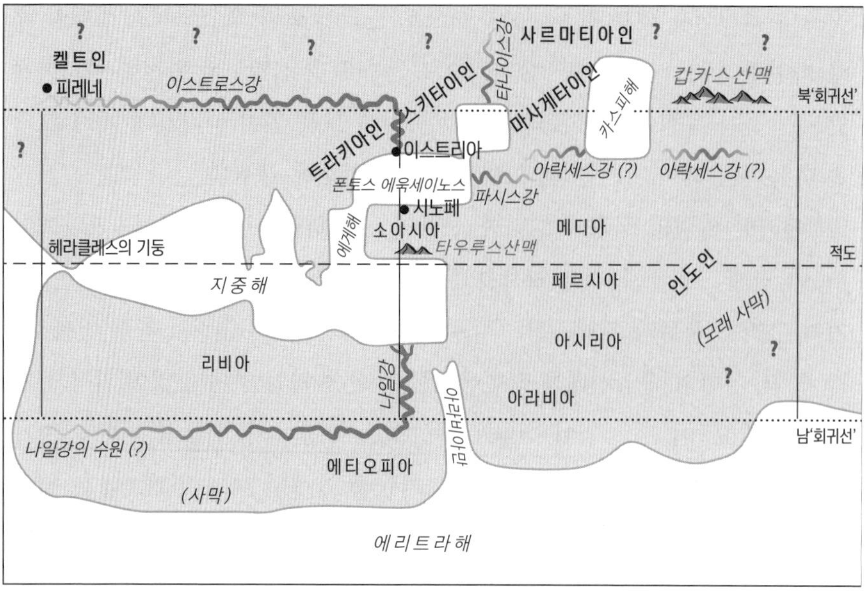

—— 헤로도토스의 세계관(재구성). 기본 개념은 기하학적 모양과 그에 상응하는 대칭(예를 들면 이스트로스(다뉴브)강과 나일강의 어귀가 일직선상에 있다는 점)이 특징이다. 사람들이 사는 세계의 경계선이 대체로 열린 상태인데, 북쪽과 동쪽이 특히 그렇다. (Peter Palm, Berlin)

커지는 압박에 맞서는 것 외에는 선택할 길이 거의 없었다. 그 결과 진정한 의미의 그리스 세계대전으로 이어졌는데, 그 전쟁을 기록한 역사가 투키디데스 덕분에 그 모든 극적 사건과 비극이 펼쳐진 그 전쟁에 관해 우리는 알고 있다.[61] 처음부터 이 분쟁은 극적인 운명의 반전과 끔찍한 재앙으로 가득 차 있었고, 수많은 사람의 목숨을 앗아 갔다. 10년이 지난 뒤 서로 전투를 이어 가던 양측은 (기원전 421년에) 일종의 평화조약을 맺었다. 하지만 이것으로 적대 행위가 실제로 중단된 것은 아니었다.

따라서 아테네가 당시까지 거의 영향을 받지 않은 지역이었던 남부 이탈리아와 특히 시칠리아로 분쟁을 확대하기로 결심했을 때, 스파르타와의 대립에서 어떤 결정적 성과가 나온 것은 아니었다. 시칠리아에서 아테네는 대체로 친스파르타 성향을 보인 그곳의 주요 강국 시라쿠사를 치려고 했다. 말하자면 이는 아테네가 뒷문을 통해 승리를 얻으려고 한 것과 다름없었다. 투키디데스가 아주 적절하게 지적(『펠로폰네소스 전쟁사*History of the Peloponnesian War*』 8.2.3)했듯이, 스파르타 역시 이러한 움직임에 '포위'될 가능성을 두려워했다. 그리고 대규모 함대가 시칠리아를 향해 출발한 지 얼마 지나지 않아, 기원전 414년에 아테네 극작가 아리스토파네스Aristophanes는 희극 「새*The Birds*」에서 "세계 권력을 잡으려는" 동포들의 시도를 풍자했다. 이 희극에서 에우엘피데스Euelpides(낙천주의자)와 페이스테타이로스Peishetaerus(웅변에 능한 자)라는, 묘사적 이름을 가진 두 아테네인은 신과 인간 사이의 소통이 단절되며 생긴 기회를, 즉 '구름-뻐꾹-나라'라는 중간 세계에서 그곳에 사는 새들과 이 세상을 다스릴 수 있는 기회를 이용한다. 그러나 그 전쟁은 (기원전 404년에) 아테네인들에게는 재앙으로 끝나고 말았다.

그리스인들과 그들의 전쟁: 추세와 양상

앞에서 언급한 전쟁들은 세 가지 추세를 보여 준다. 우선 주요 적수는 아테네와 스파르타였다. 처음에 페르시아 제국은 기원전 449년의 조약 조항을 지키며 관여하지 않았다. 그러나 전쟁이 더 오래 지속되고 상황이 더 심각해짐에 따라 페르시아는 잠재적 동맹 파트너로서 자연스럽게 활동하기 시작했다. 이렇게 페르시아는 두 당사자 중 한쪽에 힘을 실어 주어 정세를 바꾸어 놓음으로써 자신들이 원하는 대로 세력균형에 영향을 미칠 수 있었다. 상당한 액수에 달한 온갖 유형의 금전 지급은 군에 자금을 대주거나 정치인들에게 뇌물을 주는 데는 믿을 만한 방법이었다. 앞서 언급한 플라톤의 대립 관계와는 상당히 대조적으로, 실리적인 그리스 정치인들은 그리스 경쟁자들을 상대로 전쟁을 벌이기 위해 (그리하여 스스로 '야만인'처럼 행동하기 위해) '야만인'의 지원을 얻는 데 전혀 거리낌이 없었다. 따라서 펠로폰네소스 전쟁이 끝날 무렵에 '진정한' 세계 제국인 페르시아는 그리스 권력 정치 곳곳에 다시 한번 흔적을 남겼다.

게다가 개별 폴리스 내부에서 발생한 분쟁은 내부의 적대 세력들이 적을 섬멸하기 위해, 혹은 상대편의 상응하는 의도로부터 자신을 보호하기 위해 외세와 동맹을 맺음에 따라 내전으로 발전했다. 차례로 이 외부 세력들은 그러한 집단을 이용해 자신들의 지배력을 공고히 하려고 했다. 이런 방식으로 외부 세력들은 자신들에게 의존하는 도시 대표자들을 확보함으로써 은연중에 그들의 충성심을 기대할 수 있었는데, 궁극적으로는 이러한 행동이 강력한 이기심에 기초했기 때문이었다. 반대로 그들은 상대의 세력권 내에 불안감을 조성해 그들의 영토를 침범할 수도 있었다. 그 과정에서 어떤 일관된 패턴이 나타나기 시작했는데, 민주정 지지자들은 아테네와 공동전선을 편 한편, 과두정 집단은, 즉 더 부유한 시민들의 이익을 도모하는 집단은 스파르타 쪽으로 기울어 그곳에서 지지를 구했다. 이후에 다른 세력들이 싸움에 가담하면서 이러한 형태의 협력을 더 자세히 설명해 주는 다수의 동사가 그리스어에 등장했다. '메디아(즉 페르시아)의 친구'라는 표현에서 유추해 메디존테스 mēdízontes(메디아 편을 들다.)라는 동사가 만들어졌고, 뒤이어 "아테네 편을 들다(아티키존테스attikízontes)"와 "스파르타 편을 들다" 또는 "라코니아 편을 들다(라코니존테스lakōnízontes)" 등의 동사가 생겨났다.

그리고 마침내, 특히 기원전 4세기에는 이렇게 세력을 추구하는 행위가 앞서 언급한 경쟁자들에만 국한된 것이 아닌 상황이 되었다. 다른 강대국들도 참여하면서 그들이 마음대로 쓸 수 있는 자원을 고려할 때 누가 그리스 세계의 패권을 차지할 후보가 될지를 놓고 많은 추측이 나왔다. 테바이인들이 특히 (기원전 371년에서 기원전 362년까지) 효과적이면서 상당히 집중적으로 자신들만의 통치 체계를 세우려고 시도했다.[62] 주도권을 차지하려는 테바이의 시도는 (기원전 371년의) 레욱트라 전투에서 스파르타를 상대로 널리 인정받은 승리를 거둠으로써 시작되었지만, 무엇보다도 그것은 스파르타의 힘을 줄이려는 면밀한 정치적 조치를 활용한 것에, 그리고 북부 그리스와 에게해 지방으로 세력을 대대적으로 확장해 나간 것에 기초했다. 그러나 스파르타의 힘이 결정적으로 약해진 사실을 제외하고, 이러한 노력의 최종 결과물은 없었다. 마지막으로 (기원전 362년에 만티네이아에서) 벌어진 막상막하의 격전에서 뚜렷하게 승자가 정해지지 않았고, 테바이의 유력 정치인 중 한 명인 에파메이논다스Epameinondas가 전투 중에 사망한 이후, 아테네의 크세노폰Xenophon은 역사서 『헬레니카*Hellēniká*(그리스사)』의 결말 부분에서 이제까지 우리가 간략하게 서술해 온 그리스 정치의 기본 양상을 특징적으로 보여 주며 다음과 같이 말했다.

> 이 전투의 결과는 모두의 예상과는 정반대였다. 거의 모든 그리스가 양측 중 한쪽 편에서 싸웠으므로 전투를 치르면 그 전투의 승자가 지배 세력이 되고 패한 쪽은 피지배자가 될 것으로 생각했다. 하지만 신은 양측 모두 자신이 승자라고 하는 것처럼, 그 어느 쪽도 상대방이 그렇게 하는 것을 막으려고 하지 않은 것처럼 승리의 기념물을 세울 수 있도록 상황을 정리해 주었다. (중략) 양측은 모두 승리를 주장했지만, 새로운 영토나 도시, 지배력(아르케)의 획득과 관련해 그 어느 쪽도 전투를 치른 이후에 이전보다 나아지지 않았다. 실제로 그리스는 그 이전보다 훨씬 더 많이 불확실(아크리시아akrisēa)해졌고 더 혼란(타라케tarachē)해졌다.[63]

그러나 이 시기의 상황이 아주 암울했다고 상상해서도 안 된다. 내전이나 전쟁 때문에, 그리고 야심과 권력에 대한 갈망이 어디서나 존재하는 상황 때문에 끊임없이 위협이 제기되었다는 바로 그 점에서 그리스인들은 이러한 위협을 제압하려는 시도를 통해 엄청난 창의력을 키웠다. 이러한 사실은 모든 분야에서, 특히 절제와 중용의 윤리를 확립하려는 끊임없는 투쟁에서 잘 드러난다. 참주들의 교만함을 겨냥한 이 윤리는 메트론 아리스톤méttron áriston(중용이 최선이다.)이나 메덴 아간mēdén ágan(무엇이든 도를 넘지 말라.) 같은 문구에서뿐 아니라 시와 희곡, 연설과 이론에도 설득력 있는 표현으로 등장했다. 이러한 분투는 그리스의 지적·예술적 창조물에서 반복적으로 나타나는 주제가 되었다. 여기서 핵심어는 하르모니아였는데, 긍정적이고 강력하고 아름답고 참으로 조화로운 무언가가 나타나는 방식으로 사물을 하나로 묶는 차원이었다.[64] 그러나 대립, 갈등, 긴장은 항상 존재했다. 고대 그리스인들은 그러한 반대 명제 없이는 살아갈 수 없다고 생각했던 모양이다. 따라서 다소 신랄하게 표현하자면 "고상한 단순성과 차분한 웅장함"을 보여 주는 고대 그리스 예술을 이러한 내부 갈등에 미적 질서를 부여하려는 시도로, 헤겔식 의미로 표현하자면 그것을 지양하려는 시도로 간주할 수 있다. 바로 거기에 다소 부정적인 현실에서 노력해 얻어 낸 그리스 문화의 영원한, 그리고 지구사적 측면에서 아주 유의미한 영향이 존재한다.

그러나 앞에서 설명한 문제들을 처리하려는 아주 구체적인 정치적 시도도 기원전 4세기에 있었다. (기원전 404년에) 펠로폰네소스 전쟁에서 완패를 맛본 아테네는 이후의 패권 전쟁 과정을 통해 반스파르타 동맹 내에서 새로운 권력 정치적 기반을 확보할 기회를 발견하면서 (기원전 378년에) 제2차 해군 동맹을 정식으로 체결했다.[65] 이 동맹에서 아테네는 구두 선언과 함께, 문자 그대로 돌에 새긴 문서를 통해 제1차 해군 동맹의 부정적 측면을 피하려고 한다는 점을 (잠재적) 동맹국들에 보장했다. 제2차 해군 동맹은 확실히 제1차 해군 동맹의 정반대가 되어야 했다. 특히 이 동맹의 토대 중 하나는 동맹국들의 '자유(엘레우테리아)와 독립(아우토노미아)'이 될 터였다. 궁극적으로는 동맹의 성공으로 인해 자신들의 통치력을 과하게 키우려는 경향이 생기기는 했지만, 아테네는 특히 이 대목에서 동맹의 목표를 달성하는 데 크게 성공했다. 하지만 결국 아테네가 장기간에 걸쳐 전쟁을 벌이며 동맹의 자원을 무리하게 이용하자 이 동맹 역시 (기원전 335년에) 부적절한 것이 되고 말았다.

그리스인들이 전쟁이 그쳤을 때 아주 실질적인 필요성에 따라 전후의 평화 체제를 형성하려고 전반적으로 시도했다는 점이 훨씬 더 중요했다. 여러 차례 발발한 전쟁과 지속적인 평화 협상의 필요성이라는 관점에서 보면 하나의 분명한 추세가 등장했다. 그 분쟁들이 '세계대전'에 해당했다는 생각은 그에 부합하게 평화가 '공통의 평화(코이네 에이레네)'여야 한다는 생각을 불러일으켰다.[66] 동시에 평화협정에 관여한 모든 세력은 평화를 깨려는 그 어떠한 시도로부터 평화 상태를 함께 지키는 일에 전념했다. 그리고 마지막으로, 내전과 전쟁이 하나로 합쳐지는 경향 때문에 국내의 안전 부문에도 특별히 주의가 기울여졌다. 궁극적으로 평화협정의 지침은 그 평화에 의해 형성되거나 확인된 현 상태를 보호하거나 보장하는 것이었다. 이를 확실히 하기 위해 관련된 당사자들이 동맹을 결성했다. 따라서 어찌 보면 그들은 '평화의 동지'들이었다.

하지만 이는 다시 현장에서 실질적으로, 다시 말하면 군사적으로 어떻게 평화협정을 실행해야 하는지에 관한 문제를 제기했다. 그렇게 하려면 지휘 체계가 필요했고, 그래서 다시 한번 패권이 작용했다. 그러나 그 때문에 이 합리적이고 면밀했던 국제적 법질서의 원칙은 권력의 도구로 변형되었고, 그 권력을 행사하는 자들은 '자유와 독립'에 대한 헌신처럼 듣기는 좋으나 공허한 표현 뒤에 자신들의 지배력을 감출 수 있었다. 전후의 이러한 평화협정 중에서 가장 완벽했던 (기원전 337년에 결성된) 이른바 코린토스 동맹이 무엇보다도 그리스에서 마케도니아의 패권을 공식화하는 역할을 했다는 점은 특징적이며, 다른 관점에서 보면 비극적이기도 하다. 모든 것을 고려해 보았을 때 특히 그리스의 전통적 강대국들과 그들을 모방한 새로운 강대국들 모두 과도하게 세력을 키운 상태였으므로 그 기나긴 패권 전쟁의 승자는 이런 상황에서 아무도 생각조차 하지 못한 마케도니아 군사 군주정이었다.

마케도니아의 등장

당시 마케도니아인들은 언어적으로 그리고 문화적으로 그리스인들과 상당히 가까웠지만, 전적으로 그들과 같다고 여겨지지는 않았다.[67] 현대의 동족 범주에 따르면 그들은 그리스인들의 사촌 정도로 말할 수 있다. 그리고 상마케도니아 지역과 하마케도니아 지역(고원과 높이 솟은 산맥뿐 아니라 구릉 및 평지 지대로도 특징지어지는 북서부 에게해 지역과 가깝고 그 지역과 나란히 위치한 지역) 모두 참으로 원시적인 생활 방식을 유지했었다는 것이 확실했다. 그곳에서는 사냥과 목축이 여전히 중요한 역할을 했고, 그들의 사회는 부족 혈통에 따라 조직되었다. 그들은 전쟁을 자주 벌였는데, 자기들끼리 싸우는 경우든 북쪽과 서쪽의 비슷하게 조직된 이웃 부족인 에페이로스족, 일리리아족, 트라키아족을 상대로 싸우든 지역 군벌의 지휘를 받았고, 기병이 중요한 역할을 했다.

무엇보다 하마케도니아의 통치자들은 이 개별 부족 집단들과 더 밀접한 유대 관계를 형성하고자 했다. 이 왕들은 또한 마케도니아 문화가 그리스 문화에 통합되게 하는 과정에서도 주된 역할을 했다. 하지만 그러한 노력은 대개 수행원들끼리 충돌하거나 명확히 규정된 승계 체계의 부재로 내부 갈등이 생기며 좌절되는 경우가 흔했다. 따라서 마케도니아는 그리스 권력 정치의 노리개가 된 상태였다. 이 사실은 아르켈라오스Archelaos(재위 413~399 BC) 왕의 통치 때 마케도니아의 운이 잠시 상승한 이후 극적으로 드러났다. 당시에 필리포스라는 이름의 어린 마케도니아 왕자는 인질 신분으로 소년기 중 (기원전 368년 무렵에서 기원전 365년 무렵까지) 3년간을 테바이에서 보내야 했다. 그는 그곳에서 그리스의 정치와 군사 전략에 관한 소중한 배움을 얻었다.

무엇보다도 필리포스 2세는 왕의 첫 번째 의무가 권력 정치라는 일관된 노선을 추구하는 것이며, 군주가 용사와 전사들의 인정과 존중을 받으려면 성공해야 한다는 것을 깨달았다. 그는 아르켈라오스 왕을 본받아 마케도니아를 완전히 뒤바꾸어 놓으려고 했고, 마침내 하마케도니아와 북쪽의 산악 지대를 통합했다. 그러나 이와 관련해 필리포스 2세의 가장 의미 있는 업적은 상비군과 비슷한 군대를 창설하고 명실상부한 최고 지도자로 등장했다는 것이다. 그의 상비군은 강력한 기병과 그들만의 독특한 방식으로 무장한 보병으로 구성되었는데, 적어도 부분적으로 보병은 기병 옆에 나란히 서는 '동지(헤타이로이/페제타이로이='동지'/'걷는 동지')'로 불렸고 동등하게 대우받았다. 또한 필리포스 2세는 온 나라의 지배 엘리트층에 속하는 젊은이들을 웅장하게 꾸민 새로운 수도 펠라의 궁정으로 불러들여 그들을 '왕의 종자들(바실리코이 파이데스)'로 임명했다. 그들은 이러한 환경에서 필리포스 2세의 어린 아들 알렉산드로스와 함께 그리스 엘리트 교육을 받는 혜택을 누렸다. 그 소년들이 자신들의 이러한 양육 환경과 상당히 비슷하다고 느꼈을 것이 분명한 호메로스의 세계가 그들의 교육에서 중요한 역할을 했다. 마케도니아의 정치 엘리트와 군사 엘리트를 이 동일 집단에 끌어들이는 것이 목적이었다. 이 과제가 얼마나 성공적이었는지는 얼마 지나지 않아 분명해질 터였다

숨이 막힐 듯한 속도로 사건이 전개되기 시작했다. 필리포스 2세(재위 360~336 BC)는 도시들을 세우고 이웃한 그리스 폴리스와 트라키아 지역으로 자신의 왕국을 빠르게 넓혀 갔다. 이로써 예를 들면 그가 점령한 항구를 이용하는 선박에 세금을 부과할 수 있을 뿐 아니라 금을 비롯한 여러 원료를 채

굴하는 광산 운영권을 획득할 수 있었기에 그의 경제력이 상당히 좋아졌다. 그는 여러 단계를 거치며 트라키아를 장악했고, 기원전 346년부터는 중부 그리스를 본격적으로 지배할 수 있었다. 결국 기원전 340년에 이르러 그의 세력권은 멀리 보스포루스까지 확장되었다. 그리스의 패권 세력들은 뒤늦게서야 마케도니아의 필리포스 2세가 자신들에게 위협이 되고 있음을 깨달았다. 이러한 위협 앞에 '철천지원수'였던 테바이와 아테네는 손잡을 수밖에 없었고, 주로 아테네 정치인 데모스테네스Demosthenes의 활력 덕분에, 그리고 페르시아 전쟁 당시에 그리스가 직면했던 것과 비슷한 상황에 의해 헬라스 동맹을 맺는 데 성공했다. 그런데도 그들이 집결한 대규모 병력은 기원전 338년에 카이로네이아 전투에서 상당히 조직적이고 경험 많은 마케도니아 병력 앞에 무릎을 꿇고 말았다.

이제 크세노폰이 과거에 언급했던 그 결정이 실제로 내려졌다. 단 하나의 패권국만이 남게 되었다. 이 사실은 논란의 여지가 없었지만, 그리스의 많은 지역에서, 특히 테바이나 아테네처럼 과거에 우세했던 도시들에서는 우위를 점한 마케도니아가 크게 인기를 끌지 못했다. 노예화에 관한 이야기가 오갔다. 패권을 잡으려는 싸움이 계속되는 동안에도 필리포스 2세의 통치는 페르시아 대왕의 통치나 과거에 그가 그리스에 가한 실존적 위협과 같은 것으로 여겨졌다. 필리포스 2세는 조직적 형태를 갖추어 통치하기 위해 전반적인 평화라는 도구를 이용했고, 이러한 상황을 고려해 (스파르타는 제외한) 모든 그리스 도시국가가 그 방침을 따랐다. 이러한 타협은 전쟁이 발발하는 경우에만 필리포스 2세나 그의 후계자가 지휘권을 가질 수 있게 해 주었으므로, 말하자면 필리포스 2세의 진정한 지배력을 감추는 데 도움이 되었다. 그런데 머지않아 그러한 상황이 찾아왔다. 이제 그들에게 필요한 것은 편리한 적을 생각해 내는 것뿐이었다. 그리고 그들은 개입하기 위한 핑계를 재빠르게 찾아냈다. 거의 150년 전에 페르시아인들이 그리스의 신전을 파괴했다. 그리고 이제 그 잔악무도한 행위에 복수할 시간이 왔다고 말했다. 하지만 필리포스 2세는 사실 새로이 얻은 그리스에 대한 지배권을 안정시키고 정당화하기 위해 그리스 별동대와 자국 군대를 이끌고 페르시아와 전쟁을 벌인 것이었다. 그가 군사 원정을 준비하던 중에 암살 시도의 희생양이 된 후, 이 계획은 그의 후계자에 의해 계속되었다. 그러나 그것은 곧 완전히 다른 성격과 예상치 못한 규모를 보여 줄 운명이었다.

3 로마 공화정

고대사의 지구사적 중요성을 이해하고자 하는 사람이라면 그리스와 로마 모두에 관해, 겉으로 보기에는 사소하고 하찮게 보이는 것에 집중하면서 훨씬 이후에, 어떤 경우에는 너무 늦게 완전한 의미를 드러내는 상황을 상세히 검토해야 한다. 이제까지 로마의 역사에 관해 수집할 수 있었던 정보는 어쩌면 완전히 잊힐 수도 있었던 것들이었다. 그런데 이제 정반대의 일이 발생했다는 사실로 인해 로마가 위대해진 원인과 이후에 몰락한 원인에 관한 의문이 아주 오래전부터 제기되어 왔다.[68] 서서히 자리 잡았을 뿐인 이 새로운 역동성은 이후 개요의 배경을 형성하기도 한다.

군주제가 타도된 이후 로마의 상황은 참주정이 종말을 고한 이후의 아테네와 아주 비슷했다. 로마 왕정은 특히 몰락 직전의 마지막 모습이 그리스 참주정과 똑같았고, 당시 너무 오래전 일이라 그 누구에게도 기억되지 못한 로마 군주정의 몰락 시기가 (기원전 510년으로) 그리스에서 참주가 축출된 시기와 같다는 이유만으로 이러한 유사점은 심지어 고대에도 확인되었다. 물론 이것은 학문적인 재건 작업에 지나지 않는다. 그런데도 이러한 점에서 특히 아테네 민주주의와 로마 공화정 모두에 군주정에 대한 확고한 거부감이 새겨졌고, 그러한 거부감이 그리스-로마 문화를 규정하는 특징이 되었다는 점에서 로마와 아테네가 상당히 유사했다고 말할 수 있다.

양측 모두 그런 이유로 자유를 두드러지게 강조했다. 이는 아주 기본적인 의미에서, 다시 말하면 정치적 문제에서 어떤 행동을 해야 할지, 혹은 하지 말아야 할지 결정할 자유로서 이해되었다. 그리고 최종적으로 자유는 자기 생각대로 행동할 기회로 인식되었다. 따라서 권력과 실력의 행사는 그러한 자유를 가장 완벽하게 표현하는 것으로 여겨졌다.[69] 로마와 아테네 모두에서 가장 많은 자유를 가진 사람은 통치자, 궁극적으로는 참주였다. 그리고 아무리 그런 인물을 단호하게 거부한다고 해도 이 거부감은 그의 자리를 차지하고 싶어 하는 열망에서, 특히 개인의 자유에 대한 욕구에서 은밀히 생겨났다. 하지만 아테네와 로마가 초기에 서로 달랐던 점은 군주제에 반대한 활동 세력의 구성 차원에서 찾을 수 있다. 다시 말하면 아테네에서는 진정한 대중 봉기가 발생했지만, 로마에 변화를 초래한 것은 오히려 지배 엘리트층이 기도한 쿠데타였다. 이는 민주정의 확립이 아니라 엘리트 집단 통치로 이어졌고, 이후 그들은 자기들 마음대로 행동할 수 있었다. 시간이 지나면서 이 상태는 견고해질 뿐이었다.

두 경우의 또 다른 공통점은 내부 갈등과 이웃한 적들의 공격이 새로운 질서에 위협을 제기했다는 점이었다. 이 두 현상 모두 로마에서 상당히 더 오래 지속되었다. 로마에서는 100년이 넘게 위협이 존재한 탓에 결국 변화가 너무 더디게 일어나서 아무것도 바뀐 것 없이 모든 것이 항상 그러했다고 생각해도 무방할 정도의 과정으로 이어졌다. 바로 이러한 변화의 본질이야말로 오늘날 지속 가능성으로 부를 수 있는 로마 고유의 안정성이 형성되는 데 도움이 되었고, '로마의 기적'이라는 특징을 나타내고 그것의 등장을 촉진했다. 단도직입적으로 말하면 아테네인들의 정력적 활동과 로마인들의 두드러진 신중함은 대조적이었다. 물론 이것은 어떤 특정한 '국민성'의 산물은 아니었다. 그보다 그것은 서로 다른 형태의 사회계층제와 상호작용에 영향을 받음에 따라 특정한 관습과 전통으로 굳어진 사회적·문화적 교류 과정의 결과였다. 이 과정은 로마 내부에서 특히 잘 관찰할 수 있다.

초기에 로마에서는 신과 인간이 관계를 맺는다는 뜻을 지닌 라틴어 렐리기오에서 표현된 대로 조심스럽고 경건한 태도로 신들을 대하는 것이 지배적 분위기였다. 이는 의심할 바 없이 에트루리아의 유산에 해당했다.[70] 특히 로마인들은 신의 의지를 하나도 빠짐없이 헤아리고 신의 이러한 의지를 가리킬 수 있는 모든 징후를 (자연스럽게 받아 인식한 징후까지도) 기록하고 관찰하려고 했고, 제물과 속죄의 제례 의식을 꼼꼼히 준수해 신의 섭리에 긍정적으로 영향을 끼치려고 노력했다. 다수의 신과 조화를 이루며 행동하려는 끊임없는 노력이 있었다. 궁극적으로 이러한 활동은 도시에서 가장 중요한 집단인 원로원이 맡았다. 다양한 사제 협의회는 종교 문제 전문가의 자격으로 원로원과 상의했다.

엄격한 위계적 성향을 띠는 로마 특유의 가족 관념도 언급해야 한다.[71] 테베레강 유역의 그 도시만큼 가부장적 대가족이 독특한 특징으로 자리 잡은 곳은 드물었다. 여기서 특히 두드러진 인물은 가장이었다. 그는 가족의 수입을 처리할 권리를 독점했을 뿐 아니라 가족 구성원의 생사를 좌우할 권한을 평생 지녔다. 노예도 가족에 속했으므로 이러한 요인 앞에서는 자녀와 노예의 차이 또한 무색해질 수 있었다. 확실히 노예는 가장의 재산이었다. 가장은 그들의 '주인(도미누스)'이었고 그들을 자신의 상속인들에게 물려줄 수 있었다. 그러나 노예도 이례적일 정도로 활약했다거나 본인이 자기 몸값을 치렀다면 노예 신분에서 풀려날 수 있었다. 자유로워진 이 노예들은 자신을 풀어 준 사람의 피후견인으로 남아 그에게 특별한 충성심을 보여 주어야 했다. 덧붙여 말하자면 이러한 위계 구조 덕분에 국가기관의 역할은 최소한으로 유지되고 삶의 기본적인 필수 사안으로만 제한될 수 있었다. 상황은 관습 및 관례 체계(모스)를 통해 조절되었다.

가족으로부터 더 넓은 사회적 관계가 구성되었다. 가족의 수장들이 혼인을 통한 관계를 관리했고, 이 수장들 간의 상호 존중 덕분에 가부장 체제 또한 (직접적인 부계 혈통은 아닌) 동족 관계에 자리를 내어 줄 수 있었다. 하지만 무엇보다도 사람들은 가족이라는 토대에서 비롯되는 사회적·경제적 차이를 극복하는 방법을 모색했다. 그러한 차이는 없어지지 않고 실제로는 굳어졌지만, 후견주의라는 제도 덕분에 무효화되었다. 이는 정확히 의존(클리엔테스) 관계를 맺을 수밖에 없는 '사회적 약자'들을 고려한 제도로, 그들의 이익은 부유하고 영향력 있는 정치인, 즉 파트로누스에 의해 대변되었다. 얀 아스만에 따르면 이 관계는 보호와 충성심을 교환하는, 상당히 명쾌한 형태의 '수직적 연대'였던 듯하다.[72] 따라서 가장들과 특히 후원자로서 귀족 엘리트층을 형성한 사람들이 차지한 그 두드러진 지위는 완벽히 자연스러워 보일 수 있었다.

압도적으로 농경 위주였던 초기 로마인들의 생활 방식과 그들의 조심스러워하는 신중한 스타일 간에 연관성이 있다는 해석도 제기되었다. 그리고 로마 시민들이 대개 농부였고 될 수 있는 한 자기 땅을 경작한 주인이었던 것은 사실이다. 엘리트층마저도 자신들의 사회적 지위가 농경을 토대로 한다는 사실을 강조했다. 어쨌든 우리는 저돌적이기보다는 우유부단하고 신중한 편이었던 그들의 느리면서 사려 깊은 접근 방식을 언급하거나 추측해 볼 수 있다. 이러한 유형의 스타일은 정치 문화의 특징을 이루기도 했다. 그 스타일은 로마 사회의 상위층 내에서 양성되고 이 문화의 토대를 이룬, '경험 기반 학습 learning by doing' 과정을 통해 다음 세대에 전해지고 경험을 통해 점점 강화되었다. 로마가 성공하게 된 가장 중요한 비결 중 하나가 바로 거기에 있었다.

그러나 초기 로마의 모습은 대단한 성공과는 거리가 멀었다. 아테네와 마찬가지로 로마 역시 외부로부터 압박을 받고 있었다. 에트루리아의 영향을 받은 로마 인접 도시들뿐 아니라 인근 산악 지대의 다른 적들도 전반적인 사회 불안을 이용하려고 했다. 이것이 그 신생 공화정에 실존적 위협을 제기했고 그로 인해 로마 공화정이 처음부터 방어적 태세를 선택할 수밖에 없었다고 해도 과언이 아니다. 이 요인은 또한 로마인들의 의식 속에 확고하게 뿌리내린 채로 남아 있었다. 전쟁은 일종의 영속 상태가 되었고, 공동체 내에 존재하는 평화롭고 문명화된 내부 세계(도미domi)와 적대적이고 사악한 외부 세계(밀리티아이militiae) 사이의 엄격한 차이는 로마인들이 상상 속에 고정된 지향점이 되었다.[73]

이와 동시에 거의 끊임없던 군사 원정 덕분에 로마의 군사적 역량 또한 향상되었는데, 명령 및 지휘 체계와 관련된 부분뿐 아니라 전투 방식에서도 좋아졌다.[74] 로마 군단의 보병 대열은 후견인의 지휘를 받는 피후견인(클리엔테스) 분견대에서 서서히 발전했을 가능성이 가장 크다. 그리스 중무장 보병의 팔랑크스와 마찬가지로 이 보병 부대들도 밀집한 전투 대열로 싸운 반면에, 기병은 전투 서열에서 작은 역할만을 할당받았다. 이 말을 탄 분견대는 젊은 귀족과 부유한 사람들로 이루어졌는데, 말과 관련 장비를 갖출 능력이 있는 사람들로, 다시 말하면 로마의 경제적 엘리트층의 일원들로 구성되었다. 한편 갑옷 한 벌을 갖출 능력이 되고 경제적 관점에서 볼 때 중산층의 독립적 농부들에 해당한 군단병들이 주로 강조되었다. 이들은 로마군의 근간에 해당했고, 클라시스classis로 알려진 실질적인 전투부대를 형성했다. 소농을 비롯한 가난한 사람들은 '그 분대 아래(인프라 클라셈infra classem)'에 위치했다. 그리고 그들은 자식(프롤레스)을 빼면 재산이 거의 없었으므로 나중에 프롤레타리우스로도 알려졌다. 그들은 자유 시민으로서 여전히 병역을 이행했지만, 가볍게 무장한 군인으로서 다양한 보조 역할만 맡았다.

신분 투쟁과 대타협

사람들이 전투와 작은 충돌에서 두각을 나타낼 기회는 많았다. 그리고 그 과정에서 영향력이 큰 후견인, 즉 파트레스보다도 더 좋은 성과를 낼 기회도 많았다. 어쨌든 기원전 5세기에 로마는 장기적으로 성공적이었던 것으로 드러난 일련의 군사 원정을 통해 영토를 넓혔다. 다른 명망가 일원들이 로마로 몰리기 시작하면서 귀족이 아닌 부유한 로마인들이 그랬던 것처럼 후견인과 비슷하게 행동하기 시작했다. 또한 공화정을 위해 목숨을 걸고 싸운 군단병들도 정책을 공동으로 결정할 권리를 요구하며 선동하기 시작했다. 따라서 왕정이 끝난 지 얼마 지나지 않아 내부 투쟁이 오래도록 이어졌다. 일반 대중 무리(플렙스plebs)의 구성원들인 평민과 귀족 간에 이른바 신분 투쟁이 벌어졌다는 이야기다.[75] 부분적으로 이들 적대 집단은 뚜렷이 구분되는 갈등 집단으로서 하나의 공동체 내에 존재하는 두 국가처럼 서로 대치했는데, 고대 그리스의 스타시스 상황과 크게 다를 것이 없었다.

귀족들은 자기들에게 부여된 군사 지휘권(임페리움)을 이용해 민간 영역인 도미에서도 평민들을 통제하려고 했다. 달리 말하면 그들은 군대 규율(디스키

플리나)을 정치 행위의 모범으로 삼으려고 했다. 평민들은 국가와 유사한 자율적 조직으로 이에 맞섰다. 그들의 지도자들은 군 간부를 가리키는 '호민관tribune'이라는 칭호를 가졌다. 이들은 앞서 언급한 규율상의 조치를 받은 평민들을 보호하기 위해 개입(인테르케시오intercessio)했고, 일반적으로 베토veto("나는 그것을 용납하지 않는다.")를 외침으로써 평민들의 이익에 반하는 결정은 무엇이든 막으려고 했다. 그들은 평민들을 대표해 결정(플레비스 스키타plebis scita)을 내리는 민회(콩킬리아 플레비스concilia plebis)를 이끌었다. 따라서 평민들은 이러한 결의안을 통해 독립적 행동을 할 수 있는 권한을 부여받았고, 가끔 모든 공적 의무를 맡지 않겠다며 일종의 파업을 벌이기도 했다. 무엇보다도 그들은 연합체를 형성함으로써 그들의 지도자인, 평민들의 호민관은 침범할 수 있는 존재가 절대 아님을 보장했다. 예를 들어 중재에 나선 호민관에게 맞서는 행동을 자청한 귀족은 누구든 수많은 평민의 반대에 직면할 수 있었다.

신분 투쟁의 상세한 내용은 이해하기가 매우 어려운데, 특히 후대를 위해 남겨진 기록이 초기 로마 역사 전체와 마찬가지로 다수의 신화 같은 이야기나 전설들로 뒤덮여 있기 때문이다. 여러 차례 우여곡절과 반란 및 폭동, 협상과 타협이 이어졌다. 그리고 이후 전쟁이 거듭 벌어졌다. 내부 정세는 아주 특이한 방식으로 대외 정책과 연결되었다. 그러나 결국 100년이 훨씬 넘는 세월이 지난 뒤에 타협에 기반을 둔 새로운 질서가 가까스로 모습을 드러냈다. 이러한 일 처리 방식은 실제로 특히 외부 위협과 관련된 상황에서 그 가치를 입증했고, 이는 다시 타협할 의지를 촉진하는 데 결정적 역할을 했다. 서로 싸우는 당사자들은 근본적으로 법 규정(유스ius)의 형태로 각자의 합의안을 고정하려는 경향이 있었다. 이로써 로마의 사회 정치적 질서는 다른 수단으로는 해결될 수 없는 다툼이 많은 문제에서는 특히 관습과 관례(모스)만이 아니라 법을 통해서도 점차 형성되기 시작했다. 이 점에서 우리는 그리스 폴리스의 형성 과정에서 발생한 것과 비슷한 절차를 확인할 수 있다.[76]

이 발전 과정에서 가장 중요한 단계들은 이 책에서 간략하게 서술할 수 있다. 이 중 첫 번째 단계조차도 로마의 절차가 그리스와 얼마나 유사했는지를 보여 주는데, 실제로 그리스로부터 직접적 영향을 받았다. 일찍이 기원전

450년에 로마의 지배 엘리트층은 일련의 법 규정을 만들어 청동판에 새겨 넣고 널리 알려야 한다는 것을 깨달았다. 이른바 12표법은 최초로 성문화된 로마법에 해당하는데, 주로 민법 부문에서 특히 유력자들의 실질적 혹은 잠재적 권리 침해에 맞서 어느 정도 법적 보호를 제공해 주는 역할을 했다. 로마법의 민법 부문이 오늘날에는 형법으로 여겨지는 일부 핵심 분야를 포함했지만 말이다.

로마의 전투력 규모는 거의 같은 시기에 높아진 듯 보인다. 또한 배치된 병력은 필요에 따라 주요 공직자들을 선출하고 법률을 통과시키는 정치기구의 특징도 띠었다. 로마군은 단위별로 형성되었는데, 100인대(켄투리아)가 모여 켄투리아 민회(100인회)를 이루었다. 이 켄투리아에 속한 군인들은 각자 투표권을 행사했지만, 일단 다수결에 도달하고 나면 그 켄투리아가 군 전체 내에서 표 하나로 계산되었다. 여기에 앞서 언급한 재산(켄수스)에 따른 등급 조정이 반영되면서 진정한 클라시스인 상위 계층 기병과 중무장 보병이 절대다수를 차지했다. 따라서 개개인의 표는 아주 다른 영향력을 갖고 있었다. 하지만 로마인들에게 그것은 적어도 처음에는 충분히 '민주적'이었다.

이와 함께 정확히 대내외적 정세가 합쳐지면서 지휘 체계 문제가 고개를 들었다. 군사작전이 수없이 치러지고 있었으므로 지휘관 문제가 시급해졌다. 당시에 군 지휘권인 임페리움을 단독으로 처리할 수 있던 귀족들이 더는 그 문제를 해결해 주지 못했기 때문이었다. 이 문제를 완화하기 위해 평민계급 출신의 적당한 사람에게 필요에 따라 지휘권을 부여하는 임시 조치가 취해졌다. 하지만 시간이 지나면서 관련자들은 자신의 복무에 대한 이러한 보상이 부적절하다고 생각하게 되었다. 그리고 로마 공화정에 군사적 재앙이 닥치면서 이 상황은 확실하게 달라졌다.

기원전 4세기 초부터 (로마인들은 갈리아인으로 부른) 켈트인 전사 집단들이 포강 분지를 장악했다. 그들 중 일부는 곧바로 더 남쪽으로 진출하기 시작했고, 기원전 387년에는 알리아강에서 로마군에 참담한 패배를 안겼다. 로마인들의 마음속에 이 사건은 대단히 충격적인 재앙으로 남았다. 그들은 그 사건을 '불운한 날(디에스 아테르dies ater)'로 부르면서 그 어떠한 공적 행위도, 특히 그 어떠한 형태의 종교의식도 조짐이 나쁘다고 금지하는 날로 달력에 기록했다. 상황은 더욱더 나빠졌다. 갈리아인들은 로마로 쳐들어왔고, 그들에게 상당한 액수의 배상금을 지급한 후에야 물러나도록 설득할 수 있었다.(바이 빅티스Vae victis!)[3] 의심할 여지 없이 이는 대단한 트라우마가 되었다. 하지만 궁극적으로는 로마라는 도시가 더 강해지는 결과를 낳기도 했는데, 로마인들이 의례를 통해, 그리고 실질적으로도 그 정신적 충격을 극복해 냈기 때문이다.

이와 같은 재앙에 대처하는 과정(특히 기원전 216년의 칸나이 전투에서 카르타고의 장군 한니발Hannibal에게 로마군이 충격적 패배를 당한 뒤 그들이 보인 대응)에서 로마의 사회체제와 정신력이 지닌 성격과 특성은 그 결단력을 제대로 입증했다. 그들은 이런 불운을 겪은 뒤가 아니라 적을 무릎 꿇린 뒤에야 전쟁을 멈추었다. 동시에 이러한 상황에서 상당한 수준의 내부적 단결이 뚜렷하게 나타났다. 로마인들은 자신들의 체제가 무너지게 놔두지 않고 정확히 단결했다. 궁극적으로 이러한 특성은 신분 투쟁을 종식하기 위한 전제 조건을 제공하기도 했다. 이러한 싸움이 일시적으로는 로마를 약해지게 했을지 모르지만, 공화정은 그런 일을 겪으며 그 어느 때보다도 더 강해졌다.

알리아 전투라는 재앙을 겪은 후 불과 20년 만에 도달한 그 결정적 타협은 바로 이러한 의미에서 생각해야 한다. 이 타협은 귀족과 대표적 평민 가문이 사실상 동등하다는 것을 인정한 것과 다름없었다. 기원전 366년에 처음으로, 그리고 그 이후에는 정기적으로 평민은 국가 최고위직에 오를 수 있게 되었고, 임페리움을 부여받았다. 로마인들은 계급 간의 이러한 구분이 지속하는 동안 평민과 귀족 한 명씩을 최고위직에 임명함으로써 이러한 위업을 달성했다. 우리는 이것이 (문자 그대로 '앞서 간 사람'을 뜻하는 법무관(프라이토르)의 옛 역할을 대체한) 이 관직에 새로운 명칭을 붙인 이유였다고 추정할 수 있는데, 집정관이라는 명칭은 고관이라는 뜻과 그들의 '공동 기구collegiality'라는 새로운 이원적 성격에서 유래했다. 어쨌든 그 두 집정관의 지위가 같다는 사실이 강력하게 강조되었다. 이는 각각의 집정관이 동료 집정관의 행동에 반대하는

3 "패자는 비참하도다!"라는 뜻의 라틴어 문구다.

'거부권'을 제기할 수 있었다는 사실에서 명백하게 드러난다. 이 조치에서도 로마인들의 분별 있는 신중함이 다시 한번 명백히 드러났는데, 잠재적으로 일어날 안 좋은 일을 생각하기보다는 아무 일도 일어나지 않는 것이 낫다는 것이었다. 점차 더 높은 정무관(마기스트라투스) 직책들도 모두 비슷한 방식으로 구성되었다.

공직 임명과 원로원 자격 사이에 실질적 연관성이 있었으므로 원로원의 구성과 투표할 수 있는 자격 또한 이러한 변화에 영향을 받았다. 개혁 이전에도 원로원 의원들은 실질적 이유로 평민 대표들을 원로원 회의에 손님으로, 다시 말하면 일시 체류자 혹은 '여분의 참석자(콘스크립티conscripti)' 자격으로 입장을 허락했다. 이제 그들 모두는 투표권에 관한 한 자격이 같았다. 원로원은 파트레스와 콘스크립티들[4]로 이루어졌다. 그것은 이제 로마의 새롭고 온전한 지배계급이 이러한 기반 위에 진화했음을 의미했다. 로마는 정치적 의미에서 여전히 귀족 사회였지만, 기원전 367~366년의 대대적 개혁 이후 수십 년간 이전의 귀족계급을 대신해 원로원 귀족이 지배 집단으로서 형성되기 시작했다. 이 집단은 예전의 귀족들과 대표적 평민 가문의 일원들로 이루어져 있었다.[77]

이 새로운 지배 엘리트층은 아주 특별했고 강력했으며 권력을 의식했다. 이 집단이 생기게 된 역사에 어울리게 그들은 하위 계급인 평민에게 개방적이었다. 특히 가장 높은 재산 계급인 에퀴테스(기사)에 속한 사람은 원로원 의원까지 올라갈 수 있었다. 원로원은 주로 이 집단에서 새로운 원로원 의원을 모집하고자 했다. 그러나 이 조직에 들어가는 것은 주로 관직을 맡은 동안에 보여 줄 수 있는 특별한 업적과 관련이 있었다. 따라서 이를 '공직 귀족제'의 관점에서 말해 볼 수도 있다. 모든 엘리트 집단에서 그렇듯이 배타적 성향 또한 점점 커지면서 개인의 배경이 특별히 중시되는 결과가 이어졌다. 따라서 로마 공화정의 원로원 의원 계급에서 세습 귀족제의 몇몇 요소를 확인할 수

4 로마 원로원 의원이 원로원에서 연설을 시작할 때 하는 말인 "아버지들이여, 신참자들이여!"에서 아버지가 파트레스, 신참자가 콘스크립티다.

도 있다.

그러나 이러한 경향은 주로 원로원 귀족 중에서도 최고위층과 관련이 있었다. 이 계급은 동등한 지위에 초점이 맞추어져 있었다. 둘씩 짝을 지어 조직되어 있는 한 원로원 의원들은 동등했다. 그들은 서로 친구라고 불렀고 입맞춤을 했다. 그러나 동등한 자들로 이루어진 이 집단 내에도 다른 사람들보다 더 동등한 사람들이 있었다. 같은 계급 내에서도 내부적으로 실질적 등급(그라두스 디그니타티스gradūs dignitatis)이 존재했다는 이야기다. 실질적인 지배 엘리트층은 최고위 관직인 집정관을 지낸 가문 출신들로 (또는 혼자 힘으로 그 자리에 오른 사람들로) 이루어져 있었다. 이들은 노빌레스(말 그대로 '유명한 사람')로 불렸고, '귀족nobility'은 바로 이 진정한 로마 지배 엘리트층을 서술하기 위한 용어였다. 여기서도 공동체, 즉 공화정을 위한 업적이 이 집단 내 '등급'을 결정하는 데 결정적으로 중요했다. 엘리트층 일원들과 그 집단에 들어가고자 열망하는 사람들은 끊임없이 그런 자리를 차지하려고 경쟁했다. 따라서 그런 자리는 바로 그러한 이유로 '영예(호노레스honores)'로 알려졌다. 이 과정에서 평민들이 중요한 역할을 했는데, 특히 투표를 통해 이러한 영예로운 자리를 안겨 주고 노빌레스를 친근한 명사名士로 인정해 줄 수 있는 사람들이 바로 그들이었기 때문이다.

원로원에서 여러 지위를 거쳐 올라가려고 하고 특히 최고위층에 도달하려는 사람에게는 귀족계급이나 적어도 원로원 귀족에 속하는 것이 확실히 도움이 되었다. 그렇기는 해도 해당 가문은 또한 여러 세대에 걸쳐 관직에 헌신하고 있다는 점과 자신들이 관직에 잘 맞는다는 점을 반복적으로 증명해야 사람들에게 잊히지 않을 수 있었다. 그러나 명망 있는 가문 출신이 아니어도 여러 지위를 거치며 출세해 집정관이 되어 귀족계급에 들어갈 수도 있었다. 기원전 2세기처럼 상당히 배타적이었던 시기에는 이런 일이 실제로는 아주 드물게 있었지만 말이다. 그러나 가장 유명한 로마인에 속하는 마르쿠스 포르키우스 카토Marcus Porcius Cato와 마르쿠스 툴리우스 키케로Marcus Tullius Cicero는 그런 사람들의 본보기로 들 수 있다. 단연코 정치적·군사적이고, 그래서 공동체 지향적인 성취 윤리를 가진 로마 엘리트층의 이러한 독특한 체제와 정신세계가 로마의 성공을 이끈 핵심 요소였다는 것은 전혀 놀랍지 않다. 전직 집정관, 즉 콘술라레스consulares의 특수한 역할 또한 이 집단에 정치 경험이 고도로 집중되는 데 크게 도움을 주었다.

이러한 신분의 평등화는 '고전적' 로마 공화정을 구성하기 위한 중요한 단계였다. 이와 더불어 실행된 다른 조치들도 확실히 중요했지만, 신분 투쟁이 이제 분명히 끝났음을 확인해 주는 역할만을 했을 뿐이었다. 예를 들어 이제는 평민 투쟁의 관행과 조직 형태가 국가 제도가 될 수도 있었다. 우선 법적 중재를 신청할 개인의 권리나 강압에 저항할 권리가 확대되었다. 렉스 발레리아 데 프로보카티오네lex Valeria de provocatione[5]로 알려진 기원전 300년의 법률 판결에 따르면, 자유로운 로마 시민은 특히 사람의 생사가 달린 문제에서 임페리움을 행사하는 사람의 징계가 일정 수준을 넘을 때 그러한 조치를 절대 받지 않을 수 있었다. 이제 법은 개인이 그러한 시도에 저항하는 과정에서 사람들에게 도와 달라고 호소할 권리(프로보카티오 아드 포풀룸provocatio ad populum)가 있음을 확실하게 밝혔다. 이는 민간인들 간의 관계에서 군사적 규율을 사용하는 것이 이제는 금지되었음을 의미했다.[78] 따라서 이 공소법은 로마인들에게 부여된 특별한 자유의 특권이었고, 어찌 보면 로마의 인신보호법이었다. 따라서 키비스 로마누스 숨civis Romanus sum("나는 로마 시민이다.")이라고 말하는 것은 특별한 울림이 있었다.

조금 시간이 지난 뒤 (기원전 287년에) 민회에서 통과된, 다시 말하면 민회 의결을 거친 결의안이 공식 법률처럼 법적 구속력을 가진다고 선언되었다. 이와 함께 민회를 이끌던 호민관도 정식 관리가 되었는데, 그들이 가지고 있던 거부권이나 신변 불가침권 또한 박탈당하지 않았다. 이로써 이 공직을 맡는다는 것은 특별한 의미를 갖게 되었고, 그 자리는 평민 출신 원로원 의원의 직업적 성공에 중요한 요소가 되었다. 민회의 입법 절차가 근본적으로 100인회보다 덜 복잡했으므로 로마인들은 점점 더 전자를 이용하게 되었다. 호민관들은 이런 과정을 통해 훨씬 더 확실하게 국가 정치의 일상에 통합되었다.[79]

5 '제소에 관한 발레리우스법'이라는 뜻이다.

그들은 혁명가에서 공무원으로 변했고, 대체로 원로원 결의안이 자문 성격에 지나지 않았지만, 다른 정무관들처럼 원로원 결의안을 준수했다. 그런데 원로원은 새로이 구성되는 과정에서 실제로 이 방법을 이용했지만, 이를 수행하기 위한 주요 도구들은 총칭해 모스로 불린 수많은 규칙과 관습이었다. 갈등이 해결된 후 법적으로 규정된 부분이 계속 확대되었던 것은 부인할 수 없지만, 일반적으로 말해 이것들은 법적으로 규정된 부분보다도 공화정 체제에 더 큰 중요성을 지녔다.[80] 기원전 287년에 취해진 그 조치는 신분 투쟁이 끝났음을 분명히 확인해 주었고, 바로 그 시기에 로마가 이탈리아 전역을 지배하는 안주인으로 부상한 것만큼이나 결정적이었다.[81]

이탈리아의 패권과 로마의 제국주의

나는 이미 로마 공화정의 내적·외적 정세가 아주 밀접하게 연관되어 있었다는 점을 밝힌 바 있다. 대내외 정세에 관해 명확하게 설명하기 위해 이 책에서는 그 둘을 따로 다루었지만, 항상 일관된 연결 체계로서 함께 생각해야 한다. 이는 특히 새로운 엘리트층이 형성되는 과정에 해당하는 이야기로, 대체로 그 과정은 전쟁을 통해 형성되기도 했다. 전쟁은 중산층과 상류층이 후견주의와 군사적 규율을 특징으로 하는 신흥 계층과 동질감을 느끼도록 만드는 데 중요한 역할을 하는 동시에, 정복을 통해 물질적 이득을 안겨 주기도 했다.[82]

신생 공화정은 왕정을 타도한 뒤에 대외적 입지를 안정시키는 동시에 인접 지역에서 자신들의 위치를 공고히 하는 데 관심을 돌렸다. 이렇게 방어적 태도와 공격적 태도를 연결 짓는 것이 로마 대외 정책의 특징이다. 로마는 라틴족 사이에 형성된 종교 연맹으로부터 힌트를 얻었는데, 이는 에트루리아 시절부터 존재했던 것이 거의 확실하다. 로마인들은 어쨌든 언어적으로, 문화적으로 라틴족 도시들과 아주 가까웠다. 따라서 이들 정치체와 지속적으로 동맹 관계가 형성되었던 듯한데, 상거래에 공통점이 존재할 뿐 아니라 혼전 재산 계약을 인정하는 라틴법이라는 유사한 민법 체계를 통해 이러한 관계가 뒷받침되었다. 다소 비공식적인 패권 인정으로 시작되었던 것이 결국에는 직접적인 통치 체제가 되었고, (기원전 338년에는) 라티움 일부 지역이 로마 연합에 흡수되었다.

기원전 5세기에 로마는 인근에 있는 강력한 에트루리아 도시 베이이를 상대로 (기원전 396년에 베이이를 완전히 병합하면서 비로소 끝난) 장기전에 휘말렸던 동안에도, 더 먼 주변 지역의, 특히 산악 지대의 팽창주의적 부족이나 부족 집단들과도 수없이 충돌했다. 이러한 충돌은 기원전 4세기에, 특히 로마가 갈리아에 (기원전 387~386년에) 패한 뒤에 증가했고, 로마의 적들이 함께 뭉쳐 점점 더 큰 연합체를 형성함에 따라 공간적으로도 점점 더 넓은 지역으로 확대되었다. 사료와 역사적·언어학적 분류 체계에 따르면 이들 집단은 '움브리인Umbrians'과 '오스크-사벨리인Osco-Sabellians'으로 밝혀졌다.

에트루리아 세력이 몰락한 이후 이 연합체에 속해 있던 다수의 부족이 라티움 쪽과 캄파니아 쪽으로 진출하기 시작했다. 라티움에서 로마와 동맹국들은 그들을 물리치는 데 성공했지만, 그리스인들이 주로 거주한 남부 이탈리아의 여러 지역과 캄파니아는 점차 이들 집단에 장악되었다. 특별히 활동적이었던 집단은 더 남쪽에 있는 루카니인Lucani 및 브루티이인Brutii과 함께 중부 이탈리아의 삼니움인으로, 이들은 더 큰 구성단위로 조직되어 있었다. 이들 집단은 부족 혈통에 따라 아주 느슨하게 조직되어 있기는 했지만, 다수의 전사를 동원할 수 있어 드문드문 매우 비옥한 넓은 땅을 지배할 수 있었다. 에트루리아 도시들은 로마에 계속 적대적이었고, 로마가 남쪽으로 세력을 계속 넓혀 감에 따라 그곳의 그리스 도시들도 로마의 적이 되었다. 또한 북부 이탈리아에서 활동하던 켈트족과도 계속 교전했다.

결국 로마와 싸우기 위해 더 큰 동맹체로 연합한 이 다양한 적들과 수십 년에 걸쳐 치른 전쟁은 장기적으로 보면 성공적이었던 것으로 드러났다. 갈등의 시기에만 커지는 로마인들의 내부 결속력, 우월한 조직, 경험에 기반을 둔 끈기, 피정복민들에 대한 유연한 처리 덕분에 가장 심각했던 실패조차도 극복하고 새로운 자원과 전투원을 동원할 수 있었기 때문이다. 이 과정은 여러 단계를 거치며 발생했는데, 이를 일괄해 삼니움 전쟁으로 부른다. 여러 차례 벌어진 이 전쟁 중 마지막 전쟁에서, 즉 기원전 3세기 초의 전쟁에서 로마는 대규모로 여러 동맹을 맺은 적과 맞섰다. 결국 도시 타렌툼을 대신해 싸우던 용병 지도자 피로스Pyrrhus를 상대로 한 전쟁에서 로마는 (기원전 275년에) 결정적 승리를 거둘 수 있었다. 피로스는 이탈리아에 있던 로마의 적대 세력을 모두 모아 로마에 두 번이나 패배를 안긴 (악명 높은 '피로스의 승리'를 거둔) 인물이었다. 이로써 로마가 이탈리아의 모든 지역을 다스리게 되었음이 최종적으로 확인되었다.

이탈리아 내에서 이렇듯 로마가 세력을 넓힌 것은 두 가지 점에서 보편적 의미가 있다. 특히 이 두 가지는 흔히들 말하는 로마 제국주의의 특징이다. 우선 거의 200년에 걸친 이 충돌의 시기에서 나타난 것은 계획에 따른 뚜렷한 정복욕이나 특정한 문명화 사명에서 생긴 결과물이 아니었다. 비슷하게 그것은 통일을 향한 국가적 분투가 실현된 것도 절대 아니었다. 하지만 그것은 단순히 공격적인 이웃들을 계속 방어적 태도로 대하다가 결국 로마가 거의 아무도 모르게 승자로 등장하면서 생긴 결과물도 아니었다. 의심할 바 없이 로마의 태도는 앞에서 언급한 종교적 과묵함이 거들고 부추긴 방어적 절제로 특징지어졌다. 무슨 일이 있더라도 전쟁을 시작하기 전에는 법적 근거가 수립되어야 했다. 이후에 로마인들은 이 계율로부터 하나의 온전한 개념을, 더 정확히 말하면 '정당한 전쟁(벨룸 유스툼)'의 이념을 발전시킨 뒤에 이 고결한 원칙과 부합하는 것으로 보일 수 있는 방식으로 자신들의 전쟁 개시를 해석하려고 교묘히 조작까지 했다. 그러나 종교적 숭배가 영향력을 가지는 한, 심지어 상류층에서도 그 이념은 절제를 장려하는 경향이 있었다. 무엇보다도 그러한 접근 방식에 일조한 한 가지 요인은 긴 토론과 함께, 의심스러운 경우에는 기다리며 지켜보는 정책이 충분히 그 가치를 입증했다는 점이었다.

한편 로마인들은 자기들의 이익뿐 아니라 동맹의 이익이 위태로울 때도 아주 활기차게, 그리고 무엇보다도 일관된 태도로 행동할 수도 있었다. 로마인들은 이 부문에도 후견주의 사고방식을 적용해 자신들을 패권국으로 생각함으로써 자국을 믿어 온 이 약한 동맹국들을 보호해야 할 의무가 있다고 느꼈다. 이는 로마의 이익과 일치하기만 한다면 아주 실용적인 접근법이었다. 그들은 가난한 로마 시민들에게 정복한 영토를 다시 나누어 줄 수 있는 것이 이득이 된다는 점을 금세 파악했다. 그리고 그 결과로 이후 그들이 로마 군단의 신병으로 충원될 가능성 또한 높아졌다. 이러한 점만으로도 로마의 대외 정책을 형성하는 과정에서 좀 더 공격적인 구성 요소를 증진하는 데 도움이 되었다.

지배 엘리트층의 그러한 성향과 모든 시민 전사에게 발생할 수 있는 물질적 이익을 고려해 보면, 더 적극적으로 전쟁을 치르는 것과 신속히 도전을 시작하는 것, 더 나아가 먼저 전쟁을 자극하는 것은 타당한 행동일 뿐이었다. 그로써 로마인들은 말하자면 자기 자신과 동맹국들을 더 적극적으로 지킬 수 있었다. 여전히 기회와 위험을 신중하게 판단했고 몇몇 개인의 야심이 다른 사람들의 의기양양한 성공을 막거나 제동을 건 것으로 드러나기도 했지만, 공격적 성향이 조금씩 더욱 뚜렷하게 표면화했다. 하지만 확실히 이러한 경향은 이 책에서 다루는 시기가 지난 뒤에야 절정에 달했다.

두 번째로 중요한 점은 로마가 정복했거나 지배했던 지역에 안겨 준 조직이다. 로마가 이들 지역의 다양한 특성을 인정해 주면서도 결국 그들을 완전히 통합한 것은 로마가 거둔 성공의 중요한 측면이다. 로마인들은 그리스인들이 실행한 패권 동맹과 완전히 유사한 동맹 체계를 수립했다. 다만 나름의 특별한 구성 요소를 갖추고 있었고 절대적으로 중요한 차이가 하나 있었는데, 그것은 바로 로마와 로마의 '일반' 동맹국인 소키이socii 사이에 특수 집단인 라틴족이 있었다는 점이다. 한편으로 그들은 동맹이어서 나머지 동맹들과 마찬가지로 전쟁에 나서야 할 의무가 있었다. 하지만 다른 한편으로 개인의 권리와 민법과 관련해 로마인들과 매우 가까웠다. 이는 로마인들이 새로운 식민도시(콜로니아)를 세우고 그곳에 라틴인들뿐 아니라 토지 배분 정책의 결과로 로마인의 후손인 시민들이 거주한 경우에 특히 해당했다. 만약 이들이 로마로 돌아온다면 로마 시민의 지위를 되찾을 권리가 있었다.

이런 식으로 로마인들은 모든 도시국가에 내재한, 실제로는 극복할 수 없는 규모의 문제도 해결할 수 있었다. 로마는 또한 국경 가까이에 '식민 도시'를 건설했는데, 이는 정치, 종교, 법률을 바탕으로 이들 도시의 중심부에 로마가 존재하는 느낌을 실현할 수 있었음을 의미했다. 따라서 이들 도시는 로마 시

—— 아퀼레이아(국립박물관 소장, 기원후 1세기)에서 발견된 부조, 술쿠스 프리미게니우스(Sulcus primigenius, 문자 그대로 "최초의 밭고랑"). 로마의 식민지 건설에 수반된 상징적 행위가 묘사되어 있다. 이는 성스러운 식민지 경계선을 표시하기 위해 소를 이용해 고랑 하나를 갈아 내는 모습이다. 신화에서 이런 의식은 로물루스, 그리고 도시 로마의 건설과 관련이 있었다. (Wikimedia Commons, © Sailko)

민들이 살게 된 새로운 정착촌이지만, 계속 로마의 통치를 받으며 그 자체로 도시국가가 아닌 '로마 식민지'가 되었다. 이와는 대조적으로 옛 라틴계 도시와 비슷하게 로마에서 멀리 떨어져 있던 식민지들은 도시국가의 지위를 획득했다. 그 도시들은 로마에 속했고, 거주민의 다수가 로마 시민이었다. 하지만 멀리 떨어져 있었으므로 로마의 공적 생활에 더는 참가할 수가 없어 자신들만의 행정이 필요했다. 그 결과 다음과 같은 임시 해결책을 찾아냈다. 한편으로 그 식민지 시민은 로마인들이었지만, 다른 한편으로는 로마와 동맹을 맺은 자치 국가의 시민이기도 했다. 이러한 변증법의 논리적 표현이 이 시민들을 다스린 라틴법이었다.

퇴역 군인들에게 토지를 나누어 준 조치와 더불어, 사실은 이 조치보다 앞서 이들 '라틴계 식민지'를 건설한 것은 군사적 이유에서였다. 로마가 이탈리아를 정복하는 과정에서 이들 정착촌은 종종 로마에서 상당히 먼 적국 영토에 세워졌는데, 말하자면 적의 등 뒤에 세워진 셈이었다. 그 식민지들은 특별하게 건설한 도로에 의해 로마와 연결되어 있었고, 19세기 역사가 테오도어 몸젠Theodor Momsen은 이를 '군용 도로(밀리테르하우센Militärchausseen)'라고 제대로 불렀다.[83] 그 식민지들은 이탈리아 전역에 퍼진 로마 지배에 필수 요소였기에 로마의 패권을 상징하는 것이 되었다. 그 식민지들은 초기에 적대적 지역에 자리를 잡고 있었고, 그 이유만으로도 그들은 독자적으로 행동할 수 있어야 했다. 얼마 지나지 않아 분명해졌듯이 그들은 성공 모델이 되었다. 키케로가 나중에 이 식민지들을 '제국의 보루(프로푸그나쿨라 임페리이propugnacula imperii)'로 불렀을 정도다.[84]

로마인들과 라틴법에 따라 다스려진 공동체(다시 말하면 라틴계 식민지들) 외에 다소 다양하고 범위가 넓은 동맹 집단(소키이)이 있었다. 이들은 각자 자신들만의 다른 방식으로 쌍무협정(포이두스)을 통해 로마와 동맹을 맺었다. 이는 주로 군사적 성격의 협정이었으므로, 전시에 서로 지원할 것을 보장하는 내용이 주요 조항이었다. 구체적으로 보면 이는 로마가 동맹국 보호를 보장해 주는 대신에 동맹국은 연합의 군대를 강화하는 병력을 공급해야 했다. 그 외에 포이데라티[6]는 자신들의 일을 결정할 수 있는 폭넓은 자유를 부여받았다. 정확히 어느 정도의 자유를 부여받는지는 개별 동맹의 조건에 좌우되었다.

동맹들 사이에서는 '친선'이나 '아군(아미키amici)'과 '동맹(소키이)'에 관한 이야기가 많이 오갔는데, 이는 결속의 측면을 강조한다. 그러나 막후에서는 로마의 후견주의 개념이 행동을 지배하면서 결과적으로 사실상 힘의 불균형이 발생했고, 친선 행위란 어떠해야 하는지 규정한 쪽은 바로 로마였다. 요컨대 로마는 무장 충돌이 발생할 때마다 무엇보다도 인적 자원 부문에서 아주 많은 인력 자원[85]을 계속 더 많이 요구할 수 있었다. 이런 전투 병력 규모는 아테네 폴리스든 마케도니아 군사 왕정이든 그리스의 가용 규모를 훌쩍 넘는 수준이었으므로, 단순히 수적 힘만으로도 로마의 군사적 성공을 촉진할 수 있었다.

이탈리아에서 가장 다양하게 나타난 공동체 유형(키비타스)은 로마의 조

6 로마에 병력을 지원하기로 하고 군사동맹을 맺은 외국이나 부족으로, 이탈리아반도의 동맹시(소키이)와는 구분된다.

약 상대였지만, 이들은 점점 (그리고 결국에는 대체로) 에트루리아 문화와 그리스 문화의 영향을 받으며 로마와 비슷한 도시 또는 도시국가의 형태를 갖추었다. 하지만 그와 동시에 이들 집단 중 몇 개를 로마에 더 밀접하게 속박할 수 있는 많은 가능성이 존재했다. 이 과정은 해당 지역(무니키피움)들에 축소된 권리와 특정 의무를 수반한 로마 시민의 지위를 부여하면서도 투표권은 허용하지 않는 조치로 시작되었다. 이후 시간이 지나면서 그들은 완전한 시민의 지위를 얻을 수 있었다. 이러한 유형의 자치시에는 자율적 정부가 있었지만, 그 정부는 로마 시민들로 이루어졌다. 이러한 점에서 로마는 아주 유연하게 대처했고, 덕분에 그들은 상황에 따라 긍정적 또는 부정적 행동에 보상 또는 처벌을 할 수 있었다.

이 과정은 상당히 의미가 있었는데, 그것이 그리스의 사례와 달리, 특히 민주적인 아테네의 사례와는 달리 로마의 시민권은 절대 배타적이지 않았음을 의미했기 때문이다. 시민권을 무계획적으로 준 것은 아니었지만, 개인이 개인적으로든 집단적으로든 자신이 속한 공동체에 적절히 이로운 행동을 한다면 시민으로서 혜택을 누릴 수 있었다. 그렇게 개인은 정식 로마 시민의 권리를 모두 누릴 수 있었다. 하지만 그로써 로마의 계층 사다리를 거치며 출세할 기회 또한 얻었다. 그 점은 특히 중요했는데, 당시 사람들이 가문과 후손을 중요하게 생각했기 때문이다. 그래서 이렇게 말할 수 있었다. “이제 나는 로마 시민이 되었다. 그래서 내 아들이 원로원에 입성할 가능성이 충분해졌고, 어쩌면 내 아들이나 손자가 집정관에 선출될 수도 있다.” 로마가 확실한 성공을 거두는 데 결정적이었던 것은 바로 로마의 정책이 지닌 이러한 통합적 측면이었다. 로마는 로마에 가장 충성하는 지지자들에게서 인재를 끌어들임으로써 거듭 새로워질 수 있었고 새로운 엘리트를 충원할 수 있었다. 이러한 상황은 계속되었고, 그 영향은 당시에 로마이 지배를 받던 세계의 전 지역에서 느껴질 터였다.

4 헬레니즘 세계

"당신은 만약 50년 전에 어떤 신이 페르시아인과 페르시아 왕들에게, 혹은 마케도니아인과 마케도니아 왕들에게 미래를 예언했다면, 그들이 바로 그 순간 한때 사람들이 사는 세계 전체를 정복했던 페르시아인들이 이름조차 남지 않는 대신, 예전에 이름도 없던 민족인 마케도니아인들이 전 세계를 지배한다는 예언을 믿었을 것 같은가?"[86] 당대의 한 관찰자가 한 이 말은 단지 그리스인들만이 아니라 모든 사람이 수백 년을 거치며 편안하게 익숙해진 세계 질서가 뒤집힌 그 경험을 생생하게 전달해 준다.[87] 이 사건은 너무 빠르게 일어난 동시에 상상할 수도 없는 일이었기에 그 사건의 주된 원인 제공자라고 할 수 있는 알렉산드로스 대왕은 역사학과 사료 편찬의 논쟁에서 주된 주제가 되었고, 지금도 그렇다.

학자들은 그러한 사건을 발생하게 한 전제 조건을 찾아내려는 시도에서 더 나아가 알렉산드로스의 목적과 동기가 무엇이었는지 알고 싶어 했다. 그리고 19세기 독일의 민족주의 역사학자 하인리히 폰 트라이치케Heinrich von Treitschke의 악명 높은 격언인 "인간이 역사를 만든다."에서 단정되었듯이, 종종 알렉산드로스는 지구사적 차원에서도 개인이 어느 정도까지 역사의 흐름을 결정지을 수 있는지의 문제를 고려할 때 주요한 예로 제시되어 왔다.[88] 이 맥락에서 알렉산드로스는 모든 긍정적 측면은 물론, 특히 부정적 측면까지 지닌 역사적 위대함의 문제를 설명하는 데 매우 적합한 주제다. 실제로 대왕이라는 별칭은 알렉산드로스와 너무나도 밀접하게 연관되어 있어 그의 이름에서 필수적 부분이 되어 버렸고, 오늘날 '알렉산드로스 대왕'이라는 말이 너무나도 자연스럽게 입에서 튀어나올 정도다. 그리고 나는 이 책에서도 그에게 이 칭호를 허락할 생각인데, 무비판적으로 존경한다는 의미에서가 아니라 긍정적으로든 부정적으로든 그의 행동이 미친 파장을 고려해서다.

알렉산드로스가 통치한 13년도 안 되는 기간에 일어난 일은 실제로 세상의 변혁과 다름없었다. 비록 그 새로운 시대가 실제로는 그가 세상을 떠난 뒤 수십 년, 수백 년 뒤에 펼쳐질 운명이었을 뿐이지만 말이다. 그러나 그 전제는 두 '세계'가, 혹은 내가 이미 고대 그리스인들의 관점을 구성하고 있었다고 지적한 세계의 부분들이 통일되는 것이었다. 우선 이 두 세계는 마케도니아의 그리스 지배권이 확립되면서 명확히 강조되었다. 사람들이 아시아나 동양을 페르시아 대왕에게 지배받는 하나의 실체로 생각했듯이, 적어도 발칸반도 남부와 에게해에 오래된 중심지가 있는 그리스 세계도 이제는 마찬가지로 지도자 한 사람의 지배하에 하나가 되었다고 가정할 수 있게 되었다. 이로 인해 세계는 이를테면 두 개의 세력권으로 나뉘었다.

그리스-마케도니아 진영의 통치자 필리포스 2세가 페르시아를 상대로 일으킨 전쟁은 앞에서 살펴보았듯이 주로 자신의 권력 장악력을 강화하려는 목적으로 치러지면서 그 범위가 상당히 제한적이었다. 그러나 필리포스 2세의 뒤를 이은 알렉산드로스가 선왕의 전쟁을 이어 가면서부터 그 전쟁은 완전히 다른 성격을 띠었다.[89] 알렉산드로스 본인이 직접 그리스에서 소아시아로 건너가면서 교전이 시작되었다는 사실만으로도 이 전쟁은 넓은 역사적 맥락 안에서 과거에 벌어진 고대 그리스와 야만인의 충돌, 특히 트로이아를 놓고 벌어진 충돌이나 페르시아 전쟁과 자리를 나란히 했다. 처음에는 알렉산드로스가 권리를 주장한 영토가 정확히 어디까지였는지 분명하지 않았지만, 그는 아시아의 땅에 창을 던짐으로써 "창으로 정복한(도릭테토스doriktētos)" 땅을 상징적으로 차지했다. 하지만 자신의 왕국을 나누어 주겠다는 페르시아 왕 다리우스 3세Darius III의 제의를 알렉산드로스가 거절하고, 다리우스 3세가 (기원전 333년의) 이소스 전투에서 패한 뒤 알렉산드로스에게 둘이 함께 동등한 지위를 가진 군주로서 통치하자고 했던 제안을 거절한 이후로는 알렉산드로스가 모든 것을, 다시 말하면 페르시아 제국 전체를 지배하려고 한다는 사실이 분명해졌다. 이후에 알렉산드로스가 세상의 구석구석까지 정복 전쟁을 추진함에 따라 이는 문자 그대로든 현실적으로든 세계 지배 사상과 밀접하게 관련이 있음이 더욱더 명백해졌다. 알렉산드로스는 사람이 사는 세계 전체를, 즉 오이쿠메네를 목표로 삼은 것인데, 그는 소년 시절에 아리스토텔레스 밑에서 공부하면서 이론적으로 배웠던 이 개념을 이제 실천적·군사적으로 공언할 수 있었다.[90]

어떻게 이런 일이 일어날 수 있었을까? 이 질문에 답할 때 우리는 알렉산드로스의 상당히 특별한 목표를 고려해 볼 필요가 있다. 이 목표는 당대의 세계관에 기반을 두고 있었지만, 동시에 그것은 그 너머를 가리키고 있었다. 알렉산드로스의 개인적 욕구에 관해 보면 그는 자기가 헤라클레스Hercules나 아킬레우스Achilles 같은 반신반인들과 경쟁한다고 생각했다. 그는 적어도 시와Siwa 오아시스에 있는 신전에서 신탁을 맡은 한 사제가 이집트 제의에 따라 그를 '제우스(아문)의 아들'로 부른 이후부터 그런 반신반인들을 자신의 선조로 간주하고 자기가 그들과 같다고 생각했다. 달리 말하면 자신의 인격 전체를 규정해 줄 만큼 대단한 영광을 안겨 줄 업적을 성취하고픈 욕망이 그에게 불어넣어졌다. 그는 직접 포토스(갈망)라는 표현을 사용하며 이러한 성향을 공공연히 설명했다. 이로 인해 그는 지리적 경계와 함께, 인간의 능력으로 할 수 있는 것의 경계를 넓히고자 했다. 이러한 욕구의 한 가지 중요한 결과는 그것이 휘하의 지휘관과 병사들에게 카리스마 넘치는 영향을 미쳤다는 점이다. 그로 인해 그들은 거의 끝까지 알렉산드로스를 따랐다.

하지만 이렇게 비합리적인 것처럼 보이는 요소 외에, 알렉산드로스는 그의 성격에서 못지않게 두드러진 부분을 형성한 날카로운 현실 의식도 갖고 있었다. 알렉산드로스는 힘의 논리에 관해 아주 명석하고 현실적인 관념을 갖고 있었다. 말하자면 그 논리에 관해 가장 순수한 상태의 지식을 갖고 있었다는 이야기다. 그는 (이를테면 테바이와 티레에서 그랬던 것처럼) 불합리한 저항을 한다고 생각한 것에 벌을 내릴 때 가장 잔인한 가혹함을 보여 주었지만,[91] 인도인 왕 포루스Poros에게 그랬던 것처럼 적이 결국 그에게 무릎을 꿇는다면 불구대천의 원수에게도 기사도를 보여 줄 수 있었다. 오랜 전통을 존중하는 것에서는 정치적 합리성도 뚜렷하게 드러났다. 이집트에서는 파라오로서, 바빌론에서는 마르두크 신의 사절로서 알렉산드로스는 기꺼이 그러한 전통을 따랐다. 통치자나 피지배층 모두 그러한 인정이 없다면 그의 광대하고 다양한 제국은 통치할 수 없는 상태가 되었을 것이기 때문이다. 군사 부문도 마찬가지였다. 알렉산드로스는 모든 차원에서, 특히 마케도니아 전쟁 수행 방식의 특징이었던 다양한 무기류 간의 상호작용에서 전략적이고 전술적인 기술을 선보였다. 하지만 동시에 그는 전투에서 모든 통념을 거부하고 의도적으로 적진의 최강 지점을 노림으로써 기꺼이 위험을 감수하려는 예상 밖의 태도를 보이기도 했다. 이러한 전술에서도 영웅주의의 느낌이 확연하게 풍겼다.

그의 개인적 자질 외에 그가 이끈 병사들의 우수함과 충성심도 알렉산드로스의 전례가 없는 성공을 보장하는 데 중요한 역할을 했다. 알렉산드로스가 상세하게 예측하지는 못했을 테지만, 적국의 상황도 마찬가지로 그의 계획에 유리했다. 이 무렵 페르시아 제국이 대외적으로는 강하고 웅장하다는 인상을 주었지만, 실제 상황은 확실히 그렇지 않았다. 제국 내부에 뚜렷한 긴장관계가 조성되어 있었고, 실제로 분리주의적 성향까지 등장했다. 이집트와 페니키아에서 연달아 반란이 발생했는데, 그중 일부는 상당히 오래 지속되다가 (기원전 343~342년에) 겨우 진압되었다. 지방 총독을 비롯한 국가 관료들이 독단적으로 행동하기 시작하면서 이로 인해 특히 소아시아 지역에서 중앙의 통치에 반대하는 반란이 이따금 발생했다. 일례로 카리아 지역의 총독이었던 마우솔로스Mausolus는 공식적으로는 충성심을 유지하면서도 될 수 있는 한 자신의 이익을 위해 정책을 추구했다.[7] 이러한 상황은 정력적이고 위대한 왕

7 마우솔로스는 카리아의 사트라프였지만, 왕이나 다름없는 권력을 갖고 있었는데, '마우솔레움'이라는 명칭으로 잘 알려진, 고대 세계 7대 불가사의 중 하나인 영묘를 만든 것으로 유명하다.

아르타크세르크세스 3세 오코스Artaxerxes III Ochos가 기원전 338년에 암살당한 뒤 왕위 계승을 놓고 벌어진 경쟁으로 인해 악화했고, 그의 후계자 다리우스 3세 코도마노스Codomannus의 적통성에 의문이 제기되었다. 페르시아가 자신들이 정복한 여러 지역에서 피지배민들의 종교 전통을 무시했을 가능성도 있다. 바빌론에서 몇몇 징후가 있었던 것이 분명하다.

그리고 마지막으로 작용한 요인은 역사적 우연성이었는데, 특히 이러한 경우에 강한 영향을 미칠 수 있다. 알렉산드로스의 운이 좋았냐는 문제는 고대에도 활발한 논쟁의 주제였다. 그리고 그가 이미 개략적으로 설명한 일련의 상황이나 아버지의 업적, 페르시아 제국의 당시 상황에서 크게 이득을 보았던 것은 분명했다. 거기에 그가 거둔 군사적 승리의 추진력이 군사 원정 자체에 탄력을 부여한 것도 의심의 여지가 없다. 그러나 이에 더해 전투가 한창일 때 순전히 알렉산드로스의 행운이라고 할 수 있는 일이 발생했다. 그는 항상 최대한 몰입해 싸웠으므로 종종 아주 위험한 상황에 빠지기도 했다. 그는 실제로 여러 번 다쳤는데, 한번은 상당히 심각한 부상을 당하기도 했다. 따라서 그는 훨씬 더 빨리 죽었을 수도 있었다. 그의 이른 죽음은 분명 그의 계획 전체가 실패하거나 적어도 축소되는 결과를 가져왔을 수도 있다. 사실에 반하는 그러한 추측은 세계사의 이 결정적 시점에서 알렉산드로스라는 인물이 얼마나 중요했는지 강조해 줄 뿐이다.

이 모든 상황을 고려해 볼 때 겨우 3만 7500명의 병력(보병 3만 2000명, 기병 5500명)으로 시작한 그리스-마케도니아의 군사 원정은 특히 이란 중심부에서 패배를 거듭 겪기는 했지만, 신속한 승리 행렬의 전형적 모습을 보였다. 전투를 시작한 지 불과 1년이 지났을 때 알렉산드로스 대왕은 (기원전 334년의) 그라니코스강 전투에서 페르시아 제국의 속주 군대에 승리를 거두고 (소아시아의 그리스 도시들에 자치권을 주기로 약속해) 그곳의 이전 피지배민을 영리하게 처리한 뒤 소아시아 전역을 다스리게 되었고, 그 과정에서 그의 아버지가 정한 군사적 목표를 초과한 것은 아니지만 달성하는 데는 성공했다.

기원전 333년의 이소스 전투에서 다리우스 3세가 직접 이끈 페르시아군이 알렉산드로스에게 패하면서 페르시아 제국은 지중해 지역과 단절되었고,

알렉산드로스는 레반트 해안과 이집트에 접근할 수 있게 되었다. 그곳에서 그는 파라오로 정식으로 인정받았고, 당당히 시와 오아시스를 방문했다. 그곳의 아문(제우스-아문) 성소는 리비아, 이집트, 그리스의 종교 예배의 중심점이었다. 그런데 알렉산드로스가 이집트에 머물렀다는 사실은 그의 장래 계획이 완벽히 합리적이었음을 보여 주는 명확한 증거가 되기도 한다. 그는 나일강 삼각주 서쪽 끝에 자신의 이름을 담은 도시 알렉산드리아를 세웠다. 이는 그 도시의 유리한 위치와 그 도시가 지닌 잠재력을 제대로 인식한 명석한 조치였다. 어쩌면 그는 이미 그곳을 세계 제국의 중심지로 선택했을지도 모른다. 어떻든 간에 그곳은 지중해 세계의 대도시 중 하나가 되었고, 한동안 확실히 이 세계에서 가장 큰 도시였는데, 말하자면 고대의 뉴욕 같은 도시였다.

티그리스강 동쪽에서 펼쳐진 (기원전 331년의) 가우가멜라 전투에서 페르시아 대군에 두 번째 패배를 안긴 후, 알렉산드로스는 새로운 차원의 지위를 얻었다. 바로 그 전쟁터에서 그는 자신의 군대에 의해 아시아의 왕으로 선포되었다. 그런데 그리스-마케도니아의 전통과 관점에 따르면 이러한 선언은 암묵적으로 그를 페르시아 제국의 통치자로도 만들었는데, 그 왕국의 대왕이 모든 아시아의 주인으로 인정받았기 때문이었다. 알렉산드로스는 이 역할을 맡으면서 페르시아 및 동방의 제국적 전통에 몰두했다. 이는 그가 200년 전에 키루스 대왕이 그랬던 것처럼 바빌론에 입성해 마르두크 신의 지상 대리인으로 등장했을 때 바로 명확히 드러났다. 그는 마르두크 신의 대리인 자격으로 가우가멜라에서 자신에게 맞서 싸웠던 바빌론 총독 마자이오스Mazaeus를 그대로 유임시켰다. 수사에서 그는 대왕들의 왕좌에 올랐고, 페르시아 제국의 국고를 손에 넣었다. 마침내 그는 페르세폴리스를 차지한 뒤 파사르가다이에 있는, 페르시아 제국의 창설자 키루스 2세의 무덤에 경의를 표했다.

하지만 알렉산드로스가 처음으로 일치단결된 강력한 저항을 만난 곳이 바로 페르시아 중심지였다. 이후에 알렉산드로스가 이란의 동쪽 지역으로 전진해 가자 이 저항은 더욱더 거세졌다. 그가 페르세폴리스의 거대한 궁전을 파괴한 것이 이러한 저항과 관련이 있었던 것 같다. 마침내 그는 메디아 왕국의 옛 수도 엑바타나를 차지했고, 그 사이에 제국의 극동 지방으로 몸을 피한

다리우스 3세를 계속 뒤쫓았다. 다리우스는 결국 박트리아 지방 총독 베수스Bessus에게 살해당했다. 그 순간 알렉산드로스가 자신을 다리우스의 합법적 후계자로, 따라서 페르시아의 대왕으로 생각했던 것이 의심할 여지 없이 분명해졌는데, 그가 배신을 이유로 베수스를 가장 끔찍하게 처형하라고 지시했고, 다리우스 3세를 나크시-에-로스탐Naqsh-e-Rustam의 왕실 묘지에 최대한 예를 갖추어 안치하도록 조치했기 때문이다. 이후 이 새로운 대왕은 이란 동부 부족들을 상대로 기나긴 전투를 벌이면서도,(결국 그는 이 부족 대부분과 평화협정을 체결했다.) 인도와의 국경 지역까지 최대한 확대된 자신의 제국을 장악하기에 이르렀다. 동쪽으로 계속 나아가던 알렉산드로스는 기원전 326년에 히다스페스 전투에서 그 지역 통치자 중 한 명인 포루스를 물리치고 (지금은 베아스강으로 불리는) 히파시스강 유역의 동쪽 가장자리인 펀자브 지방까지 도달함으로써 그 어떤 페르시아 통치자도 가 보지 못한 지역까지 멀리 진출했다.

하지만 히파시스강 유역에 도달한 뒤 알렉산드로스는 자기가 배운 것보다 세상이 더 크다는 사실을 깨닫고 더 동쪽에 있는 갠지스강 방향으로 밀고 나가기로 결심했다. 그러나 그의 군대와 지휘관들이 이 모험에서는 그를 따르기를 거부했으므로, 그의 계획을 실행하기는 불가능한 것으로 드러났다. 그렇더라도 그는 될 수 있는 한 자기 제국의 경계선을 표시하려고 했다. 외관상으로 그 경계선은 사람들이 거주하는 땅의 가장자리와 일치했다. 구체적으로는 중앙아시아의 광대한 사막 주변에, 그가 건설한 알렉산드리아 에스카테Alexandria Eschatē(문자 그대로 '가장 먼 알렉산드리아' 도시)에, 약사르테스강(시르다리야강) 유역(현대 타지키스탄의 도시 후잔트)에, 인더스강이 외해로 흘러나가는 지점의 인도양 연안에 경계선을 표시했다. 동방에서 돌아온 그는 기원전 324년에 수사에서 자신의 통치를 공고히 하는 다수의 기본 조치를 시행했다. 예를 들어 그는 직접 모범을 보이며 자신의 가장 나이 많은 장수 아흔 명을 페르시아계 이란인 여성과 결혼시켰고, (1만 명으로 추정되는) 병사들이 지역 여성들과 맺은 관계를 (자식까지 포함해) 합법화해 주었다. 알렉산드로스가 구상한 제국의 외형은 이러한 조치에서 명확하게 드러난다. 그 제국은 발칸 지역에서 인도에 이르는 다양한 지역 전통에 기반을 둔 다면적이고 다문화적인 존재이면서도 마케도니아-이란의 최정예 병력과 마케도니아-그리스-이란 지배 엘리트층의 지원을 받는 단독 지도자로서 알렉산드로스 본인에게 전적으로 집중된 존재가 되어야 했다.

그러나 세상은 그의 제국보다 훨씬 더 컸다. 그래서 이전 이집트 파라오와 페르시아 대왕들처럼 알렉산드로스도 자신의 왕국을 더 잘 보호하고 넓히기 위해 실질적 조치를 시행해 세상을 탐험하려고 했다. 우선 아라비아반도를 침략해 정복하기 위한 구체적 준비가 진행되었다. 알렉산드로스가 이에 덧붙여 어떤 계획을 세웠을지는 고대에도 추측의 대상이었다. 하지만 그 서른두 살의 지도자가 정말로 전 세계를 목표로 삼았다는 사실은 의심의 여지가 없다. 그 세계에는 스키타이인들의 영토와 더불어, 그리스인들이 지배 세력인 카르타고의 지배를 받으며 섬처럼 고립되어 살던 서쪽 세계도 포함되어 있었다. 어쨌든 그는 자신에게 여전히 그런 거사를 감행할 시간이 충분하다고 믿던 중 기원전 323년 6월 10일에 예상치도 못하게 세상을 떠났다. 아마도 열대의 말라리아에 걸린 듯했다.

알렉산드로스의 거대한 제국은 그의 장군과 전사들인 디아도코이(후계자들)들이 그의 유산을 놓고 싸우면서 빠르게 해체되었다. 알렉산드로스의 조언자이자 친구였던 그들 역시 '야심'을 품고 행동하면서 서로에게 호의도 용서도 베풀지 않았고, 제국 전체를 지배하는 권한에 대한 주장을 포기하지 않으면서 서로 싸우고 감시했다. 결국 안티고노스Antigonus, 리시마코스Lysimachus, 프톨레마이오스Ptolemy, 데메트리오스Demetrius, 셀레우코스Seleucus 등의 디아도코이들이 알렉산드로스가 뒤집어 놓은 세계를 다시 한번 뒤흔들어 놓았고, 마침내 기원전 272년에는 불안정한 균형 속에 서로 경쟁하는 세 개의 제국으로 재편되었다. 프톨레마이오스 제국은 소아시아와 멀리 에게해, 보스포루스까지 세력을 미치면서 이집트와 인근 지역을 지배했다. 지리적으로 가장 넓었던 셀레우코스 제국은 소아시아에서 인도까지 펼쳐져 있으면서 남부 메소포타미아와 시리아에 중심지가 있었다. 한편 안티고노스 제국은 마케도니아 중심 지역과 소아시아 내 그리스의 여러 넓은 지역을 다스렸다. 이것이 언뜻 보기에는 놀라울 수 있지만, 이러한 권력 정치적 분할은 알렉산드로스의 군사 원정 중에 형성되어 당시 서서히 그 문화적 면모를 보여 주기 시작한 이 새로운 세계를 무너뜨리지는 않았다. 각각의 차이에도 불구하고 이 세계는 놀라운 공통적 특성들로 특징지어졌다. 문화의 세계는 독특한 실체가 되어 1000년이 넘도록 그 상태로 지속되며 남았다.

상호작용과 공생: 서로 연결된 세계

세계사의 관점에서 보면 이러한 상황은 상당히 중요하다. 그리고 그것을 이번 장의 중심에 둔 것은 실수가 절대 아니다. 예전에는 격렬했어도 단발적으로만 자극이 발생했던 곳에서 그 당시에 이르러 진정한 응집력이 형성되었다고 할 수 있다. 과거에는 이러한 자극의 범위가 지역적으로 국한되었을 뿐이었다. 그런데 이 시기에는 그리스 문명과 다른 다양한 토착 문명 간에 복잡한 문화 간 접촉이 하나의 시대 그리고 하나의 세계에서 독특한 특징이 되었다. 그 세계의 핵심 지역은 서쪽의 그리스 지역에서 동쪽의 페르시아만까지, 그리고 때로는 멀리 중앙아시아까지도 펼쳐져 있었다. 동시에 이 문화는 사방으로 퍼져 나갔는데, 심지어 서쪽의 카르타고와 로마는 물론 켈트족 무리까지, 멀리 동쪽의 인도까지 그리스가 정치적으로 전혀 다스린 적이 없었던 지역에도 도달했다. 그리스인들이 비非그리스 세계, 즉 '야만인들의 땅'의 진정한 범위를 점차 자각하게 된 것은 이 시대뿐이었다.

우리가 이야기하는 '헬레니즘'은 약간의 일방성을 암시한다. 이러한 이유로 그것이 사례별로 지역별로 상당히 다른 모습을 보여 준 상호작용(말하자면 반작용)과 더욱 관련된 것이었음을 강조하는 것이 중요하다. 또한 그리스 문화 역시 다른 사회문화적 환경과 밀접하고 지속적으로 접촉함으로써 영향을 받아 변했다. 따라서 여기서는 상호 간의 문화 변용에 관해 이야기할 수도 있다. 그렇기는 해도 이 모든 다양하고 복잡한 과정은 여전히 여러 면에서 하나의 공통분모로 정리될 수 있다. 무엇보다도 그것은 그리스 문명의 합성에 관한 문제로서, 그리스 문명은 어디에서나 활동하게 되어 종국에는 에스파냐에서 인도, 중앙아시아에 이르기까지 모든 곳에서 존재했다. 이 문명이 세계 곳곳에 적용된 것은 아니었지만, 결국에는 문화적으로 지배하는 환경에서 불가

피하고 효과적인 체계를 탄생시켰다.

이 시대의 또 다른 독특한 특징은 그리스 문화가 전적으로 정치적·군사적 우위만을 앞세워 영향을 미친 것이 아니라는 점이다. 실제로 그 우위를 주로 이용해 영향을 미치지도 않았다.(확실히 그리스보다는 마케도니아의 경우에 초기에 그것이 중요한 전제 조건이었지만 말이다.) 그리스 도시국가의 생활 방식이나 교육, 예술, 토론 문화, 운동 경기에 대한 열의에서 드러나듯이, 그리스는 그들의 문명과 스타일을 통해 영향을 미쳤다. 이러한 영향의 여파는 이제 그리스인들의 본거지 너머 지역에서도 감지할 수 있었는데, 의미심장하게도 그리스의 영향이 군사적 우위의 부가 작용으로 전혀 작용하지 않은 곳에서도, 이를테면 북아프리카의 카르타고와 이탈리아의 로마 같은 곳에서도 느껴졌다. 그리스식 생활 방식의 매력은 전례가 없을 정도였다. 우리가 이 책에서 주목해야 하는, 근본적으로 설명할 수 없는 현상이었다. 그리고 정치적 차원에서 그리스인들의 태도는 (예를 들면 폴리스 시민 신분과 관련해) 상당히 배타적이었던 반면에 자신들의 문화에 관해서는 아주 개방적이었다. 그리스어나 그리스 문화에 참여했거나 그리스 양식을 배운 사람이라면 누구든 그리스인으로 생각되었다. 따라서 '헬레니즘'이라는 개념은 인종학상의 그리스 민족주의 개념[92]과는 거리가 먼, 더 일반적인 개념이 되었다. '새' 그리스인들이 옛 그리스 계보를 '입수'하려고 애쓰기는 했지만 말이다.

이러한 변화가 근동과 이집트의 여러 토착 문화에 미친 영향은 무엇보다도 종교 부문에서 감지되었다. 특정한 공간과 지역을 강조하는 다수의 전이지대에서 특히 오랜 교류가 이어진 뒤, 이제 처음으로 고대 세계의 문명들이 보편적 규모로 서로 직접 접촉했고, 이 과정은 다양한 차원에서, 그리고 몇몇 분명한 추세를 보이며 발생했다. 과거의 학자들이 선호했던 헬레니즘 시대의 특징에 관한 묘사와는 달리, 당시 등장한 것은 모든 것이 녹아든 완전한 용광로가 아니었다. 다시 말하면 완전히 혼합된 문화가 아니었다. 오히려 눈에 띄게 지역별로 차이가 나면서 상호작용과 공존이 다양한 형태와 다양한 정도로 이루어졌다. 그와 동시에 이러한 추세 내에서 고대의 유산을 구성하는 많은 것이 미래 세대를 위해 이미 합쳐졌는데, 알다시피 그리스적인 모든 것이 특히 강조되었다. 따라서 그 시대의 정치, 문화, 사회의 면모를 검토해 볼 필요가 있다.

정치체제와 지역 간의 상호작용

마케도니아 왕조의 등장으로 새로운 요소가 헬레니즘 시대의 정치체제를 형성하게 되었는데, 이러한 요소는 대체로 동방의 전통에 의해서도 형성되었다.[93] 그로 인해 특히 그리스인들의 정치적 태도가 근본적으로 달라졌다. 이후 군주는 국가기구의 중심을 이루었다. 그래서 이 왕국은 왕의 국정 운영(프라그마타prágmata)으로 설명될 수 있었고, 이를테면 왕은 법을 구체화했다. 하지만 동시에 이 막강한 권력은 고유의 구조적 약점에 의해 훼손되었다. 새로 수립된 제국에서 왕의 권위가 결코 증명이 필요 없는 자명한 것이 아니기에 그랬다. 왕은 스스로 본인의 능력을 입증해야 했고, 항상 어느 정도는 시험받고 있었다. 알렉산드로스처럼 왕은 성공을 통해 자신에게 카리스마가 있다는 증거를 제시해야 했다. 군사적 승리가 이상적이었지만, 백성을 위한 복지 조치나 구제 활동을 통해서도 가능했다.

그런데 앞에서 언급한 주요 강대국뿐 아니라 페르가몬처럼 중간 크기의 국가들까지 당시의 왕국 모두 완벽한 형태의 영토 국가는 절대 아니었다. 오히려 그 왕국들은 아주 다양한 독립체들의 집합체였다. 여기에는 왕이 소유한 토지도 포함되었는데, 부분적으로는 왕 본인의 이익을 위한 거대한 영토로도 관리되지만, 제국의 엘리트들이나 군사적 임무를 다한 군인들에게 종종 답례로 할당되기도 했다. 또한 부족들이 거주하거나 종교 사당이 차지한 지역도 있었지만, 무엇보다도 본질적으로 자치적이면서 기껏해야 국가 총독의 감독을 받을 뿐인 도시나 폴리스도 있었다. 그러나 될 수 있는 한 최대한도로 스스로 조직할 능력을 갖춘 안정된 기본 단위들이 존재한다는 바로 그 사실이 군주제가 계속 존재하는 데 필수적이었다.

이러한 기본 단위들은 근본적으로 그리스 폴리스에 의해 대표되는 유형의 도시들이었고, 다른 많은 독립체 또한 폴리스를 모범으로 삼았다. 따라서 헬레니즘이 특별히 뚜렷하게 드러나는 하나의 추세에 관해 이야기해도 무방할 것이다. 자연스럽게 왕들은 이 과정에 힘을 실어 주었는데, 그들이 그러한 기본 조직에 의존하고 있었고 폴리스를 잘 알고 있었기 때문이었다. 그들 역시 직접 도시를 수없이 세웠다는 점은 의미심장하다. 그러나 그들은 그렇게 하는 과정에서 그 조직들의 기본 지침을 믿어야만 했는데, 그것이 그들의 온전한 존재 이유를, 즉 본질적으로 자유로운 폴리스의 특성을 형성했기 때문이다. 더욱이 이것은 제국의 성장에 너무나도 중요한, 그들 조직의 자치권을 보장해 주었다. 그래서 왕들은 보라는 듯이 도시에 '자유(엘레우테리아)'와 '독립(아우토노미아)'을 부여하려고 거듭 애썼다. 이 과정에 많은 선전이 수반되었던 것은 분명하지만, 그런데도 도시민들이 왕의 백성이라는 무정형 집단에 포함되지 않았다는 것, 그리고 항상 폴리스 자체가 법적 문제를 비롯해 종교 의례와 관련된 경우나 일상의 소통 과정에서도 공식적으로 독립된 조직으로 취급된 것만큼은 사실이다.[94]

정확히 그들의 독립된 존재가 행정적 이유에서 필요했으므로,(그들은 자금과 함께 필요한 경우에는 병력을 공급했고, 이러한 의무를 내부적으로 이행했다.) 왕실이 공개적 선언을 통해 자유를 강조한 것은 그 자체로 진정한 의미의 근거가 존재했다. 궁극적으로 그로부터 상당히 큰 행동상의 여지가 발생했는데, 제국의 외곽에 있는 도시나 경쟁하는 군주들의 서로 다른 관심권 사이에 있는 도시들의 경우가 특히 그랬다. 로도스 같은 일부 도시는 심지어 그 지역에서 중간급 강대국의 지위까지 얻으면서 대외 문제에서도 독립적 노선을 추구할 수 있었다. 한편 무역을 통해 강력한 왕에게 의존함으로써 자산을 강탈해 가는 이웃들에게서, 즉 흑해 인근의 트라키아인과 스키타이족으로부터 또는 소아시아의 켈트족으로부터 보호받을 수 있었다. 요약하자면 왕과 폴리스 서로에게 이득이 되는 공생이 특징적인 정치 구조였다.

이러한 공생 관계는 왕실의 중심지에 해당한 도시들에서 특히 뚜렷하게 나타났다. 무엇보다도 이러한 맥락에서 예로 언급해야 하는 도시는 바로 이집트의 알렉산드리아와 시리아의 안티오키아다. 이 도시들은 각기 프톨레마이오스 제국과 셀레우코스 제국의 수도로서, 새로운 세계적 도시로 급성장했다. 이곳들은 또한 통치자와 백성들이 제의를 통해 소통할 공간과 기회를 제공하기도 했는데, 이 소통 과정으로 인해 얼마 지나지 않아 군주정 없는 정치적 실체는 더는 생각도 할 수 없다는 것이 많은 이에게 분명해졌다. 자신들이 힘겹게 쟁취해 거듭 완강하게 자유를 지켜 냈다고 자부심이 컸던 그리스인들조차 전제 군주의 통치에 점차 익숙해졌다. 이후의 모든 통치자는 이러한 변화로부터 이득을 볼 터였다. 동시에 제국의 공식적 면모는 도시의 문화로 특징지어졌다. 이 문화에는 오래된 폴리스와 더불어 더욱 최근에 세워진 폴리스도 포함되었고, 바빌론처럼 특수한 그리스식 조직을 갖추고 있던 전통적 대도시뿐 아니라 변화된 부족 및 신전 지역들도 포함되었다. 내부적으로는 다들 달랐지만, 그들은 헬레니즘 시대를 규정한 근본적 유사성을 갖고 있었다.

따라서 고전주의적 관점에서 상황을 파악한 학자들이 오래도록 주장해 온 것처럼 이 시대는 폴리스의 황금기였고, 절대 쇠퇴하고 있지 않았다. 이는 우리가 그리스 도시라고 하면 보통 떠올리는 모습이 이 시기에만 기반을 둔다는 사실에서 이미 명백하다. 무엇보다도 그 새로운 도시들은 직각을 이루는 리드미컬한 배치에 따른 명확한 도시계획에 기반을 두었다. 이 배치의 대표적 특징은 주랑 현관[8]들이 있는 대형 광장으로, 이 주랑 현관은 주변 건물들을 미적으로 보기 좋게 통합해 주는 역할을 했다. 그 외에도 특정 유형의 공공건물들이 있었는데, 신전, 극장, 김나시온, 도서관, 경기장, 경마장 등이다. 도시들은 서로 끊임없이 경쟁하며 공공 공간을 인상적으로 배치하고자 했다. 이 부문에서 각 도시의 엘리트들은 자신의 야망을 이루면서 그에 어울리는 원대한 건설 프로젝트를 지원할 수 있었다. 거대한 성벽과 탑을 세우는 일은 도시의 방어력과 미적 감각을 동시에 보여 주는 방법이었다. 확실히 그것은 여전히 그리스 도시들이 영구적이고 구조적인 위협 속에 살고 있었음을 확인해 주지만, 그 도시들의 독립에 대한 욕구가 높았고 저항할 준비가 되어 있었음을 보여 주는 것이기도 했다. 이런 식으로 그 도시들은 많은 전쟁에서 완강히 버틸 수 있었는데,[95] 그러한 경우에도 그들은 드물지 않게 통치자와의

8 포르티코portico라고도 하며, 기둥으로 받쳐진 지붕이 있는 현관을 가리킨다.

공생 관계를 강조했다.

자세히 보면 많은 차이가 있기는 하지만, 예외 없이 도시의 내부 행정은 공식적으로 민회, 평의회, 선출직 공직자들이라는 대표적 기관들을 갖춘 민주정체로 이루어져 있었다.[96] 그러나 고위직 계층이 발달하는 추세가 뚜렷하게 나타나기도 했는데, 이들은 정기적으로 최고위직을 차지하고 점차 영향력을 높여 갔다. 최고위직을 맡은 사람들은 그 자리에 영구적으로 자기 가족을 앉히려는 경향도 보였다. 그런 자리에 올라 그 자리를 계속 지키는 한 가지 중요한 방법은 공공건물을 건설한다든지 어려운 시기에 가난한 사람들이나 도시 전체의 재정적·물질적 복지를 보살피는 등의 공적 의무(이른바 전례)를 책임지면서, 원칙적으로는 자발적이지만 사회적으로는 예상된 관대함을 과시적으로 보여 주는 것이었다. 이런 식으로 엘리트들은 자신의 부를 사회자본으로 바꾸어 놓았고, 선행을 베푸는 이러한 전통(에우에르게테스주의)을 통해 자신의 지위를 정당화했다. 그들은 이렇게 행동하면서 끊임없이 서로 경쟁했는데, 가끔 이러한 경쟁은 도시에서 격렬한 충돌이나 내전으로 확대될 수도 있었다. 이러한 상황은 특히 통치자의 권력 정치로 인해 다소간의 기회가 생길 때나 전쟁 시기에 공직 생활을 특징지을 수도 있었다.

그 도시들의 활력은 그들이 여러 폴리스로 이루어진 연합체를 형성한 사례에서 명확히 드러날 수도 있다. 그러나 패권 동맹(전쟁 동맹)과는 달리 이 연합체는 지배나 우위에 대한 비난을 받지는 않았다. 따라서 헬레니즘 시대는 연방제 형성에서 중대한 시점에 해당하기도 했다.[97] 이들 연합체는 일반적으로 민족 정체성을 통한 유대감에 기반을 두었지만, 실질적 목적을 위해 폴리스 간의 제도화된 협력에 의존한 독립체였다. 그 과정에서 널리 퍼져 있던 기본적인 민회를 뛰어넘는 연방 위원회 등의 위원회가 만들어지면서 대의제의 요소들을 가장 유리하게 보여 주었다. 그러한 과정에서 훨씬 더 큰 국가 같은 독립체가 발달했는데, 기원전 2세기 초에 전성기를 구가하며 펠로폰네소스의 많은 지역을 지배한 아이톨리아 동맹과 아카이아 동맹이 특히 그러했다. 본인 또한 그 지배 엘리트층의 일원이었던 역사가 폴리비오스Polybios(2.37.11)에 따르면 이는 그 자체로 지역 전체를 하나의 폴리스로 만들었다. 스파르타조차도 그 정도의 성과는 이루어 내지 못했다. 그리고 약 2000년 뒤에 미국 건국의 아버지들이 반란을 일으킨 일단의 식민지로 연방을 세우려고 할 때 바로 여기서 힌트를 얻었다.

그러한 동맹 구조는 연방이 다른 폴리스를 새로운 구성원으로 흡수함으로써 더 커질 가능성을 열어 주었다. 부분적으로 이러한 전개는 제국주의적 목적에 악용되기 쉬웠다. 그러나 어쨌든 기원전 3세기와 기원전 2세기에 그리스 본토는 대체로 이러한 형태로 정치적으로 조직되어 있었고, 지배 왕조인 안티고노스 왕조와도 다양한 관계를 유지하고 있었다. 근본적으로는 고전적인 그리스 패권 정치가 마케도니아라는 지배적 세력의 형태로 그곳에 계속 존재했고, 마케도니아 역시 헬레니즘 세계의 정치에 관여함으로써 그리스의 강자 아이톨리아 동맹의 심각한 도전에 직면하고 있었다. 더욱이 마케도니아 중심부가 점점 도시 생활이 증가하는 특징을 갖게 되면서 기원전 4세기에도 여전히 주요한 역할을 했던 그리스인들과의 차이는 시간이 지나며 점점 더 줄어들었다.

헬레니즘 시대의 다른 영역에서는 다양한 민족들이 공존의 문제에 직면했다. 이는 특히 셀레우코스 제국에 해당하는 이야기였다. 그런데 이 상황은 이집트의 예를 통해 가장 잘 연구할 수 있는데, 세상의 빛을 보게 된 풍부한 파피루스 문서들이 제공해 준 소중한 역사 자료 덕분이다.[98] 그곳에서 헬레니즘 시대의 프톨레마이오스 왕조 통치자들은 기본적으로 파라오의 뒤를 따랐다. 그들은 토지 관리자(오이코노모스)에게 업무를 맡기고 전통적 세금 제도를 채택함으로써 그 나라를 자신의 사유지처럼 다스렸다. 그곳에서 많은 수확량을 책임지던 농부들은 특히 높은 세금을 내야 했다. 그러나 그들로서는 통치자들이 조성한 기반 시설로부터 크나큰 이득을 볼 수 있었다. 그러한 기반 시설이 나일강 주변의 비옥한 땅을 성공적으로 이용할 수 있게 해 주었기 때문이다. 농사를 지어 높은 수확량을 거둘 수 있는 조직적 여건을 조성하는 것이 왕실 관료들의 임무였다. 물론 당시 사람들의 생각으로는 이러한 축복은 모두 신의 섭리가 작용했기 때문이었지만 말이다. 그리고 그 신의 섭리를 지상에서 대리하는 인물이 바로 파라오였다.

또한 이집트의 프톨레마이오스 왕조 통치자들은 새로운 세제 요소로 징세 도급이라는 특이한 방식을 도입하기도 했다. 이미 그리스에서 시행된 이 제도에서 경쟁 입찰 과정을 거쳐 선발된 민간 도급업자('중개업자entrepreneur')들은 현찰로, 그리고 고정 금리로 해당 세금을 낸 뒤에 왕의 관할 구역에 있는 납세 대상자들을 상대로 세금을 징수함으로써 변상받았다. 이 제도는 또한 프톨레마이오스 제국의 다른 지역들로도, 특히 레반트 지방으로도 확대되었다. 왕에게 이 제도는 상당히 유리했는데, 자신의 수입이 보장된 데다가 쉽게 계산할 수 있고 현금 형태로 이용할 수 있었기 때문이었다. 그와 동시에 그 제도 덕분에 통치자는 자기 영토의 자원을 집약적으로 이용할 수 있었다. 이 시기에 이집트는 기반 시설을 조성하고 원거리 무역을 장려함으로써 엄청난 경제성장을 누렸다. 그 나라의 통치자들은 그 고갈될 것 같지 않은 자원을 이용해 으스대는 듯한 생활 방식에 탐닉하고 명망을 드높이는 기부를 했을 뿐 아니라 적극적이고 종종 공격적인 대외 정책을 추구하는, 상당히 실용적인 면모도 보여 주었다. 그러나 징세 도급인들이 얻은 경제적 이익은 세금을 내야 하는 왕국의 피지배민들에게는 계속 과중한 부담이 되었다.

수도 알렉산드리아는 프톨레마이오스 제국 내에서 특별한 위치를 차지했다. 이 폴리스는 말하자면 이집트의 내부 세계와 외부 세계 사이에 있는 일종의 자물쇠 같았고, 왕의 거주지인 동시에 상업 대도시, 사회적 용광로이기도 했다. 새로운 대도시로 부상한 알렉산드리아는 다수의 이민자를 빠르게 끌어들였는데, 주로 그리스인과 유대인들이었지만, 이집트인들과 세계 각지에서 온 사람도 많았다. 그들이 함께 살아가는 과정에는 갈등이 없지 않았다. 특히 다른 문화 출신자들이 빠르게 그리스의 언어와 생활 방식을 채택하면서 그리스인을 제외한 나머지 사람들이 자기들도 알렉산드리아의 정식 시민이라고 생각했는데도, 그리스인들만이 유일하게 시민권을 얻을 자격이 있었기 때문이었다. 그렇기는 해도 주로 그리스인과 유대인들 간에 형성된 이러한 갈등 관계는 이 도시가 로마 제국의 통치를 받는 시기에야 폭발할 예정이었다. 대체로 사람들은 나일강 삼각주 서쪽의 인구만 100만 명이 넘었던 이 도시에서 서로 평화롭게 살았다. 그리고 이렇게 많은 사람이 자신들의 집단 의지를 완

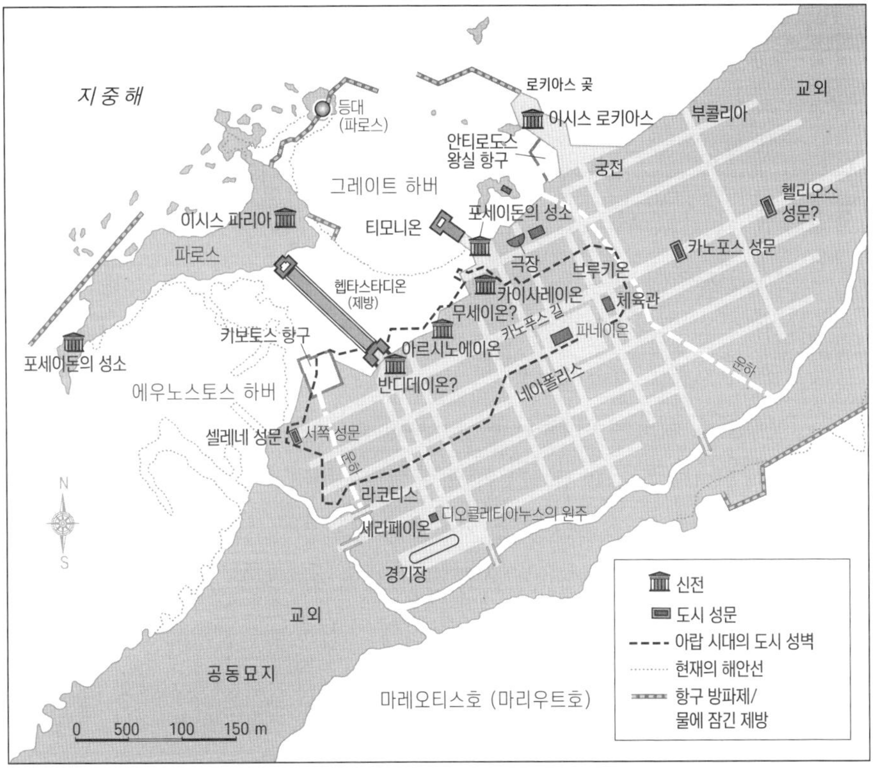

——— 고대 알렉산드리아 도시 지도(복원도). 이 도시는 체계적으로 배치되어 있었고 지중해의 항만 시설을 내항이 있는 파로스섬과 연결했다. 이 내항은 다시 수로에 의해 나일강까지 연결되었다. 당시 건설된 둑길에 의해 본토와 연결된 그 섬에는 고대 세계의 7대 불가사의 중 하나인 등대가 있었다. 알렉산드리아 동부에는 전체 도시의 4분의 1에서 3분의 1 정도를 차지한 궁전 구역이 있었다. (Peter Palm, Berlin)

벽하게 알릴 수도 있었는데, 로마의 강력한 지배자 율리우스 카이사르에게 맞서 자신들의 왕조를 지지했던 일을 예로 들 수 있다. 카이사르는 이후에 (기원전 48년에서 기원전 47년까지) 그 도시에서 큰 곤경에 처하게 된다.[99]

마을(코메kōmē)이 여전히 기본 단위였던 나일강 유역 남쪽 지역에서도 김나시온에 간다든지 대중탕을 건설하는 등 도시 생활의 요소들이 꾸준히 모습을 드러내기 시작했다. 그 지역에서는 자신들의 언어와 법률 체계를 고수하고 그에 따라 다스려지던 이집트 토착 주민들과 (매우 대략적인 추정에 따라) 총인구 700만 명 정도에서 5분의 1이나 차지했던 것으로 보이는 이주자들이 나란히 공존했던 사실을 확인할 수 있다. 후자, 즉 이주자 집단은 이 비옥한 지역에 정착하기 위해 세계 각지에서 이집트로 몰려들었다. 그들은 한두 세대 만에 그리스어를 사용하게 되었고, 대체로 그리스 관습도 받아들였다. 달리 말하면 그들은 '그리스화'되었다. 이러한 현상은 유대인들에게서 가장 손쉽게 확인할 수 있지만, 그런데도 그들은 종교적 이유를 들어 여전히 자신들의 전통을 아주 확고하게 지켰다. 이미 기원전 3세기에 그들은 자신들의 경전을 (이른바 70인역으로) 그리스어로 옮겼지만, 공동체 내의 법률 준수와 관련해서는 토라(율법)의 지침을 계속 따랐다.[100]

셀레우코스 제국은 다른 왕국보다 특히 다채롭고 다양했는데, 제국 자체가 컸기 때문이다.[101] 따라서 그곳에서 확인된 정치적인 지배 방식과 단계 또한 상당히 다양했다. 시리아 중앙 지역과 소아시아 및 메소포타미아의 여러 지역에서는 국가의 통제가 널리 퍼져 있었다. 하지만 동쪽으로 갈수록 각 지역의 규정과 전통이 존중되었다. 제국주의적 야심과 관련해 셀레우코스 왕조는 자신들의 소관 지역이 인도까지 이른다고 주장하면서 페르시아와 특히 알렉산드로스 대왕의 뒤를 따랐다.

제국을 세운 셀레우코스는 동쪽 지역에 대한 자신의 통치권을 강조하기 위한 것이 분명한 대규모 군사 원정을 감행함으로써 이 제국주의적 야심에 대한 명확한 증거를 제공해 주었다. 그러나 그의 병사들은 인더스강 유역의 통치자로서 포루스의 뒤를 이은 찬드라굽타 마우리아Chandragupta Maurya(그리스어 표기로는 산드라코토스Sandracottus)의 강력한 저항으로 인해 승리를 거두지 못했다. 그렇기는 해도 그는 기원전 305년에 찬드라굽타와 평화조약을 체결했다. 이 조약을 통해 셀레우코스는 전투 코끼리 부대를 얻은 것 외에 마우리아 제국을 속국으로 간주하고 그 제국을 외부 세계에 그렇게 제시할 권리 또한 얻을 수 있었다. 하지만 그 대가로 간다라와 발루치스탄 같은 국경 지역은 사실상 인도 통치자의 지배하에 들어갔다. 이들 지역에서는 두 문화 사이에 특별한 형태의 상호작용이 일어났다. 약 100년 뒤에 안티오코스 3세Antiochus III도 비슷한 방식으로 행동했는데, 그는 그 사이에 다시 독립한 박트리아 군주들을 상대로 일종의 간접 통치 방식을 확립하고 인도의 통치자인 라자 수

바가세나Saubhagasena와 이런 취지로 합의에 도달했다.

정확히 이렇게 복잡한 셀레우코스 제국의 구조로 인해 다양한 지역의 통치자들은 제국의 서쪽 폴리스의 그리스 시민들이든, 제국의 먼 동쪽 이란 부족들이든 피지배층의 전통에 특별히 관심을 기울였다. 그렇게 했는데도 시간이 지나면서 갈등이 생겨났는데, 이러한 갈등은 왕위 계승을 놓고 반복적으로 벌어진 분쟁으로 내부 분열이 생기면서 격화했고, 기원전 2세기에 로마와 충돌하면서 전략적으로 후퇴함으로써 막을 내렸다. 한편으로는 주로 당대의 이 매력적인 생활 방식을 열렬히 따르고 싶어 한 지역 엘리트들 사이에서 스스로 그리스화하려는 뚜렷한 추세가 있었다는 사실은 반박의 여지가 없다. 하지만 반대로 이러한 추세는 보수적인 동시대인들이나 현상 유지를 지지하는 사람들에게는 종교적 전통에 대한 배신으로 해석될 수도 있었다. 다른 한편으로 왕은 공물에 의존하고 있었고, 따라서 그 엘리트들과의 협력에 의존하고 있었다고 할 수 있기에 다수의 지역에서 나타난 그리스화 움직임을 촉진하기 위해 비상한 노력을 했다는 점은 이해할 만하다.

안티오코스 4세Antiochus IV(재위 174~164 BC)가 확실히 그런 경우였는데, 그는 그리스인들의 최고신인 제우스를 일종의 통합신으로 가장 중요한 위치에 놓는 종교 정책 또한 추진함으로써 그러한 추세를 '뒷받침'해 주었고, 그렇게 하는 과정에서 모든 종교의 신민에게 종교적 소속감 같은 것을 키울 수 있게 해 주는 신앙 요소를 제공해 주었다. 그리고 그들 중 다수가 그런 요소를 매력적으로 생각했던 것이 분명했다. 안티오코스 4세는 기원전 2세기 초부터 셀레우코스 제국에 속하게 된 유대인들을 상대로 정책적 한계에 직면하면서 곧바로 그들과 심각한 갈등을 빚었다. 그러나 이러한 갈등이 실제로 폭발한 시점은 안티오코스 4세의 능력과 그의 명성까지 의심하게 하고 전체적으로 그의 입지를 위태롭게 한 심각한 외교적 실패를 벌충할 수밖에 없는 상황에 이르러서였다. 당시까지 아주 성공적이었던 (기원전 168년의) 이집트 정복 원정 중에 로마의 최후통첩을 받고 후퇴해야 했기 때문이었다. 이후 유대인들과의 대립은 정점으로 치달았다. 이 갈등은 남부 레반트의 지배권 상실로 이어져 셀레우코스 제국에 비참한 결과를 안겨 주었을 뿐 아니라 새로운 유대인 국

가의 탄생을 가져왔다.[102]

예루살렘의 엘리트들은 다른 많은 민족의 본보기를 따라 한 종족의 중심지인 동시에 신전 국가의 중심지인 자신들의 도시를 그리스식 폴리스로 바꾸어 놓았다. 안티오코스 4세는 자신의 이익에 부합했으므로 그들의 조치를 도왔다. 결과적으로 안티오코스 4세는 이집트에서 후퇴한 직후 유대인 집단 내두 파벌 간의, 즉 한편으로는 동화를 지지하는 측과 다른 한편으로는 그리스화로 마음이 기운 사람들의 방식을 거부한 보수주의자들 간의 고조된 갈등에 개입했다. 그 과정에서 그는 신전을 모독했고, 유대인들의 특정 종교 관습을 어기며 개입했던 것 같다. 사실 그리스식 관점을 가진 사람이 보기에 정치 지도자는 종교 문제에서도 최고 권력자였다. 어쨌든 그의 행동으로 인해 하스몬Hasmon 가문 출신의 마카베오 일족 아들들이 주도하는 반란이 일어났다. 반란군의 운이 흥망성쇠를 거듭하는 가운데 여러 번의 전투 끝에 마카베오 일족은 셀레우코스 제국으로부터 유대인의 독립을 쟁취하는 데 성공했다. 한편 셀레우코스 왕조는 내부 갈등과 파르티아인들의 세력 확장으로 인해 분열되었다(이후의 본문 참조). 이러한 격변의 결과로 새로운 유대인 국가가 등장했는데, 이 국가의 최고 지도자는 통치자의 역할과 대신관의 칭호를 결합했고, 마침내 자신을 왕(아리스토불루스 1세Aristobolus I(재위 104~103 BC))으로 칭했다. 과거에 그리스화 경향에 단호히 반대했던 바리새인들 같은 엄격한 종교 집단들은 당시에 최소한 부분적으로라도 자신들의 지배 엘리트층을 향해 반대 목소리를 드높였는데, 그 엘리트들이 점차 그리스식 허세를 보여 주었기 때문이었다.

앞에서 언급한 파르티아인들은 이란의 기마 민족으로, 군주가 정점에 있었고 강력한 귀족계급이 형성되어 있었다. 그들은 파르티아 총독령으로 시작해 북쪽으로부터 과거의 페르시아 지역으로 꾸준히 세력을 넓혔다.[103] 아르사케스Arsaces(?~211 BC 무렵, 그의 이름 때문에 파르티아 통치 가문을 아르사케스 왕조로도 부른다.)라는 지도자 밑에서 그들은 셀레우코스 왕조를 상대로 독립을 주장하면서 지속적으로 세력을 점점 더 넓혀 갔는데, 대규모 정복을 하는 쪽보다는 셀레우코스 제국의 이란 쪽에 해당하는 지역과 부족들을 상대로 간접 통치 방식을 수립하는 쪽을 택했다. 이후 페르시아의 조상 대대로 내려온 본거지인 페르시스의 주민들을 포함해 그 지역 부족 대표들은 파르티아의 예속 군주가 되었다. 셀레우코스 왕조는 파르티아인들을 거듭 밀어내려고 했지만, 실패했다. 파르티아는 미트리다테스 2세Mithridates II(재위 124/123~88/87 BC) 때 멀리 동쪽의 박트리아와 서쪽의 메소포타미아 등 셀레우코스 제국의 많은 지역에 대해 지배권을 주장했다. 그들은 (현대의 바그다드와 가까운) 크테시폰에 수도를 세우고 헬레니즘 문화 및 지배적 관습에 점차 적응하기 시작했다.

헬레니즘 시대의 사회생활에는 다양한 문화 간의 근본적인 차이와 관습들이 대체로 변함없이 남아 있었다. 가부장적 체제와 노예제도가 특히 그러했다. 그렇더라도 이러한 점에서 크나큰 다양성이 존재했으며, 그래서 사회적으로 혜택받지 못한 집단의 일원들이 정착 및 이주 과정에서 어느 정도 행동의 자유를 누리면서 상황이 좋아진 경우가 가끔 있었다고 해도 틀린 이야기는 분명 아니다. 그런데도 이 역시 근본적인 구조적 변화를 가져오는 데는 성공하지 못했다. (지위가 높은) 이집트 여성은 확실히 더욱 독립적으로 행동할 수 있었지만, 원칙상 여성은 공식적으로 여전히 가장 가까운 남성 친척의 보호를 받아야 했다. 따라서 가끔 헬레니즘의 해방적 성향에 관한 이야기가 오가지만,[104] 이는 사실 오해를 불러일으킬 수 있는 이야기다. 하지만 종교는 이와 관련해 예외적인 것에 해당했다.

종교적 문화변용

특정한 정치적 사건이 발생했을 때 다름 아닌 종교 분야에서 갈등이 발생하는 것은 결코 우연이 아니었다. 종교와 정치가 완전히 서로 관련 없는 분야였던 적은 없었다.[105] 하지만 고대 세계의 문명들에서 그 둘은 떼려야 뗄 수 없을 정도로 서로 관련되어 있었다. 비록 그 방식이 다양했지만 말이다. 동방과 이집트의 지도 체제는 순수한 신권정치 체제로, 통치자는 신을 대변하거나 신성함을 발산하는 사람이었다. 정치적 통치는 자신감 넘치는 강력한 사제 집단과 함께 이루어졌는데, 필요하다면 사제 집단은 실패한 왕을 대신할 수도 있었다. 그리고 헬레니즘 문화에 반대하는 세력은 바로 이러한 신권과 왕권의 강력한 연결 관계를 향해 집중포화를 퍼부을 수 있었다.[106] 그리스 폴리스는 정치적 공동체이자 종교적 공동체였다. 하지만 바로 이러한 정체성으로 인해 종교 영역은 정치 영역으로부터 분리될 수 없었다. 고대 로마에도 비슷한 문제가 있었다. 사제들은 폴리스의 관료들이었고, 부분적으로는 정치 관료와 같은 원칙에 따라 선출되었다. 그 공동체 자체는, 즉 민회 등의 조직을 갖춘 데모스는 궁극적으로 모든 종교 문제에 관해 최고의 의사 결정 권한을 갖고 있었다.

그러나 앞에서 언급한 모든 정체성에도 불구하고 민주정치 체제 대신에 (이스라엘에서처럼) 신권정치 체제 같은 정체가 등장하지 않았다는 점은 무엇보다도 신에 대한 그리스식 개념에서 그 원인을 찾을 수 있다. 그리스 신들은 행운과 불운 모두를 가져다줄 수 있는 존재였으므로, 사람들은 신들이 영향력 있고 강력하다고 생각해 그들을 존경하면서 소극적으로 숭배했다. 그러나 신이 정치 행위를 직접 조정할 수 있다는 생각이나, 정치를 맡은 사람들이 신성의 확장으로서 행동한다는 생각은 그리스인들에게 전혀 용납될 수 없었다. 확실히 어떤 조치를 검토할 때 정치 관료는 예를 들면 신탁을 받는 방법 등을 통해 신들이 그 조치를 좋게 생각할지 알아내야 했다. 그러나 그 신탁의 내용을 해석하는 것은 아주 불확실한 일이었고, 그 자체로 많은 논쟁이 생길 수 있는 문제였다. 그러므로 신들이 이후에 그 관료를 직접 이끌 수 있는지의 문제는 절대로 확실하지 않았다.[107] 그래서 그리스인들이 보기에 모든 신의 간섭으로부터 상당히 독립적으로 살아가는 인간 행위자들은 자신의 모든 행위에 완벽한 자율권과 책임이 있었다.

더욱이 그리스 신들은 수적으로 상당히 무한했다. 그들 사이에는 올림포스의 신들이 정점에 위치하는 위계질서가 형성되어 있었다. 그리고 올림포스의 신 중에서는 제우스가 가장 높은 지위를 차지했다. 하지만 그의 옆에는 다른 많은 신이 있었는데, 특히 자연에, 그리고 자연현상과 관련된 신이 많았다. 그 신들이 인간처럼 행동하고 인간과 자주 성관계를 했으므로 언젠가는 죽는 반신반인도 많았다. 그러나 그들 중 다수는 특히 영웅 헤라클레스나 치료사 아스클레피오스Asclepius처럼 신과 인간에게 도움되는 일을 했을 때 신의 반열에 오르기도 했다. 따라서 신계와 인간계를 구분하는 경계선은 넘을 수 없는 것이 아니었고, 그 둘 사이의 문턱은 비교적 낮았다.

기원전 5세기 말부터 특별한 업적을 인정해 인간에게 '신과 같은 영예(이소테오이 티마이isótheoi timaí)'를 부여하는, 다시 말하면 그들을 신처럼 숭배하는 관습 또한 확산했다. 통치자를 이런 식으로 예우하고 점차 그들을 초인과 신으로 여기는 생각과 연관 짓는 것이 헬레니즘 시대의 종교와 정치의 대표적 특징이며, 특히 그리스적 관점이다. 게다가 그리스인의 신들은 윤리적 규범을 지키는 데 거의 신경을 쓰지 않았는데, 그들은 상당히 단호한 데다 세부적인 모든 것에서 인간의 모습을 취했기 때문이다. 제우스와 아폴로 모두 간통과 강간을 하고 살인을 저질렀지만, 그들은 여전히 이를테면 정의와 지혜를 상징하고 도덕주의적인 격언과 원칙을 적용할 수 있었다. 그리고 시민들이 신들의 모습을 보았을 때 신과 인간을 구분할 수 있게 해 주는 것은 전혀 없었다.

이 극단적 의인화를 장려하던 그리스인들은 상당히 익숙하지 않은 분위기 속에서 자신들이 완전히 다른 힘과 형태를 지닌 신들에게 직접적으로, 더욱 집중적으로 노출되어 있음을 깨달았다. 이들은 단순히 인간으로 생각하거나 상상할 수 없는 신들이었다. 실제로 그들은 이름조차 부를 수 없는 신들로, 최고의 도덕적·법적 가치를 상징하는 류의 신이었으며, 높은 곳에서 정치 체제를 만들어 결정하는 류의 신이었다. 그 결과 통치자의 모든 업적은 신들에게로 돌려졌고, 반대로 통치자의 실패는 신이 은총을 거두었다는 신호로 여겨졌다. 이는 지대한 영향을 미쳤다. 관습적으로 그리스인들은 이방의 신을 자신들의 신과 동일시하고 그들에게 고유한 이름(인테르프레타티오 그라이카)을 부여했다. 그리고 실제로 당시에 그들이 그렇게 함에 따라 이미 바알의 이름으로 한데 묶여 있던 다양한 하늘의 신과 태양의 신들 모두가 이제는 제우스, 아폴로, 헬리오스Helios 같은 신들과 다양하게 연관 지어졌고, 그에 따라 별칭을 얻게 되었다. 이를테면 한 도시의 수호신이었던 동방의 여신이 이런 식으로 티케Tyche(로마에서는 포르투나Fortuna로, 행운이나 운명을 상징하는 신)가 될 수 있었다. 이 영역에서 다신교는 무한한 가능성을 갖고 있었다.

그러나 신의 위엄에 직면했을 때 문자 그대로 말로 표현할 수 없는 경우가 빈번했다. 그래서 그러한 경우에는 신에게 자격을 부여하기 위해 특별한 최상급에 의존해 어떤 남신이나 여신의 특별한 지위를 나타내기도 했다.(예를 들면 제우스는 이미 최고위의 신이었는데도 제우스 힙시스토스Zeus Hypsistos(최고신 제우스)로 불렸다.) 내가 앞에서 언급한 안티오코스 4세 때의 제우스 숭배 경향은 특별히 중요한 신을 이렇게 새롭게 자리매김했음을 보여 준다. 사마리아인들과 부분적으로는 유대인들도 자신들의 유일신을 제우스와 동일시하게 되었다. 이러한 시도가 오히려 일신교를 위태롭게 하거나 적어도 심하게 희석했는데도 말이다. 반대로 하나의 신이 특별한 방식으로 나머지 신들보다 우위를 점하고 심지어 다른 신들의 많은 능력과 자질까지 갖게 되는 경향도 나타났다. 따라서 이는 단일신교의 진정한 사례라고 할 수 있었는데, 다른 신들의 존재를 부인하지 않으면서도 하나의 신에 대한 특별한 숭배가 장려되었기 때문이다. 이는 다신교와 양립될 수 있으며, 점차 헬레니즘 시대 종교의 특징으로 자리 잡았다.

이러한 경향은 이 시대의 특징이 된 특수한 광적 신앙과 제의 행사를 통해 잘 드러난다. 그리스 세계에서는 데메테르Demeter나 디오니소스 같은 특정 신들을 위해, 주로 식생과 다산 또는 살아 있는 세계 전반과 관련된 신들을 위해 발전된 특수한 숭배 방식이 오래전부터 종교의식으로 자리 잡고 있었다. 이러한 의식에는 신도 집단의 모임이 포함되었는데, 이 신도들은 종교적 의미에서 보면 성별이나 사회적 지위와 관계없이 남자든 여자든 자유민이든 노예든 동등한 사람으로 생각될 수도 있었다. 이러한 맥락에서 그들은 이 신에게 특별한 경의를 표하기 위해 함께 모여 철저히 비밀을 지키며 그러한 의식을 행하곤 했다. 이러한 숭배 형태를 표현하는 데 사용되는 일반 용어인 '비밀 종교'는 그 모임이 지닌 비밀스러운 성격에서 유래한다. 이들 비밀 종교 중에 아테네에 속한 엘레우시스의 데메테르 종교 집단이 특히 유명했다. 하나의 신에 표현된 이토록 특별한 친밀감은 지하 세계의 망령으로서 비참하게 살아간다는 전통적 개념에 국한되지 않는, 사후의 지속적 삶에 대한 가능성을 제공하기도 했다. 그런 이유로 우리는 '구원 종교'의 맥락에서도 이야기할 수 있다. 따라서 숭배자들에게는 특정 신들이 다른 신들보다 더 중요했으며, 이는 또한 다른 뚜렷한 단일신교적 요소라고 할 수 있다.

특별히 강력하고 활동적인 아시아와 이집트의 일부 신들이 정확히 이러한 유형의 신들과 동일시되면서 이 이방의 신들도 더 많이 알려졌다. 전통적인 토착 의식과 제례 수준을 크게 넘어서는 특별한 신성이 이 신들에게 아주 빈번히 부여되었기에 당연히 계속 살아남았다. 그러나 이러한 여러 형태의 모든 신은 모든 것을 포함하는, 궁극적으로 보편적인 숭배 세계의 일부이기도 했다. 이들은 삶과 사랑, 다산과 부활을 상징하는 모든 신의 위에 있었다. 인테르프레타티오 그라이카의 정신에 따라 그들에게도 그리스 이름이 붙었다. 따라서 이후의 사람들은 대체로 그들의 '고유' 명칭을 사용했다. 이들 중에서 가장 중요한 신으로는 우선 소아시아에 널리 퍼져 있던 '대모 지신' 키벨레Cybele 혹은 키베베Cybebe가 있는데, 이 신은 페시누스의 주요 신앙 중심지에서 집중적으로 숭배되었다. 또 다른 이집트 신 이시스는 (비옥한 나일강 유역에서) 생명을 주는 신으로 여겨졌다. 이시스가 남편 오시리스의 훼손된 시신을 찾아 이어 붙여 그를 되살리면서 오시리스는 죽음 이후의 삶(즉 지속되는 삶)을 구현하는 인물이 되었다. 이러한 맥락에 속한 다른 신은 아타르가티스Atargatis로, 주인이자 어머니, 아내였던 이 신은 종종 이름으로 언급되지 않고 그냥 '시리아 여신'으로 불렸다. 다른 신들과 마찬가지로 이 신도 레아Rhea나 헤라Hera, 데메테르, 페르세포네Persephone, 아프로디테Aphrodite 같은 다른 여신들과 동일시되었다. 얼마 지나지 않아 이러한 신들은 세계 질서 전체와 자연계 및 사회체제의 정상적 과정을 구현할 수 있는 신으로 생각될 정도로 상당히 부각되었다. 이후에 이들 무리에 이란의 신 미트라Mithras가 합류했는데, 이 신은 빛과 태양의 신이자 선을 위한 전사이며, 새 생명을 부여하는 신이었다.

따라서 가장 다양한 형태와 서로 다른 개념들이 한데 합쳐졌고, 그로 인해 일부 학자들은 종교 혼합주의의 관점에서 이야기하기도 했다. 그러나 이 용어는 모호할 뿐 아니라 일종의 포괄적 혼합을 나타낸다. 하지만 이들 신앙과 관련해 지역마다 서로 다른 관습을 발견할 수 있는데도 모두가 공통의 준거 기준을 갖고 있기도 했다. 그것은 다원성과 획일성이 논리적으로는 이해할 수 없도록, 특이하게 결합한 것과 관련이 있었다. 그리스 만신전에서와는 달

—— 폼페이의 이시스 신전(기원전 2세기 말). 이시스 숭배는 기원전 3세기부터 이집트 국경 너머로 빠르게 확산했다. 특별한 사당에서 이시스 숭배가 이루어졌는데, 각 사당에는 자체적으로 사제와 수행원들이 있었다. (Wikimedia Commons, © Following Hadrian)

리 신과 인간 사이에 놓인 문턱은 상당히 높으면서도 역설적으로 이 특수한 숭배 형태가 실제로 숭배자와 찬양 대상 간의 특별히 밀접한 관계로 이어질 수 있었다는 점이 특이하다. 헬레니즘 종교의 이렇게 특이한 기본적 특징은 이후에 더 발달하고 로마 제국 전체로 퍼져 나갔다.

무사의 세계: 문학, 예술, 철학

공통의 언어와 생활 방식은 그리스 정체성이 지닌 특징 중 하나였고, 따라서 다른 민족들이 그리스다움과 동일시하는 특징이기도 했다. 일찍이 기원전 4세기에 아테네의 철학자이자 수사학자인 이소크라테스Isocrates는 다음과 같이 말할 수 있었다. "우리의 교육(파이데우시스paídeusis)을 공유하는 사람들은 공통의 본성으로 결합된 사람들(코이네 피시스koinē physis)보다 더 빨리 그리스인으로 불릴 것이다."(4.50) 이러한 의견은 특히 헬레니즘 시대에 확실하게 입증되었고, 그에 따라 이해되었다.[108] 이는 헬레니즘화라는 과정에서 결정적 요인이었고, 신체 훈련과 지적 및 정신적 발달을 의도적으로 결합한 청년 교육의 교과과정이 놀라울 정도로 똑같았다는 사실에서 명확히 드러났다.[109] 유대인 철학자인 알렉산드리아의 필론Philo은 「특별한 율법에 관하여*De Specialibus Legibus*」라는 논평에서 이 개념을 아주 생생하게 설명했으며, 자신의 신념을 강조하는 날카로운 지적으로 논평을 마무리한다.

> 자녀와 관련해 부모보다 더 쉽게 은인으로 불릴 수 있는 사람이 누가 있을까? 부모는 자녀를 낳아 주었고, 자녀가 기를 가치가 있고 나중에는 몸(소마sōma)과 마음(프시켄psychēn)을 모두 교육(파이데이아paideía)할 가치가 있다고 생각한다. 그로써 자녀는 생명을 얻게 될 뿐 아니라 좋은 삶(에우 젠eu zēn)을 살 수 있다. 그들은 몸의 활력(에우토니아eutonía)과 양호한 상태(에우엑시아euexía), 리듬(리트모스rhythmós)과 예절(프레폰prépon)로 나타나는 신체 움직임과 민첩한 자세가 목표인 체육 훈련(김나스티케gymnastikē)과 레슬링(알레입티케aleiptikē)으로 신체에 이로운 효과를 안겼다. 그들은 문학(그라마타grámmata), 수학(아리트모이arithmoí), 기하학(게오메트리아), 음악(무시케mousikē), 철학 전체를 통해 정신에도 똑같이 이로운 효과를 안겼는데, 인간의 몸에 자리 잡은 마음(누스noūs)을 고양하고, 그 마음을 천국까지 호위하고, 그곳에 깃든 축복받고 행복한 천성을 보여주고, 그 마음 안에 지휘자에게 복종하며 절대로 포기하지 않을 불변의 조화로운 질서에 대한 뜨거운 열망을 만들어 낸다.[110]

이 글에서는 정신의 육성이 주로 강조되는데, 그 육성 과정에서는 현대의 중등교육이나 3차 교육에 가까운 수준으로 가르친 수사학과 철학이 중요한 역할을 했다. 문학 수업이 대개는 읽기와 쓰기 같은 기초적 기술에 집중되어 있었지만, 수사학은 일반적으로 (널리 보급되어 있었지만, 민간에서 운영된) 학교 수업에서 중요한 위치를 차지한 일반 문학을 꾸준히 평가 기준으로 삼았다. 호메로스는 이러한 맥락에서 특별한 역할을 했고, 바로 그런 이유로 그는 그리스의 위대한 교육자로 생각될 수 있었다.[111]

일반적으로 문학은 그리스 문명에 생명의 묘약 같은 것이었다. 이미 지적했듯이 문학은 항상 사회적 소통에서 확고한 자리를 갖고 있었다. 문학은 지배 엘리트들의 심포지온과 종교 축제, 전승 축하연에서 대개는 음악, 춤과 밀접하게 관련되어 중요한 역할을 했다. 그것은 역사 속 실존 인물로 다루어진 유명한 영웅들뿐 아니라 이후의 유명인들에 관해서도 이야기해 주었다. 하지만 무엇보다도 그것은 신들을 기리고 신에 대한 찬양을 노래하는 데 바쳐졌다. 문학 본연의 미적 매력은 군중 전체가 합창단의 일원이나 무용수로서 적극적으로 참여했을 때 가장 강렬하게 느껴졌고, 그런 일은 자주 있었다. 본질적으로 기원전 5세기에 아테네에서 발달한 연극이라는 매체가 이를 제대로 보여 준다.

기원전 4세기부터 이러한 공연 행위 외에 독서 문화 또한 점차 모습을 드러냈다. 이러한 현상은 예술과 과학의 중심지가 된 알렉산드리아에서 절정에 달했다. 그곳에서 이집트의 프톨레마이오스 왕조 통치자들은 (다른 곳의 다른 통치자들과 마찬가지로) 자신들이 너그럽게 예술을 후원하고 있음을 보여 주고 자신들만의 방식으로 헬레니즘화된 문화의 높아지는 미적 감각에 보탬을 줌으로써 자신들의 업적과 야심 찬 계획을 과시했다. 그들은 알렉산드리아의 거대한 궁전에서 일단의 예술가, 지식인과 특히 작가와 철학자들을 지원했는데, 이들은 무사Muse들에게 바쳐진 '무세이온Museion'이라는 문화단체로 조직되었다.[112] 광범위한 분야를 다루도록 계획된 거대한 도서관이 이 집단에 배속되었다. 무세이온 구성원 중에서 뽑은 이 기관의 우두머리들은 왕자들의 가정교사로도 활동했다. 왕과 궁정은 주로 연회를 통해 이 지식인들과 어울렸다. 전통적 심포지온이 그곳에서 웅장하면서도 전통적이고 친밀한 분위기 속에서 계속 거행되었다.

무세이온의 한 가지 특징은 깊은 지식과 문헌 생산이 결합했다는 것이다. 무세이온의 구성원들은 그때까지 그리스어로 발표되었던 모든 저술의 사본과 함께, 다른 언어로 된 수많은 문서까지도 알렉산드리아 도서관에 모았다. 이는 새로운 환경에서 자신들을 드러내는 확실한 행동이기도 했다. 그들은 이 문헌들을 수집해 분류하고, 이를 대조하고 논평하는 방식으로 문헌학을 연구했다. 이 활동만으로도 높은 수준의 언어 능력을 추정할 수 있지만, 무엇보다 신화 분야, 역사 분야, 지리 분야의 지식이 아주 정확했던 것으로 보인다. 그들의 손을 거치지 않은 문서(또는 고대의 다른 학문 중심지인 페르가몬 같은 곳에서 활동한 다른 학자들의 손을 거치지 않은 문서)는 그 어떤 것이든 후대에 영원히 전해지지 못했다. 오늘날 우리에게까지 고대의 기본적인 중요 문헌이 전해진 것은 본질적으로 그 헌신적이고 학식 있는 알렉산드리아인들의 노고 덕분이다.

그러나 그와 동시에 전문가로서 자신감이 넘쳤던 학식 높은 문헌학자들은 당시에 널리 퍼져 있던 경연 정신에 따라, 과거의 작가들은 물론 자기 자신들과도 시학 분야에서 경쟁을 벌였다. 그들은 모든 형태의 저술에서 자신들만의 문체를 개발했다. 그들의 주변 환경과 그들이 하는 일을 고려해 보면 이러한 문체는 허세 섞인 박식함과 최고의 언어적 기교의 배치로 특징지어졌다. 이러한 맥락에서 누군가는 '예술의 인위성'을 거론하기도 했다.[113] 궁극적으로 저작 활동을 넘어서는 과학적 관심 또한 이러한 활동을 중심으로 생겨났다. 예를 들어 일찍이 기원전 3세기에 스토아학파 철학자이자 알렉산드리아 도서관장이었던 키레네의 에라토스테네스Eratosthenes는 천문학과 수학이 결합된 지리학과 연대학을 연구하기 시작했다. 과학적 연구법 발전을 향한 이러한 움직임은 알렉산드리아 밖에서, 그리고 다른 학문 분야에서도 나타나고 있었다. 나는 이 책에서 헬레니즘 시대에 실증적 학문으로서 뚜렷한 특색을 띠게 된 의학의 예를 언급하는 것으로 그치려고 한다. 이는 그리스 의사들의 중요성을 높이는 역할만을 했는데, 그들은 특히 코스섬의 히포크라테스Hippocrates와 코스섬에서 활동한 아스클레피아데스Asclepiad[9]들의 전통에 따라 이미 훌륭한 평판을 누리고 있었다.

시각예술 분야에서도 (고대 세계의 음악 세계는 안타깝게도 우리가 알 수 없는 분야이지만) 상당히 비슷한 전통을 확인할 수 있는데, 경쟁이 치열해지면서 점차 고전주의적으로 여겨지던 이전 예술가들을 부분적으로 지나치게 비판적

9 의술의 신 아스클레피오스Asclepius의 후손이라는 뜻으로, 아스클레피오스의 비전을 이어받았다고 칭한 의사들을 가리킨다. 헬레니즘 시대에는 많은 의사가 아스클레피아데스라는 이름으로 활동하기도 했다.

—— 갈리아 전사의 자결이라는 이름으로 알려진 루도비시(Ludovisi)의 대리석 조각(로마, 알템프스 궁전, 238-220 BC 무렵). 전투에서 패한 한 갈리아인이 아내를 먼저 죽이고 자기 목숨까지 끊는 모습을 보여 준다. 이 조각상은 원작인 그리스 조각상을 본따 로마에서 만든 사본으로, 원래의 조각상은 갈리아를 비롯한 다른 적들에게 거둔 그리스의 의미 있는 승리를 기념하는 건물 단지인 페르가몬의 아테나 니케포로스 성역의 아탈로스 1세 승전 봉헌소에 있었다(기원전 238/234년, 기원전 223년). (Wikimedia Commons)

—— 리하르트 본(Richard Bohn)이 1888년에 페르가몬 상부 도시를 재현한 그림. 이 도시 지역은 아탈로스 1세와 에우메네스 두 통치자 때 특히 세력을 넓혔는데, 기원전 2세기 중반 무렵에는 정상에 있는 궁전 단지 주변의 언덕 전체를 거의 다 차지했다. 로마 시대에 그 도시는 산 아래 평원 쪽으로 세력을 키웠다. (Wikimedia Commons)

으로 분석했다.[114] 문학에서와 마찬가지로 이 분야에서도 작은 형태를, 사실적 디테일을 뚜렷이 선호했는데, 더 나아가 일상생활 속 장면이나 추함의 미학처럼 당시까지 경멸의 대상이었던 것이나 이국적인 것들을 선호하기도 했다. 다른 한편으로는 비통함과 웅장함을 추구하는 경향도 존재했는데, 통치자나 도시 사회의 지배층과 관련된 부분에서 분명하게 드러났다. 궁전과 도시 경관은 예술적인 설계와 배치를 통해 이 예술 후원가들의 영광을 공공연히 드러냈고, 이들은 그러한 작품을 통해 후대에 정치적·이념적 진술을 남길 수 있었다. 이는 소아시아 페르가몬의 성채 언덕에서 여전히 뚜렷하게 확인된다.

이들 예술 장르는 주로 신과 신 같은 통치자들을 기리는 목적으로 개최되었고, 수적으로나 규모 면에서 계속 꾸준히 커졌던 향연과 경연에서 여러 개가 융합되어 등장했다. 설계를 통해 조성된 도시의 공적 공간이, 특히 도시의 기념물들을 배경으로 미적으로 배치된 광장이 행진과 공연에 드물지 않게 이용되었다.[115] 일반적으로 예술과 문학을 공연으로 보여 주는 활동은 계속 육성되었다. 극장의 역할은 이를 설득력 있게 보여 주는 증거다. 전처럼 극장에서는 예전의 희곡과 새로운 장르 작품 형태의 연극이 무대에 계속 올려졌다. 또한 극장은 대중 웅변 시연뿐 아니라 정치적인 집회와 연설의 장소로도 이용되었다. 헬레니즘 시대의 문화는 전체적으로 확실히 극적인 무언가를 갖고 있었다.

아테네는 일찍이 기원전 5세기의 페리클레스 시대에 이미 철학적 담론의 중심지가 되어 있었다. 토론회를 열기 위해 점점 더 많은 '현자(소피스트)'들이 아테네로 몰려들기 시작했는데, 그들은 그들의 철학적 선배인 이른바 소크라테스 이전 사상가들처럼 사물의 본질을 다루기보다는 지식과 인간의 공존에 관한 기본적 문제들을 토론 주제로 다루었다.[116] 그들은 특히 공정한 사회질서를 구성하는 것이 무엇인지에 관해 물었는데, 이는 사크로 에고이스모sacro egoismo[10]를 보여 주던 당대 그리스 정치의 무질서한 성향에 비추어 볼 때 그 시대의 화급한 문제였다. 이 지식인들이 개인의 판단력을 아주 강조했고 자신들의 선배와 동료들을 경쟁적으로 비판하며 특별히 기쁨을 느꼈으므로, 그들의 상대주의적이고 회의적인 성향이 많이 드러났다. 이는 거친 토론이 주는 크나큰 즐거움과 결합해 수사법이라는 기술로 모습을 드러냈는데, 이 기술은 바로 소피스트들이 전문화했다. 그와 동시에 "여기서는 모든 것을 배울 수 있다. 특히 (예를 들면 법적 분쟁에서) 말로 승리하는 법을 배울 수 있다."라는 좌우명을 보면 이 기술에는 확실히 교육의 목적도 있었다.

아테네에서는 기원전 5세기의 마지막 30년여 동안 이 새로운 사고 체계를 소크라테스라는 걸출하고 저명한 인물이 제대로 입증했다. 그의 가르침은 지배 엘리트층 자제들 사이에서 특별한 반향을 일으켰다. 그 결과 아테네가 (기원전 404년에) 펠로폰네소스 전쟁에서 재앙과도 같은 패배를 겪고 그 상위층에서 선출된 군사정부('30인 참주')가 아테네를 다스리게 된 후, 그는 윤리적 상대주의로 비난받는 상황에 직면했다. 결국 기원전 399년에 그는 젊은이들을 타락시키고 종교에 관한 법률을 위반했다는 이유로 사형을 선고받았다. 특히 종교적 공동체였던 그 폴리스는 폴리스가 우롱당하는 상황을 용납하지

10 '신성한 이기주의'라는 뜻이다.

못했다. 소크라테스는 법치를 존중해 도망칠 기회를 거부하며 자기 생각을 견지했다.

그런데 아테네만이 철학의 중심지가, 실제로는 유일한 중심지가 된 이유는 소피스트(이소크라테스)에게서 힌트를 얻었든, 그들과 완벽히 반대되는 편(플라톤)에 섰든, 아테네 지식인들이 철학 학교를 세우기 시작했기 때문이었다. 그로 인해 얼마 지나지 않아 그리스 전체에서 가장 뛰어난 사람들이 그곳으로 모여들었다. 영웅 아카데모스Academos(아카데미)의 숲에 세워진 플라톤 학교에 들어가기 위해 17세의 나이에 북부 그리스 도시 스타게이라에서 아테네로 찾아온 젊은 아리스토텔레스가 이러한 발전을 보여 주는 가장 유명한 예다. 이후에 아리스토텔레스는 본인이 직접 김나시온에 학교를 세웠다. 그 학교는 이후 이 김나시온에서 딴 이름(리케이온 또는 리케움)으로 불리거나 그 체육관 주변의 돌기둥 통로를 가리키는 이름(페리파토스에서 이름을 딴 페리파토스학파)[11]으로 불렸다.

철학은 알렉산드리아나 다른 지역의 무세이온에서 연구한 여러 학문 중 하나였지만, 특히 헬레니즘 시대에는 순회 설교자처럼 온 나라를 다니면서 광장에서 재판을 열어 토론과 논증, 궤변을 통해 다양한 지적 수준의 생각을 제시한 철학자 또한 수없이 많았다. 그러나 철학이 완전한 학문이 된 것은 아테네에서였다. 심지어 헬레니즘 시대 초기에도 새로운 학교들이 아테네에서 생겨나기 시작해 플라톤과 아리스토텔레스의 오래된 학교를 보완해 주었다. 그러한 학교를 세운 사람들은 다른 소크라테스 학파 학자들의 가르침을 고수했지만, 알렉산드로스와 그 후계자들인 디아도코이의 통치기에 일어난 사회적 격변에 크게 영향을 받기도 했다. 일찍부터 그들은 그 시기에 엄청나게 넓어진 학문적 시야를 반영했고, 보편적이면서 문자 그대로 세계주의적인 경향을 확실히 보여 주었다. 플라톤의 아카데미와 페리파토스학파 외에 두 학교가 특히 성공을 거두며 제대로 자리를 잡았다. 스토아학파와 에피쿠로스학파도 이 학교들과 마찬가지로 아테네의 확실한 학문 기관으로 자리 잡으며 청년(에페

11 페리파토스(산책길)를 거닐며 학문을 논의했다는 의미에서 소요학파라고도 한다.

보스)을 위한 공교육 체계에 통합되었다. 기원전 2세기부터 그 학교들은 더욱 더 많은 '외국인'을 그 도시로 끌어들이기 시작했는데, 특히 로마의 대표적 가문 자제들이 몰려들었다.[117]

창시자인 (키프로스의 도시) 키티온 출신의 제논Zeno이 처음에 자신의 사상을 상세히 설명했던 아테네 아고라의 한 구역(스토아 포이킬레 또는 '다채로운 그림이 그려진 홀')에서 이름을 딴 스토아학파와 자신들에게 영감을 안겨 준 선구자인 아테네의 에피쿠로스Epicurus의 이름을 딴 에피쿠로스학파는 윤리를 두드러지게 강조했다는 공통점이 있다. 특수한 형태의 내적 평정 상태(오늘날 더 느린 삶의 속도라고 부를 수도 있는 것인 아타락시아)를 이루려는 실용적 철학이 두 학파의 중심이 되었다. 이를 지향하기 위해 조리 있는 논리와 인식론뿐 아니라 형이상학적 영역에서도 철학적 기초를 모색했다. 이 과정에서 그 새로운 사상가들은 무엇보다 소크라테스 이전 사상으로 거슬러 올라갔다. 스토아학파는 인간의 모든 행동을 지배하는 이성(로고스)의 능력을 강조한 헤라클레이토스Heraclitus의 학설에 의지하면서 이성을 사람들의 삶에서뿐 아니라 우주에서도 유일하게 절대적으로 믿을 수 있는 조직적 힘으로 생각했다. 그에 따라 인간은 이성의 능력을 유일하게 선물 받은 피조물로서 인류의 공유된 유산의 한 단위를 형성했다.

한편 에피쿠로스는 원자론자들(레우키포스Leucippus, 데모크리토스Democritus)의 가르침에 동조해 보이는 세상이든 보이지 않는 세상이든 똑같이 세상이 볼 수도 나눌 수도 없는 아주 작은 입자(아토마átoma)들이 모인 다루기 어려운 집합이라고 생각했다. 이 원자들은 공간을 통해 움직이고 우연히 합쳐져 한동안 함께 뭉쳐져 있다가 다시 분리되었다. 따라서 이러한 유물론적 의미에서 에피쿠로스는 이를테면 생명과 죽음의 현상을 설명할 수 있었고, 그런 식으로 구성된 세상에서는 예측 가능성 같은 것이 존재할 수 없는 것이 분명했다. 이는 스토아학파가 신봉한, 논리를 통한 선결정predetermination과는 뚜렷하게 반대된 입장이었다. 그리고 스토아학파가 보편 이성에 관한 원칙을 신의 섭리로 해석하고 그것을 제우스라는 인물에 비유하는 방식으로 구현해 그것에 종교적 의미를 부여할 수 있었던 반면에, 에피쿠로스의 신들은 세상사에 전혀 관심이 없었다. 따라서 인간은 신의 개입을 기대해서는 안 되었기에 그들을 두려워할 것도 없었다.

그 두 학파는 이처럼 분명한 자연과학적 가정들로부터 결국 아타락시아를 획득하기 위한 주된 초점이 되는 윤리에 관해 서로 다른 결론을 도출했다. 스토아학파는 세상사의 흥망성쇠와 인간의 공존 관계에 나타나는 사회적 괴리를 스토아학파 특유의 평정심으로 지켜보았다. 궁극적으로 '논리적인' 세계 질서의 관점에서 보면 이것은 모두 매우 무의미했다. 그래서 인간은 자신의 인생에서도 이성을 유일한 지침으로 삼기만 하면 되었다. 한편 에피쿠로스학파의 입장에서는 마치 정말로 우연에 의해 삶이라는 선물을 받았고 사물이 분해되면 그만큼 쉽게 삶을 잃어버리게 될 것처럼, 인간에게 중요한 것은 될 수 있는 한 걱정 없이 행복하게 사는 것이었다. 그들에게는 자신에게 주어진 시간을 친구들이나 생각이 같은 사람들과 될 수 있는 한 기분 좋게, 즐겁게 사는 것이 목표였다.

이들 철학 학파 외에 어느 정도 조직적인 다른 집단도 있었는데, 그중에는 키니코스학파가 있었다. 이들은 형이상학을 멀리하고 엄격한 도덕적 태도를 통해 검소한 생활을 주장했다. 대체로 그들은 자신들이 설교한 바를 실천으로 옮겼다. 당시에 집중적으로 교류하면서 가끔은 자기들끼리나 특히 다양한 사상을 지닌 학파들끼리 상당한 반론을 주고받으며 토론을 벌이기도 했다. 이로 인해 서로 길이 갈리기도 했지만, 사상에 관해 상호 비판적으로 평가하기도 했다. 궁극적으로 아테네에 중심지를 둔, 광범위하면서도 복합적인 지적 소통권이 형성되면서 그 영향은 시대를 넘어 이후까지도 지속되었다. 이 철학이 주변 문명들 사이에서 크나큰 관심을 불러일으켰으므로 가능한 일이었다.

예를 들어 로마인들은 위기에 처해 새로운 방향을 모색하려고 할 때 그리스 철학의 전통을 활용하려고 했고, 본인도 철학 저서를 쓴 로마 정치가 마르쿠스 툴리우스 키케로는 당시 원본 형태로는 대부분이 사라진 헬레니즘 시대의 철학 문헌을 집대성함으로써 철학 문헌에 관한 한 가장 중요한 공급자 중 한 명이 되었다.[118] 유대인 사상가들이 그리스어로, 그리고 스토아학파의 이성을 야훼와 결합하는 방식으로 그리스식 기준을 고려해 자신들의 신앙 교리를 지키려고 했다는 점 또한 중요한 사실이다.(고대 그리스인들은 유대교 같은 엄격한 일신교를 아주 '철학적'이라고 생각했다.) 앞에서 언급한 알렉산드리아의 필론은 이러한 사상을 지닌 학파의 대표자였다. 이런 점에서 그의 연구는 플라톤 철학과 스토아주의를 합쳐 놓은 것이다. 그러한 발전으로 이후 무엇보다도 기독교 신학이 발전할 수 있었다. 그리스 문화가 상당히 여러 지역으로 퍼져 나간 방식은 그 문화의 진정한 지구사적 의미가 주로 미적·지적 영역에 있음을 다시 한번 명확히 해 준다.

5 로마 공화정의 전성기와 쇠망

이탈리아 전체를 정복한 로마는 중부 지중해 및 서부 지중해 지역에서 카르타고의 포에니 문명과 거의 대등한 위치까지 도달했다. 나중에 되돌아보니, 그리고 그리스인 역사가 폴리비오스가 확실하게 이러한 관점에서 보았던 것처럼, 이제 카르타고와 로마 사이의 전면적 정치 투쟁은 불가피한 것처럼 보였다. 그러나 이것은 당시 사건들을 지나치게 단순하거나 논리적으로 해석한 것일 수 있다. 하지만 실제로 이런 일이 일어났다고 보는 것은 충분히 일반적인 해석이다.

앞에서 살펴보았듯이 카르타고인들은 서부 지중해의 광범위한 페니키아 무역망을 점차 잠식해 갔다. 동시에 그들은 마그레브의 넓은 지역에서, 특히 현재의 튀니지가 차지하고 있는 지역에서 직접적 종주권을 행사했다. 그들은 이들 지역의 피지배민을 엄격하게 통제하면서 농업 생산물을 가져갔다. 그러나 이 요인을 제외하면 카르타고는 원칙적으로 당시의 그리스나 로마의 도시와 다를 바 없이 조직되어 있었다. 아리스토텔레스가 쓴 『정치학*Politics*』의 한 장(2.11)이 이에 관한 주요 자료인데, 그리스 국가 이론에서 카르타고의 정체는 스파르타의 정체와 어깨를 나란히 하는, 상당히 수준 높은 정체였던 것으로 평가되었다.[119]

카르타고 국가의 맨 위에는 수페트sufets라는 두 명의 관리가 있었는데, 로마의 집정관에 맞먹는 자리였다. 또한 선거와 의사 결정을 책임진 민회가 있었다. 그러나 카르타고 정체의 특징은 로마처럼 철저히 귀족적이었다는 점이다. 귀족 중에서 관리를 채용했지만, 가장 중요한 점은 바로 이 집단이 정치 생활과 함께, 국가 관리들이 '장로회(게루시아)'와 104인회로 알려진 사법 위원회를 통해 자신들의 임무를 이행하는 방식까지도 완벽하게 통제했다는 사실이다. 로마에서처럼 이 작은 무리에 사회적 지위와 정치적인 경험 및 식견이 집중되어 있었다. 군사 지휘권은 원래 카르타고 왕의 전유물이었다.[120] 하지만 시간이 지나면서 이 통치자들은 귀족에게 유리하게 종교적 임무만 맡도록 사실상 강등되어 로마의 렉스 사크로룸과 다를 것이 없었다. 그들의 자리는 귀족 중에서 특별한 군사적 역할을 맡은 관리들이 차지했다. 우리는 그들을 가리키는 그리스어인 스트라테고스밖에 알지 못한다. 이들 스트라테고스는 개별적 군사 원정을 이끌도록 민중이 선출했다. 그들의 지휘를 받는 병사들은 출신이 다양했고, 아주 일부분만이 카르타고 시민들로 구성되어 있었다. 카르타고 병력 대부분은 동맹군, 용병과 함께 그 도시의 다양한 통치 지역에서 육성된 부대들로 이루어져 있었다.

카르타고는 오래전부터 주로 관심 영역을 명확히 구분하는 방식으로 자신들에게 너무나도 중요한 무역과 무역 항로를 보호하기 위해 애써 왔다. 따라서 이미 이러한 취지로 로마 공화정 초기에 로마와 맺은 조약이 있었는데, 이 사실이 이후에 두 강대국 간의 갈등이 점차 고조되고 나서야 알려졌다는 점에서 그 조약은 단독 사례는 아니었던 듯하다. 그러나 위험이 닥쳤을 때 카르타고는 앞에서 언급한 기원전 540년 무렵의 알랄리아 해전에서처럼 군사적으로 빠르게 대응했다. 이러한 상황에서 시칠리아에 거주하던 그리스인 집단인 시켈리오트Siceliotes와 카르타고 간의 오래된 갈등이 표면화했는데, 사실 그러한 갈등은 거의 200년 동안 그 섬의 역사에서 붙박이처럼 고정된 존재였다.

그리스 참주들은 기원전 5세기 초에 이미 시칠리아의 많은 지역을 장악하고 있었다. 섬의 서쪽에 아주 중요한 몇몇 기지(드레파나, 모티에Motye, 릴리바이온Lilybaion, 파노르모스Panormos(현대의 팔레르모))를 둔 카르타고인들은 이를 그냥 두고 볼 수만은 없었다. 그들은 방어적 태세를 보이면서도 종종 군사 원정을 통해 섬의 동쪽까지 침략했는데, 특히 기원전 5세기 말 무렵에는 몇몇 주요 그리스 도시를 파괴하거나 폐허로 만들기도 했다. 이로 인해 그 섬에서 가장 중요한 그리스 폴리스였던 시라쿠사의 군 지휘관은 '야만적인' 카르타고인들을 상대로 전쟁을 벌임으로써 참주로서 자신의 지위를 정당화할 기회를 잡을 수 있었다.[121] 이렇게 시라쿠사의 왕 디오니시오스 1세Dionysius the Elder는 섬의 거의 모든 지역을 자신의 통치하에 두었고, '시칠리아의 통치자(아르콘 테스 시켈리아스archōn tês Sikelías)'로 불렸다. 그렇다고는 해도 그는 카르타고인들을 섬의 서쪽에 있는 그들의 기지에서 쫓아 버릴 수는 없었다.

그 밖에 카르타고는 아프리카의 핵심 지역뿐 아니라 곳곳의 기지로 이루어진 광범위한 네트워크 또한 정력적으로 방어하는 데 열중했다. 그 네트워크에는 시칠리아는 물론 주로 에스파냐(예를 들면 현대의 카디스에 해당하는 가데스Gades), 발레아레스 제도, 코르시카, 사르데냐 등의 기지가 포함되었다. 그들은 특히 시칠리아의 거점들에 집요하게 매달렸는데, 그 섬이 자신들의 영토인 북아프리카 해안과 완전히 반대쪽에 있어 중요했기 때문이라는 점이 컸다. 이로 인해 그러한 지배의 성격과 규모와 관계없이 그들의 주州라고 할 수 있는 시칠리아섬 서쪽에 대한 지배가 카르타고 정책의 필수 요소였음이 분명해진다. 바로 이러한 배경을 고려해야만 제1차 포에니 전쟁(264~241 BC)이라는 카르타고와 로마 간 충돌의 진정한 의미가 비로소 명료해진다.[122]

처음에는 그러한 충돌이 절대 일어날 것 같지 않았다. 특히 두 강대국이 피로스 전쟁(280~275 BC) 때 양측의 군사 개입을 허용할 수 있는 한계로서 메시나 해협을 경계선으로 합의하는 과정에서 서로 협력했기에 더더욱 그랬다. 하지만 기원전 264년에 메시나가 카르타고에 원조를 요청하면서 카르타고와 시라쿠사 간에 다시 한번 전쟁이 벌어질 조짐이 보였다. 로마 역시 이 전쟁에 휘말렸는데, 카르타고에 원조를 요청한 바로 그 메시나가 로마에도 도움을 요청했기 때문이었다. 로마는 최근에 이탈리아에서 거둔 성공에 우쭐해진 상태였고, 쉽게 전리품을 얻고 명성까지 얻을 가능성에 이끌린 것이 분명했다. 메시나에 있는, 로마의 이탈리아계 동포들을 위협하는 부유한 도시 시라쿠사를 향해 진격하는 것이 목표였다. 그러나 원래 군인 출신 참주에 지나지 않았던 시라쿠사 왕 히에론 2세Hieron II는 시대의 징후를 제대로 읽어 내어 최대한 신속하게 (기원전 263년에) 로마와 평화조약 및 동맹을 체결했다. 히에론 2세는 기원전 215년에 세상을 떠날 때까지 이 조약을 충실히 지켰다.

그리고 그것으로 끝났어야 했지만, 로마인들이 그 섬에서 철수하지 않았고 카르타고인들도 그 섬에 로마인들이 계속 머무르는 것을 용인할 생각이 없었으므로 사실상 아무것도 해결된 것이 없었다. 그렇게 예전에 동맹이었던 두 국가는 서로 충돌했다. 그 두 강대국에는 절대로 물러서지 않는 것을 주요 특징으로 하는 정치 활동의 긴 전통이 있었다. 그리고 두 국가 모두 자국이 당시까지 지나온 역사의 결과로 더 강해졌다고 생각했다. 결국 그들은 승리밖에 몰랐다. 이러한 일단의 상황으로 인해 대규모 전쟁이 발생했다. 그 과정에서 로마는 해양 강국이 되었고, 여러 번 아프리카를 침략했으나 실패하면서 때로는 큰 손실을 겪기도 했다. 이와는 대조적으로 카르타고는 자신들이 약소국을 지켜 주는 강대국이라는 로마의 주장을 훼손하기 위해 이탈리아의 긴 해안선을 따라 공격을 감행했다. 마침내 카르타고의 장군 하밀카르 바르카Hamilcar Barca(번개)가 작전 지휘를 맡으면서 시칠리아 서쪽 전역이 전쟁에 휘말렸다. 그러나 결국 마지막으로 힘을 낸 로마가 해전에서 승리를 거두면서 카르타고는 강화조약을 요청할 수밖에 없었다.

이후 로마는 시칠리아 전체를 통제하에 두었는데, 이미 방대해진 이탈리아 본토의 영토에 그 섬의 지역과 공동체들을 통합하지는 않았다. 그 대신에 로마는 그곳 사람들에게 공물을 바치는 의무를 지웠고, 섬 전체가 특별 행정관의 통치를 받게 했다. 로마의 직접 통치를 받는 이런 유형의 지역은 이 관리의 법적 권한이 미치는 영역을 가리키는 프로빈키아에서 유래해 '프로빈스', 즉 속주라는 명칭으로 알려졌다. 용병들이 대규모 반란을 일으킨 결과로 로마는 불과 몇 년 뒤에 사르데냐와 코르시카의 카르타고 기지들도 장악했고, 마찬가지로 그곳에도 속주를 세웠다. 이는 지중해 지역에서 카르타고의 세력이 크게 약화했음을 의미했다. 의미심장하게도 카르타고는 대가를 받아 내려고 했고, 결국 복수를 시도했다.

복수를 추진한 세력은 카르타고의 장군 하밀카르 바르카와 그의 가문인 바르카 일족으로, 특히 하밀카르의 사위 하스드루발Hasdrubal과 아들 한니발이 주역이었다. 하밀카르는 어린 시절의 한니발에게 로마인들을 영원히 증오할 것을 맹세하게 했다고 한다. 이러한 상황은 로마에 실존적 위협으로 바뀌는데, 로마가 갈리아의 침략을 받은 후로는 직면하지 못한 위협이었다. 우선 특히 하스드루발 휘하의 카르타고인들은 로마의 간섭을 받지 않을 정도로 충분히 먼 이베리아반도에서 자신들의 입지를 성실히 넓히며 공고하게 다졌다. 그들은 계획적으로 대규모 은광 지역에 제2의 세력 중추로서 도시 신新카르타고(카르타헤나)를 세웠다. 그들은 에스파냐에서도 켈트-이베리아 부족들과 맺은 조약을 통해 자신들의 영향권을 상당히 넓혀 갔다. 하스드루발이 세상을 떠난 후 한니발은 로마를 상대로 한 전쟁(제2차 포에니 전쟁(218~201 BC))에 박차를 가했다. 그는 전적으로 이탈리아 땅에서만 이 전쟁을 치르는 것을 목표로 삼았는데, 카르타고 본국을 전쟁에 휘말리게 하지 않으면서 로마의 이탈리아 동맹군을 떨어져 나가게 하기 위해서였다. 처음에 그는 큰 대가를 치르면서도 극적으로 알프스산맥을 넘어가며 이 목표를 달성하는 데 성공했다.

대체로 한니발은 기습이라는 역동적 요소를 전술적으로 사용한 덕에 연달아 군사적 성공을 거두면서 로마를 극도로 위험한 상황에 내몰았다. 심지어 그는 기원전 216년에 칸나이 전투에서 전설적인 포위 작전으로 로마의 주력 부대를 섬멸하는 데 성공했다. 그러나 이 전투는 이후 로마인들이 항복하기를 거부하고 대동단결했다는 점에서 아주 다른 의미의 전환점이 된 것으로 드러났다. 로마인들은 심지어 이 괴멸적 패배에 책임이 있는 사람들을 비난조차 하지 않았다. 의견 일치와 단결은 특히 이러한 상황에서 그 가치를 빛냈다. 그리고 한니발의 전쟁 전략 이면에 깔린 기본적 생각조차 잘못된 것으로 드러났다. 실제로 카푸아나 시라쿠사 같은 중요한 도시들을 포함해 로마의 예전 동맹 중 일부가 변심한 것은 사실이지만, 동맹국의 대부분, 특히 라틴 식민지들은 계속 충성심을 지켰다. 이탈리아에서 로마의 동맹 체제는 시련을 견뎌 냈다. "한니발 아드 포르타스Hannibal ad portas!(한니발이 바로 문 앞에 와 있다!)"

라는 외침이 경고의 의미로 쓰이는 격언이 되었지만, 로마인들은 에스파냐 전역戰役에서 거둔 승리를 통해, 특히 기원전 209년의 카르타헤나 정복을 통해 서서히 군사적 우위를 되찾았다.

결국 로마가 아프리카로 침공해 카르타고 본토를 직접 공격하자, 한니발은 이탈리아에서 그의 군대를 철수할 수밖에 없었다. 에스파냐에서 대단한 성공을 거둔 로마군의 최고사령관 푸블리우스 코르넬리우스 스키피오Publius Cornelius Scipio는 자신의 군대와 함께 카르타고의 옛 동맹국인 누미디아의 왕 마시니사Masinissa의 군대를 이끌고 기원전 202년에 자마에서 벌어진 대규모 회전에서 마침내 한니발과 그의 카르타고 군대를 물리쳤다. 이듬해인 기원전 201년에 곧바로 체결된 평화협정에서는 카르타고에 엄청난 규모의 배상금이 요구되었다. 하지만 무엇보다도 카르타고는 해외의 모든 자산을 포기해야 했고, 대외 정책 사안에서 운신의 자유를 상실했다. 이후로 카르타고는 로마가 동의해야만 전쟁을 치를 수 있게 되었다. 이 협정에서 이득을 본 주요 인물은 누미디아의 지도자 마시니사였다. 결국 이러한 가혹한 구속과 그에 대한 거의 불가피한 저항이 최후의 군사적 결전(제3차 포에니 전쟁(149~146 BC))으로 이어졌고, 카르타고가 징벌적일 정도로 완벽하게 파괴되면서 상황이 종료되었다. 카르타고는 세월이 많이 지난 후에야 로마의 식민지로서 잿더미에서 다시 일어설 수 있었다.

포에니 전쟁 직후 로마는 이베리아에 두 개의 속주를 추가로 세웠다. 그리고 그곳의 토착 부족들을 확실하게 정복하기까지 수십 년이 걸리고 많은 인명이 희생되었지만, 한니발을 물리친 로마는 중부 지중해 및 서부 지중해 전체를 지배하는, 이론의 여지가 없는 주인이 되었다. 동쪽에서는 적어도 피로스와의 전쟁 이후로 헬레니즘 세계와 긴밀히 접촉하고 있었다. 로마는 또한 이집트의 프톨레마이오스 제국과도 우호 관계를 유지했고, 무엇보다도 남부 이탈리아에서 그리스 동맹 세력의 무역과 소통 경로를 보호하기 위해 일찍이 아드리아해 동쪽 지역에도 개입해 현재의 알바니아 주변 지역의 일리리아인 해적들을 물리쳤다.

처음에 로마는 지구사적으로 대단했던 것으로 판명 난 카르타고와의 전쟁에 우연히 "미끄러져 들어갔을" 뿐이었지만,[123] 이로 인해 그들이 한니발과 힘겨운 싸움을 치른 지 불과 1년 만에 얼마나 목적의식을 갖고 동쪽에서 새로운 전쟁을 벌일 기회를 잡으려고 했는지가 더욱더 두드러진다. 제2차 포에니 전쟁 중에도 아드리아해 동쪽에서 충돌(제1차 마케도니아 전쟁(215~205 BC))이 있었는데, 이 전쟁은 일리리아에서 마케도니아 왕 필리포스 5세Philip V의 이해관계가 로마의 이해관계와 충돌하면서 한니발과 손잡은 필리포스 5세가 일으켰다. 이러한 움직임에 대응해 로마는 필리포스 5세의 주적인 아이톨리아와 손잡았다. 아이톨리아는 이후 동쪽에서 로마를 대리해 전쟁을 펼쳤다. 결국 아이톨리아가 연합작전에서 손을 뗀 뒤 로마는 현 상태를 유지한다는 조건으로 기원전 205년에 필리포스 5세와 화해했다.

그러나 이후 자유롭게 행동할 수 있게 된, 정력적인 필리포스 5세가 그에 못지않게 야심에 찬, 셀레우코스 제국의 통치자 안티오코스 3세와 손잡고 프톨레마이오스 제국에 공격을 가하면서 멀리 동쪽의 상황은 극적 상태로 치달았다. 당시에 프톨레마이오스 왕조는 미성년 통치자가 집권하면서 약해진 상태였다. 필리포스 5세와 안티오코스 3세는 프톨레마이오스 제국을 나누어 가지는 비밀 협정을 체결했다고 알려졌다. 어찌 되었든 그 두 통치자는 필리포스 5세가 먼저 남부 소아시아에서 움직여 보는 작전에 동의했다. 그러나 그 결과 이미 불안정해진 헬레니즘 시대의 세력 정치가 완전히 무너질 위기에 처했다. 의미심장하게도 이러한 사태 변화에 위협을 느끼고 필리포스 5세의 공격에 위태로워진 중간 규모의 두 세력이, 즉 로도스섬 공화국 그리고 아탈로스 왕조 통치하의 페르가몬이 이제 로마에 도움을 요청하며 의지했다. 이 모든 일이 기원전 201년에, 다시 말하면 로마와 카르타고의 두 번째 전쟁이 끝난 직후에 일어났다.

당시에 로마는 힘겨운 전쟁을 치른 뒤였고 로마 민중이 눈에 띄게 전쟁에 지친 모습을 보였는데도, 결정적으로 로마 원로원이 오래 망설이지 않고 바로 이 요청에 응답하면서 굴욕적인 최후통첩을 받은 필리포스 5세는 선전포고(제2차 마케도니아 전쟁(200~196 BC))를 할 수밖에 없었다. 로마의 이런 지나치다 싶을 정도의 정책 성향은 그 도시의 진정한 특징이다. 이는 세계 지배를 달성하기 위한 계획을 절대 나타내지 않았다. 그것이 로마의 목적이었던 적은 절대 없었다. 그러나 동시에 이제 로마인들은 공격적 행동을 통해서도 자신들의 이익을 거대한 전략적 규모로 충족할 수 있음을 깨달은 것이 분명하다. 따라서 서부 지중해 지역에서 지배력을 확보한 로마는 곧바로 동부 지중해 지역에서도 헬레니즘 세계의 강대국들을 군사적으로 상대해 연이어 승리를 거두었다. 이 과정은 불과 10년 만에 완성되었고, 다시 한번 그 여파로 헬레니즘 시대의 정치사에서 근본적 단절을 의미하는 급격한 변화가 발생했다.

로마가 거둔 신속한 성공은 로마인들이 항상 어떤 명확한 행동 방침을 따르기보다는 상당한 시행착오를 감내했다는 사실로 인해 더더욱 놀라웠는데,[124] 그들의 성공 요인으로는 두 가지 주된 요인을 들 수 있다. 먼저 헬레니즘 세계의 군주정들이 구조적으로 취약했다는 점이다. 그들은 반복된 동족상잔의 충돌로 인해 약해졌고, 그들이 겉으로는 웅장한 모습을 보여 주었지만, 대규모 장기전을 치름으로써 피지배민들의 진심에서 우러난 진정한 참여를 기대할 수 없었다. 따라서 그들은 수적으로 우세한 로마를 상대할 수밖에 없었는데, 로마의 수많은 시민과 동맹 세력들은 자신들을 로마라는 국가, 로마의 과시된 세력, 로마의 명성과 최대한 동일시했다. 그들은 로마 뒤에서 신들의 의지와 지지가 작동하는 것으로 인식하기까지 했다. 이러한 특이한 마음가짐은 로마가 우위를 점할 수 있었던 또 다른 중요한 요소였고, 로마가 거둔 대성공의 열쇠였다.

따라서 로마와 (페르가몬이나 로도스 같은 그리스 동부의 새로운 동맹국을 포함한) 동맹국들은 곧바로 필리포스 5세를 상대로 우위를 차지할 수 있었다. 필리포스 5세는 자신이 살아남을 수 있는 유일한 희망은 자제하는 것임을 빠르게 깨달았다. 이제 로마인들은 그리스인들이 자유로워졌다고 (기원전 196년에) 선언했다. 로마는 적어도 이 무렵에는 그리스 정치를 이 정도까지는 이해하고 있었다. 하지만 이 선언으로 로마가 더는 개입할 일이 없어지지는 않았다. 특히 그 지역 동맹들이 도움을 요청하는 바람에 온갖 종류의 관계에 거듭 휘말렸기 때문이다. 이는 거의 필연적으로 동쪽에 유일하게 남은 강대국인 셀레우코스 제국과의 대대적 충돌을 불러올 온상이었음이 판명되었다. 셀레우코스 제국의 통치자 안티오코스 3세는 지역 군주 정도가 아니라 세계 군주의 관점에서 생각하는 인물로서, 알렉산드로스 그리고 셀레우코스 제국을 세운 셀레우코스 니카토르Nicator('승리왕')를 닮고 싶어 했다. (프톨레마이오스 왕조를 희생시켜) 레반트 지방으로 제국을 확장하고 적어도 명목적으로는 중앙아시아와 인도의 경계선까지 통치권을 회복한 안티오코스 3세는 '대왕'이라는 별명을 얻으면서 아시아를 자신의 합법적 영토로 생각했다.

상호 필요로 이루어진 초기의 냉전 이후, 기원전 192년에서 기원전 188년까지 시리아 전쟁이라는 형태로 본격적인 무력 충돌이 발생했다. 시리아 전쟁은 로마와의 충돌에 휘말린 아이톨리아인들을 지원하고자 안티오코스 3세가 자기 병사들을 이끌고 유럽을 넘어가면서 시작되었다.[125] 얼마 후 그는 자신이 수세에 몰렸음을 알게 되었고, 결국 기원전 189년에 소아시아의 마그네시아 에피 시필로Magnesia ad Siplyum에서 벌어진 결정적 전투에서 로마군과 페르가몬 에우메네스Eumenes 왕의 병사들에게 패하고 말았다. 사실상 에우메네스의 병사들은 한니발을 물리친 스키피오의 지휘를 받고 싸웠다. 1년 뒤 안티오코스 3세는 아파메이아 평화조약에 따라 막대한 전쟁 배상금을 치러야 했을 뿐 아니라, 제국의 국경선을 타우루스산맥 뒤로 물리는 것은 물론 아들 한 명을 볼모로 내주어야 했다. 무엇보다도 이 결과로 이득을 본 것은 페르가몬과 로도스였다. 물론 로마는 소아시아의 다양한 통치자들 사이에서 균형 정책을 시행함으로써 이 두 국가가 과대망상을 품지 않도록 신경 썼다.[126]

어쨌든 로마 쪽으로 기울어져 있던 이집트가 당시 약했다는 사실을 고려해 보면 상황은 드러난 대로 이미 결정되어 있었다. 그러나 강력한 군주들이 여전히 재위하면서 겉으로는 힘 있고 화려하다는 인상을 주고 있었기에 동시대인들은 이것이 미칠 영향을 완벽하게 알 수는 없었을 것이다. 그러나 당시에도 로마에서는 종종 다른 민족에 대한 무시와 결합해 오만한 분위기가 고조되고 있었을 뿐 아니라 이후 해를 거듭하면서 그런 경향이 점점 더 분명해지고 있었다. 로마의 '친구와 동맹들' 중에서 더욱 명민한 자들은 로마와의 동맹으로 커진 세력조차도 안정된 상황을 나타내지 않는다는 것을 알아챘다. 동맹이라도 로마인들 눈에 갑자기 세력이 상당히 커진 것처럼 보이기가 너무

—— 델포이의 아이밀리우스 파울루스 승리 비문. 기원전 168년에 피드나에서 페르세우스 왕과 마케도니아 군대를 상대로 승리를 거둔 뒤, 로마의 최고 사령관 루키우스 아이밀리우스 파울루스(Lucius Aemilius Paullus)는 원래는 그의 적이 델포이의 아폴로 신전에 세우도록 의뢰한 기념비에 자기 이름을 새겨 다시 바쳤다. 그는 자기 자신을 "승리한 사령관"(비문에는 임페라토르)으로 불렀다. (Wikimedia Commons, © Colin Whiting)

나도 쉬운 데다가 시간이 지나면서 거의 모든 크고 작은 세력들이 로마의 '친구와 동맹'이 되었기 때문이다.

결국 끊임없는 지원 요청과 그리스 정치의 옹졸함에 실망한 로마인들은 백지상태를 선택했다. 그들은 필리포스 5세의 뒤를 이은 그의 아들 페르세우스Perseus가 그리스인들 사이에서 (적어도 명성과 관련해) 자신의 입지를 높이기 위해 다소 조심스럽고 신중하게 움직이자 이를 핑계 삼아 마치 그가 그 지역의 로마 동맹국들과 그들의 평화 및 안정에 진정한 위협인 양 그를 무자비하게 처리(제3차 마케도니아 전쟁(171~168 BC))하려고 했다. 기원전 168년에 로마는 크게 칭송받은 마케도니아 군대를 피드나 전투에서 말살했다. 이 패배로 마케도니아에서 독립된 왕정이 막을 내렸다.

그러나 로마는 다른 그리스 도시들과 그리스 동맹에서도 실질적인 적은 물론 잠재적인 적까지 수천 명을 학살하고 추방하면서 전적으로 로마에 동조하는 정권을 수립하기 시작했다. 수십 년간 로마의 우방이었던 로도스 같은 곳도 로마와의 친선이 결국에는 속국으로 복종한다는 것을 의미한다는 사실을 비싼 값을 치르고 배울 예정이었다. 미국의 대통령들인 리처드 닉슨Richard Nixon과 제럴드 포드Gerald Ford의 행정부에서 국무장관을 지낸 바 있는 헨리 키신저Henry Kissinger의 유명한 격언을 적용하자면 로마에게 친구는 없었다. 오직 국익만이 있을 뿐이었다.

당시 페르가몬 왕실 회의는 외교정책상의 모든 중요한 문제에 관해 로마인들의 의지를 먼저 타진해야 한다고 결의했다.[127] 페르가몬의 마지막 왕이 자신의 왕국을 로마인들에게 증여한다고 마지막으로 유언한 것은 이러한 기조와 일치했다. 로마인들은 로마의 아시아 속주로서 그 지역을 다스리면서 그곳을 약탈 대상으로 바꾸어 놓았다. 결국 저항의 기미는 마지막까지 하나도 남김없이 없앴다. 카르타고를 섬멸한 전쟁이 일어났던 시기와 거의 비슷하게 기원전 148년에 마케도니아는 로마의 속주가 되었고, 얼마 지나지 않아 아카이아 동맹의 전방 기지였던 코린토스도 섬멸되었다.

일반적으로 말해 그리스의 면모는 이 시기에 급격히 바뀌었다.[128] 그리스 전역이 전쟁과 대학살, 노예화, 대탈출과 추방으로 인해 인구가 급감했고, 그 과정에서 수만 명이 희생되었다. 이후 은혜를 베푸는 위대한 왕들은 등장하지 않았고, 로마인들은 처음에는 문화의 전파를 다소 주저한 것으로 드러났다.(그 대신에 그리스의 아름다운 예술 작품을 빼앗는 경향이 있었다.) 결과적으로 로마 덕분에 지위를 얻은 부유하고 유력한 사람들이 점차 여러 도시에서 좋은 일을 하며 전면에 나서게 되었고, 시간이 지나면서 경쟁자 없이 자신들의 위치를 공고히 할 수 있었다. 100년 후에 루키우스 코르넬리우스 술라Lucius Cornelius Sulla의 군대가 다시 그리스를 파괴한 뒤 아테네, 코린토스, 아이기나, 에피다우로스처럼 한때 뛰어났던 공동체와 함께 그리스 폴리스 문명의 거점이었던 사로니코스만 주변에서 키케로가 볼 수 있었던 것은 '도시의 송장들(카다베라 우르비움cadavera urbium)'이 나뒹구는 모습뿐이었다.[129]

기원전 2세기 중반 무렵에 나타난 헬레니즘 시대의 이러한 휴지기는 기원전 30년 무렵에 마지막으로 남은 그리스 제국인 이집트가 마지막 여왕 클레오파트라Cleopatra의 죽음 이후 로마 제국에 통합되면서 나타난 헬레니즘 시대의 정치적 종말보다 확실히 더 중요하고 오랜 영향을 미쳤다.[130] 어쨌든 이 제국은 그때까지 단지 로마의 호의 덕분에 겨우 수십 년을 버티고 있었다. 하지만 기원전 2세기의 사건들은 로마 자체에서도, 특히 내적 구조와 관련해 중대한 단절을 의미했다. 인과응보의 관점에서 이야기해 보고 싶은 마음이 들 정도다.

로마 공화정의 위기와 종말

앞에서 살펴보았듯이 로마의 체제는 합의를 끌어내려는 뚜렷한 의지에 아주 많이 의존했다. 이러한 합의는 전통에 기반을 두고 사회규범을 따르며, 귀족 지배 계층 내에서는 물론 이 원로원 귀족과 그 아래 시민 계급 사이에서도 작동했다. 적어도 이 시민 집단 중에서 성공한 사람들에게는 상위 계급으로 올라갈 기회가 있었다. 또한 후견주의 제도로 인해 모든 사람이 개인적으로든 가족으로든 귀족에게 신세를 계속 지는 상태였다. 군단에 소속된 병사로서 그들은 복종하는 데 익숙해져 있었던 반면에, 공화정 시민으로서 그들은 로마가 거둔 유형적·무형적 성공의 일원이기도 했다. 전쟁이나 물리적 폭력에 관련된 모든 이가 친밀했던 점은 물론, 귀족들이 보여 준 엄청난 정치적 야망과 이와 맞물린 충돌 가능성을 생각해 보면, 이러한 합의는 그것을 위태롭게 하는 강력한 대항 세력을 억제하거나 적어도 상쇄할 수 있어야만 지속될 수 있었다. 로마인들은 여러 세대에 걸쳐 코리올라누스Coriolanus 이야기 등을 입에 올리며 그러한 세력의 위험성을 경고했다. 이 장군은 로마에, 그리고 도시 내 정적들에게 맞서기 위해 외국의 적과 동맹까지 맺었다가 어머니의 필사적 호소를 듣고 나서야 물러선 인물로, 이는 단지 로마 역사와만 연관된 것이 아닌 전형적 주제다.

그러나 정확히 공공선을 위한 그와 같은 양보는 기원전 2세기와 기원전 1세기를 거치며 불가능할 정도까지 복잡해져 있었다. 로마 공화정의 종말은 전통적 사고방식을 지닌 원로원 귀족들이 도시국가의 틀을 훌쩍 뛰어넘는 수준으로 커져 버린 세계 제국을 절대 제대로 통치할 수 없었을 것이라는 사실과 관련이 있다고 주장하는 것은 역사를 쓸 때 비일비재한 일이 되어 버렸다. 로마 공화정이 성공을 거두고 다루기 어려울 정도로 커져 버리면서 부득이하게 군주제에 길을 열어 주어야 했던 것처럼 이야기되는 것이다.[131] 그러나 이 귀족계급이 숱한 실수와 주제넘은 모습을 보였는데도 그들이 방대한 지역을 다스리면서 거듭 창의적이고 실행 가능한 해결책을 내놓은 과정을 자세히 살펴보면, 그러한 손쉬운 설명에 매달리고 싶지는 않을 것이다. 그보다는 아주 복잡한 과업까지도 완수하는 데 필요한 조건을 찾는 부분에서, 다시 말하면 앞서 언급한 합의를 이루려는 성향에서 질문을 시작해 그러한 합의에 도달할 수 있었는지, 만약 도달할 수 있었다면 그 이유가 무엇이었는지, 그리고 여전히 균형을 이룰 수 있었는지 묻는 쪽을 선택하는 것이 나을 것이다. 역으로 말하면 개인의 명예욕과 개인 및 가족 문제에 대한 헌신이 감당할 수 없는 수준이 되면서 필요한 타협과 합의가 이루어질 가능성을 막았는지, 그리고 왜 그렇게 되었는지 묻고 싶은 마음이 생길 것이다.

실제로 공화정이 무너질 때 바로 그런 일이 일어났다. 율리우스 카이사르는 (기원전 48년의) 파르살로스 전투의 여파로 부상당해 신음하는 수없이 많은 사람과 산더미처럼 쌓인 시체 앞에서 다음과 같이 외쳤다고 한다. "이것이 바로 그들이 원했던 것이다! 내가 이룬 모든 업적에도 불구하고 내가 내 군대에 도움을 요청하지 않았더라면 나 가이우스 카이사르는 사형을 선고받았을 것이다."[132] 그래서 카이사르는 코리올라누스와는 정반대로, 후퇴하기보다는 내전의 위험을 감수하는 쪽을 택했다. 끝없는 정치적 독단의 문제는 몽테스키외Montesquieu가 "로마의 위대함과 몰락의 원인"을 알아내려고 하면서 확인되었다. "결국 그 공화정은 산산조각이 났다. 그리고 우리는 이것을 특정 개인들의 야망 탓으로 돌려서는 안 된다. 그보다는 권력을 가질수록 권력에 대한 탐욕이 점점 커져만 가고 이미 많은 것을 가졌다는 이유만으로 모든 것을 갖고자 하는 인간 탓으로 돌려야 한다. 만약 카이사르와 그나이우스 폼페이우스Gnaeus Pompeius가 그때 카토처럼 생각했더라도 다른 사람들이 카이사르와 폼페이우스처럼 생각했을 것이고, 결국에는 사라질 운명이었던 그 공화정은 또 다른 사람의 손에 벼랑 끝으로 끌려갔을 것이다."[133]

결국에는 공화정을 파괴했고 발언과 합의의 의미에 비추어 보았을 때 그렇게 했을 것이 틀림없는 그러한 태도의 토대는 칸나이 전투와 마그네시아 전투 사이의 수십 년 동안 마련되었다. 다시 말하면 로마가 한니발을 상대로 전쟁을 치르면서 겪은 최악의 대참사와 동방의 대왕을 상대로 영광스러운 승리를 거둔 때까지 30년이 채 안 되는 시간이다.[134] 우리는 그러한 성공이 가져온 아주 현실적인 결과를 상상하려고 노력해야 한다. 로마의 장교, 전직 집정관, 속주 총독, 사절(대사)들이 갑자기 신처럼 여겨졌다. 그들 본인뿐 아니라 그들의 병사들도 전리품으로 엄청난 재물을 고국으로 가져왔다. 그리고 물적 재화뿐 아니라 남녀 노예의 형태로 인적 전리품 또한 가져왔다. 달리 말하면 이들은 지배자와 주인처럼 행동하고 그렇게 대우받는 데 점점 익숙해졌다. 그런데 이제 그냥 규정을 따르며 협조해야 한다고? 어떻게 그것이 가능할 수 있겠는가? 바로 여기에 진짜 문제가 있었다.

한니발과 안티오코스 3세를 물리친 푸블리우스 코르넬리우스 스키피오가 대표적 예였다. 그는 다시 한번 체제에 협조하기를 거부했으므로, 그리고 그 시기에는 지나치게 화려한 인물의 등장을 막는 메커니즘이 여전히 잘 작동하고 있었으므로, 결국에는 정치적으로 로마와 멀어지며 고립되었고 마땅히 받아야 할 존경도 받지 못하는 신세가 되고 말았다. 그러나 당시에는 특히 헬레니즘 지역의 동쪽에서 "신과 같은" 통치자들을 이긴 "신과 같은" 승리자들이 점점 더 많이 등장했기에, 그런 인물들을 막기가 더욱 어려워졌다. 정치적 행동의 관례에 따라 이 승리자와 그 수행원들은 자신이 거둔 군사적 성공의 영광뿐 아니라 성공을 거두면서 얻은 물질적 이익까지 이용하며 사회적 계층의 사다리인 그라두스 디그니타티스를 더 높이 올라갈 모든 기회를 부당하게 활용했다. 그리고 그들은 이것이 자신들에게 가장 중요한 일임이 틀림없음을 정치적 독단의 대가인 그리스인들에게서 배웠을 것이다.

따라서 제2차 포에니 전쟁 중에도 로마 정치와 로마의 기본 원칙은 많이 달라졌다. 전쟁이라는 위기 상황 때문에 군사 지휘권이 더는 연공서열을 기초로 부여되지 않았다는 사실은 괜찮았다. 그러나 이제 로마가 다양한 교전 지역에서 전쟁을 치르고 있었으므로, 점점 더 틀에 박히지 않은 해결책을 찾아야만 했다. 하지만 이제는 무엇보다도 전쟁을 치를 때의 물질적 측면, 즉 전리품 획득[135]이 점점 부각되었다. 특히 자신의 사회적·정치적 지위를 높이기 위해 재력을 이용하는 경향이 점차 늘어났다. 더 정확히 말하면 늘어난 재산이 완전히 새로운 위치를 가능하게 했다. 이후로는 특히 귀족들이 상업적 거래와 다른 경제활동을 통해 이런 식으로 자산을 늘리는 경향이 생겨났다.

관례상 전쟁에서 승리하고 나면 적에게서 빼앗은 영토는 국가의 재산이 되어 '공유지(아게르 푸블리쿠스ager publicus)'로 지정되었다. 원칙적으로 이 땅은 가난한 시민도 정복을 통한 전반적인 영토 증가로 이득을 볼 수 있도록 이후에 배분되었다. 그래서 필요할 때 군단에 징집할 수 있는 자영농들이 끊임없이 풍부하게 공급될 수 있었다. 이러한 인력 공급은 로마 영토 확장의 중요한 추진력이자 특징이었다. 그러나 한니발을 상대로 한 전쟁 이후에 로마는 이 관습을 중단했다. 무엇보다도 남부 이탈리아에서 적의 편을 든 도시들로부터 몰수하면서 공유재산이 된 대규모 토지가 더는 배분되지 않았다. 그런데 로마법에 따르면 그러한 경우에는 먼저 가서 땅을 차지하고 그냥 그 땅을 '점유'하면 그 누구든 소유권을 가질 수 있었다. 그것은 '점유지(아게르 오쿠파토리우스ager occupatorius)'로 간주되었다. 기원전 218년 이후부터 일부 상업적 거래에 참여할 자격을 박탈당한 원로원 의원들이 정치적 이득을 얻기 위해 최대한 경제력을 키울 목적으로 이런 방식을 통해 토지를 대거 합법적으로 손에 넣으면서 그 무렵에 이런 일이 상당히 많이 발생했다.

이 원로원 의원들은 이후 점점 넓어지는 자신의 토지에 진정한 의미의 착취 체계를 적용하면서 당시에 가장 중요한 경제 부문이었던 농업에서 이익을 극대화하는 합리적이고 자본주의적인 방식을 실행했다. 그들은 마고Mago라는 사람이 쓴 농업 교본을 라틴어로 옮기면서 이 맥락에서도 카르타고인들에게서 배움을 얻었다. 이 정도로 농업이 '전문화'되었다는 사실은 기원전 2세기의 로마에서 가장 유력하고 영향력 있던 정치인 중 한 명인 마르쿠스 포르키우스 카토Marcus Porcius Cato[12]의 저서 『데 아그리 쿨투라*De agri cultura*(농업에 관

12 스키피오의 동시대인으로 대大 카토로도 불리며, 앞서 언급된, 카이사르와 키케로의

하여)』에서 확인된다. 거의 모든 원로원 의원을 포함해 부유한 시민들은 여러 곳에 사유지를 갖고 있었는데, 노예들이 그 토지를 경작했고, 올리브나 포도주 제조용 포도처럼 돈이 되는 과일을 대규모로 재배했다.

특히 인접국의 대규모 사유지, 즉 점유지들은 무엇보다도 직물을 생산하기 위한 대규모 가축 사육지로 이용되었다. 다수의 노예가 많은 가축 떼를 지켰는데, 그들은 가장 넓은 소유지에 남겨져 스스로 살아가야 했지만, 바로 그러한 이유로 엄격하게 통제받는 신세였다. 따라서 이후에 로마 노예제는 다소 가족적·개인적이었던 전통적 맥락에서 벗어나면서 한때 가졌던 본질적인 구조적 위력과 강압 관계를 초월하는 아주 다른 특징을 띠게 되었다. 노예 수요가 급증하면서 한때 자유민이었던 사람들이 전쟁과 납치를 통해 점점 더 이 비인간적인 종속 관계에 빠졌다. 그리고 특히 라티푼디움의 노예들은 종종 동물과 별반 다름없이 취급되었다. 한편 라티푼디움의 노예들을 감독하는 일이 항상 쉬운 것은 아니어서 반란과 폭동이 일어날 기회가 생기기도 했다. 이미 기원전 2세기 후반기에 이러한 반란과 폭동은 꾸준히 노예 전쟁으로 확대되었다.

로마 엘리트들의 고삐 풀린 이익 추구라는 이 동전의 이면은 동시에 로마 시민 다수의 빈곤화를 의미했다. 토지가 더는 체계적으로 분배되지 않았고 많은 로마인이 당시 수없이 치러진 전쟁으로 인해 자주, 그리고 긴 기간을 군에서 복무해야 했으므로 상당수가 가난에 시달렸다. 이들 전쟁 중에 가장 고되고 희생이 컸던 전쟁은 기원전 133년까지 계속된, 에스파냐의 반란 부족을 상대로 한 전쟁으로, 화려한 성과도 거의 없었고 물질적 보답도 없었다. 그들은 견딜 수 없는 것은 말할 것도 없고 너무나 부담스러운 이러한 상황 속에서 상대적 박탈감을 느꼈을 것이 분명했다. 어쨌든 그들은 다른 민족들을 지배하는 로마라는 국가의 자유로운 시민이었지만, 자기 이름으로 된 재산은 단 한 푼도 없는 신세였으니까 말이다. 그들 중 다수는 도시로, 대부분 로마로 향할 수밖에 없었다. 그들은 그곳에서 후견주의 제도를 이용해 부유한 시

동시대인인 소小 카토의 증조부다.

민에게서 물질적 지원을 구걸할 수 있기를 바라면서 늘 빈곤과 굶주림에 시달리며 근근이 살아갔다. 그래서 로마 사회는 전통적인 권위 기제로는 폭발을 막기가 점점 더 어려워지는 화약고가 되었다.

헬레니즘 지역의 군주들을 상대로 한 훨씬 더 매력적인 전쟁에서 얻은 풍부한 전리품조차 대개는 귀족들에게 혜택이 돌아갔다. 궁극적으로 이는 속주들이, 특히 페르가몬의 영토였던 번창하는 아시아 속주가 바친 공물에도 해당하는 이야기였다. 이러한 공물은 앞에서 언급한 그리스식 세금 징수 방식에 따라 징수되었는데, 이 제도를 관리한 사업가들은 이해 충돌 가능성 때문에 원로원에 들어갈 수 없어 에퀴테스 계급으로 이루어져 있었으나, 아주 부유해야만 했다. 그러나 그들과 세금 납부 의무가 있는 속주 시민들 간에 분쟁이 빈번하게 발생할 때, 최종 법적 결정권은 세금 징수자와 같은 나라 사람인 로마인 총독에게 있었다. 그러한 경우에 누가 이겼을지, 어떤 방향으로 돈이 흘러갔을지는 많은 상상력을 동원하지 않아도 쉽게 알 수 있다. 그러한 교활한 관습은 철저한 착취 제도로 발전할 수 있었다. 아시아 속주에서 특히 이러한 직위 남용이 심했는데, 결국 그 속주의 대도시 에페소스에서 로마인과 이탈리아인을 향한 분노가 폭발하면서 기원전 88년에 수만 명이 학살당하는 사건이 발생했다. 당시 폰토스 왕 미트리다테스 6세Mithridates VI의 군사적 팽창은 그 지역에 대한 로마의 통치권을 무너지게 한 것처럼 보인다.

일반적으로 말하면 당시에 일어난 변화로 사람들의 사고방식이 바뀌었다. 그리스식으로 조리된 정치적 독단의 승리는 이미 언급했다. 그러나 그리스 정치에 대한 경멸에도 불구하고 일반적인 그리스 방식은 여전히 바람직한 만병통치약으로 여겨졌고, 궁극적으로는 개인의 사회적 자본을 증대하는 뛰어난 방법으로까지 여겨졌다. 당시 사회 상위층 사람들은 입수하기 쉬운 그리스 예술품을 수집했다. 그리스의 수사학, 철학, 문학이 큰 인기를 끌었고, 많은 로마인이 그러한 문제에 대해 인상적일 정도의 전문 지식을 습득했다. 사람들은 또한 그리스인 의사에게 치료받으려고 했고 그리스인 가정교사에게 아들 교육을 맡겼다. 그리고 마지막으로 로마인들은 법제 분야와 국정 운영 기술 분야에서 특히 그리스식 모델을 참고함으로써 자신들이 직면한 위기를 해결할 수 있는 길을 모색하려고 했다.

앞에서 개략적으로 설명한 상황을 다수의 지배 엘리트가 위기로 여겼던 것이 확실한데, 아주 일찍이 기원전 2세기 초에 이미 그렇게 생각했다. 그리고 원로원 의원들 혹은 원로원 다수파는 저마다 아주 일찍이, 그리고 의심할 여지 없이 숙고를 거쳐 이 문제에 정치적으로 대응했다. 그들은 문제를 명확히 이해했고 적절한 해결책도 갖고 있었다. 자연스럽게 전통 의식을 일깨우려는 협력적 시도가 있었는데, 새로운 기준을 설정해 주고 예시를 제시하는 이야기를 끊임없이 계승하는 방식을 주로 이용했다. 이런 이야기들은 '조상들의 관습(모스 마이오룸)'이 의심할 바 없이 여전히 지배했던 '좋았던 옛 시절'을 환기하는 효과가 있었다. 로마인들은 이 단계에 이르러서야 자신들이 이해하고 '구축'한 과거를 이상화하기 시작하면서 자신들이 철저히 전통에 뿌리를 두고 있다고, 이러한 면모를 완벽하게 세계에 보여 줄 수 있는 사회라고 생각하게 되었다. 물론 그들은 필요한 경우에는 명백히 융통성을 발휘하고 창의적일 수도 있었다.

그리고 실제로 그들이 사기 진작용 이야기를 고안해 내는 것에 만족하지 않은 것은 바로 그러한 이유에서다. 오히려 그들은 문제를 아주 실제적 견지에서 다루기 시작했는데, 그 과정에서 신분 투쟁의 어려운 시기에 가치가 입증된 방법을 이용했다는 점은 이해할 만하다. 로마인들은 소중하게 지켜 온 일부 법적 조항을 이용함으로써 단순히 전통에 호소해서는 치유할 수 없었던 것을 치유하려고 했다. 다시 말하면 이 대목에서 법이 일종의 버팀목 역할을 하면서, 서서히 그리고 종국에는 점점 더 공화정이 '사법화'되었다.[136] 순전히 이론적으로, 그리고 개념적으로 말하면 이 과정은 명백히 분쟁 지점을 처리하는 것이 목표였다. 따라서 정적의 사업을 규제하고 특별히 정치 영역에서 경제력이 미치는 영향력을 줄이려고 시도하면서 '실제' 자본이 상징적 자본으로 전환되는 것을 막기 위해 사치 금지법이 설계되었다. 기원전 140년 무렵부터 입법자들은 사회적 신분이 하락할 위기에 처한 자유농민을 어떻게 부양할 것이냐는 근본적 문제를 해결하려고 노력했다. 바로 이 문제로 말미암아 군단병 모집에 문제가 생겼기 때문이다. 같은 시대의 대표적 정치인인 푸블리우스 코르넬리우스 스키피오 아이밀리아누스Publius Cornelius Scipio Aemilianus의 정치적 동맹자로서, 스토아학파의 영향을 받은 가이우스 라일리우스 사피엔스 Gaius Laelius Sapiens('현자')가 이 문제에서 주도권을 잡았다. 하지만 자신과 같은 사회계층의 동료들에게서 거센 저항을 받은 그는 결국 물러나는 것으로 다시 한번 정치적 영민함을 보여 주었다. 이렇듯 로마의 개혁 의지는 그 한계가 분명해졌다. 로마의 개혁 의지는 지배 엘리트층의 근본적 이해관계를 언급하기 시작한 바로 그 지점에서 끝난 것이 분명했다.

공화정의 균열

로마 공화정은 바로 사회적 불평등이라는 단층선을 따라 갈라졌다. 그것은 지속적인 정치적·사회적 위기를 혁명의 위기로 무르익게 했다.[137] 라일리우스의 개혁이 실패하고 얼마 지나지 않아 (기원전 133년에) 또 다른 원로원 의원 집단이 그 문제를 해결하겠다고 나섰다. 당시의 입법 과정 관행을 완벽히 따른 그 집단의 대표자는 로마 명망가 출신의 호민관인 티베리우스 셈프로니우스 그라쿠스Tiberius Sempronius Gracchus였다. 티베리우스 그라쿠스는 가난한 사람들에게 토지를 분배하고 점유지를 제한하는 법률을 도입함으로써 이 문제를 자신의 문제로 삼았는데, 급진적인 계획은 절대 아니었다. 하지만 그는 원로원 투표를 거치지 않고, 심지어 원로원 다수파를 대신해 거부권을 행사하며 간섭한 다른 호민관을 무시하고 이 법안을 도입했다. 실제로 티베리우스 그라쿠스는 민회 의결에 힘입어 이 호민관을 관직에서 물러나게까지 했는데, 그가 평민들의 이익을 위해 행동하지 않는다는 이유에서였다. 이 모든 것이 법을 어긴 것은 아니었다. 법이 그러한 행위를 확실하게 금지하지 않았기 때문이다. 그런데도 티베리우스 그라쿠스의 법적 행동은 로마의 전통을 완전히 무시한 것이었다. 말하자면 신분 투쟁기의 혁명적인 호민관 시절로 되돌아간 셈이었다. 특히 다른 호민관을 내쫓았다는 점에서 티베리우스 그라쿠스도 호민관의 신변 불가침 원칙을 위반했으므로 큰 부담을 안았다. 어쨌든 조상의 방식을 거스르는 그러한 행동은 용인될 수 없는 것으로 여겨졌다.

하지만 그와 동시에 티베리우스 그라쿠스의 법안에 반대한 원로원 다수파는 궁지에 몰리면 그들에게는 세속적 이익이 최우선이라는 점을 다시금 보여 주었다. 따라서 그 소란스러웠던 호민관은 (재임 중에는 그를 건드릴 수 없으므로) 자신의 임기가 끝나면 책임을 추궁당할 것이고 분명 자신의 정치적 경력이 끝나게 될 것이라고 절대적으로 확신할 수 있었다. 티베리우스 그라쿠스가 곧바로 재선에 나선 이유도 바로 여기에 있었다. 이는 불법은 아니었지만, 상황을 악화할 뿐이었다. 호민관 자리가 제공하는 기회를, 즉 법률 제정을 주도하고 거부권을 가지며 개인적으로 신변 불가침의 지위를 가진다는 사실을 고려해 볼 때 이 모든 상황이 어디서 끝날지는 상상조차 할 수 없었다. 요컨대 만약 그런 사람이 직접 행동에 나선다면 그것은 체제 전체에 엄청난 위협이 되는 것이었다. 그러한 행동을 해석할 방법은 딱 한 가지였다. 그것은 사람들이 싫어하는 전제 통치의 귀환을 예고하는 것처럼 보였다. 실제로 티베리우스 그라쿠스는 본인이 왕(렉스)이 되기를 갈망한다고 비난받았다. 그래서 그는 열띤 선거 운동 와중에 일단의 원로원 의원에게 붙잡혀 공개적으로 죽임을 당했다. 여전히 절대 권력을 휘두르는 성난 '노인들'의 모습에 얼어붙어 버린 사람들은 감히 끼어들어 그를 구하지 못했다.

로마 원로원 의원들의 행동은 의심할 여지 없이 모든 전통과 정당한 법적 절차를 명백히 위반한 것이었다. 모든 평민의 신성불가침한 호민관은 그런 대우를 받아서는 안 되었다. 그리고 일반적으로 로마 시민을 재판 없이 죽이는 것은 불법이었다. 이 원칙은 법으로 보호되고 있었다. 원로원은 오로지 소급 적용하는 방식으로 자신들의 행위가 정당했다며 조작하려고 했다. 그들은 공화정을 무너뜨리려고 한 티베리우스 그라쿠스의 시도를 비추어 보면 그를 죽인 행위는 절박한 자기방어적 행동으로, 원로원이 유일하게 시행할 권리를 가진 비상사태 조항에 해당한다고 주장했다. 그러나 이후 수십 년 동안에도 그 중요한 문제에 관해 합의는 절대 이루어지지 않았다. 따라서 이 사건은 호민관 티베리우스 그라쿠스에 의해 벌어진 공화정의 깊은 균열을 가리키는 것이 되었다. 이후의 정치적 대립 과정에서는 두 가지 방식과 부분적으로는 두 가지 다른 방향 또한 확인할 수 있으며, 정확히 비상사태에 대처하는 방식에서 그 둘을 명확하게 구분 지을 수 있다.

이후 주로 민회에 의존하는 집단들이 잇따라 등장했다. 그들은 긴급한 사회적·경제적 문제를 다루기도 했지만, 개인의 다양한 이익이나 개별 정치 협력자의 사적 목표를 추구하기도 했다. 그들은 원칙적으로 원로원의 역할에 의문을 제기하지는 않으면서도 필요하다면 원로원의 동의나 주도 없이, 혹은 그것을 무시하면서까지 행동했다. 이렇게 일을 처리하는 방식은 포풀라리테르 아게레popularitér agere(민중을 위한 행동)로 알려졌고, 따라서 그러한 행동의 대표자들을 포풀라레스로 부르거나 '대중적'인 방식으로 이야기한다고 말한다. 이러한 신조의 정치인들이 보여 준 한 가지 특징은 원로원이 비상사태를 선언할 권리가 있다는 원칙을, 그리고 그러한 상황에서는 로마 시민을 재판 없이 죽일 권리를 가졌다는 원칙을 완전히 거부했다는 것이다. 이 집단의 반대편에는 옵티마테스(최선의 사람들)가 있었는데, 이들은 전통에 따라 원로원이 지배적 역할을 맡는다는 원칙을 고수했다. 따라서 그들은 비상사태임을 결정할 권리가 자신들에게만 있다는 원로원의 주장이 완벽하게 합법적이라고 생각했다.[138]

티베리우스 그라쿠스를 둘러싼 전례 없는 사건들 이후, 그의 동생인 가이우스 셈프로니우스 그라쿠스Gaius Sempronius Gracchus가 형의 복수자로 등장하면서 이들 당파 간 대립의 극적인 정도나 강렬한 정도는 빠르게 격해졌다. 그러나 동생 가이우스 그라쿠스는 무엇보다도 아이디어가 풍부한 사람이었다. 그는 개인적 복수에 대한 소망을 로마 정치체제 전반에 대한 철저한 공격으로 바꾸어 놓았고, 그의 정적들이 두려워했던 형 티베리우스 그라쿠스의 정책들을 실제로 체계적으로 실행함으로써 급진적인 정치 투쟁을 벌였다. 기원전 123년과 기원전 122년에 호민관을 지낸 그는 형이 제안했던 법을 부활시켰을 뿐 아니라 처음부터 자신이 한 번 이상 호민관을 지낼 것으로 예상하고 전면적인 개혁 정책에 착수했다.

가이우스 그라쿠스는 토지개혁 조치와 로마 평민을 위한 식량 공급 확보 규정 외에 원로원의 영향력을 부분적으로 박탈하는 것과 다름없는 조치를 계획했다. 이는 제2신분 형성을 통해 원로원을 억제하고 어느 정도 제압한다는 것이었다. 이 목적을 위해 에퀴테스라는 신분을 하나의 구분되는 집단으로서 원로원 의원들에게서 분리했다. 사실 이 집단은 동등한 재산상의 지위 덕분에 원로원 의원들과 다를 것이 없는 대표적 계급이었다. 원로원 의원이 배정되던 재판에 이제는 에퀴테스 계급이 배심원을 맡게 되면서 그들은 한 가지 아주 중요한 점에서 사회 지배 계층으로 자리하게 되었다. 가이우스 그라쿠스가 말한 것으로 알려진 대로, 그가 보기에 이 조치는 "광장에 단검을 던져 넣은" 행위였음이 분명했다. 그리고 후대의 어떤 로마 역사가가 아주 제대로 주장했듯이, 그는 '두 개의 머리를 가진 국가(키비타템 비키피템civitatem bicipitem)'를 탄생시켰다.[139] 이는 기존 체제를 제대로 뒤집어 놓은, 진정으로 혁명적인 조치였다. 일부 논평가가 그리스 국가 이론의 관점에서 가이우스 그라쿠스의 정책을 '민주적'이었다고 묘사한 것은 정확하지는 않더라도 이해할 만하다. 어쨌든 가이우스 그라쿠스의 광범위하고 조화로운 계획으로 보아, 앞에서 언급한 공화정의 '사법화'는 단순히 정치적 병폐에 대한 해법이었을 뿐 아니라 정치 투쟁의 보편적 수단으로도 사용할 수 있었던 것이 분명하다.

그러나 그 체제의 오래된 권력 기구와 권력 구조는 변함없이 계속 작동했다. 무엇보다도 토지개혁의 어려움과 에퀴테스 계급의 지지 부족으로 가이우스 그라쿠스는 정치적으로 점점 고립되었다. 호민관으로 두 차례 재임한 후 그는 공직에서 물러나게 되었고, 원로원 다수파의 역선전에 노출되면서 인기가 더욱 떨어졌다. 이듬해(기원전 121년)에 그의 입법에 반대해 격렬한 충돌이 발생하자 가이우스 그라쿠스는 스스로 목숨을 끊을 수밖에 없다고 느꼈다. 그는 원로원이 세나투스 콘술툼 울티뭄(원로원 최종 권고)을 통과시키며 비상사태를 선포하자 자결했다. 그렇기는 해도 가이우스 그라쿠스의 법률은 기본적으로 계속 유지되었고, 그의 농지개혁만이 이후 시간이 흐르면서 그 효과가 서서히 희석되었다. 그래도 많은 문제가 여전히 해결되지 않은 채로 남아서 문제 해결이 더욱더 시급해졌다.

군국화의 그림자

토지 소유와 신병 모집이 연결되어 있었으므로 로마군 공급이 순식간에 고갈되면서 문제가 대두했다. 이 문제는 중요하지도 않은 쓸데없는 전쟁을 한

창 치르던 중에 발생했는데, 반란을 일으킨 누미디아 왕 유구르타Jugurtha를 상대로 한 전쟁(111~105 BC)이었다. 이 전쟁 직후에 로마는 킴브리족과 테우토네스족의 침략으로 위협받았고, 이들의 침략은 기원전 2세기가 끝날 무렵에야 겨우 저지되었다. 이 두 전쟁에서 로마군의 최고 통수권은 호모 노부스('신참자' 또는 벼락출세자)인 가이우스 마리우스Gaius Marius에게 맡겨졌다. 그는 이후 여러 해 동안 연속으로 집정관에 선출되었고 조국의 구원자로 칭송받았다. 완벽하게 실용적인 이유로 그는 필요할 때 하층계급 출신의 로마 시민인 이른바 프롤레타리우스를 군단병으로 선발했는데, 그렇게 하는 과정에서 그들에게 군 복무가 끝나면 토지를 받을 수 있다는 기대감을 공공연하게 심어주었다.

나중에서야 분명해졌지만, 이 실용적 조치는 결국 앞에서 언급한 토지 문제를 뒤집어 놓았다. 간단히 말해 사람들은 군 복무를 하기 위해 땅이 필요했던 것이 아니라 땅을 얻기 위해 군 복무를 했다. 그러나 다소 즉흥적이었던 이 조치는 엄청난 파장을 일으킨 것으로 드러나며 공화정 말기의 로마 정치에 변화를 가져온 가장 중요한 요인 중 하나가 되었다.[140] 이 새로운 환경을 기초로 지휘관과 그의 병사들 간에 특수한 신뢰의 결속 관계가 형성되었기 때문인데, 그러한 관계 형성에는 후견주의 체계로 갖게 된 생각이 어느 정도 역할을 하기도 했다. 멋진 삶을 기대하면서 '상관'에게 감사해야 할 의무를 느낀 병사들은 이제 공화정에 헌신하기보다는 상관에게 충성해야 한다는 마음이 더 생길 수 있었다. 마찬가지로 지휘관도 자신의 퇴역병을 돌보아야 한다는 의무감을 느꼈을 것이 분명했다. 이 의무를 다하기 위해 그는 다른 정치인들, 특히 호민관과 손잡아야 한다고 느꼈을 것이다. 호민관이 민회에서 법령을 발의함으로써 이를 위한 법적 토대를 마련할 수 있었기 때문이다. 이후의 정치 활동은 주로 그러한 노선을 따라 전개되었다. 애초에는 질서를 유지하려는 의도였지만, 점점 더 기존 법률의 정치적 조작으로 이어진 사법화가 늘어남과 동시에,[141] 군국화도 비슷하게 심해졌는데, 결국 이러한 추세는 공화정을 몰락시킨 중대한 원인이 되었고, 사실상 원수정이라는 새로운 체제를 규정했다.

처음에, 정확히 말하면 기원전 100년에 마리우스가 집정관으로서 결정적 순간에 호민관인 아풀레이우스 사투르니누스Appuleius Saturninus를 저지하기로 결심하고 심지어 그를 상대로 원로원 최종 권고를 실행했을 때, 그는 실패했다. 어쨌든 그는 정치인이라기보다는 장군이었기 때문이다. 사실 호민관 사투르니누스는 마리우스의 개혁 정신에 따라 행동하고 있었고, 마리우스 휘하 퇴역병들의 복지를 챙기려고 애쓰던 인물이었다. 다른 문제들도 여전히 해결되지 않은 채로 남아 있었다. 그리고 얼마 지나지 않아 로마의 동맹 도시들, 즉 소키이의 사람들을 어떻게 다룰 것인지에 관한 긴급한 문제가 정치 의제로 등장했다. 이들은 로마군과 로마라는 국가에 아주 오래도록 잘 통합되어 있었기에 자신들을 로마인으로 느꼈고, 그들은 외국에 있을 때도 로마인으로 여겨지고 그렇게 취급되었다. 어쨌든 그들은 그때까지 로마인들 옆에서 모든 군사 원정의 부담을 책임져 왔다. 그러나 여러 가지 면에서 그들은 여전히 이등 시민이었다. 이 사실은 전적으로 로마 시민에게만 이루어진 토지 분배의 문제에서 아주 분명하게 드러났다. 최종적으로는 그들을 시민으로 흡수하거나 적어도 그들에게도 같은 가능성을 부여하는 것이 타당했을 것이다. (실제로 이후에 일어났던 것처럼) 라틴법은 이를 위한 유연한 도구 역할을 할 수 있었을 것이다. 가이우스 그라쿠스가 그러한 조치를 염두에 두고 있었지만, 이 정책은 그의 인기를 떨어뜨린 것으로 드러났다.

기원전 90년대 말에 이번에는 옵티마테스가 이러한 방향으로 추가 조치에 착수했지만 아무 소용이 없었다. 또다시 실망한 동맹 도시들은 이탈리아 거의 전역에서 반란을 일으켰다. 강력한 투쟁이 뒤이으면서 같은 마음으로, 비슷한 방식으로 활동해 온 사람들, 말하자면 동포들 간에 싸움이 벌어졌고, 이는 실제 내전(동맹시 전쟁(91~89 BC))의 모든 특징을 보였다. 로마 자체를 모범으로 삼은 이탈리아 민족들은 로마에 소속되기 위해 결속하면서 로마의 가장 중대한 외적인 폰토스의 미트리다테스 6세와 동맹을 맺기까지 했다(이후의 본문 참조). 한니발 전쟁이 끝난 이후로 이탈리아는 평화가 지배했지만, 이제는 너무나도 피비린내 나는 분쟁의 현장이 되었다. 그 현장에 있던 사람들은 자신들과 같은 족속의 사람들을 학살하는 법을 배웠다. 로마인들은 충분히 증

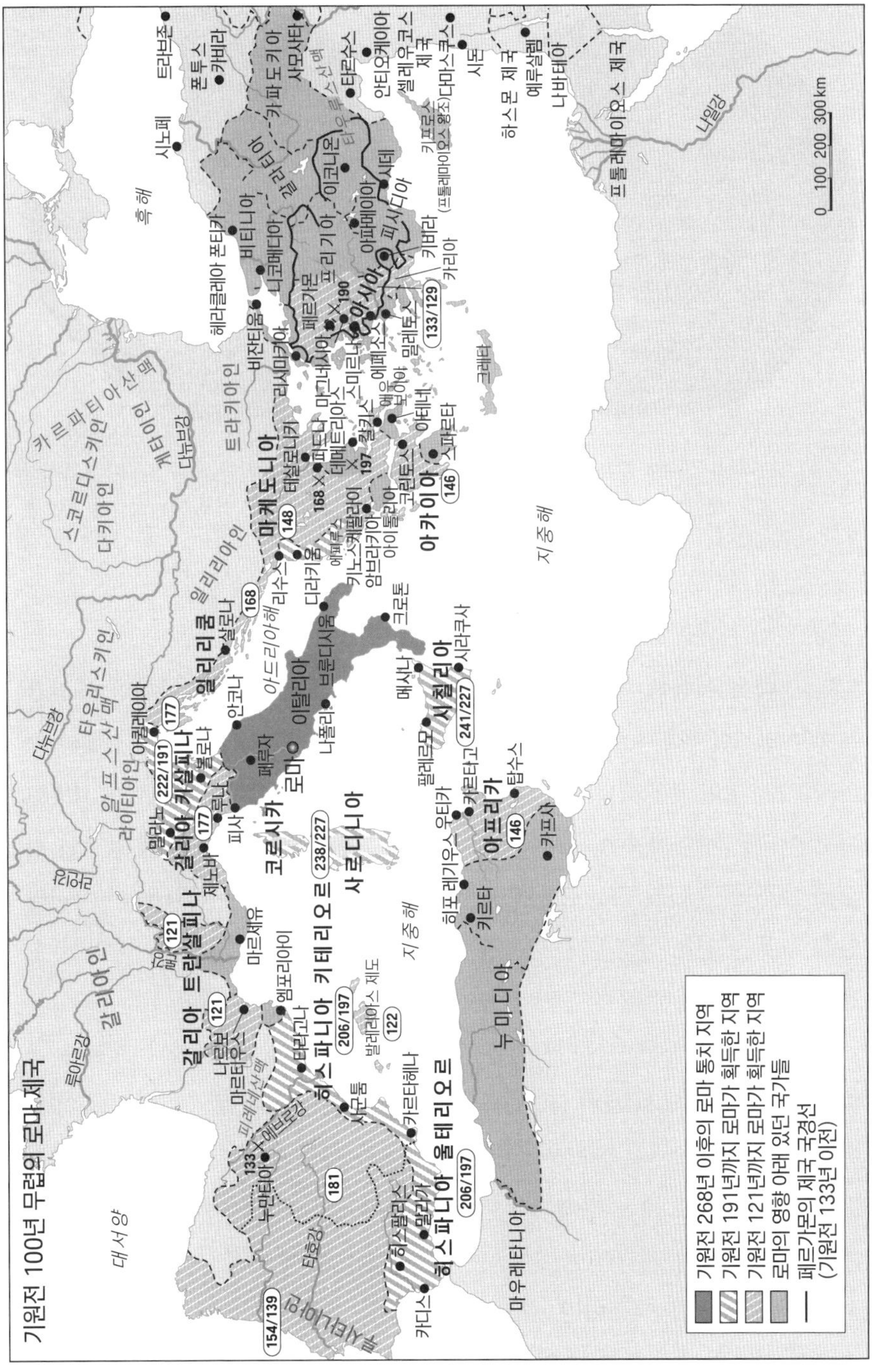
기원전 100년 무렵의 로마 제국
기원전 268년 이후의 로마 통치 지역
기원전 191년까지 로마가 획득한 지역
기원전 121년까지 로마가 획득한 지역
로마의 영향 아래 있던 국가들
페르가몬의 제국 국경선
(기원전 133년 이전)
0 100 200 300 km
대서양
지중해
흑해
아드리아해
히스파니아 울테리오르
히스파니아 키테리오르
갈리아 트란살피나
갈리아 키살피나
코르시카
사르디니아
시칠리아
이탈리아
일리리쿰
마케도니아
아카이아
아시아
아프리카
누미디아
마우레타니아
루시타니아
키레나이카
비티니아
갈라티아
카파도키아
폰투스
트라키아인
카르파티아 산맥
알프스 산맥
피레네 산맥
나일강
다뉴브강
로마
카르타고
우티카
카디스
카르타헤나
마르세유
코린토스
아테네
스파르타
페르가몬
시노페
트라브존
다마스쿠스
안티오케이아
예루살렘
셀레우코스 제국
하스몬 제국
프톨레마이오스 제국
크레타
키프로스
로도스

— 기원전 100년 무렵의 로마 세계.

—— 로마를 상대로 반란을 일으킨 동맹시에서 제작한 동전. 로마의 동전 양식과 아주 흡사한 이 동전은 이탈리아를 상징하는 황소가 로마를 상징하는 암컷 늑대를 뿔로 받는 모습을 보여 준다. (Wikimedia Commons, © The Trustees of the British Museum)

명된 전략을 이용해 마침내 승리를 거두었다. 그들은 자진해 항복한 사람들에게는 양보한 반면에, 끝까지 버틴 반란자들은 저항을 그만두거나 전멸할 때까지 가차 없이 추격했다. 결국 합의를 통해 대다수 동맹 도시에 로마 시민권이 부여되었다. 실제로 이 조치를 이행하기까지는 상당히 어려움이 있었던 것으로 드러났는데, 실제로 로마에 무릎을 꿇지 않은 집단이 있었을 뿐 아니라 양측 모두 여전히 상당한 희생을 안타까워하고 있었기 때문이다. 따라서 한동안 악의가 가시지 않는 분위기가 이어졌다.

이후 로마인들은 또 다른 긴급한 문제에 직면했다. 이 문제가 그토록 급박해진 것 또한 당시 로마 정치가 바람직하지 못하게 전개되었기 때문인데, 이번에는 로마인들이 속주에서 벌인 무자비한 약탈에서 기인했다. 아시아가 교과서적 예인데, 세금 징수자들이, 그중에서도 특히 가이우스 그라쿠스의 지원을 받은 기사 계급(오르도 에퀘스테르ordo equester)에 속한 사람들이 그곳에서 큰돈을 벌었기 때문이다. 그들은 자기들과 실리적 이해관계가 일치하는, 속주의 로마인 총독들과 손잡고 있었다. 로마의 통치에 대한 증오가 커지자 흑해에 인접한 자신의 왕국을 일편단심으로 넓혀 온 지역 군주인 미트리다테스 6세가 헬레니즘 시대의 대왕처럼 행동하더니 결국에는 그리스에서의 로마 통치를 위태롭게 만들었다. 기원전 88년에 에페소스에서 벌어진 대학살은 로마인들이 동방에서 군사작전을 벌일 때가 왔음을 알리는 분명한 신호였다.

그 무렵 치른 동맹시 전쟁 때와 마찬가지로, 이 상황에서도 로마인들은 그때까지 견뎌 온 모든 위기와 실패에도 불구하고 자신들이 필요할 때는 효과적으로 행동할 수 있음을 보여 주었다. 전투에 단련된 귀족이자 옵티마테스의 악명 높은 일원이었던 술라는 동맹 도시들을 상대로 한 전투 중에 특히 뛰어난 기량과 강인함을 보여 주며 이름을 떨쳤는데, 그가 바로 미트리다테스 6세를 상대하는 작전에서 로마군을 지휘하게 되었다. 그와 그의 병사들은 동방에서의 군사 원정이 많은 전리품을 챙길 수 있어 돈벌이가 될 것으로 기대했다. 그런데 포풀라레스가 상당히 선호한 방법인 민회 의결을 이용해 본국에서 술라의 정적들이 술라의 지휘권을 빼앗아 하필이면 그의 숙적인 마리우스에게 넘겨주는 일이 발생했다. 이 행위는 전통에는 어긋났지만, 여전히 완벽하게 합법적이었다. 술라의 대응은 이제 상황이 근본적으로 달라졌음을 암시하는 전형적 사례였다. 그는 그 결정에 순순히 따르는 대신에 병사들을 규합해 그들이 앞으로 입을 금전적 손실을 알려 줌으로써 그들이 로마로 진군하게끔 자극했다. 지휘관과 병사들이 맺은 새로운 동맹의 놀라운 효과가 처음으로 명백해졌다. 이제 그들은 자신들의 이익을 위해 공화정의 평화와 질서에 반하는 방향으로 행동하고 있었다. 로마군이 과거에 그 도시가 상징했던 거룩한 평화의 성역으로 행진해 들어와 신이 인정한 평화의 영역과 전쟁터의 경계선을 무너뜨리자, 아주 특별한 유형의 추가적인 법률 위반이 전개되었다. 그들은 자신들의 앞을 가로막는 것은 무엇이든 짓밟았고, 공화정의 기관들에게 자신들의 후원자를 다시 군 지휘관으로 임명하도록 강제했다.

술라가 미트리다테스 6세를 정벌하러 나서자마자 마리우스와 코르넬리우스 킨나Cornelius Cinna가 이끄는 그의 적들도 군사를 이끌고 로마로 진군해(기원전 87년에) 옵티마테스를 대대적으로 숙청했다. 그 후 몇 년은 킨나눔 템푸스Cinnanum tempus(킨나의 시대)로 알려졌는데, 동시대인들마저도 이 시기를 로마 역사에서 새로운 최악의 시기로 생각했다. 술라는 미트리다테스 6세를 상대로 한 전쟁을 최대한 빨리 끝냈다. 이 전쟁에는 그리스 또한 휘말렸다. 기원전 83년에 로마로 돌아온 후 술라는 여전히 반항적인 이탈리아인들을 진압하고 로마에 대한 지배력을 확보하기 위해 다시 한번 본국에 자신의 병력을 배치했다. 실제로 그는 또다시 무력으로 로마를 장악할 수 있었다. 이제 술라는 극도의 잔인함을 발휘하며 최후의 해법을 모색했다. 그는 자신에게 대항하는 자들을 범법자로 선언한 명단을 게시하는 일부터 시작했다. 적어도 원로원 의원 40명과 에퀴테스 1400명이 이 '숙청'의 희생양이 되었다. 그들의 재산은 몰수되었고, 다수의 '전쟁 수혜자'가 그 수익금으로 부자가 되었다.[142]

하지만 가장 심각한 것은 술라가 "법률을 제정하고 공화정에 질서를 회복하기 위해legibus scribundis et rei repulicae constituendae" 독재관을 자처하면서 자신의 모든 조치를 법제화해 힘을 실어 주었다는 점이다. 이후 그는 옵티마테스가 지지하는 급진적 노선에 따라 공화정 체제를 근본적으로 개혁하는 작업에 착수했다. 이는 필경 전통적 공화정을 복원하고 최근과 같은 '과오'가 발생할 가능성을 전혀 용납하지 않기 위해 고안된 것이었다. 그에 따라 원로원은 다시 특별한 권리와 특권을 부여받아 재판과 관련된 새로운 책임까지 맡게 된 한편, 호민관의 역할과 매력은 현저히 감소했다. 심지어 술라는 이후로는 본인이 직접 했던 행동을, 즉 로마군을 내부 투쟁에 투입하는 행동을 불가능하게 만들고 싶어 했다. 이를 이루기 위해 그는 이탈리아 전역의 비무장화를 제안했는데, 이제 이탈리아는 병사를 모집만 할 수 있고 배치는 할 수 없게 되었고, 질서 유지를 담당하는 각 관리는 경찰권만 갖게 되었다. 이들은 일단 퇴임한 이후에만 주로 속주에서 전직 집정관이나 전직 법무관으로서 군사 지휘권을 행사할 수 있게 되었다.

이 모든 조치는 철저히 따져 보고 법으로 제정되었다. 사법화의 과정은 완벽했다. 실제로 너무 완벽해 법 조항을 조작하고 그것을 정치적 분쟁에 악용할 가능성 또한 기하급수적으로 늘어나 정치적 분쟁이 법정으로 옮겨 가는 일이 발생했다. 당시에 술라는 법정 수를 엄청나게 늘려 놓은 상태였다. 이러한 변화로 인해 마르쿠스 툴리우스 키케로같이 타고난 웅변가는 기사 계급에서 곧장 집정관으로 급부상할 기회를 얻을 수 있었다. 그러나 최고위직에 올라 진정한 정치권력을 얻는 왕도는 군사 지휘권을 통해서였다. 마리우스와 술라 이후, 이 사실은 그 누구보다도 (대개 폼페이우스로 불리는) 그나이우스 폼페이우스라는 인물에 의해 완벽하게 드러난다.

원로원에 속한 가문의 아들인 폼페이우스는 술라의 내란으로 사회가 불안해진 시기에 최고 자리에 올랐다. 동방에서 미트리다테스 6세와 전쟁을 치르고 돌아오는 술라의 진영에 폼페이우스는 아직 25세가 안 된 젊은 나이로 자신의 수많은 피후견인으로 이루어진 사병 군단의 지휘관으로서 합류했다. 술라는 심지어 그를 '임페라토르'로 부르기까지 했다.[143] 이후 격변의 시기에 폼페이우스는 특별 지휘권을 부여받아, 에스파냐에서 술라 정권에 대항하는 적으로 남아 있던 세르토리우스Sertorius와 주로 싸웠고, 공적을 인정받아 (기원전 71년에) 개선식을 치르는 영예까지 누렸다. 그가 처음으로 오른 관직은 모든 관직 중에 가장 높은 자리였다. (기원전 70년에) 집정관에 오른 그는 포퓰라레스 성향의 동료 집정관 마르쿠스 리키니우스 크라수스Marcus Licinius Crassus와 함께 술라의 정치체를 부분적으로 손보는 작업에 참여했다. 이는 호민관을 복원하고 (타협을 통해) 배심원을 포함한 법정을 재정비하고 감찰관직을 재도입하는 등의 조치로 이루어졌다.

크라수스는 술라의 숙청 시기에 엄청나게 개인 재산을 불렸고, 이후 기원전 71년에는 트라키아 부족장의 후예라고 하는 검투사 스파르타쿠스Spartacus가 일으킨 위험한 노예 반란을 극도로 잔인하게 진압했다. 크라수스는 자신의 부를 이용해 정치권력을 얻은 대표적 사례로, 자신의 목표를 추구하기 위해 엄청나게 많은 돈을 썼다. 이 시기의 로마 공화정에는 하나의 특별한 출세 경로가 형성되어 있었다. 조영관이라는 직업은 공공 오락과 관련된 종교 축제를 계획하는 일을 맡고 있었다. 여기에는 주로 연극 공연이 수반되지만, 검투사 경기나 동물 싸움, 맨손 싸움, 야생동물과 사람을 맞붙여 놓는 싸움 등도 점차 늘어났다. 이 모든 것이 극도로 잔혹한 구경거리였다. 조영관은 그러한 볼거리를 아낌없이 무대에 올리도록 계획함으로써 이후의 출세 과정에서 선거의 성공을 좌우하는 대중의 지지를 상당하게 얻을 수 있었다.

조영관을 하다 보면 빚이 크게 늘 수가 있어, 이러한 '투자'는 로마의 정치적 출세 과정에서 조영관의 다음 자리인 법무관이 됨으로써 결실을 보아야 했다. 법무관 자리에 오르면 대개 속주를 부여받는데, 그렇게 되면 온갖 방법으로 속주를 착취해 금전적 이득을 취할 수 있었다. 이는 정확히 술라 반대파 귀족인 가이우스 율리우스 카이사르가 선택한 경로를 설명한다. 그는 정치권력을 얻기까지 크라수스를 친구이자 채권자로 삼았다. 그러나 선거 때 낙선해 출세하지 못한 사람은 누구든 그 빚으로 인해 자기 삶 전체가 위협받을 수 있음을 알게 된다. 그래서 사람들은 그러한 금전적 의무에서 벗어나기 위해 정치적 모험주의로 기울곤 했다. 그 외에 일반적 절차는 논쟁과 법정 다툼에서 권력과 영예를 얻기 위해 싸우는 것이었는데, 점차 협박과 폭력까지 동원되었다.

따라서 이는 기원전 60년대 로마 공화정의 단편적 모습이 어떠했는지 알려 준다. 공화정을 괴롭히던 문제들은 여전히 해결되지 않은 상태였다. 그 도시에는 독립적 생활에 대한 아무런 기대도 없이 굶주림과 궁핍에 늘 위협받는 빈곤한 사람들이 끊임없이 밀려들어 왔다. 상위 계층 출신의 절박한 승부사들은 빚을 없애기 위해 정치적 상황을 바꾸고자 할 때 로마 사회의 바로 이 계층에 지지를 구했다. 그 도시는 정치적 반전과 반란에 관한 소문으로 늘 시끄러웠다. 술라의 지지자들과 병사들을 위해 소유권을 바꾸고 몰수하는 행위로 계속 파장이 일면서 이탈리아 여러 지역에는 불안감이 여전히 팽배했다. 그리고 속주의 로마 관리들은 체계적 착취를 계속 맛보고 있었다. 게다가 로마인들은 법과 질서가 유지될 것으로 더는 보장할 수도 없었다. 미트리다테스 6세는 위협을 계속 가하고 있었고, 산적과 해적의 공격 위협은 결국 견딜 수 없는 지경에 이르렀다. 진짜 범죄자뿐 아니라 불운을 겪은 사람들도 압도적으로 사회의 무법자로서의 이러한 생활 방식에 몸을 맡겼다.

이 사람들이 더 큰 집단을 형성해 조직적인 약탈 공격을 실행할 수 있는 최고의 기회를 찾은 곳은 바로 로마가 다스리는 지역의 주변 지역으로, 남부 소아시아 그리고 에게해 제도와 크레타섬뿐 아니라 지중해 여러 지역에서였다. 납치와 강탈, 인신매매가 특히 돈이 되는 사업으로 드러났다. 엄청난 노예 수요가 이를 자극했는데, 상당히 많은 돈이 생겼다. 에게해 한가운데 있는, 유명한 아폴로 신전이 있는 델로스섬이 가장 큰 노예시장이 되었다. 카이사르 같은 로마 귀족들조차도 이러한 위협을 직접 경험했다. 이러한 현상과 더불어 로마가 법과 질서를 유지하는 데 실패했다는 사실은 로마가 직면했던 위기를 생생하게 나타낸다. 그러나 나는 이 대목에서 이 위기가 공화정 체제의 어떤 총체적 무능 때문이 아니라 지배 엘리트층 내부에 형성된 무기력증과 자신들을 무력화하는 태도 때문이었음을 다시 한번 강조하려고 한다. 그들은 과도하게 경쟁하고 늘 시기심에 사로잡혀 서로를 불신하면서 합의에 도달하려는 결정적 의지를 반복적으로 상실했고 오래도록 그 의지를 되찾을 수 없었다. 그리고 이 요인이 그 체제를 점점 불안정하게 만들었다.

사람들이 합의를 이루는 데 전념하는 경우에만 안전 문제가 완벽하게 해결될 수 있다는 사실은 기원전 67년에 폼페이우스가 증명했다. 당시까지 해적이라는 사회악을 처리하려는 여러 번의 시도는 크고 작은 성공을 거두었다. 여기서 실질적 쟁점은 그것이 지리적으로 상당히 넓은 지역의 문제였다는 것이었다. 따라서 그 문제를 해결하려면 기본적으로 지중해 전역을 담당하는 광범위한 지휘권이 필요했다. 그러나 한 사람에게 그렇게 많은 권한을 부여하는 것이야말로 사람들이 정확히 피하고 싶어 한 것이었다. 혁명에 가까운 사건이 벌어져야만 한 사람이 왕국 크기의 영토에 대한 권력을 행사할 수 있었다. 폼페이우스는 아주 대중주의적인 방법, 즉 민회 결의안을 통해 바로 그러한 자리에 올랐다. 그는 카이사르를 제외한 원로원 전체의 단호한 반대에도 그렇게 했다. 이는 두 가지를 분명하게 보여 준다. 폼페이우스의 주된 관심사는 옵티마테스가 주든 포풀라레스가 주든 관계없이 국가의 프린켑스(일인자) 지위에 오르는 것이었다. 두 번째로 원로원 집단은 개인이 옵티마테스 '서열'에서 지나치게 많은 이점을 확보할 수 있는 그 어떠한 움직임에도 반대해 거의 자동 반사적인 반응을 계속 보였다는 점이다.

폼페이우스는 뛰어난 조직자이자 군 지휘관이었다. 몇 주 만에 그는 항복한 해적 무리에게, 특히 그리스에 농사지을 땅을 줌으로써 평화롭게 경제적으로 생존할 기회를 주는 전략을 통해 문제를 해결했다. 이듬해에 그는 해적 소탕 때와 비슷한 방식이지만 큰 논란 없이 미트리다테스 6세를 상대로 끝맺지 못한 전쟁을 지휘할 수 있는 최고 통수권을 부여받았다. 전쟁에 나서려면 오래도록 로마를 떠나 있어야 했지만, 폼페이우스는 결정적 승리를 거두었을 뿐 아니라 무엇보다도 셀레우코스 제국의 폐허 위에 시리아 속주를 설립하고 현지 부족 대표들을 이른바 속국의 제후나 왕으로 인정함으로써 간접 통치 체제를 확립하는 방법으로 동방을 완벽하게 재편하는 결과까지 이루어 냈다. 이렇게 폼페이우스는 로마의 알렉산드로스 같은 인물로 등장할 수 있었고, 실제로 이후에 그는 자신의 이름에 마그누스Magnus('위대한 자')라는 별칭을 붙이기를 좋아했다. 그가 자신의 위업을 직접 설명하면서 사람이 사는 세계인 오이쿠메네의 맨 끝까지, 전 세계를 통치하겠다는 개념도 함께 설명했다는 점은 의미심장하다.[144] 그러나 그것은 정확히 다음과 같은 문제를 명확히 보여 주었다. 어떻게 그런 인물이 어쨌든 한동안 제대로 작동하지도 않은 원로원 정치의 견제와 균형에 순순히 복종할 수 있었겠는가?

공화정의 몰락

이 문제는 기원전 62년에 폼페이우스가 동쪽에서 돌아오자마자 바로 드러났다. 그가 로마에 없었던 기원전 63년에 공화정 정부 기관들은 집정관인 키케로의 신중함과 추진력 덕분에 앞에서 언급한 정치적 모험가에 해당한 귀족, 루키우스 세르기우스 카틸리나Lucius Sergius Catilina의 국가 전복 음모를 좌절시킬 수 있었다. 정확히는 원로원 최종 권고를 발동해 성공했다.[145] 그러나 얼마 지나지 않아 폼페이우스와 관련된 핵심 문제들이 고개를 들기 시작했다. 이제 폼페이우스는 자신이 동방에서 취한 조치를 정식으로 원로원이 승인해 줄 것으로, 무엇보다 자기 병사들에게 편의를 제공해 줄 것으로 기대했다. 사실 그는 많은 사람이 두려워했던 것과는 반대로, 돌아오는 길에 병사들을 데리고 로마를 향해 진군하지 않았다. 하지만 원로원은 정확히 이 부분에서 그에게 실망을 안겼다.

그로 인해 로마에서 가장 유력하고 가장 부유하고 가장 비양심적인 사람들끼리 동맹을 맺는 결과가 발생했다. 이는 전적으로 적절하다고는 할 수 없지만, 제1차 삼두정치로 불리는, 세 인물 간의 이례적 협약이었다. 세력을 규합한 폼페이우스, 크라수스, 카이사르는 이후 10년 동안 사실상 로마의 운명을 거의 전적으로 좌우했고, 실제로 그들에게 반대하는 세력은 더는 존재하지 않았다. 따라서 이것이 바로 공화정 몰락의 시작이었다.

인기가 대단했을 뿐 아니라 함께 손잡은 협력자들의 지지 덕분에 기원전 59년에 집정관에 선출된 카이사르는 아무런 조건 없이 폼페이우스의 요구를 들어주기 시작했다. 그 과정에서 법과 전통을 여러 차례 어겼는데, 이로 인해 카이사르는 임기가 끝나면 법정에서 치명적이고 불명예스러운 다툼을 벌여야 했을 것이 분명했다. 하지만 이런 일이 생기기 전에 그는 전직 집정관으로서 총독으로 임명되어 속주의 군 지휘권을 부여받았다. 계획적으로 그는 아무런 문제 없이 전쟁을 일으킬 수 있는 지역을 골랐다.

로마에서 정치 활동이 군사화하도록 용납했다는 의구심은 다음 사례에서 가장 극명하게 드러난다. 카이사르가 인기 있고 권위 있는 전쟁을 치를 기회를 잡은 것은 공화정이 정말로 위협받았기 때문이 아니라 오로지 로마 국내 정치에서 자신의 입지를 강화하려는 목적에서였다. 명백히 그것은 군사적 업적을 통해 자기 자신과 가문의 명성을 얻으려고 한 로마인의 전통적 야망을 왜곡한 것이었다. 얼마 지나지 않아 크라수스도 동방의 파르티아인들을 상대로 똑같은 일을 시도했다. 하지만 크라수스는 기원전 53년에 카레(하란) 전투에서 패하면서 많은 병사와 함께 전사했고, 이 모험은 로마 정치에서 아물지 않는 상처로 남았다.

이와는 반대로 카이사르의 신중한 계획은 멋지게 성공했다. 그는 믿을 수 없을 정도로 짧은 기간만에 프랑스보다 더 넓은 지역을 굴복시킬 수 있었는데, 시간이 지나면서 드러난 대로 그의 승리는 결정적이었을 뿐 아니라 엄청난 결과를 가져왔다. 사상 처음으로 로마의 지배를 받는 지역과 이후에 점차 게르만족으로 불릴 '야만' 부족들 세상 사이의 경계선이 라인강으로 정해졌기 때문이다. 이와 동시에 그가 거둔 승리 때문이기도 하지만 그의 엄청난 개인적 카리스마 때문에 카이사르는 자기 병사들과 강력한 인간적 결속을 형성할 수 있었다. 그러나 얼마 지나지 않아 폼페이우스와 갈등이 불거졌다. 당시 폼페이우스는 패싸움과 물질적 궁핍으로 크게 고통받던 로마를 장악하고 있었다. 결국 옵티마테스 진영이 폼페이우스를 끌어들였고, 옵티마테스는 갈리아에서 카이사르의 지휘 권한이 소멸하면 그를 불러들여 책임지게 할 작정이었다. 수도에서 일련의 법적 논쟁을 거치고 난 뒤에 카이사르는 결국 기원전 49년 1월 10일에 이탈리아와 갈리아 키살피나 속주의 경계선에 해당한 루비콘강을 건넜다. 이탈리아는 비무장지대였지만, 카이사르는 술라처럼 이를 어기고 로마로 진군하기 시작했다. 카이사르가 루비콘강을 건너며 외쳤다는 그 유명한 "주사위를 던져야 한다."라는 말은 그가 막 시작한 새로운 게임을, 즉 전쟁의 운명이 모든 것을 좌우하는 상황을 암시한다.[146]

이제껏 로마는 당시 카이사르의 행동이 촉발한 종류의 내전을 절대 목격한 적이 없었다. 폼페이우스와 옵티마테스는 일부 원로원 세력과 수많은 군단, 지원군과 함께 카이사르가 이끄는 세력에 맞섰다. 카이사르에게는 로마에 남아 있던 잔류파 원로원 의원들이, 그리고 반역자의 지휘를 받는 병사들이 있었다. 이 병사들은 최근까지 갈리아인들을 상대로 정복 전쟁을 벌인 덕에 전투로 단련되어 있었다. 수만 명에 달한 양측의 로마 군단병들은 이제 그리스에서 그들이 전장으로 선택한 지역을 완전히 파괴했다. 그들은 극도의 굶주림과 그로 인한 죽음의 확산에 위협을 느끼면서도 계속 나아갔다. 그리고 기원전 48년에 테살리아의 파르살로스에서 충돌하며 결정적 회전을 벌였다. 그들은 자신들의 동포를 상대로, 로마 시민이 로마 시민을 상대로 서로 용기와 격정을 겨룬 셈이었다. 비록 이제는 자기를 각기 폼페이우스의 병사나 카이사르의 병사로 생각했지만 말이다. 카이사르는 승리를 거두었고, 폼페이우스는 승자의 바람과는 달리 이집트로 도망간 뒤 살해당했다. 폼페이우스의 다른 지지자들도, 그리고 카이사르의 가장 냉엄한 적수 마르쿠스 포르키우스 소小카토를 비롯해 오래된 공화정의 대의를 위해 옵티마테스를 대신해 싸운 병사들도 아프리카와 에스파냐의 전투에서 패배했다.

그렇게 카이사르는 단독 통치자가 되었다. 이는 그가 처음에 계획했던 결과는 아니었다.[147] 그러나 이 역할을 맡은 카이사르는 활력 넘치게, 그리고 완벽한 실력으로 로마의 해결되지 않은 여러 문제를 해결하는 데 착수했다. 그는 패한 적들이 자신에게 무릎을 꿇는 한에서는 그들에게 관대함을 보였다.

그의 '너그러움'은 일종의 대명사가 될 정도였다. 카이사르에게는 자신의 지위를 로마의 권력 체계에 어떻게 '통합'할지에 관한 주된 문제가 남아 있었다. 결국 그는 적어도 처음에는 술라가 했던 대로 제한된 임기의 독재관으로 선출되는 방법을 택하면서 전임 독재관처럼 눈앞의 당면한 과제를 처리한 이후에 물러날 가능성을 열어 두었다. 그러나 기원전 44년 초에 그는 자신을 종신 독재관으로 선언했다. 이 조치로 말미암아 아주 옛날부터 혐오의 대상이던 군주정이, 그리스 용어로는 참주정이 로마에 다시 등장했다는 것은 의문의 여지가 없었다. 그리고 그리스 국가 이론에서 배운 대로 마르쿠스 유니우스 브루투스Marcus Junius Brutus와 가이우스 카시우스 롱기누스Gaius Cassius Longinus 같은 카이사르의 부하들까지 포함된 단호한 공화정 지지자 다수가 이제는 폭군을 살해해야 한다고 느꼈다. 그들은 기원전 44년 3월 15일에 그 유명한 연극을 실행에 옮겼다. 당시에 카이사르는 카레의 굴욕을 안긴 파르티아인들에게 복수하기 위해 메소포타미아로 군사 원정을 떠날 예정이었다.

이 시기에 공화정은 아직 사라진 상태는 아니었다. 그리고 이 상태는 이후 몇 달 동안 굳어지는 것처럼 보였다. 처음에 카이사르를 살해한 자들은 카이사르의 예전 추종자이자 정치적 후계자인 마르쿠스 안토니우스Mark Antony와 타협에 이를 수 있었다. 이제 원로원은 콘술라레스가 장악했는데, 누구보다도 키케로가 적임자였다. 그는 카이사르가 독재관으로 재직하는 동안 국내에서 도피하며 지냈고 그의 죽음에 박수갈채를 보낸 인물이었다. 하지만 얼마 지나지 않아 카이사르의 진정한 후계자가 두각을 나타냈다. 그는 바로 카이사르 누이의 외손자인 18세의 가이우스 옥타비우스Gaius Octavius(옥타비아누스Octavian)였다. 그는 카이사르의 유언장에 양자로 지명되어 이제는 양부의 이름을 갖게 되었다. 옥타비아누스는 즉시 카이사르의 옛 병사들이 다시 집결할 수 있는 구심점이 되었다. 그 병사들은 옥타비아누스가 자신들에게 편의를 제공해 주리라는 기대를 품고 그를 지원했다. 옥타비아누스 입장에서는 카이사르의 상속인이 되고자 한다면 그 병사들에게 의존할 수밖에 없었다. 내부 경쟁으로 인해 그는 먼저 마르쿠스 안토니우스와 세력을 겨루었고, 두 사람 간의 공개적 싸움은 임박한 듯 보였다. 그러나 카이사르의 병사들은 자신들의 동료와 싸우려고 하지 않았다. 병사들은 정당하게 항명했고 그들의 지휘관들은 무기를 거둘 수밖에 없었다. 카이사르의 카리스마가 여전한 것이 분명했다.

주요 원로원 의원들과 키케로는 특히 젊은 카이사르를 자신들 편에 끌어들여 군사적으로 우월한 마르쿠스 안토니우스에게 맞서는 우두머리로, 공화정이라는 대의를 위한 명목상의 우두머리로 그를 이용하려고 했다. 이러한 책략으로 옥타비아누스와 마르쿠스 안토니우스 간의 협약은 끝났고, 그 결과 기원전 43년에 북부 이탈리아에서 내전이 다시 발발했다. 두 집정관이 전투에서 사망했고, 특별한 권한을 부여받아 합법적 질서를 위해 싸우던 젊은 카이사르는 마르쿠스 안토니우스 그리고 마르쿠스 아이밀리우스 레피두스Marcus Aemilius Lepidus라는 이름의 또 다른 지휘관과 공동전선을 폈다. 술라처럼 그들은 트레수이리 레이 푸블리카이 콘스티투엔다이tresviri rei publicae constituendae(공화정을 위한 삼두정치)로서 기원전 43년에 열린 민회 의결을 거쳐 무제한의 권한을 부여받았다. 하지만 술라 때와 마찬가지로 이번에도 처음에는 가혹한 숙청이 벌어졌다. 그 가운데 가장 눈에 띄는 희생자는 키케로였다.

젊은 카이사르와 안토니우스가 단연 두각을 보인 이 삼두정치는 그 외에 율리우스 카이사르의 살해자들을 상대로 한 전쟁도 계획했다. 그들은 이듬해 필리피 전투에서 성공적으로 그 전쟁을 매듭지었다. 이후 그들은 본질적으로 서로를 상대로 우위를 차지하기 위한 싸움에 모든 에너지를 쏟았다. 그 과정에서 카이사르의 두 후계자인 그들은 각기 로마의 동쪽과 서쪽을 다스리면서 결국 전쟁터에 홀로 남겨졌다. 마르쿠스 안토니우스는 마지막으로 남은 헬레니즘 왕국인 이집트 프톨레마이오스 왕조의 파라오 클레오파트라와 함께 로마 세계의 동부를 다스렸는데, 대단히 정력적인 이 통치자는 율리우스 카이사르의 연인이었지만, 이제는 마르쿠스 안토니우스와 결혼한 사이였다. 이탈리아 그리고 로마 세계의 서부를 다스리던 젊은 옥타비아누스는 로마 내전의 마지막 전투를 위험한 마녀가 다스리는 야만적인 동방을 상대로 질서 있고 자유로운 로마가 벌이는 싸움으로 묘사할 수 있었다. 이 싸움은 결국 그리스 서해안 앞바다에서 펼쳐진 (기원전 31년의) 악티움 해전에서 옥타비아누스에게 유리하게 해결되었다. 이 패배로 (기원전 30년에) 마르쿠스 안토니우스와 클레오파트라는 곧바로 목숨을 끊었다.[148]

『연대기*Annals*』(제1권 제2장)를 쓴 로마 역사가 타키투스만큼 이후의 상황을 명확히 서술한 사람은 없다. "레피두스가 버려지고 안토니우스는 자결한 상황에서 율리우스 파벌의 지도자(둑스dux)가 될 사람은 카이사르밖에 남지 않았다." 이제 옥타비아누스는 공화정으로 여전히 위장하기는 했지만, 로마에 군주정을 수립했다. 그러나 본질적으로 그것은 제도화된 군사독재에 지나지 않았다. 옥타비아누스의 당당한 새 이름인 아우구스투스는 당연히 이러한 낌새를 조금도 내비치지 않았다.

6 로마 제국과 세계 통합

아우구스투스의 통치로 확고히 수립된 제국은 근본적 문제가 있다는 것이 특징이었다. 이는 율리우스 카이사르가 암살당하자마자 곧 분명해졌는데, 전제정은 공화정 체제와 전적으로 공존할 수 없다는 것이었다. 공화정은 존재하는 국가 형태 중에서 진정으로 유일하게 합법적인 국가 형태로 생각되었기 때문이다. 그 둘을 결합하려는 노력은 원을 네모지게 만들려는 시도와 다름없었다. 아우구스투스는 이 기본 문제를 완벽하게 해결한 것은 아니지만, 그래도 해결책을 찾았다. 그의 군주정이 복원된 공화국의 모든 모습을 갖추게 하는 것이었다. 그는 관련된 행동과 의식에서 명백하게 드러난 명석한 결정을 내리는 동시에, 가끔은 후퇴를 수반하면서도 언제나 융통성을 유지하는 다소 잠정적인 접근 방식을 통해 이를 현실로 만들었다.[149]

이에 대한 아우구스투스의 주된 관심사는 자신의 통치를 합법화하고 정당화하는 것이었다. 로마라는 국가는 고도로 사법화되어 있었고 그에 발맞추어 법률에 관한 전문 지식과 추상화의 역량이 엄청나게 성장했다는 점을 고려하면, 그의 체제를 위해 견실한 법적 기초를 조성하는 것은 필연적일 뿐이었다. 이것만으로도 새로운 체제를 정당화하는 과정의 필수 요소가 갖추어졌는데, 그 무렵에 사람들은 기존 법률에 누차 의지하는 데 익숙해져 있었기 때문이었다. 이런 의미에서 아우구스투스는 자신이 차지한 직책 및 그와 관련된 직권을 단순히 구분해 활동했다. 이를 통해 아우구스투스는 사실상 두 지위를 결합할 수 있었는데, 달리 말하면 호민관이 되는 동시에 집정관이 될 수 있었다. 이는 전통에 따르면, 그리고 법률 체계상의 명백한 이유로도 생각조차 할 수 없는 것이었다.

그는 몇 년 동안 연달아 집정관에 취임했다. 이는 대중적 행보는 절대 아니었고, 이후 그 자리가 가지는 지위와 영예를 누리는 것에 그쳤다. 그는 호민관과 관련해서도 비슷하게 행동했다. 그는 호민관에게 부여되는 권한(트리부니키아 포테스타스)은 가졌다. 그 자리에 따르는 모든 중요한 특권과 책임을, 특히 사크로상크티타스sacrosanctitas를 계속 가졌지만, 공식적으로 호민관은 아니었다. 그 외에 그는 속주에서도 전직 집정관의 소관 형태로 전권(임페리움 프로콘술라레)을 가졌다. 이는 구체적으로 최근에야 정복해 대다수 로마군이 주둔하는 속주들과 관련이 있었다. 따라서 실질적 측면에서 보면 이 권한은 최고 군사 통수권 그 이상도 그 이하도 아닌 것에 해당했다.

이 조항은 비상시의 제도와 관련이 있었지만, 원로원과 민중은 로마 역사의 앞선 시기에 그러한 비상 지휘권을 부여한 바 있었다. 따라서 원칙적으로 그러한 지휘권은 정당한 것으로 생각될 수 있었다. 이 중요한 조치가 법을 완벽히 준수하는 특별한 방식으로 확립되었다는 점은 의미심장하다. 아우구스투스는 기원전 27년 1월에 단독 통치자가 된 직후에 공직에서 물러남으로써 조심스럽게 권력을 장악해 나갔다. 그는 (이제는 단독으로 참여하고 있었지만) 기원전 43년에 제2차 삼두정치가 형성된 이래로 자신에게 부여된 모든 권한을 원로원 회의에서 정식으로 포기했다. 다시 말하면 이 조치로 그는 공식적으로, 그리고 정식으로 공화정의 자유를 되돌려 놓았다. 그러나 곧바로 그는 원로원의 요청에 따라 국가와 국가의 국경선을 지키기 위해 앞에서 설명한 권한을 가진 새로운 지위를 맡았다. 그와 동시에 그는 무엇보다도 '아우구스투스'라는 칭호를 부여받음으로써 공직을 포기한 것에 대해 특별한 예우를 받았다. 이 칭호는 로마라는 도시의 전설적 창건자 로물루스Romulus가 보았다고 추정되는 독수리 열두 마리의 '상서로운 징조(아우구스툼 아우구리움augustum augurium)'를 의도적으로 떠올리게 했기에 이 새로운 통치자가 로마의 새로운 창건자처럼 보이게 해 주었다.

아우구스투스는 「레스 게스타이*Res Gestae*(신성한 아우구스투스의 행적)」[13]에서 미묘한 법적 차이와 의례상의 편성을 영리하게 섞어 얻은 그 지위에 관해 직접 훌륭하게 설명해 놓았다. "그때(즉 그가 원로원에서 앞서 언급한 행동을 한 때)부터 나는 영향력(아욱토리타스)에서 다른 모든 이를 능가했지만, 나의 직권(포테스타스)은 관직에 몸담은 나의 동료들보다 크지 않았다."[150] 그 상황은 또한 대개는 최고위 원로원 의원을 의미하는 프린켑스라는 전통적 칭호에서도 잘 드러난다. 한편 프린켑스라는 지위가 그 지위를 합법화하는 일단의 축적된 책임과 마찬가지로 영원히 부여되었다는 점은 언급되지 않은 채로 남아 있었지만, 사실상 상당히 중요했다. 이렇게 해서 공화정으로 가장한 군주정이 수립되었다. 이후의 세계사에서는 여러 언어가 라틴어 임페리움/임페라토르에서 힌트를 얻어 자신들의 문화에 나타난 이런 형태의 전제 통치를 설명하는 모습이 목격된다. 한편 아우구스투스가 채택한 '카이사르'라는 명칭은 차르(러시아)나 카이저(독일)에서 반복되었듯이, 제국의 통치자를 가리키는 총칭이 된다.

황제와 그의 신민들

새로운 통치자의 권한이 장기적으로 확립될 수 있었던 것은 여러 가지 조건 덕분이었는데, 특히 최초의 프린켑스가 순전히 장수했다는 사실을 들 수 있다. 아우구스투스는 기원전 63년에 태어나 기원후 14년까지 살았는데, 기원전 31년부터 사실상 단독 통치자로서 제국을 다스렸다. 아우구스투스는 사회 모든 계층의 신민들로부터 인정을 받는 데 성공했지만, 무엇보다도 그중 매우 중요한 두 집단인 로마 원로원 의원들과 로마 시민들에게서 인정받은 것이 가장 중요했다.[151] 아우구스투스는 그의 '아버지' 율리우스 카이사르에게

13 아우구스투스가 자신의 업적을 동판이나 돌에 새겨 기록한 것으로, 정치적 선전의 목적이 강했다.

충성을 맹세했던 군대 덕분에 권력을 잡을 수 있었다. 임페라토르라는 군사적 칭호를 채택했다는 점에서 드러나듯이 군사력은 제국 권력의 근본적 기반이었다. 그리고 프린켑스는 정기적으로 병력을 지휘하는 것 외에도 병사들과 개인적인 접촉 체계도 유지해야 했는데, 사실은 대외적으로 뻗어 나가던 공화정이 직면한 문제가 바로 이것이었다. 무슨 일이 생겼을 때 병사들이 국가보다는 그에게 더욱 밀접하게 협력했기 때문이다. 그래서 종종 '군사적 후견주의'로도 불리는 이 카리스마 넘치는 특별한 관계가 아우구스투스의 후계자들에게도 완벽히 이어질 수 있었다.

이 카리스마가 제도화되어 멀리서도, 다시 말하면 직접적 접촉이 없을 때도 유지되어야 한다는 사실이 한 가지 주요한 문제였다. 이를 위해 아우구스투스 황제는 특정한 대의명분에 특별히 공헌함으로써 자신이 함께 있음을 보여 주었다. 황제가 자신의 군대에 금전을 하사하는 이른바 도나티붐donativum 형식이 존재했다. 이는 정규 급여를 물질적으로 보충해 줄 뿐 아니라 군대가 받을 자격이 있다고 생각하는 명예로운 선물로도 생각되었다. 또한 로마에서 멀리 떨어진 군 주둔지에서는 황제의 초상과 제국의 깃발을 보관하는 방식으로 황제가 상징적으로도 존재했다. 아침 점호 때와 새해 첫날마다 황제에 대한 맹세를 새로이 하는 과정을 통해 정기적으로 황제에게 경의를 표했다. 이렇게 황제라는 인물은 직접 부대를 지휘하지 않더라도 실재하게 되었다. 그리고 이것은 자연스럽게 인정을 얻고 유지하는 최고의 방법이 되었다.

그렇다고는 해도 그 방식에는 위험이 따를 수 있었다. 패배는 황제의 권위 있는 지위를 깎아내릴 수 있었다. 정의에 의하면 임페라토르는 승리한 지휘관이었기 때문이었다. 게다가 실제로 현장에 있는 유능하고 인기 있는 지휘관이, 특히 그들이 황실 가문의 일원이라면 현 황제의 대안으로 떠오를 수도 있었다. 로마 원수정에서 처음으로 권력이 이양되는 동안에도 이 요인이 고개를 들었다. 당시에 라인강 주둔 로마군은 자신들의 지휘관인 게르마니쿠스를 그의 백부이자 양부인 티베리우스 대신 택했다. 당시 상황은 새로운 갈등으로 번지면서 다시 한번 내전의 망령이 되살아날 조짐을 보였다. 그리고 바로 이 상황이 뚜렷하게 보여 주었듯이 황제로 선언된 사람이 통치자가 되겠다는 야망이 전혀 없더라도 이러한 환호성으로부터 빠져나올 가능성이 전혀 없다는 것이 특히 놀라웠다. 게르마니쿠스는 자기 병사들의 감정에 상처를 주지 않으면서 충성심을 유지하기 위해 상당한 능력을 발휘해야만 했다.

따라서 원수정이 생기게 된 상황은, 그리고 바로 그 원수정의 토대가 된 일단의 상황은 언제든 반복될 수 있었다.[152] 황제는 권력을 빼앗고자 하는 경쟁자들에게, 또는 휘하 병사들의 요구로 어쩔 수 없이 그렇게 하는 경쟁자들에게 맞서야 할 수도 있었다. 이런 일은 언제든 어디서든 일어날 수 있었다. 타키투스는 이 특수한 위협을 아르카눔 임페리이arcanum imperii, 즉 '제국 통치의 비밀'로 불렀다.[153] 그러나 이 점에서 로마에 주둔해 황제와 직접적으로 접촉하던 부대, 즉 근위대로 알려진 경호 및 기동 부대가 특히 중요했다. 어쨌든 병사들의 인정을 상징하고 특수 행사에서 반복되었던, 황제에게 환호성을 보내는 행위는 황제 즉위에 필수적이었다.

유서 깊은 로마의 통치 체제를 배경으로, 황제에게 주로 가장 문제가 된 것은 바로 전통적 지배층인 원로원 의원들과의 관계였다. 그들이야말로 가장 많은 권력을 빼앗긴 사람들이었기 때문이다. 이 상황에서 아우구스투스가 권력을 잡았을 때 새로운 세대의 원로원 의원들을 상대하게 되었다는 점은 그에게 도움이 되었다. 나이 많은 여러 의원과 특히 공화정 지지 성향의 의원들은 내전 때 최후를 맞이했다. 더 넓게 보면 그때 이후로 상당히 많은 시간이 흘렀고, 아우구스투스는 원로원의 확대와 구성에 개인적으로 관심이 있었다. 따라서 새로운 원로원 의원들은 모두 아우구스투스 덕분에 그 자리에 오를 수 있었고, 그에게 신세를 졌다고 느낀 것이 분명했다. 한편 그들은 여전히 자신들이 공화정의 진정한 지도자라는 전통적 생각을 품고 있었다.[154]

아우구스투스는 이제 이런 관점에서 로마 원로원에 특별한 배려심을 보여 주었다. 처음에 그는 자신을 의원들의 동료로 보여 주는 데 주력했다. 프린켑스인 그는 겉보기에는 그저 '동료 중에서 으뜸인 자(프리무스 인테르 파레스)'의 위치에 있었다. 더욱이 그는 하나의 기관으로서의 원로원과 개인으로서의 원로원 의원들을 크게 존중했다. 원로원에서 통과된 결의안의 법적 의의는 여전히 높이 인정받았고, 앞에서 살펴보았듯이 정체의 틀을 짜는 데도 도움을 줄 수 있었다. 황제가 직접 통치하지 않는 속주들은, 다시 말하면 아시아와 아프리카처럼 더 오래되고 명망 높은 속주들은 공식적으로 원로원에 의해 전직 정무관promagistrate의 통치를 받도록 정해졌다. 또한 원로원 의원들은 그들의 지위 덕분에 심지어 제국의 속주에서 황제의 특사로 높은 군사 지휘권도 계속 부여받았다. 그 또한 로마 전통의 일부였고 병사들도 그에 익숙해져 있었기 때문이었다. 일반적으로 병사들의 지휘관과 주요 참모들은 원로원 의원들이었다.

따라서 어떤 사람이 전직 집정관으로서 아시아 속주를 통치하든 황제와 로마 공화정을 위한 특사 임무를 부여받아 시리아 속주의 전직 법무관으로 통치하든 관계없이, 또는 로마에서 원로원 의원으로 지내든 정무관으로 지내든 관계없이 로마 사회 최고위층의 신분과 지위는 아우구스투스 통치기에 확실히 두드러졌다. 이 모든 것은 프린켑스가 조율했는데도 이면을 살펴보기를 좋아하지 않는 사람에게는 모든 것이 예전과 똑같아 보였다. 프린켑스는 원로원의 구성에 세심한 주의를 기울였다. 원로원 의원은 선출을 통해 특정 관직에 올랐지만, 황제의 추천이 결정적이었다. 황제가 추천하는 과정에서 사회 최고위의 계급과 지위에 오를 수 있는지가 사실상 결정되었기 때문이다. 원로원 의원들은 대체로 황제의 피후견인이 되었다. 그러나 이것은 눈에 띄면 안 되는 제국의 통치 비밀이기도 했다. 그런데 곧 명백해질 구조적 문제가 바로 거기에 있었다. 과거의 공화정을 알지도 못하는 새로운 세대 사이에서도 계급과 지위에 대한 의식이 다시 생겨나면서 확고하게 자리 잡았기 때문이다.

새로이 탄생한 원수정의 한 가지 특이한 혁신은 원로원 의원 외에 제2의 상위층이 등장했다는 것이다. 그러나 이것이 가이우스 그라쿠스 때처럼 원로원 의원들의 경쟁 계급이 되었다는 의미는 아닌 것이 분명했다. 그것은 그저 원로원 의원(오르도 세나토리우스ordo senatorius) 다음의 두 번째 계급이면서도 그 계급에 도달하기 위한 예비 단계로 볼 수 있었다. 이 기사 계급(오르도 에퀘스테르)은 원로원 의원들보다는 낮으나 어느 정도의 재산 수준과 결부되어 있었다. 이 계급에 속한 사람들은 군대에서, 그리고 무엇보다도 특히 재무 행정 분야의 국가 관료제에서 중요한 임무를 수행했다.[155] 그들은 서서히 엘리트 관료층을 형성했는데, 결국에는 공직 수행에 대한 보수를 받으면서 하나의 서열 구조 내에서 분류되었다. 따라서 황제에 대한 그들의 개인적 믿음은 특히 깊었다. 제2계급에 속한 그들이 황제의 경쟁자는 될 수 없었으므로, 이를테면 근위대장 자리라든지 가장 부유한 속주인 이집트 총독 자리처럼, 원로원 의원에게 부여하면 황제에게 큰 위협이 되었을 일부 특수한 역할이 그들에게 주어졌다. 실제로 원로원 의원은 이집트 총독직에서 제외되었다. 이집트는 말하자면 황제의 특별 소유물이었다.

그 두 최고위층 외에, 처음에 일반 로마 시민과 황제의 관계는 옛 공화정에 그림자를 드리웠던 심각한 사회적·경제적 문제들이 이제는 마침내 해결되었다는 사실로 규정되었다. 이러한 결과는 폭력이나 엄청난 고난 없이 얻은 것이 아니었는데, 이전 시기에 시행되던 제도에 따라 퇴역 군인들에게 토지를 부여해야 해서 발생한 일들이었다. 그런데 이 토지 중 일부를 이 목적에 사용할 수 있게 하는 유일한 방법은 다른 사람들의 재산을 몰수하는 것이었다. 내전 종식으로 다수의 병사가 해산되면서 그 시기에 특수한 문제가 생겼다. 그러나 그 사람들을 속주에, 특히 프랑스 남부에 정착시킴으로써 이 문제에 대한 실행 가능한 해결책을 찾을 수 있었다.

필요한 경우에는 로마 시민에게 곡물을 배분하는 형태로 구호품이 제공되었다. 하지만 그들은 다른 방식으로도 보살핌을 받았다. '빵과 서커스'라는 익숙한 표현은 이러한 상황에서 유래했다. 확실히 그 표현은 플렙스 우르바나 plebs urbana, 즉 로마 평민에 대한 탈정치화를 의미한다. 물질적 구제는 연극 공연, 검투사 시합, 동물 싸움, 전차 경주 같은 매력적인 공공 행사로써 보완되었는데, 이 모든 행사는 수도에서의 특별한 인생관을 조장하는 역할을 했다. 황제는 자신과 가까이 있는 대중의 욕구가 잘 충족될 수 있도록 주의를 집중해야 했던 것이 분명했다. 따라서 이러한 맥락에서 그는 그들의 특별한 후원자로서 자신을 제시하려고 애썼다. 그러나 황제가 이렇게 후하게 베풀어 주었으므로, 로마의 평민들은 황제에게 특정한 것을 요청하거나 심지어 요구했고, 이러한 요구를 수도에서 경기가 열릴 때 황제에게 직접 알릴 수도 있었다.[156]

다른 군주정에서처럼 황제의 후한 베풂으로 인해 통치자와 수도 거주자들 간의 소통을 위한 토론장과 의례가 확립되었다. 평민들은 피후견인으로 살아가고 행동하는 데 익숙했고, 자신들이 기대한 은혜를 받는 한 견실한 충성심을 유지했다. 황제는 병사들에게서 그랬던 것과 마찬가지로 평민들에게서 '신임 투표'를 기대할 수 있었다.

그렇기는 해도 제국 체제는 황제의 비非로마인 신민들 집단에서 가장 큰 인기를 누렸다고 말하는 것이 합당하다. 아우구스투스 통치기에는 속주에서 착취 체계가 복지 체계에 자리를 내주면서 가장 급진적인 변화가 발생했다. 이는 단순히 앞에서 설명한 대로 정치권력을 놓고 싸우는 원로원 의원들 간의 치열한 경쟁 구조가 이 시기에 이르러서는 무용지물이 되었기 때문이다. 이제는 과도한 지출을 통해 각별한 인기를 얻는 것이 아니라 황제의 총애를 얻는 것이 중요해졌고, 이후에는 대체로 특정 상황에 필요한 조치를 실행할 수 있게 되었다. 따라서 수십 년에 걸쳐 아우구스투스는 아주 결단력 있게 진정한 제국 질서를 발전시킬 수 있었다.

이 과정에서 처음으로 이루어진 조치 중 하나는 제국에 속한 영토의 경계를 체계적으로 재조정한 것이었다. 이들 지역에 대한 명확한 경계선은 물리적 요인(예를 들면 바다, 사막, 강)과 일치하는 일반적인 지리적 기준에 따라 구상되었다. 이 속주들의 내부 조직과 관련해 아우구스투스는 일반적으로 현지의 기존 상황에 맞게 대응했다. 앞에서 살펴보았듯이 이집트에서 그는 자신의 개인적 필요조건에 완벽히 맞는 체제를 수립했다. 이로써 그는 더 강력한 통제권을 얻을 수 있었을 뿐 아니라 그 지역 전통에 따라 파라오의 방식으로 통치할 기회를 얻을 수 있었다. 그리고 다시 이 체제는 그에게 엄청난 자원의 흐름을 보장해 주었다. 동방에서 그는 신중하게도 이미 그곳에 자리 잡고 있던 성숙한 군주정 체제에 의지했다. 간접 통치의 원형은 이른바 속국 형태로 이미 그곳에 존재했다. 이를 보여 주는 특별히 두드러진 예는 유대 지역이었는데, 아우구스투스의 지원을 받은 헤로데 대왕Herod the Great이 로마 황제의 대리인으로서 그곳을 통치했다. 아우구스투스는 헤로데의 뒤를 이은 아르켈라오스Archelaus가 통치자로서 실패하면서 유대인 대표자들이 그를 폐위하려고 하자(기원후 6년에) 그 지역을 직접 통치했다. 하지만 이 상황이 장기적으로 지속되

—— ‘키스토포루스(cistophorus)’로 알려진 4드라크마 은화의 일종. 기원전 28년에 소아시아에서 주조된 이 동전에는 옥타비아누스의 내전 승리와 관련된 디자인이 등장한다. 신이 보낸 사자의 지팡이를 평화의 여신(팍스(PAX))이 들고 칼 위에 서 있다. 이 동전의 이름은 여신의 뒤에 있는, 뱀이 든 바구니 상자(키스타 미스티카(cista mystica), 즉 ‘비밀의 손궤’, 고대 숭배 의식의 성체)에서 유래했다. (Wikimedia Commons, © The Trustees of the British Museum)

지는 못했다.

따라서 비양심적으로 왕위를 노린 정복자 아우구스투스는 시간이 지나면서 널리 칭송받는 평화의 군주로서 자리매김하는 데 성공했다. 그 결과 아시아 속주의 평의회는 새해가 시작되는 시점(추분)을 황제의 생일(9월 23일)과 일치하도록 바꿈으로써 그에게 경의를 표했고, 이러한 변화를 종교색이 강한 언어로 표현했는데, 이는 기독교의 신약성경에도 반영되었다. 전직 집정관 파울루스 파비우스 막시무스Paullus Fabius Maximus는 속주 의회에서 다음과 같이 말했다. “우리 모두의 삶을 지도하는 신의 섭리(프로노이아prónoia)는 우리를 위해 관심과 너그러움을 보여 주어 아우구스투스를 창조함으로써 우리의 삶을 장식했다. 신은 인간의 이익을 위해 그를 선(아레테)으로 가득 채웠고 은혜를 베풀어 우리와 우리의 후손에게 구세주(소테르)를 하사하셨다. (중략) 그리고 카이사르께서는 그의 전임자들이 부여한 혜택을 능가했을 뿐 아니라 그의 뒤를 이을 사람들에게 그를 능가할 수 있다는 기대를 남기지 않음으로써 좋은 소식(에방겔리아euangélia)을 고대했던 모든 이의 기대를 뛰어넘었다.”[157] 이 표현은 엄청나게 과장된 것처럼 들린다. 그러나 아시아 같은 속주들이 100년 넘게, 그리고 군주정이 수립되기까지의 마지막 수십 년 동안 특히 어떤 과정을 견뎌 내야 했는지, 그리고 아우구스투스가 마르쿠스 안토니우스를 상대로 승리를 거둔 직후 진이 빠진 속주들의 궁핍에 어떻게 도움을 주기 시작했는지를 명심한다면 그들이 그를 일종의 신 같은 구원자로 생각했어야 했다는 점을 완벽하게 이해할 수 있다.

세계 제국으로서의 제정: 확장, 조직, 상호 의존

앞에서 언급한 국경선 재조정은 특히 북아프리카와 유럽에서 엄청난 영토 확장으로 이어졌다. 특히 북서부 에스파냐, 중부 유럽, 발칸반도에서 끊김 없이 이어진 넓은 지역이 제국에 추가되었다. 아우구스투스는 율리우스 카이사르의 갈리아 정복에 기초해 엘베강과 다뉴브강을 따라 국경선을 설정하기를 원했다. 게다가 이 목표를 실현하는 과정에서 그의 군대는 현지에서 일어난 반란을 대부분 제압할 수 있었다. 영토 대부분이 라인강 동쪽에 자리하도록 계획된 속주 게르마니아에서만 그곳의 총독 푸블리우스 퀸크틸리우스 바루스가 기원후 9년의 토이토부르크 숲 전투에서 참패를 맛보았다. 그러나 이 재앙 같은 패배 때문에 바로 그 계획을 포기하지는 않았다. 티베리우스 황제의 통치기에만 (기원후 16년에) 라인강 쪽으로 다시 한번 국경선이 후퇴했다.

정복된 영토는 치밀하게 조직되어 사법행정이 주요 임무인 총독이 각기 배치되었다.[158] 그곳에서도 행정의 기초는 도시였는데, 다양한 토착 부족들이 차지하고 있던 영토의 중심지로서 새로이 건설된 도시들도 있었다. 로마 군단과 보조 부대는 특히 국경 지역의 대규모 진지와 소형 요새에 주둔했다. 이렇게 군대가 주둔한 것도 하나의 이유이지만, 무엇보다도 도시가 설립되면서 로마인 점령자들의 언어와 생활 방식은 물론 지중해 문화까지도 유럽과 북아프리카의 전역에 널리 퍼져 나갔다. 그러나 로마화의 관련 과정은 그리스화와 아주 똑같았다고 보아야 한다. 그것이 단일 방향으로 일방적으로 전파된 것이 아니라 다수의 상호작용에 관한 것이었기 때문이다. 로마 제국이 형성된 이후에도 지역별·지방별 특성은 여전히 영향을 미쳤다.

제국의 보편성을 명확히 이해하고 있었다는 것은 계획된 국경 재조정에서 뚜렷하게 드러난다. 아우구스투스는 이 개념을 그의 「레스 게스타이」에서 명확히 표현했고,[159] 이 같은 개념은 이후에 더욱 강력해질 뿐이었다. 제국이 사람이 사는 세계 전체를 아우르거나 다스린다는 생각이 제기되고, 그런 야망이 선언되었다. 아우구스투스의 업적 기념비 제목마저도 '세계(오르비스 테라룸)를 지배하는 로마인'을 이야기한다. 이 표현에서 그리스-로마 세계가 하나가 되었고 그것이 동방의 전통에 기초했음을 제대로 파악할 수 있다. 이는 열망과 현실의 차이가 비슷한 방식으로 지워질 정도로 대단했다. 단도직입적으로 직접 통치의 의미에서 세계를 지배했다고는 말할 수 없어도, 부분적으로 간접적인 지배 도구를 언급할 때는 여전히 지배했다는 느낌이 난다.

고대의 오이쿠메네 개념을 명심한다면 로마 제국의 국경선이 서쪽, 북쪽, 남쪽의 경우 세계의 끝에 도달했다고 말할 수 있다. 그러나 동쪽의 경우, 일부 관찰자가 보기에 이 제국은 당시에 알려진 세계의 끝에는 못 미친 것이 분명했을 것이다. 하지만 그것을 제대로 판단하려면 '평범'한 동시대인보다 훨씬 더 많이 지리에 관해 알았어야 했을 것이다. 그리고 로마인들은 이 너머도 자신들이 통제한다는 인상을 심어 주고 싶어 했다. 아우구스투스는 알려진 세계의 끝에 사는 다양한 민족들조차 로마인들의 '친선'을 받아 주었다거나 로마와 친해지려고 애썼다고 언급한다. 그런데 로마인들은 간접 통치를 설명하기 위해 바로 이 용어를 사용할 수도 있었는데, 로마인들은 그들의 '친구'들이 전적으로 본인들을 위해 행동한다는 가정에서 나아갔기 때문이다. 실제로 속국의 왕들은 흔한 표현인 '동맹자(소키이)'와 '우호적인 왕들(아미키 레게스amici reges)'로 불렸다. 그리고 그러한 군주들은 주로 동쪽 변경 지대에 있었다. 가끔 파르티아인들도 그러한 상태였을 수도 있었다. 하지만 본질적으로 그들은 로마 제국의 통치권 밖에 남아 있었다. 그렇지만 누가 이 모든 것을 종합적으로 파악할 수 있었겠는가?

어쨌든 로마의 세력은 가끔 이들 지역에서도 아주 멀리까지 미칠 수 있었는데, 에티오피아와 남부 아라비아까지 세력이 미친 적도 있고, 심지어 메소포타미아에도 어느 정도 미쳤다. 그러나 이들 지역에서 장기적으로 로마의 통치권을 확립할 수는 없는 것으로 판명되었다. 기본적으로 유프라테스강은 계속 로마의 직접 통치의 한계점이었다. 이 접경지대 부근에는 다소 느슨한 구조의 파르티아 제국 외에 몇몇 지역이 존재했는데, 그 가운데 일부 넓은 지역에는 카라반 무역에 경제활동을 집중해 온 부족들이 살고 있었다. 하지만 그들은 이동식 생활 방식을 유지하면서도 부분적으로 여러 중심지에 집중하는 방식을 병행했는데, 시간이 지나면서 이들 중심지는 늘어나는 부로 인해 훨씬 더 호화로운 시설을 갖추게 되었다. 예를 들어 헬레니즘 시대 이래로 나바테아인들은 다른 활동뿐 아니라 향료 무역에서의 우위를 이용해 사해 남부의 페트라에 강력한 성채를 세워 확장했다. 트라야누스Trajan 황제 시기(106년)에 그들의 왕국은 아라비아 속주가 되었다. 에데사, 하트라, 팔미라 등 비슷한 사회적·정치적 체제의 다른 중심지들은 로마 통치 지역과 파르티아 제국 사이에 끼인 자신들의 위치로 이득을 얻고 가끔은 더 큰 정치체의 영향권 내에 있으면서도 다소 독립적인 노선을 취할 수 있었다.[160]

앞에서 언급한 아우구스투스의 「레스 게스타이」를 보면 그가 인도인들을 그러한 간접적 영향권으로 이동시키고 그 결과로 고대 세계에 알려진, 상상할 수 있는 모든 사람을 로마 영토 내에 사실상 포함할 수 있다고 느끼기까지 했음을 알 수 있다. 그는 다뉴브강 너머에서 거둔 군사적 성공을 넌지시 연결 지으며 "인도 왕들이 이전의 그 어떤 로마군 지휘관(둑스)도 받은 적이 없는 사절단을 나에게 종종 보냈다."라고 암시하듯 언급한다.[161] 정확히 그때부터 무엇보다도 바닷길을 이용해 그리스-로마 세계와 인도가 더욱 강도 높게 접촉한 것은 확실하다. 앞에서 살펴보았듯이 그러한 바닷길은 상당히 일찍부터 구축되어 있었다. 그러나 프톨레마이오스 왕조 후기 통치자들 때(기원전 1세기)부터 그리스 선원들은 홍해에서 인도로 직접 갔다가 다시 돌아오는 법을 알아냈다. 이 무역의 결실이 이제 로마 제국 시대에 강한 영향을 미쳤다.

아우구스투스 통치기에도 1년에 약 120척의 선박이 홍해에서 인도로 항해했던 것으로 보인다. 그 배들은 여름에 이집트에서 출발한 다음에 9월에 시작되는 남서 계절풍을 이용해 인도까지 항해했다. 그들은 이후 12월이나 1월에 겨울의 북동 계절풍을 이용해 돌아오곤 했는데, 처음 항해를 시작한 다음

봄에 이집트에 다시 도착했다. 이 무역의 한 가지 핵심은 그 상인들이 이집트를 거쳐 지중해 지역에 접근할 수 있었다는 점이었다. 몇몇은 파라오 시대에 건설된 다양한 길을 이용해 홍해에서 나일강 유역까지 항해한 다음, 다시 나일강을 따라 알렉산드리아까지 갈 수 있었고, 그 반대로도 갈 수 있었기 때문이다. 이후 200년에 걸쳐 로마와 인도 간에는 활기찬 교역이 이루어졌다. 고대의 문헌(특히 대大 플리니우스Pliny the Elder의 『박물지*Natural History*』는, 그리고 『에리트라해 안내기*Periplus of the Erythraean Sea*』는 둘 다 기원후 1세기의 작품이다.)뿐 아니라 특히 로마의 교역 기지가 있었음을 암시하는 많은 고고학적 유물이 이 사실을 입증한다. 따라서 로마와 인도 간의 접촉 분야가 이 시기에 다시 한번 늘고 강화되었다.[162]

로마와 인도 간의 교역량은 상당했는데, 인도아대륙에서는 특히 동남부의 퐁디셰리 근처 아리카메두 항구와 스리랑카 같은 지역에 집중되었다. 기록에는 남색, 자주색, 선홍색의 염료를 비롯해 진주, 비단, 상아, 향신료(특히 후추), 귀석 같은 사치품이 주로 언급되는데, 이것들은 산호, 황옥, 구리, 주석, 포도주, 직물 그리고 서방의 주화와 교환되었다. 중국의 비단은 대개 인도를 통해 서방 세계에 수입된 듯하다. 일반적으로 고전고대 세계와 중국 간의 접촉은 다소 미미했던 반면에, '더 먼 인도Farther India'(동남아시아)의 서쪽과 극동에 관한 지식은 상당히 초보적인 수준이었다. 중국 한나라 후기의 한 연대기를 통해 마르쿠스 아우렐리우스 황제 때인 166년에 중국에 사절단이 파견되었음을 알 수 있는데, 사절단이 가져간 선물이 중국인들에게 깊은 인상을 주지는 못했다고 한다.[163] 이후 더는 접촉이 없었다. 두 제국의 관계는, 즉 지중해 세계와 중국 간의 관계는 간접적 형태로만 유지되었다. 둘 사이에 끼인 아르사케스 왕조의 파르티아 제국과 사산 왕조의 페르시아 제국이 중요한 역할을 했다. 시간이 지나면서 그곳과 더 동쪽의 양쪽에서 중국과 소아시아를 잇던 연결망이 우리가 아는 실크로드로 서서히 통합되었다.

마찬가지로 로마 제국의 내부 조직도 비록 간접적이기는 해도 명백한 이유로 모든 신민이 황제에게 접근할 수 있다는 가능성에 기반을 두었다. 황제는 자기 주변에 보좌관 집단과 점점 복잡해지는 제국의 관료제를 점차 구축해 나갔다. 처음에 이 집단은 자유민들이 이끌어 갔는데, 민간의 전통적인 대가족 관행에 따라 많은 지위를 여전히 노예들이 차지하기도 했다. 이들은 신분이 아주 낮았지만, 그런데도 상당한 권력을 얻을 수 있었다. 이러한 전개는 특히 원로원 의원 집단에 실망을 안겼을 것이 분명했다. 결국 정권의 최고위직은 기사 계급으로 채워졌다. 그러면서 중앙정부는 확실히 제도화되었다.[164]

로마 관료는 황제가 부여한 업무를 수행했다. 그리고 그 과정에서 그들이 맡은 주된 임무는 일반 평민뿐 아니라 속주와 도시의 총독을 포함한, 황제의 부하들을 상대로 소통을 담당하는 것이었다. 원칙적으로 모든 이가 황제에게 호소할 수 있었는데, 황제는 관련 부서의 참모들에게 관료를 상대로 서신을 교환하게 하는 것은 물론 백성들의 판정 요청까지 처리하게 했다. 이 대목에서 두 개의 언어를 구사하는 능력은 당연하게 여겨졌다. 황제와는 그리스어나 라틴어로 대화할 수 있었다. 통치와 행정은 기본적으로 분쟁의 해결과 중재로 이루어졌다. 이러한 일은 다양한 유형의 도시에서, 민중 차원에서 가장 흔하게 발생했다. 점점 그 수가 꾸준히 늘어난, 로마 시민이 관련된 사건과 복잡한 사건은 총독이 조정하거나 심지어 황제가 나서기도 했다. 황제는 많은 사건에서 최종 사법권자가 되었다. 특정 상황에서는 다른 문제에 관해서도 황제에게 판정을 요청할 수 있었다.

대개는 사건이 법의 문제에 달려 있었으므로 결정을 내릴 때 법률 지식이 중요한 역할을 했다. 이 문제에서는 이미 공화정 시기에 독자적으로 발달하면서 관련 법무관들이 시행한 체계적인 법적 절차가, 그리고 귀족 재판관의 전문성을 통해 그 가치를 입증한 로마법이 이제 그 힘을 한껏 발휘할 수 있었다. 법의 적용과 판결은 모든 형식적 부분은 별도로 하고 무엇보다도 고려 중인 개별 사건(카수스casus)과 관련되어야 한다는 사실에서 이를 확인할 수 있다. 다른 비슷한 사건에서 도달한 비슷한 결정을 인용하려는 시도가 거듭 있었다. 이러한 유형의 판례법은 방대한 지식과 그에 따른 상당한 법률적 전문 지식을 전제로 했으며, 이 사법 형태가 더욱 발달하면서 그러한 지식의 증가를 촉진하는 데 도움이 되었다.[165]

이러한 변화의 영향은 로마 제국의 행정에서 특히 강렬하게 감지되었는데, 모든 차원의 법률 지식이 총독을 섬기는 공무원들이나 황실 회의, 중앙 관료제에서 점점 더 중요한 역할을 하게 되었기 때문이다. 오래지 않아 특정 사건이 판결을 위해 황제 앞에 제출되면 황제가 법학자들의 도움을 받아 레스크립툼rescriptum(답서)의 방식으로 판결하는 공식 절차가 발달했다. 관료나 백성에 대한 이러한 서면 응답은 사건의 사실들에 대한 단순한 반응처럼 보이기는 했지만, 그것은 실제로 제국 통치의 핵심 방식이었다.[166] 그것이 최종 사법권의 판결에 해당했으므로 개별 사례에 대한 이러한 결정은 궁극적으로 법적 효력을 지녔다. 그리고 그것은 법체계가 하향식과 상향식으로 동시에 구축될 수 있음을 보여 주었기에 그 제국이 지닌 큰 강점 중 하나가 바로 거기에 존재했다. 현지의 풀뿌리 차원에서 해결될 수 없는 문제는 무엇이든 모든 핵심 사항이 최종 사법 단계에 맡겨졌고, 그곳에서 법적 지위에 기초해 다른 사건들과 비교함으로써 사건을 판결했다. 그와 동시에 당시의 법적 지위는 답서에 포함된 판결에 따라 꾸준히 넓어지고 다듬어졌다.

제국 전체에 이것이 가지는 의미는, 위에서 구축되었고 특정한 방법론에서 파생한 법체계가 그 제국에 슬그머니 자리 잡고 있었던 것은 아니지만, 로마법이 전혀 통제되지 않는 무질서한 현지의 일회성 법률에서 힌트를 얻은 것도 아니라는 점이었다. 오히려 일반화를 향한 경향이 생기면서 서로 다르게 설정된 아주 다양한 개별 사건을 공평하게 다룰 최고의 기회로서 자리 잡았다. 따라서 세계적인 로마 제국은 어느 정도의 획일성과 궁극적으로는 (전통적인 도시적 변형 및 다른 지역적 변형과 함께) 개별 속주의 정체성으로도 구분되는, 고도의 지역적·국지적 다양성을 결합한 야누스Janus의 얼굴을 갖게 되었다고 할 수 있다. 따라서 획일성은 절대로 표준화를 의미하지 않았다. 동질성과 이질성이 변화하는 일단의 환경에 따라 다양한 정도로 공존했었다는 이야기다. 만약 누군가가 세계화 개념을 이용해 로마 제국을 세계 제국으로 묘사하고 분류하기를 시도한다면,[167] 세계화와 현지화를 동시에 추구하는 '세방화世方化, glocalization'가 그 제국에 가장 어울리는 캐치프레이즈로 가장 먼저 생각날 것이다.[168]

제국의 이러한 성격은 제국의 통합 방식에서도 드러났다. 이미 살펴보았듯이 로마인들은 시민권 문제나 엘리트로 신분을 상승하는 문제에서도 배타적 태도를 절대 보이지 않았다. 외부인이라도 그에 합당한 훌륭한 행실의 증거가 있다거나 시민으로 심지어는 사회 상위층으로도 받아들일 만한 증거만 있다면 기회가 항상 있었다. 이러한 가능성이 제국 시대에는 더 확대되었다. 특정 조건을 충족하면 기존 공동체는 로마의 도시라는 지위를 부여받을 수 있었는데, 라틴법을 채택하는 예비 단계를 거치는 경우가 적지 않았다. 속주 엘리트들도 궁극적으로는 최고의 지위까지 올라갈 수 있었다. 기원후 98년에 안달루시아 출신 원로원 의원 트라야누스는 황제 자리까지 올랐고, 이는 이후에도 예외적 상황이 아니었다. 이러한 점에서도 다양성과 통일성을 수렴했다고 할 수 있다. 마지막으로 212년에 황제의 칙령이 발포되면서 제국의 모든 신민이 로마 시민이 되었다. 이는 대체로 조세 기반을 늘리려고 고안된 조치였지만, 그런데도 사실상 이미 로마 제국이 완전하게 통합된 상태라는 인식이 전제되어 있었다.

도시 체계와 발전이 이러한 통합을 가져오는 데 결정적 역할을 했다.[169] 로마 제국의 도시들은 적어도 헬레니즘 국가들의 경우와 같은 정도로 자치적으로 조직된 기본적 생활 단위로서 제정의 근저를 이루었다. 제국의 동쪽 지방에서는 헬레니즘적 요소가 이어졌다. 실제로 폴리스 형성과 '도시화'의 추세는 제도적으로나 건축적으로 수그러들지 않고 계속되었다. 이러한 추세는 특히 이집트에서 두드러지게 나타났는데, 그곳에서는 도시 생활 방식이 그 나라의 핵심 지역에서까지 점차 확고하게 굳어졌다. 이러한 점에서 헬레니즘 도시들의 성격에 관해 앞에서 개략적으로 설명한 내용이 제국 전역에서도 점점 더 들어맞았다고 할 수 있다. 제국의 서쪽 지방에서 로마인들은 자신들만의 도시 모델을 '수출'했다. 이는 로마법이나 라틴법에 따라 다스려지는 작은 도시 같은 다양한 범주를 포함한 지방자치체와 식민시로 이루어져 있었다. 이들 지역에서는 다른 부족과 공동체의 토지도 결국에는 도심지를 둘러싼 지역이 되었다. 이는 어원에서도 뚜렷하게 드러나는데, 그러한 단위를 가리키는 단어 키비타스civitas(공동체)가 로망스어군(치타città, 시우다드ciudad, 시테cité)[14]뿐

14 모두 도시를 뜻하는 말로, 치타는 이탈리아어, 시우다드는 에스파냐어, 시테는 프랑스어다.

아니라 영어에서도 도시를 가리키는 기본 용어가 되었기 때문이다. 도시 정착촌이 대규모 로마군 야영지를 중심으로도 성장했고, 이들 역시 뚜렷한 도시 체계를 발전시켰다는 점은 의미심장하다.

도시들은 점차 귀족적 기질을 갖게 된 엘리트들이 철저히 지배했다. 권력과 영향력을 놓고 거듭 충돌이 발생했지만, 대개 제국의 대리인들이나 특히 황제와 그 추종자들을 상대로 맺은 연줄이 이러한 분쟁을 확실하게 해결해 주었다. 이 엘리트들은 제국의 관리를 채용할 수 있는 기반이 되었고, 그렇게 그들은 그 도시들과 계속 연결될 수 있었다. 이러한 도시와 제국의 융합은 이후에, 특히 193년과 194년에 그 도시들이 셉티미우스 세베루스Septimius Severus와 페스켄니우스 니게르Pescennius Niger 사이의 충돌처럼 제위를 노리는 자들 간에 벌어진 대규모 내전에 개입했을 때 두드러지게 드러날 것이었다. 이는 또한 그 도시들이 법을 집행하고 그에 따라 제국의 행정에서 핵심 역할을 한 곳일 뿐 아니라 국고를 늘려 주고 그에 따라 군사 계획이나 사회 기반 시설 사업에 자금을 조달해 준 중요한 곳이라는 사실과도 관련이 있었다. 궁극적으로 도시와 도시 엘리트들의 부는 제국의 안녕과 안전을 보장해 주었다.

율리우스-클라우디우스 왕조와 파국적 몰락

의심할 바 없이 이러한 양면성에는 장점이 있었지만, 반대로 이 원수정의 근본적인 구조적 취약점을 숨길 수는 없었다. 내전이 다시 발발할 가능성이 그 안에 잠재되어 있었으므로 모든 황제가 자신의 통치를 정당화해야 하는 영원한 과제에 직면했다. 원수정의 모든 황제는 사실상 심사를 받았다. 이 문제는 특히 통치자가 바뀔 때마다 등장했다. 한편으로는 상속의 요소가 존재했다. 황제는 엄청난 재산을 자기 마음대로 할 수 있었는데, 이 재산은 국가 재정과 밀접하게, 그리고 부분적으로는 복잡하게 얽혀 있었다. 황제는 보통의 민간인 시민처럼 이 재산을 자유롭게 물려줄 수 있었다. 그런데 로마식 관념에 따르면 사회적 관계 또한 상속될 수 있었고, 특히 후견인과 피후견인 관계가 그러했다. 더욱이 성공한 가부장적 군 지휘관이 누리는, 물려받은 카리스마가 이러한 구조를 더욱더 강화했다. 따라서 황제의 친자인 후계자나 입양된 후계자(아우구스투스의 사례는 둘 사이에 아무런 차이가 없음을 보여 준다.)를 피해 가는 것은 사실상 불가능했다. 어떤 잠재적 제위 쟁탈전에서도 황제가 물질적이든 이념적이든 모든 핵심 자원을 장악할 것이기 때문이었다. 군대와 민중은 이 세습 개념에 특히 집착했다.

다른 한편으로 황제라는 역할의 적법성과 정당성의 바탕이 되는 직권은 절대로 세습되지 않았다. 아우구스투스가 입증했듯이 직권은 기본적으로 원로원이 주는 것이었고, 실제로 그 직권 부여가 원로원의 가장 중요한 특권이었다. 이 점에서 후계자에게 유리한 결정을 내려 주는 강제적 기구는 존재하지 않았다. 기원후 1세기에 원로원 의원들 사이에서 최고의 후보자에 의한 통치라는 개념이 점점 더 인기가 높아지면서 이 사실은 강화되었다. 이 개념은 스토아학파 국가 이론의 몇 가지 기본적 신조에서 유래했다. 단순히 황제의 아들이라고 해서 반드시 그 사람이 황제직에 가장 적합한 사람인 것은 아니었다. 특히 통치자의 자질을 철학적 원칙에 근거해 판단한다면 말이다. 이 두 왕위 계승 원칙 사이에는 엄청난 차이가 있어 이 차이가 상당한 위험을 초래할 가능성이 있었다.

이 문제 또한 명확히 평가한 아우구스투스는 이미 충분히 증명된 상속 방식을 마련했고, 필요에 의해서였지만 자신의 잠정적 후계자로서 여러 사람을 상대로 이 방식을 '예행연습'까지 했다. 그의 뒤를 이을 남자 상속인이 없었으므로 그에게 이 과정은 다소 쉬워졌다. 내전 가능성과 그로 인한 위험을 초장부터 미리 방지하려면 무슨 일이 생기든 누가 후계자가 될지, 누구에게 권력이 이양될지가 명확해져야만 했다. 아우구스투스는 로마의 전통적 혼인 제도를 충실히 따르며 제위 계승과 권력 유지를 위해 자기 딸 율리아Julia를 '이용'해 '합당'한 사람과 결혼시켰다. 처음에는 자기 조카와 결혼시켰고, 다음에는 친구와 결혼시켰으며, 딸이 두 번이나 남편을 잃은 후에는 마지막으로 양아들인 미래의 황제 티베리우스와 결혼시켰다. 또한 그는 예비 후계자들을 선택해 그들이 직권에 관여하게 하기도 했다. 그에 따라 그 어떤 순간이든 누가 아우구스투스 다음으로 지배권을 가질지, 다시 말하면 누가 두 가지 제위 계승 원칙에 따라 권력을 잡을지가 분명했다.

유능한 조직자이자 지휘관이었던 티베리우스는 아우구스투스의 첫 번째 선택은 아니었다. 하지만 결국 아우구스투스는 그를 택했다. 그와 동시에 아우구스투스는 티베리우스에게 친자가 있는데도 (아우구스투스 누나의 외손자로) 자신과 혈연관계가 있는, 티베리우스의 조카 게르마니쿠스를 입양하라고 요구했다.[170] 또한 그는 살아 있을 때도 이미 티베리우스에게 전직 집정관으로서의 임페리움과 호민관 특권도 부여했다. 이렇게 함으로써 그는 두 가지 제위 계승 원칙을 모두 충족시켰다. 하지만 그렇게 했어도 아우구스투스가 기원후 14년에 세상을 떠나자 라인강에 주둔 중이던 대규모 로마 병력이 자신들이 좋아하는 게르마니쿠스를 황제로 선언하려고 시도하면서 내전의 위협이 여전히 감돌았다. 결국 게르마니쿠스의 충성심만이 상황의 악화를 막을 수 있었다. 그러나 상황은 더욱더 걱정스러워졌다. 아우구스투스가 관례에 주의를 기울이며 왕조의 기초를 놓았고 최대한 원만하고 질서 잡힌 권력 이양의 길을 명확히 제시했는데도 그의 후계자는 아주 다른 길을 갈 수 있음을 증명할 예정이었다. 티베리우스는 아직은 초기 단계인 로마 제국의 형태에 관해 자신만의 생각을 품고 있었기 때문이었는데, 사실 그는 제국의 형태를 그다지 높이 평가하지 않았다.

대체로 로마의 초기 황제들은 공화정과 군주정 사이의 어딘가에 있는 그 새로운 체제의 야누스적 특성을 시험했다는 느낌이 든다. 어쨌든 티베리우스는 공화정체의 요소를 상당히 진지하게 받아들였던 것 같다. 그는 로마가 과거의 규칙들에 따라, 달리 말하면 황제 없이 기능해야 한다고 믿는 듯했다. 확실히 그는 남들에게 자신의 의지를 알리는 법이 거의 없이, 최대한 로마를 비우면서 계속 눈에 띄지 않으려고 했다. 그러나 황제가 더는 이런 식으로 세인의 이목으로부터 물러나 있을 수는 없는 것으로 드러났다. 그런데 이 사실만으로도 이제 그 국가 체제는 아우구스투스의 긴 통치기에 군주정으로 바뀌어 그대로 자리를 잡았음이 확인되었다. 이제 권력은 프린켑스에게 있었고, 그가 그것을 적극적으로 사용하지 않는다면 다른 사람들이 그를 대신해 그렇게 할 것이었다.

원로원 의원들은 더는 독자적으로 나라를 다스릴 수 없었다. 그들은 (아무리 잘못되었더라도) 지시를 기다렸고, 더욱더 과도한 방식으로 황제에게 경의를 표함으로써 앞다투어 황제의 총애를 받으려고 했다. 그들은 황제의 위대함(마이에스타스maiestas)을 인정하지 않아 황제에 대한 반역 음모를 꾸몄다고 의심받는 라이벌 원로원 의원들을 고발하기까지 했다. 격렬한 충돌과 황제에 대항한 범죄자라는 고발은 피할 수 없는 결과였다. 그 과정에서 반역에 대한 의심이 제기되면서 통치 가문인 율리우스 왕조(겐스 율리아gens Julia)의 남자 대다수가 전멸했다. 로마 사회의 상위층은 공포 분위기에 휩싸였다. 결국 그 정권의 철권통치자인 근위대장 세야누스Sejanus가 권력을 잡으려고 했다. 그제서야 티베리우스는 드디어 사태에 개입했다.

그러나 티베리우스 황제는 제위 계승을 위해 아무런 확실한 준비도 하지 않았다. 그의 혈육인 상속인들에게 그 모든 것이 넘어가는 것은 확실했다. 티베리우스의 종손從孫이자 입양을 통해 그의 손자가 된, 게르마니쿠스의 아들인 가이우스 칼리굴라Gaius Caligula, 그리고 그의 친손자인 티베리우스 게멜루스Tiberius Gemellus가 바로 그들이었다. 티베리우스가 (기원후 37년에) 세상을 떠난 후 나이가 더 많고 정력적인 칼리굴라를 근위대가 황제로 선포했고, 원로원이 승인했다. 처음에 칼리굴라는 사촌인 게멜루스를 입양했지만, 바로 그를 살해했다. 칼리굴라는 티베리우스와는 아주 대조적으로 완벽한 전제정치를 시작하면서 아주 짧은 시간 만에 극단적으로 정반대되는 황제의 모습을 보여 주었다. 그는 온갖 방법을 동원해 자신의 전능함을 강조했고, 심지어는 자신을 인간이 된 유피테르라며 신으로 선언하기까지 했다. 그가 터무니없고 모욕적인 조치를 여러 차례 내리자 원로원 의원들은 그가 자신들을 단순한 신하로밖에 보지 않는다고 확신했다. 군주정의 정체를 가려준 공화정의 베일은 갈기갈기 찢겼다. 칼리굴라의 기이한 행동은 종종 그가 과대망상증에 걸려 정신이 이상해진 탓으로 돌려졌다. 하지만 그 이면에는 분명한 전략이 있었던 것으로 보인다.[171]

이 상황이 오래가지는 않았다. 황제의 권력이 절대적으로 높아지면서 저항이 발생했고, 칼리굴라가 (기원후 41년에) 근위대의 선동과 도움을 받은 원로원 의원들의 음모에 희생되고 말았기 때문이다. 그러한 상황에서 제위 계승 문제를 어떻게 처리할지 아무런 준비가 되어 있지 않았다는 사실을 알게 되는 것은 전혀 놀랍지 않다. 원로원은 심지어 이 시점에서 일종의 공화정 체제로 복귀하려고 논의하기도 했다. 하지만 그사이에 근위대는 율리우스 왕조에 마지막으로 남은 일원인, 칼리굴라의 숙부 클라우디우스Claudius를 황제로 선포함으로써 기정사실로 만들어 버렸다. 원로원이 그 상황에서 할 수 있는 것은 클라우디우스에게 법으로 정해진 모든 직권을 부여함으로써 이 결정을 승인하는 것뿐이었다. 이 직권은 아우구스투스의 '개조된 공화정'의 형태를 띠었다. 새로운 황제는 상당히 신중하게 이 원칙을 지켰고, 다시 한번 제국의 통치에 규율과 질서를 적용할 수 있었다. 클라우디우스의 계승자는 클라우디우스의 네 번째 부인이자 친조카이며 칼리굴라의 동생인 아그리피나Agrippina의 아들로 (기원후 54년에 즉위한) 네로Nero였다. 클라우디우스는 친아들이 있었는데도 아그리피나의 재촉으로 네로를 아들로 입양했다.

특별한 교육을 받아, 특히 스토아학파 철학자 세네카Seneca의 가르침을 받아 통치자 역할에 아주 준비가 잘 되어 있었던 네로는 처음에는 훌륭한 통치자와 관련된 모든 기대를 충족하는 듯 보였다. 하지만 재위한 지 5년 만에 그는 칼리굴라와 아주 비슷한 전제정치 노선을 걷기 시작했다. 그는 황제의 자리가 가지는 극적 요소를 특히 사랑했는데, 다양한 연극 공연에 참석할 뿐 아니라 직접 출연할 정도로 극단적 모습을 보여 주었다. 이런 행동이 평민들에게는 인기가 있었을지 모르지만, 원로원 의원들이 보기에는 황제의 권위를 깎아내리는 일이었다. 로마에서 (기원후 64년에) 발생한 재앙적 대화재로 그의 인기는 떨어졌다. 곧이어 대표적인 원로원 의원들의 음모가 발각되자 그는 잔인하게 진압했다. 갈리아 속주들 중 한 곳에서 로마인 총독이 반란을 일으키고 뒤이어 다른 로마인 관리들과 군대도 폭동을 일으키자, 결국 네로는 자결할 수밖에 없었다. 다시 한번 제위 계승은 준비되어 있지 않았다. 본격적인 내전의 발발과 함께 제국 통치의 비밀이 또다시 고개를 들었다. 기원후 69년은 통치자들의 혼란스러운 제위 계승이 일어나면서 네 황제의 해로 불렸다.[172]

특히 그 시기에 원로원 의원들과 군부라는 결정적인 두 세력이 황제에게 필요한 자질을 얼마나 다르게 해석했는지가 아주 분명해졌다. 군부는 율리우스 카이사르가 살해된 이후 그들이 보여 준 행동과는 달리 이번에는 상황을 지휘했다. 처음에는 상당히 지위가 높은 원로원 의원이자 총독인 술피키우스 갈바Sulpicius Galba가 황제로 인정받았다. 원로원 의원들에게 갈바는 나이와 권위로 볼 때 딱 맞는 인물이었다. 그러나 그는 자신의 원칙에 충실한 법과 질서의 대리인으로서, 병사들의 인정을 거의 받지 못했다. 병사들은 그런 권위적 인물에게 더는 무조건적으로 굴복하려고 하지 않았다. 따라서 라인강에 주둔하고 있던 로마군은 갈바에게 충성을 서약하기를 거부하고, 그 대신에 자신들의 지휘관인 아울루스 비텔리우스Aulus Vitellius를 황제로 선포했다. 한편 로마에서는 거의 같은 시점에 근위대가 살비우스 오토Salvius Otho를 적법한 황제로 인정했다. 갈바가 오토가 아니라 지위는 높지만 카리스마는 부족한 원로원 의원 칼푸르니우스 피소Calpurnius Piso를 (기원후 69년 1월에) 입양해 암묵적으로 후계자로 지정하자, 오토는 갈바의 가혹한 체제에 대항하며 선동을 일삼았다. 이후 제국의 동부에 주둔 중이던 군대가 플라비우스 베스파시아누스Flavius Vespasianus를 황제로 선언했다. 베스파시아누스는 대규모 로마군을 이끌고 기원후 66년에서 기원후 70년까지 유대 반란을 진압했고, 일련의 피비린내 나는 전투에서 비텔리우스에게 승리를 거두는 데 성공했다. 한편 그의 아들 티투스Titus는 예루살렘을 정복해 그곳의 신전을 파괴하고 유대인들에게 재앙적 패배를 안겼다.

화려함과 위기: 플라비우스 왕조, 입양된 황제들, 세베루스 왕조

로마 황제권의 주된 문제는 네 황제의 해를 특징짓는 내전 기간에 뼈아플 정도로 너무 명백해졌다. 그러나 이후에 아우구스투스가 그랬던 것처럼 승자가 효과적인 통치 임무를 감당할 수 있다고 보이는 한, 그 체제가 여전히 완벽히 잘 기능할 수 있다는 사실 또한 똑같이 명백해졌다.[173] 특히 군사 분야에서 두각을 나타낸 베스파시아누스(재위 69~79)는 무엇보다도 어려워진 재정 상황에 어느 정도 질서를 부여하며 행정 능력을 보여 주었다. 또한 상당히 능력 있는, 장성한 아들이 두 명 있었던 그는 왕조의 원칙을 강력하게 옹호했다. 그러나 베스파시아누스의 큰아들 티투스가 집권한 지 불과 2년 뒤(기원후

81년)에 세상을 뜨면서 그 뒤를 이은 동생 도미티아누스Domitian의 통치기에 또다시 많은 것이 틀어졌는데, 특히 원로원 의원들과의 소통과 관련해 문제가 생겼다. 이 황제는 음모에도 직면했고, 이는 그의 통치가 폭넓은 인정을 받지 못했음을 의미했다. 결국 그는 이 위협을 처리한 이후 이전의 칼리굴라나 네로와 아주 흡사한 전제 통치 방식으로 기울었다. 따라서 도미티아누스 역시 후대에 '나쁜 황제'로 평가받는데, (기원후 96년에) 결국 암살당하는 신세가 되었다.

이후 69년의 재앙이 되풀이해 발생하는 듯했다. 플라비우스 왕조가 끝난 이후 선출된 황제 코케이우스 네르바Cocceius Nerva는 갈바와 마찬가지로 원로원 의원이자 널리 알려진 법률가이고 존경받는 귀족이었다.[174] 그러나 그는 군부의 찬성을 받지 못했는데, 특히 근위대가 공공연하게 반란을 일으키겠다고 위협했다. 그러나 갈바와는 달리 네르바는 적합한 후계자를 선택했다. 네르바는 그를 입양해 자신의 통치를 돕게 했다. 이 사람은 바로 에스파냐 출신의 원로원 의원인 울피우스 트라야누스Ulpius Trajanus로, 부하들에게 규율을 행사했을 뿐 아니라 지휘관으로서도 인상적 능력을 보여 줌으로써 사령관으로서도 능력을 입증했다. 그가 권좌에 오른 기원후 98년은 원수정에서 가장 성공적이고 안정적인 시기의 출발점이 되었다.

이는 의심할 바 없이 트라야누스가 직접 통치를 위한 아주 적극적인 정책을 추구함으로써 로마 제국의 영토를 상당히 늘렸기 때문에, 군대를 이끌고 연이어 승리를 거둘 수 있었기 때문에 가능한 일이었다. 대체로 대규모 군사 작전의 결과로 새로운 속주들이 제국에 추가되었는데, 다키아와 메소포타미아가 대표적이었다. 트라야누스의 원정은 파르티아 제국에도 위협이 되었다. 동방에서 그의 존재는 다시 한번 사람들에게 알렉산드로스 대왕과 '진정한' 세계 지배를 생각나게 했다. 분명 그는 인도까지 목표로 삼으며 홍해에 함대를 주둔시켰다고 전해진다.(추정컨대 이 사실을 언급한 사료는 페르시아만을 가리킨 듯하다.)[175]

그러나 그보다 훨씬 중요했던 것은 트라야누스의 권한을 국가 내의 모든 관련 집단이 인정했고, 궁극적으로는 그가 죽은 후에도 그를 아주 훌륭한 황제(옵티무스 프린켑스)로 평가했다는 사실이다. 그의 성공 이면에는 통치자와 원로원 귀족의 의견이 일치해야 한다는, 황제의 역할에 대한 근본적 개념이 존재했다. 더욱이 입양을 통한 왕조의 탄생은 부와 명성의 상속과 직권의 합법적 이양 사이의 간극을 메우는 관습적 방법으로 유지되었다. 이 시기의 첫 세 황제는, 즉 트라야누스, 하드리아누스Hadrian(재위 117~138), 안토니누스 피우스Antoninus Pius(재위 138~161)는 친아들과 상속자가 없었으므로 이 방식에 의존해야만 했다. 그들은 가장 가까운 친척들로 선택을 제한하기는 했지만, 여전히 최적의 후보자를 선택한다는 생각을, 즉 앞에서 살펴보았듯이 스토아 철학에 푹 빠진 원로원 엘리트들 사이에서 통용되던 생각을 입양과 결합하는 데 성공했다. 바로 이러한 이유로 로마 역사에서 이 시기의 통치자들은 '입양된 황제들'로도 알려져 있다.

이 생각과 특히 관련이 있는 개념은 통치자는 자기 신민의 이익을 위해 통치해야 한다는 것이었다. 제국의 보편성 덕분에 이들 신민에는 '인류(게누스 후마눔genus humanum)' 전체가 포함되었다. 이번에도 스토아 철학의 사상에 따라 이 인류는 모두가 이성의 능력을 선천적으로 부여받았다고 생각된다면 근본적으로 평등한 인간들로 이루어진 집단으로 해석될 수 있었다. 최고의 군주는, 다시 말하면 흠잡을 데 없이 어울리는 군주는 노예가 주인에게 의존하는 것과 같은 방식으로 인류의 안녕에 전념해야 했다. 헬레니즘 통치자의 표현을 빌리면, 이 지위는 '고결한 노예(엔독소스 도울레이아éndoxos douleía)'로까지 불렸다. 그리하여 황제는 특별히 자신의 제국과 신민들을 "돌보는(쿠라cura)" 일에 집중했다. 따라서 이 시기는 '인도주의적' 황제의 통치기 혹은 '계몽'된 황제의 시대로도 기억되는데, 이는 통치자가 '국가의 첫 번째 종복'이라는 신新스토아주의에 의해 형성된 계몽 절대군주 사상과 관련이 있다.

자연스럽게 현실에서 이 사상은 계획에 따른 선전용 과장이 등장할 여지를 열어 주었는데, 수사학과 예술이 이를 위해 충분한 기회를 제공했다. 이를테면 원로원 의원 소小 플리니우스Pliny the Younger가 트라야누스를 칭송하며 전달한 감사 연설(파네기리쿠스Panegyricus)이나 로마 시대의 동전에 황제의 얼굴과 글이 묘사된 경우만 생각해 보아도 알 수 있다. 그러나 단순히 외적 인상만으로는 네르바가 트라야누스를 입양한 후의 시절을 특징지은 그 화합이 어떠했는지 보여 주기 어려울 것이다. 이러한 사고방식의 근본적 특징을 아주 구체적으로 확인할 수도 있는데, 이를테면 입양된 황제들이 입안한 법안에서 이 시기의 노예제도 관행에 어떤 인본주의적 요소가 도입된 것을 알 수 있다.

대체로 이 황제들은 제국의 당시 상황을 명심하고 있었다. 다시 말하면 제국 내의 도시 및 지역들의 복지와 그에 따른 제국 전역의 경제력에, 특히 도로 건설과 깨끗한 물 공급을 통한 제국의 사회 기반 시설에 주력했다. 이는 통치자와 신민 모두를 위한 것이었다. 하드리아누스 황제는 전임 황제 트라야누스의 팽창주의적 정책을 버리고 평화로운 발전 정책을 도입하기까지 했다. 이는 제국의 국경에 방어 시설을 세워 안정을 보장하는 것이었다. 이와 동시에 하드리아누스는 제국 전역의 수많은 곳에서 백성들 앞에 직접 모습을 보이기 위한 일련의 여정에 착수함으로써 자신의 군대와 신민에게 더 가까워지려고 노력했다. 또한 제국의 다양한 지역들이 문화적으로 융화되기 시작하면서 그리스적 요소가 확실히 더 중요해졌다. 로마 황제가 자신을 그리스 도시 거주자로, 혹은 그리스 철학자로 일컬어야 했던 것은 상당히 의미 있는 일이었다. 이후의 역사 내내 로마의 입양된 황제들이 통치한 이 시기는 반복적으로, 그리고 지당하게도 로마 제국의 황금시대로 여겨졌다. 지중해 주변에 남아 있는 그 시기의 기념비적 유적이 보여 주듯이 156년에 당대의 한 관찰자가 언급하는 것이 좋겠다고 생각한 다음 내용은 단순한 수사학적 미사여구 그 이상의 표현이었다.

> 도시들은 광채와 매력으로 빛난다. 그리고 온 대지가 천국의 정원처럼 아름다워졌다. 평원에서 피어오르는 연기와 아군과 적군을 위한 봉화는 한 차례의 숨결에 날아간 듯 육지와 바다 너머로 사라졌다. 그 대신에 모든 멋진 광경과 수없이 많은 축제 경기가 선보였다. (중략) 대지가 모두의 어머니이고 공통의 고향이라는 일반적 주장을 가장 잘 입증한 사람들은 바로 당신들(즉 로마인들)이다. 이제 진정으로 그리스인이든 아니든, 재산이 있든 없든, 자기가 원하는 곳은 어디든 고향에서 고향으로 가는 것처럼 아주 편안하게 다닐 수 있다. 킬리키아 관문

도, 아랍 국가를 거쳐 이집트로 가는 좁은 모래 진입로도, 접근하기 어려운 산맥도, 거대한 강줄기도, 불친절한 야만인 부족도 공포를 유발하지 않는다. 하지만 안전을 위해서는 로마 시민이 되거나 당신들의 지배하에 통합된 그들 중 하나가 되는 것으로 충분하다.[176]

정확히 황제의 친아들이 처음으로 프린켑스가 되었을 때 이 영광이 막을 내려야 했다는 것은 역사의 아이러니처럼 보인다. 게다가 그의 제위 계승과 이후 통치는 최고가 될 것으로 생각되었으니 말이다. 어쨌든 결정적 특징은 입양이 아니라 통치자의 자질이었다. 따라서 ('황제의 자리에 앉은 철학자') 마르쿠스 아우렐리우스(재위 161~180)는 처음부터 자기 아들인 콤모두스Commodus를 후계자로 정하고 아들과 공동으로 국정을 운영함으로써 황제의 업무를 아들에게 직접 알려 주었다. 콤모두스는 그에 따라 경험 학습의 원칙에 기초한 황제 교육을 받았다. 그리고 제국의 국경선 너머에서 비롯된 몇 차례의 대규모 재앙으로 마르쿠스 아우렐리우스의 통치에 그늘이 드리워졌으므로 할 일이 많았다. 우선 동쪽에서는 파르티아인들이 제국 깊숙한 곳까지 침투했다. 격렬한 전투 끝에 그들을 격퇴하자마자 동쪽에서 돌아온 로마 병사들 사이에서 심각한 전염병이 발생했다. 천연두로 보이는 이 전염병이 제국 전체에 퍼지면서 여러 해 동안 수천 명이 목숨을 잃었다. 또한 제국의 북쪽 국경에서는 주로 게르만족 출신인 다양한 부족들이 무리를 지어 제국의 국경선을 위협했고, 가끔은 국경선을 넘어 침입하기도 했다.[177]

그렇게 마르쿠스 아우렐리우스는 연이은 대규모 물리적 충돌에 휩싸이면서 결국 게르만족을 정벌하기 위한 두 번째 대규모 군사 원정 중에 빈에서 사망했는데, 천연두에 걸렸던 듯하다. 그의 아들은 평화조약을 체결해 북쪽 국경선은 확실하게 지켰지만, 게르만족의 영토와 인접해 있던 중부 유럽 지역을 직접 지배하기 위해 제국을 확대하려던 계획은 철회했다. 어쨌든 그 무렵에 제국의 병력은 심각한 전염병뿐 아니라 두 전선에서 벌어진 대규모의 고된 전쟁으로 인해 심한 부담을 안고 있었다는 점이 분명해졌다. 다른 한편으로 제국은 그런데도 대규모 위기를 견딜 능력이 있음을 보여 준 것도 사실이다. 하지만 최악의 상황은 아직 오지 않았다. 그리고 이 문제를 처리하는 과정에서 원수정의 근본적 딜레마가 다시 한번 표면화될 예정이었다.

군인과 일반 평민들 사이에서 인기가 상당히 높았던 콤모두스는 원로원 엘리트들과는 필요한 합의를 얻어 내지 못했다. 따라서 후대에 그는 완전히 부정적인 이미지로 평가된다. 칼리굴라 같은 전제 통치자와 어깨를 나란히 할 정도다. 사실이 무엇이든 콤모두스의 측근 세력이 음모를 꾸미면서 그 또한 (192년에) 암살자의 손에 희생되었다. 콤모두스가 살해되면서 100년간 목격되지 않은 시기가 다시 찾아왔다. 실제로 당시 상황은 기원후 69년의 사건들보다 훨씬 안 좋았다. 이 시기는 흔히 다섯 황제의 해로 불리는데, 아주 짧은 기간에 무려 다섯 명이 황제로 선언되면서 서로 싸움을 벌이는 일도 벌어졌기 때문이다. 근본적으로 그것은 몇 년 동안 지속된 피비린내 나는 권력 투쟁이었고, 제국의 넓은 지역에, 특히 동쪽 지방에 영향을 미쳤는데, 그곳에서는 페스켄니우스 니게르와 셉티미우스 세베루스의 기나긴 충돌이 발생했다. 상황은 197년이 되어서야 끝났다.[178]

이와 같은 심각한 위기의 시기도 더는 제국과 황제직에 오래도록 피해를 안기지는 못했다. 이는 특히 제위를 노리다가 결국 승자가 된 셉티미우스 세베루스(재위 193~211)의 활력과 능력 때문이었는데, 그는 본래 북아프리카 출신으로, 시리아 에메사(홈스)의 태양신 사제 명문가의 딸인 율리아 돔나Julia Domna와 혼인했다. 앞에서 설명한 융화 방식에 따라 이 명문가는 이미 로마 시민권을 획득해 로마 지배층 내에서 높은 지위에 오른 상태였다. 세베루스는 내부적으로 제국을 공고히 하는 데 힘쓰면서 외교정책에 엄청난 에너지를 썼는데, 특히 메소포타미아에서 파르티아를 상대로 전력을 다해 싸운 끝에 주목할 만한 성공을 여러 차례 거두었다. 제국 행정과 관련해 셉티미우스 세베루스가 통치하면서부터 사실상 군부의 민간의 행인 분야가 분리되기 시작했다. 기사 계급 출신 장교들도 군대에서 높은 직위를 차지하게 되었고, 근위대장직은 점차 행정직이 되면서 저명한 법률가들로 채워졌다.

셉티미우스 세베루스에게는 아들이 둘이 있었으므로 제위 계승은 통치 초기부터 준비되었다. 하지만 장남 안토니누스 카라칼라Antoninus Caracalla(재위 211~217)가 동생 게타Geta를 살해했고, 본인은 새로운 알렉산드로스로 자칭하며 제국 동쪽으로 군사 원정에 나섰다가 암살당했다. 그의 통치는 제국의 모든 신민에게 로마 시민권을 부여한 조치와 영원히 결부 지어 생각되는데, 그는 212년에 새로운 세수 공급원을 얻기 위해 제국 칙령(콘스티투티오 안토니니아나)[15]을 통해 이 조치를 시행했다. 그가 죽고 나서 마크리누스Macrinus로 불린 장교가 에퀘스eques 출신으로는 처음으로 제위에 오르며 잠시 위험한 상황이 이어졌지만, 율리아 돔나의 여동생 율리아 마이사Julia Maesa의 노련한 대처로 마침내 해결되었다. 218년에 율리아 마이사는 외손자인 엘라가발루스Elagabalus를 황제 자리에 오르게 하는 데 성공했다. 엘라가발루스 역시 홈스의 태양신을 섬기는 대신관이었다. 그녀는 사실상 엘라가발루스를 대신해 제국을 다스렸고, 그가 222년에 살해된 다음에는 자기 딸 율리아 마마이아Julia Mamaea와 힘을 합쳐 율리아 마마이아의 아들 세베루스 알렉산데르Severus Alexander가 확실히 제위에 오를 수 있게 함으로써 제위 계승자를 정하는 데 핵심 역할을 했다.

확실히 로마 원로원 의원들과 통치자 간에 상당한 의견 일치가 이루어지면서 이 황제의 통치기에 제국의 행정은 놀라울 정도로 안정적이었다. 이 시기에는 안정되고 견실한 통치가 이루어질 수 있게 다른 측면에서 준비가 되어 있는 한, 지도자가 그리 강하지 않은 상태도 "견뎌 낼 수 있을" 정도로 원수정이 그동안 어느 정도 안정성을 확보했음이 명백하게 드러났다. 그러나 비교적 평온했던 이 상태는 기만적인 것으로 드러났다. 동쪽 지방에서 격렬한 전투를 치른 황제는 라인강에서 게르만 부족들의 공격을 물리쳐야 했다. 그곳에서 황제와 그의 어머니는 반란을 일으킨 로마군에 살해되었고, 그들은 235년에 자신들의 사령관 중 한 명인, 기사 계급 출신의 유능한 막시미누스 트락스Maximinus Thrax를 황제로 추대했다. 다시 한번 원수정의 근본적 취약성이 드러났지만, 이번에는 아무도 한동안 그 상황을 확실하게 통제할 수 없었다. 그토록 어렵게 얻어 지켜 온 로마 제국의 안정은 이제 사라지고 말았다.

15 '안토니누스 칙령'이라는 명칭으로 잘 알려져 있다.

위기의 제국

놀랄 것도 없이 군대가 내세운 후보자는 원로원과 잘 맞지 않았고 위기는 더욱더 심각해졌다.[179] 238년에 로마 제국에는 무려 일곱 명의 황제가 있었다. 그중 다섯은 동시에 존재했고, 마지막으로 황제 자리에 남은 자는 10대 소년(고르디아누스 3세Gordian III(재위 238~244))에 지나지 않았다. 그렇기는 해도 그는 근위대장에게서 국정 운영 기술에 관해 빈틈없는 훈련을 받은 황제였다. 하지만 페르시아 제국을 상대로 동쪽에서 벌인 대규모 원정이 완전한 실패로 돌아갔다. 이 모든 것은 이후 반세기 동안 혼란 상태가 지속될 것을 알리는 불길한 조짐이었다. 이후 (235년에서 284년까지) 거의 50년 동안 최소한 원로원에서 인정받은 황제만 스물한 명이었는데, 앞선 250년 동안 그와 비슷하게 스물네 명의 황제가 있었다. 이들 후반기 황제 대부분이 병사들의 구두 투표로 권좌에 올랐으며 내부의 적들에게서 자신의 자리를 몇 번이고 지켜야 했기 때문에 이 시기는 종종 군인황제시대로 불린다.

원수정의 구조와 관련해 자주 다룬 근본적 문제를 고려하면, 장군을 모시는 부대나 자기 부대를 거느린 장군들이 권력을 장악하기 위해 군사 쿠데타를 시도했다는 것과 이 제위 찬탈자들이 종종 서로 싸웠다는 것은 전혀 놀랄 일이 아니다. 그러나 능력 있는 후보자가 부족하지 않았는데도, 통치를 정당화하는 교묘하고 장기적으로 실행 가능한 전략까지 마련되었는데도 기원후 69년과 192년의 위기 때와는 달리 이번 위기에서는 우위를 점해 권력을 잡고 결국에는 황제로서 폭넓은 인정을 받는 데 성공한 사람이 아무도 없었던 이유가 무엇인지 의문을 가져야 한다. 이럴 수밖에 없었던 이유는 주로 로마의 대외 정책과 관련된 당시 상황에서 찾을 수 있다. 내부 권력 다툼은 두 전선을 동시에 상대해야 하는 제국에는 크나큰 위협이었다. 힘겹기는 했어도 마르쿠스 아우렐리우스 때는 "해쳐 나간" 여러 가지 문제가 당시 제국을 무너뜨리고 있었다.

북쪽에서는 주로 게르만 부족으로 이루어진 대규모 무리가 다시 한번 모여들기 시작했다. 그들은 국경을 압박했고, 결국에는 제국의 일부 지역을 점령하기까지 했다. 동쪽 상황은 더욱더 불길했다. 이 지역에서 로마의 주요 적

수였던 파르티아 제국에서는 강력한 귀족계급이 늘 군주와 나란히 세력을 형성하고 있었다. 이 제국의 조직은 다소 분권화되어 있었는데, 속국으로 생각할 수 있는 여러 왕을 간접적으로 통치하는 형태였다. 그런데 3세기 초에 페르시아의 부왕副王 가문인 사산 왕조가 과거 아케메네스 제국의 전통을 되돌아보기 시작하면서 파르티아로부터 독립했을 뿐 아니라 아르다시르Ardashir(재위 224~239/240) 왕의 지휘하에 옛 파르티아 제국 전체에 대한 지배권을 주장하기까지 했다.

아르다시르의 후계자 샤푸르 1세Shapur I(재위 241~272) 때 사산 제국은 진정으로 전 세계적 규모를 갖추었다. 이제 아케메네스 시대의 옛 사상을 상기시키는 것은 전적으로 문제가 없었다. 그 결과 사산 왕조의 통치는 때때로 신新페르시아 제국으로 불리기도 한다. 이리하여 로마의 진정한 경쟁자가 등장했는데, 게다가 이 정치체는 '옛' 제국의 전 세계적 규모를 제대로 염두에 두었다. 이 상황은 로마의 동쪽 국경 설정에 명백한 도전을 제기했으며, 이는 수많은 군사 원정과 군사작전에서 반복적으로 명확하게 드러난 사실이었다. 따라서 로마인들은 그 '어린 황제' 고르디아누스 3세가 이끈 군사 원정까지도 진정한 의미의 근본적이고 세계적인 충돌로 묘사했다. 다시 말하면 그들은 페르시아 제국에 맞서 싸운 고대 그리스인들의 전쟁에 대한 해석을 상기시키며 이 충돌을 문명과 야만인들 간의 생존을 위한 투쟁으로 묘사했다. 반대로 샤푸르 1세는 로마 황제 발레리아누스Valerian(재위 253~260)를 물리치고 그를 생포한 사실을 나크시-에-로스탐의 아케메네스 무덤군에 일련의 기념비적인 부조와 비문에 영원히 남겼다.

따라서 로마 제국에는 꾸준히 평화가 유지된 시기가 없었다. 내부의 폭력 사태와 외부의 전쟁으로 인해 로마는 늘 위기 상황에 놓여 있었다. 이 모든 문제가 동시에 증가하자 제국의 자원은 필연적으로 감당할 수 없는 수준까지 사용되었고, 황제 그리고 제위를 노리는 자 모두 서로를 상대로 한 전쟁과 외국의 적들을 상대로 한 전쟁의 혼란 속에서는 그 어떠한 안정도 가져올 수 없음을 알게 되었다. 그들은 제국 곳곳에서 발생한 불을 끄느라 대부분의 시간을 보냈다. 그리고 그들은 자신의 개입이 가장 절실하게 필요한 상황인데

—— 나크시-에-로스탐 무덤군의 기념비적 부조에는 로마 황제 필리푸스 아라부스(Philip the Arab, 재위 244-249)가 페르시아의 위대한 왕 샤푸르 1세 앞에서 예속을 의미하는 표시로 무릎을 꿇고 그의 말고삐를 잡는 모습이 묘사되어 있다. 이 사산 왕조 통치자는 발레리아누스 황제 앞에 서서 그를 이끌고 있기도 하다. 발레리아누스는 260년에 샤푸르에게 포로로 잡혔다. (Wikimedia Commons)

자신이 적시에 적합한 장소에 있을 수 없음을 빈번히 깨달았다. 그 결과 제국의 신민과 각 지역의 군대는 독자적으로 일을 처리할 수밖에 없었다. 사회적 동요가 심할 때나 특별히 불안정한 지역에서 특히 자신들의 통치자를 둔 분리 독립적 제국들이 등장하기 시작했는데, 갈리아 지방이, 그리고 시리아 사막 초원 지대의 팔미라가 대표적 예다. 이는 이들 지역에 강력한 충성 의식이 형성되어 있었음을 보여 준다. 그러나 많은 동시대인에게 그 상황은 '진정한' 로마 황제가 더는 자신들의 안전을 보장해 줄 수 없음을 증명해 주었고, 이는 그들의 정통성을 훼손했다. 로마가 이들 독립 제국들을 예속시켜 로마로 되돌아오게 하기까지는 로마 측의 엄청난 노력이 필요했다.

하지만 근대 이전에 존재한 매우 크고 근본적으로 독립된 주요 제국들의 특징이 그렇듯이 이 위기가 제국 전체에서 똑같은 정도로 느껴진 것은 아니었다. 교전 지역에서 아주 먼 지역들은 계속 번영했다.[180] 그러나 전체 그림을 고려해 본다면 제국 전체에 상당한 위험이 닥쳐 있었음을 확인할 수 있다. 이 위험은 로마 제국이 제위 찬탈 가능성이 늘 존재한다는 근본적 문제를 전혀 처리하지 못했다는 사실로 인해 발생했다. 많은 황제 중 그 누구도 장기적으로 인정받는 데 성공하지 못했다. 합법성에 대한 설득력 있는 개념을 제시하려는 시도가 없었던 것은 아니다. 최종적으로 성공한 개념은 초기 단계부터 확실했는데, 그것은 제국의 넓은 지역에서 종교성이 점차 달라진 사실과 관계가 있었다.

문제 해결 시도: 정치로서의 종교

앞에서 지적했듯이 헬레니즘 문화에는 단일신교를 추구하는 분명한 성향이 존재했다. 어느 정도 이것은 헬레니즘 문화의 핵심적 특징이기까지 했는데, 그리스식 숭배 의식 및 제의 방식과 동방-이집트식 방식 간에 이루어진 강력한 상호작용의 결과였다. 반복적으로, 그리고 갈수록 더 강력한 신들이 등장했는데, 이들은 다른 하위 신들의 힘과 세력을 완전히 흡수한 신이었다. 이들은 다신교와 양립될 수 있었다. 원로원 엘리트들은 이해하지 못하겠다는 반응을 보였지만, 로마 제정의 종교적 표현에서도 그러한 성향은 뚜렷하게 나타났다. 콤모두스는 엑스수페란티시무스exsuperantissimus라는 별칭을 지어 자기를 최고신 유피테르의 현시顯示와 연결 지었다. 그리고 엘라가발루스는 홈스의 태양신을 제국 전체의 보편신으로 섬기고자 했다. 일반적으로 3세기에는 항상 인기를 누린 모신母神과 함께 태양신 형상이 점점 유행했다.[181] 이 태양신에는 로마군 사이에서 특히 인기가 있던 미트라를 포함해 아주 다양한 신들의 속성들이 통합되어 있었다. 로마 제국 말기에 병사들의 공식 수호신은 솔 인빅투스Sol Invictus(무적의 태양신)로 알려져 있었다.

이러한 맥락에서 확실한 유일신 종교들도 언급해야 한다. 자신들의 신만이 유일하다는 주장 때문에 그러한 신앙을 믿는 자들은 다른 신들에 대한 숭배에 주저 없이 참가할 수 없었다. 사마리아인들이 자신들이 숭배하는 야훼를 제우스와 같은 신으로 생각하는 등 여러 일치점을 찾아내기는 했지만, 유대교의 더욱 엄격한 해석이 등장했을 때 특히 유대교의 독실한 추종자들과 관련해 문제가 발생했다. 그들이 신들과 좋은 관계를 맺고 공동체의 안녕을 도모하며 다른 집단과 공동의 결속을 축하하기 위한 종교 축제에 참여하지 않는 것이 분명한 한, 그들을 시기심 많은 외부인으로 간주할 수 있었다. 심지어 그들에게는 '인류에 대한 증오(오디움 후마니 게네리odium humani generi)'가 전가되기도 했고, 이러한 비난과 그보다 더한 비난을 이용해 그들을 공동체에서 추방하려고 했다. 유대인들이 늘 로마 통치하에서 특정한 특권을 누렸는데도 반反유대 분위기가 공공연하게 조성되었다.[182] 실제로 유대인들은 황제를 신처럼 모시는 대신에, 황제의 안녕을 위해 자기들의 신에게 기도할 수 있도록 허용해 주는 특수한 면제 조항을 오랫동안 누려 왔다.

당시까지 유대교와는 점차 다른 정체성을 형성해 온 기독교도들의 경우는 이야기가 달랐다. 그들은 극초기부터 의심의 대상이 되었다. 그들은 로마인들의 눈에 민중을 선동하다가 십자가에 못 박힌 (당시에는 '도둑'으로 표현되었던) '테러리스트' 예수 그리스도Jesus Christ의 추종자였다.[183] 이 종파의 일원이라는 것만으로도 범죄행위로 여겨졌다. 하지만 무엇보다도 유대인들과 같은 이유로, 기독교도들은 모든 유형의 악행을 저지를 수 있다고 여겨졌다. 따라서 그들은 중세나 이후 시대에 기독교 국가에서 유대인들이 당한 것과 정확히 똑같이, 자연재해나 다른 심각한 재난이 발생했을 때 이상적 희생양이 되었다. 그러나 로마 국가가 대체로 법과 질서가 명백히 위태로울 때만 그런 조치를 시행했으므로, 기독교도들은 체계적으로 박해를 당하지는 않았다. 실제로 당시에 유행하던 사상에 호소한 트라야누스 황제의 답서는, 즉 '인도주의적 황제권'의 원칙은 그러한 조치를 명시적으로 금지했다.[184]

따라서 기독교는 정확히 제국의 평온한 분위기 속에서 전파될 수 있었고 아주 멀리 있는 곳에서 발생한 여러 문제에 대해서도 통일된 입장을 채택할 수 있었다. 이는 그 공동체들과 그들의 신앙 지도자인 주교(에피스코포스 또는 '감독자')들 간의 결속에 기초했다. 주교들은 기독교 신학에 따라 교회의 성직이 성별聖別을 통해 예수의 첫 사도(아포스톨로스)들에게서 중단 없이 이어져 내려왔다는 '사도권 계승'과 그렇게 허락받은 전통을 지켰다. 모든 위계질서를 떠나 창조주인 신 앞에서는 모두 평등하다는 개념이 존재했는데, 이 사상은 기독교를 창시한 예수 그리스도가 설명했고, 빈자와 약자에 대한 특별한 보살핌과 관련이 있었다. 당시에 인기를 얻고 있던 다수의 종교적 신조와 마찬가지로, 이 신앙 공동체의 핵심 주제 또한 사후 세계 문제였다.

단일신교와 유일신교의 종교적 성향 간에 온갖 종류의 접촉과 상호작용이 존재했다는 것은 아주 특징적이다. 이런 새로운 종교 개념이 철학에 영향을 미쳤다는 사실도 똑같이 전형적이다. 이 점에서 유대 헬레니즘 시대부터 특히 플라톤 및 스토아학파의 가르침과 밀접한 연관성이 존재했다. 특히 알렉산드리아, 아테네, 안티오키아 같은 지성의 중심지에서 이 관계는 계속되었다. 따라서 플라톤 사상의 새로운 변종인 신플라톤주의가 발달했는데, 이 사상에서는 종교적 요소가 지배적이었고 알렉산드리아의 필론처럼 그리스 철학의 형식과 원칙에 따라 자신들의 신앙을 공식화하고 정당화하려는 지식인과 기독교도 지식인들이 이 사상에 큰 영향을 받았다. 사상가 집단에서 시작된 그러한 움직임은 지구사적으로 의미가 있는 지대한 영향을 미치게 된다.[185]

안정과 정당성을 얻기 위한 로마 황제들의 몇 가지 시도를 평가할 때는 이러한 종교적 현상을 명심해야 한다. 데키우스Decius(재위 249~251) 황제는 제국 전체의 주민들이 로마 신들과 황제 자신에게 제물을 바쳐야 한다고 요구했다. 게다가 그의 의도는 모든 주민에게 제물을 바쳤음을 확인해 주는 증명서를 발급받게 함으로써 이 정치적·종교적 조치가 이행되는 과정을 감시하는 것이었다. 이는 제국과 제국의 통치자에 대한 충성심을 표면적으로 명확히 표시하는 것에 관한 것이었다. 하지만 그와 동시에 그 조치는 누가 제물 바치기를 거부함으로써 용인될 수 없는 짓을 했는지를 드러낼 것으로 예상되었다. 이 조치가 시행되기 전에는 누가 기독교도인지 알아내는 것이 문제인 개개의 경우에 황제에게 제물을 바쳐 충성을 증명하라고 요구하는 것이 관례였다. 이것은 법 앞에서 충분한 증거로 여겨졌다. 따라서 데키우스의 조치는 제국 전역의 기독교도에 대한 박해로 해석되었다. 이것이 그 조치의 명확한 의도였는지는 논란의 여지가 있지만 말이다. 하지만 제물을 바치는 행위를 감시하려는 바로 이 과정에서 외부자를 식별해 내고 그에 따라 이 '다른 사람들'과 대비되는 충성스러운 신민에게서 연대 의식을 일으키려는 의도가 있었다는 것만은 확실하다. 어쨌든 기독교도들은 이후에 직접적으로, 그리고 체계적으로 박해를 당했는데, 그것은 황제의 통치를 안정화하기 위해 종교적 기운뿐 아니라 사회적 정서까지 동원했다는 확실한 징후였다.

그러나 장기적으로는 결국 다른 행동 방침이 더 성공을 거둔 것으로 드러났다. 특히 모든 것을 포용하는 강력한 신들의 등장을 고려하면, 앞에서 이미 살펴본 것처럼 통치자에게는 단순히 자신을 특히 지배적인 신상과 연결 짓는 것이 매력적이었다. 이는 당시에 계속되던 황제에 대한 '단순한' 신적 숭배의 관습보다 훨씬 더 효과적이었다. 그 경우에 황제는 기껏해야 여러 신 중 하나의 신에 지나지 않았으니까 말이다. 그런데 이 새로운 접근법은 동방의 전통과 관련이 있었고, 실제로 사산 제국의 지도층이 조로아스터교의 관습에 따라 당시에 막 새로이 이를 시행하고 있었다. 통치자는 '왕의 신권'에 의해 보편적이고 전능한 신의 대리인이나 대변자였다. 이러한 점에서 이 시기의 가장 유능한 통치자로 꼽히는 아우렐리아누스Aurelian(재위 270~275) 황제가 전례를 세웠다. 게르만족 전사들이 이탈리아로 침입한 후 그는 로마 주위에 성벽을 세우도록 명령했고, 분리되어 독립한 제국들을 (272/273년에) 팔미라와 (274년에) 갈리아에서 뿌리 뽑았다. 그러나 그 외에도 그의 주요 업적은 황제를 황제직에 앉히고 적극적으로 군사적 성공을 안겨 준 무적의 태양신에 대한 제국의 새로운 숭배 제식을 수립한 것이었다. 로마 주화에 그는 솔 도미누스 임페리 로마니Sol Dominus Imperii Romani(태양, 로마 제국의 주인)로 묘사되었다. 274년의 동지인 12월 25일에 이 새로운 '최고신'의 생일이 처음으로 제국 전역에서 기념되었다.

사두 정치와 제국 통치의 복수화

그러나 단기적으로 이들 조치는 특히 아우렐리아누스가 암살당한 직후에 상황을 안정화하는 데 실패했다. 제국의 문제에 대한 최초의 해결책은 거의 10년이 지난 뒤 디오클레티아누스Diocletian(재위 284~305) 황제 시기가 되어서야 등장했다. 그도 유능한 사령관이었는데, 정확히 군인다운 방식으로 생각하고 행동하는 인물이었다.[186] 디오클레티아누스는 제국이 전체적으로 직면하는 두 가지 핵심 문제, 즉 끊임없이 이어지는 내부 권력 투쟁과 여러 지역에서 대두되는 외부 세력의 위협을 살펴본 뒤, 말하자면 자신이 해야 할 일을 묵묵히 해냈다. 이전에도 경쟁 관계에 있는 황제들이 권력을 잡기 위해 다투는 동시에 제국의 국경에서 여러 수많은 적을 상대해야 하는 경우가 많았다. 그렇다면 개별 황제들은 호혜적으로 서로의 정당성을 인정할 수도 있다는 이야기였다. 이는 그들이 서로를 향해 병력을 돌리는 대신에, 여러 다른 국경에 병력을 배치해 제국을 보호할 수도 있음을 의미했다.

그래서 디오클레티아누스는 궁극적으로는 사두 정치(네 명의 통치)로 공식화된 '공동 황제' 체제를 마련했다. 이 체제는 두 명의 아우구스투스(정제正帝)로 이루어져 있었는데, 이들은 공동으로 제국을 다스리면서도 각자의 활동 영역은 제국의 동쪽과 서쪽에 따로 존재했다. 카이사르의 칭호를 부여함으로써 후계자를 지정하는 전통 방식에 따라, 그 두 정제에게는 두 명의 카이사르가 '부제副帝'로 배정되었다. 이들 또한 필요할 때마다 통치 업무를 맡았다. 정제가 20년 동안 황제직을 맡은 뒤 자리에서 내려오면 부제가 그 자리를 맡고, 다시 그들은 새로운 부제 두 명을 지명했다. 원칙적으로 아주 적절하면서도 극도로 단순화된 이 체제는 참여자들 사이에 존재한 군사적 행동 수칙과 명확한 권한 체계 덕분에 첫 사례에서는 실제로 잘 작동해 제국 내부에 안정성을 회복해 주었다.

이러한 초기 성공을 있게 한 또 다른 요인은 사두 정치를 맡은 황제들이 제국이 직면한 문제 중 여럿을 동시에 해결할 수 있었기 때문이었다. 그렇게 하는 과정에서 그들은 실용주의와 독단주의가 뒤섞인 모습을 보여 주었는데, 해야 할 일을 제대로 알고 있음을 보여 준 동시에 군사적 방식을 이용하기도 했다. 군사적 방식에는 해결책을 적용하는 과정과 함께, 그것이 통제와 강압뿐 아니라 명령과 복종을 통해서도 실행될 수 있다는 믿음이 수반되었다. 결과를 살펴보면 많은 것이 효과적으로 성공했지만, 실패한 일도 있었다. 당시까지 나타난 가장 의미 있고 지속된 변화는 로마의 사법권이 미치는 지역의 크기가 줄었다는 점이었다. 이는 총독과 관리들이 받아 온 과도한 부담 때문에 필요했었다. 군사 영역과 민간 영역의 분리도 더욱더 진전되었다. 또한 속주의 크기도 줄어든 한편, 속주 그리고 제국의 주요 도시나 (이후에 그 수가 몇 배로 늘어난) 본부 사이에 관구管區, diocese로 알려진 더 큰 행정단위가 등장했다. 별동대는 국경에 집중적으로 배치되었고, 자급자족해야 했다. 규모가 더 큰 군사 원정을 위해서는 각 황제의 지휘를 받는 기동 야전군이 창설되었다.

황제들은 제국의 주화를 개혁할 뿐 아니라 제국 전역에 효력이 있는 칙령을 이용해 엄격한 가격 통제를 실행함으로써 로마 주화의 점진적인 가치 하락으로 인한 (즉 주화의 귀금속 함량 비율 감소로 인한) 인플레이션 추세를 저지하려고 했다. 이러한 조치를 시행하면서 그들은 사람들의 도덕관념에 호소하는 동시에, 가혹한 처벌을 하겠다고 위협하기도 했다. 전반적인 과세 체계가 재정비되었다. 이후에 토지 한 구역의 크기와 그 토지에서 일하는 일꾼과 가축의 수에 대한 일정 기준이 재산세에 적용되었고, 더 큰 토지에는 정해진 세율에 따라 점진적으로 더 높은 비율로 징세했다. 상업 부문의 가격 책정과 관련된 규제와는 달리, 이 조치들은 지속되었다.

다소 실용적인 이러한 조치들과 함께, 제국 체제에 더 큰 정당성을 부여하기 위한 결연한 계획도 실행되고 있었다. 이 계획은 특정 황제를 종교적으로 승격시키는 경향과 맞물려 있었는데, 여기에도 독단적 요소가 존재했다. 특히 이 시기에는 로마의 전통적 종교성이 더 강해졌다. 황제들은 최고신 유피테르와 그의 아들 헤라클레스를 자신들과 특별한 관계로 설정했다. 그 둘이 군주의 자질과 군인의 자질을 특이한 방식으로 통합할 수 있는 인물들이었기 때문이다. 두 정제 디오클레티아누스와 막시미아누스Maximian(재위 286~305)는 이 신들의 이름을 따서 자신들을 각기 요비우스Jovius와 헤르쿨리우스Herculius로 불렀다. 그러나 실제로 이 관습은 현장에 지배적이었던 종교적 정서에는 더는 부합하지 않았다. 이제 경제 문제처럼 그런 종교적 정서도 단순히 위에서 강요할 수는 없었다.

제국의 권위를 내세우고자 하는 욕구는 사두 정치 아래에서 이러한 종교적·정치적 조치와 동반해 발생한 기독교도 박해에서도 두드러지게 나타났다.

황제들이 폰티펙스 막시무스(최고 신관)를 맡는 등 진심으로 자신들의 종교적 직위와 역할에 전념하고자 했다면, 그들은 그러한 종교의식을 피하는 사람들에게 강경하게 조치해 공식적인 종교숭배 의식의 목적을 알렸어야 했다. 이러한 상황은 무엇보다도 기독교도들에게 영향을 미쳤다. 그들의 종교 시설이 파괴되었고, 그들은 여러 가지 점에서 사회적으로 불이익을 당했다. 결국 기독교 관계자인 성직자들 또한 표적이 되어 법적 소송절차에 직면했다. 이 신앙을 믿는 사람들에게 가해진 압박은 엄청났지만, 그렇더라도 로마 국가가 완전한 통제권과 폭력을 사용할 기회는 여전히 제한되어 있었다. 결국에는 여러 황제가 다양한 정도의 강도로 반反기독교 조치를 시행했다. 따라서 순교자로서 자신의 믿음을 '증명'하며 죽음을 맞이한 희생자가 많았다. 하지만 반대로 과거의 몇 차례 박해 때처럼 압박에 굴복한 사람도 많았는데, 그들은 '배교자(랍시lapsi)'로 인식되었다. 그러나 기독교는 이 위험한 시기를 거치며 과거보다 더 강해졌다.

사두 정치 체제는 결국 그 체제가 가진 도식적 특성으로 말미암아 무너졌다. 생전에 황제를 물러나게 하는 것은 달성하기 어려운 일이었다. 따라서 디오클레티아누스는 공동 황제인 막시미아누스에서 후계자로 질서 있게 권력이 이양될 수 있도록 자신의 모든 권한을 걸어야 했다. 그러나 장기적으로 보았을 때 그러한 상황은 지속될 수 없었는데, 단순히 그 조치로 영향을 받는 개인과 관련된 것만도 아니었다. 뛰어나고 카리스마 있는 황제는 퇴위한 뒤에도 더는 지체하는 일 없이 그냥 사라질 수 없었다. 그리고 디오클레티아누스마저 '은퇴자'가 된 후인데도 그 무렵(308년)에 이미 정도에서 벗어난 체제를 구하기 위해 자신의 비공식적 권한을 이용해 사태에 개입할 수밖에 없다고 느꼈다. 그러나 그 절박한 조치조차도 지속적으로 효과를 내지는 못했다.

황제의 카리스마는 로마군에 가장 효과적인 것으로 알려졌는데, 이는 특히 군인다운 사고 및 행동 방식을 특징으로 한 이 시기에 두드러지게 나타났다. 지휘관에 대한 열광적 동의를 통해 지난 수십 년의 혼란을 일으키는 데 큰 역할을 해 온 병사들은 자신들의 '상관'이 '참'된 황제가 아니라 부제에 지나지 않는 역할을 맡아야 한다는 사실을 받아들일 수 없다고 느꼈다. 특히 그가 황제의 아들이라면 더더욱 그랬다. 이는 처음으로 지도자가 교체된 지 불과 1년 만에 명백해졌는데, 서방 정제 자리로 막 올라간 콘스탄티우스 클로루스Constantius Chlorus가 306년에 브리타니아 속주의 도시 에보라쿰(요크)에서 사망하자 (기껏해야 부제 역할을 맡는 것으로 예정되었던) 그의 아들 콘스탄티누스Constantine의 군대가 그를 그 즉시 아버지를 이을 정제로 선언했을 때였다. 사두 정치를 지키려는 모든 시도가 실패했고, 당연히 모든 상황은 결국 새로운 내전으로 이어졌다. 앞에서 언급한 아들 콘스탄티누스가 312년 10월 28일에 로마 성문 밖 밀비우스 다리(폰테 몰레Ponte Molle) 전투에서 막시미아누스의 아들 막센티우스Maxentius를 물리친 끝에 승자로 올라섰다. 곧이어 그는 동방 정제인 리키니우스Licinius와 합의에 도달했다.

중요한 전환점: 콘스탄티누스와 기독교

콘스탄티누스는 승리를 거두기 직전에 환영을 보는 경험을 했다고 한다. 그렇게 환영을 보고 난 그는 기독교를 뜻하는 '키-로Chi-Rho'라는 문양을 들고 군대를 이끌고 전투에 뛰어들었다.[187] 상세한 내용은 신화 속에 묻혀 있어 확인할 수가 없다. 그러나 로마 제국이 그 이후에 기독교로 방향을 바꾼 것은 확실했다. 전임 황제 중에 갈레리우스Galerius가 죽기 전에 기독교에 관용을 보이도록 요구하는 칙령을 (311년에) 발표했던 반면에, 이 새로운 통치자는 위기가 없어 보이는 이 새로운 종교를 적극적으로 신봉함으로써 자신의 통치를 공고히 하는 쪽으로 전환했다. 이는 또한 황제 본인의 내적 확신과도 관련이 있었으며, 적어도 실제로도 그랬음을 암시하는 증거는 꽤 많다. 물론 그 확신의 정확한 성격은 추측의 문제일 수밖에 없지만 말이다. 어쨌든 콘스탄티누스는 자기 자식들은 기독교를 믿도록 키웠는데도 본인은 임종 때가 되어서야 세례를 받았다. 이제 기독교도들이 숭배하는 신이 황제와 제국의 강력한 수호신으로서 솔 인빅투스 같은 다른 신들을 대체했다는 사실은 의미심장했다. 그러나 이 신이 이를테면 전속 계약 같은 것을 요구한다는 사실로 인해 이 결정은 로마 역사에서 근본적 전환점이 되었다.

그러나 이 사실이 후대의 관점에서 볼 때만큼 황제를 포함한 당시의 모든 사람에게도 아주 명백했다고 추정하는 것은 전혀 안전하지 않다. 일신교의 관점이든 단일신교의 관점이든 신에 대한 관념이 뒤섞이는 일이 흔했고, 신에 대한 이미지와 관습도 반복적으로 이런저런 방식으로 전달되었다. 그리스도의 탄생이 태양신과 같은 날에 기념되었다는 점은 특히 인상적이다. 콘스탄티누스 본인은 이 문제를 어느 정도 정리하지 않은 채로 남겨 두었다. 그가 원로원에 시켜 자신에게 경의를 표하도록 세운 개선문에는 내전 중에 그를 이끌어 준 정신과 관련해 '신의 영감(인스팅크투 디비니타티스instinctu divinitatis)'을 언급하는 글귀가 있다. 따라서 이 대목에서 신의 모습은 아주 추상적 형태로만 남아 있으며, 그 결과로 다양한 여러 가지 개념을 그것과 연관 지을 수 있다. 그러나 그러한 모호함에는 그럴 만한 충분한 이유가 있다. 국가의 최고 신관(폰티펙스 막시무스)직을 맡은 황제는 모든 종교 규칙을 지켜야 할 책임도 있었기 때문이다. 콘스탄티누스는 이 사실을 잘 알고 있었고 그에 따라 행동했다.

이 전환점이 로마 제국에, 따라서 세계사에도 아무리 결정적이었다고 해도, 그것이 곧바로 모든 것을 바꾼 것은 아니었다. 황제는 모두를 위한 존재였고, 계속 그런 존재로 남아 있었다. 그리고 그것은 훌륭한 로마 전통이었다. 확실히 황제 측에서 모든 이가 기독교를 채택해야 한다고 압박하지는 않았다. 율리아누스Julian(재위 361~363) 황제는 심지어 기독교의 영향력을 억압하고 그에 필적하는 '이교' 개념을 장려하려고까지 했다. 그 결과 기독교도의 관점에서 그는 아포스타타Apostata, 즉 배교자라는 별칭으로 알려졌다. 하지만 그의 전통적인 다신교적 사상도 보편적으로 받아들여진 것은 아니었다. 그래도 비非기독교적인 사상과 관습은 특히 농촌 지역에 오래도록 남아 있었다. 따라서 이 시기에 널리 사용된 '이교도pagan'라는 말은 농촌에서 온 사람이라는 뜻의 라틴어 파가누스paganus에서 유래했다.

기독교의 확산

하지만 차츰 이교도에 대한 압박은 더욱더 커졌다.[188] 점차 기독교가 선호되었는데, 순전히 기회주의적인 이유로 개종하려는 마음도 컸다. 물론 기독교의 신과 그리스도, 그 신봉자들의 능력과 기적에 위압을 느껴 내적 확신에서 행동한 사람도 많았다. 그러나 이교도 숭배에도 강력한 지지자와 옹호자들이 있었다. 그리고 기독교가 계속 전진해 나가자, 특히 390년대에 국제도시 알렉산드리아에서 폭력적 충돌이 여러 차례 발생했다. 이러한 충돌은 결국 비기독교 신전들이 훼손되고 제례용 동상이 조직적으로 파괴되는 결과로 이어졌는데, 결국 그런 것들이 얼마나 효과가 없는지 보여 주는 역할만 했을 뿐이었다. 많은 사람이 이에 영향을 받아 압박에 굴복했지만, 과거의 신을 계속 은밀하게 숭배하는 사람들도 있었다.

그러한 개종을 있게 한 원동력은 종종 주교와 같은 기독교 신앙의 고위 대표자들이 제공했다. 일반적으로 급진적인 기독교도들이 로마 제국의 기독교화에 중요한 역할을 했는데, 도시 신도들을 맡은 주교뿐 아니라 특별히 독실하다고 여겨진 개인들도 있었다. 그들이 내뿜는 기운과 전적으로 신을 숭배하는 데 바쳐진 금욕적 생활 방식이 강력한 영향을 미쳤다. 그러한 인물에게는 기적을 행하는 능력이 있는 것으로 거듭 여겨졌다. 그러한 '성자'들이 결코 기독교에만 국한된 것은 아니었으므로, 이는 그 신앙이 수용되는 과정의 또 다른 중요한 요인을 증명해 준다. 그러나 그런 사람들이 처신하는 방식이 그리스도를 모방하기 위한 시도로 생각되었기에, 금욕 개념은 특히 기독교에서 함양되었다고 할 수 있다.

처음에는 기독교도에 대한 박해에 자극받아 많은 독실한 신자가 홀로, 혹은 생각이 같은 사람들과 무리를 이루어 기독교 교리를 완벽하게 따르며 철저히 금욕적인 생활을 하기 위해 외딴 사막이나 다른 외진 지역을 찾았다. 그러면서 이로부터 생겨난 아주 특별한 생활 방식은 남녀 집단이 엄격히 분리된, 이른바 수도원 제도에 의해 실천되었다.[189] 이는 제국의 다른 지역으로 빠르게 전해졌고, 결국에는 도시 내에도 퍼졌다. 특히 그런 곳의 종교적 열정은 상당히 광신적인 행위를 품고 있었는데, 그것이 폭력 행위로 나타나는 경우도 드물지 않았다. 한편 수도사나 수녀, 그 외의 금욕주의자들은 모범적인 온건함을 보여 주었다. 점차 학문적 연구나 병자 간호 같은 다른 활동에도 이러한 생활 방식이 뒤따르기 시작했다.

그렇게 로마 제국은 지역별로 다르게, 그리고 단발적으로 조금씩 기독교화되었다. 테오도시우스 1세Theodosius I(재위 379~395) 통치기에 한 가지 특별히 중요한 활동이 폭발적으로 이루어졌다. 이로써 이제 기독교도들의 신이 군주의 신권을 들어 제국 내의 황제직과 황제권을 승인해 주었다는 믿음이 널리 퍼졌다. 사람들이 점점 더 이 개념을 자신의 신앙 안에 받아들일수록, 제국을 신이 정한 합당한 사물의 질서로서 받아들이는 것이 더욱더 자명해졌다. 그리고 그것이 이미 총체적 무질서의 징후를 보여 주던 로마 통치권에 상당한 수준의 내적 안정성을 안겨 주었다. 그러나 이 동전의 이면은 기독교 공동체들의 믿음 및 관습과 관련이 있었다. 그 공동체들은 주요 문제들에 관해서는 다들 의견이 일치되어 있었어도 굉장히 다양했다. 진정한 신앙을 구성하는 것이 무엇인지에 관한 토론이, 실제로는 신랄한 논쟁이 극초기부터 기독교를 따라다녔다. 대표단이 널리 참여하는 회합이나 종교 회의, 공의회를 통해 기독교도들이 반복적으로 일종의 공동 합의에 도달할 수 있었다는 것은 강점의 원천이 되기까지 했다.

황제가 그냥 오래된 종교로 기독교를 용인한 것이 아니라 자신의 통치를 공고히 하는 데 적극적으로 기독교를 이용하는 한, 그 역시 이러한 '논쟁 문화'에 참여하게 되면서 잠재적으로 상당히 불안정한 상태에 노출되었다. 이는 콘스탄티누스가 승리를 거둔 직후 초기 몇 년 동안에도 분명하게 드러났다. 그는 기독교도들 사이에 한동안 존재해 온 분쟁을 인계받았는데, 그 분쟁이 부분적으로 상당히 커지면서 황제의 개입이 필요할 정도가 되었다. 콘스탄티누스는 이런 식의 도전을 받았을 때도 망설임이 없었는데, 황제로서의 자아상 때문이기도 했지만, 그가 기독교 신앙을 중요하게 여겼기 때문인 것도 분명했다. 그의 초기 칙령에서 명백히 드러나듯이, 기독교의 통합은 그에게 특히 흥미로운 일이었다. 그렇지만 서로 싸우던 당사자들이 박해자였던 통치자가 기독교의 후원자로 바뀌었음을, 황제의 지원을 얻을 수 있다면 자신들이 결정적으로 유리할 것임을 알아채자마자 황제가 그 분쟁에 휘말리는 것은 불가피한 일이었다.

극초기 단계부터 콘스탄티누스는 논쟁에 휘말렸다. 이 논쟁은 박해가 있던 동안 믿음을 포기했다가 이후에 자신의 그런 행동을 후회한 성직자를 어떻게 처리할지의 문제를 둘러싸고 아프리카에서 전개되었다. 그러나 이 문제가 아무리 복잡했다고 해도, 그것은 콘스탄티누스가 동방 정제 리키니우스에게 승리를 거두고 단독으로 권력을 획득한 (324년) 이후에 그가 곧바로 휘말리게 된 세속 분쟁의 전주곡에 지나지 않았다. 알렉산드리아에서는 이미 신학적 충돌이 발생했는데, 이 충돌의 주인공들은 아리우스Arius와 아타나시우스Athanasius라는 두 명의 성직자였다. 이 충돌은 그리스도가 본질적으로 신과 얼마나 가까운지에 관한 문제 때문에 생겼다. 아리우스는 그리스도가 성부聖父와 동질적이지 않으며 영원히 공존하지 않는다고 주장한 데 반해, 아타나시우스는 성자와 성부가 "본질적으로 같다."라고 주장했다. 일신교였던 기독교로서는 이러한 질문에 직면하는 것이 운명 같은 것이었다. 그리고 그것은 상당히 폭발력 있는 주제였다. 실제로 논리적으로 설명될 여지가 있지는 않았지만, 당시 알렉산드리아의 학자들은 그리스 철학 용어를 이용해 그 문제를 명확히 하려고 시도했다. 사람들은 이 문제에 상당히 관심을 기울였는데, 그것이 궁극적으로 영혼의 구원에 필수적인 진정한 신앙에 관한 문제였기 때문이었다. 이 논쟁에 종종 고위직도 참여하면서 상당한 영향력을 가진 사람들이 개인적으로 충돌하자 더욱더 긴장감이 높아졌다.[190]

실제로 황제는 곧바로 결정을 내려 달라고 요청받았다. 그는 신학 고문들의 도움을 받아 교회 공의회를 소집하는 전통적인 방식을 채택했다. 그리하여 325년에 니케아에서 많은 대표자가 참석한 가운데 공의회가 열렸다. 하지만 비슷한 유형의 이전 회합과는 달리 이번에는 통치자가 직접 참석했다. 그리고 오늘날에도 여전히 기독교 신조의 기초를 형성하는 그 공의회의 최종 결의는 특히 황제의 개입을 통해 탄생했다. 결국 아리우스주의가 거부되면서 성부와 성자는 '동일 본질(호모우시오스)'인 것으로 선언되었다. 그러나 이것이 논쟁에 종지부를 찍지는 못했다. 이 문제는 신과 인간의 관계, 성령의 지위, 삼위일체에 관한 문제처럼 복잡하고도 실존적인 문제들 못지않게 이후 수백 년 동안 임페리움 로마눔[16]에서 사람들의 머릿속을 떠나지 않았다.

—— 16 로마의 지배권이 미치는 영역, 즉 로마 제국을 가리킨다.

그 사이에 콘스탄티우스 2세Constantius II(재위 338~361)의 지지를 받아 아리우스주의가 다시 한번 부분적으로 거점을 확보하자, 테오도시우스 1세 황제가 381년에 주재한 공의회는 우선 니케아 신조에서 윤곽이 잡힌 교리를 확실히 했다. 동일 본질설을 배경으로 이제 그리스도가 그의 신성과 함께 진정으로 인성人性 또한 가졌는지에 관한 교리 분쟁이 정점에 이르렀다. 이 문제는 또한 그리스도의 어머니 마리아의 지위에도 영향을 미쳤는데, 마리아는 다신교의 모든 위대한 모신을 대신할 수 있었으므로 숭배 대상으로서 특히 인기가 집중되었다. 콘스탄티노폴리스의 대주교 네스토리우스Nestorius는 그리스도의 이중적 본성을 지지했다. 하지만 431년에 열린 에페소스 공의회에서 그의 가르침이 거부되면서 네스토리우스와 그의 추종자들인 네스토리우스파는 박해받게 되었다. 그러나 동시대인들은 이 결정이 무엇보다도 동정녀 마리아의 특별한 의미를 확인해 준 것으로 받아들였다. 이후 마리아는 공식적으로 '성모(테오토코스, 문자 그대로 신을 낳은 사람)'로 여겨졌다.

그러나 논쟁은 그 지점에서 끝나지 않았다. 많은 사람이 진짜로 인간이 되었던 그리스도의 고통과 죽음이 구원 개념에 필수적이라고 생각했기 때문이다. 따라서 얼마 지나지 않아 (451년에) 열린 칼케돈 공의회는 그리스도가 오직 신성만을 가졌다는 (합성론파의) 생각을 지지하는 급진파에 반대한다고 명확히 밝혔다. 그러나 그들의 교리는 이집트를 비롯한 동방의 여러 지역에서 대중의 신심에 제대로 자리 잡고 있었기에 그 분쟁은 확실하게 해결될 수 없었다. 특히 그들 지역에서 갈등이 장기적으로 계속되면서 무슬림 아랍인들에게 그 지역이 정복될 때까지 이러한 갈등은 제국에 반복적으로 부담이 되었던 것으로 드러났다. 실제로 역사가들은 무슬림 아랍인들이 신속하게 성공을 거둔 것이 정확히 이러한 갈등으로 설명될 수 있다고 추측해 왔다.

기독교화의 영향

로마 제국의 기독교화는 또 하나의 결과를 가져왔다. 이 제국이 스스로 세계 제국이라고 주장하는 한, 이는 어쨌든 기독교에 내재한 보편적 특성을 강화하고 구체화하는 데 도움을 주었다. 이제 기독교는 그 자체로 진정한 세계종교로 설명되기 시작했다. 이는 당시 공의회를 "세계적인ecumenical" (즉 전 세계와 관련된) 회의로 설명하고 그렇기에 공의회가 그에 상응하는 유효성을 지닌다고 주장했다는 점에서도 명확히 드러났다. "따라서 가서 모든 민족을 제자로 삼고 그들에게 세례를 주고 (중략) 내가 너희에게 명령한 모든 것을 그들에게 가르쳐 복종하게 하라."라는 마태오의 복음서(28:19) 계율에 따라 나가서 전도하라는 계율은 새로운 차원을 띠게 되었다. 그리고 실제로 권력-정치적 통제에도 도움이 되었으므로 로마 제국은 게르만족 같은 다른 민족을 기독교화하도록 지원했다. 그러나 이러한 방침에서 제국 밖의 선교 활동을 위한 대규모 계획이 전개되지는 않았다. 그렇기는 해도 사람들은 점차 그리스도를 '슬퍼하는 사람'뿐 아니라 우주의 지배자(판토크라토르)로도 생각할 수 있었다.

정확히 이 마지막 사항과 관련해 황제 본인의 지위와 관련 있는, 기독교화의 또 다른 문제가 시간이 지나면서 명백해졌다. 황제는 제국의 통치자였지만, 그의 주인은 전능한 신이었다. 신은 자신의 계율을 지키라고 주장했고 황제조차도 인간에 지나지 않기에 신에게 해명을 요구받을 수 있었다. 황제는 공의회든 다른 곳에서든 결정을 내리고 자기가 좋아하는 모든 것을 통제할 수 있었지만, 그 역시 결국에는 신의 심판을 받아야 했다. 따라서 밀라노의 주교 암브로시우스Ambrosius는 세례받은 아주 독실한 황제 테오도시우스 1세에게 죄가 되는 행위에 대해, 즉 테살로니키에서 로마군이 자행한 대학살에 대해 속죄를 강요할 수 있었다. 제국의 통치자는 자신이 순종하는 기독교도임을 증명했다. 이는 처음에는 큰 영향이 없었지만, 황제의 지위가 기독교 개종으로 약해질 수 있음을 제대로 보여 주었다.

신의 절대적 우위와 구원 계획 앞에서는 로마 제국의 위대함조차도 의심받을 수 있었다. 교회의 위대한 스승 중 한 사람인 히포의 아우구스티누스Augustine(354~430) 주교는 로마 제국을 한편으로는 악에 빠져 있지만, 다른 한편으로는 질서와 안정을 보장해 주는 세력으로 인정해야 할 세속 국가 중 하나로 생각했다. 하지만 진정한 왕국은 이승의 왕국이 아니라 (아우구스티누스의 가장 유명한 저서 『신국론*The City of God*』에 따르면) 신의 왕국(키비타스 데이)이었다. 궁극적으로는 다니엘서에서 유래한 견해로 당시 로마 제국에 점차 퍼지던 견해에 따르면, 로마 제국은 최후에 도래할 신의 왕국 이전에 존재하는 '네 왕국' 중 마지막 왕국일 뿐이었다. 그렇기에 로마 제국은 어느 시점에 이르면 멸망할 운명이었고, 엄청난 격변이 발생한 이후에야 신의 왕국이 심판의 날과 함께 도래할 것이었다. 이렇게 현실 세계에 존재한 세계 제국의 권한은 상대적으로 축소되었다. 결국 교회 성직자의 권한이 제국의 권한과 나란히, 그리고 그보다 더 높은 곳에 자리하게 되었다.

이 모든 일이 5세기 말 무렵에 일어났다. 그즈음에 로마 제국의 서부는 이미 사실상 제국의 통제권에서 대체로 벗어나 있었고 그곳의 주교들이 점차 세속의 규제 기능을 맡았는데, 아무런 방해 없이 그렇게 할 수 있었다. 이는 특히 제국 서부 지역의 최고위 주교인 로마 주교에게 해당하는 이야기였는데, 주교를 부를 때 사용하는 명예로운 용어인 '아버지(파파papa)'에서 유래한 '교황Pope'이 로마 주교를 가리키는 칭호로 점차 자리를 잡아 갔다. 교황 젤라시오 1세Gelasius I(재위 492~496)는 비잔티움 황제 아나스타시우스 1세Anastasius I(재위 491~518)에게 보낸 편지에서 다음과 같이 주장했다. "위엄 있는 황제여, 이 세상을 주로 다스리는 두 개의 권력이 존재한다. 그것은 바로 성직자들의 신성한 권한과 왕의 권력이다. 이 두 권력 중에서 성직자의 권력이 더 크다. 그들이 신의 심판 때 인간들의 왕에 관해서도 설명해야 하기 때문이다. 친애하는 아들이여, 그대는 명예롭게 인간들을 다스리도록 허락받았지만, 신성한 일에서는 성직자 대표들 앞에 겸손히 고개를 숙이고 그대가 구원될 수단을 그들이 내어 줄 때를 기다린다는 것을 그대도 알고 있다."[191] 바로 그 교황이 사도 성 베드로Peter의 후계자로서 다른 모든 주교보다 우월한 로마 주교에 해당했으므로 로마가 다른 모습을 한 보편적 권위로 어떻게 버틸 것인지가 불현듯 확실해졌다. 하지만 그것은 어느 정도 후에야 진정으로 명백해질 터였다.

기독교의 영향으로 이 시기에, 즉 4세기에서 6세기까지의 시기에 사람들의 전반적 생활 방식 또한 점차 달라졌다.[192] 이교도 숭배 관습 가운데 한 가지 독특한 특징은 다채롭고 피비린내 나는 수많은 경기와 축제인 아고네스agônes였다. 여기에는 운동, 연극 공연, 여러 번의 검투사 경기가 포함되었다. 이제 이 모든 것이 사라졌는데, 그것이 우상숭배적인 것으로 여겨졌을 뿐 아니라 사람들이 이제는 그러한 행사를 너무 잔인하고 유혹적이며 죄가 되는 짓으로 악마화했기 때문이었다. 일반적으로 벌거벗고 운동하는 것은 혐오스럽게 여겨지고 무대에 오른 욕정과 간통의 이야기는 수치스럽게 여겨지면서 삶의 음탕함을 비판적 시각으로 바라보았다. 이제 금욕, 순결, 처녀성, 독신이 이상이 되었다. 특히 아픈 사람과 가난한 사람들이 보살핌을 받는다는 점에서, 신체나 물질적 면에 대한 사람들의 관계가 근본적으로 달라졌다고 할 수 있었다. 이는 모두 내세에 대해 뚜렷하게 집중하는 것, 그리고 죽음 이후에 사람들을 기다리는 진정한 삶과 비교되는 모든 세속적 일의 덧없음을 꾸준히 일깨워 준 것과 관련이 있었다. 전통적인 화려한 표현 요소가 특히 상류계급에서는 여전히 만연했지만, 도덕적 기준뿐 아니라 미적 기준 또한 바뀌었다.

이러한 변화는 도시의 외관에서도 눈에 띄게 드러났다. 교회가 기념비적인 형식과 규모로 세워졌다. 아주 유명한 신전들을 일부 포함해 특히 도시 중심에 있던 이교도 신전들이 이제 교회의 용도에 맞게 고쳐졌다. 따라서 시칠리아섬의 도시 시라쿠사에서는 과거의 아테나 신전이 산타 마리아 델레 콜론네Santa Maria delle Colonne 대성당이 되었다. 반면에 극장이나 체육관같이 눈에 띄는 다른 공공건물들은 이전의 의미를 모두 상실했다. 그리고 성인과 순교자의 무덤 위에 많은 교회가 세워졌으므로 시골 지역 곳곳에서도 교회가 생겨나기 시작했다. 도시의 경우 이제 교회는 아주 다른 외관을 보여 주었고, 그중 일부는 주안점을 완전히 바꾸기도 했다. 독일의 콜로니아 울피아 트라이아나에서 원래의 로마 정착촌 성벽 외곽에 교회와 공동묘지를 중심으로 새로운 도시가 생겨난 것도 그런 경우였다. 아드 상크토스Ad Sanctos(성인에 의하여)로 알려진 이 새로운 도시의 이름은 후에 독일어 크산텐으로 바뀌었다. 로마 정착촌의 잔해에서 나온 잡석이 그 새로운 도시를 세우는 데 사용되었다. 전반적으로 그러한 개발은 개별 환경과 필요에 따라 아주 다양한 과정을 거쳤다. 많은 도시의 경우 놀라울 정도로 옛 모습이 유지되고 계속됨을 알 수 있는데, 독일의 쾰른, 트리어, 마인츠, 프랑스의 님, 아를, 리옹, 아시아의 에페소스, 니케아, 다마스쿠스가 대표적 예다. 하지만 그런 곳에서도 사람들의 사고방식과 생활 방식은 시간이 지나면서 급격히 달라졌다. 이미 새로운 시대가 밝았다.

——— 시칠리아섬의 시라쿠사 대성당. 기원전 5세기의 것으로 추정되는 아테나 신전 자리에 산타 마리아 델레 콜론네 성당이 세워졌는데, 신전의 대부분이 기독교 건물에 통합되었다. (Wikimedia Commons, © Andrea Schaffer)

새로운 조직 형태의 제국

종교적인 방향 전환의 결과는 차치하고라도 콘스탄티누스 황제의 급진적 개혁은 제국의 구조를 바꾸어 놓았는데, 부분적으로는 사두 정치로 도입된 조치와 직접적으로 관련이 있었다. 이로 인해 가장 많은 영향을 받은 부분은 제국 행정과 조세제도였다. 압박이 커지면서 모두가 최선을 다해 그 압박에서 벗어나고자 했지만, 이는 다시 압박을 키우고 더 큰 통제를 초래할 뿐이었다. 이후 몇 년 동안 이러한 경향은 심해졌다. 부자들은 지방에 있는 자신들의 대규모 농장으로 물러남으로써 부분적으로나마 농장을 국가의 정밀한 조사에서 지킬 수 있었다. 가난한 사람들은 그곳에서 노동력을 제공하거나 소작농(콜로누스)들로 일하며 몸을 피했다. 그곳의 지배 엘리트층은 도시에서 기대했던 노역과 세수를 확보하기 위해 점차 그러한 노역의 보증인으로 나설 수밖에 없었다. 따라서 빈곤의 위협을 받게 된 사람들은 바로 그 노역을 제공하던 사람들이었다. 이 모든 상황이 로마 제국이 너무나도 많이 의존하던 도시 체계의 유효성에 악영향을 미쳤다. 예외 없이 영향을 미치지는 않았더라도 많은 곳이 영향을 받았다.

여러 황제가 공포한 칙령이 때때로 넓은 지역에까지 영향을 미침에 따라, 이 현상을 포함한 유사한 현상을 검토한 학자들은 '고대 후기의 강압적 국가'라는 측면에서 이야기해 왔다.[193] 이러한 설명은 특히 우리가 그러한 칙령들을 이 시기 로마 제국의 입법에 관해 알게 된 결과로서만 인식하게 되었다는 사실에 기초한다. 그러나 이들 법이 모두 제대로 시행되었는지 의심해 볼 이유는 충분하다. 일반적으로 말하면 로마 제국 규모의 근대 이전 국가에서 절대 권력 체제가 전국적으로 지체 없이 집행될 수는 없었으리라고 추정해야 한다. 그래도 규제하고 통제하려는 경향이 늘고 있었다는 점은 단순한 이론적 수칙으로서만이 아니라 실행할 수 있는 경우에는 실제로 여러 번 시도되었다는 점에서 뚜렷하게 드러나고 있었다. 군사 지휘 체계에 따라 생각하는 일이 아주 흔했고, 의심스러울 경우 황제들은 '명령과 복종'의 원칙에 따라 행동했다.

이에 덧붙여 사두 정치에 의해 적용된 기계적인 변형 형태는 아니더라도 복수의 황제권 개념을 유지하는 것 또한 중요했다. 이는 순전히 제국이 여러 지역에서 받던 엄청난 압박만 생각해 보아도 자명했다. 이와 관련해 콘스탄티누스와 그의 후계자들은 적어도 상당히 융통성 있게 행동했다. 특히 그들은 가족 관계를 고려했는데, 콘스탄티누스는 리키니우스에게 승리를 거두며 단독 통치자가 되자마자 이를 확실하게 보여 주었다. 그는 초기 단계부터 자기 아들들을 부제로 임명해 제국 통치에 참여시키며 그들을 후계자로 내세웠다.(이 과정에서 불화가 생기면서 심지어 가족 내 살인이 벌어지기도 했다.) 하지만 콘스탄티누스의 주된 업적은 제국의 '다극성'을 보여 주는 인상적이고 놀라운 상징을 만들어 냈다는 것이었다. 그는 유럽과 아시아가 만나는 지점인 보스포루스의 옛 폴리스 비잔티온의 터에 제2의 수도를 세웠다. 이 수도는 상징적으로나 실제로도 제2의 로마로서 지녀야 할 요소들을 갖추고 있었고, (330년에) 그의 이름을 따서 콘스탄티노폴리스로 불렸다.

이 조치는 적어도 제국 권력의 초점이 동쪽에 존재해야 한다는 생각을 아주 분명하게 드러냈는데, 이는 사두 정치기에도 테살로니키에 임시로 황궁을 세우는 조치를 통해 넌지시 드러난 생각이었다. 이는 제국의 동쪽 속주들이 대체로 중요했기 때문이기도 했지만, 로마가 다뉴브강 하류 지역에서 직면하던 군사적 도전 때문에, 그리고 가장 두드러지게는 페르시아 제국의 위협 때문에 촉발되었다. 제국의 행정 또한 여럿으로 나뉜 제국에, 특히 무장 병력 편성에 맞추어졌다. 기동 야전군은 사두 정치 때보다 훨씬 더 두드러진 존재가 되었다. 이제 제국의 국경선에 인접한 내륙 지방에 별동대가 주둔하고 있어 심각한 위협이 제기되거나 전면적 침공이 있는 경우에 그들을 일촉즉발의 위기에 처한 여러 곳으로 신속히 배치할 수 있었다. 이들 부대는 지역별로 배치되어 그 지역을 통치하는 각 황제의 지휘권하에 배정되었는데, 이들 황제는 임시로 서로 돕기도 했다.

복수의 황제권은 콘스탄티누스의 아들들과 이후 황제들의 통치기에 확고히 자리 잡았다. 제국이 직면한 위협이 커지고 있었다는 점을 고려하면 이는 매우 적절한 전략이기도 했다. 제국의 북쪽과 북동쪽의 접경지대에서는 주로 게르만족인 부족들이 군 지도자 다수의 지휘를 받는 강력한 전사 무리로 세력을 점차 규합하고 있었다. 이들 무리는 로마 체제와 로마인들이 채택한 다양한 전투 기법에 점점 더 익숙해졌다. 이 상황은 로마인들이 게르만족 출신 병사들을 보조군으로 활용하는 경향이 늘면서 악화할 뿐이었는데, 그로 인해 로마군은 게르만족 부대와 게르만족 장교가 점점 더 많아지는 특징을 갖게 되었다. 하지만 이들 별동대는 그들만의 특징과 일 처리 방식을 유지함에 따라 자신들의 지휘관에게 특별한 충성심을 드러냈다. 한편 동쪽에서는 사산 왕조가 계속 위협으로 남아 있었다. 따라서 로마와 페르시아는 시간이 지나면서 서로에게 '최대의 적'이 되었고, 이 상황은 그 어떠한 평화협정으로도 오래도록 해결되지 않았다.

결국 이 모든 일련의 상황은 제국의 동쪽과 서쪽 간의 차별화를 가져왔다. 이는 제국의 문화, 조직, 생활 방식에 존재한 로마-라틴적 요소와 그리스-헬레니즘적 요소로 인해 이미 오래전부터 분명했던, 제국의 야누스적 특징을 생각한다면 내적 논리가 없는 것도 아니었다. 두 수도의 존재와 군사 안보에 대한 필요성은 이후에 이를 입증했을 뿐이었다. 차후에 얼마나 많은 황제가 집권했든 간에 그들 중 한 명은 콘스탄티노폴리스에 거주하고 다른 황제는 서쪽에 자리 잡는 경우가 많았다. 서쪽의 경우 황제의 거주지는 로마보다는 밀라노나 트리어, 나중에는 라벤나처럼 교전 지역과 더 가까운 곳이 되기 쉬웠다. 점차 로마 자체는 오래된 원로원과 자치적 주교가 있는 정신적·종교적 수도가 되어 갔다.

이러한 이유로 테오도시우스 1세 황제가 아들 아르카디우스Arcadius(재위 395~408)에게 제국 동부의 통치권을 부여하고 호노리우스 1세Honorius I(재위 395~423)에게 제국 서부의 통치권을 부여한 실용적 분할 조치는 끝까지 유지되었다. 그러나 그러한 조치마저도 사실상의 상황으로만 계속 여겨졌는데, 제국의 통합이라는 개념이 결코 포기된 적이 없었기 때문이다. 보편성은 제국을 구성하는 특징이었고, 이는 집단의식 속에 아로새겨져 있었다. 로마 제국이 무너지면 세계적 대재앙과 심판의 날이 닥친다는, 전혀 편치 않은 개념처럼 말이다.

4세기 로마 제국의 상황을 이전 세기의 위기와 비교해 본다면, 국경 너머에서 비롯된 점증하는 위협과 관련해 당시 제국 내부의 안정성이 될 수 있는 한 최대한으로 지켜지고 있었다는 것이 실로 놀랍다. 몇 차례의 왕조 내 갈등이 있었는데도, 권력을 찬탈하려는 시도가 여러 번 성공했는데도 그 체제는 힘이 약한 통치자가 권좌에 올랐을 때조차도 회복력이 있음을 증명했다. 제국 통치는 신의 의지에 따른 정당한 사물의 질서로서 보편적으로 자리 잡았고, 점차 종교적으로도 그런 식으로 높이 평가받았다. 기원전 1세기에 공화정이 가장 적절한 정치체제로 여겨졌기에 그것을 대체할 것이 없었던 것처럼, 이 체제 역시 가장 괜찮은 체제로 여겨졌다. 따라서 권력 정치 면에서 제국 자체는 거의 산산조각 나 있는데도 황제권은 하나의 개념으로서 존속했다.

앞에서 언급한 게르만족이 가장 큰 위협을 제기했다. 그리고 앞으로 어떤 일이 일어날지 알리는 경고 신호가 제대로 나타났다. 대규모 서고트족 무리가 발렌스Valens(재위 364~378) 황제의 허락을 받고 다뉴브강 하류 지역의 로마 영토에 정착하기 시작했다. 그러나 상황이 감당할 수 없는 지경에 이르자 황제는 (378년에) 우수한 병력을 모아 하드리아노폴리스에 집결해 있는 서고트족 병력을 향해 이동했다. 이제 그들이 적의를 품은 반란 세력으로 여겨졌기 때문이었다. 모두의 예상과는 달리 결과는 로마가 당시까지 겪은 사상 최대의 패배 중 하나였다.[194] 이 패배로 4만 명에 달했던 로마군 병력의 3분의 1과 황제까지 목숨을 잃었다. 새로이 임명된 테오도시우스 황제가 가까스로 질서를 회복했지만, 로마가 자신들의 의지에 반해 처음으로 그들 영토에 외국인 집단이 존재하는 상황을 인정할 수밖에 없었다는 사실은 사라질 수 없었다. 이들 집단은 이후 동맹자(포이데라티)로 인정받았다.

로마 제국의 변모와 고대의 종말

다양한 집단과 부족, 특히 호전적 부족과 손잡고 그들에게 동맹의 지위를 부여해 점차 그들을 동화시키는 것은 전적으로 로마 관습에 부합하는 것이었다. 그러나 이제는 자신들만의 조직 체계와 생활 방식을 가진 폐쇄적인 게르만족 집단이 침략해 정착하는 빈도가 늘어났다.[195] 이는 군사적으로는 도움이 되었을지 모르지만, 장기적으로는 이들 집단이 자급 농업으로 살아가던 토착 농촌 인구를 지배하는 엘리트를 자처하면서 결국에는 '국가 내 국가'가 형성되는 상황을 초래했다. 로마군 내에서 비로마인 병사가 차지하는 비율은 대체로 높아졌다. 이에 따라 부족 집단과 군사 단위 간의 차이가 알아볼 수 없을 정도로 흐려졌다. 보조군이 점점 정규군이 되었고, 군대는 소속과 관계없이 과거 그 어느 때보다 훨씬 더 전문화된 영역이 되었다.

이는 명령 체계에도 영향을 미쳤다. 로마군에서 게르만족 출신이 상위 계급과 최고 계급까지 차지하는 일이 늘어났다. 이들은 '로마화'되기는 했지만, 여전히 '이민족'으로 볼 수 있었다. 이러한 상황 변화는 무시할 수가 없었는데, 최고 군사령관, 즉 '병사들의 지도자(마기스테르 밀리툼)' 자리를 게르만족 장교들이 차지하는 경우가 점점 더 많아진 한편, 5세기에 황제는 점점 궁전에만 머무는 존재가 되어 물러나 있었기 때문이다. 군사령관의 출신과 관계없이 이는 심각한 갈등의 소지를 제공했다.

반달족 출신 아버지와 로마인 어머니 사이에 태어난, 마기스테르 밀리툼인 스틸리코Stilicho가 서로마 제국에서 호노리우스 황제 때 제국의 실력자로 부상했다.[196] 그러나 그조차도 반달족과 알란족이 포함된 게르만족 부대와 이란족 부대로 이루어진 대규모 무리가 406년 정초에 라인강을 건너오는 것을 막지 못했다. 이 침략으로 얼마 지나지 않아 로마 제국은 갈리아의 북부 지방과 중부 지방에 대한 지배권을 상실했다. 이 침략 직후 동로마 제국과 서로마 제국 모두 서고트족 포이데라티를 다루는 데 어려움을 겪으면서 상황은 더욱 나빠졌다. 황제와 사실상의 군사 통치자가 격렬히 충돌한 끝에 결국 스틸리코가 처형되었다. 그리고 곧바로 군 지도자 알라리크Alaric가 이끄는 서고트족이 (410년에) 도시 로마를 점령하고 약탈했다. 엄청난 의미를 지닌 이 사건은 상상할 수 없을 정도의 대참사로서 동시대인들에게는 세상의 종말을 알리는 것처럼 보였다. 이 새로운 정세는 특히 서로마 제국이 무엇보다도 내부 갈등으로 인해 얼마나 취약해졌는지 강조해 주었는데, 이 갈등은 이후 더욱 심해질 뿐이었다.

이후 수십 년 동안 아시아의 기마 전사들인 훈족의 세력 팽창으로 전체 상황이 더욱 악화했다. 그들은 남부 러시아와 우크라이나 스텝 지대에 세력 기반을 세워 그곳에서 주로 게르만족과 이란족을 복속시켰다. 앞에서 언급한 서고트족 같은 다른 집단들은 훈족의 맹공격 앞에 서쪽으로 도망쳤다. 훈족은 기마 부대의 고도로 숙달된 전투 기술 덕분에 더욱더 대대적인 공격에 착수할 수 있었고, 그 결과 얼마 지나지 않아 다뉴브강의 상류 및 하류 주변 지역을 자신들의 통제하에 넣었다. 동맹과 적을 가릴 것 없이 모두가 그들의 전투 기술을 곧바로 채택할 정도였다. 훈족은 또한 다양한 방식으로 서로마 제국 내부의 대립 관계에 끼어들기도 했다. 마침내 그들은 동맹들과 힘을 합쳐 대규모 군사 원정을 시작해 갈리아까지 진군해 들어왔다. 451년에 그들은 현재의 샹파뉴 지역인 카탈로니아 평원 전투에서 총사령관 아에티우스Aetius가 이끈 서로마군에 패하고 말았다. 서로마군 역시 적들과 마찬가지로 여러 민족으로 구성된 상태였다. 2년 뒤에 정력적인 통치자 아틸라Attila가 사망하자 훈족의 세력은 일련의 내분을 거치며 빠르게 약해졌고, 결국 등장할 때와 마찬가지로 갑작스럽게 역사의 안개 속으로 사라지고 말았다.

서로마 제국은 특히 최고위층의 심각한 내분으로 인해 계속해 점점 더 큰 혼란 속으로 빠져들었다. 발렌티아누스 2세Valentinian II(재위 425~455)가 세력이 너무 커진 아에티우스를 직접 살해했지만, 이후에 곧바로 그 역시 살해당한 사실은 이 혼란을 단적으로 나타냈다. 이 일이 있고 얼마 지나지 않아 로마는 두 번째로 약탈을 당했는데, 이번에는 게이세리크Geiseric 왕 때 북아프리카의 비옥한 땅에 식민지를 건설한 반달족에 의해서였다. 이는 서로마 제국 당국이 점점 더 독립적인 생각을 가진 포이데라티를 통제하지 못하게 된 것이 얼마나 결정적이었는지 여실히 보여 주었다. 제국의 통치가 황실의 구두 표결과 쿠데타 시도라는 소용돌이 속에서 허우적거리자, 자치권을 가진 다수의 게르만 왕국이 각자 통치자를 내세우며 제국의 땅에서 발전하기 시작했다. 이를테면 아프리카에서는 반달족 왕국이, 남부 프랑스와 에스파냐에서는 서고트족 왕국이, 갈리아의 넓은 지역에 걸쳐서는 프랑크족 왕국이, 동부 프랑스와 스위스 서부에서는 부르군트족 왕국이, 스위스와 독일 남서부에서는 알레만니족 왕국이 세워졌다. 그리고 마침내 476년에 이탈리아의 게르만족 병력이 당시의 황제를 퇴위시키고 그들의 사령관 오도아케르Odoacer를 이탈리아의 왕으로 선언했다. 퇴위당한 황제의 이름이 로마를 건립했다는 신화 속 인물과 같은 로물루스였다는 사실은 역사의 아이러니라고 할 수 있다.

이제 동로마 제국의 황제인 제노Zenon(재위 474~491)에게 세상의 이목이 쏠렸다. 제위를 찬탈하려는 시도에 그도 여러 번 직면했지만, 모두 물리칠 수 있었다. 제국 서부의 위기에 대한 제노의 해결책은 상대와 같은 수로 대응하는 것이었다. 그는 발칸반도에 최대 규모의 병력을 배치한 동고트족의 왕 테오도리쿠스Theodoric에게 이탈리아 왕위를 약속해 주면서 오도아케르를 상대로 (488년에) 선전포고하게 했다. 이 충돌에서 결국 테오도리쿠스가 승리를 거두면서 그가 '고트족과 로마인들의 통치자(고토룸 로마노룸퀘 레그나토르 Gothorum Romanorumque regnator)'로서 수도 라벤나에서 이탈리아를 통치하게 되었다.[197] 이제 서로마 제국은 이름으로만 존재했다. 비슷한 명목상의 속국 지위 협정이 갈리아의 거의 전 지역을 자신의 통제하에 둔, 프랑크족의 왕 클로비스 1세Clovis I와도 체결되었다. 클로비스 1세는 496년에 톨비아크(췰피히)에서 알레만니족을 물리친 뒤 가톨릭으로 개종했다.

모든 실질적인 용도와 목적을 고려하더라도 서로마 제국은 이제 무너진 존재였다. 5세기 말에는 반달족, 서고트족, 프랑크족, 동고트족의 네 왕국이 서로마 제국의 옛 영토를 차지한 모습을 확인할 수 있었다. 대체로 이들은 서로 화해한 상태였다. 로마의 세력 확대로 지중해 문화권에 포함된 아프리카와 유럽의 모든 지역이 이제는 게르만족 출신의 부족 집단이나 전사 집단의 지배를 받았다. 그러나 그들의 피지배민 대다수는 로마인이었고, 로마인으로 계속 남았다. 그들의 법체계와 부분적으로는 통치 체제까지도 로마법에 맞추어져 있었다. 처음에는 콘스탄티노폴리스에 있는 황제의 최고 통치권이 여전히 인정되었고, 세계적인 임페리움 로마눔이라는 개념도 그것이 이제는 교회로 대표된다는 이유만으로도 계속 존속했다. 당시 교회는 안정성을 유지하는 질서로서 특히 서로마에서 강력했고, 동쪽(주 콘스탄티노폴리스, 알렉산드리아, 안티오키아, 예루살렘)의 총대주교들과 각각의 지위와 교리를 놓고 갈등이 빚어지기는 했지만, 여전히 통일된 전체로 인정되었다. 그런 이유로 300년 정도가 지난 뒤에도 서로마 제국이 프랑크족의 지휘하에 복원될 수 있기까지 했다.

지배 엘리트층 내의 갈등으로 약간의 비슷한 긴장감이 형성되기는 했지만, 동로마 제국은 여전히 안정적이었다. 무엇보다도 소아시아, 시리아, 이집트에서 확보한 자원은 페르시아를 상대로 한 수많은 전쟁에 필요한 자금을 제공해 주었을 뿐 아니라 금전적 유인책으로 '야만인' 집단을 달래거나 끌어들이거나 빗겨 가게 하는 등 다양한 방법으로 그들 집단과 원만한 외교 관계를 맺는 데도 도움이 되었다. 결국 동로마 제국의 서쪽 지역도 앞에서 살펴본 것과 같은 비슷한 방식으로 처리될 수 있었다. 가끔 발칸반도 전체가 상실된 것처럼 보이기는 했지만, 콘스탄티노폴리스는 페르시아를 상대로도 제국의 동쪽 영토를 온전히 지켜 낼 수 있었다.

마침내 동로마 제국의 입지가 견실해지면서 특히 단호했던 통치자 유스티니아누스 1세Justinian I(재위 527~565)가 철저한 제국 개혁에 착수할 수 있었다.[198] 특별히 이 개혁에는 황제가 만든 법을 포함해 로마법의 모든 핵심 문서를 모아 이른바 『코르푸스 유리스 키빌리스*Corpus Iuris Civilis*』(로마법 대전)[17]로 완벽하게 편찬한 작업이 포함되었다. 이 『로마법 대전』은 이후의 서양 법체계 발전에 결정적 역할을 하게 되었다. 외교정책에서 유스티니아누스 1세는 흑해 일대의 지배권을 되찾았다. 이는 실크로드의 한 갈래가 여기서 끝나기에 중요한 조치였는데, 이 지선은 페르시아 제국을 돌아가는 데 이용될 수 있었다. 그는 페르시아를 상대로 여러 차례 전쟁을 벌여 다양한 정도의 성공을 거두었지만, 결국에는 (실제로는 10년만 유지된) 50년 평화조약을 통해 기본적으로 자신의 입지를 지킬 수 있었다.

무엇보다도 유스티니아누스 1세는 서로마 지역을 동로마 제국의 직접적 지배하에 두기 위한 시도에 착수할 수 있었다. (533년에) 아프리카, (535년에서 552년까지) 이탈리아, (554년에) 남부 에스파냐에서 수행한 성공적인 군사 원정을 통해 그의 장군들은 반달족 왕국과 동고트족 왕국을 파괴하고 에스파냐의 서고트족을 밀어냈다. 제국은 위대했던 예전 시절로 되돌아가는 듯했다. 하지만 이 회복기가 오래 지속될 운명이 아니었다는 바로 그 사실은 전통적

17 '로마법 대전'이라는 명칭은 후세에 붙여진 것으로, 라틴어 그대로 뜻을 해석하면 '시민법 대전'이 된다.

형태의 로마 제국이 이제는 확실히 끝났음을 보여 줄 뿐이었다. 따라서 많은 학자가 유스티니아누스 1세의 통치가 끝났을 때를 고대의 종말로 생각해 왔다.[199] 그러나 이로 인해 동로마 제국이 고대를 훌쩍 넘어서까지 계속 존재했다는 사실이 바뀔 수는 없다. 콘스탄티노폴리스 이전의 정착지 지명을 따라 이 정치체를 비잔티움 혹은 비잔티움 제국으로 부르는 것이 관례가 되었지만, 당시 사람들은 항상 자신들을 그리스어로 '로마인'을 뜻하는 로마이오이로 계속 불렀다. 이 또한 역사의 아이러니라고 할 수 있는데, 로마에 정복되어 제국의 진정한 일부가 된 헬레니즘 동부 지역이 마지막까지 제국의 이름인 로마를 그리스식으로 간직하고 있었으니 말이다.

페르시아 제국이 3세기의 사산 왕조 때 어떻게 새로이 세력을 회복해 로마의 중대한 경쟁자가 되었는지는 이미 살펴보았다.[200] 샤푸르 1세가 처음 크게 성공을 거둔 뒤에 제국의 진정한 황금시대가 고대 후반기에 찾아왔다. 페르시아의 사산 왕조 왕들은 그들보다 앞선 아케메네스 왕조 왕들만큼 단호하게 자신들이 신과 같은 자질과 신이 내린 임무를 띤 통치자라고 생각했다. 그들과 조로아스터교 대표자들 간의 관계는 아주 밀접했다. 성직자들도 법적·관료적 기능을 맡았다. 또한 조로아스터교도들은 다른 종교들과 격렬하게 논쟁을 벌였는데, 그들의 보편주의적 성향으로 인해 다른 종교를 경쟁자로 생각해서였다. 여기에는 기독교도뿐 아니라 선악의 엄격한 이원론을 믿은 이란의 종교 창시자 마니Mani(216~276)를 추종하는 마니교도들도 포함되어 있었다. 페르시아 왕들은 제국에 대한 충성심이 위협받을 수 있다고 생각할 때마다 강압적 조치를 시행해 조로아스터교도들을 지원했는데, 처음에는 기독교도들을 대상으로 했지만, 주로 마니교도들을 겨냥했다. 결국 마니교도들은 박해를 피해 더 멀리 동쪽으로 이주했다. 반대로 기독교 내의 교리 갈등의 여파로 불이익을 당한 여러 기독교 교파는, 특히 네스토리우스교도들은 그들이 내부적으로만 조직을 결성하고 공공질서에 아무런 위협을 주지 않는다는 것이 밝혀지자 페르시아 제국에서 몸을 피할 수 있었다.

제국의 조직과 관련해서는 고대의 다소 경직된 통치 전통과 파르티아 제국의 다소 느슨한 체제가 어느 정도 혼합되어 있었던 것으로 보인다. 따라서 총독과 함께 부왕副王들도 존재했다. 왕 본인은 강력한 지위를 차지했지만, 왕위 계승자를 확정하는 역할을 가진 회의체로 대표되는 강력한 귀족 또한 존재했다. 페르시아 제국의 최전성기였던, 정력적인 군주 호스로 1세Khosrow I(재위 531~579)의 통치기에만 귀족 세력이 일시적으로 약해졌다. 호스로 1세는 토지세를 도입하고 예속된 소작농들을 해방했다. 이제 페르시아 제국은 중앙아시아까지 세력을 확장했다. 그곳 제국의 동쪽 국경선에서 페르시아 제국은 앞선 제국들과 마찬가지로 기마 유목민과 충돌하면서 크고 작은 성공을 거두었다. 그들은 에프탈인들, 즉 백훈족과 특히 문제가 있었고, 튀르크 부족들과도 문제가 있었다. 튀르크 부족들은 때로는 이 제국과 동맹을 맺기도 하고 전쟁을 벌이기도 했다. 하지만 결국 페르시아는 이 전선에 대한 지배권을 주장할 수 있었다.

이렇게 사산 제국은 동서양을 잇는 중추를 이루기도 했다. 페르시아인과 그들의 선조들은 인도 쪽으로 세력을 절대 넓히려고 하지는 않았지만, 인도와의 접촉은 늘 전통적으로 강렬했다. 이 지역에서는 다른 어떤 지역보다도 해상 수송이 큰 역할을 했다. 사산 왕조는 동쪽 국경 지대인 박트리아와 소그디아나에서 극동과의 육로 연결망도 구축했다. 실크로드가 상당히 중요해졌다. 그리하여 문화적 영향이 이곳저곳에서 흘러들어 와 이란에서 한데 모였는데, 인도로부터는 상상력 넘치는 이야기 전통과 수학적 지식이, 로마 제국으로부터는 철학적 가르침과 과학적 지식이 전해졌다. 그러나 페르시아인들도 예술, 건축, 법, 종교의 분야에서 멀리 중국, 인도, 유럽의 문명들까지 풍부한 문화적 영향을 전파하기도 했다.

이미 살펴보았듯이 페르시아와 로마의 관계에는 특히 긴장감이 팽배했다. 몇몇 지역이 이들 국가끼리 다투는 원인이 되었는데, 대표적으로 캅카스 지역과 그 남쪽 인접 지역이, 특히 메소포타미아가 그랬다. 뒤이어 전쟁이 빈번히 발발했다는 점을 고려하면 결국에는 완충지대의 형태로 일종의 불안정한 균형 상태가 형성되는 결과가 발생했다. 그 제국들 사이의 지역에, 그리고 주변의 사막 및 스텝 지대에 아랍 부족들이 주요 강대국들에 예속된 왕이나 그들을 대리하는 왕의 통치를 받는 정착촌을 설립했다. 로마 편에는 가산 왕

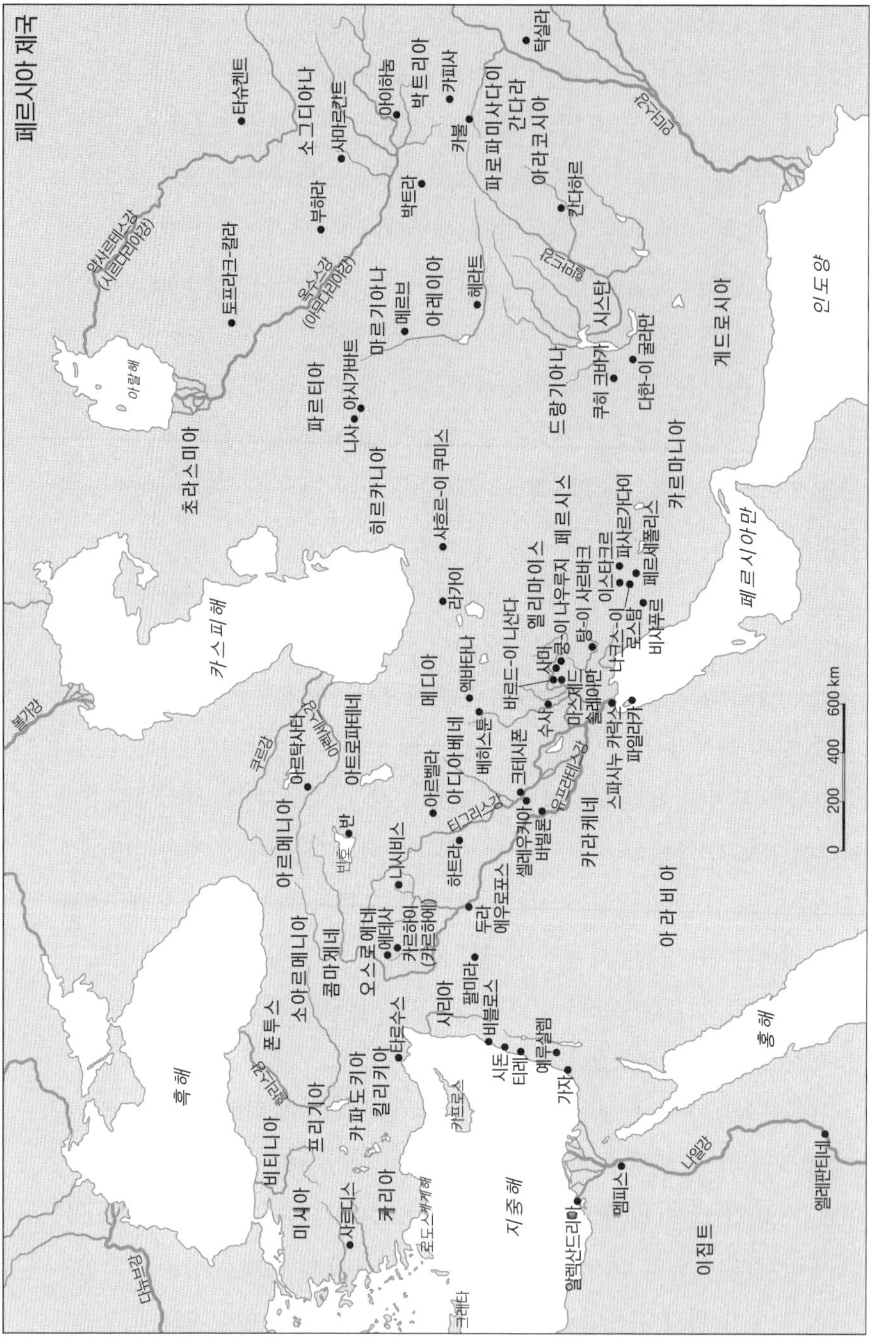
페르시아 제국
타슈켄트
소그디아나
사마르칸트
아이하눔
박트리아
카피사
탁실라
간다라
파로파미사다이
카불
아라코시아
인더스강
박트라
부하라
칸다하르
약사르테스강 (시르다리야강)
토프라크-칼라
옥수스강 (아무다리야강)
헤라트
아레이아
마르기아나
메르브
헬만드강
시스탄
아랄해
니사
아시가바트
파르티아
드랑기아나
쿠히 크바자
다한-이 굴라만
게드로시아
인도양
코라스미아
히르카니아
사흐르-이 쿠미스
카르마니아
카스피 해
라가이
메디아
엑바타나
엘리마이스
페르시스
바르드-이 니산다
이스타크르
파사르가다이
페르세폴리스
탕-이 사르바크
나크스-이 루스탐
비샤푸르
수사
마스제드-이 술레이만
스파시누 카락스
파일라카
페르시아 만
볼가강
쿠르강
아락세스강
아르타샤타
아트로파테네
아르메니아
반
반 호
아르벨라
아디아베네
베히스툰
크테시폰
티그리스강
셀레우키아
바빌론
유프라테스강
카라케네
니시비스
하트라
두라 에우로포스
에데사
카르하이 (카르하에)
오스로에네
콤마게네
소아르메니아
폰투스
팔미라
시리아
비블로스
시돈
티레
예루살렘
가자
아 라 비 아
홍해
흑해
할리스강
프리기아
카파도키아
킬리키아
타르수스
키프로스
비티니아
미시아
사르디스
카리아
로도스
에게해
크레타
지중해
알렉산드리아
멤피스
나일강
엘레판티네
이집트
다뉴브강
0 200 400 600 km

— 페르시아 제국.

朝Ghassanids가, 페르시아의 동맹으로는 라크미드 왕조Lahmids가 있었다. 바로 그러한 중간 지대에서 유달리 다양한 문화가 섞여 발달했다.[201] 아랍, 헬레니즘, 이란의 사상들이 여기에서 한데 어우러졌고, 아주 많고 다양한 종교적 사상들이, 이를테면 유대교와 조로아스터교, 마니교와 기독교가 접촉하면서 아주 많은 변종을, 그리고 민중의 신앙심이 만들어 낼 수 있는 가장 경이로운 이야기들을 탄생시켰다. 이후 그 이야기들은 함께 공유되고 교환되었다.

더 멀리 남쪽에 살면서 전통적 경로를 이용해 아라비아반도 남부 지역과 카라반 교역을 하던 부족 사람들도 이러한 환경을 접하게 되었다. 그러한 무리 중에 메카와 그 주변 지역에 살던 쿠라이시 부족이 있었는데, 그들은 무역 활동을 통해 빈번한 교류가 가능했고, 앞에서 언급한 지역뿐 아니라 아라비아반도 맨 아래쪽에 있는 예멘에서도 많은 영향을 받았다. 그러한 와중에 쿠라이시 부족 출신인 무함마드가 유대교와 기독교의 사상을 배경으로 자신이 유일신의 대변자임을 선언하고 이 일신교에 절대 복종(이슬람)하라는 메시지를 열렬히 설교하며 예언자로서 등장했다.[202] 그는 더 나아가 이 새로운 종교를 전파하는 데 적극적으로 나섰다. 유대교도나 기독교도들과 마찬가지로 무함마드도 유일신을 보편신으로 믿었다. 그의 주장에 따르면 현재 그 어떤 부족, 그 어떤 도시에 소속되어 있든 상관없이 신앙 공동체 움마가 지배 집단이 되어야 했다. 그 유일신을 믿는 사람들로 이루어진 집단에는 신의 예언자가 사용하고 그가 신의 언어라고 생각하는 아랍어로 알라Allah라는 신의 이름 외에는 그 어떤 이름도 필요하지 않았다. 고향에서 박해받던 예언자 무함마드는 메카에서 메디나로 몸을 피할 수밖에 없었다(헤지라Hijra(622년)).

그러나 그 후에 이 새로운 종교는 무함마드의 지휘하에, 그리고 특히 그의 후계자들인 칼리파들의 지휘하에 들불처럼 퍼져 나갔다. 이슬람은 군사력과 더불어 아랍 부족 전사들의 종교적 열정에 힘입어 널리 퍼져 나갔다. 로마 제국의 내부 불안(기독교 교리를 둘러싼 충돌만 생각해 보아도 알 수 있는 사실이다.)과 바로 이 시기에 최고조에 달한 끝없는 전쟁으로 인해 두 대제국에 가해진 막대한 부담이 이슬람의 확산을 재촉하고 촉진했을지도 모른다. 어쨌든 무함마드가 632년에 사망하고 나서 불과 10년 만에 시리아와 이집트가 모두 무너졌고, 같은 해에 사산조 페르시아도 (642년에 나하반드에서 펼쳐진) 대규모 전투에서 아랍 무슬림 군대에 결정적 패배를 당했다.

이렇게 우리는 한 시대의 끝에 도달했다. 고대가 언제 끝났는지에 관한 생생한 토론이 한동안 계속되어 왔다.[203] 많은 진지한 의견이 제시되었는데, 고대와 다음 시대 사이에 명확한 경계선을 긋는 것에 관해 이의를 제기할 수 없다는 것은 확실하다. 사실 시대를 가르는 모든 경계선은 너무나도 자의적이고, 그 경계선 결정은 문화적 제약에 영향을 받은 특정 관점들과 그 자체로 전혀 명백하지 않은 평가들에 지나치게 좌우된다. 이는 이 경우에도 해당한다. 콘스탄티누스와 테오도시우스 1세의 통치기에 로마 제국에서 기독교가 완성되면서 이미 경계선에 도달한 것은 아니었을까? 하지만 제국 체제는 계속 그대로 존속했고 변화는 지극히 더디고 점진적이었다. 아니면 395년에 제국이 정식으로 동서로 나뉜 것이 새로운 시대의 시작을 알린 것은 아니었을까? 하지만 무엇보다도 그것은 실리적 결정에 불과했다. 기본적으로 이 결정이 제한적이었다는 점은 유스티아누스 1세의 재건 정책에서 뚜렷하게 드러났다. 그렇다면 476년에 서로마 제국이 최종적으로 무너진 것이 시대 간의 명확한 경계선을 표시해 준 것이 아닐까? 그것도 전혀 아닌 것이, 제국이 서부에서조차 적어도 명목상으로, 그리고 유스티니아누스 1세의 성공이 보여 주었듯이 부분적으로는 실제로도 존재했기 때문이다. 생각건대 최대한으로 잡아 유스티니아누스 1세의 정책이 최종적으로 실패했을 때를 결정적 전환점으로 주장할 수도 있지만, 그 실패도 이슬람의 확산으로 아프리카에서만 뚜렷하게 드러났다.

새로운 시대가 아무리 이전 시대에 계속 정박하고 있었을지라도 고대가 분명하게 끝났음을 표시해 준 것은 종교사에서 이 엄청나게 중요한 과정이 시작되었다는 사실뿐이다. 이 과정에서 드러난, 군사적으로 극적인 성취과 공간적 규모를 생각해 보면, 1000년 정도의 시간을 거슬러 올라가야 그에 비견될 만한 무언가를 찾을 수 있다. 그것은 바로 알렉산드로스 대왕의 군사 원정이다. 게다가 이 두 사건의 영향 또한 단기적으로든 장기적으로든 매우 유사하다. 우선 두 경우의 정복자들은 그들이 현장에서 직면한 상황에 따라 군건하게 나아갔다. 그런데 얼마 지나지 않아 뚜렷한 문화적 변혁 과정이 시작되었는데, 세계의 면모를 하룻밤 만에 바꾼 것은 아니었지만, 적정 기간이 지나자 확실하게 바꾸어 놓았다. 그리고 그 달라진 모습은 언어와 종교 같은 기본적 분야에서 오늘날에도 여전히 뚜렷하게 존재한다.

유스티니아누스 1세의 통치기에도 뚜렷하게 나타난 어떤 현상이 내가 방금 서술한 그 과정을 더욱 격렬해지게 했는데, 그것은 바로 당시 로마 제국 사람들이 그때까지 자신들의 마음속 눈(달리 말하면 심상의 지도)에 담고 있던 세계지도가 달라졌다는 점이다. 때로는 멀리 대서양과 북해까지 확대되기도 하고 적어도 멀리 메소포타미아까지, 더 넓은 의미에서는 실제로는 중앙아시아와 인도까지 시야가 미친 지중해 세계가 하나의 실체로서 지닌 중심적 특징을 잃고 해체되었다.[204] 그것은 심지어 현대의 관점에서 보아도 확인할 수 있다. 이슬람의 출현 이후 이어진 새로운 시대에는 지중해 지역에 중심을 둔 세계 제국이 등장하지 않았기 때문이다. 그 대신에 스스로 보편적이라고 생각한 세 개의 주요 강대 세력을 만날 수 있는데, 그 셋은 바로 이제는 콘스탄티노폴리스라는 '새로운 로마'에서 통치한 로마 황제, 그리고 그의 서쪽 파트너로 로마적 특징을 지닌 게르만족 왕국에서 성장한 제국을 통치한 프랑크족 통치자, 마지막으로 셀레우코스 제국의 옛 중심지들 그리고 티그리스강 유역의 크테시폰과 가까운 바그다드의 칼리파다. 칼리파의 영토는 이전 세계의 동쪽 전체를 차지한 동시에 서쪽으로는 에스파냐까지 뻗어 있었고, 이슬람이라는 통일된 실체를 구현하고 있었다. 하지만 최소한 이 정도면 우리는 중세의 세계로 갈 수 있을 법하다.

고대 중국

마크 에드워드 루이스

600 이전

4

머리말

기원전 1600년과 기원후 600년 사이의 중국을 논하는 것은 여러 면에서 시대착오다. 이 시기에 관해 중국이라는 실체를 논할 수 있는 유일한 측면인 정치사는 점진적으로 출현하는 단일국가의 역사라고 할 수 있으나, 그 국가는 곧이어 다민족 제국으로 진화했다. 후대 중국의 기틀을 형성한 학문적·문화적 구조 또한 이 제국에서는 더 거대한 전체를 이루는 요소 중 하나에 지나지 않았다. 그러나 이 연구의 주제를 정의하는 지리적 공간이 후대 중국 민족Chinese nation의 경계에 따라 대략적으로만 정의되어 있으므로, 이 용어는 지금 논하려는 시기 전반에 걸쳐 그 이름이 가리키는 것보다 훨씬 더 개방적이고 다양한 정치 공동체였던 것을 가리키는 표제로 사용될 것이다.

이 시기의 역사는 크게 세 시대로 나눌 수 있다. 첫 번째 시대인 기원전 약 1600년에서 기원전 221년까지는 명확히 식별할 수 있는 국가가 여럿 출현했으며 이들이 점차 합병해 단일 영역realm을 이루었다. 두 번째 시대인 기원전 221년에서 기원후 220년까지는 최초의 통일 제국이자 짧은 역사의 진나라와 그보다는 오랜 역사를 지닌 한나라의 시대였다. 세 번째 시대인 220년에서 618년까지는 오랜 정치적 분열 끝에 마침내 589년에 수隋 왕조의 짧은 재통일을 경험한 시대였다.

중국사의 첫 1400년간은 도시 내 혹은 도시 주변을 바탕으로 초기 정치 공동체가 출현했고, 더 큰 영토 국가로 점차 발전했으며, 정복을 통해 마침내 단일 제국을 형성한 시기로 정의된다. 이 중 초기 수 세기 동안에는 개별 도시 또는 도시 동맹을 중심으로 국가들이 형성되었으며, 각국은 인접 배후지 너머의 지방에 제한된 정치권력을 투사할 수 있었다. 기원전 770년에 주周 왕조가 몰락한 이후 수 세기 동안에는 주나라 주변 지역의 강력한 국가들이 농민을 모집해 대규모 보병대를 형성하고 지방으로 세력을 확장하기 시작했다. 이 과정 끝에 일곱 개의 주요 영토 국가가 형성되었으며, 군사 모집을 기반으로 형성된 이 국가들을 가리켜 전국칠웅戰國七雄으로 부른다. 이들이 수 세기에 걸쳐 번갈아 연맹을 맺거나 전투를 벌인 끝에 마침내 극서 지방의 진이 승리를 거두면서 중국 최초의 제국이 탄생했고, 후대 중국 정치 공동체의 제도적·지리적 기반이 형성되었다.

알려진 최초의 국가인 상(1600~1045 BC 무렵)의 군대는 성채 도시 및 인접 배후 지역에서 모집한 보병으로 구성되었다. 상나라를 정복한 끝에 주나라가 출현한 시기는 대규모 전차 부대가 등장한 시기와 같으며, 추정컨대 이들의 도움이 있었을 것이다. 이러한 군대에는 도시 귀족으로 구성된 3인 1조가 조종하는 전차 수백 대가 있었고, 귀족을 섬기는 이들 중에서 모병한 다양한 인원의 보병대가 함께했다. 앞서 설명했듯이 기원전 770년 이후 대규모 영토 국가의 출현은 보병으로 복무할 촌락 인구를 점점 더 많이 모집하며 수 세기에 걸쳐 꾸준히 군대를 확대함으로써 이루어진 일이었다. 대규모 보병 부대가 만만찮은 전투 세력이 된 데에는 검의 등장과 찰갑札甲(강화한 가죽 또는 칠기로 만든 미늘 조각을 꿰어 만든 갑옷) 개발 등 기술 발전의 도움이 있었으며, 궁극적으로는 무기를 만드는 소재로 철을 사용하기 시작한 덕분이었다.

지배층의 출현과 관련된 이 시대의 주요한 변화는 주 왕조 통치하에서 뚜렷하게 구분되는 군사 귀족이 출현한 것, 그리고 뒤이어 농민 군대를 통해 건설한 영토 국가가 등장하면서 기존의 군사 귀족이 몰락한 것이다. 서주(1045~770 BC)에서 정치권력을 독점했던 귀족 대신에 새로 출현한 영토 국가를 정치적으로 지배한 이들은 그 어느 때보다도 강력한 칠국의 통치자들을 섬기는 관리들이었다. 각자 도심 요충지를 기반으로 삼았던 반半독립적 귀족을 통치자의 명에 따라 한 지역에서 다른 지역으로 옮겨 다니는 종속적 관리로 대체하는 과정은 진이 다른 국가들을 정복하고 관료 정부를 보편적으로 도입하면서 마무리되었다.

중국 제국의 특징

통일 초기의 새로운 정치 공동체 및 사회 형태에는 다음과 같이 적어도 다섯 가지의 특징이 있다. (1) 정복한 지 얼마 되지 않은 국가들을 제국 질서에 승화될 수 있는 지역 문화로 재해석한 것, (2) 황제 개인을 중심으로 하는 정치적 질서, (3) 비非알파벳 문자를 바탕으로 하는 문자 문화와 국가의 후원을 바탕으로 문자로 기록해 국가의 존재를 승인했던 경전, (4) 원칙적으로 내부는 비무장 사회를 유지하는 한편 군사 활동은 국경 지역에 위치시키고 변방 사람들에게 배속한 것, (5) 호족豪族이 지역사회를 지배하면서 지역 질서를 유지하는 한편 지역과 중앙의 주요 연결 통로가 되었던 것 등이다.[1]

중국 제국을 정의하는 특징은 다른 제국과 마찬가지로 광대한 규모와 국민의 다양성이었다. 이곳의 모든 주민은 소급적으로 모두 '중국인'이 되었지만, 몇몇 초기 제국에서는 진秦, 기杞, 초楚 또는 전국칠웅의 어느 일국 등 제국 이전의 중국을 정의했던 나라의 백성이나 관중關中을 비롯한 특정 지방의 주민으로 불렸다. 기원전 221년에 진이 다른 국가들을 정복하면서 백성을 정치적으로 통일했으나, 사람들은 독특한 지역 문화와 '기질'을 계속 유지했다. 이러한 지역적 다양성은 무시할 수 없는 사실이었을 뿐만 아니라 제국 중심의 보편적 문화와 각 지역 및 지방의 제한적인 특정 문화를 계층적으로 구분해 제국을 정당화하는 데 필요한 요소가 되었다. 이와 같은 구분은 정치 활동, 종교, 문헌을 비롯한 삶의 수많은 부분에서 드러났다.

두 번째 근본적 특징은 황제라는 인물을 고안한 것이다. 초기의 도시국가 동맹을 영토 국가가 대신하면서 이전까지 세습 귀족에게 걸쳐 분산되었던 정치권력이 한 나라의 단일 최고 통치자라는 인물에게 집중되었다. 이 과정 끝에 최고 통치자이자 대법관, 대제사장인 동시에 정치 영역의 화신인 황제가 출현했다. 황제라는 인물에게서 나라가 시작되었으므로, 모든 관리는 황제의 신하로서 황제가 내리는 관직을 수행했다. 국가가 곧 황제와 그의 신하들이었으며, 황제 없이는 국가도 없었다. 이러한 중심성은 황제의 정치권력과 그 인격을 칭송하는 사치 금지법에서 드러났을 뿐만 아니라, 제국의 수도라는 새로운 도시 형태에서도, 황제가 영광의 사제이자 희생양인 새로운 종교에서도, 심지어는 황제가 하늘과 땅을 잇는 유일한 연결 고리인 새로운 우주관에서도 찾아볼 수 있다. 공인되지는 않았으나 반복되었던 현상에서, 예컨대 중국 제국 역사에 걸쳐 권력이 정식 관료제를 벗어나 황제 개인과 신체적으로 가장 가까운 인물에게 이양되었던 반복 현상 등에서도 그 중심성이 드러났다.

초기 제국과 그 계승국의 핵심적인 세 번째 현상은 비알파벳 문자로 기록한 국가 공인 경전을 마련한 것이다. 비알파벳 문자를 사용함으로써 서로 다른 말을 사용하는 사람들 사이의 소통을 표준화하고 이를 바탕으로 제국의 모든 지역을 한데 묶을 수 있었다. 후기 시대에는 현대 중국에 포함되지 않는 지역(예컨대 한국과 일본, 베트남)도 공통 문자를 사용하면서 상당한 문화적 요소를 공유하는 영역에 속했다. 국가 경전은 결과적으로 국가가 경전이 논하는 가치의 주요 주창자이자 수호자임을 공인하고, 관직에 있거나 관직에 오르려는 이들을 잇는 공통의 지식 또는 문자 문화를 형성하는 공통 교육의 기반을 마련했다. 정복 직후 수 세기 동안 통일 문자와 그 문자로 기록된 경전은 문자 소통을 표준화하는 역할을 담당했으며 공통의 지배층 문화를 형성하는 바탕이 되었다. 후기 시대에는 이 공동의 문자 문화가 연극, 대중문학, 간소화한 지침서를 통해 사회의 낮은 계층에까지 스며들었다.

중국 제국의 항구적 특징이 된 네 번째 변화는 농민과 도시 인구를 비무장화하고 군역을 사회의 변방 구성원에게 위임한 것이다. 이는 특히 눈여겨볼 만한 특징인데, 정복 직전의 수 세기 동안만 하더라도 군역이 농민 전체로 확대되면서 전쟁 국가가 형성되었기 때문이다. 징병제는 초기 제국 시대의 수 세기 동안 점진적으로 감축되었을 뿐이지만, 기원후 31년에 이르러서는 공식적으로 폐지되었으며, 마지막 제국이 멸망할 때까지 다시는 나타나지 않았다. 기동 보병대의 자리는 이제 군사 활동의 주요 지역이 된 변경 지역에서 벌어지는 다양한 형태의 전투에 능했던 비非한족계 부족민과 중국 내 수형자 또는 기타 폭력적 부류의 사람들이 담당했다. 유목민 부족에게 주로 의존한 것은 통일 제국이 멸망하고 난 뒤에 비한족계 수장이 다스리면서 훗날 북중국 전역을 지배하는 국가들이 등장하는 데 주요한 역할을 담당했다. 이 비한족계 통치자들과 이들이 이끄는 군대는 결국 다양한 문화를 한데 결합한 유목-정착 혼합 국가로서의 중국을 궁극적으로 재통일하는 기반이 되었다.

모든 계승국의 본질을 구성하는 초기 제국의 마지막 주요 발전 사항은 대가문들이 지주 제도와 무역, 관직 점유를 결합한 새로운 형태의 사회 지배층을 구성하기 시작했다는 점이다. 이러한 가문들은 주로 토지에 투자한 막대한 부와 수많은 친족 및 예속민을 동원해 지역사회를 지배했다. 그러나 법과 관습에 따라 (예를 들면 자식에게 토지를 분배하는 식으로) 분할 상속이 자리 잡고 있었으므로, 토지 기반의 부는 지속적 분산의 대상이었다. 규모가 큰 영지라도,(다만 서구권의 기준으로 미루어 보면 이 시기의 그 어떤 영지도 규모가 큰 편은 아니었다.) 몇 세대를 거치면 다수의 작은 땅덩어리로 분할되기 마련이었다. 가문들은 명맥을 오랜 세월에 걸쳐 유지하기 위해 농업 외의 수입원을 찾아야만 했다. 무역과 고리대금업이 그러한 수입원에 속했지만, 가장 좋은 것은 제국의 관직이었다. 따라서 호족은 그 지위를 유지하기 위해 국가 관직에 경제적으로 의존하게 되었고, 관직을 얻기 위한 교육을 통해 제국의 문자 문화에 몰두할 수밖에 없었다. 지역 권력과 국가에 대한 책무를 모두 갖춘 가문들은 지역사회와 제국 궁정을 잇는 주요 연결 고리가 되었으며, 인원이 부족한 관료제로는 절대로 성취할 수 없는 방식의 제국적인 권력과 문화를 지역 수준에 주입했다. 후기 시대에는 제국의 인구가 증가하고 인구 대비 관료의 비율이 낮아지면서 호족이 국가에서 점점 더 중요한 역할을 담당하게 되었다.

한 왕조 멸망 이후의 변화

220년에 한 왕조가 멸망한 이후의 수 세기는 중국이 다수의 국가로 분열된 것이 특징으로, 특히 황허강 유역의 북중국과 양쯔강 유역의 남중국으로 나뉘었다. 이 시기의 또 다른 특징은 중국 문화권이 적어도 다섯 가지 새로운 형태의 다양화를 맞이하면서 중국 역사에 지대한 영향을 미친 시기라는 점이다.[2] (1) 내부 구조 측면 및 외부 세계와의 관계 측면에서 중국이 지리적으로 재정의되었고, (2) 전에 없던 일련의 문화 및 문학 활동이 특징인 새로운 형태의 사회 지배층이 출현했으며, (3) 대개 세습적인 개별 군사 집단이 특징적으로 존재하는 일련의 새로운 군사 제도가 발달했고, (4) 이 군사 세력이 뒷받침하는 제국 제도가 사회 전반과 점차 분리되었으며, (5) 사회적·정치적 주요 세력과 더는 밀접한 관계가 아닌 주요 제도 종교가 출현했다.

400년간에 걸쳐 일어난 변화 중 여기에서 다룰 가장 중요한 발전은 중국이 지리적으로 재정의되었다는 점이다. 이는 적어도 네 가지 측면에서 살펴볼 수 있다. 첫째는 무엇보다도 양쯔강 유역에 대한 전면적인 식민화 및 이주 과정이다. 양쯔강은 선사시대부터 넓은 의미의 중국 문화권에 속했으며 전국시대부터는 중국의 정치 영역에도 속했으나 지리적으로는 부차적 영역에 지나지 않았고, 서한西漢(202~8 BC)이 멸망할 무렵까지도 제국의 등록 인구 중에서 4분의 1이 채 되지 않는 주민만이 그곳에 거주했으므로 독특하고 생경한 지역 문화로 여겨졌다. 침략과 홍수의 압력을 견디지 못한 중국 인구가 동한東漢(25~220) 시대에 대규모로 남하하기 시작했으나, 특히 4세기 초부터 남하 이주가 정점에 달하면서 중국 문명이 크게 변화했다.

두 번째 주요 지리적 변화는 중국의 영역으로 편입된 토지를 채우는 과정이었다. 한족漢族의 남하 이주가 시작될 무렵, 이들은 몇몇 중심지에서 산비탈을 벌목하고 습지에서 물을 빼 농경 활동을 외부로 확장하기 시작했다. 또한 남부 지방을 꾸준히 점령하면서 토착 민족을 추방하거나 흡수하는 한편, 무엇보다도 불교 사찰을 건축하기 위해 이전에는 정복된 적 없는 높은 언덕과 산을 오르기 시작했다.

세 번째 지리적 변화는 외국에 관한 중국의 견문이 크게 확대되었다는 점과 세계에서 중국이 점하는 위치를 재정의했다는 점이다. 불교가 부상하면서 견문과 무역 활동도 중앙아시아 및 인도에 이르기까지 점차 확대되었다. 이 시기는 일본이 처음으로 신화의 영역에서 현실로 옮겨 온 시기였다. 한편 중국의 남쪽 끝자락은 여전히 대부분 이방의 영토였으나 오늘날의 광저우가

되는 도시가 주요 무역 중심지로 부상했고, 이곳을 바탕으로 중국인 일부가 해상무역을 통해 인도와 서역은 물론 대부분의 동남아시아 지역과 접촉할 수 있었다.

마지막으로 살펴볼 주요한 지리적 변화는 문화적 허구cultural imaginary의 차원에서 이루어졌는데, 이는 가족의 공간과 국가의 공간을 연결하는 '중간intermediate'의 사회적 공간을 만드는 것과 관련되어 있었다. 한대의 문학은 궁정과 수도의 문화를 집중적으로 다루었던 반면에, 한대 이후에는 지방과 지역의 문화를 다룬 문학이 부상하기 시작했다. 이 시기 또는 그 직후의 시기부터는 향촌, 산수, 황량한 변방 지역 등이 문학의 영역에 포함되기 시작했다. 이처럼 문학 또는 고급문화의 범위와 주제가 재정의되면서 중국과 사회 지배층이 변화하기 시작했다. 지배층 또는 종종 그보다 더 폭넓은 도시 인구가 모여 사회구조를 정의하는 새로운 문화 및 종교 활동을 벌이는 새로운 사회적 공간의 발전도, 예컨대 정원이나 사원, 저택 응접실, 교외 별장 등의 발전도 이와 긴밀한 관계가 있다.

새로운 형태의 지배층이 출현한 점은 한대 이후의 두 번째 주요 변화였다. 한대의 대가문들은 주로 물질적 부(특히 토지 소유), 사회적 인맥, 관직에 대한 접근권 독점 등으로 정의되었으며, 이에 따라 부와 권력이 곧 지배층 신분의 표식이었다. 반면에 남북조시대의 지배층은 다양한 문화 및 문학 활동에 기인한 차별점을 바탕으로 훨씬 더 세밀하게 구분되었다. 품위를 더욱 중시했던 가문들이 단순히 부유하거나 권력 있는 가문들과 본인들을 구별 지으려고 하면서 시가 창작, 서예, 철학적 대화, 특별한 의복, 세련된 태도 등이 발달했다. 이처럼 지위를 드높이기 위한 활동들은 관직에 인물을 등용하는 방법과도 결합되었고, 이로 인해 관직 등용문은 점차 세습적으로 변했다. 결국 이 시기의 지배층은 일련의 족보를 상세하게 작성해 친족 및 관련 지위를 정의하는 관습을 도입했다. 그러나 후술하듯이 이러한 발전이 세습 귀족층의 탄생으로 이어지지는 않았다.

이 시기의 세 번째 주요 변화는 주로 세습 군벌 가문을 기반으로 하는 군대가 부상했다는 점이다. 기원후 32년에 징병제가 폐지된 이후로 한나라는 주로 수형자, 모병, 지원병, 비한족계 기병 등에 의존하게 되었다. 한나라의 멸망과 함께 부상한 군벌은 점점 노예화하는 소농민, 유목민 전사, 패배한 종교 반란군 잔당을 기반으로 군대를 꾸렸다. 뒤이은 수십, 수백 년 동안은 모병으로 군대에 온 소농민 병사와 피란민들이 대개 세습적인 군사 집단으로 거듭나는 한편, 비한족계 기마병 또한 사실상 세습적인 또 다른 군사 집단을 형성했다. 이들 집단은 개별 제후나 친족 연합이 꾸릴 수 있는 군대를 압도할 만한 군사력의 기반이 되었다. 5세기 초의 수십여 년 동안 제국의 권위를 다시 세우고 조정이 권력을 다시 쥘 수 있었던 것도 이러한 군사력 덕분이었다.

제국의 권력을 뒷받침하는 새로운 군사 기반은 이 시대의 네 번째 주요 변화를, 즉 제국의 기구와 사회 전반이 점점 더 유리되는 현상을 초래했다. 한 제국의 제도 수립은 제국 궁정을 지방 사회의 대리인과 점진적으로 분리하는 데 달려 있었다. 이 과정에서 한 제국의 조정은 여전히 옛 칠국에 내포된 지역 및 장소와의 연결성을 초월할 수 있도록 의례적으로 건설한 제국 수도와 비음성학적 문자를 바탕으로 범제국적 문화를 주창했다. 전통적 사회질서에 속하지 않는 집단에서 비롯된 군사력으로 제국의 권위를 다시 세웠으므로 한층 더 높은 수준으로 유리될 수 있었다. 이민족 통치자가 중국을 점령하고 관료제를 바탕으로 지배권을 행사하는 정복왕조가 이 시기에 처음으로 등장했다는 점이 이를 가장 명백하게 보여 준다. 전통적으로 중국 제국의 심장부였던 황허강 유역은 220년에 한 왕조가 몰락한 이후 1800년간의 절반가량(그리고 지배 가문이 이민족의 요소를 상당히 가졌던 당唐을 포함하면 그보다 훨씬 더 오랜 세월)을 이민족 황제들이 지배했는데, 이런 사실은 제국의 기구가 어느 정도로 중국 사회와 유리되었고 유목 민족에게 의존했는지 극적으로 드러낸다.

남북조시대의 마지막 주요 변화는 정치적 집단 또는 사회적 집단과 관련되지 않은 세도 종교가 출현했다는 점이다. 이 시기 이전까지 중국의 종교는 종교 의례를 정치적 질서 또는 사회적 질서와 연결 짓는 것이 특징이었다. 국가가 주요 제례를 거행했으며, 통치자가 최고 희생양 또는 대제사장이었고 통치자의 혈족 또는 관료들이 부차적 역할을 맡았다. 특정 조상에게 제를 올리는 것으로 가족 또는 혈족을 규정했다. 국가 공인이 아닌 제례는, 이를테면 산, 신선, 동물의 혼령 등에게 올리는 제례는 지역적으로 연합한 세도가 혹은 하급 관리가 주관했다. 별다른 사회적 관계 또는 정치적 관계가 없는 개인들이 종교를 바탕으로 한데 뭉쳤던 일은 한나라를 무너뜨린 거대한 천년왕국 운동 이전까지는 없었다. 제도적인 도교와 불교를 융합한 이 신앙은 사회조직의 새로운 형태를 제시한 것에 더해 산 자와 죽은 자의 세상을 바라보는 새로운 방식을 제시했다. 중국의 생활사 또한 이로 인해 모든 측면에서 변화했다.

1 지리적 배경

어느 지역이든 역사 연구는 지리학에서 시작한다. 지리학은 토지 형태 또는 토양의 종류를 다루는 학문이 아니라, 인간이 물리적 주변 환경을 형성하고 그 환경의 영향을 받는 방식과 사람들이 상호작용하는 방식을 공간이라는 측면에서 연구하는 인문과학이라는 점을 반드시 염두에 두어야 한다. 인간은 늘 흙에서 생계 수단을 일구어 왔으며, 특히 중국 문명은 본질적 특성에서도 여러 면에서 토지의 영향을 받은 것으로, 농민이 수백 세대에 걸쳐 흘린 땀방울로 새로 태어난 만큼 토지와 유달리 강하게 연결된 것으로 잘 알려져 있다. 어느 학자가 말했듯이 "중국의 진정한 역사는 위대한 왕조들의 흥망성쇠보다는 알려지지 않은 수 세대의 농민들이 황허강 유역을 중심으로 한 기존의 요람 지역에서 남쪽으로, 서쪽으로, 북쪽으로 뻗어 나가며 중국 땅을 조금씩 점유해 나간 역사다."[3] 이와 동시에 토지와 수자원 등 기초 자원에 대한 지배는 인류 역사에 걸쳐 인간 집단 간의 권력을 한곳으로 통합하는 데 일조했다. 자연을 다스린다는 것은 다른 사람들에게 권력을 행사하는 것으로 이어지기 마련이었다.

중국 지형의 개요

오늘날 중국에 관해 우리가 알아야 할 첫 번째 특징이자 이 지역을 바탕으로 펼쳐진 중국 문명의 지역적 특성에 중대한 영향을 미친 요소는 바로 광대한 규모와 지리적 다양성이다. 위도는 북위 54도에서 북위 18도까지, 경도는 동경 74도에서 동경 135도까지 펼쳐져 있다. 좀 더 실감 나는 설명을 하기 위해 중국과 유럽의 지도를 겹쳐 본다면 중국 최북단 지점은 모스크바 부근에 놓이고, 최남단 지점은 하르툼 부근에 놓인다. 지형은 시베리아처럼 얼어붙은 만주의 툰드라, 세상에서 가장 위험한 신장의 사막, 드높은 티베트고원, 윈난의 열대우림에 더해 사실상 상상할 수 있는 모든 중간 단계의 지형이 존재한다.

그러나 이번 4부에서 논할 시대에서 한족 국가가 가졌던 최대 강역은 기원전 221년에 탄생한 진나라와 대략 일치하며, 오늘날 우리가 지도에서 익히 볼 수 있는 중국과는 다르다. 현대 중국의 서쪽 3분의 1 지역은, 즉 오늘날의 신장 및 티베트 지역은 진나라와 한나라 초기까지만 하더라도 이방의 세계였다. 현재의 내몽골과 만주 또한 이들의 강역 바깥이었고, 현재의 윈난과 구이저우의 남서부 지방도 마찬가지였다. 오늘날의 푸젠, 광둥, 광시를 비롯한 남동부 지역은 군사적으로는 점령했으나, 여전히 중국 문화권에 포함되지 않았다. 초기 제국 시대와 그 이후의 상당한 세월에 걸쳐 중국은 황허강 유역과 양쯔강 유역으로 구성되어 있었다. 여기에는 평평하고 물이 풍부해 농사에 적합한 땅이 모두 포함되어 있었으며, 이에 따라 중국 중심지의 역사적 경계가 정해졌다.

두 번째로 중요한 특징은 산이 매우 많은 나라라는 점이다. 이는 곧 10퍼센트 정도의 땅만 경작에 적합해 인구밀도가 높아졌을 뿐만 아니라 철도와 항공기가 등장하기 전까지 한 지방에서 다른 지방으로 여행하기가 매우 어려웠다는 뜻이다. 이에 따라 이곳은 매우 구획화된 성격을 가지게 되었다. 농경이 가능한 땅은 충적토 평원, 해안가, 내륙 분지 등 일련의 핵심 구역으로 나뉘며, 드문드문 이어지는 산맥과 드높은 고원을 사이에 둔 채 서로 고립되어 있다. 이 때문에 중국은 경제적·문화적으로 구별되는 다수의 '거대 지역

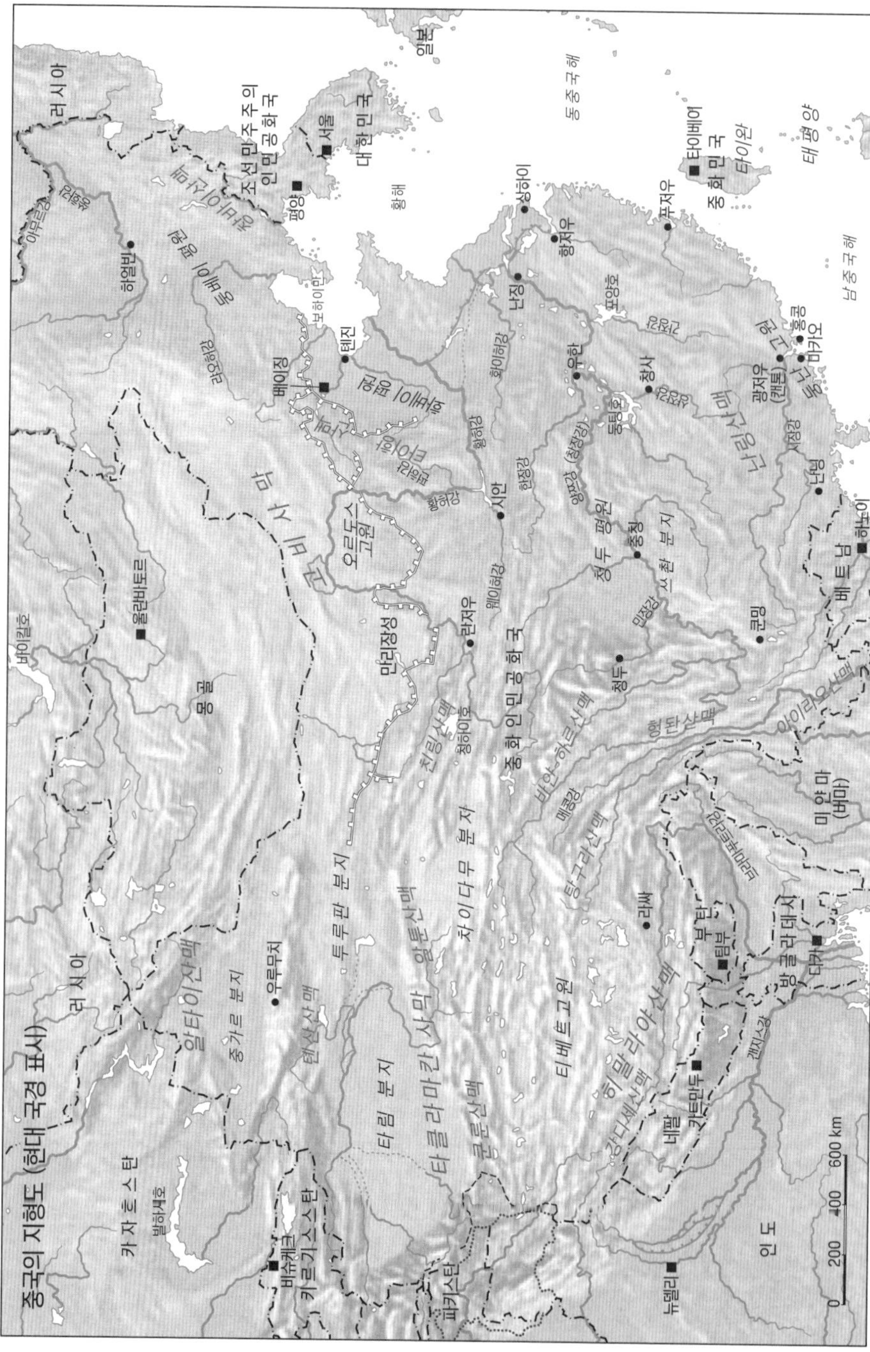

— 중국의 지형 (오늘날의 국경 표시).

macro-region'으로 자연스럽게 나뉘는 경향이 있었다.[4] 세 번째로 중요한 특징은 저지대가 동부와 남부에 집중되어 있으며 서부와 남부로 갈수록 지대가 점점 더 높아지고 건조해진다는 점이다. 이 사실은 헤럴드 빈스Harold Wiens가 '열대 지방을 향한 중국의 행진'이라고 표현했듯이 중국 역사 발전의 행로가 근본적으로 기존 중심지에서 남쪽으로 향하게 했다.[5]

중국 지형의 네 번째 및 다섯 번째 중요한 특징은 주요 하천의 발원지 및 특징과 관련되어 있다. 중국의 물순환 체계는 황허강과 양쯔강, 그리고 중국 제국 후기에는 주장강까지 포함한 세 개 주요 하천의 유역으로 정의된다. 세 하천 모두 서쪽에서 동쪽으로 흐르고, 각 하천을 서로 연결하는 유용한 물길이 없었다. 북쪽 또는 남쪽으로 이동할 수 있는 자연적 교통로가 없는 셈이었다. 철도가 개발되기 전까지는 그 어떤 형태로든 대량의 재화를 육로로 운반하는 데는 엄두도 못 낼 만큼 많은 비용이 필요했으며, 향신료와 비단, 보석, 칠기 등 적은 양으로도 큰 이윤을 낼 수 있는 사치품의 교역을 제외하고는 모든 주요 상업이 수로를 통해 이루어졌다. 로마 제국에서는 전성기 당시에도 곡식과 포도주를 지중해 한쪽 끝에서 반대쪽 끝까지 선박으로 운반하는 방식이 160킬로미터의 육로를 통해 수레로 운반하는 방식보다 저렴했고, 결과적으로 수로로 연결되지 않은 지역은 경제적으로 크게 통합되지 못했다. 중국도 20세기 초에 철로를 건설하기 전까지 이와 마찬가지였다. 심지어 19세기에도 중국에서는 짐승이 끄는 수레를 이용해 곡식을 160킬로미터 이상 운반하는 비용이 곡식을 기르는 비용보다도 더 비쌌으므로 모든 대량 상거래가 내륙 수로를 통해 이루어졌다. 북중국 해안가에는 쓸 만한 자연항이 드물어 해상 교역을 개척하기가 쉽지 않았다는 점 또한 눈여겨보아야 한다. 이러한 사실은 제국이 각기 다른 경제 지역으로 나뉘고 지역별로 각기 다르게 발전하는 데, 그리고 특히 북부와 남부를 가르는 데 지대한 영향을 미쳤다.

이 하천들의 또 다른 특징은 고지대의 토양을 침식해 하류의 평원으로 보낸다는 점이다. 산골짜기의 좁은 물길을 따라 빠르게 흐르는 황허강은 상당한 양의 흙을 하류로 옮긴다. 전 세계의 하천 대부분에서는 퇴적물이 5퍼센트만 함유되어 있어도 높은 수준으로 보지만, 황허강은 최대 46퍼센트로 알려져 있으며 지류는 63퍼센트에 달하는 곳도 있다. 약 800킬로미터에 달하는, 하류 마지막 구간에는 그 어떤 지류도 없어 유속이 점점 느려지면서 퇴적물이 강바닥에 가라앉는다. 세월이 흐르면서 강바닥이 조금씩 높아지고, 결국 강물은 강둑을 넘어 범람한다. 이처럼 황허강은 중국 역사에 걸쳐 계속 범람하고 경로를 바꾸어 왔으며, 이 때문에 '중국의 슬픔'으로도 불린다.

문명

중국의 주요한 지리적 영역은 우선 제국이 탄생한 기원전 3세기 말부터 광대한 새 영토를 흡수한 마지막 제국인 청淸 왕조까지 존재했던 역사적 중국부터 시작해 살펴보겠다. 두 개의 광대한 하천 유역은 각각 산맥과 언덕을 두고 여러 지역으로 갈라졌다. 황허강은 진 제국과 한 제국이 다스리는 중국 문명의 중심이었으며, 등록 인구의 약 90퍼센트가 이곳에 거주했다. 이곳은 북서부 지역, 중부의 황토 고지대(오늘날의 산시陝西, 산시山西, 허난 서부), 범람원(오늘날의 허난, 허베이 북부, 산둥, 안후이 북부, 장쑤)까지 세 지역으로 나뉘었다. 이 시대에는 여전히 변방 지역이었던 양쯔강 유역도 마찬가지로 세 개 지역으로, 즉 산으로 둘러싸인 민장강 분지(현대의 쓰촨)와 양쯔강 중류(허베이, 후난, 장시), 양쯔강 하류(저장, 안후이 남부, 장쑤) 지역으로 나뉘었다. 남동부 해안(푸젠, 저장 남부)과 더 먼 남동부 지역(광둥과 광시)은 훗날 광저우가 되는 대규모 항만을 제외하면 변두리 지역에 지나지 않았다. 마찬가지로 정기적으로 제국의 지배를 받지는 않았으나 때때로 정치사에서 중요한 역할을 담당했던 지역으로는 만주, 외몽골, 신장, 티베트, 윈구이고원 등 후기의 청이 정복한 지역이 있다.

중국 문명은 (도시성urbanism과 문자의 존재를 기준으로 정의하는 경우) 기원전 1700년 무렵에서 기원전 1100년 무렵에 황허강이 거대한 만곡부와 웨이허강 유역 주변의 황토 고지대에서 발생했다. 고지대 지역의 황토는 풍화되어 쌓인 토양으로 질감이 균일하고, 잘 부스러지며, 물이 잘 스며들었다. 그러므로 나무 막대기로도 큰 저항 없이 땅을 일굴 수 있었다. (앞선 시대에는 기후가 조금 더 습했을 수도 있으나) 연간 강우량이 25센티미터에서 50센티미터에 지나지 않는 지역에서도 모세관현상 덕택에 땅에 충분한 수분이 공급되었다. 건조기후에서 풍화된 토양이므로 여과되지 않았고 매우 비옥했으며 알칼리성을 띠었다. 또한 황토가 쌓이면서 언덕 지형이 형성되어 동쪽으로 펼쳐진 대평원과는 반대로 앞서 논한 홍수에 비교적 안전했다. 강둑을 따라 농경지가 집중되어 있는 한편으로 마을은 더 안전한 언덕 위에 형성되었을 테지만, 수천 년 동안의 홍수와 침식으로 전자는 흔적도 없이 사라졌다. 이처럼 이 지역은 지리적 특성 덕분에 비옥하고 일구기 쉬운 토양을 갖춘 한편, 북중국을 괴롭혔던 가뭄과 홍수의 위협에서 비교적 안전했다. 그렇기에 중국의 농경민들은 이곳에서 처음으로 충분한 잉여생산물을 경작할 수 있었고, 이를 바탕으로 성장한 도시 귀족과 수공업자 집단이 점괘를 기록하고 정교한 청동 예기禮器를 만들었으며, 그 덕분에 상나라는 역사적 증거가 있는 중국 최초의 국가가 되었다. 초기의 주요 경작물은 잡곡과 밀이었으나, 건조한 땅에서는 쌀도 일부 재배되었다.[6]

반면에 동쪽으로 펼쳐진 대평원의 토양은 하천에 의해 퇴적되었으므로 더 비옥했지만, 홍수와 염류 집적이 일어날 가능성도 더 컸다. 홍수를 예방하려면 국가의 개입이 필요한 비옥 지대였으나, 농경은 농민들이 파 만든 우물물을 이용했다. 황허강 유역의 황토 구릉 및 평평한 충적평야와는 달리 양쯔강 이남부터는 드높은 산맥과 험준한 비탈이 풍경을 뒤덮었다. 농경은 저지대의 하천 유역과 삼각주 및 습지대에서만 가능했다. 남부에서 가장 심각했던 환경적 위협은 가뭄이나 홍수가 아니라 저지대가 너무나 습해 농사를 짓기에는 대부분 너무 질퍽한 데다 질병이 쉽게 발생할 수 있다는 점이었다. 초기 제국 시대의 농경은 더 원시적인 화전火田 방식을 이용했으므로 인구밀도가 높지 않았다. 한나라에서 당나라까지(기원전 200년 무렵에서 기원후 900년 무렵까지)의 문헌에서 남부 지방은 위험하고 외딴 지역으로 등장한다. 이 지역은 주나라(1045~236 BC) 통치하에 중국의 세계에 흡수되기는 했으나 전국시대와 초기 제국 시대에도 여전히 문화적으로 다르고 완전히 문명화되지 않은 곳으로 여겨졌다.

새로운 공간의 형성

상과 주의 지리적 동향은 기본적으로 문화적 영향력을, 그리고 어느 정도는 정치적 패권을 황허강 유역을 따라 서쪽에서 동쪽으로 확대하는 것이었다. 황허강 유역을 따라 제방을 건설함으로써 홍수의 위험이 줄어들었고 범람원의 충적토가 자연적으로 훨씬 더 비옥했으므로 동부 지방은 점차 초기 중국 문명의 경제적·인구통계학적 중심지로 자리매김했다. 그러나 후술하듯이 황허강 만곡부 서쪽까지의 지역과 동쪽의 충적평야를 가르는 구분은 초기 중국 역사 대부분의 시기에 걸쳐 주된 정치적 긴장감을 조성했다.[7]

이 시기(기원전 1300년 무렵에서 기원전 700년 무렵까지)의 또 다른 주요 변화는 북부가 점점 더 건조해지는 추세를 보이면서 최초로 이동식 목축에 전적으로 의존해 살아가는 민족들이 출현했다는 점이다. 말을 타고 생활하며 사냥과 목축으로 생계를 꾸리는 이 민족들은 점차 맹렬한 유목민 전사로 발전해 후대의 중국 역사에서 매우 중요한 역할을 담당하게 되었다. 중국의 정착 민족과 그들의 이웃인 북방 유목 민족을 가르는 경계선은 유동적이었지만, 황허강 유역 북쪽으로는 농경을 확대하기 어려웠으므로 중국 문명의 북진이 좌절되면서 중국사의 주요 전환점이 마련되었다.[8]

또한 이 시기에는 땅을 일구고 거름을 주는 것이 얼마나 중요한지 발견했으며, 나아가 매우 집약적인 노동을 바탕으로 곡물 생산에 전적으로 의존하는 것이 특징인 중국식 농경 방식이 출현했다. 이 방식은 유럽의 방식과는 반대로 축산업이나 임업을 대규모로 개발하는 동시에 진행할 수 없었으며, 이용 가능한 모든 초원에서는 농경을 위해 땅을 일구는 한편 숲은 오로지 건축 자재와 연료의 원천으로 활용했다. 이들은 이 방식을 통해 다른 그 어떤 전근대적 농경 방식보다도 면적 대비 훨씬 많은 양의 작물을 생산할 수 있었으며, 이로 인해 전근대 중국의 특징인 높은 인구밀도가 가능해졌다. 그러나 중국 역사의 근본적 특성인 지속적인 산림 파괴와 침식 악화 또한 이와 함께 시작되었다.

기원전 221년에 첫 통일 제국이 탄생하기 전까지 중국을 건설하고 새로운 공간을 마련하는 것에서 또 하나의 중요한 발전은 향상된 수상 교통 및 관개를 위해 기원전 5세기부터 시작된 운하 건설이었다. 수 세기 동안 황허강 유역을 지배하는 국가의 일부 지역으로만 여겨지던 양쯔강 유역이 마침내 중국 정치 세계의 한 요소로 자리매김했다. 주나라 시대에는 주나라 군주의 정치권력은 그렇지 못했을지언정 중국 문명의 영향력만큼은 양쯔강 유역으로 퍼져 나갔다. 양쯔강 중류 지역에서는 주나라의 침략을 물리친 초나라가 중국 정치 무대의 주요 참여자로 올라서면서 황허강 유역과는 여러 면에서 구별되는 문화를 지켜 나갔다. 서부에서는 진나라가 기원전 441년과 기원전 316년 사이에 일련의 정복을 통해 오늘날의 쓰촨 지방을 점령하면서 처음으로 양쯔강 유역의 한 지방에 북부의 지배력을 드리웠다. 그러나 양쯔강 중류 지역이 더 넓은 '중국' 제국에 속하게 된 것은 기원전 223년에 진나라가 초나라를 점령한 다음의 일이었다.

그러므로 최초의 제국인 진나라가 통일한 중국은 문화적으로 긴밀하게 연결되고 근래에 정치적으로 묶인 양쯔강 상류 및 중류 지역과 함께 기본적으로 황허강 유역으로 정의되었다. 진나라와 뒤이은 한나라의 군사 원정으로 중국의 정치적 경계는 여기서 '중국'이라 일컫는 영역 대부분을 포함할 정도로 넓어졌으나, 황허강 유역 너머의 지역은 사실상 식민지 상태였다. 이곳의 토착 민족 대부분은 중국의 관리와 수비대의 감독을 받는 한편으로 여전히 그들의 수장이 다스렸으며 토착 관습을 지켰다. 유일하게 눈에 띄는 예외로는 상당한 규모의 중국인이 정착했으며 토착 민족도 중국 문화를 받아들인 랴오닝 지역(남만주)이 있었다.

한 제국은 (기원전의 마지막 200년간과 기원후의 첫 200년간에) 두 가지의 주요한 지리적 발전을 더 맞이했다. 첫째, 한족은 북진하기 위해 유목 민족과 전쟁을 벌이면서 중앙아시아의 오아시스 국가들과 교류하기 시작했다. 이 국가들은 중국의 피보호국이 되었으며, 팽창하는 이슬람 세력이 8세기 무렵에 집어삼키기 전까지 중국 문화권에 속해 있었다. 중앙아시아로 세력을 확장한 것과 관련해 기원후 수 세기 동안 중국에 불교가 도입되었으며, 이로 인해 중국은 오늘날의 아프가니스탄과 인도를 인식하고 오가기 시작했다. 이는 훗날 중국이 되는 지역 외부의 세계에 문을 여는 첫걸음이었다.

진 왕조와 한 왕조는 북방 유목 민족과 전쟁을 치렀고, 견고한 북방 장벽을 건설했으며,(다만 명대에 건설해 오늘날까지 남아 있는 '만리장성'처럼 끊임없는 단일 장벽은 아니었다.) 중앙아시아를 흡수하는 데 실패하면서 중국의 북방 및 서방 한계를 규정했다. 지리적 측면에서 말하면 뒤이은 중국사는 초기 제국이 규정한 정치적 경계선 안쪽을 '메우는' 두 가지의 장기적 이주로 이루어진다. 여기서 두 가지의 이주란 (1) 북쪽에서 남쪽으로, (2) 평야에서 구릉으로 오르는 이주를 말한다.

중국 농민의 대규모 남방 이주는 한대에 이르러 가족들이 과도한 인구와 황허강 충적 평원의 범람, 북서부 유목민의 약탈로 인한 압박을 이기지 못하고 남쪽으로 이동하면서 시작되었다. 이는 3세기에 한나라가 멸망하고 쓰촨 및 양쯔강 하류 지역에 독립 왕국들이 세워지면서 가속화되었고, 4세기에 들어 경쟁하는 유목 국가들이 황허강 유역을 무대로 끊임없는 전투를 벌이기 시작하면서 이주 규모가 더 커졌다. 7세기에 중국이 다시 통일되기 전까지 여러 북방 왕조와 남방 왕조를 거치는 동안에 북방 지역을 비한족 계통의 민족이 다스리면서 남방 이주의 압력이 지속되었으며, 남방의 규칙적 강우량과 비옥한 토양도 이주의 유인이 되었다. 기원후 589년의 재통일 당시에 제국의 등록 인구 중 대략 40퍼센트가 양쯔강 유역에 살았으며, 당나라 시대(7세기, 8세기, 9세기)에는 이전까지 남쪽의 변방에 지나지 않았던 지역이 중국의 인구통계학적·경제적·문화적 중심지로 거듭났다. 8세기 중엽까지만 하더라도 인구 중 절반 이상이 여전히 북방에 거주했으나, 13세기 말에 이르자 약 15퍼센트로 줄어들었다. 북방이 쇠퇴해서가 아니라, 북방에서도 인구가 증가했으나 남방의 인구가 극적으로 증가했기 때문이었다. 6세기의 새로운 통일 제국에서는 인류 역사상 가장 거대한 인공 수로인 대운하를 만들어 북방과 남방의 통합을 도모하고자 했으나, 두 지역은 중국 제국의 역사 전반에 걸쳐 서로 다른 지역으로 남았다.[9]

북방

중국 제국 후기에 (우리가 가진 최고의 문서를 바탕으로) 북방과 남방의 차이를 될 수 있는 한 가장 극명하게 요약하자면 중국 북방의 특징이 건지乾地 농업이었다는 점을 논할 수 있다. 이곳에서는 식량 작물로 밀, 잡곡, 수수, 콩을 주로 재배했으며, 8세기와 9세기에 들어 상품작물로 목화와 (아메리카에서 전래된) 담배를 재배했다. 농경은 대부분 소규모 씨족 농가가 담당했으며, 면적도 대부분 수 에이커 이하였다. 지주의 수가 상대적으로 적었으며, 지주가 소유한 토지 비율도 상대적으로 낮았다. 공유재산과 대규모 영지를 소유한 세도가는 존재하지 않았다. 강우량은 불안정했고, 홍수가 잦았으며, 토양의 염류 집적이 큰 골칫거리였고, 기근도 계속 우려되었다.

반면에 남쪽 지방에서는 주로 식량 작물로 벼를 재배했으며, 8세기와 9세기에는 누에치기와 차, 그리고 기름을 짜낼 수 있는 다양한 식물을 상품작물로 재배했다. 북방과 마찬가지로 농가는 대부분 매우 작았으며 집약적으로 일했으나, 토지 소유권은 상류층 세도가에게 크게 집중되었으며 이들이 소작농에게 토지를 임대했다. 수자원이 풍부했으며, 개개인이 가난한 경우는 흔했지만, 지역 단위로 기근이 발생하는 일은 거의 없었다.

북방의 강우량은 늦여름에 집중되었으므로,(8월에 약 70퍼센트의 강우량이 집중되는 변형된 몬순 기후다.) 봄과 초여름에는 황허강의 수위가 상당히 낮았다. 그러므로 농번기에 강물로 관개를 하는 것이 사실상 불가능했으며, 농민들은 제국 시대 초기부터 우물물에 주로 의지해야만 했다. 대개 깊이가 7미터에서 10미터에 달하며 가장자리에 돌담을 둘렀던 이 우물들은 대여섯 명의 농민이 함께 땅을 파내 만들었으며, 더 부유한 개별 가족이, 마오주의자들의 분석에 따르면 이른바 부유층 또는 중간층 농민이 우물을 사적으로 소유했다.

그러나 중국 역사 전반에 걸쳐 황허강 유역에서는 홍수의 위협이 가장 심각한 문제였다. 황허강이 제방을 넘어 범람한 사건만 1593회라는 기록이 남아 있다. 이는 강바닥의 퇴적이 계속 진행되면서 끊임없이 더 높은 제방을 지어야 했기 때문이었다. 또한 제방을 아무리 높게 쌓는다 한들 퇴적은 계속되었다. 그러므로 범람의 위험은 언제든 돌아왔으며 매번 더욱 강력해졌다. 많은 곳에서 황허강은 주변 지역의 지대보다 더 높은 수위로 흐르게 되었고, 허난 지역을 가로지르는 800킬로미터 이상의 구간에서는 강의 수위가 주변 지역의 고도보다 10미터 이상 높다. 이처럼 거대한 제방을 유지하고 관리할 수 있는 것은 오직 제국뿐이었다. 정부 주도로 제방을 기반으로 한 대규모 수자원 관리 시설을 건설하는 한편, 가족 단위로 우물 기반의 소규모 관개시설을 만들어 사용했다는 점은 중국 북방의 정치적·경제적 구조가 소규모 농민 경제를 바탕으로 세워진 거대한 중앙집권적 국가기구였다는 점을 시사한다.[10]

화베이 평원은 관개가 어렵고 강우량이 적었으므로 농민들이 벼농사를 지을 수 없었다. 일반적으로는 봄 작물로 수수 또는 잡곡을(그리고 훗날 아메리카에서 들여온 옥수수를), 겨울 작물로 밀을 재배했다. 겨울 밀을 수확하는 시기가 다른 잡곡을 심기에는 너무 늦은 7월이었으므로, 밀을 재배한 다음에는 주로 대두처럼 여름에 파종하는 작물을 재배했다. 이렇게 하면 최선의 상황에서 2년 안에 세 가지 작물을 재배할 수 있었다. 이러한 방식은 몇몇 발전된 지역에서 이르게는 한 왕조 시기부터 시작되었다. 서리가 맺히지 않는 기간은 1년에 6개월에서 7개월 남짓이었으므로, 농부들은 이년삼작을 위해 서리가 내리기 전 6주 동안 봄 작물을 수확하고 겨울 밀을 심어야만 했다. 이처럼 재배 기간이 짧았으므로 겨울에는 토지 사용이 크게 제한되었고, 북부의 농민은 남부 저지대의 배수 및 산림 개간 이후 더욱 체계적인 농경이 가능해진 남부의 농민보다 매우 불리한 위치에 놓였다.[11]

그 외에도 화베이 평원의 농경은 자연재해의 끊임없는 위협과 맞서 싸워야 했다. 잦은 범람과 8월의 폭우로 말미암아 지하수의 수위가 상승해 토양의 염류 집적을 일으켰으며, 생산량이 줄어들거나 아예 생산하지 못하기도 했다. 기록이 충분한 중화인민공화국 시대의 경우 화베이 평원의 약 10퍼센트가 이런 식으로 영향을 받아 왔다. 가장 심각한 피해를 입은 지역은 습지대가 되고, 이곳에서 메뚜기 떼가 자란다. 이것이 바로 이 지역을 괴롭히는 세 번째 주요 자연재해다.

범람의 위험과 침수 지역은 북방 촌락의 거주 양식이 형성되는 데 큰 영향을 미쳤다. 촌락민은 고지대에 옹기종기 집을 지었다. 이는 예컨대 청두 평원과 크게 대조된다. 기원전 2세기에 민장강을 가르는 거대한 관개시설인 두장옌을 건설한 덕분에 범람의 위험이 없는 청두 평원에서는 민가가 몇 채씩 모여 여기저기 넓게 흩어져 있다. 결속력이 강하고 내부에 관심을 두는 북방의 집촌集村은 촌락 내 연대가 강했지만, 이 때문에 훗날 교통의 발전으로 출현한 시장 관계 및 지역 경제에서 이웃 촌락과 결합되는 정도는 약했다.

범람과 침수 지역의 반대편에는 가뭄이 있었다. 화베이 평원의 강우량은 변동이 매우 심했다. 강우량이 적은 해는 대개 강우량이 많은 해의 12퍼센트에서 14퍼센트에 불과했다. 생장기인 봄철과 건기가 겹치므로 문제는 한층 더 심각했다. 잡곡을 재배하는 데 가장 중요한 시기에는 상황이 좋은 해에도 강우량의 10퍼센트에서 15퍼센트만 내릴 뿐이었다. 초기 제국부터 청 초기에 이르는 1800여 년 동안 화베이 평원은 1078회의 가뭄에 시달렸다고 기록되어 있으며, 중화인민공화국 건국 이래 첫 28년 동안에도 일곱 번의 대가뭄이 발생했다. 최근에는 새로운 산업 때문에, 수세식 화장실과 세탁기를 갖춘 가정의 증가 때문에, 늘어나는 고기 수요에 부응하기 위해 가축 사료로 자주개자리를 재배하는 농가의 증가 때문에 물 수요가 매우 늘어났다. 이전에는 지표면에서 고작 10여 피트만 파면 있던 지하수도 너무 많이 길어 올린 탓에 이제는 지표면에서 수백 피트 깊이로 내려갔고, 그래서 우물은 더는 사용할 수 없게 되었다. 하천의 규모도 줄어들었다. 예를 들어 타이위안을 가로지르던 펀허강은 과도하게 이용한 탓에 말라 없어졌다. 황허강은 1985년 이래로 매년 마르며, 1998년에는 평소보다 강우량이 많았는데도 7월 전까지 126일 동안이나 말라 있었다. 때로는 바다에 이르기 전에 마지막으로 만나는 고장인 산둥까지도 흐르지 못한다. 그 결과 북중국 지역 대부분에서 물 배급이 시작되었고, 국가에서 물 저장을 위해 대규모 댐을 건설하거나 양쯔강에서 대운하를 따라 물을 끌어오는 방안을 구상하고 있다.

남방

남중국에서는 매우 다른 인문 지리가 펼쳐졌다. 화베이 평원의 평평한 저지대와는 달리 양쯔강 이남에서는 드높은 산맥과 험준한 비탈이 풍경을 뒤덮고 있다. 농경은 오직 저지대 하곡, 삼각주, 그리고 양쯔강 중류 거대 호수 부근의 저지대 습지에서만 (신대륙에서 옥수수와 감자가 전래된 후에는 낮은 구릉지대까지) 가능했다. 분석을 하기 위해 남중국을 남부, 남동부, 남서부로 나누어 볼 수 있다. 엄밀한 의미의 남중국(허베이, 후난, 장시, 친링산맥 남쪽의 산시陝西, 안후이 남부, 장쑤 남부, 저장 북부)은 양쯔강 분지와 네 개의 주요 지류로 구성된다. 언덕이 많기는 하지만, 강우량이 규칙적이고 호수와 강, 시내가 많아 좋은 환경이다.[12]

남동부 지역은 연안 지역 또는 해안 지역으로도 불리며, 후기 제국 시대에 이르러서야 중국의 진정한 일부가 되었다. 이곳 또한 언덕이 매우 많으나 하곡이 상당히 비옥하다. 자연항이 많은 해안가가 특징이며, 중국의 다른 그 어떤 지역보다도 어업이나 (10세기 이후에는 특히 중요했던) 교역에 의존했다. 타이완, 일본, 동남아시아와 긴밀한 관계를 맺었으며, 정부 입장에서 보자면 대규모 해적 및 밀수 행위 때문에 골머리를 앓았다.

남서부에는 윈난과 구이저우가 포함된다. 변방 지역으로 18세기와 19세기에 들어서야 한족이 정착한 곳이지만, 초기에도 산발적인 정치적 접점이 있었으므로 종종 외교적으로 중요하게 여겨졌다. 산이 많고 저지대는 밀림으로 뒤덮여 있으며, 수십 개 부족의 부족민들이 차지하고 있다.

남부에서 가장 심각했던 환경적 위협은 가뭄이나 홍수가 아니라 저지대가 너무나 습해서 농사를 짓기에는 대부분 너무 질퍽한 데다 말라리아가 쉽게 발생할 수 있다는 점이었다. 한나라에서 당나라까지(기원전 200년 무렵에서 기원후 900년 무렵까지)의 문헌을 보면 남부는 늪지대와 밀림, 질병과 유독식물, 흉포한 동물과 그보다 더 흉포한 문신투성이 부족민의 지역으로 묘사되었다. 이곳은 유배지로 이용되었고, 불명예를 안은 많은 관리가 이곳에서 살아 돌아오지 못했다.

그러나 한족의 남방 이주가 한 왕조의 마지막 수 세기 동안에 증가하기 시작하고 뒤이은 분열의 시기에 더욱 거세지면서, 사람들은 작고 큰 규모의 배수 계획에 참여했으며, 이를 통해 수 세기에 걸쳐 광대한 호수, 연못 및 늪지대를 경작지로 변모시켰다. 대지주들은 다양한 방법을 동원해 침수된 저지대에서 물을 뺐다. 그리고 중국 제국 후기에 이르러서는 복잡한 수력 기구를 설치해 습지에서 물을 빼고, 경작지를 관개하며, 심지어는 탈곡하거나 제분했다. 영세 농민들은 초기부터 이러한 대가문의 원조와 후원에 의존해야 했다. 정부는 습지대에 정착한 사람들에게 종종 조세를 감면해 주었고, 배수 및 물 관리에 관해 조언해 주었으며, 다양한 종류의 거름과 새로운 종자를 다루는 방법도 알려 주었다. 습지대에서 물을 빼면서 말라리아모기를 처치하고 좀 더 살기 좋은 지역을 만들 수 있었다. 1100년 무렵 이후에는 논에 물고기를 가두어 길렀는데, 물고기는 모기 유충을 잡아먹었을 뿐만 아니라 벼에 거름이 되었고 농민에게 단백질 보충원이 되어 주었다.

벼는 건지에서도 재배할 수 있으나, 중국에서는 주로 물을 가둔 논에서 재배했다. 논에서 하는 벼농사에는 남중국의 사회질서에 영향을 미친 몇 가지 특징이 있다. 첫째, 영양분을 운반하는 주요 수단이 물이었으므로, 토양의 질보다는 수량 및 수질과 물을 대는 시기를 관리하는 데 농사의 성공이 달려 있었다. 이 때문에 물이 풍부한 지역에서도 정교한 관개 및 물 관리 시설을 반드시 건설할 필요가 있었다. 이러한 시설은 주의 깊게 관리하고 자주 보수해야 했으므로 지역 수준에서도 이를 수행할 대규모 조직이 필요했다. 이를 관리한 것이 남방의 독특한 특징인 대가문의 주요 역할이었다.

그러나 물 공급은 첫 단계에 지나지 않으며, 벼농사의 다른 단계에서는 대체로 농부 개개인의 노력이 최종 생산량에 결정적 영향을 미친다. 논의 수심이 일정할 수 있도록 경작지를 조심스레 준비하고 땅을 세 번 일구어 흙을 고르며 물을 가두는 둑을 보수하는 데는 모두 지속적 노동이 필요하다. 무엇보다도 일손이 가장 많이 필요한 모내기는 몹시 고된 작업으로, 심는 시기와 모 사이 간격을 매우 정확하게 맞추어야 한다. 모내기는 적절한 시기에 진행하고 일주일 내로 완료해야 하며, 흙의 특성을 잘 알아야 모를 적절한 간격으로 심을 수 있다. 그러므로 농부 개인의 근면과 기술이 벼농사에서는 매우 중요하며, '좋은' 농부가 뛰어난 노동만으로 생산량을 몇 배나 증가시킬 수도 있다. 농민의 기술이 중요했다는 점은 15세기부터 특히 푸젠 지역을 비롯한 남중국 전역에서 우호적인 보유 및 임대 조건이 일반적이었다는 것에서도 찾아볼 수 있다. 이번 4부에서 다루는 시기에는 비교적 명확하게 드러나지 않았지만, 집약적이고 능숙한 노동의 중요성은 이미 싹트는 남부 농업경제의 특징이

었다.[13]

남방의 거주 양식 또한 북부의 거주 양식과 차이를 보인다. 북방의 인구는 드넓고 평평한 충적 평원에 흩어져 살았으므로 상당히 고르게 분포되는 경향이 있었다. 반면에 남방에서는 비옥한 삼각주와 하곡에 농경 및 상업을 영위하는 촌락이 자리 잡은 한편, 이를 둘러싼 변방의 구릉지대에는 여전히 낯설고 적대적인 토착민들이 더욱 산발적으로 흩어져 살았다. 훗날 아메리카에서 온 식량 작물이 전래되면서 비교적 덜 험준한 구릉지대에서도 어느 정도는 농사를 지을 수 있게 되었지만, 여전히 근근이 먹고사는 정도에 지나지 않았다.

북방과 남방의 사회적 대조

다양한 지형, 작물, 물 관리 패턴, 거주지 분포 등은 북방과 남방 사이의 사회적 대조와 연결되어 있다. 무엇보다도 북방과 남방 간 지형의 차이는 남방에서 농업의 상업화와 도시화 그리고 장거리 무역이 훨씬 더 고도로 발달한 점을 설명하는 데 도움이 된다. 수많은 호수와 하천에 더해 수백만 킬로미터에 달하는 운하(20세기 중반에는 상하이 삼각주에만 24만 킬로미터의 운하가 있었다.)가 있는 남중국은 산업화 이전의 세계에서 다른 그 어떤 곳보다도 더 뛰어난 항행 수로를 보유했으며, 이는 곧 가장 뛰어난 교통망을 보유했다는 뜻이었다. 이로 인해 10세기부터 장거리 대량 무역이 급격하게 증가했고, 지역 특화regional specialization와 대규모의 도시 집중 현상이 발달했다.(지역 특화는 대량 무역을 통해 사람들이 시장용으로 생산한 상품을 판매한 돈으로 기본적인 필수품을 구매할 수 있을 때만 발생할 수 있다.)

잘 알려진 또 다른 주요한 사회적 대조는 남방의 강력한 가문이 소유한 권력과 불균형한 비율의 도지를 그들의 수중에 집중시킬 수 있었던 능력으로, 양측 모두 북방의 상황과 크게 대조된다. 천한성陳翰笙이 20세기 초의 현장 연구를 토대로 도출한 자료에 따르면, 북중국과 남중국 모두 상위 30퍼센트의 부유층이 절반가량의 토지를 소유해 집중도는 그다지 높지 않았으나, 북방에서는 순수한 지주가 인구의 5퍼센트였고 토지의 단 12퍼센트만을 소유했던 반면에, 남방에서는 지주가 인구의 3퍼센트였고 40퍼센트 이상의 토지를 소유했다. 천한성의 자료는 지주 제도를 과대평가했다는 비판을 받아왔지만, 그렇다고 해서 북방과 남방 간의 차이는 달라지지 않는다.[14] 이와 같은 대조가 생겨난 데는 몇 가지 이유가 있다.

첫째, 중국 왕조는 조세를 목적으로 소규모 가족 농가에 기반을 둔 촌락 경제의 유지를 장려했으며, 정부의 영향력은 남방보다는 수도와 가까운 북방에서 훨씬 강력했다. 이 차이는 남방 사람들이 관직 선발 제도에서 우위를 보이면서 더욱 격화했을 텐데, 세도가들이 관직 선발 제도를 통해 정부의 개입으로부터 스스로 보호할 능력을 얻는 경우가 잦았기 때문이다.

또 다른 이유는 앞서 말했듯 남방에서 상업화 수준이 높았기 때문이다. 이 양상은 한나라 멸망 직후 수 세기 동안에도 이미 눈에 띄었지만, 무엇보다 당나라 때부터 특히 두드러졌다. 농업의 상업화는 빈부 격차의 확대를 자주 야기하며, 심지어는 '개발'이 덜 된 북방에서도 목화를 비롯한 작물의 상업적 생산으로 말미암아 지주와 부유한 농민 그리고 소작농과 땅을 가지지 못한 노동자 사이의 양극화가 심화되었다고 볼 수 있다.

또 하나의 차이는 물 관리 패턴에서 드러난다. 앞서 살펴보았듯이 전국시대부터 북중국은 국가가 관리하는 대규모 제방으로 홍수를 제어하는 한편, 농민들이 판 우물을 기반으로 관개한 것이 특징이었다. 이는 양쯔강 하류 및 중류 지역 또는 주장강 삼각주에서 수로망을 이용해 하천과 호수에서 물을 끌어와 관개하고 물을 빼는 한편, 해안가 제방을 이용해 홍수를 제어하고 토지를 간척했던 것과 선명한 차이를 보인다. 이러한 시설은 적게는 수십 명에서 많게는 수천 명이 집단으로 건설했으며, 지역 지배층인 대가문에서 이를 전적으로 관리했다. 이로 인해 대규모 사조직이 생겨날 수 있는 경제적 틈이 생겼고, 부유한 호족이 이 틈을 메웠다. 그러므로 북중국과 남중국이 각각의 자연환경과 사회구조를 바탕으로 독립적으로 형성된 두 개의 서로 다른 생태계였다고 생각하는 것도 일리가 있다.

기타 지역적 차이

이보다 조금 덜한 것이 연안 지역과 내륙지역 간의 차이다. 여기서 연안 지역이라는 말은 광둥 및 푸젠의 해안가 지역을 말한다. 앞서 말했듯이 이 지역은 항만이 많고 어업 및 합법적 무역과 밀수를 비롯한 대외 교역에 의존하는 것이 특징이었다. 그러므로 10세기 이래로 이 지역은 우선 일본, 타이완, 동남아시아(남양南洋)에서 시작해 서양의 등장 이후에는 세계경제를 향한 원양 상업에 모든 초점을 맞추었다. 게다가 어업, 밀수, 해적질에 대한 의존도가 높았고, 광둥 및 광시에서는 중국 제국 후기에 유명했던 비밀결사 형태의 도적단과 공생 관계가 발달했다. 외적 지향성, 교역 및 어업 기반의 경제, 동남아시아에서 성장하는 해외 중국인 공동체와의 관계를 바탕으로 이 지역만의 독특한 특징이 발달했다.

중국 문명 연구에서 의의가 큰 마지막 지역적 구분은 윌리엄 스키너William Skinner가 제시한 여덟 개의 거대 지역macroregion이다. 이 이론은 교역이 수로에 의존하고 산맥에 가로막혔기 때문에, 중국의 중요 지역은 곧 주요 하천의 유역으로 정의되고 그 경계는 주변 산맥의 기슭을 따라 정해진다는 생각을 바탕으로 한다. 스키너는 이 원칙을 바탕으로 중국을 앞서 나열한 지역들로 나누었다. 각 지역의 인구와 자원은 스키너의 말에 의하면 '중심부core'에, 즉 농경에 적합하고 수로 기반의 교통이 편리한 저지대 및 하천 유역에 집중되는 반면에, '주변부periphery'로, 즉 인적이 드문 구릉 지역으로 갈수록 희소해지는 경향을 보인다. 본래 중국 도시화의 양식을, 즉 도시 및 촌락의 분포와 기능망functional network에 대한 연결성을 설명하기 위해 발달한 이 이론은 다양한 지역 간 및 지역 내부를 좀 더 체계적으로 분석하는 데 유용한 기본 개념 구조를 제시했다는 이점이 있다.[15]

중국의 나머지 지역은, 즉 만주와 내몽골, 신장, 티베트는 역사적으로 중국의 일부가 아니었으므로 여기에서 길게 다룰 필요는 없다. 북동부는 훗날 마지막 제국인 청 왕조를 건설하는 만주족을 비롯해 다양한 비한족계 민족이 살아가는 터전이었다. 만주족은 17세기에서 19세기에 이르기까지 대부분 한족에 흡수되었으며, 만주 지역은 19세기와 20세기를 거치며 한족이 완전히 재정착한 지역으로 거듭났다. 내몽골 지역도 비슷한 운명을 겪었다. 청나라에 정복당한 뒤 중국 식민자들이 도시들에 재정착했고, 토착민들은 초원 지대에서 토착 문화를 고수해 나갔다. 티베트와 신장 또한 마찬가지로 청대에 보호국으로서 흡수된 독립 지역이었으나, 만주 및 몽골과는 달리 한족 정착민이 토착민을 압도할 만큼 밀려들어 오지는 않았다. 한족은 이들 토착민을 무력으로 지배했고, 두 지역 모두 과거에 악명 높은 톈안먼 사태는 우습게 보일 정도의 무력 학살을 경험했다.

* * *

중국은 동쪽과 남쪽으로는 바다를, 서쪽과 북쪽으로는 산맥과 사막을 경계로 삼는다. 이러한 지리적 제약으로 인해 중국은 구릉과 산이 많고, 인구와 농업이 토지의 10퍼센트에 집중되었으므로 충적 평원과 연안 저지대, 내륙 분지를 비롯한 중심부 지역이 형성되었으며, 사이사이 산맥과 드높은 고원이 각 지역을 가로막는 것이 특징이다. 20세기 이전에는 교역과 여행이 주로 수로를 통해 이루어졌으며, 여기에 사용된 중국의 물순환 체계는 수원지가 동서 방향으로 위치하고 남북 방향에는 주요한 자연적 수로가 없다는 점이 특징이다.

중국 문명은 황허강 중류 유역의 황토 고원에서 발생했는데, 이곳의 토양은 거름을 주지 않아도 정기적으로 많은 농산물을 경작할 수 있었고, 나무로 만든 농기구로도 쉽게 농사를 지을 수 있었다. 알아서 수분을 머금는 풍화 토양인 황토로 이루어진 거대한 언덕 지형 또한 황허강 전역을 괴롭혔던 가뭄 및 홍수의 문제를 완화했다. 중국의 농경은 기원전 제1천년기에 황허강을 따라 확산되었고, 제방의 도입으로 광활한 범람원이 새로운 중심 지역으로 거듭났으며, 기원전 500년 이후 운하가 도입되면서 주요 지류의 하곡 지대에 드넓은 새 터전이 열렸다. 또한 이 시기에는 땅을 일구고 거름을 주는 것이 얼마나 중요한지 발견했으며, 나아가 매우 집약적인 노동을 바탕으로 곡물 생산에 전적으로 의존하는 것이 특징인 중국식 농경 방식이 출현했다.

한 왕조 말기(기원후 첫 수 세기)부터 중국의 역사 지리는 지속적인 남진에서 비롯된 확장으로, 그리고 16세기에 아메리카의 작물이 전래된 이후 구릉지대로의 상방 확산으로 구성되었다. 북방과 남방 모두 집약적 인간 노동을 기반으로 하는 농업경제를 향유하는 한편으로 축산업을 하지 않았다는 공통점이 있지만, 토양의 특성과 물 공급 방식의 차이로 말미암아 토지 사용, 토지 소유, 사회질서 면에서 서로 극단적으로 다른 양식이 발달했다. 북방은 상대적으로 빈곤했고 가뭄과 홍수, 토지 침수에 지속적으로 시달렸으며, 최선의 경우에나 (밀, 콩, 잡곡의) 이년삼작을 할 수 있었다. 토지는 개별 가문이 소유한 작은 농지로 나뉘었고, 촌락은 비교적 고립된 채 자급자족하는 경향이 있었다. 남방은 물이 풍부했고, 경제는 1년에 여러 차례 짓는 벼농사를 기반으로 했다. 물 관리의 필요성, 수도와의 거리 등을 비롯한 여러 이유로 말미암아 비교적 소수의 호족이 토지를 훨씬 더 집중적으로 소유했다. 농업은 훨씬 더 상업화되어 있었고 촌락은 더 개방적이었으며 시장 관계에 더 통합되어 있었다.

고대 중국, 기원전 1600년 무렵에서 기원후 600년 무렵까지

통일 이전의 중국

1554 BC	추정에 의한 대략적인 상 왕조 창건 시점
1045 BC	현재까지의 연구에 의거한 주나라의 정복 시점
770 BC	주 왕조가 동쪽으로 피신해 낙양으로 천도하다
481 BC	전국시대가 시작되다
359 BC	진(秦)에서 상앙의 개혁이 시작되다
221 BC	진이 마지막 전국칠웅인 제를 정복하고 중국을 통일하다

진한 제국

210 BC	진 시황제가 사망하다
206 BC	진의 수도가 함락되다
202 BC	한 왕조가 창건되다
162 BC	한과 흉노 사이의 경계를 정하는 조약을 체결하다
134 BC	한과 흉노의 전쟁이 발발하다
57 BC	흉노에서 내전이 발발하다
AD 9	왕망이 신 왕조를 창건하다
25	한 왕조의 복원으로 낙양을 수도로 하는 동한이 수립되다
32	징병제가 폐지되다
48	흉노에서 내전이 재개되다
65	불교에 관한 최초의 문헌 기록
89	동한이 흉노를 물리치다
110	강족이 반란을 일으키다
169	환관에게 반대하는 이들을 대상으로 당고의 화가 일어나다
184	황건적의 난이 발발하다

위진남북조시대

196	조조가 둔전을 처음으로 시행하다
208	조조가 적벽대전에서 패배하면서 재통일 가능성이 소멸하다
220	한의 마지막 황제를 폐하고 위가 건국되었으며, 구품중정제가 도입되다
222	오의 건국으로 삼국시대가 시작되다
249	위의 사마씨가 쿠데타를 일으키다
265	진(晉)이 위를 멸망시키고 건국하다
280	진이 오를 정복하고 중국을 다시 통일하다
300	팔왕의 난이 발발하다
304	흉노의 유연이 스스로 한왕으로 즉위해 오호십육국 중 최초로 건국하다
311	낙양이 함락되고 진 조정이 장안을 거쳐 남쪽으로 피신하다
317	장안이 함락되고 진 조정이 남쪽에 왕조를 수립하며 남북조시대 시작되다
322	왕돈이 진 왕조를 상대로 반란을 일으키며 장강 하류 및 중류 지역에서 최초의 분열이 일어나다
337	동북부에 최초의 정복 왕조 연이 건국되다
347	환온이 쓰촨을 정벌하며 '북벌'이 시작되다

고대 중국, 기원전 1600년 무렵에서 기원후 600년 무렵까지 (계속)

383	부견의 동진 정벌 실패로 단기간 재통일되었던 북중국이 해체되다
386	탁발규가 북동부에 대를 건국하다
398	탁발규가 모용 선비를 정복하고 북위 제국의 수도를 평성으로 옮기다
404	유유가 환현을 상대로 승리하면서 남중국을 군부가 장악하다
420	유유가 송을 건국하면서 남조가 시작되다
426	북위가 장안을 장악하고 북중국을 사실상 재통일하다
439	북위가 하서주랑을 장악하고 북중국을 완전히 정복하다
450	북위 왕조가 최호의 국사 편찬 논란 이후에 한족을 숙청하다
485	북위에서 균전제가 창시되다
493	북위의 효문제가 낙양으로 천도하고 한화 정책을 시작하다
523	북위에서 육진의 난이 발발하다
535	북위가 업과 장안을 각각 수도로 해서 두 개로 분열되다
547	후경의 난으로 남조의 양이 사실상 멸망하다
550	북제가 건국되고 서위에서 부병제가 창시되다
557	북주가 건국되고 남조의 진(陳) 왕조가 창건되다
581	수 왕조가 북주를 멸망시키고 건국되다
584	대운하를 착공해 609년에 완공하다
589	수가 진을 정복하고 북중국과 남중국을 다시 통일하다

2 고대국가: 상과 주

역사는 좁은 의미에서 문자의 출현으로 정의되지만, 일반적으로는 자원 분배의 극적인 불균형과 일부 사회 구성원이 다른 동료 구성원에게 명령을 내릴 수 있는 능력이 특징인 사회계층화 및 도시성의 발달 등 다양한 현상과 연관된다. 중국에서는 문자, 도시성, 사회계층화, 군사력이 단일 복합체를 형성하면서 가산제家產制 왕조 국가가 출현했는데, 완전히 발달한 국가와는 달라서, 전문 행정관, 기술적 절차, 분명히 구분되는 정치 영역 등으로 정의되기보다는 대체로 친족 간의 혈연과 공동의 종교적 의례에 의해 정의되는 고대국가 형태였다.

상나라가 중국에서 등장한 새로운 형태의 사회조직으로 꼽히는 이유는 (1) 문자의 발달과 이를 독특한 종교-정치 복합체에서 사용한 방식, (2) 새로운 위계적 사회조직이 자라나는 장소인 도시 주거지 건설, (3) 물적 재화를 착취하고 복종을 받아 내며 다른 일반 계층보다 더 높은 지위를 획득한 귀족층의 탄생, (4) 조직화된 대규모 무력을 권력 수단으로 사용, (5) 상나라의 탄생과 왕권의 수립 및 유지에 사용된 정교한 종교적·의례적 방식 등이 있다.

상나라의 특성과 출현을 살펴보기에 앞서, 얼리터우二里頭 문화와 그 뒤를 이은 얼리강二里岡 문화에 관한 문제를 잠시 살펴보자. 허난 지방의 얼리터우와 얼리강을 중심으로 정교하고 복잡한 초기 청동기 문화가 발달했음을 보여 주는 증거들이 최근 수십 년간 상당수 축적되었다. 이 문화의 특징은 성곽 도시들의 위계와 지배층의 종교 의례에 사용되었던 다양한 청동 예기다. 도시 또는 원原도시proto-urban 형태의 계층화된 사회가 분명했다. 중국의 역사적 경계를 넓히고자 하는 중국 본토의 학자들은 이 문화가 주나라의 역사 기록에 언급되었으나 역사적 사실로는 아직 증명되지 않은 하夏 왕조에 해당한다고 주장해 왔다. 류리劉莉와 천싱찬陳星燦은 짧은 논문에서 증명되지 않은 하 문화를 언급하는 일을 피하면서도 여러 촌락에 걸쳐 공동의 도시성 및 지배층 의례 문화가 증거로 남아 있다는 점은 국가의 존재를 나타내기에 충분하다고 주장했다. "사회가 국가인지 아닌지 논할 수 있다면 그 사회는 국가가 아니다."라는 요피의 법칙Yoffee's Rule처럼 좀 더 신중한 태도를 취했던 세라 앨런Sarah Allan은 얼리터우와 얼리강에서 그 어떤 문자도 발견되지 않았으므로 국가가 존재했음을 보여 주는 명백한 증거가 없지만, 이 촌락들은 분명 일종의 문화적 또는 의례적 패권을 주변 촌락에 행사했으며 주변 촌락들은 이들의 청동기와 의례를 따라했음을 밝혔다.[16] 이처럼 현재 시점에서 중국이 되는 이 정치사의 시발점은 상나라로 볼 수 있으므로, 여기에서는 이 정치 공동체의 주요 특징을 집중적으로 알아보겠다.

상나라의 문자와 의례

중국에서 문자가 언제 발생했으며 어떻게 종교 권력과 정치권력의 일면이 되었는지는 알 수 없다. 이르게는 기원전 5000년 무렵 신석기시대에도 기호가 적힌 토기들이 있었지만, 이는 숫자와 씨족 문장(토기를 만들거나 소유한 씨족의 표식) 정도를 의미하는 것으로 보인다. 이 기호들은 절대로 언어라고는 할 수 없으며, 한정적 형태로 주나라 시기까지 줄곧 토기에 적혔다. 반면에 최초의 언어적 묘사는 19세기 말에 중국 안양 부근에서 고고학자들이 발견하고 1920년대에 들어 계획적으로 발굴한 갑골甲骨에서 이미 상당히 발전된 형태로 발견되었다. 문자가 적힌 이 동물 뼈는 상 왕조가 역사적 사실이었음을 보여 주는 최초의 증거였다.[17]

짐승의 견갑골과 거북이 껍데기에 열을 가해 갈라진 금으로 점을 치는 행위는 동북아시아 전역에 알려져 있었으며, 점을 치는 데 사용된 유물이 다수의 신석기시대 유적에서 발굴되었다. 그런데 이 초기 유물들은 단순히 금이 간 뼈였던 반면에, 안양에서 출토된 뼈와 껍데기에는 점괘의 대상과 결과가 문장으로 새겨져 있었다. 게다가 뼈와 껍데기를 준비하는 단계에서도 금이 잘 갈 수 있도록 윤을 내고, 표면을 긁어내 더 얇은 면을 만들며, 더 연화하기 위해 액체에 적시는 등 주목할 만한 기술적 발전도 관찰되었다.

상나라 사회를 이해하는 데 가장 중요한 것은 상나라 왕과 최고위 신하 혹은 협력자가 예언자와 함께 금으로 보는 점을 쳤을 것이며, 그 예언자는 상나라의 주요 정치 행위자였던 것이 분명하다는 것이다(이후의 본문 참조). 게다가 특히 초기일수록 점괘의 대상에는 왕조에서 신경 쓸 수 있는 사실상의 모든 주제가, 예컨대 희생제, 군사 원정, 사냥 원정, 왕족의 여행, 앞으로 열흘(상나라의 일주일) 동안 왕실 일족의 건강, 날씨, 추수, 개간, 왕족이 걸린 질병의 원인과 치료, 출생, 죽음, 꿈, 촌락 또는 제단 건설 등 수많은 주제가 포함되었다. 대부분의 경우에는 대상 행위의 성공을 보장해 줄 혼령을 부르는 의식의 종류와 규모를 결정하기 위해 점을 쳤다. 이렇게 나온 점괘는 대부분 기록되었으며, 왕이 뒤이어 할 행동의 근거와 정당한 이유가 되어 주었다. 게다가 다수의 글귀에 강조를 위한 붉은색 물감 또는 피의 흔적이 남아 있는 것으로 보면 수도 주민들에게 왕의 행동과 권위를 입증하기 위해 갑골을 전시했던 것으로 보인다. 요컨대 갑골에서 드러나듯이 상나라 왕은 대제사장 또는 최고 예언자였고, 모든 국가 주요 행위의 방향을 점술 및 그에 걸맞은 의식을 통해 결정했으며, 그렇게 나온 점괘를 전시한 것이 왕권의 기초였다.

점술과 왕권의 관계는 이보다 훨씬 더 깊다. 점술의 내용에서 알 수 있듯이 상나라는 수많은 자연신을 숭배했으며, 그중에서도 날씨와 추수, 운에 관한 대부분의 일을 주관하는 제帝를 주신主神으로 모셨다. 그러나 제는 인간의 기도도 닿지 않고 그 어떤 제물도 받지 않는 신이었다. 오로지 상 왕조의 조상인 강력한 영혼들만이 명상을 통해 제에게 영향을 미칠 수 있었다. 그러므로 이처럼 신격화된 조상들에게 제사를 올릴 수 있는 유일한 인물인 상나라

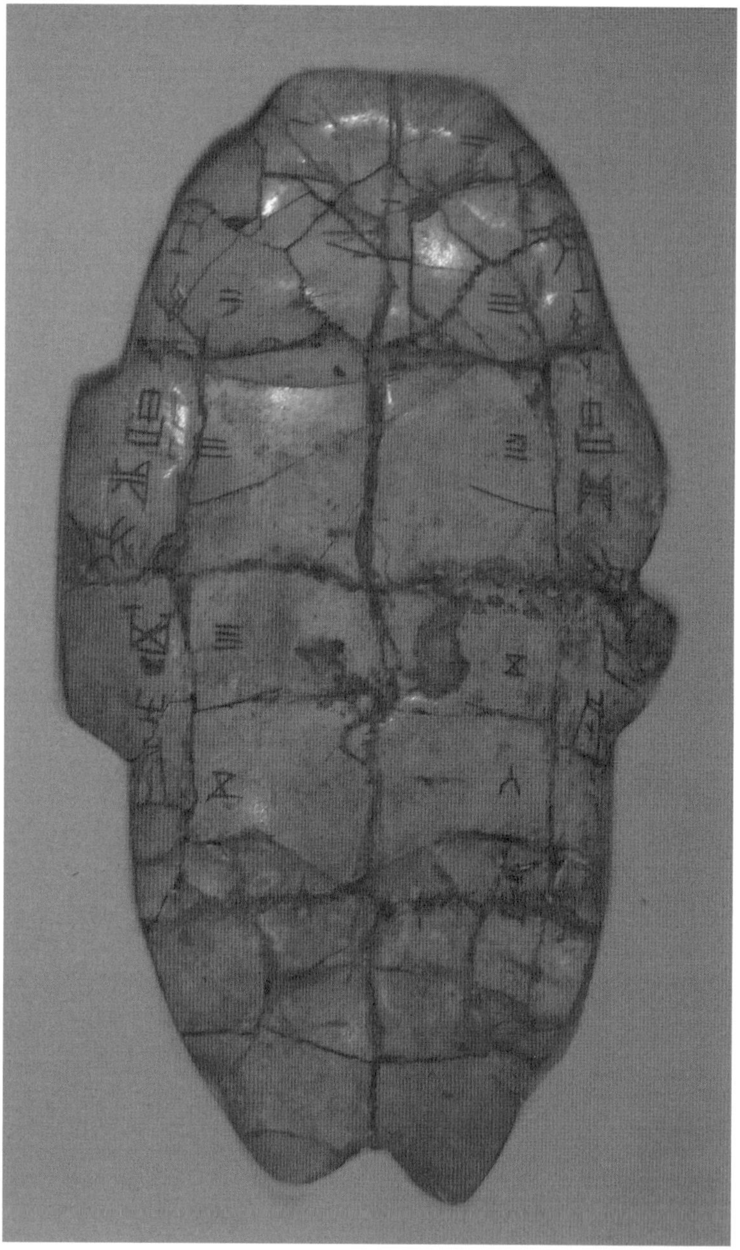

재조립한 거북이 배딱지에 상나라의 점괘가 적혀 있다. (Wikimedia Commons, © BabelStone)

왕은 인류와 신을 잇는 유일무이한 줄이었다. 조상은 제에게 닿기 위한 수단이었을 뿐만 아니라, 그 자체로도 강력한 신성으로서 제가 관장하는 일보다는 다소 사소한 일에 축복을 내려 주거나 제사를 소홀히 하는 후손 및 민족에게 저주를 내려 질병 혹은 재앙을 일으킬 수 있는 존재였다. 그러므로 당대 왕가의 권위는 본질적으로 이미 세상을 떠났으나 여전히 제사라는 의식을 통해 혈족의 연으로 연결된 조상들의 영적 힘을 바탕으로 했다. 죽었으나 멀어지지는 않았던 전대 왕과 전대 왕비의 그림자는 모든 행동의 방향을 일러 주는 점술이라는 매개를 통해 상나라 정치 공동체를 공인했다.[18]

이러한 신정神政 권력은 신석기시대 유적지의 부장품에서 보이는 더 일반적인 조상숭배를 바탕으로 상나라가 출현했음을 시사한다. 강력한 사제 혹은 카리스마 있는 개인의 후손들이, 자신의 걸출했던 조상들이라면 그 혼령 또한 인간 세계를 뒤덮은 다른 혼령들에게 상당한 권력을 행사할 수 있다며 사람들을 설득할 수 있었다는 것이다. 이와 같은 상나라의 출현 모형은 아카쓰카 기요시赤塚忠의 탁월한 저서에 잘 설명되어 있는데, 여기에서 그의 발견을 간단히 살펴보자.[19] 아카쓰카는 지명, 예언자 이름, 다양한 신에게 물은 점술 양식 등을 상세히 조사한 끝에 지역 토착 신앙의 종교적 결합을 통해 국가가 출현한다는 모형을 고안했다. 사람의 이름은 출생지에서 따온다는 입증된 원칙을 바탕으로 삼은 아카쓰카는 초기 시대의 최고 예언가 다수가 상 연합 소속 국가 출신이고, 왕가의 초기 왕 여럿은 연합에 속한 국가 또는 부족 출신이며, 상나라에서 제사를 올리던 신들 중 다수가 본래는 연합국의 토착신이었음을 보였다. 그리고 이 관찰을 바탕 삼아 상나라가 부족 세계에서 비롯되었으며, 부족마다 정착지와 (추정컨대 토착 신앙 바탕으로 했을) 지배 씨족이 있었을 것이라고, 성지가 있었을 것이라고, 지역 또는 씨족이 모시는 혼령이 있었을 것이라고 주장했다. 상 왕실은 이 가문들이 상 아래에 종교적으로 결합해 연합국을 이루며 탄생했다. 사실 상 왕실 또한 본래는 독립적이었던 여러 파가 하나로 결합하면서 탄생했을 수도 있다. 상의 지배하에 놓인 집단들은 각각의 지도자를 동료 예언자로 받아들이고, 조상들을 상의 계보에 결합시키고,(상나라 조상보다 더 먼 시대로 비집어 넣었다.) 모시던 신을 상의 만신전에 모시는 과정을 통해 새로운 국가의 일부가 되었다. 이 과정에서 상 부족이 모시는 신인 제는 주신으로 추대되었고, 본래는 경쟁 관계였던 부족의 부족장들이 준準예언가이자 희생양으로서 상나라 왕에게 복속된 것과 마찬가지로 그들이 모시던 신들도 끊임없이 늘어나는 만신전과 조상 계보에 복속되었다. 이와 같은 다신교적 영적 세계는 상 왕실과 그 치하의 수많은 동맹 부족이라는 정치적 배치도를 만들고 확립했다.

물론 이 이론을 입증할 수는 없는데, 모든 문헌 증거가 비교적 상나라 후대의 증거이기 때문이다. 지금까지 10만여 점이 넘게 발견된 갑골 조각의 대부분이 단 아홉 명의 통치자에 걸쳐 유지되었던 상 왕실의 근거지인 안양에서 출토되었다. 상의 제사에 관한 기록을 보면 안양으로 이주하기 이전에도 스무 명이 넘는 사람과 여덟 명의 통치자를 비롯한 일련의 수많은 통치자가 존재했음을 알 수 있다. 이들은 신화적 인물 또는 토템적 조상으로 보이며, 일부는 상나라 부족 출신이 아니었다. 게다가 문자 유물은 안양 이전에 상나라의 도읍이었던 최소 여섯 곳의 전통을 간직하고 있으며, 그중 일부는 상나라 유적지 발굴을 통해 그 존재를 잠정적으로 인정받았다. 그러므로 갑골문의 형성 시기와 갑골문이 증언하는 국가의 형성 시기는 기원전 1300년 무렵 또는 기원전 1200년 무렵인 상나라 후기인 한편, 상나라 왕조 자체는 기원전 1600년 무렵 또는 기원전 1700년 무렵으로 거슬러 올라간다. 갑골문의 문자는 이미 고도로 발달한 형태이므로 그보다 앞선 발전 과정이 분명히 존재했겠지만, 문자가 출현한 시기나 문자가 정치권력의 형성에 관여하게 된 방식은 정확히 알 수 없다. 확실히 알 수 있는 것은 상나라 말기에 문자가 점술 메커니즘 및 의례용 예기에 적힌 명문銘文을 통해 신정 권력을 탄생시킨 근본적 요소였다는 점이며, 예언자, 왕가의 초기 조상들, 만신전의 수많은 신이 가진 이름들은 경쟁 부족들의 종교적 결합을 통해 상나라가 탄생하는 근간에 이러한 신정 권력이 깔려 있었음을 시사한다.

상나라의 문자가 청동기에 새겨진 경우도 있다. 이러한 청동 예기는 죽은 이에게 음식을 바치는 제례에 사용한 종교적 도구이므로, 청동기에 글귀를 새긴다는 것은 점술과 마찬가지로 영적 세계와의 소통과 관련되었으며, 따라서 신비한 권력을 품고 있었다. 문자는 단순 기록 등 좀 더 일상적인 목적으로도 사용되었던 것이 분명하지만, 그러한 기록은 부패하는 재료에 남겼으므로 현존하지 않는다. 한편 지금까지 전해지는 증거들을 보면 상나라의 문자 사용은 특정 맥락의 경우 신성한 권력이 부여되었다는 점을, 그리고 문자 숙달이 왕가와 일반 백성을 구분하고 지배층 내부의 관계를 정의했던 의례 절차의 근본적 요소였다는 점을 알 수 있다.

도시적 중심지 그리고 지배층의 형성

'문명'과 정치권력의 출현에서 두 번째 요소는 도시성의 발달이다.[20] 메소포타미아 문명 또는 이집트 문명과는 달리, 초기 중국 문명에서는 지배자가 피지배자에게 자신의 위대함을 알리고 후대 사람들에게 영광의 덧없음을 알려 주는 석조 도시를 건설하지 않았다. 기념비적 건축물이 없었으므로 얼리터우, 얼리강 또는 상나라의 그 어떤 도시도 겉으로 보이는 흔적을 땅 위에 남겨 놓지는 않았지만, 고고학자들이 재구성한 바에 따르면 이들은 적어도 기원전 6000년 무렵부터 화베이 평원 특유의 촌락과는 완전히 다른 양식을 구축하기 시작했다. 기존의 초기 촌락들과 마찬가지로 얼리터우에서 상나라까지의 도시들은 범람의 위험을 피하고자 높다란 황토 언덕에 자리 잡았으며, 대부분 초가지붕을 얹은 움집에 살았고, 농경지 가장자리를 따라 집을 지었다. 그러나 몇 가지 새로운 발전이 돋보였다.

첫째, 우선 도시마다 거대한 토벽을 세우는 일이 더 많아졌는데, 이는 군사력이 더욱 중요해졌음을 보여 준다. 둘째, 무엇보다도 도시 내에서 기능적 분화가 이루어졌다. 사원과 궁전이 있는 의례적 중심지가 있었고, 새로운 지배층을 위해 의례용 물건 또는 사치품을 만드는 수공업자들의 가문이 사는 구역이 있었으며, 주거 지역도 따로 있었다. 의례적 중심지에는 사원 또는 궁전이 존재했음을 보여 주는 말뚝 구멍이 남아 있는 높다란 언덕 유적지가 있으며, 안양현 부근에는 세상을 떠난 통치자와 그 아내들이 호화로운 부장품 및 수백 명의 인신 공양 희생자와 함께 묻힌 거대한 왕릉이 있다. 수공업자 구역에서는 귀족들의 제사를 위해 만든 청동 예기, 귀족들의 전쟁을 위해 만든 청동 무기 및 전차 부품, 귀족들의 일상생활을 위해 옥이나 뼈로 만든 다양한 사치품들을 제작했다. 도시 장벽이 조직화된 군사력의 출현을 증명하는 것과 마찬가지로, 도시 내 분화는 정치 공동체가 발전하는 데 필수적인 사회 분화가 일어났음을 보여 준다. 게다가 갑골문에서 알 수 있듯이 상나라의 통치자는 종종 새로운 도시 건설에 관한 점을 쳤다. 이는 상나라가 새로운 지역으로 세력을 확장하기 위한 수단으로서 의도적으로 도시들을 건설했음을 보여 준다.

마지막으로, 갑골문 기록에 따르면 이 촌락들은 성장하는 국가 구조의 초점焦點이자 절점이었다. 각 도시에는 하나 이상의 씨족이 살았으며, 씨족의 이름을 도시 지명에 반영하거나 반대로 지명에서 따오는 것이 일반적이었다. 이름을 가진다는 것은 지배층의 특권으로서 일반인들보다 더 높은 위치에 올랐다는 의미였지만, 그 이름은 씨족의 도시 기반에서 비롯되었다. 그러므로 도시를 가지지 않은 귀족이 없었고, 귀족 없는 도시도 없었다. 이처럼 성곽 도시 네트워크의 형태를 갖춘 지형에 지배층 친족 구조를 덧입히면 상나라의 기본 구조가 영토 경계로 규정되었다기보다는 저마다 상나라 통치자에게 복종하는 씨족들이 사는 일련의 지점이 이어진 구조였음을 알 수 있다. 상 시대와 서주 시대의 전반에 걸쳐 국가는 촌락 연합 또는 촌락 기반의 씨족 연합에 그쳤으므로, 문자 등의 도시성이 나타났다는 것은 왕조 국가 및 연합 귀족들의 출현과 밀접한 관련이 있다.

읽고 쓸 줄 아는 도시 지배층의 출현은 중국 내에서 국가가 형성되는 과정의 세 번째 특징이다. 지배층은 여러 요소로 구성되었다. (1) 왕가, (2) 왕실 인척, (3) 하위 가문, (4) 주요 관리, (5) 수도 바깥의 지주, (6) 특정 수공업자 가문이 여기에 속했다. 특히 청동기를 주조하는 수공업자 가문이 여기에 해당했는데, 지배층의 특징인 제사 및 군사 복합체와 밀접한 관계가 있는 한편으로 물질을 다른 물건으로 바꿀 수 있는 강력한 마술적 요소를 가지고 있었기 때문이다.[21]

왕가의 정확한 구조는 상당한 연구가 이루어졌는데도 아직 명백히 알려지지 않았다. 그러나 유럽식 모델처럼 쌍무적이거나 가족 왕조인 것이 아니라 왕위가 지배층 집단에 국한된 채 여러 부문에 걸쳐 순환하는 '순환식 승계 circulating succession'였다는 점이 밝혀져 있다. 모든 승계자는 단일 혈족 출신이었는데, 이는 계보를 거슬러 올라가면 공동의 남성 조상 한 명으로 이어진다는 뜻이었다. 가문의 모든 윗세대 남성을 '아버지'로 부르고 모든 여성을 '어머니'로 불렀다는 점으로 미루어 보면 단일한 집합적 지배 집단에서 왕을 배출하기는 했으나, 집단 내의 어떤 특정 계열도 다른 계열보다 우월할 수 없었음을 시사한다. 상 왕조의 대부분 시기에 왕위는 손위 형제에게서 손아래 형제에게로, 그다음에는 손위 형제의 아들에게로 승계되었지만, 한 세기 조금 넘게 이어진 마지막 네 세대 동안에는 철저한 부자 승계가 이루어졌다. 지금도 해석에 관한 논란이 있기는 하지만, 몇몇 증거는 왕가가 열 개의 의례적 부문으로 나뉘어 있었으며 이를 바탕으로 두 개의 거대한 분파를 조직해 세대가 바뀔 때마다 왕위를 번갈아 계승했다는 점을 시사한다. 마찬가지로 제사를 지냈던 배우자들의 이름으로 추론해 보면 열 개의 부문은 일종의 동족혼 체제를 유지했던 한편, 두 개의 거대 분파는 고종사촌과 혼인했을 것이라는 점을 알 수 있다. 제사의 경우 본인과 그 아들이 왕위에 오른 이는 대형 위패로 모시고 다른 왕들은 소형 위패로 모셔 각기 다른 규모와 형식의 제사를 올렸다. 혈족 관계와 왕위 승계의 자세한 사항은 아직 모두 밝혀지지 않았지만, 대략적으로 여러 부문이 모여 만든 거대한 집합적 단체 내에서 서로 번갈아 왕위에 올랐다는 것만큼은 분명하다.

왕과 귀족들은 한 명 이상의 아내를 두었고, 족내혼과 족외혼이 모두 이루어졌다. 여성의 이름은 출생지에서 따왔으므로 상나라 귀족 여성 다수의 출신을 알 수 있으며, 주로 정치적 목적에 의해 혼인을 약속했던 것으로 보인다. 어머니의 신분 또한 왕위 승계에 영향을 미치거나 승계를 결정했을 수 있다. 왕실 인척은 정치 활동이 왕성하고 신분이 높았으며, 제사를 지냈고, 전장에서 군대를 지휘했으며, 왕이 내린 정치적 임무를 수행했다. 사실 관료제가 발달하지 않은 상황에서 왕은 친인척에게 의존할 수밖에 없었으며, 대개 그 중 가장 우선시되는 인물이 왕비였다.

왕 주변에는 왕가의 일원이지만 잠재적 후계자는 아닌 수많은 아들과 손자들도 있었다. 명문에서 '수많은 자子'(여기서 자는 상나라의 왕성王姓이었다.)로 등장하는 이 인물들은 제사와 사냥, 전쟁에서 왕과 자주 동행했다. 요컨대 이들은 인척과 마찬가지로 왕이 의지할 수 있는 관계였으며, 이에 따라 주요 종교적·정치적 활동에서 왕을 보좌했다.

왕궁에는 왕의 친인척 외에도 기록 관리인, 책사, 장군 등 여러 종류의 관리들이 있었다. 가장 중요한 관리는 예언자로, 왕을 도와 갑골을 준비하고 점괘를 읽었으며 추정컨대 연합국들을 상나라에 묶어 두는 역할도 했을 것이다. 상나라의 점괘 기록을 보면 무巫(주술자 또는 영적 중재자)라고 불리는 몇몇 인물 또한 등장한다. 남성 또는 여성이었던 이들은 기우제나 살풀이 등 특정 의식에서 핵심 역할을 담당했다. 마지막으로 상나라 귀족은 대부분 각각 성곽 도시와 그에 딸린 농경지를 가진 지주였다. 수도와 가까운 곳에 거주하는 귀족은 왕실의 가까운 친인척 또는 관리였던 것으로 보이며, 그보다 더 먼 곳에 거주하는 귀족은 종종 의식을 거행하기 위해 왕실을 방문하거나 전쟁 또는 건설 계획이 있을 때 인력을 공급하라는 왕명을 따랐다.

그러므로 상나라 지배층은 혈족 및 혼인으로 이어진 관계였으며 정치적 역할은 대개 혈연의 부차적 요소였던 반면에, 혈족이 아닌 관리들은 통치자의 신하이자 종복이었던 것이 분명했다. 요컨대 국가란 궁극적으로 왕의 집안이나 다름없었으므로, 지배층 신분과 다양한 자원을 누릴 수 있는 특권은 왕에게 힘을 실어 주는 조상숭배 의식에 참여하는 것에서 비롯되었다.

다음으로 살펴볼 주요 발전은 군사력에 대한 의존성이다.[22] 군사 원정에 관한 내용이 담긴 갑골문은 매우 많으며, 최대 1만 3000명의 병사까지도 동원되었다고 한다. 또한 전쟁 포로를 한 번에 최대 3만 명까지 사로잡았다는 기록들도 있다. 많은 점괘가 이 포로들을 강제 노역에 동원해야 할지 인신 공양에 사용해야 할지 물었으며, 상나라 왕릉의 고분 하나에서 이러한 인신 공양 희생자가 최대 600명까지 발견되기도 했다. 상 왕가의 계보 기록을 보면 군사적 성격이 드러나는데, 다수의 학자는 이들이 귀속적 친족(혈연으로 이어지지는 않았으나, 의례적으로 친족으로 규정하는 경우)으로 구성된 군사 집단이었을 것이라고 주장한다. 그러므로 각 가문은 성곽 도시를 수비하는 상비군을 두었고, 가문의 수장이 지휘관을 맡았다. 수도에서는 왕이 최고사령관으로서 왕가의 친인척과 "수많은 자" 왕자들의 가문들을 거느렸다. 상비군이 있었지만, 원정의 경우 다수의 귀족 가문 또한 동원된 것으로 보인다. 대규모 또는 장기간의 원정에는 왕이 치하 도시의 군사 또한 소집했을 것이다.

상나라의 본질

마지막으로 생각해 볼 질문은 신성한 문자, 종교 의례 복합체, 성곽 도시, 지배층 가문, 군사력을 비롯한 다양한 요소들이 어떻게 국가로서 기능했는지다. 후기 상나라의 본질을 가장 상세하게 연구한 이는 데이비드 키틀리David Keightley로, 그가 꼽은 세 가지 요점은 다음과 같다.[23] (1) 국가는 여러 정착촌으로 구성된 네트워크였고, (2) 가산제 국가로서 국가를 왕실의 연장으로 취급했으며, (3) 왕가의 끊임없는 이동에 의존했으므로 왕이 존재할 때만 진정으로 실존했다. 키틀리는 갑골문 기록을 바탕으로 왕이 누구를 지휘할 수 있었는지, 어떤 복종 행위를 끌어낼 수 있었는지, 아무런 반대 없이 어디까지 일을 진행시킬 수 있었는지, 누구에게 또 누구와 함께 제사를 올렸는지, 누구에게 위협과 공격을 받았는지 등 여러 관련 질문을 검토한 끝에 상나라 권력의 형태 및 한계와 경쟁 세력 다수의 위치를 밝혀냈다. 그의 연구에 따르면 상나라는 상나라 왕의 명령을 받드는 다수의 도심지로 구성된 일련의 절점으로 구성되었다. 그러므로 국가는 사실상 왕이 이동하거나 사절을 보내는 길과 야영지의 가느다란 네트워크나 다름없었으며, 주변 배후지에서는 왕의 존재나 권위를 경험하거나 느껴 본 적이 거의 없었다. 사실 다양한 상나라 가상 지도에서 볼 수 있듯이 방方(상나라 계열이 아니면서 상나라와 일상적으로 낮은 수준의 갈등 또는 전면 전쟁을 벌였던 국가)으로 판명된 수많은 정착촌이 상나라를 따르는 도시 사이사이에 흩어져 있었다. 상나라는 오늘날 지도에서 볼 수 있는 국가와는 달리 영토 국가가 아니었으며, 적대적이고 이질적인 정착촌 사이사이로 흩어져 있는 도시들이 친인척 관계 또는 공동의 종교 관습을 바탕으로 동맹을 맺어 연결된 촌락 군집이었다.

또 다른 중요한 점은 앞서 살펴보았듯 왕이 권력을 다른 누군가에게 위임하는 일이 드물었다는 것, 그리고 그마저도 친인척 또는 가장 가까운 추종자에게 한정되었다는 것이다. 군대는 왕과 왕비가, 또는 상 왕실의 친인척이 직접 지휘했다. 게다가 상 왕조의 점술은 범위도 왕가 일족으로만 엄격하게 제한되었고, 연합국이 상나라 군대와 함께 싸우는 경우에만 여기에 포함해 주었다. 권력이 위임되지 않았고 점괘 또한 좁은 영역의 일들만 다루었다는 점은 상나라가 조상숭배를 바탕으로 하는 혈연 조직의 연장이었으며, 정치적으로 말하자면 비귀속주의나 관료주의적이 아니라 배타주의적이고 친족 중심이었다는 인상을 강화한다. 혈연은 정부와 종교의 양면에서 조직의 본질을 규정하는 원칙이었다.

키틀리는 가산제 국가답게 상나라 또한 통치자가 끊임없이 이동했다는 점을 지적했다. 왕은 통상적으로 여행과 사냥을 다니고 왕국의 여러 길을 시찰하면서 권력을 드러내 보였다. 또한 여러 곳을 돌아다니며 지역 신령에게 제사를 올리고 각 성소에서 영적 힘을 주고받으면서 국가를 하나로 묶어 주던 종교적·친족적 연결 고리를 새로이 확인했다. 왕은 이와 같은 의례를 수행해 다양한 인근 지역을 왕국에 영적으로 결합하는 한편, 정기적으로 사냥을 나서기도 했다. 사냥에 관한 점괘는 현존하는 모든 명문의 약 3분의 1이 넘는 상당한 비율을 차지한다. 사냥은 군사훈련이었고, 각지의 시찰이었으며, 더불어 추종자들에게 하사할 노획물을 확보하는 기능도 겸했다. 하지만 왕실에서 먹을 음식과 입을 의복을 마련하는 것에서도 핵심 역할을 담당했던 것으로 보인다. 이는 왕이 농민에게 조세를 거둘 정교한 행정 기구를 마련하지 못했음을, 농민도 나무 혹은 뼈로 만든 농기구를 사용했으며 비료에 관한 아무런 지식이 없었으므로 생산성이 상대적으로 낮았음을 시사한다.[24]

왕이 그토록 오랜 시간을 수도 바깥에 머무를 수 있었다는 점(다수의 점괘를 통해 상세히 재구성할 수 있었던 어느 군사 원정에서는 왕이 300일 넘게 원정에 나가 있기도 했다.)도 왕의 주된 역할이 행정관은 아니었음을 시사한다. 사실 권력의 유랑성으로 미루어 보면 수도 또한 고정된 행정 및 재분배의 중심지였다기보다는 작전기지, 제례 중심지, 공동묘지 또는 수공업 중심지였다고 보아도 좋을 것이다. 수도를 자주 옮기는 전통도 이 결론을 뒷받침한다. 요약하면 가산

제 국가였던 상나라에는 실질적 행정 기구가 전무했으며, 사실상 왕 그리고 왕의 가까운 친족 또는 최측근 동맹이 물리적으로 자리에 있을 때만 국가가 존재했다.

주나라의 군주제

상나라는 11세기에 동맹국이자 이질적 방국方國이기도 했던 주나라를 상대로 한 전쟁에서 패배하며 갑작스럽게 멸망했다. 제국이 멸망할 때까지 공식적으로 인정된 유교적 역사학에서, 주나라가 상나라를 정복한 사건은 중국 역사의 주요 전환점 중 하나였다. 그러나 최근의 고고학적 발견들은 상과 주가 신체 문화에서, 예술 양식에서, 심지어는 일부 종교 관습에서도 기본적인 연속성을 띠었음을 시사한다. 최근 발견들에 의하면 주나라 왕은 상나라 왕이 했던 방식과 마찬가지로 뼈와 껍데기에 금을 내어 점을 쳤다. 정치 구조가 도시국가 및 부속 농경지들의 네트워크를 바탕으로 한다는 점에서, 사회구조의 기본 단위가 가문이라는 점에서도 상당한 연속성이 드러난다.

그러나 몇 가지 근본적 변화도 있었다. 우선 주 왕국은 황하 만곡부의 서쪽에 자리한 위하 유역을 기반으로 삼았는데, 이곳은 이때까지 상나라 영역 바깥의 지역이었다. 그러므로 주나라는 좁다란 육로와 이용하기 쉽지 않은 하천 수로만을 통해 두 개의 전혀 다른 지리적 영역을 지배해야 한다는 지리적 문제에 직면했다. 둘째, 어느 정도는 이러한 지리적 상황을 타개하려는 목적으로, 주나라는 영토 전역에 걸쳐 세습적 성곽 도시를 친인척과 동맹에게 분배하는 (서양의 봉건제feudalism와는 다른) 이른바 봉건제封建制를 도입했다. 반독립적인 봉읍은 특히 동부의 옛 상나라 영역을 지배하는 데 중요한 역할을 했다.[25] 셋째, 왕위가 도전의 여지 없이 하나의 부계 혈연을 따라 계승되는 한편, 다른 혈연은 내포된 종속적 위계에 따라 자리를 차지하는 새로운 친족 체계인 종법宗法 제도가 등장했다. 이제 형제들은 돌아가며 권력을 가지지 않고, 그 대신에 각자 봉건 국가의 통치자가 되어 왕권을 지리적으로 확장했다. 이 새로운 친족 구조는 귀족 여성의 지위와 정치권력이 급격하게 감소하는 결과를 낳았다. 넷째, 군사력과 행정 절차의 권위가 종교 의례의 권위를 부분적으로 대신하기 시작했다. 이러한 추세는 상나라 말기 때부터 시작된 것으로 추정된다.

상나라를 점령한 이후, 주나라 통치자들은 광대한 새 영토에 거주하는 다양한 사람들을 대상으로 통치권을 주장하거나 적어도 평화를 안착시킬 수단을 고안해야 했다. 이들은 이를 위해 왕국 전역의 전략적 요충지에 위치한 성곽 도시들과 친교 또는 동맹을 맺고 이들이 주나라 왕에게 충성을 바치되 각자의 영역에서 종교적·군사적 권력을 휘두를 수 있는 반독립적 도시국가로서 행동할 수 있도록 허용했다. 그러므로 상나라를 정복한 주 무왕武王의 동생이자, 무왕의 아들이며 후계자였던 주 성왕成王을 섭정한 주공周公 단旦을 낙洛에 봉했고, 다른 형제와 조카 또한 각기 다른 곳에 봉했다. 주나라의 정복을 이끈 전설적 전략가였으나 지배 가문인 자子 출신은 아닌 여망呂望[1]을 오늘날의 산둥 지방인 제齊의 제후로 임명했고, 자 출신이 아닌 다른 동맹 기여자들 또한 각지의 제후로 봉했다. 심지어는 상나라 왕의 후손들도 왕실 조상의 제사를 유지하기 위해 송宋나라에 봉했다.

주나라는 정복한 백성들을 지배하는 데 이처럼 친족 또는 동맹이 다스리는 성곽 도시에 의존했으므로, 무장 귀족이 도시국가를 기반으로 삼는 한편, 그 주변을 둘러싼 촌락에는 지주를 섬기며 역役 또는 공물을 바치는 농민들이 사는 형태가 주나라 사회의 기본 양식이 되었다. 당대의 시詩에서 묘사되었듯이 주나라 귀족의 일부는 영지의 전원 지대에 살기도 했다. 이처럼 귀족을 농민과 지리적으로 분리한 것은 주나라 체계의 기본 특징이 되었으며, 이 체계를 통해 도시들과 그 주민들, 도시와 인접한 촌락에 살면서 노동과 음식을 도시에 공급하는 사람들, 외진 곳에 거주하며 국가 차원의 그 어떠한 역할도 담당하지 않는 사람들을 분리하고 위계화하는 정교한 언어가 발달했다.

형제를 지역의 통치자로 임명하는 관행과 관련해 새로운 혈통 및 상속 체계도 탄생했다. 장자에서 장자로 이어지는 단 하나의 계보를 따라 왕위가 승계되면서 주나라 왕가라는 위대한 혈통을 이루었던 것이다. 상나라에도 '위대

1 여상呂尙, 강상姜尙, 강태공姜太公, 태공망太公望 등 여러 이름으로 알려져 있다.

한 혈통'이 존재했으나, 이는 왕위를 아들에게 물려주지 못한 왕을 제외하고 허구의 계보를 그려 의례적으로 구성한 개념이었으며, 실제로는 형제끼리 왕위를 계승하거나 지배층 집단의 각기 다른 부문에서 번갈아 왕위에 앉았다. 앞서 본 바와 마찬가지로, 상나라 말기에 이르자 주나라의 양식을 예상이라도 한 듯 아버지가 아들에게 왕위를 물려주면서 단 한 줄기의 혈통에 권력이 집중되는 양식이 나타나기 시작했다. 예전이라면 왕위 계승권을 가졌을 형제들은 이제 '제후' 또는 공公으로 임명되어 수도를 떠났고, 각자의 작위를 아들에게 물려주면서 주나라 왕가와 평행을 이루는 소규모 가문이 다수 형성되었다. 봉토를 소유한 제후의 형제들은 봉토의 수도 지역에서 관직과 영지를 맡았으며 이를 아들에게 물려줄 수 있었다. 이렇게 세습되는 관직과 영지를 가지게 된 이들은 부차적인 소규모 계보를 형성했으며, 이들과 제후 가문의 관계는 제후와 왕의 관계와 같았다. 그러므로 주나라는 상나라와 마찬가지로 성곽 도시 네트워크 형태였지만, 이 네트워크는 주나라 왕가와의 친족 관계 및 공동의 계보로 이어져 있었다.[26]

오직 부계 혈통에 의해 계보가 결정되고 다른 그 어떤 부문과도 왕위를 나누어 가지지 않는 이 체계에서는 혼인을 통해 여성을 주고받는 일이 더는 지배층의 각 부문을 연결하는 핵심 요소가 아니었으며, 어머니의 지위도 왕위 계승을 주장하는 데 아무런 영향을 미치지 못하게 되었다. 여기에 여성이 주요 역할을 맡았던 샤머니즘 종교 관습이 주나라에서 배척되기까지 하자 여성의 지위와 영향력이 급격하게 낮아졌다. 주나라에서 상나라를 비판할 때도 상나라에서 여성의 영향력이 유효했다는 점이 상나라 멸망의 원인 중 하나라고 보았다.

상나라에서 주나라로 전환하면서 찾아온 또 하나의 변화는 종교 관습과 정치권력 사이의 관계에서 찾아볼 수 있다. 첫째, 주나라 왕은 상나라 왕의 역할을 정의해 왔던 점술을 더는 그만큼 중요하게 여기지 않았으며, 뼈나 배딱지에 명문을 적는 관행도 중지되었다. 이러한 변화는 상나라 치하에서 시작된 것이 분명한데, 상나라의 마지막 몇몇 왕의 치세 동안 점술의 대상이 되는 주제가 급격하게 줄어들었기 때문이다. 둘째, 상나라에서는 조상에게만 제사를 지내면서 조상이 하늘에 영향을 미쳐 주기를 기대했으나 주나라에서는 하늘을 직접 숭배하는 관행이 시작되었으며, 이때부터 오랜 과정에 걸쳐 국가 신앙으로서 경천敬天이 조상숭배보다 점차 우선되었다. 점술 및 조상숭배의 탈중앙화와 함께 종교는 더는 국가의 본질을 규정하는 원칙이 아니었으며,(그러나 여전히 중대한 요소였다.) 군사력과 '세속적' 행정의 중요성이 증대되기 시작했다.(다만 결정적이라기에는 한참 못 미쳤다.)

요약하자면 얼리터우 도시 지대와 뒤이은 상나라는 신석기 촌락을 배경으로 출현했으며, 이 과정에서 몇 가지 새로운 특징이 나타났다. 세상을 떠난 조상이 더 높은 신과의 중재자 역할을 했으며, 이들과의 소통을 기록하고 알리는 데 문자를 사용했다. 성곽 도시를 건설하고 그 내부는 의례, 수공업, 주거를 담당하는 구역으로 나누었다. 조상숭배로 정의되는 친족의 연으로 묶였으면서 내부적으로는 분화된 대규모 지배층이 발달했다. 마지막으로 상당한 군사력을 지휘할 수 있는 여력이 생겨났다. 다른 도시 및 도시 동맹들은 정복 또는 연합을 통해 상나라에 흡수되었으며, 상나라의 의례 체계에 결속되면서 제도적으로도 흡수되었다. 각 도시의 수장은 상나라 왕과 공동 예언자가 되었으며, 수장의 조상들은 상나라 왕가의 일원으로 편입되었고, 지역신들은 상나라의 주신인 제帝가 다스리는 만신전에 자리를 잡았다. 국가는 이 시기 전반에 걸쳐 가산제 왕조 정치 공동체였으며, 왕과 왕의 친인척 및 가장 가까운 추종자들이 모든 권력을 휘둘렀다. 권력은 위임되지 않았고, 행정 기구가 부재했으므로 왕이나 왕실 일원이 물리적으로 자리에 있을 때에만 왕권이 존재했다. 이에 따라 왕은 왕국 내의 수많은 길을 따라 끊임없이 이동하면서 사냥, 원정, 시찰, 제사 주관 등을 행했다.

주나라는 상나라의 관행을 수정해 제후를 봉하는 제도를 도입하고 왕국 전역에 걸쳐 왕의 친족 및 지지자에게 도시국가를 하사했으며, 지속적 복종을 대가로 어느 정도의 자치권을 주었다. 장자상속 제도로 왕위 승계가 단 한 줄기의 계보에 국한되었으며, 예전이라면 왕위 계승권을 가졌을 왕의 형제들은 이제 각자 종속적 제후 가문의 시조가 되어 왕궁을 본떠 만든, 소규모의 궁전, 사원, 군대를 거느렸다. 지역 수준에서도 세습되는 관직과 영지를 두고 같은 양식이 반복되면서 친족의 의례로 묶인 거대한 귀족층이 형성되었다. 여성의 경우 지배층의 각 부문 간 승계권 협상이나 종교 관습에서 담당하던 기존 역할이 완전히 사라졌으므로 정치적 지위가 급격하게 낮아졌다. 마지막으로 상나라 왕위의 본질을 규정하던 점술 및 조상숭배 체제를 대신해 하늘을 직접 숭배하는 경천 신앙과 왕가의 조상에 대한 제사를 적절히 병행하는 방식이 자리 잡았다. 이처럼 종교 관습이 변하면서 지배권의 세속적 요소 또는 행정적 요소 또한 강화되었다. 그러나 주 왕국은 이 모든 변화에도 불구하고 느슨하게 연결된 도시국가 네트워크가 공동의 조상에 대한 의무와 주나라 왕의 군사력에 대한 경의를 공유하는 형태를 유지했다. 이는 서주 말기에 이르러 새로운 권력자와 새로운 형태의 국가가 출현하면서 저물기 시작했다.

3 전국시대로 가는 길

도시 네트워크 형태의 청동기시대 신정 체제에서 더 크고 연속적이며 관료 행정 체제를 갖춘 영토 국가로 전환하는 데는 다섯 가지 주요 과정이 있었다. (1) 주 왕실의 정치권력 및 군사력이 위축되었고, (2) 주 왕국이 혈통 기반의 수많은 도시국가로 끊임없이 파편화되었으며, (3) 농민의 군역이 확대되고 그에 따른 개인의 토지 소유가 인정되면서 농민 가구가 국가 질서에 편입되었고, (4) 새로이 정치화된 이 사람들을 제어하는 수단으로서 필연적으로 관료제가 부상했으며, (5) 경제, 종교, 지적 생활의 영역에서 서로 연결된 일련의 변화가 일어났다. 이 과정 끝에 군사 정복을 통해 스스로 국력을 강화하는 데 전념하는 새로운 형태의 정치 공동체가 등장했으며, 이를 거듭한 끝에 몇몇 거대 영토 국가와 뒤이은 단일 통일 제국, 진나라가 탄생했다.

주나라 군주제의 몰락

주나라는 정복을 통해 세운 나라였으며, 주나라 왕의 권력은 세 가지 원천에서 비롯되었다. (1) 우월한 군사력, (2) 정복을 통해 획득한 토지와 피지배층을 친족 및 추종자에게 하사할 수 있는 능력, (3) 왕가의 수장이자 종법제의 정점이라는 위치였다. 주나라 왕은 상나라를 정복한 직후 한 세기 동안

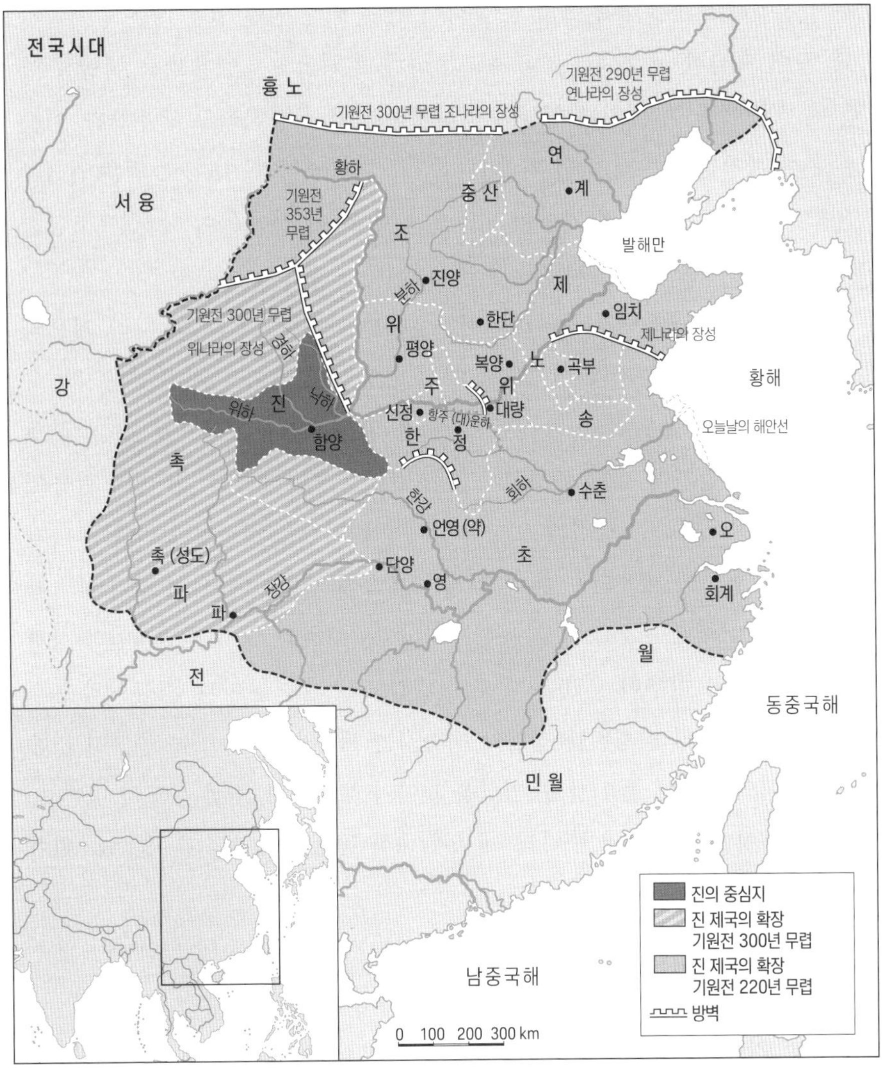

—— 전국시대.

동진해 낙양에 새로운 수도를 건설하고, 노魯와 위魏에, 그리고 회하와 한수의 유역에 주요 봉국을 세웠다. 이를 통해 군사력을 과시했으며, 왕의 권력을 인식하는 추종자들에게 토지와 백성을 분배할 수 있었다. 이러한 권력 유지 방식은 서주西周 및 동주東周 시대의 주요 사료인 청동기 명문에 기록되어 있다. 주나라 첫 다섯 왕의 치세 동안 만들어진 명문은 보통 일정한 공식을 따른다.

우선 청동기 주조를 후원한 이가 주나라 왕을 위해 어떤 일을 했는지 기록하고, 왕이 하사한 상(왕권의 표상regalia, 토지, 촌락, 예기 제작용 금속)을 나열한 다음에, 후손에게 이 예기를 영원히 귀하게 여기며 사용하라고 당부한다. 이를 통해 이 예기들은 특정 하위 가문들이 군주를 위해 일한 대가로 얻은 권리와 권력의 헌장이자 영구적 기록이 되었으며, 이후 이 가문들이 행하는 조상숭배에 하나의 요소로 통합되었다.[27]

하사품 기록을 보면 주나라에서는 개별 가문이 스스로 주나라 계보의 일원이 아니라 특정 지역 세력으로 여길 가능성을 줄이기 위해 추종자들을 한 곳에서 다른 곳으로 자주 이동시켰음을 알 수 있다. 그러므로 주 제국 초기는 주나라 왕가에 대한 충성심과 집합적 조상숭배가 장소 및 지역 관습에 대한 권리를 초월하는 일련의 도시적 군사 식민지였을 것으로 보인다. 주나라의 정복과 확장이 계속되는 한 이 체계는 계속해 기능했다. 사실 주나라의 확장이 끝난 이후로도 한동안 작동했는데, 이는 주나라 군사 식민지인의 성곽도시 간 거리로 미루어 보았을 때 도시 밀집도가 너무 높아져 한 봉토의 농경지가 다른 봉토의 농경지를 침범할 때까지는 새로운 분파 또는 동맹이 기존 도시 사이의 공간에 들어설 수 있었을 것이기 때문이다. 결국 봉토가 다른 봉토를 침범하기 시작하자 주나라 계보에 대한 공동의 충성심은 생존을 위한 싸움으로 이어졌다.

120년에서 130년 정도 이어진 주나라 첫 다섯 왕의 치세 동안에는 군주들이 계속해 왕국을 확장했으며 봉건제도 상당히 잘 작동했다. 그러나 주 공왕共王의 치세(천멍자陳夢家의 연보에 의하면 기원전 927년에서 기원전 908년까지) 이후 확장이 중지되면서 문제가 발생하기 시작했다. 청동기 명문에 따르면 뒤이어 즉위한 왕들은 다수의 관직 수여식에 참여했는데, 이는 왕국의 행정을 처리하고 수입을 걷기 위해 최초의 대규모 관료제를 만들기 시작했다는 뜻이었다. 주나라의 청동기 기록은 주로 군역을 대가로 토지와 사람들을 하사받은 내용에서 관직에 임명되는 내용으로 바뀌었으며, 대부분 주나라 왕이 관직을 받은 세습 귀족에게 수입 또는 토지를 이전했다는 내용이 함께 적혀 있다. 새로운 토지 원천이 없었던 왕들은 왕가의 부를 사용해 추종자들에게 상을 내렸으며, 새로운 곳에서 권력을 확보하려면 행정 관리를 늘리는 수밖에 없었다. 그러나 관직이 세습되고 토지 분배를 통해 관리에게 보상하는 관습이 일반적으로 자리 잡은 상황에서, 왕권을 확대하기 위한 이 정책은 오히려 왕권 약화를 야기했다.[28]

동시에 정복을 통해 새로운 영토를 획득할 수 없었고 기존에 정복한 영토는 분가들이 점차 채워 나가고 있었으므로 주 왕실의 하위 가문들은 지리적으로 일정 공간에 뿌리를 내리게 되었으며, 수 세대가 지나자 조상숭배 측면에서 점점 더 먼 관계가 되어 가는 주 왕실과의 혈연보다 각자의 거주 공간과 관련된 정체성이 훨씬 더 선명해졌다. 게다가 지역의 궁전은 왕궁의 축소된 복제판이었으며, '군사 식민지'마다 고유한 조상숭배와 군대가 있었고, 주나라 왕의 지역 수준 복제판인 제후의 지배를 받았다. 그러므로 기원전 8세기에 이르자 주나라 왕은 영토 분산으로 인해 세력이 점점 약화되는 한편, 더욱 강성해진 제후들은 사실상 독립국가의 군주로 거듭났다.

주나라 왕권을 해체한 마지막 요인은 북부와 북서부의 비한족계(퉁구스계) 융족戎族을 상대로, 그리고 장강 유역의 초나라를 상대로 계속된 적대 관계였다. 수많은 청동기 명문과 문헌 기록에 이 민족들과 벌인 전투가 기록되어 있지만, 주나라 왕권이 쇠퇴하면서 이처럼 강력한 외세의 위협을 버텨 낼 재간도 없어졌다. 동시에 서로 경쟁하던 왕실 여성들과 그 아들들을 중심으로 주요 파벌이 형성되고 불화가 생기면서 왕실이 점차 분열되었다. 서주 말기에 이르자 주나라가 융족을 상대로 하는 전투를 감당하지 못했으므로 진晉과 진秦이 그 부담을 떠안았으며, 기원전 771년에 결국 서쪽 수도가 함락당했다. 주나라 왕가는 이제 완전히 의존하게 된 제후국 두 곳의 도움을 받아 (이름을 바꾼) 그들의 동쪽 수도[2]를 기반으로 재건되었으나, 왕가의 권위는 땅에 떨어졌다.[29]

그러나 완전히 사라진 것은 아니었다. 주나라 왕권이 명맥을 유지할 수

2 수도인 호경이 함락되자 주 왕실은 동쪽의 성주成周를 새 수도로 삼고 이름을 낙읍으로 바꾸었다.

있었던 것은 역설적이게도 왕권 해체에 방점을 찍은 남방의 초나라와 북방의 융족이 가한 위협 때문이었다. 양방향에서 점점 더 거세지는 위협에 직면한 주나라 제후국들이 살아남을 방법은 한때 왕권을 바탕으로 형성한 통일성을 유지하는 것뿐이었다. 그 어떤 제후국도 왕위를 차지할 만큼 강력하지 않았으며, 대대적으로 내전을 일으켰다가는 재앙만 벌어질 터였다. 그러므로 공식적이고 의례적인 통일성을 유지하기 위해 주나라의 군주제가 허구적으로 유지되는 한편, 이제는 독립적인 도시국가들이 우월한 군사력을 바탕으로 '상국' 또는 '패권국'의 자리에 오른 도시국가의 지도에 따라 연합을 이루는 것이 실질적인 정치 현실이었다. 다음 두 세기 동안 중국의 정치사는 장강 유역 기반의 초나라와 황하 유역의 국가 연합 사이에 벌어지는 갈등으로, 그리고 패권을 두고 벌어지는 연합 내 갈등으로 양분된다.

주나라 귀족은 본래 정복을 통해 지배층을 형성했고, 군사력을 독점하는 한편 제사를 올린다는 특권을 통해 영적 영역에 단독으로 접근해 권력을 유지하고 정당화했다. 패권의 시대가 되자 권력의 군사적 기반은 더욱 중요해졌다. 지배층은 군인, 사냥꾼, 희생양의 역할을 기준으로 본인들과 피지배층을 구분했을 뿐만 아니라, 이제는 귀족층 내의 권력과 위신 또한 패권을 획득한 우월한 군사력에 전적으로 달려 있었다. 춘추시대로 불리는 기원전 8세기에서 기원전 6세기까지는 싸우고 사냥하는 이들이, 그리고 미래의 영적 축복을 확보하기 위해 군사적 기량으로 얻은 전리품을 조상의 제단에 바치는 이들이 곧 귀족층이었다. 모든 위신과 권력은 전장과 사냥터에서 비롯되었고,(당시에 전투와 사냥은 동일한 행위로 간주되었다.) 그 결과 전쟁과 사냥은 도시국가들이 패권을 놓고 싸우는 의례적 성격의 연례행사가 되었다.[30] 패권을 향한 이 전쟁들은 전국시대의 정치 공동체를 규정하는 새로운 제도를 낳았다.

전국시대의 군역과 사유재산, 관료제

기원전 5세기 무렵에 등장한 전국시대 국가는 앞선 주나라 도시국가들과 다섯 가지 주요 측면에서 구별된다. (1) 낮은 계층의 도시 인구와 농촌 소농민을 대상으로 군역이 체계적으로 확대되었으며, (2) 이와 관련해 군역과 조세 납부의 대가로 개별 농민 가구에 농경지가 사유재산으로서 재분배되었고, (3) 통치자가 세습 지위와는 관계없이 발탁한 신하들이 통치자의 심복이 되어 이 새로운 제도를 관리했으며, (4) 주나라 지배층의 특징인 의례적 양식으로 정의되는 혈연의 정치 영역 대신에 맹세와 법규로 정의되는 의무와 헌신의 연결 고리가 대두되었고, (5) 친족과 정치조직의 일종이었던 하위 가문이 사라지면서 개별 가구가 친족 조직의 기본 단위로 자리매김했다. 이 변화들이 한데 모이자 친족 관계에 따라 서열을 정하는 세습 귀족층이 지배적이던 도시국가들이, 전제 군주제의 관료주의적 대리인이 직접 통치하는 수많은 가구로 구성된 영토 국가로 거듭났으며, 모든 영예와 지위는 기본적으로 군주에게서 비롯되었다.[31]

군역의 확대와 그에 따라 촌락 지역이 국가 구조에 합병된 것은 동주 귀족 가문들 사이에서 벌어진 골육상쟁의 직접적 결과였다. 후대의 문헌 기록에 따르자면 제나라가 이르게는 기원전 680년대부터 수도 인구 전원을 대상으로 군역을 확대했으며, 이 개혁을 통해 강성해진 군사력을 바탕으로 최초의 패권국이 될 수 있었다. 진晉은 전쟁에서 대패하고 제후가 인질로 잡히자 기원전 645년에 지방에 거주하는 피지배층 일부에게까지 군역을 확대하고 이를 대가로 토지를 하사하기 시작했다. 10여 년이 지나자 진나라가 제나라를 대신해 패권국으로 자리매김하고 초나라를 격파했다. 기원전 6세기 전반에 걸쳐 수많은 국가에서 이와 비슷한 개혁이 일어나 농민을 대상으로 군역을 확대하고, 그 대신에 정복을 통해 획득하거나 관개 또는 벌목을 통해 개간한 토지를 하사했다. 성장하는 농민 군대에 할당할 새로운 농경지를 개척하기 위한 관개 도입 및 보편적 토지측량이 대개 함께 이루어졌다. 농민을 징집한 결과 군대의 규모는 기원전 630년과 기원전 530년 사이에 평균 2만 명에서 약 10만 명에 이르기까지 다섯 배가량으로 확대되었다.

농민 군대에 대한 의존성이 커진 것은 군사 조직의 변화와도 관련이 있다. 주나라 귀족들은 전차를 타고 싸웠으며, 농노로 구성된 보병대가 이들을 보조했다. 전국시대에는 이러한 전차 기반의 병력이 점차 사라지는 대신에 보병이 주를 이루는 군대가 대두했다. 구릉지대에 사는 비한족계 민족인 융족

—— 기원전 5세기 무렵에 제작된 제례용 청동기. 겉면을 보면 활을 든 사람들이 묘사되어 있다. (Smithsonian Institution)

과 적족狄族은 수 세기 동안 보병대에 의존해 왔으며, 이들에게 맞서는 진晉을 위시한 국가들은 그들과 동일한 전력을 구축해야 한다는 압박을 느껴 왔다. 이에 따라 기원전 531년에 진나라의 적 정벌에 관한 기록에서 최초로 전원 보병으로 구성된 중국 군대가 등장했다. 한 세기가 지나지 않아 보병대가 중국 군대의 주를 이루었는데, 여기에는 적어도 세 가지 이유가 있다. 첫째, 장강 하류와 오늘날 항저우만의 남쪽 강둑을 따라 위치한 남방의 월越과 오吳가 기원전 6세기 중반 이후에 보병대를 동원해 주나라 연합에 깊숙이 파고들면서 지배적 세력으로 등극하고 일시적으로 초나라의 옛 자리를 차지했다. 둘째, 보병대의 병사들에게는 전차 기반의 귀족 부대보다 특별한 군사기술이나 값비싼 장비가 훨씬 적게 필요했으므로, 농민이 병력의 새로운 원천이 되자 국가 또는 각 가문은 기존의 전차 기반 병력을 압도하는 규모의 보병대를 빠르게 구축할 수 있었다. 셋째, 고고학적 증거에 따르면 이 시기에 노弩의 개발, 찰갑의 발전, 검의 개선과 보편적 보급, 철제 무기의 사용 증가 등 여러 기

____ 추수 장면을 묘사한 한나라 고분 기와의 탁본. 진(秦)의 상앙이 토지개혁으로 도입한 구조의 영향으로 농경지에 격자 형태의 관개 용수로가 남아 있다. 농경지 가장자리에 묘사된 뽕나무는 누에치기를 위한 작물이었을 것이다. (M. E. Lewis, *The Early Chinese Empires: Qin and Han* [Cambridge, MA: Belknap Press of Harvard University Press, 2007])

술혁신이 일어나면서 보병대가 진정으로 막강한 병력으로 떠올랐다. 이러한 병력을 전장에 배치한 국가들이 그렇게 하지 않은 국가들을 격파하고 흡수했으며, 기원전 5세기 중반에 이르자 농민을 대상으로 군역을 확대한 국가들만 살아남았다.

이 거대 영토 국가들은 전국칠웅으로 불렸는데, 징병제를 통해 탄생한 국가이면서 전쟁을 통해 권력을 점진적으로 확대하는 것이 이들의 존재 이유였기 때문이다. 이러한 형태의 정치 공동체는 기원전 359년부터 시작된 진秦의 재상 상앙商鞅의 개혁으로 정점을 찍었다. 이 개혁으로 모든 성인 남성 자유민에게 군역의 의무가 부과되었고, 군역에 대한 보상으로 토지를 분배하기 위해 획일적 계획에 따라 국내의 모든 농경지를 격자 형태의 길로 나누었다.

이처럼 대규모 군대의 동원, 무장, 훈련과 토지측량, 인구 등록, 조세 징수, 기타 행정 업무를 수행하려면 관리들에게 옛 왕실 또는 지방 궁정의 관리들에게 주어졌던 것보다 훨씬 강력한 힘이 필요했다. 결과적으로 징병제의 발달은 주나라의 세습 관직과는 달리 통치자에게 종속적이며 기량에 따라 발탁되는 대규모 전문 관료제의 탄생과 평행을 이룰 수밖에 없었다. 새로운 군대와 마찬가지로 새로운 관료제는 주나라 귀족층 간의 골육상쟁에서 비롯되었다. 여러 도시국가가 패배하고 멸망하면서 수많은 이가 기존의 친족 바탕 사회질서에서 가졌던 지위를 잃었으며, 이에 따라 개인 단위로 다른 제후를 섬기는 자리에 발탁될 수 있었다. 패배한 반란군, 통치자와 그 추종자들의 어린 아들들, 야망 있는 일부 도시 주민들은 경쟁 세력을 상대로 국가와 가문에 힘을 실어 줄 전사 및 정치 행위자 후보군을 형성했다.[32]

그러므로 최초의 패자霸者[3]인 제齊 환공桓公(?~643 BC)은 군주 자리를 놓고 경쟁하던 이를 물리친 후 그의 추종자 중 일부를 자신의 최고 고문관으로 기용했으며, 환공의 자리를 놓고 벌어진 승계 싸움에서도 그의 아들 중 하나가 자신의 목적을 위해 모든 재산을 쏟아 전사들을 기용했다고 알려져 있다. 두 번째 패자가 되는 진晉 문공文公(재위 636~628 BC)과 함께 망명했던 추종자들도 그가 진나라로 돌아온 이후에 권력을 잡았다. 실제로 기원전 7세기와 기원전 6세기에 벌어진 일련의 투쟁 전반에서 야망 있는 통치자가 그를 무조건적으로 따르는 종속적 추종자들을, 즉 하사받은 직위와 인정을 대가로 죽음을 불사하며 헌신하는 추종자들을 모집하는 데 점점 더 의존하게 되었다는 점을 알 수 있다.

종속적 관리들을 구속하는 이 개인적인 비친족 관계는 옛 주나라 제도를 수정한 혈맹 또는 맹약을 통해 법적 효력을 갖추었다. 맹약은 주나라 귀족층이 초나라를 상대로 한 대연합 등의 국가 간 동맹을 형성하는 데 사용했던 방법으로, 맹세를 신성시하기 위해 제물의 피를 나누어 마셨다.[4] 이로 인해 패자를 가리켜 맹주로 부르기도 했다. 이러한 초기 용례의 증거는 『좌전左傳』 등의 역사적 기록에서 찾아볼 수 있다. 다수의 유적지에서 발굴된 맹약 전문에

3 춘추시대에 실권을 잃은 주 왕실을 대신해 회맹을 이끌었던 강력한 제후를 말한다.

4 삽혈歃血이라고 하는데, 이 시기에 이르러서는 피를 입술에 바르는 형식이 되었다.

드러나 있듯이 이러한 맹약은 국가 간과 가문 간에 골육상쟁이 계속되면서 새로운 영토 국가의 형성에 참여한 이들에게 종교적·법적 의무를 부과하기 위해 점점 더 많이 사용되었다. 가문의 수장이 왕에게 복종을 맹세하는 데 사용했던 맹약은 시간이 갈수록 관리, 수도 주민, 심지어는 국력의 기반인 새로운 보병대에게도 사용되었다. 이윽고 맹세를 통해 부과되는 의무를 방대한 법전으로 기술했는데, 이 법규의 궁극적 바탕이 맹세의 효력이라는 점은 전국시대 및 초기 제국 시대에 관한 기본적 가정으로 자리 잡았다.[33]

이처럼 군역을 확대하고, 개별 농민 가구에 토지를 분배하고(또는 농민 스스로 확보한 토지를 공식적으로 인정하고), '부동층' 인사를 영입해 통치자에게 완전히 종속되게 만들며 관료제를 구축하고, 이 새로운 형태의 복종과 공헌을 혈맹과 법전으로 담보하는 등 일련의 변화가 모여 정치적·사회적 질서를 완전히 바꾸어 놓았다. 귀족층의 본질을 규정했던 전사로서의 역할은 인구 전반에 걸쳐 분산된 한편으로 봉건제, 종법제 친족 구조, 세습 관직을 기반으로 삼았던 국가 질서 대신에 행정 관료제를 갖춘 단일 영토 국가가 자리를 잡았다. 주나라 당시에는 주 왕실의 권력과 의례를 제후국 왕실이 낮은 수준으로 재현하고 이를 제후국 왕실의 방계 가문들이 다시 재현했다면, 전국시대에는 오직 단일 군주만이 군사력을 좌지우지할 수 있었으며 종묘를 세우는 특권도 오직 통치자에게만 있었다. 주나라 귀족층은, 그리고 혈통 기반의 친족 구조는 사회적 형태로서는 완전히 무너졌으며, 그 구성원 중에서 왕실 중 한 곳의 권력에 영합한 이들만이 권력을 유지했다. 이 새로운 정치 질서에서 모든 권력은 군주에게서 비롯되었으며, 정치적 또는 군사적으로 관직에 오르고자 하는 모든 이는 군주의 종이 되었다.

그러므로 전국시대의 왕은 상나라 또는 주나라의 통치자와 같은 명칭으로 불리면서도 상당히 새로운 존재였다. 상의 왕과 주의 왕은 종교적으로는 우월했으나, 정치권력 면에서는 다양한 제도를 통해 견제받았다. 상에서는 동맹국의 공동 예언자와 왕가의 각 부문이 번갈아 왕위를 계승하는 양식이, 주에서는 종속적 제후국들과 세습 관직이 왕권을 견제했으며, 고대국가의 시대 전반에 걸쳐 관료제의 발달이 한정적이었다는 점도 한몫했다. 그러나 징병제가 발달하고, 이와 함께 군주가 관직을 전적으로 결정하는 관료제가 형성되면서 통치자의 지위가 다른 모든 경쟁 세력보다 극단적으로 상승했다. 귀족층이 해체되면서 그에 따라 단일 전제 군주의 지위가 결국 황제의 자리에 오를 때까지 상승했다는 점은 중국 역사의 주요 전환점으로 꼽힌다. 전국시대 이후 중국에서 진정한 귀족층이 다시 발달한 적은 한 번도 없으며,(다만 남북조시대의 호족이 이와 비슷한 지위를 누렸다.) 절대 전제 군주를 바탕으로 하는 왕조 국가의 모형이 실질적으로 도전을 받았던 적도 없다.

교역과 수공예

이와 같은 중앙의 정치적 변화는 경제, 종교, 지적 생활의 영역에서 주요 발전을 동반했다. 주요 경제적 변화로는 토지의 사적 소유 증가, 이와 관련된 물 관리의 발달, 철기 사용 증가, 도시 중심지의 규모와 다양성 급증, 수공예 산업과 교역의 급성장, 화폐 사용 증가, 고용 노동의 도입 등을 꼽을 수 있다. 종교 조직에서 일어난 거대한 변화는 자연과 우주의 신들에게 올리는 제사가 주된 정치적 숭배 의식으로서 중요성이 증대되면서 상대적으로 조상숭배가 위축되었다는 점이다. 지적 생활 면에서 가장 중요한 발전은 인간 본성, 사회 질서, 언어, 국가에 관한 이론들을 바탕으로 주요 철학 학파가 부상했다는 것이다. 또한 새로운 시詩 양식들이 등장하는 한편으로 의학, 천문학, 시각예술에서도 주요 발전이 일어났다. 지면의 한계로 여기에서는 세 가지 발전을, 즉 (1) 더 다양해진 도시성의 증가, 상인 계층의 확대, 대규모 무역, 화폐경제가 서로 밀접히 연관된 복합체, (2) 자연숭배와 조상숭배 간의 균형 이동, (3) 철학 학파의 발달을 집중적으로 살펴보겠다.

주나라에서 상인은 (수공업자와 마찬가지로) 지위를 세습하는 집단이었으며 대개 상류층 집안에 부속되어 있었다. 이들의 주된 역할은 거북이 껍데기, 깃털, 남방의 상아, 극서 지역의 옥 등 먼 거리를 거쳐 운송되는 귀하고 값진 물건들을 확보하는 일이었다. 청동 예기에 남겨진 증거를 보면 지역 간 교역이 상당히 활발했음을 알 수 있다. 그러나 여기서 교역이란 사실상 사치품의 통제된 교환 또는 공물 상납이었으며, 이를 수행한 상인들과 마찬가지로 귀족층 생활의 부속이었다.

전국시대에 접어들자 몇몇 요인에 의해 교역과 수공예의 중요성이 증대되었다. 첫째, 국가는 일반적으로 상품을 들여오는 이들에게 통행료를 부과했으며 수출 또한 제한하거나 세금을 부과했으므로, 국가의 크기가 넓어지면서 장거리 교역의 장애물이 상대적으로 줄어들었다. 또한 이 시기의 많은 국가가 육로를 건설하고 유지하기 위해 상당한 노력을 기울였는데, 이는 군대의 이동을 용이하게 할 뿐만 아니라 상인들을 돕기 위한 목적도 있었다. 상인들은 변경 지역에서 물품세라는 형태로 국가에 수입을 안겨 주는 한편 왕실에 사치품을 공급했기 때문이다. 관개를 위해 위하, 분하, 황하, 회하를 따라 건설한 운하와 수도水道 또한 수로 여행에 도움이 되었다. 앞서 첫 장에서 지적했듯이 수로를 통한 운송은 육로를 이용하는 방법보다 훨씬 쉽고 저렴했다. 초나라와 오나라, 월나라 등 남방 국가들이 중국 세계에 포함되었다는 점 또한 장강 유역의 하천과 호수들이 교통 체계의 일부가 되었다는 뜻이었다.

이와 같은 교통의 개선과 국경 관세의 축소 덕분에 지역 간의 사치품 교역이 훨씬 더 쉬워졌으며, 그 결과 한 지역에서 다른 지역으로 상품을 운송하는 것이 전국시대 일상의 특징 중 하나가 되었다. 『상서尙書』의 「우공禹貢」 편과 『주례周禮』의 한 편을 비롯한 다수의 문헌에 각지의 특산품이 상세하게 설명되어 있다. 제나라와 연나라(오늘날의 산둥과 허베이 북부)의 특산품은 칠기, 상등급 비단, 염직물, 소금, 해산물, 경석磬石,[5] 진주 등이 있었고, 장강 유역에서는 금, 은, 진사辰砂,[6] 옥, 주석, 대나무, 상아, 서각犀角,[7] 코끼리, 흰귀 사슴, 가죽, 오렌지와 조가비가 났으며, 쓰촨에서는 은과 옥, 희귀 동물과 대나무가 났다. 몇몇 지역은 특정 상품(월나라나 한나라의 검, 호복의 창, 제나라의 자색 직물 등)으로 유명해졌으며, 사람들은 많은 돈을 주고 이를 구매했다.

교역 규모가 점점 확대되면서 금속화폐 또한 발전했다. 초기 시대에는 물물교환의 형태로 교역이 이루어졌으며, 말을 노예와 교환하거나 직물을 무기

5 악기를 만드는 데 사용되는 돌이다.

6 붉은 안료 등을 만드는 데 사용되는 광물이다.

7 코뿔소의 뿔을 가리킨다.

와 교환한 기록들을 찾아볼 수 있다. 금과 개오지 껍데기는 추상적으로 값어치를 측정하고 보관하는 역할을 했지만, 그보다는 주로 선물과 보상으로, 또는 기타 정치적 목적으로 사용된 반면에, 상업 거래에서는 거의 사용되지 않은 것으로 보인다. 초기에 좀 더 일반적으로 사용된 교환 수단은 직물이었으며, 특정 길이 및 수량에 따라 원시 화폐의 역할을 했을 것이다.

고정 가치를 가진 금속화폐는 기원전 4세기에 처음으로 출현한 것으로 보이지만, 후대의 자료에 따라 주화 도입 시기를 기원전 524년으로 보는 견해도 있다. 최초의 주화는 삽이나 칼처럼 실용적 물건을 본떠 주조하거나 기하학적 형태로 만들었다. 국가마다 자체 화폐를 발행했으며 화폐마다 액면가가 크게 달랐으므로 장거리 교역에서 상당한 혼선을 빚었을 것이 분명하다. 그런데도 고고학적 발견들은 화폐가 널리 사용되었음을 시사하며, 수많은 문헌 자료를 보면 많은 국가에서 화폐를 이용해 조세를 납부하고 시장 거래에 사용했음을 알 수 있다.

도시의 확장

교역과 밀접하게 관련된 것이 바로 도시의 확장과 다양화다. 춘추시대 도시들의 정확한 규모는 거의 알려지지 않았지만, 문헌 기록이 시사하는 바에 따르면 대형 도시가 수천 가구에 지나지 않았으며, 몇몇 도시는 채 열 가구도 되지 않았다.(자그마한 성곽 도시였던 것이 분명하다.) 그러나 고고학적 발굴을 통해 드러났듯이 전국시대의 도시들은 규모가 상당했다. 현재까지 발굴된 가장 큰 도시는 3250만 제곱미터(6500미터×5000미터)에 달하며, 수백만 제곱미터에 달하는 곳도 다수 있다. 인구 규모에 관한 문헌 자료는 드물지만, 한 자료에 따르자면 제나라의 수도인 임치의 인구는 7만 가구에 달했다. 규모의 단순 확대보다도 기능 분화가 증가했음을 역력히 알 수 있다는 것이 중요하다. 초기 도시들은 한 겹의 성벽을 세웠던 반면에, 전국시대의 도시는 대개 성벽이 두 겹이었다. 안쪽 성벽은 정부의 기반인 궁전과 사원 등의 의례 구역을 둘러쌌으며, 바깥쪽 성벽은 수공업 구역과 거주 구역, 대형 시장 공간을 에워쌌다. 도시 생활의 일반적 특징이었던 장터에서는 정부의 허가를 받은 상인들이 제품을 판매하고 그 대신에 수익금의 일부를 조세로 납부했다. 대부분의 경우 안쪽 성벽이 기존의 도시 성곽이고 바깥쪽 성벽은 새로 확장한 거주 구역과 수공업 구역을 에워싸기 위해 건설한 것으로 보인다. 이는 당시에 도시 인구가 상당한 기세로 확대되었음을 시사한다.[34]

이러한 도시 확장은 물 관리와 철기의 보급을 통해 농업 생산량이 증가한 덕분에 가능했으며, 도시를 가득 메운 수공업자와 상인들의 인원 및 종류도 더욱 다양해질 수 있었다. 직공, 염색업자, 대장장이, 목수, 활 제작자, 바퀴 제작자, 청동 주물공, 도예가, 보석 세공가를 비롯한 수많은 업종이 문헌 기록과 고고학적 증거를 통해 입증되었다. 물론 지역 간 사치품 교역을 중개하는 부유한 상인과 지역 내에서 더 일반적인 생필품의 교환을 다루는 소규모 상인 또는 행상을 비롯한 다른 상인도 다수 있었다.

그러나 도시 산업의 규모와 다양성이 상당히 증가했다고 하더라도, 이것이 전체 사회질서에 미친 영향력을 확대해석해서는 안 된다. 분명 이때까지도 상인과 수공업자는 인구의 극히 일부분에 지나지 않았으며 자급자족과 지역 내 소비가 여전히 경제의 대부분을 차지했을 것이다. 무엇보다도 상인과 상업적 부는 국가 질서에서 비교적 부차적인 역할을 담당했으며, 전국의 도시들은 규모와 다양성이 확대되었는데도 귀족층의 중심지라는 본질적 기능을 상실했으므로 정치적 역할은 줄어들었다. 국가의 원동력인 역과 조세를 공급하는 집단은 시골의 소농민이었으며, 국가 입장에서 도시는 기껏해야 행정 중심지에 지나지 않았다. 상품의 장거리 대량 교역을 통해 상인들이 영향력 있는 주요 인구 집단으로 거듭났던 지중해 세계와는 대조적으로, 북중국은 수로가 비교적 모자랐으므로 지역 내 교역 또는 사치품 교역 정도만 이루어졌으며 상인들은 비교적 덜 중요한 지위로 밀려났다.

게다가 제조와 교역은 비교적 쉽게 위장하거나 숨길 수 있어 조세를 징수하기가 쉽지 않았으며, 이 때문에 국가 입장에서 상인과 수공업자는 종종 적의의 표적이 되었다. 진秦에서 상인은 특별한 등록을 거쳐야 했고, 관직에서 배제되었으며, 사치 금지법의 표적이 되었고, 만리장성을 건설하기 위해 가장 먼저 변방으로 보낸 사회집단 중 하나였다. 실제로는 인정되지 않곤 했으나, 이와 유사한 차별이 한 왕조에서도 이어졌다.[35] 그러므로 전국의 제조업자와 상인은 인원과 부가 극적으로 증가했는데도 새로운 경제력에 걸맞은 사회적인 역할이나 영향력을 가지지 못했으며, 주나라 때의 선조들과 마찬가지로 왕실 또는 관료 집단의 후원에 의존하는 특수 예속 집단으로 남았다.

영토 국가의 부상은 종교에도 주요 변화를 일으켰다. 앞선 장에서 살펴보았듯이 상과 주의 권력은 강력한 조상들에게 제사를 올리는 것에서 비롯되었다. 군주제가 쇠퇴하던 동주 시대에도 정치적 조상숭배는 궁극적으로 주나라 왕가의 조상들에게 초점을 맞추었다. 전국시대의 통치자들은 진정한 정치권력을 가졌으면서도 친족 관계 측면에서는 부차적 지위에 머물렀다. 그러므로 이 통치자들은 나라에서 모시는 자연(특히 산과 강)의 신령들과 우주의 신들에게 올리는 제를 강조해 그들이 획득한 새로운 권력에 숭배 방식을 더하는 경향이 있었다. 사방이 막힌 사당에서 지냈던 조상 제사와는 달리, 이러한 제사는 대개 언덕 위 야외에 지은 제단에서 제사를 지냈다.[36]

지식인이라는 새로운 현상

전국시대로 전환한 것과 관련해 여기서 살펴볼 마지막 측면은 바로 비판 사상의 출현이다.[37] 앞선 시대에는 사제와 주술사가 있었지만, 숭배 의식 또는 마술적 의식의 필요와는 동떨어진 '지식인'이 존재했다는 증거는 없다. 그러나 주나라 정치 공동체가 붕괴하면서 사회질서의 근본에 관한 의문이 제기되었고, 하위 귀족들이 지위를 위협받게 되었으며, 혈통으로 정의되는 사회구조에 얽매였던 이들에게도 기회가 열렸다. 각국이 즉흥적 개혁을 통해 새로이 거듭나면서 전에 없던 지위에 오르는 통치자와 패망하는 통치자가 생겨나자, 사회구조의 근간, 권력의 기술, 나라를 보전하거나 다른 나라를 정복하는 비법, 사회 내 개인의 위치, 올바른 행실 등에 관한 수많은 질문이 토론과 논쟁의 주제가 되었다. 이는 (서구의 용어를 사용하자면) 철학자라는 새로운 사회적 역할이 들어설 틈을 만들어 주었다. 이들은 변화를 헤쳐 나갈 영구적인 지침 원리를 찾기 위해 인간 본성, 사회구조, 물리적 세계를 연구했다.

최초의 사상가 중 한 명인 공자孔子는 하위 귀족 가문의 자손으로, 문화적으로는 융성했으나 정치적으로는 미약했던 노나라에서 기원전 6세기 말부터 기원전 5세기 초까지 살았다. 전통 학습의 영재였던 공자는 옛 주나라의 질서를 이상화했으며, 그의 제자들이 편찬한 서적들에는 주나라 군주(또는 이들이 주나라 통치자에 대해 가졌던 환상)처럼 적절한 의례와 미적 문화의 힘을 통해 나라를 다스리는 진정한 왕을 복원하기 위한 일련의 가르침이 담겨 있다. 무엇보다도 공자는 사회 각계각층의 사람들을 제자로 들이는 방식을 확립했으며, 여러 국가를 여행하며 자신을 기용하고 자신의 사상을 실현해 줄 통치자를 찾아다녔던 최초의 사상가로 기록되어 있다. 공자와 그 뒤를 이은 모든 사상가를 보면 앞서 살펴보았듯이 통치자가 인구의 '부동층' 인사를 기용하는 방식이 정치적 발탁에서 문화적 후원으로 확대된 경위를 알 수 있다. 스승과 제자라는 관계가 형성되자 뒤이어 이와 유사하게 사람들을 모집하는 방식이 자리를 잡았고, 이들의 역할과 지위가 논의의 대상이 되었다.

매우 다양한 사상가들이 공자를 따르면서 시사 문제에 저마다의 접근 방식을 내놓았다. 묵가墨家에서는 과시적 소비와 심미적 전시를 제한하고 대중의 도리를 함양하며 통치자를 육성해 정치 질서를 바로잡을 수 있다고 주장했다. 또 다른 사상가는 군사 전략의 원칙에 관한 조약을 구상하고 통치자들에게 정복을 통해 권력을 획득하라고 권했다. 아마 가장 강력한 영향력을 행사했던 전국시대 사상가는 진秦의 위대한 개혁가 상앙의 이름으로, 그리고 진시황제와 동시대를 살았던 한비자韓非子의 이름으로 책을 편찬했던 이른바 법가法家 사상가들일 것이다. 이들은 전국의 구조를 바탕으로 권력과 성공적 통치에 관한 이론들을 발달시켰다. 전쟁과 농업을 권력 기반으로 삼을 것, 엄격한 법과 상호 감시를 통해 대중을 통제할 것, 사유재산을 조직적으로 뿌리 뽑고 통치자를 부와 명예의 유일무이한 원천으로 만들 것, 관료를 발탁하고 통제하는 기술을 익혀 지배자의 이익을 섬기는 관료를 만들 것 등이었다. 많은 사상가가 지배자의 후원을 받고자 했으며, 일부 통치자는 이들에게 수입 혹은 심지어 관직까지 하사했다. 종래의 모든 가치에 도전하고 심지어는 언어를 통해 진리 혹은 사회질서를 확립한다는 개념에도 의문을 품었던 후기 유가儒家 또는 장자莊子의 제자들을 비롯한 일부 사상가는 세상에서 물러나 노동으로, 또는 부유한 가문의 자선으로 생계를 유지하며 그들이 그린 이상적 삶을 일구었다.

수많은 지적 전통과 교리를 여기서 다룰 수는 없지만, 지식인의 출현이 나타내는 역사적 의의를 짚고 넘어가는 것이 중요하다. 첫째, 전국의 이 사상가들은 플라톤과 아리스토텔레스가 후대 서양 철학의 규칙을 마련했던 것과 거의 같은 방식으로 후대 중국 사상의 기본이 되는 견해와 방법론의 레퍼토리를 만들었다. 둘째, 전국의 사상가들은 진로 면에서 관직에 오르거나 그렇지 않으면 은둔 생활을 하는 것이 특징이었으며, 이를 모범으로 삼은 후대의 중국 사상가들 또한 통치자를 섬기는 생활과 자리에서 물러나 자신을 수양하는 은거 생활을 오갔다. 이처럼 공적 담화와 관직 수행을 동일시하자 후대 중국 철학이 던질 수 있는 의문과 판단 조건의 폭이 한정되었으며, 이로 인해 후대에는 그 대신에 공공 질서와 개인의 인격 수양에 관한 질문들을 다루었고, 담화 영역에서든 진로 유형에서든 비국가적 공공 영역에 관한 사안은 제외되었다. 그러므로 전국시대로 이행한 것은 사회질서와 정치 질서의 기본 특징을 정의하는 한편, 후기 중국 사상의 본질적 형식을 제공했다. 이러한 발전들은 신성한 경전과 함께 단일 제국에 의해 후대의 중국 역사로 이어졌다.

4 최초의 제국: 진과 한

전국시대의 국가들이 전쟁을 벌이던 사이에 극서 지방의 진秦은 최상의 지리적 위치, 융적과 전쟁을 거치며 발달한 상무尙武의 전통, 당대에 가장 거대했던 유압 시설 덕분에 풍성했던 농업, 가장 체계적으로 실현한 전국시대형 병농 계획을 자랑하면서 가장 강력한 국가로 부상했다. 기원전 221년에 진은 마지막 경쟁 국가를 멸망시키면서 최초로 중국 문화권 전체를 단일국가의 지배하에 두었다. 그러나 무력으로 이룬 통일은 진정한 제국적 정치 공동체를 형성하기 위한 첫걸음에 지나지 않았다. 끝없는 전쟁이 종식되면서 만들어진 새로운 상황에 알맞게 정책, 제도, 가치를 조정하는 데 실패한 진나라는 20년도 채 되지 않아 무너졌고, 세계 제국이라는 환상에 적절한 형태를 입혀 줄 제도적 개혁과 문화적 혁신을 도입하는 일은 뒤이은 한나라의 몫이 되었다.

한나라는 국가의 경계와 문명의 한계선이 일치하는 새로운 형태의 정치 공동체를 탄생시켰다. 여기에는 네 가지 주요 변화가 있었다. (1) 황제라는 새로운 역할의 정의, (2) 징병제 폐지, (3) 국가가 문화적 전통의 수호자라는 정당화, (4) 대가문을 중심으로 사대부, 지주, 상인의 역할을 결합한 새로운 지배층의 출현이다.

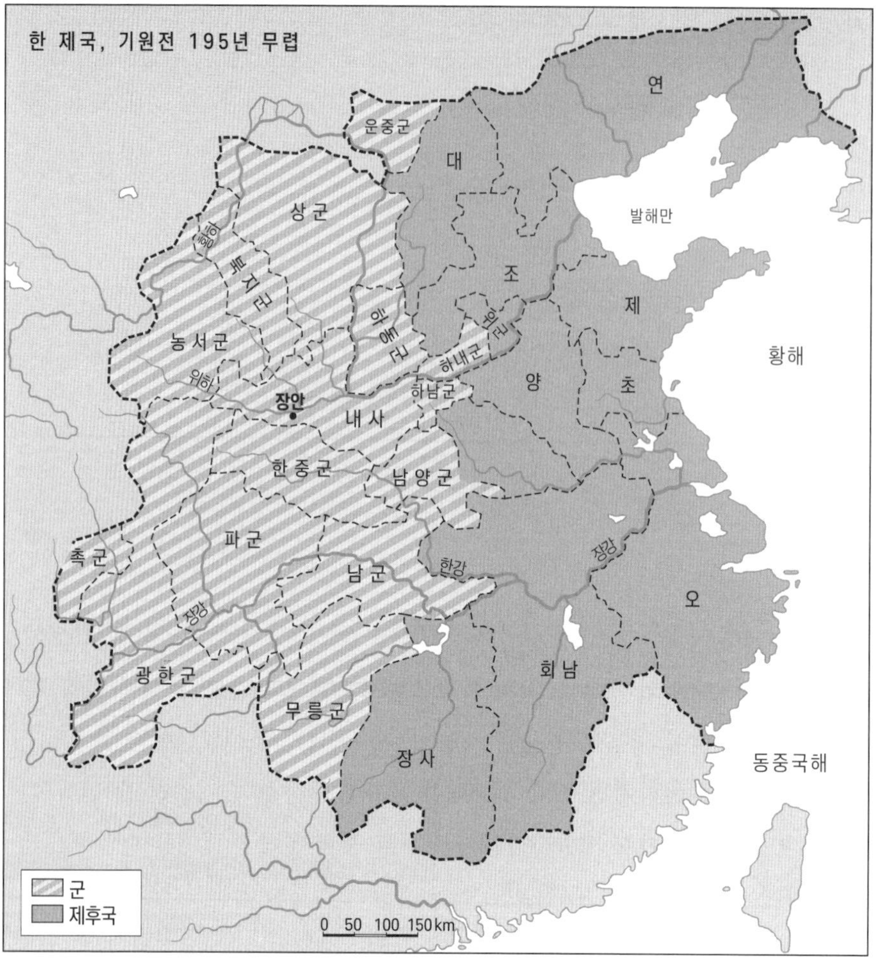

——초기 한 제국, 기원전 195년 무렵.

진의 제도 개혁

기원전 221년에 마지막 경쟁국이 멸망하면서 진나라 왕이 문명 세계의 주인으로 거듭났을 당시, 진나라의 왕과 왕실은 자신들이 전례 없는 유형의 업적을 이루었음을 잘 알았다. 어느 신하는 그들이 고대의 전설적 성군들을 능가하는 위업을 달성했다고도 말했다. 진나라는 인류가 역사상 맞이한 적 없는 완전한 통일 시대의 개막을 제도화하고 기념하기 위해 일련의 극적이고 선지자적인 개혁을 시작했다. 그러나 진나라의 멸망 후 몇십 년이 지나 어느 기민한 비평가가 말했듯이 진 왕조가 몰락한 이유는 변하지 않았기 때문이었다. 변화한 세계에서 새로이 출발하겠다고 선언한 것과는 달리, 진나라는 전국시대의 제도를 계속 이어 나가면서 정복 전쟁 당시의 기술을 그대로 사용해 통일 제국을 통치하고자 했다. 진나라의 제도 개혁에서 완전한 변혁이라는 거창한 계획을 이미 찾아온 상전벽해의 진정한 규모를 마주하는 데 실패했다는 점과 연결해 보면 중국에 제국적 질서를 세우려는 최초의 시도가 어느 정도의 문제와 맞닥뜨렸는지 짐작할 수 있다.[38]

진이 가장 먼저 일으킨 변화는 통치자를 위한 새로운 칭호를 만드는 것이었다. 진의 왕은 자신의 권력이 상과 주의 통치자가 지녔던 권력을 훨씬 능가한다는 점을 의식해 황제皇帝라는 칭호를 스스로 붙였다. 이 칭호는 영어로 'emperor'로 번역되지만, 모든 의미가 담긴 번역어는 아니다. 황제의 뜻을 글자 그대로 살펴보면 중국 전제 군주의 지위가 비범할 정도로 상승했음을 알 수 있다. 제帝는 상나라 때 최고신의 이름이었으나, 진나라 때에 이르자 그 의미가 변했다. 우선 인류 문명을 창시한 최초의 위대한 문화적 영웅인 고대 성군을 가리켜 제로 칭했으므로, 이 칭호는 성군의 반신半神적 권력을 시사했다. 동시에 제는 진나라 종교의 최고신들이었으며, 이제 사방四方과 일치하는 수인 넷이 되었으므로 천하를 상징했다. 새로운 황제는 제의 칭호를 자청함으로써 스스로 신성을 지녔다고 선언했다. 여기에 주로 하늘을 일컫던 말이자 '빛나다'와 '훌륭하다' 등의 의미를 가진 수식어인 황皇을 덧붙여 그 선언에 한층 힘을 실었다. 자기를 초대 황제로 선언한 진 시황제(문자 그대로 '진나라 초대 황제')는 본인이 새로운 시대의 주창자이자 이세황제, 삼세황제, 사세황제의 조상이 될 것으로 보았으며, 자신의 제국이 공간의 한계에 달할 때까지 뻗어 나가듯 왕조의 역사도 영원히 이어질 것으로 여겼다.

이 칭호의 우주적 선언은 여러 형태로 재천명되었다. 첫째, 새로운 황제는 그의 새로운 왕국을 여러 차례 순행했으며, 순행의 일환으로 여러 산 정상에 그의 업적을 기리는 비석을 남겼다. 비석의 명문 여섯 개가 오늘날까지 전해지는데, 여기에서 시황제는 자신이 사해四海[8] 안의 만물에 내린 축복이 짐승

8 고대 중국에서 온 세상을 에워싸고 있다고 믿은, 사방의 네 바다를 일컬었던 말이다.

과 초목에까지 닿는다고 했다. 자신의 힘과 은혜가 온 세상에 미친다고 주장함으로써, 그는 자기 자신에게 하늘과 동등한 인간의 역할을 부여했다. 둘째, 시황제의 초대 재상이었던 여불위呂不韋가 후원한 방대한 종합 사상 편찬서[9]는 역曆의 흐름을 따르는 구조로 편찬되었으며, 통치자가 하늘의 흐름에 따라 정무를 집행하는 원리를 설명했다. 셋째, 시황제는 자신이 득세한 바탕에 우주의 순환, 즉 오행五行이 있으며, 따라서 자신의 권세가 우주의 법칙에 따른 자연스러운 결과였다고 주장한 최초의 통치자였다. 넷째, 시황제는 수도를 우주의 축소판으로 탈바꿈시키고자 대대적인 건축 계획을 시행했다. 새로운 궁궐은 하늘의 중심인 북두칠성을 본떴고, 패배한 나라에서 노획한 무기로 거대한 동상들을 주조해 다양한 별자리를 표현했으며, 정복한 경쟁국의 모든 궁궐을 복제해 세상의 축소판을 만들고자 했다. 마지막으로 그는 인간의 지위를 초월해 불멸의 존재가 되기 위해 태산의 정상에 올라 최고신과 직접 소통하는 봉선封禪을 시작했다.[39]

하늘을 향한 의식적·건축적 주창과 함께 정치적 통일을 일상의 모든 측면으로 확장하기 위한 정치적 조치와 제도적 개혁 또한 시행되었다. 시황제는 중국을 가르던 옛 국경들을 철폐하기 위해 망국의 통치자와 세도가를 수도로 이주시켰으며, 진나라의 손 밖에 있는 모든 무기를 몰수하려고 했고, 군현을 기반으로 하는 진나라 행정 체계를 전 제국에 걸쳐 일괄 적용했다. 또한 멀리 떨어진 지역을 연결하는 새로운 체계로서 약 6800킬로미터로 추정되는 제국 고속도로를 건설했다. 단일한 금속화폐 체계가 확립되었고, 전 제국에 걸쳐 길이, 무게, 부피의 도량형도 표준화되었다. 또한 길에 나는 바퀴 자국의 폭을 통일해 교통의 어려움을 최소화하기 위해 수레와 전차의 차축을 표준화했다.

강제적 문화 통일과 진나라의 실패

가장 중요시되었던 통일 정책은 문화에 관련된 것이었다. 첫째, 전국시대

9 『여씨춘추』를 가리킨다.

에는 각국이 저마다의 문자 체계를 사용했던 반면에, 진나라 정부는 간소화한 새로운 문자를 만들어 전 제국에 도입했다. 이 개혁으로 인해 각지의 다양한 방언을 초월하는 핵심 수단인 문자가 탄생했을 뿐만 아니라 붓과 먹을 이용해 더 빠르고 쉽게 글을 쓸 수 있게 되었는데, 이는 요식적 기록 보관에 기여한 중요 요소였다.

문화 통일을 위한 두 번째 대대적 조치는 바로 악명 높은 분서갱유焚書坑儒였다. 통일 제국의 형성에는 통일된 신념이 수반되어야 하며 황제가 법과 명예, 진리와 지혜의 유일한 원천이 되어야 한다고 확신했던 진나라 정부는 모든 비판적·정치적 사상을 통제하고자 했다. 점술이나 의학 등에 관한 실용서는 아무런 해를 입지 않았으나, 역사 혹은 사회질서에 관한 문헌은 황실이 유학의 유일한 교습자로 임명한 유학자들이 관리하는 황궁 서재에서만 소장할 수 있었다. 개인이 소유한 사상 서적은 모두 몰수해 소각했으며, 칙령에 저항하는 유생들을 처형했다.

그러나 모든 표준과 도량형, 법, 사상적 진리가 단 하나의 원천에서 비롯되는 광대한 통일 제국을 세우겠다는, 진나라의 개혁을 향한 야망에도 불구하고 새로운 세계 제국에서도 전국시대의 제도와 계획이 사실상 그대로 시행되었다. 군역에 징집된 농민 가구에 대한 직접 통치가 여전히 국가의 조직 원리였으며, 진나라 법률의 상세한 규정을 하나라도 어긴 수많은 이에게 노역을 부과했다. 더는 국가 간 전쟁을 추진하거나 이를 위해 자금을 마련할 필요가 없는 상황에서 이 거대한 군역 및 노역 부과 기관은 사용처를 찾아 헤매는 도구가 되었다. 군대는 근본적으로 무의미했던 대규모 원정을 시작해 남부에서 푸젠, 광둥, 광시를 정복하고, 북부에서 흉노를 황하 만곡부 너머로 몰아냈으며, 동북부에서는 한반도의 일부를 식민지화했다. 도로를 만들고 수도를 다시 세우는 거대한 계획에 더해 징집한 노역자들을 북부 변방으로 보내 옛 국경 방벽을 이어 만리장성을 축조하게 했다. 이렇게 진나라는 자신들의 업적에 의해 이제는 쓸모없게 된 전국시대의 제도를 계속 사용하는 것 말고는 별다른 목적이 없는 광란의 확장과 건설에 빠져들었다. 전쟁과 확장을 위해 탄생한 나라였던 진은 더는 정복해도 좋을 만한 세계가 남아 있지 않았는데도 전쟁과 확장에 국력을 낭비했으며 새로이 정복한 이들을 소외시켰다. 결국 농민들이 민란을 일으켰고, 이를 시작으로 각지에서 반란이 들불처럼 번지면서 수많은 진나라 관리와 백성들이 통치자에게 등을 돌렸다. 중국 최초의 제국은 탄생한 지 불과 15년 만에 화마 속으로 사라졌다.

새로운 질서: 한 왕조의 부상

한 왕조는 4년간의 내전을 거치며 부상했다. 진나라의 재앙이 남긴 그늘 속에서 수많은 동맹의 지원에 의존하며 움직였던 한 고제高帝는 가장 중요한 추종자들을 왕으로 책봉하는 한편, 본인은 전략적 요충지이자 옛 진나라의 중심지였던 관중 지역(위하 유역)만 차지했다. 그러나 곧 구실을 마련해 옛 동맹국을 하나씩 무너뜨리고 그 자리에 자신의 친족을 앉혔다. 그런데도 한나라 치세의 첫 반세기는 여전히 반독립적인 왕들이 제국의 절반 이상을 다스렸으며, 한 왕조는 여러 왕국을 진압한 끝에야 기원전 154년에 통일 제국을 재건했다.[40]

지면상의 이유로 한대의 제도 개혁과 사회 발전을 상세하게 다룰 수는 없으나, 그 대신에 한이 통일의 실상을 반영한 새로운 사회적·정치적 질서를 만들기 위해 도입한 핵심 변화를 주제별로 다루겠다. 네 가지 변화는 다음과 같다. (1) 황제가 새로운 역할로 거듭났고, (2) 징병제를, 그리고 농민에 대한 직접 통치를 철폐했으며, (3) 국가에 문화적 세계의 후원자라는 역할이 주어졌고, (4) 관직에 대한 열망 그리고 영지와 후원, 지지로 쌓은 인맥이라는 형태의 지역적 권력 기반을 모두 가진 새로운 지배층이 출현했다.

한나라는 진나라와 마찬가지로 모든 부와 위신, 권위의 원천인 반신적 군주에게 국가의 초점을 맞춘다는 원칙을 고수했다. 초기 치세에는 이러한 경향이 거의 보이지 않았는데, 한의 초대 황제가 평민 출신이었으며 왕을 봉하는 정책으로 권력이 제한적이었기 때문이다. 그러나 그는 여러 궁궐을 짓고 궁중 의례를 제도화하며 황실의 조상숭배를 위해 전 제국에 걸쳐 종묘를 건설함으로써 황제로서 위세를 떨치기 시작했다. 제2대 황제는 어린아이였고, 제3대 황제는 고제의 추종자들과 외척 세력이 짧은 내전을 벌인 끝에 강력한 신하들이 추대한 이였으며, 제4대 황제 또한 왕작을 받아 중국의 동부 및 남부 대부분을 다스리던 사촌들과 불안정한 타협을 이루며 살았다.[10] 제5대 황제인 한 무제武帝(재위 141~87 BC)에 이르러서야 한의 통치자는 진나라 황제처럼 견제받지 않는 유일한 권력을 손에 쥐었으며, 한나라 황제의 권위를 세우는 법적·의례적 선례 대부분도 그가 만들었다.[41]

무제가 펼친 정책 중 다수는 진나라의 정책을 늦게나마 재개하는 식이었다. 무제는 한나라 이북의 땅을 지배하던 유목민 연맹인 흉노에 조공을 바치고 공주와 혼인시키는, 한나라 초기의 정책을 폐지했다. 그 대신에 그는 진과 마찬가지로 군사 원정을 다시 활용하기 시작했으며 중국인을 변방 지역에 정착시키고자 했다. 반신적 지위를 내세운 무제는 봉선을 시행했으며, 황제가 곧 대제사장이자 우주적 인물임을 보이기 위해 제국의 숭배에 관한 많은 개혁을 단행했다. 여기에 더해 궁중 의례를 발달시켰고, 연회와 의식 행사의 음악을 관장하는 악부樂府를 세우거나 부활시켰다. 군사 원정과 거대해진 궁을 지탱할 재정을 마련하기 위해 진대의 소금 및 철 독점을 부활시켰고, 상인 자본에 막중한 세금을 신설해 부과했으며, 재산을 모두 신고하지 않은 자의 부를 몰수하는 한편 정확한 정보를 확보하기 위해 몰수한 재산 일부를 밀고자에게 포상했다. 또한 특별 관리를 파견해 강력하거나 부유한 호족의 행실을 조사했으며, 이들을 무너뜨리고 재산을 몰수할 법적 근거를 찾아냈다. 유학자 동중서董仲舒는 무제의 명에 따라 황제를 우주적 인물로, 그리고 왕조의 권세를 근본적 자연의 힘이 표출된 것으로 만드는 오행설을 부활시키고 확장했다. 그러므로 그의 치세 동안 황제의 자리는 대제사장이자 반신적 인물이라는, 그리고 모든 권위와 특권의 원천이라는 완전한 광휘를 되찾았다.[42]

드높았던 황제의 지위는 여러 제도에서 분명히 드러났다. 우선 황제는 모든 법의 근원이었다. 고제가 선포한 법이 곧 제국의 법이었고, 모든 후대 황제가 하는 말 또한 법이 되었으며, 황제의 직인이 없으면 조정의 그 어떤 조치

10 한 문제文帝는 보통 제5대 황제로 세는데, 이 글에서는 외척 세력의 영향 아래에 있던 전임 황제 두 명을 비정통 황제로 취급해 문제를 제3대 황제로, 그 아들인 한 경제를 제4대 황제로 보고 있다.

도 법적 효력을 가지지 못했다. 기존의 법률을 바꾼다는 것은 조상에 대한 비판을 암시하므로 도리적으로 불효라는 의심을 받을 수 있었다는 점이 황제의 입법권에 대한 유일한 제약이었다. 황제가 승인하는 경우에만 처형이 시행되었고, 황제가 명령하면 누구든 즉결 처형될 수 있었다. 황제는 또한 최고 행정가로서 조정 및 주요 지방 관아 모두가 황제의 명을 받았다. 중대 사안의 경우에는 온 조정이 한 자리에 모였지만, 황제 개인의 결정에 따라 결론이 났다. 또한 황제는 정원과 황제령을 비롯해 제국에서 가장 많은 토지를 소유한 지주였고, 비경작지(예를 들면 산림, 광산, 염전 등)에서 난 수익은 법적으로 모두 황제에게 돌아갔다. 한나라 대부분의 기간에는 황제가 사유지와 제국의 비경작지를 통해 벌어들이는 수입이 국고 총수입을 초과했다.

이 비범한 법적·행정적·경제적 권력은 황제 개인을 신성화하는 일련의 방대한 사치 금지법을 통해 보증되었다. 황제가 입는 의복의 무늬, 양식과 장식은 다른 그 누구에게도 허락되지 않았다. 수도의 성문과 주요 도로에는 오직 황제만 사용할 수 있는 특별한 길이 있었으며, 황제가 출타할 때는 먼저 전령을 보내 아무도 황제를 쳐다보지 못하도록 길을 비웠다. 황제가 하사한 모든 물건은 신성한 물건으로 간주했으며, 이를 망가뜨린 자는 사형에 처할 수 있었다. 어느 고분에서 출토된 대나무 조각에는 황제가 일흔 넘은 모든 남성에게 하사한 비둘기 모양의 지팡이를 들고 있던 노인을 어느 관리 한 명이 매질한 일화가 기록되어 있다. 매질당한 노인이 황제의 하사품인 지팡이를 떨어뜨리면서 지팡이가 망가졌는데, 매질한 관리가 이를 망가뜨린 죄로 처형당했다는 일화다.[43]

무제 이후로 그만큼 야망 있거나 권세와 특권을 적극적으로 추구했던 통치자는 거의 없었으며, 서한의 두 번째 세기(기원전 1세기) 동안에는 공격적인 대외 정책이 폐지되었고, 황실의 조상숭배 규모와 황제령의 크기가 일반적으로 감소했으며, 황실의 사치도 줄어들었다. 그러나 같은 시기에 황제를 인간계와 천계의 유일한 전달자로 보는 천신숭배사상이 성립했으며, 왕조의 존재를 자연법칙의 표출로 보는 오행설이 일반적으로 자리를 잡았다. 이 시기의 황제들은 무제보다 덜 적극적이었지만, 황제의 역할이 인간계의 중심이자 권력의 원천이라는 점은 종교의식과 정치 이론의 양면에서 일반적으로 인정되었다. 동한에 이르자 황제라는 자리가 하늘과 땅을 잇는 연결 고리이자 모든 권위의 원천이라는 점은 거의 보편적으로 받아들여졌다.

징병제의 폐지와 고급문화의 보호

한대에 일어난 두 번째 주요 발전은 징병제 폐지였다.[44] 전국시대 정치 공동체의 기본 조직 원리였던 이 제도는 그동안 제한적으로나마 사용되었으나, 기원전 154년에 왕국들을 진압[11]한 이후로는 엄밀한 의미로 중국 내에서 전면전이 발발할 가능성이 사실상 없어졌다. 이제 한나라가 북방 변경의 유목민족 흉노를 상대로 펼칠 종류의 전쟁에서는 대규모 보병대를 전투부대로 활용할 수 없었으며, 그만큼의 물자를 보급할 수도 없었다. 게다가 순환 복무 기반의 체계도 무용했는데, 단기간 복역으로는 상주 수비대를 유지할 수 없는 데다가 1년에서 2년을 복무한 후 매년 단기 훈련을 받는 옛 방식으로는 당시에 가장 필요했던 군사적 기술인 노와 승마를 전문적으로 연마할 수 없었기 때문이다. 군부대를 꾸리고 초원을 향한 장기 원정을 시작하려면 새로운 형태의 군대가 필요했다.

최초로 기록된 변화는 무제 치하에서 나타났다. 그는 대부분의 경우 군역을 대신해 조세를 거두기 시작했으며, 그 수입을 이용해 장기 복무할 전문병사를 고용했다. 또한 수형자를 변방 군대에 복무시키기 시작했으며, 농경지의 범위를 넓히고 중국의 변방을 사수할 수 있다는 헛된 희망을 품은 채 고제와 마찬가지로 둔전을 건설하고 농민에게 토지와 종자, 농기구, 조세 감면 혜택을 주었다. 기원전 57년에 흉노에서 선우單于 자리를 놓고 두 계승권자 사이에 내전이 발발했으며, 기원전 53년에 이르자 그중 한 명이 (기원전 36년에 한나라 군대에 살해당할) 경쟁자를 제거하기 위해 한으로부터 재정적·군사적 지원을 받는 대가로 한을 종주국으로 공인했다. 이는 서로의 친족과 싸우는 동

11 한 경제 때 유씨 성을 가진 제후왕들의 반란인 오초칠국吳楚七國의 난을 진압한 것을 가리킨다.

맹 부족들에 군사원조를 제공해 '이이제이以夷制夷'라는, 후한의 분할 정복 정책으로 나아가는 최초의 시험적 발걸음이었다.

기원전 1세기 동안 징병제도는 실제로 거의 사용되지 않았으나 법적으로는 유지되었다. 세기말의 수십 년간 왕씨 일족이 유약한 황제들과 여러 차례 혼인하며 황실을 장악했고, 기원후 9년에 이르자 가문의 수장이자 열성적 복고주의 유학자였던 왕망王莽이 쿠데타를 꾸몄으며, 하늘이 왕씨 일족에 왕권을 안겨 주었음을 보이기 위해 일련의 기적이 일어났다고 주장한 끝에 한의 어린 황제를 왕위에서 내몰았다. 허난의 부유한 지주들과 산둥의 굶주린 농민들이 반란을 일으켜 새로운 왕조[12]를 무너뜨렸고, 기원후 25년에 동쪽의 새로운 수도[13]에서 한 왕조가 복원되었다. 이로써 권력은 옛 진나라가 군사적 전통으로 다스렸던 지역에서, 예의범절을 중시하는 호족이 장악한 황하의 범람원으로 이동했다.

왕망을 상대로 봉기했던 다수의 반란군은 추계 군사훈련에 징집된 농민을 이용해 조정을 상대로 전투에 나섰다. 농민 징집은 무용해진 지 이미 오래되었으며, 이처럼 반란을 거치면서 징병제가 정부에 어떠한 위협이 될 수 있는지가 여실히 드러났다. 이에 따라 기원후 31년에 한나라 황제는 순환 복무와 연례 훈련을, 그리고 지역의 군사령관직을 없앴다. 이 변화로 인해 백성에 대한 동원 및 직접 통치를 바탕으로 하는 전국시대형 정치 공동체의 사실상 폐기가 공식적으로 비준되었다.

세 번째 주요 변화는 국가의 목적은 인간 사회를 형성한 예술과 규율을 후원해 질서를 수호하는 것이라는 사상의 승리였다.[45] 전국시대의 정치 공동체는 전쟁을 위한 기관차였으며, '부국강병富國強兵'을 기본 금언으로 삼아 정책을 만들고 왕권을 정당화했다. 국가 간 경쟁의 세계가 막을 내리자 재정적·군사적 권력은 기존의 정당성을 잃어버렸고, 국가의 역할은 정의되지 못한 채 의문의 대상이 되었다. 이 새로운 정치 공동체의 목적과 제도를 구축하기 위

12 기원후 9년에서 기원후 23년까지 지속된 신新 왕조를 말한다.

13 후한(동한)의 수도인 낙양으로, 전한(서한)의 수도였던 장안보다 동쪽에 있다.

한 첫 움직임은 이번에도 무제 치하에서 시작되었다. 황제가 농민을 위해 자연의 축복을 가져오는 우주적 인물이라는 개념에 초점을 맞춘 상당한 종교 개혁을 일으켰던 무제는 이와 함께 유교 경전을 유일한 국가 경전으로 인식했으며, 유학자들을 이 경전의 지정 석학으로 임명했다. 이로써 무제는 인류가 짐승의 수준으로 떨어지지 않기 위해 필수적인 고급문화의 존재를 수호하는 정치 공동체 계획의 기틀을 마련했다.

이처럼 유학을 공인한 것은 무제에게는 제국의 위엄을 드높이려는 매우 다면적인 계획의 일면에 지나지 않았으며, 복고주의 유학자들은 주로 고어를 사용해 문예적 인용이 특징적인 공식 문서를 작성하고 의례를 구상하는 역할을 맡았다. 그러나 무제 치세의 특징이었던 공격적 정책과 장엄한 전시가 후대 통치자들을 거치며 폐기되자, 유교 경전과 태학太學이, 그리고 중국의 문화적 유산을 수호하고 확장하기 위한 국가와 관료의 헌신이 제국 건설의 핵심으로 거듭났다. 서한 말에 이르자 3만 명이 넘는 유생이 태학에 다녔으며, 이것이 조정에 오르는 주요한 경로로 자리를 잡았다. 유교 성인의 통치와 천신숭배사상의 제도화를 주장했던 왕망의 치세에 이르자 유교 경전은 한층 더 숭상되었다. 동한 시대에는 유학과 유교 경전이 제국의 조직에 의심할 여지 없는 왕관을 씌워 주었고, 이를 연구해 정부 시책의 지도 원칙을 구했다.

한대의 새로운 지배층, 대지주

한대의 사회 정치적 질서의 마지막 주요 변화는 제국의 관직에 대한 깊은 헌신과 강력한 지역 기반을 모두 가진 새로운 형태의 지배층이 출현했다는 점이다.[46] 황제의 신성화, 농민 징집의 종료, 유교의 제도화와는 달리 호족이 황실과 지역사회의 중개자로서 부상하자 초기 제국 정부는 이를 적극적으로 저지했지만, 장기적 관점에서 이는 개별 왕조가 멸망하더라도 제국의 체계가 계속 유지될 수 있었던 가장 중요한 변화라고 할 수 있다.

앞서 살펴보았듯이 진 왕조는 전국의 지배층을 수도로 이주시키는 정책을 통해 권력을 무너뜨렸다. 내전 및 한대 초기를 거치면서 강력한 호족이 부흥했지만, 무거운 조세와 무제가 파견한 특별 관리들이 이들에게 치명타를 입혔다. 그러나 동시에 무제는 선대 지배층의 흔적을 지우고 있었으며, 그가 펼친 정책을 바탕으로 새로운 지역 권력이 탄생했다. 무제의 반反상인 몰수 정책으로 말미암아 많은 이가 교역을 그만두고 재산으로 토지를 매입했다. 마찬가지로 조정이나 지방정부의 고위직에 올라 상당한 부를 벌어들인 이들은 덧없는 풍족함을 좀 더 지속적인 재산으로 치환하기 위해 토지에 투자했다. 무제가 군역을 대신하는 조세 등의 수취 정책을 시행하자 가난한 농민들은 점점 더 대부업자의 손아귀에 빠지거나 결국 파산하고 말았으며, 현금이 넉넉한 이들에게 토지를 헐값에 팔아넘기고 소작농으로 일할 수밖에 없었다. 기원전의 마지막 세기 동안 정부는 토지 소유의 집중을 제한하고 소규모 자영농들이 소작농으로 전락하지 않도록 예방하고자 노력했다. 이는 농민에 대한 동정심에서 비롯된 것이 아니라,(국가는 농민을 자비 없이 쥐어짰다.) 조세와 역의 원천을 유지하려는 목적이었다. 왕망은 영지의 발달과 강력한 호족의 부상을 저지하기 위해 모든 토지를 국유화하려고 하고 노예제를 철폐하고자 했으나, 그가 패망하면서 지주제에 대한 정부의 저항도 막을 내렸다.

새로운 지주제가 수용된 것에는 세 가지 주요 원인이 있었다. 첫째, 동한은 광무제光武帝를 비롯한 대지주들이 연합해 세운 나라였다. 둘째, 징병제 폐지와 함께 농민 가구에 대한 직접 통치가 더는 국가권력의 기반이 아니게 되었으며, 자유농민에 대한 조정의 관심이 크게 줄어들었다. 게다가 동부 세력이 지배적이었던 조정은 관중 지역의 군사적 전통에 적대적이었다. 셋째, 초기의 지역 지배층은 국가와 거리를 두었으며 적대적인 경우도 잦았던 반면에, 신흥 지주는 다수가 관직을 통해 부와 명성을 얻었고, 유가 도덕에 몰두하고 이를 연구하는 가문 차원의 새로운 전통을 통해 계속해 관직에 오를 수 있다는 희망을 얻었다. 태학에 들어가거나 관직을 향한 탄탄대로에 오르려면 중앙 조정 또는 지방 관리가 일 만큼 저명한 호족에게 추천을 청탁해야 했으므로, 유가적 가치와 연구의 전통을 받아들인 강력한 지주 가문들은 추천 통제권을 통해 관직에 지속적으로 오를 수 있다고 자신했다.

이들은 황실 관직으로 얻은 수입을 이용해 지역 기반을 확보함으로써 가문의 수장이 사망할 때 발생하는 재산 분할을 상쇄했다. 귀족층이 사라졌으

—— 한대 고분의 그림 속 곡식 저장고 앞에 앉아 있는 지주(왼쪽). 그가 자선하는 곡식을 그의 노비가 빈곤한 농민의 바구니에 부어 넣고 있다. 농민의 지팡이 윗부분에 눈에 띄는 비둘기 상징은 황제가 하사한 선물로, 이 농민이 일흔의 나이를 넘겼음을 나타냈다. (Lewis, *Early Chinese Empires*)

므로 장자상속은 황실의 특권이 되어 있었다. 모든 평민 가문에서는 아버지가 아들들에게 재산을 분배하는 분할 상속이 이루어졌다. 그 결과 대가문은 경제적으로 비효율적인 고용 노동자에게 경작을 맡기는 대규모 영지를 구축하지 못했으며, 단일 구획으로 된 토지를 소유하지도 못했다. 사실 한대의 기록에 등장하는 가장 큰 영지도 로마 시대의 영지나 중세 시대의 주요 수도원과 비교하자면 채 10분의 1도 되지 않는 규모였다. 이들은 영지를 확대하지 않고 분할해 아들들에게 나누어 주었으며, 소작농에게 작은 전답 단위로 경작을 맡겼다. 이들이 추구했던 주된 목적은 토지와 부를 축적하는 것이 아니라, 충성심을 근거로 움직일 수 있는 친족, 고객, 이웃 등의 폭넓은 인맥을 쌓으려는 것이었다. 부를 토지로 돌렸던 상인들 또한 이와 같은 행보를 따랐으므로, 많은 경우 하나의 가문이 영지를 경영하면서 영지의 생산물을 시장에 내놓거나 대금업에 관여하고 가난한 이웃에게 자선을 베푸는 한편, 조정의 관직을 확보할 수 있다는 기대감으로 아들들에게 글공부를 시켰다. 소작농에게 부과되는 역은 더는 국가의 기반이 아니었으며, 대신 국가를 무장 보호 세력이자 유익한 관직의 원천으로 여기는 강력한 지주 가문의 충성심을 확보하는 일이 곧 국가의 토대를 확보하는 일이었다.

그러므로 기원후 1세기 말에 이르자 동한의 조정은 세계 제국의 현실에 적응한 새로운 정치 공동체를 구축하는 데 성공한 것으로 보인다. 적극적인 황제들은 천신숭배사상과 봉선을 통해 황제의 지위를 신성화했다. 전국시대의 농민 군대는 거의 잊혔지만, 한 조정은 전문적인 정예 군대를 수도 근처에 주둔시켜 국내의 우월성을 유지했다. 변경 지역에서는 수형자로 구성된 수비대가 망루와 보루를 지켰고, 전문적인 기병 부대와 이들의 동맹인 이민족들이 한때는 넘볼 수 없었던 흉노를 제거했다.(기원후 88년에 송의宋意는 다음과 같이 말했다. "선비족이 복종해 흉노 수만 명의 목을 베어 오고 있다. 이 위대한 업적을 중국이 누리면서도 일반 백성은 조금의 수고도 알지 못한다. 그러므로 한의 성공이 극에 달했다.")[47] 경전과 교육기관을 내세운 복고주의 유학이 일반적으로 최고의 진리로 여겨졌다. 부와 과시적 후원을 통해 지역사회를 지배하던 호족은 연구 전통을 통해, 그리고 추천제의 통제를 통해 관직을 향한 탄탄대로에 오르면서 국가 질서에 편입되었다. 이들은 또한 그들 자신의 권력과 위신을 공인했던 유교의 위계적·가족적 가치들에 대해 헌신을 드러냈다. 이와 같은 한나라의 특징은, 즉 우주적 의례가 정의하는 황제권, 전문 군인과 수형자나 비한족계 기반의 군사력과 일반적인 비무장 사회, 유교 이념을 바탕으로 삼는 문화적 질서를 수호하는 국가, 지역적 명성과 관직에 대한 열망을 모두 가진 호족이 매개가 되어 유지한 제국 기구와 지역사회 간의 연결성 등은 뒤이은 중국 제국의 역사에서도 근본적 요소로 자리를 잡았다.

그러나 기원후 1세기의 명백한 승리는 다음 세기에 접어들면서 한나라에 재앙으로 변모했다. 앞서 살펴보았던 변혁들은 가가 전례 없고 위험한 부작용들을 드러냈으며, 이것이 누적되어 재앙의 소용돌이를 일으키면서 한 제국의 구조를 무너뜨리고 중국을 오랜 정치적 분열과 사회적 혼란으로 몰아넣었다.

5 초기 도시

남북조시대에 관한 논의를 시작하기 전에, 먼저 고대국가와 초기 제국에서 도시의 역할이 어떻게 달랐는지를 살펴보고 넘어가는 것이 좋겠다. 전근대국가는 언제나 교통과 통신의 한계로 인해 광대한 영토에 걸쳐 권위를 떨치는 데 어려움을 겪었다. 19세기의 저명한 잉글랜드인 역사가인 액턴 경Lord Acton은 고대 페르시아 왕의 경우 그의 말이 곧 법이 되는 전제 군주였으나, 그러한 법도 그의 신하가 물리적으로 존재하는 곳 너머에서는 효력을 가지지 못했다고 보았다. 이 논평은 초기 중국에도 그대로 적용할 수 있다. 이에 따라 국가로서는 통치자와 관료들이 대거 집중된 수도가 무엇보다도 중요했으며, 수도가 곧 국가의 중심지이자 상징이었다. 중심지로서의 수도는 국가를 공간적으로 정의하는 인력과 물자의 구심적 흐름이 향하는 최종 목적지였으며, 외부의 사람과 물체를 내부로 끌어들이는 동안에만 수도의 구실을 다할 수 있었다. 국가 상징으로서의 수도는 강력한 업적을 통해 정치제political whole를 묘사하고 형성한 건축적·의례적 축소판이었다. 그 결과 수도는 국가 전체를 관장할 수 있는 구조 또는 조직 원리가 적용된 축소판 모형이 되었다.

고대국가에 관한 부분에서는 국가의 형성을 증명했던 독특한 도시 형태의 출현에 관해 논하겠다. 이 새로운 도시들은 토벽의 확장과 특성화 구역(의례 중심지, 수공업자 구역, 거주 구역)의 구분으로 정의되었다. 이러한 구분은 지위와 기능에 의한 사회적 분화의 발달을 증명한다. 도시의 출현은 또한 인구의 특정 일부가 물자를 불균형적으로 확보함으로써 문명의 특징인 여가 활동이 지역 단위로 자라날 수 있었음을 의미한다. 주변 지역의 부를 끌어오면서 잉여 자원을 가지게 된 도시 주민들은 지배층의 특징인 숭배 활동에, 그리고 이와 관련해 종교의식에 필요한 수공업(예를 들면 청동기 주조와 골조骨彫 등)에 전념할 수 있게 되었다. 이처럼 도시들은 계층 분화의 지리적 형태이자 국가를 형성한 절점이었다.

고대국가의 도시와 사당

상나라 때의 수도와 다른 도시들 사이의 차이점은 주로 규모에 있었다. 판룽청盤龍城에서는 최고위 관료 혹은 왕족의 거주지였을 것으로 추정되는 도시가 발굴되었는데, 토벽이 도시를 둘러싸고 있고 가옥 쉰 채 이상의 터가 남아 있다. 다른 곳보다 높은 흙언덕에는 세 채의 거대한 건물이 세워졌다. 이곳은 의례적 공간이었을 것이 분명하며, 도시 '영주lord'의 거주지였을 수도 있다. 마치 '공국' 같은 이 도시가 당시의 수도인 오囂(현대의 정저우鄭州)와 다른 점은 규모를 제외하면 도시 성벽 바깥에 대규모 묘지 또는 '죽은 자들의 도시'를 두었던 흔적이 없다는 점뿐이다. 오늘날의 안양 부근에 자리한 상나라의 가장 거대했던 마지막 수도는 시베이강西北岡이라는 이름의 거대한 왕릉이 있다는 점에서 구별된다. 궁궐과 사당이 있는 구역은 긴 성벽으로 두른 구역 내부에 있었던 반면에 왕릉은 북서쪽에 자리했다. 흥미로운 점은 평민들의 무덤이 도시 성벽 내 구역에 여기저기 흩어져 있었다는 것이다. 이 무덤들은 대부분 집터 옆에서 발견되었는데, 아마 망자가 살아 있을 때 거주했던 집으로 추정된다.[48]

이 문제를 다룬 문헌은 남아 있지 않지만, 고고학적 증거들은 왕릉이 존재하는지가 수도의 특징이었음을 시사한다. 이러한 추정은 앞서 살펴본 상나라 국가 모형에도 들어맞는다. 국가권력이 조상숭배에서 비롯되는 국가라면 왕가의 조상들을 수도 내에 물리적으로 모셔 두는 것이 가장 분명하게 권위를 드러내는 방법이었을 것이기 때문이다. 왕릉이 따로 떨어진 구역에 모여 있는 것과는 대조적으로 평민들의 무덤이 도시 전역에 걸쳐 흩어져 있다는 것은 상나라에서 지배층의 일원이라 하면 곧 도시 내에 모여 살았던 반면에 농민들은 지방에 뿔뿔이 흩어져 살았던 것과도 평행을 이룬다. 왕가의 무덤은 또한 자원의 구심적 흐름이 모여드는 지리적 중심지 역할을 했을 것이다. 수도로 모여든 잉여생산물 중 상당한 비율이 엄청난 양의 청동기와 무기, 전차, 인신 공양을 매장하는 데 쓰였을 것이 분명하기 때문이다.

주나라의 사료 또한 이처럼 왕릉의 존재를 토대로 한 왕가 도시의 추정적 정의를 뒷받침한다. 『시경詩經』에 수록된 시가 중에는 왕국이 탄생하기 전(즉 주나라가 아직 상나라를 정복하기 전으로 지배 왕조가 아니었던 때)에 최초의 수도를 건설한 조상에 대한 찬가가 있다. 이 찬가에서는 가장 먼저 종묘를 세웠다고 노래한다. 이러한 관습은 후대의 의례 지침서에서 귀족에게 우선 사당을 지은 다음에 마구간과 무기고를, 마지막으로 가옥을 지으라고 설명한 점에서도 찾아볼 수 있다. 사당은 무덤과는 다르지만, 둘 다 조상숭배가 왕권을 정의하고 나아가 왕가의 수도와 다른 도시적 중심지를 구별하는 핵심 요소였음을 시사한다. 『춘추좌씨전春秋左氏傳』(『좌전』이라고도 하며, 기원전 4세기에 쓰였으나 초기 동주 시대부터의 자료를 담고 있다.)에는 "수도란 조상의 위패를 모신 사당이 있는 도시다."라는 구절이 나온다. 상나라는 무덤을 이용하고 주나라는 사당에서 의식을 행했지만, 결론적으로 주나라 때는 상나라 때와 마찬가지로 조상숭배를 행하는 장소의 존재가 수도를 구별 짓는 특징이었다.[49]

수도를 정의하는 데 사당이 담당했던 핵심 역할은 주나라의 특징인 '가문의 법', 즉 종법 체계에서도 찾아볼 수 있다. 앞서 설명했듯이 주나라는 황하 유역을 따라 분포한 도시 중심지마다 주나라 왕의 친족과 동맹을 위한 군사 식민지를 건설했으므로 공간적으로 넓게 퍼져 있었다. 각 중심지는 왕궁의 모습을 본떠 만든 축소판이었다. 또한 각각 수도를 건설하고 종묘를 두었는데, 이론적으로 이 종묘에는 왕가의 종묘보다는 적은 수의 위패를 모셨으며 제사에 사용하는 청동 예기도 더 적었을 것으로 추정된다. 후대의 의례서에 설명된 위계를 보면 왕은 아홉 명의 조상에게 아홉 개의 솥을 사용해 제사를 올렸다. 종속적 중심지의 지배자는 일곱 개의 솥을 사용해 일곱 명의 조상에게 제를 지냈다. 귀족과 도시의 위계에서 한 단계 내려갈 때마다 위패와 예기의 수가 점차 줄어들었다. 이처럼 견고한 도식은 후기 학자들의 이론적 산물이기는 하지만, 초기 문헌과 고고학적 기록에 증명된 것처럼 수도가 조상숭배만을 위한 공간의 존재를 기준으로 규정되며 수도의 지위는 조상의 지위에 따라 달라진다는 개념을 담고 있다.

사당은 그 자체로도 왕권의 물리적 표상이었는데, 이곳에서 행하는 의식을 통해 왕조 개창자의 영적 힘을 되짚기 때문이다. 상나라 유적지에서 발견된 터를 보면 지붕 있는 회랑이 사방을 에워싼 공간 중앙에 단 하나의 회당을 둔 건물들의 흔적을 볼 수 있다. 이러한 건물 구조는 후대 문헌에서 설명한 상나라의 사당과 일치하므로 사당 유적일 것으로 추정된다. 사방을 둘러싼 복도 안쪽은 중앙 회당을 중심으로 하는 의례적 공간이고, 이 회당에는 위패를 모신 정전 그리고 예기를 두었을 것이다.

주나라에는 거대한 왕릉이 없었으므로 종묘 의례를 더욱 강조했다. 이에 관한 증거는 서주 초기에 들어 종묘의 터가 더욱 복잡해졌다는 점에서도 찾아볼 수 있다. 내부 회당과 안뜰이 반복되면서 건물 전체가 탁 트인 뜰과 벽으로 가로막힌 회당으로 반복되었다. 회당은 두 줄의 곁방을 통해 연결되었고, 중앙의 중심축을 따라 출입구와 회랑이 놓였다. 이 모든 건물 구조가 의례적 행렬에 사용되었을 텐데, 이는 가장 깊숙한 내부에 숨은 최종 공간에 닿기 위해 층과 층을 지나 안쪽을 향해 움직인다는 느낌을 강화한다. 행렬은 가장 먼저 도시 성문을 통과하고, 또 다른 입구를 지나 궁궐에 들어선 뒤, 세 번째 입구를 지나 종묘 안뜰에 들어서고, 이 첫 번째 안뜰을 지나 첫 번째 회당에 들어간 다음, 다시 두 번째 안뜰을 지나 마지막 문에 당도했을 것이다. 위패를 모신 정전에서도 내향적 진전이 계속되었다. 여덟 쌍의 사당 사이를 지나야 마지막 제단이자 이 왕국의 궁극적인 내적 지향점에 이를 수 있기 때문이었다. 가장 바깥의 사당 한 쌍은 최근에 사망한 왕가 조상 두 명을 기렸고, 다음 한 쌍은 그 전 세대의 조상을 기렸으며, 같은 방식으로 이어져 마지막 중심 사당에서는 왕조의 창건자를 기렸다. 이렇게 종묘와 수도는 왕조의 근간인 조상의 권위를 공간적으로 형상화한 통합적 전체를 형성했다. 또한 의식을 행하는 무대가 되어, 행렬을 통해 지금까지 이어진 왕가 조상의 계보를 잠시나마 재현해 조정 전체가 이를 실제로 보고 느낄 수 있게 했다.[50]

종묘는 또한 주나라 왕의 귀족 작위 수여식이 열리는 곳이기도 했다. 수여식에서는 종속적 통치자로서 명命을 받들게 될 사람이 앞에서 설명한 일련의 과정을 따라 안쪽 회당으로 향했다. 왕과 기록인이 건물 계단의 가장 높은 곳에 섰고, 작위 수여자는 안뜰 바닥에 무릎을 꿇고 앉았다. 기록인이 임명서(명)를 읽은 뒤, 특정한 의례적 예물과 함께 이를 새로운 귀족에게 전달했다. 이처럼 수여식에서는 주나라 권력의 이념이 물리적으로 재현되었다. 왕은 왕가의 조상이 전하는 천명을 따르는 자리이므로, 조상의 위패를 모신 사당의 입구에 섰다. 그리고 이 자리에서 자신의 봉신에게 낮은 위계의 명을 내릴 수 있었다. 봉신 또한 자신의 사원에서 관료나 하급 귀족을 임명하기 위해 축소된 수여식을 열 수 있었다.

수직성의 증가

앞서 논한 바처럼 전국시대로 전환되면서 귀족층이 사라지고 통치자가 견제할 바 없이 우월한 지위에 올랐다. 이러한 발전에 따라 수도와 중심지의 물리적 배치도에도 정치권력의 새로운 상징주의를 드러내는 중대한 변화가 일어났다. 요약해 말하자면 권위의 중심지는 사당에서 궁궐로 이동했고, 종교적 핵심 숭배는 사당에서 통치자 개인의 묘지로 이동했다. 이처럼 수도와 그 상징주의의 형태가 변했다는 것은 이전까지 불가분의 관계에 놓여 있던 정치권력과 종교적 숭배가 서로 다른 두 가지 영역으로 분리되었음을, 그리고 두 영역 모두에서 한 명의 통치자가 최고 지위를 차지했음을 의미했다.

지금까지 동주 시대의 크고 작은 제후국의 수도 스무 곳 이상이 발굴되었는데, 이 유적들에서 국가의 변화하는 본질이 분명히 드러났다. 첫째, 새로운 수도 다수가 주나라 왕의 수도보다 훨씬 컸으므로 옛 중심부에서 한때 주변부였던 곳으로 권력이 이동했음을 알 수 있다. 둘째, 새로 건설된 도시마다 특별한 궁궐 영역이 있었는데, 터가 높고 컸으며 통치자의 영역과 백성들의 영역을 나누는 내벽을 세운 것이 특징이었다. 대부분의 도시에서 궁궐 영역이 기존의 도시고, 바깥쪽 성벽은 제조업과 교역의 확장으로 인해 상당한 기세로 성장한 수공업 구역과 상업 구역의 주변에 건설되었다. 이 때문에 궁궐 영역의 위치는 도시마다 달랐다. 연나라의 '별도別都(하도下都)'에서는 도시 내 북부에 자리했다. 제나라의 수도인 임치에서는 일반 백성이 살던 도시의 바로 남서쪽에 별개로 성곽 도시를 세웠다. 어디에 있든 모든 수도에는 통치자의 궁궐이 특징적인 정부 구역이 있었다.

세 번째 새로운 특징은 '이상적' 수도의 구조를 지시한 최초의 규범 문헌이 등장했다는 점이다. 『주례』에 수록된 「고공기考工記」 중 한 부분에서는 도시가 정확히 사방위를 가리키는 정사각형이어야 하며 성벽마다 세 개의 출입구를 두어야 한다고 설명되어 있다. 도시의 중심에는 정부 구역을 두어야 했으며, 이곳에 통치자의 궁궐을 두고 양옆으로 종묘와 사직단社稷壇을 두어야 했다. 상과 주의 초기 유적 여러 곳 또한 사방위를 가리키지만, 궁궐이 중심부를 차지하는 한편으로 종묘와 국가적 제단이 주변부 위치로 밀려났다는 것은 전국시대 정치권력의 변화하는 본질을 반영한다.[51]

전국시대 수도의 네 번째 특징적 변화는 수직적 규모가 새로이 강조되었다는 점이다. 이것이 가장 잘 드러나는 부분은 토대를 높이 세우고 여러 층을 쌓아 도시의 다른 건물보다 훨씬 높은 대臺의 건설이 중시되었다는 점이다. 기록에 따르자면 왕들은 이러한 대를 열두 개도 넘게 건설하고 과장된 수치와 "구름에 닿"는다는 비유를 통해 누대의 엄청난 높이를 강조했다. 통치자들이 자국을 방문한 다른 나라의 사절단이나 왕에게 자신의 권력을 과시하기 위해 어떻게 누대를 내보였는지에 관한 이야기들도 있다. 이는 마치 현대의 국가들이 부와 기술적 정교함을 증명하기 위해 최고층 건물을 세우고자 하는 것처럼, 고대국가들도 전시의 일환으로서 더 높은 누대를 건설하기 위해 경쟁했다는 점을 분명히 보여 준다. 여러 유적지에서 누대의 기초가 발견되었는데, 이 중 가장 유명한 것은 제나라 왕실 구역의 건축적 중심점 역할을 했던 것으로 보이는 임치의 환공대桓公台다.[52]

수직성과 전시에 대한 강조는 권력의 새로운 특징 몇 가지를 시사한다.

첫째, 상과 서주의 수도에서는 권위의 장소를 숨겨 놓았으므로 여러 겹의 벽을 지나쳐 깊숙이 숨은 중심지에 다다라야지만 불가사의한 권력에 당도할 수 있었다. 반면에 전국시대의 통치자들은 여전히 건물들을 벽 너머에 숨겨 두면서도 내밀內密뿐만 아니라 전시를 통해 권력을 건축적으로 창출했다. 이들은 먼 거리에서도 볼 수 있도록 건물을 세워 올렸다. 누대는 또한 통치자가 자국의 드넓은 영토와 어쩌면 그 너머 적국의 영토까지 살펴볼 수 있는 전망대 역할을 했다. 이처럼 누대는 다른 이들에게 통치자의 권력을 내보이는 한편으로 통치자가 다른 이들을 은밀히 관찰할 수 있게 해 주었다.

수평적인 사당에서 수직적인 궁궐과 누대로 이동했다는 것은 정치권력을 뒷받침하던 종교 관습 또한 변화했다는 뜻이었다. 사당을 중심으로 하는 수도는 집단에서 조상이 가졌던 중추적 역할을 역설했으며, 수평적 건물 배치는 이들의 계보를 물리적 형태로 드러냈다. 주나라 귀족층이 쇠퇴하고 권위가 영토 지배로 정의되기 시작하자, 종교적 중추가 조상숭배에서 자연과 장소의 신령에 대한 숭배로 옮겨 갔다. 이러한 숭배 의식은 하늘과 땅, 산, 강의 신령과 소통하기 위해 하늘이 보이는 연단이나 제단에서 행하는 경우가 점차 증가했다. 이에 따라 도시의 수직성 증가가 새로운 형태의 숭배 의식으로도 나타나기 시작했다.

정치권력의 변화 양상 그리고 건축과 숭배 의식의 수직성 간 관계는 개별 왕릉이라는 새로운 구조에도 드러나 있다. 상나라와 서주에서 무덤은 숭배의 장소였지만, 사당의 부차적 요소가 되거나, 개별 무덤보다 가문을 중시하는 거대한 '죽은 자들의 도시'에 흡수되었다. 사당과 묘지에서는 수평축을 따라 넓게 퍼진 형태로 숭배가 이루어졌지만, 개별 묘지는 지하 깊은 곳부터 왕릉 위에 세운 작은 건물까지 수직적으로 배치되었다.

진나라의 장례 건축

동주 시대에 이르자 모든 것이 변했다. 첫째, 통치자와 고위 관료들이 장지 위에 거대한 분구묘들을 쌓기 시작했다. 『주례』에 따르면 봉분의 높이는 망자의 직위를 나타냈으며, 윈멍雲夢에서 발견된 법서에 의하면 진나라 법에도 비슷한 체계가 있었다. 봉분의 수직적 상승은 봉분 위에 나무를 심는 관행으로 한층 더 강조되었으며, 진나라 법에서도 마찬가지로 이러한 특권은 특정 계층의 남성만 누릴 수 있게 했다. 그러므로 누대와 궁궐의 높이를 두고 벌였던 위신 경쟁은 묘지를 놓고 벌인 경쟁과 나란히 이루어졌다. 실제로 당시의 도시 주변에 점점 많아졌던 높다란 봉분군은 도시 내 궁궐의 변화 양상을 명백하게 따르는 것이었다. (기원전 3세기의) 『여씨춘추呂氏春秋』에는 다음과 같은 구절이 있다. "오늘날 사람들은 장례를 치를 때 분구묘를 산처럼 높고 거대하게 쌓고 나무를 숲처럼 빽빽하고 화려하게 심는다. 문궐門闕과 안뜰을 두고 궁실을 지으며 방문객을 위해 계단을 만든다. 묘지가 마치 마을과 도시 같다."[53] 이것이 가장 잘 드러나는 무덤은 4세기 중산中山의 왕릉으로, 왕릉의 도식과 치수를 적은 거대한 동판이 함께 매장되어 있었다. 이 왕릉의 거대한 봉분 위에는 다섯 채의 각기 다른 다층 건물이 세워졌는데, 한 채는 왕을 위해, 두 채는 왕비들을 위해, 그리고 나머지 두 채는 첩들을 위해서였다. 무덤을 둘러싼 내부와 외부의 벽들을 보면 왕의 궁궐 영역과 조정을 본떠 무덤을 만든 듯했다.

전국시대의 봉분 중에서 가장 거대한 것은 여산에 인공산을 쌓아 올린 진시황릉으로, 병마용兵馬俑이 발견된 것으로 가장 잘 알려져 있다. 이 무덤은 진나라의 전통에 따라 흙으로 분구묘를 쌓고 그 곁에 목조 건축물 단지를 건설했다. 또한 동방의 전통을 차용해 건축물 단지를 두 겹의 벽으로 둘러쌌다. 중앙의 무덤은 지하 깊은 곳까지 파내 만들었고, 궁전과 누각의 모형을 채워 넣었으며, 수은으로 만든 바다와 강이 흐르는 세상의 모형을 사방에 두었다. 내벽과 외벽 사이의 공간에는 병마용은 물론 관료들을 본떠 만든 조각상을 가득 두었다. 뒤이어 고위 관료와 황가 일족의 무덤이 주변을 에워쌌으며, 지하 마구간도 있었다. 무덤군을 진나라의 복제판으로 조성한 것이다. 봉분과 부속 목조 구조물은 황제의 지하 궁궐이 되었고, 주변에는 황제를 모셨던 관료와 병사, 시중, 말들의 시신이나 모형이 놓였다.[54]

장엄한 진시황릉에 비견되었던 것은 새로운 형태의 수도 건설이었다. 진의 수도였던 함양 건설은 기원전 4세기 중반의 개혁가인 재상 상앙이 시작했

—— 여산 진시황릉에서 발견된 병마용 1호 갱의 복원 모습. 실물 크기의 조각상들은 진나라 군대의 훈련받은 특수 정예 부대를 묘사한 것으로 추정된다. (Wikimedia Commons, © Maros Mraz)

다. 고고학적 발굴을 통해 밝혀졌듯이 상앙은 도시 중심에 거대한 양 날개 구조의 궁궐을 두었으며, 궁궐 안에는 토축 언덕 주변으로 삼층짜리 건물들을 세웠다. 토축 언덕은 건물을 높이 올리는 인공 언덕 역할을 했으며, 다층 건물의 지붕에 무늬가 있는 처마 기와를 사용해 수직성을 한층 강조했다.

뒤이은 통치자들의 지배하에서 함양은 성벽 없는 궁궐 영역으로서 확대되었으며, 시황제 치세에 이르자 정점을 찍었다. 시황제는 진나라 수도 지역에 수많은 궁궐과 별장을 지었으므로 "관중에만 300채의 궁"이 있었다. 또한 자신을 위해 위하 남쪽의 상림원에 거대한 궁전을 짓기 시작했다. 문헌의 묘사에 따르면 난링산맥의 두 봉우리가 이 궁궐의 출입구였고, 위쪽의 회당에는 1만 명이 모일 수 있었다. 이 새로운 궁궐을 강 이북의 옛 궁궐과 연결하기 위해 높은 보도를 건설했는데, 이 또한 "하늘의 천극天極에서 은하수를 지나 영실營室로 이어지는 각도閣道를 본떠" 만들었다.[55] 여기에 패망한 적국에서 몰수한 무기로 거대한 동상 열두 개를 주조해 북두칠성 모양으로 배치함으로써 지상의 수도와 천상계 간의 유사성을 한층 강화했다. 두 개의 주요 궁궐을 고가 보도로 연결한 것 이외에도, 시황제는 보는 눈 없이 이 건물에서 저 건물로 오가거나 백성을 감시할 수 있도록 다른 궁궐과 누대를 연결하는 고가 보도 혹은 성벽길을 만들고자 했다.

시황제는 함양을 지상에 놓인 하늘의 복제판으로 만들고 그가 신령처럼 오갈 수 있는 미로 같은 누대와 높은 도보들을 지었을 뿐만 아니라, 수도 주변 지역을 제국의 소우주로 탈바꿈시키려고 했다. 『사기史記』에 따르자면 진은 국가를 정복할 때마다 위하 북쪽 강둑에 피정복국의 궁궐을 본뜬 건물을 지었고, 그동안 강을 따라 세워 둔, 성벽을 두른 궁궐에 망국의 악기와 기생을 가두어 놓았다. 이 정책은 궁궐이 국가의 상징으로 자리를 잡았으므로, 본래의 궁궐을 파괴하고 이를 본뜬 모형을 '포로'로서 자국의 수도에 지어 국가를 상징적으로 합병할 수 있었음을 보여 준다. 이처럼 시황제가 건설한 새로운 수도는 전국시대 정치적 건축의 특징인 수직성과 전시에 대한 강조를 이어받았으며, 여기에 제국의 정교한 우주적 상징주의를 더했다. 이 제국적 상징주의는 하늘의 구조를 본떠 수도를 건설한 천계적 차원과 모든 피정복 국가의 궁궐을 본떠 건설한 세속적 차원을 결합했다. 시황제의 수도는 알려진 온 세상을 포함하고 나아가 우주를 지배하고자 했던 제국의 새로운 현실을 시각적으로 묘사한 셈이 되었다.

정복한 국가를 수도에 상징적으로 재건해 수도를 제국의 축소판으로 만드는 것 외에도, 시황제는 피정복국에서 가장 부유하고 강력한 호족 12만 명을 함양에 강제로 이주시켰다. 제국의 인적 자원을 중심지로 끌어들이는 이 정책을 통해 이제 지방으로 전락한 지역에서 항거가 발생할 가능성을 줄이고 위험 요소를 황제와 조정의 가까운 시야 안에 둘 수 있었으며, 제국의 축소판인 함양의 특성을 사회적 영역으로 확장했다. 또한 먼 곳의 사람들이 통치자의 궁궐로 찾아와 투항하도록 만드는 능력에서 통치자의 권위가 드러난다는 중국 정치사상의 전통적 공식에 문자 그대로의 형태를 부여했다.[56]

한나라 수도의 건축 활동

진 제국이 짧은 역사를 끝으로 멸망했기에 원대한 건축 계획은 완성되지 못했으며, 수도 대부분은 기원전 206년에 항우項羽의 군대가 파괴했다. 그러므로 한 고제가 안전을 위해 옛 진나라의 중심부에 수도를 짓기로 했을 때는 대부분 백지 상태에서 재건해야만 했다. 살아남은 궁궐 하나는 진나라 황제의 여름 별장이었던 강 이남의 흥락궁興樂宮이었다. 장락궁長樂宮으로 이름을 바꾼 이 궁궐은 개조를 거쳐 한 고제의 제1궁궐로 사용되었으며, 이에 따라 한나라의 수도 장안이 위하 남쪽으로 옮겨졌다. 앞서 진나라의 신하였던 유학자 숙손통叔孫通은 조정의 모든 신하가 한 고제의 승리를 경하하기 위해 그의 앞에 엎드려 절하는, 한나라의 장엄한 제국적 의례를 이곳에서 처음으로 선보였다.

한 고제는 장안이 그다지 마음에 들지 않았던 듯하며 대부분의 시간을 다른 곳에서 보냈지만, 장안을 의례적 중심지이자 진정한 수도로 만들기 위한 작업은 계속해 진행되었다. 한 조정은 궁궐 외에도 무기고, 곡식 저장고, 관영 시장을 건설했지만, 인상적이게도 종묘를 건설했다는 기록은 없다. 이는 놀라운 일이 아닌데, 한 고제가 평민 출신인 데다 그의 계보가 조부 이상으로 거슬러 올라가지 못하기 때문이다. 무엇보다도 재상 소하蕭何의 감독하에 옛 장락궁의 남서쪽 부근인 용수산에 더 큰 궁궐인 미앙궁이 건설되었다. 용수산의 언덕들 덕분에 도시 위로 높이 솟은 건물을 건축할 수 있었던 데다, 용이 황제의 상징이라는 부가적 이점도 있었다. 한 고제가 제국이 아직 안정되지 않았는데 재물을 낭비한다고 비난하자, 소하는 일련의 계단식 구조로 지은 이 드높은 건축물이 제국 권력의 본질을 상징한다고 설명했다. "제국의 운명이 여전히 불안정하므로 우리는 이와 같은 궁궐을 지어야만 합니다. 진정한 천자라면 사해 안의 온 세상을 가족으로 삼아야 합니다. 만일 천자가 장엄함과 아름다움 안에 살지 않는다면 그 권위를 드러내 보일 방도도 없을뿐더러, 후계자가 기반으로 삼을 토대도 남겨 줄 수 없습니다." 그러므로 수도의 하늘에 높이 솟은 궁궐을 건축하는 일은 곧 한 고제의 천명을 드러내 보이는 일이었으며, 궁궐의 존속은 곧 왕조의 불멸을 의미했다. 궁궐은 제국의 '토대'였으며 안전을 보장하는 상징물이었다. 『좌전』에서는 수도를 "종묘가 위치한 도시"로 정의했던 반면에, 한 왕조의 사전인 『석명釋名』에서는 "수도는 황제의 자리"라고 설명한다.[57]

뒤이어 즉위한 황제들은 수도를 한층 더 발전시켰다. 어린 시절 즉위해 스승 숙손통의 간언을 따랐던 제2대 황제 혜제惠帝는 『주례』에 수록된 「고공기」가 묘사한 규율에 따라 도시를 건설하기 시작했다. 첫째, 그는 미앙궁 동쪽에 한 고제에게 제를 올리는 종묘를 지었다. 둘째, 궁궐의 바로 북쪽에 서시西市를 만들었다. 셋째, 미앙궁에 빙고氷庫를 세웠다. 마지막으로 궁궐과 사당, 시장을 하나의 경계 안에 들이고자 외성벽을 세웠다. 한 고제 당시에도 황궁을 둘러싼 성벽들이 세워졌지만, 도시를 제대로 정의하는 외성벽은 없었다. 이 성벽은 기존 건축물의 외벽을 활용해서 건설했으므로 모양이 매우 들쭉날쭉했으며, 「고공기」가 제시한 네모반듯한 형태와는 거리가 있었다. 그러나 외성벽에 열두 개의 성문을 배치하기로 한 것은 「고공기」에 따른 결정이었는데, 열두 개 중 네 개 성문은 미앙궁과 장락궁에 사실상 가로막혀 있어 오직 도시가 문헌에 따른 정통성을 가지고 있음을 보여 주기 위해 존재했기 때문이다.

그러나 정통성에 집착한 것은 아니었다. 한번은 혜제가 어머니에게 문안을 드리러 갈 때 사용하고자 지은 고가 보도가 한 고제의 관과 예복을 들고 왕릉에서 종묘까지 행진하는 길 위를 지난다는 점이 밝혀졌는데, 이는 불효로 여겨질 수 있는 행위였다. 그 결과 종묘를 수도에서 강 이북의 왕릉으로 옮기는 대대적인 의례 개혁을 단행했으며, 이는 후대 한나라 조상숭배 의식에도 영향을 미쳤다.

장안을 대폭 발전시켰던 마지막 황제는 제5대 황제인 한 무제였다. 앞선 두 선제가 금욕적인 황제였으므로 황실의 국고가 너너하게 쌓여 있었으며, 그가 즉위하기 10년 전에 모든 주요 제후국의 반란이 진압되면서 온 권력이 황실에 집중되어 있었다. 무제는 기존의 두 궁궐을 재건하고 세 채의 궁궐을 더 지어 성벽 안의 빈 구역을 메웠다. 또한 수도의 북서쪽에 제사의 중심지인 거대한 감천궁을 새로 지었다. 그러나 그의 가장 야심 찬 건축 계획은 장안의 남서쪽에 자리한 사냥용 정원인 상림원의 복원이었다.

이 정원은 진나라 때의 궁궐과 누각이 있었던 자리였으나 대부분 못 쓰게 된 상태였다. 사마상여司馬相如가 상림원의 화려한 황궁과 수렵 활동을 노래한 시가[14]에서 영감을 얻은 듯한 무제는 이곳을 재건하기 시작했다. 수십 채의 누각과 궁전을 지었으며, 거대한 인공 호수를 조성하고 우랑직녀牛郎織女[15]의 별들을 본뜬 조각상을 세워 은하수를 표현했다. 또한 인공 호수가 지상의 은하수인 바다의 축소판임을 보이기 위해 인공 호수의 한가운데에 고래 조각상을 두었다. 세 개의 조각상은 모두 최근의 발굴 작업에서 발견되었다. 상림원 안에는 거대한 건장궁을 새로 지었으며 궁의 정문은 천문天門의 이름을 따 창합閶闔으로, 중심 건물은 천제의 궁궐을 가리키는 이름인 옥당玉堂으로 지었다. 미로 같은 보도가 주변을 에워쌌고, 꼭대기에는 금박을 입힌 불사조 모양의 풍향계를 두었다. 건장궁은 미앙궁보다도 더 높이 솟아 있었다고 전해진다.

건축 계획과 더불어 무제는 먼 나라가 조공으로 바쳤거나 중앙아시아 군사 원정에서 전리품으로 획득했거나 개인 수집가에게 몰수한, 희귀한 동식물과 암석 등으로 정원을 채웠다. 무제의 이국적 컬렉션에는 검은 코뿔소, 흰 코끼리, 말하는 새, 열대식물 숲 등이 포함되었다. 이는 황제에게 먼 곳에서도 조공을 받는다는 카리스마적 권위를 안겨 주었을 뿐만 아니라, 상림원을 한대 미술에 등장하는 기이한 동물과 새들로 뒤덮인 신선들의 섬과 동등한 곳으로 탈바꿈시켰다. 이처럼 무제는 수도 옆에 장엄한 정원을 건설함으로써 우주의 주인이 되겠다는 비전과 개인적 불멸의 꿈을 드러내 보였다.

그러나 이는 헛된 꿈이었고, 무제는 선제들과 마찬가지로 위하 이북 한나라의 인공산 아래에 묻혔다. 이 황릉들과 후대 서한의 황제들이 남긴 황릉들은 북쪽을 향해 수도 위로 솟아오른 '산등성이'를 형성하면서 조금씩 수도의 지형을 바꾸었다. 각 황릉에는 의식을 거행하기 위한 목조 건물들이 있었으

——— 14 「상림부上林賦」를 가리킨다.

——— 15 견우와 직녀 설화의 기원으로, 고대 중국인들이 은하수를 사이에 두고 반짝이는 두 별을 본 것에서 비롯되었다.

며, 오직 황릉을 유지하기 위해 인위적으로 조성한 도시의 사람들이 이를 관리했다. 한 고제는 진대의 정책을 흉내 내어 수도 지역으로 강제 이주시켰던 제국의 세도가들을 자신의 황릉 부속 도시에 살게 했다. 무제와 후대의 한 선제宣帝 또한 이를 따랐다. 이 도시들의 인구는 20만 명에서 30만 명까지 늘어났으며, 기원후 2년에 시행한 인구조사에 따르면 무제와 선제의 황릉 도시에 사는 사람이 장안의 성벽 안에 사는 사람보다 더 많았다. 한 왕조의 주요 관료와 학자 중 다수가 이 도시들에서 나고 자랐거나 살면서 관직을 맡았다. 이처럼 조상숭배를 유지하는 것에는 수도로 인구와 부를 끌어들이는 목적도 있었다.

무제가 세상을 떠난 후 장안에서는 더는 토목공사가 거의 이루어지지 않았으며, 서한 말에 이르자 왕망이 복고주의 유교 의례에 규정된 명당明堂과 관련 건물을 지을 재료로 사용하기 위해 건장궁을 비롯한 상림원의 건물 다수를 허물었다. 뒤이어 내전이 발생하고 왕망 정권이 무너지자 이 건물들도 대부분 파괴되면서 낙양으로 천도하게 되었다.[58]

동한의 수도는 장안보다 면적은 좁았지만 인구밀도는 더 높았다. 성벽은 거의 완벽한 직사각형 형태에 사방이 올바른 방향을 바라보았고, 비록 일정한 간격은 아니었으나 열두 개의 성문이라는 요건은 모두 갖추었다. 장안과 마찬가지로 두 개의 궁궐을 두었으나, 옛 수도와는 달리 남북의 축을 따라 위치했다. 한대의 기록에 따르자면 건축양식 또한 훨씬 소박했다. 이러한 금욕주의와 규칙성은 제국 권력의 본질에 생겨났던 또 하나의 변화를 드러내기 위한 요소였다. 특히 낙양의 엄정한 분위기와 새로운 종류의 의례적 건물들을 보면 유교 경전이 국가의 정통 사상으로 확립되었다는 점이 건축과 공간에 드러났다.

상징으로서의 도시: 한대의 정치적 찬가

이 시기의 모습이 가장 잘 드러난 문헌은 반고班固가 쓴 시가 「양도부兩都賦」다. 기원후 65년에 한 궁중에 소개된 이 시가는 장안과 낙양의 대비를 노래한다. 이 작품은 사마상여가 수사적 양식으로 쓴 일련의 작품과 이어지는 것인데, 각 작품에서는 둘 이상의 허구적 화자가 각자 당대 황실의 영광을 찬미한다. 마지막에는 앞서 말했던 화자가 기세를 굽히면서 자신의 무지와 어리석음을 더듬거리며 사과한다. 사마상여는 이러한 형식을 통해 제국 권력의 승리와 무제가 꿈꿨던 불멸의 꿈을 찬미했지만, 반고는 이를 차용해 서한(전한)의 시가를 뛰어넘고 사마상여를 개인적으로 뛰어넘음으로써 동한(후한)의 황실을 찬미하고자 했다. 그러므로 반고는 「양도부」에서 사마상여의 화려하고 허황된 문예보다 도덕적으로 진중한 유가 문학이 우월하며, 장안의 부정한 꾸밈보다는 의례적으로 올바른 낙양이 더 우위에 있음을 보이고자 했다.

반고는 작품의 서문에서 사마상여의 결점을 바로잡기 위해 '유가적' 부賦를 선보이겠다는 의도를 밝힌다. 그러고는 서한의 부적절한 화려함과 당대의 정제된 미덕을 대조한다. 시의 첫 절반은 장안을 찬미하는 이의 입을 빌리지만, 이 찬미는 독자가 한나라 초기 황실의 결점을 알아차릴 수 있도록 쓰였다. 이처럼 간접성indirection과 다양한 목소리polyvocality를 활용하는 방식은 이 문예 양식의 특징이었으며, 반고는 제 살을 깎아 먹는 식의 찬사를 통해 초기 제도를 비판하며 후대의 영광을 드높인다. 서한을 칭송하는 화자는 우선 장안이 산과 강으로 둘러싸여 공격할 수가 없다며 그 전략적 위치를 칭송하는데, 이는 독자로 하여금 안보란 지형의 이점이 아니라 인민의 지지에서 비롯된다는 『맹자孟子』와 『오자吳子』의 유명한 격언을 떠올리게 만든다. 그리고 도시를 묘사하며 부와 장려함을 찬미하는데, "향락을 즐기는 자가 공후에 비견되고, 여성 점원이 희씨姬氏 집안이나 강씨姜氏 집안(주나라 왕가와 제나라 및 진나라의 지배 가문)의 여인들보다 더 화려하게 입는다."라는 표현으로 격을 떨어뜨린다. 상인들의 부가 사회적 위계를 위협한다는 견해는 한대의 문학에서 두드러지게 나타났던 요소다. 검으로 먹고살았던 '유협'이 존재했다는 점도 서한의 수도가 타락했음을 보여 준다. 반고가 살았던 시대의 기록을 보면 이 자들은 서한의 부도덕한 호전성을 가리키는 대명사 격이었다.

「양도부」는 이제 제국의 영역을 엄밀하게 논하기 시작한다. 처음에는 상림원의 거대한 규모와 화려한 구성 요소들을 묘사한다. 여기서 작자는 사마상여를 언급하면서 상림원의 규모에 대한 수많은 비판 또한 언급한다. 다음으로 화려한 궁궐과 회당을 설명하면서 절묘한 솜씨와 복잡한 설계를 곱씹는다. 앞서와 마찬가지로 간결하고 금욕적인 신흥 유가적 미학을 지향했던 반고 시대의 독자들에게 이러한 장식과 공예는 질책의 대상이었다. 학문에 대한 공적 후원을 다룬 문단은 찬사처럼 들리지만, 이 중 몇몇 구절은 당대의 지나치게 현학적인 학문주의scholasticism에 대한 반고의 비판에서 그대로 가져온 말이다. 이어서 건장궁의 장엄함을 설명하면서 이로 인해 "흐린 시야"와 "혼미한 의식", "혼란한 넋"이 생겨났음에 주목한다. 그러고는 "신선들이 잠시 놀다 가는 곳이지, 인간이 편안히 머물 장소가 아니다."라고 결론짓는다. 마지막으로 반고는 황실의 수렵 행사를 설명하면서 앞서 묵시적으로 비판한 사안들로 인해 수렵이 장안 정권의 도덕적 실패를 궁극적으로 드러내게 되었다고 말한다. 「양도부」의 첫 절반은 무제가 상림원과 감천궁, 옹雍, 태산 등에서 제사를 지냈던 한편으로 수도는 의례적으로 의미 없는 공간이 되었다고 은근히 비판하며 끝맺는다.

반고는 동쪽의 수도를 칭송하면서 새로운 주제들을 꺼낸다. 장안에 대한 찬가는 물리적 상승이라는 도식에 따라 진행되면서 차례대로 지리적 배경, 비옥한 토양, 도시의 규모와 부, 화려한 정원과 궁궐, 장엄한 수렵을 찬미한다. 이와는 대조적으로 낙양에 대한 시가는 지형과 도시 풍경에 관한 내용을 생략하는 대신에 첫 3분의 1을 들여 동한의 초대 황제와 제2대 황제의 덕목을 칭송한다. 시가는 왕망의 몰락으로 시작해 두 황제가 질서를 재건하는 과정을 따라가면서 두 사람의 업적을 고대의 현왕들 및 한 고제의 업적과 동화시킨 다음에 고대 주나라의 모범에 따라 낙양이라는 새로운 수도와 수렵 정원을 건설한 이야기로 끝맺는다.

그리고 그 직후 주요 의식 두 가지를 설명한다. 첫 번째는 경전이 말하는 '예기의 규율'에 따라 시행한 황실의 수렵 행사다. 두 번째 의식은 주변의 민족들이 보낸 조공 사절단을 맞이하는 연회로, 이를 설명하면서 낙양 정권이 외교술과 이민족 동맹을 이용해 흉노를 진압하는 데 성공했음을 칭송하고 무제가 파멸할 정도의 비용을 들여 헛되이 군사 원정을 벌였던 것과 대조한다. 부의 끝부분에 이르자 동한의 황제는 검약과 자제라는 새로운 체제를 명하고, 궁궐의 화려한 장식을 폐기하고, 황실의 의복과 마차의 수를 제한하고, 수공업자들의 모든 방종을 제한한다.

시가의 마지막 부분에는 부의 전형적 양식에 따라 산문 형식의 끝맺는 말이 실려 있는데, 여기에서는 처음의 화자가 풀이 죽은 채 의견을 굽히고 자리를 뜬다. 그리고 반고는 끝맺는 말 뒤에 『시경』의 사언체四言體 형식으로 된 다섯 편의 짧은 시가를 덧붙여 명당, 벽옹辟雍, 영대靈臺, 보정寶鼎, 백치白雉를 찬미한다. 앞의 세 가지는 유교 경전에 나오는 의례적 장소로, 장안에는 왕망의 짧은 치세를 제외하고는 없었으나 낙양에는 건설된 곳들이다. 보정은 주나라 통치권의 상징이었으므로, 동한이 주나라의 진정한 후계자로서 옛 주나라의 수도에서 통치하는 반면에, 서한은 진나라의 수도에 계속 머물렀음을 강조한다. 무엇보다도 보정은 물리적 폭력으로는 장악할 수 없는 영적 통치권을 상징했다. 마지막 시에서는 하늘이 동한을 지지한다는 신성한 길조를 찬미한다. 이렇게 이 시가는 폭력적인 이전 시대와 동한을 구분짓는 문헌 기반의 의례와 영적 권력을 찬미한다. 유교적 정통이 승리한다는 이러한 비전이 바로 낙양의 소박한 수도와 일련의 의례적 건물이 상징하는 바였다.[59]

6 위와 진의 대가문

한 멸망 이후의 시기에는 소수의 가문[16]이 사회 영역과 정치 영역을 지배했으므로 종종 중국 제국사의 귀족정 시대로 불린다. 이 묘사에 완전히 동의할 수는 없지만, 후한 때 등장한 대지주 가문은 실제로 이후 수 세기 동안 이어질 권력의 양식을 규정했으며, 제국의 권력이 상대적으로 약화된 분열의 시기에 소수의 대가문이 조정과 지방의 양측에서 불균형적으로 득세하고 그중 몇몇 가문이 이후 수 세기에 걸쳐 다양한 정도의 세력을 유지했던 것도 사실이다.

유교와 자의식적 지식인층

앞서 우리는 동한에서 대규모 지주제가 부상하는 한편으로 유학자 또는 사인士人이 사회 전반에 걸쳐 이상화되었음을 살펴보았다. 두 현상은 완전히 불가분의 관계에 있지는 않았으나, 2세기에 이르자 서로 결합해 상류층을 정의하는 요소가 되었다. 권세 있고 부유한 지방 호족은 진정성의 정도는 다를지언정 일반적으로 유가적 가치를 신봉했고, 학문적 소양 또는 문학적 소

16 '문벌 귀족'이라는 명칭으로 잘 알려져 있다.

양을 통해 지역사회에서 위신을 얻거나 태학에 들어갈 수 있었다. 그러나 이러한 진로를 꿈꾸었던 이들은 몇 가지 문제에 맞닥뜨렸다. 첫째, 관리를 임명할 때 추천에 의존했으므로 능력보다는 가문의 부와 위신에 따라 관직에 오르는 경향이 있었다. 기원후 1세기 말, 탁월한 문장가였으나 본인이 생각했던 만큼 출세하지는 못했던 왕충王充은 도덕적·지적 성취보다는 부와 관직을 더 영예로 여기는 세태를 비판했다. 부유한 가문은 서로 추천을 통해 수 세대에 걸쳐 관직에 오르지만, 가난한 사인들은 아무런 눈길도 받지 못했다. 역사에 남은 수백 편의 전기를 보면 사회적 유동성이 극히 낮았다는 점을, 그리고 주요 가문이 6대에서 7대에 걸쳐 고위 관료를 배출했다는 점을 확인할 수 있다. 여기에 유가적 성취에 따른 위신이 점차 높아지면서 유학자가 되고자 하는 수많은 이가 한정된 수의 관직을 놓고 더욱 거세게 경쟁하면서 문제가 한층 격화되었다.[60]

그러나 새로이 유교를 받아들인 지식인층에게 가장 컸던 걸림돌은 조정의 본질이 변했다는 점이었다. 앞서 제국 초기에 관한 장에서 살펴보았듯, 제국 체제는 모든 권위의 원천인 반신적 통치자를 중심으로 건설되었다. 이는 한나라 조정의 권력이 공적 관료제를 떠나, 황제의 가장 가까이에서 황제가 무엇을 보고 듣는지 조정하고 황제의 말을 전할 수 있는 개인들에게로 이동하는 결과를 낳았다. 한 무제는 재상을 주기적으로 교체해 재상권을 약화시켰던 한편, 황제의 궁정에서 시중을 드는 수행인들에게 조정의 정사를 옮겼다. 이 수행인들[17]은 신분이 매우 미천했는데도 이처럼 공식 내각을 대신해 정책의 주요 입안자가 되면서 '내조內朝'[18]로 거듭났다. 무제는 또한 외조外朝의 최고 무신 직위를 없애고 내조에 새로운 최고사령관 직책을 만들었다. 대사마大司馬라는 이 관직은 내조의 권세가 제도적으로 드러나는 부분이었다. 무제 사후에는 대사마 곽광霍光이 섭정에 올라 조정을 지배했다.

황제의 개인 수행인에 더해, 내조에는 환관과 외척이라는 두 가지 요소가

17 상서尙書와 시중侍中 등의 관리를 가리킨다.
18 중조中朝라고도 불렀다.

더 발달했다. 서한 말의 마지막 수십 년간 수 명의 환관이 조정을 좌지우지했으며, 앞서 살펴보았듯 왕씨 일가가 황실과 연이어 혼인하며 권력을 잡았다. 동한에서도 이러한 양식은 계속되었으며, 성인으로 즉위해 실질적 지도자 역할을 할 수 있었던 처음의 세 황제 이후로 조정은 정례적으로 대사마직에 올라 수도 방위군을 지휘하는 외척과 환관들 사이의 피비린내 나는 세력 싸움으로 물들었다.[61]

여성과 여성화된 남성이 조정을 지배한다는 것은 지방의 지배층이었던 유학자와 호족의 유가적 가치에 정면으로 위배되는 것이었으며, 공식 관료제가 정치적으로 거세당하면서 이들의 권력 기반이 불안정해졌다. 150년 이후로는 지방의 유교적 지식인층을 대변하는 당파가 점차 조직화되며 시작된 '청류淸流' 운동, 환관 세력, 외척 세력 사이에서 삼각 구도의 경쟁이 연이어 발생했다. 청류파는 스승과 옛 제자, 추천인과 추천받은 이, 대가문에서 일했던 가정교사와 서기 등 교습 및 후원 관계를 바탕으로 하는 인맥을 통해 정치 활동을 조직화했다. 166년에 이들의 첫 번째 운동은 파멸로 끝났으며, 환관 일파가 조정을 장악하고 반대 당파가 관직에 오르는 것을 일절 금했다.[19] 이 금지 조항은 184년에 황건적의 난이 발발할 때까지 유지되었다.

그러나 정치적 황야에 살았던 이 수십 년간 지역 수준에서 새로운 양식의 사회조직이 탄생했던 한편으로, 스스로 '청류'로 칭하고 부패한 조정과 무지몽매한 통치자를 상대로 유교 문명을 지키는 진정한 수호자를 자처한 자의식적 지식인층이 출현했다. 앞서 살펴보았듯이 한대의 주요 발전 중 하나는 문화적 가치의 수호와 보급을 정치권력으로 받아들이기 시작했다는 것이었다. 그러므로 동한 말의 유교적 지식인층 호족들은 조정을 상대로 유교를 수호하는 입장에서 때때로 황제보다도 높은 우위를 주장했다. 이 과정을 통해 이들은 남북조시대의 대가문들이 권위를 주장하는 이념적 기반을 만들었다.

이 새로운 자의식은 여러 가지 형태로 드러났다. 첫째, 지방 지식인층의 일원들은 이론상 통치자의 특권이었던 상벌을 내릴 권리를 점차 사적으로 행

19 이 사건을 가리켜 당고의 화黨錮之禍라고 한다.

사하기 시작했다. 중앙 조정에는 발을 들이지 못했던 지역 수준의 향리들이 여기에 합세해 지역 유지의 학문적 성취와 도덕적 행실을, 그리고 지역사회에 대한 공헌을 기리는 비석들을 건립했다. 이러한 비석에 새겨진 명문은 어떻게 유교적 군자의 이상이 중국의 이상적 선을 규정하고 지식인층의 자아상을 구성하게 되었는지 드러낸다.[62]

사당 또한 마찬가지로 중시되었는데, 가장 잘 보존된 사료인 무량사武梁祠[20]를 보면 알 수 있다. 동한에서 유가적 가치인 효孝가 핵심 가치로 떠오르면서 호화로운 장례를 치르고 정교한 사당을 건립해 망자를 모시는 것이 군자로서 인품을 드러내는 주요 방법 중 하나가 되었다. 이와 같은 사당에는 특징적으로 거대한 벽화가 있었으며, 주로 고대의 문화 영웅들을, 옛 중국의 위대한 통치자들을, 효 또는 다른 도덕적 선행의 모범 사례들을, 망자의 영혼이 이를 목적지인 천계나 낙원을 그렸다. 후한의 지식인층은 이러한 사당 안에 우주의 축소판 모형을 만들어 두었고, 이를 통해 그들이 가진 가치관과 이상화된 자화상을 가장 두드러지는 자리에 놓았다.[63]

한대 지식인층의 새로운 자의식과 이들이 주장한 일종의 통치권을 예고한 또 다른 중요한 징후는 당대 경전 연구의 형태가 변화한 것에서 찾아볼 수 있다. 금문今文(즉 진나라 때의 분서갱유를 거치며 구전으로만 전해지다가 개혁 이후 새로이 편찬한 경전)은 무제 치하부터 경전으로서 지위를 인정받아 왔다. 개혁 이전의 고주문古籀文으로 쓴 고문古文을 재발견했다는 이들이 금문에 의문을 제기했는데도 금문은 한나라가 멸망할 때까지 공식 경전으로 인정받았다. 그러나 시골과 지방에서는 공식 경전보다 고문을 우선시하는 경향이 점점 늘어났다. 한나라 말에는 고문이 금문을 밀어내기에 이르렀다. 나아가 어느 학자는 『역경易經』에 주석[21]을 달아 특정 괘에서 아래(대가문)가 위(황제)보다 우위에 있음이 드러난다고까지 주장하면서 사회질서의 변동을 예고했다.[64]

——— 20 동한 말기의 인물인 무량의 사당으로, 중국 산둥성 지닝시에 있는 무씨 가문의 사당 중 하나다.

——— 21 『십익十翼』을 말한다. 『역경』과 주나라 시대의 것으로 여겨지는 『십익』의 주석을 아울러 『주역周易』으로 부른다.

자의식 있는 신흥 정치적 지식인층의 출현을 알렸던 마지막 징후는 동한 말기에 지역 유지에 관해 사적으로 전기를 집필했던 관습에서 찾아볼 수 있다. 중국 내 다양한 지역의 유지를 대상으로 전기를 집필하면서 그들의 강점과 약점을 평가하고 다른 지역의 명사들과 비교했다. 이들은 학문적 재능과 도덕적 가치관을 강조함으로써 신흥 지식인층의 이상적 예시를 보여 주었고, 인품의 비교 평가에 관심을 보임으로써 남북조시대 초기의 지적 세계에서 사람의 재능과 인품을 평가하는 풍조가 특징적으로 나타날 것임을 예고했다.[65]

대가문의 권력

한나라의 멸망으로 대가문의 권세가 한층 강해졌으며, 유교적 지식인층이라는 이들의 자의식도 더 강해졌다. 한나라가 멸망한 것에는 몇 가지 이유가 있다. 지방에서는 인구가 성장하는 한편으로 호족의 손에 토지가 집중되면서 대대적 빈곤과 사회적 붕괴, 도적질이 발생했다. 환관과 외척 세력이 점령한 조정은 지방과의 유일한 소통 창구인 지역 세력과 점점 소원해졌다. 징병제가 폐지되면서 국가 조직 방위군이 지방을 방위할 수 있는 능력도 감소했다. 수도 기반의 군대는 규모가 너무 작고 지역의 치안 활동을 담당하기에는 거리가 너무 멀었으며, 부유한 가문의 아들들을 위한 한직이 되면서 군사적 실효성을 잃어버린 지 오래였다. 동한 조정은 '이이제이' 정책의 일환으로 이른바 동맹을 맺은 부족들을 중국 본토에 재정착시켰는데, 이들은 이곳에서도 약탈을 통해 수입을 챙기곤 했다. 결국 동한 말에 이르자 국경 지대 주둔군은 이들을 모집한 장수들의 사병이 되어 영구적으로 이 장수들의 지휘를 따랐다.

떠돌이 소농민 패거리와 유목민 군대로 인해 지방의 무질서와 폭력이 점차 심각해졌으나, 중앙 조정에는 평화 유지에 필요한 지방 세력과의 연결 고리도 없었고, 무력으로 평화를 되찾는 데 필요한 군사력도 없었다. 각 지역사회가 자구책을 찾아야 했으며, 이로 인해 제국의 통제 바깥에서 신흥 무장 사회집단들이 생겨났다. 더 후미진 지역에서는 중국 초기 소도시들이 탄생했을 때와 마찬가지로 친족 관계를 토대로 무장 도시가 조직되었다. 더욱 번성한

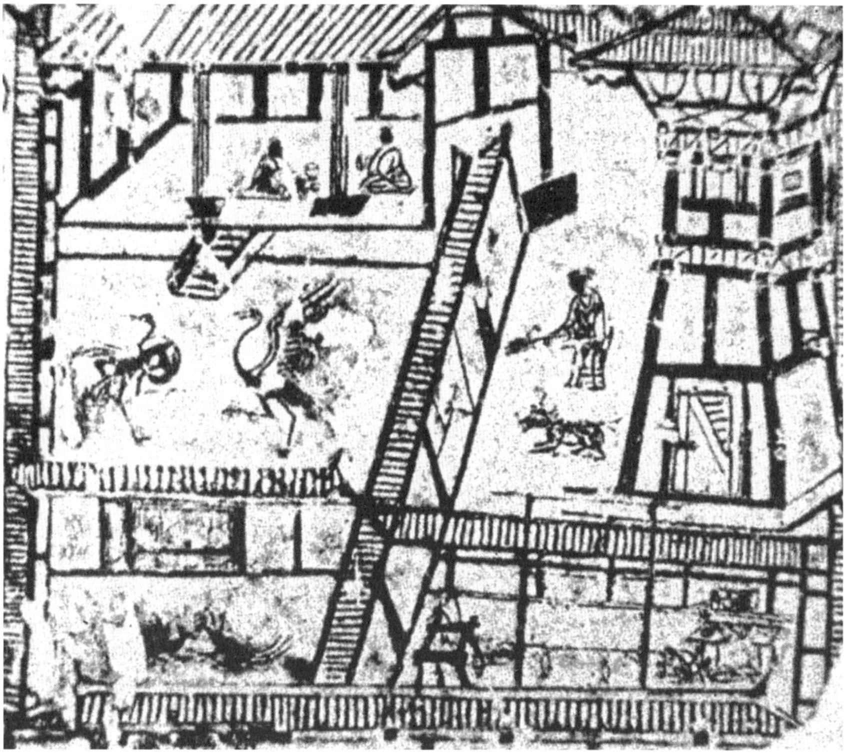

—— 중국 한대 고분의 그림 속 대가문의 집. 요새화되어 성벽과 망루를 갖추고 있다. 상서로운 새들이 성벽 위에서 춤을 추고, 개 한 마리가 안뜰에서 집을 지키고 섰다. 우측 하단에는 집안일에 쓰는 도구들도 보인다. (Lewis, *Early Chinese Empires*)

지역에서는 지주가 소농민 또는 예속민을 다스리는 형태를 띠었다. 쓰촨과 산둥에서는 종교적 성향의 지역 명사가 이끄는 소작인들을 중심으로 기근 탈출과 질병 치유를, 그리고 한나라를 개혁하거나 아예 무너뜨리고 새로운 '태평太平' 왕국이 탄생할 새 천년이 임박했음을 약속하는 무장 종교 단체가 형성되었다. 이러한 종교적 단체 중 하나인 황건적이 184년에 난을 일으키면서 무장 대가문 및 변방의 주요 장수들과 내전을 벌였다. 이로 인해 한나라의 수도가 불탔으며, 인구의 강제 이동과 황제 폐위, 한나라 멸망으로 이어졌다.

황건적의 난부터 진晉 왕조가 짧은 기간 통일 제국을 복원했던 때까지의 시기는 군벌의 시대로, 중국이 세 개 영역으로 분열되었기에 삼국시대로 알려져 있다. 내전과 황권 약화의 시대는 제국의 질서를 회복시키려는 몇몇 개인의 노력에도 불구하고 대가문의 군사력과 정치권력이 주를 이루었다.

위의 황제들

위의 황제 중 가장 중요한 인물은 조조曹操다.[22] 그는 동한의 어린 황제를 구출했고, 황하 유역을 통일하면서 중국의 인구통계학적·경제적 심장부를 손에 쥐었다. 조조의 아버지는 조정에서 가장 큰 영향력을 행사했던 환관 중 한 명의 양자로 입적하면서 위신을 얻었다. 조조는 환관에게 맞서 유학자들과 연합했는데도 동한 말기의 지식인층에게는 여전히 외부인으로 남았다. 상당한 문학적 소양과 장대한 야망이 있었던 조조는 적대적인 지식인층에게 똑같이 적대적으로 응수했으며, 그들의 도덕적 가식을 경멸했다. 재능 있는 인재를 조정에 영입해야 했으나 한나라의 지식인층이 관직을 독점하는 수단이 된 추천제로 회귀할까 봐 걱정되었던 조조는 구품중정제九品中正制[23]라는 새로운 발탁 제도를 확립했다. 조정에서 선정한 관리[24]를 출신지를 제외한 지방에 파견해 그 지방의 인재를 아홉 등급으로 품평하고 관직에 임명할 만한 후보자를 추천하는 방식이었다. 관리는 해당 지역에 연고가 없으므로 이론적으로는 편파주의를 피하고 객관적으로 추천할 수 있었다. 조조는 효성이나 청렴이 아니라 오직 재능을 바탕으로 인재를 발탁해야 한다는 명을 내렸다. 이는 한대 말 지식인층이 주장하던 도덕적 권위를 공격하려는 의도가 명백했다. 그러나 재능을 정의하고 평가하는 것은 간단한 일이 아니었으며, 재능이라는 유일한 기준과 구품중정제는 훗날 귀족 세력이 강성해지는 기반이 되었다.[66]

조조가 재능을 바탕으로 관직에 오를 인재를 선택하기 시작할 당시에는 이를 판단하는 기준을 두고 기나긴 논쟁이 벌어졌다. 훌륭한 사람을 품평하는 것은 한대 말에 유행했던 집단적 전기 집필의 주요 주제였으며, 인물의 능력과 성품을 판단하는 장르의 작품이 탄생한 것도 이러한 맥락에서였다. 유

22 엄밀하게 말하면 조조는 추존 황제로, 생전에 황제가 된 적은 없다.
23 구품관인법九品官人法이라고도 했다.
24 중정中正이라는 관리를 가리킨다.

일하게 현존하는 예시인 유소劉劭의 『인물지人物志』를 보면 이러한 작품들의 성질을 알 수 있다. 유소는 사람의 타고난 재능과 성향이 행실에서 드러난다고 주장하면서, 간단한 관찰을 통해 인품을 알아보는 방법을 조언한다. 당대의 많은 글과 마찬가지로 이 글의 기본 가정은 재능과 인품은 본성(자연自然)의 표상이며 학습으로 얻을 수 없다는 것이었다. 유소는 교육으로는 타고난 재능의 순위를 절대 뒤집을 수 없으나 그 성향을 강화할 수는 있다고 했다. 그러므로 모든 행동의 기저에 깔린 본질적 재능을 찾으려면 타고난 세습적 인품을 보게 되는 경향이 있었다.[67] 이는 반세기 이후에 출현하는 세습 관직의 기반이 되었다.

행실을 빠르게 관찰해 재능을 판단하려는 시도는 귀족 세력의 또 다른 기반인 청담淸談에도 매우 중요한 요소였다. 후한의 청류파 운동은 유학자들이 반대파를 공격하는 데 사용했던 일종의 구두 품평인 청의淸議를 즐겼다. 대부분이 언어유희나 심오한 암시를 바탕으로 하는 재치 있는 발언이나 논평이 특징인 이 구두 공격은 발언자에게 재기 있다는 명성을 안겨 주고 발언의 대상이 된 이에게 영원히 떨어지지 않을 경멸적 수식어를 붙여 주었다. 정치 토론에 기원을 둔 이 가시 돋친 말놀이는 3세기 지식인 사회의 주요 특징으로 자리를 잡았으며, 인물 품평과 불가분의 관계에 놓였다. 문학적 암시나 언어유희가 들어간 기발한 말과 멋진 응수를 떠올리는 능력은 참된 재능을 가진 인물이자 반드시 출세해야 할 인재로 보이게 했다. 전혀 모르는 사람을 빠르게 평가해야 하는 관직 등용에서 이처럼 언사를 즉흥적으로 탁월하게 다루는 행위는 재능을 가늠할 수 있는 매우 유용한 지표로 간주되었다. 5세기 중국에서 전해져 내려온 가장 방대한 문학적 저작이자 남방 대가문의 가치관을 알 수 있는 가장 상세한 사료인 『세설신어世說新語』에는 청담을 중심으로 한 일화들이 수록되어 있다.

기지 넘치는 발언을 만들어 내는 재능과 관련된 것은 사회적 사건에 관해 시가를 짓는 능력이었다. 조조의 아들 조비曹丕와 조식曹植은 중국 시문학의 대대적 전환기이자, 저자의 깊은 감정과 인품을 전달하기 위한 서정시가 주요 운문 형식으로 대두되었던 건안建安 시기(196~220)의 시문학 집단을 이끌었다. 조비는 또한 중국 사상적 문학비평의 아버지이며, 그가 시문학의 비평에 사용했던 조건들은 사람의 성품과 '청담' 평가에 적용했던 조건과 같았다. 위의 제2대 황제는 오직 재능만을 평하라고 명했던 조조의 등용 기준에 더해 수양과 단련, 문명文名이라는 소양을 추가했다.[68] 이는 서정시와 청담에 관련된 능수능란한 언술이 재능을 판단하는 데 핵심 요소가 되었음을 보여준다.

그러나 이와 같은 인물의 미학적 등급은 조정에서는 융성했을지언정 토지 소유와 유가적 가치에 대한 헌신으로, 가문에 대한 충성으로 규정되는 지식인층을 대신하지는 못했다. 계속되는 내전의 혼란 속에서 점점 더 많은 소농민이 호족 영지의 농노로 전락하면서 경제적·정치적 권력 권력이 호족에게 크게 집중되었다. 이들은 중앙정부의 잠재적 지원자이면서 지속적 위협이었고, 위 조정은 이들의 권세를 제한하거나 억제하려고 애썼으나 모두 수포가 되었다. 실제로 당대의 조정이 지역 유력자들에게 맞서려면 이들을 모방하는 수밖에 없었다. 위의 보호를 대가로 조세를 바치고 군에 복역하는 소농민들에게 버려진 전답을 모아 분배하면서, 위는 토지를 소유한 유력자와 소작농 간의 관계를 흉내 냈다. 그러나 조씨 일족이 대지주의 권세를 견제하려고 애쓰는 동안에 위의 장군으로 있었던 사마씨 일족은 유가적 유력자들의 지지를 구축했다. 기원후 249년에 사마의司馬懿가 조씨 황실을 학살하고 실질적 국가권력을 찬탈해, 265년에는 진晉 왕조가 창건되었다. 280년에 이르자 진 왕조는 중국을 재통일했다.

진나라 때의 대가문

이들의 승리는 대가문들의 승리였다. 유력자들이 구품중정제를 장악했고, 3세기 말에 이르자 명망 있는 가문의 자제는 특정 관품을 받아 관직에 오르는 세습적 특권을 가진다는 원칙을 확립했다. 한대 말 지배층의 특징이었던 관직과 토지라는 두 기둥이 복수와 함께 돌아왔다. 관직으로 번 돈은 토지를 사들이는 데 사용되었던 한편, 관직을 바탕으로 다수의 조세를 면제받고 광대한 토지와 소농민을 합법적으로 독점할 수 있었으며, 평민들에게는 허용되지 않은 상업 활동에 참여하는 특권을 누렸다. 구품중정제의 변화 때문에 이러한 특권 또한 어느 정도 세습되었다.[69]

진 왕조는 북방에서 그다지 오래 살아남지 못했다. 득세하기 위해 고군분투하던 군주들은 한나라 시대 이후 중국에 정착한 이민족들과 동맹을 맺었지만, 이 이방인들에게는 그들만의 야망이 있었다. 중국화한 흉노의 족장이 통치하는 이민족 동맹은 311년에 동쪽 수도인 낙양을 함락시켰고, 316년에 화북 평원을 장악했으며, 317년에는 서쪽 수도인 장안을 탈취했다. 진 황실은 남쪽의 건강建康(현대의 난징)으로 피난해 새로운 수도를 세웠으며, 바야흐로 남북조시대가 시작되었다. 그 어떤 한족 통치자도 581년까지 황하 유역을 탈환하지 못했으며, 중국은 589년에 이르러서야 재통일될 수 있었다.

진 황실이 남쪽으로 피신하면서 대가문의 황금기가 열렸으나, 이전과 같은 가문들이 득을 본 것은 아니었다. 장강 중하류 지역은 동한 이후 북방 유목민들이 정착하기는 했으나, 여전히 인구가 희박한 데다 초목이 우거지고 수로가 많은 지역으로 남아 있었다. 진 황실이 남쪽으로 도망치면서 추정컨대 100만 명이 넘는 인구가 함께 이동했으며, 곧이어 광대한 범위의 토지가 개간되고 해안 교역과 조선이 융성하기 시작하면서 경제가 발달했다. 삼국시대 오 왕조 치하에서 부와 권세를 누리며 자랐던 초기 망명 가문들(고顧, 육陸, 주朱, 장張)은 새로운 이주민들에게 적대적이었지만, 시간이 지나면서 잠정적 타협modus vivendi에 이르렀다. 북방에서 내려온 이민자들은 왕도王導의 지휘에 따라 건강에 사마씨의 꼭두각시 왕조를 세우고 남방 사람들을 명예와 관직으로 회유해 빈약하나마 동맹을 맺었다. 북방 이민자들은 그들 나름대로 옛 특권을 회복했고, 잃어버린 북방의 토지를 대체하기 위해 새로운 영지를 개척하고 황실의 공인을 받았다. 옛 가문과 혼인해 지위를 확보하는 이민자들도 있었다. 황실의 권세가 땅에 떨어졌으므로 건강 지역에 영지를 개발하고 농노들을 거느린 부유한 가문들이 과두정치를 통해 동진을 통치했다.[70] 경합하는 재상들은 각자의 출신 가문과 동맹 가문들의 지지를 받아 궁중에서 세력을 잡기 위해, 그리고 이를 통해 황실만이 줄 수 있는 후원과 위신을 통제하기 위해 서로 다툼을 벌였다. 끝나지 않는 경쟁 속에서 가문들은 정적을 능가하고 정치권력 혹은 제위 그 자체를 손아귀에 넣기 위해 애썼다. 이들의 권세에 위협이 될 만한 세력은 장강 중류 유역에 정착한 이후 피난민들로 강력한 군대를 창설해 온 군사적 성향의 신흥 가문 집단뿐이었다.

세습적 관직 등용이 원칙으로 자리 잡은 상황에서 관직에서 비롯된 수입과 조세 감면, 토지 수여 등이 부와 권력을 유지하는 데 필수 불가결한 요소가 되자, 계보 기록을 통해 혈통을 확립하는 것이 매우 중요해졌다. 지리적 출신과 계보의 기록은 점점 더 중요해졌는데, 이제 세계는 교육과 혈통을 통해 지배층의 권위를 가진 이들(사士)과 이들의 지배를 받을 사람들(서庶)로 나뉘었기 때문이다. 사인층 안에서도 부, 관직 등용, 사회적 지위 면에서 폭넓은 분화가 나타났으며, 수 세대에 걸쳐 고위 관직에 오르지 못했던 가문들은 빠르게 쇠락했다.(등용까지만 세습적으로 보장되고 이후의 관품 승급은 보장되지 않았으므로 이러한 경우가 얼마든지 가능했다.) 게다가 남방의 경제가 번성하면서 부유하나 황실의 관직에 오른 전통이 없어 실질적으로 아무런 지위에도 오르지 못한 가문들이 대거 양산되었으나, 이러한 가문들도 경제적으로 기울었던 고귀한 혈통의 가문들과 혼인해 지배층에 들어갈 수 있었다. 그러므로 폐쇄된 체제는 아니었으나 고귀한 계보는 엄청난 자산이었으며, 부를 얻은 가문이라면 누구든 필연적으로 혼인이나 족보 구매를 통해 지위를 강화하고자 했다.[71]

관직 등용의 권력과 부로 전환될 수 있는 지위와 위신을 놓고 경쟁을 벌였던 이 세계에서, 위의 궁정에서 발달했던 귀족의 미학적 정의가 새로운 의의를 가지게 되었다. 남방 명문가 및 신흥 출세주의자와 경쟁했던, 북방에서 온 망명 가문들은 청담과 시문학, 음악을 진정한 귀족다움의 정수로 내세우면서 단순히 금전을 기반으로 하는 천박함과는 구별되는 정제된 양식의 사상적 평정과 문학적 소양으로 자신을 포장했다. 교양 있는 귀족이라는 비전은 5세기의 『세설신어』 속 일화에서 문학적 우아함, 언어적 기량, 사상적 균형, 허세적인 은둔 생활을 기준으로 사람들을 비교하고 품평하는 것이 강조된 것에서도 찾아볼 수 있다.[72]

남방의 귀족 가문들이 궁정의 후원과 위신을 놓고 경쟁을 벌일 때, 북방에서는 또 다른 형태의 귀족 사회가 유지되고 있었다. 4세기 전반에 걸쳐 관중 지역과 화북 평원은 수많은 이민족 국가들이 혼란스러울 정도의 속도로 흥망성쇠를 거듭하며 끝없는 전쟁을 펼치는 전장이었다. 오늘날의 티베트 계통에 속하는 저족氐族의 통치자 부견苻堅이 잠시간 황하 유역을 통일하기는 했으나, 383년에 남쪽의 동진을 정벌하려다가 크게 실패하면서 새로운 분열로 이어졌으며, 이 분열은 60여 년 후 탁발부拓跋部(타브가치Tabgatch 부족)가 위魏[25]를 건국할 때까지 이어졌다.

이 기간에 걸쳐 많은 대가문이 중국 북방에서 명맥을 이어 갔지만, 이들은 남방의 대가문과는 다른 유형이었다. 이방인 족장들의 왕실에서 대체로 배제되었던 이들은 지방의 지도자가 되어 세력을 이어 가면서 유가적 가치와 문학적 전통을 유지하는 한편, 북방에서 살아남는 데 필요했던 공동의 자위대를 지휘했다. 그러므로 남방의 귀족보다 가문의 단결력이 더 강했고 도덕적 진지함moral seriousness도 아마 더 강했을 테지만, 조정을 따라 남쪽으로 이주한 이들에게 나타나는 특징인 궁정 생활과 시문학 집단 그리고 교양 있는 풍조는 없었다. 5세기에 이르러 북위 왕조가 북방에서 어느 정도의 질서를 다시 확립한 이후에야 화북 평원과 관중의 귀족 대가문들은 역대 중국 지식인층 가문의 근본적 특징이었던 관직의 길에 다시 오를 수 있었다.

그러나 남방과는 대조적으로 이들은 유목민 기병 기반의 실질적 군사력을 휘두르는 조정을 장악하지는 못했다. 그 대신에 북방의 가문들은 위 황실과의 불안정한 긴장 속에서 우월한 문화유산을 가다듬는 한편, 제국의 황실만이 가져다줄 수 있는 새로운 부와 권위를 갈망했다. 이방인들인 탁발부는 그들 나름대로 한족 백성을 다스리는 데 토착 지배층의 조력을 귀하게 여겼고, 북중국의 유가적 지배층 가문이 그들의 조정에 가져다줄 수 있는 권위와 정당성을 탐냈다. 5세기 초의 수십 년간 한족과 탁발부는 강력한 재상이자 도가의 대표적 인물인 최호崔浩의 지휘하에서 잠정적인 친선 관계를 유지했으나, 최호가 편찬한 역사서에서 북위 왕조의 창건자들을 폄하했다는 사실이 밝혀지자 450년에 조정의 한족 인사들이 숙청당하면서 한족과 이민족 사이

25 역사상의 다른 위 왕조와 구분하기 위해 북위, 후위, 탁발위 등으로도 불린다.

—— 덩펑(유명한 소림사 부근)에 위치한 북위 고분의 그림 탁본. 두 명의 마부와 군마들이 보인다. 앞서 가는 말은 당시 군마의 특징인 (미늘 조각을 천에 꿰어 만든) 전신 찰갑과 안면 보호구를 썼다. 갈기와 꼬리털은 화려한 장식적 양식으로 묶어 둔 점도 눈에 띈다. (M. E. Lewis, *China between Empires* [Cambridge, MA: Harvard University Press, 2009])

의 평화협정이 일시적으로 중지되었다.

한화

477년에 효문제孝文帝가 즉위하면서 한화漢化 정책이 시작되었다. 처음에는 천천히 진행되었던 그 정책은 493년에 조정을 중국의 전통적 수도인 낙양으로 옮기고 언어와 관습, 의례의 완전한 한화를 명하면서 정점을 찍었다. 또한 효문제는 한족풍의 정치 공동체를 만드는 정책의 일환으로서 북동부와 관중의 한족 대가문들을 포함하는 한족-탁발부 귀족층을 만들고자 했다. 이러한 방식으로 효문제는 수 세기 동안 이어진 분열의 시기에 걸쳐 권위를 정의해 왔던 유학과 도덕적 가치라는 고귀한 전통으로 조정을 물들이고자 했다. 계보 중심의 남방과 비교하자면 귀족의 지위가 그만큼 분명하지 않았으므로, 효문제는 국가권력을 동원해 탁발부와 한족 가문의 지위를 정하고 서로 동등한 지위의 가문끼리 부족 간 혼인을 하도록 도모할 수밖에 없었다. 그리하여 북동부의 네 개 주요 가문과 관중의 가장 저명한 다섯 개 가문에 최고 지위를 주고 황실과 결혼할 수 있게 했다. 다른 한족 가문들도 네 개 부류로 등급을 나누는 한편, 주요 탁발부 가문들에도 한족식 성을 부여하고 같은 네 개 부류로 나눈 뒤 같은 등급의 한족 가문들과 혼인하도록 장려했다. 이를 통해 효문제는 당대의 중국에서 진정한 권위의 표상이 되어 줄 귀족 사회를 만들고자 했다.[73]

그런데도 군사력을 통해 정치 무대를 장악하고 있던 황실이 귀족층에 권한을 부여했다는 것에서 진 왕조의 귀족 사회와 명백히 다른 점이 드러난다. 그러나 문화적 우위를 점한 신분 집단과 군사 왕조 간에 이어졌던 북방의 긴장은 420년에 남방에서 군사령관 유유劉裕가 송 왕조를 창건했을 때와 그대로 닮아 있었다. 이후로 남방에서는 사회적 출신이 미천한 통치자들이 줄지어 제위에 올랐는데, 이들은 군사 지휘권을 기반으로 권세를 형성했으며, 대가문의 정치적 우위에 도전하는 한편 그들의 귀족적 풍습을 흉내 냈다.

7 군사 왕조: 송, 제, 양, 진, 북위

지금까지 살펴보았듯이 4세기는 중국의 제국적 권력이 바닥을 친 시대였다. 북방에서는 무장 도시와 호족이 각자의 기반을 고수하며 살아남았던 한편, 다수의 비한족계 왕조들이 연이어 다양한 지역에서 얼마간 제한적 권력을 행사하고 사라졌다. 남방에서는 수도 근방 또는 장강 중류 지역에 대규모 영지를 개척한 호족이 무능한 조정을 무대로 부와 명예를 놓고 다툼을 벌였다. 그러나 로마 제국이 붕괴할 당시의 지중해 세계와는 달리, 연이은 이방인 왕국들의 짤막한 치세 이후에 사회 전반이 붕괴되면서 무장한 지역 세력들이 혼돈을 일으켜 궁극적으로는 봉건제가 부흥하는 사태로 이어지지는 않았다. 이러한 차이가 발생한 것에는 적어도 두 가지 이유가 있다. 첫째, 북방과 남방의 양측에서 가장 강력하고 명성 있는 가문들은 부의 원천이라는 면에서, 그리고 폭력적인 군인, 탐욕스러운 상인, 상스러운 지주층과 구별될 수 있는 관직이라는 면에서 제국에 계속해 헌신을 다했다. 둘째, 5세기 초반의 수십 년간 상당한 군사적 권력을 휘둘렀던 세력들이 북방과 남방의 양측에서 다수의 왕조를 창건했다. 주요 가문 휘하의 군대를 왜소해 보이게 하는 규모의 군대를 지휘했던 이 군사 군주들은 제국의 권력을 부활시켰고, 지방을 상당한 수준으로 비무장화해 지역 경쟁 세력의 실질적 권력을 줄이는 데 성공했다.

비록 북방과 남방의 군사 왕조 모두 군사력을 안정적인 정치 공동체의 기반으로 전환하는 것에는 실패했지만, 사회적·정치적 권력 이양의 양식만큼은 뒤집어 놓았다. 이들 중 마지막 세력은 6세기 말에 무력을 통해 중국을 재통일했다.

세병제 정신을 바탕으로 탄생한 군사 군주정

군사 군주정military dynasticism이 3세기의 삼국시대에 기원을 두고 있다는 점은 앞서 언급한 바 있다. 북방에서는 조조가 가장 강력한 무장 지주 연합의 지도자로 부상했다. 주요 경쟁 세력을 무찌른 조조는 자신이 이끌었던 군인들에게, 그리고 농작물 일부를 조세로 바치고 때로는 군에 복무했던 소농민들에게 버려진 토지를 분배해 본인의 사적인 권력 기반을 뛰어넘고 황실의 권위를 복원하고자 했다. 이렇게 분배된 둔전들은 군둔軍屯과 민둔民屯이라는 두 부류로 나뉘었다. 민둔에서는 조세만 거두었지만, 군둔에서는 군역과 더불어 군수 자원까지 거두었다. 두 형태의 둔전에 사는 주민들은 각기 다른 인구 대장에 기록되었으며, 각자의 거주지에 법적으로 예속되었다. 그 결과 위의 병사 대부분을 차지하는 둔전민들은 아들이 군대의 일원으로서 아버지의 뒤를 이으며 군역을 세습하는 집단이 되었다.[74] 여기에 더해 앞서 살펴보았던 사상이, 즉 사람의 재능과 성품은 태어날 때 정해지므로 세습은 누군가의 역할을 결정하는 데 매우 중요하다는 생각이 세병제世兵制를 향한 이 제도적 변화에 한층 힘을 실어 주었다. 어떤 의미에서 보면 이러한 세병제는 점점 더 세습화하는 귀족층과 대칭을 이루었다.

조세를 내는 소농민이, 그리고 세습 병사가 국유지의 상당 부분을 일구는 위의 이러한 혁신은 남북조시대 군사 군주정의 두 기둥이었으며, 그 뒤를 이은 당시의 모든 왕조는 무장한 지역 유력자들을 상대로 권력을 사수하기 위해 이러한 제도의 일종에 의존했다.

삼국시대의 위 왕조가 둔전을 통해 제국의 권위를 회복하려고 애쓰던 때, 장강 하류의 경쟁국인 오吳에서도 변이된 형태의 군사 군주정이 창시되고 있었다. 오를 건국한 이들은 무장 농민과 종속적 추종자로 구성된 군대를 이끌고 남쪽으로 이주한 군사 모험가military adventurer들이었다. 북방에서와 마찬가지로 이 병사들은 그들을 이끄는 장수들에게 농노제를 연상시키는 관계로 묶인 세습 군역 계층으로 발전했다. 병사가 사령관에게 복종의 관계를 통해 예속된 것과 같은 방식으로, 이러한 군대 또한 각 장수가 최고사령관 손권孫權에게 바치는 개인적 충성을 통해 국가에 녹아들었다. 건강 지역을 기반으로 수립된 오 왕조는 이후 장강 계곡의 무장 가문들 또한 흡수했다. 이 가문들이 이끌던 사병들은 국가의 군대로 인식되었으며, 각 가문의 수장들에게는 장수의 직함과 조정의 무관직을 부여했다. 망명한 장수들에게도 특정 지역의 조세를 수취하는 방식의 영지를 봉했으며, 이들이 이곳의 실질적 통치자가 되었다. 병사들은 산림을 개간하고 습지의 물을 빼는 등 남방의 황무지를 개척해 농사를 짓는 데 필요한 모든 작업에 집단적 노역을 제공했다. 군대가 개간한 토지는 북방에서와 마찬가지로 둔전으로 전환되었으며, 평시에는 병사들이 이 토지를 일구어 자급자족하며 살았다. 또한 토착민인 산월山越을 집단으로 강제 징집을 하고 오나라 황제를 위한 역을 부과해 상당수의 노동력과 병력을 확보했다.[75] 둔전의 조성과 호족의 정착을 통한 장강 하류 유역 개척은 토지 소유권의 높은 집중도로 이어졌다. 북방에서는 소규모 농지를 소유한 수많은 농민이 호족의 지배권 바깥에 남아 있었지만, 이와는 대조적으로 장강 유역에는 지주가 소유한 대토지밖에 없었다.

진이 (3세기 말과 4세기 초에) 오를 정복하고 북중국을 상실하면서 대부분의 둔전이 사라졌다. 그러나 조정이 남쪽으로 이동한 이래 수십 년간 주요 가문들은 세습 병사를 기반으로 하는 제국군의 재창설을 상황상 어쩔 수 없이 묵인했으며, 이제 이민족 군대를 피해 남쪽으로 탈출한 수십만 명의 피란민이 제국군의 모집 대상이 되었다. 피란민들은 피란의 패턴에 따라 수도 건강 북쪽 지역 그리고 장강 중류 유역이라는 두 지역에 집중되었다. 이 가문들 또한 이제는 친숙하게 느껴지는 방식을 따라 토지를 받는 대가로 조세나 군역을 바쳤다. 이 병사들은 3세기의 둔전민과 마찬가지로 세습 병사 계보를 형성했으며, 이들의 지위는 대지주의 영지에서 일하는 소작농들의 지위와 어깨를 거의 나란히 했다. 실제로 이들은 형성된 이래 첫 한 세기 동안 권력을 향한 대가문들의 골육상쟁에 동원되었다.

최초의 군부대는 이른바 북부병으로, 산둥 남서부를 탈출해 새로운 수도의 북쪽에 재정착한 피란민 약 1만 명으로 구성되었다. 지역 인구와 구별되었던 피란민들은 진나라 군대와 함께 곧 고향으로 돌아갈 것이라는 허황된 믿음을 간직한 채 별도의 인구 대장에 자신들의 이름을, 그리고 북방에 남겨 두고 온 집을 기록했다. 이러한 개인들에게는 대부분의 조세가 면제되었으나 군역의 의무가 부과되었으므로, 진 조정은 피란민에게 일시적 구호를 제공한다는 명목하에 세습 군역 계층을 만들었다. 이들 군대는 수도 부근에서 진 왕조를 방위하는 대가문들의 주요 병력이었으며, 322년에는 장강 중류 지역에서 일어난 쿠데타 시도를 저지했다. 조정은 서쪽에서 또 다른 세력의 공격을 방지하기 위해 피란민으로 구성한 두 번째 상비군인 서부병을 창설해 장강 중류 지역(허베이와 후난)을 방위하게 했다. 본래는 조정 권력의 연장선상에서 창설된 군대였으나, 345년에 무신 가문 출신의 선도적 사령관 환온桓溫이 서부병을 장악하고 자신의 야망을 위한 기반으로 이용했다. 진 왕조의 나머지 정치사는 환씨 일가와 이들의 서부병 동맹이 한편을 이루고, 북부병의 군사력에 의존한 왕당파가 다른 한편을 이루어 서로 다투는 사건들로 구성된다. 이처럼 남방의 강력한 가문들은 야망을 펼치기 위해 세습 병사들로 구성된 두 개의 대규모 상비군을 창설했으나, 결국에는 이 군대들이 그들의 정치적 실패를 불렀다.[76]

남조

군사력을 이용해 새로운 왕조를 창건하고자 했던 이들의 귀감이 되었던 환온은 북중국을 되찾기 위해, 중국의 심장부와 옛 수도를 탈환하기 위해, 자신의 천명에 대한 기반을 확립하기 위해 일련의 원정을 시작했다. 347년에 환온은 오두미五斗米로 불리는 도교 운동 단체(제도 종교에 관한 8장을 참조)가 지배하던 쓰촨 지역을 재정복했다. 354년에는 관중을 공격했으나 수도 장안을 탈환하지는 못했으며, 356년에는 대승을 거두고 동쪽 수도 낙양을 탈환한 뒤 10년간 이곳에 군대를 주둔시켰다. 372년에는 황제의 자리에 오르기 직전까

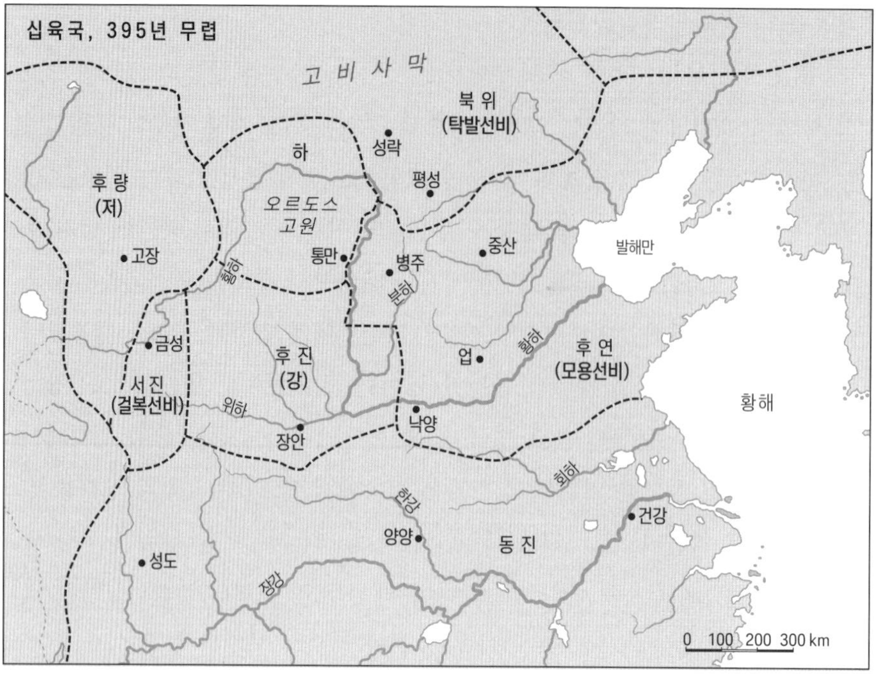

—— 남북조의 판도.

지 가지만, 일생일대의 야망을 이루기 직전에 세상을 떠났다.

환온의 아들 환현桓玄은 아버지의 야망을 이어 나갔다. 403년에 환현은 북부병과 결탁해 국가를 실질적으로 장악했으며, 이후 그를 지지했던 북부병 장수들을 숙청한 뒤 스스로 황제의 자리에 올랐다. 그러나 이 시점에서 남방의 세력균형을 뒤흔들 사건이 발발했다. 북부병의 하급 장교들이 유유의 지휘에 따라 쿠데타를 일으켜 환현을 수도에서 몰아낸 다음에 장강 중류 지역에서 환현의 군대를 무찌른 것이다. 유유는 진 왕조를 복원했으나 실질적 통치자로 남았다. 409년의 북벌과 417년의 장안 탈환으로 만반의 준비를 마친 그는 420년에 황제 자리에 올랐다.[77]

420년의 유송劉宋 왕조 수립은 남북조 역사와 중국사의 전환점이 되었다. 제국의 황실은 한 왕조의 몰락 이래 두 세기 가까이 꾸준히 쇠락을 거듭했다. 호족이 자신의 부와 위신을 강화할 목적으로 황실을 보전하기는 했으나, 중앙정부의 실질적 권력은 꾸준히 기울면서 유력한 지방 호족에게, 또는 북방에서 짧은 치세를 누렸던 이방인 국가들의 파편화된 권력에 자리를 내주었다. 야망 있는 가문들의 권력을 강화하는 수단으로서 피란민을 모아 창설한 상비군은 세습 군대가 되어 403년의 쿠데타를 통해 권력을 장악했으며, 420년에 평민 출신의 유유가 황제가 되자 황실과 대가문 간의 세력균형이 극적으로 바뀌었다. 다음 두 세기 동안 남조(송, 제, 양, 진)는 대가문을 누르고 권위를 얻은 무인들이 통치했다.

황실은 지방 유력자가 가진 권력을 받아들이고 그들의 관직 세습을 계속해서 인정할 수밖에 없었으며, 그들의 사회적 우위를 인정해 품행과 미적 활동을 모방했다. 그러나 군사 군주들은 대가문들이 가진 정치권력의 핵심 기반 세 가지를 박탈해 나갔다. 첫째, 이들은 유력자들이 가진 군사력을 제거했다. 둘째, 한대의 진행 과정을 그대로 답습하듯이 남방의 군주들은 대가문이 장악한 고위 관품에서 황실의 후원에 의존하는 이들이 차지한 하급 관품으로 권력을 이동시켰다. 셋째, 관품은 낮지만 실제로는 강력한 권력을 가졌던 하급 신하들은 주로 평민 출신의 상인이나 지주였으므로 비非귀족 가문들이 명문가의 세력을 약화하고 자신들의 부를 키우기 위해 조정에서의 권력과 영향력을 이용하게 되었다.

환현이 북부병 장수들을 숙청하자 상비군의 장교들은 대부분 평민 출신만 남았다. 남방의 군주들은 이 부대들을 제국 전역의 주요 지방에 분산하고 황실의 일원을 각 지역의 지휘관으로 임명해 권위를 유지하고자 했다. 수도에는 가장 규모가 큰 부대 하나만이 남아 황제의 지휘를 따랐던 한편, 황제의 형제와 조카들은 장강 중류 지역과 쓰촨에서, 또는 먼 남쪽 지방에서 비교적 작은 규모의 군부대를 통솔했다. 이러한 지방 부대들은 3세기에서 4세기에 걸쳐 대부분의 지방을 장악했던 지주들의 사병 연합을 밀어냈다. 비지배층 가문에서 군사령관을 계속해 모집하는 한편으로 군대가 권력을 얻을 수 있는 주요 경로로 떠오르면서, 야망이 있거나 부유한 평민 다수가 군대를 통해 권력과 명성을 얻었다.[78]

이들은 조정에서도 권세를 쥘 수 있었는데, 군사 군주들이 일으킨 두 번째 혁신을 통해 평민 출신이 대부분인 하위 관품이 의사 결정권과 행정 권력을 가지게 된 한편, 지배층 가문이 장악한 고위 관품은 실질적 권력을 빼앗겼기 때문이다. 새로이 영향력을 가지게 된 평민 출신의 인물 중 기록으로 남은 이들은 대부분 장강 지역의 경제가 번성하던 시기를 거치며 부유하게 성장한 상인들이었다. 이들은 조정에 발을 들이면서 당대 도시 생활의 많은 풍습을 함께 들여왔는데, 대표적으로 성적인 노래와 시문학이 있었다. 주요 도시의 유흥가에서 번성했던 이 장르는 이후 제나라 조정과 양나라 조정의 시문학 집단 사이에서도 일반적으로 자리를 잡았다. 이처럼 출신이 미천한 자들이 조정을 정치적으로 장악한 데다, 조정의 문화적 풍습에도 지대한 영향력을 행사하게 되었다.[79]

남조 군주들의 정책이 낳은 마지막 효과는 이처럼 평민들에게 새로 부여된 정치적 영향력이 경제력으로 전환되었다는 것이다. 황제들은 지방 군부대를 통솔하는 친족들의 충성심에 점차 의심을 품으면서 상인 출신의 직속 관리를 특사로 임명해 지방의 감찰관이자 대리인의 역할을 맡겼다. 이 특사들은 황실과의 관계에서 비롯되는 상업적 특권을 이용해 막대한 재산을 쌓아 올렸으며, 이를 이용해 토지를 구매하거나 정치적 영향력을 끌어 모았다.[80]

지방에서 부유한 평민들이 부흥해 권력과 영향력을 가지게 된 데 더해 또 하나의 새로운 추세로 인해 기존 가문들의 세력은 심각하게 약화되었다. 화폐 기반 경제는 한나라의 멸망 이후 크게 약해져 있었으나, 5세기에 들어 교역이 번성하면서 상당한 정도로 활기를 되찾았다. 지배층의 생활양식을 유지하려면 현금이 꼭 필요했지만, 기존 지배층은 토지를 소유한 유럽 귀족층이 근대 초기에 겪었던 것과 마찬가지로 토지 재산을 현금으로 전환하는 데 어려움을 겪었다. 그 결과 이들은 조정이나 지역사회에서 위신을 유지하기 위해 영지를 조금씩 시장으로 내놓거나 팔 수밖에 없었다. 5세기 말에서 6세기 초까지 경제가 부흥하고 상인들의 부가 궁중으로 계속 이동하자 수도에서는 과시적 소비의 광란이 벌어졌다. 부유한 평민, 대가문의 자손, 황족의 일원들이 서로 경쟁하듯 궁을 짓고 연회를 열며 당시에 사실상의 국교로 자리 잡았던 불교 사찰의 건립을 금전적으로 후원했다. 이로 인해 수많은 옛 명문가가

빈털터리로 전락했으며, 이들의 영지도 조각조각 해체되었다.[81]

군사 왕조들은 대가문의 권력을 크게 감소시켰던 반면, 끝내 안정적인 정치 질서를 유지하지는 못했다. 종실의 왕들이 군사력을 독점하면서 기존 대가문의 세력이 심각하게 약화되었지만, 이로 인해 긴장 상태가 지속되었으며 왕들 사이에 공공연한 전쟁도 자주 발발했다. 야망 있는 장수들과 평민 출신 추종자들은 그들의 후원자가 권력을 쥐면 자기들도 막대한 부와 권력을 쥘 수 있었으므로 왕들을 부추겼고, 이들의 말을 들은 왕들은 자신의 승계권을 확보하거나 자신이 마음대로 주무를 수 있는 어린 황제를 앉히기 위해 다툼을 벌였다. 왕들은 성공할 확률을 높이기 위해 대규모 군대를 모집했고, 이로 인해 야망 있는 사람들이 추종자 수만 명을 모아 사병 무장 집단을 조직해 왕들에게 병력을 제공하고자 했다. 그러나 이와 같은 무장 집단은 중세 말과 근대 초의 유럽 용병단과 마찬가지로 기존 사령관의 지휘를 따르며 독립성을 유지했다. 이들은 국유지에 정착해 농민으로 살지 않고, 그 대신에 도적단처럼 지방을 배회하며 국가가 허가한 약탈을 통해 소농민들에게 빼앗은 것으로 생활을 이어 나갔다. 6세기 말의 어느 역사가는 양나라 말기에 이르자 일부 지역의 인구 절반이 군인이 되어 나머지 절반을 대상으로 노략질하며 먹고살았다는 기록을 남기기도 했다. 왕들 간의 갈등이 격화되면서 도적단 군대의 규모 또한 자라났고, 이들에 대한 실질적 통제가 이루어지지 않았다.

이와 같은 갈등은 547년에 북방에서 이주해 온 장수 후경侯景이 수천 명의 병력을 데리고 수도를 포위하면서 정점을 찍었다. 종실의 몇몇 왕들은 여기에 개입하지 않고, 그 대신에 본인들이 자리를 차지할 수 있도록 황제가 무너지기만을 기다렸다. 다른 몇몇은 군대를 보냈으나, 대체로 독립적이었던 사병단은 목숨을 걸고 포위를 뚫는 것보다는 수도 지역을 약탈하는 편이 더 이득이라고 판단했다. 사치스럽고 유행에 민감한 멋쟁이들로 가득했던 수도는 방위군을 조직할 수가 없었다. 오랜 포위 끝에 수도가 함락되고 황제가 궁에서 세상을 떠났으며, 왕조는 경쟁하는 왕들 간의 내전 속에서 해체되었다.[82]

이 전쟁으로 인해 수도 지역이 황폐화되었으며, 장강 중하류 지역에서 새로 개척된 먼 이남의 영토(푸젠, 장시, 광둥)로 권력이 이동했다. 도적단에 가까웠던 무장 집단들은 이곳에서 군사 군주정이라는 새롭고 더 잔혹한 형태의 사적 기반을 마련했다. 먼 남쪽의 농민 봉기를 진압한 것으로 명성을 얻은, 1000명 규모의 무장 집단을 이끈 지휘관[26]이 557년에 마침내 승리를 거두며 전쟁에 종지부를 찍었다. 그러나 그가 창건한 진陳 왕조는 내전이 남긴 폐허에서 회복하지 못했으며, 12년 후에 북방의 군대에 의해 멸망했다.

북조: 북위 황제와 그 후계자들

남방에서 송 왕조가 군사 군주정을 확립하던 때, 북중국은 탁발부 치하에서 통일되었다. 과하게 단순화하자면 4세기에 남중국에는 군대 없는 왕조가 있었고, 북중국에는 왕조 없는 군대가 있었다고 할 수 있다. 북방의 다양한 지방을 다스렸던 이민족 국가들은 부족 연합이라는 원칙하에 수립되었는데, 이는 단일 최고 통치자가 전장에서 거둔 승리와 그에 따른 노획물을 추종자들에게 분배해 권위를 행사한다는 뜻이었다. 그러므로 국가는 최고 통치자와 휘하 사령관들 사이의 개인적 관계를 기반으로 구성되었다. 그 결과 통치자가 세상을 떠나면 국가를 형성하는 결속력도 해체되었다. 국가 구조 전반을 아우르는 충성심이 전무한 상황에서, 이 왕국들은 승계가 일어날 때마다 멸망할 수 있는 위험을 안고 있었다. 모용부慕容部가 북동부에 건국한 연나라를 위시한 몇몇 국가는 중국 정치 관습의 요소들을 결합함으로써 어느 정도 오랜 기간 유지되었다. 4세기 말에 이르자 탁발규拓跋珪가 이끄는 탁발부가 드디어 통치자 개인에 대한 충성을 왕조에 대한 충성으로 전환하는 방법을 고안했다.[83]

탁발규의 정책은 앞선 국가들에서 기본 단위로 남아 있었던 반독립적 부족을 해체하는 것이었다. 한화가 더 진행된 모용부를 398년에 정복한 그는 모용부의 수도 업에서 영감을 얻어 (현대의 다퉁 근방인) 평성에 한족 풍의 수도를 건설하기로 했다. 또한 자신의 동맹자들과 비한족계 백성으로 이루어진 부족 조직을 해체하기로 했으며, 이를 실행하기 위해 이들을 전통적으로 족장이었

26 진패선陳霸先을 가리킨다. 557년에 황제가 되었고, 559년에 사망했다.

던 이들과 분리하고,(족장에게는 직위와 상당한 재물을 주어 매수했다.) 여덟 개의 인위적 부족으로 재편해 수도 주변의 여러 촌락에 영구적으로 분산시켰다. 여전히 군부대의 형태로 조직되었던 이 인위적 부족들은 마찬가지로 위 왕국에 재정착시킨, 정복당한 목축민과 농민들에게서 물자를 조달받았다. 탁발규는 전통적인 지도자와 조직을 제거하고 유목민적 관습을 버리도록 강제하며 수입 면에서 국가에 의존하게 만들어 유목민 부족 군대를 세습 군역 계층으로 전환했다. 이처럼 탁발규가 족장 개인에 대한 충성을 왕조라는 제도에 대한 충성으로 변환한 덕분에 북위 왕조는 수 세대에 걸친 승계를 통해 살아남을 수 있었다. 당시의 남방 왕조들과 마찬가지로, 탁발규 또한 세병제를 기반으로 왕조의 형태를 만들어 나갔다.[84]

북위는 400년에서 440년까지의 기간에 걸쳐 황하 유역 전역을 정복했고, 450년에는 장강의 북쪽 둑에 이르는 원정을 일으켰다. 이 시점까지도 탁발부는 북중국을 오직 군사적으로만 지배했고, 토착 한족 지배층과는 관계를 전혀 형성하지 못했으며, 새로 정복한 영토 전역에 수비대를 배치하는 방법을 통해서만 권력을 행사할 수 있었다. 이들 수비대는 남은 한족계 민정 체제에 덧씌워질 새로운 통치 형태인 진鎭의 핵이 되었다. 이처럼 북방에서는 이민족을 인위적으로 재편해 탄생한 세습 군대가 부흥한 제국 권력에 기반을 제공했을 뿐만 아니라, 나아가 그 권력을 지방에서도 행사할 수 있는 통치 형태까지 만들어 주었다.

제국의 권력 기반은 여전히 탁발규가 인위적으로 만든 여덟 부족을 바탕으로 한, 수도의 근위군이었다. 이 근위군은 단연 가장 거대한 단일 병력이었으며, 북위 왕조의 주요 공격 부대였다. 황제와 최측근 신하들이 근위군을 지휘했으며, 그들을 상대할 그 어떤 군대보다도 절대적 우위를 자랑했다. 반면에 수비대는 제국 전역에 배치되어 새 행정 구역의 수도 역할을 담당할 특수한 성곽 도시를 건설했으며, 각 구역의 전역에 걸쳐 특수 기지를 설치하고 소규모 부대를 배치했다. 한족 인구가 많은 지역에는 한족 백성을 통치하는 주州를 진과 함께 설치했다. 그러나 초기 수십 년간은 진의 수비대 사령관이 주의 지방관을 겸했으므로 민정 체제와 군부대는 결합되었다. 5세기 당시에 근위군의 사령관과 부대원들은 탁발부 연합의 일원이었으며, 한족은 제국의 행정 체제를 구성하는 무관직에서 배제되었다.[85]

앞서 우리는 5세기 말(493년)에 효문제가 국가를 한화하기 위해 펼쳤던 정책들에 관해 논한 바 있다. 이 정책을 군사적 관점에서 보면 곧 한족 인구가 많은 지역에 속하는 진의 수도 대부분이 한족 지방관이 행정을 담당하는 주로 전환된다는 뜻이었다. 동시에 순환해 병역을 서는 한족 민병대를 지역의 자위와 도적단 소탕에 이용했다는 증거도 남아 있다. 기존의 수비대는 낙양의 새로운 근위군으로 옮겨지거나 지역 인구에 흡수되었다.

그러나 이처럼 탁발부 국가 초기의 완전한 군벌 정권에서 벗어나 좀 더 전통적인 한족 형태로 전환하는 정책은 재앙으로 끝을 맺었다. 조정이 점차 한화되어 가자, 유목민 선조의 가치관과 언어, 관습을 간직했던 변방 수비대의 지위가 낮아졌다. 이는 정부가 범죄자의 형 집행을 유예하고 수비대의 보충병으로 보내는 정책을 펼치면서 한층 더 심각해졌다. 6세기 초에 조정이 변방 수비대의 관리를 위해 파견한 관료들은 이들을 무자비하게 수탈했으며, 식량과 말, 심지어는 무기까지도 이윤을 내어 팔았다. 524년에 조정이 파견한 어느 관리가 굶주린 수비대에 곡식을 배급해 달라는 간청을 거부하자 이를 계기로 반란[27]이 일어났으며, 변경의 북쪽부터 시작되어 서쪽까지 번져 나갔다. 조정은 수비대를 진정시키기 위해 이들 중 다수를 식량이 넉넉한 지방으로 남하시켰지만, 곧이어 반란이 재개되었으며 채 1년도 되지 않아 황하 이북 대부분의 지방이 반란군의 수중에 놓였다. 조정은 산시山西 중부를 장악한 (이란계로 추정되는) 인도유럽어족 계통 동맹 부족의 조력을 구한 끝에야 반란군을 진압할 수 있었다. 동맹 부족의 지도자인 이주영爾朱榮은 군사를 이끌고 낙양으로 향해 조정의 대부분을 학살한 뒤 반란군을 진압했다. 남쪽의 양梁 왕조에서 온 소규모 병력이 일시적으로 수도를 점령했는데도 북위의 황제는 그의 구원자를 몰아낼 수 없었고, 결국에는 자기 손으로 이주영을 암살했다. 그러나 이로써 왕조를 구하지는 못했으며, 북위는 진鎭의 반란군 지도자들이

27 수도 근방의 여섯 개 진에서 일어난 반란이라고 해서 육진의 난으로 부른다.

강력한 한족 가문들과 동맹을 맺어 형성한, 두 개의 경쟁국으로 분열되었다.[86]

북위의 두 계승국인 주周와 제齊는 군사 군주정의 원칙을 이어 나가면서 옛 수비대나 북위 근위군의 병사들로 구성된 중앙군을 권력 기반으로 삼았다. 그러나 서쪽의 북주는 550년에 새로운 형태의 군대인 부병府兵을 도입했는데, 결국에는 이 병력이 중국을 다시 통일했다. 부병제하에서 북위 군대의 병사들, 관중에 거주하는 비한족계 부족들, 군벌 성향을 지닌 한족 가문들은 스물네 개 부대에 배치되었다. 이들은 북주 전역에 걸쳐 배치되었고, 예속민이 경작하는 토지를 부여받았으며, 조세와 부역을 면제받았다. 농사를 짓지 않아도 되었으므로 모든 시간을 훈련에 투자할 수 있었고, 국고가 마르지 않도록 각지에서 물자를 조달받았으며, 관중 지역의 한족과 이민족의 세도가로 구성되었던 이 정예군은 당대 최고의 전투부대로 거듭났다. 이 군대는 각 지역의 자원을 최대한으로 동원했으며, 주요 한족 가문들을 끌어들여 행정적 지원을 받았고, 대대로 중국 제국의 근거지였던 관중 지역이라는 전략적 범위 내에 안정적으로 자리를 잡았다. 반 세기 동안 이어진 전쟁 끝에 577년에 이 군대는 경쟁국인 북제를 정복하고 북중국을 단일 왕조 치하로 다시 통일했다. 4년 후인 581년에 북주의 장군 한 명이 제위를 차지하고 수 왕조를 창건했으며, 8년 후인 589년에는 수의 군대가 남방의 진陳을 제압하고 거의 4세기 만에 처음으로 중국 전역을 단일 통치자 치하에 놓았다.

그러나 단순한 정복만으로는 진秦 제국이 지속하는 데 충분하지 않았던 것처럼, 북주의 군사 체계를 통해 얻은 통일이 곧바로 수에 제국을 안겨 주지는 않았다. 5세기와 6세기에 걸쳐 반복되었던 군사 군주정의 실패는 무장 병력의 통제가 필요조건이기는 하나 그것만으로 충분치는 않다는 점을 여실히 보여 주었다. 진과 마찬가지로 수는 고작 몇십 년만 이어졌을 뿐이다.

8 제도 종교: 도교와 불교

요아힘 바흐Joachim Wach는 『종교의 사회학*Sociology of Religion*』에서 종교 집단에는 두 가지 유형이 있다고 설명한다. 하나는 '자연적 집단natural group'과 일치하며 그 결과 '세속적secular' 제도 전반에 스며든 집단이고, 다른 하나는 전문 성직자와 독특한 의식, 신학을 갖춘 독립적 조직이 특징인 '특정적 종교specifically religious' 집단이다.[87] 동한 이전 중국의 종교는 전자의 범주에 속했다. 숭배의 기본 단위가 가문, 촌락, 국가였으며, 의식을 거행하는 제1의 인물은 가문의 수장, 남편, 촌락의 웃어른 혹은 통치자 등 각 집단의 지도자였다. 원칙에 대한 유일한 예외로 무속인이나 영적 매개자가 있지만, 이들조차도 많은 경우 공동체의 일원으로서 보통의 존재에 더해 종교적 역할을 겸하는 이들이었다.

동한과 남북조에서는 우주 속 인민의 역할에 관한 새로운 비전을, 그리고 친족, 공동 거주 혹은 정치를 통해 형성된 관계를 초월하는 새로운 제도를 제시하는 대규모 종교운동이 등장하면서 중국 종교에 변혁이 일어났다. 이러한 종교운동은 가족 및 흙과 곡식의 신을 숭배하고 하늘에 제사를 올리는 것으로는 충족할 수 없었던 사회적·감정적·지적 필요를 충족시켜 주었다. 이로 인해 이후 중국의 특징이 되는 지적·사회적·정치적 형태가 영구적으로 변화했다.

남북조시대에 발달한 두 가지 위대한 종교 제도는 도교와 불교였다. 불교는 이방의 신앙이었으며, 동한 왕조 시대에 중앙아시아와 동남아시아에서 온 상인들이 들여왔다. 지배층의 사랑을 받았던 불교는 점차 사회계층 전반으로 퍼져 나가 마침내 중국풍 생활의 모든 면에 스며들었다. 도교는 불교보다 앞서거니 뒤서거니 했다. 최소한 전국시대부터 존재해 온 다양한 숭배 사상과 신앙을 바탕으로 형성된 도교는 불교가 중국에 전래되던 무렵에 조직화된 운동으로 거듭났다. 그러나 도교는 불교가 선례를 제시하기 전까지는 사원, 성직자 위계, 경전 등 발전된 형태를 갖추지 못했다.

초기 도교: 왕모 숭배 사상

여기에서는 도교가 종교로서 걸어온 초기 역사를 세 부분으로 나누어 보겠다. 첫째는 한대의 대중 운동(즉 서왕모西王母 숭배 사상과 천년왕국설 바탕의 반란 운동), 둘째는 갈홍葛洪과 모산茅山의 계시를 중심으로 한 남방 지배층의 신선 숭배, 셋째는 북위 치하의 구겸지寇謙之가 공식 후원을 받아 설립한 도교 '교단church'이다.('교단'이라는 말은 그저 기독교 교단에 비유하기 위해 사용한 단어다. 이는 이들의 종교적 조직이 교구에 필적하는 지역적 인구 단위에, 서품을 받은 종교 전문가인 '성직자'에게 부여된 권위에, 신성한 글을 담은 공식 경전에 대한 의존에 기반을 둔다는 것을 의미한다.)

기록으로 남아 있는 중국 최초의 대규모 대중 종교운동은 기원전 3년에 일어났다. 화북 평원에 대가뭄이 찾아오자 많은 이가 노변에 모여 나뭇가지나 대마 줄기와 지푸라기를 들고 농촌 지방 전역을 행진했다. 이들은 이것이 서왕모의 부적이며, 이를 지닌 사람은 죽지 않을 것이라고 선포했다. 그해 여름 동안 사람들은 여러 촌락과 수도에 모여 대중 숭배 의식을 치렀다. 서왕모가 곧 강림할 것이라는 기대 속에 치러진 이 의식에는 노래와 춤이 포함되었으며, 횃불을 든 행렬이 길거리를 걷고 지붕을 넘으며 이어졌다. 가을이 되고 가뭄이 해결되자, 이 운동은 역사 속으로 사라졌다.

대중적 서왕모 숭배에 관한 문헌 증거는 소수의 짧은 설명만이 전부이지만, 한 무제 치세 당시의 사료를 보면 사람들은 서왕모가 세상의 서쪽 끝에 살

—— 한대 고분에서 출토된 서왕모의 그림. 양식화된 산꼭대기에 서왕모가 앉아 있다. 영생을 사는 선(仙)인 날개 달린 반인반수들이 서왕모의 주변을 둘러싸고 있다. 서왕모의 곁에 놓인 절구는 영생의 묘약을 만드는 데 사용된다. (Lewis, *Early Chinese Empires*)

고 있으며 영생을 줄 수 있다고 믿었음을 알 수 있다. 서한 시대에는 곤륜 신화와도 연계되었다. 하늘과 땅을 잇는 산맥인 곤륜산맥은 서왕모와 마찬가지로 먼 서쪽에 자리해 있으며, 산 정상에는 불멸의 존재들이 산다고 했다. 지리적 위치가 같고 양측 모두 영생과 관련되므로 두 신화는 하나로 합쳐졌다. 동한 시대의 고분에서 출토된 그림에서는 영생의 복숭아가 열리고 그 누구도 죽지 않는 극서쪽의 낙원에서 신들을 불러 모은 서왕모의 모습이 묘사되어 있다. 동한 초기의 예언서 파편들에서는 서왕모가 사람들에게 건강과 출산의 축복을 내려줄 수 있는 강력한 신이며 사람들은 비기祕技를 통해 시공간을 넘어 서왕모의 낙원에 다녀올 수 있다고 했다. 기원전 3년의 운동에 관한 설명들에서도 서왕모는 춤과 노래 그리고 마력이 있는 식물 부적으로 불러낼 수 있다고 되어 있다.[88]

서왕모 숭배는 도교 이전의 운동이지만, 제도적 교리가 부상하는 주요 원인을 보여 준다. 한나라의 우주관에서는 천계를 신성시했지만, 여기에는 황제가 연관되어 있었다. 오직 황제만이 천계를 숭배할 수 있었으며, 천계는 황실의 잘못에 따라 가뭄과 역병을 내렸다. 백성들은 고통을 겪고 죽어 나갔으나, 자신들의 선행으로 재난을 막거나 하늘의 노여움을 달래기 위해 제사를 지낼 수 없었다. 서왕모는 일반 대중의 호소를 들을 수 있으며 기도를 올리는 이들을 구원할 수 있는 강력한 신이었다. 도교의 신들 그리고 부처가 하던 종교적 기능을 선행한 셈이다. 여기에 더해 몇몇 특징은, 즉 영생은, 시공간을 초월하는 마법의 여행은, 제국 정부와 마찬가지로 사용했던 부적 또는 부절符節[28]은, 노래와 춤은, 최면 상태에서의 영적 여행 등의 결합 등은 이후 도교의 핵심 요소가 되었다. 이처럼 서왕모 숭배는 제도적 도교의 직계 조상 격이었다.

지배층의 영생 숭배

다음으로 살펴볼 한나라 때 대중 종교의 대규모 운동은 천년왕국설을 바탕으로 (산둥 지방에서 일어난) 황건적의 난과 (쓰촨 지방에서 일어난) 오두미도의 난이다. 옛 질서가 무너지고 그 자리에 태평 왕국이 들어설 것이라고 예언하는 신의 계시를 담은 문헌과 종말론적 비전이라는 이들 종교의 요소는 마찬가지로 추후 도교의 새로운 특징 두 가지로 자리를 잡았다. 태평을 선포하는 계시 문헌에 관한 최초의 기록은 기원전 7년에 동명의 책이 한 황실에 소개되었을 때다. 기원후 2세기 중반에도 또 다른 동명의 책이 등장해 황건적의 핵심 경전이 되었다. 황건적과 오두미도가 일으킨 운동은 집단적인 숭배와 행동을 위해 추종자들로 군부대를 편성했다. 이들이 실천한 주요 종교적 행위는 죄를 고백해 병을 치유하는 것(잘못된 행실이 병을 일으키는 원인이라고 믿었다.)과 죽는 순간 하늘로 올라가게 될 내면을 명상과 호흡 연습을 통해 육성하는 것이었다. 두 운동 모두 『도덕경道德經』의 저자로 추정되는 노자老子를 숭배하면서, 그가 인류를 구원하기 위해 일정 시기마다 이 땅에 내려온 우주적 존재라고 여겼던 것이 분명하다. 오두미도 운동의 추종자들은 노자의 글을 계시가 기록된 경전이자 마법의 힘이 깃든 글로 여기고 암송했다.[89]

황건적의 난은 184년에 진압되었지만, 오두미도의 운동은 쓰촨에서 천사天師 장씨張氏 일족이 다스리는 도교 왕국을 수립했다. 이들은 215년에 조조에게 투항했지만, 사실상 독립을 유지했다. 이 왕국은 4세기 중반까지 유지되다가 환온에게 격파당했고,(앞의 7장 참조) 이후 교단은 뿔뿔이 흩어졌다.[90] 그

28 소지자의 신분이나 권한을 나타내는 증표다.

러나 후대의 도교는 쓰촨의 이 신정 국가에 기원을 두고 있으며, 후대의 모든 도교 교파가 천사도天師道[29]에서 비롯되었다.

대중 종교가 집단적 구원의 천년왕국설을 설파했던 반면에, 특히 남중국을 중심으로 하는 한나라 후기 지배층 사이에서는 시황제와 무제의 염원이었던 개인의 영생을 추구하는 기조가 발달하기 시작했다. 이는 4세기 초에 갈홍이 쓴 『포박자抱朴子』에 집대성되어 있다. 백과사전 형식의 이 책은 영생의 기술을 다룬다. 이 기술을 이용하면 "절정의 날에 승천"하거나 수양을 통해 진인眞人의 경지에 올라 결국에는 육신을 벗어 던지고 땅속 깊은 동굴이나 동해 너머의 섬에 있는 신선들의 나라로 떠날 수 있다고 했다.

자아를 완성하는 기술에는 여러 가지가 있는데, 주로 두 가지 목적에 초점을 맞추었다. (1) 영혼의 에너지인 기氣를 모으고 순환시키는 것, (2) 몸 안의 정제된 본질을 기르고 조잡하거나 땅에서 난 요소를 제거하는 것이다. 수련자는 전자의 목적을 달성하기 위해 좋은 신체 에너지를 모으고, 나쁜 에너지를 배출하며, 외부의 에너지를 흡수하고, 몸 안에서 기의 흐름이 막힌 곳을 없애기 위해 고안된 호흡법, 신체 단련, 성적 수련을 행했다. 여기에 더해 각기 다른 신체 기관에 연관된 몸 안의 신神들을 마음속에 형상화하는 시각화 수련도 함께 수행했다. 육신을 정화하는 수련도 했는데, 고기와 술, 향이 강한 채소 혹은 곡물을 먹지 않는 식이 제한이 주를 이루었다. 이러한 음식은 몸 안을 갉아 먹는 악마이자 죽어야만 벗어날 수 있는 삼시충三尸蟲을 살찌우기 때문이었다. 그 대신에 수련자는 나무껍질, 균류, 이슬, 약초 등을 먹고 살았으며, 삼시충을 죽이거나 필멸의 육신을 불멸로 만들어 준다는 다양한 화학적 혼합물을 섭취했다. 영생을 얻고 난 다음에는 바람과 우주의 묘약을 먹고 산다고 했다.[91]

갈홍이 무엇보다 관심을 보였던 분야는 연단술이었다. 많은 화학물질이 몸에서 해로운 요인을 제거하고 (주로 결정체의 형태로 상상된) 새롭고 순수한 몸을 만드는 데 이용되었다. 가장 인기가 많았던 물질은 절대 녹슬지 않아 그

29 오두미도의 또 다른 이름으로, 지도자인 장씨 일족을 천사로 부른 것에서 비롯되었다.

자체로 불멸의 존재인 금, 그리고 불꽃 같은 붉은색 때문에 영험한 광물로 여긴 진사였다. 천연 진사는 대개 황, 초석, 수은으로 만든 합성 물질로 대체했다.(이와 동일한 재료로 만들 수 있는 것이 화약인데, 실제로 화약은 도교의 실험을 통해 발명되었다.) 수은을 사용한 탓에 수많은 이가 고의 또는 불의의 음독으로 목숨을 잃었다. 화학물질과 더불어 다양한 약초와 균류도 사용되었다.[92]

화학물질을 사용하는 외단술外丹術은 갈홍을 비롯한 많은 수련자에게 너무 비쌌으므로, 이를 대신해 내단술內丹術이 성행했다. 내단술은 『역경』에 나오는 특정한 괘를 강도 높게 내적으로 시각화해 내면 깊은 곳에 화로와 솥을 만드는 명상 수련법이다. 수련자는 이를 이용해 정제된 물질을 만들어 낸 뒤 몸 안에서 이를 순환시킨다.

갈홍의 저서가 완성된 것은 진나라가 멸망하고 대가문들이 남쪽으로 망명하기 직전의 일이었다. 정치적 측면에서 부차적 지위로 내려앉은 많은 남방 대가문은 종교적 영역에서 야욕을 표출하고자 했다. 이러한 움직임은 양희楊羲라는 이름의 인물에게 364년에서 370년까지 마법적으로 계시된 일련의 글과 함께 발전해 남방 도교의 가장 중요한 종파인 모산파를 형성했다. 이 계시록이 처음에 주목을 받았던 이유는 대부분 무아경의 운문 형식으로 된 대단히 뛰어난 문체와 탁월한 필체 때문이었다. 이를 통해 이들은 중국계 지배층의 미학적 구미를 맞추었고, 옛 남방 가문들이 영적 위계의 낮은 지위를 수용하지 않고도 천사도의 도가적 방식을 받아들일 수 있는 메커니즘을 제시했다. 후대 도교의 기본 우주론을 제시한 이 계시 문헌에서는 이때까지 상상했던 것보다 더욱 고귀하고 강력한 불멸의 중재자가 존재하는 천계의 위계가 드러났다. 양희에게 계시를 내린 진인은 이전까지의 도교에서 이상적으로 여겨온 단순한 신선보다 지위가 훨씬 우월하고 물질 면에서 더욱 정제된 존재였으며, 계시의 근원인 상청上清은 천사나 갈홍이 약속했던 곳보다 더욱 높은 천계였다. 여기에 더해 쓰촨 지방의 천자들이 신봉했던 다양한 수행(특히 성적 방식의 수행)은 그 지위가 격하되거나 예비 활동으로 매도되었다. 이처럼 양희가 계시를 받아 남긴 글은 남방 지배층 사이에서 보존, 재가공, (후대의 인물들이 주장하는 새로운 계시를 통해) 확장되면서 이때까지 인간 세상에 계시된 모든 도

교적 글 중에서 최고 지위를 차지했다.[93]

모산의 계시는 또한 대중 운동의 종말론적 기대를 거꾸로 뒤집었다. 현세 위의 하늘인 육천六天에는 전사한 장수들의 영이 다스리는 신선 아닌 혼령들이 산다고 했으며, 장강 지방의 평민들은 이 장수들에게 혈제血祭를 올렸다. 양희나 그를 모방한 자에게서 계시를 받은 이들은 계시가 담긴 글을 가진 사에게 충성을 맹세했으며, 사는 이들이 종민種民이라는 영적 지배층을 형성할 수 있도록 올바른 명상 수행으로 정화해 주었다. 육천이 무너지는 날이 오면 혈제를 지내던 일반 대중이 모두 죽어도, 종민은 살아남아 구원받은 세상을 재건할 것이라고 했다.[94] 따라서 이곳은 영적 미묘함을 이해하고 훌륭한 서예와 시문학을 즐길 줄 아는 감수성과 문학적 소양을 가진 고귀하고 정제된 소수의 낙원이 될 터였다. 모산파 전통은 5세기 말부터 제나라 황실의 사랑을 받게 되며, 제9대 종사宗師인 도홍경陶弘景은 뒤이은 양나라의 건국자와 긴밀한 관계를 형성하게 된다.

북위 치하의 제도적 도교

남방의 귀족과 군주들이 이와 같은 지배층의 도교를 지지했던 반면에, 북방에서는 또 다른 정제된 형식의 대중적 도교가 영향력을 키우고 있었다. 쓰촨의 천사도를 따르는 가문 출신의 구겸지는 5세기 초의 수십 년에 걸쳐 신격화된 노자[30]에게 일련의 계시를 받았는데, 이 계시에서는 진정한 도道가 부패에 빠졌다고 했다. 혈제와 성적 수련은 중지해야 하고, 도사들은 명상법, 식이요법, 호흡법, 신체 단련법을 통해서만 영생을 추구해야 한다고도 했다. 구겸지가 받은 또 다른 계시에서는 북위의 황제가 태평진군太平眞君이라고 했다. 이 소식으로 무장한 구겸지는 북위 황궁으로 가 궁중의 한족계 당파와 결탁했으며, 그의 말에 설득된 황제는 442년에 도교로 개종한 뒤 도교 성인으로서 짧은 기간 신정 체제를 통치했다.[95]

이처럼 2세기 무렵 농민 봉기의 천년왕국설에서 시작된 것이 500년에 이

30 도교에서는 시조 격인 노자를 일컬어 태상노군太上老君이라고 한다.

르자 사상적 종교로 발전해 지배층의 세계관을 이루고 국가의 필요를 충족하는 데 일조하게 되었다. 북방에서는 국가가 후원하는 숭배 사상으로서 사원과 서품을 받은 성직자가 있었다. 남방에서는 지배층 사이에서 스승이 충성을 맹세한 제자에게 경전을 전달하는 방식으로 퍼졌는데, 여기에는 황실 일족이나 몇몇 황제까지도 포함되었다. 7세기 초에 당 왕조가 수립되었을 때, 황실 일족은 노자의 후손임을 자처하고 도교를 최고 국교로 삼았다.

초기 중국의 불교

도교는 대중 운동으로 시작되어 국가가 후원하는 종교 단체가 되었던 반면에, 불교는 중국에 처음 전래되었을 때 지배층 사이에서 성행하다가 이후 대중 종교가 되었다. 중앙아시아의 상인들은 푸젠으로 유입되는 해상 교역 상인들과 함께 이 새로운 종교를 중국에 전했다. 불교에 관한 최초의 문헌 기록은 기원후 65년의 것으로, 황제의 형제가 후원하는 확립된 승려 공동체와 평신도들이 있었음을 보여 준다. 흥미롭게도 이 기록은 황제의 형제가 부처를 숭배한 것을, 신격화된 노자와 밀접하게 관련된 황로黃老 사상을 숭배했다는 점과 연관시킨다. 한나라 때 고분에서 찾아볼 수 있는 부처의 모습들은 대부분 서왕모와 함께 등장하거나 일반적으로 서왕모가 있어야 할 자리에 있다. 166년에는 황제가 부처에게 공양을 올렸는데, 이번에는 신격화된 노자와 함께였다.[96] 이 증거를 보면 초창기만 하더라도 부처가 서왕모와 마찬가지로 서쪽에 살면서 자신을 숭배하는 이들을 보호해 주는 또 하나의 도교 신격으로 여겨졌다는 것을 알 수 있다. 중국인 대부분에게 부처는 스승이나 사상적 진리가 아니라, 무탈과 행운을 기원하기 위해 우상으로서 숭배하는 신앙적 존재였다.

저명한 몇몇 외국 승려가 동한의 수도에 정착해 불교의 경전을 한어로 옮기는 까다로운 작업을 시작했으나, 남북조시대가 되어서야 일부 중국인들이 불교의 교리적 신념을 인식하고 이해하기 시작했다. 3세기 초에 이르러서는 『도덕경』, 『장자』 등 전국시대 사상적 도교의 고전에 대한 관심이 부흥하면서 형이상학적 사색에 관한 관심도 고조되었다. 앞서 설명한 '청담'에 몰두했던 이들도 현학玄学으로 알려진 형이상학적 논쟁에 참여해 일 대 다수의 관계, 존재의 유무 등의 주제를 논했다. 불교의 정교한 심리학적·형이상학적 언어 덕분에 이와 같은 주제에 대해 초기 중국 사상을 뛰어넘는 세련된 논의를 할 수 있게 되었다. 이에 따라 3세기 말에 이르자 불교 승려들이 중국 지배층의 토론과 '청담'에 참여하기 시작했으며, 유력 가문의 아들들이 불교의 가르침을 구하거나 토론 역량을 기르기 위해 승려가 되었다. 이러한 현상은 317년에 진나라 조정이 남쪽으로 피신하면서 더욱 두드러지게 나타났다. 지둔支遁과 같은 저명한 승려들이 진나라 궁중 내 '청담' 집단의 등불이 되었고, 서정시를 짓고 서예를 익혔으며, 불교 연구를 『장자』의 주석과 결합했고, 불교의 교리를 중국의 지적 전통과 일반적으로 조화시킬 방법을 찾으려고 했다.[97]

한편 북방의 몇몇 이민족 국가 또한 불교를 받아들였는데, 몇몇 경우는 비非중국 계통의 지적 신앙을 향유하기 위해서였고, 다른 몇몇 경우는 불교 승려가 작은 기적들을 일으키는 능력 때문이었다. 여전히 중앙아시아와 접촉하던 이 국가들은 새로운 관념들을 들여오는 한편, 대부분의 불교 경전을 더욱 유려한 한어로 번역하는 작업을 후원했고, 이 관념들은 이후 승려들을 통해 남쪽으로 전래되었다. 가장 중요한 역할을 했던 승려는 혜원慧遠(334~416)으로, 자신의 형상을 마음속으로 그리고 자신의 이름을 부르는 모든 이가 서방 정토淨土의 극락에 왕생할 수 있다고 약속한 아미타불阿彌陀佛에 대한 숭배를 들여왔다. 평신도에게 이러한 신앙 행위는 승려들에게 규정된 까다로운 내면의 정화와 억제된 호흡법보다 훨씬 쉬웠으며, 아미타불의 이름을 염불하는 행위는 중국의 주요한 대중적 신앙 행위로 자리를 잡았다.[98]

5세기에 들어 북방과 남방의 군사 군주들이 제국의 권위를 다시 세우면서 국가가 후원하는 불교의 새로운 시대가 열렸다. 남방의 진 조정에서는 여러 차례 논의 끝에 승려가 황제에게 허리 숙여 인사하지 않아도 된다는 원칙을 세웠다. 여기에는 황제권이 상대적으로 약했고 몇몇 세도가가 불교를 열렬히 후원했다는 점이 반영되어 있지만, 일반적으로 불교 교단을 규제하지 않으려고 했던 남방의 군사 군주들은 선례를 존중했다. 그러나 남방의 황제들은 자신의 위치를 강화하는 데 불교 교단의 영적 권력을 동원하기도 했다. 이는 주로 다섯 가지 방법을 통해 이루어졌다. (1) 황제가 보살계를 받았고, (2) 사원과 조각상을 건립했으며, (3) 승려가 불문에 드는 것을 후원했고, (4) 승려와 관료들을 위해 채식 만찬을 준비했으며, (5) 수트라[31]의 공개 낭송과 해설을 후원했다. 뒤의 네 가지 방법은 통치자가 가문들과 국가 앞에서 공덕을 쌓기 위해 불교 교단의 활동을 후원하는 직접적 예시들이므로 여기에서는 보살계에 관해서만 살펴보겠다.

보살은 중국에 전래된 유일한 종류인 대승불교大乘佛教, Mahāyāna Buddhism에서 이상으로 여기는 존재다. 대승불교는 모든 살아 있는 존재를 윤회에서 구원하는 것이 목표이며, 보살은 깨달음을 얻고도 열반에 오르는 대신에 모든 살아 있는 존재를 구원할 때까지 현세에 남겠다는 계율을 받는 존재다. 남방의 황제들은 보살계를 받음으로써 불교의 영적 대의에 대한 자신의 헌신을 드러낼 뿐만 아니라, 나아가 구세주이자 구원자로서의 지위를 확고히 했다. 이는 이미 신성한 황제의 지위에 더해 불교의 이상적인 우주적 대군주인 전륜성왕轉輪聖王이라는 영광을 입혀 주었다. 이처럼 황제들은 불교의 수사학을 빌려 새로이 부흥한 제국의 권력을 제창하는 동시에 왕조와 백성에 대한 영적 공덕을 쌓기까지 했다.[99]

남방에서 불교가 제국 권력의 복원과 관련해 국가의 후원을 받게 된 변화는 탁발위 치하의 북방에서 벌어진 변화와 유사하지만, 이곳에서의 국가 후원에는 국가적 규제가 연관되어 있었다. 불교의 승려 교단을 국가가 흡수하기 위한 첫 단계는 4세기 말에 북위의 통치자가 최고 승려[32]를 임명하면서 시작되었다. 남방의 승려에게는 황제에게 절하지 않아도 되는 특권이 주어졌던 반면에, 북방의 최고 승려는 북위의 통치자가 부처의 현신이므로 모든 승려가 통치자에게 절해야 한다는 교리를 내세웠다. 북위 통치자와 부처의 일체화는 북위 왕조가 가진 자아상의 일부가 되었을 것이며, 남방의 군주들과 마찬가지로 이미 막강한 중국 천자天子의 권력에 불교 교단의 영적 권력과 성불

31 인도계 종교의 경전을 총칭하는 말이다.

32 도인통道人統 또는 사문통沙門統이라는 명칭이었다.

—— 오늘날의 다퉁 부근에 위치한 윈강 석굴의 거대한 불상. 절벽과 동굴 벽에 불상을 조각하는 관행은 중앙아시아에서 비롯되었으며, 불상의 얼굴과 옷차림에서도 중앙아시아의 영향이 드러난다. 불상 뒤의 벽면은 좀 더 작은 다른 불상들로 덮여 있다. (Wikimedia Commons, © Cm3838)

한 황제라는 관념을 덧입혔다.

북위의 제3대 황제가 짧은 기간 도교를 받아들이고 불교 교단을 억압하려고 했으나, 그 이후로 북위 황실은 다시 통치자 일족과 부처를 밀접하게 일체화하기 시작했다. 어느 북위 황제는 다섯 명의 선제를 나타내는 석가모니釋迦牟尼 부처의 청동 불상 다섯 개를 가지고 있었으며, 북위의 수도와 가까운 근교인 윈강에 건설된 최초의 석굴 다섯 개 또한 부처로서의 북위 황제들을 기리기 위한 석굴이었을 것이다. 북위 황제들은 또한 불교를 감독하는 정부 부서를 만들고 최고 승려가 왕국의 주요 사찰에 관료를 임명하게 했다. 470년에서 476년까지 북위는 북동부에서 붙잡아 온 포로들을 불교 사찰에 붙여 주고 일정량의 곡식을 바치게 하는 승지호僧祇戶 제도를, 그리고 수형자와 노예를 사찰에 붙여 경작시키는 불도호佛圖戶 제도를 확립했다. 사찰에 쌓인 재산은 기근이나 홍수가 발생할 때 고난을 달래는 데 사용될 목적이었으나 한편으로는 사찰을 풍족하게 만들기도 했으며, 일반 백성들 사이에서 불교 신앙에 대한 열정이 퍼지자 토지와 금전의 시주가 늘어나면서 많은 사찰이 극도로 부유해졌다.[100]

북위는 건립되는 사찰의 수와 출가하는 승려의 수를 제한하고자 했으나, 출가 제한의 수는 지속적으로 상향되었으며 이마저도 훨씬 초과되었던 것이 분명하다. 사찰 건립 제한의 경우 황실 일족부터 무시했으며, 마찬가지로 백성들도 무시했다. 북위 치하의 후원은 6세기의 첫 수십 년간 정점을 찍었다. 태후의 세력이 장악한 황실은 불교에 열정적으로 헌신했으며, 장엄한 사찰을 다수 건설하고 호화로운 시주를 했다. 환관과 조신, 심지어 상인들까지 이 선례를 따랐다. 내전이 발발하던 시기에 이르자 낙양에는 1300개 이상의 사원이 있었는데, 이는 100가구당 하나인 셈이었다.(이 시점의 법률에 따르면 오직 하나의 사찰만이 존재할 수 있었다.) 이와 같은 개화開花는 수도에만 국한되지 않았으며, 기록에 따르자면 왕조 말기에 이르자 제국 전역에 1만 3000개의 사찰과 200만 명 이상의 승려가 있었다.[101]

많은 이가 조세를 피하기 위해 승려가 되었지만, 6세기 북중국의 독실함은 그 정도나 범위 면에서 의심할 여지가 거의 없다. 수도의 대중 신앙을 기록한 양현지楊衒之의 『낙양가람기洛陽伽藍記』를 차치하고서라도, 북위의 거대한 두 불교 석굴인 윈강 석굴과 룽먼 석굴의 조각상과 그림에 관한 기부록에서 증거를 찾아볼 수 있다. 황실 일족과 관료, 승려가 남긴 기부록 외에도, 다수의 종교적 집단과 평신도 집단이 공덕을 쌓기 위해 돈을 모아 조각상과 그림을 의뢰한 사례들이 남아 있다. 이 기부록들은 지각 또는 현실의 본질에 관한 철학적 사색에는 별다른 관심이 없었던 중국 평민들에게 불교가 어떤 의미였는지 보여 준다.

기부록을 보면 자애로운 신이 살아 있는 존재들을 구원하고, 고난에서 구하며, 구원을 통해 그들을 축복받은 땅으로 데려갈 것이라는 독실한 믿음이 드러난다. 대부분의 기부록에는 왕조에 대한 형식적 기도문이 포함되지만, 이들의 주된 관심사는 부모의 구원과 자신들의 극락 환생이었다. 다른 기부록에서는 공을 쌓아 아미타불의 극락에 환생하고 싶다는 염원, 아들을 출산하거나 질병을 치유하는 등의 소원을 이루어 준 부처에게 올리는 감사, 혹은 물질적 이익을 얻고자 하는 염원 등이 드러난다. 요컨대 평민들에게 부처는 한나라 때의 고분벽화에서 드러난 모습 그대로 서왕모의 역할을, 즉 평민들을 고난에서 구해 줄 자애로운 신의 역할을 이어받은 존재였다.[102]

평민들에게 부처는 초기의 도교 신격들과 마찬가지의 역할을 계속해 담당했지만, 불교가 미친 영향은 중국 대중 종교의 몇 가지 특징을 영구적으로 바꾸어 놓았다. 첫째, 동굴벽화나 일반 대중을 상대로 만들어진 이야기들에서 찾아볼 수 있듯, 한나라 시기 중국의 막연했던 내세관은 이제 겹겹이 이어진 극락과 지옥이라는 생생하고 상세한 내세관으로 대체되었다. 여기에 더해 아귀(죄를 지은 벌로 제사 음식을 먹지 못하는 존재)와 악귀에 대한 믿음까지 결합하면서 불교는 중국의 내세관을 크게 확장했다. 둘째, 불교는 내세관의 세부 사항들을 채워 넣었을 뿐만 아니라 이를 극도로 교화했다. 한나라 때는 내세의 상이나 벌을 믿었다는 증거가 거의 없으며, 적절히 장례만 치르면 현세에서 누렸던 지위에 상응하는 대접을 내세에서도 받을 수 있다는 생각이 실질적 원칙이었던 것으로 보인다. 행실보다는 의례가 운명을 정하는 셈이었다. 반면에 업보karma라는 불교의 교리는, 즉 행실에 따라 다음 생에 더 좋거나 더 나쁜 삶을 살거나 극락이나 지옥에 환생한다는 내세관은 단순화된 형태로 남북조시대와 그 후의 중국에 널리 퍼졌다. 내세관의 상세화 및 교화와 관련된 세 번째 주요 변화는 불교 교단이 중국의 장례 의식과 죽은 이의 구원을 기원하는 축제에서 불가결한 역할을 담당하게 되었다는 점이다. 사람이 죽으면 군중이 모여 7일 간격으로 제를 올리면서 혼령이 정화를 거치는 과정을 돕고 더 나은 환생을 기원하는 형태가 전통적인 장례 관습으로 자리를 잡았다. 수확 시기에 열리는 백중百中 축제에서는 모든 계층의 사람들이 불교 교단에 시주해 승려와 부처의 영적 힘이 그들의 조상을 지옥이나 배고픈 귀신 처지에서 구원하고 빠르게 극락정토에서 환생할 수 있도록 돕기를 기원했다.[103]

불교는 북방과 남방의 양측 모두에서 중요한 국가 종교로 거듭났으므로, 574년에서 578년까지 북주 치하에서 불교를 또 한 번 억압하려는 시도가 있었는데도 중국을 다시 통일한 수 왕조 치하에서 불교 교단이 국가 제1의 '교단'으로 부상했다는 점은 놀라운 일이 아니다. 수나라의 건국자는 독실한 불교도였으며 자신의 부흥을 부처의 덕으로 돌렸다. 이에 따라 그는 남북조시대에 발달한 국가 불교의 모든 갑주들, 이를테면 보살계, 부속 영지를 포함한 국가 사원 건립, 출가한 승려, 후원을 바탕으로 한 경전 읽기, 불교 교단에 대한 정기적 시주 등을 도입했다. 그는 또한 왕조의 공덕을 쌓고 오랜 치세를 기원하기 위해 부처의 유골을 담은 사리탑을 100개 이상 세웠다.[104]

그러나 그의 기도는 응답받지 못했고, 수 왕조는 그의 아들이 다스린 치세를 넘기지 못했다. 뒤이은 당 왕조는 도교에 의례적 우선순위를 부여했으며, 불교 사찰을 계속 후원하기는 했으나 공식적 불교의 전성기는 이미 지나간 뒤였던 듯하다. 그러나 당나라 때에는 중국 사회 내에서 사상적 권력으로서의 불교가 정점을 찍었으며, 불교가 일반 백성에게 퍼뜨린 필연적 징벌, 극락과 지옥, 구원의 축제, 자애로운 구원자로서 신 등의 관념적 세계관은 오늘날까지 이어지는 중국 문명의 일부로 자리 잡았다.

9 중세 도시

앞서 우리는 수도의 개념이 진화하는 과정을 종묘의 존재가 특징적인 곳에서 시작해 통치자의 궁궐과 누대가 두드러지는 곳, 『주례』에 나오는 규범에 부합하는 의례적 중심지이자 유교 경전에서 인정한 건물들이 존재하는 곳까지 훑어보았다. 이러한 변화에는 중국 국가가 조상숭배로 정의되는 귀족층이 장악한 고대 신정 국가에서 전제 군주를 중심으로 한 영토 국가로, 그리고 경전과 관련 의례의 수호자로서 정당성을 얻은 세계 제국으로 진화했음을 보여준다. 한나라 이후 수 세기 동안에도 발전을 거치며 새로운 도시적 특성들이 나타났다. 첫째, 중국이 분열되고 장강 유역으로 확대되면서 지역의 지리적·문화적 특성과 긴밀하게 연결된 지방 수도가 생겨났다. 둘째, 지배층을 규정하는 새로운 형태의 문학적·문화적 활동이 발달하면서 수도 또한 이러한 활동을 추구하는 방향으로 변화할 수밖에 없었다. 셋째, 불교를 위시한 제도 종교가 부상하면서 새로운 형태의 건축과 도시계획으로 이어졌다. 마지막으로 대규모의 외세가 중국에 들어오면서(다음 10장의 본문 참조) 도시 생활이 변모했다.

지방 도시 정체성의 형성

첫 번째 특징인 분열과 남방 확대의 영향은 좌사左思가 280년과 300년 사이(즉 서진이 중국을 다시 통일한 이후)의 어느 시점에 삼국의 수도에 관해 지은 일련의 부賦에 반영되어 있다.[105] 좌사는 앞서 살펴보았던 반고의 작품은 물론 그 뒤를 이은 수도에 관한 두 번째 부인 장형張衡의 작품에 드러난 형식을 모방했지만, 수도의 본질에 관한 새로운 관념을 드러냈다는 점에서 차이를 보인다. 첫째, 연대기적 관점에서 벗어나 동시대의 세 수도를 다룬 이 작품은 전작들의 기본 구성 원칙이었던 역사적 발전과 의식의 완성 과정이라는 주제를 피했다. 둘째, 좌사는 본인이 살던 시대의 수도에 관한 이야기를 생략함으로써 이상적인 제국 수도와 의례를 묘사하지 않았다. 진정한 수도를 노래하지 않고도 세 수도에 관한 부를 선보인 것이다. 중심지에 주안점을 두는 대신에 이 부는 지역의 풍경, 사회, 민속을 묘사해 장소에 관한 극적 감각을 연출한다. 제국의 옛 시문학이라기보다는 운문으로 된 원시적 민족지民族誌와 더 닮아 있어, 한나라 멸망 이후에 사회와 시문학에 찾아온 변화를 반영한다.

좌사는 서문에서 한나라 때의 수도에 관한 부의 가장 큰 결점은 현실을 간과했다는 점이라고 논한다. 모호한 언어와 극적 효과에 매료된 한나라 때 시인들은 본질과 진리가 결여된 부를 지었다는 것이다. 좌사는 이렇게 말한다. "운문으로 자신을 표현하는 이라면 자신의 진실한 감정을 노래해야 한다. 높은 곳에 올라 부를 짓는 이라면 자신이 보아 온 것을 찬미해야 한다. 어떤 대상을 찬미하려는 이라면 무엇보다도 그 대상의 진실한 본질을 생각해야 하고, 어떤 행실을 드높이려는 이라면 사실을 근거로 이야기해야 한다. 진실과 사실이 없을진대 어느 독자가 믿을 수 있겠는가?"[106] 시인이라면 좌사 본인이 그러했듯이 지도와 지명 사전을 참조해 시의 정확성을 검증해야 한다는 것이다.

경험에 대한 정확성을 주장하는 것에서 좌사는 반고와 마찬가지로 서정시의 미학을 부에 적용했다. 그러나 여기에서는 시가가 더는 저자의 도덕적 의도에 호소하는 것이 아니라, 조비가 분명히 보여 주었던, 경험에 대한 직접적이고 정확한 설명이라는 이상에 호소한다.[107] 한나라 말에 이르자 마음 맞는 동지들 간의 사회적 담론이라는 새로운 형태의 시문학이 부상했으며, 이들의 연회와 여행, 만남과 이별에는 서정시와 짧은 부가 함께 따라다녔다. 이러한 짧은 부는 주로 바다와 강, 바람, 구름, 나무 등의 현상을 시인이 묘사하는 영물시詠物詩 또는 시인이 높은 곳에 오르거나 여행을 떠나 그곳에서 본 것을 묘사하는 유람의 부 형식을 취했다. 좌사가 작품의 수사학과 기틀을 가져온 원천이 바로 이와 같은 서정시와 새로운 형식의 부가였으며, 이를 읽는 이들은 본인들 또한 시문학과 청담을 나누는 교양 있는 지식인층이었다. 새로운 도시들은 바로 이와 같은 사람들의 세계였다.

지식인층은 동한 시대 이래로 지역적 자부심, 장소에 대한 애착, 지역별 다양한 관습 및 특성의 중요성 등을 주장해 왔다. 새로운 형식의 미학에서 이러한 풍조가 제자리에 뿌리를 내린 덕에 좌사는 지방 수도를 부로 찬미하기로 결심하고 풍경과 관습을 정확하게 노래함으로써 작품의 탁월성을 뽐내기로 한 셈이었다. 좌사가 쓰촨의 성도를 묘사한 「촉도부蜀都賦」는 산맥에 관한 설명으로 시작하는데, 산맥의 구불거리는 형태를 일반적으로 그려 내기보다는 실제 봉우리의 이름과 위치, 형태를 이야기한다. 수도에 관한 묘사 부분에서는 성도의 문헌 설명에서 발췌한 지역적 특성을 나열하고, 시장에 관한 부분은 초기 문헌의 특산품 목록을 연상시킨다. 또한 이 시는 저명한 호족과 이 지역 출신의 유명한 문인을 언급하며, 황실 사냥을 묘사하는 대신 지역 유지들의 여행을 이야기한다. 오늘날의 난징 부근에 있는 오나라 수도 건업에 관한 부가 역시 이와 유사하나, 상승 논리에 의해 규모가 장대해지고 황실의 수렵도 등장한다. 마지막 시는 오늘날의 허베이에 위치한 위나라 수도 업을 제국의 수도로서 찬미하는데, 한대의 선례와는 극명한 차이를 보였다. 제국의 의례는 반고와 장형의 시에서 역사의 최고점이자 작품의 극적 절정으로 등장했지만, 좌사의 작품에서는 거의 나오지 않는다. 의례에 관한 부분에서는 위나라에 투항한 이민족들을 위해 열었던 연회만이 묘사되며, 뒤이어 다른 의례들을 나열하고 진 왕조에 제위를 내어준 위 왕조의 겸양을 치하한다. 의례에 관한 이 짧은 부분은 이 시의 절정이 아니며, 지역 내 천산물天産物과 역사적 인물들을 길게 설명하는 부분으로 이어진다. 요컨대 의례는 후대의 진나라를 암시하기 위해서만 등장하는 반면, 시 자체는 지역 특산물, 관습, 대가문들을 설명하는 것으로 끝을 맺는다.

제국의 의례 대신에 풍경과 지역 문화를 강조했다는 것은 (중국의 옛 심장부에서 벗어난 지역에 황실을 수립한 데 대응해) 수도가 더는 우주적 중심성이나 경전을 바탕으로 한 의례 행사에 의해 정의되는 것이 아니라 유력한 지역적 지형도와 전통에 의해 정의되는 새로운 관습이 나타났음을 시사한다. 이것이 분명하게 드러나는 곳은 건업(난징)의 지세가 풍수지리의 대가가 인정할 만큼 상서롭다면서 이곳을 수도로서 신성화하는 부분이다. 한나라의 수도들은 앞서 진나라와 주나라의 수도였던 만큼 강력한 전통을 품고 있었던 반면, 건업은 역사적 연관성이 없는 변방 지역에 세워진 수도였다. 그 대신에 건업은 그 지세 덕분에 수도를 세우기에 적절한 자리라는 이야기들이 전해져 내려온다. 한번은 시황제가 이 지역에 순행을 왔다가 지관地官에게 이곳이 수도의 지형을 갖추고 있다는 말을 들었다. 시황제는 이곳에 세워질 도시가 자신이 세운 수도를 대체하는 일을 막기 위해 산을 깎아 이곳의 힘을 떨어뜨리고자 했으나, 자연에 대한 도전은 실패로 막을 내렸다. 또 다른 이야기에서는 촉의 주술사이자 탁월한 전략가인 제갈량諸葛亮이 건업에 왔다가 이곳을 둘러싼 산세가 '또아리를 튼 용'과 '웅크린 호랑이'의 형세를 하고 있다며 진정한 수도의 지형이라고 단언했다. 이 이야기들은 남조 시대에도 회자되었는데, 필연적으로 이곳의 기풍이 우주적 중심지라거나 주나라의 의례적 유산을 이어받았다는 이야기 대신에 수도의 본질을 갖추고 있음을 찬미했다.

도시의 문화 전파와 '미학적 은일주의'

이러한 이야기들은 문화적 권력을 구성하고 결과적으로 수도에 꼭 필요한 요소로 거듭난 새로운 활동인 두 번째 주제로 이어진다. 시문학의 새로운 형태들은 앞서 언급했지만, 그 외에도 지배층을 정의하는 다수의 혁신적인 문화 활동이 남방 수도의 지세에 굳건히 자리를 잡았다. 첫째, 시문학이 집합적 활동으로 거듭나 종실의 왕이나 정치적 주요 인물이 후원하는 집회나 저택 모임을 통해 발전했다. 이러한 활동들은 건업(후대의 지명은 건강)의 흑의가黑衣街를 따라 늘어선 거대한 도시 저택을 위시한 새로운 장소에서 진행되었다. 수도 내 다수의 저택이 모인 구획의 발달은 통치자와 궁궐의 위신과 맞먹을 정도로 부상한 대가문의 위신을 물리적으로 드러냈다.

도시 저택에 더해 대가문들은 수도 주변을 둘러싼 각자의 영지에서 시가를 짓거나 청담에 참여했다. 이와 같은 지방의 장소들은 문학 활동의 무대가 되었을 뿐만 아니라, 사영운謝靈運(385~433) 등의 인물과 관련된 산수시와 고개지顧愷之(345~406)를 위시한 산수화의 주제가 되기도 했다. 죽림칠현竹林七賢 또한 자연이라는 새로운 이상이 지배층을 구성하는 한 요소가 되었으며 이로 인해 수도 주변의 산수가 정치권력의 장으로 거듭났음을 보여 준다.[108]

수도와 주변의 산수가 하나로 결합되는 과정에서 나타난 놀라운 특징 중 하나는 지배층의 생활과 정치 경력의 한 요소로 '미학적 은일주의aesthetic eremitism'가 부상했다는 것이다. 진한 시대 이전의 은둔 생활은 나이가 노쇠했거나 조정이 타락했다는 이유로 세상에서 물러나는 도덕적 노선 또는 정치적 노선의 하나였다. 그러나 남북조시대에 접어들면서 다양한 미적·종교적 헌신으로 유명해진 은둔자들의 풍문이 생겨났다. 은둔자들의 이야기를 모아 소개하는 글들은 은일주의에 관한 정교한 담론을 발전시켰다.[109]

이러한 문헌에서는 산속 동굴에서 동물들과 함께 생활하는 경우부터 산속에 집을 짓고 사는 경우, 조정에서 잠시 물러나 시골 영지에서 은퇴 생활을 하는 경우, 산에 관한 시를 짓고 세속적 일들에 대한 고상한 경멸을 자아내는 '조정의 은둔자'로서 사는 경우 등 다양한 은일 활동을 찾아볼 수 있다. 사실상 남북조의 모든 지배층이 은일적 요소를 생활 속에 끌어들였으며, 이로 인해 향촌과 산수가 지배층의 담론 및 생활의 구성 요소가 되었다. 정원과 촌락, 산수는 수렵용 정원과 수도를 대신해 중국 문학 지형의 중심이자 권력의 표상으로 떠올랐다. 이로써 시골 지역이 현실과 문학의 양측에서 도시로 들어왔고, 지방의 산수와 지역적 특색들은 지배층의 지위와 권력을 구성하는 요소로 자리 잡았다.

은둔 생활의 범위와 이것이 수도 지역의 지형에 반영된 모습, 정치권력에 미친 영향은 몇몇 전형적 인물을 살펴보면 알 수 있다. 곽문郭文은 동진이 건강에 수도를 세우던 때 살았던 인물이다. 고전적 은둔자였던 곽문은 산속에

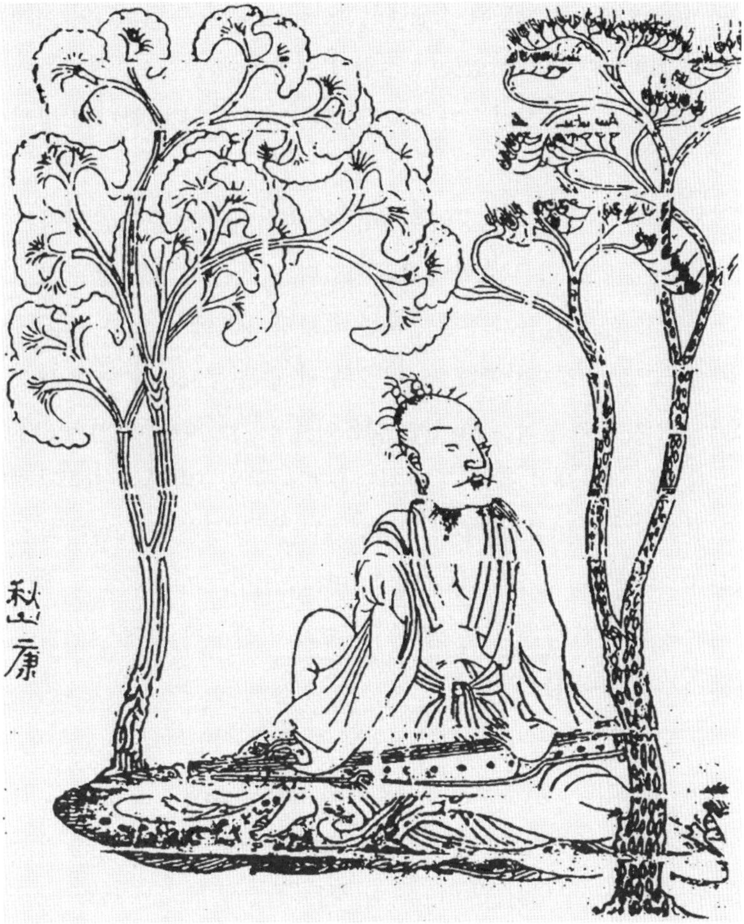

—— 4세기 말 또는 5세기 초의 고분벽화에 묘사된 혜강(嵇康). 유명한 시인이자 죽림칠현의 일원인 혜강이 숲속에서 비파를 연주하고 있다. 칠현은 예술적 공연과 시 창작으로 정의되는 지배층의 새로운 사교 양식을 상징하는 인물들이다. 느슨한 의복이 벌어져 맨 가슴팍이 드러나는 모습에서 이들 대부분의 특징이었던 격의 없고 관행을 따르지 않는 태도를 엿볼 수 있다. (Lewis, China between Empires)

살면서 짐승의 가죽으로 옷을 해 입었고, 야생동물을 길들였으며, 직접 기른 것만 먹으며 살았다. 그러다 알 수 없는 연유로 당시 승상이었던 왕도의 서원西園에 재정착하는 데 동의했다. 이곳은 남방 지배층의 선도자들이 지은 최초의 거대 정원 중 하나였다. 여기에는 과수원, 기암, 새와 야생동물들까지 있었으므로 황실의 수렵용 정원에 대응하는 귀족의 정원인 셈이었다. 곽문은 도시 은둔자로서 왕도의 정원에서 7년을 살았다.[110] 빅토리아 시대 영국의 고딕 복고주의에서 그러했듯이 정원의 새로운 역할과 그 정원을 장식하는 인물로서의 은둔자는 산수가 수도 지리의 일부가 되는 하나의 방법을 보여 준다.

4세기 말에 남방 조정을 장악했으며 『세설신어』에 영웅으로 등장하는 사안謝安(320~385)은 또 다른 유형의 은둔자였다. 젊었을 때의 사안은 조정의 관직을 거부하고 회계의 산기슭에 위치한 가문의 영지에 살았다. 청담과 시문학, 서예에 능했던 그는 왕희지王羲之나 지둔과 같은 동료들과 함께 사교 유람을 다녔으며, 자기 가문의 재능 있는 젊은이들을 가르치는 데 헌신했다. 그의 형제가 세상을 떠나자 비로소 그도 관직을 받아들였으며, 383년에 부견의 침공군을 물리치면서 비할 데 없이 걸출한 인물로 부상했다. 지배층을 정의하는 활동에 지방의 영지가 연관되었다는 점은, 그리고 조정과 시골 저택을 오가며 경력을 이어 갔다는 점은 남방의 수도에서 산수의 정치적 역할이 가진 또 다른 측면을 보여 준다.[111]

또 다른 고전적 인물로는 '고금을 막론한 은둔 시인들의 최고봉'인 도잠陶潛(365~427)[33]이 있다. 생애 중반에 관직에서 물러난 도잠은 향촌으로 가 전원생활에 관한 시를 썼으며, 그 내용은 오두막에서 잠을 청하고 밭을 갈며 가난에 허덕이고 일상생활에서 벗어나 술이 주는 기쁨에 빠지는 등의 내용이 주를 이루었다.(다른 사료를 보면 한때 상당한 재산을 쌓았으며 수 명의 하인을 데리고 있었음을 알 수 있다. 그러므로 그는 가난해진 시인들의 대표 격이라고도 할 수 있다.) 그는 농촌을 바탕으로 은둔 생활을 즐겼으며, 당시의 중국 시문학에 드러났던 산수는 그의 작품에서 먼 경치로만 등장한다. 향촌 생활을 묘사한 시 이외에도, 도잠은 도시 생활과 국가 개입에서 벗어난, 고립된 향촌 생활이라는 목가적 이상향의 선범이 된 『도화원기桃花源記』를 지었다. 이와 같은 소박한 생활에 관한 문학은 지배층의 생활과 수도의 관례를 형성하는 데 지방이 담당했던 역할에 또 다른 한 겹을 더해 주었으며, 소박한 오두막은 도시 정원이 갖추어야

33 본명보다는 도연명陶淵明이라는 이름으로 더 유명하다.

할 기본 요소로 자리를 잡았다.[112]

도잠보다 어린 동시대인이자 중국 산수시의 아버지로 불리는 사영운은 또 다른 은둔 생활의 유형을 정립했다. 이따금씩 관직에 오르내렸던 그는 수백 명의 추종자와 함께 회계의 산들을 유람하며 대부분의 시간을 보냈다.(한 번은 그가 마을에 내려오는 것을 본 지방 관리가 산에서 도적 떼가 내려온다고 생각했던 적도 있었다.) 도잠은 자연을 멀리서만 바라보았지만, 사영운의 시에는 그가 여러 산을 유람한 이야기가, 그리고 새로운 풍경마다 그가 남긴 감상이 담겨 있다. 사영운은 승려 혜원을 따르는 평신도였으며 여산에서 종교적 은거 생활을 했다. 또한 회계에 영지를 세웠는데, 정원을 만들기 위해 숲을 벌목하려는 사영운이 지방 관리를 상대로 벌인 논쟁은 그가 처형당한 이유 중 하나이기도 했다.[113]

마지막으로 살펴볼 은둔자는 승려 혜원을 따른 또 다른 평신도이자 유명한 산수화론[34]의 저자인 종병宗炳(375~443)이다. 일대기에 따르자면 그는 산과 물길을 무척이나 좋아했으며, 여산이나 형산처럼 멀리 떨어진 곳을 유람하기를 즐겼다. 그는 형산에서 은둔자가 되기로 결심하고 직접 오두막을 지었지만, 건강이 나빠져 강릉으로 돌아갈 수밖에 없었다. 그는 자신이 유람했던 산들을 벽화로 그리고, 쟁을 연주해 산골짜기에 울리는 바람 소리를 흉내 냈다.[114] 말 그대로 산세가 도시에 들어온 모습을 볼 수 있는 이야기다.

정원은 산수를 수도에 들여오는 미학적 은일주의의 주요 요소였다. 앞서 우리는 진나라가 건강에 수도를 세울 때 왕도가 건설한 서원이라는 정원을 살펴본 바 있다. 이는 수도 내부에, 수도와 인접한 교외 지역에, 회계 언덕의 지배층 영지에 건설된 수많은 정원 중 하나였다. 그중 가장 중요한 정원을 꼽자면 5세기 중반에 수도 북동쪽 끝자락에 건설된 화림원華林園이 있다. 도시 내 동천 구역에도 수많은 정원이 건설되었다. 건강 북서쪽 끝자락의 기룡산에 자리한 서저西邸는 소자량蕭子良이 유명한 시인들의 모임을 열었던 곳인데, 정교한 정원에 조성한 인공산이 지역의 실제 산세를 능가한다고 했다. 몇몇 화

34 『화산수서畵山水序』라는 책으로, 현학적 사상과 구체적 표현 기법이 함께 담겨 있다.

가는 심지어 정원을 설계하고 찬미하는 전문가가 되기도 했다. 그러므로 산수가 회화의 주제로 부상한 것은 정원을 설계하면서 발달한 미학적 기준 덕분이었다.[115]

은일주의 및 산수와 정치권력의 결합은 건강 주변으로 형성된 새로운 종교적 지형에서도 엿볼 수 있다. 앞서 언급한 몇몇 이를 포함한 수많은 주요 정치적 인물이 여산廬山의 불교 공동체에서 종교적 은둔 생활을 했다. 그러나 종교적 은둔자 중에서 가장 탁월했던 인물은 도사 도홍경(456~536)으로, 492년에 모산에 은둔해 연단을 만들고 양 무제武帝에게 조언했다. '산중재상山中宰相'이라는 칭호를 받은 도홍경은 황실로부터 정기적으로 재정적 지원을 받아 학문적 활동과 연단술 연구를 계속했다. 양나라 치세에 종교적 중심지이자 장례 구역으로 거듭난 모산은 당나라를 위시한 여러 후대 왕조에서도 계속해 중요한 역할을 담당했다. 도교적 산수와 황실 간의 연결성은 시황제와 관련된 이야기(이전의 본문 참조)에서 건강이 수도가 될 것이라는 예언을 남기고 사라진 사람이 도교의 진인이었다는 점에서 한층 더 두드러진다.

흐려지는 지배층의 도시-시골 간 경계

정원과 산수가 건강의 수도를 정의하는 데 차지했던 중요성은 이 도시에 본래 토벽이 없었다는 사실 덕분에 한층 더 두드러진다. (삼국시대) 오의 통치자들 그리고 동진의 초기 황제들은 도시를 둘러싸는 성벽을 건설할 여력이 없었으므로 강과 산이라는 자연 지형에 의존해 도시를 방어했다.(이것이 바로 제갈량이 묘사한 "용이 똬리를 틀고 호랑이가 웅크린" 형세였다.) 후대에는 이를 보강하기 위해 대나무 방벽을 건설했는데, 이 또한 본질적으로 식물이었기에 수도와 자연경관 간의 연결성이 한층 강조되었다. 이처럼 건강에서는 도시적인 수도와 주변 시골 지역 간의 경계가 흐릿해지고 두 영역이 서로 섞여들었다. 뚜렷한 경계의 부재는 수도 전역과 그 주변 지역에 여러 정원이 건설되면서 한층 더 심화되었다. 기룡산의 정원들과 화림원은 대나무 방벽과 곧바로 인접해 있었으며, 그 너머에는 바로 산세가 펼쳐져 있었으므로 수도와 산수를 가르는 경계선을 찾아볼 수 없었다.

시골 지역과 산세가 도시에 흘러들어 온 한편, 도시는 영지와 정원이라는 형태로 산세에 섞여 들었다. 이처럼 경계가 물리적으로 사라졌다는 점은 문학계 모임이 술과 서예, 문예 창작을 위한 연회를 벌이기 위해 시골 지역으로 유람을 다니는 것에서 사회적으로 재현되었다. 또한 주요 인물들이 조정에서 교외 저택 또는 산속 정원과 영지로 은둔했다가 다시 돌아오곤 하는 은일주의에서도 드러났다. 남조의 주요 지배층으로 산다는 것은 도시와 자연을 망라한다는 뜻이었다.

도시 내 종교적 공공 장소

남방의 수도에서는 그 설계 면에서 남방 지배층의 가치관과 활동이 드러났던 한편, 북방의 수도에는 이방의 왕조들이 받아들인 새로운 불교적 요소들이 녹아들었다. 문서로 가장 잘 기록된 예시는 탁발위 왕조가 탁발부-한족 혼성 국가를 만들기 위해 낙양으로 황궁을 옮기면서 건설한 수도다. 탁발위의 수도는 직사각형, 도시 성벽, 중앙 또는 북쪽에 자리한 궁궐 영역, 격자 형태 거리, 구획 단위 분할 등 물리적 배치의 주요 특징 면에서 한나라 때의 전통을 이어 나갔다. 그러나 불교 사찰 및 가족 사당으로 가득했다는 점에서 초기 중국의 수도들과 차이를 보였다. 6세기 중반에 양현지가 저술한 『낙양가람기』에는 재건된 수도의 상세한 모습과 그곳에서의 문화적·정치적 생활이, 그리고 수많은 불교 사찰이 등장한다.

중국에서 불교 건축은 점진적으로 발달했다. 한나라 말기에는 낙양에 불교 사찰이 딱 한 채뿐이었고, 기원후 3세기 말이 될 때까지도 네 채밖에 되지 않았다. 그러나 316년에 이르자 그 수는 마흔두 채로 늘어났다. 공개 법회가 열리는 거대 사원은 여전히 드물었는데, 불상이 거의 없었던 것이 주된 이유였다. 439년에 탁발위가 난주(현대의 둔황)를 정복한 이후에야 중앙아시아에서 수많은 불상과 예술가들이 중국에 들어오면서 공공의 대형 불상 숭배가 가능해졌다.

이것이 드러난 최초의 주요한 신호는 윈강 석굴의 조각상이지만, 이 석굴은 수도에서 꽤 멀리 떨어져 있었다. 불교 미술과 불교 건축은 다층탑이 전래

—— 덩펑 부근에 위치한 북제 시대의 숭악사탑. 523년에 건축된 이 탑은 중국에 현존하는 가장 오래된 탑이다. 오늘날 중국을 대표하는 이미지의 주요 요소로 자리 잡은 이러한 양식의 건물은(5세기 초에 한역된)『묘법연화경』에 설명된 거대한 7층 보탑에서 영감을 얻어 건축되기 시작했다. 최초의 예시는 중앙아시아의 장인들이 북제의 첫 수도에 지은 탑들이다. (Wikimedia Commons, © Siyuwi)

된 이후에야 도시 생활의 일반적 특징으로 자리를 잡았다. 오늘날 중국을 대표하는 이미지 중 하나가 된 이 유형의 건물은 『묘법연화경妙法蓮華經』에 설명된 거대한 보탑에서 영감을 얻어 건축되기 시작했다. 이 글은 5세기 초 저명한 불교 승려가자 학자로서 주요 불교 경전의 대규모 번역 작업을 이끌었던 쿠마라지바Kumārijīva, 鳩摩羅什의 번역으로 널리 퍼졌으며, 이로 인해 중앙아시아의 장인들이 (산시山西 북부의) 평성에 위치한 북위의 수도에 최초의 탑을 건설하게 되었다. 이 탑은 3층 높이의 석탑이었다. 남방에 대한 군사 원정에서 포로로 잡혀 온 장인들이 건축 기술을 전래한 덕분에 평성에 더욱 장대한 불교 기념물을 세울 수 있게 되었다. 가장 두드러지는 예시는 467년에 건축된 최초의 영녕사永寧寺다. 여기에는 거대한 법당 세 채와 7층 탑 하나가 있었는데, 이 탑은 당시의 중국에서 가장 높은 건축물로서 앞서 건축된 탑들과 황궁보다 높게 솟아 있었다. 이처럼 불탑은 전국시대의 누대와 마찬가지로 지배 가문의 위엄과 권력을 드러내 보이는 수단이었다.[116]

그러나 평성은 중국의 변방에 건설된 임시 도시였으며, 교역로와도 멀었고 순례지로서도 별다른 의의를 갖지 못했다. 북위가 493년에 낙양으로 수도를 옮긴 뒤에야 불교 사찰은 도시 풍경의 지배적 특징으로 자리 잡았으며, 평신도가 모이는 곳이자 지배층의 지위를 드러내는 역할을 담당했다. 『위서魏書』에 기록된 냉담한 묘사에서는 한나라 때의 수도보다 몇 배는 더 큰 북위 수도의 표면적 중 3분의 1이 사원으로 덮여 있다고 했다. 양현지는 이 도시에 적어도 1367개의 사원이 있다고 기술했다. 그리고 저서를 통해 그중 가장 거대하고 화려한 사원 55개를 묘사했는데, 이를 보면 중국 최초의 진정한 불교 수도가 어떤 모습이었는지를 어느 정도 알 수 있다.

> 존엄한 위 왕조가 정권을 장악하고 숭산과 낙수 부근에 수도를 세우니 불교의 신앙과 가르침이 모두 융성했다. 귀족과 고위 관료가 마치 짚신을 벗어 차듯이 말과 코끼리를 바치고 갔다. 평민과 대가문이 발자국을 남기듯 쉽사리 재산을 바쳤다. 이로써 사찰과 탑이 촘촘히 들어섰다. 사람들은 경쟁하듯 앞다투어 부처의 신성한 아름다움을 그림으로 그렸고, 산속에 부처가 남긴 상을 재현했다.

사원의 첨탑은 (고대 중국 황제권의 상징인) 영대만큼 높았으며, 법당은 (시황제의 거대한 궁궐인) 아방궁阿房宮만큼 넓었다.

중국 선종의 창시자인 보디다르마菩提達磨, Bodhidharma가 낙양을 두고 이 땅 위에 놓인 진정한 '부처의 나라'라고 묘사했다는 이야기도 있었다.[117]

놀라운 점은 이 모든 사찰이 평신도 기반이었다는 점이다. 이는 불교 교단에 대한 후원과 대중 종교에 대한 지원이 북중국에서 지위와 권력을 상징하는 필수 요소가 되었음을 보여 준다. 양현지가 기록한 쉰다섯 곳의 사원 중 서른네 곳은 주요 지배층의 일원이 후원했으며, 스무 곳은 황실 일족이, 여덟 곳은 관료가, 여섯 곳은 환관이 후원했다. 이처럼 사찰을 건립하거나 사유 저택을 사찰로 개조하는 것은 권력의 필수 요소가 되었다. 정치적 지배자들이 정립한 양식을 흉내 내는 부유한 평민들의 후원을 받은 사찰도 10여 개에 이른다는 기록이 있다.[118]

후원은 주요 지배층과 부유한 개인들이 주를 이루었던 반면에, 사찰 자체는 수도 내 공공 생활의 일환으로 자리를 잡았다. 특권을 가진 손님들에게만 개방되었던 소수의 비구니 사찰을 제외하면, 거의 모든 사찰에는 평신도들이 불상 앞에 공양을 올릴 수 있는 공개 법당이 포함되어 있었다. 실제로 양현지의 저서에는 사찰에 모인 수많은 사람이 눈물을 흘리는 불상이나 기적을 행하는 나무를 목도했다는 기적적 이야기들이 여러 편 실려 있다. 사찰은 또한 수많은 관중이 모이는 연회와 공연의 무대가 되기도 했다.

(장추사에는) 삼층탑이 있는데, 금빛 옥개와 상륜에 비치는 빛을 도시 전역에서 볼 수 있었다. 엄니가 여섯 개에 등에는 석가모니상을 업은 코끼리 조각상도 있었다. 모든 장식과 불상은 전부 금과 보석으로 만들었으며, 그 유일무이한 솜씨는 그 어떤 말로도 다 표현할 수 없었다. 4월 4일(부처님 오신 날)이 되면 이 조각상을 꺼내 사자 및 유익신수有翼神獸와 함께 행렬의 선두에 두었다. 행렬의 양 옆에는 검을 삼키고 불을 뿜는 기인들이 활개 치며 걸었다. 깃대를 기어 오르거나 줄을 타는 등 온갖 기예를 선보이는 이들도 있었다. 이들은 수도의 다른

어디에서도 볼 수 없을 만큼 대단한 솜씨와 기이한 의복을 자랑했으며, 조각상을 내려놓는 곳마다 군중이 둥글게 운집했고 사람들이 압사하는 일도 종종 발생했다.[119]

사원 중 가장 규모가 크고 정치권력과 불교의 관계가 가장 명확하게 드러났던 사원은 두 번째 영녕사였다. 이 사찰은 516년에 영태후靈太后가 권력을 장악한 이후에 세운 절이다. 사방의 담에 난 네 개의 출입구는 거대한 안뜰로 이어졌으며, 이곳에서 쌍둥이 탑이, 보석으로 장식한 불상들이 있는 불전이, 서재가, 현지 승려와 이곳을 방문한 고위 관료들이 사는 다층 수도원이 줄지어 선 모습을 볼 수 있었다. 이곳에서 가장 찬란한 건축물은 260미터 높이로 솟아 있는 구층탑이었다. 탑 꼭대기에는 30미터가량의 금빛 상륜이 더 이어졌으며, 수도에서 멀리 떨어진 곳에서도 이를 볼 수 있었다. 상륜 꼭대기에는 이슬을 모으는 금으로 된 보개寶蓋가 있고, 보개에는 마찬가지로 금으로 된 종들이 달려 있었다. 여기에 더해 아홉 옥개의 모서리에도 각각 커다란 금빛 종이 달려 있었다. 양현지의 저서에서는 이렇게 기록하고 있다. "탑의 북쪽에는 황궁의 태극전(주가 되는 의례용 건물)을 본떠 만든 불전이 있었다. 여기에는 18피트 높이의 황금 조각상, 사람 크기의 황금 동상 열 개, 꽃잎 장식을 박은 조각상 세 개, 금실로 짜 만든 동상 다섯 개, 옥으로 만든 조각상 두 개가 있었다. 모두 비할 데 없이 탁월한 장인의 솜씨로 만든 조각상들이었다." 외국에서 바친 온갖 경전과 그림들도 이 사찰에 놓여 있었다. 이는 가장 고귀한 형태의 공물이었으며, 공물은 황권의 핵심 요소였으므로 이 사찰은 황권을 드러내는 거의 유일무이한 핵심 장소로 간주되었다. 탑의 건축이 마무리되자 태후와 그 아들이 탑의 꼭대기에 올라 아래를 내려다보면서 황궁이 "손바닥만 하게 보이"고 온 수도가 "안뜰만 하게 보인"다고 말했다는 일화도 이를 잘 보여 준다.[120] 이처럼 이 불교 사찰은 황궁 위로 높이 솟아 황실 권력을 명백히 드러내는 건물로 자리매김했다.

이 사찰이 황실 권력의 표상이었다는 점은 양현지가 기록한 수도의 쇠락 과정에서도 잘 드러나 있다. 528년에 수도를 점령한 이주영은 영녕사에 군대를 주둔시켰다. 마찬가지로 원호元顥[35]를 따르는 왕당파 세력도 이곳을 기지로 삼았다. 어린 나이의 꼭두각시 황제 효장제孝莊帝는 530년에 이곳에 감금되어 있다가 처형당했다. 마침내 534년에 대화재가 발생해 사찰이 전소되었으며, 바로 그해에 북위 왕조가 낙양을 떠났다. 훗날 산둥에서 온 여행자들이 탑을 보고 "마치 새것처럼 눈부신 광휘와 모습으로" 바다 위를 떠다니다가 일순간 안개 속으로 사라졌다고 말했다는 마지막 에피파니epiphany는 부처의 다르마가 왕조를 초월해 살아남을 수 있는 능력을 시사한다.[121]

불교의 중심지였다는 점 외에도, 탁발위 시대의 낙양에는 대규모의 외국인 공동체가 있었다는 점에서도 다른 초기 수도와 차이를 보인다. 외국인 공동체는 도시의 남부에 있는, 낙수와 이수 사이의 특별 구역에 형성되었다. 외국인 방문객들을 위한 숙박 시설 네 채와 영주자를 위한 네 개 구역이 사방에 하나씩 있었다. 이러한 사람들의 수는 4만 명에서 5만 명에 달했다. 상인들이 주를 이루었던 외국인 공동체에는 이들이 사업을 운영하는 특별 시장이 있었는데, 상인들이 외국에서 왔다 해서 사방시四方市라고 하거나 시장이 위치한 곳의 이름을 따 영교시永橋市라고 불렀다. 공물로 들어온 희귀 동물 또한 이곳에서 길렀다. 외국인이 낙수 북쪽으로 이동하려면 황실의 특별 허가가 필요했는데, 이는 대개 남방에서 온 귀족 피란민이나 저명한 불교 승려에게 돌아갔다.[122]

마지막으로 살펴볼 중세의 거대 수도는 수 왕조의 대흥으로, 당 왕조의 치세에 들어 장안이 된 곳이다.[123] 이곳은 옛 이상을 따라 정사각형 형태에 성벽으로 둘러싸였으며, 격자 형태의 거리가 도시를 구획 단위로 가르고 있었다. 다수의 궁궐이 도시를 뒤덮었으며, 교외의 언덕에 건설된 황릉들이 도시 주위를 둘러싸고 있었다. 도교와 불교의 양면에서 대형 사원을 국가가 후원하는 남북조시대의 선례를 받아들였으나, 사원의 수를 제한했으며 사원이 소유할 수 있는 재산을 북위보다 더 엄격하게 통제했다. 승려와 상인을 비롯한 수많은 외국인 인구도 있었다. 불교 신앙과 한자로 정의되는 동아시아 세

35 이주영을 몰아내고 529년에 즉위했으나 같은 해에 사망한 비정통 황제다.

계의 중심지로 거듭난 당나라 때의 장안은 일본을 비롯한 다른 국가에 수도의 모범이 되기도 했다. 초기 중국 제국의 도시계획은 발전을 거듭한 끝에 후대 왕조들이 세운 수많은 수도의 모범으로 자리를 잡았다.

10 초기 중국 제국과 외부 세계

진秦은 정복을 통해 최초의 중국 제국을 탄생시키면서 농경 중국 사회의 대략적인 경계선과 문화 또한 정의했다. 제국은 때때로 북부의 대초원 지대, 중앙아시아, 남만주, 한반도, 동남아시아 대륙부 지역까지 확장되었으나 오래 지속되지는 않았으며, 이 지역들의 민족은 중국의 지배력이 닿지 않는 영역에 남았다. 중국 제국은 한족이 아닌 만주족이 다스리는 시기가 되어서야 지금의 신장, 몽골, 티베트 지역까지 영구적으로 확대되었다. 제국 주변의 여러 민족은 중국 제국에 편입되지는 않았으나, 초기 중국 제국의 정치와 문화에서 매우 중요한 역할을 담당했다. 비한족계 문화의 여러 특징이 들어오면서 중국 문명이 완전히 바뀌었고, 비한족계 정치 공동체가 중국의 국가 구조에 결정적 역할을 수행하는 경우도 잦았다. 실제로 한나라가 멸망한 후에는 비한족계 군대가 필수 요소로 자리를 잡았으며, 비한족계 통치자가 대다수의 왕조를 수립했다. 그리므로 이른바 중국 제국은 중국인-유목민 혼합체이며, 중국계 문화와 유목민 문화 모두가 제국의 구조를 유지할 수 있었던 핵심 기여 요인이라고 논할 수 있을 것이다.

중국 주변의 민족은 세 부류로 나눌 수 있다. 북부와 서부에는 다수의 유목민 사회가 있었는데, 이들이 형성한 정치 공동체는 중국식 형태와는 완전히 다르지만 그런데도 (중앙아시아의 오아시스 국가를 제외하면) 중국과 공생 관계를 확립했다. 북동쪽에는 제한적인 유목 생활과 주로 산림 기반의 경제에 초점을 맞추는 정착 활동을 결합한 민족들이 살았다. 남동쪽과 남서쪽에는 중국의 문자와 국가 조직을 받아들인 정착 농업 국가들이 발달했다. 당대에 이르자 이 국가들은 중국의 정치 형태와 불교라는 공동의 종교로 통일된 '대동아시아 세계greater East Asian world'를 형성했다.

북부의 중국인-유목민 간 관계

북중국의 정치 공동체는 크게 북서부의 완전한 유목민 수취 정치 공동체, 그리고 북동부의 이원 국가dual state라는 두 부류로 나눌 수 있다.[124] 전자는 중국 외부에 머무르면서 교역 관계를 맺고 조공을 받아 내는 정책을 펼쳤다. 조공 관계의 분포도는 유목민 통치자의 권력 기반 중 하나가 되기도 했다. 후자는 황실에 종속된 유목민 군대와 한족풍 관료주의를 결합해 소농민에게 조세를 수취했으며, 덕분에 중국의 일부 또는 전부를 점령할 수 있었다. 전자의 양식은 한 왕조 대부분의 기간에 걸쳐 북부를 지배했던 흉노가 정립했으며, 후자의 전형적 예시는 탁발위였다.

기원전 1세기가 되어서야 북방 민족 사이에서 완전히 발달한 이동식 목축(가축에 의존하면서 계절의 변화에 따라 가축 떼를 데리고 풀과 물을 얻기 위해 이동하는 방식)이 자리를 잡았다. 그 이전 천년기에 중앙아시아는 농업과 목축을 결합한 민족이 다스렸다. 이들은 오아시스 또는 하천의 주변에서 작물을 기르는 한편, 인접한 초원에서 대규모로 가축을 키웠다. 기후가 점점 더 건조해졌던 탓인지, 몇몇 민족은 여러 이유로 농경을 포기하고 풀과 물을 찾아 정기적으로 이동하는 목축을 이어 나갔다. 정기적인 수렵과 교역 또한 점차 늘어났다. 초기 농업-목축형 집단의 다른 요소들은 하천 유역으로 이동해 쟁기 기반의 농경을 받아들였다.[125]

고고학적 유물을 기준으로 보면 경제적 유목 생활은 기원전 800년 무렵에 북중국과 인접한 곳에서 시작된 것으로 보이나, 유목민 정치 공동체에 관한 문자 기록은 기원전 400년 이전에는 보이지 않는다. 단순히 보면 이는 중국의 전국시대 국가들이 북쪽을 향해 확장하기 시작하면서 이전까지 다른 정착 민족들로 이루어진 완충지대를 사이에 두고 서로 분리되어 있던 (중국인들이 호胡로 불렀던) 유목 민족과 접촉했으므로 생겨난 결과로 볼 수도 있다. 이는 또한 중국과의 접촉과 유목민 정치 공동체의 형성 간에 상관관계를 시사한다고도 볼 수 있는데, 진의 중국 통일 이후 20여 년 만에 흉노가 북방 유목 민족들을 하나의 제국으로 통합했다는 사실 또한 이 상관관계를 뒷받침한다. 이 현상을 설명하기 위해 두 가지 가설이 제시된다.

한 가설에서는 유목민이 주로 가축과 수공업을 통해 얻은 물품으로 생활했으나 생존을 위해 다른 정착 민족에게서 추가로 물품을 얻어야만 했다고 주장한다. 생활양식 덕분에 궁술과 승마술에 능했던 이들은 사실상 모든 성인 남성이 군 복무를 이행하는 자연적 군대를 형성했으며, 이들의 기동대는 빠르게 공격할 수 있었고 그 뒤를 쫓아오는 그 어떤 군대도 따돌릴 수 있었다. 유목 민족들 사이에서 정치권력은 주로 다른 부족과 전투를 벌이거나 중국의 정주민을 침략하고 전쟁 사령관이 전리품을 분배해 추종자들의 충성심을 사는 것에서 비롯되었다. 중국에서 얻을 수 있는 전리품에 경제적으로 의존했으며 이를 분배하는 것에서 정치권력이 생겨났으므로, 유목민 정치 공동체와 중국 국가 사이에는 부를 수탈할 수 있을 만큼 번영하고 통일된 중국 덕분에 강력한 유목 민족 제국이 발전하는 식의 공생 관계가 발달했다. 그러므로 흉노 제국의 출현은 흉노가 이전의 전국시대 국가들보다 통일된 한 제국에서 더 많은 부를 수취할 수 있었던 데 따른 반응으로 볼 수 있을 것이다.[126]

몇몇 학자는 유목 민족과 정착 민족 사이에 뚜렷한 구분이 없었다고, 흉노를 비롯한 유목 민족 가운데에도 농민들이 살고 있었다고, 유목 민족에게 부족했던 물자는 중앙아시아의 오아시스 국가들이 공급했으므로 유목 민족과 유목 국가가 서쪽의 페르시아나 동쪽의 중국과 같은 정착 왕국에 의존하지 않았다고 주장하기도 한다. 중국에서 교역, 침략, 조공을 통해 물자를 수취하기는 했으나, 이것이 민족의 생존이나 통치자의 특권적 지위에 필수 요소는 아니었다는 것이다.

흉노 제국의 형성에 관해 다음과 같이 설명하는 가설도 있다. 유목민 사회는 경제적 잉여가 적으므로 생산 활동에서 자유로운 지배층이 발달하는 데 한계가 있었다는 점이 특징이었다. 이러한 사회에서 무력은 대개 전면전이 아니라 소규모 침략 또는 항쟁을 통해 원수를 갚거나, 무리를 확장하거나, 아내를 훔치는 경우가 대부분이었다. 그러나 악천후, 내란, 또는 정착 민족의 확장 등으로 촉발된 주요 위기는 사회의 균형을 산산조각 낼 수 있었다. 공격자들에게 떠밀려 강제로 이주하거나 위협을 받았던 부족들은 대규모 군사 조직을 무장시켜 생존을 도모했다. 카리스마 있는 장수들이 사적 호위대 형태로 전사들을 모집한 뒤, 몇 번의 승리를 통해 얻은 명성과 전리품을 이용해 더 많은 전사를 모집하며 군사 조직을 형성하는 식이었다. 이러한 군사화 과정이 계속된 끝에 족장이 '하늘의 비호'를 받는 '칸汗, khan'으로 거듭나 백성을 다스리고 이를 승리로 증명해 보이는 형태의 중앙집권 국가가 탄생했다. 새로운 최고 통치자는 약탈이나 위협으로 얻어 낸 전리품을 보상으로 분배하면서 국가 귀족을 키웠다.[127]

흉노 국가의 출현은 바로 이러한 패턴을 따랐다. 진秦이 황하 이남의 영토를 장악하면서 흉노를 비롯한 원주민들을 몰아내 위기가 발생했다. 『사기』에 따르면 흉노 제국의 건국자 묵돌冒頓은 죽음을 불사하면서까지 자신에게 복종하는 특수 호위대를 모집하고 훈련시켰으며, 이 병력을 동원해 자기 아버지를 살해하고 선우의 자리를 꿰찼다. 이를 배경으로 군국화가 진행되고 전사 집단들이 출현했다. 흉노는 정복을 통해 만주에서 중앙아시아에 이르는 지역을 장악하며 세력을 확대했다. 이것이 계속된 끝에 세습력이 비교적 약한 '왕' 또는 귀족이 최고 통치자의 지배를 따르는 피라미드 구조의 출현(즉 중앙집권 국가의 출현)으로 이어졌다.[128]

흉노 제국의 뒤이은 역사는 중국 제국의 역사와 뒤얽히며 이어졌다. 한나라의 건국자는 흉노에 무참히 패배한 이후 더 이상의 침략을 방지하기 위해 금과 비단을 조공하고 한나라의 공주들을 흉노에게 바쳐 혼인시켰다. 한나라 초기의 통치자들 또한 중국과 흉노가 외교적으로 대등하다고 인식했다. 이 점은 몇 가지 방식으로 드러났다. 첫째, 중국인이 중국인 황제에게 말을

—— 한대 고분의 그림 상단에 묘사된 한나라 군대와 흉노족 간의 기마전. 양측은 병사들이 쓴 투구로 구별할 수 있으며, 아마 한나라 기병대와 동맹 유목 민족을 구분하기 위해서였을 것인데, 한나라 기마병이 활 또는 창을 들고 있는 반면에, 흉노족은 모두 활을 들고 있다는 점에서도 구별할 수 있다. (Lewis, *Early Chinese Empires*)

걸 때는 황제의 노예로서 자신의 가족을 오직 이름으로 지칭해야 했던 반면에, 흉노의 족장은 자기를 성姓으로 지칭할 수 있는 특권을 가졌다. 둘째, 선우라는 칭호는 중국의 황제와 동등한 것으로 인식되었으며, 두 통치자를 가리켜 '형제'로 묘사하곤 했다. 마지막으로 통치자들이 서로 주고받았던 서한을 보면 후대의 세계가 '활을 든 자'들의 유목민 제국과 '모자를 쓰고 띠를 두른 자'들의 정착민 제국으로 양분되었다고 명백하게 인식했음을 알 수 있다.[129]

흉노는 침략 사이사이로 짤막하게 평화 기간을 두었으며, 침략할 때마다 평화적 관계를 재개하려면 더 많은 조공을 바치라고 요구했다. 한나라 치세의 첫 반세기 동안은 이러한 요구를 들어줄 수밖에 없었으나, 한 무제는 군사 징벌을 통해 흉노를 섬멸하기로 결심했다. 이로 인해 수십 년간의 군사 원정이 이어지면서 한나라의 국고가 말랐지만, 중앙아시아로 가는 관문이 열렸다는 것 외에는 중국 민족에게 오래 지속되는 성공을 가져오지는 못했다. 무제의 후계자들은 정벌을 이용하는 정책을 버리고 방어선 뒤로 후퇴하는 편을 택했으나, 조공은 계속 거부했다. 이 정책은 성공적인 것으로 드러났는데, 선우로서는 이로 인해 한나라의 조공을 받지 못하게 된 데다가 한나라의 침략을 저지할 수 있는 보호자 역할까지 빼앗겼기 때문이었다.

기원전 57년에 승계를 놓고 벌어진 전쟁으로 흉노가 분열되었으며, 수년이 지나자 그중 한 파벌이 한을 종주국으로 인정하고 중국 내에 재정착했다. 조공을 거부하는 한나라의 정책은 투항한 흉노 수장에게 크게 도움이 되었는데, 한나라에 경의를 표하는 대가로 예물을 받아 옛 조공의 빈자리를 채우고 추종자를 모아 경쟁 세력을 무찌르는 데 도움이 되었기 때문이다. 결국 그는 세력을 충분히 키워 북방으로 돌아갔으며, 기원후 47년에 승계권을 두고 두 번째 내전이 발발하기 전까지 예전의 패턴을 다시 이어 갔다.

투항한 유목 민족을, 그리고 한나라 황실에 여전히 적대적인 세력을 구분하기 시작하면서 중국 군사사에서 손꼽히는 중대한 혁신이 일어났다. 유목민에 대항하기 위해 다른 유목민 출신 병사를 모집하기 시작한 것이다. 투항한 이민족들은 기원후 73년, 89년, 90년대 초에 흉노 연맹을 무찔렀던 원정군의 대부분을 차지했다. 이것이 바로 '이이제이'라는 유명한 정책이지만, 비한족 병사들은 이민족을 진압하는 데 그치지 않았다. 근대 유럽 초기의 군주들이 외국계 용병을 고용했던 것과 마찬가지로 내부 반란을 진압하는 것에도 동원되었기 때문이다. 비한족 병사들이 중국계 군대에 참여한 경우는 역사적 기록으로 남은 것만 쉰 건이 넘는다. 이 중 스물일곱 건은 군대에 한나라 병력이 어떤 식으로든 개입하지 않았으며, 여섯 건에서는 부족장이 군대를 지휘했다. 이러한 증거를 보면 기원후 1세기 중반에 이르러 비한족 군사가 기마병의 주된 공급원으로 자리 잡았다는 점을 분명하게 알 수 있다. 한 경제景帝(재위 157~141 BC) 때부터 국가가 관리하는 초원과 마구간에서 군마를 길러 왔으나, 서한에서 이 정책이 폐기되었다는 점에서도 그 영향을 알 수 있다. 삼국시대(220~280)의 군벌 또한 비한족 출신에게 의존해 기마병을 꾸렸다.

한나라는 비한족 병사를 국가 군대에 동원했을 뿐만 아니라, 나아가 적의 머리를 베어 오는 다른 독립 부족에게 현상금을 지급했다. 선비족의 족장은 한나라에 투항하기 전에 흉노족의 머리를 베어 온 것으로 현상금을 받았다. 기원후 58년에는 침략자 오환족을 격파하고 현상금을 받았으며, 이 시점부터 공식적으로 투항하고 조공 관계를 통해 예물을 받기 시작했다. 이때부터 이들은 오환족을 통제하고 흉노족을 죽이는 대가로 연간 2억 7000만 전을 받았다. 이처럼 부족장의 지휘에 따라 한 제국을 위해 복무하는 유목민 전사는 병사 중 가장 흔한 형태로 자리를 잡았다.[130]

한나라 치하의 다른 유목 민족은 흉노 제국처럼 응집력을 가지지는 못했으나, 중국 왕조의 금전을 받고 평화를 약속하거나 다른 유목 민족과 싸우는 패턴은 계속되었다. 한나라가 멸망했을 때 유목 민족들이 영토를 정복하거나 왕조를 직접 개창하려고 하기보다는 군벌들 사이에서 새로운 후원자를 찾고자 했다는 점은 유목 민족들과 중국 제국 사이에 발달한 공생 관계를 보여 준다. 뒤이은 위 왕조와 서진 왕조는 계속해 유목민 족장들에게 군사 활동을 대가로 금전을 지급하고 교역할 권리를 제공했으나, 왕들 사이에 발생한 내전으로 서진이 무너지면서 후원이 사라지자 유목민 족장들은 새로운 권력 기반을 찾아야만 했다. (4세기 초의) 첫 번째 시도는 볼모로서 진나라 궁정에서 자라난 흉노족 족장이 맡았다. 그는 문인 관료들이 자신을 모시는 중국풍 조정을 만들고자 했으나, 그를 따르는 부족민을 소외시키는 것에는 성공한 반면에 자기를 여전히 야만인으로 보는 중국인들에게는 지지를 얻는 데 실패했다. 이 족장을 모시는 장군이었던 두 번째 족장은 중국 백성을 직접 약탈해 부를 획득하는 좀 더 노골적인 정책을 시도했으나, 수십 년이 지나자 관중 지역이 황폐화하면서 소득원이 줄어든 왕조가 붕괴하는 결과를 낳았다. 뒤이은 유목민 국가들은, 통칭 십육국은 대개 수도 주변의 지역만을 지배했으며, 세대를 넘어 권력을 물려주는 데 자주 실패했다. 결국 이러한 유목민 국가들은 중국 국가에 의존했으며, 중국 국가는 질서를 유지하고 조세를 수취해 조공이나 지급의 형태로 유목 민족에게 이전했다. 이와 같은 국가가 없는 경우 유목민 국가는 대규모 도적단과 같은 형태를 띠는 경향을 보였다.[131]

흉노의 모형을 성공적으로 대체했던 유목민 정치 공동체의 형태는 오늘날 남만주와 북한이 된 북동쪽 지역에서 부상했다. 이 지역에 한데 혼합되어 살던 정착 농경민, 초원 목축민, 숲속 촌락민(수렵, 어획, 채집과 농경이 결합해 있었다.)은 유목민 군대와 소농민에 대한 직접 통치를 결합한 새로운 형태의 국가가 형성되는 바탕이 되었다. 무제가 이 지역을 점령하기는 했으나, 변방 지역이었으므로 중국의 경제적·인구통계학적 중심지와 매우 멀리 떨어져 있었으며, 그러한 중심지가 끌어들이는 전쟁과도 거리가 멀었다. 한나라 말기와 삼국시대의 혼란기 동안에 이 지역은 공손씨公孫氏 일족이 다스렸다. 상대적인 평화와 안정성이 특징이었으며, 수많은 중국인이 황하 유역의 평원에서 이곳으로 피란을 왔다. 가까이에 자리해 있던 유목민인 선비족은 포괄적 조직이 없는 반면에 다수의 독립적 부족으로 구성되어 있었으며, 그중 몇몇은 중국계 농민들이 거주하는 지역을 장악했다. 그중 가장 성공을 거두었던 부족인 모용 선비는 북동부 지역 대부분을 지배하는 거대한 국가를 점차 형성해 나갔다. 중국계 피란민 문인들이 관료 역할을 담당했으며, 유목 부족민이 계속해 군대의 핵심을 구성하는 한편으로 중국계 보병대가 이들을 보조했다. 소농민에게 수취한 수입은 흉노가 받았던 조공과 같은 역할을 했다.(다시 말하면 통치자에게 비할 데 없는 수입원이 되었으며, 통치자는 이 수입을 이용해 사실상 용병으로 거듭난 부족민 추종자나 종속적 관료들의 지지를 샀다.) 이로써 모용 선비의 국가는 중국 국가의 행정 능력을, 그리고 정착 인구에 대한 수취 능력을 유목민 기병 부대의 군사 능력과 결합했다.[132]

모용 선비가 마련한 기틀은 396년에 모용 선비를 정복한 탁발부가 이어 나갔다. 앞서 살펴보았듯이 탁발부는 인위적으로 만든 부족들과 군사 구역을 바탕으로 좀 더 철저한 형태의 이원 국가를 건설해 나갔다. 탁발부의 전형적 모형에서 볼 수 있는, 유목 민족의 군대와 중국 국가의 행정 형태를 결합한 이원 국가는 중국 역사상의 중대한 발전이었다. 궁극적으로 이는 수나라 치하에서 재통일을 이룰 수 있었던 바탕이 되었으며, 당나라 이후 화북 평원을 지배한 수많은 이방인 왕조에는 물론 마지막 3세기 동안 중국 제국 전역을 다스렸던 만주족의 청 왕조에도 모범이 되었다.

'한국계' 국가 및 일본과의 관계

유목민 생활을 기반으로 한 독특한 사회경제적 구조가 특징이었던 북중국의 민족들은 약탈, 수취, 조공 또는 정복을 통해 관계를 맺은 반면에, 북동부(한국)와 남동부의 정착 민족들은 모방imitation의 형태로 중국과 관계를 맺는 경향을 보였다. 먼 남쪽의 비엣족은 가장 먼저 중국계 모험가들의 지배를 받다가 이후 토착 통치자가 다스렸으며, 한나라에 충성을 맹세하다가 반란을 일으키기를 반복했다. 이 패턴은 남북조시대에도 계속되었다. 오늘날의 푸젠 지역과 남서부(윈난) 지역에서도 비슷한 패턴이 출현했다. 그러나 모든 경우에서 중국인이 제시한 모형과 중국의 간섭은 지역 주민들이 중국계 모델을 바탕으로 한 더욱 정교한 국가 형태에 다가가게 만들었다.[133]

한국의 경우도 비슷하나, 예외가 있다면 중국 민족이 기원전 109년에 이곳을 침략한 뒤 네 개의 군현을 설치했다는 점이다. 이 시기에는 '중국'에 속한 주의 평민들과 '한'반도의 평민들이 서로 공유하는 문화가 형성되었을 것으로 보인다. 중국의 중원에서 오늘날의 북한 지역으로 대규모로 이주하면서 지배층의 문화 양식이 더 많이 유입되었으나, (선비족과 관련이 있었을 것으로 추정되는) 많은 부족민은 계속해 각자의 전통적 생활양식을 이어 나갔다. 기원후 1세기에 압록강 유역에서 고구려가 건국되었으며, 점차 서진해 한나라 영토를 요동 쪽으로 몰아냈다. 이는 중국의 영향을 받은 정착 국가가 중국을 상대로 독립성을 역설하는 데 성공한 최초의 사례였다.

244년에 조위曹魏(삼국시대에 조조가 건국한 위 왕조로, 탁발위와 구분된다.)의 군대가 고구려를 점령했으나, 서진이 멸망하자 고구려는 독립을 되찾았으며 옛 한사군을 하나씩 점령해 334년에 오늘날의 북한과 남만주 전역을 장악했다. 373년에 고구려는 진나라의 법을 본떠 만든 법률을 제정하면서 중국식 정부를 수립했으며, 한 세기가 되지 않아 오늘날 한국의 거의 모든 지역을 장악했다. 고구려는 중국 문명의 영향을 한반도 전역에 확장시켰을 뿐만 아니라, 나아가 교역을 통해 바다 건너 일본에까지 중국의 영향을 전래했다. 이처럼 고구려는 강성한 세력으로 부상했으며, 수나라는 한국을 재점령하기 위해 일련의 원정을 일으켰다가 실패하면서 멸망의 길을 걷게 되었다. 당의 제2대 황제가 이와 같은 원정을 재개했지만 더 큰 성공을 얻지는 못했다. 당나라는 중국을 모방해 남쪽에 건국된 두 번째 한국계 국가인 신라의 도움을 받은 후에야 마침내 고구려를 물리칠 수 있었으나, 이후 한반도를 장악한 것은 신라였다.

고구려가 북진하며 세력을 확장하던 4세기 후반에 한반도의 남서쪽 끝자락에서는 작은 도시국가였던 백제가 부상하기 시작했다. 369년에는 기존의 상위 군주를 격파했으며, 곧이어 앞서 언급한 건강의 진 조정으로부터 공인과 책봉을 받았다. 415년에는 기존의 봉작에서 정식 왕으로 승격되었다. 여기저기 흩어진 증거들 또한 백제와 남방 조정의 관계가 책봉 관계보다 훨씬 더 깊었다는 것을 시사한다. 백제에서 온 사신들의 이름에서는 중국 출신일 가능성을 찾아볼 수 있다. 6세기 초 백제 고분의 벽돌은 남중국의 양식을 따른 것이다. 백제의 여러 연대기에서도 중국의 농경, 음악, 시문학 양식을 받아들인 궁정의 모습이 묘사되어 있다. 백제는 이러한 풍습이 불교와 함께 일본으로 전래되는 주요 중심지가 되었다.[134]

한국 북부 및 남부의 국가들과 일본에 자리한 국가는 이웃 국가들을 장악하면서 세력을 키우는 한편으로 중국 국가의 후원을 받고자 했는데, 이는 중국이 화북 평원을 상실했는데도 동아시아에서 가장 강력했기 때문이었다. 동쪽에서 사절단이 오면 남방 왕조는 이들을 맞이하고, 새로운 통치자에게 중국의 종주권 아래에 속하는 왕 또는 제후의 봉작을 주면서 각자의 조정을 대표하는 인장이나 부절을 함께 주었다. 한국과 일본의 신흥 통치자들은 이와 같은 공인을 대가로 조공을 바치고 호사스러운 예물을 받았다. 조공 사절단에는 항상 상인들이 동행했으며, 남조에서 교역이 번성했던 만큼, 장강 유역은 한국과 일본, 동남아시아가 형성한 국제적 무역 네트워크에 편입되었다. 남북조시대 동안에 정치적 모방, 교역과 조공의 교환, (중국에서 한국과 일본으로 전래된) 불교의 점점 커지는 영향력, 한자의 공동 사용이 한데 섞여 중국식 모델을 기반으로 하는 공통의 동아시아 문화가 탄생했다.[135]

일본은 좀 더 늦은 시기에 한국과 유사한 패턴으로 출현했다. 히미코卑弥呼라는 이름의 무녀 여왕이 3세기에 사절단을 보냈으며, 조위 조정과의 관계를 널리 알려 자신의 위신을 강화하기 위해 중국풍의 청동기 거울을 주조했다. 히미코 이후에는 이러한 관계가 멎었으나, 413년 이후에 사절단이 남조에 열 차례 이상 다녀가면서 봉작과 왕실 인장, 청동기 거울, 군기 등을 요청했다. 502년을 마지막으로 사절단의 방문이 중지되었으나, 한 세기 이후에 재개되었다. 600년과 614년 사이에 방문한 일본 사절단은 더는 봉작을 요청하지 않았는데, 6세기 무렵에 단일한 일본 왕조가 수립되면서 더는 봉작이 필요하지 않았기 때문이다. 그 대신에 이들은 중국의 제도를 연구하고 교역 관례를 수립하는 데 더 관심이 있었던 것으로 보인다. 특히 6세기와 7세기의 일본 조정은 중국 교역의 대부분을 차지했으며, 수나라와 당나라에서 수입한 사치품이 가져다주는 위신은 중앙 권력이 부상하는 주요 요인이 되었다. 뒤이은 당 왕조 치세에는 일본 사절단이 300여 년의 기간에 걸쳐 열여섯 차례 방문했으며, 이들이 방문한 시점은 전적으로 일본 조정의 이해관계에 의해 정해진 것으로 보인다.

649년에 일본 조정은 일본을 중국식 모형에 따른 중앙집권 국가로 다시 창조하기 위한 대대적 개혁에 착수하면서 당나라의 제도를 본뜬 법률, 군사제도, 토지 소유 양식, 조세제도를 도입했다. 조정은 또한 모든 공식적·문학적 활동에서 한자 체계를 받아들였다. 여기에 더해 불교가 한국에서와 마찬가지로 일본에서도 지배적인 지적·종교적 세력으로 부상했으며, 당 왕조의 중국은 수만 명의 일본인 승려가 다녀가는 위대한 순례 중심지가 되었다. 의복과 도자기, 음악 등을 비롯한 중국 문화의 다른 요소들 또한 일본에 유입되어 헤이안 시대 생활의 모범으로 자리를 잡았다.

이처럼 당대 초기에 이르자 중국의 주변은 중국을 모방하며 조직된 좀 더 작은 일련의 국가가 둘러싸고 있었다. 각국 통치자는 서로 비슷한 사상을 받아들였고, 각 정부 구조는 대개 중국의 정부를 본뜬 구조였으며, 한국과 베트남, (현대의 윈난에 있었던) 남조南詔, 일본은 조정에서 중국식 법률과 절차를 통해 한자를 사용하며 정사를 처리했다. 또한 언급한 모든 국가에서 불교가 토착 종교 관습을 대체하거나 기존 관습과 병합되었다. 이로써 중국은 처음으로 중국 문명이 지배적이지만 더는 중국 황실 조정이 지배하지는 않는 동아시아 국가 공동체의 중심이 되었다.[136]

중국의 대외 교역

중국과 외부 민족 간의 정치적 관계는 앞서 간략히 설명한 형태를 띠었던 한편, 중국과 외부 세계 사이에 이루어졌던 가장 중요한 교류는 바로 교역이었다. 중국 문명을 근본적으로 바꾸어 놓았던 온갖 새로운 물건과 문화 형태를 중국에 들여온 것은 다름 아닌 외국 상인들이었다.

중국의 대외 교역은 정부 시책의 부속으로 시작되었으며, 정부가 상인에게 제재를 가했으므로 외국인이 주를 이루었다. 한나라 때는 흉노와 맺은 조공 관계의 일환으로 중국인들이 변방 시장의 교역을 받아들일 수밖에 없었다. 이곳에서 거래된 가장 중요한 품목은 말이었다. 오늘날 내몽골 지역에서 발견된 동한 시대 어느 관료의 무덤에서 규모가 큰 마시馬市를 그린 유명한 벽화가 출토되었다는 점에서 이를 엿볼 수 있다. 본격적으로 대규모의 대외 교역이 개방된 것은 무제가 흉노를 격퇴하기로 결정하면서였다. 흉노의 옛 적국과 동맹을 맺고자 했던 중국 조정은 앞서 흉노에 몰려 서쪽으로 물러나 있던 인도유럽어족 계통 부족인 월지月氏와 접촉하기 위해 기원전 138년에 장건張騫을 파견했다. 흉노에 잡혀 12년 동안 포로 생활을 했던 장건은 중앙아시아(신장) 오아시스 국가들에 관한 방대한 정보를 수집해 조정에 전했다. 두 번째 파견에서 장건은 현재는 중국령이며 이전에는 소련에 속했던 중앙아시아 지역의 많은 국가와 교류를 확립했다. 장건이 가져온 예물의 가치에 감화된 각국 통치자들은 교역을 위해 한나라 조정에 사절단을 보냈다. 뒤이은 수십 년 동안 한나라는 오늘날의 신장 지역을 점령하고 이곳의 국가들에 조공을 강요했다. 중국의 지배력이 기울어 가는 상황에서도 조공 또는 무역을 바탕으로 한 교류는 한나라 때와 뒤이은 남북조시대까지 지속적으로 이어졌으며, 이민족 국가들은 값진 물품을 가져오는 상인들과 영적 보물을 가져오는 불교 승려들을 적극적으로 환영했다.[137]

중국인이 수립한 중앙아시아와 외부 세계 사이의 교역로는 대개 실크로드로 묘사된다. 중국령 중앙아시아의 오아시스 도시에서 온 상인들은 비단을 구매하거나 예물로 받았다. 이 비단은 주변 도시의 상인들에게 팔렸으며, 그 상인들이 더 서쪽에 있는 상인들에게 팔았고, 그렇게 여러 손을 거친 끝에 인도와 페르시아까지, 종국에는 로마까지 이르렀다. 이로써 중국과 중앙아시아, 남아시아, 중동, 지중해 세계가 모두 귀중품을 거래하는 교역망으로 연결되었으나, 그 어떤 개인도 실크로드의 한쪽 끝에서 다른 쪽 끝까지 여행하는 경우는 없었으며, 각 지역은 다른 지역에 관해 어렴풋한 관념만 가지고 있었을 뿐이었다.[138]

서쪽에서 중국으로 들어온 물품은 대부분 이국적인 골동품이나 진귀한 물건으로, 지배층의 자아를 강화하는 데 중요한 역할을 했다. 귀금속, 노예와 기예인, 야생동물과 가축, 모피와 깃털, 희귀한 식물과 나무, 이국적 음식, 향수와 약물, 직물과 염료, 보석, 세속적 예술품과 종교적 예술품, 서적, 외국 지도 등이 여기에 포함되었다. 이처럼 진귀한 물건들이 조공으로 들어왔다는 것은 전 세계에 걸쳐 공물을 요구할 수 있다는 의미였으므로 중국 황실의 권력과 위신을 증명했다. 또한 이를 거래를 통해 구매했다는 것은 한나라 때에서 당나라 때까지 중국 지배층 사이에서 특징적이었던, 외국 문물에 대한 탐닉을 지닌 구매자의 부와 취향을 잘 보여 준다.[139]

이와 같은 물건 및 풍습과 더불어 더욱 깊고 지속적인 영향을 남겼던 문화적 요소들도 함께 유입되었다. 가장 대표적인 요소는 불교이지만, 그 외에도 마니교와 네스토리우스파, 그리고 특히 이슬람과 같은 다른 종교들 또한 상인과 침략자를 따라 중국에 유입되어 뿌리를 내렸다. 이러한 상인과 종교들은 새로운 우주관과 인간 사회를 조직하는 새로운 수단이 되었을 뿐만 아니라, 의복과 분을 이용한 화장술 면에서, 새로운 악기와 그 악기를 이용해 연주하는 악곡 면에서, 예술의 새로운 양식 및 기법 면에서 혁신을 일으켰다. 외국 상인들은 중국에 문물과 신앙을 들여왔을 뿐만 아니라 그들 자체로도 중국 생활의 주요한 특징으로 점차 자리를 잡았다. 북조에서는 소그드인[36] 공동체가 도시 생활의 주요한 특징으로 자리매김했으며, 당 왕조의 초기에는 대외 교역으로 말미암아 대부분의 중국 도시에 상당수의 외국인이 영주하게 되었다.[140]

36 중앙아시아의 이란계 유목 민족으로, 동서를 잇는 교역 면에서 활약했다.

11 재통일과 수 왕조의 멸망

짧은 기간 존속한 수 왕조가 4세기 만인 589년에 중국을 다시 통일하고, 이를 당 왕조(618~906)가 뒤이은 수 세기 동안 이어 나가면서, 한나라 때 이후 많은 측면에서 변화한 중국 사회를 다시 한번 단일 제국이 통치하게 되었다. 수 왕조와 뒤이은 당 왕조는 한 왕조의 승계 또는 부흥을 주장했으나, 5세기에서 6세기에 북중국을 다스렸던 북위, 북주, 북제 등의 '야만인' 왕조 치하에서 자신의 선조들이 발전시켰던 제도와 관습의 다수를 차용했다.

남북조와의 연속성이 드러나는 요소에는 마지막 국유지 제도인 균전제均田制, 당시에 특징적이었던 세습 군사 체제의 마지막 제도인 부병제, 곡물과 옷감을 수취하는 조세제도, 국가가 후원하는 제도 종교(도교와 불교), 멀리 떨어진 동쪽 및 남쪽에서 한대 이후 출현한 왕국들과 발전시킨 대외 관계, 그리고 수와 당의 황실 모두 비한족과 인척 관계를 맺었다는 점을 고려하면 어느 정도는 이방의 민족을 지배층으로 받아들였다는 점 등이 있다. 주요 혁신을 꼽자면 세습 등용문의 출현을 도운 추천 바탕의 구품중정제 폐지, 장안과 낙양에 새로운 특징을 갖춘 수도 건설, 남방(이 시기에 이르자 이곳에 40퍼센트에 달하는 인구가 살았다.)의 물리적 편입, 대부분의 후대 중국 제국이 모범으로 삼았던 새로운 패턴의 대외 관계 출현 등이 있다.

수나라의 남방 정복은 놀랄 만큼 빠른 속도로 진행되었다. 581년에 쿠데타를 일으켜 북주 왕조(8장 마지막 부분 참조)를 무너뜨리고 수 왕조를 창건한 수 문제文帝(재위 581~604)는 전략적으로 전례 없이 강력한 위치를 물려받았다. 쓰촨 지방은 북주 이전의 서위 왕조가 552년에 정복한 상태였으며, 같은 왕조가 2년 후에 장강 중류 지역의 강릉 부근으로 이동하기도 했다. 후경의 난이 남긴 혼란을 물려받은 남진南陳 정권은 북주와 동맹을 맺어 575년에 북제를 공격했으나, 577년에 북제가 멸망하자 북주 군대는 진을 배신하고 그들의 병력 대부분을 격파하면서 진을 장강까지 다시 내몰았다. 진은 사실상 몰락했으며, 북주 조정에서 권력 다툼이 벌어지고 이를 바탕으로 수 왕조가 권력을 장악할 때까지만 존속할 수 있었다.

587년에 문제는 자신의 위치가 공고해지자 남방 정벌을 준비하기 시작했다. 이전의 북방 군대를 방해했던 주요 장애물은 남방 왕조에 맞설 수 있을 만큼 강력한 함대가 없다는 점이었다. 그러므로 수나라의 장수들은 쓰촨에서 주요 함대를 모집하고 훈련시키는 한편, 장강 중류 지역과 해안에서 다수의 소규모 함대를 육성했다. 육상 군대 또한 대규모로 모집했다. 588년 말에 훗날 수나라의 제2대 황제가 되는 황자 양광楊廣을 사령관으로 책봉해 정벌이 시작되었으며, 일련의 전투 끝에 진나라 군대를 장강에서 격파하고 수도 건강을 점령했다. 볼모로 잡혀간 진나라 통치자는 군대에 투항하라고 지시했다. 589년에는 새로운 정권 아래에서 기존의 특권을 잃게 될 것을 두려워한 남방 주요 가문들이 반란을 일으켰으나 잔혹하게 진압당했고, 이로써 북방과 남방 간의 정치적 구분은 막을 내렸다. 북방과 남방 간의 긴장은 계속되었으나, 양광이 남방을 자비롭게 통치하면서 남방의 파괴된 수도 일부를 단양이라는 새로운 이름으로 재건하고 불교 사찰과 남방의 문예 모임을 열성적으로 후원하자 저항도 점진적으로 줄어들었다.[141]

새로운 왕조의 전통적 패턴을 따르듯이 수나라는 제국 통치의 필수 요소로 간주되었던 다양한 제도를 수립했다. 문제는 경전 연구에 대한 국가적 지원을 재천명했을 뿐만 아니라, 지난 574년에서 578년까지 북방에서 억제하고자 했던 제도적인 불교와 도교에 대한 후원 또한 재개했다. 주요 사원을 국가

지원 기관으로 공인하고, 특정 수의 서품을 허가하며, 사원에 예물을 하사하거나 연회를 열어 주는 등의 후원이 이어졌다. 문제는 제국의 주요 도시에 성유물을 나누어 주기도 했다. 또한 법전, 국가 관리하의 토지 재분배 제도, 조세 수취 제도, 그리고 북주의 부병제를 바탕으로 하는 군사 제도를 제도화했다. 마지막으로 문제와 황태자는 한국 및 중앙아시아의 국가들과 한나라 때 시작된 관계를 계속해 발전해 나갔을 뿐만 아니라, 나아가 오늘날의 동남아시아 및 일본 도서 지역의 몇몇 국가와도 교류했다.[142]

구품중정제의 폐지

수 왕조가 시행한 첫 번째 중대 개혁은 관직 등용에서 명문가에 특혜를 안겨 주었던 추천 기반의 구품중정제를 폐지한 것이다. 사실 수 왕조는 중앙과 지방의 수준에서 폭넓은 관료주의적 개혁을 시행했으며, 그 일환으로 한나라 때의 관품을 일반적으로 복원하고 단 두 개 층위로 구성된 지방 행정 체계를 갖춘다는 원칙을 다시 도입했다. 두 가지 조치는 모두 수나라가 한나라 때의 전통적인 단일국가 체제를 복원하려고 했다는 점을 시사한다. 그러나 가장 중요한 단 하나의 행정개혁을 꼽자면 중정의 관직을 폐기한 점, 그리고 집안 배경을 바탕으로 한 추천에 의존해 하급 관리를 등용했던 관행을 없앤 점이라고 할 수 있다. 앞서 논했듯이 이 제도는 세도가의 관직 등용을 보장해 수 세기 동안 중국 사회에서 우월한 지위를 점할 수 있도록 만들어 준 주요 메커니즘으로 자리 잡은 상태였다. 가문들은 수 세대 만에 흥망성쇠를 거듭했으므로 폐쇄적인 귀족 사회를 형성하지 못했으며, 군사력이 지배하는 세계에서는 효과적인 정치권력을 사수할 수 없었다. 그러나 비할 데 없는 사회적 위신을 계속해 누렸으며, 단명한 여러 왕조의 통치자들이 등용문을 완전히 통제하지 못하도록 막을 수 있었다. 수 왕조는 583년에 구품중정제와 그 세습 관직을 폐지하면서 중앙 조정의 이부吏部에서 임명하고 연례 평가를 통해 관리하는 제도로 대체함으로써 대가문을 상대로 황실 권력을 공식적으로 재천명하는 첫걸음을 내딛었다.[143]

수 왕조는 등용 추천에 대한 세도가의 통제권을 제거하는 데 그치지 않고 나아가 송 왕조부터 관직에 오르는 주요 방도로 거듭나는 시험 제도를 도입했다. 587년에 문제는 군현마다 재능 있고 고전에 관해 해박한 세 명의 후보자를 선발해 관직에 올리라는 칙령을 내렸다. 이 후보자는 일종의 지방 시험을 통해 선발했던 것으로 보인다. 문제는 601년에 군현마다 불교 유물을 재분배하는 것과 관련해 대대적으로 지방의 학교를 폐지했던 반면에, 그의 뒤를 이은 수 양제煬帝(재위 605~618)는 학교들을 부활시킨 데 더해 진사과 시험을 도입했는데, 이는 뒤이은 당 왕조 및 대부분의 후대 중국 제국에서 가장 권위 있는 등급으로 자리를 잡았다. 지방과 군현의 학교에 더해, 수도에는 진과 북위의 치하에서 설립된 세 개의 교육기관이 있었다. 여러 기록을 종합해 보면 이러한 교육기관의 후보생들은 지역 수준의 구두시험을 통과한 다음 배속될 정부 기관의 필기시험을 치러야 했다는 점을 알 수 있다.[144]

새로운 수도의 확립

수나라의 두 번째 중대한 혁신은 옛 한나라 때의 수도 자리에 새로운 수도를 건설했다는 점이다. 수의 초대 황제가 옛 수도인 장안의 바로 남동쪽 지역인 위하 유역에 대흥성이라는 이름의 새로운 수도를 건설한 것에는 몇 가지 동기가 있었다. 첫째, 마지막으로 통일된 중국 국가를 상당한 기간에 걸쳐 통치했던 한 왕조를 수 왕조와 연결함으로써 수나라가 중국을 다시 통일했다는 공적을 분명하게 드러내 보였다. 둘째, 이 도시는 비록 지난 수 세기 동안 몰락의 길을 걸었는데도 북주를 비롯한 북서부의 단명한 정권 몇몇이 수도로 삼은 곳이었다. 이에 따라 수의 초대 황제 또한 이곳에서 처음으로 권력을 장악한 바 있었다. 셋째, 이곳의 터는 선대의 많은 통치자가 안전한 기지로 삼았던 만큼 방어에 유용한 지리를 여전히 누리고 있었다.

옛 장안은 북쪽 경계선이 강의 물길에 따라 달라지는 불규칙한 도시였던 반면에, 새로운 도시는 경전에 따라 한쪽이 8킬로미터에서 10킬로미터에 달하는 거대한 직사각형 형태로 건설될 계획이었다. 도시 북쪽에는 거대한 황실 정원이 위치했다. 도시 성벽 내 북쪽 성벽과 인접한 곳에는 담을 두른 황궁 구역이 놓였다. 황궁의 남쪽에는 또 다른 담을 두른 행정 도시가 있었고,

모든 정부 기관이 이곳에 포함되었다. 이것은 중국 제국 수도의 설계에서 나타난 새로운 특징이었다. 바깥 성벽 안쪽의 나머지 공간은 담을 두른 108개의 구역으로 분할될 계획이었는데, 그중 두 개 구역은 시장이고 106개는 거주 구역이었던 것으로 보인다. 실제로 건설할 당시에는 외부 성벽을 가장 먼저 세우고, 다음으로 황궁 구역을 건설해 583년에 대부분 텅 비어 있는 수도에 황제가 들어와 거주할 수 있었다. 뒤이어 황실 일족이 도시 내에 각자의 궁을 건설했으며, 불교 사찰에 시주한 이들 모두에게 제국의 명판을 하사했다. 그 결과 100개가 넘는 사찰이 급속도로 건설되었다. 또한 진을 정벌한 이후로 대규모의 인구가 남방에서 수도로 강제로 이주했다. 그러나 수나라가 멸망하던 시점까지도 도시 대부분이 여전히 텅 비어 있었으며, 대개 종교적·행정적 중심지 역할만을 담당했다. 수도는 그 뒤를 이은 당 왕조 시기에 진정으로 완성되었다.[145]

수나라 초대 황제가 탁월한 전략적 위치를 점한 옛 서한의 수도를 재건했던 반면에, 양제는 동한의 수도이자 북위에서도 수십 년간 수도였던 낙양을 재건했다. 그는 재위 첫해부터 이 계획에 착수했다. 크기로 따지자면 대흥성의 절반보다 약간 큰 정도에 지나지 않았으나 훨씬 더 정교하고 비용이 많이 든 건축물들이 있었는데, 통치자와 그의 왕조를 결국 파멸로 몰아넣은 과시적 소비가 드러나는 부분이었다. 도시 북쪽에는 산과 옛 황릉이 막아섰으므로 황실 정원은 도시 서쪽에 건설되었으며, 궁궐 구역은 접근의 편의성을 위해 도시의 북서쪽 모퉁이로 옮겨졌다. 대흥성과 마찬가지로 새로운 양식의 행정 중심지가 궁궐의 바로 남쪽에 건설되었으며, 축을 이루는 도로가 이 중심지의 남문에서 남쪽 성벽에 이르기까지 곧게 이어졌다. 그러나 궁궐과 행정 구역이 서쪽에 있었으므로 이 축 방향 도로는 대흥성의 도로와는 달리 도시를 양분하지는 못했다.

그러나 도시를 가로지르며 흐르는 낙수가 도시를 남북으로 양분하면서 거주 구역과 시장 구역에도 어느 정도의 불규칙성이 생겼다. 강 이북의 구역 중 궁궐과 정부 건물이 차지하지 않은 영역은 담을 두른 서른 개의 구역으로 나뉘었으며, 그중 강과 인접한 두 곳은 한데 묶여 시장을 형성했다. 강 바로 이남의 영역에는 반절 크기의 구역들이 줄지어 늘어서 있었으며, 그보다 더 남쪽은 예순여섯 개의 규칙적인 구역으로 분할되었다. 이 중에서 네 개 구역이 하나로 묶여 강변 구역 바로 남쪽에 또 다른 시장을 형성하고 운하를 통해 강과 연결되었으며, 610년에는 또 다른 구역 하나를 할애해 도시 남서쪽 모퉁이의 운하인 통제거通濟渠를 이용하는 시장을 만들었다.

수나라의 두 번째 수도인 이곳 동쪽 수도는 적어도 세 가지 측면에서 대흥성과 차이를 보였다. 첫째, 정부 구역이 비정형적으로 배치되어 있으며 그에 따라 축선이 비스듬하게 기울었다는 점이 특징이었다. 둘째, 이 도시에는 종교 시설이 훨씬 적었다. 실제로 양제는 서쪽 수도의 불교 시설을 어느 정도 제거하는 데 관여하기도 했다. 셋째, 무엇보다도 두드러졌던 것은 도시 내 시장의 수였다. 대흥성에는 경전에 따른 두 개의 시장이 궁궐 구역의 양옆으로 대칭을 이루며 놓여 있었던 반면에, 낙양에는 지역의 옛 전통을 따라 세 개의 시장이 들어섰으며 각각의 위치는 수로에 대한 접근성에 따라 정해졌다. 이처럼 실용주의적 위치 덕분에 우주론과 정치적 모형에 의해 정한 위치에 세워졌던 대흥성의 시장보다 실제 교역에 훨씬 더 적합했다. 교역이, 그중에서도 수로 기반의 교역이 도시를 구성하는 데 중심 역할을 담당했다는 것은 중국 국가의 물리적 구조에서 주요한 발전적 변화로 손꼽히는 중요하고 새로운 특징이었다.[146]

대운하 건설

이러한 발전적 변화는 다음으로 살펴볼 특징이자 수나라가 일으킨 가장 중요한 혁신이라고 할 수 있는 최초의 대운하 건설에서도 잘 드러난다. 대운하는 대량의 상품을 남쪽에서 북쪽으로, 또 동쪽에서 서쪽으로 효율적으로 수송하기 위해 건설되었다. 대대적인 토목 사업으로 대규모의 사람과 상품이 남북으로 이동할 수 있게 되면서 지난 400년 동안 정치적으로 분리되어 있었던 중국의 거대한 두 하천 체계가 하나로 묶였다. 무엇보다도 중요한 점은 당시에 제국의 곡창 지대로 거듭난 남방에서, 정복과 군사적 점령을 통해 정치적 수도로 발돋움한 북방으로 곡물을 수송할 수 있게 되었다는 것이다.

대운하는 대개 수나라의 제2대 통치자인 양제가 건설했다고 알려져 있으나 사실은 수 세기 전부터 존재했던 여러 요소를 통합한 운하였으며, 이를 결합하는 사업은 양제의 선대인 584년부터 시작되었다. 문제는 퇴적 현상이 심하고 계절에 따라 수위가 낮아지는 위하와 평행하게 흐르던 옛 한나라 때 운하를 복원해 곡물을 비롯한 대량 상품을 동쪽 황하 유역의 비옥한 범람원에서 인구가 많은 관중의 수도 지역으로 수송하고자 했다. 운하의 두 번째 구간은 605년에 양제가 동쪽에 두 번째 수도를 복원하고자 앞서 살펴본 바와 같은 사업을 벌이면서 그 일환으로 착공한 것으로, 통제거와 함께 낙양과 회하를 연결하고 뒤이어 (한구邗溝로 불린) 옛 운하를 통해 강도江都(현대의 양저우) 부근에서 장강과 합류했다. 마찬가지로 대부분 옛 운하로를 따라 건설된 세 번째 구간은 강남江南 운하와 함께 경구京口(현대의 전장) 부근의 장강에서 갈라져 여항餘杭에서 항주만 초입으로 이어졌다. 수나라 통치자들은 운하를 건설하거나 복원하는 것에 이어 각 수도와 운하로의 주요 지점에 수 개의 곡식 창고를 건설해 곡식을 저장하고 때로는 다른 배로 옮길 수 있게 했다. 608년에 착공한 마지막 구간은 낙양 인근의 낙수와 황하가 합류하는 지점에서 출발해 북동쪽의 오늘날 베이징 인근으로 이어졌다. 이는 상당한 규모의 착굴이 새로 이루어진 유일한 구간이었다. 이로 인해 북동부와 중원이, 나아가 남부 지방이 이어져 결과적으로 중국의 모든 지역이 수로로 연결되었다. 덕분에 고구려 정벌을 위한 군사 원정에 물자를 공급할 수 있었으며, 결국 고구려 왕조의 멸망으로 이어졌다.[147]

잘못된 대외 정책과 수나라의 멸망

수나라가 멸망하자 중국의 사학자들은 대운하 건설 사업을 무자비하게 비판했으나, 황하와 장강을 포함하는 통일 제국의 장기적 형성 과정에는 더할 나위 없이 큰 의의가 있다. 대운하와 남방의 기존 운하망을 함께 이용하면 중국 내 생산성이 있는 모든 지역에서 수도까지 대량 상품을 수로로 운송할 수 있게 되었는데, 쓰촨 지방만큼은 장안과 잘 닦인 육로로 연결된 한편으로 당시에 많은 인구가 살던 장강 하류 지역과도 강으로 연결되어 있었으므로 여기에서 제외되었다. 대운하는 상징적으로든 실제 교통수단으로든 남방과 북방을 연결했으며, 이로써 지난 400년 동안 독립적으로 발전해 온 두 지역을 결합한 새로운 통일 정치 공동체를 탄생시켰다. 이러한 연결성은 갈수록 중요해졌는데, 남방이 경제적·인구통계학적으로 성장하면서 중국에서 가장 인구가 많은 지역이자 가장 생산적인 지역으로 거듭난 한편, 반복되는 대외 정벌과 군사적 필요로 말미암아 북방이 남방과 다시 분리되거나 통일 정치 공동체의 정치적 중심이 북방으로 옮겨졌기 때문이었다. 후자의 경우 주로 수로에 의존해 북방의 수도로 물자를 운송했으므로, 지속적 통일의 가능성 자체가 곧 수나라가 이룬 이 건축적 업적에 달려 있었다. 같은 맥락에서 몽골족의 원元 왕조, 그리고 명明 왕조, 만주족의 청淸 왕조 치하에서 북경이 통일 중국의 수도로 거듭난 것도 양제가 운하를 북동쪽으로 연장하기로 한 것에서 파생된 결과였다.

지지부진했던 통일을 긍정적이라고 한다면 양제의 이러한 결정 또한 후대 중국사에 긍정적인 영향을 미쳤다고 할 수 있지만, 이는 다음과 같은 두 가지 면에서 양제에게 재앙으로 돌아왔다. 첫째, 운하는 중요한 정치적·경제적 역할을 담당했지만, 이를 건설하는 데 막대한 재정과 노동력이 소요되었다. 건설 자체만 보면 치명적 부담은 아니었으나, 문제는 이것이 양제 치세의 특징이었던 폭넓은 과시적 소비 패턴의 일부였다는 점이다. 앞서 살펴보았듯이 낙양 건설은 막대한 재정을 들여 정교하게 장식한 거대한 건물들을 세운 것이 특징이었다. 이러한 재정 지출은 수도에만 한정된 것이 아니었다. 양제가 낙양 서쪽의 정원에, 운하 체계를 따라 늘어선 주요 거점 여러 곳에, 북부 변방에, 강도와 단양을 비롯한 남부의 주요 도시 혹은 그 인근에 화려하게 장식한 거대 궁궐을 줄지어 세웠기 때문이다. 이 궁궐들은 양제가 제국 전역을 시찰할 때 자신에게 걸맞게 화려한 숙소로 사용할 예정이었으나, 정치적·전략적 사용을 감안하더라도 국고에 과도한 부담을 계속해 안겨 주었다. 이처럼 거대하고 화려한 궁궐을 건설하는 모습에서 양제의 미루迷樓에 관한 전설이 생겨난 것으로 보인다. 비범할 만큼 화려하고 정교한 허구의 건축물인 미루는 말 그대로 '미혹의 궁'이라는 뜻으로, 양제가 이곳의 깊숙한 방 안에서 온갖 환상적인 향락을 탐닉했다는 이야기가 전해진다. 미루와 미루에 사는 사람들은 황실에 관한 후대의 허구적 작품 속에서 걷잡을 수 없는 관능의 대명사 격으로 자리를 잡았다.[148] 마지막으로 양제는 대규모 건축 사업으로 국고를 파산시키는 와중에도 북동쪽의 고구려를 정벌하기 위해 일련의 주요 원정을 일으켰다. 이로 인해 수나라의 완전한 멸망이 촉발되었다.

운하 체계의 나머지 구간들과는 달리 북동부 구간은 수도 지역에서 출발해 변방의 군대에 물자를 수송해 이 지역을 제국과 하나로 결합하려는 목적으로 설계되었다. 변방의 군대는 본래 방어를 목적으로 창설되었으나, 외세의 성장에 따라 일련의 무참한 공세를 펼치게 되었다. 수 왕조의 치세가 30년 가까이에 이르자 안심한 수 왕조는 이제 중국이 마땅히 차지해야 할 자리로 여겼던 동아시아 세계의 중심을 회복하고자 했다. 이들은 남방을 향해 여러 차례 원정을 일으키고 패배했으나 재앙은 면했으며, 중앙아시아에 대한 원정에서는 비교적 성공을 거두어 고창국高昌國을 비롯한 주요 국가를 상대로 종주권을 인식시키고 조공을 받았다. 또한 당시에 중국 북쪽의 광대한 지역을 장악하고 있던 돌궐족을 두 개의 제국으로 분열시키고 (현대의 몽골에 있었던) 동쪽 제국에서 승계 다툼을 조장하기 위해 정치적 원정을 벌여 초기에 성공을 거두었다.[149]

그러나 607년에 양제가 공식적으로 투항한 동돌궐의 카간을 만나러 의기양양하게 찾아갔을 때, 중국인들은 오늘날의 북한 지역에 자리한 고구려에서 온 사절단과 마주쳤다. 북방의 적수가 될 수 있는 두 세력이 연합할 것을 우려한 수 왕조는 공식적으로 투항할 것을 요구하는 서한을 고구려에 보냈다. 그러나 고구려가 이를 거절하자, 양제는 운하의 북동부 구간이 완성될 때까지 기다렸다가 609년에 고구려를 정벌할 군대를 조직했다. 그러나 중국 군대는 요하를 따라 늘어선 일련의 성곽 도시에 가로막혔으며, 늦여름의 우기가 찾아오자 더는 전진할 수 없었다. 613년에 두 번째로 대규모 동원을 시도했으나 수해를 입은 지역에서 수많은 반란이 일어났으며, 낙양에서 멀지 않은 곳에서 주요 반란이 일어나 원정이 중지되었다. 이제는 원정에 개인적으로 집착하게 된 듯한 양제는 제국이 무너지는 와중에도 614년에 고집스럽게 세 번째 원정을 일으켰다. 그와 그의 군대는 고구려의 수도에 이르렀으며, 고구려 왕에게 투항하겠다는 약속을 받아 냈다. 그러나 고구려가 약속을 지키지 않자 양제는 또 한 번의 원정을 지시했지만, 이번에는 사실상 중국 전역에서 반란이 일어나 병력이 모이지 못했다. 수나라는 내전으로 붕괴했으며, 양제는 그토록 사랑했던 남방으로 후퇴했다가 618년에 자신이 가장 아꼈던 장수의 아들에게 살해당했다. 참담한 몰락의 길을 걸은 양제는 실제로는 여러 업적을 달성했는데도 자신의 왕조를 파멸시킨 잔인한 과대망상증 환자로 전락한 채 역사에 남았다.[150]

양제가 일으킨 정치적 와해와 뒤이은 수나라의 멸망은 어느 정도는 개인의 실패에서 원인을 찾을 수도 있지만, 어느 정도는 후대 중국 제국이 그리는 지형의 기본적인 구조적 긴장을 축소판으로 미리 보여 주었다. 우선 빅터 슝Victor Xiong이 논했듯이 양제가 돌궐을 상대로 분열과 장악이라는 고전적 전략을 이용했던 반면에, 한반도 북부에 대해 실제로 정복을 추진하고자 했던 것은 아마 유목민은 계속해 이방의 민족이지만 정착 민족들은 중국의 영역에 속한다는 믿음에서 비롯되었을 것이다.[151] 앞서 논했듯이 북동부 민족들의 정착 생활 또는 혼합 생활은 북서부의 유목민과는 반대로 전자가 중국에 더 지속적인 국가 구조를 세울 수 있는 기반이 되어 주었다. 그러나 이는 중국 민족이 같은 정착 생활을 하는 이웃 민족들을 직접 지배해야 한다는 당위성을 안겨 주기도 했다. 북동부의 반半유목민 이웃 민족들은 후대 중국 제국의 정복 왕조 대부분(요遼, 금金, 청)을 창건했으며, 이들과 중국 간의 군사적 긴장은 후대 중국 제국의 제1수도가 북동부 변경과 가까운 북경에 수립되는 결과를 낳았다. 앞서 언급했듯이 메마른 북동부에 자리한 후기 제국의 수도에 물자를 조달할 수 있었던 것은 양제가 운하의 북동부 구간을 건설함으로써 기반을 바탕해 두었기 때문이다.

양제는 자신도 모르게 동북부의 정치적 중심지를 위한 인프라를 건설하기 시작하고 이 지역에 대한 직접 통치가 핵심인 중국의 미래를 그렸던 반면에, 정작 본인이 다스리는 수도는 여러 운하와 하천이 만나는 지점인 낙양에 두었으며, 확실히 더 풍족하고 문명화된 남방의 생활을 선호했다. 북주 및 수나라 지배층의 지역 기반이었던 관중 지역의 중심지로서 전략적으로 더 안전한 수도였던 대흥성을 양제가 거부했다는 점은 특히 눈여겨볼 만하다. 양제는 옛 수도 지역에 살기를 거부했을 뿐만 아니라, 조정의 최고 대신인 사실상의 최고 재상 자리에 남부 출신과 동부 출신의 인물들을 기용했다. 왕조 말기에 이르러 나라가 무너지는 와중에 대신들이 양제에게 더 안전한 지역인 관중으로 후퇴할 것을 청했을 때도, 양제는 이를 거부하고 차라리 사랑하는 남방에서 패배하고 죽기를 선택했다.[152] 남방에 대한 수 양제의 의지는 대체로 감정적이었던 것으로 보이지만, 이 지역은 뒤이은 수 세기에 걸쳐 중국의 인구통계학적·경제적·문화적 중심지로 거듭난다. 그러므로 북동부에 대한 군사적 집착과 남방을 중심으로 한 개인적 생활 사이에서 분열된 수 양제의 개인적·정치적 비극은 후대 중국 제국의 핵심적인 지리적 긴장을 축소판으로 미리 보여 주었다. 그러나 수나라의 비극으로부터 후대 중국 제국의 기본 요소가 출현하기까지의 기간은 당 왕조의 역사가 들어설 자리였다.

남아시아와 동남아시아

악셀 미하엘스

600 이전

5

머리말

이번 5부에서 다루는 시간적·공간적 범위는 인더스 문명에서 브라만/베다 문화 및 불교 문화와 이 문화들이 고전고대 및 동남아시아 세계와 교차한 수많은 지점, 힌두 굽타 제국의 전성기(530 무렵)와 몰락, 하르샤Harsha(재위 606~647)의 왕조 창건까지 이어진다.[1] 물론 이를 살펴보는 과정에서 자주 치열했고 지금도 상당히 격해질 수 있는 논쟁과 토의의 문이 열리리라는 것은 두말할 것도 없다. 예컨대 인도아리아어군을 사용하는 이들이 인도 (북)서부로 이주한 것일까, 아니면 '인도인'들이 서부 지역을 떠돌면서 많은 유럽어의 기반을 닦은 것일까? 또한 전 세계에서 네 번째로 오래된 문자이자 아직 해독되지 않은 인더스 문자에 관한 문제도 있다. 그런데 인더스 문자는 과연 문자일까? 불교는 베다 의례주의의 대응으로서 발달했을까, 아니면 독립적으로 발생했을까? 아소카 대왕은 불자였을까, 아니면 그만의 '종교'를 창건했을까? 위대한 인도 종교는 어떻게 북쪽(히말라야, 티베트, 중국)과 동쪽(동남아시아)으로 전파되었을까? 왜 '서양'은, 즉 그리스-로마 문명과 근동 문명은 인도에 별다른 영향을 미치지 못했을까? 아니면 이는 잘못된 주장일까? 인도 예술과 특정 형태의 지식은 그리스의 영향을 빼놓고는 생각할 수 없지 않은가? 뒤이은 장에서는 이러한 종류의 질문 및 관련 쟁점이 개별 왕조와 통치자에 관한 서술적 역사와 더불어 등장할 것이다.(물론 역사적으로 중요한 인물에게도 마땅한 주의를 기울일 것이다.)[2]

각 쟁점은 인간, 사상, 개념, 관행, 물건, 형상과 관련된 교환과 융합의 과정을 가리킨다. 학자들은 밀도 높고 지금도 진행 중인 이 역학을 혼종성 hybridity, 다원성plurality, 혼합주의syncretism, 메티사주métissage, 역사적 교차 histoire croisée 등의 관점에서 설명해 왔다. 최근에는 '초문화성transculturality'이라는 개념이 널리 사용되는데, 애초에 문화란 혼합된 것을 의미하기 때문이며, 안정적이고 경계가 뚜렷한 형성물이 독립적으로 존재하다가 다른 형성물과 만나는 과정을 가리키는 것이 아니기 때문이다. 그러므로 뒤이은 장에서 '문화 교환'이나 '문화 교류'가 등장하더라도, 이는 때때로 방법론적 이유에서 역사의 과정을 각각의 단위로 축약해야 할 필요가 있어 일어나는 일이다. 경계선은 원칙적으로 정치적 시기(왕조), 언어권의 한계, 정치적·종교적 문화 또는 물질적 문화 간의 차이를 따라 생겨난다. 그런데 이 그림은 아주 멀리 떨어진 관점에서 조감도로 보아야 있는 그대로 명확하게 볼 수 있다. 좀 더 자세히 살펴보면 모든 역사적 사건(각각의 인물과 각각의 발전)은 더 큰 맥락에서 서로 묶여 있고, 그러므로 초문화적 현상이라고 할 수 있다.

초문화성의 세 가지 기본 형태로는 공개적open 형태, 비공개적hidden 형태, 방법론적methodological 형태가 있다. 공개적 초문화성은 서로 다른 단위가 혼합될 때 드러나며, 특히 융합 과정이 비교적 단기적이고 최근에 발생한 경우 더욱 두드러진다. 예컨대 '인도 재즈'는 구성 요소(악기, 음조, 멜로디)를 식별하기가 비교적 쉬운 경우의 대표적 예시다. 이러한 형태의 초문화성은 지금까지도 대체로 문화적 혼종성 측면 혹은 융합 측면에서 이해된다. 반면에 비공개적 형태의 초문화성은 표면에 드러나지 않는 요소로 구성되었다고 여겨지는 문화 현상과 관련된다. 그러므로 또 다른 수준에서 보면 인도 재즈는 인도 음악 자체와 여기에 사용된 악기들이 오래전부터 이슬람과 '서양'의 강한 영향력을 전시하고 있었음을 보여 준다. 초문화성을 발견적heuristic 개념 또는 조사(즉 특정 문화적 현상을 탄생시킨 형성 과정 또는 변화 과정을 들여다보는 조사)의 '기본 모드'로 이용해야 문화적 상호 관계가 협상, 경쟁, 정복을 비롯한 여러 형태의 만

남이 낳은 결과임을 볼 수 있다. 따라서 이 관점은 전파와 권력관계의 주요 사건들에 관해 더욱 폭넓은 결론을 내릴 수 있게 한다.

다시 말하면 쟁점은 '다문화주의multiculturalism' 또는 혼종성이 아니다. 미국의 인류학자 레나토 로살도Renato Rosaldo가 말했듯이 "혼종성 대 순수성이 아니라, …… 저변까지 모두 혼종성의 문제다."[3] 두말할 것도 없지만, 모든 문화가 혼종 구성이라는 주장은 다소 사소하게 보인다. 그러나 에드워드 사이드Edward Said가 올바르게 관찰했듯이 "모든 문화는 다른 문화와 관련되어 있으며 …… 그 어떤 문화도 단일하거나 순수하지 않고, 모두 혼종(이자) 이질적heterogeneous이다."[4] 여러 문화가 지속적으로 교류한다는 사실(그리고 실제로 애초에 이를 수단으로 삼아 정체성을 확립하거나 전파한다는 사실)은 종종 간과된다. 마찬가지로 전략과 담론이라는 관념적 경계만큼이나 실제 경계를 논하지 않는 편이 타당할 것이다. 이러한 접근 방식은 개별 문화의 직접적 연구가 지양되어야 한다는 뜻은 아니지만, 문화가 다양한 종류의 관계에 어느 정도로 얽매여 있는지, 또한 문화 간의 경계가 얼마나 스며들기 쉽고 개방적이며 유동적인지 염두에 두어야 한다는 뜻이다.

관계에 초점을 맞추면 문화가 '작동'하는 과정과 원동력을 식별할 수 있다. 예컨대 교환은 절대 한쪽 방향으로만 일어나지 않는다는 점을 눈여겨보아야 한다. 교환은 언제나 쌍방향이다. 이 글에서 분석할 사료들은 일방향 이동이라는 가정이, 예컨대 서쪽에서 동쪽으로 전파가 이루어졌다는 가정이 대부분 부지불식간의 이념적 가정을 바탕으로 한 것임을 보여 줄 것이다. 마찬가지로 교환 관계의 본질 또한 매우 중요하다. 교환 관계에는 균형 상태로 나아가려는 경제적 비대칭과 어느 한쪽의 굴복을 요구하는 폭력적 조우가 포함된다. 또한 모방(미메시스)과 차용, 전유appropriation, 접변acculturation, 순응accommodation을 비롯한 문화적 적응, 상호적 경제 교류 또는 순환적 경제 교류, '타자화othering'(자기 집단의 정체성을 확립하기 위해 외부 집단과 거리를 두는 것) 등 많은 요소가 과정에 포함된다. 이 모든 과정에서는 문화 매개자cultural mediator(번역자, 사절단, 상인, 뱃사람)가 주요 역할을 담당한다. 같은 이유에서 학자들도 우리의 논의에 하나의 논점을 제공한다. 앞으로 살펴보겠지만, 학자들 또한 객관성을 주장하면서도 심각한 선입관에서 벗어나지 못했으며, 특히 인도의 초기 역사에 관해서라면 더더욱 그러하다.

초문화성의 실증적·서술적·분석적 장점은 문화적 세분화와 여러 형태의 매개를 식별할 수 있게 해 준다. 피터 버크Peter Burke는 가장 폭넓은 초문화적 과정 중 하나가 동질화homogenization의 발생이며, 여기에는 한 문화가 다른 문화를 완전히 정복하고 없애 버릴 것이라는 두려움이 흔히 뒤따른다고 지적했다. 18세기에는 '서양' 세계 대부분의 지역이 프랑스 문화에 집어삼켜질 수도 있다는 불안에 떨었으며, 20세기에는 미국에 대해 같은 두려움이 만연했다. 오늘날에도 전 세계 문화 혹은 아시아 문화(네팔의 인도 문화, 티베트의 중국 문화 등)에서 이러한 잠정적 위험이 대두되고 있다. 이러한 두려움은 언제나 생활양식이, 일반적으로는 자신의 생활양식이 망가질 것이라는 우려를 동반한다. 그러나 "오늘날의 혼종 형태는 반드시 단일한 세계 문화를 향해 나아가는 한 단계는 아니다."[5] 실제로 이러한 획일화 경향에 대한 대응으로 현지화localization, 지역화regionalization, '세방화'가 (즉 세계화 과정에 대한 지역적 영향과 적응이) 일어나고 있다.

또 다른 예시는 남아시아와 더욱 깊이 관계되어 있다. 베다-브라만 산스크리트 힌두교와 다른 종교(불교, 자이나교, 이슬람, 기독교, 대중 종교)는 모두 다양한 정도의 협력 및 거리 두기와 함께 서로 관계를 맺고 있다. 인도의 사회학자 마이소르 나라심하차르 스리니바스Mysore Narasimhachar Srinivas(1916~1999)는 이 과정 중 하나로 비非브라만계 집단이 더 높은 지위를 획득하기 위해 베다-브라만 산스크리트 힌두교의 의례(채식, 소 숭배 등)를 계승하는 과정을 가리켜 '산스크리트화'로 묘사했다.[6] 이러한 동화는 신과 신도를 안정시키기 위해 '아래'로부터 시작될 수도 있고, 인구 집단과 신앙 행위를 결합하기 위해 '위'로부터 시작될 수도 있다. 인도학자 폴 해커Paul Hacker는 후자를 가리켜 '포용주의inclusivism'로 명명하고 다음과 같이 정의했다. "포용주의는 어느 외래 종교 또는 이념적 집단의 핵심 사상이 자신이 속한 집단의 어느 사상과 어떻게든 동일하다고 주장하는 것이다. 가장 일반적으로, 포용주의에는 생경한 듯 보였으나 이제는 자신의 것으로 여겨지는 무언가가 사실은 후자에 종속적이거나 후자보다 더 열등하다는 명시적 주장 또는 암묵적 주장이 포함된다. 나아가 그 두 가지가 정말로 '동일'한지 증명하기 위해 아무런 노력도 기울이지 않는 것이 원칙이다."[7]

힌두교의 독특한 특징은 개인에게 다양한 종교 행위의 여지를 남겨 다른 종교에까지 이를 수 있는 절충주의eclecticism를 포함한다는 점이다. 예컨대 베다 전통에서는 브라만교 사제와 윤회의 의례를 치르는 한편으로 불교의 명상 또한 수행할 수 있다. 마찬가지로 마하트마 간디Mahatma Gandhi는 힌두교와 이슬람, 불교, 기독교를 혼합해 독특한 종교를 만들었다고 묘사된다.[8] 다른 글에서 나는 타자가 마치 스펀지처럼 흡수되어 더는 그 자체로 인식되지 않는 이 관계를 동일화 아비투스identificatory habitus로 명명한 바 있다.[9] 이 현대적 관계의 토대는 고대 인도에서 찾아볼 수 있다.

1 하라파 문명

기원전 2600년 무렵~기원전 1900년 무렵

몇 가지 물질적 유물을, 특히 석기시대의 석기[10]를, 빔베트카의 중석기시대 암각화와 신석기시대로 거슬러 올라가는 초기 농경 문화의 유물을 제외한다면, 남아시아의 역사는 오늘날의 파키스탄과 인도의 일부 지역에서 발견된 인상적인 인공유물에서 시작한다. 기원전 제3천년기에 발생해 인더스강과 파키스탄에서 가가르Ghaggar로, 인도에서 (지금은 말라 없어진) 하크라 또는 사라스바티로 알려진 또 다른 강을 따라 펼쳐진 이 문화를 가리켜 인더스 문명 또는 인더스 계곡 문명이라고 한다. 또는 최초로 발굴되고 가장 유명해진 유적지의 이름을 따 하라파 문명이라고도 한다. 인도에서는 인더스-사라스바티 문명이라는 말도 흔히 쓰인다. 고고학에서는 최초 발굴 유적의 이름을 따오는 관습을 선호하며, 문화가 인더스 계곡 지역보다 훨씬 넓은 범위를 포괄하므로 후술하는 내용에서는 하라파 문명이라는 지칭을 사용하겠다.

1921년에 하라파 문명이 발견되면서 한바탕 소동이 일어났다.[11] 인도 고고학 조사국ASI의 국장 존 마셜John Marshall(1876~1958) 경은 1931년의 보고서에서 당시 영국령이었던 인도의 원주민이 오랫동안 "피부가 검고 코가 납작한 야만인"으로 구성된 집단으로 여겨졌다고 적었다.[12] 인도아리아인이 도착하기 전에 이곳에 문명이 존재했다거나, 나아가 메소포타미아나 이집트보다 더 우수한 문화였을 줄은 그 누구도 전혀 상상하지 못했던 바였다. 지금은 이 지역에 한때 체계적 도시계획, 복잡하게 얽힌 도로, 관개 체계, 표준화된 도량형 등이 존재했다는 사실이 발굴을 통해 밝혀져 있다. 고도로 발달된 이 문화에는 그림 인장 위의 글, 웅장한 벽돌 건물, 아름다운 조각상과 인물상, 그리고 이 발굴이 아니었더라면 알려지지 않았을 청동기시대의 기술(베틀, 홍옥 장신구 등) 또한 존재했다.

그러나 이곳의 굳은 땅은 지금도 미결로 남아 종종 격렬한 논쟁을 불러일으키는 질문들을 남겼다. 이 문화의 주인은 누구였을까? 북쪽에서 온 인도아리아인은 이 문화를 발달시켰을까, 빼앗았을까, 혹은 파괴했을까? 하라파 문화는 정말로 문자를 사용했을까? 만약 그렇다면 이를 어떻게 해독해야 할까? 인더스 문명이 독립적으로 존재했으며 뒤이은 문화에 아무런 흔적도 남기지 않았다는 것이 가능한 이야기일까? 반半유목민 베다족의 문화는 어떻게 이토록 고도로 발달한 도시 문명을 거의 이어받지 못했으며, 도시도 문자도 없이 사회 진화 면에서 실로 더 낮은 수준으로 후퇴한 것일까?

이러한 의문들은 복잡한 여러 문화 안에 만연했던 상황들과 이들의 영토 확장 및 정부 형태 등과 관련되어 있다. 쟁점은 인더스 문명이 어느 정도로 통합적인 문화와 종교의 장을 조성했는지, 그리고 이것이 서쪽(수메르와 히타이트)과 동남쪽(특히 드라비다)의 민족들과 어떤 관계를 맺었는지에 달려 있다. 마찬가지로 선사시대, 역사 전반, 그리고 소규모 또는 '미시적' 역사와의 관계 또한 살펴보아야 한다. 대단위의 시간에 걸친 사안을 고려하는 관점은 대개 통일성과 안정성을 가정하는 경향이 있으나, 사실 공동 언어 외의 다른 문화적 요소는 거의 공유되지 않는 경우도 있다.

혹자는 하라파 문화를 인도 역사의 시발점으로 볼 수 있냐는 의문을 제기한다. 이러한 맥락에서 (일반적으로도) 오늘날의 국경을 넘어서는 지역적 발전과 상호 관계를 고려하는 것이 중요하다. 하나의 역사적 시기로 간주되는 시간적 범위는 후대가 낳은 산물이자 그 자체로 역사적 조건에 종속된 구조다. 각자 나름의 목적과 학문적 준거점을 가진 고고학자, 문헌학자, 역사가의 작업 또한 비판적 시각에서 보아야 한다. 중립적 관찰 시점 따위는 존재하지 않는다. 우리는 오직 역사적 인물에 관한, 혹은 그들이 남긴 증거와 기록을 토대로 (레오폴드 폰 랑케Leopold von Ranke(1795~1886)가 남긴 유명한 격언에 따라) "일어났던 일 그대로" 파악할 수밖에 없으며, 이렇게 얻은 자료를 해석해야 한다.

본론에 앞서 살펴보는 이 사안은 인더스 문명과 특히 관련이 깊은데, 인더스 문명은 오늘날까지도 분쟁이 격심한 지역에 해당하기 때문이다. 인도유럽인이 하라파 문명을 가져왔는지, 발달시켰는지, 혹은 파괴했는지에 관한 논쟁은 완전한 정치적 문제로 거듭났으며, 지금은 정당과 국가 공무원, 언론까지 개입해 있다. 심지어 국가적 자부심으로 인해 인도 국내와 미국을 비롯한 디아스포라의 일부 학자들은 고대 인도의 베다 문화가 오랫동안 정설로 여겨졌던 가설과는 달리 "서쪽에서 유입"된 것이 아니라고 논하며, 오히려 인도유럽인이 도착하기 전부터 이 땅에 존재했던 고등 문명(즉 하라파 문화)에서 베다 문화가 진화했다고 주장한다.

새로운 고고학적 발견은 사실상 모두 여러 이론 중 하나에 기용되고 재해석되며, 적합하다고 판단되는 대로 정치적 목적을 위한 도구로 사용된다. 많은 고고학적 발견이 이루어졌으나, 존재했을 것으로 추정되는 대상 중 발굴된 부분은 단 10퍼센트에서 20퍼센트에 지나지 않는다. 초기 베다 문화에 관한 상황은 완전히 정반대다. 인도아리아인이 여러 신을 섬기게 된 과정은 문헌을 통해서만 알려져 있고, 이들이 만든 시각적 형상은 남아 있지 않다.[13] 여러 의견이 등장할 만한 상당한 여지가 남아 있으며, 이에 따른 논쟁과 갈등은 하라파 문화와 베다 문화의 발굴 지역이 겹친다는 사실로 인해 한층 가중되었다. 그렇다면 두 문화가 대체로 독립적인 방식으로 연이어 발생했는지, 혹은 후대 문화가 전대 문화에서 비롯되었는지에 관한 근본적 의문이 제기된다. 지난 수십 년 동안 다수의 주요 학회와 논문이 이 문제를 다루었다.[14] '이주론자migrationist'와 '토착론자indigonist' 양측은 각각의 논의를 발전시키면서 수많은 지점에서 서로 격렬하게 충돌했다.[15] 사료가 전혀 명확하지 않고 아직 밝혀져야 할 부분이 너무나 많으므로 결정적 판단을 내리기란 확실히 불가능하다.

본론에 앞서 살펴보아야 할 또 다른 사안은 이와 같은 맥락에서 '아리아인'이라는 개념과 관련되어 있다. 잘 알려져 있듯이 국가사회주의자들은 이

용어가 인종적·문화적 순수성을 지칭한다고 이해한다.(그러나 사실 이들은 지금도 인도아리아어를 사용하는 유일한 '진짜' 아리아인인 롬족과 신티족을 대량으로 학살했다.) 실제로 오래전 남아시아를 침략한 집단들은 스스로를 아리야ārya, 즉 '아리아인'으로 불렀다. 그러나 이 단어는 문자 그대로 '자기 자신(의 민족)'이라는 뜻에 지나지 않는다. 인도학자 파울 티메Paul Thieme는 여기에 베다 아리야에 따라 '친절하다' 또는 '고귀하다'라는 의미도 있다고 논했다. 남아시아에서 가장 오래된 문헌인 (기원전 15세기 무렵의) 『리그베다*Rigveda*』에서도 아리야는 이미 인종적 분파를 넘어선 문화적·언어적 경계를 지칭한다. 아리야는 올바른 의례를 수행하고 적절한 신을 숭배하는 사람들이다. 다시 말하자면 이 '아리아인'들은 이미 문화적 전환을 대표하는 이들이었으며, 아리야 이념은 특정 농경 집단이 지배적 위치를 점하면서 자신과 나머지를 가르는 내부적 구별과 주로 관련되어 있었다.

연구사

하라파 문화의 존재를 암시하는 초기 징후가 있었는데도, 영국은 1857년에 고대의 벽돌을 이용해 물탄에서 라호르까지 철도를 건설하면서 수많은 고고학적 건축물을 돌이킬 수 없을 정도로 파괴했다. 1912년이 되어서야 금석학자 존 플리트John Fleet(1847~1917)가 세 개의 인장에 관한 글을 펴내면서 그에 합당한 주목을 받기 시작했다. 그러나 플리트와 거의 동시대(1911년에서 1912년까지)에 이 지역을 더 자세히 최초로 조사한 고고학자 데바다타 라마크리슈나 반다르카르Devadatta Ramakrishna Bhandarkar(1875~1950)는 훗날 가장 중요한 발굴지 중 하나로 밝혀질 모헨조다로('죽음의 언덕')에 관해 실망을 표하기도 했다. 별다른 감흥을 받지 못한 그는 다음과 같이 적었다. "지역 전통에 따르면, 이것들은 고작 200여 년밖에 되지 않은 마을 유적지다. …… 틀림없어 보이는데, 왜냐하면 현대적 유형의 벽돌이 발견되며, 유적 전체를 통틀어 무늬 토기가 전혀 발견되지 않았다."[16]

그는 이렇게 20세기를 통틀어 가장 흥미로운 고고학적 발견 중 하나를 놀랍게도 전혀 알아보지 못했음을 기록했다. 어찌 되었든 1920년대에 걸쳐 펀자브 지역의 하라파 그리고 신드주의 모헨조다로에서 최초의 주요 발굴 작업이 마셜의 감독하에 진행되었다. 1946년에는 마셜의 뒤를 이어 로버트 에릭 모티머 휠러Robert Eric Mortimer Wheeler(1890~1976)가 하라파에서 대규모 발굴을 시작했다.[17] 작업을 시작한 지 오래지 않아 오늘날의 파키스탄과 아프가니스탄뿐만 아니라 북서부 인도, 라자스탄, 사우라슈트라(구자라트)에 이르는 1200만 제곱킬로미터 넓이에 걸쳐 고도로 발달한 문명이 존재했다는 사실이 밝혀졌다. 이 영토에는 전성기 당시에 500만 명 이상이 거주했을 것으로 추정된다. 140개 이상의 도시를 비롯한 1000여 개의 유적지에서 발굴 작업이 이루어졌다. 주요 발견으로는 하라파 도심지를, 그리고 그보다 더 중요한 모헨조다로를 꼽을 수 있다.

이곳을 비롯한 각지의 발굴 작업은 하라파 문화가 외부 문화의 접목으로 탄생한 문명이 아니라 신석기시대 토착 농경 문화가 대략 기원전 8000년 무렵부터 발전해 탄생한 문명임을 보여 주었다.(다만 소수의 학자는 하라파 문명이 메소포타미아 문명의 분파라고 주장한다.)[18] 특히 메르가르(6500 BC 무렵)와 암리[19]가 속한 발루치스탄 등의 여러 유적지에서 밀, 보리, 기장, 렌틸콩, 겨자, 목화 등을 경작하고 가축(양, 염소, 소)을 기른 흔적이 남아 있다.

학자들은 발전 과정을 여러 단계로 나누어 구분해 왔다. 신석기시대 단계(7000~4300 BC 무렵)에는 서부 파키스탄 고지대 계곡에 형성된 촌락과 농경이, 점토 벽돌로 만든 주거지가, 손으로 빚은 도기가 포함된다. 동기시대 단계(4300~3200 BC)에는 댐과 운하를 건설했고, 목화를 경작했으며, 투르크메니스탄 및 북부 이란과 상업적 관계를 맺었다. 하라파 이전 시대에 속하는 코트 디지 단계(3200~2600 BC 무렵)에는 최초의 도시 구조 기반을 닦았으며, 길거리를 격자 형태로 설계했고, 물건을 제작할 때 인장을 사용했다.(도기와 토기 인형의 주인이 누구인지 표시하기 위해서였을 것으로 추정된다.) 하라파 황금시대(2600~1900 BC 무렵)에는 폭넓은 도시화가 이루어졌고, 후기 하라파시대 또는 전환 시대(1900~1750 BC 무렵)에 들어 도시 생활이 무너지기 시작했다. 마지막으로 하라파 이후 시대 또는 'H 구역'의 매장지에서 이름을 따온 '세미트리Cemetery H' 시대(1700~1300 BC)와 관련해서는 중요한 발견들이 이루어지고

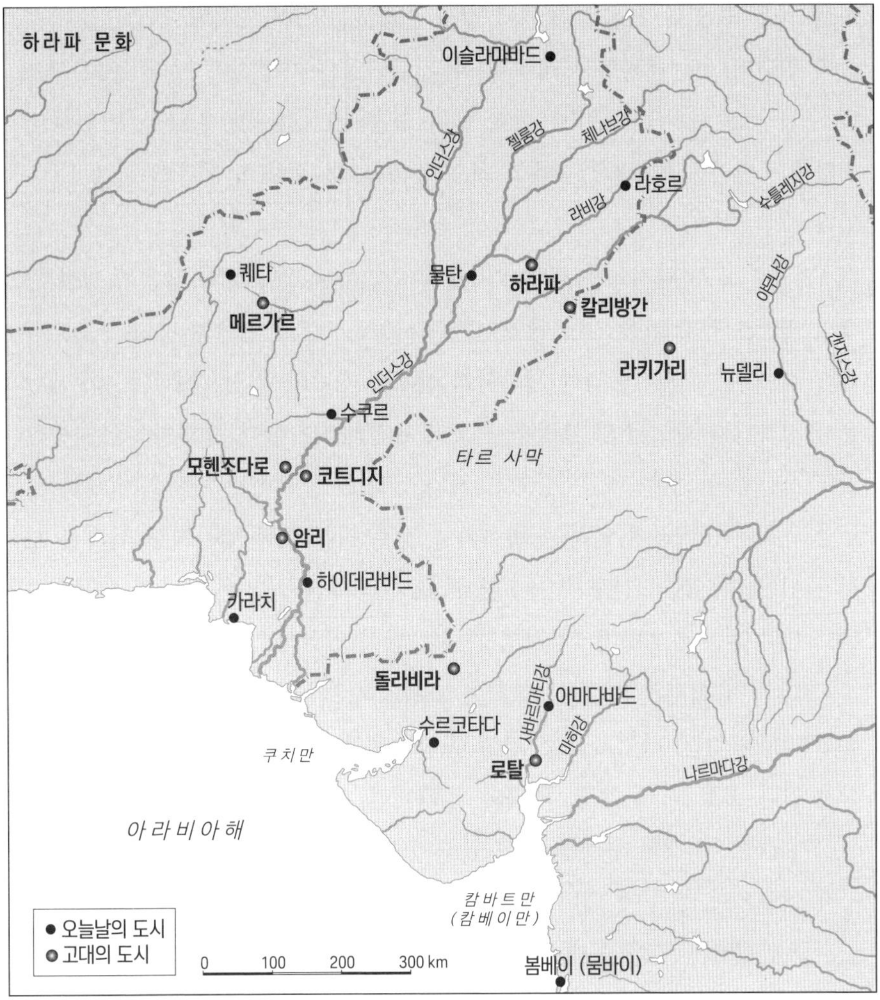

하라파 문화의 확산.

있다. 그러나 이러한 연대 구분이 보편적으로 인정된 것은 아니다. 학자들은 하라파 문화의 통일성에 점점 더 의문을 표하고 있으며, 일부는 통일 하라파 '제국'이 전혀 존재하지 않았다고 여기기도 한다.

도시 구조

하라파 문화 전성기 중에서도 가장 놀라운 특징이라고 한다면 단연 도시화를 꼽을 수 있다. 드넓은 지역에 걸쳐 존재하는 여러 도시에서 상당한 유사성이 발견되므로 계획적 체계에 따라 건설되었을 가능성이 크다. 종교 구조 및 사회구조는 여전히 수수께끼로 남아 있는데도, 고도로 발달한 문명을 여지없이 증명하는 전 세계 역사상 최초의 대규모 도시계획에 관해 관해 볼 수 있다.

정교한 도시 단지에는 최대 4만 명의 주민이 굽거나 굽지 않은 일정한 규격의 벽돌로 집과 성을 지어 살았다.[20] 도시들은 직각으로 이어진 포장도로와 함께 '체스판' 형태의 엄격한 기하학적 설계를 따랐다. 몇몇 경우에는 이 패턴을 유지하기 위해 기존의 부락을 허물고 재건하기도 했다. 규모가 더 큰 중심지에는 서쪽에 성채가 있는 상부 도시가 있었고, 동쪽에는 평행을 이루는 도로망과 폭이 10미터에 달하는 번화가를 갖춘 직각 또는 정사각형의 하부 도시가 있어 대부분의 인구가 거주했다. 도시 양측을 가르는 한가운데에는 아무도 살지 않는 폭 200미터가량의 지대가 남아 있었다.

지금까지 발견된 가장 큰 도시는 모헨조다로와 (델리에서 북서쪽으로 150킬로미터 거리에 있는) 라키가리, 그리고 콜리스탄의 루어왈라Lurewala와 간웨리왈라가 있다. 코트 디지, 로탈, 하라파, 돌라비라, 칼리방간을 비롯한 다른 주요 유적지에서도 비슷한 설계를 찾아볼 수 있다. 모헨조다로에는 약 5만 명의 인구가 살았으며, 홍수에 대비하기 위해서인지 벽돌과 흙으로 쌓은 기반 위에 도시를 건설했다. 민가는 대개 표준 규격(1:2:4)의 구운 벽돌로 벽을 쌓아 건설했으며, 천장에는 나무를 사용했고, 자연석을 기반으로 삼았다. 이처럼 단출한 민가 중 절반가량은 한 채당 50제곱미터에서 100제곱미터가량의 표면적을 차지했으며, 일부는 150제곱미터까지 차지하기도 했다.

대부분의 민가에는 각각 우물이 있었으며, 우물 가장자리에는 쐐기 모양의 벽돌을 둥글게 둘렀다. 모헨조다로에는 평균적으로 민가 세 채당 우물 하나가 있었다. 하라파 부근의 돌라비라를 제외하면 도시에는 특별한 저수지가 없었다. 댐 또한 발견되지 않았지만, 홍수로 인해 유실되었을 가능성도 있다. 반면에 하라파 도시들은 폭넓고 광범위한 수도 체계를 뽐냈다. 민가 뒤편에 배수로와 위생 시설이 있었으며, 위생 시설은 구운 벽돌로 안을 덧댄 하수로

—— 모헨조다로의 거대한 목욕탕, 성채와 스투파. 직각으로 이어진 도로가 있고 수천 명의 주민이 살았던 이 도시는 제3천년기 중엽에 오늘날의 파키스탄 지역인 인더스강 유역에 건설되었다. 뒤편으로 보이는 성채의 높이는 약 12미터이며, 전경의 움푹 파인 곳은 공공 목욕 시설이었을 것으로 대개 추정한다. (Wikimedia Commons, © Saqib Qayyum)

에서 계단이 있는 대형 수영장(7미터×13미터)과 15미터 높이의 탑을 발견했다. 휠러를 비롯한 학자들은 이러한 발견들을 『리그베다』에서 인도아리아인 침략자가 파괴한 것으로 언급되는 '성(푸르pur)'과 '그들의 요새(다사dāsa/다슈dāsyu)'의 증거로 보았다. 휠러의 이론에 따르면 "아리아어를 사용하는 민족들"은 기원전 제2천년기(기원전 2500년과 기원전 1700년 사이)의 어느 시점에 펀자브와 그 인접 지역으로 침투했다. 고대의 여러 베다 찬가는 이 과정을 원주민의 성곽 도시에 대한 공격으로 묘사한다. 『리그베다』에 등장하는 성채는 오랫동안 신화적 존재로 여겨졌으나, 휠러는 고고학적 발견을 증거로 삼아 이러한 요새가 실제로 존재했다고 보았다.[21]

그러나 인도학자 빌헬름 라우Wilhelm Rau는 관련된 모든 구절을 조사한 끝에 철학적 근거를 들어 휠러의 주장을 반박했다. 이 문제가 가지는 의의를 고려한다면 그의 논거 전체를 인용으로 살펴볼 가치가 있다.

> 푸르/푸라pura/푸라아purā, 우트세다utsedha, 아르마arma/아르마카armaka, 나가라nagara의 의미에 관한 구절에서 찾은 증거는 인더스 문명의 도시에 부합하지 않는다. 오히려 이는 진흙 또는 돌로 만든 수많은 원형 성벽 또는 (대부분 동심원 형태인) 타원형 성벽의 존재를 시사한다. 많은 경우 조악하게 건축한 이 성벽들

은 나무 방책을 덧대어 보강했을 것이고, 그 주변을 둘러싼 통나무 오두막들은 기껏해야 임시 거주지였거나 혹은 물 공급과 그 설비가 매우 중요한 전쟁 중에 사람과 가축의 은신처로 사용되었을 가능성이 크다. 그러한 구조물의 현존하는 흔적을 전혀 찾지 못했음은 놀랍기보다는 오히려 예상할 수 있는 점이다. (도시가 아닌) 마을이 최초로 언급된 것은 베다 시기의 막바지에 이르러서다. 우리의 문헌에는 인더스 도시의 독특한 특징이, 벽돌벽이, 벽돌집이, 벽돌로 포장한 직각 형태 도로가, 곡창 혹은 대중 목욕탕에 관한 부분이 단 한마디도 등장하지 않는다. 베다 문헌의 그 어떤 구절에서도 "침략자를 대비해 대규모 요새 전선을 구축한 …… 정체를 알 수 없는, 그러나 강력한 문명"의 존재를 가정할 만한 근거를 찾아볼 수 없다.[22] 모티머 경의 이론을 뒷받침하는 문헌적 증거는 없으며, 전적으로 고고학적 사실과 그에 따른 해석에 의존한다.[23]

물질문화

하라파 문화는 도시적 특성을 보이기는 하나, 강을 따라 농경을 중심으로 형성되었으며 작물과 소를 기르는 정착 생활 방식을 영위했다. 로탈(구자라트)과 인근 랑그푸르에서 발견된 야생 볏짚을 덧댄 토기 조각 몇 가지를 제외하면, 기원전 제3천년기에 벼농사를 지었다는 증거는 없으며, 벼농사를 지었다는 사실이 입증된 시기는 기원전 제2천년기 후반부터다. 물소가 끄는 남아시아의 전형적 쟁기가 널리 사용되었는데, 사실 이 도구는 이 지역의 초기 문화에서도 이미 알려져 있었다. 밀, 보리, 기장, 렌틸콩, 병아리콩, 겨자, 참깨, 목화, 아마를 경작했다는 증거가 있다.

밭을 가는 데 말이나 노새를 동원한 경우는 거의 혹은 전혀 없었다. 그러나 하라파 문화에서 말이 친숙한 존재였는지에 관한 질문은 이주론자와 토착론자 양측 모두가 상당한 관심을 가지는 사안이다.[24] 이 문제는 세부 사항에 관한 격렬한 논쟁이 어느 쪽으로든 거대한 주장을 증명하는 길이 될 수 있는지 보여 준다. 놀랍게도 『리그베다』에서는 215개 구절에서 말을 언급하지만, 하라파 문화 자체에서는 이 동물에 관한 분명한 표현이 지금까지 단 하나도 발견되지 않았다. 인도 고고학자 람 샤란 샤르마R. S. Sharma는 이에 따라 분명한 결론을 내릴 수 있다고 여겼다. "아리아인이 하라파 문화를 만들었다는 주장이 있다. 그러나 이러한 주장에는 근거가 없다. …… 리그베다 문화가 말 중심의 목축문화였던 반면에 하라파 문화는 말 중심도, 목축도 아니었다는 점이 중요하다."[25]

이러한 측면에서 보면 원전이 아무런 논의의 여지도 남기지 않았다고 생각하는 편이 합리적인 것처럼 보인다. 그러나 방사성탄소연대측정법을 통해 기원전 2265년과 기원전 1300년 무렵 사이의 것으로 추정되는 말 뼈가 수년에 걸쳐 발굴되고 있다. 다시 말하자면 이 유물들은 하라파 문화가 건재하던 시기에 속한다. 이러한 발견은 샤르마를 비롯한 이들의 주장에 대치되며, 토착론자의 손을 들어 준다. 이주론자는 이에 맞서 이 뼈가 가축화된 말(린네 분류법에 따르면 에쿠우스 카발루스)의 뼈라고 완전히 확신할 수 없다는 주장을 펼치는데, 가축화된 당나귀(에쿠우스 아시누스) 및 인도 야생 당나귀(에쿠우스 헤미오누스 쿠르)와 유전적으로 일치한다는 것 또한 증거에 남아 있기 때문이다. 샤르마는 심지어 세 종의 동물 모두 하라파 문화에 존재했다고 주장했으나,[26] 그가 제시한 증거에 관해서는 의문이 제기되었다. 20여 년이 지난 끝에 인도 고고학 협회Indian Archaeological Society의 연례 학회에서 헝가리의 말 전문 고고학자 뵈쾨니 샨도르Bökönyi Sándor가 하라파 문화에 가축화된 말이 있었다는 샤르마의 주장을 확증했다.

그러나 샤르마와 뵈쾨니가 내놓은 주장과 근거는 논쟁의 대상이 되어 왔으며,[27] 하라파 문화에 가축화된 말이 있었는지는 오늘날까지도 확립되지 않았다. 몇몇 연구자는 이 동물의 뼈로 여겨지는 유해를 아시아 야생 당나귀의 뼈로 보기도 한다.[28] 생물학을 차치하고서라도 하라파 인장에 말 그림이 없다는 점은 사실이다. 그림의 부재가 곧 말이 없었다는 뜻은 아니지만,(암소의 그림 또한 없으며, 수소의 그림은 있다.) 어느 편으로든 결정적 증거는 존재하지 않는다. 실제로 이 동물의 존재를 증명하기 위해 노력하는 과정에서 사기 행각이 벌어지기도 했다. 예컨대 나트와르 즈하N. Jha와 나바라트나 스리니바사 라자람N. S. Rajaram이 '발견'한 말 그림 인장은 위조로 밝혀졌다. 이 힌두 민족주의자들이 디지털 재작업을 통해 유니콘의 형상을 말로 바꾸었던 것이다.[29] 논쟁이 과열되면서 미하엘 비첼Michael Witzel과 스티브 파머Steve Farmer는 심지어 하라파 문화의 말 형상을 가져오는 그 누구에게라도 미화 1000달러를 주겠다고 약속했다. "아리아인 문제가 이처럼 정치화되지만 않았더라도 말이 있었다는 증거에 관한 (그나마도 드문) 보고 때문에 놀랄 일은 없었을 것이다."[30]라는 에드윈 브라이언트Edwin Bryant의 평가에는 누구든 동의할 수밖에 없을 것이다.

논쟁이 덜한 문제를 살펴보자면 수많은 발견이 증명하는, 고도로 발달한 미술과 공예가 있다. 작업이 이루어졌던 공방은 대부분의 지역에서 도시 가장자리에 있었다. 이곳에서는 역사상 이 시기에만 독특하게 등장하는 방식으로 밝은색의 면직물을 짰고, 도기와 석기 물체(도구와 요리용 그릇)를 만들었으며, 진주를 줄에 꿰었고, 돌과 뼈, 나무, 구리 혹은 (대부분 납과 혼합한) 청동으로 악기를 만들었다. 하라파의 수공업자들은 철을 사용하지 않았다. 장신구(특히 완장과 목걸이)에는 금속과 준보석 광물, 조개껍데기 등을 사용했다. 토기 인형, 흉상, 반지, 장식용 사슬 등은 상당한 수준의 정교함을 자랑한다.

광범위하고 체계적인 도로망 덕분에 초지역적 교역이 가능했다. 아프가니스탄, 현대 이란의 해안 지역, 북부 인도 및 중부 인도, 심지어는 메소포타미아에서도 숱하게 발견된 인장, 진주, 청금석, 추錘 등은 상업이 얼마나 멀리까지 이어졌는지 보여 준다. 반대로 하라파 지역에서 발견된 메소포타미아 인장은 없다.[31] 인더스 문명은 마크란(남부 파키스탄과 이란)과 오만만을 따라 전초기지를 두었다. 메소포타미아에서 이 지역은 멜루하Meluhha로 알려졌다. 아카드의 어느 인장에 "슈-일리슈, 난쟁이, 멜루하어 번역가"라고 적혀 있었기 때문인데, 이는 하라파 문화가 발견된 이래로 지금까지 알려진 유일한 대명사다. 기원전 2500년 무렵에 우르에 살았던 수메르 왕비 푸아비Puabi의 무덤에는 홍옥수로 만든 하라파 장신구가 매장되어 있었다. 수입품에는 금은 물론 청금석, 터키석, (동아시아에서 가져온 것으로 추정되는) 옥 등의 준보석 광물이 포함되어 있었다. 수출품에는 당시 하라파 지역에서만 만들었던 면제품을 비롯해 상아와 장신구가, 그리고 추정컨대 향신료 등이 포함되었다.

고고학적인 유물과 문헌은 특히 육로(오늘날의 이란을 통과하는 경로) 및 해로(오늘날의 바레인에 해당하는 딜문을 거치는 경로)를 통해 수메르를 상대로 금, 나무, 면, 상아 등의 교역이 성행했음을 보여 준다. 마차와 수레는 물론이며, 바지선과 공해에서도 항행할 수 있는 범선 또한 교통 수단으로 이용했을 가능성이 크다. 로탈(라자스탄)의 항만에서 이러한 선박 중 하나가 발굴된 바 있다. 황소가 끄는 탈것에는 거대한 나무 바퀴가 달려 있었으나 바퀴살은 없었고, 토기 인형을 비롯한 소형 조각상 또한 발견되었다.

하라파 문화에서 바큇살이 있는 바퀴를 사용했는지 아닌지는 또 다른 논쟁거리다. 바큇살이 있는 바퀴를 사용하고 말이 끄는 전차를 가리키는 단어(산스크리트어로 '라타ratha')와 관련된 용어(문자 그대로 '멍에' 또는 '축'이라는 뜻인 '요가yoga'의 어원인, "마구를 연결"한다는 뜻의 '유즈yuj')는 인도유럽어족에서 공통적으로 찾아볼 수 있는 특징이다. 아스코 파르폴라Asko Parpola에 따르면 이 기술은 인도유럽인이 발명했다.[32] 어쨌든 아리아인은 바큇살에 상당히 익숙했다. 『리그베다』에는 전차가 자주 언급되며, 20루피 지폐에 아소카 기둥에 그려진 바퀴가 그려진 것도 우연은 아닐 것이다. 확실히 바큇살이 있는 바퀴에 관한 가장 오래된 고고학적 기록은 기원년 직전 수 세기 동안의 갠지스강 상류 유역으로 거슬러 올라간다.

하라파 문화는 마치 장난감처럼 생긴, 이음매가 없는 바퀴가 달린 작은 수레들을 다수 남겼는데, 이는 사상 최초의 바퀴 중 하나로 꼽힌다. 몇몇 학자는 바큇살이 없다는 것을 근거로 다시 한번 아리아인이 하라파 문화의 매개자가 아니었다는 결론을 내린다. 그러나 브라이언트의 말대로 점토 모형으로 바큇살이 있는 바퀴는 만들기도 어렵고 잘 부서졌을 것이다. 게다가 대부분의 소형 조각상에는 바퀴가 전혀 없으므로, 언젠가 바큇살이 있는 바퀴 또한 사용했다는 신호로도 볼 수 있을 것이다.[33] 어쨌든 바큇살이 있는 바퀴가 있었다는 증거는 기원전 제2천년기 초에 이르러서야 유라시아와 근동에서 거의 동시에 등장했다. 두 지역의 바퀴가 독립적으로 발명되었는지는 학자들 간 의견이 갈린다.[34] 고고학의 확증된 격언이 말했듯이 증거의 부재를 부재의 증거로 삼을 수는 없다. 그렇지 않다면 뒤늦게 발견된 아리아인의 전차가 기원전 4세기에서 기원전 1세기 무렵까지의 것으로 추정된다는 점[35]에 당황할

—— 하라파 문화의 토기 전차. 한 쌍의 동물과 서 있는 운전수는 길이 45센티미터, 높이 16센티미터로 다이마바드에서 발견되었으며 현재 뭄바이의 차트라파티 시바지 마하라지 바스투 상그라할라야(Chhatrapati Shivaji Maharaj Vastu Sangrahalaya)에 소장되어 있다. 이 물체가 장난감이었는지 혹은 특정한 의례 목적으로 사용되었는지에 관해서는 학자들 간 의견이 분분하다. 일체형 바퀴는 본래 단단한 나무를 깎아 만들었음을 시사한다. (Wikimedia Commons)

수밖에 없다. 베다 문헌에서도 바큇살이 있는 바퀴가 1500년 전부터 존재했음을 시사한다.

토기도 학계의 상당한 주목을 받는다. 이들은 도기 물레를 이용해 도기 그릇을 만들었다. 토기를 구운 뒤에는 황토색으로 칠했으며, 때때로 기하학적 무늬나 동물 형상을 그려 장식했다. 서로 다른 종류의 유물을 분류하는 방법에 관해서는 여전히 여러 의견이 분분하며, 다양한 형태와 소재가 각기 다른 시기로 규정된다. 예컨대 하스티나푸르에서는 고고학자들이 다수의 발굴 층위에서 도기를 발굴했다. 황토색으로 칠하고 그림은 그리지 않은 토기들이 가장 깊은 층위에서 발견되므로 가장 오래된 것으로 간주된다. 브라지 바시

랄B. B. Lal은 이 토기들이 기원전 1200년 이전에 만들어졌다고 했다.[36] 그는 채문 회색 토기(회색은 베다 시기에 속한다는 의미다.)가 제2기(기원전 1100년에서 기원전 800년 무렵까지)에 속한다고 보았다. 제3기(기원전 6세기에서 기원전 3세기까지)에는 북방 흑색 연마 도기가 출현했는데, 그 색과 형태는 철의 사용을 전제로 한다. 붉은색으로 칠한 도기가 처음으로 등장한 것은 기원전 2세기와 기원후 3세기 사이다. 이는 즉 채문 회색 토기가 (1978년에 랄이 주장했던 바와는 달리) 더는 인도아리아인의 이주를 의미하는 주요 지표로 간주되지 않는다는 뜻이다.[37] 1986년에 짐 샤퍼Jim G. Shaffer는 여러 발견을 철저하게 검토한 결과 채문 회색 토기와 인도아리아인 간에 그 어떠한 관계도 없으며, 나아가 아리아 현상을 확인해 줄 그 어떠한 고고학적 증거도 발견된 적이 없다는 결론에 도달했다.[38]

하라파 문화는 길이와 무게의 표준 도량형을 사용했는데, 이는 오늘날의 10진법 체계만큼이나 널리 퍼져 있었다. 그 증거로는 로탈에서 발견된 입방형의 추와 상아로 만든 저울 등이 있다. 유일하게 청동기시대 전반에 걸쳐 정밀하게 유지되었던 최소 단위는 약 1.704밀리미터였다.

종교와 사회

하라파의 종교와 사회구조에 관해서는 수많은 가설이 거론되는데, 이는 특히 이 영역이 베다 문화와 관계되어 있기 때문이다. 무엇보다도 장엄한 궁전이 존재하지 않으므로 강력한 왕이 권력을 쥐는 형태는 아니었음을 시사한다. 그렇지만 이러한 결론은 시기상조일 수 있는데, 고도로 발달한 이 문명을 이집트-메소포타미아를 기준으로 판단하는 셈이기 때문이다. 사치스러운 제물이 함께 매장된 왕릉도 아직 발견되지 않았으며, 남성과 여성은 같은 방식으로 매장되었다. 이러한 증거는 사회의 위계가 강하지 않았음을 시사한다. 통치권은 사제-왕이 가지고 있었을 가능성이 크다. 어쨌든 모헨조다로에서 다른 유사물 없이 유일하게 발견된 17.5센티미터 높이의 위엄 있는 인물상은 대개 이러한 시각에서 해석된다. 그러나 대표 격이라고 할 만한 사원은 발견되지 않았고, 단순히 다양한 숭배 장소가 있을 뿐이다. 인더스 문명이 계급에

—— 모헨조다로의 사제왕. 17.5센티미터 높이의 이 석상은 오늘날 파키스탄 카라치 국립박물관에 소장되어 있다. 이 인물은 위엄 있는 모습 때문에 대개 사제 또는 통치자를 본뜬 형상으로 간주되나, 사실에 기반을 둔 추측이라고 할 수는 없다. 인물상은 수염과 옷차림이 매우 두드러지며, 머리 장식을 쓰고 있었을 수 있다. (Wikimedia Commons, © Mamoon Mengal)

따라 조직되었다는 점, 인구 부문별로 다양한 노동 분업이 이루어졌다는 점, 신정 지배층이 주도했다는 점으로 미루어 보면 당연한 결과다.

대체로 동질적인 문화 질서가 광대한 영역에서 우위를 점하면서도 정치적 중앙집권이 이루어지지 않았다는 기이한 사실 때문에, 하버드 대학 교수인 클리퍼드 찰스 람베르크-카를롭스키Clifford Charles Lamberg-Karlovsky는 하라파 문화가 카스트 제도와 유사한 계통을 따라 구성되었을 수 있다고 주장했다.(다만 카스트 제도의 가장 오래된 증거인 「푸루샤 찬가*Hymn of Purusha*」는 비교적 후대에 쓰인 『리그베다』 제10권에나 등장한다.)[39] 거대한 주거용 가옥들은 사람들이 '공동 가족'을 이루어 함께 살았음을 시사하며, 표준화된 건축은 경쟁적인 계층 기반 사회에서는 찾아보기 어려운 특징이다. 또 차례대로 돋보이는 위생 시설은 이들이 청결을 특히 중시했음을 보여 준다. 역청으로 덮여 있고 계단이 특징적인 모헨조다로의 목욕탕은 의례적 목욕에 사용된 것으로 추정된다. 람베르크-카를롭스키의 조심스러운 가설이 사실이라면,(토착론자는 어찌 되었든 사실이라고 믿을 것이다.) 이는 하라파 문화가 아리아인의 문화였다는 증거다.

신성한 구조물이나 사원이 있지 않으므로 하라파의 만신전이나 숭배 관습에 관해서는 알려진 바가 거의 없다. 사실 가장 유명한 형상들도 누구를 본뜬 것인지 알 수 없다. 앞서 언급한 동상 또한 사제-왕일 것으로 추측할 따름이고, 마찬가지로 팔찌를 차고 놀라운 자세로 서 있는 작은 춤추는 소녀 동상 또한 어떻게 해석해야 할지 확실하지 않다. 같은 이유로 학자들은 동석 인장 속에서 짐승들에게 둘러싸인 채 왕좌 같은 곳에 앉아 있는 인물이 시바Shiva 또는 파슈파티Pashupati('동물의 왕')라고 보아도 좋을지 확실히 알지 못한다. 마지막으로 (아마도 임신한) 여성들을 그린 수많은 형상과 모신을 본뜬 점토 인형들 또한 단순한 추측에 지나지 않는다. 지금까지 1142개의 여성 조각상이 발견된 반면에 남성 조각상은 407개에 지나지 않는다. 이러한 불균형은 하라파 문화가 아리아계라는 가설과 대치되는 것으로 보인다. 혹소, 물소, 물고기, 무화과나무를 그린 형상이 특히 자주 발견된다. 짐승의 모습을 한 신, 애니미즘, 영혼 숭배, 풍요 숭배, 자연의 힘과 모신에 대한 숭배, 뚜렷한 들소 숭배가 종교 생활의 주를 이루었을 것으로 보는 편이 합리적이다. 그러나 선대의 종교적 요소와 후대의 힌두적 형식을 구분하기는 어렵다.

어떤 형상이 어느 정도의 논쟁을 일으킬 수 있는지 보고 싶다면 파슈파티 인장의 이른바 원형 시바Proto-Shiva를 두고 쏟아지는 가지각색의 해석을 보면 될 것이다. 남근상일 가능성도 있는 이 형상은 동물들(코끼리, 호랑이, 물소, 코뿔소)에게 둘러싸인 채 세 부분으로 나뉜 왕관(또는 뿔)을 쓰고 책상다리 또

—— 모헨조다로에서 발견된 춤추는 소녀상. 뉴델리 국립박물관 소장. 10.5센티미터 높이의 이 조각상은 자세와 수많은 팔찌 때문에 춤추는 소녀로 불린다. (Wikimedia Commons)

는 요가 자세로 앉아 있다. 이를 두고 파슈파티, 루드라Rudra(시바의 베다식 형태), 들소의 모습을 한 악마 마히샤Mahisha(그리고 그의 뒤 혹은 앞에 호랑이의 모습을 하고 누운 여신), 불의 신 아그니Agni, 리시야쉬링가Rishyashringa(『라마야나 *Ramayana*』에서 다샤라타Dasharatha 왕이 지내는 제사를 감독하는 '뿔 돋은 선지자') 또는 대지의 여신이라는 여러 가지 추측이 제기된다.[40] 마찬가지로 회화적 형상,

—— 모헨조다로의 '원형 시바'. 현재 델리 국립박물관에 소장 중인 이 4000년 된 도장(3.56센티미터×3.53센티미터)이 파슈파티('동물의 왕')로 육화한 시바의 형상이라는 설이 있으나, 학자들 간에는 의견이 분분하다. 대부분의 전문가는 파슈파티가 아니라는 데 동의한다. 다른 해석에는 알려지지 않은 동물의 신, 요가 자세로 앉은 남성, 창조의 신 브라흐마 등의 설이 있다. (Wikimedia Commons)

특히 다수의 동식물이 등장하는 그림들도 하라파 문화와 베다 종교 간의 관계를 명백히 드러내지는 않는다. 사실 베다 종교의 특징적 요소가 드러나지 않는다는 점은 그 자체로 힌두 민족주의자들이 제기하는 '아리아인 신화'에 반대되는 사실을 대변한다.

마지막으로 베다 문화를 형성하는 데 주요 역할을 담당했던 불의 제단 문제가 있다. 하라파 문화에도 불의 제단이 있었음을 증명할 수 있다면 토착론자들에게는 축하할 일이 될 것이다. 칼리방간과 로탈의 발굴 작업에서는 독립적으로 존재하거나 가옥 사이에 자리한 화로 자리들이 발견되었다. 그러나 이들이 정확히 어떤 목적으로 사용되었는지는 알 수 없으며, 더군다나 베다 제단의 특징인 기본 3단 구조는 보이지 않는다. 그러므로 단순히 조리를 위해 불을 사용한 자리일 수 있다.

초기 문화의 고고학에는 전차, 승마 장비, 불을 모시는 3단 제단, 특정 형태의 촌락, 구리 또는 청동으로 만든 도구, 보리, 우유 그릇, 특정 야생동물(예컨대 영양) 등이 반드시 포함된다. 이러한 요소들이 하라파 문화에서 전혀 발견되지 않았으며 발견되었다고 해도 오직 제한적인 수준에 그쳤다는 점으로 미루어 보면 두 문화가 특별히 집중적으로 접촉하지는 않았다고 추정하는 편이 합리적일 수 있다.

인더스 문자

지금까지 논의한 수많은 문제는 이름하여 인더스 문자가 해독되는 즉시 해결될 것으로 오래전부터 여겨져 왔다.[41] 기록으로 남아 있는 가장 오래된 그림문자 체계 중 하나인 인더스 문자는 작은 정사각형 또는 직사각형 형태의 구운 동석 인장 3700여 개에서 발견되었다. 이 문자는 물고기 상징과 (1000번 이상 등장한) 유니콘 상징을 비롯한 대략 417개의 서로 다른 기호로 구성된다. 인장 하나당 평균적으로 네다섯 개의 기호가 그려져 있다. 열 개 이상의 기호가 그려진 인장은 1퍼센트 남짓이다. 가장 긴 글귀는 열일곱 개(또는 스물여섯 개로도 본다.) 기호로 구성되며 부적amulet의 삼면에 걸쳐 그려져 있다. 기호들은 왼쪽에서 오른쪽으로 배열된 것으로 추정되나, 좌우 교대 서법(왼쪽에서 오른쪽으로, 그다음에 오른쪽에서 왼쪽으로, 그다음에 다시 왼쪽에서 오른쪽으로, 그다음은 또 반대로 이어지는 배열)을 따랐을 가능성도 있다. 이 기호들이 단어, 음절, 음소, 또는 이러한 요소의 조합을 의미하는지 아닌지는 아직 명확히 밝혀지지 않았다. 몇몇 학자는 아예 문자가 아니라는 데 의견을 모은다.

이처럼 인더스 문자의 해독은 아직 풀리지 않은 가장 거대한 역사적 문제 중 하나이며, 수많은 학자가 이를 해독하려고 시도해 왔음은 물론이다. 컴

—— 인더스 문자가 적힌 하라파 인장. 대부분 직각 형태의 동석으로 만들어졌는데, 그 수가 3700여 개에 달하는 이 인장에는 문자가 적혀 있으며, 이를 해독하는 일은 지금까지도 학자들에게 가장 거대한 숙제 중 하나로 남아 있다. 도장의 기호들은 알려지지 않은 언어의 문자라기보다는 그림문자라는 설이 대체로 수용되고 있으나, 이 또한 결코 확실한 것은 아니다. (Wikimedia Commons, © Ismoon)

퓨터 기반 언어학을 비롯해 고도로 전문화된 여러 시도가 있었으나, 혁신적 발견은 아직 없다. 이중 언어로 된 글은 아시리아 쐐기문자와 이집트 상형문자를 해독하는 데 도움이 되었으나, 인더스 문자에는 이와 같은 자료가 없다. 우리에게 남은 것은 다소 과감한 가설들뿐이다.

대부분의 학자는 인도아리아인이 이 지역에 최초로 도착한 시기가 기원전 제2천년기 중반이라는 데 의견을 모으나, 일부 토착론자는 인더스 문자의 언어가 인도아리아어의 원형이며 심지어는 산스크리트어의 전신이라고 주장한다. '인도아리아어'란 인도이란어 중 인도어 계열을, 특히 북인도에서 사용된 언어(산스크리트어, 팔리어, 힌디어, 벵골어, 라자스탄어, 마라티어, 네팔어 등)를 말한다. 그러므로 인도이란어는 인도부터 유럽까지 폭넓은 언어를 포괄하는 인도유럽어족의 하위 집단이 된다. 예전에는 (또한 오늘날에도 어느 정도는) 이 어족을 가리켜 인도게르만어로 불렀는데, 이는 '게르마니아'가 어족의 원시적 기원이라는 잘못된 믿음 때문이었다.

인더스 문자로 기록된 언어가 산스크리트어의 초기 단계임을 증명할 수 있다면 토착론자에게 기념비적 사건이 될 것이다. 만약 그렇다면 아리아계 요소가 하라파 문화의 일부라는 점이 사실로 증명되고, 이주론 가설을 반박할 수 있기 때문이다. 반대로 해독을 통해 아리아계가 아닌 언어가 드러난다면 하라파 문화가 독립적이었으며 연대기적으로 우선한다는 점이 확증될 것이므로, 이주론자들은 자신의 주장이 옳았다는 데 만족을 느낄 것이다.

고고학자 시카리푸라 랑가나타 라오Shikaripura Ranganatha Rao(1922~2013)는 문화적 연속성을 기정사실로 보았다. 그는 표어문자에서 음표문자로의 이동이 일어났음을 증명할 수 있다고 보았다. 후기 하라파 문화에서는 단 스물네 개의 기호만 계속해 사용되었는데, 이것이 음표문자를 암시한다는 것이다. 또한 여기에 더해 열일곱 개 기호가 페니키아인, 히브리인, 남부 아라비아인이 사용한 셈어 문자와 동일하다고 논했다. 라오는 컴퓨터 기반의 언어학적 분석을 바탕으로 몇 가지 산스크리트어 단어를 식별하는 데 성공했으나, 그 모든 노력에도 인더스 문자는 부분적으로조차 해독하지 못했다.[42] 수바시 카크Subhash C. Kak 또한 수학적 방법을 동원해 80퍼센트의 기호를 구성하는 주요 음절 단위 서른아홉 개 문자를 밝혀냈다. 실제로 인도아리아어 중 가장 오래된 문자 체계인 (기원전 제3천년기로 거슬러 올라가는) 브라흐미Brāhmī 문자와 비교해 보면 산스크리트어의 주요 음소 대부분과 상당한 상관 관계가 발견된다.[43] 그러나 이러한 일치는 인더스 계곡의 주민들이 산스크리트어 혹은 그와 유사한 언어를 구사했음을 입증하지는 못하며, 기껏해야 브라흐미 문자가 인더스 문자에서 발달했음을 보여 준다.

또 다른 연구자들은 해당 언어가 드라비다어의 원형이라는 논지를 전개해 왔다.[44] 핀란드의 인도학자이자 하라파 문화에 관한 최고 권위자 중 한 명인 파르폴라는 당시에 수많은 언어와 방언이 존재했다고, 그중 고도로 '이란화'된 드라비다어족 또는 (오늘날에도 발루치스탄과 신드 등지에서 지식인층이 사용하는 언어인) 브라후이어가 인더스 문자로 보존되었을 것이라고 보았다. 그러나 정반대의 논지 또한 두말할 것 없이 펼칠 수 있다. 드라비다어족 사용자의 기원은 전혀 알려지지 않았으며, 드라비다어의 독립적인 문자 체계가 기록으로 남아 있지도 않고, 무엇보다도 드라비다 문화에서 하라파 문화의 인장이나 유물은 단 한 개도 발견되지 않았다. 드라비다인이 하라파 문화를 전달해 주었다거나 그 발전에 상당한 정도로 공헌했다고 하더라도, 혹은 드라비다인이 남쪽으로 떠밀렸거나 이주했다고 하더라도, 그들의 언어나 그들이 남긴 유물에서 인더스 문명과의 명백한 관계가 전혀 드러나지 않는다는 점은 주목해 볼 만하다. 파르폴라는 몇 개의 기호와 논쟁의 여지가 있는 논거만을 바탕으로 이러한 연결성이 존재했음을 확언한 셈이다. 예컨대 그는 자주 등장하는 물고기 상징이 드라비다어족의 음절 '민mīn'을 나타낸다고 보았다. 이 기호는 실제로 드라비다어족에서 '물고기'를 뜻하나, 이는 이 기호가 반복적으로 사용된 이유는 전혀 설명하지 못한다. '민'은 또한 '별'을 뜻하므로 해당 기호는 신 또는 또 다른 천상의 신을 상징할 수 있으며, 만약 그렇다면 자주 등장하는 이유도 설명될 것이다. 파르폴라의 '드라비다계' 가설을 혁신적 돌파구로 볼 수 없음은 파르폴라 본인 또한 인정하지만, 원시 드라비다인 집단이 하라파 문화에 기여했을 가능성은 있다.

인더스 문자가 문다어를 바탕으로 한다는 주장 또한 마찬가지다. 이 가설을 처음으로 전개한 인도학자 비첼은 『리그베다』에 언급된 외래어 300개 이상이 오스트로아시아어족의 언어에서 비롯되었음을 보였다.

최근 전개된 가장 설득력 있는 가설은 비첼이 이번에는 파머, 리처드 스프로트Richard Sproat와 함께 내놓은 가설로, 이 기호들이 아예 문자가 아니라고 설명한다.[45] 인접지와 비교하거나 관련이 있는 다수의 기호 체계와 철두철미하게 비교한 결과, 연구진은 이 추정상의 문자가 음성학적 소리를 재현할 수 없음을 보였다. 기호 서열(즉 '글자'의 표본)이 유달리 간결하고 글씨를 쓰는 재료 또는 도구가 고고학적 증거로 남아 있지 않다는 점도 증거에 포함된다. 이는 글자를 보유한 고대 문화 중 유일하게 더 높은 차원의 글을 남기는 데 실패한 경우일 수 있다.

무엇보다도 연구진은 인더스 문자의 빈도가 극도로 낮아 언어기호를 구성하기에는 의미와 음성의 폭이 충분하지 않다고 설명한다. 문자라면 반드시 가져야 하는 기호의 체계적 복잡성과 반복성이 없다는 뜻이다. 예컨대 모음 기호가 단 한 번만 등장하는 문자 체계를 상상해 보면 알 수 있을 것이다. 인더스 문자의 기호들이 언어적 기호라고 해도, 그 의미의 스펙트럼은 세 살배기 아기나 침팬지가 만들어 내는 의미의 범위보다도 더 좁을 것이다.

실제로 단 한 번만 등장하는 기호('단음')의 빈도가 높다는 점과 글자가 그림 형태라는 점은 이 무늬들이 개인, 씨족 혹은 신들과 관련된 비밀스러운 인장임을 암시한다. 이러한 상징적 문양은 '마법적' 성질로 인해 마치 주문이나 진언처럼 본래 의미는 잊혔더라도 그 이후로도 오랜 시간에 걸쳐 의식 수행을 통해 도상학적으로 보존되었다. 기호의 개방적 성격으로 미루어 보면 이 기호의 유입은 시간이 지날수록 약해지는 것이 아니라 점점 강해졌던 것으로 보인다.

이러한 결론은 인도의 뿌리를 빼앗으려는 '미국인'의 트집을 잡으려는 쪽으로 이미 기울어 버린 토착론자들에게는 힘이 나는 소식이 아니었다. 게다가 반대파는 하라파만큼 복잡하고 오래도록 이어진 문화는 문자 체계 없이는 상상조차 할 수 없다는 목소리를 내고 있다. 실제로 이러한 발견에 반대한 학자들은 심지어 저명한 학술지 《사이언스*Science*》에 나름의 이론을 게재하는 데 성공했으나, 불과 수일 만에 오류임을 입증받았다.[46] 파머, 스프로트, 비첼은 논문의 마지막 부분에서 어떤 일이 일어나야 자신들의 가설이 오류가 되는지에 관해 썼는데, 그중 하나는 최소한 쉰 개의 기호로 이루어진 글귀가 발견되는 일이다. 하라파 문화 연구를 계속할 이유는 아직도 너무나 많다.

쇠퇴

하라파 문화는 기원전 1900년대부터 쇠락하기 시작했다. 거대한 도시들이 버려졌고, 기원전 1700년 무렵에 이르자 대부분의 도시에 아무도 살지 않았다. 고유한 문명의 눈부신 성취가 거의 통째로 망각 속에 묻혀 갔다. 민족의 문화유산에 하라파가 남아 있는 경우도 없고, 과거를 불러 일으킬 만한 글이나 유물이 보존되지도 않았다.(다만 태양의 움직임으로 시간을 계산하는 행위가 이곳에서 시작되었을 가능성이 있다.) 건물은 무너져 진흙과 자갈, 초목 아래에 묻혔다. 멸망은 갑작스레 찾아오지 않았고, 예상치 못하게 다가오지도 않았다. 이곳에 살던 이들 중 일부는 갠지스 평원으로 이주했고, 다른 일부는 남부(구자라트)로 이동했다. 이들은 자신들이 살던 집과 도시, 불가사의한 기호, 장신구를 남겨 놓고 떠났다.

어쩌다 이런 일이 생긴 것일까? 분명한 해답은 지금까지 밝혀지지 않았다. 아리야(아리아인)라고 자칭하는 부족이 북서부에서 말이 끄는 전차를 몰고 내려와 하라파 문화를 정복하고 파괴했다는 설은 19세기는 물론 20세기에 들어서까지도 정설로 여겨졌다. 그러나 전쟁은 인더스 문명을 멸망시킨 원인에서 제외할 수 있다는 점을 짚고 넘어가야 한다. 중앙아시아의 민족들이 거주지를 확장하는 한편으로 이란고원의 기마 부족들이 하라파의 영토를 관통한 것은 사실이나, 원주민을 말살할 정도의 전면전에 버금가는 그 어떤 일도 고고학적 증거로 남아 있지 않다. 하라파의 도기에 무기(활, 화살, 창) 그림이 남아 있기는 하지만, 학살당한 사람들의 유골이나 대량으로 쌓인 무기는 발견되지 않았다. 매장되지 않고 모헨조다로 길거리에 그대로 드러나 있던 유해는 자연재해를 가리키는 것일 수 있다.

기후변화 또한 (보완적) 요인으로 제기된다. 인더스 계곡의 비옥한 아열대 환경이 기원전 1800년 무렵에 급격하게 변화해 훨씬 더 건조하고 서늘한 환경이 되었다는 사실이 밝혀져 있다. 우기가 몇 년 동안 찾아오지 않으면서 농경이 불가능해지고 사람들의 생계를 앗아 갔을 것으로 추측된다.[47] 거대하게 뻗어 있던 가가르-하크라 하천 체계가 추정컨대 지구조 운동(지진)으로 말라 버리면서 비슷한 효과가 발생했을 수도 있다. 위성사진을 보면 메마른 거대한 강둑이 인더스강과 평행하게 이어지는 모습이 보이는데, 토착론자는 이것을 『리그베다』에서 다른 여섯 물길과 함께 언급된 사라스바티강으로 여긴다. 다른 강들이 여전히 존재하므로 사라스바티강은 가가르-하크라 강둑과 동일시되어 왔다. 그러나 이를 정확히 밝힐 수는 없는데, 강이 마른 시기와 『리그베다』의 집필 시기를 정확히 알아야 하기 때문이다. 과도한 목축으로 인해 토지가 과하게 사용되고, 뒤이어 토양의 침식과 염류 집적이 일어났을 수 있다. 마지막으로 역병이 돌거나 대규모 홍수가 발생했을 가능성도 배제할 수 없다. 메소포타미아와 평행을 이루기는 하나, 『샤타파다 브라마나*Shatapatha Brāhmana*』(800 BC 무렵), 마누 법전Code of Manu을 비롯한 여러 문헌에서 등장하는 대홍수신화는 그러한 사건이 있었음을 말해 주는 것일 수도 있다.[48]

여전히 많은 수수께끼가 남아 있다. 이주론자와 토착론자가 빠른 시일 내로 냉정하고 객관적인 해결책에 도달할 가능성은 거의 없다. 인더스 문자가 해독되어 역사에 새로운 빛을 밝히는 일이 생기더라도, 양측 진영은 의구심을 드러내며 각자의 입장을 고수할 가능성이 크다. 인더스 문자가 인도아리아어로 밝혀진다면 이주론자는 그보다 더 이른 시기에 이주가 일어났다고 주장할 것이다. 다른 언어로 증명된다면 토착론자는 아리아인이 더 이른 문화 발전 단계에서 해당 언어를 사용했다고 주장할 가능성이 크다. 가상의 정체성을 출발점으로 삼는 논의는 교착 상태에 빠진다. 이 전제는 초문화적 현상을 고려하지 않았다는 뜻이다. 그러나 사실 하라파 문화는 대체로 그리는 것만큼 동질적이지 않았다.(예컨대 메르가르에서 입증된 하나의 문화를 비롯한 여러 초기 문화가 서로 약하게나마 연결되어 있었다.) 게다가 서로 다른 문화들이 상당히 오랜 시간 동안 다양한 수준으로 접촉하며 나란히 존재했을 수도 있다. 논쟁의 장을 처음부터 안정적인 문화적 단위로 나눌 수 있을 때에만 정치적 논쟁이 벌어질 수 있다. 분명한 것은 뒤이은 여러 문화와 시대가 하라파 문명으로부터 무엇을 이어받았는지 알 수 없다는 점이다. 하라파 문화와 베다 문화는 상당한 차이를 보인다. 베다 문화에는 벽돌로 지은 대규모 촌락, 문자, 관개시설 등이 없었으나 말, 바큇살이 있는 바퀴, 철(기원전 1000년 무렵부터), 그리고 특히 긴 글이 존재했다. 인더스 문명의 기억은 흐려졌다. 그러나 인더스의 문화

(또는 문화들)를 전하는 명맥은 끊기지 않았으며, 다른 여러 문화에서 그 흔적을 찾을 수 있다.

남아시아와 동남아시아, 기원후 600년 무렵까지

하라파 문화 (2600~1900 BC 무렵)

8000 BC 무렵	발루치스탄(메르가르)의 신석기 부락과 농경 문화
4300~3200 BC	동기시대 단계
3200~2600 BC 무렵	하라파 이전 시대 또는 코트 디지 시대(초기 도시형 부락)
2600~1900 BC	하라파 문화 황금시대, 거대 도시, 기호가 그려진 인장, 메소포타미아와 교역
1900~1750 BC	후기 하라파 시대, 하라파 문화의 쇠퇴
1700~1300 BC	하라파 이후 시대 또는 '세미트리 H' 시대, 황토색으로 칠한 도기와 화장한 유해

인도아리아인의 이주 (기원전 제2 천년기)

기원전 제3천년기 이후	중앙아시아의 인도이란인에서 인도아리아인이 분리
1750 BC 무렵 이후	인도아리아인의 이주

베다 문화 (1750~500 BC 무렵)

1750~1200 BC 무렵	초기 베다 시대, 『리그베다』
1200~850 BC 무렵	중기 베다 시대, 갠지스 평원으로 이주, 브라마나 문헌
850~500 BC 무렵	후기 베다 시대, 갠지스강과 야무나강 사이 지역으로 이주, 초기 부족 왕국 출현, 우파니샤드

국가 구조와 금욕주의 운동 (600~200 BC 무렵)

700~300 BC 무렵	초기 왕국(마하자나파다) 출현, 북서부 인도의 도시화
기원전 5세기 무렵 이후	갠지스 평원에서 도시화
364~321 BC 무렵	난다 왕조와 인도 최초의 거대 제국 마가다
기원전 5세기	부처(450년~380년 무렵)와 마하비라, 서사시 창작
기원전 4세기~기원전 3세기	팔리 삼장의 『숫따 삐따까』와 『위나야 삐따까』 구전
327~325 BC	알렉산드로스 대왕의 인도 원정
320~185 BC	마우리아 제국과 아소카(재위 269~232 무렵)
300 BC~AD 100	팔리 삼장의 『아비담마 삐따까』
기원후 1세기	상좌부의 문헌 기록, 중국에 불교 확산
250년 무렵	파탈리푸트라 제3차 불교 결집, 실론까지 불교 전파

대제국 사이에서: 초지역적 관계 (200 BC~AD 300 무렵)

기원전 2세기~기원전 1세기	박트리아의 인도-그리스와 메난드로스/밀린다(166년~150년 무렵), 소왕국들: 숭가와 칸바
서력기원 무렵	페르시아에서 인도-스키타이와 파르티아 출현. 로마와 교역
기원후 1세기~3세기	중앙아시아의 쿠샨족, 트랜스히말라야를 향해 세력 확장
2세기 이후	푸라나 및 다르마샤스트라 문헌 집필
4세기 무렵	밀교
기원전 1세기~기원후 2세기	인도 중부의 사타바하나, 인도 남부의 판디아와 촐라

고전 시대와 힌두교의 형성 (300~600 무렵)

320~500 무렵	굽타 왕조
320~335	찬드라굽타 1세
335~375	사무드라굽타
375~415	찬드라굽타 2세
500~527 무렵	북서부 인도의 훈족
543~752	바다미 찰루키아
574~9세기	인도 남부 팔라바
606~647	하르샤 제국

인도가 동아시아와 동남아시아에 미친 영향

기원전 3세기	스리랑카에 불교 확산
기원전 1세기	카슈미르에 불교 확산
기원후 1세기~2세기	중국에 불교 확산
300 무렵	동남아시아에 불교 확산
405~411	법현의 인도 순례
5세기 초	설일체유부의 가르침을 담은 『아비달마코샤』를 편찬한 바수반두, 상좌부 교리를 담은 『위숫디막가』를 편찬한 붓다고사
514~539	프놈 제국의 마지막 왕 루드라바르만
522 이후	일본에 불교 확산. 526년, 선종의 창시자 보디다르마가 중국과 미얀마를 여행
6세기~9세기	중국과 티베트의 불교 황금기

2 인도아리아인의 등장

기원전 제2천년기

남아시아의 모든 인간은 '이주민'의 후손이다. 적어도 호모 사피엔스가 기원전 5만 년 무렵부터 아프리카 대륙에서 전 세계로 뻗어 나가기 시작했다는 '출아프리카Out of Africa' 이론에 따르면 그러하다. 인도 남부에 사람이 살기 시작한 것은 기원전 3만 년 무렵부터다. 오늘날까지도 남부 인도에 사는 남성 중 절반가량이 Y 염색체에 유전자 표지자 M20을 가지고 있다는 점은 이들의 기원을 증명해 준다. 그러나 여전히 다수 의견으로 간주되는 인도인 이주론은 그보다 훨씬 더 가까운 과거를, 즉 호모 사피엔스가 이미 모든 대륙에 살고 있었던 시기를 논한다.

학자들이 20세기 말까지 믿었고 심지어는 오늘날에도 어느 정도는 믿는 과거는 다음과 같다. 기원전 제2천년기 중반이 시작될 무렵, 인도이란계 목자들로 구성된 다양한 유목민 부족이 근동 또는 중앙아시아에서 때로는 평화롭게, 그러나 때로는 폭력적 수단을 동원하며 펀자브 지역 북부('다섯 강의 땅')로 이동했다. 황소와 말이 끄는 마차 및 전차, (초기에는 구리로 만들었고 이후에는 철로 만든) 무기와 (그렇다고 이야기되는) 지적 우위로 무장한 아리아인은 북부 인도와 중부 인도의 원주민보다 훨씬 더 강력했으므로 기존의 문화, 즉 하라파 문명을 대체할 수 있었다. 뒤이어 북서부 인도 지역과 갠지스 평원으로의 진출도 단계적으로 진행되었으며, 이 과정을 통해 유목 생활에서 정착 생활양식으로 변화하면서 원으로 배치된 마차 행렬, 야영지, 그리고 마침내 임시 요새를 갖춘 원형 촌락 등이 생겨났다고 한다.

그러나 앞서 살펴본 바로 미루어 보면 이러한 설계를 지지할 수는 없으며, 적어도 다수의 강력한 의문을 품지 않을 수 없다. 인도이란어를 사용하는 집단이 북부 혹은 북서부에서 왔다고 주장할 만한 좋은 근거가 있다고 하더라도, 그러한 집단이 이 지역을 적극적으로 파고들었다거나 우월한 지적 능력이 있었다는 증거는 (어쨌든 대부분의 학자들이 보기에는) 없다. 이 불완전한 그림은 어떤 면에서는 고고학적 상황에서 비롯된 것인데, 인도아리아인의 유목 생활은 거의 아무런 유물도 남기지 않았기 때문이다. 불확실성을 야기하는 또 다른 요인은 문헌 자료들이다. 『리그베다』는 몇몇 지점에서 고고학적 발견을 확증하는 한편, 다른 몇몇 지점에서는 모순된다. 그러나 이 폭넓은 문헌집의 편찬 시기에 관해서는 논쟁이 벌어지고 있다. 후속 연구를 통해 고정관념을 바꾸어 줄 결과가 드러날 가능성은 여전히 남아 있다.

연구사

인도아리아인이 언제 어디서 어떻게 남아시아로 왔는지에 관한 질문은 정치적·이념적으로 과도한 신념을 동반하는데, 이는 힌두 민족주의자들이 목소리를 내기 시작했을 때부터 그랬을 뿐만 아니라 나아가 두 세기 전부터 이어지고 있다. 이주론은 대부분의 학자에게 오랜 시간 인정받아 왔으나, 성경에서 규정한 세계의 연대기를 이겨 내는 것에는 어려움을 겪었다. 어쨌든 인류의 역사가 창조설에 기록된 대로 시작되었다는 믿음이 오랫동안 존재했기 때문이다. 성경보다 더 오래된 고대를 자처하는 다른 문화들에 관해 점점 더 많은 것이 밝혀질수록 역사의 또 다른 설계를 제시하는 이들이 마주하는 어려움도 거세졌다. 인도는 역사학의 신화적 설계를 목도한 유일한 장소로 절대 여겨지지 않았다.

19세기에 들어서도 유럽인 사이에서는 문명화된 백인과 어두운 피부색을 가진 '야만인' 사이에 근본적 차이가 있다는 개념이 지속되었으며, 야만인은 그들만의 역사가 없는 것으로 간주했다. 물론 인도는 곧이어 어두운 피부색을 가지고도 위대한 문화와 문학을 만들어 낸 예외로 간주되기 시작했다. 이들은 "인도의 문명이 밝은 피부색의 문명화된 (아리아인) 침략자와 (대개 드라비다인으로 추정되는) 어두운 피부색의 미개한 원주민 사이의 충돌과 뒤이은 혼합을 통해 탄생했다."라는 가정에 '해결책'이 있다고 생각했다. "인도 문명에 관한 이 인종주의적 이론은 놀라울 정도로 오래 지속되고 있으며, 새로운 정보에도 흔들리지 않고 오늘날까지 이어지고 있다."[49]

본래는 상당한 존경을 받았었던 인도학자인 헤르만 올덴베르크Hermann Oldenberg(1854~1920)는 20세기 초까지도, 아리아인이 개입해 인도를 위대한 곳으로 만들었으나 그 대가로 그들 자신들은 약해졌다고 주장했다.(여기에는 인종차별주의적 편견이 적나라하게 드러나 있다.)

> 인도인이 이란족과 분리되었다는 것은 동남쪽으로 이주하는 부족들이 서구 민족의 건강한 남성성이 자라나는 민족 간의 위대한 경쟁에서 완전히 해리解離되었거나 해리를 향한 마지막 단계에 올랐다는 의미였다. 걸출한 유럽 민족의 형제인 아리아인은 평화로운 새 보금자리에서 어두운 피부색의 인도 원시인과 뒤섞였으며 점점 더 힌두인의 특성을 가지게 되었다. 적당한 기후의 지역에서 자라난 아리아인 이민자들은 열대기후에서 나태해져 갔다. 열대기후는 이들과 같은 민족에게 적절하지 않은 기후로, 이들에게 심각한 해를 입힐 수밖에 없었다. 이들은 동등하지 않은 적을 상대로, 즉 어떠한 저항도 하지 못하는 원시인들을 상대로 손쉽게 승리를 거둔 이후로 풍요로운 이 지역이 선사하는 수동적 즐거움 안에서 나태해져 갔다. 거대한 도전이 없는 상황에서 이들은 점점 더 나태해져 갔다. 영혼을 담금질해 줄 혹독한 고난과 무자비한 필요악이 이들에게는 없었다.[50]

성경적 관념은 또 다른 효과를 낳았다. 아이슬란드와 벵골(또는 토하라어를 사용하는 중국 신장) 간에 언어학적 관계가 있다는 점이 발견되자, 이 언어들과 그 언어를 사용한 민족들의 '본래의 고향'을 찾기 위한 연구가 뒤이어 시작되었다. 비교언어학 분야가 발달했으나, 해답을 찾으려는 이들의 노력은 지금까지 200여 년이 넘도록 허사에 그쳤다. 1786년 2월 2일, 영국의 판사이자 언어학자인 윌리엄 존스William Jones(1746~1794)가 저술한 글은 이러한 모든 연구가 지향하는 진리의 계획을 대변한다.

> 산스크리트어는 시초가 무엇이든 훌륭한 구조를 가졌고, 그리스어보다 더 완벽하고 라틴어보다 더 풍성하며, 두 언어보다 더 절묘하게 정교하다. 그러나 동사의 어근과 문법의 형식에서 두 언어 모두와 우연으로 생길 수 있는 수준 이상의 강한 유사성이 드러난다. 사실 유사성이 너무나 강하므로 세 언어 모두를 연구하는 학자라면 이 언어들이 아마 더는 존재하지 않는 공동의 기원에서 비롯되었을 것이라고 믿지 않을 수 없다. 아주 설득력이 있지는 않지만, 비슷한 이유로 고트어와 켈트어 또한 상당히 다른 언어와 혼합되기는 했으나 기원은 산스크리트어와 같다고 볼 수 있으며, 옛 페르시아어 또한 같은 어족에 포함될 수 있다.[51]

낭만주의 시대에서는 산스크리트어를 인도유럽어 중 가장 오래된 언어로 보았다.(그러나 훗날 밝혀진 바에 따르면 이는 사실이 아니다.) 산스크리트어의 '고향'이 이제 막 밝혀진 듯했다. 자연과학자이자 발견자인 피에르 소네라Pierre Sonnerat(1748~1814)와 철학자 요한 고트프리트 헤르더Johann Gottfried Herder(1744~1803)는 인도가 종교, 철학, 시문학이 아직 하나였던 '인류의 유년기'를 품은 요람이라는 견해를 선전했다. 다음으로 슐레겔 형제, 즉 프리드리히 슐레겔Friedrich Schlegel(1772~1829)과 특히 아우구스트 빌헬름 슐레겔August Wilhelm Schlegel(1767~1845) 및 언어학자 프란츠 보프Franz Bopp(1791~1867)는 산스크리트어 문헌 연구와 인도학을 하나의 학문 분야로 정립했다. 그 과정에서 모든 인류의 기원을 동양에서 찾는 또 다른 이주론, 즉 엑스 오리엔테 룩스ex oriente lux('빛은 동방에서')가 탄생했다. 산스크리트어가 모든 '아리아어'의 뿌리라고 믿었던 옥스퍼드 대학 교수 프리드리히 막스 뮐러Friedrich Max Müller(1823~1900)는 유럽과 인도의 "가족 상봉을 담은 아리아인의 사랑 이야기"를 썼다.[52] 뮐러는 1892년에 런던에서 열린 제9차 국제 동양 학술 회의Ninth International Congress of Orientalists 개회식 연설에서 다음과 같이 기쁘게 선언했다.

"그리고 인도에 관해서는, 지난 한 세기 동안 학자들에게 인도가 어떤 의미였는지 생각해 보십시오. 이름 말고는 알려진 바가 없었습니다. 그러나 지금은! 고대의 주민들을 더는 단순히 우상숭배자 혹은 검둥이로 치부하지 않으며, 나아가 언어 면과 사상 면에서 우리의 형제로 여기게 되었습니다."[53]

영국에서는 이러한 인도 애호와 인도 혐오가 평행을 이루었다. 인도 혐오가 두드러졌던 사례를 살펴보면, 역사가이자 정치가였던 토머스 배빙턴 매콜리Thomas Babington Macaulay(1800~1859)는 인도인에게 산스크리트어 대신에 영어를 가르쳐 "핏줄과 피부색은 인도인이나 취향, 의견, 도덕, 지적 능력에서는 잉글랜드인인 인간 계층"으로 만드는 방안을 옹호했다.[54] 실제로 보프의 혁신적 연구인 「산스크리트어파, 그리스어파, 라틴어파, 게르만어파의 분석적 비교Analytical Comparison of the Sanskrit, Greek, Latin and Teutonic Languages」(1827)는 산스크리트어가 그보다 더 오래된 어느 언어의, 즉 오늘날 원시 인도유럽어proto-Indo-European: PIE로 알려진 언어의 여러 버전 중 기록으로 남은 가장 오래된 언어임을 밝혔다. 그러나 인도의 기원을 찾으려는 낭만주의적 시도는 계속되었다.

인도아리아인의 기원

산스크리트어의 기원에 관한 질문에는, 또는 경우에 따라 인도아리아인의 기원에 관한 질문에는 많은 위험이 따른다. 그렇다면 이는 물을 이유가 없는 질문일까? 전혀 그렇지 않다. 이전과 마찬가지로 지금도 목표는 인도아리아어와 인도유럽어의 관계를 밝혀내는 것, 그리고 이와 더불어 남아시아 역사의 시발점을 찾는 것이다. 이 언어들을 사용한 민족들은 실제로 공동의 뿌리를 공유하는 것으로 보인다. 그런데 그 뿌리는 어디에 있을까?[55]

언어 고생물학은, 또는 역사언어학은 (고고학과 더불어) 이 질문에 대한 해답을 찾고자 한다. 대부분의 연구자들은 원시 인도유럽어를 기원전 제4천년기에 단일 인류 집단이 사용한 언어로 가정한다. 오늘날 이 언어는 형태학, 모음 교체 법칙, 그리고 기록으로 남은 언어 간 공동의 어휘 항목을 바탕으로 해서만 재현할 수 있다. 이러한 연구에서 비롯된 단어들은 대규모 이주를 통해 다양한 (인도유럽어족) 언어에 유입되었고 관례적인 별표 표시와 함께 사용된다. 원시 인도유럽어와 지금까지 발견된 최초의 인도유럽어 문헌(동부 튀르키예 퀼테페에서 발견된 기원전 1900년 무렵 히타이트계 이름들이 적힌 점토판과 기원전 1500년에서 기원전 1300년에 작성된 미탄니 왕국의 계약서) 사이에는 2000여 년의 간극이 있다.

19세기 대부분의 기간에는, 정확히 말하자면, 게르만어가 인도유럽어족의 가장 이른 단계였거나 원시 인도유럽어와 매우 가까웠다는 의견이 주를 이루었다. 뒤이어 "남부 인도, 중부 인도, 북부 인도, 티베트, 박트리아, 이란, 아랄해, 카스피해, 흑해, 리투아니아, 캅카스, 우랄산맥, 볼가산맥, 남부 러시아, 중앙아시아 스텝 지대, 소아시아, 북부 유럽, 남부 유럽, 동부 유럽"[56]을 비롯한 수많은 장소가 이 원시 언어의 본래 고향으로 거론되었으나, 결국은 합의점을 찾지 못했다는 것에만 합의했을 따름이다. 같은 이유로 이 언어를 사용한 이들이 유목민이었다거나 정착 농민이었다는 설, 두개골이 좁았다거나 넓었다는 설, 금발에 밝은 피부색을 가졌다거나 흑발에 피부색이 까무잡잡했다는 설 등이 번갈아 제기되었다.

놀랍지도 않지만, 이로 인해 해답을 향한 여정의 속도는 종종 느려졌으며, 특히 국가사회주의자들이 아리아인이라는 개념을 악용한 것으로 악명 높은 독일에서는 더욱 그러했다. 그러나 특히 지난 수십년 동안에는 기원지에 관한 두 가지 주요 가설이 주로 거론된다. 하나는 폰토스-카스피해 스텝 지대(흑해의 옛 이름인 폰토스와 카스피해 사이의 지역, 다시 말해 오늘날의 우크라이나와 남부 러시아)에 있었던 이른바 쿠르간 문화이고, 다른 하나는 초기 신석기시대의 아나톨리아 지역과 아르메니아 지역이다.

쿠르간 이론은 1956년에 리투아니아의 고고학자 마리야 김부타스Marija Gimbutas(1921~1994)와 그녀의 세사인 제임스 패트릭 맬러리James Patrick Mallory가 제시했으며, 이후로 데이비드 앤서니David W. Anthony와 도널드 린지Don Ringe를 비롯한 많은 학자가 이를 지지하고 있다.[57](사실 테오도어 벤파이Theodor Benfey, 오토 슈라더Otto Schrader와 같은 인도학자들은 이전에도 이 지역을 인도유럽인의 고향으로 제시한 바 있다.) 김부타스의 말에 따르면 말과 바퀴를 이용할 줄 알았던 이

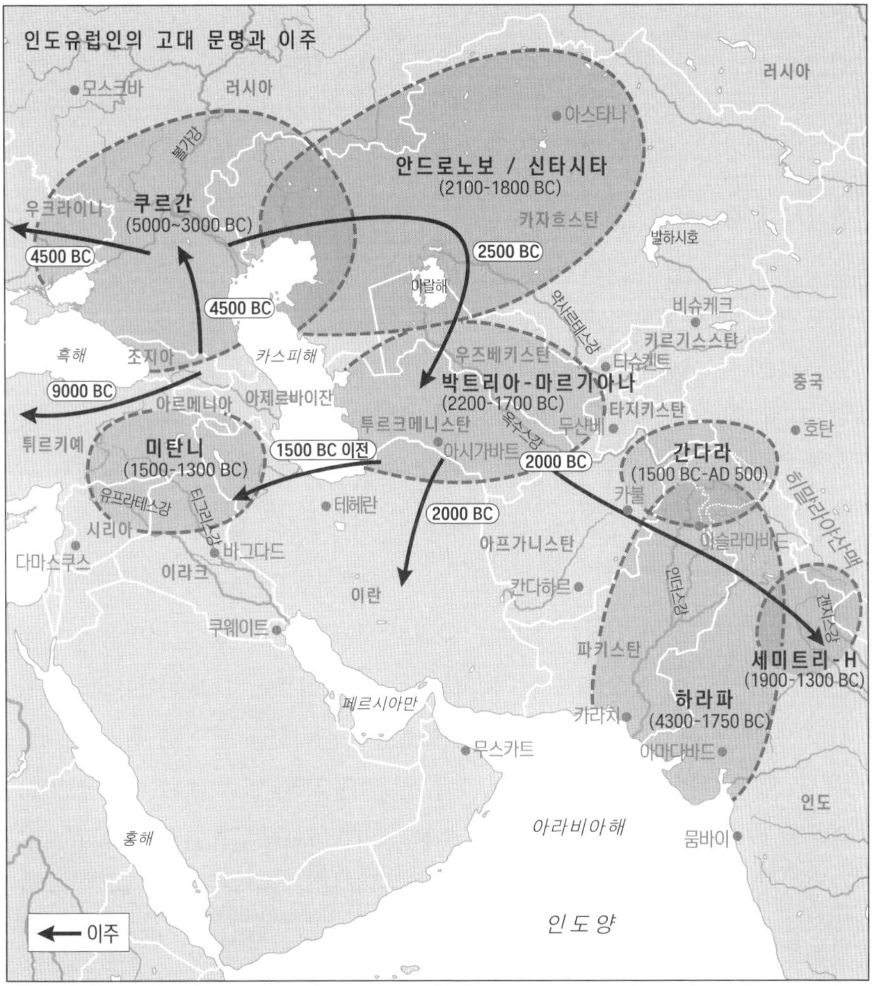

—— 고대 인도유럽계 문화와 이주.

문화는 동기시대(기원전 제4천년기)에 발달했으며,[58] 특히 공격적인 무기와 기마 전투 방식 덕분에 선주민과 이웃 집단보다 더 우월했던 것으로 밝혀졌다. 또 다른 특징은 추모용 봉분(타타르어로 '쿠르간')이다. 논거에 따르면 이 문화의 주인은 뒤이어 서쪽, 동쪽, 동남쪽을 향해 (즉 한쪽에서는 이란과 남아시아를 향해, 또 다른 한쪽에서는 멀게는 시베리아까지 향해) 방랑했다.

이 이론은 상당한 비판을 유발했다.[59] 비판자들은 무엇보다도 동식물을 원시 인도유럽어에 할당하는 방식에서 오류를 발견했는데, 이는 원시 인도유럽어로 설명할 수 없는 다른 발견이 그만큼이나 많다는 점을 보일 수 있으므로 중요했다. 비판자들은 또한 김부타스가 쿠르간 문화를 목축문화로 보았다는 점에도 반대했는데, 이는 원시 인도유럽어의 어휘가 농경 쪽을 좀 더 많이 암시하기 때문이다. 그러나 대부분의 연구자들은 이 이론의 핵심 교리를, 즉 남부 러시아 스텝 지대의 (이후에 목축 유목민으로 변화한) 수렵·채집민 문화가 다층적 과정을 거치며 아나톨리아 농경 문화와 나란히 발달했으며 시간이 지날수록 두 집단이 점점 더 가까워졌다는 개념을 수용한다.[60]

콜린 렌프루Colin Renfrew 경은 기원지가 아나톨리아인 또 다른 그림을 그렸다.[61] 농경을 바탕으로 더 수준 높은 문화를 일구어 낸 이곳에서 농경은 기원전 제7천년기 혹은 그 이전부터 발달했으며, 뒤이어 유럽으로 확산되었다. 유전학 연구를 통해 이 가설이 어느 정도 확증되었으나, 중부 아나톨리아에는 인도유럽어로 된 지명이 없다는 중대한 문제가 남아 있다. 지명은 언어적 분류 중에서도 가장 오래도록 지속되는 종류의 이름이기 때문이다. 또한 원시 인도유럽어에는 렌프루 또한 가장 중요한 곡식이었을 것으로 추정하는 밀과 보리를 가리키는 말이 없다. 게다가 히타이트는 주변의 여러 문화에 거의 아무런 영향을 미치지 못했으나, 여기에는 다른 비非인도유럽계 언어의 흔적이 현저히 남아 있다. 아나톨리아의 가장 오래된 도시 차탈회위크에도 원시 인도유럽어의 흔적은 보이지 않는다. 마지막으로 기원전 3000년 무렵까지 아나톨리아에 말이 존재했다는 증거가 없다. 언어학자 타마즈 감크렐리제Thomas V. Gamkrelidze와 뱌체슬라프 프세볼로도비치 이바노프V. V. Ivanov 또한 이 지역이 인도유럽어의 고향일 수 있다고 보았으나, 이들의 경우에는 훨씬 더 동쪽에 있는 지역을 지목했으며 산과 수역을 가리키는 인도유럽어 단어를 바탕으로 하는 다른 논지를 펼쳤다. 셈어에서 비롯된 외래어를 보면 아르메니아어가 원시 인도유럽어와 꽤 비슷하다는 이유도 있었다. 그러나 이 이론을 뒷받침하는 고고학적 발견은 없다.

어느 편으로 가든 불확실성은 계속해 남아 있다. 브라이언트는 이러한 어려움을 다음과 같이 요약했다.

이 분야의 현존하는 이론 몇 가지를 살펴보면 기본적 문제에서도 얼마나 합의가 이루어지지 않았는지 알게 될 뿐이다. 고고학은 김부타스(1997) 학파가 기원전 제4천년기의 혹독하고 추우며 소박한 북방 환경의 스텝 지대 쿠르간 문화를 기반으로 하는 공격적인 기마 유목민으로서의 인도유럽인 전사를 재현하는 한편, 렌프루(1987)가 기원전 제7천년기에 아나톨리아에 살던 온화한 정착 농경 민족의 원시 인도유럽인을 재현하는 데 사용되었으며, 언어학적 증거는 감크렐리제와 이바노프(1995)가 열대의 코끼리와 원숭이가 함께하는 따뜻하고 이국적인 근동 인도유럽인의 고향을 재현하고 요해나 니컬스Johanna Nichols(1997)가 박트리아인의 고향을 재현하는 데 사용되었다.[62]

양측 의견 모두 난제를 드러내기는 하나, 쿠르간 가설과 아나톨리아 가설 모두 하버드 대학 의과대학, 코펜하겐 대학, 그리고 예나의 막스 플랑크 인류사과학연구소에서 진행한 유전학 연구를 통해 확증을 받았다. 연구자들은 원시 인도유럽어를 사용한 민족의 기원지 또는 이주지를 두 곳으로 본다.[63] 기원전 9000년 이전에 농민들이 서부 아나톨리아에서 발칸반도를 넘어 중부 유럽과 서부 유럽으로 이주하면서 수렵·채집민과 조우했고, 두 집단이 수백 년에 걸쳐 서로 나란히 존재했다. 그 과정에서 유럽식 농경과 정착 생활은 당초에 이종 교배interbreeding보다는 문화 접변acculturation을 통해 생겨났다. 근동에서 온 이주민들을 통해 유럽이 농경을 알게 되었다고 보아도 좋다. 이후 기원전 5600년 무렵부터 두 번째 인구 이동이 일어났는데, 이는 유라시아 스텝 지대와 얌나야 문화의 소 떼 유목민이 존재했다는 점에서 알 수 있다. 2018년에 DNA 표본을 바탕으로 발견된 바에 따르면 이 스텝 지대 목축민의 후손이 4000년 전과 3000년 전 사이에 남아시아에 이르렀으며, 이곳에서 하라파 문명의 주민들과 어울렸던 것이 분명하다. 현재 북부 파키스탄과 북부 인도에 사는 남성 중 60퍼센트와 90퍼센트 사이 정도에게서는 얌나야와 관련된 이주민의 Y 염색체를 일부 물려받았다는 흔적을 추적할 수 있다. 원주민 남성은 이주민에게 밀려나 소외되었으며 다소 폭력적인 과정이 벌어졌던 것으로 보인다.[64]

이러한 발견들은 인도아리아인이 남아시아 아대륙의 (북)서부 영토에 처음으로 자리를 잡았다는 일반적 가정을 뒷받침한다. 여러 가지 징후가 있기는 하나, 이들이 서쪽에서 동쪽으로, 또한 북쪽에서 남쪽으로 이동했다는 명백한 증거는 (아직) 없다. 그러나 대부분 인도를 기반으로 하는 소수 의견의 학자들은 확장이 반대 방향으로 일어났다고 주장하며, 심지어 일부는 '인도 기원설'을 논한다. 그러나 이러한 주장을 뒷받침하는 실질적 증거는 거의 찾아볼 수 없는데, 출처가 오래되지 않은 문헌 기록에, 그리고 문법적 구조와 규칙(예컨대 발음을 결정하는 법칙)보다는 우연한 음성학적 유사성을 바탕으로 해 설득력이 떨어지는 언어학적 유추에 의존하기 때문이다.[65]

앞서 살펴보았듯이 방랑하는 인도아리아인은 고고학자들이 발견할 만한 중요한 것들을 거의 남기지 않았다. 이는 반유목민 집단이 우마차와 소 떼를 이끌고 계속해 이동한 경우에만 자연스러운 결과다. 이들이 남긴 것(오두막, 벽돌 제단, 음식, 동물 사체)은 썩거나 먼지가 되어 사라졌다. 그러나 희미한 흔적은 남아 있다. 파르폴라에 따르면 인도아리아인은 오늘날 박트리아-마르기아나 문화BMAC로 알려져 있는 지역을 통과했다.[66] 기원전 2400년과 기원전 1500년 사이에 남부 투르크메니스탄과 북부 아프가니스탄에 출현한 이 문화적 지역은 메소포타미아와 엘람을 비롯한 다양한 문화의 영향을 받았으며, 인도유럽어족이 아닌 자신들만의 언어를 가지고 있었다. 오늘날의 카자흐스탄에 자리한 안드로노보 문화와 남부 우랄산맥에 자리한 신타시타 문화에서 제3천년기 중반부터 원시 인도유럽어를 사용하는 사람들이 나타났다. 이들은 이후 박트리아-마르기아나의 문화와 언어의 영향을 받았다. 이곳에서는 기원전 1600년 무렵으로 추정되는 최고最古의 바큇살 바퀴 전차와 말의 뼈가 발견되었는데, 이는 『리그베다』에 등장하는 이야기와 부분적으로 일치한다. 이 무리들은 지역 오아시스에서 이란, 아나톨리아, 이라크, 시리아로 뻗어나갔으며, 원시 인도이란인 군주들은 이곳에서 미탄니 왕국(1500~1300 BC)을 건설했다. 미탄니 왕국은 최초의 인도이란어 문헌을 남겼는데, 바로 베다 신들의 이름(바루나Varuna, 미트라, 인드라Indra, 아슈빈the Ashvins)으로 된 계약서였다. 이후 이주민들은 기원전 제2천년기부터 소규모 이주를 시작해 멀게는 발루치스탄(시브리Sibri), 신드(찬후-다로Chanhu-Daro), 라자스탄(길룬드Gilund)까지 이동했으며, 수 세기 후에는 스와트(기원전 1600년 무렵 간다라 무덤 문화)에 당도했다. 인도아리아계 이주민은 제2천년기 중반(즉 하라파 문명이 이미 대부분 멸망하고 없어진 이후의 시기)에 인도아대륙에 도달했으며, 뒤이은 1000년간에 걸쳐 아대륙 거의 대부분의 지역에 정착했다.

문화 접변

인도아리아인의 이주가 정말로 일어났다면, 토착 인구와의 언어적·민족적·사회적 조우가 어떤 형태로 일어났는지를 밝힐 필요가 있다. 20세기 중반, 베다 학자 루이 르누Louis Renou는 다음과 같은 글을 남겼다. "오늘날 우리의 관심은 문명 간의 문화적 영향과 만남의 지점에 집중되어 있다. 베다에 관해서는 이러한 종류의 자료가 거의 없는데, 동떨어진 채로 발달했기 때문이다."[67] 그러나 르누의 주장은 제한적 의미에서만 옳다. 사실 르누 본인의 연구 또한 행간은 물론 그 주제에서 초문화적 본질이 드러난다.

다사로 불리는, 또는 더 경멸적인 투로 다슈로 불리는 인구 집단과 여러 차례 만난 것은 분명하다.[68] 학자들은 인도아리아인에게 정복당하고 병합된 토착 민족을 오랫동안 이러한 이름으로 지칭했다.[69] 그러나 『리그베다』와 그 공물(다나스투티dānastuti) 목록들에 관한 상세한 연구는 이들이 인도아리아어를 사용하는 문화권 바깥에 존재하는 적대적 민족이었으며 때때로 동맹을 맺기도 했다는 점을 보여 준다. '내부적'으로도 서로 대치했던 이 민족들은 토지와 금, 직물, 특히 소 등의 전리품을 얻을 수 있는 원천이었다. 이들의 피부색이 어두웠다는 설을 증명할 방법은 없다. 대개 다사스dāsas와 구분하기 위해 사용된 밝음과 어두움에 관한 언급은 피부색이 아니라 그들이 속한 '어두운' 세상과 관련된 말이다. 마찬가지로 이들의 코가 납작했다는 설도 복합어 '아나스anās(a)'를 (입이 없다, 즉 "정확한 언어가 없다."라는 뜻의) '안-아스an-ās'가 아니라 (코가 없다는 뜻의) '아-나스a-nās'로 잘못 분리한 언어학적 오해를 바탕으로 한다.

언어학적 관점에서 보면 인도아리아인에 관한 가장 오래되고 폭넓은 문헌인 『리그베다』에 관한 상세한 연구는 문화 접변의 문제를 조명한다. 많은 학자가 기원전 제1천년기 중반에 옛 펀자브 지역에서 편찬된 이 작품에 인도아리아계가 아닌 요소가 다수 포함되어 있음을 밝혀냈다. 이러한 요소들은 어디에서 왔을까? 이른바 기층어 이론substrate theory은 한 가지 접근법을 제시한다. 기존의 언어가 또 다른 언어와 겹쳐 사용되다가 후자의 언어가 더 우세해졌으며, 이로 인해 후자의 언어에 선대 언어의 형태학적 특성 일부와 함께 지명과 동식물명이 포함되었다는 것이다. 만약 기층어가 존재했다면 상위어는 원형 언어라고 할 수 없다. 이것이 이주론자들의 입장이다.

기층어 이론을 산스크리트어에 적용하자 놀라운 결과가 드러났다. 『리그베다』의 언어인 (베다) 산스크리트어에는 마찬가지로 오스트로아시아어족에 속하는 드라비다어군과 문다어군의 요소가 다수 드러난다. 『리그베다』 이전부터 존재했을 약 380개의 비非인도아리아어 단어가 『리그베다』의 어휘 목록 중 약 4퍼센트를 차지한다.[70] 결과적으로 우리는 이 문헌이 집필될 당시에는 서로 다른 언어를 사용하는 집단들과 심지어 이중 언어를 구사하는 일부 인구가 서로 나란히 존재했다고 추론할 수 있다. 물론 토착론자들은 이러한 단어의 출현이 선행을 증명하지는 않으며, 집단 간에 상호적 영향(방층adstratum)이 있었을 것이라고 주장한다. 미하엘 비첼은 극도로 복잡한 언어학적 연구들을 통해 『리그베다』의 가장 오래된 층위에 드라비다 어휘가 전혀 등장하지 않는 반면에 문다어(또는 갠지스 평원의 알려지지 않은 언어)에서 비롯된 어휘는 300개가 넘는다는 점을 보였다.

인도아리아어군의 몇몇 특징은 다른 인도유럽어와 분명히 구분된다. '*a', '*e', '*o'가 모두 '*a'로 바뀌는 현상(대개 짧은 '오'로 발음), 단모음화('*ai'가 'e'로 변화, '*au'가 'o'로 변화), 특정 자음의 권설음, 유기음, 구개음화 등이 여기에 포함된다. 또한 't' 이에도 'ṭ'(입에 뜨거운 감자를 넣은 듯한 발음)와 'th'(소리 나는 유기음을 동반) 또한 존재하며, 'k'는 자주 'ś'로 변한다.(이로 인해 숫자 100을 뜻하는 '센툼centum'은 '사탐śatam'이 된다.) 후자는 산스크리트어가 다른 '사템어satem languages'와 공유하는 특징이다. 마찬가지로 직접화법과 간접화법을 표시하기 위해 '이티iti'라는 단어를 사용하는 점은 옛 인도아리아어(베다어와 산스크리트어)의 특징이다.

이러한 특징들은 언어 혼합에서 비롯된 것일까? 옛 이란어에는 이러한 특징이 드러나지 않으며, 이를 취하지도 않았다. 그러므로 어느 정도는 옛 이란어와 옛 인도아리아어가 분리된 후에 발달한 특징일 것이다. 이에 관해서는 적어도 두 가지 가설이 설득력을 얻고 있다. 인도아리아어가 박트리아-마르기아나 문화의 언어, 문다어, 드라비다어 등의 토착 언어의 영향을 받았다는 것이고, 그것이 아니라면 문다족과 드라비다족은 원어민이 아니라 어떤 언어를 전달했을 뿐이며 그 언어가 자체적으로 진화를 거듭했다는 말이 된다. 그러나 후자의 가설이 사실일 가능성은 없어 보이는데, 인도아리아인의 가장 오래된 언어적 기호가 등장한 (후르리인이 북동부 시리아와 남서부 아나톨리아에 건국한) 미탄니 왕국은 기원전 15세기와 기원전 13세기 사이에 존재했기 때문이다. 이곳에서 발굴된 계약서에는 신과 왕들의 이름이 인도아리아어로 적혀 있고, 히타이트의 또 다른 문헌에는 말 관리법에 관한 인도아리아어 용어들이 포함되어 있다.

모든 의문은 언어적 세부 사항과 관련이 있는데, 이를테면 새로운 사물(예컨대 이전에는 알려지지 않았던 동식물)에 관한 단어를 받아들일 때가 그러하다. 농경과 관련된 다수의 용어가 인도아리아어가 아닌데, 이러한 정황은 이주를 짐작케 한다. 그러나 원어민은 이주하지 않았고 식물을 가리키는 언어만 전파되었을 가능성도 있다. 부족과 사람들을 가리키는 다양한 비인도아리아어 이름들 또한 마찬가지로 사람이 장소나 거주지를 옮기지 않고도 언어만 인도아리아 영토로 흘러들어 갔을 수 있다. 『리그베다』에는 이상한 인도아리아어처럼 들리는 몇몇 지명과 (대개 유달리 이름이 바뀌지 않은) 강 이름 다수가 등장한다. 이러한 옛 이름들은 '산스크리트어화'된 것일까? 그렇다면 왜 다른 이름들에는 같은 현상이 나타나지 않았을까?

핵심 문제: 이주는 진실일까?

하라파 문화와 인도아리아어를 사용하는 인구 집단에 관해 알 수 있는 모든 사실을 모아 보아도 명백한 그림이 나오지는 않는다. 그러나 다음의 이야기만큼은 탁월한 설득력이 있다. 인도아리아어군의 기원인 인도유럽계 조어祖語는 기원전 제4천년기와 기원전 제3천년기에 카스피해 북서부 지역에 살았던 어느 집단이 사용했을 것으로 추정된다. 사방으로 유랑하던 도중, 규모를 알 수 없는 하나 이상의 하위 집단이 스스로를 아리야('고귀한 이들')로 칭하며 동쪽과 동남쪽으로 향했다. 말과 마차를 끌며 반유목민 생활을 이어 가던 이들은 그 과정에서 안드로노보 문화 및 중앙아시아 오아시스 문화(박트리아-마르기아나 문화)와 조우하면서 인도이란어군의 초기 형태를 발달시켰다. 기원전 16세기로 추정되는 신타시타 분구묘의 전차를 제외하면, 고고학적 증거는 거의 남아 있지 않다. 기원전 2000년 무렵, 아리야는 두 개 이상의 집단으로 분열되었다. 그중 한 집단은 오늘날의 이란으로 이주했고, 다른 이들은 몇 차례에 걸쳐 인도아대륙으로 계속 나아갔으나 군사 원정을 동원하지는 않았다. 전자는 근동에 미탄니 왕국을 건설했다. 그 결과 인도이란인을 제외한 인도아리아인은 기원전 5세기에 마침내 남부 인도까지 이르렀고, 이곳에서 드라비다어, 브라후이어, 문다어, 기타 언어를 사용하는 토착 민족과 조우했다. 이들은 토착 민족의 언어적 요소를 받아들였으며, 그중 일부를 흡수하고 나머지는 버렸다. 기원전 제1천년기 중반에 편찬된(그러나 그중 일부는 그보다 수 세기 앞서 집필된) 『리그베다』는 이미 이러한 문화 접변 과정의 한 측면을 잘 보여 준다. 그러나 아프가니스탄의 강 이름들을 제외하면 『리그베다』에는 이주 자체에 관한 기록이 없다.

확실히 말하면 이러한 시나리오가 확정적인 것은 아니다. 새로운 유물(말, 바큇살이 있는 바퀴, 철기 등)이 발견되거나 만에 하나 인장이 해독되기라도 한다면 아예 다른 그림이 생겨날 수도 있다. 물론 토착론자들은 이러한 상황에 불만을 드러낸다. "저들은 아리아인의 본래 고향이라는 곳이 어디인지 분명하고 정확하게 알려 주지 않고, 그저 추정의 안개가 자욱하게 깔린 억설臆說의 미로 속으로 우리를 끌고 들어간다. 아리아인 문제의 모든 주제는 뒤죽박죽 섞인 언어학적 추측 또는 고고학적 상상에 인종차별주의적 편견과 쇼비니즘적 외국인 혐오증을 결합한 것이다. 이러한 편견과 믿음의 혼돈에서 스스로 벗어나야 할 때다."[71]

만약 그렇게 된다면 지금까지의 결론이 광범위하게 수정될 것이다. 예컨대 메르가르의 발굴은 일반적으로 자리 잡은 개념이 얼마나 잘못된 것으로 밝혀질 수 있는지 보여 주었다. 오래전부터 농경은 기원전 5000년 무렵에 남아시아에서 서아시아로 처음 전파되었다고 여겨졌다. 그러나 뒤이은 고고학적 발견으로 인해 그 시기가 2000여 년이나 틀렸음이 드러났다. 이러한 관점에서 보면 메르가르의 신석기시대 하라파 문화가 시작되었을 때부터 갠지스 문화가 출현할 때까지 끊임없이 발달이 계속되었다는 설은 인정하기 어렵다.

고고학적 발견의 해석(또는 해석의 부재)에 관한 불확실성이 지속되고 있다. 예컨대 기원전 1800년 무렵부터 기원전 5세기에 갠지스 사회가 출현할 때까지 기나긴 인도아리아인의 '암흑기'에 관해서가 그러하다. 청동기시대 하라파 문명 후기의 이른바 세미트리 H 문화(1700 BC 무렵)에서 시신을 매장하지 않고 화장했던 것, 인도아리아계일 가능성이 높은 북부 파키스탄 스와트 계곡의 간다라 무덤 문화(1400 BC 무렵)에서 의인화한 혼령을 도기에 작게 그려 넣은 것을 제외하면, 이 시기에 관해 발견된 것은 거의 없다. 인도아리아인이 이토록 흔적을 남기지 않은 이유는 단순히 목축 생활을 했기 때문일까? 훈족과 몽골족을 비롯한 다른 기마 민족들도 습격을 이어 나가는 과정에서 거의 아무런 흔적을 남기지 않았다. 유목민 사회에서는 오래도록 지속되는 구조물이나 유물을 만들지 않는다. 인도아리아인이 정확히 어떻게 인도아대륙에 진입했는지에 관한 의문도 끊임없이 제기된다.

이를 비롯한 많은 의문이 남아 있으나, 그런데도 이 시나리오의 설득력은 상당하다. 정반대의 증거가 드러나지 않는 한, 지금까지의 언어적·고고학적 증거들은 대부분 이와 같은 결의 이야기를 암시한다. 간단명료한 그림이면서, 다른 이주 및 민족 혼합에 관해 알려진 바와도 일치한다. 게다가 인도유럽인의 방랑이 다수 확인되므로, 이들이 남아시아에 이르지 못했다고 볼 이유는 없다. 이 가능성을 배제하기 위한 입증책임은 토착론자에게 돌아가는데, 이들은 지금까지 주로 이주론의 일부에 한해서만 반박을 시도해 왔으며 자생설에 관한 증거는 제시하지 못하고 있다.('인도 기원' 발전 과정에 대한 증거는 훨씬 적다.) 실제로 다른 시나리오들은 어색한 가설을 바탕으로 한다. 예컨대 『리그베다』

의 편찬 시기를 훨씬 더 이르게 추정하거나, 인더스 인장에 관한 억지 해석을 내놓는 식이다. 이론경제학의 철학적 원칙인 오컴의 면도날Occam's razor[1]은 이미 이러한 방식의 진척에 반대한다.

많은 토착론자에게 비학문적 목적이 큰 역할을 담당하는 것은 아닌지 의심하지 않을 수 없는 상황이다. 실제로 1980년 이래로 힌두 민족주의의 색이 논의에서 강하게 드러나고 있다. 하라파 문화의 아리아화 또는 '베다화'는 인도가 식민지 해방을 위해 싸울 때로 거슬러 올라간다. 이러한 종류의 주장은 이전에는 신화적 역사학 및 서사시 기반의 고고학에서 더 흔하게 들을 수 있었다.

하라파 문화와 인도아리아 문화 사이의 현저한 언어적·고고학적 차이를 부정하는 한편, 실제로 존재했던 몇 없는 연속성을 과도하게 강조하는 태도는 정치적 동기가 바탕에 깔려 있음을 암시한다. '인도' 문화가 하라파 문화에서 탄생했음을 입증하려고 한다는 사실만 보더라도 힌두 민족주의자들이 학문을 얼마나 부조리하게 악용하는지 명백하게 알 수 있는데, 하라파 문화는 대부분의 유적지가 오늘날의 파키스탄 국경 내 지역에 위치하므로 파키스탄 기원이거나 적어도 인도-파키스탄계 기원이기 때문이다.

인도 역사는 이처럼 초문화적 과정, 여러 지점의 연속성, 위신 있거나 지배적인 문화와 자생 문화들의 교차, 나란히 존재했던 목축 행위와 도시적 생활양식, 그리고 이들 사이를 오간 소규모 이주 때문에 극도로 복잡하고 거의 혼란스러운 시발점을 맞이했다. 핵심 문헌인 『리그베다』가 집필된 시점부터 마지막 개정판이 완성될 때까지 민족, 언어, 사상, 사물이 폭넓은 규모로 이동하면서 그림이 한층 더 복잡해졌다. 많은 이가 그토록 열망하는 통일 '고대 인도'는 절대 존재하지 않았다. 그렇다면 "실제로는 어땠을까?" "가장 높은 천당에서 지켜보는 분만이 알거니, 그분조차도 모르시니라."(『리그베다』 10.129)

1 논리적으로 가장 단순한 설명이 진실일 가능성이 크다는 원칙을 가리킨다.

3 베다 문화

기원전 1750년 무렵~기원전 500년 무렵

초기 베다 시대(1750~1200 BC 무렵)에 관해 알려진 바는 대체로 『리그베다』 제1~9권과 이란의 옛 문헌을 바탕으로 한다. 사건의 중심에는 오늘날의 북서부 인도와 파키스탄이 놓여 있으며, 갠지스강은 한 번만 언급된다. 이 문화에는 벼농사, 호랑이, 코끼리, 유인원이 없었다. 『리그베다』에는 문자나 철기에 관한 언급 또한 없다. 도시는 존재하지 않았고, 도시를 가리키는 단어 '나가라'는 문헌에 등장하지 않는다. 빌헬름 라우에 따르면 베다 산스크리트어에서 촌락을 뜻하는 '그라마grāma'는 여전히 '방랑하는 목축 부족'을 의미했다. 아리아인과 토착민 사이에는 수많은 충돌이 발생했다. 몇몇 찬가는 어둠, 즉 악마 같은 다사스와 싸우는 신들을 찬양하며, 주요 신격 중 하나인 인드라는 무엇보다도 전쟁의 신이다. 어떤 면에서 보면 이들의 만신전에서는 고대 이란 및 그리스의 신적 세계와 분명한 유사성이 드러나며, 이 신들에는 자연의 힘, 신격화된 도덕적 원칙 그리고 악마들이 포함된다. 그러나 힌두교의 특징인 '개체화'된 신격은 드물다.

베다는 주로 종교적 문헌으로 구성되어 있으며, 외부 세계 또는 역사에는 전혀 관심을 두지 않는다. 핵심은 의례, 특히 희생 제의로 구성되어 있으며, 닫힌 우주를 이야기한다. 묘사된 바에 따르자면 희생 제의는 야외에서 지내거나, 이를 위해 매번 다른 장소에 단순한 오두막을 지어 지냈다. 핵심 요소 중 하나는 신과 사제들을 위해 환각을 유발하는 음료인 소마를 준비해 점토 벽돌로 만든 제단에 바치는 것이었다. 소를 제물로 바치는 등의 동물 공희가 일반적이었으며, 보름달이나 초승달이 뜰 때 주기적으로 축제를 열었다. 추정컨대 사제는 세습직이 아니었으며, 시인-사제 가문의 일원은 찬가와 그 찬가를 부르는 방법을 익혔다. 마법은 종교 생활에서 중요한 역할을 담당했다.

초기 베다 문화를 굵은 선으로 그려보자면 이러하다.[72] 그런데 더 자세히 들어가 보면 근본적 의문이 떠오를 것이다. '베다'의 말뜻인 이 '지식'의 기반은 무엇일까? 『리그베다』는 역사를 이해하는 데 어느 정도까지 신뢰해도 좋은 원전일까? 다른 원전은 없는가? 특히 불의 제사는 어떻게 모든 것을 망라하는 의례로 발전했을까? 전적으로 희생 제의에 기반을 둔 세계관은 어떻게 출현한 것일까? 이러한 수단을 통해 얻은 지식은 어떻게 문법, 의학, 수학, 천문학, 철학을 비롯한 많은 분야의 발달로 이어질 만큼 폭넓었던 것일까? 혹시 이미 과학 또는 '과학 이전의 과학'을 가리키는 말이었을까?[73] 마지막으로 이러한 지식은 어떻게 지금까지도 인도를 정의하는 해방이라는 거대한 교리의 출현을 이끌었을까?

역사학

인도에서는 문학사뿐만 아니라 문헌 증거를 기반으로 하는 역사학까지도 일반적으로 『리그베다』와 함께 시작한다. 『리그베다』의 가장 오래된 부분들은 대여섯 개의 시인 가문이 편찬한 것으로 여겨진다. 신화적 색채를 띤 『리그베다』는 제한적 세계관을 제시한다. 『리그베다』는 오랜 세월에 걸쳐 구전되었으며, 그 과정에서 오류가 섞여들 수 있었다. 처음 서면으로 기록된 것은 5세기일 가능성이 있으니, 가장 오래된 필사본은 15세기에나 등장했다. 최초의 인쇄본은 프리드리히 막스 뮐러가 준비한 것으로, 1849년과 1874년 사이에 등장했다. 다양한 암송 전통을 연구해 각 전통 간의 엄청난 괴리를 입증했던 학자들은 전해지는 여러 버전이 놀라울 만큼 안정적이고 조화롭다고 밝혔다. 그러나 마찬가지로 서사 자체에 관해서는 특정한 회의론이 떠오를 만한 근거가 있다.

서사시와 푸라나(귀족 사회와 대중 사회 양측에서 구전된 설화가 주를 이루는 모음집) 등의 문헌은 역사적 사건의 또 다른 그림을 제시한다. 이 문헌들은 훨씬 최근에 (이르면 기원전 제1천년기 중 마지막 3분의 1 시기부터) 집필되었으나, 이들 또한 일종의 역사학을 대표한다. 특히 대홍수와 대전쟁(『마하바라타*Mahābhārata*』의 주요 사건인 쿠루크셰트라 전쟁)이라는 두 가지 사건의 기술이 두드러진다.

이러한 서사는 대부분 신화적 역사학의 영역에 속한다. 여기에서 신뢰할 만한 연대를 찾아내기는 어렵다. 로베르토 칼라소Roberto Calasso가 말했듯이 이 문헌들은 "어느 모로 가든 모래늪"이나 마찬가지다.[74] 그러나 찾아내기 어렵다고 해서 이 원전에 역사적 시대의 기억이 담겨 있지 않다는 의미는 아니다. 예컨대 『리그베다』 제7권에서 바라타족의 족장 수다스Sudās가 파루시니강(오늘날의 라비강) 강둑에서 열 개의 부족을 상대로 일으켰다고 서술한 전투는 실제로 있었던 사건이다.

유럽인들은 오랫동안 인도의 원전을 신뢰할 수 없다고 여겼으며, 사실상 인도인에게 역사 의식이 없다고 보았다. 프리드리히 쉴러Friedrich Schiller가 예나에서 선보인 유명한 취임 강의(「보편사와 그 연구 목적은 무엇인가?What Is, and to What End Do We Study, Universal History?」(1789))에 영향을 받은 조지 빌헬름 프리드리히 헤겔Georg Wilhelm Friedrich Hegel은 비非유럽인에게는 일반적으로 올바른 과거 의식이 없다고 생각했다. 그의 말에 따르면 "인도인에게 일어난 일로서의 역사res gestae가 없는 이유는 연대기로 기록된 역사historia가 없기 때문이다. 다시 말하면 이들에게는 진정한 정치적 역학으로 발전하는 성장이 없었다."[75]

헤겔의 평가는 너무나 포괄적이기 때문에 정확하다고 할 수 없으나, 『리그베다』에 관해서 만큼은 의의가 있다. 『리그베다』에서 사건은 곧 신들의 행위와 의식 수행을 가리키며, 업보는 '의례'를 뜻했다.(이 단어는 훗날 행동에 뒤따르는 피할 수 없는 결과와 윤회의 교리를 지칭하게 되었다.) 확실히 인도에는 헤로도토스, 투키디데스 또는 리비우스Livy와 같은 역사가가 등장하지 않았으며, 일반적 객관성과 과학적 정확성을 주장하는 역사학도 18세기 이전의 유럽에서만큼이나 없었다. 그러나 다수의 연대기와 푸라나의 특정 일부분은 훨씬 더 이른 시대를 상기시킬 수 있는, 잘못 인식된 역사 서술 형태를 구성한다. 학자들에게 주어진 과제는 이러한 서사를 다른 문화의 신화 및 설화와 비교하고, 될 수 있으면 관련된 고고학적 발견을 통해 검증하는 것이다. 서사시와 푸라나가 초기 베다 시대의 사건을 이해하는 데 지니는 의의는 최근에야 인정받기 시작했다.[76]

문제의 문헌들이 기원전 제2천년기 그리고 제1천년기 절반에 한정된 부분적 시각만을 제공한다는 점, 종교적(또는 신화적) 원칙을 바탕으로 형성되었다는 점, 직접적 기록이 남아 있지 않은 다른 언어와 문화 또한 당대에 존재했다는 점을 염두에 둔 채로, 이제 이들이 무엇을 말하는지 살펴보자.

베다 문헌

좁은 의미의 '베다'는 집대성된 문헌(삼히타)과 밀접하게 관계된 문헌들, 이를테면 선지자가 얻은 통찰을 담은 브라마나, 아란야카, 우파니샤드 등을 가리킨다.[77] 어원학적으로 '지식'과 관련이 있는 이러한 베다는 전 세계에서 가장 오래된 종교적 경전집에 속한다. 전통적으로 베다는 '들은 것(슈루티)' 또는 계시[78]로, 그리고 인간이 작성한 문헌인 '기억된 것(스므리티)'으로 나뉜다. 서로 다른 여러 베다 학파(문자 그대로 '분파'를 뜻하는 샤카śākhā)를 통해 전승된 이 지식은 사제들 간에 비밀리에 전해지는 비기이자 오직 브라만을 위한 것으로 간주되었으므로, 20세기에 들어서도 베다 문헌을 책으로 출판하기를 주저했다.

이러한 제한은 각각의 시적 단어에 깃든 힘을 신중하게 보존해야 한다는 생각에 따른 것이었다. 미하엘 비첼이 말했듯이 "이 …… 흠잡을 데 없는 문헌 전승은 기원전 1500년 무렵에서 기원전 500년 무렵까지 만들어진 녹음테이프와 마찬가지다. 실제 단어뿐만 아니라 오랫동안 잊혔던 고저 악센트까지 …… 오늘날까지 보존되어 있다."[79] 악센트를 잘못 붙였다가는 재앙과도 같은 결과가 따를 수 있었다. 대략 기원전 8세기로 거슬러 올라가는 『샤타파타 브라마나*Shatapatha Brāhmana*』(I.6.3.8)에는 창조신 트바슈타Tvastar가 단어 세 개를 잘못 발음했다가 목표물 대신에 자기가 파멸하는 이야기가 담겨 있다. 신 인드라가 소마주를 마셔 버리자 이에 화가 난 트바슈타는 남은 소마주를 불의 신이자 화신인 아그니에게 부었다. 그러고는 불꽃에 "인드라샤뜨루르 바르다스바Indraśatrur vardhasva"라고 말했다. 이 복합어의 첫 번째 부분에 악센트를 붙이면 "인드라의 파괴자가 되소서!"라는 뜻이 될 테지만, 안타깝게도 트바슈타는 이를 제대로 발음하지 못했다. 그 대신에 그는 마지막 음절에 악센트를 붙이는 바람에 "인드라를 파괴자로 만드소서!"라고 말해 버렸다. 그 결과 그가 불러일으키고자 했던 불의 보호 능력은 사라지고 말았다. 인간도 마찬가지로 베다를 조금이라도 바꾸지 않도록 주의를 기울여야 한다. 오늘날에도 볼 수 있는 힌두교 입문 의례(우파나야나)에서 입문자가 천으로 몸을 덮어 바깥 세계를 차단한 채 스승(구루)에게 하나의 진언으로 축약된 『리그베다』를 건네받는 관행 또한 이처럼 조심스러운 태도를 상징적으로 보여 준다. 배타적 전통에 따라 전승이 이루어지므로, 오늘날 대부분의 인도인은 베다의 내용을 알지 못한다.

베다와 인도 문학 전체를 통틀어 가장 오래된 문헌인 '리그 찬가의 지식', 『리그베다』는 수많은 신을 노래하는 1028개의 운율 찬가, 잠언, 시구를 담고 있으며 1만 개 이상의 시절과 열 권의 책으로 구성되어 있다. 기본적으로는 단일한 개정판이 존재한다. 시인들이 대여섯 개 지배 가문의 후원을 받아 집필한 핵심 내용은 『리그베다』 제2~7권에 해당하는데, 호소 대상이 되는 신, 시구 수, 운율에 따라 배열되어 있으므로 추후 삽입된 부분을 쉽게 구별할 수 있다. 베다를 연구하는 학자 대부분은 『리그베다』 중 가장 오래된 부분이 철기시대 이전(기원전 제2천년기 중반 또는 그보다 수 세기 이전)으로 거슬러 올라간다고, 편찬 과정은 기원전 1200년과 기원전 1000년 사이에 완성되었다고 본다. '베다 시대'를 이상화하기 위해 집필 시기를 더 이르게 보려는 시도도 있으나 증거가 부족하다. 그보다 더 이후에 작성된 베다 문헌은 기원전 4세기에 이르며, 마지막은 가정 내 의례를 다룬 그리히아수트라Grihyasūtras다. 『리그베다』가 하라파 문화를 바탕으로 발달했다고 보기는 어렵다. 웅장한 벽돌 건축물이 있는 도시, 인장, 문자(또는 필경사나 필기도구를 가리키는 단어), 토기 조각상 등은 문헌에서 찾아볼 수 없다.

사제들이 부르는 '선율sāman에 관한 지식', 『사마베다*Sāmaveda*』는 약 일흔

여덟 개 곡을 제외하면 『리그베다』와 글자 그대로 일치한다. 성경의 시편에 비할 수 있는 이 문헌은 희생 제의에서 예배용으로 사용되었다. '제사 공물yajus에 관한 지식', 『야주르베다*Yajurveda*』는 제사를 주관하는 사제 아드바리유가 외우는 진언과 의례에 대한 지침이 담겨 있다. '주술atharvanas에 관한 지식', 『아타르바베다*Atharvaveda*』에는 주로 악귀와 불운을 몰아내는 운율 찬가가 담겨 있는데, 이 중 6분의 1가량이 『리그베다』와 일치한다. 『아타르바베다』 중 일부는 『리그베다』보다 더 오래전으로 거슬러 올라가나, 권위 있는 경전집으로 인정받기까지 다소 시간이 걸렸으며, 이후에는 신화 속 사제 아타르반Atharvan의 저작으로 간주되었다.

갠지스 평원으로 진출했음을 시사하는 브라마나 문헌은 베다와 연결된 산문으로, 제사 의례를 설명하고 의례를 행하는 방법을 알려 준다. 결론 부분을 구성하는 아란야카('삼림서森林書')는 사람이 살지 않는 곳에서 배워야 할 만큼 위험한 주술과 관련된 측면의 의례를 상세히 기술한다. 또 다른 요소들로 구성된 고대 인도의 '비전祕典' 우파니샤드는 주로 가르침의 대화를 담고 있으며, 의식 수행이 철학으로 전환됨을 보여 준다. 삶, 그리고 죽음 이후의 삶에 관해 통찰을 얻고자 하는 우파니샤드는 윤회의 교리, 개인의 영혼이라는 정체성(아트만)과 절대자(브라만)에 관한 가르침, 은둔하며 보내는 이상적 금욕주의 생활 등을 처음으로 논했다.

넓은 의미의 베다 경전인 스므리티(999쪽 표 참조)는 일반적으로 보조 학문(베단가)으로 구성되며, 종종 서사시 푸라나와 슈루티를 기반으로 한 다른 형태의 지식 또한 포함된다. 특히 친족 집단인 카우라바Kaurava와 판다바Pandava 간의 갈등을 이야기하는 『마하바라타』에는 국가 구조의 초기 형태에 관한 증거가 드러난다. 두 세력의 갈등은 쿠루크셰트라 전쟁으로 이어졌는데, 학자들은 이를 아대륙 부서부로 본다. 그러나 수십만 개의 2행 연구로 구성된 이 문헌 자체는 국가 형성 과정이 완결된 지 이미 오래된, 좀 더 최근의 시기에 성립한 것으로 보인다.

이와 같은 베다 문헌의 연대기 배열에서 분명히 드러나듯이 '계시' 문헌은 수많은 보조적 분파의 지식을, 그리고 엄밀한 의미에서의 학문을 불러일

베다: 계시(슈루티)와 기억(스므리티)

슈루티

계시(문자 그대로 하면 '들은 것') = 협의의 베다

삼히타(문헌집): 리그베다, 사마베다, 야쥬르베다, 아타르바베다

해설 문헌: 브라마나, 아란야카

철학적 교리: 우파니샤드

스므리티

기억(문자 그대로 하면 '기억된 것') = 광의의 베다

베단가('베다의 가지') 또는 보조 학문: 음운학, 문법학, 어원학, 운율학, 천문학, 제식학. 제식학에는 슈라우타-수트라(제사 지침), 그리히아-수트라(가정 내 의례 지침), 다르마-수트라(법과 규범) 등이 포함된다. 서사시: 『라마야나』, 『마하바라타』(『바가바드기타』 포함)

당파적 및 유신론적 문헌

학문(샤스트라)

철학	법률 문헌	기타 학문
육파철학:	다르마샤스트라	니티샤스트라(정치학)
삼키아	니반다	실파샤스트라(건축학)
요가		나티아샤스트라(무용, 음악)
니야야		카마샤스트라(성애론)
바이세시카		조티샤(점성학)
미맘사		비야카라나(문법)
베단타		알람카라샤스트라(미학)
		아유르베다(의학)

해설서, 개론서, 편람 등

으켰다. 이때 이후로 계시된 진리를 보존하고 전승하기 위해 올바른 표현과 발음을 지키는 데 상당한 주의를 기울이게 되었다. 성전으로 간주되는 모든 문헌이 그러하듯이 해석의 문제 또한 대두되었으며, 이로 인해 섬세한 주해들을 정교하게 집대성하기에 이르렀다. 결국 핵심은 찬가와 의례에 실제로 어떤 의미가 담겨 있는지 밝히는 것이었다. 물론 진리와 타당한 해석을 찾으려는 여정에는 비판의 목소리가 따랐다. 이러한 과정 끝에 마침내 일부는 모든 의례와 베다 자체를 부정하게 되었으며, 한편에서는 부처와 (자이나교의 창시자) 마하비라Mahāvīra를 배출한 거대한 금욕주의 집단이 형성되었다.

베다 학파로 불린 다양한 연구 분파는 수많은 혁신적 통찰을 일구었으며, 그중 일부는 오늘날까지도 유효하다. 마찬가지로 제단 건축에 사용하는 기하학을 담은 『술바수트라*Shulvasūtra*』는 피타고라스의 정리를 에우클레이데스Euclid보다 먼저 고안하고 원주율을 정확하게 계산했다.[80] (기원전 5세기나 기원전 4세기의 인물로 추정되는) 문법학자 파니니Pānini는 인도유럽어의 모음 교체 단계를 밝혔다. 점성학은 상당한 수준까지 정교하게 발달했고, 아유르베다Āyurveda에는 근본적인 의학 지식이 담겼다.

사회

베다의 연대기적 구분은 펀자브에서 갠지스 평원에 이르는 공간적 확장과 일치한다. 불확실한 발견 상태로 미루어 보면 이러한 상황이 인도아리아어를 사용하는 집단 일부가 침투해 문화 접변을 일으켰다는 뜻인지 혹은 서쪽에서 동쪽(및 남쪽)으로 대규모 이주가 일어났다는 뜻인지에 관해서는 여전히 해석의 여지가 남아 있다. 동쪽으로의 이동 또한 의례에 따른 것이었다. 신들은 동쪽에 자리를 잡고 있었고, 불길도 동쪽으로 끌려가기 때문이다.

이 집단들이 도시적인 하라파 문화와 접촉했을 수밖에 없다는 사실에도 불구하고, 놀랍게도 이들은 촌락을 항구적으로 건설하지 않았다. 베다 인도인은 집을 지을 줄 몰랐을까? 아니면 그렇게 하고 싶지 않았던 것일까? 증거가 암시하는 바에 따르면 이들은 굽거나 굽지 않은 벽돌로 제단을 건설했으며 그중 몇몇은 인상적 규모였을 것으로 추정되지만, 그런데도 요새화된 촌락에 살고자 하지는 않았던 듯하다. 모든 면에서 이들은 정착 하라파 문화와 평행한 문화를 형성하며 '카우보이'처럼 살았다.

이주의 물결이 일기 시작했을 무렵, 이들 인도아리아인은 동부 아프가니스탄, 스와트, 그리고 『리그베다』에서 '일곱 강의 땅(사프타 신두sapta sindhu)'으로 일컬은 펀자브 지역을 거쳐 이동했다. 이 강들은 이름은 변했으나 지금도 여전히 아프가니스탄과 북부 파키스탄에서, 특히 인더스강과 그 지류로 흐르고 있다. 『리그베다』에서는 갠지스강에 관한 인식이 사실상 드러나지 않고 뒷부분(제10권)에 이르러서야 언급될 뿐이며, 하라파 문화의 주요 유적지가 자리한 남부 파키스탄(신드), 라자스탄, 구자라트를 잘 알고 있었다는 징후도 드러나지 않는다. 초목은 설명대로 습한 기후 및 거대한 산림과 조화를 이룬다. 그러나 새로운 천년기가 시작될 무렵에 브라마나와 우파니샤드에서는 갠지스강과 야무나강 사이 '두 강의 땅'에 속하는 지명들을 거의 전적으로 조명했다. 문법학자 파탄잘리Patanjali(150 BC 무렵)의 말에 따르면 '방랑하는 아리야의 영역(아리야바르타)'은 (서쪽의) 타르 사막과 (동쪽의) 갠지스강 및 야무나강이 함께 흐르는 곳 사이에 자리했다. 브라만은 기원전 2세기가 되어서야 더 먼 동쪽의 땅을 손에 쥐기 시작했다.

초기 베다 시대의 인도인들은 목축 생활을 하는 여러 반유목 부족이었으며, 서로 늘 우호적이지는 않았으나 지역 인구를 상대로 한데 뭉쳐 싸웠다. 『리그베다』에는 약 서른 개의 부족이 언급되었다. 몇몇 부족(예컨대 푸루족과 바라타족)은 주도적 역할을 했던 것으로 보인다. 다수의 찬가에서 이들의 전쟁을 노래하며 인드라를 비롯한 신들에게 조력과 승리를 가져다 달라고 호소한다. 이들은 특정 비非아리아계 부족은 물론 다른 인도아리아인 집단의 적군과도 맞서 싸웠다.

소 떼는 이러한 생활양식에서 중요한 역할을 담당했다. 인도아리아인은 늘 새로운 목초지를 찾아 앞으로 나아갔다. 그리고 그 과정에서 대부분 강의 물길을 따라갔다. 진로를 막아서는 빽빽한 덤불과 마주친 이들은 화전농법을 이용했고, 이후 불타고 남은 빈 땅에 곡물을 심었다. 그러나 이로 인해 지속적인 상업 장소가 나타나지는 않았다.

소를 숭상했으나, 힌두교에서만큼의 신성한 지위를 부여하지는 않았다. 울타리, 소치기, 쇠똥 등을 가리키는 많은 단어를 보면 소라는 동물의 의의를 알 수 있다. 부족의 수장은 '민중의 소치기(자나샤 고파티janasya gopati)'로 불렸고, 수장의 딸은 '두히트리duhitri(우유 짜는 여성)'라고 했다. 대규모로 소 떼를 키웠는데도 (또는 그렇기 때문에?) 소는 제물이었다. 고대 인도에서는 채식을 하지 않았다.[81] 기원 전후 무렵에 집필된 영향력 있는 마누 법전(『마누스므리티 *Manusmriti*』) 또한 다양한 형태의 동물 공희를 (비록 양면성의 기색은 있지만) 인정했다.

스스로 계신 이(창조자)는 희생 제의를 위해 가축을 창조하셨고, 희생 제의는 온 세상의 번영을 위한 것이다. 그러므로 희생 제의에서 살육은 살육이 아니다. 식물, 가축, 나무, 짐승, 새들이 희생 제의를 위해 죽으면 다음번에는 더 우월한 존재로 태어날 수 있다. …… 집에 사는 자든 스승의 거처에 사는 자든 황야에 사는 자든 상관없이, 평정을 가지고 다시 태어난 자라면 고난의 시기라고 할지라도 절대로 베다가 허락하지 않은 살육을 해서는 안 된다. 살육이 베다의 인정을 받았으며 동적이거나 정적인 이 창조물에 확고히 뿌리를 내렸다면, 이는 법에 빛나는 베다에서 비롯된 것이므로 분명 비살육으로 간주되어야 한다.[82]

쟁기를 뜻하는 산스크리트어 단어(랑갈라laṅgala)는 분명 인도아리아어가 아니라 문다어 또는 드라비다어에서 비롯되었다.[83] 그러나 이는 물소가 끄는 나무 쟁기가 이후에 (인도아리아인에 의해) 발견되었다는 뜻이 아니다. 사실 쟁기는 하라파 이전의 초기 농경 문화에서 사용되었음을 암시하는 증거가 있다. 그러므로 '원주민'이 이를 수용하고, 그다음으로는 인도아리아인이 이를 받아들였을 것이다. 농경에는 다양한 종류의 곡식, 참깨, 기장, 야채의 경작이 포함되었다. 쌀은 하라파 문화에 존재했음이 이미 증명되었으나 『리그베다』에는 '야생 벼'로 단 한 번만 등장하는데, 이 쌀을 가리키는 단어(브리히vrīhi)는 인도아리아어가 아니다. 갠지스강 삼각주에서 벼농사가 시작되었다는 것은 이야기의 운율이 크게 변화하기 시작했다는 뜻인데, 벼를 키우려면 장기적 계획과 대대적 관개가 필요하며, 정착 생활 방식을 전제로 하기 때문이다.(게다가 곡물을 심는 것보다 잉여 생산에 유리하기도 하다.)

철기 도구가 최초로 입증된 시기는 후기 베다 시대로, 예컨대 『야주르베다』, 『아타르바베다』, 『타이티리야-삼히타*Taittirīya-Samhitā*』 등에서 등장한다. 한편 『리그베다』에는 구리 또는 청동으로 만들었을 것으로 추정되는 면도기, 도끼, 팔찌 등의 금속 물체가 등장한다. 그러나 자주 등장하는 '아야스ayas'가 어떤 금속을 가리키는 단어인지는 알 수 없다.

동물을 가리키는 어휘 또한 서쪽에서 동쪽으로 이어지는 궤적을 따랐다. 코끼리, 호랑이, 코뿔소는 『리그베다』에 등장하지 않거나, 등장한다고 하더라도 더 새로운 부분에서만 모습을 드러낸다. 오늘날 인도 어디에서나 볼 수 있는 물소 또한 아직 언급된 바를 찾지 못했다. 이 작업에서 수렵은 상대적으로 중요하지 않은 위치를 차지했다. 기원전 10세기와 그 이후의 시기로 거슬러 올라가는 베다 문화 중심지의 이른바 채문 회색 토기는 돼지 그림과 물소 그림이 특징적이다.

대부분의 경우 아리아인은 다른 인구 집단과 거리를 두며 살았다. 이들은 여러 차례 자신들의 배타성을 강조했다. 산스크리트어가 이들의 언어였고, 이를 배울 능력(또는 권리)이 없는 사람은 이방인, 야만인, '믈레차'로 보았다. 아리야-바르나ārya-varna와 다사-바르나dāsa-varna라는 두 형태가 대조를 이루었다. 그러나 '색'을 뜻하는 '바르나'는 피부색을 가리키는 말이 아니었으며 사회적 계급과도 아직 관계가 없었다. 겉모습과 관련 있는 용어이기는 했으나, 인종적 차이를 나타내는 말은 아니었다. 이들보다 먼저 이주해 온 다른 인도아리아계 집단 또한 '다사'로 불릴 수 있었다.

원주민 집단은 보잘것없는 지위를 가졌으나, 시간이 지나면서 점차 인도아리아인의 종교적·경제적 생활에 통합되었다. 점차 네 개 집단으로 구성된 계급사회가 출현했다. 『리그베다』 말미(10.90)에 추가된 「푸루샤 찬가」는 그 발달 과정을 여실히 말해 준다. 찬가에서는 네 개의 사회적 질서가 원시 인간 푸루샤Purusha의 입, 팔, 허벅지, 발에서 튀어나왔다고 한다. 중기 베다 시대와 후기 베다 시대의 고전적 표현에 따르면 이 이야기는 베다를 배우거나 들을 수 있는 드비자dvija 또는 '재생족再生族'을 정상에 올려 주었다. 재생족이라는 명칭은 이들이 자연적으로 태어났고 베다 지식에 입문하면서 다시 한번 태어났다는 뜻이다. 재생족은 지식을 가진 이들, 방어를 담당하는 이들, 부양을 담당하는 이들로 나뉘었는데, 이를 다른 이름으로 하면 브라만, 크샤트리아(군사 귀족), 바이샤(농민과 특정 수공업자)였다. 독립적인 상업 '계층'이 존재했다는 증거는 없다. 위계질서의 최하층인 수드라, '카스트를 받지 못한 자' 또는 오늘날 알려진 이름으로 달리트는 상위 계급을 위해 봉사하거나 불결한 일을 도맡아 하며 때때로 농노 또는 노예의 신분을 가진다. 노동이 일상생활의 리듬을 정했으나, 무용과 음악, 주사위 도박, 전차 경주 등이 들어설 여유도 있었다.

초기 베다 시대의 사회는 노동 분업을 바탕으로 했으나, 완전한 카스트 제도가 나타나지는 않았다. 대장장이, 도공, 무두장이, 목조공, 수레 제작공, 세탁공, 염색공, 직공, 목공을 비롯한 다양한 종류의 수공업자가 있었다. 상방 이동이 불가능한 사회가 출현했다는 것은 다양한 집단이 관계(특히 신체적 접촉, 음식 공유, 혼인)를 규율하는 엄격한 규칙을 받아들였다는 뜻이었다. 특정 카스트로 태어난 사람은 죽을 때까지 그 카스트였으며, 집단 전체가 생활 방식을 바꾸거나 지도자가 변화를 명하지 않고서는 더 높은 지위를 획득할 수 없었다.

씨족 혹은 대가족은 초기 베다 시대 인도의 지배적인 사회적 집단을 형성했다. 사람들은 이동식 촌락(푸르)에서 가부장제 구조와 부계주의 구조를 갖추고 살았으나, 이를 제외하면 내부적 위계는 거의 없었다. 아들 출산은 엄청난 의미를 가졌으며, 유산은 아버지에게서 장자에게로 상속되었다. 여성은 의례에 참여했으며 제한적으로 교육을 받을 수 있었으나, 여성 사제는 없었으며 여성이 남편 없이 베다 의례를 수행하는 것도 허락되지 않았다. 남편과 사별한 여성은 재혼할 수 있었으며, 남편의 형제와 재혼(취수혼)하는 경우가 잦았다. 서티suttee[2]는 존재하지 않았다.(다만 12세기에 베다 구절에 관한 잘못된 재해석이 그 이후 이 풍습을 정당화하는 데 악용되었다.)[84] 일처다부제가 흔했고, 드라비다 남부의 특징적 관습인 사촌 간 혼인 또한 흔했다. 하라파의 수많은 여성 토기 인형이 숭배 대상이었다는 해석이 옳다면, 『리그베다』에서는 하라파 문화와는 대조적으로 여신이 두드러지는 역할을 담당하지 않았다. 『리그베다』에 포함된 수천 개의 찬가 중 단 열다섯 개만이 여성 신격에게 바치는 찬가다. 힌두 민족주의자들은 베다 시대에서 여성이 가졌던 지위를 이상화하고자 하나, 그래야 할 이유는 없다.

이러한 집단들의 지도자(라자rāja/라잔rājan)는 무엇보다도 군사적 권위를 가진 족장이었으며, 지도자의 임무는 부족(자나jana)을 보호하는 한편으로 거

2 남편이 사망하면 아내를 산 채로 같이 화장시키는 풍습이다.

대한 소 떼를 방목할 만한 토지를 정복하는 일이었다. 집단의 저명인사들이 집회(사바sabhā, 사미티samiti)를 개최하기는 했으나, 『리그베다』는 이 집회의 역할을 명백히 밝히지 않았다. 정착 생활 방식은 아직 관찰되지 않았다. 지도자는 집, 동물(주로 말과 소), 토지, 장식품, 인간(어린이, 여성, 노예) 등을 비롯한 전리품 일부를 보상으로 주었다. 무엇보다도 지도자라는 것은 곧 희생 제의를 주관한다는 뜻이었다. 족장은 이러한 역할을 두고 사제와 경쟁했으며, 이후에는 역할을 각자 명백하게 구분해 브라만은 지적·영적 권위를 맡은 한편, 왕은 희생 제의의 후원자로서 물리적 힘을 맡았다. 두 직위는 서로 의존적이었으며, 무엇보다도 복잡한 선물 체계와 서로 주고받는 공물 체계로 이어진 관계였고, 양측 모두 나머지 인구 집단을 억제하려는 공동의 관심사가 있었다.

신

신들은 사람들과 동행했으나, 인도아리아인은 신을 향한 여정을 떠나지 않았다.[85] 베다의 신들은 지구상의 어떤 특정 장소에도 매여 있지 않았다. 신들은 항상 방랑하는 존재였다. "그들은 잠을 잘 필요가 없으며, 지치지도 않고 여행했다."(『리그베다』 8.2.18) 그러므로 신들과 맞닿는다는 것은 곧 신성한 장소인 제단에서 기도로써 신들을 소환한다는 뜻이었다. 의례 영역인 이곳 외의 외부 세계에서는 모든 것이 적대적이고 모호하며 부정했다. 제단은 늘 새로 지어야 했고, 오래 지속되는 사원 건물은 아직 존재하지 않았다. 신들의 강림을 비는 기도 없이는 아무것도 제대로 되지 않았다. 희생 제의는 신을 불러내고 주문을 외우는 동안에 머무르게 하는 역할이었다. 불과 공물은 신성한 손님을 즐겁게 하기 위한 것이었다. 이러한 제사에서 신은 가까운 곳에 인간, 동물, 식물, 단어 또는 사물의 형상으로 자리해 있었다. 이 시점에서 신들은 아직 우상화된 그림이나 조각상으로 나타나지 않았다.

베다의 종교는 다신교였다. 전통적으로 신은 서른세 명이었으며, 이후 힌두교에서 3300만 명으로 늘어난다. 그러나 사실 신이 총 몇 명인지는 알 수 없는데, 신들은 저마다 수많은 이름을 가지며 대부분 다양한 영역의 활동을 관장하기 때문이다. 신들에게 각자 영향을 미칠 수 있는 주된 영역이 있다고 하더라도, 어느 신은 바람의 신이고 또 어느 신은 불의 신일 뿐이라고 규정할 수는 없다. 그러나 신들에게도 공통점이 하나 있었다. 이들은 모두 악마적 세력인 아수라阿修羅에게 맞서 한데 모였다.

이들의 만신전은 자연의 신과 질서의 신들로, 더 정확히 말하면 인도아리아인이 자주 마주쳤던 자연현상과 사회구조를 (어느 정도) 반영하는 도덕적·윤리적 원칙을 신격화한 신들로 구성되었다. 이 세계에는 신이나 악마에게 전할 수 있는 에너지와 힘 또한 존재했다. 예컨대 아그니(라틴어 이그니스ignis 참조)는 '불'의 신을 지칭하는 한편, 신성한 전령으로서의 사제와 의인화한 형태의 희생 제의 또한 가리켰다. 『샤타파타 브라마나』에 담긴 전설(I.4.1.10~13)에 따르면 불은 마타바스Māthavas 왕이 아그니가 좋아하는 정제 버터를 언급하는 『리그베다』의 구절에 관해 가정 사제의 이야기를 듣던 도중에 그의 입에서 떨어졌다고 한다.

『리그베다』에서 가장 많이 언급되는 신인 인드라는 '폭풍'을 비롯한 많은 것의 신이다. 그러나 그는 또한 번개를 든 자(바즈라vajra)이자 전쟁의 신, 우주의 통치자이기도 하며, 뱀 악마 브리트라Vritra를 번개로 무찌르고 막힌 물을 흐르게 해 오랜 가뭄을 끝냈다. 그의 역할은 신화마다 달라지며, 인간의 친구이기도 하고 동반자이기도 하며 왕이기도 하다. 하늘과 땅을 가르는 선을 늘 명백하게 그릴 수 있는 것은 아니다. 몇몇 찬가는 소마의 취기 속에서 지은 것이 분명해 보인다. 소마는 북부 산간 지역에서 환각 작용을 일으키는 버섯으로 만들었을 것으로 추정되는 음료다. 『샤타파타 브라마나』(VI.1.1.2)에서 말했듯이 "신들은 이해할 수 없는 것을 좋아한다." 인드라는 베다 의례에 사용되었던 이 묘약을 좋아하는데, 여기에서는 소마의 효과가 다소 다르게 묘사되어 있다. 이를 마시면 감각을 날카롭게 가다듬을 수 있고, 전쟁에서 기민하고 용감해지며, 시인에게 영감을 불어넣어 준다고 한다.[86]

1000개의 문과 기둥이 있는 황금 천당에 오른 신성한 질서와 진실(리타rta)의 신 바루나는 개념이 신격화된 경우다. 바루나는 윤리 원칙이라는 점에서 로마의 여신 빅토리아Victoria 또는 유스티티아Justitia와 비교할 수 있다. 때때로 바루나는 통치권을 두고 인드라와 경쟁하는데 전자는 도덕을, 후자는 폭력을 수단으로 삼는다. 이 시점에서는 위계가 거의 존재하지 않았고, 인드라, 바루나, 프라자파티Prajāpati, 아그니의 지위가 두드러지기는 했으나 그 누구도 대군주는 아니었다. 창조의 신도 여러 명이었다. 희생 제의의 주인 브라흐마Brahmā와 브리하스파티Brihaspati, 신성한 설계자 비슈바카르만Vishvakarman, 조물주 다크샤 프라자파티Daksha-Prajāpati 등이 창조신으로 여겨진다. 어떤 신은 사실상 인간이었다. 푸루샤는 '인간'이자 원시적 존재였고, 최초의 '인간'이자 인류의 선조였던 마누Manu도 마찬가지다. 야마Yama는 죽은 자들의 통치자이지만, 신들 중 최초의 인간이기도 했다. 브라마나 사제 또한 인간이지만 베다의 화신이자 그 자체로 '인간 신'으로 여겨진다. "진실로, 신에는 두 종류가 있다. 신은 전적으로 신이고, 신성한 지식을 연구하고 가르치는 브라만은 인간 신이다."(『샤타파타 브라마나』 II.2.2.6) 신들은 동물, 나무, 식물, 바위의 모습을 할 수도 있었다. 생기 없는 힘이나 능동적 힘이 될 수도 있으며, 때로는 자애롭고 때로는 적대적이어서 거의 변덕스러울 정도였다. 이런 신성한 힘에는 생명과 영생의 묘약 소마, 마뉴manyu(문자 그대로 '전쟁의 격노'), 타파스tapas('열기', 열정, 힘, 고행), 테자스tejas('빛', 열기, 초점, 에너지), 마야(신비로운 힘, 이후 '환상'), 타크만takman(열) 등이 포함된다.

그러므로 고대 인도인은 신을 '너you'로 지칭해야 하는지 혹은 '그것it'으로 지칭해야 하는지에 관한 마르틴 부버Martin Buber의 질문에 답할 수 없다. 신은 인간화된 형태를 취할 수 있지만, 반대로 인간이 아닌 형태가 될 수도 있었다. '브라흐만Brahman(범梵)'은 베다 경전을 지칭할 수도 있고 추상적 어구일 수도, 혹은 가장 높은 보편적 원리와 최고신을 지칭할 수도 있다.(후자의 경우에는 브라흐마로 부르는 편이 더 흔하다.) 같은 맥락으로 샤크티는 더 후대의 역사에서 여신 또는 (여성의) 권력을 지칭했다. "희생 제의, 개인의 제의 행위, 행위 일반, 지식, 재능과 능력, 우주적 힘과 종교적 힘, 광활한 세계, 시간, 욕망, 분노, 잠, 명예, 우정, 진실, 아름다움, 탄생, 노령, 죽음, 의례 행위, 속담, 운율. 한마디로 이름을 가진 모든 존재는 자주적 실재이자 구체적 사물로 이해하고 인간으로 대하며 힘으로 숭배할 수 있다."[87]

이러한 신앙 구조에서는 제사 자체가 행위자가 되어 도망가 버릴 수도 있고, 집이 주인이 돌아올까 봐 두려워하며 떨 수도 있다. 도둑질 또는 모종의 악행, 혹은 진실과 명성, 권력 등도 몸체를 가지거나 버릴 수 있다. 신체적 접촉은 감염의 위험을 무릅써야 하는 행위가 된다. 칼을 쥔 사람이 아니라 칼 '스스로' 힘을 지배해 무언가를 베거나 죽일 수도 있다. 이 세계에서 권력과 권위는 초자연적 존재의 내재적 형태다. 그러므로 사람들은 무엇이 작동하는지 정확하게 알지도 못하는 채로, 호령하고 싶은 그 다양한 힘에 맞서 자기 자신을 보호하고자 했다. 언제든 신들에게 잘 보여야 했던 것이다.

이처럼 신을 능동적 힘으로 보는 관점은 우파니샤드의 일체 교리 및 제사 의식주의의 밑바탕이 되었는데, 각각 하나와 여럿에 초점을 맞춘 시각이라고 할 수 있다. 최고 권력이 다수의 존재로 개념화되고 신들도 전능한 존재가 아니라고 보는 경우에는 굴복과 순종이 아니라 기회를 포착하는 것이 무엇보다도 중요했다. 신과 인간의 운명을 무엇이 결정하는지 알 수 있다면 철학, 영성, 유신론, 예배, 또는 (흔히 그러하듯) 의례를 수단으로 해서 최고의 힘과 연합할 수 있다.

신들의 사적이고 개별적인 특징은 『리그베다』에서 거의 찾아볼 수 없다. 반면에 이 신들의 활동은 찰나의 순간이나 짧은 기간일지언정 명백하게 드러난다. 이와 관련된 맥락에서 고전주의 철학자 헤르만 우제너Hermann Usener(1834~1905)는 (그리스-로마 신화 세계와 관련해) '순간의 신들Augenblicksgötter'이라는 현상을 논했다. 다시 말하면 신들에게는 가정생활이 거의 없고, 친족 관계는 그들의 정체성과 마찬가지로 불분명한 데다 계속해 변화한다. 예컨대 사라스바티는 모든 강의 여신과 마찬가지로 의인화된 신이었으나, 동시에 신성한 강이기도 했다. 우샤스Ushas는 태양의 어머니이자 태양이 사랑하는 자였고, 번영의 여신 슈리Shrī는 단독으로 '대지'의 여신이 되기도 하나 비슈누Vishnu 또는 아그니와 함께하기도 한다. 어떤 경우에도 "영혼과 물질, 생물과 무생물, 인간과 비인간, 추상abstracta과 구체concreta, 또는 본질과 우연한 특질, 과정, 조건"을 구분하지 않았다.[88] 신이 정말 존재하는지에 관한 질문은 언급조차 되지 않았다.

신과 인간 모두에게 적대자인 영혼과 악마들도 있었다. 아프사라Apsara(물의 정령), 간다르바Gandharva(공기 또는 빛의 악마), 락샤사Rākshasa(악한 정신), 피샤카Pishāca(시체 악마), 특히 강력한 뱀 악마 브리트라와 사실상 신의 대적자 또는 타락한 신으로 볼 수 있는(『아베스타*Avesta*』에서는 아직 선한 존재로 등장하는) 아수라가 그러했고, 신성한 세계에 적대적인 (인간의) 어둠의 힘인 다슈/다사스는 두말할 것도 없었다.

그렇다면 신들과 적대 세력 간의 전투, 신성한 통치의 형태, 다양한 집단이 맺은 동맹 관계, 압도적인 자연의 힘, 신들 간의 끊임 없는 동요 또한 부족들의 삶을 지배하는 뚜렷한 권위자가 없는 상황에서 사람들 사이에 벌어졌던 사회적·경제적 상황을 표현하는 것으로 볼 수 있을 것이다. 이 세계에서 신들은 불운을 피하기 위해 알아야 할 다면적 힘이었다. 신들은 인간을 도왔을 뿐만 아니라, 나아가 제약과 적대적 행동을 직접 당하기도 했다. 신들은 저마다 개인적 특성을 가졌으나, 동시에 자연현상, 돌, 동물, 식물, 인간의 형상으로 나타난 실체들이기도 했다. 중기 베다 시대에서 그토록 열성적으로 추구했던 다양성 너머의 일체는 이 시점에서는 아직 시작 단계에 지나지 않았다. 신들은 강하기도 하고 약하기도 하며, 죽기도 하고(『샤타파타 브라마나』 XI.1.2.12), 제사 공물을 먹어야 한다. 이로 인해 상호 의존이 발생했으며, 그리스인의 표현을 빌리면 히브리스를, 즉 신들을 규율하는 법칙을 알면 신에게 명령을 내릴 수 있을 것으로 생각하는 '가정' 또한 생겨났다. '이를 아는 자(야 이밤 베다 ya evam veda)'는 세계와 신들을 지휘하는 표준 공식이고, '지식', 즉 베다는 마법의 주문이다.

의례

베다의 제사 의례는 신들에게 바치는 공물이자 힘의 전달, 공동체의 구축이며, 때로는 일종의 도 우트 데스(네가 주면 나도 준다.)라는 원칙에 입각한 마법적 뇌물이다. 고대 인도인의 관점에서 보자면 더 나아가 '모든 것(이담 사르밤 idam sarvam)'이었다.[89] 희생 제의는 이곳의 세계와 저 너머의 세계가 만나는 대표적 장소였다. 칼라소가 섬세한 관찰을 통해 지적했듯이 지금까지 의례를 중시하는 사회(예컨대 고대 로마)는 많았으나, "베다인의 사고에서 최고의 초점은 의례 자체에 맞추어져 있으며, 추후의 목적을 위한 것이 아니었다. 모든 것의 정점인 브라만을 생각한다는 것은 곧 브라만이 된다는 뜻이다."[90]

초기 베다 시대와 중기 베다 시대에는 수많은 의례가 존재했는데, 특정 의식이 언제 처음으로 시작되었는지 밝히기는 어렵다.[91] 불의 제사(야즈나, 호마)가 열렸으며, 특히 매일 두 번씩 공물을 바치거나(아그니호트라), 동물 공희를, 심지어는 드물게 인신 공양을 하는 경우도 있었고 소마 음료를 이용하기도 했다. 중기 베다 시대부터는 집집마다 가장과 아내가 제사를 지냈으며, 때때로 가정 사제가 제사를 모시는 경우도 있었다. 이러한 제사는 출생, 입문, 혼인, 죽음과 같은 변화를 기념하거나, 단순히 아침저녁으로 시간의 흐름을 기념했다. '공개적' 희생 제의(슈라우타)는 오직 브라만 사제만이 지낼 수 있었는데, 극단적인 경우 최대 열일곱 명까지 참여할 수 있었으며 부유한 제사 후원자(야자마나yajamāna)에 의해 참여하는 경우가 일반적이었다. 의례를 올바르게 수행하려면 문헌에 관한 전문 지식, 많은 수의 전문가, 풍부한 제물이 필요했다.

희생 제의를 지낼 이유는 늘 많았다. 보름달 혹은 초승달이 뜰 때, 봄이 시작될 때, 우기와 한파가 왔을 때, 땅을 처음으로 경작할 때, 혹은 추수할 때도 제사를 지냈다. 영생을 얻거나 내세에서 두 번째 죽음을 모면하는 것이 주된 목적이었으나, 건강과 가축, 재산을 지키거나, 악행을 속죄하거나, 적군이 해를 입도록 기원하는 목적으로도 희생 제의를 올렸다. 특별한 의례로는 독립적으로 지내는 베다 입문식(디크샤dīkṣā)과 왕 즉위식(라자수야)이 있었으며, 여기에는 말을 1년 동안 자유롭게 돌아다니도록 풀어 둔 뒤 죽여 공물로 바치는 의식(아슈바메다)이 수반되었다.

대부분의 의례는 불을 수단으로 삼아 진행되었다. 불은 고대 인도의 사회적·종교적 생활에서 핵심 역할을 담당했다. 불은 난로이자 희생제를 지내는 제단이었고, 하나 또는 여러 개의 불을 피운 뒤 그 주변으로 제사 장소를 마련했다. 대규모 의례에는 불의 제단 세 개가 사용되었는데, 서쪽의 원형 제단에서는 공물을 요리했고(가르하파티야gārhapatya), 직각의 제단에서는 공물로 바칠 쌀을 익혔으며(아하바니야āhavanīya), 남쪽의 반원형 제단에서는 해로운 기운

—— 현대에 재현한 새 모양 불의 제단(아그니카야나)의 부속품. 이러한 형태의 제단 건축은 주요 베다 의례 중 하나였다. 2011년에 촬영한 이 사진은 마하라슈트라에서 아그니카야나 의례를 준비하는 모습을 담고 있다. 벽돌 주형과 냄비, 숟가락을 위시한 다양한 물건을 볼 수 있다. (Wikimedia Commons, © Sreejith K)

을 피하기 위해 불을 피웠다(다크시나그니dakāiṇāgni). 가운데에는 사제와 신이 만나는 성지(베디vedi)가 자리했다. 모든 것은 제사를 위해 발달한 기하학 규칙에 따라 정확히 측정하고 배치되었다. 제단의 규모는 매우 클 수도 있었는데, 예컨대 아그니카야나에서는 희생자가 높이 날아올라 천계에 이를 수 있도록 거대한 새를 본뜬 제단을 지었다.

다수의 제사 도구 및 예기를 베디에 준비해 두어야 했는데, 여기에는 정제 버터를 불꽃에 부을 때 사용하는 중요한 제례용 숟가락이 포함되었다. 정 중앙에는 기둥을 세워 놓고 공물로 바칠 동물을 매어 두었다. 모든 의례 행위에는 진언과 탄성이 함께했는데, 이렇게 해야 효과가 있다고 보았다. 우유, 보리, 쌀, 기ghee 버터 등의 음식이나 살아 있는 제물 등 무엇을 공물로 바치든, 그 일부는 신에게 보내는 연기가 되어 피어올랐다. 마지막에는 사제에게 보수(다크시나dakṣiṇā)를 건넸다.

중기 베다 시대에는 브라마나 문헌에서 불의 제사를 이용한 숭배 의례를 정립했다. 제의를 구상하는 방식에도 근본적 변화가 생겼다. 희생 제의 자체와 그 희생 제의를 지내는 자를 동일시하게 된 것이다. 최초로 희생 제의를 올렸던 프라자파티는 자기 자신을 바쳤고, 이 신성한 행위를 통해 자신을 해체하고 재구성해 세계를 창조했다. 이러한 관점에서 자아실현과 창조는 불가분의 융합을 이루었다. 그러나 본질적으로 희생 제의에는 프라자파티를 비롯한 신을 희생할 필요가 없었고, 인간을 희생할 필요도 확실히 없었다. 희생은 자연법칙으로, 그 자체로서 존재했다. 또한 자주적 힘으로서 사람들에게 일종의 위험을 보여 주었다. 희생에 (브라마나 문헌에서 정의한 대로) 위험, 영생, 불멸이 가득함을 아는 자는 자기 힘으로 영생을 얻을 수 있었다. 이러한 틀에서 희생을 지식(베다)과 동일시할 수 있게 되었다. 신들은 가장 먼저 지식을 획득하고 이를 바탕으로 희생 제의를 올려 영생을 얻었으며, 이것이 그들의 자아(아트만)가 되었다. 본래 신들은 인간과 지식을 공유하는 것을 부담스러워했다. 그러나 선지자들이 그 지식을 발견하고 이를 누릴 가치가 있는 집단에, 즉 브라만에게 전승했다. 오늘날 브라만은 이를 아버지에게서 아들에게로 전승해야 한다는 책임을 지고 있다.

희생=지식=영생=프라자파티(신)라는 등식이 마침내 그 한계점으로 '인간, 사람'까지 이어졌다. "진실로, 인간이 곧 희생이다." 브라마나는 이를 여러 차례 천명했다. 그러나 그 어떤 인간도 자연적으로 (태어날 때부터) 희생인 것은 아니었으며, 스스로 이러한 공물이 되어야 했다. 다시 말해 이러한 봉헌과 자신을 의례적으로 동일화해야 했다. "희생하기 전의 인간은 실로 태어나지 않은 존재다. 알을 깨고 나오듯, 인간은 희생을 통해 태어난다."(『자이미니야 우파니샤드 브라마나*Jaiminīya-Upanishadbrāhmana*』 III.14.8) 논리를 따라가 보면 인간이 (자연적인) 탄생만으로 희생이 될 수 있다면 희생 또한 필멸할 것이다. 그러나 사실 희생은 만물과 동일하기에 불멸의 신들과도 동일하다. 이처럼 필멸하는 인간과 불멸의 존재 사이의 일체성이 던지는 수수께끼는 고대 인도인들도 무시하지 못했다. 이는 의식 수행을 통해서만 해결할 수 있었다. 아들이 아버지를 따른다기보다는 아버지와 일체화하는 것이다. 입문식은 정확히 이를 위해 정교한 상징적 수단을 이용한 무대를 제공한다. 이에 따라 희생 제의의 정당성은 계보와 연결되었고, 이를 둘러싼 지식 총체는 부족 또는 가문 내에서만 전해졌다. 지식은 독점되었고, 입문을 하지 않은 평범한 사람들의 세계와는 단절되었다.

브라마나 문헌에서 제시한 동일화와 관련된 사항 중 희생자를 희생과 동일화하고 나아가 지식(베다)과 동일화하는 것은 엄청난 결과를 가져왔는데, 희생을 사회적 생활과 분리하고 내면화한다는 뜻이기 때문이었다. 이는 곧 궁극적으로 금욕주의적 수행을 통해 실제 희생 제의 수행을 포기한다는 뜻이기도 했다. 고대 인도의 종교는 시간이 지날수록 두 갈래를 따라 발달했다. 한편에서는 베다 의례가 점점 더 복잡해져 그 자체로 하나의 학문이 되었고,[92] 다른 한편에서는 힌두교와 불교, 자이나교의 금욕주의 운동이 의례를 벗어나고 결국은 초월하게 되었다.

얀 헤이스테르만Jan Heesterman(1920~2014)은 희생과 자아의 근본적 등식이 브라만-산스크리트 힌두교에서 희생 제의 자체뿐만 아니라 구원 교리의 현저하게 개인주의적인 본질을 이해하는 열쇠라고 논했다. "희생자는 희생 제의의 유일무이한 주인으로서 필멸의 세계에서 자주독립 상태로 (이 맥락에서는 '희생'과 '행위'를 의미하는) 카르만karman을 수행한다. 그의 카르만은 그 자신의 내면에 있다. 자신의 카르만을 통해 정립한 제화祭火는 자기 내면의 자아와 동일하다. 필멸의 세계로부터 독립했으므로 이를 멸할 수도 없고 빼앗을 수도 없다. 이로써 불, 자아, 영생이 불가분으로 연결된다."[93]

베다는 엄청난 역사적 의의가 있는데도 오늘날 거의 알려지지 않았다. 또한 많은 측면에서 점점 비활성화되고 단순한 징후로 전락하고 있다. 우파니샤드를 제외한 『리그베다』 및 기타 베다 문헌의 글들이 어떤 뜻인지 말할 수 있는 힌두교도는 거의 없다. 같은 이유로 베다의 관념을 핵심으로 삼는 종교의식은 사실상 더는 없으며, 베다의 구절을 진언으로 암송하기는 해도 사제들조차 그 구절의 의미를 잊었다. 그런데도 대부분의 힌두교도는 베다를 힌두교의 핵심 상징으로 여긴다. 철학자이자 전 인도 대통령인 사르베팔리 라다크리슈난Sarvapelli Radhakrishnan(1888~1975)의 말을 바탕으로 한 인도 대법원 판결에 따르면 힌두교는 "베다를 공경하고 받아들이며, 구원에 이르는 길이 여러 가지라는 사실을 인정하고, 숭배할 신이 많을 수 있다는 진실을 이해하며, (신

의 수가) 정해진 어떤 철학적 개념에 매어 있지 않다는 점"으로 정의된다.[94]

전환

기원전 6세기 말에 베다 문화는 북부 인도 전역과 갠지스 평원에 전파되었으며 그 과정에서 거대한 변화를 맞이했다. 초기 베다 시대의 반유목민 목축 생활은 후기 베다 시대에 들어 정착 형태의 사회조직으로 대체되었다. 부족 왕국이 최초의 영토 왕국에 길을 내주었고, 밀 대신 쌀을 재배하기 시작하면서 생존 수준의 농경이 잉여 생산으로 대체되었다.

기원전 제1천년기 동안에 베다 인도인은 대체로 평화적인 방법을 통해 거주 영역을 확장했으며, 동쪽으로 펀자브에서 갠지스 평원으로 이동해 북부의 빽빽한 덤불과 숲(간다라, 카슈미르, 네팔)에까지 이르렀으며 남쪽으로도 이동했다. 여기서 이들은 여전히 신석기시대의 수렵·채집민 관습을 이어 나가던 집단들과 마주했는데, 이들의 문화는 이른바 검은 분장 도기Black-Slipped Ware 및 검붉은 도기Black-and-Red Ware와 독특한 건물 구조로 알아볼 수 있었다. 『아타르바베다』에서 카시(바라나시)는 여전히 불결한 이방의 영토로 나오고, 마가다도 마찬가지였다. 동부에 사는 이들은 '이방인'이자 악인으로 묘사되었다.

초기 베다 시대가 도시화된 생활양식을 영위했다는 증거는 없으나, 확장 이후의 사회는 대체로 도시적이었다. 적어도 2층 건물이 존재했으며, 요새화한 거주지를 꽤 거대한 규모로 조성하기도 했다. 시간이 흐르면서 제2차 도시화의 물결이 시작되었다.(제1차는 하라파 문화의 도시들을 가리킨다.) 원전에는 십육대국十六大國(마하자나파다)의 이름이 등장하며, 그중 몇몇은 다른 몇몇을 지배하기도 했다. 이 시기에 이르자 노동 분업이 일반적으로 자리 잡았고, 원거리 지역 간 무역도 이루어졌다.

고정된 영토가 없는 부족들은 초기 베다 시대에 걸쳐 번영했다. 그러나 중기 베다 시대가 되자 군주가 등장했으며, 영역dominion을 다스리기 위한 거대한 행정 기구와 군사 기구가 생겨났다. 파리크시트Parikshit 왕이 다스린 쿠루는 이러한 종류로는 최초의 국가로 볼 수 있다. 이 통치자는 베다 경전이 성립하는 데 주요 역할을 담당했다. 이때부터 왕은 질서의 수호자이자 제사를 주관하는 최고 행정관이 되었으며, 추수세와 제사 공물을 거둘 수 있었다. 후기 베다 시대에는 왕과 브라만 사제의 관계가 힌두 국가의 독특한 특징으로 자리를 잡았다. 물론 족장 사회 또한 군주제와 함께 계속해 존재했다.

초기 베다 사회는 전혀 평등하지 않았으나 비교적 위계가 적었고, 베다 시대의 끝에 접어들어 계급, 길드, 카스트가 생겨나면서 위계적 사회질서가 출현했다.

종교 생활은 다원성이 특징이었으며, 브라만-산스크리트 베다 기반의 힌두교부터 의식 수행에 비판적인 새로운 운동까지 망라했다. 새로운 신들 또한 출현했으나, 적어도 브라만 사제를 고용한 왕이 지배하는 영역에서는 베다 신격에 대한 숭배가 최고 우위를 차지했다. 이곳에서는 의례가 일상적 활동을 비롯해 생활의 모든 면을 관통했다.

불교와 자이나교를, 그리고 특정 분파의 힌두교를 낳은 거대한 금욕주의 운동은 무엇보다도 잉여농산물 덕분에 시작될 수 있었다. 이때가 되어서야 젊은 남성 인구 중 상당한 비율이 유랑 단체와 파벌을, 그리고 사회 전반의 지원을 받는 수도원 등을 조직할 수 있었다. 불교는 출생지나 다름없는 도시에서 벗어났으나, 도시는 계속해 운동을 물질적으로 지원했다.[95] 부처와 마하비라는 기존의 관습을 비판한 이들 중 가장 잘 알려진 인물이자 새로운 종교의 창시자들이다.[96]

다수의 유적지에서 후기 베다 시대의 유물들이 발견되었으나, 이 발견들은 이들의 문화에 관한 우리의 이해도에 별다른 도움이 되지 않았다. 수많은 금속 물체와 도기들이 복원되었으나, 이를 인도아리아인의 것으로 보거나 그 의의를 판단하기는 어렵다. 이를 두고 우핀더 싱Upinder Singh은 적절한 질문을 던졌다. "물질문화(특히 도기)와 역사적으로 알려진 인구 집단 사이의 연결성은 어떤 근거를 바탕으로 도출해야 하는가? 분명 도기 문화를 특정 언어 집단, 민족 집단, 혈연 또는 정치적 단위와 기계적으로 동일시할 수는 없다. 유사한 수공예품의 확산은 민족의 이동보다는 수공예 전통의 확산 또는 교역과 관련되어 있을지도 모른다. 역사학자와 고고학자들은 도기 전통의 연속성과 변화를 근거로 역사적 추론을 내놓기에 앞서 이러한 사실을 어떻게 해석할 것인지에 관해 더 명료한 방법론을 마련해야 한다."[97] 방법론적 의구심이 명백히 해결되지 않는 한 인도아리아 문화의 베다 시대는 고고학적 측면에서 앞으로도 기이하리만치 모호하게 남아 있을 것이다.

4 국가 구조와 금욕주의 운동

기원전 600년 무렵~기원전 200년 무렵

대략 기원전 제1천년기 중반부터 시작된 남아시아 '축의 시대Axial Age'[98]에서 불교 및 자이나교와 같은 은둔하는 금욕주의 종교가 출현한 계기는 무엇이었을까? 점점 더 확고해지는 정착 생활양식과 노동 분업, 왕국의 부상, 잉여농산물 때문이었을까? 혹은 베다-브라만 문화가 발전해 이러한 종교들이 탄생한 것일까? 불교는 얼마나 보편주의적이었을까? 불교는 옛 의례주의에 대한 '반목'을 대표할까, 아니면 독립적 현상이었을까? 종교는 어떻게 확산되었을까? 마우리아 제국(320~185 BC)의 역할, 그리고 특히 역사적으로 유일무이한 지도자 아소카의 역할은 무엇이었을까? 아소카는 불교도였을까? 과연 당시에는 브라만 문명과 비브라만계 문명(예컨대 대大 마가다)이 존재했고, 그 궤도에서 불교가 출현했을까?

최초의 왕국

막스 베버가 정의했듯이 국가란 "주어진 영토 내에서 정당한 물리적 힘의 사용을 (성공적으로) 독점하는 인간 공동체," 다시 말하면 "인간이 정당한 (즉 정당한 것으로 간주되는) 폭력을 수단으로 삼아 인간을 지배하는 관계"다.[99] 이러한 권력관계는 상대적으로 정의된 영토, 스스로 어느 정도 단일한 집단으로 여기는 인구, 권력과 인구를 보호하는 군사 기구를 전제로 한다. 더 넓은 의미의 국가에는 일반적으로 비교적 인구밀도가 높은 도시, 노동 분업과 계층이 생긴 사회, 대개 한 사람을 중심으로 하는 뚜렷한 정부 구조, 세금과 조공을 거두는 행정 체계, 물물교환 경제에서 화폐경제로 어느 정도 전환된 상태가 포함된다.

초기 베다 문화와 중기 베다 문화에는 국가 구조가 부분적으로만 존재했다.[100] 대개는 족장이 있는 부족 왕국(가나/상가)이 아직 형성 단계의 국가와 나란히 존재했다. 이러한 공동체는 대부분 산 가까이에 또는 산속에 자리했고, 공동체 내에서 태어나는 사람이 곧 공동체의 일원이라는 독특한 특징이 있었다. 계급 대신에 상대적으로 평등한 구조가 일반적이었으나, 농노, 노예, 성별 기반 위계 또한 존재했다. 때로는 '공화국'으로도 불렸으나, 민주주의적 조직 형태가 입증된 적은 없다. 부족장의 지위는 세습되지 않는 경우도 있었으나, 분명한 정부 구조(종종 과두정)가 성립했다. 결정은 집회(상가, 사바)에서 내렸다.

브리지Vrijis 연맹과 브리슈니인Vrishnis처럼 때때로 여러 부족 왕국이 연맹으로 묶이기도 했다. 처음에는 인도아리아어를 거의 사용하지 않았던 이 공동체들은 베다와 베다 의례를 거부한다는 공통점이 있었다. 공동체 내에서 인도아리아어를 사용하는 소수의 인구 집단은 베다를 경멸했다.

중기 베다 시대와 후기 베다 시대에는 행정 기구를 갖춘 인도아리아인의 고향 땅인 자나파다(영토적 개념으로, 문자 그대로의 뜻은 '부족의 발자취')가 처음으로 출현했다. 이 발전으로 인도에서 최초의 국가가 탄생했으며, 뒤이어 도시화로 이어졌다.[101] 이러한 공동체에서 통치권은 대개 맏아들에게 왕권이 주어지는 장자상속을 원칙으로 해서 세습되었다. 예컨대 (오늘날의 아프가니스탄과 펀자브 지역 사이의 북서부 영역인) 쿠루-판찰라 지역을 다스린 왕국처럼 중기 베다 시대의 이러한 왕국과 연맹은 경계가 분명한 영토를 다스렸다. 여기서 푸줏간, 목수, 전차공(슈타sūta), 가정 사제(푸로히타), 회계사, 세금 징수인 등의 전문 업자(라트닌ratnin)가 생겨났다. 팔리 삼장을 통해 입증된 다른 직업군으로는 의사, 필경사, 배우, 고수, 그리고 수레 제작공, 상아 조각공, 대장장이, 도공

등을 비롯한 수공업자가 포함되었다. 이들 중 몇몇 집단은 길드를 형성했다. 국가의 지배력은 기원전 제1천년기 후반부에 들어서야 생활의 더 많은 영역과 토지 전역에 걸친 많은 권력 거점을 포괄하게 되었다.

자나파다는 무엇보다도 정착 생활양식이 특징적이었던 반면에 부족 왕국은 대개 반유목 생활을 했다. 초기 베다 시대에 '순회 유랑'을 뜻했던 그라마라는 단어는 이제 촌락을 의미하게 되었고, 마찬가지로 그라민grāmin 또한 순회 유랑 집단의 지도자가 아니라 마을의 주인 또는 지도자를 뜻하게 되었다. 계급사회가 출현했는데, 상층에는 학식 있는 종교 귀족(브라만)과 전사 귀족(크샤트리아)이 있었고, 하위 두 계급으로는 상인 및 농부(바이샤)와 농업 노동자 및 비숙련 노동자(수드라)가 상위 계급을 위해 일했다. 이처럼 새로운 배열 안에서 브라만과 크샤트리아는 각자 종교적 권력과 세속적 권력을 대변했으며, 종종 서로 우위를 다투었다.

이와 같은 여러 형태의 통치권에 대해서는 두 개의 대서사시 『마하바라타』와 『라마야나』에서 드러난 두 가지 유형의 왕권을 예시로 살펴볼 수 있다. 하나는 정의로운 통치자(다르마라자dharmarāja, 정법왕正法王)로 브라만적인 성향이 더 강했으며 세속적 일과 거리를 두는 경향이 있었다. 다른 하나는 군림하는 통치자(차크라바르틴, 전륜성왕)로 성질이 더 호전적이었으며 말 희생제(아슈바메다)로 영토의 한계를 표시했다. 제프리 새뮤얼Geoffrey Samuel은 차크라바르틴이 시골 지역에 드문드문 흩어져 살며 소 목축을 바탕으로 하는 사회를 다스린 한편, 다르마라자는 이미 정착 생활이 자리 잡은 일종의 사회조직에 속했을 것으로 보았다.[102] 분명 차크라바르틴 유형의 통치자는 쿠루-판찰라 지역에서 맹위를 떨치고, 다르마라자 유형은 (덧붙이자면 불교가 발달한 곳인) 중부 갠지스 평원에서 보일 가능성이 더 컸다.

중기 베다 시대와 후기 베다 시대에는 촌락, 마을 또는 시가지,(모두 그라마로 불렸다.) 소형 도시(나가라), 지역 시장(니가마nigama), 그리고 왕실이 자리한 수도(마하나가라mahānagara)까지 네 종류의 주요 촌락이 존재했다.[103] 오래지 않아 더 거대한 왕국(마하자나파다)이 다수의 부족 왕국을 아우르는 형태도 발달했다. 하스티나푸르와 인드라프라스타(오늘날 델리의 한 구역)를 비롯한 도시

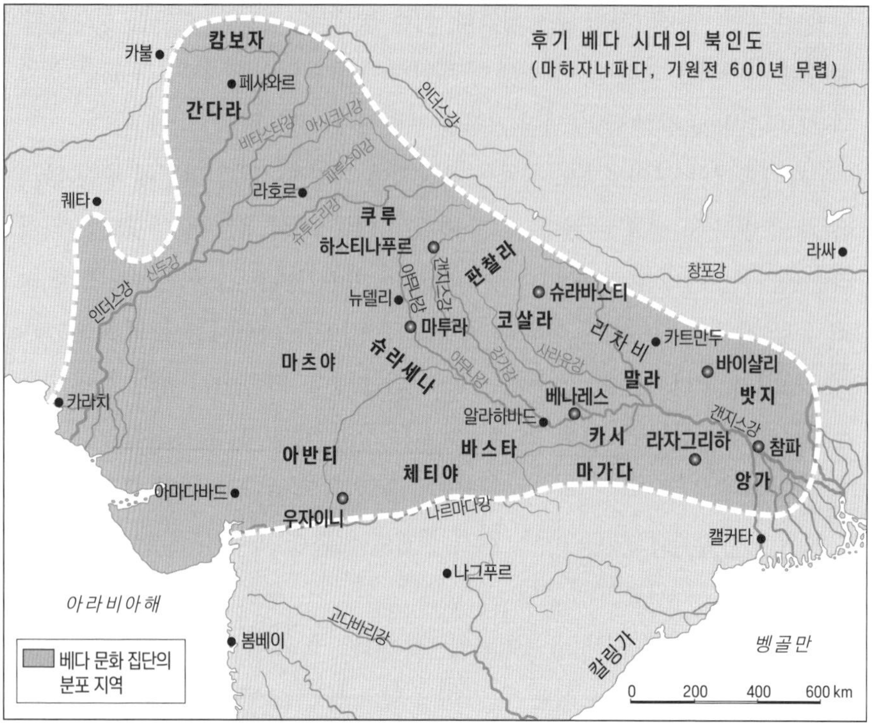

—— 후기 베다 시대의 북인도.

또한 출현했는데, 이 도시들은 『마하바라타』에 등장하는 적수 카우라바인과 판다바인이 살았던 두 수도다. 남쪽으로는 강력한 마가다 왕국과 그 수도인 라자그리하[3]가 있었고, 동쪽에는 비데하 왕국과 그 수도인 미틸라가 있었다. 북쪽에는 바이샬리에 수도를 둔 리차비 왕국이 곧이어 출현했고, 남서쪽에는 (카우샴비를 수도로 하는) 작은 왕국 밧사와 경제적으로 중요한 도시인 파탈리푸트라(오늘날의 파트나)가, 그리고 갠지스 평원 중부 코살라 왕국의 수도 슈라바스티도 있었다. 마찬가지로 앙가 왕국의 수도 참파, 라즈가트/베나레스와 우자이니(오늘날의 우자인)가 주요 도심지로 성장했다. 중기 베다 시대와 후

—— 3 오늘날 인도 비하르주의 도시 라즈기르로, 한역漢譯된 불경에서는 왕사성王舍城으로 표기한다.

기 베다 시대에는 이런 지리적 공간이 팔리 삼장에 맥락을 제공했다. 팔리 삼장은 가우타마 붓다Gautama Buddha의 가르침을 일관성 있게 담은 가장 오래된 문헌이자 당대에 관한 가장 중요한(그러나 늘 신빙성이 있지는 않은) 원전이다.

새로운 왕국들은 하라파 문화 이후 일어난 두 번째 도시화의 물결을 대표한다.[104] 우자이니, 카우샴비, 라자그리하, 참파와 같은 도시들이 주요 상업 중심지로 거듭났을 가능성이 크지만, 이 가설을 입증할 수 있는 증거는 거의 없다. 어쨌든 이 도시들은 하라파 도시의 설계를 따르지 않았다. 대부분의 경우 건물은 굽지 않은 벽돌로 만들었다. 대규모 거주지나 구조물은 없었으나 성문과 성벽으로 방어를 꾀했고, 말과 황소가 끄는 수레가 다닐 수 있을 만큼 넓은 길거리가 존재했다.

잉여 식량으로 도시 생활을 할 수 있게 되었다. 팔리 삼장에서 재산의 주된 원천은 농경이었다. 갠지스 평원의 촌락은 논과 이모작이라는 두 가지 주요 변화와 관련이 있다. 이러한 농경 방식에는 곡식의 파종, 이식, 수확뿐만 아니라 나아가 유수 설계, 배수 및 단지 형성에 대한 전문 지식이 필요했다. 관개 체계는 부분적으로 국가가 관리했다.

철기 또한 이 시대의 혁신 중 하나다. 기원전 제2천년기부터 철기 도구를 사용했다는 점이 최근의 연구를 통해 밝혀졌다. 6세기에 이르자 남아시아 전역에서 철기를 사용하게 되었다.(서양에서 유입된 것은 분명 아니었다.)[105] 그러나 학자들은 괭이, 칼, 창끝, 도끼, 낫, (입증된 경우는 단 한 번뿐인) 쟁기를 비롯한 철기의 의의를 오랫동안 과대평가해 왔다. 애초에 이러한 도구가 있었으므로 갠지스 평원을 개간할 수 있었고, 그 덕분에 잉여농산물을 생산할 수 있었으며, 이로 인해 마침내 대규모의 종교적·사회적 변화가 일어났다는 것이 기존의 가정이었다. 그러나 마칸 랄Makkhan Lal[106]은 농경 기술과 사회종교적 변화의 직접적이고 우연한 연결성이 언제나 유효한 것은 아님을 보여 이러한 가설의 오류를 밝혔다. 사실 식민지 시대 이전에는 갠지스 평원에서 개간이 이루어지지 않았으며, 두 번의 수확으로 인해 늘어난 연간 생산량은 정치적 요인으로 인한 결과일 가능성이 크다. 고고학자들은 이른바 북방 흑색 연마 도기 문화의 베다 인도인들이 살았다는 영토에서 철기를 더는 발견하지 못하고 있다.[107] (도기의 흑색은 숯 또는 철에서 얻은 색이었다.)[108] 그렇다면 철기는 도시화에서 결정적 역할을 담당하지 않은 셈이다. 게다가 철제 쟁기가 나무 쟁기보다 더 우수하다는 주장 또한 의심을 받고 있다.

오히려 잉여생산물은 높은 인구밀도, (향상된 토지 사용을 하게 해 주는) 개선된 물 공급, 새로운 농경 기술, (가뭄, 홍수, 전염병 등의 자연재해가 상대적으로 드물었다는 점을 포함하는) 유리한 생태 조건, 그리고 대규모 전쟁이 발발하지 않았다는 사실 등이 한데 모여 발생한 결과일 가능성이 크다.

도시는 교역이 정의하는 새로운 생활양식을 불러왔다. 주화와 대금업이 도입되었으며, 도매업자와 지역 상인들의 네트워크가 다수의 지역을 연결했다. 재화는 육로, (나루터에서 통행료를 부과한) 강, 해로를 통해 운송했다. 거대한 강들을 따라 북부의 길(우타라파타uttarapāṭha)이 이어지는 한편, 남부의 길은 카우샴비에서 우자이니를 거쳐 인도 서안까지 이어졌다.

이 왕국들은 국유지 또한 소유했고, 특히 시골 벽지를 통제했다. 동시에 사유재산 또한 일반적이었고, 농노와 하인은 적의 습격으로부터 보호받았다. 영토 경계는 표식이나 권력의 직접적 표출이라기보다는 상호 의무와 친족 관계에 관한 문제였다. 토지를 측량하고 세금을 부과했으며, 이 세금은 촌장(그라민)이 징수했다. 수확량 중 6분의 1을 세금으로 바치는 것이 규칙이었으나, 상당히 높은 비율을 수탈하는 경우도 있었다.

촌락은 오랫동안 정착 생활의 이상적 형태로 여겨졌으며, 실제로 '인도의 영혼'이라는 낭만적 말로 묘사되기도 했다.[109] 그러나 도시 생활 또한 여전히 친족 관계와 사적인 지인 관계를 바탕으로 계속되었다. 무엇보다도 상업을 통해 막대한 부가 생겨났으며, 자의식적인 '귀족' 계층이 출현해 브라만교의 정치적 권위에 의문을 제기하고 심지어는 이에 도전할 만큼 강성해졌다. 발전을 거듭한 끝에 계급(바르나) 및 카스트(자티) 사회가 출현했으며, 가문(고트라gotra) 또는 대가족(쿨라kula) 규모의 혈통을 기반으로 조직되었다. 이 과정은 또한 토지를 가지지 못한 수많은 노동자와 카스트가 이발, 도축, 벽칠, 오물 청소, 화장과 같은 '불결'한 일을 도맡는 결과를 낳았다. 종종 찬달라로도 불리는 이 불가촉천민은 위계질서 꼭대기의 순수한 카스트에 대한 필연적 대응이었다. 이 지점부터 '순수'와 '불결'이라는 이분법이 사회질서를 정의하게 되었다.

도시의 부상은 도피주의 운동의 출현을 의미하기도 했다. 도시 생활에 대한 해독제로서 촌락(그라마)과 자연(아란야阿蘭若, araṇya)이 이상화되기 시작했다. 촌락은 질서를 대표했고, 자연은 무질서하고 위험으로 가득했으나 도시적 퇴폐에서는 자유로웠다. 심지어 때로는 브라만의 도시 방문을 금지하기도 했다. 도시의 부는 베다교와 특히 그 복잡한 의례를 비판하는 대체 종교들의 부상으로 이어졌다.

베다 비판: 우파니샤드

촌락과 부족 사회에서는 단순한 생존에도 모든 구성원의 적극적인 협력이 필요하다. 도시는 노동을 해방시키고 개인주의를 독려한다. 그 결과 구원을 향한 여정에 변화가 생기고, 이를 더는 집단 전체가 마주하는 문제로 여기지 않게 된다. 베버는 또한 개인주의적 형태의 추론이 우세했던 종교 집단이 출현하는 기반을 도시 지배층이 제공했다고 보았다. "불교는 자이나교와 마찬가지이지만 그보다 더 명확하게, 도시 발전의 시대, 도시적인 왕정과 도시 귀족의 산물임을 스스로 드러낸다." 그가 제1차 세계대전 당시 불교 연구에서 적었던 말이다.[110]

실제로 (노동을 거부했던) 고대 인도의 거대한 금욕주의 운동을 지지하는 이들은 가족과 씨족을 넘어 개인적 구원을 추구했으며, 브라만교의 희생 제의를 거리낌 없이 비판했다. 세상에서 물러난 이 집단들은 진정한 브라만과 단지 출생의 덕으로 지위를 누리는 이들을 구분 지었다. 이들은 도시 생활 가운데에서 나타났으며 도시 생활에서 달아났다. 게다가 활동 범위를 한 지역에 국한하지 않고 야심 찬 개혁 운동을 조직해 새로운 구원의 길을 제시했다. 이러한 집단들 중 선두 주자는 불교와 자이나교였으나, 이들뿐만인 것은 절대 아니었다. 추종자들은 특히 무역업자와 상인이 많았으나 브라만 계층도 있었다. 이 세계를 해탈하려는 반反의례적 물결은 베다 문화 당시에도 일어난 바 있었다. 이러한 발전의 증거는 고대 인도에서 가장 오래된 철학 대전인 우파니샤드에서 찾아볼 수 있다.[111] 1801년에서 1802년에 아브라함 시아신트 앙케틸-뒤페롱A. H. Anquetil-Duperron(1731~1805)이 우파니샤드의 일부를 페르시아어에서 라틴어로 번역했는데, 이 명문집에 깊은 감명을 받은 독일의 철학자 아르투르 쇼펜하우어Arthur Schopenhauer(1788~1860)는 이를 두고 "내 생의 위안이었으며 내 죽음의 위안이 될 것이다Trost meines Lebens und Sterbens."라고 말했다.[112]

그러나 금욕주의 개혁 운동이 그토록 성공한 이유(즉 삶을 고난으로 여기게 하고 이토록 깊은 영향을 미치는 변화가 생긴 이유)는 아직 완전히 설명되지 않았다. 브라티아Vrātya 단체 혹은 상인 길드가 수도회의 원형이 되었을 가능성이 있다. 기근, 전염병 또는 다른 재앙이 이들의 형성에 일정한 역할을 했을 것으로 볼 수도 있는데, 브라마나 문헌에서 비참하고 이례적인 상황(아파드āpad)을 꽤 자주 논하기 때문이다. 그렇다고는 해도 그 이유는 아마 우파니샤드의 심오한 사상에서 찾을 수 있을 것이다. 이 문헌이 없었더라면 환상으로서 세계, 행동에 따르는 피할 수 없는 결과와 카스트 제도, 속세 생활의 포기, 세상사의 순환적 본질, 감각적 인상의 미묘함과 그 이입, 동일신론equitheism, 신성한 자연 또는 금욕주의자의 자기 신격화 등 힌두교와 불교의 많은 교리를 절대 이해할 수 없었을 것이다.

우파니샤드는 인생의 모든 근본적 문제를, 특히 고통의 역할과 윤회로부터의 해방(해탈moksha, 열반nirvāna)을 논한다. 사제의 특권, 의례적 제약 또는 '학자적' 궤변에는 큰 의미를 부여하지 않는다. 이 문헌에서는 현자, 선지자와 금욕주의자가 브라만과 전사, 남성과 여성, 고귀한 태생과 일반인들에게 한결같이 호소한다. 그 안에는 지혜의 가르침, 우주론에 관한 철학적 질문, 자연의 작용에 관한 사색, 내세에서의 두 번째 죽음에 관한 교리, 윤회를 결합한 수많은 층위가 존재하며, 아직 전적으로 수수께끼로 남아 있는 구절들도 있다.

고古 우파니샤드가, 특히 기원전 1세기에 집성된 (다만 몇몇 구절은 그보다 더 오래전으로 거슬러 올라가는) 『브리하다란야까 우파니샤드*Brihadāranyaka Upanishad*』와 『찬도갸 우파니샤드*Chāndogya Upanishad*』가 지성사의 전환점이 되었음을 모를 수는 없다. 윤회, 불의 효험, 자연의 순환, 탄생의 의미, 깊은 잠에서 얻는 통찰, 행동에 따르는 궁극적 결과, 존재의 고통스러운 본질, 그리고 희생을 금욕주의 수행으로 내면화하는 일 등이 이 문헌에서 최초로 논의되었다. 우파니샤드는 종종 집회를 벌이지 않는 희생 제의라는 틀을 취하며, 그 과정에서 사제 활동을 순수하게 지적이거나 영적인 일로 탈바꿈시킨다. 이러한 양상은 예컨대 개인이 곧 전체와 같다고, 즉 불멸의 우주와 같다고 보거나 특정 영혼(아트만)을 가장 고귀한 힘(브라만)과 동일시한다는 점에서 분명하게 드러나며, 제의에서 희생자가 대우주 속의 소우주가 되는 것 또한 마찬가지다. 이러한 동일화는 인도 전역의 종교적·문화적 생활에 깃든 진정한 아비투스라고 할 만큼 근본적 요소다.[113]

대부분의 우파니샤드는 이와 같은 아트만과 브라만의 등식을 명확하게 논하며, 고전적 표현으로 타트 트밤 아시tat tvam asi("네가 곧 그것이로다.") 또는 아함 브라마-아스미aham brahma-asmi("나는 브라만이로소이다.")라고 선언한다. 불의 제단의 경우에는 본질의 완전한 수렴을 일으키는 것이 목적이다. 통찰의 주체와 객체 사이에는 그 무엇도 남아 있을 수 없다. 아트만이 곧 브라만이고 브라만이 곧 아트만이나, 아트만도 브라만도 단독으로는 존재할 수 없다. 중요한 것은 동일화의 결과, 즉 각각의 비이중성nonduality이다.

이처럼 후기 베다 시대의 종교성에서는 더는 신이나 희생 제의가 핵심이 아니었다. 그 대신에 영적 구원과 해방, 죽음 이후의 삶, 영생 등을 다루었다. 플라톤의 대화편에서와 마찬가지로, 우파니샤드 또한 스승과 제자의 대담을 통해 질문을 던진다. 탐구하는 자세에서는 구원에 대한 추구가 드러나지만, 너무 멀리 가거나 잘못된 질문을 던진다면 머리가 터질 수도 있다고 이 문헌은 경고한다. 해방으로 이어지는 지식은 난해하며 입문자만이 이에 접근할 수 있다. 그러므로 '우파니샤드'라는 단어를 종종 비의祕義로 번역하기도 한다. 실제로 이 단어의 어근 동사는 스승 등과 "가깝게 앉는다."라는 뜻이다.

존재의 괴로움이라는 고대 인도인의 견해는 세상에 대한 싫증이나 비관론과는 다르다. 오히려 시간과 덧없음에 관한 고찰에서 비롯된 개념으로, 행복이나 행운을 비롯한 모든 것이 결국은 지나간다는 뜻이다. 무엇이든 지나가 버린다는 것은 곧 분리를 의미하므로, 자연히 괴로움의 문제다. 영원은 오직 기쁨과 고통 너머에만 존재할 수 있다.

또 다른 핵심 사상은 삶을 구성하는 근원의 힘을 다룬다. 브라만은 만물을 망라하는 이 힘을 가리키며, 희생 제의의 효험을 보장하는 것도 이 힘이다. 이 사상의 중심에는 개인의 영혼(아트만)과 브라만이, 즉 일부와 전체의 동일화가 놓여 있다. 근원의 힘은 무언가의 일부가 될 수 없는데, 그렇게 된다면 그것은 완전한 존재가 아닐 것이기 때문이다. 그러므로 브라만은 쥐거나 가질 수 없고, 오직 브라만이 되는 수밖에 없다. 소유는 사라지는 것이고, 만약 전체를 소유할 수 있다면 그 전체 또한 덧없어질 것이다. 그 어떤 개인도 브라만을 소유할 수 없고, 오직 절대자와 완전히 융합되는 방법밖에 없다. "'나는 브라만이로소이다.'를 아는 자는 모두 온 우주로 거듭난다. 신들도 그를 해치지 못하는데, 그는 자기 자아의 일부이기 때문이다." 『브리하다란야까 우파니샤드』(1.4.22)의 구절이다. 이러한 동일화를 통한다면 인간도 영생을 얻을 수 있다.

이러한 동일화는 진리의 통찰을 얻는 것이 목적이었으므로 제의적이기보다는 '인식론적epistemological'이었다. 이 목적은 『찬도갸 우파니샤드』(제6장)에서 두드러지게 드러난다. 이야기 속에서 우다라카 아루니Uddālaka Āruni는 아들 슈베타케투Shvetaketu에게 무화과를 과육이 전혀 보이지 않을 때까지 작은 조각으로 쪼개 보라고 한다. "존재하는 모든 것은 (네가 지각하지 못하는) 이 미묘한 본질에 자아를 두고 있다. 그것이 곧 진리다. 또한 그것이 곧 (너의) 자아다. 네가 곧 그것이로다, 슈베타케투!" 우다라카는 같은 원리를 설명하기 위해 물에 소금을 녹여 보여 주기도 했다. 자기 자신에 관한 이러한 견해는 세월과 죽음에서 해탈한 자아에 대한, 다시 말해 인간의 불멸하는 본질인 브라만에 대한 추구를 상징했다. 고 우파니샤드는 이를 여러 차례 일신했다. 성공이란 곧 모든 세계에 도달하고, 모든 소원을 성취하며, 고통과 윤회에서 해탈해 구원받는 것을 의미했다.

초기 불교와 자이나교

불교 또한 존재의 괴로움을 핵심으로 삼는 교리 또는 종교다.[114] 해탈, 열반만이 이 세계에서 체계적으로 물러날 수 있는 길이다. 전설에 따르면 역사적 인물인 가우타마 붓다가 이러한 점에서 후대를 위한 모범을 보였다. 이 남자는 교육받지 못하는 환경에서 자라났을 가능성이 크고, 시간이 흐르면서 우파니샤드를 접했을 수도 있으나 그 길을 따르지는 않았다. 신성한 산스크리트어를 사용하지 않고 그 대신에 대중어를 사용했던 그는 처음으로 '개인주의'와 유사한 개념 및 종교적 선택을 목도한 사회를 논했다. 이동성과 전문성이 향상된 한편으로 생존을 위해 전적으로 농경에 치중한 환경이나 친족에 의존해야 할 필요가 줄어들었으므로, 그의 가르침은 수 세기 동안 이어진 베다 브라만교의 희생 제의를 뒤흔들 수 있었다. 이로써 새로운 운동이 출현해 남아시아와 동아시아에서 상당히 넓은 지역을 포괄했다. 부처의 생애에 관한 가장 오래된 증언인 팔리 삼장은 이르게 보아도 그가 세상을 떠나고 3세대가 지나서야 집필되었다. 그러나 그를 둘러싼 전설은 놀라울 만큼 일관적이므로 신빙성이 있다. 전설에 따르면 (그리고 몇몇 고고학적 발견의 부연 설명에 의하면) 다음과 같은 그림이 떠오른다.

부처는 석가Shākya 일족의 가우타마 가문 출신이었다. 그의 이름은 싯다르타Siddhārtha(목적을 이룬 자)였으나 대부분 고타마Gotama(산스크리트어로는 가우타마)로 불렸고, 이후에는 석가모니(석가족의 현자)로도 알려졌다. 후자는 시적 명칭인데도 이 역사적 인물을 일반적으로 지칭하는 이름이 되었다. 그의 추종자들은 대부분 그를 세존世尊, Bhagavat으로만 불렀다. 부처 석가모니는 스스로 여래釋迦, Tathāgata(선조처럼 진리의 길로 떠난 자), 아라한阿羅漢, Arhat(성자) 또는 부처(깨달음을 얻은 자)로 칭한 것으로 보인다.

거의 모든 옛 연구에서는 부처가 기원전 560년 무렵부터 480년 무렵까지 살았다고 추정했다. 그가 80년을 살았다는 것에는 별다른 이견이 없으나, 정확한 날짜에 관해서는 상당한 의문이 남아 있다. 부처의 생애와 관련된 날짜를 밝히는 국제 학술회의를 조직한 괴팅겐의 불교학자 하인츠 베헤르트Heinz Bechert는 이러한 견해를 진척시키는 데 큰 역할을 했다.[115] 그러나 오늘날 대부분의 학자는 아소카 대왕보다 85년 전에서 105년 전에, 알렉산드로스 대왕의 인도 원정보다 30년 전에서 50년 전에 세상을 떠났다고 본다. 다시 말하면 부처는 아마 기원전 450년에서 기원전 380년 사이에 살았을 것이다. 최근의 룸비니 유적 발굴에서는 기원전 800년에서 기원전

550년 사이로 추정되는 불교 이전 시대의 사당이 발견되었는데, 희생 제의 없이 나무를 숭배하던 곳으로 보인다.[116] 이곳에서, 오늘날의 네팔인 히말라야(테라이) 기슭의 수도 카필라바스투 인근에서 부처가 탄생했을 가능성이 크다. 말라리아가 들끓는 늪 때문에 사람이 살 수 없는 곳도 있었으나, 이곳의 저지대 평원에서는 벼농사를 지었다. 싯다르타의 아버지는 이름이 '순수한 쌀을 기르는 남자'라는 뜻의 슈도다나Shuddhodana였으며 확실히 지역 상류층에 속했다.

1896년에 인도 고고학 조사국에서 고용한 가톨릭 사제 알로이스 안톤 퓌러Alois Anton Führer(1853~1930)가 카필라바스투에서 네 개의 작은 스투파(부처와 그의 교리를 상징하는 반구형 고분)와 기원전 249년의 것으로 추정되는 명문 하나를 발견했다. 명문에는 "신의 사랑을 받는 왕, 프리야다르시Prīyadarshī(아소카)가 즉위 22년째에 이곳을 방문했으니, 석가족의 현자 부처가 이곳에서 태어났기 때문이라."라고 적혀 있었다. 그러나 이 발견에 관해서는 논란이 있으며, 심지어는 부분적으로 위조일 가능성도 있다. 이로부터 3년 후에는 퓌러가 밝힌 징조를 따라 전면적인 발굴 작업이 진행되었다. 고고학 연구가 계속된 끝에 마침내 1995년에 이곳이 부처의 출생지임이 확인되었다.

카필라바스투를 수도로 둔 샤카국은 귀족 과두정이 이웃 나라 코살라국에 크게 의존해 통치하는 나라였다. 권력의 정점인 선출 군주(라자, 문자 그대로 '왕')가 통치 회의를 이끌었다. 기마 전사이자 군사 귀족의 일원이어야 라자로 선출될 수 있었다. 코살라는 초기 불교 문헌에서 부처가 직접 유랑한 곳으로 언급되는 왕국(마하자나파다) 중 하나다.

이 공화국들은 계급(바르나)을 따라 조직되었으나, 마가다, 코살라, 바스타, 아반티 등 브라만교가 우세했던 위계적인 주변 군주국과는 다르게 혼인, 친교, 사회적 위계에서 엄격한 분리가 관찰되지는 않았다. 노예제도가 있었으나, 정부 구조는 기본적인 귀족 과두정 구조인데도 비교적 평등하고 개방적이었다. 이러한 주변 환경은 불교의 비교적 느슨하고 평등한 사회적 질서에 기여했을 수 있다.

부처의 생애 동안 일어났던 금욕주의 운동은 호소력이 상당했음이 분명

—— 부처의 반가좌상. 단식하는 부처를 묘사한, 기원전 2세기의 이 조각상은 높이가 87센티미터로, 간다라 지역에서 출토되었으며 오늘날 라호르 박물관에 소장 중이다. (Wikimedia Commons, © Syed Muhammad Naqvi)

하다. 수천 명이 희생제 수행을 그만두고 집과 가족을 떠나 독신자, 방랑자, 거지가 되어 통찰과 구원을 추구했다. 집단 정신병은 아닐지언정 확실히 거대한 종교적 격변의 전조를 알리는 현상이었다. 불교 승려는 처음부터 시주와 설법을 요청해야 했고, 느슨한 수도원 단체를 꾸려 주기적 간격을 두고 (14일마다)

동료 신자들과 만났다. 이 운동의 지지자들이 모두 그래야 하는 것은 아니었으나, 금욕주의자들은 현실 생활에서 벗어나 구할 수 있는 음식을 먹으며 은둔자처럼 살았고, 고립된 자기 수양을 통해 구원을 추구했다. 전설에 따르면 부처 또한 이러한 고행 수양을 택했으나, 이후 포기했다고 전해진다. 불교와 자이나교의 수행자들에게는 사회가 필요했다. 사회경제적 환경이 변화했으므로 사회 또한 이들을 용인하고 부양할 수 있었다.

그런데 당대의 유랑하는 수많은 금욕주의자 중 부처가 그토록 큰 반향을 일으켰던 이유는 무엇일까? 여러 이유가 있을 수 있겠지만, 그중 하나는 부처가 사람들에게 속세와 연을 끊으라고 단순히 촉구하지 않고 그 대신에 평신도들에게 특별한 무언가를 약속했기 때문이었다. 그의 관심사는 사회적 지위, 출신, 부족, 의례 준수, 능력 등과 관계없는 만인의 '영적 구원'이었다. 부처는 여정에서 마주치는 모든 평범한 사람의 말을 들을 준비가 늘 되어 있었다. 부처의 가르침은 개인과 공동체 양측 모두와 관련되어 있으므로 놀라울 정도로 현대적이기도 하다. 브라만, 불가지론자, 극단적 금욕주의자들은 그의 분노와 반론이 향하는 대상이었다.

불교의 영향력이 짙은 지역에서도 베다교는 계속되었으며, 대중 종교도 마찬가지였다. 실제로 지역의 수호신(예를 들면 야크샤yakṣa/야크시yakṣī)들은 대체로 불교 신앙에서 보조적 역할을 담당하는 것으로 묘사되었다.[117] 베다교는 난해했으며 사제 계층(브라만)이 진행하는 희생 제의, 성스러운 언어(산스크리트어), 경직된 사회질서(카스트 사회) 중심의 특정 문화를 기반으로 했다.[118] 이 모든 배타적 요구를 없앤 불교 사상은 오래지 않아 북쪽과 동쪽으로 전파되었다. 그러다 12세기 말에 갑작스럽게 붕괴한 뒤 인도에서 대체로 자취를 감추었는데, 여기에는 이슬람의 출현도 한몫했다.

두 번째 주요 금욕주의 운동인 자이나교 또한 부처가 살았던 기원전 5세기 무렵에 출현했다.[119] 이름의 기원인 자이나jinas는 문자 그대로 '승리자'를 의미하며, 완벽한 통찰을 얻음으로써 윤회에서 해방된 사람을 가리킨다. 오늘날 자이나교 신도는 수백만 명에 불과하지만, 자이나교가 과거(그리고 현재)에 미치는 영향은 그보다 더 컸다. 불교와 마찬가지로 자이나교 또한 반反브라만교

운동이었으며, 도시 및 도시 생활의 부상과 밀접한 관련이 있었다.

자이나교의 창시자인 마하비라는 당대 세계의 티르탕카라tīrthankaras('여울목 건설자') 스물네 명 중 마지막 티르탕카라였던 것으로 (잠정적으로) 간주된다. 티르탕카라는 물질세계와 영적 세계의 매개자 역할을 하는 인간을 가리키는 이름이다. 연대가 불분명하므로 마하비라가 부처와 동시대 인물이었는지 판단하기는 어렵다. 그러나 자이나교가 찬드라굽타 마우리아Chandragupta Maurya의, 그리고 아소카의 손자 삼프라티Samprati를 비롯한 몇몇 통치자의 지원을 받았던 영향력 있는 운동이었음은 분명하다. 자이나교의 (주로 수행자가 살던 동굴과 티르탕카라에 대한 묘사가 담긴) 명문과 기념물이 구자라트를 비롯한 인도 전역에서 발견된다. 오리사 또한 오랫동안 중심지였던 것으로 보인다.

자이나교의 독특한 특징은 금욕주의 윤리를 담은 엄격한 규칙인데, 동물뿐만 아니라 식물에도 적용되는 극단적 형태의 비폭력(아힘사)을 추구한다. 이를 통해 남아 있는 업보와 과거 행동의 영향을 씻어 낼 수 있으므로 윤회가 일어나지 않는다. 극단적 경우에는 점차 아주 작은 움직임까지도 피하면서 굶어 죽을 때까지 단식하는 수행을 의미하기도 한다. 자이나교 승려들은 일찍이 두 집단으로 나뉘었는데, 하나는 공의파空衣派(디감바라, 문자 그대로 '공기를 입은 자')였고 다른 하나는 백의파白衣派(스베탐바라, '흰 옷을 입은 자')였다. 성전聖典인 칼파수트라Kalpa Sūtra와 아가마Āgama의 권위주의적 성격 여부를 비롯한 교리적 차이가 문제가 되었다.

기원전 6세기와 기원전 5세기 동안에 불교도, 자이나교도를 비롯한 여러 집단이 발달시킨 다양한 금욕주의 수행은 주로 몸과 마음을 다스리는 기술이었다. 이러한 수행은 브라만-베다교에는 존재했다는 증거가 없으며, 이들 부문으로부터 맹렬한 비난을 받았다.

금욕주의와 인도식 구원의 길에 대한 반대

베다-힌두교, 불교, 자이나교에서 발달시킨 여러 형태의 금욕주의는 인도의 문화사에서 지대한 역할을 담당하면서 한편으로는 반대에 부딪혔는데, 이들이 기존의 질서를 거스르기 때문이었다. 현실 세계를 상대로 연을 끊은 이들은 그 어디에서도 인정받지 못했는데, 이는 금욕주의자들이 다른 무엇보다도 성생활과 번식, 재산 등을 비롯한 '보통' 사람들의 생활을 거부했기 때문이다. 금욕주의자들은 "그것 없이도 살 수 있"다는 듯, 이 세상을 살아가는 데 평범한 길을 대체하는 다른 길이 존재한다는 듯 살아간다. 이러한 비판은 자연스레 비판을 돌려받기 마련이다. 그러나 금욕주의의 오류를 찾아내는 이들은 외부에만 존재하는 것이 아니며, 금욕주의 내부에도 마찬가지로 존재할 수 있다. 무엇이 적절한 종류의 금욕주의 수행인지를 두고 반목이 벌어질 수 있고, 무엇이 '담론'의 자격이 있는지에 관해서도 마찬가지다. 그러나 이러한 관점은 금욕주의자가, 그리고 종종 자신의 주장에 대한 대응이 그 자체로 사회적 지위를 점한다는 사실을 간과한다. 에드먼드 리치Edmund Leach가 보였듯이,[120] 금욕주의자들은 '이 세계'에 속하기도 하고 그렇지 않기도 하다. 그러므로 이들은 다른 견해까지도 체화했다.

인도의 금욕주의에 대한 비판으로 가장 오래된 것은 『아이타레야 브라마나*Aitareya Brāhmana*』(VII.13)에서 등장했는데, 고행자를 가리켜 더럽고 흐트러지고 은신처에 숨어 있다고 조롱하는 한편, 아들을 얻은 자를 격찬했다. 이와 같은 비판적 시각은 고전 문헌 전반에 걸쳐 여러 차례 등장하면서 금욕주의자를 대개 자기중심적이고 반사회적인 인물로 그렸다. 가정 내 의례와 가족 간 의무를 무시하고, 신과 선지자, 조상에게 진 삼중의 빚(태어나면서 지는 빚으로, 아들을 낳아야만 갚을 수 있다.)을 갚기 위해 아무것도 하지 않으므로 세계의 질서를, 즉 베다를 침해한다고도 했다.

앞서 보았듯이 초기 불교는 이미 금욕주의자의 출현에 대해 비판을 퍼부었다. 『마하바라타』(XII.65.15)에 따르면 크리타 유가 시대(네 시대 중 첫 번째 시대이자 '황금시대')는 방랑하는 금욕주의자와 사기꾼 예언자들로 구성된 거대한 무리가 부상해 전통적 사회질서를 전복시키며 막을 내릴 것이라고 했다. 학식 있는 집단은 감각 및 세속적 즐거움과의 연을 내적으로 끊고자 했다. 불필요한 자기 고문과 사기꾼이, 혹은 너무 어린 나이의 고행자도 문제가 되었다.

『마하바라타』의 또 다른 구절에서는 샤미카Shamīka와 아들 쉬린긴Shringin이라는 인물들을 통해 금욕주의에 대한 비판적 시각을 드러내 보인다.[121] 이 이야기 속에서 파리크시트 왕은 사냥 중에 가젤을 쏘았으나, 가젤은 다치기만 한 채로 달아나 버렸다. 가젤을 쫓아간 왕은 샤미카(이름의 뜻은 '길들여진 자')와 마주치고는 그에게 가젤을 보았는지 물었다. 금욕주의자는 아무런 대답도 하지 않았다. 무례한 태도에 화가 난 파리크시트 왕은 은둔자의 목에 죽은 뱀을 걸어 주었다. 샤미카는 꼼짝도 하지 않고 계속 그 자리에 앉아 있었다.(훗날 왕은 샤미카가 침묵의 서약을 지키고 있었음을 알게 된다.) 오래지 않아 쉬린긴('뿔 난 자')은 친구에게 놀림을 당했다. "고행에 열과 성을 다하시는 자네 아버지가 어깨에 시체를 두르고 있네. 너무 으스대지 마시게, 쉬린긴!" 쉬린긴은 샤미카와는 반대로 잘 흥분하고 분노했다. 아버지가 어떤 취급을 당했는지 알게 된 이 젊은이는 평정을 잃고 자신의 모든 금욕주의적 힘을 모아 왕에게 7일 내로 뱀의 왕에게 죽을 것이라는 저주를 내렸다. 이윽고 샤미카는 제멋대로 구는 아들이 어떤 짓을 했는지 알게 되었다. 그는 침묵의 서약을 깨고 아들에게 말했다. "네가 한 일은 나에게 도움이 되지 않는다. 이건 금욕주의의 법칙에 어긋나." 그는 아들에게 저주를 거두라고 명령했으나 쉬린긴은 이에 따르지 않았다. 저주는 입 밖에 낸 이상 다시 주워 담을 수 없다는 것이 그의 생각이었다. 샤미카는 아들의 치기를 질책했다. "분노를 떠나보내거라. 금욕주의자의 분노는 그들이 쌓은 공덕을 파괴한다. 용서하거라. 그렇게 해야만 이 세계 너머의 더 큰 세계에 도달할 수 있느니라."

아버지와 아들에게서 서로 반대되는 두 형태의 금욕주의를 어렵지 않게 엿볼 수 있다. 아들은 숲을 터전으로 삼는 타파스빈tapasvin 유형을 대표한다. 쉬린긴의 수행은 반드시 종교나 윤리와 관련되어 있지는 않다. 이러한 유형에 금욕주의는 본질적으로 사실상 마법이다. 수행의 목적은 윤리적 계율 또는 종교적 계율을 어긴 일을 바로잡거나 참회하려는 것이 아니다. 오히려 이러한 유형은 사람뿐만 아니라 신과 악마를 향해서도 겨눌 수 있는 구체적 힘, 특히 '열기(타파스)'를 모으기 위해 수행한다. 이러한 금욕주의는 모으고 키울 수 있는 힘과 관련되는데, 이 힘은 육체적 고통에서 비롯되며, 죄의 본질(파파pāpa, 킬비샤kilbiṣa)을 태워 버리는 에너지를 자아내고, 무엇보다도 초자연적 힘을 만들어 낸다. 다시 말하면 타파스빈은 더 나은 인간이 되고자 한다기보다는 더 강한 인간이, 심지어는 왕보다 더 강력한 인간이 되고자 한다. 이러한 유형의 금욕주의자가 행사하는 힘은 사심 없는 힘이 아니라 수단으로서의 힘이고, 수동적 힘이 아니라 강압적 힘이다. 타파스빈은 회유적이거나 순종적이지 않고 오히려 원하는 것이 많다. 요청하지 않고 그 대신에 조작한다. 이들의 금욕주의는 비밀스럽고 난해한 무언가를 대표하며, 공동체가 아니라 거장에게 이익이 된다.

반면에 아버지 샤미카는 다른 태도를 지니고 있는데, 이를 가리켜 삼냐신samnyāsin이라고 하겠다.(문헌 자료에서는 이를 용어적으로 분명하게 나누지 않는다.) 이러한 유형은 자연 속에 살며 유랑한다. 삼냐신은 분노 조절을 바탕으로 하는 형태의 금욕주의를 추구하고, 저주와 폭력을 거부한다. 이들이 중요하게 여기는 가치는 우정, 연민, 수치(사마sama, 크샤마, 샨티śānti)다. 삼냐신은 지적 완벽과 영적 완벽을 추구하며, 명상(디야나)을 수행하고, 아주 작은 행동이라도 삼가려고 한다. 그러나 이들은 다르마를 지키고 사회적 의무(바르나스라마다르마)를 다한다. 그렇다면 삼냐신이 노령에, 즉 생물학적·경제적 생산성이 떨어지거나 완전히 사라진 시기에 금욕주의를 추구하는 것도 우연은 아닐 것이다. 삼냐신은 외적 생활에 주의를 기울인다. 절제하고, 무소유를 실천하며, 다른 이들과 멀리 떨어져 살아간다. 이들은 마음을 휘젓는 감정에서 벗어난 정靜(샨타śānta)을 추구한다. 이미 불교 이전 시대의 『브리하다란야까 우파니샤드』(4.4.23)에서도 통찰을 얻기 위해 아들과 재산을 포기하면 더 침착하고, 차분하고, 여유롭고, 참을성 있는 사람이 되는 동시에 집중력을 발휘할 수 있다고 선언했다.

그러나 초기 시대에도 다양한 형태의 금욕주의가 이미 혼합되고 있었으며, 결국에는 뚜렷하게 구별되는 전통보다는 종교성과 기질의 문제에 더 주의를 기울이게 되었다. 리그베다 시대 인도의 브라만 사회 내에서 (아직 밝혀지지 않은) 금욕주의 수행이 희생 제의, 사제 위계, 비전에 대한 내재적 반응이나 '이입'된 반응으로써 발달했는지, 또는 연구된 의식 수행의 내재화를 통해 발달했는지에 관해서는 학자들이 여전히 합의에 이르지 못하고 있다.[122] 초기의 문헌은 두 형태에 동일한 가치를 부여한다. 게다가 노인을 추방하는 관습이

금욕주의 수행으로 이어졌을 가능성도 있다.[123]

그러므로 인도 내 초기 금욕주의에 관한 전반적 그림은 일반적으로 묘사되는 것보다 훨씬 더 미묘하다. 외부에서 이들의 수행을 비판적으로 바라보았던 것과 마찬가지로, 내부에서도 비판의 목소리가 나오지 않을 수 없었다. 그러나 더욱 자세히 들여다보기에 앞서 『마하바라타』에서 샤미카와 쉬린긴의 이야기 바로 다음에 소개되는 세 번째 유형의 금욕주의를 짚고 넘어갈 필요가 있다.

샤미카는 쉬린긴에게 조언한 이후,(쉬린긴은 이를 무시한다.) 친구 가우라무카Gauramukha를 파리크시트 왕에게 보내 조심하라고 경고한다. "(죽음을) 유의하십시오! 그러나 누구도 저주를 모면할 수는 없습니다. 그(샤미카) 또한 분노로 가득 찬 아들을 통제하지 못합니다."(38.20f.) 왕은 즉시 뱀을 피하고자 경비를 세운 기둥 꼭대기 연단에 올랐다. 7일째 되던 날, 치유 능력이 있는 브라만 카샤파Kāshyapa가 왕을 만나러 왔다. "뱀의 왕이 그를 물면 왕의 열을 떨어뜨리고 재물과 다르마를 이룰 수 있을 것이다."라고 그가 혼잣말을 했다.

카샤파 또한 금욕주의자로 등장하는데, 문헌에서는 그를 가리켜 '단념자 가운데의 황소(무니muni)'라고 불렀다. 그러나 뱀의 왕은 이 자에게 정말로 능력이 있는지 의심했으며, 이를 시험하기 위해 나무 한 그루를 불태워 잿더미로 만들었으나 카샤파가 이를 다시 되살려 놓았다. 감명받은 뱀의 왕은 그에게 물었다. "훌륭하도다, 브라만이자 사제의 왕이여. 나와 내 동족의 독을 파괴할 수 있다니. 어떤 상(아르타)이 있어야 자네를 얻을 수 있겠는가, 열기로 가득 찬 자(금욕주의자)여? 왕에게 어떤 상을 기대하든, 얼마나 찾기 어려운 상이든, 내가 무엇이든 주겠노라." 그러자 카샤파가 대답했다. "나는 부를 위해 그 자리에 가는 것이오. 부를 주시오, 뱀이여. 그렇다면 나는 집으로 돌아가겠소."(39.16) '소리 없이 가장 많은 것을 성취한 자'(39.19: 『무니바라*munivara*』)인 카샤파는 정말로 재산을 취하고 돌아갔으며, 파리크시트가 최후를 맞이하도록 두었다.

이처럼 이어지는 이야기는 쉬린긴의 금욕주의 수행이 헤아릴 수 없이 강력하므로 브라만 의례로도 이를 막을 수 없다고 선언한다. 카샤파는 욕심 많고 부패한 자로 등장한다. 그는 의례를 통해 파리크시트의 죽음을 돌이킬 수도 있었으나 그보다는 뇌물을 택했다. 그러나 결국 더 강한 자로 밝혀진 것은 정통 베다 의례의 화신인 카샤파였다.

이제 그림이 완성되었다. 세 유형의 금욕주의자는 서로 다른 형태의 종교성을 따를 뿐만 아니라, 나아가 세 가지 다른 길을 통해 해탈을 추구한다. 카샤파는 비뚤어진 형태일지언정 '의례의 길(카르마마르가)'을 대표하고, 샤미카는 영적이고 지적인 전통 또는 '지식의 길(즈냐나마르가)'의 모범이며, 쉬린긴은 물질적 전통, '영웅의 길(비르야마르가vīryamārga)'의 화신이다.(마지막 범주는 일반적 구성을 내가 수정한 것이다. '고전적' 금욕주의의 세 번째 형태인 '(신에 대한) 복종의 길(바크티마르가)'은 이 시점에서 아직 완전히 발달하기 전이었다.)[124] 구원으로 향하는 이러한 길들은 충동, 자기 자신, 자연, 인간에 대해 힘을 행사하는 각기 다른 방법과 관련되어 있다. 샤미카는 생각을 지배하는 힘을 추구했으며, 침묵의 서약을 통해 스스로 정신을 잠재웠다. 쉬린긴은 자연법칙에 대한 힘을 원했으며, 말과 언어를 통한 저주를 이용했다.(게다가 그는 왕의 권위에 공개적으로 대항했다.) 카샤파는 의례를 통해 우주와 죽음을 다스리는 힘을 추구했다.

이와 같은 세 유형은 힌두교의 역사 전체에 걸쳐 명백하게 드러나는 과장된 형태의 종교성을 보여 준다. 금욕주의자들은 전통(또는 구원을 향한 독특한 길)을 받아들이고 그 규정에 따라 살며, 여기에 형태를 부여하고 그 과정에서 이를 전승한다. 자기 자신의 소망과 욕구를 억누르는 한 금욕주의자는 수혜자이자 중재자다. 동시에 이들은 개별적 인간으로서 존재하며, 그렇기 때문에 전통을 불완전하게만 대표할 수 있다. 이러한 능력 면에서 금욕주의자가 받는 비판은 그가 행하는 수행으로 확대된다. 여기에는 이질적이고 이기적이고 일시적인 무언가의 기색이 늘 남아 있다. 금욕주의자들은 유한한 존재이나 영원불멸을 체하하고자 한다는 사실은, 이른바 불멸성의 필멸성 역설은 그들을 비난의 표적으로 만든다.[125] 게다가 이를 향한 돌팔매와 화살은 온 사방에서 날아온다.

대 마가다는 베다 문화가 아니었는가?

특히 금욕주의 전통 측면에서 불교, 자이나교, 베다-힌두교는 서로 밀접하게 얽혀 있으나, 곧바로 그 사실이 명백하게 드러나 보이지는 않았다. 같은 땅에서 잇따라 생겨난 서로 다른 종교들의 '대서사'는 이어지지 않았고, 특히 부처를 따르는 이들이 아직 자기들을 불교도로 여기지 않았던 초기 시대에는 더욱 그러했다. 그러나 속세와의 연을 끊는 불교가 베다 종교에 대한 반동으로 발생했는지, 혹은 업보와 윤회, 해탈(덧붙여 말하자면 이러한 개념들은 베다에는 등장하지 않는다.)이라는 '전형적 인도 사상'에서 독립적으로 발달한 종교인지에 관한 문제는 지금도 계속되고 있다. 로잔의 인도학자 요하네스 브롱크호르스트Johannes Bronkhorst는 이 문제를 특히 열성적으로 탐구하고 있다.[126] 원칙적으로 학자들은 부처 그리고 그와 동시대인인 자이나교 창시자 마하비라가 브라만-베다 의례주의에 대해 거부라는 반응을 보였다고 여긴다. 리처드 곰브리치Richard Gombrich는 "부처의 핵심 가르침은 『브리하다라냐카*Brihadaranyaka*』를 비롯한 고우파니샤드의 핵심 가르침에 대한 반응으로서 발달했다."라고 보았다.[127]

반면에 브롱크호르스트는 불교와 자이나교가 비非베다적 배경을 바탕으로 출현했다고 논한다. 그는 마가다 제국과 그 주변 지역을 아우르는 북동부 인도 지역을 가리켜 '대 마가다'로 일컫는데, 이곳은 부처가 생애를 보낸 곳이자 두 번째 도시화 물결이 일어난 주요 지역이다. 실제로 약 5세기 무렵부터 마하자나파다 사이에서 지배권을 놓고 갈등이 발생했으며, 마침내 마가다가 승리자로 떠올랐다. 기원전 493년에 아자타샤트루Ajātashatru 왕이 다섯 명의 후계자는 물론 자기 아버지 빔비사라Bimbisāra까지도 죽였다고 전해진다.(연대는 다른 마우리아 왕조와 마찬가지로 불분명한데, 부처가 살았던 시기에 달려 있기 때문이다.) 짧았던 시슈나가Shishunaga 왕조 이후에 마하파드마 난다Mahapadma Nanda가 마가다 왕국을 세웠다. 이윽고 난다Nanda 왕조(364~321 BC 무렵)가 파탈리푸트라(오늘날의 파트나)를 기반으로 동쪽으로 오리사까지 영역을 넓혀 최초의 대제국을 건설했다.

브롱크호르스트는 (기원전 150년 무렵의) 문법학자 파탄잘리 이전까지 이 문화가 독특한 형태로 보존되었다는 사실을 바탕으로 이론을 전개한다. 어쨌든 갠지스강과 야무나강의 동쪽 지역은 베다 문화의 고향 땅(아리아바르타)에 속하지 않는 이방의 영토로 간주되었다. 실제로 『샤타파타브라마나 *Shatapathabrāhmana*』(1.4.1.14-16)의 한 구절은 동쪽의 사람들을 가리켜 브라만에게 어울리지 않는 땅에 사는 이방인이자 악마(아수라)로 묘사했다. 브롱크호르스트는 또한 윤회 그리고 과거 행동의 보복(그리고 이와 관련해 자각을 통해 해방에 이를 수 있다는 사상)에 대한 믿음이 베다 시대에 처음으로 등장한 것이 아니라 이미 대 마가다 시대에도 존재했다고 주장한다. 고고학자들은 불교도 사이에서, 그리고 그보다는 적은 수준이지만 자이나교도 사이에서도 독특한 고분과 그에 상응하는 장례 관습을 발견했다. 이러한 고분들은 스투파의 전신으로 보인다. 마지막으로 아유르베다의 실증적이고 합리주의적인 경향은 베다 문화에서 등장하는 마법 같은 치유의 교리와는 대조된다.[128] 그러므로 브롱크호르스트는 북동부 인도에 완전히 다른 문화가 베다 문화와는 독립적으로 존재했음을 가정한다. 실제로 그는 "나란히 존재하면서도 (처음에는) 서로 지대한 영향을 미치지는 않았던 두 개의 완전히 다른 문화" 간의 '엄청난 차이'에 관해 논했다.[129] 새뮤얼 또한 토머스 홉킨스Thomas J. Hopkins의 미출판 원고를 자료로 삼아 두 개의 완전히 다른 (심지어는 서로 반대되는) 세계라는 그림을 제시했는데, 하나는 (대부분 오늘날의 펀자브에 속하는) 쿠루-판찰라 지역의 베다-브라만 문화이고, 다른 하나는 중부 갠지스 지역과 북부 데칸고원(질병을 일으키는 여신들에게 제를 올렸고, 자연 종교와 피의 희생 제의가 지배적이었으며, 불결에 관한 개념이 덜 뚜렷했던 지역)의 문화다.[130]

팔리 삼장에서 가장 오래된 부분으로 간주되는 『위나야 삐따까Vinaya Pitaka(율장律藏)』에는 코살라와 마가다에서 토지를 하사받은 브라만이 고작 다섯 명밖에 등장하지 않으며, 이 지역에 있었던 촌락도 단 일곱 개만 언급된다. 그렇기는 하지만 초기 불교 승려 중 대다수는 브라만이었다.[131] 무엇보다도 참고할 만한 자료가 거의 없고, 있어도 훨씬 더 후대의 문헌에서만 발견되므로,[132] 두 개의 개별적 문화가 존재했음을 증명하기에는 충분치 않다. 오히려 증거들은 베다 문화의 주인이 바깥으로 확장하면서 여러 지점에서 공존과 혼합이 이루어졌음을 시사한다.(브롱크호르스트도 이를 부인하지 않는다.) 생애의 한 단계에서 다른 단계로 전환하는 것과 관련된 관습에 대해서도 같은 논리를 적용할 수 있을 것이다.[133] 부처의 비아非我(무아無我, anātman) 교리가 "브라만 시대 후기와 우파니샤드 시대 초기에 걸친 아트만 고찰의 오랜 역사"를 바탕으로 한다는 사실이,[134] 그리고 언어들이 많은 지점에서 서로 중복된다는 점이 그러하다.[135] 부처가 사용했을 것으로 추정되는 마가다어는 인도아리아계 언어다. 미하엘 비첼 또한 "베다와 초기 불교 문헌에서 발견되는 다수의 연이은 언어적·문헌적·역사적 층위에 대한 전통적 시각"을 지지했다.[136] 브롱크호르스트는 이러한 영향이 있었다는 데 반대하지는 않으나, 몇몇 브라만이 대 마가다 지역에 존재했다고 해서 이들이 그 영토를 지배했다고 볼 수는 없다고, 달리 말해 대 마가다가 아직 브라만의 영토가 아니었다고 논했다. 그는 이곳을 통치한 이들 중 브라만이 한 명도 없는 반면에 초기 왕들(슈레니카Shrenika, 빔비사라, 아자타샤트루)은 불교도 또는 자이나교도였으며, (낮은 카스트 출신으로 추정되는) 난다 왕조 통치자들 그리고 기원전 321년에 마우리아의 초대 국왕으로 즉위한 찬드라굽타 또한 마찬가지였다는 점을 지적했다. 마지막으로 빔비사라는 모든 것을 운명(니야티niyati)으로 설명하는 허무주의적인 아지비카Ājīvika교도들을 지지한 것으로 추정되고, 아소카는 특히 불교를 위시한 모든 종교와 분파를 장려한 것으로 알려져 있다. 브롱크호르스트의 설명에 따르면 브라만교도는 기원전 185년에 숭가Shunga 왕조가 집권할 때까지 특별한 사회적 영향력을 획득하지 못했다.[137]

그러나 이러한 역사적 환경은 (역사 전반과 마찬가지로) 다수의 문화가 어느 정도 분명히 구분되었다는 생각의 설득력을 떨어트린다. 일찍이 헤로도토스(484~424 BC 무렵)는 방랑하는 다양한 분파의 금욕주의자들이 문화적 중개자의 역할을 담당했음을 밝혔다.[138] 초기의 불교 문헌과 자이나교 문헌에도 이러한 이들이 등장하는데, 예시로 '서로 다른 학파의 여섯 스승'[4]이 있다. 부처, 파르슈바Pārshva, 마하비라 그리고 아지비카교의 창시자 마칼리 고살라Makkhali

4 석가모니와는 다른 길을 걸었던 동시대인들로, 불교에서는 육사외도六師外道라고 한다. 자이나교의 창시자 마하비라도 그중 하나다.

Gosāla를 비롯한 모든 유랑 금욕주의자들은 절제의 수행은 물론 일종의 해방을 목표로 하는 명상과 영성 수련을 공통적으로 했다.[139] 이들 중 가장 두드러지는 인물인 부처는 대 마가다뿐만 아니라 멀게는 베나레스와 밧지까지 유랑했다.[140]

게다가 (특히 자신들의 세계 너머에 자리한 모든 것을 불결하다고 보았던 브라만교의 경우) 분리를 위한 여러 수행에도 불구하고 대 마가다 내 집단들은 서로 영향을 주고받으며 혼합되기도 했다. 말하자면 불교계 브라만교도, 베다계 불교도가 있었다. 각각의 사람들이 반드시 단일한 별개의 종교에 속하지는 않았다. 오히려 여기저기 이어 붙인 듯한 종교성이 존재했으며, 이로 인해 베다-브라만교와 대중 종교의 의례가 구원 지향적인 불교의 교리와 나란히 나타나기도 했다. 해탈을 향한 길의 핵심은 지성일 수도, 의례나 예배 또는 정의로운 행실일 수도 있었다. 그렇다면 종교보다는 서로 경합하는 종교적 운동이라는 말이 더 정확할 것이다.(실제로 후자는 신앙의 다양한 형태와 의식 수행을 분리하려는 19세기 학문에서 비롯된 개념을 가리킨다.) 같은 이유로 문화적 차이보다는 문화적 융합을 강조하는 편이 더 유용하다. 예컨대 업보라는 개념은 여기서 논하는 모든 운동에 걸쳐 등장한다. 서로 교차하고 접촉한 지점을 찾고자 한다면 사상만으로 그어진 많은 경계선은 의미를 잃는다. 초문화적 관점에서 보면 서로 얽히고설키는 과정이 드러난다. 문화들이 서로 지속적으로 교류하며 혼종과 혼합을 이루며 함께 형성되어 간다. 구분선이 존재하기는 하나, 엄격한 경계선이라기보다는 폭력, 혼인, 침략 등을 포함하는 전략과 담론을 보여 주는 선이다. (다원주의와 혼동해서는 안 되는) 초문화성에는 사람, 사물, 사상, 영상의 항구적 전이가 포함된다. 전이는 예외가 아니라 규칙이다. 아소카의 놀라운 이야기가 이러한 점을 명백하게 보여 준다.

아소카

불교는 동남아시아에서 비교적 빠르게 전파되었다. 불교의 확산세는 불교가 누린 비호와 궤를 같이했으며, 무엇보다도 이 운동의 가르침과 내적 구조가 어떤 결과를 낳았는지 보여 주었다. 추종자들이 현실 세계를 떠나 자연속에 살았던 금욕주의 집단과는 대조적으로 불교 승려는 탁발하기 위해 사람들을 찾아가야 했으며, 그 과정에서 다른 이들과 혼합되었다. 이로써 이들은 지배층의 언어인 산스크리트어가 아니라 대중의 언어로 말하게 되었다. 산스크리트어로 된 최초의 불교 경전은 기원후 1세기 또는 2세기로 거슬러 올라가며, 아슈바고샤Ashvaghosha의 글이 여기에 포함된다. 불교도들은 도량을 형성할 수 있었으나, 이러한 단체를 통해 속세의 완전한 탈피를 추구하는 것은 아니었다. 이러한 도량은 브라만-베다 문화의 특징인 태생적 위계를 따르지 않고 그 대신에 연장자 원칙에 따라 조직되었다. 또한 재산을 소유할 수 있었는데, 이는 대부분의 금욕주의 운동에서 대체로 금기시되는 일이었다. 초기 불교 운동은 통치자에게 맞서고자 하지 않았으므로, 도시 지배층은 불교를 위협으로 간주하지 않았으며 심지어는 장려하기까지 했다. 또한 불교 경전이 초반에는 구전되는 경향이 있었는데도, 글에 대한 개방성은 불교의 확산에 기여했다.

아소카(재위 269~232 BC 무렵) 황제라는 특별한 경우가 아니었더라면 불교는 그토록 빠르게, 또는 그토록 멀리까지 확산하지 못했을 것이다.[141] 아소카 황제는 인도의 형성에 크게 기여한 인물로, 그가 세운 사르나트의 네 마리 사자 기둥은 오늘날 인도의 국장emblem으로 사용되고 있다. 그의 조부였던 마우리아의 통치자 찬드라굽타는 기원전 321년에 난다 왕조를 격파하고 권력을 장악한 뒤 멀게는 북서쪽의 셀레우코스 제국까지 지배 영역을 넓혔으며, 그 과정에서 페르시아-헬레니즘 제국의 일부를 정복했다. 찬드라굽타는 알렉산드로스 대왕과도 만났다고 전해진다. 그리스인들은 그를 산드라코토스라는 이름으로 알고 있었다. 셀레우코스 왕조의 안티오코스 1세 소테르Antiochos I Soter(재위 281~261 BC)는 메가스테네스Megasthenes를 특사로 임명해 파탈리푸트라에 자리한 그의 궁정에 보냈다. 메가스테네스가 남긴 『인디카*Indica*』는 스트라보Strabo(63 BC~AD 21)와 아리아노스Arrian(2세기)의 글을 통해 부분적으로 전승되면서 초기 마우리아 사회에 관한 정보를 우리에게 남겨주었다.[142] 아리아노스는 서로 혼인할 수 없는 일곱 개 계층(그리스어로 제니아genea)에 관해 이야기했는데, 이는 네 개 계급(바라나) 그리고 직업군의 조합으로, 즉 현자('소피스트'), 농부, 목자, 수공업자, 상인, 병사, 관리자, 왕과 독립 도시를 위해 일하는 행정관 등의 조합으로 정해졌다.[143] 아리아노스는 브라만 지배층을 보고 놀라워하며 다음과 같이 썼다. "그들은 그 어떤 육체노동도 할 필요가 없고, 공동의 재산을 위해 자신들이 일군 결과를 기여할 필요도 없다. 사실 이 현자들에게는 백성을 대신해 신에게 제사를 올린다는 점만 제외하면 그 어떤 제약도 주어지지 않는다."[144]

노년에 자이나교로 '개종'하고 남부 인도에서 단식으로 생을 마감했다는 찬드라굽타 이후, 기원전 297년에 그의 아들 빈두사라Bindusāra가 왕위를 물려받았다. 기원전 272년에 빈두사라가 세상을 떠나자 4년 동안 궐위 시기가 이어진 끝에 그의 아들이자 탁실라와 우자인의 통치자였던 아소카가 마우리아 왕위에 올랐다. 아소카는 인도 통치자 중 최초로 글을 돌에 새겨 기록을 남겼는데, 여기에는 그의 이름으로 공표한 열네 개 칙령과 일곱 개 기둥 칙령, 다양한 작은 명문들이 있으며 명문 중 두 개는 그리스어로, 네 개는 아람어를 (아람어에서 유래한) 카로슈티 문자 또는 (인도 기원의) 브라흐미 문자로 기록했다. 1837년에 학자이자 골동품 연구가인 동시에 베나레스 주조소의 금속공학자였던 제임스 프린셉James Prinsep(1799~1840)은 산치의 아치문에 새겨진 명문을 해독하는 데 성공했다. 아소카가 도입했으며 개발 또한 그가 한 것으로 추정되는 브라흐미 문자는 인더스 문자로 된 사료를 제외하고는 고대 인도에 관해 현존하는 가장 오래된 기록에 사용된 문자다.[145] 역사의 이 시점부터 학자들은 연대를 알기 어렵고 역사적 측면에서 믿기 어려운 문헌에 의존하는 대신에, 맥락을 비교적 분명하게 알 수 있는 사료를 참고할 수 있다. 그러나 패트릭 올리벨Patrick Olivelle이 올바르게 지적했듯이 이 글은 개인적으로 작성한 것이 아니라 공개적 통지였으며, 단일 저자가 쓴 글이 아니다.[146] 여기에 담긴 선언은 명문이 존재하기 이전부터 독립적으로 존재했으며, 공개된 장소에서 말로 전달되거나 (지금은 사라진) 문자를 통해 관리나 상류층 사람들에게 전달되었을 수 있다.

이 명문들은 부분적으로 동일하며, 크게 두 가지 범주로 나눌 수 있다. 하나는 바위에 새겨진 길고 짧은 명문으로, 제국 전역에 걸쳐 멀리는 페르시

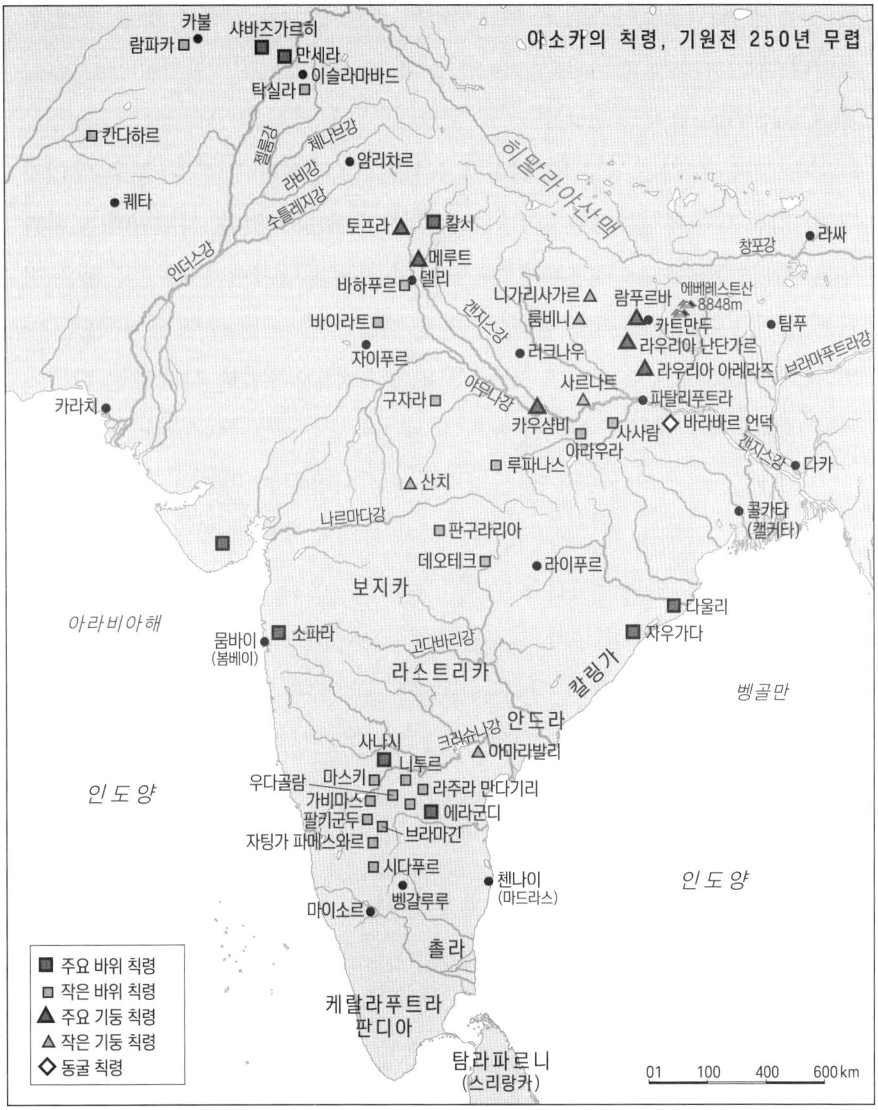

—— 아소카의 명문(기원전 250년).

아-헬레니즘 왕국과의 국경 지역에서까지 발견된다. 다른 하나는 기둥에 새겨진 긴 명문으로, 대부분 아소카의 권력 중심지인 갠지스 평원에 건립되었다. 이러한 명문에서 아소카는 자기를 신이 가장 사랑하는 자라고 칭했다. "신의 사랑을 받는 자, 피야다시Piyadassi 왕은 이렇게 말했다." 짐작건대 이러한 소통 방법은 조로아스터교-페르시아의 영향에서 그 기원을 찾을 수 있을 것이다.(프리드리히 니체Friedrich Nietzsche의 『차라투스트라는 이렇게 말했다*Thus Spoke Zarathustra*』와 비교해 볼 수 있다.)[147]

아소카는 이러한 공고 중 일부를 1인칭으로 적었다. 정부 활동을 알리기도 한 기둥 명문에서는 3인칭이 더 일반적으로 사용되었다. 사절단과 도덕률(살생 금지, 종교적 관용에 대한 명령 등) 또한 이를 통해 공표했다. 너무나 많은 정보가 담겼으므로 아소카가 직접 한 말을 적은 것은 아닐 수도 있다. 또한 다른 공고가 일반적으로 찬사를 담은 관용어구(프라샤스티)로 시작하는 반면에 기둥 명문은 여기에서도 차이를 보인다.

아소카는 마우리아 왕국을 드라비다어를 사용하는 지역과 접근할 수 없는 중부 인도 일부를 제외하고는 남아시아 아대륙 전역의 거의 대부분을 포괄하는 제국으로 탈바꿈시켰다. 가히 '제국'으로 부를 만했다. 지역적 차이가 있는데도 이처럼 광활한 영역 전체에 명문,(이는 권력을 상징하기도 했다.) 군사기지, 공물 및 세금 체계 등의 각인을 일제히 새겼으며, 모든 것을 중앙의 수도 파탈리푸트라에서 다스렸다. 무엇보다도 아소카는 그가 다스리는 영토의 모든 백성에게 메시지를 전했으며, 이를 단일한 언어와 문자를 수단으로 삼아 전달했다.

아소카는 정복 원정에 깊은 영향을 받았다. 기원전 260년 무렵에 (오늘날의 오디샤에 해당하는) 칼링가 왕국을 전복시킨 그는 자기가 저지른 잔학 행위에 대해 큰 양심의 가책을 느꼈다. 그로부터 2년 반 후에 아소카는 다음과 같은 열세 번째 바위 칙령을 공표했는데, 이 명문에는 아소카의 교리, 정치, 세계관이 잘 드러나 있으므로 그대로 살펴볼 가치가 있다.

> 즉위 8년, 데바남프리야 프리야다르신Devanampriya Priyadārsin이 칼링가인(의 땅)을 정복했다. 15만 명이 추방되었고, 10만 명이 살해당했으며, 그보다 더 많은 이가 죽었다. 그러나 칼링가인의 땅을 정복한 후 데바남프리야는 도덕률(담마dhamma) 연구, 도덕률의 사랑, 도덕률 계명의 가르침에 몰두했다. 여기서 칼링가의 땅을 정복한 데 대한 데바남프리야의 회개심이 드러난다. 이는 데바남프리야

가 외국의 땅을 학살, 죽음, 추방으로 정복했다는 것을 두고 고통스럽고 개탄할 일로 여기기 때문이다.

그러나 데바남프리야가 더욱 개탄스럽게 여기는 것은 따로 있다. 그곳에는 브라만과 금욕주의자(슈라마나)가, 다른 종교 질서와 평신도들이 있고, 고귀한 자에게 순종하고 어머니와 아버지에게 순종하며 장로에게 순종하고 친구와 지인과 동료와 친척에게, 노예와 하인에게 적절한 예의를 지키고 독실한 신앙을 키우는 사람들이 있다. 그러나 그들은 다치거나, 죽거나, 사랑하는 사람과 멀어졌다. 혹은 영향을 직접 받지 않았더라도 친구, 지인, 동료, 친척, 그들이 사랑하는 모든 이가 불행에 빠지는 모습을 지켜보기란 고통스러운 일이다. 모든 인간이 그러한 불행을 겪게 된다. 데바남프리야는 이를 개탄스럽게 여긴다. 어쨌든 사제와 금욕주의자라는 두 계층이 존재하지 않는 땅은 이오니아인(그리스인)의 땅을 제외하고는 없고, 백성이 어떤 종교 공동체에 속하지 않는 곳도 없다.

그러므로 칼링가 땅을 정복하는 과정에서 목숨을 잃은 모든 사람은 그중에서 10만 분의 1만 생각하더라도 데바남프리야에게 극심한 고통을 가져다준다. 나아가 데바남프리야는 그 모든 것을 용서받아야 하고, 용서받을 수 있다고 생각한다. 데바남프리야의 지배권 안에 사는 숲속 야만인들조차 그의 간청을 듣고 설득된다. 이들은 데바남프리야에게 그들을 벌할 힘이 있다는 말을 들으므로 주의를 기울일 것이고, 목숨으로 죗값을 치를 필요가 없을 것이다. 데바남프리야는 폭력의 자제, 극기, 정의, 그리고 모든 존재를 위한 공명정대를 원한다.

이러한 정복을, 도덕률에 의거한 정복을 데바남프리야는 가장 위대한 것으로 여긴다. 데바남프리야는 이곳을 비롯한 다른 모든 이웃 땅에서, 심지어는 이오니아의 왕 안티오코스가 다스리는 600요자나 거리의 땅과 안티오코스의 왕국 너머 프톨레마이오스 왕, 안티고노스 왕, 마가스Magas 왕, 알렉산드로스 왕까지 네 명의 다른 왕이 다스리는 곳에서, 마찬가지로 남쪽의 초다Choda, 판디아, 멀게는 실론에서도 이러한 정복을 반복적으로 벌여 왔다. 그가 직접 다스리는 왕국 내 이오니아인, 캄보디아인, 나바카인, 나비티인, 보자인, 피티니카인, 안드라인과 팔리다인에 대해서도 마찬가지다. 이 모든 부족은 데바남프리야의 도덕률에 따른 지시에 순응하고 있다. 데바남프리야가 사절단을 보내지 않은 곳의 통치자들조차 데바남프리야가 스스로 짊어진 도덕적 의무, 규정, 가르침을 익히 들으므로 도덕률을 따르거나 그렇게 할 것이다.

이러한 정복, 이러한 방식으로 모든 곳에서 달성한 이 정복은 깊은 만족의 원천이다. 이러한 만족은, 도덕률의 승리로 얻은 만족은 오래도록 이어진다. 그러나 이러한 만족은 별다른 의미가 없는데, 데바남프리야는 오직 다른 세상에서의 결과에만 위대한 의미가 있다고 여기기 때문이다.

이러한 도덕 칙령을 돌에 새긴 것은 나의 아들들과 아직 만나 보지 못한 나의 후손들이 새로운 정복을 꾀해서는 안 되기 때문이다. 그러나 만일 군사적 행실에 휘말린다면 자비와 가벼운 처벌 안에서 만족을 얻어야 할 것이다. 또한 도덕률에 의한 정복을 유일하게 진정한 정복으로 여겨야 한다. 이러한 정복은 이 세상과 다른 세상에서 열매를 맺는다. 그들의 유일한 기쁨이 정의로운 수고에 대한 기쁨이 되기를 바란다.

그러한 행동은 이 세상과 다른 세상에서 열매를 맺으리라.[148]

이 글은 세계 역사상 유례가 없는 글이다. 왕이 스스로 행한 군사적 폭력에 대해 후회를 드러내는 이 글은 그가 손에 넣은 영토에 관한 사항들뿐만 아니라 나아가 진리의 신조까지 보여 준다. 무엇보다도 아소카는 담마(산스크리트어로 다르마)를, 즉 보편주의적 윤리를 중시했는데, 이는 아버지, 어머니, 장로는 물론 (숲속에서 자유롭게 사는 사람들의 경우 특히) 통치자에게 순종하라고, 종교적 관용을 보이라고, 친척, 친구, 브라만, 금욕주의자들에게 자비를 품으라고, 진실을 사랑하라고, 정의와 농노 및 노예에게 관용을 보이라고, 검소하게 소비하라고, 동물 살생을 포함한 유혈 사태를 피하라고(아힘사), 다음 세상을 염두에 둔 채 이번 세상을 살아가라고 가르치는 윤리였다. 두 번째 기둥에서는 담마가 무엇인지에 대해 이렇게 대답한다. "악행의 억제, 많은 선행, 연민, 관용, 진실됨, 순결." 그러나 이 문서를 포함한 다른 그 어떤 곳에서도 무엇이 처벌할 수 있는 악행(예컨대 살인, 도둑질, 간통 또는 알코올 남용 문제 등)인지 명확하게 언급하지 않았으므로 법조문을 논할 수는 없다.

담마는 행정관들이 토지 전역에 걸쳐 구현해야 했다. 아소카는 이 일을 매우 중요하게 여겼으며, 이를 두고 올리벨은 말하자면 모든 종교와 종교적 운동을 아우를 수 있을 만큼 충분히 넓은 일종의 '시민 종교civic religion'라고 했다.[149] 또한 올리벨은 명문을 아람어와 그리스어로 번역했다는 점에서 여기에 '국제적 차원'이 있었다고 논했다. 이중 언어로 된 어느 글에서는 담마를 그리스어 유세베이아로 번역했는데, 이는 '경건' 또는 '신에 대한 숭상'을 의미한다.

이 중 대부분은 불교의 윤리와 일치한다. 그런데 아소카 본인은 과연 불교도였을까? 한 가지 개별 종교를 고수했던 것이 분명하다고 할 수 있을까? 첫 번째 작은 바위 칙령에서 아소카가 부처의 평신도(우파사카)를 자처했다는 점에서 보면 그러하다. 그는 또한 산치와 사르나스의 교단이 분열하는 것을 막고자 했고, 캘커타-바이라트-바브라의 바위 칙령에서는 직접 팔리 삼장의 글로 호소한다. 아소카는 또한 멀게는 스리랑카까지 포함한 제국 전역에서 규범을 증진시키고 이를 따르는지 확인해 불교 선교를 지원했으며, 그 과정에서 불교의 정치화에 기여했다. 게다가 기원전 250년 무렵에는 그의 후원으로 파탈리푸트라에서 단체 수트라 암송이 주를 이루는 불교 결집Buddhist council이 열렸다. 이와 같은 후원은 쿠이우스 레기오 에이우스 렐리기오cuius regio eius religio(사는 영역이 곧 그의 종교)[5] 원칙에 따라 불교를 공고히 하고 단단히 지원한 셈이 되었다. 그러나 칙령에서는 구원(열반), 환생, 비아(무아)를 비롯한 주요 불교 교리가 이상하리만치 언급되지 않는다. 게다가 아소카의 비살생 명령은 무엇보다도 동물 공희와 브라만교의 영향이 컸다. 열두 번째 기둥 칙령에서 아소카는 아지비카교에 대한 지지를 표명하는데, 이들은 비관주의를 이유로 불교와 자이나교의 신랄한 비판을 받은 바 있다. 실제로 부처는 이들의 가르침을 들어 모든 거짓 교리 중에서도 최악이라고 했다.

그러나 아소카는 여전히 강력한 통치자였다. 분명 그는 칼링가에서 열세 번째 바위 칙령을 공표하지 않고, 그 대신에 이곳 백성들에게 평화를 호소했

5 종교개혁에 따라 유럽에 전쟁이 일어났을 때, 각 세력이 화의를 맺으면서 지역 주민들은 그 지역 통치자들이 정한 종교에 따르기로 한 원칙이다.

다. "모든 인간은 내게 자식과도 같다. …… 나를 두려워하지 말고 믿어야 한다." 게다가 그는 사형 제도를 폐지하지도 않았고, 상소할 시간을 3일밖에 주지 않았으며, 재판관에게 상당한 독립성을 주었다.

아소카는 불교의 확산보다는 불교와 관련된 윤리적 관습을 장려하는 데 더 관심을 보였다. 또한 그는 저항에 부딪히기도 했으며, 다섯 번째 바위 칙령에서 "덕행은 실천하기 어렵다."라고 불평했다. 그러나 대체로 보자면 로밀라 타파르Romila Thapar의 말대로 아소카는 한 가지 관점에서 바라보아서는 안 되며, 오히려 사회를 변화시키고자 하는 강력한 사회윤리적 소망에 따라 움직였던 정치인으로 보아야 한다.[150] 이러한 점에서 보면 그는 실로 유일무이한 인물이다. 많은 왕이 자기를 신과 같은 존재로 여기거나 종교를 집중적으로 보호하고 진흥시켰다. 그러나 아소카는 오직 '도덕률'에 따라 통치하고자 했다.

브라만교의 부흥

아소카가 마우리아 제국의 언어, 종교, 의례, 생활 방식에 대해 보여 준 관용은 전례가 없었다. 혼합주의가 아니라, 부분적으로 상호 보완을 이루는 관습과 신앙의 공존이 목표였다. 그러나 아소카의 담마 또한 베다-브라만교에 대한 비판에 속했다. 명문에서 직접적으로 드러나지 않았어도 마찬가지다. 실제로 명문에서는 통치자가 브라만에게 명시적으로 존경과 비호를 표하기도 했다. 비판의 요지는 베다-브라만교의 종교적·사회적 위계와 구원을 향한 길이 명백히 배제적이라는 것이었다. 이러한 관점에서 브라만은 마우리아 궁정에서 별다른 영향력을 행사하지 못했다고 볼 수도 있다. 그러나 한편으로는 국정 운영의 지침서 『아르타샤스트라*Arthashāstra*』를 집필한 사람이 찬드라굽타의 재상이자 브라만으로 여겨지는 차나키야Chānakya(카우틸랴Kautilya)라는 주장이 반복적으로 제기되고 있다. 만약 정말 그러했다면 마우리아는 중앙집권 국가여야 했을 것이다. 사실 이 문제는 최근에 해결되었는데, 차나키야가 편집한 것으로 보였던 핵심 내용이 아예 마우리아 시대에 속하지 않는다고 밝혀졌기 때문이다. 오히려 이 저작은 기원전 150년 그리고 기원후 175년에서 300년의 사이에 집필되고 엮인 여러 부분으로 구성되어 있다.[151] 이 책에 따르면 마우리아 국가는 전통적으로 생각되는 것만큼 '하향식'은 아니었고, 각 주에 상대적으로 폭넓은 자치권을 주었다.[152]

그러나 베다-브라만교의 종교가 사라졌다고 할 수는 없었다. 오히려 이 종교는 상황에 적응하면서 극적으로 변화했다. 심지어 브라만-베다 부흥 운동을 일으키려는 시도도 있었다.(다만 이들은 마우리아가 역사의 무대를 떠나기 전까지 완전한 국면에 접어들지는 못했다.) 어쩌면 종교적·문화적 경향의 '과잉 공급'으로 인해 브라만이 새로운 사회적 집단에 자신들의 계급을 개방한 것일 수도 있고, 종교적 유산을 재검토하고 전통을 부흥시키기 위해 적절한 요소를 조성한 것일 수도 있다.

어쨌든 보수적 브라만교도는 마우리아의 황실 조정과 갠지스 평원에서 설 자리를 찾지 못했다. 이곳이 베다-브라만교의 핵심 지역이었는데도 상황은 마찬가지였다. 이들은 너무 많은 지점에서 아소카의 담마와 대척점에 서 있었다. 아소카는 관용의 계율을 내세웠으면서도 동물 공희를 비롯한 정교한 의례주의는 용인하지 않았다. 추정컨대 군주와 관리들이 현장에서 희생 제의를 막기 위해 노력했을 것이다. 브라만과 통치자 간의 전통적 유대는 무너졌다. 전자의 경우 브롱크호르스트는 마우리아 왕조(또는 이전의 난다 왕조부터)의 북부 인도 통일이 이들에게 재앙과도 같았다는 결론을 내렸다.[153]

어쨌든 베다-브라만교는 인도 내에서 불교보다 더 오랫동안 살아남았다.(2011년 인구조사에 따르면 오늘날 불교도는 인도 전체 인구의 0.7퍼센트에 지나지 않는다.) 그러므로 두 종교가 가장 높은 계층을 비롯한 사회 각계각층에 활동가들을 두고 나란히 존재했음을 가정해야 한다. 이러한 상황 속에서 브라만은 자신들만의 지식을 보유한 전문가가 되었는데, 여기에는 희생 제의와 수많은 의례를 지낼 권리뿐만 아니라 특권적 산스크리트어와 신화집, 점성학이나 천문학과 같은 주요 과학, 수학, 연금술, (아소카가 적극적으로 보급하고자 한) 의학, 폭넓은 분야의 법과 관습(『다르마샤스트라』), 왕의 정의로운 통치와 관련된 규정(『단다니티*dāṇḍanīti*』) 등이 포함되었다. 아소카 명문만으로는 마우리아 제국의 백성들이 어떻게 축제 날짜를 정하고 혼인하며 환자를 다루었는지 거의 알 수 없으나, 브라만이 개입되었을 것으로 추측할 따름이다.

이제 브라만은 더는 단순한 사제가 아니었으며, 수많은 분야에서 지식인층으로 자리를 잡았다. 기원전 제1천년기 후반부 동안 이 전문가들은 브라만의 서사시를 집대성해 『마하바라타』와 『라마야나』, 초기의 신화적 문헌(푸라나), 최초의 법전(『다르마슈트라』)을 편찬하기 시작했다. 그 과정에서 네 개 계층(바르나)과 수많은 카스트(자티)로 구성되고 정점에 자신들을 둔 위계적 사회 모형을 발달시켰다. 이들은 브라만이 유일무이하게 순하고 진실된 언어인 산스크리트어를 알기 때문에 구원을 향한 특권적인 길을 누릴 수 있다는 이유로 이러한 구성을 정당화했다. 산스크리트어는 점점 더 종교적 권력을 가진 지식인층의 언어가 되어 갔으며, 쓸 줄 아는 이는 소수에 지나지 않았다. 확실히 인도 최초의 명문은 산스크리트어로 적히지 않았으며, 서력기원 이후까지도 이러한 양상이 이어졌다. 셸던 폴록Sheldon Pollock의 말대로 '산스크리트 코스모폴리스Sanskrit cosmopolis'는 기원전 330년 무렵에서 기원후 1300년 무렵까지 브라만의 영역으로 남았다.[154] 산스크리트어는 만국 공용어라기보다는 '정치 문화의 미학, 일종의 정치 공동체 시문학'이었으며, 브라만교도와 함께 남아시아 전역으로 확산되었다.[155] 폴록의 말에 따르면 산스크리트어는 서력기원 전후로 신성한 (베다) 영역에서 벗어났으나, 일상적으로 사용하는 언어가 되지 않고 그 대신에 문학의 세계를, 특히 시문학(카비아kāvya) 그리고 찬가의 명문(프라샤스티praśasti)을 짓는 매개가 되었다. 지식인 사회에서 배양된 산스크리트어는 다른 언어들과 함께 다양한 종교에 어울리는 높은 수준의 정교함을 달성했다. 이처럼 산스크리트어는 언어적 세계화의 첫 형성을 대표하나, 대개는 베다교 그리고 브라만계 사회 모형과 함께 이동했다. 이처럼 추가적 '짐'의 무게는 8세기 무렵부터 사회 개혁을 위한 반反브라만교 운동이 시작되고 나서야 명백하게 드러났다.

* * *

국가의 발전과 함께, 그리고 특히 부처와 아소카를 통해 두 가지 위대한 전통이 남아시아에 출현했다.[156] 한편에서는 비교적 보편주의적이고 때때로 선교적인 불교가 카스트 사회와 과도한 브라만교 의례주의에 대해 적어도 교리적 면에서 반기를 들었다. 방랑하는 승려들의 네트워크 덕분에 불교의 가르침은 멀리 그리고 널리 퍼져 남아시아 전역에 자리를 잡았다. 다른 한편에는 친족과 개인 대 개인 관계를 바탕으로 해서 상대적으로 지역화된 베다-브라만교가 있었다. 대가족의 계보를 따라 스승이 제자에게 (의례에 관한) 지식을 전승하는 형태로 이어진 이 종교가 남아시아 너머에 미친 영향은 제한적이었다. 그러나 굽타 제국이 들어서는 동안 두 전통 모두 서로에게 영향을 주고받았다. 이제 브라만교 사제들은 통치자의 후원을 받기 위해 자기를 개방했고, 세속적인 지식 총체를 발전시켰으며, 전통적인 학자적 수행의 가르침과는 거리가 먼 분파들이 발달했고, 어느 정도 공개적인 사원에서 신들에 대한 숭배 의식을 치렀으며, 심지어는 대규모 집회로 개편되기도 했다. 반면에 불교는 점점 더 지역화되고 의례를 중시하게 되었으며, 특정 신격에 대한 숭배를 인정했고, 심지어는 카스트 제도가 다시 성행하도록 자리를 내주었다.

5 대제국 사이에서: 초지역적 관계

기원전 200년 무렵~기원후 300년 무렵

아소카를 위시한 마우리아인은 다른 문화들이 제시하는 도전에 맞서 종교적 문제에서 관용을 장려하고 정치적 측면에서 중앙집권 구조의 제국을 형성했다. 그러나 이들이 다양성을 무시하고 부정했다고 논할 수도 있을 것이다. 다수의 사회적·종교적 발전이 그들 모르게 이루어진 것으로 보인다. 이러한 관찰은 브라만이 우위를 계속해 점한 지역에서 두드러진다. 남부 인도의 드라비다 문화, 중부 인도와 (아소카의 정책이 다른 지역에 미친 영향 때문에 학계의 관심을 거의 받지 못하는) 히말라야 지역의 부족 문화가 그러했다.

마우리아 왕조와 굽타 제국 사이의 기간(대략 기원전 200년에서 기원후 300년까지)에는 다른 발전도 이루어졌다.[157] 이 시대를 정의하는 특징에는 도시 문화의 확산, 북서부 인도 지역과 그리스인, 스키타이인을 비롯한 여러 민족 간의 집중적인 문화적·경제적 교류, 조각, 스투파, 사원을 통한 종교 문화의 표현과 산나라 미술, 힌두교 경전과 불교 경전(푸라나, 사다카)의 집대성과 이것이 일상생활에 밝힌 빛, 초지역적 법학(『다르마샤스트라』)의 발달과 특히 마누 법전(200 BC~AD 200 무렵)과 『야즈나발키아스므리티*Yājnavālkyasmriti*』(100~300 무렵), 문학(희곡과 시문학)의 발달 등이 포함된다.

마우리아 제국 멸망 이후의 초문화적 상황

보편적인 힌두교 통치자 또는 불교 통치자(라마라자rāmarāja, 차크라바르틴)라는 신흥 개념이 출현했는데도, 마우리아 왕조의 제국적 야심은 광범위한 초문화적 네트워크를 기반으로 하는 지역 권력 거점들에 자리를 내주었다. 예컨대 우다야기리 석굴(오리사)의 명문은 자이나교도로 추정되는 지역 왕 카라벨라Kharavela(기원전 1세기 후반)가 멀게는 마가다와 파탈리푸트라까지 원정에 나섰으며 데메트리오스 1세Demetrius I를 마투라에서 격퇴한 일을 포함한 영웅적 행보를 자랑한다.

야우데야Yaudheya, 아르주나야나Arjunayana, 말라바Malava, 나가Naga 등의 왕조가 통치하는 (기원후 4세기부터 사무드라굽타Samudragupta의 명문에 언급된) 지역 왕국은 중부 인도와 히말라야 지역에 계속해 존재했으며, 이들 중 일부는 한때 권력을 쥐었던 마하자나파다와 연맹을 맺었다. 쿠샨 제국의 주화에는 헬레니즘, 이란, 인도의 신들이 등장하며, 종종 나란히 선 모습으로도 묘사된다.[158] 북서부에는 그리스, 페르시아, 중앙아시아의 영향이 두드러졌고, 히말라야산맥 뒤의 영역(트랜스히말라야)은 교역과 종교를 통해 개방되었다. 남부에서는 남아시아 및 로마와 해로를 통한 관계가 형성되었다. 당대의 '인도'는 뚜렷한 윤곽이나 경계가 없었으며, 있다고 하더라도 통치자들에 의해 자주 바뀌는 것이 일반적이었다.

이러한 상황에서 미루어 보면 '침략'을 논한다는 것은 그다지 말이 되지 않는데, 누가 '원주민'이고 '이방인'인지 구분하기가 어렵기 때문이다. 그리스인, (중앙아시아의 유목 민족인) 스키타이인과 쿠샨인, (이란계 유목 민족으로 그리스인과 우호적이었던) 파르티아인, 그리고 훈족은 미묘한 영향을 미쳤다. 특히 북서부에서는 인도이란인의 관습을 따라 생활하고 불교도의 종교를 수행하는 한편으로 그리스의 영향을 받은 예술을 발달시키면서 혼합주의 문화를 출현시켰다. 그러므로 이 시대는 절충주의의 시대이자 '다른' 문화에 대한 반응의 시대이기도 했다. 힌두교가 외부의 영향에 적응하고 이를 받아들이는 능력은 이 시기에 들어 다양한 문화와 접촉한 데 대한 반응으로 시작되었을 가능성이 크다.

마우리아 왕조와 멀어지는 과정이라기보다는 고전 힌두교의 징조가 드러나는 때로 이해하면 더 좋을 이 시기는 종종 암흑기로 불리기도 한다. 왕조의 연대를 가늠할 수 있는 구체적인 참고 자료가 상대적으로 많지는 않지만, 전반적으로 이용할 수 있는 사료는 그 어느 때보다도 더 좋은 편이다. 주화, 명문, (비인도계 문헌을 포함한) 글, 예술품, 생활 도구 등을 통해 사회 환경과 종교 세계를 앞선 시대보다 훨씬 더 상세하게 밝힐 수 있다.

예컨대 대담 형식으로 된 불교의 철학적 작품이자 기원전의 마지막 두 세기 동안 쓰인 것으로 보이며 적어도 당대의 사상을 반영하는 『밀린다팡하 *Milindapanha*』에는 예순 개 이상의 수공예품이 등장하며, 『자타카*Jātakas*』[6]에는 (명문으로도 입증된) 열여덟 개 길드가 등장한다. 길드는 또한 일종의 은행 역할을 했으며, 당시에 화폐경제가 도래했음을 일러 주기도 한다. 금, 은, 구리로 만든 주화가 사용되기 시작했으며, 남부에서는 로마 데나리우스도 사용했다. 한편 개오지껍데기도 거래되었으며 물물교환도 계속되었다. 이를 바탕으로 대금과 이자를 포함한 자본주의 교환이 발달했다. 상업은 활기찬 시장에서뿐만 아니라 초지역적·초대륙적 교역로를 통해서도 이루어졌다.

이 시대의 주요 문헌은 앞서 언급했던 차나키야의 『아르타샤스트라』로, 1905년이 되어서야 발견되었다. 이 글은 왕, 재상(만트린), 장관(아마티야amātya)에게, 특히 지사와 시 행정관에게, 그리고 농업, 임업, 관개, 축산, 교역 등 모든 종류의 경제활동을 관리하는 감독관(아디야크샤)에게 이야기한다. 여기에는 정부, 군사 조직, 조세제도, 주화, 전시 전략, 첩보 활동, 법, 행정 등의 기술에 관한 상세한 정보가 담겨 있다. 『아르타샤스트라』는 다른 많은 산스크리트어 문헌과는 대조적으로 상당히 '현실적'이며, 구조물 건설 시 요새화와 탈출 계획 여러 가지를 비교했다는 점에서도 이를 알 수 있다.[159]

이 작품 또한 마찬가지로 마우리아 제국의 몰락에 대한 반응이지 새로운 통치 기술의 설계로 볼 수 있다. 불교 원전에 따르면 마우리아의 마지막 통치자 브리하드라타Brihadratha는 기원전 187년에 열병식을 하던 도중에 장군 푸

6 전생을 다룬 설화 모음집으로, 『본생경本生經』 또는 『본생담本生譚』이라고도 한다.

샤미트라 숭가Pushyamitra Shunga에게 암살당했다. 푸샤미트라는 아소카가 금지했던 말 희생제를 다시 도입했다고 전해지는데, 이는 궁정 내 브라만의 입지가 한층 강해졌음을 시사한다. 마우리아 제국은 다시 갠지스강과 야무나강이 있는 '두 강의 땅'으로 물러났다. 그러나 불교 사찰과 숭배 장소들은 제국의 영토 전역에 걸쳐 계속 건설되었는데, 여기에는 바르후트와 산치, 아마라바티의 예술적인 석각 부조가, 그리고 아잔타 등지에서 동굴 안에 기둥을 세우고 명상실, 집회장, 스투파 등이 서로 연결되도록 만든 공간 등이 포함된다.

무엇보다도 '인도'가 확장하고 있었다. 아소카는 미얀마와 스리랑카, 심지어는 지중해 국가에도 사절단을 보냈다고 알려져 있다. 전설에 따르면 그의 딸 카루마티Cārumatī는 네팔에 담마를 전파했고, 아들 마힌다Mahinda와 쿠나라Kunāla는 마찬가지로 스리랑카와 (아소카의 것으로 여겨지는 스투파가 발견된 곳인) 스와트 계곡에 담마를 전했다. 아소카의 폭넓은 영향력을 보여 주는 또 다른 증거로는 탁실라에서 발견된 그리스어 명문과 칸다하르(남부 아프가니스탄)에 자리한 (그리스어와 아람어로 적힌) 이중 언어 명문 등이 있다. 열세 번째 바위 칙령에는 다섯 명의 헬레니즘 통치자와 여러 민족이 언급된다.[160]

인도는 이미 고대사 연구의 대상이었다. 그리스 역사학자들은 개 머리를 가진 인간이나 그늘을 만들 수 있을 만큼 커다란 발 따위를 포함한 인도의 '경이(타우마시아thaumasia)'에 관한 이야기를 전했으며, 유럽인들은 중세부터 길게는 낭만주의 시대까지 이러한 이야기에 매료되었다. 탐험가 크리스토퍼 콜럼버스조차 이처럼 경이로운 이야기를 진실로 믿었으며, 자신이 카리브해에서 인도를 다시 발견했다고 생각했다. 그러나 인도의 많은 발전은 아시아 내부의 영향 덕분에 일어났다. 카라코룸의 거대한 교역로와 실크로드의 굽이치는 길을 따라 여행하던 카라반들은 코끼리, 보석, 향신료 등 수많은 물건을 운송했을 뿐만 아니라 사상과 관습까지도 전달했다. 그렇다면 서쪽에만 시선을 둘 것이 아니라 북쪽과 동쪽, 특히 중국과 동남아시아 또한 살펴볼 필요가 있다.

북서부 인도의 그리스인, 스키타이인, 기타 민족

기원전 327년과 기원전 325년 사이의 시기에 알렉산드로스 대왕(재위

336~323 BC)은 잠시간 멀게는 인더스 계곡까지 영토를 확장했으며, 이곳에서 몇몇 태수가 다스리는 영토와 마주했다. 이 시점까지 인도 문화권의 북서부 지역은 페르세폴리스를 수도이자 권력의 중심으로 삼은 아케메네스 왕조가 꽉 쥐고 있었다. 알렉산드로스 대왕은 오래지 않아 이 영토를 정복했다. 그의 야망이 인도에서 저지당했다고, 특히 이곳의 완강한 부족들[161] 때문에 저지당했다고 논할 수도 있겠으나, 사실 그가 다시 우위를 점하고 권력을 공고히 하지 못했던 이유는 전적으로 그가 젊은 나이에 죽음을 맞이했기 때문일 수 있다. 남아시아를 연구하는 핀란드 학자 클라우스 카르투넨Klaus Karttunen은 다음과 같이 적절하게 관찰했다.

> 그 모든 것에도 불구하고 알렉산드로스 대왕의 원정이 지니는 의의를 과소평가해서는 안 된다. 인도에서 원정은 북서쪽으로만 확대되다가 곧 잊혔다. 그러나 서쪽에서는 상황이 달랐다. 어떤 면에서 보자면 인도 원정은 그리스 역사의 정점이자 전환점이었다. 오히려 근동과 이란에 대해서도 같은 말을 할 수 있을 것이다. 인도 역사에서 그 영향은 물론 훨씬 미미했으나, 아예 없는 것은 아니었다. 그가 의도적으로 계획했던 것이었다고 할 수는 없으나, 그런데도 그가 아시아에서 시작한 과정은 다양한 문명과 교류하고 상호작용하며 오래도록 이어진 헬레니즘 문화라는 최종 결과를 낳았으며, 인도 또한 이를 분명히 체감했다. …… 세계는 더는 이전과 같은 세계가 아니었다.[162]

실제로 알렉산드로스 대왕은, 또는 어떻게든 그의 공적을 전했던 이들은 인도의 경이를 서구에 알렸고, 이로써 그들보다 앞선 시기의 땅에 대한 신화적 관념을 강화했다. 고전고대에 인도는 풍요롭고 비옥한 낙원으로 그려졌으며, 개미가 금을 채굴해 오므로 이곳에 사는 사람들은 일할 필요가 없다고 전해졌다.

이로부터 약 150년 후에 그리스인은 박트리아(북부 아프가니스탄)에서 다시 한번 동쪽으로 진격했고, 셀레우코스 제국의 태수 관할 구역 하나가 발전해 북서부 인도(오늘날의 파키스탄)에 이르는 독립적인 그리스-박트리아 왕국을 성립시키면서 '인도-그리스' 또는 '인도-박트리아'라는 명칭을 가지게 되었다.[163] 이들은 약 130년간 특히 북서부를 중심으로 이 땅에 살았다. 몇몇 그리스인은 멀게는 파탈리푸트라와 중부 인도에까지 도달했다. 사실 아소카 또한 찬드라굽타와 셀레우코스 왕조 공주가 맺은 그리스-인도 연합의 산물이라는 말도 있다.[164]

파니니가 살았던 시대(기원전 4세기와 기원전 5세기)에 그리스는 대개 산스크리트어로 '야바나'라고 했다. 팔리에 자리한 아소카의 명문은 그리스를 '요나'로 칭했으며, 아케메네스 왕조의 명문에도 소아시아의 이오니아 그리스인을 부르는 같은 단어(야우나yauna)가 등장한다.

이 계보에 속한 통치자 서른 명 이상이 은화와 동-니켈 주화에 자신들의 기억을 새겨 후손들에게 남겨 주었으나, 이들에 관해 알려진 바는 거의 없다.[165] 화폐 연구 기록은 그리스-박트리아의 권세가 42명 중 단 34명에 관해서만 남아 있으나, 다른 관리들(마하스트라파mahākṣtrapa와 크샤트라파kṣatrapa) 또한 화폐를 주조했다. 기원전 4세기까지도 힌두 통치자들은 그리스 명문과 함께 화폐에 묘사되었는데, 대개는 코끼리 머리 가죽을 쓴 데메트리오스 1세처럼 기이한 머리 장식을 쓴 모습이었다.

대부분의 화폐는 이중 언어로 되어 있으며 한 면에는 그리스어, 반대 면에는 팔리어(카로슈티 문자)가 적혔다. 다른 언어를 사용했다는 것은 상당한 양보로 볼 수 있는데, 헬레니즘 문화에서 이러한 경우가 또 없었기 때문이다. 예컨대 메난드로스 왕을 묘사한 어느 주화에는 그리스 명문 BASILEOS SOTĒROS MENANDROY와 아테네 여신의 모습이 묘사되어 있으며, 카로슈티 명문 MAHARAJA TRATASA MENADRASA도 함께 있었다. 두 명문 모두 "구원자 왕 메난드로스"라는 뜻이다. 이 주화들은 제임스 프린셉이 카로슈티 문자를 해독하는 데 중요한 역할을 담당했다. 이 문자는 아람어에 뿌리를 두고 있으나 4세기 이후로는 더는 사용되지 않았다. 법륜法輪을 지고 있는 주화도 하나 이상 발견되었다.

인도-그리스인은 북서부 인도의 다양한 부족 왕국을 단일한 제국으로 통일하지 못했다. 인도-그리스인의 존재를 기록한, 편집자 존 미치너John Mitchiner

—— 코끼리 머리 가죽을 쓴 데메트리오스 1세(왼쪽) 그리고 사자 가죽과 곤봉을 든 헤라클레스(오른쪽)가 그려진 드라크마 은화. 박트리아의 이 주화는 기원전 200년에서 기원전 185년 사이에 주조되었다. 명문 'BASILEOS DEMETRIOY'가 함께 적혀 있다. (Wikimedia Commons, © Classical Numismatic Group)

가 작성 연대를 기원전 25년 무렵으로 추정한[166] 문헌 『유가푸라나*Yugapurāna*』에 따르면 이들은 푸샤미트라가 권력을 잡기 직전에 파탈리푸트라를 장악했다고 한다. 그러나 이 원전은 문학적 성격이 있으며 특히 이를 뒷받침하는 고고학적 발견이 없으므로 이 이야기가 확실하다고 볼 수는 없다.

유명세를 얻은 인도-그리스인은 매우 드물다. 기원전 180년에 펀자브 지역을 관통해 멀게는 탁실라까지 이르렀던 최초의 박트리아 그리스인 데메트리오스 1세, 바수데바Vasudeva(비슈누)의 예언자로서 비디샤(오늘날의 보팔 부근 베스나가가르)의 가르두아 기둥 위 명문에 등장하는 바바드라Bhabhadra 궁정의 사절 헬리오도로스Heliodoros, 그리고 무엇보다도 카로슈티 문자로 된 바자우르의 명문이 입증하는 메난드로스 1세(재위 160~135 BC 무렵) 정도를 꼽을 수 있다. 그 이후 그리스 왕에 관해서는 알려진 바가 없으며, 스트라토 2세Strato II가 기원후 10년까지 통치했다는 점만 주화를 통해 알려져 있다.

메난더Menander 또는 메난드로스(팔리어로는 밀린다Milinda)는 승려 나가세나Nāgasena가 불교의 교리에 관한 통치자의 질문에 답하는 『밀린다팡하』(또는 『미란다왕문경彌蘭陀王問經』)에 등장하는 주요 인물 두 명 중 한 명이다.[167] 여기서 던지는 질문은 다음과 같은 것들이다. 부처는 실존 인물인가? 만인이 구원을 얻을 수 있는가? 윤회 없는 환생이 가능한가? 열반은 장소인가? 선은 악보다 강한가? 문헌에서 그리스 고유의 사상이 드러나지 않는다고 한다면, 이는 당대의 인도-그리스 통치자들이 주변 문화와 크게 동화되어 있었기 때문이다.

『밀린다팡하』의 문헌적 역사는 이러한 관계가 어떻게 얽힐 수 있는지를 전형적으로 보여 준다. 그리스 불교는 메난드로스와 함께 문학적 정점에 다다랐다. 이미 알렉산드로스 대왕은 회의론자 피론Pyrrho(360~270 BC)을 비롯해 인도의 금욕주의자를 '벌거벗은 현자(김노소피스타이)'로 부르면서 현실 세계를 포기하는 사상 일부를 받아들인 철학자들을 가까이 두었다고 알려져 있다. 스트라보는 (자르마노체가스Zarmanochegas 또는 자르마루스Zarmarus로 대표되는) 일부 그리스인들이 금욕주의자가 되었다고 전했다. 『마하밤사*Mahāmvamsha*』의 제29장에는 그리스 불교의 승려 한 명이 (이슬람화하기 이전에는 불교의 흔적이 짙었던) 아프가니스탄에서 멀게는 스리랑카까지 3만 명의 승려를 이끌었다는 이야기가 등장한다. 그리스어로 된 명문은 불교 유적에서도 발견된다.[168] 아소카 기둥의 조각 장식 또한 일반적으로 그리스인이 기여했을 것으로 본다.[169] 특히 간다라 주변 지역은 기원 전후로 그리스 불교의 부상을 목도했다.

기원전 제1천년기 동안 인도-그리스인의 영토와 영향력이 줄어든 한편으로, 스키타이인, (중국 쪽에서 온) 월지족, (서쪽에서 온) 파르티아인이 박트리아로 진출하면서 그리스인이 남쪽으로 힌두쿠시산맥 지역까지 밀려났다. 히포스트라토스Hippostratos 왕(재위 65~55 BC)은 인도-스키타이 통치자 아제스 1세 Azes I(재위 35~12 BC)에 의해 실각했다고 전해지지만, 주화들은 전환기가 이어지는 동안 몇 차례의 동맹이 있었다는 점을 시사한다. 스키타이인은, 더 정확하게 말하자면 사카족 계통에 속하는 중앙아시아 유목민 부족들은 월지족에 밀려 목초지를 잃었다. 스키타이인은 옥수스강 너머에 있는 트란스옥시아나 지역을 점령했으며 파르티아인과 싸웠으나 그중 일부는 지역 인구와 융합해 남부 아프가니스탄에 정착했다. 인도-스키타이는 기원전 80년 무렵부터 (기원전 85년에서 기원전 60년까지 재위한 것으로 추정되는) 마우에스Maues 치하에서 간다라부터 델리 남부까지 이어지는 왕국을 단기간 영위했다. 이들은 인도-그리스인에게서 통치자의 상징과 직위를 비롯한 많은 요소를 받아들였으며, 주화 또한 박트리아의 형태를 따라 만들었다.

그러나 인도 문헌에서는 팔라바인으로도 알려진 인도-파르티아인이 뒤이어 인도-스키타이인의 지배권에 대항했다. 조로아스터교도 파르티아인의 조력을 받은 찬드라굽타 1세는 파탈리푸트라를 점령하고 페르세폴리스를 본떠 도시를 건설했다고 전해졌으며, 이후 영국의 인도 고고학 조사국 감독관 데이비드 브레이너드 스푸너David Brainerd Spooner(1879~1925)의 현장 발굴을 통해 이것이 입증되었다.[170] 또한 인도-파르티아인은 불교 사찰에 성골함과 봉헌물을 바치고 간다라 미술을 장려했다. 이들은 곤도파레스Gondophares(재위 20~46 무렵) 치하에서 가장 중요한 도시인 탁실라를 점령했다. 기독교 전통에서는 이 왕을 세 동방박사 중 한 명인 가스파르Caspar로 본다. 그는 외경인 토마스의 복음서Gospel of Thomas에 등장하며, 인도에서 전도받았다고 전해진다.

시간이 지날수록 곤도파레스는 점점 더 쿠샨족의 압박을 받았다. 중국 쪽에 기원을 두고 월지 부족 연맹에 속한 이 유목 민족은 오늘날의 신장에 살았으며 토하라어와 관련된 언어를 사용했다. 사카족과 마찬가지로 쿠샨족 또한 만리장성의 건설 이후로 목초지를 잃었고, 기원전 1세기 중반에는 박트리아에서 카이베르 고개를 넘어 이주하면서 인도-파르티아의 지배에 종지부를 찍었다. 쿠샨족은 실크로드의 방향을 (서쪽의 파르티아를 지나는) 남쪽으로 재편하는 데 성공했다. 이곳에서 쿠샨족의 물건이 해로를 통해 멀게는 당시 로마의 통치하에 놓였던 이집트까지 전해졌고, 상업이 번영했다.

쿠샨 제국은 카니슈카 1세Kanishka I(재위 127~163 무렵) 치하에서 극적으로 성장해 박트리아에서 파탈리푸트라와 라자스탄, 그리고 아마도 멀게는 카슈미르 그리고 신장의 호탄까지 확대되었다. 100년 가까이 비교적 평화가 이어지면서 예술과 종교가 특히 발달했다. 카니슈카의 주화에는 페르시아의 신(아타시Atash, 미트라), 그리스의 신(헬리오스, 셀레네Selene), 힌두교의 신(시바)들이 등장한다. 같은 맥락에서 카니슈카는 불교 또한 지원했다. 그는 제4차 불교 결집을 후원했을 가능성이 있으며, 스와트 계곡에 기념비적인 스투파를 건립했다. 또한 카니슈카 왕을 본떠 만든 조각상이 그의 수도 중 하나였던 푸루샤푸

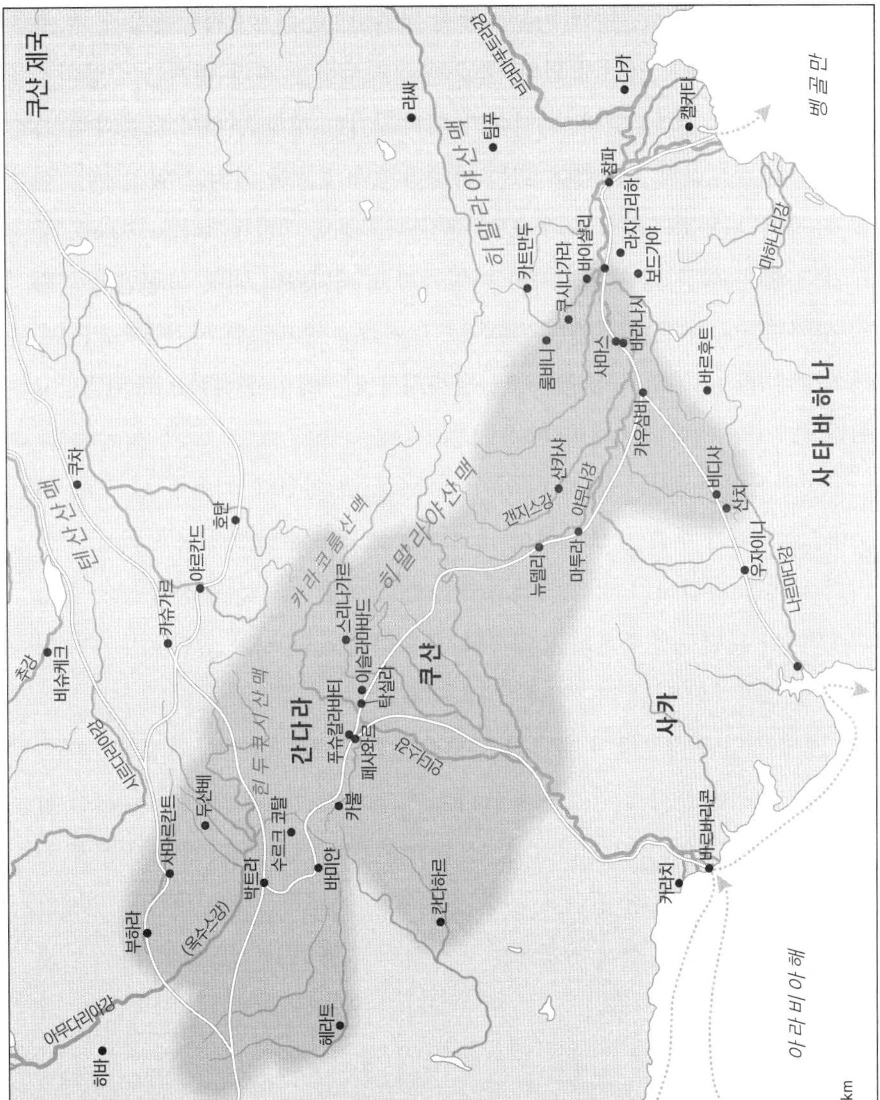

—— 쿠산 제국(기원후 150년 무렵)과 주요 교역로.

라(오늘날의 페샤와르) 근방의 마투라에서 발견되었는데, 이 작품들을 본떠 부처상을 만들었다고 알려져 있다. 불교는 실크로드를 따라 멀게는 중앙아시아와 중국까지 전파되었다. 카니슈카 치하에서는 생활 면에서 초문화적 특성이 특히 두드러지기도 했다. 그는 마하라자의 칭호를 가지고 있었으나, '신의 아들'이라는 뜻의 중국 기원으로 추정되는 칭호 데바푸트라Devaputra로 불리기도 했다. 다른 많은 통치자와 마찬가지로 카니슈카 역시 자신만의 역력인 사카력Shaka Era을 만들었다. 해리 포크Harry Falk에 따르면 사카력은 카니슈카의 즉위(127년)부터 시작되며, 오늘날까지도 인도에서 공식적으로 인정받고 있다.[171]

그러나 서쪽에서는 또 다른 위험이 떠오르고 있었다. 기원후 224년에 아르다시르 1세가 이끄는 사산족이 파르티아 제국을 무너뜨렸다. 수익성 좋은 비단 무역을 장악하기 위해 카니슈카는 동쪽으로 진격해 쿠샨족을 무찔렀다. 곧이어 활발하게 진행되던 세속적·종교적 건축 공사가 중단되었으며, 이집트 및 로마와의 해상 교역 또한 막을 내렸다.

19세기 영국 학자들이 자국의 식민지적 야심으로 미루어 가정했던 바와는 달리, 이러한 문화적 관계가 주로 정복에 의존했던 것은 아니다. 이러한 접촉이 융합으로 이어지지도 않았다. 이러한 개념이 성립하려면 종교가 서로 뚜렷하게 구분되고, 특정 집단에 대한 소속감이 분명하게 존재한다는 전제가 있어야 한다. 그러나 실제 과정에는 초문화적 적응이 개입했으며, 이로 인해 새로운 형성이라고 하더라도 기존에 존재하던 부분들을 하나로 합치는 데 그쳤다. 당시에 일어났던 수많은 변화는 동적 상호작용이라는 측면에서 가장 잘 설명할 수 있다. 한편에서 교환은 먼 거리까지 문화적 팽창을 일으켰다. 이로 인해 헬레니즘 왕국들이 인더스강 상류를 따라 들어서는 한편으로 메콩강에는 '인도화'된 왕국들이 있었고, 해안에는 로마와의 교역 거점이, 말레이반도와 수마트라에는 인도인이 장악한 항구들이 자리했다.[172] 또 다른 한편에서는 새로운 지역적 제국이 출현했으며, 이들의 세력은 북부 인도에 국한되지 않았다.

종교 건축과 간다라 미술

상업이 성행하고 권력 구조가 지역별 제국으로 통합되면서 종교 또한 변화했다. 힌두교, 불교, 자이나교의 사당, 스투파, 사원을 비롯한 지속적인 숭배 장소와 수도원이 출현했다. 제단과 희생 제의 장소를 임시로 마련하던 베다 종교에 더해, 힌두교의 유신론계 분파들은 시바, 비슈누, 그리고 여신들을 비롯한 주요 신격에 초점을 맞춘 숭배를 발달시켰는데, 이는 시바파, 비슈누파, 샤크티파 등의 '종파적' 유형과 일치한다. 또한 불교에서는 보살을 중심으로 하는 대승불교의 '유신론적theistic' 수행이 부상했다. 보살(깨달은 자)은 아직 구원받지 못한 자들이 고통과 윤회의 굴레에서 벗어날 수 있도록 자신의 구원을 단념하고 성불成佛을 구하는 신성한 자다. 이와 같은 새로운 유형의 종교는 새로운 형태의 예술, 특히 석각에서 그 표현법을 찾았다. 특히 수많은 석굴 부조가 두드러지는데, 그중에서 가장 이른 작품들(예를 들면 바자, 칼레, 나식의 작품들, 아잔타와 엘로라의 몇몇 방에 있는 작품들)의 연대는 기원전 100년과 기원후 170년 사이까지 거슬러 올라간다.

이러한 제도화와 후원은 지속적인 종교 건축으로 이어졌다. 힌두교의 경우 베다 시대에 입증된 바 없는 사당과 사원이 등장했다. 기원전 3세기를 시작으로 터만 남은 비슈누 사원이 다수 발굴되었으며, 대부분 불교식 숭배 장소가 함께 자리해 있었다. 반면에 스투파는 비교적 잘 보존되었다. 예시로 아마라바티의 스투파(현재 런던 대영박물관에 일부 소장), 바르후트의 스투파, 산치의 스투파가 유명하며, 아치형 입구(AD 70 무렵) 또한 산치에서 발견되었다. 대개 거대 도시 외부에 자리하며 기둥으로 세운 법당에 둘러싸인 이 구조물은 아슈바고샤(기원후 1/2세기)가 『붓다차리타*Buddhacarita*(불소행찬佛所行讚)』에서 묘사한 부처의 생애 장면들을 보여 주는 듯하다. 이들은 실크로드와 동남아시아까지 확장된 독특한 예술 양식을 대표한다.[173]

문화적 다양성은 남아시아 북서부의 예술적 다양성을 강화했다. 연구진은 카피샤(지금의 아프가니스탄 베그람)에서 헬레니즘식 금속공예용 석고 주물, 시리아식 유리그릇, 알렉산드리아 및 로마의 조각상, 중국식 칠기, 1000개 이상의 인도식 상아 조각과 뼈로 만든 물건 등을 발견했다.[174] 특히 박트리아부터 오늘날의 페슈와르, 스와트 계곡, 고대 수도 탁실라(타크샤실라)까지 이어지는 간다라 지역은 놀라운 성취로 유명하다.[175] 이러한 명성은 특히 이름하여 간다라 미술 덕분이다. 이 영토는 기원전 1세기까지 박트리아 그리스 왕들의 영향 아래에 놓여 있었다. 이곳에서는 토가와 유사한 의복을 걸치고 선, 의인화된 모습의 불상이 최초로 등장했다. 이전에는 부처의 교리를 대부분 보리수나무, 부처의 발자국 혹은 법륜 등의 모습으로 그렸는데, 예시로 산치에서 발견된 형상을 들 수 있다.

오래전부터 학자들은 간다라 미술이 기원후 1세기 무렵 인도-그리스, 인도-스키타이, 파르티아, 쿠샨의 후손들의 손에 처음으로 등장했다고 보았으나, 오늘날 발견되는 다수의 물체는 기원전 마지막 두 세기를 가리킨다.[176]

다수의 조각상에서 헬레니즘-로마의 영향이 드러나는데, 예를 들자면 부처가 입은 옷의 주름, 부처의 생애를 그린 장면 속 코린토스 양식의 기둥, 아폴로를 닮은 보디사티바 마이트레야(미륵보살), 헤라클레스처럼 보이는 부처의 동행인 등이 있다. 인도 고고학 조사국의 초대 국장 알렉산더 커닝햄 Alexander Cunningham(1814~1893), 스코틀랜드의 쪽 무역상 제임스 퍼거슨James Fergusson(1808~1886), 프랑스의 동양학자 알프레드 푸셰Alfred Foucher(1865~1952)는 이러한 유사성을 이유로 그리스 불교 양식이 혼종이며 심지어는 퇴폐적이라고까지 말했다.[177] 당대의 '아리아인 논쟁'에서 인도적 요소는 부차적이고 열등한 것으로 여겨졌다.[178]

그리스 문화가 남긴 유산은 심지어 인도아대륙을 '재문명화'하겠다는 영국의 주장을 정당화하는 데 사용되기도 했다. 퍼거슨은 인도 미술에 어느 정도의 독창성과 형식적 다양성이 명백히 존재함을 인정하면서도 "그리스의 지적 우월성이나 로마의 도덕적 위대함"만큼의 무언가가 보이지 않는다고 평했다.[179] 미하엘 팔저Michael Falser가 지적했듯이 이러한 평가는 그리스인으로 대표되는 서구가 핵심 역할을 담당하는 한편, 인도는 수동적 수용자에 지나지 않았다고 주장하는 것과 같다.[180] 다시 말해 이러한 대조는 "고전적 순수성 대 화려한 부패, 합리성 대 미신, 정치적 자유 대 전제주의"라는 이분법을 통해 궁극적으로는 서구의 우월성을 확언하려는 19세기와 20세기의 전형적 논

리와 일치한다.[181]

추론 또한 마찬가지의 결을 따라 이루어졌다. 또 다른 인도 고고학 조사국 국장 존 마셜(1876~1958)은 다음과 같이 썼다.

> 그러나 헬레니즘 미술은 폭넓게 확산되었는데도 이탈리아나 서아시아에서 그랬던 것과는 달리 인도에서는 굳건하게 확립되지 못했는데, 이는 두 민족의 기질이 극단적으로 다르기 때문이었다. 그리스인에게는 인간, 인간의 아름다움, 인간의 지성이야말로 전부였으며, 동양에서도 이 아름다움과 지성의 이상상은 헬레니즘 미술의 기조로 남았다. 그러나 이러한 이상향은 인도인들의 마음에 아무런 반응을 불러일으키지 못했다. 인도인의 비전은 필멸보다는 불멸의 존재, 유한보다는 무한한 존재에 의거했다. 그리스 사상이 윤리적이라면 인도는 영적이었고, 그리스가 합리적이라면 인도는 감정적이었다.[182]

푸셰는 지금도 이 분야의 표준서로 여겨지는 세 권짜리 연구서 『간다라의 그리스 불교 미술*L'art gréco-bouddhique du Gandhāra*』에서 한층 더 극단적인 시각을 선보였다.[183] 여기서 그는 인도인에게 독립적 행위를 할 능력이 전혀 없다고 말하면서, 부처의 형상은 "인도라는 소재를 서구의 금형에 부어 만든," "간다라 공방이 남긴 상표권"에 지나지 않는다고 선언했다.[184] 이 평가에 깔린 부정적 어조는 차례대로 메아리가 되어 울려 퍼졌다. 그러나 스리랑카계 미국인 미술사학자 아난다 켄티시 쿠마라스와미Ananda Kentish Coomaraswamy(1877~1947)가 내놓은 다음의 평가에서 볼 수 있듯이 반反식민지적 관점에서는 이 위계가 반대로 뒤집힌다. "외국인이 인도에 이상적 유형의 부처를 주었다기보다는, 어쩌면 간다라 조각상은 후기 그리스-로마 수공업자들이 인도의 이상향을 해석하기 위해 노력했으나 실패한 결과물이라고 보아야 할 것이다. 이 조각상 자체에서는 …… 예술 면에서 당대의 서양 세계가 동양에 제시할 수 있는 가치가 거의 드러나지 않는다."[185]

그러나 모티머 휠러 경이 적절하게 관찰했듯이 간다라 미술은 그리스-로마, 파르티아, 쿠샨의 영향을 받은 부분의 합이 아니라 그보다 훨씬 더 독립적인 존재다.[186] 이 관점은 간다라 미술을 '동양' 속 그리스 문화의 섬이 아니라 초문화적 발달로 보는 길을 열어 주었다.

이 논쟁은 시간적으로나 공간적으로 구별된 것처럼 보이는 어떤 현상에 분화, 적응, 번역의 과정이 얼마나 큰 영향을 미칠 수 있는지, 그리고 실제로는 여러 문화와 상호적으로 연결된 문제가 어떻게 문맥에서 벗어나 민족주의적이고 본질주의essentialism적인 계획에 동원될 수 있는지를 보여 준다.

혁명적 발견

1990년대에 지금까지 발견된 것 중 가장 오래된 불교의 자작나무 껍질 필사본이자 기원후 1세기 작품으로 추정되는 필사본이 복원되었다. 이 필사본에는 산스크리트어와 관련이 있는 간다라어가 카로슈티 문자로 적혀 있었다. 이 일흔일곱 개의 '불교 사해문서Dead Sea Scrolls of Buddhism'(추후 불리게 된 명칭이다.)는 워싱턴 대학의 리처드 살로몬Richard Salomon, 옌스-우베 하르트만Jens-Uwe Hartmann이 이끄는 뮌헨 연구진을 비롯한 많은 학자의 관심을 받았다.[187] 이 발견들은 매우 선풍적이었으므로 살로몬의 보고를 여기서 간단히 살펴볼 필요가 있다.

수백 개의 단편적인 자작나무 껍질 두루마리와 야자나무 잎에 쓴 글에는 간다라어로 수많은 불교의 저작은 물론 팔리어, 산스크리트어, 한어 등의 다른 언어로 된 글이 담겨 있었다. 이 중 다수는 당시까지 알려지지 않은 글이었으므로 초기 불교에 관해 알려진 바가 크게 늘어난 셈이었다. 간다라어가 다른 모든 언어와 동등하게 불교 사상에 문어文語를 제공했다는 것이 분명해졌다. 이 문서는 부처의 가르침이 계속해 구전으로만 전해져 오다가 처음으로 글로 쓰인 시기의 문서다. 그러므로 이 간다라 문서는 불교 문예 문화가 시작되는 시기로 거슬러 올라간다. 게다가 이 문서들은 중앙아시아와 동아시아에 불교가 전파되는 데 핵심 역할을 담당했으나 거의 알려지지 않았던 고대 지역적 형태의 불교에 관한 통찰을 제공한다.

이 문서는 또한 글을 경전으로 집대성하는 형성기를 담고 있다. 가르침을 담은 담론(수트라) 일부는 다른 언어로 된 버전과 차이를 보였으며, 지금까지 알려지지 않았으며 학문적 전통과 초기 단계의 서사문학에 속하면서 업보와 윤리적 행실의 법칙에 관한 주해가 드러나는 글도 포함되어 있었다. 게다가 불교 승려와 간다라 권세가 사이의 관계에 관한 신화에서 역사적 정보를 얻을 수도 있다. 예컨대 1세기의 주화 및 명문으로만 알려져 있던 태수 지호니카Jihonika가 언급된다. 살로몬이 말했듯이 "이 발견은 간다라 문학의 역사적·문화적 맥락을 드러내며, 불교를 후원한 몇몇 위대한 왕족을 포함한 비非인도계 지배층의 진보적인 문화 접변을 보여 준다. 간다라어 연구와 최근 이 문서의 발견은 불교가 세계종교로 진화하는 데 주요한 역할을 담당했던 불교 문자 문화의 새로운 세계를 밝혀 주었다."[188]

동-서와 동-동: 중부 인도와 남부 인도

남부 인도와 중부 인도에 관한 기록은 비교적 늦게 수면 위로 떠올랐다. 이 지역의 역사는 독특한 특징을 가진다.[189] 일부 변경 지역과 아소카의 확대된 지배권에 들었던 지역을 제외하면 이곳은 북부인의 패권적 야망에 비교적 영향을 받지 않았으며, 특히 인도아대륙의 끝부분으로 내려갈수록 더욱 그러하다. 소수의 동기시대와 거석 시대의 촌락을 제외하면 이곳의 문화를 밝혀 주는 발견은 거의 없었다. 이곳은 도시화와 국가 형성이 수 세기 늦게, 추정컨대 첫 1000년 이후에 시작되었다. 생계를 위한 경작에서 논을 이용하는 농경으로 전환된 (그리고 그에 따른 잉여농산물을 얻는) 시기도 뒤늦었다. 도시의 출현은 높은 수준의 해로 교역과 함께 출현했을 가능성이 크다.[190] 후기 베다 시대의 문헌에는 풀린다Pulinda, 안드라Andhra 등의 개별 부족이 기록되어 있으며 아소카의 명문에도 이미 촐라, 체라, 판디아 등이 언급되어 있으나, 이름 외에 알려진 것은 거의 없다. 기원전 2세기 무렵에 브라흐미 문자로 쓴 타밀어 명문 다수에서 통치자들과 그들이 권력을 가지는 질서를 말해 주고 있으나, 그들이 지배한 영역을 특정하지는 않았다. 1세기 무렵에 시작된 상감 문학Sangam literature은 왕실과 일상생활에 관한 더 많은 정보를 알려 주었으나, 여전히 연대를 밝히는 것에는 어려움이 있다. 이 문헌의 내용이 되는 다수의 시는 대부분의 경우 판디아와 촐라의 왕실에서 열린 집회(상감)에서 지은 것으로, 행복하고 위계가 강하지 않은 촌락 생활을 담았다. 사제와 전사 귀족이 행사하는 지배는 강조되지 않았다. 그러나 이 문학에서는 북부 문화와의 연결성이 드러나 있다. 『마하바라타』가 언급되며, 브라만이 제대로 등장한다. 이 문헌의 설명에 따르면 이들은 시바와 비슈누를 자주 숭배했고, 불교와 자이나교의 비구와 비구니를 지원했다.

주요 왕국으로는 사타바하나(기원전 1세기 중반~기원후 2세기 중반 무렵)가 있는데, 이들은 그리스-로마 세계에서 (중부 인도의 안드라 지역 출신이라는 뜻의) '안다래Andarae'로, 푸라나에서는 '안드라'라고 불렸다. 아소카는 기원전 234년의 여섯 번째 바위 칙령에서 이들을 자신의 종복으로 칭했다. 아소카 사후에 독립한 사타바하나는 멀게는 라자스탄, 데칸고원, 벵골만까지 영토를 확장했으며, 이곳에서 동해안의 항구들을 장악했다. 플리니우스는 메가스테네스가 이 민족의 군사력을 설명한 글을 인용했는데, 여기에는 서른 개의 성곽 도시와 병사 1만 명, 군마 2000마리, 코끼리 1000마리로 구성된 군대가 포함되었다. 분명 사타바하나인은 베다 시민 종교를 가진 브라만이었다. 적어도 열여덟 번의 희생 제의를 언급한 (뭄바이 동쪽) 나네갓의 명문이 시사하는 바에 따르면 그러하다. 이 명문에는 말을 바치는 공희와 왕의 즉위식을 위한 의례(라자수야)도 포함되었다. 그러나 동시에 사타바하나는 불교 사찰과 스투파 건축을 후원했으며, 이를 통해 (동굴 명문이 입증하듯이) 무역상과 수공업자(직공, 바구니 제작공, 무두장이, 상아 조각공, 대장장이, 금세공인)의 지지를 확보했다. 기원전 3세기와 기원전 2세기의 타밀어 명문이 입증하듯이 불교와 자이나교의 폭넓은 교단 네트워크 덕분에 승려들이 문화적 매개자와 종교적 매개자의 역할을 담당할 수 있었다.

사타바하나는 세금을 거두지 않는 재산을 하사해 브라만을 지원했으며,(나식 부근의 동굴에서 발견된 기원후 2세기의 명문에 따르면 종종 촌락 전체를 하사하기도 했다.) 불교 승려에게도 토지를 하사했다. 무엇보다도 화폐와 비문 사료에서 상당한 정보를 얻었는데도, 사타바하나는 의례용으로 사용할 때를 제외하면 산스크리트어를 사용하지 않았던 것으로 보인다.[191] 사무적 목적 또는 행정적 목적으로는 확실히 사용하지 않았으며, 남부 인도의, 예컨대 카르나타카, 케랄라, 타밀나두의 민족들은 사용하는 언어를 통해 자신들을 구분 지으려고 했다. 브라만은 사제, 학자, 고문으로서 왕실에 출입했으나, 이들의 영향에도 불구하고 통치자들은 자기의 문화적·언어적 방식을 고수했다.

반면에 기원 전후의 산스크리트 문학에서는 적어도 부분적으로 주변 환경에 대한 반응이 드러났다. 국정 운영에 관한 논설 『아르타샤스트라』와 『마누스므리티』(마누 법전)는 혼란스러워 보이는 사회 속에서 질서를 잡으려고 했던 시도로 볼 수 있다. 연대를 가늠하기 어려우므로, 촐라와 판다야의 왕실에서 작성된 타밀어 상감 문학 중 이른 시기의 문헌들을 브라만 이전의 문헌으로 보아야 하는지는 판단할 수 없다.[192]

교역 구조

남부 인도의 또 다른 특징은 서쪽으로 멀게는 로마까지, 동남아시아에서는 자와까지 이른 폭넓은 교역이었다.[193] 이러한 맥락에서 혹자는 이른 형태의 세계화를 논할 수도 있을 것이다. 일찍이 남부 교역로는 카라코룸에 이르는 영역을 가로지르는 북부 교역로보다 더 안전한 길로 여겨졌다. 상감 문학에는 수많은 시장이, 외국 땅에서 온 선박들이, 가깝거나 먼 곳에서 온 물건들이 등장한다. 교역품에는 후추, 계피, 정향, 육두구, 진주, 조개껍데기 등이 포함되었다. 이 시기에 남부 인도에서 상업으로 말미암아 종교적 갈등이 발생했다는 기록은 남아 있지 않다.

해로를 통한 교역은 이들이 번영한 주된 이유였다. 하라파의 선박에 관한 기록이 남아 있으며, 심지어 로탈(라자스탄)에는 일종의 조선소가 있었던 것으로 추정된다. 아카드의 사르곤 대왕(재위 2334~2279 BC)은 멜루하에서, 즉 인더스 문명에서 온 배가 자신의 항구에 정박되어 있다고 자랑했다. 그러나 해상무역에 관한 믿을 수 있는 정보와 선박에 관한 고고학적 증거는 2세기에 들어서야 시작된다.[194] 그리스 역사가 스트라보(63 BC~AD 23 무렵)에 따르면 키지코스의 에우독소스Eudoxus와 같은 인물은 페르시아만에 조난당한 인도인이 그의 고향으로 돌아갈 때 동행했다고 한다.

이제 그러한 일이 있었고, 이야기는 계속된다. 해안 경비대가 아라비아만의 후미진 곳에서 어느 인도인을 발견해 왕에게 데려왔다. 경비대는 난파된 배에 반쯤 죽은 채 홀로 남겨진 그를 발견하고 데려왔으나, 그가 말하는 언어를 이해할 수 없어 그가 누구인지 혹은 어디에서 왔는지는 모른다고 했다. 왕은 그 인도인을 그리스어를 가르치는 자에게 맡겼다. 그리스어를 배운 인도인은 자신이 인도에서 여행을 나섰다가 기이한 불운에 의해 항로를 놓치고 이집트에 안전하게 도착했으나, 그때는 이미 모든 동료를 굶주림에 떠나보낸 뒤였다고 했다. 그 이야기를 의심하자 그는 왕이 선택한 이들에게 인도로 가는 길을 안내하겠다고 약속했으며, 이 여행에 에우독소스 또한 동행하게 되었다. 그렇게 에우독소스는 공물을 들고 (인도로) 항해해 갔으며 향수와 보석을 잔뜩 싣고 돌아왔다.[195]

스트라보(II.5.12)는 또한 로마 황제 아우구스투스(63 BC~AD 14)가 여러 차례 사절단을 자랑했으며 매년 최대 120척의 선박을 인도에 보냈다고 기록했다. 기원전의 마지막 1세기에는 히파루스Hippalus라는 남성이 계절풍을 계산해 배를 타고 남서부에 더 빠르게 도착한 뒤 겨울 폭풍을 타고 돌아왔다고 전해진다. 기원후 70년 무렵에 선원이었을 것이 분명한 누군가가 상인들을 위해 그리스어로 작성한 『에리트라해 안내기』에는 인도의 해안에서 홍해에 이르는 모든 항구가 나열되어 있다.[196] 이 문헌에는 또한 항해술, 무역업, 그리고 인도 남부의 통치자들에 관한 많은 이야기도 담겨 있다. 프톨레마이오스Ptolemy(100~160 무렵)는 인도 동해안과 스리랑카의 항구도시들은 물론 해로와 동남아시아의 항구들까지 기록했다. 실제로 (오늘날의 푸두체리 부근에 있는) 아리카메두에서는 로마 항구도시의 유물이 아레초의 도자기, 암포라, 유리그릇과 함께 발견되었다. 확실히 이곳은 중국과 동남아시아를 오가는 물건이 모이는 중추였다. 그러나 전반적으로 발견된 사항이 많지 않다는 점을 감안할 때 그 중요성을 과대평가해서는 안 되는데, 상품들은 육로를 통해 해안까지 운송되기도 했기 때문이다.[197] 안타깝게도 (그 이름이 이미 『에리트라해 안내기』에 등장하는) 이 유적지는 여러 차례 약탈당했으며, 2004년에 지진해일이 덮치면서 한층 더 손상되었다.

이를 비롯한 다수의 사료에 따르면 로마로 향하는 선박에는 향신료(특히 후추), 준보석, 비단 등의 사치품이 실렸으며, 돌아올 때는 유리, 금속, 그리고 아우구스투스와 티베리우스의 치하에서 사용된 금화(및 기타 로마 주화), 와인, 도자기, 암포라를 싣고 돌아왔다.[198] 콜라푸르(마하라슈트라)에서는 상당한 양의 동전 더미와 포세이돈 조각상이 발견되었으며, 자와의 매장지에서는 로마의 도자기 파편들이 출토되었다. 인도 남서부 해안의 무지리스 그리고 알렉산드리아 사이에 이루어진 사적 상업이 파피루스에 상세하게 기록되기도 했다.[199] 그러나 로마를 상대로 한 교역의 범위와 이것이 '국가' 경제에 미친 효과는, 로마가 주된 교역 파트너였다는 주장과 더불어 많은 논쟁의 대상이 되고 있다. 인도에는 소형 선박밖에 없었으며 그 선박으로 외국에서 들어오는 거대한 범선들과 동행하거나 이들을 맞이했다고 일반적으로 생각되었으나, 학자들은 인도인의 관점에서 이러한 개념에 의문을 던지면서, 인도에서 로마로 가는 교역량이 더 많았다고 주장한다.[200]

(인도양 북서부에 있는) 소코트라섬의 여러 동굴에서 발견된 회화 작품, 물체, 명문 등은 활발한 무역을 증명하는데, 여기에서 등장한 이름 대부분은 이곳에 정박한 인도인 선원들이다. 홍해의 항구도시 다수에서도 타밀어로 된 유사한 흔적들이 발견된다.[201]

남부 인도의 교역은 북쪽에서 쿠샨의 물건을 가지고 사타바하나가 다스리는 영토를 지나 여행하는 카라반들이 주를 이루었다. 이들은 사프란, 코스투스 뿌리(커스kuth), 비단, 모슬린, 상아, 마노, 홍보석, 귀한 나무 등을 비롯한 많은 물건을 들여왔다. 170년 무렵에 로마에 불황이 찾아온 이후 상업이 급격하게 침체했다. 남부 인도의 군주들은 해안가보다는 내륙지역에 권력 거점을 두고 있었으므로 이러한 사태가 파괴적 효과를 낳지는 않았다.

여러 민족과 전통 간의 이러한 상호작용은 초기 기독교에 관한 의문을 자아낸다. 전통에 따르자면 사도 토마스Thomas가 인도에서 선교 활동을 하다가 기원후 72년에 밀라포르(오늘날 첸나이 도시 지구) 부근에서 생을 마감했다고 한다. 시리아에서 작성했을 가능성이 있으며 학자들이 대략적으로 기원전 1세기에 쓰인 것으로 추정하는 익명의 그리스어 문서 「열두 사도의 가르침*The*

Teaching of the Twelve Apostles」 또는 줄여서 「디다케*Didache*」에서 시기가 가장 이른 증거를 찾아볼 수 있다. 이후 「도마행전*Acts of Thomas*」에서야 사도 토마스의 행보를 자세하게 다루었다. 오늘날에도 다양한 기독교 교파에서 이 성인에게 큰 존경심을 표한다.

* * *

이 시기에 브라만은 계속해 영향력을 키워 가고 있었다. 불교가 예컨대 식이 제한이 적거나 여행에 덜 회의적인 시각을 가지고 있으므로 교역의 발달에 더 크게 기여했다고 말할 수는 없다. 반면에 브라만은 앞서 묘사한 사건들과 나란히 아대륙 전역과 동남아시아에 자리를 잡아 갔다. 다른 문화와의 조우, 먼 거리를 잇는 상업, 그리고 정복은 물론 이를 포함한 복잡한 이주 패턴 등은 영향력과 특권을 두고 정치적·종교적·지적 경쟁을 불러일으켰다. 정치적 지도는 지역마다 다양하게 나타났으나, 타자와의 교류와 대치는 모든 지역에서 더 큰 전체라는 감각을 만들어 냈다. 이 공동의 정서는 남아시아 전역에 퍼진 유사한 기념물과 과학적·종교적 글, 그리고 혼인, 식이, 위계의 면에서 본질적으로 카스트 제도를 바탕으로 하는 사회질서 등으로 나타났다. 힌두 사회는 점차 발달을 거듭한 끝에 굽타 왕조 치하에서 명확한 형태를 갖추었다.

6 고전 시대와 힌두교의 형성

300년 무렵~600년 무렵

(320년에 시작된) 굽타 왕조는 인도의 고전 시대 또는 황금시대로 여겨지는 시대의 막을 열었다.[202] 그러나 이러한 평가에는 의문을 제기해 볼 필요가 있다. 로밀라 타파르가 올바르게 관찰했듯이,[203] 이는 지배층의 관점을 그대로 받아들인다는 뜻이기 때문이다. 굽타 시기는 봉건주의적 구조가 특징이다. 시골 인구에 높은 수준의 공물을 요구했으며, 당연하게도 노예제와 농노제가 존재했다. 게다가 엄격한 행정조직과 함께 지역 군주와 관리들이 지역적 권력을 행사했다. 그러나 굽타 왕조는 정치적 분열의 시기를 거친 이후로 통치력을 공고히 했으며, 많은 분야에서 놀라운 수준의 생산성을 선보였다. 바야흐로 인도아대륙에서 거대 제국이 탄생한 것이다. 카나우지의 하르샤(재위 606~647) 또한 벵골, 비하르, 말와를 통일하는 데 성공했으나, 그의 지배력은 그가 세상을 떠나기도 전에 인도 중부 찰루키아 왕조에 패배한 이후로 와해되기 시작했으며, 이러한 상태는 대영제국 이전까지 계속되었다.

굽타 왕조 치하에서는 놀라운 변화들이 도래했다. (특히 찬사의 말이 포함된) 명문, 주화, 산스크리트어 글에서 중요한 역사적 정보들이 발견되었다. 법현法顯(337~422 무렵)을 비롯한 중국인 승려들이 남긴 여행기에도 더 많은 자료가 포함되어 있다. 이 시대는 교역, 과학, 문학, 예술의 번성을 목도했다. 게

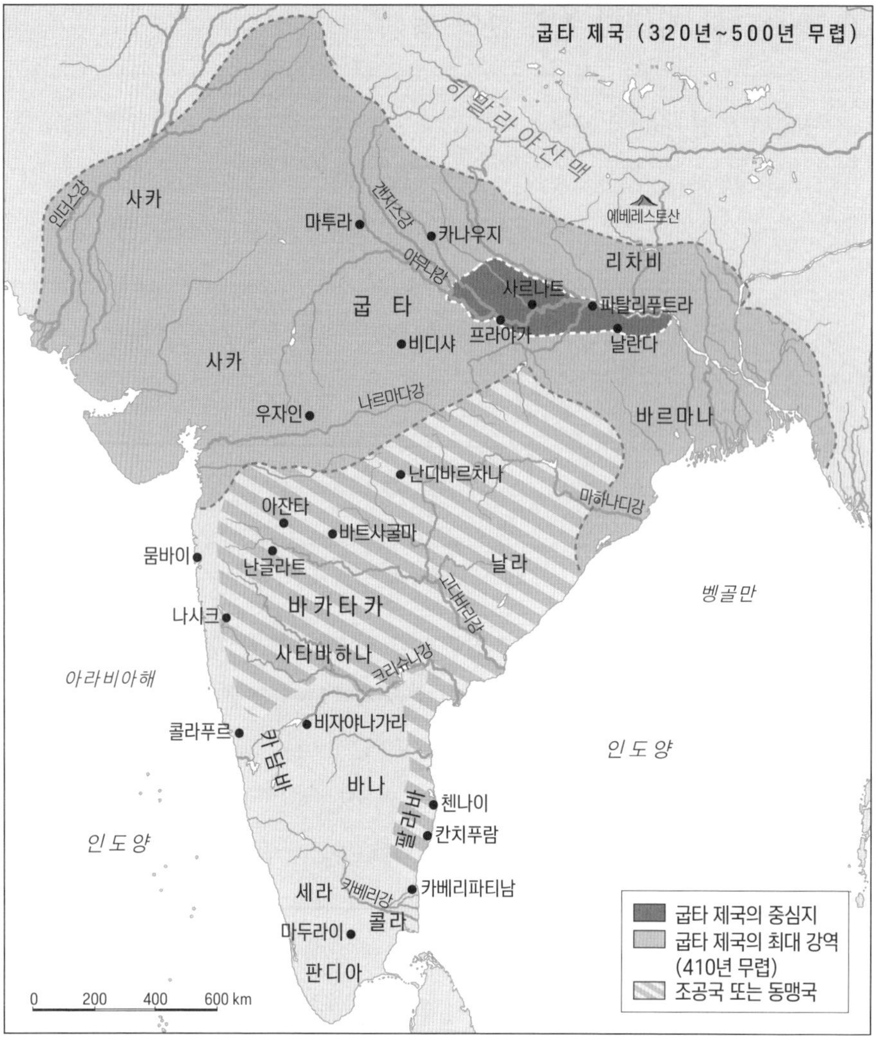

—— 굽타 제국(320년 무렵-500년 무렵).

다가 베다교가 힌두교와 밀교密教로 대체되면서 변화가 일어났고, 그 영향으로 불교와 자이나교가 쇠퇴했다. 문화의 새로운 측면에는 최고신 브라흐마, 시바, 비슈누가 관장하는 푸라나 만신전, 항구적인 사원 건설, 뚜렷하게 구분되는 숭배 의식(푸자)의 도입, 순례 관습 등이 있다. 또한 낮은 사회계층의 사람과 여성들이 처음으로 의례에 참여하기 시작했다. 사회는 점차 카스트 제도로 정형화되었고, 사상은 브라만 사제와 왕이 감독하는 법과 관습(다르마)

의 정교한 교리를 바탕으로 굳어졌다.

오늘날까지 인도 문화의 많은 부분을 형성하는 데 깊은 영향을 미친 이 변화들은 여러 의문을 자아낸다. 카스트 사회는 어떻게 출현했을까? (초기) 힌두교에 베다는 어떤 의미였을까? 베다교에서는 볼 수 없는 힌두교의 '전형적' 특징은, 예컨대 신들의 형상, 사원에서의 숭배, 조혼, 미망인 화형, 재혼 금지 등은 어떻게 나타났을까?

여기에서는 현대 힌두교의 근간을, 그리고 다른 종교와 비교되는 독특한 특징을 주로 논하겠다. 기본적 질문은 이렇다. 어떻게 창시자, 성경, 숭배 중심지 혹은 최고 권위를 인정하지 않는 종교가 그토록 넓은 범위를 장악하고 불교, 기독교, 이슬람의 도전(또는 위협)에 맞서 굳건히 버틸 수 있었던 것일까?

정치와 경제

굽타 왕조의 기원은 명확하게 밝혀지지 않았다.[204] 다만 쿠샨 제국의 몰락 이후로 권력을 나누어 가졌던 다수의 왕국 중 한 곳에서 비롯된 것으로 생각된다. 기묘하게도 역사적으로 입증된 최초의 굽타 통치자이자 319년 또는 320년에 굽타 왕조를 창건한 인물은 기원전 320년에 마우리아 제국을 창건한 자와 마찬가지로 찬드라굽타Chandragupta라는 이름을 가지고 있다. 굽타 왕조의 찬드라굽타 1세에 관해서는 오늘날의 비하르 지역 대부분을 지배하던, 북인도(오늘날 네팔)의 리차비Licchavi 가문 공주 쿠마리데비Kumaridevī와 결혼했다는 사실을 제외하고는 알려진 바가 거의 없다. 그는 자기 자신을 '위대한 왕 중 가장 고귀한 왕(마하라자-아드히라자mahāraja-adhirāja)'으로 칭해 드넓은 갠지스 평원 대부분에 대한 지배력을 강조했다.

찬드라굽타의 아들인 사무드라굽타는 알라하바드에 자리한 아소카 기둥의 명문에서 모습을 드러낸다. 이 명문이 마침내 해독되자 제국의 지배권에 관해 더 많은 정보가 드러났다.[205] 명문에 따르면 사무드라굽타는 북부의 수많은 소규모 변경 국가를 정복하고 멀게는 벵골과 남서쪽의 비디샤에 이르기까지 수많은 왕을 복속시켰다. (사실 군주라고 하는 편이 더 정확할) 이 왕들은 조공을 바치고 궁정에서 알현해야 했으나 속국으로 간주되지는 않았다. 사무드라굽타는 또한 (첸나이 부근) 칸치푸람까지 자신의 영향권을 확대했으나, 권력 중심지는 여전히 갠지스 평원이었다. 명문에서는 그가 세력을 확대하는 과정에서 열두 개 왕국을 무찔렀으나 이들을 "불쌍히 여겨" 자유로이 풀어 주었다고 했는데, 이는 곧 이들을 합병하지 않았다는 뜻이었다. 마찬가지로 그는 네팔, 아삼, 중부 인도 및 남부 인도의 여러 부족이 지배하는 영역을 자신의 영향력 아래에 두었다. 이는 『아르타샤스트라』에서 설명한 보편적 통치자(차크라바르틴)라는 이상적 비전과 어느 정도 일치한다.

마우리아의 통치자들과는 달리 굽타 왕조의 통치자들은 정복한 영토를 자국의 행정 체계에 완전히 편입시키지 않았다. 그 대신에 정복된 통치자들은 조공을 바쳐야 했으며, 사무드라굽타의 권위에 복종했고, 궁정에 경의를 표해야 했으며, 일부 '야만적' 군주들은 심지어 그를 개인적으로 알현해야 했다. 스리랑카처럼 더 먼 곳에 자리한 왕국들은 사절단을 보내 보드가야에 수도원을 건설하고 소녀들을 황실 후궁으로 보냈다. 이처럼 권력은 제국의 심장부를 중심으로 동심원 형태의 영향권을 확보한다는 원칙에 따라 확산되었다.

사무드라굽타는 또한 사카와 크샤트라파를 상대로 원정을 일으켰으며, 북서부 인도의 쿠샨족에게도 도전했으나 큰 성공을 거두지는 못했다. 영토의 획득을 강조하기 위해 말 희생제(아슈바메다)를 열었다. 이 경우 1년 동안 해당 지역을 자유롭게 돌아다니도록 말을 풀어 둔 뒤 죽여 공물로 바쳤는데, 이 관습은 통치자의 무제한적 권력을 여실히 나타냈다. 금화(디나라dināra)를 주조할 때는 왕을 왕위에 앉은 자로, 브라만과 소들의 수호자로, 시문학과 음악의 후원자로 그렸다.

사무드라굽타의 아들 찬드라굽타 2세Chandragupta II(재위 375~413/415)는 궁중 음모를 벌여 형 라마굽타Rāmagupta를 죽이고 권력을 장악했는데, 희곡 「데비찬드라굽타DeviChandragupta」에서 이 사건을 기록하고 있다. 그는 사카가 지배하던 영토를 정복하고 혼인 동맹을 맺어 굽타의 세력을 확장했다. 그의 딸 중 하나는 서부 인도 바카타카족의 강성한 왕 루드라세나 2세Rudrasena II와 결혼했으며, 루드라세나가 이른 나이에 세상을 떠나자 섭정이 되었다. 찬드라굽타 2세는 비교적 오랜 기간 왕위를 지켰으며, 그의 아들 쿠마라굽타

Kumāragupta(재위 415~455) 또한 마찬가지였다. 이 시기에는 드넓은 제국 전역이 정치적으로 안정되었고, 문화와 종교가 융성했다. 중국의 순례자 법현은 이를 다음과 같이 묘사했다.

> 남쪽에 자리한 이 지역은 중왕국으로 알려져 있다. …… 백성은 부유하고 행복하며, 인두세나 공식적 제한에 얽매여 있지 않다. 국왕의 땅을 경작하는 이들만이 토지세를 내며, 원하는 대로 떠나거나 머무를 수 있다. 국왕은 재판 없이 극형을 내릴 수 있으나, 죄인들은 죄의 본질을 따져 가볍거나 무거운 벌금에 처한다. 심지어 중대한 반역 음모를 꾸민 자라도 오른손을 자르는 데 그친다. 국왕의 시중, 호위, 신하들은 모두 보수와 연금을 받는다. 이 나라의 백성들은 살생하지 않고, 술을 마시지 않으며, 양파나 마늘을 먹지 않는다. 유일한 예외는 '악한 자'로서 다른 이들과 분리되는 찬달라들이다. 찬달라는 마을이나 시장에 들어설 때 나무판을 쳐 자신의 존재를 알려야 했으며, 이를 들은 다른 이들은 그들이 오는 것을 알고 피한다.[206]

이 이야기는 브라만이 장악한 카스트 제도가 있었음을 분명히 보여 준다.

굽타 제국은 스칸다굽타Skandagupta(재위 455~467 무렵) 치하에서 쇠퇴했다. 승계권 다툼으로 지배력이 약화되었고, 일부 숲속 부족들이 반란을 일으켰으며, 무엇보다도 불과 몇 년 전에 유럽을 공포에 몰아넣었던 아틸라Attila의 훈족(후나족)이 북서부 박트리아에서 침략해 왔다. 스칸다굽타는 (460년의) 제1차 공격을 막아내는 데 성공했으나, 수도 바미안에서 페르시아부터 호탄에 이르는 영토를 점령한 이 민족의 공격을 오랜 시간 견딜 수는 없었다. 6세기 초에 이르자 왕권 다툼이 특히 과열되었으며 실질적 권력관계가 그 어느 때보다도 불명확해졌다. 침략자들은 무시무시한 행보를 보이며 계속해서 펀자브, 카슈미르, 라자스탄의 상당 부분을 정복했으나, 마침내 세기 중반에 이르러 튀르크족에게 패배했다.

굽타 시대에는 지역 국가들 또한 지방 부족 왕국들(타밀어로 벨리르velir)을 밀어내고 자리를 차지했다. 이들 중 이미 아소카의 명문에 등장한 민족으로는 바카타카(중부 인도), 판디아, 팔라바, (남동부의) 촐라 등이 있으며, 6세기부터는 바다미 찰루키아와 (서부 고원의) 라슈트라쿠타도 생겨났다.

그러나 이 국가들이 완전히 형성된 것은 7세기의 일이며, 그 이전의 시기에 대규모 발전이 이루어졌다는 역사적 증거는 거의 없다. 타밀어, 산스크리트어, 프라크리트어로 된 명문이 2세기부터 발견되며, 상감 문학은 언제나 그렇듯 확실한 연대를 알 수 없다. 확실히 남부와 북부는 큰 차이를 보였다. 상감 문학은 권력에 의해 노동이 분업된 도시 생활을 기록하지 않았고, 그 대신에 친족을 바탕으로 하는 구조를 이야기한다. 전반적으로 브라만은 아대륙의 남부 지역에 자리를 잡았으며, 제1천년기의 중반부터 이들이 살았던 촌락이 증명되고 있다. 이들은 힌두 왕권이라는 개념이 가져다주는 만큼의 정당성을 수단으로 해서 지역 통치자들 사이에서 영향력을 확보했다. 이러한 맥락에서 (6세기부터 9세기까지) 팔라바를 비롯한 많은 왕조가 산스크리트어의 거대한 후원자를 자처했다. 팔라바 왕조 치하에서 남부 인도의 그란타 문자를 사용한 최초의 산스크리트어 명문이 만들어졌으며, 마하발리푸람과 칸치푸람을 비롯한 다수의 지역에 주요 사원을 건설했다.

인프라와 사회

굽타 시기에는 내부와 외부의 양면에서 상당한 변화가 발생했다. 중심지에는 비교적 기능적이고 위계적인 행정 및 경제가 발달했으며, 이것이 조공국(사만타)에까지 확장되었다. 하나 또는 다수의 지역 수장이 촌락을 다스렸고, 도시는 상인, 도공, 금속공, 목수, 직공을 비롯한 수공업자들의 다양한 길드(스레니śreṇi)를 바탕으로 존경받는 공동체 일원들이 모인 의회를 통해 다스려졌다.

(상아, 보석, 향신료, 귀한 나무 등의) 사치품은 이미 초기의 지역적 제국들 당시부터 집중적으로 교역이 이루어졌으며, 이 시기에 이르자 여관, 여객선, 그중 일부는 군사적 보호를 받은 카라반길을 포함하는 정교한 체계가 상업을 뒷받침했다. 무기와 금은 제품의 제작자들은 왕실의 감독을 받았고, 채광과 염전, 임업 또한 국가가 독점했다.

국방력 배치에 대한 영토적 권위뿐만 아니라 재산 및 조공 분배와 토지 등급에 따른 조세에서도 중앙집권화가 드러났다. 수확량의 6퍼센트를 거두는 것이 규칙이었으나, 특정한 경우에는 최대 25퍼센트까지 늘어났다. 때때로 종교적 이유로 브라만에게 토지를, 때로는 촌락 전체를 하사했다. 대부분의 경우 토지 사용권은 세습되었다. 수혜자인 브라만은 종속된 농민과 노동자들에게 토지를 임대하고 활동을 감독해 자기들이 직접 그러한 작업을 수행하는 금기를 어기지 않게 했다. 그 결과 정치 경제가 근본적으로 변화하면서 극소수의 지주와 아무것도 가지지 못한 수많은 자작농 및 보조 노동자로 구성되는 봉건제도가 출현했다. 시간이 지날수록 점점 더 많은 사원과 불교 사찰 또는 자이나교 사찰이 독립적으로 사용할 수 있는 토지를 하사받는 한편, 관리들은 중앙에 조공을 바쳤다. 농경을 위해 휴경지, 숲, 초원 등을 개간했으나, 여전히 주변 지역의 농경 활동으로 왕실의 곳간을 채웠다. 칭찬받아 마땅한 관리와 브라만은 상으로 조세를 면제받았는데, 물론 여기에는 통치자의 정통성과 통치자에 대한 결속력을 한층 더 공고히 할 의무가 뒤따랐다. 때때로 국가는 자신의 존재와 백성에 대한 관심을 드러내 보이기 위해 운하, 방아, 댐, 저수지, 우물 등을 지어 관개를 지원했다.

성벽으로 요새화한 도시들이 출현했으며, 그 안에서 호화로운 재화, 매춘부, 노래, 춤 등이 넘쳐 나는 사치스럽고 종종 퇴폐적인 생활 방식이 발달했다. 적어도 이러한 생활이 있었다는 설명이 『카마수트라*Kāmasūtra*』를 비롯한 산스크리트어 문헌에 등장한다. 두말할 필요도 없지만, 이러한 작품들은 궁정의 귀족적 호화로움이 평민들에게 아무런 이득이 되지 못했다는 사실을 가리지 못한다. 경제는 농노와 노예의 노동력에, 조세 징수 도급에, 엄격하게 통제된 시장에 의존했다. 이 시기에는 표준 도량형, 무게 단위, 화폐 또한 도입되었으며, 자본축적이 시작되었고, 수익을 재투자할 수 있는 신용 체계가 등장했다. 이에 더해 사법 문제에 대해 합리적인 접근 방식을 틀로 삼은 규범적인 법적 절차 또한 발달하는 한편, 학교와 교육 중심지 덕분에 문해력이 폭넓게 향상되었다.

세습 귀족이 존재하는 대부분의 왕조는 오직 왕이 권력을 행사하는 구조로 재편되었다. 실제로 왕위가 신성화되면서 권력 또한 신성화되었다. 봉건주의적 권력 구성은 만신전 내 다양한 수준의 권력을 인정하는 유신론적 사상과 마찬가지였다. 신들이 곧 왕들이었고, 왕들 또한 신들이었다. 이러한 체계는 신들이 왕처럼 자신의 입맛에 맞게 운명을 결정하는 면벌부와 자비의 종교를 선호했다. 베다교와는 대조적으로, 이들은 숨겨진 (또는 오직 입문한 사제만이 알 수 있는) 원천에서 비롯되는 외부의 힘에 구속받지 않았다.

강력한 군사력을 자체적으로 갖추지 못했던 종속적 왕국들은 대왕의 보호에 의존했는데, 이는 유럽의 봉건제도와 유사한 지점이다. 봉신 통치자들은 자신의 영토 내에서 권력을 향유했으며 자체 군대를 지휘했으나, 주기적으로 맹세와 공물 헌납을 통해 자신들의 종속적 지위를 확인해야 했다. 이러한 구조로 인해 정교한 행정 기구가 불필요해졌다. 국왕은 군사력을 가졌으나, 늘 군사를 직접 지휘하지는 않았다. 평민들은 봉건 영주와 후원자에게 충성을 맹세했다. 왕은 거룩하고 신성한 인물로 거듭나 모든 일상적인 일과는 멀리 떨어진 존재가 되었다.

예술과 과학

굽타 시기에는 인도 거의 전역에 걸쳐 교육, 예술, 상업이 융성했다. 많은 분야에서 개척과도 같은 작업이 이루어졌다. 의학에서는 아유르베다식 표준서인 『차라카 삼히타*Charaka Samhitā*』(2세기 무렵)와 『수스루타 삼히타*Sushruta Samhitā*』(6세기 무렵)가 여기에 포함된다. 아유르베다(문자 그대로 '장수에 관한 지식')는 생체액 균형, 치료를 위한 약초 조합, 수술적 치료, 마사지 등을 포함한 정교한 체계를 바탕으로 한다.[207] 밧샤야나Vatsyāyana(2/3세기 무렵)가 저술한 『카마수트라』는 남녀 간의 성적 관계를 다룬다.

수학과도 밀접하게 관련된 학문인 점성술과 천문학에서는 아리아바타Āryabhata(476~550)와 바라하미히라Varāhamihira(505~587)가 주요 저작을 저술했다. 아리아바타가 운문으로 저술한 『아리아바티야*Āryabhatīya*』는 뒤이어 그의 해설가였던 바스카라Bhāskara(6세기)에 의해 한층 확장된다. 아리아바타는 정수 파이를 매우 정확하게 밝혔으며, 삼각법에도 크게 기여했다. 그는 특히 후대 무슬림 수학에서 상당한 의의를 지니며, 그가 계산한 천체 운동은 오늘날에도 인도력의 근간이 되고 있다. 바라하미히라의 『판카싯단티카*Pañcasiddhāntikā*』는 천문학과 점성술의 주제를 집대성했으며, 헬레니즘의 영향이 일부 드러난다.

고전적인 인도 육파철학六派哲學이 형성되었는데, 주로 니야야(논리와 인식론)와 바이세시카(자연과 그 너머에 대한 연구), 삼키아(진화 이론과 심리학)와 요가(구원의 이론 및 실천), 미맘사(의례 해석학)와 베단타(일원론적 철학으로 '베다의 끝'이자 정점을 의미)처럼 짝을 지어 구분한다. 일반적으로 이러한 체계는 대개 서력기원 이전의 몇 세기에 살았다고 전해지나 역사적 진위는 불분명한 인물이 편찬했다는 기초적 금언집을 바탕으로 한다. 나이야는 아크샤파다 가우타마Akshapada Gautama가, 바이세시카는 울루카 카나다Uluka Kanada가 창시했다고 전해지며, 삼키아의 체계는 카필라Kapila 또는 이슈바라크리슈나Ishvarakrishna가, 요가는 파탄잘리가, 미맘사는 자이미니Jaimini가, 아드바이타 베단타 학파는 샹카라Shankara가 창시했다고 한다. 이러한 정통학파 외에도 이 시기에는 베다의 권위에 의문을 던지는 철학적 경향이 있었으며, 특히 불교, 자이나교, 불가지론 학파가 두드러졌다.

이를 비롯한 많은 지식 체계는 주로 궁정에서 발달했으나, 베다와 불교 학파 그리고 쿠마라굽타 1세가 건립했을 가능성이 큰 날란다 등의 교육기관에서도 발달했다. 굽타 왕조는 힌두 왕조였으나, (예를 들면 유가행파瑜伽行派의 창시자인 저명한 바수반두Vasubandhu 같은) 불교 승려와 철학자 또한 지원했다.

칼리다사Kālidāsa와 바나Bāna 등의 시인들이 유명세를 얻었고, 폭넓은 서사 문학이 발달했으며, 『나티아샤스트라*Nātyashāstra*』에서는 연극과 춤에 관한 이론을 상세하게 전개했다. (5세기 또는 6세기의 인물이거나 찬드라굽타 2세와 동시대인으로 추정되는) 칼리다사 또한 주목할 만한 인물로, 그의 예술적 희곡 「샤쿤탈라*Shakuntalā*」는 독일의 시인이자 작가인 요한 볼프강 폰 괴테Johann Wolfgang von Goethe(1749~1832)에게 깊은 인상을 남겼다고 한다. 그의 또 다른 저작으로는 「메가두타*Meghadūta*(구름의 전령)」, 「라구밤사*Raghuvamsha*(라구 일족)」와 같은 시문학이 있는데, 이는 인도에서 산스크리트어를 배우는 학생들이 전통적으로 가장 먼저 읽는 글이다. 작품들의 범위가 궁정 너머까지 확장되었는지에 관해서는 의문의 여지가 있으나, 확실히 이 작품들은 양식 면이나 운율론 면에서 세련미를 보인다.(현대 미학 이론에서는 여기에 충분히 주목하고 있다.)

좀 더 대중적인 환경에서는 설화집 푸라나가 폭넓은 인기를 끌었다. 굽타 시대에는 『마하바라타』와 『라마야나』가 최종적으로 편찬되기도 했다.(그러나 다른 버전들도 뒤이어 나타났는데, 많은 설화와 신화의 변종이 구전으로 전해지다가 다양한 방언의 문학 전통에 편입되었기 때문이다.)

종교와 사회

종종 힌두교를 두고 베다교의 발달된 형태라고 하는 경우가 있다. 그러나 이는 베다가 남긴 유산을 과대평가하는 시각이다. 힌두교의 형성은 대부분 이전의 종교와 먼 친척 관계에 있거나 아예 관계가 없다. 『리그베다』에는 업보의 교리, 윤리의 선을 따라가는 환생, 우주적 파괴의 순환(윤회saṃsāra), 현생의 깨달음(현세 해탈jīvanmukti, 해탈mokṣa, 열반) 등이 언급되지 않는다. 마찬가지로 환상(마야)으로서의 세계라는 사상 또한 베다 신앙과 어긋난다. 후기 베다, 초기 불교, 자이나교 등의 종교에서 나타난 금욕주의 운동 또한 『리그베다』에서 제시하는 비전과는 거리가 멀다. 이 문헌은 또한 브라흐마와 같은 전능한 창조신을 거의 인정하지 않는다. 고대 인도에는 대중 종교의 최고신들에 대한 광범위한 숭배, 카스트 제도, 미망인 화형, 재혼 금지, 신들의 형상, 사원, 푸자 예배 의식, 요가, 순례, 채식주의, 소 숭배, 생의 네 단계(아슈라마) 등의 개념이 없었다. 이 모든 사상과 실천은 지역적 제국들의 시대(300 BC~AD 200 무렵)에 시작되었으며, 굽타 시대에 이르러서야 완전히 발달했다.

이 시대에는 종교운동이 서로 평행하게 지속적으로 진화했으며, 다양한 권력 거점의 영향력이 점점 증가했다. 남부 인도에서는 자이나교의 주요한 사찰과 수도원이 건설되었으며, 아대륙 전역에 불교 사찰이 등장했다. 대중 종교의 신자들은 꽤 많은 경우 힌두교, 불교, 자이나교에서 숭배하는 대상 또한 신성하게 여겼다. 그렇기 때문에 바다미 석굴(6세기 말)과 엘로라 석굴(5세기 이후)에서 힌두교의 신들이 자이나교와 불교의 신들과 나란히 선 모습이 발견될 수 있었다. 형상은 숭배의 형태만큼이나 혼합되어 있었다.

그러나 초기 힌두교는 단순히 문화 접변이나 개혁 운동의 영향을 받아, 혹은 불교, 자이나교, 대중 종교의 요소들이 한데 모여 탄생한 것이 아니었다. 초기 힌두교는 베다-브라만교 신앙과 실천의 부흥이기도 했다. 시간이 갈수록 점점 더 많은 브라만이 가정 사제 또는 고문으로서 왕실에 출입하면서 베다 의례를 전승하거나 일신했다. 브라만 희생 제의의 배타적 성격에 관해서는 의문의 여지가 남아 있으나, 조상과 의례적 순수성에 기초한 종교 및 사회 체계에 대한 영향력은 계속되었다. 종교적 집단 간의 폭력적 충돌이나 달갑지 않은 시류를 억제하기 위한 조치에 관해서도 알려진 바가 없다.

브라만교의 우월성은 무엇보다도 산스크리트어를 기초로 했다. 궁정에서 부활한 이 언어는 불교도와 자이나교도가 이미 자체적 언어로 글을 쓰고 있었는데도 아프가니스탄부터 멀게는 중앙아시아와 동아시아까지 퍼져 나갔다. 희귀해진 이 언어를 다루는 시인 및 학자들과 어울리는 일이 유행했다. 산스크리트어 안에서 주요 종교 논쟁이 벌어졌으며, 철학과 교육의 가장 중요한 저작들이 산스크리트어로 쓰이거나 산스크리트어로 번역되었다. 이 과정에서 산스크리트어는 유럽의 교회 라틴어에 비교할 만한 예술과 기교의 언어로 발전했다. 이로 인해 초기 희곡에서 높은 혈통의 인물은 산스크리트어를 구사하는 한편, 그 인물의 하인들은 프라크리트어(중기 인도어)를 사용한다.

신과 신전

그러나 무엇보다도 주목할 만한 것은 베다에서 신들의 이야기가 거의 혹은 전혀 언급되지 않았다는 점이다. 특히 시바, 비슈누, 크리슈나, 여러 모습으로 변신한 위대한 여신(데비Devī, 두르가Durgā, 칼리Kālī)이 그러하며, 사칸다Skanda/쿠마라Kumāra, 사카르샤나Sakarshana, 하리티Harītī 등 지역적으로 숭배한 신들은 두말할 것도 없다. (기원전 1세기 이래의) 대승불교 전통에서 등장한 부처 석가모니의 신격화는 이와 같은 유신론적 발전에 속한다. 이러한 숭배의 범위를 밝히기는 어렵다. 아마도 (기원전 100년 무렵부터) 마투라 주변 지역에서 비슈누파의 중심지가 생겨난 것으로 추정되며, 쿠샨 왕조의 동전에서도 시바 또는 링가의 모습이 발견된다. 『셰브타슈바라-우파니샤드 *Shevtāshvara-Upanishad*』와 『바가바드기타*Bhagavadgītā*』 등의 문헌에는 시바, 바가바타Bhāgavata/비슈누, 크리슈나와 바수데바와 같은 보편적 신들이 기록되어 있다. 그러나 힌두교 신들에 관한 단편적 언급만으로는 숭배 차원에서 이해하기에 충분치 않다. 이 신들은 굽타 시대 초기에는 거의 숭상받지 못했다. 이 시기에 관한 고고학적 발견은 여전히 불교의 스투파, 석굴, 수도원 등이 주를 이룬다.

굽타 시대 말기에는 뾰족한 탑(시카라)이 있는 최초의 힌두교 사원이 숭배 중심지로 부상했는데, 카르나타카의 아이홀에 있는 두르가 사원(450 무렵), 찰루키아 왕조의 터, 인도 중부 데오가르에 있는 비슈누 사원(500 무렵)을 예로 들 수 있다. 이러한 사원들은 벽감, 문, 작은 보조 건물과 더불어, 최고신을 다른 신들과 함께 숭배한 중앙 성소가 특징이었다. 이처럼 시대가 저물 무렵에도 힌두교의 종교적 형상은 불교 또는 자이나교의 종교적 형상과 차이가 거의 나지 않았다.

대영박물관의 큐레이터 마이클 윌리스Michael Willis는 큰 찬사를 받은 저서에서 신들이 어떻게 지배층의 손을 거쳐 새로운 모습으로 탈바꿈한 뒤 사원에 입성하고 숭배받았는지에 관한 이야기를 논했다.[208] 윌리스는 굽타 제국의 권력이 보존된 유일한 장소인 우다야기리 석굴을 예시로 들어 (셸던 폴록이 주장한 바와는 달리) 세속적 행위자들과 정치적 배열이 종교 문화에 급진적 변화를 가져오지는 않았음을, 오히려 사제 차원의 발전에서 변화가 일어났음을 보였다. 우선 왕권에 관한 유신론적 개념이 등장했는데, 여기에는 점성학을 이용한 정확한 시간 측정과 그에 상응하는 의례(예컨대 통치자의 즉위식)가 필요했다. 같은 이유로 사제들은 왕이 신도들 중의 프리무스 인테르 파레스('동료 중에서 으뜸인 사')가 된다고, 그리고 이것이 바탕이 되는 도시가 정치적·문화적 질서를 비추는 거울이라고 여겼다. 달리 말하면 종교는 국가가 주관할 문제로 여겨졌으며, 왕과 사제에게는 정치 공동체의 불운을 몰아내기 위해 의례를 주관하는 임무가 주어졌다. 이때부터 통치자들은 신들을 위한 '궁전' 건설을 후원하고 고정된 형상이나 조각상의 형태로 신들을 모셨으며, 뒤이어 이를 뒷받침하기 위해 토지를 기부하고 정기적으로 의식을 벌였다. 이처럼 새로운 구조의 숭배는 베다식 가정의례의 변종이었다. 신들은 이제 적절한 목회와 관심을 주어야 하는 법인法人으로 간주되었다.(그러나 미맘사학파를 비롯한 일부 브라만은 신들이 재산권을 가질 수 없으며 그러한 숭배가 무의미하다고 주장했다.)

굽타 통치자들과 고전 시대의 여러 권력자가 세운 국가 사원들은 종종 드넓은 토지를 소유했으며, 막대한 부를 빠르게 축적했다. 사원의 장엄한 구조물은 사람들을 불러 모았다. 브라만은 여전히 신들의 형상 묘사를, 그리고 순례 관행을 불신했는데도 사원은 봉건제도의 표상으로 거듭났다. 이곳에서 신들은 통치자와 같은 주목을 받았다. 숭배 장소가 곧 궁전이었고, 사제들은 그들의 군주를 잠에서 깨우고, 그에게 옷을 입히고, 예식을 거행하며 심지어는 밤이 되면 잠자리까지 정돈해 주는 하인의 역할을 담당했다. 사원의 음악가와 (때때로 사원의 매춘부 역할을 겸했던) 무희는 신을 즐겁게 만드는 일을 담당했고, 찬사를 짓는 시인들과 신성한 형상을 만드는 수공업자들이 이들에게 조력했다. 힌두교의 예배 의식(푸자) 또한 이 시기에 출현했는데, 귀빈을 모시는 옛 관습을 궁정 의식과 결합한 형태였다.

이 시기에 나타난 종교적 표현의 형태는 베다교와는 달랐으며, 특히 비브라만계 사회질서가 더 폭넓은 역할과 행동 영역을 담당했기 때문에 더욱 그러했다. 새로운 행위자로는 전사 계급이 가장 두드러졌으며, 여성과 "카스트를 가지지 못한" 수드라도 있었다.[209] 이러한 변화는 많은 글에, 특히 푸라나와 같은 광범위한 신화적 문헌에 기록되어 있다.(물론 종종 관습을 거슬러 불순한 성적 에너지를 다루는 행위를 담은 비전祕傳의 밀교 문헌에 관해서는 말할 것도 없다. 이러한 문헌은 브라만에게 제한되지 않았다.)[210] 이러한 맥락에서는 지역신들이, 그리고 목축 부족민(또는 전사)의 모습으로 둔갑한 크리슈나가 대표적 예시다. 서력기원 이전부터 시작되었으나 굽타 제국 시대에 『마하바라타』의 일부로서 오늘날 알려진 형태를 갖추게 된 『바가바드기타』 또한 이러한 상황을 반영한다.[211] 여기서 크리슈나는 아르주나Arjuna의 전차 마부로서, 아르주나가 위대한 쿠루크셰트라 전쟁에서 자신의 친족을 죽이기를 망설이는 순간에 등장한다. 크리슈나는 위대한 현자일 뿐만 아니라 신 혹은 최고신을 대표한다.(역사적 인물의 표상일 수도 있다.) 게다가 『바가바드기타』는 개인의 영혼(아트만)과 절대자(브라만) 간의 일치라는 무신론적 교리, 내적 참여나 보상에 대한 기대 없이 행위를 실천해야 한다는 요가학파의 가르침, 크리슈나(또는 비슈누) 숭배를 통해서만 해탈에 이를 수 있다는 신애의 교리(바크티) 등을 포함할 만큼 폭넓은 범위를 자랑한다.

베다교의 유산

힌두교는 근본적으로 새로웠는데도 베다교로부터 여러 개념을 차용했으며 오늘날까지도 이를 보존했다. 이러한 요소들은 브라만-산스크리트 힌두교의 독특성을 설명해 주는 한편으로 불교, 기독교, 이슬람의 강력한 영향에 직면한 힌두교가 여러 지점에서 동화와 변화를 겪으면서도 굳건히 견뎌 낸 이유를 알려 준다. 역사적 연대를 밝히기는 어려우나, 몇 가지 핵심 개념을 여기에서 살펴볼 필요가 있다.[212]

베다교에서 신격화된 자연과 도덕의 힘은 신과 인간 양측 모두의 앞길을 조종한다. 힌두교에도 이러한 효과를 가리키는 단어가 남아 있으나, 그 의미는 달라졌다. 『리그베다』에서 원시적 '열기'를 가리켰던 타파스와 테자스는 이제 내면의 불꽃이자 금욕주의 수행을 통해 기르는 근본적 에너지를 의미하게 되었다. 같은 맥락에서 리타rita(진실)는 세계의 도덕적·우주적 질서를 의미하는 다르마로 변했고, '성스러운(또는 마법적) 언어'를 의미하던 브라흐만은 가장 고귀한 절대자의 이름이 되었다. 다른 세력들은 자취를 감추거나 위협적 성격을 잃었다. 어쨌든 핵심은 사제들이 이러한 힘에 대한 지식을 전승하면서 구원론적 특권을 획득했다는 점이다. 나아가 이러한 발전으로 인해 브라흐만-산스크리트 힌두교와 신흥 밀교 모두 스승(구루, 아사리阿闍梨)의 도움을 받아 비전의 지식에 입문하는 절차가 필요하게 되었다.

신성을 물질 혹은 열은 실재로 보았으므로, 신성이 사라질 수 있을 뿐만 아니라 다른 이에게 들러붙거나 부정적인 경우에는 다른 이를 오염시킬 수도 있다고 여겼다. 종교적 공덕(푸냐puṇya)은 획득하고 축적할 수 있었으며, 예컨대 아내가 남편에게 전달할 수도 있었다. 같은 논리로, 악행은 악한 기운(파파,

에나스enas)을 자아내거나 악행을 저지르는 자를 오염시키고 질병, 불행 또는 가난을 부른다고 보았다. '오염'된 자와 교류하는 것은 터부시되었는데, 이는 폭넓은 카스트 금기의 기초가 되었다. 심각한 악행은 가족 전체에게, 혹은 악행을 저지른 자와 접촉한 모든 이에게 악영향을 미칠 수 있었다. 신들도 예외는 아니었다. 인드라는 브라만을 죽일 때 그 죗값으로 '브라만 살해'라는 구체적 실체를 짊어졌으며, 여성들이 나서서 이 짐을 덜어 주었다. 한편으로 이는 월경하는 여성이 '불결'하게 여겨지는 이유이기도 하다. 오염은 상황이나 과실에 의한 것이든 의도적 행동에 의한 것이든 관계없이 모두 제거해야 했다.

베다교의 핵심 개념은 신적 속성과 우주의 수많은 힘이 모두 다양한 형태로 모습을 드러낼 수 있으며, 신들이 가진 특성뿐만 아니라 물질, 물체, 숫자, 색, 시간 간격, 시적 운율을 비롯한 수많은 것에서도 이를 찾아볼 수 있다는 점이었다. 따라서 표상과 숭배의 방법 또한 다양해졌다. 하나의 신성이 다양한 겉모습, 이름, 육신과 여러 개의 팔다리 및 손을 가질 수 있다. 숭배는 해당 신 혹은 여신의 일부 혹은 장신구, 의례 요소, 도해, 동식물 또는 보석에 행할 수도 있었다. 신들의 세계가 본질적으로 다면적이라는 것은 다수에서 합일을 추구하고 수많은 신에게서 단일한 신성을 찾거나 다양한 희생 제의에서 거대한 희생을 찾는다는 의미였다. 자아(아트만)와 브라만의 식별을 한 예시로 들 수 있다.

우주의 힘과 신들에게 이르는 방법은 예배, 영지주의적 명상, 혹은 행실을 기반으로 한 구원의 길을 비롯해 여러 가지가 있으며 모두 동등하게 유효했다. 하나의 접근법이 다른 접근법을 배제하지 않았다. 그 어떤 신도 전지전능하지 않았다. 마찬가지로 '가짜' 신에 대한 언급도 드물었으며, 많은 신과 종교들이 서로 나란히 존재했다. 막스 뮐러는 이러한 상호 관계를 가리키는 말을 만들어 냈는데, 다신교적 맥락에서 하나의 신성을 숭배하는 것을 가리켜 '단일신교'라고 했고, 특정 순간에 특정 신을 숭배하는 방식을 가리켜 '교체신교kathenotheism'라고 했다. 그러나 더 나은 용어(및 개념)가 있다면 신성의 다신교적 본질을, 그리고 외부의 신을 자신의 것으로 만드는 동일화 과정을 모두 인정하는 '동일신론'일 것이다. (한편 시바파와 비슈누파에서는 유일신교를 제외한 모든 시각과 실천이 발달했다.)

그러므로 매우 다양한 표상이 존재하기는 하나, 실제로 신성의 모습을 포착할 수는 없다는 합의가 일반적으로 자리를 잡았다. 신성은 다양한 자질을 가지고 있으나(사구나), 특정한 속성 하나로 정의되지 않는다(니르구나). "진실된" 신성은 가장 고귀하고, 지각할 수 없으며, 표상으로 나타낼 수 없는 '형태'에 "담긴다." 현실에서 어떤 측면을 지각할 수 있든, 그 측면은 광대한 전체의 일부일 뿐이다. 오직 선지자, 사제, 깨달은 자와 같은 '종교적 거장religious virtuosi'[213]만이 신성의 전체를 볼 능력을 가진다.

이처럼 전체로서의 신성이 결코 단일한 형태로 나타나지 않기 때문에, 신성의 일부만, 즉 신성의 현현인 여러 신만 파악할 수 있는 것처럼 보인다. 사실 현현은 본질적으로 환상(마야)이다. 그러나 여러 종교에서 신성이 일시적 현상의 세계를 피한다는 점을 확실히 하는 반면에, 힌두교에서는 일시적 현상이 무한한 표상을 가능하게 한다고 본다. 『리그베다』(I.164.46)에서는 이미 "홀로 선 것은 이미 합일된 것이며, 현자는 이를 많은 이름으로 부른다."라고 선언한 바 있다. 이처럼 신성한 합일Divine Oneness은 형상으로서 포착되기를 거부하므로 한없이 다양한 형상으로 나타날 수 있다. 힌두교는 유일신교가 신성을 경시한다고 보았는데, 유일신교에서는 신성이 어떻게 모습을 드러내는지 이미 안다고 가정하기 때문이었다.

힌두교에서는 신이 인간의 형상을 하기도 하고, 나아가 인간이 신과 같은 존재로 변모하기도 한다. 어떤 신에 대한, 혹은 그 신의 힘에 대한 시각화와 동일화는 의례, 예배, 명상 수행의 기초가 된다. 이처럼 열린 경계는 금욕주의가 '인간'을 '신'으로 만든다는 것을, 예컨대 브라만을 베다의 현신으로 혹은 왕을 신의 화신으로 본다는 것을 의미했다. 사무드라굽타는 알라하바드의 명문에서 자신을 "신이 세속에서 머무는 곳"으로 칭했다. 마찬가지로 힌두교의 입문식에서는 입문자를 베다, 희생, 사제(또는 아버지)의 '육신'으로 여긴다.

신성은 그 자체로 (신화적) 실체이므로 그들을 구성하는 힘을 잃을 수도 있었다. 이는 힌두교의 또 다른 특징으로 꼽힌다. 이들은 지속적인 관심과 부양을 필요로 하며, 인간이 행하는 희생 제의를 통해 이를 받는다. 다시 말하면 인간이 신의 호의에 의존하는 만큼 신들도 인간의 호의에 의존한다. 신의 복리를 위해 바치는 공물(다나)과 예배 의식(푸자)이라는, 그리고 신과 비교했을 때 상대적으로 강력한 인간의 지위라는 힌두교 종교성의 두 가지 주요 양상은 이와 같은 신성의 실체적 개념에 뿌리를 둔다. 실제로 인간(그중에서도 사제와 금욕주의자들)은 자기 신격화를 달성할 수 있으며,[214] 심지어 신보다 더 높은 지위를 점할 수 있다.

인간과 신은 서로를 필요로 하지만, 동시에 영원불멸의 존재는 그 어떤 것에도 의존하지 않으므로 천국을 넘어서는 구원이라는 개념이 존재한다. 산스크리트-브라만 힌두교에서 해방은 현세와 내세의 바깥에 존재한다. 천국, 지옥, 현세는 모두 업보에 묶인 운명의 문제이며, 환생의 경우와 마찬가지로 주로 순환적이고 상호적인 형태를 가진다. 그러므로 신들의 세계, 즉 수많은 천국(비슈누의 바이쿤타, 시바의 카일라사 등)은 영적 성취의 가장 높은 단계가 아니다. 오히려 해방, 영생, 영원은 인간과 신 모두를 넘어서는 개념이다.

신을 비인격적 힘이자 바로 이러한 힘의 구체적 본질로 보는 시각, 다양하게 변화하는 형태를 가진 신성의 합일, 다신교, 신과 인간 간의 유사성(또는 동일성) 등의 특징은 초기 베다 시대가 후대의 종교적 발전 경로에 얼마나 많은 영향을 미쳤는지를 분명히 보여 준다.

카스트 제도의 기원

그러나 이러한 연속성은 앞서 지적했던 단절점을 가려서는 안 된다. 이러한 단절점은 특히 사회적 변화에서 명백하게 드러난다. 부족 통치가 막을 내리면서 카스트 사회가 도래했다. 『마누스므리티』 또는 '기억된 마누 전통'[215]은 법과 규범을 담은 경전(샤스트라)으로 기원후 1/2세기로 거슬러 올라가며, 힌두교와 힌두 사회의 근본을 이루는 문헌이다. 이 문헌은 신, 조상, 베다 등의 더 고귀한 힘이 권위를 부여하는 종교적·정치적·사회적 생활의 규칙과 관습을 성문화한다. 전체 중 4분의 3 가까이가 브라만과 왕에 관련된 내용이기는 하나, 『마누스므리티』는 인간 공동체와 세계에 관한 포괄적 시각을 담고 있다.

마누의 문헌은 브라만계 지배층의 세계관 또는 이념과 함께 유산, 입양, 세금, 처벌, 절차법, 속죄에 관한 정확한 규정을 제시한다. 그러나 초기 굽타 시대의 종교적·사회적 현실이 반영되어 있지는 않다. 사실 『마누스므리티』는 잃어버린 (또는 곧 사라질 듯한) 환경을 다시 회복하기 위한 대대적 노력으로 볼 수 있다. 이를 위해 『마누스므리티』는 브라만과 왕 사이의 신성한 동맹을 강조하며, 같은 맥락에서 더 강성해진 세력 집단(농부, 혼합 카스트, 외국인, 다른 신앙을 가진 신도들)의 주장을 종종 격렬하게 거부한다.

이와 같은 인구 집단의 배제와 거리 두기는 계급을 통한 카스트 제도를 바탕으로 한다. 이 제도의 사회적·경제적 근간은 공동의 조상을 둔 가문과 대가족으로 정의된다. 이러한 친족 집단들은 브라만의 결혼, 직업, 친교, 의례에 관한 개념과 같은 맥락의 엄격한 사회 종교적 규범을 기반으로 각 단위를 구성한다. 이와 같은 일상생활의 철저한 양식화, 규율화, 의례화는 노르베르트 엘리아스Norbert Elias[216]가 유럽의 상황을 바탕으로 외부적 강압에서 중앙집권화를 통해 자체적 통제로 이동하는 과정을 추적하며 검토한 '문명화 과정'을 연상시킨다. 인도에서도 중앙집권화된 마우리아 제국과 굽타 제국이 출현하면서 독특한 생활양식이 나타났다. 왕권과 순결에 관한 '개인적' 계율이 마누에게 전부였던 것도 우연은 아니다. 이제 이 사적 문제가 공적 문제로 거듭났다. 다양한 종류의 교류(신체적 접촉, 식사, 선물, 인사 등) 또는 시간적·공간적 환경 변화에서 비롯되는 불결은 곧 오염으로 간주되었다. 그러므로 교류를 제한하는 한편, 오염되지도 변하지도 않는 불멸의 베다 또는 브라만과의 동일화를 장려하는 의례와 영적 실천을 받아들이는 것이 최선이다. 극단적인 경우에 이는 금욕주의와 육체적 순결을 지키고 모든 형태의 접촉을 일체 포기한다는 의미가 된다.

브라만은 이러한 동일화를 특별한 방식으로 구체화한다. 브라만은 곧 베다이자 희생이므로, 곧 해탈이다. 이들은 베다 또는 구원에 대한 지식을 가지고 있으며 언제나 가지고 있었으므로, 이들이 곧 베다의 화신이다. 이는 선조이자 선지자들이 보여 온 바이자, 아버지에서 아들에게로 수 세대를 거쳐 이어져 온 바였다. 의례에, 특히 생애 주기 의례에 브라만 사제가 관여하는 사회

집단은 희생 행위에서 브라만과 동일화를 달성한다. 예컨대 비非브라만계 개종자의 입문식에서는 브라만의 선지자 중 한 명을 허구의 조상으로 배정하고 그가 그 혈통을 이어받았다고 간주한다. 이를 통해 입문자의 혈통은 '브라만'이 되고, 오염을 부르는 혼합이 일어나지 않게 된다.

토착민과의 접촉, 정착 생활, 도시, 왕국, 잉여생산물, 초지역적인 생산과 교역으로 인구가 더 혼합되고, 개인주의가 자라나고, 브라만의 지배 영역을 넘어서는 종교적 선택이 증가한 이후에도 브라만 혈통의 구원적 의의는 잘 유지되었다. 그러나 무엇보다도 브라만은 부흥을 위한 노력 덕분에 자신들의 위치를 지킬 수 있었다. 마누의 법전 또한 이 전략의 일환이다.

마누를 비롯한 많은 브라만이 구상한 바에 따라 사회는 학문의 브라만 계급(사제, 지식인 귀족), 크리슈나 계급(전사와 귀족), 바이샤 계급(농부와 상인), 마지막으로 카스트를 가지지 못하는 수드라(다양한 수공업자 그리고 토지를 가지지 못한 노동자)까지 네 계급(바르나)으로 구성된다. 상위 세 개 집단의 지위는 예컨대 베다 입문('두 번째 탄생'), 성스러운 실(야기요파비타yagyopavita) 착용, 앞서 언급한 것과 같은 계보 수정, 특정 직업군, 오염을 부르는 사회적 접촉의 기피 등에서 명백히 알 수 있었다.

이러한 사회구조가 분기해 드러난 것이 이른바 카스트 제도다. 베다 가문 및 부족의 종교는 이 시기에 이르러 지배층과 상위 질서의, 고전 힌두교의 종교 및 이념으로 발달했으며, 훗날 융합, 외국인, 외부인, 혁신을 거부하게 되기 전까지 포괄적인 산스크리트화 과정을 거치며 다른 의례 및 신성과 통합되었다.

브라만, 베다, 희생이라는 주요 이념은, 오직 순결에 관한 엄정한 사회적·종교적 규정이 삶의 다양한 무대를 지배했으며 이를 어길 시에 매우 가혹한 처벌이 가해졌기에 널리 확산될 수 있었다. 혼합되지 않고 명백히 구분되는 계급사회라는 이상을 유지하려면 사회집단 간의 접촉을 될 수 있는 한 제한하거나 규제해야 했다. 이를 위해 왕은 질서의 수호자가 되었으며, 여성은 부수적 지위를 맡게 되었다.

다르마: 법과 관습

고전 시대 인도의 사회구조를 구성하는 이념적 중추는 다르마다. 다르마의 다면적 개념은 『다르마샤스트라』를 이루는 교리적 텍스트에서 제시된다.[217] 정부, 남녀 관계 혹은 선과 악에 관한 문제가 제시될 때면 현자들은 자신들이 (대개는 통치자의 명에 따라) 작성한 이 문헌을 통해 답을 구했다. 그러나 이 주제에 관한 최고 권위자 중 한 명인 판두랑 바만 케인Pandurang Vaman Kane(1880~1972)이 올바르게 지적했듯이 다르마에는 너무나 많은 측면이 있기 때문에 번역할 수 없다.[218] "유지하다." 혹은 "지지하다."라는 뜻의 산스크리트어 어근 드리dhri에서 파생된 다르마는 정의, 법, 관습 등을 포괄하는 개념으로, 달리 말하면 사회질서 및 생활 전반을 의미한다. 기원전 제1천년기 중반에 완성된 것으로 추정되는 『타이티리야 아란야카*Taittirīya-Āranyaka*』(10.63.1)에서는 다르마를 다음과 같이 정의한다. "다르마는 온 세상의 기둥이다. 이 세상에서는 생명들이 최고의 다르마 주변으로 모여들고, 다르마를 통해 악을 제거한다. 다르마 안에서는 모든 것이 (굳게) 서 있다. 이로써 그들은 다르마를 가장 높은 자라 칭한다." 초기 법전 『야즈나발키아스므리티』(1.122)는 이 정의에 올바른 행동 양식이라는 뜻을 더한다. "해를 끼치지 않음, 진실, 순결, 감각의 통제, 관용, 온화, 참을성은 모두에게 다르마(를 얻을) 수단이다." 실제로 다르마는 법, 윤리, 종교 규율, 금기 사항을 포괄한다. 다르마의 조치에는 (힌두교의 정의와 마찬가지로) 베다의 권위가 포함된다. 브라이언 켈리 스미스Brian K. Smith의 말대로 "힌두교는 베다의 권위를 참조해 얻은 정당성으로 전통을 창조하고, 영속화하고, 변화시키는 사람들의 종교다."[219] 이러한 맥락에서 베다는 협의(슈루티)가 아니라 광의의 의미를 가지며,(999쪽 표 참조) 이로써 '기억된' 글(스므리티)을 포괄한다. 의심스러운 경우에는 배운 자(시스타śiṣṭha) 또는 도덕적으로 올곧은 자(사두)에게 조언을 구해야 한다. 마찬가지로 또 다른 주요 법전인 『바시슈타스므리티*Vāsishthasmriti*』(1.3-4)에서도 이렇게 선언한다. "다르마는 슈루티 (및) 스므리티에 굳건하게 설정되어 있다. 둘 모두 적용되지 않는다면, 현자의 길은 시도되고 검증된 방법이다."

이러한 체계에서 다르마의 형태는 혈통과 성별을 비롯한 속성에 따라 달라졌다. 보편적 정의는 오직 소수의 일반적 규범에 관해서만, 예컨대 도둑질과 살인 금지(이에 대한 처벌은 카스트마다 다를 수 있다.) 또는 인내, 자제, 순결 그리고 진실에 대한 사랑, 분노 다스리기 등의 덕목에 관해서만 존재한다. 개별적으로 특정한 다르마(스바다르마)는 계급 그리고 삶의 단계 면에서 정의된 다르마(바르나스라마다르마)의 개념에 포괄된다. 이러한 견해는 도덕적으로 옳지 않은 행동을 수행하는 편이 옳을 수도 있다는 이른바 『바가바드기타』의 윤리로 정점을 이룬다. "다른 이의 다르마를 잘 행하는 것보다는 자신의 다르마를 나쁘게 행하는 편이 낫다. 자신의 다르마로 죽는 편이 나은데, 다른 이의 다르마를 행한다는 것은 위험하기 때문이다."(3.35)

여성의 지위

이러한 맥락에서 여성의 다르마(스트리다르마strīdharma)를 좀 더 자세히 살펴볼 필요가 있는데, 이는 여성에게 주어진 지위와 역할 또한 결정했기 때문이다.[220] 원칙적으로 여성의 지위는 간접적으로만 식별할 수 있는데, 모든 원전은 남성이 작성한 것으로 딸, 어머니 혹은 연인보다는 아내에 관한 규정을 더 많이 담았기 때문이다. 공통적으로 여성의 지위가 더 낮음을 강조하며, 다수의 규칙이 상당히 노골적이다. 결혼에서는 여성의 혈통이 남성의 혈연(고트라)으로 대체되는데, 이는 멀게는 아내 쪽 아버지의 죽음이 남편 쪽 아버지의 죽음보다 불결을 덜 초래하는 데까지 이어진다. 남편과 사별한 아내는 재혼이 금지된다. 마누의 수많은 여성 혐오적 구절은 여성의 종속적 지위를 다루며, 특히 지참금, 자녀의 결혼, 사원 매춘, 미망인 화형과 같은 문제에서 두드러진다. 전통적 법전은 여성을 베다의 정통성을 가지지 못하는 수드라와 같은 수준으로 둔다. 여성은 변덕스럽고 욕정에 가득 찬 존재, 그리고 월경을 이유로 불결한 존재로 여긴다. 『마누스므리티』(V.147-148)의 언어는 절대 모호하지 않다. "여성은 (어린아이든 젊은 여성이든 나이 든 여성이든 마찬가지로) 자신의 가정 내에서도 절대로 어떤 일을 독립적으로 해서는 안 된다. 어린 여자아이는 아버지의 지배하에 머물러야 하며, 젊은 여성은 남편의 지배하에 머물러야 하고 남편이 죽은 후에는 아들의 지배하에 머물러야 한다. 여성은 절대로 독립적으로 살 길을 찾아서는 안 된다."

그러나 더 자세히 들여다보면 이러한 규정에도 불구하고 여성의 지위가 더 복잡하고 양가적임을 알 수 있다. 상당한 부분에서 논쟁의 여지가 남아 있으며, 그중에서도 결혼 연령(특히 조혼), 이혼과 재혼의 가능성, 재산 소유(스트리드하나strīdhana)에서 더욱 그러하다. 게다가 여성은 순종적이면서 지배적인 배우자, 연인, 계모(경쟁자), 어머니, 자매(친구), 딸 등의 다양한 역할을 수행했다. 여성은 한편에서 라마Rāma의 신부 시타Sītā와 같은 충직한 아내로서 남성의 '반쪽' 또는 미망인(사티satī)이었고, 다른 한편에서는 여신 슈리Shrī 또는 락슈미Lakshmī와 같은 처녀 혹은 미혼 여성(마녀, 샤크티)으로서 질서와 삶의 위협이 될 수 있다고 여겨졌다.

이처럼 다층적이고 논쟁적인 역할 분배에서 수많은 신성과 약간의 권리가 비롯되었다. 무엇보다도 여성은 남편에게 복종해야 했다. 동시에 여성은 베다를 연구하거나 암송해서는 안 되었으며, 금욕주의를 수행하거나 순례를 해서도 안 되었다. 술을 마시는 것, 낮잠을 자는 것, 나쁜 무리와의 어울리는 것, 불성실한 것, 가정의 영역 바깥에서 시간을 보내는 것 또한 지양해야 했다. 반면에 여성의 책임에는 가정의 신성과 조상에 대한 숭배, 요리, 청소 등이 포함되었다. 여성은 성적 의무와 함께 권리를 가졌으며, 특히 월경과 임신을 했을 때, 남편의 부재하거나 사망했을 때 지켜야 할 특정한 일들이 있었다. 남편이 사망한 경우는 특히 상황이 까다로웠는데, 미망인은 일반적으로 불결하다고 여겨지거나 심지어 재앙과 관련된다고 여겨졌기 때문이다. 이로 인해 미망인은 공적 생활에서 대체로 배제되었다. 미망인은 금욕주의자처럼 살아야 했고, 흰옷을 입어야 했으며, 머리를 짧게 잘라야 했고, 장신구를 착용해서는 안 되었으며, 바닥에서 자야 했다. 몇몇 법전에서는 미망인이 재혼할 수 없으며 오히려 미망인을 남편의 유해와 함께 불태워야 한다고 선언했다. 그러나 서티(사티)의 역사는 이러한 이상을 따르지 않는다.[221] 이 실천은 굽타 시대 이전까지 간접적으로만 드러나다가 464년과 510년에 각각 네팔과 인도에서 처음으로 언급되었다.

이처럼 여성의 다르마는 평생 남편을 모시고 살면서 남편의 다르마에 참여하는 것이다. 남편은 아내의 눈에 신으로 보였을 것이다. 충실함과 순종은 여성의 가장 높은 의무이자 심지어는 죽음을 불사해 지켜야 할 의무였다. 여성은 베다 암송이나 금욕주의를 통한 구원의 길에 오를 수 없으나, 여성의 의무인 스트리다르마를 준수한다면 폭넓은 인정을 받고 구원에 이르거나 심지어는 신과 같은 지위에 오를 수 있다.

업보와 물질성

다르마의 반대는 무질서와 혼돈을 의미하는 아다르마다. 동물에 관한 규범적 규정이 따로 있기는 하지만, 종종 아다르마를 '동물의 다르마(파슈-다르마pashu-dharma)'로도 부른다. 다르마를 따르면 궁극적으로 해탈에 이를 수 있는 반면에, 나쁜 업보는 몰락하는 것과 더 낮은 존재로 환생하는 것을 의미한다. 이 관념은 더 자세히 논의해 볼 필요가 있는데, 악과 악행이라는 개념, 그리고 적절한 상벌(업보)이라는 개념이 만들어진 과정과 관계가 있어서다.[222]

힌두교에서 생각하는 악(예컨대 파파, 에나스, 도샤, 아다르마)은 개인 또는 세계를 재앙에 빠뜨릴 죄(악행), 피할 수 없는 운명(고통스러운 시기, 부당한 고통, 죽음), 의인화된 실체(악마, 영혼, 나아가 신과 인간) 등이다. 그러므로 악은 신들 사이에서도 생겨날 수 있다. 신들 또한 죄를 저지를 수 있고, 인간은 신을 도와 그 죄를 덜어야 한다. 악은 또한 사람들이 저지르는 행실(악행)에서도 자라나며, (별들이나 사안evil eye과 같은) 원천에 더해 때때로 재난과 종말의 영역에서 비롯되기도 한다. 그 결과에는 오염, 타락, 사회집단(가족, 카스트)의 배척, 지옥, 징벌로써의 환생 등이 포함된다. 반대로 악으로부터의 해방은 속죄, 참회, 청결한 업보, 금욕주의를 통해 얻을 수 있으며, 신의 자비로운 행동에 의해서도 해방이 일어날 수 있다.

환생은 내재적으로 비통한 일이며, 환생으로 이어지는 행동은 어떠한 경우라도, 심지어 선행이라도 본질적으로 '악'한 행동이다. 업보는 전통적으로 세 종류로 구분할 수 있다. 생에 특별한 영향을 미치는 돌이킬 수 없는 업보(프라라브다-카르마prārabhda-karma)와 지난 행실에 대한 상벌, 참회하는 태도와 속죄의 의식을 통해 완화할 수 있는 잠재적인 남은 업보(삼시타-카르마saṃcitakarma), 마지막으로 이번 생에서 얻었으며 미래에 효과를 미칠 업보(삼시야마나카르마saṃcīyamānakarma)다. 프라라브다-카르마를 '해소'하려면 삼시타-카르마 또는 삼시야마나카르마를 더 쌓지 않으면서 구원(해탈)에 이르러야만 한다. 이 경우 살아 있는 동안 해방(현세 해탈jīvanmukta)을 얻고 환생에서 벗어날 수 있는데, 존재가 계속되는 이유는 단순히 남은 업보가 계속 작동해서다.

이 체계의 논리에 따르면 모든 행동은 미묘한 물질을 만들었는데, 이는 예컨대 인상 혹은 경향(행行, saṃskāra, 훈습薰習, vāsanā)으로 이해할 수 있다. 이러한 물질은 처음에는 사후死後의 미묘한 몸(숙슈마-샤리라sūkṣma-śarīra)으로 옮겨 갔다가, 그다음 새로운 생의 물질적인 거친 몸으로 이동한다. 이는 방 안에 있던 꽃다발을 치워도 공기 중에 감도는 꽃향기와 비교할 수 있다.(이러한 성격은 정신적·영적 과정에 관한 인도의 일반적인 생각과도 결을 같이한다.)

업보의 또 다른 특징은 전달할 수 있다는 점이다. 그러므로 아침에 신에게 예배를 드린 여성은 자신이 획득한 종교적 공덕을 그날 하루에 걸쳐 남편에게 전달할 수 있다. 그러나 같은 원리로 가족 중 한 명이 심각한 잘못을 저지르거나 사망한다면 대가족 전체가 나쁜 업보를 짊어질 수도 있으며, 이 경우 가족 전원이 정화 또는 속죄의 의례를 치러야 한다.

업보는 구원의 정적 이상을 내포한다. 아무것도 하지 않는 편이 무언가 하는 편보다 나으며, 휴식이 활동보다 낫다는 뜻이다. 구원은 무언가 되어 가는 과정에 속하지 않으므로, 시간의 흐름 자체는 나쁘거나 악한 것으로 간주된다. 이러한 견해는 정적주의와 금욕주의를 장려하고, 못된 행실을, 또는 나아가 모든 종류의 활동을 피하는 것을 청결한 태도로 여긴다. 정신적 과정의 물질적 성격으로 인해 명상 수행은 '행동'으로 간주되는 생각과 지각을 멈추고자 한다. 만약 이러한 노력이 성공한다면 삼시야마나카르마에 영향을 미칠 수 있으며, 그 결과는 이번 생에서도 느낄 수 있으나 대부분은 다음 생에에 발현될 것이다. 업보를 예방하려는 태도는 행동의 윤리화보다는 극단적으로 개인화된 구원론으로 이어진다. 동료 남성 혹은 신을 위해서가 아니라 자기 자신을 위해 악행을 삼가야 한다. 업보의 청결과 원인론은 밀접하게 연관되어 있는데, 전생에 주의를 충분히 기울이지 않았음이 현생의 고통을 설명해 주기 때문이다.

업보의 청결에 관한 우려는 개인과 대가족의 순결을 지키기 위한 행동과 속죄 의례에 관한 규정을 만들어 냈다.[223] 죄를 자백하는 일은 비밀리에 행하더라도(또는 아직 드러나지 않았더라도) 적절한 속죄를 치르겠다는 결심(상칼파)만큼이나 중요하다. 『마누스므리티』(XI.227~228)에서는 다음과 같이 선언한다. "죄인(파파크리트pāpakāt)은 죄를 공개적으로 알리고, 회개하고, 고행하고, 역경의 시대에 베다를 암송하고, 공물을 바쳐 자신의 죄(파파)에서 자유로워질 수 있다. 자신이 저지른 법의 위반을 스스로 공개적으로 인정한다는 점에서 그는 마치 뱀이 허물을 벗듯 그러한 위반(아다르마)에서 해방된다."

이러한 사고방식으로 인해 시간이 갈수록 다양한 범주의 죄와 그에 상응하는 속죄 방법들이 정리되었다. 그중 가장 중요한 속죄 방법들은 『야즈나발키아스므리티』(3.31)에 수록된 "시간, 불, (의례) 행위(업보), 흙, 공기, 영혼(마나스), 지식, 고행(타파스), 물, 회개, 단식" 등이다. 구체적으로 말하면 음식 섭취를 제한하거나 완전히 삼가는 행위, 의례적인 목욕재계, 베다 암송, 금욕주의 수행의 '불', 그리고 소, 토지, 금, 의복을 비롯해 신과 브라만에게 바치는 성스러운 공물(다나) 등이 여기에 포함되었다.

왕과 사법제도

고전 시대 인도에서 사회구조를 고안하는 방식은 브라만과 왕의 결합된 영향력이 본질적 특징이었다. 마찬가지로 다르마의 이념은 왕과 왕의 역할을 이상화해 이해하는 것이 특징이다. 왕은 다르마 및 그와 (상호) 관련된 개념들에서 불가결한 요소다. 늦어도 굽타 제국부터는 왕을 신과 같은 인물로 이해하기 시작했으며, 그중 일부 '대왕', 마하라자는 다르마를 수호하고 증진한다는 (브라만의 시각으로 보면) 최고의 임무를 부여받았다.[224]

『마누스므리티』에 의하면 왕들은 자치의 특권을 누렸다. "모든 백성은 종속적이며, 왕은 독립적이다."(XII.100)라는 구절도 있다. 동시에 오직 왕을 위한 규범적인 규정과 의무가 왕의 독립성을 제한했다. 왕의 의무에는 과도한 향락에서 비롯되는 죄악을, 예컨대 사냥, 낮잠, 악담, 이성 교제, 술, 음악, 노래,

춤, 변덕 일체 등을 피하고 강인한 인격을 드러내는 일이 포함되었다(앞의 책, VII.47). 같은 맥락에서 왕은 분노에 따르는 악행을, 예컨대 중상모략, 물리적 폭력, 악의, 질투, 원한, 재산 파괴, 욕설, 신체적 가해 등을 저지르지 않도록 주의해야 한다(VII.48).

왕은 처벌할 수 있는 능력(단다daṇḍa, 문자 그대로 '회초리')을 통해 권력을 행사한다. 이는 곧 왕이 두려움을 바탕으로 통치했다는 뜻이었다. "회초리는 늘 올곧아야 하며, (왕은) 언제나 남자다움을 보여야 한다."(앞의 책, VII.102) 처벌을 주관하는 데 더해 왕은 미망인, 어린아이, 병자를 보호하고,(앞의 책, VIII.28) 브라만을 공경하고, 사제에게 선물하고 안전을 지켜 주며, 정복한 땅의 법에 예우를 표해야 했다. 마지막으로 왕의 의무에는 장관, 대사, 사제 등 일고여덟 가지 직위에 사람을 임명하고, 요새를 건설하고, 필요한 경우 전쟁을 일으키고, 세금을 거두는 일이 포함되었다.

왕과 브라만 사이의 권력 분할은 각자가 주관하는 영역에서 뚜렷하게 드러났다. 왕실 법원과 브라만이 주관하는 부락의 법원 양측에서 재판을 실시했으며, 한편으로는 "가족, 길드, 카스트 모임, 최고 법관 또한 오름차순으로 판결을 내릴 수 있다."(『야즈나발캬스므리티*Yājnavālkyasmriti*』 Ii.30)라고 규정해 몇몇 경로를 인정했다. 항소하는 경우 최고 결정자는 왕이었다.

세속적 관할은 왕과 재상이 맡았으며, 재상은 주로 브라만이었다.(『마누스므리티』 VIII.1-3)[225] 주로 달갑지 않은 영향력으로부터 왕을 보호하는 역할이었으며, 특히 제재를 가할 수 있는 폭넓은 권한을 수단으로 삼아 질서를 확립했다. 처벌의 범위는 견책과 경고부터 유배와 사형까지 이어졌다.

사제의 관할에서는 재상이 왕을 대신해 행동할 수 있도록 규정했으며(앞의 책, VIII.9) 반대의 경우도 마찬가지였다. 중재 법원(파리샤드pariṣad)은 최소 세 명의 브라만으로 구성되었으며(앞의 책, XII.111) 베다 암송, 단식, 희생, (브라만에 대한) 공물 등의 형태로 속죄(프라야시따prāyaścitta)를 명했다. 요컨대 브라만은 불결과 나쁜 업보를 제거하는 일을 맡았다.

이러한 권력 분할에는 특정한 규정이 포함되었다. 그러므로 속죄의 수단은 타고나기를 순결할 수 없는 수드라에게는 적용되지 않았으며, 수드라에게 가하는 처벌은 왕이 다른 계급의 구성원들에게 가하는 처벌과는 달리 속죄가 목적이 아니었다. 같은 맥락에서 브라만은 세속법 대부분을 면제받았는데, 이들은 스스로 관할을 적용받기 때문이었다. 예컨대 브라만은 사형을 선고받지 않았다. 특정한 죄에 관해서는 왕이라고 해도 사면을 허가할 수 없었다. 그러나 일반적으로 속죄를 위한 법적 규정이 형법보다 우선했으며, 형벌과 속죄는 누적되는 개념이었다. "부당함의 4분의 1은 가해자에게 속하고, 나머지는 각각 4분의 1씩 목격자, (브라만) 판사, 왕에게 속한다."(앞의 책, VIII.18)[226] 이처럼 세속법과 종교법이 결합되었으나, 근본적으로는 두 영역 모두 뚜렷이 구별되었다.

국가 운영의 형태

이처럼 『다르마샤스트라』를 비롯한 많은 문헌에서 드러난 이상적 왕권에 대한 개념은 정치사를 바탕으로 이해해야 한다. 카스트 계보에 의한 브라만계 노동 분업이 군주의 통치권 강화를 촉진하고 장려했는데도, 왕은 현실을 반영하는 역할보다는 이념을 구성하는 역할이 더욱 컸다. 그러나 다층적이고 복잡한 상황이 존재하는 남아시아에 서구의 국가 형성론을 그대로 대입하지 않는 것이 중요하다.[227] 마하라슈트라부터 아삼에 이르는 지역에는 400년에서 650년까지 50여 개의 국가가, 즉 왕국과 공국이 있었다.[228] 이 국가들은 서로 많은 점에서 차이를 보인 한편, 궁중 생활과 문화의 구조, 행동 규율, 종교적·정치적 상징 면에서 많은 특징을 공유했던 것이 분명하다.[229]

헤르만 쿨케Hermann Kulke가 진행한 역사적 연구[230]에 의하면 이 국가들이 점진적으로 합병되면서 보였던 '통합적 국가 발전 모형' 세 단계를 식별할 수 있다. 첫째, 국가가 출현하기 전에는 가족 또는 가문이 각각 제한적이지만 경계는 없는 범위를 다스렸으며, 다른 영역과의 집중적 관계는 발생하지 않았다. 이러한 환경에서 브라만은 영향력이 거의 없거나 전혀 없었다. 대규모 행정단위가 없었으며, 마찬가지로 언급할 만한 행정 기구도 없었다. 통치자는 대부분 부족의 군주로, 공물을 거두어들이고 이를 바탕으로 권력을 확보했다. 노동 분업은 존재했으나 미미한 수준이었다. 도시는 아직 발달하지 않았고, 그 대신에 주거지를 포함한 촌락이 넓은 지역에 퍼져 있었다.

두 번째 단계에서는 이러한 전前국가적 권력 영역들이 인근에서 조공을 바치는 종속적 통치자의 지배 영역(사만타)을 조금씩 통합하면서 왕국으로 발달했다. 이로써 부와 인력이 시골 주변 지역에서 도심지로 이동했다. 주로 브라만의 중개를 통해 지역의 신격들이 보편적 신들로 거듭났고, 부족의 군주도 왕으로 거듭났다. 대부분의 경우 브라만은 특히 토지의 형태로 후원을 받았으나, 불교와 자이나교의 수도원에도 증여가 이루어졌다. 부족의 지배 영역과 소규모 공국들을 국가로 통합하는 과정에서는 의존 및 충성 관계와 경계가 끊임없이 변화했다. (여전히 상대적으로 높은 수준의 자치권을 향유한) 조공국의 동심원적 배치는 두드러진 특징이었다. '소왕'은 '대왕'에게 의존했고, 반대도 마찬가지였다. 어느 국가의 규모는 영토로 가늠하기보다는 해당 국가에 충성을 바치는 지배 영역들을 상대로 종속 관계를 얼마나 많이 맺었느냐에 따라 달라졌다.

세 번째 단계는 제국적 지역 왕국의 단계다. 이러한 국가는 두 번째 단계의 영역을 두 개 이상 포괄하면서 더 넓은 가시적 영향권을 향유했고, 이 영향권 내의 분파들은 중앙이 직접 통제하는 주province로 간주되었다. 이러한 방식으로 권력을 유지하려면 어느 정도 복잡성을 갖춘 행정 기구와 군사 기구가 필요했다. 그러나 무엇보다도 상대적 자치권을 누리는 지배 영역이 존재하지 않았다고 할 수는 없다. 예컨대 숲 지역의 부족들은 대개 '국가 속 국가'를 이루었으며, 조공을 바쳐야 할 의무가 없을 때는 더욱 그러했다. 이러한 계보를 따라 조직된 국가들은 굽타 제국이 멸망한 이후 출현한 지역 세력들의 특징이다. 그러나 프레드 버커스Fred Virkus는 굽타의 국가에 중앙집권화된 강력한 권력과 튼튼한 정치 행정적 구조가 없었다고 논했다. "제한적 수준의 중앙집권화와 행정적 통일성으로 미루어 보면 …… (그 제국은) 확실히 여러 정치 체계의 혼합으로 묘사할 수 있다."[231]

어쨌든 중세 초기 남아시아의 국가를 정의하는 특징으로는 완전하게 통합되지 않은 권력관계와 뚜렷이 구분되지 않은 영토, 그리고 정치적·경제적 형태의 권력에 비해 상대적으로 우월한 의례를 꼽을 수 있으며, 이를 통해 브라만이 어떠한 후원을 누렸을지 알 수 있다. 국가에는 편재성, 일률적 구조, 고정된 제도 따위가 없었으며, 여러 한계 내에서만 중앙집권화되었다. 이러한 틀에서 지역적 국가의 권력은 무엇보다도 의례적 권위, 특권, 하위 권력자들이 맹세하는 충성 등에서 비롯되었으며, 군사적 강압의 역할은 비교적 작았다. 국가는 특히 더 작은 권력 영역(부족과 공국)을 합병해 통합을 달성했다.

네 가지 이론

이러한 상황은 이론적 측면에서 어떻게 이해할 수 있을까? 인도의 역사가들은 대부분 이 논쟁에서 봉건주의, '분절 국가segmentary state' 모형, 점진적 통합 이론, '작은 왕국들'이라는 개념까지 네 가지 입장 중 하나를 취한다.[232]

람 샤란 샤르마는 3세기와 4세기의 인도에서 초지역적 교역과 도시경제가 쇠퇴하면서 봉건주의적 발달이 나타났다고, 그리고 이와 함께 한편에서는 브라만과 귀족층에게 상당한 규모의 토지가 증여되었고 다른 한편에서는 수도원과 사원의 자율성이 커졌다고 논했다. 이러한 증여는 브라만과 지주 귀족층의 지위를 강화했으며, 소농민은 대부분의 경우 이들에게 의존했다. 따라서 이는 중앙집권의 약화와 속국의 지위 강화 및 독립으로 이어졌다. "크고 작은 토지 증여의 폭넓은 성행, 그리고 영토적으로 자리를 잡고 결국 독립적 권력자로 거듭나는 관리들로 인해 결국 권력이 분열되었다."[233] 그러나 오늘날 대부분의 학자들은 봉건주의 이론에 반대한다.

분절 국가 모형은 다른 평가를 받고 있다. 사실 이 시각은 문제의 실마리를 제시하는 이론들을 형성하고 있다. 버턴 스타인Burton Stein이 가장 먼저 남부 인도의 발전을 설명하기 위해 전개한 이 모형은 아대륙에 존재했던 "거의 모든 고대 국가와 중세 국가"를 더 잘 이해할 수 있는 시각이라는 평을 받는다.[234] 이 관점에 따르면 영토적인 주장과 통제는 권력 거점과 그 인접 지역으로만 제한되었으며, 다른 곳에서의 권력 교환은 단순한 '의례적 통치'에 지나지 않았다. 이러한 상황에서 다수의 권력 궤도가 존재했으며, 이 궤도들은 대체로 형식적으로만 중앙과 연결되어 있었다. 다시 말하면 통치자는 '하위' 영역을 제한적 수준으로만 지배했으며, 이로 인해 "여러 지역 정치체제의 집합이 하나의 분절 국가로 전환되었다."[235] 비판자들은 스타인이 정치 없는 국가를 가정함으로써 실제 권력 관계를 과소평가한다고 지적한다.

그러나 이견에도 불구하고 이 모형은 논쟁에 활기를 불어넣었다. 예컨대 쿨케는 스타인의 이론을 발전시켜 세 가지 단계의 영토 확장을 거치는 통합 발달 모형을 전개했는데, 이는 앞서 설명한 국가 운영의 형태와 대체로 일치한다. "지역 족장 사회의 성립으로 시작해 점진적인 영토 확장과 초기 왕국의 행정 구조를 통해 나아가며, 결국 지역 왕국으로 확대된다."[236] 소규모 지배 영역들이 하나의 지역적 국가로 점차 통합된다는 쿨케의 모형은 제국이 더 작은 요소들로 쪼개진다는 (봉건주의적) 견해에 의문을 제기하는 '아래로부터의 봉건주의feudalism from below'로도 불린다.

네 번째 이론은 힘의 영역에서 펼쳐지는 지역적 세력들 사이의 통합과 분리라는 복잡한 상호작용을 이론화한 '작은 왕국들' 모형이다.[237] 버나드 콘Bernard Cohn이 고안한 이 용어는 18세기 베나레스의 정치체제를 묘사하기 위해 만들어졌으나, 일반적으로 초기 중세 인도의 환경에 자주 적용된다. 콘이 설명했듯이 카스트 제도를 바탕으로 움직이는 정치경제적 핵심 단위는 스타인이 권력의 실제 위치로 지목한 곳과 같은 왕국들이며, 이러한 왕국들은 겉보기에는 상위의 지역적 권력에 의존하는 듯하나 사실은 실질적인 정치적 통치권을 가진다. '소왕'과 '대왕' 간의 관계는 후자의 의례적 권위에서 비롯되는 정당성은 물론이며 후자가 토지, 조공, 법적 판단 등의 형태로 누리는 직접적 권력에서 전자가 이익을 취하는 형태다. 종교(의례)와 정치를 권력 유지의 수단으로만 격하하지 않기 위해 (니콜라스 더크스Nicholas Dirks가 그러했듯이)[238] 부르카르트 슈네펠Burkhard Schnepel과 게오르크 베르케머Georg Berkemer는 '작은 왕국들'을 영토나 촌락 갯수보다는 왕과 기타 계급 간 관계의 동적 네트워크로 이해해야 한다고 주장했다. 이러한 틀에서 "토지, 관지, 자위, 세습 관계, 왕권을 상징하고 구성하는 기타 증여의 분배를 명령하는" 왕을 가리켜 '대왕'이라고 한다.[239]

굽타 제국의 최후

중세 초기의 거대 제국들은 굽타 왕조와 함께 막을 내렸다. 하르샤(재위 606~647) 치하에서 다시 한번 광범위한 중앙집권화가 일어났으나, 동쪽의 팔라Pāla 왕조(770~1125), 서쪽과 남쪽의 구르자라-프라티하라Gurjara-Pratihara 왕조(7세기~10세기), 남서쪽의 라슈트라쿠타Rāshtrakūta 왕조(752~973), 데칸 고원의 찰루키아 왕조(7/8세기), 팔라바 왕조(7/8세기) 남쪽의 촐라 왕조(9세기) 등 뒤이은 지역 제국들은 권력을 다루는 (중앙집권화는 아니었던) 방식이 각기 너무 달랐으므로 6세기는 인도 역사의 운율이 변화하는 지점이다.[240] 이 제국들은 자신들만의 언어와 문학이 있었고, 신비주의적 바크티 형태의 숭배, 영적 지도자 샹카라 및 라마누자Rāmānuja를 따르는 폭넓은 금욕주의 운동, 독특한 형태의 지역적 힌두교 및 대중 종교, (대부분 지역적이었던) 순례의 실천 등 새로운 형태의 종교성이 발달했다. 베나레스에 더해 오리사의 부바네스와르(8/9세기), 봄베이 부근의 엘로라(8/9세기), 남쪽의 마하발리푸람(7세기) 등도 주요 목적지로 발전했으며, 나아가 탄자부르(8세기), 코나라크(13세기), 비자야나가르(16세기), 마두라이(17세기)를 비롯한 많은 곳도 그 뒤를 이었다. 다시 말하면 분절된 다중심 권력 분포가 발달한 것이다. 지역화와 정치적 불화는 식민지주의의 출현까지 계속해 이어졌다.

7 인도가 동아시아와 동남아시아에 미친 영향

불교는 서력기원 무렵부터 인도에서 북쪽으로 확산되어 히말라야 지역과 그 너머에 이르렀으며, 아대륙의 동쪽 지역과 남동쪽 지역으로도 퍼졌다. 힌두교는 히말라야 중부 지역 및 동남아시아로 전파되었다. 자이나교는 인도아대륙의 대부분 지역에서는 제한적 규모로 남았다. 남아시아에서는 다른 지역을 복속시키기 위한 대규모 군사적 활동이 발생하지 않았다. 기독교와 이슬람은 부분적으로는 정복 활동 덕분에 인도에 강력한 영향을 행사했으나, 인도의 종교들은 비교적 최근에 들어서야 서구에 "이르"렀다. 이 때문에 생명을 해치지 않는다는 약속이나 명상 등의 '전형적'인 '인도식' 실천은 상당한 주목을 받았는데도 보편적인 사상이나 가치로 발달하지는 못했다. 그러나 빌헬름 라우는 이처럼 평화로운 '인도화'는, 즉 불교와 힌두교의 폭넓은 확산은 세계에서 역사적 수준의 성취라고 지적했다.[241]

이슬람이 유럽에 일종의 장벽을 만들었으므로 인도는 동인도회사의 영국 식민지화에 의해 정복당할 때까지 감추어진 채 불가사의한 상태로 남았다. 이러한 이유와 북쪽의 드높은 히말라야산맥 및 동쪽과 남쪽의 바다라는 지리적 요인 때문에 인도는 어느 정도 고립된 느낌이 있었다. 그런데도 승려, 상인, 뱃사람들은 인도의 사상, 물건, 제도를 (2세기 이래로 옛 카라반길을 통해 티베트까지 이른) 트랜스히말라야, 동남아시아 및 동아시아에 전달했다. 이들은 1세기에서 5세기까지 말레이반도, 캄보디아, 남부 베트남, 인도네시아, 미얀마 등에 이르렀다. 1세기 중반에는 인도가 아시아의 지배적인 지적·종교적 세력이었다. 중국과 일본이 인도에 영향을 미친 것이 아니라 인도의 영향을 받았다.

여기에서는 이러한 사건들의 전개를 살펴보지는 않겠는데, 대부분 이 시기 이후에 벌어진 일들이기 때문이다. 이번에는 남아시아 너머로 불교가 폭넓게, 그리고 힌두교가 더 분산된 방식으로 전파될 수 있었던 배경에 관해서만 살펴보겠다. 여기서 주요 문제는 이 과정에서 브라만의 영향 및 산스크리트어의 역할과 관련된다. 사료가 많지는 않지만, 교역과 예술 또한 주목을 받을 것이다.

아시아 내에서 (종종 인도화라고도 하는) 인도 문화의 확산은 다수의 중심지를 두고 다양한 방향으로 진행되었다. 동아시아와 중앙아시아에는, 즉 티베트와 중국에는 거의 전적으로 불교의 형태로 전파되었다. 북쪽의 히말라야 지역에는 불교와 힌두교가 모두 유입되었으며, 동남아시아 지역도 마찬가지였다. 두 방향 모두에서 거대한 종교가 소규모 대중 문화와 융합되어 새로운 형태를 낳았다. 예컨대 자와의 『라마야나』는 같은 제목을 가진 인도의 서사시와 겹치는 부분이 거의 없다.

히말라야 산간 지역은 자연 장벽이자 남아시아, 중앙아시아, 동아시아 간의 교환이, 특히 티베트, 몽골, 중국 간의 교환이 이루어지는 영역이었다. 동시에 계곡 지역에서는 불교 부족 공국 또는 불교 왕국, 세습 수도원, 혼합을 통해 형성된 종교성 등의 공통적 특징을 희미하게나마 향유하는 여러 문화가 출현했다. 이러한 영역들은 서로 얼마나 분리되어 있었을까? 또한 고지대 문화의 특징들을 얼마나 가지고 있었을까? 민족학자 제임스 스콧James C. Scott은 태국에서 카슈미르에 이르는 지역들을 검토해 결정적 특징을 다수 발견했는데, 여기에는 적은 인구, 오랜 고립, 이웃 국가들의 정치적 통제, 뚜렷한 민족적·종교적·언어적 다양성, 정부와 문자의 부재 등이 포함된다.[242] 이름하여 조미아(티베트버마어파에서 조미zomi는 산간지대 주민을 흔히 이르는 표현이다.) 이론으로 불리는 이 설은 확실히 논쟁적이다. 어쨌든 이 지리적 영역에서는 오늘날의 국경에 의한 분석은 말할 필요도 없고 지역적 국가라는 전통적 개념으로도 설명할 수 없는 초문화적이고 초지역적인 과정이 나타났다.

불교의 확산

막스 베버는 종교사회학에 관한 글에서 인도 내 불교의 쇠퇴에 관한 몇 가지 이유를 제시했다.[243] 여기에는 평신도 조직과 안정적인 공동체의 부재가 포함되었는데, 그의 시각에서 불교는 느슨한 사찰 연합 안에서 개인의 구원을 추구하는 교리로, 인구가 증가하면서 집회 의식, 신과의 감정적 연결, 그리고 이에 상응하는 예술의 발달 등을 수반하는 더 폭넓은 규모의 종교가 필요해졌으나 이러한 틀로는 이를 충족시킬 수 없었기 때문이었다. 베버는 게다가 불교를 국교로 삼을 만한 합리적 경제 기풍 또는 정치적 동기가 출현하기 어려운 상황이었다고, 고대 인도의 신앙은 내세에 초점을 맞추었다고 주장했다.

베버의 평가는 부분적으로만 옳다. 기원전 5세기에 가우타마 샤카무니가 세상을 떠난 이후로 불교 내에서 응집된 수도원 생활이 발달했으며, 심지어 통치자에게 후원을 받기도 했다. 이른 시기의 예시로는 아소카가 있다. 게다가 불교의 창시자가 곧 신격화되었고, 늦어도 기원후 1세기부터는 보살이 등장했다. 열반에 들지 않고 다른 이들이 열반에 들 수 있도록 돕는 보살은 널리 숭상되면서 종교의 대중적 형태에 대한 평신도의 필요를 채워 주었다.

그러나 무엇보다도 베버는 인도에서, 또 뒤이어 동아시아와 히말라야 지역에서 불교가 확산된 이유를 설명하지 못했다. 그는 초기 불교의 본질을 근본적으로 잘못 판단했으니, 사실 불교는 애초에 어느 경로를 택하는지만이 문제였을 만큼 확장할 만한 이유를 내재하고 있었다. 특히 승려는 탁발을 위해 돌아다닐 의무를 졌고, 힌두교 전통의 많은 금욕주의자와는 달리 인구 집단 전반과 맺은 연을 끊지 않았다. 게다가 불교 승려 공동체인 승가(僧伽)는 토지를 소유할 수 있었다. 그 결과 사찰은 (베버가 부정했던 바와는 달리) 실질적인 경제 세력으로 거듭났다. 불교가 성공할 수 있었던 주요 요인 중에는 불교가 세속 통치자나 다른 종교의 입장에서 그 어떠한 문제도 되지 않았으며 폭력적 갈등을 일으키지 않았다는 점이 있다. 권력자들에게도 자신들의 권력에 정당성을 부여해 주는 보편적 통치자(차크라바르틴)라는 개념은 이득이었다. 불교에는 배타적 경향이 없으므로, 불교의 가르침은 (지배층의 산스크리트어에만 국한되는 것과는 반대로) 지역 문화와 아무 문제 없이 융합될 수 있었다. 불교는 대체로 귀족층과 부유한 상인의 아들들에게, 그리고 훨씬 더 낮은 수준으로 딸들에게 호소하는 도시적 운동이었는데, 이는 금욕주의 신도들이 도시에서 벗어나 자연과 숲속에 살았던 힌두교와 다시 한번 대조를 이룬다. 가장 중요한 마지막 요소는 불교에서 승려의 공덕이 평신도에게 전달될 수 있다는 점이었다. 이러한 맥락에서는 사찰을 지원하는 것이 이치에 맞는다.

베버가 고려하지도 않았거나 잘못 해석했던 이 요소들 덕분에 불교는 인도 너머에서도 상당히 빠르게 영향력을 확보했다. 아소카가 없었더라면 불교는 확산에 더 어려움을 겪었을 텐데, 아소카는 다른 종교에 관용을 베풀면서도 불교의 교리 중 일부를 일종의 국가적 도덕성으로 격상시키고 선교 활동을 지원하면서 불교를 확산시킨 주요 역할을 담당했기 때문이다. 그러나 불교는 아소카의 지지 없이도 미덕으로서든 구조로서든 멀리 확산되었을 것이다. 불교의 가르침은 종종 기존의 의례, 예컨대 생애의 한 단계에서 다음 단계로 넘어가는 통과 의례 및 종교와 결합했다. 리처드 곰브리치는 이처럼 여러 종교적인 개념과 실천이 나란히 존재하는 현상을 (요소들이 한데 융합되는 혼합주의와 대조해) 부가주의accretism라고 묘사했다. 불교는 이러한 방식으로 인도 내외에서 성행하면서 11세기와 12세기까지 통합을 달성했다.[244]

인도를 처음 접한 민족들에게도 불교는 일찍부터 분명히 호소했다. 그리스인, 파르티아인, 스키타이인, 월지족이 불교를 상당한 수준으로 받아들였다. 이러한 맥락에서 메난드로스 왕(밀린다)과 곧이어 동아시아로 확산되는 간다라 미술을 다시 한번 언급할 필요가 있다. 전통에 따르자면 아소카의 아들 마힌다는 이미 기원전 3세기에 불교를 스리랑카에 전파했으며, 이곳의 고대 수도 아누라다푸라에서 세 개의 승려 집단(또는 사찰)이 출현했다. 기원전 3세기의 대사大寺, Mahāvihāra, 기원전 1세기의 무외산사無畏山寺, Abhayagirivihāra, 기원후 3세기의 기원정사祇園精舍, Jetavana가 여기에 속한다.[245] 인도는 물론 중국에서도 (5세기 초의 법현을 비롯한) 승려들이 아누라다푸라에 모여들었다고 전해진다. 불교의 한 형태인 상좌부上座部, Sthaviravāda/Theravāda의, 그리고 기원전 1세기의 제1차 불교 결집으로 거슬러 올라가는 팔리 삼장의 뿌리가 된 지역인 스리랑카는 5세기부터 여러 선교 운동의 기원이 되었다. 상좌부 교리를 폭넓게 집대성한 『위숫디막가Visuddhimagga(청정도론清淨道論)』의 저자 붓다고사Buddhaghosha는 아누라다푸라에서 (이전까지 힌두교의 영향하에 놓여 있던 지역인) 태국으로 불교를 전파했다고 전해진다. 상좌부 불교는 이곳을 시작으로 인도차이나반도(미얀마, 라오스, 캄보디아)와 자와섬 일부 지역에 상당한 영향력을 행사한 것으로 추정된다.

같은 맥락으로 불교는 일찍이 아시아의 서부 지역에도 도달했으며, 기원전 1세기에는 카슈미르에 이르렀고 멀게는 아프가니스탄까지 전파되었다. (실크로드에 자리한) 바미안에 있는 6세기의 석불은 2001년에 탈레반이 파괴하기 전까지 이곳의 가장 놀라운 기념물로 손꼽혔다. 오늘날 파키스탄에 속하는 폭넓은 지역에서도 불상이 발견된다.

불교는 이르게는 기원후 1세기부터 인도 승려들이 실크로드를 따라 전한 대승불교 문헌과 함께 북중국에 닿았다.[246] 약 7000킬로미터에 달하는 고대 교역로인 실크로드는 인도와 중국을 유럽과 연결했다. 어느 길은 황하 유역의 낙양에서 투루판, 타슈켄트, 사마르칸트와 이어졌고, 또 다른 길은 파미르고원을 따라 카슈가르와 박트리아를 가로질러 중국-인도 문화의 중심지가 형성된 티그리스강 유역의 크테시폰에 이르렀다. 소아시아와의 상업은 한 왕조의 개입으로 어려움을 겪었으나, 남아시아와의 교역은 대체로 무탈하게 이어졌다. 2세기에는 불교가 태국에서 남중국으로 전파된 것으로 보인다.

2세기에는 이미 파르티아 출신으로 한 제국의 수도 낙양에서(다른 승려들과 함께) 활동한 안세고安世高(148~180 무렵)가 서른 개 이상의 문헌을 한어로 번역했다. 그가 시작한 번역 운동은 인도-스키타이인, 소그디아나인, 파르티아인의 참여와 함께 2세기 동안 이어지면서 결국 한어 경전을 탄생시켰다. 그러나 불교는 한 제국이 (기원전 220년에) 멸망할 때까지 북중국에서 발판을 마련하지 못했다. 불교는 4세기에 들어 폭넓게 확산되었으며, 유교의 저항에 대응해야 했는데도 5세기에는 국가의 보호를 누렸다. 또한 4세기와 5세기에 걸

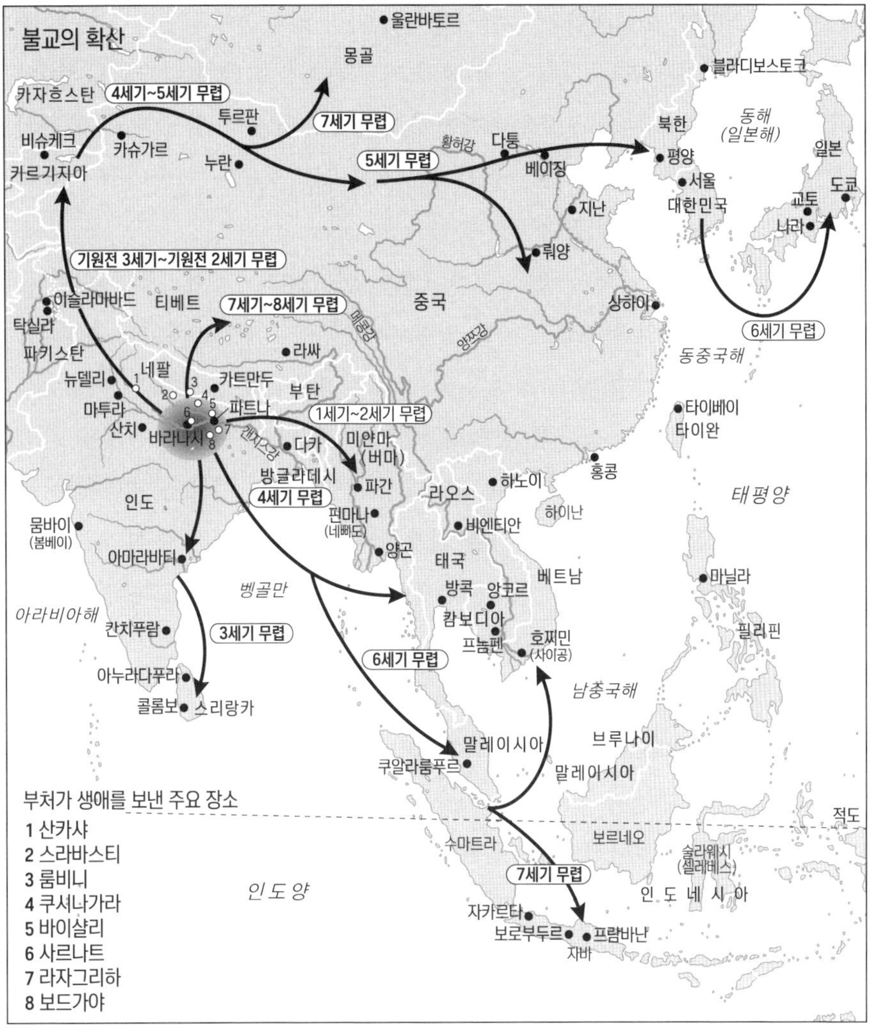

_____ 불교의 확산.

쳐 한반도로 전파되었으며, 6세기에는 일본에 이르렀고, 7세기에는 송첸캄포Srong-Tsam-Gampo 왕이 티베트에 불교를 도입했다. 승려 승우僧祐(445~518)는 한어로 된 폭넓은 옛 불교 문헌 목록을 집대성했다. 286년에는 인도-스키타이인 학승 축법호竺法護, Dharmaraksha가 지대한 영향력을 미친 『로토스수트라 *Lotossūtra*』를 번역했고, 406년에는 쿠마라지바(344~413)가, 또는 국가의 지원을 받았던 그의 공동 연구자가 같은 서적을 『묘법연화경』이라는 제목과 함께 한어로 번역했다. 북아시아와 동아시아에서 가장 영향력이 강했던 이론서 중 하나이자 설일체유부說一切有部, Sarvāstivādin의 가르침을 요약한 바수반두의 『아비달마코샤*Abhidharma-kosha*』 또한 6세기에 번역되었다. 중국 불교의 서사 문학은 중국 내 목판인쇄술의 발달에 기여한 것으로 추정된다. 이곳에서는 간다라 문화의 차용도 두드러졌다.

초기 불교에서 '교회 구축'을 위한 노력이 미미했다는 점에서는 베버가 옳았다. 사실상 교단의 발전을 감독할 만한 세력이 등장하지도 않았다. 승려 공동체는 '본당'이나 거주 의무, 평생의 맹세, 위계 구조, 또는 (연장자 원칙을 제외한) '대승정' 등이 없는 느슨한 연합체였고, 대부분의 경우 영적 승계를 관장하는 규칙도 없었다. 같은 이유로 불교에는 분열과 이단이라는 개념에 이를 만한 종파가 없었다. 부처가 설파한 가르침의 성격과 종교적 중심의 부재로 인해 이러한 범주는 적용되지 않았다. 오히려 서로 다른 층성 또는 집단화(바다vāda, 니카야nikāya)가 이루어졌다고 말하는 편이 더 정확하다.

일찍이 아소카는 분열을 주의하라고 경고했으나, 부파部派의 형성을 예방하지는 못했다. 교리적 입장 차이가 컸으며, 불교가 확산된 범위가 넓어 적응해야 할 환경도 너무나 폭넓었고, 스승들의 입장도 저마다 매우 강했으므로 다양한 '학파'가 생겨나지 않을 수 없었다.

전하는 바에 따르면 부처는 가장 총애하는 제자이자 친우이기도 한 아난다Ānanda, 阿難陀가 권유했는데도 후계자를 지명하지 않을 것을 분명히 했다고 한다. 이 때문인지 부처가 세상을 떠난 이후 두 탁월한 인물인 아난다와 마하카샤파Mahākāshyapa, 摩訶迦葉의 지도에 따라 두 개의 부파가 형성되었으며, 후자의 경우 최초의 사찰을 이끌면서 속세와 연을 끊은 승려 사이에서 지도자 역할을 자처했다.

규율에 관한 여러 차이점이 내부 논쟁으로 굳어졌으나 대부분의 경우는 형식적 질문을 다루었으므로 전반적인 주목을 받지는 못했으며, '학파'에 든다는 것은 (승려 간의 결집을 장려하는 계율인) 바라제목차波羅提木叉, Prātimoksha에서 벗어난다는 뜻이었다. 사찰 바깥에는 불교도 공동체인 승가가 있었으며 단결된 모습을 유지해야만 했다. 근본적인 교리 문제에 관해 의견 차이가 있어도 분열로 이어지는 경우는 드물었고, 불자 제명은 더더욱 드물었다. 부처 또한 질문을 들었을 때 자주 침묵을 지켰다고 전해진다. 논쟁의 주제는 예컨대 다음과 같았다. 어느 정도까지 속세와 연을 끊을 수 있는가? 승려 공동체의 지속적 존재는 얼마나 중요한가? 무아에 관한 부처의 가르침은 최종적인가? 혹은 개인성의 구체적 핵심(보특가라補特伽羅, pudgala)이 죽음과 환생의 윤회를 거치면서도 계속되어서 열반을 성취할 수 있는 것일까? 열반은 무조건적으로 존재하는가?

부처가 세상을 떠나고 나서 약 100년 후 이루어진 바이샬리 결집council of Vaishali에서는 구원을 달성한 성인聖人 아라한의 완벽성을 두고 주요 논쟁이 벌어졌다. 승려 마하데바Mahādeva, 大天는 이 개념에 반대해 다섯 가지 논지를 펼쳤다고 전해진다. 우선 마라Māra의 딸이 아라한을 꿈속에서 유혹했을 수 있고, 그 또한 무지에서 자유롭지 못하며,(부처조차 묻지 않고는 이름을 알지 못했고, 방향을 모르고는 길을 찾지 못했다.) 아라한이라도 (여전히) 의심을 품고 있으며, 구원의 길을 따라 나아가려면 스승 등 타인의 도움이 필요하고, 마지막으로 그가 내뱉는 특정한 말들이 자제를 북돋우므로 일종의 스승이 될 수 있다는 논지였다.

이러한 선언들은 격렬한 논쟁으로 이어졌다고 전해진다. 무엇보다도 아라한(및 부처)의 초인간적 존재는 의문의 대상이었다. 그러나 많은 이는 마하데바의 논지가 강력하다고 여겼다. 영적으로는 의지가 있으나 육신이 (예컨대 꿈속에서) 약하다는 것을 부정하기는 어려웠다. 게다가 계속되는 의문을 부정할 수도 없었는데, 만약 그렇게 한다면 모든 존재가 조건에 따라 달라질 수 있다는 기본 교리에 반대되기 때문이었다. 불교에서는 그 어떤 주장도 절대적일 수 없다. 마하데바의 입장을 지지하는 이들은 자기들을 스스로 대중부大衆部, Mahāsanghika(대결집의 지지자)로 불렀는데, 자신들이 대다수를 차지한다고 여겼기 때문이다. 반대파는 스스로 성문승聲聞乘, Shrāvakayāna(듣는 자의 탈것) 또는 상좌부(장로의 길을 따르는 지지자)로 칭했으며, 때때로 대중부로부터 폄하의 의미로 '소승小乘, Hīnayāna(작은 탈것)'으로 불리기도 했다. 처음에는 승가 내에서 서로 대치하는 두 부파만이 형성되었으며 기원전 3세기 말에 이르자 열여덟 개 학파(바다)가 출현했다고 전해지는데, 실제로는 그보다 훨씬 많았다.[247] 그런데도 불교의 부파는 서양 철학의 각기 다른 학파와 같은 맥락으로 이해해서는 안 되며, 종파적 성격이 훨씬 약했다. 오히려 부파마다 가르침의 전통이 있었으나 반드시 제도적 질서가 분리된 것은 아니었다. 다양한 전통을 정의하거나 소속을 분명하게 구분하기가 거의 불가능할 만큼 어렵다. 다음 표는 가장 잘 알려진 불교의 형태에 관한 대략적 개요를 담고 있다. 다만 이들의 출현과 상호 관계가 아직 완전히 연구되지 않았음을 염두에 두어야 할 것이다.

상좌부와 대중부 사이의 의견 불일치는 아라한이 완벽에 이르렀는지에 관한 질문을 넘어서서도 한참이나 이어졌다. 장기적으로는 이 두 부파가 불교에 거대한 변화를 일으키기에 이르렀으며, 이 변화는 불교의 보급에 중요한 역할을 담당했다. 논쟁은 예컨대 초월성과 같은 문제들을 다루었다. 열반 다음에는 일종의 천국이 존재하는가? 내세 혹은 열반으로 가는 길의 중간 단계라는 개념은 일종의 우주지宇宙誌와 초월적 외계 영역에 관한 논쟁을 일으켰다. 게다가 현세의 존재인 동시에 현세에 속하지 않는 아라한의 다원적 본질은 그가 여전히 인간인 한편으로 그의 영혼이나 정신이 더 높은 영역에 속한다는 원대한 의미를 담고 있었다. 이를 바탕으로 삼신론三身論이, 그리고 부처를 현세를 초월한 존재(출세간出世間, lokottara)로 신격화하는 사상이 출현했다. 초월적 부처는 명상과 의례에서 숭배 대상이 되었다. 마지막으로 보살이라는 인물의 방식을 따라 해탈을 구하는 여정이 윤리로서 자리 잡았으며, 공덕을 전달할 수 있다는 교리와 함께 연민(비悲, karuṇā)이라는 개념으로 통합되었다.

초월성, 다원적 현신, 신격화, 집회 의례, 보살의 이상을 비롯한 새로운 발전들은 결국 중앙아시아와 동아시아에 주로 뿌리를 내린 이른바 대승불교의 결정적 특징으로 자리 잡았다. 오늘날 대부분의 학자는 이 전통이 '옛 불교'와 평행하게 발달하면서 기존의 많은 부파를 흡수하고 새로운 관점을 제시했다고 믿는다. 아마도 이는 더 깊은 명상 수련법과 사색의 방법을 추구하던 숲속 금욕주의자들이 자신들의 통찰을 글로 쓰고 평신도들에게 전달한 것에서 시작되었을 것이다. 이로써 이는 대중 종교가 되었으며, 사람들에게 열려 있으나 사람들을 중심으로 삼지는 않는 사찰의 전통과 쌍극을 이루었다.[248]

불교의 주요 학파 및 부파

기원전 5세기~4세기		원시 불교 부처(450~370 BC 무렵)
바이샬리 결집 (기원전 270년 무렵)	상좌부(장로의 길), 다른 이름으로는 성문승(듣는 자의 탈것) 또는 소승(작은 탈것): 스리랑카, 태국, 미얀마 위주, 엄격한 수도원 계율, 아라한은 완벽을 이룬 존재	대중부(대결집): 덜 엄격한 수도원 계율, 아라한은 영적 불순(번뇌)이 남은 존재
기원전 3세기 이후	독자부/보특가라론(독자부 또는 인간 (존재) 교리의 지지자): 하나의 존재(보특가라)가 각 윤회를 거친다는 믿음. 무아의 설일체유부 교리와 대조적, 존재는 실증적이지 않으나 지속적, 영혼의 존재를 부정, 삼신론, 신흥 미륵의 가르침	설출세부(초월적 교리(출세간, 부처)): 부처의 속세적 형태는 현신이며, 그 진정한 본질은 가르침(다르마), 가현론적
		불교 철학
	분별설부(올바른 해석의 교리)	
기원후 2세기	대승불교(큰 탈것), 다른 이름으로는 보살승: 한반도, 중국, 일본, 티베트, 몽골 위주	
	반야경(지혜의 교리): 무상이 곧 완성이자 해탈	
300년~400년	유가행파/유식파(요가 수련, 의식의 교리): 여성 보살의 등장, 일체의 존재가 곧 영혼 또는 의식	중국의 정토교, 불교 극락에서의 환생, 초월적인 아미타불 숭상
7세기	밀교(탄트라의 탈것), 다른 이름으로는 진언승, 금강승, 구생승, 시륜승: 티베트, 네팔 중심, 4세기에 등장했으나 7세기 이후로 융성, 승려의 수계와 관정, 신비주의적 명상 기법(만트라, 만달라, 무드라 등)을 통한 구원.	
9세기	금강승(번개의 탈것): 티베트 불교에 결정적 영향	엔닌(793~864), 일본에 정토교 전파, 신란(1173~1262)의 종파에서 발달, 타인을 통한 해탈 가능
	시륜승(시간의 탈것)	선종: 명상과 역설에서 시작하는 간화선을 통한 통찰
	네팔의 네와르 불교: 힌두교와의 혼합주의가 특징, 승려 세습	

동남아시아의 힌두교와 불교

동남아시아에서 힌두교가 선교되었는지 묻는 것은 터무니없는 질문인 듯하다. 브라만-산스크리트 전통에 따르면 힌두교를 타고난 자만이 힌두교에 속한다. 그러므로 개종을 위한 선교 활동은 성립할 수 없다. 그런데도 비非힌두교 집단이 힌두교에 통합되었는데, 궁극적으로 이는 사회적 통합을 의미하기도 했다. 베버는 두 가지 유형의 힌두화를 식별했다. 첫 번째는 부족 지역에서 광범위한 활동을 통해 이루어지는 방식이며, 두 번째는 베버의 말을 빌리면 '파리아인pariah peoples'이라는 사회집단에 대한 집중적 선전을 이용하는 방식이다. 차이점은 부족들이 브라만-산스크리트 의례, 전통, 행동 양식을 받아들임으로써 힌두교 사회에 유입될 수 있었다는 점이다. 예컨대 생애 주기 의례에 브라만 사제들을 참여시키거나, 고기나 알코올의 소비를 포기했을 때가 여기에 포함된다. 이 과정은 스리니바스의 '산스크리트화'와 대체로 일치한다. 베버가 말한 '파리아인'은 이미 힌두교 사회와 밀접하게 연관되어 있으나 직업 면에서 '이방인', '야만인'으로, 또는 "마법적으로 불결"한 사람으로 간주되는 사회집단을 가리킨다.[249]

상위 계층의 관점에서 볼 때 이방인을, 또는 이방인처럼 보이는 집단을 통합하는 이러한 방식들은 힌두교가 동남아시아로 확장하는 과정에서 효과적이라고 판단되었을 것이다. 실제로 불교뿐 아니라 힌두교 또한 기원전 1세기 무렵부터 이러한 단계에 도달했다.[250] 미얀마, 태국, 인도네시아, 크메르(캄보디아)와의 교역 관계는 일찍이 확립되었다.[251] 그러나 헬레니즘의 확산보다 더 규모가 컸던 힌두교의 확장과 '선교'는 브라만이 이방인에게 품은 근본적 회의감과 어떻게 조화를 이룰 수 있었을까? 이 질문에 답하기에 앞서 우선 동남아시아 내 힌두교의 확산을 검토해 볼 필요가 있다.[252]

린이臨沂 왕국(인도차이나반도 동안의 참파)과 (오늘날의 캄보디아 지역 크메르 문화의 선두 주자인) 프놈扶南, Funan 왕국은 일찍이 인도화되었다. 이곳에는 서력기원 이래로 교역 촌락이 존재해 왔다고 전해진다. 중국의 어느 전설에 따르면 (작은 국가들의 느슨한 연합으로 추정되는) 프놈 제국은 뱀신 나가Naga의 딸과 혼인해 권력의 정당성을 얻은 브라만 카운디냐Koundinya가 세웠다. 이 사료의 역사적 가치는 매우 의심스러우나,[253] 프놈 제국은 그 규모를 키워 6세기의 루드라바르만Rudravarman(재위 514~539) 치하까지 이어졌다. 프놈 제국의 통치자들은 '산맥의 왕'이라는 칭호를 가졌다고 한다. 지금까지 밝혀진 흔적들은 대부분 메콩강 삼각주의 옥에오 문화에서 비롯되었다. 고고학적 증거를 보면 이 지역에 관해 매우 다양한 그림을 그릴 수 있는데, 발견된 유물에는 무엇보다도 한나라 시대의 거울과 로마 주화 등이 포함된다. 가장 오래된 조각상인 비슈누상 하나와 다수의 불상은 이르면 6세기까지 거슬러 올라간다. 마지막 왕은 앞서 언급했던 루드라바르만이다. 그의 치세로 거슬러 올라가는 힌두교 사원 하나가 오늘날 아슈라마 마하 로세이Āshrama Mahā Rosei('위대한 금욕주의자의 보금자리')로 알려져 있다. 6세기 후반에서 8세기 말까지 중국식 이름으로는 진랍眞臘으로 알려진, 또 다른 느슨한 소왕국 연합이 이곳에 존재했다. 9세기 초에는 앙코르 제국이 등장해 13세기까지 인도차이나반도를 지배했다. 당대의 가장 거대한 사원인 이곳의 앙코르와트는 힌두교도 왕 수리야바르만Suryavarman(재위 1113~1150 무렵)이 건설했다.

서력기원 무렵의 동남아시아에는 비교적 작은 촌락 네트워크가 있었으며,(몇몇 경우는 다원적이면서 오랜 기간 유지되었다.) 왕국과 같은 국가도 형성되었다.[254] 서력기원 이후 첫 세기 동안에는 인도 문화가 인도네시아에 도달했다. 프톨레마이오스(2세기)의 기록, 불교 설화집 자타카, 『밀린다팡하』, 그리고 『라마야나』의 시 두 개에서 이를 언급하는데, 무엇보다도 공통적으로 수바르나디파Suvarnadūpa(황금의 해안) 또는 수바르나부미Suvarnabhīmi(황금의 땅)가 등장한다. (414년에) 법현이, 그리고 의정義淨 또한 이곳에 관한 기록을 남겼다. 의정은 중국의 불교 승려로 스리위자야(수마트라)를 방문해 그곳의 대승불교 신도 수천 명과 조우했다. 인도네시아에 남아 있는 힌두교 건축 및 예술의 가장 이른 예시가 이 시대의 것으로 추정되는데, 여기에는 서 있는 (일부는 스리랑카 아누라다푸라에서 들여온) 거대 불상 몇 개가, 그리고 비슈누상을 비롯한 석상과 동상이 포함된다. 해상무역을 통해 면직물, 설탕, 도자기, 유리구슬, 홍옥수를 태국에 보냈고, 그다음에는 금, 설탕, 계피나 정향 등의 향신료, 백단향, 진주, 녹나무 등을 수출했다. 인도네시아는 시바파와 비슈누파에 해당하는 신들의 세계에 관한 여러 요소뿐만 아니라 힌두교와 불교의 개념들 또한 받아들였는데, 이러한 경향은 특히 자와에서 두드러졌다.

사무드라굽타(재위 335~375)의 치세 또는 그 이전부터 브라만, 군주, 상인들이 새로운 영향권을 모색했다. 브라만은 산스크리트어를 배움의 언어로 만들었다. 인도네시아에서 산스크리트어로 된 최고最古의 명문은 400년 무렵으로 거슬러 올라가는 쿠타이(동부 보르네오)의 일곱 개 돌기둥에 적혀 있는데, 희생 제의에서 이웃한 통치자들(파르티바pārthiva)을 정복해 속국(카라다karadā)으로 만든 왕(라자) 무라바르만Mūlavarman을 찬미하고 그의 아버지 아슈바바르만Ashvavarman을 '고귀한 일족의 창건자'로 칭송하는 내용이다.[255] 명문은 다음과 같이 이어진다. "이 희생 제의를 위한 기둥(유파yūpa)은 재생족의 지도자가 건립했다." 여기서 재생족(드비자)은 브라만을 의미한다. 재생족의 지도자는 무라바르만에게 '매우 훌륭한 땅(푸냐타마 크세트라puṇyatama kṣetra)'을 비롯한 선물을 받는다. 서부 자와의 푸르나바르만에 자리한 (기원전 450년의) 바위 명문 또한 브라만에게 주어진 선물이 기록되어 있는데, 이번에는 1000마리의 소였다.[256] 또 다른 산스크리트어 기록으로는 브라만을 지칭하는 것으로 추정되는 베트남의 (3세기에 작성된) 보찬Vo-Chanh 명문,[257] 갠지스강을 논하는 중부 자와의 (650년 무렵의 것인) 툭 마스Tuk Mas 명문, 같은 시기에 시바 링가가 등장하는, 동부 자와 람비푸지의 바위 명문 등이 있다.

산스크리트어는 지배층의 언어가 되었다. 니컬러스 오스틀러Nicholas Ostler에 따르면 산스크리트어는 문화 전파의 매개 역할을 했다.[258] 소승불교가 지배적인 국가에서도 브라만은 "미얀마, 시암, 캄보디아에서 특히 궁정을 중심으로" 중요한 의례적 역할을 맡았으나 "인도의 브라만과는 놀랄 만큼 달랐다."[259] 그러나 셸던 폴록과 요하네스 브롱크호르스트는 오스틀러와 반대되는 이견을 내세운다. 이들의 주장에 따르면 산스크리트어는 대부분 전통적인 지식인과 종교 전문가들에 의해 확산되었는데, 이들은 종종 산발적인 이주민 집단과 모험가들을 따라다녔으며 상대 교단의 외경을 수집하기를 중시했다고 한다.[260]

쿨케는 무라바르만의 명문을 근거로 인도네시아의 초기 국가에 관한 설득력 있는 이미지를 그려 냈다. 그 중심에는 푸라pura가, 즉 무라바르만의 '거처' 또는 왕궁이 있으며, 도시적 촌락을 형성하지는 못했다. 그 너머는 거주 지역과 브라만의 땅으로 둘러싸여 있었다. 이 핵심 지역과 주변의 밀림 너머에는 조공을 바치는 통치자(파르티바)와 가문의 장로 및 가족들이 사는 거주지가 형태는 비슷하나 더 작은 규모로 존재했다.[261] 쿨케는 또한 이 명문에 관리가 또는 정치적 기능을 담당하는 인물이 언급되지 않는다는 점을 지적했다. 브라만은 의례를 수행하고 자문 역할을 담당한 것으로 추정되나, 인도에서 브라만의 주요 역할을 정의한 사회적 인프라인 카스트 제도는 이곳에는 존재하지 않았다.

인도와 동남아시아의 연결성에 관한 논의는 거의 대부분 동남아시아를 '수용자'로, 인도를 '전파자'로 가정한다. 이러한 맥락에서 쿨케는 1955년에 발표된 이래 오랫동안 도외시된 네덜란드 학자 야코프 코르넬리스 판뢰르Jacob Cornelis van Leur의 연구에 주목했다. 그는 이른바 동남아시아의 인도화가 일종의 '확대된 힌두교화'(베버) 또는 산스크리트화에 해당한다는 것을 보였다.[262] "인도 선박들의 중개 덕분에 인도네시아의 통치자와 귀족층이 인도와 접촉하게 되었으며, 아마도 직접 두 눈으로 인도를 보았을 것이다. 동일한 유형의 노력을 통해 자신들의 이해관계를 정당화하고 …… 국가와 백성을 조직하고 문서화하고자 했던 이들은 인도 문명을 동쪽으로 불러들였다. 다시 말하면 그들은 브라만 사제단을 궁정에 초청했다."[263] 그렇다면 동남아시아는 브라만이 원주민에게 힌두교 국가나 불교 국가에 관한 자신들의 사상을 덧씌워 정복한 것이 아니라, 그곳의 통치자가 브라만을 부른 셈이 된다. 변화는 "위로부터" 이루어졌다.

* * *

동아시아와 동남아시아에서 힌두교와 불교의 영향력이 모를 수 없을 만큼 뚜렷해진 것은 적어도 서력기원 이후의 일이다. 불교는 적응력과 보편주의적 지향성 덕분에 오늘날까지도 인도 밖에서 상당한 영향력을 행사하게 되었다. 힌두교의 역사는 사뭇 다른 방향으로 흘러갔다. 동남아시아 대부분의 지역에서는 고고학자, 미술사학자, 그리고 그보다는 낮은 수준으로 언어학자들에게만 뚜렷한 족적을 보이고 있다. 유일하게 발리에서 힌두교가 상당한 수준으로 보존되어 있으나, 그 형태는 인도의 힌두교와는 상당히 다르다. 힌두교화 과정 또는 산스크리트화 과정은 거의 언제나 카스트 제도를 수반했는데, 그 사회적 파장이 매우 컸으므로 힌두교의 확산은 주요한 걸림돌과 마주하게 되었다.

그 결과 늦어도 6세기부터 두 갈래의 서로 반대되는 발전이 시작되어 지금까지도 이어지고 있다. 불교와 힌두교 모두 확대되었으나, '궁극'의 힌두교는 남아시아로 다시 밀려났으며 이곳과 디아스포라에서만 성행하고 있다. 반면에 불교는 남아시아 너머에서 상당한 영향력을 얻었으나, 기원지에서는 11세기에서 12세기부터 쇠퇴하기 시작해 지금은 소수 종교로만 남아 있다. 이러한 상황을 배경으로 한다면 다음과 같은 관점이 열린다. 남아시아 역사의 첫머리에서 교환은 서쪽에서 동쪽으로, 또 동쪽에서 서쪽으로 이루어졌으며, 남아시아의 풍경은 불교 확산과 그보다 덜한 수준의 힌두교 확산을 통해 동쪽으로 이동했다.

서문

1) 이 주제에 관한 토론은 끝이 없다. 내 입장을 알려 주는 논리적 근거는 다음을 참조하라. Hans-Joachim Gehrke, "Der Hellenismus als Kulturepoche," in *Kulturgeschichte des Hellenismus: Von Alexander dem Großen bis Kleopatra*, ed. Gregor Weber (Stuttgart: Klett-Cotta, 2007), 335~379, 487~489.
2) 이 주제에 관해 비판적 관점에서 추가로 살펴볼 가치가 있는 연구는 다음을 참조하라. Alfred Heuß, "Über die Schwierigkeit, Weltgeschichte zu schreiben," *Saeculum* 26 (1976): 1~35 (또는 Heuß, Gesammelte Schriften in 3 Bänden, vol. 1 [Stuttgart: Steiner, 1995], 607~641).
3) 이 문제에 관해 다음을 참조하라. Hans-Joachim Gehrke, "Fragmentary Evidence and the Whole of History," in *Fragments, Holes, and Wholes: Reconstructing the Ancient World in Theory and Practice*, ed. Thomas Derda, Jennifer Hilder, and Jan Kwapisz (Warsaw: Fundacja im. Rafała Taubenschlaga, 2017), 41~51.
4) 다음도 비교해 보라. Lorraine Daston and Peter Galison, *Objectivity* (New York: MIT Press, 2007).
5) 이 주제를 특별히 생생하게 다룬 글을 찾는다면 다음을 참조하라. Marc Bloch, *The Historian's Craft: Reflections on the Nature and Uses of History and the Techniques and Methods of the Men Who Write It* (New York: Knopf, 1953).
6) 폴 벤(Paul Veyne)에 의거해 미셸 푸코(Michel foucault)가 내놓은 제안. "Wörterbuch der Unterschiede. Über das Geschichtemachen. Ein Gespräch," in *Vom Umschreiben der Geschichte: Neue historische Perspektiven*, ed. Ulrich Raulff (Berlin: Wagenbach, 1986), 132~146, 여기서는 145.

7) Martin Pitts and Miguel John Versluys, eds., *Globalisation and the Roman World: World History, Connectivity and Material Culture* (Cambridge: Cambridge University Press, 2014).

8) 특히 다음을 참조하라. Wolfgang Reinhard, ed., *A History of the World, vol. 3, Empires and Encounters 1350-1750* (Cambridge, MA: Belknap Press of Harvard University Press, 2015); Sebastian Conrad and Jürgen Osterhammel, eds., *A History of the World*, vol. 4, *An Emerging Modern World 1750-1870* (Cambridge, MA: Belknap Press of Harvard University Press, 2018).

9) 이 논쟁에 관해서는 다음을 참조하라. Beate Wagner-Hasel, *Die Arbeit des Gelehrten: Der Nationalökonom Karl Bücher (1847-1930)* (Frankfurt am Main: Campus, 2011); 또한 다음을 특히 비교해 보라. Moses I. Finley, *The Ancient Economy* (Berkeley: University of California Press, 1973); 그리고 계속된 논쟁에 최근에 보태진 내용을 알고 싶다면 다음을 참조하라. Walter Scheidel and Sitta von Reden, eds., *The Ancient Economy* (Edinburgh: Edinburgh University Press, 2002).

10) Friedrich von Schiller, "Was heißt und zu welchem Ende studiert man Universalgeschichte? (1789)," in *Sämtliche Werke*, vol. 4, *Historische Schriften*, ed. Gerhard Fricke and Herbert G. Göpfert (Munich: Hanser, 1980), 749~762, 여기서는 762.

11) Alfred Heuß, "'Weltgeschichte' als Methode," in *Gesammelte Schriften in 3 Bänden*, vol. 1 (Stuttgart: Steiner, 1995), 594~606, 여기서는 602.

12) Leopold von Ranke, *Über die Epochen der neueren Geschichte*, ed. Theodor Schieder and Helmut Berding (Munich: De Gruyter Oldenbourg, 1971), 59f.

13) Dipesh Chakrabarty, *Provincializing Europe: Postcolonial Thought and Historical Difference* (Princeton, NJ: Princeton University Press, 2000).

14) 예를 들면 산자이 수브라마니암(Sanjay Subrahmanyam)이 가정한 '연결된 역사들(connected histories)'이 있다.

15) Oskar Köhler, "Was ist 'Welt' in der Geschichte?," *Saeculum* 6 (1955): 1~9; Heuß, "Über die Schwierigkeit," 609.

16) 여기서 특히 우리는 역사와 도덕적 판단에 관한 랑케의 유명한 언명 또한 명심해야 한다. "Man hat der Historie das Amt, die Vergangenheit zu richten, die Mitwelt zum Nutzen zukünftiger Jahre zu belehren, beigemessen: so hoher Ämter unterwindet sich gegenwärtiger Versuch nicht: er will bloß zeigen, wie es eigentlich gewesen ist.(과거를 평가하고 미래 세대를 위해 현재를 가르치는 임무가 역사에 부여되었다. 이 당면한 과제는 그런 고귀한 임무를 간절히 원하지 않는다. 오히려 그것의 유일한 목표는 실제로 무슨 일이 일어났는지 보여 주는 것이다.)" Leopold von Ranke, *Geschichte der romanischen und germanischen Völker von 1494 bis 1514* (October 1824) 초판 서문, in *Sämtliche Werke*, vols, 33~34 (Leipzig: Duncker & Humboldt, 1874), vii.

17) 경험적 증거가 충분했던 고대 세계에 관한 최초의 연구, 즉 에두아르트 마이어의 Geschichte des Altertums (1907)가 정확히 이 '문화 지역'을 다루었다는 사실은 결코 우연이 아니다. 이 주제에 관해서는 다음을 특히 참조하라. Christoph R. Hatscher, *Alte Geschichte und Universalhistorie: Weltgeschichtliche Perspektiven aus althistorischer Sicht* (Stuttgart: Steiner, 2003), 58~63.

18) '고전' 마야 문명은 주로 이런 맥락에서 인용되어야 하지만, 이 주제는 본질적으로 '하버드-C.

H.베크 세계사' 시리즈 제2권의 소관 분야다.

19) 이토록 간결하게 정리할 수 있는 것은 슬프게도 우리 곁을 너무 일찍 떠난 나의 친구 헤르만 슈벵겔(Hermann Schwengel, 1949~2014) 덕분이다. 세계화의 모든 함축적 의미에 눈을 뜨게 한 사람은 바로 그였다. 그는 역사와 오랜 전통을 살펴보지 않고는 그 현상을 제대로 이해할 수 없음을 일찍이 인식했다.

20) 이 기본 문제에 관해서는 다음을 참조하라. Sebastian Brather, *Ethnische Interpretationen in der frühgeschichtlichen Archäologie: Geschichte, Grundlagen und Alternativen* (Berlin: De Gruyter, 2004).

21) '의도적 역사' 개념에 대한 추가 설명을 원한다면 다음을 참조하라. Hans-Joachim Gehrke, *Geschichte als Element antiker Kultur: Die Griechen und ihre Geschichte(n)* (Berlin: De Gruyter, 2014), 2~7.

22) 이 개념들에 관해서는 다음의 대표적 작품들을 참조하라. Peter L. Berger and Thomas Luckmann, *The Social Construction of Reality: A Treatise in the Sociology of Knowledge* (Garden City, NY: Anchor Books, 1966); Benedict Anderson, *Imagined Communities: Reflections on the Origin and Spread of Nationalism* (1983; rev. ed., London: Verso Books, 2006).

23) 이에 관해서는 요헨 마르틴(Jochen Martin)이 간결하게 설명했다. Jochen Martin, "Der Wandel des Beständigen: Überlegungen zu einer Historischen Anthropologie," in *Bedingungen menschlichen Handelns in der Antike: Gesammelte Beiträge zur Historischen Anthropologie*, ed. Winfried Schmitz (Stuttgart: Steiner, 2009), 205~219.

24) 다음을 비교하라. Michael Mann, *The Sources of Social Power*, 2 vols. (Cambridge: Cambridge University Press, 1986 / 1993).

25) 다음을 참조하라. Hans-Joachim Gehrke, "Animal sociale: Menschwerdung und Gemeinschaftsbildung—Die Sicht eines Historikers," *Nova Acta Leopoldina* (Abhandlungen der Deutschen Akademie der Naturforscher Leopoldina), Neue Folge 93, no. 345: *Evolution und Menschwerdung*, Halle (2006): 9~32; 다음 또한 참조하라. Klaus E. Müller, *Das magische Universum der Identität: Elementarformen sozialen Verhaltens. Ein ethnologischer Grundriss* (Frankfurt am Main: Campus, 1987), 66~73.

26) 특히 다음을 비교하라. Winfried Schmitz, *Nachbarschaft und Dorfgemeinschaft im archaischen und klassischen Griechenland* (Berlin: Akademie Verlag, 2004).

27) 이 주제에 관한 핵심 연구는 다음과 같다. Marshall Sahlins, "Poor Man, Rich Man, Big Man, Chief: Political Types in Melanesia and Polynesia," *Comparative Studies in Society and History* 5 (1963): 285~303.

28) Max Weber, *Economy and Society: An Outline of Interpretive Sociology*, ed. Guenther Roth and Claus Wittich (Berkeley: University of California Press, 1978), 212.

29) Jan Assmann, *Cultural Memory and Early Civilization: Writing, Remembrance, and Political Imagination* (Cambridge: Cambridge University Press, 2011).

30) 이에 관해서는 시사하는 바가 큰 발터 부르케르트(Walter Burkert)의 의견과 비평을 참조하라. Walter Burkert, *The Creation of the Sacred* (Cambridge, MA: Harvard University Press, 1996); 일반적으로는 다음을 참조해도 좋다. Jörg Rüpke, *Pantheon: Geschichte der antiken Religionen*

(Munich: C. H. Beck, 2016).

31) 아스만은 특히 이 삼분설을 강조하고 유리하게 이용했다. 다음을 비교하고 참조하라. Assmann, *Ägypten: Theologie und Frömmigkeit einer frühen Hochkultur* (Stuttgart: Kohlhammer, 1984), 18 (after Varro, *Antiquitates rerum divinarum*, fr. 6-12 in the edition by B. Cardauns, Wiesbaden, 1976).

32) 근동의 이러한 관습에 관해서는 다음을 참조하라. Stefan M. Maul, *Die Wahrsagekunst im Alten Orient: Zeichen des Himmels und der Erde* (Munich: C. H. Beck, 2013); 중국에 관해서는 다음을 참조하라. David N. Keightley, *Sources of Shang History: The Oracle-Bone Inscriptions of Bronze Age China* (Berkeley: University of California Press, 1978); 그리스에 관해서는 다음을 참조하라. Kai Trampedach, *Politische Mantik: Die Kommunikation über Götterzeichen und Orakel im Klassischen Griechenland* (Heidelberg: Verlag Antike, 2015).

2부 고대 근동의 초기 문명: 이집트와 서아시아

1) 다음을 참조하라. David Wengrow, "Rethinking 'Cattle Cults' in Early Egypt: Towards a Prehistoric Perspective on the Narmer Palette," *Cambridge Archaeological Journal* 11 (2001): 95~99.

2) 다음을 참조하라. Nick Brooks, "Cultural Responses to Aridity in the Middle Holocene and Increased Social Complexity," *Quaternary International* 151 (2006): 29~49.

3) 다음을 참조하라. Manfred Bietak, ed., *The Synchronisation of Civilizations in the Eastern Mediterranean in the Second Millennium BC*, 3 vols. (Vienna: Verlag der Österreichischen Akademie der Wissenschaften, 2001-2007). 또 다른 연구 프로젝트는 기원전 제3천년기의 지역 연대표를 맞추어 보려고 한다. Marc Lebeau, ed., *Associated Regional Chronologies for the Ancient Near East, Interregional*, vol. 1, *Ceramics* (Turnhout: Brepols, 2014).

4) 이집트의 경우 다음을 참조하라. Michael W. Dee, David Wengrow, Andrew J. Shortland, Alice Stevenson, Fiona Brock, Linus Girdland Flink, and Christopher Bronk Ramsey, "An Absolute Chronology for Early Egypt Using Radiocarbon Dating and Bayesian Statistical Modelling," *Proceedings of the Royal Society A* 469, no. 2159 (2013), (DOI: 10.1098 / rspa.2013.0395); Christopher Bronk Ramsey, Michael W. Dee, Joanne M. Rowland, Thomas F. G. Higham, Stephen A. Harris, Fiona Brock, Anita Quiles, Eva M. Wild, Ezra S. Marcus, and Andrew J. Shortland, "Radiocarbon-Based Chronology for Dynastic Egypt," *Science* 328 (2010): 1554~1557 (DOI: 10.1126 / science.1189395).

5) 다음을 참조하라. Piotr Michalowski, "Masters of the Four Corners of the Heavens: Views of the Universe in Early Mesopotamian Writings," in *The Ancient World: Comparative Histories*, ed. Kurt A. Raaflaub and Richard J. A. Talbert (Oxford: Wiley-Blackwell, 2010), 147~168.

6) Sarah Parcak, "The Physical Context of Ancient Egypt," in *A Companion to Ancient Egypt*, ed. Alan B. Lloyd (Oxford: Wiley-Blackwell, 2010), 3~22.

7) Hermann Gasche and Michel Tanret, eds., *Changing Watercourses in Babylonia: Towards a Reconstruction of the Ancient Environment in Lower Mesopotamia* (Chicago: Oriental Institute of the University of Chicago, 1998).

8) Michaela Weszeli, "Schiff und Boot. B. In mesopotamischen Quellen des 2. und 1. Jahrtausends," in *Reallexikon der Assyriologie und Vorderasiatischen Archäologie*, vol. 12 (Berlin: De Gruyter, 2009), 160~170; Magnus Widdell, "Schiff und Boot (ship and boat). A. In den sumerischen Quellen," ibid., 158~160.

9) Daniel T. Potts, *Mesopotamian Civilization: The Material Foundations* (Ithaca: Cornell University Press, 1997), 99f., 130~132.

10) Dominique Charpin, *Hammurabi of Babylon* (London: Tauris, 2012), 114f.

11) Jerrold Cooper, *Reconstructing History from Ancient Inscriptions: The Lagash-Umma Border Conflict* (Malibu, CA: Undena, 1983).

12) 다음을 비교하고 참조하라. Potts, *Mesopotamian Civilization*, 12f.; Tony J. Wilkinson, *Archaeological Landscapes of the Near East* (Tucson: University of Arizona Press, 2003), 98.

13) 다음을 비교하고 참조하라. 예를 들면 Andreas Hauptmann, Ernst Pernicka, Thilo Rehren, and Ünsal Yalçin, eds., *The Beginnings of Metallurgy* (Bochum: Deutsches Bergbau-Museum, 1999)의 기고문이 있다. 현재 연구에 대한 비판적 평가를 알고 싶다면 다음을 참조하라. Nissim Amzallag, "From Metallurgy to Bronze Age Civilizations: The Synthetic Theory," *American Journal of Archaeology* 113 (2009): 497~519.

14) 광범위한 참고 문헌과 함께 현재 연구에 대한 훌륭한 개요를 얻고 싶다면 다음을 찾아보라. Ellery Frahm, "Fifty Years of Obsidian Sourcing in the Near East: Considering the Archaeological Zeitgeist and Legacies of Renfrew, Dixon, and Cann," *International Association for Obsidian Studies Bulletin* 47 (2012): 9~19.

15) Potts, *Mesopotamian Civilization*, 164~184.

16) 특히 다음에서 데이비드 브라운(David Brown)과 마르틴 슈타틀러(Martin Stadler)의 글을 참조하라. John Baines, John Bennet, and Stephen Houston, eds., *The Disappearance of Writing Systems: Perspectives on Literacy and Communication* (London: Equinox, 2008).

17) 다양한 도해가 포함된 개요는 다음에서 찾아볼 수 있다. Christopher Woods, ed., *Visible Language: Inventions of Writing in the Ancient Middle East and Beyond* (Chicago: Oriental Institute of the University of Chicago, 2010).

18) 간략한 개요를 알고 싶다면, 다음을 참조하라. Pascal Butterlin, "Die Expansion der Uruk-Kultur," in *Uruk: 5000 Jahre Megacity*, ed. Nicole Crüsemann, Margarete van Ess, Markus Hilgert, and Beate Salje (Petersberg, Germany: Imhof, 2013), 205~211.

19) 자료와 논쟁에 대한 훌륭한 개요를 원한다면 다음을 참조하라. Harry S. Smith, "The Making of Egypt: A Review of the Influence of Susa and Sumer on Upper Egypt and Lower Nubia in the 4th Millennium bc," in *The Followers of Horus: Studies Dedicated to Michael Allen Hoffman*, ed. Renée Friedman and Barbara Adams (Oxford: Oxbow, 1992), 235~246; and Toby A. H. Wilkinson, "Uruk into Egypt: Imports and Imitations," in *Artefacts of Complexity: Tracking the Uruk in the*

Near East, ed. J. Nicholas Postgate (Warminster: British School of Archaeology, 2002), 237~245. 또한 다음의 기여도 참조하라. Ludwig D. Morenz and Robert Kuhn, eds., *Vorspann oder formative Phase? Ägypten und der Vordere Orient 3500–2700 v. Chr.* (Wiesbaden: Harrassowitz, 2011).

20) 다음을 참조하라. Peter Roger Stuart Moorey, *Ancient Mesopotamian Materials and Industries: The Archaeological Evidence* (Oxford: Clarendon Press, 1994), 146~148.

21) 최초의 서술은 제4왕조 때의, 어쩌면 제5왕조 때의 무덤군에서 발견되었다. 다음을 참조하라. Janine D. Bourriau, Paul T. Nicholson, and Pamela J. Rose, "Pottery," in *Ancient Egyptian Materials and Technology*, ed. Paul T. Nicholson and Ian Shaw (Cambridge: Cambridge University Press, 2000), 125f.

22) John Baines, *Visual and Written Culture in Ancient Egypt* (Oxford: Oxford University Press, 2007).

23) Jean-Jacques Glassner, *The Invention of Cuneiform: Writing in Sumer* (Baltimore: Johns Hopkins University Press, 2003). 간결한 개요는 다음을 참고하라. Christopher Woods, "The Earliest Mesopotamian Writing," in Woods, *Visible Language*, 33~50.

24) Mario Liverani, *Uruk: The First City* (London: Equinox, 2006). 다음 책에는 많은 도해가 실려 있다. Crüsemann et al., *Uruk: 5000 Jahre Megacity*.

25) Hans Jörg Nissen, Peter Damerow, and Robert K. Englund, *Archaic Bookkeeping: Early Writing and Techniques of the Economic Administration in the Ancient Near East* (Chicago: University of Chicago Press, 1993).

26) Hans J. Nissen, "Die Erfindung und frühe Nutzung des Mediums Schrift in Mesopotamien," in Crüsemann et al., *Uruk: 5000 Jahre Megacity*, 169~173, 여기서는 169.

27) 다음을 비교하고 참조하라. J. Nicholas Postgate, *Early Mesopotamia: Society and Economy at the Dawn of History* (London: Routledge, 1994), 66~70 and fig. 3.13.

28) Nissen, Damerow, and Englund, *Archaic Bookkeeping*, 28f.; Daniel T. Potts, *The Archaeology of Elam: Formation and Transformation of an Ancient Iranian State* (Cambridge: Cambridge University Press, 1999), 59f.

29) Nissen, "Erfindung und frühe Nutzung," 172f. and fig. 26.7.

30) Potts, *Archaeology of Elam*, 60~65.

31) Jacob L. Dahl, "Early Writing in Iran," in *The Oxford Handbook of Ancient Iran*, ed. Daniel T. Potts (Oxford: Oxford University Press, 2013), 233~262.

32) Javier Álvarez-Mon, "Khuzestan in the Bronze Age," in Potts, *Handbook of Ancient Iran*, 219.

33) 기원전 21세기에 푸주르-인슈시나크(이후의 본문 참조) 시대의 비문에 사용된 문자 체계는 관련이 없었던 것으로 보인다.

34) Manfred Krebernik, "Die frühe Keilschrift und ihr Verhältnis zur Sprache," in Crüsemann et al., Uruk: 5000 Jahre Megacity, 187~193.

35) Karen Radner and Eleanor Robson, eds., *The Oxford Handbook of Cuneiform Culture* (Oxford: Oxford University Press, 2011)에 실린 글을 참조하라.

36) 다음을 참조하라. Michael P. Streck, ed., *Sprachen des Alten Orients* (Darmstadt: Wissenschaftliche Buchgesellschaft, 2007).

37) 많은 삽화가 있는 개요가 필요하면 다음을 참조하라. Günter Dreyer, "Tomb U-j: A Royal Burial of Dynasty 0 at Abydos," in *Before the Pyramids: The Origins of Egyptian Civilization*, ed. Emily Teeter (Chicago: Oriental Institute of the University of Chicago, 2011), 127~136. 상세한 설명이 필요하면 다음을 참조하라. Günter Dreyer, Ulrich Hartung, and Frauke Pumpenmeier, *Umm el-Qaab 1: Das prädynastische Königsgrab U-j und seine frühen Schriftzeugnisse* (Mainz, Germany: Philipp von Zabern, 1998); Ulrich Hartung, *Umm el-Qaab 2: Importkeramik aus dem Friedhof U in Abydos (Umm el-Qaab) und die Beziehungen Ägyptens zu Vorderasien im 4. Jahrtausend v. Chr.* (Mainz, Germany: Philipp von Zabern, 2001).

38) Jochem Kahl, "Die Anfänge der Schrift in Ägypten," in Crüsemann et al., *Uruk: 5000 Jahre Megacity*, 197~201, at 198.

39) Branislav Anđelković, "Political Organization of Egypt in the Predynastic Period," in Teeter, *Before the Pyramids*, 25~32.

40) Barry Kemp, *Ancient Egypt: Anatomy of a Civilization*, 2nd ed. (London: Routledge, 2005), 60~110.

41) Renée Friedman, "Hierakonpolis," in Teeter, *Before the Pyramids*, 33~44.

42) Nicholas Millett, "The Narmer Macehead and Related Objects," *Journal of the American Research Center in Egypt 27* (1990): 53~59.

43) 삽화가 많은 비판적 개요가 필요하다면 다음을 참조하라. Andréas Stauder, "The Earliest Egyptian Writing," in Woods, *Visible Language*, 137~147.

44) 예를 들면 다음과 같다. Ilona Regulski, "The Origin of Writing in Relation to the Emergence of the Egyptian State," in *Egypt at Its Origins*, ed. Béatrix Midant-Reynes and Yann Tristant, vol. 2 (Leuven: Peeters, 2008), 985~1009; David Wengrow, "The Invention of Writing in Egypt," in Teeter, *Be fore the Pyramids*, 99~103.

45) Ilona Regulski, *A Paleographic Study of Early Writing in Egypt* (Leuven: Peeters, 2010).

46) Stauder, "Earliest Egyptian Writing," 144~146.

47) Toby A. H. Wilkinson, *Early Dynastic Egypt* (London: Routledge, 1999).

48) Béatrix Midant-Reynes, *The Prehistory of Egypt: From the First Egyptians to the First Pharaohs* (Oxford: Wiley-Blackwell, 2000), 231~250.

49) 예를 들면 다음을 비교하고 참조하라. Wilkinson, *Early Dynastic Egypt*, 53~58; Dreyer, "Tomb U-j"; Jochem Kahl, "Dynasties 0-2," in *Ancient Egyptian Chronology*, ed. Erik Hornung, Rolf Krauss, and David A. Warburton (Leiden: Brill, 2006), 94~115.

50) Wilkinson, *Early Dynastic Egypt*, 67~70.

51) Ellen F. Morris, "Sacrifice for the State: First Dynasty Royal Funerals and the Rites at Macramallah's Rectangle," in Performing Death: *Social Analyses of Funerary Traditions in the Ancient Near East and Mediterranean*, ed. Nicola Laneri (Chicago: Oriental Institute of the University of Chicago, 2007), 15~37; David O'Connor, *Abydos: Egypt's First Pharaohs and the Cult of Osiris* (London: Thames & Hudson, 2009), 172~174; Laurel Bestock, "The First Kings of Egypt: The Abydos Evidence," in Teeter, *Before the Pyramids*, 137~140; Elise V. MacArthur,

"Subsidiary Burials of the First Dynasty," in ibid., 251~256.

52) O'Connor, *Abydos*, 183~194.

53) Morris, "Sacrifice for the State," 19.

54) 희생자들의 치아에 남은 특징적 마모 흔적으로 보아 교살된 듯하다. 다음을 참조하라. John Galvin, "Abydos: Life and Death at the Dawn of Egyptian Civilization," *National Geographic* 207, no. 4 (2005): 120. 다음 글은 지배자들의 매장지에 대한 동시대의 묘사를 근거로 칼부림 쪽을 주장한다. Morris, "Sacrifice for the State," 20f., 31, and fig. 2.3.

55) O'Connor, *Abydos*, 89f.; Kei Yamamoto, "Abydos and Osiris: The Terrace of the Great God," in *Ancient Egypt Transformed: The Middle Kingdom*, ed. Adela Oppenheim (New York: Metropolitan Museum of Art, 2015), 250~253.

56) Jürgen von Beckerath, *Handbuch der ägyptischen Königsnamen*, 2nd ed. (Mainz, Germany: Philipp von Zabern, 1999).

57) Wilkinson, *Early Dynastic Egypt*, 83f.

58) Ibd., 89f.

59) Ibid., 91~94.

60) O'Connor, *Abydos*, 173.

61) James P. Allen, *The Ancient Egyptian Pyramid Texts* (Atlanta: Society of Biblical Literature, 2005).

62) Dietrich Wildung, *Imhotep und Amenhotep: Gottwerdung im alten Ägypten* (Munich: Deutscher Kunstverlag, 1977); Jean-Philippe Lauer, "Remarques concernant l'inscription d'Imhotep gravée sur le socle de statue de l'Horus Neteri-khet (roi Djoser)," in *Studies in Honor of William Kelly Simpson*, ed. Peter Der Manuelian (Boston: Museum of Fine Arts, 1996), 493~498.

63) '상아 조각가와 화살 조각가의 우두머리'라는 번역이 대신 제안되기도 했다. Dilwyn Jones, *An Index of Ancient Egyptian Titles, Epithets and Phrases of the Old Kingdom*, vol. 1 (Oxford: Archaeopress, 2000), 381 (no. 1412).

64) Nigel Strudwick, *Texts from the Pyramid Age* (Atlanta: Society of Biblical Literature, 2005), 192~194 (no. 108).

65) Lázsló Török, *Between Two Worlds: The Frontier Region between Ancient Nubia and Egypt, 3700 BC-AD 500* (Leiden: Brill, 2009), 23~58.

66) Strudwick, *Texts from the Pyramid Age*, 149f. (no. 76).

67) Ibid., 328~333 (no. 241, Harkhuf), 352~357 (no. 256, Weni).

68) Frank Förster, "Beyond Dakhla: The Abu Ballas Trail in the Libyan Desert (SW Egypt)," in *Desert Road Archaeology in Ancient Egypt and Beyond*, ed. Frank Förster and Heiko Riemer (Cologne: Heinrich-Barth-Institut, 2013), 297~337.

69) Joseph Clayton, Aloisia de Trafford, and Mark Borda, "A Hieroglyphic Inscription Found at Jebel Uweinat Mentioning Yam and Tekhebet," *Sahara* 19 (2008): 129~134; Förster, "Beyond Dakhla," 314~321도 참조하라.

70) Timothy Kendall, *Kerma and the Kingdom of Kush, 2500-1500 B.C.: The Archaeological Discovery of an Ancient Nubian Empire* (Washington, DC: National Museum of African Art, 1997), 13~15.

71) Laure Pantalacci, "Archivage et scribes dans l'oasis de Dakhla (Égypte) à la fin du IIIe millénaire," in *La lettre d'archive: Communication administrative et personnelle dans l'antiquité proche-orientale et égyptienne*, ed. Laure Pantalacci (Cairo: Institut français d'archéologie orientale, 2008), 141~153; Laure Pantalacci, "Balat, a Frontier Town and Its Archive," in *Ancient Egyptian Administration*, ed. Juan Carlos Moreno García (Leiden: Brill, 2013), 197~214.

72) Andrés Diego Espinel, "The Role of the Temple of Ba'alat Gebal as Intermediary between Egypt and Byblos during the Old Kingdom," *Studien zur Altägyptischen Kultur* 30 (2002): 103~119; Karin N. Sowada, *Egypt in the Eastern Mediterranean during the Old Kingdom: An Archaeological Perspective* (Göttingen: Vandenhoeck & Ruprecht, 2009).

73) Nancy Jenkins, *The Boat beneath the Pyramid: King Cheops' Royal Ship* (London: Thames & Hudson, 1980).

74) Pierre Tallet and Gregory Marouard, "Wadi al-Jarf: The Harbor of Khufu on the Red Sea Coast, Egypt," *Near Eastern Archaeology* 77 (2014): 4~14.

75) Gregory D. Mumford, "Tell Ras Budran (site 345): Defining Egypt's Eastern Frontier and Mining Operations in South Sinai during the Late Old Kingdom (early EBIV / MB1)," *Bulletin of the American School of Oriental Research* 342 (2006): 13~67; Gregory D. Mumford, "Ras Budran and the Old Kingdom Trade in Red Sea Shells and Other Exotica," *British Museum Studies in Ancient Egypt and Sudan* 18 (2012): 107~145.

76) Pierre Tallet, "Ayn Sukhna and Wadi el-Jarf: Two Newly Discovered Pharaonic Harbours on the Suez Gulf," *British Museum Studies in Ancient Egypt and Sudan* 18 (2012): 147~168, at 150f.

77) Elmar Edel, *Beiträge zu den ägyptischen Sinaiinschriften* (Göttingen: Vandenhoeck & Ruprecht, 1983), 158~163.

78) Rodolfo Fattovich, "Egypt's Trade with Punt: New Discoveries on the Red Sea Coast," *British Museum Studies in Ancient Egypt and Sudan* 18 (2012): 1~59, at 5; Strudwick, *Texts from the Pyramid Age*, 105~127.

79) 사후레 통치기의 푼트 탐험은 아부시르에 있는 이 통치자의 피라미드로 가는 통로의 건축 장식에 묘사되어 있다. 다음을 참조하라. Tarek El Awady, *Sahure—the Pyramid Causeway: History and Decoration Program in the Old Kingdom* (Prague: Charles University, 2009); Tarek El Awady, "Sahure: Ein glanzvolles Königsleben," in *Sahure: Tod und Leben eines großen Pharao, ed. Vinzenz Brinkmann* (Frankfurt am Main: Liebighaus, 2010), 197~207. 고관인 하르쿠프(제6왕조)의 의뢰로 조성된 묘지 비문에 제드카레의 푼트 원정과 그곳에서 데려온 난쟁이(피그미?)가 언급되어 있다. Jacques Guiter, "Lettre de Pépy II à Herkhouf," *Égypte, Afrique et Orient* 7 (1997): 16~21.

80) Nathaniel J. Dominy, Salima Ikram, Gillian L. Moritz, John N. Christensen, Patrick V. Wheatley, and Jonathan W. Chipman, "Mummified Baboons Clarify Ancient Red Sea Trade Routes," *American Journal of Physical Anthropology* 156 (2015): 122f.

81) Tallet and Marouard, "Wadi al-Jarf," 8~12.

82) Mark Lehner, "The Pyramid Age Settlement of the Southern Mount at Giza," *Journal of the American Research Center in Egypt* 39 (2002): 27~74; Mark Lehner and Wilma Wetterstrom, eds.,

Giza Reports: The Giza Plateau Mapping Project, vol. 1 (Boston: Ancient Egypt Research Associates, 2007).

83) Tallet and Marouard, "Wadi al-Jarf," 10f.

84) Strudwick, *Texts from the Pyramid Age*, 65~74.

85) Ibid., 75~77.

86) Dietrich Wildung, *Die Rolle ägyptischer Könige im Bewußtsein ihrer Nachwelt: Posthume Quellen über die Könige der ersten vier Dynastien* (Berlin: Hessling, 1969).

87) Karl Jansen-Winkeln, "Der Untergang des Alten Reiches," *Orientalia* 79 (2010): 273~303, at 302f.

88) 다음을 비교하고 참조하라. Nadine Moeller, "The First Intermediate Period: A Time of Famine and Climate Change?," *Ägypten und Levante* 15 (2005): 153~167.

89) Stephan Seidlmayer, "The First Intermediate Period (c. 2160-2055 b.c.)," in *The Oxford History of Ancient Egypt*, ed. Ian Shaw (Oxford: Oxford University Press, 2000), 108~136, at 134~136.

90) Török, *Between Two Worlds*, 77.

91) Charles Bonnet, "The Kerma Culture," in *Sudan: Ancient Treasures*, ed. Derek A. Welsby and Julie R. Anderson (London: British Museum Press, 2004), 70~77; Török, *Between Two Worlds*, 58~73.

92) Seidlmayer, "First Intermediate Period," 123.

93) 예를 들면 다음과 같다. Guillermo Algaze, T*he Uruk World System: The Dynamics of Expansion of Early Mesopotamian Civilization*, 2nd ed. (Chicago: University of Chicago Press, 2005); Guillermo Algaze, *Ancient Mesopotamia at the Dawn of Civilization: The Evolution of an Urban Landscape* (Chicago: University of Chicago Press, 2008); Kjetil Sundsdal, "The Uruk Expansion: Culture Contact, Ideology and Middlemen," *Norwegian Archaeological Review* 44 (2011): 164~185.

94) Potts, *Mesopotamian Civilization*, 165.

95) Kai Kaniuth, "The Metallurgy of the Late Bronze Age Sapalli Culture (Southern Uzbekistan) and Its Implications for the Tin Question," *Iranica Antiqua* 42 (2007): 23~40. 짧지만 잘 설명된 개요가 필요하다면 다음을 참조하라. Jan Cierny, Thomas Stöllner, and Jens Weisgerber, "Zinn in und aus Mittelasien," in *Das Schiff von Uluburun: Welthandel vor 3000 Jahren*, ed. Ünsal Yalçın, Cemal Pulak, and Rainer Slotta (Bochum: Bergbau-Museum, 2005), 431~448.

96) Herman Vanstiphout, *Epics of Sumerian Kings: The Matter of Aratta* (Leiden: Brill, 2004); Catherine Mittermayer, *Enmerkara und der Herr von Arata: Ein ungleicher Wettstreit* (Göttingen: Vandenhoeck & Ruprecht, 2009).

97) Potts, *Mesopotamian Civilization*, 78~82.

98) Piotr Steinkeller, "Archaic City Seals and the Question of Early Babylonian Unity," in *Riches Hidden in Secret Places: Studies in Memory of Thorkild Jacobsen*, ed. Tzvi Abusch (Winona Lake, IN: Eisenbrauns, 2002), 249~257.

99) Helga Vogel, "Der 'Große Mann von Uruk.' Das Bild der Herrschaft im späten 4. Und frühen 3. vorchristlichen Jahrtausend," in Crüsemann et al., *Uruk: 5000 Jahre Megacity*, 138~145.

100) Walther Sallaberger, "Nippur als religöses Zentrum Mesopotamiens im historischen Wandel," in

Die orientalische Stadt: Kontinuität, Wandel, Bruch, ed. Gernot Wilhelm (Saarbrücken: Saarbrücker Druckerei und Verlag, 1997), 147~168.

101) 그 용어가 여전히 학문적으로, 특히 문헌학 연구에 등장하지만, 과거의 시대구분에 해당하는 초기 왕조 2기는 이제 초기 왕조 1기의 일부로 인식된다. 다음을 비교하고 참조하라. Edith Porada, "The Chronology of Mesopotamia," in *Chronologies in Old World Archaeology*, ed. Robert W. Ehrich (Chicago: University of Chicago Press, 1992), 77~121.

102) Peter M. M. G. Akkermans and Glenn M. Schwartz, *The Archaeology of Syria: From Complex Hunter-Gatherers to Early Urban Societies (c. 16,000-300 B.C.)* (Cambridge: Cambridge University Press, 2003), 232~287.

103) Gianni Marchesi and Nicolò Marchetti, *Royal Statuary of Early Dynastic Mesopotami*a (Winona Lake, IN: Eisenbrauns, 2011), 103~113.

104) Douglas R. Frayne, *Presargonic Period (2700-2350 B.C.)* (Toronto: University of Toronto Press, 2008), 67~76. 다음도 참조하라. Dietz Otto Edzard, "Kiš. A. Philologisch," in *Reallexikon der Assyriologie und Vorderasiatischen Archäologie*, vol. 5 (Berlin: De Gruyter, 1980), 607~613, at 608f.

105) Piotr Steinkeller, "An Ur III Manuscript of the Sumerian King List," in *Literatur, Politik und Recht in Mesopotamien: Festschrift für Claus Wilcke*, ed. Walther Sallaberger, Konrad Volk, and Annette Zgoll (Wiesbaden: Harrassowitz, 2003), 267~292; Jean-Jacques Glassner, *Mesopotamian Chronicles* (Leiden: Brill, 2004), 117~126.

106) Piotr Steinkeller, "An Archaic 'Prisoner Plaque' from Kiš," *Revue d'assyriologie et d'archéologie orientale* 107 (2013): 131~157, at 148.

107) 최근에 나온 다음 글을 참조하라. Christina Torres-Rouff, William J. Pestle, and Blair M. Daverman, "Commemorating Bodies and Lives at Kish's 'A Cemetery': (Re)presenting Social Memory," *Journal of Social Archaeology* 12 (2012): 193~219.

108) Peter Roger S. Moorey, "A Re-consideration of the Excavations on Tell Ingharra (East Kish), 1923-33," *Iraq* 28 (1966): 18~51, at 41; McGuire Gibson, "Kiš. B. Archäologisch," in *Reallexikon der Assyriologie und Vorderasiatischen Archäologie*, vol. 5 (Berlin: De Gruyter, 1980), 613~620, at 616f. 연대를 추정하기 위해서는 진홍색 그릇이 그 무덤 중 한곳에서 발견되었다는 로저 무어리(Roger Moorey)의 의견을 명심하는 것이 중요하다.

109) Richard L. Zettler and Lee Horne, eds., *Treasures from the Royal Tombs of Ur* (Philadelphia: University of Pennsylvania, Museum of Archaeology and Anthropology, 1998).

110) J. Mark Kenoyer, "Indus and Mesopotamian Trade Networks: New Insights from Shell and Carnelian Artifacts," in *Intercultural Relations between South and Southwest Asia: Studies in Commemoration of E. C. L. During Caspers*, ed. Eric Olijdam and Richard H. Spoor (Oxford: Archaeopress, 2008), 19~28.

111) Aubrey Baadsgaard, Janet Monge, Samantha Cox, and Richard L. Zettler, "Human Sacrifice and Intentional Corpse Preservation in the Royal Cemetery of Ur," *Antiquity* 85 (2011): 27~42; Aubrey Baadsgaard, Janet Monge, and Richard L. Zettler, "Bludgeoned, Burned, and Beautified: Reevaluating Mortuary Practices in the Royal Cemetery of Ur," in *Sacred Killing: The Archaeology*

of Sacrifice in the Ancient Near East, ed. Anne M. Porter and Glenn M. Schwartz (Winona Lake, IN: Eisenbrauns, 2012), 125~158, at 140~147.

112) 가능한 신원 확인을 위해 다음을 참조하라. Julian Reade, "The Royal Tombs of Ur," in *Art of the First Cities: The Third Millennium B.C. from the Mediterranean to the Indus*, ed. Joan Aruz (New York: Metropolitan Museum of Art, 2003), 93~96, at 96.

113) Frayne, *Presargonic Period*, 385~388 ("Mes-KALAM-du").

114) Ibid., 391~394.

115) 그러한 개념은 훗날 아카드 왕국과 우르 왕국의 시대에 입증된다. Ibid., 303, 322.

116) Ibid., 77~291.

117) Ingo Schrakamp, "Die 'sumerische Tempelstadt' heute: Die sozial-ökonomische Rolle eines Tempels in Frühdynastischer Zeit," in *Tempel im Alten Orient*, ed. Kai Kaniuth, Anne Löhnert, Jared L. Miller, Adelheid Otto, Michael Roaf, and Walther Sallaberger (Wiesbaden: Harrassowitz, 2013), 445~466.

118) Irene J. Winter, "After the Battle Is Over: The 'Stele of the Vultures' and the Beginning of Historical Narrative in the Art of the Ancient Near East," in *Pictorial Narrative in Antiquity and the Middle Ages*, ed. Herbert L. Kessler and Marianna Shreve Simpson (Washington, DC: National Gallery of Art, 1985), 11~32.

119) Ingo Schrakamp, "Krieger und Waffen im frühen Mesopotamien: Organisation und Bewaffnung des Militärs in frühdynastischer und sargonischer Zeit" (PhD diss., University of Marburg, 2008), http://archiv.ub.uni-marburg.de/diss/z2010/0486.

120) Mario Liverani, ed., *Akkad, the First World Empire: Structure, Ideology, Traditions* (Padua: Sargon, 1993); Benjamin R. Foster, *The Age of Agade: Inventing Empire in Ancient Mesopotamia* (London: Routledge, 2015).

121) Joan Goodnick Westenholz, *Legends of the Kings of Akkade* (Winona Lake, IN: Eisenbrauns, 1997); Gary Beckman, "Sargon and Naram-Sin in Hatti: Reflections of Mesopotamian Antiquity among the Hittites," in *Die Gegenwart des Altertums: Formen und Funktionen des Altertumsbezugs in den Hochkulturen der Alten Welt*, ed. Dieter Kuhn and Helga Stahl (Heidelberg: Forum, 2001), 85~91.

122) Hanspeter Schaudig, "Nabonid, der 'Archäologe auf dem Königsthron': Zum Geschichtsbild des ausgehenden neubabylonischen Reiches," in *Festschrift für Burkhart Kienast zu seinem 70: Geburtstage dargebracht von Freunden, Schülern und Kollegen*, ed. Gebhard J. Selz (Münster: Ugarit, 2003), 447~497.

123) Piotr Steinkeller, "The Question of Lugalzagesi's Origins," in Selz, *Festschrift für Burkhart Kienast*, 621~637.

124) 예를 들면 다음을 참조하라. Giuseppe Visicato and Aage Westenholz, "An Early Dynastic Archive from Ur Involving the Lugal," *Kaskal: Rivista di storia, ambienti e culture del Vicino Oriente Antico* 2 (2005): 55~78.

125) Frayne, *Presargonic Period*, 276-279 (Urukagina), 433~437 (Lugalzagesi).

126) Douglas R. Frayne, *Sargonic and Gutian Periods (2334-2113 B.C.). Royal Inscriptions of Mesopotamia. Early Periods*, vol. 2 (Toronto: University of Toronto Press, 1993).

127) 아카드와 엘람의 관계를, 그리고 수사에서 아카드의 지배력이 어떻게 드러났는지를 알고 싶다면 다음을 참조하라. Potts, *Archaeology of Elam*, 100~120.

128) 현재까지 복구된 수메르 왕 목록의 가장 오래된 원고는 이후의 필사본과는 대조적으로 마니시투슈가 아닌 리무시를 사르곤의 후계자로 지목한다.

129) Ignace J. Gelb, Piotr Steinkeller, and Robert M. Whiting, *Earliest Land Tenure Systems in the Near East: Ancient Kudurrus* (Chicago: Oriental Institute of the University of Chicago, 1991), 116~140, pls. 67~72: no. 40.

130) 바세키(Bassetki) 상에 관해서는 다음을 참조하라. Frayne, *Sargonic and Gutian Periods*, 113f.

131) Irene Winter, "Sex, Rhetoric, and the Public Monument: The Alluring Body of Naram-Sin of Agade," in *Sexuality in Ancient Art*, ed. Natalie Boymen Kampen (Cambridge: Cambridge University Press, 1996), 11~26.

132) David Oates, Joan Oates, and Helen McDonald, *Excavations at Tell Brak*, vol. 2, *Nagar in the Third Millennium BC* (London: British School of Archaeology, 2001).

133) Giorgio Buccellati and Marilyn Kelly-Buccellati, "Tar'am-Agade, Daughter of Naram-Sin, at Urkesh," in *Of Pots and Plans: Papers on the Archaeology and History of Mesopotamia and Syria Presented to David Oates*, ed. Lamia Al-Gailani Werr, John Curtis, Harriet P. Martin, Augusta McMahon, Joan Oates, and Julian Reade (London: Nabu, 2002), 11~31.

134) Walther Hinz, "Elams Vertrag mit Naram-Sin von Akkade," *Zeitschrift für Assyriologie und Vorderasiatische Archäologie* 56 (1967): 66~96; Potts, Archaeology of Elam, 111.

135) 예를 들면 다음을 참조하라. Prudence O. Harper, Joan Aruz, and Françoise Tallon, eds., *The Royal City of Susa: Ancient Near Eastern Treasures in the Louvre* (New York: Metropolitan Museum of Art, 1992), 86f. (no. 53: votive offering of the governor of Elam under Manishtushu).

136) Frayne, *Sargonic and Gutian Periods*, 29.

137) Schrakamp, "Krieger und Waffen im frühen Mesopotamien," 12.

138) Ibid., 14f.

139) Benjamin R. Foster, "The Forty-Nine Sons of Agade," in *Studi sul Vicino Oriente Antico dedicati alla memoria di Luigi Cagni*, ed. Simonetta Graziani (Naples: Istituto universitario orientale, 2000), 309~318.

140) Annette Zoll, "En-hedu-Ana. Tochter Sargons—Gemahlin des Mondgottes. Zeugnisse vom dramatischen Leben der frühesten Autorin (23. Jh. v. Chr.)," in *Töchter (Gottes): Studien zum Verhältnis von Kultur, Religion und Geschlecht*, ed. Joachim Kügler and Lukas Bormann (Münster: Lit, 2008), 7~21.

141) Konrad Volk, "Puzur-Mama und die Reise des Königs," *Zeitschrift für Assyriologie und Vorderasiatische Archäologie* 82 (1992): 22~29; Frayne, *Sargonic and Gutian Periods*, 271f.

142) Walther Sallaberger and Ingo Schrakamp, "The Gutean Period: A Problem in 3rd Millennium Chronology," in *Associated Regional Chronologies for the Ancient Near East and the Eastern*

Mediterranean, ed. Walther Sallaberger and Ingo Schrakamp, vol. 3, *History & Philology* (Turnhout: Brepols, 2015), 113~130.

143) Katrine De Graef, "Susa in the Late 3rd Millennium: From a Mesopotamian Colony to an Independent State," in Sallaberger and Schrakamp, *Associated Regional Chronologies*, 289~296.

144) Harper, Aruz, and Tallon, *Royal City of Susa*, 87~91; Potts, Archaeology of Elam, 122~127.

145) Dietz Otto Edzard, *Gudea and His Dynasty* (Toronto: University of Toronto Press, 1997).

146) 다음을 참조하라. Harvey Weiss, ed., *Seven Generations since the Fall of Akkad* (Wiesbaden: Harrassowitz, 2012).

147) Harriet Crawford and Michael Rice, eds., *Traces of Paradise: The Archaeology of Bahrain, 2500 BD-300 AD* (London: Dilmun Committee, 2000).

148) Peter Magee, *The Archaeology of Prehistoric Arabia: Adaptation and Social Formation from the Neolithic to the Iron Age* (Cambridge: Cambridge University Press, 2014), 114~123.

149) Frayne, *Sargonic and Gutian Periods*, 27~31. 이 비문들은 기원전 제2천년기 초에 만들어진 사본으로 알려져 있다.

150) 인장 소지자가 멜루하 출신 번역자임을 확인해 주는 비문 인장은 다음에서 재현되었다. Rainer Michael Boehmer, *Die Entwicklung der Glyptik während der Akkad-Zeit* (Berlin: De Gruyter, 1965), fig. 557.

151) A. Bernard Knapp, *Sources for the History of Cyprus*, vol. 2, *Near Eastern and Aegean Texts from the Third to the First Millennia BC* (Albany, NY: Greece and Cyprus Research Center, 1996).

152) Paolo Matthiae and Nicolo Marchetti, eds., *Ebla and Its Landscape: Early State Formation in the Ancient Near East* (Walnut Creek, CA: Left Coast Press, 2013).

153) Paolo Matthiae, Frances Pinnock, and Gabriella Scandone Matthiae, eds., *Ebla: Alle origini della civiltà urbana* (Milan: Electa, 1995), 281f.

154) David I. Owen, "Syrians in Sumerian Sources from the Ur III Period," in *New Horizons in the Study of Ancient Syria*, ed. Mark W. Chavalas and John L. Hayes (Malibu, CA: Undena Publications, 1992), 107~175, at 122 (Ib[d]ati); Bertrand Lafont, "D'Ur à Byblos: Les relations entre la Mésopotamie et le Levant aux Ages du Bronze Ancien et Moyen. L'apport des textes," *Bulletin d'Archéologie et d'Architecture Libanaises Hors-Série* 6 (2009): 91~106.

155) Frans van Koppen, "Qaṭna in altsyrischer Zeit," in *Qaṭna and the Networks of Bronze Age Globalism*, ed. Peter Pfälzner and Michel Al-Maqdissi (Wiesbaden: Harrassowitz, 2015), 81~94, at 83f.

156) Jean-Claude Margueron, *Mari: Métropole de l'Euphrate au IIIe et au début du IIe millénaire av. J.-C.* (Paris: Picard, 2004), 125~314; Alfonso Archi and Maria G. Biga, "A Victory over Mari and the Fall of Ebla," *Journal of Cuneiform Studies* 55 (2003): 1~44; Maria G. Biga, "Au-delà des frontières: Guerre et diplomatie à Ébla," *Orientalia* 77 (2008): 289~334; Maria G. Biga, "War and Peace in the Kingdom of Ebla (24th century B.C.) in the First Years of Vizier Ibbi-zikir under the Reign of the Last King Išar-damu," in *Ana turri gimilli: Studi dedicati al Padre Werner R. Mayer SJ da amici ed allievi*, ed. Maria G. Biga and Mario Liverani (Rome: Università di Roma La Sapienza, 2010), 39~57.

157) Matthiae, Pinnock, and Scandone Matthiae, *Ebla*, 355.

158) Wolfram Grajetzki, *The Middle Kingdom of Ancient Egypt: History, Archaeology and Society* (London: Bristol Classical Press, 2006), 17~23; Dieter Arnold and Dorothea Arnold, "A New Start from the South: Thebes during the Eleventh Dynasty," in Oppenheim et al., *Ancient Egypt Transformed*, 38~41.

159) Clayton, de Trafford, and Borda, "Hieroglyphic Inscription Found at Jebel Uweinat"; J. D. Degreef, "The Jebel Uweinat Relief of Mentuhotep II: A Jubilee Scene?," *Sahara* 20 (2009): 121~124.

160) Jules Couyat and Pierre Montet, *Les inscriptions hiéroglyphiques et hiératiques du Ouâdi Hammâmât* (Cairo: Institut Français d'Archéologie Orientale, 1912-1913), no. 114; Lisa Bradbury, "Reflections on Travelling to God's Land and Punt in the Middle Kingdom," *Journal of the American Research Center in Egypt* 25 (1988): 127~156.

161) Kathryn A. Bard and Rodolfo Fattovich, *Harbor of the Pharaohs to the Land of Punt: Archaeological Investigations at Mersa / Wadi Gawasis, Egypt, 2001-2005* (Naples: Università degli Studi di Napoli "L'Orientale," 2007).

162) Dieter Arnold, *Der Tempel des Königs Mentuhotep von Deir el-Bahari*, 4 vols. (Mainz, Germany: Philipp von Zabern, 1974~1993).

163) Dorothea Arnold, "Amenemhat I and the Early Twelfth Dynasty at Thebes," *Metropolitan Museum Journal* 26 (1991): 5~48; Grajetzki, *Middle Kingdom*, 24~35.

164) Dieter Arnold and Peter Jánosi, "The Move to the North: Establishing a New Capital," in Oppenheim et al., *Ancient Egypt Transformed*, 54~57.

165) Kathryn Bard, *An Introduction to the Archaeology of Ancient Egypt*, 2nd ed. (Oxford: Wiley-Blackwell, 2008), 182~186.

166) Peter Jánosi, "Der Pyramidenbezirk Amenemhets I. in Lischt," *Sokar* 14 (2007): 51~59.

167) Arnold and Jánosi, "Move to the North," 56.

168) Grajetzki, *Middle Kingdom*, 57f.

169) Stephen Quirke, *Lahun: A Town in Egypt 1800 B.C., and the History of Its Landscape* (London: Golden House, 2005); Kasia Szpakowska, *Daily Life in Ancient Egypt: Recreating Lahun* (Oxford: Wiley-Blackwell, 2008).

170) Irene Forstner-Müller and Karin Kopetzky, "Egypt and Lebanon: New Evidence for Cultural Exchanges in the First Half of the 2nd Millennium B. C.," in *Interconnections in the Eastern Mediterranean: Lebanon in the Bronze and Iron Ages* (Beirut: Ministère de la culture, Direction Générale des Antiquités, 2009), 143~157.

171) Grajetzki, *Middle Kingdom*, 116~121.

172) Kei Yamamoto, "Abydos and Osiris: The Terrace of the Great God," in Oppenheim et al., *Ancient Egypt Transformed*, 250~253.

173) Stephen Quirke, "Understanding Death: A Journey between Worlds," in Oppenheim et al., *Ancient Egypt Transformed*, 218~221.

174) Joseph Wegner, *The Mortuary Temple of Senowsret III at Abydos* (New Haven, CT: Peabody Museum of Natural History, 2007).

175) Török, *Between Two Worlds*, 79~102.

176) Thomas Herbich and Irene Forstner-Müller, "Small Harbours in the Nile Delta: The Case of Tell el-Dab'a," *Études et Travaux* 26 (2013): 258~272.

177) Barry J. Kemp and Robert S. Merrillees, *Minoan Pottery in Second Millennium Egypt* (Mainz, Germany: Philipp von Zabern, 1980).

178) W. Vivian Davies and Louise Schofield, eds., *Egypt, the Aegean and the Levant: Interconnections in the Second Millennium BC* (London: British Museum Press, 1995).

179) Ezra Marcus, "Amenemhet II and the Sea: Maritime Aspects of the Mit Rahina (Memphis) Inscription," *Ägypten und Levante* 17 (2007): 137~190, at 173.

180) Karin Kopetzky, "Egyptian Burial Customs in the Royal Tombs I-III of Byblos," *Bulletin d' Archéologie et d'Architecture Libanaises Hors-Série* 10 (2015): 393~412.

181) James P. Allen, "The Historical Inscription of Khnumhotep at Dahshur: Preliminary Report," *Bulletin of the American Schools of Oriental Research* 352 (2008): 29~39.

182) Richard B. Parkinson, *Voices from Ancient Egypt: An Anthology of Middle Kingdom Writings* (London: British Museum, 1991).

183) John C. Darnell, "Wadi el-Hol," in *UCLA Encyclopedia of Egyptology* (*UEE*), ed. Willeke Wendrich (Los Angeles: UCLA, 2013) https://escholarship.org/uc/item/sd2j49d.

184) Gordon J. Hamilton, *The Origins of the West Semitic Alphabet in Egyptian Scripts* (Washington, DC: Catholic Biblical Association of America, 2006).

185) Brit Jahn, "The Migration and Sedentarization of the Amorites from the Point of View of the Settled Babylonian Population," in *Representations of Political Power: Case Histories from Times of Change and Dissolving Order in the Ancient Near East*, ed. Marlies Heinz and Marian H. Feldman (Winona Lake, IN: Eisenbrauns, 2007), 193~209.

186) Bertille Lyonnet, "Who Lived in the Third-Millennium 'Round Cities' of Northern Syria?," in *Nomads, Tribes, and the State in the Ancient Near East: Cross-Disciplinary Perspectives*, ed. Jeffrey Szuchman (Chicago: Oriental Institute of the University of Chicago, 2009), 179~201.

187) Piotr Steinkeller, "The Gutian Period in Chronological Perspective," in *Sallaberger and Schrakamp, Associated Regional Chronologies*, 281~288.

188) Douglas Frayne, Ur III Period (2112-2004 b.c.) (Toronto: University of Toronto Press, 1997); Walther Sallaberger, "Ur III-Zeit," in *Mesopotamien: Akkade-Zeit und Ur III-Zeit*, ed. Walther Sallaberger and Aage Westenholz (Göttingen: Vandenhoeck & Ruprecht, 1999), 119~390.

189) Dietz Otto Edzard, *Gudea and His Dynasty* (Toronto: University of Toronto Press, 1997).

190) Frayne, *Sargonic and Gutian Periods*, 280~296.

191) Harriet Crawford, *Ur: The City of the Moon God* (London: Bloomsbury, 2015), 83~112.

192) Margueron, *Mari: Métropole de l'Euphrate*, 317~430; Jean-Claude Margueron, *Mari, Capital of Northern Mesopotamia in the Third Millennium: The Archaeology of Tell Hariri on the Euphrates*

(Oxford: Oxbow, 2014), 31~33, 59~66.

193) Tonia M. Sharlach, "Beyond Chronology: The Shakkanakkus of Mari and the Kings of Ur," in *Seals and Seal Impressions*, ed. William W. Hallo and Irene Winter (Bethesda, MD: CDL Press, 2001), 59~70.

194) Piotr Michalowski, "The Ideological Foundations of the Ur III State," in *2000 v. Chr. Politische, wirtschaftliche und kulturelle Entwicklung im Zeichen einer Jahrtausendwende*, ed. Jan-Waalke Meyer and Walter Sommerfeld (Saarbrücken: Saarbrücker Druckerei und Verlag, 2004), 219~235.

195) Claus Wilcke, "Gesetze in sumerischer Sprache," in *Studies in Sumerian Language and Literature: Festschrift Joachim Krecher*, ed. Natalia V. Koslova, Ekaterina Vizirova, and Gábor Zólyomi (Winona Lake, IN: Eisenbrauns, 2015), 455~633, at 529~573.

196) Martha T. Roth, *Law Collections from Mesopotamia and Asia Minor*, 2nd ed. (Atlanta: Scholars Press, 1997).

197) Piotr Michalowski, "The Mortal Kings of Ur: A Short Century of Divine Rule in Ancient Mesopotamia," in *Religion and Power: Divine Kingship in the Ancient World and Beyond*, ed. Nicole Brisch (Chicago: Oriental Institute of the University of Chicago, 2008), 33~45; Clemens Reichel, "The King Is Dead, Long Live the King: The Last Days of the Shusin Cult at Eshnunna and Its Aftermath," in ibid., 133~155.

198) Steven J. Garfinkle and J. Cale Johnson, eds., *The Growth of an Early State in Mesopotamia: Studies in Ur III Administration* (Madrid: Consejo Superior de Investigaciones Cientificas, 2008).

199) Kozad Mohamed Ahmed, "The Beginnings of Ancient Kurdistan (c. 2500-1500 b.c.): A Historical and Cultural Synthesis" (PhD diss., University of Leiden, 2012), http://hdl.handle.net/1887/19095; Simone Mühl, *Siedlungsgeschichte im mittleren Osttigrisgebiet: Vom Neolithikum bis in die neuassyrische Zeit* (Wiesbaden: Harassowitz, 2013), 143~150.

200) Piotr Michalowski, *The Correspondence of the Kings of Ur: An Epistolary History of an Ancient Mesopotamian Kingdom* (Winona Lake, IN: Eisenbrauns, 2011), 82~121.

201) Ibid., 168.

202) James K. Hoffmeier, "The Walls of the Ruler in Egyptian Literature and the Archaeological Record: Investigating Egypt's Eastern Frontier in the Bronze Age," *Bulletin of the American Schools of Oriental Research* 343 (2006): 1~20.

203) Thomas Schneider, *Ausländer in Ägypten während des Mittleren Reiches und der Hyksoszeit, II: Die ausländische Bevölkerung* (Wiesbaden: Harrassowitz, 2003), 335~336. 비판적 평가는 다음 글을 참조하라. Dorothea Arnold, "Image and Identity: Egypt's Eastern Neighbours, East Delta People and the Hyksos," in *The Second Intermediate Period (Thirteenth-Seventeenth Dynasties)*, ed. Marcel Marée (Leuven: Peeters, 2010), 183~221, at 196f. 아비도스의 비석에서 언급된 수에 근거해 도로테아 아르놀트는 '아시아인'들이 전체 인구 중 6분의 1을 차지했다고 추정하는데, 이 정도도 여전히 상당한 규모다.

204) 엘리트 매장지의 형태였다. Robert Schiestl, *Die Palastnekropole von Tell el-Dab'a: Die Gräber der Straten d/ 2 und d / 1 des Areals F / I in Tell el Dab'a* (Vienna: Österreichische Akademie der

Wissenschaften, 2009).

205) 비판적 평가를 위해서는 다음을 비교하고 참조하라. Michalowski, *Correspondence*, 170~177, 210~215.

206) Jacob Lauinger, *Following the Man of Yamhad: Settlement and Territory at Old Babylonian Alalah* (Leiden: Brill, 2015).

207) Peter Pfälzner and Michel Al-Maqdissi, eds., *Qaṭna and the Networks of Bronze Age Globalism* (Wiesbaden: Harrassowitz, 2015).

208) Frans van Koppen, "Qaṭna in altsyrischer Zeit," in Pfälzner and Al-Maqdissi, *Qaṭna and the Networks of Bronze Age Globalism*, 81~94, at 89f.

209) Margueron, *Mari: Métropole de l'Euphrate*.

210) Michel Al-Maqdissi, Daniele Morandi Bonacossi, and Peter Pfälzner, eds., *Schätze des Alten Syrien: Die Entdeckung des Königreichs Qatna* (Stuttgart: Theiss, 2009).

211) Kay Kohlmeyer, "Der Tempel des Wettergottes von Aleppo: Baugeschichte und Bautyp, räumliche Bezüge, Inventar und bildliche Ausstattung," in *Temple Building and Temple Cult: Architecture and Cultic Paraphernalia of Temples in the Levant* (2.-1. Mill. B. C. E.), ed. Jens Kamlah (Wiesbaden: Harrassowitz, 2012), 55~78.

212) Charpin, *Hammurabi of Babylon*, 43.

213) Potts, *Archaeology of Elam*, 160~187.

214) Dominique Charpin and Jean-Marie Durand, "La suzeraineté de l'empereur (*sukkalmah*) d'Élam sur la Mésopotamie et le 'nationalisme' amorrite," in *Mésopotamie et Élam*, ed. Léon De Meyer and Hermann Gasche (Ghent: University of Ghent, 1991), 59~66.

215) Dominique Charpin, "Histoire politique du Proche-Orient Amorrite (2002-1595)," in *Mesopotamien: Die altbabylonische Zeit*, ed. Dominique Charpin, Dietz Otto Edzard, and Marten Stol (Göttingen: Vandenhoeck & Ruprecht, 2004), 57~127.

216) Douglas R. Frayne, *Old Babylonian Period* (2003-1595 b.c.) (Toronto: University of Toronto, 2008), 5~322.

217) Marc Van De Mieroop, *King Hammurabi of Babylon: A Biography* (Oxford: Wiley-Blackwell, 2004); Charpin, Hammurabi of Babylon.

218) Dominique Charpin and Nele Ziegler, *Mari et le Proche Orient à l'èpoque amorrite: Essai d'histoire politique* (Paris: Société pour l'étude du Proche-Orient ancien, 2003), 75~168; Jesper Eidem, "The Kingdom of Šamšī-Adad and Its Legacies," in *Constituent, Confederate, and Conquered Space: The Emergence of the Mittani State*, ed. Eva Cancik-Kirschbaum, Nicole Brisch, and Jesper Eidem (Berlin: De Gruyter, 2014), 137~146.

219) Nele Ziegler, "Le royaume d'Ekallatum et son horizon géographique," in *Recueil d'études à la mémoire d'André Parrot*, ed. Dominique Charpin and Jean-Marie Durand (Paris: Société pour l'étude du Proche-Orient ancien, 2002), 211~274.

220) Jean-Marie Durand, *Les documents épistolaires du palais de Mari*, 3 vols. (Paris: Éditions du Cerf, 1997~2000); Wolfgang Heimpel, *Letters to the King of Mari: A New Translation, with Historical*

Introduction, Notes, and Commentary (Winona Lake, IN: Eisenbrauns, 2003); Jack M. Sasson, *From the Mari Archives: An Anthology of Old Babylonian Letters* (Winona Lake, IN: Eisenbrauns, 2015).

221) Charpin, *Hammurabi*, 27, 35~53.

222) Frans van Koppen, "Abiešuh, Elam and Ashurbanipal: New Evidence from Old Babylonian Sippar," in *Susa and Elam: Archaeological, Philological, Historical and Geographical Perspectives*, ed. Katrien De Graef and Jan Tavernier (Leiden: Brill, 2013), 377~397.

223) Charpin, *Hammurabi*, 55~67.

224) Ibid., 152~159.

225) Roth, *Law Collections from Mesopotamia and Asia Minor*, 13~22 (Ur-Namma of Ur), 23~35 (LipitIshtar of Isin), 58~70 (a king of Eshnunna), 71~142 (Hammurabi of Babylon).

226) United Nations, "Gift of Iraq to the United Nations," August 1, 1985, www.unmultimedia.org/s/photo/detail/111/0111529.html.

227) Andrea Seri, *The House of Prisoners: Slavery and State in Uruk during the Revolt against Samsuiluna* (Boston: De Gruyter, 2013).

228) Stephanie Dalley, *Babylonian Tablets from the First Sealand Dynasty in the Schøyen Collection* (Bethesda, MD: CDL Press, 2009).

229) Hermann Gasche, *La Babylonie au 17e siècle avant notre ère: Approche archéologique, problèmes et perspectives* (Ghent: University of Ghent, 1989).

230) Manfred Bietak, Irene Forstner-Müller, Frans van Koppen, and Karen Radner, "Der Hyksos-Palast bei Tell el-Dab'a: Zweite und dritte Grabungskampagne (Frühling 2008 und Frühling 2009)," *Ägypten und Levante* 19 (2009): 91~119, at 117.

231) 셰크나(Shekhna)/슈바트-엔릴에 관한 기록이 가장 잘 남아 있다. 다음을 참조하라. Jesper Eidem, *The Royal Archives from Tell Leilan: Old Babylonian Letters and Treaties from the Lower Town Palace East* (Leiden: Nederlands Instituut voor het Nabije Oosten, 2011).

232) Frans van Koppen, "Aspects of Society and Economy in the Later Old Babylonian Period," in *The Babylonian World*, ed. Gwendolyn Leick (London: Routledge, 2007), 210~223, at 212.

233) Frans van Koppen, "The Geography of the Slave Trade and Northern Mesopotamia in the Late Old Babylonian Period," in *Mesopotamian Dark Age Revisited*, ed. H. Hunger and R. Pruzsinszky (Vienna: Verlag der Österreichischen Akademie der Wissenschaften, 2004), 9~33.

234) Van Koppen, "Aspects of Society and Economy," 217.

235) Mogens Trolle Larsen, *Ancient Kanesh: A Merchant Colony in Bronze Age Anatolia* (Cambridge: Cambridge University Press, 2015), 98~100.

236) Karen Radner, *Ancient Assyria: A Very Short Introduction* (Oxford: Oxford University Press, 2015), 79~83.

237) Larsen, Ancient Kanesh, 83~121.

238) Ibid., 39~53; Tahsin Özgüç, *Kültepe Kaniš-Neša: The Earliest International Trade Center and the Oldest Capital City of the Hittites* (Istanbul: Yapı Kredi Yayınları, 2003).

239) A. Kirk Grayson, *Assyrian Rulers of the Third and Second Millennia BC (to 1115 BC)* (Toronto: University of Toronto Press, 1987), 18: A.0.32.2: ll. 49~65; 22: A.0.33.2: ll. 20~25; Larsen, *Ancient Kanesh*, 96f.

240) Larsen, *Ancient Kanesh*, 101~121.

241) Ibid., 122~130.

242) 그러나 아수르 도시 지도자가 기원전 14세기에 왕이 되었을 때 관습이 바뀌었다(이후의 본문 참조). 따라서 통치자들은 통치 초기에 관례대로 림뭄의 직책을 맡았다. 다음을 참조하라. Alan R. Millard, The Eponyms of the Assyrian Empire, 910-612 B.C. (Helsinki: Neo-Assyrian Text Corpus Project, 1994), 7f.

243) Cécile Michel, "Central Anatolia in the Nineteenth and Eighteenth Centuries bc," in Cancik-Kirschbaum, Brisch, and Eidem, *Constituent, Confederate, and Conquered Space*, 111~136, at 111.

244) Gojko Barjamovic, *A Historical Geography of Anatolia in the Old Assyrian Colony Period* (Copenhagen: Museum Tusculaneum Press, 2011), 364~366, 373~375.

245) Jörg Klinger, "The Imperial Space: The Early Hittite Kingdom," in Cancik-Kirschbaum, Brisch, and Eidem, *Constituent, Confederate, and Conquered Space*, 75~90.

246) Andreas Schachner, *Hattuscha: Auf der Suche nach dem sagenhaften Großreich der Hethiter* (Munich: C. H. Beck, 2011).

247) Denis Lacambre and Werner Nahm, "Pithana, an Anatolian Ruler in the Time of Samsuiluna of Babylon: New Data from Tell Rimah (Iraq)," *Revue d'assyriologie et d'archéologie orientale* 109 (2015): 17~28.

248) Theo van den Hout, "The Hittite Empire from Textual Evidence," in *The Oxford Handbook of Ancient Anatolia, 10,000-323 B.C.E.*, ed. Sharon R. Steadman and Gregory McMahon (Oxford: Oxford University Press, 2011), 900~913.

249) Larsen, *Ancient Kanesh*, 171~201, 217~227.

250) Janice Kamrin, *The Cosmos of Khnumhotep II at Beni Hasan* (London: Routledge, 1999), 93~95.

251) Beatrice Teissier, *Egyptian Iconography on Syro-Palestinian Seals of the Middle Bronze Age* (Göttingen: Vandenhoeck & Ruprecht, 1996).

252) Roland Koch, *Die Erzählung des Sinuhe* (Brussels: Éditions de la Foundation Égyptologique Reine Élisabeth, 1990); Richard B. Parkinson, *The Tale of Sinuhe and Other Ancient Egyptian Poems, 1940-1640 B.C.* (Oxford: Oxford University Press, 1997), 21~53.

253) Larsen, *Ancient Kanesh*, 202~216, 228~268.

254) Cécile Michel, *Correspondance des marchands de Kanish* (Paris: Éditions du Cerf, 2001), 310f. (no. 211),

255) Phyllis Saretta, *Asiatics in Middle Kingdom Egypt: Perceptions and Reality* (London: Bloomsbury, 2016).

256) Kim S. B. Ryholt, *The Political Situation in Egypt during the Second Intermediate Period, c. 1800-1550 B.C.* (Copenhagen: Carsten Niebuhr Institute, 1997); Marcel Marée, ed., *The Second Intermediate Period* (Thirteenth-Seventeenth Dynasties) (Leuven: Peeters, 2010); Irene Forstner-Müller

and Wolfgang Müller, "Die Entstehung des Hyksosstaates: Versuch einer sozioarchäologischen Modellbildung anhand der materiellen Kultur Tell-el Dab'as," in *Timelines: Studies in Honour of Manfred Bietak*, ed. Ernst Czerny et al., vol. 1 (Leuven: Peeters, 2006), 93~102; Manfred Bietak, "From Where Came the Hyksos and Where Did They Go?," in *Marée, Second Intermediate Period*, 139~181.

257) Irene Forstner-Müller, "Tombs and Burial Customs at Tell el-Dab'a during the Late Middle Kingdom and the Second Intermediate Period," in Marée, *Second Intermediate Period*, 127~138.

258) Graham Philip, *Metalwork and Metalworking Evidence of the Late Middle Kingdom and the Second Intermediate Period* (Vienna: Verlag der Österreichischen Akademie der Wissenschaften, 2006).

259) Manfred Bietak and Louise C. Maguire, *The Cypriot Pottery and Its Circulation in the Levant* (Vienna: Verlag der Österreichischen Akademie der Wissenschaften, 2009); Demetrios Michaelides, Robert S. Merrillees, and Vasiliki Kassianidou, eds., *Egypt and Cyprus in Antiquity* (Oxford: Oxbow, 2009).

260) Nadine Moeller, Gregory Marouard, and Natasha Ayers, "Discussion of Late Middle Kingdom and Early Second Intermediate Period History and Chronology in Relation to the Khayan Sealings from Tell Edfu," *Ägypten und Levante* 21 (2011): 87~121.

261) 편지에 관해서는 다음을 참조하라. Bietak et al., "Hyksos-Palast"; 인장에 관해서는 다음을 참조하라. Dominique Collon, Manuela Lehmann, and Sandra E. M. Müller, "Tell el-Dab'a Sealings 2009-2011," *Ägypten und Levante* 22 / 23 (2012~2013): 95~104; Frans van Koppen and Manuela Lehmann, "A Cuneiform Sealing from Tell el-Dab'a and Its Historical Context," *Ägypten und Levante* 22 / 23 (2012~2013): 91~94.

262) Irmgard Hein, ed., *Pharaonen und Fremde: Dynastien im Dunkeln* (Vienna: Museen der Stadt Wien, 1994), 149~152 (nos. 123~126).

263) Janine Bourriau, "The Second Intermediate Period (c. 1650-1550 B.C.)," in Shaw, *Oxford History of Ancient Egypt*, 172~206, at 191~206.

264) Kendall, *Kerma and the Kingdom of Kush; Török, Between Two Worlds*, 103~117.

265) Josef Wegner, "A Royal Necropolis at Abydos: New Light on Egypt's Second Intermediate Period," *Near Eastern Archaeology* 78 (2015): 68~78.

266) Garry J. Shaw, "The Death of King Seqenenre Tao," *Journal of the American Research Center in Egypt* 45 (2009): 159~176.

267) Christophe Barbotin, *Âhmosis et le début de la XVIIIe dynastie* (Paris: Pygmalion, 2008).

268) Manfred Mayrhofer, "Welches Material aus dem Indo-Arischen von Mitanni verbleibt für eine selektive Darstellung?" in *Investigationes philologicae et comparativae: Gedenkschrift für Heinz Kronasser*, ed. Erich Neu (Wiesbaden: Harrassowitz, 1982), 72~90.

269) David W. Anthony, *The Horse, the Wheel, and Language: How Bronze-Age Riders from the Eurasian Steppes Shaped the Modern World* (Princeton, NJ: Princeton University Press, 2007), 399~411.

270) Stefano de Martino, "The Mittani State: The Formation of the Kingdom of Mittani," in Cancik-Kirschbaum, Brisch, and Eidem, *Constituent, Confederate, and Conquered Space*, 61~74; Glenn M.

Schwartz, "Reflections on the Mittani Emergence," in ibid., 265~277, at 265f.

271) 최근의 연구는 다음과 같다. Karlheinz Kessler, "Neue Tontafelfunde aus dem mitannizeitlichen Taidu—ein Vorbericht," in *The Archaeology of Political Spaces: The Upper Mesopotamian Piedmont in the Second Millennium BC*, ed. Dominik Bonatz (Berlin: De Gruyter, 2014), 35~42.

272) Eva von Dassow, "Levantine Polities under Mittanian Hegemony," in Cancik-Kirschbaum, Brisch, and Eidem, *Constituent, Confederate, and Conquered Space*, 11~32, at 14~22.

273) Manfred Dietrich and Oswald Loretz, "Untersuchungen zu Statue und Inschrift des Königs Idrimi von Alalaḫ: Die Inschrift der Statue des Königs Idrimi von Alalah," *Ugarit-Forschungen* 13 (1981): 201~268.

274) Eva von Dassow, *State and Society in the Late Bronze Age: Alalah under the Mittani Empire* (Bethesda, MD: CDL Press, 2008).

275) 둘 다 엘-카브(El-Kab) 출신인, 에바나(Ebana)의 아들 아흐모세(Ahmose) 그리고 아흐모세 펜-네케베트(Ahmose Pen-Nekhebet)의 비문에 관해서는 다음을 참조하라. Miriam Lichtheim, *Ancient Egyptian Literature*, vol. 2, *The New Kingdom* (Berkeley: University of California Press, 1976), 12~15; Donald B. Redford, "A Gate Inscription from Karnak and Egyptian Involvement in Western Asia during the Early 18th Dynasty," *Journal of the American Oriental Society* 99 (1979): 270~287, at 275f.

276) Anthony J. Spalinger, *War in Ancient Egypt: The New Kingdom* (Oxford: Wiley-Blackwell, 2005), 1~31.

277) Betsy M. Bryan, "The 18th Dynasty before the Amarna Period (c. 1550-1352 b.c.)," in Shaw, *Oxford History of Ancient Egypt*, 207~264, at 207~210; Török, *Between Two Worlds*, 157~283.

278) Spalinger, *War in Ancient Egypt*, 59.

279) Anthony J. Spalinger, "Covetous Eyes South: The Background to Egypt's Domination of Nubia by the Reign of Thutmose III," in *Thutmose III: A New Biography*, ed. Eric H. Cline and David O'Connor (Ann Arbor: University of Michigan Press, 2006), 344~369.

280) Robert Morkot, "Egypt and Nubia," in *Empires: Perspectives from Archaeology and History*, ed. Susan E. Alcock, Terence N. D'Altroy, Kathleen D. Morrison, and Carla M. Sinopoli (Cambridge: Cambridge University Press, 2001), 227~251.

281) Donald B. Redford, *The Wars in Syria and Palestine of Thutmose III (Leiden: Brill, 2003); Spalinger, War in Ancient Egypt*, 130~139; Donald B. Redford, "The Northern Wars of Thutmose III," in Cline and O'Connor, *Thutmose III*, 325~343; Francis Breyer, *Ägypten und Anatolien: Politische, kulturelle und sprachliche Kontakte zwischen dem Niltal und Kleinasien im 2. Jahrtausend v. Chr.* (Vienna: Verlag der Österreichischen Akademie der Wissenschaften, 2010), 126~148.

282) Spalinger, *War in Ancient Egypt*, 62.

283) Catharine H. Roehrig, Renée Dreyfus, and Cathleen A. Keller, eds., *Hatshepsut: From Queen to Pharaoh* (New York: Metropolitan Museum of New York, 2005); Peter Nadig, *Hatschepsut* (Mainz, Germany: Philipp von Zabern, 2014); Kara Cooney, *The Woman Who Would Be King: Hatshepsut's Rise to Power in Ancient Egyp*t (New York: Broadway, 2014).

284) Peter F. Dorman, "The Early Reign of Thutmose III: An Unorthodox Mantle of Coregency," in Cline and O'Connor, *Thutmose III*, 39~68.

285) Chris Bennett, "Thutmosis I and Ahmes-Sapair," *Göttinger Miszellen* 141 (1994): 35~38; Claude Vandersleyen, *Iâhmès Sapaïr, fils de Séqénenrê Djéhouty-âa (XVIIe dynastie), et la statue du Louvre E 15 682* (Brussels: Safran, 2005).

286) Elizabeth Blyth, *Karnak: Evolution of a Temple* (London: Routledge, 2006).

287) Gay Robins, "The God's Wife of Amun in the 18th Dynasty in Egypt," in *Images of Women in Antiquity*, ed. Averil Cameron and Amélie Kuhrt (Detroit: Wayne State University Press, 1983), 65~78; Mariam F. Ayad, *God's Wife, God's Servant: The God's Wife of Amun (ca. 740-525 B.C.)* (London: Routledge, 2009), 4~8.

288) Ann Macy Roth, "Models of Authority: Hatshepsut's Predecessors in Power," in Roehrig, Dreyfus, and Keller, *Hatshepsut*, 9~14, at 12f.

289) Peter F. Dorman, "The Proscription of Hatshepsut," in Roehrig, Dreyfus, and Keller, *Hatshepsut*, 267~269; Dorothea Arnold, "The Destruction of the Statues of Hatshepsut from Deir el-Bahri," in ibid., 270~276.

290) Hans Goedicke, *The Battle of Megiddo* (Baltimore: Halgo, 2000; Redford, *Wars in Syria*, 206~209; Spalinger, War in Ancient Egypt, 83~100; Breyer, *Ägypten und Anatolien*, 133~136.

291) William J. Murnane, "The Organization of Government under Amenhotep III," in *Amenhotep III: Perspectives on His Reign*, ed. David O'Connor and Eric H. Cline (Ann Arbor: University of Michigan Press, 1998), 173~221, at 179f.

292) Christine Lilyquist, James E. Hoch, and A. J. Peden, *The Tomb of Three Foreign Wives of Tuthmosis III* (New Haven, CT: Yale University Press, 2003).

293) Betsy M. Bryan, "The Egyptian Perspective on Mittani," in *Amarna Diplomacy: The Beginnings of International Relations*, ed. Raymond Cohen and Raymond Westbrook (Baltimore: Johns Hopkins University Press, 2000), 71~84.

294) Amanda H. Podany, *Brotherhood of Kings: How International Relations Shaped the Ancient Near East* (Oxford: Oxford University Press, 2010), 163~187.

295) Amir Harrak, *Assyria and Hanigalbat: A Historical Reconstruction of Bilateral Relations from the Middle of the Fourteenth to the End of the Twelfth Centuries B. C.* (Hildesheim, Germany: Olms, 1987); Aline Tenu, *L'expansion médio-assyrienne: Approche archéologique* (Oxford: Archaeopress, 2009).

296) Itamar Singer, "The Battle of Niḫriya and the End of the Hittite Empire," *Zeitschrift für Assyriologie und Vorderasiatische Archäologie* 75 (1985): 100~123; Jared Miller, "The Location of Nihriya and Its Disassociation from Na'iri," in *Stories of Long Ago: Festschrift für Michael D. Roaf*, ed. Heather D. Baker, Kai Kaniuth, and Adelheid Otto (Münster: Ugarit, 2012), 349~372, at 356.

297) Stefan Jakob, *Mittelassyrische Verwaltung und Sozialstruktur: Untersuchungen* (Leiden: Brill, 2003), 39 (*šiluḫlu*), 94 (*mašennu*), 142 (*ḫassiḫlu / ḫalḫuḫlu*), 565. 아시리아의 행정 관습을 (모두 미탄니의 속국이었던) 알라라크, 우가리트, 아라파와 비교하려면 다음을 참조하라.

J. Nicholas Postgate, "Government Recording Practices in Assyria and Her Neighbours and Contemporaries," in *Understanding Hegemonic Practices of the Early Assyrian Empire*, ed. Bleda S. Düring (Leiden: Nederlands Instituut voor het Nabije Oosten, 2015), 275~285.

298) Jaume Llop, "The Creation of the Middle Assyrian Provinces," *Journal of the American Oriental Society* 131 (2011): 591~603; Jaume Llop, "The Development of the Middle Assyrian Provinces," *Altorientalische Forschungen* 39 (2012): 87~111; Betina Faist, "Kingship and Institutional Development in the Middle Assyrian Period," in *Concepts of Kingship in Antiquity*, ed. Giovanni B. Lanfranchi and Robert Rollinger (Padua: Sargon, 2010), 15~24.

299) Daisuke Shibata, "Dynastic Marriages in Assyria during the Late Second Millennium bc," in Düring, *Understanding Hegemonic Practices*, 235~242, at 239f.

300) 투쿨티-닌우르타 통치기에 약 30가구가 도시 카르베(Kharbe)에 존재했던 사실이 입증되었다. J. Nicholas Postgate, *Bronze Age Bureaucracy: Writing and the Practice of Government in Assyria* (Cambridge: Cambridge University Press, 2013), 286f.

301) Daisuke Shibata, "The Origin of the Dynasty of the Land of Mari and the City-God of Ṭabetu," *Revue d'assyriologie et d'archéologie orientale* 105 (2011): 165~180; Shibata, "Dynastic Marriages," 237f.

302) Postgate, *Bronze Age Bureaucracy*, 44~45 (Sabi Abyad), 278~294 (Kharbe), 298~326 (Dur-Katlimmu); Peter M. M. G. Akkermans and Frans A. M. Wiggermann, "West of Aššur: The Life and Times of the Middle Assyrian Dunnu at Tell Sabi Abyad, Syria," in Düring, *Understanding Hegemonic Practices*, 89~123, at 116~119.

303) 최근의 연구는 다음과 같다. Saqer Salah, *Die mittelassyrischen Personen- und Rationenlisten aus Tall Šēḫ Ḥamad / Dūr-Katlimmu* (Wiesbaden: Harrassowitz, 2014), especially 1.

304) Postgate, *Bronze Age Bureaucracy*, 325.

305) Ibid., 287f.

306) Eidem, "Kingdom of Šamšī-Adad."

307) Alexa Bartelmus and Katja Sternitzke, eds., *Karduniaš: Babylonien zur Kassitenzeit / Babylonia under the Kassites* (Berlin: De Gruyter, 2017).

308) Frans van Koppen, "The Early Kassite Period," in Bartelmus and Sternitzke, *Karduniaš*, 45~92, at 46~54.

309) Koppen, "Early Kassite Period," in Bartelmus and Sternitzke, *Karduniaš*, 65~74 .

310) Daniel T. Potts, "Elamites and Kassites in the Persian Gulf," *Journal of Near Eastern Studies* 65 (2006): 111~119.

311) Potts, *Archaeology of Elam*, 205~212.

312) Tim Clayden, "Kurigalzu I and the Restoration of Babylonia," *Iraq* 58 (1996): 109~122.

313) Potts, *Archaeology of Elam*, 222~230.

314) Ibid., 232~236.

315) Prudence O. Harper and Pierre Amiet, "Mesopotamian Monuments Found at Susa," in Harper, Aruz, and Tallon, *Royal City of Susa*, 159~182.

316) John A. Brinkman, *A Political History of Post-Kassite Babylonia, 1158-722 B.C.* (Rome: Pontificium Institutum Biblicum, 1968), 104~110; Grant Frame, *Rulers of Babylonia from the Second Dynasty of Isin to the End of the Assyrian Domination (1157-612 B.C.)* (Toronto: University of Toronto Press, 1995), 11, 17~35.

317) Andrew J. Shortland, *Lapis Lazuli from the Kiln: Glass and Glassmaking in the Late Bronze Age* (Leuven: Leuven University Press, 2012).

318) A. Leo Oppenheim, Robert H. Brill, Dan Barag, and Axel von Saldern, *Glass and Glassmaking in Ancient Mesopotamia: An Edition of the Cuneiform Texts Which Contain Instructions for Glassmakers with a Catalogue of Surviving Objects* (Corning, NY: Corning Museum of Glass, 1970); Eleanor Robson, "Technology in Society: Three Textual Case Studies from Late Bronze Age Mesopotamia," in *The Social Context of Technological Change: Egypt and the Near East, 1650-1550 B.C.*, ed. Andrew J. Shortland (Oxford: Oxbow, 2001) 39~57, at 50~54.

319) Thilo Rehren and Edgar B. Pusch, "Late Bronze Age Glass Production at Qantir-Piramesses, Egypt," *Science* 308 (2005): 1756~1758; Edgar B. Pusch and Thilo Rehren, *Hochtemperatur-Technologie in der Ramses-Stadt: Rubinglas für den Pharao* (Hildesheim, Germany: Gerstenberg, 2007).

320) Thilo Rehren, "Glass Production and Consumption between Egypt, Mesopotamia and the Aegean," in *Contextualising Grave Inventories in the Ancient Near East*, ed. Peter Pfälzner, Herbert Niehr, Ernst Pernicka, Sarah Lange, and Tina Koster (Wiesbaden: Harrassowitz, 2014), 217~224, at 218.

321) Andrew J. Shortland, "Social Influences on the Development and Spread of Glass Technology," in Shortland, *Social Context of Technological Change*, 211~222.

322) Thilo Rehren, "Der Handel mit Glas in der Spätbronzezeit," in Yalçın, Pulak, and Slotta, *Schiffvon Uluburun*, 533~539.

323) Mario Liverani, *Prestige and Interest: International Relations in the Near East, ca. 1600-1100 B.C.* (Padua: Sargon, 1990), 274~282; Podany, Brotherhood of Kings, 217~242.

324) William L. Moran, *The Amarna Letters* (Baltimore: Johns Hopkins University Press, 1992).

325) 이 문서 전부를 전문 서적에서 확인할 수 있는 것은 아니다. 대표적인 선집이 필요하다면 다음을 참조하라. Gary Beckman, *Hittite Diplomatic Texts*, 2nd ed. (Atlanta: Scholars Press, 1999), 125~152. 아시리아와 주고받은 국가 서한의 경우에는 다음을 참조하라. Clelia Mori and Mauro Giorgieri, *Le lettere tra i re ittiti e i re assiri ritrovate a Hattuša* (Padua: Sargon, 2004); 이집트와 주고받은 국가 서한의 경우에는 다음을 참조하라. Elmar Edel, *Die ägyptischhethitische Korrespondenz aus Boghazköy in babylonischer und hethischer Sprache* (Opladen: Westdeutscher Verlag, 1994); 바빌로니아와 주고받은 국가 서한의 경우에는 다음을 참조하라. Breyer, *Ägypten und Anatolien*, 513.

326) Podany, *Brotherhood of Kings*, 243~264.

327) Ibid., 199~216; Breyer, *Ägypten und Anatolien*, 262~280.

328) Sigrid Hodel-Hoenes, *Leben und Tod im Alten Ägypten: Thebanische Privatgräber des Neuen Reiches* (Darmstadt: Wissenschaftliche Buchgesellschaft, 1991), 123~159, at 128~132; Sarah Graff,

"Depictions of Foreign Emissaries in the Theban Tombs," in *Beyond Babylon: Art, Trade, and Diplomacy in the Second Millennium B. C.*, ed. Joan Aruz, Kim Benzel, and Jean M. Evans (New York: Metropolitan Museum of Art, 2008), 260~261.

329) Alain Zivie, "Le messager royal égyptien Pirikhnawa," *British Museum Studies in Ancient Egypt and Sudan 6* (2006): 68~78.

330) Trevor Bryce, *Letters of the Great Kings: The Royal Correspondence of the Late Bronze Age* (London: Routledge, 2003), 121~128.

331) Marian H. Feldman, *Diplomacy by Design: Luxury Arts and an "International Style" in the Ancient Near East, 1400-1200 BCE* (Chicago: University of Chicago Press, 2006).

332) Cemal Pulak, "The Uluburun Shipwreck and Late Bronze Age Trade," in Aruz, Benzel, and Evans, *Beyond Babylon*, 288~310 (이 책은 컬러 삽화와 함께 다른 곳의 많은 발견물을 다룬다.); Cemal Pulak, "Uluburun Shipwreck," in *The Oxford Handbook of the Bronze Age Aegean*, ed. Eric H. Cline (Oxford: Oxford University Press, 2010), 862~876.

333) Cemal Pulak, "Who Were the Myceneans Aboard the Uluburun Ship?," in *Emporia: Aegeans in the Central and Eastern Mediterranean*, ed. Robert Laffineur and Emanuele Greco (Liège: Université de Liège, 2005), 295~310.

334) J. David Hawkins, "The Arzawa Letters in Recent Perspective," *British Museum Studies in Ancient Egypt and Sudan* 14 (2009): 73~83.

335) Trevor Bryce, *The Kingdom of the Hittites* (Oxford: Oxford University Press, 2005), 70-83, 97~100; Breyer, *Ägypten und Anatolien*, 116~118.

336) Bryce, *Kingdom of the Hittites*, 123, 139; Breyer, *Ägypten und Anatolien*, 119f., 162.

337) Rita Strauss, *Reinigungsrituale aus Kizzuwatna: Ein Beitrag zur Erforschung hethitischer Ritual tradition und Kulturgeschichte* (Berlin: De Gruyter, 2006), especially 9~11.

338) Bryce, *Kingdom of the Hittites*, 154~189; Breyer, *Ägypten und Anatolien*, 164~171.

339) Beckman, *Hittite Diplomatic Texts*, 26~58.

340) Claudia Glatz and Roger Matthews, "Anthropology of a Frontier Zone: Hittite-Kaska Relations in Late Bronze Age Anatolia," *Bulletin of the American Schools of Oriental Research* 339 (2005): 47~65.

341) Horst Klengel, "'Das Jahr ist zu kurz geworden': Die 'Feldzugssaison' bei den Hethitern," *Orientalia Nova* 79 (2010): 177~183.

342) Breyer, *Ägypten und Anatolien*, 167~170; Thomas Richter and Sarah Lange, *Die Keilschrifttexte aus den deutsch-syrischen Ausgrabungen 2001-2003 im Königspalast von Qaṭna* (Wiesbaden: Harrassowitz, 2012), 155~162.

343) Bryce, *Kingdom of the Hittites*, 177~180, 185~188.

344) Itamar Singer, "A Political History of Ugarit," in *Handbook of Ugaritic Studies*, ed. Wilfred G. E. Watson and Nicolas Wyatt (Leiden: Brill, 1999), 604~733; Marguerite Yon, *The City of Ugarit at Tell Ras Shamra* (Winona Lake, IN: Eisenbrauns, 2006).

345) Horst Klengel, "Ura, Ugarit und der hethitische Mittelmeerhandel," in *VITA: Festschrift in Honor*

of Belkıs Dinçol and Ali Dinçol, ed. Metin Alparslan, Meltem Doğan-Alparslan, and Hasan Peker (Istanbul: Ege Yayınları, 2007), 383~388.

346) Bryce, *Kingdom of the Hittites*, 230~233; Trevor Bryce, "The Secession of Tarhuntassa," in *Tabularia Hethaeorum. Hethitologische Beiträge Silvin Košak zum 65. Geburtstag*, ed. Detlev Groddek and Marina Zorman (Wiesbaden: Harrassowitz, 2007), 119~129.

347) Bryce, *Kingdom of the Hittites*, 159~160.

348) Ibid., 207~210.

349) Nicholas Reeves, *Akhenaten: Egypt's False Prophet* (London: Thames and Hudson, 2000); Aidan Dodson, *Amarna Sunrise: Egypt from Golden Age to Age of Heresy* (Cairo: American University in Cairo Press, 2014), 85~141.

350) Barry Kemp, *The City of Akhenaten and Nefertiti: Amarna and Its People* (London: Thames and Hudson, 2012).

351) Barry Kemp, Anna Stevens, Gretchen R. Dabbs, Melissa Zabecki, and Jerome C. Rose, "Life, Death and Beyond in Akhenaten's Egypt: Excavating the South Tombs Cemetery at Amarna," *Antiquity* 87 (2013): 64~78, at 73.

352) Christian Tietze, ed., *Amarna: Lebensräume—Lebensbilder—Weltbilder* (Weimar: Arcus, 2010).

353) Kemp et al., "Life, Death and Beyond," 75~76.

354) Aidan Dodson, *Amarna Sunset: Nefertiti, Tutankhamun, Ay, Horemheb and the Egyptian Counter-Reformation* (Cairo: American University in Cairo Press, 2009).

355) Nicholas Reeves, *The Complete Tutankhamun: The King, the Tomb, the Royal Treasure* (London: Thames and Hudson, 2000); André Wiese and Andreas Brodbeck, eds., *Tutanchamun—Das goldene Jenseits: Grabschätze aus dem Tal der Könige* (Munich: Hirmer, 2004).

356) 이 문제는 다음 책에서 철저하게 논의된다. Breyer, *Ägypten und Anatolien*, 171~196.

357) 다음 책을 비교해 참조하라. Breyer, *Ägypten und Anatolien*, 193, 다른 독립적 주장은 다음 책을 참조하라. Dodson, *Amarna Sunset*, 89.

358) Charlotte Booth, *Horemheb: The Forgotten Pharaoh* (Stroud: Amberley, 2009).

359) Breyer, *Ägypten und Anatolien*, 203~206.

360) Spalinger, *War in Ancient Egypt*, 209~234; Breyer, *Ägypten und Anatolien*, 203~214; Jacobus van Dijk, "The Amarna Period and the Later New Kingdom (c. 1352-1069 b.c.)," in Shaw, *Oxford History of Ancient Egypt*, 265~307, at 288~294; Marc van de Mieroop, *The Eastern Mediterranean in the Age of Ramesses II* (Oxford: Wiley-Blackwell, 2007); Manfred Clauss, *Ramses der Große* (Darmstadt: Wissenschaftliche Buchgesellschaft, 2010); Breyer, *Ägypten und Anatolien*, 214~224.

361) Horst Klengel, *Hattuschili und Ramses, Hethiter und Ägypter: Ihr langer Weg zum Frieden* (Mainz, Germany: Philipp von Zabern, 2002); Breyer, *Ägypten und Anatolien*, 230~247.

362) Breyer, *Ägypten und Anatolien*, 247~262.

363) Edgar B. Pusch and Stefan Jakob, "Der Zipfel des diplomatischen Archivs Ramses' II.," *Ägypten und Levante* 13 (2003): 143~153.

364) United Nations, "Turkey Gives Peace Treaty Replica to United Nations for Display at

Headquarters,"September 24, 1970, www.unmultimedia.org/s/photo/detail/239/0239282.html.

365) Bryce, *Kingdom of the Hittites*, 259~265; Breyer, *Ägypten und Anatolien*, 227~230.

366) Lorenzo D'Alfonso, "The Kingdom of Tarhuntassa: A Reassessment of Its Timeline and Political Significance," in *Proceedings of the Eighth International Congress of Hittitology*, ed. Piotr Taracha and Magdalena Kapeluś (Warsaw: Agade, 2014), 216~235.

367) Beckman, *Hittite Diplomatic Texts*, 107~124.

368) Bryce, *Kingdom of the Hittites*, 313~319; Breyer, *Ägypten und Anatolien*, 513~515.

369) Ellen Morris, "Egypt, Ugarit, the God Ba'al, and the Puzzle of a Royal Rebuff," in *There and Back Again—the Crossroads II*, ed. Jana Mynářová, Pavel Onderka, and Peter Pavúk (Prague: Charles University, 2015), 315~351.

370) Stefano de Martino, "Kurunta e l'Anatolia Occidentale," in *Luwian and Hittite Studies Presented to J. D. Hawkins on the Occasion of His 70th Birthday*, ed. Itamar Singer (Tel Aviv: Tel Aviv University, 2010), 44~49.

371) Steven R. Snape, "Walls, Wells and Wandering Merchants: Egyptian Control of the Marmarica in the Late Bronze Age," in *Proceedings of the Seventh International Congress of Egyptologists*, ed. Christopher J. Eyre (Leuven: Peeters, 1998), 1081~1084; Steven R. Snape, "The Emergence of Libya on the Horizon of Egypt," in *Mysterious Lands*, ed. David B. O'Connor and Stephen G. J. Quirke (London: UCL Press, 2003), 93~106.

372) Grayson, *Assyrian Rulers of the Third and Second Millennia BC*, 274f.

373) Harriet Crawford and Michael Rice, *Traces of Paradise: The Archaeology of Bahrain, 2500 B.C. to 300 A.D.* (London: Dilmun Committee, 2000), 116.

374) Alessandra Gilibert, "On Kār Tukultī-Ninurta: Chronology and Politics of a Middle Assyrian *ville neuve*," in *Fundstellen: Gesammelte Schriften zur Archäologie und Geschichte Altvorderasiens ad honorem Hartmut Kühne*, ed. Dominik Bonatz, Rainer Czichon, and F. Janoscha Kreppner (Wiesbaden: Harrassowitz, 2008), 177~188.

375) Shigeo Yamada, "Tukulti-Ninurta I's Rule over Babylonia and Its Aftermath—a Historical Reconstruction," *Orient* 38 (2003): 153~177.

376) Karen Radner, "Ramman-šumu-uṣur," in *Reallexikon der Assyriologie und Vorderasiatischen Archäologie*, vol. 11 (Berlin: De Gruyter, 2008), 235f.

377) Benjamin R. Foster, *Before the Muses: An Anthology of Akkadian Literature* (Bethesda, MD: CDL Press, 1993), 209~229.

378) Breyer, *Ägypten und Anatolien*, 214.

379) Jaume Llop and Andrew R. George, "Die babylonisch-assyrischen Beziehungen und die innere Lage Assyriens in der Zeit der Auseinandersetzung zwischen Ninurta-tukulti- Aššur und Mutakkil-Nusku nach neuen keilschriftlichen Quellen," *Archiv für Orientforschung* 48 / 49 (2001-2002): 1~23.

380) Frederick Mario Fales, "The Two Dynasties of Assyria," in *From Source to History: Studies on Ancient Near Eastern Worlds and beyond Dedicated to Giovanni Battista Lanfranchi*, ed. Salvatore

Gaspa, Alessandro Greco, Daniele Morandi Bonacossi, Simonetta Ponchia, and Robert Rollinger (Münster: Ugarit, 2014), 201~237, at 224~230.

381) Frans A. M. Wiggermann, "The Seal of Ilī-pada, Grand Vizier of the Middle Assyrian Empire," in *The Iconography of Cylinder Seals*, ed. Paul Taylor (London: Warburg Institute, 2006), 92~99.

382) Edward Lipiński, *The Aramaeans: Their Ancient History, Culture, Religion* (Leuven: Peeters, 2000).

383) Michael Herles, "Zur geographischen Einordnung der *ahlamû*—eine Bestandsaufnahme," *Altorientalische Forschungen* 34 (2007): 319~341.

384) Edward Lipiński, "The Aramaeans in the West (13th-8th Centuries)," in *Arameans, Chaldeans, and Arabs in Babylonia and Palestine in the First Millennium B.C.*, ed. Angelika Berlejung and Michael P. Streck (Wiesbaden: Harrassowitz, 2013), 123~148; Hélène Sader, "History," in *The Aramaeans in Ancient Syria*, ed. Herbert Niehr (Leiden: Brill, 2014), 11~35.

385) Brian Brown, "The Structure and Decline of the Middle Assyrian State: The Role of Autonomous and Nonstate Actors," *Journal of Cuneiform Studies* 65 (2013): 97~126.

386) Grant Frame, "The Political History and Historical Geography of the Aramean, Chaldean, and Arab Tribes in Babylonia in the Neo-Assyrian Period," in Berlejung and Streck, *Arameans, Chaldeans, and Arabs,* 87~121.

387) Eric H. Cline, *1177 B.C.: The Year Civilization Collapsed* (Princeton, NJ: Princeton University Press, 2014).

388) Assaf Yasur-Landau, *The Philistines and Aegean Migration in the Late Bronze Age* (Cambridge: Cambridge University Press, 2010).

389) Ann E. Killebrew and Gunnar Lehmann, eds., *The Philistines and Other "Sea Peoples" in Text and Archaeology* (Atlanta: Society of Biblical Literature, 2013); Colleen Manassa, *The Great Karnak Inscription of Merneptah: Grand Strategy in the 13th Century BC* (New Haven, CT: Yale Egyptological Seminar, 2003); Pierre Grandet, *Ramses III: Histoire d'un règne* (Paris: Pygmalion, 2009); Eric H. Cline and David O'Connor, eds., Ramesses III: *The Life and Times of Egypt's Last Hero* (Ann Arbor: University of Michigan Press, 2012).

390) Jeffrey P. Emanuel, "Sea Peoples, Egypt and the Aegean: The Transference of Maritime Technology in the Late Bronze Age-Early Iron Age Transition (LH IIIB-C)," *Aegean Studies* 1 (2014): 21~56.

391) Jeffrey P. Emanuel, "Sherden from the Sea: The Arrival, Integration, and Acculturation of a Sea People," *Journal of Ancient Egyptian Interconnections* 5 (2013): 14~27.

392) G. Kenneth Sams, "Anatolia: The First Millennium B.C.E. in Historical Context," in Steadman and McMahon, *Oxford Handbook of Ancient Anatolia*, 604~622, at 607; 아시리아 사료를 원한다면 다음을 참조하라. Karen Radner, review of Anne-Maria Wittke, Mušker und Phryger (Wiesbaden: Harrassowitz, 2004)," *Zeitschrift für Assyriologie und Vorderasiatische Archäologie* 96 (2006): 147~149.

393) Joshua A. Jeffers, "Tiglath-Pileser I: A Light in a 'Dark Age'" (PhD diss., University of Pennsylvania, 2013), http://search.proquest.com/docview/1443535236.

394) A. Kirk Grayson, *Assyrian Rulers of the Early First Millennium BC*, vol. 1, *1114-859 B.C.* (Toronto: University of Toronto Press, 1991), 14: A.0.87.1 i 62~88.

395) Andreas Fuchs, "Das Osttigrisgebiet von Agum II. bis zu Darius I. (ca. 1500 bis 500 v. Chr.)," in *Between the Cultures: The Central Tigris Region from the 3rd to the 1st Millennium BC*, ed. Peter A. Miglus and Simone Mühl (Heidelberg: Heidelberger Orientverlag, 2011), 229~329, at 255~260, 316f.

396) Grayson, *Assyrian Rulers of the Early First Millennium BC*, vol. 1, 37: A.0.87.3: 26~28.

397) Ibid., 37f.: A.0.87.3: ll. 29~35, 43: A.0.87.4: ll. 34~36.

398) Mark Weeden, "After the Hittites: The Kingdoms of Karkamish and Palistin in Northern Syria," *Bulletin of the Institute of Classical Studies* 56 (2013): 1~20, at 6~8.

399) J. David Hawkins, "'Great Kings' and 'Country Lords' at Malatya and Karkamiš," in *Studio historiae ardens: Ancient Near Eastern Studies Presented to Philo H. J. Houwink ten Cate,* ed. Theo van den Hout and Johan de Roos (Leiden: Nederlands Instituut voor het Nabije Oosten, 1995), 73~86; J. David Hawkins, *Corpus of Hieroglyphic Luwian Inscriptions*, vol. 1, *Inscriptions of the Iron Age* (Berlin: De Gruyter, 2000), 72~74, 282f.; Trevor Bryce, *The World of the Neo-Hittite Kingdoms* (Oxford: Oxford University Press, 2012), 83~110.

400) Grayson, *Assyrian Rulers of the Early First Millennium BC*, vol. 1, 22f.: A.0.87.1: ll. 33~41; 43: A.0.87.4: ll. 31f.

401) Ibid., 37: A.0.87.3: 16~25, 42: A.0.87.4: 24~30.

402) 그렇기는 해도 밀리디아를 다스린(그리고 원래는 카르케미시에 속한 영토의 북쪽 지역을 함께 다스린) 카르케미시의 쿠지-테슈브(Kuzi-Teshub)의 후손들은 독립을 선언했다. Hawkins, *Corpus*, 283, 286f.; Bryce, *World of the Neo-Hittite Kingdoms*, 98f., 101.

403) Fuchs, "Osttigrisgebiet," 229~329, at 261; Cinzia Pappi, "Assyrians at the Lower Zab," in *Leggo! Studies Presented to Frederick Mario Fales*, ed. Giovanni B. Lanfranchi, Daniele Morandi Bonacossi, Cinzia Pappi, and Simonetta Ponchia (Wiesbaden: Harrassowitz, 2012), 597~611, at 604~606.

404) Ünal Yalşın, "Zum Eisen der Hethiter," in Yalçın, Pulak, and Slotta, *Schiff von Uluburun*, 493~502; Jana Siegelov and Hidetoshi Tsumoto, "Metals and Metallurgy in Hittite Anatolia," in *Insights into Hittite History and Archaeology*, ed. Hermann Genz and Dirk Paul Mielke (Leuven: Peeters, 2011), 275~300.

405) Stefan Jakob, *Mittelassyrische Verwaltung und Sozialstruktur: Untersuchungen* (Leiden: Brill, 2003), 444f.

406) 아라파 왕국의 행정 문서에 따르면 도토리를 먹고 산 대규모 돼지 떼가 이곳에서 사육되었다. Brigitte Lion, "Les porcs à Nuzi," *Studies in the Civilization and Culture of Nuzi and the Hurrians* 18 (2009): 259~286.

407) Karen Radner, "Traders in the Neo-Assyrian Period," in *Trade and Finance in Ancient Mesopotamia*, ed. Jan Gerrit Dercksen (Leiden: Nederlands Instituut voor het Nabije Oosten, 1999), 101~126.

408) Robin Archer, "Chariotry to Cavalry: Developments in the Early First Millennium," in *New*

Perspectives on Ancient Warfare, ed. Garrett G. Fagan and Matthew Trundle (Leiden: Brill, 2010), 57~80.

409) Lipiński, *Aramaeans*.

410) Karen Radner and Andreas Schachner, "From Tušhan to Amidi: Topographical Questions concerning the Upper Tigris Region in the Assyrian Period," in *Salvage Project of the Archaeological Heritage of the Ilisu and Carchemish Dam Reservoirs: Activities in 1999*, ed. Numan Tuna, Jean Öztürk, and Jale Velibeyoğlu (Ankara: TAÇDAM, 2001), 729~776.

411) Ran Zadok, *The Ethno-Linguistic Character of Northwestern Iran and Kurdistan in the Neo-Assyrian Period* (Jaffa: Archaeological Center, 2002), 112f.

412) Hartmut Kühne, "Interaction of Aramaeans and Assyrians on the Lower Khabur," *Syria* 86 (2009): 43~54; Beate Pongratz-Leisten, "Assyrian Royal Discourse between Local and Imperial Traditions at the Habur," *Revue d'assyriologie et d'archéologie orientale* 105 (2011): 109~128.

413) H. Craig Melchert, ed., *The Luwians* (Leiden: Brill, 2003); Bryce, *World of the Neo-Hittite Kingdoms*, 110~114 (Kummuh), 122~128 (Gurgum), 140~162 (Tabal).

414) Itamar Singer, "The Philistines in the North and the Kingdom of Taita," in *The Ancient Near East in the 12th to 10th Centuries BCE: Culture and History*, ed. Gershon Galil, Ayelet Le inzon-Gilboa, Aren M. Maeir, and Dan'el Kahn (Münster: Ugarit, 2012), 451~471, at 460f.; Bryce, *World of the Neo-Hittite Kingdoms*, 153~161.

415) Carolina López-Ruiz, "Mopsos and Cultural Exchange between Greeks and Locals in Cilicia," in *Antike Mythen: Medien, Transformationen, Konstruktionen*, ed. Ueli Dill and Christine Walde (Berlin: De Gruyter, 2009), 382~396.

416) Anna Margherita Jasink and Mauro Marino, "The West-Anatolian Origins of the Que Kingdom Dynasty," *Studi micenei ed egeo-anatolici* 49 (2007): 407~426.

417) Gary M. Beckman, Trevor Bryce, and Eric H. Cline, *The Ahhiyawa Texts* (Atlanta: Society of Biblical Literature, 2011), 4~6.

418) Giovanni B. Lanfranchi, "The Luwian-Phoenician Bilingual of Cineköy and the Annexation of Cilicia to the Assyrian Empire," in *Von Sumer bis Homer: Festschrift für Manfred Schretter*, ed. Robert Rollinger (Münster: Ugarit, 2005), 481~496.

419) Karen Radner, "The Stele of Sargon II of Assyria at Kition: A Focus for an Emerging Cypriot Identity?," in *Interkulturalität in der Alten Welt: Vorderasien, Hellas, Ägypten und die vielfältigen Ebenen des Kontakts*, ed. Robert Rollinger, Birgit Gufler, Martin Lang, and Irene Madreiter (Wiesbaden: Harrassowitz, 2010), 429~449, at 436.

420) Kay Kohlmeyer, "Building Activities and Architectural Decoration in the 11th Century bc: The Temples of Taita, King of Padasatini / Palistin in Aleppo and 'Ain Dara," in *Empires after the Empire: Anatolia, Syria and Assyria after Suppiluliuma II (ca. 1200-800 / 700 B.C.)*, ed. Karl Strobel (Florence: LoGisma, 2011), 255~280.

421) Singer, "Philistines in the North," 461~468.

422) Weeden, "After the Hittites," 19f.

423) Bryce, *World of the Neo-Hittite Kingdoms*, 130~133 (Patin), 133~138 (Hamath), 165~168 (Bit-Agusi), 169~175 (Sam'al).

424) Bryce, *World of the Neo-Hittite Kingdoms*, 115~121, 168f.

425) Bryce, *World of the Neo-Hittite Kingdoms*, 175~178.

426) 암몬의 경우: Burton MacDonald and Randall W. Younker, eds., *Ancient Ammon* (Leiden: Brill, 1999); 모압의 경우: Bruce Routledge, *Moab in the Iron Age: Hegemony, Polity, Archaeology* (Philadelphia: University of Pennsylvania Press, 2004); Galo W. Vera Chamaza, *Die Rolle Moabs in der neuassyrischen Expansionspolitik* (Münster: Ugarit, 2005); 에돔의 경우: Thomas E. Levy, Mohammad Najjar, and Erez Ben-Yosef, eds., *New Insights into the Iron Age Archaeology of Edom, Southern Jordan* (Los Angeles: Cotsen Institute of Archaeology, 2014).

427) Ingo Kottsieper, André Lemaire, Nadal Na'aman, Thomas L. Thompson의 기고문을 참조하라. Lester L. Grabbe, ed., *Ahab Agonistes: The Rise and Fall of the Omri Dynasty* (London: T & T Clark, 2007).

428) Mario Liverani, *Israel's History and the History of Israel* (London: Equinox, 2005); Israel Finkelstein and Amihai Mazar, *The Quest for the Historical Israel: Debating Archaeology and the History of Early Israel* (Atlanta: Society of Biblical Literature, 2007).

429) Alexander J. Peden, *The Reign of Ramesses IV* (Warminster: Aris & Phillips, 1994).

430) Karl Jansen-Winkeln, "Der thebanische 'Gottesstaat,'" *Orientalia* 70 (2001): 153~182, at 158f.

431) Christoph Kümmel, *Urund frühgeschichtlicher Grabraub: Archäologische Interpretation und kulturanthropologische Erklärung* (Münster: Waxmann, 2009), 190~195; Ogden Goelet, "Tomb Robberies in the Valley of the Kings," in *The Oxford Handbook of the Valley of the Kings*, ed. Richard H. Wilkinson and Kent R. Weeks (Oxford: Oxford University Press, 2016), 448~466.

432) Jennifer Palmer, "The High Priests of Amun at the End of the Twentieth Dynasty," *Birmingham Egyptology Journal* 2 (2014): 1~22.

433) Steven R. W. Gregory, "Piankh and Herihor: Art, Ostraca, and Accession in Perspective," *Birmingham Egyptology Journal* 1 (2013): 5~18.

434) David A. Aston, *Burial Assemblages of Dynasty 21-25: Chronology—Typology—Development* (Vienna: Verlag der Österreichischen Akademie der Wissenschaften, 2009), 39~60.

435) Bernd U. Schipper, *Die Erzählung des Wenamun: Ein Literaturwerk im Spannungsfeld von Politik, Geschichte und Religion* (Göttingen: Vandenhoeck & Ruprecht, 2005).

436) Robert K. Ritner, *The Libyan Anarchy: Inscriptions from Egypt's Third Intermediate Period* (Atlanta: Society of Biblical Literature, 2009); Gerard P. F. Broekman, Robert J. Demarée, and Olaf E. Kaper, eds., *The Libyan Period in Egypt: Historical and Cultural Studies into the 21st—24th Dynasties* (Leuven: Peeters, 2009).

437) Jan Moje, *Herrschaftsräume und Herrschaftswissen ägyptischer Lokalregenten: Soziokulturelle Interaktionen zur Machtkonsolidierung vom 8. bis zum 4. Jahrhundert v. Chr.* (Berlin: De Gruyter, 2014).

438) Karl Jansen-Winkeln, "Die Entwicklung der genealogischen Informationen nach dem Neuen

Reich," in *Genealogie: Realität und Fiktion von Identität*, ed. Martin Fitzenreiter (London: Golden House, 2005), 137~145.

439) Elena Pischikova, Julia Budka, and Kenneth Griffin, eds., *Thebes in the First Millennium BC* (Newcastle upon Tyne: Cambridge Scholars, 2014).

440) Ayad, *God's Wife, God's Servant*, 8~22.

441) Török, *Between Two Worlds*, 285~359.

442) Robert G. Morkot, *The Black Pharaohs: Egypt's Nubian Rulers* (London: Rubicon Press, 2000), 137f., 170~172; Timothy Kendall, "Why Did Taharqa Build His Tomb at Nuri?," in *Between the Cataracts: Proceedings of the 11th Conference for Nubian Studies*, ed. Włodzimierz Godlewski and Adam Łajtar (Warsaw: University of Warsaw, 2008), 117~147, at 124f.

443) Morkot, Black Pharaohs, 167~196; Roberto B. Gozzoli, *The Writing of History in Ancient Egypt during the First Millennium BC* (ca. 1070-180 b.c.): Trends and Perspectives (London: Golden House, 2006), 54~67. 쿠시 왕들에 관한 연도는 다음을 따랐다. Karola Zibelius-Chen, "Tables for Kushite Rulers," in *Hornung, Krauss, and Warburton, Ancient Egyptian Chronology*, 496~500, at 496.

444) Ernst Kausen, "Die Siegesstele des Pije," in *Historisch-chronologische Texte III*, ed. Otto Kaiser (Gütersloh, Germany: Mohn, 1985), 557~585, at 570f.

445) Lisa A. Heidorn, "The Horses of Kush," *Journal of Near Eastern Studies* 56 (1997): 105~114.

446) Kendall, "Why Did Taharqa Build His Tomb at Nuri?"; Morkot, *Black Pharaohs*, 229~292; Jeremy W. Pope, T*he Double Kingdom under Taharqo: Studies in the History of Kush and Egypt*, c. *690-664 B.C.* (Leiden: Brill, 2014).

447) Silvie Zamazalová, "Before the Assyrian Conquest in 671 B.C.E.: Relations between Egypt, Kush and Assyria," in *Egypt and the Near East—the Crossroads*, ed. Jana Mynářová (Prague: Charles University, 2011), 297~328.

448) Mario Liverani, "The Growth of the Assyrian Empire in the Habur / Middle Euphrates Area: A New Paradigm," *State Archives of Assyria Bulletin* 2 (1988): 81~98.

449) Karen Radner, "Provinz: Assyrien," in *Reallexikon der Assyriologie und Vorderasiatischen Archäologie*, vol. 11, 42~68, at 48~53.

450) 예를 들면 아수르-단 2세(934~912 BC); 다음을 참조하라. Grayson, *Assyrian Rulers of the Early First Millennium BC*, vol. 1, 134f.: A.0.98.1: ll. 60~67.

451) Ali Abou-Assaf, Pierre Bordreuil, and Alan R. Millard, *La statue de Tell Fekherye et son inscription bilingue assyro-araméenne* (Paris: Éditions recherches sur les civilisations, 1982).

452) Laura Kataja and Robert Whiting, *Grants, Decrees and Gifts of the Neo-Assyrian Period* (Helsinki: Helsinki University Press, 1995), 92~98, nos. 82~83.

453) Joan Oates and David Oates, eds., *Nimrud: An Assyrian Imperial City Revealed* (London: British School of Archaeology in Iraq, 2001).

454) David Kertai, *The Architecture of Late Assyrian Royal Palaces* (Oxford: Oxford University Press, 2015).

455) John Curtis, Henrietta McCall, Dominique Collon, and Lamia al-Gailani Werr, eds., *New Light on Nimrud* (London: British Institute for the Study of Iraq, 2008).

456) Grayson, *Assyrian Rulers of the Early First Millennium BC*, vol. 1, 288~293: A.0.101.30.

457) Karen Radner, "The Assur-Nineveh-Arbela Triangle: Central Assyria in the Neo-Assyrian Period," in *Between the Cultures: The Central Tigris Region in Mesopotamia from the 3rd to the 1st Millennium BC*, ed. Peter Miglus and Simone Mühl (Heidelberg: Heidelberger Orientverlag, 2011), 321~329.

458) J. Nicholas Postgate, "The Land of Assur and the Yoke of Assur," *World Archaeology* 23 (1992): 247~263.

459) Simon B. Parker, "Appeals for Military Intervention: Stories from Zinjirli and the Bible," *Biblical Archaeologist* 59 (1996): 213~224.

460) Stefan M. Maul, "Der assyrische König—Hüter der Weltordnung," in *Gerechtigkeit: Richten und Retten in der abendländischen Tradition und ihren altorientalischen Ursprüngen*, ed. Jan Assmann, Bernd Janowski, and Michael Welker (Munich: Fink, 1998), 65~77.

461) Karen Radner, "Revolts in the Assyrian Empire: Succession Wars, Rebellions against a False King and Independence Movements," in *Revolt and Resistance in the Ancient Classical World and the Near East: In the Crucible of Empire*, ed. John J. Collins and Joseph G. Manning (Leiden: Brill, 2016), 41~54.

462) Karen Radner, "The Delegation of Power: Neo-Assyrian Bureau Seals," in *L'archive des Fortifications de Persépolis: État des questions et perspectives de recherches*, ed. Pierre Briant, Wouter F. M. Henkelman, and Matthew W. Stolper (Paris: De Boccard, 2008), 481~515.

463) Elnathan Weissert, "Royal Hunt and Royal Triumph in a Prism Fragment of Ashurbanipal," in *Assyria 1995*, ed. Simo Parpola and Robert Whiting (Helsinki: Helsinki University Press, 1997), 339~358.

464) Hayim Tadmor, "The Role of the Chief Eunuch and the Place of Eunuchs in the Assyrian Empire," in *Sex and Gender in the Ancient Near East*, ed. Simo Parpola and Robert M. Whiting (Helsinki: Helsinki University Press, 2002), 603~611.

465) Ilan Peled, "Eunuchs in Hatti and Assyria: A Reassessment," in *Time and History in the Ancient Near East*, ed. Lluís Feliu et al. (Winona Lake, IN: Eisenbrauns, 2013), 785~797.

466) Silvie Zamazalova, "The Education of Neo-Assyrian Princes," in Radner and Robson, *Oxford Handbook of Cuneiform Culture*, 313~330, at 323~325; Simo Parpola, "The Man without a Scribe and the Question of Literacy in the Assyrian Empire," in *Ana šadī Labnāni lū allik: Festschrift für Wolfgang Röllig*, ed. Beate Pongratz-Leisten, Hartmut Kühne, and Paolo Xella (Kevelaer, Germany: Butzon & Bercker, 1997), 315~324.

467) Karen Radner, "Schreiberkonventionen im assyrischen Reich: Sprachen und Schriftsysteme," in *Assur: Gott, Stadt und Land*, ed. Johannes Renger (Wiesbaden: Harrassowitz, 2011), 385~404.

468) Mario Liverani, "Assyria in the Ninth Century: Continuity or Change?," in *From the Upper Sea to the Lower Sea: Studies on the History of Assyria and Babylonia in Honour of A. K. Grayson*, ed. Grant

Frame (Leiden: Nederlands Instituut voor het Nabije Oosten, 2004), 213~226.

469) Andreas Fuchs, "Der Turtān Šamšī-ilu und die große Zeit der assyrischen Großen (830-746)," *Die Welt des Orients* 38 (2008): 61~145, at 65~68.

470) A. Kirk Grayson, *Assyrian Rulers of the Early First Millennium BC*, vol. 2, 858~745 b.c. (Toronto: University of Toronto Press, 1996), 183: A.0.103.1 i 39~53.

471) Luis R. Siddall, *The Reign of Adad-nirari III: An Historical and Ideological Analysis of an Assyrian King and His Times* (Leiden: Brill, 2013).

472) Grayson, *Assyrian Rulers of the Early First Millennium BC*, vol. 2, 203~205.

473) Ibid., 207~212, 226f., 231~235.

474) Andreas Fuchs, "Urartu in der Zeit," in *Biainili-Urartu*, ed. Stephan Kroll, Claudia Gruber, Ursula Hellwag, Michael Roaf, and Paul E. Zimansky (Leuven: Peeters, 2012), 135~161, at 138f., 160.

475) Grayson, *Assyrian Rulers of the Early First Millennium BC*, vol. 2, 23: A.0.102.2: ll. 82~86 (allies), ll. 90~95 (enemies).

476) Fuchs, "Urartu in der Zeit," 140~145.

477) Askold I. Ivantchik, *Kimmerier und Skythen: Kulturhistorische und chronologische Probleme der Archäologie der osteuropäischen Steppen und Kaukasiens in vor- und frühskythischer Zeit* (Moscow: Paleograph Press, 2001).

478) Fuchs, "Urartu in der Zeit," 155~157.

479) Adam T. Smith, "The Prehistory of an Urartian Landscape," in Kroll et al., Biainili-Urartu, 39~52, at 39~44.

480) Mirjo Salvini, "Neuassyrische Schrift und Sprache in den urartäischen Königsinschriften (9.-7. Jh v. Chr.)," in *Diversity and Standardization: Perspectives on Social and Political Norms in the Ancient Near East*, ed. Eva Cancik-Kirschbaum, Jörg Klinger, and Gerfrid G. W. Müller (Berlin: Akademie, 2013), 113~143.

481) Karen Radner, "Assyrians and Urartians," in Steadman and McMahon, *Oxford Handbook of Ancient Anatolia*, 734~751, at 743f., 748.

482) Karen Radner, "Between a Rock and a Hard Place: Musasir, Kumme, Ukku and Šubria—the Buffer States between Assyria and Urartu," in Kroll et al., *Biainili-Urartu*, 243~264, at 245~254.

483) Michael D. Danti, "The Rowanduz Archaeological Program: Searching for the Kingdom of Musasir," *Expedition* 56, no. 3 (2014): 26~33.

484) Ursula Hellwag, "Der Niedergang Urartus," in Kroll et al., *Biainili-Urartu*, 227~241, at 237.

485) Radner, "Provinz: Assyrien," 56~63.

486) Hayim Tadmor and Shigeo Yamada, *The Royal Inscriptions of Tiglath-Pileser III (744-727 B.C.) and Shalmaneser V (726-722 B.C.)*, *Kings of Assyria* (Winona Lake, IN: Eisenbrauns, 2011).

487) Mikko Luukko, *The Correspondence of Tiglath-Pileser III and Sargon II from Calah / Nimrud* (Helsinki: Helsinki University Press, 2012).

488) Karen Radner, "An Imperial Communication Network: The State Correspondence of the Neo-

Assyrian Empire," in State Correspondences of the Ancient World from the New Kingdom to the Roman Empire, ed. Karen Radner (Oxford: Oxford University Press, 2014), 64~93.

489) Hayim Tadmor, "Assyria at the Gates of Tushpa," in *Treasures on Camels' Humps: Historical and Literary Studies from the Ancient Near East Presented to Israel Eph'a*l, ed. Mordechai Cogan and Dan'el Kahn (Jerusalem: Hebrew University Magnes Press, 2008), 266~273.

490) Shigeo Yamada, "Qurdi-Assur-lamur: His Letters and Career," in Cogan and Kahn, *Treasures on Camels' Humps*, 296~311, at 297~299.

491) Frederick Mario Fales, "Moving around Babylon: On the Aramean and Chaldean Presence in Southern Mesopotamia," in *Babylon: Wissenskultur in Orient und Okzident*, ed. Eva Cancik-Kirschbaum, Margarethe van Ess, and Joachim Marzahn (Berlin: De Gruyter, 2011), 91~112.

492) Gojko Barjamovic, "Civic Institutions and Self-Government in Southern Mesopotamia in the Mid-first Millennium bc," in *Assyria and Beyond: Studies Presented to Mogens Trolle Larsen*, ed. Jan Gerrit Dercksen (Leiden: Nederlands Instituut voor het Nabije Oosten, 2004), 47~98.

493) Tadmor and Yamada, *Royal Inscriptions*, 124f.: no. 47 rev. 35~36.

494) Julye Bidmead, T*he Akitu Festival: Religious Continuity and Royal Legitimation in Mesopotamia* (Piscataway, NJ: Gorgias, 2004).

495) Karen Radner, "Assyrian and Non-Assyrian Kingship in the First Millennium bc," in Lanfranchi and Rollinger, *Concepts of Kingship in Antiquity*, 15~24, at 15.

496) Heather D. Baker, "Salmanassar V.," in *Reallexikon der Assyriologie und Vorderasiatischen Archäologie*, vol. 11, 585~587.

497) Andreas Fuchs, "Sargon II.," in *Reallexikon der Assyriologie und Vorderasiatischen Archäologie*, vol. 12 (Berlin: De Gruyter, 2011), 51~61.

498) Pauline Albenda, "Dur-Sharrukin, the Royal City of Sargon II, King of Assyria," *Bulletin of the Canadian Society for Mesopotamian Studies* 38 (2003): 5~13; Julian Reade, "The Evolution of Assyrian Imperial Architecture: Political Implications and Uncertainties," *Mesopotami*a 46 (2011): 109~125, at 117~120.

499) Radner, "Assur-Nineveh-Arbela Triangle," 325~327.

500) Karen Radner, "Money in the Neo-Assyrian Empire," in *Trade and Finance in Ancient Mesopotamia*, ed. Jan Gerrit Dercksen (Leiden: Nederlands Instituut voor het Nabije Oosten, 1999), 127~157.

501) Hawkins, *Corpus*, 123~133; Bryce, *World of the Neo-Hittite Kingdoms*, 94~97.

502) Sarah C. Melville, "Kings of Tabal: Politics, Competition, and Conflict in a Contested Periphery," in *Rebellions and Peripheries in the Mesopotamian World*, ed. Seth Richardson (Winona Lake, IN: Eisenbrauns, 2010), 87~109.

503) Manfried Dietrich, *The Babylonian Correspondence of Sargon and Sennacherib* (Helsinki: Helsinki University Press, 2003), 22 (no. 20).

504) Eckart Frahm, "Family Matters" Psychohistorical Reflections on Sennacherib and His Times," in *Sennacherib at the Gates of Jerusalem: Story, History and Historiography*, ed. Isaac Kalimi and Seth

Richardson (Leiden: Brill, 2014), 163~222.

505) Karen Radner, "After Eltekeh: Royal Hostages from Egypt at the Assyrian Court," in Baker, Kaniuth, and Otto, *Stories of Long Ago*, 471~479.

506) 예를 들면 다음과 같다. Elnathan Weissert, "Creating a Political Climate: Literary Allusions to Enuma Eliš in Sennacherib's Account of the Battle of Halule," in *Assyrien im Wandel der Zeiten*, ed. Hartmut Waetzoldt and Harald Hauptmann (Heidelberg: Heidelberger Orientverlag, 1997), 191~202.

507) Karen Radner, "The Trials of Esarhaddon: The Conspiracy of 670 B.C.," *Isimu: Revista sobre Oriente Proximo y Egipto en la antiguedad 6* (2003): 165~184.

508) Hans Ulrich Steymans, "Deuteronomy 28 and Tell Tayinat," *Verbum et Ecclesia* 34 (2013), article #870, http://dx.doi.org/10.4102/ve.v34i2.870.

509) Frederick Mario Fales, "After Ta'yinat: The New Status of Esarhaddon's adê for Assyrian Political History," *Revue d'assyriologie et d'archéologie orientale* 106 (2012): 133~158.

510) Barbara N. Porter, *Images, Power, and Politics: Figurative Aspects of Esarhaddon's Babylonian Policy* (Philadelphia: American Philosophical Society, 1993).

511) Mario Liverani, "The Sargon Geography and the Late Assyrian Mensuration of the Earth," *State Archives of Assyria Bulletin* 13 (1999-2001): 57~85.

512) Karen Radner, "Esarhaddon's Expedition from Palestine to Egypt in 671 bce: A Trek through Negev and Sinai," in Bonatz, Czichon, and Kreppner, *Fundstellen*, 305~314.

513) Günter Vittmann, *Ägypten und die Fremden im ersten vorchristlichen Jahrtausen*d (Mainz, Germany: Philipp von Zabern, 2003), 34f.

514) Allison Karmel Thomason, "From Sennacherib's Bronzes to Taharqa's Feet: Conceptions of the Material World at Nineveh," *Iraq* 66 (2004): 151~162, at 157f.

515) Karen Radner, "The Assyrian King and His Scholars: The Syro-Anatolian and the Egyptian Schools," in *Of God(s), Trees, Kings, and Scholars: Neo-Assyrian and Related Studies in Honour of Simo Parpola*, ed. Mikko Luukko, Saana Svärd, and Raija Mattila (Helsinki: Finnish Oriental Society, 2009), 221~238, at 223~226.

516) Bustenay Oded, *Mass Deportations and Deportees in the Neo-Assyrian Empire* (Wiesbaden: Reichert, 1979).

517) Nadav Na'aman, "Population Changes in Palestine following Assyrian Deportations," *Tel Aviv 20* (1993): 104~124.

518) Erle Leichty, *The Royal Inscriptions of Esarhaddon, King of Assyria (680-669 B.C.)* (Winona Lake, IN: Eisenbrauns, 2011), 145 (no. 68: 1~5: "Esarhaddon, King of the World, King of Assyria, Governor of Babylon, King of all Karanduniash [Babylonia], King of the Kings of Lower Egypt, Upper Egypt, and Kush, King of the Four Corners of the World").

519) Olivier Perdu, "Psammetique Ier, restaurateur de l'unité nationale et initiateur de renouveau saït e ," *Égypte, Afrique et Orient* 28 (2003): 3~12; Olivier Perdu, "Saites and Persians (664~332)," in *A Companion to Ancient Egypt*, ed. Alan B. Lloyd (Oxford: Wiley-Blackwell, 2010), 140~158, at

140~144.

520) Ayad, *God's Wife, God's Servant*, 22~27.

521) Grant Frame, *Babylonia, 689-627 B.C.: A Political History* (Istanbul: Nederlands Historisch-Archaeologisch Instituut te Istanbul, 1992), 102~190.

522) Jan Tavernier, "Some Thoughts on Neo-Elamite Chronology," *Achaemenid Research on Texts and Archaeology 3* (2004) http://www.achemenet.com/pdf/arta/2004.003-Tavernier.pdf.

523) Pierre Villard, "Les cérémonies triomphales en Assyrie," in *Les armées du Proche-Orient ancien*, ed. Philippe Abrahami and Laura Battini (Oxford: BAR, 2008), 257~270.

524) Alasdair Livingstone, *Court Poetry and Literary Miscellanea* (Helsinki: Helsinki University Press, 1995), 64~66 (nos. 29~30).

525) Richard C. Steiner, "The Aramaic Text in Demotic Script," in Context of Scripture, ed. William W. Hallo, vol. 1, *Canonical Compositions from the Biblical World* (Leiden: Brill, 1997), 309~327.

526) Andreas Fuchs, "Gyges, Assurbanipal und Dugdamme / Lygdamis: Absurde Kontakte zwischen Anatolien und Ninive," in Rollinger et al., *Interkulturalität in der Alten Welt*, 409~427.

527) Stefan M. Maul, *Die Wahrsagekunst im Alten Orient: Zeichen des Himmels und der Erde* (Munich: C. H. Beck, 2013), 297~313.

528) Andreas Fuchs, "Die unglaubliche Geburt des neubabylonischen Reiches, oder: Die Vernichtung einer Weltmacht durch den Sohn eines Niemand," in *Babylonien und seine Nachbarn in neu- und spätbabylonischer Zeit*, ed. Manfred Krebernik and Hans Neumann (Münster: Ugarit, 2014), 25~72, at 54~58.

529) Ibid., 34~36.

530) Mark Woolmer, *Ancient Phoenicia: An Introduction* (Bristol: Bristol Classical Press, 2011); Robert G. Hoyland, *Arabia and the Arabs: From the Bronze Age to the Coming of Islam* (London: Routledge, 2001), 16~20, 36~39, 58~63; Jan Retsö, *The Arabs in Antiquity: Their History from the Assyrians to the Umayyads* (London: Routledge, 2003), 119~211; Daniel T. Potts, "Old Arabia in Historic Sources," in *Roads of Arabia: The Archaeological Treasures of Saudi Arabia*, ed. Ute Franke and Joachim Gierlichs (Tübingen: Wasmuth, 2011), 87~101.

531) Daniel T. Potts, "The *mukarrib* and His Beads: Karb'il Watar's Assyrian Diplomacy in the Early 7th Century BC," *Isimu: Revista sobre Oriente Proximo y Egipto en la antiguedad* 6 (2003): 197~206, at 200.

532) André Lemaire, "New Perspectives on the Trade between Judah and South Arabia," in *New Inscriptions and Seals Relating to the Biblical World*, ed. Meir Lubetski and Edith Lubetski (Atlanta: Society of Biblical Literature, 2012), 93~111; Potts, "The *mukarrib*," 200.

533) Karen Radner, "Assyrische Handelspolitik: Die Symbiose mit unabhängigen Handelszentren und ihre Kontrolle durch Assyrien," in *Commerce and Monetary Systems in the Ancient World: Means of Transmission and Cultural Interaction*, ed. Robert Rollinger and Christoph Ulf (Stuttgart: Steiner, 2004), 152~169.

534) Simo Parpola and Kazuko Watanabe, *Neo-Assyrian Treaties and Loyalty Oaths* (Helsinki: Helsinki

University Press, 1988), 24~27 (no. 5).

535) Maria Eugenia Aubet, *The Phoenicians and the West: Politics, Colonies and Trade* (Cambridge: Cambridge University Press, 1993); Joan Aruz, Sarah B. Graff, and Yelena Rakic, eds., *Assyria to Iberia at the Dawn of the Classical Age* (New York: Metropolitan Museum of Art, 2014).

536) A. Kirk Grayson and Jamie Novotny, *The Royal Inscriptions of Sennacherib, King of Assyria (704-681 B.C.)*, vol. 2 (Winona Lake, IN: Eisenbrauns, 2014), 82~84 (no. 46: 48~106).

537) Radner, "Stele of Sargon II."

538) Mark E. Polzer, "The Bajo de la Campana Shipwreck and Colonial Trade in Phoenician Spain," in Aruz, Graff, and Rakic, *Assyria to Iberia*, 230~242.

539) Mikko Luukko and Greta Van Buylaere, *The Political Correspondence of Esarhaddon* (Helsinki: Helsinki University Press, 2002), 113f. (no. 127).

540) Michael Jursa, "Die Söhne Kudurrus und die Herkunft der neubabylonischen Dynastie," *Revue d'assyriologie et d'archéologie orientale* 101 (2007): 125~136.

541) Fuchs, "Unglaubliche Geburt," 28~37.

542) Karen Radner, "An Assyrian View on the Medes," in *Continuity of Empire (?): Assyria, Media, Persia*, ed. Giovanni B. Lanfranchi, Michael Roaf, and Robert Rollinger (Padua: Sargon, 2003), 37~64.

543) A. Kirk Grayson, *Assyrian and Babylonian Chronicles* (Locus Valley, NY: J. J. Augustin, 1975), 87~102.

544) Fuchs, "Unglaubliche Geburt," 40~43.

545) Rocio Da Riva, "The Nebuchadnezzar Monuments of Shir es-Sanam and Wadi es-Saba (North Lebanon)," *Bulletin d'Archéologie et d'Architecture Libanaises* 15 (2011): 309~322; Rocio da Riva, "Enduring Images of an Ephemeral Empire: Neo-Babylonian Inscriptions and Representations in the Western Periphery," in *Mesopotamia in the Ancient World: Impact, Continuities, Parallels*, ed. Robert Rollinger and Eric van Dongen (Münster: Ugarit, 2015), 603~630.

546) John MacGinnis, "Mobilisation and Militarisation in the Neo-Babylonian Empire," in *Studies on War in the Ancient Near East: Collected Essays on Military History*, ed. Jordi Vidal (Münster: Ugarit, 2010), 153~164, at 154~156; Michael Jursa, "The Lost State Correspondence of the Babylonian Empire as Reflected in Contemporary Administrative Letters," in Radner, *State Correspondences of the Ancient World*, 94~111, at 97f.

547) Michael Jursa, "Der neubabylonische Hof," in *Der Achämenidenhof—The Achaemenid Court*, ed. Bruno Jacobs and Robert Rollinger (Wiesbaden: Harrassowitz, 2010), 67~106; Michael Jursa, "The Neo-Babylonian Empire," in *Imperien und Reiche in der Weltgeschichte: Epochenübergreifende und globalhistorische Vergleiche*, ed. Michael Gehler and Robert Rollinger (Wiesbaden: Harrassowitz, 2014), 121~148, at 127~129.

548) Michael Jursa and Klaus Wagensonner, "The Estates of Šamaš on the Hābūr," in *Extraction & Control: Studies in Honor of Matthew W. Stolper*, ed. Michael Kozuh, Wouter F. M. Henkelman, Charles E. Jones, and Christopher Woods (Chicago: Oriental Institute of the University of

Chicago, 2014), 109~130.

549) MacGinnis, "Mobilisation," 159.

550) Witold Tyborowski, "The Third Year of Nebuchadnezzar II (602 B.C.) according to the Babylonian Chronicle BM 21946—an Attempt at an Interpretation," *Zeitschrift für Assyriologie und Vorderasiatische Archäologie* 86 (1996): 211~216.

551) Květa Smoláriková, *Saite Forts in Egypt: Political-Military History of the Saite Dynasty* (Prague: Czech Institute of Egyptology, 2008).

552) Philip Kaplan, "Cross-cultural Contacts among Mercenary Communities in Saite and Persian Egypt," *Mediterranean Historical Review* 18 (2003): 1~31, at 6f.

553) Wolf-Dietrich Niemeier, "Archaic Greeks in the Orient: Textual and Archaeological Evidence," *Bulletin of the American Schools of Oriental Research* 322 (2001): 11~32, at 19f.

554) Peter A. Miglus, "Die letzten Tage von Assur und die Zeit danach," *Isimu: Revista sobre Oriente Proximo y Egipto en la antiguedad* 3 (2000): 85~99; Diana Pickworth, "Excavations at Nineveh: The Halzi Gate," Iraq 67 (2005): 295~316; Julian Reade, "An Interpretation of the Vaulted Complex and Well 4 in the North-West Palace, Nimrud," in *New Light on Nimrud*, ed. John Curtis, Henrietta McCall, Dominique Collon, and Lamia al-Gailani Werr (London: British Institute for the Study of Iraq, 2008), 101f.

555) Karen Radner, "Assyria and the Medes," in Potts, *Oxford Handbook of Ancient Iran*, 442~456, at 453f.

556) Karl Jansen-Winkeln, "Bild und Charakter der ägyptischen 26: Dynastie," *Altorientalische Forschungen* 28 (2001): 165~182, at 166~176; Jursa, "Neo-Babylonian Empire," 121f.

557) Török, *Between Two Worlds*, 359~363; Ayad, *God's Wife, God's Servant*, 127f.

558) Hadwiga Schörner, "Künstliche Schiffahrtskanäle in der Antike: Der sogenannte antike Suez-Kanal," *Skyllis: Zeitschrift für Unterwasserarchäologie* 3 (2000): 28~43.

559) Vittmann, *Ägypten und die Fremden*, 44~83, 194~235.

560) Bradley L. Crowell, "Nabonidus, as-Silac, and the Beginning of the End of Edom," *Bulletin of the American Schools of Oriental Research* 348 (2007): 75~88; Arnulf Hausleiter, "'Ancient Tayma'—an Oasis at the Interface between Cultures: New Research at a Key Location on the Caravan Route," in *Roads of Arabia: The Archaeological Treasures of Saudi Arabia*, ed. Ute Franke and Joachim Gierlichs (Tübingen: Wasmuth, 2011), 102~120.

561) Arnulf Hausleiter and Hanspeter Schaudig, "Rock Relief and Cuneiform Inscription of King Nabonidus at al-Ḥā'iṭ (Province of Ḥā'il, Saudi Arabia), Ancient Padakku," *Zeitschrift für Orient-Archäologie* 9 (2016): 224~240.

562) Jursa, "Lost State Correspondence," 103f.

563) Jonathan Taylor, "Babylon, Jerusalem and the Jewish Exile," in *Babylon: Myth and Reality*, ed. Irving Finkel and Michael Seymour (London: British Museum Press, 2008), 142~149.

564) Andreas Mehl, "The Relations between Egypt and Cyprus from Neo-Assyrian to Achaemenid Rule (7th-6th cent. B.C.)," in Michaelides, Merrillees, and Kassianidou, *Egypt and Cyprus in*

Antiquity*, 60~66.

565) Karl Jansen-Winkeln, "Die Siegesstele des Amasis," *Zeitschrift für Ägyptische Sprache* 141 (2014): 132~153.

566) Astrid Mäller, *Naukratis: Trade in Archaic Greece* (Oxford: Oxford University Press, 2000).

567) Grayson, *Assyrian and Babylonian Chronicles*, 103f.; Anna Margherita Jasink and Luca Bombardieri, "The Göksu River Valley from Late Bronze to Iron Age: Local Cultures, External Influences and Relations with Foreign Peoples," in *Rough Cilicia: New Historical and Archaeological Approaches*, ed. Michael C. Hoff and Rhys F. Townsend (Oxford: Oxbow, 2013), 16~26, at 23.

568) Paul-Alain Beaulieu, *The Reign of Nabonidus, King of Babylon 556-539 B.C.* (New Haven, CT: Yale University Press, 1989).

569) Muhammad A. Dandamayev, "The Confrontation between State and Temple in Babylonia in the Sixth Century BC," in *Le temple, lieu de conflit*, ed. Philippe Borgeaud et al. (Leuven: Peeters 1994), 77~88.

570) Caroline Waerzeggers, "Facts, Propaganda, or History? Shaping Political Memory in the Nabonidus Chronicle," in *Political Memory in and after the Persian Empire*, ed. Jason M. Silverman and Caroline Waerzeggers (Atlanta: Society of Biblical Literature 2015), 95~124.

571) Carl Werner Müller, "Der Schelm als König und Weiser: Amasis von Ägypten in der Darstellung Herodots," in *Legende—Novelle—Roman: Dreizehn Kapitel zur erzählenden Prosaliteratur der Antike* (Göttingen: Vandenhoeck & Ruprecht, 2006), 189~224.

572) Amélie Kuhrt, "Cyrus the Great of Persia: Images and Realities," in Heinz and Feldman, *Representations of Political Power*, 169~191.

573) Matt Waters, "Parsumas, Ansan, and Cyrus," in Elam and Persia, ed. Javier Álvarez-Mon and Mark B. Garrison (Winona Lake, IN: Eisenbrauns, 2011), 285~296.

574) Matt Waters, "Cyrus and the Medes," in *The World of Achaemenid Persia: History, Art and Society in Iran and the Ancient Near East*, ed. John Curtis and St. John Simpson (London: I. B. Tauris, 2010), 63~71, at 64.

3부 고전고대 세계

1) 이 기본적인 생각은 벨기에 역사가 앙리 피렌(Henri Pirenne)에게서 비롯되었다. 다음을 참조하라. Pirenne, *Mohammed and Charlemagne* (New York: Dover Publications, 2001).

2) Michael Ventris and John Chadwick, "Evidence for Greek Dialect in the Mycenaean Archives," *Journal of Hellenic Studies* 73 (1953): 84~103; John Chadwick, *The Decipherment of Linear B* (Cambridge: Cambridge University Press, 1958).

3) 미노스-미케네 문명에 관해서는 다음의 개요서들을 비교하고 참조하라. John Chadwick, *The Mycenean World* (Cambridge: Cambridge University Press, 1976); Hans-Günter Buchholz, *Ägäische Bronzezeit* (Darmstadt: Wissenschaftliche Buchgesellschaft, 1987); R. Laffineur and

W. D. Niemeyer, eds., *Politeia, Society and State in the Aegean Bronze Age* (Liège: Aegaeum, 1995); Reynold Higgins, *Minoan and Mycenaean Art* (London: Thames & Hudson, 1997); Cynthia Shelmedine, ed., *The Cambridge Companion to the Aegean Bronze Age* (Cambridge: Cambridge University Press, 2008); Yves Duhoux and Anna Morpurgo Davies, eds., *A Companion to Linear B: Mycenaean Greek Texts and Their World*, 3 vols. (Louvain-la-Neuve: Peeters, 2008-2014); Eric H. Cline, *The Oxford Handbook of the Bronze Age Aegean* (Oxford: Oxford University Press, 2012).

4) 다음에서 다룬 내용을 비교하고 참조하라. Hans Lohmann, "Die Santorin-Katastrophe: Ein archäologischer Mythos," in *Naturkatastrophen in der antiken Welt*, ed. Eckart Olshausen and Holger Sonnabend (Stuttgart: Franz Steiner, 1998), 337~363; Stuart W. Manning, *A Test of Time and a Test of Time Revisited: The Volcano of Thera and the Chronology and History of the Aegean and East Mediterranean in the Mid-second Millennium BC* (Oxford: Oxbow Books, 2014).

5) 3번 주석을 참조하라.

6) Jost Knauss, *Die Melioration des Kopaisbeckens durch die Minyer im 2. Jt. v. Chr.* (Munich: Dissertations-und Fotodruck Frank, 1987).

7) 뷔위카야(Büyükkaya)에서 방사성탄소의 연대를 측정해 확인했다. 주로 다음을 참조하라. Jürgen Seeher, "Die Zerstörung der Stadt Hattuša," in *Akten des IV: Internationalen Kongresses für Hethitologie*, ed. Gernot Wilhelm (Wiesbaden: Harassowitz, 2001), 623~634.

8) 이 논쟁을 다룬 최근의 기고는 다음과 같다. Justus Cobet and Hans-Joachim Gehrke, "Warum um Troia immer wieder streiten?," *Geschichte in Wissenschaft und Unterricht* 53 (2002): 290~325; Dieter Hertel, *Die Mauern von Troia: Mythos und Geschichte im antiken Ilion* (Munich: C. H. Beck, 2003); Christoph Ulf, ed., *Der neue Streit um Troia: Eine Bilanz* (Munich: C. H. Beck, 2003); Martin Zimmermann, ed., *Der Traum von Troia: Geschichte und Mythos einer ewigen Stadt* (Munich: C. H. Beck, 2006); Frank Kolb, Tatort "Troia": *Geschichte—Mythen—Politik* (Paderborn: Schöningh, 2010).

9) 이 무렵의 개별 사건은 상당히 논란이 많다. 상당히 논리가 정연한 개요와 재구성은 다음과 같다. Gustav Adolf Lehmann, *Die mykenisch-frühgriechische Welt und der östliche Mittelmeerraum in der Zeit der Seevölker-Invasionen um 1200 v. Chr.* (Opladen: Westdeutscher Verlag, 1985). 더 최근에 나온 저서도 참고하라. Eric H. Cline, *1177 B.C.: The Year Civilization Collapsed* (Princeton, NJ: Princeton University Press, 2015).

10) 이후의 내용에 관해서는 다음을 특히 참조하라. Haim Hillel Ben-Sasson, ed., *A History of the Jewish People* (Cambridge, MA: Harvard University Press, 1985); Frank Crüsemann, *Die Tora: Theologie und Sozialgeschichte des alttestamentlichen Gesetzes* (Munich: Gütersloher Verlagshaus, 1992); Alan Avery-Peck and Jacob Neusner, eds., *The Blackwell Companion to Judaism* (Oxford: Blackwell, 2003); Iain William Provan, V. Philips Long, and Tremper Longman III, eds., *A Biblical History of Israel* (Louisville, KY: Westminster John Knox Press, 2003); Lester L. Grabbe, *Ancient Israel: What Do We Know and How Do We Know It?* (New York: T & T Clark International, 2007); Lester L. Grabbe, ed., *Israel in Transition: From Late Bronze II to Iron IIa* (c. 1250-850 B.C.E.) (New York: T & T Clark International, 2008); Israel Finkelstein, *The Forgotten Kingdom:*

The Archaeology and History of Northern Israel: 5 (Atlanta: Society of Biblical Literature, 2013).

11) 이들 집단에 관해서는 특히 다음을 참조하라. Hans-Jörg Nissen and Johannes Renger, eds., *Mesopotamien und seine Nachbarn: Politische und kulturelle Wechselbeziehungen im Alten Orient vom 4. bis 1. Jahrtausend v. Chr.* (Berlin: Dietrich Reimer, 1982); Nadav Na'aman, *Ancient Israel and Its Neighbors. Interaction and Counteraction. Collected Essays*, vol. 1 (Winona Lake, IN: Eisenbrauns, 2005); Edward Lipiński, *The Aramaeans: Their Ancient History, Culture, Religion* (Leuven: Peeters, 2000); Ulrich Hübner, *Die Ammoniter: Untersuchungen zur Geschichte, Kultur und Religion eines transjordanischen Volkes im 1. Jahrtausend v. Chr.* (Wiesbaden: Harrassowitz, 1992); Burton MacDonald and Randall W. Younker, eds., *Ancient Ammon* (Leiden: Brill, 1999); Bruce Routledge, *Moab in the Iron Age: Hegemony, Polity, Archaeology* (Philadelphia: University of Pennsylvania Press, 2004); Erasmus Gaß, *Die Moabiter: Geschichte und Kultur eines ostjordanischen Volkes im 1. Jahrtausend v. Chr.* (Wiesbaden: Harassowitz, 2009).

12) 이 주제에 관해서는 다음을 참조하라. Glenn E. Markoe, Phoenicians (Berkeley: University of California Press, 2000); María Eugenia Aubet, *The Phoenicians and the West: Politics, Colonies, and Trade* (Cambridge: Cambridge University Press, 2001); Edward Lipiński, Itineraria Phoenicia (Louvain: Uitgeverij Peeters en Departement Oosterse Studies, 2004); Michael Sommer, *Die Phönizier: Handelsherren zwischen Orient und Okzident* (Stuttgart: Kröner, 2005); Michael Sommer, *Die Phönizier: Geschichte und Kultu*r (Munich: C. H. Beck, 2008).

13) Herodotus, *Histories* 4.42.2-4. 역사적 진정성에 관해서는 다음을 참조하라. Klaus Zimmermann, "Die Raumwahrnehmung bei den Karthagern," in *Wahrnehmung und Erfassung geographischer Räume in der Antike*, ed. Michael Rathmann (Mainz: Zabern, 2007), 42~45.

14) Werner Huß, *Die Geschichte der Karthager* (Munich: C. H. Beck, 1985); Walter Ameling, *Karthago: Studien zu Militär, Staat und Gesellschaft* (Munich: C. H. Beck, 1993); Dexter Hoyos, The Carthaginians (New York: Routledge, 2010); Richard Miles, *Carthage Must Be Destroyed: The Rise and Fall of an Ancient Civilization* (London: Allen Lane, 2010).

15) Joseph Maran, "Nach dem Ende: Tiryns—Phönix aus der Asche," in *Zeit der Helden; Die "dunklen Jahrhunderte Griechenlands" 1200-700 v. Chr. Katalog zur Ausstellung im Badischen Landesmuseum Karlsruhe*, ed. Harald Siebenmorgen and Katarina Horst (Karlsruhe: Primus, 2008), 63~73.

16) 이후의 내용에 관해서는 특히 다음을 참조하라. Moses I. Finley, *The World of Odysseus* (New York: New York Review Books, 2002); Elke Stein-Hölkeskamp, *Adelskultur und Polisgesellschaft* (Stuttgart: Franz Steiner, 1989); Hans van Wees, *Status Warriors: War, Violence and Society in Homer and History* (Amsterdam: Gieben, 1992); Karl-Joachim Hölkeskamp, Elke Stein-Hölkeskamp, and Josef Wiesehöfer, "Die Dark Ages und das archaische Griechenland," in *Geschichte der Antike: Ein Studienbuch*, ed. Hans-Joachim Gehrke and Helmuth Schneider (Stuttgart: Metzler, 2013), 47~144; Kurt A. Raaflaub and Hans van Wees, eds., *A Companion to Archaic Greece* (Oxford: Wiley-Blackwell, 2009).

17) Thorstein Veblen, *The Theory of the Leisure Class: An Economic Study of Institutions* (New York: Macmillan, 1899). 막스 베버를 따라 유효성에 대한 강조를 언급할 수도 있다. 다음을 참조하라.

Weber, *Wirtschaft und Gesellschaft: Studienausgabe* (Tübingen: Mohr, 1972), 171f. 이는 또한 그리스어 스콜레(scholē, 한가함, 무위)의 정확한 의미이기도 하다.

18) Oswyn Murray, ed., *Sympotica: A Symposium on the Symposion* (Oxford: Clarendon Press, 1990); Marek Wecowski, *The Rise of the Greek Aristocratic Banquet* (Oxford: Oxford University Press, 2014).

19) Jacob Burckhardt, *Griechische Culturgeschichte*, vol. 1 (Munich and Basel: C. H. Beck and Schwabe & Co., 2002), 137 passim.

20) Robert Rollinger, "Der Blick aus dem Osten. 'Griechen' in vorderasiatischen Quellen des 8. und 7. Jahrhunderts v. Chr.—eine Zusammenschau," in *Der Orient und die Anfänge Europas: Kulturelle Beziehungen von der Späten Bronzezeit bis zur Frühen Eisenzeit*, ed. Hartmut Matthäus, Norbert Oettinger, and Stephan Schröder (Wiesbaden: Harrassowitz, 2011), 267~282.

21) 전제 통치라는 주제에 관해서는 다음을 참조하라. Helmut Berve, *Die Tyrannis bei den Griechen* (Munich: C. H. Beck, 1967); Konrad H. Kinzl, ed., *Die Ältere Tyrannis bis zu den Perserkriegen: Beiträge zur Griechischen Tyrannis* (Darmstadt: Wissenschaftliche Buchgesellschaft, 1979); Nino Luraghi, "Anatomy of the Monster: The Discourse of Tyranny in Ancient Greece," in *Antimonarchic Discourse in Antiquity*, ed. Henning Börm (Stuttgart: Franz Steiner, 2015), 67~84.

22) 이는 주로 빈프리트 슈미츠(Winfried Schmitz)에 의해 설명되었다. 다음을 참조하라. Schmitz, *Nachbarschaft und Dorfgemeinschaft im archaischen und klassischen Griechenland* (Berlin: Akademie Verlag, 2004). 중무장 보병에 관해서는 다음을 참조하라. Victor D. Hanson, *Hoplites: Classical Greek Battle Experience* (London and New York: Routledge, 1993); Johann Peter Franz, *Krieger, Bauern, Bürger: Untersuchungen zu den Hopliten der archaischen und klassischen Zeit* (Frankfurt am Main: Peter Lang, 2002); Hans van Wees, *Greek Warfare: Myths and Realities* (London: Duckworth, 2004); Donald Kagan and Gregory F. Viggiano, eds., *Men of Bronze: Hoplite Warfare in Ancient Greece* (Princeton, NJ: Princeton University Press, 2013).

23) 이 과정에 관해서는 특히 다음을 참조하라. John Boardman, *The Greeks Overseas* (Harmondsworth, UK: Penguin, 1964; Fourth Edition Thames & Hudson, 1999); Irad Malkin, *Religion and Colonization in Ancient Greece* (Leiden: Brill, 1987); Irad Malkin, *The Returns of Odysseus: Colonization and Ethnicity* (Berkeley: University of California Press, 1998); Frank Bernstein, *Konflikt und Migration: Studien zu griechischen Fluchtbewegungen im Zeitalter der sogenannten Großen Kolonisation* (St. Katharinen: Scriptura Mercaturae Verlag, 2004); Dieter Mertens, *Städte und Bauten der Westgriechen: Von der Kolonisationszeit bis zur Krise um 400 vor Christus* (Munich: Hirmer, 2006); Robin Lane Fox, *Travelling Heroes: Greeks and Their Myths in the Epic Age of Homer* (London: Penguin, 2008); Denise Demetriou, *Negotiating Identity in the Ancient Mediterranean: The Archaic and Classical Greek Multiethnic Emporia* (Cambridge: Cambridge University Press, 2012).

24) Plato, *Phaidon* 109 ab.

25) 이 두 개념은 지대한 영향을 미친 발터 부르케르트(Walter Burkert)의 책에서 가져왔다. Walter Burkert, *Weisheit und Wissenschaft: Studien zu Pythagoras, Philolaos und Platon* (Nuremberg: Hans

Carl, 1962).

26) 이에 관해서는 다음을 참조하라. Geoffrey S. Kirk, John E. Raven, and Malcolm Schofield, *The Presocratic Philosophers: A Critical History with a Selection of Texts* (Cambridge: Cambridge University Press, 1984); Christoph Rapp, *Vorsokratiker* (Munich: C. H. Beck, 2007); Hellmut Flashar, Dieter Bremer, and Georg Rechenauer, eds., *Frühgriechische Philosophie* (*Grundriss der Geschichte der Philosophie. Die Philosophie der Antike*), vol. 1 (Basel: Schwabe & Co, 2013); Kurt von Fritz, *Die griechische Geschichtsschreibung*, vol. 1 (Teil 1: Text, Teil 2: Anmerkungen) (Berlin: de Gruyter, 1967); Rosalind Thomas, *Herodotus in Context: Ethnography, Science and the Art of Persuasion* (Cambridge: Cambridge University Press, 2000); Nino Luraghi, ed., *The Historian's Craft in the Age of Herodotus* (Oxford: Oxford University Press, 2001); Edith Foster and Donald Lateiner, eds., *Thucydides and Herodotus* (Oxford: Oxford University Press, 2012); Reinhold Bichler and Robert Rollinger, *Herodot* (Hildesheim: Georg Olms, 2014).

27) 나일강 삼각주에 있던 그리스 정착지 나우크라티스가 여기서 예외였다. 그곳은 이른바 교역항으로 상품 교환에 특화된 곳이었고, 이집트 파라오의 통제하에 있었다. 다음을 참조하라. Astrid Möller, *Naukratis: Trade in Archaic Greece* (Oxford: Oxford University Press, 2000).

28) 이에 관해서는 특히 다음을 참조하라. Irad Malkin, *A Small Greek World: Networks in the Ancient Mediterranean, Greeks Overseas* (Oxford: Oxford University Press, 2011).

29) 에트루리아인에 관해서는 다음을 참조하라. Mario Torelli, *The Etruscans* (London: Thames & Hudson, 2001); Sybille Haynes, *Etruscan Civilization: A Cultural History* (Malibu, CA: J. Paul Getty Museum, 2005); Nancy Thomas de Grummond and Erika Simon, eds., *The Religion of the Etruscans* (Austin, TX: University of Texas Press, 2006).

30) 초기 로마에 관해서는 다음을 참조하라. Andreas Alföldi, *Das frühe Rom und die Latiner* (Darmstadt: Wissenschaftliche Buchgesellschaft, 1977); Tim J. Cornell, *The Beginnings of Rome: Italy and Rome from the Bronze Age to the Punic Wars* (*c. 1000-264 B.C.*) (London: Routledge, 1995); Frank Kolb, *Rom: Die Geschichte der Stadt in der Antike* (Munich: C. H. Beck, 2002), 27~108; Gary Forsythe, *A Critical History of Early Rome: From Prehistory to the First Punic War* (Berkeley: University of California Press, 2005).

31) 특히 다음을 참조하라. Alfred Heuß, "Die Entwicklung des Imperiums der römischen Oberbeamten," in *Gesammelte Schriften in 3 Bänden*, vol. 2 (Stuttgart: Franz Steiner, 1995), 831~907 (초판 1944), quote at p. 854; Jochen Bleicken, *Zum Begriff der römischen Amtsgewalt: Auspicium, potestas, imperium* (Göttingen: Vandenhoeck & Ruprecht, 1981).

32) 페르시아 제국에 관해서는 특히 다음을 참조하라. Josef Wiesehöfer, *Ancient Persia: From 550 B.C. to 650 A.D.* (London-New York: I. B. Tauris, 1996); Josef Wiesehöfer, *Das frühe Persien: Geschichte eines antiken Weltreichs* (Munich: C. H. Beck, 2015); Pierre Briant, *From Cyrus to Alexander: A History of the Persian Empire* (Winona Lake, IN: Eisenbrauns, 2002); Bruno Jacobs and Robert Rollinger, eds., *Der Achämenidenhof—The Achaemenid Court* (Wiesbaden: Harassowitz, 2010).

33) '아리아인'이라는 용어는 19세기부터 급성장한 언어학 분야에서 인도유럽어군을 나타내는 데 사용되었다. 당시 일반적이었던, 언어와 민족을 동일시하는 경향 속에서 그 용어는 인종적 의미

를, 그리고 궁극적으로는 민족성 개념의 '생물화' 결과로 인종차별적 의미를 갖게 되면서 나치의 왜곡된 이념에서 표현되었다. 다음을 비교하고 참조하라. Josef Wiesehöfer, "Zur Geschichte der Begriffe 'Arier' und 'arisch' in der deutschen Sprachwissenschaft und Althistorie des 19. und der ersten Hälfte des 20.Jahrhunderts," in *The Roots of European Tradition*, ed. Heleen Sancisi-Weerdenburg and Jan Willem Drijvers (Leiden: Nederlands Instituut voor het Nabije Oosten, 1990), 149~167. 고대 페르시아어에서 그 말은 조상 개념을 가리킨다(베히스툰 비문 NR a § 2).

34) 해당 내용이 기록된 고대 페르시아 쐐기문자 비문의 영어 번역문은 Livius 사이트의 "DZ" 항목, https://www.livius.org/sources/content/achaemenid-royal-inscriptions/dz/에서 찾을 수 있다. 분홍색 화강암으로 된 샤루프(Chalouf) 비석은 1866년에 수에즈에서 130킬로미터 떨어진 카브레트(Kabret)에서 운하 건설자 페르디낭 드 레셉스(Ferdinand de Lesseps)의 아들 샤를 드 레셉스(Chalres de Lesseps)에 의해 발견되었다.

35) 다리우스 1세의 페르세폴리스 비문, g § 1. 영어 번역문은 Livius 사이트의 'DZ' 항목에서 가져왔다.

36) 고대 그리스의 입법부가 수행한 활동에 관해서는 다음을 참조하라. Hans-Joachim Gehrke, *Rechtskodifizierung und soziale Normen im interkulturellen Vergleich* (Tübingen: Mohr, 1994); Karl-Joachim Hölkeskamp, *Schiedsrichter, Gesetzgeber und Gesetzgebung im archaischen Griechenland* (Stuttgart: Franz Steiner, 1999); Edmond Lévy, *La codification des lois dans l'antiquité* (Paris: De Boccard, 2000); Michael Gagarin, *Writing Greek Law* (Cambridge: Cambridge University Press, 2008).

37) Mogens Herman Hansen and Thomas Heine Nielsen, eds., *An Inventory of Archaic and Classical Poleis* (Oxford: Oxford University Press, 2004).

38) Friedrich Nietzsche, "Götzen-Dämmerung: Was ich von den Alten lernte," in *Werke* , ed. Giorgio Colli and Mazzino Montanari, vol. 6.3 (Berlin: De Gruyter, 1969), 49~156, quote at p. 151. 이 현상에 관해서는 특히 다음을 참조하라. Hans-Joachim Gehrke, *Stasis: Untersuchungen zu den inneren Kriegen in den griechischen Staaten des 5. und 4. Jahrhunderts* (Munich: C. H. Beck, 1985); Nicole Loraux, *La tragédie d'Athènes: La politique entre l'ombre et l'utopie* (Paris: Seuil, 2005).

39) 스파르타에 관해서는 다음을 참조하라. Massimo Nafissi, *La nascita del kósmos: Studi sulla storia e la società di Sparta* (Naples: Edizioni Scientifichi Italiane, 1991); Paul Cartledge, *Sparta and Laconia: A Regional History, 1200-362 B.C. (London: Routledge, 2002); Karl-Wilhelm Welwei, Sparta: Aufstieg und Niedergang einer antiken Großmacht* (Stuttgart: Klett-Cotta, 2004).

40) 이에 관해서는 특히 다음을 참조하라. Michael Stahl, *Aristokraten und Tyrannen im archaischen Athen: Untersuchungen zur Überlieferung, zur Sozialstruktur und zur Entstehung des Staates* (Stuttgart: Franz Steiner, 1987); Christian Meier, *Athen: Ein Neubeginn der Weltgeschichte* (Munich: Pantheon, 1995); Josine H. Blok and André P. M. H. Lardinois, eds., *Solon of Athens: New Historical and Philological Approaches* (Leiden: Brill, 2006); Karl-Wilhelm Welwei, *Athen: Von den Anfängen bis zum Beginn des Hellenismus* (Darmstadt: Wissenschaftliche Buchgesellschaft, 2011).

41) Solon, frag. 4 West; John Porter 번역.

42) 이 용어는 혈통에 따라 결정되는, 폴리스의 하위 단위를 나타낸다. 클레이스테네스가 만든 체제에서는 순전히 어느 지역에 속하는지만이 중요했다. 그러나 이 용어에는 전통적이고 관계적인 친

밀감을 나타내는 의미가 있었다. 우연히도 델포이 신탁에 물은 결과 그 필레에 아티케의 영웅들 이름을 본뜬 명칭을 붙였는데, 그 영웅들은 공통 조상으로 여겨졌다. 이러한 요인이 필레라는 새로운 제도의 인기와 안정성을 높이는 데 작지 않은 역할을 했을 것이다.

43) Hans-Joachim Gehrke, "Zwischen Freundschaft und Programm: Politische Parteiung im Athen des 5. Jahrhunderts v. Chr.," *Historische Zeitschrift* 239 (1984): 519~564, especially 539~541; Josiah Ober, "Revolution Matters. Democracy as Democratic Action. A Response to Kurt A. Raaflaub," in *Democracy 2500? Questions and Challenges*, ed. Ian Morris and Kurt A. Raaflaub (Dubuque, IA: Kendall Hunt, 1998), 67~85; 반대로 다음을 참조하라. Kurt A. Raaflaub, "The Thetes and Democracy: A Response to Josiah Ober," in ibid, 87~103.

44) 페르시아 전쟁에 관한 중요한 서술은 다음에서 찾을 수 있다. George Cawkwell, *The Greek Wars: The Failure of Persia* (Oxford: Oxford University Press, 2005); Bruno Bleckmann, ed., *Herodot und die Epoche der Perserkriege: Realitäten und Fiktionen* (Cologne: Böhlau, 2007); Wolfgang Will, *Die Perserkriege* (Munich: C. H. Beck, 2010); Kostas Buraselis and Elias Kulakiotis, eds., *Marathon: The Day After* (Athens: The European Culture Centre of Delphi, 2013).

45) 마라톤 전투에서 그들은 이웃한 도시인 플라타이아이 사람들의 지원만을 받았다. 그들은 아테네가 또 다른 이웃 나라 테바이의 지배로부터 자기들을 지켜 주는 가장 강력한 세력이라고 생각했기에 아테네에 상당히 강력한 충성심을 보여 주었다. 게다가 이는 그리스 정치 논리를 보여 주는 특징적 본보기였다.

46) Aeschylus, *The Persians* 402~405.

47) 고대 그리스의 자유 개념을 다룬 중요한 글은 다음과 같다. Kurt A. Raaflaub, *The Discovery of Freedom in Ancient Greec*e (Chicago: University of Chicago Press, 2004).

48) Russell Meiggs, *The Athenian Empire* (Oxford: Clarendon Press, 1972); Wolfgang Schuller, *Die Herrschaft der Athener im Ersten Attischen Seebund* (Berlin: De Gruyter, 1974); Bernhard Smarczyk, *Untersuchungen zur Religionspolitik und politischen Propaganda Athens im Delisch-Attischen Seebund* (Munich: Tuduv-Verlagsgesellschaft, 1990); John Ma, Nikolaos Papazarkadas, and Robert Parker, eds., *Interpreting the Athenian Empire* (London: Duckworth, 2009).

49) 다음을 참조하라. Wolfgang Schuller, *Die Stadt als Tyrann: Athens Herrschaft über seine Bundesgenossen* (Konstanz: Universitätsverlag Konstanz, 1998); 다음 부분도 참조하라. "Greek World Wars."

50) 특히 다음을 참조하라. Jochen Bleicken, *Die athenische Demokratie* (Paderborn: Ferdinand Schöningh, 1994); Karl-Wilhelm Welwei, *Das klassische Athen. Demokratie und Machtpolitik im 5. und 4. Jahrhundert v. Chr.* (Darmstadt: Primus, 1999); Christian Mann, *Die Demagogen und das Volk: Zur politischen Kommunikation im Athen des 5. Jahrhunderts v. Chr.* (Berlin: Akademie, 2007); Gustav Adolf Lehmann, *Perikles: Staatsmann und Stratege im klassischen Athen* (Munich: C. H. Beck, 2008); 앞의 40번 주석도 참조하라.

51) Aristotle, *Politics* 4.5.1292b8f., 4.6.1293a33f., 6.6.1319b1f. 그러나 이것은 광범위한 범주화이므로 아테네 민주주의가 일대일 기준으로 설명되지 않는다는 점을 염두에 두어야 한다.

52) *Athēnaiōn politeía* 9.1; 다음을 특히 참조하라. Bleicken, *Die athenische Demokratie*, 203f.

53) Arthur Wallace Pickard-Cambridge, *The Dramatic Festivals of Athens*, revised by John Gould and David M. Lewis with a new supplement (Oxford: Oxford University Press, 1988); Christian Meier, *Die politische Kunst der griechischen Tragödie* (Munich: C. H. Beck, 1988); Isolde Stark, *Die hämische Muse: Spott als soziale und mentale Kontrolle in der griechischen Komödie* (Munich: C. H. Beck, 2004); S. Douglas Olson, ed., *Broken Laughter: Select Fragments of Greek Comedy* (Oxford: Oxford University Press, 2007); Benjamin W. Millis and S. Douglas Olson, eds., *Inscriptional Records for the Dramatic Festivals in Athens: IG II2 2318-2325 and Related Texts* (Leiden: Brill, 2012).

54) 특히 다음을 참조하라. Morris and Raaflaub, *Democracy 2500?*

55) (훌륭하게 기록된 군인 수 덕분에) 적어도 성인 남성의 경우에는 상당히 정확하지만, 인구수는 대략적 추정치만이 제공될 수 있다. 인구수 주제에 관해서는 다음을 참조하라. Mogens Herman Hansen, *Demography and Democracy: The Number of Athenian Citizens in the Fourth Century B.C.* (Herning: Systime, 1986).

56) 특히 「연방주의자 논집(*The Federalist Papers*)」을 참조하라. 「연방주의자 논집」의 전문을 원한다면 다음 사이트를 방문하라. Yale Law School's online Avalon Project (https://avalon.law.yale.edu/subject_menus/fed.asp); 다음도 참조하라. Gustav Adolf Lehmann, "Die Rezeption der achaiischen Bundesverfassung in der Verfassung der USA," in *Antike in der Moderne*, ed. Wolfgang Schuller (Konstanz: Universitätsverlag Konstanz, 1985), 171~182. 일반적인 연방 국가에 관해서는 다음을 참조하라. Hans Beck and Peter Funke, eds., *Federalism in Greek Antiquity* (Cambridge: Cambridge University Press, 2015).

57) 그리스 정치철학과 그에 대한 반응에 관해서는 특히 다음을 참조하라. Wilfried Nippel, *Mischverfassungstheorie und Verfassungsrealität in Antike und früher Neuzeit* (Stuttgart: Klett-Cotta, 1980); Wilfried Nippel, *Antike oder moderne Freiheit? Die Begründung der Demokratie in Athen und in der Neuzeit* (Frankfurt am Main: Fischer, 2008); Ada Babette Neschke-Hentschke, *Platonisme politique et théorie du droit naturel: Contributios à une archéologie de la culture politique européenne*, 2 vols. (Louvain / Paris: Peetrs France, 1995 / 2003).

58) 조약의 이름은 아테네 측 협상가의 이름을 따서 명명되었다. 역사적 진위는 논란의 여지가 있지만, 다음을 참조하라. Klaus Meister, *Die Ungeschichtlichkeit des Kalliasfriedens und deren historischen Folgen* [Wiesbaden: Franz Steiner, 1982]). 어쨌든 관련자들은 이 책에서 제시된 사실에 따라 사태를 파악했다.

59) Plato, *Politeia* 5.470c.

60) Hans-Joachim Gehrke, *Jenseits von Athen und Sparta: Das Dritte Griechenland und seine Staatenwelt* (Munich: C. H. Beck, 1986), 55.

61) 이 전쟁과 전쟁을 기록한 역사가들에 관해서는 다음을 참조하라. Jacqueline de Romilly, *Thucydide et l'impérialisme Athénien* (Paris: Les Belles-Lettres, 1947); Simon Hornblower, *A Commentary on Thucydides*, 3 vols. (Oxford: Clarendon Press, 1991-2008); Donald Kagan, *The Outbreak of the Peloponnesian War* (Ithaca, NY: Cornell University Press, 1969); Donald Kagan, *The Archidamian War* (Ithaca, NY: Cornell University Press, 1974); Donald Kagan, *The Peace of*

Nicias and the Sicilian Expedition (Ithaca, NY: Cornell University Press, 1981); Donald Kagan, *The Fall of the Athenian Empire* (Ithaca, NY: Cornell University Press, 1987); Nigel Bagnall, *The Peloponnesian War: Athens, Sparta, and the Struggle for Greece* (New York: Thomas Dunne Books, 2006); Bruno Bleckmann, *Der Peloponnesische Krieg* (Munich: C. H. Beck, 2007); Lawrence A. Tritle, *A New History of the Peloponnesian War* (Malden, MA: Wiley-Blackwell, 2010).

62) 특히 다음을 참조하라. John Buckler, *The Theban Hegemony, 371~362 B.C.* (Cambridge, MA: Harvard University Press, 1980); Lawrence A. Tritle, ed., *The Greek World in the Fourth Century: From the Fall of the Athenian Empire to the Successors of Alexander* (London and New York: Routledge, 1997); Gustav Adolf Lehmann, *Demosthenes von Athen: Ein Leben für die Freiheit* (Munich: C. H. Beck, 2004).

63) Xenophon, *Hellenika* 7.5.26f.

64) 이 개념에 관한 고전적 공식화는 철학자 헤라클레이토스의 저서에서 찾아볼 수 있다. 그는 '팔린토노스 하르모니에(palíntonos harmoníē)'(상반된 것들이 서로 반대쪽으로 끌어당기는 것)로 불렀다. 이에 관해서는 다음을 참조하라. Hans-Joachim Gehrke, "Die Griechen und die 'Klassik,'" in *Die griechische Welt: Erinnerungsorte der Antike*, ed. Elke Stein-Hölkeskamp and Karl-Joachim Hölkeskamp (Munich: C. H. Beck, 2010), 584~600, 668f.

65) 다음을 참조하라. Jack Cargill, *The Second Athenian League: Empire or Free Alliance?* (Berkeley, CA: University of California Press, 1981); Winfried Schmitz, *Wirtschaftliche Prosperität, soziale Integration und die Seebundpolitik Athens. Die Wirkungen und Erfahrungen aus dem ersten Attischen Seebund auf die athenische Außenpolitik in der ersten Hälfte des 4. Jahrhunderts v. Chr.* (Munich: Tuduv-Verlagsgesellschaft, 1988); Martin Dreher, *Hegemon und Symmachoi: Untersuchungen zum Zweiten Athenischen Seebund* (Berlin: De Gruyter, 1995).

66) 이 특별한 형태의 평화에 관해서는 다음을 참조하라. Timothy T. B. Ryder, *Koine Eirene: General Peace and Local Independence in Ancient Greece* (London: Oxford University Press, 1965); Martin Jehne, *Koine Eirene: Untersuchungen zu den Befriedungs- und Stabilisierungsbemühungen in der griechischen Poliswelt des 4. Jahrhunderts* v. Chr. (Stuttgart: Franz Steiner, 1994).

67) 마케도니아의 역사와 필리포스 2세의 등장에 관해서는 다음을 참조하라. Nicholas G. L. Hammond and Guy T. Griffith, *A History of Macedonia*, vol. 2, *550-336 B.C.* (Oxford: Oxford University Press, 1979); R. Malcolm Errington, *A History of Macedonia* (Berkeley, CA: Robert Beard, 1986); Eugene N. Borza, *In the Shadow of Olympus: The Emergence of Macedon* (Princeton, NJ: Princeton University Press, 1990); Joseph Roisman and Ian Worthington, eds., *A Companion to Ancient Macedonia* (Oxford: Wiley-Blackwell, 2010).

68) 순전한 예로서 이와 관련된 고전은 다음과 같다. Montesquieu, *Considérations sur les causes de la grandeur des Romains et de leur décadence* (Paris: Gallimard, 1996) (first published Amsterdam, 1734).

69) 다음을 참조하라. Raaflaub, *Discovery of Freedom; and Jochen Bleicken, Staatliche Ordnung und Freiheit in der römischen Republik* (Kallmünz: Michael Lassleben, 1972).

70) 전반적인 로마 공화정에 관해서는 다음을 참조하라. Alfred Heuß, *Römische Geschichte*, new

edition by Hans-Joachim Gehrke (Paderborn: Ferdinand Schöningh, 2016); Jochen Bleicken, *Die Verfassung der römischen Republik* (Paderborn: Ferdinand Schöningh, 2000); Jochen Bleicken, *Geschichte der Römischen Republik*, 6th ed. (Munich: R. Oldenbourg, 2004); Harriet Flower, *The Cambridge Companion to the Roman Republic* (Cambridge: Cambridge University Press, 2004); Karl-Joachim Hölkeskamp, *Reconstructing the Roman Republic: An Ancient Political Culture and Modern Research* (Princeton, NJ: Princeton University Press, 2010). 로마의 종교와 점을 다룬 주요 저서는 다음과 같다. Jörg Rüpke, *Die Religion der Römer: Eine Einführung* (Munich: C. H. Beck, 2001); Jörg Rüpke, ed., *A Companion to Roman Religion* (Oxford, 2007); Veit Rosenberger, *Gezähmte Götter: Das Prodigienwesen der römischen Republik* (Stuttgart: Franz Steiner, 1998).

71) 가족과 후견주의에 관해서는 다음을 참조하라. Suzanne Dixon, *The Roman Family* (Baltimore: Johns Hopkins University Press, 1992); Maurizio Bettini, *Familie und Verwandtschaft im antiken Rom* (Frankfurt am Main: Campus, 1992); Hans-Joachim Gehrke, "Die römische Gesellschaft," in *Das alte Rom: Geschichte und Kultur des Imperium Romanum, ed. Jochen Martin* (Gütersloh: Bertelsmann, 1994), 167~193; Jochen Martin, "Familie, Verwandtschaft und Staat in der römischen Republik," in *Res publica reperta. Zur Verfassung und Gesellschaft der römischen Republik und des frühen Prinzipats. Festschrift für Jochen Bleicken zum 75. Geburtstag*, ed. Jörg Spielvogel (Stuttgart: Franz Steiner, 2002), 13~24.

72) Jan Assmann, *Ma'at: Gerechtigkeit und Unsterblichkeit im Alten Ägypten* (Munich: C. H. Beck, 1990), 68.

73) 다음을 특히 참조하라. Jörg Rüpke, *Domi militiae: Die religiöse Konstruktion des Krieges in Rom* (Stuttgart: Franz Steiner, 1990).

74) 로마군 전반에 관해서는 다음을 참조하라. Paul Erdkamp, A Companion to the Roman Army (Malden, MA: Wiley-Blackwell, 2007).

75) 신분 투쟁에 관해서는 다음을 특히 참조하라. Richard E. Mitchell, *Patricians and Plebeians: The Origin of the Roman State* (Ithaca, NY: Cornell University Press, 1990); Kurt A. Raaflaub, ed., *Social Struggles in Archaic Rome: New Perspectives on the Conflict of the Orders* (Oxford: Wiley-Blackwell, 2005).

76) 다음을 참조하라. Jochen Bleicken, *Lex publica: Gesetz und Recht in der römischen Republik* (Berlin: De Gruyter, 1975).

77) 이 과정에 관해서는 다음을 참조하라. Karl-Joachim Hölkeskamp, *Die Entstehung der Nobilität: Studien zur sozialen und politischen Geschichte der Römischen Republik im 4. Jh. v. Chr.* (Stuttgart: Franz Steiner, 1987); Hans Beck, *Karriere und Hierarchie: Die römische Aristokratie und die Anfänge des "cursus honorum" in der mittleren Republik* (Berlin: Akademie-Verlag, 2005). 로마 귀족 전반에 관해서는 다음을 참조하라. Matthias Gelzer, *Die Nobilität der römischen Republik* (Leipzig: Teubner, 1912; 2. Edition 1983); Peter A. Brunt, "Nobilitas and Novitas," *Journal of Roman Studies* 72 (1982): 1~17.

78) 처음에 이것은 민간 부문에 적용되었다. 2세기 초부터 그 공간적 관할권이 확대되어 군대도 포함하게 되었다.

79) Jochen Bleicken, *Das Volkstribunat der klassischen Republik: Studien zu seiner Entwicklung zwischen 287 und 133 v. Chr.* (Munich: C. H. Beck, 1968).

80) Bleicken, *Lex publica*.

81) 여기서 '이탈리아'는 고대의 의미로, 다시 말하면 시칠리아, 사르데냐, 포강 분지를 제외하고 아펜니노산맥까지 이탈리아반도를 아우르는 지역으로 이해해야 한다.

82) 로마의 제국주의와 이탈리아 내 팽창에 관해서는 다음을 참조하라. William V. Harris, *War and Imperialism in Republican Rome 327-70 B.C.* (Oxford: Clarendon Press, 1979); 다음도 참조하라. Edward T. Salmon, *Samnium and the Samnites* (Cambridge: Cambridge University Press, 1967); Edward T. Salmon, *The Making of Roman Italy* (Ithaca, NY: Cornell University Press, 1982); Theodora Hantos, *Das römische Bundesgenossensystem in Italien* (Munich: C. H. Beck, 1983).

83) Theodor Mommsen, *Römische Geschichte*, vol. 1 (Berlin: Weidmann, 1902), 464.

84) Cicero, *De lege agraria* II 27.73.

85) Peter A. Brunt, *Italian Manpower 225 B.C.*-14 A.D. (Oxford: Oxford University Press, 1971).

86) Demetrius of Phalerum (quoted in Polybios 29.21.4), frag. 82A, in *Demetrius of Phalerum: Text, Translation and Discussion*, ed. William W. Fortenbaugh and Eckart Schütrumpf (New Brunswick, NJ: Transaction Publishers, 2000), 148. 다음도 참조하라. Aeschines 3.132 (330 BC): "What strange and unexpected event has not occurred in our time? The life we have lived is no ordinary human one, but we were born to be an object of wonder to posterity. The Persian king, who dug a canal through Mount Athos, who cast a yoke on the Hellespont, who demanded earth and water from the Greeks, who had the arrogance to write in his letters that he was the lord of all men from the rising to the setting sun, surely he is now fighting for his own safety rather than for domination over others?"

87) 헬레니즘 시대에 관해서는 다음을 특히 참조하라. Johann Gustav Droysen, *Geschichte des Hellenismus*, 3 vols. (Gotha: Perthes, 1877-1878); Edouard Will, *Histoire politique du monde hellénistique*, 2 vols. (Nancy: Presses Universitaires de Nancy, 1979, 1982); Claire Préaux, *Le monde hellénistique: La Grèce et l'Orient de la mort d'Alexandre à la conquête romaine de la Grèce (323-146 av. J.-C.)*, 2 vols. (Paris: Presses Universitaires de France, 1978); Peter Green, *Alexander to Actium: Historical Evolution of the Hellenistic Age* (London: Thames & Hudson, 1991); Hans-Joachim Gehrke, *Geschichte des Hellenismus* (Munich: R. Oldenbourg, 2008); Andrew Erskine, ed., *A Companion to the Hellenistic World* (Oxford: Wiley-Blackwell, 2003).

88) Heinrich von Treitschke, *Deutsche Geschichte im neunzehnten Jahrhundert: Erster Theil* (Leipzig: Hirzel, 1879), 28.

89) 알렉산드로스 대왕에 관해서는 다음을 참조하라. Robin Lane Fox, *Alexander the Great* (London: Penguin Books, 1973); Pierre Briant, *Alexander the Great and His Empire: A Short Introduction* (Princeton, NJ: Princeton University Press, 2010); Hans-Joachim Gehrke, *Alexander der Große* (Munich: C. H. Beck, 2013).

90) Hans-Joachim Gehrke, "The Revolution of Alexander the Great," in *Brill's Companion to Ancient Geography: The Inhabited World in Greek and Roman Tradition*, ed. Serena Bianchetti, Michele

Cataudella, and Hans-Joachim Gehrke (Leiden: Brill, 2016), 78~97.

91) 반란을 일으킨 도시 테바이를 (기원전 335년에) 정복한 후 알렉산드로스는 그 도시를 무너뜨리고 사로잡은 남자들을 모두 처형했으며 주로 여성과 아이들로 이루어진 남은 자들을 노예로 팔았다. 기원전 332년에는 그에게 항복하기를 거부한 티레에서 8개월에 걸친 포위 공격 끝에 그는 주민 8000명을 칼로 죽이고 3만명을 노예로 만들었다. 또한 해변에서 2000명을 십자가에 못 박았다.

92) 마르코의 복음서 7장 26절에 특징적 표현이 등장한다. "그 여인은 그리스인이요, 시리아-페니키아 족속이라(Hellēnís, Syriophoiníissa to génos)."

93) 헬레니즘 시대의 왕정과 그 구조적 요소들에 관해서는 다음을 참조하라. Hans-Joachim Gehrke, "Der siegreiche König: Überlegungen zur Hellenistischen Monarchie," *Archiv für Kulturgeschichte 64* (1982): 247~277; Hans-Joachim Gehrke, "The Victorious King: Reflections on the Hellenistic Monarchy," in *The Splendors and Miseries of Ruling Alone: Encounters with Monarchy from Archaic Greece to the Hellenistic Mediterranean*, ed. Nino Luraghi (Stuttgart: Franz Steiner, 2013), 73~98; Rolf Strootmann, *Courts and Elites in the Hellenistic Empires: The Near East after the Achaemenids, c. 330 to 30 BCE* (Edinburgh: Edinburgh University Press, 2014).

94) 폴리스의 이러한 특징을 처음으로 연구한 학자는 알프레트 호이스였다. 다음을 참조하라. Heuß, *Stadt und Herrscher des Hellenismus in ihren staats- und völkerrechtlichen Beziehungen* (Leipzig: Dieterich, 1937). 그 사이에 그와 상응하는 입장이 다른 분야에서도 널리 채택되었다. 다음을 참조하라. John Ma, *Antiochos III and the Cities of Western Asia Minor* (Oxford: Oxford University Press, 2000).

95) 이 점에 관해서는 다음을 참조하라. Angelos Chaniotis, *War in the Hellenistic World* (Malden, MA: Wiley-Blackwell, 2005).

96) 도시들과 엘리트층에 관해서는 다음을 참조하라. Philippe Gauthier, *Les cités grecques et leurs bienfaiteurs (IVe-Ier siècle avant J.-C.): Contribution à l'histoire des institutions* (Athens: École Française d'Athènes, 1985); Friedemann Quaß, *Die Honoratiorenschicht in den Städten des griechischen Ostens: Untersuchungen zur politischen und sozialen Entwicklung in hellenistischer und römischer Zeit* (Stuttgart: Franz Steiner, 1993); Michael Wörrle and Paul Zanker, eds., *Stadtbild und Bürgerbild im Hellenismus* (Munich: C. H. Beck, 1995); Christian Mann and Peter Scholz, eds., *"Demokratie" im Hellenismus: Von der Herrschaft des Volkes zur Herrschaft von Honoratioren?* (Berlin: Verlag Antike, 2012); John Ma, *Statues and Cities: Honorific Portraits and Civic Identity in the Hellenistic World* (Oxford: Oxford University Press, 2013).

97) Gustav Adolf Lehmann, *Ansätze zu einer Theorie des griechischen Bundesstaates bei Aristoteles und Polybios* (Göttingen: Vandenhoeck & Ruprecht, 2001); Beck and Funke, *Federalism in Greek Antiquity*.

98) 프톨레마이오스 제국에 관해서는 다음을 참조하라. Werner Huß, *Ägypten in hellenistischer Zeit: 332-30 v. Chr.* (Munich: C. H. Beck, 2001); Manfred Clauss, *Alexandria: Schicksale einer antiken Weltstadt* (Stuttgart: Klett-Cotta, 2003); Csaba A. La'da, *Foreign Ethnics in Hellenistic Egypt* (Louvain: Peeters, 2002); Sitta von Reden, *Money in Ptolemaic Egypt: From the Macedonian*

Conquest to the End of the Third Century BC (Cambridge: Cambridge University Press, 2007); Ian S. Moyer, *Egypt and the Limits of Hellenism* (Cambridge: Cambridge University Press, 2011); Christelle Fischer-Bovet, *Army and Society in Ptolemaic Egypt* (Cambridge: Cambridge University Press, 2014).

99) 카이사르 본인도 "왕의 이름이 백성들 사이에서 크나큰 권위를 불러일으켜야 한다(magnam regium nomen apud suos auctoritatem habere)."라는 점을 인정해야 했다. De bello civili 3.109.6.

100) Hans-Joachim Gehrke, "Das sozial- und religionsgeschichtliche Umfeld der Septuaginta," in *Im Brennpunkt: Die Septuaginta. Studien zur Entstehung und Bedeutung der Griechischen Bibel* II, ed. Siegfried Kreuzer and Jürgen Peter Lesch (Stuttgart: Kohlhammer, 2004), 44~60.

101) 셀레우코스 제국에 관해서는 다음을 참조하라. Susan Sherwin-White and Amelie Kuhrt, *From Samarkhand to Sardis: A New Approach to the Seleucid Empire* (Berkeley, CA: University of California Press, 1993); Laurent Capdetrey, *Le pouvoir séleucide: Territoire, administration, finances d'un royaume hellénistique* (312-129 avant J. C.) (Rennes: Presses Universitaires de Rennes, 2007); Paul J. Kosmin, T*he Land of the Elephant Kings: Space, Territory, and Ideology in the Seleucid Empire* (Cambridge, MA: Harvard University Press, 2014).

102) Elias J. Bickermann, *Der Gott der Makkabäer: Untersuchungen über Sinn und Ursprung der makkabäischen Erhebung* (Berlin: Schocken, 1937); Martin Hengel, *Judentum und Hellenismus: Studien zu ihrer Begegnung unter besonderer Berücksichtigung Palästinas bis zur Mitte des 2.Jh.s v. Chr.* (Tübingen: Mohr Siebeck, 1988); Klaus Bringmann, *Hellenistische Reform und Religionsverfolgung in Judäa: Eine Untersuchung zur jüdisch-hellenistischen Geschichte (175-163 v. Chr.)* (Göttingen: Vandenhoeck & Ruprecht, 1983); William D. Davies and Louis Finkelstein, eds., *The Cambridge History of Judaism*, vol. 2, *The Hellenistic Age* (Cambridge: Cambridge University Press, 1989); Lester L. Grabbe, *Judaism from Cyrus to Hadrian* (London: Augsburg Fortress, 1994); Lester L. Grabbe, *A History of the Jews and Judaism in the Second Temple Period*, vol. 2, *The Early Hellenistic Period (335-175 BCE)* (London: T&T Clark International, 2008); Seth Schwartz, *Imperialism and Jewish Society 200 B.C.E. to 640 C.E.* (Princeton, NJ: Princeton University Press, 2001); Edward Dabrowa, *The Hasmoneans and Their State: A Study in History, Ideology and Institutions* (Krakau: Jagiellonian University Press, 2010); Johannes Bernhardt, *Die Jüdische Revolution: Untersuchungen zu Ursachen, Verlauf und Folgen der hasmonäischen Erhebung* (Berlin: de Gruyter, 2018).

103) Josef Wiesehöfer, ed., *Das Partherreich und seine Zeugnisse—The Arsacid Empire: Sources and Documentation* (Stuttgart: Franz Steiner, 1998); Marek Olbrycht, *Parthia et ulteriores gentes: Die politischen Beziehungen zwischen dem arsakidischen Iran und den Nomaden der eurasischen Steppe* (Munich: Tuduv-Verlagsgesellschaft, 1998).

104) 예를 들어 다음의 책 제목이 그렇다. Harald Froschauer and Hermann Harrauer, eds., *Emanzipation am Nil: Frauenleben und Frauenrecht in den Papyri* (Vienna: Phoibos-Verlag, 2005).

105) 이후의 내용에 관해서는 다음을 참조하라. Walter Burkert, *Ancient Mystery Cults* (Cambridge, MA: Harvard University Press, 1987); Walter Burkert, *Antike Mysterien: Funktionen und Gehalt*

(Munich, 2012).

106) 특히 지금도 읽을 만한 다음 저서를 참조하라. Samuel K. Eddy, *The King Is Dead: Studies in the Near Eastern Resistance to Hellenism 334–31 B.C.* (Lincoln, NE: University of Nebrasca Press, 1961).

107) Kai Trampedach, *Politische Mantik: Die Kommunikation über Götterzeichen und Orakel im klassischen Griechenland* (Heidelberg: Verlag Antike, 2015).

108) 에라토스테네스를 언급한 스트라보를 참조하라. Strabo 1.4.9, (frag. II C 24).

109) 이러한 형태의 교육이 전적으로 남성의 전유물로 남아 있었다는 사실에서도 성별 간에 계속된 뚜렷한 차이를 확인할 수 있다. 이에 관한 몇 가지 예외는 상위 계층에서 발견된다. 김나시온에 관해서는 다음을 참조하라. Daniel Kah and Peter Scholz, eds., *Das hellenistische Gymnasion* (Berlin: Akademie, 2004).

110) Philo, *De specialibus legibus* 229f.

111) 플라톤이 그렇게 주장했다. Politeia 10.606 e.

112) 이 주제를 다룬 중요한 연구는 다음과 같다. Rudolf Pfeiffer, *Geschichte der Klassischen Philologie: Von den Anfängen bis zum Ende des Hellenismus* (Reinbek: Rowohlt, 1970); 다음도 참조하라. Gregor Weber, *Dichtung und höfische Gesellschaft: Die Rezeption von Zeitgeschichte am Hof der ersten drei Ptolemäer* (Stuttgart: Franz Steiner, 1993).

113) Ernst-Richard Schwinge, *Künstlichkeit von Kunst: Zur Geschichtlichkeit der alexandrinischen Poesie* (Munich: C. H. Beck, 1986).

114) 특히 다음을 참조하라. Jerome J. Pollitt, *Art in the Hellenistic Age* (Cambridge: Cambridge University Press, 1986); Hans Lauter, *Die Architektur des Hellenismus* (Darmstadt: Wissenschaftliche Buchgesellschaft, 1968); Christian Kunze, *Zum Greifen nah: Stilphänomene in der hellenistischen Kultur und ihre inhaltliche Interpretation* (Munich: Biering & Brinkmann, 2002).

115) Ruth Bielfeldt, "Polis Made Manifest: The Physiognomy of the Public in the Hellenistic City—with a Case Study of the Agora in Priene," in *Politische Kommunikation und öffentliche Meinung in der antiken Welt, ed. Christina Kuhn* (Stuttgart, 2012), 78~122.

116) 앞의 책 485쪽을 참조하라. 철학의 이러한 측면에 관해서는 다음을 특히 참조하라. George B. Kerferd, *The Sophistic Movement* (Cambridge: Cambridge University Press, 1981); Susan C. Jarratt, *Rereading the Sophists: Classical Rhetoric Refigured* (Carbondale, IL: Southern Illinois University Press, 1991); Klaus Meister, *"Aller Dinge Maß ist der Mensch": Die Lehren der Sophisten* (Munich: Wilhelm Fink, 2010).

117) 다음을 (많은 참고 문헌과 함께) 참조하라. Matthias Haake, *Der Philosoph in der Stadt: Untersuchungen zur öffentlichen Rede über Philosophen und Philosophie in den hellenistischen Poleis* (Munich: C. H. Beck, 2007).

118) 이 주제와 이후에 관해서는 다음을 참조하라. Erich S. Gruen, *Culture and National Identity in Republican Rome* (Ithaca, NY: Cornell University Press, 1992); Hans-Joachim Gehrke, "Römischer mos und griechische Ethik: Überlegungen zum Zusammenhang von Akkulturation und politischer Ordnung im Hellenismus," *Historische Zeitschrift* 258 (1994): 593~622; Erich

S. Gruen, *Heritage and Hellenism: The Reinvention of Jewish Tradition* (Berkeley: University of California Press, 1998); Erich S. Gruen, *Diaspora: Jews amidst Greeks and Romans* (Cambridge, MA: Harvard University Press, 2002); Dorothy I. Sly, *Philo's Alexandria* (New York: Routledge 1996); Kenneth Schenck, *A Brief Guide to Philo* (Louisville, KY: Westminster Press, 2005); Otto Kaiser, *Philo von Alexandrien. Denkender Glaube. Eine Einführung* (Göttingen: Vandenhoeck & Ruprecht, 2015).

119) 이 주제에 관한 핵심 문헌은 다음과 같다. Alfred Heuß, "Die Gestaltung des römischen und des karthagischen Staates bis zum Pyrrhoskrieg," in *Rom und Karthago, ed. Joseph Vogt* (Leipzig: Koehler & Amelang, 1943), 83~138. 또한 다음과 같은 문헌도 있다. Alfred Heuß, *Gesammelte Schriften in 3 Bänden*, vol. 2 (Stuttgart: Franz Steiner, 1995), 1010~1065. 앞의 주석 14번에 언급된 참고 문헌도 참조하라.

120) 이는 발터 아멜링(Walter Ameling)의 입장이다. 다음을 참조하라. Ameling, *Karthago*.

121) 디오니시오스 1세에 관해서는 다음을 참조하라. Karl Friedrich Stroheker, *Dionysios I: Gestalt und Geschichte des Tyrannen von Syrakus* (Wiesbaden: Franz Steiner, 1958); Brian Caven, *Dionysius I: War-Lord of Sicily* (New Haven, CT: Yale University Press, 1990).

122) 포에니 전쟁에 관해서는 다음을 특히 참조하라. Dexter Hoyos, ed., *A Companion to the Punic Wars* (Chichester: Blackwell, 2011).

123) Eberhard Ruschenbusch, "Der Ausbruch des 1: Punischen Krieges," *Talanta* 12/13 (1980/1981): 55~76, at 71. 이 표현은 제1차 세계대전이 발발하자 데이비드 로이드 조지(David Lloyd George) 영국 총리가 한 유명한 말에서 유래했다. "유럽은 끓어오르는 전쟁의 가마솥으로 미끄러져 들어갔다." (Lloyd George, *War Memoirs* [London: Little, Brown, and Company, 1933], 32).

124) Erich S. Gruen, *The Hellenistic World and the Coming of Rome*, 2 vols. (Berkeley: University of California Press, 1984). 로마 정책과 동방에서의 군사 전략에 관한 더 많은 내용은 다음에서 찾을 수 있다. Will, *Histoire politique du monde hellénistique*.

125) Ernst Badian, "Rome and Antiochus the Great: A Study in Cold War," *Classical Philology* 54 (1959): 81~99.

126) 페르가몬에 관해서는 다음을 참조하라. Ralf Grüßinger, Volker Kästner, and Andreas Scholl, eds., *Pergamon—Panorama der antiken Metropole* (Berlin: Pergamon-Museum, 2011).

127) C. Bradford Welles, *Royal Correspondence in the Hellenistic Period* (New Haven, CT: Yale University Press, 1934), no. 61.에 수록된, 아탈로스 2세(Attalos II)가 페시누스의 대신관 아티스(Attis)에게 보낸 (기원전 156년 무렵의) 편지를 참조하라.

128) 이 주제와 이후의 내용에 관해서는 다음을 참조하라. Gauthier, *Les cités grecques; Robert M. Kallet-Marx, Hegemony to Empire: The Development of the Roman Imperium in the East from 148 to 62 B.C.* (Berkeley, CA: University of California Press, 1995).

129) Cicero, *Ad familiares* 4.5.4.

130) 클레오파트라는 계속해 큰 관심을 받는 주제다. 다음을 참조하라. Susan Walker and Peter Higgs, *Cleopatra of Egypt: From History to Myth* (London: British Museum Press, 2001); Wolfgang Schuller, *Kleopatra: Königin in drei Kulturen* (Hamburg: Rowohlt, 2006); Duane W. Roller,

Cleopatra: A Biography (Oxford: Oxford University Press, 2010).

131) 이 해석과 비슷하게 근본적으로 결정주의적인 해석에 관해서는 다음을 참조하라. Ernst Badian's review of *Caesar*, by Christian Meier, *Gnomon* 62 (1990): 22~39, esp. 38.

132) Suetonius, *Caesar* 30.4.

133) Montesquieu, *Considérations*, ch. 11. 특히 다음을 참조하라. Ulrich Gotter, *Der Diktator ist tot! Politik in Rom zwischen den Iden des März und der Begründung des Zweiten Triumvirats* (Stuttgart: Franz Steiner, 1996), 263.

134) "세계에서 사람이 사는 거의 모든 지역(오이쿠메네)이 로마의 단독 패권하에 놓인" 시간이 비교적 짧았다는 사실은 폴리비오스(1.1.5)도 강조했는데, 그는 이 기간이 "53년도 안 된다고" 했다. 이 과정이 시작한 기원전 221년이나 기원전 220년 무렵부터 피드나 전투가 벌어진 기원전 168년까지다.

135) Marianne Coudry and Michel Humm, eds., *Praeda: Butin de guerre et société dans la Rome républicaine / Kriegsbeute und Gesellschaft im republikanischen Rom* (Stuttgart: Franz Steiner 2009).

136) Bleicken, *Lex publica*, 371ff.

137) 로마 공화정의 위기와 그 원인, 결과에 관해서는 특히 다음을 참조하라. Ronald Syme, *The Roman Revolution* (Oxford: Oxford University Press, 1939); Christian Meier, *Res publica amissa: Eine Studie zu Verfassung und Geschichte der späten römischen Republik* (Stuttgart: Franz Steiner, 2017) (1966년에 처음 출간); Erich S. Gruen, *The Last Generation of the Roman Republic* (Berkeley, CA: University of California Press, 1974); Fergus Millar, *The Crowd in Rome in the Late Republic* (Ann Arbor: University of Michigan Press, 1998); Klaus Bringmann, *Krise und Ende der römischen Republik* (133-42 v. Chr.) (Berlin: Akademie, 2003); Robert Morstein-Marx, *Mass Oratory and Political Power in the Late Roman Republic* (Cambridge: Cambridge University Press, 2004).

138) Jürgen von Ungern-Sternberg, *Untersuchungen zum spätrepublikanischen Notstandsrecht: Senatus consultum ultimum und hostis-Erklärung* (Munich: C. H. Beck, 1970); Jochen Martin, "Die Popularen in der Geschichte der späten Republik" (Diss., Universität Freiburg, 1965); Leonhard A. Burckhardt, *Politische Strategien der Optimaten in der späten römischen Republik* (Stuttgart: Franz Steiner, 1988).

139) 인용 출처인 Cicero, *De legibus* 3.20, und Varro, in Non. Marcell. 728L. Diodorus Siculus의 Historical Library (bibliothēkē historikē) 34 / 35, 27에 따르면 가이우스 그라쿠스는 "우리 적의 머리 위에 칼이 매달려 있다."라고 주장한 것으로 보인다.

140) 이와 관련해 마리우스의 '군제 개혁'이 자주 언급된다. 그러나 이는 개념적 계획 측면에서 이 조치에 너무 많은 의미를 부여하는 것이다. '개혁'이라는 용어를 유지하고자 한다면, 아마도 마리우스가 군단의 전투 방식에 적용한 약간의 조정에 적용해야 할 것이다. 이 책에서 다룬 마리우스의 조치로 인해 발생한 변화에 관해서는 다음을 참조하라. Emilio Gabba, *Esercito e società nella tarda repubblica Romana* (Florence: La nuova Italia, 1973) (English edition: *Republican Rome, the Army, and the Allies*, trans. P. J. Cuff [Berkeley: University of California Press, 1976]); 다음도 참조하라. Helga Botermann, *Die Soldaten und die römische Politik in der Zeit von Caesars Tod bis zur Begründung des Zweiten Triumvirats* (Munich: C. H. Beck, 1968).

141) "숨뭄 유스, 숨뭄 이니우리아(summum ius, summum iniuria)"(법의 엄격한 적용이 가장 나쁜 불법)라는 격언이 그러한 상황에 얼마나 잘 어울리는지 상상해 볼 수 있다. 키케로는 그것이 이미 이 단계에서 진부한 표현이 되었다고 주장했지만 말이다. (De officiis 1.33).

142) 술라에 관해서는 무엇보다도 다음을 참조하라. Ernst Badian, *Lucius Sulla: The Deadly Reformer* (Sydney: Sydney University Press, 1970); Theodora Hantos, *Res publica constituta: Die Verfassung des Dictators Sulla* (Stuttgart: Franz Steiner, 1988); Federico Santangelo, *Sulla, the Elites and the Empire: A Study of Roman Policies in Italy and the Greek East* (Leiden: Brill, 2007); Jörg Fündling, *Sulla* (Darmstadt: Wissenschaftliche Buchgesellschaft, 2010).

143) Plutarch, *Pompeius* 8. 폼페이우스에 관한 전반적 내용은 다음을 참조하라. Robin Seager, *Pompey: A Political Biography* (Oxford: Wiley-Blackwell, 1979); Pat Southern, *Pompey the Great: Caesar's Friend and Foe* (Stroud: Tempus Publishing, 2002); Karl Christ, *Pompeius: Der Feldherr Roms* (Munich: C. H. Beck, 2004); Ernst Baltrusch, *Caesar und Pompeius* (Darmstadt: Wissenschaftliche Buchgesellschaft, 2004).

144) 폼페이우스는 자신이 모은 전리품으로 미네르바(Minerva) 여신을 위한 신전을 세웠는데, 그 봉헌비의 내용은 다음과 같다. "30년에 걸친 전쟁을 끝냈고, 1227만 8000명을 물리치거나 궤멸시키거나 칼로 베거나 항복을 받아 냈고, 846척의 선박을 침몰시키거나 사로잡았고, 1538개의 도시와 요새를 동맹으로 받아 주었고 마이오티스(Maeotis)에서 홍해에 이르는 모든 지역을 정복한 임페라토르 그나이우스 폼페이우스 마그누스가 이 신전을 미네르바께 봉헌물로서 바칩니다." Pliny, *Naturalis historia* VII, 97. 폼페이우스는 또한 로마 최초의 석조 대극장 건설과 (승리의 여신) 베누스 빅트릭스(Venus Victrix)에게 바치는 신전 건설을 담당하기도 했다. 이 신전에는 그가 군사 원정 중에 정복한 열네 개 민족을 대표하는 인물군 사이에 폼페이우스가 등장하는 조각상이 있었다. Pliny, *Naturalis historia* 36.41; Suetonius, Nero 46.1.

145) 키케로에 관해서는 베르너 리스(Werner Riess)의 연구 역사와 보충할 참고 문헌 소개가 수록되어 있는 Matthias Gelzer, *Cicero: Ein biographischer Versuch*, 2nd enlarged edition (Stuttgart: Franz Steiner, 2014)을 참조하라. Christian Habicht, *Cicero der Politiker* (Munich: C. H. Beck, 1990); Anthony Everitt, *Cicero: The Life and Times of Rome's Greatest Politician* (New York: Random House, 2001); Klaus Bringmann, *Cicero* (Darmstadt: Wissenschaftliche Buchgesellschaft, 2010); Ingo Gildenhard, *Creative Eloquence: The Construction of Reality in Cicero's Speeches* (Oxford: Oxford University Press, 2011); Wolfgang Schuller, *Cicero oder Der letzte Kampf um die Republik: Eine Biographie* (Munich: C. H. Beck, 2013).

146) 유명한 그리스어 문구(아네리프토 키보스(anerríphtō kybos))를 인용해 카이사르가 말한 것으로 생각되는 실제 표현을 정확히 옮기면 "주사위가 공중에 던져질 것이다."가 된다. Plutarch, *Caesar* 32.7f.; *Pompeius* 60; Appian, *Bella civilia* 2.35. "주사위는 던져졌다(알레아 약타 에스트(alea iacta est))."라는 친숙한 표현은 수에토니우스가 쓴 카이사르 열전 32장의 사본에 전해졌다. 이 표현을 로테르담의 에라스무스(Erasmus)가 그의 수에토니우스 1518년 판본에서 알레아 약타 에스토(alea iacta esto)로 수정했다. 로마 내전에 관해서는 특히 다음을 참조하라. Kurt Raaflaub, *Dignitatis contentio: Studien zur Motivation und politischen Taktik im Bürgerkrieg zwischen Caesar und Pompeius* (Munich: C. H. Beck, 1974); Tom Holland, *Rubicon: The Triumph and Tragedy of the*

Roman Republic (London: Little, Brown, 2004).

147) Christian Meier, *Caesar* (Berlin: Pantheon, 1982); Martin Jehne, *Caesar* (Munich: C. H. Beck, 5. Edition 2015); Werner Dahlheim, *Julius Caesar: Die Ehre des Kriegers und die Not des Staates* (Paderborn: Ferdinand Schöningh, 2005); Miriam Griffin (Hg.), *A Companion to Julius Caesar* (Oxford: Wiley-Blackwell, 2009); Tom Stevenson, *Julius Caesar and the Transformation of the Roman Republic* (London: Routledge, 2015).

148) 이 사건들과 그 배경에 관해서는 다음을 참조하라. Jochen Bleicken, *Zwischen Republik und Prinzipat: Zum Charakter des Zweiten Triumvirats* (Göttingen: Vandenhoeck & Ruprecht, 1990); Gotter, *Der Diktator ist tot; Adrian Goldsworthy, Antony and Cleopatra* (New Haven, CT: Weidenfeld & Nicolson, 2010); Helmut Halfmann, *Marcus Antonius* (Darmstadt: Wissenschaftliche Buchgesellschaft, 2011).

149) 아우구스투스에 관해서는 다음을 참조하라. Kurt A. Raaflaub and Mark Toher, eds., *Between Republic and Empire: Interpretations of Augustus and His Principate* (Berkeley, CA: University of California Press, 1993); Jochen Bleicken, *Augustus: Eine Biographie* (Berlin: Fest, 1998); Werner Eck, *Augustus und seine Zeit* (Munich: C. H. Beck, 2014) (English translation: *The Age of Augustus*, translated by Deborah Lucas Schneider, chapter 11 by Robert Daniel [Malden, MA: Wiley-Blackwell, 2007]); Karl Galinsky, ed., *The Cambridge Companion to the Age of Augustus* (Cambridge: Cambridge University Press, 2005); Barbara Levick, *Augustus: Image and Substance* (London: Longman, 2010). 원수정 체계와 로마 제국 전반에 관해서는 다음을 참조하라. Werner Dahlheim, *Geschichte der römischen Kaiserzeit*, 3rd ed. (Munich: R. Oldenbourg, 2003); Karl Christ, *Geschichte der römischen Kaiserzeit: Von Augustus bis zu Konstantin* (Munich: C. H. Beck, 2005); Clifford Ando, *Imperial Ideology and Provincial Loyalty in the Roman Empire* (Berkeley: University of California Press, 2000); David S. Potter, ed., *A Companion to the Roman Empire* (Malden, MA: Blackwell, 2009); Michael Sommer, *Römische Geschichte*, vol. 2, *Rom und sein Imperium in der Kaiserzeit* (Stuttgart: Kröner, 2. Edition 2014); Aloys Winterling, *Politics and Society in Imperial Rome* (Oxford: Wiley-Blackwell, 2009).

150) *Res Gestae Divi Augusti* 34.

151) 원수정의 이 부분에 관해서는 다음을 참조하라. Paul Veyne, *Le pain et le cirque: Sociologie historique d'un pluralisme politique* (Paris: Éditions du Soleil, 1976); Egon Flaig, *Den Kaiser herausfordern: Die Usurpation im Römischen Reich* (Frankfurt am Main: Campus, 1992; Ando, *Imperial Ideology and Provincial Loyalty in the Roman Empire*.

152) 이 점은 테오도어 몸젠이 강조했다. 다음을 참조하라. Alfred Heuß, "Theodor Mommsen und die revolutionäre Struktur des römischen Kaisertums," in Heuß, *Gesammelte Schriften in 3 Bänden*, vol. 3 (Stuttgart: Franz Steiner, 1995), 1730~1743.

153) Tacitus, *Histories* 1.4.2. 타키투스에 따르면 네로의 죽음은 "로마 밖에서도 황제로 선포될 수 있다는 제국 통치의 비밀을 드러냈다(evocato imperii arcano, posse principem et alibi Romae fieri)."

154) 원로원 의원 계급에 관해서는 다음을 특히 참조하라. Richard A. Talbert, *The Senate of Imperial Rome* (Princeton, NJ: Princeton University Press, 1984); Werner Eck and Matthäus Heil, eds.,

Senatores populi Romani: Realität und mediale Präsentation einer Führungsschicht (Stuttgart: Franz Steiner, 2005).

155) 다음을 참조하라. Henri Pflaum, *Les carrières procuratoriennes équestres sous le haut-empire romain* (Paris: Paul Geuthner, 1960); 다음도 참조하라. Christopher J. Fuhrmann, *Policing the Roman Empire: Soldiers, Administration, and Public Order* (Oxford: Oxford University Press, 2012); Caillan Davenport, *A History of the Roman Equestrian Order* (Cambridge: Cambridge University Press, 2019).

156) Veyne, *Le pain et le cirque*.

157) Robert K. Sherk, *Roman Documents from the Greek East: Senatus Consulta and Epistulae to the Age of Augustus* (Baltimore: Johns Hopkins Press, 1969), no. 65, 328f., 32~39.

158) 로마 속주들의 확대와 조직에 관해서는 다음을 참조하라. Rudolf Haensch, *Capita provinciarum: Statthaltersitze und Provinzialverwaltung in der römischen Kaiserzeit* (Mainz: Philipp von Zabern, 1997); Claude Lepelley, ed., *Rom und das Reich in der Hohen Kaiserzeit 44 v. Chr.—260 n. Chr., vol. 2, Die Regionen des Reiches* (Munich and Leipzig: K. G. Saur, 2001); Eckhard Meyer-Zwiffelhoffer, '*Wie ein Bürger herrschen*'. *Zum Regierungsstil der senatorischen Statthalter in den kaiserzeitlichen griechischen Provinzen* (Stuttgart: Franz Steiner, 2002).

159) Alfred Heuß, "Zeitgeschichte als Ideologie: Bemerkungen zu Komposition und Gedankenführung der Res gestae Divi Augusti," in *Heuß, Gesammelte Schriften* in 3 Bänden, vol. 2, 1319~1359.

160) Michael Sommer, *Roms orientalische Steppengrenze. Palmyra—Edessa—Dura-Europos—Hatra. Eine Kulturgeschichte von Pompeius bis Diocletian* (Stuttgart: Franz Steiner, 2018).

161) *Res Gestae Divi Augusti* 31.

162) 특히 다음을 참조하라. Raoul McLaughlin, *Rome and the Distant East: Trade Routes to the Ancient Lands of Arabia, India and China* (London: Continuum, 2010).

163) 미주와 부록을 추가해 대대적으로 개정한 다음 책을 참조하라. *The Western Regions according to the "Hou Hanshu." The Xiyu juan "Chapter on the Western Regions" from Hou Hanshu 88*, trans. John E. Hill, 2nd ed. electronic publication 2003, ch. 12, https://depts.washington.edu/silkroad/texts / hhshu/hou_han_shu.html.

164) 다음을 참조하라. Paul R. C. Weaver, *Familia Caesaris: A Social Study of the Emperor's Freedmen and Slaves* (Cambridge: Cambridge University Press, 1972); Peter Eich, *Zur Metamorphose des politischen Systems in der römischen Kaiserzeit: Die Entstehung einer 'personalen Bürokratie' im langen dritten Jahrhundert* (Berlin: Akademie, 2005); Rudolf Haensch and Johannes Heinrichs, eds., *Herrschen und Verwalten: Der Alltag der römischen Administration in der Hohen Kaiserzeit* (Cologne: Böhlau, 2007).

165) 로마법의 전반적 내용은 다음을 참조하라. Franz Wieacker, Römische Rechtsgeschichte. *Zweiter Abschnitt: Die Jurisprudenz vom frühen Prinzipat bis zum Ausgang der Antike im weströmischen Reich und die oströmische Rechtswissenschaft bis zur justinianischen Gesetzgebung* (Munich: C. H. Beck, 2006).

166) 다음을 참조하라. Fergus Millar, *The Emperor in the Roman World (31 B.C.-A.D. 337)* (London: Duckworth, 1977).

167) Martin Pitts and Miguel John Versluys, eds., *Globalisation and the Roman World: World History, Connectivity and Material Culture* (Cambridge: Cambridge University Press, 2014).

168) 다음을 특히 참조하라. Roland Robertson, *Globalization: Social Theory and Global Culture* (London: Sage Publications, 1992); 다음을 참조하라. Roland Robertson, "Glocalization: Time-Space and Homogeneity-Heterogeneity," in *Global Modernities*, ed. Mike Featherstone, Scott Lash, and Roland Robertson (London: Sage Publications, 1995), 25~44.

169) 다음도 참조하라. Dietmar Nörr, *Imperium und Polis in der hohen Prinzipatszeit* (Munich: C. H. Beck, 1969); Quaß, *Honoratiorenschicht*.

170) 티베리우스와 다른 율리우스-클라우디우스 왕조 황제들에 관해서는 다음을 참조하라. Zvi Yavetz, *Tiberius. Der traurige Kaiser. Biographie* (Munich: C. H. Beck, 1999); Robin Seager, *Tiberius* (Oxford: Blackwell, 2005); Philip Matyszak, *The Sons of Caesar: Imperial Rome's First Dynasty* (London: Thames & Hudson, 2006); Barbara Levick, *Claudius* (New Haven, CT: Yale University Press, 1990); Josiah Osgood, *Claudius Caesar: Image and Power in the Early Roman Empire* (Cambridge: Cambridge University Press, 2010); Miriam T. Griffin, *Nero: The End of a Dynasty* (New Haven, CT: Yale University Press, 1985); Edward Champlin, Nero (Cambridge, MA: Bdelknap Press, 2003); Gerhard Waldherr, *Nero: Eine Biografie* (Regensburg: Pustet, 2005).

171) Aloys Winterling, *Caligula: Eine Biographie* (Munich: C. H. Beck, 2012); translated by Deborah Lucas Schneider, Glenn W. Most, and Paul Psoinos as *Caligula: A Biography* (Berkeley: University of California Press, 2011).

172) 다음을 특히 참조하라. Flaig, *Den Kaiser herausfordern*.

173) 플라비우스 왕조 황제들에 관해서는 다음을 참조하라. Anthony J. Boyle and William J. Dominik, eds., *Flavian Rome: Culture, Image, Text* (Leiden: Brill, 2003); Stefan Pfeiffer, *Die Zeit der Flavier: Vespasian—Titus— Domitian* (Darmstadt: Wissenschaftliche Buchgesellschaft, 2009); Barbara Levick, *Vespasian* (London: Routledge, 1999); Brian W. Jones, *The Emperor Titus* (London: Palgrave Macmillan, 1984); Brian W. Jones, *The Emperor Domitian* (London: Routledge, 1992).

174) 입양된 황제들에 관해서는 다음을 참조하라. Gunnar Seelentag, *Taten und Tugenden Traians: Herrschaftsdarstellung im Principat* (Stuttgart: Franz Steiner, 2004); Anthony Birley, *Hadrian: The Restless Emperor* (London: Routledge, 1997); Anthony Birley, *Marcus Aurelius: A Biography* (London: Routledge, 1987); Jörg Fündling, *Marc Aurel* (Darmstadt: Wissenschaftliche Buchgesellschaft, 2008); Oliver Schipp, *Die Adoptivkaiser: Nerva, Trajan, Hadrian, Antonius Pius, Marc Aurel, Lucius Verus und Commodus* (Darmstadt: Wissenschaftliche Buchgesellschaft, 2011); Barbara Levick, *Faustina I and II: Imperial Women of the Golden Age* (Oxford: Oxford University Press, 2014).

175) Flavius Eutropius, *Breviarium ab urbe condita* 8.3.

176) Publius Aelius Aristides Theodorus, *Roman Oration*. 다음의 번역본에서 인용되었다. James H.

Oliver, "The Ruling Power: A Study of the Roman Empire in the Second Century after Christ through the Roman Oration of Aelius Aristides," *Transactions of the American Philosophical Society* 43, no. 4 (1953): 871~1003.

177) 코스토보키(Costoboci)라는 부족이 170년과 171년에 멀리 남쪽의 중부 그리스 아티케까지 침투해 엘레우시스의 중요한 사원이자 성소인 텔레스테리온(Telesterion)을 파괴했다.

178) 세베루스 왕조에 관해서는 다음을 참조하라. Karlheinz Dietz, *Senatus contra principem: Untersuchungen zur senatorischen Opposition gegen Kaiser Maximinus Thrax* (Munich: C. H. Beck, 1980); Anthony Birley, *Septimius Severus: The African Emperor* (London: Routledge, 2004); Barbara Levick, *Julia Domna* (London: Routledge, 2007); Simon Swain, Stephen Harrison, and Jaś Elsner, eds., *Severan Culture* (Cambridge: Cambridge University Press, 2007); Markus Handy, *Die Severer und das Heer* (Berlin: Verlag Antike, 2009); Achim Lichtenberger, *Severus Pius Augustus: Studien zur sakralen Repräsentation und Rezeption der Herrschaft des Septimius Severus und seiner Familie (193-211 n. Chr.)* (Leiden: Brill, 2011); Danuta Okoń, *Imperatores Severi et senatores: The History of the Imperial Personnel Policy* (Szczecin: Wydawnictwo Naukowe Uniwersytetu Szczecinskiego, 2013); Björn Schöpe, *Der römische Kaiserhof in severischer Zeit (193-235 n. Chr.)* (Stuttgart: Franz Steiner, 2014).

179) 군인황제들과 군인황제시대에 관해서는 다음을 참조하라. David S. Potter, *The Roman Empire at Bay: AD 180-395* (London: Routledge, 2004); Klaus-Peter Johne, ed., *Die Zeit der Soldatenkaiser*, 2 vols. (Berlin: Akademie, 2008); Michael Sommer, *Die Soldatenkaiser* (Darmstadt: Wissenschaftliche Buchgesellschaft, 2010); Clifford Ando, *Imperial Rome AD 193 to 284: The Critical Century* (Edinburgh: Edinburgh University Press, 2012).

180) Christian Witschel, *Krise—Rezession—Stagnation? Der Westen des römischen Reiches im 3. Jahrhundert n. Chr.* (Frankfurt am Main: Clauss, 1999).

181) 다음을 특히 참조하라. Stephan Berrens, *Sonnenkult und Kaisertum von den Severern bis zu Konstantin I. (193-337 n. Chr.)* (Stuttgart: Franz Steiner, 2004); Manfred Clauss, *Mithras: Kult und Mysterium* (Darmstadt: Wissenschaftliche Buchgesellschaft, 2012).

182) 고대의 반유대주의에 관해서는 다음을 참조하라. Zvi Yavetz, *Judenfeindschaft in der Antike* (Munich: C. H. Beck, 1997); David Nirenberg, *Anti-Judaism: The Western Tradition* (New York: W. W. Norton & Company, 2013); 전반적 내용에 관해서는 다음을 참조하라. Ernst Baltrusch, *Die Juden und das Römische Reich: Geschichte einer konfliktreichen Beziehung* (Darmstadt: Wissenschaftliche Buchgesellschaft, 2002).

183) 로마 제국의 기독교와 기독교도 박해에 관해서는 다음을 참조하라. Adolf von Harnack, *Mission und Ausbreitung des Christentums in den ersten drei Jahrhunderten*, 4th improved and enlarged edition (Leipzig: Hinrichs'sche Buchhandlung, 1924); 다음도 참조하라. Glen W. Bowersock, *Martyrdom and Rome* (Cambridge: Cambridge University Press, 2002); Christoph Markschies, *Das antike Christentum: Frömmigkeit, Lebensformen, Institutionen* (Munich: C. H. Beck, 2006); Candida Moss, *The Myth of Persecution: How Early Christians Invented a Story of Martyrdom* (New York: HarperOne, 2013); Detlef Liebs, *Das Recht der Römer und die Christen* (Tübingen: Mohr

Siebeck, 2015).

184) Pliny the Younger, *Epistulae* 10.97.

185) 이 철학적 문제와 교부들에 관해서는 다음을 참조하라. Harnack, *Mission und Ausbreitung; Alister McGrath, Historical Theology: An Introduction to the History of Christian Thought* (Oxford: Wiley-Blackwell, 1998); Hartmut Leppin, *Die Kirchenväter und ihre Zeit* (Munich: C. H. Beck, 2000); Markschies, *Das antike Christentum*; Pauliina Remes and Svetla Slaveva-Griffin, eds., *The Routledge Handbook of Neoplatonism* (New York: Routledge, 2014).

186) 사두 정치에 관해서는 다음을 참조하라. Frank Kolb, *Diocletian und die Erste Tetrarchie: Improvisation oder Experiment in der Organisation monarchischer Herrschaft?* (Berlin: De Gruyter, 1987); Roger Rees, *Diocletian and the Tetrarchy* (Edinburgh: Edinburgh University Press, 2004).

187) 콘스탄티누스 대제와 기독교, 개혁 정책에 관해서는 주로 다음을 참조하라. Averil Cameron and Stuart G. Hall, *Life of Constantine* (Oxford: Clarendon Press, 1999); Hartwin Brandt, *Konstantin der Große. Der erste christliche Kaiser. Eine Biographie* (Munich: C. H. Beck, 2006); Timothy Barnes, *Constantine: Dynasty, Religion and Power in the Later Roman Empire* (Malden, MA: Wiley-Blackwell, 2011); Johannes Wienand, *Der Kaiser als Sieger: Metamorphosen triumphaler Herrschaft unter Constantin I.* (Berlin: Akademie, 2012).

188) 기독교화의 서로 다른 양상은 특히 다음에서 알기 쉽게 설명되었다. Ramsay MacMullen, *Christianity and Paganism in the Fourth to Eighth Centuries* (New Haven, CT: Yale University Press, 1997); Peter Brown, *The Cult of the Saints: Its Rise and Function in Latin Christianity* (Chicago: University of Chicago Press, 1981); Peter Brown, *Through the Eye of a Needle: Wealth, the Fall of Rome, and the Making of Christianity in the West, 350-550 AD* (Princeton, NJ: Princeton University Press, 2012); Johannes Hahn, *Gewalt und religiöser Konflikt: Studien zu den Auseinandersetzungen zwischen Christen, Heiden und Juden im Osten des Römischen Reiches (von Konstantin bis Theodosius II.)* (Berlin: Akademie, 2004).

189) 수도원 생활에 관해서는 주로 다음을 참조하라. Karl Suso Frank, *Geschichte des christlichen Mönchtums*, 6th ed. (Darmstadt: Wissenschaftliche Buchgesellschaft, 2010); Daniel F. Caner, *Wandering, Begging Monks: Spiritual Authority and the Promotion of Monasticism in Late Antiquity* (Berkeley: University of California Press, 2002).

190) 신학 교리와 관련된 갈등에 관해서는 특히 다음을 참조하라. Alfred von Harnack, *Dogmengeschichte* (1922; repr., Tübingen: Mohr, 1991); Lewis Ayres, *Nicaea and Its Legacy: An Approach to Fourth-Century Trinitarian Theology* (Oxford: Oxford University Press, 2004); Ken Parry, *The Blackwell Companion to Eastern Christianity* (Oxford: Blackwell, 2009).

191) "Gelasius I on Spiritual and Temporal Power, 494," Internet History Sourcebooks Project, Fordham University, last modified October 15, 2019, https://sourcebooks.fordham.edu/source/gelasius1.asp.

192) 다음을 참조하라. Neil Christie and Simon T. Loseby, eds., *Towns in Transition: Urban Evolution in Late Antiquity and the Early Middle Ages* (Aldershot, UK: Scholar Press, 1996); Peter Brown, *The Rise of Western Christendom: Triumph and Diversity, A.D. 200-1000*, tenth anniversary revised

edition (Oxford: Wiley-Blackwell, 2013); Beat Brenk, *Die Christianisierung der spätrömischen Welt: Stadt, Land, Haus, Kirche und Kloster in frühchristlicher Zeit* (Wiesbaden: Reichert, 2003); 앞의 주석 189번을 참조하라.

193) ('강압 국가'에 관한 논의를 포함해) 이 시대에 관해서는 특히 다음을 참조하라. Arnold H. M. Jones, *The Later Roman Empire 284-602: A Social Economic and Administrative Survey*, 3 vols. (Oxford: Blackwell, 1964); Jochen Martin, *Spätantike und Völkerwanderung, 4th ed. (Munich: R. Oldenbourg, 2001); Alexander Demandt, Die Spätantike: Römische Geschichte von Diocletian bis Justinian 284-565 n. Chr.* (3., rev. ed. Munich: C. H. Beck, 2018); Philip Rousseau, ed., *A Companion to Late Antiquity* (Oxford: Wiley-Blackwell, 2009); Scott F. Johnson, ed., *The Oxford Handbook of Late Antiquity* (Oxford: Oxford University Press, 2012); Rene Pfeilschifter, *Die Spätantike: Der eine Gott und die vielen Herrscher* (Munich: C. H. Beck, 2014).

194) 역사가 암미아누스 마르켈리누스(Ammianus Marcellinus)는 이 재앙을 칸나이의 패배에 비유했다. (*Res Gestae* 31.13.19).

195) 이 현상에 관해서는 주로 다음을 참조하라. Walter Pohl, ed., *Kingdoms of the Empire: The Integration of Barbarians in Late Antiquity* (Leiden: Brill, 1997); Ralf Scharf, *Foederati: Von der völkerrechtlichen Kategorie zur byzantinischen Truppengattung* (Vienna: Holzhausen, 2001).

196) 테오도시우스 1세 이후의 발전에 관해서는 특히 다음을 참조하라. Averil Cameron, *The Mediterranean World in Late Antiquity ad 395-700*, 2nd ed. (London: Routledge, 2011); Henning Börm, *Westrom: Von Honorius bis Justinian* (Stuttgart: Kohlhammer, 2013).

197) 테오도리쿠스 대왕과 클로비스 1세에 관해서는 다음을 참조하라. Frank M. Ausbüttel, *Theoderich der Große* (Darmstadt: Wissenschaftliche Buchgesellschaft, 2003); Herwig Wolfram, *Die Goten. Von den Anfängen bis zur Mitte des sechsten Jahrhunderts. Entwurf einer historischen Ethnographie*, 5th ed. (Munich: C. H. Beck, 2009); Jonathan J. Arnold, *Theoderic and the Roman Imperial Restoration* (Cambridge: Cambridge University Press, 2014); Patrick J. Geary, *Die Merowinger: Europa vor Karl dem Großen*, 2nd ed. (Munich: C. H. Beck, 2004); Mischa Meier and Steffen Patzold, eds., *Chlodwigs Welt: Organisation von Herrschaft um 500* (Stuttgart: Franz Steiner, 2014).

198) Mischa Meier, *Das andere Zeitalter Justinians: Kontingenzerfahrung und Kontingenzbewältigung im 6. Jahrhundert n. Chr.* (Göttingen: Vandenhoeck & Ruprecht, 2003); Mischa Meier, *Justinian: Herrschaft, Reich und Religion* (Munich: C. H. Beck, 2004); Michael Maas, ed., *The Cambridge Companion to the Age of Justinian* (Cambridge: Cambridge University Press, 2005).

199) 예를 들면 다음을 참조하라. Demandt, *Die Spätantike*.

200) 이후에 관해서는 주로 다음을 참조하라. Wiesehöfer, *Ancient Persia*, 151~221.

201) 특히 다음을 참조하라. Isabel Toral-Niehoff, *Al-Hīra: Eine arabische Kulturmetropole im spätantiken Kontext* (Leiden: Brill, 2014).

202) 초기 이슬람에 관해서는 특히 다음을 참조하라. Claude Cahen, *Der Islam I: Vom Ursprung bis zu den Anfängen des Osmanenreiches* (Frankfurt am Main: Fischer, 1968); Wilferd Madelung, *The Succession to Muhammad: A Study of the Early Caliphate* (Cambridge: Cambridge University Press, 1997); Fred M. Donner, *Muhammad and the Believers: At the Origins of Islam* (Cambridge,

MA: Harvard University Press, 2010); Hartmut Bobzin, *Mohammed*, 5th ed. (Munich: C. H. Beck, 2016); Andreas Goetze, *Religion fällt nicht vom Himmel: Die ersten Jahrhunderte des Islams* (Darmstadt: Wissenschaftliche Buchgesellschaft, 2014); Robert G. Hoyland, *In God's Path: The Arab Conquests and the Creation of an Islamic Empire* (Oxford: Oxford University Press, 2014).

203) 다음의 개요를 참조하라. Alexander Demandt, *Der Fall Roms: Die Auflösung des römischen Reiches im Urteil der Nachwelt*, new expanded and revised ed. (Munich: C. H. Beck, 2014).

204) 다음을 참조하라. Pirenne, *Mohammed and Charlemagne*.

4부 고대 중국

1) Mark Edward Lewis, introduction to *The Early Chinese Empires: Qin and Han* (Cambridge, MA: Belknap Press of Harvard University Press, 2007). 4부에서 다루는 시대의 대부분을 포괄하는 한 권의 연구서로는 다음이 있다. Li Feng, *Early China: A Social and Cultural History* (Cambridge: Cambridge University Press, 2013).

2) Mark Edward Lewis, introduction to *China between Empires: The Northern and Southern Dynasties* (Cambridge, MA: Harvard University Press, 2009).

3) 인용문은 다음에서 발췌했다. Keith Buchanan, *The Transformation of the Chinese Earth* (London: G. Bell & Sons, 1970), 5~6. 미국 서부 역사에 관한 비슷한 주제는 다음을 참조하라. Donald Worster, *Rivers of Empire: Water, Aridity, and the Growth of the American West* (New York: Oxford University, 1985), ch. 2.

4) Mark Edward Lewis, *The Construction of Space in Early China* (Albany: State University of New York Press, 2006), ch. 4.

5) Harold Wiens, *China's March to the Tropics* (Washington, DC: Office of Naval Research, U.S. Navy, 1952).

6) Ping-ti Ho, "The Loess and the Origin of Chinese Agriculture," *American Historical Review* 75, no. 1 (October 1969): 1~36.

7) Li Feng, *Landscape and Power in Early China: The Crisis and Fall of the Western Zhou* (Cambridge: Cambridge University Press, 2006), ch. 1.

8) Nicola Di Cosmo, "The Northern Frontier in Pre-Imperial China," in *The Cambridge History of Ancient China: From the Origins of Civilization to 221 b.c.*, ed. Michael Loewe and Edward L. Shaughnessy (Cambridge: Cambridge University Press, 1999), 885~890, 909~914, 924~947.

9) 역사적 관점에서 본 중국의 지리는 다음을 참조하라. Yi-fu Tuan, *China* (Chicago: Aldine, 1969); T. R. Tregear, *A Geography of China* (Chicago: Aldine, 1965).

10) Lewis, *Early Chinese Empires*, 9~10.

11) Cho-yun Hsu, *Han Agriculture: The Formation of Early Chinese Agrarian Economy* (Seattle: University of Washington Press, 1980), 86, 111~112, 152, 279~280.

12) Lyman P. Van Slyke, *Yangtze: Nature, History, and the River* (Reading, MA: Addison-Wesley,

1988), part 1.

13) Francesca Bray, *Science and Civilisation in China*, vol. 6, *Biology and Biological Technology, Part II: Agriculture* (Cambridge: Cambridge University Press, 1984), 15~20, 106~113, 477~510.

14) Chen Han-seng, *Landlord and Peasant in Chin*a (New York: International Publishers, 1936), ch. 1. 북부와 남부 간의 거주 양상 및 토지 사용의 차이에 관해 좀 더 자세한 연구는 다음을 참조하라. Tuan, *China*, 151~162; Loyd E. Eastman, *Family, Field, and Ancestors: Constancy and Change in China's Social and Economic History* (Oxford: Oxford University Press, 1987), ch. 4; Dwight H. Perkins, *Agricultural Development in China* (Chicago: Aldine, 1969), 85~101.

15) G. William Skinner, "Marketing and Social Structures in Rural China," 3 parts, *Journal of Asian Studies* 24, no. 1 (1963): 3~44; 24, no. 2 (1964): 195~228; 24, no. 3 (1965): 363~399; G. William Skinner, "Regional Urbanization in Nineteenth-Century China," in *The City in Late Imperial China*, ed. G. William Skinner (Stanford, CA: Stanford University Press, 1977), 211~252; G. William Skinner, "Cities and the Hierarchy of Local Systems," in Skinner, *City in Late Imperial China*, 275~351.

16) Li Liu and Xingcan Chen, *State Formation in Early China* (London: Duckworth, 2003); Sarah Allan, "Erlitou and the Formation of Chinese Civilization: Toward a New Paradigm," *Journal of Asian Studie*s *66, no. 2 (May 2007): 461~496; Norman Yoffee, Myths of the Archaic State: Evolution of the Earliest Cities, States, and Civilizations* (Cambridge: Cambridge University Press, 2005), 41, 96~97.

17) 갑골문의 모든 주요 측면은 다음을 참조하라. David N. Keightley, *Sources of Shang History: The Oracle-Bone Inscriptions of Bronze Age China* (Berkeley: University of California Press, 1978).

18) K. C. Chang, *Art, Myth, and Ritual: The Path to Political Authority in Ancient China* (Cambridge, *MA: Harvard University Press, 1983*), ch. 3-6; Robert L. Thorp, *China in the Early Bronze Age: Shang Civilization* (Philadelphia: University of Pennsylvania Press, 2006), ch. 4.

19) 이 연구에 관해 유일하게 영문으로 작성된 논의는 다음을 참조하라. David N. Keightley, "Akatsuka Kiyoshi and the Culture of Early China: A Study in Historical Method," *Harvard Journal of Asiatic Studies* 42, no. 1 (1982): 267~320.

20) 상나라의 도시성은, 그리고 도시성과 왕권 사이의 관계는 다음을 참조하라. K. C. Chang, *Early Chinese Civilization: Anthropological Perspectives (Cambridge, MA: Harvard University Press, 1976), ch. 2-4; K. C. Chang, Shang Civilization (New Haven, CT: Yale University Press, 1980), ch. 1, 3; Yoffee, Myths of the Archaic State*, ch. 3.

21) Chang, *Early Chinese Civilization*, ch. 5-6; Chang, *Shang Civilization*, ch. 3.

22) Chang, *Shang Civilization*, 194~200.

23) David N. Keightley, "The Late Shang State: When, Where, and What?," *The Origins of Chinese Civilization*, ed. David Keightley (Berkeley: University of California Press, 1983), 523~564.

24) 이전 각주에서 인용한 부분에 더해 다음 또한 참조하라. David N. Keightley, *The Ancestral Landscape: Time, Space, and Community in Late Shang China* (Berkeley: Institute of East Asian Studies, University of California Press, 2000).

25) 서주의 지리 및 봉건제와의 관계에 관한 분석은 다음을 참조하라. Li, *Landscape and Power in Early China*, ch. 1. 이 제도를 서양의 봉건주의와 동일시할 수 없는 이유는 앞의 책 110~111쪽 및 다음을 참조하라. Li, *Early China*, 127~132.

26) Cho-yun Hsu and Katheryn Linduff, *Western Chou Civilization* (New Haven, CT: Yale University Press, 1988), 163~171; Li, *Landscape and Power in Early China*, ch. 1; Mark Edward Lewis, *Sanctioned Violence in Early China* (Albany: State University of New York Press, 1990), ch. 1.

27) Hsu and Linduff, *Western Chou Civilization*, 171~185; Edward L. Shaughnessy, "Western Zhou History," in Lowe and Shaughnessy, *Cambridge History of Ancient China*, 318~328, 364~368.

28) Li, *Landscape and Power in Early China*, 122~126; Hsu and Linduff, *Western Chou Civilization*, 143~146, 249~257, 275~279. 서주의 부분적 관료주의화에 관한 좀 더 상세한 연구는 다음을 참조하라. Li Feng, *Bureaucracy and the State in Early China: Governing the Western Zhou (1045-771 b.c.)* (Cambridge: Cambridge University Press, 2008), 42~95, 103~114.

29) Li, *Landscape and Power in Early China*, ch. 3-5.

30) Lewis, *Sanctioned Violence in Early China*, ch. 1.

31) Ibid., ch. 2.

32) Cho-yun Hsu, *Ancient China in Transition* (Stanford, CA: Stanford University Press, 1965), ch. 4; Mark Edward Lewis, "Warring States Political History," in Lowe and Shaughnessy, *Cambridge History of Ancient China*, 597~696.

33) Lewis, *Sanctioned Violence in Early China*, 43~50, 67~80.

34) Hsu, *Ancient China in Transition*, ch. 5.

35) Derk Bodde, "The State and Empire of Ch'in," in *The Cambridge History of China*, vol. 1, *The Ch'in and Han Empires*, ed. Denis Twitchett and Michael Loewe (Cambridge: Cambridge University Press, 1986), 38, 58~59; Ch'ü T'ung-tsu, *Han Social Structure* (Seattle: University of Washington Press, 1972), 181~185, 243~245.

36) Lester Bilsky, *The State Religion of Ancient China* (Taipei: Chinese Association for Folklore, 1975), 14~16, 58~60, 66, 126~127, 162~169, 183~190, 235~246, 274~276, 297~308, 318~324.

37) 전국시대 중국 사상의 부상에 관한 수많은 저작 가운데 가장 훌륭한 연구는 다음과 같다. A. C. Graham, *Disputers of the Tao* (LaSalle, IL: Open Court, 1989); Benjamin Schwartz, *The World of Thought in Ancient China* (Cambridge, MA: Harvard University Press, 1985). 이 주제에 관한 가장 쉬운 개론은 다음과 같다. Bryan W. Van Norden, *Introduction to Classical Chinese Philosophy* (Indianapolis: Hackett Publishing, 2011).

38) 개혁에 관해서는 다음을 참조하라. Bodde, "State and Empire of Qin," 52~72. 개혁의 한계에 대한 비판은 다음을 참조하라. Burton Watson, trans., *Records of the Grand Historian: Qin Dynasty* (New York: Columbia University Press, 1993), 74~83.

39) Martin Kern, *The Stele Inscriptions of Ch'in Shi-huang: Text and Ritual in Early Chinese Imperial Representation* (New Haven, CT: American Oriental Society, 2000); Mark Edward Lewis, *Writing and Authority in Early China* (Albany: State University of New York Press, 1999), 302~306; Lewis, *Construction of Space in Early China*, 169~174.

40) Michael Loewe, "The Former Han Dynasty," in Twitchett and Loewe, *Cambridge History of China*, vol. 1, 110~127.

41) Lewis, *Early Chinese Empires*, 16~20, 91~96.

42) Loewe, "Former Han Dynasty," 152~173.

43) Ch'ü, *Han Social Structure*, 66~75; Wang Yü-ch'üan, "An Outline of the Central Government of the Former Han Dynasty," *Harvard Journal of Asiatic Studies* 12 (1949): 137~143; Lewis, *Early Chinese Empires*, 51~64, 173~174.

44) Mark Edward Lewis, "The Han Abolition of Universal Military Service," in *Warfare in Chinese History*, ed. Hans van de Ven (Leiden: Brill, 2000), 33~75.

45) Robert P. Kramers, "The Development of the Confucian Schools," in Twitchett and Loewe, *Cambridge History of China*, vol. 1, ch. 14.

46) Patricia Ebrey, "The Economic and Social History of Later Han," in Twitchett and Loewe, *Cambridge History of China*, vol. 1, ch. 11; Chü, *Han Social Structure*, ch. 5; Lewis, *Construction of Space in Early China*, 212~229.

47) *Hou Han shu*, ch. 41, pp. 1415~1416. 다음에서 인용. Lewis, "The Han Abolition of Universal Military Service," 61.

48) Chang, *Shang Civilization*, ch. 5-6; Thorp, *China in the Early Bronze Age*, 81~83, 104~106, 120~129.

49) Lewis, *Sanctioned Violence in Early China*, 19; Lewis, *Construction of Space in Early China*, 176~177. 『좌전』의 인용문은 177쪽에 있다.

50) Wu Hung, *Monumentality in Early Chinese Art and Architecture* (Stanford, CA: Stanford University Press, 1995), 84~88; Lewis, *Construction of Space in Early China*, 115~116.

51) Nancy S. Steinhardt, *Chinese Imperial City Planning* (Honolulu: University of Hawai'i Press, 1990), 46~53; Wu Hung, "The Art and Architecture of the Warring States Period," in Lowe and Shaughnessy, *Cambridge History of Ancient China*, 653~665.

52) Wu, *Monumentality*, 102~110; Wu, "Art and Architecture," 665~675.

53) 다음에서 인용했다. Lewis, *Construction of Space*, 125.

54) Lewis, *Construction of Space*, 122~125, 172~173.

55) 다음에서 인용했다. Lewis, *Construction of Space*, 171.

56) Ibid., 171~172.

57) Wu, *Monumentality*, 149~162. 인용문은 다음을 참조하라. Lewis, *Construction of Space*, 177~178.

58) Lewis, *Construction of Space*, 177~180.

59) Ibid., 180~183. 제국 수도로서의 장안이 가진 수많은 측면에 관한 상세한 연구는 다음을 참조하라. Michael Nylan and Griet Vankeerbergen, *Chang'an 26 bce* (Seattle: University of Washington, 2015), part 1.

60) Ebrey, "Economic and Social History of Later Han," 630~637.

61) Wang, "Outline of the Central Government of the Former Han," 166~173.

62) Ebrey, "Economic and Social History of Later Han," 637~646; Miranda Brown, *The Politics of*

Mourning in Early China (Albany: State University of New York, 2007), ch. 4-5; K. E. Brashier, *Public Memory in Early China* (Cambridge, MA: Harvard University, 2014).

63) Wu Hung, *The Wu Liang Shrine: The Ideology of Early Chinese Pictorial Art* (Stanford, CA: Stanford University Press, 1989), part II.

64) Chi-yun Chen, *Hsun Yueh: The Life and Reflections of an Early Medieval Confucian* (Cambridge: Cambridge University Press, 1975), ch. 1-2; Chi-yun Chen, "A Confucian Magnate's Idea of Political Violence: Hsün Shuang's (a.d. 128-190) Interpretation of the *Book of Changes*," *T'oung-pao* 54, nos. 1-3 (1968): 73~115.

65) Ebrey, "Economic and Social History of Later Han," 645~646.

66) 구품중정제의 기원과 발전에 관해서는 다음을 참조하라. "Les débuts du système medieval de choix et de classement des fonctionnaires: Les neuf catégories et l'Impartial et Juste," in *Melanges Publies par l'Institut des Hautes Etudes Chinoises*, vol. 1 (Paris: University of Paris, 1957): 387~414; Dennis Grafflin, "Reinventing China: Pseudobureaucracy in the Early Southern Dynasties," in *State and Society in Early Medieval China*, ed. Albert E. Dien (Stanford, CA: Stanford University Press, 1990): 139~170; Dominik Declercq, *Writing against the State: Political Rhetorics in Third and Fourth Century China* (Leiden: Brill, 1998), 134~151; Charles Holcombe, *In the Shadow of the Han: Literati Thought and Society at the Beginning of the Southern Dynasties* (Honolulu: University of Hawai'i Press, 1994), 78~84.

67) J. K. Shyrock, trans., *The Study of Human Abilities: The* Jen wu chih *of Liu Shao* (New Haven, CT: American Oriental Society, 1937), 95, 98, 99, 120, 132; Nanxiu Qian, *Spirit and Self in Medieval China: The Shih-shuo Hsin-yu and Its Legacy* (Honolulu: University of Hawai'i Press, 2001), 34, 67~68, 113~117, 155~156.

68) Robert Joe Cutter, "To the Manner Born? Nature and Nurture in Early Medieval Chinese Literary Thought," *Culture and Power in the Reconstitution of the Chinese Realm, 200-600*, ed. Scott Pearce, Audrey Spiro, and Patricia Ebrey (Cambridge, MA: Harvard University Press, 2001), 53~71.

69) 인용문은 주석 63을 참조하라.

70) Shufen Liu, "Jiankang and the Commercial Empire of the Southern Dynasties," in Pearce, Spiro, and Ebrey, *Culture and Power in the Reconstitution of the Chinese Realm*, 35~52; Lewis, *China between Empires*, ch. 2.

71) David G. Johnson, *The Medieval Chinese Oligarchy* (Boulder, CO: Westview, 1977), 98, 101~104, 110, 118.

72) Qian, *Spirit and Self in Medieval China*.

73) Albert E. Dien, "Elite Lineages and the T'o-pa Accommodation: A Study of the Edict of 495," *Journal of the Economic and Social History of the Orient* 19, no. 1 (February 1976): 61~88; Lewis, *China between Empires*, ch. 3.

74) David Graff, *Medieval Chinese Warfare* (London: Routledge, 2002), 37~39; William G. Crowell, "Government Land Policies and Systems in Early Imperial China" (PhD diss., University of

Washington, 1979), ch. 4; Tang Zhangru, "Clients and Bound Retainers in the Six Dynasties Period," in *State and Society in Early Medieval China*, ed. Albert E. Dien (Stanford, CA: Stanford University Press, 1990), 114~115.

75) Rafe de Crespigny, *Generals of the South: The Foundation and Early History of the Three Kingdoms State of Wu* (Canberra: Australian National University Press, 1990), 463~524.

76) Graff, *Medieval Chinese Warfare*, 79~81; Holcombe, *In the Shadow of the Han*, 25~29; Tang, "Clients and Bound Retainers," 119; Dennis Grafflin, "The Great Family in Medieval South China," *Harvard Journal of Asiatic Studies* 41, no. 1 (June 1981): 71~73; Audrey Spiro, *Contemplating the Ancients: Aesthetic and Social Issues in Early Chinese Portraiture* (Berkeley: University of California, 1990), 110~121.

77) Graff, *Medieval Chinese Warfare*, 82~92, 122~128.

78) Ibid., 87~88, 90~92.

79) Spiro, *Contemplating the Ancients*, 124~126; Graff, *Medieval Chinese Warfare*, 88; Lewis, *China between Empires*, ch. 3.

80) Lewis, *China between Empires*, ch. 3.

81) Kawakatsu Yoshio, "La Décadence de l'aristocratie chinoise sous les Dynasties du Sud," *Acta Asiatica* 21 (1971): 13~38.

82) Graff, *Medieval Chinese Warfare*, 87~89; Scott Pearce, "Who, and What, Was Hou Jing?," *Early Medieval China* 6 (2000): 1~31; Benjamin E. Wallacker, "Studies in Medieval Chinese Siegecraft: The Siege of Chien-k'ang," *Journal of Asian History* 5, no. 1 (1971): 35~54; Lewis, China between Empires, ch. 3.

83) Nicola Di Cosmo, *Ancient China and Its Enemies: The Rise of Nomadic Power in East Asian History* (Cambridge: Cambridge University Press, 2002), 167~190; Thomas F. Barfield, *Perilous Frontier: Nomadic Empires and China* (Oxford: Basil Blackwell, 1989), 97~118; Graff, *Medieval Chinese Warfare*, 54~69; Gerhard Schreiber, "The History of the Former Yen Dynasty," *Monumenta Serica* 15 (1956): 1~141; Kenneth Douglas Klein, "The Contributions of the Fourth Century Xianbei States to the Reunification of the Chinese Empire" (PhD diss., University of California at Los Angeles, 1980).

84) Barfield, *Perilous Frontier*, 118~119; Wolfram Eberhard, *A History of China*, revised, enlarged ed. (Berkeley: University of California Press, 1971), 137~138.

85) Lewis, *China between Empires*, ch. 3.

86) W. F. Jenner, *Memories of Loyang: Yang Hsuan-chih and the Lost Capital* (Oxford: Clarendon Press, 1981), 38~102; Graff, *Medieval Chinese Warfare*, 98~106.

87) Joachim Wach, *Sociology of Religion* (Chicago: University of Chicago, 1944), ch. 4-5. 바흐의 이론을 중국에 적용한 사례는 다음을 참조하라. C. K. Yang, *Religion in Chinese Society: A Study of Contemporary Social Functions of Religion and Some of Their Historical Factors* (Berkeley: University of California Press, 1961), ch. 12.

88) Michael Loewe, *Ways to Paradise: The Chinese Quest for Immortality* (London: George Allen &

Unwin, 1979), ch. 4; Suzanne Cahill, *Transcendence and Divine Passion: The Queen Mother of the West in Medieval China* (Stanford, CA: Stanford University, 1993), 11~32.

89) Max Kaltenmark, "Ideology of the T'ai-p'ing ching," in *Facets of Taoism*, ed. Holmes Welch and Anna Seidel (New Haven, CT: Yale University Press, 1979): 19~52; Tsuchiya Masaaki, "Confessions of Sins and Awareness of Self in the *Taiping jing*," in *Daoist Identity: History, Lineage, and Ritual*, ed. Livia Kohn and Harold D. Roth (Honolulu: University of Hawai'i Press, 2002): 39~57; Isabelle Robinet, *Taoism: Growth of a Religion*, trans. Phyllis Brooks (Stanford, CA: Stanford University Press, 1997), ch. 3; Barbara Hendrischke, "Early Daoist Movements," in *Daoism Handbook*, ed. Livia Kohn (Leiden: Brill, 2000), 143~159.

90) Howard L. Goodman, *Ts'ao P'i Transcendent: The Political Culture of Dynasty-Founding in China at the End of the Han* (Seattle: Scripta Serica, 1998), ch. 4; Terry F. Kleeman, *Great Perfection: Religion and Ethnicity in a Chinese Millennial Kingdom* (Honolulu: University of Hawai'i Press, 1998), ch. 3.

91) Donald Harper, *Early Chinese Medical Literature: The Mawangdui Medical Manuscripts* (London: Kegan Paul, 1998), 110~147; Catherine Despeux, "Gymnastics: The Ancient Tradition," in *Taoist Meditation and Longevity Techniques*, ed. Livia Kohn (Ann Arbor: University of Michigan, Center for Chinese Studies, 1989), 225~261; Robert Ford Campany, *To Live as Long as Heaven and Earth: A Translation and Study of Ge Hong's Traditions of Divine Transcendents* (Berkeley: University of California Press, 2002), 21~31.

92) Campany, *To Live as Long as Heaven and Earth*, 31~47, 81~82; Akira Akahori, "Drug Taking and Immortality," in Kohn, *Taoist Meditation and Longevity Techniques*, 73~98; Fabrizio Pregadio, "Elixirs and Alchemy," in Kohn, *Daoism Handbook*, 165~195; James Miller, *Taoism: A Short Introduction* (Oxford: One World, 2003), ch. 6; Michel Strickmann, "On the Alchemy of T'ao Hung-ching," in Welch and Seidel, *Facets of Taoism*, 123~192.

93) Michel Strickmann, "The Mao Shan Revelations: Taoism and the Aristocracy," *T'oung Pao* 63 (1977): 1~64; Robinet, *Taoism*, ch. 5.

94) Rolf A. Stein, "Religious Daoism and Popular Religion from the Second to Seventh Centuries," in Welch and Seidel, *Facets of Taoism*, 53~81; Terry F. Kleeman, "Licentious Cults and Bloody Victuals: Sacrifice, Reciprocity, and Violence in Traditional China," *Asia Major*, 3rd ser., 7, no. 1 (1994): 185~211.

95) Richard B. Mather, "K'ou Ch'ien-chih and the Taoist Theocracy at the Northern Wei Court, 425-451," in Welch and Seidel, *Facets of Taoism*, 103~122.

96) Erik Zurcher, *The Buddhist Conquest of China* (Leiden: Brill, 1959), ch. 1; Kenneth Ch'en, *Buddhism in China: A Historical Survey* (Princeton, NJ: Princeton University Press, 1964), ch. 2; Tsukamoto Zenryū, *A History of Early Chinese Buddhism: From Its Introduction to the Death of Hui-yuan*, 2 vols., trans. Leon Hurvitz (Tokyo: Kodansha International, 1985), vol. 2, ch. 2; Wu Hung, "Buddhist Elements in Early Chinese Art," *Artibus Asiae* 47, nos. 3-4 (1986): 263~316.

97) Zürcher, *Buddhist Conquest*, ch. 3; Ch'en, *Buddhism*, ch. 3; Tsukamoto, *History*, ch. 6.

98) Zürcher, *Buddhist Conquest*, ch. 4; Ch'en, *Buddhism*, 79~83, 103~112; Tsukamoto, *History*, ch. 5, 8.

99) Andreas Janousch, "The Emperor as Bodhisattva: The Bodhisattva Ordination and Ritual Assemblies of Emperor Wu of the Liang Dynasty," in *State and Court Ritual in China*, ed. Joseph P. McDermott (Cambridge: Cambridge University Press, 1999), 112~149; Jacques Gernet, *Buddhism in Chinese Society: An Economic History from the Fifth to the Tenth Centuries*, trans. Franciscus Verellen (New York: Columbia University Press, 1995), 266~267.

100) Ch'en, *Buddhism*, ch. 6; Kenneth Ch'en, *The Chinese Transformation of Buddhism* (Princeton, NJ: Princeton University Press, 1973), 81~116.

101) Whalen Lai, "Society and the Sacred in the Secular City: Temple Legends of the *Lo-yang Ch'ieh-lan-chi*," in *State and Society in Early Medieval China*, ed. Albert E. Dien (Stanford, CA: Stanford University Press, 1990), 229~268; Ch'en, *Buddhism*, 157~163.

102) Ch'en, *Buddhism*, 165~177; James O. Caswell, *Written and Unwritten: A New History of the Buddhist Caves at Yungang* (Vancouver: University of British Columbia Press, 1988), 21~39; Liu *Xinru, Ancient India and Ancient China: Trade and Religious Exchanges, ad 1-600* (Delhi: Oxford University Press, 1988), 162~167.

103) Stephen F. Teiser, *The Ghost Festival in Medieval China* (Princeton, *NJ: Princeton University* Press, 1988); Stephen F. Teiser, *The Scripture of the Ten Kings of Hell and the Making of Purgatory in Medieval Chinese Buddhism* (Honolulu: University of Hawai'i Press, 1994).

104) Arthur F. Wright, *The Sui Dynasty: The Unification of China, a.d. 581-617* (New York: Alfred A. Knopf, 1978), 48~52, 55~56, 64~66, 88~90, 126~138.

105) 부의 내용과 그 의의에 관해서는 다음을 참조하라. Lewis, *Construction of Space*, 234~243.

106) 다음에서 인용. Lewis, *China between Empires*, 90.

107) Cao Pi, "Dian lun," in *Readings in Chinese Literary Thought*, ed. Stephen Owen (Cambridge, MA: Harvard University Press, 1992), 57~72.

108) Lewis, *Construction of Space*, ch. 1, 4.

109) Aat Vervoorn, *Men of the Cliffs and Caves: The Development of the Chinese Eremitic Tradition to the End of the Han Dynasty* (Hong Kong: Chinese University Press, 1990); Alan J. Berkowitz, *Patterns of Disengagement: The Practice and Portrayal of Reclusion in Early Medieval China* (Stanford, CA: Stanford University Press, 2000).

110) Ibid., 230, 238~241.

111) Spiro, *Contemplating the Ancients*, 104~119; Berkowitz, *Patterns of Disengagement*, 143; Tang Yiming, "The Voices of Wei-Jin Scholars: A Study of 'Qingtan'" (PhD diss., Columbia University, 1991), 238~248, 252~256.

112) Berkowitz, *Patterns of Disengagement*, 205~226; Charles Yim-tze Kwong, *Tao Qian and the Chinese Poetic Tradition: The Quest for Cultural Identity* (Ann Arbor: Center for Chinese Studies, University of Michigan, 1994), part I; Kang-I Sun Chang, *Six Dynasties Poetry* (Princeton, NJ: Princeton University Press, 1986), 16~37; Xiaofei Tian, *Tao Yuanming and Manuscript Culture: The Record of a Dusty Table* (Seattle: University of Washington Press, 2005), ch. 3.

113) J. D. Frodsham, *The Murmuring Stream: The Life and Works of the Chinese Nature Poet Hsieh Ling-yun (385-433), Duke of K'ang-lo*, 2 vols. (Kuala Lumpur: University of Malaya Press, 1967), vol. 1, 1~85; Chang, *Six Dynasties Poetry*, 47~78; Richard B. Mather, "The Landscape Buddhism of the Fifth-Century Poet Hsieh Ling-yun," *Journal of Asian Studies* 18 (1958-1959): 67~79.

114) Susan Bush and Hsio-yen Shih, eds., *Early Chinese Texts on Painting* (Cambridge, MA: Harvard University Press, 1985), 21~22, 36~38, 337~338; Hubert Delahaye, *Les Premieres peintures de paysage en Chine: Aspects religieux* (Paris: École Française d'Extrême-Orient, 1981), 76~84.

115) Lewis, *China between Empires*, ch. 4.

116) Eugene Wang, *Shaping the Lotus Sutra: Buddhist Visual Culture in Medieval China* (Seattle: University of Washington Press, 2005), 3~11; Marilyn Rhie, *Early Buddhist Art of China and Central Asia*, 2 vols. (Leiden: Brill, 1999~2002), 2: 67~69; Alexander Soper, "South Chinese Influence on Buddhist Art of the Six Dynasties," *Bulletin of the Museum of Far Eastern Antiquities* 32 (1960): 47~112.

117) Jenner, *Memories of Loyang*, 141~142, 151.

118) Lai, "Society and the Sacred," 243~246, 핫토리 가쓰히코(服部克彦)의 통계를 인용.

119) Lai, "Society and the Sacred," 245~246; Jenner, *Memories of Loyang*, 165, 193. 인용문은 165쪽에서 볼 수 있다.

120) Jenner, *Memories of Loyang*, 147~151. 여기서 등장하는 수치인 높이 296미터는 에펠탑과 견줄 수 있는 높이다. 다른 문헌에서는 더 설득력 있는 수치인 145미터 또는 118미터도 언급된다.

121) Jenner, *Memories of Loyang*, 151~163. 인용문은 162쪽과 163쪽에서 볼 수 있다.

122) Ibid., 103~126.

123) Victor Cunrui Xiong, *Emperor Yang of the Sui Dynasty* (Albany: State University of New York Press, 2006), 75~97, 157~158.

124) Barfield, *Perilous Frontier*, ch. 1.

125) Di Cosmo, "Northern Frontier in Pre-Imperial China," 909~914, 924~952, 960~962; Di Cosmo, *Ancient China and Its Enemies*, ch. 1.

126) 이 가설을 가장 설득력 있게 설명한 저서는 다음과 같다. Barfield, *Perilous Frontier*.

127) Di Cosmo, *Ancient China and Its Enemies*, esp. 167~174.

128) Ibid., 174~190.

129) Lewis, *Early Chinese Empires*, 133~135.

130) Ibid., 138~139.

131) Graff, *Medieval Chinese Warfare*, 64~66; David B. Honey, "Sinification and Legitimation: Liu Yuan, Shi Le, and the Founding of Han and Chao" (PhD diss., University of California at Berkeley, 1988).

132) Schreiber, "History of the Former Yen Dynasty"; Klein, "Contributions of the Fourth Century Xianbei States."

133) Charles Holcombe, *The Genesis of East Asia, 221 b.c.-a.d. 907* (Honolulu: University of Hawai'I Press, 2001), ch. 6; Yü Ying-shih, "Han Foreign Relations," in Lowe and Shaughnessy, *Cambridge*

History of Ancient China, vol. 1, 451~457.

134) Holcombe, *Genesis of East Asia*, 173~178.

135) Ibid., ch. 3-4.

136) Ibid., ch. 8; Wang Zhenping, *Ambassadors from the Islands of Immortals: China-Japan Relations in the Han-Tang Period* (Honolulu: University of Hawai'i Press, 2005).

137) Yü, "Han Foreign Relations," 405~421.

138) Manfred G. Raschke, "New Studies in Roman Commerce with the East," in *Aufstieg und Niedergang der Romischen Welt, Geschichte und Kultur Roms im Spiegel der Neuren Forschung*, part II, vol. 9, ed. Hildegard Temporini and Wolfgang Haase (Berlin: De Gruyter, 1978), 614~1361.

139) Lewis, *Early Chinese Empires*, 151~154.

140) Rong Xinjiang, "The Migrations and Settlements of the Sogdians in the Northern Dynasties, Sui and Tang," *China Archaeology and Art Digest* 4, no. 1 (December 2000): 117~163; Étienne de la Vaissière, *Sogdian Traders: A History*, trans. James Ward (Leiden: Brill, 2005; Étienne de la Vaissière, *Les Sogdiens en Chine* (Paris: École Française d'Extrême Orient, 2005); *Monks and Merchants: Silk Road Treasures from Northwest China, Gansu and Ningxia, 4th-7th Century*, exhibition catalog for the Asia Society Museum, ed. Annette L. Juliano and Judith A. Lerner (New York: Harry N. Abrams, 2001), 220~270.

141) Graff, *Medieval Chinese Warfare*, 129~135; Wright, *Sui Dynasty*, ch. 4; Xiong, *Emperor Yang of the Sui Dynasty*, 12~20.

142) Xiong, *Emperor Yang of the Sui Dynasty*, ch. 6, 9, 10; Arthur F. Wright, "Formation of Sui Ideology, 581~604," in *Chinese Thought and Institutions*, ed. John K. Fairbank (Chicago: University of Chicago, 1957), 71~104.

143) Wright, *Sui Dynasty*, 91~107; Arthur F. Wright, "The Sui Dynasty," in *The Cambridge History of China*, vol. 3, *Sui and T'ang China*, 589-*906, Part I*, ed. Denis Twitchett and John K. Fairbank (Cambridge: Cambridge University Press, 1979), 81~93.

144) Xiong, *Emperor Yang of the Sui Dynasty*, 123~126; Tansen Sen, *Buddhism, Diplomacy, and Trade: The Realignment of Sino-Indian Relations, 600-1400* (Honolulu: University of Hawai'i Press, 2003), 62~64.

145) Xiong, *Emperor Yang of the Sui Dynasty*, 75~76, 82~87, 157~158; Wright, "Sui Dynasty," 78~81; Wright, *Sui Dynasty*, 84~88; Victor Cunrui Xiong, *Sui-T'ang Chang'an* (Ann Arbor: University of Michigan, Center for Chinese Studies, 2000), ch. 2.

146) Xiong, *Emperor Yang of the Sui Dynasty*, 75~84.

147) 대운하에 관해서는 다음을 참조하라. Xiong, *Emperor Yang of the Sui Dynasty*, 86~93; Wright, *Sui Dynasty*, 177~181. 곡식 창고에 관해서는 다음을 참조하라. Xiong, *Emperor Yang of the Sui Dynasty*, 175~180. 대운하가 후대 중국 역사에서 담당한 역할은 다음을 참조하라. Van Slyke, *Yangtze*, ch. 6; Tregear, *Geography of China*, 78~80; Chi Ch'ao-ting, *Key Economic Areas in Chinese History as Revealed in the Development of Public Works for Water-Control* (London: George Allen & Unwin, 1936), 113~121.

148) Stephen Owen, preface to *Mi-lou: Poetry and the Labyrinth of Desire* (Cambridge, MA: Harvard University Press, 1989). 후기 제국의 허구적 작품에서 이 건축물을 언급한 이들에 관해서는 다음을 참조하라. Li Qiancheng, *Fictions of Enlightenment: Journey to the West, Tower of Myriad Mirrors, and Dream of the Red Chamber* (Honolulu: University of Hawai'i Press, 2004), 149, 167, 204n98.

149) Xiong, *Emperor Yang of the Sui Dynasty*, ch. 10.

150) 수나라의 멸망에 관해서는 다음을 참조하라. Wright, *Sui Dynasty*, ch. 9; Graff, *Medieval Chinese Warfare*, ch. 7. 역사에서 양제를 다루었던 방식에 관해서는 다음을 참조하라. Arhur F. Wright, "Sui Yang-ti: Personality and Stereotype," in *The Confucian Persuation*, ed. Arthur F. Wright (Stanford: Stanford University, 1960): 47~76. 양제의 인품과 업적에 관한 재평가는 다음을 참조하라. Xiong, *Emperor Yang*.

151) Xiong, *Emperor Yang*, 218~220.

152) Ibid., 64~66, 71, 116~120, 232~233.

5부 남아시아와 동남아시아

1) 널리 사용되는 지명과 인명을 제외하면 이 글에서는 발음에 따라 단순화한 표기법을 사용했으며, 장모음에만 발음 기호를 붙였다.(산스크리트어에서는 'e'와 'o'의 소리가 언제나 길다.) 학문적 명확성을 위해, 몇몇 경우 괄호 안에 국제 표준 표기를 덧붙였다. 이번 5부에서 '인도'란 오늘날의 인도, 파키스탄, 아프가니스탄, 방글라데시, 네팔, 스리랑카의 영토를 포함하는 광활한 지역을 의미한다. '인도아리아인'과 '인도유럽인'이라는 용어는 언어를 기준으로 구성되고 다양한 인종이 혼합된 집단을 일컫는데, 그들은 그들이 하나의 집단이라고 절대 생각하지 않았다. 이 관례적 지칭은 오직 글의 간결성을 위해 사용했다. 비판적 관심과 유용한 조언을 아끼지 않은 헤르만 쿨케와 요제프 마란(Joseph Maran)에게 감사드린다.

2) 고대 인도사에 관한 일반적 개론은 다음을 참조하라. Hermann Kulke and Dieter Rothermund, *A History of India*, 3rd ed. (London: Routledge, 1998); Romila Thapar, *The Penguin History of Early India* (New Delhi: Penguin, 2002); Michael Witzel, Das Alte Indien (Munich: C. H. Beck, 2003); Upinder Singh, *A History of Ancient and Early Medieval India: From the Stone Age to the 12th Century* (New Delhi: Pearson / Longman, 2008); D. N. Jha, *Ancient India: An Historical Outline*, 2nd ed. (Delhi: Manohar, 2001). 더 오래되고 다소 고전적인 설명은 다음을 참조하라. Vincent A. Smith, *The Early History of India from 600 B.C. to the Muhammadan Conquest* (Including the Invasion of Alexander the Great), 3rd ed. (Oxford: The Clarendon Press, 1914).

3) Renato Rosaldo, foreword to *Hybrid Cultures: Strategies for Entering and Leaving Modernity*, by Néstor Carcia Concinlini and Christopher L. Chiappari (Minneapolis: University of Minnesota Press, 1995), xv.

4) 다음에서 인용. Peter Burke, *Cultural Hybridity* (Cambridge: Polity Press, 2009), 51.

5) Ibid., 115.

6) Mysore Narasimhachar Srinivas, *The Cohesive Role of Sanskritization and Other Essays* (Oxford: Oxford University Press, 1989).

7) Paul Hacker, "Inklusivismus," in *Inklusivismus: Eine indische Denkform*, ed. Gerhard Oberhammer (Vienna: Institut für Indologie der Universität, 1983), 11~28, at 12. 이 논의에 관해서는 다음을 참조하라. Axel Michaels, *Hinduism—Past and Present* (Princeton, NJ: Princeton University Press, 2008), 336f. (원서: *Der Hinduismus: Geschichte und Gegenwart*, 2nd ed. [Munich: C. H. Beck, 2012]).

8) 다음의 글도 참조하라. Burke, *Cultural Hybridity*, 21.

9) Michaels, *Hinduism*, 7f., 333~340.

10) 다음을 참조하라. Bridget Allchin and Frank Raymond Allchin, *The Rise of Civilization in India and Pakistan* (Cambridge: Cambridge University Press, 1982); 남아시아의 선사시대에 관해 알려진 바가 '사소'하다고 생각하는 이가 있다면 다음 또한 참조하라. Dilip K. Chakrabarti, ed., *The Oxford Companion to Indian Archaeology: The Archaeological Foundations of Ancient India Stone Age to ad 13th Century* (New Delhi: Oxford University Press, 2006), 67.

11) 발굴 역사에 관해서는 다음을 참조하라. Nanyanjot Lahiri, *Finding Forgotten Cities: How the Indus Civilization Was Discovered* (Delhi: Permanent Black, 2005); 입문용 개요는 다음을 참조하라. Gregory L. Possehl, ed., *The Indus Civilization: A Contemporary Perspective* (Walnut Creek, CA: Altamira Press, 2002); Jane McIntosh, *The Ancient Indus Valley: New Perspectives* (Santa Barbara, CA: ABC-CLIO, 2008); Rita P. *Wright, The Ancient Indus: Urbanism, Economy, and Society* (Cambridge: Cambridge University Press, 2009); Asko Parpola, *The Roots of Hinduism: The Early Aryans and the Indus Civilization* (Oxford: Oxford University Press, 2015).

12) John Marshall, *Mohenjo-Daro and the Indus Civilization*, 3 vols. (London: Arthur Probsthain, 1931). 다음에서 인용. Edwin F. Bryant, *The Quest for the Origins of Vedic Culture: The Indo-Aryan Migration Debate* (Oxford: Oxford University Press, 2001), 159.

13) Gérard Colas, *Penser l'icone en Inde ancienne* (Paris: Brepols, 2012), 38.

14) 다음의 학회 발표 논문을 참조하라. Madhav M. Deshpande and Peter Hock, eds., *Aryan and Non-Aryan in India* (Ann Arbor: University of Michigan Press, 1979); Gregory L. Possehl, ed., *Harappan Civilization: A Recent Perspective*, 2nd ed. (New Delhi: Oxford & IBH Publ., 1993); Michael Witzel, ed., *Inside the Texts—Beyond the Texts: New Approaches to the Study of the Vedas* (Cambridge, MA: Harvard University Press, 1997); George Erdosy, ed., *The Indo-Aryans of Ancient South Asia: Language, Material Culture and Ethnicity* (Berlin: De Gruyter, 1995); Johannes Bronkhorst and Madhav M. Deshpande, eds., *Aryan and Non-Aryan in South Asia: Evidence, Interpretation and Ideology* (Cambridge, MA: Harvard University Dept. of Sanskrit and Indian Studies, 1999); Edwin F. Bryant and Laurie L. Patton, eds., *The Indo-Aryan Controversy: Evidence and Inference in Indian History*, new ed. (London: Routledge, 2005); Michael Bergunder and Rahul Peter Das, eds., *"Arier" und "Draviden": Konstruktionen der Vergangenheit als Grundlage fur Selbst-und Fremdwahnehmungen Sudasiens* (Halle: Franckesche Stiftungen, 2002).

15) 더 많은 참고 자료는 다음을 참조하라. Bryant, *Quest for the Origins, and the review of secondary*

literature in Hermann Kulke, Indische Geschichte bis 1750 (Munich: Oldenbourg, 2005) (English translation edited by Bhairabi Sahu, *History of Precolonial India* [New York: Oxford University Press, 2019]).

16) 다음에서 인용. Gregory L. Possehl, *Indus Age: The Beginnings* (Philadelphia: University of Pennsylvania Press, 1999), 4f.

17) Robert Eric Mortimer Wheeler, *The Indus Civilization: Supplementary Volume to the Cambridge History of India*, 3rd ed. (Cambridge: Cambridge University Press, 1968).

18) 1926년에서 1928년까지는 마크 아우렐 스타인(Marc Aurel Stein)이 스와트 및 발루치스탄을, 1930년에 나니 고팔 마줌다르(Nani Gopal Majumdar)가 찬후다로를, 1954년에 시카리푸라 랑가나타 라오가 로탈을, 1955년에 파잘 아마드 칸(F. A. Khan)이 코트 디지를, 1960년에 브라지 바시 랄과 발 크리슈헨 타파르(Bal Krishen Thapar)가 칼리방간을, 1979년에는 미하엘 얀젠(Michael Jansen)이 모헨조다로를 발굴하는 등 다수의 발굴이 이루어졌다. 문헌 정보는 다음에서 얻었다. Kulke, *History of Precolonial India*, 287f.; 다음 또한 참조하라. F. R. Allchin and D. K. Chakravarti, eds., *Source-Book of Indian Archaeology*, vol. 3, *Human Remains, Prehistoric Roots of Religious Beliefs, First Steps in Historical Archaeology: Sculpture, Architecture, Coins and Inscriptions* (Delhi: Manoharlal, 2003).

19) 다음을 참조하라. Kulke and Rothermund, *History of India*, 16~25.

20) 개론은 다음을 참조하라. Jonathan Mark Kenoyer, *Ancient Cities of the Indus Valley Civilization*, 2nd, rev. ed. (Karachi: Oxford University Press, 2010) (first published 1998); Peter A. Eltsov, *From Harappa to Hastinapura: A Study of the Earliest South Asian City and Civilization* (Leiden: Brill, 2008); Gregory L. Possehl, *Ancient Cities of the Indus* (Delhi: Vikas Publishing House, 1979).

21) Wheeler, *Indus Civilization*, 131~133.

22) Ibid., 132.

23) Wilhelm Rau, "The Meaning of Pur in Vedic Literature," in Kleine Schriften, ed. *Konrad Klaus and Joachim Friedrich Sprockhoff*, vol. 2 (Wiesbaden: Harrassowitz, 2012), 861~907, at 905. 반대로 박트리아-마르기아나 영역의 남서쪽 끝단에 자리한 야즈 문화에도 '성(castle)'이 존재했다고 주장하는 견해에 관해서는 다음을 참조하라. Parpola, *Roots of Hinduism*, 98~101.

24) 이 설명은 다음에서 참조한 학문적 검토를 바탕으로 한다. Bryant, *Quest for the Origins*, 169~175. 다음 또한 참조하라. David W. Anthony, *The Horse, the Wheel, and Language: How Bronze-Age Riders from the Eurasian Steppes Shaped the Modern World* (Princeton, NJ: Princeton University Press, 2007).

25) R. S. Sharma, *Looking for the Aryans* (Madras: Orient Longman, 1995), 65.

26) A. K. Sharma, "Evidence of Horse from the Harappan Settlement at Surkotada," *Purātattva: Bulletin of the Indian Archaeological Society* 7 (1974): 75f.

27) Richard Meadow, "A Comment on 'Horse Remains from Surkotada' by Sandor Bokonyi," *South Asian Studies* 13 (1997): 308~315.

28) McIntosh, Ancient Indus Valley, 132.

29) N. Jha and N. S. Rajaram, *The Deciphered Indus Script: Methodology, Readings, Interpretations* (New

Delhi: Aditya Prakashan, 2000); Michael Witzel and Steve Farmer, "Horseplay in Harappa: The Indus Valley Decipherment Hoax," *Frontline*, October 13, 2000, 4~14.

30) Bryant, *Quest for the Origins*, 174.

31) Randall William Law, *Inter-regional Interaction and Urbanism in the Ancient Indus Valley: A Geologic Provenience Study of Harappa's Rock and Mineral Assemblage* (Kyoto: Indus Project, Research Institute for Humanity and Nature, 2011); Massimo Vidale, "Growing in a Foreign World: For a History of the 'Meluhha Villages' in Mesopotamia in the 3rd Millennium bc," in *Schools of Oriental Studies and the Development of Modern Historiography: Proceedings of the Fourth Annual Symposium of the Assyrian and Babylonian Intellectual Heritage Project Held in Ravenna, October 13-17, 2001*, ed. A. Panaino and A. Piras (Milan: Università di Bolgna and IsIAO, 2004), 261~280.

32) Parpola, *Roots of Hinduism*, 43; 다음의 글도 참조하라. Joseph Maran, "Kulturkontakte und Wege der Ausbreitung der Wagentechnologie im 4. Jahrtausend v. Chr.," in *Rad und Wagen—der Ursprung einer Innovation: Wagen im Vorderen Orient und Europa*, ed. Mamoun Fansa and Stefan Burmeister (Mainz: Archäologische Mitteilungen aus Nordwestdeutschland, Beiheft 40, 2004), 429~442.

33) Bryant, *Quest for the Origins*, 176f.

34) Stuart Piggott, *Wagon, Chariot and Carriage: Symbol and Status in the History of Transport* (London: Thames & Hudson, 1992); Jonathan Mark Kenoyer, "Die Karren der Induskultur Pakistans und Indiens," in Fansa and Burmeister, *Rad und Wagen*, 87~106.

35) R. C. Gaur, *Excavations at Atranjīkherā* (Delhi: Motilal Banarsidass, 1983).

36) B. B. Lal, "Excavations at Hastinapura and Other Explorations in the Upper Ganga and Sutlej Basin, 1950-51," *Ancient India* 10-11 (1954-1955): 5~151; 다음의 글도 참조하라. Singh, *Ancient and Early Medieval India*, 36.

37) B. B. Lal, "The Indo-Aryan Hypothesis vis-à-vis Indian Archaeology," *Journal of Central Asia* 1 (1978): 21~41.

38) Jim G. Shaffer, "Cultural Development in the Eastern Punjab," in *Studies in the Archaeology of India and Pakistan*, ed. Jerome Jacobson (New Delhi: Oxford University Press, 1986), 195~235, at 232.

39) Clifford Charles Lamberg-Karlovsky, "The Indus Civilization: The Case for Caste Formation," *Journal of East Asian Archaeology* 1, no. 1 (1999): 87~114.

40) 다음에서 기록. Bryant, *Quest for the Origins*, 162f.; 다음 또한 참조하라. Alf Hiltebeitel, "The Indus Valley 'Proto-Śiva': Reexamined through Reflections on the Goddess, the Buffalo, and the Symbolism of Vāhanas," *Anthropos* 73 (1978): 767~797; Geoffrey Samuel, *The Origins of Yoga and Tantra: Indic Religions to the Thirteenth Century* (Cambridge: Cambridge University Press, 2008), 3~4.

41) Gregory L. Possehl, *Indus Age: The Writing System* (Philadelphia: University of Pennsylvania Press, 1996).

42) S. R. Rao, *Lothal: A Harappan Port Town*, 2 vols. (New Delhi: Archaeological Survey of India,

1979-1985); S. R. Rao, *Dawn and Devolution of the Indus Civilization* (New Delhi: Aditya Prakashan, 1991).

43) Subhash C. Kak, "On the Decipherment of the Indus Script: A Preliminary Study of Its Connection with Brahmi," *Indian Journal of History of Science* 22 (1987): 51~62; Subhash C. Kak, "A Frequency Analysis of the Indus Script," *Cryptologia* 12 (1988): 129~143.

44) Asko Parpola, *Deciphering the Indus Script* (Cambridge: Cambridge University Press, 1994); Parpola, *Roots of Hinduism*, 25~31, 163~172; Walter A. Fairservis, The Harappan Civilization and Its Writing (New Delhi: Oxford University Press, 1992); Iravatham Mahadevan, *The Indus Script: Texts, Concordance and Tables* (New Delhi: Archaeological Survey of India, 1977); *Iravatham Mahadevan*, "S. R. Rao's Decipherment of the Indus Script," *Indian Historical Journa*l 8, nos. 1-2 (1981-1982): 58~73.

45) Steve Farmer, Richard Sproat, and Michael Witzel, "The Collapse of the Indus-Script Thesis: The Myth of a Literate Harappan Civilization," *Electronic Journal of Vedic Studies* 11 (2004): 19~57. 다음의 논의도 참조하라. *Science Magazine* 306 (2004): 2026~2029. 인더스 문자가 문자 체계가 아니라는 가설은 이미 다음에서 주장한 바 있다. Thapar, *Penguin History of Early India*, 84. 파머, 스프로트, 비첼에 대한 비판에 관해서는 다음을 참조하라. Parpola, Roots of Hinduism, 26f.

46) 예시로 다음을 참조하라. Rajesh Rao, Nisha Yadav, Mayank N. Vahia, Hrishikesh Joglekar, R. Adhikari, and Iravatham Mahadevan, "Entropic Evidence for Linguistic Structure in the Indus Script," *Science Magazine* 324 (2009): 1165; 스프로트는 즉시 반론을 제기했다. Richard Sproat, "Reply to Rao et al. and Lee et al.," *Computational Linguistics* 36 (2010): 1~10; 그러나 파머 등에 대해서는 다음과 같은 근본적 비판이 제기된다. Parpola, "Is the Indus Script Indeed Not a Writing System?," *Airāvati: Felicitation Volume in Honour of Iravatham Mahadevan*, ed. R. Kalaikkovan, M. Nalini, S. Gokul, S. Kamalakkanan, S. Krupashankar, M. Lavanya, and T. M. Ramachandran (Chennai: Varalaaru.com Publishers, 2008), 111~131.

47) 다음의 글도 참조하라. Parpola, *Roots of Hinduism*, 22.

48) 다음의 글도 참조하라. Adam Hohenberger, *Die indische Flutsage und das Matsyapurana: Ein Beitrag zur Geschichte der Viṣṇuverehrung* (Wiesbaden: Otto Harrassowitz, 1930).

49) Thomas R. Trautmann, *Aryans and British India* (New Delhi: Yoda Press, 2004), 4.

50) Hermann Oldenberg, *The Religion of the Veda*, trans. Shridhar B. Shrotri (Delhi: Motilal Banarsidass, 1993), 1.

51) William Jones, "On the Gods of Greece, Italy, and India," *Asiatic Researches* 1 (1788): 415~431, at 422.

52) Trautmann, *Aryans and British India*, 15.

53) Friedrich Max Müller, *Address Delivered at the Opening of the Ninth International Congress of Orientalists: Held in London, September 5, 1892* (Oxford: Oxford University Press, 1892), 33.

54) Minute by the Hon'ble T. B. Macaulay, February 2, 1835, accessed September 28, 2019, http://www.mssu.edu/projectsouthasia/history/primarydocs/education/Macaulay001.htm, no. 34.

55) 다음에서 훌륭한 개론을 참조하라. James Patrick Mallory, *In Search of the Indo-Europeans:*

Language, Archaeology and Myth (London: Thames & Hudson, 1989); Bernard Sergent, *Les Indo-Europeens: Histoire, langues, mythes* (Paris: Payot, 1995); Bryant, *Quest for the Origins*. 역사적 언어학의 관점을 바탕으로 한 논의는 다음을 참조하라. Harald Haarmann, *Auf den Spuren der Indoeuropaer: Von den neolithischen Steppennomaden bis zu den fruhen Hochkulturen* (Munich: C. H. Beck, 2016).

56) Bryant, *Quest for the Origins*, 37.

57) Marija Gimbutas, *The Kurgan Culture and the Indo-Europeanization of Europe: Selected Articles from 1952 to 1993*, ed. Miriam Dexter and Karlene Jones-Bley (Washington, DC: Institute for the Study of Man, 1997); Mallory, *In Search of the Indo-Europeans*; David W. Anthony and Don Ringe, "The Indo-European Homeland from Linguistic and Archaeological Perspectives," *Annual Review of Linguistics* 1 (2015): 199~215. 다음 또한 참조하라. Parpola, *Roots of Hinduism*, 35f.

58) 다음의 글도 참조하라. Haarmann, *Auf den Spuren*, 33~37.

59) 다음의 글도 참조하라. Bryant, *Quest for the Origins*, 38~44, 203f.

60) 다음의 글도 참조하라. Haarmann, *Auf den Spuren*, 23~48.

61) Colin Renfrew, *Archaeology and Language: The Puzzle of Indo-European Origins* (London: Jonathan Cape, 1987).

62) Bryant and Patton, *Indo-Aryan Controversy*, 474.

63) Will Chang, Chundra Cathcart, David Hall, and Andrew Garrett, "Ancestry-Constrained Phylogenetic Analysis Supports the Indo-European Steppe Hypothesis," *Language* 91 (2015): 194~244.

64) Wolfgang Haack et al., "Massive Migration from the Steppe Was a Source for Indo-European Languages in Europe," *Nature* 522 (2015): 207~211; Marina Silva et al., "A Genetic Chronology for the Indian Subcontinent Points to Heavily Sex-Biased Dispersals," *BMC Evolutionary Biology* 17, no. 88 (2017), DOI: 10.1186/s12862-017-0936-9.

65) 다음의 글도 참조하라. Michael Witzel, "Indocentrism: Autochthonous Visions of Ancient India," *The Indo-Aryan Controversy: Evidence and Interference in Indian History*, ed. Edwin F. Bryant and Laurie L. Patton (London: Curzon, 2005), 341~403, 특히 355.

66) Asko Parpola, "Indus Civilization (-1750 BCE)," *Brill's Encyclopedia of Hinduism*, ed. Knut A. Jacobsen, Helene Basu, Angelika Malinar, and Vasudha Narayanan, vol. 4 (Leiden: Brill, 2012), 3~18; 다음 또한 참조하라. Gérard Fussman, "Entre fantasmes, science et politique: L'entrée des Āryas en Inde," *Āryas, Aryens et Iraniens en Asie Centrale*, ed. Gérard Fussman, Jean Kellens, Henri-Paul Francfort, and Xavier Tremblay (Paris: de Boccard, 2005), 197~232.

67) Louis Renou, *Religions of Ancient India*, 2nd ed. (London: Athlone Press, 1972), 1.

68) 다음의 글도 참조하라. Asko Parpola, "The Coming of the Aryans to Iran and India and the Cultural and Ethnic Identity of the Dāsas," *Studia Orientalia* 64 (1988): 195~302.

69) 예시로 다음의 인용을 참조하라. Hermann Oldenberg, "Research History."

70) Witzel, *Indocentrism*, 344~346.

71) Buddha Prakash, *Rigveda and the Indus Valley Civilization* (Hoshiarpur: Vishveshvarananda

Institute, 1966), xliv.

72) 다소 오래된 설명은 다음을 참조하라. Heinrich Zimmer, *Altindisches Leben: Die Cultur der Vedischen Arier—Nach den Saṃhitā dargestellt* (Berlin: Weidmannsche Buchhandlung, 1879); 다음 또한 참조하라. Wilhelm Rau, *Staat und Gesellschaft im Alten Indien—Nach den Brāhmaṇa-Texten dargestellt* (Wiesbaden: Harrassowitz, 1957); Witzel, *Das Alte Indien*.

73) Hermann Oldenberg, *Vorwissenschaftliche Wissenschaft: Die Weltanschauung der Brāhmaṇa-Texte* (Göttingen: Vandenhoek & Ruprecht, 1919).

74) Roberto Calasso, *Ardor*, trans. Richard Dixon (London: Allen Lane, 2013), 17.

75) Georg Wilhelm Friedrich Hegel, *Philosophy of History*, trans. J. Sibree (New York: G. Bell and Sons, 1914), 231; translation modified.

76) 다음의 글도 참조하라. A. B. Lord, *Epic Singers and Oral Tradition* (Ithaca, NY: Cornell University Press, 1991).

77) Jan Gonda, Die Religionen Indiens, vol. 1, *Veda und altester Hinduismus*, 2nd ed. (Stuttgart: Kohlhammer, 1978).

78) 다음의 글도 참조하라. Axel Michaels, "Von Offenbarung zum Ritual: Der Veda in der Überlieferung," in *Heilige Texte: Religion und Rationalitat. 1. Geisteswissenschaftliches Colloquium 10.-13. Dezember 2009 auf Schloss Genshagen*, ed. Andreas Kablitz and Christoph Markschies (Berlin: De Gruyter, 2013), 25~42.

79) *Kommentar zu Der Rig-Veda. Das Heilige Wissen. Erster und zweiter Liederkreis, ubers. v. Michael Witzel / Toshifumi Goto* (Berlin: Insel Verlag, 2007), 475.

80) Axel Michaels, *Beweisverfahren in der vedischen Sakralgeometrie: Ein Beitrag zur Entstehungsgeschichte von Wissenschaft* (Wiesbaden: Franz Steiner Verlag, 1978).

81) Ludwig Alsdorf, *Beitrage zur Geschichte von Vegetarismus und Rinderverehrung in Indien* (Mainz: Akademie der Wissenschaften und der Literatur, 1961) (translated by Bal Patil as The History of Vegetarianism and Cow-Veneration in India [London and New York: Routledge, 2010]); G. U. Thite, "Animal-Sacrifice in the Brāhmaṇa Texts," Numen 17 (1970): 143~158.

82) *Manusmriti* 5.39-44, quoted in Patrick Olivelle, The Law Code of Manu (Oxford: Oxford University Press, 2004).

83) Parpola, *Deciphering the Indus Script*, 186.

84) 다음을 참조하라. Axel Michaels, "Recht auf Leben, Tötung und Selbsttötung in Indien," in *Recht auf Leben—Recht auf Toten: Ein Kulturvergleich*, ed. Bernhard Mensen (Nettetal: Steyler Verlag, 1992), 95~124, at 103~105.

85) 다음을 참조하라. Oldenberg, *Religion of the Veda*; Gonda, *Veda und alterer Hinduismus*, 214~277; Michaels, *Hinduism*, 201~226. 다음 내용은 부분적으로 이 책을 따랐다.

86) Harry Falk, "Soma I and II," *Bulletin of the School of Oriental and African Studies* 52 (1989): 77~90; Harri Nyberg, "The Problem of the Aryans and the Soma: The Botanical Evidence," in *The Indo-Aryans of Ancient South Asia: Language, Material and Ethnicity*, ed. George Erdosy (Berlin and New York: Walter De Gruyter, 1995), 382~406.

87) Gonda, *Veda und alterer Hinduismus*, 29.

88) Ibid.

89) Jan Gonda, "All, Universe and Totality in the Śatapatha-Brāhmaṇa," *Journal of the Oriental Institute* (Baroda) 32 (1982): 1~17.

90) Calasso, Ardor, 15.

91) Alfred Hillebrandt, *Ritualliteratur* (Strassburg: Karl J. Trübner, 1897); Jan Gonda, *Vedic Ritual: The Non-Solemn Rites* (Leiden: E. J. Brill, 1980). 더 많은 고서 자료는 다음을 참고하라. Axel Michaels, *Homo Ritualis: Hindu Ritual and Its Contribution to Ritual Theory* (Oxford and New York: Oxford University Press, 2015); C. G. Kashikar, "The Vedic Sacrificial Rituals through the Ages," *Indian Antiquary*, 3rd ser., 1 (1964): 77~89. 다음은 주로 중기 베다 시대를 논한다.

92) 다음의 글을 참조하라. Michaels, *Homo Ritualis*, 73~93.

93) Jan Heesterman, "Vedism and Hinduism," in *Studies in Hinduism: Vedism and Hinduism*, ed. Gerhard Oberhammer (Vienna: Verlag der Österreichischen Akademie der Wissenschaften, 1997), 43~68, 58.

94) *Indian Philosophy*, quoted in J. Duncan M. Derrett, *Religion, Law and the State in India* (London: Faber and Faber, 1968), 51; cf. 46ff., and Michaels, "Von Offenbarung zu Ritual," 36.

95) 다음의 글도 참조하라. Richard F. Gombrich, *Theravāda Buddhism: A Social History from Ancient Benares to Modern Colombo* (London: Routledge & Kegan Paul, 1988), 53~59.

96) 그러나 이처럼 널리 알려진 의견에 다음과 같은 의문이 제기되기도 한다. Johannes Bronkhorst, "Buddhism and Sacrifice," *Asiatische Studien* 66, no. 1 (2012): 7~17.

97) Singh, *Ancient and Early Medieval India*, 255.

98) 다음의 글도 참조하라. Shmuel N. Eisenstadt, *Die Kulturen der Achsenzeit*, vol. 2, *Ihre institutionelle und kulturelle Dynamik, pt. 2: Indien* (Frankfurt am Main: Suhrkamp, 1992).

99) Max Weber, *From Max Weber: Essays in Sociology*, trans. H. H. Gerth and C. Wright Mills (London: Routledge, 1948), 78.

100) 인도의 국가 형성 초기 단계에 관해서는 다음을 참조하라. Bernfried Schlerath, *Das Konigtum im Rig-und Atharvaveda* (Wiesbaden: Harrassowitz, 1960); Charles Drekmeier, *Kingship and Community in Early Indi*a (Stanford, CA: Stanford University Press, 1962); R. S. Sharma, *Material Culture and Social Formations in Ancient India* (New Delhi: Macmillan India, 1983); R. S. Sharma, *Origin of the State in India* (Bombay: Department of History, Bombay University, 1989); Hartmut Scharfe, *The State in Indian Tradition* (Leiden: Brill, 1989); Romila Thapar, *From Lineage to State: Social Formations in the Mid-first Millennium bc in the Ganga Valley* (Oxford: Oxford University Press, 1990); Burton Stein, "Communities, States, and 'Classical' India," in *The State, the Law and Administration in Classical India*, ed. Bernhard Kölver (Munich: Oldenbourg, 1997), 15~26.

101) Thapar, From *Lineage to State*, 70~115.

102) Samuel, *Origins of Yoga and Tantra*, 61~75.

103) 다음의 글도 참조하라. Dieter Schlingloff, *Die altindische Stadt: Eine vergleichende Untersuchung* (Wiesbaden: Steiner, 1969).

104) George Erdosy, *Urbanisation in Early Historic India* (Oxford: British Archaeological Reports, 1988); Ingo Strauch, "Urbanisierung, Antiurbanismus und Deurbanisierung: Die Wege zur Stadt im alten Indien," in *Wege zur Stadt: Entwicklung und Formen urbanen Lebens in der alten Welt*, ed. Harry Falk (Bremen: Hempen-Verlag, 2005), 121~157; Samuel, Origins of Yoga and Tantra, 41~60.

105) Rakesh Tewari, "The Origins of Iron-Working in India: New Evidence from the Central Ganga Plain and the Eastern Vindhyas," *Antiquity* 77 (2003): 536~544; 다음의 글도 참조하라. Dilip K. Chakrabarti, *The Early Use of Iron in India* (Delhi: Oxford University Press, 1992); Bhairabi Prasad Sahu, ed., *Iron and Social Change in Early India* (New Delhi: Oxford University Press, 2006).

106) Makkhan Lal, *Settlement History and Rise of Civilization in Ganga-Yamuna Doab (from 1500 b.c. to 300 a.d.)* (Delhi: Orient Book Distributors, 1984), 20~66.

107) 다음의 지도를 참조하라. Witzel, *Das Alte Indien*, 35.

108) Dilruba Sharmin and Fumio Okada, "Surface Coating Technique of Northern Black Polished Ware by the Microscopic Analysis," *Ancient Asia: Journal of the Society of South Asian Archaeology*, December 24, 2012, http://doi.org/10.5334/aa.12305.

109) Mysore Narasimhachar Srinivas, "The Indian Village: Myth and Reality," in *The Dominant Caste and Other Realities*, ed. M. N. Srinivas (Delhi: Oxford University Press, 1987), 20~59; Jan Breman, *The Shattered Image: Construction and Deconstruction of the Village in Colonial Asia* (Amsterdam: Center for Asian Studies, 1987).

110) Max Weber, *The Religion of India: The Sociology of Hinduism and Buddhism*, trans. Hans H. Gerth and Don Martindale (New Delhi: Munshiram Manoharlal, 1996), 154.

111) The following is taken in part from Axel Michaels, "Nachwort," in *Die Weisheit der Upanishaden: Aus dem Sanskrit von Karl Friedrich Geldner*, ed. Axel Michaels (Munich: C. H. Beck, 2006), 113~126.

112) Arthur Schopenhauer, *Parerga and Paralipomena: Short Philosophical Essays*, trans. E. F. J. Payne (Oxford: Clarendon Press, 1974), vol. II, sec. 184.

113) 더 자세한 설명은 다음을 참조하라. Michaels, *Hinduism*, 333~340.

114) Heinz Bechert and Richard F. Gombrich, eds., *The World of Buddhism* [London: Thames and Hudson, 1991]); Rupert Gethin, *The Foundations of Buddhism* (Oxford: Oxford University Press, 1998); Richard F. Gombrich, *How Buddhism Began: The Conditioned Genesis of the Early Teach ings* (London: Athlone, 1996); Gombrich, *Theravāda Buddhism*; Axel Michaels, *Buddha: Leben, Lehre, Legende* (Munich: C. H. Beck, 2011). 다음 내용은 부분적으로 이 책을 바탕으로 한다

115) Heinz Bechert, *Die Lebenszeit des Buddha—dasalteste feststehende Datum der indischen Geschichte?* (Göttingen: Vandenhoek & Ruprecht, 1986); 다음의 글도 참조하라. Oskar von Hinüber, "Mitteilung aus einer vergangenen Welt: Frühe indische Buddhisten und ihre Inschriften," *Zeitschrift der Deutschen Morgenlandischen Gesellschaft* 164, no. 1 (2014): 13~32, at 19.

116) R. A. E. Coningham et al., "The Earliest Buddhist Shrine: Excavating the Birthplace of the

Buddha, Lumbini (Nepal)," *Antiquity* 87 (2013): 1104~1123; Harry Falk, *The Discovery of Lumbini* (Lumbini: Lumbini International Research Institute, 1998); Patrick Olivelle, "The Fate of Aśoka's Donations at Lumbini," in *Reimagining Aśoka: Memory and History, ed. Patrick Olivelle, Janice Leoshko and Himanshu Prabha Ray* (New Delhi: Oxford University Press, 2012), 204~216.

117) 이른바 야크샤 종교에 관해서는 다음을 참조하라. Samuel, *Origins of Yoga and Tantra*, 102~113.

118) Johannes Bronkhorst, *Buddhism in the Shadow of Brahmanism* (Leiden: Brill, 2011), 29.

119) Walther Schubring, "Der Jinismus," in *Die Religionen Indiens*, ed. André Bareau, Walther Schubring, and Christoph von Fürer-Haimendorf, Vol. 3, *Buddhismus—Jinismus— Primitivvolker* (Stuttgart: Kohlhammer, 1964), 217~242; *Adelheid Mette, Die Erlosungslehre der Jaina: Legenden, Parabeln, Erzahlungen* (Berlin: Verlag der Weltreligionen, 2010); Paul Dundas, *The Jains* (London: Routledge, 2002); Padmanabh S. Jaini, *The Jaina Path of Purification* (Delhi: Motilal Banarsidass, 1998).

120) Edmund Leach, *Culture and Communication: The Logic by Which Symbols Are Connected* (Cambridge: Cambridge University Press, 1976); 금욕주의에 관해서는 다음 또한 참조하라. Axel Michaels, *Die Kunst des einfachen Lebens: Eine Kulturgeschichte der Askese* (Munich: C. H. Beck, 2004).

121) 이 이야기에 관해서는 두 가지 버전이 존재한다. 더 긴 버전은 (Mahābhārata 1.36.8-1.38.26)을, 더 짧은 버전은 (1.45.20-1.46.12)을 참조하라. 다음의 글도 참조하라. Paul Hacker, "'Topos' und chrêsis," in Paul Hacker, *Kleine Schriften*, ed. Lambert Schmithausen (Wiesbaden: Harrassowitz, 1978), 338~359; Albrecht Wezler, "Śamīka und Śṛṅgin—zum Verständnis einer askesekritischen Erzählung aus dem Mahābhārata," *Wiener Zeitschrift fur die Kunde Sudasiens* 23 (1979): 29~60; Patrick Olivelle, "The Renouncer Tradition," in *The Blackwell Companion to Hinduism*, ed. Gavin Flood (Oxford: Blackwell, 2003), 271~287.

122) 다음을 참조하라. Johannes Bronkhorst, *The Two Sources of Indian Asceticism* (Bern: Peter Lang, 1993); Michaels, *Kunst des einfachen Lebens*, 131~151 (원전 포함).

123) Joachim Friedrich Sprockhoff, "Āraṇyaka und Vānaprastha in der vedischen Literatur," *Wiener Zeitschrift fur die Kunde Sudasiens* 25 (1981): 19~90 and 28 (1984): 5~43.

124) 다음을 참조하라. Michaels, *Hinduism*, 252~255.

125) Ibid., 314~343.

126) Johannes Bronkhorst, *Greater Magadha—Studies in the Culture of Early India* (Leiden: Brill, 2007); and Bronkhorst, *Buddhism in the Shadow of Brahmanism*.

127) Gombrich, *How Buddhism Began*, 31; 다음의 글도 참조하라. Gombrich, *Theravāda Buddhism*, 65~72.

128) 브롱크호르스트는 '악마적 본성'을 가진 마그다의 신격으로 카필라 또한 언급한다(*Greater Magadha*, p. 62). 이러한 관점을 담은 원전은 6세기 무렵의 *Baudhāyanadharmasūtra* (2.11.28)가 유일하나, 신에 대해 논하는 사료는 아니다. 가장 설득력 있는 증거는 대 마가다가 사라진 먼 후대의 글에서 등장한다(예컨대 *Yuktidīpikā* 또는*Yogabhāṣya*).

129) Bronkhorst, *Greater Magadha*, 266. 다음의 글도 참조하라. Samuel, *Origins of Yoga and Tantra*,

48~50.

130) Samuel, *Origins of Yoga and Tantra*, 51.

131) B. G. Gokhale, "Early Buddhism and the Brahmins," in *Studies in the History of Buddhism*, ed. A. K. Narain (Delhi: B. R. Publishing, 1980), 68~80; Gombrich, *Theravāda Buddhism*, 55f.

132) 다음의 글도 참조하라. Bronkhorst, *Greater Magadha*, 61.

133) Harry Falk, "Vedische Opfer im Pāli-Kanon," *Bulletin d'etudes Indiennes* 6 (1988): 225~254; Konrad Meisig, "Zur Entritualisierung des Opfers im frühen Buddhismus," *Mitteilungen fur Anthropologie und Religionsgeschichte* (*MARG*) 7 (1992): 213~221.

134) Michael Witzel, "Moving Targets? Texts, Language, Archaeology and History in the Late Vedic and Early Buddhist Periods," *Indo-Iranian Journal* 52 (2009): 287~310, at 303.

135) Ibid., 295.

136) Ibid., 310.

137) Bronkhorst, *Buddhism in the Shadow of Brahmanism*, 3.

138) 다음의 글도 참조하라. Klaus Karttunen, *India and the Hellenistic World* (Helsinki: Finnish Oriental Society, 1997), 55~64.

139) Rupert Gethin, *The Foundations of Buddhism* (Oxford: Oxford University Press, 1998), 10.

140) Witzel, "Moving Targets?," 289.

141) Sources: Ulrich Schneider, *Die groβen Felsen-Edikte Aśokas: Kritische Ausgabe, Ubersetzung und Analyse der Texte* (Wiesbaden, Otto Harrassowitz, 1978); Eugen Hultzsch, ed., *Inscriptions of Asoka: Corpus Inscriptionum Indicarum* (Oxford: Clarendon Press, 1925); studies: Romila Thapar, *Aśoka and the Decline of the Mauryas*, 2nd ed. (Delhi: Oxford University Press, 1997) (first published 1963); Oskar von Hinüber, *Das altere Mittelindisch im Uberblic*k (Vienna: Österreichische Akademie der Wissenschaften, 1986), 25ff.(추가 문헌 정보 포함); Olivelle et al., eds., *Reimagining Aśoka*.

142) Karttunen, *India and the Hellenistic World*, 69~94.

143) P. A. Brunt, *Arrian: History of Alexander and Indica*, 2 vols. (Cambridge, MA: Harvard University Press, 1976), vol. 2, ch. 11-12; John Watson McCrindle, *Ancient India as Described in Classical Literature* (Westminster: A. Constable, 1901).

144) Brunt, *History of Alexander*, vol. 2, 337.

145) Harry Falk, *Schrift im Alten Indien: Ein Forschungsbericht mit Anmerkungen* (Tübingen: Narr, 1993).

146) Patrick Olivelle, "Asoka's Inscriptions as Text and Ideology," in Olivelle et al., *Reimagining Aśoka*, 157~183.

147) Siehe F. R. Adrados, "Aśoka's Inscriptions and Persian, Greek and Latin Epigraphy," in *Amṛtadhārā: Professor R. N. Dandekar Felicitation Volume*, ed. S. D. Joshi (Delhi: Ajanta, 1984), 1~15; Olivelle, "Aśoka's Inscriptions," 166.

148) 다음의 글도 참조하라. Hultzsch, Inscriptions of Asoka, 68~69; Thapar, Aśoka and the Decline, 184.

149) Olivelle, "Aśoka's Inscriptions," 173f.

150) Thapar, *Aśoka and the Decline*, 17; 다음의 글도 참조하라. Olivelle, "Aśoka's Inscriptions," 170f.

151) Mark McClish, "Is the Arthaśāstra a Mauryan Document?," in Olivelle et al., *Reimagining Aśoka*, 280~309; Bronkhorst, *Buddhism in the Shadow of Brahmanism*, ch. 2.3; Patrick Olivelle, *King, Governance, and Law in Ancient India: Kauṭilya's Arthaśāstra* (Oxford: Oxford University Press, 2013), 25~31.

152) Gérard Fussman, "Central and Provincial Administration in Ancient India: The Problem of the Mauryan Empire," *Indian Historical Review* 14 (1987-1988): 43~78; Ian W. Mabbett, *Truth, Myth and Politics in Ancient India* (New Delhi: Thompson Press, 1972), 54~67.

153) Bronkhorst, *Buddhism in the Shadow of Brahmanism*, 27.

154) Sheldon Pollock, "The Sanskrit Cosmopolis, 300-1300: Transculturation, Vernacularization, and the Question of Ideology," in *Ideology and Status of Sanskrit: Contributions to the History of the Sanskrit Language*, ed. Jan E. M. Houben (Leiden: Brill, 1996), 197~247; Sheldon Pollock, *The Language of the Gods in the World of Men: Sanskrit, Culture, and Power in Premodern India* (Berkeley: University of California Press, 2006).

155) Pollock, *Language of the Gods*, 14.

156) 다음의 글도 참조하라. Timothy Lubin, "The Transmission, Patronage, and Prestige of Brahmanical Piety from the Mauryas to the Guptas," in *Boundaries, Dynamics and Construction of Traditions in South Asia*, ed. Federico Scquarcini (Florence: Florence University Press, 2005), 77~103.

157) Patrick Olivelle, ed., *Between the Empires: Society in India 300 BCE to 400 CE* (Oxford: Oxford University Press, 2006).

158) Percy Gardner and Reginald Stuart Poole, eds., *The Coins of the Greek and Scythic Kings of Bactria and India* (London: Longmans, 1886).

159) Dieter Schlingloff, "Arthaśāstra-Studien II: Die Anlage einer Festung (durgavidhāna)," *Wiener Zeitschrift fur die Kunde Sudasiens* 9 (1967): 44~85; Dieter Schlingloff, *Fortified Cities of Ancient India: A Comparative Study* (London: Anthem Press, 2013).

160) 다음의 글도 참조하라. Grant Parker, "Aśoka the Greek, Converted and Translated," in Olivelle et al., *Reimagining Aśoka*, 310~326.

161) 다음의 글도 참조하라. Karttunen, *India and the Hellenistic World*, 25.

162) Ibid.

163) William Woodthorpe Tarn, *The Greeks in Bactria and India*, rev. ed. (Chicago: Ares Press, 1985) (first published 1938 in Cambridge); A. K. Narain, *The Indo-Greeks*, rev. ed. (New Delhi: B. R. Publishing, 2003) (first published 1957 by Clarendon Press [Oxford]); Karttunen, *India and the Hellenistic World*; Josef Wiesehöfer, "Mare Erythraeum, Sinus Persicus und Fines Indiae: Der Indische Ozean in hellenistischer und römischer Sicht," in *Der Indische Ozean in historischer Perspektive*, ed. Stephan Conermann (Hamburg: E. B.-Verlag, 1998), 9~36.

164) John Andrew Allan and Henry Herbert Dodwell, *The Cambridge Shorter History of India*

(Cambridge: Cambridge University Press, 1934), 33.

165) Olivier Guillaume, ed., *Graeco-Bactrian and Indian Coins from Afghanistan* (Oxford: Oxford University Press, 1991).

166) *The Yuga Purāṇa*, ed. and trans. John E. Mitchiner (Calcutta: Asiatic Society, 1986), 82.

167) *Milindapanha: Ein historisches Gipfeltreffen im religiosen Weltgesprach*, ed. and trans. Nyanaponika (Munich: Verlag O. W. Barth, 1998) (first published 1918).

168) Tarn, *Greeks in Bactria and India*, 391.

169) John Hubert Marshall, *The Buddhist Art of Gandhara: The Story of the Early School, Its Birth, Growth, and Decline* (New Delhi: Munshiram Manoharlal, 2000) (reprint), 4.

170) David Brainerd Spooner, "The Zoroastrian Period of Indian History," *Journal of the Royal Asiatic Society of Great Britain and Ireland* (1915), part I: 64~89 and part II: 405~455, at 417.

171) Harry Falk, "The Yuga of Sphujiddhvaja and the Era of the Kuṣāṇas," *Silk Road Art and Archaeology* 7 (2001): 121~136; Harry Falk, "The Kaniṣka Era in Gupta Records," *Silk Road Art and Archaeology* 10 (2004): 167~176.

172) George Coèdes, *The Indianized States of Southeast Asia* (Honolulu: University of Hawaii Press, 1968).

173) Richard Foltz, *Religions of the Silk Road*, 2nd ed. (New York: Palgrave Macmillan, 2010); John Marshall, Alfred Foucher, and N. G. Majumdar, *Monuments of Sanchi* (New Delhi: Abhinav Publications, 1982) (first published 1940).

174) Singh, *Ancient and Early Mediaeval India*, 461.

175) Christian Luczanits, ed., *Gandhara—das buddhistische Erbe Pakistans: Legenden, Kloster und Paradiese* (Mainz: Verlag Philipp von Zabern, 2008).

176) Mario Bussagli, Francine Tissot, and Béatrice Arnal, *L'art du Gandhara* (Paris: Librairie générale française, 1996), 331f.; Thomas McEvilley, *The Shape of Ancient Thought: Comparative Studies in Greek and Indian Philosophies* (New York: Allworth Press and the School of Visual Arts, 2002), 378; 다음의 글도 참조하라. Tarn, *Greeks in Bactria and India*, 393, and Georgios T. Halkias, "When the Greeks Converted the Buddha: Asymmetrical Transfers of Knowledge in Indo-Greek Cultures," in *Trade and Religions: Religious Formation, Transformation and Cross-Cultural Exchange between East and West*, ed. Volker Rabens (Leiden: Brill, 2013), 65~115.

177) James Fergusson, *History of Indian and Eastern Architecture* (London: J. Murray, 1876); Alfred Foucher, *L'art greco-bouddhique du Gandhara: Etude sur les origines de l'influence classique dans l'art bouddhique de l'Inde et de l'Extreme Orient*, 3 vols. (Paris: Leroux, 1918, 1922, and 1951).

178) 식민지주의자의 논조 관련은 다음을 참고하라. Michael Falser, "The Graeco-Buddhist Style of Gandhara—a 'Storia ideologica,' or: How a Discourse Makes a Global History of Art," *Journal of Art Historiography* 13 (2015), https://arthistoriography.files.wordpress.com/2015/11/falser.pdf.

179) Fergusson, *Indian and Eastern Architecture*, 4.

180) Michael Falser, "The Graeco-Buddhist Style of Gandhara—a 'Storia Ideologica,' or: How a Discourse Makes a Global History of Art," *Journal of Art Historiography* 13 (2015).

181) Monica Juneja, *introduction to Architecture of Medieval India: Forms, Contexts, Histories*, ed. Monica Juneja (New Delhi: Permanent Black, 2001), 1~105, at 15.

182) John Marshall, *A Guide to Taxila* (Calcutta: Superintendent Government Printing, 1921), 33 (first published 1918).

183) Foucher, *L'art greco-bouddhique du Gandhāra*.

184) Alfred Foucher, "The Greek Origin of the Image of Buddha," in *The Beginnings of Buddhist Art and Other Essays in Indian and Central-Asian Archaeology*, trans. L. A. Thomas and F. W. Thomas (New Delhi and Madras: Asian Educational Services, 1994, revised edition), 130.

185) Ananda K. Coomaraswamy, *The Influence of Greek on Indian Art* (Broad Campden: Essex House Press, 1908), 2.

186) Robert Eric Mortimer Wheeler, "Gandhara Art: A Note on the Present Position," in *Le rayonnement des civilisations grecques et romaines sur les cultures peripheriques*, ed. International Congress of Classical Archaeology, vol. 1 (Paris: Éditions E. de Boccard, 1965), 555~565, at 564.

187) 발견에 관한 개요는 다음을 참조하라. Paul Harrison and Jens-Uwe Hartmann, eds., *From Birch Bark to Digital Data: Recent Advances in Buddhist Manuscript Research* (Vienna: Verlag der Österreichischen Akademie der Wissenschaften, 2014).

188) Richard Salomon, "Neues Licht auf eine alte Kultur," *Akademie aktuell: Zeitschrift der Bayerischen Akademie der Wissenschaften* 1 (2013): 8~13, at 12f, http://www.badw.de/de/publikationen/akademieAktuell/2013/44/00aa201301gesamt.pdf; 문해력 관련은 다음을 참조하라. Jens-Uwe Hartmann, *Literatur ohne Schrift? Der Sonderfall Indien und die Rolle des Buddhismus* (Vienna: Vienna University Press, 2016).

189) K. A. Nilakanta Sastri, *A History of South India* (New Delhi: Oxford University Press, 2000) (first published 1955).

190) Clarence Maloney, "Archaeology in South India: Accomplishments and Prospects," in *Essays on South India*, ed. Burton Stein (Delhi: Vikas, 1978), 1~40; Himanshu Prabha Ray, *The Winds of Change: Buddhism and the Maritime Links of Early South Asia* (Delhi: Oxford University Press, 1994).

191) Pollock, "Sanskrit Cosmopolis," 202.

192) George L. Hart, "Ancient Tamil Literature: Its Scholarly Past and Future," in *Essays on South India*, ed. Burton Stein (Honolulu: University of Hawaii, 1975), 41~63, at 41f.

193) Robert Eric Mortimer Wheeler, *Der Fernhandel des Romischen Reiches in Europa, Afrika und Asien* (Munich: Oldenbourg Verlag, 1965); Vimala Begley and R. D. De Puma, eds., *Rome and India: The Ancient Sea Trade* (New Delhi: Oxford, 1992) (reprint).

194) Osmund Bopearachchi, Senarath Disnayaka, and Nimal Perera, "The Oldest Shipwreck in the Indian Ocean," in *Ports of the Ancient Indian Ocean*, ed. Marie-Françoise Boussac, Jean-François Salles, and Jean-Baptiste Yon (Delhi: Primus Books, 2016), 411~434.

195) Horace Leonard Jones, ed., *The Geography of Strabo*, vol. 1 (Cambridge, MA: Harvard University Press, 1917), 378f.

196) Lionel Casson, *The Periplus Maris Erythraei: Text with Introduction, Translation, and Commentary* (Princeton, NJ: Princeton University Press, 1989).

197) Robert Eric Mortimer Wheeler, "Arikamedu: A Roman Trading-Station on the East Coast of India," *Ancient India: Bulletin of the Archaeological Survey of India* 2 (1946): 17~124; Vimala Begley, Peter Frank, Iravatham Mahadevan, K. V. Raman, Steven E. Sidebotham, Kathleen Warner Slane, and Elisabeth Lyding Will, *The Ancient Port of Arikamedu: New Excavations and Researches, 1989-1992* (Pondicherry: École française d'Extrême-Orient, 1996).

198) P. J. Turner, *Roman Coins from India* (London: Royal Numismatic Society [Great Britain] and University College, Institute of Archaeology, 1989); Begley and De Puma, *Rome and India*.

199) Hermann P. Harrauer and Petra Sijpesteijn, "Ein neues Dokument zu Roms Indienhandel, P Vindob. G. 40822," *Anzeiger der Osterreichischen Akademie der Wissenschaften, Philosoph.-hist.Klasse* 122 (1985): 124~155; Lionel Casson, "New Light on Maritime Loans: P. Vindob. G. 40822," *Zeitschrift fur Papyrologie und Epigraphik* 84 (1990): 73~79.

200) 특히 다음을 참조하라. Himanshu Prabha Ray, "Early Maritime Contacts between South and Southeast Asia," *Journal of Southeast Asian Studies* 20 (1984): 42~54; 또 다른 설명은 다음을 참조하라. Romila Thapar, "Early Mediterranean Contacts with India: An Overview," in *Crossings: Early Mediterranean Contacts with India*, ed. Federico de Romanis and André Tchernia (New Delhi: Manohar, 1997), 11~40.

201) Ingo Strauch, ed., *Foreign Sailors on Socotra: The Inscriptions and Drawings from the Cave Hoq* (Bremen: Ute Hempen Verlag, 2012); Richard Salomon, "Epigraphic Remains of Indian Traders in Egypt," *Journal of the American Oriental Society* 111 (1991): 731~736.

202) Jha, *Ancient India*, 149~174.

203) Thapar, *Penguin History of Early India*, 280~282.

204) Radha Kumud Mookherji, *The Gupta Empire*, 4th ed. (Delhi: Motilal Banarsidass, 1969) (first published 1947 in London); P. L. Gupta, *The Imperial Guptas*, 2nd ed., 2 vols. (Varanasi: Vishwavidyalaya Prakashan, 1979); Fred Virkus, *Politische Strukturen im Guptareich* (300-550 n. Chr.) (Wiesbaden: Harrassowitz, 2004).

205) John Faithful Fleet, *Inscriptions of the Early Gupta Kings and Their Successors*, vol. 3 (Calcutta: Superintendent of Government Printing, 1888), 1~17, revised by Bahadur Chand Chhabra and Govind Swamirao Gai, eds., *Inscriptions of the Imperial Gupta Kings* (New Delhi: Archaeological Survey of India, 1981).

206) Fa-hsien, *A Record of the Buddhist Countries by Fa-hsien* (Peking: San Shih Buddhist Institute, 1957), 34f.

207) *The Roots of Ayurveda: Selections from Sanskrit Medical Writings*, trans. Dominik Wujastyk, 3rd ed. (New Delhi: Penguin Classics, 2003).

208) Michael Willis, *The Archaeology of Hindu Ritual: Temples and the Establishment of the Gods* (Cambridge: Cambridge University Press, 2009).

209) R. S. Sharma, *Śūdras in Ancient India: A Social History of the Lower Order down to circa ad 600*, 2nd

ed. (Delhi: Motilal Banarsidass, 1980).

210) Samuel, *Origins of Yoga and Tantra*, 229~270; David Gordon White, *Kiss of the Yoginī: "Tantric Sex" in Its South Asian Contexts* (Chicago: University of Chicago Press, 2003).

211) The Bhagavad Gita, trans. Laurie L. Patton (London: Penguin Classics, 2008); 다음의 글도 참조하라. Angelika Malinar, *Rājavidyā: Das konigliche Wissen um Herrschaft und Verzicht. Studien zur Bhagavadgītā* (Wiesbaden: Harrassowitz, 1997).

212) 좀 더 자세한 설명은 다음을 참조하라. Michaels, *Hinduism*, 201~225.

213) Max Weber, *Economy and Society*, ed. and trans. Keith Tribe (Cambridge, MA: Harvard University Press, 2019), chap. G5d.

214) 다음을 참조하라. Michaels, *Hinduism*, 259.

215) 다음은 『마누스므리티』 독일어 번역본 서론에 부분적으로 바탕을 둔다. Manusmriti: *Manus Gesetzbuch, unter Mitarbeit von Anand Mishra ubers. von Axel Michaels* (Berlin: Insel Verlag, 2010), 290ff. 마누스므리티에 관해서는 다음 또한 참조하라. Patrick Olivelle, trans., *The Law Code of Manu* (Oxford: Oxford University Press, 2004).

216) Norbert Elias, *The Civilizing Process: Sociogenetic and Psychogenetic Investigations* (London: Blackwell Publishing, revised edition 2000).

217) Robert Lingat, *The Classical Law of India* (Berkeley: University of California Press, 1973); on dharma: Paul Hacker, "Dharma im Hinduismus," *Zeitschrift fur Missionswissenschaft und Religionswissenschaft* 49 (1965): 465~509; Alf Hiltebeitel, *Dharma—Its Early History in Law, Religion, and Narrative* (Oxford: Oxford University Press, 2011).

218) Pandurang Vaman Kane, *History of Dharmaśāstra*, vol. 1 (Poona: Bhandarkar Oriental Institute, 1930), 1.

219) Brian K. Smith, *Reflections on Resemblance, Ritual, and Religion* (Oxford: Oxford University Press, 1989), 13f.

220) 다소 오래된 해석은 다음을 참조하라. Moritz Winternitz, *Die Frau in den indischen Religionen. 1. Teil: Die Frau im Brahmanismus* (Leipzig: Verlag von Curt Kabitzsch, 1920), 55~104; Roy Kumkum, ed., *Women in Early Indian Societies* (New Delhi: Manohar, 1999).

221) Cathérine Weinberger-Thomas, *Cendres d'immortalite: La cremation des veuves en Inde* (Paris: Éd. du Seuil, 1996); Michaels, "Recht auf Leben" (추가 문헌 포함).

222) Arthur L. Herman, *The Problem of Evil and Indian Thought* (Delhi: Motilal Banarsidass, 1993); Axel Michaels, "Das Böse in der hinduistischen Tradition," in *Das Bose in den Weltreligionen*, ed. Johannes Laube (Darmstadt: Wissenschaftliche Buchgesellschaft, 2003), 201~258; Wilhelm Halbfass, *Karma und Wiedergeburt im indischen Denken* (Kreuzlingen: Hugendubel [Diederichs], 2000).

223) Wilhelm Gampert, *Die Suhnezeremonien in der altindischen Rechtsliteratur* (Prague: Orientalisches Institut, 1939).

224) 이 내용에 관해서는 다음을 참조하라. Louis Dumont, "The Conception of Kingship in Ancient India," *Contributions to Indian Sociology* 6 (1962): 48~77; Jan Gonda, *Ancient Indian Kingship*

from the Religious Point of View (Leiden: Brill, 1969); Jan C. Heesterman, "The Conundrum of the King's Authority," in *The Inner Conflict of Tradition: Essays in Indian Ritual, Kingship, and Society* (Chicago: University of Chicago Press, 1985), 108~127; Hans Losch, *Rājadharma: Einsetzung und Aufgabenkreis des Konigs im Lichte der Purāṇas* (Bonn: Selbstverlag des Orientalischen Seminars der Universität Bonn, 1959).

225) 다음을 참조하라. Axel Michaels, "The Practice of Classical Hindu Law," in *Hinduism and Law: An Introduction*, ed. Timothy Lubin, Donald R. Davis, and Jayanth K. Krishna (Cambridge: Cambridge University Press, 2010), 58~77.

226) 다음의 글도 참조하라. Albrecht Wezler, "Der Tod als Mittel der Entsühnung (gemäß dem Dharmaśāstra)," in *Im Tod gewinnt der Mensch sein Selbst*, ed. Gerhard Oberhammer (Vienna: Verlag der Östereichischen Akademie der Wissenschaften, 1995), 97~140.

227) Bhairabi Prasad Sahu and Hermann Kulke, eds., *Interrogating Political Systems: Integrative Processes and States in Pre-modern India* (New Delhi: Manohar, 2015).

228) R. S. Sharma, *Urban Decay in India* (c. 300-1000) (New Delhi: Munshiram Manoharlal, 1987), 168.

229) 다음의 글도 참조하라. Daud Ali, *Courtly Culture and Political Life in Early Medieval India* (Cambridge: Cambridge University Press, 2004).

230) Hermann Kulke, "The Early and the Imperial Kingdom: A Processual Model of Integrative State Formation in Early Medieval India," in *The State in India 1000-1700*, ed. Hermann Kulke (Delhi: Oxford University Press, 1994), 233~262; Hermann Kulke, "The Integrative Model of State Formation in Early Medieval India: Some Historiographical Remarks," in *Sahu and Kulke, Interrogating Political Systems*, 56~80, at 61.

231) Virkus, *Politische Strukturen im Guptareich*, 252.

232) 다음에서 훌륭한 개론을 참조하라. Kulke, *History of Precolonial India*, 190~228; Upinder Singh, ed., *Rethinking Early Medieval India: A Reader* (Delhi: Oxford University Press, 2011), 1~46.

233) R. S. Sharma, *Indian Feudalism* (Calcutta: University of Calcutta, 1965), 159.

234) Burton Stein, "The Segmentary State in South Indian History," in *Realm and Region in Traditional India*, ed. Richard G. Fox (Delhi: Vikas, 1977), 3~51, at 5; Burton Stein, *Peasant State and Society in Medieval South India* (Delhi: Oxford University Press, 1980).

235) Stein, "Segmentary State," 16.

236) Kulke, *History of Precolonial India*, 213.

237) Burkhard Schnepel and Georg Berkemer, "The Little Kingdom in South Asia: History of the Model," in *Sahu and Kulke, Interrogating Political Systems*, 123~137.

238) Nicholas B. Dirks, "The Structure and Meaning of Political Relations in a South Indian Little Kingdom," *Contributions to Indian Sociology*, n.s., 12, no. 2 (1979): 169~204; Nicholas B. Dirks, The Hollow Crown: Ethnohistory of an Indian Kingdom (Cambridge: Cambridge University Press, 1987).

239) Schnepel and Berkemer, "Little Kingdom," 133.

240) Similarly Kulke, *History of Precolonial India*, 68f.

241) Wilhelm Rau, *Indiens Beitrag zur Kultur der Menschheit* (Wiesbaden: F. Steiner, 1975).

242) James C. Scott, *The Art of Not Being Governed: An Anarchist History of Upland Southeast Asia* (New Haven, CT: Yale University Press, 2009).

243) Weber, *Religion of India*, 249ff.

244) Richard F. Gombrich, *Precept and Practice: Traditional Buddhism in Rural Highland of Ceylon* (Oxford: Oxford University Press, 1971), 49; Gombrich, *Theravāda Buddhism*, 137~171; Gethin, *Foundations of Buddhism*, 253~273; Kenneth Ch'en, *Buddhism in China: A Historical Survey* (Princeton, NJ: Princeton University Press, 1964); David L. Snellgove, *Indo-Tibetan Buddhism: Indian Buddhists and Their Tibetan Successors* (London: Serindia, 1987); Bechert and Gombrich, *Buddhismus; Michaels, Buddha*, 95~101 (on which the following is partially based).

245) Walpola Rahula, *History of Buddhism in Ceylon: The Anurādhapura Period* (Colombo: M. D. Gunasena, 1956).

246) Xinriu Liu, *Ancient India and Ancient China: Trade and Religious Exchanges* (Delhi: Oxford University Press, 1988); Erik Zürcher, *The Buddhist Conquest of China*, 2 vols. (Leiden: Brill, 1959).

247) André Bareau, *Les sectes bouddhiques du petit vehicule* (Saigon: Ecole française d'Extrême Orient, 1955); Petra Kieffer-Pülz, "Die buddhistische Gemeinde," in *Der Buddhismus I: Der indische Buddhismus und seine Verzweigungen*, ed. Heinz Bechert, Johannes Bronkhorst, Jacob Ensink, Jens-Uwe Hartmann, Petra Kieffer-Pülz, Hans-Joachim Klimkeit, Siegfried Lienhard. and Ian William Mabbett (Stuttgart: Kohlhammer, 2000), 281~402.

248) Paul Harrison, "Searching for the Origins of the Mahāyāna," Eastern Buddhist 28 (1995): 48~69; Jonathan A. Silk, "What, If Anything, Is Mahāyāna Buddhism? Problems of Definition and Classifications," *Numen* 49 (2002): 355~405; Gethin, *Foundations of Buddhism*, 225.

249) Weber, *From Max Weber*, 66.

250) Ian C. Glover, *Early Trade Relations between India and Southeast Asia: A Link in the Development of a World Trading System* (Hull: University of Hull, Centre for Southeast Asian Studies, 1983).

251) Ray, *Winds of Change*.

252) Nicholas Tarling, ed., *The Cambridge History of Southeast Asia, vol. 1, From Early Times to c. 1800* (Cambridge: Cambridge University Press, 1992); John Villiers, ed., *Sudostasien vor der Kolonialzeit*, 7th ed. (Frankfurt am Main: Fischer, 2001); H. B. Sarkar, *Cultural Relations between India and South East Asian Countries* (New Delhi: Indian Council for Cultural Relations & Motilal Banarsidass, 1985); Coèdes, *Indianized States*; Pierre-Yves Manguin, A. Mani, and Geoff Wade, eds., *Early Interactions between South and Southeast Asia: Reflections on Cross-Cultural Exchange* (Singapore: Institute of Southeast Asian Studies, 2011); Tansen Sen, ed., *Buddhism across Asia: Networks of Material, Intellectual and Cultural Exchange, vol. 1* (Singapore: Institute of South East Asian Studies, 2014).

253) Jacques Claude, " 'Funan,' 'Zhenla': The Reality Concealed by These Chinese Views of

Indochina," in Early South East Asia: Essays in Archaeology, History and Historical Geography, ed. R. B. Smith and W. Watson (Oxford: Oxford University Press, 1979), 371~379.

254) F. H. van Naerssen and R. C. de Iongh, *The Economic and Administrative History of Early Indonesia* (Leiden: Brill, 1977); Oliver William Wolters, *History, Culture and Region in Southeast Asian Perspectives* (Singapore: Institute of Southeast Asian Studies, 1982).

255) Bahadur Chand Chhabra, *Expansion of Indo-Aryan Culture during Pallava Rule* (Delhi: Manoharlal, 1965), 85~92; 다음의 글도 참조하라. Hermann Kulke, "Epigraphical References to the 'City' and the 'State' in Early Indonesia," in *Kings and Cults: State Formation and Legitimation in India and Southeast Asia*, ed. Hermann Kulke (Delhi: Manohar, 2001), 262~293.

256) Chhabra, *Expansion*, 93~97.

257) Ramesh *Chandra Majumdar, Inscriptions of Champa* (Lahore: Punjab Sanskrit, 1927), 1~3.

258) Nicholas Ostler, *Empires of the Word: A Language History of the World* (New York: Harper & Collins, 2005), 178.

259) Daniel George Edward Hall, *A History of South-East Asia* (London: Macmillan, 1968), 12.

260) Pollock, "Sanskrit Cosmopolis," 198; *Bronkhorst, Buddhism in the Shadow of Brahmanism*, 46.

261) Kulke, "Epigraphical References," 197.

262) Jacob Cornelis van Leur, *Indonesian Trade and Society: Essays in Asian Social and Economic History* (The Hague: W. van Hoeve Publishers, 1955); Hermann Kulke, "Max Weber's Contribution to the Study of 'Hinduization' and 'Indianization' in Southeast Asia," in *Kings and Cults: State Formation and Legitimation in India and Southeast Asia*, ed. Hermann Kulke (Delhi: Manohar, 2001), 240~261, at 256~261; 다음의 글도 참조하라. Ian W. Mabbett, "The 'Indianization' of Southeast Asia (Part II): Reflections on the Historical Sources," *Journal of Southeast Asian Studies* 8 (1977): 143~161.

263) Van Leur, *Indonesian Trade and Society*, 98.

참고 문헌

서문

Anderson, Benedict. *Imagined Communities: Reflections on the Origin and Spread of Nationalism*. 1983. Rev. ed., London: Verso Books, 2006.

Assmann, Jan. *Ägypten: Theologie und Frömmigkeit einer frühen Hochkultur*. Stuttgart: Kohlhammer, 1984.

———. *Cultural Memory and Early Civilization: Writing, Remembrance, and Political Imagination*. Cambridge: Cambridge University Press, 2011.

Berger, Peter L., and Thomas Luckmann. *The Social Construction of Reality: A Treatise in the Sociology of Knowledge*. Garden City, NY: Anchor Books, 1966.

Bloch, Marc. *The Historian's Craft: Reflections on the Nature and Uses of History and the Techniques and Methods of the Men Who Write It*. New York: Knopf, 1953.

Brather, Sebastian. *Ethnische Interpretationen in der frühgeschichtlichen Archäologie: Geschichte, Grundlagen und Alternativen*. Berlin: De Gruyter, 2004.

Burkert, Walter. *The Creation of the Sacred*. Cambridge, MA: Harvard University Press, 1996.

Chakrabarty, Dipesh. *Provincializing Europe: Postcolonial Thought and Historical Difference*. Princeton, NJ: Princeton University Press, 2000.

Conrad, Sebastian, Andreas Eckert, and Ulrike Freitag, eds. *Globalgeschichte: Theorien, Ansätze, Themen*. Frankfurt am Main: Campus, 2007.

Daston, Lorraine, and Peter Galison. *Objectivity*. New York: MIT Press, 2007.

Finley, Moses I. *The Ancient Economy*. Berkeley: University of California Press, 1973.

Gehrke, Hans-Joachim. "Der Hellenismus als Kulturepoche." In *Kulturgeschichte des Hellenismus: Von Alexander dem Großen bis Kleopatra*, edited by Gregor Weber. Stuttgart: Klett-Cotta, 2007.

———. "Fragmentary Evidence and the Whole of History." In *Fragments, Holes, and Wholes: Reconstructing the Ancient World in Theory and Practice*, edited by Thomas Derda, Jennifer Hilder, and Jan Kwapisc, 41~51. Warsaw: Fundacja im. Rafała Taubenschlaga, 2017.

———. *Geschichte als Element antiker Kultur: Die Griechen und ihre Geschichte(n)*. Berlin: De Gruyter, 2014.

Hampl, Franz. *Geschichte als kritische Wissenschaft*. Vol. 1, *Theorie der Geschichtswissenschaft und Universalgeschichte*, edited by Ingomar Weiler. Darmstadt: Wissenschahliche Buchgesellschah, 1975.

Harari, Yuval Noah. *Sapiens: A Brief History of Humankind*. London: Harvill Secker, 2014.

Hatscher, Christoph R. *Alte Geschichte und Universalhistorie: Weltgeschichtliche Perspektiven aus althistorischer Sicht*. Stuttgart: Steiner, 2003.

Heuß, Alfred. "Über die Schwierigkeit, Weltgeschichte zu schreiben." *Saeculum* 26 (1976): 1~35.

———. *Zur Theorie der Weltgeschichte*. Berlin: De Gruyter, 1968 (also in Heuß, *Gesammelte Schriften in 3 Bänden*, 1:581~606, 3:1863~1890. Stuttgart: Steiner, 1995.)

Keightley, David N. *Sources of Shang History: The Oracle-Bone Inscriptions of Bronze Age China*. Berkeley: University of California Press, 1978.

Köhler, Oskar. "Was ist 'Welt' in der Geschichte?" *Saeculum* 6 (1955): 1~9.

Mann, Michael. *The Sources of Social Power*. Vol. 1, *A History of Power from the Beginning to ad 1760*. Cambridge: Cambridge University Press, 1986.

Martin, Jochen. "Der Wandel des Beständigen: Überlegungen zu einer Historischen Anthropologie." In *Bedingungen menschlichen Handelns in der Antike: Gesammelte Beiträge zur Historischen Anthropologie*, edited by Winfried Schmitz, 205~219. Stuttgart: Steiner, 2009.

Maul, Stefan. *Die Wahrsagekunst im Alten Orient: Zeichen des Himmels und der Erde*. Munich: C. H. Beck, 2013.

Meyer, Eduard. *Geschichte des Altertums*. 5 vols. Stuttgart: Cotta, 1884–1902. (new printing Darmstadt: Wissenschahliche Buchgesellschah, 1965–1975.)

Müller, Klaus E. *Das magische Universum der Identität: Elementarformen sozialen Verhaltens. Ein ethnologischer Grundriss*. Frankfurt am Main: Campus, 1987.

Pitts, Martin, and Miguel John Versluys, eds. *Globalisation and the Roman World: World History*, Connectivity and Material Culture. Cambridge: Cambridge University Press, 2014.

Ranke, Leopold von. Vorrede der ersten Ausgabe, *Geschichte der romanischen und germanischen Völker von 1494 bis 1514* (Oktober 1824). In *Sämtliche Werke*, Bd. 33 / 34. Leipzig: Duncker & Humbolt, 1874.

———. *Über die Epochen der neueren Geschichte*. Edited by Theodor Schieder and Helmut Berding. Munich: De Gruyter Oldenbourg, 1971.

Raulff, Ulrich, ed. *Vom Umschreiben der Geschichte: Neue historische Perspektiven*. Berlin: Wagenbach, 1986.

Rüpke, Jörg. *Pantheon: Geschichte der antiken Religionen*. Munich: C. H. Beck, 2016.

Sahlins, Marshall. "Poor Man, Rich Man, Big Man, Chief: Political Types in Melanesia and Polynesia." *Comparative Studies in Society and History* 5, no. 3 (1963): 285~303.

Scheidel, Walter, and Sitta von Reden, eds. *The Ancient Economy*. Edinburgh: Edinburgh University Press, 2002.

Schiller, Friedrich von. "Was heißt und zu welchem Ende studiert man Universalgeschichte? (1789)." In *Sämtliche Werke*, vol. 4, *Historische Schriften*, edited by Gerhard Fricke and Herbert G. Göpfert, 749~762. Munich: Hanser, 1980.

———. "What Is, and to What End Do We Study, Universal History?" Translated by Caroline Stephan and Robert Trout. https://www.schillerinstitute.org/transl/Schiller_essays/universal_history.pdf.

Schmitz, Winfried. *Nachbarschaft und Dorfgemeinschaft im archaischen und klassischen Griechenland*. Berlin: Akademie Verlag, 2004.

Subramanyam, Sanjay. "Connected Histories: Notes towards a Reconfiguration of Early Modern Eurasia." *Modern Asian Studies* 31, no. 3 (1997): 735~762.

Trampedach, Kai. *Politische Mantik: Die Kommunikation über Götterzeichen und Orakel im Klassischen Griechenland*. Heidelberg: Verlag Antike, 2015.

Wallerstein, Immanuel. *World-Systems Analysis: An Introduction*. Durham, NC: Duke University Press, 2004.

Weber, Max. *Economy and Society: An Outline of Interpretive Sociology*. Edited by Guenther Roth and Claus Wittich. Berkeley: University of California Press, 1978.

1부 선사시대와 초기 역사

전체적인 참고 문헌

Atlas der Vorgeschichte: Europa von den ersten Menschen bis Christi Geburt. Edited by Siegmar von Schnurbein. Stuttgart: Theiss, 2009.

The Cambridge Prehistory of the Bronze and Iron Age Mediterranean. Edited by A. Bernard Knapp and Peter van Dommelen. Cambridge: Cambridge University Press, 2015.

The Cambridge World History. Vol. 1, *Introducing World History, to 10,000 bce*, edited by David Christian. Cambridge: Cambridge University Press, 2015.

The Cambridge World History. Vol. 2, *A World with Agriculture, 12,000 bce–500 ce*, edited by Graeme Barker and Candice Goucher. Cambridge: Cambridge University Press, 2015.

The Cambridge World History. Vol. 3, *Early Cities in Comparative Perspective, 4000 bce–1200 ce*, edited by Norman Yoffee. Cambridge: Cambridge University Press, 2015.

The Cambridge World Prehistory. Edited by Colin Renfrew and Paul Bahn. 3 vols. Cambridge: Cambridge University Press, 2014.

Parzinger, Hermann. *Die frühen Völker Eurasiens: Vom Neolithikum bis zum Mittelalter*. 2nd ed. Munich: C. H. Beck, 2011.

———. *Die Kinder des Prometheus: Eine Geschichte der Menschheit vor der Erfindung der Schrift*. 4th ed. Munich: C. H. Beck, 2016.

1. 현생인류의 출현

생각하는 존재로의 전환과 인류 최초의 혁신

Adams, Brian, and Brooke S. Blades, eds. *Lithic Materials and Paleolithic Societies*. Oxford: Wiley-Blackwell, 2009.

Arsuga, Juan Luis. *Der Schmuck des Neandertalers: Auf der Suche nach den Ursprüngen des menschlichen Bewusstseins*. Hamburg: Europa-Verlag, 2003.

Bick, Almut. *Steinzeit*. Stuttgart: Theiss, 2006.

Conard, Nicholas J., ed. *Settlement Dynamics of the Middle Paleolithic and Middle Stone Age*. Tübingen: Kerns Verlag, 2001.

Facchini, Fiorenzo. *Die Ursprünge der Menschheit*. Stuttgart: Theiss, 2006.

Green, Richard E., et al. "A Drah Sequence of the Neandertal Genome." *Science* 328 (2010): 710~722.

Kuhn, Steven L., and Mary C. Stiner. "What's a Mother to Do? The Division of Labor among Neandertals and Modern Humans in Eurasia." *Current Anthropology* 47, no. 6 (2006): 953~980.

Meller, Harald, ed. *Elefantenreich. Eine Fossilwelt in Europa*. Begleitband zur Sonderausstellung im Landesmuseum für Vorgeschichte Halle 26.03.-03.10.2010. Halle (Saale): Landesamt für Denkmalpflege und Archäologie Sachsen-Anhalt, 2010.

Potts, Richard. *Early Hominid Activities at Olduvai*. New York: Transaction Publishers, 1988.

Reed, Kaye, John G. Fleagle, and Richard E. Leakey, eds. *The Palaeobiology of Australopithecus*. Dordrecht: Springer, 2013.

호모 사피엔스, 문화적 현대성, 세계 정복

Bosinski, Gerhard. *Urgeschichte am Rhein*. Tübingen: Kerns Verlag, 2008.

Conard, Nicholas J., Stefanie Kölbl, and Wolfgang Schürle, eds. *Vom Neandertaler zum modernen Menschen*. Ostfildern: Thorbecke, 2005.

Djindjan, François, Janusz Kozłowski, and Marcel Otte. *Le paléolithique supérieur en Europe*. Paris: Armand Colin, 1999.

Eiszeit. Kunst und Kultur. Begleitband zur Großen Landesausstellung im Kunstgebäude Stuttgart, 18. September 2009 bis 10. Januar 2010. Stuttgart: Theiss, 2010.

Gamble, Clive. *The Palaeolithic Societies of Europe*. Cambridge: Cambridge University Press, 1999.

Gordon, Bryan C. *Of Men and Reindeer Herds in French Magdalenian Prehistory*. BAR International Series 390. Oxford: Archaeopress, 1988.

Hahn, Joachim. *Die Geißenklösterle-Höhle im Achtal bei Blauenbeuren*. Forschungen und Berichte zur

Vor- und Frühgeschichte in Baden-Württemburg 26. Stuttgart: Theiss, 1988.

Hiscock, Peter. *The Archaeology of Ancient Australia*. London: Routledge, 2008.

Hoffecker, John F., and Scott A. Elias. *Human Ecology of Beringia*. New York: Columbia University Press, 2007.

Lieberman, Philip. *Uniquely Human: The Evolution of Speech, Thought, and Selfless Behaviour*. Cambridge: Cambridge University Press, 1991.

Pozzi, Enrico. *Les Magdaléniens—Art, civilisation, modes de vie, environnement*. Grenoble: Éditions Jérôme Millon, 2004.

Tankersley, Kenneth. *In Search of Ice Age Americans*. Salt Lake City, UT: Gibbs M. Smith, 2002.

2. 정착 생활, 생산적 경제, 집단 정체성

Bartl, Karin. *Vorratshaltung: Die spätepipaläolithische und frühneolithische Entwicklung im westlichen Vorderasien*. Berlin: Ex oriente, 2004.

Bar-Yosef, Ofer. "The Natufian Culture in the Levant: Threshold to the Origins of Agriculture." *Evolutionary Anthropology* 6 (1999): 159~177.

Colledge, Sue, and James Conolly, eds. *The Origins and Spread of Domestic Plants in Southwest Asia and Europe*. Walnut Creek, CA: Leh Coast Press, 2007.

Henry, Donald O. *Prehistoric Cultural Ecology and Evolution: Insights from Southern Jordan*. New York: Routledge, 1995.

Kuijt, Ian, ed. *Life in Neolithic Farming Communities: Social Organization, Identity, and Differentiation*. New York: Springer, 2000.

Lichter, Clemens, ed. *Vor 12000 Jahren in Anatolien: Die ältesten Monumente der Menschheit*. Begleitbuch zur Ausstellung im Badischen Landesmuseum vom 20. Januar bis zum 17. Juni 2007. Stuttgart: Theiss, 2007.

Moore, A. M., G. C. Hillman, and A. J. Legge, eds. *Village on the Euphrates: From Foraging to Farming at Aby Hureyra*. New York: Oxford University Press, 2000.

Schmidt, Klaus. "Frühneolithische Tempel: Ein Forschungsbericht zum präkeramischen Neolithikum Obermesopotamiens." *Mitteilungen der Deutschen Orient-Gesellschaft* 130 (1998): 17~49.

———. *Sie bauten die ersten Tempel: Das rätselhafte Heiligtum der Steinzeitjäger*. Munich: C. H. Beck, 2006.

Simmons, Alan H. *The Neolithic Revolution in the Near East: Transforming the Human Landscape*. Tucson: University of Arizona Press, 2007.

Zohary, Daniel, and Maria Hopf. *Domestication of Plants in the Old World: The Origin and Spread of Cultivated Plants in West Asia, Europe, and the Nile Valley*. 3rd ed. Oxford: Oxford University Press, 2000.

중앙아나톨리아의 토기 없는 신석기시대에서 토기 신석기시대로의 전환

Benz, Marion. *Die Neolithisierung im Vorderen Orient: Theorien, archäologische Daten und ein ethnologisches Modell*. 2nd ed. Studies in Early Near Eastern Production, Subsistence and Environment 7. Berlin: Ex oriente, 2008.

Hodder, Ian. *The Leopard's Tale: Revealing the Mysteries of Çatalhöyük*. London: Thames & Hudson, 2006.

Hodder, Ian, and Craig Cessford. "Daily Practice and Social Memory at Çatalhöyük." *American Antiquity* 69, no. 1 (2004): 17~40.

Lichter, Clemens, ed. *Vor 12000 Jahren in Anatolien: Die ältesten Monumente der Menschheit*. Begleitbuch zur Ausstellung im Badischen Landesmuseum vom 20. Januar bis zum 17. Juni 2007. Stuttgart: Theiss, 2007.

Mellaart, James. *Çatal Hüyük: Stadt aus der Steinzeit*. Bergisch Gladbach: Lübbe, 1967.

Özdoğan, Mehmet, and Nezih Başgelen, eds. *Neolithic in Turkey: The Cradle of Civilization; New Discoveries*. Istanbul: Archaeology & Art Publications, 1999.

Özdoğan, Mehmet, Nezih Başgelen, and Peter Kuniholm, eds. *The Neolithic in Turkey: New Excavations & New Research*. Vol. 1, *The Tigris Basin*. Istanbul: Archaeology & Art Publications, 2011.

Simmons, Alan H. *The Neolithic Revolution in the Near East: Transforming the Human Landscape*. Tucson: University of Arizona Press, 2007.

메소포타미아에서 등장한 최초의 본격적 신석기 문명

Akkermans, Peter M. M. G. "Northern Syria in the Late Neolithic, ca. 6800–5300 b.c." In *Archéologie et histoire de la Syrie*, edited by Winfried Orthmann, Paolo Matthiae, and Michel al-Maqdissi. Vol. 1, *La Syrie de l'époque néolithique à l'âge du fer*, 17~31. Wiesbaden: Harrassowitz, 2013.

Cauvin, Jacques. *The Birth of the Gods and the Origins of Agriculture*. Cambridge: Cambridge University Press, 2000.

———. *Naissance des divinités—naissance de l'agriculture: La révolution des symboles au Néolithique*. Paris: Éditions CNRS, 1994.

Denham, Tim, and Peter White, eds. *The Emergence of Agriculture: A Global View*. London: Routledge, 2007.

Huot, Jean-Louis. *Les premiers villageois de Mésopotamie: Du village à la ville*. Paris: Armand Colin, 1994.

Kuijt, Ian, ed. *Life in Neolithic Farming Communities: Social Organization, Identity, and Differentiation*. New York: Springer, 2000.

Matthews, Roger. *The Early Prehistory of Mesopotamia: 50,000–4,500 b.c.* Turnhout: Brepols Publishers, 2000.

Moulins, Dominique de. *Agricultural Changes at Euphrates and Steppe Sites in the Mid-8th to the 6th Millennium B.C.* Oxford: Archaeopress, 1997.

Nieuwenhuyse, Olivier P. *Plain and Painted Pottery: The Rise of Neolithic Ceramic Styles on the Syrian and Northern Mesopotamian Plains*. Turnhout: Brepols Publishers, 2007.

Peters, Joris, Angela von den Driesch, and Daniel Helmer. "The Upper Euphrates-Tigris Basin: Cradle of Agro-Pastoralism?" In *The First Steps of Animal Domestication: New Archaeozoological Approaches*, edited by Jean-Denis Vigne, Joris Peters, and Daniel Helmer, 96~124. Oxford: Oxford University Press, 2005.

Simmons, Alan H. *The Neolithic Revolution in the Near East: Transforming the Human Landscape*. Tucson: University of Arizona Press, 2007.

van Zeist, Willem. "Evidence for Agricultural Change in the Balikh Basin, Northern Syria." In *The Prehistory of Food: Appetites for Change*, edited by C. Gosden and Jon G. Hather, 350~373. London: Routledge, 1999.

나일 계곡의 후기 수렵·채집 사회와 초기 농경인

Anwar, Abdel-Magid. *Plant Domestication in the Middle Nile Basin*. Oxford: Archaeopress, 1989.

Brewer, Douglas J. *Fishermen, Hunters, and Herders: Zooarchaeology in the Fayum, Egypt (ca. 8200–500)*. Oxford: Archaeopress, 1989.

Caneva, Isabella, ed. *The History of a Middle Nile Environment 7000 B.C.–A.D. 1500*. Oxford: Archaeopress, 1988.

Close, Angela E., ed. *Cattle-Keepers of the Eastern Sahara: The Neolithic of Bir Kiseiba*. Dallas: Southern Methodist University Press, 1984.

Eiwanger, Josef. *Merimde-Benisalame*. Vol. 1, *Die Funde der Urschicht*. Mainz: Philipp von Zabern, 1984.

———. *Merimde-Benisalame*. Vol. 2, *Die Funde der mittleren Merimdekultur*. Mainz: Philipp von Zabern, 1988.

Hendrickx, Stan, and Pierre Vermeersch. "Prehistory: From the Paleolithic to the Badarian Culture *(700.000–4.000 b.c.)*." *In The Oxford History of Ancient Egypt*, edited by Ian Shaw, 16~40. Oxford: Oxford University Press, 2003.

Welsby, Derek A. *Life on the Desert Edge—Seven Thousand Years of Settlement in the Northern Dongola Reach, Sudan*. Oxford: Archaeopress, 2001.

Wendorf, Fred, and Romuald Schild. *The Archaeology of Nabta Playa: Holocene Settlement of the Egyptian Sahara*. New York: Kluwer Academic Publishers, 2001.

———. "Are the Early Holocene Cattle in the Eastern Sahara Domestic or Wild?" *Evolutionary Anthropology* 3, no. 4 (1994): 118~128.

Wengrow, David. *The Archaeology of Early Egypt: Social Transformations in North-East Africa*, 10,000 to 2650 b.c. Cambridge: Cambridge University Press, 2006.

Zohary, Daniel, and Maria Hopf. *Domestication of Plants in the Old World: The Origin and Spread of Cultivated Plants in West Asia, Europe, and the Nile Valley*. 3rd ed. Oxford: Oxford University Press, 2000.

사하라의 수렵·채집인과 목축민, 그리고 기후변화

Barich, Barbara E., ed. *Archaeology and Environment in the Libyan Sahara: The Excavations in the*

Tadrart Acacus 1987–1983. Oxford: Archaeopress, 1987.

———. *People, Water and Grain: The Beginnings of Domestication in the Sahara and the Nile Valley*. Rome: L'Erma di Bretschneider, 1998.

Bubenzer, Olaf, Andreas Bolten, and Frank Darius, eds. *Atlas of Cultural and Environmental Change in Arid Africa*. Cologne: Heinrich-Barth-Institut, 2007.

Bubenzer, Olaf, and Heiko Riemer. "Holocene Climatic Change and Human Settlement between the Central Sahara and the Nile Valley: Archaeological and Geomorphological Results." *Geoarchaeology* 22, no. 6 (2007): 607~620.

Garcea, E. A. A. *Cultural Dynamics in the Saharo-Sudanese Prehistory*. Rome: Grupo Editoriale Internazionale, 1993.

Hassan, Fekri A., ed. *Droughts, Food and Culture: Ecological Change and Food Security in Africa's Later Prehistory. New York: Springer, 2002.*

Kuper, Rudolph. "Neuere Forschungen zur Besiedlungsgeschichte der Ost-Sahara." *Archäologisches Korrespondenzblatt* 18 (1988): 215~275.

Le Quellec, Jean-Loïc. *Symbolisme et art rupestre au Sahara*. Paris: Éditions L'Harmattan, 1993.

Mori, Fabrizio. *The Great Civilizations of the Ancient Sahara*. Rome: L'Erma di Bretschneider 1998.

지중해와 사하라 사이 마그레브의 신석기시대화

Linstädter, Jörg. "The Epipalaeolithic-Neolithic Transition in the Mediterranean Region of Northwest Africa." *Quartär* 55 (2008): 41~62.

———. "Le site néolithique de l'abri d'Hassi Ouenzga (Rif oriental, Maroc)." *Beiträge zur Allgemeinen und Vergleichenden Archäologie* 23 (2003): 85~138.

———. *Zum Frühneolithikum des westlichen Mittelmeerraumes: Die Keramik der Fundstelle Hassi Ouenzga*. Aachen: Linden Soh, 2004.

Moser, Johannes. *La Grotte d'Ifri N'Ammar*. Bd. 1, *L'Ibéromaurusien*. Cologne: Linden Soh, 2003.

Nami, Mustapha. *Les techno-complexes ibéromaurusiens d'Ifri El Baroud (Rif Oriental, Maroc)*. Aachen: Linden Soh, 2008.

Nehren, Rudolf. *Zur Prähistorie der Maghrebländer (Marokko—Algerien—Tunesien)*. 2 Bde. Mainz: Philipp von Zabern, 1992.

Rahmani, Noura. "Technological and Cultural Change among the Last Hunter-Gatherers of the Maghreb: The Capsien (10000 BP to 6000 BP)." *Journal of World Prehistory* 18 (2004): 57~105.

서부 아나톨리아에서 남동부 유럽까지의 초기 농경 생활 방식

Düring, Bleda S. *The Prehistory of Asia Minor: From Complex Hunter-Gatherers to Early Urban Societies*. New York: Cambridge University Press, 2011.

Efstratiou, Nikos, Alexandra Karetsou, and Maria Ntinou, eds. *The Neolithic Settlement of Knossos in Crete: New Evidence of the Early Occupation of Crete and the Aegean Islands*. Philadelphia: INSTAP Academic Press, 2013.

Karul, Necmi, Zeynep Eres, Mehmet Özdoğan, and Hermann Parzinger. *Aşağı Pınar*. Bd. 1, *Einführung, Forschungsgeschichte, Stratigraphie und Architektur*. Mainz: Philipp von Zabern, 2003.

Lichter, Clemens, ed. *Vor 12.000 Jahren in Anatolien. Die ältesten Monumente der Menschheit. Große Landesausstellung Baden-Württemberg 2007 im Badischen Landesmuseum Schloss Karlsruhe*. Karlsruhe: Badisches Landesmuseum, 2007.

Mellaart, James. *Excavations at Hacilar*. 2 vols. Edinburgh: Edinburgh University Press, 1970.

Özdoğan, Mehmet, Nezih Başgelen, and Peter Kuniholm, eds. *The Neolithic in Turkey: New Excavations & New Research*. 5 vols. Istanbul: Archaeology & Art Publications, 2011–2013.

Parzinger, Hermann. *Studien zur Chronologie und Kulturgeschichte der Jungstein-, Kupfer- und Frühbronzezeit zwischen Karpaten und Mittlerem Taurus*. Mainz: Philipp von Zabern, 1993.

Parzinger, Hermann, and Heiner Schwarzberg. *Aşağı Pınar*. Vol. 2, *Die mittel- und spätneolithische Keramik*. Mainz: Philipp von Zabern, 2005.

Perlès, Catherine. *The Early Neolithic in Greece*. Cambridge: Cambridge University Press, 2001.

Peschlow-Bindokat, Anneliese. *Frühe Menschenbilder: Die prähistorischen Felsmalereien des Latmos-Gebirges*. Mainz: Philipp von Zabern, 2003.

Reingruber, Agathe. *Die Argissa-Magula: Das frühe und das beginnende mittlere Neolithikum im Lichte transägäischer Beziehungen*. Bonn: Habelt, 2008.

Roodenberg, Jacob, and Songül Alpaslan Roodenberg, eds. *Life and Death in a Prehistoric Settlement in Northwest Anatolia: The Ilıpınar Excavations III, with Contributions on Hacılartepe and Menteşe*. Leiden: Nederlands Historisch-Archaeologisch Institut, 2008.

발칸반도와 판노니아 평원에서의 신석기시대의 시작

Borić, Dušan. "The Lepenski Vir Conundrum: Reinterpretation of the Mesolithic and Neolithic Sequences in the Danube Gorges." *Antiquity* 76 (2002): 1026~1039.

Chapman, John C. "Social Power in the Iron Gates Mesolithic." In *Cultural Transformations and Interactions in Eastern Europe*, edited by John C. Chapman and Pavel Dolukhanov, 71~121. Aldershot, UK: Avebury Press, 1992.

Hansen, Svend, ed. *Leben auf dem Tell als soziale Praxis: Beiträge des Internationalen Symposiums in Berlin vom 26.-27. Februar 2007*. Bonn: Habelt, 2010.

Hiller, Stefan, and Vassil Nikolov, eds. *Karanovo III: Beiträge zum Neolithikum in Südosteuropa*. Vienna: Österreichische Akademie der Wissenschahen, 2000.

Lichter, Clemens. *Untersuchungen zu den Bestattungssitten des südosteuropäischen Neolithikums und Chalkolithikums*. Mainz: Philipp von Zabern, 2001.

Müller, Johannes. *Das Ostadriatische Frühneolithikum: Die Impressokultur und die Neolithisierung des Adriaraums*. Berlin: Volker Spiess, 1994.

Prinz, Beth. *Mesolithic Adaptations on the Lower Danube: Vlasac and the Iron Gates Gorge*. Oxford: Archaeopress, 1987.

Schubert, Holger. *Die bemalte Keramik des Frühneolithikums in Südosteuropa, Italien und Westanatolien*.

Rahden / Westf.: Marie Leidorf, 1999.

Srejović, Dragoslav. *Lepenski Vir: Menschenbilder einer frühen europäischen Kultur*. Mainz: Philipp von Zabern, 1972.

Todorova, Henrieta. "Neue Angaben zur Neolithisierung der Balkanhalbinsel." In *Morgenrot der Kulturen: Frühe Etappen der Menschheitsgeschichte in Mittel- und Südosteuropa. Festschrift für Nandor Kalicz*, edited by Erzsébet Jerem and Pál Raczky, 83~88. Budapest: Archaeolingua, 2003.

Tringham, Ruth. "Southeastern Europe in the Transition to Agriculture in Europe: Bridge, Buffer, or Mosaic." In *Europe's First Farmers*, edited by T. Douglas Price, 19~56. Cambridge: Cambridge University Press, 2000.

Whittle, Alasdair. "Connections in the Körös Culture World: Exchange as an Organizing Principle." *Antaeus* 27 (2004): 17~26.

해안을 기반으로 한 지중해 지역의 신석기시대화

Alday Ruíz, Alfonso. "The Neolithic in the Iberian Peninsula: An Explanation from the Perspective of the Participation of Mesolithic Communities." *Zephyrus* 49 (2012): 75~94.

Budja, Mihael. "The Transition to Farming in Mediterranean Europe—an Indigenous Response." *Documenta Archaeologica* 26 (1999): 119~141.

Diniz, Mariana, ed. *The Early Neolithic in the Iberian Peninsula*. Oxford: Archaeopress, 2008.

García Atiénzar, Gabriel. *Territorio Neolítico: Las primeras comunidades campesinas en la fachada oriental de la península Ibérica (ca. 5600–2800 cal bc)*. Oxford: Archaeopress, 2009.

Guilaine, Jean. *De la vague à la tombe: La conquête néolithique de la Méditerranée (8000–2000 avant J.-C.)*. Paris: Éditions du Seuil, 2003.

Kunst, Michael. "Das Neolithikum der Iberischen Halbinsel." In *Hispania Antiqua: Denkmäler der Frühzeit*, edited by Michael Blech, Michael Koch, and Michael Kunst, 37~66. Mainz: Philipp von Zabern, 2001.

Swiny, Stuart, ed. *The Earliest Prehistory of Cyprus: From Colonization to Exploitation*. Boston: American School of Oriental Research, 2001.

van Willigen, Samuel. *Die Neolithisierung im nordwestlichen Mittelmeerraum*. Mainz: Philipp von Zabern, 2006.

Zeder, Melinda A. "Domestication and Early Agriculture in the Mediterranean Basin: Origins, Diffusion, and Impact." *Proceedings of the National Academy of Sciences* 105, no. 33 (2008): 11597~11604.

중부 유럽의 초기 농경과 북부 해안 지역의 경제활동

Bogaard, Amy. *Neolithic Farming in Central Europe: An Archaeobotanical Study of Crop Husbandry Practices*. London: Routledge, 2004.

Fischer, Anders, and Kristian Kristiansen, ed. *The Neolithisation of Denmark: 150 Years of Debate*. Sheffield: Equinox, 2002.

Grøn, Ole. *The Maglemose Culture: The Reconstruction of the Social Organization of a Mesolithic Culture in Northern Europe*. Oxford: Archaeopress, 1995.

Gronenborn, Detlef, ed. *Klimaveränderung und Kulturwandel in neolithischen Gesellschaften Mitteleuropas, 6700–2200 v. Chr.* Mainz: Römisch-Germanisches Zentralmuseum, 2005.

Hodder, Ian. *The Domestication of Europe: Structure and Contingency in Neolithic Societies*. Oxford: Oxford University Press, 1990.

Kozłowski, Stefan Karol. *Thinking Mesolithic*. Oxford: Oxford University Press, 2009.

Lüning, Jens. *Deutsche Agrargeschichte: Vor- und Frühgeschichte*. Stuttgart: Theiss, 1997.

———. "Frühe Bauern in Mitteleuropa im 6. und 5. Jahrtausend v. Chr." *Jahrbuch des Römisch-Germanischen Zentralmuseums* 35 (1989): 27~93.

———. *Steinzeitliche Bauern in Deutschland*. Bonn: Habelt, 2000.

Lüning, Jens, Ulrich Kloos, and Siegfried Albert. "Westliche Nachbarn der bandkeramischen Kultur: Die Keramikgruppen La Hoguette und Limburg." *Germania* 67 (1989): 355~420.

Terberger, Thomas, ed. *Neue Forschungen zum Neolithikum im Ostseeraum*. Rahden / Westf.: Marie Leidorf, 2009.

Terberger, Thomas, and Detlef Gronenborn, eds. *Vom Jäger und Sammler zum Bauern: Die neolithische Revolution*. Stuttgart: Theiss, 2014.

유라시아 '삼림 신석기시대'의 채집자와 최초의 유목민

Chapman, John, and Pavel Dolukhanov, eds. *Landscapes in Flux: Central and Eastern Europe in Antiquity*. Oxford: Oxford University Press, 1997.

Gaskevych, Dmytro. "A New Approach to the Problem of the Neolithisation of the North-Pontic Area: Is There a North-Eastern Kind of Mediterranean Impresso Pottery?" *Documenta Praehistorica* 38 (2011): 275~290.

Jordan, Peter, and Marek Zvelebil, eds. *Ceramics before Farming: The Dispersal of Pottery among Prehistoric Eurasian Hunter-Gatherers*. Walnut Creek, CA: Leh Coast Press, 2009.

Kol'cov, L. V., ed. *Mezolit SSSR*. Moscow: Nauka, 1989.

Kotova, Nadezhda S. "The Neolithization of Northern Black Sea Area in the Context of Climate Changes." *Documenta Praehistorica* 36 (2009): 159~174.

Krijevskaja, L. "Formation du Néolithique dans les steppes Nord-Pontiques." *Anthropologie (Paris)* 94 (1990): 793~807.

Neolit Severnoj Evrazii: Archeologiia. Moscow: Nauka, 1996.

Piezonka, Henny. "Wildbeuterkeramik zwischen Weißrussland und Weißem Meer: Neue Forschungen zur Ausbreitung früher Tonware in das Gebiet östlich und nördlich der Ostsee." *Eurasia Antiqua* 17 (2011): 121~156.

Rimantiené, Rimute. "Neolithic Hunter-Gatherers at Šventoji in Lithuania." *Antiquity* 66 (1992): 367~376.

Telegin, Dimitri J., and E. N. Titova. "La zone des steppes." In *Atlas du Néolithique européen 1. L'Europe orientale*, edited by Janusz Kozłowski, 463~494. Liège: Éditions Université de Liège, 1993.

Vasiliev, Igor B., and Aleksandr Vybornov. *The Neolithic of the North Caspian Sea Area*. Samara: Nauka, 1998.

Wechler, Klaus-Peter. *Studien zum Neolithikum der osteuropäischen Steppe*. Mainz: Philipp von Zabern, 2001.

남캅카스의 농경과 동물 사육의 시작

Čerlenok, E. *Archeologija Kavkaza (mesolit, neolit, eneolit)*. Saint Petersburg: Nauka, 2013.

Chataigner, Christine. *La Transcaucasie au Néolithique et au Chalcolithique*. Oxford: Archaeopress, 1995.

Hamon, Caroline. "From Neolithic to Chalcolithic in the Southern Caucasus: Economy and Macrolithic Implements from Shulaveri-Shomu Sites of Kwemo-Kartli (Georgia)." *Paléorient* 34 (2008): 85~135.

Hansen, Svend, Guram Mirtskhulava, Kathrin Bastert-Lamprichs, Jochen Görsdorf, Daniel Neumann, Michael Ullrich, Ivan Gatsov, and Petranka Nedelcheva. "Aruchlo 2007: Bericht über die Ausgrabungen im neolithischen Siedlungshügel." *Archäologische Mitteilungen aus Iran und Turan* 39 (2007): 1~30.

Kiguradze, Tamaz V. *Neolithische Siedlungen von Kvemo-Kartli, Georgien*. Munich: C. H. Beck, 1986.

Kiguradze, Tamaz V., and Medea Menabde. "The Neolithic of Georgia." In *A View from the Highlands: Archaeological Studies in Honour of Charles Burney*, edited by Antonio Sagona, 345~398. Herent: Peeters Press, 2004.

Lombard, Pierre, and Christine Chataigner. "Le Néolithique et le Chalcolithique en Transcaucasie: L'exemple des bassins de la Kura et de l'Araxe." In *Aux Marges des grands foyers de Néolithique: Périphéries débitrices ou créatrices?* edited by Jean Guilaine, 63~84. Paris: Errance, 2004.

Lyonnet, Bertille. "Les cultures anciennes du Caucase du nord et de l'ouest (du Néolithique au début de l'Age du Bronze)." In *Aux marges des grands foyers de Néolithique: Périphéries débitrices ou créatrices?* edited by Jean Guilaine, 87~104. Paris: Errance, 2004.

———ed. *Les cultures du Caucase (VIe–IIIe millénaires avant notre ère): Leurs relations avec le Proche Orient*. Paris: Errance, 2007.

이란, 중앙아시아, 인도의 초기 농경과 수렵·채집 문화의 마지막 잔재

Allchin, Bridget, and F. Raymond Allchin. *Origins of a Civilization: The Prehistory and Early Archaeology of South Asia*. New Delhi: Viking, 1997.

Braidwood, Linda S., Robert, J. Braidwood, Bruse Howe, Charles Reed, and Peter J. Watson, eds. *Prehistoric Archaeology along the Zagros Flanks*. Chicago: University of Chicago Press, 1983.

Brunet, Frédérique. "La néolithisation en Asie centrale: Un état de la question." *Paléorient* 24, no. 2 (1999): 27~48.

Dani, Ahmad Hasan, and Vadim M. Masson, eds. *History of Civilizations of Central Asia*. Vol. 1, *The*

Dawn of Civilization: Earliest Times to 700 B.C. Paris: UNESCO Publishing, 1992.

Fuller, Dorian Q., Pavi Korisettar, P. C. Venkatusabbaiah, and Martin K. Jones. "Early Plant Domestications in Southern India: Some Preliminary Archaeobotanical Results." *Vegetation History and Archaeobotany* 13 (2004): 115~129.

Glover, Ian C., and Charles F. W. Higham. "New Evidence for Early Rice Cultivation in South, Southeast and East Asia." In *The Origins and Spread of Agriculture and Pastoralism in Eurasia*, ed. David R. Harris, 413~441. London: Routledge, 1996.

Hiebert, Fredrik T. "The Kopet Dag Sequence of Early Villages in Central Asia." *Paléorient* 28, no. 2 (2002): 25~41.

Jarrige, Jean-François. "Mehrgarh Neolithic: New Excavations." In *South Asian Archaeology 1997*, edited by Maurizio Taddei and Giuseppe De Marco, vol. 1, 259~283. Rome: Istituto italiano per l'Africa e l'Oriente 2000.

Misra, V. D. "Agriculture, Domestication of Animals and Ceramic and Other Industries in Prehistoric India: Mesolithic and Neolithic." In *The Dawn of Civilization up to 600 b.c.*, edited by Govind Chandra Pande, 233~266. Delhi: Centre for Studies in Civilizations, 1999.

Müller-Karpe, Hermann. *Neolithische Siedlungen der Džejtun-Kultur in Süd-Turkmenistan*. Munich: C. H. Beck, 1982.

Singh, I. B. "Quarternary Palaeoenvironments of the Ganga Plain and Anthropogenic Activity." *Man and Environment* 30 (2005): 1~35.

기장과 쌀을 재배한 중국 농부들

Jia, Wei Ming. *Transition from Foraging to Farming in Northeast China*. Oxford: Archaeopress, 2007.

Jiang, Leping, and Li Liu. "New Evidence for the Origins of Sedentism and Rice Domestication in the Lower Yangzi River, China." *Antiquity* 80 (2006): 355~361.

Kuzmin, Yaroslav V. "Chronology of the Earliest Pottery in East Asia: Progress and Pitfalls." *Antiquity* 80 (2006): 362~371.

Lu, Tracy Lie Dan. *The Transition from Foraging to Farming and the Origin of Agriculture in China*. Oxford: Archaeopress, 1999.

Nelson, Sarah M., ed. *The Archaeology of Northeast China: Beyond the Great Wall*. London: Routledge, 1995.

Shelach, Gideon. "The Earliest Neolithic Cultures of Northeast China: Recent Discoveries and New Perspectives on the Beginning of Agriculture." *Journal of World Prehistory* 14, no. 4 (2000): 363~413.

Tianlong, Jiao. *The Neolithic of Southeast China: Cultural Transformations and Regional Interaction on the Coast*. New York: Columbia University Press, 2007.

Wagner, Mayke. *Neolithikum und frühe Bronzezeit in Nordchina vor 8000 bis 3500 Jahren*. Mainz: Philipp von Zabern, 2006.

Yuan, Jiarong. "Rice and Pottery 10,000 yrs. bc at Yuchanyan, Dao County, Hunan Province." In *The*

Origins of Pottery and Agriculture, edited by Yonishori Yasuda, 157~166. New Delhi: SAB, 2002.

Yuan, Jing, and Rowan K. Flad. "Pig Domestication in Ancient China." *Antiquity* 76 (2002): 724~732.

Zhang, C., and Hsiao-Chun Hung. "The Emergence of Agriculture in Southern China." *Antiquity* 84 (2010): 11~25.

Zhang, Feng. "The Mesolithic in South China." *Documenta Praehistorica* 27 (2000): 225~231.

한국과 일본의 전문적 수렵·채집인들

Barnes, Gina L. *The Rise of Civilization in East Asia: The Archaeology of China, Korea and Japan*. London: Thames & Hudson, 1999.

Choe, Chong Pil, and Martin T. Bale. "Current Perspectives on Settlement, Subsistence, and Cultivation in Prehistoric Korea." *Arctic Anthropology* 39 (2002): 95~121.

Crawford, Gary W. "Advances in Understanding Early Agriculture in Japan." *Current Anthropology* 52 (2011): 331~345.

Habu, Junko. *Ancient Jomon of Japan*. Cambridge: Cambridge University Press, 2004.

Imamura, Keiji. *Prehistoric Japan: New Perspectives on Insular East Asia*. London: UCL Press, 1996.

Naumann, Nelly. *Japanese Prehistory: The Material and Spiritual Culture of the Jomon Period*. Wiesbaden: Harrassowitz, 2000.

Nelson, Sarah M. *The Archaeology of Korea*. Cambridge: Cambridge University Press, 1993.

Norton, Christopher J. "Sedentism, Territorial Circumscription, and the Increased Use of Plant Domesticates across Neolithic-Bronze Age Korea." *Asian Perspectives* 46, no. 1 (2007): 133~165.

3. 혁신, 격변, 복합 사회

Akkermans, Peter, and Glenn Schwartz. *The Archaeology of Syria: From Complex Hunter-Gatherers to Early Urban Societies (ca. 16,000-300 b.c.)*. Cambridge: Cambridge University Press, 2003.

Breniquet, Catherine. *La disparition de la culture de Halaf: Les origines de la culture d'Obeid dans le nord de la Mésopotamie*. Paris: ADPF Recherche sur les Civilisations, 1996.

Carter, Robert A., and Graham Philip, eds. *Beyond the Ubaid: Transformation and Integration in the Late Prehistoric Societies of the Middle East*. Chicago: University of Chicago Press, 2010.

Cauvin, Jacques. *The Birth of the Gods and the Origins of Agriculture*. Cambridge: Cambridge University Press, 2000.

Huot, Jean-Louis. *Les premiers villageois de Mésopotamie: Du village à la ville*. Paris: Armand Colin, 1994.

Matthews, Roger. *The Early Prehistory of Mesopotamia: 50,000-4,500 b.c.* Turnhout: Brepols Publications, 2000.

Orthmann, Winfried, Paolo Matthiae, and Michel al-Maqdissi, eds. *Archéologie et Histoire de la Syrie I: La Syrie de l'époque néolithique à l'âge du fer*. Wiesbaden: Harrassowitz, 2013.

Pollock, Susan. *Ancient Mesopotamia: The Eden That Never Was*. Cambridge: Cambridge University Press, 1999.

———. "Bureaucrats and Managers, Peasants and Pastoralists, Imperialists and Traders: Research on the Uruk and Jemdet Nasr Periods in Mesopotamia." *Journal of World Prehistory* 6 (1992): 297~333.

Postgate, J. Nicholas. *Artefacts of Complexity: Tracking the Uruk in the Near East*. Oxford: Aris Phillips, 2004.

———. *Early Mesopotamia: Society and Economy at the Dawn of History*. London: Routledge, 1992.

Rothman, Mitchell S., ed. *Uruk Mesopotamia & Its Neighbors: Cross-Cultural Interactions in the Era of State Formation*. Santa Fe, NM: Sar Press, 2001.

Strommenger, Eva. *Habuba Kabira. Eine Stadt vor 5000 Jahren. Ausgrabungen der Deutschen Orient-Gesellschaft am Euphrat in Habuba Kabira, Syrien*. Mainz: Philipp von Zabern, 1980.

본격적인 신석기시대에서 이집트 통일까지

Bard, Kathryn A., ed. *Encyclopedia of the Archaeology of Ancient Egypt*. London: Routledge, 1999.

———. *From Farmers to Pharaohs*. Sheffield: Sheffield University Press, 1994.

Caneva, Isabella, ed. *The History of a Middle Nile Environment 7000 B.C.–A.D. 1500*. Oxford: Archaeopress, 1988.

Hartung, Ulrich. *Umm el-Qaab*. Bd. 1, *Importkeramik aus dem Friedhof U in Abydos (Umm el-Qaab) und die Beziehungen Ägyptens zu Vorderasien im 4. Jahrtausend v. Chr*. Mainz: Philipp von Zabern, 2001.

Hoffmann, Michael A. *Egypt before the Pharaohs: The Prehistoric Foundations of Egyptian Civilization*. London: Routledge, 1980.

Holmes, Diane L. "El-Badari District Predynastic Sites." In *Encyclopedia of the Archaeology of Ancient Egypt*, edited by Kathryn A. Bard, 161~164. London: Routledge, 1999.

Midant-Reynes, Beatrix. "The Naqada Period (4000–3200 b.c.)." In *The Oxford History of Ancient Egypt*, edited by Ian Shaw, 41~56. Oxford: Oxford University Press, 2003.

Morenz, Ludwig D. *Bild-Buchstaben und symbolische Zeichen: Die Herausbildung der Schrift der hohen Kultur Altägyptens*. Fribourg: Academic Press Fribourg, 2004.

Robins, Gay. *The Art of Ancient Egypt*. Cambridge, MA: Harvard University Press, 2008.

Seeher, Jürgen. "Maadi, eine prädynastische Kulturgruppe zwischen Oberägypten und Palästina." *Prähistorische Zeitschrift* 65 (1980): 123~156.

Wengrow, David. *The Archaeology of Early Egypt: Social Transformations in North-East Africa, 10,000 to 2650 b.c*. Cambridge: Cambridge University Press, 2006.

Wilkinson, Toby A. H. *Early Dynastic Egypt: Strategy, Society and Security*. London: Routledge, 1999.

아나톨리아와 에게해 지역에서의 초기 도시 문화 형성

Alram-Stern, Eva. *Die ägäische Frühzeit. Serie 2. Forschungsbericht 1975–2002*. Bd. 2, *Die*

Frühbronzezeit in Griechenland mit Ausnahme von Kreta. Vienna: Verlag der Österreichischen Akademie der Wissenschahen 2004.

Brandau, Birgit, Hartmut Schickert, and Peter Jablonka. *Troia: Wie es wirklich aussah*. Munich: Piper, 2004.

Cline, Eric H., ed. *The Oxford Handbook of the Bronze Age Aegean (ca. 3000–1000 b.c.)*. Oxford: Oxford University Press, 2010.

Düring, Bleda S. *The Prehistory of Asia Minor: From Complex Hunter-Gatherers to Early Urban Societies*. Cambridge, MA: Harvard University Press, 2011.

Frangipane, Marcella. "Fourth Millennium Arslantepe: The Development of a Centralised Society without Urbanisation." *Origini* 34 (2012): 19~40.

Hertel, Dieter. *Troia: Archäologie, Geschichte, Mythos*. Munich: C. H. Beck, 2001.

Kolb, Frank. *Tatort "Troia": Geschichte—Mythen—Politik*. Paderborn: Schöningh, 2010.

Korfmann, Manfred, ed. *Troia: Archäologie eines Siedlungshügels und seiner Landschaft*. Mainz: Philipp von Zabern, 2006.

Kouka, Ourania. *Siedlungsorganisation in der Nord- und Ostägäis während der Frühbronzezeit (3. Jahrtausend v. Chr.)*. Rahden / Westf.: Marie Leidorf, 2002.

Özdoğan, Mehmet, and Hermann Parzinger. *Die frühbronzezeitliche Siedlung von Kanlıgeçit bei Kırklareli. Ostthrakien während des 3. Jahrtausends v. Chr. im Spannungsfeld von anatolischer und balkanischer Kulturentwicklung*. Mainz: Philipp von Zabern, 2012.

Parzinger, Hermann. *Studien zur Chronologie und Kulturgeschichte der Jungstein-, Kupfer- und Frühbronzezeit zwischen Karpaten und Mittlerem Taurus*. Mainz: Philipp von Zabern, 1993.

Zimmermann, Martin, ed. *Der Traum von Troia: Geschichte und Mythos einer ewigen Stadt*. Munich: C. H. Beck, 2006.

남동부 유럽의 정착 생활, 혁신, 사회적 계층 분화

Anthony, David W., and Jennifer Y. Chi, eds. *The Lost World of Old Europe: The Danube Valley, 5000–3500 b.c.* Princeton, NJ: Princeton University Press, 2010.

Fol, Aleksandar, and Jan Lichardus, eds. *Macht, Herrschaft und Gold: Das Gräberfeld von Varna (Bulgarien) und die Anfänge einer neuen europäischen Zivilisation*. Saarbrücken: Saarland-Museum, 1988.

Furholt, Martin. *Die nördlichen Badener Keramikstile im Kontext des mitteleuropäischen Spätneolithikums (3650–2900 v. Chr.)*. Bonn: Habelt, 2009.

Govedarica, Blagoje. *Zeptertrager—Herrscher der Steppen. Die frühen Ockergräber des älteren Äneolithikums im karpatenländischen Gebiet und im Steppenraum Südost- und Osteuropas*. Mainz: Philipp von Zabern, 2004.

Hansen, Svend. *Bilder vom Menschen der Steinzeit: Untersuchungen zur anthropomorphen Plastik der Jungsteinzeit und Kupferzeit in Südosteuropa*. Mainz: Philipp von Zabern, 2007.

Hansen, Svend, and Johannes Müller, eds. *Sozialarchäologische Perspektiven: Gesellschaftlicher Wandel*

5000–1500 v. Chr. zwischen Atlantik und Kaukasus. Mainz: Philipp von Zabern, 2011.

Hofmann, Robert, Zoja Kujundžić-Vejzagić, Johannes Müller, Niels Müller-Scheeßel, and Knut Rassmann. "Prospektionen und Ausgrabungen in Okolište (Bosnien-Herzegowina): Siedlungsarchäologische Studien zum zentralbosnischen Spätneolithikum (5300–4500 v. Chr.)." *Bericht der Römisch-Germanischen Kommission* 102 (2007): 1~140.

Lichardus, Jan, ed. *Die Kupferzeit als historische Epoche*. Bonn: Habelt, 1991.

Link, Thomas. *Das Ende der neolithischen Tellsiedlungen: Ein kulturgeschichtliches Phänomen des 5. Jahrtausends v. Chr. im Karpatenbecken*. Bonn: Habelt, 2006.

Ottaway, Barbara S. "Innovation, Production and Specialization in Early Prehistory Copper Metallurgy." *European Journal of Archaeology* 4 (2001): 87~112.

Parzinger, Hermann. *Studien zur Chronologie und Kulturgeschichte der Jungstein-, Kupfer- und Frühbronzezeit zwischen Karpaten und Mittlerem Taurus*. Mainz: Philipp von Zabern, 1993.

Pernicka, Ernst. "Gewinnung und Verbreitung der Metalle in prähistorischer Zeit." *Jahrbuch des Römisch-Germanischen Zentralmuseums* 37 (1990): 21~129.

Todorova, Henrieta. "The Neolithic, Eneolithic and Transitional Period in Bulgarian Prehistory." In *Prehistoric Bulgaria*, edited by Douglass W. Bailey and Ivan Panayotov, 79~98. Madison, WI: Prehistory Press, 1995.

Videjko, M. "Großsiedlungen der Tripol'e-Kultur in der Ukraine." *Eurasia Antiqua* 1 (1995): 45~80.

중부 유럽 및 북부 유럽의 최초의 금속, 새로운 거주 장소, 격변

Egg, Markus, and Konrad Spindler, eds. *Kleidung und Ausrüstung der Gletschermumie aus den Ötztaler Alpen*. Regensburg: Schnell & Steiner, 2008.

Heyd, Volker. *Die Spätkupferzeit in Süddeutschland*. Bonn: Habelt, 2000.

Klassen, Lutz. *Jade und Kupfer: Untersuchungen zum Neolithisierungsprozess im westlichen Ostseeraum unter besonderer Berücksichtigung der Kulturentwicklung Europas 5500–3500 b.c.* Moesgård: Aarhus University Press, 2004.

Korn, Wolfgang. *Megalithkulturen in Europa: Rätselhafte Monumente der Steinzeit*. Stuttgart: Theiss, 2005.

Larsson, Mats, and Michael Parker Pearson, eds. *From Stonehenge to the Baltic: Living with Cultural Diversity in the Third Millennium bc*. Oxford: Archaeopress, 2007.

Lichardus, Jan, ed. *Die Kupferzeit als historische Epoche*. Bonn: Habelt, 1991.

Lippert, Andreas, Paul Gostner, Eduard Egarter-Vigl, and Patricia Pernter. "Leben und Sterben des Ötztaler Gletschermannes: Neue medizinische und archäologische Erkenntnisse." *Germania* 85 (2007): 1~27.

Midgley, Magdalena S. *TRB Culture: The First Farmers of the North European Plain*. Edinburgh: Edinburgh University Press, 1992.

Müller, Johannes. *Soziochronologische Studien zum Jung- und Spätneolithikum im Mittelelbe-Saale-Gebiet (4100–2700 v. Chr.)*. Rahden / Westf.: Marie Leidorf, 2001.

Prescott, Christopher, and Håkon Glørstad, eds. *Becoming European: The Transformation of Third Millennium Northern and Western Europe*. Oxford: Oxford University Press, 2012.

Richards, Julian. *Stonehenge*. London: English Heritage, 2005.

Schlichtherle, Helmut, ed. *Pfahlbauten rund um die Alpen*. Stuttgart: Theiss, 1997.

Sjögren, Karl-Göran, ed. *Ecology and Economy in Stone Age and Bronze Age Scania*. Stockholm: Riksantikvarieämbetet, 2006.

사회적으로 계층화된 목축 집단, 흑해의 북부와 동부

Anthony, David W. *The Horse, the Wheel, and Language: How Bronze-Age Riders from the Eurasian Steppes Shaped the Modern World*. Princeton, NJ: Princeton University Press, 2007.

Archeologija Ukrainskoj SSR 1. Kiev: Kiev Naukova Dumka, 1985.

Chernykh, Evgenil N. *Ancient Metallurgy in the USSR: The Early Metal Age*. Cambridge, MA: Harvard University Press, 1992.

Dergačev, Valentin A. *Bestattungskomplexe der späten Tripolje-Kultur*. Mainz: Philipp von Zabern, 1991.

Ecsedy, István. *The People of the Pit-Grave Kurgans in Eastern Hungary*. Budapest: Akademiai Kiado, 1979.

Gej, A. N. *Novotitarovskaja kul'tura*. Moscow: Institut Archeologii RAN, 2000.

Hänsel, Bernhard, and Jan Machnik, eds. *Das Karpatenbecken und die osteuropäische Steppe: Nomadenbewegung und Kulturaustausch in der vorchristlichen Metallzeit (4000–500 v. Chr.)*. Rahden / Westf.: Marie Leidorf, 1998.

Kaiser, Elke. *Studien zur Katakombengrabkultur zwischen Dnepr und Prut*. Mainz: Philipp von Zabern, 2003.

Kohl, Philip L. *The Making of Bronze Age Eurasia*. Cambridge: Cambridge University Press, 2007.

Levine, Marsha, Colin Renfrew, and Katie Boyle, eds. *Prehistoric Steppe Adaptation and the Horse*. Cambridge: Oxbow Books, 2003.

Masson, Vadim M., and Nikolai I. Merpert, eds. *Eneolit SSSR*. Moscow: Nauka, 1982.

Pustovalov, Sergey Z. "Economy and Social Organization of Northern Pontic Steppe-Forest Pastoral Populations: 2700–2000 b.c. (Catacomb Culture)." *Baltic-Pontic Studies* 2 (1994): 86~134.

Rassamakin, Jurij J. *Die nordpontische Steppe in der Kupferzeit. Gräber aus der Mitte des 4. Jts. bis Ende des 4. Jts. v. Chr.* Mainz: Philipp von Zabern, 2004.

시베리아 스텝 지대와 삼림 스텝 지대의 혁신과 전체

Chernykh, Evgenil N. *Ancient Metallurgy in the USSR: The Early Metal Age*. Cambridge: Cambridge University Press, 1992.

Gening, V. F., V. O. Šubin, and O. A. Šubina. *Sintašta*. Chelyabinsk: Južno-Ural'skoe Knižnoe Izdatel'stvo, 1992.

Kirjušin, J. F. *Eneolit i rannjaja bronza juga Zapadnoj Sibiri*. Barnaul: Izdatel'stvo Nauka, 2002.

Kohl, Philip L. *The Making of Bronze Age Eurasia*. Cambridge: Cambridge University Press, 2007.

Kuz'mina, Elena E. *Otkuda prišli indiarii?* Moscow: Nauka, 1994.

Leont'ev, Nikolaj V., and Vladimir F. Kapel'ko. *Steinstelen der Okunev-Kultur*. Mainz: Philipp von Zabern, 2002.

Leont'ev, Nikolaj, Hermann Parzinger, and Anatoli Nagler. "Die russisch-deutschen Ausgrabungen beim Berg Suchanicha am mittleren Enisej: Vorbericht der Kampagne 1995." *Eurasia Antiqua* 2 (1996): 175~200.

Levine, Marsha, Yuri Rassamakin, Aleksandr Kislenko, and Nataliya Tatarintseva, eds. *Late Prehistoric Exploitation of the Eurasian Steppe*. Cambridge: Oxbow Books, 1999.

Levine, Marsha, Colin Renfrew, and Katie Boyle, eds. *Prehistoric Steppe Adaptation and the Horse*. Cambridge: Oxbow Books, 2003.

Masson, Vadim M., and Nikolai I. Merpert, eds. *Eneolit SSSR*. Moscow: Nauka, 1982.

Molodin, Vjačeslav I. *Pamjatnik Sopka-2 na reke Omi: Kul'turno-chronologičeskij analiz pogrebal'nych kompleksov epochi neolita i rannego metalla*. Novosibirsk: Institut Archaeologii i Etnografii SO RAN, 2001.

Vadeckaja, E. B. *Archeologičeskie pamjatniki v stepjach srednego Eniseja*. Leningrad: Nauka, 1986.

Zajbert, Viktor F. *Eneolit Uralo-Irtyšskogo meždureč'ja*. Petropavlovsk: Nauka, 1993.

Zdanovič, Gennadij B. *Arkaim*. Chelyabinsk: Nauka, 1995.

중앙아시아와 인도아대륙의 초기 도시 생활

Allchin, Bridget, and F. Raymond Allchin. *Origins of a Civilization: The Prehistory and Early Archaeology of South Asia*. New Delhi: Viking, 1997.

Chakrabarti, Dilip K. *The Oxford Companion to Indian Archaeology: The Archaeological Foundations of Ancient India Stone Age to ad 13th Century*. Oxford: Oxford University Press, 2006.

Chlopin, Igor N. *Epocha bronzy jugo-zapadnogo Turkmenistana*. St. Petersburg: Nauka, 2002.

Dani, Ahmad Hasan, and Vadim M. Masson, eds. *History of Civilizations of Central Asia*. Vol. 1, *The Dawn of Civilization: Earliest Times to 700 B.C.* Paris: UNESCO Publishing, 1992.

Hiebert, Fredrik T. *A Central Asian Village at the Dawn of Civilization: Excavations at Anau, Turkmenistan*. University Museum Monograph 116. Philadelphia: University of Pennsylvania Press, 2003.

Kohl, Philip L. *Central Asia: Palaeolithic Beginnings to the Iron Age*. Paris: Éditions Recherches sur les Civilisations, Synthèse 14, 1984.

Lyonnet, Bertille. *Sarazm (Tadjikistan) ceramiques*. Paris: De Boccard, 1996.

Masson, Vadim M., and Nikolai I. Merpert, eds. *Eneolit SSSR*. Moscow: Nauka, 1982.

Vatandoust, Abdolrasool, Hermann Parzinger, and Barbara Helwing, eds. *Early Mining and Metallurgy on the Central Iranian Plateau: Report on the First Five Years of Research of the Joint Iranian-German Research Project*. Mainz: Philipp von Zabern, 2011.

촌락에서 도시로, 황허강 유역과 양쯔강 유역

Chang, Kwang-Chih. *The Archaeology of Ancient China*. 4th ed. New Haven, CT: Yale University Press, 1986.

Debaine-Francfort, Corinne. *The Search for Ancient China*. New York: Harry N. Abrams, 1999.

Elisseeff, Danielle. *Art et archéologie: La Chine au Néolithique à la fin des Cinq Dynasties (960 de notre ère)*. Paris: Réunion des musées nationaux, 2008.

Gordon, Bryan C. *The Rise of Chinese Civilization Based on Paddy Rice Agriculture*. Hong Kong: Hong Kong University Press, 2010.

Kim, Seung-Og. "Burials, Pigs, and Political Prestige in Neolithic China." *Current Anthropology* 35, no. 2 (1994): 119~141.

Linduff, Katheryn M. "The Emergence and Demise of Bronze-Producing Cultures outside the Central Plain of China." In *The Bronze Age and Early Iron Age Peoples of Eastern Central Asia*, edited by Victor H. Mair, 619~646. Philadelphia: University of Pennsylvania Museum Publications, 1998.

———. "Zhukaigou, Steppe Culture and the Rise of Chinese Civilization." *Antiquity* 69 (1995): 133~145.

Liu, Li, ed. *The Chinese Neolithic: Trajectories to Early States*. Cambridge: Cambridge University Press, 2004.

Nelson, Sarah M., ed. *The Archaeology of Northeast China: Beyond the Great Wall*. London: Routledge, 1995.

Underhill, Anne. *Craft Production and Social Change in Northern China*. New York: Springer, 2002.

Wagner, Mayke. *Neolithikum und frühe Bronzezeit in Nordchina vor 8000 bis 3500 Jahren*. Mainz: Philipp von Zabern, 2006.

Zhang, Chi. "The Rise of Urbanism in the Middle and Lower Yangzi River Valley." *Bulletin of the Indo-Pacific Prehistory Association* 16 (1997): 63~67.

동아시아 주변 지역의 후기 수렵·채집 사회와 농경의 시작

Barnes, Gina L. *The Rise of Civilization in East Asia: The Archaeology of China, Korea and Japan*. London: Thames & Hudson, 1999.

Barnes, Gina L., and Dashun Guo. "The Ritual Landscape of 'Boar Mountain' Basin: The Niuheliang Site Complex of North-Eastern China." *World Archaeology* 28, no. 2 (1996): 109~219.

Chlobystin, Leonid P. "Bronzovyi vek Vostochnoi Sibiri." In *Archeologiia SSSR: Epocha bronzy lesnoi polosy SSSR*, 327~350. Moscow: Nauka, 1987.

. "Vostochnaja Sibir' i Dalnij Vostok." In *Neolit Severnoi Evrazii: Archeologiia*, 270~329 Moscow: Nauka, 1996.

Crawford, Gary W. "Advances in Understanding Early Agriculture in Japan." *Current Anthropology* 52 (2011): 331~345.

Habu, Junko. *Ancient Jomon of Japan*. Cambridge: Cambridge University Press, 2004.

Higham, Charles. *The Bronze Age of Southeast Asia*. Cambridge: Cambridge University Press, 1996.

Nelson, Sarah M. *The Archaeology of Korea*. Cambridge: Cambridge University Press, 1993.

———, ed. *The Archaeology of Northeast China: Beyond the Great Wall*. London: Routledge, 1995.

Nishida, Masaki. "The Emergence of Food Production in Neolithic Japan." *Journal of Anthropological Archaeology* 2 (1983): 305~322.

Spriggs, Matthew. "Chronology of the Neolithic Transition in Island Southeast Asia and the Western Pacific." *Review of Archaeology* 24, no. 2 (2003): 57~80.

Tsang, Cheng-Hwa. *The Archaeology of Taiwan*. Taipei: Council for Cultural Affairs, 2000.

Wagner, Mayke. *Neolithikum und frühe Bronzezeit in Nordchina vor 8000 bis 3500 Jahren*. Mainz: Philipp von Zabern, 2006.

4. 선진 문명 너머의 지역

Bartelheim, Martin. *Die Rolle der Metallurgie in vorgeschichtlichen Gesellschaften*. Rahden / Westf.: Marie Leidorf, 2007.

Bronzezeit: Europa ohne Grenzen. St. Petersburg: Izdatel'stvo Čistyj list, 2013. Ausstellungskatalog.

Buchholz, Hans-Günter. *Ägäische Bronzezeit*. Darmstadt: Wissenschahliche Buchgesellschah, 1987.

Castleden, Rodney. *Mycenaeans*. London: Routledge, 2005.

Chaniotis, Angelos. *Das antike Kreta*. Munich: C. H. Beck, 2004.

Dickinson, Oliver. *The Aegean Bronze Age*. Cambridge: Cambridge University Press, 1994.

Eder, Birgitta. "Überlegungen zur politischen Geographie der mykenischen Welt, oder: Argumente für die überregionale Bedeutung Mykenes in der spätbronzezeitlichen Ägäis." *Geographia Antiqua* 18 (2009): 5~46.

Eliten der Bronzezeit: Ergebnisse zweier Kolloquien in Mainz und Athen. Mainz: Römisch-Germanisches Zentralmuseum, 1999.

Fitton, J. Lesley. *Die Minoer*. Stuttgart: Theiss, 2004.

Freeden, Uta von, and Siegmar von Schnurbein, eds. *Spuren der Jahrtausende: Archäologie und Geschichte in Deutschland*. Stuttgart: Theiss, 2002.

Hänsel, Alix, and Bernhard Hänsel, eds. *Gaben an die Götter: Schätze der Bronzezeit Europas*. Berlin: Staatliche Museen zu Berlin, 1997. Ausstellungskatalog.

Hänsel, Bernhard, ed. *Mensch und Umwelt in der Bronzezeit Europas*. Kiel: Oetker-Voges 1998.

Jockenhövel, Albrecht, and Wolf Kubach, eds. *Bronzezeit in Deutschland*. Stuttgart: Theiss, 1994.

Kristiansen, Kristian, and Thomas B. Larsson. *The Rise of Bronze Age Society: Travels, Transmissions and Transformations*. Cambridge: Cambridge University Press, 2005.

Meller, Harald, ed. *Der geschmiedete Himmel: Die weite Welt im Herzen Europas vor 3600 Jahre*n. Stuttgart: Theiss, 2004.

Meller, Harald, and François Bertemes, eds. *Der Griff nach den Sternen—Wie Europas Eliten zu Macht und Reichtum kamen. Internationales Symposium in Halle (Saale) 16. - 21. Februar 2005*. Halle (Saale): Landesamt für Denkmalpflege und Archäologie Sachsen-Anhalt, 2010.

Probst, Ernst. *Deutschland in der Bronzezeit: Bauern, Bronzegießer und Burgherren zwischen Nordsee und Alpen*. Munich: Bertelsmann, 1996.

Schofield, Louise. *Mykene: Geschichte und Mythos*. Mainz: Philipp von Zabern, 2009.

Vandkilde, Helle. *From Stone to Bronze: The Metalwork of the Late Neolithic and Earliest Bronze Age in Denmark*. Aarhus: Jutland Archaeological Society, 1996.

위기, 격변, 새로운 시작: 기원전 1200년 이후의 후기 청동기시대

Cline, Eric H. *1177 v. Chr. Der erste Untergang der Zivilisation*. Translated by Cornelius Hartz. Stuttgart: Theiss, 2015.

Dickinson, Oliver. *The Aegean Bronze Age*. Cambridge: Cambridge University Press, 1994.

Diemer, Georg. *Der Bullenheimer Berg und seine Stellung im Siedlungsgefüge der Urnenfelderkultur MainPankens*. Kallmünz: Michael Haßleben, 1995.

Drews, Robert. *The End of the Bronze Age: Changes in Warfare and the Catastrophe ca. 1200 B.C.* Princeton, NJ: Princeton University Press, 1993.

Egg, Markus, and Christopher Pare. *Die Metallzeiten in Europa und im Vorderen Orient*. Mainz: Römisch-Germanisches Zentralmuseum, 1995.

Eliten der Bronzezeit: Ergebnisse zweier Kolloquien in Mainz und Athen. Mainz: Römisch-Germanisches Zentralmuseum, 1999.

Freeden, Uta von, and Siegmar von Schnurbein, eds. *Spuren der Jahrtausende: Archäologie und Geschichte in Deutschland*. Stuttgart: Theiss, 2002.

Hänsel, Alix, and Bernhard Hänsel, eds. *Gaben an die Götter: Schätze der Bronzezeit Europas*. Berlin: Staatliche Museen zu Berlin, 1997. Ausstellungskatalog.

———. "Herrscherinsignien der älteren Urnenfelderzeit: Ein Gefäßdepot aus dem Saalegebiet Mitteldeutschlands." *Acta Praehistorica et Archaeologica* 29 (1997): 39~68.

Hänsel, Bernhard, ed. *Mensch und Umwelt in der Bronzezeit Europas*. Kiel: Oetker-Voges, 1998.

Jantzen, Detlef, Ute Brinker, Jörg Orscheidt, and Jan Heinemeier. "A Bronze Age Battlefield? Weapons and Trauma in the Tollense Valley, North-Eastern Germany." *Antiquity* 85 (2011): 417~433.

Jockenhövel, Albrecht, and Wolf Kubach, eds. *Bronzezeit in Deutschland*. Stuttgart: Theiss, 1994.

Kaul, Flemming. "Der Sonnenwagen von Trundholm." In *Der geschmiedete Himmel: Die weite Welt im Herzen Europas vor 3600 Jahren*, ed. Harald Meller, 54~57. Stuttgart: Theiss, 2004. Ausstellungskatalog.

Kossack, Georg. "Mitteleuropa zwischen dem 13. und dem 8. Jahrhundert v. Chr. Geschichte, Stand und Probleme der Urnenfelderforschung." In *Beiträge zur Urnenfelderzeit nördlich und südlich der Alpen: Ergebnisse eines Kolloquiums*, 1~64. Mainz: Römisch-Germanisches Zentralmuseum, 1995.

Lehmann, Gustav A. "Umbrüche und Zäsuren im östlichen Mittelmeerraum und Vorderasien zur Zeit der 'Seevölker'-Invasionen um und nach 1200 v. Chr. Neue Quellenzeugnisse und Befunde." *Historische Zeitschrift* 262 (1996): 1~38.

Menotti, Francesco, ed. *Living on the Lake in Prehistoric Europe: 150 Years of Lake-Dwelling Research*. London: Routledge, 2004.

Oren, Eliezer D. *The Sea Peoples and Their World: A Reassessment*. Philadelphia: University of Pennsylvania, Museum of Archaeology and Anthropology, 2000.

Schlichtherle, Helmut, ed. *Pfahlbauten rund um die Alpen*. Stuttgart: Theiss, 1997.

Sommerfeld, Christoph. ". . . nach Jahr und Tag: Bemerkungen über die Trundholm-Scheiben." *Prähistorische Zeitschrift* 85, no. 2 (2010): 207~242.

Sternberg-el Hotabi, Heike. *Der Kampf der Seevölker gegen Pharao Ramses III*. Rahden / Westf.: Marie Leidorf, 2012.

족장, 소금 군주, 농부: 중부 유럽의 할슈타트 문명

Biel, Jörg. "Das frühkeltische Fürstengrab von Eberdingen-Hochdorf: Eine Inszenierung." In *Landesarchäologie. Festschrift für Dieter Planck zum 65. Geburtstag*, edited by Jörg Biel, Jörg Heiligmann, and Dirk Krausse, 163~174. Stuttgart: Theiss, 2009.

———. *Der Keltenfürst von Hochdorf*. Stuttgart: Theiss, 1985.

Burmeister, Stefan. *Geschlecht, Alter und Herrschaft in der Späthallstattzeit Württembergs*. Münster: Waxmann, 2000.

Chaume, Bruno, and Claude Mordant, eds. *Le complexe aristocratique de Vix: Nouvelles recherches sur l'habitat, le système de fortification et l'environnement de Mont Lassois*. Dijon: Éditions univérsitaires de Dijon, 2011.

Egg, Markus. *Das hallstattzeitliche Fürstengrab von Strettweg in der Obersteiermark*. Mainz: Römisch-Germanisches Zentralmuseum, 1996.

Fries, Jana Esther. *Die Hallstattzeit im Nördlinger Fries*. Kallmünz: Michael Haßleben, 2005.

Gabrovec, Stane. "Die Hallstattzeit in Slowenien." *Germania* 44 (1966): 1~48.

Jerem, Erzsébet, and Andreas Lippert, eds. *Die Osthallstattkultur: Akten des Internationalen Symposiums Sopron 1994*. Budapest: Archaeolingua, 1996.

Kimmig, Wolfgang. "Die griechische Kolonisation im westlichen Mittelmeergebiet und ihre Wirkung auf die Landschahen des westlichen Mitteleuropa." *Jahrbuch des Römisch-Germanischen Zentralmuseums Mainz* 30 (1983): 5~78.

Kossack, Georg. *Südbayern während der Hallstattzeit*. Berlin: De Gruyter, 1959.

Krause, Rüdiger. *Der Ipf: Frühkeltischer Fürstensitz und Zentrum keltischer Besiedlung am Nördlinger Ries*. 2nd ed. Stuttgart: Theiss, 2007.

Krausse, Dirk, ed. *Frühe Zentralisierungs- und Urbanisierungsprozesse: Zur Genese und Entwicklung frühkeltischer Fürstensitze und ihres territorialen Umlandes*. Stuttgart: Theiss, 2008.

———, ed. *"Fürstensitze" und Zentralorte der frühen Kelten*. Stuttgart: Theiss, 2010.

Krausse, Dirk, Leif Hansen, Inga Kretschmer, and Manuel Fernández-Götz. *Die Heuneburg, keltischer Fürstensitz an der oberen Donau*. Stuttgart: Theiss, 2015.

Kromer, Karl. *Das Gräberfeld von Hallstatt*. Florence: L'Erma di Bretschneider, 1959.

Kurz, Siegfried. *Untersuchungen zur Entstehung der Heuneburg in der späten Hallstattzeit*. Stuttgart: Theiss, 2007.

Leidorf, Klaus. "Südbayerische 'Herrenhöfe' der Hallstattzeit." *Arbeitshefte des Bayerischen Landesamtes für Denkmalpflege* 26 (1985): 129~145.

Parzinger, Hermann. *Chronologie der Späthallstatt- und Frühlatènezeit: Studien zu Fundgruppen zwischen Mosel und Save*. Weinheim: VCH Acta humaniora, 1988.

———. Der Goldberg: Die metallzeitliche Besiedlung. *Römisch-Germanische Forschungen 37*. Mainz: Philipp von Zabern, 1998.

Parzinger, Hermann, Jindra Nekvasil, and Fritz Eckart Barth. *Die Byčí skála-Höhle*. Mainz: Philipp von Zabern, 1995.

Rolley, Claude, ed. *La tombe princière de Vix*. Paris: Picard, 2003.

전사와 기마 유목민: 유라시아 스텝 지대의 스키타이 시기

Aruz, Joan, Ann Farkas, Andrei Alekseev, and Elena Korolkova, eds. *The Golden Deer of Eurasia: Scythian and Sarmatian Treasures from the Russian Steppes*. New York: Metropolitan Museum of Art; New Haven, CT: Yale University Press, 2000. Exhibition catalog, Metropolitan Museum of Art.

Chochorowski, Jan. "Rolle der Vekerzug-Kultur (VK) im Rahmen der skythischen Einflüsse in Mitteleuropa." *Prähistorische Zeitschrift* 60 (1985): 204~271.

Čugunov, Konstantin V., Hermann Parzinger, and Anatoli Nagler. *Der Goldschatz von Aržan: Ein Fürstengrab der Skythenzeit in der südsibirischen Steppe*. Munich: Schirmer Mosel, 2006.

———. *Der skythenzeitliche Fürstenkurgan von Aržan 2 in Tuva*. Mainz: Philipp von Zabern, 2010.

Galanina, Ljudmila K. *Die Kurgane von Kelermes: Königsgräber der frühskythischen Zeit*. Moscow: Paleograf, 1997.

Grjaznov, Mikhail P. *Der Großkurgan von Aržan in Tuva, Südsibirien*. Munich: C. H. Beck, 1984.

Jettmar, Karl. *Die frühen Steppenvölker*. Baden-Baden: Verlag Holle, 1964.

Lebedynsky, Iaroslav. *Les Saces: Les "Scythes" d'Asie, VIIIe siècle av. J.-C.-IVe siècle apr. J.-C.* Paris: Errance, 2006.

Meliukova, A. I., ed. *Stepi evropeiskoi chasti SSSR v skifo-sarmatskoe vremya*. Archeologiia SSSR, Moscow: Nauka, 1989.

Menghin, Wilfried, Hermann Parzinger, Anatoli Nagler, and Manfred Nawroth, eds. *Im Zeichen des Goldenen Greifen: Königsgräber der Skythen*. Munich: Prestel, 2007.

Moshkova, Marina G., ed. *Stepnaya polosa Aziatskoi chasti SSSR v skifo-sarmatskoe vremya*. Archeologiia SSSR, Moscow: Nauka, 1992.

Mozolevskij, B. N., and S. V. Polin. *Kurgany skifskogo Gerrosa IV. v. do n. e. Babina, Vodyana i Soboleva mogily*. Kiev: Stylos Publishing House, 2005.

Parzinger, Hermann. *Die Skythen*. 3rd ed. Munich: C. H. Beck, 2009.

Parzinger, Hermann, Anatoli Nagler, and A. Gotlib. "Der tagarzeitliche Großkurgan von Barsučij Log in Chakassien: Ergebnisse der deutsch-russischen Ausgrabungen 2004–2006." *Eurasia Antiqua* 16 (2010): 169~282.

Parzinger, Hermann, Anatoli Nagler, Nikolaj Leont'ev, and Valerij Zubkov. "Das mehrperiodige Gräberfeld von Suchanicha bei Minusinsk: Zur Stellung der Tagar-Kultur im Rahmen der bronze- und eisenzeitlichen Kulturfolge im Minusinsker Becken." *Eurasia Antiqua* 15 (2009): 67~208.

Parzinger, Hermann, Viktor F. Zajbert, Anatoli Nagler, and A. Plešakov. *Der Große Kurgan von Bajkara: Studien zu einem skythischen Heiligtum*. Mainz: Philipp von Zabern, 2003.

Polosmak, Natalya V. *Vsadniki Ukoka*. Novosibirsk: INFOLIO Press, 2001.

Schiltz, Veronique. *Die Skythen und andere Steppenvölker*. Munich: C. H. Beck, 1994.

원거리 무역, 화폐 주조, 최초의 도시들: 유럽 대부분 지역에서의 켈트족

Baitinger, Holger. *Der Glauberg: Ein Fürstensitz der Späthallstatt- / Frühlatènezeit in Hessen*. Wiesbaden: Hessisches Landesamt für Denkmalpflege, 2010.

Brun, Patrice, and Pascal Ruby. *L'âge du Fer en France: Premières villes, premiers états celtiques*. Paris: Édition La Découverte, 2008.

Brunaux, Jean-Louis. *Les religions gauloises: Nouvelles approches sur les rituels celtiques de la Gaule indépendante*. Paris: Errance, 2000.

Buchsenschutz, Olivier. *Les Celtes de l'Âge du Fer*. Paris: Armand Colin, 2007.

Collis, John. *The Celts: Origins, Myths, Inventions*. Stroud, UK: Tempus Publications, 2003.

Drda, Petr, and Alena Rybová. *Les Celtes de Bohême*. Paris: Errance, 1995.

Fries-Knoblach, Janine. *Die Kelten: 3000 Jahre europäischer Kultur und Geschichte*. Stuttgart: Theiss, 2002.

Guštin, Mitja. "Die Kelten in Jugoslawien." *Jahrbuch Römisch-Germanisches Zentralmuseum Mainz* 31 (1984): 305~364.

Haffner, Alfred, ed. *Gräber—Spiegel des Lebens: Zum Totenbrauchtum der Kelten und Römer am Beispiel des Treverer-Gräberfeldes Wederath-Belginum*. Mainz: Philipp von Zabern, 1989.

———, ed. *Heiligtümer und Opferkulte der Kelten*. Stuttgart: Theiss, 1995.

Harding, Dennis W. *The Archaeology of Celtic Art*. London: Routledge, 2007.

Joachim, Hans-Eckart. *Waldalgesheim: Das Grab einer keltischen Fürstin*. Cologne: Linden Soh, 1995.

Kimmig, Wolfgang. *Das Kleinaspergle: Studien zu einem Fürstengrabhügel der frühen Latènezeit*. Stuttgart: Theiss, 1988.

Megaw, Ruth, and Vincent Megaw. *Celtic Art: From Its Beginnings to the Book of Kells*. London: Thames & Hudson, 1994.

Müller, Felix. *Die Kunst der Kelten*. Munich: C. H. Beck, 2012.

Müller, Felix, and Geneviève Lüscher. *Die Kelten in der Schweiz*. Stuttgart: Theiss, 2004.

Rieckhoff, Sabine, and Jörg Biel. *Die Kelten in Deutschland*. Stuttgart: Theiss, 2001.

Schönfelder, Martin. "Zurück aus Griechenland: Spuren keltischer Söldner in Mitteleuropa."

Germania 85 (2007): 307~328.

Sievers, Susanne. *Manching: Die Keltenstadt*. Stuttgart: Theiss, 2007.

Szabo, Miklos. *Les Celtes de l'Est: Le second Âge du Fer dans la Cuvette des Carpates*. Paris: Errance, 1992.

Tomaschitz, Kurt. *Die Wanderungen der Kelten in der antiken literarischen Überlieferung*. Vienna: Österreichische Akademie der Wissenschahen, 2002.

Welt der Kelten: Zentren der Macht—Kostbarkeiten der Kunst. Ostfildern: Thorbecke, 2012. Exhibition catalog, Grosse Landesausstellung Baden-Württemberg 2012.

Wieland, Günther, ed. *Keltische Viereckschanzen: Einem Rätsel auf der Spur*. Stuttgart: Theiss, 1999.

충돌과 동화: 로마인들 그리고 알프스 북부의 게르만 민족들

Baatz, Dietwulf, and Fritz-Rudolf Herrmann, eds. *Die Römer in Hessen*. Stuttgart: Theiss, 1982.

Bender, Helmut, and Hartmut Wolff, eds. *Ländliche Besiedlung und Landwirtschaft in den Rhein-Donau-Provinzen des römischen Reiches*. Espelkamp: Marie Leidorf, 1994.

Cüppers, Heinz, ed. *Die Römer in Rheinland-Pfalz*. Stuttgart: Theiss, 1990.

Czysz, Wolfgang, Karlheinz Dietz, and Thomas Fischer. *Die Römer in Bayern*. Stuttgart: Theiss, 1995.

Filtzinger, Philipp, Dieter Planck, and Bernhard Cämmerer, eds. *Die Römer in Baden-Württemberg*. Stuttgart: Theiss, 1986.

Fischer, Thomas. *Die Römer in Deutschland*. Stuttgart: Theiss, 1999.

Haarnagel, Werner. *Die Grabung Feddersen Wierde: Methode*, Hausbau, Siedlungs- und Wirtschaftsformen sowie Sozialstruktur. Wiesbaden: Steiner, 1979.

Haffner, Alfred, and Siegmar von Schnurbein, eds. Kelten, *Germanen, Römer im Mittelgebirgsraum zwischen Luxemburg und Thüringen*. Bonn: Habelt, 2000.

Hässler, Hans-Jürgen, ed. *Ur- und Frühgeschichte in Niedersachsen*. Stuttgart: Theiss, 1991.

Horn, Heinz Günter, ed. *Die Römer in Nordrhein-Westfalen*. Stuttgart: Theiss, 1987.

Kossack, Georg, Karl-Ernst Behre, and Peter Schmid, eds. *Archäologische und naturwissenschaftliche Untersuchungen an ländlichen und frühstädtischen Siedlungen im deutschen Küstengebiet vom 5. Jahrhundert v. Chr. bis zum 11. Jahrhundert n. Chr.* Vol. 1, *Ländliche Siedlungen*. Weinheim: VCH Acta humaniora, 1984.

van der Sanden, Wijnand A. B. *Mumien aus dem Moor: Die vor- und frühgeschichtlichen Moorleichen aus Nordwesteuropa*. Amsterdam: Batavian Lion International, 1996.

Wamser, Ludwig, Christof Flügel, and Bernward Ziegaus. *Die Römer zwischen Alpen und Nordmeer: Zivilisatorisches Erbe einer europäischen Großmacht: Kataloghandbuch zur Landesausstellung des Freistaates Bayern, Rosenheim 2000*. Mainz: Philipp von Zabern, 2000.

Weeber, Karl-Wilhelm. *Alltag im Alten Rom*. Munich: C. H. Beck, 2000.

Wiegels, Rainer, ed. *Die Varusschlacht: Wendepunkt der Geschichte?* Stuttgart: Theiss, 2007.

Wolters, Reinhard. *Die Schlacht im Teutoburger Wald: Arminius und das römische Germanien*. Munich: C. H. Beck, 2008.

2부 고대 근동의 초기 문명: 이집트와 서아시아

Akkermans, Peter M. M. G., and Glenn M. Schwartz. *The Archaeology of Syria: From Complex Hunter-Gatherers to Early Urban Societies (c. 16,000–300 b.c.)*. Cambridge: Cambridge University Press, 2003.

Alcock, Susan E., Terence N. D'Altroy, Kathleen D. Morrison, and Carla M. Sinopoli, eds. *Empires: Perspectives from Archaeology and History*. Cambridge: Cambridge University Press, 2001.

Algaze, Guillermo. *Ancient Mesopotamia at the Dawn of Civilization: The Evolution of an Urban Landscape*. Chicago: University of Chicago Press, 2008.

———. *The Uruk World System: The Dynamics of Expansion of Early Mesopotamian Civilization*. 2nd ed. Chicago: University of Chicago Press, 2005.

Al-Maqdissi, Michel, Daniele Morandi Bonacossi, and Peter Pfälzner, eds. *Schätze des Alten Syrien: Die Entdeckung des Königreichs Qatna*. Stuttgart: Theiss, 2009.

Anthony, David W. *The Horse, the Wheel and Language: How Bronze-Age Riders from the Eurasian Steppes Shaped the Modern World*. Princeton, NJ: Princeton University Press, 2007.

Aruz, Joan, ed. *Art of the First Cities: The Third Millennium B.C. from the Mediterranean to the Indus*. New York: Metropolitan Museum of Art; New Haven, CT: Yale University Press, 2003.

Aruz, Joan, Kim Benzel, and Jean M. Evans, eds. *Beyond Babylon: Art, Trade, and Diplomacy in the Second Millennium B.C.* New York: Metropolitan Museum of Art; New Haven, CT: Yale University Press, 2008.

Aruz, Joan, Sarah B. Graff, and Yelena Rakic, eds. *Assyria to Iberia at the Dawn of the Classical Age*. New York: Metropolitan Museum of Art; New Haven, CT: Yale University Press, 2014.

Aubet, Maria Eugenia. *The Phoenicians and the West: Politics, Colonies and Trade*. Cambridge: Cambridge University Press, 1993.

Ayad, Mariam F. *God's Wife, God's Servant: The God's Wife of Amun (ca. 740–525 b.c.)*. London: Routledge, 2009.

Baines, John. *Visual and Written Culture in Ancient Egypt*. Oxford: Oxford University Press, 2007.

Baines, John, John Bennet, and Stephen Houston, eds. *The Disappearance of Writing Systems: Perspectives on Literacy and Communication*. London: Equinox, 2008.

Bard, Kathryn A., ed. *Encyclopedia of the Archaeology of Ancient Egypt*. London: Routledge, 1999.

———. *An Introduction to the Archaeology of Ancient Egypt*. 2nd ed. Oxford: Wiley-Blackwell, 2014.

Barjamovic, Gojko. *A Historical Geography of Anatolia in the Old Assyrian Colony Period*. Copenhagen: Museum Tusculanum Press, 2011.

Bartelmus, Alexa, and Katja Sternitzke, eds. *Karduniaš: Babylonien zur Kassitenzeit / Babylonia under the Kassites*. Berlin: De Gruyter, 2017.

Beaulieu, Paul-Alain. *The Reign of Nabonidus, King of Babylon 556–539 b.c.* New Haven, CT: Yale University Press, 1989.

Beckerath, Jürgen von. *Chronologie des pharaonischen Ägyptens*. Mainz: Philipp von Zabern, 1997.

———. *Handbuch der ägyptischen Königsnamen*. 2nd ed. Mainz: Philipp von Zabern, 1999.

Beckman, Gary M. *Hittite Diplomatic Texts*. 2nd ed. Atlanta: Scholars Press, 1999.

Beckman, Gary M., Trevor Bryce, and Eric H. Cline. *The Ahhiyawa Texts*. Atlanta: Society of Biblical Literature, 2011.

Berlejung, Angelika, and Michael P. Streck, eds. *Arameans, Chaldeans, and Arabs in Babylonia and Palestine in the First Millennium B.C.* Wiesbaden: Harrassowitz, 2013.

Breyer, Francis. *Ägypten und Anatolien: Politische, kulturelle und sprachliche Kontakte zwischen dem Niltal und Kleinasien im 2. Jahrtausend v. Chr.* Wien: Verlag der Österreichischen Akademie der Wissenschahen, 2010.

Brinkmann, Vinzenz, ed. *Sahure: Tod und Leben eines grossen Pharao*. Frankfurt am Main: Liebighaus Skulpturensammlung; Munich: Hirmer, 2010.

Broekman, Gerard P. F., Robert J. Demarée, and Olaf E. Kaper, eds. *The Libyan Period in Egypt: Historical and Cultural Studies into the 21st–24th Dynasties*. Leuven: Peeters, 2009.

Broodbank, Cyprian. *The Making of the Middle Sea: A History of the Mediterranean from the Beginning to the Emergence of the Classical World*. London: Thames & Hudson, 2013.

Bryce, Trevor. *Babylonia: A Very Short Introduction*. Oxford: Oxford University Press, 2016.

———. *The Kingdom of the Hittites*. Oxford: Oxford University Press, 2005.

———. *Letters of the Great Kings: The Royal Correspondence of the Late Bronze Age*. London: Routledge, 2003.

———, ed. *The Routledge Handbook of the Peoples and Places of Ancient Western Asia: The Near East from the Early Bronze Age to the Fall of the Persian Empire*. London: Routledge, 2009.

———. *The World of the Neo-Hittite Kingdoms: A Political and Military History*. Oxford: Oxford University Press, 2012.

Cancik-Kirschbaum, Eva. *Die Assyrer: Geschichte, Gesellschaft, Kultur*. Munich: C. H. Beck, 2003.

Cancik-Kirschbaum, Eva, Nicole Brisch, and Jesper Eidem, eds. *Constituent, Confederate, and Conquered Space: The Emergence of the Mittani State*. Berlin: De Gruyter, 2014.

Cancik-Kirschbaum, Eva, Margarethe van Ess, and Joachim Marzahn, eds. *Babylon: Wissenskultur in Orient und Okzident*. Berlin: De Gruyter, 2011.

Charpin, Dominique. *Hammurabi of Babylon*. London: I. B. Tauris, 2012.

Charpin, Dominique, Dietz Otto Edzard, and Marten Stol. *Mesopotamien: Die altbabylonische Zeit*. Fribourg: Academic Press; Göttingen: Vandenhoeck & Ruprecht, 2004.

Charpin, Dominique, and Nele Ziegler. *Mari et le Proche Orient à l'èpoque amorrite: Essai d'histoire politique*. Paris: Société pour l'étude du Proche-Orient ancien, 2003.

Clauss, Manfred. *Ramses der Große*. Darmstadt: Wissenschahliche Buchgesellschah, 2010.

Cline, Eric H. *1177 B.C.: The Year Civilization Collapsed*. Princeton, NJ: Princeton University Press, 2014.

Cline, Eric H., and David O'Connor, eds. *Ramesses III: The Life and Times of Egypt's Last Hero*. Ann

Arbor: University of Michigan Press, 2012.

———, eds. *Thutmose III: A New Biography*. Ann Arbor: University of Michigan Press, 2006.

Cohen, Raymond, and Raymond Westbrook, eds. *Amarna Diplomacy: The Beginnings of International Relations*. Baltimore: Johns Hopkins University Press, 2000.

Cooper, Jerrold. *Reconstructing History from Ancient Inscriptions: The Lagash-Umma Border Conflict*. Malibu, California: Undena, 1983.

Crawford, Harriet, ed. *The Sumerian World*. London: Routledge, 2013.

———. *Ur: The City of the Moon God*. London: Bloomsbury, 2015.

Crawford, Harriet, and Michael Rice, eds. *Traces of Paradise: The Archaeology of Bahrain, 2500 bc–300 ad*. London: Dilmun Committee, 2000.

Crüsemann, Nicole, Margarete van Ess, Markus Hilgert, and Beate Salje, eds. *Uruk: 5000 Jahre Megacity*. Petersberg, Germany: Imhof-Verlag, 2013.

Curtis, John, Henrietta McCall, Dominique Collon, and Lamia al-Gailani Werr, eds. *New Light on Nimrud*. London: British Institute for the Study of Iraq, 2008.

Curtis, John, and St. John Simpson, eds. *The World of Achaemenid Persia: History, Art and Society in Iran and the Ancient Near East*. London: I. B. Tauris, 2010.

Dassow, Eva von. *State and Society in the Late Bronze Age: Alalah under the Mittani Empire*. Bethesda, MD: CDL Press, 2008.

Davies, W. Vivian, and Louise Schofield, eds. *Egypt, the Aegean and the Levant: Interconnections in the Second Millennium bc*. London: British Museum Press, 1995.

De Graef, Katrien, and Jan Tavernier, eds. *Susa and Elam: Archaeological, Philological, Historical and Geographical Perspectives*. Leiden: Brill, 2013.

Dodson, Aidan. *Afterglow of Empire: Egypt from the Fall of the New Kingdom to the Saite Renaissance*. Cairo: American University in Cairo Press, 2012.

———. *Amarna Sunrise: Egypt from Golden Age to Age of Heresy*. Cairo: American University in Cairo Press, 2014.

———. *Amarna Sunset: Nefertiti, Tutankhamun, Ay, Horemheb and the Egyptian Counter-Reformation*. Cairo: American University in Cairo Press, 2009.

———. *The Complete Royal Families of Ancient Egypt*. Cairo: American University in Cairo Press, 2004.

———. *Poisoned Legacy: The Decline and Fall of the Nineteenth Egyptian Dynasty*. Cairo: American University in Cairo Press, 2010.

Dunand, Françoise, and Christiane Zivie-Coche. *Gods and Men in Egypt 3000 bce to 395 ce*. Translated by David Lorton. Ithaca, NY: Cornell University Press, 2004.

Düring, Bleda S., ed. *Understanding Hegemonic Practices of the Early Assyrian Empire*. Leiden: Nederlands Instituut voor het Nabije Oosten, 2015.

Eidem, Jesper. *The Royal Archives from Tell Leilan: Old Babylonian Letters and Treaties from the Lower Town Palace East*. Leiden: Nederlands Instituut voor het Nabije Oosten, 2011.

Finkel, Irving, and Michael Seymour, eds. *Babylon: Myth and Reality*. London: British Museum Press, 2008.

Foster, Benjamin R. *The Age of Agade: Inventing Empire in Ancient Mesopotamia*. London: Routledge, 2015.

———. *Before the Muses: An Anthology of Akkadian Literature*. Bethesda, MD: CDL Press 1993.

Frame, Grant. *Babylonia, 689–627 b.c.: A Political History*. Istanbul: Nederlands Historisch-Archaeologisch Instituut te Istanbul, 1992.

Franke, Ute, and Joachim Gierlichs, eds. *Roads to Arabia: The Archaeological Treasures of Saudi Arabia*. Tübingen: Wasmuth, 2011.

Frayne, Douglas R. *Old Babylonian Period* (2003–*1595 b.c.*). Toronto: University of Toronto Press, 2008.

Gelb, Ignace J., Piotr Steinkeller, and Robert M. Whiting. *Earliest Land Tenure Systems in the Near East: Ancient Kudurrus*. Chicago: Oriental Institute of the University of Chicago, 1991.

Glassner, Jean-Jacques. *The Invention of Cuneiform: Writing in Sumer*. Baltimore: Johns Hopkins University Press, 2003.

———. *Mesopotamian Chronicles*. Atlanta: Society of Biblical Literature, 2004.

Gozzoli, Roberto B. *The Writing of History in Ancient Egypt during the First Millennium bc* (*ca. 1070–180 b.c.*)*: Trends and Perspectives*. London: Golden House, 2006.

Grajetzki, Wolfram. *The Middle Kingdom of Ancient Egypt*. London: Bristol Classical Press, 2006.

Grayson, A. Kirk. *Assyrian and Babylonian Chronicles*. Locus Valley, NY: J. J. Augustin, 1975.

———. *Assyrian Rulers of the Early First Millennium* bc. 2 vols. Toronto: University of Toronto Press, 1991–1996.

———. *Assyrian Rulers of the Third and Second Millennia bc* (*to 1115 bc*). Toronto: University of Toronto Press, 1987.

Grayson, A. Kirk, and Jamie Novotny. *The Royal Inscriptions of Sennacherib, King of Assyria (704–681 b.c.)*. 2 vols. Winona Lake, IN: Eisenbrauns, 2012–2014.

Harper, Prudence O., Joan Aruz, and Françoise Tallon, eds. *The Royal City of Susa: Ancient Near Eastern Treasures in the Louvre*. New York: Metropolitan Museum of Art, 1992.

Hawkins, J. David. *Corpus of Hieroglyphic Luwian Inscriptions*. Vol. 1, *Inscriptions of the Iron Age*. Berlin: De Gruyter, 2000.

Hein, Irmgard, ed. *Pharaonen und Fremde: Dynastien im Dunkel*n. Wien: Museen der Stadt Wien, 1994.

Hodel-Hoenes, Sigrid. *Leben und Tod im Alten Ägypten: Thebanische Privatgräber des Neuen Reiches*. Darmstadt: Wissenschahliche Buchgesellschah, 1991.

Hornung, Erik, Rolf Krauss, and David A. Warburton, eds. *Ancient Egyptian Chronology*. Leiden: Brill, 2006.

Houston, Stephen D., ed. *The First Writing: Script Invention as History and Process*. Cambridge: Cambridge University Press, 2004.

Hoyland, Robert G. *Arabia and the Arabs: From the Bronze Age to the Coming of Islam*. London: Routledge, 2001.

Ivantchik, Askold I. *Kimmerier und Skythen: Kulturhistorische und chronologische Probleme der Archäologie der osteuropäischen Steppen und Kaukasiens in vor- und frühskythischer Zeit*. Moscow: Paleograph Press, 2001.

Joannès, Francis. *The Age of Empires: Mesopotamia in the First Millennium bc*. Edinburgh: Edinburgh University Press, 2004.

———, ed. *Dictionnaire de la civilisation mésopotamienne*. Paris: Laffont, 2001.

Jursa, Michael. *Aspects of the Economic History of Babylonia in the First Millennium bc: Economic Geography, Economic Mentalities, Agriculture, the Use of Money and the Problem of Economic Growth*. Münster: Ugarit, 2010.

———. *Die Babylonier: Geschichte, Gesellschaft, Kultur*. Munich: C. H. Beck, 2004.

Kalimi, Isaac, and Seth Richardson, eds. *Sennacherib at the Gates of Jerusalem: Story, History and Historiography*. Leiden: Brill, 2014.

Kemp, Barry. *Ancient Egypt: Anatomy of a Civilizatio*n. 2nd ed. London: Routledge, 2005.

———. *The City of Akhenaten and Nefertiti: Amarna and Its People*. London: Thames & Hudson, 2012.

Kendall, Timothy. *Kerma and the Kingdom of Kush, 2500–1500 b.c.: The Archaeological Discovery of an Ancient Nubian Empire*. Washington, DC: National Museum of African Art, 1997.

Killebrew, Ann E., and Gunnar Lehmann, eds. *The Philistines and Other "Sea Peoples" in Text and Archaeology*. Atlanta: Society of Biblical Literature, 2013.

Klengel, Horst. *Hattuschili und Ramses, Hethiter und Ägypter: Ihr langer Weg zum Frieden*. Mainz: Philipp von Zabern, 2002.

Klinger, Jörg. *Die Hethiter*. Munich: C. H. Beck, 2007.

Kroll, Stephan, Claudia Gruber, Ursula Hellwag, Michael Roaf, and Paul E. Zimansky, eds. *Biainili-Urartu*. Leuven: Peeters, 2012.

Kuhrt, Amélie. *The Ancient Near East, c. 3000–300 b.c*. London: Routledge, 1995.

Lanfranchi, Giovanni B., Michael Roaf, and Robert Rollinger, eds. *Continuity of Empire (?): Assyria, Media, Persia*. Padua: Sargon, 2003.

Lanfranchi, Giovanni B., and Robert Rollinger, eds. *Concepts of Kingship in Antiquity*. Padua: Sargon, 2010.

Larsen, Mogens Trolle. *Ancient Kanesh: A Merchant Colony in Bronze Age Anatolia*. Cambridge: Cambridge University Press, 2015.

Lauinger, Jacob. *Following the Man of Yamhad: Settlement and Territory at Old Babylonian Alalah*. Leiden: Brill, 2015.

Leichty, Erle. *The Royal Inscriptions of Esarhaddon, King of Assyria (680–669 b.c.)*. Winona Lake, IN: Eisenbrauns, 2011.

Leick, Gwendolyn, ed. *The Babylonian World*. London: Routledge, 2007.

Lichtheim, Miriam. *Ancient Egyptian Literature*. 3 vols. Berkeley: University of California Press, 1973–

1980.

Lipiński, Edward. The Aramaeans: Their Ancient History, *Culture, Religion*. Leuven: Peeters, 2000.

Liverani, Mario, ed. *Akkad, the First World Empire: Structure, Ideology, Traditions*. Padua: Sargon, 1993.

———. *The Ancient Near East: History, Society and Economy*. London: Routledge, 2013.

———. *Israel's History and the History of Israel*. London: Equinox, 2005.

———. *Prestige and Interest: International Relations in the Near East, ca. 1600–1100 b.c.* Padua: s.a.r.g.o.n., 1990.

———. *Uruk: The First City*. London: Equinox, 2006.

Lloyd, Alan B., ed. *A Companion to Ancient Egypt*. Oxford: Wiley-Blackwell, 2010.

Magee, Peter. *The Archaeology of Prehistoric Arabia: Adaptation and Social Formation from the Neolithic to the Iron Age*. Cambridge: Cambridge University Press, 2014.

Marchesi, Gianni, and Nicolò Marchetti. *Royal Statuary of Early Dynastic Mesopotamia*. Winona Lake, IN: Eisenbrauns, 2011.

Marée, Marcel, ed. *The Second Intermediate Period (Thirteenth–Seventeenth Dynasties)*. Leuven: Peeters, 2010.

Margueron, Jean-Claude. *Mari, Capital of Northern Mesopotamia in the Third Millennium: The Archaeology of Tell Hariri on the Euphrates*. Oxford: Oxbow, 2014.

———. *Mari: Métropole de l'Euphrate au IIIe et au début du IIe millénaire av. J.-C.* Paris: Picard, 2004.

Matthiae, Paolo, and Nicolo Marchetti, eds. *Ebla and Its Landscape: Early State Formation in the Ancient Near East*. Walnut Creek, CA: Leh Coast Press, 2013.

Matthiae, Paolo, Frances Pinnock, and Gabriella Scandone Matthiae, eds. *Ebla: Alle origini della civiltà urbana*. Milan: Electa, 1995.

Maul, Stefan M. *Die Wahrsagekunst im Alten Orient: Zeichen des Himmels und der Erde*. Munich: C. H. Beck, 2013.

Melchert, H. Craig, ed. *The Luwians*. Leiden: Brill, 2003.

Michaelides, Demetrios, Robert S. Merrillees, and Vasiliki Kassianidou, eds. *Egypt and Cyprus in Antiquity*. Oxford: Oxbow, 2009.

Michalowski, Piotr. *The Correspondence of the Kings of Ur: An Epistolary History of an Ancient Mesopotamian Kingdom*. Winona Lake, IN: Eisenbrauns, 2011.

Midant-Reynes, Béatrix. *The Prehistory of Egypt: From the First Egyptians to the First Pharaohs*. Oxford: Wiley-Blackwell, 2000.

Millard, Alan R. *The Eponyms of the Assyrian Empire, 910–612 b.c.* Helsinki: Neo-Assyrian Text Corpus Project, 1994.

Moje, Jan. *Herrschaftsräume und Herrschaftswissen ägyptischer Lokalregenten: Soziokulturelle Interaktionen zur Machtkonsolidierung vom 8. bis zum 4. Jahrhundert v. Chr.* Berlin: De Gruyter, 2014.

Moorey, Peter Roger Stuart. *Ancient Mesopotamian Materials and Industries: The Archaeological Evidence*. Oxford: Clarendon Press, 1994.

Moran, William L. *The Amarna Letters*. Baltimore: Johns Hopkins University Press, 1992.

Morenz, Ludwig D., and Robert Kuhn, eds. *Vorspann oder formative Phase? Ägypten und der Vordere Orient 3500–2700 v. Chr.* Wiesbaden: Harrassowitz, 2011.

Morkot, Robert G. *The Black Pharaohs: Egypt's Nubian Rulers*. London: Rubicon Press, 2000.

Myśliwiec, Karol. *The Twilight of Ancient Egypt: First Millennium bce*. Ithaca, NY: Cornell University Press, 2000.

Nicholson, Paul T., and Ian Shaw, eds. *Ancient Egyptian Materials and Technology*. Cambridge: Cambridge University Press, 2000.

Niehr, Herbert, ed. *The Aramaeans in Ancient Syria*. Leiden: Brill, 2014.

Nissen, Hans Jörg, Peter Damerow, and Robert K. Englund. *Archaic Bookkeeping: Early Writing and Techniques of the Economic Administration in the Ancient Near East*. Chicago: University of Chicago Press, 1993.

O'Connor, David. *Abydos: Egypt's First Pharaohs and the Cult of Osiris*. London: Thames & Hudson, 2009.

O'Connor, David, and Eric H. Cline, eds. *Amenhotep III: Perspectives on His Reign*. Ann Arbor: University of Michigan Press, 1998.

Oppenheim, Adela, Dorothea Arnold, Dieter Arnold, and Kei Yamamoto, eds. *Ancient Egypt Transformed: The Middle Kingdom*. New York: Metropolitan Museum of Art, 2015.

Pfälzner, Peter, and Michel Al-Maqdissi, eds. *Qaṭna and the Networks of Bronze Age Globalism*. Wiesbaden: Harrassowitz, 2015.

Podany, Amanda H. *Brotherhood of Kings: How International Relations Shaped the Ancient Near East*. Oxford: Oxford University Press, 2010.

Pope, Jeremy W. *The Double Kingdom under Taharqo: Studies in the History of Kush and Egypt, c. 690–664 b.c.* Leiden: Brill, 2014.

Postgate, J. Nicholas, ed. *Artefacts of Complexity: Tracking the Uruk in the Near East*. Warminster: British School of Archaeology in Iraq, 2002.

———. *Bronze Age Bureaucracy: Writing and the Practice of Government in Assyria*. Cambridge: Cambridge University Press, 2013.

———. *Early Mesopotamia: Society and Economy at the Dawn of History*. 2nd ed. London: Routledge, 1994.

Potts, Daniel T. *The Archaeology of Elam: Formation and Transformation of an Ancient Iranian State*. Cambridge: Cambridge University Press, 1999.

———. *Mesopotamian Civilization: The Material Foundations*. Ithaca, NY: Cornell University Press, 1997.

———. *Nomadism in Iran: From Antiquity to the Modern Era*. New York: Oxford University Press, 2014.

———, ed. *The Oxford Handbook of Ancient Iran*. New York: Oxford University Press, 2013.

Quirke, Stephen. *Lahun: A Town in Egypt 1800 b.c., and the History of Its Landscape*. London: Golden

House, 2005.
Raaflaub, Kurt A., and Richard J. A. Talbert, eds. *The Ancient World: Comparative Histories*. Oxford: Wiley-Blackwell, 2010.
Radner, Karen. *Ancient Assyria: A Very Short Introduction*. Oxford: Oxford University Press, 2015.
———, ed. *State Correspondences of the Ancient World from the New Kingdom to the Roman Empire*. Oxford: Oxford University Press, 2014.
Radner, Karen, and Eleanor Robson, eds. *The Oxford Handbook of Cuneiform Culture*. Oxford: Oxford University Press, 2011.
Redford, Donald B., ed. *The Oxford Encyclopedia of Ancient Egypt*. Oxford: Oxford University Press, 2001.
———. *The Wars in Syria and Palestine of Thutmose III*. Leiden: Brill, 2003.
Renger, Johannes, ed. *Assur: Gott, Stadt und Land*. Wiesbaden: Harrassowitz, 2011.
Rice, Michael. *Egypt's Making: The Origins of Ancient Egypt 5000–2000 b.c.* 2nd ed. London: Routledge, 2003.
Ritner, Robert K. *The Libyan Anarchy: Inscriptions from Egypt's Third Intermediate Period*. Atlanta: Society of Biblical Literature, 2009.
Roehrig, Catharine H., Renée Dreyfus, and Cathleen A. Keller, eds. *Hatshepsut: From Queen to Pharaoh*. New York: Metropolitan Museum of New York, 2005.
Roth, Martha T. *Law Collections from Mesopotamia and Asia Minor*. 2nd ed. Atlanta: Scholars Press, 1997.
Ryholt, Kim S. B. *The Political Situation in Egypt during the Second Intermediate Period, c. 1800–1550 b.c.* Copenhagen: Museum Tusculanum Press, 1997.
Sagona, Antonio, and Paul Zimansky. *Ancient Turkey*. London: Routledge, 2009.
Sallaberger, Walther, and Ingo Schrakamp, eds. *Associated Regional Chronologies for the Ancient Near East and the Eastern Mediterranean 3: History and Philology*. Turnhout: Brepols, 2013.
Saretta, Phyllis. *Asiatics in Middle Kingdom Egypt: Perceptions and Reality*. London: Bloomsbury Academic, 2016.
Sasson, Jack M. *From the Mari Archives: An Anthology of Old Babylonian Letters*. Winona Lake, IN: Eisenbrauns, 2015.
Schachner, Andreas. *Hattuscha: Auf der Suche nach dem sagenhaften Großreich der Hethiter*. Munich: C. H. Beck, 2011.
Schulz, Regine, and Matthias Seidel, eds. *Egypt: The World of the Pharaohs*. Potsdam: h.f. ullmann, 2000,
Selz, Gebhard. *Sumerer und Akkader: Geschichte, Gesellschaft, Kultur*. Munich: C. H. Beck, 2005.
Seri, Andrea. *The House of Prisoners: Slavery and State in Uruk during the Revolt against Samsu-iluna*. Boston: De Gruyter, 2013.
Shaw, Ian. *Ancient Egypt: A Very Short Introduction*. Oxford: Oxford University Press, 2004.
———. *Ancient Egyptian Technology and Innovation: Transformations in Pharaonic Material Culture*.

London: Bristol Classical Press, 2012.

———, ed. *The Oxford History of Ancient Egypt*. Oxford: Oxford University Press, 2000.

Shortland, Andrew J., ed. *The Social Context of Technological Change: Egypt and the Near East, 1650–1550 b.c.* Oxford: Oxbow, 2001.

Sowada, Karin N. *Egypt in the Eastern Mediterranean during the Old Kingdom: An Archaeological Perspective*. Fribourg: Academic Press; Göttingen: Vandenhoeck & Ruprecht, 2009.

Spalinger, Anthony J. *War in Ancient Egypt: The New Kingdom*. Oxford: Wiley-Blackwell, 2005.

Steadman, Sharon R., and Gregory McMahon, eds. *The Oxford Handbook of Ancient Anatolia, 10,000–323 B.C.E.* New York: Oxford University Press, 2011.

Strobel, Karl, ed. *Empires after the Empire: Anatolia, Syria and Assyria after Suppiluliuma II (ca. 1200–800 / 700 b.c.)*. Florence: Eothen, 2011.

Strudwick, Nigel. *Texts from the Pyramid Age*. Atlanta: Society of Biblical Literature, 2005.

Szpakowska, Kasia. *Daily Life in Ancient Egypt: Recreating Lahun*. Oxford: Wiley-Blackwell, 2008.

Teeter, Emily, ed. *Before the Pyramids: The Origins of Egyptian Civilization*. Chicago: Oriental Institute of the University of Chicago, 2011.

Tenu, Aline. *L'expansion médio-assyrienne: Approche archéologique*. Oxford: Archaeopress, 2009.

Török, Lázsló. *Between Two Worlds: The Frontier Region between Ancient Nubia and Egypt, 3700 bc–ad 500*. Leiden: Brill, 2009.

Van De Mieroop, Marc. *The Eastern Mediterranean in the Age of Ramesses II*. Oxford: Wiley-Blackwell, 2007.

———. *A History of Ancient Egypt*. Oxford: Wiley-Blackwell, 2010.

———. *A History of the Ancient Near East, ca. 3000–323 bce*. 2nd ed. Oxford: Wiley-Blackwell, 2007.

———. *King Hammurabi of Babylon: A Biography*. Oxford: Wiley-Blackwell, 2004.

Vittmann, Günter. *Ägypten und die Fremden im ersten vorchristlichen Jahrtausend*. Mainz: Philipp von Zabern, 2003.

Welsby, Derek A., and Julie R. Anderson, eds. *Sudan: Ancient Treasures*. London: British Museum Press, 2004.

Wenke, Robert J. *The Ancient Egyptian State: The Origins of Egyptian Culture (c. 8000–2000 b.c.)*. Cambridge: Cambridge University Press, 2009.

Westenholz, Joan Goodnick. *Legends of the Kings of Akkade*. Winona Lake, IN: Eisenbrauns, 1997.

Wilkinson, Richard H., ed. *Egyptology Today: An Introduction*. Cambridge: Cambridge University Press, 2008.

———, ed. *The Oxford Handbook of the Valley of the Kings*. Oxford: Oxford University Press, 2016.

Wilkinson, Toby A. H. *Early Dynastic Egypt*. London: Routledge, 1999.

Wilkinson, Tony J. *Archaeological Landscapes of the Near East*. Tucson: University of Arizona Press, 2003.

Wittke, Anne-Maria, Eckart Olshausen, and Richard Szydlak. *Historischer Atlas der antiken Welt*. Stuttgart: Metzler, 2007.

Woods, Christopher, ed. *Visible Language: Inventions of Writing in the Ancient Middle East and Beyond*. Chicago: Oriental Institute of the University of Chicago, 2010.

Woolmer, Mark. *Ancient Phoenicia: An Introduction*. Bristol: Bristol Classical Press, 2011.

Yalçin, Ünsal, Cemal Pulak, and Rainer Slotta, eds. *Das Schiff von Uluburun: Welthandel vor 3000 Jahren*. Bochum: Deutsches Bergbau-Museum, 2005.

Yon, Marguerite. *The City of Ugarit at Tell Ras Shamra*. Winona Lake, IN: Eisenbrauns, 2006.

Zettler, Richard L., and Lee Horne, eds. *Treasures from the Royal Tombs of Ur*. Philadelphia: University of Pennsylvania, Museum of Archaeology and Anthropology, 1998.

3부 고전고대 세계

Ameling, Walter. *Karthago: Studien zu Militär, Staat und Gesellschaft*. Munich: C. H. Beck, 1993.

Ando, Clifford. *Imperial Ideology and Provincial Loyalty in the Roman Empire*. Berkeley: University of California Press, 2000.

———. *Imperial Rome ad 193 to 284: The Critical Century*. Edinburgh: Edinburgh University Press, 2012.

Arnold, Jonathan J. *Theoderic and the Roman Imperial Restoration*. Cambridge: Cambridge University Press, 2014.

Aubet, María Eugenia. *The Phoenicians and the West: Politics, Colonies, and Trade*. Cambridge: Cambridge University Press, 2001.

Badian, Ernst. *Lucius Sulla: The Deadly Reformer*. Sydney: Sydney University Press, 1970.

Baltrusch, Ernst. *Die Juden und das Römische Reich: Geschichte einer konfliktreichen Beziehung*. Darmstadt: Wissenschahliche Buchgesellschah, 2002.

———. *Herodes. König im Heiligen Land. Eine Biographie*. Munich: C. H. Beck, 2012.

Barnes, Timothy. *Constantine: Dynasty, Religion and Power in the Later Roman Empire*. Malden, MA: Wiley-Blackwell, 2011.

Beard, Mary. *The Roman Triumph*. Cambridge, MA: Belknap Press of Harvard University Press, 2007.

Beck, Hans. *Karriere und Hierarchie: Die römische Aristokratie und die Anfänge des "cursus honorum"* in der mittleren Republik. Berlin: Akademie-Verlag, 2005.

Beck, Hans, and Peter Funke, eds. *Federalism in Greek Antiquity*. Cambridge: Cambridge University Press, 2015.

Bettini, Maurizio. *Familie und Verwandtschaft im antiken Rom*. Frankfurt: Campus, 1992.

Bianchetti, Serena, Michele Cataudella, and Hans-Joachim Gehrke, eds. *Brill's Companion in the History of Ancient Geography*. Leiden: Brill, 2016.

Bichler, Reinhold, and Robert Rollinger. *Herodot*. 3rd ed. (revised and expanded). Hildesheim: Georg Olms, 2014.

Birley, Anthony. *Hadrian: The Restless Emperor*. London: Routledge, 1997.

Bleckmann, Bruno. *Der Peloponnesische Krieg*. Munich: C. H. Beck, 2007.

Bleicken, Jochen. *Die athenische Demokratie*. 2nd ed. (revised and substantially expanded). Paderborn: Ferdinand Schöningh, 1994.

———. *Geschichte der Römischen Republik*. 6th ed. Munich: R. Oldenbourg, 2004.

———. *Lex publica: Gesetz und Recht in der römischen Republik*. Berlin: De Gruyter, 1975.

Blok, Josine H., and André P. M. H. Lardinois, eds. *Solon of Athens: New Historical and Philological Approaches*. Leiden: Brill, 2006.

Bobzin, Hartmut. *Mohammed*. 5th ed. Munich: C. H. Beck, 2016.

Börm, Henning. *Westrom: Von Honorius bis Justinian*. Stuttgart: Kohlhammer, 2013.

Bowersock, Glen W. *Martyrdom and Rome*. Cambridge: Cambridge University Press, 2002.

Boyle, Anthony J., and William J. Dominik, eds. *Flavian Rome: Culture, Image, Text*. Leiden: Brill, 2003.

Brandt, Hartwin. *Konstantin der Große. Der erste christliche Kaiser. Eine Biographie*. Munich: C. H. Beck, 2006.

Brenk, Beat. *Die Christianisierung der spätrömischen Welt: Stadt, Land, Haus, Kirche und Kloster in frühchristlicher Zeit*. Wiesbaden: Reichert, 2003.

Briant, Pierre. *Alexander the Great and His Empire: A Short Introduction*. Princeton, NJ: Princeton University Press, 2010.

———. *From Cyrus to Alexander: A History of the Persian Empire*. Winona Lake, IN: Eisenbrauns, 2002.

Bringmann, Klaus. *Krise und Ende der römischen Republik (133–42 v. Chr.)*. Berlin: Akademie, 2003.

Brown, Peter. *The Rise of Western Christendom*. Tenth anniversary rev. ed. Oxford: Wiley-Blackwell, 2013.

———. *Through the Eye of a Needle: Wealth, the Fall of Rome, and the Making of Christianity in the West, 350–550 a*d. Princeton, NJ: Princeton University Press, 2012.

Brunt, Peter A. *Italian Manpower 225 b.c.–14 a.d.* Oxford: Oxford University Press, 1971.

Burkert, Walter. *Ancient Mystery Cults*. Cambridge, MA: Harvard University Press, 1987.

Cameron, Averil. *The Mediterranean World in Late Antiquity ad 395–700*. 2nd ed. London: Routledge, 2011.

Cameron, Averil, and Stuart G. Hall. *Life of Constantine*. Oxford: Clarendon Press, 1999.

Caner, Daniel F. *Wandering, Begging Monks: Spiritual Authority and the Promotion of Monasticism in Late Antiquity*. Berkeley: University of California Press, 2002.

Capdetrey, Laurent. *Le pouvoir séleucide: Territoire, administration, finances d'un royaume hellénistique (312–129 avant J. C.)*. Rennes: Presses Universitaires de Rennes, 2007.

Cartledge, Paul. *Sparta and Laconia: A Regional History, 1200–362 b.c.* London: Routledge, 2002.

Cawkwell, George. *The Greek Wars: The Failure of Persia*. Oxford: Oxford University Press, 2005.

Chadwick, John. *The Mycenaean World*. Cambridge: Cambridge University Press, 1976.

Chaniotis, Angelos. *War in the Hellenistic World*. Malden, MA: Wiley-Blackwell, 2005.

Christ, Karl. *Geschichte der römischen Kaiserzeit: Von Augustus bis zu Konstantin*. 5th ed. (revised). Munich: C. H. Beck, 2005.

———. *Pompeius: Der Feldherr Roms*. Munich: C. H. Beck, 2004.

Clauss, Manfred. *The Roman Cult of Mithras: The God and His Mysteries*. Edinburgh: Edinburgh University Press, 2000.

Cline, Eric H. *The Oxford Handbook of the Bronze Age Aegean*. Oxford: Oxford University Press, 2012.

Cornell, Tim J. *The Beginnings of Rome: Italy and Rome from the Bronze Age to the Punic Wars (c. 1000–264 b.c.)*. London: Routledge, 1995.

Dahlheim, Werner. *Geschichte der römischen Kaiserzeit*. 3rd ed. Munich: R. Oldenbourg, 2003.

———. *Julius Caesar: Die Ehre des Kriegers und die Not des Staates*. Paderborn: Ferdinand Schöningh, 2005.

Demandt, Alexander. *Die Spätantike: Römische Geschichte von Diocletian bis Justinian 284–565 n.Chr.*, 3rd rev. ed. Munich: C. H. Beck, 2018.

Dietz, Karlheinz. *Senatus contra principem: Untersuchungen zur senatorischen Opposition gegen Kaiser Maximinus Thrax*. Munich: C. H. Beck, 1980.

Dixon, Suzanne. *The Roman Family*. Baltimore: Johns Hopkins University Press, 1992.

Donner, Fred M. *Muhammad and the Believers: At the Origins of Islam*. Cambridge, MA: Harvard University Press, 2010.

Dreher, Martin. *Hegemon und Symmachoi: Untersuchungen zum Zweiten Athenischen Seebund*. Berlin: De Gruyter, 1995.

Duhoux, Yves, and Anna Morpurgo Davies, eds. *A Companion to Linear B. Mycenaean Greek Texts and Their World*, 3 vols. Louvain-la-Neuve: Peeters, 2008–2014.

Eck, Werner. *The Age of Augustus*. 2nd ed. Malden, MA: Wiley-Blackwell, 2007.

———. *Die staatliche Organisation Italiens in der Hohen Kaiserzeit*. Munich: C. H. Beck, 1979.

———. *Senatoren von Vespasian bis Hadrian: Prosopographische Untersuchungen mit Einschluß der Jahres- und Provinzialfasten der Statthalter*. Munich: C. H. Beck, 1970.

Eck, Werner. *Die staatliche Organisation Italiens in der Hohen Kaiserzeit*, Munich: C. H. Beck, 1979.

Eck, Werner, and Matthäus Heil, eds. *Senatores populi Romani: Realität und mediale Präsentation einer Führungsschicht*. Stuttgart: Franz Steiner, 2005.

Eich, Armin. *Die politische Ökonomie des antiken Griechenland, 6.–3. Jahrhundert v. Chr.* Cologne: Böhlau, 2006.

Eich, Peter. *Zur Metamorphose des politischen Systems in der römischen Kaiserzeit: Die Entstehung einer, 'personalen Bürokratie' im langen dritten Jahrhundert*. Berlin: Akademie, 2005.

Erdkamp, Paul. *A Companion to the Roman Army*. Malden, MA: Wiley-Blackwell, 2007.

Erskine, Andrew, ed. *A Companion to the Hellenistic World*. Oxford: Wiley-Blackwell, 2003.

Finley, Moses. *The World of Odysseus*. New York: New York Review Books, 2002.

Fischer-Bovet, Christelle. *Army and Society in Ptolemaic Egypt*. Cambridge: Cambridge University Press, 2014.

Flaig, Egon. *Den Kaiser herausfordern: Die Usurpation im Römischen Reich*. Frankfurt am Main: Campus, 1992.

Flower, Harriet. *The Cambridge Companion to the Roman Republic*. Cambridge: Cambridge University Press, 2004.

Forsythe, Gary. *A Critical History of Early Rome: From Prehistory to the First Punic War*. Berkeley: University of California Press, 2005.

Frank, Karl Suso. *Geschichte des christlichen Mönchtums*. 6th ed. Darmstadt: Wissenschahliche Buchgesellschah, 2010.

Fuhrmann, Christopher J. *Policing the Roman Empire: Soldiers, Administration, and Public Order*. Oxford: Oxford University Press, 2012.

Funke, Peter. *Athen in Klassischer Zeit*. 3rd updated ed. Munich: C. H. Beck, 2007.

Gabba, Emilio. *Republican Rome, the Army, and the Allies*. Translated by P. J. Cuff. Berkeley: University of California Press, 1976.

Gagarin, Michael. *Writing Greek Law*. Cambridge: Cambridge University Press, 2008.

Galinsky, Karl, ed. *The Cambridge Companion to the Age of Augustus*. Cambridge: Cambridge University Press, 2005.

Gauthier, Philippe. *Les cités grecques et leurs bienfaiteurs (IVe–Ier siècle avant J.-C.): Contribution à l'histoire des institutions*. Athens: École Française d'Athènes, 1985.

Geary, Patrick J. *Die Merowinger: Europa vor Karl dem Großen*. 2nd ed. Munich: C. H. Beck, 2004.

Gehrke, Hans-Joachim. *Alexander der Große*. 6th updated ed. Munich: C. H. Beck, 2013.

———. *Geschichte des Hellenismus*. 4th ed. Munich: R. Oldenbourg, 2008.

———. *Jenseits von Athen und Sparta: Das Dritte Griechenland und seine Staatenwelt*. Munich: C. H. Beck, 1986.

———. *Stasis: Untersuchungen zu den inneren Kriegen in den griechischen Staaten des 5. und 4. Jahrhunderts*. Munich: C. H. Beck, 1985.

Gehrke, Hans-Joachim, and Helmuth Schneider, eds. *Geschichte der Antike: Ein Studienbuch*. Stuttgart: Metzler, 2013.

Gelzer, Matthias. *Cicero: Ein biographischer Versuch*. 2nd expanded ed., with an introduction on the history of research on Cicero and an additional bibliography by Werner Riess. Stuttgart: Franz Steiner, 2014.

Gildenhard, Ingo. *Creative Eloquence: The Construction of Reality in Cicero's Speeches*. Oxford: Oxford University Press, 2010.

Goldsworthy, Adrian. *Antony and Cleopatra*. New Haven, CT: Weidenfeld & Nicolson, 2010.

Gotter, Ulrich. *Der Diktator ist tot! Politik in Rom zwischen den Iden des März und der Begründung des Zweiten Triumvirats*. Stuttgart: Franz Steiner, 1996.

Grabbe, Lester L. *Ancient Israel: What Do We Know and How Do We Know It?* New York: T & T Clark International, 2007.

———. *A History of the Jews and Judaism in the Second Temple Period*. Vol. 2, *The Early Hellenistic*

Period (335–175 bce). London: T & T Clark International, 2008.

———, ed. *Israel in Transition: From Late Bronze II to Iron IIa (c. 1250–850 b.c.e.)*. London: T & T Clark International, 2008.

Gruen, Erich S. *Diaspora: Jews amidst Greeks and Romans*. Cambridge, MA: Harvard University Press, 2002.

———. *The Hellenistic World and the Coming of Rome*. 2 vols. Berkeley: University of California Press, 1984.

———. *Heritage and Hellenism: The Reinvention of Jewish Tradition*. Berkeley: University of California Press, 1998.

Haake, Matthias. *Der Philosoph in der Stadt: Untersuchungen zur öffentlichen Rede über Philosophen und Philosophie in den hellenistischen Poleis*. Munich: C. H. Beck, 2007.

Habicht, Christian. *Cicero the Politician*. Baltimore: Johns Hopkins University Press, 1990.

———. *Gottmenschentum und griechische Städte*. Munich: C. H. Beck, 1970.

Haensch, Rudolf. *Capita provinciarum: Statthaltersitze und Provizialverwaltung in der römischen Kaiserzeit*. Mainz: Philip von Zabern, 1997.

Hahn, Johannes. *Gewalt und religiöser Konflikt: Studien zu den Auseinandersetzungen zwischen Christen, Heiden und Juden im Osten des Römischen Reiches (von Konstantin bis Theodosius II.)*. Berlin: Akademie, 2004.

Halfmann, Helmut. *Marcus Antonius*. Darmstadt: Wissenschahliche Buchgesellschah, 2011.

Hansen, Mogens Herman. *Demography and Democracy: The Number of Athenian Citizens in the Fourth Century b.c*. Herning: Systime, 1986.

Hansen, Mogens Herman, and Thomas Heine Nielsen, eds. *An Inventory of Archaic and Classical Poleis*. Oxford: Oxford University Press, 2004.

Harris, William V. *War and Imperialism in Republican Rome: 327–70 b.c*. Oxford: Clarendon Press, 1979.

Haynes, Sybille. *Etruscan Civilization: A Cultural History*. Malibu, CA: J. Paul Getty Museum, 2005.

Hertel, Dieter. *Die Mauern von Troia: Mythos und Geschichte im antiken Ilion*. Munich: C. H. Beck, 2003.

Heuß, Alfred. *Römische Geschichte: Neuausgabe*. Paderborn: Ferdinand Schöningh, 2016.

———. *Stadt und Herrscher des Hellenismus in ihren staats- und völkerrechtlichen Beziehungen*. Leipzig: Dieterich, 1937.

Higgins, Reynold. *Minoan and Mycenaean Art*. London: Thames & Hudson, 1997.

Hölkeskamp, Karl-Joachim. *Die Entstehung der Nobilität: Studien zur sozialen und politischen Geschichte der Römischen Republik im 4. Jh. v. Chr*. Stuttgart: Franz Steiner, 1987.

———. *Reconstructing the Roman Republic: An Ancient Political Culture and Modern Research*. Princeton, NJ: Princeton University Press, 2010.

———. *Schiedsrichter, Gesetzgeber und Gesetzgebung im archaischen Griechenland*. Stuttgart: Franz Steiner, 1999.

Holland, Tom. *Rubicon: The Triumph and Tragedy of the Roman Republic*. London: Little, Brown, 2004.

Hornblower, Simon. *A Commentary on Thucydides*. 3 vols. Oxford: Clarendon Press, 1991–2008.

Hoyland, Robert G. *In God's Path: The Arab Conquests and the Creation of an Islamic Empire*. Oxford: Oxford University Press, 2014.

Hoyos, Dexter. *The Carthaginians*. New York: Routledge, 2010.

Hübner, Ulrich. *Die Ammoniter: Untersuchungen zur Geschichte, Kultur und Religion eines transjordanischen Volkes im 1. Jahrtausend v. Chr.* Wiesbaden: Harrassowitz, 1992.

Huss, Werner. *Ägypten in hellenistischer Zeit. 332–30 v. Chr.* Munich: C. H. Beck, 2001.

———. *Geschichte der Karthager*. Munich: C. H. Beck, 1985.

Itgenshorst, Tanja. *Tota illa pompa: Der Triumph in der römischen Republik*. Göttingen: Vandenhoeck & Ruprecht, 2005.

Jehne, Martin. *Caesar*. Munich: C. H. Beck, 5. Edition 2015.

———. *Koine Eirene: Untersuchungen zu den BePiedungs- und Stabilisierungsbemühungen in der griechische Poliswelt des 4. Jahrhunderts v. Chr.* Stuttgart: Franz Steiner, 1994.

Johne, Klaus-Peter, ed. *Die Zeit der Soldatenkaiser*. 2 vols. Berlin: Akademie, 2008.

Johnson, Scott F., ed. *The Oxford Handbook of Late Antiquity*. Oxford: Oxford University Press, 2012.

Jones, Arnold H. M. *The Later Roman Empire 284–602: A Social Economic and Administrative Survey*. 3 vols. Oxford: Blackwell, 1964.

Kagan, Donald, and Gregory F. Viggiano, eds. *Men of Bronze: Hoplite Warfare in Ancient Greece*. Princeton, NJ: Princeton University Press, 2013.

Kah, Daniel, and Peter Scholz, eds. *Das hellenistische Gymnasion*. Berlin: Akademie, 2004.

Kinzl, Konrad H., ed. *A Companion to the Classical Greek World*. Malden, MA: Blackwell, 2006.

———, ed. *Die Ältere Tyrannis bis zu den Perserkriegen: Beiträge zur Griechischen Tyrannis*. Darmstadt: Wissenschahliche Buchgesellschah, 1979.

Kolb, Frank. *Diocletian und die Erste Tetrarchie: Improvisation oder Experiment in der Organisation monarchischer Herrschaft?* Berlin: De Gruyter, 1987.

———. *Rom: Die Geschichte der Stadt in der Antike*. Munich: C. H. Beck, 2002.

Kosmin, Paul J. *The Land of the Elephant Kings: Space, Territory, and Ideology in the Seleucid Empire*. Cambridge, MA: Harvard University Press, 2014.

Kunze, Christian. *Zum Greifen nah: Stilphänomene in der hellenistischen Kultur und ihre inhaltliche Interpretation*. Munich: Biering & Brinkmann, 2002.

Lane Fox, Robin. *Alexander the Great*. London: Penguin Books, 1973.

Lauter, Hans. *Die Architektur des Hellenismus*. Darmstadt: Wissenschahliche Buchgesellschah, 1968.

Lehmann, Gustav Adolf. *Demosthenes von Athen: Ein Leben für die Freiheit*. Munich: C. H. Beck, 2004.

———. *Die mykenisch-frühgriechische Welt und der östliche Mittelmeerraum in der Zeit der Seevölker-Invasionen um 1200 v. Chr.* Opladen: Westdeutscher Verlag, 1985.

———. *Perikles: Staatsmann und Stratege im klassischen Athen*, Munich: C. H. Beck, 2008.

Lepelley, Claude, et al., eds. *Rome et l'intégration de l'empire*. Vol. 2, *Approches régionales du Haut-*

Empire romain 44 av. J.-C.—260 ap. J.-C. Paris: Presses Universitaires de France, 1998.

Leppin, Hartmut. *Die Kirchenväter und ihre Zeit*. Munich: C. H. Beck, 2000.

Levick, Barbara. *Augustus: Image and Substance*. London: Longman, 2010.

———. *Faustina I and II: Imperial Women of the Golden Age*. Oxford: Oxford University Press, 2014.

Lipiński, Edward. *The Aramaeans: Their Ancient History, Culture, Religion*. Leuven: Peeters, 2000.

Luraghi, Nino. *The Ancient Messenians: Constructions of Ethnicity and Memory*. Cambridge: Cambridge University Press, 2008.

———, ed. *The Historian's Craft in the Age of Herodotus*. Oxford: Oxford University Press, 2001.

———, ed. *The Splendors and Miseries of Ruling Alone: Encounters with Monarchy from Archaic Greece to the Hellenistic Mediterranean*. Stuttgart: Franz Steiner, 2013.

Ma, John. *Antiochos III and the Cities of Western Asia Minor*. Oxford: Oxford University Press, 2000. Revised and expanded French translation, Paris, 2004.

———. *Statues and Cities: Honorific Portraits and Civic Identity in the Hellenistic World*. Oxford: Oxford University Press, 2013.

Ma, John, Nikolaos Papazarkadas, and Robert Parker, eds. *Interpreting the Athenian Empire*. London: Duckworth, 2009.

Maas, Michael, ed. *The Cambridge Companion to the Age of Justinian*. Cambridge: Cambridge University Press, 2005.

MacDonald, Burton, and Randall W. Younker, eds. *Ancient Ammon*. Leiden: Brill, 1999.

Madelung, Wilferd. *The Succession to Muhammad: A Study of the Early Caliphate*. Cambridge: Cambridge University Press, 1997.

Malkin, Irad. *Religion and Colonization in Ancient Greece*. Leiden: Brill, 1987.

———. *The Returns of Odysseus: Colonization and Ethnicity*. Berkeley: University of California Press, 1998.

———. *A Small Greek World: Networks in the Ancient Mediterranean. Greeks Overseas*. Oxford: Oxford University Press, 2011.

Mann, Christian. *Die Demagogen und das Volk: Zur politischen Kommunikation im Athen des 5. Jahrhunderts v. Chr.* Berlin: Akademie, 2007.

Mann, Christian, and Peter Scholz, eds. *"Demokratie" im Hellenismus: Von der Herrschaft des Volkes zur Herrschaft von Honoratioren?* Berlin: Verlag Antike, 2012.

Markoe, Glenn. *Phoenicians*. Berkeley: University of California Press, 2000.

Markschies, Christoph. *Das antike Christentum: Frömmigkeit, Lebensformen, Institutionen*. Munich: C. H. Beck, 2006.

Martin, Jochen. *Spätantike und Völkerwanderung*. 4th ed. Munich: R. Oldenbourg, 2001.

Matthäus, Hartmut, Norbert Oettinger, and Stephan Schröder, eds. *Der Orient und die Anfänge Europas: Kulturelle Beziehungen von der Späten Bronzezeit bis zur Frühen Eisenzeit*. Wiesbaden: Harrassowitz, 2011.

Matyszak, Philip. *The Sons of Caesar: Imperial Rome's First Dynasty*. London: Thames & Hudson, 2006.

McGrath, Alister. *Historical Theology: An Introduction to the History of Christian Thought*. Oxford: Wiley-Blackwell, 1998.

McLaughlin, Raoul. *Rome and the Distant East: Trade Routes to the Ancient Lands of Arabia*, India and China. London: Continuum, 2010.

Meier, Christian. *Athen: Ein Neubeginn der Weltgeschichte*. Munich: Pantheon, 1995.

———. *Caesar: A Biography*. Translated by David McLintock. New York: Basic Books, 1996.

———. *The Political Art of Greek Tragedy*. Baltimore: Johns Hopkins University Press, 1993.

———. *Res publica amissa: Eine Studie zu Verfassung und Geschichte der späten römischen Republik*. 4rd ed. Stuttgart: Franz Steiner, 2017.

Meier, Mischa. *Das andere Zeitalter Justinians: Kontingenzerfahrung und Kontingenzbewältigung im 6. Jahrhundert n. Chr*. Göttingen: Vandenhoeck & Ruprecht, 2003.

Meiggs, Russel. *The Athenian Empire*. Oxford: Clarendon Press, 1972.

Mertens, Dieter. *Städte und Bauten der Westgriechen: Von der Kolonisationszeit bis zur Krise um 400 vor Christus*. Munich: Hirmer, 2006.

Millar, Fergus. *The Crowd in Rome in the Late Republic*. Ann Arbor: University of Michigan Press, 1998.

———. *The Emperor in the Roman World (31 b.c.–a.d. 337)*. London: Duckworth, 1977.

Morstein-Marx, Robert. *Mass Oratory and Political Power in the Late Roman Republic*. Cambridge: Cambridge University Press, 2004.

Moyer, Ian S. *Egypt and the Limits of Hellenism*. Cambridge: Cambridge University Press, 2011.

Murray, Oswyn, ed. *Sympotica: A Symposium on the Symposion*. Oxford: Clarendon Press, 1990.

Nafissi, Massimo. *La nascita del kósmos: Studi sulla storia e la società di Sparta*. Naples: Edizioni Scientifichi Italiane, 1991.

Niehr, Herbert, and Angelika Berlejung, eds. *The Arameans in Ancient Syria*. Leiden: Brill, 2014.

Nissen, Hans-Jörg, and Johannes Renger, eds. *Mesopotamien und seine Nachbarn: Politische und kulturelle Wechselbeziehungen im Alten Orient vom 4. bis 1. Jahrtausend v. Chr*. Berlin: Dietrich Reimer, 1982.

Olbrycht, Marek. *Parthia et ulteriores gentes: Die politischen Beziehungen zwischen dem arsakidischen Iran und den Nomaden der eurasischen Steppe*. Munich: Tuduv-Verlagsgesellschah, 1998.

Parry, Ken. *The Blackwell Companion to Eastern Christianity*. Oxford: Blackwell, 2009.

Pfeiffer, Stefan. *Die Zeit der Flavier: Vespasian-Titus-Domitian*. Darmstadt: Wissenschahliche Buchgesellschah, 2009.

Pfeilschiher, Rene. *Die Spätantike: Der eine Gott und die vielen Herrscher*. Munich: C. H. Beck, 2014.

Pitts, Martin, and Miguel John Versluys, eds. *Globalisation and the Roman World: World History, Connectivity and Material Culture*. Cambridge: Cambridge University Press, 2014.

Pohl, Walter, ed. *Kingdoms of the Empire: The Integration of Barbarians in Late Antiquity*. Leiden: Brill, 1997.

Potter, David S., ed. *A Companion to the Roman Empire*. Oxford: Blackwell, 2009.

Provan, Iain William, V. Philips Long, and Tremper Longman III, eds. *A Biblical History of Israel.* Lousville, KY: Westminster John Knox Press, 2003.

Quaß, Friedemann. *Die Honoratiorenschicht in den Städten des griechischen Ostens: Untersuchungen zur politischen und sozialen Entwicklung in hellenistischer und römischer Zeit.* Stuttgart: Franz Steiner, 1993.

Raaflaub, Kurt. *Dignitatis contentio: Studien zur Motivation und politischen Taktik im Bürgerkrieg zwischen Caesar und Pompeius.* Munich: C. H. Beck, 1974.

———. *The Discovery of Freedom in Ancient Greece.* Chicago: University of Chicago Press, 2004.

———, ed. *Social Struggles in Archaic Rome: New Perspectives on the Conflict of the Orders.* Oxford: Wiley-Blackwell, 2005.

Raaflaub, Kurt A., and Hans van Wees, eds. *A Companion to Archaic Greece.* Oxford: Wiley-Blackwell, 2009.

Rees, Roger. *Diocletian and the Tetrarchy.* Edinburgh: Edinburgh University Press, 2004.

Roisman, Joseph, and Ian Worthington, eds. *A Companion to Ancient Macedonia.* Oxford: Wiley-Blackwell, 2010.

Roller, Duane W. *Cleopatra: A Biography.* Oxford: Oxford University Press, 2010.

Rousseau, Philip, ed. *A Companion to Late Antiquity.* Oxford: Wiley-Blackwell, 2009.

Routledge, Bruce. *Moab in the Iron Age: Hegemony, Polity, Archaeology.* Philadelphia: University of Pennsylvania Press, 2004.

Rüpke, Jörg, ed. *A Companion to Roman Religion.* Oxford: Wiley-Blackwell, 2007.

Salmon, Edward T. *The Making of Roman Italy.* Ithaca, NY: Cornell University Press, 1982.

Santangelo, Federico. *Sulla, the Elites and the Empire: A Study of Roman Policies in Italy and the Greek East.* Leiden: Brill, 2007.

Schipp, Oliver. *Die Adoptivkaiser: Nerva, Trajan, Hadrian, Antonius Pius, Marc Aurel, Lucius Verus und Commodus.* Darmstadt: Wissenschahliche Buchgesellschah, 2011.

Schmitz, Winfried. *Nachbarschaft und Dorfgemeinschaft im archaischen und klassischen Griechenland.* Berlin: Akademie, 2004.

Schuller, Wolfgang. *Die Herrschaft der Athener im Ersten Attischen Seebund.* Berlin: De Gruyter, 1974.

Schwartz, Seth. *Imperialism and Jewish Society 200 b.c.e. to 640 c.e.* Princeton, NJ: Princeton University Press, 2001.

Seelentag, Gunnar. *Taten und Tugenden Traians: Herrschaftsdarstellung im Principat.* Stuttgart: Franz Steiner, 2004.

Shelmerdine, Cynthia, ed. *The Cambridge Companion to the Aegean Bronze Age.* Cambridge: Cambridge University Press, 2008.

Sherwin-White, Susan, and Amelie Kuhrt. *From Samarkhand to Sardis: A New Approach to the Seleucid Empire.* Berkeley: University of California, 1993.

Sommer, Michael. *Die Phönizier: Geschichte und Kultur.* Munich: C. H. Beck, 2008.

———. *Römische Geschichte.* 2 vols. Stuttgart: Kröner, vol. 2: 2009, 2. Edition 2014; vol. 1: 2013.

———. *Roms orientalische Steppengrenze. Palmyra—Edessa—Dura—Europos—Hatra. Eine Kulturgeschichte von Pompeius bis Diocletian*. 2nd ed. (completely revised). Stuttgart: Franz Steiner, 2005.

Stark, Isolde. *Die hämische Muse: Spott als soziale und mentale Kontrolle in der griechischen Komödie*. Munich: C. H. Beck, 2004.

Steinacher, Roland. *Die Vandalen: Aufstieg und Fall eines Barbarenreichs*. Stuttgart: Klett-Cotta, 2016.

Stein-Hölkeskamp, Elke. *Adelskultur und Polisgesellschaft*. Stuttgart: Franz Steiner, 1989.

———. *Das archaische Griechenland: Die Stadt und das Meer. Munich: C. H. Beck, 2015.*

Stein-Hölkeskamp, Elke, and Karl-Joachim Hölkeskamp, eds. *Die Griechische Welt: Erinnerungsorte der Antike*. Munich: C. H. Beck, 2010.

———, eds. *Erinnerungsorte der Antike: Die römische Welt*. Munich: C. H. Beck, 2006.

Stevenson, Tom. *Julius Caesar and the Transformation of the Roman Republic*. London: Routledge, 2015.

Strootmann, Rolf. *Courts and Elites in the Hellenistic Empires: The Near East after the Achaemenids, c. 330 to 30 bce*. Edinburgh: Edinburgh University Press, 2014.

Syme, Ronald. *The Roman Revolution*. Oxford: Oxford University Press, 1939.

Talbert, Richard A. *The Senate of Imperial Rome*. Princeton, NJ: Princeton University Press, 1984.

Thomas, Rosalind. *Herodotus in Context: Ethnography, Science and the Art of Persuasion*. Cambridge: Cambridge University Press, 2000.

Torelli, Mario. *The Etruscans*. London: Thames & Hudson, 2001.

Trampedach, Kai. *Politische Mantik: Die Kommunikation über Götterzeichen und Orakel im klassischen Griechenland*. Heidelberg: Antike, 2014.

Tritle, Lawrence A. *A New History of the Peloponnesian War*. Malden, MA: Wiley-Blackwell, 2010.

Ulf, Christoph, ed. *Der neue Streit um Troia: Eine Bilanz*. Munich: C. H. Beck, 2003.

van Wees, Hans. *Greek Warfare: Myths and Realities*. London: Duckworth, 2004.

———. *Status Warriors: War, Violence and Society in Homer and History*. Amsterdam: Gieben, 1992.

Ventris, Michael, and John Chadwick. "Evidence for Greek Dialect in the Mycenaean Archives." *Journal of Hellenic Studies* 73 (1953): 84~103.

Veyne, Paul. *Le pain et le cirque: Sociologie historique d'un pluralisme politique*. Paris: Éditions du Soleil, 1976.

Von Fritz, Kurt. *Die griechische Geschichtsschreibung*. Vol. 1 (in 2 parts). Berlin: De Gruyter, 1967.

Von Reden, Sitta. *Money in Ptolemaic Egypt: From the Macedonian Conquest to the End of the Third Century bc*. Cambridge: Cambridge University Press, 2007.

Weber, Gregor. *Dichtung und höfische Gesellschaft: Die Rezeption von Zeitgeschichte am Hof der ersten drei Ptolemäer*. Stuttgart: Franz Steiner, 1993.

———, ed. *Kulturgeschichte des Hellenismus: Von Alexander bis Kleopatra*. Stuttgart: Klett-Cotta, 2007.

Wecowski, Marek. *The Rise of the Greek Aristocratic Banquet*. Oxford: Oxford University Press, 2014.

Welwei, Karl-Wilhelm. *Athen: Von den Anfängen bis zum Beginn des Hellenismus*. Darmstadt: Wissenschahliche Buchgesellschah, 2011.

———. *Sparta: Aufstieg und Niedergang einer antiken Großmacht*. Stuttgart: Klett-Cotta, 2004.

Wienand, Johannes. *Der Kaiser als Sieger: Metamorphosen triumphaler Herrschaft unter Constantin I*. Berlin: Akademie, 2012.

Wiesehöfer, Josef. *Ancient Persia*. London and New York: I. B. Tauris, 1996.

———. *Das Partherreich und seine Zeugnisse—the Arsacid Empire: Sources and Documentation*. Stuttgart: Franz Steiner, 1998.

Winterling, Aloys. *Caligula: A Biography*. Translated by Deborah Lucas Schneider, Glenn W. Most, and Paul Psoinos. Berkeley: University of California Press, 2011.

———. *Politics and Society in Imperial Rome*. Oxford: Wiley-Blackwell, 2009.

Witschel, Christian. *Krise—Rezession—Stagnation? Der Westen des römischen Reiches im 3. Jahrhundert n. Chr*. Frankfurt am Main: Clauss, 1999.

Wolfram, Herwig. *Die Goten. Von den Anfängen bis zur Mitte des sechsten Jahrhunderts. Entwurf einer historischen Ethnographie*. 5th ed. Munich: C. H. Beck, 2009.

Yavetz, Zvi. *Judenfeindschaft in der Antike*. Munich: C. H. Beck, 1997.

Zimmermann, Bernhard, ed. *Handbuch der griechischen Literatur der Antike*. Bd. 1, *Die Literatur der archaischen und klassischen Zeit*. Munich: C. H. Beck, 2011.

Zimmermann, Bernhard, and Antonios Rengakos, eds. *Handbuch der griechischen Literatur der Antike*. Bd. 2, *Die Literatur der klassischen und hellenistischen Zeit*. Munich: C. H. Beck, 2014.

4부 고대 중국

Akahori, Akira. "Drug Taking and Immortality." In *Taoist Meditation and Longevity Techniques*, edited by Livia Kohn, 73~98. Ann Arbor: University of Michigan, Center for Chinese Studies, 1989.

Allan, Sarah. "Erlitou and the Formation of Chinese Civilization: Toward a New Paradigm." *Journal of Asian Studies* 66, no. 2 (May 2007): 461~496.

Barbieri-Low, Anthony J. *Artisans in Early Imperial China*. Seattle: University of Washington Press, 2007.

Barbieri-Low, Anthony J., and Robin D. S. Yates. *Law, State and Society in Early Imperial China: A Study with Critical Edition and Translation of the Legal Texts from Zhangjiashan Tomb No. 247*. 2 vols. Leiden: Brill, 2015.

Barfield, Thomas F. *Perilous Frontier: Nomadic Empires and China*. Oxford: Basil Blackwell, 1989.

Berkowitz, Alan J. *Patterns of Disengagement: The Practice and Portrayal of Reclusion in Early Medieval China*. Stanford, CA: Stanford University Press, 2000.

Bilsky, Lester. *The State Religion of Ancient China*. Taipei: Chinese Association for Folklore, 1975.

Bodde, Derk. "The State and Empire of Ch'in." In *The Cambridge History of China*. Vol. 1, *The Ch'in and Han Empires*, edited by Denis Twitchett and Michael Loewe, 20~102. Cambridge: Cambridge University Press, 1986.

Bokenkamp, Stephen R. *Ancestors and Anxiety: Daoism and the Birth of Rebirth in China*. Berkeley: University of California Press, 2007.

Brashier, K. E. *Public Memory in Early China*. Cambridge, MA: Harvard University, 2014.

Bray, Francesca. *Science and Civilisation in China*. Vol. 6, *Biology and Biological Technology, Part II: Agriculture*. Cambridge: Cambridge University Press, 1984.

Brown, Miranda. *The Politics of Mourning in Early China*. Albany: State University of New York, 2007.

Buchanan, Keith. *The Transformation of the Chinese Earth*. London: G. Bell & Sons, 1970.

Bush, Susan, and Hsio-yen Shih, eds. *Early Chinese Texts on Painting*. Cambridge, MA: Harvard University Press, 1985.

Cahill, Suzanne. *Transcendence and Divine Passion: The Queen Mother of the West in Medieval China*. Stanford, CA: Stanford University Press, 1993.

Campany, Robert Ford. *Making Transcendents: Ascetics and Social Memory in Early Medieval China*. Honolulu: University of Hawai'i Press, 2009.

———. *To Live as Long as Heaven and Earth: A Translation and Study of Ge Hong's Traditions of Divine Transcendents*. Berkeley: University of California Press, 2002.

Caswell, James O. *Written and Unwritten: A New History of the Buddhist Caves at Yungang*. Vancouver: University of British Columbia Press, 1988.

Chang, Kang-i Sun. *Six Dynasties Poetry*. Princeton, NJ: Princeton University Press, 1986.

Chang, K. C. *The Archaeology of China*. 4th ed. Revised and enlarged. New Haven, CT: Yale University Press, 1987.

———. *Art, Myth, and Ritual: The Path to Political Authority in Ancient China*. Cambridge, MA: Harvard University Press, 1983.

———. *Early Chinese Civilization: Anthropological Perspectives*. Cambridge, MA: Harvard University Press, 1976.

———. *Shang Civilization*. New Haven, CT: Yale University Press, 1980.

Chen, Chi-yun. "A Confucian Magnate's Idea of Political Violence: Hsün Shuang's (a.d. 128–190) Interpretation of the *Book of Changes*." *T'oung-pao* 54, nos. 1–3 (1968): 73~115.

———. *Hsün Yüeh: The Life and Reflections of an Early Medieval Confucian*. Cambridge: Cambridge University Press, 1975.

Chen Han-seng. *Landlord and Peasant in China*. New York: International Publishers, 1936.

Ch'en, Kenneth. *Buddhism in China: A Historical Survey*. Princeton, NJ: Princeton University Press, 1964.

Chi Ch'ao-ting. *Key Economic Areas in Chinese History as Revealed in the Development of Public Works for Water-Control*. London: George Allen & Unwin, 1936.

Chin, Tamara T. *Savage Exchange: Han Imperialism, Chinese Literary Style, and the Economic Imagination*. Cambridge, MA: Harvard University Press, 2014.

Chittick, Andrew. *Patronage and Community in Medieval China: The Xiangyang Garrison, 400–600 ce*. Albany: State University of New York Press, 2009.

Ch'ü, T'ung-tsu. *Han Social Structure*. Seattle: University of Washington Press, 1972.

Cook, Constance A., and Paul R. Goldin. *A Source Book of Ancient Chinese Bronze Inscriptions*. Berkeley: Early China Special Monograph, Society for the Study of Early China, University of California Press, 2016.

Crowell, William G. "Government Land Policies and Systems in Early Imperial China." PhD diss., University of Washington, 1979.

Cutter, Robert Joe. "To the Manner Born? Nature and Nurture in Early Medieval Chinese Literary Thought." In *Culture and Power in the Reconstitution of the Chinese Realm, 200–600*, edited by Scott Pearce, Audrey Spiro, and Patricia Ebrey, 53~71. Cambridge, MA: Harvard University Press, 2001.

Declercq, Dominik. *Writing against the State: Political Rhetorics in Third and Fourth Century China*. Leiden: Brill, 1998.

De Crespigny, Rafe. *Fire over Luoyang: A History of the Later Han Dynasty*. Leiden: Brill, 2016.

———. *Generals of the South: The Foundation and Early History of the Three Kingdoms State of Wu*. Canberra: Australian National University Press, 1990.

———. *Imperial Warlord: A Biography of Cao Cao, 155–220 a.d.* Leiden: Brill, 2010.

———. *Northern Frontier: The Policies and Strategy of the Later Han Empire*. Canberra: Australia National University Press, 1984.

De la Vaissière, Étienne. *Sogdian Traders: A History*. Translated by James Ward. Leiden: Brill, 2005.

———. *Les Sogdiens en Chine*. Paris: École Française d'Extrême Orient, 2005.

Despeux, Catherine. "Gymnastics: The Ancient Tradition." In *Taoist Meditation and Longevity Techniques*, edited by Livia Kohn, 225~261. Ann Arbor: University of Michigan, Center for Chinese Studies, 1989.

Di Cosmo, Nicola. *Ancient China and Its Enemies: The Rise of Nomadic Power in East Asian History*. Cambridge: Cambridge University Press, 2002.

———. "The Northern Frontier in Pre-Imperial China." In *The Cambridge History of Ancient China: From the Origins of Civilization to 221 b.c.*, edited by Michael Loewe and Edward L. Shaughnessy, 885~966. Cambridge: Cambridge University Press, 1999.

Dien, Albert E. "Elite Lineages and the T'o-pa Accommodation: A Study of the Edict of 495." Journal of the Economic and Social History of the Orient 19, no. 1 (1976): 61~88.

Eastman, Loyd E. *Family, Field, and Ancestors: Constancy and Change in China's Social and Economic History*. Oxford: Oxford University Press, 1987.

Eberhard, Wolfram. *A History of China*. Revised, enlarged ed. Berkeley: University of California Press, 1971.

Ebrey, Patricia. *The Aristocratic Families of Early Imperial China: A Case Study of the Po-ling Ts'ui Family*. New York: Cambridge University Press, 1978.

———. "The Economic and Social History of Later Han." In *The Cambridge History of China*. Vol. 1, *The Ch'in and Han Empires*, edited by Denis Twitchett and Michael Loewe, 608~648.

Cambridge: Cambridge University Press, 1986.

Frodsham, J. D. *The Murmuring Stream: The Life and Works of the Chinese Nature Poet Hsieh Ling-yün (385–433), Duke of K'ang-lo*. 2 vols. Kuala Lumpur: University of Malaya Press, 1967.

Gernet, Jacques. *Buddhism in Chinese Society: An Economic History from the Fifth to the Tenth Centuries*. Translated by Franciscus Verellen. New York: Columbia University Press, 1995.

Goodman, Howard L. *Ts'ao P'i Transcendent: The Political Culture of Dynasty-Founding in China at the End of the Han*. Seattle: Scripta Serica, 1998.

Graff, David. *Medieval Chinese Warfare*. London: Routledge, 2002.

Grafflin, Dennis. "Reinventing China: Pseudobureaucracy in the Early Southern Dynasties." In *State and Society in Early Medieval China*, edited by Albert E. Dien, 139~170. Stanford, CA: Stanford University Press, 1990.

Graham, A. C. *Disputers of the* Tao. LaSalle, IL: Open Court, 1989.

Harper, Donald. *Early Chinese Medical Literature: The Mawangdui Medical Manuscripts*. London: Kegan Paul, 1998.

———. "Warring States Natural Philosophy and Occult Thought." In *The Cambridge History of Ancient China*, edited by Michael Loewe and Edward Shaughnessy, 813~884. Cambridge: Cambridge University Press, 1999.

Hendrischke, Barbara. "Early Daoist Movements." In *Daoism Handbook*, edited by Livia Kohn, 134~164. Leiden: Brill, 2000.

———. *The Scripture on Great Peace: The Taiping Jing and the Beginnings of Daoism*. Berkeley: University of California Press, 2006.

Ho Ping-ti. "The Loess and the Origin of Chinese Agriculture." *American Historical Review* 75, no. 1 (October 1969): 1~36.

Holcombe, Charles. *The Genesis of East Asia, 221 b.c.–a.d. 907*. Honolulu: University of Hawai'i Press, 2001.

———. *In the Shadow of the Han: Literati Thought and Society at the Beginning of the Southern Dynasties*. Honolulu: University of Hawai'i Press, 1994.

Holzman, Donald. "Les débuts du système medieval de choix et de classement des fonctionnaires: Les neuf catégories et l'Impartial et Juste." In *Mélanges Publiés par l'Institut des Hautes Études Chinoises*, 387~414. Vol. 1. Paris: University of Paris, 1957.

Honey, David B. "Sinification and Legitimation: Liu Yüan, Shi Le, and the Founding of Han and Chao." PhD diss., University of California at Berkeley, 1988.

Hsu Cho-yun. *Ancient China in Transition*. Stanford, CA: Stanford University Press, 1965.

———. *Han Agriculture: The Formation of Early Chinese Agrarian Economy*. Seattle: University of Washington Press, 1980.

Hsu, Cho-yun, and Katheryn Linduff. *Western Chou Civilization*. New Haven, CT: Yale University Press, 1988.

Hulsewé, A. F. P. "Ch'in and Han Law." In *The Cambridge History of China*. Vol. 1, *The Ch'in and*

Han Empires, edited by Denis Twitchett and Michael Loewe, 520~544. Cambridge: Cambridge University Press, 1986.

———. *Remnants of Ch'in Law: An Annotated Translation of the Ch'in Legal and Administrative Rules of the 3rd Century b.c.* Leiden: Brill, 1985.

———. *Remnants of Han Law.* Vol. 1. Leiden: Brill, 1955.

Janousch, Andreas. "The Emperor as Bodhisattva: The Bodhisattva Ordination and Ritual Assemblies of Emperor Wu of the Liang Dynasty." In *State and Court Ritual in China*, edited by Joseph P. McDermott, 112~149. Cambridge: Cambridge University Press, 1999.

Jenner, W. F. *Memories of Loyang: Yang Hsüan-chih and the Lost Capital.* Oxford: Clarendon Press, 1981.

Johnson, David G. *The Medieval Chinese Oligarchy.* Boulder, CO: Westview, 1977.

Kaltenmark, Max. "Ideology of the T'ai-p'ing ching." In *Facets of Taoism*, edited by Holmes Welch and Anna Seidel, 19~52. New Haven, CT: Yale University Press, 1979.

Kawakatsu Yoshio. "La Décadence de l'aristocratie chinoise sous les Dynasties du Sud." *Acta Asiatica* 21 (1971): 13~38.

Keightley, David N. "Akatsuka Kiyoshi and the Culture of Early China: A Study in Historical Method." *Harvard Journal of Asiatic Studies* 42, no. 1 (1982): 267~320.

———. *The Ancestral Landscape: Time, Space, and Community in Late Shang China.* Berkeley: Institute of East Asian Studies, University of California Press, 2000.

———. "The Late Shang State: When, Where, and What?" In *The Origins of Chinese Civilization*, edited by David Keightley, 523~564. Berkeley: University of California Press, 1983.

———. "The Shang: China's First Historical Dynasty." In *The Cambridge History of Ancient China*, edited by Michael Loewe and Edward Shaughnessy, 232~291. Cambridge: Cambridge University Press, 1999.

———. *Sources of Shang History: The Oracle-Bone Inscriptions of Bronze Age China.* Berkeley: University of California Press, 1978.

Kern, Martin. *The Stele Inscriptions of Ch'in Shi-huang: Text and Ritual in Early Chinese Imperial Representation.* New Haven, CT: American Oriental Society, 2000.

Kleeman, Terry F. *Celestial Masters: History and Ritual in Early Taoist Communities.* Cambridge, MA: Harvard University Press, 2016.

———. *Great Perfection: Religion and Ethnicity in a Chinese Millennial Kingdom.* Honolulu: University of Hawai'i Press, 1998.

———. "Licentious Cults and Bloody Victuals: Sacrifice, Reciprocity, and Violence in Traditional China." *Asia Major*, 3rd ser., 7, no. 1 (1994): 185~211.

Klein, Kenneth Douglas. "The Contributions of the Fourth Century Xianbei States to the Reunification of the Chinese Empire." PhD diss., University of California at Los Angeles, 1980.

Kohn, Livia. *Cosmos and Community: The Ethical Dimension of Daoism.* Cambridge, MA: Three Pines Press, 2004.

———. *God of the Dao: Lord Lao in History and Myth*. Ann Arbor: Center for Chinese Studies, University of Michigan, 1998.

———. *Laughing at the Tao: Debates among Buddhists and Taoists in Medieval China*. Princeton, NJ: Princeton University Press, 1995.

Kramers, Robert P. "The Development of the Confucian Schools." In *The Cambridge History of China*. Vol. 1, *The Ch'in and Han Empires*, edited by Denis Twitchett and Michael Loewe, 747~765. Cambridge: Cambridge University Press, 1986.

Kwong, Charles Yim-tze. *Tao Qian and the Chinese Poetic Tradition: The Quest for Cultural Identity*. Ann Arbor: Center for Chinese Studies, University of Michigan, 1994.

Lai, Guolong. *Excavating the Afterlife: The Archaeology of Early Chinese Religion*. Seattle: University of Washington Press, 2015.

Lai, Whalen. "Society and the Sacred in the Secular City: Temple Legends of the *Lo-yang Ch'ieh-lan-chi*." In *State and Society in Early Medieval China*, edited by Albert E. Dien, 229~267. Stanford, CA: Stanford University Press, 1990.

Lewis, Mark Edward. *China between Empires: The Northern and Southern Dynasties*. Cambridge, MA: Harvard University Press, 2009.

———. "The City-State in Spring-and-Autumn China." In *A Comparative Study of Thirty City-State Cultures*, edited by Mogens H. Hansen, 350~374. Copenhagen: Royal Danish Academy of Sciences and Letters, 2000.

———. *The Construction of Space in Early China*. Albany: State University of New York Press, 2006.

———. *The Early Chinese Empires: Qin and Han*. Cambridge, MA: Belknap Press of Harvard University Press, 2007.

———. "Early Imperial China, from the Qin and Han through the Tang." In *Fiscal Regimes and the Political Economy of Premodern States*, edited by Andrew Monson and Walter Scheidel, 282~307. Cambridge: Cambridge University Press, 2015.

———. "Gift Circulation and Charity in the Han and Roman Empires." In *Rome and China: Comparative Perspectives on Ancient World Empires*, edited by Walter Scheidel, 121~136. Oxford: Oxford University Press, 2009.

———. "The Han Abolition of Universal Military Service." In *Warfare in Chinese History*, edited by Hans van de Ven, 33~75. Leiden: Brill, 2000.

———. "Public Spaces of Cities in the Roman and Han Empires." In *State Power in Ancient China and Rome*, edited by Walter Scheidel, 204~229. Oxford: Oxford University Press, 2015.

———. *Sanctioned Violence in Early China*. Albany: State University of New York Press, 1990.

———. "Warring States Political History." In *The Cambridge History of Ancient China*, edited by Michael Loewe and Edward Shaughnessy, 587~650. Cambridge: Cambridge University Press, 1999.

———. *Writing and Authority in Early China*. Albany: State University of New York Press, 1999.

Li, Feng. *Bureaucracy and the State in Early China: Governing the Western Zhou (1045–771 b.c.)*.

Cambridge: Cambridge University Press, 2008.
———. *Early China: A Social and Cultural History*. Cambridge: Cambridge University Press, 2013.
———. *Landscape and Power in Early China: The Crisis and Fall of the Western Zhou*. Cambridge: Cambridge University Press, 2006.
Li, Feng, and David Prager Brenner. *Writing and Literacy in Early China*. Seattle: University of Washington Press, 2013.
Li Qiancheng. *Fictions of Enlightenment: Journey to the West, Tower of Myriad Mirrors, and Dream of the Red Chamber*. Honolulu: University of Hawai'i Press, 2004.
Liu, Cary Y., ed. *Rethinking Recarving: Ideas, Practices, and Problems of the "Wu Family Shrines" and Han China*. Princeton, NJ: Princeton University Press, 2008.
Liu, Li, and Xingcan Chen. *State Formation in Early China*. London: Duckworth, 2003.
Liu, Shufen. "Jiankang and the Commercial Empire of the Southern Dynasties." In *Culture and Power in the Reconstitution of the Chinese Realm, 200–600*, edited by Scott Pearce, Audrey Spiro, and Patricia Ebrey, 35~52. Cambridge, MA: Harvard University Press, 2001.
Liu Xinru. *Ancient India and Ancient China: Trade and Religious Exchanges, ad 1–600*. Delhi: Oxford University Press, 1988.
Loewe, Michael. *A Biographical Dictionary of the Qin, Former Han, and Xin Periods (221 bc–ad 24)*. Leiden: Brill, 2000.
———. "The Former Han Dynasty." In *The Cambridge History of China*. Vol. 1, *The Ch'in and Han Empires*, edited by Denis Twitchett and Michael Loewe, 103~222. Cambridge: Cambridge University Press, 1986.
———. *The Men Who Governed Han China: Companion to a Biographical Dictionary of the Qin, Former Han, and Qin Periods*. Leiden: Brill, 2004.
———. *Ways to Paradise: The Chinese Quest for Immortality*. London: George Allen & Unwin, 1979.
Major, John S., and Constance Cook, eds. *Ancient China*. London: Routledge, 2016.
Mather, Richard B. "K'ou Ch'ien-chih and the Taoist Theocracy at the Northern Wei Court, 425~451." In *Facets of Taoism*, edited by Holmes Welch and Anna Seidel, 103~122. New Haven, CT: Yale University Press, 1979.
———. "The Landscape Buddhism of the Fihh-Century Poet Hsieh Ling-yun." *Journal of Asian Studies* 18 (1958–1959): 67~79.
McKnight, Brian. *The Quality of Mercy: Amnesties and Traditional Chinese Justice*. Honolulu: University of Hawai'i Press, 1981.
Miller, James. *Taoism: A Short Introduction*. Oxford: One World, 2003.
Mutschler, Fritz-Heinre, and Achim Mittag, eds. *Conceiving the Empire: China and Rome Compared*. Oxford: Oxford University Press, 2008.
Nishijima Sadao. "The Economic and Social History of Former Han." In *The Cambridge History of China*. Vol. 1, *The Ch'in and Han Empires*, edited by Denis Twitchett and Michael Loewe, 545~607. Cambridge: Cambridge University Press, 1986.

Nylan, Michael, and Michael Loewe, eds. *China's Early Empires: A Reappraisal*. Cambridge: Cambridge University Press, 2010.

Nylan, Michael, and Griet Vankeerbergen. *Chang'an 26 bce*. Seattle: University of Washington, 2015.

Owen, Stephen. *Mi-lou: Poetry and the Labyrinth of Desire*. Cambridge, MA: Harvard University Press, 1989.

Pankenier, David W. *Astrology and Cosmology in Early China: Conforming Earth to Heaven*. New York: Cambridge University Press, 2013.

Pearce, Scott. "Who, and What, Was Hou Jing?" *Early Medieval China* 6 (2000): 1~31. Perkins, Dwight H. *Agricultural Development in China*. Chicago: Aldine, 1969.

Pregadio, Fabrizio. "Elixirs and Alchemy." In *Daoism Handbook*, edited by Livia Kohn, 165~195. Leiden: Brill, 2000.

———. *Great Clarity: Daoism and Alchemy in Early Medieval China*. Stanford, CA: Stanford University Press, 2006.

Qian Nanxiu. *Spirit and Self in Medieval China: The Shih-shuo Hsin-yü and Its Legacy*. Honolulu: University of Hawai'i Press, 2001.

Raschke, Manfred G. "New Studies in Roman Commerce with the East." In *Aufstieg und Niedergang der Römischen Welt: Geschichte und Kultur Roms im Spiegel der Neuren Forschung*, part II, vol. y, edited by Hildegard Temporini and Wolfgang Haase, 604~1361. Berlin: De Gruyter, 1978.

Readings in Chinese Literary Thought. Edited and translated by Stephen Owen. Cambridge, MA: Harvard University Press, 1992.

Rhie, Marilyn. *Early Buddhist Art of China and Central Asia*. 2 vols. Leiden: Brill, 1999–2002.

Robinet, Isabelle. *Taoism: Growth of a Religion*. Translated by Phyllis Brooks. Stanford, CA: Stanford University Press, 1997.

Rong Xinjiang. "The Migrations and Settlements of the Sogdians in the Northern Dynasties, Sui and Tang." *China Archaeology and Art Digest* 4, no. 1 (December 2000): 117~163.

Sage, Steven F. *Ancient Sichuan and the Unification of China*. Albany: State University of New York Press, 1992.

Scheidel, Walter, ed. *Rome and China: Comparative Perspectives on Ancient World Empires*. Oxford: Oxford University Press, 2009.

Schreiber, Gerhard. "The History of the Former Yen Dynasty." *Monumenta Serica* 15 (1956): 1~141.

Schwartz, Benjamin. *The World of Thought in Ancient China*. Cambridge, MA: Harvard University Press, 1985.

Seidel, Anna K. *La Divinisation de Lao-tsu dans le Taoisme des Han*. Rep. ed. Paris: École Française d' Extrême-Orient, 1992.

Shaughnessy, Edward L. *Sources of Western Zhou History: Inscribed Bronze Vessels*. Berkeley: University of California Press, 1991.

———. "Western Zhou History." In *The Cambridge History of Ancient China*, edited by Michael Loewe and Edward Shaughnessy, 292~351. Cambridge: Cambridge University Press, 1999.

Shelach, Gideon, and Yuri Pines, eds. *Birth of an Empire: The State of Qin Revisited*. Berkeley: University of California Press, 2014.

Skinner, G. William. "Cities and the Hierarchy of Local Systems." In *The City in Late Imperial China*, edited by G. William Skinner, 275~351. Stanford, CA: Stanford University Press, 1977.

———. "Marketing and Social Structures in Rural China," 3 parts. *Journal of Asian Studies* 24, no. 1 (1963): 3~44; 24, no. 2 (1964):195~228; 24, no. 3 (1965): 363~399.

———. "Regional Urbanization in Nineteenth-Century China." In *The City in Late Imperial China*, edited by William G. Skinner, 211~249. Stanford, CA: Stanford University Press, 1977.

Soper, Alexander. "South Chinese Influence on Buddhist Art of the Six Dynasties." *Bulletin of the Museum of Far Eastern Antiquities* 32 (1960): 47~112.

Spiro, Audrey. *Contemplating the Ancients: Aesthetic and Social Issues in Early Chinese Portraiture*. Berkeley: University of California, 1990.

Stein, Rolf A. "Religious Daoism and Popular Religion from the Second to Seventh Centuries." In *Facets of Taoism*, edited by Holmes Welch and Anna Seidel, 53~81. New Haven, CT: Yale University Press, 1979.

Steinhardt, Nancy S. *Chinese Imperial City Planning*. Honolulu: University of Hawai'i Press, 1990.

Strickmann, Michel. *Chinese Magical Medicine*. Edited by Bernard Faure. Stanford, CA: Stanford University Press, 2002.

———. *Mantras et mandarins: Le bouddhisme tantrique en Chine*. Paris: Gallimard, 1996.

———. "The Mao Shan Revelations: Taoism and the Aristocracy." *T'oung Pao* 63 (1977): 1~64.

———. "On the Alchemy of T'ao Hung-ching." In *Facets of Taoism*, edited by Holmes Welch and Anna Seidel, 123~192. New Haven, CT: Yale University Press, 1979.

Strickmann, Michel. *Le Taoisme du Mao-Chan: Chronique d'une Révélation*. Paris: Mémoires de l' Institut des Hautes Études Chinoises, 1981.

The Study of Human Abilities: The Jen wu chih of Liu Shao. Translated by J. K. Shryock. New Haven, CT: American Oriental Society, 1937.

Tang Yiming. "The Voices of Wei-Jin Scholars: A Study of 'Qingtan.'" PhD diss., Columbia University, 1991.

Tang Zhangru. "Clients and Bound Retainers in the Six Dynasties Period." In *State and Society in Early Medieval China*, edited by Albert E. Dien, 111~138. Stanford, CA: Stanford University Press, 1990.

Teiser, Stephen F. *The Ghost Festival in Medieval China*. Princeton, NJ: Princeton University Press, 1988.

———. *The Scripture of the Ten Kings of Hell and the Making of Purgatory in Medieval Chinese Buddhism*. Honolulu: University of Hawai'i Press, 1994.

Thorp, Robert L. *China in the Early Bronze Age: Shang Civilization*. Philadelphia: University of Pennsylvania Press, 2006.

Tian, Xiaofei. *Beacon Fire and Shooting Star: The Literary Culture of the Liang (523–557)*. Cambridge,

MA: Harvard University Press, 2007.
———. *Tao Yuanming and Manuscript Culture: The Record of a Dusty Table*. Seattle: University of Washington Press, 2005.
Tregear, T. R. *A Geography of China*. Chicago: Aldine, 1965.
Tsuchiya Masaaki. "Confessions of Sins and Awareness of Self in the *Taiping jing*." In *Daoist Identity: History, Lineage, and Ritual*, edited by Livia Kohn and Harold D. Roth, 39~57. Honolulu: University of Hawai'i Press, 2002.
Tsukamoto, Zenryū. *A History of Early Chinese Buddhism: From Its Introduction to the Death of Hui-yüan*. 2 vols. Translated by Leon Hurvitz. Tokyo: Kodansha International, 1985.
Tuan, Yi-fu. *China*. Chicago: Aldine, 1969.
Van Norden, Bryan W. *Introduction to Classical Chinese Philosophy*. Indianapolis: Hackett Publishing, 2011.
Van Slyke, Lyman P. *Yangtze: Nature, History, and the River*. Reading, MA: Addison-Wesley, 1988.
Vervoorn, Aat. *Men of the Cliffs and Caves: The Development of the Chinese Eremitic Tradition to the End of the Han Dynasty*. Hong Kong: Chinese University Press, 1990.
Wach, Joachim. *Sociology of Religion*. Chicago: University of Chicago, 1944.
Wang, Eugene. *Shaping the Lotus Sutra: Buddhist Visual Culture in Medieval China*. Seattle: University of Washington Press, 2005.
Wang, Haicheng. *Writing and the Ancient State: Early China in Comparative Perspective*. Cambridge: Cambridge University Press, 2014.
Wang, Yü-ch'üan. "An Outline of the Central Government of the Former Han Dynasty." *Harvard Journal of Asiatic Studies* 12 (1949): 134~187. Reprinted in *Studies in Governmental Institutions in Chinese History*, edited by John L. Bishop. Cambridge, MA: Harvard University Press, 1968.
Wang Zhenping. *Ambassadors from the Islands of Immortals: China-Japan Relations in the Han-Tang Period*. Honolulu: University of Hawai'i Press, 2005.
Watson, Burton, trans. *Records of the Grand Historian: Qin Dynasty*. New York: Columbia University Press, 1993.
Wiens, Harold. *China's March to the Tropics*. Washington, DC: Office of Naval Research, U.S. Navy, 1952.
Wright, Arthur F. "Formation of Sui Ideology, 581~604." In *Chinese Thought and Institutions*, edited by John K. Fairbank, 71~104. Chicago: University of Chicago Press, 1957.
———. *The Sui Dynasty: The Unification of China, a.d. 581–617*. New York: Alfred A. Knopf, 1978.
———. "Sui Yang-ti: Personality and Stereotype." In *The Confucian Persuation*, edited by Arthur F. Wright, 47~76. Stanford: Stanford University, 1960.
Wu Hung. "The Art and Architecture of the Warring States Period." In *The Cambridge History of Ancient China*, edited by Michael Loewe and Edward Shaughnessy, 651~744. Cambridge: Cambridge University Press, 1999.
———. "Buddhist Elements in Early Chinese Art." *Artibus Asiae* 47, nos. 3–4 (1986): 263~316.

———. *Monumentality in Early Chinese Art and Architecture*. Stanford, CA: Stanford University Press, 1995.

———. *The Wu Liang Shrine: The Ideology of Early Chinese Pictorial Art*. Stanford, CA: Stanford University Press, 1989.

Xiong, Victor Cunrui. *Emperor Yang of the Sui Dynasty*. Albany: State University of New York Press, 2006.

———. *Sui-T'ang Chang'an*. Ann Arbor: University of Michigan, Center for Chinese Studies, 2000.

Yang, C. K. *Religion in Chinese Society: A Study of Contemporary Social Functions of Religion and Some of Their Historical Factors*. Berkeley: University of California Press, 1961.

Yoffee, Norman. *Myths of the Archaic State: Evolution of the Earliest Cities, States, and Civilizations*. Cambridge: Cambridge University Press, 2005.

Yü Ying-shih. "Han Foreign Relations." In *The Cambridge History of Ancient China*. Vol. 1, *The Ch'in and Han Empires*, edited by Denis Twitchett and Michael Loewe, 377~462. Cambridge: Cambridge University Press, 1986.

Zürcher, Erik. *The Buddhist Conquest of China*. Leiden: Brill, 1959.

5부 남아시아와 동남아시아

Ali, Daud. *Courtly Culture and Political Life in Early Medieval India*. Cambridge: Cambridge University Press, 2004.

Allan, John Andrew, and Henry Herbert Dodwell. *The Cambridge Shorter History of India*. Cambridge: Cambridge University Press, 1934.

Allchin, Bridget, and Raymond Allchin. *The Rise of Civilization in India and Pakistan*. Cambridge: Cambridge University Press, 1982.

Allchin, F. R., and D. K. Chakravarti, eds. *Source-Book of Indian Archaeology*. Vol. 1, *Background*, Early Methods, *Geography, Climate and Early Men, Domestication of Plants and Animals*. New Delhi: Manoharlal, 1979.

———, eds. *Source-Book of Indian Archaeology*. Vol. 2, *Settlement, Technology and Trade*. New Delhi: Manoharlal, 1997.

———, eds. *Source-Book of Indian Archaeology*. Vol. 3, *Human Remains, Prehistoric Roots of Religious Beliefs, First Steps in Historical Archaeology: Sculpture, Architecture, Coins and Inscriptions*. Delhi: Manoharlal, 2003.

Alsdorf, Ludwig. *History of Vegetarianism and Cow-Veneration in India*. Delhi: Routledge, 2012.

Anthony, David W. *The Horse, the Wheel, and Language: How Bronze-Age Riders from the Eurasian Steppes Shaped the Modern World*. Princeton, NJ: Princeton University Press, 2007.

Anthony, David W., and Don Ringe. "The Indo-European Homeland from Linguistic and Archaeological Perspectives." *Annual Review of Linguistics* 1 (2015): 199~215.

Arrian. *History of Alexander and Indica*. Edited and translated by Peter A. Brunt. 2 vols. Cambridge, MA: Harvard University Press, 1976–1983.

Bareau, André. *Les sectes bouddhiques du petit véhivule*. Saigon: Ecole française d'Extrême Orient, 1955.

Bechert, Heinz, and Richard F. Gombrich, eds. *Der Buddhismus—Geschichte und Gegenwart*. Munich: C. H. Beck, 1989.

Begley, Vimala, Peter Frank, Iravatham Mahadevan, K. V. Raman, Steven E. Sidebotham, Kathleen Warner Slane, and Elisabeth Lyding Will. *The Ancient Port of Arikamedu: New Excavations and Researches, 1989–1992*. Pondicherry: École française d'Extrême-Orient, 1996.

Begley, Vimala, and R. D. De Puma, eds. *Rome and India: The Ancient Sea Trade*. New Delhi: Oxford, 1992 (Nachdruck).

Bergunder, Michael, and Rahul Peter Das, eds. *"Arier" und "Draviden": Konstruktionen der Vergangenheit als Grundlage für Selbst- und Fremdwahrnehmung Südasiens*. Halle: Franckesche Stihungen, 2002.

Bhagavad Gītā. Translated by Laurie L. Patton. London: Penguin Classics, 2008.

Bopearachchi, Osmund, Senarath Disnayaka, and Nimal Perera. "The Oldest Shipwreck in the Indian Ocean." In *Ports of the Ancient Indian Ocean*, edited by Marie-Françoise Boussac, Jean-François Salles, and Jean-Baptiste Yon, 411~434. Delhi: Primus Books, 2016.

Breman, Jan. *The Shattered Image: Construction and Deconstruction of the Village in Colonial Asia*. Amsterdam: Centre for Asian Studies, 1987.

Bronkhorst, Johannes. "Buddhism and Sacrifice." *Asiatische Studien* 66, no. 1 (2012): 7~17.

———. *Buddhism in the Shadow of Brahmanism*. Leiden: Brill, 2011.

———. *Greater Magadha—Studies in the Culture of Early India*. Leiden: Brill, 2007.

———. *The Two Sources of Indian Asceticism*. Bern: Peter Lang, 1993.

Bronkhorst, Johannes, and Madhav M. Deshpande, eds. *Aryan and Non-Aryan in South Asia: Evidence, Interpretation and Ideology*. Cambridge, MA: Harvard University Department of Sanskrit and Indian Studies, 1999.

Bryant, Edwin F. *The Quest for Origins of Vedic Culture: The Indo-Aryan Migration Debate*. Oxford: Oxford University Press, 2001.

Bryant, Edwin F., and Laurie L. Patton, eds. *The Indo-Aryan Controversy: Evidence and Inference in Indian History*. London: Routledge, 2005.

Burke, Peter. *Cultural Hybridity*. Cambridge: Polity Press, 2009.

Bussagli, Mario, Francine Tissot, and Béatrice Arnal. *L'art du Gandhara*. Paris: Librairie générale française, 1996.

Calasso, Roberto. *Ardor*. Translated by Richard Dixon. London: Allen Lane, 2013.

Casson, Lionel. *The Periplus Maris Erythraei: Text with Introduction, Translation, and Commentary*. Princeton, NJ: Princeton University Press, 1989.

Chakrabarti, Dilip K. *The Early Use of Iron in India*. Delhi: Oxford University Press, 1992.

———, ed. *The Oxford Companion to Indian Archaeology: The Archaeological Foundations of Ancient*

India Stone Age to ad 13th Century. New Delhi: Oxford University Press, 2006.

Ch'en, Kenneth. *Buddhism in China: A Historical Survey*. Princeton, NJ: Princeton University Press, 1964.

Chhabra, Bahadur Chand. *Expansion of Indo-Aryan Culture during Pallava Rule*. Delhi: Manoharlal, 1965.

Chhabra, Bahadur Chand, and Govind Swamirao Gai, eds. *Inscriptions of the Imperial Gupta Kings*. New Delhi: Archaeological Survey of India, 1981.

Coèdes, George. *The Indianized States of Southeast Asia*. Honolulu: University of Hawai'i Press, 1968.

Colas, Gérard. *Penser l'icone en Inde ancienne*. Paris: Brepols, 2012.

Day, Terence P. *The Conception of Punishment in Early Indian Literature*. Waterloo, Ontario: Wilfried Laurier University Press, 1982.

Deshpande, Madhav M., and Peter Hock, eds. *Aryan and Non-Aryan in India*. Ann Arbor: University of Michigan Press, 1979.

Dirks, Nicholas B. *The Hollow Crown: Ethnohistory of an Indian Kingdom*. Cambridge: Cambridge University Press, 1987.

———. "The Structure and Meaning of Political Relations in a South Indian Little Kingdom." *Contributions to Indian Sociology*, n.s., 12, no. 2 (1979): 169~204.

Drekmeier, Charles. *Kingship and Community in Early India*. Stanford, CA: Stanford University Press, 1962.

Dumont, Louis. "The Conception of Kingship in Ancient India." *Contributions to Indian Sociology* 6 (1962): 48~77.

Dundas, Paul. *The Jains*. London: Routledge, 2002.

Eisenstadt, Shmuel N. *Die Kulturen der Achsenzeit*. Vol. 2, *Ihre institutionelle und kulturelle Dynamik*, Part 2: Indien. Frankfurt am Main: Suhrkamp, 1992.

Elias, Norbert. *The Civilizing Process: Sociogenetic and Psychogenetic Investigations*. London: Blackwell Publishing, revised edition 2000.

Eltsov, Peter A. *From Harappa to Hastinapura: A Study of the Earliest South Asian City and Civilization*. Leiden: Brill, 2008.

Erdosy, George, ed. *The Indo-Aryans of Ancient South Asia: Language, Material Culture and Ethnicity*. Berlin: De Gruyter, 1995.

———. *Urbanisation in Early Historic India*. Oxford: British Archaeological Reports, 1988.

Fa-hsien. *A Record of the Buddhist Countries by Fa-hsien*. Peking: San Shih Buddhist Institute, 1957.

Fairservis, Walter A. *The Harappan Civilization and Its Writing*. New Delhi: Oxford University Press, 1992.

Falk, Harry. *The Discovery of Lumbini*. Lumbini: Lumbini International Research Institute, 1998.

———. "Harry Falk, Vedische Opfer im Pāli-Kanon." *Bulletin d'études Indienne* 6 (1988): 225~254.

———. "The Kaniṣka Era in Gupta Records." *Silk Road Art and Archaeology* 10 (2004): 167~176.

———. *Schrift im Alten Indien: Ein Forschungsbericht mit Anmerkungen*. Tübingen: Narr, 1993.

———. "The Yuga of Sphujiddhvaja and the Era of the Kuṣāṇas." *Silk Road Art and Archaeology* 7 (2001): 121~136.

Falser, Michael. "*The Graeco-Buddhist Style of Gandhara*—a 'Storia ideological,' or: How a Discourse Makes a Global History of Art." *Journal of Art Historiography* 13, no. 2 (2015), https://doaj.org/article/72d87ea799c84911841d22083e7f78a4.

Farmer, Steve, Richard Sproat, and Michael Witzel. "The Collapse of the Indus-Script Thesis." *Electronic Journal of Vedic Studies* (EJVS) 11, no. 2 (2004): 19~57.

Fergusson, James. *History of Indian and Eastern Architecture*. London: J. Murray, 1876.

Fleet, John Faithful. *Inscriptions of the Early Gupta Kings and Their Successors*. Vol. 3, *Corpus Inscriptionum Indicarum*. Calcutta: Superintendent of Government Printing, 1888.

Foltz, Richard. *Religions of the Silk Road*. 2nd. ed. New York: Palgrave Macmillan, 2010.

Foucher, Alfred. *L'art gréco-bouddhique du Gandhâra: Étude sur les origines de l'influence classique dans l'art bouddhique de l'Inde et de l'Extrême Orient*. 3 vols. Paris: Leroux, 1918–1951.

Fussman, Gérard. "Central and Provincial Administration in Ancient India: The Problem of the Mauryan Empire." *Indian Historical Review* 14 (1987–1988): 43~78.

———. "Entre fantasmes, science et politique: L'entrée des Āryas en Inde." In *Āryas, Aryens et Iraniens en Asie Centrale*, edited by Gérard Fussman, Jean Kellens, Henri-Paul Francfort, and Xavier Tremblay, 197~232. Paris: de Boccard, 2005.

Gamkrelidze, Thomas V., and Vjaceslav V. Ivanov. *The Indo-European and the Indo-Europeans*. Berlin: Mouton and Gruyter, 1995.

Gampert, Wilhelm. *Die Sühnezeremonien in der altindischen Rechtsliteratur*. Prague: Orientalisches Institut, 1939.

Gardner, Percy, and Reginald Stuart Poole, eds. *The Coins of the Greek and Scythic Kings of Bactria and India*. London: Longmans, 1886.

Gaur, R. C. *Excavations at Atranjīkherā*. Delhi: Motilal Banarsidass, 1983.

Gethin, Rupert. The Foundations of Buddhism. Oxford: Oxford University Press, 1998.

Gimbutas, Marija. *The Kurgan Culture and the Indo-Europeanization of Europe: Selected Articles from 1952 to 1993*. Edited by Miriam Dexter and Karlene Jones-Bley. Washington, DC: Institute for the Study of Man, 1997.

Glover, Ian C. *Early Trade Relations between India and Southeast Asia: A Link in the Development of a World Trading System*. Hull: University of Hull, Centre for Southeast Asian Studies, 1983.

Gokhale, B. G. "Early Buddhism and the Brahmins." In *Studies in the History of Buddhism*, edited by A. K. Narain, 68~80. Delhi: B. R. Publishing, 1980.

Gombrich, Richard F. *How Buddhism Began: The Conditioned Genesis of the Early Teachings*. London: Athlone, 1996.

———. *Precept and Practice: Traditional Buddhism in Rural Highland of Ceylon*. Oxford: Oxford University Press, 1971.

———. *Theravāda Buddhism: A Social History from Ancient Benares to Modern Colombo*. London:

Routledge & Kegan Paul, 1988.

Gonda, Jan. "All, Universe and Totality in the Śatapatha-Brāhmaṇa." *Journal of the Oriental Institute (Baroda)* 32 (1982): 1~17.

———. *Ancient Indian Kingship from the Religious Point of View*. Leiden: Brill, 1969.

———. *Die Religionen Indiens*. Vol. 1, *Veda und älterer Hinduismus*. 2nd ed. Stuttgart: Kohlhammer, 1978.

Guillaume, Olivier, ed. *Graeco-Bactrian and Indian Coins from Afghanistan*. Oxford: Oxford University Press, 1991.

Gupta, P. L. *The Imperial Guptas*. 2nd ed. 2 vols. Varanasi: Vishwavidyalaya Prakashan, 1979.

Haack, Wolfgang, et al. "Massive Migration from the Steppe Was a Source for Indo-European Languages in Europe." *Nature* 522 (2015): S207~211.

Haarmann, Harald. *Auf den Spuren der Indoeuropäer: Von den neolithischen Steppennomaden bis zu den frühen Hochkulturen*. Munich: C. H. Beck, 2016.

Hacker, Paul. "Dharma im Hinduismus." *Zeitschrift für Missionswissenschaft und Religionswissenschaft* 49 (1965): 465~509.

———. "Inklusivismus." In *Inklusivismus: Eine indische Denkform*, edited by Gerhard Oberhammer, 11~28. Vienna: Institut für Indologie der Universität, 1983.

———. "'Topos' und chrêsis." In *Paul Hacker—Kleine Schriften*, edited by Lambert Schmithausen, 338~359. Wiesbaden: Harrassowitz, 1978.

Halbfass, Wilhelm. *Karma und Wiedergeburt im indischen Denken*. Kreuzlingen: Hugendubel (Diederichs), 2000.

Halkias, Georgios T. "When the Greeks Converted the Buddha: Asymmetrical Transfers of Knowledge in Indo-Greek Cultures." In *Trade and Religions: Religious Formation, Transformation and Cross-Cultural Exchange between East and* West, edited by Volker Rabens, 65~115. Leiden: Brill, 2013.

Hall, Daniel George Edward. *A History of South-East Asia*. London: Macmillan, 1968.

Harrison, Paul. "Searching for the Origins of the Mahāyāna." *Eastern Buddhist* 28 (1995): 48~69.

Harrison, Paul, and Jens-Uwe Hartmann, eds. *From Birch Bark to Digital Data: Recent Advances in Buddhist Manuscript Research*. Vienna: Verlag der Österreichischen Akademie der Wissenschahen, 2014.

Hart, George L. "Ancient Tamil Literature: Its Scholarly Past and Future." In *Essays on South India*, edited by Burton Stein, 41~63. Honolulu: University of Hawai'i, 1975.

Hartmann, Jens-Uwe. *Literatur ohne Schrift? Der Sonderfall Indien und die Rolle des Buddhismus*. Vienna: Vienna University Press, 2016.

Heesterman, Jan C. "The Conundrum of the King's Authority." In *The Inner Conflict of Tradition: Essays in Indian Ritual, Kingship, and Society*, 108~127. Chicago: University of Chicago Press, 1985.

Herman, Arthur L. *The Problem of Evil and Indian Thought*. Delhi: Motilal Banarsidass, 1993.

Hiltebeitel, Alf. *Dharma—Its Early History in Law, Religion, and Narrative*. Oxford: Oxford University

Press, 2011.

Hinüber, Oskar von. *Das ältere Mittelindisch im Überblick*. Vienna: Österreichische Akademie der Wissenschahen, 1986.

———. "Mitteilung aus einer vergangenen Welt: Frühe indische Buddhisten und ihre Inschrihen." *Zeitschrift der Deutschen Morgenländischen Gesellschaft* 164, no. 1 (2014): S.19.

Hohenberger, Adam. *Die indische Flutsage und das Matsyapurana: Ein Beitrag zur Geschichte der Visnuverehrung*. Wiesbaden: Otto Harrassowitz, 1930.

Hultzsch, Eugen, ed. *Inscriptions of Asoka: Corpus Inscriptionum Indicarum*. Oxford: Clarendon Press, 1925.

Jaiminīya-Upaniṣadbrāhmaṇa, edited and translated by Hans Oertle. *Journal of the American Oriental Society* 16 (1896): 79~260.

Jaini, Padmanabh S. *The Jaina Path of Purification*. Delhi: Motilal Banarsidass, 1998.

Jansen, Michael. *Die Indus-Zivilisation: Wiederentdeckung einer frühen Hochkultur*. Cologne: Dumont, 1986.

Jha, D. N. *Ancient India: An Historical Outline*. 2nd ed. Delhi: Manohar, 2001.

Jha, N., and N. S. Rajaram. *The Deciphered Indus Script: Methodology, Readings, Interpretations*. New Delhi: Aditya Prakashan, 2000.

Juneja, Monica. Introduction to *Architecture of Medieval India: Forms, Contexts, Histories*, edited by Monica Juneja, 1~105. New Delhi: Permanent Black, 2001.

Kane, Pandurang Vaman. *History of Dharmaśāstra*. 5 vols. Poona: Bhandarkar Oriental Institute, 1930–1962.

Karttunen, Klaus. *India and the Hellenistic World*. Helsinki: Finnish Oriental Society, 1997. Kashikar, C. G. "The Vedic Sacrificial Rituals through the Ages." *Indian Antiquary*, 3rd ser., 1, no. 2 (1964): 77~89.

Kenoyer, Jonathan Mark. *Ancient Cities of the Indus Valley Civilization*. 2nd rev. ed. (Karachi: Oxford University Press, 2010) (first published 1998).

———. "Die Karren der Induskultur Pakistans und Indiens." In *Rad und Wagen—der Ursprung einer Innovation: Wagen im Vorderen Orient und Europa*, edited by Mamoun Fansa and Stefan Burmeister, 87~106. Mainz: Archäologische Mitteilungen aus Nordwestdeutschland, Beiheh 40, 2004.

Kieffer-Pülz, Petra. "Die buddhistische Gemeinde." In *Der Buddhismus*, edited by Heinz Bechert, Johannes Bronkhorst, Jacob Ensink, Jens-Uwe Hartmann, Petra Kieffer-Pülz, Hans-Joachim Klimkeit, Siegfried Lienhard, and Ian William Mabbett, 281~402. Stuttgart: Kohlhammer, 2000.

Kulke, Hermann. "The Early and the Imperial Kingdom: A Processural Model of Integrative State Formation in Early Medieval India." In *The State in India 1000–1700*, edited by Hermann Kulke, 233~262. Delhi: Oxford University Press, 1994.

———. *Indische Geschichte bis 1750*. Munich: Oldenbourg, 2005 (revised English edition: *History of*

Precolonial India: Issues and Debates, New Delhi: Oxford University Press, 2018).
———. "The Integrative Model of State Formation in Early Medieval India: Some Historiographical Remarks." In *Interrogating Political Systems: Integrative Processes and States in Premodern India*, edited by Bhairabi Prasad Sahu and Hermann Kulke, 56~80. New Delhi: Manohar, 2015.
———, ed. *Kings and Cults: State Formation and Legitimation in India and Southeast Asia*. Delhi: Manohar, 2001.
———. "Max Weber's Contribution to the Study of 'Hinduization' and 'Indianization' in Southeast Asia." In *Kings and Cults: State Formation and Legitimation in India and Southeast Asia*, edited by Hermann Kulke, 240~261. Delhi: Manohar, 2001.
Kulke, Hermann, and Dieter Rothermund. *A History of India*. London: Routledge, 1998.
Kumkum, Roy, ed. *Women in Early Indian Societies*. New Delhi: Manohar, 1999.
Lahiri, Nanyanjot. *Finding Forgotten Cities: How the Indus Civilization Was Discovered*. Delhi: Permanent Black, 2005.
Lal, B. B. "Excavations at Hastinapura and Other Explorations in the Upper Ganga and Sutlej Basin, 1950–51." *Ancient India* 10–11 (1954–1955): 5~151.
———. "The Indo-Aryan Hypothesis vis-à-vis Indian Archaeology." *Journal of Central Asia* 1 (1978): 21~41.
Lal, Makkhan. *Settlement History and Rise of Civilization in Ganga-Yamuna Doab (from 1500 b.c. to 300 a.d.)*. Delhi: Orient Book Distributors, 1984.
Lamberg-Karlovsky, Clifford Charles. "The Indus Civilization: The Case for Caste Formation." *Journal of East Asian Archaeology* 1, no. 1 (1999): 87~114.
Law, Randall William. *Inter-regional Interaction and Urbanism in the Ancient Indus Valley: A Geologic Provenience Study of Harappa's Rock and Mineral Assemblage*. Kyoto: Indus Project, Research Institute for Humanity and Nature, 2011.
Leach, Edmund. *Culture and Communication: The Logic by Which Symbols Are Connected*. Cambridge: Cambridge University Press, 1976.
Lingat, Robert. *The Classical Law of India*. Berkeley: University of California Press, 1973.
Liu, Xinriu. *Ancient India and Ancient China: Trade and Religious Exchanges*. Delhi: Oxford University Press, 1988.
Losch, Hans. *Rājadharma: Einsetzung und Aufgabenkreis des Königs im Lichte der Purāṇas*. Bonn: Selbstverlag des Orientalischen Seminars der Universität Bonn, 1959.
Lubin, Timothy. "The Transmission, Patronage, and Prestige of Brahmanical Piety from the Mauryas to the Guptas." In *Boundaries, Dynamics and Construction of Traditions in South Asia*, edited by Federico Scquarcini, 77~103. Florence: Florence University Press, 2005.
Luczanits, Christian, ed. *Gandhara—das buddhistische Erbe Pakistans: Legenden, Klöster und Paradiese*. Mainz: Verlag Philipp von Zabern, 2008.
Mabbett, Ian W. "The 'Indianization' of Southeast Asia (Part II): Reflections on the Historical Sources." *Journal of Southeast Asian Studies* 8 (1977): 143~161.

———. *Truth, Myth and Politics in Ancient India*. New Delhi: Thompson Press, 1972.

Mahadevan, Iravatham. *The Indus Script: Texts, Concordance and Tables*. New Delhi: Archaeological Survey of India, 1977.

———. "S. R. Rao's Decipherment of the Indus Script." Indian Historical Journal 8, nos. 1–2 (1981–1982): 58~73.

Majumdar, Ramesh Chandra. *Inscriptions of Champa*. Lahore: Punjab Sanskrit, 1927.

———. "Ṛgvedic Civilization in the Light of Archaeology." *Annals of the Bhandarkar Oriental Research Institute* 40 (1959): 1~15.

Malinar, Angelika. *Rājavidyā: Das königliche Wissen um Herrschaft und Verzicht. Studien zur Bhagavadgītā*. Wiesbaden: Harrassowitz, 1997.

Mallory, James Patrick. *In Search of the Indo-Europeans: Language, Archaeology and Myth*. London: Thames & Hudson, 1989.

Maloney, Clarence. "Archaeology in South India: Accomplishments and Prospects." In *Essays on South India*, edited by Burton Stein, 1~40. Delhi: Vikas, 1978.

Manguin, Pierre-Yves, A. Mani, and Geoff Wade, eds. *Early Interactions between South and Southeast Asia: Reflections on Cross-Cultural Exchange*. Singapore: Institute of Southeast Asian Studies, 2011.

Maran, Joseph. "Kulturkontakte und Wege der Ausbreitung der Wagentechnologie im 4. Jahrtausend v. Chr." In *Rad und Wagen—der Ursprung einer Innovation. Wagen im Vorderen Orient und Europa*, edited by Mamoun Fansa and Stefan Burmeister, 429~442. Mainz: Archäologische Mitteilungen aus Nordwestdeutschland, Beiheh 40, 2004.

Marshall, John. *A Guide to Taxila*. Calcutta: Superintendent Government Printing, 1921. First published 1918.

———. *Mohenjo-Daro and the Indus Civilization*. 3 vols. London: Arthur Probsthain, 1931.

Marshall, John, Alfred Foucher, and N. G. Majumdar. *Monuments of Sanchi*. New Delhi: Abhinav Publications, 1982. First published 1940.

McCrindle, John Watson. *Ancient India as Described in Classical Literaturc, being a collection of Greek and Latin texts relating to India, cxtracted from Hcrodotus, Strabo, Diodorus, Siculus, Pliny, Aelian Philostratus, Diru Chrysostom, Porphy, Stobaeus, the itinerary of Alexander the Great, the Periegesis of Dionysius, the Dionysiaka of Nonnus, the romance history of Alexander and Other Works translated and annotated*. Westminster: A. Constable, 1901.

McEvilley, Thomas. *The Shape of Ancient Thought: Comparative Studies in Greek and Indian Philosophies*. New York: Allworth Press and the School of Visual Arts, 2002.

McIntosh, Jane. *The Ancient Indus Valley: New Perspectives*. Santa Barbara, CA: ABC-CLIO, 2008.

Mette, Adelheid. *Die Erlösungslehre der Jaina: Legenden, Parabeln, Erzählungen*. Berlin: Verlag der Weltreligionen, 2010.

Michaels, Axel. *Beweisverfahren in der vedischen Sakralgeometrie: Ein Beitrag zur Entstehungsgeschichte von Wissenschaft*. Wiesbaden: Franz Steiner Verlag, 1978.

———. *Buddha: Leben, Lehre, Legende*. Munich: C. H. Beck, 2011.

———. "Das Böse in der hinduistischen Tradition." In *Das Böse in den Weltreligionen*, edited by Johannes Laube, 201~258. Darmstadt: Wissenschahliche Buchgesellschah, 2003.
———. *Die Kunst des einfachen Lebens: Eine Kulturgeschichte der Askese*. Munich: C. H. Beck, 2004.
———, ed. *Die Weisheit der Upanishaden: Aus dem Sanskrit von Karl Friedrich Geldner*. Munich: dtv / C. H. Beck, 2006.
———. *Hinduism—Past and Present*. Princeton, NJ: Princeton University Press, 2008.
———. *Homo Ritualis: Hindu Ritual and Its Contribution to Ritual Theory*. Oxford: Oxford University Press, 2015.
———. "The Practice of Classical Hindu Law." In *Hinduism and Law: An Introduction*, edited by Timothy Lubin, Donald R. Davis, and Jayanth K. Krishna, 58~77. Cambridge: Cambridge University Press, 2010.
———. "Recht auf Leben, Tötung und Selbsttötung in Indien." In *Recht auf Leben Recht auf Töten, ein Kulturvergleich*, edited by Bernhard Mensen, 95~124. Nettetal: Steyler Verlag, 1992.
———. "Von Offenbarung zum Ritual: Der Veda in der Überlieferung." In *Heilige Texte. Religion und Rationalität. 1. Geisteswissenschaftliches Colloquium 10.-13. Dezember 2009 auf Schloss Genshagen*, edited by Andreas Kablitz and Christoph Markschies, 25~42. Berlin: De Gruyter, 2013.
Milindapanha: Ein historisches Gipfeltreffen im religiösen Weltgespräch. Edited and translated by Nyanaponika. Munich: Verlag O. W. Barth, 1998. First published 1918.
Mookherji, Radha Kumud. *The Gupta Empire*. 4th ed. Delhi: Motilal Banarsidass, 1969. First published 1947 in London.
Narain, A. K. *The Indo-Greeks*. Oxford: Clarendon Press, 1957. Rev. ed., New Delhi: B. R. Publishing, 2003.
Nichols, J. "The Epicentre of the Indo-European Linguistic Spread." In *Archaeology and Language I*, edited by Roger Blench and Matthew Spriggs, 122~148. London: Routledge, 1997.
Oldenberg, Hermann. *Die Religion des Veda*. 2nd ed. Stuttgart: J. G. Cotta'sche Buchhandlung Nachfolger, 1917.
———. *Vorwissenschaftliche Wissenschaft: Die Weltanschauung der Brāhmaṇa-Texte*. Göttingen: Vandenhoek & Ruprecht, 1919.
Olivelle, Patrick. "Aśoka's Inscriptions as Text and Ideology." In *Reimagining Aśoka: Memory and History*, edited by Patrick Olivelle, Janice Leoshko, and Himanshu Prabha Ray, 157~183. New Delhi: Oxford University Press, 2012.
———, ed. *Between the Empires: Society in India 300 bce to 400 ce*. Oxford: Oxford University Press, 2006.
———. *King, Governance, and Law in Ancient India: Kauṭilya's Arthaśāstra*. Oxford: Oxford University Press, 2013.
———, trans. *The Law Code of Manu*. Oxford: Oxford University Press, 2004.
———. "The Renouncer Tradition." In *The Blackwell Companion to Hinduism*, edited by Gavin Flood, 271~287. Oxford: Blackwell, 2003.

Olivelle, Patrick, Janice Leoshko, and Himanshu Prabha Ray, eds. *Reimagining Aśoka: Memory and History*. New Delhi: Oxford University Press, 2012.

Ostler, Nicholas. *Empires of the Word: A Language History of the World*. New York: Harper & Collins, 2005.

Parpola, Asko. "The Coming of the Aryans to Iran and India and the Cultural and Ethnic Identity of the Dāsas." *Studia Orientalia* 64 (1988): 195~302.

———. *Deciphering the Indus Script*. Cambridge: Cambridge University Press, 1994.

———. "Indus Civilization (–1750 bce)." In *Brill's Encyclopedia of Hinduism*, edited by Knut A. Jacobsen, Helene Basu, Angelika Malinar, and Vasudha Narayanan, 4:3–18. Leiden: Brill, 2012.

———. "Is the Indus Script Indeed Not a Writing System?" In *Airavati: Felicitation Volume in Honour of Iravatham Mahadevan*, edited by R. Kalaikkovan, M. Nalini, S. Gokul, S. Kamalakkanan, S. Krupashankar, M. Lavanya, and T. M. Ramachandran, 111~131. Chennai: Varalaaru.com Publishers, 2008.

———. *The Roots of Hinduism: The Early Aryans and the Indus Civilization*. Oxford: Oxford University Press, 2015.

Piggott, Stuart. *Wagon, Chariot and Carriage: Symbol and Status in the History of Transport*. London: Thames & Hudson, 1992.

Pollock, Sheldon. *The Language of the Gods in the World of Men: Sanskrit, Culture, and Power in Premodern India*. Berkeley: University of California Press, 2006.

———. "The Sanskrit Cosmopolis, 300–1300: Transculturation, Vernacularization, and the Question of Ideology." In *Ideology and Status of Sanskrit: Contributions to the History of the Sanskrit Language*, edited by Jan E. M. Houben, 197~247. Leiden: Brill, 1996.

Possehl, Gregory L. *Ancient Cities of the Indus*. Delhi: Vikas Publishing House, 1979.

———, ed. *Harappan Civilization: A Recent Perspective*. 2nd ed. New Delhi: Oxford & IBH Publ., 1993.

———. *Indus Age: The Beginnings*. Philadelphia: University of Pennsylvania Press, 1999.

———. *Indus Age: The Writing System*. Philadelphia: University of Pennsylvania Press, 1996.

———, ed. *The Indus Civilization: A Contemporary Perspective*. Walnut Creek, CA: Altamira Press, 2002.

Prakash, Buddha. *Rigveda and the Indus Valley Civilization*. Hoshiarpur: Vishveshvarananda Institute, 1966.

Rahula, Walpola. *History of Buddhism in Ceylon: The Anurādhapura Period*. Colombo: M. D. Gunasena, 1956.

Rao, S. R. *Dawn and Devolution of the Indus Civilization*. New Delhi: Aditya Prakashan, 1991.

———. *Lothal: A Harappan Port Town*. 2 vols. New Delhi: Archaeological Survey of India, 1979–1985.

Rau, Wilhelm. *Indiens Beitrag zur Kultur der Menscheit*. Wiesbaden: Franz Steiner, 1975.

———. *The Meaning of Pur in Vedic Literature* (1976). In Kleine Schriften, edited by Konrad Klaus and Joachim Friedrich Sprockhoff, 2:861~907. Wiesbaden: Harrassowitz, 2012.

———. *Staat und Gesellschaft im Alten Indien—Nach den Brāhmaṇa-Texten dargestellt*. Wiesbaden: Harrassowitz, 1957.

Ray, Himanshu Prabha. "Early Maritime Contacts between South and Southeast Asia." *Journal of Southeast Asian Studies* 20 (1984): 42~54.

———. *The Winds of Change: Buddhism and the Maritime Links of Early South Asia*. Delhi: Oxford University Press, 1994.

Renfrew, Colin. *Archaeology and Language: The Puzzle of Indo-European Origins*. London: Jonathan Cape, 1987.

Renou, Louis. *Religions of Ancient India*. 2nd ed. London: Athlone Press, 1972.

Der Rig-Veda. Das Heilige Wissen. Erster und zweiter Liederkreis. Translated by Michael Witzel and Toshifumi Goto. Berlin: Verlag der Weltreligionen, 2007.

The Roots of Āyurveda: Selections from Sanskrit Medical Writings. Translated by Dominik Wujastyk. 3rd ed. New Delhi: Penguin Classics, 2003.

Sahu, Bhairabi Prasad, ed. *Iron and Social Change in Early India*. New Delhi: Oxford University Press, 2006.

Sahu, Bhairabi Prasad, and Hermann Kulke, eds. *Interrogating Political Systems: Integrative Processes and States in Pre-modern India*. New Delhi: Manohar, 2015.

Samuel, Geoffrey. *The Origins of Yoga and Tantra: Indic Religions to the Thirteenth Century*. Cambridge: Cambridge University Press, 2008.

Sarkar, H. B. *Cultural Relations between India and South East Asian Countries*. New Delhi: Indian Council for Cultural Relations & Motilal Banarsidass, 1985.

Sastri, K. A. Nilakanta. *A History of South India*. New Delhi: Oxford University Press, 2000.

Scharfe, Hartmut. *The State in Indian Tradition*. Leiden: Brill, 1989.

Schlerath, Bernfried. *Das Königtum im Rig- und Atharvaveda*. Wiesbaden: Harrassowitz, 1960.

Schlingloff, Dieter. "Arthaśāstra-Studien II: Die Anlage einer Festung (*durgavidhāna*)." *Wiener Zeitschrift für die Kunde Südasiens* 9 (1967): 44~85.

———. *Die altindische Stadt: Eine vergleichende Untersuchung*. Wiesbaden: Steiner, 1969.

———. *Fortified Cities of Ancient India: A Comparative Study*. London: Anthem Press, 2013.

Schneider, Ulrich, trans. *Die großen Felsen-Edikte Aśokas*. Wiesbaden: Harrassowitz, 1978.

Schopenhauer, Arthur. *Parerga and Paralipomena: Short Philosophical Essays*. Translated by E. F. J. Payne. Oxford: Clarendon Press, 1974.

Schrader, Otto F. trans. *Die Fragen des Königs Menandros*. Berlin: Verlag von Paul Raatz, o. J. [1905].

Schubring, Walther. "Der Jinismus." In *Buddhismus—Jinismus—Primitivvölker*, 217~242. Vol. 3 of *Die Religionen Indiens*, edited by André Bareau, Walther Schubring, and Christoph von Fürer-Haimendorf. Stuttgart: Kohlhammer, 1964.

Schumacher, Wolfgang. *Die Edikte des Kaisers Asoka*. Konstanz: Weller-Verlag, 1948.

Scott, James C. *The Art of Not Being Governed: An Anarchist History of Upland Southeast Asia*. New

Haven, CT: Yale University Press, 2009.

Sen, Tansen, ed. *Buddhism across Asia: Networks of Material, Intellectual and Cultural Exchange*. Vol. 1. Singapore: Institute of South East Asian Studies, 2014.

Sergent, Bernard. *Les Indo-Européens: Histoire, langues, mythes*. Paris: Payot, 1995.

Shaffer, Jim G. "Cultural Development in the Eastern Punjab." In *Studies in the Archaeology of India and Pakistan*, edited by Jerome Jacobson, 195~235. New Delhi: Oxford University Press, 1986.

Sharma, A. K. "Evidence of Horse from the Harappan Settlement at Surkotada." In *Purātattva (Bulletin of the Indian Archaeological Society)* 7 (1974): 75~76.

———. *Indian Feudalism*. Calcutta: University of Calcutta, 1965.

———. *Material Culture and Social Formations in Ancient India*. New Delhi: Macmillan India, 1983.

———. *Origin of the State in India*. Bombay: Department of History, Bombay University, 1989.

———. *Śūdras in Ancient India: A Social History of the Lower Order down to circa ad 600*. 2nd ed. Delhi: Motilal Banarsidass, 1980.

———. *Urban Decay in India (c. 300–1000)*. New Delhi: Munshiram Manoharlal, 1987.

Shatapathabrāhmana: Śatapatha-Brāhmaṇa according to the Text of the Mādhyandina School. Translated by Julius Eggeling. Oxford: Clarendon Press, 1882.

Silk, Jonathan A. "What, If Anything, Is Mahāyāna Buddhism? Problems of Definition and Classifications." *Numen* 49 (2002): 355~405.

Singh, Upinder. *A History of Ancient and Early Medieval India: From the Stone Age to the 12th Century*. New Delhi: Pearson / Longman, 2008.

———, ed. *Rethinking Early Medieval India: A Reader*. Delhi: Oxford University Press, 2011.

Smith, Brian K. *Reflections on Resemblance, Ritual, and Religion*. New York: Oxford University Press, 1989.

Smith, Vincent A. *The Early History of India from 600 B.C. to the Muhammadan Conquest (Including the Invasion of Alexander the Great)*. Oxford: Clarendon Press, 1914.

Snellgove, David L. *Indo-Tibetan Buddhism: Indian Buddhists and Their Tibetan Successors*. London: Serindia, 1987.

Sprockhoff, Joachim Friedrich. "Āraṇyaka und Vānaprastha in der vedischen Literatur." *Wiener Zeitschrift für die Kunde Südasiens* 25 (1981): 19~90 and 28 (1984): 5~43.

Srinivas, Mysore Narasimhachar. *The Cohesive Role of Sanskritization and Other Essays*. Oxford: Oxford University Press, 1989.

———. "The Indian Village: Myth and Reality." In *The Dominant Caste and Other Essays*, edited by Mysore Narasimhachar Srinivas, 20~59. Delhi: Orient Longman, 1987.

Stein, Burton. "Communities, States, and 'Classical' India." In *The State, the Law and Administration in Classical India*, edited by Bernhard Kölver, 15~26. Munich: Oldenbourg, 1997.

———. *Peasant State and Society in Medieaval South India*. Delhi: Oxford University Press, 1980.

———. "The Segmentary State in South Indian History." In *Realm and Region in Traditional India*, edited by Richard G. Fox, 3~51. Delhi: Vikas, 1977.

Strauch, Ingo, ed. *Foreign Sailors on Socotra: The Inscriptions and Drawings from the Cave Hoq*. Bremen: Ute Hempen Verlag, 2012.

———. "Urbanisierung, Antiurbanismus und Deurbanisierung: Die Wege zur Stadt im alten Indien." In *Wege zur Stadt: Entwicklung und Formen urbanen Lebens in der alten Welt*, edited by Harry Falk, 121~157. Bremen: Hempen-Verlag, 2005.

Tarling, Nicholas, ed. *The Cambridge History of Southeast Asia*. Vol. 1, *From Early Times to c. 1800*. Cambridge: Cambridge University Press, 1992.

Tarn, William Woodthorpe. *The Greeks in Bactria and India*. Cambridge: Cambridge University Press, 1938. Rev. ed., Chicago: Ares Press, 1985.

Thapar, Romila. *Aśoka and the Decline of the Mauryas*. 2nd ed. Delhi: Oxford University Press, 1997.

———. "Early Mediterranean Contacts with India: An Overview." In *Crossings: Early Mediterranean Contacts with India*, edited by Federico de Romanis and André Tchernia, 11~40. New Delhi: Manohar, 1997.

———. "The First Millennium B.C. in Northern India (up to the End of the Mauryan Period)." In *Recent Perspectives of Early Indian History*, edited by Romila Thapar, 87~150. 2nd ed. Mumbai: Popular Prakashan, 2002.

———. *From Lineage to State: Social Formations in the Mid-first Millennium bc in the Ganga Valley*. Oxford: Oxford University Press, 1990.

———. *The Penguin History of Early India*. New Delhi: Penguin, 2002.

Trautmann, Thomas R. *Aryans and British India*. New Delhi: Yoda Press, 2004.

Van Leur, Jacob Cornelis. *Indonesian Trade and Society: Essays in Asian Social and Economic History*. The Hague: W. van Hoeve Publishers, 1955.

Van Naerssen, F. H., and R. C. de Iongh. *The Economic and Administrative History of Early Indonesia*. Leiden: Brill, 1977.

Villiers, John, ed. *Südostasien vor der Kolonialzeit*. 7th ed. Frankfurt am Main: Fischer, 2001.

Virkus, Fred. *Politische Strukturen im Guptareich (300–550 n. Chr.)*. Wiesbaden: Harrassowitz, 2004.

Weber, Max. *Economy and Society*. A new translation edited and translated by Keith Tribe. Cambridge, MA: Harvard University Press, 2019.

———. *The Religion of India: Sociology of Hinduism and Buddhism*. New Delhi: Munshiram Manoharlal, 1996.

Weinberger-Thomas, Cathérine. *Cendres d'immortalité: La cremation des veuves en Inde*. Paris: Éd. du Seuil, 1996.

Wezler, Albrecht. "Śamīka und Śṛṅgin—zum Verständnis einer askesekritischen Erzählung aus dem Mahābhārata." *Wiener Zeitschrift fur die Kunde Südasiens* 13 (1979): 29~60.

Wheeler, Robert Eric Mortimer. "Arikamedu: A Roman Trading-Station on the East Coast of India." *Ancient India: Bulletin of the Archaeological Survey of India* 2 (1946): 17~124.

———. "Gandhara Art: A Note on the Present Position." In *Le rayonnement des civilisations grecques et romaines sur les cultures périphériques*, edited by International Congress of Classical Archaeology,

1:555~565. Paris: Éditions E. de Boccard, 1965.

———. *The Indus Civilization: Supplementary Volume to the Cambridge History of India*. 3rd ed. Cambridge: Cambridge University Press, 1968.

———. *Rome beyond the Imperial Frontiers*. Harmondsworth, UK: Penguin, 1954.

White, David Gordon. *Kiss of the Yoginī: "Tantric Sex" in Its South Asian Contexts*. Chicago: University of Chicago Press, 2003.

Wiesehöfer, Josef. "Mare Erythraeum, Sinus Persicus und Fines Indiae: Der Indische Ozean in hellenistischer und römischer Sicht." In *Der Indische Ozean in historischer Perspektive*, edited by Stephan Conermann, 9~36. Hamburg: 1998.

Willis, Michael. *The Archaeology of Hindu Ritual: Temples and the Establishment of Gods*. Cambridge: Cambridge University Press, 2009.

Winternitz, Moritz. *Die Frau in den indischen Religionen. 1. Teil: Die Frau im Brahmanismus*. Leipzig: Verlag von Curt Kabitzsch, 1920.

Witzel, Michael. *Das Alte Indien*. Munich: C. H. Beck, 2003.

———. "Indocentrism: Auchtochthonous Visions of Ancient India." In *The Indo-Aryan Controversy: Evidence and Inference in Indian History*, edited by Edwin F. Bryant and Laurie L. Patton, 341~403. London: Curzon, 2005.

———, ed. *Inside the Texts—Beyond the Texts: New Approaches to the Study of the Vedas*. Cambridge, MA: Harvard University Press, 1997.

———. "Moving Targets? Texts, Language, Archaeology and History in the Late Vedic and Early Buddhist Periods." *Indo-Iranian Journal* 52 (2009): 287~310.

Wolters, Oliver William. *History, Culture and Region in Southeast Asian Perspectives*. Singapore: Institute of Southeast Asian Studies, 1982.

Wright, Rita P. *The Ancient Indus: Urbanism, Economy, and Society*. Cambridge: Cambridge University Press, 2009.

The Yuga Purāṇa. Edited and translated by John E. Mitchiner. Calcutta: Asiatic Society, 1986.

Zimmer, Heinrich. *Altindisches Leben: Die Cultur der Vedischen Arier—Nach den Saṃhitā dargestellt*. Berlin: Weidmannsche Buchhandlung, 1879.

Zürcher, Erik. *The Buddhist Conquest of China*. 2 vols. Leiden: Brill, 1959.

한스요아힘 게르케 Hans-Joachim Gehrke는 알베르트 루트비히 프라이부르크 대학의 명예교수이자 대외 협력 담당 이사다. 베를린의 독일 고고학 연구소 소장을 지냈으며, 프라이부르크 대학, 베를린 자유 대학, 뷔르츠부르크 대학에서 고고학 석좌교수를 역임했다. 또한 취리히 대학과 뮌헨 대학, 콜레주 드 프랑스 등 여러 대학에서 객원교수직을 맡은 바 있고, 독일 과학 아카데미 레오폴디나를 비롯한 다양한 학회와 연구소의 회원이다. 그의 연구 관심 분야는 주로 그리스 역사로, 특히 고대와 헬레니즘 시대의 역사다. 주요 저서로는 『간략한 고대사』(1999)와 『헬레니즘의 역사』(2008), 『알렉산드로스 대왕』(2013), 『고대 문화의 한 요소로서의 역사: 그리스인과 그들의 역사』(2014) 등이 있다.

마크 에드워드 루이스 Mark Edward Lewis는 스탠퍼드 대학의 중국 문화학 쿼팅리李國鼎 교수이자 역사학 교수다. 그의 전문 분야는 초기 중국의 역사다. 여러 논문 외에도 『고대 중국의 제재된 폭력』(1990)과 『고대 중국의 글과 권위』(1999), 『고대 중국의 우주 구축』(2006), 『고대 중국의 홍수신화』(2006), 『하버드 중국사 진·한: 최초의 중화제국』(2006) 『하버드 중국사 남북조: 분열기의 중국』(2009), 『하버드 중국사 당: 열린 세계 제국』(2009) 등 다양한 책을 발표했다.

악셀 미하엘스 Axel Michaels는 하이델베르크 대학의 고전 인도학 선임 교수이자 하이델베르크 과학 아카데미의 부총장이다. 2015년에는 라우텐슐라거 연구상을 받았으며, 2016년에는 호프만 학술상(문화 간 전문성 부문)을 받았다. 그는 우수 클러스터 "글로벌 맥락에서의 아시아와 유럽"의 이사 중 한 명이며, 아시아 및 트랜스 문화 연구 센터CATS의 창립 이사였다. 그의 연구 관심 분야는 인도와 네팔의 문화사 및 종교사와 의식 연구에 중점을 두고 있다. 저서로는 『힌두교: 과거와 현재』(2004)와 『곤경에 처한 시바: 네팔 데오파탄 파슈파티나트 사원의 의식과 축제』(2008), 『호모 리투알리스: 힌두교 의식과 의식 이론의 중요성』(2016), 『네팔의 문화와 역사』(2018) 등이 있다.

헤르만 파르칭거 Hermann Parzinger는 프로이센 문화유산 재단의 이사장이자 전직 이사였으며, 독일 고고학 연구소의 소장을 지냈다. 또한 베를린 자유 대학에서 선사시대 고고학을 가르치고 있다. 고트프리트 빌헬름 라이프니츠상을 받았고, 과학 및 예술 분야의 '푸르 르 메리트' 훈장을 받았으며, 독일과 해외의 여러 학회에서 회원으로 활동하고 있다. 그의 주요 연구 분야는 인류 좌식 생활의 시작에서 켈트족, 이베리아족, 스키타이족의 선사시대 문명에 이르기까지 접촉 지역 내 문화적 변화에 관한 것이다. 저서로는 『유라시아의 초기 민족: 신석기시대에서 중세 초기까지』(2011)와 『인류는 어떻게 역사가 되었나: 사냥, 도살, 도축 이후 문자 발명에 이르기까지 인간의 역사』(2011), 『모험 고고학: 인류 역사 여행』(2016) 등이 있다.

카렌 라트너 Karen Radner는 뮌헨 루트비히 막시밀리안 대학의 알렉산더 폰 훔볼트 고대 근동사 및 중동사 교수이자 유니버시티 칼리지 런던의 고대 근동사 명예교수다. 바이에른 과학 아카데미와 독일 고고학 연구소를 비롯한 다양한 기관의 회원이다. 기원전 3세기에서 기원전 1세기까지의 근동 지역을 중심으로 연구 활동을 하고 있으며, 특히 아시리아 제국에 초점을 맞추고 있다. 저서로는 『이름의 힘: 자기 보존을 위한 고대 근동의 전략』(2005)과 『옥스퍼드 설형문자 문화 핸드북』(엘리너 롭슨Eleanor Robson과 공저, 2011), 『신왕국에서 로마 제국까지 고대 세계의 국가 간 서신』(2014), 『아주 짧게 소개하는 고대 아시리아』(2015), 『메소포타미아: 유프라테스강과 티그리스강의 초기 선진 문명』(2017), 『바빌론의 역사: 홀연히 사라진 4천 년 역사의 위대한 문명도시를 다시 만나다』(2020) 등이 있다.

찾아보기

ㄱ

ㄴ

ㄷ

ㄹ

ㅇ

ㅈ

ㅊ

ㅋ

ㅌ

ㅍ

ㅎ

옮긴이 이현주

서울대학교 서양사학과를 졸업하고 《매일경제》 편집국에서 근무했다. 현재 전문 번역가로 활동 중이다. 옮긴 책으로는 『증오의 세기』(2010)와 『넥스트 컨버전스』(2012), 『대중의 직관』(2012), 『X이벤트』(2013), 『왜 따르는가』(2013), 『펭귄과 리바이어던』(2013), 『매력 자본』(2013), 『당신은 전략가입니까』(2014), 『내 안에서 나를 만드는 것들』(2015), 『헨리 키신저의 세계 질서』(2016), 『그림자 노동의 역습』(2016), 『알약으로 텔레비전을 만드는 경제학』(2018), 『초이스』(2020) 등이 있다.

옮긴이 서종민

뉴욕 주립 대학에서 경제학과 국제정치학을 공부하고 한국외국어대학교 통번역대학원을 졸업한 뒤 전문 번역가로 활동하고 있다. 『이슬람의 시간』(2017)과 『알렉산더 해밀턴』(2018, 공역), 『이슬람 테러리즘 속 이슬람』(2018), 『군주론』(2019), 『모기』(2019), 『권력의 심리학』(2022), 『경이로운 역사 콘서트』(2022), 『헨리 키신저 리더십』(2023), 『의학의 대가들』(2023)을 비롯한 여러 책을 옮겼다.

하버드-C.H.베크 세계사

600 이전

문명의 아침

1판 1쇄 찍음 2023년 12월 4일
1판 1쇄 펴냄 2023년 12월 15일

엮은이 한스요아힘 게르케
옮긴이 이현주, 서종민
펴낸이 박근섭, 박상준
펴낸곳 (주)민음사

출판등록 1966. 5. 19. (제16-490호)
주소 서울특별시 강남구 도산대로1길 62 강남출판문화센터 5층 (06027)
대표전화 02-515-2000 팩시밀리 02-515-2007

www.minumsa.com

ISBN 978-89-374-3737-3 (04900)
ISBN 978-89-374-3736-6 (세트)

* 잘못 만들어진 책은 구입처에서 교환해 드립니다.